# СОВРЕМЕННЫЙ НЕМЕЦКО-РУССКИЙ СЛОВАРЬ ПО ЭКОНОМИКЕ, ФИНАНСАМ И БИЗНЕСУ

Более 90 000 терминов

Москва
«Вече»

# NEUES DEUTSCH-RUSSISCHES WÖRTERBUCH FÜR WIRTSCHAFT, FINANZEN UND BUSINESS

Über 90 000 Fachbegriffe

# СОВРЕМЕННЫЙ НЕМЕЦКО-РУССКИЙ СЛОВАРЬ ПО ЭКОНОМИКЕ, ФИНАНСАМ И БИЗНЕСУ

Более 90 000 терминов

Р. Доннер, И.В. Фаградянц,
Э.Г. Шахиджанян, В. Цекман

Москва
«Вече»

ББК 81-2 Нем-4
Д67

*Издание осуществлено при участии
«Словарного издательства ЭТС»*

**Доннер Р.**
Д67     **Современный немецко-русский словарь по экономике, финансам и бизнесу** / Р. Доннер, И.В. Фаградянц, Э.Г. Шахиджанян, В. Цекман. — М. : Вече, 2007. — 960 с.
ISBN 978-5-9533-1513-5

Словарь содержит более 90 000 слов и выражений по самым разным отраслям экономики, финансов, бизнеса и торговли.

Авторы и издатель постарались придать корпусу словаря универсальный и практический характер, поэтому он может быть полезен студентам, переводчикам, бизнесменам, специалистам и всем читающим немецкую литературу.

Этот немецко-русский словарь включает в себя как устоявшуюся лексику из сферы экономики, финансов, бизнеса и торговли: термины, фразы, устойчивые сочетания, так и неологизмы, заимствования из других иностранных языков, жаргонизмы, биржевой сленг и большое количество примеров использования слов и типовых фраз.

Словарь рассчитан на самый широкий круг пользователей.

**ББК 81.2 Нем-4**

ISBN 978-5-9533-1513-5      © Доннер Р., Фаградянц И., Шахиджанян Р., Цекман В., 2007
                                                 © ООО «Издательский дом «Вече», 2007

# A

**A, a:**

**A** акцептованный вексель, принятый к оплате вексель

**A1, first class** *(eng.)* товар первого сорта

**A, Abfrage** 1. *выч.* опрос; считывание 2. *выч.* запрос; вызов

**A, Akkumulation** аккумуляция, накопление

**A, Akzept** акцепт, акцептование *(векселя)*; акцептованный вексель; принятый к оплате вексель

**A., Anmelder** заявитель

**A., anno** *(lat.)* в ... году

**A, Art** образец, вид

**A., Auktion** аукцион, публичные торги

**A, Ausbeute** выход продукции

**A, Auslands-** международный

**A, Auswahlprüfung** выборочное испытание

**A1, first class** *(eng.)* товар первого сорта

**a.B., auf Befehl** по приказу; по поручению

**a, absolut** абсолютный

**a, Ar** ар (метрическая мера земельной площади); *разг.* сотка

**a., asymmetrisch** асимметричный, несимметричный

**a., auch** также

**a** *(lat.)*, **via** *(lat.)* виа, через *(пометка, указывающая путь следования)*

**a.m.** *(eng.)* до полудня

**a conto** *итал.* в счёт (чего-л.)

**a conto** *итал.* в рассрочку

**a fonds perdu** *фр.* безвозвратно, на счёт убытков, на списание

**a forfait** *фр.* "без регресса" *(условие покупателю векселя, исключающее предъявление претензий к продавцу-трассанту)*

**a la baisse** *фр.* на понижение *(биржевого курса)*

**a la baisse spekulieren** играть на понижение

**a la hausse** *фр.* на повышение *(биржевого курса)*

**a la hausse spekulieren** играть на повышение

**a meta** *ит.* "наполовину"; сделка, осуществляемая двумя предпринимателями с распределением рисков и прибылей пополам; мета-сделка; венчурная коммерческая сделка, при которой обе стороны несут риск в равной степени; паритетная сделка; сделка на условиях равной оплаты

**a vista, bei Sicht, auf Sicht** *ит.* по предъявлении (в вексельном обороте о сроке уплаты)

**a vue; bei Sicht, auf Sicht** *фр.* по предъявлении *(пометка на векселе)*

**Bon a vue** *фр.* с уплатой по предъявлении

**A-Personal** *n* персонал торгового предприятия, занятый в сфере продажи товаров *(включая хранение на складах и перевозку)*

**AA, aA, aa:**

**Anmeldeabteilung** отдел приёма заявок

**aa, ana partes aequalis** *лат.* равными частями; равными партиями

**a.A, auf Abruf** по отзыву; по требованию

**AA, Arbeitsamt** биржа труда

**AA, Arbeitsausschuss** рабочий комитет

**AA, Auslandsabteilung** зарубежный филиал *(напр. фирмы)*

**AA, Auswärtiges Amt** министерство иностранных дел, МИД

**a.A., auf Abruf** по отзыву; по требованию, по запросу

**a.A., auf Anfrage** по запросу

**a.a., always afloat** *(eng.)* всегда на плаву *(условие в чартер-партии)*

**a.a., ad acta** к делу; исполнено

**aa, ana partes aequalis** *лат.* равными частями

**AAA** ААА *(высший рейтинг надёжности ценных бумаг и финансовых учреждений)*

**AAA rating** *(eng.)* высший рейтинг компании "Стандард энд Пур" *(для облигаций и привилегированных акций)*

**AAB, Association of Aircraft Brokers** *(eng.)* Ассоциация авиационных брокеров

**AAR, against all risks** *(eng.)* против всех рисков *(указанных в полисе)*

**AAR-Versicherung** *f* страхование против всех рисков

**AB, aB, ab:**

**AB, Anfangsbestand** *m* начальный остаток (бухг.)

**AB, aktiebolag** АО, акционерное общество *(шведск.)*

**AB, Allgemeine Bedingungen** общие условия

**AB, Ausführungsbestimmungen** технические условия, техническая спецификация; правила выполнения, ТУ, ТС

**a.B., auf Befehl** по приказу; по поручению

**a.B., auf Bestellung** на заказ, по заказу

**a.B., auf Bestellung** на заказ, по заказу

**a.B., außergewöhnliche Belastungen** непредвиденные расходы

**ab, abgerechnet** за вычетом

**Ab., Abkommen** *n* соглашение

**ab** цена франко-местонахождение товара *(условие поставки)*

**ab Abfangshafen** франко-набережная порта отправления

**ab Bestimmungshafen** франко-набережная порта назначения

**ab Datum** с даты подписания, с момента подписания; от даты

**ab Deck** франко-судно, с судна

**ab Fabrik** франко-завод поставщик, с завода поставщика

**ab Haus** франко-местонахождение

**ab Kai** франко-пристань, франко-набережная; с пристани

**ab Kai Abgangshafen** франко-набережная порт отправления

**ab Kai Bestimmungshafen** франко-набережная порт назначения

**ab Lager** франко-склад продавца, со склада продавца

**ab Lagerhaus** франко-склад продавца, со склада продавца

**ab Quai** франко-пристань, с пристани

**ab Schiff** франко-судно, с судна

**ab Werk** франко-завод, франко-завод поставщик, с завода поставщика

**ab Werk verladen** франко-завод поставщик с включением расходов по отгрузке

**ABA, American Bankers' Association** Американская банковская ассоциация

**Abakus** *m* (ист.) абак, счётная доска

**Abalienation** *f* отчуждение

**abalienieren** отчуждать (напр. имущество)

**abänderbar** изменяемый; изменчивый

**abänderbar** поддающийся изменению

**abänderbar** заменяемый

**abänderbar** (юр.) неокончательный (при определении меры наказания, о приговоре и т.п.)

**abänderbar** (тех.) переключаемый, коммутируемый

**Abänderbarkeit** *f* изменчивость; изменяемость; способность к изменению

**abänderlich** изменяемый

**abändern** *vt* изменять *(частично)*; видоизменять; переделывать

**abändern** исправлять; отменять

**ein Akkreditiv abändern** изменять условия аккредитива

**das Programm abändern** вносить изменения в программу; корректировать программу

**Patentbegehren abändern** вносить изменения в формулу изобретения; изменять формулу изобретения

**das Testament abändern** вносить изменения в завещание

**Abänderung** *f* изменение

**Abänderung** *f* исправление (напр. ошибочной записи в бухучёте)

**Abänderung** *f* переделка; поправка

**Abänderung** *f* *страх.* изменение; поправка

**Abänderung** *f* видоизменение; модификация

**Abänderung** *f* отмена

**Abänderung einer Buchung** исправление бухгалтерской записи; корректировка бухгалтерской записи; внесение изменений в бухгалтерскую запись; внесение изменений в бухгалтерскую проводку

**eine Abänderung einreichen** (юр.) внести поправку; представить поправку

*eine* **Abänderung treffen** вносить изменение; вносить поправку

**eine Abänderung vorlegen** (юр.) внести поправку; представить поправку; предложить поправку

**eine Abänderung vornehmen** вносить изменение; вносить поправку

**in Abänderung** во изменение

**Abänderungsantrag** *m* предложение о внесении изменений в условия договора (соглашения)

**Abänderungsantrag** предложение о внесении изменений в законопроект

**Abänderungsantrag** поправка к законопроекту

**einen Abänderungsantrag einbringen** внести поправку; внести предложение об изменении

**abänderungsbedürftig** нуждающийся в изменении; нуждающийся в исправлении

**abänderungsfähig** поддающийся изменению; поддающийся исправлению

**Abänderungsgebühr** *f* пошлина за внесение изменений *(напр. в описание изобретения)*

**Abänderungsgesetz** *n* законодательная новелла

**Abänderungsklage** f иск об изменении правоотношения (правоотношений); иск об изменении решения (суда); иск об изменении судебного решения

**Abänderungsklausel** f оговорка о внесении изменений, клаузула о внесении изменений (об условии или условиях изменения, порядке изменения и т.п. закона, договора и т.п.)

**Abänderungskündigung** f уведомление об изменении, уведомление о внесении изменений, извещение об изменении, извещение о внесении изменений (напр., в условия договора)

**Abänderungsschreiben** n письмо с уведомлением об изменении (изменениях), письменное сообщение с уведомлением о внесении изменений (изменения)

**Abänderungsverfahren** n процедура изменения решения, процедура внесения изменения в решение; процедура изменения приговора

**Abänderungsvertrag** m договор (контракт, соглашение) о внесении изменений в ранее заключённый договор; договор об изменении условий ранее заключённого договора (контракта, соглашения)

**Abänderungsvorschlag** m предложение о внесении изменения (изменений); поправка (к законопроекту, закону)

**Abandon** m абандон (отказ грузо- или судовладельца от своих прав на застрахованное имущество в пользу страховщика при обязательстве последнего уплатить страхователю полную страховую сумму)

**Abandon** уступка; переуступка (прав) (в морском страховом деле; в биржевой торговле)

**Abandon** выход из сделки путем уплаты премии или штрафа

**den Abandon erklären** объявлять об абандоне; заявлять об абандоне

**Abandonerklärung** f заявление об абандоне; заявление об отказе (напр. от права на что-л.)

**Abandonfrist** f извещение об абандоне; извещение об отказе от претензии

**Abandonist** m заявитель абандона

**Abandonnement** n абандон (см. тж. Abandon m); отказ от прав(а)

**abandonnieren** vt абандонировать, заявлять об абандоне, заявить об абандоне

**abandonnieren** отказываться от своих прав на застрахованное имущество

**abandonnieren** отказываться от сделки (за счёт выплаты премии)

**abandonnieren** отказываться от права; отказываться от прав (на что-л.)

**abandonnieren** отказываться от срочной сделки с премией, отказаться от срочной сделки с премией

**Abandonrecht** n право на абандон; право отказа; право на отказ

**Abandonrevers** m; öffentlich beglaubigte Anerkennungsurkunde durch die Abandonerklärung eingetretenes Überganges der Rechte публично заверенное удостоверение о переходе прав по акцептованному абандону

**Abandonrevers** m заявление об отказе от прав (публично заверенное)

**Abarbeit** f ист. барщина; отработка

**Abarbeitssystem** n ист. отработочная система

**abarbeiten** I vi отрабатывать, отработать (долг, аванс, штраф)

**abarbeiten** заканчивать, закончить; доделывать, доделать; обрабатывать; отделывать

**abarbeiten** скопировать; сделать по образцу

**abarbeiten** выч. выполнять (напр., команду); обрабатывать (данные)

**eine Schuld abarbeiten** отрабатывать долг; погашать долг работой

**Schiff** n **vom Strande abarbeiten** спускать судно на воду sich **abarbeiten** II переутомляться (от работы); изнурять себя (работой); изнуряться работой

**Abarbeitung** f 1. обработка (напр. данных) 2. отработка, выполнение (напр. команды, программы)

**Abarbeitung des Befehls** выч. выполнение команды; отработка команды

**Abarbeitung des Programms** выч. выполнение программы

**Abbau** m ликвидация; устранение; упразднение

**Abbau** (ист.) выдел крестьянского двора из общины (и перенос на хутор), выделение крестьянского двора из общины (и перенос на хутор)

**Abbau** вырождение (сельскохозяйственных культур)

**Abbau** добыча (полезных ископаемых); разработка (месторождений)

**Abbau** отмена, упразднение, аннулирование; ликвидация

**Abbau** снос *(напр. сооружений)*

**Abbau** разборка, демонтаж *(напр. оборудования)*

**Abbau** сокращение, уменьшение *(напр. выпуска продукции)*

**Abbau** свёртывание *(напр. производства)*

**Abbau** снижение урожайности, понижение урожайности

**Abbau** уменьшение, снижение *(напр. заработной платы, цен)*

**Abbau** сокращение штатов; увольнение по сокращению штатов

**Abbau** *выч.* удаление из очереди *(напр. задач)*

**Abbau** *(радио., тлв., тлф, выч.)* снижение уровня; затухание *(сигнала)*

**Abbau der Produktion** сокращение производства; свёртывание производства

**Abbau der Steuervergünstigungen** отмена налоговых привилегий

**Abbau der Zollschranken** устранение таможенных барьеров

**Abbau des Personalbestandes** сокращение штатов

**Abbau industrieller Schadstoffe** борьба с вредными веществами в промышленности

**Abbau von Beeinträchtigung der Luft** снижение вредного воздействия на атмосферу

**Abbau von Bodenschätzen** разработка полезных ископаемых

**Abbau von Handelsschranken** устранение торговых барьеров

**Abbau von Lagerbeständen** отмена налоговых привилегий

**Abbau von Noxen** снижение действия вредных факторов (на производстве)

**Abbau von Privilegien** устранение привилегий; отмена привилегий

**Abbau von Überschüssen** ликвидация излишков; снижение уровня излишков

**Abbau von Zöllen** устранение таможенных пошлин; отмена таможенных пошлин

**mariner Abbau** горные разработки на морском дне, добыча полезных ископаемых на морском дне и в прибрежном шельфе

**maschineller Abbau** механизированная разработка *(напр. торфа)*

**abbauen** сокращать, уменьшать *(напр. выпуск продукции)*; свёртывать *(напр. производство)*; уменьшать, снижать, понижать *(напр. заработную плату, цену)*; сокращать штаты, увольнять по сокращению штатов

**abbauen** *ист.* выделять крестьянский двор из общины

**abbauen** вырождаться *(о сельскохозяйственных растениях)*

**abbauen** добывать *(полезные ископаемые)*; разрабатывать *(месторождения)*

**abbauen** отделять *(строение)*

**abbauen** отменять, упразднять, аннулировать; ликвидировать

**abbauen** сносить *(напр. сооружения)*, разбирать, демонтировать *(напр. оборудование)*

**abbauen** разоружать (демонтировать вооружение); снимать вооружение *(с чего-л.)*

**sich abbauen** снижаться, уменьшаться, сокращаться

**sich abbauen** отделиться, выделиться *(напр. о крестьянском хозяйстве)*, отстроить отдельный двор

**Arbeitslosigkeit abbauen** сокращать безработицу, уменьшать безработицу; уменьшать уровень безработицы, снижать уровень безработицы

**Handelsschranken abbauen** устранять торговые барьеры, устранить торговые барьеры

**Handelsschranken schrittweise abbauen** постепенно устранять торговые барьеры; поэтапно устранять торговые барьеры

**Mitarbeiter abbauen** сокращать сотрудников; сокращать персонал

**Personal abbauen** сокращать штаты; *(частично)* увольнять персонал

*den* **Preis abbauen** снижать цену

**Stellung abbauen** сдавать позиции *(напр. на рынке)*

**Überangebot an Waren abbauen** снизить избыточное предложение товаров; уменьшить товарное давление на рынок

**Überschüsse abbauen** сокращать излишки, уменьшать излишки

**Zinsen abbauen** снижать проценты; понижать процентную ставку

*den* **Zoll abbauen** уменьшать пошлину

**abbaufähig** поддающийся сокращению; поддающийся уменьшению

**abbaufähig** демонтируемый; поддающийся демонтажу

**abbaufähig** промышленного значения (о месторождении)

*das* **Budget ist nicht weiter abbaufähig** дальнейшее уменьшение бюджета невозможно

**nicht abbaufähige Abfälle** неразлагаемые отходы; отходы, не поддающиеся разложению

**Abbaufläche** f 1. разрабатываемая площадь (месторождения); площадь горных разработок 2. площадь, нарушенная горными работами

**aufgelassene Abbaufläche** нерекультивированная территория, нарушенная горными работами

**Rekultivierung der in Anspruch genommenen Abbauflächen** рекультивация земель, нарушенных горными разработками

**Wiedereingliederung der Abbauflächen in die Landschaft** восстановление территорий, нарушенных горными разработками

**Abbaugerechtigkeit** f; **Recht zum Abbau** вещное право добычи полезных ископаемых, право на разработку месторождений

**Abbaukonzentration** f производственное объединение рудничных разработок

**Abbauland** n 1. залежные земли 2. территория, подвергшаяся физическому выветриванию 3. земли, нарушенные открытыми горнопромышленными разработками

**Abbauleistung** f 1. добыча в тоннах (обычно за человеко-час) 2. степень очистки; эффективность очистки (сточных вод)

**Abbaumaßnahme** f ограничительная мера (напр., по сокращению производства, увольнению рабочих)

**Abbaumengensteuer** f налог на количество добываемых полезных ископаемых

**Abbaumethode** f метод добычи; способ добычи (полезных ископаемых)

**Abbauort** m горн. очистной забой; лава; карьер; горгый карьер

**Abbaurecht** n вещное право добычи полезных ископаемых, право на разработку месторождений

**Abbauten** pl сельскохозяйственные предприятия, перенесённые в полевые условия

**Abbauverfahren** n способ добычи; метод добычи (полезных ископаемых)

**Abbauverluste** m pl потери полезных ископаемых при добыче, потери полезных ископаемых при рудничных разработках, потери полезных ископаемых при шахтной добыче

**abbauwürdig** имеющий промышленное значение (о месторождении); пригодный для разработки, годный для разработки (о месторождении); имеющий промышленное значение (о месторождении)

**abbauwürdig** восстановимый; поддающийся восстановлению (напр. о механизмах)

**abbauwürdige Vorräte** m pl извлекаемые запасы; промышленные запасы (полезных ископаемых, напр. нефти)

**Abbauzeche** f действующая шахта; действующий рудник

**abbedingen** vt юр. отменять; лишать силы (напр., статью договора)

**abbekommen** vt 1. разг. получать (свою долю) 2. повреждаться; получать повреждение 3. понести ущерб

**abberufen** изымать, изъять (капитал, имущество)

**abberufen** освобождать от обязанностей; освобождать от должности, увольнять

**abberufen** отстранять от представительства (компаньона)

**abberufen** отменять, сторнировать (заказ, поручение)

**einen Auftrag abberufen** аннулировать заказ, отменять заказ

**einen Vertreter abberufen** отзывать представителя; отозвать представителя

**Abberufung** f изъятие (капитала, имущества)

**Abberufung** освобождение от обязанностей; отстранение от представительства (компаньона); освобождение от должности, увольнение

**Abberufung** отмена, сторнирование (заказа, поручения)

**Abberufung** отзыв (кого-л. или чего-л.)

**Abberufung des Vorstands** освобождение от обязанностей члена правления наблюдательного совета

**Abberufung ohne Frist** увольнение без предупреждения

**abbestellen** vt отменять заказ, аннулировать заказ, ликвидировать заказ, снимать заказ

**abbestellen** vt отменять (подписку); отказаться, отказываться (от подписки, напр. на журнал)

**j-n abbestellen** отменить вызов, отменять вызов (кого-л.); отменить встречу, отменять встречу (с кем-л.)

**ein Hotelzimmer abbestellen** отменить бронирование гостиничного номера, отменить заказ на гостиничный номер, отказаться от заказа на гостиничный номер

**eine Versammlung abbestellen** отменить собрание, отменять собрание

**eine Zeitung abbestellen** отказаться от подписки на газету

**Abbestellung** f отмена *(заказа, вызова)*; отказ *(от подписки, встречи и т.п.)*
**abbezahlen** vt выплачивать по частям, оплачивать по частям, выплачивать в рассрочку, оплачивать в рассрочку
**das Ganze abbezahlen** выплатить всё; оплатить всю сумму; выплатить всю сумму
**in Raten abbezahlen** выплачивать по частям
**nach und nach abbezahlen** выплачивать по частям
**ein Schuld abbezahlen** погашать долг частями
**Abbezahlung** f выплата по частям, выплата в рассрочку, оплата по частям, оплата в рассрочку
**abbieten:**
**abbieten** I давать более высокую цену *(на аукционе)*
**j-n abbieten** давать более высокую цену *(чем кто-л.)*, перебивать покупку *(у кого-л.)*
**abbieten** II давать более низкую цену, сбивать цену; торговаться
**abbieten** III напоминать *(кому-л.)* об уходе, просить уйти *(напр. при закрытии магазина)*
**Abbild** n отражение, отображение, изображение; портрет; снимок; слепок; копия
**ein getreues Abbild der Wirklichkeit** правдивое отображение действительности
**ein verzerrtes Abbild** искажённая картина *(действительности)*
**Abbildung** f *(выч.)* образ; изображение; отображение *(напр. на экране)*, отображение, представление *(напр. данных)*
**Abbildung, Abb.** *(abk.)* изображение, рисунок, иллюстрация

**Abbildung** f изображение, репродуцирование
**Abbildung** f проекция *(изображения)*
**Abbildungseinrichtung** f *(выч.)* устройство отображения; монитор, дисплей
**elektronische Abbildung** электронное изображение
**räumliche Abbildung** объёмное изображение
**abbrechen** vi аварийно завершаться *(напр. о программе)*
**abbrechen** vt прекращать, прерывать
**die Verhandlungen abbrechen** прекратить переговоры
**die Beziehungen abbrechen** прерывать отношения
**das Programm abbrechen** *(выч.)* прерывать программу, прекращать исполнение программы
**Abbreviation** f *(lat.)* сокращение; сокращённое наименование; аббревиатура
**Abbreviatur** f сокращение, сокращённое обозначение, сокращённое слово, аббревиатура; акроним
**abbröckeln** vi понижаться, иметь тенденцию к понижению *(напр. курсы акций)*
**die Aktienkurse bröckeln ab** курсы акций *(на бирже)* имеют тенденцию к спаду; курсы акций *(на бирже)* понижаются
**abbringen** уст. отменять; ликвидировать; устранять
**Abbruch** m вред, ущерб
**Abbruch** прекращение *(поставок, платежей и т.п.)*
**Abbruch** прерывание; прекращение *(переговоров, деловых отношений)*
**Abbruch** разрыв *(дипломатических отношений)*
**Abbruch** разборка, демонтаж; слом, снос; (внезапное) прекращение *(напр. поставок)*; разрыв *(напр. отношений)*

**Abbruch** выч. аварийное завершение *(программы)*
**Abbruch** обвал, обрушение *(напр. при горных или шахтных работах)*
**Abbruch erfahren** понести ущерб, потерпеть ущерб, понести убыток, понести убытки *(мн.ч.)*
**Abbruch erleiden** потерпеть ущерб, понести убыток *(убытки)*
**Abbruch der Verhandlungen** прекращение переговоров; прерывание переговоров
**Abbruch der Zahlungen** прекращение платежей
**auf Abbruch kaufen** купить на снос
**j-m einer Sache (D) Abbruch machen** вредить, наносить ущерб *(кому-л., чему-л.)*
**j-m einer Sache (D) Abbruch tun** вредить, наносить ущерб *(кому-л., чему-л.)*
**ohne Abbruch** непрестанно, непрерывно
**Abbrucharbeiten** pl работы по сносу; работы по демонтажу; демонтаж
**Abbruchhaus** n дом на снос; дом под снос; дом, предназначенный на снос
**Abbruchkosten** pl затраты на демонтаж *(оборудования)*, затраты на снос *(зданий, сооружений)*, расходы на демонтаж *(оборудования)*, расходы на снос *(зданий, сооружений)*
**Abbruchrecht** n право на снос; право на демонтаж
**abbuchen** vt *(бухг., банк.)* списывать со счёта, списать со счёта *(сумму)*
**abbuchen** взыскивать, взыскать
**abbuchen** разг. списывать в расход, списать в расход
**abbuchen** страх. взыскивать

*die* **Bank buchte den Betrag von meinem Konto ab** банк списал с моего счёта сумму
**einen Betrag von einem Konto abbuchen** списать сумму со счёта, списывать сумму со счёта
**vom Konto abbuchen** списывать со счета, списать со счёта, осуществить списание со счёта, осуществлять списание со счёта
**Abbuchung** *f* бесспорное взыскание (*долга*)
**Abbuchung** списание со счёта
**Abbuchung** сумма, списанная со счёта; взысканная сумма
**Abbuchung durch Einzugsermöchtigung** списание со счёта путём прямого дебетования; прямой дебет; прямое дебетование; прямое списание
**Abbuchung fälliger Steuern und Abgaben** бесспорное взыскание налогов и сборов, срок уплаты которых наступил
**Abbuchung tätigen** взыскивать; списывать со счёта (в бесспорном порядке, в безакцептном порядке)
**Abbuchung vom Konto** списание со счета
**Abbuchung vornehmen** взыскивать; списывать со счёта (в бесспорном порядке, в безакцептном порядке); осуществлять списание со счёта (*со счетов*)
**durch Abbuchung einziehen** взыскивать в бесспорном порядке
**Abbuchungsauftrag** *m* поручение на списании сумм со счёта (*банку или иному финансовому учреждению*) сберкассе)
**Abbuchungsauftragsverfahren** *n* списание со счёта средств; списание со счёта сумм; порядок списания со счёта средств

**Abbuchungsermächtigung** *f* право на списание со счёта (средств); полномочия на списание со счёта (средств); право на взыскание средств; право на прямое дебетование счёта
**abbummeln** *vt* (*разг.*) отгулять, иметь отгул (*за сверхурочную работу; за переработку*); использовать отгул, воспользоваться отгулом
**Abbummelzeit** *f* (*разг.*) отгулы (мн.ч.)
**abbüßen:**
  **eine Freiheitsstrafe abbüßen** *юр.* отбывать срок наказания в виде лишения свободы
  *eine* **Strafe abbüßen** *юр.* отбывать наказание
  *etw.* **mit Geld abbüßen** уплатить штраф (за что-л.)
**ABC:**
  **ABC** функционально-стоимостный анализ
  **ABC** справочник с алфавитным расположением статей
  **ABC** железнодорожный алфавитный указатель
**Abc** *n* алфавит; азбука
  **Abc** лексикон; справочник с алфавитным расположением статей, толковый словарь (*с алфавитным расположением статей*)
  **Abc** азбука, азы, (*основные*) начала, основы, основные положения, исходные положения
  **nach dem Abc ordnen** располагать в алфавитном порядке, расположить по алфавиту
**ABC-Analyse** *f*; **Umsatzanalyse nach Produktguppen** система ревизии склада АБС (*АВС*); АБС-анализ склада; **ABC**-анализ (*анализ оборота путём ранжирования различных продуктов по группам значимости*); **ABC**-анализ (в логистике)
**Abc-Code** *m* буквенный код; буквенный телеграфный код

**Abc-Kode** *m* буквенный код; буквенный телеграфный код
**ABC-Staaten** *pl* (собирательное название) Аргентины, Бразилии и Чили
**abdecken** *vt* погашать (*долг, кредит*)
**abdecken** покрывать (*расходы, дефицит*)
**abdecken** закрывать, перекрывать; изолировать (*полигон отходов*)
**abdecken** вскрывать (*месторождение*)
**Bedürfnisse abdecken** удовлетворять потребности
**bestehende Verpflichtungen abdecken** выполнять имеющиеся обязательства
**Kosten abdecken** покрывать издержки, покрыть издержки
**einen Kredit abdecken** погашать кредит
**Schulden abdecken** погашать долги; уплачивать долги
**Verbindlichkeiten abdecken** производить платёж по обязательствам
**Verluste mit Steuergeldern abdecken** покрывать убытки за счет налоговых поступлений
**Abdeckerei** *f* 1. бойня; скотобойня; *уст.* живодёрня 2. утилизационный завод (по переработке трупов животных)
**Abdeckung** *f* погашение (*долга, кредита*); покрытие (*расходов, дефицита*)
**Abdeckung der Auslandsschulden** погашение внешних долгов
**Abdeckung des Defiyits** покрытие дефицита
**Abdeckung von Auslandsschulden** погашение внешних долгов
**zwangsweise Abdeckung von Krediten** принудительное взыскание ссуд (*кредитов*), принудительное взимание ссуд (*кредитов*)

**Abdikation** f отказ; отречение *(от престола)*; сложение *(полномочий)*

**abdingbar** подлежащий пересмотру с согласия сторон *(как правило - в трудовом договоре или в страховании)*

*der* **Tarifvertrag ist abdingbar zum Vorteil der Beschäftigten** тарифное соглашение может быть пересмотрено в пользу работающих

**Abdingbarkeit** f возможность пересмотра договора с согласия сторон

**abdingen** vt *(редк.)* выторговывать; добиваться уступки *(в чем-л. у кого-л.)*

**abdingen** переманивать *(работника у кого-л.)*

**sich (D) nichts abdingen lassen** не уступать *(ни в чем)*, не идти на уступки

**vom Preise abdingen** добиться уступки в цене

**Abdisposition** f приказ клиента банку об изъятии вклада, *уст.* абдиспозиция

**Abdrift** f:

**Abdrift der Umweltchemikalien** перенос загрязнений, перенос загрязняющих веществ *(по воздуху, в воздушном бассейне)*

**Abdruck** m *полигр.* печать, (на)печатание; перепечатка; реприт

**Abdruck** перепечатка *(произведений)*; копия *(компакт-диска)*; копирование *(компакт-дисков, видеокассет)*; тиражирование *(компакт-дисков, DVD-дисков, CD-дисков, видеокассет, видеодисков, аудиокассет, книг и т.п.)*

**Abdruck** оттиск; слепок

**Abdruck** *выч.* распечатка; вывод на печать

**Abdruck** тираж

**Abdruck machen** *(разг.)* пиратировать, делать пиратские копии

*der* **erneute Abdruck eines Buches** новое издание книги; переиздание книги

**Piratenabdruck** пиратская перепечатка; пиратская копия; пиратский тираж

**unbefugter Abdruck** недозволенная перепечатка, несанкционированная перепечатка, пиратская перепечатка; пиратская копия; пиратский тираж

**xerografischer Abdruck** ксерографический оттиск; ксерокопия

**abdruckbar** пригодный для перепечатки

**abdruckbar** *выч.* выводимый на печать, распечатываемый; печатный *(о символах)*

**Abdruckerlaubnis** f разрешение на тиражирование; разрешение на перепечатку; разрешение на репринтное переиздание; разрешение на стереотипное переиздание

**Abdruckrecht** n право на тиражирование; право на печать; право перепечатки

**abebben** спадать, падать, понижаться, снижаться *(о конъюнктуре)*

**ABECOR, Associated Banks of Europe Corporation S.A** *(Brüssel)* *(ассоциированная)* банковская группировка Европы *(Брюссель)*

**Abenteurer** m авантюрист

**Abenteurin** f авантюристка

**abenteuerlich** авантюристический; авантюрный; рискованный

**zu abenteuerlichen Preisen** *разг.* по бешеным ценам

**Aberacht** f *(ист.)* объявление вне закона, светское проклятие

**Aberdepot** n заклад ценных бумаг в банке, приобретающем право собственности на эти бумаги до их выкупа

**aberkennen** vt отрицать, оспаривать, не признавать *(чье-л. право на что-л.)*

**aberkennen** лишать *(кого-л. каких-л. прав в законном порядке)*

*j-m die* **bürgerlichen Ehrenrechte aberkennen** лишить гражданских прав *(кого-л. по суду)*

**die Patentfähigkeit aberkennen** отрицать патентоспособность

*j-m die* **Staatsbürgerschaft aberkennen** лишить гражданства *(кого-л.)*

**Aberkennung** f отказ *(в чём-л.)*

**Aberkennung** лишение *(каких-л. прав в законном порядке)*

**Aberkennung** отказ в признании, непризнание

**Aberkennung einer Forderung** отказ в признании требований

**Aberkennung der Befähigung zur Bekleidung öffentlicher Ämter** запрещение занимать общественные должности; запрещение занимать публичные должности

**Aberkennung der bürgerlichen Rechte** лишение гражданских прав, поражение в правах

**Aberkennung der Staatsangehörigkeit** лишение гражданства

**Aberkennungsurteil** n 1. приговор о лишении прав; постановление суда о лишении прав 2. приговор, устанавливающий отсутствие права; приговор об установлении отсутствия права

**abermalig** вторичный; повторный

**abermalige Verpfändung** перезаклад, вторичный заклад

**abernten** *vt* снимать урожай, убирать *(урожай, хлеб и т.п.)*

**Aberverwahrung** *f* заклад ценных бумаг по описи в банке, приобретающем право собственности на эти бумаги до их выкупа *(см. тж. Stükkekonto)*

**AbF, Arbeitsgemeinschaft Betriebswirtschaftlicher Fachberater** Объединение консультантов по организации производства

**Abfall** *m* отходы *(производства)*; вторичное сырьё, вторсырьё, вторичные ресурсы, вторресурсы; брак; побочные продукты *(производства)*; отбросы

**Abfall** понижение; падение *(напр добычи, производства)*

**Abfall** выгода, прибыль

**Abfall** исключение *(из правил)*

**Abfälle** *pl* отходы; отбросы; остатки

**Abfälle** *pl* субпродукты

**Abfall der Geburtenrate** падение рождаемости

**Endlagerstätte** *f* **für radioaktiven Abfall** могильник для радиоактивных отходов

**Energieerzeugung** *f* **aus Abfall** производство энергии из производственных и бытовых отходов; выработка энергии из производственных и бытовых отходов

*etw.* **in Abfall bringen** списать в расход, списать в расход *(что-л.)*

**Länderarbeitsgemeinschaft Abfall; LAGA** Межземельная рабочая группа по отходам *(ФРГ)*

**Landesamt für Wasser und Abfall; LWA** Земельное управление по водоснабжению и удалению отходов *(ФРГ)*

**Landesanstalt für Wasser und Abfall Nordrheinwestfalen** Ведомство водного хозяйства и отходов земли Северный Рейн-Вестфалия

**nicht verwertbarer Abfall** безвозвратные отходы, безвозвратное вторичное сырьё

**Normenausschuss Klassifizierung und Verpackung von radioaktivem Abfall** Комитет по нормам и стандартам в области классификации и упаковки радиоактивных отходов

**radioaktiver Abfall** радиоактивные отходы

**radioaktive Abfälle** *pl* радиоактивные отходы; радиоактивные осадки

**Technische Anleitung Abfall; Technische Anleitung zur Abfallbeseitigung; TA Abfall** техническое руководство по ликвидации отходов; техническое руководство по удалению отходов

**die Umwelt mit Abfall belasten** загрязнять окружающую среду отходами

**unverwertbarer Abfall** безвозвратные отходы, безвозвратное вторичное сырьё

**Umwelttechnik Abfall** технология обезвреживания и переработки отходов

**verwertbarer Abfall** утиль, утиль-сырьё

**Wärme- und Energieerzeugung** *f* **aus Abfall** производство тепла и энергии из отходов

**wiederverwendungsfähiger Abfall** возвратные отходы; вторичное сырьё, вторичные ресурсы, обращаемые отходы

**Abfall- und Nuklearkriminalität** *f* преступность, связанная с незаконной торговлей радиоактивными отходами и материалами

**Abfall- und Reststoffüberwachungsverordnung** *f*; **AbfRestüberwV** *юр.* Распоряжение о порядке контроля за отходами и остатками материалов

**Abfallager** *n* место захоронения отходов; земляной могильник

**Abfallager** *n* место захоронения *радиоактивных* отходов

**Abfallbeseitigung** *f* удаление отходов; очистка сточных вод

**Abfallbörse** *f* биржа по торговле отходами *(гл. обр. пластмасса, бумага, химические продукты)*

**Abfalleisen** *n* железный лом, скрап

**abfallen** *vi* спадать, снижаться; спускаться

**abfallen** разочаровывать, не оправдывать надежд

**Abfallerzeugnis** *n* изделие из отходов производства

**Abfallgelände** *n* район захоронения отходов (также и *радиоактивных*); свалка твёрдых бытовых отходов; полигон ТБО

**Abfallindustrie** *f* использование отходов

**Abfallindustrie** *f* промышленность по переработке вторичного сырья

**Abfallindustrie** промышленность по переработке *(уничтожению)* отходов

**Abfallmaterial** *n* побочный продукт; отходы *(производства)*; отбросы

**Abfallprodukt** *n* побочный продукт; отходы *(производства)*; отбросы

**Abfallprozent** *n* удельный вес отходов *(производства) (выраженный в процентах)*

**Abfallrecycling** *n* вторичное использование отходов; рециркуляция отходов

**Abfallstoff** *m* побочный продукт; отходы *(производства)*; отбросы

**Abfallverwendung** *f* вторичное использование отходов *(производства)*, вторичное использование вторичного сырья, утилизация отходов *(производства)*, утилизация вторичного сырья

**Abfallwirtschaft** *f* переработка отходов; промышленность по переработке вторичного сырья; промышленность по переработке отходов; использование *(производственных)* отходов

**Abfallverwertungsanlage** *f* утилизационная установка; установка для переработки отходов

**abfangen** переманивать; завлекать *(напр., покупателей)*

**Flugzeug abfangen** захватывать самолёт, захватить самолёт

**Kunden abfangen** переманивать клиентов; переманивать покупателей

**abfassen** *vt* составлять *(напр., документ)*

**abfassen** схватить, поймать *(преступника)*

**abfassen** отвешивать; расфасовывать

*einen* **Bericht abfassen** составлять отчёт, составить отчёт; подготовить отчёт

*ein* **Protokoll abfassen** подготовить протокол *(напр. заседания)*

*einen* **Vertrag abfassen** составить договор, подготовить договор

**Abfassung** *f* составление *(напр., баланса)*

**Abfassung** формулирование, составление *(напр. статьи договора)*

**Abfassung** формулировка

**Abfassung** редактирование

**Abfassung** поимка *(преступника)*

**Abfassung der Urkunde** составление документа

**Abfassung des Täters** *(австр.)* поимка преступника

**abfeilschen** *уст.* выторговывать

**abfeilschen** торговаться

**er hat ein paar Rubel vom Preis abgefeilscht** он скостил с цены пару рублей; он выторговал пару рублей; он сбил цену на два рубля

*j-m* **20 Euros vom Preis abfeilschen** выторговать (у кого-л.) двадцать евро

*j-m* **zehn Rubel vom Preis abfeilschen** выторговать (у кого-л.) десять рублей

**abfertigen** *vt* обрабатывать и отправлять почтовую корреспонденцию

**abfertigen** обслуживать *(покупателей)*

**abfertigen** осуществлять логистические мероприятия, осуществлять мероприятия по логистике

**abfertigen** отправлять *(транспорт)*

**abfertigen** оформлять и обрабатывать документы

**abfertigen** осуществлять таможенную очистку, выполнять таможенные формальности, декларировать *(товар, груз на таможне)*

**abfertigen** принимать и отправлять грузы; оказывать экспедиторские услуги

**Güter abfertigen** оформлять груз(ы) к отправке

**eine Postsendung abfertigen** оформлять почтовое отправление (посылку, бандероль)

**einen LKW abfertigen** подготовить грузовую автомашину к отправке; готовить грузовик к отправке, подготовить грузовик к отправке

**Kundschaft abfertigen** обслуживать покупателей

**Passagiere abfertigen** обслуживать пассажиров

*j-n* **mit leeren Versprechungen abfertigen** отделаться (от кого-л.) пустыми обещаниями

**Abfertigung** *f* обслуживание *(напр. покупателей, клиентов)*

**Abfertigung** *(австр.)* выходное пособие; выплата выходного пособия

**Abfertigung** обработка и отправление почтовой корреспонденции

**Abfertigung** отдел обработки и отправления почтовой корреспонденции; экспедиция

**Abfertigung** отправление *(автотранспорта, транспортного средства, поезда, парохода и т.п.)*

**Abfertigung** оформление и обработка документов

**Abfertigung** приём и отправка грузов; приём и отправка товаров; экспедиция; обработка *(груза; грузов)*; терминальная обработка; обработка на терминале

**Abfertigung** окончательный платёж; платёж в завершение взаиморасчётов

**Abfertigung** таможенная очистка, осуществление таможенных формальностей; декларирование *(товаров, грузов)*, кларирование *(судна)*

**Abfertigung des Gepäcks** приём багажа к отправке

**Abfertigung zum Bahnversand** документальное оформление железнодорожной отгрузки; оформление железнодорожной отгрузки

**eine Abfertigung bekommen** получить отказ (в резкой форме)

**Bahnabfertigung** f документальное оформление железнодорожной отгрузки; документальное оформление железнодорожных отгрузок

**binnenzollamtliche Abfertigung** таможенная очистка на внутренней таможне, выполнение формальностей на внутренней таможне

**directe Abfertigung** отправка грузов транзитом при смешанных перевозках; приём и отправка груза на весь путь следования; таможенное оформление (декларирование) транзитных грузов

**durchgehende Abfertigung** отправка грузов транзитом при смешанных перевозках; приём и отправка груза на весь путь следования; таможенное оформление (декларирование) транзитных грузов

**Empfangsabfertigung** f приём багажа к отправлению; приём грузов к отправлению

**geordnete Abfertigung** упорядоченное обслуживание

**Gepäckabfertigung** f 1. багажное отделение (напр., на вокзале); 2. приём багажа к отправке; обработка багажа (упаковка и оформление документов); оформление багажа

**keine Abfertigung** закрыто (вывеска на кассе, почтовом окне)

**Zollabfertigung** f таможенная очистка; выполнение таможенных формальностей

**zollamtliche Afertigung** таможенная очистка; выполнение таможенных формальностей

**Abfertigungsagent** m таможенный инспектор

**Abfertigungsamt** n 1. экспедиция; экспедиторская контора; экспедиционная контора 2. таможенный брокер 3. почтовый распределительный пункт; пункт обработки почтовой корреспонденции

**Abfertigungsbeamte** m 1. экспедитор 2. таможенный инспектор

**Abfertigungsbefugnis** f 1. право (таможни) на отправку определённых грузов (по экспорту или импорту) 2. право растамаживания; право на растамаживание; право на таможенную очистку (грузов)

**Abfertigungsbehörde** f таможенный орган; таможня; подразделение таможни, таможенное подразделение

**Abfertigungsbehörden** pl таможенные власти

**Abfertigungsbeschränkung** f ограничение полномочий таможенных органов при очистке определённых товаров от пошлины

**Abfertigungsbeschränkung** (ист.) ограничение полномочий железнодорожных станций на отправку грузов (в бывш. ГДР)

**Abfertigungsfolge** f выч. очередность обслуживания

**Abfertigungsfrist** f 1. время, потраченное на отправку (часть срока поставки); срок оформления отправки 2. срок обработки почтового отправления

**Abfertigungsgebühr** f почтовый сбор

**Abfertigungsgebühr** сбор за осуществление операций по отправке груза, экспедиторский сбор, сбор за экспедицию груза, плата за осуществление операций по отправке груза

**Abfertigungsgebühr** сбор за услуги по декларированию груза (товаров), оплата услуг таможенного брокера

**Abfertigungsgebühr** таможенный тариф; таможенный сбор

**Abfertigungshafen** m порт таможенной очистки; порт выполнения таможенных формальностей

**Abfertigungskosten** pl стоимость таможенной очистки; расходы на таможенную очистку (мн.ч.); стоимость декларирования (товара); стоимость растамаживания

**Abfertigungspapiere** pl таможенные документы (мн.ч.); таможенная документация

**Abfertigungspapiere** pl товаросопроводительные документы (мн.ч.); товаросопроводительная документация; сопроводительные документы (мн.ч.); сопроводительная документация

**Abfertigungsschalter** m 1. окно (кассы, на почте и т.п.) 2. окно приема таможенных деклараций; рабочее место таможенного инспектора

**Abfertigungsschein** m декларация при отправке товара; экспортная таможенная декларация

**Abfertigungsschein** препроводительная бумага, сопроводительный документ

**Abfertigungsschein** таможенная декларация; ТД

**Abfertigungsschein** грузовая таможенная декларация; ГТД

**Abfertigungsschein** таможенная квитанция

**Abfertigungsschreiben** *n* таможенная декларация; ТД

**Abfertigungsschreiben** таможенная квитанция

**Abfertigungsschreiben** грузовая таможенная декларация; ГТД

**Abfertigungsschreiben** декларация при отправке товара

**Abfertigungsschreiben** препроводительная бумага

**Abfertigungsschreiben** сопроводительный документ; сопроводительная документация; товаросопроводительная документация

**Abfertigungsspediteur** *m* транспортный агент

**Abfertigungsspediteur** экспедитор

**Abfertigungsspediteur** таможенный брокер

**Abfertigungsstation** *f* станция отправления; станция обработки грузов

**Abfertigungsstelle** *f* служба приёма и отправки грузов; место приёма и отправки товаров; экспедиция

**Abfertigungssumme** *f* сбор *(денежный)*

**Abfertigungssumme** таможенный сбор

**Abfertigungssumme** сбор за проведение таможенных формальностей

**Abfertigungssumme** отступное, отступные деньги (мн.ч.), отступная сумма, отступные (мн.ч.)

**Abfertigungsunterlagen** *f, pl* сопроводительные документы (мн.ч.); товаросопроводительные документы (мн.ч.); товаросопроводительная документация

**Abfertigungsvermerk** *m* отметка о таможенной очистке

**Abfertigungsvorschrift** *f* инструкция о порядке приёма багажа к отправлению

**Abfertigungsvorschrift für den Güterverkehr** инструкция о порядке приёма и отправки грузов

**Abfertigungsvorsorge** *f австр.* отчисления в фонд для выходного пособия

**Abfertigungszeit** *f* время отправления

**Abfertigungszeit** срок оформления документов

**Abfertigungszeit** время обслуживания *(напр. заявки)*

**abfinden** *vt* возмещать *(убытки)*; компенсировать *(ущерб)*

**abfinden** *юр.* восстанавливать в имущественных правах, восстанавливать имущественные права

**abfinden** выплачивать *(напр. единовременное)* вознаграждение

**abfinden** договориться полюбовно, прийти к *(мировому)* соглашению

**abfinden** погашать долг, возвращать долг; удовлетворять требования *(напр., кредитора)*

**abfinden** прийти к соглашению, приходить к соглашению; договориться, договариваться

**abfinden** удовлетворять *(кредиторов)*; удовлетворять требования кредиторов

**abfinden** (bei D) *(вост.-ср.-нем.)* отблагодарить услугой за услугу *(кого-л.)*

*sich* **abfinden** примириться, мириться *(со своим положением)*

*sich* **abfinden** довольствоваться *(полученным)*

*sich (mit D)* **abfinden** примириться *(с чем-л.)*

*j-n* mit einer Kleinigkeit **abfinden** откупиться (от кого-л.) мелкой подачкой; отделаться (от кого-л.) мелкой подачкой

den Gläubiger **abfinden** рассчитаться с кредитором

**Abfindung** *f* возмещение *(убытков)*; *(денежная)* компенсация, *(денежное)* вознаграждение; отступное, отступные

**Abfindung** восстановление имущественных прав; восстановление в имущественных правах

**Abfindung** выплата вознаграждения *(напр., единовременного)*

**Abfindung** достижение договорённости

**Abfindung** погашение долга, возврат долга; платёж в счёт окончательного расчёта *(сделки, кредита)*

**Abfindung der Erben** выдел наследников, выплата *(деньгами)* доли наследства *(причитающейся наследникам)*

einmalige **Abfindung** выплата единовременного вознаграждения; единовременная выплата

**Abfindungsbetrag** *m* отступная сумма, отступные, отступное; сумма денежной компенсации; денежная компенсация

**Abfindungsguthaben** *n* сумма компенсации, выплачиваемой компаньону *(соучредителю)* при выходе из общества

**Abfindungsleistung** *f* уплата отступного; выплата компенсации, предоставление *(денежной)* компенсации

**Abfindungsmenge** *f* размер отступного; размер компенсации

**Abfindungsquantum** *n* размер отступного

**Abfindungssumme** f отступная сумма, отступные, отступное; сумма денежной компенсации; денежная компенсация

**Abfindungszahlung** f уплата отступного; выплата компенсации, предоставление (денежной) компенсации

**Abflauen** n ослабление (напр., торговой деятельности)
  **Abflauen** понижение, падение (цен, курса)
  **Abflauen** уменьшение (напр., спроса)
  **Abflauen** спад, ухудшение (напр., конъюнктуры)
  **Abflauen des Marktes** ослабление конъюнктуры рынка

**abflauen** понижаться, падать (о ценах, курсах); уменьшаться (напр. о спросе); ухудшаться (напр. о конъюнктуре); идти на убыль, затихать, ослабевать (напр. о торговой деятельности)

**Abfluss, (alt) Abfluß** m отток, утечка (напр. капитала)
  der **Abfluss des Kapitals ins Ausland** отток капитала за границу; утечка капитала за границу
  nach **Abfluss eines bestimmten Zeitraumes** по истечении определенного срока

**Abfrage** f вчт. опрос; считывание (данных)
  **Abfrage** запрос; вызов
  **Abfragesprache** f вчт. язык запросов

**abfragen** vt опрашивать; спрашивать; запрашивать; вызывать (в телефонии)

**abführen** вносить (напр., в бюджет); выплачивать, уплачивать (напр. налоги)
  **abführen** отчислять (напр., прибыль)
  an den **Haushalt abführen** вносить в бюджет
  **Steuern abführen** выплачивать налоги

**Abfuhrklausel** f оговорка, запрещающая применение льготного тарифа при отправке товара

**Abfuhrkosten,** pl издержки по отправке, издержки по перевозке; стоимость вывоза

**Abführung** f взнос; выплата, уплата (напр. налогов); отчисление (напр. прибылей)
  **Abführung an den Betriebsfonds** отчисление в фонд предприятия
  **Abführung an den Haushalt** отчисление в бюджет; отчисления в бюджет
  **Abführung überschüssiger Umlaufmittel** отчисление (возврат) избыточных оборотных средств
  **Abführungen aus dem Gewinn** отчисления от прибыли
  **haushaltswirksame Abführung** отчисление в бюджет; отчисления в бюджет; платежи в бюджет

**Abführungsverpflichtung** f обязанность делать отчисления

**Abgabe** f налог; сбор; пошлина; взнос; повинность; оброк
  **Abgabe** отпуск (напр., готовой продукции)
  **Abgabe** отчисление; отчисления
  **Abgabe** продажа (напр., ценных бумаг на бирже); запродажа (на корню) (напр. товара)
  **Abgabe** сдача, передача, вручение (напр., заказанного товара)
  **Abgabe von Warenbeständen** сдача товарных остатков
  **außerordentliche Abgabe** чрезвычайный налог
  **öffentliche Abgabe** совокупность налоговых платежей
  **rückständige Abgabe** недоимки
  **spezielle Abgabe** специальный сбор, специальный налог

**Abgabenanalyse** f анализ движения государственных доходов и поступлений; анализ динамики государственных доходов и поступлений

**Abgabenbefreiung** f освобождение от налогов, освобождение от пошлин, страх. франшиза

**abgabenfrei** не облагаемый налогом, свободный от налогов, свободный от сборов; беспошлинный

**Abgabenfreiheit** f страх. франшиза; освобождение от налогов, освобождение от пошлин

**Abgabenhoheit** исключительное право государства определять систему налогообложения, исключительное право административной единицы определять систему налогообложения;

**Abgabenordnung** f правила взыскания налогов, правила взыскания пошлин; налоговое законодательство

**Abgabenpächter** m откупщик налогов

**abgabenpflichtig** подлежащий обложению налогом, подлежащий обложению сборами, облагаемый налогом, облагаемый сборами

**Abgabenplanung** f планирование налоговых поступлений

**Abgabenreform** f налоговая реформа

**Abgabenüberhebung** f незаконное взимание и присвоение налогов и сборов

**Abgabenverwaltung** f ист. налоговое управление

**Abgabepreis** m отпускная цена

**Abgabesatz** m процент, вычитаемый банком при продаже им ценных бумаг; процентная ставка на операции с ценными бумагами
  **Abgabesatz** процентная ставка налогового сбора; ставка налогового сбора

**Abgabetermin** *m* срок сдачи
**Abgabewert** *m* отпускная стоимость
**Abgang** *m* выбытие; уход *(напр. в отставку)*
    **Abgang** отправление, отъезд
    **Abgang** отсев
    **Abgang** потеря, пропажа
    **Abgang** сбыт товаров
    **Abgang** убытки, потери; недостача; убыль; утечка; недовес; сбыт *(товаров)*; потеря, пропажа; отправление *(о поезде)*, отправка; отъезд; отбытие; выбытие; *стат.* отсев; уход со службы; уход в отставку
    **natürlicher Abgang an Arbeitskräften** естественное выбытие работников; естественный отсев работников
**Abgänge** *m, pl* выбытие
    **Abgänge von Grundfonds** *бухг.* выбытие основных фондов
    **Abgänge von Vieh** выбытие скота; убыль скота
    **vorzeitige Abgänge von Schülern und Studenten** досрочное выбытие учащихся *(школьников и студентов)*
**Abgangsbahnhof** *m* станция отправления
**Abgangsdatum** *n* дата отправки *(дата первой передачи перевозчику)*
**Abgangsentschädigung** *f* выходное пособие
**Abgangsort** *m* место отправки, место отгрузки
**Abgangstarifbahnhof** *m* станция отправления, предусмотренная в железнодорожном тарифе; тарифная станция отправления
**Abgangstarifstation** *f* станция отправления, предусмотренная в железнодорожном тарифе; тарифная станция отправления
**Abgangsvergütung** *f* выходное пособие
**Abgangswahrscheinlichkeit** *f стат.* вероятность выбытия; вероятность убыли
**ABGB, Allgemeines Bürgerliches Gesetzbuch für Österreich** Австрийский гражданский кодекс законов
**abgeben** сдавать, передавать, вручать *(напр. заказанный товар)*; уступать; возвращать; отпускать *(напр. готовую продукцию)*; продавать *(напр. ценные бумаги на бирже)*; отчислять, делать отчисления
**Abgebot** *n* предложение более выгодной цены *(на торгах)*
**abgedeckt** погашенный *(о долге, кредите)*
**abgehen** отправляться *(о поездах)*; расходиться *(о товаре)*, находить сбыт *(о товаре)*
    **abgehen** отходить, отправляться
    **abgehen** *vi* расходиться, находить сбыт *(о товаре)*
    **reißend abgehen** продаваться нарасхват, идти нарасхват *(о товарах)*
    **das muss von der Rechnung abgehen** это следует сбросить со счёта
**abgelagert** лежалый, залежавшийся *(о товаре)*; лежалый *(о фруктах, овощах)*; выдержанный *(напр., о вине)*, созревший, вылежавшийся
**abgelaufen** истекший; просроченный *(напр. о векселе)*
    **abgelaufener Wechsel** просроченный вексель
**Abgeld** *n* дизажио *(понижение рыночного курса от нарицательной стоимости ценных бумаг, векселей и т.п.)*
**abgelöst** погашенный *(о долге, кредите)*
**abgelten** возмещать, компенсировать; вознаграждать; оплачивать; погашать *(напр. долг)*
**Abgeltung** *f* возмещение, компенсация; вознаграждение; оплата; погашение *(напр. долга)*
**Abgeltungsbetrag** *m* размер возмещения, размер компенсации
**Abgeltungsdarlehen** *n* ссуда для уплаты возмещения, ссуда для уплаты компенсации
**abgenutzt** негодный; использованный
**abgerechnet** за вычетом
**abgerechnet** оплаченный
**abgeschrieben** *см.тж.* **abschreiben**:
    **vollständig abgeschrieben sein** полностью самортизирован; быть полностью самортизированным; с полной амортизацией
**AbgH., Abgangshafen** порт отправления
**abgleichen** *vt* балансировать
    **abgleichen** сбалансировать *(напр. счет, требования и обязательства)*
    **abgleichen** уравнивать, выравнивать
**Abgrenzung** *f фин.* лимитирование; установление лимита
    **Abgrenzung** *бухг.* разграничение
    **Abgrenzung** *бухг.* разноска, разнесение *(затрат и поступлений, происходящих в разные отчётные периоды)*
    **Abgrenzung** размежевание *(напр. рынков)*
    **Abgrenzung der Ausgaben** выделение расходов
    **aktive Abgrenzung** *бухг.* разграничение затрат между смежными отчётными периодами; разграничение активов; разноска активов; разнесение активов
    **passive Abgrenzung** *бухг.* разграничение поступлений между смежными отчётными периодами; разграничение пассивов; разноска пассивов; разнесение пассивов

**zeitliche Abgrenzung** разграничение затрат и поступлений между отдельными периодами; разноска активов и пассивов

**Abgrenzungskonten** *n, pl* счета, разграничивающие учёт между смежными отчётными периодами

**Abgrenzungsposten** *m pl* разграничительные статьи баланса

**Abgrenzungsposten** статьи баланса, разграничивающие учёт затрат и поступлений между смежными отчётными периодами

**antizipative Abgrenzungsposten** *бухг.* антиципированные статьи баланса

**aktive und passive Abgrenzungsposten der Jahresrechnung** статьи *(годового)* баланса, разграничивающие расходы и доходы

**AbgSt, Abgangsstation** станция отправления

**ABH, Allgemeine Bedingungen für Haftpflichtversicherung** Общие условия страхования гражданской ответственности

**abhandeln** *vt* выторговывать *что-л. у кого-л.*

**abhandeln** *(разг.)* обсуждать; обговорить; *(разг.)* перетирать *(тему)*

**Abhängigkeit** *f* зависимость

**direkte Abhängigkeit** прямая зависимость

**finanzielle Abhängigkeit** финансовая зависимость

**funktionale Abhängigkeit** функциональная зависимость

**gegenläufige Abhängigkeit** обратная зависимость

**indirekte Abhängigkeit** косвенная зависимость

**koloniale Abhängigkeit** колониальная зависимость

**lineare Abhängigkeit** линейная зависимость

**stochastische Abhängigkeit** стохастическая зависимость

**technologisch bedingte Abhängigkeit** *сет. пл.* зависимость, обусловленная технологическими факторами

**wirtschaftliche Abhängigkeit** экономическая зависимость

**abheben** *vt* снимать со счёта; снимать средства со счёта; снимать деньги со счёта *(в банке)*

**Abhebung** *f* снятие *(средств)* с банковского счёта, снятие *средств* со счёта; снятие со счёта *(денег)*; снятие с банковского счёта *(денег, средств)*

**eine Abhebung durchführen** оформлять снятие с банковского счёта *(средств, денег)*

**massierte Abhebung von Einlagen** массовое изъятие вкладов с банковских счетов

**Abhilfe** *f* устранение затруднений; выход из затруднительного положения

**Abhilfe** помощь *(в беде)*

**Abhilfe** устранение недостатков

**Abhilfe** удовлетворение *(жалобы)*

**Abhilfe einer Beschwerde schaffen** удовлетворять жалобу

**Abhilfe finden** найти выход из затруднительного положения

**Abhilfemaßnahme** *f* мера *(против чего-л.)*

**Abhilfemaßnahme** временная мера

**Abhilfemaßnahme** вспомогательная мера

**Abhilfemöglichkeit** *f* возможность устранения недостатков

**Abhilfemöglichkeit** возможность удовлетворения *(жалобы)*

**Abhilferecht** *n* право вышестоящего суда устранить недостаток, допущенный нижестоящим судом; право на устранение судебной ошибки низшей инстанции высшей *(со стороны высшей)*

**Abhilfeverfahren** *n* производство по рассмотрению жалоб

**Abholerausweis** *m* документ на предъявителя

**Abholfahrt** *f* резервный пробег *(локомотива)*; рейс за вагонами

**Abholgebühr** *f* сбор за принятие груза у отправителя; плата за доставку на дом

**Abholsparen** *n* накопление сбережений, сдаваемых вкладчиком в своей квартире уполномоченному сберкассы *(в бывш. ГДР)*, накопление сбережений, сдаваемых вкладчиком в своей квартире агенту сберкассы *(в бывш. ГДР)*

**Abholung** *f* заход, заезд *(за чем-л.)*

**Abholung** выемка *(писем)*

**Abholung** вывоз *(заранее приготовленного утиля или других отходов)*

**Abholung** выборка *(напр. данных из памяти)*

**Abholung** приём на дому отправителя *(багажа, груза, отправлений экспресс-почтой и т.п.)*

**Selbstabfertigung und -abholung** *f* самообслуживание при отправлении и получении *(грузов)*

**Abholungsanspruch** *m* право на возвращение движимого имущества *(находящегося на чужом земельном участке)*

**Abholzungsrecht** *n* право на вырубку *(леса)*

**Abhörapparat** *m* 1. аппарат для прослушивания телефонов, устройство для подслушивания телефонных переговоров, устройство для подслушивания *(разговоров)* 2. устройство для прослушивания записей

**Abhörgesetz** *n* закон о запрещении прослушивания телефонных разговоров, закон о запрете на прослушивание телефонов

**ABI, Arbeiter- und Bauern-Inspektion** (истор.) рабоче-крестьянская инспекция

**Ability** *f (eng.)* способность (человека)

**Abk.:**

**Abk., Abkommen** договор; конвенция; сделка; соглашение

**Abk., Abkürzung** сокращение, аббревиатура

**Abkauf** *m* выкуп *(напр. облигаций)*

**Abkauf** закупка, скупка; *ист.* откуп

**abkaufen** закупать, скупать; выкупать *(напр. облигации займа)*; *ист.* откупать

**Abkommen** *n* соглашение; договор; конвенция; сделка

**Abkommen über technische Hilfe** соглашение о технической помощи *(взаимопомощи)*

**Abkommen zur Vermeidung der Doppelbesteuerung** Соглашение об устранении двойного налогообложения

**bilaterales Abkommen** двустороннее соглашение

**multilaterales Abkommen** многостороннее соглашение

**ein Abkommen abschließen** заключать соглашение

**ein Abkommen treffen** заключать соглашение, прийти к соглашению

**Abkommenskonten** *n, pl* расчётные счета (мн.ч.)

**Abkommenslieferung** *f* поставка по соглашению

**abkürzen** *vt* сокращать

**ABL, Amtsblatt** официальный бюллетень

**Abladedokument** *n* отгрузочный документ

**Abladefrist** *f* срок отгрузки

**Abladegebühr** *f* плата за выгрузку

**Abladegeschäft** *n* сделка на товар *(при которой отправитель обязан представить документы, напр. коносамент, страховой полис, фактуру и т.д. применяется во внешней торговле)*

**Abladegeschäft** срочная сделка на товар, подлежащий отгрузке, с представлением отгрузочных документов

**Abladegewicht** *n* отгрузочный вес, погрузочный вес, вес товара при погрузке на судно, вес товара при отправлении

**Abladeklauseln** *f, pl* пункты договора о расходах по погрузке, месте и сроке отгрузки *(товара)*

**Abladeklauseln** пункты контракта об отгрузке *(содержат расходы по погрузке, места отгрузки и назначения, сроки)*

**Abladekontrakt** *m* контракт на срочную сделку *(см.тж. Abladegeschäft)*

**abladen** отгружать, выгружать *(груз)*; отгружать, отправлять *(партию товара)*

**Abladeort** *m* место отгрузки, место отправки

**Abladeplatz** *m* место отгрузки, место отправки; место отправления

**Ablader** *m* грузоотправитель; грузчик, рабочий на разгрузке; грузчик на разгрузке; стивидор; логистическая организация; логистик

**Abladung** *f* отгрузка, выгрузка *(груза)*; отгрузка, отправка *(партии товара)*; логистическая операция

**Ablage** *f* архив; подшивка и хранение документов

**Ablage** склад, место хранения, складское помещение

**Ablageplatz** *m* склад, складское помещение, место хранения

**ablagern** выдерживать *(для улучшения качества)*

**ablagern** залёживаться, портиться от долгого хранения

**ablagern** складировать, помещать на склад; хранить на складе

**ablagern** укладывать навалочный груз; складировать навалом *(насыпью)*

**Ablagerung** *f* выдерживание *(для улучшения качества)*

**Ablagerung** складирование; хранение на складе

**ablassen** отпускать *(товар)*; отгружать *(товар)*

**ablassen** уступать, переуступать *(товар)*; уступать в цене

**Ablauf** *m* истечение срока, окончание срока

**Ablauf** течение, ход *(напр. производственного процесса)*; последовательность *(напр. операций)*

**Ablauf** исход, конец

**Ablauf des Staatshaushaltsplanes** исполнение государственного бюджета, исполнение госбюджета

**Ablauf eines Wechsels** истечение срока векселя

**gleichmäßiger Ablauf der Arbeit** ритмичность труда

**technologischer Ablauf** технологический поток; технологическая последовательность

**Ablaufdiagramm** *n* график последовательности операций, схема последовательности операций; календарный график работ; технологическая диаграмма

**ablaufen** *vi* истекать, оканчиваться *(о сроке)*

**Ablauforganisation** *f* организация производства по принципу регулирования последовательности операций

**Ablaufplan** *m* текущий план, оперативный план; календарный план

**Ablaufplanung** *f* текущее планирование, оперативное планирование; календарное планирование; *сет. пл.* определение структуры *(системы СПУ)*

**Ablaufpolitik** *f* политика стабилизации экономики; стабилизационная политика *(экономики)*

**Ablaufschema** *n* схематичный график последовательности операций, схема последовательности операций; календарный график работ; технологическая диаграмма

**Ablebensversicherung** *f* страхование на случай смерти; посмертное страхование

**ablegen** подшивать в дело; раскладывать *(почту, дела)* сортировать приводить в порядок

    **ablegen** складировать, помещать на склад

    **ablegen** сортировать приводить в порядок

**Ablegevermerk** *m* пометка на документе *(подшить в дело № такое-то)*

**ablehnen** *vt* отклонять, отвергать, отказывать

    **ablehnen** *уст.* рассчитывать, рассчитать *(при увольнении)*; расплачиваться *(за выполненную работу)*

**Ablehngrenze** *f* предел отбора; предел отборки, граница отборки; критерии отборки

**Ablehnung** *f* отклонение, отказ

**Ablehnungsbereich** *m* область отклонения гипотезы

**Ablehnungszahl** *f стат.* браковочное число

**Ablesefehler** *m* погрешность отсчёта

**Ablesegenauigkeit** *f* точность отсчёта; *выч.* точность считывания

**ablesen** *vt выч.* снимать показания; считывать

    **ablesen** отсчитывать, отсчитать

**Ablesung** *f* ввод *(напр. данных)*

    **Ablesung** *вчт.* считывание; отсчёт *(напр. показаний)*

    **Ablesung** показание, отсчёт

**Abl.F., Ablieferungsfrist** срок поставки, срок доставки

**abliefern** отпускать, доставлять; поставлять

    **abliefern** *с.-х.* поставлять; отпускать; доставлять; поставлять; сдавать

    **abliefern** сдавать, отдавать *(груз)*; вручать, передавать *(по назначению)*

**Ablieferung** отпуск; доставка; поставка

    **Ablieferung** поставка *(сельскохозяйственная)*

    **Ablieferung** сдача, выдача *(груза)*; вручение; передача *(по назначению)*

**Ablieferungsbescheid** *m* плановое задание по поставкам сельскохозяйственных продуктов государству.*(в бывш. ГДР, в бывш. СССР)*

**Ablieferungsorder** *m* деливери-ордер *(распоряжение о выдаче товара со склада или о выдаче части груза по коносаменту)*

**Ablieferungspflicht** *f* обязанность осуществлять поставки сельскохозяйственных продуктов государству *(в бывш ГДР, в бывш. СССР)*

**Ablieferungspflicht** *ист.* продовольственная развёрстка, продразвёрстка; обязанность сдачи *(товара)*

**Ablieferungspflicht** обязательство по поставкам *(товара)*

**Ablieferungsplan** *m* план поставок *(напр., по внешнеторговому контракту)*

**Ablieferungsprämie** *f*; **delivery bonus** *(eng.)* бонус на доставку

**Ablieferungsprämie** *f* надбавка за перевыполнение обязательств по поставкам сельскохозяйственных продуктов государству *(в бывш ГДР, в бывш. СССР)*

**Ablieferungsrückstand** *m* задолженность по поставке; задолженность по поставкам

**Ablieferungssatz** *m* размер обязательных поставок сельскохозяйственных продуктов государству *(в бывш ГДР, в бывш. СССР)*

**Ablieferungsschein** *m* 1. накладная; расписка в получении товара 2. квитанция о сдаче *(почтового отправления)*; почтовая квитанция 3. квитанция об отправке груза; квитанция об отправке багажа 4. документ на отпуск продукции

**Ablieferungssoll** *n* обязательные поставки сельскохозяйственных продуктов государству *(в бывш ГДР, в бывш. СССР)*; размер обязательных поставок сельскохозяйственных продуктов государству *(в бывш ГДР, в бывш. СССР)*

**Ablieferungstermin** *m* срок поставки; срок доставки

**Ablieferungsverpflichtung** f обязательство по поставкам сельскохозяйственных продуктов государству (в бывш ГДР, в бывш. СССР)

**Ablieferungsvertrag** m договор на поставку; договор о поставке; договор поставки; контракт на поставку

**Ablieferungszwang** m 1. обязанность поставить (определённый товар) 2. обязанность осуществлять поставки отдельных видов сельскохозяйственных продуктов государству

**abliegen** выдерживаться на складе (о товаре)

**abliegen** vi хранить товар на складе (до определённого срока)

**ablohnen** расплачиваться, расплатиться, осуществить расплату (за выполненную работу)

**ablohnen** уст. рассчитывать, рассчитать (при увольнении)

**Ablokation** f сдача в наём, сдача в аренду

**ablösbar** подлежащий погашению; подлежащий выкупу, могущий быть выкупленным

**ablösbar** сменяемый

**ablösbare Hypothek** погашаемая ипотека, аннулируемая ипотека

**ablösbare Schuldverschreibung** облигация с правом досрочного погашения

**ablöschen** vt погашать (долг, кредит); покрывать (расходы)

**Ablösegelder** n, pl ист. выкупные платежи

**Ablöselieferung** f возмещающая поставка, поставка с целью возмещения, компенсационная поставка

**Ablöselieferungen** f pl компенсационные поставки (в счёт обязательств)

**ablösen** изымать (напр. капитал из дела)

**ablösen** погашать (напр. долг, кредит); выкупать (напр. ценные бумаги)

**ablösen** сменять, приходить на смену

**ablösen** увольнять, освобождать от должности

**Ablösesumme** f 1. сумма выкупа; отступное, отступная сумма 2. спорт. трансфер за игрока; сумма, выплачиваемая спортивному клубу за приглашение его игрока для игры в другом спортивном клубе (команде)

**Ablösung** f ист. (денежный) выкуп крестьян

**Ablösung** ежемесячный взнос предпринимателем в фонд нетрудоспособных рабочих

**Ablösung** изъятие (напр. капитала из дела)

**Ablösung** освобождение от должности

**Ablösung** погашение, уплата (напр. долга, кредита); выкуп (напр. ценных бумаг)

**Ablösung** смена

**Ablösung** сменщик, сменяющий

**Ablösungsanleihe** f конверсионный заём

**Ablösungsbetrag** m сумма выкупа; отступное, отступные, отступная сумма

**Ablösungsfinanzierung** f финансирование на цели погашения кредитов (собственным капиталом) (обычно путём выпуска займов или акций)

**Ablösungsfonds** m выкупной фонд

**Abslösungsgeld** n выкупные деньги

**Ablösungskapital** n выкупной капитал

**Ablösungskasse** f ист. выкупная казна

**Ablösungsrecht** n право выкупа; право на выкуп

**Ablösungsrecht** банк. право выкупа заложенного имущества

**Ablösungsrecht** n юр. право на выкуп третьими лицами

**Ablösungsrente** f ист. выкупная рента

**Ablösungssumme** f сумма выкупа; отступное, отступные, отступная сумма

**ablozieren** сдавать внаём, сдать внаём, сдавать в аренду, сдать в аренду, передать в аренду, передавать в аренду, передавать на условиях аренды

**Abmachung** f (mit jmdm über etw.) соглашение, договорённость; сделка

**eine Abmachung nicht einhalten** нарушить обязательство; не исполнить обязательств; не выполнить обещание

**eine Abmachung treffen** заключать сделку; договариваться (о чём-л.); достигать соглашения (в чём-л.)

**freiwillige Abmachung** полюбовная сделка

**geschäftliche Abmachung** деловое соглашение; коммерческая сделка

**gütliche Abmachung** полюбовная сделка

**harte Abmachung** жёсткая договорённость

**vertragliche Abmachung** контрактация, договорное соглашение

**Das ist gegen die Abmachung!** Это противоречит соглашению!

**Abmahnung** f 1. юр. уст. отговаривание от заключения сделки (один из приёмов недобросовестной конкуренции) 2. предупреждение

**Abmarkung** f межевание; размежевание; разграничение; установка межевых знаков; установка пограничных знаков

**Abmaß** *n* отклонение размера; допуск

**Abmaß** размер, измерение

**Abmaß** обмер и приёмка *(заготовленного лесоматериала)*

**zulässiges Abmaß** допускаемое отклонение

**Abmeierung** *f* ист. сгон крестьян с земли; ист. лишение права пользования землёй *(за недоимки или плохое ведение хозяйства)*

**Abmeldung** *f* аннулирование *(напр. заявки)*; отказ от участия *(напр. в ярмарке)*; снятие заказа *(напр., на бронь в гостинице)*

**Abmeldung** снятие с учёта автомашины *(по месту её регистрации)*

**Abmeldung** бухг. авизо, извещение, уведомление

**Abmeldung** выписывание из гостиницы

**Abmeldung** уведомление о выходе *(напр. из какой-л. организации)*

**Abmeldung** вчт. выход из системы; завершение сеанса *(работы)*

**Abmeldung** разъединение *(телефонной линии)*

**Abmeldung vornehmen** снимать с учёта

**Abmessung** *f* размер(ы), измерение; габарит(ы)

**abmieten** *vt* снимать, снять *(напр., квартиру)*; брать внаём, взять внаём, арендовать, взять в аренду, брать в аренду

**Abmieter** *m* съёмщик, арендатор, наниматель

**abmontieren** разбирать *(напр., здание)*; демонтировать, осуществлять демонтаж; снимать *(напр., оборудование)*; сносить *(напр., здание)*; разбирать *(напр., завалы, руины)*

**Abmusterung** *f* увольнение судовой команды, увольнение матросов, расчёт судовой команды, расчёт матросов

**Abnahme** *f* покупка, закупка *(обычно крупных партий товара)*

**Abnahme** приёмка *(напр. товара, готовой продукции)*; *(приёмочное)* испытание *(товара)*

**Abnahme** уменьшение, убыль; спад, падение, ослабление *(напр. покупательной способности)*, снижение, понижение

**reißende Abnahme finden** продаваться нарасхват; иметь ажиотажный спрос; иметь ажиотажный сбыт

**Abnahme- und Gütebestimmungen** *f, pl* положения о приёмке и качестве товара

**Abnahmebereitschaft** *f* готовность к сдаче-приёмке

**Abnahmebestimmungen** *f, pl* правила сдачи-приёмки

**Abnahmeingenieur** *m* приёмщик; инженер-приёмщик

**Abnahmeklausel** *f* пункт (договора) о приёмке

**Abnahmekontrolle** *f* приёмочный контроль

**Abnahmepflicht** *f* обязательство *(контрагента)* принять товар

**Abnahmeprotokoll** *n* протокол приёмочного испытания; протокол приёмки, акт приёмки; приёмочный акт

**Abnahmeprüfung** *f* приёмочное испытание

**Abnahmerisiko** *n* риск непринятия *(товара)*

**Abnahmetoleranz** *f* контрольный допуск, допуск для приёмки

**Abnahmeverweigerung** *f* отказ в приёмке *(товара)*

**Abnahmeverweigerungsrecht** *n* право отказа в приёмке *(товара)*

**abnehmen** покупать, закупать *(обычно крупные партии товара)*

**abnehmen** принимать *(напр. товар, готовую продукцию)*; проводить *(приёмочное)* испытание *(товара)*

**abnehmen** принимать к оплате, акцептовать

**abnehmen** уменьшаться, убывать, идти на убыль; спадать, ослабевать, снижаться, понижаться *(напр. о покупательной способности)*

**Abnehmer** *m* акцептант *(напр. векселя)*

**Abnehmer** клиент, покупатель, заказчик

**Abnehmer** потребитель; абонент

**Abnehmer** приёмщик

**Abnehmerbetrieb** *m* предприятие, закупающее основные средства производства и материалы

**Abnehmerbetrieb** предприятие-покупатель

**Abnehmergruppenstaffel** *f* градация цен на товары одинакового значения в зависимости от (рода занятий) покупателей

**Abnehmerkreis** *m* клиентура *(заказчики, покупатели)*

**Abnehmerkreis** круг покупателей *(торгового предприятия)*

**Abnehmerland** *n* импортирующая страна, ввозящая страна, страна-покупатель

**Abnehmerland** страна-импортёр

**Abnehmerrisiko** *n* риск потребителя, риск заказчика *(в статистическом контроле качества)*

**Abnehmerschaft** *f* круг покупателей; клиентура

**Abnutzung** *f* изнашивание, износ *(напр. машин, оборудования)*; амортизация *(оборудования, основных средств)*
    **Absetzung für Abnutzung** списание на амортизацию
    **Betriebsabnutzung** эксплуатационный износ
    **natürliche Abnutzung** естественный износ
    **substantielle Abnutzung** физический износ *(оборудования)*
**Abnutzungsbeständigkeit** *f* износоустойчивость, износостойкость
**Abnutzungsfestigkeit** *f* износоустойчивость, износостойкость
**Abnutzungsgebühr** *f* плата за пользование *(вещью)*; плата за износ; амортизационный сбор
**Abnutzungsgrad** *m* степень износа, изношенность
**Abnutzungsquote** *f* степень износа, изношенность
**Abonnent** *m* абонент, подписчик
**abpachten** *vt* брать в аренду
**Abpackautomat** *m* фасовочный автомат, расфасовочный автомат
**abpacken** выгружать; разгружать
    **abpacken** расфасовывать, фасовать, упаковывать
**Abpackung** *f* фасовка, расфасовка, упаковка
**Abpackvorrichtung** *f* фасовочный автомат, расфасовочный автомат; расфасовочное устройство, фасовочное устройство
**Abprodukt** *n* отходы, отбросы
**abqualifizieren** *разг.* деквалифицировать
**AbrB., Abrechnungsbuch** книга бухгалтерских счетов

**AbrdVO, Abrundungsverordnung** положения, регламентирующие порядок ведения денежных расчётов с округлением итогов
**abrechnen** *vi* отчислять; вычитать, удерживать *(деньги)*; *бухг.* подводить итоги; отчитываться *(в деньгах)*
    **abrechnen** производить расчёт, рассчитываться, расплачиваться
    **abrechnen** сосчитать, высчитать
    **mankofrei abrechnen** подвести итоги без потерь
**Abrechnung** *f* отчисление; вычет; удержание *(денег)*; подведение итога; финансовый отчёт; расчёт, расплата; взаимный расчёт, ликвидация взаимных расчётов; *стат.* отчётность; учёт
    **Abrechnung der Rechnung** уплата по счёту, погашение счёта
    **Abrechnung der Warenlieferungen** учёт поставки товаров
    **Abrechnung eines Vorschusses** авансовый отчёт
    **Abrechnung nebst Belegen** документально оформленный отчёт, документально обоснованный отчёт
    **Abrechnung über die kassenmäßige Durchführung des Haushaltsplanes** отчётность по кассовому исполнению бюджета
    **dezentralisierte Abrechnung** децентрализованные расчёты
    **endgültige Abrechnung** окончательный расчёт
    **stichtagsbezogene Abrechnung** состояние расчётов на определённый день
    **zentralisierte Abrechnung** централизованные расчёты
    **zwischenstaatliche Abrechnung** межгосударственные расчёты
    **der Abrechnung unterliegend** подотчётный, подлежащий отчётности
**Abrechnungsbeleg** *m* оправдательный расчётный документ
    **Abrechnungsbeleg** подтверждающий расчётный документ, подтверждающий первичный *(бухгалтерский)* документ
**Abrechnungsbogen** *m* расчётная ведомость; расчётный формуляр, расчётный лист
**Abrechnungsbörse** *f* расчётная палата, клиринговая палата; *уст. разг.* клиринг-хауз; жироцентрал
**Abrechnungsbuchung** *f* бухгалтерская запись, бухгалтерская проводка
**Abrechnungsformular** *n* расчётная ведомость
**Abrechnungsgrundlage** *f* основа расчётов; основа оплаты *(труда)*
**Abrechnungsjahr** *n* отчётный год, финансовый год, фискальный год
**Abrechnungskonten** *n, pl* вспомогательные расчётные счета
    **unverbindliche Abrechnungskonten** счета, находящиеся в свободном распоряжении предприятий и хозяйственных органов
    **verbindliche Abrechnungskonten** расчётные счета по обязательствам
**Abrechnungskonto** *n бухг.* вспомогательный расчётный счёт
**Abrechnungskurs** *m* расчётный курс *(валют)*
    **Abrechnungskurs** расчётный курс; курс *(сделок)* в иностранной валюте

**Abrechnungsleistungen** *f pl* ведение счетов

**maschinelle Abrechnungsleistungen** компьютеризованное ведение счетов; услуги по ведению расчётов с применением вычислительной техники

**Abrechnungsliste** *f* расчётная ведомость

**Abrechnungsmaschine** *f* вычислительная машина, счётная машина; счётно-аналитическая машина; компьютер *(со специальным программным обеспечением)*

**Abrechnungsmonat** *m* отчётный месяц

**Abrechnungsorganisation** *f* организация учёта

**Abrechnungspersonal** *n* счётные работники; работники счётного; работники бухгалтерии

**abrechnungspflichtig** подотчётный *(напр., подотчётное лицо)*

**Abrechnungsrückstand** *m* задолженность по расчётам; долги по расчётам

**Abrechnungsstelle** *f* расчётный пункт; бухгалтерия

**Abrechnungsstichtag** *m* платёжный день, день платежа, расчётный день

**Abrechnungssystem** *n* система взаимных расчётов, система взаиморасчётом; система безналичных расчётов; система ликвидации взаимных требований

**Online-Abrechnungssystem** онлайновая система безналичных расчётов; онлайновая система приёма платежей

**Abrechnungstabelle** *f* расчётная ведомость; ведомость начисленной зарплаты

**Abrechnungstag** *m* день ликвидации взаимных требований; день оплаты, день выкупа *(в вексельном обращении)*; платёжный день, расчётный день

**abrechnungstechnisch** относящийся к технике расчётов, расчётно-технический

**Abrechnungsunterlagen** *f, pl* расчётные документы

**Abrechnungsverfahren** *n* система клиринга, клиринговый метод

**Abrechnungsverfahren** способ учёта, способ расчёта, метод учёта, метод расчёта

**buchhalterisches Abrechnungsverfahren** бухгалтерский учёт; способ бухгалтерского учёта, метод бухгалтерского учёта

**manuelles Abrechnungsverfahren** ручные методы учёта

**maschinelles Abrechnungsverfahren** машинные методы учёта; компьютерные методы ведения расчётов

**statistisches Abrechnungsverfahren** статистические методы учёта

**Abrechnungsverkehr** *m* расчёты, основанные на ликвидации взаимных требований; клиринговые операции, клиринг

**Abrechnungsverkehr** система безналичного расчёта с несколькими участниками; безналичные расчёты, безналичные операции;

**Abrechnungsverkehr** способ учёта, метод учёта, метод расчёта, способ расчёта; расчётные операции

**Abrechnungsverkehr** жирооборот; банковские операции, банковский

**Abrechnungszeitraum** *m* отчётный период

**kurzfristiger Abrechnungszeitraum** краткосрочный отчётный период *(месяц, квартал)*

**langfristiger Abrechnungszeitraum** долгосрочный отчётный период *(год и более)*

**Abrechnungszentrale** *f* расчётная палата, клиринговая палата; клиринговый центр

**AB/RGW; Allgemeine Lieferbedingungen des RGW** *(истор.)* Общие условия поставок стран - членов (бывшего) СЭВ

**Abriß** *m I* снос *(здания, строения)*

**Abriß** *m II* чертёж, план; контур; абрис

**ABRKV; Ausführungsbestimmungen zur Reichskostenverordnung** исполнительная инструкция для определения издержек при государственных подрядах и поставках

**Abrogation** *f* отмена *(закона)*; аннулирование *(заказа)*

**abrollen** развертываться, протекать, происходить

**abrollen** отправляться; отъезжать *(о поезде)*

**Abrollkosten,** *pl* расходы по доставке груза к товарной станции

**Abruf** *m* отзыв товара *(распоряжение поставщику об отгрузке товара в пункт, указанный в контракте)*; вызов, требование, востребование, затребование; выборка

**Abruf** отзвание, отзыв *(распоряжение об отгрузке товара)*

**Abruf** требование уплаты, требование оплаты, требование возврата *(напр. ссуды)*;

**auf Abruf** по отзыву, по требованию *(условие поставки товара в договоре купли-продажи)*

**auf Abruf kaufen** покупать по отзыву покупателя, покупать по требованию покупателя

**abrufen** *vt* отзывать товар *(давать распоряжение поставщику об отгрузке товара в пункт, указанный в контракте)*; требовать уплаты, требовать возврата *(напр. ссуды)*; востребовать, затребовать

**abrufen** требовать уплаты, требовать оплату, требовать осуществление оплаты, требовать возврат *(напр. ссуды, кредита)*

**Abs, Absender** отправитель; адрес отправителя

**absacken** *vt* упаковывать в мешки, паковать мешки, засыпать в мешки, расфасовывать в мешки

**Absatz** *m* сбыт
   **Absatz finden** находить сбыт
   **bedarfsgerechter Absatz** сбыт, удовлетворяющий спрос
   **betrieblicher Absatz** внутризаводской сбыт, сбыт в рамках предприятия
   **direkter Absatz** прямой сбыт; прямая поставка; прямые поставки (мн.ч.)
   **flotter Absatz** быстрый сбыт
   **gesicherter Absatz** обеспеченный сбыт; гарантированный сбыт
   **indirekter Absatz** косвенный сбыт
   **kontinuierlicher Absatz** бесперебойный сбыт
   **örtlicher Absatz** местный сбыт; региональный сбыт
   **reißender Absatz** интенсивный сбыт, активный сбыт
   **schleppender Absatz** плохой сбыт, медленный сбыт
   **schneller Absatz** хороший сбыт, быстрый сбыт
   **den Absatz steigern** увеличивать сбыт, увеличить сбыт; увеличивать объёмы сбыта
   **keinen Absatz finden** залёживаться, оставаться непроданным *(о товаре)*
   **reißenden Absatz finden** раскупаться (моментально); продаваться нарасхват; иметь повышенный сбыт
   **Schwierigkeiten beim Absatz** трудности со сбытом, затруднения в сбыте
   **Absatz finden** иметь сбыт, находить сбыт, продаваться
   **diese Ware findet gute Absatz** этот товар имеет хороший сбыт; этот товар хорошо продаётся

**Absatz- und Beschaffungsorgan** *n* снабженческо-сбытовой орган

**Absatz- und Einkaufsgenossenschaft** *f* снабженческо-сбытовая кооперация

**Absatz- und Liefergenossenschaft** *f* снабженческо-сбытовая кооперация

**Absatz- und Versorgungskontor** *n* снабженческо-сбытовая контора

**Absatz- und Versorgungsorgan** *n* снабженческо-сбытовой орган

**Absatzabteilung** *f* отдел сбыта, сбытовой отдел

**Absatzanalyse** *f* анализ сбыта; анализ условий и факторов, влияющих на сбыт; анализ торгово-сбытовой деятельности; маркетинг; макетинговый анализ

**Absatzapparat** *m* сбытовой аппарат; сбыт

**Absatzausgleich** *m* балансирование сбыта, выравнивание сбыта

**Absatzaussichten** *f, pl* перспективы сбыта

**Absatzbedingungen** *f, pl* условия сбыта

**Absatzbereich** *m* рынок сбыта

**Absatzbeschränkung** *f* ограничение сбыта

**Absatzbeziehungen** *f, pl* торгово-сбытовые связи

**Absatzchancen** *f, pl* возможности сбыта, сбытовые возможности

**Absatzeinbruch** *m* падение сбыта, резкое сокращение сбыта; резкое сокращение экспорта; падение экспорта

**Absatzergebnis** *n* результат торгово-сбытовой деятельности, итоги торгово-сбытовой деятельности

**Absatzerlös** *m* доход от реализации *(продукции)*

**Absatzerwartungen** *f, pl* прогноз сбыта, прогноз объёма сбыта, прогностические оценки сбыта, прогностические оценки объёма сбыта

**absatzfähig** ходкий, находящий хороший сбыт; ходовой *(напр., товар)*; товар повышенного спроса

**Absatzfeld** *n* рынок сбыта
   **neue Absatzfelder eröffnen** открывать новые рынки сбыта, находить новые рынки сбыта, осваивать новые рынки сбыта
   **neue Absatzfelder erschließen** открывать новые рынки сбыта, находить новые рынки сбыта, осваивать новые рынки сбыта

**Absatzfinanzierung** *f* финансирование сбыта *(напр. кредитование покупателей)*

**Absatzflaute** *f* застой сбыта; прекращение сбыта (почти)

**absatzfördernd** способствующий сбыту; способствующий увеличению сбыта; стимулирующий сбыт; способствующий расширению сбыта

**Absatzförderung** f расширение сбыта, содействие росту объёма сбыта, содействие расширению сбыта, содействие росту сбыта, активизация сбыта, мероприятия по активизации сбыта; стимулирование сбыта

**Absatzforschung** f изучение сбыта; сбытовой маркетинг; маркетинг сбыта

**Absatzforschung** изучение условий сбыта

**Absatzfunktion** f функция сбыта

**Absatzfunktionen** f, pl мероприятия по обеспечению сбыта (продукции)

**Absatzfunktionen** меры по обеспечению сбыта

**Absatzgebiet** n рынок сбыта, сфера сбыта; район сбыта

**absatzgebietsbezogen** относящийся к конкретному рынку сбыта; связанный с особенностями рынка сбыта, связанный с рынком сбыта, относящийся к рынку сбыта

**Absatzgebietsstaffel** f цены, дифференцированные в зависимости от рынков сбыта; рыночно дифференцированные цены

**Absatzgelegenheit** f возможности сбыта

**Absatzgenossenschaft** f сбытовая кооперация

**Absatzgenossenschaft** товариществе, занимающееся торгово-сбытовой деятельностью; сбытовая кооперация

**Absatzgroßhandel** m оптовая торговля сырьём и материалами

**Absatzhonorar** n гонорар, определяемый числом проданных (напр. экземпляров книги)

**Absatzhonorar** гонорар в процентном отношении от реализации; вознаграждение в процентном отношении от реализации; (разг.) процент от реализации

**Absatzkalkulation** f калькуляция сбытовой цены, калькуляция продажной цены

**Absatzkalkulation** калькуляция сбытовых цен (мн.ч.), калькуляция продажных цен (мн.ч.)

**Absatzkanal** m канал сбыта; сбытовой канал

**direkter Absatzkanal** прямой канал сбыта

**dreistufiger Absatzkanal** трёхуровневый канал сбыта

**einstufiger Absatzkanal** одноуровневый канал сбыта

**Absatzkartei** f картотека информации, характеризующей все аспекты торгово-сбытовой деятельности

**Absatzkette** f совокупность торгово-сбытовых организаций, через которые товар попадает к потребителю; цепочка торгово-сбытовых организаций, через которые товар попадает к потребителю; цепь сбытовых организаций

**Absatzkontrolle** f контроль за сбытом

**Absatzkosten**, pl сбытовые расходы, сбытовые издержки, расходы по сбыту, издержки по сбыту, расходы на реализацию готовой продукции

**Absatzkrise** f кризис сбыта

**Absatzkurve** f кривая сбыта; график сбыта

**Absatzlage** f условия сбыта; конъюнктура рынка сбыта; конъюнктура сбыта

**Absatzlager** n склад изделий производственного предприятия; склад промышленной продукции; сбытовая база; крупно-оптовый склад

**Absatzleistungen** f, pl производство продукции и предоставление услуг, реализуемых на рынке; рынок товаров и услуг

**Absatzleiter** m заведующий отделом сбыта, зав. по сбыту, начальник отдела сбыта, начальник ОС, заместитель директора по сбыту, зам. по сбыту

**Absatzleitung** f управление сбытом

**Absatzlenkung** f регулирование сбыта

**Absatzmarkt** m рынок сбыта

**neue Absatzmärkte erschliesen** открывать новые рынки сбыта

**Absatzmenge** f объём сбыта

**Absatzmethoden** f, pl комплекс мероприятий по обеспечению сбыта

**Absatzminderung** f уменьшение объёма сбыта; сужение рынка сбыта

**Absatzmittler** m посредник (в сбыте, напр. оптовые компании, сбытовые агенты, лизинговые компании и т.п.); сбытовой агент; агент по сбыту

**Absatzmöglichkeiten** f, pl возможности сбыта

**Absatzmonopol** n монопольное господство на рынке сбыта; сбытовая монополия; монополия на сбыт

**Absatzorgan** n сбытовой орган, орган сбыта; сбытовая организация

**Absatzorganisation** f внешторг. организация сбыта (методы, пути и организационные формы) (в бывш. ГДР и СССР); организация по сбыту, сбытовая организация; сбытовая фирма

**absatzorientiert** ориентированный на сбыт

**Absatzperspektive** f перспектива сбыта; перспективы сбыта

**Absatzplan** m план сбыта

**Absatzplanung** f планирование сбыта

**Absatzplus** n увеличение сбыта, прирост сбыта, прирост объёма сбыта

  **ein leichtes Absatzplus erzielen** достичь небольшого прироста сбыта

**Absatzpolitik** f политика в области сбыт

  **Absatzpolitik** политика сбыта; маркетинг; сбытовой маркетинг

**Absatzpreis** m сбытовая цена, продажная цена *(оптовая)*

**Absatzproblem** n проблема сбыта; проблемы со сбытом

**Absatzprognose** f прогноз сбыта

  **eine Absatzprognose erstellen** прогнозировать сбыт; подготовить прогноз сбыта

**Absatzprogramm** n программа сбыта, сбытовая программа

**Absatzquelle** f канал сбыта; рынок сбыта; сегмент сбыта

**Absatzquote** f сбытовая квота *(доля участия в сбыте, устанавливаемая для предприятий, объединённых в картель)*

**Absatzregelung** f регулирование сбыта

**Absatzreserve** f производственные запасы сырья, материалов и готовой продукции; товарные запасы торгово-сбытовых организаций

**Absatzrisiko** n риск при сбыте, сбытовой риск, торговый риск, связанный со сбытом товаров; сбытовой риск

**Absatzrückgang** m сокращение сбыта, уменьшение сбыта

  **10-malige Absatzrückgang erleiden** подвергнуться 10-ному сокращению сбыта

**Absatzschwierigkeiten** f, pl затруднения со сбытом, трудности сбыта; трудности в области сбыта

**absatzseitig** со стороны сбыта

**Absatzsoll** n плановое задание по сбыт

**Absatzsorgen** f, pl проблемы со сбытом, затруднения со сбытом, трудности сбыта

**Absatzstatistik** f статистика сбыта, сбытовая статистика

**Absatzsteigerung** f расширение сбыта, увеличение сбыта, увеличение объёма сбыта; расширение рынка сбыта

**Absatzstelle** f сбытовой орган, орган сбыта

**Absatzsteuer** f налог с оборота

**Absatzstockung** f перебои в сбыте, застой в торгово-сбытовой деятельности

**Absatztätigkeit** f сбыт, торгово-сбытовая деятельность

  **komplexe Absatztätigkeit** комплексный сбыт, комплексная торгово-сбытовая деятельность

**Absatzträger** m лицо, осуществляющее сбыт; организация, осуществляющая сбыт, *разг.* сбытовик

**Absatzvereinbarung** f соглашение об условиях и порядке сбыта, договор на сбыт продукции, сбытовой контракт, сбытовой договор

**Absatzvermittlung** f посредничество в сбыте

**Absatzvertrag** m сбытовой контракт, сбытовой договор, договор о сбыте

**Absatzvorrat** m производственные запасы сырья, материалов и готовой продукции; товарные запасы торгово-сбытовых организаций

**Absatzwege** m, pl каналы сбыта; рынки сбыта; торговые пути

**Absatzwirtschaft** f сбыт, торгово-сбытовая деятельность; маркетинг

**Absatzzeitenstaffel** f цены, дифференцированные в зависимости от времени реализации

**abschaffen** отменять, упразднять, аннулировать, ликвидировать, устранять

**abschätzen** оценивать, расценивать; определять (добротность); таксировать; уценивать

  **einen Schaden auf... abschätzen** оценивать ущерб в ...

**Abschätzung** f оценка; определение *(добротности товаров)*; таксировка *(грузов)*; таксация *(леса)*; уценка

**Abschichtung** выдел *(наследника)*; раздел *(имущества)*, раздел имущества, выдел имущества

**Abschichtung** расслоение; отслоение

**Abschichtungsbilanz** f баланс имущественного положения товарищества при выходе одного из компаньонов

**Abschlag** m аванс; предварительный взнос, задаток

**Abschlag** аукцион, на котором аукционист постепенно снижает высокую цену *(до принятия ее покупателем)*; продажа с аукциона с понижением цены

**Abschlag** (бирж.) понижение курса ценных бумаг, дизажио; понижение стоимости акций *(напр. после отрыва дивидендного купона)*; разница между номинальной стоимостью облигации и её эмиссионным курсом

**Abschlag** уступка; скидка *(с цены)*

**Abschlag vom Preis** скидка с цены
**außerplanmäßiger Abschlag** внеплановый аванс
**geplanter Abschlag** плановый аванс
**auf Abschlag** в рассрочку
**auf Abschlag kaufen** покупать в рассрочку
**auf Abschlag zahlen** внести в качестве предварительного взноса *(при покупке в рассрочку)*
**einen Abschlag gewähren** предоставлять скидку (с цены)
**in Abschlag bringen** вычесть *(из цены)*
**abschlagen** *vi* вычитать, удерживать *(деньги)*
**abschlagen** падать в цене
**abschlagen** понижать курс ценных бумаг
**abschläglich** в рассрочку
**abschläglich** *бухг.* зачётный
**Abschlagsdividende** *f* предварительный дивиденд
**Abschlagsliste** *f* ведомость на выдачу аванса в счёт заработной платы
**Abschlagslöhnung** *f* выплата аванса в счёт заработной платы, выплата аванса в счёт зарплаты
**Abschlagsverteilung** *f* предварительное распределение имущества между компаньонами *(фирмы-банкрота)*
**Abschlagsverteilung** распределение части сумм, вырученных от реализации конкурсной массы
**Abschlagszahlung** *f* аванс *(напр. в счёт заработной платы)*; выплата в рассрочку, платёж в рассрочку; предварительный взнос *(при покупке в рассрочку)*
**Abschlagszahlung** задаток; частичный взнос *(при покупке в рассрочку или при погашении долга)*

**Abschlagszahlung für geleistete Arbeitseinheiten** *с.-х. ист.* авансовые выдачи по трудодням
**abschließen** заканчивать, кончать, завершать, подводить итоги
**abschließen** заключать *(договор, соглашение, сделку)*
**abschließen** *бухг.* заключать счета; подводить итог; сальдировать, балансировать, сбалансировать *(напр. бухгалтерские книги)*, оставлять баланс, сводить баланс
**abschließen** *бухг.* закрывать счета; закрываться *(о счете)*
**abschließen** кончаться *(напр. о финансовом годе, отчётном периоде)*
**eine Rechnung abschließen** закрывать счёт
**Abschluss** *m (N.R.); Abschluß m* заключение *(договора, соглашения, сделки)*
**Abschluss** *бухг.* заключение счетов; сведение счетов; подведение итога; сальдирование, сбалансирование *(напр. бухгалтерских книг)*; балансирование, составление баланса, сведение баланса; итог, заключительный баланс, итоговый баланс
**Abschluss** *бухг.* закрытие счетов
**Abschluss** закрытие счёта *(банковского)*
**Abschluss** *сет. пл.* конечное событие
**Abschluss** окончание; завершение, подведение итогов
**Abschluss** сделка, заключение договора, подписание договора, заключение контракта, подписание контракта
**Abschluss des Haushalts** заключение бюджета

**Abschluss des Haushaltsjahres** конец бюджетного года, конец финансового года, конец хозяйственного года, конец фискального года
**Abschluss des Rechnungsjahres** конец бюджетного года, конец финансового года, конец хозяйственного года, конец фискального года
**Abschluss einer Rechnung** закрытие счёта
**Abschluss eines Vertrages** заключение контракта *(договора, соглашения)*
**Abschluss mit Bestätigungsvermerk** финансовый отчёт с аудиторским заключением; баланс с аудиторским заключением; баланс с заключением ревизора, подтверждающим правильность составления баланса
**Abschluss ohne Defizit** бездефицитное балансирование *(о бюджете)*; бездефицитный бюджет
**einen Abschluss auflösen** расторгнуть сделку (контракт, договор, соглашение)
**einen Abschluss erzielen** заключать сделку, заключать контракт *(договор)*
**einen Abschluss tätigen** заключать сделку, заключать контракт *(договор)*
**zum Abschluss kommen** состояться *(о сделке, о подписании контракта)*
**defizitärer Abschluss** дефицитное балансирование *(о бюджете)*; дифицитный баланса
**Abschlussagent** *m* агент фирмы, уполномоченный на заключение договоров *(купли-продажи, страховых договоров и т.п.)*

**Abschlussarbeiten** *pl* 1. работа по предпродажной подготовке 2. заключительная стадия технического обслуживания; заключительная стадия текущего ремонта 3. работы в конце года (при закрытия финансового года)

**Abschlussbedingung** *f* условие заключения сделки; условие заключения договора

**Abschlussbericht** *f* 1. заключительное сообщение 2. итоговая сводка

**Abschlussbilanz** *f* заключительный баланс, итоговый баланс

**Abschlussbuch** *n* балансовая книга

**Abschlussbuchung** *f* заключительная бухгалтерская запись

**Abschlussbuchungen** *f, pl* заключительные бухгалтерские записи

**Abschlussereignis** *n сет. пл.* конечное событие

**Abschlusskonten** *n pl* балансовые счета

**Abschlusskosten** *pl* аквизиционные расходы; расходы, связанные с заключением страхового договора

**Abschlusskosten** затраты на аннулирование контракта

**äußere Abschlusskosten** внешние расходы по страхованию *(расходы по привлечению и обслуживанию новых клиентов)*

**innere Abschlusskosten** внутренние расходы по страхованию *(расходы, связанные с заключением страхового договора или страховых договоров)*

**Abschlussmenge** *f* договорное количество, контрактное количество *(товара)*; количество товара, обусловленное договором

**Abschlusspflicht** *f* 1. обязанность заключать договор (для монополистов в случаях, определяемых Федеральным законодательством - "**Kontrahierungszwang**" - принудительное заключение контрактов) 2. обязанность заключить договор (контракт), оговоренная в протоколе (договоре) о намерениях или предконтрактном соглашении 3. *ист.* обязанность предприятий заключать договоры на поставку товаров *(в бывш. ГДР, СССР)*; обязанность предприятий заключать договоры на предоставление услуг *(в бывш. ГДР, СССР)*

**Abschlussprovision** *f* агентская комиссия; комиссионные за заключение сделки; агентская комиссия за заключение договора страхования; комиссия за привлечение страхователя, комиссионные за заключение договора страхования

**Abschlussprüfer** *m* аудитор *(юридическое или физическое лицо - ревизор, контролирующий финансовую деятельность компании)*

**Abschlussprüfung** *f* окончательная проверка, окончательное испытание, окончательный контроль; проверка бухгалтерских книг в конце определённого периода, проверка бухгалтерских книг по истечении определённого периода; аудиторская проверка

**Abschlussstichtag** *m* день, на который составляется баланс; день, по курсу которого производится расчёт

**Abschlusstermin** *m сет. пл.* срок окончания работы, срок завершения работы

**Abschlussübersicht** *f* заключительный обзор; аналитическая *(пояснительная)* записка к годовому отчёту

**Abschlussübersicht** *f бухг.* сверка всех статей баланса до его окончательного составления

**Abschlussvergütung** *f* выплата страховому агенту вознаграждения за заключение страхового договора; агентская комиссия

**Abschlussvergütung** комиссионные агенту за заключение договора купли-продажи, агентская комиссия *(комиссионные за заключение сделки)* *(см. тж. Abschlußprovision)*

**anteilige Abschlussvergütung** выплата страховому агенту определённого процента от суммы заключённого договора

**Abschlussvertreter** *m* агент фирмы, уполномоченный на заключение договоров купли-продажи; представитель фирмы, уполномоченный на заключение *(договоров купли-продажи, страховых договоров и т.п.)*, см. тж. Abschlußagent

**Abschlussvollmacht** *f* полномочие на заключение договоров, полномочие на заключение договора(ов)

**Abschlussvorschrift** *f* инструкция по составлению баланса, руководство по составлению баланса

**Abschlussvorschrift** инструкция по составлению заключительного баланса (отчёта)

**Abschlusswerbung** *f* проведение комплекса мероприятий по обеспечению сбыта товаров, снимаемых с производства

**Abschlusszahlung** *f* последний взнос

**Abschlusszahlung** уплата остаточной суммы долга, последний взнос; остаток налоговой задолженности за определённый период

**steuerliche Abschlusszahlung** уплата налоговой задолженности в конце года

**Abschlusszeitpunkt** *m* день, на который производится заключение *(сведение)* бухгалтерских счетов

**Abschlusszwang** *m* установленная законом для некоторых предприятий обязанность заключать договоры

**Abschnitt** *m* отрезок, участок; сектор

**Abschnitt** контрольный талон, купон, отрывной купон

**Abschnitt** очередь строительства

**Abschnitt** раздел *(в документе, протоколе)*; глава

**Abschnitt** статья *(бюджета)*; раздел государственного бюджетного плана

**Abschnitt** талон, корешок, купон *(отрывной, отрезной)*

**Abschnitt** производственный участок *(на заводе, на производстве)*

**Abschnittlinie** *f* линия отреза (напр. чека, купона)

**Abschnittsplanung** *f* планирование по участкам; цеховое планирование

**abschöpfen** изымать *(напр. капитал, имущество)*

**Abschöpfung** *f* изъятие *(напр. капитала)*

**Abschöpfung** налог на ввозимые в ЕС сельскохозяйственные товары *(с целью компенсации разницы между высокой внутренней и более низкой мировой ценой)*

**Abschöpfung** пошлина для защиты внутреннего сельскохозяйственного рынка; запретительная пошлина на ввоз сельхозпродукции

**Abschöpfung** уменьшение *(цены, стоимости)*

**Abschöpfung liquider Mittel** изъятие свободных средств *(финансовых из оборота)*

**Abschöpfungsabgabe** *f* ввозная пошлина, компенсирующая разницу в ценах на аграрные продукты в импортирующей стране и на внешнем рынке *(в рамках Европейского Союза)*

**Abschöpfungsabgabe** дополнительная ввозная пошлина *(взимаемая с целью выравнивания цен в основном на импортную и отечественную сельскохозяйственную продукцию)*

**Abschöpfungsbetrag** *m* ввозная пошлина, компенсирующая разницу в ценах на аграрные продукты в импортирующей стране и на внешнем рынке *(в рамках ЕС и ранее ЕЭС - Европейского экономического сообщества)*

**Abschöpfungsbetrag** дополнительная ввозная пошлина *(взимаемая с целью выравнивания цен в основном на импортную и отечественную сельскохозяйственную продукцию)*

**abschreiben** амортизировать; начислять амортизационные отчисления; списать по амортизации

**abschreiben** аннулировать; сторнировать

**abschreiben** списывать со счёта, списать со счёта

**abschreiben** списывать с баланса (фирмы)

**abschreiben** обесценивать

**abschreiben** отказать, отказывать (кому-л. в письменной форме); отменить, отменять (в письменной форме прежнюю договорённость); написать о своем отказе

**abschreiben** погашать, погасить (напр. задолженность)

**abschreiben** понижать стоимость

**abschreiben** понижать цену, снижать цену

**abschreiben** производить частичное списание со счета

**abschreiben** уменьшать ценность

**abschreiben** уценивать товар, осуществлять уценку товара

**als Verlust abschreiben** списывать в убытки

**das muß als Verlust abgeschrieben werden** это придется списать в убыток

**Kredit abschreiben** закрыть кредит; погасить кредит; рассчитаться с кредитором

**Abschreibepolice** *f* генеральный полис *(полис, из страховой суммы которого вычитаются суммы отправляемых партий)*

**Abschreiber** *m* плагиатор

**Abschreiberei** *f* плагиат

**Abschreibeversicherung** *f* частная форма транспортного страхования

**Abschreibung** *f* амортизационные отчисления величина амортизации; сумма амортизации

**Abschreibung** списание *(бухгалтерская операция по перенесению части стоимости основных средств на готовую продукцию)*

**Abschreibung** списание со счёта

**Abschreibung** списание с баланса (фирмы - оборудования, недвижимости и т.п.)

**Abschreibung nach Leistung** амортизация, определяемая на основе учёта производительности основных средств

**Abschreibungen** *pl* амортизационные отчисления

**beschleunigte Abschreibung** ускоренная амортизация, прогрессивная амортизация

**degressive Abschreibung** дегрессивная амортизация

**direkte Abschreibung** прямая амортизация

**indirekte Abschreibung** косвенная амортизация

**leistungsbedingte Abschreibung** амортизация, определяемая на основе учёта производительности основных средств

**lineare Abschreibung** линейная амортизация

**passive Abschreibung** пассивная амортизация

**proportionale Abschreibung** линейная амортизация, пропорциональная амортизация

**steuerliche Abschreibung** списание на амортизацию, уменьшающее сумму облагаемого дохода

**Abschreibungen** *f, pl* амортизационные отчисления, *см. также* Abschreibung

**Abschreibungen für Restbuchwerte** списания остатков по бухгалтерским книгам

**außerordentliche Abschreibungen** внеочередные амортизационные отчисления, особые амортизационные отчисления

**bilanzmäßige Abschreibungen** балансовая амортизация

**buchhalterische Abschreibungen** бухгалтерские списания

**kalkulatorische Abschreibungen** калькуляционная амортизация, расчётная амортизация

**unterlassene Abschreibungen** списания, не произведённые в срок

**Abschreibungsaufwand** *m* амортизационные расходы

**Abschreibungsaufwand** расходы, покрываемые за счет амортизации

**Abschreibungsbetrag** *m* сумма амортизации, сумма амортизационных отчислений

**Abschreibungsbetrag** норма частичного списания

**Abschreibungsfonds** *m* амортизационный фонд

**Abschreibungsgesellschaft** *f* компания, осуществляющая капиталовложения, пользующиеся налоговыми льготами

**Abschreibungskonto** *n* счёт балансовых (или бухгалтерских) амортизационных отчислений

**Abschreibungskosten,** *pl* расходы, покрываемые за счет амортизации

**Abschreibungsmethode** *f* метод расчёта амортизационных отчислений

**leistungsbedingte Abschreibungsmethode** метод расчёта амортизационных отчислений, учитывающий производительность основных средств

**Abschreibungsnorm** *f* норма амортизации, нормы амортизации, нормы амортизационных отчислений

**Abschreibungsquote** *f* норма амортизации; амортизационные нормы, нормы амортизации

**Abschreibungsrate** *f* норма амортизации

**Abschreibungsrichtsatz** *m* норма амортизации

**Abschreibungssatz** *m* норма амортизации

**Abschreibungssumme** *f* сумма амортизации, сумма амортизационных отчислений

**jährliche Abschreibungssumme** годовой размер амортизации, годовой размер амортизационных отчислений

**Abschreibungsverfahren** *n* порядок списания

**Abschreibungszeit** *f* амортизационный период

**Abschreibungszeitraum** *m* амортизационный период

**Abschrift** *f* копия *(документа)*

**beglaubigte Abschrift** заверенная копия

**ein Dokument in Abschrift** копия документа

**eine Abschrift von** *(etw.)* **anfertigen** снять копию *(с чего-л.)*

**Abschriftladeschein** *m* дубликат *(второй экземпляр)* речной накладной

**Abschwung** *m* ослабление *(напр. конкуренции)*; спад *(напр. деловой активности)*; падение, ухудшение *(напр. конъюнктуры)*

**Abschwung** спад *(конъюнктурная фаза)*

**Abschwungphase** *f,* **konjunkturelle** период падения конъюнктуры, период ухудшения конъюнктуры

**Abschwungsphase** *f* фаза спада *(в экономическом цикле)*

**absenden** *vt* отсылать, отправлять

**Absender** *m* отправитель; адрес отправителя *(на конверте, в маркировке груза)*

**Absender im Frachtvertrag** отправитель груза по договору морской перевозки

**Absenderanweisung** *f* инструкция отправителя *(железной дороге, экспедиции)*

**Absendererklärung** *f* декларация отправителя *(часть таможенной декларации)*

**Absenderhaftung** f материальная ответственность отправителя

**Absenderrecht** n право отправителя

**aus einem Frachtvertrag im Bahnverkehr Absenderrechte** (pl) права отправителя, вытекающие из договора перевозки грузов железной дорогой

**Absenderverfügung** f последующее изменение отправителем груза заключённого договора перевозки

**Absenderverfügungen** f pl дополнительные изменения условий договора перевозки отправителем

**Absendervertrag** m долгосрочный договор между отправителем и транспортным предприятием

**Absendervertrag** долгосрочный договор между отправителем и экспедитором

**Absendestation** f станция отправления

**Absendung** f отсылка, отправка

**absetzbar** сменяемый, смещаемый (*о должностном лице*)

**absetzbar** ходкий, находящий сбыт (*о товаре*)

**absetzen** исключать (*напр. определённую сумму из бюджета*); вычитать, удерживать

**absetzen** отстранять от должности

**absetzen** отодвигать, переносить (*срок*)

**absetzen** сбывать; продавать, реализовывать

**restlos absetzen** распродать, распродавать

**über den Einzelhandel absetzen** продавать в розницу

**über den Großhandel absetzen** продавать оптом

**Absetzung** f вычет, удержание (*из зарплаты*)

**Absetzung** исключение (*напр. определённых сумм из бюджета*); вычет, вычитание, удержание; сбыт; продажа, реализация; смещение, отстранение от должности

**Absetzung** отстранение от должности

**Absetzung** сбыт, продажа, реализация

**Absetzung für Abnutzung** скидка на износ

**Absetzung für Substanzverringerung** скидка на истощение запасов ископаемых (*при установлении размера налога*)

**Absicherung** f ограждение (*от опасности*)

**Absicherung des Grundlohns** обеспечение получения основной заработной платы

**Absicht** f намерение, цель, замысел; план; *юр.* преднамеренность

**in guter Absicht** бона фиде, "по (на) доброй вере" (*обозначение добросовестности действий*)

**Absinken** n (*резкое*) понижение (*напр. курса ценных бумаг*); спад (*напр. деловой активности*); снижение; ухудшение

**absolut** абсолютный

**absolute Neuheit** абсолютная новизна (*изделия*)

**absoluter Stoffschutz** абсолютная охрана химических веществ (*в патентном деле*)

**absoluter Stoffanspruch** абсолютный пункт формулы изобретения на химическое вещество; пункт формулы изобретения на химическое вещество без указания цели его применения

**Absolutismus** m абсолютизм, абсолютная монархия

**Absolutkode** m *выч.* одноуровневый код, абсолютный код

**Absolventenförderungsvertrag** m договор между предприятием и молодым специалистом (*о повышении квалификации последнего и использовании его труда на предприятии*)

**Absonderung** f выделение имущества из наследственной массы, выделение имущества из конкурсной массы, выделение части имущества из наследственной массы, выделение части имущества из конкурсной массы

**Absonderung** обособленность, изоляция

**Absonderung** отделение, обособление; разобщение; изолирование

**Absonderungsrecht** n преимущественное право на отбор каких-л. предметов из имущества несостоятельного должника в счёт погашения долга

**Absonderungsrecht** преимущественное право (*определённого кредитора*) на приобретение какого-л. предмета из конкурсной массы

**Absperrung** f изоляция; блокада; ограждение; барьер

**Absperrungssystem** n оградительная система

**Absperrungssystem** система протекционизма, протекционистская система

**Abstand** компенсация; отступные деньги

**Abstand** m расстояние, интервал

**von** *etw.* **Abstand nehmen** отказываться, воздерживаться (*от каких-л. действий*)

**Abstandsgeld** n отступные деньги, отступное; компенсация

**Abstandskoeffizient** m коэффициент отдалённости

**abstecken** vt размечать, намечать

**den Rahmen abstecken** ограничивать, определять рамки

**abstellen** *vt* командировать
  **abstellen** останавливать *(машину)*; выключать *(радио)*
  **abstellen** отставить, приостановить *(временно прекратить использование)*
  **abstellen** устранять, ликвидировать *(недостатки)*
**Abstellgleis** *n* запасной путь
**abstempeln** *vt* ставить печать, ставить штемпель
  **Frachtbriefe abstempeln** ставить печать на накладной
**Abstention** *f* отказ от наследства
**abstimmen** сверять, выверять *(напр. счета)*; согласовывать, увязывать *(напр. планы)*; голосовать, проводить голосование
**Abstimmsumme** *f* контрольная сумма
**Abstimmung** *f* голосование, баллотировка
  **Abstimmung** сверка, выверка *(напр. счетов)*
  **Abstimmung** согласование, увязка *(напр. планов)*
  **Abstimmung der Wirtschaftspolitik auf die Grundzüge** соответствие экономической политики государств-членов основным направлениям, установленным ЕС
**Abstimmungspostkarte** *f* почтовая открытка, подтверждающая заключение биржевой сделки
**Abstimmungsprotokoll** *n* протокол об увязке плановых заданий по экспорту и импорту, протокол о согласовании плановых заданий по экспорту и импорту *(между органами внешней торговли и планирующими органами внутри страны)*
**Abstinenztheorie** *f* теория воздержания *(теория процента, выдвинутая Сениором)*

**Abstockung** *f ист.* комплекс мероприятий, направленных на выравнивание различий в условиях ведения хозяйства при вступлении крупных крестьянских хозяйств в сельскохозяйственный кооператив
**Abstoßen** *n* погашение долга
  **Abstoßen** продажа акций *(в игре на понижение)*; сбыт *(товаров)* по низким ценам, распродажа *(товаров)* по низким ценам
**abstoßen** погашать долг
  **abstoßen** продавать акции *(играя на понижении)*; сбывать *(товары)* по низким ценам, продавать *(товары)* по низким ценам, распродавать *(товары)* по низким ценам
  **abstoßen** сбывать товар по низким ценам, распродавать товар по низким ценам
**Abstraktionsprinzip** *n* принцип абстракции *(в некоторых институтах гражданского права)*
**abstreichen** *vt* вычитать, удерживать; сокращать *(бюджет)*; урезать *(смету)*; сбавлять, скидывать *(с цены)*, уступать *(в цене)*; *бухг.* списывать со счёта
  **abstreichen** давать скидку, уступать в цене
  **abstreichen** списывать со счёта
**Abstrich** *m* вычет, удержание *(денег)*; сокращение *(бюджета)*; урезание *(сметы)*; скидка *(с цены)*, уступка *(в цене)*; *бухг.* списание со счёта
  **einen Abstrich machen** сокращать *(бюджет, смету)*
  **einen Abstrich vornehmen** сокращать *(бюджет, смету)*

**Abstufung** *f* градация; дифференциация; классификация; распределение по степеням, распределение по разрядам, распределение по категориям; распределение по группам *(в зависимости от квалификации)*
  **Abstufung** степень
  **Abstufung** шкала *(налога, заработной платы)*
**Abszisse** *f* абсцисса; координата X
**Abteilung** *f* отдел, отделение *(в учреждении)*; цех *(на заводе)*; секция, отдел *(в магазине)*; часть, раздел *(в книге)*; район, участок, зона
  **Abteilung Abgaben** налоговое отделение; отдел пошлин
  **Abteilung Absatz** отдел сбыта
  **Abteilung Allgemeine Verwaltung** административно-хозяйственный отдел, АХО
  **Abteilung Arbeitsökonomie** отдел экономики труда
  **Abteilung Beschaffung und Absatz** отдел материально-технического снабжения и сбыта, отдел МТО
  **Abteilung Betriebsorganisation** отдел организации производства и управления
  **Abteilung Finanzen** финансовый отдел *(при. местных советах бывш. ГДР)*
  **Abteilung für Arbeit** отдел труда и заработной платы
  **Abteilung für Investitionsbauten** отдел капитальных вложений; инвестиционный отдел, отдел инвестиций
  **Abteilung für Sicherheitstechnik** отдел техники безопасности, ОТБ
  **Abteilung Gütekontrolle** отдел технического контроля, ОТК

**Abteilung Handel und Versorgung** отдел торговли и снабжения *(при местных советах в бывш. ГДР)*

**Abteilung Investitionen** отдел капитальных вложений; отдел инвестиций

**Abteilung Märkte und Preise** конъюнктурный отдел; отдел конъюнктуры и спроса

**Abteilung Materialwirtschaft** отдел материально-технического снабжения

**Abteilung Planung** плановый отдел, планово-экономический отдел, ПЭО

**Abteilung Produktionskontrolle** отдел производственного контроля

**Abteilung Produktionslenkung** отдел управления производством

**Abteilung Produktionsplanung** планово-производственный отдел

**Abteilung Technologie** отдел главного технолога

**Abteilung tür Abfallverwertung** утильцех, цех утилизации отходов

**Abteilung Wirtschaftskontrolle** отдел хозяйственного контроля

**automatische Abteilung** цех-автомат; отдел автоматизации

**nichtproduzierende Abteilung** вспомогательный цех *(на промышленном предприятии)*

**planökonomische Abteilung** планово-экономический отдел

**produktionsvorbereitende Abteilung** подготовительный цех, вспомогательный цех

**produzierende Abteilung** производственный цех

**technische Abteilung** технический отдел *(на промышленном предприятии)*

**wirtschaftliche Abteilung** экономический отдел

**wirtschaftspolitische Abteilung** отдел по вопросам хозяйственной политики

**Abteilungen** *f, pl* подразделения, см. тж. Abteilung

**der gesellschaftlichen Produktion Abteilungen** подразделения общественного производства

**Abteilungs- und Betriebsgemeinkosten,** *pl* общецеховые и общезаводские расходы

**Abteilungsabrechnung** *f* учёт затрат цеха (или отдела)

**Abteilungsabrechnung** учёт цеховых затрат; учёт издержек отдела

**Abteilungsbelegungsgrobplan** *m* график загрузки машин и рабочих мест в цехах

**Abteilungsfristenplan** *m* календарный план цеха

**Abteilungsgewerkschaftsleitung** *f* руководство цеховой профсоюзной организации, цеховой профсоюзный комитет, цеховое профсоюзное бюро, цехком, профбюро цеха

**Abteilungshandbücher** *n, pl* (наглядные) справочники по видам работ, выполняемых отделом, (наглядные) справочники по видам работ, выполняемых цехом

**Abteilungskalkulation** *f* калькуляция издержек отдела (предприятия)

**Abteilungskollektiwertrag** *m* коллективный договор цеха

**Abteilungskosten,** *pl* цеховая себестоимость

**Abteilungsleistung** *f* производительность труда рабочего по цеху

**Abteilungsleiter** *m* начальник отдела; начальник цеха

**Abteilungsleitungskosten,** *pl* управленческие расходы производственных отделов, управленческие расходы производственных цехов

**Abteilungsökonom** *m* помощник начальника (производственного) цеха по экономическим вопросам

**Abteilungsplan** *m* план цеха, цеховой план

**Abteilungsplanung** *f* внутрицеховое планирование

**Abteilungszeichen** *n, pl* сокращённые обозначения отделов *(употребляемые в деловой корреспонденции)*

**Abtellungsgemeinkosten** *pl* общецеховые расходы

**Abtrag** *m* взнос *(в счёт погашения долга)*

**Abtrag** ущерб, вред

**abtragen** погашать, уплачивать *(долг).* ликвидировать задолженность; возмещать *(убыток);* сносить *(здание)*

**abtragen** сносить *(здание)*

**abträglich** вредный, невыгодный

**Abtragung** *f* погашение, уплата *(долга),* ликвидация задолженности; снос, разборка *(зданий)*

**abtreten** *vt* уступать, передавать; переуступать *(право, требование, задолженность и проч.)*

**Abtretende** *m* юр. цедент, уступающий право, уступающий требование

**Abtretung** *f* уступка, передача; цессия, уступка права, уступка требования, передача права, передача требования; переуступка обязательства *(от одного кредитора другому)*

**stille Abtretung** негласная уступка требования

**Abtretungsbrief** *m* юр. переводное письмо

**Abtretungserklärung** *f* *юр.* переводная надпись

**Abtretungserklärung** *f* передаточная надпись

**Abtretungsurkunde** *f* акт об уступке права, акт об уступке требования, свидетельство об уступке права, свидетельство об уступке требования

**Abtretungsverbot** *n* запрещение переуступки, запрет переуступки

**Abtretungsvertrag** *m* 1. договор об уступке требования, сделка по уступке требования, цессионный договор, цессионная сделка 2. договор об уступке территории

**ABU, Allgemeine Bedingungen für Unfallversicherung** Общие условия страхования от несчастных случаев

**ABUS, Volkseigene Betriebe für die Ausrüstung von Bergbau und Schwerindustrie** Народные предприятия по производству оборудования для горнорудной и тяжёлой промышленности *(в бывш. ГДР)*

**Abwägen** *n* взвешивание; развес, развеска

**Abwägen und Abpacken** расфасовка

**Abwälzung** *f* переложение *(напр. риска)*

**Abwälzung** переложение риска *(на контрагента)*; переложение налогов

**Abwälzungsgesetz** *n* закон о переложении риска

**Abwanderung** *f* отхожий промысел

**Abwanderung** переселение; эмиграция

**Abwanderung** утечка, отток *(напр. капитала)*

**Abwärtskompatibilität** *f* *вчт.* совместимость сверху вниз

**Abwasser** *n* сточные воды; отработанная вода; технологическая вода

**Abwasserreinigung** *f* очистка сточных вод

**Abwasserreinigungspflicht** *f* обязанность по очистке сточных вод

**Abwässerung** *f* спуск сточных вод

**Abwässerungsanlage** *f* сооружение по очистке сточных вод

**Abwasserverordnung** *f* постановление об обязанности предприятий возводить сооружения по очистке сточных вод

**Abwehrstreik** *m* забастовка, проводимая в защиту своих прав

**Abwehrung** *f* недопущение; воспрепятствование

**Abwehrzeichen** *n* блокирующий знак; дефензивный знак; защитный знак

**Abwehrzoll** *m* запретительная пошлина, заградительная пошлина

**abweichen** *vi* отклоняться; отступать; расходиться

**vom Muster abweichen** отличаться от образца

**vom Vertrag abweichen** не отвечать условиям контракта

**abweichend** отличный, отличающийся *(от чего-л.)*

**abweichende Meinung** особое мнение

**Abweichung** *f* уклонение; отклонение

**Abweichung** отступление *(напр. от норм)*

**Abweichung** погрешность; ошибка

**Abweichung** расхождение *(напр. мнений)*

**Abweichung** разночтение; разное понимание *(текста)*

**Abweichung vom Gesetz** отступление от закона

**Abweichung vom Muster** отклонение от образца; (самовольное) внесение изменений в образец

**Abweichung vom Preislimit** отклонение от лимита цен

**Abweichung vom Vertrag** отступление от договора, отступление от условий договора

**Abweichung von den Grundnormen** отклонение от основных норм *(напр., конституции)*

**Abweichung von den Grundnormen gesellschaftlichen Verhaltens** отклонение от основных норм общественного поведения, отклонение от основополагающих общественных норм поведения

**Abweichung vom Muster** отклонение от образца; отличие от образца

**Abweichung von der Regel** исключение из правила

**durchschnittliche Abweichung** среднее отклонение, средний разброс

**durchschnittliche lineare Abweichung** среднее линейное отклонение

**durchschnittliche quadratische Abweichung** среднее квадратическое отклонение

**erlaubte Abweichung** допустимое отклонение

**geschätze Abweichung** расчётное отклонение

**kumulative Abweichung** генеральная девиата, накопленная величина отклонения

**positive Abweichung** *f* позитивное отличие; положительное отличие

**quadratische Abweichung** квадратическое отклонение

**wahrscheinliche Abweichung** вероятное отклонение

**Abweichungsklausel** f условие о возможности захода судна в другие порты *(помимо порта назначения)*

**Abweisung** f отказ; отклонение *(напр. просьбы)*

**Abweisung der Beschwerde** отказ в жалобе, отказ в приёме жалобы

**Abweisung des Antrages** отклонение ходатайства

**Abweisung des säumigen Klägers** отказ в иске истцу, пропустившему исковый срок *(срок подачи иска)*

**Abweisung einer Klage** отказ в иске; отказ в приёме иска; отклонение иска

**Abwerbung** f переманивание учёных *(специалистов и рабочих)*

**abwerfen** vt давать прибыль, приносить прибыль

**abwerten** девальвировать, производить девальвацию, обесценивать *(валюту, деньги)*

**abwerten** снижать цену *(на товар)*, уценивать *(товар)*

**Abwertung** f девальвация, обесценение *(валюты)*; снижение цены *(на товары)*; уценка *(товаров)*

**Abwertung** снижение цены, понижение цены, падение цены

**Abwertung des Geldes** девальвация *(денег)*

**Abwesenheitsprotest** m предъявление опротестованного векселя лицу, обязанному по векселю, в его отсутствие

**abwickeln** vt выполнять, осуществлять

**abwickeln** заканчивать, ликвидировать *(напр. сделку)*

**abwickeln** (технически) исполнять *(напр. договор, сделку)*; выполнять *(напр. заказ)*

**abwickeln** осуществлять *(напр. обмен)*; производить *(напр. расчёты)*

**abwickeln** оформлять документ *(напр. аккредитив)*

**abwickeln** улаживать, оканчивать дело; проводить сделку

**einen Vertrag abwickeln** выполнять контракт

**Schulden abwickeln** расплачиваться с долгами

**Abwicklung** f (техническое) исполнение *(напр. договора, сделки)*; выполнение *(напр. заказа)*

**Abwicklung** ликвидация *(фирмы, организации и т.п.)*

**Abwicklung** окончание, ликвидация *(напр. сделки)*

**Abwicklung** осуществление *(напр. обмена)*; производство *(напр. расчётов)*

**Abwicklung** оформление документов *(напр. аккредитива)*

**Abwicklung** ход, выполнение, исполнение

**Abwicklung** ход дела

**Abwicklung des Vertrages** выполнение контракта

**Abwicklung laufender Verrechnungen** расчёты по текущим операциям *(в сфере отдельных отраслей промышленности)*

**kaufmännische Abwicklung** коммерческие операции

**speditionelle Abwicklung** транспортно-экспедиторская обработка, экспедиторская обработка

**technische Abwicklung** техническое проведение, техническое исполнение *(напр. банковских операций)*

**Abwicklung von Geschäften zwischen den EURO-Ländern** осуществление сделок между странами зоны хождения евро

**Abwicklungsbilanz** f ликвидационный баланс; баланс, составляемый при ликвидации

**Abwiegen** n взвешивание

**abwiegen** vt отвешивать, взвешивать

**abwracken** vt сдавать на слом; разбирать на лом

**Abz.:**

**Abz., Abzahlung** платёж в рассрочку, уплата в рассрочку

**Abz., Abzug** вычет, удержание, скидка

**ABz, Amtsbezirk** административный округ

**Abzählen** n отсчёт; счёт, перечисление

**abzahlen** vt выплачивать в рассрочку

**abzahlen** погашать *(напр. долг, кредит)*

**eine Rate abzahlen** уплачивать один взнос

**in Raten abzahlen** выплачивать по частям

**Abzahlung** f платёж в рассрочку, выплата в рассрочку

**Abzahlung** погашение *(напр. долга, кредита)*

**auf Abzahlung** в рассрочку

**Abzahlungsgegenstand** m купленный в рассрочку предмет

**Abzahlungsgeschäft** n сделка с платежом в рассрочку, сделка с рассрочкой платежа

**Abzahlungshypothek** f ипотека, предусматривающая равномерные взносы в погашение задолженности; ипотека с равными платежами

**Abzahlungskauf** m покупка в рассрочку, покупка с рассрочкой платежа

**Abzahlungskredit** m (потребительский) кредит с рассрочкой платежа

**Abzahlungsrate** f (равномерный) взнос в погашение задолженности

**AbzG; Gesetz betreffend die Abzahlungsgeschäfte** закон о платежах в рассрочку
**abzgl, abzüglich** за вычетом
**abziehen** *фин.* взимать дамно
  **abziehen** вычитать, производить вычет *(напр. какой-л. суммы из счёта)*, удерживать *(напр. из заработной платы)*
  **abziehen** истребовать, изымать *(напр. вклады из банков, сберегательных касс)*
  **abziehen** отвлекать *(напр. финансовые средства)*
  **abziehen** отчислять
  **abziehen** предоставлять скидку (с цены); предоставлять декорт
  **eine Summe vom Gesamtbetrag abziehen** вычитать какую-л. сумму из общей суммы
**Abzinsen** *n* нахождение первоначальной суммы по заданной наращенной сумме
**Abzinsung** *f* нахождение первоначальной суммы по заданной наращенной сумме
**Abzinsung** *f* способ определения начального капитала по конечному капиталу с учётом банковского процента
**Abzug** *m* вычет *(напр. какой-л. суммы из счёта)*, удержание *(напр. из заработной платы)*
**Abzug** *фин.* дамно
**Abzug** истребование *(напр. вкладов из банков, сберегательных касс)*
**Abzug** отвлечение *(напр. финансовых средств)*
**Abzug** отчисление
**Abzug** скидка (с цены); декорт
  **in Abzug bringen** вычесть, удержать
  **nach Abzug** за вычетом
  **ohne Abzug** без вычетов, без удержаний; без скидки

**Abzüge** *m, pl* сборы; налоги; удержания
**abzüglich** за вычетом
**abzugsfähig** подлежащий обложению налогом, облагаемый налогом; с вычетами, с удержаниями
**Abzugsfranchise** *f страх.* безусловная франшиза
**abzugsfrei** не облагаемый налогом, свободный от удержаний *(о заработной плате)*; без вычетов, без удержаний
**abzusetzend, leicht** легко сбываемый, ходкий *(о товаре)*
**abzweigen** выделять *(напр. финансовые средства)*
**Abzweigung** *f* выделение *(напр. финансовых средств)*
**a.c., anni currentis, (des) laufenden Jahres** с.г., сего года, т.г., текущего года
  **a/c, a conto** в счёт, в зачёт, за счёт
**Acc, Akzept** акцепт, акцептование *(векселя, платежа и т.п.)*
**acceptance houses** *англ.* акцептные дома, акцептные конторы, "купеческие банки"
**acclamatio** *лат.* аккламация (решение собрания акционеров о принятии или отклонении какого-либо предложения без голосования и подсчета голосов, а на основе непосредственной реакции акционеров, выражаемой репликами, возгласами, аплодисментами и т.д.)
**account-day** *англ.* день исполнения обязательства, день платежа
**Achse** *f* ось
  **auf eigener Achse** своим ходом
  **Gewicht pro Achse** нагрузка на ось
**Achtersystem** *n* восьмеричная система
**achtstellig** восьмиразрядный

**Achtstundentag** *m* восьмичасовой рабочий день
**Achtung** *f* внимание
  **Achtung** уважение; почтение
  **Achtung (hist.)** объявление вне закона; изгнание
  **Achtung (hist.)** бойкот; запрет
  **Achtung der Menschenwürde** уважение человеческого достоинства
  **Achtung der staatlichen Souveränität** уважение государственного суверенитета
  **Achtung genießen** пользоваться уважением
  **gegenseitige Achtung** взаимное уважение
  **in hoher Achtung stehen** пользоваться большим уважение; пользоваться большим авторитетом
  **unter Achtung der Rechte und der internationalen Verpflichtungen** при уважении прав и соблюдении международных обязательств
**achtunggebietend** внушающий уважение; авторитетный
**ACI, Alliance Cooperative Internationale** Международный кооперативный альянс, МКА
**acid ratio, quick ratio** показатель ликвидности первого порядка *(выражает соотношение между краткосрочными требованиями и обязательствами)*
**Acker- und Pflanzenbau** *m* земледелие, полеводство; растениеводство
**Acker-Grünland-Verhältnis** *n* соотношение площадей пахотных и лугопастбищных угодий
**Ackerbau** *m* земледелие, полеводство; растениеводство
**Ackerbaubevölkerung** *f* земледельческое население

**Ackerbausystem** *n* система земледелия

**Ackerbauwirtschaft** *f* земледельческое хозяйство; земледелие, полеводство

**Ackerboden** *m* пашня, пахотные угодья, пахотная земля

**Ackerbuch** *n* земельный кадастр

**Ackerfläche** *f* площадь пахотных угодий

**Ackerflächenbewertung** *f* оценка пахотных угодий

**Ackerflächenvertiältnis** *n* соотношение посевных площадей по культурам

**Ackerklassifizierung** *f* классификация пахотных угодий

**Ackerland** *n* пашня, пахотные угодья, пахотная земля

**Ackernahrung** *f* минимальный земельный надел, обеспечивающий содержание крестьянской семьи

**Ackerparzelle** *f* пахотный надел

**Ackerschätzungsrahmen** *m* таблица показателей качества почвы

**Ackerzins** *m* поземельный налог; *ист.* оброк, поземельная подать

**Acquisiteur** *m* аквизитор

**ACV, Allgemeiner Konsum-Verein** Всеобщий союз потребительских обществ *(Швейцария)*

**AD, Andorra** Андорра

**a/d, a.d., after date** от сего числа, от даты векселя

**ad acta** *лат. канц.* "к делу"

**ad valorem** *лат.* со стоимости *(при взимании пошлин, налогов)*

**ad-valorem-Zoll, ad-valorem Zoll** *m* адвалорная таможенная пошлина *(взимается в процентном отношении к цене товара)*, адвалорная пошлина

**ADA, allgemeines Dienstalter** общий служебный *(рабочий)* стаж

**Adapter** *m* *вчт.* адаптер

**Adapter** переходная колодка

**Adapter** согласующее устройство; переходное устройство

**Terminaladapter** *m* терминальный интерфейс

**Adaptierung** *f* адаптация, приспособление

**ADB:**

**ADB, African Development Bank** Африканский банк развития

**ADB, Allgemeine Deutsche Binnentransport-Versicherungsbedingungen** Общие внутригерманские условия транспортного страхования

**ADB, Allgemeiner Deutscher Beamtenbund** Всеобщий союз немецких государственных служащих

**ADB, Arbeitsgemeinschaft deutscher Betriebsingenieure in VDI** Объединение немецких инженеров-производственников при Обществе немецких инженеров

**ADB, Asian Development Bank** Азиатский банк развития

**ADCA, Allgemeine Deutsche Kredit-Anstalt** Немецкий кредитный банк

**a.d.D., an diesem Datum** в указанный день

**Addiator** *m* *обр. дан.* сумматор

**addieren** *vt* *мат.* складывать, прибавлять, суммировать

**Addierer** *m* *обр. дан.* сумматор

**Addiergerät** *n* *обр. дан.* сумматор

**Addiermaschine** *f* *обр. дан.* сумматор

**Addition** *f* сложение; суммирование

**iterative Addition** итерационное сложение

**logische Addition** логическое сложение

**Additionssatz** *m* теорема сложения

**Additionsstanzer** *m* суммирующий перфоратор

**Additionsstreifen** *m* суммирующая лента *(вычислительной машины)*

**Additionstheorem** *n* теорема сложения

**Additiv** *n* добавка

**Additiv** *n* *тех.* присадка

**Additlonszähler** *m* суммирующий счётчик

**ADGB, Allgemeiner Deutscher Gewerkschafsbund** Всеобщее объединение немецких профсоюзов *(1919-1933 г. г.)*

**Adgo, ADGo, Allgemeine Deutsche Gebührenordnung für Ärzte** правила взимания налогов с врачей

**ADIG, Allgemeine Deutsche Investment Gesellschaft** Всеобщая немецкая инвестиционная компания

**Administration** *f* администрация, управление

**Administration** администрирование

**Administration** распоряжение руководящих органов об осуществлении определённых мероприятий; администрация; управление *(административное учреждение)*; заведование, управление

**Administrator** *m* администратор; управляющий; управленец; заведующий; директор-распорядитель; распорядитель *(имущества, конкурсной массы)*; управляющий имением, управляющий хозяйством; наместник

**Administrator** (выч.тех.) системный администратор; администратор системы; администратор сети

**Administrieren** *n* администрирование

**ADN, Allgemeiner Deutscher Nachrichtendienst** информационное агентство АДН (*в бывш. ГДР*)

**ADP:**

**ADP, Arbeitsdienstpflicht** *ист.* трудовая повинность

**ADP, automatic data processing** автоматическая обработка данных, АОД

**Adr., Adresse** адрес

**Adrema** *f, Abk.* **Adressiermaschine** "Адрема" (*наименование предприятия по производству адресопечатных машин в ФРГ*)

**adress-commission** *англ.* адресная комиссия (*вознаграждение, уплачиваемое судовладельцем фрахтователю или его агенту в порту погрузки или выгрузки*)

**Adressänderung** *f* изменение адреса

**Auf welchem Weg kann ich meine Adressänderung mitteilen?** Каким образом я могу сообщить об изменении моего адреса?

**Adressant** *m* отправитель

**Adressat** *m* адресат

**Adresse** *f* адрес (*на почтовых и железнодорожных отправлениях*)

**Adresse** *бирж.* заёмщик

**Adresse** *выч.* адрес

**erste Adresse** крупные банки-заёмщики (*пользующиеся обычно краткосрочным кредитом*)

**zweite Adresse** мелкие банки-заёмщики (*пользующиеся обычно долгосрочным кредитом*)

**Adressdatei** *f* база данных адресов (*напр. клиентов*)

**Adressenarithmetik** *f* адресное арифметическое устройство; *вчт.* адресная арифметика, вычисление адресов адресное счисление

**Adressendruckmaschine** *f* адресопечатающая машина

**Adressenkode** *m обр. дан., выч.* адресная часть кода

**Adressenliste** *f бирж.* список банков-заёмщиков (*с указанием основных данных*)

**Adressenmatrix** *f вчт.* дешифратор адреса

**Adressenraum** *m вчт.* адресное пространство

**Adressenverlag** *m* издательство, выпускающее сборники "Кто есть кто" (*напр., "Евроадрес", "Жёлтые листы"*)

**Adressenzähler** *m* счётчик адресопечатной машины

**Adressiergerät** *n* адресопечатная машина, адресограф

**Adressiermaschine** *f* адресопечатная машина, адресограф

**Adreßspediteur** *m* экспедитор-получатель груза

**ADS, Allgemeine Deutsche Seeversicherungsbedingungen** Германские правила морского страхования

**ADSp, Allgemeine Deutsche Spediteurbedingungen** Общегерманские экспедиторские условия

**ADV:**

**ADV, Allgemeine Durchführungsverordnung** Общие положения, регламентирующие порядок исполнения

**ADV, Arbeitsgemeinschaft Deutscher Verkehrsflughäfen** Объединение по эксплуатации западногерманских аэропортов (*на международных авиалиниях*)

**advalorem** *лат.* сообразно цене, с объявленной цены; со стоимости, по стоимости; адвалорный

**AdW, Arbeitsgemeinschaft Deutscher Werbungsmittler** Общество немецких агентов реклам

**AE:**

**AE, Arbeitseinheit** единица учёта труда; *с.-х. устар.* трудодень

**AE-Verbrauch** *m* количество отработанных трудодней

**AE, Ausfuhrerklärung** экспортная декларация

**AE, Vereinigte Arabische Emirate** Объединенные арабские эмираты

**AEA, American Economic Association** Американская экономическая ассоциация (*США*)

**AED, Dirham, - Vereinigte Arabische Emirate** Дирхам (ОАЭ) (*код валюты* 784), - Объединенные Арабские Эмираты, ОАЭ

**A.E.F., Ausschuss für Einheiten und Formelgroßen** Комитет норм, стандартов и единой научно-технической терминологии

**AEG, Allgemeine Elektrizitätsgesellschaft** "Альгемайне электрицитетс гезельшафт" (*электротехнический концерн в ФРГ*)

**AEV, Arbeitsgemeinschaft Erdölgewinnung und Verarbeitung** Общество по добыче и переработке нефти

**AF :**

**AF, Ackerflächenverhältnis** структура посевных площадей

**AF, Afghanistan** Афганистан

**a.F., alte Fassung** старая редакция (*документа*)

**a.f., anni futuri** *лат.* будущего года

**AFA:**
  **AFA, Afghani, - Afghanistan** Афгани *(код валюты* 004), - Афганистан
  **AFA, American Finance Association** Американская финансовая ассоциация
  **AfA, Absetzung für Abnutzung** скидка за износ *(основных средств)*
  **Afa, Arbeitsgemeinschaft freier Angestelltenverbände** Объединение свободных (профессиональных) союзов служащих
  **Afa-Bund** *ист.* Всеобщий свободный (профессиональный) союз служащих
**Affektationsverbot** *n* запрещение использования государственных доходов в целях, не предусмотренных бюджетом
**Affektionsgut** *n* потребительная стоимость вещи *(основанная на личных вкусах потребителя)*
**Affektionspreis** *m* произвольная цена
**Affektionswert** *m* произвольная цена
**Affidavit** *n* аффидэвит, письменное показание под присягой
**Affiliate-Programm** *n* партнёрская программа (напр. в Интернет)
**AFL-CIO, American Föderation of Labor-Congress of Industrial Organizations** Американская федерация труда - конгресс производственных профсоюзов, АФТ - КПП *(США)*
**afloat** *англ.* на плаву *(о товаре)*
**aflt., afloat** *англ.* на плаву, перевозимый морем
**Afrikanisch-Malagassische Allgemeine Organisation** Африкано-малагасийская всеобщая организация
**Afrikanische Entwicklungsbank** Африканский банк развития
**Afro-asiatische Solidaritätsorganisation** Организация солидарности народов Азии и Африки
**AfS, Absetzung für Substanzverringerung** скидка на истощение запасов ископаемых *(при установлении размера налогообложения)*
**Aftermiete** *f* субаренда
**Afterpacht** *f* субаренда
**AG:**
  **AG, Aktiengesellschaft** акционерное общество
  **AG, Amtsgericht** суд первой инстанции *(по разбору мелких правонарушений)*
  **A.G., Arbeitsgemeinschaft** объединение, рабочая группа; координационный комитет; общество, сообщество
  **a.G., auf Gegenseitigkeit** на основе взаимности
**against all risks** *англ. (застрахован)* против всех рисков
**AGB:**
  **AGB, Allgemeine Geschäftsbedingungen** Общие условия заключения торговых сделок
  **AGB, Arbeitsgesetzbuch** кодекс законов о труде
**Ageka, Aktiengesellschaft für Gemeinnützigen Kleinwohnungsbau** Акционерное общество строительства малометражных квартир
**agency fee** *англ.* сборы по кларированию, выплачиваемые судовым маклерам
**Agent** *m* агент *(напр. торговый)*; постоянный представитель торгового предприятия, постоянный представитель коммерческого предприятия; посредник; комиссионер
**kommerzieller Agent** торговый агент

**agent de change** *(фр.)* маклер, биржевой маклер
**Agentenprovision** *f* агентская комиссия, комиссия, уплачиваемая агенту, комиссионные, уплачиваемые агенту
**Agentierung** *f* агентирование
**Agentierung von Schiften** агентирование судов
**Agentur** *f* агентство, представительство; филиал
  **Agentur** *ком.* посредничество
  **Online-Agentur** *f* онлайновое агентство
  **Online-Agentur** *f* онлайновое представительство; представительство в Интернет
**Agenturgeschäft** *n* комиссионная фирма; комиссионная операция
**Agenturübernahme** *f* агентирование судов
**Agenturvertrag** *m* агентский договор *(заключается между доверителем и агентом)*
**Agenzien,** *pl* факторы
**Agfa, Aktiengesellschaft für Anilin(-fabrikation)** АГФА, Акционерное общество анилиновой промышленности
**Agfoteur** *m* биржевой игрок, биржевой спекулянт
**AgfV, Aktiengesellschaft für Versorgungsuntemehmen, Ruhr** Акционерное общество снабжения предприятий Рурской области
**AGG:**
  **AGG, Abteilungsgewerkschaftsgruppe** профсоюзная группа цеха, профсоюзная группа отдела *(в бывш. ГДР)*
  **AGG, Arbeitsgerichtsgesetz** положение о судах, разбирающих трудовые споры
**Agglomeration** *f* агломерация *(концентрация в одном районе однородных или технологически связанных производств)*

**Aggregat-Fließfertigung** f агрегатно-поточное производство

**Aggregatgröße** f *стат.* агрегативная величина

**Aggregatindex** m *стат.* агрегативный индекс, сводный индекс

**Aggregation** f агрегирование *(объединение показателей, относящихся к индивидуальным объектам наблюдения)*

**Aggregationsfähigkeit** f *стат.* возможность суммирования *(напр. данных)*

**Aggregatmethode** f агрегатный метод *(образования цен)*

**Aggregatnorm** f агрегатная норма расхода материалов, сводная норма расхода материалов

**aggregierbar** допускающий агрегирование, агрегируемый

**aggregieren** vt агрегировать *(соединять, объединять)*

**Aggregierung** f агрегирование *(объединение показателей, относящихся к индивидуальным объектам наблюдения)*

**aggressives Marketing** n агрессивный маркетинг

**Agio** n (ит.) ажио, лаж, курсовая разница *(разница между эмиссионным курсом и номинальной стоимостью ценных бумаг)*

  **Bankagio** n банковский лаж; банковское ажио

  **Goldagio** n ажио на золото; лаж на золото; наценка на золото

**Agioerlös** m превышение курсовой стоимости ценной бумаги над ее номинальной стоимостью, оплаченное инвестором

**Agiogewinn** m прибыль от ажио

**Agiojäger** m биржевой игрок, биржевой спекулянт

**Agiokonto** n ажио-конто

**Agiopapier** m облигация акционерного общества с ажио

**Agiorücklage** f резерв для выплат ажио

**Agios** n, pl (ит.) проценты и комиссионные банка за совершённые операции; банковский лаж; банковское ажио

**Agiotage** f *(биржевой)* ажиотаж (использование резких или непредвиденных колебаний курсов ценных бумаг в спекулятивных целях)

**Agioteur** m биржевой игрок; биржевой спекулянт; биржевой маклер

  **Agioteur** спекулянт билетами; спекулянт входными билетами

**Agiotheorie** f теория лажа, теория ажио; теория процента, выдвинутая Бём-Баверком

**agiotieren** *бирж.* создавать ажиотаж

**Agitation** f агитация

  **Agitation** подстрекательство

**AGL, Abteilungsgewerkschaftsleitung** профсоюзный комитет цеха, профсоюзный комитет отдела *(в бывш. ГДР)*; комитет профсоюзной организации *(на предприятиях, имеющих свыше 500 рабочих - в бывш. ГДР)*

**Agla, Ausgleichsamt** согласительное бюро *(для перерасчётов по неправильно взысканным сборам за перевозки)*

**AGN, Arbeitsgemeinschaft Güternahverkehr** Общество по перевозке грузов на близкое расстояние *(в пределах ФРГ)*

**AGO, Abteilungsgewerkschaftsorganisation** цеховая профсоюзная организация

**AGP:**

  **AGP, Arbeitsgemeinschaft der Produktionsgenossenschaften** Объединение производственных кооперативов *(в бывш. ГДР)*

  **AGP, Arbeitsgemeinschaft Personenverkehr** Общество пассажирских перевозок

**Agrar:**

  **Agrar- und Rohstoffanhängsel** n аграрно-сырьевой придаток

  **Agrar- und Rohstofflieferant** m поставщик сельскохозяйственных продуктов и сырья

  **Agrar-Industrie-Komplex** m аграрно-промышленный комплекс

  **Agrar-Industrie-Land** n аграрно-индустриальная страна

  **Agrar-Industrie-Staat** m аграрно-индустриальная страна

  **Agrar-Industrie-Gemeinde** f аграрно-промышленная община

**Agraraktiengesellschaft** f аграрное акционерное общество

**Agrarabschöpfung** n таможенный сбор, взимаемый при импорте сельскохозяйственной продукции

**Agrarabschöpfungen** n, pl компенсационные таможенные пошлины на сельскохозяйственную продукцию; компенсационные таможенные пошлины на сельскохозпродукцию; компенсационные таможенные пошлины на продукцию аграрного сектора

**Agrarausfuhr** f экспорт сельскохозяйственной продукции, вывоз сельскохозяйственной продукции

**Agrarbank** f земельный банк; аграрный банк; агробанк; агропромышленный банк; сельхозбанк

**Agrarbankpfandbrief** m закладной лист земельного банка

**Agrarbedarf** *n* спрос на сельскохозяйственную продукцию; спрос на продукцию аграрного комплекса; спрос на продукцию аграрного сектора

**Agrarbereich** *m* сельскохозяйственный сектор (экономики); отрасль сельского хозяйства; сельскохозяйственная отрасль; аграрный сектор

**Agrarbetrieb** *m* сельскохозяйственное предприятие; предприятие аграрного сектора

**Agrarbevölkerung** *f* сельскохозяйственное население; население, занятое в сельском хозяйстве

**Agrarbezirk** *m* аграрный район, сельскохозяйственный район

**Agrarbörse** *f* сельскохозяйственная биржа; аграрная биржа

**Agrardarlehen** *n* ссуда на нужды сельского хозяйства; сельскохозяйственный кредит; кредит аграрному сектору

**Agrardichte** *f* плотность сельского населения

**Agrardistrikt** *m* аграрный район, сельскохозяйственный район

**Agrareinfuhr** *f* импорт сельскохозяйственной продукции, ввоз сельскохозяйственной продукции

**Agrarentwicklung** *f* развитие аграрных отношений; развитие аграрного сектора (экономики); развитие сельского хозяйства

**Agrarerzeugnisse** *n, pl* сельскохозяйственная продукция, продукты сельского хозяйства; продукция аграрного сектора; агропродукция

**Agrarexport** *m* агроэкспорт, экспорт продукции аграрного сектора, экспорт сельхозпродукции

**Agrarexportbeihilfe** *f* субсидии при экспорте сельскохозяйственной продукции

**Agrarfonds** *pl;* **EAGGF, European Agricultural Guidance and Guarantee Fund** Европейский сельскохозяйственный консультационный и гарантийный фонд, ЕСКГФ

**Agrarfrage** *f* аграрный вопрос

**Agrargebiet** *n* аграрный район, сельскохозяйственный район

**Agrargemeinde** *f* сельская община

**Agrargenossenschaft** *f* сельскохозяйственная кооперация

**Agrargenossenschaft** *f* сельскохозяйственный кооператив

**Agrargeografie** *f* география сельского хозяйства; география агропромышленного комплекса

**Agrargesetz** *n* земельный закон, закон о землевладении и землепользовании

**Agrargesetzgebung** *f* аграрное законодательство, земельное законодательство; законодательство в области сельского хозяйства

**Agrarhandel** *m* торговля сельскохозяйственной продукцией; торговля продукцией аграрного сектора, торговля агропродукцией

**Agrarier** *m* крупный землевладелец; сельскохозяйственный предприниматель; аграрий

**Agrarimport** *m* импорт сельскохозяйственной продукции, ввоз сельскохозяйственной продукции, агроимпорт, импорт продукции аграрного сектора

**Agrarindustrievereinigung** *f* аграрно-промышленное объединение

**agrarisch** аграрный, земельный; земледельческий, сельскохозяйственный

**agrarischer Rohstoff** *m* сельскохозяйственный продукт; продукт сельского хозяйства

**Agrarkapital** *n* аграрный капитал

**Agrarkapitalist** *m* капиталист-аграрий

**Agrarkapitallsmus** *m* аграрный капитализм

**Agrarkonjunkturen** *f pl* факторы сельскохозяйственной конъюнктуры

**Agrarkredit** *m* сельскохозяйственный кредит; кредит на сельскохозяйственные нужды; кредит в агропромышленный сектор

**Agrarkreditsystem** *n* система кредитования сельского хозяйства

**Agrarkrise** *f* аграрный кризис, кризис сельского хозяйства; кризис в сельском хозяйстве

**Agrarland** *n* аграрная страна, сельскохозяйственная страна

**Agrarlobby** *f* аграрное лобби

**Agrarmarkt** *m* аграрный рынок, рынок сельскохозяйственной продукции

**gemeinsamer Agrarmarkt** общий аграрный рынок

**Agrarmarktordnung** *f* положения о торговле на аграрном рынке

**Agrarmarktordnung** *f* регулирование сельскохозяйственного производства (в странах бывш. ЕЭС)

**Agrarmesse** *f* сельскохозяйственная выставка

**Agrarnachfrage** *f* спрос на сельскохозяйственную продукцию

**Agrarökonomie** *f* экономика сельского хозяйства, экономика аграрного сектора

**Agrarökonomik** экономика сельского хозяйства, экономика аграрного сектора

**Agrarordnung** *f* регулирование сельскохозяйственного производства

**Agrarplanung** *f* планирование *(развития)* сельского хозяйства

**Agrarpolitik** *f* аграрная политика, земельная политика; политика в области сельского хозяйства

**Agrarpreis** *m* цена на сельскохозяйственную продукцию, цена на агропродукцию

**Agrarpreisstützung** *f* поддержание цен на сельскохозяйственную продукцию

**Agrarprodukt** *n* продукт сельскохозяйственного производства, сельскохозяйственный продукт

**Agrarprodukt für den Export** *n* экспортный продукт сельскохозяйственного производства; товарный продукт сельскохозяйственного производства (на экспорт)

**Agrarproduktenmarkt** *m* аграрный рынок, рынок сельскохозяйственной продукции, рынок агропромышленной продукции

**Agrarproduktion** *f* сельскохозяйственное производство, производство сельскохозяйственной продукции, аграрное производство, агропромышленное производство

**Agrarproduktion** сельскохозяйственная продукция, продукция сельского хозяйства, продукция аграрного сектора

**Agrarprogramm** *n* аграрная программа, программа *(развития)* сельского хозяйства; сельскохозяйственная программа

**Agrarpropaganda** *f* пропаганда достижений в области сельского хозяйства

**Agrarprotektionismus** *m* аграрный протекционизм, протекционизм в области сельского хозяйства

**Agrarraum** *m* аграрный район, сельскохозяйственный район

**Agrarrecht** *n* земельное право

**Agrarreform** *f* аграрная реформа, реформа в области сельского хозяйства

**Agrarrente** *f* земельная рента

**Agrarrevisionismus** *m ист.* ревизионизм в области аграрной политики

**Agrarrevolution** *f* аграрная революция

**Agrarrohstoff** *m* сельскохозяйственное сырьё

**Agrarrohstoffe** *m, pl* сельскохозяйственное сырьё

**Agrarschutzzölle** *m, pl* таможенные пошлины в условиях аграрного протекционизма (для защиты сельского хозяйства развивающихся стран или местного рынка от иностранной конкуренции)

**Agrarsektor** *m* аграрный сектор

**Agrarsektor** сельское хозяйство *(как сектор экономики)*

**Agrarsoziologie** *f* аграрная социология

**Agrarstaat** *m* аграрная страна; сельскохозяйственная страна

**Agrarstatistik** *f* статистика сельского хозяйства

**Agrarstruktur** *f* аграрная структура; структура аграрных отношений

**Agrarstruktur** структура аграрного сектора экономики

**Agrartechnik** *f* агротехника

**Agrartechnik** сельскохозяйственная техника

**Agrarüberschuss** *m* излишек сельскохозяйственной продукции

**Agrarüberschüsse** *m, pl* излишки сельскохозяйственной продукции

**Agrarunion** *f* аграрный союз в рамках бывш. ЕЭС *(образование единого внутреннего рынка, согласование внешнеторговых операций)*

**Agrarunternehmen** *n* сельскохозяйственное предприятие, сельхозпредприяие, аграрное предприятие

**Agrarverband** *m* объединение производителей сельскохозяйственной продукции, союз производителей сельскохозяйственной продукции

**Agrarverband** объединение сельскохозяйственных производителей

**Agrarvereinigung** *f* объединение производителей сельскохозяйственной продукции, союз производителей сельскохозяйственной продукции

**Agrarverfassung** *f* аграрное законодательство, земельное законодательство

**Agrarverhältnisse** *n, pl* аграрные отношения (мн.ч.); земельные отношения (мн.ч.)

**Agrarwirtschaft** *f* аграрное хозяйство *(включает сельское хозяйство, садоводство, виноградарство, лесоводство, деревообработку, рыболовство)*

**agrarwirtschaftlich** аграрный; агропромышленный; сельскохозяйственный; земледельческий

**Agrarzoll** *m* таможенная пошлина на сельскохозяйственную продукцию (при экспорте и импорте)

**Agrarzölle** *m, pl* таможенные пошлины на сельскохозяйственную продукцию (при экспорте и импорте)

**Agrarzuschüsse** *f, pl* субсидии сельскому хозяйству; субсидии в агропромышленный сектор

**Agrikultur** *f* агрикультура, земледелие, полеводство

**vielseitige Agrikultur** многоотраслевое земледелие

**Agroindustrie** *f* агропромышленность

**AGS, Arbeitsgangstufe** ступень производственного процесса

**AGV:**

**AGV, Angestelltenversicherungsgesetz** закон о страховании служащих

**AGV, Arbeitgeber-Vereinigung** Объединение предпринимателей

**AH-Bank** *f* внешнеторговый банк

**AHB:**

**AHB, Außenhandelsbank** Внешнеторговый банк

**AHB, Außenhandelsbanken** банки для внешней торговли

**AHB, Außenhandelsbetrieb** внешнеторговое предприятие

**AHD, Außenhandelsdienst der Industrie- und Handelskammern und Wirtschaftsverbände** *(наименование периодического издания по экономической информации)*

**AHK, Außenhandelskontor** внешнеторговая контора

**ähnlich** аналогичный; подобный

**Ahnlichkeitstheorle** *f* *мат.* теория подобия

**AHO, Außenhandelsorganisation** внешнеторговая организация

**AHSt, Außenstelle für Erzeugnisse der Ernährung und Landwirtschaft** филиал по пищевым и сельскохозяйственным продуктам

**AHU, Außenhandelsunternehmen** внешнеторговая фирма; внешнеторговая организация

**aHV, außerordentliche Hauptversammlung** внеочередное общее собрание *(акционеров)*

**AIDA, Attention -Interest - Desire - Action** *(eng.)*; **Aufmerksamkeit - Interesse - Wunsch - Handlung** внимание - интерес - желание - действие (принцип маркетинга, рекламы)

**AIDA-Modell** *n* АИДА-модель, модель маркетинга "внимание-интерес-желание-действие"

**AIDOS, automatisiertes Informations- und Dokumentationssystem** автоматизированная система информации и документации

**AIG, Auslandsinvestitionsgesetz** закон о зарубежных инвестициях

**AIR, Association Internationale du Registre des Bateaux du Rhin** Международное объединение "Рейнский судовой регистр"

**AIS, Association Internationale de la Soie** Международная ассоциация по шёлку

**AISE, Association Internationale des Sciences Econorniques** Международная ассоциация экономических наук

**AIST, Arbeitsgemeinschaft zur Förderung und Entwicklung des internationalen Straßenverkehrs** Общество содействия развитию международного автодорожного сообщения *(в бывш. ГДР)*

**AIT, Alliance Internationale de Tourisme** Международный туристский альянс

**AJB, Außenhandelsjahrbuch** "Аусенхандельсярбух" *(наименование немецкого ежегодника по вопросам внешней торговли)*

**AK:**

**AK, Aktienkapital** акционерный капитал

**AK, Amtskasse** ведомственная касса

**AK, Arbeitskraft** рабочая сила

**a.K., außer Konkurrenz** вне конкуренции

**AK-Verfahren, Akkreditivverfahren** *n* аккредитивная форма расчёта

**AKA, Ausfuhr-Kredit-Aktiengesellschaft** Акционерное общество по кредитованию экспортных операций

**AKB, Allgemeine Kundendienstbedingungen des RGW** Общие условия технического обслуживания стран-членов бывш. Совета Экономической Взаимопомощи

**AKG, Allgemeines Kriegsfolgengesetz** Закон об общем урегулировании ущерба, нанесённого войной после разгрома Германской империи

**Akh, Arbeitskraftstunde** человеко-час, ч./час

**Akh/ha** *с.-х.* затраты человеко-часов на один гектар

**Akkord** *m* аккорд, соглашение; полюбовная сделка *(с кредиторами)*

**Akkord** аккордная заработная плата, сдельная зарплата, аккорд

**Akkord** сдельная работа, сдельщина

**Akkord** трудовой договор на условиях аккордной оплаты

**Akkord** трудовой договор на условиях сдельной оплаты труда, трудовое соглашение на условиях аккордной (сдельной) оплаты труда

**in Akkord geben** выдавать заказ на выполнение сдельной работы

**im Akkord arbeiten** работать сдельно

**im Akkord stehen** работать сдельно

**Akkordarbeit** *f* сдельная работа, сдельщина

**Akkordarbeiter** *n* рабочий-сдельщик

**akkordieren** *vi* договариваться полюбовно; заключать трудовой договор на условиях аккордной (сдельной) оплаты труда, заключать договор найма на условиях аккордной (сдельной) оплаты труда

**akkordieren** заключать полюбовную сделку *(с кредиторами)*

**Akkordköpfen** *n* снижение расценок сдельной заработной платы за счёт повышения нормы выработки

**Akkordlohn** *m* аккордная заработная плата, сдельная заработная плата, аккордная зарплата, сдельная зарплата

**im Akkordlohn arbeiten** работать сдельно, иметь аккордную систему оплаты

**Akkordlohnsystem** *n* система аккордной (сдельной) заработной платы

**Akkordrichtsatz** *m* исходная расценка сдельной заработной платы, исходная расценка аккордной зарплаты

**Akkordsatz** *m* расценка аккордной (сдельной) заработной платы, расценка аккордной (сдельной) зарплаты

**Akkordschere** *f* снижение расценок сдельной заработной платы за счёт повышения нормы выработки

**Akkordsystem** *n* система аккордной (сдельной) заработной платы

**Akkordvertrag** *m* трудовой договор на условиях аккордной оплаты, трудовой договор на условиях сдельной оплаты труда, трудовое соглашение на условиях аккордной (сдельной) оплаты труда

**akkreditieren** выдавать аккредитив

**akkreditieren** предоставлять кредит

**akkreditieren** уполномачивать, уполномочить *(кого-л на что-л.)*

**Akkreditierte** *m f* доверенное лицо; получатель по аккредитиву, бенефициар

**Akkreditierte** получатель по аккредитиву, бенефициар

**Akkreditiv** *n* аккредитив

**bestätigtes Akkreditiv** подтверждённый аккредитив

**dokumentarisches Akkreditiv** документарный аккредитив

**einmalig gestelltes Akkreditiv** разовый аккредитив

**langfristiges Akkreditiv** долгосрочный аккредитив

**revolvierendes Akkreditiv** револьверный аккредитив, автоматически возобновляемый аккредитив

**sich automatisch erneuerndes Akkreditiv** револьверный аккредитив, автоматически возобновляемый аккредитив

**teilbares Akkreditiv** делимый аккредитив

**übertragbares Akkreditiv** переводный аккредитив, трансферабельный аккредитив

**unbefristetes Akkreditiv** бессрочный аккредитив

**unbestätigtes Akkreditiv** неподтвержденный аккредитив

**unwiderrufliches Akkreditiv** безотзывный аккредитив; аккредитив без права отзыва

**widerrufliches Akkreditiv** отзывной аккредитив; аккредитив с правом отзыва

**ein Akkreditiv abändern** изменить условия аккредитива

**ein Akkreditiv eröffnen** открывать аккредитив

**ein Akkreditiv erstellen** открыть аккредитив

**ein Akkreditiv stellen** открывать аккредитив

**Akkreditivauftrag** *m* аккредитивное поручение

**Akkreditivbetrag** *m* сумма аккредитива

**Akkreditiveröffnung** *f* открытие аккредитива

**Akkreditiveröffnungsauftrag** *m* поручение на открытие аккредитива

**Akkreditivsteller** *m* держатель аккредитива; аккредитиводатель

**Akkreditivstellung** *f* открытие аккредитива

**Akkreditivverfahren** *n* аккредитивная форма расчёта, аккредитивная форма расчётов

**Akkumulation** *f* накопление, аккумулирование, аккумуляция *(напр. капитала)*

**Akkumulation für konsumtive Zwecke** накопление потребительского назначения

**Akkumulation in der nichtproduzierenden Sphäre** непроизводственное накопление

**Akkumulation in der Produktionssphäre** производственное накопление

**haushaltswirksame Akkumulation** бюджетные накопления, учитывающие переходящие остатки на конец года

**kapitalistische Akkumulation** капиталистическое накопление

**konsumtive Akkumulation** накопление потребительского назначения

**nich-tproduktive Akkumulation** непроизводственное накопление
**nominelle Akkumulation** номинальное накопление
**produktive Akkumulation** производственное накопление
**reale Akkumulation** реальное накопление
**unproduktive Akkumulation** непроизводственное накопление
**ursprüngliche Akkumulation** первоначальное накопление (капитала)
**Akkumulationsentwicklung** *f* динамика накоплений
**Akkumulationsfonds** *m* фонд накопления
**Akkumulationsform** *f* форма накопления
**Akkumulationskraft** *f* способность к накоплению
**Akkumulationsmasse** *f* абсолютная величина накопления
**Akkumulationsmasse** масса накопления
**Akkumulationsmittel** *n* средство накопления *(функция денег)*
**Akkumulationsmittels** *n, pl* средства накопления *(материальные и финансовые)*
**Akkumulationsquelle** *f* источник накопления
**Akkumulationsquellen** *f, pl* источники накопления
**Akkumulationsquote** *f* норма сбережений
**Akkumulationsquote** норма накопления (накапливаемая часть прибавочного продукта)
**Akkumulationsquote** часть национального продукта, идущая на накопление
**Akkumulationsquote des Staatshaushalts** доля бюджетных средств, предназначенная для капиталовложений; доля накоплений в общей сумме бюджетных поступлений
**Akkumulationsrate** *f* норма накопления
**Akkumulationstheorie** *f* теория накопления
**Akkumulationstrieb** *m* стремление к накоплению
**akkumulieren** накапливать, накоплять, осуществлять накопления, аккумулировать
**Akontozahlung** *f* частичный платёж, платёж в рассрочку; аванс, авансовый платёж, предварительный взнос (в счёт уплаты)
**akquirieren** вербовать клиентов, вербовать покупателей
**akquirieren** *(выгодно)* приобретать
**akquiriert** благоприобретённый
**Akquisiteur** *m* агент, привлекающий клиентов (напр. страхового общества, туристической компании); аквизитор
**Akquisiteur** сборщик заказов
**Akquisiteur** *m* сборщик объявлений для газет
**Akquisition** *f* вербовка клиентов; привлечение клиентов; аквизиция
**Akquisition** *(выгодное)* приобретение
**akquisitorisch** аквизиторский (способный стимулировать спрос и удерживать его)
**akquisitorisches Potential** аквизиторский потенциал
**AKRA, Arbeitsgemeinschaft Kraftwagenspedition** Общество автомобильных перевозок
**Akt** *m* документ, официальная бумага, акт
**Akt der Höflichkeit** акт вежливости
**Akt des guten Willens** акт доброй воли
**aggressiver Akt** агрессивный акт; акт агрессии
**feierlicher Akt** торжественный акт
**formaler Akt** формальный акт
**gesetzgeberischer Akt** законодательный акт
**juristischer Akt** юридический акт
**kommerzieller Akt** коммерческий акт *(действие, напр., акт купли-продажи)*
**kommerzieller Akt** коммерческий акт *(документ)*
**völkerrechtswidriger Akt** акт, противоречащий нормам международного права
**Akte** *f* документ, официальная бумага, акт
**geheime Akte** секретный документ
**nach Lage der Akte** на основании документа
**eine Akte aufsetzen** составлять акт, составить акт
**die Akten ansehen** ознакамливаться с делами, просматривать дела
**zu den Akten legen** приобщать к делу, приобщить к делу; подшивать к делу, подшить к делу
**Akten ablegen** сдавать дела в архив, сдать дела в архив
**Akte anlegen** заводить дело, завести дело
**Akten** *f, pl* документы (мн. ч.), официальные бумаги (мн.ч.)
**Akten** (канц.) дело; подшивка документов
**Aktenablage** *f* хранение документов
**Aktendeckel** *m* папка (для дел), скоросшиватель
**Aktenplan** *m канц.* опись дел; номенклатура дел
**Aktenvernichter** *m* прибор для уничтожения деловых бумаг

**Aktenvernichtung** f уничтожение деловых бумаг
**vorsätzliche Aktenvernichtung** преднамеренное уничтожение деловых бумаг, умышленное уничтожение деловых бумаг
**Aktenzeichen** n помета в деле; номер документа, знак документа, шифр документа
**AktG, Aktiengesetz** закон об операциях с ценными бумагами
**Aktie** f акция
**Aktie mit dem Recht der Beteiligung am Gewinnüberschuss** акция с правом участия в остатке прибылей
**Aktie mit mehrfachem Stimmrecht** многоголосая акция, плюральная акция
**Aktie mit Nennwert** акция с нарицательной стоимостью, акция с номинальной стоимостью
**Aktie ohne Nennwert** акция без нарицательной стоимости, акция без номинальной стоимости
**Aktie ohne Stimmrecht** безголосая акция, неголосующая акция, акция без права голоса
**Aktien** f, pl акции (мн.ч.)
**Aktien auf dem offenen Markt kaufen** покупать акции на фондовом рынке
**alte Aktie** акция первого выпуска, основная акция, акция первой эмиссии
**bevorrechtete Aktie** привилегированная акция
**bevorrechtigte Aktie** привилегированная акция
**eigene Aktie** собственная акция (*распространяемая среди своих рабочих и служащих*)
**eingetragene Aktie** зарегистрированная акция
**gewöhnliche Aktie** обыкновенная акция
**junge Aktie** новая акция, акция нового выпуска, акция новой эмиссии
**konvertierbare Aktie** конвертируемая акция
**kumulative Aktie** кумулятивная акция, накопительная акция
**landwirtschaftliche Aktie** акция сельскохозяйственного предприятия
**nicht stimmberechtigte Aktie** безголосая акция, неголосующая акция, акция без права голоса
**nicht voll eingezahlte Aktie** акция с неполной оплатой, частично оплачиваемая акция, не полностью оплачиваемая акция
**stimmberechtigte Aktie** акция, дающая право голоса; акция с правом голоса; голосующая акция
**vinkulierte Aktie** именная акция, винкулированная акция (*вид именных акций, которые могут быть переданы третьим лицам только с разрешения общества*)
**vollbezahlte Aktie** полностью оплаченная акция
**die Aktien fallen** курс акций падает, акции падают в цене
**die Aktien steigen** курс акций повышается, акции повышаются в цене
**Aktien-Depositenbank** f акционерный депозитный банк (*в Англии*)
**Aktienabschnitt** m дивидендный купон акции
**Aktienabschnitt** отрывной купон акции (*дивидендный*)
**Aktienabstempelung** f изменение номинальной стоимости акции путём штемпелевания, изменение номинальной цены акции путём штемпелевания
**Aktienagio** n надбавка к курсу акций; премия акции
**aktienähnlich:**
**aktienähnliche Obligationen** f pl облигации, которые могут быть конвертированы в акции
**aktienähnliche Wertpapiere** pl ценные бумаги, которые могут быть конвертированы в акции
**Aktienanteil** m пай в акционерном капитале; доля в акционерном капитале; портфель акций в деле (бизнесе)
**Aktienarten** f pl типы акций; виды акций
**Aktienaufteilung** f сплит, дробление акций
**Aktienausgabe** f выпуск акций, эмиссия
**Aktienaustausch** m обмен акций
**Aktienbank** f акционерный банк; акционерный коммерческий банк
**Aktienbeitrag** m взнос за акцию; оплата акции
**Aktienbesitz** m владение акциями; участие в акционерном капитал
**Aktienbesitz** пакет акций
**Aktienbesitzer** m акционер, держатель акций; владелец акций; пайщик
**Aktienbestand** m портфель акций; пакет акций (пай); доля участия в акционерном капитале; владение акциями (общества)
**Aktienbesteuerung** f налог на акции
**Aktienbeteiligung** f участие в акционерном капитале общества (компании); доля участия в акционерном капитале; владение акциями
**Aktienbezugsplan** m программа льготной покупки акций сотрудниками компании; программа покупки акций сотрудниками компании

**Aktienbezugsrecht** *n* право на получение акций (напр. сотрудниками компании по льготной цене)

**Aktienbezugsrecht** право купить акции в течение определённого периода

**Aktienbezugsrechtsplan** *m* программа выделения служащим компании акций по льготной цене

**Aktienbezugsrechtsschein** *m* варрант, дающий право на покупку акций; предъявительское свидетельство на акцию; варрант, дающий право на покупку акций по определенной цене

**Aktienbezugsrecht-Warrant** *m*; **Aktienbezugsrechtswarrant** *m* документ, удостоверяющий право купить акции в течение определённого периода; варрант на покупку акций; варрант, дающий право на покупку акций

**Aktienbörse** *f* фондовая биржа

**Aktienbuch** *n* книга записи акций; книга учёта акций; реестр акций; список акционеров; реестр акционеров; книга регистрации владельцев акций

**Aktienbuch** книга регистрации владельцев именных акций; книга регистрации собственников именных акций

**Aktieneinzahlung** *f* взнос за акцию; оплата акции

**Aktienemission** *f* выпуск акций, эмиссия акций

**Aktienfonds** *m* фонд акционерного общества; фонд капиталовложений в акции

**Aktiengattungen** *f, pl* виды акций

**Aktiengesellschaft** *f* акционерное общество, акционерная компания

**gemischte Aktiengesellschaft** смешанное акционерное общество, акционерное общество со смешанным капиталом

**Aktiengesetz** *n* закон об акционерных обществах

**Aktiengesetzgebung** *f* законодательство, регламентирующее деятельность акционерных обществ

**Aktienhalter** *m* акционер, держатель акции (акций)

**Aktienhandel** *m* купля-продажа акций; торговля акциями

**Aktienindex** *m* индекс котировки акций; индекс курсов акций

**Aktieninhaber** *m* держатель акций, владелец акций, акционер

**Aktienkapital** *n* акционерный капитал

**Aktienkommerzbank** *f* акционерный коммерческий банк, АКБ

**Aktienkontrollpaket** *n* контрольный пакет акций

**Aktienkurs** *m* курс акций (*цена акций, образующаяся на бирже*)

**Aktienkursindex** *m* индекс котировки акций; индекс курсов акций

**Aktienmajorität** *f* контрольный пакет акций

**Aktienmakler** *m* биржевой маклер, посредник при купле-продаже акций

**Aktienmarkt** *m* рынок акций

**Aktienmarkt** фондовая биржа

**Aktiennovelle** *f* новелла, регулирующая акционерное право (*издана в 1931 г.*)

**Aktienoption** *f* акционерный опцион; право купить акции по льготной цене; фондовый опцион

**eine Aktienoption verkaufen** продать фондовый опцион; продать акционерный опцион

**Aktienpaket** *n* пакет акций

**Aktienportefeuille** *n* портфель акций

**Aktienposten** *m* (*небольшой*) пакет акций

**Aktienrecht** *n* акционерное право

**aktienschwer** владеющий большим пакетом акций, владеющий крупным пакетом акций

**Aktienspekulant** *m* биржевой игрок, спекулирующий на курсах акций; биржевик, спекулирующий на курсах акций; биржевой спекулянт, спекулянт на бирже

**Aktienspekulation** *f* игра на курсах акций; биржевая спекуляция на курсах акций

**Aktiensplit** *m* дробление акций; сплит; выпуск новых акций меньшим номиналом взамен старых

**Aktienstimmrecht** *n* право голоса акционеров

**Aktienstreuung** *f* продажа акций широкому кругу мелких и средних акционеров, распыление акций

**Aktienumtausch** *m* обмен акций

**Aktienunternehmen** *n* акционерное предприятие, предприятие акционерной формы собственности

**Aktienzeichnung** *f* подписка на акции

**Aktion** *f* действие, выступление, кампания, акция

**konzentrierte Aktion** согласованные действия (*предпринимателей, направленные против интересов трудящихся*)

**Aktionär** *m* акционер, держатель акций

**die Aktionäre einberufen** созвать собрание акционеров

**Aktionärhauptversammlung** *f* общее собрание акционеров

**Aktionärsbank** *f* акционерный банк, АБ

**Aktionärsbrief** *m* биржевой бюллетень, биржевой информационный бюллетень

**Aktionärsvereinigung** *f* объединение акционеров; акционерное лобби

**Aktiv** *n* актив *(напр. хозяйственный)*; группа активистов; (общественный) комитет

    **ökonomisches Aktiv** актив предприятия, периодически собираемый для рассмотрения экономических вопросов

**aktiv** активный

    **aktive Handelsbilanz** активный торговый баланс

    **aktive Scheckfähigkeit** активная чековая правоспособность

    **aktive Zahlungsbilanz** активный платёжный баланс

    **aktiver Anteil** активное участие

    **aktives Mitglied** активный член

    **aktive Wahlrecht** активное избирательное право

    **Entwicklung des Unternehmens aktiv gestalten** активно поддерживать развитие предприятия

**Aktiv-Passiv-Konto** *n* активно-пассивный счёт

**Aktiva**, *pl* активы *(земля, постройки, оборудование, причитающиеся платежи, ликвидность)*; наличность; активная часть баланса; активные статьи баланса; дебет, сумма, указанная в левой части баланса; авуары

    **antizipative Aktiva** *бухг.* антиципированные активы

    **ständige Aktiva** устойчивые активы; постоянные активы

    **transitorische Aktiva** *бухг.* расходы будущих периодов

**Aktivforderung** *f бухг.* долговое требование *(по активной части баланса)*

**Aktivgeschäft** *n* кредитная операция

    **Aktivgeschäft** кредитная операция банка

    **Aktivgeschäft** *юр.* сделка, в результате которой банк становится кредитором

    **Aktivgeschäfte**, *pl* кредитные операции (мн.ч.); активные операции (мн.ч.); лендинг

**Aktivhandel** *m* внешнеторговый оборот, имеющий положительное сальдо; положительное внешнеторговое сальдо

**aktivieren** записать в актив, записать в активную часть баланса

**aktivieren** активизировать

**Aktivierung** *f* отражение всех активных статей в балансе; оприходование; активизация

    **Aktivierung der Grundfonds** *бухг.* включение основных фондов в производственный процесс

**Aktivierungsquote** *f* соотношение отражённых в балансе общих капиталовложений

**Aktivist** *m* передовой рабочий, передовой работник, передовик, ударник производства, активист *(в бывш. ГДР)*; активист, общественник

**Aktivistenbewegung** *f* движение активистов, движение передовиков, движение ударников производства *(в бывш. ГДР)*

**Aktivität** *f* активность; деятельность; *сет. пл.* работа; *выч.* действие

    **kritische Aktivität** *сет. пл.* критическая работа

    **nichtkritische Aktivität** *сет. пл.* некритическая работа

    **wirtschaftliche Aktivität** экономическая активность

**Aktivitäten** *f pl* деятельность, активность

**Aktivitätsabschluss** *m сет. пл.* окончание работы

**Aktivitätsdauer** *f сет. пл.* продолжительность работы

    **erwartete Aktivitätsdauer** ожидаемая продолжительность работы

    **optimistische Aktivitätsdauer** оптимистическая продолжительность работы

    **pessimistische Aktivitätsdauer** пессимистическая продолжительность работы

    **wahrscheinlichste Aktivitätsdauer** наиболее вероятная продолжительность работы

**Aktivitätsliste** *f* перечень работ

**Aktivitätszeit** *f* продолжительность работы

**Aktivkapital** *n* наличный капитал; финансовые активы

**Aktivkonto** *n бухг.* активный счёт

**Aktivkredit** *m* кредит из собственных средств

**Aktivmasse** *f* наличное имущество неплатёжеспособного лица, активная масса банкрота; совокупность активов, вся наличность

**Aktivposten** *m* активная статья баланса

**Aktivrückstände** *m, pl* невзысканная задолженность

**Aktivsaldo** *m* активное сальдо, дебетовое сальдо

**Aktivseite** *f бухг.* актив *(баланса)*; активная часть *(баланса)*

**Aktivstand** *m* актив на определённую дату

**Aktivtausch** *m* активная замена

    **Aktivtausch** *m* изменение структуры активной части баланса без изменения её суммы; активный расчёт

**Aktivvermögen** *n* наличное имущество, наличность
**Aktivvermögen** собственные активы *(напр. без дебиторской задолженности, корреспондентских счетов)*
**Aktivzins** *m* дебетовый процент по кредиту
**Aktualisieren** *n выч.* актуализация, обновление *(данных, информации)*
**Aktualisierung** *f* обновление, актуализация
**automatische Aktualisierung** автоматическое обновление, автоматическая актуализация *(данных)*
**bei der nächsten Aktualisierung** при следующем обновлении (данных, базы данных, информации)
**AKU, Allgemeine Kunstseide-Union** Объединение предприятий по производству искусственного шёлка
**AKV:**
**AKV, Aachener Kohlenverkaufs-Gesellschaft** Ааахенское общество по сбыту угля
**AKV, Allgemeine Kreditvereinbarungen** общие условия кредитования; общее положение о заимствовании
**Akzeleration** *f* акселерация; ускорение
**Akzelerationskoeffizient** *m* коэффициент акселерации
**Akzelerationsprinzip** *n* принцип акселерации
**Akzelerator** *m* акселератор; коэффициент акселерации *(выражает соотношение между капиталовложениями и увеличением спроса)*
**Akzeleratorprinzip** *n* принцип акселерации
**Akzepisse** *n торг.* расписка в получении

**Akzept** *n* акцепт *(надпись на векселе о принятии к оплате, обязательство плательщика уплатить указанную сумму)*
**Akzept** *m* акцептование, акцепт, принятие к оплате *(переводного векселя или счёта)*
**Akzept per Intervention** коллатеральный акцепт
**allgemeines Akzept** безоговорочный акцепт, общий акцепт
**bedingtes Akzept** условный акцепт
**bedingungsloses Akzept** безоговорочный акцепт, общий акцепт
**eigenes Akzept** банковский акцепт (вексель, акцептованный самим банком)
**illiquides Akzept** неликвидный акцепт
**offenes Akzept** положительный акцепт, открытый акцепт
**reines Akzept** чистый акцепт
**stilles Akzept** молчаливый акцепт
**verlängerungsfähiges Akzept** возобновляемый акцепт
**das Akzept einhaben** получить согласие на оплату переводного векселя
**das Akzept einholen** получить согласие на оплату переводного векселя
**mangels Akzept** за отсутствием акцепта
**zum Akzept vorzeigen** представить к акцептованию
**Akzeptant** *m* акцептант, принимающий к оплате
**Akzeptanz** *f* приемлемость
**soziale Akzeptanz** приемлемость для общества; социальная приемлемость

**Akzeptation** *f* 1. акцептование, акцепт, принятие к оплате *(переводного векселя или счёта)* 2. принятие *(предложения)*, согласие, признание
**Akzeptationskredit** *m* акцептный кредит *(предоставление банковского кредита путём акцептования представленного в банк векселя. Акцепт, т.е. принятый к оплате вексель, может служить средством платежа)*
**Akzeptbuch** *n* книга акцептов
**Akzeptgeschäft** *n* акцептная операция *(банка)*
**Akzeptgeschäfte,** *pl* акцептные операции (банков)
**Akzepthaus** *n* акцептный дом, акцептная контора, *уст.* купеческий банк
**akzeptieren** *vt* давать согласие, принимать предложение
**akzeptieren** принимать к оплате, акцептовать
**akzeptiert** акцептованный *(напр. о векселе, счёте)*
**akzeptierter Anteil** *m* акцептованная часть
**Akzeptkredit** *m* акцептный кредит *(предоставление банковского кредита путём акцептования представленного в банк векселя. Акцепт, т.е. принятый к оплате вексель, может служить средством платежа)*
**Akzeptmarkt** *m* рынок акцептных кредитов
**Akzeptrabatt** *m* скидка, предоставляемая должнику за акцепт долга
**Akzeptverbindlichkeiten** акцептованные банком векселя
**Akzeptverbindlichkeiten** *f pl* обязательства банка по акцептному кредиту
**Akzeptverweigerung** *f* отказ от акцепта
**teilweise Akzeptverweigerung** частичный отказ от акцепта

**akzessorisch** дополнительный, привходящий, побочный, второстепенный; акцессорный
**akzessorisches Recht** *(юр.)* акцессорное право; производное право; право, вытекающее из другого права
**Akzessorität** *f* акцессорность; связанность знака с предприятием (торгового, товарного, фирменного)
**Akzidenseinnahmen** *f, pl* побочный доход, случайный доход
**Akzidenz** *f* случайная работа, побочная работа
**Akzidenz** случайный доход; побочный доход
**Akzidenz** таможенный штраф за неправильно составленную декларацию; дополнительный таможенный сбор
**Akzidenzien,** *pl* побочные доходы, случайные доходы
**Akzise** *f* акциз, государственный косвенный налог; таможенная специальная надбавка
**Akziseeinnahmen** *f, pl* поступления от акциза
**akzisefrei** не подлежащий обложению акцизом, свободный от акциза, безакцизный
**Akzisefreiheit** *f* освобождение от акциза
**akzisepflichtig** облагаемый акцизом, подакцизный
**AL** :
  **AL, Albanien** Албания
  **AL, Anzeigenleiter** заведующий отделом (рекламных) объявлений
  **a.L., auf Lieferung** *торг.* может быть поставлен
**al pari** *ит. бирж.* альпари, по номинальной стоимости, по номиналу
**ALB:**
  **ALB, Allgemeine Liefer- und Leistungsbedingungen** общие условия поставок и предоставления услуг
  **ALB, Allgemeine Lieferbedingungen** общие условия поставок
**ALEA, Allgemeine Lieferbedingungen für den Export von Anlagegütern** правила по экспорту основных средств производства
**ALFU, Arbeitslosenfürsorge-Unterstützung** Государственная организация помощи безработным
**ALGOL, Algorithmic Language** АЛГОЛ, язык программирования
**Algorithmentheorie** *f* теория алгоритмов
**Algorithmus** *m мат.* алгоритм
  **Prüfalgorithmen** *m, pl* алгоритмы проверки (мн.ч.)
  **Prüfalgorithmen der Umsatzsteuer-Identifikationsnummern** алгоритмы проверки идентификационных номеров плательщиков НДС
  **USt-IdNr.; Umsatzsteuer-Identifikationsnummer** идентификационный номер плательщика НДС
  **Prüfziffer,** *pl* контрольные цифры (числа) ( в ГТД и налоговой практике)
**Alienation** *f* отчуждение
**Alignement** *n* выравнивание
**aliud** *лат.* товар, поставленный вместо предусмотренного договором *(напр. рожь вместо пшеницы)*
**Aliud-Lieferung** *f* поставка товара вместо обусловленного контрактом; компенсационная поставка
**Alkoholmonopol** *n* винная монополия; спиртовая монополия; монополия на производство и торговлю алкогольными напитками
**Alkoholsteuer** *f* акциз на алкогольные напитки

**ALL, Lek, - Albanien** Лек *(код валюты* 008*),* - Албания
**all average recoverable** *англ.* каждый ущерб должен быть возмещён
**alla rinfusa** *итал.* навалом, без упаковки
  **alla rinfusa** *ит.* товар, поставленный без упаковки; оговорка о поставке товара без упаковки
**Allafrikanische Frauenkonferenz** Всеафриканская конференция женщин
**Allafrikanischer Gewerkschaftsbund** Всеафриканская федерация профсоюзов
**Alleinanbieter** *m* оферент-монополист, монопольный оферент
**Alleinberechtigung** *f* исключительное право; исключительная лицензия
**Alleinbesitz** *m* исключительное право владения; единоличное владение
**Alleinbesitzer** *m* единоличный владелец; монопольный владелец; эксклюзивный владелец
**Alleinbetrieb** *m* монопольное производство
  **Alleinbetrieb** предприятие, находящееся в единоличном владении
**Alleindebit** *m* монопольная продажа, монопольный сбыт
**Alleineigentum** *n* единоличная собственность
**Alleinerzeuger** *m* монопольный *(единственный)* производитель
**Alleinfabrikation** *f* монопольное производство
**Alleinhandel** *m* монопольная торговля; монопольный сбыт, монопольная продажа
**Alleinherrschaft** *f* единоличное господство, неограниченное господство

**Alleinhersteller** *m* монопольный *(единственный)* производитель

**Alleinherstellung** *f* монопольное производство

**Alleinlieferant** *m* монопольный поставщик

**Alleinnutzung** *f* исключительное право пользования, единоличное пользование, неограниченное пользование; эксклюзивное право пользования

**Alleinproduktion** *f* монопольное производство

**Alleinproduzent** *m* монопольный *(единственный)* производитель

**Alleinrecht** *n* исключительное право, монопольное право; эксклюзивное право, эксклюзив

**Alleinverdiener** *m* кормилец *(семьи)*; единственный работающий в семье, единственный работник в семье

**Alleinverkauf** *m* монопольная продажа, монопольный сбыт

**Alleinverkäufer** *m* монопольный продавец

**Alleinverkaufsrecht** *n* исключительное право продаж; эксклюзивное право продаж; эксклюзивное право на продажу; эксклюзив на продажу; право монопольного сбыта

**Alleinvertreter** *m* монопольный агент

**Alleinvertretervertrag** *m* договор о предоставлении агенту монопольного права торговли на определённой территории

**Alleinvertretungsvertrag** *m* договор о предоставлении агенту монопольного права торговли на определённой территории

**Alleinvertrieb** *m* монопольная продажа, монопольный сбыт

**Allgemeine Deutsche Credit-Anstalt** Немецкий кредитный банк

**Allgemeine Deutsche Investment-Gesellschaft** Всеобщая немецкая инвестиционная компания

**Allgemeine Elektrizitätsgesellschaft** "Альгемайне электрицитетс гезельшафт", АЭГ *(электротехнический концерн в ФРГ)*

**Allgemeine Versicherungsbedingungen** *pl* общие условия страхования

**Allgemeiner Deutscher Beamtenbund** Всеобщий союз немецких государственных служащих

**Allgemeiner Deutscher Gewerkschaftsbund** *ист.* Объединение немецких профсоюзов *(1919-1933 гг.)*

**Allgemeiner Konsumverein** Всеобщий союз потребительских обществ *(Швейцария)*

**Allgemeines Abkommen für Tarife und Handel** Генеральное соглашение по таможенным тарифам и торговле, ГАТТ

**Allgemeines Bürgerliches Gesetzbuch für Österreich** Австрийский гражданский кодекс законов

**Allgemeines Präferenzsystem** *n* Общая система преференций, ОСП *(таможенные льготы, предоставляемые развитыми странами развивающимся)*

**Allgemeines Zoll- und Handelsabkommen** *n* Генеральное соглашение о тарифах и торговле, ГАТТ

**Allgemeingut** *n* общественная собственность; общее достояние, всеобщее достояние

**Allgemeinheit** *f* принцип равенства

**Allgemeinheit der Besteuerung** принцип равенства обложения налогом

**Allgemeinverbindlichkeitserklärung** *f* административный акт о нормах трудового соглашения

**Allmende** *f ист.* альменда; земельные угодья, находящиеся в общинном пользовании

**Allod** *n ист.* аллод

**Allodium** *n ист.* аллод

**Allokation** *f* распределение труда и материальных ресурсов между различными сферами хозяйственной деятельности; аллокация

**Allokationstheorie** *f* теория достижения оптимальной эффективности производства; теория аллокации

**Allonge** *f фр.* аллонж, прибавочный лист *(к векселю или отгрузочным документам)*

**Allotment** *n* предоставление торговым организациям места в самолётах на определённый период

**Allphasensteuer** *f* многофазный налог с оборота *(налог, взимаемый с товара на всех фазах его производства и обращения)*

**kumulative Allphasensteuer** кумулятивный многофазный налог с оборота

**Allphasenumsatzsteuer** *f* многофазный налог с оборота *(налог, взимаемый с товара на всех фазах его производства и обращения)*

**kumulative Allphasenumsatzsteuer** кумулятивный многофазный налог с оборота

**Alöselieferungen** *f, pl* возмещающие поставки *(в счёт репараций или иных обязательств)*; компенсационные поставки; компенсирующие поставки

**ALR, Allgemeines Landrecht** закон о земельной собственности

**Altbaumiete** *f* квартирная плата в старых домах

**Altbauwohnung** *f* квартира в старом доме

**Altbesitz** *m* давнишняя собственность; *ист.* ценности довоенного времени

**Altbrache** *f* залежные земли, залежь

**Altenteil** *m* выдел престарелым *(членам семьи)*

**Altenteilsverpflichtungen** *f, pl* обязательства по выделу престарелым *(членам семьи)*

**Alter** *n* возраст; старшинство прав *(при конкуренции прав)*; стаж, срок выслуги; срок службы *(машины)*, срок эксплуатации *(машины)*

**alternativ** альтернативный
  **alternative Gebührenberechnung f** альтернативное исчисление пошлины
  **alternative Kosten pl** альтернативные издержки производства *(напр. при предполагаемом изменении технологического процесса)*; альтернативные издержки; издержки неиспользованных возможностей *(отражающие лучшие альтернативные возможности использования ресурсов)*; вменённые издержки фирмы в результате принятого альтернативного курса; самый высокий доход по альтернативному виду инвестиций; издержки выбора инвестиций с меньшим доходом и большим риском в надежде на повышенную прибыль
  **alternative Nutzung f** альтернативное использование; альтернативное применение
  **alternative Substitution f** альтернативная замена
  **alternative Wirtschaftsstrategie f** альтернативная экономическая стратегия

**alternative:**
  **alternative mortgage instrument** *(eng.)*; **alternative Form einer Hypothek** альтернативный ипотечный инструмент
  **alternative order** *(eng.)*; **Zug-um-Zug-Order f** альтернативный приказ

**Alternativereignis** *n* альтернативное событие; решающее событие, событие-решение

**Alternativhypothese** *f* альтернативная гипотеза

**Alternativlösung** *f* альтернативное решение

**Alternativprogramm** *n* альтернативная программа

**Alternativsanierung** *f* альтернативная реорганизация

**Alternativvorgang** *m* альтернативная работа

**Alternativvorschlag** *m* альтернативное предложение

**Alternativvorstellung** *f* альтернативное предложение

**Alternativwährung** *f* параллельное обращение золотых и серебряных монет *(тип биметаллизма)*

**Alternativweg** *m* альтернативный маршрут

**Altersaufbau** *m* возрастной состав населения; *стат.* возрастная структура *(населения)*

**Altersbegrenzung** *f* возрастное ограничение *(страхующихся)*, возрастное ограничение страхующегося

**Altersermäßigung** *f* налоговая скидка по достижении определённого возраста

**Altersermäßigung** *f* уменьшение размера налога по достижении определённого возраста

**Altersfürsorge** *f* обеспечение по старости

**Altersfürsorge** орган, занимающийся социальным обеспечением *(престарелых)*

**Altersgliederung** *f* возрастной состав населения; *стат.* возрастная структура *(населения)*

**Altersgrenze** *f* предельный (служебный) возраст; возрастной ценз

**Altersgruppe** *f стат.* возрастная группа

**Alterspension** *f* пенсия по старости *(для государственных служащих)*

**Alterspyramide** *f стат.* возрастная пирамида

**Altersrente** *f* пенсия по старости

**Altersrentner** *m* пенсионер по старости

**Altersruhegeld** *n* пенсия по старости

**Alterssparen** *n* сбережения на старость

**Altersstruktur** *f стат.* возрастная структура

**Altersstufe** *f стат.* возрастная группа, возрастной контингент

**Altersversicherung** *f* страхование на дожитие

**Altersversorgung** *f* обеспечение в старости
  **zusätzliche Altersversorgung** дополнительное пенсионное обеспечение интеллигенции *(в бывш. ГДР)*

**Altersverteilung** *f стат.* возрастной состав населения; возрастная структура *(населения)*

**Altersvorrang** *m* преимущества, предоставляемые за выслугу лет; льготы за выслугу лет

**Altersvorrecht** *n* преимущества, предоставляемые за выслугу лет; льготы за выслугу лет

**Altersvorzug** *m* преимущества, предоставляемые за выслугу лет; льготы за выслугу лет

**Alterszensus** *m* возрастной ценз

**Alterszulage** f надбавка к окладу за выслугу лет; надбавка за выслугу лет
**Alterung** f старение; устаревание
**Alterung** старение, износ (*техники, оборудования*)
**Altgeldguthaben** pl ист. суммы, оставшиеся на счетах к моменту сепаратной денежной реформы 1948 года
**Altguthaben** pl суммы, оставшиеся на счетах к моменту сепаратной денежной реформы 1948 года
**Althandel** m торговля подержанными вещами; торговля товарами секонд-хенд; торговля товарами, бывшими в употреблении
**Althandel** комиссионная торговля (*бывш. СССР, СНГ*)
**Altkonten** n, pl ист. лицевые счета, открытые до сепаратной денежной реформы 1948 года
**Altmaterial** n утиль, утильсырье; вторичное сырьё
**Altmaterialwert** m стоимость вторичного сырья
**Altmiete** f квартирная плата в старых домах
**Altneubau** m капитально отремонтированный дом
**Altneubauwohnung** f квартира в капитально отремонтированном доме
**Altpapier** n макулатура
**Altschulden** f, pl старые долги
**Altsparer** m владелец вклада, внесённого до 1945 года
**Altstoff** m утиль, утильсырье
**Altstofferfassung** f заготовка утильсырья, сбор утильсырья
**Altstoffhandel** m торговля утильсырьем, торговля утилём
**Altvaterredit** n выдел престарелым (*членам семьи*)
**Altware** f лежалый товар
**Altware** подержанная вещь
**Altware** товар, бывший в употреблении; подержанные вещи (*предлагаемые к продаже*)
**Altwarenhandel** m торговля подержанными вещами
**Alu, Arbeitslosenunterstützung** пособие по безработице
**AM:**
  **AM, Armenien** Армения
  **AM, Arbeitsmittel** средства труда
  **AM, Ausfuhrmeldung** экспортная декларация
  **AM, Musterbau-Abteilung** отдел разработки опытных образцов
  **Am., Arbeitsmann** рабочий
**AMB, Allgemeine Montagebedingungen** общие условия монтажа
**AMD, Dram, - Armenien** Армянский драм (*код валюты 051*), - Армения
**Amerikanische Bankenvereinigung** Американская ассоциация банков
**Ametageschäft** n торг. дело на равных началах (*с одинаковой долей участия в прибылях и убытках*)
**AMK, Arbeitsmittelkatalog** каталог средств труда
**Amortisation** f амортизация (*основных фондов*); постепенное погашение долга (*путём периодических взносов*); амортизация налога
**Amortisation** объявление недействительными ценных бумаг (*напр. в случае их утраты*)
**Amortisation** скупка собственных акций за счёт чистой прибыли
**Amortisationen** f, pl амортизационные отчисления (*в денежном выражении*)
**Amortisationsabführung** f амортизационные отчисления
**Amortisationsabzüge** m, pl амортизационные отчисления
**Amortisationsanleihe** f ссуда, погашаемая в порядке амортизационных платежей
**Amortisationsaufkommen** n поступления в амортизационный фонд
**Amortisationsbetrag** m сумма амортизационных отчислений
**Amortisationsbeträge** m, pl платежи в счёт погашения долга
**Amortisationsdarlehen** n ссуда, погашаемая в порядке амортизационных платежей; целевая ссуда на производство амортизационных платежей
**Amortisationsdarlehen** целевая ссуда на производство амортизационных платежей
**Amortisationsfonds** m амортизационный капитал (*для погашения долга*); соц. амортизационный фонд; фонд погашения (*долга, займа*)
**Amortisationsfonds** амортизационный фонд (*статья баланса, образующаяся из чистой прибыли и предназначенная для амортизации долгосрочных капиталовложений*)
**Amortisationsfrist** f срок амортизации
**Amortisationshypothek** f амортизационная ипотека
**Amortisationskasse** f амортизационная касса (*для погашения долга*)
**Amortisationskosten,** pl затраты, связанные с амортизацией (*основных фондов*)
**Amortisationsnormativ** n норматив амортизационных отчислений

**Amortisationsquote** ежегодный процент погашения; ежегодный платеж в счет погашения долга; норма амортизации; нормы амортизации, амортизационные нормы

**Amortisationsrate** *f* норма амортизации

**Amortisationssumme** *f* сумма амортизационных отчислений

**Amortisationsumverteilung** *f* перераспределение амортизационных отчислений

**Amortisationsverwendungsfonds** *m* фонд использования амортизационных отчислений

**Amortisationszahlung** *f* амортизационный платёж

**amortisierbar** подлежащий погашению; подлежащий амортизации

**amortisieren** амортизировать *(основные фонды)*
   **amortisieren** погашать *(долг)* в рассрочку; (постепенно) погашать долг
   **amortisieren** *бухг.* списывать, списать, делать списание
   **sich amortisieren** амортизироваться; самортизироваться

**amortisieren, sich** амортизироваться

**Amt** *n* должность, место, служба; учреждение; контора; ведомство, управление
   **Amt für Erfindungs- und Patentwesen** Ведомство по делам изобретений и патентов *(в бывш. ГДР)*
   **Amt für Standardisierung der Deutschen Demokratischen Republik** Комитет по стандартизации *бывш.* Германской Демократической Республики
   **Amt für Technische Hilfeleistung der Vereinten Nationen** Бюро технической помощи *(ООН)*
   **ein Amt ausüben** исполнять обязанности

**amtlich** официальный, служебный, должностной, по должности

**Amtmann** *m* должностное лицо, служащий, чиновник
   **Amtmann** *m ист.* крупный арендатор государственных земель

**AN, Niederländische Antillen** Нидерландские Антиллы

**An-Bord-Konnossement** *n* бортовой коносамент *(с пометкой капитана о нахождении груза на борту судна)*

**analog** аналоговый; непрерывный

**Analog-Digital-Umsetzer** *m вчт.* аналого-цифровой преобразователь

**Analog-Digitalkonverter** *m вчт.* аналого-цифровой конвертор

**Analog-Digitalumsetzer** *m* аналого-цифровой преобразователь

**Analogdaten** *pl вчт.* аналоговые данные, данные в аналоговой форме

**Analogiemodell** *n* аналоговая модель

**Analogieschluss** *m* заключение по аналогии, вывод по аналогии, умозаключение по аналогии, вывод по аналогии

**Analogieverfahren** *n* метод аналогий

**Analogrechner** *m* аналоговое *(моделирующее)* вычислительное устройство, аналоговая вычислительная машина, АВМ

**Analyse** *f* анализ
   **Analyse des kritischen Weges** *сет. пл.* анализ критического пути
   **allgemeine ökonomische Analyse** общеэкономический анализ
   **aussagefähige Analyse** содержательный анализ
   **einleitende Analyse** предварительный анализ *(напр., системы управления)*
   **ergonomische Analyse** эргономический анализ
   **harmonische Analyse** гармонический анализ
   **interne Analyse** *стат.* анализ хозяйственной деятельности предприятия, осуществляемый на самом предприятии
   **kombinatorische Analyse** комбинаторный анализ
   **logistische Analyse** логистический анализ
   **ökonomische Analyse** экономический анализ
   **qualitative Analyse** качественный анализ
   **quantitative Analyse** количественный анализ
   **statistische Analyse** статистический анализ
   **strategische Analyse** стратегический анализ
   **technisch-ökonomische Analyse** технико-экономический анализ
   **Top-Down-Aanalyse** нисходящий анализ
   **wiederholte Analyse** вторичный анализ; повторный анализ

**Analysebefund** *m* результат анализа

**Analysenbefund** *m* результат анализа

**Analysezertifikat** *n* тамож. сертификат соответствия, свидетельство *(проведённого)* анализа

**Analyst** *m* специалист по анализу биржевых курсов; биржевой аналитик

**Analysten-Rating** *f* рейтинг биржевых аналитиков

**Anarchie** *f* анархия
   **Anarchie der Produktion** анархия производства

**Anatozismus** *m* взимание процентов с процентов

**Anatozismus** *m* начисление процентов на проценты, расчёт сложных процентов

**Anbau** *m* *с.-х.* выращивание; разведение
**Anbau** заселение, колонизация
**Anbau** пристройка
**Anbau- und Liefervertrag** *f* договор поставки сельскохозяйственной продукции, предусматривающий засев определённых посевных площадей
**Anbaubeschränkung** *f* уменьшение посевных площадей
**Anbaufläche** *f* посевная площадь; посевные площади, площадь посевных угодий
**Anbauflächenerhebung** *f* учёт использования посевных площадей
**Anbauprämie** *f* премия за выращивание сельскохозяйственных культур *(особенно лекарственных и пряных растений) (в бывш. ГДР)*
**Anbausystem** *n* система земледелия
**anbieten** *vt* предлагать, делать оферту, делать предложение *(коммерческое)*
**Service anbieten** предлагать услуги; предлагать сервис(ы)
**Anbietende** *m* оферент, делающий предложение
**Anbieter** *m* оферент, делающий предложение
**Anbietung** *f* оферта, предложение *(коммерческое)*
**Anbietungspflicht** *f* **für Devisen** обязанность резидентов продавать Государственному банку в *бывш.* ГДР принадлежащие им иностранные платёжные средства
**Anbruchmenge** *f* товар в разорванной упаковке, товар в повреждённой упаковке
**Andenkenindustrie** *f* промышленность сувениров, сувенирная промышленность
**Andenpakt** Андский пакт

**Andenvertrag** Андский пакт
**Anderdepot** *n* вклад, принадлежащий не депоненту, а третьему лицу
**Anderkonto** *n* счёт недееспособного лица *(которым распоряжается его опекун)*
**Änderungsdatei** *f* *вчт.* массив изменений, файл изменений, рабочий массив, обновляемый массив *(данных)*
**andienen** *vt* предлагать *(к поставке товар)*
**andienen** уведомлять *(напр. о сроке поставки товаров*
**andienen** предъявлять *(документ к оплате)*
**Andienung** *f* предложение *(товара)* к поставке; *торг.* андинование; предъявление *(документа к оплате)*; уведомление покупателя *(о сроке поставки)*
**Andienungsklausel** *f* оговорка о поставке не ранее обусловленного срока
**Aneignung** *f* присвоение; освоение *(напр. новых методов труда)*
**Aneignung** усвоение, овладение *(напр. новыми технологиями)*
**gesellschaftliche Aneignung** общественное присвоение
**rechtswidrige Aneignung** противозаконное присвоение
**Aneignungsfreiheit** *f* право *(свобода)* присвоения
**Aneignungsrecht** *n* право завладения *(бесхозной вещью)*
**Aneignungsrecht** право присвоения *(бесхозной вещи)*
**Aneignungsweise** *f* способ присвоения
**Anerbe** *m* единственный наследник *(неделимого крестьянского двора)*
**Anerbenrecht** *n* единонаследие *(при переходе по наследству крестьянского двора)*
**Anerbieten** *n* предложение

**Anerbietung** *f* предложение
**Anerkenntnis** *f* акцептование, акцепт, признание *(векселя)*
**Anerkenntnis** *юр.* признание *(напр. иска)*
**Anerkenntnisurteil** *n* решение суда, основанное на признании должником своего обязательства
**Anerkennung** *f* акцептование, акцепт *(напр., векселя)*
**Anerkennung** признание, одобрение
**Anerkennung einer Schuld** подтверждение долга; признание долга
**Anfahrkosten,** *pl* издержки пускового периода; издержки пуско-наладочного периода
**Anfahrstufe** *f* пусковая очередь
**Anfall** *m* поступление; получение
**Anfall einer Erbschaft** получение наследства
**anfallen** доставаться по наследству, переходить по наследству
**anfallen** поступать; получать; возникать
**anfallend** причитающийся
**Anfallsberechtigte** *m f* имеющий право на получение наследства
**Anfangsaufwendungen** *f, pl* первоначальные затраты
**Anfangsbedingungen** *f, pl* начальные условия
**Anfangsbestand** *m* начальный запас, первоначальный запас
**Anfangsbestand** *бухг.* начальный остаток
**Anfangsbestand** *m* первоначальная наличность
**Anfangsbetrag** *m* начальная сумма
**Anfangsbilanz** *f* *бухг.* вступительный баланс, начальный баланс

**Anfangsereignis** *n сет. пл.* исходное событие; начальное событие

**Anfangskapital** *n* начальный капитал, исходный капитал, первоначальный капитал, стартовый капитал

**Anfangskapitalwert** *m* начальная стоимость капитала, первоначальная стоимость капитала

**Anfangskosten,** *pl* первоначальные затраты *(напр. перед вводом объекта в эксплуатацию)*

**Anfangskurs** *m* начальный курс, курс в (на) момент открытия биржи

**Anfangspreis** *m* первоначальная цена; цена в (на) момент открытия биржи

**Anfangssaldo** *m* начальное сальдо; сальдо начального периода

**Anfangssumme** *f* первоначальный итог; первоначальная сумма

**Anfangswert** *m* исходная величина, начальное значение
**Anfangswert** первоначальная стоимость, первоначальная цена

**Anfangswerte** *m, pl* исходные данные

**Anfangszeitpunkt** *m сет. пл.* срок наступления события
**frühestmöglicher Anfangszeitpunkt** ранний срок наступления события
**spätesterlaubter Anfangszeitpunkt** поздний срок наступления события

**Anfangszustand** *m* начальное состояние *(напр. системы)*

**Anfechtung** *f* оспаривание; опротестование, обжалование; возражение

**Anfertigung** *f* изготовление, производство
**Anfertigung** составление (документа, списка, протокола)

**Anforderung** *f* требование, заявка
**Anforderungen** *f pl* требования, претензии; запросы
**Anforderungen des Gesundheits-, Arbeits- und Umweltschutzes** требования защиты здоровья населения, промсанитарии и охраны окружающей среды

**Anfrage** *f* запрос
**auf Anfrage** по запросу
**eine Anfrage an** *jmdn.* **richten** делать запрос *(кому-л. куда-л.)*
**Falls Sie weitere Informationen wünschen, freuen wir uns jederzeit über eine Anfrage** Если Вы нуждаетесь в дополнительной информации, мы будем в любое время рады Вашему запросу (вопросу)
**j-n auf seine Anfrage bescheiden** давать *кому-л.* ответ на его запрос
**parlamentarische Anfrage** парламентский запрос; депутатский запрос

**anfragen** *vi* запрашивать, справляться
**bei** *jmdm* **anfragen** справляться *у кого-л.*, наводить справки *у кого-л.*

**Anfragesystem** *n* справочная система; система ввода-вывода запросов

**Anfuhrklausel** *f* оговорка, запрещающая применение льготного тарифа при доставке товара

**ANG, Niederl.-Antillen-Gulden, - Niederländische Antillen** Нидерландский антильский гульден *(код валюты 532),* - Нидерландские Антильские острова

**Ang:**
**Ang., Angaben** данные
**Ang., Angebot** предложение
**Ang., Angestellter** служащий

**Angabe** *f* задаток; аванс; авансовый взнос
**Angabe** указание; сообщение
**Angabe** *выч.* информация, сообщение
**Angabe** *выч.* элемент данных
**Angabe** указание, задание; спецификация
**Angabe von Alternativen** выбор альтернативы, альтернативный выбор

**Angaben** *f, pl* данные (мн.ч.), сведения (мн.ч.); параметры (мн.ч.), характеристики (мн.ч.)
**rechnerische Angaben** расчётные данные (мн.ч.)
**ziffernmäßige Angaben** цифровые данные (мн.ч.)

**angeben** указывать *(напр. курс ценных бумаг в курсовом бюллетене)*; сообщать; давать сведения; *тамож.* декларировать

**Angebot** *n* исходная цена
**Angebot** предлагаемый товар; ассортимент товаров
**Angebot** *(ком.)* предложение; оферт, оферта
**Angebot** первая цена; исходная цена *(при торгах)*
**Angebot und Nachfrage** спрос и предложение
**aktive Angebote** действующие предложения (напр. товаров), лоты продавца (на аукционе)
**alle Angebote des Verkäufers** все предложения продавца (напр. товаров), все лоты продавца (на аукционе)
**aktuelles Angebot** актуальное предложение; текущее предложение
**äußerst kalkuliertes Angebot** предложение с указанием крайней цены

**befristetes Angebot** предложение на срок; предложение, ограниченное сроком; срочное предложение

**bemustertes Angebot** предложение с приложением образцов

**freibleibendes Angebot** свободное предложение, свободная оферта, предложение без обязательств

**kalkuliertes Angebot** предложение с указанием цены

**monetäres Angebot** количество денег, находящихся в обращении

**reichhaltiges Angebot** богатый выбор *(товаров)*

**schriftliches Angebot** письменное предложение; предложение в письменном виде

**technisches Angebot** техническое задание; ТЗ

**unverbindliches Angebot** свободное предложение, свободная оферта, предложение без обязательств

**ursprüngliches Angebot** первоначальное предложение, первоначальная оферта

**verbindliches Angebot** твёрдое предложение, твёрдая оферта

**ein Angebot abgeben** делать предложение, давать оферту

**ein Angebot ablehnen** отказываться от предложения; отклонять предложение, отклонять оферту

**ein Angebot akzeptieren** принимать предложение, принимать оферту, акцептовать предложение

**ein Angebot annehmen** принимать предложение, принимать оферту, акцептовать предложение

**ein Angebot einholen** запрашивать предложение, запрашивать оферту

**ein Angebot erbitten** запрашивать предложение, запрашивать оферту

**ein Angebot erteilen** выдавать оферту

**ein Angebot wird freigehalten** предложение остается в силе

**ein Angebot machen** предлагать; делать предложение, сделать предложение (напр. цены на товар); предлагать сделку

**ein Angebot rückgängig machen** аннулировать предложение, отзывать оферту

**ein Angebot zurückweisen** отказываться от предложения; отклонять предложение, отклонять оферту

**ein Angebot zurückziehen** аннулировать предложение, отзывать оферту

**Festangebot** *n* твёрдая оферта; твёрдое предложение

**in Stahlaktien herrscht Angebot vor** на бирже предложение акций стальных компаний превышает спрос

**Platzangebot** *n* пассажировместимость; пассажироёмкость

**welches ist Ihr äußerstes Angebot?** какова ваша крайняя цена?; какова ваша предельная цена?

**Angebote vergleichen** сравнивать предложения

**Angebotsabgabe** *f* предложение цен *(напр. на торгах)*

**Angebotsdyopol** *n* дуополия продавцов

**Angebotselastizität** *f* эластичность предложения *(зависимость количества предлагаемого товара от изменения цены)*

**geringe Angebotselastizität** низкая эластичность предложения

**hohe Angebotselastizität** высокая эластичность предложения

**Angebotsform** *f* форма предложения, вид предложения

**Angebotsfunktion** *f* функция предложения

**Angebotskalkulation** *f* калькуляция расходов к моменту выдачи предложения, (предварительная) калькуляция расходов, составленная к моменту выдачи предложения

**Angebotskurve** *f* кривая предложений

**Angebotslenkung** *f* регулирование предложения *(влияние государства на предложение с помощью средств, учитывающих законы рынка, или путём запрета и приказа)*

**Angebotslücke** *f* дефицит товаров и услуг *(при фиксированной цене на данный товар)*

**Angebotsmarkt** *m* рынок продавца; рынок предложений

**Angebotsmonopol** *n* монополия продавца, монополия продавцов

**Angebotsoligopol** *n* олигополия продавцов

**Angebotspreis** *m* цена предложения *(как правило ориентировочная)*

**verbindlicher Angebotspreis** твёрдая цена предложения

**Angebotsstabilität** *f* устойчивость предложения, стабильность предложения

**Angebotsüberhang** *m* превышение предложения над спросом

**Angebotsüberschuss** *m* превышение предложения над спросом

**angeeignet** *выч.* присвоенный

**angeerbt** унаследованный

**angelegt** вложенный *(напр. о капитале)*

**angeliefert** поставленный; доставленный

**angemessen** соразмерный, соответствующий
**eine angemessene Frist** достаточный срок
**einen angemessenen Rabatt einräumen** представлять соответствующую скидку
**gegen angemessene Entlohnung** за соответствующее вознаграждение
**Angemessenheit** *f* соразмерность; соответствие; уместность
**angenähert** приближённый; приблизительный
**angenommen** акцептован; принят; признан
**angenommene Patentanmeldung** *f* акцептованная заявка на патент
**angesehen** авторитетный, солидный
**Angespanntheit** *f* напряжённость *(напр. труда)*
**Angestellte** *m f* служащий, служащая, лица, работающие по найму и выполняющие коммерческие, технические и руководящие функции
**höhere Angestellte** руководители подразделений; высшие руководители; старшие менеджеры; менеджеры верхнего звена
**kaufmännischer Angestellte** торговый служащий
**kleine Angestellte** мелкие служащие, менеджеры низового звена, низовые менеджеры
**leitende Angestellte** высший руководящий персонал; менеджеры высшего звена
**mittlere Angestellte** служащие среднего звена; менеджеры среднего звена
**Angestelltenversicherung** *f* (социальное) страхование служащих
**AngKüFrG, Gesetz über die Fristen für die Kündigung von Angestellten** закон о сроках предупреждения служащих при увольнении

**Angleichung** *f* приравнивание, уравнивание, выравнивание, нивелирование; приведение в соответствие
**ökonomische Angleichung** выравнивание уровней экономического развития
**Angstkäufe** *m pl* закупка из опасения повышения цен *(напр. перед наступлением инфляции)*
**Angstklausel** *f* оговорка о снятии ответственности
**Angstklausel** пометка индоссанта на векселе "без оборота на меня", надпись индоссанта на векселе "без оборота на меня"; пометка индоссанта о снятии с себя ответственности *(за оплату векселя)*
**AngV, Angestelltenversicherung** страхование служащих
**AngVersG, Angestelltenversicherungsgesetz** закон о страховании служащих
**Anhalteantrag** *m* требование к администрации порта о временной приостановке отправки груза *(обычно мелкого груза в ожидании пополнения)*
**Anhalterecht** *n* право задержания *(остановки судов в море)*
**Anhaltswerte** *m, pl* исходные данные, отправные данные
**Anhang** *m* дополнение, приложение *(напр. к договору)*; аллонж
**anhäufen** *vt* накапливать, делать накопления
**Anhäufen** *n* **von Gold** тезаврация, тезаврирование
**Anhäufung** *f* накопление; кумуляция страховых рисков
**Anhäufung der Anteilgelder** накопление паёв
**Anhäufung großer Vorräte** *торг.* затоваривание
**Anhebung** *f* увеличение, повышение *(напр. цен, заработной платы)*

**Ankauf** *m* закупка, скупка, покупка; приобретение
**Ankauf** *бирж.* цена покупателя; цена спроса
**Ankaufskurs** *m* *бирж.* курс покупателей; курс покупки
**Ankaufspreis** *m* закупочная цена
**Ankergebühr** *f* причальные, причальный сбор, плата за стоянку на рейде
**Ankergeld** *n* причальные, причальный сбор, плата за стоянку на рейде
**Anklage** *f* обвинение; жалоба
**gegen** *jmdn.* **Anklage erheben** подать на *кого-л.* в суд *(за что-л.)*;
*jmdn.* **unter Anklage stellen** предъявить *кому-л.* иск
**anklagen** *vt* обвинять *кого-л.* в чём-л.
**anknüpfen** *vt* завязывать; начинать
**Verbindungen anknüpfen** устанавливать отношения
**mit** *jmdm.* **Unterhandlungen anknüpfen** вступать в переговоры *с кем-л.*
**ankündigen** *vt* возвещать; объявлять; сообщать
**Ankündigung** *f* объявление; извещение уведомление; андинование; сообщение
**Ankündigung der Leistung** извещение о готовности должника исполнить обязательстве
**Ankündigung von Maßnahmen** извещение о принятых мерах
**Ankündigung von Transporten** извещение о готовности транспорта к погрузке
**Ankündigungs- oder Signalwirkungen** *f pl* экономические последствия планируемых, обсуждаемых *(но еще фактически не принятых)* мер экономической политики

**Ankunft** f прибытие
**nach Ankunft** по прибытии *(пункт договора, контракта)*

**Ankurbelung** f приведение в действие, приведение в движение; стимулирование, оживление *(напр. торговли)*; форсированное развитие *(напр. экономики)*

**Anlage** f вложение, помещение *(капитала, см. тж. Anlagen)*

**Anlage** сооружение, устройство, установка *(как процесс)*

**Anlage** приложение к письму

**Anlage** сооружение; устройство; агрегат; оборудование

**Anlage von Vorräten** накопление запасов

**Anlage zum Diplom** приложение к диплому; *(разг.)* вкладыш в диплом (РФ)

**in der Anlage** в приложении, при сём

**Anlage in Staatspapieren** вложения в государственные ценные бумаги; инвестиции в государственные ценные бумаги

**Anlage- und Umlaufmittel** n, pl основные и оборотные средства (мн.ч.)

**Anlageaufstockungsposten** m статья баланса, отражающая рост основного капитала; статья прироста основного капитала

**Anlageberater** m инвестиционный консультант; консультант по инвестициям

**Anlageberatung** f консультации по вопросам инвестирования; инвестиционный консалтинг

**Anlageerneuerung** f 1. замена оборудования; обновление оборудования; обновление основных фондов; 2. воспроизводство капитала

**Anlageertrag** m доход от инвестиций, инвестиционный доход; доход от капиталовложений

**Anlageerträge** pl доходы от инвестиций, инвестиционные доходы; доходы от капиталовложений

**Anlagefeld** n инвестиционное поле

**Anlagefeld des Kapitals** сфера приложения капитала; сфера инвестиций

**Anlagefinanzierung** f финансирование инвестиций; инвестиционное финансирование

**Anlagefonds** m основные средства; основные фонды; капитальные активы

**nichtproduktive Anlagefonds** непроизводственные основные фонды, основные фонды непроизводственного назначения

**Anlagefondsbilanz** f баланс основных фондов

**Anlagegegenstand** m постоянные активы

**Anlagegesellschaft** f инвестиционная компания; инвестор

**Anlagegewinn** m доходы от капиталовложений, доходы от инвестиций

**Anlagegüter** n; **capital asset** *(eng.)* основной капитал

**Anlagegüter** pl основные средства (производства); основные фонды; капитальные активы

**Anlageinvestitionen** f, pl инвестиции, капитальные вложения, капиталовложения

**Anlagekapital** n основной капитал (предприятия); инвестированный капитал

**Anlagekonto** n имущественный счёт; счёт основного капитала; инвестиционный счёт

**Anlagekonto mit eingeschränkter Zahlungsverkehrsmöglichkeit** n; **MMDA, money market deposit account** *(eng.)* депозитный счёт денежного рынка

**Anlagekosten,** pl издержки, связанные с вложением в основные фонды; капитальные затраты; издержки, связанные с вложением в основной капитал

**Anlagekosten** стоимость установки, затраты на установку; стоимость сооружения

**Anlagekosten** стоимость инвестиций

**Anlagekredit** m долгосрочный кредит, инвестиционный кредит, кредит на приобретение основных фондов

**Anlagemittel** n, pl основные средства, основные фонды

**Anlagen** f, pl инвестиции, капитальные вложения, капиталовложения

**Anlagen** сооружения, устройства, агрегаты

**direkte Anlagen** прямые инвестиции, прямые капиталовложения

**freigabepflichtige Anlagen** установки, вводимые в эксплуатацию только с разрешения технического надзора; сооружения, вводимые в эксплуатацию только с разрешения технического надзора

**kurzfristige Anlagen** краткосрочные инвестиции, краткосрочные капиталовложения

**langfristige Anlagen** долгосрочные инвестиции, долгосрочные капиталовложения

**verfügbare Anlagen** наличное оборудование

**Anlagenauswahl** f; **portfolio selection** *(eng.)* выбор портфеля активов

**Anlagenbau** *m* предприятие-изготовитель промышленного оборудования

**Anlagenbewertung** *f* определение стоимости основных активов

**Anlagenbuchführung** *f* бухгалтерский учёт основных средств

**Anlagenbuchhaltung** *f* бухгалтерский учёт основных средств

**Anlagenerweiterung** *f* увеличение объёма основных средств

**Anlagenfinanzierung** *f* финансирование инвестиций; инвестиционное финансирование

**Anlagenfinanzierung** финансирование капитального строительства

**Anlagenfinanzierung** финансирование капиталовложений

**Anlagenintensität** *f* капиталоёмкость; фондоёмкость *(соотношение между валовым продуктом и стоимостью основного капитала)*

**anlagenintensiv** капиталоемкий; фондоёмкий

**Anlageninvestition** *f* вложения в капитальные активы; капиталовложения; инвестиции в основные фонды

**Anlagenkartei** *f* картотека основных фондов

**Anlagenkonto** *n* 1. счёт основного капитала 2. инвестиционный счёт; счёт для инвестиционных операций; счёт капиталовложений

**Anlagennachweis** *m* бухгалтерский учёт основных средств

**Anlagenplanung** *f* 1. анализ планировки предприятия 2. планирование технологического процесса

**Anlagenrechnung** *f* счёт основных средств; счёт, показывающий состояние основных средств

**Anlagenrendite f; ROA, return on assets** *(eng.)* коэффициент рентабельности активов

**Anlagenstillstand** *n* бездействующее оборудование

**Anlagenstörung** *f* нарушение работы оборудования; помехи в работе оборудования; нарушения в технологическом процессе (помехи)

**Anlagenstörung mit begrenzter Betriebsfähigkeit** постепенное сокращение возможностей системы *(при отказе отдельных элементов)*; постепенный вывод из работы *(отдельных устройств)*; ухудшение характеристик без нарушения работоспособности

**Anlagenstreuung** *f* диверсификация активов

**Anlagenüberwachung** *f* контроль за ходом технологического процесса; контроль производственного процесса; контроль оборудования

**Anlagenwirtschaft** *f* управление активами; управление основными средствами; управление, планирование и контроль основных средств

**Anlagenzeitfonds** *m стат.* фонд времени производственного оборудования

**Anlagepapier** *n* долгосрочная ценная бумага; ценная бумага для длинных инвестиций

**Anlagepapiere** *pl* долгосрочные ценные бумаги; ценные бумаги, основанные на инвестированном капитале *(обычно акции, ипотечные обязательства)*

**Anlagepapiere** *pl* ценные бумаги с твёрдым процентом, наиболее выгодные для вложения капитала *(облигации государственных займов, крупных компаний, привилегированных акций)*

**Anlageplan** *m* план инвестиций; инвестиционный план

**Anlageplan** *m* расписание паевых взносов в инвестиционный фонд

**Anlagepolitik** *f* инвестиционная политика

**Anlageaufstockungsposten** *m* статья баланса, отражающая рост основного капитала; статья прироста основного капитала

**Anlagenrechnung** *f* основной счёт; счёт, показывающий состояние основных средств

**Anlagenverkauf m; asset sale** *(eng.)* продажа активов

**Anlagenverpachtung** *f* аренда промышленного оборудования

**Anlagenverwaltung f; asset management** *(eng.)* управление активами

**Anlagenverwaltungsgesellschaft f; asset management company** *(eng.)* управляющая компания

**Anlagenverwaltungskonto n; asset management account, AMA** *(eng.)* счёт управления активами

**Anlagenverzinsung** *f* инвестиционный доход в виде процентов на вложенный капитал

**Anlagenwertverlust** *m* снижение стоимости активов

**Anlagenwirtschaft f; asset management** *(eng.)* управление активами

**Anlagenzugang m; addition** *(eng.)* прирост основного капитала

**Anlagerichtlinien** *f, pl* порядок использования средств, предоставленных банком

**Anlagerisiko** *n* инвестиционный риск

**Anlageobjekt** *n* 1. объект для инвистиций; инвестируемый объект 2. объект права собственности

**Anlageoption** f 1. предоставление права приобрести дочернюю компанию для защиты от поглощения 2. предоставление права приобрести пакет акций для защиты от поглощения

**Anlagesphäre** f сфера приложения капитала; сфера инвестиций

**Anlagetätigkeit** f инвестиционная политика, политика в области капиталовложений

**Anlagevermögen** n основной капитал (предприятия)

**Anlagevermögen** n основные средства предприятия (земля, здания и прочее имущество длительного пользования, финансовые активы долгосрочные капиталовложения и ценные бумаги, нематериальные ценности-концессии, патенты, лицензии)

**abnutzbares Anlagevermögen** основные средства (производства), подвергающиеся износу

**bewegliches Anlagevermögen** оборотный капитал; переменные фонды предприятия

**Anlagewagnis** n риск предприятия, связанный с преждевременным износом основных средств (производства)

**anlasten** vt относить расходы за чей-л. счёт, относить издержки за чей-л. счёт

**Anlauf** m запуск (в производство)

**Anlauf** пуск в ход

**Anlauf** развёртывание работ, начало работ

**Anlauf der Produktion** начало производства

**Anlauf neuer Erzeugnisse** освоение (производством) новых видов продукции; запуск в производство новых видов продукции

**Anlaufbetrieb** m пусковой режим

**Anlaufen** n ввод в эксплуатацию (завода, сооружения), освоение (напр. новых видов продукции)

**Anlaufen** заход в порт

**anlaufen** vi нарастать, накапливаться (о долгах, процентах)

**anlaufen** vt заходить (в порт)

**das Schiff legte bei Hamburg an** судно пришло в Гамбург

**einen Hafen anlaufen** заходить в порт

**Anlaufexponent** m показатель трудовых затрат, продолжительности работ и себестоимости в пусковой период производства

**Anlaufgedinge** n сдельная оплата по расценкам, корректируемым в процессе развёртывания работ

**Anlaufkosten,** pl издержки пускового периода

**Anlaufkosten** расходы на освоение новой продукции

**Anlaufkosten** расходы на подготовку и освоение производством новых видов продукции

**Anlaufkurve** f кривая динамики трудовых затрат, продолжительности работ и себестоимости в пусковой период производства

**Anlaufzeit** f время на развёртывание производства (или освоение новой продукции)

**Anlaufzeit** время на развёртывание производства новых видов продукции, время на освоение (производства) новых видов продукции

**Anlaufzeit** пусковой период, период пуско-наладки

**Anlegegebühr** f причальный сбор

**anlegen** вкладывать, помещать (капитал); размещать (напр. ценные бумаги); создавать (напр. запасы); составлять, заводить (напр. картотеку); причаливать; закладывать, основывать

**anlegen** vi причаливать, приставать

**anlegen** vt сооружать, строить

**verzinslich anlegen** помещать под проценты

**Anlegeplatz** m пристань, причал, дебаркадер; якорная стоянка

**Anleger** m инвестор

**ausländischer Anleger** иностранный инвестор

**einzelne Anleger** частный инвестор; индивидуальный инвестор

**erfahrener Investor** опытный инвестор

**fremde Anleger** pl сторонние инвесторы (мн.ч.)

**großer Anleger** крупный инвестор

**institutioneller Anleger** институциональный инвестор

**kleiner Anleger** мелкий инвестор

**privater Anleger** частный инвестор

**zugelassener Anleger** аккредитованный инвестор

**Anlegestelle** f пристань, причал, дебаркадер; якорная стоянка

**Anlegung** f вложение, помещение, инвестирование (капиталов)

**Anlegung von Geld** помещение денег

**Anlegung von Vorräten** создание запасов

**Anleihe** f долгосрочный заём (с фиксированным процентом)

**Anleihe** облигация

**Anleihe** ссуда

**Anleihe mit Golddeckung** заём с золотым покрытием; разг. золотой заём

**Anleihe mit Staatsgarantie** заём, обеспеченный гарантией государства, заём с государственной гарантией, заём под гарантии государства

**Anleihe ohne Rückzahlungstermin** бессрочный заём, рентный заём

**abgezinste Anleihe** облигация с нулевым купоном

**Arbitrage-Anleihe** арбитражная облигация

**äußere Anleihe** внешний заём

**einlösbare Anleihe** облигация с правом досрочного погашения

**ertragsstarke Anleihe** облигация с высоким доходом

**fundierte Anleihe** фундированный заём, консолидированный заём; долгосрочное обязательство

**garantierte Anleihe** гарантийный заём

**gewinnbeteiligte Anleihe** облигация, дающая право на участие в распределении прибыли; облигация участия; облигация с правом участия в прибылях компании

**hochverzinsliche Anleihe** 1. облигация с высоким доходом 2. мусорная облигация; высокодоходная, но ненадежная облигация

**internationale Anleihe** международный заём

**kommunale Anleihe** коммунальный заём

**konvertible Anleihe** конвертируемый заём

**kurzfristige Anleihe** 1. краткосрочный заём 2. облигация с коротким сроком, оставшимся до погашения

**langfristige Anleihe** 1. государственная облигация с длительным сроком погашения 2. долгосрочная облигация 3. долгосрочное долговое обязательство 4. долгосрочный заём

**mittelfristige Anleihe** 1. среднесрочный заём 2. среднесрочное долговое обязательство

**nicht beanspruchte Anleihe** невыданный заём

**öffentliche Anleihe** государственный заём; государственное долговое обязательство; правительственная ссуда

**syndizierte Anleihe** синдицированный кредит; среднесрочный кредит предоставленный международным синдикатом банков; синдицированный банковский кредит; консорциальный кредит

**ungedeckte Anleihe** заём, не покрытый обеспечением; ссуда без обеспечения

**unkündbare Anleihe** бессрочный заём

**unverzinsliche Anleihe** беспроцентный заём

**verzinsliche Anleihe** процентный заём

**weltweite Anleihe** глобальная облигация

**zinsfreie Anleihe** беспроцентный заём

**eine Anleihe auflegen** выпускать заём; объявлять подписку на заём

**eine Anleihe aufnehmen** делать заём; брать ссуду

**eine Anleihe ausgeben** выпускать заём; размещать заём

**eine Anleihe ausreichen** давать ссуду;, предоставлять ссуду

**eine Anleihe ausschreiben** размещать заём

**eine Anleihe auszahlen** погашать облигацию

**eine Anleihe begeben** выпускать заём; размещать заём

**eine Anleihe emittieren** выпускать заём

**eine Anleihe für Geräteausstattung** облигация с залогом оборудования

**eine Anleihe gewähren** предоставлять заём; давать ссуду, предоставлять ссуду

**eine Anleihe herausgeben** выпускать заём

**eine Anleihe mit Rückgabeoption** облигация с правом владельца предъявить её до срока к погашению

**eine Anleihe überzeichnen** превышать запланированную сумму подписки на заём

**eine Anleihe unter Nennwert** 1. дисконтная облигация; облигация, текущая стоимость которой ниже номинала или стоимости при погашении 2. облигация, продаваемая на вторичном рынке по номинальной стоимости

**eine Anleihe unterbringen** размещать заём

**eine Anleihe zeichnen** подписаться на заём

**eine Anleihe zur Zeichnung auflegen** объявлять подписку на заём

**Auflage einer Anleihe** размещение займа

**Ausgabe einer Anleihe** выпуск займа; размещение займа

**Begebung einer Anleihe** выпуск займа; размещение займа

**in Raten rückzahlbare Anleihe** рентная облигация

**Platzierung einer Anleihe** 1. размещение займа 2. размещение ценных бумаг (как правило через посредников)

**risikoreiche spekulative Anleihe** высокорисковая спекулятивная облигация; мусорная облигация

**Anleiheabkommen** *n* соглашение о предоставлении займа, договор о предоставлении займа

**Anleiheablösung** *f* выпуск займа

**Anleiheablösung** погашение займа

**Anleiheablösungsschuld** f задолженность, погашаемая вновь выпущенным займом

**Anleiheablösungsschuldtitel** m, pl заёмные обязательства нового займа, погашающего прежнюю задолженность

**Anleiheaufnahme** f выпуск займа

**Anleiheausschreibung** f размещение займа; кампания по размещению займа

**Anleihebesitzer** m займодержатель

**Anleihedeckung** f покрытие займа

**Anleiheemission** f выпуск займа, эмиссия займа

**Anleihegeber** m кредитор по займу, *уст.* заимодавец

**Anleihegläubiger** m кредитор по займу

**Anleihehalter** m займодержатель

**Anleihekonsortium** n консорциум по реализации займов (*государственных или частных*)

**Anleihekonto** n ссудный счёт

**Anleihekonversion** f конверсия займа

**Anleihekonvertierung** f конверсия займа

**Anleihemarkt** m денежный рынок, рынок ссудных капиталов, рынок ссудного капитала

**Anleihemittel** n, pl ссуда; заёмные средства

**Anleihenehmer** m заёмщик, должник по займу, ссудополучатель

**Anleiheschein** m облигация займа (*без купона*)

**Anleiheschuld** f долг по займу, задолженность по займу

**Anleiheschuldner** m заёмщик, должник по займу

**Anleiheserie** f разряд займа

**Anleihestück** n облигация займа (*без купона*)

**Anleihetilgung** f погашение займа

**Anleiheverschuldung** f задолженность по займу, долг по займу

**Anleihezahlung** f выплата по займу

**Anleihezeichner** m подписчик на заём

**Anleihezeichnung** f подписка на заём

**Anleihezinsendienst** m выплата процентов по займу

**anleiten** vt руководить; направлять

**Anleitung** f руководство; инструкция

**Anlernberuf** m профессия, осваиваемая в ходе производственного обучения

**Anlernling** m ученик (*на производстве*); подмастерье

**Anlieferer** m поставщик

**Anlieferung** f поставка; доставка; привоз

**Anlieferungsmenge** f количество поставленного товара, объём поставки

**anliegend** в приложении; при сём

**anliegend übersenden wir Ihnen** в приложении направляем Вам

**Anlieger** m владелец прилегающего участка, владелец соседнего участка; владелец участка, прилегающего к дороге; владелец участка, прилегающего к шоссе

**Anliegerbeiträge** m, pl взносы на дорожное строительство, уплачиваемые владельцами прилегающих к дорогам участков; взносы на дорожное строительство, уплачиваемые владельцами прилегающих к шоссе участков

**Anlocken** n привлечение

**Anlocken von Kunden** привлечение покупателей с помощью назойливой рекламы, привлечение покупателей с помощью навязчивой рекламы

**anlocken** vt привлекать, приманивать, прельщать

**Anlockung** f заманивание; привлечение (*клиентов - обычно мошенническими методами и средствами*)

**sittenwidrige Anlockung** противоречащая нормам морали реклама; реклама, противоречащая морали; аморальная реклама; мошенническая реклама

**Anmaßung** f незаконное присвоение; незаконное пользование правом

**betrügerische Anmaßung** присвоение путём обмана, присвоение мошенническим путём

**Anm., Anmelder** m; **Anmelderin** f заявитель; заявительница

**Anmeldeabteilung f** отдел приёма заявок

**Anmeldeabteilung** отдел регистрации

**Anmeldebestimmung** f положение о прописке; инструкция о прописке; инструкция о регистрации; положение о регистрации; положение о правилах подачи заявки (заявок)

**Anmeldeabteilung** f отдел заявок (*патентного ведомства*)

**Anmeldegebühr** f регистрационный сбор; плата за регистрацию (напр. фирмы)

**Anmeldegebühr** заявочная пошлина; заявочный сбор; сбор за заявку (напр. патентную)

**Anmeldegebühr** сбор за прописку (физического лица в России); сбор за регистрацию (напр. по месту жительства)

**anmelden** vt заявлять; уведомлять, объявлять, заявлять; уведомлять; подавать заявку *(напр. на участие в конкурсе)*; прописывать *(на жительство)*; регистрировать; ставить на учёт
**Ansprüche anmelden** заявлять претензии, рекламации
**ein Gewerbe anmelden** регистрировать трудовую деятельность
**Reklamationen anmelden** заявлять претензии, рекламации
**Anmeldefrist** f срок для подачи заявки; установленный срок подачи заявки
**Anmeldefrist** установленный срок подачи егистрации
**Anmeldegebühr** f регистрационный сбор; сбор за регистрацию
**Anmeldepflicht** f обязательная прописка, обязанность прописываться (регистрироваться), обязательная регистрация; обязанность сообщать *(напр. таможенным органам)* о наличии валютных и имущественных ценностей *(при пересечении границы)*
**Anmeldepriorität** f приоритет права первого заявителя патента; право первого заявления *(патента)*
**anmeldepflichtig** подлежащий обязательной прописке; подлежащий прописке (по месту жительства)
**anmeldepflichtig** подлежащий обязательной регистрации; подлежащий регистрации
**Anmelder** m заявитель
**Anmelderin** f заявительница
**Anmeldetermin** m срок подачи заявки *(напр. патентной)*
**Anmeldeschluss** m истечение срока подачи заявок *(претензий)*
**Anmeldeschluss** последний срок подачи заявки *(напр. на участие в торгах)*
**Anmeldesystem** n система регистрации
**Anmeldesystem** явочно-нормативный порядок
**Anmeldung** f объявление, заявление; уведомление; заявка
**Anmeldung** прописка *(по месту жительства)*
**Anmeldung** объявление (о конкурсном производстве, о торгах и т.п.)
**Anmeldung der Nichtigkeitsbeschwerde** подача жалобы о недействительности *(напр. решения)*
**Anmeldung der Gesellschaft beim Handelsregister** регистрация общества в торговом регистре
**Anmeldung eines Patentantrages** подача заявки на патент
**Anmeldung von gewerblichen Schutzrechten** заявка на регистрацию прав на промышленную собственность (подлежащую охране)
**polizeiliche Anmeldung** регистрация в полиции
**steuerliche Anmeldung** 1. сообщение в финансовые органы об имуществе, подлежащем налоговому обложению 2. регистрация в качестве налогоплательщика в налоговых органах
**Annäherung** f приближение
**asymptotische Annäherung** асимптотическое приближение
**erste Annäherung** первое приближение
**grobe Annäherung** грубое приближение
**in erster Annäherung** в первом приближении
**lineare Annäherung** линейное приближение
**annäherungsweise** приблизительный; методом приближения
**Annäherungswert** m приближённое значение
**Annahme** f акцепт, акцептование; принятие к оплате *(напр. переводного векселя)*
**Annahme** предложение
**Annahme** предположение, допущение, гипотеза
**Annahme** приём *(напр. сберегательных вкладов)*
**Annahme** приёмный пункт; окно приёма *(напр. на почте)*
**Annahme** принятие *(напр. торгового предложения)*
**Annahme** приходование, оприходование *(напр. наличных сумм)*
**Annahme an Erfüllungs Statt** принятие кредитором в погашение обязательства иного вида исполнения *(вместо обусловленного)*
**Annahme der geschuldeten Leistung** принятие *(кредитором)* исполнения обязательства
**Annahme der Rechnung** принятие счёта к оплате, акцептование
**Annahme des Wechsels** акцепт векселя, акцептование векселя
**Annahme einer Rechnung** акцептование счёта
**allgemeine Annahme** общее акцептование
**bedingte Annahme** условное акцептование
**bedingungslose Annahme** общее акцептование
**vorbehaltlose Annahme** безоговорочное принятие, бесспорное принятие
**die Annahme verweigern** отказаться от акцепта, отказаться от акцептования (принятия к оплате) *(напр. векселя)*

**Annahmebereich** *m* область принятия гипотезы
**Annahmeerklärung** *f* заявление о принятии *(напр. предложения)*
**Annahmefaktor** *m* приёмочный критерий *(в статистическом контроле качества)*
**Annahmegrenze** *f* предел приёмки, граница приёмки *(в статистическом контроле качества)*
**Annahmekennlinie** *f* кривая оперативной характеристики *(в статистическом контроле качество)*
**Annahmekontrolle** *f* приёмочный контроль
**Annahmekontrollkarte** *f* браковочная контрольная карта
**Annahmekriterium** *n* приёмочный критерий *(в статистическом контроле качества)*
**Annahmepflicht** *f* обязанность принятия
**Annahmeschein** *m* квитанция о получении грузов, квитанция о приёме груза
**Annahmesperre** *f* прекращение приёма грузов для транспортировки
**Annahmevermerk** *m* отметка о принятии *(напр. на векселе)*
**Annahmeverweigerung** *f* отказ от акцепта, отказ от акцептования *(напр. векселя)*, неакцептование; отказ получателя в принятии груза, непринятие груза получателем
**Annahmeverzug** *m* просрочка кредитора в принятии исполнения обязательства должником
**Annahmewahrscheinlichkeit** *f* вероятность приёмки *(в статистическом контроле качества)*
**Annahmezahl** *f* приёмочное число *(в статистическом контроле качества)*
**annehmbar** приемлемый

**annehmen** акцептовать *(напр., вексель, счёт)*, принимать к оплате *(напр., вексель, счёт)*; принимать *(напр., торговое предложение)*; предполагать, допускать
**annehmen** предполагать
**annehmen** *vt* принимать *(в разных значениях)*
**ein Gesetz annehmen** принять закон
**einen Auftrag annehmen** принять заказ
**einen Wechsel annehmen** принять вексель к оплате
**Annehmer** *m* акцептант; приёмщик
**annehmlich** приемлемый
**Annonce** *f фр.* объявление, реклама, анонс
**Annoncenbüro** *n фр.* рекламное бюро, отдел объявлений, бюро объявлений
**Annoncenexpedition** *f фр.* рекламное бюро, отдел объявлений, бюро объявлений
**Annoncenwesen** *n фр.* рекламное дело
**AnnSt., Annahmestelle** пункт приёма *(заказов, товаров)*; приходная касса
**Annuität** *f* аннуитет *(1. вид государственного долгосрочного займа с ежегодной выплатой ренты 2. равновеликие платежи, которые производятся (получаются) в равные промежутки времени в течение датированного временного периода)*
**Annuität** аннуитет; периодически уплачиваемый взнос
**Annuität** аннуитет; ежегодная рента; ежегодный доход *(напр. в страховании)*
**Annuität** аннуитет; ежегодно уплачиваемый взнос (по договору, завещанию и т.п.)
**Annuität mit vereinbarter Dauer** срочный аннуитет, аннуитет на срок

**fallende Annuität** срочный аннуитет, аннуитет на срок
**feste Annuität** (регулярный) ежегодный платёж равных сумм *(напр. в счёт долга)*
**hybride Annuität** гибридный аннуитет
**kündbare Annuität** срочный аннуитет, аннуитет на срок
**unkündbare Annuität** пожизненный аннуитет; вечный аннуитет; бессрочный аннуитет
**Annuitätenanleihe** *f* аннуитет; заём, по которому ежегодно выплачивается постоянный доход, включающий уменьшающиеся суммы процентов и возрастающие платежи в погашении основного долга
**Annuitätenhypotheke** *f* амортизационная ипотека *(ипотека, погашаемая равными ежемесячными или ежеквартальными, или ежегодными платежами)*
**Annuitätentilgung** *f* погашение долга путём ежегодно возрастающих платежей при одновременном уменьшении выплаты процентов; погашение долга путём ежегодных взносов
**Annulierung** *f* аннулирование, упразднение, объявление недействительным, отмена
**annullieren** *vt* отменять; аннулировать, объявлять недействительным
**Anordnung** *f* приказ, распоряжение; предписание
**Anordnung** расположение, расстановка, размещение; устройство;
**Anpassung** *f* приспособление *(напр. предприятия к рынку)*; адаптирование; согласование; приведение в соответствие
**Anpassung der Lohne** согласование уровней заработной платы

**Anpassung des Zinssatzes** адаптирование уровня процента

**selektive Anpassung** приспособление предприятия к изменению загрузки производственных мощностей, основанное на принципе отбора

**zeitliche Anpassung** изменение продолжительности рабочей недели предприятия в зависимости от уровня спроса на его продукцию

**Anpassungsbeihilfe** *f* пособие на овладение специальностью

**anpassungsfähig** умеющий приспосабливаться

**Anpassungsfähigkeit** *f* умение приспосабливаться

**Anpassungsfaktor** *m* фактор приспособления, фактор приспосабливаемости, фактор аккомодации, аккомодационный фактор

**Anpassungsproblem** *n* проблема приспособления, проблема овладения *(напр., новыми технологиями)*

**Anpassungstest** *m* критерий подобия

**anpreisen** *vt* расхваливать; рекламировать

**Anpreisen:**

**Anpreisen eines schnellen Reichtums** обещание быстро разбогатеть; реклама быстрого обогащения (напр. в сетевом маркетинге, в финансовых пирамидах и т.п.)

**Anpreisung** *f* навязчивая реклама, агрессивная реклама

**anrechenbar** начисляемый; зачисляемый, подлежащий начислению, подлежащий зачислению

**anrechnen** *vt* засчитывать; ставить в счёт, зачислять

**eine Ware billig anrechnen** дёшево уступить товар

**Anrechnung** *f* зачисление; начисление, зачёт

**auf Anrechnung** в счёт

**in Anrechnung bringen** ставить в счёт, поставить в счёт, начислять (по счёту)

**unter Anrechnung der Spesen** с учётом издержек

**Anrechnungsverfahren** *n* порядок начисления

**Anrecht** *n* абонемент

**Anrecht** пай

**Anrecht** притязание; (преимущественное) право

**Anrechtsinhaber** *m* держатель абонемента; абонент; пайщик

**Anrechtskarte** *f* предварительная акция; удостоверение пайщика

**Anrechtsschein** *m* предварительная акция; удостоверение пайщика, удостоверение пайщика

**Anrede** *f* обращение

**Anreißen** *n* привлечение покупателей с помощью навязчивой рекламы, привлечение покупателей с помощью назойливой рекламы

**anreißen** *vt разг.* зазывать покупателей *(назойливой рекламой)*

**Anreißer** *m* торговец, навязчиво рекламирующий товар

**Anreiz** *m* побуждение, стимул

**Anreiz** стимулирование заинтересованности; поощрение; заинтересованность

**kollektiver Anreiz** коллективная (материальная) заинтересованность

**materieller Anreiz** материальная заинтересованность; материальное поощрение, материальный стимул

**moralischer Anreiz** моральный стимул

**einen Anreiz schaffen** стимулировать, создавать стимул, давать стимул

**wirtschaftliche Anreize bekommen** экономически стимулироваться, получать экономическое стимулирование

**Anreize** *m, pl* стимулы (мн.ч.)

**materielle und moralische Anreize** материальные и моральные стимулы (мн.ч.)

**anreizen** *vt* стимулировать, поощрять

**Anreizfonds** *m* поощрительный фонд; фонд поощрения; фонд премирования

**Anreizprämie** *f* поощрительная премия

**Anreizsystem** *n* поощрительная система, система поощрений

**Anreizung** *f* побуждение, стимулирование

**Anruf** *m вчт.* вызов; запрос; опрос; обращение *(напр. к подпрограмме, к базе данных и т.п.)*

**Ansageverfahren** *n* передача товара для очистки таможенному органу, расположенному внутри страны

**Ansammlung** *f* накопление; концентрация, сосредоточение

**Ansatz** *m* предварительное проектирование; предварительный проект; посылка, исходная идея; математическая запись условий задачи

**Ansatz** статья счёта

**Ansatz** цифровое выражение, числовое выражение, величина

**außer Ansatz bleiben** не принимать(ся) в расчёт

**in Ansatz bringen** принимать в расчёт

**kreativer Ansatz** творческий подход

**Ansatz- und Bewertungsvorschriften** *f, pl* правила расчёта и оценки

**Ansatzberichtigung** f исправление отдельных слагаемых счёта

**Anschaffung** f платёж, покрытие долга

**Anschaffung** приобретение, покупка; заготовка; закупка

**Anschaffung von Arbeitsmitteln** приобретение средств труда

**Anschaffungsbeitrag** m пособие на обзаведение домашним имуществом

**Anschaffungsdarlehen** n среднесрочная ссуда физическому лицу на приобретение товаров длительного пользования

**Anschaffungsgeschäft** n сделка на приобретение ценных бумаг

**Anschaffungskosten** pl закупочная цена

**Anschaffungskosten** стоимость приобретения; расходы на приобретение

**Anschaffungskosten** капиталовложения на оборудование

**Anschaffungskosten** заводская цена; фабричная цена; цена производителя; себестоимость

**Anschaffungskosten** первоначальная стоимость; стоимость приобретения

**Anschaffungspreis** m закупочная цена, покупная цена; заготовительная стоимость

**Anschaffungs- und Herstellungskosten** pl, **AHK** затраты на приобретение и производство

**Anschaffungswert** m закупочная цена; заготовительная стоимость

**Anschaffungswert** первоначальная стоимость (основных средств); стоимость покупки, стоимость приобретения, покупная стоимость; расходы на приобретение

**Anschlag** m смета; оценка; расчёт

**Anschlag der Kosten** расходы по смете

**in Anschlag kommen** входить в смету; приниматься в расчёт, учитываться

**in Anschlag bringen** включать в смету, вносить в смету; принимать в расчёт; оценивать, определять *(в предварительном расчёте)*

**in Anschlag nehmen** принимать в расчёт

**Anschlagskosten**, pl сметная стоимость; расходы по смете

**Anschlagspreis** m цена по смете; сметная стоимость

**Anschlagswert** m сметная стоимость, оценочная стоимость

**Anschlagwerbung** f рекламирование путём использования плакатов, афиш и объявлений; использование наружной рекламы

**Anschließer** m владелец примыкающей железнодорожной линии, владелец подъездного пути

**Anschluss** m присоединение, *истор.* аншлюс

**Anschluss** согласованность *(расписаний движения поездов)*

**Anschlussbahnvertrag** m договор между предприятием-владельцем подъездного пути и государственной железной дорогой

**Anschlussereignis** n граничное событие; событие, общее для двух частных сетей

**Anschlussgerät** n *вчт.* периферийное устройство, внешнее устройство, терминал, оконечное устройство

**Anschlussgeräte** n pl *вчт.* периферийное оборудование

**Anschlusspfändung** f повторная опись имущества *(другими кредиторами)*

**Anschlussrefinanzierung** f встречное финансирование

**Anschlussverkehr** m грузовые и пассажирские железнодорожные перевозки в различных направлениях на основе согласования расписаний движения поездов

**Anschlussverkehr** движение поездов на подъездных путях

**Anschlussverkehr** m железнодорожные перевозки *(грузовые и пассажирские)* на основе согласованного расписания движения

**Anschlusszone** f зона, примыкающая к территориальным водам

**Anschreiben** n препроводительная бумага; сопроводительный документ

**anschreiben** записывать в кредит *(не оплаченный товар)*

**Anschwärzen** n распространение сведений, порочащих конкурента; распространение клеветнических измышлений; клевета

**ansetzen** устанавливать, назначать (срок, цену и т.п.)

**ansetzen** направлять, выделять (для выполнения какой-л. задачи)

**die Sitzung ist auf den …. angesetzt** заседание назначено на …

**Ansichtssendung** f партия образцов для ознакомления

**Ansichtssendung** партия образцов товара *(посланных для ознакомления)*

**Ansiedelung** f колонизация; заселение, переселение; посёлок, селение

**Ansiedlung** f колонизация; заселение, переселение; посёлок, селение

**Ansiedlungsaufwand** m затраты на переселение рабочих из других районов

**Ansiedlungsgesellschaft** f общество содействия колонизации, общество содействия переселению; общество помощи поселенцам

**Anspannung** f напряжение; нагрузка; стресс; перенапряжение

**geistige Anspannung** умственное напряжение, умственное перенапряжение

**nervliche Anspannung** нервное напряжение, нервный стресс

**mit Anspannung aller Kräfte** с полным напряжением сил

**Anspannungsindex** m индекс занятости

**ansparen** накопить, накапливать; скопить; хранить деньги на накопительном вкладе

**Ansparzeit** f накопительный период; срок накопительного вклада

**anspornen** vt стимулировать; поощрять

**Anspruch** m претензия, притязание; требование; право требовать

**berechtigter Anspruch** обоснованная претензия, законное требование, обоснованное требование

**dinglicher Anspruch** вещное притязание, вещное требование

**verhaltener Anspruch** требование, исполняемое должником по заявлению кредитора о расторжении сделки; требование, срок исполнения которого наступает по заявлению кредитора о расторжении сделки

**Anspruch auf** *etw.* **erheben** предъявлять претензию на *что-л.*

**Anspruch auf** *etw.* **anmelden** предъявлять претензию на *что-л.*

**Anspruch auf** *etw.* **geltend machen** предъявлять претензию на *что-л.*

**Anspruch erheben** предъявлять претензии, притязать претендовать; выдвигать требование требовать

**Anspruch geltend machen** предъявлять претензии, притязать претендовать; выдвигать требование требовать

**Anspruch stellen** предъявлять претензии, притязать претендовать; выдвигать требование требовать

**dem Anspruch entsagen** отказываться от иска

**den Anspruch aufgeben** отказываться от претензий, отказываться от требований; отказываться от иска

**den Anspruch befriedigen** удовлетворять претензию

**Ansprüche** m, pl претензии (мн.ч.), притязания (мн.ч.); требования (мн.ч.)

**Ansprüche aus fälligen und nicht gezahlten Abgaben** активные бюджетные остатки (мн.ч.)

**den Ansprüchen stattgeben** удовлетворять претензии

**die Ansprüche befriedigen** удовлетворять претензии

**anspruchsvoll** требовательный, взыскательный

**Anstalt** f учреждение; заведение; институт (структура)

**Anstalten** pl меры, приготовления

**Anstalt des öffentlichen Rechts, AÖR** учреждение публично-правового характера

**nicht rechtsfähige Anstalt** неправоспособное учреждение

*die* **nötigen Anstalten treffen** принимать необходимые меры

**selbst verwaltende Anstalt** самоуправляемое учреждение; учреждение самоуправления

**teilrechtsfähige Anstalt** учреждение, обладающее частичной правоспособностью

**Anstaltsvormundschaft** f установление опеки со стороны учреждения, наделённого публичными правами

**Anstand** m задержка, промедление; отсрочка

**Anstand** (*австр., ю.-нем.*) возражение; претензия; рекламация; опротестование

**Anstände gegen** (*etw. A*) **erheben** создавать препятствия (чему-л.), выдвигать возражения (против чего-л., кого-л.)

*den* **Anstand verletzen** нарушать нормы приличия

**Anständigkeit** f приличие; порядочность

**Anstandsbrief** m соглашение о предоставлении отсрочки, соглашение о предоставлении моратория

**Anstandsfrist** f предоставленный дополнительно срок; отсрочка (*платежа*)

**Anstandsschenkung** f имиджевый подарок

**ansteigen** vi возрастать, увеличиваться (*о количестве*); подниматься, повышаться (*о ценах*)

**anstellen** vt нанимать на работу; зачислять на службу

**Anstellungsvertrag** m трудовой договор, трудовое соглашение; договор о найме

**Anstieg** m подъём, возрастание

**Anstieg der Nachfrage** рост спроса

**Anstrengung** f усилие; напряжение; старание; тяготы, трудности

**Antagonismus** *m* антагонизм, противоречие
**Anteil** *m* доля, часть, пай; (долевое) участие; доля
   **Anteil** удельный вес
   **Anteil** участок
   **Anteil am Stammkapital** доля в основном капитале общества; доля в акционерном капитале
   **Anteil an verbundenen Unternehmen** доля в предприятиях, входящих в концерн; доля участия в дочерних предприятиях
   **Anteil der Abschreibungen** удельный вес амортизационных отчислений, доля амортизационных отчислений
   **Anteil der Marktproduktion** товарность производства, удельный вес товарной продукции в валовом объёме производства
   **Anteil der Warenproduktion an der Bruttoproduktion** товарность производства, удельный вес товарной продукции в валовом объёме производства
   **abzuführender Anteil** часть *(напр. доходов)*, подлежащая отчислению
   **aufgekaufter Anteil** выкупленный пай
   **relativer fehlerfreier Anteil** удельный вес недефектных изделий в партии
   **Anteil annehmen** принимать участие *(в чём-л.)*
**Anteilbeitrag** *m* паевой взнос
**Anteilbesitz** *m* долевое владение
   **Anteilbesitz** доля в общей собственности; пай
**Anteilbesitzer** *m* пайщик; акционер; долевой участник
**Anteilfonds** *m* паевой фонд
**Anteilgröße** *f* *стат.* относительная величина

**Anteilhaber** *m* участник; пайщик; акционер; соучредитель
**Anteilhof** *m* *с. х. ист.* надельный двор
**anteilig** на паевых началах, на паях; соответствующий доле участия, соразмерный доле участия, пропорциональный доле участия
   **anteilig** по долям
**Anteilkapital** *n* паевой капитал; долевой капитал; акционерный капитал
**Anteillohn** *m* *с.-х.* часть заработной платы, выплачиваемая натурой
**anteilmäßig** соответствующий доле участия, соразмерный доле участия, пропорциональный доле участия
   **anteilmäßig** соразмерный доле, пропорциональный доле
**Anteilnehmer** *m* участник; пайщик; акционер; соучредитель
**Anteilpapier** *n* ценная бумага, дающая право на долю имущества *(напр. акция)*
**Anteilsaktie** *f* долевая акция; квотативная акция; акция без фиксированного номинала; акция без номинала
**Anteilsberechtigung** *f* право на долю *(имущества)*, право на долю имущества (акционерного) общества
**Anteilsbruchteil** *m* часть акции, неполная акция
**Anteilschein** *m* акция; паевое свидетельство; акционерный сертификат *(удостоверяющий право владельца на часть капитала компании)*; свидетельство на акцию
**Anteilseigentum** *n* собственность (акционерного) общества
**Anteilseigentümer** *m* акционер; пайщик, владелец пая

**Anteilseigner** *m* акционер; владелец акций, держатель акций; пайщик, владелец пая; владелец долевой собственности
**Anteilsgemeinschaft** *f* общность владения имуществом
**Anteilsrecht** *n* право на участие, право на пай
**Anteilwirtschaft** *f* *истор.* испольщина, аренда исполу, испольная аренда; оброчная крестьянская усадьба; издольно-арендное хозяйство, издольщина
**Anteilziffer** *f* относительная величина
**Anti-Dumping-** (в сл.сл.) антидемпинговый
**Anti-Dumping-Zoll** *m* антидемпинговая пошлина
**anticipatory credit** англ. аванс, выплачиваемый банком согласно "красному условию" из аккредитива до получения отгрузочных документов
**antideflationistisch** антидефляционный, антидефляционистский
**Antidumping** *n* антидемпинг
**Antidumpinggesetz** *n* закон о мерах борьбы с демпингом, антидемпинговый закон, закон по борьбе с демпингом
**Antidumpingzoll** *m* антидемпинговая (таможенная) пошлина
**Antihavarietraining** *n* подготовка работников производства к действиям в аварийной обстановке
**antiinflationistisch** антиинфляционный, антиинфляционистский
**Antikorruptionsmaßnahmen** *pl* антикоррупционные меры; антикоррупционные мероприятия
**Antikrisenmaßnahme** *f* антикризисное мероприятие

**antimonopolistisch** антимонополистический
**Antimonopoltheorie** f антимонопольная теория
**Antistreikgesetzgebung** f закон(ы) о запрещении забастовок
**Antitrustbewegung** f антитрестовское движение, движение против трестов
**Antitrustgesetzgebung** f антитрестовское законодательство
**Antizipation** f антиципация (*исполнение обязательств до наступления срока*)
**antizipativ** *бухг.* опережающий платёж (*раньше обычного срока*)
**antizyklisch** антициклический
**Antrag** m предложение, оферта
   **Antrag** ходатайство, прошение, заявление
   **Antrag** требование; заявка
   **Antrag auf Bargeldauszahlung** заявка на выдачу денег
   **Antrag bearbeitet** обрабатывать заявку; обрабатывать заказ
   **Antrag zur Warenlieferung** требование-накладная
   **einen Antrag auf Visa beim Konsulat stellen** подать заявление на визу в консульство
**Antragsgegner** m *юр.* ответчик
**Antragsteller** m заявитель, проситель, ходатайствующий, ходатай
   **Antragsteller** *юр.* истец
   **Antragsteller** автор предложения
**Antragsverfahren** n явочная система патентования
**Antransport** m подвоз, доставка
**antreiben** побуждать; поощрять; подгонять; заставлять; приводить в движение; подстрекать

**Antreiberei** f потогонная система
**Antreiberlohnsystem** n потогонная система
**Antreibersystem** n потогонная система
**Antretung** f **der Erbschaft** вступление во владение наследством, принятие наследства
**Antrieb** m стимул; побуждение; мотив; инициатива
   **Antrieb** приведение в движение
**antworten** отвечать, давать ответ
   **auf eine Frage antworten** отвечать на вопрос
   **ausweichend antworten** давать уклончивый ответ
   **mit** (*einem*) **Ja antworten** ответить "да", дать согласие, дать положительный ответ, согласиться
   **mit** (*einem*) **Nein antworten** дать отрицательный ответ, ответить отрицательно; сказать "нет"
   **mit umgehender Post antworten** ответить срочным письмом, ответить немедленно, ответить срочно
   **schriftlich antworten** отвечать в письменной форме, ответить в письменной форме; отвечать в письменном виде, ответить в письменном виде
**Antwortschein** m купон для оплаты ответного письма; формуляр оплаченного ответа, бланк оплаченного ответа
**Anwachsen** n прирост, приращение, увеличение
   **Anwachsen der Krise** нарастание кризиса
**Anwaltssystem** n форма сотрудничества технической интеллигенции с рабочим классом в области решения творческих экономико-технических задач (*в бывш. ГДР*)

**Anwartschaft** f право на получение пенсии (*при наступлении определённых условий*)
**Anwartschaftsdeckungsverfahren** n накопление взносов в фондах социального страхования (*для выплаты пенсий*); накопление взносов социального страхования для выплаты пенсий
**anweisen** ассигновать, отчислять
**anweisen** инструктировать
**anweisen** переводить (*деньги*), делать (*денежный*) перевод
**anweisen** предоставлять, выделять
**anweisen** предписывать; приказывать; давать распоряжение; поручать
**anweisen** предоставлять, выделять; отводить
**Anweisende** m f лицо, дающее поручение произвести платёж; трассант; трассантка
**Anweisung** f инструкция, указание, директива
   **Anweisung** *вчт.* оператор; выражение, предложение; макрокоманда; макрос
   **Anweisung** (*денежный*) перевод; чек, ордер
   **Anweisung** предписание; приказ; распоряжение; поручение; инструкция
   **Anweisung** ассигнование; отчисление; предоставление, выделение; отведение
   **Anweisung** распоряжение, поручение
   **Anweisung auf bares Geld** приказ об уплате наличными
   **Anweisung auf die Bank** банковский перевод, чек на получение денег в банке
   **Anweisung zur Zahlung** платёжный ордер
   **kaufmännische Anweisung** коммерческое поручение

**Anweisungsempfänger** *m* лицо, обязанное оплатить денежный перевод; трассат

**Anweisungsschein** *m* денежный перевод, чек; ордер

**Anweisungstheorie des Geldes** теория денег

**Anwendbarkeit** *f* применимость, пригодность

**vielseitige Anwendbarkeit** универсальность *(напр. машины)*

**anwenden** *vt* применять, употреблять, использовать

**Anwender** *m* пользователь; получатель

**Anwenderbetrieb** *m* предприятие-потребитель; завод-потребитель, завод-пользователь

**Anwendernutzen** *m* эффект использования *(напр. станка, машины)* непосредственно у потребителя, эффективность использования *(напр. станка, машины)* непосредственно у потребителя

**Anwendernutzen** *m* эффективность использования

**Anwendung** *f* применение, использование

**Anwendungsbereich** *m* область применения, сфера применения, сфера применения, область применения, область использования

**Anwendungsbreite** *f* широта применения, широта использования, диапазон применения, диапазон использования

**Anwendungsgebiet** *n* область применения, сфера применения, сфера применения, область применения, область использования

**Anwendungsmodus** *m* способ применения, способ использования

**Anwendungsmöglichkeit** *f* возможность применения, возможность использования

**Anwendungsprogramm** *n* вчт. прикладная программа, пользовательская программа

**anwendungsreif** готовый к применению, готовый к использованию

**Anwendungssphäre** *f* область применения, сфера применения, сфера применения, область применения, область использования

**anwerben** вербовать, нанимать; набирать; привлекать *(напр. рабочую силу)*

**Anwerbung** *f* вербование, вербовка, наём; набор; привлечение *(напр. рабочей силы)*

**Anwesende** *m f* присутствующий; присутствующая

**Anwesenheilsstunde** *f* явочный человеко-час *(рабочего)*

**Anwesenheit** *f* присутствие, пребывание

**Anwesenheitskontrolle** *f* табельный учёт явки на работу

**Anwesenheitskontrolle mittels Marken** жетонная система табельного учёта явки на работу и ухода с работы *(на предприятии)*

**Anwesenheitsliste** *f* ведомость учёта явки на работу, табель учёта явки на работу

**Anwesenheitsnachweis** *m* табельный учёт явки на работу

**Anwesenheitsstunden** *f pl* рабочие часы; часы присутствия на работе

**Anwesenheitstag** *m* явочный день *(рабочего)*

**Anwohnerschutz** *m* комплекс мероприятий промышленного предприятия по защите окружающей среды *(напр. чистоты атмосферы)*

**Anzahl** *f* количество, число; *стат.* численность

**Anzahl der Beschäftigten** численность занятых

**Anzahl der Fehlarbeitertage** число невыходов на работу

**Anzahl der Fehlarbeitertage infolge Arbeitsbummelei** число человеко-дней прогулов

**Anzahl der Freiheitsgrade** число степеней свободы (системы)

**Anzahl der ununterbrochenen Berufsjahre** непрерывный трудовой стаж

**Anzahl von Transaktionen** количество транзакций

**anzahlen** давать задаток; платить в счёт, платить в зачёт; уплачивать первый взнос *(при покупке в рассрочку)*

**Anzahlung** *f* аванс, задаток; первый взнос при покупке в рассрочку; предварительный взнос

**eine Anzahlung leisten** давать задаток, вносить задаток; уплатить в счёт, уплатить в зачёт; уплачивать первый взнос *(при покупке в рассрочку)*

**eine Anzahlung machen** давать задаток, вносить задаток; уплатить в счёт, уплатить в зачёт; уплачивать первый взнос *(при покупке в рассрочку)*

**Anzeige** *f* извещение; заявление; уведомление; нотификация; авизо

**Anzeige** (рекламное) объявление *(в газете)*

**Anzeigebrief** *m* авизо; нотификация

**Anzeigebrief** нотификация *(уведомление векселедержателем векселедателя об опротестовании выданного векселя)*

**Anzeigeeinrichtung** *f* вчт. устройство (блок) отображения; индикаторное устройство, индикатор; сигнальное устройство, сигнализатор; монитор

**Anzeigenagentur** *f* рекламное бюро, отдел объявлений, бюро объявлений

**Anzeigengebühr** f сбор за помещение объявления; сбор за помещение объявления в газете

**Anzeigenpreis** m цена за помещение объявления в газете

**Anzeigenring** m агентство газетных объявлений (объединение предпринимателей)

**Anzeigentafel** f доска объявлений

**Anzeigenteil** m отдел объявлений (в газетном номере)

**Anzeigenwerbung** f сбор объявлений (для газеты)

**Anzeigenring** реклама с помощью объявлений (в газете)

**Anzeigentafel** f доска объявлений

**Anzeigenwerbung** f рекламирование путём помещения объявлений в газете

**Anzeigepflicht** f обязанность сообщать о совершении действии, караемых законом

**Anzeigepflicht des Versicherten** обязанность страхователя своевременно заявлять о наступлении страхового случая

**Anzeigepflicht für neue Chemikalien** обязательная регистрация новых химических веществ

**Anziehen** n рост, повышение (напр. цен)

**Anziehen der Inflation** рост инфляции; раскручивание инфляции

**anziehen** vi подниматься, расти (о ценах)

**anziehend** повышательный (напр. о тенденции)

**anziehend** привлекательный, интересный

**AO:**

**AO, Angola** Ангола

**AO, Abgabenordnung** положения о порядке взимания налогов, сборов и пошлин

**AO, Anordnung** распоряжение, предписание, инструкция

**AO, Arbeitsordnung** правила внутреннего распорядка на предприятии; распорядок работы

**AO, Ausfuhrordnung** положение, регламентирующее порядок осуществления экспорта

**AO, Ausfuhrordnung** правила по экспорту

**AO, Auslandsorganisation** зарубежная организация

**a/o, account of** (eng.) счёт от такого-то (лица, фирмы)

**AOR, Readjusted Kwanza, - Angola** Новая кванза (код валюты 024), - Ангола

**AP:**

**A/P, account paid** (eng.) счёт оплачен

**AP, APr, Arbeitsproduktivität** производительность труда

**A.P., authority to pay** полномочие на проведение платежа

**A.P., authority to pay** полномочие (уполномочен) на производство платежа

**a.p., anni practeriti, vergangenen Jahres** прошлого года

**APK, Arbeitspensionskasse** рабочая пенсионная касса

**APO, Allgemeine Prüfungsordnung** Общая инструкция по проверке бухгалтерской отчётности

**Apostille** f апостиль; упрощённая форма легализации документов, предъявляемых за рубежом

**ApothG., Gesetz über das Apothekenwesen** закон о регулировании деятельности аптек

**Apparatsteuer** f налог на технические средства, необходимые для производства товара (примитивная форма налога на потребление)

**Apparaturprozess** m технологический процесс, связанный с определённой аппаратурой

**Appell** m юр. апелляция; протест

**appellabel** подлежащий обжалованию; подлежащий опротестованию; могущий быть опротестованным

**Appellant** m жалобщик; апеллирующий; апеллянт; заявитель протеста

**Appellat** m ответчик по обжалованию; ответчик по протесту

**Appellation** f юр. апелляция; обжалование; протест

**Appellationsgericht** n апелляционный суд; кассационный суд

**Appellationsinstanz** f апелляционная инстанция; кассационная инстанция

**Appellationsklage** f апелляционная жалоба; кассационная жалоба

**Appellationsverfahren** n судебное производство в апелляционной инстанции

**Applikation** f применение; употребление; приложение (напр. теории к практическому применению)

**Applikation** выч. прикладная задача; выч. прикладная система; выч. приложение

**Applikationsfaktor** m; **AF** коэффициент вида нагрузки (напр. на окружающую среду)

**Applikationsforschung** f прикладные исследования

**Apport** m фр. имущественный вклад

**Approbation** f апробация, одобрение; утверждение, разрешение

**Approbation** допуск к практике (напр. врача)

**Approbationspflicht** f установленный законом порядок обязательной проверки импортных изделий на безопасность использования *(прежде всего электрооборудования)*

**Approbationszeichen** n апробационный знак на импортных *(прежде всего электротехнических)* изделиях *(бывш. ГДР)*

**Appropriation** f присвоение; овладение

**Approximation** f аппроксимация, приближение

**Approximation der produktionstechnischen Möglichkeiten** аппроксимация производственно-технических возможностей

**stückweise lineare Approximation** кусочно-линейное приближение

**Approximationsgrad** m степень аппроксимации, степень приближения

**Approximationsverfahren** n метод приближений

**sukzessives Approximationsverfahren** метод последовательных приближений

**approximativ** приближённый

**Aqakultur** f (морская) аквакультура

**Aqakultur** (морское) плантационное хозяйство

**Äquatorialafrikanische Zollunion** Таможенный союз Экваториальной Африки

**Äquivalent** n эквивалент

**allgemeines Äquivalent** всеобщий эквивалент

**wirkliches Äquivalent** действительный эквивалент

**Äquivalentenaustausch** m эквивалентный обмен

**Äquivalentform** f эквивалентная форма *(обмена)*

**allgemeine Äquivalentform** всеобщая эквивалентная форма

**gesellschaftliche Äquivalentform** общественная эквивалентная форма

**Äquivalentware** f товар-эквивалент, эквивалентный товар

**spezifische Äquivalentware** специфический эквивалентный товар

**Äquivalenz** f эквивалентность; равноценность

**strategische Äquivalenz** стратегическая эквивалентность

**Äquivalenzbeziehung** f отношение эквивалентности

**Äquivalenzklasse** f класс *(условной)* эквивалентности

**Äquivalenzprinzip** n принцип эквивалентности *(напр. налог рассматривается как компенсация за оказываемые государством общественные услуги)*

**Äquivalenztheorie** f теория эквивалентности *(налогов)*

**Äquivalenzziffer** f показатель эквивалентности, коэффициент эквивалентности

**AR:**

**AR, Argentinien** Аргентина

**AR, against all risks** страх. против всех рисков *(указанных в полисе)*

**AR, Aufsichtsrat** наблюдательный совет *(напр. акционерного общества)*; член наблюдательного совета

**AR, Außenhandelsrecht** внешнеторговое право

**Arabische Liga** Лига арабских стран

**Arbeit** f труд, работа, занятие, дело; деятельность; действие; работа, изделие

**Arbeit für die Gesellschaft** общественные работы

**Arbeit für sich** труд для себя, труд на самого себя

**Arbeit gegen Entgelt** работа за вознаграждение

**Arbeit im Haushalt** домашняя работа, работа по ведению домашнего хозяйства

**Arbeit im Stücklohn** сдельная работа

**Arbeit im Tagelohn** подённая работа

**Arbeit im Zweischichtenbetrieb** двухсменная работа, работа в две смены

**Arbeit nach Tagesplan** работа по (дневному) графику

**Arbeit nach Schichtplan** работа по (сменному) графику

**abstrakte Arbeit** абстрактный труд

**allgemeine Arbeit** всеобщий труд

**anhaltende Arbeit** продолжительная работа

**aufgehäufte Arbeit** накопленный труд

**aufgewandte Arbeit** затраченный труд, вложенный труд

**ausfallfreie Arbeit** безотказная работа

**automatisierte Arbeit** автоматизированный труд

**berufliche Arbeit** работа по специальности, профессиональная деятельность

**ehrenamtliche Arbeit** общественная работа

**einfache Arbeit** простой труд, неквалифицированный труд

**einschichtige Arbeit** односменная работа; работа в одну смену

**fremde Arbeit** чужой труд; привлечённый труд

**gefährdungsfreie Arbeit** безопасная работа

**geleistete Arbeit** выполненная работа; осуществлённая работа

**gemeinnützige Arbeit** общественно полезный труд

**gemeinsame Arbeit** совместная работа; коллективная работа

**gemeinschaftliche Arbeit** общественный труд; коллективный труд; совместная работа
**genossenschaftliche Arbeit** труд членов кооператива; артельный труд, кооперативный труд
**gesellschaftlich notwendige Arbeit** общественно необходимый труд, общественно полезный труд
**gesundheitsgefährdende Arbeit** опасная работа, вредная для здоровья работа
**gleichwertige Arbeit** труд равной ценности
**handwerkliche Arbeit** труд ремесленника, работа ремесленника
**hauptamtliche Arbeit** основная работа
**hochproduktive Arbeit** высокопроизводительный труд
**hochqualifizierte Arbeit** высококвалифицированный труд
**im Gedinge vergebene Arbeit** сдельная работа
**individuelle Arbeit** индивидуальный труд
**innergenossenschaftliche Arbeit** работа членов кооператива в рамках кооператива
**intellektuelle Arbeit** умственный труд; интеллектуальная работа
**intensive Arbeit** интенсивная работа
**kollektive Arbeit** коллективный труд; общественный труд
**kombinierte gesellschaftliche Arbeit** комбинированный общественный труд
**komplizierte Arbeit** сложная работа
**konkrete Arbeit** конкретный труд, конкретная работа
**kontinuierliche Arbeit** непрерывная работа
**körperlich anstrengende Arbeit** работа, требующая больших физических усилий; тяжёлый физический труд
**körperliche Arbeit** физический труд
**lebendige Arbeit** живой труд
**lebendige Arbeit insgesamt** совокупный живой труд
**leichte Arbeit** неквалифицированный труд; работа, не требующая больших физических и умственных усилий; лёгкая работа
**manuelle Arbeit** ручной труд; работа вручную
**mechanisierte Arbeit** механизированный труд
**mehrfache zyklische Arbeit** многоцикличная работа
**mehrschichtige Arbeit** многосменная работа
**mittelbar produktive Arbeit** косвенно производительный труд
**nachgeschaltete Arbeit** смежная работа
**nichtqualifizierte Arbeit** неквалифицированный труд
**niedrigentlohnte Arbeit** низкооплачиваемый труд
**notwendige Arbeit** необходимый труд; необходимая работа
**private Arbeit** наёмный труд, используемый на частных предприятиях; работа на частном предприятии
**produktive Arbeit** производительный труд
**prognostische Arbeit** работа по прогнозированию, прогностическая работа
**qualifizierte Arbeit** квалифицированный труд
**saisonbedingte Arbeit** сезонная работа
**saisongebundene Arbeit** сезонная работа
**schädigungsfreie Arbeit** безвредная работа
**schöpferische Arbeit** творческий труд
**schwarze Arbeit** работа по-чёрному, чёрная работа *(без регистрации в органах соцстраха и уплаты налогов)*
**selbständige Arbeit** работа лиц свободных профессий *(напр. врачей, юристов)*
**störungsfreie Arbeit** бесперебойная работа
**tatsächliche Arbeit** фактическая работа
**unbezahlte Arbeit** неоплаченный труд; неоплаченная работа
**unfreiwillige Arbeit** принудительный труд; подневольный труд
**unmittelbar gesellschaftliche Arbeit** непосредственно общественный труд
**unmittelbar produktive Arbeit** непосредственно производительный труд
**unproduktive Arbeit** непроизводительный труд; непродуктивная работа
**ursprüngliche Arbeit** первоначальный труд
**vergesellschaftete Arbeit** обобществлённый труд
**vierundzwanzigstündige Arbeit** круглосуточная работа
**zeit- und kraftraubende Arbeit** трудоёмкая работа *(требующая сил и времени)*
**zusätzliche Arbeit** добавочный труд; дополнительная работа
**zyklische Arbeit** цикличная работа, работа по цикличному графику
**Arbeit suchen** искать работу
**Arbeit verausgaben** затрачивать труд
**Arbeit verschaffen** предоставлять работу

**der Arbeit fernbleiben** прогуливать

**die Arbeit aufnehmen** начинать работу, приступать к работе

**die Arbeit ausführen** выполнять работу

**die Arbeit einstellen** прекращать работу

**die Arbeit erledigen** выполнять работу

**die Arbeit in Naturalien bezahlen** оплачивать труд в натуральной форме

**die Arbeit leisten** выполнять работу

**die Arbeit niederlegen** забастовать, начинать забастовку

**mit der Arbeit aufhören** прекращать работу

**mit der Arbeit aussetzen** временно прекращать работу

**Arbeiten** *f, pl* работы (мн.ч.)

**öffentliche Arbeiten** общественные работы

**arbeiten** *vi* работать, трудиться, заниматься; действовать, функционировать

**nebenberuflich arbeiten** работать по совместительству

**verkürzt arbeiten** трудиться неполный рабочий день

**voll arbeiten** трудиться полный рабочий день

**Arbeitende** *m* занятый на работе; работающий

**der verkürzt Arbeitende** занятый неполный рабочий день

**Arbeiter** *m* работник; рабочий

**Arbeiter kontraktlich verpflichten** *устар.* контрактовать рабочих, контрактовать работников; нанимать рабочих (*работников*) по контракту

**angelernter Arbeiter** рабочий низкой квалификации (*получивший специальность непосредственно на производстве*)

**außländischer Arbeiter** иностранный рабочий

**einheimischer Arbeiter** местный рабочий (*в отличие от рабочих-иммигрантов*)

**geistiger Arbeiter** работник умственного труда

**geschulter Arbeiter** квалифицированный рабочий; квалифицированный работник

**gesellschaftlich kombinierter Arbeiter** общественно-комбинированный рабочий

**gut gestellter Arbeiter** обеспеченный работник

**hochbezahlter Arbeiter** высокооплачиваемый рабочий

**hochqualifizierter Arbeiter** высококвалифицированный рабочий; работник высокой квалификации

**jugendlicher Arbeiter** рабочий-подросток; молодой рабочий

**kombinierter Arbeiter** рабочий с универсальной подготовкой

**kurzfristig angestellter Arbeiter** временный рабочий; временный работник; сезонный рабочий

**landwirtschaftlicher Arbeiter** сельскохозяйственный рабочий

**minderbezahlter Arbeiter** низкооплачиваемый рабочий

**nichtorganisierter Arbeiter** рабочий, не являющийся членом профсоюза

**organisierter Arbeiter** рабочий-член профсоюза

**ungelernter Arbeiter** неквалифицированный рабочий, подсобный рабочий, чернорабочий

**Arbeiter-Neuerer** *m* рабочий-новатор

**Arbeiter-und-Bauern-Inspektion** *f истор.* Рабоче-крестьянская инспекция (*в бывш. ГДР*)

**Arbeiter-Wohnungsbaugenossenschaft** *f* рабочий жилищно-строительный кооператив (*в бывш. ГДР*)

**Arbeiteraristokratie** *f* рабочая аристократия

**Arbeiterarmee** *f* армия труда

**Arbeiterassoziation** *f* товарищество рабочих; ассоциация рабочих

**Arbeiterausschuss** *m* рабочий комитет, *истор.* рабком; заводской комитет, завком

**Arbeiterbank** *f* рабочий банк

**Arbeiterbelegschaft** *f* коллектив рабочих

**Arbeiterberufsverein** *m* профессиональный союз рабочих, профсоюз рабочих

**Arbeiterberufsverkehr** *m* перевозка трудящихся к месту работы и к месту жительства общественным транспортом

**Arbeiterbewegung** *f* рабочее движение

**Arbeiterbezirk** *m* рабочий район

**Arbeiterbürokratie** *f* рабочая (профсоюзная) бюрократия

**Arbeiterentlassung** *f* увольнение рабочих

**arbeiterfeindlich** антирабочий, направленный против интересов рабочих, антирабочий, враждебный рабочим

**Arbeiterfluktuation** *f* текучесть рабочей силы

**Arbeiterforscher** *m* рабочий-рационализатор; рабочий-изобретатель

**Arbeiterfunktiorär** *m* рабочий-активист; партийный функционер из среды рабочих, профсоюзный функционер из среды рабочих

**Arbeitergenossenschaft** *f ист.* товарищество рабочих; рабочая кооперация, рабочий кооператив

**Arbeitergesetzgebung** f трудовое законодательство, законодательство о труде

**Arbeitergewerkschaft** f рабочий профсоюз, профсоюз рабочих

**Arbeitergewinnbeteiligung** f участие рабочих в прибылях предприятия

**Arbeiterhaushalt** m бюджет рабочей семьи; хозяйство рабочей семьи

**Arbeiterin** f рабочая, работница

**Arbeiterklasse** f рабочий класс; пролетариат

**Arbeiterkonsumverein** m рабочий потребительский кооператив

**Arbeiterkontrolle** f рабочий контроль

**Arbeitermangel** m нехватка рабочих, нехватка рабочих рук; нехватка рабочей силы

**Arbeiterordnung** f правила внутреннего распорядка для рабочих

**Arbeiterrentengut** n земельный участок, передаваемый государством сельским рабочим

**Arbeiterrentenversicherung** f социальное страхование (пенсии рабочих)

**Arbeiterrückfahrkarte** f льготный проездной билет *(для проезда на работу и обратно)*

**Arbeiterschaft** f рабочие; рабочий класс

**Arbeiterschichten** f, pl рабочие слои *(общества)*

**Arbeiterschutz** m охрана труда рабочих

**Arbeiterschutzbekleidung** f спецодежда, рабочая *(защитная)* одежда

**Arbeiterschutzgesetze** n, pl законы об охране труда рабочих

**Arbeiterstamm** m кадровый состав рабочих; кадровые рабочие

**berufsverbundener Arbeiterstamm** кадровый состав рабочих по профессии

**betriebsverbundener Arbeiterstamm** кадровый состав рабочих предприятия

**Arbeiterstand** m рабочее сословие

**Arbeiterstunde** f стат. человеко-час

**geleistete Arbeiterstunde** отработанный человеко-час

**Arbeitertag** m стат. человеко-день

**geleistete Arbeitertag** отработанный человеко-день

**Arbeiterversicherung** f страхование рабочих

**Arbeiterversorgung** f рабочее снабжение; обеспечение рабочих (товарами и услугами)

**Arbeiterversorgungsabteilung** f отдел рабочего снабжения

**Arbeitervertretung** f рабочее представительство

**Arbeiterwochenkarte** f льготный недельный проездной билет рабочего

**Arbeiterzahl** f численность рабочих

**beschäftigte Arbeiterzahl** численность занятых рабочих, численность рабочих на производстве

**Arbeiterzeit** f время, затрачиваемое рабочим на выполнение заданной работы

**Arbeiterzufuhr** f приток рабочих

**Arbeitgeber** m предприниматель; работодатель; наниматель рабочих

**Arbeitgeber-Vereinigung** Объединение работодателей

**Arbeitgeberbeitrag** m страховой взнос предпринимателя *(за каждого работника)*

**Arbeitgeberhaftpflichtversicherung** f обязательное страхование (гражданской) ответственности предпринимателей

**Arbeitgeberverband** m союз предпринимателей, объединение предпринимателей

**Arbeitgeberverein** m союз предпринимателей, объединение предпринимателей

**Arbeitnehmer** m работающий *(по найму)*

**Arbeitnehmeraktie** f рабочая акция

**Arbeitnehmerschaft** f рабочие и служащие

**Arbeitnehmerverband** m союз рабочих и служащих; союз наёмных работников

**Arbeits- und Forschungsgemeinschaft** f рабочая исследовательская группа

**Arbeits- und Lebensbedingungen** f, pl условия труда и жизни

**Arbeitsablauf** m рабочий процесс; процесс работы

**Arbeitsablauf** технологический процесс

**Arbeitsablauf** производственный процесс; организация трудового процесса, организация рабочего процесса; режим работы

**gleichmäßiger Arbeitsablauf** ритмичность труда; ритмичное производство

**kontinuierlicher Arbeitsablauf** непрерывный рабочий процесс; непрерывность рабочего процесса

**zyklischer Arbeitsablauf** цикличный трудовой процесс, цикличный рабочий процесс; цикличность трудового процесса, цикличность рабочего процесса

**Arbeitsablaufkarte** f технологическая карта

**Arbeitsablaufplan** m график технологического процесса; технологическая карта; операционный график

**Arbeitsablaufplanung** *f* планирование трудовых процессов, планирование рабочих процессов; планирование технологического процесса, планирование производственного процесса

**Arbeitsablaufstudie** *f* изучение технологического процесса

**Arbeitsabschnitt** *m* участок работы, очередь работы; отдельно взятый рабочий процесс; раздел работы, тема работы *(напр. исследования)*; операционная зона

**Arbeitsaktivität** *f* трудовая активность

**Arbeitsalter** *n* трудоспособный возраст

**Arbeitsamt** *n* биржа труда; отдел по вопросам труда *(административный орган)*

**Arbeitsanalyse** *f* анализ трудовой деятельности; анализ трудового процесса

**Arbeitsanforderungen** *f, pl* требования, предъявляемые к работнику в силу специфики его работы

**Arbeitsangebot** *n* объявление о найме рабочей силы

**Arbeitsangebot** предложение рабочей силы

**Arbeitsanstellung** *f* приём на работу, зачисление на работу; трудоустройство

**Arbeitsanstrengung** *f* трудовое усилие, рабочее усилие

**Arbeitsanweisung** *f* наряд на работу, рабочий наряд; рабочая инструкция

**Arbeitsäquivalent** *n* эквивалент труда

**Arbeitsart** *f* вид работы
  **konkrete Arbeitsart** конкретный труд

**Arbeitsästhetik** *f* эстетика труда

**Arbeitsaufgabe** *f* рабочее задание

**Arbeitsaufriß** *m* график работ

**Arbeitsaufschwung** *m* трудовой подъём

**Arbeitsauftrag** *m* наряд-заказ

**Arbeitsaufwand** *m* затраты труда, трудовые затраты; трудоёмкость
  **Arbeitsaufwand je Erzeugniseinheit** затраты труда в расчёте на единицу продукции; трудоёмкость в расчёте на единицу продукции
  **effektiver Arbeitsaufwand** фактические затраты труда; фактическая трудоёмкость
  **gegebener Arbeitsaufwand** заданные затраты труда; заданная трудоёмкость
  **geplanter Arbeitsaufwand** плановые затраты труда; плановая трудоёмкость
  **gesamter Arbeitsaufwand** совокупные затраты труда; общая трудоёмкость, трудоёмкость в расчёте на весь объём работ
  **gesellschaftlich notwendiger Arbeitsaufwand** общественно необходимые затраты труда
  **gesellschaftlicher Arbeitsaufwand** общественные затраты труда, общественные трудовые затраты
  **individueller Arbeitsaufwand** индивидуальные затраты труда, индивидуальные трудовые затраты
  **spezifischer Arbeitsaufwand** удельная трудоёмкость
  **tatsächlicher Arbeitsaufwand** фактические затраты труда; фактическая трудоёмкость

**Arbeitsaufwandsnorm** *f* норма трудовых затрат

**Arbeitsaufwandsnormativ** *n* норматив трудовых затрат

**Arbeitsaufwandsnormung** *f* нормирование трудовых затрат

**Arbeitsaufwandsverringerung** *f* снижение трудоёмкости

**Arbeitsaufwandsvolumen** *n* трудоёмкость; объём трудозатрат

**arbeitsaufwendig** трудоёмкий

**Arbeitsaufwendigkeit** *f* трудоёмкость

**Arbeitsaufwendigkeit des Warenumsatzes** трудоёмкость товарооборота

**Arbeitsaufwendungen** *f, pl* затраты труда, трудовые затраты

**Arbeitsausfall** *m* простой в работе

**Arbeitsausführung** *f* выполнение работы

**Arbeitsausgaben** *f, pl* затраты труда, трудовые затраты

**Arbeitsauslagen** *f, pl* затраты труда, трудовые затраты

**Arbeitsauslastung** *f* загруженность работой

**Arbeitsauslastung** рабочая нагрузка

**Arbeitsbeanspruchung** *f* напряжение *(физическое и умственное)*

**Arbeitsbedarf** *m* с.-х. потребность в рабочей силе

**arbeitsbedingt:**
  **arbeitsbedingte Erkrankung** профессиональное заболевание; профессиональная патология
  **arbeitsbedingte Gesundheitsgefahren** риск для здоровья, связанный с работой

**Arbeitsbedingungen** *f, pl* условия труда

**Arbeitsbefreiung** *f* освобождение от работы *(напр. по болезни)*

**Arbeitsbeginn** *m* начало работы

**Arbeitsbegeisterung** *f* трудовой подъём, трудовой энтузиазм

**Arbeitsbegleitkarte** *f* маршрутный лист, сопроводительный рабочий документ, технологическая маршрутная карта

**Arbeitsbegleitschein** *m* маршрутный лист, сопроводительный рабочий документ
**Arbeitsbehinderung** *f* помехи в работе
**Arbeitsbeitrag** *m* трудовой вклад
**Arbeitsbelastung** *f* загруженность работой
  **Arbeitsbelastung** рабочая нагрузка, полезная нагрузка; эксплуатационное напряжение; трудовая нагрузка
**Arbeitsbelastungen** *pl* трудовые нагрузки
**Arbeitsbeleg** *m* рабочий наряд
**Arbeitsbereich** *m* сфера деятельности, поле деятельности; участок работы; подотдел, группа
**Arbeitsbereitschaft** *f* готовность к труду, готовность к работе; рабочее состояние *(напр. машины)*
**Arbeitsbeschaffung** *f* предоставление работы, подыскание работы; трудоустройство; общественные работы для безработных; создание рабочих мест
**Arbeitsbeschränkung** *f* ограничение трудоспособности
**Arbeitsbewegung** *f* рабочее движение *(как часть операции)*
**Arbeitsbewertung** *f* оценка труда, оценка работы; классификация труда, классификация работы
  **analytische Arbeitsbewertung** аналитическая оценка труда
  **qualitative Arbeitsbewertung** квалификационная оценка степени сложности труда, оценка труда по качественным показателям, качественная оценка труда
  **quantitative Arbeitsbewertung** оценка труда по количественным показателям

**Arbeitsbeziehungen** *f, pl* трудовые взаимоотношения
**Arbeitsbilanz** *f* трудовой баланс
**Arbeitsbörse** *f* биржа труда *(во Франции)*; *ист.* меновой базар, "базар справедливого обмена" *(созданный в 1832 г. социалистом-утопистом Р. Оуэном)*
**Arbeitsbrigade** *f* рабочая бригада; бригада
**Arbeitsbuch** *n* трудовая книжка *(в бывш. ГДР, СССР, СНГ)*
**Arbeitsbummelant** *m* прогульщик
**Arbeitsbummelei** *f* прогул работы
**Arbeitscharakteristik** *f* характеристика трудового процесса
**Arbeitsdauer** *f* продолжительность работы; срок службы
**Arbeitsdienst** *m* (военизированная) трудовая повинность; альтернативная служба
**Arbeitsdienstpflicht** *f* трудовая повинность
**Arbeitsdirektor** *m* заместитель директора по труду
**Arbeitsdisposition** *f* планирование работ
**Arbeitsdisziplin** *f* трудовая дисциплина, производственная дисциплина
**Arbeitseffektivität** *f* эффективность труда
**Arbeitseifer** *m* старание в работе, трудовое рвение
**Arbeitseigentum** *n* имущество, нажитое трудом
**Arbeitseinheit** *f* единица выработки
  **Arbeitseinheit** единица учёта труда; *с.-х. ист.* трудодень
**Arbeitseinkommen** *n* трудовой доход; заработок
**Arbeitseinkünfte**, *pl* трудовые доходы
**Arbeitseinsatz** *m* использование рабочей силы
  **Arbeitseinsatz** работа; участие в работе

**Arbeitseinsatzlenkung** *f* распределение трудовых ресурсов
**Arbeitseinsauger** *m* трудоёмкий элемент
**Arbeitseinsparung** *f* экономия труда
**Arbeitseinstellung** *f* отношение к труду
  **Arbeitseinstellung** прекращение работы, остановка работы, забастовка, стачка
**Arbeitseinteilung** *f* распределение работ; организация работ; график выходов на работу
**Arbeitseinweisung** *f* направление на работу *(по окончании учебного заведения)*
**Arbeitselement** *n* элемент работы
**Arbeitsentgelt** *n* вознаграждение за труд, плата за труд; оплата труда
**Arbeitsentlohnung** *f* вознаграждение за труд, плата за труд; оплата труда
**Arbeitserfahrungen** *f* опыт работы
  **Arbeitserfahrungen** *pl* опыт работы
**Arbeitsergebnis** *n* результат труда, продукт труда; результат работы, итог работы, итоги деятельности
**Arbeitsergiebigkeit** *f* производительность труда
**Arbeitserlaubnis** *f* 1. разрешение на выполнение работ 2. разрешение на работу
**Arbeitserleichterung** *f* облегчение труда, улучшение условий труда
**Arbeitserschwernis** *f* ухудшение условий труда
**Arbeitsersparnis** *f* экономия труда
**Arbeitsertrag** *m* продукт труда; трудовой доход, заработок
**Arbeitserziehung** *f* трудовое воспитание
**Arbeitsethos** *n* этика труда; трудовая мораль

**arbeitsfähig** трудоспособный; работоспособный
**arbeitsfähige Bevölkerung** трудоспособное население
**Arbeitsfähigkeit** *f* трудоспособность; работоспособность
**beschränkte Arbeitsfähigkeit** ограниченная трудоспособность
**individuelle Arbeitsfähigkeit** индивидуальная работоспособность
**Arbeitsfaktor** *m* фактор труда, трудовой фактор
**Arbeitsfertigkeit** *f* трудовой навык, производственный навык, умение работать сноровка (в работе)
**Arbeitsfläche** *f* рабочая площадь
**Arbeitsfluss** *m* последовательность трудового процесса, последовательность рабочего процесса; технологический процесс, производственный процесс; режим работы; поток (в производстве)
**Arbeitsfluss** поток *(в производстве)*
**Arbeitsfluss** режим работы
**Arbeitsfluss** технологический процесс
**Arbeitsfolge** *f* график работ, расписание работ
**Arbeitsfolge** маршрут операций технологического процесса, технологический маршрут
**Arbeitsfolge** последовательность рабочих операций; последовательность трудовых процессов, последовательность рабочих процессов, последовательность работ, порядок выполнения операций, очерёдность выполнения операций; порядок работы
**Arbeitsfonds** *m* рабочий фонд

**Arbeitsforschung** *f* изучение трудовых процессов; изучение вопросов (организации) труда
**Arbeitsfreude** *f* трудовой подъём, трудовой энтузиазм
**Arbeitsfreudigkeit** *f* трудовой подъём, трудовой энтузиазм
**Arbeitsfunktion** *f* трудовая функция
**Arbeitsgang** *m* рабочий ход *(машины)*
**Arbeitsgang** технологическая операция, производственная операция, рабочая операция
**Arbeitsgang** *сет. пл.* (действительная) работа
**manueller Arbeitsgang** ручная операция
**maschineller Arbeitsgang** машинная операция
**Arbeitsganganalyse** *f* пооперационный анализ работы
**Arbeitsgangfolge** *f* последовательность рабочих операций
**Arbeitsgangnormung** *f* пооперационное нормирование
**Arbeitsgangstammkartei** *f* картотека (технологических) операций
**Arbeitsgangstruktur** *f* структура рабочей операции
**Arbeitsgangstufe** *f* ступень рабочей операции, этап рабочей операции
**Arbeitsgebiet** *n* область труда, сфера деятельности, поле деятельности; участок работы
**Arbeitsgegenstand** *m* предмет труда
**Arbeitsgeld** *n* ист. боны в "рабочих часах", "рабочие деньги" *(термин, введённый в обращение в 1832 г. социалистом-утопистом Р. Оуэном)*
**Arbeitsgelegenheit** *f* возможность получения работы

**Arbeitsgemeinschaft** *f* деловое сотрудничество, совместная работа; общество, объединение; объединение союзов рабочих, объединение союзов предпринимателей; рабочая группа
**Arbeitsgemeinschaft** общество, объединение
**Arbeitsgemeinschaft** рабочая группа
**Arbeitsgemeinschaft der Länder zur Reinhaltung des Rheins; ARGE Rhein** Межземельная рабочая группа по поддержанию чистоты Рейна
**Arbeitsgemeinschaft der Produktionsgenossenschaften** Объединение производственных кооперативов *(в бывш. ГДР)*
**Arbeitsgemeinschaft der Regionalen Elektrizitätsversorgungsunternehmen in der BR Deutschland; ARE** Объединение региональных фирм энергоснабжения ФРГ
**Arbeitsgemeinschaft der Verbraucher; AGV** Объединение потребителей по защите своих интересов
**Arbeitsgemeinschaft des deutschen Einzelhandels** Объединение союзов розничной торговли
**Arbeitsgemeinschaft Deutscher Werbungmittler** Общество немецких агентов рекламы
**Arbeitsgemeinschaft deutscher wirtschaftswissenschaftlicher Forschungsinstitute** Объединение немецких институтов по изучению экономики
**Arbeitsgemeinschaft Erdölgewinnung und Verarbeitung** Общество по добыче и переработке нефти

**Arbeitsgemeinschaft für Abfallwirtschaft; AFA; AfA** Объединение по использованию и переработке отходов
**Arbeitsgemeinschaft für Kerntechnik; AFK** Объединение по ядерным технологиям
**Arbeitsgemeinschaft für naturnahen Obst- und Gemüseanbau; ANOG** Объединение по выращиванию овощей и фруктов без использования пестицидов и химических удобрений
**Arbeitsgemeinschaft für Soziale Betriebsgestaltung** Общество подготовки технических и руководящих кадров для предприятий
**Arbeitsgemeinschaft für Umweltfragen e.V., Arbeitsgemeinschaft Umwelt; AGU** Комиссия по вопросам окружающей среды
**Arbeitsgemeinschaft Güternahverkehr (im Bundesgebiet)** Общество перевозок грузов на близкое расстояние *(в пределах ФРГ)*
**Arbeitsgemeinschaft Industrieller Forschungseinrichtungen; AIF** Объединение промышленных научно-исследовательских центров
**Arbeitsgemeinschaft Kraftwagenspedition** Общество автомобильных перевозок
**Arbeitsgemeinschaft ökologischer Forschungsinstitute; AGöF** Объединение экологических научно-исследовательских институтов
**Arbeitsgemeinschaft Personenverkehr** Общество пассажирских перевозок
**Arbeitsgemeinschaft selbständiger Unternehmer** Объединение независимых предпринимателей
**Arbeitsgemeinschaftspolitik** *f* политика делового сотрудничества
**Arbeitsgenossenschaft** *f* рабочая артель
**Arbeitsgenossenschaft** рабочее товарищество; производственная кооперация
**Arbeitsgerät** *n* орудие труда
**Arbeitsgericht** *n* суд, занимающийся разбором трудовых конфликтов
**Arbeitsgerichtsbarkeit** *f* подсудность трудовых конфликтов (споров)
**Arbeitsgeschäftsfähigkeit** *f* трудовая дееспособность
**Arbeitsgeschwindigkeit** *f* рабочая скорость, эксплуатационная скорость; скорость работы
**Arbeitsgesetzbuch** *n* кодекс законов о труде
**Arbeitsgestaltung** *f* организация труда
 **wissenschaftliche Arbeitsgestaltung** научная организация труда, НОТ; организация труда
**Arbeitsgruppe** *f* рабочая группа *(на совещаниях, конференциях)*
**Arbeitsgut** *n* продукция; изделие
**Arbeitsgüte** *f* качество (выполненной) работы
**Arbeitshaltung** *f* личные качества и поведение работающего на месте работы; поза рабочего во время работы
**Arbeitshektik** *f* изнурительный темп работы
 **Arbeitshektik** *f* штурмовщина; аврал
**Arbeitsherr** *m* работодатель
**Arbeitshetze** *f разг.* штурмовщина; аврал; потогонная система
**Arbeitshöchstleistungen** *f, pl* рекордные показатели в работе
**Arbeitshygiene** *f* гигиена труда; промышленная гигиена
**Arbeitsinhalt** *m* содержание труда, содержание работы; объём работы, количество работы
**Arbeitsinstrumente,** *pl* орудия труда; рабочие инструменты
**Arbeitsintensität** *f* трудоёмкость, затраты труда на единицу продукции
 **betriebliche Arbeitsintensität** заводская трудоёмкость
 **technologische Arbeitsintensität** технологическая трудоёмкость *(изделия)*
 **volkswirtschaftliche Arbeitsintensität** народнохозяйственная трудоёмкость
 **volle betriebliche Arbeitsintensität** полная общезаводская трудоёмкость
**Arbeitsintensitätszahl** *f* коэффициент трудоёмкости
**arbeitsintensiv** трудоёмкий, требующий больших затрат труда
**Arbeitsintensivierung** *f* интенсификация труда
**Arbeitsjahre** *n, pl* трудовой стаж
**Arbeitskalender** *m* календарный план работ, календарный график работ
**Arbeitskampagne** *f* кампания *(напр. посевная, уборочная)*
**Arbeitskampf** *m* борьба за улучшение условий труда; забастовочная борьба
**Arbeitskarte** *f* карта выработки, рабочий лист; технологическая карта
**Arbeitskategorie** *f* категория работы
**Arbeitskennziffer** *f* рабочий показатель, трудовой показатель
 **Arbeitskennziffer** *f* трудовой индекс

**Arbeitskette** f последовательность работ
**Arbeitsklassifizierung** f классификация работ по степени сложности
**Arbeitskleidung** f производственная одежда; спецодежда; рабочая одежда
**Arbeitsklima** n рабочая обстановка на предприятии, рабочая атмосфера на предприятии, рабочий климат; условия труда
**Arbeitskollege** m товарищ по работе; сослуживец, коллега
**Arbeitskollektiv** n трудовой коллектив, рабочий коллектив
**Arbeitskomplex** m рабочий комплекс, трудовой комплекс, комплекс труда
**Arbeitskonflikt** m трудовой конфликт
**Arbeitskonsumverein** m рабочий (потребительский) кооператив
**Arbeitskontrakt** m трудовой договор, трудовое соглашение, трудовой контракт
**Arbeitskosten,** pl расходы на оплату труда
**Arbeitskosten** стоимость труда, цена труда, стоимость рабочей силы, цена рабочей силы
**Arbeitskraft** f рабочая сила
**angelernte Arbeitskraft** работники низкой квалификации
**feste Arbeitskraft** постоянная рабочая сила
**flüssige Arbeitskraft** текучая рабочая сила; переменная рабочая сила
**gesellschaftliche Arbeitskraft** общественная рабочая сила
**produktive Arbeitskraft** производительная рабочая сила; рабочая сила, занятая в сфере материального производства
**wertbildende Arbeitskraft** рабочая сила, создающая стоимость
**Arbeitskräfte** f, pl трудовые ресурсы (мн.ч.), рабочая сила, см. тж. Arbeitskraft f
**einheimische Arbeitskräfte** местные трудовые ресурсы (мн.ч.)
**fremde Arbeitskräfte** пришлая рабочая сила, рабочие-иммигранты (мн.ч.)
**ständige Arbeitskräfte** постоянные рабочие (мн.ч.)
**unproduktive Arbeitskräfte** рабочая сила, не занятая в сфере материального производства; непроизводительная рабочая сила
**verfügbare Arbeitskräfte** наличные трудовые ресурсы (мн.ч.)
**Arbeitskräfte- und Lohnplan** m план по труду и заработной плате
**Arbeitskräfteabbau** m уменьшение числа занятых рабочих
**Arbeitskräfteabwanderung** f отток рабочей силы
**Arbeitskräfteanzahl** f численность рабочей силы
**Arbeitskräfteaufkommen** n наличные трудовые ресурсы
**Arbeitskräfteaufwand** m затраты трудовых ресурсов
**Arbeitskräftebedarf** m потребность в рабочей силе; спрос на рабочую силу
**Arbeitskräftebereitstellung** f плановое перемещение рабочей силы с одного места работы на другое
**Arbeitskräftebesetzungsnorm** f норматив использования трудовых ресурсов, норматив использования рабочей силы; норматив численности рабочей силы
**Arbeitskräftebestand** m численность работников
**Arbeitskräftebewegung** f движение рабочей силы; миграция рабочих
**Arbeitskräftebilanz** f баланс трудовых ресурсов
**Arbeitskräfteeinheit** f единица учёта труда
**Arbeitskräfteeinsatz** m использование трудовых ресурсов, использование рабочей силы
**Arbeitskräfteeinsparung** f экономия рабочей силы
**Arbeitskräfteentwicklung** f динамика численности и качественного состава рабочей силы
**Arbeitskräftefreisetzung** f высвобождение рабочей силы
**Arbeitskrafteknappheit** f нехватка рабочей силы; дефицит трудовых ресурсов
**Arbeitskräftelage** f положение с рабочей силой; наличие рабочей силы
**Arbeitskräftemangel** m нехватка рабочей силы; недостаток рабочей силы
**Arbeitskräftemarkt** m рынок труда, рынок рабочей силы
**Arbeitskräftenachwuchs** m молодые кадры работников
**Arbeitskräftenormativ** n норматив численности рабочей силы
**Arbeitskräftependler** m, pl работники, проживающие за пределами административной территориальной единицы, в которой находится место их работы
**Arbeitskräfteplan** m план по труду
**Arbeitskräfteplanung** f планирование трудовых ресурсов, планирование рабочей силы
**Arbeitskraftepotential** n трудовые ресурсы; потенциал рабочей силы

**Arbeitskräfteressourcen** f, pl трудовые ресурсы, ресурсы рабочей силы

**Arbeitskräfteressourcenbilanz** f (территориальный) баланс трудовых ресурсов

**Arbeitskräftestand** m численность рабочей силы

**Arbeitskräftestatistik** f статистика трудовых ресурсов

**Arbeitskräftestruktur** f структура рабочей силы

**Arbeitskräfteumsetzung** f перемещение рабочей силы, миграция рабочих

**Arbeitskräfteverteilung** f распределение трудовых ресурсов, распределение рабочей силы; расстановка рабочей силы

**Arbeitskräftewanderung** f миграция рабочей силы

**Arbeitskräftewerbung** f набор рабочей силы

   **organisierte Arbeitskräftewerbung** организованный набор рабочей силы

**Arbeitskräftezufuhr** f приток рабочей силы

**Arbeitskraftreserven** f, pl резервы рабочей силы; трудовые резервы

**Arbeitskraftstunde** f человеко-час, ч./час

**Arbeitskreislauf** m рабочий цикл

**Arbeitskultur** f культура труда

**Arbeitskurve** f суточная кривая производительности работника

   **physiologische Arbeitskurve** суточная кривая производительности работника, обусловленная физиологическими факторами

**Arbeitslast** f рабочая нагрузка, нагрузка; тяжесть труда, бремя труда

**Arbeitslauf** m трудовой процесс, рабочий процесс; технологический процесс, производственный процесс

**Arbeitslaufkarte** f технологическая карта работ

**Arbeitslaufstudie** f изучение трудового процесса, изучение рабочего процесса

**Arbeitsleistung** f производительность, мощность; производительность труда; выработка, выполненная работа; затрата труда, трудовое усилие; трудовое достижение; работоспособность

**Arbeitslohn** m заработная плата, зарплата

   **Arbeitslohn** цена труда; вознаграждение за труд, плата за труд

   **direkter Arbeitslohn** прямая заработная плата

   **nomineller Arbeitslohn** номинальная заработная плата

   **zusätzlicher Arbeitslohn** дополнительная заработная плата

**arbeitslos** безработный; без работы

**Arbeitslose** m безработный
**Arbeitslose** f безработная

**Arbeitslosenarmee** f армия безработных

**Arbeitslosenfürsorge** f социальное обеспечение безработных

**Arbeitslosengeld, AlG** n пособие по безработице

**Arbeitslosenheer** n армия безработных

**Arbeitslosenhilfe, **n; AlH помощь безработным, помощь при безработице

**Arbeitslosenkurve** f кривая численности безработных

**Arbeitslosenlawine** f лавинообразный рост численности безработных

**Arbeitslosenquote** f уровень безработицы

**Arbeitslosenrate** f уровень безработицы, степень безработицы

**Arbeitslosenunterstützung** f поддержка безработных (*включает комплекс различных мероприятий*)

**Arbeitslosenversicherung** f страхование по безработице; страхование на случай потери работы

**Arbeitslosenziffer** f число безработных, численность безработных

**Arbeitslosigkeit** f безработица

   **chronische Arbeitslosigkeit** хроническая безработица

   **fließende Arbeitslosigkeit** временная безработица; текущая безработица

   **konjunkturelle Arbeitslosigkeit** безработица, вызванная конъюнктурными причинами; конъюнктурная безработица

   **saisonbedingte Arbeitslosigkeit** сезонная безработица

   **stockende Arbeitslosigkeit** застойная безработица

   **strukturbedingte Arbeitslosigkeit** безработица вследствие изменений структуры экономики; структурная безработица

   **strukturelle Arbeitslosigkeit** структурная безработица

   **verdeckte Arbeitslosigkeit** скрытая безработица

**Arbeitslosigkeitskurve** f кривая численности безработных; кривая безработицы

**Arbeitsmarkt** m рынок труда, рынок рабочей силы

**Arbeitsmaß** n мера труда

**Arbeitsmasse** f масса труда

**Arbeitsmedium** n рабочая среда

**Arbeitsmedizin** f производственная медицина

**Arbeitsmenge** f количество труда; производительность (*в определённый отрезок времени*); мощность; объём работы

**Arbeitsmethode** f метод работы; приёмы работы

**Arbeitsmittel** n, pl средства труда; технологическое оборудование (предприятия)
**geringwertige und schnellverschleißende Arbeitsmittel** малоценные и быстроизнашивающиеся предметы труда, *разг.* малоценка

**Arbeitsmittelintensität** f фондоёмкость (*обычно исчисляется как отношение стоимости основных средств к валовому продукту*)

**Arbeitsmittelkarte** f паспорт (*напр. станка*)

**Arbeitsmittelpaß** m паспорт (*напр. станка*)

**Arbeitsmittelzeitfonds** m фонд машинного времени

**Arbeitsmonotonie** f однообразие труда, монотонность труда

**Arbeitsmoral** f сознательное отношение к труду, трудовая мораль

**Arbeitsnachweis** m биржа труда
**Arbeitsnachweis** объявление о найме рабочей силы (*в газете*)

**Arbeitsnachweisungsbüro** n посредническое бюро по трудоустройству

**Arbeitsniederlegung** f прекращение работы; забастовка, стачка

**Arbeitsnorm** f норма выработки; производственная норма
**begründete Arbeitsnorm** обоснованная норма выработки
**erfahrungsstatistische Arbeitsnorm** опытно-статистическая норма выработки
**errechnete Arbeitsnorm** расчётная норма выработки
**fortschrittliche Arbeitsnorm** прогрессивная норма выработки
**gültige Arbeitsnorm** действующая норма выработки
**technisch begründete Arbeitsnorm** технически обоснованная норма выработки
**überholte Arbeitsnorm** устаревшая норма выработки
**vorläufige Arbeitsnorm** временная норма выработки
**wissenschaftlich begründete Arbeitsnorm** научно обоснованная норма выработки

**Arbeitsnormativ** n норматив затрат труда
**betriebliches Arbeitsnormativ** норматив производственных затрат труда
**gemeinsames Arbeitsnormativ für mehrere Zweige** межотраслевой норматив затрат труда
**zweiggebundenes Arbeitsnormativ** отраслевой норматив затрат труда

**Arbeitsnormberechnung** f расчёт норм выработки

**Arbeitsnormenberechnung** f расчёт норм выработки

**Arbeitsnormenkatalog** m справочник норм выработки

**Arbeitsnormer** m нормировщик; хронометражист

**Arbeitsnormung** f нормирование труда
**erfahrungsstatistische Arbeitsnormung** опытно-статистическое нормирование труда
**technische Arbeitsnormung** техническое нормирование труда

**Arbeitsnot** f нехватка рабочих мест, безработица

**Arbeitsnutzen** m эффективность труда

**Arbeitsökonom** m экономист по труду

**Arbeitsökonomik** f экономика труда

**Arbeitsordnung** f правила внутреннего (трудового) распорядка на предприятии; распорядок работы
**Arbeitsordnung** правила эксплуатации оборудования

**Arbeitsorganisation** f организация труда
**wissenschaftliche Arbeitsorganisation** научная организация труда, НОТ

**Arbeitspause** f перерыв в работе

**Arbeitspensum** n (заданный) объём работы; норма выработки

**Arbeitsperiode** f рабочий период; период выполнения работы; рабочий цикл; рабочий такт

**Arbeitsphysiologie** f физиология труда

**Arbeitsplan** m план работы, распорядок работы; рабочий план, рабочий распорядок

**Arbeitsplanstammkarte** f технологическая карта, маршрутный лист

**Arbeitsplanung** f планирование работы

**Arbeitsplatz** m рабочее место; место работы; работа
**beweglicher Arbeitsplatz** мобильное рабочее место
**stationärer Arbeitsplatz** стационарное рабочее место
**den Arbeitsplatz bewerten** проводить оценку рабочего места

**Arbeitsplatzausstattung** f оснащение рабочего места

**Arbeitsplatzbeleuchtung** f освещение рабочего места

**Arbeitsplatzbewertung** f **analytische** аналитическая оценка рабочего места

**Arbeitsplatzgestaltung** f организация рабочего места

**Arbeitsplatzkultur** *f* культура рабочего места

**Arbeitsplatzmethode** *f* метод планирования потребности в трудовых ресурсах и в фонде заработной платы на основе количества рабочих мест

**Arbeitsplatzmethode** метод планирования фонда заработной платы на основе численности рабочей силы

**Arbeitsplatzversorgung** *f* обеспечение работой

**Arbeitsplatzversorgung** обслуживание рабочего места

**Arbeitsplatzvorbereitung** *f* подготовка рабочего места

**Arbeitsplatzwechsel** *m* смена рабочего места; перемена места работы, переход на другую работу, перевод на другую работу

**Arbeitspotential** *n* трудовые ресурсы, трудовой потенциал, потенциал рабочей силы

**Arbeitspraxis** *f* трудовой стаж; выслуга лет; производственная практика

**Arbeitspreis** *m* цена труда

**Arbeitsprodukt** *n* продукт труда

**Arbeitsproduktivität** *f* производительность труда

**betriebliche Arbeitsproduktivität** заводская производительность труда

**individuelle Arbeitsproduktivität** индивидуальная производительность труда

**stündliche Arbeitsproduktivität** часовая производительность труда

**tägliche Arbeitsproduktivität** дневная производительность труда

**Arbeitsproduktivitätsentwicklung** *f* динамика производительности труда

**Arbeitsproduktivitätsmessung** *f* измерение производительности труда

**Arbeitsprogramm** *n* рабочая программа *(напр. ЭВМ)*

**Arbeitsprozess** *m* процесс работы, процесс труда; трудовой процесс, рабочий процесс; технологический процесс, производственный процесс

**Arbeitspsychologie** *f* психология труда

**Arbeitsqualifikation** *f* деловая квалификация

**Arbeitsqualität** *f* качество работы

**Arbeitsquantum** *n* количество работы

**Arbeitsrationalisierung** *f* рационализация труда

**Arbeitsraum** *m* производственное помещение, рабочее помещение

**Arbeitsrecht** *n* трудовое право

**Arbeitsrechtsfähigkeit** *f* трудовая правоспособность

**Arbeitsrechtsverhältnis** *n* трудовое правоотношение

**Arbeitsrechtsverletzung** *f* трудовое правонарушение; нарушение трудового законодательства

**Arbeitsregister** *n* перечень работ

**Arbeitsrente** *f* *ист.* отработочная рента

**Arbeitsreserven** *f, pl* трудовые резервы; резервы повышения производительности труда

**Arbeitsressourcen** *f, pl* трудовые ресурсы

**Arbeitsrhythmus** *m* ритм работы, рабочий ритм

**Arbeitssanitätsinspektion** *f* промышленная санитарная инспекция (по охране труда)

**Arbeitsschauuhr** *f* прибор по учёту рабочего времени

**Arbeitsschema** *n* технологическая схема

**Arbeitsschicht** *f* рабочая смена

**Arbeitsschutz** *m* охрана труда

**Arbeitsschutzanordnungen** *f, pl* положения об охране труда, нормативные акты об охране труда; правила техники безопасности

**Arbeitsschutzbekleidung** *f* специальная защитная одежда

**Arbeitsschutzbestimmungen** *f, pl* положения об охране труда, нормативные акты об охране труда; правила техники безопасности

**Arbeitsschutzgesetzgebung** *f* законодательство об охране труда

**Arbeitsschutzinspektion** *f* инспекция по охране труда

**Arbeitsschutzinstruktionen** *f, pl* инструкции по технике безопасности

**Arbeitsschutzkommission** *f* комиссия по охране труда

**Arbeitsschutzmaßnahmen** *f, pl* меры по охране труда, мероприятия по охране труда

**Arbeitsschutzorgan** *n* орган, контролирующий соблюдение инструкций по технике безопасности, орган по охране труда

**Arbeitsschutztechnik** *f* техника безопасности

**Arbeitsschutzverordnungen** *f, pl* положения об охране труда, нормативные акты об охране труда; правила техники безопасности

**Arbeitsschutzvorschriften** *f, pl* инструкции по технике безопасности

**Arbeitsschwere** *f* тяжесть труда, тяжесть работы

**Arbeitsschwierigkeit** *f* тяжесть труда, тяжесть работы

**Arbeitsschwung** *m* трудовой энтузиазм, трудовой подъём

**Arbeitssicherheit** *f* безопасность труда; безопасность эксплуатации *(машины)*

**Arbeitssoziologie** *f* социология труда

**arbeitssparend** облегчающий работу; уменьшающий затраты труда

**Arbeitsspeicher** *m* *вчт.* оперативная память, оперативное ЗУ, ОЗУ

**Arbeitsstation** *f* *вчт.* рабочее место; рабочая станция

**Arbeitsstatistik** *f* статистика труда

**arbeitsstatistisch** относящийся к статистике труда

**Arbeitsstätte** *f* место работы

**Arbeitsstättensystematik** *f* принципы классификации предприятий по сферам, секторам и отраслям экономики *(в бывш. ГДР)*, принципы подразделения предприятий по сферам, секторам и отраслям экономики *(в бывш. ГДР)*

**Arbeitsstättenzählung** *f* перепись предприятий; перепись населения по месту работы *(в бывш. ГДР)*

**Arbeitsstelle** *f* место работы; рабочее место

   **Arbeitsstelle** отдел, сектор, рабочий орган

**Arbeitsstellenbelastung** *f* загрузка рабочего места

**Arbeitsstellenbelegung** *f* загрузка рабочего места

**Arbeitsstellung** *f* рабочее положение; рабочая позиция

**Arbeitsstreitigkeiten** *f, pl* трудовые споры, трудовые конфликты

**Arbeitsstück** *n* обрабатываемое изделие, обрабатываемая деталь; заготовка

**Arbeitsstudie** *f* исследование трудового процесса, изучение трудового процесса

**Arbeitsstudium** *n* исследование трудового процесса, изучение трудового процесса

**Arbeitsstufe** *f* ступень производственного процесса, этап производственного процесса; рабочий такт; рабочий период; переход *(часть технологической операции)*

**Arbeitsstunde** *f* рабочий час

**arbeitsstündlich** за один рабочий час; часовой *(напр. о выработке)*

**Arbeitssubstanz** *f* субстанция труда

**Arbeitssumme** *f* сумма труда

**Arbeitstag** *m* рабочий день

   **ausgefallener Arbeitstag** прогул

   **gekürzter Arbeitstag** сокращённый рабочий день

   **nicht genormter Arbeitstag** ненормированный рабочий день

   **normierter Arbeitstag** нормированный рабочий день

   **verkürzter Arbeitstag** сокращённый рабочий день, укороченный рабочий день

   **voller Arbeitstag** полный рабочий день

**Arbeitstagauslastung** *f* загрузка рабочего дня

**Arbeitstagdauer** *f* продолжительность рабочего дня

**arbeitstäglich** за один рабочий день; дневной *(напр. о выработке)*

**Arbeitstagnutzung** *f* использование рабочего дня

**Arbeitstagung** *f* производственное совещание

**Arbeitstagverkürzung** *f* сокращение рабочего дня

**Arbeitstakt** *m* такт работы, рабочий такт, ритм работы; такт поточного производства

**Arbeitstarif** *m* тарифная сетка заработной платы

**arbeitsteilig** основанный на разделении труда

**Arbeitsteilung** *f* разделение труда

   **Arbeitsteilung nach den Berufen** профессиональное разделение труда, разделение труда по профессиям

   **Arbeitsteilung zwischen den Wirtschaftsgebieten** территориальное разделение труда

   **Arbeitsteilung zwischen den Wirtschaftszweigen** отраслевое разделение труда

   **berufliche Arbeitsteilung** профессиональное разделение труда, разделение труда по профессиям

   **geografische Arbeitsteilung** географическое разделение труда

   **gesellschaftliche Arbeitsteilung** общественное разделение труда

   **innerbetriebliche Arbeitsteilung** внутрипроизводственное разделение труда; внутризаводское разделение труда

   **internationale Arbeitsteilung** международное разделение труда

   **manufakturmäßige Arbeitsteilung** мануфактурное разделение труда

   **naturwüchsige Arbeitsteilung** *ист.* естественное разделение труда *(по полу и возрасту)*

**Arbeitstempo** *n* темп работы, скорость работы

   **hektisches Arbeitstempo** изнурительный темп работы; штурмовщина

   **verschärftes Arbeitstempo** интенсифицированный темп работы

**Arbeitstraining** *n* тренировка рабочего *(в целях повышения производительности труда и квалификации)*

**arbeitsunfähig** нетрудоспособный, неработоспособный

**Arbeitsunfähigkeit** *f* нетрудоспособность, неработоспособность; потеря трудоспособности

   **dauernde Arbeitsunfähigkeit** длительная нетрудоспособность; длительная потеря трудоспособности

   **vorübergehende Arbeitsunfähigkeit** временная нетрудоспособность

**Arbeitsunfall** *m* несчастный случай на производстве

**Arbeitsunfälle** *m, pl* производственный травматизм

**Arbeitsunterbrechung** *f* нарушение производственного процесса

**Arbeitsunterbrechung** перерыв в работе; прекращение работы

**Arbeitsunterteilung** *f* разграничение трудовых процессов

**Arbeitsunterweisung** *f* производственный инструктаж

**Arbeitsverbrauch** *m* затраты труда

**Arbeitsverbrauchsnorm** *f* норма затрат труда

**Arbeitsverdichtung** *f* уплотнение рабочего времени

**Arbeitsverdienst** *m* заработок

**Arbeitsvereinbarung** *f* трудовое соглашение

**Arbeitsvereinfachung** *f* упрощение труда

**Arbeitsvereinigung** *f* кооперирование рабочих процессов, объединение рабочих процессов

**Arbeitsverfahren** *n* технологический процесс, производственный процесс; производственный метод, способ производства; методика работы; способ работы, способ обработки

**Arbeitsvergeudung** *f* расточительство труда

**Arbeitsvergütung** *f* **in den LPG** оплата труда членов сельскохозяйственного кооператива *(бывш. ГДР)*

**Arbeitsverhältnis** *n* отношения, вытекающие из трудового договора

**Arbeitsverhältnisse** *n, pl* условия труда

**Arbeitsvermittlung** *f* направление на работу *(после окончания учебного заведения)*

**Arbeitsvermittlung** посредническая контора по трудоустройству, посредническая контора по приисканию рабочей силы

**Arbeitsvermittlung** посредничество в найме рабочей силы; посредничество в подыскании работы

**Arbeitsvermittlung** посредничество в трудоустройстве; центр занятости населения *(учреждение по трудоустройству)*

**Arbeitsvermittlung** трудоустройство, подыскание работы

**Arbeitsvermögen** *n* трудовой потенциал

**Arbeitsvermögen** трудовые ресурсы

**Arbeitsvermögen** трудоспособность; работоспособность; трудовые ресурсы

**genutztes Arbeitsvermögen** активная работоспособность, эффективная работоспособность

**gesellschaftliches Arbeitsvermögen** общественные ресурсы труда

**individuelles Arbeitsvermögen** индивидуальная работоспособность

**potentielles Arbeitsvermögen** потенциальная работоспособность

**qualitatives Arbeitsvermögen** качественный состав трудовых ресурсов

**Arbeitsverrichtung** *f* выполнение профессиональных обязанностей, выполнение служебных обязанностей

**Arbeitsverrichtung** трудовая операция, производственная операция

**Arbeitsverrichtung** трудовая функция; выполнение профессиональных обязанностей, выполнение служебных обязанностей; технологическая операция, производственная операция

**Arbeitsversäumnis** *n* невыход на работу, прогул; упущение по работе

**Arbeitsversuch** *m* эксперимент в процессе изучения труда, эксперимент в ходе изучения трудовых процессов

**Arbeitsverteilung** *f* распределение работы

**Arbeitsvertrag** *m* трудовой договор; трудовое соглашение; договор о найме; договор подряда

**Arbeitsvertragsbruch** *m* нарушение трудового договора

**Arbeitsverweigerung** *f* отказ от выполнения работы, отказ приступить к работе

**arbeitsverwendungsfähig** годный к использованию на работе, пригодный к использованию на работе

**arbeitsverwendungsunfähig** не пригодный к использованию на работе

**Arbeitsverzeichnis** *n* перечень работ

**Arbeitsvorbereitung** *f* подготовка производства; подготовка рабочего к выполнению производственного задания

**Arbeitsvorgang** *m* трудовой процесс, рабочий процесс, процесс работы, процесс труда; технологический процесс, производственный процесс; рабочая операция

**Arbeitsvorgangsanalyse** *f* анализ трудовых процессов

**Arbeitsvorschrift** *f* рабочая инструкция

**Arbeitsweise** *f* работа; способ работы, метод работы

**produktive Arbeitsweise** производительная работа, производительный труд
**unachtsame Arbeitsweise** небрежная работа
**zyklische Arbeitsweise** цикличная работа
**Arbeitswert** *m* показатель работы
**Arbeitswert** трудовая стоимость, стоимость труда
**Arbeitswerttheorie** *f* теория трудовой стоимости
**Arbeitswettbewerb** *m* трудовое соревнование *(на предприятиях; в бывш. ГДР)*
**Arbeitswissenschaft** *f* наука о труде
**Arbeitswoche** *f* рабочая неделя
  **gleitende Arbeitswoche** непрерывная рабочая неделя; рабочая неделя со скользящим графиком
**Arbeitszeit** *f* рабочее время
  **ausgefallene Arbeitszeit** потерянное рабочее время
  **disponible Arbeitszeit** наличный фонд рабочего времени
  **festgelegte Arbeitszeit** урочное рабочее время, установленное рабочее время
  **genormte Arbeitszeit** нормированное рабочее время
  **genutzte Arbeitszeit** отработанное рабочее время, использованное рабочее время
  **gesellschaftlich notwendige Arbeitszeit** общественно-необходимое рабочее время
  **individuelle Arbeitszeit** индивидуальное рабочее время
  **nominelle Arbeitszeit** номинальное рабочее время, календарное рабочее время, номинальный фонд рабочего времени, календарный фонд рабочего времени
  **notwendige Arbeitszeit** необходимое рабочее время
  **produktive Arbeitszeit** время производительной работы
  **reine Arbeitszeit** чистое рабочее время
  **tarifliche Arbeitszeit** тарифное рабочее время
  **ungenutzte Arbeitszeit** неотработанное рабочее время, неиспользованное рабочее время
  **unproduktive Arbeitszeit** время непроизводительной работы
  **verfügbare Arbeitszeit** наличный фонд рабочего времени
  **verringerte Arbeitszeit** неполное рабочее время, сокращённое рабочее время
  **wirkliche Arbeitszeit** фактическое рабочее время
**Arbeitszeitaufwand** *m* затраты рабочего времени
  **direkter Arbeitszeitaufwand** прямые затраты рабочего времени
  **indirekter Arbeitszeitaufwand** косвенные затраты рабочего времени
  **unproduktiver Arbeitszeitaufwand** непроизводительные затраты рабочего времени
  **voller betrieblicher Arbeitszeitaufwand** полные производственные затраты рабочего времени
**Arbeitszeitausfall** *m* потери рабочего времени; простой
**Arbeitszeitausnutzung** *f* использование рабочего времени
**Arbeitszeitbedarf** *m* потребности в рабочем времени; время, заданное рабочему для выполнения трудового задания
**Arbeitszeitbegrenzung** *f* ограничение продолжительности рабочего времени
**Arbeitszeitbilanz** *f* баланс рабочего времени
**Arbeitszeiteinheit** *f* единица рабочего времени
**Arbeitszeiteinsparung** *f* экономия рабочего времени
**Arbeitszeiteinteilung** *f* распределение рабочего времени
**Arbeitszeiterfassung** *f* учёт рабочего времени
**Arbeitszeitermittlung** *f* хронометраж; измерение продолжительности рабочего времени; определение продолжительности рабочего времени, установление продолжительности рабочего времени
  **summarische Arbeitszeitermittlung** определение суммарного рабочего времени
**Arbeitszeitfonds** *m* фонд рабочего времени
  **Arbeitszeitfonds der Maschinen und Anlagen** фонд машинного времени
**Arbeitszeitgliederung** *f* структура затрат рабочего времени
**Arbeitszeitindex** *m* индекс рабочего времени
**Arbeitszeitkontrolluhr** *f* контрольные часы *(на предприятии)*
**Arbeitszeitmessung** *f* хронометраж
**Arbeitszeitnachweis** *m* учёт рабочего времени
**Arbeitszeitnorm** *f* норма рабочего времени
**Arbeitszeitnutzfaktor** *m* коэффициент использования рабочего времени
**Arbeitszeitnutzung** *f* использование рабочего времени
**Arbeitszeitordnung** *f* распорядок рабочего времени
**Arbeitszeitrechnung** *f* суммарный учёт рабочего времени
**Arbeitszeitrechnung** *f* учёт рабочего времени
**Arbeitszeitregelung** *f* регламентация продолжительности рабочего времени, регламентирование продолжительности рабочего времени

**Arbeitszeitreserven** *f, pl* резервы рабочего времени

**Arbeitszeitstruktur** *f* структура рабочего времени

**Arbeitszeitverbrauch** *m* затраты рабочего времени, расход рабочего времени

**Arbeitszeitverbrauchsnorm** *f* норма затрат рабочего времени

**Arbeitszeitverkürzung** *f* уменьшение продолжительности рабочего времени; сокращение рабочего дня, сокращение рабочей недели

**Arbeitszeitverluste** *m, pl* потери рабочего времени

**Arbeitszergliederung** *f* расчленение технологического процесса

**Arbeitszerlegung** *f* расчленение технологического процесса

**Arbeitszone** *f* рабочая зона; зона движения

**Arbeitszurückhaltung** *f* преднамеренное ограничение темпа работы *(в ходе изучения трудового процесса)*; итальянская забастовка

**Arbeitszuweisung** *f* трудоустройство

**Arbeitszwang** *m* принудительный труд; трудовая повинность

**Arbeitszyklus** *m* рабочий цикл, производственный цикл

**Arbg, Arbeitsgericht** суд по разбору трудовых споров

**ArbGG, Arbeitsgerichtsgesetz** закон о судах по трудовым спорам

**Arbiter** *m* арбитр, третейский судья

**Arbitrage** *f бирж.* арбитраж, арбитражная сделка, арбитражная операция; арбитраж, третейский суд

  **direkte Arbitrage** простой арбитраж, двусторонний арбитраж

  **indirekte Arbitrage** сложный арбитраж, многосторонний арбитраж

  **Staatliche Arbitrage** государственный арбитраж; госарбитраж

**Arbitragegericht** *n* арбитраж, арбитражный суд; третейский суд

**Arbitragegeschäft** *n бирж.* арбитражная сделка, арбитражная операция, арбитраж

**Arbitragegewinn** *m* прибыль от арбитражных операций

**Arbitragekammer** *f* арбитражная палата

**Arbitragekommission** *f* арбитражная комиссия

**Arbitrageprofit** *m* прибыль от арбитражных операций

**Arbitrageur** *m уст.* арбитражер

**Arbitragevereinbarung** *f* арбитражное соглашение; арбитражная оговорка

**Arbitrageverfahren** *n* арбитражное судопроизводство, третейское судопроизводство, процедура третейского суда, процедура третейского разбирательства

**Arbitration** *f* арбитраж

**Arbitrator** *m* арбитр, третейский судья

**ArbRSamml, Arbeitsrechtssammlung** кодекс законов о труде

**Area** *f* (валютная) зона

**Areal** *n* ареал, пространство, территория; земельный участок; надел

**Arealmanko** *n* нехватка свободных площадей

**Arithmetik** *f* арифметика

**arr., arrival** прибытие

**Arrangement** *n* проведение биржевых операций

**Arrest** *m* арест, опись (имущества)

  **dinglicher Arrest** вещный арест, арест имущества

**Arrestbefehl** *m* приказ об аресте; определение суда об аресте

**Arrestbefehl** определение суда об описании имущества; определение суда о наложении ареста на имущество

**Arrestbruch** *m (юр.)* нарушение правил хранения описанного имущества

**Arrestgrund** *m* основание для ареста

**Arrestgrund** *m* основание для описания имущества; основание для наложения ареста на имущество

**Arrestlegung** *f* наложение ареста *(на имущество)*, опись *(имущества)*

**Arrestlokal** *n* камера заключения; место заключения

**Arreststrafe** *f (юр.)* лишение свободы; арест *(наказание)*

**Arrestverfahren** *n (юр.)* судопроизводство по вопросу обеспечения иска; судопроизводство, связанное с обеспечением иска путём наложения ареста на имущество должника

**Arrha** *f лат.* задаток

**arrondieren** уничтожать чересполосицу, ликвидировать чересполосицу; объединять земельные угодья, укрупнять земельные угодья

**Arrosement** *n* конверсия государственных бумаг и акций, связанная с дополнительными взносам держателей

**Arrosierung** *f* конверсия государственных бумаг и акций, связанная с дополнительными взносам держателей

**ARS, Argentinischer Peso, - Argentinien** Аргентинское пессо *(код валюты* 032), - Аргентина

**Art** *f* вид товара

  **Art** предмет, вещь

  **Art** пункт *(договора)*

  **mittlere Art und Güte** среднее качество товаров

**Art., Artikel** статья

**Artfeststellung** *f* определение вида имущественных ценностей, определение характера имущественных ценностей *(понятие налогового права)*

**Artfortschreibung** *f* фиксирование изменений вида имущественных ценностей, фиксирование изменений характера имущественных ценностей

**Artikel** *m* товар; вид товара; артикул (товара); предмет, вещь; пункт, статья, параграф *(договора, контракта)*; статья *(счёта, баланса)*

**Artikel des täglichen Bedarfs** предмет первой необходимости

**ausgefallener Artikel** неходкий товар, неходовой товар

**gängiger Artikel** ходкий товар, ходовой товар

**im vorliegenden Artikel vorgesehenen Bedingungen** условия, предусмотренные в настоящей статье (настоящей статьёй, напр. контракта)

**einen Artikel führen** иметь в продаже определённый товар

**einen Artikel wiedereinstellen** перевыставить товар (напр. в Интернет-аукционе); выставить товар опять (на продажу)

**Artikelaufschlag** *m* надбавка к цене на определённый товар, надбавка к цене на товар определённого вида

**Artikelbeschreibung** *f* описание товара; описание товарной позиции; описание лота (в аукционе)

**Artikelbeschreibung** *f* описание артикула (товара)

**Artikelbezeichnung** *f* название товара; обозначение товара

**Artikelblatt** *n* карточка материального учёта

**Artikelgruppe** *f* товарная группа

**Artikelgruppenleitbetrieb** *m* ведущее предприятие по конкретной группе изделий, головное предприятие по конкретной группе изделий

**Artikelliste** *f* список товаров; перечень товаров; список лотов (на аукционе)

**Artikelnummer** *f* номенклатурный номер *(в бухгалтерском учёте материалов)*

**Artikelnummer** номер товара; идентификационный номер товара; номер лота (в аукционе)

**Artikelseite** *f* страница Интернет-аукциона с продаваемым товаром; страница Интернет-магазина с продаваемым товаром; Интернет-прилавок

**Ärzteberatungskommission** *f* врачебно-трудовая экспертная комиссия, ВТЭК

**Arztkosten,** *pl* расходы на врачебную консультацию и лечение

**a.s., after sight** *(eng.)* по предъявлении *(тратты)*

**ASAO, Arbeitsschutzanordnungen** положения по технике безопасности

**ASB:**

**ASB, Arbeitsgemeinschaft für Soziale Betriebsgestaltung** Общество подготовки технических и руководящих кадров для предприятий

**ASB, Arbeitsschutzbestimmungen** положения об охране труда

**ASIPI, Interamerikanische Vereinigung zum Schutz des gewerblichen Eigentums** Межамериканская ассоциация по охране промышленной собственности

**Ass, Assekuranz** страхование *(груза)*

**Assekurant** *m* страховщик

**Assekuranz** *f* страхование

**Assekuranz** *уст.* страховая компания

**Assekuranz- und Reservefonds** *m* страховой и резервный фонд

**Assekuranzfonds** *m* (резервный) фонд страхования; (резервный) страховой фонд

**Assekuranzgesellschaft** *f* страховое общество

**Assekuranzmakler** *m* страховой маклер *(маклер, не связанный со страховой компанией)*

**Assekuranzprämie** *f* страховая премия

**Assekuranztheorie** *f* теория налогового обложения *(в соответствии с которой налоги являются якобы страховой премией, выплачиваемой государству)*

**Assekuranzunternehmen** *n* страховая компания

**Asservatenkonto** *n* депонированная сумма, выдаваемая банком только после отпадения причины депонирования

**Asservatenkonto** специальный счёт, актив которого предназначен для определённых целей

**Asservatenkonto** сумма, депонируемая импортёром в банке в качестве залога за соответствующий валютный эквивалент

**Assignant** *m* векселедатель, трассант

**Assignat** *m* плательщик по переводному векселю, трассат

**Assignatar** *m* получатель по переводному векселю, ремитент

**Assignaten** *f, pl ист.* ассигнаты *(бумажные деньги)*

**Assignation** *f* ассигнование; денежный перевод

**Assignation** поручение произвести платёж; платёжное поручение

**Assignationsbank** f *ист.* ассигнационный банк

**assignieren** ассигновать; переводить деньги

**assignieren** vt переводить деньги; производить платёж

**assortieren** пополнять ассортимент; снабжать товарами (напр. склад)

**assortieren** распределять по сортам, подбирать по сортам, сортировать

**Assoziation** f ассоциация

**Assoziationsabkommen** n соглашение о сотрудничестве; соглашение об ассоциировании, соглашение о присоединении, договор об ассоциировании, договор о присоединении

**Assoziationskoeffizient** m *стат.* коэффициент ассоциированности

**Assoziieren** n ассоциирование; формирование ассоциаций

**assoziieren** ассоциировать

**sich assoziieren** объединяться в ассоциацию

**Assoziierungsabkommen** n соглашение о присоединении (к ассоциации), соглашение об ассоциировании

**ASU, Arbeitsgemeinschaft selbständiger Unternehmer** Объединение независимых предпринимателей

**asymptotisch** асимптотический

**AT :**

**AT, Ausnahmetarif** специальный тариф (на перевозку грузов)

**AT, Oesterreich** Австрия, до 1978г. код ОЕ

**ATA, Allgemeiner Tarifanzeiger** Общий тарифный указатель (на перевозку грузов)

**ATO, Autotransportordnung** правила автомобильных (грузовых) перевозок

**ATS, Schilling, - Oesterreich** Шиллинг (код валюты 040), в н.в. заменена на Евро **EURO**, - Австрия

**Attest** n удостоверение, свидетельство; аттестат; заключение (экспертное, врачебное)

**Attestierung** f аттестация (продукции)

**Attraktivität** f привлекательность, притягательность (напр. инвестиционного объекта)

**Attrappe** f макет, муляж, бутафория

**Attrappe** ловушка, обман

**Attribut** n *выч.* атрибут, свойство, признак

**Attribut** атрибут, характеристика

**Attributenkontrolle** f контроль по качественному признаку, альтернативный контроль (в *статистическом контроле качества*)

**Attributmerkmal** n качественный признак

**Attributprüfung** f контроль по качественному признаку, альтернативный контроль (в *статистическом контроле качества*)

**ATV:**

**ATV, Allgemeine Tarifvorschriften** Общие тарифные предписания (по перевозке грузов)

**ATV, Allgemeine Technische Vorschriften** Общие технические правила, Общие технические условия, ОТУ

**AU, Australien** Австралия

**AUD, Australischer Dollar, - Australien und Ozeanien** Австраллийский доллар (код валюты 036), - Австралия

**Auditor** m аудитор (лицо, осуществляющее проверку правильности ведения бухгалтерских счетов у фирмы)

**Auf:**

**Auf und Ab des Krisenzyklus** фазы подъёма и спада в цикле кризиса(ов)

**Auf- und Abbewegung** f подъёмы и спады

**auf Kosten** за счёт (кого-л.)

**auf Kosten des Staates** за счёт государства

**auf Kredit** в кредит

**auf Kredit kaufen** покупать в кредит

**auf Kritiken schweigen** не отвечать на критику; не реагировать на критику

**auf kurze Frist** на короткий срок, ненадолго

*etw.* **auf Lager haben** иметь *что-л.* на складе; иметь *что-л.* в продаже; *перен.* иметь *что-л.* в запасе, иметь *что-л.* наготове

**auf lange Sicht** (с расчётом) на далёкое будущее; надолго; в течение продолжительного срока, на длительную перспективу

**auf mein Wort** под моё слово, под моё поручительство

**auf** *etw.* (A) **das meiste bieten** предложить самую большую сумму (за что-л.) (на аукционе)

*der* **Versand erfolgt auf Kosten und Gefahr des Empfängers** пересылка осуществляется за счёт продавца и на риск продавца

**auf weite Sicht** (с расчётом) на далёкое будущее; надолго; в течение продолжительного срока, на длительную перспективу

**auf Wunsch** по желанию

**auf Wunsch per Nachnahme** по желанию наложенным платежом (отправляется)

**Aufbau** m строительство, сооружение, постройка; строение, конструкция

**Aufbau** структура

**Aufbau des Handels** структура торговли

**Aufbau einer Nachricht** структура информации

**Aufbau, wirtschaftlicher** хозяйственное строительство

**organisatorischer Aufbau des Handels** организационная структура (внутренней) торговли

**Aufbau-Lebensversicherung** *f* долгосрочное страхование на дожитие и на случай смерти

**Aufbaudarlehen** *n* ссуда на реконструкцию и восстановление жилых помещений; ссуда на строительство

**Aufbauerfolg** *m* успех в восстановлении; успех в созидательном труде; успех в строительстве новой жизни; достижение в восстановлении; достижение в созидательном труде; достижение в строительстве новой жизни

**Aufbaugrundschuld** *f* долг по кредитам, полученным для жилищного строительства, обеспеченный залогом недвижимого имущества

**Aufbausparen** *n* ипотечное накопление вкладов; накопления для финансирования строительства

**Aufbereitung** *f* оценка и сопоставление статей бухгалтерского учёта (*для составления баланса*)

**Aufbereitung** *вчт.* первичная (*предварительная*) обработка (*данных*); подготовка (*данных*); редактирование (*данных*)

**Aufbereitung** подготовка, подготовительные работы (*в различных отраслях промышленности*)

**Aufbereitung** *стат., выч.* подготовка и обработка (*напр. данных*)

**Aufbereitung** подготовка к повторному использованию (*напр. воды*)

**Aufbereitungs- und Abrechnungstechnik** *f стат.* техника обработки данных и расчётов

**Aufbesserung** *f* увеличение, повышение (*напр. заработной платы, цен*); улучшение (*напр. материального положения*)

**aufbewahren** хранить, сберегать; сохранять; держать на складе

**Aufbewahrer** *m* лицо, которому вверены депозиты, лицо, которому вверены ценные бумаги, депозитарий

**Aufbewahrung** *f* хранение, сбережение; сохранение; камера хранения; место хранения

**Aufbewahrungsfrist** *f* срок хранения

**Aufbewahrungsgebühr** *f* плата за хранение

**Aufbewahrungsgeschäft** *n* депозитная сделка (*сделка по сдаче денег или ценных бумаг на хранение*)

**Aufbewahrungskosten,** *pl* издержки хранения

**Aufbewahrungskosten** *pl* расходы по хранению

**Aufblähung** *f* взвинчивание (*цен*); раздувание; разбухание (*денежной массы*)

**Aufbringung** *f* заготовка; приобретение; закупка

**Aufbringung** захват (*судна*)

**Aufbringung** мобилизация (*денежных средств*)

**Aufbringungsplan** *m* план заготовок, план закупок

**aufbürden** *vt* взваливать *что-л.* на *кого-л.*

*jmdm.* **Steuern aufbürden** обременять *кого-л.* налогами

**Aufeinanderfolge** *f* преемственность; последовательность, порядок следования

**auferlegen** *vt* налагать, облагать

*jmdm.* **Steuern auferlegen** облагать *кого-л.* налогами

**Auffindung** *f* изыскание (*напр. денежных средств*)

**Auffüllung** *f* восстановление (*напр. фонда*), возобновление (*напр. аккредитива*); пополнение, комплектование

**Aufgabe** *f* задача, проблема; задание; сдача (*писем, багажа*); прекращение (*напр. дела*); (*добровольный*) отказ; *мат.* задача

**Aufgabe** *бирж. жарг.* заёмщик

**Aufgabe** отправление (*почтовое*)

**Aufgabe des Geschäfts** отказ от сделки; закрытие торгового предприятия

**duale Aufgabe** двойственная задача (*фундаментальное понятие оптимального программирования*)

**unter Aufgabe** при уведомлении, при авизовании (*пометка на деловых письмах*)

**Aufgabenbereich** *m* круг задач, круг обязанностей; ведение; компетенция; сфера деятельности; операционная зона, участок работы; диапазон (*напр. задач*)

**Aufgabengebiet** *n* круг задач, круг обязанностей; ведение; компетенция; сфера деятельности; операционная зона, участок работы; диапазон (*напр. задач*)

**Aufgabenstellung** *f* задание, задача; постановка задачи

**Aufgabenwarteschlange** *f вчт.* очередь задач

**aufgeben** отказываться, отрекаться

**aufgeben** *vt* сдавать, отправлять (*почту*)

**Aufgebot** *n* заявление, оглашение, *юр.* судебное заявление об утрате документом силы

**Aufgebot** трудовая вахта

**aufgehend** безостаточный (*о балансе*)

**Aufgeld** *n уст.* задаток

**Aufgeld** лаж, ажио (*разница между рыночной/реальной и номинальной стоимостью ценных бумаг*)

**Aufgeld** надбавка, доплата

**aufgeschlüsselt:**
**aufgeschlüsselt nach...** с разбивкой по..; с распределением по...

**aufgliedern** распределять (*напр. средства*); расчленять (*напр. производственные операции*); членить, делить; дифференцировать; децентрализовать

**Aufgliederung** *f* распределение (*напр. средств*); расчленение (*напр. производственных операций*); членение, деление; дифференцирование; децентрализация

**aufhäufen** *vt* нагромождать; *перен.* накоплять

**sich aufhäufen** накапливаться, нарастать

**Aufhäufung** *f* нагромождение; *перен.* накопление

**aufheben** *vt* отменять, упразднять; ликвидировать, устранять, уничтожать; прекращать (*напр. действие контракта*), расторгать, аннулировать

**Aufhebung** *f* аннулирование (*напр. договора, контракта*)

**Aufhebung** отмена, упразднение, ликвидация; прекращение (*напр. действия контракта*); расторжение, аннулирование

**Aufhebung** подъём

**Aufhebung** прекращение; окончание; закрытие (*учреждения*)

**Aufhebung** сбережение, хранение

**Aufhebung** снятие (*запрета*)

**Aufhebung** упразднение; отмена, ликвидация; устранение; уничтожение; прекращение

**Aufhebung der Beschlagnahme** снятие ареста, отмена ареста

**Aufhebung des Konkursverfahrens** отмена конкурсного производства

**Aufhebung des Lohnstopps** размораживание заработной платы, снятие запрета на повышение заработной платы

**Aufhebungsklausel** *f* оговорка об аннулировании (*напр. договора*)

**Aufhebungsvertrag** *m* договор об аннулировании трудового отношения

**Aufholen** *n* ликвидация (*напр. отставания в поставках*), навёрстывание (*упущенного*); повышение (*напр. цен, курсов*)

**Aufholen** преодоление отставания

**aufholen** *vt* навёрстывать упущенное; ликвидировать отставание

**Aufkauf** *m* перекупка; (массовая) скупка, закупка; заготовка (*путём закупок*)

**Aufkauf- und Beschaffungspreis** *m* заготовительно-закупочная цена

**Aufkauf- und Versorgungsapparat** *m* заготовительно-снабженческий аппарат

**Aufkauf- und Versorgungseinrichtungen** *f, pl* заготовительно-снабженческий аппарат

**Aufkaufbetrieb** *m* предприятие по закупке сельскохозяйственных продуктов; заготовительный пункт (*в бывш. ГДР*), закупочный пункт (*в бывш. ГДР*)

**Aufkäufe** *m, pl,* **staatliche** государственные закупки (*сельскохозяйственных продуктов*)

**aufkaufen** перекупать; скупать, закупать; заготавливать (*путём закупок*)

**Aufkaufhandel** *m* скупка товаров; перекупка товаров

**Aufkaufhändler** *m* скупщик; перекупщик

**Aufkaufnetz** *n* закупочная сеть

**Aufkauforgan** *n* заготовительный орган

**Aufkauforganisation** *f* заготовительная организация, закупочная организация

**Aufkaufplan** *m* план сельскохозяйственных закупок

**Aufkaufpreis** *m* закупочная цена (*чаще всего на сельскохозяйственную продукцию*)

**Aufkaufsystem** *n* система закупок

**vertragliches Aufkaufsystem** договорная система закупок

**Aufkaufvertrag** *m* договор на продажу сельскохозяйственных продуктов сверх обязательных государственных поставок

**Aufklärungsdaten,** *pl* данные информационного характера

**Aufkleber** *m* наклейка, этикетка, ярлык

**Aufklebezettel** *m* наклейка, этикетка, ярлык

**Aufkommen** *n* выход (*продукции*)

**Aufkommen** добыча; количество добытого продукта, количество произведённого продукта; размер выработки

**Aufkommen** *с.-х.* заготовки

**Aufkommen** наличие (*напр. рабочей силы*)

**Aufkommen** поступления; доходы

**Aufkommen** появление, возникновение

**Aufkommen** ресурсы *(напр. материалов, фондов)*
**Aufkommen an Staatseinnahmen** поступления в государственный бюджет
**staatliches Aufkommen** государственные закупки и заготовки сельскохозяйственных продуктов; объём государственных заготовок
**aus eigenem Aufkommen** за счёт собственных ресурсов
**aufkommen** *vi* возмещать; оплачивать *что-л.*
**aufkommen** поступать *(о деньгах)*
**für den Schaden aufkommen** возмещать убытки
**Aufkommensbilanz** *f* баланс ресурсов
**Aufkommenselastizität** *f* эластичность налоговых поступлений *(может показывать, на сколько процентов изменятся налоговые поступления, если объект налогообложения уменьшится или увеличится по стоимости на 1)*
**Aufkommensplan** *m* с.-х. план заготовок; план обязательных поставок
**Aufkommensquellen** *f, pl* источники формирования ресурсов продукции
**aufkündigen** *vt* расторгать *(договор)*, извещать о расторжении *(договора)*
**Aufkündigung** *f* расторжение *(договора)*, отмена, уничтожение; отказ; извещение о расторжении *(договора)*, уведомление о расторжении *(договора)*, предупреждение о расторжении *(договора)*
**Aufkündigungsrecht** *n* право расторжения договора
**Aufkündigungstermin** *m* срок подачи заявления о расторжении договора
**Aufladegebühr** *f* плата за погрузку

**aufladen** *vt* нагружать, грузить *(товарный вагон)*
**Auflage** *f* выпуск *(займа)*
**Auflage** задание, норма выработки, норма поставки
**Auflage** издание; тираж *(книги)*
**Auflage** лимит *(напр. расхода материалов)*
**Auflage** налог; сбор; пошлина; контрибуция
**Auflage** обложение налогом
**Auflage** *юр.* обязательство *(обусловленное чем-л.)*
**Auflage** плановое задание; наряд; норма *(выработки)*
**Auflage** серия *(однородных изделий)*
**Auflage** условия по контракту
**Auflagendegression** *f* снижение себестоимости единицы продукции при увеличении объёма *(партии выпускаемой продукции)*
**auflassen** *vt* ликвидировать *что-л.*, прекратить эксплуатацию *чего-л.*
**Auflassung** *f* ликвидация, закрытие; прекращение эксплуатации
**Auflassung** (нотариальная) передача права собственности (на недвижимость); соглашение о передаче права собственности (на недвижимость)
**Auflaufen** *n* нарастание, накопление *(процентов)*; рост *(налогов)*
**auflegen** выпускать, размещать *(заём)*; возлагать, налагать *(напр. обязательства)*; облагать *(налогом)*; выставлять, раскладывать (для показа) *(напр. товары)*
**auflegen** издавать, выпускать *(книгу, журнал)*
**auflegen** вывешивать для ознакомления (напр. приказ)

**auflegen** выставлять для ознакомления; раскладывать *(напр. товар)*
**auflegen** накладывать, укладывать, нагружать, грузить, погружать
**auflegen** *(мор.)* закладывать *(судно на стапеле)*
**Steuern auflegen** облагать *кого-л.* налогом
**an der Börse waren neue Aktien aufgelegt worden** на биржевых торгах были размещены новые акции; на биржу поступили новые акции
*eine* **Anleihe auflegen** выпустить заем, объявить подписку на заем
*eine* **Anleihe zur Zeichnung auflegen** объявлять подписку на заём
**Auflieferer** *m* поставщик, экспедитор
**aufliefern** *vt* поставлять; доставлять, экспедировать
**Auflieferung** *f* поставка *(товаров)*; доставка
**Auflieferung** сдача груза (для отправки); поставка *(товаров)*;
**Auflieferungsbescheinigung** *f* квитанция на принятый к отправке груз
**auflösen** *vt* ликвидировать, распускать *(фирму, организацию и т.п.)*
**auflösen** расторгать, денонсировать *(договор)*
**Auflösung** *f* ликвидация, закрытие *(напр. предприятия)*; прекращение *(напр. торговых дел)*; расторжение, денонсация *(напр. договора, контракта)*; *мат.* решение
**Auflösung** расторжение, денонсация *(договора)*
**Auflösung von Beständen** реализация запасов
**Auflösungsrecht** *n* право ликвидации *(напр. общества)*

**Aufmachung** f оформление, внешний вид (товара)

**Aufmachung** упаковка (товара)

**Aufnahme** f включение (дополнительных условий в контракт)

**Aufnahme** освоение (напр. нового продукта)

**Aufnahme** получение, взятие (кредита)

**Aufnahme** приём, принятие; установление (напр. деловых связей); освоение (напр. производства нового вида продукции); получение (кредита); включение (напр. оговорки в контракт)

**Aufnahme** установление (напр. отношений)

**Aufnahme der Produktion** налаживание производства, освоение производства

**Aufnahme des Arbeitstages** фотография рабочего дня

**Aufnahme von Kapital** заём капитала

**Aufnahmebereitschaft** f готовность (к производству нового продукта); соответствие определённым требованиям

**Aufnahmefähigkeit** f ёмкость (напр. рынка); абсорбционная способность

**Aufnahmefähigkeit** f ёмкость рынка (характеризует потенциальные возможности сбыта при данном уровне цен)

**Aufnahmeliste** f основная инвентаризационная опись

**Aufnahmevermögen** n ёмкость (напр. рынка); абсорбционная способность

**aufnehmen** vt брать (ссуду); получать (кредит)

**aufnehmen** начинать (напр. переговоры)

**aufnehmen** осваивать (напр. производство новых видов продукции)

**aufnehmen** принимать, включать (напр. оговорку в контракт)

**aufnehmen** составлять (протокол)

**aufnehmen** устанавливать (напр. деловые связи.)

**aufnehmen** включать (в документ); вносить

**aufnehmen** осваивать (новую продукцию)

**aufnehmen** принимать (включать в число)

**aufnehmen** устанавливать (отношения)

**Aufpreis** m наценка, надбавка к цене

**Aufräumen** n распродажа, ликвидация (складских запасов); устранение, ликвидация

**Aufräumen** уборка, очистка (напр. рабочего места)

**Aufräumung** f распродажа, ликвидация (складских запасов); устранение, ликвидация; очистка (напр. рабочего места)

**Aufrechnung** f взаимное погашение встречных денежных требований; зачёт дебета и кредита, взаимный зачёт встречных требований; зачёт кредита и дебета; расчёты на основе сальдирования

**Aufrechnung** отнесение (на чей-л. счёт)

**Aufrechnung** подведение итогов; подсчитывание

**gegenseitige Aufrechnung** зачёт взаимных требований; зачёт встречных требований

**aufrechterhalten** vt сохранять в силе (документ)

**Aufrechterhaltung** f сохранение в силе (напр. договора)

**Aufrechthaltung** f сохранение в силе (напр. договора)

**Aufrufbefehl** m вчт. команда вызова, инструкция вызова, команда обращения, инструкция обращения

**Aufruhrversicherung** f страхование имущества от повреждений в случае забастовок и революционных выступлений

**aufsagen** отказывать кому-л. в чём-л.; увольнять

**aufsagen** vt расторгать что-л.

**Aufsagung** f объявление о прекращении действия (напр. договора)

**Aufsagung** отказ в чём-л.

**Aufsagung** увольнение

**Aufsagung** расторжение, денонсация (договора)

**AufschB, Aufschubbuch** бухг. книга, в которой регистрируются отсрочки платежей

**aufschieben** vt отсрочить, перенести срок (вперёд)

**den Liefertermin auf März aufschieben** перенести срок поставки на март

**Aufschiebung** f отсрочка, перенос срока (вперёд)

**Aufschlag** m наценка, накидка, надбавка к цене; дополнительный сбор

**aufschlagen** vt поднимать цену, повышать цену; делать наценку

**aufschlagen** подниматься в цене, повышаться в цене, расти в цене

**Aufschließungskosten,** pl затраты на подготовку горного предприятия к эксплуатации, расходы на подготовку горного предприятия к эксплуатации

**Aufschluss** m объяснение; разъяснение; анализ; подготовка горного предприятия к эксплуатации

**Aufschluss** подготовка шахты к эксплуатации; подготовка к началу строительства

**aufschlüsseln** изыскивать, мобилизовать *(средства)*

**aufschlüsseln** разбивать *(напр. по срокам)*

**aufschlüsseln** распределять; развёрстывать; разбивать *(напр. по годам)*

**Aufschlüsselung** *f* изыскание, мобилизация *(средств)*

**Aufschlüsselung** разбивка *(по срокам)*

**Aufschlüsselung** распределение *(по плану)*; развёрстка; план распределения; доведение плановых заданий до исполнителей; разбивка *(напр. по годам)*

**Aufschlüsselung nach Quartalen** *стат.* распределение по кварталам, поквартальная разбивка

**aufschreiben** *vt* записать, записывать; делать запись, сделать запись

**aufschreiben** отмечать; регистрировать; заносить в регистрационную систему; заносить в журнал регистраций; занести в книгу (регистраций)

*etw.* **aufschreiben lassen** *австр.* покупать что-л. в кредит

**Aufschrift** *f* адрес *(на конверте письма)*

**Aufschrift** надпись на магазине; вывеска с именем владельца предприятия

**Aufschub** *m* отсрочка *(напр. платежа)*, продление, перенесение (срока)

**Aufschub gewähren** предоставлять отсрочку

**aufschwänzen** *бирж.* искусственно поднимать курс ценных бумаг

**Aufschwung** *m* подъём; расцвет; взлёт

*einen* **Aufschwung herbeiführen** добиться подъёма, осуществить подъём

*einen* **Aufschwung nehmen** переживать подъем; бурно развиваться

*ein* **steter wirtschaftlicher Aufschwung** неуклонный экономический рост; неуклонный экономический подъём

**Aufschwungsphase** *f* фаза подъёма *(в экономическом цикле)*

**Aufsicht** *f* надзор, контроль; наблюдение; проверка

**Aufsicht durch Verwaltungsorgane** надзор, осуществляемый административными органами

**technische Aufsicht** технический надзор, технадзор; технический контроль, техконтроль, ТК

**unter ständiger Aufsicht halten** держать под постоянным контролем

**Aufsichtsamt** *n* инспекция; орган надзора; контролирующий орган

**Aufsichtspersonal** *n* административный инженерно-технический персонал; представители контрольно-надзорных органов

**Aufsichtsrat** *m* наблюдательный совет *(напр. акционерного общества)*; член наблюдательного совета

**Aufsichtsratsteuer** *f* подоходный налог, взимаемый с членов наблюдательного совета

**Aufsparung** *f* сбережение; накопление; сохранение

**aufspeichern** *vt* накапливать, аккумулировать

**aufspeichern** *выч.* запоминать

**Aufsplitterung** *f* раздробленность; распылённость

**Aufsteiger** *m (umg.)* преуспевающий *(напр., бизнесмен)*

**Aufsteiger** *m (umg.)* делающий карьеру (человек); успешный человек

**aufstellen** выставлять *(напр. требования)*

**aufstellen** монтировать, устанавливать, собирать

**aufstellen** составлять *(смету)*; разрабатывать *(план)*; монтировать, устанавливать, собирать; назначать *(напр. опекуна)*

**Aufstellung** *f* монтаж, установка, сборка

**Aufstellung** переучёт товаров; проверка инвентаря, инвентаризация; подведение итогов переучёта товаров; подведение итогов инвентаризации

**Aufstellung** перечень, список; реестр; ведомость; сводка; отчёт, сводная таблица

**Aufstellung** смета, сметная калькуляция; счёт; спецификация

**Aufstellung** сооружение монтаж, установка, сборка

**Aufstellung** составление *(сметы)*; разработка *(плана)*

**Aufstellung** список, смета, перечень

**Aufstellung der Bilanz** составление баланса, подведение баланса

**buchhalterische Aufstellung** бухгалтерская сводка; бухгалтерская смета

**buchhalterische Aufstellung** статистическая сводка

**Aufstellungskosten,** *pl* расходы по монтажу, расходы по установке, расходы по сборке, издержки по монтажу, издержки по установке, издержки по сборке, стоимость монтажа, стоимость установки, стоимость сборки

**Aufstellungswert** *m* расходы по монтажу, расходы по установке, расходы по сборке, издержки по монтажу, издержки по установке, издержки по сборке, стоимость монтажа, стоимость установки, стоимость сборки

**Aufstieg** *m* подъём; развитие
**Aufstieg** развитие, расцвет
**steiler Aufstieg** резкое повышение *(напр. цен)*
**volkswirtschaftlicher Aufstieg** подъём народного хозяйства

**Aufstiegsmöglichkeiten** *f, pl* возможности развития, возможности роста

**Aufstockung** *f* увеличение, накопление *(напр. запасов, капитала)*; прирост *(напр. резервов)*; концентрация земельных владений *(посредством скупки и дополнительного арендования)*; укрупнение мелких предприятий
**Aufstockung des Kapitals** накопление капитала
**Aufstockung des Umlaufmittelfonds** увеличение фонда оборотных средств

**Aufstückelung** *f* дробление

**Aufteilung** *f* раздел *(напр. имущества)*; деление, разделение; расчленение; распределение
**ökonomische Aufteilung** экономический раздел
**ökonomische Aufteilung der Welt** экономический раздел мира

**Auftrag** *m* поручение; задание; наряд; заказ
**Auftrag mit Festpreisen** контракт с твёрдой ценой
**Auftrag mit Rückgaberecht** заказ с правом отзыва; заказ с оговоркой о праве отзыва заказа
**Auftrag mit verschiedenen Frachtraten** контракт с комбинированной перевозкой

**Auftrag zur Eröffnung eines Akkreditivs** аккредитивное поручение, поручение на открытие аккредитива
**Auftrag zur Warenlieferung** требование-заказ, заказ-требование; заказ на поставку товаров
**ausstehender Auftrag** невыполненный заказ; неисполненный заказ
**kontrahierter Auftrag** подрядный контракт; контракт на подряд
**mulmiger Auftrag** рискованное поручение
**öffentlicher Auftrag** 1. государственный заказ 2. заказ местных властей; муниципальный заказ
**rückständiger Auftrag** невыполненный заказ; неисполненный заказ
**einen Auftrag abberufen** аннулировать заказ, отменять заказ
**einen Auftrag ablehnen** отказаться принять заказ; не принять поручения
*einen* **Auftrag in eigener Regie ausführen** выполнить заказ своими средствами
**einen Auftrag auflösen** аннулировать заказ, отменять заказ
**einen Auftrag annehmen** принять заказ; взять на себя поручение
**einen Auftrag buchen** проводить заказ по бухгалтерии; проводить заказ по бухгалтерским книгам
**einen Auftrag erteilen** распределять заказ(ы), давать заказ(ы)
**einen Auftrag geben** давать заказ, предоставлять заказ
**einen Auftrag wiederrufen** отзывать заказ, отозвать заказ
**einen Auftrag zurückziehen** аннулировать заказ

**einen Auftrag zurückziehen** аннулировать заказ
**er wurde mit einem wichtigen Auftrag betraut** ему дали важное поручение; ему доверили важное поручение
**ich habe den Auftrag** мне поручено
**im Auftrag** *(G, von D)* по поручению *(кого-л.)*, по *(чьему-л.)* поручению
**im Auftrag(e)** *сокр.* **i.A.** по поручению, по уполномочию
**im Auftrag Dritter handeln** по поручению третьего лица; в интересах третьего лица
**im Auftrag und für Rechnung** по поручению и за счёт
**im Auftrag und in Vertretung** по поручению и в порядке исполнения обязанностей
**in Auftrag geben** заказать (что-л.); разместить заказ (на что-л.); разместить заказ на строительство (чего-л.)
**kein Auftrag** нет извещения, авизо не поступило *(отметка банка на неоплаченной тратте)*
**einer Firma den Auftrag erteilen** сделать фирме заказ, заказать фирму, заказать у фирмы *(что-л.)*
**wir bitten,** *den* **Auftrag zu bestätigen** просим подтвердить *(сделанный вами ранее)* заказ

**Arbeitsauftrag** *m* производственное задание
**Auftraggeber** *m* заказчик; организация-заказчик
**Auftragnehmer** *m* подрядная строительная организация; подрядчик; поставщик
**Druckauftrag** *m* заказное издание
**Fahrauftrag** *m* заявка на транспортную операцию; путевой лист

**Fahrstraßenauftrag** *m* задание на установку маршрута *(ж.-д.)*

**Fertigungsauftrag** *m* заказ-наряд на изготовление; производственное задание

**Geschäftsführung ohne Auftrag** ведение чужих дел без поручения

**Lohnauftrag** *m* рабочий наряд

**Rechercheauftrag** *m* информационный запрос

**Auftragempfänger** *m* подрядчик; лицо, выполняющее поручение; доверенный, уполномоченный

**auftragen** *(j-m)* поручать *(что-л. кому-л.)*; возлагать *(что-л. на кого-л.)*

**Auftraggeber** *m* заказчик; доверитель; поручитель; лицо, дающее поручение; *юр.* доверитель, мандант; комитент

**Auftragnehmer** *m* поставщик; лицо, принявшее заказ; исполнитель заказа; подрядчик; *юр.* поверенный

**Auftragsabrechnung** *f* калькуляция издержек по отдельным заказам

**Auftragsabwickelung** *f* оформление и выполнение заказа

**Auftragsabwicklung** *f* оформление и выполнение заказа

**Auftragsangelegenheit** *f* дела, относящиеся к юрисдикции федеральных земель

**Auftragsausfertigung** *f* 1. оформление заказов, оформление нарядов 2. выставление поручения; постановка задачи

**Auftragsausschreibung** *f* тендер; открытые торги (на получение заказа)

**Auftragsbearbeitung** *f* обработка заказа

**Auftragsbedingungen** *f pl* условия заказа; условия получения заказа; условия получения и выполнения заказа

**Auftragsbeitrag** *m* превышение (дополнительных) доходов над (дополнительными) расходами при выполнении заказа

**Auftragsbestand** *m* 1. портфель заказов 2. объём продукции по договору поставки

**Auftragsbestätigung** *f* подтверждение заказа; подтверждение получения заказа

**Auftragsboom** *m* бум заказов, быстрый рост заказов

**Auftragsbuch** *n* книга заказов; книга учёта заказов

**Auftragsdatei** *f* 1. база данных заказов 2. база данных контрактов

**Auftragseingang** *m* 1. поступление заказа; поступление заказов 2. реализованный объём продукции по договору поставки

**Auftragserfüllung** *f* выполнение заказа; исполнение заказа

**Auftragserteilung** *f* выдача заказа

**Auftragsfertigung** *f* изготовление на заказ

**Auftragsflut** *f* поток заказов, наплыв заказов

**Auftragsformular** *n* бланк заказа; форма заказа

**auftragsgebunden** относящийся к (определённому) заказу, связанный с заказом; позаказный

**auftragsgebundenes Material** оговоренный в заказе материал

**auftragsgemäß** в соответствии с заказом

**auftragsgemäß** по заказу

**Auftragsgeschäft** *n* сделка по поручению *(на товарной бирже)*

**Auftragsgröße** *f* величина заказа, размер заказа

**Auftragsgruppe** *f* группа заказов

**Auftragshandel** *m* комиссионная торговля

**Auftragskalkulation** *f* показательный метод калькулирования; показный метод калькулирования

**Auftragskarte** *f* карточка заказа

**Auftragskartei** *f* картотека заказов

**Auftragskauf** *m* комиссионная покупка

**Auftragskosten, pl** расходы на выполнение заказа; расходы, связанные с выполнением заказа

**Auftragsmappe** *f* портфель заказов

**Auftragsmengenstaffel** *f* портфель заказов шкала скидок в зависимости от величины заказа

**Auftragsmißverhältnis** *n* дисбаланс биржевых приказов

**Auftragsnummer** *f* номер заказа; код заказа

**Auftragsplanung** *f* показательная система календарного планирования, показательная система оперативно-производственного планирования; показная система оперативно-производственного планирования

**Auftragspolster** *m* невыполненные заказы *(отметка в учётных журналах)*

**Auftragsproduction** *f* заказное производство; производство под заказ; производство по заказу; производство на заказ 2. заказная продукция; продукция, произведённая по заказу

**Auftragsprüfung** *f* испытание товаров по специальной заявке

**Auftragsrabatt** *m* скидка от объёма заказа; скидка в зависимости об объёма заказа

**Auftragsrückgang** *m* сокращение числа заказов, уменьшение объёма заказов

**Auftragsrückstand** *m* невыполненные заказы; задолженные заказы
**Auftragsschein** *m* заказ-наряд
**Auftragsschreiben** *n* заказ-наряд
**Auftragsspezifikation** *f* заказ-спецификация
**Auftragsstand** *m* портфель заказов
**Auftragssteuerung** *f* управление заданием
**Auftragsstimmrecht** *n* право голоса кредитного института, действующего от лица своих клиентов (хранит и управляет их пакетами ценных бумаг)
**Auftragsstückzahl** *f* количество изготовляемых по заказу изделий
**Auftragssystem** *n* 1. система заказов 2. заказная система
**Auftragsüberhang** *m* портфель невыполненных заказов
**Auftragsüberwachung** *f* 1. контроль за выполнением заказа 2. контроль за движением заказов
**Auftragsumfang** *m* объём заказа
**Auftragsunterlagen** *f, pl* документация, прилагаемая к заказ-наряду
**Auftragsvergabe** *f* выдача заказов, размещение заказов
**öffentliche Auftragsvergabe** 1. закупка товаров и услуг для государственных целей 2. размещение государственных заказов, размещение госзаказов 3. размещение заказов местных властей; размещение заказов региональных властей; размещение заказов муниципалитетов
**Auftragsvergebung** *f* предоставление заказов, выдача заказов; размещение заказов
**öffentliche Auftragsvergebung** *f* предоставление государственных заказов, выдача государственных заказов

**Auftragsverkauf** *m* комиссионная продажа
**Auftragsverwaltungsangelegengeiten** *pl* дела, относящиеся к юрисдикции федеральных земель
**Auftragswarteschlange** *f* очередь заданий (выч.тех.)
**Auftragswechsel** *m* краткосрочный вексель, вексель на инкассо
**Auftragswert** *m* стоимость заказа; величина стоимости заказа
**Auftragswesent** *n* 1. выдача заказов; размещение заказов 2. выдача подрядов; выписывание подрядов
**Auftragszahlungen** *f, pl* платежи, осуществляемые по поручению (напр. вышестоящих организаций)
**Auftragszeit** *f* 1. запланированное время на выполнение заказа 2. установленное время для выполнения заказа
**AuftrB, Auftragsbuch** книга комиссионных поручений
**Auftrieb** *m* подъём; оживление (после спада); толчок; импульс
**Aufwand** *m* 1. затраты (мн.ч.), издержки (мн.ч.), расходы (мн.ч.) 2. расход, потребление
**außerordentlicher Aufwand** непостоянный расход
**direkter Aufwand** прямые затраты
**einmaliger Aufwand** единовременные затраты, однократные затраты
**gebietswirtschafilicher Aufwand** затраты по районам; районированные затраты
**gesellschaftlich notwendiger Aufwand** общественно необходимые затраты
**höchstzulässiger Aufwand** предельно допустимые затраты

**indirekter Aufwand** косвенные затраты
**laufender Aufwand** текущие затраты
**leistungsbedingter Aufwand** затраты на производство определённого вида изделия
**nationaler Aufwand** национальные затраты
**neutraler Aufwand** 1. внеплановые расходы 2. расходы, не связанные непосредственно с производственным процессом
**ordentlicher Aufwand** 1. постоянный расход 2. постоянные расходы; постоянные издержки
**produktionsbedingter Aufwand** производственные затраты; производственные издержки
**spezifischer Aufwand** удельные затраты
**tatsächlicher Aufwand** фактические затраты
**überhöhter Aufwand** перерасход (напр. материалов)
**überplanmäßiger Aufwand** сверхплановый расход (напр. материалов)
**unproduktiver Aufwand** непроизводительные затраты
**volkswirtschaftlicher Aufwand** народно-хозяйственные затраты
**voller Aufwand** полные затраты; совокупные затраты
**zeitungleicher Aufwand** разновременные затраты
**Arbeitsaufwand** *m* затраты труда; трудоёмкость
**Arbeitszeitaufwand** *m* трудоёмкость
**Bauaufwand** *m* затраты на строительство
**Bedienungsaufwand** *m* издержки по обслуживанию
**Betriebsaufwand** *m* производственные затраты; эксплуатационные затраты

**Brennstoffaufwand** *m* расход топлива

**Energieaufwand** *m* затраты энергии; расход энергии; энергетические затраты

**erhöhter Investitionsaufwand** *m* повышение инвестиционных затрат; повышение капитальных затрат

**Kostenaufwand** *m* затраты *мн.*; издержки *мн.*; расходы *мн.*

**Kraftaufwand** *m* расход энергии

**Luftaufwand** *m* расход воздуха

**Materialaufwand** *m* затраты материалов; расход материалов

**Verwaltungsaufwand** *m* накладные учётно-управленческие расходы *мн.*

**Wärmeaufwand** *m* потребление тепла; расход тепла

**Zeitaufwand** *m* затраты времени

**Aufwand-Ertrag** *m* расход - приход

**Aufwand-Nutzen-Analyse** *f* анализ "затраты - выпуск"

**Aufwand-Nutzen-Analyse** *f* анализ соотношения затрат и их эффективности

**Aufwand-Nutzen-Denken** *n* мышление категориями межотраслевого метода "затраты - выпуск"

**Aufwands- und Ertragsrechnung** *f* счёт прибылей и убытков

**Aufwands-Ertragsrechnung** *f* учёт доходов и расходов, счёт прибылей и убытков

**Aufwandsbegrenzung** *f* ограничение затрат

**Aufwandsbesteuerung** *f* обложение налогом предметов потребления

**Aufwandsentschädigung** *f* возмещение (служебных) расходов

**Aufwandserstattung** *f* возмещение затрат

**Aufwandsintensität** *f* затратоёмкость

**Aufwandskennziffer** *f* показатель затрат

**Aufwandskoeffizient** *m* коэффициент затрат

**Aufwandskonto** *n* расходный счёт *(бюджета)*

**Aufwandsmatrix** *f* матрица затрат

**Aufwandsminderungen** *f, pl* снижение затрат (мн.ч.)

**Aufwandsminimum** *n* минимум затрат

**Aufwandsnorm** *f* норма затрат

**Aufwandsnormativ** *n* норматив затрат

**Aufwandsnormung** *f* нормирование затрат

**Aufwandsrelation** *f* соотношение затрат

**Aufwandssenkung** *f* уменьшение затрат, сокращение затрат, снижение затрат

**Aufwandssteuer** *f*, **Aufwandsteuer** *f* налог на предметы потребления

**Aufwandssteuer** налог на специфические формы использования доходов *(напр. на право ведения охоты)*

**Aufwärtsentwicklung** *f* развитие, подъём, рост, увеличение

**die Aufwärtsentwicklung hält an** рост продолжается

**Aufwärtskompatibilität** *f вчт.* совместимость снизу вверх

**Aufwechsel** *m* вексельный лаж *(превышение рыночного курса над номиналом)*

**Aufwechsel** лаж на вексель

**Aufweichung** *f* **der Währung** *жарг.* размягчение валюты

**aufwenden** *vt* тратить, расходовать; ассигновать

**Aufwendung** *f* затраты, издержки; ассигнования

**Aufwendungen** *f, pl* затраты, издержки, расходы; ассигнования, выделенные средства, отпущенные средства

**Aufwendungen - Ausstoß** *m* затраты - выпуск

**Aufwendungen für Investitionen** инвестиционные расходы, расходы, связанные с осуществлением инвестиций, расходы, связанные с осуществлением капиталовложений

**außergewöhnliche Aufwendungen** чрезвычайные расходы

**betriebsfremde Aufwendungen** затраты непроизводственного характера, издержки непроизводственного характера, расходы непроизводственного характера, внепроизводственные расходы

**finanzielle Aufwendungen** денежные расходы, расходы, исчисленные в стоимостном выражении

**produktive Aufwendungen** производительные расходы

**reduzierte Aufwendungen** приведённые затраты

**saisonbedingte Aufwendungen** сезонные расходы

**soziale Aufwendungen** расходы на социальные нужды

**tatsächliche Aufwendungen** фактические издержки

**periodenfremde Aufwendungen und Erträge** *бухг.* расходы и доходы, не относящиеся к отчётному периоду

**unproduktive Aufwendungen** непроизводительные расходы

**wertmäßige Aufwendungen** денежные расходы, расходы, исчисленные в стоимостном выражении

**zusätzliche Aufwendungen** дополнительные издержки

**Aufwendungen-Ausstoß** *m* затраты - выпуск

**aufwerten** повышать номинальную стоимость *(ценных бумаг)*

**aufwerten** ревальвировать *(валюту)*

**Aufwertung** f повышение номинальной стоимости *(ценных бумаг)*

**Aufwertung** ревальвация *(валюты)*

**Aufwertungsprozess** m процесс возрастания стоимости

**Aufwertungsrate** f процент ревальвации, степень ревальвации

**aufzeichnen** представлять, графически записывать

**aufzeichnen** *бухг.* учитывать; представлять графически; записывать

**Aufzeichnung** f бухгалтерская запись

**Aufzeichnung** *вчт.* запись *(данных)* в памяти, регистрация *(данных)* в памяти

**Aufzeichnungspflicht** f обязанность ведения бухгалтерского учёта

**Aufzins** m лаж; ажио *(разница между фактическим курсом и номиналом)*

**Aufzinsen** n начисление сложных процентов, начисление процентов на проценты

**Aufzinsung** f начисление сложных процентов, начисление процентов на проценты

**Aufzinsungsfaktor** m *фин.* коэффициент наращения; коэффициент приращения

**Auktion** f аукцион, публичная продажа, продажа с публичных торгов, публичные торги (мн.ч.)

**außergerichtliche Auktion** f добровольный аукцион

**E-Auktion, elektronische Auktion** f электронный аукцион, аукцион в Интернет

**gerichtliche Auktion** f принудительный аукцион, аукцион по решению суда

**englische Auktion** f английский аукцион

**Holzauktion** f продажа леса с торгов

**holländische Auktion** f, **Dutch-Auktion** f, *(eng.)* **Dutch auction** голландский аукцион *(публичная продажа, при которой аукционист называет завышенную цену, постепенно снижая её до тех пор, пока не найдётся покупатель)*

**internationale Auktion** f международный аукцион; международные торги (мн.ч.)

**Internet-Auktion** f Интернет-аукцион; электронные торги

**Online-Auktion** f онлайновый аукцион

**Real Time Auktion** f аукцион в реальном времени (в Интернет); электронные торги в реальном времени

**Zollauktion** f таможенный аукцион

**eine Auktion abhalten** проводить аукцион

**auf einer Auktion erstehen** приобретать на аукционе

**in Auktion verkaufen** продавать с аукциона

**sich** *(etw.)* **auf einer Auktion ersteigern** приобретать (что-л.) на аукционе

**Auktionator** m аукционист

**auktionieren** vt продавать с аукциона

**Auktionist** m аукционист

**Auktions-Webseite** f вэб-страница аукциона; *web*-страница аукциона

**Auktionsbedingungen** f, pl условия аукционной продажи

**Auktionsgebühr** f аукционный сбор

**Auktionshammer** m молоток аукциониста

**Auktionskatalog** m каталог аукциона

**illustrierter Auktionskatalog** m иллюстрированный каталог аукциона

**Auktionsliste** f аукционный меморандум *(по окончании аукциона)*

**Auktionslokal** n помещение для проведения аукционов

**Auktionsmakler** m аукционный брокер, брокер на аукционе

**Auktionsmarkt** m рынок аукционов

**Auktionsportal** m аукционный портал

**Auktionspreis** m цена завершения аукциона; конечная цена аукциона

**Auktionsverfahren** n процедура аукциона, аукцион

**AUMA, Ausstellungs- und Messe-Ausschuss der Deutschen Wirtschaft** Германский комитет по выставкам и ярмаркам

**Aus- und Rückfracht** f фрахт в оба конца

**Ausbau** m демонтаж, разборка

**Ausbau** отделочные работы, отделка *(в строительстве)*

**Ausbau** создание; расширение, развитие, совершенствование

**Ausbau** хутор, отдельно стоящая усадьба

**Ausbauproduktion** f отделочные работы *(в строительстве)*

**ausbedingen** vt:

**sich** *etw.* **ausbedingen** выговаривать себе *что-л.*; оговаривать своё право на *что-л.*

**Ausbesserung** доработка, исправление дефектов

**Ausbesserung** f починка, ремонт; исправление, улучшение

**Ausbesserungen** f, pl починка, ремонт исправление, улучшение; доработка, устранение брака

**Ausbesserungskosten,** pl стоимость ремонта, расходы на ремонт, расходы на починку; расходы, связанные с доработкой, расходы, связанные с устранением брака
**Ausbeute** f выход продукции
   **Ausbeute** прибыль с производительного капитала
   **Ausbeute** промышленная эксплуатация
   **Ausbeute** разработка, добыча, эксплуатация (*природных ресурсов*)
**Ausbeutekennziffern** fpl показатели загрузки мощностей
**Ausbeutenorm** f норма выхода продукции
**Ausbeuter** m эксплуататор
**Ausbeutergesellschaft** f эксплуататорское общество
**Ausbeuterordnung** f эксплуататорский строй
**Ausbeutewahrscheinlichkeit** f вероятность выхода (*продукции*)
**Ausbeutung** f эксплуатация; использование в корыстных целях
   **industrielle Ausbeutung** промышленная эксплуатация
   **intensive Ausbeutung** интенсивная эксплуатация
   **sekundäre Ausbeutung** вторичная эксплуатация
**Ausbeutungsbereich** m сфера эксплуатации (*чего-л., кого-л.*)
**Ausbeutungsform** f форма эксплуатации
**Ausbeutungsgebiet** n сфера эксплуатации (*чего-л., кого-л.*)
**Ausbeutungsgrad** m степень эксплуатации
**Ausbeutungsmaterial** n, **menschliches** человек как объект эксплуатации
**Ausbeutungsmittel** n средство эксплуатации
**Ausbeutungsrate** f норма эксплуатации

**Ausbeutungssphäre** f сфера эксплуатации (*чего-л., кого-л.*)
**Ausbeutungsweise** f способ эксплуатации
**Ausbezahlung** f выплата (*сполна*)
**ausbieten** vt выставлять для продажи; предлагать к продаже; *юр.* продавать с торгов
   **ausbieten** объявлять открытый конкурс на *какую-л.* должность
   **ausbieten** перебить у *кого-л.* покупку на аукционе
   **ausbieten** предлагать к продаже, выставлять для продажи; продавать с аукциона
**Ausbieter** m аукционист
**Ausbildung** f образование; обучение, подготовка; развитие, совершенствование; образование, формирование; возникновение
   **Ausbildung von Führungskräften** подготовка руководящих кадров
   **abschnittsweise Ausbildung** поэтапное повышение производственной квалификации
   **berufliche Ausbildung** профессиональное обучение, профобучение, специальное (*техническое*) обучение
**Ausbildungs- und Wirtschaftsbeihilfe** f стипендия, получаемая учениками в период профессионального обучения
**Ausbildungsabschnitte** m, pl этапы производственного обучения
**Ausbildungsbeihilfen** f, pl стипендии и пособия, выплачиваемые учащимся
**Ausbildungsberuf** m профессия, приобретаемая в процессе профессионального обучения; специальность, приобретаемая в процессе профессионального обучения

**Ausbildungsbetrieb** m учебно-производственное предприятие
**Ausbildungskapazität** f количество учебных мест; учебные мощности
**Ausbildungskosten,** pl расходы на обучение, расходы на подготовку, затраты на обучение, затраты на подготовку (*напр. рабочей силы*)
**Ausbildungsvertrag** m договор о профессиональном обучении, договор о повышении квалификации
**Ausbildungszeit** f время обучения
**Ausbreitung** f расширение, развитие
   **wirtschaftliche Ausbreitung** экономическая экспансия, расширение сфер(ы) влияния
**Ausbringung** f производительность; коэффициент использования; выход (*напр. готовой продукции*)
**Ausbringungsnorm** f норма выхода готовой продукции
**Ausbringungspotential** n производственный потенциал
**ausbuchen** vt (*бухг.*) списывать (со счёта)
**Ausbuchung** f бухг. списание
   **Ausbuchung** выбраковка
   **Ausbuchung** выбытие (*напр. основных средств*)
**ausdehnen** распространять; расширять, увеличивать
**Ausdehnung** f распространение; расширение, увеличение
**Ausdruck** m выражение
   **Ausdruck** вчт. распечатка, вывод на печать, печать
   **mengenmäßiger Ausdruck** количественное выражение
   **qualitativer Ausdruck** качественное выражение
   **wertmäßiger Ausdruck** стоимостное выражение
   **zahlenmäßiger Ausdruck** численное выражение

**Auseinanderklaffen** *n* несоответствие, существенное расхождение, разрыв

**Auseinandersetzung** *f* изложение, разъяснение, толкование

**Auseinandersetzung** *(критический)* разбор

**Auseinandersetzung** распределение акционерного капитала между компаньонами после ликвидации общества

**Auseinandersetzung** *юр.* соглашение, полюбовная сделка

**Auseinandersetzung** спор, разногласие

**Auseinandersetzungsguthaben** *n* сумма, выплачиваемая при выбытии компаньона *(из дела)*

**Auseinandersetzungsguthaben** суммы, подлежащие выплате выбывающему из дела компаньону

**Auseinandersetzungsversteigerung** *f* принудительная продажа с торгов при ликвидации общества

**Ausfall** *m* недостача, потери, дефицит

**Ausfall** простой *(машины)*, отказ, бездействие *(напр. машины)*; выход из строя; сбой

**Ausfall** результат, исход

**Ausfall der Zahlungen** непоступление платежей

**Ausfallbürge** *m* поручитель на случай возникновения убытков, поручитель на случай уменьшения дохода

**Ausfallbürge** поручитель на случай прекращения платежей *(или возникновения убытков)*

**Ausfallbürgschaft** *f* поручительство на случай прекращения платежей *(или возникновение убытков)*

**Ausfallbürgschaftsversicherung** *f* страхование на случай утраты требования кредитором, получившим поручительство

**Ausfallforderung** *f* претензия по возмещению убытков *(при несостоятельности)*

**Ausfallfreiheit** *f* безотказность *(в теории надёжности)*

**Ausfallmuster** *n* образец товара, посылаемый покупателю для подтверждения перед началом изготовления этого товара *(напр., сигнальный экземпляр книги перед началом изготовления тиража)*

**Ausfallrate** *f* функция опасности отказов *(в теории надежности)*

**Ausfalltage** *m pl* дни простоя; дни потерянного рабочего времени

**Ausfalltage infolge Arbeitsunfähigkeit** дни простоя из-за нетрудоспособности

**Ausfallwahrscheinlichkeit** *f* вероятность отказа

**Ausfallzeit** *f* простой (в работе); время простоя; потери рабочего времени

**beeinflussbare Ausfallzeit** поддающиеся сокращению потери рабочего времени

**ausfertigen** *vt* составлять, оформлять, выписывать *(документ)*

**Ausfertigung** *f* оригинал, экземпляр *(документа)*; официальная копия, заверенная копия

**Ausfertigung** составление, оформление *(документа)*

**in 3-facher Ausfertigung** в трёх экземплярах

**in zweifacher Ausfertigung** в двух экземплярах

**vollstreckbare Ausfertigung** исполнительный лист, имеющий исполнительную надпись

**Ausfertigungsgebühr** *f* гербовый сбор, государственная пошлина *(за составление документа или заверение копии)*

**Ausfertigungszolldienststelle** *f* таможенное учреждение, выставляющее сопроводительные документы на таможенный груз и направляющее его в другую таможню для очистки пошлиной

**Ausfindigmachung** *f* **von Geldmitteln** изыскание средств

**Ausfracht** *f* экспортный фрахт, экспортный груз

**Ausfuhr** *f* вывоз, экспорт

**Ausfuhr zu Schleuderpreisen** бросовый экспорт, демпинг

**direkte Ausfuhr** прямой экспорт, экспорт без участия посредников

**händlerfreie Ausfuhr** прямой экспорт, экспорт без участия посредников

**indirekte Ausfuhr** косвенный экспорт, экспорт с участием посредников

**mittelbare Ausfuhr** косвенный экспорт, экспорт с участием посредников

**unmittelbare Ausfuhr** прямой экспорт, экспорт без участия посредников

**unsichtbare Ausfuhr** невидимый экспорт; серый экспорт

**die Ausfuhr geht in die EU-Länder** товары экспортируются в страны ЕС

**Ausfuhr-Kredit-Aktiengesellschaft** Акционерное общество по кредитованию экспортных операций

**Ausfuhrabgabe** *f* экспортная пошлина, экспортный сбор

**Ausfuhragent** *m* агент по экспорту, экспортный агент

**Ausfuhrartikel** *m* предмет экспорта, экспортный товар; статья экспорта

**Ausfuhrbeschränkung** f экспортные ограничения, ограничения на экспорт

**Ausfuhrbeschränkung verhängen** вводить экспортные ограничения; вводить ограничения на экспорт

**Ausfuhrbeschränkungen** f, pl экспортные ограничения, ограничения на экспорт

**Ausfuhrbewilligung** f экспортная лицензия, разрешение на экспорт

**Ausfuhrbürgschaft** f принятие на себя страховым обществом кредитного риска экспортёра

**Ausfuhrbürgschaft** f экспортная гарантия (*напр. освобождение экспортёра от курсового, производственного и других рисков*)

**Ausfuhrdeklaration** f экспортная декларация, декларация экспортёра, декларация на экспорт, ЭД, манифест экспортёра

**Ausfuhren** f, pl вывоз, экспорт; экспортируемые товары

**ausführen** vt вывозить, экспортировать

**ausführen** выполнять, осуществлять

**Ausfuhrerklärung** f экспортная декларация, ЭД

**Ausfuhrerlaubnis** f экспортная лицензия, разрешение на экспорт

**Ausfuhrerlös** m доход от экспорта, выручка от экспорта

**ausfuhrfähig** годный для вывоза, пригодный для вывоза

**ausfuhrfähig** годный для экспорта, пригодный для экспорта

**Ausfuhrfinanzierung** f финансирование экспорта

**ausfuhrfördernd** стимулирующий экспорт

**Ausfuhrförderung** f поощрение экспорта, стимулирование экспорта, содействие развитию экспорта (*государственные мероприятия*)

**Ausfuhrgarantie** f экспортная гарантия

**Ausfuhrgenehmigung** f разрешение на экспорт

**Ausfuhrgeschäft** n экспортная сделка, экспортная операция; компания, специализирующаяся на экспорте товаров; фирма, специализирующаяся на экспорте товаров; экспортная фирма, экспортная компания, внешнеторговая компания

**Ausfuhrgut** n предмет экспорта, экспортный товар; статья экспорта

**Ausfuhrhandel** m экспортная торговля, торговля на экспорт

**Ausfuhrhandelsgeschäft** n экспортная компания, внешнеторговая компания

**Ausfuhrhändler** m коммерсант, специализирующийся на торговле экспортными товарами; коммерсант, специализирующийся на внешней торговле

**Ausfuhrhändlervergütung** f возмещение (*возврат*) экспортёрам сумм уплаченного ими налога с оборота и компенсационного сбора (*одна из мер государственного стимулирования экспорта*)

**Ausfuhrkontingent** n экспортный контингент

**Ausfuhrkontingentierung** f контингентирование экспорта

**Ausfuhrkontrolle** f (государственный) контроль над экспортом

**Ausfuhrkosten**, pl расходы, связанные с экспортом товаров, издержки, связанные с экспортом товаров

**Ausfuhrkreditversicherung** f страхование экспортных кредитов

**Ausfuhrland** n страна-экспортёр

**ausführlich** подробный, детальный, обстоятельный

**ausführlich beschreiben** подробно описывать; описывать в деталях

**Ausfuhrlieferung** f поставка на экспорт, экспортная поставка

**Ausfuhrliste** f список экспортных товаров

**Ausfuhrlizenz** f экспортная лицензия, лицензия на экспорт

**Ausfuhrmanifest** n экспортная декларация, экспортная таможенная декларация, таможенная декларация на экспорт

**Ausfuhrmeldung** f экспортная декларация, таможенная декларация на экспорт

**Ausfuhrmusterlager** n склад образцов экспортных товаров

**Ausfuhrordnung** f положение, регламентирующее осуществление экспортных операций

**Ausfuhrposition** f статья экспорта

**Ausfuhrposten** партия экспортного товара

**Ausfuhrprämie** f экспортная премия (*выдаётся обычно государством для поддержания конкурентоспособности товара на внешнем рынке*)

**Ausfuhrpreis** m экспортная цена

**Ausfuhrprogramm** n экспортная программа, программа экспорта

**Ausfuhrquote** f доля экспорта в общем объёме производства продукции, экспортная квота

**Ausfuhrregelung** f регулирование экспорта

**Ausfuhrrestriktion** *f* экспортное ограничение

**Ausfuhrrisiko** *n* риск, связанный с осуществлением экспортных операций

**Ausfuhrsperre** *f* запрет на экспорт, эмбарго на экспорт

**Ausfuhrstruktur** *f* структура экспорта

**Ausfuhrtarif** *m* экспортный тариф

**Ausfuhrüberhang** *m* активное сальдо торгового баланса (по экспорту), превышение объёма экспорта над объёмом импорта

**Ausfuhrüberschuss** *m* активное сальдо торгового баланса (по экспорту), превышение объёма экспорта над объёмом импорта; активное внешнеторговое сальдо

**Ausfuhrverbot** *n* запрет на экспорт

**Ausfuhrverfahren** *n* экспортный режим

**Ausfuhrvergütung** *f* государственная экспортная дотация, экспортная премия; дотация на экспорт

**Ausfuhrvermerk** *m* пометка об экспортном товаре *(в железнодорожной накладной)*

**Ausfuhrvolumen** *n* объём экспорта

**Ausfuhrware** *f* экспортный товар

**Ausfuhrwert** *m* экспортная стоимость; стоимость экспорта

**Ausfuhrziel** *n* план экспорта

**Ausfuhrzoll** *m* экспортная пошлина

  **Ausfuhrzoll auf die Ware erheben** взимать экспортную пошлину с товара

**Ausfuhrzollabfertigung** *f* экспортная таможенная очистка

**Ausfuhrzollsatz** *m* ставка экспортной пошлины

**Ausfuhrzollschuld** *f* обязанность платить экспортную пошлину

**Ausfuhrzollverfahren** *n* экспортно-таможенная процедура

**ausfüllen** *vt* заполнять *(бланк, формуляр и т.п.)*

**Ausgabe** *f* эмиссия, выпуск *(ценных бумаг)*; расход; трата; затраты, выплата средств; выдача *(напр. пособий)*; отпуск *(напр. товаров)*; издание *(книги)*; *обр. дан.* вывод *(данных)*; редакция *(программного продукта)*

**Ausgabe- und Einnahmebuch** *n* приходно-расходная книга

**Ausgabebeleg** *m* документ, подтверждающий платежи

  **Ausgabebeleg** оправдательный документ *(подтверждающий произведенные расходы)*

**Ausgabebudget** *n* расходный бюджет

**Ausgabedatei** *f* *вчт.* выходной файл, выходной набор данных

  **Ausgabedatei** массив выходных данных

**Ausgabedaten,** *pl* выходная информация, выходные данные

**Ausgabegerät** *n* *вчт.* устройство вывода, выходное устройство

**Ausgabekurs** *m* эмиссионный курс *(курс, по которому размещаются новые ценные бумаги)*

**Ausgaben** *pl* расходы

  **Ausgaben der öffentlichen Hand** расходы государства и местных органов власти

  **abzugsfähige Ausgaben** платежи, вычитаемые из дохода, облагаемого налогом *(напр. отчисления в благотворительные фонды)*

  **außerordentliche Ausgaben** чрезвычайные расходы

  **außerplanmäßige Ausgaben** внебюджетные расходы, внеплановые расходы

  **berufsbedingte Ausgaben** расходы, связанные с работой по специальности *(вычитаются из суммы дохода, облагаемого налогом)*

  **einmalige Ausgaben** разовые расходы, однократные расходы

  **etatmäßige Ausgaben** бюджетные расходы

  **fortdauernde Ausgaben** постоянные расходы

  **kriegsbedingte Ausgaben** военные расходы

  **nichtabzugsfähige Ausgaben** расходы предприятия, не исключаемые из суммы прибыли, подлежащей обложению налогом

  **öffentliche Ausgaben** расходы государства и местных органов власти

  **produktionsbedingte Ausgaben** производственные расходы

  **unproduktive Ausgaben** непроизводительные расходы

**Ausgabenberechnung** *f* исчисление расходов

**Ausgabenbewilligung** *f* утверждение расходной части бюджета

**Ausgabenbilanz** *f* баланс расходов

**Ausgabenbuch** *n* расходная книга

**Ausgabendefizit** *n* превышение доходов над расходами

**Ausgabendynamik** *f* динамика расходов *(отражает динамику конечных результатов)*

**Ausgabenelastizität** *f* эластичность расходов

**Ausgabenetat** *m* расходная часть бюджета

**Ausgabengliederung** *f* классификация расходов, структура расходов

**Ausgabengrenze** f лимит расходов, предел расходов
**Ausgabenhaushalt** m расходный бюджет
**Ausgabeninzidenz** f эффект воздействия государственных расходов
**Ausgabenlimit** n лимит расходов
**Ausgabenplan** m смета расходов
**Ausgabenposition** f статья расходов
**Ausgabenspalte** f графа расходов
**Ausgabenteil** n расходная часть (напр. бюджета)
**Ausgabenüberschuss** m превышение расходов над доходами, отрицательное сальдо баланса
**Ausgabenübersicht** f перечень расходов
**Ausgabenverzeichnis** n перечень расходов
**Ausgabeposten** m статья расходов
**Ausgabepreis** m цена облигаций, акций при эмиссии
**Ausgabereste** m, pl неиспользованные сметные ассигнования
**Ausgabeschalter** m раздаточное окошко (на складе)
**Ausgabespeicher** m запоминающее устройство для выходных данных, буфер вывода
**Ausgabewerte** m, pl выходная информация, выходные данные; выходные величины
**Ausgang** m выход
**Ausgänge** m pl платежи
**Ausgangsbilanz** f исходный баланс, начальный (вступительный) баланс
**Ausgangsdaten**, pl начальные данные, исходные данные; исходные параметры
**Ausgangsereignis** n сет. пл. выходное событие

**Ausgangserzeugnis** n исходный продукт
**Ausgangsgroße** f исходная величина
**Ausgangsinformation** f выходная информация
**Ausgangsinformation** f исходная информация
**Ausgangskalkulation** f исходная калькуляция
**Ausgangslösung** f исходное решение
**Ausgangsmaterial** n исходное сырьё
**Ausgangsparameter** m исходный параметр
**Ausgangsprodukt** n исходный продукт
**Ausgangsprognose** f исходный прогноз
**Ausgangsrechnung** f исходящий счёт; счёт, посылаемый предприятием покупателю
**Ausgangsrohstoff** m исходное сырьё
**Ausgangsschein** m накладная
**Ausgangsverteilung** f исходное распределение
**Ausgangszoll** m вывозная пошлина
**Ausgangszustand** m **der Wirtschaft** начальное состояние экономики
**AusgB, Ausgabebuch** расходная книга, кассовая книга
**ausgeben** выдавать
  **ausgeben** выпускать деньги, осуществлять эмиссию денег
  **ausgeben** осуществлять эмиссию (ценных бумаг), осуществлять выпуск (ценных бумаг); расходовать; тратить; выдавать (напр. пособия), отпускать (напр. товары)
**Ausgeber** m эмитент (лицо или учреждение, выпускающее ценные бумаги, напр., эмиссионный банк); раздатчик; кладовщик

**Ausgeberkode** m код эмитента
**Ausgebeutete** m эксплуатируемый
**Ausgebot** n объявление о продаже; объявление цены на торгах
**Ausgeglichenheit** f сбалансированность; уравновешенность
**Ausgeglichenheit der beiderseitigen Lieferungen** сбалансированность взаимных поставок
**Ausgeglichenheit des Staatshaushaltes** сбалансированность государственного бюджета; бездефицитность государственного бюджета
**ausgeliefert** поставлен; поставлено; доставлен; доставлено; поставка осуществлена
  **gesund ausgeliefert** товар поставлен в здоровом состоянии (оговорка в договоре, гарантирующая покупателя от ухудшения качества товара в пути)
**ausgepowert** обедневший
**Ausgestaltung** f оформление
**ausgesteuert** выделенный, получивший свой надел (в счёт наследства); снятый с пособия (о безработном)
**Ausgleich** m выравнивание, уравнивание; балансирование
**Ausgleich** компенсация, возмещение
**Ausgleich** погашение (напр. долга), оплата (напр. счёта); покрытие (задолженности, дефицита)
**Ausgleich** полюбовная сделка, мировая сделка; соглашение; компромисс
**zum Ausgleich** в уплату, в погашение

**ausgleichen** выравнивать, уравнивать; балансировать; компенсировать, возмещать; погашать *(долг)*; оплачивать *(счёт)*, покрывать *(задолженность, дефицит)*; улаживать, примирять; вносить корректирующую запись; исправлять; вносить исправление; сальдировать

**durch Gegenbuchung ausgleichen** *бухг.* сторнировать

**Ausgleichsposten** *m* скорректированная запись; уточнённая проводка; балансирующая статья

**Ausgleichsabgabe** *f* возмещение; компенсация; покрытие *(напр. ущерба, травматизма и т.п.)*; компенсационные выплаты (мн.ч.); дотации (мн.ч.) *(инвалидам в рамках государственной социальной помощи)*

**Ausgleichsabgaben** *pl f* компенсационные сборы *(на ввозимые товары, используются для защиты от конкуренции)*

**Ausgleichsanspruch** *m* требование уплаты, требование компенсации

**Ausgleichsbetrag** *m* уравнительная сумма, компенсационная сумма; *бухг.* остаток, сальдо; сальдо *(торгового или платёжного баланса)*

**Ausgleichsfinanzierung** *f* компенсационное финансирование

**Ausgleichsfonds** дотационный фонд; компенсационный фонд; субвенционный фонд, уравнительный фонд, фонд покрытия, фонд регулирования, фонд сальдирования расчётов

**Ausgleichsgebühr** *f* компенсационные сборы; уравнительная пошлина, преференциальная пошлина

**Ausgleichskasse** *f* расчётная касса *(для взаимных компенсаций между участниками торгово-промышленных объединений)*; жироцентрал, клиринговое учреждение

**Ausgleichskonto** *n* *бухг.* вспомогательный счёт, на котором в течение года отражаются затраты по видам и статьям

**Ausgleichskurve** *f* кривая выравнивания

**Ausgleichsleistungen** *f, pl* компенсационные субсидии лицам, понесшим материальный ущерб во время войны

**Ausgleichsprinzip** *n* принцип выравнивания

**Ausgleichspuffer** *m, pl* плановые сверхнормативные запасы сырья и материалов

**Ausgleichssteuer** *f* уравнительные пошлины; выравнивающий сбор, преференциальный сбор, уравнительный налог с оборота *(на ввозимые товары)*, компенсационный сбор

**Ausgleichstarif** *m* компенсационный тариф

**Ausgleichsverfahren** *n* процедура урегулирования взаимных расчётов

**Ausgleichsvorräte** *pl* буферные запасы *(создаются в рамках международных товарных соглашений для поддержания цен)*

**Ausgleichswechsel** *m* римесса *(вексель, пересылаемый для покрытия долга)*

**Ausgleichszahlung** *f* компенсационный платёж; (денежная) компенсация

**Ausgleichszoll** *m* компенсационная пошлина *(импортная пошлина на товары, экспорт которых в других странах поощряется)*

**Ausgleichszuschlag** *m* компенсационная надбавка

**Ausgleichszuschlag** уравнительная надбавка

**Ausgleichungsfonds** *m* субвенционный фонд, уравнительный фонд, фонд покрытия, фонд регулирования, фонд сальдирования расчётов

**Ausgleichungssteuer** *f* уравнительные пошлины; выравнивающий сбор, преференциальный сбор, уравнительный налог с оборота *(на ввозимые товары)*, компенсационный сбор

**Ausgleichungsverfahren** *n* *стат.* выравнивание

**Ausgleichungszoll** *m* компенсационная пошлина *(импортная пошлина на товары, экспорт которых в других странах поощряется)*

**Ausgliederung** *f* выделение

**Ausgründung** *f* основание дочерней компании, выделение дочерней компании

**Ausgüb, Ausgabeübersicht** перечень расходов

**aushandeln** выторговывать

**aushändigen** *vt* вручать, выдавать на руки

**Aushändigung** *f* вручение *(напр. денежного перевода)*, выдача *(на руки)*, передача *(из рук в руки)*

**Aushilfe** *f* временная работа, подсобная работа; (временная) помощь

**Aushilfe** временный помощник; подсобная рабочая сила; временный работник

**Aushilfsarbeit** *f* подсобная работа

**Aushilfsarbeiter** *m* сезонный рабочий

**Aushilfskraft** *f* подсобный рабочий; временный работник

**Aushilfstätigkeit** *f* (временная) помощь, поддержка, выручка *(в трудном положении)*

**Ausitattungsarbeiten** *f, pl* отделочные работы

**Auskauf** *m* *ист.* скупка; выкуп *(напр. пая)*

**Ausklarierung** *f* кларирование судна при выходе его из порта, очистка от налогов и сборов судна при выходе его из порта

**Auskunft** *f* справка; сведения; информация; отзыв *(напр. о платёжеспособности)*

**Auskunftei** *f* справочное агентство *(дающее справки о платёжеспособности, репутации фирмы или лица и проч.)*

**Auskunfts-Informationssystem** *n* справочно-информационная система

**Auskunftsbüro** *n* справочное бюро

**Auskunftsgesuch** *n* запрос сведений

**Auskunftspflicht** *f* обязанность давать отчёт *(напр. о состоянии дел)*

**Auskunftspreise** *m, pl* справочные цены

**Auskunftsrecht** *n* право акционера требовать отчёт о состоянии дел общества

**Auslage** *f* выставка товаров в витрине; оформленная витрина

**Auslage** *f* выставленные в витрине товары

**Auslagen** *f, pl* расходы, затраты, издержки

    **die Auslagen abgerechnet** не считая собственных расходов

    **die Auslagen erstatten** возмещать издержки

**Auslagenersatz** *m* возмещение расходов

**Auslagerechnung** *f* счёт расходов

    **Auslagerechnung des Schiffers** дисбурсментский счёт

**Auslagerung** *f* перемещение продукции с одного склада на другой

**Auslagerung** *f* перемещение с одного склада на другой

**Ausland** *n* заграница; зарубежные страны, иностранные государства

**Ausländer-Sonderkonten** *n, pl* специальные (валютные) текущие счета для иностранцев

**Ausländerkonvertibilität** *f* обратимость валют для нерезидентов

**Ausländerkonvertierbarkeit** *f* обратимость валют для нерезидентов

**Auslandsabsatz** *m* сбыт за границей, сбыт на внешнем рынке

**Auslandsaktiven** *n pl* зарубежные активы *(финансовые требования к другим странам, прямые инвестиции и недвижимость за границей)*

**Auslandsanlagen** *f, pl* вклады в зарубежных банках и в иностранные ценные бумаги

**Auslandsanlagen** капиталовложения за границей, инвестиции за границей, зарубежные капиталовложения, зарубежные инвестиции

**Auslandsanleihe** *f* внешний государственный заём

**Auslandsanleihe** иностранный заём; заём иностранному контрагенту

**Auslandsauftrag** *m* внешторг. индент

**Auslandsausstellung** *f* выставка за границей

**Auslandsbank** *f* иностранный банк, заграничный банк

**Auslandseinkünfte,** *pl* доходы, получаемые за границей

**Auslandseinkünfte** зарубежные доходы

**Auslandsfiliale** *f* заграничный филиал *(напр. банка)*

**Auslandsfonds** *m, pl* заграничные фонды

**Auslandsforderung** *f* требование к иностранным дебиторам

**Auslandsgelder** *pl* заграничные средства, заграничные капиталы

**Auslandsgeschäft** *n* заграничная операция *(банка)*

**Auslandsgeschäfte** *n, pl* заграничные операции банка; внешний оборот банка, заграничный оборот банка

**Auslandsguthaben** *n, pl* иностранные авуары

**Auslandshilfe** *f* иностранная помощь

    **Auslandshilfe** помощь зарубежным странам

**Auslandsinvestitionen** *f, pl* инвестиции за рубежом, зарубежные инвестиции

**Auslandskapital** *n* иностранный капитал

**Auslandskäufer** *m* внешний потребитель, зарубежный потребитель

**Auslandskonten** *n, pl* счета в иностранных банках, счета в заграничных банках

**Auslandskredit** *m* иностранный кредит, внешний кредит

**Auslandskunde** *m* зарубежный покупатель, внешний покупатель

**Auslandslager** *n* склад экспортных товаров, находящийся за границей

**Auslandsmarkt** *m* внешний рынок

**Auslandsmesse** *f* ярмарка, организуемая за границей

**Auslandsmonopol** *n* иностранная монополия

**Auslandsmontage** *f* монтаж оборудования за границей

**Auslandsnachfrage** *f* экспортный спрос

**Auslandspassiven** *n pl* обязательства в отношении других стран

**Auslandsporto** *n* почтовый сбор за международные отправления

**Auslandspostanweisung** f международный почтовый перевод

**Auslandspreis** m цена внешнего рынка, внешнеторговая цена

**Auslandsreiseverkehr** m иностранный туризм

**Auslandsrenten** f pl иностранные облигационные займы

**Auslandsschuld** f иностранный долг, внешний долг

**Auslandsschuldner** m иностранный дебитор

**Auslandsumsatz** m внешнеторговый оборот

**Auslandsvaluta** f иностранная валюта

**Auslandsvennogen** n имущество, находящееся за границей

**Auslandsverbindlichkeiten** f pl обязательства в отношении других стран

**Auslandsverbindlichkeiten** обязательства по иностранным кредитам

**Auslandsverkauf** m сбыт за границей

**Auslandsverkehr** m иностранный туризм

**Auslandsverkehr** международное сообщение, международные перевозки; международный туризм

**Auslandsvermögen** n зарубежные активы; имущество, находящееся за границей

**Auslandsverpflichtungen** f, pl внешние обязательства

**Auslandsverschuldung** f внешний долг, внешняя задолженность

**Auslandsversicherung** f страхование, предусматривающее наступление страхового случая за границей

**Auslandsvertretung** f представительство за границей; филиал (фирмы) за границей

**Auslandsvertrieb** m сбыт за границей, сбыт на внешнем рынке

**Auslandsvertrieb** m сбыт за рубежом

**Auslandswährung** f иностранная валюта

**Auslandsware** f импортный товар

**Auslandszahlungsmittel** n pl платёжные средства (в иностранной валюте)

**auslasten** загружать (напр. предприятия); использовать (с полной нагрузкой)

**die Kapazitäten sind reichlich ausgelastet** мощности загружены высоко

**Auslastung** f загрузка (напр. предприятий); нагрузка (напр. машины); использование; коэффициент использования

**Auslastung** эффективность использования, коэффициент использования

**Auslastung der Produktionsflächen** использование производственных площадей

**nicht volle Auslastung** недогрузка (напр. машины)

**tägliche Auslastung** суточная загрузка

**volle Auslastung der Arbeitszeit** полное использование рабочего времени

**Auslastungsgrad** m степень загрузки, степень использования

**Auslastungsgrad** уровень загрузки; уровень использования

**Auslastungskoeffizient** m коэффициент загрузки; коэффициент использования

**Auslastungskoeffizient** коэффициент использования

**Auslastungsplan** m für eine Maschine план загрузки машины, график загрузки машины

**Auslaufwaren** f pl вышедшие из употребления товары (устаревшие модели и т.п.)

**Auslaufzeit** f период прекращения производства изделия

**auslauten** быть снятым с производства

**auslegen** толковать, интерпретировать (правовые нормы, контракты); обосновывать, излагать; уплачивать, оплачивать; тратить, расходовать; выставлять (товары в витрине); экспонировать (товары на выставке)

**Auslegung** f выкладка (товара)

**Auslegung** толкование (правовых норм)

**Auslegung** уплата, оплата; трата, расход

**Ausleihdienst** m служба проката, прокат

**Ausleihe** f прокат; выдача напрокат; прокатный пункт

**Ausleihprogramm** n программа предоставления займов (в рамках Международного банка реконструкции и развития)

**ausliefern** vt выдавать, отпускать (товар)

**Auslieferung** f выдача, отпуск

**Auslieferung** доставка

**Auslieferung** передача (документа)

**Auslieferung** сдача, поставка; выдача, отпуск (напр. товаров); доставка; юр. передача (акта, договора)

**Auslieferung der Produktion ohne Beanstandung** сдача продукции с первого предъявления

**Auslieferung der Produktion ohne Nacharbeit** сдача продукции с первого предъявления

**gegen Auslieferung** против выдачи (пункт договора)

**Auslieferungsauftrag** *m* деливери-ордер *(распоряжение о выдаче товара со склада или о выдаче части груза по коносаменту)*

**Auslieferungskosten,** *pl* расходы по доставке

**Auslieferungslager** *n* транспортно-экспедиционный склад; сбытовая база; товарный склад

**Auslieferungsschein** *m* деливери-ордер; расписка о выдаче *(напр. товаров)*, документ на отпуск продукции

**Auslieferungssperre** *f* запрет на поставку товаров, эмбарго на поставку товаров

**Auslieferungszeit** *f* срок сдачи, срок поставки; срок доставки

**Auslobung** *f* публичное обещание о вознаграждении

**auslöhnen** выплачивать заработную плату; рассчитывать, давать расчёт, увольнять

**Auslohnung** *f* выплата заработной платы, выдача заработной платы; расчёт, увольнение

**auslöschen** *vt* погашать *(долги)*

 die Schuld auslöschen погашать долг

**Auslöschung** *f* погашение *(долга)*

**Auslosung** *f* жеребьёвка; розыгрыш; тираж; опубликование цены в рекламных целях

**Auslosung** погашение ценных бумаг

**Auslösung** возмещение работнику расходов, связанных с выполнением обязанностей за пределами постоянного места работы

**Auslösung** выкуп

**Auslosungsanleihe** *f* заём, погашаемый частями

**Auslösungsgelder** *n, pl* выкупные деньги

**Auslosungswert** *m* стоимость ценной бумаги к моменту её погашения

**ausmachen** *vt* договариваться, условливаться *(о чём-л.)*

 **ausmachen** сговариваться, договариваться, условливаться *(напр. о цене)*

 **ausmachen** составлять *(сумму)*

**Ausmaß** *n* размер; объём; масштабы; габарит

**Ausmustern** *n* отбраковка *(товара)*

**Ausmusterung** *f* отбраковка, выбраковка *(товара, продукции)*

**Ausnahme** *f* исключение; изъятие

**Ausnahmefrachtsatz** *m* ставка исключительного тарифа

**Ausnahmefrachtsatz** *m* ставка льготного тарифа

**Ausnahmeliste** *f* список товаров, не включаемых во внешнеторговые операции

**Ausnahmepreis** *m* особая цена

**Ausnahmetarif** *m* исключительный тариф, особый тариф, льготный тариф

**Ausnahmetarif** *m* льготный тариф *(на перевозку массового/навалочного груза)*

**Ausnahmezoll** *m* специальная таможенная пошлина *(на товары, проходящие таможенную очистку только в специальных таможнях)*

**Ausnahmezollsatz** *m* специальная ставка таможенного тарифа, особая ставка таможенного тарифа

**Ausnutiungskoeffizient** *m* коэффициент использования

**ausnutzen** использовать; утилизировать *(напр. отходы)*;

**ausnutzen** эксплуатировать *(технику, оборудование)*

**Ausnutzung** *f* использование, утилизация *(напр. отходов)*

**Ausnutzung** изнашивание

**Ausnutzung** эксплуатация *(оборудования)*

**Ausnutzung fremder Arbeitsergebnisse** использование результатов чужого труда

**Ausnutzungsfaktor** *m* фактор, определяющий уровень использования

**Ausnutzungsfaktor** фактор использования

**Ausnutzungsgrad** *m* степень использования

**Ausnutzungskoeffizient** *m* коэффициент использования

**Ausnutzungsnorm** *f* норма использования, норма расходования

**Auspendler** *m, pl* работники, проживающие за пределами той территориальной единицы, где находится место их работы

**auspfänden** *vt* налагать арест на имущество *(должника)*

**Ausprägung** *f* чеканка *(монет)*

**auspreisen** снабжать ценником, указывать цену

**ausrechnen** *vt* подсчитывать; вычислять, исчислять

**Ausrechnung** *f* подсчёт; вычисление, исчисление

**ausreichen** *vt* предоставлять *(кредит, ссуду)*

**Ausreichung** *f* предоставление *(напр. кредита, ссуды)*

**Ausreise** *f* выезд *(за границу)*

**Einverständnis zur Ausreise eines Kindes** согласие на выезд ребёнка за границу *(требуется при выезде ребёнка с одним из родителей, с тургруппой, без родителей и т.п.)*

**Ausrichtung** *f* выравнивание; выпрямление; направленность, ориентация; направление *(напр. развития экономики, внешней торговли)*

**Ausrufpreis** *m* отправная цена *(на аукционе)*

**ausrüsten** vt оборудовать, оснащать; обеспечивать, снабжать
**Ausrüstung** f оборудование; оснащение; инвентарь
**Ausrüstung** оснащение; обеспечение; снабжение
**komplette Ausrüstung** комплектное оборудование
**technische Ausrüstung** техническая вооружённость
**Ausrüstungsanteil** m доля капиталовложений, направляемая на приобретение машин, инструмента, инвентаря и прочего оборудования в общем объёме капиталовложений
**Ausrüstungsbilanz** f баланс оборудования (наличия и потребности в нём)
**Ausrüstungsbilanzierung** f сбалансирование оборудования (по видам)
**Ausrüstungsbilanzierung** составление баланса оборудования
**Ausrüstungsgrad** m оснащённость
**Ausrüstungskoeffizient** m коэффициент оснащённости
**Ausrüstungskosten,** pl расходы на оборудование, затраты на оборудование, издержки на оборудование
**Aussaat** f сев; посев; посевной материал, семена
**Aussaatfläche** f посевная площадь
**Aussaatkampagne** f посевная кампания
**Ausscheiden** n выбытие, выход (из фирмы, товарищества); выход из строя (напр. машины вследствие повреждения)
**Ausscheidung** f выделение, браковка; исключение
**Ausscheidung** выход (из организации); уход (со службы, в отставку)
**ausschiffen** vt выгружать с судна

**ausschließlich** исключая, за исключением
**ausschließlich** исключительный, монопольный
**Ausschließlichkeitsklausel** f пункт договора с банком, в котором сторона обязуется не совершать определённых операций в других банках
**Ausschließlichkeitsrecht** n монопольное право, исключительное право
**Ausschließlichkeitsvertrag** m агентское соглашение
**Ausschließung** f исключение, отстранение (напр. члена товарищества); признание недействительным (в акционерном праве)
**Ausschließungspatent** n патент исключительного права
**Ausschluss** m исключение, выведение (из состава); дисквалификация
**Ausschlussumsatz** m оборот капитала, не облагаемый налогом
**ausschöpfen** vt исчерпать, израсходовать, полностью использовать
**Ausschreiber** m фирма, объявившая открытый конкурс, организация, объявившая открытый конкурс
**Ausschreibung** f выписывание (счёта, векселя, чека)
**Ausschreibung** назначение налога, введение налога
**Ausschreibung** объявление о подписке на ценные бумаги; выпуск займа
**Ausschreibung** объявление открытого конкурса, тендер (при размещении заказов); конкурс на размещение заказов (обычно, правительственных); конкурс на сдачу работ, конкурс на сдачу поставок

**Ausschreibung** публичное объявление (напр. о найме работников); конкурс на замещение вакантных должностей
**Ausschreibung** торги; заявка (на торгах)
**beschränkte Ausschreibung** торги с ограниченным числом участников
**beschränkte Ausschreibung** закрытые торги
**offene Ausschreibung** открытые торги
**öffentliche Ausschreibung** публичные торги
**Ausschreibung von Aufträgen** размещение заказов по открытому конкурсу
**Ausschreibungsgeschäft** n сделка, заключённая на основании открытого конкурса
**Ausschreibungsverfahren** n система конкурсного размещения заказов (обычно, правительственных); конкурсная процедура (при размещении заказов)
**Ausschuss** m; (alt.) **Ausschuß** 1. комитет; комиссия; коллегия
**Ausschuss für Einheiten und Formelgrößen** Комитет норм, стандартов и единой научно-технической терминологии
**Ausschuss für Nachfrage und Angebot (im Europäischen Wirtschaftsrat)** комитет спроса и предложения (бывш. Европейского Экономического Совета)
**Ausschuss für wirtschaftliche Fertigung** Комитет по организации и рационализации промышленного производства
**Ausschuss für wirtschaftliche Verwaltung** Комитет по совершенствованию методов управления

**Ausschuss zur Förderung des deutschen Handels** Комитет содействия немецкой торговле

**Ausschuss zur Koordinierung der Politik im Ost-West-Handel** Комитет по координации экспорта "стратегических" товаров из стран НАТО, КОКОМ

**Ausschuss** 2. брак; отходы
öffentliche **Ausschuss** исправимый брак
äußerlich feststellbarer **Ausschuss** внешний брак *(обнаруживаемый за пределами предприятия)*
eingeschränkt verwendungsfähiger **Ausschuss** частичный брак
endgültiger **Ausschuss** окончательный брак, полный брак
innerlich feststellbarer **Ausschuss** внутренний брак *(обнаруживаемый внутри предприятия)*

**Ausschussabrechnung** *f* отчётность о браке

**Ausschussabrechnung** учёт расходов на изготовление бракованной продукции *(до установления факта брака)* и расходов по устранению брака *(напр. переделка, ремонт)*

**Ausschussanteil** *m* процент брака; удельный вес брака

**Ausschussarbeit** *f* работа, допускающая брак

**Ausschusseigenschaften** *f, pl* дефектность продукции

**Ausschusserzeugnisse** *n, pl* производственный брак, бракованная продукция, забракованная продукция

**Ausschussfrei** без дефектов; бездефектный

**Ausschusskosten** *pl* расходы, связанные с устранением брака, издержки, связанные с устранением брака

**Ausschusskosten** расходы по устранению брака

**Ausschussproduktion** *f* производственный брак, бракованная продукция, забракованная продукция

**Ausschussprozentsatz** *m* процент брака

**Ausschussquote** *f* процент брака; доля брака; количество дефектных изделий в партии товара

**Ausschusssenkung** *f* снижение брака

**Ausschussursache** *f* причина (возникновения) брака

**Ausschussverhütung** *f* меры по предупреждению (производственного) брака

**Ausschussverlust** *m* убытки от производственного брака, потери от производственного брака

**Ausschussverluste** *m pl* убытки от брака, потери от брака

**Ausschussverwertung** *f* использование бракованной продукции, применение бракованной продукции

**Ausschussware** *f* бракованный товар, забракованный товар

**ausschütten** *vt* выплачивать *(дивиденды)*

**Ausschüttung** *f* выплата дивидендов акционерам

**Ausschüttung** распределение имущества банкрота между кредиторами

**Außenanleihe** *f* внешний заём

**Außenbeitrag** *m* разница между экспортом и импортом *(в народнохозяйственном балансе)*

**außenbetrieblich** внепроизводственный

**Außenbilanzkonto** *n* забалансовый счёт

**Außenbordabnahme** *f* приёмка груза с борта одного судна на борт другого *(лихтерами, лодками)*

**Außenbordabnahme** приёмка товара с внешнего борта морского судна на борт другого судна, приёмка товара с наружного борта морского судна на борт другого судна

**Außenbordanlieferung** *f* доставка товара к внешнему борту, доставка товара к наружному борту

**Außendienst** *m* разъездная работа *(напр. финансовых инспекторов, страховых агентов и т.п.)*

**Außenfinanzierung** *f* внешнее финансирование *(за счёт выпуска акций, облигаций и др.)*; финансирование деятельности предприятия за счёт привлекаемых средств

**Außengeld** *n* внешние деньги *(в замкнутой модели функционирования того или иного сектора экономики - деньги, поступающие извне)*

**Außengroßhandel** *m* оптовая внешняя торговля

**Außengroßhandlung** *f* предприятие оптовой внешней торговли

**Außenhandelsmontagevertrag** *m* договор о монтаже импортного оборудования и оказании прочих технических услуг

**Außenhandel** *m* внешняя торговля

**Außenhandelsabgabepreis** *m* отпускная цена внешнеторговых организаций на импортные товары

**Außenhandelsarbitrage** *f* внешнеторговый арбитраж

**Außenhandelsbank** банк внешней торговли; внешнеторговый банк

**Außenhandelsbetrieb** *m* внешнеторговое предприятие

**Außenhandelsbilanz** *f* внешнеторговый баланс, баланс внешней торговли

**Außenhandelsbilanzierung** f балансирование внешней торговли

**Außenhandelsdefizit** n пассивное сальдо внешнеторгового баланса, дефицит внешней торговли

**Außenhandelsdokumente** n, pl внешнеторговая документация, внешнеторговые документы

**Außenhandelseffektivität** f эффективность внешней торговли, удельный вес дохода от внешней торговли в национальном доходе

**Außenhandelsergebnis** n результат деятельности в сфере внешней торговли, итоги деятельности в сфере внешней торговли

**Außenhandelsexpansion** f внешнеторговая экспансия

**Außenhandelsfinanzierung** f финансирование внешней торговли

**Außenhandelsfonds** m, pl фонды внешней торговли
**fremde Außenhandelsfonds** фонды, предоставленные внешнеторговому предприятию кредитными учреждениями своей страны и заграничными партнёрами

**Außenhandelsgeschäft** n внешнеторговая сделка; внешнеторговая операция

**Außenhandelsgesellschaft** f внешнеторговая компания

**Außenhandelsintensität** f степень вовлечения национального хозяйства в процессе международного разделения труда

**Außenhandelskalkulation** f калькуляция расходов, связанных с внешнеторговой операцией

**Außenhandelskammer** f внешнеторговая палата (в бывш. ГДР)

**Außenhandelskaufmann** m коммерсант, занимающийся внешнеторговыми операциями; специалист по внешней торговле

**Außenhandelskaufvertrag** m договор купли-продажи, заключаемый внешнеторговыми организациями в бывш. ГДР с несоциалистическими странами

**Außenhandelskennziffern** f, pl показатель внешней торговли (напр. внешнеторговый товарооборот, товарная структура, рентабельность)

**Außenhandelskontingente** n, pl контингенты внешней торговли

**Außenhandelskontrolle** f контроль над внешней торговлей

**Außenhandelslieferung** f внешнеторговая поставка

**Außenhandelsliefervertrag** m договор на поставку товаров, заключаемый между социалистическими странами

**Außenhandelslizenz** f внешнеторговая лицензия

**Außenhandelsmesse** f международная торговая ярмарка

**Außenhandelsmonopol** n монополия внешней торговли
**staatliches Außenhandelsmonopol** государственная монополия внешней торговли

**Außenhandelsmultiplikator** m внешнеторговый мультипликатор

**Außenhandelsnachrichtendienst** m служба информации внешней торговли

**Außenhandelsnomenklatur** f товарная номенклатура внешнеторговой деятельности, ТНВД
**staatliches Außenhandelsnomenklatur** единая товарная номенклатура внешней торговли

**Außenhandelsökonomik** f экономика внешней торговли

**Außenhandelsoperation** f внешнеторговая операция, внешнеторговая сделка

**Außenhandelsorgan** n внешнеторговая организация

**Außenhandelsorganisation** f внешнеторговая организация

**Außenhandelsplan** m экспортно-импортный план, внешнеторговый план

**Außenhandelsplanung** f планирование внешней торговли

**Außenhandelspolitik** f внешнеторговая политика, политика в области внешней торговли

**Außenhandelspreis** m внешнеторговая цена, цена во внешней торговле

**Außenhandelspreisausgleich** m выравнивание цен во внешней торговле

**Außenhandelspreisindex** m индекс внешнеторговых цен

**Außenhandelspreisstatistik** f статистика внешнеторговых цен

**Außenhandelsquote** f доля внешней торговли в совокупном общественное продукте; доля внешней торговли в национальном доходе

**Außenhandelsrecht** n внешнеторговое право

**Außenhandelsrechtsgeschäft** n внешнеторговая сделка, внешнеторговая операция

**Außenhandelsregelung** f комплекс мер по регулированию внешней торговли; регулирование внешней торговли

**Außenhandelsregime** n внешнеторговый режим

**Außenhandelsrentabilität** f рентабельность внешней торговли

**Außenhandelsrestriktionen** f, pl ограничения в области внешней торговли, внешнеторговые ограничения

**Außenhandelsrichtung** f территориальная структура внешней торговли

**Außenhandelsrisikofonds** m фонд внешнеторгового риска

**Außenhandelssaldo** m сальдо внешнеторгового баланса

**Außenhandelsschiedsgericht** n внешнеторговый арбитраж, внешнеторговая арбитражная комиссия

**Außenhandelsspanne** f разница между ценами внутреннего и внешнего рынков

**Außenhandelsstatistik** f статистика внешней торговли

**Außenhandelsstelle** f внешнеторговая организация; ведомство по регулированию внешней торговли, учреждение по регулированию внешней торговли

**Außenhandelsüberschuss** m активное сальдо внешнеторгового баланса, активный внешнеторговый баланс

**Außenhandelsüberwachung** f регулирование внешней торговли

**Außenhandelsumsatz** m внешнеторговый оборот, оборот внешней торговли

**Außenhandelsunternehmen** n внешнеторговая фирма; внешнеторговая организация, внешнеторговое объединение

**Außenhandelsunternehmung** f внешнеторговая фирма; внешнеторговая организация, внешнеторговое объединение

**Außenhandelsverband** m внешнеторговое объединение

**Außenhandelsverbindungen** f, pl внешнеторговые связи

**Außenhandelsverfahren** n режим внешней торговли, режим экспорта и импорта, порядок осуществления внешнеторговых операций

**Außenhandelsverrechnungen** f, pl внешнеторговые расчёты

**Außenhandelsvertrag** m внешнеторговый договор

**Außenhandelsvolumen** n объём внешней торговли

**Außenhandelsware** f внешнеторговый товар, товар, являющийся предметом внешней торговли

**Außenhandelswarenverzeichnis** n товарная номенклатура внешней торговли, ТНВД

**Außenhandelswerbung** f внешнеторговая реклама

**Außenhantlelstransportmonopol** n монополия на проведение транспортных операция во внешней торговле

**Außenmarkt** m внешний рынок

**Außenmaße** n, pl габариты, внешние размеры

**Außenrevisor** m 1. выездной аудитор; выездной ревизор 2. сторонний ревизор; внешний ревизор; внешний аудитор

**Außenrevision** f контрольно-ревизионный аппарат министерства финансов (в бывш. ГДР)

**Außenschuld** f внешняя задолженность, внешний долг

**Außenseiter** m аутсайдер (предприятие или фирма, не входящие в монопольные объединения)

**Außenseiterbank** f банк-аутсайдер

**Außenseiterbetrieb** m предприятие-аутсайдер

**Außenseiterfirma** f фирма-аутсайдер

**Außenstände**, pl дебиторская задолженность, счёт дебиторов

**Außenstelle** f филиал, отделение, представительство

**Außentarif** m единый таможенный тариф стран таможенного союза, применяемый при импорте из третьих стран

**Außenverkäuler** m агент по продаже (продукции предприятия, фирмы); соц. сотрудник оптового торгового предприятия, заключающий договоры с организациями розничной торговли

**Außenverpackung** f внешняя упаковка, наружная упаковка

**Außenversicherung** f страхование вещей, находящихся временно не в месте страхования, страхование вещей, находящихся постоянно не в месте страхования

**abhängige Außenversicherung** страхование, при котором часть застрахованных вещей находится в месте страхования

**Außenwerbung** f внешняя реклама; уличная реклама

**Außenwert** m стоимость (напр. валюты) на международном мировом рынке

**Außenwirtschaft** f внешнеэкономическая деятельность

**Außenwirtschaft** внешнеэкономические связи

**außenwirtschaftlich** внешнеэкономический

**Außenwirtschaftsbeziehungen** f, pl внешнеэкономические связи

**Außenwirtschaftspolitik** f внешнеэкономическая политика

**Außenwirtschaftstätigkeit** f внешнеэкономическая деятельность

**Außenzollsatz** m ставка таможенных пошлин, взимаемых странами таможенного союза при импорте из третьих стран, ставка внешних таможенных пошлин

**Außenzolltarif** m единый таможенный тариф стран таможенного союза, применяемый при импорте из третьих стран

**Außer-Haus-Lieferung** f доставка на дом готовых блюд и напитков предприятием общественного питания

**außerbetrieblich** непроизводственный; вне производства; вне предприятия; внезаводской

**Außerbetriebsetzung** f прекращение производства, прекращение работы, остановка производства, остановка работы; изъятие из эксплуатации; консервация оборудования; остановка (хода)

**Außerdienstsetzung** f увольнение, снятие с должности

**außeretatmäßig** внештатный; сверхштатный

**außeretatmäßig** не предусмотренный бюджетом, внебюджетный

**Außerkrafttreten** n прекращение действия (закона, договора)

**Außerkurssetzung** f нуллификация бумажных денег (аннулирование)

**Außerkurssetzung** превращение ценной бумаги на предъявителя в именную

**Außerkurssetzung** снятие с биржевой котировки

**Außerkurssetzung** снятие с котировки; нуллификация денежных знаков, аннулирование денежных знаков, изъятие (денег) из обращения; превращение ценной бумаги на предъявителя в именную

**Außerkurssetzung der Zahlungsmittel** изъятие денежных знаков из обращения

**Außerlademaßgut** n негабаритный груз

**außerökonomisch** внеэкономический

**außerplanmäßig** внеплановый, не предусмотренный планом; внештатный

**Außerumlaufsetzung** f изъятие из обращения

**außervertraglich** внедоговорный

**aussetzen** vt выставлять (напр. для продажи)

**aussetzen** назначать, объявлять (награду, срок)

**aussetzen** приостанавливать; прерывать

**Aussetzung** f выставление (напр. для продажи)

**Aussetzung** назначение (напр. пенсии, пособия, вознаграждения)

**Aussetzung** назначение (напр. вознаграждения) выставление (напр. для продажи)

**Aussetzung** приостановка, приостановление, отсрочка (напр. судебного процесса); временное прекращение (напр. работы); перебой (напр. в работе)

**Aussichten** f, pl возможности, перспективы

**Aussichten** конъюнктура; возможности, перспективы

**Aussickern** n просачивание, утечка

**Aussiedler** m переселенец

**Aussiedlung** f выселение, (принудительное) переселение

**Aussonderung** f выделение (напр. из конкурсной массы); выбытие, изъятие (напр. основных средств); отбор, отсортировка; выбраковка

**Aussonderung** ликвидация (основных фондов); выбытие (основных фондов)

**Aussonderungsrecht** n право на выделение предметов из конкурсной массы

**aussortieren** рассортировывать, отбирать по сортам; выбраковывать

**Ausspannen** n переманивание

**Ausspannen von Kunden** переманивание покупателей

**Aussperrung** f локаут; увольнение, отстранение от работы

**Ausstand** m забастовка, стачка; уход с работы, увольнение с работы

**Ausstand** уход с работы, увольнение с работы

**Ausständige** m f забастовщик

**Ausständler** m забастовщик

**ausstatten** оборудовать, оснащать что-л. чем-л.

**ausstatten** vt снабжать, наделять

**Aktien mit Vorrechten ausstatten** наделять акции привилегиями

**Ausstattung** f оборудование, оснащение; приданое; выдел, выделенное имущество; оснастка; арматура; отделка товара, оформление товара; отделка товара, оформление товара; снабжение; наделение; предоставление (напр. фондов); оснащённость

**Ausstattung einer Anleihe** условия выпуска займа

**Ausstattung mit Vollmachten** юр. предоставление полномочий

**energetische Ausstattung** энерговооружённость

**mechanische Ausstattung** механовооружённость

**technische Ausstattung** техническая оснащённость

**in den Ausstand treten** прекращать работу, объявлять забастовку

**Ausstattungsarbeiten** f pl отделочные работы, работы по интерьеру, отделка; дизайнерские (отделочные) работы

**Ausstattungsgrad** m уровень оснащённости, степень оснащённости; уровень вооружённости, степень вооружённости (напр., энерговооружённость)

**Ausstattungskosten,** *pl* расходы на оснащение предприятия средствами производства, издержки на оснащение предприятия средствами производства

**Ausstattungsnormative** *n, pl* нормативы оснащения предприятий средствами производства

**Ausstattungsschutz** *m* юр. охрана торговой марки; охрана оформления товара

**ausstehend** невнесённый; неуплаченный

**ausstellen** выписывать, оформлять, выдавать *(документ)*

**ausstellen** выставлять *(чек, счет, денежный документ)*, трассировать *(вексель)*; выдавать, выписывать, оформлять *(документ.)*; выставлять, экспонировать *(товары)*; участвовать в выставке

**Aussteller** *m* выставитель *(чека, счёта, денежного документа)*, трассант; лицо, составляющее документ, лицо, выдающее документ, лицо, выписывающее документ; экспонент, участник выставки

**Aussteller eines Wertpapiers** выставитель ценной бумаги *(напр. векселя, чека, аккредитива)*

**Ausstellung** *f* выставление *(аккредитива, чека, счёта, денежного документа)*, трассирование (векселя); выдача, выписка, оформление документа

**Ausstellung** выставка, экспозиция; выставление, экспонирование

**Ausstellung einer Rechnung** выставление счёта, выписывание счёта

**landwirtschaftliche Ausstellung** сельскохозяйственная выставка, выставка продукции аграрного сектора *(производства)*

**Ausstellungsausschuss** *m* выставочный комитет

**Ausstellungsdatum** *n* дата выдачи *(векселя - включает место, день, месяц, год выдачи векселя)*

**Ausstellungsdatum** дата выставления *(документа)*, дата выдачи *(документа)*

**Ausstellungsdatum** дата проведения выставки, дата выставки

**Ausstellungsgegenstand** *m* экспонат, выставочный образец

**Ausstellungsgelände** *n* территория выставки, выставочная территория

**Ausstellungsgüter** *n pl* товары для выставок, выставочные экспонаты *(могут пользоваться привилегиями при транспортировке и таможенном досмотре)*

**Ausstellungskosten** *pl* расходы по выставлению *(финансового документа)*

**Ausstellungskosten** расходы по участию в выставках; расходы на организацию выставки

**Ausstellungspriorität** *f* преимущественное право участника выставки

**Ausstellungsstand** *m* стенд на выставке, выставочный стенд

**Ausstellungsstück** *n* экспонат, выставочный экспонат

**Ausstellungsversicherung** *f* страхование экспонатов выставки

**Ausstellungswerbung** *f* реклама выставки; рекламные мероприятия, обеспечивающие успех выставки

**Aussteuer** *f* приданое; имущество, получаемое при выделе *(сыном)*

**aussteuern** давать приданое; выделять имущество *(сыну)*

**aussteuern** снимать с пособия *(безработного)*

**Aussteuerung** *f* освобождение от обязанности содержания *(лица)*; снятие с пособия *(безработного или нетрудоспособного)*

**Aussteuerversicherung** *f* страхование приданого

**Ausstoß** *m* выпуск, производство *(продукции)*; выработка; объём выпускаемой продукции, объём произведённой продукции

**ausstoßen** выпускать, производить *(продукцию)*; вырабатывать

**Ausstoßleistung** *f* производительность *(напр. оборудования)*

**Ausstoßmenge** *f* количество выпускаемой продукции, количество выпущенной продукции; количество выпущенных изделий

**Ausstoßrhythmus** *m* ритм выпуска продукции, ритм производства, ритмичность производства

**Ausstoßtermin** *m* срок выпуска продукции

**Austausch** *m* обмен, мена; замена

**äquivalenter Austausch** эквивалентный обмен

**nichtäquivalenter Austausch** неэквивалентный обмен

**Austausch ungleicher Werte** неравноценный обмен

**Austausch von Arbeitserfahrungen** обмен производственным опытом

**Austausch von Waren** товарообмен; бартер

**Austauschabkommen** *n* бартерное соглашение, договор о бартере

**Austauschakt** *m* обменная операция

**austauschbar** заменимый; заменяемый; взаимозаменяемый

**Austauschbarkeit** f заменимость; взаимозаменяемость
**Austauschbedingungen** f, pl условия обмена
**austauschen** обменивать, менять; заменять, сменять; обмениваться
**austauschfähig** заменяемый, взаимозаменяемый
**Austauschfähigkeit** f заменяемость, взаимозаменяемость
**Austauschfonds** m обменный фонд
**Austauschhandel** m меновая торговля; бартерная торговля, бартер; натуральный обмен
**Austauschlieferung** f поставка товара взамен предусмотренного договором, компенсационная поставка; бартерная поставка, поставка по бартеру, поставка на бартер
**Austauschrelation** f меновое отношение, меновое соотношение
**Austauschsphäre** f сфера обмена
**Austauschstoff** m заменитель; суррогат
**Austauschteile** n, pl взаимозаменяемые детали
**Austauschverfahren** n система немедленного обмена оборудования, требующего ремонта, на аналогичное, уже отремонтированное оборудование
**Austauschverhältnisse** n, pl отношения обмена
**Austauschverhältnisse** условия торговли (соотношение индексов импортных и экспортных цен)
**Austauschvolumen** n количественный объём импорта и экспорта, физический объём импорта и экспорта
**Austauschware** f товар-заменитель
**Austritt** m выход, выбытие (напр. из товарищества)
**Ausverkauf** m распродажа (товаров)

**ausverkaufen** распродавать; продавать без остатка
**Ausverkaufspreis** m пониженная цена на имущество ликвидируемого предприятия; цена на имущество ликвидируемого предприятия
**Ausverkaufswesen** n система распродажи (товаров)
**auswägen** взвешивать, вывешивать
**Auswahl** f выбор, ассортимент
  **Auswahl** стат. выборка; отбор; выбор
  **Auswahl der Kandidaten** выбор кандидатов; отбор кандидатов
  **bewusste Auswahl** планомерный отбор, направленный отбор
  **geschichtete Auswahl** стат. типологическая выборка, типическая выборка, районированная выборка; типологический отбор
  **gezielte Auswahl** стат. планомерный отбор, направленный отбор
  **kombinierte Auswahl** стат. комбинированный отбор
  **konzentrierte Auswahl** стат. ранжированный отбор
  **mehrstufige Auswahl** многоступенчатый отбор
  **zufällige Auswahl** стат. случайная выборка, собственно-случайная выборка
**auswählend** избирательный, селективный; избирательного действия
**Auswahlfaktor** n выборочный фактор; выборочный коэффициент
  **Auswahlfaktor** коэффициент, зависящий от условий эксплуатации
**Auswahlgerät** n сортировальный аппарат
  **Auswahlgerät** вчт. устройство выбора альтернативы; устройство для ввода альтернативы

**Auswahlgesamtheit** f стат. выборочная совокупность; выборка
**Auswahlkontrolle** f выборочная проверка; селективный контроль; избирательный контроль; выборочный контроль
**Auswahlmethode** f стат. выборочный метод; метод выборочного отбора
**Auswahloperation** f стат. операция выбора; (статистическая) выборка
**Auswahlprinzip** n принцип отбора; принцип выбора
**Auswahlregeln** f, pl правила отбора
**Auswahlreihe** f стат. выборочный ряд
**Auswahlstufung** f выборочная градация; выборочная последовательность
**Auswahlverfahren** n стат. выборочный метод
**Auswanderer** m эмигрант, экспатриант; переселенец (в другую страну)
**Auswanderung** f эмиграция, экспатриация; переселение (в другую страну)
**auswechselbar** заменяемый, сменяемый; сменный
**Auswechselung** f замена, смена
**Ausweichkurs** m номинальный курс (ценных бумаг), отклоняющийся от фактического
**Ausweichmöglichkeiten** f pl иные возможности
**Ausweis** m отчёт (банка) о состоянии счетов; баланс
  **Ausweis** данные; доказательство, свидетельство
  **Ausweis** стат. оценка, показатель оценки
  **Ausweis** справка, документ, удостоверение личности
  **Ausweis der Gewinne** приведение в финансовом отчёте официальных данных о прибылях
  **gesonderter Ausweis** стат. выделение

**ausweisen** высылать; выдворять *(из пределов государства)*
**ausweisen** *(документально)* доказывать, *(документально)* свидетельствовать
**ausweisen** *стат.* отражать
**ausweisen** *бухг.* показывать в балансе; показывать *(данные)* в отчёте; учитывать
**ausweisen** предусматривать *(в плане застройки)*
**ausweisen** свидетельствовать, *(документально)* доказывать
**Ausweisleser** *m вчт.* устройство считывания *(данных)* с документов
**Ausweisung** *f* высылка; выдворение *(из пределов государства)*
**Ausweitung** *f* расширение; углубление; распространение
**auswerten** использовать, осваивать *(напр. производственный опыт)*
**auswerten** определять в числовом выражении
**auswerten** оценивать, подводить итоги; обобщать данные; оценивать и обобщать данные *(напр. статистического анализа)*
**Auswertschablone** *f* оценочный трафарет
**Auswertung** *f* использование, освоение *(напр. производственного опыта)*
**Auswertung** определение в числовом выражении, показатель, коэффициент
**Auswertung** определение *(численных, числовых)* значений
**Auswertung** *стат.* оценка; анализ; подведение итогов, подытоживание, подсчёт; оценка и обобщение данных *(напр. статистического анализа)*
**Auswertung** подведение итогов; обобщение; анализ

**statistische Auswertung** статистический анализ
**technische Auswertung** техническое испытание
**zeichnerisch-rechnerische Auswertung** графоаналитическая обработка
**zeichnerische Auswertung** графическая обработка
**Auszahlung** *f* выдача зарплаты, выплата зарплаты, выдача заработной платы, выплата заработной платы
**Auszahlung** платёж, выплата, расчёт; банковская операция по выдаче денег
**Auszählung** счёт, подсчёт; подсчитывание; пересчитывание; отсчитывание
**Auszahlung** денежный перевод *(документ)*
**bargeldlose Auszahlung** безналичный платёж; безналичный расчёт
**briefliche Auszahlung** поручение банка о выплате на следующий день после получения
**Auszahlungskonto** *n* дисбурсментский счёт
**Auszahlungsmatrix** *f* матрица платежей, платёжная матрица
**Auszahlungsschein** *m* расходный ордер с распиской в получении денег *(напр., по сберегательному вкладу)*
**AuszB, Auszahlungsbuch** *бухг.* книга платежей
**Auszeichnung** *f* маркировка
**Auszeichnung** награда, отличие; знак отличия, отличительный знак; поощрительная премия
**Auszeichnung** награждение; присуждение *(напр. премии)*; поощрение
**Auszeichnung** обозначение цены, снабжение ценником *(товара)*
**materielle Auszeichnung** материальное поощрение

**Auszeichnungspflicht** *f* обязанность указывать на товарах цены, обязанность сопровождать товары ценниками
**Auszug** *m* выписка *(из счёта)*; выборка, выписка *(напр. из бухгалтерских книг)*; выдел престарелым *(членам семьи)*
**Auszug** выписка, извлечение, выборка, выдержка; фрагмент; конспект
**auszugsweise** *стат.* выборочно
**Autarkie** *f* автаркия, политика хозяйственного обособления
**Autarkiepolitik** *f* политика, направленная на обеспечение автаркии
**Authentikation** *f* аутентификация, удостоверение, проверка имени пользователя
**Authentizität** *f* аутентичность, подлинность, оригинальность, соответствие оригиналу
**Authentizität** подлинность, достоверность, аутентичность *(документа, подписи)*
**authority to purchase** *англ.* полномочие на покупку *(покупка отечественным банком тратт экспортёра, при неуплате импортёром по векселю экспортёр отвечает перед банком)*
**Auto-Kasko-Versicherung** *f*; **Autokaskoversicherung** *f* страхование автокаско, страхование автомашин каско; страхование автотранспорта каско *(только автотранспортного средства, а не груза)*
**Autokode** *m* автокод
**Autokoder** *m* автокодер; устройство автоматического кодирования
**Autokorrelation** *f* *(стат., вчт.)* автокорреляция

**Autokorrelationskoeffizient** *m* коэффициент автокорреляции

**Automat** *m* автомат, автоматическое устройство

**Automat** торговый автомат

**Automated Clearing Settlement System; ACSS; automatisches Verrechnungssystem** *n* (банк.) ческая клиринговая система; автоматическая система клиринговых расчётов; автоматическая система межбанковских расчётов

**Automatengaststätte** *f* закусочная-автомат, кафе-закусочная

**Automatenhandel** *m* торговля через автоматы

**Automatenkomplex** *m* комплекс торговых автоматов

**Automatenrestaurant** *n* закусочная-автомат, кафе-закусочная

**Automatentheorie** *f мат.* теория автоматов

**Automatenverkauf** *m* продажа через торговые автоматы

**Automatenverkaufsstelle** *f* магазин-автомат

**Automatenversicherung** *f* страхование содержимого торговых автоматов *(товара, денег)*; приобретение страхового полиса посредством автомата

**Automation** *f* автоматизация
  **umfassende Automation** комплексная автоматизация
  **volle Automation** полная автоматизация

**Automatisierung** *f* автоматизация
  **umfassende Automatisierung** комплексная автоматизация
  **volle Automatisierung** полная автоматизация

**Automatisierungseffekt** *m* эффект от автоматизации

**Automatisierungsgrad** *m* уровень автоматизации

**Automatisierungskoeffizient** *m* коэффициент автоматизации

**Automatisierungsvorhaben** *n* проект автоматизации, план автоматизации; мероприятия по автоматизации

**Automatismus** *m* автоматизм; самотёк; автоматическое устройство

**autonom** автономный, независимый

**Autonomie** *f* автономия, самоуправление; независимость, самостоятельность; автономная область, самоуправляемая область

**Autonomieprinzip** *n* принцип автономии; принцип самоуправления

**Autoregression** *f* авторегрессия

**Autorenkontrolle** *f* контроль за освоением капиталовложений, осуществляемый проектировочными организациями

**Autorenkontrolle** авторский контроль

**Autoresponder; automatischer Beantworter** автоответчик (телефонный, на электронные письма)

**Autotest** *m вчт.* автотест, самотестирование, автоматическое тестирование *(тест, запускаемый автоматически при переводе устройства в рабочий режим)*

**Autotransporter** *m* автомобилевоз; ремонтно-эвакуационная машина, эвакуатор

**A.u.V., Annahme und Versand** приём и отправка *(груза)*

**AV, Angestelltenversicherung** страхование служащих

  **a.v., a vista** по предъявлении

  **a.v., ad valorem** с ценности, с объявленной цены

**Aval** *m* аваль, поручительство по векселю

**Avalbürgschaft** *f* аваль, поручительство по векселю

**Avalgeber** *m* авалист, поручитель по векселю

**avalieren** *vt* ручаться *(за вексель)*, авалировать

**Avalist** *m* авалист, поручитель по векселю

**Avalkredit** *m* гарантийный кредит, кредит по поручительству *(ручательство банка за своего клиента)*

**Avalprovision** *f* вознаграждение за аваль

  **Avalprovision** комиссионные за аваль

**Avalvermerk** *m* гарантийная надпись авалиста *(на векселе)*

**Avance** *f* аванс, авансовая сумма

**AVAVG, Arbeitsvermittlungs- und Arbeitslosenversicherungs-Gesetz** закон о трудоустройстве и страховании безработных

**AVB:**

  **AVB, Allgemeine Verfrachtungsbedingungen** Общие правила перевозок грузов речными судами

  **AVB, Allgemeine Versicherungsbedingungen** Общие правила страхования

**average** *страх. англ.* авария *(убытки, причинённые судну и грузу)*

**average** *англ.* среднее качество *(о товаре)*

**average** *англ.* средний, обычный *(напр. о качестве)*

**Averaging** *n* регулярная покупка определённого числа определённых акций

**Avers** *m* аверс, лицевая сторона *(монеты)*

**Aversalsumme** *f* компенсация, возмещение; отступное; паушальная сумма, плата за партию товара без разбора

**Aversionalkauf** *m* оптовая покупка

**Aversionalzahlung** *f* оптовые платежи

**avertieren** извещать, авизовать, уведомлять; предупреждать

**AVG, Angestellten-Versicherungs-Gesetz** закон о страховании служащих

**Avis** *m (n)* авизо, извещение, уведомление

**avisieren** уведомлять, извещать, авизовать *(документ)*

**Avisklausel** *f* пометка на векселе относительно оповещения трассата о выставлении векселя

**Aviso** *n* авизо; *(разг.)* авизовка; извещение; уведомление

**Avistawechsel** *m* вексель, подлежащий оплате по предъявлении

**AVO, Ausführungsverordnung** инструкция о порядке исполнения (проведения) в действие нормативного акта

**ÄVO, Änderungsverordnung** постановление об изменении действующего положения

**Avokation** *f* отзыв *(граждан, дипломатов и т.п. из-за границы)*

**Avokation** *f* затребование *(документов)*

**a.v.u., AVU; arbeitsverwendungsunfähig** к использованию на работе непригоден

**AVU-Rente** *f* дополнительная пенсия по нетрудоспособности

**AW :**

**AW, Aruba** Аруба

**a.W., ab Werk** франко-завод, с завода *(производителя)*

**a.W., auf Wartegeld** на временном (пенсионном) пособии

**a.W., auf Widerruf** до отзыва

**AWF, Ausschuss für wirtschaftliche Fertigung** Комитет промышленного производства

**AWG :**

**AWG, Arbeiterwohnungsbaugenossenschaft** рабочий жилищно-строительный кооператив *(в бывш. ГДР)*

**AWG, Aruba-Florin, - Aruba** Арубанский гульден *(код валюты 533), -* Аруба

**AWV:**

**AWV, Allgemeine Wirtschaftliche Verwaltung** Управление по совершенствованию методов руководства *(торговыми и промышленными)* предприятиями

**AWV, Ausschuss für wirtschaftliche Verwaltung** Комитет по разработке рациональных методов управления хозяйством

**AWV, Außenwirtschaftsverordnung** *(устанавливаемые государством)* правила внешнеэкономической деятельности

**Axiomensystem** *n* система аксиом, аксиоматическая система

**AZ:**

**AZ, Aserbaidschan** Азербайджан

**AZ, Ackerzahl** балл бонитета почвы

**Az., Aktenzeichen** помета в деле, дело *(№...)*

**AZ, Arbeitszeit** рабочее время

**Az N2** дело N2

**a.Z., auf Zeit** на срок

**AZE, Arbeitszeiteinheit** единица рабочего времени

**AZKW, Amt für Zoll und Kontrolle des Warenverkehrs** Управление таможенных пошлин и контроля (внешнего) товарооборота *(в бывш. ГДР)*

**AZM, Aserbaidschan-Manat, - Aserbaidschan** Азербайджанский манат *(код валюты 031), -* Азербайджан

**AZO, Allgemeine Zollordnung** Таможенный устав

**Azubi** *m f,* **Auszubildende(r)** ученик, ученица *(на производстве)*

**Azureelinien** *f pl* штриховка на чеках и векселях для проставления суммы *(во избежание новых надписей вместо стёртых)*

**azyklisch** нециклический, ациклический, ацикличный

# B

**B:**

**B., Brief** курс продавцов, "предложение" *(в курсовых бюллетенях);* вексель

**b, bezahlt** уплачено; оплачено; все приказы выполнены *(отметка в биржевом бюллетене)*

**-B, "gestrichen Brief"** курс зачёркнут, так как имелись лишь предложения *(в курсовых бюллетенях)*

**B-Gruppe** *f стат.* группа "Б" *(совокупность отраслей промышленности, производящих предметы личного потребления и домашнего обихода - в бывш. СССР)*

**B-Note** *f ист.* банкнота в Б-марках

**B-Personal** *n* персонал торгового предприятия, непосредственно не связанный с продажей товаров *(напр., складские работники)*

**BA:**

**B.A., Betriebsamt** заводоуправление

**B.A., Betriebsanweisung** инструкция по эксплуатации

**BA, Bodenanteil** земельный надел

**B.A., Bankaktie** банковская акция, акция банка

**BAB, Betriebsabrechnungsbogen** ведомость производственного учёта

**Baby Bond** *m* процентная облигация мелкого достоинства

**Baby Bonds** *m, pl* облигации мелкого достоинства; боны мелкого достоинства

**Babyboom** *m* резкое увеличение рождаемости; бэби-бум

**back bond** (*eng*) облигация с присоединенным варрантом (напр. название определённых евробондов); облигация, выпущенная в результате использования варранта и основной облигации, дающей право на приобретение дополнительных ценных бумаг

**back spread** (*eng*) 1. фондовая арбитражная сделка при незначительном отклонении цен *или* курсов 2. опционная сделка с одновременной продажей и покупкой опционов "пут" и опционов "колл" (Optionskombination durch den gleichzeitigen Kauf und Verkauf von Puts und Calls)

**Backup-Einrichtung** *f* (*выч.тех.*) дублирующее устройство, резервное устройство

**backwardation** (*eng.*); **Deport** *m* продлённая сделка; депорт (*разница между более высоким курсом кассовой сделки и более низким срочной сделки на бирже*)

**Badische Anilin & Soda-Fabrik** АО "Бадище анилин унд содафабрик АГ", БАСФ (*химический концерн; ФРГ*)

**BAG, Bundesanstalt für den Güterverkehr** Федеральное ведомство грузовых перевозок; Федеральное управление грузовых перевозок

**Bagatellbetrag** *m* незначительная сумма

**Bagatellklausel** *f страх.* оговорка о франшизе

**Bagatellschaden** *m* незначительный убыток

**Bagatellsteuern** *f pl* низкие налоги

**Bahn** *f* железная дорога
 **Bahn** путь, дорога

**Bahn-Rollfuhr-Versicherungsschein** *m* страховое свидетельство на груз, перевозимый железнодорожным и автомобильным (гужевым) транспортом

**Bahnabfertigung** *f* документальное оформление железнодорожных отгрузок, оформление железнодорожных отправок

**bahnamtlich abgestempelt** со штампом железной дороги

**Bahnarbeiter** *m* железнодорожный рабочий

**bahnexportmäßig** годный для перевозки по железной дороге (*напр. об упаковке*)

**Bahnfrachtgeschäft** *n* операции по перевозкам грузов по железной дороге; сделка на перевозку грузов по железной дороге

**bahnfrei** франко-провоз по железной дороге

**Bahnhof** *m* железнодорожная станция

**Bahnhofstarif** *m* железнодорожный тариф

**bahnlagernd** с хранением на станции (*отметка отправителя*)

**bahnmäßig** пригодный для железнодорожной транспортировки

**Bahnsendung** *f* железнодорожная отгрузка
 **Bahnsendung** партия товара, перевозимая по железной дороге

**Bahnspediteur** *m* экспедитор, доставляющий железнодорожные грузы автотранспортом

**Bahntarif** *m* железнодорожный тариф

**Bahntarifsatz** *m* ставка железнодорожного тарифа

**Bahntransport** *m* железнодорожная перевозка

**Bahnverbindung** *f* железнодорожное сообщение

**Bahnverkehrsleistung** *f стат.* провозная способность железной дороги, пропускная способность железной дороги

**Baisse** *f* низший уровень биржевого курса
 **Baisse** понижение, снижение, падение (*биржевых курсов, цен*); экономический спад, экономическая депрессия
 **volle Baisse** резкое падение цен, резкое падение спроса

**Baissebewegung** *f* понижение биржевого курса
 **Baissebewegung** понижение биржевых курсов; понижательная тенденция, тенденция к понижению (*биржевых курсов, цен*)

**Baissegruppe** *f* группа биржевиков, играющих на понижение, кампания биржевиков, играющих на понижение

**Baisseklausel** *f* в договоре купли-продажи на складируемые товары оговорка о цене, исчисляемой на день поставки товара
 **Baisseklausel** оговорка в чартер-партии, предусматривающая понижение ставок при понижении тарифов
 **Baisseklausel** пункт договора, предусматривающий понижение цены

**Baisseposition** *f бирж.* позиция (*игра*) на понижение

**Baissespekulant** *m бирж.* игрок на понижение, "медведь"

**Baissespekulation** *f бирж.* игра на понижение

**Baissestimmung** *f* понижательное настроение (на бирже)

**Baissetendenz** *f* понижательная тенденция, тенденция к понижению (*биржевых курсов, цен*)

**Baissier** *m* биржевик, играющий на понижение, биржевой спекулянт, играющий на понижение, "медведь"

**baissieren** *фр.* падать (*о биржевом курсе*)

**balance** (*eng.*); (*selt.*) **Balance** *f* баланс

**balance sheet** (*eng.*); **Bilanz** *f*, **Jahresabschluss** *m* баланс; годовой баланс

**balancieren** *уст.* составлять баланс

**Balkendiagramm** *n* гистограмма; график Ганта (*график выполнения плана*); диаграмма в виде полос; прямоугольная диаграмма; столбцовая диаграмма

**Balkengrafik** *f* гистограмма; график Ганта (*график выполнения плана*); диаграмма в виде полос; прямоугольная диаграмма; столбцовая диаграмма

**Ballen** *m* тюк, кипа; рулон, цибик (*чаю*)

**Ballung** *f* сосредоточение, концентрация; агломерация (*напр. городского или промышленного типа*)

**Ballung** упаковка (*товаров*)

**Ballung** уплотнение (*данных*)

**Ballungsgebiet** *n* район высокой плотности населения, область высокой плотности населения, район сосредоточения населения, область сосредоточения населения

**industrielles Ballungsgebiet** район сосредоточения промышленных предприятий и городского населения

**Ballungszentrum** *n* центр сосредоточения

**industrielles Ballungszentrum** центр района сосредоточения промышленных предприятий

**BALM, Bundesanstalt für landwirtschaftliche Marktordnung** Федеральное бюро по координации производства и сбыта сельскохозяйственной продукции (*в рамках ЕЭС*)

**Baltische Terminbörse** *f* Балтийская фьючерсная биржа

**Bancomat** *m* банкомат, автомат для выдачи наличных по пластиковым картам

**Bancomat** *m* банкомат, автомат для выдачи наличных с банковского счета (в банке)

**Bancomat Plus** функции банкомата в различных приборах, соединённых через порт компьютера с банковским счётом клиента

**Band** *n* дорожка

**Band** лента

**Band** диапазон (*частот*)

**Band** память на ленте, ленточный накопитель (*напр., стриммер*)

**Band, Bd.** том, т.

**Band** бумажная бандероль (*на упаковках*)

**auf Band** на ленте (*напр. запись*)

**auf Band aufgenommene Präsentation** презентация на ленте (аудио-, видео-, мультимедийная презентация, напр. фирмы, продукции)

**auf Band aufnehmen** записывать на ленту, записать на ленту (о фонограмме, киносъемке, видеосъёмке, записи данных и т.п.)

**laufendes Band** конвейер

**vom Band rollen** сходить с конвейера

(*j-n*) **ein Banden halten** держать (кого-л.) в рабстве; держать (кого-л.) в подчинении

**Bandablage** *f* архив на лентах; файл на ленте, ленточный файл; массив данных на ленте

**Bandabstimmung** *f* настройка в полосе (*частот*)

**Bandabtaster** *m* устройство считывания с ленты

**Bandarchiv** *n* видеофонотека; архив на лентах (*напр. данных, фильмов, аудиозаписей*)

**Bandbreite** *f* диапазон колебаний курса валюты в системе с твёрдым курсом; пределы колебаний валютного курса; размах колебаний валютного курса; пределы отклонений валютного курса от паритета

**Bandbreite** официальная разница между ставками; официальная разница между курсами

**Bandbreite** спред, двойной опцион

**Bandbreite** пределы налогообложения

**Bandbreite** диапазон частот, полоса пропускания; диапазон рабочих частот; ширина спектра (*сигнала*)

**Banddatei** *f* массив данных на ленте; файл на ленте, ленточный файл

**Banddiagramm** *n* *стат.* ленточная диаграмма

**Banddrucker** *m* ленточный телетайп

**Banddrucker** ленточное печатающее устройство, печатающее устройство с ленточным шрифтоносителем

**Banderole** *f* бандероль (*почтовая*)

**Banderole** бандероль (ярлык об уплате пошлины с акцизной печатью)

**Banderole** бандеролька (на упаковке денег - для перевязывания денег)

**Banderolensteuer** *f* бандерольный сбор (*акцизный налог, напр. на табачные изделия*)

**Bandfabrikation** *f* поточное производство

**Bandfertigung** f конвейерное производство

**Bandförderung** f транспортировка (грузов) с помощью конвейера

**Bandförderung** конвейерный транспорт

**Bandförderung** продвижение конвейера

**Bandgerät** n блок магнитной ленты

**Bandgerät** лентопротяжный механизм

**Bandkassette** f кассета с магнитной лентой

**Bandkassette** (выч.) кассета с перфолентой

**Bandkopf** m магнитная головка; головка записи и воспроизведения на магнитной ленте

**Bandleseeinrichtung** f устройство считывания с ленты; устройство воспроизведения с магнитной ленты

**Bandlesegerät** n устройство считывания с (перфо)лент

**Bandleser** m устройство считывания с (перфо)лент

**Bandproduktion** f конвейерное производство

**Bandproduktion** поточное производство

**Bandprogramm** n программа на ленте

**Bandspeicher** m запоминающее устройство на (магнитной) ленте; ленточный программоноситель; стриммер

**Bandtransport** m лентопротяжка, перемещение ленты (напр., конвейера)

**Bandwagon-Effekt** m эффект "стадности"

**Bank** f банк; банковское учреждение

**Bank deutscher Länder** ист. Банк немецких земель

**Bank für Handel** торговый банк

**Bank für Handel und Industrie** торгово-промышленный банк

**Bank für Internationalen Zahlungsausgleich** Банк международных расчётов, БМР

**Bank mit universellem Geschäftskreis** банк универсального типа

**Banken entflechten** разукрупнять банки

**auszahlende Bank** банк-исполнитель

**abwickelnde Bank** банк-исполнитель

**angesehene Bank** солидный банк

**anweisende Bank** банк, открывший аккредитив

**ausführende Bank** банк-исполнитель

**auswärtige Bank** иногородний банк

**diskontierende Bank** банк-дисконтёр; банк, учитывающий векселя

**E-Bank** электронный банк

**federführende Bank eines Konsortiums** ведущий банк концерна; ответственный банк консорциума

**Internet-Bank** Интернет-банк

**kontenführende Bank** обслуживающий банк

**korrespondierende Bank** банк-корреспондент

**landwirtschaftliche Bank** сельскохозяйственный банк

**öffentlich-rechtliche Bank** публично-правовой банк

**öffentliche Bank** смешанный банк (с участием государства)

**bei der Bank** в банке (учреждении)

**bei einer Bank deponieren** положить в банк на хранение, положить в депозит; положить на депонент, депонировать

**die Banken entflechten** разукрупнять банки

**die Bank fixt seinem Kunden die Stücke an** банк бланкирует по счёту клиента

**Geld auf der Bank haben** иметь деньги в банке

**Geld durch eine Bank überweisen** перевести деньги через банк, переводить деньги через банк; сделать банковский перевод, делать банковский перевод; осуществлять банковский перевод, осуществить банковский перевод

**ein Konto bei der Bank haben** иметь счёт в банке

**über eine Bank** через банк

**Bank-AG** f акционерный банк

**Bank-Akkreditiv** n аккредитив, банковский аккредитив

**Bank-auf-Bank-Ziehungen** f pl взаимное трассирование векселей банками, трассирование векселей банками друг на друга

**Bankabrechnungsbeleg** m расчётный банковский документ; оправдательный документ по банковским расчётам, подтверждающий банковский расчётный документ

**Bankabrechnungsverkehr** m система банковских безналичных расчётов; безналичные расчёты, безналичные банковские расчёты; безналичные операции, банковские безналичные операции, безналичные банковские операции

**Bankabteilung** f отделение банка; филиал банка; отдел банка; банковский департамент (английского банка)

**Bankadresse** f адрес банка

**Bankadresse** (выч.тех.) адрес банка памяти

**Bankagentur** f агентство банка; банковское агентство

**Bankagio** *n* банковское ажио, банковский лаж
**Bankakt** *m* банковский акт
**Bankaktie** *f* акция банка, банковская акция
**Bankaktiva,** *pl* активы банка (мн.ч.), банковские активы (мн.ч.) *(напр. денежные вклады, ценные бумаги)*
**Bankakzept** *n* банк-акцепт *(согласие банка акцептовать вексель на определённую сумму)*
**Bankakzept** банковский акцепт *(переводного векселя)*
**Bankakzept** акцептный кредит
**Bankakzept** банкирский вексель
**Bankakzept gegen Dokumente** банк-акцепт против документов
**Bankanlagen** *f, pl* банковские инвестиции (мн.ч.)
**Bankanleihe** *f* банковский заём (долгосрочный)
**Bankanleihe** банковская облигация (заёмная); заёмная банковская облигация
**Bankanleihen** *f, pl* (долгосрочные) займы банков
**Bankanstalt** *f* банк, банковское учреждение
**Bankanteil** *m* банковский пай; пай в банке *(учредителя)*
**Bankanteilschein** *m* банковская акция *(учредительская)*
**Bankanteilseigner** *m* акционер банка, пайщик банка
**Bankanteilsschein** *m* банковская акция
**Bankanweisung** *f* банковский перевод
**Bankanweisung** аккредитив; банковский аккредитив
**Bankaufgeld** *n* банковское ажио, банковский лаж
**Bankaufsicht** *f* государственный контроль над частными банками

**Bankauftrag** *m* банковское поручение
**Bankauskunft** *f* информация банка, сведения банка *(о платёжеспособности клиентов)*
**Bankausweis** *m* отчёт о деятельности банка (эмиссионного)
**Bankauszug** *m* выписка из банковского счёта
**Bankaval** *m* аваль банка, банковский аваль
**Bankavis** *m* авизо, банковское авизо
**Bankbedingungen** *f, pl* условия проведения банковских операций
**Bankbelege** *m pl* банковская документация
**Bankbericht** *m* отчёт о деятельности банка
**Bankbericht** (опубликованный) финансовый отчёт банка
**Bankberichterstattung** *f* банковская отчётность
**Bankbeteiligung** *f* банковские инвестиции
**Bankbetrieb** *m* деятельность банка, банковская деятельность,
**Bankbetrieb** *m* операции банка, операции по банку, банковские операции
**Bankbilanz** *f* баланс банка
**Bankbruch** *m* крах банка, банкротство банка, несостоятельность банка, неплатёжеспособность банка
**einfacher Bankbruch** простая несостоятельность банка; банкротство банка
**strafbarer Bankbruch** злостное банкротство банка; умышленное банкротство банка
**bankbrüchig** обанкротившийся, несостоятельный
**Bankbrüchige** *m* банкрот, обанкротившийся, несостоятельное лицо

**Bankbuchhaltung** *f* банковская бухгалтерия
**Bankbürgschaft** *f* банковская гарантия, банковское поручительство, поручительство банка
**Bankdarlehen** *n* банковская ссуда, ссуда, предоставляемая банком
**Bankdebitor** *m* клиент - должник банка
**Bankdeckung** *f* банковское покрытие
**Bankdepartement** *n* банковский департамент, департамент банка, отдел банка, управление банка
**Bankdepositum** *n* депозит, (денежный) вклад в банк; ценности, сданные на хранение банку
**Bankdepot** *n* депозит; банковский депозит; депозит в банке
**Bankdepot** отдел вкладов банка
**Bankdepot** ценности, сданные на хранение банку; депозит
**Bankdepotgesetz** *n* закон о вкладах
**Bankdirektorium** *n* правление банка, директорат банка
**Bankdiskont** *m* (банковский) дисконт, учётный банковский процент
**Bankdiskont** скидка, предоставляемая банком
**Bankdiskontsatz** *m* учётная ставка; учётный банковский процент
**Bankdisponent** *m* доверенный банка
**Bankeinlage** *f* (денежный) вклад в банк, депозит
**Bankeinzahlung** *f* платёж в банк, взнос в банк
**Bankemission** *f* эмиссия банкнот, эмиссия банковских билетов, выпуск банкнот, выпуск банковских билетов, банковская эмиссия

**Bankenabkommen** *n, pl* соглашения между Немецким эмиссионным банком в бывш. ГДР и банками капиталистических стран о платежах и товарных поставках

**Bankenabkommen** соглашения между банками по техническим и организационным вопросам

**Bankenaufsicht** *f* государственный контроль над банками

**Bankenaufsicht** государственный контроль над частными банками

**Bankenberechtigung** *f* правомочия на ведение банковских операций

**Bankenclearing** *n* банковский клиринг

**Bankendebitoren** *m pl* банки-дебиторы

**Bankenerklärung** *f* банковская декларация

**Bankenfusion** *f* слияние банков, фузия банков

**Bankengelder** *n pl* средства, привлечённые от других банков

**Bankengesetz** *n* закон о банках, закон о банках и банковской деятельности

**Bankeninkasso** *n* банковское инкассо

**Bankenkartell** *n* банковский картель

**Bankenkartell** синдикат банков

**Bankenkonsortium** *n* консорциум банков, банковский консорциум (*создаётся с целью координации действий при проведении определённых операций*)

**ausländisches Bankenkonsortium** консорциум иностранных банков

**Bankenkontrolle** *f* банковский контроль, финансовый контроль

**Bankenkonzentration** *f* концентрация банков; слияние банков

**Bankenkreditoren** *m pl* банки-кредиторы (мн.ч.)

**Bankenkrise** *f* банковский кризис

**Bankenkundschaft** *f* клиентура банка

**Bankenliquidität** *f* ликвидность банка

**Bankenquete** *f* обследование банков, ревизия деятельности банка, аудит банка

**Bankenquetekommission** *f* комиссия по обследованию банков; банковская котировочная комиссия; рейтинговая банковская комиссия

**Bankenstatistik** *f* банковская статистика

**Bankensystem** *n* банковская система

**Bankentag** *m* банковский день; операционный день банка

**Bankenterminal** *n* банковский терминал

**Bankenvereinbarung** *f* корреспондентский договор (*межбанковский договор, который может предусматривать, напр. взаимные поручения по производству и получению платежей, согласованный порядок расчётов по ним*)

**Bankerott** *m* банкрот

**Bankfach** *n* банковское дело; деятельность банков

**Bankfach** несгораемый шкаф, ; несгораемый шкаф в банке; отделение сейфа; хранилище, ячейка (*в банке*)

**bankfähig** принимаемый банком к учёту, солидный (*о векселе*)

**Bankfähigkeit** *f* пригодность векселя к учёту, солидность векселя

**Bankfeiertag** *m* нерабочий день в банке, неприсутственный день в банке

**Bankferien**, *pl* банковские каникулы (*период закрытия всех банков*)

**Bankfiliale** *f* банковский филиал, филиал банка, отделение банка; агентство банка

**Bankfirma** *f* банкирская фирма, банкирский дом, банкирская контора

**Bankfonds** *m, pl* банковские фонды

**Bankfusion** *f* слияние банков, фузия банков, банковская фузия

**Bankgarantie** *f* банковская гарантия, банковское поручительство

**Bankgeheimnis** *n* банковская тайна, коммерческая тайна банков; тайна вкладов (*в банке*)

**Bankgeld** *n* банковские деньги

**Bankgeschäft** *n* банковская операция, банковская сделка

**Bankgeschäft** банковское дело; банковская деятельность; банкирский дом, банкирская контора; частный банк

**irreguläres Bankgeschäft** необычная банковская операция (*напр. эмиссионная, учредительская, биржевая операции*)

**reguläres Bankgeschäft** обычная банковская операция (*напр. операция по учёту, ломбардная, контокоррентная*)

**Bankgesetz** *n ист* закон о банках (*в Германии в 1924 г.*)

**Bankgesetzgebung** *f* банковское законодательство

**Bankgewerbe** *n* банковское дело

**Bankgewinn** *m* банковская прибыль

**bankgiriert** с банковским жиро, с банковским индоссаментом

**Bankgläubiger** *m* кредитор банка

**Bankguthaben** *n* банковские активы, банковские вклады; депозиты на счетах клиента в банке

**Bankhaus** *n* банк; банкирский дом, банкирская фирма, банкирская контора

**Bankherr** *m* банкир; владелец банка

**Bankier** *m* банкир

**Bankierkapital** *n* банкирский капитал

**Bankierkredit** *m* банкирский кредит

**Bankiersgemeinschaft** *f* международное сообщество банкиров

**Bankinkasso** *n* банковское инкассо, платёж через банк, оплата через банк, инкассо через банк

**Bankinstitut** *n* банк, банковское учреждение

**Bankkapital** *n* капитал банка; банковский капитал

**Bankkassierer** *m* банковский служащий; служащий банка

**Bankkassiererin** *f* банковская служащая; служащая банка

**Bankkommandite** *f* банк, в который вложен капитал других банков

**Bankkommandite** *f* коммандитный банк *(банк, в который вложен капитал других банков)*

**Bankkompensation** *f* компенсационная операция банка, банковская операция по зачёту встречных требований должника и кредитора *(при компенсационной сделке)*

**Bankkonditionen** *f, pl* общие условия заключения сделок между банком и клиентами

**Bankkonto** *n* банковский счёт, текущий счёт в банке

**ein Bankkonto anlegen** открывать счёт в банке

**Bankkontokorrent** *n* банковский контокоррент, контокоррентный банковский счёт

**Bankkontor** *n* банкирская контора

**Bankkontrolle** *f* банковский контроль, финансовый контроль

**Bankkorrespondent** *m* корреспондент банка

**Bankkrach** *m* крах банка; банкротство банка; банковский крах

**Bankkredit** *m* банковский кредит; банковская ссуда

**Bankkreditierung** *f* банковское кредитование

**Bankkreditvertrag** *m* договор о предоставлении банковской ссуды, банковский кредитный договор, кредитный договор банка

**Bankkreise** *m, pl* банковские круги, финансовые круги

**Bankkunde I** *m* клиент банка

**Bankkunde II** *f* учение о банках, банковское дело *(предмет изучения)*

**Bankkundschaft** *f* клиентура банка

**Bankkuratorium** *n* попечительский совет банка

**Bankleitzahl** *f*; **BLZ** банковский индекс; индекс банка; банковский код

**Bankliquidität** *f* ликвидное положение банков

**Bankliquidität** ликвидность банка, платёжеспособность банка

**echte Bankliquidität** подлинная ликвидность банков, настоящая ликвидность банков

**geborgte Bankliquidität** заимообразная ликвидность банков

**bankmäßig** банковский; принимаемый банком к учёту *(о векселе)*; через банк

**Bankmonopol** *n* банковская монополия

**Banknebenstelle** *f* филиал банка, отделение банка

**Bankniederlassung** *f* филиал банка, отделение банка

**Banknote** *f* банковский билет, банкнота; кредитный билет; денежный знак, *см.тж.* Banknoten *pl*

**einlösbare Banknote** разменная банкнота

**inkonvertible Banknote** неконвертируемая банкнота

**konvertible Banknote** конвертируемая банкнота

**nicht einlösbare Banknote** неразменная банкнота; неразмениваемая банкнота

**ungedeckte Banknote** банкнота, не имеющая золотого покрытия; банкнота без золотого обеспечения

**Banknoten** *f, pl* банковские билеты; банкноты; бумажные денежные знаки, бумажные деньги; кредитные билеты, *см.тж.* Banknote *f*

**Banknoten aufrufen** изымать банкноты из обращения

**Banknoten aus dem Verkehr ziehen** изымать банкноты из обращения

**Banknoten ausgeben** выпускать банкноты, производить эмиссию банкнот

**Banknoten einziehen** изымать банкноты из обращения

**umlaufende Banknoten** банкноты, находящиеся в обращении; находящиеся в обращении банкноты

**Banknoten-Vorratsfonds** *m, pl* резервный фонд банковских билетов, запасной фонд банковских билетов

**Banknotenausgabe** *f* эмиссия банкнот, эмиссия банковских билетов, выпуск банкнот, выпуск банковских билетов, банкнотная эмиссия

**Banknotenbündel** *n* пачка банкнот; упаковка банкнот

**Banknotenemission** *f* эмиссия банкнот, эмиссия банковских билетов, выпуск банкнот, выпуск банковских билетов, банкнотная эмиссия

**Banknotenkurs** *m* биржевой курс банкнот

**Banknotenprivileg** *n* привилегия на эмиссию банкнот

**Banknotenprivilegium** *n* привилегия на эмиссию банкнот

**Banknotenregal** *n* право государства на выпуск бумажных денег

**Banknotensteuer** *f* налог на выпуск банкнот *(превышающий контингент)*

**Banknotenumlauf** *m* обращение банкнот; сумма банкнот, находящихся в обращении

**Banknotenzähler** *m* счётчик банковских билетов

**Banknotenzirkulation** *f* обращение банкнот

**Banko** *n* банковский билет, банкнота; валюта, принимаемая банком

**Bankobligation** *f* заёмная облигация банка

**Bankobligationen** *f, pl* (заёмные) облигации банка

**Bankokonto** *m* чековая книжка

**Bankokratie** *f* банкократия, банковские круги; денежная аристократия

**Bankonote** *f* банкнота; денежная купюра

**Bankoperation** *f* банковская операция

**Bankorder** *f* банковское поручение

**Bankordnung** *f* устав банка, статут банка

**Bankpapier** *n* банковские бумаги

**Bankpapiergeld** *n* бумажные деньги

**Bankpassiva,** *pl* пассивы банка, банковские пассивы *(напр. долги, обязательства)*

**Bankplatz** *m* населённый пункт с отделением (центрального) банка

**Bankpolitik** *f* банковская политика

**Bankprivileg** *n* привилегия на ведение банковских операций; привилегия на эмиссию банкнот

**Bankprivilegium** *n* привилегия на ведение банковских операций; привилегия на эмиссию банкнот

**Bankprofit** *m* банковская прибыль

**Bankprokura** *f* доверенность, выдаваемая банком; прокура, банковская прокура

**Bankprovision** банкирская провизия, комиссионные (деньги) за осуществление банковских операций; вознаграждение за услуги, оказываемые банком; банковские комиссионные, комиссионные банка

**Bankprüfung** *f* ревизия банков и кредитных учреждений, аудит банка

**Bankrate** *f* официальная ставка учётного процента *(устанавливаемая центральным эмиссионным банком)*

**Bankrechnen** *n* банковские расчёты; порядок банковских расчётов

**Bankrechnung** *f* банковский счёт

**Bankregal** *n* денежная (государственная) регалия *(право государства на выпуск денег)*

**Bankregal** право центрального банка на выпуск денег

**Bankregel** *f,* **goldene** золотое правило (банковской ликвидности) *(заключающееся в поддержании определённого равновесия между банковскими пассивами и активами)*

**Bankrembours** *m* банковский рамбурс

**Bankrennen** *n* массовый наплыв вкладчиков банка, требующих возвращения вклада *(в период экономических затруднений)*; наплыв вкладчиков банка, требующих возвращения вкладов

**Bankreserve** *f* банковский резерв, банковский запас, резервный капитал банка

**Bankreservoir** *n фр. уст.* банковский резерв, банковский запас, резервный капитал банка

**Bankrestriktion** *f* рестрикционная банковская политика, ограничительная банковская политика

**Bankrestriktion** *ист.* рестрикционный акт

**Bankring** *m* объединение банков *(напр. ринг, картель, концерн, синдикат)*

**Bankrott** *m* банкротство, неплатёжеспособность, несостоятельность

**bewusst herbeigeführter Bankrott** преднамеренное банкротство

**böswilliger Bankrott** злостное банкротство

**einfacher Bankrott** простое банкротство

**offener Bankrott** явное банкротство

**politischer Bankrott** политическое банкротство

**strafbarer Bankrott** наказуемое банкротство; злостное банкротство; преднамеренное банкротство

**an dem Bankrott beteiligt sein** находиться в числе потерпевших банкротство

**den Bankrott anmelden** объявить себя банкротом

**den Bankrott ansagen** объявить себя банкротом
**den Bankrott erklären** объявить себя банкротом
**bankrott** обанкротившийся, неплатёжеспособный, несостоятельный
  **bankrott gehen** обанкротиться
  **bankrott machen** обанкротиться
  **bankrott sein** обанкротиться
  **bankrott werden** обанкротиться
  **sich bankrott erklären** объявить себя банкротом
  **sich für bankrott erklären** объявить себя банкротом
**Bankrotterklärung** *f* объявление о банкротстве
**Bankrotteur** *m* банкрот, обанкротившийся, несостоятельное лицо
**bankrottieren** *vi* обанкротиться
**Bankrottierer** *m* банкрот, обанкротившийся, несостоятельное лицо
**Bankrücklagen** *f pl* банковский резервный фонд *(чаще всего создаётся из прибыли)*
**Banksammelrechnung** *f* банковский сводный счёт, суммарный расчёт банковских записей
**Banksammelverrechnung** *f* банковский сводный счёт, суммарный расчёт банковских записей
**Banksatz** *m* учётный банковский процент, учётная ставка
**Bankscheck** *m* банковский чек *(выставляется одним банком другому)*
**Bankschein** *m* банковский кредитный билет
**Bankschuld** *f* долг банку, задолженность банку; долг банка, задолженность банка
**Bankschuldenkonto** *n* счёт задолженности банка

**Bankschuldverschreibungen** *f pl* банковские облигации
**Bankserver** *m* банковский сервер; сервер банка
  **die Verbindung zum Bankserver wurde automatisch getrennt** связь с банковским сервером была прервана автоматически
**Bankstatus** *m* состояние счетов банка
**Bankstatut** *n* устав банка
**Bankstelle** *f* отделение банка; банк *(как учреждение)*, банковское учреждение
**Bankstellennetz** *n* сеть отделений банка
**Banksteuer** *f* налог на выпуск банкнот *(сверх необлагаемого контингента)*; налог на банковские операции
**Banktage** *m, pl* грационные дни *(льготный срок для оплаты векселей или страховых сумм)*
**Banktechnik** *f* техника банковского дела, техника банковских операций
**banktechnisch** принятый в банковской технике, принятый в технике банковских операций
**Banktransaktion** *f* банковская операция; банковская сделка
**Banktratte** *f* банковская тратта *(переводной вексель)*
**Banküberweisung** *f* банковский перевод денег, банковское перечисление денег; безналичный платёж; оплата банковским перечислением
**Banküberweisungsformular** *n* бланк банковского перевода; бланк платёжного поручения; платёжное поручение; *разг.* платёжка
**Bankumlauf** *m* обращение банковских платёжных средств; обращение банкнот; сумма банкнот, находящихся в обращении

**Bankumsatz** *m* оборот банка
**Bankunternehmen** *n* банковское учреждение; банкирское заведение
**Bankvaluta** *f* банковские кредитные средства расчёта
**Bankverbindung** *f* клиентура банка
  **Bankverbindung** корреспондент банка
  **Bankverbindung** банковские реквизиты (клиента для оплаты)
**Bankverein** *m* объединение банков, банковское объединение
**Bankvereinigung** *f* объединение банков
**Bankverkehr** *m* банковские операции, операции банка
  **Bankverkehr** деятельность банка
**Bankvermögen** *n* имущество банка; капитал банка, банковский капитал
**Bankverpflichtung** *f* обязательство банка
  **Bankverpflichtung** обязательство перед банком, банковское обязательство
  **eine Bankverpflichtung abstoßen** погасить задолженность банку
**Bankverrechnungskonto** *n* расчётный счёт в банке
**Bankvertreter** *m* агент банка
**Bankvorschuss** *m* банковский аванс
**Bankwährung** *f* банковские кредитные средства расчёта
**Bankwechsel** *m* банковская тратта
  **Bankwechsel** вексель с жироакцептом банка, первоклассный вексель
**Bankwelt** *f* финансовый мир; банкиры, финансисты
**Bankwerte** *m, pl* ценные бумаги банка, банковские ценные бумаги

**Bankwesen** *n* банковское дело; деятельность банков

**Bankzettel** *m* банкнота

**Bankziehung** *f* банковская тратта

**Bankziehung** *f* выставление банковской тратты

**Bankzins** *m* банковский процент

**Bankzinsfuß** *m* процентная ставка банка, процентная ставка банковского кредита, ставка ссудного процента банка

**Bankzusammenbruch** *m* банкротство банка, крах банка

**Bannbruch** *m* провоз контрабандного товара; контрабанда *(действие)*

**Banner** *n* баннер (в Internet)

**Banner-Kampagne** *f* баннерная кампания; кампания по баннерной рекламе

**Bannerwerbung** *f* реклама при помощи баннеров; баннерная реклама

**Banngut** *f* контрабандный товар; контрабанда

**Bannware** *f* контрабандный товар

**banque d'affaires** *фр.* деловой банк *(во Франции)*

**BAnz., Bundesanzeiger** *наименование официального периодического издания, публикующего указы и законы правительства ФРГ*

**BAO, Berliner Absatz-Organisation** *истор.* Западноберлинская сбытовая организация *(внешней и внутренней торговли)*

**bar** наличный *(напр. о деньгах)*

gegen **bar** за наличный расчёт, наличными

in **bar zahlen** платить наличными

**Bär** *m* медведь, биржевик, играющий на понижение; биржевой спекулянт на понижение

**Barabhebung** *f* изъятие наличных средств *(из банка)*

**Barabschluss** *m* сделка за наличные; сделка за наличный расчёт, сделка на наличные, кассовая сделка

**Barakkreditiv** *n* денежный аккредитив

**Barakkreditiv** *n* чистый аккредитив

**Baranschaffung** *f* приобретение за наличные, приобретение за наличный расчёт, покупка за наличные, покупка за наличный расчёт

**Barartikel** *m* наличный товар; товар, имеющийся в наличии

**Baratt** *m* бартер, прямой товарообмен

**Baratterie** *f* баратерия, баратрия *(преднамеренные действия капитана или команды судна, имеющие целью причинение ущерба судовладельцу или грузовладельцу)*; обман, фальсификация товаров *(в морской торговле)*

**Baratteur** *m* лицо, повинное в баратерии; фальсификатор товаров *(в морской торговле)*

**Baratthandel** *m* бартерная торговля

**barattieren** проводить бартерную сделку, менять товары на товары

**Barattogeschäft** *n* бартерная торговля, бартерная сделка

**Barausgang** *m* вывод наличной суммы *(напр., из-под налогообложения)*

**Barausgang** выплата наличными

**Barauslagen** *f pl* затраты, покрываемые наличными деньгами

**Barauslagen** затраты наличных денег

**Barauszahlung** *f* наличный платёж, платёж наличными, выплата наличными

**Barbesitz** *m* кассовая наличность, денежная наличность

**Barbestand** *m* кассовая наличность, денежная наличность

**Barbetrag** *m* наличная сумма

**Barbezug ab Bankkonto** снятие наличных с банковского счёта

**Barcode** *m* штриховой код; штрих-код

**Barcodeleser** *m* считыватель штрихового кода

**Bardarlehen** *n* ссуда наличными

**Bardeckung** *f* обеспечение наличными, покрытие наличными

**Bardeckung** обеспечение наличными средствами

**Bardeckung der Banknoten** (золотое) обеспечение банковских билетов

**Bardepot** *n* депозит в форме наличных денег; депонирование *(замораживание)* части денежной суммы *(кредита)*

**Bardepotpflicht** *f* обязательное депонирование кредитов, полученных из-за границы

**Bardepotsatz** *m* процентная ставка по наличным вкладам

**bare-boat-charter** *англ.* чартер-партия на наём судна без экипажа

**Bareinkommen** *n* денежный доход

**Bareinlage** *f* вклад наличными; денежный вклад

**Bareinzahlung** *f* платёж наличными, оплата наличными

**bareme** *фр.* грузовой железнодорожный тариф, содержащий классификацию и индексацию перевозимого груза

**Barfrankierung** *f* оплата (массовых) почтовых отправлений наличными *(без почтовых марок)*

**bargain** *англ.* случайная покупка, покупка по случаю

**Bargeld** *n* кассовая наличность, *разг.* касса

**Bargeld** наличные, наличные деньги, наличность, наличные средства; денежная наличность; *разг.* наличка, *разг.* нал

**Bargeldanforderung** *f* заявка на наличные деньги *(напр. для выплаты заработной платы)*

**Bargeldausgaben** *f, pl* затраты наличных средств

**Bargeldauszahlung** *f* выплата наличными

**Bargeldauszahlung** кассовый оборот по расходу

**Bargeldauszahlungsüberschuss** *m* превышение расходов наличных средств над поступлениями, превышение расходов наличных средств над приходом

**Bargeldbedarf** *m* потребность в наличных средствах

**Bargeldbesitz** *m* кассовая наличность, денежная наличность, остаток наличных средств

**Bargeldbestand** *m* кассовая наличность, денежная наличность, остаток наличных средств

**Bargeldbewegungskonto** *n* счёт движения наличных средств

**Bargeldbewegungskonto** счёт оборота наличных средств

**Bargeldeingänge** *m, pl* поступления наличных средств

**Bargeldeinnahmen und -ausgaben** *f, pl* кассовый оборот, оборот по кассе, приход и расход по кассе

**Bargeldeinzahlungsüberschuss** *m* превышение поступлений наличных средств над расходами

**Bargeldemission** *f* выпуск денег, эмиссия денег

**Bargeldhortung** *f* оседание денег *(у населения)*

**Bargeldinkasso** *n* инкассация наличных денег

**Bargeldkontrolle** *f* контроль за выпуском и обращением денег

**Bargeldlimit** *n* лимит наличных средств, лимит кассовой наличности

**bargeldlos** безналичный

**Bargeldplan** *m* (годовой) план получения и выплаты наличных денег *(бывш. ГДР, СССР)*

**Bargeldplanungspflichtigen** *m, f, pl* организации, обязанные составлять план получения и выплаты наличных денег *(бывш. ГДР, СССР)*

**Bargeldreserve** *f* резерв наличных средств, запас наличных средств

**Bargeldstreuungsplan** *m* платёжный календарь, календарь платежей, календарь выплат

**Bargeldstrom** *m* поток наличных средств, поток наличности

**Bargeldüberweisung** *f* перевод наличных денег

**Bargeldumlauf** *m* денежное обращение; обращение наличных средств, наличное обращение

**Bargeldumsatz** *m* кассовый оборот, оборот по кассе, оборот средств по кассе; оборот наличных средств

**Bargeldumsatzplan** *m* план кассового оборота; кассовый план; план оборота наличных средств,

**Bargeldumsatzregulierung** *f* регулирование обращения наличных средств

**Bargeldverkehr** *m* денежное обращение; обращение наличных средств, наличное обращение

**Bargeldvermögen** *n* денежная наличность

**Bargeldvolumen** *n* масса денег, денежная масса

**Bargeldzirkulation** *f* обращение денег

**Bargeschäft** *n* сделка за наличные; сделка за наличный расчёт, сделка на наличные, кассовая сделка

**Bargründung** *f* основание акционерного общества на базе денежных вкладов учредителей

**Barguthaben** *n* вклад наличными

**Barguthaben** чистый остаток вклада

**Barinkasso** *n* инкассация наличных денег

**Barkauf** *m* купля за наличные, купля за наличный расчёт, покупка за наличные, покупка за наличный расчёт

**Barkaution** *f* залог наличными

**Bärkonjunktur** *f* рынок медведей, конъюнктура понижения курсов акций *(на бирже, рынке)*

**Barkredit** *m* кредит наличными

**Barleistung** *f* наличный расчёт

**Barleistung** платёж наличными, плата наличными, уплата наличными, наличный платёж

**kurzfristige Barleistung der Sozialversicherung** кратковременное денежное пособие из фонда социального страхования

**Barlohn** *m* часть натуральной заработной платы, выплачиваемая наличными

**Barmittel** *n, pl* кассовые ресурсы (банков); наличные средства

**Barnachfrage** *f* спрос на товары, оплачиваемые покупателями наличными

**Barpreis** *m* цена на товары, приобретаемые за наличные; цена на услуги, предоставляемые за наличные

**Barrel** *n* баррель *(158,988 литра)*

**Barren** *n* слиток

**Barrengeld** *n* деньги в форме слитков *(благородных металлов)*

**Barrengold** *n* золото в слитках

**Barrenzahlung** *f* платёж слитками (золота)

**Barreserve** *f* наличный денежный резерв, резерв наличных средств, запас наличных средств

**Barschaft** *f* сумма наличных денег у определённого лица

**Barschatz** *m* наличный денежный резерв, резерв наличных средств, запас наличных средств

**Barscheck** *m* кассовый чек, открытый чек, некроссированный чек

 **Barscheck** чек на оплату наличными

**Barsendung** *f* перевод наличных денег

**Barstempel** *m* почтовый штемпель *(для отправлений, оплачиваемых наличными)*

**barter** *англ.* бартерная сделка, бартер, компенсационная сделка

**Barterabkommen** *n* бартерное соглашение

**Bartergeschäft** *n* бартерная сделка, бартерная операция; товарообменная операция

**Barterhandel** *m* бартерная торговля, прямой товарообмен, бартер

**Barüberschüsse** *m, pl* излишки кассовой наличности

**Barvergütung** *f* возмещение наличными, компенсация наличными

**Barverkauf** *m* продажа за наличные, продажа за наличный расчёт

**Barvermögen** *n* денежная наличность

**Barvorrat** *m* наличный денежный резерв, резерв наличных средств, запас наличных средств

**Barvorschuss** *m* аванс наличными, задаток наличными; ссуда наличными

**Barwert** *m* фактическая стоимость; фактический размер *(будущих поступлений, платежей и т.п.,* "чистые" доходы за вычетом издержек по привлечению капитала)

**Barzahlung** *f* платёж наличными, наличный платёж

**Barzahlungsgeschäft** *n* сделка за наличные

**Barzahlungsnachlass** *m* скидка за платёж наличными

**Barzahlungsrabatt** *m* скидка за платёж наличными

**Basar** *m* рынок; базар *(восточный)*; торговая улица; базар *(рынок сельхозпродукции в СНГ)*; пассаж; базар *(благотворительный)*, распродажа *(с благотворительной целью)*

**BASF, Badische Anilin & Soda-Fabrik AG** БАСФ, "Бадише анилин унд содафабрик АГ" *(химический концерн)*

**BASIC** *англ.* БЕЙСИК, язык программирования

**basieren:**

 **basieren** *vt (auf D)* основывать, базировать *(на чем-л.)*

 **basieren** *vi (auf D)* основываться, базироваться *(на чем-л.)*

**Basis** *f* базис, база, основание, основа; *стат.* базисный период; *бирж.* базисный курс; *мат.* базис

 **Basis und Überbau** базис и надстройка

 **eigene wirtschaftliche Basis** хозяйственный расчёт

 **materielltechnische Basis** материально-техническая база

 **ökonomische Basis** экономический базис

**Basis-Computer** базовый компьютер, основной компьютер

**Basiseinheit** *f* основная единица измерения

**Basisfrachtrate** *f* основная фрахтовая ставка, базовая ставка за фрахт

**Basisgruppe** *f стат.* низовая группа *(состоящая из рабочих, профсоюзных функционеров и студентов)*

**Basishafen** *m* основной порт, основная гавань

**Basisjahr** *n стат.* базисный год, базовый год, исходный год

**Basiskosten,** *pl стат.* расходы базисного периода

**Basisladung** *f* основной груз

**Basislösung** *f* базисное решение

 **zulässige Basislösung** допустимое базисное решение

**Basisperiode** *f стат.* базисный период, исходный период

**Basispreis** *m* базисная цена

**Basisprodukte** *pl* базовые продукты (мн.ч.)

**Basisrate** *f* основная фрахтовая ставка, базовая ставка за фрахт

**Basisrechenmaschine** *f* базовая вычислительная машина, БВМ

**Basissatz** *m* основная ставка

**Basisselbstkosten,** *pl* базисная себестоимость *(себестоимость прошлого периода, взятая за основу расчёта)*

**Basisvariable** *f* базисная переменная

**Basisvektor** *m мат.* базисный вектор, вектор базиса

**Basiswert** *m* базисная величина, базисное значение

**Basiszahl** *f стат.* базисное число

**Basiszahl** *f* основание *(системы счисления)*

**Basiszeitraum** *m* базисный период

**Basiszinssatz** *m* базовая процентная ставка

**basquet of goods** *англ.* бюджетный набор

**Bastardwechsel** *m* бронзовый вексель

**Bau** *m* строительство; стройка, строительные работы *(действие)*; строительство, стройка *(объект)*; постройка, строение, сооружение; возделывание *(поля)*; добыча *(полезных ископаемых)*
 **Bau von Eigenheimen** индивидуальное жилищное строительство
 **gesellschaftlicher Bau** общественное сооружение
 *der* **Bau von Getreide** сев зерновых культур
 *einen* **Bau stillegen** законсервировать строительство
 **im Bau sein** строиться, воздвигаться
 **im Bau stehen** строиться, воздвигаться

**Bau- und Ausrüstungskapazitäten** *f pl* мощности строительных и монтажных организаций

**Bau- und Betriebsordnung** *f* правила постройки и технической эксплуатации

**Bau- und Montagearbeiten** *f pl* строительно-монтажные работы

**Bau- und Montageplan** *m* план строительно-монтажных работ

**Bauabgabe** *f* налог на постройки

**Bauablaufplan** *m* план строительно-монтажных работ; график строительства

**Bauabnahme** *f* сдача-приёмка строительного объекта

**Bauabschnitt** *m* строительный участок; очередь строительства

**Bauamt** *n* административный орган по надзору за строительством

**Bauanlage** *f* общий план постройки; расположение постройки

**Bauaufsicht** *f* строительный надзор

**Bauauftragnehmer** *m* строительный подрядчик

**Bauaufwand** *m* затраты на строительство

**Bauausführende** *m* производитель строительных работ, прораб

**Bauausführungsvertrag** *m* подрядный договор на строительство

**Baubank** *f* банк, финансирующий строительство
 **Baubank** строительный банк, стройбанк

**Baubedarfsträger** *m, pl* (государственные) хозяйственные организации и лица, нуждающиеся в строительстве и ремонте построек и сооружений

**Baubehörde** *f* административный орган по надзору за строительством

**Baubestimmungen** *f, pl* постановления и распоряжения, регламентирующие порядок проведения строительных работ

**Baubetrieb** *m* строительная организация

**Baubilanz** *f* строительный баланс

**Bauchladenverkäufer** *m* торговец вразнос, лоточник

**Baud** *n фр.* бод *(единица измерения скорости передачи информации)*

**Baudarlehen** *n* ссуда на строительство

**Baudispens** *m* разрешение на застройку участка

**Baueinheit** *f* строительный блок, стройблок; стандартный блок, унифицированный блок, типовой блок, модуль

**Baueinrichtungen** *f pl* строительное оборудование

**Bauelement** *n* конструктивный элемент, элемент конструкции; элемент схемы
 **Bauelement** элементарная ячейка, элементарная схема; модуль, стандартная ячейка

**Bauer** *m* крестьянин
 **dicker Bauer** зажиточный крестьянин; богатый крестьянин
 **gespannloser Bauer** безлошадный крестьянин
 **großer Bauer** (ист.) кулак
 **landarmer Bauer** безземельный крестьянин

**Bauerlaubnis** *f* разрешение на строительство

**Bauernbank** *f* сельскохозяйственный банк

**Bauernbevölkerung** *f* сельскохозяйственное население

**Bauerneigentum** *n* крестьянская собственность

**Bauernfrage** *f* крестьянский вопрос

**Bauerngemeinde** *f* сельская община

**Bauerngut** *n* крестьянская усадьба; хутор

**Bauernhilfe** *f*, **gegenseitige** крестьянская взаимопомощь

**Bauernhof** *m* крестьянский двор

**Bauernhufe** *f* земельный надел *(при крестьянской усадьбе)*; *ист.* крестьянский надел

**Bauernklasse** *f* крестьянство, класс крестьян

**Bauernland** *n* крестьянские земли

**Bauernlegen** *n* захват крестьянских земель помещиками; сгон крестьян с земли *(при феодализме и начальном капитализме)*

**Bauernmarkt** *m* крестьянский рынок

**Bauernmarktpreis** *m* цена, существующая на крестьянском рынке

**Bauernmesse** *f* крестьянская ярмарка *(в бывш. ГДР)*

**Bauernmesse** ярмарка сельхозпродукции фермеров

**Bauernschaft** *f* крестьянство, крестьяне; сельскохозяйственное население; фермеры; фермерство

**Bauernschutzgesetzgebung** *f* законодательство, направленное на защиту (интересов) крестьянства

**Bauernstand** *m* крестьянское сословие, крестьянство

**Bauerntum** *n* крестьянство, крестьяне; сельскохозяйственное население; фермеры; фермерство

**Bauernverein** *m* крестьянский союз

**Bauernwirtschaft** *f* крестьянское хозяйство

**Baufinanzierung** *f* финансирование строительства

**Baufinanzierung aus den öffentlichen Fonds** финансирование строительства из общественных фондов

**Baufirma** *f* строительная фирма, стройфирма

**Baufirma** фирма, выполняющая подрядные строительные работы

**Baufonds** *m* фонд строительства

**Bauführer** *m* производитель строительных работ, прораб

**Baugarantieversicherung** *f* гарантийное страхование построек, гарантийное страхование сооружений

**Baugelder** *n, pl* денежные средства, отпущенные на строительство; средства, отпущенные на строительство

**Baugelderhypothek** *f* ипотека в обеспечение займа на строительство

**Baugeldervertrag** *m* договор о займе на строительство

**Baugeldkredit** *m* кредит, предоставляемый на строительство

**Baugenehmigung** *f* разрешение на строительство

**Baugenehmigungsbehörde** *f* строительный надзор; учреждение, дающее разрешение на постройку

**Baugenossenschaft** *f* жилищно-строительное кооперативное товарищество; жилищно-строительный кооператив, ЖСК

**Baugenossenschaft** строительное товарищество, строительный кооператив

**Baugewerbe** *n* строительное дело, строительство *(как отрасль)*

**Baugewerbe** строительство; подрядное строительное дело

**Baugrundstück** *n* строительный участок, стройучасток

**Baugruppe** *f* узел; блок; строительный блок; строительный модуль; модуль

**Baugruppenabrechnung** *f* расчёт по готовым узлам *(до окончательной оплаты всего объекта)*

**Baugruppenersatzverfahren** *n* метод замены повреждённых узлов *(без остановки всего агрегата)*

**Baugruppenfristenplan** *m* график монтажа (отдельных) узлов

**Baugruppennorm** *f* норма расхода материалов на узел *(напр станка, машины)*

**Bauhandwerk** *n* предприятие, выполняющее строительные работы

**Bauhandwerk** *n* строительное дело, строительство

**Bauhandwerksbetrieb** *m*, **privater** кустарное строительное предприятие, строительная артель, стройартель

**Bauhauptleistungen** *f, pl* основные строительные работы

**Bauhauptvertrag** *m* генеральный подряд на строительство

**Bauherr** *m* владелец стройки, застройщик

**Bauhypothek** *f* ипотека в обеспечение займа на строительство

**Bauindex** *m* индекс цен на строительные работы

**Bauindustrie** *f* строительная промышленность, строительная индустрия

**Bauinvestitionen** *f, pl* капиталовложения в строительство, капитальные вложения в строительство, инвестиции в строительство

**Baukalkulation** *f* калькуляция издержек строительства в его различных фазах

**Baukapazität** *f* производственная мощность строительного предприятия; строительные мощности

**Baukasten** *m* стандартный блок, унифицированный блок, типовой блок, модуль *(строительный)*

**Baukastenmethcde** *f* агрегатный метод *(образования цен)*

**Baukastenprinzip** *n* агрегатный принцип, блочный принцип, блочный принцип, модульный принцип, исполнение из унифицированных узлов (элементов)

**Baukastenprinzip** принцип агрегатирования, агрегатирование

**Baukastensystem** *n* агрегатная конструкция; тип агрегатной конструкции

**Baukastensystem** агрегатная система

**Baukastensystem** метод агрегатирования станков из унифицированных узлов и деталей, метод компоновки станков из унифицированных узлов и деталей

**Baukastensystem** модульная система строительства

**Baukastensystem** система комплектов стандартных взаимозаменяемых деталей

**Baukastensystem** система комплектов стандартных деталей *(ограничение производства определёнными узлами или агрегатами, которые могут быть компонентами различных видов готовой продукции)*

**Baukonsens** *m* разрешение на строительство, концессия на строительство

**Baukonzession** *f* горная концессия, концессия на разработку месторождения полезного ископаемого

**Baukonzession** концессия на строительство

**Baukosten** *pl* затраты на строительство

**Baukosten-Ausgleichssubvention** *f* субсидия для покрытия расходов на строительство, дотация для покрытия расходов на строительство

**Baukosten-Ausgleichssubventionen** *f pl* компенсационная дотация на строительство

**Baukostenanschlag** *m* смета на строительство, строительная смета

**Baukostenanteil** *m* доля капиталовложений на строительство

**Baukostenindex** *m* индекс стоимости строительства, индекс расходов на строительство

**Baukostenindex** сметный индекс стоимости строительства

**Baukostenzuschuss** *m* безвозвратная ссуда на строительство

**Bauland** *n* строительный участок, стройучасток

**Bauland** территория, отведённая под строительство; стройка

**Baulandbeschaffung** *f* приобретение строительных участков, получение строительных участков

**Baulandsteuer** *f* налог на строительные участки, намеренно не застраиваемые их владельцами; налог на долгострой

**Bauleistung** *f* строительные работы

**Bauleistungen** *f, pl* строительные работы

**Bauleistungsvertrag** *m* подрядный договор на проведение строительных работ, подрядный договор на производство строительных работ

**Baulimit** *n* лимит средств, предназначенных на строительство

**Baum** *m* выч. дерево *(форма построения файловой системы)*

**Baumaterialindustrie** *f* промышленность строительных материалов

**Baunebenleistungen** *f, pl* отделочные работы в строительстве

**Baunormen** *f, pl* строительные нормы, нормы строительных работ; строительные нормы и правила, СНиП

**Baunotabgaben** *f, pl* взносы на нужды строительства

**Baupacht** *f* строительная аренда

**Baupreis** *m* расценки строительных работ, цена на строительные работы, стоимость строительных работ

**Bauproduktion** *f* строительство и ремонт построек и сооружений

**eigene Bauproduktion** строительство и ремонт построек и сооружений собственной рабочей силой предприятия

**fremde Bauproduktion** строительство и ремонт построек и сооружений рабочей силой других предприятий

**Baurecht** *n* право застройки

**Baureife** *f* **eines Grundstücks** отсутствие законных препятствий к застройке участка

**Baureparaturen** *f, pl* ремонт строений; работы по ремонту строений

**Baurisikoversicherung** *f* **für Schiffe** страхование строящихся судов

**Bausch** *m*:

**Bausch und Bogen** как есть, тель кель *(условие поставки товара - без гарантий продавца на товар)*

**in Bausch und Bogen** оптом, гуртом, целиком

**Bauschhandel** *m* оптовая торговля, торговля оптом

**Bauschkauf** *m* покупка оптом, покупка большими партиями, покупка скопом, покупка гуртом

**Bausparen** *n, pl* накопление средств на жилищное строительство; взносы в фонд строительной организации

**Bausparen** целевое накопление населением сбережений на жилищное строительство

**Bausparkasse** *f* кредитное учреждение, выдающее (долгосрочные) ссуды для индивидуального строительства; денежный фонд строительного кооператива

**Bausparkassenbeitrag** *m* взнос в кредитное учреждение, выдающее (долгосрочные) ссуды для индивидуального строительства

**Bausparvertrag** *m* договор заключаемый сбербанком с вкладчиком о предоставлении ему по окончании действия договора кредита на строительство или покупку собственного жилья

**Bausperre** *f* временное запрещение строительства, временный запрет на строительство

**Bausteinprogramm** *n* блочная программа; программа-модуль

**Baustellenfertigung** *f* изготовление готовых к монтажу строительных деталей на стройплощадке

**Baustellenrente** *f* дифференциальная рента, получаемая владельцами строительных участков

**Baustellenrente** рента за строительные участки

**Baustoffbilanz** *f* баланс строительных материалов

**Bauunternehmen** *n* строительная фирма, строительное предприятие

**Bauunternehmer** *m* предприниматель в строительстве, бизнесмен в области строительства, владелец строительной фирмы; строительная фирма, стройфирма, строительное предприятие; строительный бизнес

**Bauverbot** *n* запрещение возведения построек, запрещение строительства, запрет на строительство, запрет на проведение строительных работ

**Bauvertrag** *m* договор на строительный подряд, договор строительного подряда, договор стройподряда

**Bauvolumen** *n* объём строительства, объём строительных работ; количество строительных объектов

**Bauvoranschlag** *m* строительная смета, смета строительных работ

**Bauvorbereitungsarbeiten** *f, pl* подготовительные строительные работы

**Bauvorhaben** *n* проект строительства, план капитального строительства, проект капитального строительства

**Bauvorhaben** строительный объект, стройобъект

**Bauwert** *m* стоимость возведённых объектов, стоимость возведённых строительных объектов

**Bauwesen** *n* строительство, строительное дело

**industrialisiertes Bauwesen** промышленное строительство

**kommunales Bauwesen** коммунальное строительство

**Bauwesensversicherung** *f* страхование строительных работ; различные виды страхования в строительном деле; страхование строительства

**Bauwirtschaft** *f* строительство; строительное дело; экономика строительства

**Bauwürdigkeit** *f* пригодность месторождения для (промышленной) разработки

**Bauzeit** *f* срок строительства; строительный сезон

**Bauzeitnormen** *f, pl* нормативные сроки строительства

**Bauzeitplan** *m* график строительства

**Bauzinsen** *m, pl* проценты за кредит на строительство

**Bauzinsen** проценты на капитал, вложенный в строительство

**BAV:**

**BAV, Besondere Anordnungen für Versorgung** специальные распоряжения о государственном обеспечении лиц, пострадавших от войны и семей погибших военнослужащих

**BAV, Bundesaufsichtsamt für das Versicherungs- und Bausparwesen** Федеральное ведомство надзора за деятельностью страховых компаний и кредитных учреждений, выдающих ссуды для индивидуального строительства

**BAW, Bundesamt für gewerbliche Wirtschaft** Федеральное ведомство по отраслевому регулированию *(внешней торговли)*

**b.a.w., bis auf weiteres** впредь до дальнейшего распоряжения

**BAWAG, Bayerische Wasser-Kraftwerke-Aktiengesellschaft** БАВАГ, Акционерное общество баварских гидроэлектростанций

**Bazar** *m* базар, *см. тж* Basar

**B2B** Интернет-торговля "компания-компания"

**BB :**

**BB, Barbados** Барбадос, *до 1978г. код* ВА

**BB, Bestellbuch** книга заказов

**BB; best buy** *(eng.)* покупка по наиболее выгодной цене

**bB, bezahlt Brief** приказы на продажу выполнены частично *(отметка в биржевом бюллетене)*

**BBC, Brown Bovery & Cie AG** Броун Бовери *(наименование крупной западногерманской компании электропромышленности)*

**BBD, Barbados-Dollar, - Barbados** Барбадосский доллар *(код валюты 052), -* Барбадос

**BBG, Bundesbahn-Gesetz** закон о государственных железных дорогах ФРГ

**bBr, bezahlt Brief repartiert** приказы на продажу выполнены частично *(отметка в биржевом бюллетене)*

**Bbrt, Betriebsbruttotonne** эксплуатационная тонна брутто

**BBZ, Bergbaubedarf-Beschaffungszentrale** Центральное управление снабжения шахтным оборудованием

**B2C** Интернет-торговля "компания-потребитель"

**BCC, Bureau Central de Compensation de l'Union Internationale des Chemins de Fer** Центральное бюро по взаимным расчётам между железными дорогами - членами МСЖД

**BCD-Kode** *m* двоично-десятичный код

**BCG-Matrix; Boston Consulting Group Matrix BCG** -матрица

**BD :**

**BD, Bangladesch** Бангладеш

**B.D., bank draft** банковский вексель

**B/D, bank draft** вексель с жироакцептом банка; первоклассный вексель; банковская тратта

**BDA, Bundesvereinigung der Deutschen Arbeitgeberverbände** Федеральное объединение союзов работодателей *(предпринимателей)*

**BDE, Betriebsdatenerfassung** сбор производственных данных, регистрация производственных данных, регистрация технологических данных

**BDF:**

**BDF, B.d.F., Banque de France** "Банк де Франс", французский банк

**BDF, B.d.F., Bundesministerium für Finanzen** Федеральное министерство финансов

**BDI, Bundesverband der Deutschen Industrie** Федеральный союз германской промышленности

**BdL, Bank deutscher Länder** *ист.* Банк немецких земель

**BDT, Taka, - Bangladesch** Така *(код валюты 050)*, - Бангладеш

**BDV, Bundesverband Deutscher Volks- und Betriebswirte** Федеральное объединение немецких экономистов и инженеров по организации производства

**BDW :**

**BDW, Bund Deutscher Werbeberater und Werbeleiter** Союз консультантов и руководителей рекламного дела

**BdW, Bund Deutscher Werbeschaffenden** Союз работников рекламы

**BE :**

**B.E., Bank of England** Английский банк

**BE, bill of exchange** переводной вексель, тратта

**B/E, bill of exchange** переводный вексель, тратта

**BE, gut beschleunigtes Eilgut** груз большой скорости

**BE, Belgien** Бельгия

**Be- und Entladearbeiten** *f, pl* погрузочно-разгрузочные работы

**Be- und Entladegeräte** *n, pl* погрузочно-разгрузочные устройства *(приспособления)*

**Be- und Entlademittel** *n, pl* погрузочно-разгрузочные средства

**Be- und Entwässerungsanlagen** *f, pl* ирригационно-мелиоративные сооружения

**BEA, British European Airways Corporation** Английская компания европейских воздушных сообщений

**Beachtung** *f* **der Bilanz** соблюдение баланса

**Beamte** *m* государственный служащий, госслужащий, должностное лицо, чиновник; служащий

**städtischer Beamte** муниципальный служащий, служащий муниципалитета, работник муниципалитета

**Beamtenschaft** *f* чиновничество, чиновничьи круги, бюрократия

**Beamtentum** *n* чиновничество, чиновничьи круги, бюрократия

**beanspruchen** *vt* нагружать

**beanspruchen** претендовать *на что-л.*

**beanspruchen** требовать *что-л.*

**Beanspruchung** *f* долговое обязательство

**Beanspruchung** нагрузка; напряжение

**Beanspruchung** требование, претензия, заявление претензии, выставление требования

**beanstanden** *vt* заявлять претензию *на что-л.*, предъявлять рекламацию; браковать, забраковывать, отбраковывать

**Beanstandung** *f* рекламация; претензия; возражение, опротестование, оспаривание *(в суде)*

**Beanstandungsmeldung** *f* извещение о рекламации, письмо с рекламацией

**beantragen** запросить *(напр. кредит)*

**Bear** *m англ.* медведь; биржевой спекулянт, играющий на понижение, "медведь", *см. тж.* Bär

**Bear-Markt** рынок медведей; рынок спекулянтов, играющих на понижение

**bearbeiten** возделывать *(землю)*

**bearbeiten** дорабатывать

**bearbeiten** обрабатывать; принимать к учёту *(напр. вексель)*

**Bearbeitung** *f* возделывание, обработка *(земли)*

**Bearbeitung** обработка, разработка, переработка, отделка *(процесс)*

**Bearbeitung jeder einzelnen Ziffer von links nach rechts** обработка каждой цифры слева направо (таможенная и налоговая практика)

**Bearbeitungsdauer** *f* время обработки

**Bearbeitungsdauer** срок прохождения и обработки документа; срок прохождения документа по инстанциям

**Bearbeitungskosten**, *pl* стоимость обработки

**Bearbeitungsvergütung** *f* комиссионное вознаграждение неосвобождённым страховым агентам за инкассо *(бывш. ГДР)*

**Bearbeitungsvorgang** *m* технологический процесс, процесс обработки

**Bearbeitungszeit** *f* время обработки

**beauflagen** *vt* дать заказ *на что-л.*

**mit Produktion beauflagen** дать заказ на производство

**Beauflagung** *f* выдача заказа, выдача (планового) задания *(предприятию)*; установление нормы *(выработки, поставок)*; установление лимита

**beauftragen** *vt* дать заказ, уполномочивать *кого-л. на что-л.*

**Beauftragte** *m f* уполномоченный, доверенное лицо, полномочный представитель

**Beauftragung** *f* полномочие

**bebaubar** пригодный к возделыванию

**bebaubar** пригодный к застройке

**Bebauungsrecht** *n* право застройки

**Bedarf** *m* спрос; потребности; надобность; нужды

**agrarischer Bedarf** сельскохозяйственный спрос

**akuter Bedarf** острая потребность

**aperiodischer Bedarf** апериодический спрос, эпизодический спрос

**befriedigter Bedarf** удовлетворённый спрос

**gedeckter Bedarf** удовлетворённый спрос

**elastischer Bedarf** эластичный спрос

**gesellschaftlich notwendiger Bedarf** общественно необходимые потребности

**konsumtiver Bedarf** потребительский спрос

**laufender Bedarf** текущий спрос

**nicht elastischer Bedarf** неэластичный спрос

**örtlicher Bedarf** местный спрос

**periodischer Bedarf** периодический спрос

**persönlicher Bedarf** личные потребности, индивидуальные потребности

**privater Bedarf** частные потребности

**produktionsbedingter Bedarf** потребности производства

**produktiver Bedarf** производственные потребности

**saisonbedingter Bedarf** сезонный спрос, сезоннообусловленный спрос

**ständiger Bedarf** устойчивый спрос, постоянный спрос

**täglicher Bedarf** ежедневный спрос

**unbefriedigter Bedarf** неудовлетворённый спрос

**volkswirtschaftlicher Bedarf** народнохозяйственные потребности; народнохозяйственный спрос

**voraussichtlicher Bedarf** ожидаемый спрос, прогнозируемый спрос

**vorgegebener Bedarf** заранее определённые потребности, заранее установленные потребности; заранее спрогнозированный спрос

**Bedarf decken** удовлетворить спрос

**Bedarf haben** иметь спрос

**an dem Bedarf gemessen** учитывая потребности

**nach Bedarf** в зависимости от потребностей, в зависимости от спроса, смотря по потребностям

**Bedarfs- und Marktforschung** *f* изучение спроса и рынка, маркетинговое исследование рынка

**Bedarfs- und Marktforschungsdatei** *f* база данных для изучения спроса и рынка

**Bedarfs- und Marktforschungskartei** *f* картотека материалов для изучения спроса и рынка

**Bedarfsanalyse** *f* анализ спроса, анализ потребностей

**Bedarfsänderungen** *f, pl* изменения в спросе (потребителей)

**Bedarfsanforderung** *f* потребность

**Bedarfsanforderungen** *f, pl*, **volkswirtschaftliche** потребности народного хозяйства, народнохозяйственные потребности

**Bedarfsantizipierung** *f* предвидение спроса, предвидение потребностей, прогнозирование спроса, прогнозирование потребностей

**Bedarfsartikel** *m* предмет первой необходимости, товар первой необходимости, товары повседневного спроса

**Bedarfsäußerung** f проявление активного спроса (*на определённый товар*)
**Bedarfsäußerung** проявление спроса на конкретный товар, проявление спроса на конкретную на услугу, проявление спроса на определённый товар, проявление спроса на определённую услугу
**aperiodische Bedarfsäußerung** непериодическое проявление спроса; эпизодическое проявление спроса
**periodische Bedarfsäußerung** периодическое проявление спроса
**Bedarfsbeeinflussung** f влияние на спрос
**Bedarfsbefriedigung** f удовлетворение спроса
**Bedarfsbeitrag** m часть страховой премии, идущая на выплату страховок и на покрытие возникающих расходов
**bedarfsdeckend** покрывающий спрос
**Bedarfsdeckung** f удовлетворение спроса, покрытие спроса
**Bedarfsdeckungsschein** m заверенная накладная; ордер (*на получение необходимых товаров*)
**Bedarfsdeckungswirtschaft** f рыночное хозяйство, ориентированное на удовлетворение спроса
**Bedarfseinschätzung** f оценка спроса
**Bedarfselastizität** f эластичность спроса
**Bedarfsentwicklung** f динамика спроса; развитие спроса
**bedarfserhöhend** повышающий спрос, действующий в сторону повышения спроса
**Bedarfsermittlung** f выявление спроса; определение потребностей

**Bedarfsfaktor** m фактор спроса, фактор потребностей
**Bedarfsfaktor** m характеристика роли спроса, характеристика роли потребностей
**Bedarfsforderungen** f, pl спрос, требования (*потребителей*)
**Bedarfsforschung** f изучение спроса; изучение рынка
**handelsseitige Bedarfsforschung** изучение спроса торговыми организациями
**komplexe Bedarfsforschung** комплексное изучение спроса
**lieferseitige Bedarfsforschung** изучение спроса поставщиками
**Bedarfsforschungsverfahren** n метод изучения спроса, метод исследования спроса
**Bedarfsfunktion** f функция спроса
**Bedarfsgegenstand** m предмет первой необходимости, товар первой необходимости, товары повседневного спроса
**bedarfsgerecht** отвечающий спросу
**bedarfsgerecht** соответствующий спросу
**Bedarfsgerechtheit** f соответствие спросу, соответствие потребностям
**Bedarfsgerechtigkeit** f соответствие спросу, соответствие потребностям
**Bedarfsgestalt** f структура спроса
**Bedarfsgruppen** f, pl комплекс потребностей
**Bedarfsgüter** n, pl предметы первой необходимости; потребительские товары, товары первой необходимости, товары повседневного спроса
**Bedarfshandel** m торговля потребительскими товарами, торговля товарами народного потребления

**Bedarfskategorie** f категория спроса, категория потребностей
**Bedarfskenntnis** f знание спроса (*потребителей*)
**Bedarfskomplex** m комплекс потребностей
**Bedarfslenkung** f регулирование спроса; управление спросом
**Bedarfsliste** f перечень требуемых товаров
**Bedarfsluftverkehr** m воздушное сообщение на основе договоров (*между предприятиями воздушного сообщения и транспортно-экспедиционными организациями*)
**bedarfsmindernd** сокращающий спрос, действующий в сторону сокращения спроса, уменьшающий спрос, действующий в сторону уменьшения спроса
**Bedarfsplanung** f планирование спроса, планирование потребностей
**Bedarfsprämie** f часть страховой премии, идущая на выплату страховок и на покрытие возникающих расходов
**Bedarfsprognose** f прогноз спроса, прогноз потребностей
**Bedarfssättigung** f удовлетворение спроса
**Bedarfsspanne** f разница в уровнях процентных ставок
**Bedarfsstruktur** f структура спроса
**Bedarfsträger** m потребитель; носитель потребностей
**Bedarfsträgergruppen** f, pl группы потребителей; группы носителей потребностей, потребительские группы
**Bedarfsumfang** m объём потребностей; величина спроса, размеры спроса
**Bedarfsweckung** f стимулирование спроса

**Bedeckungsart** *f* *уст.* способ взыскания *(долгов)*, способ покрытия *(долгов)*

**Bedeckungszuschlag** *m* надбавка к основному тарифу за провоз груза в крытых транспортных средствах

**Bedenkfrist** *f* срок до вторичного предъявления векселя *(на который имеет право трассат)*

**Bedieneinheit** *f* пульт управления; блок управления

**Bedienelement** *n* орган (ручного) управления

**bedienen** обслуживать, заниматься *(покупателем)*

**bedienen** управлять; действовать, оперировать; манипулировать

**bedienen** *vt* эксплуатировать; обслуживать *(напр. машину)*

**Bediener** *m* оператор

**Bedienkraft** *f* обслуживающий персонал

**Bedienung** *f* обслуживание *(машин, оборудования)*; обслуживание *(напр. клиента, покупателя)*; обслуживающий персонал

**Bedienung öffentlicher Schuld** обслуживание государственного долга *(ежегодные выплаты процента и погашение части основной суммы долга)*

**manuelle Bedienung** обслуживание вручную, ручное обслуживание

**mit Bedienung eingeschlossen** включая обслуживание

**Bedienungsanleitung** *f* инструкция по эксплуатации; руководство по обслуживанию

**Bedienungsarbeiter** *m* обслуживающий рабочий

**Bedienungsaufschlag** *m* надбавка к ценам на ресторанные блюда и напитки за обслуживание в номерах отелей *(бывш. ГДР)*

**Bedienungsaufschlag** процентная надбавка к ценам за обслуживание в предприятиях общественного питания *(специальная форма заработной платы персонала гостиниц и ресторанов)*

**Bedienungsdauer** *f* продолжительность обслуживания, срок обслуживания

**Bedienungseinweisung** *f* инструкция по эксплуатации; руководство по обслуживанию

**Bedienungsfeld** *n* район обслуживания

**Bedienungsforderung** *f* требование на обслуживание

**Bedienungsform** *f* форма обслуживания *(в сфере внутренней торговли)*

**Bedienungskanal** *m* канал обслуживания

**Bedienungskosten**, *pl* расходы по обслуживанию; эксплуатационные расходы

**Bedienungskraft** *f* единица обслуживающего персонала *(напр. официант, оператор ЭВМ)*

**Bedienungskräfte** *f, pl* обслуживающий персонал

**Bedienungskräftenorm** *f* норматив численности персонала, обслуживающего машины и оборудование

**Bedienungsmann** *m* обслуживающий рабочий; оператор *(напр. ЭВМ)*

**Bedienungsmannschaft** *f* обслуживающий персонал

**Bedienungsmodell** *n* модель обслуживания

**Bedienungsnorm** *f* норматив численности персонала, обслуживающего машины и оборудование

**Bedienungspersonal** *n* обслуживающий персонал

**Bedienungsprobleme** *n, pl* задачи обслуживания

**Bedienungsprogramm** *n* программа обслуживания, сервисная программа, обслуживающая программа; вспомогательная программа

**Bedienungspult** *n* пульт управления

**Bedienungsstation** *f* станция обслуживания *(в теории массового обслуживания)*, место обслуживания *(в теории массового обслуживания)*

**Bedienungssystem** *n* организационная форма обслуживания посетителей в местах общественного питания и гостиницах; система массового обслуживания

**Bedienungstheorie** *f* теория массового обслуживания, теория очередей, теория ожидания

**Bedienungsvorschrift** *f* инструкция по эксплуатации; руководство по обслуживанию

**Bedienungszentrale** *f* станция обслуживания

**Bedienungszone** *f* зона обслуживания

**bedingt-obligatorisch** условно-обязательный

**Bedingtlieferung** *f* условная покупка *(с правом возврата купленной вещи, обычно, в книготорговле)*

**Bedingung** *f* условие, предпосылка, *см.тж.* Bedingungen *pl*

**annehmliche Bedingung** приемлемое условие

**auflösende Bedingung** *юр.* условие расторжения, условие роспуска, условие ликвидации; резолютивное условие, отменительное условие

**einschränkende Bedingung** ограничительное условие, ограничение; дополнительное условие

**hinreichende Bedingung** достаточное условие

**identisch nicht erfüllte Bedingung** тождественно ложное условие
**notwendige Bedingung** необходимое условие
**scharfe Bedingung** жёсткое условие
**unerläßliche Bedingung** непременное условие
**vorläufige Bedingung** временное условие
**Bedingung einhalten** выполнить условие
**Bedingung stellen** ставить условие
**eine Bedingung zugestehen** принять условие
**zu den Bedingungen cif** на условиях сиф
**zu den Bedingungen fob** на условиях фоб
**Bedingungen** *f, pl* условия *(мн. ч.)*, *см.тж.* Bedingung *f*
**Bedingungen der Kreditausreichung** режим кредитования; условия кредитования
**Bedingungen für den Zahlungsverkehr** режим расчётов
**knechtende Bedingungen** кабальные условия
**kommerzielle Bedingungen** торговый режим; коммерческие условия, торговые требования
**materielle Bedingungen** материальные условия *(напр. трудового процесса)*
**natürliche und ökonomische Bedingungen** природно-экономические условия
**technische Bedingungen** технические условия
**übliche Bedingungen bei dei Kreditausreichung und im Zahlungsverkehr** общий режим кредитования и расчётов
**verschärfte Bedingungen der Kreditausreichung** особый режим кредитования
**vertragsmäßige Bedingungen** договорные условия
**zu gegenseitig vorteilhaften Bedingungen** на взаимовыгодных условиях; взаимовыгодно
**bedingungslos** безоговорочный
**Bedingungsverbot** *n* запрещение включать оговорки в сделки
**Bedrucken** *уст.* набивка *(напр. перфоленты)*
**Bedrucken** *n* распечатка, вывод на печать, печать
**Bedürfnis** *n* потребность, нужда
**geistig-kulturelles Bedürfnis** духовные и культурные запросы
**gesamtgesellschaftliches Bedürfnis** потребности общества в целом
**individuelles Bedürfnis** личные потребности, индивидуальные потребности
**kaufkräftiges Bedürfnis** потребности, соответствующие реальной покупательной способности
**materielles Bedürfnis** материальные потребности
**öffentliches Bedürfnis** общественные потребности
**privates Bedürfnis** частный спрос
**soziales Bedürfnis** социальные потребности
**staatliches Bedürfnis** государственные потребности, потребности государства
**zahlungsfähiges Bedürfnis** платёжеспособный спрос
**Bedürfnisarten** *f, pl* виды потребностей (мн.ч.)
**Bedürfnisbefriedigung** *f* удовлетворение потребностей
**Bedürfniseinheit** *f* единица потребностей
**Bedürfnisgattung** *f* категория потребностей
**Bedürfniskategorie** *f* категория потребностей
**Bedürfniskomplex** *m* комплекс потребностей
**Bedürfnislohn** *m* заработная плата, определяемая в зависимости от объёма выполненной работы и от объёма денежных средств, необходимых рабочему для обеспечения прожиточного минимума
**Bedürfnislohn** *m* зарплата, размер которой определяется прожиточным минимумом; МЗП, минимальная заработная плата
**Bedürfnisprüfung** *f* установление экономической целесообразности *(напр. создания предприятия)*
**Bedürfnisschätzung** *f* оценка потребностей
**Bedürfnisse** *n, pl* потребности; запросы; нужды, *см. также* Bedürfnis
**Bedürfnisstruktur** *f* структура потребностей
**beeinträchtigen** *vt* снижать ценность
**beeinträchtigen** нарушать интересы
**beeinträchtigen** причинять вред, ущерб
**etwas im Wert beeinträchtigen** снизить ценность, уменьшить ценность *(чего-л.)*
**Beeinträchtigung** *f* нанесение ущерба; снижение ценности; нарушение интересов
**beenden** *vt* оканчивать, кончать, прекращать
**beendigen** *vt* оканчивать, кончать, прекращать
**Beendigung** *f* окончание, прекращение
**nach Beendigung** после окончания
**vor nach Beendigung** до окончания

**BEF:**

**BEF, Belgischer Franc, - Belgien** Бельгийский франк *(код валюты 056), в н.в. заменена на Евро* **EURO** *, -* Бельгия

**BEF, Bundesamt für Ernährung und Forstwirtschaft** Федеральное ведомство по продовольствию и лесному хозяйству

**Befähigung** *f* способность

**rechtliche Befähigung** правоспособность

**Befähigungsnachweis** *m* удостоверение о технической подготовке, удостоверение о квалификации, справка о технической подготовке, справка о квалификации

**Befehl** *m вчт.* команда, инструкция

**Befehlseinheit** *f* командное устройство

**Befehlsliste** *f* список команд; состав команд

**Befischungsrechte** *n, pl* право рыбной ловли

**vorrangige Befischungsrechte** преимущественное право рыбной ловли

**Beförderer** *m* отправитель, экспедитор

**befördern** *vt* отправлять, отсылать *кому-л.*, транспортировать

**Beförderung** *f* доставка; перевозка, провоз; транспортировка

**Beförderung** повышение по службе

**Beförderung auf dem Landweg** сухопутная перевозка

**Beförderung auf dem Seeweg** морская перевозка; перевозка морским путём

**Beförderung auf dem Seewege** морская перевозка; перевозка морским путём

**Beförderung in der Linienschiffahrt** линейная перевозка

**Beförderung mit Fuhrwerken** гужевая перевозка

**Beförderung per Schiene** железнодорожная перевозка

**Beförderung über kurze Entfernungen** короткопробежная перевозка

**durchgehende Beförderung** перевозка транспортом прямого сообщения

**Beförderungen** *f, pl* перевозки (мн.ч.)

**gegenläufige Beförderungen** встречные перевозки (мн.ч.)

**Beförderungsauslagen** *f pl* расходы по отправке (мн.ч.), транспортные расходы (мн.ч.), экспедиторские расходы (мн.ч.)

**Beförderungsbedarf** *m* потребность в перевозках

**Beförderungsbedingungen** *f, pl* условия перевозки (мн.ч.), условия доставки (мн.ч.)

**Beförderungsbedingungen** *f, pl* условия повышения в должности (мн.ч.)

**Beförderungsbestimmungen** *f, pl* транспортные правила (мн.ч.), правила транспортировки (мн.ч.)

**Beförderungsdauer** *f* время перевозки, время транспортировки

**Beförderungsdienst** *m* служба перевозок

**Beförderungsdienst** *m* логистическая служба, логистика

**Beförderungsdienst** *m* транспортная служба

**Beförderungsdienst** *m* экспедиторская служба, экспедиция

**Beförderungsdurchschnittsleistung** *f* средний объём перевозок

**Beförderungseinheit** *f* единица перевозочных средств

**Beförderungseinheit** *f* транспортная единица

**Beförderungsfähigkeit** *f* провозная способность *(транспортных средств)*; грузоподъёмность

**Beförderungsgebühr** *f* плата за доставку; плата за перевозку (грузов); плата за фрахт, фрахт, транспортный тариф

**Beförderungsgenehmigung** *f* разрешение на перевозку (грузов)

**Beförderungsgeschäft** *n* транспортное предприятие

**Beförderungsgeschäft** *n* сделка (договор) на перевозку пассажиров

**Beförderungshindernis** *n* препятствие в поставке, задержка в поставке

**Beförderungskapazität** *f* провозная способность *(транспортных средств)*; грузоподъёмность

**Beförderungskontinuität** *f* непрерывность перевозок

**Beförderungskosten,** *pl* стоимость перевозки, стоимость доставки; транспортные расходы, экспедиционные расходы, транспортные издержки, экспедиционные издержки; расходы по перевозке (грузов)

**Beförderungskosten** фрахт, плата за провоз

**Beförderungsleistung** *f* объём перевозок; грузооборот

**Beförderungsleistung eines Güterwagens** производительность вагона

**eigene Beförderungsleistung** перевозка собственными транспортными средствами

**fremde Beförderungsleistung** перевозка наёмным транспортом

**Beförderungsleistungen** *f, pl* транспортные услуги

**Beförderungsmittel** *n, pl* транспортные средства, перевозочные средства; средства доставки

**Beförderungspapier** *n* документ на перевозку, перевозочный документ

**Beförderungspflicht** *f* обязательство о выполнении перевозки *(в соответствии с условиями договора на перевозку)*

**Beförderungsplan** *m* план перевозок; последовательность перевозок

**Beförderungspreis** *m* плата за провоз

  **Beförderungspreis** цена перевозки

**Beförderungsselbstkosten**, *pl* себестоимость перевозок

**Beförderungssteuer** *f* транспортный налог, налог на перевозки *(может быть включён во фрахт)*

**Beförderungsstrecke** *f* дальность перевозок; дальность поездки пассажиров

  **Beförderungsstrecke** участок, по которому осуществляется перевозка

**Beförderungsstruktur** *f* структура перевозок

**Beförderungsumfang** *m* объём перевозок

**Beförderungsurkunden** *f pl* транспортные документы *(на перевозки ж.-д., речным транспортом и т.д.)*

**Beförderungsverbot** *n* запрет на транспортировку

**Beförderungsvertrag** *m* договор о перевозках

**Beförderungsvolumen** *n* объём перевозок

**Beförderungsweg** *m* маршрут перевозок, маршрут следования; транспортный маршрут

**Beförderungsweite** *f* дальность перевозок

**Beförderungswesen** *n* транспортное дело; перевозки

**befrachten** *vt* фрахтовать, фрахтовать судно, зафрахтовывать судно, нанимать судно; загружать судно

  **ein Schiff befrachten** фрахтовать судно

**Befrachter** *m* грузоотправитель, фрахтователь; наниматель судна *(заказчик, для которого перевозятся грузы или тот, кто даёт поручение на перевозку и обязан оплачивать фрахт)*

**Befrachtung** *f* фрахтование, фрахтовка

**Befrachtungsauftrag** *m* фрахтовый ордер

**Befrachtungsbrief** *m* чартер-партия, чартер, договор о фрахтовании

**Befrachtungsgeschäft** *n* фрахтовая сделка, фрахтовая операция

**Befrachtungsmakler** *m* фрахтовый брокер, маклер по фрахтованию судов *(в трамповом судоходстве)*

**Befrachtungsmonopol** *n* монополия фрахтования, монополия фрахтовых операций

**Befrachtungsumfang** *m* объём фрахтования, объём фрахта

**Befrachtungsvertrag** *m* чартер-партия, чартер, договор о фрахтовании

**Befrachtungsvolumen** *n* объём фрахтования, объём фрахта

**Befrachtungszeit** *f* время погрузки судна, время, отведённое под погрузку судна; сталийное время

**Befragung** *f* опрос, обследование путём опроса

  **repräsentative Befragung** репрезентативный опрос

  **stichprobeweise Befragung** выборочный опрос; точечный опрос

**Befragungsmethode** *f* метод опроса; анкетный метод

**Befragungsverfahren** *n* метод опроса; способ опросом; анкетный метод

**Befreiung** *f* освобождение *(напр. от налога, от пошлины)*

**befriedigen** *vt* удовлетворять

**befriedigend** удовлетворительный

  **befriedigend ausfallen** оказаться удовлетворительным

**Befriedigung** *f* удовлетворение

**Befriedigung von Bedürfnissen und Wünschen** удовлетворение потребностей и желаний *(один из принципов маркетинга)*

**befristen** *vt* назначать срок; ограничивать сроком

**befristet** ограниченный сроком, срочный

**Befristung** *f* назначение срока, установление срока

  **Befristung des Rechts** предоставление права на определённый срок

**Befst, Beförderungssteuer** транспортный налог, налог на перевозки

**Befugnis** *f* *юр.* полномочие; компетентность

  **Befugnis** право, полномочие *на что-л.*

  **seine Befugnis überschreiten** превысить свои полномочия

**befugt** *юр.* полномочный; компетентный

  **befugt sein** иметь право, быть уполномоченным *на что-л.*

**Befund** *m* данные осмотра, заключение специалиста о состоянии

  **Befund** результат экспертизы

  **zollamtlicher Befund** досмотровая роспись (таможенная)

  **den Befund aufnehmen** зафиксировать данные

**Befundaufnahme** *f* заключение; протокол; акт экспертизы

**Befundbuch** *n* *бухг.* инвентарная книга
**Befundrechnung** *f* счёт для определения затрат методом сопоставления наличия
**befürworten** *vt* ходатайствовать *за кого-л., за что-л.,* заступаться *за кого-л., что-л.,* защищать, отстаивать *кого-л., что-л.*
**Befürwortung** *f* ходатайство, заступничество, поддержка
**begeben** продавать; пускать в обращение, выпускать (ценные бумаги); индоссировать вексель(я), передавать вексель(я), перепродавать вексель(я); учитывать вексель(я), продавать вексель(я), реализовать вексель(я)
**Begebende** *m* индоссант *(лицо, передающее свои права, зафиксированные в ценной бумаге или документе)*
**Begebung** *f* индоссирование переводного векселя, передача переводного векселя
**Begebung** продажа; эмиссия, выпуск (ценных бумаг); индоссирование векселя, передача векселя, перепродажа векселя; учёт векселя, продажа векселя, реализация векселя
**Begebung** продажа ценных бумаг, выпуск ценных бумаг
**Begebung** учёт векселя, продажа векселя
**Begebung einer Anleihe** размещение займа
**Begebungskurs** *m* курс ценных бумаг при выпуске
**Begebungsvermerk** *m* индоссамент, передаточная надпись
**Begebungsvertrag** *m* договор о размещении займа
**Beginn** *m* начало
**Beginn eines Ereignisses** срок наступления события
**erwarteter Beginn eines Ereignisses** ожидаемый срок наступления события
**frühest möglicher Beginn** ранний возможный срок наступления (события)
**frühester Beginn** ранний срок начала *(напр. работы)*
**spätest erlaubter Beginn** поздний допустимый срок наступления (события)
**spätester Beginn** поздний срок начала *(напр. работы)*
**beglaubigen** *vt* заверить, заверять *(документ)*
**beglaubigt** аккредитованный
**beglaubigt** заверенный, засвидетельствованный
**begleichen** оплачивать *(счета);* покрывать *(убытки, расходы);* ликвидировать *(расчёты);* погашать *(задолженность);* устранять расхождения *(в счетах);* удовлетворять *(претензии)*
**die Rechnung begleichen** оплатить счёт
**die Schuld begleichen** уплатить долг
**Begleichung** *f* оплата *(счёта);* покрытие *(убытков, расходов);* ликвидация *(расчётов);* погашение *(задолженности);* устранение расхождений *(в счетах);* удовлетворение *(претензии)*
**Begleichung der Rechnungen** производство расчётов
**Begleichung der Zahlungen** погашение платежей
**Begleichung des Anspruches** удовлетворение претензии
**Begleichung von Auslandsschulden** погашение внешней задолженности
**zur vollständigen Begleichung** в окончательный расчёт
**Begleitadresse** *f* сопроводительный бланк *(посылки, бандероли);* сопроводительный документ; накладная; товаро-сопроводительная накладная
**Begleitbrief** *m* сопроводительный документ; накладная
**Begleitdokument** *n* сопроводительный документ; накладная
**Begleitpapier** *n* сопроводительный документ; накладная
**Begleitpapiere** *n pl* сопроводительные документы
**Begleitschein** *m* сопроводительный документ; накладная; сопроводительная ведомость
**Begleitscheinverfahren** *n* таможенная система переотправки товаров с сопроводительными документами в другие таможни
**Begleitschreiben** *n* сопроводительное письмо
**Begleitsortiment** *n* дополнительный ассортимент, сопутствующие товары
**Begleitübersicht** *f* сопроводительный документ; накладная
**Begleitumstand** *m* сопутствующий фактор
**Begleitung** *f* сопровождение
**zollamtliche Begleitung** сопровождение груза таможенниками; транспортировка груза под таможенным контролем
**Begleitware** *f* дополнительный ассортимент, сопутствующие товары
**Begleitzettel** *m* сопроводительный документ; товаросопроводительный документ, накладная, транспортная накладная, товаро-транспортная накладная
**Begnadigung** *f* льготы
**Begräbniskostenversicherung** *f* страхование на случай смерти с целью покрытия расходов на погребение застрахованного; страхование расходов на захоронение; страхование расходов на погребение
**begrenzt** ограниченный

**Begrenztheit** *f* узость, ограниченность *(напр. внутреннего рынка)*
**Begrenzung** *f* лимит; ограничение; предел
**Begrenzung** *f* *юр.* ограничение *(напр. в правах)*
**Begrenzung aufheben** снять ограничение
**Begrenzungsfrist** *f* ограничительный срок, срок действия ограничения
**Begriff** *m* понятие, представление
  **Begriff** ключевое слово
  **Begriff** термин
**begrifflich** отвлечённый, абстрактный
  **begrifflich** понятийный
  **begrifflich** терминологический
**Begriffsapparat** *m* *стат.* аппарат понятий
**Begriffsfeld** *n* предметное поле; предметный класс
**begründen** *vt* обосновывать, мотивировать
  **begründen** основывать
  **mit etwas begründen** обосновывать чем-л.
**begründet** обоснованный, мотивированный
  **begründete Beanstandungen können innerhalb von 8 Werktagen geltend gemacht werden** обоснованные претензии принимаются в течение восьми рабочих дней
**Begründung** *f* обоснование, мотивировка
  **Begründung** основание *(дела, бизнеса, организации)*
**Begründungsfrist** *f* срок для обоснования жалобы
**Begünstigte** *m* бенефициар *(лицо, на имя которого открыт аккредитив или получатель платежа по аккредитиву)*
  **Begünstigte** *m* получатель платежей; ремитент *(получатель векселя)*

**Begünstigung** *f* преференция *(предпочтительная льгота, предоставляемая одним государством другому на основах взаимности или в одностороннем порядке, без права распространения на третьи страны)*
  **Begünstigung** предпочтение; преимущество, льгота; благоприятствование *(напр. экспорту, импорту)*; покровительство, протекция
  **Begünstigung** *юр.* укрывательство, пособничество
  **Begünstigung eines Gläubigers** преимущественное удовлетворение *(должником)* одного кредитора *(в ущерб другим)*
  **einseitige Begünstigung** преференция без взаимности; односторонняя преференция
  **frachtliche Begünstigung** фрахтовая льгота, льгота по фрахту
**Begünstigungstage** *m, pl* грационные дни, льготные дни, отсрочка
**Begünstigungszoll** *m* преференциальная пошлина, льготная пошлина
**begutachten** *vt* рассматривать, давать заключение
**Begutachter** *m* эксперт; бракёр; контролёр
**Begutachtung** *f* аттестация *(специалиста)*
  **Begutachtung** экспертиза; рассмотрение, обсуждение
  **Begutachtung** аттестация *(оборудования)*
  **zur Begutachtung vorlegen** подвергнуть экспертизе, подвергать экспертизе
**begütert** зажиточный, состоятельный
  **wenig begütert** малоимущий
**Behälter** *m* контейнер
  **Behälter** цистерна, резервуар
  **Behälter** ёмкость
  **Behälter** бак
  **Behälter** бункер *(напр. для зерна)*

**Abfallbehälter** *m* контейнер для сбора отходов; мусоросборник
**Doppelmantelbehälter** *m* контейнер с двойными стенками
**Eisenbehälter** *m* металлический контейнер
**Erdölbehälter** *m* нефтяной резервуар
**Flüssiggasbehälter** *m* резервуар для сжиженного газа
**Gärfutterbehälter** *m* силосохранилище
**Getreidebehälter** *m* зерновой бункер
**Behälterglas** *n* стеклянная тара
**Großbehälter** *m* большегрузный контейнер
**Kippbehälter** *m* саморазгружающийся контейнер
**Kühlbehälter** *m* изотермический контейнер; рефрижераторный контейнер
**Behälteraustausch** *m* обмен контейнерами
**Behälterbau** *m* контейнеростроение
**Behältereinsatz** *m* контейнеризация перевозок; использование контейнеров при перевозках; внедрение контейнеров в логистическую цепь
**Behälterfahrzeug** *n* контейнеровоз *(автотранспортное средство)*
**Behälterlager** *n* контейнерный склад; склад контейнеров; контейнерный терминал
**Behälterpark** *m* контейнерный парк
**Behälterschiff** *n* контейнеровоз, контейнерное судно
**Behältertransport** *m* контейнерные перевозки; перевозка грузов в контейнерах; перевозка грузов контейнерами
**Behälterverkehr** *m* контейнерные перевозки; движение контейнеров *(при учёте их перемещения)*

**Behälterwagen** *m* вагон-цистерна; цистерна, железнодорожная цистерна
**behandeln** *vt* обрабатывать
 **behandeln** обращаться, обходиться *(с кем-л., с чем-л.)*, уметь подойти, знать подход *(к кому-л.)*
 **behandeln** излагать, обсуждать, трактовать, разрабатывать *(тему)*, обрабатывать *(материал)*
 **dialogisch behandeln** излагать в форме диалога
 **eine Maschine behandeln** эксплуатировать машину; обслуживать станок
 *(ein)* **Thema behandeln** обсуждать тему; излагать тему (вопрос)
 *(etw.)* **gegensätzlich behandeln** рассматривать *(что-л.)* с противоположной точки зрения
 *(j-n)* **von oben herab behandeln** пренебрежительно относиться к *(кому-л.)*
**Behandlung** *f* изложение, обсуждение, трактовка; рассмотрение;
 **Behandlung** обработка
 **Behandlung** *f* обслуживание *(техники)*, уход *(за техникой)*
 **Behandlung des meistbegünstigten Staates** режим наибольшего благоприятствования *(обычно для развивающихся стран)*
 **gerichtliche Behandlung** судебное рассмотрение; рассмотрение в суде
 **nationale Behandlung** *тамож.* национальный режим (таможенного оформления)
 **Behandlung von Arbeitsstreitigkeiten** рассмотрение трудовых споров
 **zollamtliche Behandlung** обложение таможенной пошлиной; таможенное оформление

**behaupten:**
 **behaupten** *vt* утверждать
 **sich behaupten** удерживаться, держаться *(о ценах, курсах и т.п.)*
**Behaviorismus** *m* бихевиоризм
**beheben** устранять *(напр. дефекты, ошибки, недочеты)*; получать *(деньги со счёта)*; *юр.* отменять; списывать *(напр. убытки)*
**Beheber** *m* получатель *(денег со счёта)*
**Behebung** *юр.* отмена
 **Behebung** списание убытков
 **Behebung** *f* устранение
**Beherbergung** *f* размещение в гостинице, размещение в отеле, размещение на турбазе
**Beherbergungsgewerbe** *n* гостиничный бизнес; туристический бизнес; туристский бизнес; служба размещения
**Beherbergungsstätte** *f* сдаваемое в наём жилое помещение
**Beherbergungssteuer** *f* налог, взимаемый с владельцев отелей, гостиниц и жилых домов за сдачу помещений
**Beherrschung** *f* господство
 **monopolistische Beherrschung** господство монополий; монопольное господство
**behilflich** полезный
 **behilflich sein** *(bei D, zu D)* быть полезным, содействовать *(кому-л. в чем-л.)*
**Behinderungsmißbrauch** *m* злоупотребление ограничениями *(напр. ограничение свободы действий в конкурентной борьбе)*
**Behinderungswettbewerb** *m* недобросовестная конкуренция
**Behörde** *f* власть; власти
 **Behörde** учреждение; ведомство; орган власти

**Behördenhandel** *m* прямые торговые связи с государственными учреждениями; торговля в рамках госзаказа; торговля по госзаказу
**behördlich** ведомственный; официальный; правительственный
**Beibrief** *m* приложенное письмо; сопроводительное письмо
**beiderseitig** взаимный, обоюдный, двусторонний *(напр. о договоре)*
**beiderseits** взаимно, с обеих сторон
**beif., beifolgend** прилагаемый при сём, прилагаемый при этом
**beifügen** *vt* прилагать *что-л.* к *чему-л.*
**beigelegt** приложенный
**Beihilfe** *f* помощь, поддержка
 **Beihilfe** пособие; субвенция, субсидия
 **Beihilfe** *юр.* пособничество
 **Beihilfe** воспомоществование
 **Beihilfe aus Mitteln der staatlichen Sozialversicherung** пособие по государственному социальному страхованию
 **Beihilfe bei Umschulung** пособие по (на) переквалификации
 **Beihilfe bei zeitweiligem Verlust der Arbeitsfähigkeit** пособие по временной потере трудоспособности
 **Beihilfe für Schwangere und Wöchnerinnen** пособие по беременности и родам
 **Beihilfe für Stillende** пособие кормящим матерям
 **einmalige Beihilfe** единовременное пособие
 **gewerkschaftliche Beihilfe** пособие из средств профсоюза
 **staatliche Beihilfe** государственное пособие *(напр. многодетным матерям)*
**Beil., Beilage** приложение

**beil., beiliegend** прилагается, приложено
**Beilage** *f* приложение
**Beilagen** *f, pl* приложения
   **werbliche Beilagen** приложения рекламного характера; рекламные приложения
**Beilbrief** *m* договор о постройке судна; *швейц.* закладная на земельный участок, ипотека
**Beilbrief** *швейц.* закладная на земельный участок, ипотека
**beilegen** *vt* прилагать *что-л.* к *чему-л.*
   **beilegen** приписывать, придавать, давать
**Beilegung** *f* приложение
   **Beilegung** *юр.* улаживание, урегулирование *(конфликта)*
   **Beilegung gütliche** *юр.* полюбовное соглашение, мировая
**beiliegend** прилагаемый
**beinhalten** *vt* содержать, охватывать, включать
   **der Preis beinhaltet ...** цена содержит ...
   **der Preis kann ... beinhalten** цена может содержать ...
**Beipacksendung** *f* сборная партия товаров, поставляемая одновременно нескольким покупателям
**Beirat** *m* совет *(напр. научный)*, комиссия
   **Beirat** советник, консультант
   **Beirat** *швейц.* опекун лица с ограниченное дееспособностью
**Beischrift** *f* *уст.* приписка, дополнительная запись *(в бухгалтерской книге)*
**Beisein** *n* присутствие
   **im Beisein** в присутствии
**Beiseiteschaffen** *n,* **strafbares** незаконное изъятие важного сырья из производственного процесса, незаконное изъятие готовых изделий из производственного процесса

**Beisortiment** *n* дополнительный ассортимент, сопутствующие товары
**Beispielbetrieb** *m* образцовое предприятие
**Beistand** *m* помощь, содействие
   **Beistand** *юр.* соопекун
   **Beistand leisten** оказывать помощь
**Beistandskredit** *m* поддерживающий кредит *(в практике МВФ - кредит, который предоставляется странам с большим дефицитом платежного баланса)*
**Beistandspflicht** *f* обязанность властей оказывать содействие финансовым органам, обязанность властей оказывать содействие финансовым управлениям, обязанность официальных органов оказывать содействие финансовым управлениям
**Beitrag** *m* взнос *(членский)*; вклад, доля, пай; пожертвование
   **Beitrag** *перен.* вклад *(напр., в развитие теории денег)*
**beitragen** *vt* содействовать, способствовать
**Beiträger** *m* пайщик; вкладчик
**Beitragsbefreiung** *f* освобождение от уплаты взносов
**Beitragsberechnung** *f* учёт взносов
**Beitragserhebung** *f* взимание взносов, взыскание взносов
**Beitragserhöhung** *f* повышение размера взносов
**beitragsfrei** свободный от уплаты взносов
**Beitragsfreistellung** *f* освобождение *(страхователя)* от обязанности уплаты взносов
**Beitragsgruppe** *f* группа обязательных платежей *(в соответствии с которой определяется размер взноса в системе социального страхования)*

**Beitragskalkulation** *f* исчисление (страховых) взносов
**Beitragskassierung** *f* сбор взносов
**Beitragsleistung** *f* уплата взносов
**Beitragsmonat** *m* месяц уплаты взносов
**Beitragsperiode** *f* период уплаты взносов
**Beitragsrückerstattung** *f* возврат уплаченных страховых взносов
**Beitragsrückgewähr** *f* возврат уплаченных страховых взносов
**Beitragssatz** *m* размер взноса
**Beitragsübertrag** *m* перенос части годовой страховой премии на новый календарный год
**Beitragszahlung** *f* взнос, уплата взноса
   **unterjährige Beitragszahlung** страховой взнос за часть года
**Beitragszahlungen** *f, pl* взносы, платежи
   **laufende Beitragszahlungen** текущие взносы *(напр., страховые)*
**Beitreibung** *f* взыскание, взимание; реквизиция
   **steuerliche Beitreibung** принудительное взимание налогов
**Beitreibungskosten,** *pl* расходы, связанные с принудительным взысканием задолженности
**Beitreibungsordnung** *f* порядок взыскания *(причитающихся сумм)*
**Beitreibungsverfahren** *n* порядок взыскания *(причитающихся сумм)*
**Beitritt** *m* вступление *(в организацию)*; присоединение *(напр. к договору)*
**Beitrittserklärung** *f* заявление о вступлении *(в дело, в общество)*; заявление о присоединении *(к договору)*

**Beitrittsgebühr** f вступительный взнос

**Beitrittsgeld** n вступительный взнос; сумма вступительного взноса

**bejahen** vt отвечать утвердительно

**bejahen** подтверждать

**bejahend** утвердительный
  **im bejahenden Fall** в случае утвердительного ответа, в случае положительного ответа

**bekanntgeben** vt объявлять, сообщать, опубликовывать

**beklagen** vt юр. обвинять кого-л. в чём-л.
  **sich beklagen** жаловаться кому-л. на что-л.

**Beklagte** m юр. ответчик

**Bekleidungs- und Näherzeugnisse-Industrie** f швейная промышленность, конфекционная промышленность

**Bekleidungsgeld** n компенсация за одежду; суммы, выплачиваемые на приобретение одежды (представительской, спецодежды и т.п.)

**Bekräftigung** f подтверждение (напр. долга)

**Beladearbeiten** f, pl погрузочные работы

**Beladefrist** f срок погрузки

**beladen** vt грузить, нагружать

**Belader** m грузоотправитель (иногда фрахтователь)

**Beladung** f погрузка
  **zur Beladung bereitstellen** ставить под погрузку

**Belange** m, pl нужды (мн.ч.)
  **soziale Belange** социальные нужды (мн.ч.)

**Belastbarkeit** f предельно допустимая загрузка (работника)

**Belastbarkeit** предельно допустимая нагрузка (загрузка); несущая способность; грузоподъёмность

**belasten** нагружать; бухг. дебетовать, заносить в дебет (счёта); облагать (напр. налогами); юр. обременять (обязательствами); юр. обвинять, уличать, изобличать
  **hypothekarisch belasten** обременять (недвижимое имущество) ипотекой; облагать недвижимость ипотекой
  **das Vermögen belasten** получать кредит под имущество (под залог имущества)
  **mit einem Betrag das Konto belasten** дебетовать какой-л. суммой счёт

**Belastung** f дебетование, занесение в дебет (счёта), запись в дебет (счёта)

**Belastung** нагрузка, напряжение

**Belastung** обложение (напр., налогами)

**Belastung** юр. связывание, обременение (обязательствами)

**Belastung** юр. обвинение
  **hypothekarische Belastung** ипотечный долг (обременяющий недвижимое имущество); обременение ипотекой; связывание ипотекой

**Belastungen** f, pl, **außergewöhnliche** непредвиденные расходы налогоплательщика, снижающие сумму налогового обложения; бухг. непредвиденные расходы

**Belastungsangabe** f дебет-авизо, дебетовое авизо, авизо о дебетовании, извещение о дебетовании

**Belastungsanzeige** f дебет-авизо, дебетовое авизо, авизо о дебетовании, извещение о дебетовании

**Belastungsaufgabe** f дебет-авизо, дебетовое авизо, авизо о дебетовании, извещение о дебетовании

**Belastungsavis** m авизо об использовании аккредитива

**Belastungsavis** дебет-авизо, дебетовое авизо, авизо о дебетовании, извещение о дебетовании

**Belastungskennwert** m коэффициент нагрузки

**Belastungskoeffizient** m коэффициент нагрузки

**Belastungsnote** f дебет-нота

**Belastungsplan** m график загрузки производства

**Belastungsschaubild** n диаграмма нагрузки

**Belastungsverbot** n запрещение передачи вещного права на земельный участок третьему лицу

**Belastungsverhältnis** n коэффициент нагрузки

**Belauf** m уст. итог, сумма
  **Belauf eines Wechsels** сумма векселя

**belaufen:**
  **sich belaufen** составлять какую-л. сумму
  **sich belaufen** (матем.) достигать; доходить до...
  **sich höher belaufen als** превысить (чем), превзойти (чем) (о сумме)

**Belebung** f оживление (фаза экономического цикла); оживление (торговли, рынка)

**Beleg** m доказательство, оправдательный документ; квитанция, расписка, справка

**Beleg** счётный документ, учётный документ
  **einmaliger Beleg** разовый (счётный или учётный) документ
  **externer Beleg** внешний (счётный или учётный) документ
  **interner Beleg** внутренний (счётный или учётный) документ

**natürlicher Beleg** внешний (*счётный или учётный*) документ

**technologischer Beleg** технологическая карта

**ursprünglicher Beleg** первичный (*счётный или учётный*) документ

**vereinheitlichter Beleg** типовой документ, унифицированный документ

**Belegabgabe** *f* подшивка документов; систематизация документов для хранения

**Beleganfertigung** *f* выписка документов, выписывание документов, оформление документов

**Beleganrechnung** *f* начисление в соответствии с представленными справками, начисление на основании представленных документов

**Belegaufbewahrung** *f* хранение документов

**Belegausfertigung** *f* выписка документов, оформление документов

**Belegausstellung** *f* документирование операций

**Belegbuchhaltung** метод ведения бухгалтерии на основе учета первичных документов, первичный учёт; учёт на базе первичных документов

**Belegdurchlauf** *m* документооборот, прохождение документов

**geradliniger Belegdurchlauf** прямое прохождение документов; прямой документооборот

**Belegdurchlaufplan** *m* план документооборота, график документооборота

**Belege** *m, pl* документация, документы, *см. также* Beleg

**innerbetriebliche Belege** внутризаводская документация; внутрипроизводственная документация

**belegen** загружать (*станки, оборудование*); занимать (*железнодорожный путь*)

**belegen** облагать (*напр. налогом*)

**belegen** *vt* подтверждать (*документом*), документально доказывать

**die Qualität durch das Qualitätszertifikat belegen** подтверждать качество особым сертификатом

**mit Strafe belegen** облагать штрафом

**mit Zoll belegen** облагать пошлиной

**Belegerfassung** *f* учёт документов

**Belegerstellung** *f* выставление документов

**Beleggestaltung** *f* формы документального учёта; макет документа

**Belegkarte** *f* паспорт; технический паспорт, техпаспорт (*напр. оборудования*)

**Belegkontrolle** *f* проверка отчётной документации; контроль за отчётной документацией

**belegmäßig** документальный

**Belegprinzip** *n* принцип бухгалтерских записей по документам

**Belegprinzip** принцип документирования

**Belegregistratur** *f* хранение документации, хранение отчётной документации

**Belegrevision** *f* документальная ревизия

**Belegschaft** *f* коллектив рабочих и служащих (*предприятия*); рабочие; персонал; личный состав; численность персонала

**produktive Belegschaft** производственные рабочие, работники производственного сектора

**Belegschaftsstärke** *f* персонал; личный состав; численность персонала

**Belegschaftsversicherung** *f* страхование рабочих и служащих предприятия

**Belegschaftszahl** *f* коллектив рабочих и служащих (*предприятия*); рабочие; персонал; личный состав; численность персонала

**Belegschein** *m* оправдательный документ, подтверждающий документ

**Belegsortierer** *m* устройство для сортировки документов, машина для сортировки документов

**Belegstandardisierung** *f* стандартизация (отчётной) документации

**Belegsystem** *n* система применения (отчётной) документации (*в счётном деле*)

**Belegumlauf** *m* документооборот, прохождение документов; движение документов

**Belegung** *f* загрузка (*станков, оборудования*); занятость (*железнодорожного пути*); обложение (*напр. налогами*); подтверждение (*документальное*)

**Belegung** *вчт.* интерпретация, соотнесение; подтверждение; распределение (*напр. памяти*)

**Belegungsfeinplan** *m* детализированный график распределения загрузки машин и рабочих мест

**Belegungsgrobplan** *m* график распределения загрузки машин и рабочих мест

**Belegungsplan** *m* график распределения загрузки машин и рабочих мест

**Belegungspotential** *n* потенциал распределения загрузки

**Belegwertung** *f* таксировка документов

**Belegwesen** *n* документация; техника ведения документации, приёмы ведения документации, методы ведения документации

**Belegzwang** *m* обязательность составления документа

**Belehnung** *f* ссуда денег под заклад, заём денег под заклад

**Belehnungsbrief** *m* закладная

**Belehnungsgeschäft** *n* заём, ссуда *(под обеспечение)*; ломбард

**beleihen** *vt* брать ссуду; закладывать, отдавать в залог

**beleihen** *vt* давать ссуду *(подо что-л.)*

**das Vermögen beleihen** закладывать имущество при займе

**Beleihung** *f* получение ссуды; передача в залог; предоставление ссуды

**Beleihung einer Versicherung** выдача ссуды под страховой полис

**Beleihungsgrenze** *f* предельная величина ссуды *(при данном залоге)*

**Beleihungsindex** *m* индекс цен на строительные работы, учитывающий получение ссуды под заклад недвижимости

**Beleihungsobjekt** *n* объект, обеспечивающий заём; объект залога, предмет залога

**Beleihungswert** *m* размер залога по ссуде

**Belgisch-Luxemburgische Wirtschaftsunion** Бельгийско-Люксембургский экономический союз

**Belieben** *n* усмотрение

**nach Belieben** по усмотрению *(покупателя или продавца; оговорка в договоре купли-продажи в отношении срока поставки)*

**Belieferer** *m* поставщик

**beliefern** *vt* снабжать *кого-л. чем-л.*; поставлять *кому-л. что-л.*

**Belieferung** *f* завоз товаров

**Belieferung** *f* поставка; снабжение

**Belieferung des Marktes** поставки товара на рынок

**Belieferung im Streckengeschäft** транзитная поставка

**gegenseitige Belieferung** взаимные поставки

**vorrangige Belieferung** преимущественное снабжение

**zentralisierte Belieferung** централизованное снабжение; централизованные поставки

**Belobigung** *f* похвала, одобрение, поощрение; восхваление; награждение

**öffentliche Belobigung** публичное вынесение благодарности *(как мера поощрения)*

**Belohnung** *f* вознаграждение, награда

**Belohnung** ссуда денег под заклад, заём денег под заклад

**materielle Belohnung** материальное вознаграждение

**BEM, Bundesernährungsministerium** *ист.* Федеральное министерство продовольствия

**Bemessung** *f* измерение, определение размеров; расчёт, вычисление, исчисление; придание размеров; установление, определение

**Bemessung** расчёт, исчисление; определение размеров

**Bemessung** установление, определение, измерение *(влияние факторов)*

**Bemessung des Prämienfonds** установление размера премиального фонда

**Bemessungsgrundlage** *f* основа исчисления, масштаб исчисления *(напр. налога)*; величина объекта, облагаемого налогом

**Bemessungsgrundlage** размер объекта, подлежащего налогообложению

**Bemessungszeitraum** *m* налоговый период

**Bemessungszeitraum** период времени, устанавливаемый для исчисления размера налога

**Bemusterung** *f* отбор образцов, отбор проб

**Bemusterung** предоставление образцов *(товаров)*, предъявление образцов *(товаров)*; опробование *(напр. месторождений)*

**benachrichtigen** авизовать

**benachrichtigen** *vt* уведомлять, извещать *кого-л. о чём-л.*

**Benachrichtigung** *f* извещение, нотификация *(уведомление об опротестовании векселя)*

**Benachrichtigungspflicht** *f* обязанность регрессанта производить нотификацию *(при уведомлении векселедателя об опротестовании выданного векселя)*

**Benachrichtigungsschreiben** *n* уведомление; авизо

**Benachteiligung** *f* ущемление интересов

**Benchmark** *f* справочная цена

**Benchmark** аттестация

**Benchmarktest** *m* *(выч. тех.)* оценочные испытания; аттестационные испытания

**Benefiz** *n* *ист.* бенефиций *(земельное владение без права наследования, пожалованное феодалом своему вассалу)*

**Benefizium** *n* *ист.* бенефиций *(земельное владение без права наследования, пожалованное феодалом своему вассалу)*

**Benelux, Belgien-Niederlande-Luxemburg** экономический и таможенный союз Бенилюкс, Бенилюкс *(Бельгия, Нидерланды, Люксембург)*

**benennen** vt выдвигать (кандидатуру)

**benennen** называть, именовать

**Benennung** f выдвижение (кандидатуры)

**Benennung** название, обозначение

**Benennung** вчт. присвоение имени (напр. программе)

**Benennung** спецификатор

**Benennung** указание размерности (о числе)

**benötigen** vt нуждаться, испытывать потребность в чём-л.

**Benutzbarkeit** f пригодность к употреблению, годность к использованию

**benutzen** vt пользоваться, использовать

**die Gelegenheit benutzen** пользоваться случаем, использовать случай

**Benutzer** m абонент; пользователь; пользующийся (напр. услугами); потребитель

**Benutzer-EDV** f вчт. вычисления для конечного пользователя; вычисления конечного пользователя

**eingetragener Benutzer** m зарегистрированный пользователь

**Endbenutzer** m конечный пользователь

**personifizierter Benutzer** персонифицированный пользователь (напр. платёжной системы)

**registrierter Benutzer** m зарегистрированный пользователь

**widerrechtlicher Benutzer** m неправомочный пользователь

**Benutzerbedienung** f обслуживание пользователя

**Benutzerbetreuung** f вчт. поддержка пользователей

**Benutzeranleitung** f руководство пользователя

**Benutzerkonto** m счёт пользователя (напр. у Интернет-провайдера, у оператора сотовой сети, в Интернет-магазине и т.п.)

**benutzerorientiert** ориентированный на пользователя; пользовательски ориентированный

**Benutzung** f пользование; использование; употребление

**Benutzung urheberrechtlich geschützter Werke** использование защищённых авторским правом произведений

**Benutzung der Gewässer** водопользование, использование водоёмов

**Forstbenutzung** f лесопользование

**gemeinschaftliche Benutzung** коллективное использование; коллективное пользование

**Recht auf Benutzung** право пользования; право эксплуатации

**Benutzungsbefugnis** f право пользования, разрешение на право пользования

**Benutzungsgebühr** f плата за пользование (напр. телефоном)

**Benutzungsgrad** m степень использования

**Benutzungsrecht** n право пользования

**Benutzungsvorschrift** f правила пользования, правила использования, инструкция по применению

**Benutzungszeit** f срок использования; срок годности; срок службы (напр. машины)

**Benutzungsziffer** f коэффициент использования

**Benzin** n бензин

**unverbleites Benzin** неэтилированный бензин

**verbleites Benzin** этилированный бензин

**Benzin-Gesetz** n; **Benzingesetz** n; **Benzin-Blei-Gesetz** n; **Benzinbleigesetz** n; **Bleigesetz** n; **BzBlG** Федеральный закон об ограничении содержания свинца в бензине

**beobachten** наблюдать (что-л., за кем-л., за чем-л.)

**beobachten** обнаруживать (у кого-л., у чего-л.), устанавливать (какой-л. факт)

**beobachten** соблюдать (напр., законы)

**eine Frist beobachten** соблюдать срок

**Förmlichkeit beobachten** соблюдать формальности

**einen Markt beobachten** наблюдать за рынком; следить за рынком; следить за ситуацией на рынке

**seine Pflichten beobachten** исполнять свои обязанности

**Beobachten** n наблюдение

**aktives Beobachten** n активное наблюдение

**Beobachten von Umweltbelastungen** мониторинг загрязнения окружающей среды

**Beobachtung** f наблюдение (напр. за ходом производственного процесса); учёт (напр. спроса)

**Beobachtung** установление (какого-л. факта)

**Beobachtung** соблюдение (напр. мер предосторожности)

**aktive Beobachtung** активное наблюдение

**Beobachtung von Umweltbelastungen** мониторинг загрязнения окружающей среды

**notwendige Beobachtung** необходимое наблюдение

**passive Beobachtung** пассивное наблюдение

**statistische Beobachtung** статистическое наблюдение

**unter Beobachtung aller Vorsichtsmaßnahmen** соблюдая все меры предосторожности

**Beobachtungen** *f,pl* наблюдения

**Satellitenbeobachtungen** *pl* 1. спутниковые наблюдения 2. космический мониторинг

**Beobachtungsblatt** *n* листок регистрации результатов наблюдения, журнал регистрации результатов наблюдения, ведомость регистрации результатов наблюдения

**Beobachtungsbogen** *m* листок регистрации результатов наблюдения, журнал регистрации результатов наблюдения, ведомость регистрации результатов наблюдения

**Beobachtungsfehler** *m* ошибка наблюдения

**Beobachtungsmethode** *f* метод наблюдения

**Beobachtungszeit** *f* время наблюдения, период наблюдения

**Beobachtungszeitpunkt** *m* момент наблюдения

**Ber., Berufung** *f* апелляция

**beratend** совещательный; консультационный; консультативный

**Beratender Ausschuss** Консультативный комитет (*Европейского объединения угля и стали*)

**beratende Ingenieurin** инженер-консультант (о женщине)

**beratender Ingenieur** инженер-консультант

**beratendes Organ** совещательный орган

**beratende Stimme** совещательный голос

**Berater** *m* советник; консультант; работник консалтингового агентства

**diplomatischer Berater** дипломатический советник

**juristischer Berater** консультант по юридическим вопросам; юрист-консультант

**politischer Berater** советник по политическим вопросам, политический советник

**wissenschaftlicher Berater** научный консультант

**einen wissenschaftlichen Berater hinzuziehen** привлекать научного консультанта, привлечь научного консультанта

**Beratergremium** *n* совещательный орган

**Beratung** *f* консультация, консультирование (*деятельность*), консалтинг (*услуги по исследованию и прогнозированию рынка, цен и т.п. и предоставлению рекомендации*)

**Beratung** совещание, совет; обсуждение

**Beratung** консультация (*учреждение*)

**Beratungen abhalten** проводить совещания; проводить консультации

*die* **Beratungen werden einige Tage in Anspruch nehmen** переговоры займут несколько дней; переговоры продлятся несколько дней; переговоры потребуют несколько дней

*die* **Ergebnisse der Beratung fanden ihren Niederschlag in einem Bericht** результаты совещания были изложены в отчете; результаты совещания были суммированы в отчете

**er wurde zur Beratung zugezogen** он был привлечён для консультации

*die* **Tagesordnung wird von der Beratung des Entwurfs beherrscht** главный вопрос повестки дня обсуждение проекта

**separate Beratungen** сепаратные совещания

**zum Gegenstand der Beratungen werden** стать предметом обсуждения

**Beratungsdienst** *m* консультационная служба, консалтинговая служба

**Beratungsergebnis** *n* результат обсуждения

**Beratungsfirma** *f* консалтинговая фирма

**Beratungsfirma** консультационная фирма

**Beratungskosten,** *pl* расходы на получение консультации

**Beratungssaal** *m* зал заседаний; конференц-зал

**Beratungsstelle** *f* консультационное бюро; консультационный пункт

**technische Beratungsstelle** техническое консультационное бюро

**Beratungswesen** *n* консультационная помощь; система оказания консультационной помощи, служба оказания консультационной помощи, консультационная служба

**landwirtschaftliches Beratungswesen** консультационная служба по вопросам сельского хозяйства

**Beraubung** *f* ограбление, грабёж; лишение, отнятие

**Beraubungsschaden** *m* ущерб от ограбления, ущерб от грабежа

**Beraubungsversicherung** *f* страхование на случай ограбления; страхования от грабежа

**berechnen** *vt* вычислять; исчислять; калькулировать; подсчитывать; оценивать; *торг.* ставить в счёт, зачитывать (*какую-л. сумму*)

**berechnen** калькулировать, вычислять

**berechnen** пересчитывать, производить перерасчёт

**berechnen** ставить *кому-л.* в счёт, записывать на *чей-л.* счёт

**Berechnung** f вычисление; исчисление, калькуляция; подсчёт; оценка таксировка; *торг.* расчёт, расплата, *см. тж.* Berechnungen f, pl
**Berechnung** счёт, расчёт, подсчёт
**Berechnung der Einnahmen und Ausgaben** счёт прихода и расхода
**Berechnung des Durchschnitts** вычисление среднего значения
**Berechnung einer Formel** расчёт формулы, вывод формулы
**angenäherte Berechnung** приближённое вычисление; примерный подсчёт
**fortlaufende Berechnung** последовательное вычисление
**iterative Berechnung** итеративное вычисление
**Online-Berechnung** расчёт в онлайновом режиме; расчёт в интерактивном режиме (*напр.* процентов по кредиту при помощи онлайнового калькулятора на Интернет-странице банка)
**überschlägige Berechnung** ориентировочный расчёт, примерный расчёт
**unter Berechnung** с начислением (*напр. процентов*)
**Berechnungen** f, pl расчёты (мн. ч.), *см. тж.* Berechnung f
**Berechnungen mit fiktiven Größen** фиктивные расчёты (мн.ч.), расчёты с фиктивными величинами (*числами, показателями*)
**direkte Berechnungen** прямые расчёты (мн.ч.)
**fiktive Berechnungen** фиктивные расчёты (мн.ч.)
**ökonomische Berechnungen** экономические расчёты (мн. ч.)
**technisch-ökonomische Berechnungen** технико-экономические расчёты, ТЭО (мн.ч.)
**vorläufige Berechnungen** предварительные расчёты (мн.ч.)
**Berechnungsalgorithmus** m вычислительный алгоритм, алгоритм вычислений
**Berechnungsbasis** f расчётный базис, базис расчёта
**Berechnungsdaten**, pl расчётные данные
**Berechnungskennziffer** f расчётный показатель
**Berechnungsmethode** f расчётный метод, метод проведения расчётов, техника проведения расчёте
**Berechnungsnorm** f расчётная норма
**Berechnungsschein** m ордер, расчётный документ
**Berechnungsschema** n расчётная схема, схема расчёта, схема расчётов
**Berechnungstabelle** f расчётная таблица; таблица для выполнения расчётов
**Berechnungsverfahren** n методика расчётов, способ ведения расчётов
**Berechnungsvorschrift** f инструкция о порядке расчётов, инструкция о порядке составления калькуляции (*напр. себестоимости*)
**Berechnungsweise** f расчётный метод, метод проведения расчётов, техника проведения расчёте
**Berechnungswerte** m, pl расчётные данные (мн.ч.), расчётные величины (мн.ч.), расчётные показатели (мн.ч.)
**berechtigen**, vt (**jdn** zu D) давать право (*кому-л. на что-л.*); уполномочивать (*кого-л. на что-л.*), давать основание (*кому-л. для чего-л.*)
**berechtigt** оправданный, справедливый, обоснованный
**berechtigt** уполномоченный
**berechtigt sein** иметь право; обладать правом; обладать полномочиями; иметь полномочия
**Berechtigte** m f лицо, указанное в именной ценной бумаге; лицо, на которое выписана ценная именная бумага
**Berechtigte** правомочное лицо
**Bereich** m область, сфера; район, зона
**Bereich** подотдел (*напр. учёта готовой продукции*)
**Bereich** область; диапазон; компетенция
**Bereich** радиус действия; досягаемость; пределы
**Bereich der materiellen Produktion** сфера материального производства
**Bereich des Handels** сфера торговли
**abgeschlossener Bereich** замкнутая область
**führender Bereich** ведущий сектор; ведущая отрасль
**intervalutarischer Bereich** валютная сфера
**kritischer Bereich** критическая область
**nichtmaterieller Bereich** сфера, не относящаяся к материальному производству, непроизводственная сфера, нематериальная сфера
**volkswirtschaftlicher Bereich** сфера народного хозяйства
**zulässiger Bereich** *мат.* область допустимых решений
**bereichern** vt (*mit* D) обогащать (*что-л. чем-л.; тж. перен.*)
**sein Wissen bereichern** расширять круг своих знаний; обогащать свои познания

**sein Erfahrung durch (etw.) bereichern** обогащать свой опыт (чем-л.)

**sich bereichern** *(an D)* наживаться *(на чем-л.)*, обогащаться

**sich an den Arbeiter bereichern** наживаться на рабочих

**sich auf Kosten eines anderen bereichern** обогащаться за счёт других

**sich zum Nachteil anderer bereichern** обогащаться за счет других; обогащаться в ущерб другим

**Bereicherte** *m* обогатившееся лицо

**Bereicherte** (юр.) лицо, незаконно обогатившееся за счёт другого лица

**Bereicherung** *f* обогащение

**Bereicherung auf Kosten anderer** (юр.) обогащение за счёт других

**gesetzwidrige Bereicherung** (юр.) незаконное обогащение, противозаконное обогащение; неправомерное обогащение, преступное обогащение

**rechtswidrige Bereicherung** (юр.) противоправное обогащение

**ungerechtfertigte Bereicherung** (юр.) необоснованное обогащение; незаконное обогащение, неправомерное обогащение

**ungesetzliche Bereicherung** (юр.) незаконное обогащение

**unverhältnismäßige Bereicherung** несоразмерное обогащение

**Bereicherungsabsicht** *f* корыстное побуждение

**Bereicherungsanspruch** *m* право собственника требовать возвращения принадлежащего ему имущества, неправомерно присвоенного другим лицом

**Bereicherungsmittel** *n, pl* средства обогащения

**Bereicherungstrieb** *m* жажда обогащения, жажда наживы

**Bereichsname** *m* выч. имя массива *(данных)*, наименование массива *(данных)*

**Bereinigung** *f* исправление счёта

**Bereinigung** вчт. очистка, стирание; сброс в нуль; установка в исходное положение *(состояние)*

**Bereinigung** уплата по счёту

**Bereinigung** урегулирование, улаживание *(напр. конфликта)*; разрешение *(напр. спорных вопросов)*; устранение, преодоление *(напр. трудностей)*

**bereit** готовый

**sich bereit erklären** заявить о своей готовности *к чему-л.*

**Bereitschaftsabkommen** *n* соглашение о предоставлении резервного кредита

**Bereitschaftskosten,** *pl* издержки на содержание предприятия в готовности к эксплуатации *(независимо от степени загрузки предприятия)*

**Bereitschaftskredit** *m* кредит для преодоления валютных трудностей

**Bereitschaftskredit** *m* резервный кредит *(напр. в системе МВФ)*

**Bereitschaftszeit** *f* время нахождения в резерве, время нахождения в состоянии готовности; время перерывов, вызванных нарушением нормального течения производственного процесса

**bereitstehen** *vi* быть готовым

**bereitstellen** *vt* изготовлять, вырабатывать

**bereitstellen** подготовить заранее

**bereitstellen** предоставлять *(кредиты)*, ассигновать

**Bereitstellung** *f* ассигнование, предоставление средств из бюджета, открытие бюджетного кредита

**Bereitstellung** заготовка *(товаров)*

**Bereitstellung** изготовление, выработка

**Bereitstellung** резервирование

**Bereitstellung von Vorräten** создание запасов

**Bereitstellungen** *f, pl* ассигнования, бюджетные ассигнования

**staatliche Bereitstellungen** государственные ассигнования, бюджетные ассигнования, ассигнования из бюджета

**Bereitstellungsplan** *m* заготовительный план, план заготовок

**Bereitstellungsprovision** *f* комиссия за кредит, на получение которого имеется согласие клиента банка

**BEREK, Berliner Reklamewesen** истор. Западноберлинское общество (торговой) рекламы

**Berganteil** *m* пай в горнопромышленной компании, пай в горнорудной компании, кукса

**Bergbau** *m* горное дело; горная промышленность, горнодобывающая промышленность; горные разработки, разработка месторождений; горное предприятие, рудник, шахта

**Bergbauaufsicht** *f* горный надзор

**Bergbaubedarf-Beschaffungszentrale** Центральное управление снабжения шахтным оборудованием

**Bergbaubetrieb** *m* горное предприятие, рудник, шахта; ведение горных работ; горное производство; горная промышленность, горнодобывающая промышленность

**Bergbaubetriebsökonomik** *f* горная промышленность, горнодобывающая промышленность; экономика горной промышленности; горное хозяйство (*рудника*)

**Bergbaudistrikt** *m* горнопромышленный район

**Bergbaufreiheit** *f* свобода горного промысла (*отсутствие права частной собственности на недра при частном владении землёй*)

**Bergbaugesellschaft** *f* горнорудная корпорация, горнопромышленная компания

**Bergbauindustrie** *f* горная промышленность, горнодобывающая промышленность

**Bergbauinspektion** *f* горнотехническая инспекция

**Bergbauinteressent** *m* лицо, желающее вести горные разработки

**Bergbaukonzession** *f* горная концессия

**Bergbaurecht** *n* горное право (*совокупность правовых норм, регулирующих горное дело*); право на разработку полезных ископаемых

**Bergbaurente** *f* монопольная земельная рента с участков, содержащих редкие полезные ископаемые

**Bergbauschutzgebiet** *n* заповедная зона, предназначенная к разработке полезных ископаемых

**Bergbaustatistik** *f* горнопромышленная статистика, горная статистика

**Bergbausteuer** *f* налог на разработку месторождений

**Bergbauwert** *m* стоимость продукции горнодобывающей промышленности

**Bergbauwirtschaft** *f* горная промышленность, горнодобывающая промышленность; экономика горной промышленности; горное хозяйство (*рудника*)

**Bergberechtigung** *f* право на разработку месторождения
**Bergberechtigung** свидетельство на право ведения горных работ; право на разработку месторождения; *уст.* горная привилегия

**Bergbetrieb** *m* горное предприятие, рудник, шахта; ведение горных работ; горное производство; горная промышленность, горнодобывающая промышленность

**Bergegelder** *n, pl* вознаграждение за спасение судна, плата за спасение судна

**Bergegut** *n* товар, спасённый при кораблекрушении

**Bergelohn** *m* вознаграждение за спасение судна, плата за спасение судна

**bergfertig** полностью утративший трудоспособность на горных работах

**Bergfracht** *f* фрахт за перевозку против течения реки

**Berggesetzgebung** *f* горное законодательство

**Bergherr** *m* владелец горного предприятия, горнозаводчик; горнопромышленник, владелец шахты, владелец рудника

**Bergindustrie** *f* горная промышленность, горнодобывающая промышленность

**Bergmannsrente** *f* пенсия горнорабочего, выплачиваемая по нетрудоспособности; пенсия шахтера, выплачиваемая по нетрудоспособности; пенсия горняка, выплачиваемая по нетрудоспособности

**Bergmannsvollrente** *f* пенсия горнорабочего по инвалидности, пенсия горнорабочего по старости, пенсия шахтёра по инвалидности, пенсия шахтёра по старости, пенсия горняка по инвалидности, пенсия горняка по старости

**Bergordnung** *f* горный устав; законоположение о горных разработках

**Bergrecht** *n* горное право (*совокупность правовых норм, регулирующих горное дело*); право на разработку полезных ископаемых

**Bergregal** *n* горная регалия (*государственная монополия на доход от разработки полезных ископаемых*)

**Bergschaden** *m* ущерб, наносимый ведением горных разработок

**Bergschadenkosten**, *pl* расходы по возмещению ущерба, нанесённого ведением горных разработок

**Bergung** *f* спасание (*напр. судна при кораблекрушении*); сохранение

**Bergungsverluste** *m, pl* потери, связанные со спасанием (*судна*)

**Bergungsvertrag** *m* контракт на проведение спасательных работ

**Bergunternehmer** *m* владелец горного предприятия, горнозаводчик, горнопромышленник

**Bergwerk** *n* горное предприятие, рудник, шахта
**ein Bergwerk anlegen** начать горную разработку, открывать рудник
**ein Bergwerk fündig machen** начать горную разработку, открывать рудник

**Bergwerksaktie** *f* акция горного предприятия

**Bergwerksanteil** *m* пай в горнопромышленной компании, пай в горнорудной компании

**Bergwerksbesitzer** *m* владелец горного предприятия, горнозаводчик, горнопромышленник

**Bergwerkseigentum** n собственность на горное предприятие; имущество горного предприятия

**Bergwerksgemeinschaft** f горнопромышленное объединение, объединение горнозаводских предприятий

**Bergwerksgesellschaft** f горнопромышленная компания

**Bergwerkskataster** m горнопромышленный кадастр

**Bergwerkskosten,** pl общерудничные расходы

**Bergwerksrente** f горная рента

**Bergwerkssteuer** f налог на горные разработки, горная подать

**Bergwirtschaft** f горная промышленность, горнодобывающая промышленность; экономика горной промышленности; горное хозяйство *(рудника)*

**Bericht** m отчёт; доклад; донесение, сообщение; корреспонденция; сводка *(напр. бухгалтерская)*; уведомление, извещение, повестка

**Grüner Bericht** Зелёный доклад, аграрный доклад *(ежегодный доклад правительства ФРГ бундестагу об итогах истекшего сельскохозяйственного года)*

**statistischer Bericht** статистический отчёт

**laut Bericht** впредь до уведомления *(надпись на векселе)*

**ohne Bericht** без уведомления *(надписи на векселе)*

**Berichterstattung** f представление отчёта; доклад, донесение; корреспонденция; система государственной отчётности

**Berichterstattung** система государственной отчётности

**buchhalterische Berichterstattung** бухгалтерская отчётность

**statistische Berichterstattung** статистическая отчётность

**Berichterstattungspflicht** f *стат.* обязанность представления отчётов

**berichtigen** vt исправлять *что-л.*, вносить поправку

**berichtigen** погашать, уплачивать *(долг)*

**berichtigen** приводить в порядок, урегулировать

**berichtigen** сторнировать; исправлять ошибку в бухучёте; исправлять бухгалтерскую запись

**eine Buchung berichtigen** сторнировать бухгалтерскую запись; исправлять бухгалтерскую запись

**Berichtigung** f опровержение

**Berichtigung** уплата *(напр. долга)*

**Berichtigung** исправление, поправка

**Berichtigung** сторно; исправление бухгалтерской ошибки;

**Berichtigung** урегулирование

**Berichtigung einer Rechnung** оплата счёта

**Berichtigung von Buchungen** сторно; исправление ошибки в бухгалтерских книгах; исправление бухгалтерской записи

**Berichtigung von Steuerfestsetzungen** исправление размера налога; изменение размера налога *(местными финансовыми органами)*

**Berichtigungsanschlag** m дополнительная смета

**Berichtigungsantrag** m поправка *(к проекту договора)*

**Berichtigungsbuchung** f исправительная бухгалтерская запись; сторно

**Berichtigungsbuchung** дополнительная бухгалтерская проводка; восстановительная запись в бухучёте

**Berichtigungsbudget** n дополнительная смета

**Berichtigungsfaktor** m поправочный коэффициент; поправочный множитель

**Berichtigungsfeststellung** f установление новых масштабов для исчисления налога

**Berichtigungskoeffizient** m поправочный коэффициент

**Berichtigungsveranlagung** f исправление размера налога, изменение размера налога *(местными финансовыми органами)*

**Berichtigungsvermerk** m оговорка *(в бухгалтерских книгах)*

**Berichtsabschnitt** m отчётный период

**Berichtsanalyse** f анализ отчётности

**Berichtsangaben** f, pl *стат.* отчётные данные

**Berichtsbilanz** f отчётный баланс

**Berichtsbogen** m бланк отчёта, формуляр отчёта

**Berichtsdaten,** pl отчётные данные; итоги операций

**Berichtsformular** n бланк отчёта, формуляр отчёта

**Berichtsheft** n отчётная ведомость

**Berichtsjahr** n отчётный год

**Berichtskalkulation** f отчётная калькуляция

**Berichtskennziffer** f отчётный показатель

**Berichtsmonat** m отчётный месяц

**Berichtsperiode** f отчётный период, истекший период

**Berichtsraum** m отчётный период, истекший период

**Berichtsselbstkosten,** pl фактическая себестоимость

**Berichtsunterlagen,** pl *стат.* отчётная документация, документы статистической отчётности

**Berichtswesen** *n* *стат.* отчётность

**Berichtswesen** *стат.* система государственной отчётности

**Berichtszeit** *f* отчётный период, истекший период

**Berliner Handelsgesellschaft** *истор.* Западноберлинское торговое общество

**Berliner Handelszentralen** берлинские центральные (оптовые) торговые предприятия *(бывш. ГДР)*

**Berliner Reklamewesen** Западноберлинское общество (торговой) рекламы

**Berliner Stadtkontor** Берлинская городская контора *(Государственного банка бывш. ГДР)*

**Berner Union, BU** Бернский Союз

**berth terms** *англ.* линейные условия *(о погрузке и выгрузке)*

**berth terms** *англ.* условия погрузки и выгрузки *(дополнительно к условиям конференции)*

**Bertiebswechselbahnhof** *m* железнодорожная станция на границе, эксплуатируемая двумя странами; пограничная железнодорожная станция

**berücksichtigen** *vt* принимать во внимание, учитывать *что-л.*

**Berücksichtigung** *f* принятие во внимание, учёт

**Beruf** *m* занятие, трудовая деятельность

**Beruf** профессия, специальность

**ausgeübter Beruf** фактическая специальность, фактическое занятие

**erlernter Beruf** приобретённая профессия; полученная специальность

**freier Beruf** свободная профессия

**gesundheitsschädlicher Beruf** профессия, связанная с вредными условиями труда

**zweiter Beruf** вторая профессия; вторая специальность

*einen* **Beruf aneignen** приобретать профессию

*einen* **Beruf ausüben** работать *(кем-л.)*

*einen* **Beruf ergreifen** избрать профессию, выбрать профессию

*einen* **Beruf erlernen** приобретать профессию; получать специальность

*das* **ist nicht sein Beruf** это не по его специальности

**der erlernte Beruf** приобретённая профессия; приобретённая специальность

**im Beruf stehen** работать по специальности

**im Beruf tätig sein** работать по специальности

**in Ausübung seines Berufes** при исполнении своих служебных обязанностей

**in den Beruf hinausgehen** приступить к работе по специальности

**keinen festen Beruf haben** не иметь определённой профессии; быть без определённых занятий

**seinem Beruf nachgehen** исполнять свои *(служебные)* обязанности

**sich auf einen Beruf vorbereiten** готовиться к работе по *(какой-л.)* специальности

**beruflich** профессиональный; служебный

**berufliche Ausbildung** профессиональное образование; профессиональное обучение

**berufliches Unglück** несчастный случай на производстве; несчастный случай при исполнении служебных обязанностей

**sie ist beruflich tätig** она работает *(по определенной специальности)*

**er war beruflich verhindert** ему помешали служебные дела; его задержали служебные дела

**er mußte beruflich verreisen** он должен был уехать по служебным делам

**beruflos** без определённой профессии; без специальности

**Berufsanalyse** *f* анализ условий труда и требований, предъявляемых к определённой профессии

**Berufsarbeit** *f* работа по специальности

**Berufsarbeiter** *m* рабочий, работающий по специальности; профессиональный рабочий

**Berufsaufklärung** *f* разъяснительная работа о характере (той или иной) профессии; профподготовка

**Berufsausbildung** *f* профессиональное обучение, профессиональная подготовка

**Berufsausbildungskosten,** *pl* расходы на профессиональное обучение, расходы на профессиональную подготовку

**Berufsausbildungspersonal** *n* штат преподавателей в системе профессионального обучения

**Berufsausbildungsverhältnisse** *n, pl* (правовые) отношения, регулируемые условиями договора о профессиональном обучении

**Berufsauslese** *f* отбор кадров для профессионального обучения

**Berufsbekleidung** *f* рабочая одежда; спецовка

**Berufsberatung** *f* консультация по выбору профессии

**Berufsberatungsstelle** *f* бюро по профессиональной ориентации

**Berufsbereinigung** *f* специализация предприятий с целью улучшения подготовки молодых кадров определённой профессии

**Berufsbild** *n* описание профессии, требующей специальной подготовки, характеристика профессии, требующей специальной подготовки

**Berufsbildung** *f* профессиональное обучение молодых кадров и повышение квалификации рабочих, уже имеющих специальность

**Berufseignung** *f* профессиональная пригодность, профпригодность

**Berufseignungsprüfung** *f* экзамен на профессиональную пригодность, экзамен на профпригодность, проверка профессиональной подготовки, проверка квалификации

**Berufsentwicklung** *f* повышение квалификации

**Berufserfahrung** *f* профессиональный опыт

**Berufsfähigkeit** *f* профессиональная трудоспособность; профессиональный навык, профнавыки

**Berufsfindung** *f* процесс развития у молодёжи интересов и склонностей для оптимального выбора профессии

**berufsfremd** не по специальности (*о работе*)

**Berufsgeheimnis** *n* профессиональная тайна; секрет производства

**Berufsgenossenschaft** *f* (профессиональный) союз, корпорация, объединение (*работников одной профессии*)

**Berufsgenossenschaft** союз предпринимателей (*напр. Общество страхователей, ФРГ*)

**Berufsgliederung** *f* *стат.* распределение (населения) по роду занятий; *стат.* классификация профессий; профессиональный состав

**Berufsgruppe** *f* профессиональная группа

**Berufsgruppierung** *f* группировка по профессиям

**Berufshaftpflichtversicherung** *f* гарантийное страхование по отдельным профессиям

**Berufshygiene** *f* гигиена труда, профессиональная гигиена, профгигиена

**Berufsjahre** *n, pl* трудовой стаж, стаж работы, стаж, профессиональный стаж

**Berufskleidung** *f* спецодежда, рабочая одежда

**Berufskombination** *f* совмещение профессий, совместительство

**Berufskrankheit** *f* профессиональное заболевание, профессиональная болезнь, профзаболевание

**Berufslenkung** *f* привлечение и отбор молодых кадров для профессионального обучения и последующего распределения

**Berufslose,** *pl* лица, не имеющие определённой профессии

**selbständige Berufslose** *стат.* незанятое население, не получающее пособия по безработице, однако, имеющее источник существования

**berufsmäßig** профессиональный

**Berufsmorbidität** *f* профессиональная заболеваемость, профзаболеваемость

**Berufsnachwuchs** *m* молодые кадры специалистов; молодые специалисты; молодое поколение специалистов

**Berufspraktikum** *n* производственная практика (*студентов*)

**Berufspraxis** *f* трудовой стаж, стаж, стаж работы, профессиональный стаж

**Berufspsychologie** *f* психология, изучающая профессиональную деятельность

**Berufsschaden** *m* ущерб здоровью, наносимый (определённой) профессиональной деятельностью

**Berufsschädigung** *f* ущерб здоровью, наносимый (определённой) профессиональной деятельностью; профзаболевание

**Berufsschädlichkeit** *f* профессиональная вредность; вредность производства

**Berufsschule** *f* профессиональная школа, профтехучилище, ПТУ

**gewerbliche Berufsschule** ремесленное училище, профтехучилище, ПТУ

**Berufsschulpflicht** *f* обязательное профессиональное обучение

**Berufsschulung** *f* профобразование, профессиональное образование

**Berufsstand** *m* профессия

**Berufsstruktur** *f* профессиональный состав, профессиональная структура

**Berufssystematik** *f* классификация профессий

**Berufstätige,** *pl* работающие по определённой специальности

**Berufstätigkeit** *f* работа по специальности; трудовой стаж; стаж работы

**ununterbrochene Berufstätigkeit** непрерывный трудовой стаж

**Berufsunfähigkeit** *f* профессиональная непригодность, профнепригодность

**Berufsunfall** *m* несчастный случай на производстве; производственная травма

**Berufsverband** *m* объединение работников одной профессии; союз предпринимателей

**Berufsverbot** *n* запрещение (запрет) заниматься определённой профессией, запрещение (запрет) занимать определённые должности, запрет на профессии(ю)

**Berufsverkehr** *m* перевозка трудящихся к месту работы; движение рабочих поездов

**Berufsverkehrstarif** *m* тариф в служебном транспорте

**Berufsverkehrsvertrag** *m* договор между предприятием и транспортной организацией на перевозку трудящихся, занятых на предприятии

**Berufsverzeichnis** *n* перечень профессий

**Berufswahl** *f* выбор профессии

**Berufswechsel** *m* перемена профессии, смена профессии

**Berufszählung** *f* перепись работающих по данной профессии

**Berufszugehörige** *m, pl* члены семьи, находящиеся на иждивении лиц определённой профессии

**Berufung** *f* приглашение (для замещения должности); назначение (на работу, на должность)

**Berufung** обжалование судебного решения, апелляция, кассационная жалоба

**Berufung** ссылка *на кого-л., на что-л.*

**Berufung einlegen** апеллировать

**Berufung einlegen** подавать кассационную жалобу, обжаловать

**Berufung einreichen** подавать кассационную жалобу, обжаловать

**beruhen** *vi* основываться, держаться
  **die Preise beruhen auf Weltmarktpreisen** цены основываются на ценах мирового рынка

**Besatz** *m стат.* показатель эффективности сельскохозяйственного предприятия (*стоимость средств производства в расчёте на единицу полезных сельскохозяйственных площадей*); примесь (*в сельскохоз. сыпучих грузах*)

**Besatzdichte** *f* количество голов скота, приходящихся на единицу площади пастбищ

**Besatzungsfolgekosten,** *pl истор.* оккупационные расходы

**Besatzungskosten,** *pl истор.* оккупационные расходы

**Besatzungsschaden** *m истор.* ущерб, причинённый в период оккупации

**Besatzungsstatut** *n истор.* оккупационный статут (*учреждённый особо для Западной Германии в 1949 г. правительствами США, Франции и Великобритании*)

**beschädigen** *vt* повреждать, портить
  **sich beschädigen** получать повреждения, портиться
  **beim Transport beschädigen** повредить при транспортировке
  **durch etwas beschädigen** повредить в результате *чего-л.*

**Beschädigtenrente** *f* пенсия инвалидам войны

**Beschädigung** *f* повреждение; порча; авария

**Beschädigung** причинение вреда, причинение ущерба, нанесение ущерба

**Beschädigungsschein** *m* свидетельство о понесённом ущербе

**Beschädigungsschein** *m* свидетельство об аварии (ущербе)

**Beschaffen** *n* приобретение; заготовка; закупка; поставка; доставка; привлечение (*напр. капитала*)

**beschaffen** *vt* приобретать, заготовлять; поставлять, доставлять

**Beschaffenheit** *f* состояние; свойство; качество; структура
  **äußere Beschaffenheit** внешнее состояние, внешний вид (*напр. груза, товара*)
  **äußerlich gute Beschaffenheit** хорошее по внешнему виду состояние (*напр. груза, товара*)

**Beschaffenheits-Standard** *m* стандарт качества, эталон качества

**Beschaffenheitsgarantie** *f* гарантия качества

**Beschaffenheitssicherung** *f* обеспечение надлежащего состояния (*напр. груза, товара*)

**Beschaffung** *f* приобретение; обеспечение сырьём и материалами; заготовка; поставка; доставка

**Beschaffung aus eigenen Mitteln** заготовка собственными силами

**Beschaffung von Devisen** покупка валюты; приобретение валюты

**Beschaffung eines Akzeptes** получение акцепта

**Beschaffung eines Akzepts** получение акцепта

**Beschaffung landwirtschaftlicher Erzeugnisse** заготовка сельскохозяйственной продукции

**Beschaffung von Arbeitskräften** привлечение рабочей силы

**Beschaffung von Kapital** привлечение капитала

**Beschaffung von Kapitalien** привлечение капиталов

**Beschaffung von Waren** закупка товаров

**staatliche Beschaffung** государственные заготовки; закупки государственных организаций; закупки правительственных организаций

**Beschaffungsamt** *n* заготовительный орган; управление заготовок

**Beschaffungsapparat** *m* заготовительный аппарат

**Beschaffungsbereich** *m* сектор материально-технического снабжения *(напр. предприятия)*

**Beschaffungsermächtigung** *f* разрешение на закупку, разрешение на заготовку

**Beschaffungsgemeinkosten,** *pl* общезаготовительные расходы общезаготовительные издержки

**Beschaffungsgroßhandel** *m* оптовая торговля, обеспечивающая заготовку материалов и сырья, оптовая торговля, обеспечивающая закупку материалов и сырья

**Beschaffungskalkulation** *f* исчисление заготовительных расходов

**Beschaffungskampagne** *f* заготовительная кампания

**Beschaffungskartell** *n* картель заготовительных фирм

**Beschaffungskosten,** *pl* заготовительные расходы; расходы на приобретение; закупочные расходы; расходы на закупку

**allgemeine Beschaffungskosten** общезаготовительские расходы, общезаготовительские издержки, общие расходы на заготовку; общезакупочные расходы

**Beschaffungsmarkt** *m* место закупки сырья и материалов

**Beschaffungsnetz** *n* заготовительная сеть

**Beschaffungsorganisation** *f* заготовительная организация, организация-заготовитель

**Beschaffungsplan** *m* заготовительный план, заготплан; торгово-заготовительный план

**Beschaffungspreis** *m* заготовительная цена, заготцена

**Beschaffungsstelle** *f* заготовительный пункт, заготпункт

**Beschaffungsvertrag** *m* контракт на поставку (оборудования и т.п.)

**Beschaffungsvertrag** контракт на закупки (целевые)

**Beschaffungsvertrag** контракт на оказание услуг (напр. на конкурсной основе)

**Beschaffungsvertrag** тендер

**Beschaffungsweg** *m* ; *(eng.)* **trade channel** канал поставок; торговый канал

**Beschaffungswesen** *f*; *(eng.)* **government procurement;** *(eng.)* **purchasing by government agencies** закупки правительственными (государственными) организациями

**Beschaffungswesen** *f* покупка; закупка; приобретение

**Beschaffungszeit** *f* время выполнения заказа (на поставку оборудования, предоставление услуг и т.п.)

**beschäftigen** *vt* давать работу, предоставлять работу

**sich beschäftigen** заниматься (чем-л.)

**beschäftigt** занятый, работающий

**beschäftigt sein** работать, быть занятым

**beschränkt beschäftigt sein** быть занятым неполный рабочий день

**verkürzt beschäftigt sein** быть занятым неполный рабочий день

**voll beschäftigt sein** быть занятым полный рабочий день

*das* **Werk beschäftigt tausend Arbeiter** на заводе занята тысяча рабочих; завод даёт тысячу рабочих мест; на заводе имеется тысяча рабочих мест; завод предоставляет работу тысяче рабочих

**Beschäftigte,** *pl* занятые, работающие; работники предприятия *(рабочие и служащие)*

**nicht ständig Beschäftigte** непостоянно занятые; временные работники

**ständig Beschäftigte** постоянно занятые; постоянные работники

**umsatzleistende Beschäftigte** работники торгово-сбытовой сети

**unselbständig Beschäftigte** занятые на несамостоятельных видах работ

**unständig Beschäftigte** непостоянно занятые; временные работники

**Beschäftigtenanteil** *m* доля взносов трудящихся в фонд социального страхования, удельный вес взносов трудящихся в фонд социального страхования

**Beschäftigtengrad** *m* коэффициент использования рабочей силы, степень использования рабочей силы; уровень занятости

**altersspezifischer Beschäftigtengrad** коэффициент использования рабочей силы с учётом возрастных групп, степень использования рабочей силы с учётом возрастных групп

**Beschäftigtengruppe** *f* группа занятого населения *(напр. по профессиям)*

**Beschäftigtengruppenkatalog** *m* *стат.* каталог, группирующий занятое население *(напр. по профессиям)*

**Beschäftigtenkartei** *f* картотека коллектива предприятия

**Beschäftigtenkategorie** f категория занятых, категория работающих; категория работников

**Beschäftigtenkennziffer** f показатель занятости, индекс занятости; занятость

**Beschäftigtenstruktur** f структура занятых, структура занятости

**Beschäftigtenzahl** f численность занятых

**Beschäftigtenzahl** число занятых

**Beschäftigung** f занятие, работа; деятельность; занятость; предоставление работы

**Beschäftigung** занятость; число рабочих мест

**Beschäftigung von Altersrenten** предоставление работы пенсионерам; использование труда пенсионеров

**aushilfsweise Beschäftigung** временное занятие, временная работа

**Beschäftigungsabweichung** f расхождение между запланированным и фактическим уровнем занятости

**Beschäftigungsanfall** m высокий спрос на рабочую силу

**Beschäftigungsart** f род занятий

**Beschäftigungsdauer** f (общий) трудовой стаж

**ununterbrochene Beschäftigungsdauer** непрерывный трудовой стаж

**Beschäftigungsgrad** m коэффициент занятости

**Beschäftigungsgrad** степень загрузки производственных мощностей, степень использования производственных мощностей (*соотношение фактического и потенциально возможного объема производства*)

**Beschäftigungsgrad** уровень занятости, коэффициент занятости; загрузка, нагрузка (*машины*); нагрузка (*рабочих, служащих*)

**Beschäftigungsgradschwankung** f колебания в степени загрузки производственных мощностей

**beschäftigungslos** безработный; без занятий; праздный

**Beschäftigungslosigkeit** f безработица

**Beschäftigungsniveau** n уровень занятости

**Beschäftigungspflicht** f обязанность предпринимателя предоставлять работу

**Beschäftigungspolitik** f политика, направленная на увеличение занятости (*на снижение доли безработных*)

**Beschäftigungsprognose** f прогноз занятости

**Beschäftigungsrückgang** m сокращение численности занятых; снижение загрузки (*машин*)

**Beschäftigungsstand** m уровень занятости

**Beschäftigungsstruktur** f структура занятости

**Beschäftigungstheorie** f теория занятости

**Beschäftigungsverbot** n запрещение заниматься какой-л. деятельностью

**Beschäftigungswachstum** n рост численности занятых; увеличение занятости; увеличение загрузки (*машин*)

**Beschatter** m заготовитель; поставщик

**Beschau** f осмотр, освидетельствование; таможенный досмотр; контроль, проверка (*мяса и др. товаров*); пробирование, пробирный контроль (*ценных металлов*); ревизия, проверка; пересмотр; просмотр; заверение, удостоверение

**Beschaubefund** m данные осмотра

**Beschaubefund** досмотровая роспись

**zollamtlicher Beschaubefund** таможенная досмотровая роспись

**Beschauer** m контролёр, инспектор

**Beschauprüfung** f внешний осмотр (*напр. при контроле качества*)

**Beschauprüfung** осмотр, досмотр

**Beschauzeichen** n штамп контролёра (*удостоверяющий качество товара*), штамп ОТК

**bescheinigen** vt удостоверять, подтверждать, свидетельствовать (*письменно*)

**Bescheinigung** f удостоверение, свидетельство; расписка, квитанция; документальное подтверждение (*напр. получения товара*)

**Beschlag** m конфискация, изъятие арест, секвестр; эмбарго, запрет

**den Beschlag aufheben** снять арест, снять запрет

**mit Beschlag belegen** конфисковать, наложить арест, наложить запрет; владеть, пользоваться

**beschlagfrei** не подлежащий конфискация, не подлежащий аресту

**Beschlagnahme** f конфискация, изъятие; арест имущества, наложение ареста на имущество, опись имущества; наложение запрета, наложение секвестра

**Beschlagnahme** требование чего-л.; заявление претензии на что-л.

**die Beschlagnahme aufheben** снять арест, снять запрет

**die Beschlagnahme beantragen** поставить вопрос о конфискации, поставить вопрос о наложении ареста, поставить вопрос о наложении запрета

**die Beschlagnahme verfügen** наложить арест, наложить запрет

**frei von Beschlagnahme** свободно от ареста (пленения и захвата) (*оговорка в договоре фрахтования*)

**beschlagnahmefrei** не подлежащий конфискации, не подлежащий аресту

**beschlagnahmen** *vt* конфисковать, изъять; наложить арест на имущество, описать имущество; наложить запрет, наложить секвестр

**beschlagnahmen** описать (*имущество*)

**beschlagnahmen** изъять (*орудия преступления*)

**Beschlagnahmerisiko** *n* риск конфискации (*напр. товаров за пределами своей страны*)

**Beschlagnahmeversicherung** *f* страхование грузов на случай возможной конфискации (ареста)

**beschleunigen** *vt* ускорять, торопить

**Beschleunigung** *f* ускорение; акселерация

**Beschleunigung des Umsatzes der Betriebsmittel** ускорение оборачиваемости оборотных средств

**Beschleunigungsprinzip** *n* принцип акселерации

**beschließen** *vt* решать, постановлять; принимать (*резолюцию, закон*)

**Beschluss** *m* решение, постановление

**Beschluss** *юр.* определение (*суда*)

**Beschluss** заключение, завершение

**zum Beschluss** в заключение, в конце

**in Beschluss nehmen** принимать *что-л.* на сохранение

**unter Beschluss** под замком

**beschneiden** сокращать (*напр. потребление*); уменьшать (*напр. заработную плату*)

**Beschneidung** *f* сокращение (*напр. потребления*); уменьшение (*напр. заработной платы*)

**beschränken** *vt* ограничивать (*чем-л. в чем-л.*)

**beschränkt** ограниченный

**Gesellschaft mit beschränkter Haftung, GmbH** общество с ограниченной ответственностью, ООО

**Beschränkung** *f* ограничение (*напр. вывоза*), рестрикция; сокращение (*напр. вооружений*)

**Beschränkungen** *f, pl* ограничения (мн.ч.)

**mengenmäßige Beschränkungen** количественные ограничения (мн.ч.)

**Beschränkungsmaßnahme** *f* ограничительная мера

**Beschränkungsvektor** *m мат.* вектор ограничений

**Beschriftung** *f* маркировка; надпись; легенда; экспликация (*напр. картины*)

**Beschwer** *f* жалоба налогоплательщика по поводу ущемления его прав, заявление налогоплательщика по поводу ущемления его прав

**Beschwerde** *f* затруднение; жалоба; частная жалоба; жалоба на решение административного органа, административная жалоба; *торг.* рекламация

**eine Beschwerde einlegen** предъявлять рекламацию *кому-л., чему-л.*

**eine Beschwerde erheben** предъявлять рекламацию *кому-л., чему-л.*

**Beschwerdekommission** *f* der Sozialversicherung конфликтная комиссия органа социального страхования (*рассматривающая жалобы на решения нижестоящего органа*)

**Beschwerderecht** *n* право обжалования

**Beschwerdesache** *f* жалоба; кассационное дело; дело по обжалованию решения суда

**Beschwerdeverfahren** *n юр.* порядок подачи и рассмотрения жалоб

**Beschwerdeweg** *m юр.* порядок подачи и рассмотрения жалоб

**besehen:**

**wie besehen:** осмотрено - одобрено (*пункт договора о качестве товара, поставляемого по предварительному осмотру*)

**beseitigen** *vt* устранять

**Mängel beseitigen** устранять дефекты

**Beseitigung** *f* устранение, ликвидация

**Besemschon** *n* скидка за потери, возникшие в результате прилипания товара к упаковке

**Besetzungsnorm** *f* норматив численности (технического) персонала

**Besetzungsnormativ** *n* норматив численности (технического) персонала

**BesG, Besoldungsgesetz** закон о порядке выплаты денежного содержания

**Besicht:**

**auf Besicht:** после осмотра (*условие купли-продажи*)

**nach Besicht:** после осмотра (*условие купли-продажи*)

**besichtigen** *vt* инспектировать, ревизовать

**besichtigen** осматривать

**besichtigt** осмотренный

**wie besichtigt** осмотрено - одобрено *(пункт договора о качестве товара, поставляемого по предварительному осмотру)*

**besichtigt - genehmigt** осмотрено - одобрено

**Besichtigung** *f* осмотр; ревизия, инспекция; проверка *(товаров перед отправкой потребителю)*; таможенный досмотр

**Besichtigungsbefugnis** *f* право осмотра

**Besichtigungsgebühren** *f, pl* плата за осмотр

**Besichtigungsprotokoll** *n* протокол осмотра

**Besichtigungsrecht** *n* право осмотра

**Besichtigungsvermerk** *m* отметка об осмотре

**besiedeln** заселять, колонизировать

**Besiedelung** *f* заселение, колонизация

**Besiedlung** *f* заселение, колонизация

**Besitz** *m* *юр.* владение, обладание; собственность, имущество; (земельное) владение, имение

**Besitz auf Lebzeit** пожизненное владение

**abgeleiteter Besitz** владение не от собственного имени

**bäuerlicher Besitz** крестьянская собственность

**berechtigter Besitz** правомерное владение

**berechtigter Besitz** недобросовестное владение

**ewiger Besitz** вечное владение

**gemeinsamer Besitz** совместное владение

**gewaltsam erworbener Besitz** насильственное владение

**gutgläubiger Besitz** добросовестное владение

**nichtgerechtfertigter Besitz** неправомерное владение

**rechtmäßiger Besitz** правомерное владение

**unbestrittener Besitz** бесспорное владение

**unbeweglicher Besitz** недвижимость, недвижимое имущество; владение недвижимостью

**ungesetzlicher Besitz** незаконное владение

**unmittelbarer Besitz** непосредственное владение, прямое владение

**unselbständiger Besitz** владение без права собственности

**unveräußerlicher Besitz** неотчуждаемое имущество

**zeitweiliger Besitz** временное владение

**zur Ersitzung berechtigender Besitz** давностное владение

**den Besitz antreten** вступить во владение

**im Besitz des Briefes sein** получить письмо

**in Besitz übergeben** передавать во владение

**in den Besitz einführen** вводить во владение

**in den Besitz einsetzen** вводить во владение

**in den Besitz setzen** вводить во владение

**Besitzabgabe** *f* налог с имущества

**Besitzabtretung** *f* уступка владения

**Besitzanspruch** *m* притязание на владение

**Besitzauflassung** *f* передача права собственности, уступка права собственности

**Besitzbescheinigung** *f* разрешение Государственного банка бывш. ГДР на владение иностранными платёжными средствами

**Besitzbestand** *m* наличная недвижимость

**Besitzbürger** *m* представитель имущих слоёв (населения)

**Besitzdauer** *f* срок владения

**ununterbrochene Besitzdauer** непрерывность владения

**Besitzdiener** *m* лицо, осуществляющее для владельца фактическое владение вещью

**Besitzeinkommen** *n* доход от владения имуществом

**Besitzeinkommen** *n* доход от пользования имуществом *(напр. ссудный процент, дивиденд, арендная плата и др.)*

**Besitzeinräumung** *f* введение во владение

**Besitzeinweisung** *f* введение во владение *(по решению суда)*

**besitzend** имущий

**Besitzende** *m* владелец

**Besitzentsetzung** *f* лишение владения

**Besitzentziehung** *f* лишение владения

**Besitzentziehungsklage** *f* иск о защите владения; иск о лишении владения

**Besitzer** *m* владелец; собственник; помещик; (самостоятельный) хозяин

**Besitzer ohne Rechtstitel** неправомерный владелец

**bösgläubiger Besitzer** недобросовестный владелец

**gutgläubiger Besitzer** добросовестный владелец

**mittelbarer Besitzer** лицо, распоряжающееся вещью, фактическим собственником которой является другое лицо, лицо, владеющее вещью, фактическим собственником которой является другое лицо

**nichtberechtigter Besitzer** неправомерный владелец

**rechtmäßiger Besitzer** правомерный владелец

**den Besitzer wechseln** переходить в другие руки, менять владельца

**Besitzergreifung** f вступление во владение; овладение, присвоение; экспроприация

**Besitzerwerb** m приобретение *(владения, имущества, собственности)*; приобретение прав на владение чем-л.

**Besitzgemeinschaft** f коллективное владение

**Besitzgemeinschaft** общность владения

**Besitzgesellschaft** f общество-владелец, компания-владелец *(общество, передающее свои движимый и недвижимый капитал в аренду акционерному обществу)*; холдинговая компания

**Besitzhalter** m лицо, осуществляющее фактическое владение

**Besitzherr** m владелец

**Besitzklage** f иск о защите владения

**Besitzklasse** f представители капитала; имущие слои; богатые слои населения

**Besitzkonstitut, vorweggenommenes** передача права собственности на движимое имущество, не находящееся еще во владении передающего

**besitzlos** неимущий

**Besitzlosigkeit** f отсутствие собственности

**Besitzmittler** m лицо, распоряжающееся вещью, фактическим собственником которой является другое лицо, лицо, владеющее вещью, фактическим собственником которой является другое лицо

**Besitznachfolge** f преемственность владения

**Besitznachfolger** m наследник права собственности; преемник во владении

**Besitznahme** f вступление во владение

**Besitznehmung** f вступление во владение

**Besitzpfandrecht** n залоговое право пользования

**Besitzraubung** f лишение владения; экспроприация

**Besitzrecht** n право владения

**Besitzschutz** m защита владения

**Besitzschutzanspruch** m право на иск о защите владения

**Besitzschutzklage** f иск о восстановлении нарушенного владения

**Besitzstand** m наличная недвижимость; активы; размеры имущества

**Besitzsteuer** f налог на имущество

**Besitzsteuer** f налог с капитала; налог на капитал

**Besitzstörung** f нарушение владения

**Besitzstörungsklage** f иск о восстановлении нарушенного владения

**Besitzstück** n объект владения

**Besitzteile** m, pl активы *(предприятия)*

**Besitztitel** m документ, подтверждающий право на владение, титул владения

**Besitztum** n имущество; недвижимость, недвижимое имущество; имение, (земельное) владение

**Besitztum veräußern** отчуждать имущество

**unbewegliches Besitztum** недвижимость, недвижимое имущество

**unveräußerliches Besitztum** неотчуждаемое имущество

**unveräußerliches Besitztum** отчуждённое имущество

**Besitzübertragung** f передача владения

**Besitzung** f владение, обладание; (земельное) владение, имение

**Besitzveränderungssteuer** f налог, взимаемый в случае изменения владения

**Besitzvererbung** f переход владения по наследству

**Besitzverhältnisse** n, pl отношения владения *(недвижимостью)*; условия землевладения

**Besitzverletzung** f нарушение владения

**Besitzverlust** m утрата владения

**Besitzverschiebung** f *юр.* передача имущества с целью утаить его

**Besitzwechsel** m римесса, вексель к получению *(акцептованный вексель, находящийся во владении векселедержателя)*; вексель, посылаемый для покрытия долга

**Besitzwechsel** смена владельца

**Besitzwechselbuch** n книга регистрации поступающих векселей, журнал регистрации поступающих векселей; журнал учёта поступающих векселей

**Besitzwerte** m pl имущество (мн.ч.), ценности (мн.ч.)

**Besitzzeit** f время владения, срок владения, длительность владения

**Besitzzuweisung** f (непосредственная, фактическая) передача владения

**besolden** vt платить зарплату, выплачивать зарплату

**Besoldung** f оплата труда; жалованье, оклад, заработная плата *(служащих)*; денежное содержание военнослужащих

**Besoldung des Beamten** жалованье чиновника, оклад чиновника

**Besoldung des Soldaten** денежное содержание военнослужащего

**fixe Besoldung** твёрдый оклад

**Besoldungsgesetz** *n* закон о порядке выплаты денежного содержания

**Besoldungsgruppe** *f* разряд тарифной сетки

**Besoldungskategorie** *f* категория окладов, категория заработной платы

**Besoldungssteuer** *f* подоходный налог

**Besoldungsstufe** *f* разряд тарифной сетки

**Besoldungstabelle** *f* тарифная сетка

**Besoldungsverhältnisse** *n, pl* совокупность условий, определяющих размер вознаграждения *(жалованья, оклада, заработной платы)*

**Besoldungszulage** *f* надбавка к получаемому вознаграждению *(жалованью, окладу, заработной плате)*

**besorgen** *vt* доставать, доставлять, покупать, заготовлять

**besorgen** исполнить *(поручение)*

**Besorgung** *f* исполнение, выполнение

**Besorgung** покупка

**Besorgung** поручение

**Besorgung einer Lizenz** получение лицензии

**Besorgung machen** выполнять поручение

**Besorgungsfähigkeit** *f юр.* дееспособность

**Besorgungsgebühr** *f* комиссия за исполнение поручения, провизия за исполнение поручения

**besserstellen** *vt* улучшать материальное положение, повышать благосостояние *(кого-л.)*

**Besserstellung** *f* улучшение материального положения, повышение благосостояния, повышение жизненного уровня

**kulturelle Besserstellung** повышение культурного уровня

**soziale Besserstellung** улучшение социальных условий

**BestA, Bestellauftrag** заказ-наряд

**Bestallung** *f* должность; оклад; *юр.* назначение *кого-л.* опекуном

**Bestallung** определение на службу, назначение на должность

**Bestand** *m* (**Bestände** *pl*) запасы; фонд(ы)

**Bestand** наличие, наличность, (наличное) состояние

**Bestand** инвентарь

**Bestand** *ю.-нем.* наём; прокат; аренда

**Bestand** *бухг.* остаток

**Bestand** поголовье *(скота)*

**Bestand** портфель *(напр. заказов)*

**Bestand** состав

**Bestand** состояние, положение

**Bestand aufnehmen** проводить инвентаризацию, переучитывать, инвентаризировать, инвентаризовать

**Bestand an Bargeld** остаток наличных средств

**Bestand an Waren** товарные запасы (мн.ч.)

**Bestand an Werkzeugmaschinen** станочный парк

**Bestand der Kasse** кассовая наличность; остаток в кассе

**Bestand der Versicherung** страховой портфель

**Bestand laut Stellenplan** штатный состав

**Bestand zu aktualisieren** обновлять список товаров *(напр. в Интернет-магазине)*; обновлять портфель заказов

**buchmäßig ausgewiesener Bestand** остаток по данным бухгалтерского учёта

**laufender Bestand** текущие запасы (мн.ч.), оборотные запасы (мн.ч.)

**rechtlicher Bestand** правовой статус

**transitorischer Bestand** *бухг.* переходящий остаток

**ungenutzter Bestand** *бухг.* свободный остаток

**Bestandbuch** *n* инвентарная книга, инвентаризационный журнал

**Bestände** *m, pl* запасы; фонды

**absatzfähige Bestände** запасы, которые могут быть реализованы

**illiquide Bestände** неликвиды

**liquide Bestände** ликвиды, ликвидные запасы

**plangebundene Bestände** нормативные запасы

**planwidrige Bestände** сверхнормативные запасы

**Beständebilanz** *f* баланс остатков

**Beständer** *m ю.-нем.* арендатор

**Bestanderlasser** *m* арендодатель

**Beständewagnis** *n* заранее планируемые убытки предприятия *(напр. от усушки, устаревания, боя)*, связанные с содержанием складских запасов

**Bestandgeld** *n* наличность; арендная плата

**Beständigkeit** *f* постоянство, неизменность; устойчивость; стабильность; сохранность

**Beständner** *m ю.-нем.* арендатор

**Bestandsabbau** *m* сокращение запасов

**Bestandsabgang** *m* уменьшение запасов; убыль запасов

**Bestandsache** *f юр.* предмет договора о найме, предмет договора об аренде

**Bestandsanalyse** f анализ наличия (основных и оборотных средств)

**Bestandsänderung** f изменение величины запасов

**Bestandsaufnahme** f инвентаризация; инвентаризационная опись

**körperliche Bestandsaufnahme** вещественная инвентаризация

**Bestandsaufzeichnung** f регистрация; опись

**Bestandsaufzeichnung** запись с данными учёта

**Bestandsausgleich** m балансовая увязка запасов

**Bestandsbewegung** f движение запасов

**Bestandsbewertung** f денежная оценка производственных фондов; оценка (товарных) остатков

**Bestandsbewertung** оценка товарных запасов

**Bestandsbilanz** f баланс остатков

**Bestandsbildung** f образование запасов, формирование запасов

**Bestandsdatei** f основной файл, исходный файл

**Bestandsdatei** файл, организованный по разделам; файл оглавления

**Bestandsdatei** файл с данными инвентаризации (учёта)

**Bestandsdaten** pl данные, организованные по разделам

**Bestandsdaten** данные инвентаризации, данные учёта; данные о наличии *(напр. товаров)*

**Bestandsentwicklung** f динамика запасов

**Bestandsergänzung** f пополнение запасов

**Bestandserhöhung** f увеличение запасов; увеличение поголовья скота

**Bestandsermittlung** f определение величины запасов

**Bestandsermittlung** f определение размеров запасов

**Bestandsfinanzierung** f финансирование запасов

**Bestandsfonds** m производственные запасы; оборотные фонды предприятия

**Bestandsfortschreibung** f бухг. перенос остатков *(напр. из карточки в карточку)*

**Bestandsführung** f учёт наличия

**Bestandshaltung** f наличие запасов

**Bestandshaltung** хранение запасов

**Bestandshaltung** переходящие запасы

**Bestandshöhe** f величина запасов

**Bestandskarte** f карта наличия, перфокарта наличия

**Bestandskartei** f картотека наличия; инвентарная картотека

**laufende Bestandskartei** текущая картотека наличия

**Bestandskonten** n, pl активные и пассивные счета (мн.ч.); активы и пассивы (мн.ч.))

**Bestandskonten** инвентарные счета (мн.ч.)

**aktive Bestandskonten** активные инвентарные счета (мн.ч.)

**passive Bestandskonten** пассивные инвентарные счета (мн.ч.)

**Bestandskontrolle** f контроль запасов, контроль наличия

**Bestandskorrekturkoeffizient** m поправочный коэффициент запасов

**Bestandskredit** m краткосрочный кредит, предоставляемый для финансирования запасов

**Bestandskreditbilanz** f кредитный баланс *(баланс, непогашенных и запланированных кредитов)*

**Bestandsliste** f ведомость наличного имущества; ведомость наличия *(напр. материалов)*; инвентаризационная опись; роспись наличия *(напр. материалов)*

**Bestandsliste** f инвентарный список; ведомость наличия; инвентаризационная опись

**Bestandsliste** роспись наличных товаров

**Bestandsmasse** f резервуар *(экономическая величина, обладающая размерностью)*

**Bestandsnachweis** m ведомость наличия *(напр. материалов)*

**Bestandsnachweis** m контрольная ведомость наличия

**Bestandsnorm** f норма запасов; норматив производственных запасов

**Bestandsnormativ** n норматив производственных запасов

**Bestandsnormierung** f нормирование запасов

**Bestandsnormung** f нормирование запасов

**Bestandspflege** f поддержание запасов на необходимом уровне

**Bestandspflege** поддержание страхового портфеля

**Bestandsplan** m план движения запасов

**Bestandsplanung** f планирование запасов

**Bestandsposition** f (товарная) статья запасов

**Bestandsrichtsätze** m норма остатков

**Bestandsrichtsätze** pl нормы остатков (мн.ч.)

**Bestandsrichtwert** m показатель эффективности содержания (производственных) запасов; норматив производственных запасов

**Bestandsrisiko** n риск, связанный с созданием больших запасов

**Bestandsspeicher** *m* запоминающее устройство для хранения инвентаризационных данных

**Bestandsspeicher** *m* память для учёта наличия, память для регистрации наличия (*напр. товаров*); память для данных инвентаризации (*учёта*)

**Bestandsstatistik** *f* статистика запасов

**Bestandsstruktur** *f* структура запасов

**Bestandsüberwachung** *f* контроль за состоянием и движением запасов

**Bestandsveränderung** *f* изменение объёма запасов, изменение величины запасов

**Bestandsverzeichnis** *n* инвентаризационная опись; инвентарная ведомость; ведомость учёта запасов

**Bestandswert** *m* стоимость запасов

**Bestandszugang** *m* увеличение запасов

**Bestandszunahme** *f* увеличение запасов

**Bestandteil** *m* составная часть, компонент; элемент

   **wesentlicher Bestandteil** неотъемлемая составная часть; существенная составная часть

   **als integraler Bestandteil gelten** считаться неотъемлемой частью

**Bestandvertrag** *m* договор имущественного найма, арендный договор, договор аренды

**Bestarbeiter** *m* передовой рабочий, передовик производства, отличник производства, лучший рабочий

**Bestarbeitsmethode** *f* передовой метод работы

**bestätigen** *vt* удостоверять, подтверждать

**bestätigt** подтверждённый (*напр. о чеке*)

**Bestätigung** *f* подтверждение (*напр. чека*); ратификация (*напр. договора*); утверждение (*напр. в должности*); *торг.* подтверждение, сообщение о поступлении (*напр. заказа*)

   **urkundliche Bestätigung** документальное подтверждение

**Bestätigungskarte** *f* документ, подтверждающий наличие страхового объекта (*напр. железнодорожного груза*); страховая карта, страховая карточка

**Bestätigungsprovision** *f* комиссия за подтверждение, комиссионное вознаграждение за подтверждение (*при проведении банковских операций*)

**Bestätigungsrecht** *n* право утверждения, право ратификации

**Bestätigungsschreiben** *n* письменное подтверждение; *торг.* письмо-подтверждение

**Bestätigungsverfahren** *n* процедура утверждения (*напр. бюджета*); процедура ратификации (*напр. договора*)

**Bestätigungsvermerk** *m* *бухг.* заключение ревизора, подтверждающее правильность составления баланса

**Bestattungsbeihilfe** *f* пособие на погребение, пособие на похороны

**Bestattungsgeld** *n* пособие на погребение, пособие на похороны

**Bestattungskostenversicherung** *f* страхование на случай смерти с целью покрытия расходов на погребение застрахованного

**Bestattungsversicherung** *f* страхование на случай смерти с целью покрытия расходов на погребение застрахованного

**Bestausnutzung** *f* **der Arbeitszeit** оптимальное использование рабочего времени

**Bestbeschäftigung** *f* (самый) высокий уровень занятости, высокая занятость

**Bestbietende** *m* предлагающий лучшие условия (*при купле-продаже*)

**beste Angebot heraussuchen** находить лучшее предложение; найти лучшее предложение

**Bestellauftrag** *m* заказ-наряд

**bestellbar** могущий быть заказанным; *с.-х.* пахотный

**Bestellbogen** *m* ведомость заказов, ведомость требований

**Bestellbrief** *m* письмо-заказ

**Bestellbuch** *n* книга заказов

**Bestelldienst** *m* обслуживание покупателей через отдел заказов; отдел заказов, бюро заказов

**Bestelldienstabteilung** *f* отдел заказов, бюро заказов

**bestellen** доставлять (*почту и т.п.*)

   **bestellen** заказывать; назначать (*напр. опеку*); обрабатывать (*землю*)

   **öffentlich bestellen** официально назначать

**Besteller** *m* заказчик; покупатель

**Bestellermaterial** *n* сырьё и материалы, предоставляемые заказчиком, давальческое сырьё; заказанные материалы

**Bestellfrist** *f* срок исполнения заказа; срок, до истечения которого покупатель может сделать заказ

**Bestellgut** *f* грузы, доставляемые на дом

**Bestelliste** *f* список заказов; заявка; бланк заказов

**Bestellkatalog** *m* каталог, на основании которого оформляются заказы

   **Bestellkatalog** каталог товаров, на основе которого выдаются заказы

**Bestellkatalogsystem** *n* система заказов по каталогам

**Bestellmaterial** *n* сырьё и материалы, предоставляемые заказчиками; давальческое сырьё

**Bestellmenge** *f*, **rationelle** рациональный объём пополнения запасов

**Bestellproduktion** *f* производство на основании выданного заказа, изготовление на основании выданного заказа

**Bestellschein** *m* бланк заказа

**Bestellschreiben** *n* письмо-заказ

**Bestellsystem** *n* система заказов

**Bestelltermin** *m* срок заключения хозяйственных договоров; срок выдачи заказа; срок подачи заявок

**Bestellung** *f* заказ
  **Bestellung** поручение
  **Bestellung** назначение *(напр. опекуна)*
  **Bestellung** обработка (земли), возделывание земли
  **Bestellung** доставка
  **Bestellung auf Widerruf** заказ до востребования
  **Bestellung des Pflegers** назначение попечителя
  **Bestellung des Verteidigers** назначение защитника
  **Bestellung eines Beistands** назначение защитника *(в уголовном процессе)*
  **Bestellung rückgängig machen** аннулировать заказ
  **Bestellung von Hypotheken** установление ипотек
  **auf Bestellung anfertigen** изготовлять по заказу
  **auf Bestellung arbeiten** работать на заказ
  **eine Bestellung aufgeben** выдать заказ
  **eine Bestellung erteilen** выдать заказ
  **auf Bestellung gefertigt** изготовленный на заказ; изготовленный по заказу
  **zusätzliche Bestellung** дополнительный заказ

**Bestellungseingang** *m* поступление заказов

**Bestellverfahren** *n* система, регулирующая отношения между заказчиками и поставщиками

**Bestellzettel** *m* бланк заказа; заявка; ордер

**Bestens-Aufträge** *m, pl* нелимитированные приказы на продажу акций *(по наиболее выгодному курсу)*

**besteuerbar** подлежащий обложению налогом, подлежащий обложению пошлиной

**besteuern** *vt* облагать налогом, облагать пошлиной

**besteuert** обложенный налогом, обложенный пошлиной
  **stark besteuert** обложенный высокой таможенной пошлиной

**Besteuerung** *f* налогообложение, обложение налогом
  **Besteuerung an der Quelle** удержание налогов из источника дохода
  **degressive Besteuerung** регрессивное обложение, регрессивное налогообложение
  **einheitliche Besteuerung** единое обложение, единое налогообложение
  **indirekte Besteuerung** косвенное обложение, косвенное налогообложение
  **kumulative Besteuerung** кумулятивное обложение, кумулятивное налогообложение
  **progressive Besteuerung** прогрессивное обложение, прогрессивное налогообложение
  **proportionale Besteuerung** пропорциональное обложение, пропорциональное налогообложение
  **zusätzliche Besteuerung** дополнительное обложение, дополнительное налогообложение

**Besteuerungsart** *f* вид налога; вид налогообложения

**Besteuerungsfreigrenze** *f* максимальный размер дохода, не облагаемого налогом; максимальная стоимость имущества, не облагаемая налогом; максимальный размер торгового оборота, не облагаемый налогом

**Besteuerungsgegenstand** *m* объект обложения, объект налогообложения

**Besteuerungsgrundlage** *f* величина дохода облагаемого налогом, величина имущества облагаемого налогом, основание для обложения налогом; величина объекта, облагаемого налогом

**Besteuerungsmaßstab** *m* величина дохода облагаемого налогом, величина имущества облагаемого налогом, основание для обложения налогом; величина объекта, облагаемого налогом

**Besteuerungsrecht** *n* право обложения налогом

**Besteuerungsverfahren** *n* система *(порядок)* налогообложения, система обложения налогами, система налогообложения, технология налогообложения

**Bestgröße** *f* оптимальная величина; оптимальный размер

**Besthaupt** *n* ист. лучшая голова скота *(оброк феодалу)*

**bestimmen** *vt* назначать, устанавливать; предназначать
  **den Termin bestimmen** устанавливать срок; устанавливать дату *(встречи)*

**Bestimmtheitsgrundsatz** *m* принцип определённости *(в правовых отношениях, касающихся земельных участков)*

**Bestimmtheitsmaß** *n* мера определённости

**Bestimmung** f назначение; определение, обозначение; постановление, предписание, распоряжение; условие; статья, положение *(договора)*; предназначение

**Bestimmung** определение, обозначение

**Bestimmung** постановление, предписание, распоряжение

**Bestimmung** статья, положение

**einschränkende Bestimmung** оговорка; статья, содержащая оговорку

**obligatorische Bestimmung** обязательное постановление *(административного органа)*

**der Bestimmung übergeben** сдавать в эксплуатацию *(о строительных объектах)*

**Bestimmungen** f pl указания, инструкции

**planmethodische Bestimmungen** методические указания по разработке плана

**Bestimmungsbahnhof** m станция назначения

**Bestimmungsfaktor** m определяющий фактор

**Bestimmungsflughafen** m аэропорт назначения

**Bestimmungsgröße** f параметр; параметры

**technisch-ökonomische Bestimmungsgröße** технико-экономический показатель

**Bestimmungshafen** m порт назначения

**Bestimmungskauf** m покупка на условиях установления покупателем формы, меры, сорта и количества поставляемого товара

**Bestimmungsland** n страна назначения

**Bestimmungslandprinzip** n принцип обложения импортных товаров налогами, действующими только в стране-импортёре

**bestimmungsmäßig** по назначению

**Bestimmungsort** m пункт назначения, место назначения; *юр.* место исполнения договора купли-продажи

**Bestleistung** f рекорд *(напр. производственный)*; наилучшие показатели, наивысшие показатели; наилучшая результативность

**bestmöglich** *бирж.* по наилучшему курсу, по наиболее выгодной цене

**bestreiken** охватывать забастовкой *(напр. завод)*

**bestreiten** vt оспаривать, опровергать

**bestreiten** покрывать *(издержки)*

**Bestreitung** f оспаривание, опровержение

**Bestreitung** покрытие *(напр. издержек)*

**Bestseller** m бестселлер; ходовая книга

**bestsituiert** находящийся на высшем уровне материального благополучия

**Besttechnologie** f оптимальная технология, наилучшая технология

**Bestückung** f оснащение, оборудование

**Bestverfahren** n оптимальный метод, передовой метод

**Bestwert** m оптимум; оптимальное значение; оптимальная величина; оптимальный размер

**Bestwert der Wirtschaftlichkeit** экономический оптимум

**technologischer Bestwert** технологический оптимум

**Bestwertmethode** f метод наивысших оценок, метод максимальных значений

**Bestzeit** f оптимальные затраты времени

**Bestzeit** оптимальные нормы затрат времени

**Bestzeitenkatalog** m каталог оптимальных норм затрат времени

**Bestzeitprogramm** n программа с минимальным временем ожидания *(при оптимальном программировании)*

**Bestzeitprogrammierung** f программирование с минимальным временем ожидания; оптимальное программирование

**Besucher** m посетитель

**Besucherin** f посетительница

**Besucherzahl war unerwartet groß** количество посетителей было неожиданно большим

**betagt** с наступившим сроком оплаты *(напр. о векселе)*

**Betätigungselement** n орган (ручного) управления

**Beteihungsgrenze** f предельная величина ссуды *(в % к стоимости предмета, под залог которого она выдаётся)*

**beteiligen,** vt (an, bei D) давать долю, давать часть *(кому-л. в чем-л.)*, наделять *(кого-л. чем-л.)*; делать участником *(в деле, в прибыли)*

**sich beteiligen** (an D, bei D) участвовать *(в чём-л.)*

**Beteiligte** m участник; компаньон; пайщик; совладелец

**Beteiligung** f участие; количество пайщиков *(напр. акционерного общества)*; капиталовложения

**konsolidierte Beteiligung** конслоидированное участие

**unter starker Beteiligung** с высокой долей участия

**Beteiligungen** *f, pl* участие в делах других предприятий; инвестиции, капиталовложения

**staatliche Beteiligungen** капиталовложения государства в частные предприятия

**verwaltete Beteiligungen** частная собственность, находящаяся в управлении государственных органов

**volkseigene Beteiligungen** долевое участие государства в других формах собственности

**Beteiligungsfonds** *m* инвестиционный фонд *(привлекающий средства многих акционеров и управляемый, напр. инвестиционной компанией)*

**Beteiligungsgesellschaft** *f* инвестиционная компания

**Beteiligungskapital** *n* паевой капитал, акционерный капитал; инвестированный капитал

**Beteiligungslohn** *m* часть заработной платы, выдаваемая в виде ценных бумаг

**Beteiligungsquote** *f* квота участия, доля участия *(напр. в акционерном обществе)*

**Beteiligungssystem** *n* система участия

**Betörderungspreis** *m* стоимость перевозки, цена перевозки; плата за провоз (грузов); фрахт; плата за доставку

**betr., , betreffend, betrifft, betreffs** относительно, касательно, по поводу *(предмет письма - в настоящее время практически не используется)*

**Betrag** *m* сумма; размер; объём; количество; величина, значение

**Betrag eines Wechsels** валюта векселя

**Betrag erhalten** по счёту получил *(отметка)*

**abzugsfähiger Betrag** израсходованная сумма доходов, не облагаемая налогом

**abzurechnender Betrag** подотчётная сумма

**alssteherder Betrag** неполученная сумма, непоступившая сумма; сумма, не уплаченная дебитором по счёту, задолженность дебитора

**aufaddierter Betrag** подытоженная сумма

**bereitgestellter Betrag** ассигнованная сумма

**eingehender Betrag** поступающая сумма; выручка

**geschuldeter Betrag** неуплаченная сумма

**hinterlegter Betrag** депозитная сумма, депонированная сумма, вклад, депозит

**nicht unterzubringender Betrag** невыясненная сумма

**rückständiger Betrag** сумма, не уплаченная дебитором по счёту после наступления срока платежа

**steuerpflichtiger Betrag** облагаемая налогом сумма

**überzahlter Betrag** сумма переплаты

**überzogener Betrag** перерасходованная сумма

**zustehender Betrag** причитающаяся сумма

**zuviel erhobener Betrag** излишне взысканная сумма

**zuwenig erhobener Betrag** недовзысканная сумма, недоудержанная сумма, сумма недоудержаний

**einen Betrag abrechnen** представлять отчёт об использовании сумм

**einen Betrag durch Nachnahme erheben** взимать сумму наложенным платежом

**einen Betrag in Wechseln anlegen** приобрести на определённую сумму векселей

**seinem Konto einen Betrag gutbringen** вносить сумму на свой счёт

**betragen** составлять (сумму), обходиться (в сумму)

**Betragstastatur** *f* итоговая клавиатура, клавиатура суммы *(напр. в вычислительных устройствах)*

**Betreiber** *m* предприниматель, пользующийся производственной мощностью, эксплуатирующий производственную мощность

**Betreuung** *f* кураторство

**Betreuung** обслуживание

**Betreuung** оказание *(материальной)* помощи

**betriebsärztliche Betreuung** медицинское обслуживание на производстве

**handelsmäßige Betreuung** торговое обслуживание

**soziale Betreuung** социальное обслуживание

**Betreuungsabteilung** *f* отдел обслуживания; цех обслуживания

**Betreuungsbereich** *m* сфера обслуживания

**Betreuungseinrichtung** *f* организация по социальному обслуживанию

**Betreuungsgemeinkosten,** *pl* расходы на бытовое и культурное обслуживание; общие расходы на социальное обеспечение

**Betreuungskosten,** *pl* расходы на бытовое и культурное обслуживание; расходы на социальное обеспечение

**Betreuungspersonal** *n* обслуживающий персонал

**Betrieb** *m* предприятие; производство; завод; фабрика; рудник; шахта; работа, действие, ведение; функционирование; эксплуатация, *см. тж.* Betriebe *pl*

**Betrieb** *тех*. привод, тяга

**Betrieb mit festem Zyklus** *обр. дан.* операция с постоянным периодом
**Betrieb mit Fließsystem** тейлоризированное предприятие
**Betrieb mit mehreren Betriebsarten** *обр. дан.* многотипная операция
**Betrieb mit staatlicher Beteiligung** предприятие с участием государства
**Betrieb mit wirtschaftlicher Rechnungsführung** хозрасчётное предприятие
**automatisierter Betrieb** завод-автомат
**bauausführender Betrieb** строительное предприятие
**bäuerlicher Betrieb** крестьянское хозяйство
**die Unkosten deckender Betrieb** безубыточное предприятие
**durchrationalisierter Betrieb** тейлоризированное предприятие
**führender Betrieb** ведущее предприятие, головное предприятие
**gemeinsamer Betrieb** совместное предприятие
**genossenschaftlicher Betrieb** кооперативное предприятие
**gesundheitsschädlicher Betrieb** производство с вредными условиями труда, вредное производство
**gewerblicher Betrieb** торгово-промышленное предприятие
**gleichzeitiger Betrieb** *обр. дан.* параллельная работа
**handwerksmäßiger Betrieb** ремесленное производство
**kleinbäuerlicher Betrieb** мелкое крестьянское хозяйство
**kleinbäuerlicher warenproduzierender Betrieb** мелкотоварное крестьянское хозяйство
**kleiner Betrieb** малое предприятие, МП
**kontinuierlicher Betrieb** непрерывное производство
**kooperierender Betrieb** смежное предприятие
**landwirtschaftlicher Betrieb** сельскохозяйственное предприятие
**leistungsfähiger Betrieb** мощное предприятие
**leistungsschwacher Betrieb** маломощное предприятие, малопроизводительное предприятие
**manufakturmäßiger Betrieb** мануфактурное производство
**mit Gewinn arbeitender Betrieb** прибыльное предприятие
**mit Verlust arbeitender Betrieb** убыточное предприятие
**mittelgroßer Betrieb** хозяйство среднего размера, предприятие среднего размера, среднее предприятие
**mustergültiger Betrieb** образцовое предприятие, показательное предприятие
**nationalisierter Betrieb** национализированное предприятие
**öffentlicher Betrieb** государственное предприятие, общественное предприятие
**planmäßig mit Gewinn arbeitender Betrieb** планово-прибыльное предприятие
**planmäßig mit Verlust arbeitender Betrieb** планово-убыточное предприятие
**privater Betrieb** частное предприятие
**probeweiser Betrieb** пробная эксплуатация
**rentabler Betrieb** рентабельное предприятие
**schaffnerloser Betrieb** эксплуатация городского транспорта без кондукторов
**schaffnerloser Betrieb** специализированное предприятие; спецпредприятие
**störungsfreier Betrieb** бесперебойная работа *(машины)*
**unabhängiger Betrieb** *обр. дан.* автономная программа
**unbemannter Betrieb** полностью автоматизированное предприятие
**ununterbrochener Betrieb** непрерывное производство
**unwirtschaftlicher Betrieb** нерентабельное предприятие
**volkseigener Betrieb** народное предприятие *(в бывш. ГДР)*, государственное предприятие *(в бывш. ГДР)*
**außer Betrieb** бездействующий, неработающий
**außer Betrieb setzen** прекращать эксплуатацию
**den Betrieb aufnehmen** пускать (в ход), сдавать в эксплуатацию
**den Betrieb einstellen** прекращать производство, прекращать работу, приостанавливать производство, приостанавливать работу
**den Betrieb stillegen** закрывать предприятие; прекращать производство
**in Betrieb nehmen** вводить в эксплуатацию, пускать (в ход)
**in Betrieb setzen** вводить в эксплуатацию, пускать (в ход)
**"kein Betrieb"** *обр. дан.* холостая операция
**Betriebe,** *sieh.* **Betrieb** *m*:
**Betriebe der Finalproduktion** предприятия, выпускающие конечную продукцию; предприятия, выпускающие готовую продукцию
**Betriebe für die Rohverarbeitung, Lagerung und Beförderung von Agrarprodukten** предприятия по первичной переработке, хранению и транспортировке сельскохозяйственных продуктов

**arbeitsorientierte Betriebe** предприятия, размещённые с учётом близости источников дешёвой рабочей силы

**gemischtwirtschaftliche Betriebe** торговые предприятия, оказывающие клиентам ряд дополнительных услуг *(напр. мелкий ремонт проданной радиоаппаратуры)*; предприятия со смешанным *(частным и государственным)* капиталом

**kleine und mittelgroßer Betriebe; KMgB** малые и средние предприятия

**vor- und nachgelagerte Betriebe** смежные предприятия с предшествующим циклом производства, смежные предприятия с последующим циклом производства; предприятия-смежники

**Kostenrechnung für kleinere Betribe** расчет издержек для малых *(и средних)* предприятий

**Betriebeausgaben** *f, pl* внутренние издержки частного предприятия, вычитаемые из суммы дохода, облагаемого налогом; внутренние издержки частного предприятия, не входящие в сумму дохода, облагаемого налогом

**Betriebeausgaben** эксплуатационные расходы предприятия, производственные расходы предприятия, эксплуатационные издержки

**betrieberschwerend** усложняющий производство, усложняющий эксплуатацию, затрудняющий производство, затрудняющий эксплуатацию

**Betriebfvorgang** *m* производственный процесс

**betrieblich** производственный; заводской

**Betriebsabgabepreis** *m уст.* оптовая цена предприятия, отпускная цена предприятия

**Betriebsabrechnung** *f* производственный учёт

**Betriebsabrechnungsbogen** *m* ведомость производственного учёта

**Betriebsabrechnungsbogen** сводный учёт затрат по местам их возникновения и объектам калькуляции; отчётность о хозрасчётной деятельности *какого-л.* подразделения

**Betriebsabrechnungsbogen** сводный учёт незавершённого производства и брака продукции

**Betriebsabschnitt** *m* участок производства

**wichtigster Betriebsabschnitt** важнейший участок производства, решающий участок производства

**Betriebsabteilung** *f* цех предприятия, отдел предприятия

**Betriebsakademie** *f* курсы повышения квалификации рабочих *(на предприятии)*

**Betriebsanalyse** *f* анализ хозяйственной деятельности предприятия

**Betriebsangehörige** *m* работник завода; персонал предприятия, промышленно-производственный персонал, работник предприятия, сотрудник предприятия

**Betriebsanlagen** *f, pl* заводские помещения; цеха завода; заводское оборудование

**Betriebsanleitung** *f* инструкция по эксплуатации; инструкция по уходу; руководство по эксплуатации

**Betriebsanteil** *m* взнос предприятия (в фонд); долевое участие предприятия

**Betriebsanteil zur Sozialversicherung** взнос предприятия в фонд социального страхования

**Betriebsanweisung** *f* инструкция по эксплуатации

**Betriebsart** *f* тип предприятия; вид производства; род работы; режим работы, режим эксплуатации

**Betriebsassistent** *m* помощник заведующего отделом, помощник мастера цеха, помощник заведующего производством

**Betriebsaufgaben,** *pl* производственные задания

**Betriebsaufspaltung** *f* разделение предприятия

**Betriebsaufstockung** *f* концентрация земельных владений, увеличение земельных владений *(посредством скупки и дополнительного арендования)*

**Betriebsaufwand** *m* производственные задания

**Betriebsausgaben** *f pl* издержки предприятия

**Betriebsausgaben** эксплуатационные расходы

**Betriebsausrüstung** *f* заводское оборудование; оборудование предприятия

**Betriebsausschuss** *m* заводской комитет; комитет служащих на предприятии

**Betriebsausstattung** *f* заводское оборудование; производственный инвентарь

**Betriebsbeanspruchung** *f трансп.* эксплуатационная нагрузка

**Betriebsbedingungen** *f, pl* производственные условия, условия производства; условия эксплуатации, режим работы

**unter Betriebsbedingungen** в производственных условиях

**Betriebsbegehung** *f соц.* обход завода комиссией по охране труда, обход предприятия комиссией по охране труда

**Betriebsbelastung** *f* эксплуатационная нагрузка; рабочая нагрузка

**Betriebsbelegschaft** *f* коллектив предприятия

**Betriebsberater** *m* консультант по организации производства, советник по делам предприятия

**Betriebsberatung** *f* производственное совещание на предприятии

**Betriebsbereitschaft** *f* готовность к эксплуатации, готовность к пуску

**Betriebsbereitschaftskosten,** *pl* издержки предприятия, связанные с подготовкой и наладкой производства

**Betriebsberufsschule** *f* профессиональная школа при заводе; школа фабрично-заводского обучения

**Betriebsbeschreibung** *f* таблица производственно-экономических показателей сельскохозяйственного предприятия

**Betriebsbesichtigung** *f* экскурсия на производство в целях рекламы; осмотр предприятия

**Betriebsbilanz** *f* баланс предприятия

**Betriebsblindheit** *f* некритичное отношение к недостаткам на предприятии

**Betriebsbrauchbarkeitsdauer** *f* долговечность (*в теории надёжности*)

**Betriebsbuchführung** *f* бухгалтерский учёт на предприятии

**angehängte Betriebsbuchführung** вспомогательный учёт

**Betriebsbuchhaltung** *f* бухгалтерия предприятия

**Betriebsbuchhaltung** *f* бухгалтерский учёт внутрипроизводственных процессов предприятия

**Betriebscharakteristik** *f* эксплуатационная характеристика (*напр. машины*)

**Betriebsdaten,** *pl стат.* производственные данные; техническая характеристика, рабочая характеристика, эксплуатационные данные; рабочие параметры; режимные параметры

**Betriebsdatenerfassung** *f* сбор технологических данных, регистрация технологических данных, регистрация производственных данных

**Betriebsdauer** *f* продолжительность эксплуатации, продолжительность работы, период эксплуатации, период работы, время эксплуатации, время работы; эксплуатационный период; срок службы (*напр. основных фондов*)

**Betriebsdichte** *f* плотность предприятий (*в расчёте, например, на единицу площади*)

**Betriebsdirektor** *m* директор предприятия

**betriebseigen** принадлежащий предприятию, являющийся собственностью предприятия

**Betriebseigenschaften** *f, pl* эксплуатационные свойства, эксплуатационные особенности, эксплуатационно-технические свойства, эксплуатационно-технические особенности (*напр. машины*)

**Betriebseinheit** *f* производственная единица

**Betriebseinnahmen** *f, pl* доходы предприятия

**Betriebseinnahmen- und -ausgabenvergleich** *m* сопоставление доходов и эксплуатационных расходов предприятия

**Betriebseinrichtungen** *f, pl* производственные сооружения

**Betriebseinrichtungskosten,** *pl* затраты предприятия в период организации производства

**Betriebseinschränkung** *f* ограничение производства

**Betriebseinstellung** *f* прекращение производства работы, прекращение эксплуатации, прекращение работы, приостановка производства, приостановка эксплуатации, приостановка работы

**Betriebserfindung** *f* изобретение, сделанное на данном предприятии

**Betriebserfolg** *m* баланс предприятия

**Betriebsergebnis** *n* результаты (хозяйственной) деятельности предприятия; итоговые цифровые данные рентабельности предприятия; баланс предприятия

**Betriebsergebnis aus Warenproduktion** итоги хозяйственной деятельности предприятия по товарной продукции

**einheitliches Betriebsergebnis** единый показатель (результатов) хозяйственной деятельности предприятия, сводный показатель (результатов) хозяйственной деятельности предприятия

**Betriebserlaubnis** *f* разрешение на эксплуатацию (*производства*)

**Betriebserlaubnis** разрешение на эксплуатацию транспортного средства

**Betriebseröffnung** *f* ввод (предприятия) в действие; пуск в эксплуатацию; открытие предприятия

**betriebserschwerend** усложняющий производство, затрудняющий производство

**Betriebsertrag** *m* доход предприятия, прибыль предприятия

**Betriebserweiterung** *f* расширение предприятия, расширение производства
**Betriebserzeugnis** *n* промышленное изделие, фабрикат
**betriebsfähig** готовый к пуску, готовый к эксплуатации
**Betriebsferien,** *pl* отпускной период на предприятии; период ухода в отпуск всего коллектива
**betriebsfertig** готовый к пуску, готовый к эксплуатации
**Betriebsfläche** *f* производственные площади
   **Betriebsfläche** полезные сельскохозяйственные площади; сельскохозяйственные угодья
**Betriebsflächenverhältnis** *n* соотношение полезной сельскохозяйственной площади и общей площади сельскохозяйственного предприятия, доля полезной сельскохозяйственной площади в общей площади сельскохозяйственного предприятия
**Betriebsfonds** *m, pl* производственные фонды *(предприятия)*
**Betriebsform** *f* форма сельскохозяйственного предприятия *(напр. кооператив, народное имение)*
**betriebsfremd** не носящий производственного характера
**betriebsfremd** не относящийся к данному предприятию; работающий на другом предприятии
   **betriebsfremde Personen haben kein Zutritt** посторонним вход на территорию предприятия воспрещён
**Betriebsführung** *f* руководство предприятием, руководство производством, управление предприятием, управление производством; дирекция предприятия, правление предприятия

**Betriebsfunktion** *f* деятельность предприятия, функционирование предприятия
**Betriebsgaststätte** *f* столовая на предприятии
**Betriebsgebaren** *n* ведение дел предприятия
**Betriebsgebäude** *n, pl* производственные здания; промышленные сооружения
**Betriebsgefahr** *f* опасность (аварии), связанная с эксплуатацией
**Betriebsgefährdung** *f* распространение слухов, наносящих ущерб предприятию *(со стороны конкурента)*
**Betriebsgeheimnis** *n* коммерческая тайна
   **Betriebsgeheimnis** производственный секрет, промышленный секрет, секрет предприятия
**Betriebsgemeinkosten,** *pl* общезаводские накладные расходы
**Betriebsgemeinschaft** *f* коллектив предприятия
**Betriebsgestaltung** *f* имидж предприятия; создание имиджа предприятия; паблик-рилейшнз
   **soziale Betriebsgestaltung** создание социального климата на предприятии
**Betriebsgesundheitsschutz** *m* охрана здоровья и медицинское обслуживание коллектива предприятия
**Betriebsgesundheitswesen** *n* охрана здоровья и медицинское обслуживание коллектива предприятия
**Betriebsgewerkschaftskasse** *f* касса профсоюза предприятия
**Betriebsgewerkschaftsleitung** *f* фабрично-заводской комитет, завком, местком *(предприятия)*; профсоюзное руководство на предприятии

**Betriebsgewerkschaftsorganisation** *f* профсоюзная организация на предприятии
**Betriebsgewicht** *n* собственный вес транспортного средства в эксплуатационном состоянии
**Betriebsgewinn** *m* прибыль предприятия; доход предприятия
**Betriebsgliederung** *f* организационная структура предприятия, структура предприятия
**Betriebsgröße** *f* производственная мощность *(рудника, шихты)*
   **Betriebsgröße** производственный показатель
   **Betriebsgröße** размер предприятия
   **Betriebsgröße** размеры предприятия, величина предприятия, размеры производства
   **Betriebsgröße** *с.-х.* размеры хозяйства, величина хозяйства
   **Betriebsgröße** эксплуатационный параметр, рабочий параметр; режимный параметр
**Betriebsgrößengruppen** *f, pl* классификация сельскохозяйственных предприятий по величине хозяйственной площади *(в гектарах)*
**Betriebsgrößenklassen** *f, pl* классификация сельскохозяйственных предприятий по величине хозяйственной площади *(в гектарах)*
**Betriebsgrößenstruktur** *f* классификация сельскохозяйственных предприятий по величине хозяйственной площади *(в гектарах)*
**Betriebsgrundstück** *n* земельный участок, являющийся собственностью предприятия; земельный участок, принадлежащий предприятию

**Betriebsgruppe** f производственная группа *(напр. бригада, коллектив отдела)*; группа членов общественной организации, существующая на предприятии *(напр. членов общества германо-советской дружбы)*

**Betriebshaftptlichtversicherung** f страхование работников за счёт предприятия; обязательное страхование работников предприятия

**Betriebshalle** f цех (завода); заводской цех

**Betriebshandbuch** n справочник, содержащий данные о предприятии *(средство рекламы)*

**Betriebshandelsspanne** f торговая наценка *(разница между закупочной и продажной ценой)*, обеспечивающая покрытие издержек, торговая наценка *(разница между закупочной и продажной ценой)*, обеспечивающая прибыль

**Betriebshierarchie** f структура служебного подчинения на предприятии, иерархическая структура предприятия

**betriebsinter** внутризаводской; внутрипроизводственный

**Betriebsinventar** n хозяйственный инвентарь

**Betriebsjahr** n хозяйственный год

**Betriebskapazität** f производственная мощность, производственная мощность предприятия

**Betriebskapital** n оборотный капитал; оборотные средства

**Betriebskennwert** m производственный показатель

**Betriebsklassen** f, pl категории предприятий *(в классификации предприятий по их народнохозяйственному значению)*

**Betriebsklima** n климат производственных помещений

**soziales Betriebsklima** социальный климат на предприятии; климат на предприятии *(в смысле взаимоотношений)*, атмосфера на предприятии *(в смысле взаимоотношений)*

**Betriebskoeffizient** n коэффициент рентабельности, коэффициент рентабельности предприятия

**Betriebskoeffizient** коэффициент эксплуатации

**Betriebskollektivvertrag** m коллективный договор (на предприятии)

**Betriebskonsum** m *разг.* магазин потребительского кооператива на предприятии

**Betriebskonto** n лицевой счёт предприятия; расчётный счёт предприятия (в банке)

**Betriebskontrolle** f контроль на производстве, производственный контроль, технический контроль; контроль за эксплуатацией; диспетчерский контроль

**Betriebskonzentration** f концентрация производства

**Betriebskosten**, pl издержки производства, производственные издержки, производственные затраты; эксплуатационные расходы, эксплуатационные затраты

**Betriebskostenrechnung** f учёт издержек производства

**Betriebskostenziffer** f показатель издержек производства, показатель производственных издержек; показатель эксплуатационных расходов

**Betriebskrankenkasse** f больничная касса на предприятии *(для застрахованных)*

**Betriebskredit** m производственный кредит *(чаще всего - краткосрочный для финансирования оборотных средств предприятия)*, ср. Anlagekredit

**Betriebslast** f рабочая нагрузка, эксплуатационная нагрузка

**Betriebsleistung** f объём производства *(в стоимостном выражении)*, производительность

**Betriebsleistung** производственная мощность предприятия

**Betriebsleistung** результаты работы предприятия, результаты деятельности предприятия, выполненная предприятием работа

**Betriebsleistung** успехи предприятия, достижения предприятия

**bereinigte Betriebsleistung** продукция предприятия, выраженная в изменяющихся ценах *(без учёта стоимости сырья и материалов со стороны)*

**Betriebsleiter** m директор, руководитель предприятия; заведующий производством; технический директор; начальник производства

**Betriebsleiterfonds** m фонд(ы) директора предприятия

**Betriebsleitung** f управление предприятием, управление производством, руководство предприятием, руководство производством; дирекция предприятия, администрация предприятия

**technische Betriebsleitung** техническая администрация предприятия

**Betriebsleitungskosten** pl административно-управленческие расходы

**Betriebslenkung** f управление предприятием

**pretiale Betriebslenkung** управление предприятием с помощью механизма цен

**Betriebsmagazin** n склад, депо; помещение *(для хранения быстроизнашивающихся орудий труда и легкопортящихся изделий на предприятии)*

**Betriebsmaterial** n производственный материал

**Betriebsmaximum** n производственный максимум *(обычно предполагает такую степень загруженности мощностей, начиная с которой при дальнейшем увеличении занятости средние переменные издержки превышают цену реализации)*

**Betriebsmeß-, Steuerungs- und Regelungstechnik** f техника измерения, управления и регулирования производственных процессов

**Betriebsmethode** f метод классификации выпускаемой продукции предприятия по его принадлежности к определённой хозяйственной группе

**Betriebsminimum** n предельно низкий уровень занятости, допускаемый на предприятии

**Betriebsminimum** n производственный минимум *(напр. степень загруженности предприятия, начиная с которой при дальнейшем сокращении занятости средние переменные издержки превышают цену реализации)*

**Betriebsmittel** n, pl оборотные средства, оборотный капитал

  **Betriebsmittel** ресурсы *мн.* *(вычислительной системы)*

  **Betriebsmittel** подвижной состав

  **Betriebsmittel** производственный материал

  **Betriebsmittel** средства предприятия

  **Betriebsmittel** средства производства

  **Betriebsmittel** эксплуатационные материалы

  **Betriebsmittel** технологическая оснастка

  **Betriebsmittel** технологическое оснащение, технологическая оснастка *(предприятия)*, оборудование *(предприятия)*

  elektrische **Betriebsmittel** n pl электрооборудование

  elektrisches **Betriebsmittel** n электроподвижной состав *(ж.-д.)*

**Betriebsmittelzuweisung** f предоставление с. ресурсов *(вычислительной системы)*; распределение ресурсов *(вычислительной системы)*

**Betriebsmittelfonds** m производственные фонды предприятия

**Betriebsmittelnormativ** n норматив по использованию и хранению средств производства, норматив по использованию и хранению производственного оборудования

**Betriebsmittelplanung** f планирование закупок и оптимального использования средств производства, планирование закупок и оптимального использования производственного оборудования

**Betriebsmodell** n модель предприятия; промышленная модель

**Betriebsmöglichkeit** f возможность эксплуатации; пригодность для эксплуатации

**Betriebsnachfolge** f наследование предприятия

**Betriebsnachschau** f финансовая ревизия на предприятии *(напр. проверка налоговой инспекции, аудиторской фирмы)*

**Betriebsnorm** f производственная норма

  **Betriebsnorm** заводской стандарт

**betriebsnotwendig** производственно-необходимый; необходимый для функционирования предприятия; необходимый предприятию

**betriebsnotwendiges Kapital** необходимый предприятию капитал

**betriebsnotwendiges Vermögen** необходимое предприятию имущество (оборудование)

**Betriebsnummer** f (шестизначный) опознавательный номер промышленного предприятия *(бывш. ГДР)*, (шестизначный) опознавательный номер строительного предприятия *(бывш. ГДР)*

**Betriebsobmann** m уполномоченный от рабочих и служащих, делегат от рабочих и служащих *(на мелких предприятиях, ФРГ)*

**Betriebsökonomie** f экономика предприятия

**betriebsökonomisch** производственно-экономический

**Betriebsoptimum** n оптимальная степень загруженности предприятия *(при которой достигается максимум прибыли)*

  **Betriebsoptimum** оптимальная степень занятости, приносящая предприятию максимальную прибыль

**Betriebsordnung** f правила трудового распорядка на предприятии; правила эксплуатации; внутризаводские правила

**Betriebsorganisation** f организация производства; организация предприятия; организация руководства предприятием; организация социалистических сельскохозяйственных предприятий; *трансп.* организация службы движения

**pretiale Betriebsorganisation** организация управления предприятием на основе принципа руководящей "сильной личности"

**Betriebspaß** *m* паспорт предприятия

**Betriebsperiode** *f* промышленный цикл

**Betriebsplan** *m* производственный план предприятия; *уст.* техпромфинплан предприятия

**Betriebsplanung** *f* производственное планирование; планирование производства; внутризаводское планирование

**operative Betriebsplanung** оперативное планирование производства, текущее планирование производства

**Betriebspolitik** *f* производственно-экономическая политика предприятия; промышленная политика предприятия

**Betriebsprämienfonds** *m* премиальный фонд предприятия

**Betriebsprämienordnung** *f* положение о порядке выплаты премий на предприятии

**Betriebspreis** *m* оптовая цена предприятия, отпускная цена предприятия

**Betriebsprognose** *f* прогноз развития предприятия; производственный прогноз

**Betriebsprojekt** *n* производственный проект

**Betriebsprüferbilanz** *f* баланс, составленный ревизорами предприятия

**Betriebsprüferbilanz** контрольный баланс предприятия

**Betriebsprüfung** *f* финансовая ревизия на предприятии *(напр. проверка налоговой инспекции, аудиторской фирмы)*

**Betriebsprüfung** эксплуатационное испытание, заводское испытание

**steuerliche Betriebsprüfung** финансовая ревизия на предприятии с целью проверки правильности уплаты налогов; налоговая проверка предприятия

**Betriebsprüfungsbericht** *m* протокол ревизионной комиссии, проводящей финансовую ревизию на предприятии

**Betriebspsychologie** *f* производственная психология *(метод руководства предприятием и организации производства)*; психология труда и организации производства

**Betriebsrat** *m* производственный совет, совет представителей рабочих и служащих *(на предприятиях и учреждениях)*; совет предприятия

**Betriebsrat wählen** выбирать производственный совет; избирать совет представителей рабочих и служащих

**Betriebsratskörper** *m* производственный совет; совет предприятия

**Betriebsraum** *m* производственное помещение

**Betriebsrechenstation** *f* машиносчётная станция предприятия, вычислительный центр предприятия

**Betriebsrechner** *m* управляющая вычислительная машина, УЭВМ; управляющий компьютер

**Betriebsrechnersystem** *n* вычислительная система для управления производственными процессами; система ВМ для управления производственными процессами; компьютерная система управления производством

**Betriebsregeln** *f, pl* правила эксплуатации; эксплуатационные правила; правила поведения на производстве

**Betriebsrente** *f* пенсия по старости, выплачиваемая (доплачиваемая) предприятием

**Betriebsreserve** *f* эксплуатационный резерв

**Betriebsrevision** *f* эксплуатационный осмотр

**Betriebsrisiko** *n* производственный риск

**Betriebsruhezeit** *f* нерабочее время предприятия, нерабочее время отдельной машины; простой оборудования

**Betriebssabotage** *f* саботаж на производстве; промышленный саботаж

**Betriebssanatorium** *n* заводской санаторий; заводская база отдыха

**prophylaktisches Betriebssanatorium** *n* заводской профилакторий, профилакторий для работников предприятия

**Betriebsschließung** *f* закрытие предприятия

**Betriebsschulden** *f, pl* долги предприятия, обязательства предприятия

**Betriebsschule** *f* фабрично-заводская школа; профессиональное училище при предприятии

**Betriebsschutz** *m* охрана труда на предприятиях

**Betriebsselbstkosten**, *pl* фабрично-заводская себестоимость; себестоимость производства

**betriebssicher** безопасный в эксплуатации, технически безопасный; надёжный в эксплуатации, надёжный в работе

**Betriebssicherheit** *f* безопасность труда, безопасность труда на предприятии

**Betriebssicherheit** эксплуатационная надёжность

**Betriebssicherheit** безопасность движения *(поездов)*

**Betriebssoziologie** f социология производства

**Betriebssparkasse** f сберегательная касса на предприятии, фабрично-заводская сберегательная касса

**Betriebssperre** f временное закрытие предприятия

**Betriebsspesen,** pl издержки производства, производственные издержки, производственные затраты; эксплуатационные расходы, эксплуатационные затраты

**Betriebsspitze** f эксплуатационный пик, пик эксплуатации

**Betriebsstatistik** f производственная статистика, фабрично-заводская статистика; производственный учёт, статистика предприятия

**Betriebsstätte** f объект общественного питания, не являющийся самостоятельной хозрасчётной единицей

**Betriebsstätte** производственный отдел (предприятия), производственный участок; цех; мастерская

**Betriebsstätte** рабочее место на кустарном промышленном предприятии

**mehrgemeindliche Betriebsstätte** предприятие, обслуживающее несколько общин; производство, обслуживающее несколько общин

**Betriebsstatut** n устав предприятия

**Betriebssteuern** f, pl все налоги, уплачиваемые предприятием

**Betriebssteuern** государственные сборы за выдачу лицензии

**Betriebssteuern** налоги, взимаемые с промышленного предприятия; налоги, взимаемые с сельскохозяйственного предприятия (в отличие от налогов, взимаемых с предпринимателя или компаньона)

**Betriebssteuern** налоги с предприятия

**Betriebssteuern** обложение налогами предприятий, торгующих спиртными напитками в розлив

**Betriebssteuern** совокупность всех налогов, уплачиваемых предприятием

**Betriebsstillegung** f свёртывание производства, свёртывание производственного процесса, прекращение производства, прекращение производственного процесса, закрытие предприятия; трансп. прекращение движения

**Betriebsstillstand** m свёртывание производства, свёртывание производственного процесса, прекращение производства, прекращение производственного процесса, закрытие предприятия; трансп. прекращение движения

**Betriebsstockung** f временная приостановка производства, временное прекращение эксплуатации; трансп. временная приостановка движения

**Betriebsstoffe** m, pl материалы производственного назначения; производственное сырьё; производственные материалы

**Betriebsstörung** f нарушение производственного процесса, нарушение технологического процесса, производственные неполадки, нарушения режима эксплуатации; трансп. нарушение графика движения

**Betriebsstörungen** f, pl помехи в ходе производства

**Betriebsstruktur** f структура предприятия

**zweipolige Betriebsstruktur** организационная структура предприятия, предусматривающая использование системы двойного подчинения; предприятие двойного подчинения

**Betriebssystem** n производственная система; с.-х. система ведения хозяйства

**Betriebssystematik** f производственная систематика, систематизация производственных предприятий по сферам и отраслям экономики; принципы подразделения предприятий по отраслям и звеньям экономики (бывш. ГДР)

**Betriebstauglichkeit** f пригодность к эксплуатации

**betriebstechnisch** производственно-технический

**Betriebsteil** m производственный отдел, производственное звено

**Betriebstonnenkilometer** n эксплуатационный тонно-километр

**Betriebstransport** m заводской транспорт

**innerer Betriebstransport** внутризаводской транспорт

**Betriebstyp** m тип предприятия

**Betriebsüberschuss** m излишки производства

**Betriebsüberwachung** f контроль на производстве, производственный контроль; диспетчерский контроль

**Betriebsumlauf** m эксплуатационный оборот (вагонов, локомотивов)

**Betriebsumstellung** f переход на новую технологию; переход к выпуску нового вида продукции; реконструкция предприятия, перестройка предприятия; переориентировка производства

**Betriebsumwandlung** f переход на новую технологию; переход к выпуску нового вида продукции; реконструкция предприятия, перестройка предприятия; переориентировка производства

**Betriebsunfall** *m* производственная травма; несчастный случай на производстве

**Betriebsunfallrente** *f* пенсия пострадавшему от несчастного случая на производстве

**Betriebsunkosten,** *pl* издержки производства

**Betriebsunterbrechung** *f* простой, приостановка производственного процесса, перерыв в эксплуатации

**Betriebsunterbrechungsversicherung** *f* страхование от убытков вследствие простоев в работе *(предприятия)*, страхование от убытков вследствие приостановки производственного процесса

**Betriebsunterlagen,** *pl* эксплуатационная документация; эксплуатационные документы

**Betriebsunternehmer** *m* предприниматель, владелец предприятия

**Betriebsuntersagung** *f* предписание о прекращении деятельности предприятия *(напр. в случае нарушения каких-л. правил)*

**Betriebsuntersuchung** *f* анализ деятельности предприятия *(напр. хозяйственной)*

**Betriebsverbrauch** *m* производственное потребление

**Betriebsvereinbarung** *f* коллективный договор *(на частных предприятиях)*

**Betriebsvereinigung** *f* объединение *(производственных)* предприятий

**Betriebsverfassung** *f* устав предприятия, статут предприятия

**Betriebsverfassungsgesetz** *n* закон о правах и обязанностях предпринимателя и коллектива рабочих и служащих данного предприятия; закон о регистрации уставов торгово-промышленных предприятий

**Betriebsverflechtungsbilanz** *f* материальный баланс предприятия

**Betriebsvergleich** *m* сравнительный анализ деятельности однотипных предприятий, сопоставительный анализ деятельности однотипных предприятий

**Betriebsvergrößerung** *f* расширение предприятия

**Betriebsverhältnisse** *n, pl* производственные условия, условия производства

**Betriebsverhältnisse** режим эксплуатации

**Betriebsverkaufsstelle** *f* заводской магазин, магазин на предприятии

**Betriebsverluste** *m, pl* производственные убытки, производственные потери, убытки предприятия, потери предприятия

**Betriebsvermögen** собственный капитал предприятия

**gewillkürtes Betriebsvermögen** часть личного имущества предпринимателя, причисленного с его согласия к имуществу предприятия

**notwendiges Betriebsvermögen** имущество предприятия, используемое, исключительно в производственных целях

**Betriebsversorgung** *f* снабжение предприятия(й)

**Betriebsvertrag** *m* коллективный договор на предприятии

**Betriebsvertretung** *f* представительство рабочих и служащих на предприятии

**Betriebsverwaltung** *f* администрация предприятия

**Betriebsverwaltung** заводоуправление; управление службы движения

**Betriebsvoranschlag** *m* смета предприятия

**Betriebsvorgang** *m* производственный процесс

**Betriebsvorhaben** *n* производственный проект; производственные планы

**Betriebsvorrichtungen** *f, pl* заводские стационарные установки *(напр. лифты, сушильные установки, печь для обжига и т.п.)*

**Betriebsvorschriften** *f, pl* правила эксплуатации; производственные инструкции; правила на производстве

**Betriebsvorschuss** *m* аванс в счёт оборотных средств, аванс на пополнение оборотных средств

**Betriebsweise** *f* способ ведения хозяйства, метод ведения хозяйства

**Betriebsweise** режим эксплуатации

**Betriebsweise** способ производства

**betriebsweise** промышленным способом, фабричным способом

**Betriebswirt** *m* специалист по экономике и организации производства

**Betriebswirtschaft** *f* экономика и организация производства; хозяйство предприятия; заводское хозяйство

**Betriebswirtschaftler** *m* специалист по экономике и организации производства

**Betriebswirtschaftslehre** *f* учение об организации и экономике производства; экономика и организация производства *(наука)*

**normative Betriebswirtschaftslehre** нормативное учение об экономике предприятия

**planwirtschaftliche Betriebswirtschaftslehre** учение об организации и экономике производства в условиях планового хозяйства

**planwirtschaftliche Betriebswirtschaftslehre** прагматическое учение об организации и экономике производства на предприятии

**Betriebswissenschaft** *f* наука об организации производства, теория фирмы, теория предприятия *(раздел макроэкономики)*

**Betriebszählung** *f* перепись предприятий

**Betriebszeit** *f* время эксплуатации, время работы, продолжительность эксплуатации, продолжительность работы; эксплуатационный период; срок службы *(основных фондов)*

**Betriebszeitbilanz** *f* баланс времени эксплуатации

**Betriebszeitfaktor** *m* коэффициент использования (оборудования), коэффициент использования фондов времени

**Betriebszeitfaktor** фактор времени, временной фактор

**Betriebszusammenschluss** *m* концентрация производства; укрупнение производства (предприятий)

**Betriebszweig** *m* отрасль производства

**betrietsgefährlich** опасный в эксплуатации

**Betrug** *m* обман; мошенничество
  *einen* **Betrug aufdecken** раскрывать обман
  *einen* **Betrug begehen** совершать мошенничество; обманывать; прибегать к обману

**Bettenkapazität** *f* количество койко-мест *(напр. в гостинице, в больнице)*

**Bettenzahl** *f* количество койко-мест *(напр. в гостинице, в больнице)*

**beurkundend** оправдательный *(о документе)*

**Beurkundung** *f* засвидетельствование; подтверждение; удостоверение

**Beurkundung** подтверждение *(письменное)*

**Beurkundung** составление документа; подготовка документа

**Beurkundung durch Belege** документальное засвидетельствование, документальное подтверждение

**gerichtliche Beurkundung** судебное удостоверение

**notarielle Beurkundung** нотариальное засвидетельствование; нотариальное удостоверение

**Beurlaubung** *f* увольнение в запас; предоставление отпуска; временное освобождение от должности

**Beurteilung** *f* оценка, экспертиза
  **einseitige Beurteilung** односторонняя оценка; однобокая оценка
  **falsche Beurteilung** неправильная оценка, неверная оценка
  **sachverständige Beurteilung** экспертная оценка; оценка экспертом; оценка специалистом
  **Beurteilung der Marktlage** оценка рынка
  **Fehler in der Beurteilung** ошибка в оценке

**Beurteilungsbogen** *m* послужной список; характеристика

**Beurteilungskollektiv** *n* экспертная группа

**Beurteilungskommission** *f* жюри; экспертная комиссия

**Beurteilungsmaßstab** *m* критерий, масштаб оценки, критерий оценки

**Beutelstücke** *n, pl* небольшие пакеты; мелкорасфасованный товар, товар в мелкой расфасовке, штучный товар, мелкоштучный товар; бакалея, бакалейный товар

**Bevölkerung** *f* население
  **Bevölkerung im arbeitsfähigen Alter** население в трудоспособном возрасте
  **Bevölkerung im Rentenalter** население в пенсионном возрасте
  **agrarische Bevölkerung** население, занятое в сельском хозяйстве; сельскохозяйственное население
  **ansässige Bevölkerung** оседлое население
  **arbeitende Bevölkerung** трудоспособное население; занятое население
  **arbeitende Bevölkerung** трудоспособное население
  **bäuerliche Bevölkerung** крестьяне; крестьянство
  **erwerbstätige Bevölkerung** самодеятельное население, активное население
  **industrielle Bevölkerung** население, занятое в промышленности *(индустрии)*
  **landwirtschaftlichtätige Bevölkerung** население, занятое в сельском хозяйстве; сельскохозяйственное население
  **männliche Bevölkerung** мужское население, мужская часть населения
  **mittlere Bevölkerung** средняя численность населения
  **nichtarbeitende Bevölkerung** неработающее население; незанятое население; безработные
  **nichterwerbstätige Bevölkerung** несамодеятельное население
  **nomadisierende Bevölkerung** кочевое население
  **ortsanwesende Bevölkerung** наличное население; население, оказавшееся налицо в день переписи
  **stabile Bevölkerung** стабильное население

**städtische Bevölkerung** городское население; население городов

**stationäre Bevölkerung** стационарное население

**überschüssige Bevölkerung** избыточное население

**weibliche Bevölkerung** женское население, женская часть населения

**Bevölkerungsabgang** *m* уменьшение населения, сокращение численности населения

**Bevölkerungsabnahme** *f* уменьшение населения, сокращение численности населения

**Bevölkerungsagglomeration** *f* сосредоточение населения, скопление населения; агломерация городского типа

**Bevölkerungsausgaben** *f, pl* расходы населения

**Bevölkerungsballung** *f* сосредоточение населения, скопление населения; агломерация городского типа

**Bevölkerungsbedarf** *m* спрос отдельных потребителей, индивидуальный потребительский спрос; потребности населения

**Bevölkerungsbestand** *m* состав населения

**Bevölkerungsbewegung** *f* движение населения *(изменение численности населения)*; миграция населения

**natürliche Bevölkerungsbewegung** естественное движение населения *(изменение численности и состава населения в результате рождаемости и смертности)*; естественная миграция населения

**Bevölkerungsbilanz** *f* баланс населения; баланс естественного движения населения

**Bevölkerungsdichte** *f* плотность населения, населённость

**Bevölkerungseinnahmen** *f, pl* доходы населения

**Bevölkerungsentwicklung** *f* движение населения *(изменение численности населения)*; миграция населения; развитие населения

**Bevölkerungsfortschreibung** *f* исчисление численности населения в период между переписями

**Bevölkerungsfrage** *f* проблема народонаселения

**Bevölkerungsgesetz** *n* закон народонаселения

**Bevölkerungsgruppe** *f* группа населения

**nicht abgabenpflichtige Bevölkerungsgruppe** *ист.* неподатное сословие

**Bevölkerungskarte** *f* карта народонаселения

**Bevölkerungsmenge** *f* численность населения, численность народонаселения

**Bevölkerungsmigration** *f* миграция населения

**Bevölkerungsmischung** *f* смешение населения *(в национальном отношении)*; ассимиляция

**Bevölkerungspolitik** *f* политика в области народонаселения; демографическая политика

**bevölkerungspolitisch** демографический

**Bevölkerungsprognose** *f* демографический прогноз

**Bevölkerungspyramide** *f стат.* возрастная пирамида *(графическое изображение возрастно-полового состава населения)*

**Bevölkerungsstand** *m* численность населения определённого района на определённый момент времени; демографические показатели

**Bevölkerungsstatistik** *f* демографическая статистика

**Bevölkerungsstruktur** *f* структура населения, состав населения *(напр. возрастно-половой)*; демографическая структура

**soziale Bevölkerungsstruktur** социальный состав населения, социальная структура населения

**Bevölkerungstheorie** *f* теория народонаселения

**Bevölkerungstyp** *m* тип населения

**Bevölkerungsüberfluss** *m* перенаселение, избыток населения

**Bevölkerungsüberschuss** *m* перенаселение, избыток населения

**Bevölkerungsumsetzung** *f*, **territoriale** миграция населения

**Bevölkerungsvermögen** *n* (собственные) средства населения; достояние населения; накопления населения; сбережения населения

**Bevölkerungsversorgung** *f* снабжение населения

**Bevölkerungsverteilung** *f* распределение населения

**Bevölkerungsvorausberechnung** *f* демографический прогноз

**Bevölkerungsvorausrechnung** *f* демографический прогноз

**Bevölkerungswachstum** *n* рост населения; прирост населения

**Bevölkerungswanderung** *f* миграция населения

**Bevölkerungswechsel** *m* изменения в численности и составе населения; демографические изменения

**Bevölkerungswissenschaft** *f* демография; наука о народонаселении

**Bevölkerungszahl** *f* численность населения

**Bevölkerungszunahme** *f* прирост населения

**Bevölkerungszusammensetzung** f структура народонаселения; демографическая структура

**Bevölkerungszuwachs** m прирост населения

**natürlicher Bevölkerungszuwachs** естественный прирост населения

**Bevölkerungszyklus** m демографический цикл

**bevollmächtigt** уполномоченный

**Bevollmächtigte** m уполномоченный; поверенный; распорядитель; доверенное лицо, прокурист, доверенный (торгового) предприятия

**Bevollmächtigung** f предоставление полномочий

**bevormunden** назначать опекуна, опекать; назначать опекунство

**Bevormundung** f опека; попечительство

**Bevorratung** f создание запасов; пополнение запасов

**bevorrechten** предоставлять привилегии, предоставлять преимущества

**bevorrechtet** привилегированный

**bevorrechtigt** привилегированный

**bevorschussen** vt выдавать аванс, авансировать, предоставлять аванс

**Bevorschussung** f выдача аванса, авансирование, предоставление аванса

**bevorzugt** привилегированный, имеющий преимущества; предпочитаемый, более предпочтительный

**Bevorzugung** f привилегия, преимущество; предпочтение

**Bew., Bewerber** заявитель

**BEWAG, Berliner Elektrizitäts-Werke-Aktien-Gesellschaft** БЕВАГ, Акционерное общество электростанций Западного Берлина

**Bewahranstalten** f, pl дома социального попечения (напр. дома для престарелых, дома инвалидов)

**Bewässerung** f орошение, ирригация

**Bewässerungsnetz** n оросительная сеть, сеть ирригационных сооружений

**beweglich** скользящий (напр. о расценках), переменный (напр. о расходах); движимый (напр. об имуществе)

**Beweglichkeit** f гибкость; маневренность; подвижность

**Bewegung** f (общественное) движение; (массовое) выступление; оборот (торговый); перевозка, транспортировка, перемещение; динамика (напр. производительности труда)

**Bewegungsabstimmung** f совмещение (трудовых) движений

**Bewegungsbilanz** f сводный баланс движения имущества и капитала

**Bewegungsmasse** f поток; перемещающаяся масса (экономическая величина, обладающая размерностью)

**Bewegungsstudie** f изучение комплекса движений (работника)

**Bewerbung** f заявление, просьба (напр. о приёме на работу, о зачислении в учебное заведение); заявка (на что-л.)

**bewerten** оценивать (напр. имущество), устанавливать стоимость; подсчитывать, рассчитывать; вычислять, исчислять; назначать цену

**zu hoch bewerten** переоценивать

**Bewertung** f оценка (напр. имущества), установление стоимости; бирж. котировка; подсчёт, расчёт; вычисление, исчисление; определение; расценка; мат. оценка

**Bewertung** оценка стоимости (при налогообложении)

**Bewertung der Grundmittel** стоимостная оценка основных средств, оценка основных средств в стоимостном выражении

**Bewertung der Umlaufmittel** стоимостная оценка оборотных средств, оценка оборотных средств в стоимостном выражении

**Bewertung des Außenhandelsumsatzes** определение внешнеторгового оборота

**Bewertung nach einem Punktsystem** балльная оценка; анализ по (определенной) шкале ценностей

**allseitige Bewertung** всесторонняя оценка

**komplexe Bewertung** комплексная оценка

**optimale Bewertung** оптимальная оценка

**produktive Bewertung** оценка по продукции; продуктивная оценка

**zahlenmäßige Bewertung** количественное определение; количественная оценка

**Bewertungsausschuss** m оценочная комиссия (комитет)

**Bewertungsfaktor** m оценочный коэффициент; коэффициент оценки

**Bewertungsgesetz** n закон об оценке имущества и взимании с него налогов

**Bewertungsgröße** f мат. оценка, оценочный параметр

**Bewertungskontinuität** f принцип взаимоувязки баланса истекшего года с новым балансом; принцип преемственности балансов

**Bewertungskonto** n выравнивающий счёт, счёт взаимных зачётов

**Bewertungsmaßstab** m критерий оценки

**Bewertungsmerkmal** n критерий оценки

**Bewertungsmerkmal** критерий установления размера заработной платы

**Bewertungsmethode** f метод стоимостной оценки основных и оборотных средств, а также (собственных) обязательств

**Bewertungspreis** m цена, отражающая фактическую стоимость материальных ценностей, цена, отражающая реальную стоимость материальных ценностей, цена, отражающая остаточную стоимость материальных ценностей (*напр. сооружений, машин*)

**Bewertungprüfung** f испытание качества

**Bewertungspunkt** m оценочный балл; балл по оценочной шкале

**Bewertungsreserven** f, pl оценочные резервы; досрочная амортизация

**Bewertungsreserven** досрочная амортизация

**Bewertungssatz** m расценка; расценки

**Bewertungsschema** n схема оценки

**Bewertungsschißssel** m критерий оценки

**Bewertungsverfahren** n метод оценки

**Bewilligung** f ассигнование (*денежных средств*), предоставление (*кредита*)

**Bewilligung** согласие, разрешение

**Bewilligungen** f, pl ассигнования (мн.ч.)

**Bewilligung planmäßiger Haushaltsausgaben** бюджетное ассигнование

**Bewilligung zusätzlicher finanzieller Mittel** дополнительное ассигнование, ассигнование дополнительных средств

**ständige Bewilligung** постоянное ассигнование, длительное ассигнование, долговременное ассигнование

**Bewilligungsausschuss** m комитет по ассигнованиям (*в парламенте*), комиссия по ассигнованиям (*в парламенте*)

**bewirten** vt 1. угощать, принимать у себя (*кого-л.*); 2. диал. управлять хозяйством, вести хозяйство

**Bewirtung** f 1. общественное питание 2. угощение; приём гостей

**Bewirtungskosten** pl представительские расходы

**Bewirtungspauschale** f скидка для компенсации затрат на представительские расходы

**Bewirtungsvertrag** m *юр.* (гражданско-правовая) сделка между клиентом и предприятием пищевого обслуживания (*возникает во время обслуживания клиента*)

**bewirtschaften** ведать (*денежными средствами*)

**bewirtschaften** устанавливать контроль

**bewirtschaften** обрабатывать (*землю*)

**bewirtschaften** vt управлять хозяйством, вести хозяйство

**Bewirtschafter** m управляющий (*каким-л. хозяйством*); землепользователь

**Bewirtschaftung** f управление хозяйством; ведение хозяйства; хозяйственное использование; обработка земли; землепользование; нормирование, рационирование (*товаров, продуктов*); ведение складского хозяйства; учёт

**Bewirtschaftungskosten,** pl издержки хозяйствования, затраты на ведение хозяйства

**Bewirtschaftungsmethode** f метод ведения хозяйства; метод хозяйствования

**Bewirtschaftungsweise** f метод ведения хозяйства; метод хозяйствования

**Bewtg, Bewertung** оценка; *бирж.* котировка; подсчёт

**Bez.:**

**Bez., Bezeichnung** название, наименование; обозначение; маркировка

**Bez., Bezirk** округ

**bez., bezüglich** относительно, по поводу, насчёт

**bezahlbar** платный, подлежащий оплате; могущий быть оплаченным

**bezahlen** платить, оплачивать, выплачивать; расплачиваться; погашать (*напр. задолженность*), покрывать (*напр. расходы*), компенсировать; вознаграждать

**bezahlen** (*фин.*) сальдировать, балансировать, возмещать, погашать

**bar bezahlen** платить наличными

**dreifache für** (*etw.A.*) **bezahlen** заплатить втридорога за (*что-л.*)

*eine* **Strafe von... bezahlen** заплатить штраф в размере ...

**in Fristen bezahlen** платить в рассрочку

**mit Geld bezahlen** уплатить деньгами

**stückweise bezahlen** оплачивать поштучно

**zusätzlich bezahlen** доплачивать, доплатить

**bezahlt** уплачено, оплачено; все приказы выполнены (*отметка в биржевом бюллетене*)

**im voraus bezahlt** авансированный, оплаченный авансом

**sich bezahlt machen** компенсировать свои затраты; окупиться

**bezahlt - Brief** приказы на продажу выполнены частично (*отметка в биржевом бюллетене*), приказы на продажу выполнены в незначительной доле (*отметка в биржевом бюллетене*)

**bezahlt - Geld** приказы на покупку выполнены частично *(отметка в биржевом бюллетене)*, приказы на покупку выполнены в незначительной доле *(отметка в биржевом бюллетене)*
**Bezahlung** *f* плата, оплата, выплата; погашение *(напр. задолженности)*, покрытие *(напр. расходов)*, компенсация; вознаграждение, гонорар
**Bezahlung im Akzeptverfahren** платёж по акцептной форме расчётов
**Bezahlung im Fernverkehr** иногородний платёж
**Bezahlung im Platzverkehr** платёж по безналичному расчёту между банками одного города
**Bezahlung im RE-Verfahren** платёж по акцептной форме расчётов
**Bezahlung in Naturalien** оплата в натуре, оплата натурой, *уст.* натуроплата
**die Bezahlung steht noch aus** платёж ещё не последовал; не оплачено *(отметка)*
*die* **gelieferte Ware bleiben bis zur vollständigen Bezahlung unser Eigentum** поставленные товары остаются в нашей собственности до полной их оплаты получателем
**gegen Bezahlung** за вознаграждение, за плату; против платежа
**gegen prompte Bezahlung** при условии немедленной уплаты
**mit der Bezahlung hinhalten** задерживать выплату
**übertarifliche Bezahlung** оплата труда сверх тарифа, сверхтарифная оплата труда
**zur Bezahlung auf eine Kasse anweisen** выдавать платёжный ордер в кассу
**zur Bezahlung präsentieren** предъявлять к оплате *(напр. вексель)*
**zur Bezahlung vorlegen** предъявлять к оплате *(напр. вексель)*
**Bezeichnungszettel** *m* этикетка
**bez.G., bezG., bezahlt - Geld** приказы на покупку выполнены частично *(отметка в биржевом бюллетене)*
**beziehbar:**
  **nur bar beziehbar** покупаемый только за наличные *(о товаре)*
**beziehen** выписывать *(напр. газеты)*
**beziehen** заказывать *(напр. товар)*
**beziehen** покупать, закупать;
**beziehen** получать *(напр. ренту, зарплату)*
**sich beziehen** ссылаться *(на что-л.)*
**aus dem Ausland beziehen** ввозить из-за рубежа; импортировать
**en gros beziehen** покупать оптом
**über den Großhandel beziehen** покупать оптом; покупать через оптовую сеть
**Bezieher** *m* покупатель; фирма-покупатель
  **Bezieher** подписчик *(напр. газеты)*; абонент
  **Bezieher** получатель *(напр. ренты, зарплаты)*
  **ständiger Bezieher** постоянный покупатель
**Bezieherland** *n* страна-покупатель, страна-импортёр
**Beziehung** *f* отношение; связь; *мат.* отношение, соотношение; условие, *см. также* Beziehungen
  **binäre Beziehung** *мат.* бинарное отношение, бинарное соотношение
  *n*-**stellige Beziehung** *мат.* $n$-местное отношение, $n$-местное соотношение
  **rückläufige Beziehung** *мат.* обратная связь
  **wechselseitige Beziehung** взаимосвязь
**Beziehungen** *f, pl* отношения; сношения; связи, *см. также* Beziehung
  **Beziehungen abbrechen** разорвать отношения
  **Beziehungen anknüpfen** устанавливать отношения
  **Beziehungen aufheben** разорвать отношения
  **Beziehungen herstellen** устанавливать отношения
  **gleichberechtigte Beziehungen** равноправные отношения
  **innerbetriebliche Beziehungen** внутрипроизводственные отношения, внутризаводские отношения
  **innerbetriebliche Beziehungen** народнохозяйственные связи
  **innerbetriebliche Beziehungen** международные связи; международные отношения
  **ökonomische Beziehungen** экономические отношения,
  **ökonomische Beziehungen** международно-правовые отношения
  **ökonomische Beziehungen** экономические отношения, хозяйственные отношения, народнохозяйственные отношения
  **wechselseitige Beziehungen** внешнеэкономические отношения, внешнеторговые отношения
  **wechselseitige Beziehungen** общественные отношения
  **zwischenmenschliche Beziehungen** межличностные отношения; отношения между людьми

**Beziehungshandel** *n* сбыт предприятием своей продукции непосредственно потребителю, минуя торговую сеть

**Beziehungslehre** *f* отрасль буржуазной социологии, занимающаяся вопросами чисто эмпирического описания, анализа, группировки и систематизации социальных отношений

**Beziehungslinie** *f стат.* линия регрессии

**Beziehungszahl** *f* расчётное число

**beziffern** *vt* нумеровать; выражать в цифрах

**sich beziffern** исчисляться *(такими-то суммами)*

**Bezirk** *m* район; участок; округ

**Bezirk** округ *(единица административного деления бывш. ГДР)*

**bezirksgeleitet** находящийся в подчинении округа, окружного подчинения *(бывш. ГДР)*, находящийся в управлении округа

**Bezirksgericht** *n* окружной суд *(бывш. ГДР)*; участковый суд *(Австрия, Швейцария)*

**Bezirkshaushalt** *m* бюджет окружного совета *(бывш. ГДР)*

**Bezirksplankommission** *f* окружная плановая комиссия, плановая комиссия округа

**Bezirksrat** *m* окружной совет; член окружного совета

**Bezirksrechenstation** *f* вычислительный центр округа *(бывш. ГДР)*

**Bezirksstadt** *f* центр округа, окружной центр

**Bezirksstraße** *f* дорога окружного значения *(бывш. ГДР)*

**Bezirkstag** *m* бецирсктаг, окружное собрание депутатов *(бывш. ГДР)*; бецирсктаг *(ФРГ, Бавария)*

**Bezirksumlauf** *m* оборот вагонов в пределах округа *(бывш. ГДР)*

**Bezirksverband** *m* **der Konsumgenossenschaften** окружной потребсоюз

**Bezirksvertreter** *m* торговый представитель, действующий только в одном определённом районе

**Bezirkswirtschaftsrat** *m* окружной совет народного хозяйства *(бывш. ГДР)*

**Bezogener** *m* трассат, плательщик по переводному векселю

**Bezollung** *f* обложение таможенной пошлиной

**Bezug** *m* покупка, закупка; получение, приобретение *(напр. товара)*; подписка *(напр. на газеты)*; заказ *(напр. товара)*; приобретение новых акций акционерами, владеющими уже акциями данной компании

**Bezug über den Einzelhandel** розничная покупка

**Bezug über den Großhandel** оптовая покупка

**Bezüge** *m pl* зарплата; доходы, содержание, жалованье

**Bezüge aus der Sozialversicherung** получение страховых пособий по социальному страхованию

**Bezugnahme** *f* ссылка

**unter Bezugnahme** ссылаясь *на что-л.*; со ссылкой *на что-л.*

**Bezugs- und Absatzgenossenschaft** *f* закупочно-сбытовой кооператив

**Bezugs- und Lieferplan** *m* план закупок и поставок

**Bezugsaktien** *f, pl* новые акции, выпускаемые акционерным обществом *(при увеличении акционерного капитала)*

**Bezugsanweisung** *f* поручение на покупку, поручение на закупку

**Bezugsbasis** *f стат.* база сравнения, база сопоставления

**Bezugsbedingungen** *f, pl* условия покупки, условия закупки; условия получения, условия приобретения *(напр. товара)*; условия подписки *(напр. на газеты)*

**Bezugsberechtigung** *f* право на подписку *(напр. на газеты)*

**Bezugsberechtigung** право на покупку, право на закупку

**Bezugsberechtigung** право страхователя предоставлять третьим лицам полномочия на получение всей или части страховой суммы

**Bezugsberechtigung** право страхователя предоставлять третьим лицам полномочия на получение всей страховой суммы, право страхователя предоставлять третьим лицам полномочия на получение части страховой суммы

**unwiderrufliche Bezugsberechtigung** безотзывное право страхователя передавать третьим лицам полномочия на получение всей страховой суммы, безотзывное право страхователя передавать третьим лицам полномочия на получение части страховой суммы

**widerrufliche Bezugsberechtigung** отзывное право страхователя предоставлять третьим лицам полномочия на получение всей страховой суммы, отзывное право страхователя предоставлять третьим лицам полномочия на получение части страховой суммы

**Bezugsdaten,** *pl* исходные данные

**Bezugsdaten** справочные данные

**Bezugsdaten** эталонные данные, контрольные данные

**Bezugseinheit** f условная единица, у.е.
**Bezugsfrist** f период действия преимущественного права акционера на приобретение новых акций *(при увеличении акционерного капитала, см. тж.* **Bezugsberechtigung***)*; грационный период; льготный период
**Bezugsgeld** n абонементная плата, плата за подписку *(напр. на газеты)*
**Bezugsgenehmigung** f разрешение на получение, разрешение на приобретение
**Bezugsgenehmigung** разрешение на подписку *(напр. на газеты)*
**Bezugsgenehmigung** разрешение на покупку, разрешение на закупку
**Bezugsgenehmigung** *истор.* разрешение на ввоз товаров из бывш. ГДР, выдаваемое правительственными органами ФРГ
**Bezugsgenossenschaft** f кооператив для совместной закупки средств производства
**landwirtschaftliche Bezugsgenossenschaft**, **LBG** сельскохозяйственный кооператив для совместной закупки средств производства
**Bezugsgröße** f исходная величина; коэффициент для пересчёта разнородных показателей
**Bezugsgröße** объём поступлений
**Bezugsgrundlage** f базис
**Bezugskalkulation** f калькуляция закупочной цены
**Bezugskosten**, *pl* стоимость доставки; транспортные расходы
**Bezugskosten** стоимость доставки (и упаковки) товаров, плата за доставку (и упаковку) товаров, расходы по доставке (и упаковке) товаров; издержки по доставке (и упаковке) товаров; транспортно-заготовительные затраты

**Bezugskurs** m подписная цена; курс подписки *(на акции, облигации)*
**Bezugsland** n страна-импортёр
**Bezugsmenge** f объём покупки, объём закупки; закупаемое количество
**Bezugsorganisation** f организация снабжения, орган снабжения; закупочная организация
**Bezugsperiode** f *стат.* базисный период
**Bezugsprämie** f *бирж.* премия за опцион *(выплачиваемая за право купить или продать ценные бумаги или товары по установленной цене в течение определенного времени)*
**Bezugspreis** m ввозная цена, импортная цена; закупочная цена
**Bezugspreis** покупная цена; заготовительная цена
**Bezugspreis** подписная цена, цена по (при) подписке, цена подписки
**Bezugsquellenbuch** n картотека фирм-поставщиков; журнал фирм-поставщиков
**Bezugsquellendatei** f база данных фирм-поставщиков
**Bezugsquellenkartei** f картотека фирм-поставщиков
**Bezugsrecht** n преимущественное право акционера на приобретение новых акций *(при увеличении акционерного капитала)*, см. тж. Bezugsberechtigung
**Bezugsrechtausstattung** f порядок приобретения акций
**Bezugsschein** m купон акции, купон облигации
**Bezugsschein** талон, карточка *(на получение дефицитного товара)*
**Bezugsschein** ордер *(на получение нормированных товаров)*

**Bezugsschein** квитанция *(о приеме подписки, напр., на газету)*
**Bezugsschein** деливери-ордер
**Bezugsspesen**, *pl* стоимость доставки; транспортные расходы
**Bezugsvereinigung** f снабженческий кооператив; закупочная организация
**Bezugsweg** m торговый путь; источник приобретения; рынок закупок *(в отличие от рынка сбыта)*
**Bezugswert** m опорная величина; базисная величина, исходная величина, начальная величина
**Bezugswunsche** m, pl пожелания покупателей
**Bezugszahl** f объём поступлений
**Bezugszeitraum** m базисный период
**Bf.:**
**BF, Betriebsfläche** производственные площади предприятия; полезные сельскохозяйственные площади
**Bf., Brief** курс продавцов, предложение, курс предложений *(в курсовых бюллетенях)*
**Bf., Brief** вексель
**BFA :**
**BFA, BfA, Bundesauskunftsstelle für den Außenhandel** Федеральное информационное бюро внешней торговли
**BfA, Bundesversicherungsanstalt für Angestellte** Федеральное учреждение по страхованию служащих
**BfAI, Bundesstelle für Außenhandelsinformation** Федеральное бюро внешнеторговой информации
**BfE, Büro für Erfindungs- und Vorschlagswesen** Бюро по изобретательству и рационализации

**BFH:**
**BFH, Bundesfinanzhof** Федеральное налогово-финансовое управление
**BFH, Bundesfinanzhof** Федеральный финансовый суд

**BFN:**
**BfN, Betriebsbüro für die Neuererbewegung** заводское бюро движения новаторов *(бывш. ГДР)*
**BfN, Büro für das Neuererwesen in der Landwirtschaft** бюро движения новаторов в сельском хозяйстве *(бывш. ГДР)*
**bfn, brutto für netto** (вес) брутто за нетто
**BfS, Büro für Standardisierung** бюро стандартизации *(бывш. ГДР)*
**BfW, Bundesstelle für den Warenverkehr** Федеральное управление товарооборота
**B2G** Интернет-торговля "компания-правительство" (государственные органы)

**BG:**
**BG, Bulgarien** Болгария
**BG, Börsengesetz** закон о биржах и биржевых операциях
**BG, Bundesgericht** Федеральный суд *(Швейцария)*
**Bg, Berufsgenossenschaft** союз предпринимателей
**b.G.., bezahlt Geld** приказы на покупку выполнены частично (отметка в биржевой ведомости)
**BGB, Bürgerliches Gesetzbuch** гражданский кодекс
**BGBl, Bundesgesetzblatt** Федеральный вестник законов (ФРГ, Австрия)
**BGG, Betriebsgewerkschaftsgruppe** профсоюзная организация *(в бывш. ГДР)*
**BGH, Bundesgerichtshof** Федеральный суд, Верховный суд

**BGL :**
**BGL, Betriebsgewerkschaftsleitung** фабрично-заводской комитет *(в бывш. ГДР)*
**BGL, Lew, - Bulgarien** Лев *(код валюты 100), -* Болгария
**BGS, Bundesgrenzschutz** пограничная охрана ФРГ
**BH, Bahrain** Бахрейн
**BHD, Bahrain-Dinar, - Bahrain** Бахрейнский динар *(код валюты 048), -* Бахрейн

**BHG:**
**BHG, bäuerliche Handelsgenossenschaft** сельскохозяйственный торговый кооператив *(в бывш. ГДР)*
**BHG, Berliner Handelsgesellschaft** Западноберлинское торговое общество
**BHinterblG, Beamtenhinterbliebenengesetz** закон об обеспечении семей умерших государственных служащих
**BHO, Bundeshaushaltsordnung** положение о федеральном бюджете
**BHP, Bargeldumsatzplan** план кассового оборота
**BHZ, Berliner Handelszentralen** берлинские центральные (оптовые) торговые предприятия *(в бывш. ГДР)*

**BI :**
**BI, Burundi** Бурунди
**B.I., Bourse Internationale** Международная фондовая биржа
**BIAG, Braunkohlen-Industrie-Aktiengesellschaft** Акционерное общество промышленности бурых углей
**bias** *англ. стат.* искажение результатов анкетного опроса
**BIB, Bekleidungsindustrie-Berufsgenossenschaft** Профессиональное (страховое) товарищество работников швейной промышленности

**BIC :**
**BIC; Bank Identifier Code** *(eng.);* **standardisierte Bank-Code; SWIFT-Code** стандартизированный идентификационный код банк, SWIFT
**BIC, Bureau International des Containers** Международное бюро по контейнерам
**bidezimal** двоично-десятичный
**Biersteuer** *f* налог на пиво *(с потребителя)*
**BierStG, Biersteuergesetz** Закон о налоге на пиво *(с потребителя)*
**Bieten** *n* предложение *(напр. на аукционе)*
**bieten** предлагать *(напр. на аукционе)*
**Bieter** *m* участник аукциона *(участник распродажи, покупатель),* предлагающий определённую сумму; участник открытого конкурса, предлагающий условия осуществления конкурсного проекта
**Bietungsgarantie** *f* сумма, внесённая фирмой в качестве гарантии своего твёрдого предложения *(напр., при конкурсе на размещение государственных заказов)*
**BIF, Burundi-Franc, - Burundi** Бурундийский франк *(код валюты 108), -* Бурунди
**Big Bang** *(eng),* **Großer Knall** Большой шок (резкое изменение в финансовой практике, экономической политике и т.п.); *ист.* реорганизация Лондонской фондовой биржи в 1986 г.
**big business** *англ.* крупные концерны; крупные тресты; большой бизнес
**Big Five** *англ. разг.* Большая пятёрка *(пять крупнейших лондонских банков)*

**Bilanz** *f* баланс; итог

**Bilanz der Abrechnungsperiode** отчётный баланс, баланс за отчётный период

**Bilanz der Anlagefonds** баланс основных фондов

**Bilanz der Arbeitskräfte** баланс труда, баланс трудовых ресурсов, баланс рабочей силы

**Bilanz der Aufwendungen und der Produktion** баланс затрат и выпуска продукции

**Bilanz der Bargelddispositionen** эмиссионный баланс

**Bilanz der Berichtsperiode** отчётный баланс, заключительный баланс

**Bilanz der Bevölkerungseinnahmen und -ausgaben** баланс денежных доходов и расходов населения

**Bilanz der Bodenschätze** баланс природных ресурсов, баланс запасов полезных ископаемых

**Bilanz der Einnahmen und Ausgaben** баланс доходов и расходов *(предприятия, отрасли)*

**Bilanz der Einnahmen und Ausgaben der Bevölkerung** баланс денежных доходов и расходов населения

**Bilanz der Grundfonds** баланс основных фондов

**Bilanz der internationalen Verbindlichkeiten und Forderungen** баланс международных обязательств и требований

**Bilanz der Konsumtionsmittel** баланс предметов потребления, баланс средств потребления

**Bilanz der landwirtschaftlichen Produkte** баланс продуктов сельского хозяйства

**Bilanz der Planperiode** плановый баланс; баланс за плановый период

**Bilanz der Produktion, Konsumtion und Akkumulation des gesellschaftlichen Gesamtprodukts** баланс производства, потребления и накопления совокупного общественного продукта, материальный баланс

**Bilanz der Produktionskapazitäten** баланс производственных мощностей

**Bilanz der Produktionsmittel** баланс средств производства

**Bilanz der Rechenschaftsperiode** отчётный баланс, фактический баланс

**Bilanz der Vorräte an Bodenschätzen** баланс природных ресурсов, баланс запасов полезных ископаемых

**Bilanz des Arbeitskräftepotentials** баланс трудовых ресурсов

**Bilanz des Außenhandels** баланс внешней торговли, внешнеторговый баланс

**Bilanz des gesellschaftlichen Gesamtprodukts** баланс совокупного общественного продукта

**Bilanz des gesellschaftlichen Produkts** баланс общественного продукта

**Bilanz des Marktaufkommens der Landwirtschaft** баланс товарной продукции сельского хозяйства

**Bilanz des Nationaleinkommens** баланс национального дохода

**Bilanz des Staatshaushalts** баланс государственного бюджета, бюджетный баланс

**Bilanz des Volkseinkommens** баланс народного дохода, баланс национального дохода

**Bilanz im Geldausdruck** баланс в денежном выражении

**Bilanz im Wertausdruck** баланс в стоимостном выражении

**Bilanz in zusammengefaßter Form** сводный баланс

**Bilanz ohne Regulierungsposition** нетто-баланс

**abgeleitete Bilanz** производный баланс, баланс специального назначения

**aktive Bilanz** активный баланс

**buchhalterische Bilanz** бухгалтерский баланс

**doppelte Bilanz** двойной баланс

**dynamische Bilanz** динамический баланс

**endgültige Bilanz** окончательный баланс

**konsolidierte Bilanz** консолидированный баланс *(составленный из балансов входящих в концерн предприятий, предполагающий зачёт их взаимных требований и обязательств)*

**genehmigte Bilanz** одобренный баланс, принятый баланс

**konsolidierte Bilanz** консолидированный баланс

**materielle Bilanz** материальный баланс

**monatlich aufzustellende Bilanz** месячный баланс

**passive Bilanz** пассивный баланс

**perspektivische Bilanz** перспективный баланс

**provisorische Bilanz** предварительный баланс

**regionale Bilanz** региональный баланс

**schachbrettförmige Bilanz** шахматный баланс; *разг.* шахматка

**statische Bilanz** статический баланс

**totale Bilanz** генеральный баланс

**unausgeglichene Bilanz** неуравновешенный баланс
**volkswirtschaftliche Bilanz** баланс народного хозяйства, народнохозяйственный баланс
**vorläufige Bilanz** предварительный баланс
**zusammengezogene Bilanz** сводный баланс
**außerhalb der Bilanz** внебалансовый; забалансовый
**die Bilanz anfertigen** составлять баланс, сводить баланс
**die Bilanz aufstellen** составлять баланс, сводить баланс
**die Bilanz ausgleichen** уравновешивать баланс, сбалансировать
**die Bilanz auswerten** подводить итог, подвести итог
**die Bilanz ziehen** свести баланс; подвести итог
**die Bilanz frisieren** подчищать баланс, вуалировать баланс, завуалировать баланс (*с целью представить его в более выгодном свете*)
**die Bilanz verschleiern** подчищать вуалировать баланс, завуалировать баланс (*с целью представить его в более выгодном свете*)
**die Bilanz ziehen** составлять баланс, сводить баланс; подводить итог
**eine Bilanz aufstellen** составить баланс, составлять баланс
**eine Bilanz erstellen** составить баланс, составлять баланс
**in der Bilanz ausweisen** показывать в балансе, отражать в балансе
**nicht in der Bilanz erscheinend** внебалансовый, забалансовый
**Bilanzabfassung** *f* составление баланса
**Bilanzableitung** *f* составление баланса
**Bilanzabschluss** *m* закрытие баланса
**Bilanzabschnitt** *m* раздел баланса
**BilanzaMassung** *f* составление баланса
**Bilanzanalyse** *f* анализ баланса
**Bilanzänderung** *f* изменение баланса
**Bilanzarten** *f, pl* виды балансов
**Bilanzaufbau** *m* структура баланса
**Bilanzaufbereitung** *f* подготовка статей баланса к проверке
**Bilanzaufstellung** *f* составление баланса
**Bilanzausweis** *m* показывание баланса, показывание части баланса, предъявление баланса, предъявление части баланса, опубликование баланса, опубликование части баланса
**Bilanzbeispiel** *n* образец баланса
**Bilanzberichtigung** *f* исправление баланса
**Bilanzbewertung** *f* балансовая оценка
**Bilanzbuch** *n* балансовая книга
**Bilanzbuchhalter** *m* бухгалтер, привлекаемый к составлению баланса
**Bilanzdelikte** *n, pl* неправомерные действия при составлении и предъявлении баланса, правонарушения при составлении и предъявлении баланса
**Bilanzeinordnung** *f* упорядочение баланса
**Bilanzeinsichtspflicht** *f* обязанность просматривать баланс
**Bilanzentscheidung** *f* балансовое решение
**Bilanzergebnis** *n* итоги баланса
**Bilanzerstellung** *f* составление баланса
**Bilanzfälschung** *f* фальсификация баланса
**Bilanzfrisur** *f* подчистка баланса, вуалирование баланса
**Bilanzgenehmigung** *f* утверждение баланса, одобрение баланса, принятие баланса
**Bilanzgewinn** *m* балансовая прибыль, чистая прибыль (*валовая прибыль за вычетом всех издержек*)
**Bilanzgleichheit** *f* балансовое равновесие
**Bilanzgleichheit stören** нарушать баланс
**Bilanzgleichung** *f* балансовая увязка
**Bilanzgleichung** балансовое уравнение
**Bilanzgliederung** *f* структура баланса
**Bilanzgruppe** *f* балансовая группа (*работников планово-финансового отдела*)
**bilanzieren** составлять баланс, сводить баланс; подводить итоги
**bilanzieren** балансировать
**bilanzieren** уравновешиваться
**bilanzieren** взаимно уничтожаться
**Bilanzierung** *f* подведение итогов
**Bilanzierung** составление баланса, сведение баланса, (финансовая) увязка (*напр. отдельных элементов плана*); подведение итогов
**Bilanzierung** балансировка, балансирование;
**Bilanzierung der Erzeugnisse** составление материальных балансов по отдельным изделиям
**Bilanzierung der Konsumgüter** составление балансов предметов потребления
**territoriale Bilanzierung** балансирование в территориальном разрезе

**Bilanzierungsebene** f уровень составления баланса *(предприятия, отрасли и т.п.)*
**Bilanzierungsebene** хозяйственная единица в системе балансовой пирамиды, хозяйственная единица в системе пирамиды балансов
**Bilanzierungsgrundsätze** m, pl принципы составления балансов
**Bilanzierungsprinzipien** n, pl принципы составления балансов
**Bilanzierungstätigkeit** f деятельность, связанная с составлением балансов; составление баланса
**Bilanzierungsvorschrift** f инструкция по составлению (бухгалтерских) балансов, руководство по составлению (бухгалтерских) балансов
**Bilanzklarheit** f принцип предельной точности и ясности баланса; ясность баланса
**Bilanzkonti** n балансовый счёт
**Bilanzkontinuität** f принцип взаимоувязки баланса истекшего периода с новым балансом, принцип преемственности балансов за различные периоды
**formelle Bilanzkontinuität** сохранение неизменности структур балансов, составляемых различными отделами предприятия, а также обозначения их отдельных статей; формальный принцип преемственности балансов
**formelle Bilanzkontinuität** сохранение неизменности критериев оценки статей балансов, составляемых различными отделами предприятия; содержательный принцип преемственности балансов

**Bilanzkrilik** f критический анализ баланса, тщательный анализ баланса
**Bilanzkurs** m балансовая стоимость акции; балансовый курс акций
**Bilanzliquidität** f ликвидность баланса, ликвидные средства баланса, свободные средства баланса, ликвидные средства по балансу
**bilanzmäßig** балансовый
**Bilanzmethode** f *стат.* балансовый метод
**Bilanzmodell** n балансовая модель
**Bilanznomenklatur** f номенклатура баланса
**Bilanzordnung** f положение о порядке составления баланса; правила составления баланса
**Bilanzperiode** f отчётный период
**Bilanzposition** f балансовая статья, статья баланса
**Bilanzposten** m балансовая статья, статья баланса
**Bilanzprüfer** m ревизор баланса, аудитор баланса
**Bilanzprüfung** f проверка баланса, ревизия баланса, аудит баланса
**Bilanzpyramide** f *стат.* пирамида балансов
**Bilanzrechnung** f балансовый учёт
**Bilanzreserve** f балансовый резерв
**Bilanzrevision** f проверка баланса, аудит баланса
**Bilanzschema** n схема баланса
**Bilanzstatistik** f балансовая статистика
**Bilanzstichtag** m день, на который составляется баланс; день составления баланса
**Bilanzstruktur** f структура баланса

**Bilanzsumme** f балансовый итог
**die Bilanzsumme bleibt unverändert** сумма баланса остается неизменной
**Bilanzsystem** n система балансов *(напр., народного хозяйства)*
**Bilanztabelle** f балансовая таблица
**Bilanzunterkonto** n балансовый счёт второго порядка
**Bilanzvariante** f вариант баланса
**Bilanzveränderung** f изменение баланса
**Bilanzvereinheitlichung** f унификация балансов
**Bilanzvergleich** m сопоставление баланса(ов); сравнение баланса(ов)
**Bilanzverlängerung** f увеличение балансовой суммы
**Bilanzverschleierung** f подчистка баланса, внесение недостоверных сведений в баланс
**Bilanzwahrheit** f достоверность баланса, достоверность балансовых данных
**Bilanzwert** m балансовая стоимость; балансовая оценка
**Bilanzzahlen** f, pl показатели баланса, балансовые показатели
**Bilanzziehen** n составление баланса, сведение баланса; подведение итога
**Bilanzziffer** f показатель баланса
**bilateral** двусторонний, двухсторонний *(напр. о сделке)*
**Bilateralgeschäft** n двусторонняя сделка
**Bilateralismus** m система заключения двусторонних *(торговых или платёжных)* соглашений; система решения международных проблем на основе двусторонних переговоров

**bilden** создавать *(напр. стоимость)*
**Bildideengestalter** *m* художник-график, работающий в области рекламы; художник-дизайнер, дизайнер
**Bildinformation** *f* видеоинформация, визуальная информация
**Bildinformation** информация, содержащаяся в изображении
**Bildmarke** *f* товарный знак в виде изображения, товарный знак в виде рисунка, торговая марка в виде изображения, торговая марка в виде рисунка, фабричная марка в виде изображения, фабричная марка в виде рисунка, логотип, лого
**Bildpostkarte** *f* видовая открытка, содержащая небольшой текстовой материал и используемая в качестве рекламы *(напр. для привлечения туристов)*
**Bildschirm** *m* экран, экранное устройство отображения, дисплей, монитор
**LCD-Bildschirm** жидкокристаллический монитор
**Bildschirm-Terminal** *n* видеотерминал, оконечное устройство с дисплеем, ТВ-терминал
**Bildschirmeingabe** *f* ввод с экрана
**Bildstatistik** *f* изобразительная статистика
**Bildung** *f* создание; формирование; образование, учреждение; просвещение, образование; воспитание
**Bildung der Nachfrage** формирование спроса
**Bildung ruhender Geldmengen bei der Bevölkerung** оседание денег у населения
**Bildung übermäßiger Warenvorräte** затоваривание
**Bildung von Durchschnittswerten** *мат.* усреднение

**Bildungs- und Erziehungseinrichtungen** *f, pl* учреждения системы воспитания и образования *(напр. ясли, школы)*
**Bildungs- und Erziehungswesen** *n* система воспитания и образования
**Bildungsmonopol** *n* монополия на образование
**Bildungsniveau** *n* уровень образования, образовательный уровень
**Bildungsökonomie** *f* экономика образования
**Bildungsprivileg** *n* преимущественное право господствующих классов на образование, привилегия на образование
**Bildungsstufe** *f* образовательный ценз; уровень образования, уровень культуры
**Bildwerbung** *f* реклама с помощью изобразительных средств; фотореклама
**Bildzeichen** *n* товарный знак в виде изображения, товарный знак в виде рисунка, торговая марка в виде изображения, торговая марка в виде рисунка, фабричная марка в виде изображения, фабричная марка в виде рисунка, логотип, лого
**bill broker** *англ.* билль-брокер, вексельный брокер, вексельный маклер
**bill of lading** *англ.* коносамент
**Billbrokerfirma** *f* билль-брокерская фирма
**BillBZ, Prüfgruppe zur Bekämpfung illegaler Beschäftigung durch die Zollverwaltung** контрольная группа по борьбе с нелегальным трудоустройством в рамках (Федерального) таможенного управления
**billig** дешёвый, недорогой
**BIMCO, Baltic and International Maritime Conference** Балтийская и международная морская конференция

**Bimetallismus** *m* биметаллизм
**BIN :**
**BIN, Bank Identification Number** *(eng.)* идентификационный номер банка (идентифицирующий банк и его карточную программу в платежной системе)
**BIN, Beteiligten-Identifikations-Nummer (elektronische Unterschrift)** идентификационный номер участника внешнеэкономической деятельности - аналог электронной подписи)
**B.I.N.A., Bureau International de Normalisation Automobile** Международное бюро стандартов автомобильной промышленности
**binär** двоичный, бинарный
**Binär-Dezimalumwandlung** *f* преобразование из двоичной системы (счисления) в десятичную; двоично-десятичное преобразование
**Binärdezimalkonvertierung** *f* преобразование из двоичной системы (счисления) в десятичную
**Binärschreibweise** *f* двоичная система (счисления), бинарная система (счисления)
**Binärsystem** *n* двоичная система (счисления), бинарная система (счисления)
**Binärzahl** *f обр. дан.* двоичное число
**binden, sich** обязываться; связывать себя обязательствами
**bindend** обязательный; обязывающий, связывающий *(напр. об оферте)*
**Binder** *m* программа связывания, программа организации связей
**Binder** редактор связей, программа-редактор связей

**Bindung** f связывание, соединение, скрепление; иммобилизация, омертвление, замораживание *(напр. капитала)*; обязательство

**Bindung** соединение, скрепление, связь

**Bindungsermächtigung** f полномочие осуществлять (бюджетные) расходы, выходящие за рамки одного бюджетного года

**Bindungsklausel** f связывающая оговорка *(контракта)*

**Binnenfischerei** f рыболовство во внутренних водах

**Binnenfischereibetrieb** m рыбопромысловое хозяйство, ведущее промысел во внутренних водах

**Binnenflotte** f речной флот

**Binnenflotte** флот, используемый на внутренних водных путях

**Binnenfrachtschiffahrt** f сообщение грузовых судов по внутренним водным путям, движение грузовых судов по внутренним водным путям

**Binnengeld** n деньги, используемые во внутреннем (денежном) обращении

**Binnengeld** национальная валюта

**Binnengewässer,** pl внутренние воды *(реки, озёра)*

**Binnengewässerflotte** f речной флот

**Binnengroßhandel** m внутренняя оптовая торговля

**Binnengroßhandelspreis** m оптовая цена во внутренней торговле

**Binnenhafen** m речной порт

**Binnenhafenordnung** f положения о порядке пребывания и кларирования судов в речных портах

**Binnenhandel** m внутренняя торговля

**Binnenhandelsmesse** f ярмарка оптовой внутренней торговли

**Binnenhandelsökonomie** f экономика внутренней торговли

**Binnenhandelspolitik** f политика в области внутренней торговли

**Binnenhändler** m работник, занятый в системе внутренней торговли

**Binnenkonnossement** n коносамент во внутреннем водном сообщении

**Binnenkonnossement** коносамент при речных перевозках

**Binnenkonsum** m потребление внутреннего рынка, потребление на внутреннем рынке

**Binnenmarkt** m внутренний рынок

**Binnenmarktforschung** f исследование внутреннего рынка, изучение внутреннего рынка, маркетинг внутреннего рынка

**Binnenmarktpreis** m цена внутреннего рынка

**Binnenpreis** m цена внутреннего рынка

**Binnenschiff** n судно, используемое в сообщении по внутренним водным путям; речное судно

**Binnenschiffahrt** f речное судоходство

**Binnenschiffahrt** судоходство по внутренним водным путям, внутреннее судоходство

**Binnenschiffahrtssachen** f, pl судебные дела, связанные с судоходством по внутренним водным путям

**Binnenschiffahrtstransport** m судоходство по внутренним водным путям; перевозки по внутренним водным путям

**Binnenschiffahrtsverkehr** m судоходство по внутренним водным путям; перевозки по внутренним водным путям

**Binnenschiffsregister** n реестр речных судов

**Binnenschiffsverkehr** m внутреннее водное сообщение

**Binnenschiffsversicherung** f страхование судов, используемых в сообщении по внутренним водным путям; страхование речных судов

**Binnentarif** m тариф, действующий в пределах одной страны

**Binnentransport** m внутренние перевозки, внутреннее сообщение, внутренний транспорт

**Binnentransportversicherung** f страхование внутренних перевозок

**Binnenverkehr** m внутреннее сообщение, внутренний транспорт; внутренние перевозки; сообщение по внутренним водным путям, движение по внутренним водным путям; обращение товаров в пределах одной страны

**Binnenwährung** f национальная валюта *(денежные знаки, имеющие обращение в пределах одной страны)*

**Binnenwasser** n внутренние водоёмы; внутренние воды

**Binnenwasserstraßenverkehr** m внутреннее водное сообщение

**Binnenwirtschaft** f внутреннее хозяйство *(организованная в рамках одной страны система материального производства, распределения, обмена и потребления произведенных товаров и услуг)*

**Binnenwirtschaft** национальная экономика

**Binnenzoll** *m* внутренняя пошлина *(в пределах одного экономического или таможенного союза)*

**Binnenzollstelle** *f* внутренняя таможня; внутренний таможенный пункт

**BinnSchG, Gesetz über die Binnenschiffahrt** закон о судоходстве по рекам и озёрам

**Binomialstreuung** *f* биномиальное распределение

**Binomialverteilung** *f* биномиальное распределение

**BIP, Bruttoinlandsprodukt** валовой национальный продукт

**BIPM, Bureau International des Poids et Mesures** Международное бюро мер и весов

**B.I.S., Bank for International Settlements** Банк международных расчётов, БМР

**Bit** *n* двоичный знак, двоичная цифра, двоичный разряд; бит, двоичная единица информации

**BIZ, Bank für Internationalen Zahlungsausgleich** Банк международных расчётов, БМР

**BJM, Bundesjustizministerium** Федеральное министерство юстиции

**BKartA, Bundeskartellamt** Федеральное ведомство по делам картелей

**BKV, Betriebskollektivvertrag** коллективный договор

**B.L., B/L., bill of lading** *(eng.)* коносамент

**black-box** *англ. киб.* "чёрный ящик"

**Black-box-Methode** *f киб.* метод "чёрного ящика"

**Blankett** *n* бланкетное обязательство; чистый бланк, незаполненный бланк *(чека, векселя, акции)*

**Blankettunterschrift** *f* бланковая подпись

**Blanko** *n* бланкетное обязательство

**Blanko** *фин.* необеспеченный вексель, необеспеченный чек

**Blanko** чистый *(незаполненный)* бланк

**in Blanko girieren** делать банковскую передаточную надпись

**in Blanko kaufen** покупать по открытому счёту

**in Blanko verkaufen** совершать срочные сделки

**blanko** бланковый, открытый; незаполненный, чистый; *фин.* необеспеченный

**blanko kaufen** покупать по открытому счёту

**blanko verkaufen** продавать по открытому счёту

**in blanko akzeptieren** совершить бланковый акцепт *(векселя)*

**in blanko girieren** делать бланковую передаточную надпись *(напр. на векселе)*

**in blanko indossieren** делать бланковую передаточную надпись *(напр. на векселе)*

**in blanko lassen** оставить незаполненными места *(на векселе, в доверенности)*

**in blanko stehen** быть бланко *(не иметь покрытия на запроданные акции)*

**in blanko trassieren** выставить бланко-вексель

**in blanko unterschreiben** поставить бланковую подпись *(напр. на векселе)*

**in blanko unterzeichnen** поставить бланковую подпись *(напр. на векселе)*

**in blanko zeichnen** поставить бланковую подпись *(напр. на векселе)*

**Blanko-Giro** *n* бланковый индоссамент

**Blankoakzept** *n* бланковый акцепт *(переводного векселя)*

**Blankogiro** *n* бланковый индоссамент, бланковая передаточная надпись *(напр. на векселе)*

**Blankoindossament** *n* бланковый индоссамент, бланковая передаточная надпись *(напр. на векселе)*; индоссамент *(передаточная надпись)*, содержащий только подпись индоссанта и не указывающий конкретного получателя платежа

**Blankoindossant** *m* бланкоиндоссант, бланкожирант

**Blankokauf** *m* бланковая торговая сделка; *бирж.* купля в бланк

**Blankokredit** *m* бланковый кредит, необеспеченный кредит, кредит, не имеющий обеспечения, бланкокредит, кредит без покрытия

**Blankopapiere** *n, pl* бланковые ценные бумаги

**Blankopolice** *f* бланковый страховой полис, бланковый полис

**Blankoscheck** *m* бланко-чек, бланковый чек, незаполненный чек

**Blankounterschrift** *f* бланкоподпись, подпись бланко

**Blankourkunden** *f pl* бланковые документы *(с подписью выставителя)*

**Blankoverkauf** *m бирж.* продажа в бланк

**Blankowechsel** *m* бланко-вексель, бланковый вексель, незаполненный вексель

**Blankozession** *f* бланковая цессия *(передача ценной бумаги в результате совершения бланковой надписи)*

**Blattei** *f канц. уст.* листотека

**Blattgold** *n* листовое золото; сусальное золото

**Blattsignal** *n канц.* сигнальный листок

**Blaupause** *f* синька *(светокопировальная бумага)*; чертежи

193

**BLE, Bundesanstalt für Landwirtschaft und Ernährung** Федеральное управление сельского хозяйства и продовольствия

**Bleisiegelverschluss** *m* опломбирование свинцовой пломбой

**Bleistift** *m вчт.* световой карандаш, световое перо

**Bleiverschluss** *m* опломбирование свинцовой пломбой

**BLEU, Belgian-Luxemburg Econornic Union** *ист.* Бельгийско-Люксембургский экономический союз

**Blickfang** *n* предмет рекламы *(напр. афиша)*, обращающий на себя внимание; броский предмет рекламы

**Blickfangreklame** *f* броская реклама; навязчивая реклама, агрессивная реклама

**Blickfangständer** *m* стенд с броской рекламой

**Blindenfürsorge** *f* система государственного обеспечения слепых

**Blindengeld** *n* пособие слепым, пострадавшим от несчастного случая

**Blisterpackung** *f* прозрачная упаковка, соответствующая контурам упакованного товара

**Blitzkopieren** *n* метод быстрого копирования "блиц"

**Bll, Ballen** тюк, кипа; рулон; цибик *(чаю)*; место груза

**Block** *m* блок *(напр. стран)*; большое количество, партия; *обр. дан.* группа, блок; узел, блок *(напр. машины)*; квартал, блок зданий
  **im Block verkaufen** продавать большими партиями, продавать оптом

**Block-Kartei** *f канц.* блок-картотека

**Blockade** *f* блокада
  **einer Blockade unterwerfen** подвергать блокаде
  **einer wirtschaftlichen Blockade unterwerfen** устанавливать экономическую блокаду

**Blockfloating** *m* групповой флоутинг, обязательства отдельных стран по совместной стабилизации обменных курсов *(в рамках ЕЭС)*

**blockieren** блокировать; замораживать *(напр. банковский счёт)*
  **wirtschaftlich blockieren** устанавливать экономическую блокаду

**Blockierung** *f* блокировка, блокирование; замораживание *(напр. банковского счёта)*; блокада

**Blockmatrix** *f* блочная матрица

**Blockmethode** *f киб.* блочный метод

**Blockoptimierung** *f* блочное программирование

**Blockpolice** *f* блок-полис, страховой блок-полис

**Blockprogrammierung** *f* блочное программирование

**Blockschaltbild** *n* блок-схема, функциональная схема

**Blocksystem** *n* блочная система, модульная система
  **Blocksystem** система блокировки

**Blockversicherungsschein** *m* бланк страхового полиса, скреплённый вместе с заявлением страхователя

**Blut- und -Boden-Politik** *f ист.* "политика крови и земли" *(основа аграрной политики фашистской Германии)*

**Blutgesetzgebung** *f ист.* "кровавое законодательство"

**BLZ, Bankleitzahl** *f* банковский индекс; индекс банка; банковский код

**BM, Bermuda** Бермуды

**BMD, Bermuda-Dollar, - Bermuda** Бермудский доллар *(код валюты* 060), - Бермудские острова

**BMELwF, Bundesministerium für Ernährung, Landwirtschaft und Forsten** Федеральное министерство по продовольствию, сельскому и лесному хозяйству

**BMF, Bundesministerium der Finanzen** Федеральное министерство финансов

**BMf.H.u.V., Bundesministerium für Handel und Verkehr** Федеральное министерство торговли и транспорта *(Австрия)*

**BMFJ, Bundesministerium für Frauen und Jugend** Федеральное министерство по делам женщин и молодёжи

**BMFT, Bundesministerium für Forschung und Technologie** Федеральное министерство по *(научным)* исследованиям и технологиям

**BMG:**
  **BMG, Bundesministerium für Gesamtdeutsche Fragen** Федеральное министерство по общегерманским вопросам
  **BMG, Bundesministerium für Gesundheit** Федеральное министерство здравоохранения

**BMI, Bundesministerium des Innern** Федеральное министерство внутренних дел

**BMJ, Bundesministerium der Justiz** Федеральное министерство юстиции

**BMK, Bau- und Montagekombinat** строительно-монтажный комбинат, СМК

**BML, Bundesministerium für Ernährung, Landwirtschaft und Forsten** Федеральное министерство по продовольствию, сельскому и лесному хозяйству

**BMSR-Geräte** *n pl* промышленные контрольно-измерительные приборы и приборы автоматики, КИПиА

**BMSR-Technik** *f* промышленная контрольно-измерительная техника *(приборы и приборы автоматики, КИП и А)*

**BmTierSSchV, Binnenmarkt-Tierseuchenschutz-Verordnung** Предписание о предотвращении эпизоотий на внутреннем рынке (эпизоотия - эпидемия скота)

**BMW, Bayerische Motorenwerke** БМВ, "Байерише моторенверке" *(автомобильный концерн и марка автомашины, ФРГ)*

**BMWi, Bundesministerium für Wirtschaft** Федеральное министерство экономики

**BMwZ, Bundesministerium für wirtschaftliche Zusammenarbeit** Федеральное министерство по экономическому сотрудничеству

**BMZ, Bundesministerium für wirtschaftliche Zusammenarbeit** Федеральное министерство по экономическому сотрудничеству

**BN, Brunei Darussalam** Бруней Даруссалам, *до 1978г. код* BN

**BNatSchG, Bundesnaturschutzgesetz** *n* Федеральный закон об охране природы

**BND, Brunei-Dollar, - Brunei Darussalam** Брунейский доллар *(код валюты* 096), - Бруней Даруссалам

**BO, Bolivien** Боливия

**BOAC, British Overseas Airways Company** "Бритиш оверсис эйруэйз" *(английская авиакомпания)*

**BOB, Boliviano, - Bolivien** Боливиано *(код валюты* 068), - Боливия

**Boden** *m* почва, земля; грунт; земля земельное владение, земельный участок; территория

**Bodenabschätzung** *f* бонитировка почвы, оценка почвы, таксация почвы

**Bodenanteil** *m* (земельный) надел; земельный пай

**Bodenaufteilung** *f* раздел земли

**Bodenbearbeitung** *f* обработка почвы

**Bodenbesiedlung** *f* колонизация

**Bodenbesitz** *m* землевладение, земельное владение

**Bodenbesitzer** *m* землевладелец

**Bodenbesitzung** *f* землевладение, земельное владение

**Bodenbewirtschaftung** *f* земледелие

**Bodenbonität** *f* бонитет почвы *(показатель качества почвы)*

**Bodenbonitierung** *f* бонитировка почвы, оценка почвы, таксация почвы

**Bodenbuch** *n* земельная шнуровая книга

**Bodeneigentümer** *m* земельный собственник

**Bodeneinkommen** *n* доход от землевладения

**Bodeneinteilung** *f* наделение землёй, распределение земельных угодий

**Bodenerschöpfung** *f* истощение почвы

**Bodenertrag** *m* доход с земли; плодородие почвы

**abnehmender Bodenertrag** убывающее плодородие почвы

**Bodenertragsgesetz** *n* закон убывающего плодородия почвы

**Bodenfonds** *m* земельный фонд

**Bodenfonds der LPG** земельный фонд сельскохозяйственного производственного кооператива

**abnehmender Bodenfonds** государственный земельный фонд

**Bodenfruchtbarkeit** *f* плодородие почвы

**Bodengewinn** *m* расширение земельных угодий *(напр. за счёт осушения болот, обводнения пустынь)*

**Bodengewinn** расширение полезных земельных угодий

**Bodenkataster** *m* земельный кадастр

**Bodenklassifikation** *f* классификация почв

**Bodenklimazahl** *f* почвенно-климатический показатель

**Bodenkonzentration** *f* концентрация земель *(в чьих-л. руках)*

**Bodenkredit** *m* ипотечный кредит, кредит под залог земли

**Bodenkreditanstalt** *f* ипотечный банк, земельный кредитный банк; земельный кредитный институт

**Bodenkreditanstalt** *f* земельно-кредитный институт; ипотечный институт

**Bodenkreditbank** *f* ипотечный банк, земельный кредитный банк; земельный кредитный институт

**Bodenkreditinstitut** *n* земельно-кредитный институт; ипотечный институт, ипотечный банк; земельный кредитный институт

**Bodenkreditpfandbrief** *m* закладной лист *(напр. документ ипотечного банка)*

**Bodenmonopol** *n* монополия хозяйственного использования земли; монополия на землю

**Bodennutzung** *f* землепользование

**Bodennutzungserhebung** *f* учёт сельскохозяйственных участков по культурам

**Bodennutzungsform** *f* форма землепользования

**Bodennutzungsgemeinschaft** *f* товарищество по совместному пользованию землёй

**Bodennutzungssystem** *n* система землепользования

**Bodenpacht** *f* аренда земли

**Bodenparzelle** *f* небольшой земельный участок, земельный надел, парцелла

**Bodenpolitik** *f* аграрная политика; политика в области землепользования; политика в области землевладения

**Bodenpreis** *m* цена земли, цена на землю

**Bodenrecht** *n* земельное право

**Bodenreformer** *m, pl* ист. сторонники мелкобуржуазной земельной реформы

**Bodenrente** *f* земельная рента

**Bodenschätzung** *f* таксировка земель

**Bodenspekulation** *f* спекуляция земельными угодьями

**Bodensperre** *f* недопущение безземельных крестьян к земельным угодьям крупных латифундистов

**Bodensteuer** *f* поземельный налог

**Bodentaxation** *f* таксировка земель

**Bodenverhältnisse**, *pl* земельные отношения, аграрные отношения

**Bodenverstaatlichung** *f* национализация земли

**Bodenwanderung** *f* изменение структуры землепользования

**Bodenwert** *m* (меновая) стоимость земли

**Bodenwertsteigerung** *f* рост цен на землю

**Bodenwertzuwachs** *m* рост цен на землю

**Bodenzins** *m* арендная плата за землю, поземельная рента; поземельный налог

**Bodenzoll** *m* поземельный налог

**bodmen** брать ссуду под залог судна, брать ссуду под залог груза

**Bodmerei** *f* бодмерея, ссуда под залог судна, ссуда под залог груза

**Bodmereianleihe** *f* бодмерея, ссуда под залог судна, ссуда под залог груза

**Bodmereibrief** *m* письмо-бодмерея; бодмерейный договор

**Bodmereivertrag** *m* бодмерейный договор

**Bogen** *m* лист бумаги; ведомость; купонный лист (*акции, облигации*); *сет. пл.* дуга

**Bollette** *f австр.* официальное свидетельство (*напр. об уплате пошлины*)

**Bon** *m* банковский чек

**Bon** бон

**Bon** квитанция, расписка

**Bon** талон, ордер; (банковский) чек; чек на получение товара (*в магазине*); чек, по которому официант выполняет заказ посетителя; квитанция, расписка

**Bon** чек (*кассовый*), свидетельство об оплате товара

**Bon a vue** *фр.* с уплатой по предъявлению

**bona fide** *лат. юр.* "бона фиде", добросовестно, "в доброй вере", "на вере"

**Bond** *m* облигация (с твёрдым процентом); (долговое) обязательство (с твёрдым процентом); бонд

**bonded warehouse** *англ.* приписной таможенный склад; склад для хранения не оплаченных пошлиной грузов

**Bonds** *m, pl,* **zertifizierte** иностранные облигации (*преимущественно английские и американские*), признаваемые собственностью граждан ФРГ

**Bönhase** *m* биржевой "заяц"; лицо, незаконно занимающееся *каким-л.* ремеслом; *ист.* ремесленник-одиночка (*не входящий в цеховую организацию*)

**Bonifikation** *f* бонификация; возмещение, вознаграждение (*страховым и торговым агентам*)

**Bonifikation** *ком.* скидка за ущерб в результате усушки (*загрязнения и т.п.*)

**bonifizieren** *vt* возмещать; компенсировать; выдавать бон

**Bonität** *f с.-х.* бонитет, продуктивность

**Bonität** добротность (*напр. векселя*), доброкачественность (*товара*)

**Bonität** кредитоспособность, платёжеспособность, солидность (*фирмы*); добропорядочность, хорошая репутация, хороший имидж (*коммерсанта*)

**Bonitätsauskunft** *f* информация о кредитоспособности фирмы, информация о кредитоспособности отдельного коммерсанта

**Boniteur** *m* оценщик, таксатор

**bonitieren** *vt* оценивать, определять стоимость, устанавливать цену

**Bonsystem** *n* система самообслуживания по чекам на предприятиях общественного питания

**Bonus** *m* биржевая премия, премия в биржевых сделках; прибыль, доля прибыли; бонус, скидка; бесплатная прибавка к крупной покупке; экспортная премия
  **Bonus** бонус, премия; дополнительное вознаграждение
  **Bonus** скидка, экспортная премия
**booklet** *англ.* брошюра, буклет
**Boom** *англ.* бум, циклический подъём, рост *(чаще всего инвестиций)*
  **Boom** искусственное повышение курсов
  **Boom** шумиха, сенсация, информационный бум
**boomen** *vt* переживать подъём
**Bord** *m* борт судна; борт самолёта
**Bordbescheinigung** *f* расписка капитана о принятии груза на борт судна
**Bordereau** *m фр.* бордеро *(опись ценных бумаг)*; сопроводительное письмо; погрузочный наряд, накладная
**Bordkonnossement** *n* бортовой коносамент
  **reines Bordkonnossement** чистый на борту коносамент
**bordreceipt** *англ.* расписка капитана о принятии груза на борт судна
**Borg** *m* заём
  **auf Borg** взаймы, в долг, в кредит
**Borg-Unwesen** *n* нездоровая система предоставления товаров *(только недлительного пользования)* в кредит
**Borgkauf** *m* покупка в кредит
**Borgsystem** *n* система предоставления кредита; система предоставления товаров в кредит; система товарных кредитов

**Borgwesen** *n* система предоставления кредита; система предоставления товаров в кредит; система товарных кредитов
**Börse** *f* биржа
  **feste Börse** устойчивая биржа
  **flaue Börse** вялое состояние биржи *(низкие обороты и т.п.)*
  **schwarze Börse** чёрная биржа
  **an der Börse kaufen** покупать на бирже
  **an der Börse spekulieren** спекулировать на бирже
  *die* **Börse verfolgte keine einheitliche Tendenz** конъюнктура на бирже была неустойчивой
  *die* **Börse fiebert** биржу лихорадит
  *die* **Börse flaut ab** биржевые курсы падают
  *die* **Börse schloß gut** к концу дня дела на бирже шли хорошо; закрытие биржи прошло с хорошим итогом
  *die* **Börse war durch diese Nachricht verstimmt** это сообщение вызвало нервозность на бирже
  **Abfallbörse** биржа отходов
  **Holzbörse** лесоторговая биржа
  **Recyclingbörse** биржа вторичных продуктов *(бывшая "биржа отходов", с 1974 г. при Германской промышленно-торговой палате)*
**Börsenabteilung** *f* биржевой отдел
  **Börsenabteilung** биржевой отдел в кредитных учреждениях
**Börsenansturm** *m* биржевой ажиотаж
**Börsenarbitrage** *f* биржевой арбитраж, биржевая арбитражная сделка

**Börsenaufsicht** *f* биржевой надзор; управление делами биржи
**Börsenauftrag** *m* биржевое поручение; биржевой приказ; биржевая заявка
**Börsenausschliß** *m* биржевой комитет; биржевая котировальная комиссия, биржевая котировочная комиссия
**Börsenbeginn** *m* открытие биржи
**Börsenbehörden** *f, pl* органы надзора за биржами
**Börsenbericht** *m* биржевой бюллетень; курсовая котировка
**Börsenbesucher** *m* постоянный посетитель биржи
**Börsenbetrieb** *m* биржа
  **Börsenbetrieb** биржевая деятельность
**Börsenblatt** *n* биржевой бюллетень; котировка; биржевой лист(ок)
**Börsenboom** *m* биржевой бум, бум на бирже
**Borsenbruch** *m* биржевой крах, крах биржи
**Borsenbuch** *n* биржевой справочник
**Börsencrasch** *m* биржевой крах, крах биржи
**Börsenderoute** *f* резкое падение курса на бирже
**Börsendiskont** *m* биржевой учётный процент, биржевой дисконт
**Börseneffekten,** *pl* биржевые ценности, ценные (фондовые) бумаги *(котирующиеся на бирже)*
**Börsenehrengericht** *n* биржевой суд чести
**Börseneinführung** *f* допуск к участию в биржевых операциях; допуск к обращению на бирже (ценных бумаг)
**börsenfähig** котирующийся на бирже
  **börsenfähige Aktien** котирующийся на бирже акции
  **börsenfähige Ware** биржевой товар

**Börsenferien,** *pl* биржевые каникулы

**Börsengang** *m* выпуск акций на биржу; выход на биржу (с ценными бумагами)

**börsengängig** биржевой *(напр. о товаре)*

**börsengängig** котирующийся на бирже *(ценные бумаги, акции)*

**Börsengast** *m* разовый посетитель биржи

**Börsengebräuche** *m, pl* биржевые обычаи

**Börsengericht** *n* биржевой арбитраж, биржевой третейский суд

**Börsengeschäft** *n* биржевая операция, биржевая сделка

**indifferentes Börsengeschäft** нейтральная биржевая сделка, посредническая биржевая сделка, маклерская биржевая сделка

**Börsengesetz** *n* закон о биржах и биржевых операциях, закон о биржах и биржевых сделках

**Börsenhälfte** *f* первая половина биржевого дня

**in der ersten Börsenhälfte** в течение первой половины биржевого дня

**Börsenhandel** *m* биржевая торговля, торговля на бирже

**Börsenhändler** *m* биржевик, торговец на бирже, биржевой агент, биржевой маклер, биржевой посредник

**Börsenhausse** *f* биржевой бум, бум на бирже

**Börsenindex** *m* индекс биржевых акций, индекс биржевых котировок, индекс котировок на бирже

**Börseninteressenten** *m, pl* держатели биржевых ценностей, биржевая клиентура

**Börsenjobber** *m* биржевой делец; биржевик

**Börsenkammer** *f* суд по делам биржи; орган надзора за биржами

**Börsenkomitee** *n* биржевой комитет

**Börsenkommissar** *m* биржевой комиссар

**Börsenkommissionsgeschäft** *n* биржевая комиссионная сделка, биржевая комиссионная операция

**Börsenkonsortium** *n* биржевой консорциум; биржевой синдикат

**Börsenkrach** *m* биржевой крах, крах на бирже, крах биржи

**Börsenkreise** *m, pl* биржевые круги

**Börsenkurs** *m* биржевой курс

**Börsenmakler** *m* биржевой маклер, биржевой брокер, биржевой посредник, биржевой агент

**ungesetzlicher Börsenmakler** биржевой "заяц", кулисье *(неофициальный биржевой маклер)*

**Börsenmann** *m* биржевик; биржевой игрок, игрок на бирже

**Börsenmanöver** *n* маневрирование биржевыми ценностями

**börsenmäßig** биржевой *(напр., товар)*, имеющий хождение на бирже, котирующийся на бирже

**Börsennotar** *m* биржевой нотариус

**Börsennotierung** *f* биржевая котировка

**amtliche Börsennotierung** официальная биржевая котировка

**Börsenoperation** *f* биржевая операция, операция на бирже, сделка на бирже, биржевая сделка

**Börsenordnung** *f* биржевой статут, биржевой устав

**Börsenorganisation** *f* организация биржевого дела

**Börsenpapiere** *n, pl* ценные бумаги, котирующиеся на бирже; котирующиеся на бирже ценные бумаги (акции)

**Börsenpreis** *m* биржевая цена; биржевой курс, курс *(напр. акций)*

**Börsenpreisbildung** *f* процесс образования биржевых цен

**Börsenprospekt** *m* рекламный биржевой проспект

**Börsenrat** *m* биржевой совет; биржевой комитет

**Börsenreform** *f* реформа биржевого дела и пересмотр законов о бирже

**Börsenregister** *n* список постоянных посетителей биржи

**Börsensaal** *m* биржевой зал, зал биржевых операций

**Börsenschacher** *m* недобросовестные биржевые сделки

**Börsenschieber** *m* биржевой спекулянт, спекулянт на бирже

**Börsenschiedsgericht** *n* биржевой арбитраж, биржевой третейский суд

**Börsenschluss** *m* выигрыш *(биржевой, от биржевой операции)*

**Börsenschluss** закрытие биржи; конец биржевого дня

**Börsenschluss** минимальная стоимость ценных бумаг, допускаемая к биржевым операциям

**gebrochener Börsenschluss** *бирж.* 1. дробление полного выигрыша 2. неполный лот *(напр. менее ста акций)*

**voller Börsenschluss** *бирж.* полный выигрыш

**Börsenschwindel** *m* недобросовестные биржевые сделки

**Börsenschwindler** *m* недобросовестный биржевой делец

**Börsensensal** *m* биржевой маклер

**Börsenspekulant** *m* биржевой спекулянт

**Börsenspekulation** *f* биржевая спекуляция, спекуляция на бирже

**Börsenspiel** *n* биржевая игра, игра на бирже

**Börsenspieler** *m* биржевой игрок, биржевик, игрок на бирже

**Börsenspielerin** *f* биржевой игрок, игрок на бирже (женщина)

**Börsenstempel** *m* штамп об уплате налога с оборота по биржевым сделкам, отметка об уплате налога на биржевой оборот

**Börsensteuer** *f* биржевой налог, налог на биржевые сделки

**Börsenstimmung** *f* состояние рынка ценных бумаг

**Börsensyndikat** *n* биржевой синдикат, биржевой консорциум

**Börsensystem** *n* биржевая система

**Börsentag** *m* присутственный день на бирже, биржевой день

**Börsentendenz** *f* тенденция биржевых курсов; "настроение" биржи

**Börsentermingeschäft** *n* биржевая сделка на срок, срочная биржевая сделка

**Börsenterminhandel** *m* биржевые операции на срок, биржевые сделки на срок, срочные биржевые сделки

**Börsenticker** *m* биржевой телеграфный аппарат; тикер

**Börsentickersymbol** *n* кодовое сокращение названия ценной бумаги для целей идентификации и передачи информации

**Börsentransaktion** *f* биржевая сделка, биржевая операция

**Börsentreiben** *n* маневрирование биржевыми ценностями

**Börsenumsatz** *m* биржевой оборот, оборот по биржевым сделкам

**Börsenumsatzsteuer** *f* налог с оборота по биржевым сделкам, налог на биржевой оборот

**Börsenusancen** *f, pl* биржевые обычаи, узанс

**Börsenverkehr** *m* биржевые сделки, биржевые операции; биржевой оборот

**Börsenvermittler** *m* биржевой посредник, посредник в биржевых сделках, биржевой маклер

**Börsenversammlung** *f* биржевое собрание; биржа

**Börsenvertreter** *m* биржевой агент, представитель на бирже

**Börsenverwaltung** *f* биржевая администрация, администрация биржи

**Börsenvorstand** *m* биржевой комитет; правление биржи

**Börsenware** *f* биржевой товар, товар, котирующийся на бирже

**Börsenwerte** *m, pl* ценные бумаги, котирующиеся на бирже

**Börsenwesen** *n* биржевое дело

**Börsenwucher** *m* биржевой ажиотаж, биржевая спекулятивная горячка

**Börsenwucherer** *m* биржевой спекулянт, спекулянт на бирже

**Börsenzeit** *f* время работы биржи, время функционирования биржи, присутственные часы на бирже

**Börsenzeitung** *f* биржевая газета

**Börsenzettel** *m* биржевая сводка, биржевой листок, котировки

**Börsenzins** *m* биржевой процент, процент от биржевых сделок

**Börsenzulassung** *f* **von Wertpapieren** допуск ценных бумаг к биржевым операциям

**BörsG, Börsengesetz** закон о биржах и биржевых операциях

**Börsianer** *m* биржевик, биржевой игрок, игрок на бирже

**börsisch** биржевой, имеющий хождение на бирже, котирующийся на бирже (*о ценных бумагах*), относящийся к биржевым операциям

**bösgläubig** недобросовестно

**böswillig** злонамеренный, злостный (*напр. о неплательщике*)

**Bot** *n* предложение по распродаже; распродажа с аукциона

**Botenberaubungsversicherung** *f* страхование лиц, перевозящих деньги и ценности, от убытков вследствие ограбления

**Botenlohn** *m* плата за доставку (*почтового отправления*); плата за переноску; особая плата за доставку телеграммы (*взимаемая с адресата, проживающего за пределами обслуживаемого района*)

**bounty** *англ.* поощрительная (правительственная) премия; экспортная премия

**Bourgeoisie** *f фр.* буржуазия
**nationale Bourgeoisie** национальная буржуазия

**Boxpalette** *f трансп.* ящичный поддон, поддон ящичного типа

**Boykott** *m* бойкот
**politischer Boykott** политический бойкот
**wirtschaftlicher Boykott** экономический бойкот

**Boykottierung** *f* бойкотирование

**BP:**
**BP, bedingte Pufferzeit** частный резерв времени первого вида
**BP, Betriebspreis** оптовая цена предприятия, отпускная цена предприятия

**B/p, bills payable** *англ.* вексель платежом

**BPO, Betriebsparteiorganisation** партийная организация предприятия (в бывш. ГДР, СССР)

**BR:**
**BR, Brasilien** Бразилия
**B/R, bills receivable** англ. вексель, подлежащий оплате
**Br, Brief** курс продавцов, "предложение" (в курсовых бюллетенях); вексель
**br., Bruttogewicht** вес брутто

**brach** с.-х. под паром; неразрабатываемый (о месторождении); остающиеся неиспользованными (о производственных мощностях)

**Brachlegen** n **der Warenbestände** омертвление товарных запасов

**Brachlegung** f **von Kapital** омертвление капитала

**brachliegen** не использоваться (о производственных мощностях)

**brachliegen** не разрабатываться (о месторождении)

**brachliegen** с.-х. паровать, лежать под паром; не разрабатываться (о месторождении)

**Brachliegen** n **von Kapital** иммобилизация капитала

**Brachzeit** f простой производственного оборудования; простой оборудования

**arbeitsablaufbedingte Brachzeit** простой (производственного) оборудования в силу определённых технологических причин

**durch den Arbeiter bedingte Brachzeit** простой (производственного) оборудования по вине рабочего

**störungsbedingte Brachzeit** простой (производственного) оборудования в результате каких-то нарушений рабочего процесса

**Bracke** f браковка, контроль, проверка (товаров); бракераж; контрольно-проверочный пункт (для товаров)

**bracken** браковать; выбраковывать; отбраковывать; проводить бракераж

**Bracker** m бракёр, браковщик

**Brackgut** n бракованный товар, забракованный товар, брак

**Brackierer** m бракёр, браковщик

**Brackierung** f бракование, отбраковка; бракераж, выбраковка

**Brainstorming** n метод мозговой атаки, поиск творческих идей

**Branch- and -Bound-Methode** f англ. метод "ветвей и границ"

**Branche** f отрасль (торговли, промышленности); специальность

**branchenbedingt** обусловленный спецификой данной отрасли; отраслевой

**Branchenbeobachtung** f наблюдение за конъюнктурой в отдельных отраслях экономики

**Branchenführer** m ведущее предприятие в отрасли

**Branchenholding** f отраслевой холдинг

**branchenintern** внутриотраслевой

**brancheninterner Handel** m внутриотраслевая торговля

**Branchenkenntnisse** f pl отраслевые знания; знания об отрасли

**Branchenkenntnisse** f pl; (eng) **tricks of the trade** специфические приёмы в (каком-л.) деле или профессии

**Branchenkennzeichen** n ист. отличительный знак ремесленных групп

**Branchenkennziffer** f показатель отраслевой производительности

**Branchenkonjunktur** f отраслевая конъюнктура

**branchenmäßig** отраслевой

**Branchennomenklatur** f отраслевая номенклатура

**Branchenrichtlinien** f, pl директивы о порядке ведения учёта для предприятий данной отрасли объединения народных предприятий (бывш. ГДР)

**Branchenspanne** f отраслевая торговая наценка

**Branchenspezialisierung** f отраслевая специализация

**branchenspezifisch** отраслевой; характерный для отрасли; ориентированный на область применения

**Branchenstatistik** f отраслевая статистика

**Branchenstrategie** f отраслевая стратегия; стратегия поведения в отрасли

**Branchenstruktur** f структура отрасли; отраслевая структура

**Branchenvergleich** m сравнительный анализ деятельности разных отраслей

**Branchenzugehörigkeit** f принадлежность к отрасли

**Brand** m I пожар; горение
**Brand** клеймо (выжженное), тавро
**Brand** водка
**Brand** n II (англ.) брэнд
**Brand** фабричное клеймо, фабричная марка
**brand** англ. фабричное клеймо, фабричная марка; марка; сорт; качество

**Brandassekuranz** f страхование от огня, страхование от пожара

**branded goods** англ. фирменные товары; товары с фабричными марками

**Brandentschädigung** f возмещение убытков от огня; страховая сумма при страховании от огня, сумма страховки от огня

**Brandkasse** f предприятие, производящее страхование от огня, бюро по страхованию от огня; фонд страхования от огня; сумма, на которую застраховано здание *(на случай пожара)*

**Brandkataster** m пожарный кадастр, опись застрахованного от огня имущества

**Brandlegung** f *юр.* поджог

**brandmarken** vt выжигать *(клеймо)*; клеймить; маркировать; метить; проставлять сорт; ставить клеймо

**Brandrisiko** n *страх.* риск пожара; риск возникновения пожара

**Brandschaden** m ущерб от пожара, убытки от пожара

**Brandschadenschätzung** f оценка ущерба от пожара, оценка убытков от пожара

**Brandschutzvorschriften** f pl противопожарные нормы

**Brandstiftung** f *страх.* поджог

**Brandverhütung** f противопожарная защита; противопожарная профилактика

**Brandversicherung** f страхование от огня; страхование от пожара; страхование на случай пожара

**Branntwein** m винный спирт
**Branntwein** водка

**Branntweinabgabe** f акциз на спирто-водочные *(ликёро-водочные)* изделия

**Branntweinaufschtag** m налог на спирто-водочные изделия, не подлежащие сдаче государству, налог на спирто-водочные изделия, не подлежащие поставке государству

**Branntweinbesteuerung** f акциз на ликёро-водочную продукцию, акциз на спирто-водочные *(ликёро-водочные)* изделия

**Branntweinbrennerei** f винокурение
**Branntweinbrennerei** спирто-водочный завод; спиртовой завод

**Branntweinkonsum** m потребление спиртных напитков

**Branntweinmonopol** n монополия на водку и спиртные напитки

**Branntweinsteuer** f акциз на ликёро-водочную продукцию, акциз на спирто-водочные *(ликёро-водочные)* изделия

**Branntweinverbrauch** m потребление спиртных напитков

**BranntwMonG, Branntweinmonopolgesetz** n Закон о монополии на водку и спиртные напитки

**Brauchbarkeitsgrad** m коэффициент годности

**Brauchbarkeitsprobe** f испытание на годность, испытание на пригодность

**Brauchwasserversorgung** f промышленное водоснабжение

**Braunkohle** f бурый уголь

**Braunkohlen-Industrie-Aktiengesellschaft** Акционерное общество промышленности бурых углей

**Braunkohlenbergbau** m добыча бурого угля; буроугольные разработки

**BRD, Bundesrepublik Deutschland** Федеративная Республика Германии, ФРГ

**Break-Even-Analyse** f анализ безубыточности

**Break-Even-Point** m *англ.* точка самоокупаемости, минимальный объём сбыта, обеспечивающий полное возмещение текущих издержек

break-even-point *(eng.)*;
**Break-Even-Punkt** m уровень занятости, при котором деятельность предприятия остаётся рентабельной, уровень занятости, при котором предприятие функционирует ещё без потерь

**Breakpunkt-Verkauf** m сумма вклада во взаимный инвестиционный фонд, дающая право на более льготные условия

**breit** широкий
  **breit** широкий, обширный, весь *(полностью)*
  **breit** обстоятельный, пространный, очень подробный *(о докладе)*
  **breit fundiert** всеобъемлющий; универсальный (о налогообложении)
  **breit gestreut** широко диверсифицированный
  **breites Sortiment** n богатый ассортимент, широкий ассортимент
  **breites Warensortiment** n широкая номенклатура товаров
  *die* **breite Öffentlichkeit** широкие круги общественности
**breitgefächert** многоотраслевой; диверсифицированный
  **breitgefächertes Unternehmen** n; *(eng.)* diversified company диверсифицированная компания; многоотраслевая компания

**Breitstaffelkartei** f *канц. уст.* многоступенчатая картотека

**Bremseffekt** m эффект торможения
  **Bremseffekt der Steuerprogression** финансовый тормоз (экономического роста с помощью налоговых изъятий)

**Bremspreis** m запретительная цена

**Brennpunkt** m центр; фокус *(внимания, событий)*
  **im Brennpunkt des Interesses stehen** находиться в центре внимания

**Brennstoff** *m* топливо, горючее

**Brennstoff- und Energiebilanz** *f* топливно-энергетический баланс, ТЭБ

**Brennstoffbilanz** *f* топливный баланс, ТБ

**Brennstoffersparnis** *f* экономия горючего; экономия топлива; сбережение топлива

**Brennstoffersparnis** коэффициент полезного действия по топливу

**Brennstoffersparnisprämie** *f* премия за экономию топлива

**Brennstoffressourcen,** *pl* топливные (энергетические) ресурсы, топливно-энергетические ресурсы

**Brennstoffverbrauch** *m* потребление топлива

**spezifischer Brennstoffverbrauch** удельный расход топлива, удельный расход горючего, расход топлива на единицу выпускаемой продукции, расход топлива на единицу мощности, расход горючего на единицу выпускаемой продукции

**BRGM, Bundesrepublik-Gebrauchsmuster** образец изделия, охраняемый законами ФРГ

**BRH, Bundesrechnungshof** Федеральная расчётная палата

**Brief** *m бирж.* курс продавцов, "предложение"; курс предложения; чековый курс

**Brief** письмо; послание

**Brief** документ, акт

**Brief** вексель; ценная бумага

**Briefe von der Hand** векселя без индоссамента

**Brief mit Nachgebühr** письмо с доплатой

**Brief mit Strafporto** письмо с доплатой

**Brief und Geld** *бирж.* предложение и спрос

**Briefe stark begehrt** *бирж.* римессы в большом спросе

**einen Brief freimachen** оплачивать письмо, уплатить почтовый сбор

**frankierter Brief** франкированное письмо

**eingehnder Brief** входящее письмо

**gemachte Briefe** *pl* векселя с индоссаментом; векселя в иностранной валюте

**rekommandierter Brief** заказное

**unfrankierter Brief** нефранкированное письмо

**vertraurelich Brief** конфиденциальное письмо; доверительное письмо

**mit gegenständigem Brief** настоящим письмом

**einen Brief absenden** отправлять письмо, отправить письмо

**einen Brief datieren** датировать письмо, поставить в письме дату

**einen Brief einschreiben lassen** сдавать письмо заказной почтой, сдать письмо заказной почтой

**einen Brief frankieren** оплачивать письмо почтовым сбором, оплатить письмо почтовым сбором

**einen Brief zurückdatieren** датировать письмо задним числом

**Briefadel** *m ист.* жалованное дворянство

**Briefbogen** *m* бланк

**Brieffalt-, Brieffüll- und Briefschließmaschine** *f* машина для автоматического складывания писем, вкладывания их в конверты и запечатывания конвертов

**Briefgrundpfandrecht** *n* ипотечное право, залоговое право

**Briefgrundschuld** *f* ипотечный долг

**Briefgut** *n* груз, идущий с товаросопроводительным документом; грузы, идущие с товаросопроводительными документами

**Briefhypothek** *f* актовый залог; ипотека, подтверждённая (ипотечным) актом; оборотная ипотека

**Briefing** *n* брифинг

**Briefkastenfirma** *f* подставная фирма; фиктивная фирма; "липовая" фирма; "фирма-однодневка"

**Briefkopf** *m* заголовок письма; шапка письма

**Briefkopf** фирменный штамп; фирменное обозначение (на бланке)

**Briefkopf** фирменный бланк (с фирменным логотипом или обозначением на бланке)

**Briefkorb** *m* ящичек для входящей корреспонденции *(в канцелярии)*; ящик для писем и жалоб клиентов

**Briefkurs** *m бирж.* курс продавцов, "предложение"; курс предложения; чековый курс

**Briefmarke** *f* почтовая марка

**Briefordner** *m* папка для (подшивки) корреспонденции; скоросшиватель

**Briefporto** *n* почтовый сбор; почтовые расходы

**Briefprospekt** *m* (рекламный) проспект в форме письма

**Briefrentenschuld** *f* долг, обеспеченный залогом денежной ренты

**Briefrepartierung** *f бирж.* частичное выполнение поручений на продажу

**Briefschließmittel** *n, pl* канцелярские приборы и машины для запечатывания писем

**Briefschuld** *f* (денежный) долг, подтверждённый документами

**Briefsendung** *f* почтовое отправление

**Briefsortiermaschine** f машина для автоматической сортировки и штемпелёвки почтовых отправлений

**Briefvernichtungsmaschitie** f прибор для уничтожения деловых бумаг; измельчитель бумаг

**Brigade** f бригада

**Brigade der ausgezeichneten Konsumentenbetreuung** бригада отличного обслуживания потребителей

**Brigade der ausgezeichneten Qualität** бригада отличного качества (*почётное звание на предприятиях*)

**Brigade der hervorragenden Leistung** передовая бригада (*почётное звание на предприятиях*)

**Brigade der sozialistischen Arbeit** бригада социалистического труда (*бывш. ГДР*)

**Brigade mit wirtschaftlicher Rechnungsführung** хозрасчётная бригада, бригада на хозрасчёте

**Brigadearbeit** f бригадный метод работы, бригадный подряд

**Brigadebedienungssystem** n бригадная система обслуживания посетителей (*в предприятиях общественного питания*)

**Brigadebereich** m с.-х. средства производства, закреплённые за определённой бригадой; участок бригады

**Brigadeleistungslohn** m сдельная оплата труда при бригадном методе работы, бригадно-сдельная оплата труда

**Brigadelohnsatz** m бригадная расценка

**Brigademitglied** n член бригады

**Brigadenabrechnung** f побригадный расчёт; расчёт с бригадой

**Brigadenkonto** n лицевой счёт производственной бригады

**Brigadenstärke** f численность бригады

**Brigadeordnung** f правила внутреннего (трудового) распорядка в бригаде

**Brigadeorganisation** f бригадный метод организации труда

**Brigadestücklohn** m сдельная оплата труда при бригадном методе работы, бригадно-сдельная оплата труда

**Bringgeld** n плата за доставку товара

**Bringlohn** m плата за доставку товара

**Bringschuld** f долг, подлежащий уплате по месту жительства кредитора; обязательство, исполняемое по месту пребывания кредитора

**Bringungsrecht** n право на доставку

**Bringsystem** n система доставки необходимого заводского материала к рабочему месту

**Britischer** Британский; британский

**Britischer Gewerkschaftskongress** Британский конгресс тред-юнионов

**Britischer Normenkoordinierungsausschuss** Британский координационный комитет стандартизации

**BRL, Real, - Brasilien** Бразильский реал (*код валюты* 986), - Бразилия

**Broker** m брокер; маклер; посредник при торговле товарами и услугами; посредник при совершении биржевых операций; посредник при фрахтовании; посредник в страховании (*брокер - посредник, содействующий совершению различных сделок от имени и за счет клиента*)

**Brokerauftrag** m приказ брокеру

**Brokerfirma** f брокерская фирма, маклерская контора

**Brokerhaus** n брокерская фирма

**Brokerkonto** n брокерский счёт

**Brookings-Modell** n брукингская модель (*экономического прогнозирования*)

**Brotkultur** f продовольственная зерновая культура

**Brotmarkt** m хлебный рынок

**Browser** m; **browser** (*eng.*) браузер; система просмотра; средство просмотра; средство визуализации объектов; система навигации и просмотра информации (в Интернет); программа ускоренного просмотра

**Welcher Browser ist für meine Internet Banking & Broking Geschäfte am besten geeignet?** Какой браузер лучше всего подходит для моей системы домашнего банкинга (телебанкинга) и Интернет-трейдинга (биржевой торговле в Интернет)

**BRT, Bruttoregistertonne** брутто-регистровая тонна, брт, БРТ

**BRT, Bruttotonne** брутто-тонна; тонна брутто

**BRT, British time** (*eng.*) английское время

**brt, breakthrough** (*eng.*) важное открытие; важное достижение (*научно-техническое*)

**Brtkm, Bruttotonnenkilometer** тонно-километр брутто, брутто-тонно-километр, брткм

**Bruch** m бой; лом; обломки

**Bruch** нарушение (*напр. договора*), невыполнение (*обязательства*)

**Bruch** пахотная земля

**Bruch** поломка; обрыв; излом, надлом

**Bruchprüfer** *m* аудитор; бухгалтер-ревизор

**vereidigter Bruchprüfer** присяжный бухгалтер-ревизор, бухгалтер-ревизор под присягой

**Bruchrabatt** *m торг.* скидка за бой

**Bruchschluss** *m бирж.* дробление полного выигрыша

**Bruchteil** *m* 1. доля *(целого)* 2. дробная часть 3. доля *(в общей собственности)*

**Bruchteilsberechtigung** *f* право на долю имущества общества, право на долю имущества компании

**Bruchteilsgemeinschaft** *f* общая долевая собственность

**Bruchteilversicherung** *f* страхование определённой доли имущества

**Bruchzahl** *f* дробь, дробное число

**Brückengeld** *n ист.* мостовой сбор, пошлина за пользование мостом

**brutto** брутто; валовой

**brutto für netto** брутто за нетто *(расч1т цены по весу включительно вес упаковки)*

**Brutto-Fondsrentabilität** *f* общая рентабельность производственных фондов

**Brutto-Grundmittelintensität** *f* валовая фондоёмкость, фондоёмкость брутто

**Bruttoaufschlag** *m* торговая наценка брутто

**Bruttoausgaben** *f, pl* **des Staates** суммарные государственные расходы

**Bruttobeitrag** *m* брутто-премия, общая сумма страховой премии, общая сумма страхового взноса

**Bruttobetrag** *m* сумма брутто, брутто

**Bruttobilanz** *f* предварительный баланс

**Bruttoeinkaufspreis** *m* закупочная цена брутто

**Bruttoeinkommen** *n* валовой доход, доход брутто

**landwirtschaftliches Bruttoeinkommen** валовой доход сельскохозяйственного предприятия

**Bruttoeinnahme** *f* валовой доход, доход брутто

**Bruttoenergie** *f* валовая энергия

**Bruttoerfolg** *m* 1. валовая прибыль 2. результат брутто

**Bruttoerlös** *m* валовая выручка; выручка брутто; валовой доход

**Bruttoernte** *f* валовой урожай

**Bruttoertrag** *m* валовой доход, доход брутто

**Bruttoerzeugung** *f* валовая продукция

**Bruttofinanzierung** *f* выделение бюджетных средств государственным организациям и учреждениям без учёта доходов последних

**Bruttogeldeinnahmen** *f, pl* **der Bevölkerung** валовые денежные доходы населения

**Bruttogetreideernte** *f* валовой сбор зерновых

**Bruttogewicht** *n* вес брутто; масса брутто

**Bruttogewinn** *m* валовая прибыль; прибыль брутто

**Bruttoinländerprodukt** *n* валовой социальный продукт *(стоимость всех товаров и услуг, произведённых лицами, проживающими постоянно в данной стране)*

**Bruttoinlandsprodukt** *n* валовой национальный продукт, совокупный общественный продукт *(включает потребление, инвестиции, чистый экспорт и др.)*

**Bruttoinvestitionen** *f, pl* валовые инвестиции, валовые капиталовложения *(все возмещения потреблённых фондов и новые капиталовложения)*

**Bruttoleistung** *f* производительность брутто

**Bruttolistenpreis** *m* цена брутто по прейскуранту

**Bruttolohn** *m* заработная плата без вычетов, общая сумма заработной платы, заработная плата по совокупности без удержаний

**realer Bruttolohn** общая сумма реальной заработной платы

**Bruttolohnblatt** *n* лицевой счёт учёта общей суммы заработной платы, лицевая карточка учёта общей суммы заработной платы

**Bruttolohnermittlung** *f* расчёт общей суммы заработной платы, исчисление общей суммы заработной платы

**Bruttolohnrechnung** *f* начисление общей суммы заработной платы

**Bruttolohnsumme** *f* общая сумма заработной платы (без вычетов)

**Bruttomonatsgehalt** *m* общая сумма месячной заработной платы

**Bruttonationaleinkommen** *n* валовой национальный доход

**Bruttonationalprodukt** *n* валовой национальный продукт

**Bruttoplanwert** *m* валовая плановая стоимость

**Bruttoprämie** *f* брутто-премия

**Bruttopreis** *m* цена брутто

**Bruttopreisliste** *f* прейскурант цен брутто

**Bruttoprodukt** *n* валовой продукт

**gesellschaftliches Bruttoprodukt** валовой общественный продукт

**reales nationales Bruttoprodukt** реальный валовой национальный продукт

**Bruttoproduktion** *f* валовая продукция

**Bruttoproduktion der Industrie nach der Zweigmethode** *стат.* валовая продукция промышленности по отраслевому методу

**industrielle Bruttoproduktion** валовая продукция промышленности, валовая промышленная продукция

**landwirtschaftliche Bruttoproduktion** валовая продукция сельского хозяйства

**Bruttoproduktionsmethode** *f стат.* стоимостный метод измерения валовой продукции

**Bruttoproduktionswert** *m* валовая стоимость произведённой продукции

**Bruttoproduktivität** *f* общая производительность труда

**Bruttoprofit** *m* валовая прибыль

**Bruttoprofitrate** *f* норма валовой прибыли

**Bruttoregistertonne** *f* брутто-регистровая тонна, брт, БРТ

**Bruttorevenue** *f* валовой доход, брутто-доход, доход брутто

**Bruttosatz** *m страх.* брутто-ставка

**Bruttosozialeinkommen** *n* валовой национальный доход

**Bruttosozialprodukt** *n* валовой национальный продукт, совокупный общественный продукт

**Bruttosumme** *f* сумма брутто, брутто, брутто-сумма

**Bruttotarif** *m* тариф брутто *(форма тарифа)*

**Bruttotonne** *f* брутто-тонна

**Bruttotonnenkilometer** *n* тонно-километр брутто

**Bruttotragfähigkeit** *f* полная грузоподъёмность

**Bruttoumsatz** *m* валовой оборот, общий оборот

**Bruttoverdienst** *m* общая сумма заработка *(включая оплату напр. сверхурочной работы)*

**Bruttoverdienstspanne** *f* наценка, обеспечивающая покрытие издержек, наценка, обеспечивающая прибыль

**Bruttoversandgewicht** *n* вес брутто при отправке

**Bruttoverzollung** *f* определение суммы пошлины на основе веса брутто товара

**Bruttowarenumsatz** *m* общий товарооборот, валовой товарооборот

**Bruttowert** *m* полная первоначальная стоимость (основных фондов); стоимость брутто

**Bruttozeit** *f* общее рабочее время

**Bruttozins** *m* общий процент на капитал; общий процент по кредиту

**BRVS, Bahnrollfuhrversicherungsschein** страховой полис на грузы, доставляемые клиенту автотранспортом железной дороги

**BS, Bahamas** Багамы

**BSD, Bahama-Dollar, - Bahamas** Багамский доллар *(код валюты* 044*)*, - Багамские острова

**BSE, Bovine Spongiforme Enzephalopathie, Rinderseuche** *f,* **Rinderwahn** *m,* **Rinderwahnsinn** *m* (вет.) коровье бешенство, спонгиозная энцефалопатия коров, губчатый энцефалит

**BSE-Zollverbot** таможенный запрет на ввоз говядины, заражённой губчатым энцефалитом

**bsh, bushel** бушель *(мера объёма сыпучих и жидких тел)*

**BSP, Bruttosozialprodukt** валовой национальный продукт, ВНП

**b.t., berth terms** условия причалов

**BtMG, Betäubungsmittelgesetz** *n* закон о наркотических веществах

**Btt, Bruttogewicht** вес брутто

**BttG, Bruttogewicht** вес брутто

**BU-Versichening** *f* страхование от убытков вследствие простоев в работе *(предприятия)*, страхование от убытков вследствие приостановки производственного процесса и деятельности предприятия

**BuB, Buch- und Betriebsprüfung** проверка бухгалтерской отчётности

**Bubble-Packung** *f* упаковка товара под прозрачным колпаком

**Buch** *n* бухгалтерская книга; счётная книга; канцелярская книга, *см. тж.* Bücher *pl*

**Buch** книга; брошюра

**Buch** книга букмекера; списки букмекера *(на бегах)*

**Buch** (кино.) сценарий

**Buch führen** вести (бухгалтерскую) книгу; вести учёт

**beim Abschluss der Bücher wurde ein Manko gefunden** при подведении баланса была обнаружена недостача

**in** *(j-s)* **Buch stehen** числиться у *(кого-л.)* должником

**im schwarzen Buch stehen** попасть в чёрный список *(быть скомпрометированным)*

**über** *(etw. A)* **Buch führen** *бухг.* вести учёт *(чего-л.)*

*(etw.)* **zu Buche bringen** *бухг.* внести запись в книгу учёта

**zu Buch(e) nehmen** вносить в бухгалтерские книги, заносить в бухгалтерские книги

**Buchauszug** *m* выписка из (бухгалтерских) книг

**Buchbestand** *m* наличие по бухгалтерским книгам, наличность по бухгалтерским книгам, наличие по данным бухгалтерского учёта

**Buchdateien bei Internet-Shop hochzuladen** загрузить базу данных книг в Интернет-магазин
**Bucheinsicht** *f* (периодический) просмотр торговых книг
**Bucheinsichtsrecht** *n* право на (периодический) просмотр торговых книг
**Bucheintragung** *f* запись в бухгалтерскую книгу, запись в торговые книги
**Buchen** *n* проводка по бухгалтерским книгам, проводка по счетам бухгалтерского учёта, бухгалтерская проводка
**buchen** *vt* делать бухгалтерскую проводку, проводить по счетам бухгалтерского учёта; проводить по бухгалтерским книгам
 **als Kosten buchen** списывать на издержки
 **als kostenwirksam buchen** списывать на издержки
 **als Rückstand buchen** перечислять в недоимки
 **als überfällig buchen** перечислять в недоимки
 **als Verlust buchen** списывать на убытки
 **auf ein Konto buchen** занести на счёт
 **im Haben buchen** заносить в кредит
 **im Soll buchen** заносить в дебет
 **in das Haben buchen** заносить в кредит
 **in das Soll buchen** заносить в дебет
 **zu Gunsten buchen** заносить в кредит
 **zu Lasten buchen** заносить в дебет
**Bücher** *n pl* счётные книги, бухгалтерские книги, торговые книги, *см.тж.* Buch *n*
**Bücher** книги, книжная продукция
**Bücher abschließen** *бухг.* заключать книги; сводить баланс; подводить баланс; закрывать баланс

**Bücher ausleihen** выдавать книги на дом *(в библиотеке)*
**Bücherabschluss** *m бухг.* заключение книг; закрытие баланса
**Bücherfälschung** *f* фальсификация записей в (бухгалтерских) книгах
**Bücherrevision** *f* ревизия бухгалтерских книг
**Bücherrevisor** *m* ревизор, аудитор
**Buchertrag** *m* прибыль по бухгалтерским счетам
**Buchflachkartei** *f* (плоская) картотека в форме книги
**Buchforderung** *f* (денежное) требование по торговым книгам
**Buchführer** *m* бухгалтер; счетовод
**Buchführung** *f* бухгалтерия, ведение бухгалтерского учёта; бухгалтерский учёт, счетоводство
**Buchführung des Handels** торговое счетоводство, коммерческая бухгалтерия
**Buchführung über Kreditgeschäfte** учёт кредитных операций
**Buchführung zum Tageswert; CCA** *(eng.)*, **current cost accounting** *(eng.)* 1. калькуляция текущих затрат 2. текущий производственный учет
**doppelte Buchführung** двойная запись; двойная система бухгалтерского учёта
**einfache Buchführung** простая система бухгалтерского учёта; упрощённая система ведения бухучёта
**gesamtstaatliche Buchführung** общегосударственное счетоводство
**kameralistische Buchführung** камеральная система бухгалтерского учёта, камеральное счетоводство

**kaufmännische Buchführung** торговое счетоводство, коммерческий бухучёт
**vollautomatische Buchführung** полностью автоматизированный учёт; автоматизированный бухучёт
**Buchführungsformular** *n бухг.* учётный регистр
**nach dem Mehrspaltenverfahren eingerichtetes Buchführungsformular** регистр табличной формы, регистр многографной формы; (разг.) многографка
**nach dem Zweispaltenverfahren eingerichtetes Buchführungsformular** регистр двусторонней формы; (разг.) двухграфка
**Buchführungsorganisation** *f* организация бухгалтерского учёта; организация бухучёта; организация ведения бухучёта, организация ведения бухгалтерского учёта
**Buchführungspflitht** *f* обязанность вести бухгалтерский учёт, обязанность ведения бухгалтерского учёта
**Buchführungsrichtlinien** *f, pl* предписания о порядке ведения бухгалтерского учёта, инструкции о порядке ведения бухгалтерского учёта, положения о порядке ведения бухгалтерского учёта
**Buchführungssystem** *n* система бухгалтерского учёта
**Buchführungssystem** система бухгалтерских счетов
**Buchführungstechnik** *f* техника бухгалтерского учёта
**Buchführungsunterlagen** *f, pl* бухгалтерская документация
**Buchführungsverordnung** *f* правила *(ведения)* бухгалтерского учёта и бухгалтерской отчётности

**Buchführungsvorschriften** f, pl инструкции, регулирующие порядок ведения бухгалтерского учёта

**Buchführungsvorschriften** инструкции о порядке ведения (организации) бухгалтерского учёта

**Buchgeld** n деньги жирооборота *(безналичные расчёты, предполагающие перечисление сумм со счёта на счёт)*

**Buchgeld** деньги на вкладе, деньги на банковском счёте *(являются средством платежа)*

**Buchgeld** наличные средства на счетах

**Buchgeldbestände** m, pl суммы на счетах

**Buchgeldumlauf** m жирооборот

**Buchgeldumlauf** обращение наличных средств, находящихся на счетах

**Buchgeldvolumen** n общая сумма наличных средств, находящихся на счетах, сумма средств на жиросчетах

**buchgemäß** соответствующий записям в бухгалтерских книгах; выполненный согласно правилам бухгалтерского учёта

**Buchgewinn** m прибыль, отражаемая только в бухгалтерских счетах *(напр. в случае санации при объединении акций компании)*

**Buchgläubiger** m кредитор по торговым книгам, кредитор по письменным обязательствам

**Buchhalter** m бухгалтер; счетовод

**bilanzsicherer Buchhalter** главный бухгалтер; бухгалтер составитель баланса; опытный бухгалтер, допущенный к составлению баланса;

**Buchhalterberuf** m профессия бухгалтера

**Buchhalterei** f бухгалтерия *(работа, помещение)*

**Buchhalterin** f бухгалтер; счетовод, (разг.) бухгалтерша

**buchhalterisch** бухгалтерский

**buchhalterische Bilanz** бухгалтерский баланс

**Buchhalterknie** n зигзагообразный прочерк *(на пустых местах бухгалтерской книги)*; бухгалтерский прочерк

**Buchhalternase** f зигзагообразный прочерк *(на пустых местах бухгалтерской книги)*; бухгалтерский прочерк

**Buchhaltung** f бухгалтерия, бухгалтерский учет

**Buchhaltung** бухгалтерия; отдел бухгалтерского учета банка

**Buchhaltungsabteilung** f бухгалтерия (отдел, подразделение)

**Buchhaltungsbilanz** f бухгалтерский баланс

**Buchhaltungsform** f форма бухгалтерского учёта

**Buchhaltungsformen** f, pl формы бухгалтерского учёта

**Buchhaltungskonten** n, pl бухгалтерские счета

**Buchhaltungskreislauf** m цикл учёта; цикл бухгалтерского учёта

**Buchhaltungsmethode** f метод бухгалтерского учёта

**Buchhaltungspraxis** f практика отчётности, практика бухгалтерской отчётности

**Buchhaltungspraxis** практика ведения бухгалтерского учёта

**Buchhaltungsprogramm** n выч. бухгалтерская программа, программа ведения бухгалтерского учёта

**Buchhaltungsrevisor** m ревизор бухгалтерских книг, ревизор бухгалтерской отчётности, аудитор

**Buchhaltungsrichtlinien** f, pl основные положения бухгалтерского учёта

**Buchhaltungssoftware** f ПО бухгалтерского учёта; программное обеспечение бухгалтерского учёта; компьютерная программа ведения бухучёта

**Buchhaltungssystem** n система бухгалтерского учёта

**Buchhaltungsunterlagen** f, pl бухгалтерские документы

**Buchhaltungswerte** m pl бухгалтерские данные, данные бухгалтерского учёта

**Buchhandel** m книжная торговля; торговля книгами

**Buchhypothek** f ипотека, зарегистрированная в земельной книге

**Buchinventur** f проверка бухгалтерских книг, ревизия бухгалтерских книг; аудит, аудиторская проверка; инвентаризация

**Buchinventur** f текущий учёт товарно-материальных ценностей; перманентный учёт товарно-материальных ценностей; перманентная инвентаризация *(как метод исчисления стоимости основного капитала)*

**Buchinventur** система непрерывного учета запасов

**Buchkartei** f картотека в форме книги

**Buchkredit** m кредит по открытому счёту *(напр. кредит, осуществляемый на основе дебетовых операций)*

**buchmäßig** выполненный согласно правилам бухгалтерского учёта

**buchmäßig** соответствующий записям в бухгалтерских книгах

**Buchpreis** *m* единая цена на буроугольные брикеты *(бывш. ГДР)*

**Buchprüfer** *m* аудитор; бухгалтер-ревизор; ревизор бухгалтерских книг

  **vereidigter Buchprüfer** присяжный ревизор бухгалтерских книг, аудитор под присягой

**Buchprüfung** *f* проверка бухгалтерских книг, ревизия бухгалтерских книг; аудит, аудиторская проверка, аудиторство

**Buchprüfungsfirma** *f* аудиторская фирма

**Buchrevision** *f* проверка бухгалтерских книг, ревизия бухгалтерских книг; аудит, аудиторская проверка, аудиторство

**Buchsachverständige,** *pl* присяжные ревизоры бухгалтерских книг, присяжные бухгалтеры-ревизоры

**Buchschuld** *f* задолженность по торговым книгам; долг, зарегистрированный в книге государственного долга

**Buchsparen** *n* хранение денежных средств на сберегательной книжке *(в сберегательном банке, в сберегательной кассе)*

**Buchsparform** *f* форма хранения денежных средств на сберегательной книжке

**Buchung** *f* бухгалтерская запись, занесение в бухгалтерские книги, проводка по бухгалтерским книгам

  **laut unserer Buchung** согласно нашим (бухгалтерским) книгам, по данным наших (бухгалтерских) книг

  **zur Buchung annehmen** принимать к учёту

**Buchungs- und Addiermaschine** *f* счётно-суммирующая машина

**Buchungsanweisung** *f* бухгалтерская инструкция, инструкция по ведению бухгалтерских книг

**Buchungsanzeige** *f* авизо о занесении суммы на счёт

**Buchungsbeleg** *m* отчётный документ; оправдательный бухгалтерский документ; мемориальный ордер

**Buchungsfehler** *m* ошибка бухгалтерского учёта

**Buchungsformel** *f* счётная формула

**Buchungsjournal** *n* бухгалтерский журнал

**Buchungskontrolle** *f* контроль правильности ведения бухгалтерских книг

**Buchungsmaschinen** *f, pl* бухгалтерские машины

**Buchungsnachweis** *m* отчётный документ; оправдательный бухгалтерский документ; мемориальный ордер

**Buchungsorder** *f* мемориальный ордер

**Buchungsposten** *m* статья бухгалтерского учёта

**Buchungsregister** *n* учетный регистр

**Buchungssatz** *m* *бухг.* проводка

  **Buchungssatz** счётная формула

  **einfacher Buchungssatz** простая проводка, простая бухгалтерская проводка

  **zusammengesetzter Buchungssatz** сложная проводка, сложная бухгалтерска проводка

**Buchungsstation** *f* *устар.* машиносчётная станция, станция механизированного учёта

**Buchungssystem** *n* система бухгалтерского учёта, бухгалтерская система

**Buchungstag** *m* день внесения записей в бухгалтерские книги

  **Buchungstag** операционный день *(банка)*

**Buchungsverfahren** *n* метод бухгалтерского учёта, технический приём бухгалтерского учёта

**Buchungsverweis** *m* ссылка на запись в бухгалтерских книгах

**Buchungsvorfall** *m* операция, находящая отражение в бухгалтерской документации

**Buchungszeile** *f* строка записи в бухгалтерских книгах

**Buchungszeitraum** *m* период налогообложения, фискальный период

**Buchungszentrum** *n* центральная бухгалтерия; *устар.* машиносчётное бюро

**Buchungszwang** *m* обязательность занесения в бухгалтерскую книгу, обязательность бухгалтерского учёта

**Buchverlust** *m* убыток, образовавшийся при переоценке активов или пассивов

**Buchwert** *m* балансовая стоимость; стоимость по бухгалтерским книгам

  **Buchwert des Anlagevermögens** бухгалтерская стоимость основных средств предприятия (земля, здания и прочее имущество длительного пользования, финансовые активы долгосрочные капиталовложения и ценные бумаги, нематериальные ценности-концессии, патенты, лицензии

  **Buchwert nach Abschreibungen** остаточная стоимость основного капитала; балансовая стоимость активов

  **Buchwert vor Abschreibungen** первоначальная стоимость активов *(без вычета амортизации);* полные активы; валовые активы

**Buchwertabschreibung** *f* балансовые амортизационные отчисления; амортизация согласно балансовой стоимости

**Budengeld** *n* плата за место в торговом ряду *(на рынке)*
**Budenzins** *m* плата за место в торговом ряду *(на рынке)*
**Budget** *n* бюджет; смета
  **Budget** бюджетные средства
  **Budget für Betriebskosten** бюджет предприятия
  **starres Budget** жёсткий бюджет
  *das* **Budget ist nicht weiter abbaufähig** дальнейшее уменьшение бюджета невозможно
**Budgetangebot** *n* бюджетное предложение
**Budgetanweisungen** *f, pl* сметные ассигнования
**Budgetaufstellung** *f* составление бюджета
**Budgetausarbeitung** *f* подготовка бюджета
**Budgetausgleich** *m* балансирование бюджета, сбалансирование бюджета, выравнивание бюджета
**Budgetausschuss** *m* бюджетная комиссия
**Budgetberatung** *f* обсуждение бюджета; прения по бюджету
**Budgetbestand** *m* состояние бюджета; состав бюджета, структура бюджета
**Budgetbewilligung** *f* утверждение бюджета
**Budgetdebatte** *f* обсуждение бюджета; прения по бюджету, бюджетные дебаты, слушания по бюджету
**Budgetdefizit** *n* дефицит государственного бюджета
  **Budgetdefizit** дефицит бюджета
**Budgeteinsparungen** *f pl* сокращение бюджетов
**Budgetentwurf** *m* проект бюджета; проект государственного бюджета
**Budgeterstellung** *f* подготовка бюджета, составление бюджета

**Budgetgleichgewicht** *n* балансирование бюджета, сбалансирование бюджета, выравнивание бюджета
**Budgetgleichung** *f* бюджетное уравнение
**Budgetgliederung** *f* бюджетная классификация; распределение бюджета по статьям
**Budgetgliederung nach Aufgabenbereichen** функциональная бюджетная классификация, отраслевая бюджетная классификация
**Budgetgliederung nach dem Ministerialprinzip** ведомственная бюджетная классификация, административная бюджетная классификация
**Budgetgliederung nach dem Realprinzip** предметная бюджетная классификация, реальная бюджетная классификация
**Budgetgliederung nach ökonomischen Gesichtspunkten** экономическая бюджетная классификация
**budgetieren** *vt* составлять бюджет
  **budgetieren** составлять смету
**budgetiert** бюджетный; внесённый в бюджет; запланированный в бюджете
  **budgetierte Kosten** *pl* бюджетная стоимость; сметные издержки *(производства)*
**Budgetierung** *f* составление бюджета
  **Budgetierung** составление сметы
  **Budgetierung auf Nullbasis, (eng.) ZBB, zero-base budgeting** составление сметы с нуля *(а не путём поправок к прошлогодним данным)*
  **Budgetierung der Investitionen** составление смет капиталовложений и их окупаемости

**Budgetjahr** *n* бюджетный год
  **Budgetjahr** финансовый отчётный год
**Budgetkommission** *f* бюджетная комиссия
**Budgetkosten,** *pl* сметная стоимость
**Budgetkurve** *f* бюджетная линия
**budgetmäßig** предусмотренный бюджетом, запланированный в бюджете *(напр. о расходах)*
**Budgetmaßnahmen** *f pl* налогово-бюджетные мероприятия; бюджетные мероприятия
**Budgetmittel** *n, pl* бюджетные средства
**Budgetplanung** *f* бюджетное планирование; планирование бюджета
**Budgetpolitik** *f* бюджетная политика, политика в области бюджета
**Budgetposten** *m* бюджетная статья, статья бюджета
**Budgetrecht** *n* бюджетное право
**Budgetrestriktion** *f* ограничение бюджета, рестрикция бюджета
**Budgetsequester** *m* секвестр бюджета; урезание бюджета
**Budgetstand** *m* состояние бюджета
**Budgetüberwachung** *f* контроль за ходом выполнения бюджета
**Budgetvollzug** *m* исполнение бюджета
**budgetwidrig** не предусмотренный бюджетом, сверхплановый *(напр. о расходах)*
**B.u.E., Berichtigungen und Ergänzungen** поправки и дополнения
**Bühner** *m* крестьянин-бедняк
**Bulkfrachter** *m* балкер, булкер, сухогруз общего назначения
**Bulkfrachtschiff** *n* судно для перевозки массовых грузов

**Bulkladung** *f* массовый груз; сыпучий груз; груз, перевозимый навалом

**Bulkladung** погрузка сыпучих грузов, погрузка навалом, погрузка насыпью

**Bulkware** *f* массовый груз; сыпучий груз; груз, перевозимый навалом

**Bulle** *m* англ. бык; биржевик, играющий на повышение

**Bullion** *n* слиток (*золота*); золотые монеты, продаваемые на вес, серебряные монеты, продаваемые на вес; (иностранная) валюта

**Bullionist** *m* буллионист (*сторонник свободной обратимости бумажных денег в золото*)

**Bund der technischen Angestellten und Beamten** Союз технических служащих

**Bund Deutscher Werbeberater und Werbeleiter** Союз консультантов и руководителей рекламного дела

**Bund Deutscher Werbeschaffenden** Союз работников рекламы

**Bündelung** *f* мультиплексирование

**Bündelung** объединение, группировка

**Bündelung** фокусировка, концентрация

**Bundes-Wirtschaftsrat** Федеральный экономический совет

**Bundesabgabe** *f* федеральный налог, федеральный сбор

**Bundesanleihe**

**Bundesanstalt** *f* федеральное ведомство; федеральный центр

**Biologische Bundesanstalt für Land- und Forstwirtschaft; BBA** Федеральный биологический центр по вопросам сельского и лесного хозяйства

**Physikalischtechnische Bundesanstalt;. PTB** Федеральный физико-технический центр

**Bundesanstalt für Arbeit; BFA** Федеральное ведомство по труду

**Bundesanstalt für Arbeitsschutz und Arbeitsmedizin; BAuA** Федеральное ведомство по охране труда и производственной медицине

**Bundesanstalt für Arbeitsschutz und Unfallforschung; BAU** Федеральное ведомство по охране труда и изучению несчастных случаев

**Bundesanstalt für Arbeitsschutz und Umweltforschung; BAU** Федеральный центр охраны труда и экологических исследований

**Bundesanstalt für Arbeitsvermittlung und Arbeitslosenversicherung** Федеральное ведомство по трудоустройству и страхованию по безработице, Федеральное управление по трудоустройству и страхованию по безработице

**Bundesanstalt für Ernährung und Forstwirtschaft; BEF** Федеральное ведомство по вопросам продовольствия и лесного хозяйства

**Bundesanstalt für Geowissenschaften und Rohstoffe; BGR** Федеральное ведомство по наукам о земле и по сырьевым ресурсам

**Bundesanstalt für Gewässergüte** Федеральное ведомство по вопросам качества вод

**Bundesanstalt für den Güterverkehr** Федеральное ведомство грузовых перевозок

**Bundesanstalt für Landeskunde und Raumordnung; BfLR** Федеральный институт по страноведению и районной планировке

**Bundesanstalt für Landwirtschaft und Ernährung** Федеральное управление сельского хозяйства и продовольствия

**Bundesanstalt für landwirtschaftliche Marktordnung** Федеральное бюро по координации производства и сбыта сельскохозяйственной продукции (*в рамках ЕЭС*)

**Bundesanstalt für Materialforschung und -prüfung** Федеральное ведомство по исследованию испытанию материало

**Bundesanstalt für Materialprüfung; BAM** Федеральное ведомство по испытанию материалов

**Bundesanstalt für Pflanzenschutz** Федеральное ведомство защиты растений (*Австрия*)

**Bundesanstalt für Qualiätsforschung; BAQ** Федеральное ведомство по исследованиям в области качества

**Bundesanstalt für Strassenwesen** Федеральное дорожное ведомство

**Bundesarbeitsgericht** *n* Федеральный суд по трудовым конфликтам

**Bundesaufsicht** *f* надзор за соблюдением федеральных законов землями

**Bundesaufsichtsamt für das Versicherungs- und Bausparwesen** Федеральное ведомство надзора за деятельностью страховых компаний и кредитных учреждений, выдающих ссуды для индивидуального строительства

**Bundesausgleichsamt** *n* Федеральная примирительная камера

**Bundesauskunftsstelle für den Außenhandel** Федеральное информационное бюро внешней торговли

**Bundesausschuss** *m* федеральная комиссия; федеральный комитет

**Bundesautobahnen** *f pl* федеральные скоростные автодороги; федеральные автодороги

**Bundesbank** *f* Федеральный банк

**Bundesbaugesetz** *n;* **BBauG** Федеральный строительный закон, Федеральный закон о строительстве

**Bundesbehörden** *f, pl* федеральные учреждения

**Bundesbehörden** чиновники федеральных учреждений и ведомств

**Bundesemissionschutzgesetz n** Федеральный закон о выбросах в атмосферу

**Bundesernährungsministerium** *n;* **BEM** Федеральное министерство по вопросам продовольствия

**Bundesforschungsanstalt** *f* федеральный институт, федеральный исследовательский центр

**Bundesforschungsanstalt für Forst- und Holzwirtschaft** Федеральный институт лесного хозяйства и лесной промышленности

**Bundesforschungsanstalt für Landeskunde und Raumordnung;** **BFLR** Федеральный институт по страноведению и районной планировке

**Bundesforschungsanstalt für Landwirtschaft Braunschweig-völkenrode;** **FAL** Федеральный институт сельского хозяйства в г. Брауншвейг-Фелькенроде

**Bundesforschungsanstalt für Naturschutz und Landschaftsökologie;** **BFANL; DfANL** Федеральный исследовательский центр охраны природы и экологии ландшафтов

**Bundesetat** *m* федеральный бюджет

**Bundesfinanzhof** Федеральный финансовый суд; Федеральное налогово-финансовое управление

**Bundesgesetz** *n* федеральный закон; закон, принятый на федеральном уровне

**Bundesgesetzblatt** *n;* **BGBl** *юр.* Федеральный вестник законов, Вестник законов

**Bundesgesetzgebung** *f* федеральное законодательство

**Bundesgesundheitsamt** *n;* **BGA** Федеральное ведомство здравоохранения

**Bundeshaushalt** *m* федеральный бюджет

**Bundesimmissionsschutzgesetz** *n; сокр.* **BImSchG** Федеральный закон о защите окружающей среды от вредных воздействий; Федеральный закон о защите окружающей среды от вредного воздействия атмосферных загрязнений, шума, вибрации и других аналогичных факторов

**Bundeskartellamt** *n* Федеральное ведомство надзора за деятельностью картелей

**Bundeskasse** *f* Федеральное казначейство *(Швейцария)*

**Bundesland** *n* федеральная земля, земля; федеральная провинция

**Bundesminister** *m* федеральный министр

**Bundesministerium** *n* федеральное министерство *(ФРГ, Австрия)*

**Bundesministerium der Finanzen** Федеральное министерство финансов

**Bundesministerium des Inneren;** **BMI** Федеральное министерство внутренних дел

**Bundesministerium für Arbeit und Sozialordnung;** **BMA** Федеральное министерство по труду и социальному устройству

**Bundesministerium für Ernährung, Landwirtschaft und Forsten;** **BMELF, BML** Федеральное министерство продовольствия, сельского и лесного хозяйства; Министерство продовольствия, сельского хозяйства и лесоводства

**Bundesministerium für Forschung und Technologie;** **BMFT** Федеральное министерство по научным исследованиям и технологии

**Bundesministerium für Gesamtdeutsche Fragen** Федеральное министерство по общегерманским вопросам

**Bundesministerium für Jugend, Familie, Frauen und Geszundheit;BMJFG** Федеральное министерство по делам молодёжи, семьи и женщин и здравоохранению

**Bundesministerium für Raumordnung, Bauwesen und Städtebau; BMBau** Федеральное министерство районной планировки, строительства и градостроительства

**Bundesministerium für Umwelt, Naturschutz und Reaktorsicherheit;** **BMU** Федеральное министерство по вопросам окружающей среды, охраны природы и безопасности реакторов; Федеральной министерство экологии, охраны окружающей среды и реакторной безопасности; Федеральное министерство по экологии, охране природы и безопасности ядерных реакторов

**Bundesministerium für Verkehr; BMV** Федеральное министерство транспорта

**Bundesministerium für Wirtschaft; BfW, BMWi** Федеральное министерство экономики

**Bundesministerium für wirtschaftliche Zusammenarbeit, BMZ** Федеральное министерство по экономическому сотрудничеству

**Bundesministerium für Handel und Verkehr** Федеральное министерство торговли и транспорта *(Австрия)*

**Bundesnaturschutzgesetz** *n;* **BNATSchG, BNatSchG** Федеральный закон об охране природы

**Bundesmittel** *f, pl* федеральные финансы

**Bundesmonopolverwaltung** *f* федеральное управление торговлей товарами, продажа которых объявлена монополией федерации

**Bundesmonopolverwaltung für Branntwein, BfB** федеральное управление по монопольной торговле спирто-водочными изделиями

**Bundesnotenbank** *f* федеральный эмиссионный банк

**Bundesoberbehörden** *f, pl* федеральные органы государственного управления

**Bundesrat** *m* бундесрат; федеральный совет *(представительство земель) (ФРГ, Австрия)*; федеральный совет Швейцарской Конфедерации; член федерального совета *(Австрия)*

**Bundesrechnungshof** *m* Федеральная расчётная палата, Федеральная счётная палата

**Bundesregierung** *f* федеральное правительство

**Bundesrepublik Deutschland** *f,* **BRD** Федеративная Республика Германия; ФРГ

**bundesrepublikanisch: bundesrepublikanischer Müll** общий объём ТБО в ФРГ

**Bundesreservebank** *f* Федеральный резервный банк *(США)*

**Bundesreserverat** *m* Федеральное резервное управление *(банков) (США)*

**Bundesreservesystem** *n* Федеральная резервная система банков *(США)*

**Bundesschatz** *m* государственная казна; *разг.* Федеральное казначейство

**Bundesschuld** *f* федеральный долг, государственный долг

**Bundesstelle für den Warenverkehr** федеральное управление товарооборота

**Bundessteuern** *f, pl* федеральные налоги

**Bundesstraße** *f* государственная дорога; федеральная дорога, дорога федерального значения; *(нескоростная)* дорога, входящая *(наряду с федеральными автобанами)* в единую федеральную сеть дорог дальнего следования *(в ФРГ)*

**Bundestag** *m* Бундестаг, парламент ФРГ

**Bundestagsausschuss** *m* комитет Бундестага

**Bundesverband** *m* федеральный союз, федеральное объединение

**Bundesverband der Deutschen Industrie** Федеральный союз германской промышленности

**Bundesverband der freien Berufe** Федеральное объединение лиц свободных профессий

**Bundesverband des Deutschen Güterfernverkehrs** Федеральный Союз по дальним грузовым перевозкам

**Bundesverband Deutscher Volks- und Betriebswirte** Федеральное объединение немецких экономистов и инженеров по организации производства

**Bundesverband Privater Sonderabfallbeseitiger und Rückstandsverwerter** Федеральный союз частных предприятий по удалению и утилизации опасных отходов

**Bundesvereinigung** *f* федеральное объединение

**Bundesvereinigung der deutschen Arbeitgeberverbände** Федеральное объединение союзов предпринимателей

**Bundesvereinigung gegen Fluglärm e.V.** Федеральное объединение по борьбе с авиационным шумом

**Bundesversicherungsanstalt für Angestellte** Федеральное ведомство по страхованию служащих

**Bundesverwaltungsgericht** *n* Федеральный административный суд

**Bundeswasserstraßen** *pl* федеральные водные пути

**Bundeswildschutzverordnung** *f pl;* **BWildSchV** Федеральное распоряжение об охране дичи

**Bundeszwang** *m* принуждение земель к выполнению федеральных обязанностей

**Bund/Länder-Ausschuss** *m* совместный комитет федерации и земель

**Bündnis** *n* коалиция *(в теории игр)*

**Bunkerklausel** *f* пункт в чартер-партии о том, что фрахтовщик судна оплачивает всё находящееся на судне бункерное топливо, оговорка в чартер-партии о том, что фрахтовщик судна оплачивает всё находящееся на судне бункерное топливо

**Buntmetalle** *n, pl* цветные металлы

**Bürge** *m* поручитель, гарант
**als Bürge** в качестве поручителя *(пометка на векселе)*
**einen Bürge stellen** представить поручителя, дать поручителя

**bürgen** поручиться, ручаться, отвечать

**Bürgenhaftung** *f юр.* ответственность поручителя

**Bürger** *m* гражданин; городской житель, горожанин; буржуа, бюргер; *ист.* представитель третьего сословия; обыватель, мещанин

**bürgerlich** гражданский; буржуазный

**Bürgermeister** *m* бургомистр, глава магистрата крупных (городских) общин; бургомистр, председатель городского совета *(в городах районного подчинения)*; председатель общинного совета *(бывш. ГДР)*

**Bürgerrecht** *n* гражданские права
**Bürgerrecht** права гражданства

**Bürgertum** *n* бюргерство; буржуазия

**Bürgschaft** *f* поручительство, гарантия, ручательство, обеспечение; порука
**Bürgschaft hinterlegen** ручаться, дать поручительство
**Bürgschaft leisten** ручаться, дать поручительство
**Bürgschaft übernehmen** поручиться *за кого-л.*; выдать гарантии
**gegenseitige Bürgschaft** взаимное поручительство
**persönliche Bürgschaft** личное поручительство
**selbstschuldnerische Bürgschaft** экспромиссорное поручительство
**wechselseitige Bürgschaft** круговая порука

**Bürgschaftsbestellung** *f* предоставление поручительства, представление поручительства

**Bürgschaftserklärung** *f* гарантийное письмо
**Bürgschaftserklärung** принятие на себя поручительства

**Bürgschaftsforderung** *f* требование поручительства *(по договору)*

**Bürgschaftskredit** *m* гарантийный кредит, кредит по поручительству

**Bürgschaftsprovision** *f* комиссионные за поручительство

**Bürgschaftsschein** *m* гарантийное письмо

**Bürgschaftsschreiben** *n* гарантийное письмо

**Bürgschaftsstellung** *f* предоставление поручительства

**Bürgschaftsübernahme auf Wechsel** выдача гарантий по векселям

**Bürgschaftsurkunde** *f* гарантийное письмо

**Bürgschaftsverbindlichkeiten** *f, pl* обязательства, вытекающие из договора поручительства

**Bürgschaftsvergütung** *f* комиссионные за поручительство

**Bürgschaftsvertrag** *m* договор поручительства

**Bürgschaftswechsel** *m* гарантийный вексель

**Bürgschein** *m* гарантийное письмо

**Büro** *n* бюро, контора; канцелярия; приёмная *(должностного лица)*; место службы, учреждение
**Büro für das Neuererwesen in der Landwirtschaft** Бюро новаторства в сельском хозяйстве *(бывш. ГДР)*
**Büro für die Begutachtung von Investitionen** Государственное экспертное бюро по вопросам капиталовложений *(бывш. ГДР)*
**Büro für Erfindungs- und Vorschlagswesen** Бюро изобретений и рационализаторских предложений *(бывш. ГДР)*
**Büro für Neuererbewegung des Industriezweiges** Бюро движения новаторов определённой отрасли промышленности *(бывш. ГДР)*
**Büro für Standardisierung** Бюро *(по)* стандартизации

**Büroarbeit** *f* канцелярская работа, офисная работа, работа в офисе

**Büroausgaben** *f, pl* канцелярские расходы, офисные расходы, расходы на канцпринадлежности
**Büroausgaben** расходы на содержание офиса *(конторы, бюро)*

**Büroausstattung** *f* офисное оборудование

**Büroautomatisierung** *f* автоматизация офисных работ, автоматизация делопроизводства в офисе

**Bürobedarf** *m* канцелярские принадлежности, канцпринадлежности, конторские принадлежности

**Bürokasse** *f* фонд наличных средств учреждения

**Bürokosten,** *pl* канцелярские расходы, канцрасходы

**Büromaschinen** *f, pl* офисное оборудование; оргтехника

**Büromaschinen und -gerate,** *pl* офисное оборудование, конторские машины и канцелярские принадлежности

**Bürorechenmaschine** *f устар.* настольная вычислительная машина

**Bürotechnik** *f* оргтехника; офисное оборудование

**bushel** *англ.* бушель *(мера зерна)*

**Business** *n нов. правоп.*, **Busineß** *n стар. правоп.* бизнес, дело; коммерция; коммерческая деятельность; деловой мир
**business-to-business; B2B** Интернет-торговля "компания-компания"
**business-to-customer; B2C** Интернет-торговля "компания-потребитель"
**business-to-government B2G** торговля-правительство
**Buße** *f* наказание, штраф; *юр.* возмещение имущественного и иного ущерба потерпевшему
**Bußgeld** *n* денежный штраф
**BUSt, Börsenumsatzsteuer** налог с оборота по биржевым операциям
**BUTAB, Bund der technischen Angestellten und Beamten** Союз технических служащих и чиновников
**buyers market** *англ.* рынок покупателя *(рынок, конъюнктура которого выгодна покупателю)*

**BVerfGe, Bundesverfassungsgericht** Федеральный конституционный суд
**BVG, Betriebsverfassungsgesetz** закон о регистрации уставов торгово-промышленных предприятий
**BVI, Bundesverband Deutscher Investment-Gesellschaften** *(e.V.)* Федеральный союз немецких инвестиционных обществ (зарегистрированное объединение)
**BW:**
   **BW, Betriebswirt** специалист по экономике и организации производству
   **BW, Botsuana** Ботсвана
   **b.w., bitte wenden!** смотри на обороте!
**BWK, Bundeswirtschaftskammer** Федеральная экономическая палата
**BWM, Bundeswirtschaftsministerium** Федеральное министерство экономики

**BWP, Pula, - Botsuana** Пула *(код валюты 072)*, - Ботсвана
**BWR:**
   **BWR, Bezirkswirtschaftsrat** окружной совет народного хозяйства *(в бывш. ГДР)*
   **BWR, Bundeswirtschaftsrat** Федеральный экономический совет
**bxs, boxes** ящики
**BY, Belarus (Weissrussland)** Беларусь
**BYB, Belarus-Rubel, - Belarus, Weissrussland** Белорусский рубль *(код валюты 112)*, - Беларусь
**Byte** *n вчт.* байт
**BZ, Belize** Белиз
**BZD, Belize-Dollar, - Belize** Белизский доллар *(код валюты 084)*, - Белиз
**BZR,** *Brüsseler Zollrat; (eng.)* **CCC; Customs Cooperation Council** Совет таможенного сотрудничества, СТТ *(международная организация)*

# C

**c.:**
   **c., currency** *англ.* валюта
   **c, konstant** постоянный
   **c, konstantes Kapital** постоянный капитал
**CA, c.a:**
   **CA, Kanada** Канада:
   **c.a., current account** *англ.* текущий счёт; контокоррент
   **ca., zirka** около, приблизительно
**CAD, cad:**
   **CAD, Computer Aided Design** система автоматического проектирования, САПР
   **CAD, Kanadischer Dollar, - Kanada** Канадский доллар *(код валюты 124)*, - Канада
   **cad, c.a.d., cash againt documents** *англ.* платёж наличными против документов

**caf, cost and freight** *англ.* стоимость и фрахт; каф, КАФ *(условие поставки, в силу которого цена включает расходы по фрахту до места назначения)*
**Cahier de charges** *фр.* проспект, содержащий технико-экономические характеристики товаров и условия их поставок
**CAL;** *(eng.)* **computer-aided learning; computerunterstütztes Lernen** *n* обучение с использованием компьютера; автоматизированное обучение; программированное обучение

**Call-Geschäft** *n* онкольная сделка *(в которой покупатель заранее оговаривает количество, качество и срок поставки биржевого товара. Оговариваются скидки или надбавки с котировки на определённой бирже на день, выбираемый покупателем)*
**Callgeld** *n* однодневная ссуда
**calo, decalo, Dekalo** *m* усушка
**CAM,** *(eng.)* **Computer Aided Manufacturing; computerunterstützte Fertigung** *f* автоматизированное производство
**CAM-System** *n* автоматическая система управления производством, АСУП

**Cambridge** *n* Кембридж
**Cambridge equation** *(eng.)*;
**Cambridge Gleichung** *f* кембриджское уравнение *(в количественной теории денег)*
**Cambridge School** *(eng.)*;
**Cambridge Schule** *f* кембриджская школа
**Cambridge-Kontroversen** *f pl* Кембриджская дискуссия (1974г., по вопросам фискальной политики)
**cancellation** англ. аннулирование, отмена; вымаривание; вычёркивание; окончательная оплата; *(вчт.)* отмена; отмена; погашение (марок); прекращение; признание недействительным; сокращение; *(мат.)* сокращение; *(вчт.)* стирание; уничтожение
**cancelling** англ. аннулирование, отмена (напр. заказа), см.тж. cancellation
**cancelling** англ. внешторг. канцеллинг *(договорное условие о праве фрахтователя расторгнуть договор морской перевозки при неприбытии зафрахтованного судна под погрузку до истечения срока, указанного в договоре)*
**cancelling** англ. срок подачи судна
**Cancellingdatum** *n* внешторг. крайний срок прибытия зафрахтованного судна в порт погрузки, обусловленный договором
**cargo** англ. морской груз, карго
**Cargo-Geschäft** *n* сделка с находящимся в пути морским грузом, сделка карго
**Carnet (de passages)** *n фр.* документы на автомобиль для транзитного пересечения государственной границы
**Carnet-ATA** *n* универсальная таможенная декларация для транзитных грузов

**Carnet TIR** *фр.* таможенная сопроводительная книжка международных товарных перевозок по определённым автострадам Европы
**Carnet-TIR** *n* единая декларация на транзит грузов *(для автомобильных и контейнерных перевозок)*
**carriage paid to...** англ. провоз оплачен до ..
**Carte blanche** *f фр.* карт-бланш, *неограниченные полномочия*
**Carte blanche geben** предоставлять неограниченные полномочия
**Carte blanche hauen** иметь неограниченные полномочия
**cash** англ. наличными, за наличный расчёт
**cash against documents** англ. наличными против документов *(условие платежа)*
**cash and carry** англ. наличный расчёт до приёмки в транспортировки товара покупателем, оплата наличными до приёмки в транспортировки товара покупателем *(условие поставки в договоре купли-продажи)*
**cash and carry** англ. продажа за наличные без доставки
**cash before delivery** англ. торг. уплата до доставки
**cash on delivery** англ. торг. наложенный платёж, уплата при доставке
**cash-flow** англ. превышение наличных суммарных доходов фирмы над наличными расходами *(накопления из невыплаченной прибыли + амортизация + непредусмотренные поступления + непредусмотренные расходы)*
**Casino n; Kasino n** казино
**Casino-Wirtschaft f** экономика казино
**Cassa** *f (ital.)*; **Kasse** *f* касса

**CBD, c.b.d., cash before delivery** платёж наличными до сдачи или отгрузки товара
**c.c.:**
  **c/c, Clean Credit** кредит в наличной форме
  **c.c., cours de compensation** компенсационный курс
**C2C:**
  **C2C** Интернет-торговля "потребитель-потребитель"
  **C2C-Auktionsmodell** *n* аукционная модель C2C
**cca, circa** примерно, около, приблизительно
**CCC, Customs Cooperation Council** Совет таможенного сотрудничества, СТТ *(международная организация)*
**CCCG, Combined Coal Control Group** ист. Англо-американо-французская группа по контролю за угледобычей *(в Западной Германии)*
**CCI, Chambre de Commerce Internationale, Internationale Handelskammer, IHK** Международная торговая палата, МТП
**CD:**
  **CD, Certificate of Deposit** депозитный сертификат
  **c.d., cum dividendo** с правом на получение дивиденда *(об акции)*
  **CD** компакт диск
**CDH, Zentralvereinigung Deutscher Handelsvertreter- und Handelsmakler-Verbände** Центральное объединение союзов представителей торговых фирм и посредников
**cdm, Kubikdezimeter** *n* кубический дециметр
**CE-Kennzeichnung** *f* код происхождения товара из ЕС
**CEE, Commission Economique des Nations Unies pour l'Europe** Экономическая комиссия ООН для Европы, ЭКЕ

**Cent** *m* цент
　der Euro wird in hundert Cent geteilt евро равно ста центам
　Cent-Münzen werden im Wert von 1, 2, 5, 10, 20 und 50 Cent geprägt центы отчеканены монетами с номиналом в 1,2,5,10,20 и 50 центов
**CENTO, Central Treaty Organization** Организация центрального договора, СЕНТО
**certificate** *(eng.)*; **Zertifikat** *n* свидетельство; удостоверение; сертификат
　**certificate of origin** *англ.* свидетельство о происхождении
**CES, Le Conseil Econornique et Social** Экономический и Социальный Совет *(ООН)*, ЭКОСОС
**cessio legis** *лат. юр.* уступка требования, цессия
**c.f., cost and freight, Verladekosten und Fracht im Preis eingesehlossen** цена, включающая стоимость и фрахт; стоимость и фрахт, каф *(продавец оплачивает транспортировку до судна и фрахт)*
**CFIE, Conseil des Federations Industrielles d'Europe** Совет европейских промышленных федераций
**CGD, Christliche Gewerkschaftsbewegung Deutschlands** "Движение христианских профсоюзов Германии" *(организация в ФРГ)*
**CH:**
　**CH, Schweiz** Швейцария, *до 1978г. код ТО*
　**CH, Clearing House** *англ.* расчётная палата; клиринговая палата
　**CH, Custom House** *англ.* таможня
**Change** *m англ.* мена, обмен; меняльная контора; вексельный курс, валютный курс

**changieren** *англ.* менять
**Charakter** *m* знак, символ
　**Charakter** тип, вид
　**Charakter** характер; свойство; особенность
　**Charakter der Arbeit** характер труда
**Charakteristik** *f* суждение, оценка; отзыв, рецензия; характеристика
　**wahrscheinlichkeitstheoretische Charakteristik** *мат.* вероятностная характеристика
　**zahlenmäßige Charakteristik** цифровая характеристика
**Charakterologie** *f* характерология
**charges:**
　**charges collect** *англ.* все транспортные расходы несёт получатель товара *(условие договора купли-продажи)*
　**charges prepaid** *англ.* провоз до аэропорта назначения оплачен *(условие договора)*
**Charges-Collect-Sendungen, unfrei gelieferte Luftfrachtsendungen** отправки воздушным транспортом, по которым все расходы несёт получатель товара
**Charter** *m* чартер; аренда; наём судна
　**Charter party** *англ.* чартер-партия, договор морской перевозки грузов; договор о найме судна
**Charterauftrag** *m* фрахтовый ордер
**Charterer** *m* фрахтователь *(судна)*, фрахтовщик судна
**Charterflug** *m* воздушное сообщение на основе договоров *(между предприятиями воздушного сообщения и транспортно-экспедиционными организациями)*; чартерное воздушное сообщение; чартерные авиарейсы
**Chartern** *n* фрахтование судна, наем судна

**chartern** зафрахтовывать судно, нанимать судно
**Charterpartie** *f* чартер-партия; договор морской перевозки грузов; договор о найме судна
　**Charterpartie-Konnossement** *n* чартерный коносамент
**Charterschiff** *n* судно, зафрахтованное по чартеру; судно, предоставленное для морской перевозки грузов
**Charterung** *f* фрахтование судна, наем судна
　**Charterung eines ganzen Schiffes** фрахтование всего судна
**Charterverkehr** *m* чартерное воздушное сообщение
**Charterverkehr** *m* чартерное судоходство
**Chartervertrag** *m* договор фрахтования *(судна)*; чартер-партия, договор морской перевозки грузов
**Chausseezoll** *m* шоссейный сбор; шоссейная пошлина; налог на пользователей автодорог
**Check-off-System** *n* система обязательного вычета профсоюзных взносов из заработной платы членов профсоюза
**Checkliste** *f* 1. номенклатурный перечень операций; регламент операций 2. *вчт.* список ссылок
　**Mängelcheckliste** список неисправностей; список замеченных неисправностей; дефектная ведомость
**Chef** *m* шеф, руководитель, начальник, босс, хозяин
**Chemiefaserindustrie** *f* промышленность химических волокон
**Chemiehandel** *m* торговля промышленными химическими продуктами
**Chemieindustrie** *f* химическая промышленность
**Chemiemarkt** *m* рынок акций химической промышленности; рынок химикатов

**Chemiewerte**, *pl* акции химической промышленности

**Chemisierung** *f* химизация

**Chemisierungsgrad** *m* степень химизации

**CHF, Schweizer Franken, - Schweiz, Liechtenstein** Швейцарский франк *(код валюты 756), -* Швейцария, Лихтенштейн

**Chicago-Gruppe** *f* Чикагская финансовая группа

**Chiffre** *f* шифр, код; регистрационный код

**Chiffriermaschine** *f* шифровальная машина

**Chip** *n англ.* микросхема, микропроцессор, чип

**CHIPS, Clearing House Interbank Payments System** электронная система межбанковских клиринговых расчётов

**Chq, Cheque** *m* чек; банковский чек

**CI:**

  **C/I, certificate of insurance** страховой сертификат, страховой полис

  **c&i, cost and insurance** стоимость и страхование *(условие продажи, в силу которого цена включает расходы по страхованию)*

**Cia, Compania** акционерное общество *(в странах испанского языка)*

**CIEC, Conseil International des Employeurs du Commerce** Международный совет владельцев торговых предприятий

**cif** *англ.* сиф

  **cif, cost, insurance, freight** *англ.* сиф; СИФ; стоимость, страхование и фрахт *(система оплаты, при которой продавец несёт расходы по погрузке на судно, страхованию и фрахт)*

  **c.i.f.e. cost insurance, freight and exchange** *англ.* стоимость, страхование, фрахт и курсовая разница, сиф, включая курсовую разницу валюты

  **cif landed** *англ.* сиф, включая расходы по разгрузке товара с судна и доставке его на пристань порта назначения *(условие продажи)*

  **cif sound delivered** *англ.* сиф, включая ответственность продавца за ухудшение качества товара во время транспортировки до порта назначения

  **cif-Agent** *m* агент экспортёра, живущий в стране импортёра и предлагающий товар своей фирмы на условиях сиф

  **c.i.f.c., cost insurance, freight and commission** цена, включающая стоимость, расходы по страхованию, фрахт и комиссионные

  **cif-Geschäft** *n* сделка на условиях сиф

  **cifci, cost, insurance, freight, commission and interest** *англ.* сиф, включая комиссию посредника и расход по учёту акцепта покупателя

  **cif-Kalkulation** *f* калькуляция цены на условиях сиф

  **cif-Preis** *m* цена сиф

**CILCG, Centre International de Liaison des Commerce de Gros** Международный центр связи оптовой торговли

**CIM, Convention Internationale concernant le Transport des Marchandises par Chemin de Fer** Международное соглашение по железнодорожным грузовым перевозкам, МСЖГП

**circa, zirka** около, приблизительно

**circa-Aufträge** *m pl* биржевые поручения с указанием приблизительного курса

**circa-Klausel** *f* оговорка о допуске *(оговорка в договоре купли-продажи, предусматривающая отклонения от точного количества поставляемого товара)*

**circle trip** *англ.* круговой рейс

**circular check** *амер.* дорожный чек

**CL, c.l.:**

  **CL, Chile** Чили

  **c.l., car load** погрузка в вагон

**Claim** *n* притязание; требование; клеймс; претензия; рекламация; доля *(в разработке золотого рудника)*

**clause** *фр.* оговорка; клаузула

**clause compromissoire** *фр. внешторг.* оговорка о третейском суде

**clausula** *лат.* оговорка; клаузула

  **clausula rebus sic stantibus** *лат.* оговорка о том, что контракт остаётся в силе только при неизменности условий, в которых он был заключён

**CLC, Commercial Letter of Credit** *англ.* коммерческий аккредитив

**cld, cleared through customs** *англ.* очищенный от таможенных пошлин

**clean letter of credit** *англ.* аккредитив, выплата по которому производится без представления продавцом отгрузочных документов

**Clearance** *f* таможенная очистка; очистка от пошлин

**Clearing** *n банк.* зачёт взаимных требований через расчётную палату

  **Clearing** клиринг, клиринговые расчёты; (валютный) клиринг, клиринговое соглашение

**Clearing mit konvertierbarem Saldo** клиринг с конвертируемым сальдо
**Clearing mit nichtkonvertierbarem Saldo** клиринг с неконвертируемым сальдо
**bilaterales Clearing** двусторонний клиринг, двусторонние клиринговые расчёты
**dreiseitiges Clearing** трёхсторонний клиринг, трёхсторонние клиринговые расчёты
**multilaterales Clearing** многосторонний клиринг, многосторонние клиринговые расчёты
**Clearing- und Zahlungsabkommen** *n* клирингово-платёжное соглашение
**Clearingabkommen** *n* клиринговое соглашение; (валютный) клиринг
**Clearingbank** *f* клиринг-банк, клиринговый банк *(банк - член расчетной палаты)*
**Clearinghaus** *n* англ. расчётная палата, клиринговая палата, клиринг-хауз
**clearinghouse** *(eng.)*; **Clearinghaus** *n* расчётная палата, клиринговая палата, клиринг-хауз
**Clearingkurs** *m* клиринговый курс
**Clearingoperation** *f* клиринговая операция, расчётная операция
**clearings** англ. клирингс, "очистка" от таможенных формальностей
**Clearingsaldo** *m* сальдо по клиринговым счетам, клиринговое сальдо
**Clearingstelle** *f* расчётная палата, клиринговая палата, клиринг-хауз
   **Clearingstelle** *(банк.)* клиринговый центр
**Clearingverfahren** *n* клиринг, клиринговые расчёты; (валютный) клиринг, клиринговое соглашение

**Clearingverkehr** *m* клиринговые операции, расчётные операции; клиринговые расчёты, взаимные расчёты, клиринг
**Clearingverrechnung** *f* клиринг, клиринговые расчёты
**Clearingwährung** *f* клиринговая валюта; валюта платежа по клиринговому договору
**Clearingzentrale** *f* клиринговый центр
**Clearingzentrum** *n* расчётный клиринговый центр, клиринговый центр, расчётный центр (клиринговый)
**Cleveland-Gruppe** *f* Кливлендская финансовая группа
**Client/Server** *m* клиент-сервер
**closed shop** англ. предприятие, принимающее на работу только членов профсоюза
**Closed-shop-Klausel** *f* англ. соглашение между предпринимателем и профсоюзом, в силу которого предприятие принимает на работу только членов профсоюза
**CLP, Chilenischer Peso, - Chile** Чилийское песо *(код валюты 152), - Чили*
**Club of Rome** *m* Римский клуб
**Cluster** *m* кластер; блок
**Clusteranalyse** *f* выборочное обследование; групповая выборка
**Clustereinheit** *f* стат. групповой выбор; гнездовая выборка
**Clustering** *n* кластеризация; выделение кластеров; объединение в кластеры; группирование
**CMEA, Council for Mutual Economic Assistance** *истор.* Совет Экономической Взаимопомощи, СЭВ

**C.M.I., Comite Maritime International** Международный комитет по вопросам морского права и судоходства
**CMLR, Common Market Law Reports** "Судебные отчеты общего рынка"; Сборник судебных решений общего рынка
**CMR, LKW-Frachtbrief** автотранспортная накладная CMP
**CN, c/n:**
   **C/N, cover note** ковернот, временное свидетельство о страховании *(выдаваемое брокером страхователю)*
   **C/N, credit note** кредит-нота, кредитовое авизо
   **CN, China** Китай, *до 1978г. код CE*
   **c/n, cover note** ковернот, временное свидетельство о страховании
**CNC-Einheit** *f* блок цифрового управления
**CNY, Renminbi Yuan, - China** Китайский юань *(код валюты 156), - Китай*
**CO:**
   **C/O, cash order** англ. предъявительская тратта; срочная тратта по предъявлении; переводный вексель, оплачиваемый в данной стране; заказ, оплачиваемый наличными; заказ с оплатой наличными
   **CO, Kolumbien** Колумбия, *до 1978г. код KA*
   **Co., commercial** англ. торговый, коммерческий
   **Co, Compagnie** компания, общество, товарищество
   **Co. ltd., Company limited** англ. общество с ограниченной ответственностью
   **CO2-Steuer** *f* сбор за выброс двуокиси углерода; сбор за выброс выхлопных газов

**COBOL, Common Business Oriented Language** *уст.* КОБОЛ *(язык программирования)*

**Cocom, Coordinating Committee for East-West Trade Policy** *англ.* Комитет по координации экспорта "стратегических" товаров из стран НАТО, КОКОМ

**Cocom-Liste** *f* список ограничений на экспорт товаров и технологий в коммунистические страны

**Cocom-Problematik** *f* круг вопросов КОКОМ

**Cod, cash on delivery** *англ.* наложенный платёж; платёж по поставке

**Cod-Sendung** *f* партия, оплачиваемая при доставке

**Code** *m;* **Kode** *m вчт.* код, система кодирования

**Code** кодировка

**Code** правила; кодекс, стандарт; индекс

**Code** программа, текст программы, код

**Code** шифр

**Colombo-Plan** *m* план Коломбо по совместному экономическому развитию в Южной и Юго-Восточной Азии

**Com., commission** *англ.* комиссионное вознаграждение; комиссия

**COM-Anlage** *f* система вывода из компьютера *(через сом-порт)*

**COMECON, Counsil for Mutual Economic Assistance** *истор.* Совет экономической взаимопомощи, СЭВ

**commercial letter of credit** *англ.* товарный аккредитив *(выплата по которому производится против отгрузочных документов)*

**Commerzbank** *f* Коммерческий банк

**Commisvoyageur** *m англ.* коммивояжёр

**Commodity:**
**Commodity Agreement** *англ.* Международное товарное соглашение
**Commodity Papers** *pl англ.* подтоварные векселя; документированные тратты

**Comp., Company** *англ.* компания, общество, товарищество

**Compagnie** *f* компания, общество, товарищество

**Company** *англ.* компания
**Company limited** *англ.* компания с ограниченной ответственностью

**Compiler** *m англ.* компилирующая программа, программа-компилятор

**Comprador** *m* компрадор

**comptant** *(fran.):*
**argent comptant** наличные (деньги)
**per comptant** уплата наличными

**Computer** *m* компьютер; ЭВМ; электронная вычислительная машина; вычислительная машина; ВМ

**Computerbuchhaltung** *f* компьютерное ведение бухучёта; компьютерная бухгалтерия

**Computercode** *m* компьютерный код

**computergerecht** машинно-ориентированный; ориентированный на использование компьютера

**computergesteuert** с компьютерным управлением; управляемый компьютером

**computergestützt** автоматизированный; компьютеризированный

**computergestützte Clearingstelle** *f* автоматическая расчётная палата *(на базе ЭВМ);* автоматизированная клиринговая палата (организация для взаиморасчётов банков)

**computerisiert** компьютеризированный

**Computerisierung** *f* компьютеризация; автоматизация с применением ВМ

**Computerkriminalität** *f* компьютерная преступность; преступления, совершаемые с помощью компьютера

**Computermißbrauchversicherung** *f* страхование компьютерных рисков; страхование компьютеров от злоупотреблений

**Computerprogramm** *n* компьютерная программа

**Computersystem** *n* компьютерная система

**Computertechnik** *f* вычислительная техника; компьютерная техника

**Computertechnologie** *f* компьютерная технология

**computerunterstützt** при помощи компьютера; с использованием компьютера

**computerunterstützt** компьютеризированный; компьютерный

**Conelinebill** *f англ.* стандартный коносамент, принятый в линейном судоходстве

**consgt, consignment** *англ.* груз; партия товаров; накладная; коносамент

**Const, consignment** *англ.* груз; партия товаров; накладная; коносамент

**constitutum possessorium** *лат.* передача права собственности на движимое имущество

**Container** *m англ.* контейнер
**Transport in Container** транспортировка в контейнере

**Container-Frachtaufkommen** *n* объём контейнерных перевозок

**Containerblockzug** *m* контейнерный маршрутный поезд

**Containerfrachter** *m* контейнеровоз

**Containerhafen** *m* контейнерный порт

**Containerisierung** *f* контейнеризация

**Containerladung** *f* контейнерный груз

**Containerlager** *n* контейнерный склад

**Containerliegeplatz** *m* контейнерный причал

**Containerliniendienst** *m* служба контейнерных перевозок по определённым направлениям; линейная служба контроля за перемещением контейнеров

**Containerschiff** *n* контейнеровоз, контейнерное судно

**Containerterminal** *m* контейнерный терминал *(место погрузки и разгрузки контейнеров)*

**Containertransportsystem** *n* система контейнерных перевозок

**Containerverkehr** *m* контейнерные перевозки; контейнерный транспорт

**Containerwagen** *m* вагон для перевозки контейнеров

**conto** *ит.* счёт
  **a conto** в счёт, в зачёт

**contra, kontra** *лат.* против, контра
  **kontra geben** возражать, выступать против

**Control** *англ.* управление

**Controlling** *m англ.* контроллинг, анализ хозяйственной деятельности предприятия
  **Controlling-Bericht** *m* отчёт по контроллингу
  **Aufbau eines Controlling-Systems** построение системы контроллинга
  **operativer Conrolling** оперативный контроллинг

**contumaciam:**
  **in contumaciam** *лат. юр.* заочно; за неявкой *(в суд)*

**conventional** *англ.* конвенциональный
  **conventional tarif** конвенциональный тариф

**Convoihandel** *m* караванная торговля; караванная морская торговля

**COP, Kolumbianischer Peso, - Kolumbien** Колумбийское песо *(код валюты 170)*, - Колумбия

**Coproduktion** *f* совместное производство *(напр., фильма)*

**Copyright** *n* право издания; авторское право, копирайт, знак копирайта
  **das Copyright einholen** получать авторское право

**COREPER** *(фр.)* Комитет постоянных представителей, "Корепер" (ЕС)

**corner** *англ. бирж.* корнер; спекулятивная скупка товара; корнер *(объединение скупщиков-спекулянтов)*

**c.o.s., cash on shipment** *англ.* платёж при погрузке

**cost:**
  **cost, insurance and freight** *англ.* сиф, стоимость, страхование, фрахт *(цена включает расходы по страхованию и фрахт)*
  **cost, insurance, freight** *англ.* стоимость, страхование, фрахт, сиф *(условие поставки, в силу которого цена включает расходы по страхованию и фрахту)*
  **cost and freight** *англ.* каф, стоимость и фрахт *(цена включает фрахт до места назначения)*
  **cost and insurance** *англ.* стоимость и страхование (условие поставки, в силу которого цена включает расходы по страхованию)

**Cottage** *n англ.* 1. коттедж, дача, загородный дом 2. *австр.* квартал загородных домов или вилл

**Cottagesystem** *n* метод предоставления рабочим и служащим заводских жилых помещений с последующим вычетом квартирной платы из заработной платы

**Coulage** *f* кулаж; естественная убыль веса

**Coupon** *m* купон

**court., Courtage** *f* маклерский сбор; вознаграждение за посредничество банковскому маклеру

**Courtage** *f* вознаграждение за посредничество банковскому маклеру

**Courtier** *m бирж.* маклер, брокер, куртье; агент, посредник, комиссионер

**Covernote** *f страх.* ковернот; ковернота

**CP, cp:**
  **C.P., carriage paid** за перевозку уплачено
  **C/P, charter-party** чартер-партия, договор о фрахтовании судна
  **c.p., cge paid, carriage paid** транспортировка оплачена
  **cp, charges prepaid** провоз до аэропорта назначения оплачен *(условие договора)*
  **c/p, c./p., charter-party** чартер-партия, договор о фрахтовании судна

**cpd:**
  **c.p.d., charter pay duties** *англ.* фрахтователь платит пошлину; грузоотправитель платит пошлину
  **c.p.d., charterer pays dues** *англ.* пошлины подлежат оплате фрахтователем

**CPIT, Committee for the Promotion ot International Trade** Комитет содействия развитию международной торговли

**CPM, Critical Path Method** *сет. пл.* метод критического пути

**CPM-cost-Methode** *f* метод сетевого планирования стоимости

**CPM-Methode** *f сет. пл.* метод критического пути

**CPP, current purchasing power** *англ.* текущая покупательная способность

**CPPS-Verfahren** *n* метод календарного планирования по принципу критического пути

**CR:**

**CR, Costa Rica** Коста Рика

**C.R., C/R, Company's Risk** риск несёт компания

**crawing peg** *англ.* плавная фиксация *(политика ограниченной подвижности обменного курса, напр. политика, при которой эмиссионный банк допускает ежемесячные или поквартальные изменения курса в пределах 2-3% в год)*

**CRC, Costa-Rica-Colon, - Costa Rica** Костариканский колон *(код валюты 188), -* Коста-Рика

**credit revolving** *англ.* автоматически возобновляемый кредит; револьверный кредит

**Critical:**

**Critical Path Method, CPM-Methode** *сет. пл.* метод критического пути

**Critical Path Planning and Scheduling, CPPS-Verfahren** метод календарного планирования по принципу критического пути

**cross:**

**cross-border-certificate** *англ.* документ, подтверждающий переход товара через границу

**cross-rate** *англ.* валютный курс; соотношение паритетов

**cross-trade** *англ.* морская перевозка грузов, принадлежащих другим странам, без захода в порты своей страны; перевозки между иностранными портами, перевози МИП

**cross-trade-Verkehr** *n* морская перевозка грузов, принадлежащих другим странам, без захода в порты своей страны; перевозки между иностранными портами, перевози МИП

**crossed check** *англ.* кроссированный чек, перечёркнутый чек

**CS, Commercial Standard** *англ.* торговый стандарт *(США)*

**CT, ct:**

**C.T., cable transfer** *англ.* телеграфный перевод

**C.T., Conference Terms** *англ.* условия по картельному соглашению *(между судовладельцами)*

**CT, conventional tariff** *англ.* конвенционный тариф

**ct, cent** *англ.* цент *(разменная монета)*

**c.t., conference terms** *англ.* условия конференции

**ctl**

**ctl, cental** *англ.* квинтал *(мера сыпучих тел = 45,36 кг)*

**c.t.l., constructive total loss** *англ. страх.* (конструктивная) полная гибель *(судна или груза)*

**c.t.l.o., constructive total loss only** *англ. страх.* только при (конструктивной) полной гибели *(судна или груза)*

**cts, cents** центы

**CU, Kuba** Куба

**CUP, Kubanischer Peso, - Kuba** Кубинское песо *(код валюты 192), -* Куба

**currency-notes** *англ. ист.* банкноты *(казначейские и банковские билеты)*

**Currency-Theorie** *f ист.* теория банкнотной эмиссии, представленная денежной школой *(Англия)*

**Custody-Konnossement** *n* коносамент на груз, принятый на склад для хранения до погрузки на судно

**customer-to-customer; C2C** *англ.* Интернет-торговля "потребитель-потребитель"

**CV, Kap Verde** Кап Верде *до 1978г. код ZR*

**CVE, Kap-Verde-Escudo, - Kap Verde** Эскудо Кабо-Верде *(код валюты 132), -* Кабо-верде

**C.W.O., cash with order** *англ.* наличный расчёт при выдаче заказа

**CY:**

**CY, Zypern** Кипр

**cy, copy** *англ.* копия; экземпляр

**CYP, Zypern-Pfund, - Zypern** Кипрский фунт *(код валюты 196), -* Кипр

**CZ, Tschechische Republik** Чешская республика, *до 1978г. код DT*

**CZK, Tschechische Krone, - Tschechische Republik** Чешская крона *(код валюты 203), -* Чешская республика

# D

**D, dringend** срочно *(пометка на почтово-телеграфных отправлениях)*

**D-Banken** *f, pl ист.* Д-банки

**D-Effekten,** *pl* ценные бумаги, приносящие дивиденды

**D-Linie** *f* кривая ошибки выборочной средней *(при статистическом контроле качества)*

**D-Tarif** *m* транзитный тариф

**D/A:**

**D/A, days after acceptance** *англ.* (столько-то) дней после акцепта

**D.A., deposit account** *англ.* депозитный счёт

**D/A, Dienstanweisung** служебная инструкция

**D/A, discharge afloat** *англ.* разгрузка на плаву

**D/A, documents against acceptance** *англ.* (товаро-распорядительные) документы против акцепта

**D/A, documents attached** *англ.* документы приложены; с приложенными документами

**DABA, Deutsche Außenhandelsbank Aktiengesellschaft** Внешнеторговый банк *бывш.* ГДР

**DAC, Development Assistance Committee** *англ.* Комитет оказания помощи развивающимся странам *(при Организации экономического сотрудничества и развития)*

**Dachgesellschaft** *f* головное общество *(акционерное)*

**Dachgesellschaft** компания, владеющая контрольным пакетом другой компании; компания-учредитель; материнская компания

**Dachgesellschaft** *f разг.* крыша *(в России, СНГ бандитская фирма выполняющая роль прикрытия от других бандитов, налоговых и таможенных органов и т.п. какой-л. коммерческой фирмы или банка)*

**Dachorganisation** *f* головная организация, возглавляющая организация; *разг.* крыша *(в России, СНГ бандитская фирма выполняющая роль прикрытия от других бандитов, налоговых и таможенных органов и т.п. какой-л. коммерческой фирмы или банка)*

**DAE, Dienstaufwandentschädigung** *бухг.* возмещение служебных издержек

**DAG:**

**DAG, Deutsche Angestellten-Gewerkschaft** профессиональный союз (торговых, конторских и технических) служащих

**DAG, Development Assistance Group** *англ.* Группа оказания помощи развивающимся странам *(при Международном банке реконструкции и развития)*

**Dagla, Deutsches Ausgleichsamt** ж.-д. компенсационное бюро по взаимным расчётам *(бывш. ГДР)*

**DAHA:**

**DAHA, Deutsch-Afrikanischer Hilfsausschuss** Немецко-Африканский комитет экономической помощи *(ФРГ - ЮАР)*

**DAHA, Deutscher Außenhandel** ДАХА *(наименование внешнеторговой организации бывш. ГДР в 1949 и 1950 гг.)*

**DAK, Deutsche Angestelltenkrankenkasse** больничная касса; страховая касса служащих

**damage** *англ.* ущерб, убыток; вред, повреждение; скидка с цены за повреждённый товар

**DAMG, Deutsches Amt für Maß und Gewicht** Палата мер и весов *(существовала до 1961 г., бывш. ГДР)*

**Damno** *m ит.* ущерб, убыток; вред, повреждение; дамно *(потеря на курсе ценных бумаг при продаже их ниже номинальной цены)*

**mit Damno verkaufen** продавать с убытком

**Damnum** *n* вознаграждение за предоставление ссуд, выплачиваемое банкам или частным кредиторам

**Damnum** *n* ущерб, убыток *(от итал. damno)*

**Dämpfung** *f* уменьшение; смягчение, ослабление; сдерживание *(напр. конъюнктуры)*

**Dämpfung der Konjunktur** снижение конъюнктуры

**DAMW, Deutsches Amt für Material- und Warenprüfung** Управление по контролю за качеством материалов и товаров *(бывш. ГДР, создано в 1964 г.)*

**daniederkommen** обнищать

**daniederliegen** находиться в состоянии упадка *(напр. о торговле)*

**DAP, Deutsches Ausschließungspatent** патент исключительного права использования изобретателем *(бывш. ГДР)*

**DARAG, Deutsche Auslands- und Rückversicherungsaktiengesellschaft** Германское акционерное общество страхования и перестрахования внешнеторговых грузов, Немецкое общество страхования и перестрахования внешнеторговых грузов

**Darfverbrauch** *m* предписанный расход

**Darlehen** *n* заём, ссуда

**Darlehen aufnehmen** сделать заём; занять деньги по ссудной операции; взять ссуду

**Darlehen gegen Lombardierung von Wertpapieren** ссуда под ценные бумаги

**Darlehen mit Rückzahlungsverpflichtung** возвратная ссуда

**Darlehen ohne Rückerstattung** безвозвратная ссуда, безвозмездная ссуда

**Darlehen ohne Rückzahlungsverpflichtung** безвозвратная ссуда, безвозмездная ссуда

**befristetes Darlehen** срочная ссуда; срочный заём

**gedecktes Darlehen** обеспеченная ссуда; обеспеченный заём

**handelsmäßiges Darlehen** торговый заём

**konzessionäres Darlehen** льготная ссуда

**langfristiges Darlehen** долгосрочная ссуда

**nichtrückzahlbares Darlehen** безвозвратная ссуда, безвозмездная ссуда

**partiarisches Darlehen** ссуда, за предоставление которой кредитор вместо процентов получает право на долевое участие в прибылях

**rückzahlbares Darlehen** возвратная ссуда

**täglich fälliges Darlehen** ссуда до востребования

**überfälliges Darlehen** просроченная ссуда; просроченный заём

**ungedecktes Darlehen** необеспеченная ссуда; необеспеченный заём

**unverzinsliches Darlehen** беспроцентная ссуда; беспроцентный заём

**zinsloses Darlehen** беспроцентная ссуда; беспроцентный заём

**zweckgebundenes Darlehen** целевая ссуда; целевой заём

**Darlehensanspruch** *m* требование по договору заёма; требование, вытекающее из договора заёма

**Darlehensbegründung** *f* обоснование ссуды; обоснование заёма

**Darlehensempfänger** *m* заёмщик, ссудополучатель

**Darlehensfinanzierung** *f* финансирование за счёт получения ссуд от третьих лиц, финансирование осуществляемое путём получения ссуд от третьих лиц

**Darlehensforderung** *f* требование по договору заёма; требование, вытекающее из договора займа

**Darlehensgeber** *m* заимодатель; кредитор; ссудодатель; лицо, предоставляющее ссуду; *ист.* заимодавец

**Darlehensgenossenschaft** *f* кооперативное ссудное товарищество; ссудное товарищество

**Darlehensgeschäft** *n* ссудная операция; заёмная операция; операция заёма

**Darlehensgewährung** *f* предоставление ссуды; предоставление займа; предоставление заёма

**Darlehensgläubiger** *m* заимодатель; кредитор; лицо, предоставляющее ссуду, *ист.* заимодавец

**Darlehenshypothek** *f* ипотека, обеспечивающая ссуду; ипотечная ссуда

**Darlehenskapital** *n* ссудный капитал; заёмный капитал

**Darlehenskasse** *f* ссудная касса

**Darlehenskassenschein** *m* обязательство ссудной кассы

**Darlehenskassenverein** *m* союз кредитных товариществ; объединение ссудных касс

**Darlehensklage** *f* иск о возврате предоставленной ссуды; иск о возврате ссуды; иск о погашении займа

**Darlehenskonto** *n* ссудный счёт (*в банке*)

**Darlehenskontrakt** *m* ссудный договор; кредитный договор; договор о кредитовании; договор заёма; договор займа

**Darlehensmethode** *f* форма кредитования; форма заёма

**Darlehensnehmer** *m* заёмщик; должник; ссудополучатель

**Darlehenspflichtige** *m* заёмщик; ссудополучатель; должник (по ссуде, заёму)

**Darlehensschuld** *f* долговое обязательство; долговое обязательство по договору заёмама; ссудное обязательство

**Darlehensschuldner** *m* заёмщик; ссудополучатель; должник (по ссуде, заёму)

**Darlehenssicherung** *f* обеспечение ссуды; обеспечение заёма

**Darlehensvaluta** *f* валюта ссуды; валюта заёма

**Darlehensverein** *m* кооперативное ссудное товарищество; ссудное товарищество

**Darlehensverkehr** *m* ссудные операции; ссудно-долговые операции; операции по предоставлению ссуд

**Darlehensverpflichtung** *f* долговое обязательство, долговое обязательство по договору заёма; ссудное обязательство

**Darlehensversprechen** *n* соглашение, по которому одна сторона обязуется предоставить другой стороне ссуду; предварительное соглашение о заключении договора займа; обещание предоставить заём

**Darlehensvertrag** *m* договор займа; договор заёма

**Darlehensvorvertrag** *m* соглашение, по которому одна сторона обязуется предоставить другой стороне ссуду; предварительное соглашение о заключении договора займа; обещание предоставить заём; предкредитное соглашение

**darlehensweise** заимообразно

**Darlehenswucher** *m истор.* (*денежное*) ростовщичество

**Darlehenszins** *m* процент по ссуде, процент по займу

**darleihen** давать ссуду; предоставлять ссуду; предоставлять заём
**Darleiher** *m* кредитор; ссудодатель; заимодавец
**Darstellung** *f* изложение, интерпретация
   **Darstellung** *стат.* изображение в форме таблиц, картограмм, графиков
   **Darstellung** обозначение
   **Darstellung** отображение; изображение; индикация
   **Darstellung** *f* представление
   **Darstellung** рисунок
**Datei** *f* база данных; массив данных; набор данных; файл
**Dateiereignis** *n* данные, характеризующие "событие"
**Dateiname** *m* имя массива данных; имя файла
**Dateischutz** *m* защита файла
**Dateisicherheit** *f* достоверность массива данных; достоверность файла
**Daten** *pl* данные; информация; сведения
   **Daten** даты *(календарные)*
   **Daten** технические параметры, параметры, характеристика
   **Daten einlesen** считывать данные; вводить данные (в ВМ, компьютер);
   **Daten führen** управлять данными; обслуживать данные, сопровождать данные
   **alphanumerische Daten** буквенно-цифровые данные
   **anfallende Daten** поступающая информация
   **ausgegebene Daten** выходные данные, выводимые данные, данные вывода
   **einheitenabhängige Daten** зависимые от устройства данные, аппаратнозависимые данные
   **erzeugnisbezogene Daten** информация об определённом виде изделий
   **falsche Daten** данные с ошибками, ошибочные данные, искажённые данные
   **fehlerbehaftete Daten** данные с ошибками, ошибочные данные, искажённые данные
   **fehlerhafte Daten** данные с ошибками, ошибочные данные, искажённые данные
   **formatierte Daten** форматированные данные, данные определённого формата
   **gedruckte Daten** выведенные на печать данные, отпечатанные данные
   **geheime Daten** секретные данные, конфиденциальные данные
   **primäre Daten** исходные данные; исходная информация, первичная информация
   **technische Daten** технические данные
   **veränderte Daten** обновлённые данные
   **verarbeitbare Daten** обрабатываемые данные
   **verdichtete Daten** уплотнённая информация, сжатая информация, информация в сжатом виде
   **unvollständige Daten** неполные данные
   **zuspeichernde Daten** запоминаемая информация, накапливаемые данные
**Daten-Diebstahl** *m* хищение данных (информации); несанкционированное копирование данных
**Datenanfall** *m* поступление данных
**Datenaufbereitung** *f* подготовка данных; предварительная обработка данных
**Datenaufbereitung** редактирование данных
**Datenaufzeichnung** *f* запись данных; регистрация данных
**Datenaufzeichnungsgerät** *n* устройство регистрации данных
**Datenausgabe** *f* вывод данных
**Datenauswahl** *f* выборка данных
   **Datenauswahl** отбраковка данных *(отсеивание ненужной информации; отсеивание информационного шума)*
**Datenauswertung** *f* обработка данных; расшифровка данных; анализ данных; оценка данных
**Datenbank** *f* банк данных; информационный банк; база данных
**Datenbankanwender** *m* пользователь банка данных
**Datenbankbetriebssystem** *n* операционная система базы данных; система управления базой данных, СУБД
**Datenbasis** *f* банк данных; информационный банк; база данныхж информационных
**Datenbeschädigung** *f* искажение данных; повреждение базы данных
**Datenbestand** *m* информационный фонд, фонд данных; архив данных
   **Datenbestand** массив данных, файл
   **Datenbestand** раздел массива данных, раздел файла
**Datenblatt** *n* паспорт *(на оборудование)*
   **Datenblatt** список параметров, таблица параметров
   **Datenblatt** формуляр с данными, бланк с данными
**Datendichte** *f* плотность записи, плотность передачи данных
**Datendruck** *m* вывод данных на печать, печать данных
**Dateneingabe** *f* ввод данных
**Dateneingabegerät** *n* устройство ввода данных

**Datenempfänger** *m* приёмник данных; приёмное устройство

**Datenerfassung** *f* регистрация данных

**Datenerfassung** сбор данных

**Datenfernübertragung** *f* дистанционная передача данных

**Datenfernübertragungssystem** *m* система телепередачи данных, система дистанционной передачи данных, система телесвязи

**Datenfernverarbeitung** *f* телеобработка данных, дистанционная обработка данных, обработка данных на расстоянии

**Datenfluss** *m* поток данных

**Datenflussplan** *m* схема прохождения данных

**Datengerät** *n* устройство обработки данных

**Datengewinnung** *f* сбор данных, получение данных

**Datenkompatibilität** *f* совместимость данных

**Datenkomprimierung** *f* сжатие данных, уплотнение данных (*преобразование данных в более компактную форму для эффективного хранения или передачи*)

**Datenleser** *m* устройство считывания данных

**Datenname** *m* имя данных; имя базы данных; имя файла

**Datenreduktion** *f* приведение данных, редукция данных

**Datensatz** *m* выражение с данными, предложение с данными, информационное выражение, информационное предложение

**Datensatz** запись данных

**Datensatz** набор данных; массив данных

**Datenschutz** *m* защита данных

**Datensicherung** *f* защита данных

**Datensicherung** надёжность данных, достоверность данных

**Datensicherung** надёжность передачи данных, достоверность передачи данных

**Datenspeicher** *m* накопитель данных; запоминающее устройство; память

**Datenspeicherung** *f* запись данных в память

**Datenspeicherung** накопление данных

**Datenspeicherung** хранение данных, запоминание данных

**Datensystem** *n* информационная система, информационно-поисковая система

**Datensystem** система обработки данных

**Datenträger** *m* носитель (массива) данных; носитель информации

**Datenträger** *выч.* том

**Datenübertragungseinrichtung** *f* устройство передачи данных

**Datenumsetzung** *f* преобразование данных; перекодирование данных

**Datenumwandlung** *f* преобразование данных

**Datenverarbeitung** *f* обработка данных, обработка информации

**elektronische Datenverarbeitung** электронная обработка данных

**integrierte Datenverarbeitung** обобщённая обработка данных, совокупная обработка данных

**maschinelle Datenverarbeitung** машинная обработка данных

**Datenverarbeitungsanlage** *f* система обработки данных

**Datenverarbeitungsanlage** устройство для обработки данных

**Datenverarbeitungsanlage** электронная вычислительная машина, ЭВМ; компьютер

**Datenverarbeitungssystem** *n* система обработки данных

**maschinelles Datenverarbeitungssystem** система машинной обработки данных

**Datenverkehr** *m* обмен данными; передача данных; обмен информацией; обмен информационными массивами

**Datenverschlüsselung** *f* кодирование данных, кодирование информации

**Datenwort** *n* информационное слово, машинное слово

**dato** *лат. канц.* сего числа; со дня выдачи

**dato nach Sicht** по предъявлении

**bis dato** до сего числа, по сей день

**de dato** от сего числа; со дня выдачи; со дня заключения (*напр. договора, соглашения*)

**nach dato** от сего числа; со дня выдачи; со дня заключения (*напр. договора, соглашения*)

**Datowechsel** *m* дато-вексель; вексель со сроком, исчисленным со дня выдачи

**Datum** *n* дата, календарное число

**Datumsangabe** *f* указание даты

**Datumstempel** *m* календарный штемпель

**Datumswechsel** *m* дата-вексель

**Dauer** *f* продолжительность, период (*времени*); срок (*с началом и концом*)

**Dauer der Betriebszugehörigkeit** стаж работы на данном предприятии

**Dauer der Verwahrung** срок хранения (*денежных средств в банке*)

**Dauer des kritischen Weges** продолжительность критического пути

**Dauer des Netzplanes** продолжительность критического пути

**Dauer des Netzwerkes** продолжительность критического пути

**determinierte Dauer** *сет. пл.* детерминированная продолжительность, точно определённая продолжительность

**wahrscheinlichste Dauer** *сет. пл.* вероятностная продолжительность

**zufällige Dauer** *сет. пл.* случайная продолжительность

**auf die Dauer eines Jahres** сроком на год

**Dauerarbeitslosigkeit** *f* длительная безработица

**Dauerauftrag** *m* долгосрочное поручение на совершение определённых или повторяющихся операций *(банку или сберкассе)*; поручение на выполнение регулярно повторяющихся платежей *(банку или сберкассе)*

**Dauerbeleg** *m* накопительный документ *(счётный или учётный)*

**Dauerbeschäftigung** *f* постоянная работа; постоянная занятость

**Dauerbetrieb** *m* непрерывная работа; непрерывная эксплуатация; длительная эксплуатация

**Dauerbetrieb** продолжительная работа, непрерывная работа

**Dauereinziehungsverfahren** *n* приём отделениями связи *(по чьему-л. поручению)* различного рода регулярных платежей, приём сберкассой *(по чьему-л. поручению)* различного рода регулярных платежей

**Dauereinziehungsverfahren** приём регулярных платежей по перечислению

**Daueremittent** *m* постоянный эмитент

**Dauerertragswert** *m* рассчитанные на продолжительный срок доходы, поступление которых рассматривается как бесспорное

**Dauerertragswert** собственность, приносящая длительное время регулярный доход

**Dauerkontenbuch** *n* регистратор, в котором хранятся бухгалтерские карточки при карточной системе учёта

**Dauerkredit** *m* долгосрочный кредит

**Dauerkrise** *f* затяжной кризис

**Dauerlagerung** *f* длительное хранение

**dauern** *vi* длиться, продолжаться

**dauernd** продолжительный

**Dauernutzungsrecht** *n* вещное право на пользование земельным участком в течение продолжительного периода времени

**Dauernutzungsrecht** право лица, не являющегося собственником земельного участка, на пользование нежилыми помещениями в пределах этого участка

**Dauerrente** *f* пожизненная пенсия; пожизненная рента

**Dauerrente** постоянная пенсия; постоянная рента

**Dauerschuld** *f* долгосрочное долговое обязательство, долгосрочное обязательство

**Dauerschuldverhältnis** *n* отношения по долгосрочному обязательству

**Dauerschuldzinsen** *m, pl* проценты по долгосрочным обязательствам

**Dauerstellung** *f* постоянная работа

**Dauerverpackung** *f* многократно оборачивающаяся тара, многооборотная тара; тара многократного использования

**Dauerversicherung** *f* долгосрочное страхование, страхование на длительный период

**Dauerware** *f* долго хранящийся продукт, непортящийся продукт

**Dauerware** товар(ы) длительного пользования

**DAVO, Dividendenabgabe-Verordnung** положение о порядке взимания налога на дивиденды

**DAW:**

**DAW, Deutsche Akademie der Wissenschaften zu Berlin** Академия наук в Берлине *(бывш. ГДР)*

**DAW, Dienstanweisung** служебная инструкция

**Dawes-Plan** *m* *ист.* план Дауэса

**DAX, Deutscher Aktienindex** германский индекс акций

**DB:**

**DB** *юр.* вводное постановление

**DB, Deutsche Bauernbank** Сельскохозяйственный банк бывш. ГДР

**DB, Deutsche Bundesbahn** Германские железные дороги, железные дороги ФРГ

**D/B, Documentary Bill, documentary bill** *англ.* документированная тратта, документарная тратта

**DB, Durchführungsbestimmung** исполнительное распоряжение

**DBA, Doppelbesteuerungsabkommen** соглашение о двойном налогообложении; соглашение об избежании двойного налогообложения

**DBB:**
**DBB, Deutsche Bauernbank** Сельскохозяйственный банк *бывш. ГДР*
**DBB, Deutsche Bundesbank** Федеральный банк ФРГ, Германский федеральный банк
**DBB, Deutscher Beamtenbund** профессиональный союз государственных служащих
**DBG, Deutsche Buch-Export- und-Import-Gesellschaft** Общество международной (экспортно-импортной) книжной торговли *бывш. ГДР*
**DBGM, Deutsches Bundes-Gebrauchsmuster** образец изделия, охраняемый законами ФРГ
**DBGT, Deutscher Binnenschiff-fahrts-Gütertarif** речной грузовой тариф *бывш. ГДР*
**DBI, Deutsches Brennstoffinstitut** Научно-исследовательский институт угольной промышленности *(бывш. ГДР)*
**DBP, Deutsches Bundespatent** федеральный патент ФРГ
**DBR, Deutsche Bundesrepublik** Федеративная Республика Германии, ФРГ
**DC:**
**D/C, deviation clause** *англ.* условие (в чартере) о возможности захода судна в другие порты *(помимо порта назначения)*
**d/c:**
**d/c, delivery clause** *англ.* пункт договора об условиях поставки, пункт контракта об условиях поставки
**d/c, discount** *англ.* дисконт
**dd:**
**d.d., dangerous deck** *англ.* опасный груз, который можно грузить только на палубу
**d/d, delivered** *англ.* доставленный

**DDA, Diätendienstalter** стаж работы, дающий право на получение суточных денег в командировке
**DDR, Deutsche Demokratische Republik** *истор.* Германская Демократическая Республика, ГДР
**DE:**
**DE, Deutschland** Германия
**DE, Diensteinkommen** заработная плата *(как статья дохода)*
**DE, Durchgangseilgüterzug** скорый товарный поезд транзитного сообщения
**de minimis** *(lat.)* малозначительный
**de novo (lat.); von neuem** снова
**De-facto-Anerkennung** *f* признание де-факто
**De-facto-Bevölkerung** *f* наличное население
**De-jure-Anerkennung** *f* признание де-юре
**De-jure-Bevölkerung** *f стат.* приписное население, юридическое население
**De-Te-We, Deutsche Telephonwerke** "Дойче телефонверке" *(заводы телефонной аппаратуры, ФРГ)*
**dead-weight-Tonnage** *f англ.* полная грузоподъёмность судна, дедвейт
**Dealer** *m англ.* дилер *(торговый посредник между потребителем и производителем)*
**Debakel** *n* крушение, крах, поражение
**debenture** *англ.* долговое обязательство, облигация; дебентура *(таможенное свидетельство на возврат пошлин)*
**Debet** *n* дебет, левая часть счёта
  **ins Debet bringen** записать в дебет, заносить в дебет
  **ins Debet stellen** записать в дебет, заносить в дебет

**Debet-Note** *f* дебет-нота, дебетовое авизо *(запись в левую часть счёта)*
**Debetavis** *m* дебет-авизо
**Debetnota** *f* дебет-нота
**Debetposten** *m* статья дебета
**Debetsaldo** *m* дебетовое сальдо
**Debetseite** *f* дебетовая сторона *(счёта бухгалтерского учёта)*
**Debit** *m* сбыт; розничная продажа; отпуск товаров
**debitieren** *vt* записывать в дебет, дебетовать
  **debitieren** сбывать; продавать в розницу
**Debitor** *m* дебитор, должник
**Debitoren** *pl* дебиторская задолженность
**Debitorenausfälle** *m pl* дебиторская задолженность
**Debitorenkonto** *n* счёт дебиторов, счёт должников
**Debitorenkontokorrent** *n* контокоррентный счёт дебиторской задолженности
**Debitorenprobe** *f* проверка соответствия данных об общем обороте налоговым органом данным бухгалтерского учёта
**Debitorenrechnung** *f* счёт дебиторов, счёт должников
**Debitorenziehungen** *f, pl* переводные векселя, выставляемые кредитным учреждением на дебитора; соло-векселя дебитора, переданные банку, простые векселя дебитора, переданные банку; трассирование векселей банками на своих
**Debt-Equity-Swaps** *англ.* своп *(обмен)* одних долговых обязательств на другие
**Debt-Management** *n англ.* контроль и регулирование долговых отношений
**DEC, Dekort** декорт
**decalo** *ит.* усушка

**decken** покрывать, обеспечивать (*вексель*); возмещать (*издержки*), погашать (*долг*)

**sich decken** совпадать; гарантировать себя; удовлетворяться (*о спросе, о потребностях*)

**das Darlehen durch eine Hypothek decken** обеспечить ссуду ипотекой

**einen Wechsel decken** обеспечить вексель

**Deckfracht** *f* палубный груз

**Deckladung** *f* палубный груз

**Deckung** *f* покрытие, обеспечение (*векселя*), возмещение (*издержек*), погашение (*долга*); удовлетворение (*спроса, потребностей*)

**Deckung des Notenumlaufs** эмиссионное обеспечение

**Deckung einer Wechselschuld** покрытие долга по векселю, уплата по векселю

**Deckung in Händen haben** иметь гарантию уплаты

**Schecks ohne Deckung ausgeben** выдавать необеспеченные чеки, выдавать чеки без покрытия

**fiduziarische Deckung** фидуциарное покрытие

**unter Vorbehalt der Deckung** при условии обеспечения

**Deckungsbeitrag** *m* разница между намечаемой выручкой и переменными издержками

**Deckungsbeitragskostenrechnung** *f* метод расчёта издержек, при котором они распределяются пропорционально между носителями издержек, метод расчёта издержек, при котором они распределяются пропорционально между объектами издержек

**Deckungsbeitragsrechnung** *f* маржинальная система калькуляции; калькуляция (*себестоимости*) по прямым издержкам (*с отнесением накладных расходов на группы продуктов*)

**Deckungsbilanz** *f* баланс средств обеспечения обязательств

**Deckungseinkauf** *m* закупка (*товаров, ценных бумаг*) в целях покрытия своих обязательств

**Deckungsfähigkeit** *f* способность служить покрытием (*о ценных бумагах*), способность ценных бумаг служить покрытием

**gegenseitige Deckungsfähigkeit** возможность использования неизрасходованных бюджетных ассигнований по отдельным статьям на расходы по другим статьям

**Deckungsgeschäft** *n* *бирж.* сделка, заключаемая в целях покрытия своих обязательств; купля в целях замены недоставленного товара другим

**Deckungsgrad** *m* степень покрытия

**Deckungsgrundsatz** *m* принцип покрытия (*при обращении взыскания на недвижимое имущество*)

**Deckungsgrundsätze** *m pl* законодательные нормы финансирования государственных расходов

**Deckungskapital** *n* резервный капитал (*для покрытия требований страхователей*)

**Deckungskauf** *m* купля-продажа в целях покрытия

**Deckungsklausel** *f* условие о покрытии переводного векселя

**Deckungsmittel** *n, pl* бюджетные доходы

**Deckungsmittel** обеспечение долга

**allgemeine Deckungsmittel** бюджетные средства нецелевого назначения, служащие для покрытия любых расходов по бюджету

**spezielle Deckungsmittel** бюджетные средства целевого назначения, служащие для покрытия определённых расходов по бюджету

**Deckungspolitik** *f* мероприятия центрального банка по обеспечению эмиссии

**Deckungspolitik** политика эмиссионного банка по обеспечению покрытия выпускаемых банкнот

**Deckungsprinzip** *n* принцип покрытия (*при обращении взыскания на недвижимое имущество*)

**Deckungsquelle** *f* источник покрытия, источник финансового покрытия

**Deckungsrechnung** *f, finanzielle* калькуляция финансового покрытия необходимых платежей, расчёт финансового покрытия необходимых платежей

**Deckungsrücklage** *f* резервный капитал (*для покрытия требований страхователей*)

**Deckungsrückstellung** *f* резервный капитал (*для покрытия требований страхователей*)

**Deckungsstock** *m* капитал (*страхового общества*), за счёт которого выплачивается страховое возмещение

**Deckungssumme** *f* сумма покрытия

**Deckungsverfahren** *n* **in der Sozialversicherung** порядок предоставления средств социального страхования для предстоящих выплат

**Deckungsverhältnis** *n* квота покрытия

**Deckungsverhältnis** норма покрытия, процент покрытия

**Deckungsverkauf** *m* продажа (*напр. товаров, ценных бумаг*) в целях покрытия своих обязательств

**Deckungsvorschrift** f законодательные положения о нормах покрытия обязательств банка по депозитным счетам

**Deckungsvorschrift** официальное регулирование квоты покрытия

**Deckungswechsel** m обеспечительский вексель, вексель, переданный банку в качестве обеспечения (*в кредитных операциях*)

**Deckungszusage** f *страх.* ковернот

**Deckungszusage** свидетельство, выдаваемое страхователем вместо договора страхования на определённый срок

**vorläufige Deckungszusage** временное свидетельство о страховании (*выдаваемое брокером страхователю*)

**Defekt** m дефект, порча

**Defekt** нехватка, недостаток

**defekt** дефектный, попорченный; неполный; с нехваткой

**defektiv** недостаточный, неполный

**Defensivzeichen** n товарный знак, сходный с уже зарегистрированным товарным знаком

**deficit spending** *англ.* дефицитное финансирование

**Defizit** n дефицит, убыток

**verschleiertes Defizit** замаскированный дефицит, завуалированный дефицит, скрытый дефицит

**zyklische und strukturelle Defizite** циклические и структурные дефициты (*неравновесие бюджета, превышение расходов над доходами*)

**defizitär** дефицитный

**Defizitausgleich** m сбалансирование дефицита; устранение дефицита

**Defizitausgleich** выравнивание баланса

**Defizitdeckung** f покрытие дефицита

**Defizitfinanzierung** f дефицитное финансирование (*финансирование государственных расходов в условиях бюджетного дефицита за счёт государственных займов*)

**Defizithaushalt** m дефицитный бюджет

**Defizitkredit** m кредит, направленный на покрытие дефицита; кредит на покрытие дефицита

**Defizitland** n страна, имеющая пассивный платёжный баланс; страна с пассивным платёжным балансом

**Defizitsaldo** m пассивное сальдо

**Defizitware** f дефицитный товар

**Defizitwirtschaft** f дефицитное финансирование

**Deflation** f 1. дефляция, рост стоимости денежной единицы в связи с понижением цен 2. дефляция, общее снижение экономической активности и уровня цен

**Deflationierung** f дефлятирование, дефлирование (*перевод показателей, рассчитанных в текущих ценах, в показатели, выраженные в постоянных ценах*)

**deflationistisch** дефляционный

**deflationistische Lücke;** (*eng.*) **deflationary gap** дефляционный разрыв (*превышение предложения над спросом при сохранении старых цен*)

**deflationistische Politik** дефляционная политика (денежно-кредитная)

**deflationistische Tendenz** дефляционная тенденция, тенденция к падению экономической активности

**Deflationspolitik** f дефляционная политика (денежно-кредитная)

**deflatorisch** дефляционный

**deflatorische Lücke;** (*eng.*) **deflationary gap** дефляционный разрыв (*превышение предложения над спросом при сохранении старых цен*)

**deflatorische Politik** дефляционная политика (денежно-кредитная)

**deflatorische Tendenz** дефляционная тенденция, тенденция к падению экономической активности

**Defragmentierung** f дефрагментация

**Defraudation** f растрата, присвоение

**Defraudation** сокрытие; утаивание

**DEG, Deutsche Finanzierungsgesellschaft für Beteiligungen in Entwicklungsländern GmbH** Германское общество содействия прямым инвестициям в развивающихся странах

**degagieren** *фр.* освобождать от обязательства

**Degenerationsphase** f 1. период ровного графика нагрузки (на производстве) 2. период спада 3. фаза падения спроса на продукт (маркетинг)

**Deglomeration** f дегломерация, рассредоточение

**Degradation** f деградация

**Degression** f 1. дегрессия (*в налогообложении - уменьшение налоговой ставки при возрастании облагаемой суммы*) 2. снижение налогов 3. уменьшение; спад

**organisatorische Degression** снижение издержек за счёт лучшей организации производства; снижение издержек производства за счёт лучшей организации производства

**Degressionsgewinn** *f* экономия, обусловленная ростом масштаба производства; эффект масштаба *(снижение долговременных средних издержек производства на единицу продукции)*

**Degressionskurve** *f* кривая дегрессии

**Degressionsschwelle** *f* максимально допустимый уровень издержек производства штучной продукции *(используется при определении уровня занятости)*

**degressiv** дегрессивный

**degressive Abschreibung** *f* начисление износа методом убывающего остатка; дегрессивная амортизация *(характеризующаяся снижением нормы амортизации в последующие периоды)*

**degressive Steuer** *f* дегрессивный налог; налог с дегрессивной шкалой

**DEGT, Deutscher Eisenbahn-Gütertarif** железнодорожный грузовой тариф *бывш.* ГДР

**Degussa, Deutsche Gold- und Silberscheideanstalt, (Frankfurt a. M.)** "ДЕГУССА", "Дойче гольд-унд зильбершайдеаншталт" *(наименование аффинажных заводов в ФРГ)*

**Deindustrialisierung** *f* деиндустриализация

**Dekade** *f* 1. декада *(10 дней; десять недель; десять месяцев; десятилетие)* 2. десяток *(штук)* 3. десятичный разряд

**Dekadenplanung** *f* декадное планирование

**Dekadensammelrechnung** *f* сводный декадный счёт по поставкам предприятиям розничной торговли

**dekadenweise** подекадно

**Dekalo** *m* убыль в весе *(напр. вследствие усушки)*

**Dekalo** усушка; утруска; убыль в весе; протечка

**Dekartellierung** *f* декартелизация

**Dekartellisierung** *f* декартелизация

**Deklaration** *f* 1. декларация, заявление 2. таможенная декларация, ТД

**Deklarationsprinzip** *n* принцип подачи декларации *(налогоплательщиком или плательщиком пошлины)*

**Deklarationsprotest** *m* протест векселя, при котором держатель векселя и лицо, ответственное по векселю, идентичны

**Deklarationsschein** *m* ввозная таможенная декларация; импортная ГТД; таможенная декларация по приходу; (таможенная) декларация по приходу

**Deklarationszwang** *m* обязательность подачи декларации

**deklarieren** 1. декларировать, объявлять; объявлять об объектах обложения *(напр. налогом, пошлиной)* 2. подавать таможенную декларацию 3 подавать налоговую декларацию

**zu deklarierender Artikel** подлежащий декларированию товар

**Dekolonisierung** *f* деколонизация

**Dekomposition** *f* декомпозиция

**Dekompositionsverfahren** *n* метод декомпозиции оптимальной задачи, метод разложения оптимальной задачи

**dekontaminieren** очищать; освобождать; бланкировать; снимать оговорки

**Dekonzentration** *f* деконцентрация

**Dekorationsmittel** *n, pl* витринно-выставочное оборудование

**Dekort** *m* декорт, скидка *(за недоброкачественность товара)*

**dekortieren** делать скидку *(за досрочную оплату товара или за недоброкачественность его)*

**Dekuvert** *n* *(страх; бирж.)* декувер *(разница между оценкой имущества и страховой суммой, оставляемая на риск страхователя)*

**Delegant** *m* делегант; заимодавец, переводящий долг на другого; должник передающий в покрытие своего долга своё долговое требование к третьему лицу

**Delegat** *m* 1. делегат, посланец 2. делегат; лицо, на которое переведён долг 3. представитель внешнеторговой организации *бывш.* ГДР *(при посольствах и торгпредствах бывш.* ГДР*)*

**Delegatar** *m* делегатарий, кредитор при переводе долга

**Delegation** *f* делегирование, передача прав и ответственности подчинённому

**Delegation** перевод долга на другое лицо; передача прав другому лицу, передача обязанностей другому лицу, делегирование

**Delegation von Kompetenzen** делегирование полномочий; передача прав и ответственности подчинённому

**Delegationsbereich** *m* круг полномочий; объём полномочий; компетенция

**delegieren** делегировать; передавать права другому лицу, передавать обязанности другому лицу, делегировать

**delegieren** переводить долг на другое лицо

**Delegierte** *m* делегат, посланец; уполномоченный; с делегированными правами

**Delikt** *n* юр. деликт, правонарушение; проступок
  **volkerrechtliches Delikt** международный деликт
  **vollendetes Delikt** законченный деликт
  **Naturschutzdelikt** экологическое правонарушение
  **Umweltdelikt** экологическое правонарушение
  **Umweltschutzdelikt** экологическое правонарушение
**Deliktfähigkeit** *f* юр. деликтоспособность
**Deliktshaftung** *f* ответственность за гражданское правонарушение; гражданская ответственность; ответственность за деликт
**Delinquent** *m* преступник, злоумышленник
**Delisting** *n* делистинг; прекращение котировки; лишение котировки
**delivery:**
  **delivery clause** англ. пункт договора об условиях поставки
  **delivery order** англ. деливери-ордер
**Delkredere** *n* делькредере *(ручательство комиссионера перед комитетом за исполнение договора, заключенного комиссионером с третьим лицом)*
**Delkredere** ит. торг. делькредере; бухг. регулирующая статья баланса *(в балансах капиталистических предприятий)*
**Delkredere-Agent** *m* комиссионер, берущий на себя делькредере
**Delkredere-Fonds** *m* резервный фонд для сделок делькредере; фонд делькредере; гарантийный фонд (банка)
**Delkredere-Vereinbarung** *f* сделка делькредере

**Delkredereagent** *m* комиссионер, берущий на себя делькредере
**Delkrederefonds** *m* фонд делькредере, гарантийный фонд *(банка)*
**Delkrederegeschäft** *n* делькредере-сделка, сделка делькредере
**Delkrederehaftung** *f* ответственность комиссионера, принимающего на себя делькредере
**Delkrederekonto** *n* фонд *(счёт)* делькредере, гарантийный фонд *(счёт) (банка)*
**Delkredereprovision** *f* комиссия за делькредере, делькредере-комиссия
**Delkredererisiko** *n* риск, связанный с делькредере
**Delkredereversicherung** *f* страхование делькредере
**Delkrederückstellung** *f* резервный фонд для покрытия убытков при сделке делькредере
**Delle** 1. провал *(между двумя максимумами)* 2. спад конъюнктуры
**Delors-Plan** *m* график Делорса; план Делорса
**Delphi-Methode** *f* дельфийский метод, метод "Дельфы" *(метод прогнозирования)*
**Delphimethode** *f* дельфийский метод, метод "Дельфы" *(метод прогнозирования)*
**Delta** *n* коэффициент дельта; дельта; отношение цены опциона к цене финансового инструмента, лежащего в его основе
**deltaneutral** дельта-нейтральный
**DEM, Deutsche Mark, - Deutschland** Немецкая марка *(код валюты 280), в н.в. заменена на* Евро **EURO** , - Германия

**DEMAG, Deutsche Maschinenfabrik-Aktiengesellschaft** "ДЕМАГ", "Дойче машиненфабрик акциенгезельшафт" *(машиностроительный концерн ФРГ)*
**dementieren** опровергать, опровергнуть
  **Gerüchte dementieren** опровергать слухи
  **eine Meldung dementieren** опровергать сообщение
**demeritorisch** наносящий вред обществу *(товар, напр. наркотики)*
**demgemäß** 1. соответственно, согласно, сообразно этому, сообразно тому; вследствие этого, вследствие того; судя по этому; 2. таким образом, итак, следовательно
**Demigrossist** *m* уст. полуоптовик
**Deming-Plan** *m* метод упрощения и удешевления процесса определения рассеяния при выборочном методе контроля
**Demographie** *f* демография
**demographisch** демографический
  **demographische Prozesse** *pl* демографические процессы
  **demographische Ressourcen** *pl* демографические ресурсы
  **demographischer Übergang** *m* переходный период естественного движения населения
**Demokratie** *f* демократия
**Demokratische Bauernpartei Deutschlands** Демократическая крестьянская партия Германии, ДКПГ *(бывш. ГДР)*
  **demokratisches Management** *n* демократичный менеджмент, от англ. **management**: управление, руководство, организация производства
**demonetisieren** демонетизировать

**Demonetisierung** *f* демонетизация, лишение государственной властью монет силы законного средства платежа и обращения
**Demonetisierung des Goldes** демонетизация золота
**Demonstration** *f* демонстрация, показ
**Demonstrationseffekt** *m* демонстрационный эффект *(влияние, оказываемое, напр. высококачественными товарами на потребителя, побуждающее его приобретать их, ориентируясь на более обеспеченные слои населения)*
**Demonstrationsstreik** *m* забастовка, демонстрирующая готовность трудящихся бороться за свои права
**Demontage** *f* фр. демонтаж, разборка
**demontieren** демонтировать, производить демонтаж, разбирать (по частям)
**Demoskopie** *f* демоскопия; изучение общественного мнения
**Demotivation** *f* демотивация
**demotivieren** демотивировать; вызывать равнодушие (к чему-л.)
**Demotivierung** *f* демотивация
**demurrage** англ. демередж *(штраф за простой судна или вагона под погрузкой или разгрузкой сверх установленного срока)*
**DEMV, Deutscher Einheitsmietvertrag** единый договор о найме в Германии
**den Absatz mit allen Mittel steigern** расширять всеми средствами сбыт
**Denaturierung** *f* тамож. денатурация, порча товара и невозможность его применения по назначению *(напр., алкоголя)* с целью освобождения от пошлин
**Denkansatz** *m* 1. (лог.) посылка 2. подход (напр. к решению проблемы)

**Denken** *n* мышление; мысли (мн.ч.); обдумывание
**eigenständiges Denken** самостоятельный образ мышления
**zum Denken anregen** заставить задуматься
**Denkfabrik** *f; (eng.)* **think-tank** мозговой трест
**Denkmodell** *n* логическая модель; концептуальная модель
**Denkpause** *f* период обдумывания и переговоров
**Denomination** *f* деноминация *(снижение нарицательной стоимости)*
**Denomination** назначение на должность
**Denomination** наименование
**DepG, Depotgesetz** закон о порядке хранения вкладов, хранения и приобретения ценных бумаг
**Deponent** *m* депонент, депозитор, вкладчик
**imaginärer Deponent** мнимый депонент
**Deponentenaktien** *f, pl* акции, сданные банку на хранение и управление
**deponieren** юр. давать письменные показания
**deponieren** *vt* депонировать, вносить в депозит; отдавать на хранение
**Deponierung** *f* депонирование, передача на хранение
**Deponierungszertifikat** *n* депозитный билет, вкладной билет, сохранная расписка
**Deport** *m* фр. депорт *(разница между более высоким курсом кассовой сделки и более низким срочной сделки на бирже)*
**Deportgeschäft** *n* бирж. депорт ("бэквордейшен" в Англии)
**Deportgeschäft** пролонгационная сделка, используемая дилером, играющим на понижение *(срочная/фьючерсная сделка)*

**Deposit** *n* передача на хранение, депозит
**Depositen** *n, pl* депозиты (мн.ч.)
**Depositalschein** *m* депозитный билет, вкладной билет, сохранная расписка
**Depositalzins** *m* процент по вкладам
**Depositar, Depositär** *m* хранитель вклада, хранитель ценных бумаг; депозитарий
**Depositen** *pl* депозит *(денежные средства или ценные бумаги, помещаемые для хранения)*, депозиты
**Depositenannahme** *f* принятие на хранение вкладов, принятие на хранение ценных бумаг; принятие на дипозит
**Depositenbank** *f* депозитный банк *(банк, в пассивах которого ведущую роль играют депозиты, в ряде случаев - коммерческий банк)*
**Depositenbewahrer** *m* хранитель вклада, хранитель ценных бумаг; депозитарий
**Depositenbuch** *n* депозитная книжка *(выдаваемая банком владельцу счёта, в которой отражается движение сумм на вкладе)*
**Depositeneinnahme** *f* принятие на хранение вкладов *(или ценных бумаг)*; принятие на депозит
**Depositenforderung** *f* требование на выдачу вклада
**Depositengeld** *n* денежные суммы, вносимые на хранение в кредитные учреждения (банки, сберкассы), вклад, депозит; ценные бумаги (акции, облигации), передаваемые на хранение в кредитные учреждения, депо
**Depositengeschäft** *n* депозитная операция

**Depositenguthaben** *n* денежные суммы, вносимые на хранение в кредитные учреждения *(банки, сберкассы)*, вклад, депозит; ценные бумаги *(акции, облигации)*, передаваемые на хранение в кредитные учреждения, депо

**Depositenkapital** *n* капитал, вносимый на хранение в кредитные учреждения; капитал, вносимый на депозит

**Depositenkasse** *f* депозитная касса

**Depositenkonto** *n* депозитный счет

**Depositenschein** *m* депозитный билет, вкладной билет, сохранная расписка

**Depositenversicherung** *f* депозитное страхование; страхование депозитов

**Depositenvertrag** *m* договор о принятии денежных сумм на хранение, договор о принятии ценных бумаг на хранение, договор о принятии денежных сумм в депозит, договор о принятии ценных бумаг в депозит

**Depositenwechsel** *m* обеспечительский вексель, вексель, переданный банку в качестве обеспечения *(в кредитных операциях)*

**Depositenzahlung** *f* платежи по вкладам; платежи по депозиту

**Depositenzins** *m* процент по вкладу

**Depositeur** *m* *фр.* депонент, депозитор, вкладчик

**Deposition** *f* сдача на хранение *(денежных сумм или ценных бумаг)*

**Depositionsklausel** *f* отметка на копии векселя о местонахождении оригинала

**Depositor** *m* депонент, депозитор, вкладчик

**Depositorium** *n* место хранения депозитов

**Depositum** *n* денежные суммы, вносимые на хранение в кредитные учреждения *(банки, сберкассы)*, вклад, депозит; ценные бумаги *(акции, облигации)*, передаваемые на хранение в кредитные учреждения, депо

**irreguläres Depositum** депозит, которым кредитное учреждение может свободно распоряжаться *(с обязательным возвратом эквивалента)*

**Depot** *n* *фр.* вклад, депозит

**Depot** отдел вкладов

**Depot** ценные бумаги *(акции, облигации)*, передаваемые на хранение в кредитные учреждения; хранение

**Depot** . склад, депо

**Depot** хранение

**irreguläres Depot** хранение ценных бумаг без описи; хранение ценных бумаг, которыми кредитное учреждение может свободно распоряжаться *(с обязательным возвратом эквивалента)*

**lebendes Depot** книга лицевых счетов депонентов

**offenes Depot** открытое хранение ценных бумаг

**offenes Depot** хранение ценных бумаг по описи

**reguläres Depot** хранение ценных бумаг с описью; депозит, вносимый только на хранение

**verschlossenes Depot** закрытое хранение ценных бумаг

**verschlossenes Depot** хранение ценных бумаг в запечатанном виде

**ins Depot geben** вносить на хранение *(напр. ценные бумаги)*, вносить на депозит

**Depot-Einlieferungsbestätigung** *f* сохранное свидетельство

**Depotabteilung** *f* отдел вкладов и текущих счетов

**Depotabteilung** отдел хранения ценностей, отдел сейфов

**Depotaktien** *f, pl* акции, сданные банку на хранение и управление

**Depotaufbewahrung** *f* депонирование ценных бумаг

**Depotaufstellung** *f* выписка из депозитных счетов

**Depotauszug** *m* выписка из депозитных счетов

**Depotbank** *f* банк-депозитарий, депозитный банк

**Depotbedingungen** *f pl* условия приёма депозитов *(вкладов, ценностей)*

**Depotbuch** *n* книга вкладов, книга депозитов

**persönliches Depotbuch** книга лицевых счетов депонентов

**totes Depotbuch** книга учёта ценностей, принятых на хранение

**Depoteffekten** *pl* ценные бумаги, передаваемые на хранение *(в кредитные и банковские учреждения)*

**Depotgebühr** *f* плата за хранение ценных бумаг *(в кредитных учреждениях)*

**Depotgeschäfte** *n pl* депозитные операции; операции по вкладам

**Depotgesetz** *n* закон о вкладах, закон о депозитах

**Depotgestellung** *f* внесение депозита

**Depotinhaber** *m* владелец вклада

**Depotkonto** *n* депозитный счёт

**Depotkonto** счёт депонированных ценностей

**Depotpapiere** *n pl* ценные бумаги, передаваемые на хранение *(в кредитные учреждения)*

**Depotprämie** *f* *страх.* депо премий

**Depotprüfung** f контроль деятельности кредитных учреждений, принимающих на хранение ценные бумаги, контроль деятельности кредитных учреждений, осуществляющих комиссионные операции с ценными бумагами

**Depotschein** m депозитный билет, вкладной билет, сохранная расписка; бланк о взносе депозита *(содержащий перечень депонируемых денег, чеков)*

**Depotstellung** f внесение депозита

**Depotstimmrecht** n право участия банка в делах акционерного общества, обеспечиваемое акциями, сданными ему на хранение

**Depotstimmrecht** право участия банка в делах акционерного общества по акциям, сданным ему на хранение и управление

**Depot-Treuhandgesellschaft f; DTC, Depository Trust Company** (eng.) депозитарная трастовая компания *(центральный депозитарий ценных бумаг в США)*

**Depotunterschlagung** f незаконное использование банком депозитов

**Depotunterschlagung** незаконное использование принятых на хранение ценных бумаг

**Depotunterschlagung** необязательное использование банком депозитов

**Depotversicherung** f страхование депозита; страхование депозитов

**Depotvertrag** m договор о сдаче ценных бумаг на хранение

**Depotverwahrung** f хранение денежных сумм, хранение ценных бумаг

**Depotwechsel** m обеспечительский вексель, вексель, переданный банку в качестве обеспечения *(в кредитных операциях)*

**Depression** f депрессия, серьёзный экономический спад, сильный экономический спад *(и/или застой)*

**Depression besonderer Art** депрессия особого рода

**große Depression** великая депрессия *(буржуазный термин для обозначения мирового экономического кризиса 1929-1932 гг.)*

**Depretiation** f уст. девальвация

**Depreziation** f уст. девальвация

**DEPT, Deutscher Eisenbahn-Personen-Gepäck- und Expreßguttarif** железнодорожный тариф ФРГ на перевозку пассажиров, багажа и срочных грузов

**Deputant** m истор. депутант *(сельхозрабочий, получающий зарплату полностью или частично натурой)*

**Deputat** n I оплата натурой, оплата труда в натуре, натуроплата

**Deputat** часть заработной платы, получаемая натурой

**der in Deputaten gezahlte Lohn** зарплата, выплачиваемая натурой

**Deputat** m II депутат Госдумы (РФ)

**Deputatfläche** f мелкий земельный участок, предоставляемый в счёт заработной платы

**Deputatlohn** m оплата труда натурой; натуральная оплата труда

**deregulieren** дрегулировать; ослаблять контроль государства за экономикой; отменять государственное регулирование; сокращать объём вмешательства государства в экономику

**Deregulierung** f дерегулирование (напр. рынка); сокращение вмешательства государства в экономику; сокращение государственного регулирования; сокращение государственного регулирования экономики; уменьшение государственного регулирования кредитной системы финансовых рынков

**derilativ** производный

**Derivat** n производный финансовый инструмент

**Derivationsprinzip** n деривационный принцип, принцип деривации *(напр. правило "вертикального" распределения, по которому налоги из федеральной казны возвращаются в регион, откуда они поступили)*

**derivativ** производный, дериватный

**derivative Nachfrage** f производный спрос *(напр. вызванный ростом доходов)*

**derivatives Instrument** n производный финансовый инструмент

**Deroute** f фр. уст. падение курса *(на бирже)*; упадок; отклонение от курса

**derzeitig** нынешний, теперешний, современный

**derzeitige Lage** существующее положение *(на сегодняшний день)*

**derzeitiger Satz** m курс дня; действующая ставка; действующий курс

**Deschimag; Deutsche Schiffs- und Maschinenbauaktiengesellschaft** "Дойче шифс- унд машиненбау акциенгезельшафт" *(общество суда- и машиностроительных заводов, ФРГ)*

**Design** n дизайн, художественное конструирование

**ein neues Design entwerfen** разрабатывать новый дизайн

**Designer** *m англ.* дизайнер, инженер по художественному конструированию, инженер по промышленной эстетике; художник-дизайнер

**designiert** *II* уполномоченный; назначенный

**designiert** *II* предназначенный, предусмотренный; выдвигаемый *(на должность, пост)*

**Desinflation** *f* дезинфляция; замедление темпов инфляции; ограничение инфляции без увеличения безработицы

**Desinformation** *f* дезинформация

**Desintegration** *f* дезинтеграция; размельчение

**Desinvestition** *f* сокращение капиталовложений; изъятие капиталовложений; деинвестирование

**Desinvestitionen** *f pl* уменьшение капиталовложений и оборотных средств, сокращение капиталовложений и оборотных средств

**Desk** *n*; **desk** *(eng.)* департамент ценных бумаг *(Федерального резервного банка Нью-Йорка)*

**Desk** *n*; **desk** *(eng.)* рабочее место валютного дилера; рабочее место биржевого брокера

**Deskriptor** *m (обр. дан., выч. тех.)* дескриптор

**deskriptiv** описательный, дескриптивный

**deskriptive Statistik** *f* описательная статистика

**Desktop-Publishing** *n* настольная издательская система, компьютерная издательская система

**despatch** *англ.* диспач *(премия за досрочную погрузку или разгрузку судна)*

**Destinatar, Destinatär** *m* получатель груза

**DETAG, Deutsche Tafelglasaktiengesellschaft** "Дойче тафельглас-акциенгезельшафт" *(общество заводов листового оконного стекла, ФРГ)*

**Detail** *n (тех.)* деталь

**Detail** деталь, подробность

**Detail; detail (fr.)** розница; розничная торговля

**bis ins Detail hinein** до мельчайших подробностей

**im Detail** подробно, детально

**im Detail ausarbeiten** детально разработать *(что-л.)*

**im Detail verkaufen** продавать в розницу

**sich in Details verlieren** упустить главное

**Verkauf im Detail** торговля в розницу; продажа в розницу

**en detail** в розницу

**Detailanschlag** *m* подробная смета; детализированная смета; детальная смета

**Detailbericht** *m* подробный отчёт, детальный отчёт

**Detailgeschäft** *n уст.* магазин розничной торговли; сделка продажи в розницу

**Detailhandel** *m* розничная торговля

**Detailindex** *m* индекс розничных цен

**detailliert** подробно, детально

**detailliert** подробный, детальный

**detaillierter Geschäftsplan** *m* детальный бизнес-план; подробный бизнес-план

**detailliertes Formular** *n* детализированный формуляр; подробный формуляр

**Detaillierung** *f* детализация, подробное изложение

**Detaillierung des Netzwerks** детализация сетевого графика

**Detaillist** *m уст.* розничный торговец

**Detailnetzplan** *m* детализированный сетевой график, детализированная сеть

**Detailplanung** *f* детальное планирование

**Detailpreis** *m* розничная цена

**Detailprognose** *f* детальный прогноз

**Detailprojekt** *n* детальный проект, исполнительный проект

**Detailreisehandel** *m* розничная торговля через коммивояжёров

**Determinante** *f мат.* детерминант, определитель

**Determinantengleichung** *f мат.* уравнение определителя

**Dethesaurierung** *f* детезаврация *(возвращение денег или драгоценных металлов в оборот)*

**detti, detto, desgleichen** подобным образом

**deutlich** ясный, отчетливый, четкий; внятный; вразумительный; явный

**deutliche Krise** явный кризис; ярко выраженный кризис

**Deutsch-Ostasiatische Gesellschaft** Общество развития торговых отношений между ФРГ и странами Восточной Азии

**Deutsch-österreichische Messe- und Außenhandelsgesellschaft** Германо-австрийское общество ярмарок и внешнеторговых операций

**Deutsche:** *см.тж.* Deutscher, Deutsches

**Deutsche Angestellten-Gewerkschaft; DAG; Deutsche Angestelltengewerkschaft; Trade Union of German Employees** *(eng.)* профессиональный союз служащих ФРГ (торговых, конторских и технических)

**Deutsche Außenhandelsbank; Deutsche Außenhandelsbank A.G., DABA (1966 - 1990)** Немецкий внешнеторговый банк *(бывш. ГДР)*

**Deutsche Bahn AG** Акционерное общество Немецкие железные дороги

**Deutsche Bauernbank** Немецкий сельскохозяйственный банк *(бывш. ГДР)*

**Deutsche Börse f** Германская фондовая биржа

**Deutsche Buch-Export-und-Import-Gesellschaft** Немецкое общество международной (экспортно-импортной) книжной торговли *(бывш. ГДР)*

**Deutsche Bundesbank** Федеральный банк ФРГ, Германский федеральный банк

**Deutsche Bundespost** Федеральное почтовое ведомство; Федеральная почта Германии

**Deutsche Handelskammer f** Торговая палата Германии; Федеральная торговая палата

**Deutsche Edelstahlwerke** "Дойче Эдельштальверке" *(металлургический концерн ФРГ)*

**Deutsche Gesellschaft für Standardisierung, DGV** Общество стандартизации *бывш. ГДР*

**Deutsche Handelszentralen** Центральные оптовые торговые предприятия *бывш. ГДР*

**Deutsche Industrienorm, DIN** Германский промышленный стандарт, DIN

**Deutsche Industrie- und Handelskammer** Торгово-промышленная палата Германии

**Deutsche Investitionsbank** Немецкий инвестиционный банк *(1948-1967гг., бывш. ГДР)*

**Deutsche Landwirtschaftsgesellschaft** Немецкое сельскохозяйственное общество

**Deutsche Liga für die Vereinten Nationen** Лига содействия ООН *(бывш. ГДР)*

**Deutsche Maschinenfabrik Aktiengesellschaft** "Дойче машиненфабрик акциенгезельшафт" *(машиностроительный концерн ФРГ)*

**Deutsche Notenbank** *ист.* Немецкий эмиссионный банк *(до 1.0 1968 г., бывш. ГДР)*

**Deutsche Reichsbahn** железные дороги *бывш. ГДР*; Государственные железные дороги Германии *(до 1945 г.)*

**Deutsche Seereederei** Немецкое морское пароходство *(бывш. ГДР)*

**Deutsche Statistische Gesellschaft** Немецкое статистическое общество

**Deutsche Verkehrs-Kreditbank** Немецкий банк кредитования транспортных операций

**Deutsche Versicherungs-Anstalt** Немецкое страховое общество *бывш. ГДР*

**Deutsche Warenvertriebsgesellschaft** Немецкое общество по сбыту товаров *(бывш. ГДР)*

**Deutsche Werbe- und Anzeigengesellschaft** Государственное рекламное общество *(бывш. ГДР)*

**Deutsche Zentralbank** Немецкий центральный банк

**Deutscher:**

**Deutscher Außenhandel** ДАХА (наименование внешнеторговых органов бывш. ГДР в 1949 и 1950 гг.)

**Deutscher Bauernverband** Союз немецких крестьян

**Deutscher Beamtenbund** профессиональный союз государственных служащих ФРГ

**Deutscher Bundesjugendring** федеральное объединение немецких молодёжных организаций

**Deutscher Friedensrat** Немецкий совет мира *(бывш. ГДР)*

**Deutscher Gemeindetag** Германский конгресс общин

**Deutscher Generalagenten-Verband** Союз генеральных представителей торгово-промышленных фирм

**Deutscher Gewerkschaftsbund** Объединение немецких профсоюзов, ОНП

**Deutscher Industrie- und Handelstag** Германский конгресс торгово-промышленных палат

**Deutscher Innen- und Außenhandel** *ист.* "Дойчер иннен- унд аусенхандель" ДИА *(наименование внешнеторговой организации бывш. ГДР)*

**Deutscher Normenauschuss** Немецкий комитет технических норм и стандартов

**Deutscher Raiffeisenverband** Немецкий союз рейффейзеновских товариществ

**Deutscher Transportversichererverband** Немецкий союз страховщиков грузов

**Deutscher Verband für Materialprüfung** Немецкое общество по испытанию материалов

**Deutscher Versicherungs-Schutzverband** Союз охраны интересов держателей страховых полисов

**Deutscher Wirtschaftsdienst** Немецкая служба экономической информации

**Deutscher Wirtschaftsverband** Общество немецких экономистов

**Deutsches:**

**Deutsches Amt für Maß und Gewicht** Немецкая палата мер и весов (*существовала до 1961 г., бывш. ГДР*)

**Deutsches Amt für Material- und Warenprüfung** Управление по контролю за качеством материалов и товаров (*до 1964 г.*) (*бывш. ГДР*)

**Deutsches Amt für Meßwesen und Warenprüfung der DDR** Управление метрологии и контроля за качеством товаров *бывш. ГДР*

**Deutsches Ausgleichsamt** *ж.-д.* компенсационное бюро по взаимным расчётам (*бывш. ГДР*)

**Deutsches Institut für Berufsausbildung** Немецкий научно-исследовательский институт профессионального обучения (*бывш. ГДР*)

**Deutsches Institut für Marktforschung** Немецкий институт изучения рыночной конъюнктуры (*бывш. ГДР*)

**Deutsches Institut für Statistische Markt-und Meinungsforschung** Немецкий институт по изучению рыночной конъюнктуры и общественного мнения

**Deutsches Institut für Volksumfragen** Немецкий институт изучения общественного мнения

**Deutsches Institut für Wirtschaftsforschung** Немецкий институт экономических исследований

**Deutsches Wirtschaftsinstitut** Немецкий экономический институт (*научно-исследовательский и информационный*) (*бывш. ГДР*)

**Deutung** *f* интерпретация
**Deutung** смысл, толкование, объяснение

**Devalvation** *f* девальвация

**devalvieren** *vt* девальвировать

**deviation clause** *англ* условие (*в договоре купли-продажи*) о возможности известных отклонений при поставке обусловленных договором товаров; условие (*в чартере*) о возможности захода судна в другие порты (*помимо*

**devinkulieren** *vt* превращать именные акции в предъявительские; дквинкулировать акции

**Devinkulierungsaktie** *f* девинкулированная акция

**Devisen** *f pl* девизы (*чеки, переводы, векселя, аккредитивы и другие расчётные средства в иностранной валюте, используемые в международных расчётах*)

**Devisen** иностранные банкноты (мн.ч.)

**Devisen** иностранная валюта

**eingefrorene Devisen** блокированная валюта

**freie Devisen** свободная валюта

**Devisenabfluss** *m*; (*eng.*) **outflow of foreign exchange** вывоз иностранной валюты; утечка иностранной валюты

**Devisenablieferungspflicht** *f* обязательная сдача в банк (*иностранной*) валюты; обязательная продажа банку (*иностранной*) валюты

**Devisenablieferungsprämie** *f* надбавка к официальному курсу (*при сдаче иностранной валюты*)

**Devisenabrechnungsstelle** *f* клиринговое учреждение

**Devisenabsicherung** *f*; (*eng.*) **foreign exchange hedge** хеджирование иностранной валюты

**Devisenabteilung** *f* девизный отдел банка, валютный отдел банка

**Devisenanforderung** *f* заявка на валюту; заявка на иностранную валюту; заявка на покупку иностранной валюты; заявка на покупку валюты

**Devisenanmeldung** *f* заявление центральному банку о поступлениях в (*иностранной*) валюте

**Devisenarbitrage** *f* валютный арбитраж

**Devisenaufkommen** *n* общая сумма валютных поступлений

**Devisenaufwand** *m* расходы (*в иностранной валюте*)

**Devisenausfall** *m* недовыручка иностранной валюты; недовыручка валюты; недопоступление иностранной валюты; неполное поступление валютной выручки

**Devisenausfuhrsperre** *f* запрет на вывоз валюты; запрет на вывоз иностранной валюты

**Devisenausland** *n* заграница (*по отношению к стране данной валюты*)

**Devisenausländer** *m* нерезидент (*лицо, не проживающее постоянно в стране данной валюты*)

**Devisenausländerin** *f* нерезидент (*лицо, не проживающее постоянно в стране данной валюты*)

**Devisenbank** *f* уполномоченный банк (на проведение валютных операций); девизный банк, валютный банк

**Devisenbedarf** *m* потребности в (*иностранной*) валюте, потребность в иностранной валюте

**Devisenberater** *m* консультант по валютным вопросам

**Devisenberatung** f консультативная служба по валютным вопросам (напр. в банке)

**Devisenbeschaffung** f обеспечение иностранной валютой, приобретение иностранной валюты

**Devisenbeschaffung** получение валюты

**Devisenbeschaffung** обеспечение валютных поступлений

**Devisenbeschränkungen** f pl валютные ограничения, валютный контроль

**Devisenbestand** m валютная наличность

**Devisenbestand** валютный резерв, валютный запас

**Devisenbewirtschaftung** f валютные ограничения, валютный контроль; система валютных ограничений

**Devisenbewirtschaftung** система валютных предписаний (регулирование оборота иностранных платёжных средств с целью стабилизации обменного курса)

**Devisenbewirtschaftungsgesetz** n закон о валютных ограничениях, закон о валютном контроле

**Devisenbewirtschaftungsstelle** f орган, осуществляющий валютный контроль; орган валютного контроля

**Devisenbilanz** f валютный баланс

**Devisenbonus** m валютная скидка

**Devisenbonus** валютный бонус (напр. в условиях валютного регулирования в свободное распоряжение экспортёра может предоставляться часть валютной выручки или разрешение на покупку валюты)

**Devisenbörse** f валютная биржа; фондовая биржа (на которой осуществляются валютные операции)

**devisenbringend** обеспечивающий поступление иностранной валюты, приносящий иностранную валюту, приносящий доход в валюте, обеспечивающий поступления валюты

**Devisenclearing** n клиринговые расчёты в иностранной валюте, девизный клиринг; валютный клиринг

**Devisendeckungsbescheinigung** f сертификат валютного покрытия

**Devisendefizit** n валютный дефицит; дефицит иностранной валюты; дефицит валюты

**Deviseneingang** m валютные поступления, поступления в (иностранной) валюте

**Deviseneinnahmen** f pl валютные поступления, поступления в иностранной валюте, поступления в валюте

**Devisenerklärung** f тамож. валютная декларация (декларация на ввоз или вывоз валюты)

**Devisenerlös** m доход в валюте, доход в иностранной валюте, выручка в иностранной валюте, валютная выручка

**Devisenertrag** m доход в инвалюте, доход в валюте, доход в иностранной валюте, валютная выручка

**Devisenerwerb** m обеспечение иностранной валютой, приобретение иностранной валюты

**Devisenfonds** m валютный фонд, фонд в иностранной валюте

**Devisenfreibetrag** m часть выручки в инвалюте, остающаяся в распоряжении экспортёра; часть экспортной выручки в иностранной валюте, оставляемая в распоряжении экспортёра

**Devisengegenwert** m валютный эквивалент

**Devisengenehmigung** валютный сертификат

**nachträgliche Devisengenehmigung** валютный сертификат, имеющий обратную силу

**Devisengeschäft** n валютная сделка, валютная операция

**Devisengesetzgebung** f девизное законодательство, валютное законодательство

**Devisengrenze** f валютная граница

**devisengünstig** обеспечивающий крупные поступления иностранной валюты

**Devisenhandel** m торговля иностранной валютой, торговля валютой; торговля девизами, девизная торговля

**Devisenindex** m валютный индекс, индекс валют(ы)

**Deviseninland** n территория, расположенная в пределах валютной границы данной страны; страна данной валюты

**Deviseninländer** m резидент (лицо, постоянно проживающее в стране данной валюты)

**Devisenkauf** m покупка иностранной валюты, покупка валюты, приобретение валюты

**Devisenknappheit** f валютный дефицит, нехватка валюты

**Devisenkontingent** n инвалютные квоты, валютные квоты, валютный контингент

**Devisenkonto** n валютный счёт, инвалютный счёт, счёт в иностранной валюте (в банке)

**Devisenkontrolle** f валютный контроль, валютные ограничения (мн.ч.)

**Devisenkontrollerklärung** f валютная декларация (о ввозе или вывозе валюты)

**Devisenkonvertibilität** f обратимость валют

**Devisenkonvertierbarkeit** *f* обратимость валют

**Devisenkorb** *m* валютная корзина *(набор валют, на основе которого производится пересмотр валютных паритетов или курсов)*

**Devisenkredit** *m* кредит в иностранной валюте, валютный кредит

**Devisenkurs** *m* валютный курс

**Devisenkurs** вексельный курс

**überbewerteter Devisenkurs** завышенный валютный курс

**unterbewerteter Devisenkurs** заниженный валютный курс

**Devisenkursbericht** *m* курсовой бюллетень (иностранных) валют

**Devisenkursbildung** *f* формирование валютных курсов

**Devisenkursnotierung** *f* котировка (иностранной) валюты, валютная котировка

**Devisenkurszettel** *m* курсовой бюллетень иностранных валют

**Devisenlücke** *f* валютный дефицит

**Devisenmangel** *m* девизный голод, валютный голод, нехватка валюты, нехватка инвалюты

**Devisenmarkt** *m* валютный рынок

**Devisenmarkt** рынок девиз

**Devisenmittel** *n pl* валютные средства (мн.ч.); средства в иностранной валюте (мн.ч.)

**Devisennotierung** *f* котировка (иностранной) валюты, котировка валюты, валютная котировка

**Devisenoperation** *f* валютная операция, валютная сделка; операция с девизами

**Devisenordnung** *f* положения, регламентирующие порядок осуществления валютных операций, упорядочение валютных операций, регламентация валютных операций

**Devisenplanung** *f* валютное планирование, планирование поступления и расхода (иностранной) валюты

**Devisenpolitik** *f* девизная политика, валютная политика

**Devisenprämie** *f* надбавка к официальному курсу *(при сдаче иностранной валюты)*

**Devisenpreis** *m* цена в иностранной валюте, цена в валюте

**Devisenpreiskalkulation** *f* калькуляция цен в иностранной валюте, расчёт цен в иностранной валюте

**Devisenprüfung** *f* контроль соблюдения девизного законодательства, проверка соблюдения девизного законодательства

**Devisenquoten** *f pl* инвалютные квоты, валютный контингент; валютные квоты (мн.ч.)

**Devisenrechnung** *f* расчёт в иностранной валюте

**Devisenrechnung** расчёт стоимости иностранных векселей в валюте

**Devisenrecht** *n* валютное право

**devisenrechtlich** имеющий отношение к валютному праву

**Devisenregelung** *f* валютное регулирование, валютный режим

**Devisenrentabilität** *f* валютная рентабельность, валютная эффективность

**Devisenreserve** *f* валютные резервы, валютные запасы

**Devisenrestriktionen** *f pl* валютные ограничения, валютный контроль

**Devisenschieber** *m* спекулянт валютой, *разг.* валютчик

**Devisenschwindel** *m* валютная спекуляция

**Devisenspekulation** *f* валютная спекуляция *(покупка и продажа иностранной валюты с целью получения дохода, реализуемого в форме разницы между текущим и будущим курсами)*

**Devisenstock** *m* валютные резервы

**Devisentermingeschäft** *n* срочная сделка в иностранной валюте *(спекуляция на разнице в курсах)*

**Devisentermingeschäft** срочная сделка с девизами

**Devisenterminhandel** *m* срочная сделка в иностранной валюте *(спекуляция на разнице в курсах)*

**Devisentransaktion** *f* валютная операция, валютная сделка, валютная транзакция

**Devisenüberschussland** *n* страна, имеющая крупные валютные резервы

**Devisenüberwachung** *f* валютный контроль, валютные ограничения

**Devisenumrechnungsfaktor** *m* валютный коэффициент пересчёта, коэффициент пересчёта валют

**Devisenverkehr** *m* валютное обращение, обращение валюты *(валют)*

**Devisenverstoß** *m* нарушение валютного законодательства

**Devisenvorschrift** *f* положения, регламентирующие порядок осуществления валютных операций

**Devisenwert** *m* стоимость в валюте; стоимость выраженная в (иностранной) валюте *(напр. материалов)*

**Devisenwerte** *pl* девизы, (иностранная) валюта, инвалюта

**Devisenwirtschaftlichkeit** f валютная рентабельность, валютная эффективность

**Devisenzahlungsausgleich** m валютный клиринг

**Devisenzertifikat** n валютный сертификат

**Devisenzufluss** m приток валюты, приток иностранной валюты

**Devisenzuteilung** f распределение валюты, распределение иностранной валюты (*в условиях валютных ограничений*)

**Devisenzuteilungsbestätigung** f подтверждение о получении валютных ассигнований

**Devisenzwangsbewirtschaftung** f система валютных ограничений, система валютного контроля

**Devisenzwangwirtschaft** f система обязательной сдачи иностранной валюты государству

**DEW, Deutsche Edelstahlwerke** "Дойче Эдельштальверке" (*металлургический концерн ФРГ*)

**DEWAG, Deutsche Werbe- und Anzeigengesellschaft** "ДЕВАГ" (*государственное рекламное общество, бывш. ГДР*)

**Dezentralisierung** f децентрализация; рассредоточение

**Dezimalklassifikation** f универсальная десятичная классификация, универсальная децимальная классификация, УДК

**Dezimalkomma** n запятая в десятичном числе; десятичная запятая

**Dezimalrechnung** f десятичная арифметика

**Dezimalrechnung** десятичная система счисления

**Dezimalsystem** n десятичная система счисления

**Dezimaltabulator** m десятичный табулятор

**Dezimalwährung** f десятичная денежная система

**Dezimation** f *стат.* сильное сокращение (*напр. населения определённых возрастов*)

**Dezimierung** f *стат.* сильное сокращение (*напр. населения определённых возрастов*)

**d.f., dead freight** *англ.* мёртвый фрахт

**dft, draft** *англ.* тратта; сумма, полученная по тратте

**DGB, Deutscher Gewerkschaftsbund** Объединение немецких профсоюзов, ОНП

**DGK, Deutsche Genossenschaftskasse** Немецкая кооперативная касса

**DGS, Deutsche Gesellschaft für Standardisierung** Общество стандартизации (*бывш. ГДР*)

**DGV, Deutscher Generalagenten-Verband** Союз генеральных представителей торгово-промышленных фирм

**DHL** экспресс-почта **DHL** (название фирмы от заглавных букв учредителей Adrian Dalsey, Larry Hillblom, and Robert Lynn. Основана в 1969г. С 2002г. входит в концерн Deutsche Post World Net)

**DIA, Deutscher Innen- und Außenhandel** *ист.* "Дойчер инен- унд аусенхандель", ДИА (*наименование внешнеторговой организации бывш. ГДР*)

**Diagonalmatrix** f *мат.* диагональная матрица

**Diagramm** n диаграмма; график; схема

**dreidimensionales Diagramm** объёмная диаграмма, трёхмерная диаграмма

**halblogarithmisches Diagramm** полулогарифмическая диаграмма

**logarithmisches Diagramm** логарифмическая диаграмма

**zweidimensionales Diagramm** плоскостная диаграмма

**Diagrammkarte** f картодиаграмма

**Diagrammtafel** f доска регулярно меняющихся показателей, представленных в виде диаграммы

**Dialektik** f диалектика

**Dialogbetrieb** m диалоговый режим, режим диалога

**Diapositivwerbung** f реклама с демонстрацией диапозитивов

**Diätar** m работник с подённой оплатой; временный работник, сверхштатный работник, нештатный работник

**diätarisch** с подённой оплатой

**Diäten** pl оклад депутатов парламента (*в некоторых странах*), суточные; содержание, получаемое парламентариями в некоторых странах

**Diäten** суточная оплата; почасовая оплата (*в ВУЗе*)

**Diätendienstalter** n *уст.* стаж работы, дающий право на получение суточных денег в командировках

**Diätengelder** n pl оклад депутатов парламента (*в некоторых странах*), суточные; содержание, получаемое парламентариями в некоторых странах

**Diätengelder** суточная оплата; почасовая оплата (*в ВУЗе*)

**Diätenproblem** n задача диеты, задача о рационе (*задача линейного программирования*)

**Diätist** m работник с подённой оплатой; временный работник, нештатный работник

**Diätkostgeschäft** n диетический магазин, магазин диетических продуктов, "Диета" (*название магазина*)

**DIB, Deutsche Investitionsbank** Немецкий инвестиционный банк (*бывш. ГДР*)

**DiBa, Deutsch Direktbank** (название немецкого банка) Немецкий онлайновый банк
**Dichtefunktion** *f* функция плотности
**Dichtemittel** *n стат.* мода
**Dichtezahl** *f стат.* относительная величина координации
**Diebstahl** *m* кража, воровство
  **Daten-Diebstahl** *m* хищение данных (информации); несанкционированное копирование данных
  *einen* **Diebstahl begehen** совершить кражу
  **Kraftfahrzeug-Diebstahl** *m* кража автомобиля
  **literarischer Diebstahl** плагиат
  **räuberischer Diebstahl** *юр.* кража с применением насилия
  **Teilnehmer am Diebstahl** соучастник в краже
  **Wilddiebstahl** браконьерство
  *j-n* **wegen Diebstahls verklagen** подать на (кого-л.) в суд за кражу; привлечь к суду за кражу
**Diebstahlklage** *f юр.* возбуждение иска по обвинению в краже; возбуждение иска по обвинению в воровстве
**Diebstahlschutz** *m* защита от хищения; защита от краж
**Diebstahlversicherung** *f* страхование от краж
**Dienst** *m* служба; должность, обязанности
  **Dienst** услуга, обслуживание
  **Dienst** служебное время
  **Dienst** дежурство
  **Dienst** *ист.* повинность, тягло
  **Dienst an Kunden** услуги клиентам и покупателям
  **Dienst der Auslandsschulden** операции по погашению внешнего долга *(напр. выплата процентов)*, операции по обслуживанию иностранного долга
  **in Dienst stellen** сдавать в эксплуатацию
  **öffentlicher Dienst** работа в государственных организациях, работа в муниципальных организациях, работа в органах местного самоуправления; работа в некорпоративных организациях
**Dienstalter** *n* служебный стаж, выслуга лет, стаж, стаж работы
**Dienstanweisung** *f* служебная инструкция, служебное указание
**Dienstaufwand** *m* служебные издержки
**Dienstaufwandsentschädigung** *f* возмещение служебных издержек
**Dienstbarkeit** *f юр.* сервитут *(право пользования в определённых пределах чужим имуществом)*
**Dienstbereich** *m* круг служебных обязанностей
**Dienstbetrieb** *m разг.* внутренний распорядок *(на производстве, в учреждении)*
**Dienstbezeichnung** *f* наименование должности, должность
**Diensteinkommen** *n* заработная плата *(как статья дохода)*
**Dienstgeber** *m* хозяин, патрон; работодатель
**Dienstgewicht** *n* вес в рабочем состоянии
**Dienstherr** *m* хозяин, патрон, шеф, босс; работодатель
  **Dienstherr** *ист.* помещик, обладающий правом барщины, сеньор
**Dienstleben** *n ист.* ленная повинность
**Dienstleister** *m* работник службы быта
**Dienstleister** лицо, оказывающее услуги
**Dienstleistung** *f pl* услуги *(как сфера деятельности)*
  **Dienstleistungen gegen Entgelt** платные услуги
  **kommerzielle Dienstleistung** коммерческие услуги
  **hauswirtschaftliche Dienstleistungen** бытовые услуги
  **materielle Dienstleistungen industrieller Art** производственные услуги, промышленные услуги
  **kommerzielle Dienstleistungen** коммерческие услуги
  **kommunale Dienstleistungen** коммунальные услуги
  **kostenlose Dienstleistungen** бесплатные услуги
  **materielle Dienstleistungen** материальные услуги
  **unentgeltliche Dienstleistungen** бесплатные услуги
**Dienstleistungsabgabe** *f* отчисление народными предприятиями в госбюджет части прибыли, полученной за предоставленные услуги *(бывш. ГДР)*; налог с оборота по нетоварным операциям
**Dienstleistungsabkommen** *n* соглашение о порядке расчетов за предоставление встречных услуг, соглашение о порядке расчетов за предоставление взаимных услуг
**Dienstleistungsabteilung** *f* вспомогательный цех предприятия *(напр. внутризаводской транспорт, складское хозяйство)*
**Dienstleistungsauftrag** *m* заказ на оказание услуг; заказ на предоставление услуг; подряд на оказание услуг
**Dienstleistungsaufträge** *m, pl* заказы на оказание услуг; заказы на предоставление услуг; подряд на оказание услуг

**Dienstleistungsbereich** *m* сфера услуг

**Dienstleistungsbetrieb** *m* предприятие бытового обслуживания *(напр. прачечная)*

**Dienstleistungsbilanz** *f* баланс услуг

**Dienstleistungsbilanz** баланс услуг и некоммерческих платежей *(часть платёжного баланса)*

**Dienstleistungskombinat** *n* комбинат бытового обслуживания

**Dienstleistungskombinat innerhalb eines Wohnkomplexes** жилищно-бытовой комбинат; ЖБК

**Dienstleistungskosten** *pl* хозяйственные расходы *(комплексные расходы, исключающие затраты на освещение, отопление, общие управленческие расходы)*

**Dienstleistungspreis** *m* цена на услуги

**Dienstleistungssphäre** *f* сфера обслуживания

**Dienstleistungstarif** *m* тариф на услуги, тариф на платные услуги

**Dienstleistungsunternehmen** *n* предприятие бытового обслуживания, фирма в сфере услуг

**Dienstleistungsvertrag** *m* договор о предоставлении населению определённых услуг *(напр. прокат, ремонт)*

**Dienstleistungsvertrag** договор о предоставлении партнёру по внешнеторговой сделке определённых услуг

**Dienstleistungsvertrag** договор о предоставлении услуг *(напр. монтаж купленного оборудования)*

**Dienstlohn** *m* заработная плата, зарплата, жалованье, содержание, служебное содержание

**Dienstnehmer** *m* наёмный рабочий, служащий

**Dienstpersonal** *n* дежурный персонал

**Dienstprogramm** *n* обслуживающая программа; сервисная программа; служебная программа; вспомогательная программа

**Dienstreise** *f* командировка, служебная командировка, служебная поездка

**Dienstreisekosten** *pl* расходы по служебной командировке; командировочные расходы

**Dienstsache** *f* служебное дело; служебный документ

**gebührenpflichtige Dienstsache** государственная услуга, подлежащая гербовой оплате

**gebührenpflichtige Dienstsache** служебный документ, подлежащий оплате гербовым сбором

**Dienststellung** *f* должность; служебное положение; служебная функция

**Dienstverhältnis** *n* отношения между нанимателем и служащим; служебные отношения

**Dienstverhältnisse** *n, pl*, **mehrere** работа по совместительству в нескольких местах

**Dienstvermittlung** *f* посредничество в найме служащих, посредничество в найме работников

**dienstverpflichten** привлекать к отбыванию трудовой повинности

**Dienstverpflichtung** *f* принудительное привлечение к отбыванию трудовой повинности

**Dienstverschaffung** *f* соглашение, по которому работодатель имеет право временно передавать имеющуюся в его распоряжении рабочую силу третьему лицу *(физическому или юридическому)*

**Dienstvertrag** *m* трудовое соглашение *(на выполнение определённой работы)*

**Dienstvorschrift** *f* служебное предписание; служебная инструкция

**Dienstzeit** *f* служебное время; время дежурства; срок службы, продолжительность службы; срок действия найма

**Dienstzweig** *m* род службы

**diese Waren haben lebhaftes Interesse geweckt** эти товары вызвали живой интерес; эти товары пробудили живой интерес

**DIfB, Deutsches Institut für Berufsausbildung** Немецкий научно-исследовательский институт профессионального обучения *(бывш. ГДР)*

**Differentialaufwand** *m* дифференциальные затраты

**Differentialaufwendungen** *f pl* дифференциальные затраты

**volkswirtschaftliche Differentialaufwendungen eines gegebenen Produktes** дифференциальные затраты народного хозяйства по данному продукту

**Differentialeinkommen** *n* дифференциальный доход, разностный доход

**Differentialgleichung** *f* дифференциальное уравнение

**Differentialkosten** *pl* дифференциальные издержки

**Differentiallohnsystem** *n* дифференциальная система оплаты труда

**Differentialrente** *f* дифференциальная рента

**Differentialrenteneinkommen** *n* дифференциальный рентный доход

**Differentialrentenmethode** *f* метод дифференциальной ренты, венгерский метод *(метод решения транспортных проблем)*

**Differentialspiel** *n* дифференциальная игра *(в теории игр)*
**Differentialtarif** *m* дифференциальный тариф
**Differentialwert** *m* дифференциальная стоимость
**Differentialzoll** *m* дифференциальная таможенная пошлина
**Differentiation** *f* дифференциация, обособление; расчленение; расслоение; *мат.* дифференцирование
**Differenz** *f* разница, различие
  **Differenz** *мат.* разность
  **Differenz von Durchschnittsgrößen** *стат.* различие средних величин
  **Differenz von Variationskoeffizienten** *стат.* различие коэффициентов вариации
  **signifikante Differenz** *стат.* существенное различие
**Differenzengleichung** *f мат.* уравнение в конечных разностях, разностное уравнение
**Differenzenmethode** *f мат.* метод конечных разностей
**Differenzenprobe** *f* таблица разниц между статьями торгового баланса и баланса предприятия, составленного для определения суммы налогового обложения
**Differenzgeschäft** *n* биржевая сделка на курсовую разницу, биржевая сделка на разницу *(в курсе ценных бумаг)*; биржевая игра на разницу
**Differenzgewinn** *m* дифференциальная прибыль
**Differenzhandel** *m* биржевая сделка на курсовую разницу *(сделка, не предполагающая реальной передачи ценных бумаг, а лишь уплату разницы между договорной и фактической ценой на момент поставки)*
  **Differenzhandel** биржевая игра на разницу *(в курсе ценных бумаг)*

**Differenzierung** *f* дифференциация, обособление; расчленение; расслоение
  **Differenzierung** *мат.* дифференцирование
  **Differenzierung der Bauernschaft** дифференциация крестьянства, расслоение крестьянства
**Differenzkosten** *pl* изменение затрат, разность затрат
  **Differenzkosten** прирост издержек
**Differenzmethode** *f* разностный метод
**Differenzrechnung** *f* расчёт разности *(между двумя значениями показаний)*
**Differenzsteuer** *f* налог, взимаемый с разницы между двумя ценностными показателями *(напр. между оптовой ценой промышленности и оптовой ценой предприятия)*, разностный налог
**Differenzstornierung** *f бухг.* сторнирование разницы
**differieren** разниться, различаться
**diffizil** затруднительный; неприятный
  **diffizil** щекотливый *(вопрос, дело)*
**Diffusionsindex** *m* диффузионный индекс, индекс диффузии *(в экономическом прогнозировании)*
**digital** цифровой
  **digital ausliefern** поставлять в цифровом виде, поставлять в электронном виде *(напр. аудиофайлы, ПО, видеофайлы через Интернет)*
  **digitale Signatur f** цифровая подпись
  **digitale Wirtschaft f** электронная экономика; цифровая экономика
  **die Aufbewahrungskosten (für etw.) in digitaler Form sind minimal** затраты на хранение (чего-л.) в электронной форме минимальны

**Digital-Analog-Umsetzer** *m* цифро-аналоговый преобразователь
**Digitaladdierer** *m* цифровой сумматор
**Digitalinformation** *f* цифровая информация, информация в цифровом виде, оцифрованная информация
**Digitalisation** *f* дигитализация; перевод в электронную форму; перевод в цифровую форму
**Digitalisierung** *f* преобразование в цифровую форму, преобразование в дискретную форму; квантование; оцифровка
**Digitalisierung der Prozesse** *pl* дигитализация процессов
**Digitalnetz** *n* система передачи цифровых данных; сеть цифровой связи
**Digitalrechenmaschine** *f устар.* цифровая вычислительная машина, ЦВМ
**Digitalrechner** *m* цифровая вычислительная машина, ЦВМ
**Digitalspeicher** *m* цифровая память, цифровое запоминающее устройство
**DIHT, Deutscher Industrie- und Handelstag** Конгресс торгово-промышленных палат
**Diktiergerät** *n* диктофон
**Diktiertechnik** *f* диктофонная техника
**DIM, Deutsches Institut für Marktforschung** Немецкий институт изучения рыночной конъюнктуры *(бывш. ГДР)*
**Dimension** *f* размер; размерность
  **Dimension** измерение
  **Dimension einer Verflechtungstabelle** размерность таблицы межотраслевого баланса
  **Dimension ökonomischer Größen** размерность экономических величин
**Dimensionierung** *f* определение размерности
  **Dimensionierung** определение размеров, определение величины

**DIN, Deutsche Industrie-Norm** промышленный стандарт ФРГ, Германский промышленный стандарт

**dingen** *ист.* нанимать; вербовать

**dingen** торговаться

**Dinggeld** *n ист.* задаток

**Dingpfennig** *m ист.* задаток

**Dinta, Deutsches Institut für technische Arbeitsschulung** *ист.* Германский институт технического обучения

**Dipl.-Ing.Ök., Diplom-Ingenieurökonom** дипломированный инженер-экономист

**Dipl.-Kfm., Diplom-Kaufmann** дипломированный специалист по экономике и организации торговли

**Dipl.-Volksw., Diplom-Volkswirt** дипломированный экономист

**Diplom-Betriebswirt** *m* дипломированный специалист по экономике и организации производства

**Diplom-Kaufmann** *m* дипломированный специалист по экономике и организации торговли

**Diplom-Volkswirt** *m* дипломированный экономист

**Diplom-Wirtschafts-Ingenieur** *m* дипломированный инженер-экономист

**Direkfinanzierung** *f* прямое финансирование

**Direkfinanzierung aus dem Haushalt** прямое бюджетное финансирование

**Direktabnehmer** *m* непосредственный покупатель

**Direktanlage** *f* прямые капиталовложения, прямые инвестиции

**Direktausfuhr** *f* прямой экспорт, экспорт без посредников

**Direktberechnung** *f* прямой расчёт

**sortimentsbezogene Direktberechnung des Gewinns** расчёт прибыли непосредственно в зависимости от сортамента продукции, расчёт прибыли непосредственно в зависимости от ассортимента продукции

**Direktbetrieb** *m* предприятие централизованного подчинения, предприятие центрального подчинения

**Direktbezieher** *m* непосредственный потребитель; непосредственный покупатель

**Direktbeziehung** *f* прямая связь

**Direktbezug** *m* прямая закупка

**Direktbezug** транзитное снабжение

**Direktbezugsmengenprämie** *f* премия, выплачиваемая предприятиям розничной торговли при прямой закупке отдельных видов товаров *(гл. обр. скоропортящихся)*

**Direktdiskont** *m* учёт коммерческих векселей непосредственно в эмиссионном банке, учёт коммерческих векселей непосредственно в эмиссионных банках без оборота на другие кредитные учреждения

**direkte und kostenlose Zugang zu Ihren Kontoauszügen** онлайновый и бесплатный доступ к Вашим банковским выпискам (в Интернет-банкинге)

**Direkteinfuhr** *f* прямой импорт, импорт без посредников

**Direkterzeuger** *m* непосредственный производитель

**Direktexport** *m* прямой экспорт, экспорт без участия посредников

**Direktfinanzierung** *f* прямое финансирование

**Direktgeschäft** прямая сделка, сделка без посредника

**Direktgeschäft** прямые коммерческие связи

**Direkthersteller** *m* непосредственный производитель

**Direktimport** *m* прямой импорт, импорт без посредников, импорт без участия посредников

**Direktinvestition** *f* прямые инвестиции, прямые капиталовложения

**Direktion** *f* дирекция, правление; управление

**Direktionsbereich** *m* сфера деятельности дирекции *(предприятия)*, область деятельности дирекции *(предприятия)*

**Direktionsmappe** *f* досье дирекции предприятия *(с материалами для постоянного контроля за производством и т.п.)*

**Direktivkennziffer** *f* директивный показатель

**Direktkopplung** *f* прямая связь; прямое подсоединение

**Direktkredit** *m* прямой кредит; кредит. получаемый без посредников

**Direktlieferung** *f* прямая поставка, поставка напрямую

**Direktor, delegierter** директор *(акционерного общества)*, избираемый общим собранием акционеров

**Direktor für Arbeit** директор по груду *(на крупных предприятиях в бывш. ГДР)*

**Direktor für Beschaffung und Absatz** директор по снабжению и сбыту *(на крупных предприятиях в бывш. ГДР)*

**Direktor für Produktion** директор по вопросам производства; начальник производства

**geschäftsführender Direktor** директор-распорядитель, исполнительный директор
**kaufmännischer Direktor** коммерческий директор
**ökonomischer Direktor** директор по экономике; директор по экономическому развитию; главный экономист; начальник экономического отдела (управления)
**technischer Direktor** технический директор; главный инженер
**Direktorat** *n* директорат
**Direktorenfonds** *m* фонд директора, директорский фонд
**direktorial** директорский, находящийся в ведении директора, относящийся к компетенции директора
**Direktorialsystem** *n* система коллегиального руководства предприятий, при которой решающее слово имеет одно лицо *(напр. генеральный директор)*
**Direktorium** *n* правление *(в составе нескольких директоров)*; административный комитет *(орган Европейского платёжного союза)*
**Direktproduzent** *m* непосредственный производитель
**Direktrabatt** *m* прямая скидка
**Direktüberweisung** *f* прямой перевод денежной суммы с одного счёта на другой *(обычно через расчётную палату)*; прямой перевод денежной суммы с одного счёта на другой через жироцентраль
**Direktverbraucher** *m* непосредственный потребитель; непосредственный покупатель
**Direktverfahren** *n* прямой метод расчёта
**Direktverfahren der Gewinnberechnung** прямой метод расчёта прибыли

**Direktverkauf** *m* продажа потребительских товаров непосредственно потребителю *(через розничную торговую сеть промышленных предприятий)*; прямые продажи
**Direktverkehr** *m* прямое сообщение, прямое транспортное сообщение
**Direktverkehr** прямые связи, прямые коммерческие связи
**Direktversand** *m* прямая отгрузка, отгрузка непосредственно потребителю
**Direktvertrag** *m* договор о прямых поставках; прямой хозяйственный договор *(между двумя промышленными предприятиями, бывш. бывш. ГДР)*
**Direktvertrag** договор о прямых связях
**Direktwerbung** *f* реклама непосредственно среди потребителей; прямая реклама
**Direktzugriff** прямое обращение, непосредственное обращение *(напр. к памяти)*
**Direktzugriff** *m* прямой доступ, непосредственный доступ *(напр. к данным)*
**Dirigismus** *m* дирижизм, система активного государственного воздействия на экономику
**dis., discount** англ. скидка, дисконт *(напр. понижение цены на товар из-за его несоответствия оговоренному качеству)*
**Disaggregation** *f* дезагрегирование; разложение; разукрупнение
**Disagio** *n* дизажио, разница между номинальной стоимостью облигации и её эмиссионным курсом
**Disagiokonto** *n* счёт дизажио
**disbursement** англ. издержки по обслуживанию судна
**disbursement** выплата

**disbursement** выплаченная сумма
**disbursement** оплата, расплата
**disc., discount** дисконт, учёт векселей
**Disintermediation** *f* отказ от посредничества
**Diskette** *f* дискета
**Diskont** *m* дисконт, учётный процент *(разность между номиналом и выплачиваемой суммой при покупке векселя)*, учёт векселей
**Wechsel in Diskont nehmen** учитывать вексель; дисконтировать вексель
**Diskontabbau** *m* понижение учётного процента, снижение учётного процента
**diskontabel** учётоспособный, учитываемый; принимаемый банком к учёту *(о векселе)*
**Diskontanstalt** *f* учётный банк, дисконтный банк
**Diskontbank** *f* дисконтный банк; банк, занимающийся учётом обязательств
**Diskontberechnung** *f* калькуляция учётного процента
**Diskontberechnung** начисление учётного процента
**Diskontbetrag** *m* сумма дисконта
**diskontfähig** учётоспособный, учитываемый; принимаемый банком к учёту, дисконтируемый *(о векселе)*
**Diskontfuß** *m* учётная ставка; ставка дисконта; дисконтная ставка
**Diskontgeber** *m* дисконтёр, покупатель векселя
**Diskontgeschäft** *n* банковская операция по дисконтированию векселей, банковская операция по учёту векселей, операция по учёту *(покупке)* векселей
**Diskontgesellschaft** *f* учётное (акционерное) общество

**Diskonthaus** *n* учётный банк, дисконтный банк

**Diskontherabsetzung** *f* понижение учётного процента, снижение учётного процента

**Diskonthöhe** *f* размер учётного процента, величина учётного процента, уровень учётного процента

**diskontierbar** учётоспособный, принимаемый банком к учёту, дисконтируемый *(о векселе)*

**Diskontieren** *n*, **nochmaliges** переучёт векселей

**diskontieren** *vt* учитывать вексель, дисконтировать вексель, покупать вексель

**Diskontierung** *f* дисконтирование *(процесс, позволяющий определить сегодняшнюю ценность будущих поступлений и/или будущую ценность сегодняшних денежных доходов - применяется при принятии экономических решений)*

**Diskontierung** дисконтирование векселей, учёт векселей, покупка векселей; дисконтирование *(приведение экономических показателей разных лет к сопоставимому по времени виду)*

**Diskontierungsfaktor** *m* дисконтирующий множитель

**Diskontinstitut** *n* учётный банк, дисконтный банк

**diskontinuierlich** прерывный, дискретный

**Diskontinuität** *f* прерывность, отсутствие преемственности; прерывность, дискретность

**Diskontkredit** *m* кредит дисконтного банка; кредит, выдаваемый при учёте векселей, кредит по учёту векселей, учётный кредит

**Diskontnehmer** *m* дисконтёр, покупатель векселя

**Diskontnota** *f* опись дисконтируемых бумаг

**Diskontnota** опись дисконтируемых векселей и чеков

**Diskonto** *m* дисконт

**Diskontpolitik** *f* дисконтная политика, учётная политика, политика в области учёта

**Diskontpolitik** дисконтная политика центрального банка по регулированию стоимости кредита путём изменения учётной ставки

**Diskontprovision** *f* комиссия, взимаемая за учёт векселей *(помимо учётного процента)*

**Diskontrate** *f* дисконтная ставка, ставка учётного процента

**Diskontrechnung** *f* исчисление дисконтной суммы; калькуляция учётного процента, расчёт учётного процента

**Diskontsatz** *m* ставка учётного (банковского) процента

**Diskontsatz** учётная ставка

**Diskontsatzsenkung** *f* снижение учётной ставки

**Diskontsenkung** *f* понижение учётного процента, снижение учётного процента, снижение дисконтного процента

**Diskontspesen** *pl* издержки, связанные с дисконтированием; расходы по дисконтированию векселей, расходы по учёту векселей

**Diskontspesen** куртаж, банковский процент

**Diskontstelle** *f* учётная контора

**diskontunfähig** неучётоспособный, не принимаемый банком к учёту *(о векселе)*

**Diskontverkehr** *m* учётные операции, учётное обращение; дисконтное обращение

**Diskontwechsel** *m* учтённый вексель

**Diskontwechsel** учётный вексель

**diskreditieren** дискредитировать, создавать дурную репутацию

**Diskrepanz** *f* отклонение; расхождение; несоответствие, разрыв; разногласие, разлад

**diskret** *мат.* прерывный, дискретный

**Diskretheit** *f мат.* прерывность, дискретность

**Diskretionstage** *m pl* грационные дни, льготные дни *(для оплаты векселя)*

**Diskriminanzanalyse** *f* дискриминантный анализ

**Diskrimination** *f* дискриминация

**Diskriminierung** *f* дискриминация

**politische Diskriminierung** политическая дискриминация

**wirtschaftliche Diskriminierung** экономическая дискриминация

**Diskriminierungsmaßnahmen** *f pl* дискриминационные меры

**Diskriminierungspolitik** *f* политика дискриминации, дискриминационная политика

**DISMA, Deutsches Institut für Statistische Markt- und Meinungsforschung** Немецкий институт статистических исследований рынка и изучения общественного мнения

**Dispache** *f фр.* диспаша, расчёт убытков от общей аварии *(судна и груза)*

**Dispacheur** *m фр. мор.* диспашёр, специалист по составлению диспаши, составитель диспаши

**dispachieren** *фр. мор.* определять убытки от общей аварии, составлять диспашу

**Disparität** *f* несоответствие; расхождение; диспропорция; диспаритет

**Dispatcher** *m* диспетчер

**Dispatcherbüro** *n* диспетчерский пункт

**Dispatcherdienst** *m* диспетчерская служба

**Dispatcherdienst** диспетчирование, служба диспетчеров

**Dispatcherleitstelle** *f* диспетчерский пункт

**Dispatcherwesen** *n* диспетчирование, служба диспетчеров

**Dispatcherzentrale** *f* диспетчерский пункт

**Dispens** *m f австр.* особое разрешение, льгота; освобождение от исполнения обязательства

**dispensieren** *vt* освобождать от выполнения обязательства, освобождать от исполнения обязательства

**Dispersion** *f стат.* дисперсия, рассеяние

**Displacement-Effekt** *m* эффект скачкообразного роста государственных расходов в чрезвычайных обстоятельствах, когда по истечении этих обстоятельств расходы не снижаются до прежнего уровня

**Display** *n англ.* дисплей, монитор

**Disponent** *m* диспонент, управляющий, распорядитель; диспонент, уполномоченный, доверенный торгового предприятия

**disponibel** свободный; имеющийся в распоряжении

**Disponibilität** *f* возможность манёвра *(средствами, ресурсами)*

**Disponibilität** наличность, наличие *(напр. товара, финансовых средств)*

**Disponibilität des Arbeiters** возможность многостороннего использования рабочей силы в трудовом процессе; возможность манёвра рабочей силой

**Disponibilitätsreserve** *f* наличный резерв, наличествующий резерв *(напр. товара)*

**disponieren** *vt* размещать, располагать

**disponieren** распоряжаться

**Disposition** *f* диспозиция, размещение *(план)*

**Disposition** расположение, размещение

**Disposition** распоряжение

**Disposition** диспозитивная часть правовой нормы, диспозиция

**Dispositionen** *f, pl*, **gegenteilige** отменяющие распоряжения; распоряжения, противоречащие друг другу

**dispositionsfähig** дееспособный

**Dispositionsfonds** *m* резервный фонд; фонд, предоставленный в распоряжение; фонд, имеющийся в распоряжении

**Dispositionsfreiheit** *f* свободное размещение средств

**Dispositionsgut** *n* имущество, находящееся в распоряжении

**Dispositionskartei** *f* картотека складского учёта свободных и необходимых остатков материальных ценностей; картотека движения материалов; картотека размещения материалов

**Dispositionspapiere** *n pl* документы на право распоряжения

**Dispositionspapiere** товарораспорядительные документы

**Dispositionsschein** *m* обязательство банкира уплатить третьему лицу обусловленную сумму

**Disproportion** *f* диспропорция; несоразмерность; разрыв

**volkswirtschaftliche Disproportion** народнохозяйственная диспропорция; диспропорции в экономике; экономические диспропорции

**Disproportionalität** *f* диспропорциональность

**dispute** *англ.* отметка в коносаменте о наличии разногласия между судовладельцем и грузоотправителем по вопросу погрузки

**Disqualifikation** *f* деквалификация

**disqualifizieren** деквалифицировать

**Distanzfracht** *f* фрахт за перевозку грузов на известное расстояние

**Distanzscheck** *m* иногородний чек

**Distanztarif** *m* тариф, устанавливаемый в зависимости от расстояния; дифференциальный тариф

**Distanztratte** *f* иногородний переводный вексель

**Distanzwechsel** *m* иногородний вексель

**Distribution** *f* распределение

**Distribution** *f* распределение доходов и имущества по группам населения (или регионам)

**Distribution** распределение товаров среди покупателей

**Distribution** дистрибуция, дистрибьюция

**Distributionskanal** *m* канал распределения; дистрибуторский канал; канал дистрибуции; канал сбыта через дистрибуторов

**Distributionsmethode** *f* дистрибутивный метод *(метод линейной оптимизации для решения транспортных проблем)*

**modifizierte Distributionsmethode** модифицированный дистрибутивный метод

**Distributionsprozess** *m* процесс распределения

**Distributionssphäre** *f* сфера распределения

**Distributionstheorie** *f* теория распределения

**Distributionsverhältnisse** *n pl* отношения распределения

**Distributionsweise** *f* способ распределения; способ дистрибуции, способ дистрибьюции

**distributiv** распределительный, дистрибутивный

**distributor** *англ.* дистрибутор, дистрибьютор

**Disziplinarmaßnahme** *f* дисциплинарная мера, мера дисциплинарного воздействия

**Disziplinarstrafe** *f* дисциплинарная мера, мера дисциплинарного воздействия

**divd, dividend** *англ.* дивиденд

**divergent** дивергентный, расходящийся

**Divergenz** *f* дивергенция, расхождение

**Divergenzkoeffizient** *m* коэффициент дивергенции, коэффициент расхождения

**divers** различный, разный

**Diversa** *pl лат. бухг.* "разные" *(небольшие позиции в счетах)*

**Diversifikation** *f* диверсификация, рассредоточение, рассеивание *(напр. политика предприятия по расширению номенклатуры и каналов сбыта с целью уменьшить риск специализации)*

  **horizontale Diversifikation** горизонтальная диверсификация *(напр. расширение номенклатуры однотипных товаров)*

  **laterale Diversifikation** латеральная диверсификация *(нередко - проникновение в другие отрасли)*

  **vertikale Diversifikation** вертикальная диверсификация *(освоение предшествующих и последующих по отношению к основному продукту стадий производства)*

**Diversifizierungsprogramm** *n* программа диверсификации *(напр. производства)*

**Dividend** *m* делимое число

  **Dividend** числитель *(дроби)*

**Dividende** *f фр.* дивиденды, дивиденд

  **Dividende abwerfen** приносить дивиденды

  **Dividende ausschütten** выплачивать дивиденды

  **Dividende bringen** приносить дивиденды

  **Dividende erhöen** повышать дивиденды

  **exklusive Dividende** привилегированный дивиденд

  **hohe Dividende** высокие дивиденды, высокий дивиденд

  **kumulative Dividende** дивиденд, выплачиваемый за предшествующие годы *(при несвоевременной выплате его)*; кумулятивные дивиденды

  **unbehobene Dividende** невостребованный дивиденд(ы)

**Dividendenabgabe** *f* налог на дивиденды

**Dividendenahgabe** *f* налог на дивиденды; выплата дивидендов

**Dividendenanweisung** *f* дивидендный купон *(наличие такого купона даёт право на получение дивиденда)*

**Dividendenatschnitt** *m* дивидендный купон *(наличие такого купона даёт право на получение дивиденда)*

**Dividendenausschüttung** *f* выплата дивидендов; распределение дивидендов

**Dividendenberechtigung** *f* право на получение дивидендов

**Dividendenbogen** *m* купонный лист *(акции)*

**Dividendendienst** *m* выплата дивидендов

**Dividendenerklärung** *f* заявление о дивидендах, установление размера дивидендов

**Dividendenfestsetzung** *f* установление размера дивидендов

**Dividendenfonds** *m* прибыль, предназначенная для выплаты дивидендов

  **Dividendenfonds** *pl n* суммы, подлежащие распределению между акционерами *(в качестве дивиденда)*

**Dividendengarantie** *f* гарантия выплаты минимума дивидендов, гарантия выплаты обусловленного минимума дивидендов

**Dividendenhöhe** *f* размер выплачиваемых дивидендов

**Dividendenkonto** *n* счёт дивидендов

**Dividendenpapier** *n* ценные бумаги *(напр. акции)*

**Dividendenpapiere** *n pl* ценные бумаги, приносящие доход в виде дивидендов

**Dividendenpolitik** *f* политика в области дивидендов

**Dividendenreserve** *f* резерв для выплаты дивидендов *(в годы спада деловой активности)*

**Dividendenschein** *m* дивидендный купон *(наличие такого купона даёт право на получение дивиденда)*

**Dividendenscheineinlösung** *f* инкассирование дивидендного купона

**Dividendenstopp** *m* запрет на повышение размера дивиденда

**Dividendenverteilung** *f* распределение дивиденда, распределение дивидендов

**Dividendenverwässerung** *f* размывание дивидендов

**Dividendenzahlung** *f* выплата дивидендов

**dividieren** *vt* делить, разделить

  **dividieren durch ...** делить на ...

**Division** f мат. деление
**Divisionskalkulation** f метод калькуляции путём деления (общей суммы издержек на количество изделий при массовом производстве однородных изделий)
**Divlsionskalkulation** определение издержек производства единицы продукции путём деления показателя общих издержек на показатель всей произведённой продукции, простой метод калькуляции
**einfache Divlsionskalkulation** простой метод калькуляции путём деления, метод калькуляции путём простого деления
**DIVO, Deutsches Institut für Volkstumsfragen** Немецкий институт изучения общественного мнения
**DIW, Deutsches Institut für Wirtschaftsforschung** Немецкий институт экономических исследований
**DJ:**
  **DJ, Dschibuti** Джибути, до 1978г. код AG
  **d.J., dieses Jahres** сего года
**DJF, Dschibuti-Franc, - Dschibuti** Франк Джибути (код валюты 262), - Джибути
**DK:**
  **DK, Dezimalklassifikation** десятичная система классификации
  **DK, Dänemark** Дания, до 1978г. код DR
**Dkfm., Diplom-Kaufmann** дипломированный специалист по экономике и организации торговли
**DKK, Dänische Krone, - Dänemark, Färöer, Grönland** Датская крона (код валюты 208), - Дания, Фарерские острова, Гренландия
**dKr, Dänische Krone** датская крона (денежная единица Дании)

**DLG, Deutsche Landwirtschafts-gesellschaft** Немецкое сельскохозяйственное общество
**d.l.o., despatch loading only** англ. диспач уплачивается только за быструю погрузку
**DM:**
  **d.M., dieses Monats** сего месяца
  **DM, Deutsche Mark** немецкая марка
  **DM-Eröffnungsbilanz** f вступительный баланс, исчисленный в марках ФРГ; начальный баланс, исчисленный в марках ФРГ
**DMBG, D-Mark-Bilanzgesetz** закон о составлении вступительных балансов в марках ФРГ (изданный в Зап. Германии 21.8.1949 г.)
**DMEB, DM-Eröffnungsbilanz** вступительный баланс, исчисленный в марках ФРГ; начальный баланс, исчисленный в марках ФРГ
**DMR, Deutsches Mietrecht** немецкое арендное право
**DN:**
  **D/N., debit note** дебет-нота, дебетовое авизо
  **DN, Deutsche Notenbank** ист. Немецкий эмиссионный банк (до 1968 г.; бывш. ГДР)
  **D/n, debit note** дебет-нота, дебетовое авизо
**DNA, Deutscher Normen-Ausschuss** Немецкий комитет технических норм и стандартов
**DO:**
  **D/O, delivery order** англ. свидетельство о поставке, деливери-ордер
  **DO, Dominikanische Republik** Доминиканская республика
**DOAG, Deutsch-Ostasiatische Gesellschaft** Общество развития торговых отношений между ФРГ и странами Восточной Азии

**Dockgebühr** f доковый сбор
**Dockgeld** n доковый сбор
**Dockschein** m доковый варрант, доковая сохранная записка
**Dockwarrant** m доковый варрант, доковая сохранная расписка
**documents against payrnent** англ. документы против платежа
**Dokument** n документ
**Dokumentation** f документация
  **Dokumentation** документирование, документальное подтверждение
  **Dokumentation**, подбор и систематизация документов для дальнейшего использования
**Dokumentationsaustausch** m обмен документацией (напр. научно-технической)
**Dokumente** n pl документы
**Dokumente gegen Akzept** документы против акцептора (условие о выдаче покупателю после акцептования товарораспорядительных документов)
**Dokumente gegen Zahlung** документы при уплате, документы против платежа, документы за наличный расчёт (условие о выдаче покупателю товарораспорядительных документов только при уплате суммы счета наличными)
**zahlungsauslösende Dokumente** платёжные документы
**Dokumentenakkreditiv** n документарный аккредитив, товарный аккредитив (аккредитив, выплата по которому производится против предъявления определённых документов)
**Dokumentenaufnahme** f документальная проверка
**Dokumentendurchlauf** m документооборот

**Dokumentendurchlaufzeit** f срок прохождения документов

**Dokumentengegenwert** m сумма документов

**Dokumenteninkasso** n акцепт документов, переданных банку на инкассо; инкассо против документов

**Dokumenteninkasso** инкассо против документов (*оплата суммы счёта-фактуры по предъявлении счёта, коносамента, упаковочного листа и прочих документов*)

**Dokumentenkredit** m документарный кредит; кредит, выдаваемый под определённые документы

**Dokumentenregulativ** n единый порядок осуществления операций по документарным аккредитивам (*установленный Международной торговой палатой*)

**Dokumententratte** f документированная тратта (*при передаче в рамбурсной сделке тратты против документов-коносамента, страхового полиса и др.*)

**dokumentieren** документировать, обосновывать документами, подтверждать документами

**Dollar-Drive** m меры, применяемые для увеличения экспорта в долларовую зону

**Dollarabfluss** m утечка долларов

**Dollarabwanderung** f утечка долларов

**Dollaranleihe** f долларовый заём

**Dollararea** f долларовая зона; зона хождения (обращения) доллара

**Dollaraufkommen** n поступления в долларах

**Dollarblock** m долларовый блок

**Dollardefizit** n долларовый дефицит

**Dollargebiet** n долларовая зона; зона хождения (обращения) доллара

**Dollarguthaben** n pl долларовые авуары, авуары в долларах

**Dollarhungpr** m долларовый голод, нехватка долларов

**Dollarklausel** f долларовая оговорка

**Dollarknappheit** f долларовый голод, нехватка долларов

**Dollarland** n страна, входящая в долларовую зону

**Dollarlücke** f долларовый голод, нехватка долларов

**Dollarmangel** m долларовый голод, нехватка долларов

**Dollarnote** f бумажный доллар, долларовая банкнота

**Dollarpool** m долларовый пул

**Dollarraum** m долларовая зона; зона хождения (обращения) доллара

**Dollarschein** m бумажный доллар, долларовая банкнота

**Dollarsphäre** f долларовая зона; зона хождения (обращения) доллара

**Dollarspritze** f долларовая инъекция

**Dollarunterwanderung** f der **Wirtschaft** проникновение доллара в экономику, долларизация экономики

**Dollarverknappung** f долларовый голод, нехватка долларов

**Dollarzahlungen** f pl платежи в долларах

**Dollarzone** f долларовая зона

**DÖMAG, Deutsch-Österreichische Messe-und Außenhandelsgesellschaft** Германо-австрийское общество ярмарок и внешнеторговых операций

**Domäne** f *ист.* земельная собственность; вотчина; родовое поместье

**Domäne** *перен.* область (*знаний*)

**Domänengut** n *ист.* земельная собственность; вотчина; родовое поместье

**Domänenländereien** f pl государственные земельные владения

**Domanialbauer** m *ист.* государственный крестьянин

**Domanialbesitz** m *ист.* государственное землевладение

**Domanialgut** n *ист.* земельная собственность; вотчина; родовое поместье

**Domanialwirtschaft** f *ист.* государственное имение

**dominieren** доминировать, преобладать; господствовать

**Dominion** n доминион

**Dominium** n *ист.* земельная собственность; родовое поместье, вотчина; доминион

**Domizil** n домициль, домицилий; место платежа по векселю (чеку)

**Domizil** домицилий, домициль (*понятие налогового права, обозначающее основное место проживания физического лица*)

**Domizil** местожительство, местопребывание

**Domizil des Schuldvertältnisses** место исполнения обязательства

**bleibendes Domizil** постоянное местожительство, постоянное местопребывание

**Domiziladresse** f домициль, домицилий; место платежа по векселю (чеку)

**Domiziladresse** местожительство, местопребывание

**Domiziliant** m домицилиант (*банк, производящий операции по домицилированию*)

**domizilieren** домицилировать (*назначать место платежа по векселю, если вексель не оплачивается по месту жительства*)

**domizilieren** проживать

**Domizilierung** f домицилирование (*обозначение места платежа по векселю, отличное от домициля трассата*)

**Domizilklausel** *f* оговорка о месте платежа по векселю
**Domizillat** *m* домицилиат
**Domizilwechsel** *m* домицилированный вексель, вексель с указанием места платежа
**echter Domizilwechsel** домицилированный вексель не по месту жительства трассата
**unechter Domizilwechsel** домицилированный вексель по месту жительства трассата
**uneigentlicher Domizilwechsel** вексель, домицилированный в банке по месту жительства трассата; домицилированный вексель с платежом по месту жительства трассата
**Donau-Kommission** *f* Дунайская комиссия (*комиссия по обеспечению судоходства по Дунаю*)
**DOP, Dominikanischer Peso, - Dominikanische Republik** Доминиканское песо (*код валюты 214*), - Доминиканская республика
**Doppel** *n* дубликат, (*вторая*) копия
**Doppel-Stichprobenplan** *m* план проведения двукратного выборочного контроля (*качества*)
**Doppel-Stichprobenverfahren** *n* метод двукратной выборки, метод двукратного выборочного контроля (*качества*)
**Doppelarbeit** *f* параллелизм в работе, дублирование в работе, дублирующая работа
**Doppelbeschäftigung** *f* двойная занятость; работа в двух местах
**Doppelbesteuerung** *f* двойное налогообложение (*1. одного объекта разными носителями налогового суверенитета 2) одного объекта различными налогами одним и тем же публично-правовым органом*)

**Doppelbesteuerungsabkommen** *n* межгосударственное соглашение об избежании двойного налогообложения, соглашение (*между государствами*) об избежании двойного налогообложения
**Doppelbetrieb** *m* дуплексная система
**Doppelcharakter** *m* **der Arbeit** двойственный характер труда, дуализм труда
**Doppelerfassung** *f* двойная система бухгалтерского учёта; параллельный учёт; *стат.* повторный счёт
**Doppelfrachtrate** *f* двойная фрахтовая ставка
**Doppelgesellschaft** *f* компания, состоящая из товарищества и акционерного общества
**Doppelindossament** *n* двойная передаточная надпись; двойной индоссамент
**Doppelkarte** *f* *стат.* двойная (контрольная) карта; *устар.* перфокарта, пробитая репродукционным перфоратором; перфокарта двойного использования
**Doppelkontrollkarte** *f* *стат.* двойная (контрольная) карта; *устар.* перфокарта, пробитая репродукционным перфоратором; перфокарта двойного использования
**Doppeloption** *f* двойной опцион
**Doppelpriorität** *f* приоритет второго порядка
**Doppelprobe** *f* повторная проба
**Doppelquittung** *f* двойная расписка, квитанция с дубликатом, квитанция с копией
**Doppelrate** *f* двойная фрахтовая ставка
**Doppelrechnung** *f* параллельный учёт, двойной счёт
**Doppelschätzung** *f* *мат.* двойственная оценка

**Doppelsitz** *m* двойное местонахождение (*напр. коммерческого предприятия*)
**Doppeltarif** *m* двойной таможенный тариф
**Doppelunterstellung** *f* двойное подчинение
**Doppelverdiener** *m* лицо, имеющее побочный заработок
**Doppelverdiener** *m pl* супруги, каждый из которых имеет заработок
**Doppelversicherung** *f* двойное страхование (*страхование одного и того же товара против одинаковых рисков у двоих страховщиков*)
**Doppelwährung** *f* биметаллизм; денежная система, при которой роль всеобщего эквивалента играют два благородных металла (*золото и серебро*)
**Doppelzählung** *f* двойная система бухгалтерского учёта; параллельный учёт
**Doppelzählung** двойной счёт
**Doppelzählung** *стат.* повторный счёт
**Doppelzentner** *m* центнер (*100 кг*)
**Doppik** *f* двойная система бухгалтерского учёта; двойная бухгалтерия
**Dorfarbeitsplan** *m* план развития деревни (*бывш. ГДР*)
**Dorfgemeinde** *f* сельская община
**Dorfgenossenschaff** *f* сельское товарищество, сельскохозяйственный кооператив
**Dorfhandelsnetz** *n* сельская торговая сеть; торговая сеть в сельской местности
**Dorfkonsumgenossenschaft** *f* сельский потребительский кооператив (*бывш. ГДР*)
**Dorfplan** *m* план хозяйственного и культурного развития деревни (*бывш. ГДР*)

**Dorfplanung** *f* планировка деревни, планировка села
**Dorfverfassung** *f* положение о юридическом статуте деревни
**Dorfverkaufsstelle** *f* сельский магазин, магазин в сельской местности
**Dorfwirtschaftsplan** *m* план экономического развития деревни *(сельской местности)*
**DOS, Disk Operating System** дисковая операционная система, ДОС
**dosieren** *vt* дозировать
**dosieren** расфасовывать
**Dosierung** *f* дозировка; расфасовка
**Dotation** *f* дотация
**Dotationskapital** *n* дотационный капитал *(собственный капитал банковско-кредитных учреждений, переданный в их распоряжение третьими лицами)*
**dotieren** *vt* предоставлять дотацию, дотировать
**Dotierung** *f* дотация; предоставление дотации
**Dotierungsrücklage** *f* фонд для дотаций, дотационный фонд
**Douane** *f фр.* таможня; пошлина
**Douane** *фр.* таможня
**Douanier** *m* таможенник, таможенный служащий, служащий таможни
**Dow-Johnes-Index** *m* индекс Доу-Джонса *(индекс, характеризующий средний рыночный курс акций 30 крупнейших компаний на Нью-Йоркской фондовой бирже)*
**DP:**
**D/P, documents against payment** *англ.* документы за наличный расчёт *(условие о выдаче покупателю товарораспорядительных документов только при уплате суммы счёта наличными)*

**d/p, documents against paymnent** *англ.* документы за наличный расчёт *(условие о выдаче покупателю товарораспорядительных документов только при уплате суммы счёта наличными)*
**DR:**
**DR, Deutsche Reichsbahn** железные дороги *бывш.* ГДР; Государственные железные дороги Германии *(до 1945 г.)*
**dr, debitor** *англ.* должник; дебитор
**Drahtaviso** *m* телеграфное авизо
**drahten** *vt* телеграфировать; отправлять телеграмму
**drahtlich** по телеграфу
**Drahtüberweisung** *f* телеграфный денежный перевод, денежный перевод телеграфом
**Draufgabe** *f разг.* задаток
**Draufgeld** *n разг.* задаток
**drauflosproduzieren** *разг.* осуществлять ускоренное производство продукции *(напр. в расчёте на растущий спрос)*
**draufzahlen** *разг.* приплачивать, доплачивать
**drawback** *англ.* возвратная пошлина; возврат пошлины; льготы, предоставляемые при уплате пошлины; скидка с цены, уступка в цене
**drawing authorization** *англ.* поручение иностранного банка банку страны экспортёра закупить у последнего документированные тратты; полномочие, данное импортёром экспортёру на выставление тратты на банк
**Drehbuchmethode** *f* метод сценария *(метод экспертной оценки развития науки и техники)*

**Drehbuchtechnik** *f* метод сценария *(метод экспертной оценки развития науки и техники)*
**Drei-Sigma-Grenzen** *fpl* трёхсигмовые контрольные границы *(в статистическом контроле качества)*
**Dreiblattverfahren** *n бухг.* система копируучёта на трёх карточках
**Dreieckgeschäft** *n* трёхсторонняя сделка *(внешнеторговая сделка, в которой дефицит платёжного баланса по отношению к партнёру может быть уменьшен за счёт третьей страны)*
**Dreiecksdiagramm** *n* треугольная диаграмма
**Dreiecksgeschäft** *n* трёхсторонняя сделка
**Dreierrechensystem** *n* троичная система счисления
**Dreifelderwirtschaft** *f с.-х.* трёхполье, трёхпольное хозяйство
**Dreikontentheorie** *f* теория разделения счетов баланса на три группы
**Dreimärktebarometer** *n* "барометр" движения цен на товарной, фондовой и денежной биржах, учёт движения цен на товарной, фондовой и денежной биржах
**Dreimonatsgeld** *n* трёхмесячная ссуда
**Dreimonatspapier** *n* трёхмесячный вексель, вексель на три месяца, вексель со сроком на три месяца, срочный трехмесячный вексель
**Dreimonatswechsel** *m* трёхмесячный вексель, вексель на три месяца, вексель со сроком на три месяца, срочный трехмесячный вексель

**Dreimonatsziel** *n*:
mit **Dreimonatsziel** с трёхмесячным сроком действия *(напр. о векселе)*
**Dreipersonenspiel** *n* игра с тремя участниками, игра трёх участников
**Dreipersonenspiel mit Summe Null** игра трёх участников с нулевой суммой
**Dreirechensystem** *n* троичная система счисления
**Dreischichtarbeit** *f* трёхсменная работа, работа в три смены
**Dreischichtbetrieb** *m* предприятие с трёхсменной работой
**Dreischichtbetrieb** трёхсменная работа, работа в три смены
**Dreischichtsystem** *n* трёхсменная система работы
**Dreispaltenverfahren** *n* *бухг. уст.* трёхколоночная система копируччёта
**Dreizweigmodell** *n* трёхотраслевая модель *(в планировании)*
**dress-code** *(eng.)* (дословно) "код в одежде"; требования к одежде и внешнему виду *(напр. для работы в офисе, для презентации и т.п.; свод общепринятых представлений об этикете в одежде)*; дресс-код
**D.R.G.M., Deutsches Reichsgebrauchsmuster** образец изделия, охраняемый законами ФРГ
**Drittausfertigung** *f* третий экземпляр, трипликат *(напр. коносамента)*
**Dritte** *m юр.* третье лицо; третья сторона
**gutgläubige Dritte** добросовестные третьи лица
**Versicherung zugunsten eines Dritten** страхование в пользу третьего лица
**Drittel** *n* треть, третья часть

**Dritthaftung** *f* поручительство третьего лица (третьей стороны)
**Drittland** *n* третья страна
**Drittschaden** *m* ущерб, причинённый третьему лицу; ущерб, причинённый третьей стороне; ущерб в отношении к третьему лицу; ущерб в отношении третьих лиц
**Drittschuldner** *m* лицо, получившее ссуду у должника
**Drittschuldner** *юр.* третье лицо *(в гражданском процессе, у которого в порядке принудительного взыскания описывается находящееся у него имущество ответчика или должника)*
**Drittverpfändung** *f* установление залогового права третьего лица
**Drittverwahrung** *f* передача депонентом права хранения ценных бумаг третьему лицу
**Drittverwahrung** форма депонирования ценных бумаг, при которой депонент передаёт право хранения бумаг третьему лицу
**Droge** *f* =, -n 1. лекарственное сырьё; 2. аптекарские и хозяйственные товары 3. химикалии 4. наркотик
**Drogen** *pl* наркотики
**Drogenkriminalität** *f* наркопреступность
**Drogenschmuggel** *m* контрабанда наркотиков
**Drogenware** *f* аптекарские и хозяйственные товары
**drosseln** ограничивать, сокращать *(напр. ввоз)*, свёртывать *(напр. производство)*
**die Preise drosseln** ограничивать рост цен; сбивать цены
**die Produktion drosseln** свёртывать производство

**Drosselung** *f* ограничение, сокращение *(напр. ввоза)*, свёртывание *(напр. производства)*
**Drosselung der Spekulation** сдерживание спекуляции
**DRP, Deutsches Reichspatent** германский государственный патент *(до 1945 г.)*
**Druck** *m* давление, нажим; тяжесть, гнёт
**Druck** печать, печатание
**politischer Druck** политическое давление
**wirtschaftlicher Druck** экономический нажим, экономическое давление
**Druckeinrichtung** *f* печатающее устройство, принтер
**drucken** *vt* печатать
**drücken** давить, нажимать; давить, угнетать
**drücken** снижать *(напр. зарплату)*; сбивать *(напр. цены)*; оказывать давление *(напр. на рынок)*
**Drucker** *m* печатающее устройство; принтер; печатник
**Druckkosten** *pl* типографские расходы
**Druckliste** *f* печатный документ, распечатка *(при помощи принтера)*
**Druckmittel** *n* средство нажима
**Druckprogramm** *n* программа печати, программа вывода на печать
**Drucksache** *f* "печатное" *(штамп на книжной бандероли)*
**Drucksache** печатное издание
**als Drucksache senden** посылать бандеролью *(напр. книги)*
**Druckschriftleser** *m* устройство считывания, устройство ввода печатного текста; сканер
**Druschanteil** *m истор.* часть умолота, выплачиваемая молотильщикам

**Druschgemeinschaft** f товарищество по использованию молотильной установки

**DSR, Deutsche Seereederei** Морское пароходство *(бывш. ГДР)*

**DStG, Deutsche Statistische Gesellschaft** Немецкое статистическое общество

**DSU, Deutsche Schiffahrts- und Umschlagsbetriebe** Управление (грузовых) перевозок по водным путям *(бывш. ГДР)*

**dt:**
  **dt, dedit** оплачено
  **dt, Dezitonne** децитонна

**DTV:**
  **DTV, Deutscher Transport-Versicherer-Verband** Немецкий союз страховщиков грузов
  **DTV, Deutscher Transport-Versichererverband** Германский союз страховщиков грузов

**Dtz, Dutzend** дюжина

**Dtzd, Dutzend** дюжина

**Dual-Dezimai-Konvertierung** f преобразование двоичной системы в десятичную

**Dualitätsmethode** f метод двойственности, дулистический метод

**Dualitätsprinzip** n принцип двойственности

**Dualitätssatz** m теорема двойственности

**Dualitätstheorem** n теорема двойственности

**Dualrechensystem** n двоичная система счисления

**Dualsystem** n двоичная система счисления

**dubios, dubiös** сомнительный *(о долговом требовании)*

**Dubiosen** pl сомнительные долговые требования

**Dubiosenkonto** n счёт сомнительных должников

**Dukatengold** n червонное золото; золотой дукат

**Dummy** m "болван" *(в теории игр)*; фиктивная работа *(в сетевом планировании)*

**Dumping** n англ. демпинг *(экспорт товара по цене ниже рыночной с целью оттеснения конкурентов)*

**Dumping** торговля по заниженным ценам *(как форма недобросовестной конкуренции)*

**soziales Dumping** "социальный" демпинг *(демпинг, вызываемый предложением импортных товаров по низкой цене, при расчёте которой учитывался низкий уровень заработной платы)*

**Dumpingpreis** m демпинговая цена, бросовая цена

**Dumpingzoll** m противодемпинговая пошлина; антидемпинговая пошлина; защитительная пошлина

**Duopol** n дуополия *(ситуация, в которой рыночное предложение представлено двумя продавцами)*

**Dupl., Duplikat** дубликат

**Duplikat** n дубликат

**Duplikatfrachtbrief** m дубликат железнодорожной накладной; дубликат товаротранспортной накладной

**Duplum** n дубликат

**Durch-Konnossement** n сквозной коносамент *(выставляется на товар, перевозимый несколькими перевозчиками)*

**Durchfahrtszoll** m транзитная пошлина

**Durchfracht** f транзитный фрахт; общий фрахт *(при комбинированных перевозках)*

**Durchfrachtkonnossement** n сквозной коносамент, прямой коносамент

**Durchfrachttransportverfahren** n комбинированные сквозные перевозки

**Durchfuhr** f транзит; транзитный провоз

**Durchfuhrbeschränkung** f ограничение транзитного провоза, ограничение транзита, ограничения на транзит *(транзитные перевозки)*

**durchführen** vt проводить, производить, осуществлять *(напр. монтаж)*

**Durchführende** m f исполнитель; исполнительница

**Durchführgut** n транзитный груз, транзитный товар

**Durchfuhrhandel** m транзитная торговля

**Durchfuhrland** n транзитная страна, страна транзита

**Durchfuhrtarif** m транзитный тариф

**Durchführung** f проведение *(в жизнь)*, осуществление; выполнение, исполнение; провоз

**Durchführung des Haushaltsplanes** исполнение бюджета

**kassenmäßige Durchführung des Haushalts** кассовое исполнение бюджета

**Durchführungsbestimmung** f инструкция о порядке исполнения

**Durchführungsverordnung** f постановление о порядке исполнения

**Durchführungsvorschrift** f предписание о порядке исполнения

**Durchfuhrverbot** n запрещение транзитного провоза, запрещение транзита

**Durchfuhrverkehr** m транзитное сообщение; транзитные перевозки

**Durchfuhrware** f транзитный груз, транзитный товар

**Durchfuhrzoll** m транзитная пошлина

**Durchgang** *m* *вчт.* прогон, подача; прохождение *(напр. программы)*

**Durchgang** транзит *(грузов)*

**Durchgangseilgüterzug** *m* скорый товарный поезд транзитного сообщения

**Durchgangsgebühr** *f* сбор за транзит; транзитный тариф, сбор за транзитный провоз

**Durchgangsgut** *n* транзитный груз, транзитный товар

**Durchgangshandel** *m* транзитная торговля

**Durchgangskonnossement** *n* сквозной коносамент

**Durchgangskonto** *n* *бухг.* промежуточный счёт, транзитный счёт

**Durchgangskosten** *pl* транзитные расходы, расходы по транзиту

**Durchgangsposten** *m* *бухг.* переходящая статья, транзитная статья

**Durchgangsverkehr** *m* транзитное сообщение; транзитные перевозки

**Durchgangszoll** *m* транзитная пошлина

**durchgehend** сквозной, транзитный *(напр. о грузах)*

**durchgehend** сплошной, непрерывный

**durchgehend** беспересадочный *(о транспортном сообщении)*

**Durchkonnossement** *n* сквозной коносамент, прямой коносамент

**Durchkreuzung** *f* скрещивание, перекрещивание; место пересечения; столкновение *(интересов)*

**Durchlaßfähigkeit** *f* пропускная способность *(цеха, машины)*

**Durchlauf** *n* *вчт.* прогон, подача; прохождение *(напр. программы)*

**Durchlauf** прохождение; проход; транзит (грузов)

**Durchlaufplan** *m* график *(напр. производственный)*

**Durchlaufproblem** *n* проблема определения оптимальной последовательности (протекания) производственных процессов

**Durchlaufrichtwerte** *m pl* нормативная продолжительность выполнения операций

**Durchlaufschema** *n* график последовательности (протекания) производственных процессов

**Durchlaufsystem** *n* система самообслуживания в предприятии общественного питания

**Durchlaufvorrat** *m* средний текущий запас

**Durchlaufzeit** *f* время изготовления изделия

**Durchlaufzeit** время прохождения *(напр. изделия при машинной обработке)*; непрерывный срок *(работы)*; *сет. пл.* общая продолжительность работ, суммарная продолжительность работ

**Durchleitgelder** *n pl* *бухг.* переходящие суммы

**Durchmesser** *m* диаметр, поперечник

**durchrechnen** делать расчёт, делать подсчёт; вычислять

**Durchrechnung** *f* (общий) подсчёт; вычисление

**Durchsatz** *m* пропускная способность

**Durchsatz** производительность

**Durchsatz** расход

**Durchsatznorm** *f* норма расходования *(напр. затрат основных и вспомогательных материалов)*

**Durchsatznorm** норма расходования основных и вспомогательных материалов *(гл. обр. в химической промышленности)*

**Durchschlupf** *m* ошибка выборочной средней *(при статистическом контроле качества)*

**Durchschlupflinie** *f* кривая ошибки выборочной средней *(при статистической контроле качества)*

**durchschmuggeln** *vt* ввозить контрабандой

**Durchschnitt** *m* среднее значение; средняя величина, средняя; обычное качество, среднее качество

**Durchschnitt** среднее число, средний показатель

**Durchschnitt der Summe oder Differenz** *стат.* среднее значение суммы *(двух переменных)*, среднее значение разности *(двух переменных)*

**Durchschnitt des Produkts** *стат.* среднее значение произведения *(двух переменных)*

**gleitender Durchschnitt** скользящая средняя, подвижная средняя

**im Durchschnitt** в среднем

**durchschnittlich** в среднем

**durchschnittlich** средний

**Durchschnittsabgabepreis** *m* средняя отпускная цена

**Durchschnittsabschreibungssatz** *m* средняя норма амортизации

**Durchschnittsannahme** *f* приблизительный расчёт

**Durchschnittsarbeit** *f* средний труд

**gesellschaltliche Durchschnittsarbeit** средний общественный труд

**tägliche Durchschnittsarbeit** среднесуточная выработка

**Durchschnittsarbeitstag** *m* средняя продолжительность рабочего дня

**Durchschnittsausgaben** *f pl* средние расходы

**Durchschnittsbelastung** *f* средняя нагрузка

**Durchschnittsbeschaffenheit** f среднее качество
**Durchschnittsbestand** m средний уровень запасов *(товаров)*
**Durchschnittsdauer** f средняя продолжительность; средний срок
**Durchschnittseinkommen** n средний доход
**Durchschnittserlös** m средний доход; средняя выручка
**Durchschnittsertrag** m средний доход
**Durchschnittserwerb** m средний заработок
**Durchschnittsfamilie** f стат. средняя семья, среднестатистическая семья
**Durchschnittsgesamtbestand** m средний размер общих (товарных) запасов
**Durchschnittsgesetz** n закон средней
**Durchschnittsgrad** m средний уровень *(напр. автоматизации)*
**Durchschnittshof** m стат. средний (крестьянский) двор
**Durchschnittsindex** m стат. средний индекс
**Durchschnittskapital** n средний размер капитала, средний капитал
**gesellschaftlich gewogenes Durchschnittskapital** среднее органическое строение капитала
**gesellschaftliches Durchschnittskapital** средний общественный капитал
**Durchschnittskonsum** m среднее потребление
**Durchschnittskosten** pl средние издержки, средние затраты
**Durchschnittskostensatz** m средняя норма затрат
**Durchschnittskurs** m средний курс

**Durchschnittslänge** f e средняя продолжительность
**Durchschnittslänge** средняя длина
**Durchschnittslänge der Warteschlange** средняя продолжительность ожидания, среднее время ожидания, средняя длина очереди *(в теории очередей)*
**Durchschnittsleistung** f средняя производительность; средняя выработка
**Durchschnittslohn** m средняя заработная плата, средняя зарплата
**Durchschnittslohngruppe** f разряд тарифной сетки, соответствующий средней заработной плате
**Durchschnittslohnzuwachs** m средний рост заработной платы
**Durchschnittsmarktpreis** m средняя рыночная цена, среднерыночная цена
**Durchschnittsnorm** f средняя норма
**gewogene Durchschnittsnorm** средневзвешенная норма
**Durchschnittspassiva** pl средний размер пассивов
**Durchschnittspreis** m средняя цена
**Durchschnittspreis eines Zweiges** средняя цена по отрасли, среднеотраслевая цена
**gewogener Durchschnittspreis** средневзвешенная цена
**Durchschnittsprobe** f средняя проба
**Durchschnittsprodukt** n продукт обычного качества
**Durchschnittsprodukt** продукт среднего качества
**Durchschnittsprofit** m средняя прибыль

**Durchschnittsprofitrate** f средняя норма прибыли
**Durchschnittsqualität** f обычное качество
**Durchschnittsqualität** среднее качество
**Durchschnittsquote** f средняя квота
**Durchschnittsrate** f средняя ставка
**Durchschnittsrate** средняя норма
**Durchschnittsrechnung** f исчисление среднего значения, исчисление средней
**Durchschnittsrentatlität** f средняя рентабельность
**Durchschnittssatz** m средняя норма, средний тариф
**Durchschnittssatz** средняя ставка; бирж. средняя котировка
**Durchschnittsspanne** f средний размер торговой наценки
**Durchschnittsspanne** средняя разница *(напр. между продажной и закупочной ценой у торговой фирмы)*
**Durchschnittssteuersatz** m средняя ставка налога
**Durchschnittssumme** f средняя сумма; средний итог
**Durchschnittstagewerk** n ист. средняя дневная выработка
**Durchschnittstara** f средний вес упаковки, средний вес тары
**Durchschnittstarif** m средний тариф
**Durchschnittsverbrauch** m стат. среднее потребление
**Durchschnittsverdienst** m средний заработок
**Durchschnittsverrechnungspreis** m среднерасчётная цена
**Durchschnittsverschleiß** m средний износ *(машин)*

**Durchschnittsversteigerungspreis** *m* средняя продажная цена *(на аукционе)*

**Durchschnittsvorratsnorm** *f* средняя норма (складских) запасов

**Durchschnittsware** *f* товар обычного качества, товар среднего качества

**Durchschnittswert** *m* средняя стоимость

**Durchschnittswert** среднее значение; средняя величина, средняя

**Durchschnittszahl** *f* среднее число

**Durchschnittsziffer** *f* среднее число

**Durchschnittszinsfuß** *m* средняя процентная ставка, средний размер (банковского) процента

**Durchschnittszinssatz** *m* средняя процентная ставка, средний размер (банковского) процента

**Durchschreibebuchführung** *f* копиручёт, копировальная форма счетоводства

**Durchschreibesystem** *n* бухг. система копиручёта

**Durchschreibeverfahren** *n* бухг. система копиручёта

**Durchschrift** *f* (машинописная) копия *(напр. банковского документа)*

**Durchschrittsprofitrate** *f* средняя норма прибыли

**durchstaffeln** дифференцировать

**Durchsuchung** *f* осмотр, досмотр, таможенный досмотр

**Dürreschäden** *m pl* убытки от засухи; ущерб, нанесённый засухой

**Dürreschadenversicherung** *f* страхование на случай возникновения убытков от засухи

**Dutzend** *n* дюжина

**Dutzendartikel** *m pl* бросовый товар

**Dutzendpreis** *m* цена за дюжину

**Dutzendware** *f* бросовый товар

**DV-Anlage** *f*, **Datenverarbeitungsanlage** устройство для обработки данных

**DVA, Deutsche Versicherungs-Anstalt** Страховое общество *(бывш. ГДР)*

**DVKB, Deutsche Verkehrs-Kreditbank** Немецкий банк кредитования транспортных операций

**DVM, Deutscher Verband für Materialprüfung** Немецкое общество по испытанию материалов

**DVS, Deutscher Versicherungs-Schutzverband** Союз охраны интересов держателей страховых полисов

**DW:**

   **D/W, dock warrant** *англ.* складская расписка, доковый варрант

   **d.w., deadweight** *англ.* дедвейт, полная грузоподъёмность судна

**DWD, Deutscher Wirtschaftsdienst** Служба экономической информации ФРГ

**DWI, Deutsches Wirtschaftsinstitut** Немецкий экономический институт *(бывш. ГДР)*

**DWK, Deutsche Wirtschaftskommission** *ист.* Немецкая экономическая комиссия, НЭК *(1947-1949 гг.)*

**DWP, Deutsches Wirtschaftspatent** немецкий экономический патент *(бывш. ГДР)*

**DWV:**

   **DWV, Deutsche Warenvertriebsgesellschaft** Немецкое общество по сбыту товаров *(бывш. ГДР)*

   **DWV, Deutscher Wirtschaftsverband** Общество немецких экономистов

**Dynamik** *f* динамика

   **Dynamik der Kosten** динамика издержек, динамика затрат

**Dynamisierung** *f* **der Renten** законодательно установленный рост размера пенсий в зависимости от роста валового дохода

**Dyopol** *n* дуополия *(ситуация, в которой рыночное предложение представлено двумя продавцами)*

   **bilaterales Dyopol** двусторонняя дуополия, билатеральная дуополия

**dyopolistisch** дуополистический

**DZ:**

   **DZ, Algerien** Алжир

   **Dz, Doppelzentner** (метрический) центнер *(= 100 кг)*

**DZB:**

   **DZB, Deutsche Zentralbank** Немецкий центральный банк

   **DzB, Devisenzuteilungsbestätigung** подтверждение о получении валютных ассигнований

**DZD, Algerischer Dinar, - Algerien** Алжирский динар *(код валюты 012)*, - Алжир

**dzt., derzeit** в настоящее время

**DzZG, Durchführungsbestimmungen zum Zollgesetz** инструкции о порядке выполнения таможенного устава

# E

**E, Einschreiben** заказное *(пометка на почтовых отправлениях)*

**E-mail-Massenaussendungen** *pl* массовые рассылки по электронной почте

**E-Tarife** *m pl* особые ввозные железнодорожные тарифы, специальные ввозные железнодорожные тарифы

**EA:**

**EA, Einigungsamt** примирительная камера; арбитраж

**E.A., Eisenbahnaktie** акция железнодорожной компании

**EA, Einigungsamt** примирительная камера; арбитраж

**EA, Exportauftrag** экспортный заказ

**EAG:**

**EAG, Ein- und Ausfuhrhandels-Gesellschaft** экспертно-импортное общество *(Германия)*

**EAG, Europäische Atomgemeinschaft** Европейское сообщество по атомной энергии, Евратом

**EAGT, Einheitlicher Luftfrachttarif** единый авиационный грузовой тариф *(социалистических стран)*

**EAN, European Article Numbering system; Europäische Artikel-Nummer** *f* Европейский код номеров изделий (обычно в виде штрих-кода на упаковке изделий)

**EAPT, Einheitlicher Luftverkehrs-Passagiertarif** единый авиационный пассажирский тариф *(социалистических стран)*

**easy money** *англ.* "дешёвые деньги", обильный рынок кредита с низкими процентными ставками

**easy money** обесценивающиеся деньги, деньги с низкой покупательной способностью

**easy money** шальные деньги *(разг.)*; лёгкие деньги; деньги, доставшиеся легко; легко нажитые деньги

**EB:**

**EB, Einfuhrbewilligung** импортная лицензия, ввозная лицензия, разрешение на ввоз

**EB, Eröffnungsbilanz** вступительный баланс, начальный баланс, баланс на дату начала отчетного периода

**Ebf, Einschreibebrief** заказное письмо

**EC, Ecuador** Эквадор, *до 1978г. код* ET

**EC-Geldkarte** *f,* **EC-Karte** *f* платёжная карточка системы Eurocard

**ECA:**

**ECA, Economic Cooperation Administration** *ист.* Администрация экономического сотрудничества *(по "плану Маршалла")*

**ECA, United Nations Economic Commission for Africa** Экономическая комиссия ООН для Африки, ЭКА

**ECAFE, United Nations Economic Commission for Asia and the Far East** Экономическая Комиссия ООН для Азии и Дальнего Востока, ЭКАДВ

**ECE:**

**ECE, Economic Comission for Europe** Экономическая комиссия для стран Европы, ЭКЕ

**ECE, United Nations Economic Commission for Europe** Экономическая комиссия ООН для Европы, ЭКЕ

**ECGD, Export Credits Guarantee Department Board of Trade** Департамент гарантий экспортных кредитов министерства торговли *(Англия)*, Отдел гарантий экспортных кредитов министерства торговли *(Англия)*

**echt** натуральный, чистый, настоящий, подлинный

**Echtheit** *f* подлинность, аутентичность, идентичность

**Echtzeitdatenverarbeitung** *f* обработка данных в реальном времени, обработка данных в реальном масштабе времени

**Echtzeituhr** *f* часы реального времени

**ECITO, European Central Inland Transport Organization** Центральная организация внутриевропейских перевозок

**Ecklohn** *m* средняя *(тарифная)* ставка *(чаще всего установленная тарифом почасовая ставка, служащая базой для расчётов с помощью тарифных коэффициентов)*

**Ecklohn** средняя тарифная ставка *(ФРГ)*

**ECLA, United Nations Economic Commission for Latin America** Экономическая комиссия ООН для Латинской Америки, ЭКЛА

**ECO, European Coal Organization** *ист.* Европейская организация угольной промышленности

**economic efficiency** *(eng.)* экономическая рентабельность; экономическая эффективность

**economic expansion** *(eng.)*; **wirtschaftliche Ausdehnung** *f* экономическая экспансия

**economic good** *(eng.)*; **Wirtschaftsgut** *n* экономическое благо

**economies of scale** англ. экономия, обусловленная ростом масштаба производства, эффект масштаба *(снижение долговременных средних издержек производства на единицу продукции)*

**ECOSOC:**
  **ECOSOC, Economic and Social Council** Экономический и социальный совет, ЭКОСОК (в ЕС, ООН)
  **ECOSOC, Economic and Social Council of the United Nations** Экономический и Социальный совет ООН, ЭКОСОК

**ECOWAS, Economic Organization of West Africa States** Экономическое общество западно-африканских государств, ЭКОВАС

**ECR:**
  **ECR, European Court Reports** сборник решений Европейского суда
  **ECR** требование на сертификацию оборудования

**ECS, Sucre, - Ecuador** Сукре *(код валюты* 218), - Эквадор

**ECSC, European Coal and Steel Community** Европейское объединение угля и стали, ЕОУС

**ECU:**
  **ECU, European Clearing Union** *ист.* Европейский платёжный союз, ЕПС
  **ECU, European Currency Unit** ЭКЮ *(европейская валютная единица; введена в 1979 году)*

**e.D., exklusive Dividende** привилегированный дивиденд

**EDB, Einheits- Durchschreibe-Buchhaltung** единая система копируучёта

**Edeka, Einkaufsgenossenschaft der Kolonialwarenhändler** *истор.* Закупочное товарищество предприятий по торговле колониальными товарами *(ФРГ)*

**Edeka-Genossenschaft** *f* объединение самостоятельных розничных торговцев продовольственными товарами

**Edelmetall** *n* благородный металл, драгоценный металл

**Edelvaluta** *f* высококотирующаяся валюта

**EDR, Einkaufsring Deutscher Radiohändler** Закупочное объединение немецких предприятий, торгующих радиотоварами

**EDV, Elektronische Datenverarbeitung** электронная обработка данных, автоматизированная обработка данных, компьютерная обработка данных

**EDV-Auswertungen** *f pl* использование ЭВМ, использование компьютера

**EDV-Auswertungen** получение данных в результате использования ЭВМ

**EDV-System** *n* электронная система обработки данных, система электронной обработки данных

**EDVA, elektronische Datenverarbeitungsanlage** электронная вычислительная машина, ЭВМ

**EE:**
  **EE, Einfuhrerklärung** импортная декларация
  **EE, Einkaufsermächtigung** полномочие на покупку
  **EE, Estland** Эстония

**EEC, European Economic Community** Европейское экономическое сообщество, ЕЭС, "Общий рынок"

**EEF, Europäischer Entwicklungsfonds** Европейский фонд развития

**EEK, Estnische Krone, - Estland** Крона *(код валюты* 233), - Эстония

**Ef.:**
  **Ef., Einfuhr** импорт, ввоз
  **Ef, Erbfolge** *юр.* порядок наследования

**Effekt** *m:* эффект
  **marktwirtschaftlicher Effekt** рыночный эффект
  **volkswirtschaftlicher Effekt** народнохозяйственный эффект

**Effekten** *pl* движимое имущество, движимость

**Effekten** ценные бумаги *(акции, облигации)*

**Effekten lombardieren lassen** закладывать ценные бумаги, сдавать в залог ценные бумаги

**Effekten unterbringen** помещать ценные бумаги

**Effektenabteilung** *f* фондовый отдел *(напр. банка)*

**Effektenarbitrage** *f* фондовый арбитраж

**Effektenbank** *f* фондовый банк *(в Германии и в некоторых других странах - банк, занимающийся преимущественно фондовыми операциями)*

**Effektenbelehnung** *f* ссуда под залог ценных бумаг

**Effektenbörse** *f* фондовая биржа, биржа ценных бумаг

**Effektengeschäft** *n* сделка с ценными бумагами; фондовые операции
**Effektenhandel** торговля ценными бумагами
**Effektenhandel** фондовые операции
**Effektenhandel** фондовый арбитраж
**Effektenhändler** *m* торговец ценными бумагами *(на бирже или во внебиржевом обороте)*
**Effektenkonto** *n* счёт ценных бумаг
**Effektenkurs** *m* курс ценных бумаг, котирующихся на бирже
**Effektenlombard** *m* ссуда под залог ценных бумаг
**Effektenlombardgeschäft** *n* выдача ссуд под ценные бумаги
**Effektenlombardierung** *f* получение ссуды под залог ценных бумаг
**Effektenmakler** *m* маклер на фондовый бирже; маклер на фондовом рынке
**Effektenmakler** маклер по операциям с ценными бумагами *(на бирже)*
**Effektenmarkt** *m* фондовый рынок, рынок ценных бумаг
**Effektenquittung** *f* квитанция за депонированные ценные бумаги
**Effektenquittung** квитанция по фондовым депозитам
**Effektenrechnung** *f* исчисление фактической стоимости ценных бумаг; исчисление процентов, получаемых с ценных бумаг
**Effektenrechnung** рыночная стоимость ценных бумаг
**Effektenspekulation** *f* спекуляция ценными бумагами; спекуляции на фондовом рынке
**Effektenumsatzsteuer** *f* биржевой налог
**Effektenumsatzsteuer** налог с оборота по фондовым операциям

**effektiv** наличный *(напр. о валюте)*; чистый *(напр. о прибыли)*, фактический, действительный, реальный; эффективный, действенный
**effektive Bestandsaufnahme** *f* инвентаризация наличных материальных ценностей; физическая инвентаризация имущества
**effektiver Diskontsatz** *m*; **market rate of discount** *(eng.)* рыночный учетный процент; рыночная учетная ставка; рыночная ставка дисконта
**effektiver Gewinn** действительная прибыль; чистая прибыль
**effektiver Jahreszins** *m*; **APR, annualized percentage rate** *(eng.)* процентная ставка в годовом исчислении
**effektive Lieferung** немедленная поставка
**effektive Rendite** *f*; **real rate of return, RRR** *(eng.)* 1. реальная норма прибыли 2. реальный коэффициент окупаемости капиталовложений
**effektiver Wechselkurs** *m*; **effective exchange rate** *(eng.)* действующий валютный курс; эффективный валютный курс *(рассчитанный на основе корзины валют и структуры внешней торговли страны)*
**effektiver Wert** *страх.* фактическая стоимость
**effektives Geld** наличные средства *(денежные);* свободные деньги; наличные деньги; наличные денежные средства
**effektives Geschäft** выгодная сделка
**Effektivbestand** *m* фактическое наличие, действительное наличие; наличность
**Effektivbezüge** *pl* надбавки *(к окладам, многосемейным и т. п.)*
**Effektivgeschäft** *n* *биржс.* сделка на реальный товар; спот

**Effektivhandel** *m* торговля реальным товаром; торговля на бирже реального товара, спот
**Effektivität** *f* реальность
**Effektivität** эффективность, действенность; реальность
**volkswirtschaftliche Effektivität** народнохозяйственная эффективность, эффективность народного хозяйства
**ökonomische Effektivität** экономическая эффективность
**wirtschaftliche Effektivität** экономическая эффективность; эффективность экономики
**Effektivitätsberechnung** *f* расчёт эффективности
**Effektivitätsgrad** *m* уровень эффективности, степень эффективности
**Effektivitätskoeffizient** *m* коэффициент эффективности
**Effektivitätskriterium** *n* критерий эффективности
**Effektivitätsmass** *n* мера эффективности *(напр. экономической системы)*
**Effektivitätssicherung** *f* обеспечение эффективности
**Effektivitätszuwachs** *m* повышение эффективности, эффектизация
**Effektivleistung** *f* эффективная мощность
**Effektivlohn** *m* номинальная заработная плата
**Effektivlohn** фактическая заработная плата *(может включать, напр. зарплату по тарифному соглашению, сверхурочные и надбавки)*
**Effektivnutzen** *m* действительная польза; эффективность
**Effektivpreis** *m* фактически действующая цена
**Effektivpreis** цена при уплате наличными; фактическая цена
**Effektivpreis** цена с учётом эффективности изделия

**Effektivstärke** f реальная численность, наличная численность

**Effektivvermerk** m пометка в биржевом контракте, удостоверяющая подлинность сделки, пометка в биржевом контракте о реальности сделки

**Effektivverzinsung** f фактический доход от процентов по ценным бумагам, действительный доход от процентов по ценным бумагам; фактический процент, приносимый ценными бумагами

**Effektivwert** m действительная стоимость, фактическая стоимость

**Effektivwertbildung** f определение эффективных значений

**Effektivwertbildung** формирование фактической стоимости

**Effektivzahlung** f платёж в эффективной валюте, платёж в свободноконвертируемой валюте

**effektuieren** исполнять *(напр. заказ)*, производить *(финансовые операции)*

**effizient** действенный, эффективный

**Effizienz** f коэффициент полезного действия *(напр. регрессивных параметров)*

**Effizienz** экономическая эффективность

**EFTA, European Free Trade Association** Европейская ассоциация свободной торговли, ЕАСТ

**EFTA-Staaten** m pl страны, входящие в Европейскую ассоциацию свободной торговли, государства - члены ЕАСТ

**EFTPOS, Elektronic Funds Transfer at the Point of Sale** передача данных при использовании кредитных карточек

**EG:**
**E.G., eingetragene Genossenschaft** зарегистрированное общество *(занесенное в реестр)*

**EG, Europäische Gemeinschaften** истор. Европейское сообществ

**EG, Aegypten** Египет

**Eg, Eilgüterzug** грузовой поезд большой скорости

**e.G., eingetragene Genossenschaft** зарегистрированное общество, зарегистрированное товарищество

**Egalisierungsabgabe** f отчисление в государственный бюджет разницы между сметной и более низкой заготовительной ценой

**EGKS, Europäische Gemeinschaft für Kohle und Stahl** Европейское объединение угля и стали, ЕОУС

**EGmbH, eingetragene Genossenschaft mil beschränkter Haftpflicht** зарегистрированное общество с ограниченной ответственностью

**EGmuH, eingetragene Genossenschaft mit unbeschränkter Haftpflicht** зарегистрированное общество с неограниченной ответственностью

**EGmuN, eingetragene Genossenschaft mit unbeschränkter Nachschusspflicht** зарегистрированное общество с неограниченной ответственностью по уплате дополнительных денежных взносов

**EGP, Aegyptisches Pfund, - Aegypten** Египетский фунт *(код валюты 818)*, - Египет

**EGT, Einheitsgebührentarif** единый тариф расценок железнодорожной службы по доставке грузов (на дом)

**EH, Einzelhandel** розничная торговля

**Ehegattenermäßigung** f снижение налога на супруга

**Ehegattenzuschlag** m надбавка к пенсии на нетрудоспособного супруга

**Ehrenakzept** n коллатеральный акцепт *(акцепт с надписью - залоговым поручительством за платёж)*

**Ehrenakzeptant** m плательщик "за честь"; акцептант - поручитель за аккуратный платёж

**Ehrenakzeptation** f коллатеральный акцепт

**ehrenamtlich** почётный, общественный; добровольный; на общественных началах; в порядке (почётной) общественной работы

**Ehrenannahme** f акцепт "за честь", коллатеральный акцепт *(боковая надпись третьего лица, ручающегося за платёж)*; акцептование для спасения кредита векселедателя

**Ehrenannahme** коллатеральный акцепт *(акцепт с надписью - залоговым поручительством за платёж)*

**Ehreneintritt** m защита третьим лицом должника по векселю

**Ehreneintritt** посредничество на случай неплатежа, посредничество "за честь"

**Ehrengelder** n pl почётная денежная премия

**Ehrenleistungsschicht** f почётная (ударная) рабочая смена *(бывш. ГДР, СССР)*

**Ehrenpatenschaft** f почётное шефство; шефство, принимаемое председателем Государственного Совета бывш. ГДР над шестым и каждым последующим ребёнком, рождающимся в семье

**Ehrenpension** f персональная пенсия

**Ehrenrente** *f* персональная пенсия

**Ehrentage** *m pl* грационные дни, льготные дни

**Ehrenurkunde** *f* почётная грамота

**Ehrenzahler** *m* плательщик "за честь"

**Ehrenzahlung** *f* платёж "за честь"; платёж по поручительству

**EIB, Europäische Investitionsbank** Европейский инвестиционный банк

**Eichamt** *n* палата мер и весов, пробирная палата

**Eichbehörden** *f pl* органы пробирного надзора

**Eichdienst** *m* служба эталонирования и клеймения

**Eiche** *f* проверка мер и весов; клеймение мер и весов

**eichen** *vt* выверять, проверять, тарировать; эталонировать; градуировать; калибровать, клеймить

**Eichfehlergrenze** *f* предел погрешности при эталонировании

**Eichgebühr** *f* сбор за проверку и клеймение

**Eichgeld** *n* сбор за проверку и клеймение

**Eichgewicht** *n* клеймёная гиря

**Eichgewicht** нормальный вес

**Eichkurve** *f* тарировочная кривая, тарировочная характеристика

**Eichmaß** *n* эталон

**Eichschein** *m* свидетельство о клеймении

**Eichstempel** *m* поверочное клеймо

**Eichung** *f* выверка, проверка; тарирование; эталонирование; градуирование; калибрование; клеймение

**Eigenart** *f* своеобразие

**Eigenbedarf** *m* индивидуальные потребности; собственные потребности; собственное потребление; потребности предприятия в изделиях собственного производства

**Eigenbedarf** собственные потребности, собственные нужды

**Eigenbedarfsdeckung** *f* удовлетворение собственных потребностей

**Eigenbehalt** *m* расход на собственные нужды

**Eigenbehalt** *страх.* собственное удержание

**Eigenbehaltsprämie** *f страх.* премия по (за) собственному удержанию

**Eigenbesitz** *m* собственность; владение на правах собственности

**Eigenbesitzer** *m* собственник вещи, осуществляющий владение *чем-л.*, владелец на правах собственника

**Eigenbetrieb** *m* государственное предприятие, юридически несамостоятельное, но работающее на хозяйственном расчёте *(ФРГ)*; муниципальное предприятие, юридически несамостоятельное, но работающее на хозяйственном расчёте *(ФРГ)*

**Eigenbetrieb** частное предприятие

**Eigenbewirtschaftung** *f* ведение собственного хозяйства

**Eigendepot** *n* вклад, служащий банку залогом соблюдения обязательств депонента; вклад, служащий банку гарантией соблюдения обязательств депонента; вклад, принадлежащий лично депоненту

**Eigendepot** *n* собственные депозиты банка

**eigenerwirtschaften** *vt* получать средства *(в результате собственной хозяйственной деятельности)*

**eigenerwirtschaftet** собственный *(полученный в результате собственной хозяйственной деятельности)*

**Eigenerwirtschaftung** *f* покрытие потребности предприятия в капиталовложениях за счёт прибыли и амортизационных отчислений, самофинансирование

**Eigenerwirtschaftung** получение средств за счёт собственной хозяйственной деятельности

**Eigenerwirtschaftung der Mittel** использование собственных источников финансирования

**Eigenerzeugung** *f* собственное производство; производство для собственного потребления

**Eigenexport** *m* прямой экспорт *(без посредников)*

**Eigenfertigung** *f* изготовление за счёт внутренних ресурсов

**Eigenfertigung** производство для собственного потребления

**Eigenfertigung** собственное производство

**Eigenfinanzierung** *f* самофинансирование

**Eigengeschäfte** *n pl* самостоятельные сделки производственных предприятий с иностранными торговыми партнерами

**Eigengeschäfte** операции банка за собственный счёт

**Eigengewicht** *n* собственный вес

**Eigengut** *n юр.* независимое наследственное имущество

**Eigengut** *ист.* аллод

**Eigenguthaben** *n* собственные активы *(банка)*

**Eigenhandel** *m* торговля за свой счёт, торговля за собственный счёт

**Eigenhändler** *m* *бирж.* комиссионер, осуществляющий операции за свой *(собственный)* счёт; самостоятельный коммерсант

**Eigenhändler** посредник, обладающий исключительным правом сбыта на определённой территории; эксклюзивный торговец, торговец с исключительным правом продаж

**Eigenheim** *n* собственный дом, индивидуальный дом, дом в индивидуальной собственности, дом в частной собственности

**Eigenheimbau** *m* индивидуальное жилищное строительство

**Eigenhörigkeit** *f* *ист.* крепостное право

**Eigenkapital** *n* паевой капитал

**Eigenkapital** *n* непривлечённый капитал

**Eigenkapital** собственный капитал

**korrigiertes Eigenkapital** накопленный собственный капитал *(увеличение собственного капитала согласно балансу на сумму накопленных резервов)*

**Eigenkapitalausstattung** *f* обеспеченность собственным капиталом *(напр. соотношение между собственным капиталом и привлечённым капиталом)*

**Eigenkapitalbedarf** *m* потребность в собственном капитале

**Eigenkonsum** *m* личное потребление, индивидуальное потребление

**Eigenkontrahent** *m* доверитель; клиент; заказчик; участник договора

**Eigenkontrolle** *f* самоконтроль

**Eigenleistung** *f* показатель эффективности производства

**Eigenleistung** трудовое участие в жилищном строительстве

**Eigenleistung** собственная выработка

**Eigenleistung** собственная мощность

**Eigenleistungsmethode** *f* *стат.* метод определения производительности труда на основе установления примерной чистой продукции по изменяющимся пеням

**Eigenmächtigkeit** *f* самоуправство, произвол

**Eigenmasse** *f* собственный вес *(напр. товара)*

**Eigenmasse** тара *(подвижной единицы)*

**Eigenmaterial** *n* собственный материал

**Eigenmittel** *n pl* собственные средства

**Eigenmittelabführung** *f* отчисление из собственных средств *(напр. в бюджет)*

**Eigenmittelanteil** *m* доля собственных средств *(напр. доля в совокупных пассивах фирмы)*

**Eigenmittelanteil** доля собственных средств в основных и оборотных средствах (предприятия)

**Eigenmittelausstattung** *f* обеспечение собственными средствами

**Eigenmittelbeteiligung** *f* участие собственными средствами *(в основных и оборотных средствах предприятия)*

**Eigenmittelzuführung** *f* пополнение собственных средств

**Eigenmittet** *n pl* собственные средства

**Eigenmontage** *f* сборка собственными силами и средствами

**Eigenmontage** монтаж собственными средствами, монтаж собственными силами и средствами

**Eigenproduktion** *f* продукция для личного потребления, продукция для собственного потребления

**Eigenproduktion** производство для собственного потребления

**Eigenproduktion** собственная продукция

**Eigenproduktion** отечественная продукция

**Eigenproduktion** собственное производство

**Eigenproduktion** отечественное производство

**Eigenschaft** *f* свойство, качество

**Eigentum** *n* собственность; достояние

**Eigentum des Fiskus** казённая собственность, фискальная собственность

**Eigentum gesellschaftlicher Organisationen** собственность общественных организаций

**ausländisches Eigentum** имущество, принадлежащее иностранцам; имущество иностранных владельцев

**geistiges Eigentum** интеллектуальная собственность

**gemeinschaftliches Eigentum** общая собственность; коллективная собственность; общественная собственность

**genossenschaftliches Eigentum** кооперативная собственность

**genossenschaftliches sozialistisches Eigentum** *истор.* социалистическая кооперативная собственность

**gesellschaftliches Eigentum** общественная собственность

**gewerbliches Eigentum** промышленная собственность

**individuelles Eigentum** индивидуальная собственность

**kleinbäuerliches Eigentum** мелкая крестьянская собственность, собственность мелких крестьянских хозяйств

**kollektivwirtschaftliches Eigentum** колхозная собственность *(бывш. СССР)*

**öffentliches Eigentum** государственная собственность

**persönliches Eigentum** личная собственность

**privates Eigentum** частная собственность

**privatkapitalistisches Eigentum** частнокапиталистическая собственность

**sozialistisches Eigentum** социалистическая собственность *(бывш. СССР, ГДР)*

**staatliches Eigentum** государственная собственность

**unbewegliches Eigentum** недвижимость, недвижимое имущество

**ursprüngliches Eigentum** первоначальная собственность

**zwischenstaatliches Eigentum** межгосударственная собственность

**in Eigentum übergeben** предоставить в собственность, передать в собственность

**Eigentümer** *m* собственник, владелец

**Eigentümerhypothek** *f* ипотека, перешедшая к собственнику недвижимости после уплаты долга

**Eigentumsanspruch** *m* притязание на право собственности

**Eigentumsanteil** *m* доля собственности, доля имущества, доля владения

**Eigentumsaufgabe** *f* добровольная уступка права собственности

**Eigentumsaufgabe** уступка права собственности

**Eigentumsbefugnisse** *f pl* полномочия, вытекающие из права собственности

**Eigentumsbeschränkung** *f* ограничение права собственности

**Eigentumsdelikt** *n* преступление против собственности

**Eigentumsentsetzung** *f* лишение собственности; конфискация; экспроприация

**Eigentumsersitzung** *f* приобретение права собственности по давности владения

**Eigentumserwerb** *m* приобретение права собственности

**Eigentumserwerbung** *f* приобретение права собственности

**Eigentumsform** *f* форма собственности

**Eigentumsfreiheitsklage** *f* юр. негаторный иск

**Eigentumsgemeinschaft** *f* юр. общность собственности

**Eigentumsklage** *f* юр. виндикационный иск

**Eigentumsprivileg** *n* привилегия собственности

**Eigentumsrecht** *n* право собственности

**Eigentumsschutz** *m* защита права собственности

**Eigentumsstreuung** *f* распыление собственности, диффузия собственности, рассеивание собственности

**Eigentumsübergang** *m* переход права собственности

**Eigentumsübertragung** *f* передача права собственности, переуступка права собственности

**Eigentumsumschichtung** *f (коренное, глобальное)* перераспределение собственности

**Eigentumsverbrechen** *n* преступление против собственности

**Eigentumsverfolgung** *f* юр. виндикация, истребование собственником имущества, истребование истцом имущества

**Eigentumsverfügung** *f* распоряжение собственностью

**Eigentumsvergehen** *n* нарушение права собственности

**Eigentumsverhältnisse** *n pl* имущественные отношения

**Eigentumsverhältnisse** отношения собственности

**Eigentumsvermutung** *f* предполагаемое право собственности *(напр. при наличии записи в поземельной книге)*

**Eigentumsverteilung** *f* распределение собственности

**Eigentumsverzicht** *m* отказ собственника от товара, подлежащего обложению пошлиной, в пользу государства

**Eigentumsvorbehalt** оговорка об условиях перехода права собственности на товар *(напр. до выплаты полной стоимости)*

**Eigentumswechsel** *m* переход права собственности

**Eigenumsatz** *m* внутризаводской оборот, оборот внутри предприятия

**Eigenunfallversicherung** *f* страхование от несчастных случаев, производимое специальными органами федерации, земель и общин *(ФРГ)*

**Eigenvektor** *m* собственный вектор

**eigenverantwortlich** под личную собственность

**eigenverantwortlich** под собственную ответственность

**Eigenverantwortlichkeit** *f* самостоятельность *(предприятия)*

**Eigenverantwortlichkeit** собственная ответственность, личная ответственность

**Eigenverantwortung** *f* собственная ответственность, личная ответственность

**Eigenverbrauch** *m* внутризаводское потребление

**Eigenverbrauch** собственное потребление; потребление для собственных нужд

**Eigenvermögen** *n* собственное имущество

**Eigenversorgung** *f* самообеспечение

**Eigenwechsel** *m* простой вексель, соло-вексель

**Eigenwerbung** *f* самостоятельная реклама (*напр. производителем товара*)

**Eigenwert** *m* первичная стоимость, основная стоимость (*противополагаемая производной*)

**Eigenwert** реальная, фактическая стоимость

**Eigenwert** *мат.* собственное значение

**Eigenwirtschaft** *f с.-х.* индивидуальное хозяйство

**Eigenwirtschaftlichkeit** *f* самоокупаемость

**Eigenwirtschaftlichkeit** самостоятельная хозяйственная деятельность, самостоятельная хоздеятельность

**Eigner** *m* собственник; владелец, хозяин; обладатель

**Eignung** *f* пригодность
**berufliche Eignung** профессиональная пригодность, профпригодность

**Eignungsprüfung** *f* проверка на профессиональную пригодность, проверка на профпригодность

**Eignungstest** *m* проверка профессиональной пригодности к работе, тест на профпригодность

**Eignungswert** *m* потребительское свойство (*напр. товара, материала на предприятии*)

**Eigro, Einkaufsgemeinschaft der Lebensmittel-Großhändler** Закупочное объединение оптовых торговцев продовольственными товарами (*ФРГ*)

**Eilauftrag** *m* срочный заказ
**Eilauftrag** срочное поручение на перевод денег

**Eilavis** *m* срочное авизо, срочное уведомление

**Eilbestetlung** *f* срочный заказ

**Eilbote** *m* курьер, рассыльный, нарочный

**Eilbrief** *m* срочное письмо

**Eilfracht** *f* груз большой скорости
**Eilfracht** плата за перевозку грузов большой скорости

**Eilgeld** *n* диспач (*премия за досрочную погрузку или выгрузку судна*)

**Eilgut** *n* груз большой скорости
**Eilgut** скоростной груз

**Eilgutabfertigung** *f* отправка грузов большой скорости, отправка грузов большой скоростью

**Eilgüterzug** *m* ускоренный (скорый) грузовой поезд

**Eilgutfrachtsatz** *m* ставка тарифа на грузы большой скорости
**Eilgutfrachtsatz** тарифная ставка на грузы большой скорости

**Eilguttarif** *m* тариф на грузы большой скорости
**Eilguttarif** тариф на скоростные перевозки

**Eilgutverkehr** *m* перевозка грузов большой скорости
**Eilgutverkehr** скоростные перевозки грузов

**eilig** срочный

**Eilsendung** *f* срочное почтовое отправление

**Eilüberweisung** *f* срочный денежный перевод

**Eilzugzuschlag** *m ж.д.* доплата за скорость

**Eilzuschlag** *m* доплата за срочность

**Eilzustellung** *f* доставка почты с нарочным

**Ein- und Ausfuhr** *f* импорт и экспорт
**unsichtbare Ein- und Ausfuhr** *f* невидимый импорт и экспорт; невидимые импортно-экспортные операции

**Ein- und Ausfuhrhandels-Gesellschaft** Экспортно-импортное общество (*ФРГ*)

**Ein- und Ausgangsbuch** *n* книга входящих и исходящих бумаг

**Ein- und Auslieferungskosten** *pl* расходы по погрузочно-разгрузочным операциям; стоимость погрузочно-разгрузочных работ

**Ein- und Auswanderung** *f стат.* внешняя миграция

**Ein- und Verkaufsbedingungen** *f pl* условия купли-продажи (*в договоре*)

**Ein- und Verkaufsländerprogramm** *n* программа развития внешнеторговых связей (*бывш. ГДР*)

**einarbeiten** вовлекать в работу, включать в работу; приучать к работе; вводить в курс дела, знакомить с работой; прививать трудовые навыки

**Einarbeitung** *f* наладка (*машины*)
**Einarbeitung** освоение специальности, овладение специальностью
**Einarbeitung** приобретение (необходимых) трудовых навыков

**Einarbeitungsberuf** *m* профессия, приобретаемая в процессе работы без прохождения специального обучения

**Einarbeitungsnorm** *f* временная норма выработки, устанавливаемая на период освоения профессии

**Einarbeitungszeit** *f* период приобретения трудовых навыков

**Einarbeitungszuschlag** *m* надбавка, предоставляемая рабочему, не выполняющему норму выработки в период приобретения трудовых навыков

**einballen** упаковывать в тюки, упаковывать в кипы, увязывать в тюки, увязывать в кипы, киповать, тюковать

**einballieren** упаковывать в тюки, упаковывать в кипы, увязывать в тюки, увязывать в кипы, киповать, тюковать

**Einbau** *m* монтаж, сборка

**Einbaukosten** *pl* издержки по монтажу, расходы на монтаж

**Einbehaltung** *f* удержание, взимание

   **Einbehaltung an der Quelle** удержание налогов из источника дохода

   **Einbehaltung vom Lohn** удержание части заработной платы

**einberechnen** *vt* включать в счёт

**Einberufung** *f* **von Banknoten** изъятие банкнот из обращения

**einbringlich** доходный

**Einbringlichkeit** *f* доходность

**Einbringung** *f* внесение

   **Einbringung** передача

   **Einbringung des Haushaltsplanes** внесение проекта бюджета на обсуждение *(законодательных органов)*

   **Einbringung von Sachen und Rechten** передача имущества и прав

**Einbruchdiebstahlversicherung** *f* страхование от кражи со взломом

**Einbuße** *f* потеря; убыток, ущерб; урон

   **Einbuße erleiden** понести убыток *(убытки, ущерб)*

**Eindämmung** *f* сдерживание, удерживание, ограничение

   **Eindämmung der Spekulation** сдерживание спекуляции

**eindecken** *vt* обеспечивать, покрывать спрос, удовлетворять спрос

   **sich eindecken** запасаться *(товарами)*, делать закупки впрок, закупать впрок

**Eindeckung** *f* закупка; изготовление на (в) запас

   **Eindeckung** *бирж.* покрытие; производство запасов (товаров); закупка впрок

**eindeutig** однозначный

**eindimensional** одномерный

**Eindringen** *n* проникновение; вторжение; внедрение

**einengen** *vt* ограничивать, сокращать

**Einengung** *f* сужение *(напр. рынка сбыта, ассортимента товаров)*, ограничение *(напр. торговли)*

**Einer** *n* единица

**einfach** простой; обыкновенный

   **einfach wirkend** простого действия

   **einfaches Konnossement** *n* простой коносамент

   **einfaches Risiko** *n* *страх.* простой риск

   **einfacher Buchungssatz** *m* *бухг.* простая проводка

   **einfacher Zins** *m* *страх.* простой процент

**Einfach-Stichprobenplan** *m* план одиночного приёмочного контроля, план одно-выборочного контроля *(качества)*

**Einfachsumme** *f* простая сумма

**Einfahren** *f* вход, вхождение; въезд

   **Einfahren im optimalen Zustand** выведение на оптимальный режим

**Einfahrstraße** *f ж.-д.* маршрут приёма *(поезда на станцию)*

**Einfamilienhaus** *n* дом на одну семью

**Einfluss** *m* влияние

   **seinen Einfluss ausdehnen** распространить свое влияние; расширить свое влияние

   **uberwiegenden Einfluss haben** иметь решающее влияние

   **umweltliche Einflüsse** *pl* влияние окружающей среды

**Einflussbereich** *m* сфера действия; сфера влияния

**Einflussgröße** *f* величина воздействия

   **Einflussgröße** параметр

**Einflussnahme** *f* влияние, воздействие

**Einflusssphäre** *f* сфера влияния

**Einflusszone** *f* сфера влияния

**einfordern** *vt* требовать, затребовать

   **einfordern** взыскивать, взыскать *(деньги)*

   **einfordern** предъявлять иск, предъявить иск

**Einfrieren** *n* замораживание *(напр. заработной платы, капитала)*; омертвление *(напр. капитала)*

**Einfügung** *f* вставка, включение *(напр., в список)*

**Einfühlungskraft** *f* понимание; интуиция

**Einfuhr** *f* импорт, ввоз

   **Absperrung der Einfuhr** запрещение ввоза

   **begünstigte Einfuhr** импорт на льготных условиях

   **direkte Einfuhr** прямой импорт, импорт без участия посредников, импорт без посредников

   **Einfuhr einer Ware bremsen** ограничивать ввоз товара

   **Einfuhr von lebenden Tieren** ввоз живых животных

   **Genehmigung der Einfuhr und Ausfuhr von Kernbrennstoffen und radioaktiven Stoffen** выдача разрешений на ввоз и вывоз ядерного топлива и других радиоактивных веществ

   **indirekte Einfuhr** импорт через посредников, косвенный импорт

   **den Markt gegen die Einfuhr ausländischer Waren abriegeln** оградить рынок от ввоза иностранных товаров

**mittelbare Einfuhr** косвенный импорт, импорт с участием посредников

*eine* **Sperre über die Einfuhr von Fleisch verhängen** наложить эмбарго на ввоз мяса

**ungehinderte Einfuhr** свободный ввоз

**ungewollte Einfuhr von Schädlingen** случайный завоз карантинных вредителей

**schwarze Einfuhr** черный импорт, контрабандный ввоз; незаконный импорт; незаконный ввоз

**unsichtbare Einfuhr** невидимый импорт, серый импорт

**zollfreie Einfuhr** беспошлинный ввоз

**Einfuhr- und Vorratsstellen** *f pl* учреждения, регулирующие объём импорта сельскохозяйственных товаров и уровень цены на них *(ФРГ)*

**Einfuhr- und Zahlungsbewilligung** *f* импортная и платёжная лицензия, импортное и платёжное разрешение

**Einfuhrabgaben** *f pl* импортные пошлины, ввозные пошлины; налоги и сборы, взимаемые при импорте

**Einfuhranrecht** *n* право удержания части валютной выручки от экспорта с последующим использованием её для оплаты импорта товаров из этих же стран

**Einfuhranrecht** право удержания части экспортной валютной выручки

**Einfuhranschlusslieferungen** *f pl* поставки товаров, дополняющие поставки основного импортного товара

**Einfuhrantrag** *m* заявка на импортную лицензию

**Einfuhrartikel** *m* предмет импорта, статья импорта; импортный товар; импортный артикул

**einführbar** допущенный к ввозу, разрешенный к ввозу; разрешенный к импорту

**einführbar** пригодный для ввоза

**Einfuhrbedarf** *m* потребность в импорте, спрос на импортные товары

**Einfuhrbefugnis** *f* право на ввоз, право на импорт

**Einfuhrbeschränkung** *f* импортные ограничения, ограничения импорта, ограничения на ввоз

**Einfuhrbestellung** *f* импортный заказ

**Einfuhrbestimmungen** *f pl* государственные постановления и предписания, регламентирующие импорт

**Einfuhrbestimmungen** положения, регламентирующие импорт

**Einfuhrbewilligung** *f* импортная лицензия, ввозная лицензия, разрешение на ввоз

**Einfuhrbewilligungsgebühren** *f pl* сборы, взимаемые за выдачу импортной лицензии; плата за импортную лицензию

**Einfuhrdeklaration** *f* импортная декларация, ИД, ввозная декларация; таможенная декларация при импорте товаров, импортная таможенная декларация, ИТД

**einführen** *vt* ввозить, импортировать

**einführen** привозить; вводить *(напр. ограничения)*; внедрять *(напр. новую технику)*; осваивать *(напр. новые мощности)*

**einführen** привозить

**einführen** вводить *(напр. ограничения)*

**einführen** внедрять *(напр. новую технику)*

**einführen** осваивать *(напр. новые мощности)*

**Einführer** *m* импортёр

**Einfuhrerhöhung** *f* увеличение объёма импорта

**Einfuhrerklärung** *f* импортная декларация, ИД, ввозная декларация; таможенная декларация при импорте товаров, импортная таможенная декларация, ИТД

**Einfuhrerschwerung** *f* ухудшение условий ввоза, ухудшение условий импорта, затруднения с ввозом, затруднения с импортом

**Einfuhrfinanzierung** *f* финансирование импорта

**Einfuhrfirma** *f* фирма-импортёр, импортирующая фирма

**Einfuhrförderung** *f* стимулирование импорта, поощрение импорта

**Einfuhrfreiliste** *f* список товаров, допущенных к свободному ввозу *(импорту)*

**Einfuhrgenehmigung** *f* лицензия на импорт, импортная лицензия, разрешение на ввоз

**Einfuhrgeschäft** *n* импортная сделка

**Einfuhrgeschäft** операции по импорту, импортные операции

**Einfuhrgeschäft** фирма-импортёр

**Einfuhrgut** *n* импортный товар; импортный груз

**Einfuhrhandel** *m* импорт, импортная торговля

**Einfuhrhandelsgeschäft** *n* фирма-импортёр

**Einfuhrhändler** *m* коммерсант, специализирующийся на импорте определённых товаров

**Einfuhrhaus** *n* фирма-импортёр, импортное торговое объединение

**Einfuhrkontingent** *n* импортный контингент; контингент товаров, разрешенных к импорту

**Einfuhrkontingentierung** f контингентирование импорта

**Einfuhrkontrolle** f контроль над импортом, контроль импорта

**Einfuhrkredit** m импортный кредит

**Einfuhrland** n импортирующая страна, ввозящая страна, страна-импортёр

**Einfuhrliste** f список импортируемых товаров, перечень импортируемых товаров

**Einfuhrlizenz** f импортная лицензия, лицензия на импорт, разрешение на ввоз

**Einfuhrmeldung,** импортная декларация, импортная таможенная декларация

**Einfuhrmöglichkeiten** f pl импортные возможности, возможности по импорту

**Einfuhrmonopol** n монополия на импорт

**Einfuhrnebenabgaben** f pl дополнительные налоги и сборы, взимаемые при импорте

**Einfuhrposition** f статья импорта

**Einfuhrposten** m статья импорта

**Einfuhrprämie** f импортная премия

**Einfuhrpreis** m импортная цена

**Einfuhrpreisindex** m индекс импортных цен

**Einfuhrquote** f импортная квота, квота на импорт

**Einfuhrrestriktion** f ограничение импорта

**Einfuhrrestriktlon** f ограничение импорта

**Einfuhrschranken** f pl импортные барьеры

**Einfuhrsperre** f запрет импорта, запрет на импорт, запрет на ввоз

**Einfuhrstatistik** f импортная статистика, статистика импорта

**Einfuhrsteuer** f импортный налог, налог на импортируемые товары

**Einfuhrtarif** m импортный тариф

**Einfuhrüberhang** m превышение импорта над экспортом

**Einfuhrüberschuss** m превышение импорта над экспортом

**Einführung** f импорт, ввоз

**Einführung** введение, внедрение *(напр. новой техники)*; освоение *(напр. новых мощностей)*

**Einführung** продвижение *(товара на рынок)*

**Einführungskurs** m эмиссионный курс ценных бумаг

**Einführungspatent** n патент, приобретённый за границей; зарубежный патент, приобретённый для использования внутри страны

**Einführungspreis** m цена на новые виды продукции, обеспечивающая продвижение их на рынок

**Einführungsrabatt** m скидка за внедрение в торговый оборот новых товаров, скидка за внедрение в торговый оборот товарных новинок

**Einführungswerbung** f реклама с целью продвижения новых товаров, реклама на поступающий в продажу товар

**Einführungszuschlag** m *(временная)* надбавка к базисной цене, покрывающая дополнительные издержки на освоение новых видов продукции

**Einfuhrverbot** n запрет на импорт

**Einfuhrverfahren** n порядок осуществления импортных операций, порядок проведения импортных операций

**Einfuhrversandhändler** m pl оптовые посредники, перепродающие импортные товары, купленные в морском перевалочном порту

**Einfuhrvertrag** m контракт на импорт (товаров)

**Einfuhrverzollung** f обложение импорта пошлинами, обложение импортными пошлинами

**Einfuhrvolumen** n объём импорта

**Einfuhrware** f импортируемые товары

**Einfuhrziel** n импортный план, план по импорту *(в бывш. ГДР, СССР)*

**Einfuhrzoll** m импортная пошлина, ввозная пошлина

**protektionistischer Einfuhrzoll** покровительственная импортная пошлина, протекционистская импортная пошлина

**Einfuhrzollsatz** m ставка импортной пошлины

**Einfuhrzollschuld** f обязательства уплатить импортную пошлину, обязательство оплатить импортную пошлину

**Eingabe** f ввод *(данных)*

**Eingabe** вход *(компьютерного устройства)*

**Eingabe** входящая информация; вводимая информация

**Eingabe** устройство ввода

**Eingabe-Ausgabe** f ввод-вывод *(данных)*

**Eingabe-Ausgabe** устройство ввода-вывода

**Eingabe-Ausgabe-Peripherie** f *(выч.тех.)* внешние устройства ввода-вывода, периферийные устройства ввода-вывода

**Eingabedatei,** массив входных данных, входной файл

**Eingabedaten** pl входные данные; входящие данные (информация); вводимые данные

**Eingabeeinheit** f устройство ввода; входное устройство, входной блок

**Eingabeeinrichtung** f устройство ввода; входное устройство, входной блок

**Eingabegerät** n устройство ввода; входное устройство, входной блок

**Eingabewerte** m pl входные данные; входные величины

**Eingang** m ввод (данных)

**Eingang** поступление (данных, информации)

**Eingang** вход (напр. таблицы)

**Eingang** поступление, получение (денег, товаров); приток (заказов)

**Eingang** приход (в кассовой книге)

"**Eingang vorbehalten**" при условии (предварительного) получения (напр. денег)

**Eingänge** m pl поступление сумм, поступления, приход

**Eingänge und Ausgänge** поступления и платежи; поступления и издержки, приход и расход

**Eingangsabfertigung** f таможенный досмотр (при импорте, при ввозе)

**Eingangsabgabe** f импортная пошлина, ввозная пошлина

**Eingangsartikel** m предмет ввоза

**Eingangsartikel** статья ввоза

**Eingangsdaten** pl входные данные; входящие данные (информация); вводимые данные

**Eingangsdeklaration** f импортная таможенная декларация, импортная декларация, ИД

**Eingangsegalisierung** f выравнивание заготовительных цен (в промышленности)

**Eingangsgeld** n импортная пошлина, ввозная пошлина

**Eingangsgröße** f входная величина, входной параметр

**Eingangshafen** m порт прибытия, порт поступления (товара)

**Eingangsinformation** f входная информация, исходная информация

**Eingangskontrolle** f контроль качества и количества поступающего товара; входной контроль

**Eingangsmeldung** f приходный ордер

**Eingangsparameter** m входной параметр

**Eingangspaß** m свидетельство о ввозе; свидетельство о поступлении (товара)

**Eingangsposition** f статья прихода

**Eingangsrechnung** f счёт, выставляемый поставщиком, счёт-фактура

**Eingangsschein** m приходный ордер

**Eingangssteuer** f импортная пошлина, ввозная пошлина

**Eingangsvermerk** m отметка о поступлении (напр. заявки)

**Eingangszoll** m импортная пошлина, ввозная пошлина

**Eingangszollamt** n таможня в (на) пограничном пункте

**eingefroren** замороженный (о капитале, о заработной плате)

**eingeschrieben** заказной (о письме); зарегистрированный (о товариществе)

**eingeschrieben** зарегистрированный (о товариществе)

**eingeschrumpft** сокращённый (о бюджете, о доходах)

**eingetragen** зарегистрированный (о товариществе)

**Eingruppierung** f классификация; группирование; причисление к определённой категории, причисление к определённому тарифу

**Eingruppierungskommission** f классификационная комиссия

**Eingruppierungsunterlagen** f pl документация для отнесения исполнителя к определённой категории по степени сложности выполняемой работы

**einhalten** vt соблюдать (условие, правило, срок)

**Einhaltung** f соблюдение (напр. условий, сроков)

**einhandeln** выменивать

**einhandeln** покупать; скупать; закупать; приобретать

**einhandeln** терять (при купле-продаже)

**einhändigen** vt вручать

**einheimisch** местный

**einheimisch** отечественный, относящийся к данной стране

**Einheit** f единица (измерения)

**Einheit** единство

**Einheit** единица (оборудования)

**Einheit** унифицированный узел

**administrative Einheit** административная единица

**etatmäßige Einheit** штатная единица

**statistische Einheit** стат. единица наблюдения

**technische Einheit** технический параметр; единица оборудования

**territoriale Einheit** территориальная единица

**widersprüchliche Einheit** противоречивое единство

**wirtschaftliche Einheit** хозяйственная единица

**Einheitsbesteuerung** f обложение с единицы (напр. продукции)

**Einheitsbilanz** f единый баланс (напр. платёжный баланс, который включает торговый баланс)

**Einheitsbrennstoff** m условное топливо

**Einheitsbüchse** f условная банка (в консервной промышленности)

**Einheitsdifferentialkosten** *pl* дифференциальные затраты на единичный продукт, дифференциальные затраты на отдельный продукт

**Einheitsdurchschreibebuchführung** *f* единая система копиручёта

**Einheitsdurchschreibebuchhaltung** *f* единая система копиручёта; единая система организации и ведения бухучёта

**Einheitsformular** *n* стандартный бланк

**Einheitsfrachtsatz** *m* единая фрахтовая ставка

**Einheitsgebührentarif** *m* единый железнодорожный тариф

**Einheitsgenossenschaft** *f* кооператив

**Einheitshektar** *m* гектар условной пахоты

**Einheitskontenrahmen** *m* единая номенклатура счетов

**Einheitskonto** *n* единый счёт

**Einheitskosten** *pl* расходы на единицу продукции, издержки на единицу продукции, удельные расходы, удельные затраты

**Einheitskurs** *m бирж.* единый курс

   **Einheitskurs** ежедневно объявляемый курс по кассовым сделкам

**Einheitslast** *f* удельная нагрузка

**Einheitsleistung** *f* единичная мощность, мощность в расчёте на единицу (*напр. продукции, оборудования*)

   **Einheitsleistung** продуктивность в расчёте на единицу

**Einheitsmarkt** *m* единый рынок; фондовый рынок, на котором ведётся торговля ценными бумагами по единым ценам

**Prinzip des Einheitsmarktes** принцип целостности рынка (*на одном рынке в одно и то же время на один и тот же товар цена одинакова*)

**Einheitsmaschine** *f* типовой станок, станок из унифицированных узлов

**Einheitsmatrix** *f* единичная матрица

**Einheitsmietvertrag** *m* единый договор найма

**Einheitsporto** *n* единый почтовый тариф

**Einheitsposttarif** *m* единый почтовый тариф

**Einheitspreis** *m* единая цена, стандартная цена

**Einheitspreisgeschäft** *n* магазин стандартных цен

**Einheitssatz** *m* единая ставка, единая тарифная ставка

**Einheitsscheck** *m* стандартный чековый формуляр

**Einheitsschlüssel** *m* контрольный телеграфный ключ (*в банковском деле*)

**Einheitssteuer** *f* единый налог

**Einheitstarif** *m* единый таможенный тариф

**Einheitstarif** единый тариф

**Einheitstarifsatz** *m* единая тарифная ставка

**Einheitsverpackung** *f* стандартная упаковка

**Einheitsversicherung** *f* групповое страхование, коллективное страхование

**Einheitsvordruck** *m* стандартный бланк

**Einheitswassermenge** *f* удельный расход воды, приведённый расход воды

**Einheitswechsel** *m* стандартный бланк векселя

**Einheitswert** *m вчт.* единичное значение

**Einheitswert** налоговая стоимость хозяйственных единиц

**Einheitswert** стандартная величина

**Einheitswert** стандартная стоимость (*чаще всего налоговая оценка, устанавливаемая по стандартным правилам для всех видов имущества*)

**Einheitswert** цена деления шкалы; единица (*шкалы*)

**Einheitswerte** *m pl бирж.* ценные бумаги, для которых установлен единый курс; ценные бумаги с единым курсом

**Einheitszoll** *m* единая пошлина

**EinhW, Einheitswert** налоговая стоимость хозяйственных единиц; имущественный ценз

**Einigung** *f* соглашение; компромисс; примирение сторон

**Einigungsamt** *n* арбитраж, третейский суд

   **Einigungsamt** *юр.* примирительная камера; арбитраж

**Einigungsstelle** *f юр.* примирительная камера; арбитраж

**einkalkulieren** *vt* включать в калькуляцию, включить в калькуляцию, откалькулировать, скалькулировать

   **einkalkulieren** учитывать, принимать во внимание

**Einkassierung** *f* инкассация, инкассирование (*платежа*); инкассо; сбор, получение (*денег*); взыскивание (*долгов*)

   **zur Einkassierung** на инкассо

**Einkassierungsspesen** *pl* издержки инкассации, издержки по инкассации

   **Einkassierungsspesen** издержки по инкассо (*платежа*)

**Einkauf** *m* купля, закупка, покупка; скупка

**einkaufen** *vt* покупать, закупать

   **sich einkaufen** платить за принятие (*напр. в ассоциацию*); оплачивать свою долю участия (*в предприятии*)

   **sich einkaufen** платить за свою долю участия (*в капитале фирмы*)

**Einkäufer** *m* закупщик (*агент*), покупатель; скупщик

**Einkaufs- und Absatigenossenschaft** *f* закупочно-сбытовая кооперация (*самостоятельных ремесленников; бывш. ГДР*)

**Einkaufs- und Liefergenossenschaft** f закупочно-сбытовая кооперация (самостоятельных ремесленников; бывш. ГДР)

**Einkaufs- und Verkaufsorganisation** f закупочно-сбытовая организация

**Einkaufsabrechnung** f плата за купленный товар

**Einkaufsabrechnung** учёт закупок

**Einkaufsabschluss** m заключение сделки на закупку; заключение договора на закупку

**Einkaufsabteilung** f отдел закупок, заготовительный отдел

**Einkaufsanzeige** f авизо о закупке, уведомление о закупке

**Einkaufsapparat** m закупочный аппарат, заготовительный аппарат

**Einkaufsauftrag** m заказ на закупку

**Einkaufsbeschränkung** f ограничение на закупку; ограничение закупок

**Einkaufsbruttopreis** m валовая закупочная цена, закупочная цена брутто

**Einkaufsform** f форма закупок, форма осуществления закупок

**Einkaufsgemeinschaft** f объединение физических лиц в интересах совместного осуществления закупок, объединение юридических лиц в интересах совместного осуществления закупок

**Einkaufsgemeinschaft der Lebensmittel-Großhändler** Закупочное объединение оптовых торговцев продовольственными товарами (ФРГ)

**Einkaufsgenossenschaft** f закупочная кооперация

**Einkaufsgenossenschaft** закупочный кооператив

**Einkaufshandlung** f оптовая ярмарка образцов (для заключения контрактов между предприятиями-поставщиками и торговыми организациями)

**Einkaufshaus** n торговый дом, торговая фирма

**Einkaufskartell** n закупочный картель

**Einkaufskartell** картель оптовых фирм-покупателей

**Einkaufskollektiv** n коллектив работников, занимающихся закупкой товаров (бывш. ГДР)

**Einkaufskommission** f комиссия по закупкам

**Einkaufskommissionär** m комиссионер по закупкам, посредник по закупкам

**Einkaufsland** n страна закупки товара

**Einkaufsplan** m план закупок

**Einkaufspreis** m закупочная цена; цена производителя

**Einkaufsrechnung** f счёт на закупленный товар, счёт на купленный товар

**Einkaufsrechnungspreis** m валовая закупочная цена, закупочная цена брутто

**Einkaufssteuer** f налог с закупочной цены

**Einkaufssteuer** f налог на покупку

**Einkaufswagen** m тележка для отбора товаров в магазине самообслуживания

**Einkaufswagen** m корзина покупателя в Интернет-магазинах

**"Einkaufswagen"-Button** m кнопка "Корзина покупателя"; иконка "Корзина покупателя"

**Artikel in den Einkaufswagen legen** отобрать товар(ы) в корзину покупателя; положить товар(ы) в корзину покупателя

**Einkaufszentrum** n торговый центр

**Einkaulsabrechnung** f учёт закупок; расплата за купленный товар

**einklarieren** vt грузить на судно

**einklarieren** vt очищать от пошлины прибывшие на судне товары; кларировать судно

**Einklarierung** f очистка от пошлин товаров, прибывших на судне; очистка от налогов и сборов судна (при заходе в порт); кларирование судна

**Einklarierung** погрузка на судно

**Einkommen** n доход; поступление; заработок

**Einkommen** pl доходы; поступления

**Einkommen aus Handelstätigkeit** доход от торговой деятельности

**Einkommen aus Steuern** доход от налогов; доходы от налогов

**Einkommen aus Unternehmertätigkeit** предпринимательский доход

**Einkommen aus wirtschaftlicher Tätigkeit** доход от хозяйственной деятельности

**Einkommen beschneiden** урезать доходы; ограничивать доходы (поступления)

**Einkommen unfundiertes** доход не с капитала

**abgeleitetes Einkommen** производный доход, вторичный доход

**beitragspflichtiges Einkommen** доход, от величины которого исчисляется размер обязательных взносов (напр. в фонд социального страхования)

**durch Arbeit erworbenes Einkommen** трудовой доход

**durchschnittliches Einkommen** средний доход; средний заработок
**dynamisches Einkommen** доходы, величина которых изменяется в зависимости от колебаний рыночной конъюнктуры; динамично изменяющиеся доходы
**festes Einkommen** твёрдый доход
**fundiertes Einkommen** доход в процентах с капитала; проценты с капитала; доход (в процентах) от владения землёй; доход (в процентах) от владения недвижимостью
**garantiertes Einkommen** гарантированный доход
**indirektes Einkommen** косвенный доход
**lebenslängliches Einkommen** пожизненный доход
**nichterarbeitetes Einkommen** нетрудовой доход
**risikofreies Einkommen** безрисковый доход; безрисковые поступления
**statisches Einkommen** постоянный доход
**unsichtbares Einkommen** невидимый доход
**ursprüngliches Einkommen** первичный доход
**verfügbares Einkommen** чистый доход *(после вычета налогов)*
**wechselndes Einkommen** меняющийся доход, непостоянный доход
einkommen поступать в доход
einkommen поступать *(в кассу)*
heute ist wenig eingekommen сегодня мало выручено, сегодня маленькая выручка
**Einkommens- und Verbrauchsbilanz** *f* баланс доходов и потребления
**differenzierte Einkommens- und Verbrauchsbilanz** дифференцированный баланс доходов и потребления

**Einkommensangleichung** *f* выравнивание доходов
**Einkommensausgleichung** *f* выравнивание доходов
**Einkommensbesteuerung** *f* подоходное налогообложение; обложение подоходным налогом
**Einkommensbewegung** *f* динамика доходов, движение доходов; динамика поступлений
**Einkommensbezieher** *m* получатель дохода, получатель доходов
**Einkommensbildung** *f* формирование дохода, образование дохода
**Einkommenseffekt** *m* эффект дохода *(эффект, отражающий влияние реального дохода при изменении цены товара)*
**Einkommenseinbuße** *f* потеря дохода
**Einkommenselastizität** *f* эластичность доходов
**Einkommenselastizität der Nachfrage** эластичность спроса в зависимости от уровня доходов
**Einkommensentwicklung** *f* динамика доходов, движение доходов
**Einkommensermittlung** *f* определение (уровня) доходов, определение размера дохода
**steuerliche Einkommensermittlung** определение доходов с целью налогообложения
**Einkommensfunktion** *f* функция дохода
**Einkommensgruppe** *f* группа доходов
**Einkommenskonto** *n* счёт доходов
**Einkommenslage** *f* положение с доходами; состояние доходов
**Einkommensminderung** *f* сокращение доходов, уменьшение доходов, снижение доходов

**Einkommensnivellierung** *f* нивелирование доходов, выравнивание доходов
**Einkommenspolitik** *f* политика в области доходов
**Einkommenspolitik** политика в области распределения доходов *(может осуществляться государством, профсоюзами, объединениями предпринимателей и др. институтами с целью изменения структуры распределения первичных доходов)*
**Einkommensposten** *m* приходная статья; статья доходов
**Einkommensquelle** *f* источник дохода *(напр. труд, приносящий доход, доход от владения имуществом, прибыль)*
**Einkommensquelle** источник доходов
**Einkommensschichtung** *f* дифференциация доходов
**Einkommensschmälerung** *f* сокращение доходов, уменьшение доходов, снижение доходов
einkommensschwach малоимущий, с невысоким уровнем дохода
**Einkommensschwankung** *f* колебание доходов, колебание уровня доходов
**Einkommensskala** *f* шкала доходов
**Einkommensstruktur** *f* структура доходов
**Einkommensteuer** *f* подоходный налог
**Einkommensteuer nach dem Schedulensystem** шедулярный подоходный налог
**einheitliche Einkommensteuer** единый подоходный налог
**ergänzende Einkommensteuer** дополнительный подоходный налог
**veranlagte Einkommensteuer** подоходный налог, взимаемый с заявленного дохода

**Einkommensteuerrecht** *n* право взимания подоходного налога
**Einkommensteuersatz** *m* ставка подоходного налога
**Einkommensträger** *m* получатель дохода
**Einkommensumverteilung** *f* перераспределение доходов
**Einkommensverhältnisse** *n pl* имущественное положение
**Einkommensverteilung** *f* распределение доходов *(чаще всего распределение валового и чистого дохода между различными группами)*
**Einkommensverwendung** *f* использование доходов
**Einkommenszuschlag, SV-beitragsfreier** дополнительный доход, с которого не уплачиваются взносы в фонд социального страхования
**Einkommenszuwachs** *m* рост доходов, прирост доходов
**Einkontensystem** *n* система единого счёта
**Einkünfte** *f pl* доходы *(в том числе - доходы, подлежащие обложению подоходным налогом)*; поступления
  **Einkünfte aus freiberuflicher Tätigkeit** доходы лиц свободных профессий
  **Einkünfte in Geld** денежные доходы, доходы в денежной форме
  **Einkünfte in Naturalform** доходы в натуральной форме
  **außerordentliche Einkünfte** чрезвычайные доходы
  **nebenberufliche Einkünfte** доходы от побочной деятельности, доходы от побочного занятия
  **sonstige Einkünfte** прочие доходы
  **steuerbegünstigte freiberufliche Einkünfte** доходы лиц свободных профессий, пользующихся налоговыми льготами
**Einlad** *m* *швейц.* погрузка

**Einladebahnhof** *m* станция погрузки
**Einladen** *n* погрузка
**einladen** *I* грузить, нагружать *(напр. судно)*
**einladen** *II* приглашать, пригласить
**Einladeort** *m* место погрузки
**Einladung** *f* погрузка; навалка (мор. груза)
  **Einladung** приглашение
  **Einladung** пригласительный билет
  **Einladung zur Hauptversammlung** приглашение на общее собрание *(напр. акционеров)*
**Einlage** *f*:
  **Einlage; Beitrag eines Gesellschafters (Aktionärs)** (денежный) вклад; взнос; пай *(в предприятии, в уставной фонд)*
  **Einlage; Einzahlung auf ein Konto** банковский вклад; вклад на счёт в банке
  **Einlage** приложение вложение
  **Einlage** вложение *(почтовое)*, содержимое *(напр. посылки)*
  **Einlage auf Sicht** вклад до востребования
  **Einlage mit einjähriger Kündigungsfrist** срочный вклад на один год
  **Einlage mit sechsmonatiger Bindung** срочный вклад на шесть месяцев
  **Einlage ohne bestimmte Kündigungsfrist** бессрочный вклад
  **befristete Einlage** срочный вклад
  **fiktive Einlage** мнимый вклад, фиктивный вклад
  **im Insolvenzfall erhält der Anleger 90 Prozent seiner Einlage bis maximal 20000 Euro** в случае неплатёжеспособности (банка) вкладчик получает 90% от суммы своего вклада в пределах вклада до 20000 евро
  **jederzeit rückzahlbare Einlage** бессрочный вклад
  **kurzfristige Einlage** краткосрочный вклад; краткосрочный депозит
  **kündbare Einlage** срочный вклад, вклад на текущем счёте
  **langfristige Einlage** долгосрочный вклад; вклад на срок, срочный вклад (на большой срок); долгосрочный депозит; депозит на длительный срок
  **private Einlage** частный вклад *(вложение, делаемое собственником предприятия из своего личного состояния)*
  **stille Einlage** негласный вклад
  **verzinsliche Einlage** процентный вклад, вклад с начислением процентов, вклад под проценты
**Einlagebuch** *n* расчётная книжка вкладчика, сберегательная книжка, сберкнижка
**Einlagegläubiger** *m* вкладчик
**Einlagekapital** *n* вклад *(пайщика)*, вложенный капитал
**Einlagekonto** *n* счёт негласного компаньона на сумму его пая
**Einlagen** *f pl* (денежные) вклады; депозиты
  **ausstehende Einlagen** суммы, причитающиеся обществу от компаньонов
**Einlagenabfluss** отток вкладов
**Einlagenbestand** *m* сумма текущих счетов, сумма вкладов
**Einlagenbetrag** *m* сумма вклада
**Einlagengeschäft** *n*:
  **Einlagengeschäft betreiben** заниматься приёмом вкладов
**Einlagenkonto** *n* счёт вкладчика, депозитный счёт

**Einlagensicherung** f защита банковских вкладов; система защиты банковских вкладов (государством, объединениями банков и т.п.); страхование вкладов (банковских)

**Einlagensicherungsfond** m фонд страхования вкладов

**Einlagensicherungsfond des Bundesverbandes deutscher Banken** гарантийный фонд Федерального объединения банков Германии; фонд страхование вкладов Федерального объединения банков Германии

**Einlagenstand** m состояние вкладов

**Einlagensumme** f общая сумма вкладов; общая сумма депозитов; сумма вклада (общая, в банке)

**Einlagenzinsfuß** m процентная ставка по вкладам; проценты по вкладу

**Einlagerer** m лицо, хранящее товары на складе; организация, хранящая товары на складе

**einlagern** vt закладывать на хранение, хранить на складе, складировать, заскладировать

**Einlagerung** f принятие на склад, складирование

**Einlagerung** складирование товаров, помещение товаров на склад; укладка товаров на складе, размещение товаров на складе

**Einlagerungsgewicht** n вес при складировании товара

**Einlagerungskapazität** f ёмкость склада, ёмкость складского помещения

**Einlagerungskosten** pl расходы по складированию

**Einlagesteuer** f налог с вкладов

**Einlagezinsen** m pl проценты по вкладам

**Einlauf** m поступление (бумаг, денег)

**Einlauf** прибытие (судна)

**Einläufe** m pl канц. входящие бумаги, входящие

**einlaufen** входить в порт (о судне)

**einlaufen** vi поступать (о корреспонденции)

**Einlaufkurve** f кривая динамики трудовых затрат, продолжительности работы и себестоимости в пусковой период производства

**Einlauftest** m предварительные испытания; предварительный контроль

**einlegen** вкладывать (средства)

**einlegen** подавать (напр. жалобу); заявлять (протест)

**Einleger** m вкладчик

**einleiten** vt инициировать

**einleiten** vt начинать, запускать, вводить в действие

**Einlesen** n ввод (напр. данных); запись (напр. в память)

**Einlieferung** f вручение; доставка; поставка

**Einlösbarkeit** f возможность размена (напр. ассигнаций)

**Einlösbarkeit** обратимость (денег)

**Einlöseklausel** f оговорка (в генеральных правилах страхования) об обязательной выплате договорной суммы застрахованному в случае задержки выдачи на руки страхового свидетельства

**einlösen** vt оплачивать, погашать (вексель)

**Einlösung** f выкуп (напр. залога)

**Einlösung** f выполнение (напр. обязательства)

**Einlösung** инкассация, инкассирование (напр. платежа)

**Einlösung** оплата, уплата, платёж (напр. по счёту или векселю), погашение (напр. долга)

**Einlösung** оплата товара против товарораспорядительных документов

**Einlösung** размен (денег)

**Einlösung verschieben** переносить срок выкупа (векселя)

**zur Einlösung vorlegen** предъявлять к оплате

**Einlösungsbetrag** m сумма выкупа

**Einlösungsbetrag** сумма выплаты

**Einlösungsfonds** m выкупной фонд; фонд погашения (ценных бумаг)

**Einlösungsgarantie** f гарантия выкупа

**Einlösungsklausel** f оговорка (в генеральных правилах страхования) об обязательной выплате договорной суммы застрахованному в случае задержки выдачи на руки страхового свидетельства

**Einlösungspflicht** f обязательство размена; обязательство кредитного учреждения обменивать банковские билеты на золото

**die Einlösungspflicht suspendieren** прекращать обмен банковских билетов на золото

**Einlösungsprämie** f первая премия (страховая)

**Einlösungsschein** m выкупное свидетельство

**Einlösungstermin** m срок выкупа ценных бумаг

**Einmalbeitrag** m страх. единовременный взнос

**Einmaligkeit** f однократность (напр. налогового обложения); исключительность

**Einmannarbeit** f работа, выполняемая одним рабочим

**Einmannbedienung** f обслуживание машин одним человеком, обслуживание машины одним человеком

**Einmanngesellschaft** f единоличное общество *(общество, капитал которого сосредоточен в руках одного физического или юридического лица)*

**Einmanngesellschaft** общество, капитал которого сосредоточен в руках одного *(физического или юридического)*

**Einmannverkaufsstelle** f торговая точка, обслуживаемая одним человеком

**Einmischung** f смешение *(напр. данных)*; слияние *(напр. файлов)*

**Einnahme** f доход, поступление; сборы; приход
  **als Einnahme buchen** приходовать, записывать в приход, зачислять в приход
  **als Einnahme verbuchen** приходовать, записывать в приход, зачислять в приход
  **in Einnahme bringen** приходовать, записывать в приход, зачислять в приход

**Einnahme- und Ausgabebuch** n приходно-расходная книга

**Einnahmeausfall** m уменьшение дохода, снижение дохода, сокращение дохода; убыток

**Einnahmebeleg** m приходная квитанция; расписка о принятии *(напр. денег)*

**Einnahmebuch** n бухг. приходная книга

**Einnahmegliederung** f классификация доходов

**Einnahmehaushalt** m доходная часть бюджета

**Einnahmehaushalt** доходный бюджет

**Einnahmen** pl *(страх., эк.)* поступления (мн.ч.); доходы (мн.ч.)
  **Einnahmen des Staates** государственные доходы
  **außerordentliche Einnahmen** чрезвычайные доходы
  **Einnahmen und Ausgaben** приход и расход; доходы и расходы
  **außerplanmäßige Einnahmen** внеплановые поступления
  **fundierte Einnahmen** доходы от владения недвижимостью; доходы с капитала
  **fundierte Einnahmen** доходы (в процентах) с капитала, доходы (в процентах) от владения землёй и другой недвижимостью
  **geplante Einnahmen** запланированные доходы
  **nebenberufliche Einnahmen** побочные доходы, доходы от побочной деятельности, доходы от побочного занятия
  **öffentliche Einnahmen** государственные доходы; поступления в государственный бюджет
  **ordentliche Einnahmen** постоянные доходы, регулярные поступления
  **überplanmäßige Einnahmen** сверхплановые поступления *(в бюджет)*
  **unfundierte Einnahmen** доходы, получаемые не с капитала и не от владения землёй и другой недвижимостью

**Einnahmen- und Ausgabenbilanz** f баланс доходов и расходов

**Einnahmen- und Ausgabenrechnung** f счёт доходов и расходов

**Einnahmen-Ausgaben-Rechnung** f расчёт доходов и расходов

**Einnahmenanweisung** f сведения о денежных поступлениях

**Einnahmenbilanz** f баланс (денежных) доходов

**Einnahmenteil** m доходная часть *(напр. бюджета)*

**Einnahmenvoranschlag** m смета доходов

**Einnahmeorder** f бухг. приходный ордер

**Einnahmeposition** f бухг. приходная статья; статья доходов

**Einnahmeposten** m бухг. приходная статья; статья доходов
  **als Einnahmeposten buchen** заприходовать, оприходовать
  **als Einnahmeposten eintragen** заприходовать, оприходовать

**Einnahmequelle** f источник дохода; источник поступлений

**Einnahmequellen** f pl **des Haushalts** источники бюджетных поступлений

**Einnahmereste** m pl остаток средств *(напр. в государственном бюджете)*

**Einnahmereste** остаток средств государственного бюджета, не поступивший в доходную часть в текущем бюджетном году

**Einnahmestelle** f приходная касса

**Einnahmeüberschuss** m превышение доходов над расходами; положительное сальдо баланса

**Einnahmeübersicht** f перечень поступлений, перечень доходов

**EinnB, Einnahmebuch** приходная книга

**einnehmen** инкассировать *(деньги)*

**einnehmen** получать *(доход)*

**einnehmen** принимать *(напр. товары)*

**einnehmen** занимать *(место, должность)*

**Einnehmer** m инкассатор
**Einnehmer** получатель
**Einnehmer** сборщик *(налогов, взносов)*

**einnisten, sich** закрепляться, внедряться (*напр. о монополиях*)
**EinnNachw, Einnahmenachweisung** сведения о поступлении (*денег, товаров*); авизо
**EinnÜb, Einnahmeübersicht** обзор поступлений
**einordnen** *vt* помещать, располагать (*в определённом порядке*); классифицировать
**Einordnung** *f* включение (*в план*)
**Einordnung** классификация
**Einordnung** размещение, расстановка, расположение (*в определенном порядке*)
**Einordnung** ; распределение
**Einordnungsprobleme** *n, pl,* **territoriale** проблемы территориального размещения
**Einpendler** *m pl* рабочие, проживающие за пределами территориальной единицы, в которой находится место их работы
**Einpersonenhaushalt** *m* домашнее хозяйство, состоящее из одного человека
**einplanen** *vt* запланировать, включить в план
**einplanen** *vt* планировать, включать в план
**Einproduktbetrieb** *m* предприятие, производящее один вид продукции
**Einproduktmodel** *n* **der Volkswirtschaft** однопродуктовая модель народного хозяйства
**Einpunktklausel** *f* оговорка в договоре купли-продажи, при которой как расходы, так и риск переходят от продавца к покупателю в одном и том же месте (*напр. оговорка "фоб"*)
**einräumen** *vt* предоставлять (*право, кредит, скидку*)

**Einräumung** *f* предоставление (*напр. кредита*); уступка; допущение
**Einräumung** уступка
**Einrechnen** *n* включение в счёт
**Einrechnen** причисление
**einrechnen** *vt* зачислять, включать в счёт, причислять
**Einrede** *f* *юр.* возражение стороны (*в ходе судебного процесса*)
**einreichen** *vt* подавать (*заявление*), вносить на рассмотрение (*напр. рекламацию*); предъявлять к взысканию (*обязательство, напр. вексель*)
**Einreichung** *f* направление, предоставление на рассмотрение; подача (*напр. заявки*)
**Einreichung der Klage** предъявление иска; подача жалобы
**Einreichung der Patentanmeldung** подача заявки на патент
**Einreise** *f* въезд в страну
**Einreise bewilligen** разрешать въезд
**Einreise genehmigen** разрешать въезд
**Einreise verbieten** запрещать въезд
**Einreisebewilligung** *f* разрешение на въезд в страну
**Einreiseerlaubnis** *f* разрешение на въезд в страну
**Einreisegenehmigung** *f* разрешение на въезд в страну
**einreisen** *vi* въезжать в страну
**Einreiseverbot** *n* запрет на въезд в страну
**Einreisevisum** *n* виза на въезд в страну, въездная виза
**Einrichten** *n* наладка; настройка
**Einrichten** установка, монтаж
**Einrichtezeit** *f* подготовительно-заключительное время

**Einrichtung** *f* *тех.* наладка; регулировка
**Einrichtung** обстановка; оборудование
**Einrichtung** устройство; приспособление
**Einrichtung** учреждение, организация
**Einrichtung des Kleinhandels** предприятие розничной торговли
**gesellschaftliche Einrichtung** общественная организация
**hochmechanisierte Einrichtung** высокомеханизированное оборудование
**kommunale Einrichtung** коммунальное учреждение
**staatliche Einrichtung** государственная организация, государственное учреждение
**wirtschaftliche Einrichtung** хозяйственный орган, хозорган, хозяйственная организация, хозорганизация
**zwischengenossenschaftliche Einrichtung** межколхозная организация (*бывш. СССР*); межкооперативная организация
**Einrichtungskosten** *pl* расходы на оборудование, расходы на оснащение
**Einrufung** *f* выкуп (*на аукционе*)
**Einrufungspreis** *m* цена выкупа (*на аукционе*)
**Eins** *f* единица
**Einsackung** *f* упаковка в мешки, фасовка в мешки, фасование в мешки
**Einsatz** *m* введение в действие
**Einsatz** применение, использование (*напр. рабочей силы*), расстановка (*напр. кадров*)
**Einsatz** заклад, залог
**komplexer Einsatz** комплексное использование (*напр. средств производства*)

**zum Einsatz kommen** использоваться *(напр. о рабочей силе)*

**Einsatzbereitschaft** *f* эксплуатационная готовность

**Einsatzfolge** *f* смена рабочих на производстве

**Einsatzgebot** *n* распоряжение об использовании, приказ об использовании *(напр. материальных и сырьевых ресурсов)*

**Einsatzgewicht** *n* валовой вес сырья и материалов, использованных для изготовления конечного продукта

**Einsatzgrad** *m* степень использования рабочего времени

**Einsatzgruppe** *f* рабочая бригада, рабочая группа

**Einsatzkoeffizient** *m* коэффициент затрат; коэффициент использования рабочего времени; коэффициент эксплуатационной готовности *(напр. парка автомобилей)*

**Einsatzkoeffizient** коэффициент использования рабочего времени

**Einsatzkoeffizient** коэффициент эксплуатационной готовности

**direkter Einsatzkoeffizient** коэффициент прямых затрат

**totaler Einsatzkoeffizient** коэффициент полных затрат

**Einsatzmaterial** *n* материал, запущенный в производство

**Einsatzmatrix** *f* матрица ставки *(в теории игр)*

**Einsatzmenge** *f* количество сырья и материала, запущенное в производство

**Einsatzmittel** *n pl* сет. пл. ресурсы

**Einsatznorm** *f* норма использования сырья, норма расхода сырья

**Einsatznorm** норма расхода

**Einsatzplan** *m* производственный план

**Einsatzverbot** *n* запрещение использования, запрет на использование *(напр. материальных и сырьевых ресурсов)*

**Einsatzvorbereitung** *f* подготовка к эксплуатации

**Einsatzzeit** *f* срок службы основных средств

**Einschachtelung** *f* упаковка в коробки, фасовка в коробки

**Einschätzung** *f* оценка

**Einschätzung der betrieblichen Leistung** оценка деятельности предприятия

**Einschichtarbeit** *f* односменная работа, работа в одну смену

**Einschichtbetrieb** *m* предприятие, работающее в одну смену; работа в одну смену

**einschichtig** в одну смену

**einschichtig** односменный

**Einschichtsystem** *n* система односменной работы *(предприятия)*

**Einschiffungskosten** *pl* стоимость погрузки на судно; расходы на погрузку судна

**Einschlag** *m* дизажио, см. тж. Disagio

**Einschleusungspreis** *m* пороговая цена *(на границе государства - члена ЕЭС)*

**einschränken** ограничивать; сокращать *(напр. кредиты, мощности)*

**einschränken** свёртывать *(напр. производство)*; сужать *(напр. рынок)*

**Einschränkung** *f* ограничение; сокращение *(напр. кредитов, мощностей)*; свёртывание *(напр. производства)*, сужение *(напр. рынка, ассортимента)*; оговорка; *мат.* ограничение

**Einschreibebrief** *m* заказное письмо

**Einschreibegebühr** *f* плата за заказное почтовое отправление, сбор за заказное почтовое отправление

**Einschreibegeld** *n* плата за заказное почтовое отправление, сбор за заказное почтовое отправление

**Einschreiben** *n* заказное отправление

**Einschreiben** запись, занесение *(напр. в память)*

**Einschreiben** регистрация, фиксация

**Einschreibeporto** *n* плата за заказное почтовое отправление, сбор за заказное почтовое отправление

**Einschreibung** *f* аукцион с подачей заявок в запечатанных конвертах

**Einschreibung** *f* запись, внесение в книгу

**Einschreibungsverfahren** *n* метод проведения аукционов путём подачи заявок в запечатанных конвертах

**Einschrumpfung** *f* сокращение, уменьшение

**Einschubsystem** *n* система сменных блоков, система съёмных блоков

**Einschuss** *m* взнос, вклад

**Einschuss** взнос банку в обеспечение ломбардного кредита *(если стоимость товара не покрывает кредит)*

**Einschuss** *бирж.* взнос в качестве гарантии выполнения срочных сделок

**Einschuss** взнос в обеспечение ломбардного кредита

**Einschuss** гарантийная сумма, выплачиваемая грузоотправителем страховому обществу в случае морской аварии до определения фактического размера убытка

**Einschuss** гарантийный взнос при заключении биржевых срочных сделок

**einschwärzen** *разг.* провозить контрабандой

**Einsektormodell** *n* односекторная модель, одноотраслевая модель

**einsenden** *vt* присылать, посылать, отправлять по почте

**Einsender** *m* отправитель

**Einsendung** *f* посылка, доставка (*действие*)

**Einsetzbarkeit** *f* применимость; возможность использования

**einsetzen** вводить в эксплуатацию

**einsetzen** вкладывать (*деньги*)

**einsetzen** включать (*в расчёт*)

**einsetzen** применять, использовать (*напр. рабочую силу*); расставлять (*кадры*); вводить в действие

**beweglich einsetzen** маневрировать (*напр. финансовыми средствами*)

**Einsetzung** *f* **in den Besitz** ввод во владение

**Einspaltenformular** *n* *бухг.* регистр односторонней формы

**Einsparung** *f* сокращение (*бюджета*)

**Einsparung** накопление

**Einsparung** экономия

**außerplanmäßige Einsparung** сверхплановая экономия

**Einsparungen** *fpl* сбережения; накопления (мн.ч.)

**Einsparungseffekt** *m* коэффициент снижения себестоимости вследствие более экономного расходования средств; эффект экономии

**Einsparungseffekt** коэффициент снижения себестоимости вследствие наиболее рентабельного использования основных средств, показатель снижения себестоимости вследствие наиболее рентабельного использования основных средств

**Einsparungsprämie** *f* премия за экономию

**Einspeicherung** *f* запоминание, запись в память, ввод в память, загрузка в память; накопление в памяти, хранение в памяти

**Einspruch** *m* возражение, протест, жалоба

**Einspruchschreiben** *n* письмо, содержащее возражение, письмо, содержащее протест, отношение, содержащее возражение, отношение, содержащее протест; отказ от акцепта счёта

**Einspruchsrecht** *n* право протеста

**Einspruchsschreiben** *n* отказ от акцепта счёта (векселя)

**Einspruchsschreiben** письмо, содержащее возражение

**einspurig** одноколейный, однопутный, одноканальный, однодорожечный

**Einstand** *m* вступление в должность

**Einstand** право преимущественной покупки

**Einstandsgebühr** *f* вступительный взнос

**Einstandsgeld** *n* вступительный взнос

**Einstandspreis** *m* заготовительная цена, заготцена; отпускная цена промышленности (*для экспорта*); закупочная цена нетто (*для импорта*), покупная цена

**Einstandspreis** *m* полная цена (*включает не только закупочную цену, но также, напр. расходы на транспорт и упаковку и др.*)

**Einstandswert** *m* покупная стоимость

**einstehen** ручаться; нести ответственность (*за убыток, за уплату долгов*)

**einstellen** *vt* вставлять; устанавливать; ставить, помещать

**einstellen** давать установку; ориентировать

**einstellen** зачислять на работу, принимать на работу; нанимать (*рабочих, служащих*)

**einstellen** прекращать (*напр. работу, поставки, платежи*); приостанавливать (*напр. кредитование*)

**einstellen** прекращать судебное дело

**einstellen** устанавливать; регулировать; настраивать

**sich einstellen** ориентироваться; приспосабливаться

**Einstellung** *f* зачисление на работу, принятие на работу; наём (*рабочих, служащих*)

**Einstellung** прекращение (*напр. работы, поставок, платежей*); приостановка (*напр. кредитования*)

**Einstellung** прекращение судебного дела

**Einstellung** принятие на работу

**Einstellung** установка; регулировка; настройка

**Einstellung der Kreditausreichung** снятие с кредитования

**Einstellung des Handels; stoppage of trade** (*eng.*) прекращение торговли

**Einstellung von Arbeitskräften** наём рабочей силы, набор рабочей силы

**pflichtbewusste Einstellung zur Arbeit** сознательное отношение к труду

**Einstellungsuntersuchung** *f* (предварительный) медицинский осмотр при поступлении на работу

**Einstellungsvermerk** *m* запись о приёме на работу

**Einstellungsverweigerung** *f* отказ в приёме на работу

**Einsteuer** *f* единый налог (*по учению физиократов*)

**Einstoß-Ausstoß-Analyse** f анализ "затраты - выпуск", анализ соотношений "затраты-выпуск"

**Einstrom** m поступление *(напр. денег в обращение)*

**Einströmen** n поступление *(напр. денег в обращение)*

**einstufen** распределять по категориям, распределять по разрядам; зачислять в определённый разряд, зачислять в определённую категорию; классифицировать; структурировать

**Einstufung** f распределение по категориям, распределение по разрядам; зачисление в определённый разряды, зачисление в определённую категорию; классификация, градация

**Einstufung der Arbeit** тарификация труда

**berufliche Einstufung** распределение по профессиям

**einstweilige Anordnung** временное постановление суда *(немедленно вступающее в силу)*

**Einteilung** f классификация; разделение, подразделение; распределение

**Eintrag** m *тех.* загрузка, питание

**Eintrag** запись, внесение *(напр. в журнал, бухгалтерскую книгу, бухгалтерскую программу)*

**Eintrag** взнос; ставка *(в игре)*

**Eintrag tun** наносить вред, наносить ущерб

**Eintragen** n внесение; запись в книгу; разноска счетов

**Eintragen** регистрация

**eintragen** vt *бухг.* вносить в книгу, заносить в книгу

**eintragen** приходовать, оприходовать

**eintragen** приносить прибыль

**eintragen** разносить *(напр. счета)*; делать разноску по счетам

**eintragen** регистрировать *(напр. патент, товарный знак)*

**eintragen** регистрировать, приходовать

**einträglich** доходный, прибыльный; рентабельный, выгодный

**Einträglichkeit** f доходность, прибыльность; рентабельность

**Einträglichkeiten** fpl доходные статьи бюджета

**Eintragung** f *бухг.* внесение в книгу, запись в книгу; разноска *(напр. счетов)*; регистрация *(напр. патента, товарного знака)*

**Eintragung** произведённая запись

**Eintragung einer Firma in Handelsregister** внесение информации о фирмы в торговый реестр; регистрация фирмы в торговом реестре

**Eintragung im Handelsregister** занесение в торговый реестр, внесение в торговый реестр

**Eintragung in den Staatsschuldschein** запись в книгу государственного долга

**Eintragung in 30 Suchmaschinen ist kostenlos** индексация в тридцати поисковых машинах бесплатная; внесение в индекс тридцати поисковых машин - бесплатно (в Интернет)

**Eintragungsgebühr** f регистрационный сбор

**Eintragungspflicht** f обязанность регистрации *(в торговом реестре)*

**Eintragungszertifikat** n судовой патент

**Eintragungszwang** от обязанность регистрации *(в торговом реестре)*

**Eintreffen** n поступление *(напр. товара)*

**Eintreffen** прибытие, приезд

**eintreffen** vi поступать *(напр. о товарах)*

**eintreffen** прибывать, приходить, приезжать

**Eintreibung** f взыскание *(напр. долгов, налогов)*; реквизиция

**eintreten** возникать *(напр. об ущербе)*

**eintreten** входить; вступать; возникать *(напр. об ущербе)*; *сет. пл.* наступать *(о событии)*

**eintreten** *сет. пл.* наступать *(о событии)*

**als Teilhaber eintreten** вступать в дело

**Eintritt** m возникновение *(напр. ущерба)*

**Eintritt** вступление *(в должность)*

**Eintritt** поступление *(товара)*

**Eintritt** присоединение *(к договору)*

**Eintritt** возникновение *(напр. ущерба)*

**Eintritt** *сет. пл.* наступление, свершение *(события)*

**Eintritt** вход, входное устройство

**Eintritt in den Vertrag** заключение договора; вступление в пакт, присоединение к пакту

**frühester Eintritt** *сет. пл.* ранний срок наступления *(события)*

**spätester Eintritt** *сет. пл.* поздний срок наступления *(события)*

**steuerfreier Eintritt zur Umladung** беспошлинный ввоз для перевалки

**Eintrittsbeitrag** *m* вступительный взнос
**Eintrittsstrom** *m* входящий поток *(в теории массового обслуживания)*
**Eintrocknung** *f* усушка
**Einverständnis** *n* согласие; соглашение
  **Einverständnis erklären** заявлять о согласии
  **Einverständnis herstellen** устанавливать соглашение
  **einseitiges Einverständnis** одностороннее согласие
  **gegenseitiges Einverständnis** взаимное согласие
  **im Einverständnis** по согласованию
  **ohne Einverständnis** без согласия, без согласования
  **stillschweigendes Einverständnis** молчаливое согласие
  **zum Einverständnis kommen** прийти к соглашению
**Einverständniserklärung** *f* заявление о согласии
**einverzollen** определять размер пошлины
**Einwaage** *f* *торг.* провес, утруска при взвешивании; навеска *(порция взвешиваемого вещества)*
**Einwand** *m* возражение, отговорка
  **Einwand** (юр.) возражение, протест
  **Einwand erheben** возражать
  **Einwand gegen die Klage** возражение против иска
  **Einwand gegen Vollstreckungsmaßnahmen** возражение против мер взыскания
  **Einwand machen** возражать, заявлять протест, протестовать, опротестовывать
  **Einwand vorbringen** возражать, заявлять протест, протестовать, опротестовывать
  **einen Einwand begründen** обосновывать возражение
  **einen Einwand entgegensetzen** противопоставлять возражение
  **einen Einwand widerlegen** опровергать возражение
  **rechtshindernder Einwand** возражение, приводящее к тому, что возникшее право является ничтожным *(напр., при договоре с недееспособным лицом)*
  **verfassungsrechtlicher Einwand** возражение, опирающееся на конституционное право
**Einwanderer** *m* иммигрант, переселенец
**Einwandererstatus** *m* статус иммигранта
**Einwanderung** *f* иммиграция, переселение, въезд *(в страну)*
**Einwanderungsbeschränkung** *f* ограничение иммиграции
**Einwanderungsbewilligung** *f* разрешение на въезд
**Einwanderungserlaubnis** *f* разрешение на въезд
**Einwanderungsfreiheit** *f* свобода иммиграции; свобода въезда *(в страну)*
**Einwanderungsgesetz** *n* закон об иммиграции; иммиграционный закон; закон о въезде в страну
**Einwanderungspolitik** *f* иммиграционная политика
**Einwanderungsrecht** *n* право иммиграции, право на иммиграцию
**Einwanderungsverbot** *n* запрещение на въезд, запрет на въезд
**einwandfrei** безупречный, безукоризненный
**Einwechselrate** *f* ставка обмена
**Einwechselung** *f* обмен
  **Einwechselung** размен *(денег)*
  **Einwechselung** замена; замещение

**Einwegverpackung** *f* упаковка разового пользования, упаковка однократного пользования, тара разового пользования, тара однократного пользования, разовая тара, одноразовая тара
**Einweisung** *f* введение в должность
  **Einweisung** земельный надел
  **Einweisung** инструктаж; указание
**Einwendung** *f* возражение
  **Einwendung** *юр.* возражение ответчика против иска, отклонение ответчиком иска
**Einwendungsrechte** *n pl* виды возражений *(напр., обжалование, жалоба, протест)*
**einwertig** одновалентный; одноатомный
  **einwertig** однозначный
**Einwilligug** *f* согласие *(напр. на совершение сделки.)*
  **Einwilligug** предварительное согласие *(третьего лица на совершение сделки)*
**Einwirkung** *f* влияние, воздействие
**Einwirkungsfaktor** *m* фактор воздействия, фактор влияния
**Einwohner** *m* житель
**Einwohnerin** *f* жительница
**Einwohnerzahl** *f* численность населения
**einzahlbar** подлежащий оплате, подлежащий уплате
**einzahlen** платить, вносить (деньги); делать (денежные) взносы; оплачивать
**Einzahlende** *m* плательщик; вкладчик; депозитор, депонент
**Einzahler** *m* плательщик; вкладчик; депозитор, депонент
**Einzahlschein** *m* приходный кассовый ордер

**Einzahlung** *f* платёж, взнос; оплата

**unvollständige Einzahlung** неполная оплата; неполный взнос

**durch Einzahlung von Geschäftsanteilen** на паевых началах, на паях

**Einzahlungen, ausstehende** суммы, причитающиеся обществу от компаньонов

**unterwegs befindliche Einzahlungen** платежи, находящиеся в пути; платежи в пути

**Einzahlungsauftrag** *m* платёжное поручение

**Einzahlungsbeleg** *m* приходный кассовый ордер

**Einzahlungsbogen** *m* платёжная ведомость

**Einzahlungsfrist** *f* срок платежа

**Einzahlungspflicht** *f* обязанность (акционеров) оплатить номинальную стоимость приобретённых акций

**Einzahlungsschalter** *m* кассовое окно *(приёма платежей напр. в банке)*

**Einzahlungsschein** *m* приходный кассовый ордер

**Einzahlungstermin** *m* срок платежа

**Einzahlungszettel** *m* приходный кассовый ордер

**Einzel-Arbeitsvertrag** *m* индивидуальный трудовой договор

**Einzelabschreibung** *f* индивидуальная амортизация, амортизация по каждому инвентарному объекту основных фондов

**Einzelabschreibung** индивидуальные амортизационные отчисления; амортизация по дифференцированным нормам *(для каждого вида основных средств)*

**Einzelakkord** *m* аккордная заработная плата, аккордная зарплата, аккорд; сдельная заработная плата, сдельная зарплата

**Einzelanfertigung** *f* единичное изготовление, штучное изготовление, индивидуальное изготовление

**Einzelanfertigung** *f* единичное изделие, штучное изделие; уникальное изделие, изделие, единственное в своём роде

**Einzelanfertigung** штучное производство

**Einzelarbeit** *f* индивидуальный труд, индивидуальная трудовая деятельность, ИТД

**Einzelaufnahme** *f* **des Arbeitstages** индивидуальная фотография рабочего дня

**Einzelauftrag** *m* разовый наряд; индивидуальный заказ

**Einzelauswahl** *f стат.* индивидуальный отбор

**Einzelbau** *m* индивидуальное строительство

**Einzelbauer** *m* самостоятельный крестьянин, ведущий хозяйство вне общины

**Einzelbauernwirtschaft** *f* единоличное крестьянское хозяйство

**Einzelbaugruppe** *f* отдельный узел, автономный узел (или блок ЭВМ)

**Einzelbeitrag** *m* индивидуальный вклад; индивидуальный (денежный) взнос

**Einzelbeleg** *m* отдельный документ; отдельный оправдательный документ

**Einzelbelegverfahren** *n* метод отдельных записей

**Einzelberechnung** *f* отдельная калькуляция, индивидуальная калькуляция

**Einzelbericht** *m* индивидуальный отчет

**Einzelbesitzer** *m* единоличный владелец; индивидуальный владелец

**Einzelbetrieb** *m* отдельное предприятие; *с.-х.* индивидуальное хозяйство, единоличное хозяйство

**Einzelbewertung** *f* индивидуальная оценка

**Einzelcomputer** *m* отдельная ЭВМ, отдельный компьютер

**Einzelentscheidung** *f* единоличное решение

**Einzelermittlung** *f* детальное определение *(напр. плановых расходов)*

**Einzelerscheinung** *f стат.* единичное явление

**Einzelerzeugnis** *n* отдельное изделие, штучное изделие

**Einzelfertigung** *f* единичное производство, штучное производство, индивидуальное производство; поштучное изготовление; единичный выпуск продукции; производство уникальных изделий

**Einzelfirma** *f* фирма без компаньона; фирма, имеющая одного владельца; фирма с одним владельцем

**Einzelgehalt** *n* персональный оклад; персональное содержание

**Einzelgenehmigung** *f* разовое разрешение

**Einzelgenehmigungsverfahren** *n* порядок, при котором разрешение на заключение внешнеторговой сделки выдаётся в каждом отдельном случае

**Einzelgeschäft** *n* разовая сделка

**Einzelgüter** *n pl* штучные товары

**Einzelhandel** *m* розничная торговля, продажа конечному потребителю

**ambulanter Einzelhandel** разносная розничная торговля, развозная розничная торговля

**konsumgenossenschaftlicher Einzelhandel** кооперативная розничная торговля

**privater Einzelhandel** частная розничная торговля

**sozialistischer Einzelhandel** (ист.) социалистическая розничная торговля *(бывш СССР)*

**volkseigener Einzelhandel** (ист.) государственная розничная торговля *(бывш. ГДР)*

**über den Einzelhandel beziehen** покупать в розничной торговой сети

**Einzelhandelsabgabepreis** *m* розничная цена

**Einzelhandelsbetrieb** *m* предприятие розничной торговли

**Einzelhandelseinrichtung** *f* предприятие розничной торговли

**Einzelhandelsgeschäft** *n* магазин розничной торговли

**Einzelhandelsnetz** *n* розничная торговая сеть, торговая сеть розничных магазинов, сеть розничной торговли

**Einzelhandelsnetz** товаропроводящая сеть

**Einzelhandelsnetzplanung** *f* планирование товаропроводящей сети

**Einzelhandelsniederlassung** *f* розничная торговая база; отделение розничной торговли

**Einzelhandelspackung** *f* упаковка, принятая в розничной торговле; упаковка для розничной торговли

**Einzelhandelspreis** *m* розничная цена, цена в розничной торговле

**Einzelhandelspreisindex** *m* индекс розничных цен

**Einzelhandelsrabatt** *m* розничная скидка; скидка с цены в розничном товарообороте

**Einzelhandelsspanne** *f* торговая наценка в розничном товарообороте *(разница между оптовой ценой промышленности и розничной ценой торгового предприятия)*

**Einzelhandelsspezialisierung** *f* специализация в розничной торговле

**Einzelhandelstarif** *m* розничный тариф; тариф в розничной торговле

**Einzelhandelsumsatz** *m* розничный товарооборот; оборот розничной торговли

**Einzelhandelsumsatzplanung** *f* планирование розничного товарооборота

**Einzelhandelsverkauf** *m* розничная продажа, продажа в розницу; розничный

**Einzelhandelsverkaufspreis** *m* розничная цена

**Einzelhandelsverkaufsstelle** *f* розничное сбытовое предприятие

**Einzelhandelsware** *f* розничный товар; товар, сбываемый в розницу; товар в розничной торговле

**Einzelhändler** *m* розничный торговец, торговец розничными товарами

**Einzelhändler** фирма, ведущая розничную торговлю; фирма, осуществляющая розничную торговлю

**Einzelhandwerker** *m* кустарь-одиночка; некооперированный кустарь; мастеровой-частник

**Einzelhersteller** *m* индивидуальный производитель

**Einzelherstellung** *f* единичное производство, штучное производство, индивидуальное производство; поштучное изготовление; единичный выпуск продукции; производство уникальных изделий

**Einzelhofsystem** *n* ист. система хуторских хозяйств

**Einzelhofwirtschaft** *f* хуторское хозяйство; фермерское хозяйство

**Einzelkalkulation** *f* единичная калькуляция *(напр. исчисление издержек при поштучном производстве)*

**Einzelkalkulation** калькуляция цены, составляемая на единицу выпускаемой продукции

**Einzelkapital** *n* единичный капитал

**Einzelkapital** капитал, принадлежащий одному лицу

**Einzelkaufmann** *m* единоличный владелец торговой фирмы

**Einzelkaufmann** единоличный собственник торгового предприятия

**Einzelkonto** *n* отдельный счёт

**Einzelkosten** *pl* одноэлементные расходы

**Einzelkosten** прямые издержки *(напр. затраты на приобретение сырья и материалов, целиком включаемые в себестоимость изделия)*

**Einzelleistung** *f* выработка отдельного работника, индивидуальная выработка

**Einzelleistung** индивидуальная производительность, индивидуальный результат

**Einzelleiter** *m* единоначальник

**Einzelleitung** *f* единоначалие

**Einzellohnscheln** *m* рабочий наряд на отдельный вид (сдельной) работы; листок расчёта заработной платы отдельного работника

**Einzelnachfrage** *f* индивидуальный спрос

**Einzelnachfrage** спрос на отдельный товар

**Einzelnachfrage** спрос на специальный товар

**Einzelnachweis** *m* подробный документ

**Einzelnachweis** учёт отдельных операций *(в бухгалтерии)*

**Einzelnorm** *f* индивидуальная норма *(напр. выработки)*

**Einzelpreis** *m* розничная цена; цена на отдельный товар, индивидуальная цена; поштучная цена, цена за штуку

**fester Einzelpreis** твёрдая розничная цена

**laufender Einzelpreis** плавающая розничная цена

**Einzelpreisbewilligung** *f* установление розничных цен *(компетентными органами)*, подтверждение розничных цен *(компетентными органами)*

**Einzelproduktion** *f* единичное производство, штучное производство, индивидуальное производство; поштучное изготовление; единичный выпуск продукции; производство уникальных изделий

**Einzelproduzent** *m* изготовитель уникальных изделий

**Einzelproduzent** индивидуальный производитель

**Einzelproduzent** производитель штучных изделий

**Einzelprozess** *m* отдельный процесс; частная операция; индивидуальная работа

**Einzelprüfung** *f* поштучное техническое испытание; поштучное испытание

**Einzelrechnung** *f* отдельный счёт

**Einzelrechtsnachfolge** *f* сингулярное правопреемство, частное правопреемство

**Einzelserienfertigung** *f* производство отдельными сериями, изготовление отдельными сериями

**Einzelteil** *n* деталь

**Einzelteilfertigung** *f*, **zentrale** специализированное изготовление однотипных деталей и узлов

**Einzelteilgruppeneingabe** *f* групповой запуск деталей в обработку, групповой запуск деталей в производство

**Einzelteilmethode** *f* подетальный метод определения затрат времени

**Einzelteilplanung** *f* планирование технологического процесса изготовления отдельных деталей, подетальное планирование технологического процесса

**Einzeltitel** *m* статья государственного бюджета, статья госбюджета *(прихода или расхода)*

**Einzeltitel** титул

**Einzelunternehmen** *n* единоличное предприятие, предприятие в единоличной собственности

**Einzelunternehmung** *f* единоличное предприятие, предприятие в единоличной собственности

**Einzelunternehmung** индивидуальное предприятие, принадлежащее одному владельцу

**Einzelverkauf** *m* продажа в розницу, розничная продажа; розничный сбыт

**Einzelverkäufer** *m* розничный торговец, торговец розничными товарами

**Einzelverkaufsgeschäft** *n* магазин розничной торговли

**Einzelvermögen** *n* единоличное имущество

**Einzelvermögen** имущество, принадлежащее одному лицу

**Einzelversicherer** *m* страховщик, единолично владеющий страховым предприятием *(в отличие от страхового общества)*, страховщик - индивидуальный владелец страховой фирмы

**Einzelversicherung** *f* индивидуальное страхование; страхование отдельных объектов; страхование разовых перевозок

**Einzelvertrag** *m* отдельный договор; индивидуальный договор *(с высококвалифицированным работником умственного или физического труда, дающий право на определённые льготы; бывш. ГДР)*

**Einzelvertragsrente** *f* персональная пенсия *(бывш. ГДР, СССР)*

**Einzelvertragsrentner** *m* персональный пенсионер *(бывш. ГДР, СССР)*

**Einzelvertrieb** *m* розничный сбыт; розничная продажа; сбыт через сеть розничной торговли

**Einzelvorratsnorm** *f* норма запасов отдельных изделий

**Einzelwährung** *f* монометаллизм

**Einzelwerbung** *f* реклама, стимулирующая индивидуальный спрос; реклама, направленная на повышение индивидуального спроса

**Einzelwerkstück** *n* штучное изделие

**Einzelwert** *m* стоимость отдельного предмета

**Einzelwertkarte** f (контрольная) карта индивидуальных значений

**Einzelwettbewerb** m индивидуальное соревнование

**Einzelwirt** m самостоятельный хозяин

**Einzelwirtschaft** f объект микроэкономического анализа

**Einzelwirtschaft** самостоятельное хозяйство

**Einzelwirtschaftslehre** f учение об экономике отдельного предприятия

**einziehbar** могущий быть взысканным, могущий быть конфискованным

**einziehen** vt взимать, взыскивать

**einziehen** инкассировать, принимать на инкассо (напр. вексель)

**einziehen** инкассировать (деньги)

**einziehen** собирать (напр. налоги)

**einziehen** изымать из обращения (монеты, банкноты); изымать (напр. капитал)

**einziehen** юр. конфисковать (имущество)

**einziehen** ликвидировать (напр. должность)

**Einziehung** f инкассирование, инкассация (денег)

**Einziehung** взыскание, взимание (налогов, долгов и т.п.)

**Einziehung** инкассация, инкассо (напр. векселя)

**Einziehung** изъятие из обращения (монет, банкнот); изъятие (напр. капитала)

**Einziehung** сбор (напр. налогов)

**Einziehung** юр. конфискация (имущества)

**Einziehung** ликвидация (напр. должности)

**Einziehungsauftrag** m инкассовое поручение, поручение на инкассацию платежа; почтовое поручение о переводе в день платежа денежной суммы с одного счёта на другой

**Einziehungsauftrag** поручение на оплату почтовым переводом

**Einziehungsverfahren** n способ инкассации платёжных требований

**Einzug** m взыскание (напр. денег), сбор (напр. налогов); получение платежа

**Einzug des Wechsels** инкассация векселя

**Einzugsbereich** m экономический район; район, снабжаемый рыночной продукцией сельскохозяйственных предприятий; район снабжения товарами; зона обслуживания

**Einzugsbuchhaltung** f бухг. совмещённая проводка

**Einzugsgebiet** n экономический район; район, снабжаемый рыночной продукцией сельскохозяйственных предприятий; район снабжения товарами; зона обслуживания

**Einzugspreis** m районная цена (бывш. ГДР), территориальная цена (бывш. ГДР)

**Einzugsverfahren** n бухг. метод совмещённой проводки

**Einzweckfertigung** f одноцелевое производство

**Einzweckgüterwagen** m вагон для целевой перевозки (напр. вагон-цистерна, вагон-холодильник)

**Einzweckmaschine** f специализированная машина, узкоспециальная машина; специальный станок; станок одноцелевого назначения; операционный станок, одно-операционный станок

**Einzweckrechenanlage** f специализированная вычислительная машина

**Eisenbahn** f железная дорога

**Eisenbahn-Verkaufswagen** m железнодорожный вагон-лавка

**Eisenbahnaktie** f акция железнодорожной компании

**Eisenbahnavis** n железнодорожное уведомление

**Eisenbahnbetrieb** m эксплуатация железных дорог

**Eisenbahnfährverkehr** m железнодорожные паромные перевозки

**Eisenbahnfracht** f железнодорожный груз

**Eisenbahnfracht** перевозка грузов по железной дороге

**Eisenbahnfracht** плата за провоз по железной дороге

**Eisenbahnfracht** железнодорожный тариф

**Eisenbahnfrachtsatz** m железнодорожный провозной тариф

**Eisenbahnfrachtverkehr** m железнодорожные грузовые перевозки

**Eisenbahnfrachtvertrag** m договор на перевозку грузов железной дорогой, договор на перевозку грузов по железной дороге

**Eisenbahngüterfähre** f железнодорожный грузовой паром

**Eisenbahngütertarif** m железнодорожный грузовой тариф, железнодорожный тариф на перевозку грузов

**Eisenbahnprioritäten** f pl акции железнодорожных компаний

**Eisenbahnstrecke** f участок железной дороги; отделение дороги; дистанция пути

**Eisenbahntarif** m железнодорожный тариф

**Eisenbahnverkehr** *m* железнодорожные перевозки, железнодорожное сообщение

**Eisenbahnverkehrsdienst** *m* коммерческая эксплуатация железной дороги

**Eisenbahnverkehrsnetz** *n* железнодорожная сеть, сеть железных дорог

**Eisenbahnverkehrsordnung** *f*, **EVO** правила коммерческой эксплуатации железных дорог *(действуют во внутригерманском сообщении)*

**Eisenbahnwerte** *pl* акции железнодорожных компаний

**Eisenbörse** *f* биржа чёрных металлов

**EKRI, Einheitskontenrahmen der Industrie** единая номенклатура счетов в промышленности *(бывш. ГДР)*

**EKRL, Einheitskontenrahmen der Landwirtschaft** единая номенклатура счетов в сельском хозяйстве *(бывш. ГДР)*

**Elan** *m* подъём; порыв, вдохновение

**Elastizität** *f* эластичность *(среднее процентное изменение одной экономической величины при изменении другой на один процент)*

**Elastizität der Preiserwartungen** эластичность ценовых ожиданий *(соотношение между ожидаемым ростом цены в предстоящий период и её изменениями за отчётный период)*

**geringe Elastizität** низкая эластичность

**hohe Elastizität** высокая эластичность

**Elastizitätsfunktion** *f* функция эластичности

**Elastizitätsgrenze** *f* предел эластичности

**Elastizitätskoeffizient** *m* коэффициент эластичности

**Elektrifizierung** *f* электрификация

**Elektrizitätserzeugung** *f* производство электроэнергии

**Elektrizitätsversorgung** *f* электроснабжение, снабжение электроэнергией

**Elektrizitätswirtschaft** *f* электрохозяйство, электроэнергетика, энергетика

**Elektroenergieausstattung** *f* электровооружённость; энерговооружённость

**Elektroenergieintensität** *f* электроёмкость; энергонасыщенность; энерговооружённость

**Elektroenergieprogramm** *n* программа развития электроэнергетики

**Elektroenergieverbrauch** *m* потребление электроэнергии

**Elektroenergieverbrauchsnorm** *f* норма потребления электроэнергии

**Elektroenergiewirtschaft** *f* электроэнергетическое хозяйство, электроэнергетика

**Elektroindustrie** *f* электропромышленность

**Elektrokapazität** *f* электроёмкость

**Elektromaschinenbau** *m* электромашиностроение

**Elektromaschinenindustrie** *f* электромашиностроение

**Elektronenbuchführung** *f* бухгалтерский учёт с применением электронно-вычислительной техники

**Elektronenrechenmaschine** *f* электронная вычислительная машина, электронно-вычислительная машина, ЭВМ

**Elektronenrechner** *m* электронная вычислительная машина, электронно-вычислительная машина, ЭВМ

**Elektronik** *f* электроника
**industrielle Elektronik** промышленная электроника

**Elektronikausstellung** *f* выставка электронной техники

**Konsumgüterelektronik** *f* бытовая электроника

**elektronisch** электронный
**elektronische Auktionen** *pl* электронные аукционы (мн. ч.)

**elektronischer Flohmarkt** *m* электронная барахолка

**Elektrowirtschaft** *f* электроэнергетическое хозяйство, электроэнергетика

**Elementarfunktion** *f* элементарная функция

**Elementarschadenversicherung** *f* страхование от стихийных бедствий

**ELG, Einkaufs- und Liefergenossenschaft** снабженческо-сбытовая кооперация самостоятельных ремесленников *(бывш. ГДР)*

**eliminieren** *vt* исключать, элиминировать; удалять; устранять

**Eliminierung** *f* исключение, элиминирование; удаление, устранение

**Elternermäßigung** *f* снижение налога на лиц, содержащих родителей

**ELV; elektronische Lastschriftverfahren; elektronische Verarbeitung von Lastschriften** электронная обработка дебет-авизо; электронное дебетование счёта (в банке)

**ELV-Transaktion** *f* электронная транзакция по дебетованию счёта клиента в банке

**E.M, Einzelmaß** штучная мера

**EMA, European Monetary Agreement** Европейское валютное соглашение, ЕВС

**Emailadresse** *f* адрес электронной почты

**Emballage** *f* *фр.* упаковочные средства; упаковка; тара, упаковка, средства упаковки *(ящики, тюки, мешки, бочки)*

**Embargo** *n* эмбарго *(запрет экспорта в определённые страны или импорта из определённых стран)*
**ein Embargo verhängen** вводить эмбарго
**EMF, European Monetary Fund** Европейский валютный фонд, ЕВФ
**EMG:**
**EMG, Einmann-Gesellschaft** единоличное общество, общество в единоличном владении
**EMG, Gesetz über den Verkehr mit Edelmetallen, Edelsteinen und Perlen** закон о торговле благородными металлами, драгоценными камнями и жемчугом
**Emission** *f* эмиссия, выпуск в обращение *(денег, ценных бумаг)*
**Emission** выброс вредных веществ
**alte Emission** акции первого выпуска, банкноты первого выпуска
**neue Emission** акции новых выпусков, банкноты новых выпусков
**Emissionsbank** *f* эмиссионный банк; банк, размещающий ценные бумаги
**Emissionsbank** эмиссионный банк; агент правительства по обслуживанию госбюджета
**Emissionsbilanz** *f* эмиссионный баланс
**Emissionsdisziplin** *f* эмиссионная дисциплина
**Emissionsfonds** *m* эмиссионный фонд
**Emissionsgeschäft** *n* эмиссионная операция *(выпуск ценных бумаг, операции банков с ценными бумагами и др.)*
**Emissionsgewinn** *m* эмиссионная прибыль; прибыль, получаемая за счёт эмиссии ценных бумаг

**Emissionshaus** *n* эмиссионный банк
**Emissionskonsortium** *n* консорциум, организуемый с целью реализации займов *(государственных или частных)*
**Emissionskurs** *m* эмиссионный курс, курс эмиссии *(напр. курс, по которому банк при первичном размещении продаёт от своего имени и за свой счёт купленные по консорциальному курсу акции)*
**Emissionslenkung** *f* регулирование эмиссии; регулирование выпуска ценных бумаг
**Emissionsmarkt** *m* рынок выпущенных ценных бумаг, рынок эмитированных ценных бумаг, рынок выпущенных в обращение ценных бумаг
**Emissionsplan** *m* эмиссионный план, план выпуска в обращение денег
**Emissionspolitik** *f* эмиссионная политика
**Emissionspreis** *m* эмиссионный курс, курс эмиссии
**Emissionsprofit** *m* эмиссионная прибыль; прибыль, получаемая за счёт эмиссии ценных бумаг
**Emissionsprospekt m** проспект эмиссии
**Emissionsrecht** *n* эмиссионное право
**Emissionsregelung** *f* регулирование эмиссии
**Emissionssatz m** предлагаемая процентная ставка в рамках эмиссии
**Emissionsstandard m** норма выброса *(газообразных отходов)*; норма содержания токсичных веществ в отработавших газах
**Emissionsstatistik** *f* эмиссионная статистика; статистика эмиссии
**Emissionssteuer** *f* налог на эмиссию
**Emissionssteuer** эмиссионный налог *(на сверхэмиссию)*

**Emissionstätigkeit** *f* эмиссионная деятельность *(банка)*
**Emissionsübernahmekonsortium n** синдикат, выступающий гарантом при размещении ценных бумаг; эмиссионный синдикат
**Emissionsvertrag m; agreement among underwriters** *(eng.)* соглашение между гарантами размещения ценных бумаг
**Emittent** *m* эмитент *(производящий эмиссию)*
**emittieren** эмитировать, выпускать в обращение *(деньги, ценные бумаги)*
**emittierend** эмитирующий
**emittierende Firma** фирма-эмитент
**emittierende Häuser** *pl* эмитирующие учреждения
**emittierende Organisation** эмитирующая организация; организация-эмитент
**Empfang** *m* приём, приёмка *(напр. почтовых отправлений)*
**Empfang** помещение администратора *(напр. гостиницы)*
**Empfang** приём, встреча
*den* **Empfang bescheinigen** расписаться в получении
*den* **Empfang bestätigen** подтвердить получение
*den* **Empfang eines Briefes melden** подтверждать получение письма
**Empfang halten** устраивать приём
**nicht in Empfang genommenes Gut** невостребованный груз
**zahlbar bei Empfang** подлежит оплате по получении
**Zahlung bei Empfang der Ware** платёж против товара
**empfangen** принимать, встречать *(гостей)*
**empfangen** осуществлять приёмку *(изделий)*

**Empfänger** *m* получатель, адресат

**Empfänger** приёмщик, получатель

**vom Empfänger zahlbar** наложенным платежом

**Empfängeranweisung** *f* указание грузополучателя отделу приёмки груза станции назначения о выдаче груза

**Empfängerbetrieb** *m* предприятие-грузополучатель

**Empfängerin** *f* получательница; адресат

**Empfängerin** приёмщица

**Empfängerland** *n* страна назначения, страна-получатель

**Empfängerland** страна-заёмщик, страна-получатель *(экономической помощи)*

**Empfängerverfügung** *f* дополнительное распоряжение получателя груза, отклоняющееся от условий договора

**Empfängervertrag** *m* долгосрочный договор между грузополучателем и транспортным предприятием *(железной дороги и речного судоходства)*

**Empfangsabfertigung** *f* отдел приёмки груза станции назначения

**Empfangsanzeige** *f* извещение о получении

**Empfangsbahnhof** *m* станция назначения

**empfangsberechtigt** имеющий право на получение, имеющий полномочие на получение, имеющий доверенность на получение, уполномоченный на получение

**Empfangsberechtigung** *f* право на получение, полномочие на получение

**Empfangsbescheinigung** *f* жировка

**Empfangsbescheinigung** расписка в получении

**Empfangsbescheinigung** квитанция о получении, удостоверение о получении

**Empfangsbestätigung** *f* складская накладная

**des Lagerhauses Empfangsbestätigung** складское свидетельство, складочное свидетельство, складская квитанция, складская накладная, складской варрант

**Empfangsbuch** *n* книга входящих *(документов)*, книга входящих бумаг

**Empfangskonnossement** *n* простой коносамент *(на груз, принятый к погрузке)*

**Empfangsschein** *m* квитанция о получении, удостоверение о получении

**Empfangsspediteur** *m* экспедитор-получатель груза, экспедитор-приёмщик груза

**Empfangsspediteurvergütung** *f* вознаграждение экспедитору-получателю груза, вознаграждение экспедитору-приёмщику груза

**Empfangsstation** *f* оконечное устройство приёма *(данных)*, входной терминал

**Empfangsstation** приёмная станция

**Empfangsstation** станция прибытия, станция приёма *(поездов)*

**Empfangszolldienststelle** *f* таможенное учреждение, принимающее товар для таможенной очистки

**Empfangszusammenstellung** *f* сводка поступивших грузов

**Empf.B., Empfangsbescheinigung** расписка в получении

**Empfehlungsschreiben** *n* рекомендательное письмо, письменная рекомендация

**Empirepräferenzen** *f pl* ист. имперские преференции

**Emporschnellen** *n* скачок, резкое повышение *(напр. цен)*

**Emulation** *f* эмуляция *(выполнение вычислительной машиной программ, записанных в системе команд другой ЭВМ)*

**Emulator** *m* эмулятор

**en bloc** *фр.* в целом, целиком

**en detail** *фр.* в розницу

**en gros** *фр.* оптом; в крупной расфасовке

**en und en detail** *фр.* оптом и в розницу

**en vrac** *фр.* без упаковки, навалом

**En-detail-Handel** *m* розничная торговля

**Endabnehmer** *m* конечный получатель; конечный пользователь

**Endabrechnung** *f* окончательный расчёт

**Endbahnhof** *m* конечная станция *(назначения)*

**Endbestand** *m* остаток на конец периода

**Endbestand** переходящий остаток

**Endbestand** выходной остаток *(напр. банковского счёта)*

**Endbestand** переходящие товарные запасы

**Endbetrag** *m* конечная сумма *(напр. счета)*

**Endbezieher** *m* конечный получатель; конечный пользователь

**Endbilanz** *f* окончательный баланс

**Ende** *n* окончание, конец

**Ende eines Vorganges** сет. пл. окончание работы

**frühestes Ende** сет. пл. ранний срок окончания *(работы)*

**spätestes Ende** сет. пл. поздний срок окончания *(работы)*

**Ende eines Kalenderjahres** окончание календарного года; завершение календарного года; конец календарного года

**Endeinkommen** n конечный доход (при исчислении национального дохода)

**Endereignis** n сет. пл. конечное событие, завершающее событие

**Endergebnis** n результат, результаты; конечный итог

**Enderzeugnis** n готовое изделие; конечный продукт, готовый продукт

**Enderzeugung** f конечная продукция, готовая продукция; совокупная продукция народного хозяйства

**Endfertigstellungstermin** m срок окончательного завершения работы, срок изготовления

**Endfertigung** f последняя стадия изготовления; окончательная доработка, отделка

**Endfertigungsbetrieb** m предприятие, выпускающее готовую продукцию

**Endgerät** n оконечное устройство, терминал

**Endhafen** m порт назначения

**Endhersteller** m производитель конечной продукции, конечный продуцент

**Endherstellerbetrieb** m предприятие, выпускающее готовую продукцию

**Endkalkulation** f завершающая калькуляция

**Endkalkulation** окончательная калькуляция

**Endkomplettierung** f завершающая комплектация

**Endkontrolle** f окончательный контроль (качества)

betriebliche **Endkontrolle** приёмочный контроль качества продукции; приёмка продукции по качеству

**Endkosten** pl конечная стоимость; окончательные издержки (производства)

**Endkostenträger** m конечный носитель затрат

**Endkostenträger** конечный объект затрат,

**Endkunde** m конечный покупатель; конечный потребитель

**Endlosformular** n бесконечный формуляр, рулонный формуляр, бесконечный бланк, рулонный бланк

**Endlosformular** рулон (табелирующей машины)

**Endlosvordruck** m рулон (табелирующей машины)

**Endmontage** f конечный монтаж, завершающий монтаж, конечная сборка, завершающая сборка

**Endprobe** f проба товара, взятая на окончательную проверку

**Endprobe** проба товара на окончательную проверку

**Endprodukt** n конечный продукт, готовый продукт (товары и услуги, не подвергающиеся дальнейшей переработке)

**Endprodukt eines Zweiges** конечная продукция отрасли

gesellschaftliches **Endprodukt** конечный общественный продукт

volkswirtschaftliches **Endprodukt** конечный продукт народного хозяйства

**Endprodukteinheit** f единица конечной продукции

**Endproduktion** f готовая продукция, конечная продукция; завершенное производство

**Endproduzent** m производитель конечной продукции, конечный продуцент

**Endprüfung** f окончательная проверка; окончательное (техническое) приёмочное испытание; конечный контроль

**Endsumme** f итоговая сумма

**Endsumme** окончательная сумма

**Endsummenbildung** f получение окончательного итога; формирование итоговой суммы

**Endtermin** m конечный срок, срок окончания (работы)

**Endverbrauch** m потребление для изготовления конечного продукта; конечное потребление

**Endverbraucher** m конечный потребитель; конечный пользователь

**Endverbraucherpreis** m розничная сбытовая цена, отпускная цена розничной торговли

**Endverkauf** m завершающая продажа, продажа конечному потребителю

**Endverwertung** f конечное использование, окончательное использование; конечная реализация

**Endwert** m итоговое значение

**Endwert** конечная стоимость

**Endwert** окончательная стоимость

**Endzinssatz** m фактическая ставка (ссудного процента)

**Energetik** f энергетика

**Energie** f энергия

**Energieaufwand** m потребление энергии, расход энергии

**Energieausbeute** f выход энергии, выход электроэнергии

**Energiebeauftragte** m уполномоченный государственных органов по рациональному использованию энергии (бывш. ГДР)

**Energiebedarf** m спрос на энергию, спрос на электроэнергию; потребности в энергии, энергетические потребности; потребление энергии, расход энергии

**Energiebetrieb** m предприятие энергетического хозяйства

**Energiebetriebe** m pl предприятия энергетической отрасли (предприятия по электрификации, газификации и теплоснабжению)

**Energiebilanz** f энергетический баланс, энергобаланс

**Energieeinsatz** *m* использование энергии; расход энергии

**Energieeinsparung** *f* экономия энергии

**Energieerzeugung** *f* производство энергии, производство электроэнергии, выработка энергии, выработка электроэнергии

**Energiegewinnung** *f* производство энергии, производство электроэнергии, выработка энергии, выработка электроэнергии

**energieintensiv** энергоёмкий

**Energiekontingent** *n* определённое количество энергии, выделяемое (государственными) органами) потребителям *(бывш. ГДР)*

**Energiekrise** *f* энергетический кризис

**Energieplan** *m* план производства и расходования энергии

**Energiepolitik** *f* государственная политика регулирования энергоснабжения; политика в области энергетики

**Energiepotential** *n* энергетический потенциал

**Energieproblem** *n* энергетическая проблема; проблема экономного и рационального использования энергии; проблема нехватки энергоресурсов или энергомощностей

**Energieprobleme** *n, pl* энергетические проблемы; вопросы энергетики

**Energieprogramm** *n* программа развития электроэнергетики

**Energiequelle** *f* источник энергии

**Energiequellen** *pl* 1. источники энергии, энергетические источники 2. энергетические ресурсы, энергоресурсы

**alternative Energiequelle** альтернативный источник энергии; новый вид энергии

**erneuerbare Energiequellen** возобновимые энергоресурсы; возобновляемые энергоресурсы; восполняемые источники энергии; возобновляемые энергетические ресурсы

**natürliche Energiequellen** природные источники энергии, природные энергоресурсы

**nicht erneuerbare Energiequellen** невозобновимые источники

**regenerative Energiequellen** возобновимые энергоресурсы; возобновляемые энергоресурсы; восполняемые источники энергии; возобновляемые энергетические ресурсы

**umweltfreundliche Energiequellen** источники энергии, не загрязняющие окружающую среду; экологически чистые источники энергии

**Energieressourcen** *f pl* энергетические ресурсы, ресурсы энергетики

**Energietarife** *m pl* тарифные ставки на отдельные виды энергии

**Energieträger** *m* источник энергии

**Energieträger** *m* энергоноситель

**Energieverbrauch** *m* потребление энергии, расход энергии

**Energieverbrauch je Arbeiter** энерговооружённость труда

**Energieverbrauch je Arbeitskraft** энерговооружённость труда

**Energieverbrauchsnormen** *f pl* нормы потребления энергии, нормы расхода энергии

**Energieverlust** *m* потери энергии, энергетические потери, энергопотери

**Energieverlustquellen** *f pl* причины потерь энергии, причины энергопотерь

**Energieversorgung** *f* энергоснабжение *(может включать добычу энергоносителей, их хранение, транспортировку и др.)*

**Energieversorgungsbetriebe** *m pl* предприятия энергетического комплекса (хозяйства) *(предприятия по электрификации, газификации и теплоснабжению)*

**Energiewirtschaft** *f* энергетика, энергохозяйство; энергетический комплекс

**Engagement** *n* дело, *(активная)* деятельность; активность

**Engagement** обязательство

**Engagement** приглашение на работу

**Engagement** участие, активное участие, целенаправленное участие

**engagieren** *vt* обязывать, связывать обязательством

**engagieren** приглашать на работу

**engagieren** участвовать в работе

**sich engagieren** принять участие в работе, заняться *какой-л.* работой

**sich engagieren** связывать себя обязательством

**Enge** *f* узость *(напр. внутреннего рынка)*

**Engineering** *n* англ. инжиниринг; оказание технического содействия *(в разработке или осуществлении проекта)*

**Engineering** проектная документация

**Engpaß** *m* дефицит, нехватка

**Engpaß** узкое место *(экономическая ситуация или стадия производственного процесса, при которой предложение систематически оказывается меньше спроса)*

**Engpaßanlage** *f* дефицитное устройство

**Engpaßanlagen** *f pl* дефицитное оборудование

**Engpaßausrüstungen** *fpl* дефицитное оборудование

**Engpaßmaterial** *n* дефицитный материал

**Engpaßware** *f* дефицитный товар

**Engrosagent** *m* агент-оптовик; агент в оптовой торговле

**Engroseinkauf** *m* оптовая закупка

   **Engroseinkäufe** *pl* оптовые закупки

**Engrosgeschäft** *n* оптовая торговая сделка

   **Engrosgeschäft** оптовый магазин

**Engroshandel** *m* оптовая торговля

**Engroshändler** *m* оптовик, оптовый торговец

**Engrosindex** *m* индекс оптовых цен

**Engroskauf** *m* оптовая закупка

   **Engroskauf** оптовая продажа

**Engroskäufer** *m* оптовый покупатель

**Engroslager** *n* оптовый склад; склад оптовой торговли; оптовая база

**Engrospreis** *m* оптовая цена; цена в оптовой торговле

**Engrosschieber** *m* крупный спекулянт

**Engrossortimenter** *m* оптово-розничный торговец; предприятие оптово-розничной торговли

**Engrosverkauf** *m* оптовая продажа

**Enquete** *f* *фр.* опрос, обследование путём опроса; анкета, формуляр для (статистического) обследования

   **Enquete** *фр.* анкета, предлагаемая экспертам с целью получения точной картины экономического явления

**Enquetemethode** *f* *стат.* анкетный метод

**Entäußerung** *f* отказ; уступка

   **Entäußerung** отчуждение

   **Entäußerung** передача прав

**entbinden** *vt* освобождать *(от обязательств)*

**Entbindung** *f* освобождение *(напр. от обязательств по договору)*

**Entbindungsbeihilfe** *f* дополнительное пособие по рождению ребёнка, выплачиваемое предприятием

**Entbindungskostenbeitrag** *m* единовременное пособие роженице, выплачиваемое страховой кассой *(ФРГ)*

**Enteigner** *m* экспроприатор

**enteignet** экспроприированный; изъятый

**Enteignung** *f* экспроприация; лишение прав собственности, отчуждение (собственности) в пользу государства

**Enteignung der Enteigner** экспроприация экспроприаторов

**Enteignung der Rechte aus dem Patent** отчуждение патентных прав

**Enteignung des Landes** экспроприация земельной собственности

**Enteignung gegen Entschädigung** отчуждение с выплатой компенсации

**entschädigungslose Enteignung** безвозмездное отчуждение

**Enteignungsanspruch** *m* *юр.* притязание на отчуждение

**Enteignungsentschädigung** *f* компенсация за отчуждённое имущество

**Enteignungsverfahren** *n* судебное производство по отчуждению имущества; метод проведения экспроприации, способ проведения экспроприации

**Enterbung** *f* лишение наследства

**entfallen** *vi* выпадать на долю

   **entfallen** причитаться, приходиться *(о сумме)*

**entfalten** развернуть; организовать; проводить *(в жизнь)*

**Entfernung** *f* отстранение от должности, увольнение

   **Entfernung** расстояние

**Entfernungsberechnungsverfahren** *n* метод расчёта тарифных расстояний

**Entfernungsstaffel** *f* таблица сборов за перевозку 100 кг груза на 1 км

**Entfernungstafel** *f* таблица тарифных поясов

**Entfernungszone** *f* тарифный пояс, тарифная зона, зона действия тарифа

**Entfernungszuschlag** *m* доплата за расстояние

   **Entfernungszuschlag** надбавка за отдалённость

**Entflechtung** *f* декартелизация; деконцентрация

**entfremden**, *vt (j-m)* отчуждать *(у кого-л.)*

   **entfremden (j-m)** отдалять *(от кого-л.)*

   **entfremden (j-m)** похищать *(у кого-л.)*

**Entfremdung** *f* отчуждение

**entgegennehmen** принимать *(напр. заказ)*

**entgegenwirken** противодействовать, действовать вопреки

**Entgelt** *n* вознаграждение; возмещение; плата; эквивалент затрат (труда, финансов), *см. тж.* Entgelte

**als Entgelt** в виде возмещения, в уплату

**kalkulatorisches Entgelt** расчётная плата *(напр. калькуляция выплат управленческому аппарату, служащим)*

**gegen Entgelt** в виде возмещения, в уплату

**ohne Entgelt** безвозмездно
**vereinbartes Entgelt** согласованная плата
**vereinnahmtes Entgelt** полученная плата
**Entgelte** *n pl* выплаты *(мн.ч.)*
**vereinbarte Entgelte** виды вознаграждения, установленные соглашением
**vereinnahmte Entgelte** фактически поступившие различного рода вознаграждения
**Entgeltkatalog** *m* каталог, содержащий перечень видов трудового вознаграждения *(бывш. ГДР)*
**entgeltlich** платный
**entgeltpflichtig** подлежащий возмещению, подлежащий оплате, платный
**Entgeltsnormen** *f pl* нормы оплаты *(труда)*
**Entgeltsregelungen** *f pl* положения об оплате *(труда)*; система оплаты *(труда)*
**Enthaltsamkeitstheorie** *f* теория воздержания *(теория процента, выдвинутая Сениором)*
**Enthebung** *f* освобождение *(напр. от обязательств по договору)*; отстранение *(напр. от должности)*
**Enthortung** *f* детезаврация золота *(процесс, обратный созданию золотого запаса)*
**Enthortung** пуск в обращение *(товаров)*
**Entindustrialisierung f** деиндустриализация
**Entkartellisierung** *f* декартелизация
**Entkeimung** *f* обеззараживание; дезинфекция
**entkräften** признавать недействительным, отменять; аннулировать
**Entladearbeiten** *f pl* разгрузочные работы, операции по разгрузке, операции по выгрузке

**Entladebahnhof** *m* станция выгрузки
**Entladedauer** *f* продолжительность разгрузки, продолжительность выгрузки
**Entladefrist** *f* срок разгрузки, срок выгрузки
**Entladegebühr** *f* сбор за разгрузку, сбор выгрузку, плата за разгрузку, оплата разгрузочных работ
**Entladehafen** *m* порт выгрузки, порт разгрузки
**Entladekosten** *pl* стивидорные расходы; расходы по разгрузке; расходы по выгрузке
**Entladen** *n* разгрузка, выгрузка
**entladen** *vt* разгружать, выгружать
**Entladepflicht** *f* обязательство (предприятий) в установленные сроки разгружать транспортные средства
**Entladestelle** *f* пункт разгрузки, пункт выгрузки, место разгрузки, место выгрузки
**Entladezeit** *f* продолжительность разгрузки, продолжительность выгрузки
**Entladung** *f* разгрузка, выгрузка
**Entlassung** *f* увольнение, отчисление; отстранение от работы; отставка; выпуск *(учащихся)*
**fristlose Entlassung** увольнение без предупреждения
**die Entlassung anvisieren** планировать увольнение
**Entlassungsentschädigung** *f* компенсация, выплачиваемая необоснованно уволенному при восстановлении на работе
**Entlassungsgeld** *n* денежное пособие при увольнении, выходное пособие
**Entlassungsvergütung** *f* денежное пособие при увольнении, выходное пособие

**entlastet:**
**entlastete Umwelt** оздоровлённая природная среда; санированная окружающая среда
**Entlastung** *f* уменьшение нагрузки
**Entlastung** *бухг.* кредитование, занесение в кредит счёта
**Entlastung** освобождение *(от обязанностей)*
**Entlastung** уменьшение нагрузки
**Entlastung** санирование; снижение вредного воздействия *(на окружающую среду)*; улучшение экологической обстановки
**Entlastung der Emissionssituation** снижение выброса вредных веществ в атмосферу
**Entlastung der natürlichen Umwelt** улучшение состояния окружающей природной среды
**Entlastung des Bodens** снижение загрязнённости почв
**Entlastung des Mülls** сокращение объёма бытовых отходов; уменьшение количества бытовых отходов
**Entlastung des Straßenverkehrs** разгрузка городской уличной сети, сокращение уличного транспортного потока, уменьшение транспортных потоков на улицах
**entlegen:**
**entlegenes Gebiet** отдалённый район
**entleihen** брать взаймы; брать напрокат
**Entleiher** *m* должник
**Entleiher** берущий напрокат
**entlohnen** вознаграждать (за труд); расплачиваться
**entlohnen** давать расчёт, увольнять

**Entlohnung** *f* вознаграждение (за труд), оплата (труда); плата *(за сдельную работу)*

**Entlohnung** расчёт, увольнение

**Entlohnung nach der Leistung** оплата по труду

**Entlohnung nach Stückzahl oder Menge** сдельная оплата труда *(по количеству изготовленных единиц или объему продукции)*

**differenzierte Entlohnung** дифференцированная оплата (труда)

**erhöhte Entlohnung** повышенная оплата (труда)

**leistungsabhängige Entlohnung** оплата труда в зависимости от выполненной работы

**prozentuale Entlohnung** оплата, исчисляемая в процентах; вознаграждение, исчисляемое в процентах

**Entlohnungsform** *f* форма оплаты (труда)

**Entlohnungsmethoden** *f pl* формы оплаты (труда); виды вознаграждения

**Entlohnungssystem** *n* система оплаты (труда)

**Entlohnungstabelle** *f* платёжная ведомость

**Entmündigte** *m* лишённый дееспособности; ограниченный в дееспособности *(решением суда)*, взятый под опеку

**Entnahme** *f* взятие, заимствование

**Entnahme** изъятие

**Entnahme** изъятие материальных средств предприятия для личных целей, изъятие финансовых средств предприятия для личных целей

**Entnahme** использование запасов, ведущее к уменьшению материальных средств; использование запасов, ведущее к уменьшению финансовых средств

**Entnahme** отбор, взятие *(напр. пробы)*

**Entnahme von Proben** отбор проб, взятие проб

**Entnahmeschein** *m* требование *(на отпуск материалов);* бланк-заказ

**entnehmen** *vt* брать; выбирать, отбирать

**Proben entnehmen** брать пробы, делать пробы

**entnommene Proben** взятые пробы

**Entnehmer** *m* трассант

**Entpersönlichung** *f* обезличка, обезличивание

**entpuppen**, *sich* оказаться, выявиться

**er entpuppte sich als Schwindler** он оказался мошенником

*die* **Sache entpuppte sich als Schwindel** это оказалось обманом; дело обернулось обманом

**Entreicherte** *m юр.* лицо, за счёт которого произошло обогащение другого лица

**Entrepot** *n m фр.* таможенный склад для транзитных грузов

**entrichten** вносить *(деньги)*, уплачивать *(напр. налоги)*, платить *(пени)*

**Entrichtung** *f* взнос, платёж, уплата *(напр. налогов)*, оплата

**Entrichtung einer Schuld** погашение долга

**entschädigen** *vt* возмещать, компенсировать; покрывать расходы

**für die Verluste entschädigen** возмещать убыток *(убытки)*

**Entschädigung** *f* возмещение, компенсация *(ущерба, убытка)*, покрытие расходов; бонификация; репарация

**einmalige Entschädigung** единовременная компенсация; единовременное вознаграждение

**nominelle Entschädigung** номинальная компенсация; компенсация номенального ущерба

**Entschädigungsanspruch** *m* требование возмещения *(ущерба, убытков)*, притязание на возмещение *(ущерба, убытков)*

**Entschädigungsanspruch** требование компенсации ущерба *(убытков)*

**Entschädigungsberechtigte** *m* лицо, имеющее право на получение компенсации

**Entschädigungsbetrag** *m* сумма компенсации *(ущерба, убытков)*

**Entschädigungsgesetz** *n* закон о выплате компенсации (владельцам) стоимости земельных участков *(при использовании их государством; бывш. ГДР)*

**Entschädigungskommission** *f* окружная консультативная комиссия по вопросам выплаты компенсации стоимости земельных участков *(бывш. ГДР)*

**Entschädigungsleistung** *f юр.* возмещение, компенсация

**entschädigungslos** безвозмездно; без обязательства возмещения ущерба

**Entschädigungspflicht** *f* обязанность возмещения *(убытков, ущерба)*

**Entschädigungspreis** *m* отступное, отступные деньги; компенсация, возмещение

**Entschädigungssumme** *f* отступное, отступные деньги; компенсация, возмещение

**Entschädigungszahlung** *f* платёж отступного; возмещение расходов, компенсация расходов

**Entscheidigungsdiagramm** *n* диаграмма управленческих решений

**Entscheidigungsfeld** *n* границы управленческих решений, рамки управленческих решений; поле управленческих решений

**Entscheidung** f приговор, решение суда, определение суда
**Entscheidung** принятие решения
**Entscheidung** решение
**Entscheidung der Arbitrage** арбитражное решение
**einstufige Entscheidung** одноэтапное решение
**gerichtliche Entscheidung** решение суда
**logische Entscheidung** логическое решение
**mehrstufige Entscheidung** многоэтапное решение
**operative Entscheidung** оперативное решение, текущее решение, решение текущих задач, решение оперативных задач
**schiedsrichterliche Entscheidung** арбитражное решение
**strategische Entscheidung** стратегическое решение, решение стратегических задач
**taktische Entscheidung** тактическое решение, решение тактических задач
**Entscheidungsbefugnis** f право самостоятельного принятия решения
**Entscheidungsbereich** m сфера принятия решения, область принятия решения
**Entscheidungsereignis** n решающее событие
**Entscheidungsetappe** f этап принятия решения, этап процесса принятия решения
**Entscheidungsfindung** f разработка решения, нахождение решения
**Entscheidungsfluss** m поток управляющих воздействий, поток управленческих решений; поток сообщений
**Entscheidungsfunktion** f решающая функция
**Entscheidungsfunktion** функция принятия решений; принятие решений
**Entscheidungsfunktion** функция решения
**Entscheidungshilfen** f pl средства принятия решений
**Entscheidungskompetenz** f полномочие принимать решения, компетенция в принятии решений
**Entscheidungskriterium** n критерий принятия (*напр. управленческих решений*); критерий принятия решения
**Entscheidungslogik** f логика принятия решений
**Entscheidungslogik** логические схемы
**Entscheidungsmatrix** f матрица управленческих решений
**Entscheidungsmethode** f метод принятия решения
**Entscheidungsmodell** n модель принятия решения
**ökonomisches Entscheidungsmodell** модель принятия экономического решения, модель принятия решения в экономике
**Entscheidungsmodellierung** f моделирование процесса принятия решений
**Entscheidungsnetzplan** m вероятностный сетевой график, стохастический сетевой график, альтернативный сетевой график
**Entscheidungsnetzwerk** n вероятностный сетевой график, стохастический сетевой график, альтернативный сетевой график
**Entscheidungsobjekt** n объект принятия решения
**Entscheidungsprozess** m процесс принятия решения(й) (*управленческих*)
**Entscheidungsrealisierung** f реализация решения(ий), выполнение решения(ий)
**Entscheidungssituation** f критическая ситуация
**Entscheidungssituation** ситуация, связанная с принятием решения
**Entscheidungstabelle** f таблица решений (*принятых*)
**Entscheidungstheorie** f теория принятия решений, теория решений
**statistische Entscheidungstheorie** статистическая теория принятия решений
**Entscheidungsträger** m носитель решения, субъект решения
**Entscheidungsvariable** f критерий управления
**Entscheidungsvariable** переменная, характеризующая принятие решений
**Entscheidungsvariante** f вариант решения
**Entscheidungsverfahren** n метод решения, способ решения; процедура принятия решения
**Entscheidungsverfahren** *мат.* разрешающая процедура
**Entscheidungsvorbereitung** f подготовка к принятию решения
**Entscheidungswahl** f выбор решения
**Entscheidungszeitpunkt** m момент принятия решения
**Entschlüsselung** f декодирование, дешифрирование, дешифровка
**entschuldbar** простительный, извинительный
**Entschuldbarkeit** f оправдывающее обстоятельство
**Entschuldbarkeit des Gemeinschuldners** оправдывающие должника обстоятельства
**Entschuldung** f ликвидация задолженности; полное освобождение государством сельскохозяйственного предприятия от задолженности; частичное освобождение государством сельскохозяйственного предприятия от задолженности

**Entschuldungsverfahren** *n* процедура освобождения государством от задолженности

**Entschuldungsverfahren der Landwirtschaft** процедура освобождения государством сельскохозяйственных предприятий от задолженности

**Entschuldungsversicherung** *f* страхование жизни, при котором страховая сумма предназначается для погашения ипотечной ссуды

**entsenden** *vt* посылать, направлять; командировать

**Entsendung** *f* отправка, отсылка; командирование

**Entsendung der Fachkräfte** командирование специалистов

**Entspannung** *f* разрядка, ослабление напряжённости

**Entsprechungszahl** *f* стат. относительная величина координации

**Entstehung** *f* возникновение, зарождение, образование, происхождение

**Entstehungszeitpunkt** *m* момент возникновения (*обязательств*)

**Entstehungszeitpunkt** момент возникновения обязательств, связанных с осуществлением отчислений в бюджет

**Entstehungszyklus** *m* цикл освоения (*время, необходимое предприятию для воплощения идеи в рыночный продукт*)

**Enttrümmerungskosten** *pl* расходы, связанные с подготовкой участка к использованию; затраты, связанные с подготовкой участка к использованию (*снос строений и расчистка участка*)

**entwerfen** проектировать; разрабатывать (*напр. проект*); планировать

**entwerten** *vt* обесценивать, девальвировать

**entwerten** погашать (*ставить штемпель*)

**entwertet** обесценившийся

**Entwertung** *f* обесценение, снижение стоимости; погашение (*почтовых, гербовых марок*); амортизационные списания

**Entwertung** погашение марок (*почтовых или гербовых*)

**Entwertung von Kapital** обесценение капитала

**entwickeln** развивать; совершенствовать; разрабатывать (*напр. проект*); конструировать (*напр. машины*); проектировать; подготавливать (*напр. квалифицированных рабочих*)

**Entwickler** *m* разработчик

**Entwickler** проектант

**Entwickler** конструктор

**Entwicklung** *f* развитие; разработка (*напр. проекта*); конструирование (*напр. машины*); проектирование; конструкция; проект; подготовка (*напр. квалифицированных рабочих*); мат. разложение в ряд

**Entwicklung der Beschäftigungslage** рост занятости

**konjunkturelle Entwicklung** изменение конъюнктуры; конъюнктурные изменения (*напр. на рынке*)

**rückläufige Entwicklung** регресс; свертывание (*напр. производства*); уменьшение (*напр. занятости*)

**Entwicklungs- und Anlaufkosten** *pl* расходы на подготовку и освоение новых видов продукции, расходы на подготовку и освоение производства новых видов продукции

**Entwicklungs- und Herstellungskosten** *pl* расходы на разработку и изготовление (мн.ч.); затраты на разработку и изготовление (мн.ч.)

**Entwicklungs- und Konstruktionsbüro** *n* опытно-конструкторское бюро, ОКБ

**Entwicklungs- und Qualitätsprüfstelle** *f* отдел новых разработок и контроля качества

**Entwicklungs- und Überleitungsvertrag** *m* хозяйственный договор о создании и внедрении в производство новых изделий, хозяйственный договор о создании и внедрении в производство новых методов

**Entwicklungsabschnitt** *m* этап развития, отрезок развития, участок развития

**Entwicklungsabteilung** *f* конструкторский отдел предприятия

**Entwicklungsarbeiten** *fpl* опытно-конструкторские работы, ОКР

**Entwicklungsbank** *f* банк (экономического) развития; банк, финансирующий развивающиеся страны

**Entwicklungsbüro** *n* проектное бюро, проектная организация

**Entwicklungsfonds** *m*, **regionaler** фонд регионального развития

**Entwicklungsgebiet** *n* экономически слаборазвитый район; развивающийся район

**Entwicklungshilfe** *f* экономическая) помощь развивающимся странам

**Entwicklungshilfe** помощь развитию, помощь в развитии

**öffentliche Entwicklungshilfe** государственная помощь развитию (*обычно льготная*)

**Entwicklungshilfe-Gruppe** Группа оказания помощи развивающимся странам (*при Международном банке реконструкции и развития*)

**Entwicklungshilfe-Komitee** Комитет оказания помощи развивающимся странам *(при Организации экономического сотрудничества и развития)*

**Entwicklungsingenieur** *m* инженер-разработчик

**Entwicklungskosten** *pl* расходы на проведение опытно-конструкторских работ, затраты на проведение опытно-конструкторских работ

**Entwicklungsland** *n* развивающаяся страна

**Entwicklungsländer** *n pl* развивающиеся страны

**Entwicklungsniveau** *n* уровень развития

**ökonomisches Entwicklungsniveau** уровень экономического развития

**Entwicklungsphase** *f* фаза развития, этап развития

**Entwicklungspolitik** *f* политика помощи развивающимся странам

**Entwicklungsprognose** *f* прогноз развития *(напр. экономики)*

**Entwicklungsprogramm** *n* программа развития народного хозяйства в развивающихся странах; программа развития отраслей народного хозяйства

**Entwicklungsprojekt** *n* опытно-конструкторский проект; проект развития

**Entwicklungsrate** *f* темп развития

**Entwicklungsrichtung** *f* направление развития

**Entwicklungsstaat** *m* развивающаяся страна

**Entwicklungsstadium** *n* стадия развития

**Entwicklungsstand** *m* уровень развития

**Entwicklungsstelle** *f* опытно-конструкторское бюро, ОКБ; опытно-конструкторский отдел, отдел разработок

**Entwicklungsstufen** *f pl* стадии развития, ступени развития

**Entwicklungsstufen der Wirtschaft** стадии развития экономики, ступени развития экономики

**Entwicklungstempo** *n* темп развития, темпы развития

**vorrangiges Entwicklungstempo** опережающие темпы развития

**wirtschaftliches Entwicklungstempo** темпы экономического развития

**Entwicklungstendenz** *f* тенденция развития

**Entwicklungstrend** *m* тенденция развития

**Entwicklungsvorhaben** *n* опытно-конструкторский проект

**Entwicklungsweg** *m* путь развития

**kapitalistischer Entwicklungsweg** капиталистический путь развития

**nichtkapitalistischer Entwicklungsweg** некапиталистический путь развития

**Entwicklungszeit** *f* период развития; время, необходимое для разработки нового вида продукции; время, необходимое для разработки нового вида технологии

**Entwicklungszyklus** *m* цикл развития

**Entwurf** *m* проект

**Entwurfsalgorithmus** *m* алгоритм проектирования *(автоматического, компьютерного)*

**Entwurfsbüro** *n* проектное бюро

**Entwurfsdaten** *pl* проектные параметры, проектные данные, проектная характеристика

**Entwurfsgewicht** *n* проектный вес; проектная масса

**Entwurfsgrundlage** *f* основа проектирования

**Entwurfsmasse** *f* проектная масса

**entziehen** извлекать *(напр. капитал)*; изымать *(напр. денежные знаки из обращения)*

**entziehen** лишать, отнимать

**entziehen** не поддаваться *(напр. учёту)*

**die Bezüge entziehen** прекратить платежи, прекращать платежи

**sich entziehen** уклоняться *(напр. от уплаты налогов)*; не поддаваться *(напр. учёту)*

**Entziehung** *f* извлечение *(напр. капитала)*; изъятие *(напр. денежных знаков из обращения)*

**Entziehung** лишение, отнятие

**Entziehung** уклонение *(напр. от уплаты налогов)*

**E.O.M., end of month following** (платёж) в конце следующего месяца, конец месяца, следующий после дня продажи

**EOQC, European Organization for Quality Control** Европейская организация по контролю качества, ЭОКК

**e.o.W., erstes offenes Wasser** с открытием навигации, первой открытой водой, ПОВ

**EPA, European Productivity Agency** Европейское агентство по вопросам производительности *(Организации европейского экономического сотрудничества)*

**EPI, Europay International** платёжная система Europay International

**EPr., Einzelpreis** розничная цена, цена в розничной торговле

**EPTA, United Nations' Expanded Program of Technical Assistance for Economic Development of Under-Developed Countries** Расширенная программа ООН по оказанию технической помощи развивающимся странам

**EPU, European Payments Union** *ист.* Европейский платёжный союз, ЕПС

**ER:**

**ER, Einfuhrerklärung** импортная декларация, ввозная декларация

**ER, Eurorat** Европейский совет, Евросовет, ЕС

**erarbeiten** разрабатывать *(напр. новую конструкцию)*

**erarbeitet** трудовой *(напр. о доходе)*

**Erbbaurecht** *n* наследственное право застройки

**Erbbestand** *m* наследственная аренда

**Erbbestand** взнос при вступлении во владение *(на правах наследственной аренды)*; плата за пользование землёй *(на правах наследственной аренды)*

**Erbbeständer** *n* наследственный арендатор *(права которого передаются по наследству)*

**Erbbestandgeld** *n* взнос при вступлении во владение *(на правах наследственной аренды)*

**Erbbestandgeld** плата за пользование землей

**Erbbuch** *n* земельный кадастр

**Erbe** *I n* наследство; наследие

**Erbe** *II m* наследник
**gesetzlicher Erbe** законный наследник

**Erbeigentum** *n* наследуемое имущество, наследство

**Erbeinigung** *f* соглашение между наследниками о разделе наследства

**Erben** *n* получение наследства

**erben** наследовать, унаследовать, получать в наследство

**erbenlos** не имеющий наследников; не оставивший после себя наследников *(об умершем)*; лишённый наследства

**Erbfähigkeit** *f* правоспособность к наследованию

**Erbfall** *m юр.* открытие наследства

**Erbhof** *m ист.* наследственный крестьянский двор *(переходивший от отца к старшему сыну и не подлежавший разделу)*

**erblos** не имеющий наследников; не оставивший после себя наследников *(об умершем)*; лишённый наследства

**Erbmasse** *f юр.* наследственная масса

**Erbpacht** *f* наследственная аренда

**Erbpacht** наследственное право

**Erbpacht** плата за наследственную аренду

**Erbrecht** право наследования

**Erbringer** *m* **von Dienstleistungen** лицо, предоставляющее услуги; организация, предоставляющая услуги

**Erbschaft** *f* наследство; наследие
**eine Erbschaft antreten** вступать в права наследования
**eine Erbschaft ausschlagen** отказаться от наследства

**Erbschaftskauf** *m* договор о покупке наследственного имущества

**Erbschaftssteuer** *f* налог с наследства; наследственная пошлина

**Erbschein** *m* свидетельство о наследовании

**ErbSt, Erbschaftssteuer** налог на наследство

**Erbteil** *m юр.* доля в наследстве

**Erbteilung** *f* раздел наследства

**Erbuntertänigkeit** *f ист.* прусская форма крепостного права

**Erdarbeiten** *f pl* земляные работы

**Erdbau** *m* земляные работы

**Erde** *f,* **junge** целина, целинная земля

**Erdöl** *n* нефть

**Erdölförderung** *f* добыча нефти, нефтедобыча

**Erdölgewaltige** *m* нефтяной магнат

**Erdölkartell** *n* нефтяной картель

**Erdöllagerstätte** *f* нефтяное месторождение

**Erdölleitung** *f* нефтепровод

**Erdölvorkommen** *n* месторождение нефти

**ereignen, sich** происходить, случаться

**Ereignis** *n сет. пл.* событие, *см.тж.* Ereignisse *n, pl*

**Ereignis von geringer Wahrscheinlichkeit** маловероятное событие

**dazwischenliegendes Ereignis** промежуточное событие

**festgelegtes Ereignis** данное событие

**kritisches Ereignis** критическое событие

**nachfolgendes Ereignis** последующее событие

**nichtkritisches Ereignis** некритическое событие

**sortiertes Ereignis** упорядоченное событие

**subkritisches Ereignis** подкритическое событие

**vorhergehendes Ereignis** предшествующее событие

**wenig wahrscheinliches Ereignis** маловероятное событие

**zufälliges Ereignis** случайное событие

**Ereignisfeld** *n* поле событий

**Ereignisse** *n pl* обстоятельства *(мн.ч.)*; события *(мн.ч.)*, см. тж. Ereignis *n*

**Ereignisse Höherer Gewalt** обстоятельства непреодолимой силы, форс-мажор

**Ereignistermin** *m* срок наступления события

**Ereigniszeit** *f* срок наступления события, время наступления события

**Erfahrung** *f* опыт

**Erfahrungsaustausch** *m* обмен опытом

**Erfahrungsformel** *f* эмпирическая формула

**Erfahrungsnorm** *f*, **durchschnittliche** средняя опытная норма, средняя опытно-статистическая норма, средняя статистическая норма

**Erfahrungssatz** *m* эмпирическая формула

**Erfahrungsübermittelung** *f* передача опыта

**Erfahrungsübermittlung** *f* передача опыта

**Erfahrungswerte** *m pl* эмпирические данные

**erfassen** *I* учитывать, охватывать, включать

**erfassen** *II* с.-х. заготавливать

**Erfasser** *m* с.-х. заготовитель, уполномоченный по заготовкам

**Erfassung** *f I* охват, учёт; перепись; сбор *(данных)*

**Erfassung** регистрация, фиксация *(данных)*

**Erfassung operativer Daten** оперативный учёт *(в банковском деле)*

**analytische Erfassung** аналитический учёт

**buchungstechnische Erfassung** бухгалтерский учёт

**chronologische Erfassung** хронологическая запись

**statistische Erfassung der Käufernachfrage** учёт потребительского спроса

**einmalige Erfassung** *стат.* единовременный учёт; разовое наблюдение

**gesonderte statistische Erfassung** специальное статистическое наблюдение

**laufende Erfassung** *стат.* непрерывное наблюдение, текущее наблюдение

**mengenmäßige Erfassung** количественный учёт

**operativ-technische Erfassung** *стат.* оперативный учёт, оперативно-технический учёт

**periodische Erfassung** *стат.* периодическое наблюдение

**primärstatistische Erfassung** специальное статистическое наблюдение

**rechnerische Erfassung** учёт, бухучёт, счетоводческий учёт

**statistische Erfassung** статистическое наблюдение; статистический учёт

**steuerliche Erfassung** налоговый охват; налоговый учёт

**stichprobenweise Erfassung** выборочный учёт

**wert- und mengenmäßige Erfassung** количественно-стоимостный учёт

**Erfassung** *f II* -с.-х. заготовки; поставки

**Erfassung landwirtschaftlicher Erzeugnisse** заготовки сельскохозяйственных продуктов

**staatliche Erfassung** государственные заготовки, госзаготовки

**Erfassungssystem** *n* система заготовок; система государственных заготовок; система госзаготовок

**Erfassungs- und Aufbereitungssystem** *n* единая система сбора и подготовки данных *(в области экономики)*

**volkseigener Erfassungs- und Aufkaufbetrieb** народное предприятие по заготовке и закупке *(сельскохозяйственных продуктов)* *(бывш. ГДР)*

**Erfassungs- und Autkaufplan** *m* план заготовок и закупок, заготовительно-закупочный план *(бывш. ГДР)*

**Erfassungsbeleg** *m* учётный документ

**Erfassungsbetrieb** *m* заготовительное предприятие, загот-предприятие; заготконтора

**Erfassungseinheit** *f* *стат.* единица учёта; отчётная единица

**Erfassungsfehler** *m* *стат.* ошибка регистрации

**Erfassungsform** *f* форма учёта

**Erfassungsformular** *n* *стат.* бланк учёта

**Erfassungsgroßhandel** *m* оптовая торговля с целью заготовки *(сельскохозяйственных продуктов)*

**Erfassungsorganisation** *f* заготовительная организация, заготорганизация

**Erfassungsplan** *m* план заготовок

**Erfassungspolitik** *f* политика в области заготовок

**Erfassungspreis** *m* заготовительная цена, заготцена

**Erfassungssystem** *n* система сбора *(данных)*

**Erfassungssystem** система учёта

**Erfinder** *m* изобретатель; рационализатор

**Erfinderbewegung** *f* рационализаторское движение

**Erfinderpatent** *n* патент на изобретение

**Erfinderschutz** m охрана прав изобретательства
**Erfinderzertifikat** n авторское свидетельство
**Erfindung** f изобретение
**Erfindungs- und Vorschlagswesen** n изобретательство и рационализаторство
**Erfindungskunst** f творческая сила; изобретательность, находчивость; эвристика; инновационные способности
**Erfindungspatent** n патент на изобретение
**Erfolg** m результат, итог (хозяйственной деятельности)
**Erfolg** успех; удача; результат; достижение
 **ausschüttungsfähiger Erfolg** прибыль, направляемая на выплату дивидендов
 **negativer Erfolg** отрицательный результат; убытки
 **positiver Erfolg** положительный результат; прибыль
 **beeindruckende Erfolge** впечатляющие успехи
 **mit durchschlagendem Erfolg** с огромным успехом
 **von Erfolg gekrönt** увенчанный успехом
 **einen Erfolg verzeichnen** иметь успех, добиваться успеха, добиться успеха
 **(jmd) zu seinem Erfolg gratulieren** поздравлять с успехом, поздравить с успехом (кого-л.)
 **(jmd) Erfolg wünschen** пожелать успеха, желать успеха (кому-л.)
**erfolglos** безуспешный; безрезультатный; неудачный
 **erfolglos an der Börse spekulieren** неудачно спекулировать на бирже; неудачно играть на бирже
**Erfolgsanalyse** f анализ результативности; анализ результатов

**Erfolgsbeteiligung** f выплата страховому агенту определённого процента от суммы заключённого договора
**Erfolgsbeteiligung** f участие в прибылях предприятия
**Erfolgsbilanz** f результативный баланс; результирующий баланс
**Erfolgsermittlung** f получение итога
**Erfolgsfaktor** m фактор успеха; фактор достижения успеха
**Erfolgskennzahlen** f pl итоговые показатели
**Erfolgskonto** n итоговый счёт, счёт итогов
**Erfolgskontrolle** f контроль достигнутого эффекта (напр. от рекламных мероприятий); периодический контроль результатов деятельности предприятия, периодический контроль результатов деятельности отдельных подразделений
**Erfolgskontrolle** f контроль результатов деятельности предприятия
**Erfolgskurve** f кривая результативности; график результативности; график результатов
**Erfolgsposten** n pl результативные статьи баланса (предъявляемые для контроля)
**Erfolgsrechnung** f итоговый подсчёт; подведение итогов отчёт по реализации
**Erfolgsrechnung** бухг. счёт прибылей и убытков
**Erfordernis** n требование; потребность; надобность; необходимость
**Erfordernisse** n pl потребности (мн.ч.)
**volkswirtschaftliche Erfordernisse** n pl потребности народного хозяйства (мн.ч.)
**erfüllen** vt выполнять, исполнять, осуществлять

**Erfüllung** f выполнение, исполнение, осуществление
**Erfüllung** погашение долга путём содействия возврату долга кредитору третьим лицом
 **finanzielle Erfüllung** выполнение финансовых обязательств
 **nichtgehörige Erfüllung** ненадлежащее исполнение (договорных условий)
 **reale Erfüllung** реальное исполнение (договорных условий), реальное выполнение (плана)
 **vertragsgerechte Erfüllung** надлежащее исполнение договорных условий
**Erfüllungsbericht** m отчёт о выполнении, отчёт об исполнении
**zusammengefaßter Erfüllungsbericht** сводный отчёт
**Erfüllungsgehilfe** m лицо, с помощью которого должник погашает свои обязательства перед кредитором
**Erfüllungsgeschäft** n исполнение, сделка
**Erfüllungsinteresse** n юр. заинтересованность в исполнении обязательства
**Erfüllungsklage** f юр. иск об исполнении обязательства
**Erfüllungsort** m место исполнения обязательства
**Erfüllungstermin** m срок выполнения обязательства, срок исполнения обязательства (обязательств)
 **vertraglicher Erfüllungstermin** договорный срок исполнения обязательства, договорной срок исполнения обязательств
**Erfüllungszeit** f срок исполнения обязательства
**ergänzend** дополнительный, дополняющий; дополненный

**Ergänzlingszahlung** f дополнительный платёж
**Ergänzung** f дополнение
**in Ergänzung zu** в дополнении к *чему-л.*
**Ergänzungsabgabe** f дополнительный налог, дополнительный сбор
**Ergänzungsbedarf** m дополнительный спрос; спрос на сопутствующий товар
**Ergänzungsbedarf** потребность в пополнении ассортимента
**Ergänzungsbetrag** m дополнительная сумма, доплата
**Ergänzungsbetrag** дополнительный взнос
**Ergänzungsbilanz** f дополнительный баланс
**Ergänzungsbilanzierung** f составление дополнительного баланса
**Ergänzungsetat** m дополнительная смета
**Ergänzungskapital** n резервный капитал; дополнительный капитал
**Ergänzungsproduktion** f производство сопутствующих изделий
**Ergänzungstaxe** f дополнительная такса; дополнительная пошлина
**Ergänzungsware** f сопутствующий товар
**Ergänzungszone** f зона, примыкающая к территориальным водам
**ergeben** выявлять, показывать; свидетельствовать; составлять, давать *(в итоге)*
**es ergab sich eine Fehlmenge** обнаружилась недостача
**sich ergeben** оказываться, получаться, выявляться, обнаруживаться
**Ergebnis** n результат; итог; вывод; последствие
**abgerundetes Ergebnis** округлённый итог
**angenähertes Ergebnis** приближённый результат
**neutrales Ergebnis** нейтральный результат
**übriges Ergebnis** сальдо от сопоставления прочих поступлений с прочими издержками; прочие результаты
**vorläufiges Ergebnis** предварительный результат
**zufallsbedingtes Ergebnis** случайный результат
**Ergebnisanalyse** f анализ рентабельности; анализ результатов
**Ergebnisauswertung** f оценка и обобщение результатов
**Ergebnisauswertung** подведение итогов
**Ergebnisbilanz** f результативный баланс; результирующий баланс
**Ergebnisermittlung** f определение результатов *(хозяйственной деятельности)*
**Ergebniskennziffer** f *стат.* итоговый показатель
**Ergebniskonto** n результативный счёт, результирующий счёт
**Ergebniskriterium** n критерий оценки результатов, критерий оценки результативности
**Ergebnisplanung** f планирование результатов (хозяйственной) деятельности (предприятия)
**Ergebnisrechnung** f счёт прибылей и убытков; результирующий счёт, результатный счёт; итоговый подсчёт; подведение итогов; отчёт по реализации
**ergebniswirksam** эффективный, результативный; влияющий на результаты (хозяйственной) деятельности
**Ergebnisziffer** f итоговая цифра, результат; итоговые показатели
**ergiebig** доходный; экономичный
**ergiebig** исчерпывающий *(о данных)*
**ergiebig** *с.-х.* плодородный, урожайный; продуктивный; изобильный; богатый рациональный
**ergiebig** рациональный
**ergiebig** эффективный
**wirtschaftlich ergiebig** экономически выгодный, доходный, прибыльный
**Ergiebigkeit** f *с.-х.* плодородие, урожайность; продуктивность; производительность; изобилие, богатство; доходность, прибыльность
**Ergiebigkeit der Gesamtarbeit** доходность совокупного труда
**Ergiebigkeit der Produktion** продуктивность производства
**Ergonomie** f эргономика *(наука, изучающая методы оптимальной организации и использования труда)*
**Ergonomik** f эргономика
**Erhaltung** f получение; сохранение; содержание; поддержание
**Erhaltung der Anlagefonds** сохранение основных фондов (предприятия)
**Erhaltungsarbeiten** f pl ремонтные работы; работы по техническому обслуживанию
**Erhaltungskosten** pl издержки по поддержанию в исправности, издержки по поддержанию в сохранности, издержки по содержанию в исправности
**Erhaltungsmittel** n pl средства к существованию, жизненно необходимые средства
**Erhaltungsschutzzoll** m оградительная пошлина
**Erhaltungszoll** m оградительная пошлина

**erhandeln** выторговать; приобрести, купить *(посредством заключения торговой сделки)*

**erhebbar** взимаемый *(о налогах, процентах)*

**erhebbar** поддающийся учёту, учитываемый

**Erhebbarkeit** *f* возможность взимания *(налогов)*; возможность учёта

**erheben** взимать, собирать *(налоги и т.п.)*

**erheben** *vt мат.* возводить в степень

**erheben** заявлять, возбуждать *(тж. юр.)*

**erheben** собирать *(сведения)*

**Erheber** *m* сборщик *(налогов)*

**Erhebung** *f* взимание, сбор *(налогов, процентов)*

**Erhebung** *стат.* сбор *(сведений)*

**Erhebung** *юр.* предъявление *(претензии)*; возбуждение *(иска)*

**Erhebung** заявление *(протеста)*

**Erhebung** *f мат.* возведение в степень

**Erhebungen** *f pl* статистические данные

**Erhebung einer Akzise** обложение акцизом

**Erhebung von Abgaben** податное обложение

**Erhebung von Zöllen** обложение пошлиной, таможенное обложение

**einmalige Erhebung** *стат.* единовременный учёт

**fiskalische Erhebung** фискальная перепись

**periodische Erhebung** периодический учёт; периодическая отчётность

**primärstatistische Erhebung** сбор первичных статистических данных

**repräsentative Erhebung** выборочный учёт

**sekundärstatistische Erhebung** сбор вторичных статистических данных

**statistische Erhebungen** *f pl* статистические данные

**steuerliche Erhebung** налоговое обложение

**Erhebungsart** *f* способ взимания *(налогов, пошлин)*

**Erhebungsart** способ учёта

**Erhebungsbetrag** *m* взимаемая сумма

**Erhebungsblatt** *n* статистический формуляр, переписной лист, опросный лист

**Erhebungsbogen** *m* статистический бланк учёта; опросный лист, анкета

**Erhebungseinheit** *f стат.* единица учёта, единица наблюдения; единица обложения *(налогом)*

**Erhebungsform** *f* форма взимания *(налогов, пошлин)*; порядок исчисления *(налогов)*

**Erhebungsmerkmal** *n* свойства объектов исследования *(различающихся между собой временными, региональными и другими признаками)*

**Erhebungsobjekt** *n стат.* предмет статистического исследования

**Erhebungsplan** *m* план статистического наблюдения

**Erhebungsstichtag** *m стат.* дата переписи

**Erhebungsverfahren** *n* порядок взимания *(налогов, пошлин)*; *стат.* способ учёта, метод учёта

**Erhellung** *f* **des Marktes** выяснение условий рынка

**erhöhen** *vt* повышать, увеличивать

**sich erhöhen** повышаться, увеличиваться

**Erhöhung** *f* повышение; увеличение; наращивание; укрепление *(напр. валютного курса)*

**Erhöhung der Ertragsfähigkeit** повышение урожайности

**Erhöhung der Geburtenhäufigkeit** повышение рождаемости

**Erhöhung der Geburtenziffer** повышение рождаемости

**Erhöhung der sozialen und kulturellen Leistungen** увеличение фондов на социальные и культурные мероприятия

**Erhöhung der Warenumschlagsgeschwindigkeit** ускорение оборачиваемости товаров, ускорение товарооборота

**Erhöhung des eigenen Umlaufmittelfonds** пополнение фонда собственных оборотных средств

**eruptive Erhöhung** внезапное повышение

**plötzliche Erhöhung** внезапное повышение

**progressive Erhöhung des Vergütungssatzes** прогрессивное увеличение расценок

**erholen** рамбурсироваться *(покрывать расходы - в банковских расчётах)*

**sich erholen** подниматься *(о курсах после предыдущего снижения)*; расти *(о ценах)*; возмещать свои затраты, возмещать свои убытки

**Erholung** *f* оживление, подъём *(напр. рынка)*; повышение курсов *(после предыдущего снижения)*; рост *(цен)*

**Erholung** отдых, передышка; развлечение

**Erholungsindustrie** *f* индустрия развлечений

**Erholungspause** *f* перерыв *(для отдыха)*; передышка

**arbeitsbedingte Erholungspause,** перерыв на отдых в особых условиях работы, перерыв на отдых в определённых условиях работы

**Erholungsurlaub** *m* очередной отпуск

**Erinnerungsposten** *m pl* бухг. статьи "для памяти"

**Erinnerungswerbung** *f* напоминающая реклама

**Erinnerungswert** *m* незначительная стоимость товара *(отражённая в балансе)*

**Erkennen** *n* декодирование; расшифровка; дешифровка

**Erkennen** распознавание, опознавание, обнаружение; идентификация

**erkennen** *vt* кредитовать (текущие) счета; записывать в кредит счёта; *юр.* выносить приговор, выносить решение, выносить постановление, постановлять

**Erkennung** *f* кредит-нота; признание

**Erkennung der Rechnung** принятие счёта *(к оплате)*; акцепт счёта

**Erklärung** *f* декларация *(напр. налоговая)*; заявление *(напр. правительственное)*

**Erklärung** объявление

**Erklärungstag** *m бирж.* день объявления репорта

**Erklärungszwiespalt** *m* расхождение, разногласие *(между договаривающимися сторонами)*

**Erkundigung** *f* осведомление, наведение справок

**Erkundigung** справка

**Erkundigung einholen** наводить справки, справляться

**Erkundigung einziehen** наводить справки, справляться

**Erkundungsforschung** *f* поисковые исследования

**Erkundungsprognose** *f* поисковый прогноз

**Erkundungsrecht** *n* право на ведение разведочных работ

**Erlag** *m* уплата, платёж; взнос

**Erläge** *m pl* депозиты

**Erlaß** *m* освобождение *(от налогообложения, должника от исполнения обязательств)*

**Erlaß** указ, постановление; предписание, распоряжение

**Erlaß** уменьшение налогообложения; освобождение от налогов

**Erläuterung** *f* комментарий, пояснение, разъяснение

**Erläuterung zur Bilanz** комментарий к балансу, экспликация к балансу

**Erläuterungen** *pl* комментарии (мн.ч.), пояснения (мн.ч.), разъяснения (мн.ч.)

**Erlebensfallversicherung** *f* страхование на дожитие

**Erlebenswahrscheinlichkeit** *f* *(стат., страх.)* вероятность дожития

**Erledigung** *f* выполнение, исполнение *(напр. заказа)*; погашение, ликвидация *(напр. долгов)*

**Erledigung** уплата *(по счёту)*; оплата *(напр. суммы счёта)*

**Erledigungsbescheinigung** *f* свидетельство об очистке от таможенных пошлин

**Erleger** *m* вкладчик, депонент

**Erlegung** *f* уплата, взнос, платёж

**erleichtert** облегчённый *(напр. вариант)*

**Erleichterungen** *f pl* льготные условия

**erleiden** *vt* терпеть, претерпеть, претерпевать *(напр. ущерб, убытки)*

**Erlös** *m* выручка; доход; поступления, *см. также* Erlöse

**Erlös aus Exporten** поступления от экспорта

**finanzieller Erlös** денежная выручка, финансовая выручка, финансовые поступления (мн.ч.)

**Erlösausfall** *m* недовыручка

**Erlösausfall** *m* разность между намеченной и фактической выручкой

**Erlösbuchung** *f* бухгалтерская проводка по счёту прибыли

**Erlöschen** *n* прекращение *(напр. страхования)*; истечение *(напр. срока)*; погашение *(напр. обязательства)*

**Erlöschen der Hinterlegung** аннулирование депонированного образца

**Erlöschen der Schuld** погашение долга

**Erlöschen der Verjährungsfrist** *юр.* истечение срока давности

**Erlöschen des Anspruches** потеря права предъявления претензии

**Erlöschen des Anspruchs** потеря права предъявления претензии, потеря права предъявления требования

**Erlöschen des Schuldverhältnisses** *юр.* прекращение (долгового) обязательства

**Erlöschen durch Verjährung** *юр.* погашение за давностью, прекращение за давностью

**Erlöschen einer Firma** прекращение существования фирмы

**vorzeitiges Erlöschen** досрочное прекращение *(страхования)*

**Erlöse** *m pl* доходы; поступления, *см. также* Erlös

**Erlöse aus Lizenzen** лицензионные поступления, поступления от продажи лицензий, поступления от лицензионных сборов

**Erlöse künftiger Abrechnungszeiträume** доходы будущих периодов

**leistungsunabhängige Erlöse** поступления, не связанные с деятельностью предприятия

**nichtplanbare Erlöse** внеплановые доходы, внеплановые поступления

**planbare Erlöse** плановые доходы, плановые поступления

**übrige Erlöse** прочие поступления *(напр. от операций, непосредственно не связанных с производственным процессом и сбытом изделий)*

**Erlöskonto** *n* счёт прибылей и убытков

**Erlöskonto** *n* счёт реализации

**Erlöskonto** *n* счёт дохода; счёт доходов

**Erlöskorrektur** *f* корректировка запланированного объёма выручки *(от реализации промышленной продукции в связи с изменением отпускных цен)*

**Erlösschmälerung** *f* уменьшение выручки, снижение выручки

**Erlösschmälerungsabschlag** *m* уменьшение выручки от реализации продукции *(напр. в результате скидок с цены)*

**Erlöszuwachs** *m* прирост с выручки

**ermächtigen** *vt* уполномочивать, давать право

**Ermächtigung** *f* полномочие

**Ermächtigung erteilen** предоставлять полномочия

**ermäßigen** уменьшать, сбавлять, снижать, понижать *(напр. цены)*; сокращать *(напр. платежи)*

**sich ermäßigen** снижаться, понижаться *(о ценах, расходах)*

**Ermäßigung** *f* уменьшение, снижение, понижение *(напр. цен)*; сокращение *(напр. платежей)*; скидка; уступка; льгота *(напр. в отношении налогового обложения)*

**Ermattung** *f* усталость, утомление

**Ermessen** *n* усмотрение

**nach unserem Ermessen** по нашему усмотрению

**Ermessensreserven** *f pl* бухг. резервы, возникшие в результате применения принципа самой низкой оценки статей актива

**ermitteln** *vt* вычислять, исчислять; рассчитывать; узнавать, выяснять; обнаруживать; разыскивать; добывать *(сведения)*

**ermitteln** определять, устанавливать *(часто в численном выражении)*

**Ermittlung** *f* вычисление, исчисление; узнавание, выяснение; обнаружение; розыск; добывание *(сведений)*; определение, установление

**Ermittlung** обнаружение, нахождение; установление

**Ermittlung** определение

**Ermittlung** получение *(напр. данных)*

**Ermittlung** сведения, данные

**Ermittlungsdienst** *m* служба розыска грузов

**Ermittlungsdienst** служба урегулирования претензий

**Ermittlungsgrundsatz** *m* принцип определения *(напр. производственной мощности)*

**Ermittlungsstufe** *f* последовательность расчётов при определении производственных мощностей

**Ermittlungszeitraum** *m* базисный период исчисления *(пенсии, налогов)*

**Ermittlungszeitraum** базисный период установления размеров прибыли для определения величины налогового обложения

**Ermüdbarkeit** *f* утомляемость

**Ermüdbarkeitsfaktor** *m* фактор утомляемости

**Ermüdbarkeitssenkung** *f* снижение утомляемости

**Ermüdung** *f* усталость, утомление

**Ermüdungsbekämpfung** *f* устранение факторов, вызывающих утомляемость

**Ermüdungsprophylaxe** *f* профилактика утомляемости

**Ermüdungsstudien** *f pl* изучение причин утомляемости

**Ermüdungsursachenforschung** *f* исследование причин утомляемости

**Ernährungs- und Landwirtschaftsorganisation der Vereinten Nationen** Продовольственная и сельскохозяйственная организация ООН, ФАО

**Ernährungsgüter** *n pl* продовольственные товары, продукты питания

**Ernährungsnormen** *f, pl*, **physiologische** физиологические нормы питания

**erneuern** возобновлять *(платежи)*

**erneuern** обновлять; реставрировать, восстанавливать

**erneuern** перезаключать *(договор)*

**Erneuerung** *f* возобновление *(кредитования, поставок)*

**Erneuerung** обновление; реставрация; восстановление, реновация *(напр. основных фондов)*; перезаключение, новация *(договора)*; мат. восстановление

**Erneuerung der Grundfonds** восстановление основных фондов, реновация основных фондов, обновление основных фондов

**Erneuerung des Programms** (выч.тех.) обновление программы *(напр. до следующей версии)*

**technische Erneuerung** обновление техники; восстановление техники

**Erneuerungsbedarf** *m* потребность в обновлении, необходимость обновления

**Erneuerungsfonds** *m* фонд реновации; фонд обновления

**Erneuerungsgrad** *m* уровень обновления производства, степень обновления производства

**Erneuerungsinvestitionen** *f pl* капиталовложения, направляемые на создание новых основных фондов

**Erneuerungsinvestitionen** капиталовложения в обновление производства, инвестиции в обновление производства; инвестиции, направленные на обновление производства

**Erneuerungskosten** *pl* затраты на обновление

**Erneuerungsprämie** *f* премия по возобновлению страхования

**Erneuerungsprozess** *m мат.* процесс восстановления; поток восстановления

**stationärer Erneuerungsprozess** стационарный процесс восстановления

**Erneuerungsquote** *f* часть машин и оборудования, подлежащих замене, часть машин и оборудования, подлежащих обновлению

**Erneuerungsschein** *m* талон купонного листа *(облигации процентно-выигрышного займа)*, дающий право на получение нового купонного листа

**Erneuerungstheorem** *n*, **elementares** элементарная теорема восстановления

**Erneuerungstheorie** *f мат.* теория восстановления

**Ernte** *f* уборка урожая

**Ernte** урожай

**die Ernte kontraktmäßig kaufen** контрактовать урожай, законтрактовать урожай

**Ernteankaufsplan** *m* план контрактации урожая

**Erntearbeiten** *f pl с.-х.* уборочные работы

**Erntearbeiter** *m* сезонный рабочий; рабочий, занятый на уборке урожая

**Ernteaussicht** *f* виды на урожай, прогноз урожая

**Ernteaussichten** *f pl* виды на урожай, прогноз урожая

**Ernteeinbringung** *f* уборка урожая

**maschinelle Ernteeinbringung** механизированная уборка урожая

**Ernteermittlung** *f* статистика урожайности

**Ernteertrag** *m* урожайность

**Ernteertragsversicherung** *f* страхование урожая *(на случай недорода)*

**Erntekampagne** *f* уборочная кампания

**Ernteplan** *m* план уборки урожая

**Ernteschätzung** *f* (качественная) оценка урожая

**Erntestatistik** *f* статистика урожайности

**Ernteversicherung** *f* страхование урожая *(на случай недорода)*

**Erntevorankauf** *m* контрактация урожая, покупка урожая на корню

**Erntevoranschlag** *m* предварительная оценка урожая

**Erntevorschätzung** *f* предварительная оценка урожая

**eröffnen** открывать *(напр. кредит, счёт, аккредитив)*; начинать; сообщать, объявлять

**Eröffnung** *f* открытие *(напр. кредита, счёта, аккредитива)*; начало; сообщение, объявление

**sofort nach Eröffnung der Navigation** первой открытой водой, ПОВ *(условие договора купли-продажи о сроке поставки)*

**Eröffnungsbilanz** *f бухг.* вступительный баланс, начальный баланс *(баланс фирмы при её основании или наступлении нового финансового года)*

**Eröffnungsbilanzkonto** *n бухг.* счёт вступительного баланса

**Eröffnungsbuchung** *f* запись открытия *(напр. счёта, карточки)*; вступительная запись

**Eröffnungsbuchung** запись при открытии учётного регистра

**Eröffnungskurs** *m* курс в (на) момент открытия биржи, курс при открытии биржи, цена при открытии биржи, цена в момент открытия биржи

**Eröffnungstermin** *m* **für die Angebote** срок вскрытия поступивших предложений *(напр. на аукционе)*

**ERP, European Recovery Program** *ист.* Программа восстановления Европы, Программа экономической помощи Европе, план Маршалла

**ERP-Mittel** *n pl* средства, поступающие в рамках программы восстановления Европы; средства по плану Маршалла

**Erprobung** *f* проверка; проба; тестирование

**experimentelle Erprobung** опытная проверка, экспериментальная проверка; опробование, апробация

**Erprobungsvertrag** *m* договор, заключаемый с целью опробования нового изделия; договор, заключаемый с целью опробования нового метода; пробный договор

**errechnen** *vt* рассчитывать, вычислять, получать в результате расчётов

**Errechnung** *f* расчёт, вычисление

**Ersatz** *m* возмещение, компенсация; вознаграждение; замена
**als Ersatz zum ...** в качестве возмещение
**Ersatz bekommen** получать взамен
**Ersatz** суррогат, заменитель, эрзац
**Ersatz bieten** возмещать *кому-л.* убытки
**Ersatz der defekten Ware** замена дефектного товара (товаров)
**Ersatz für entgangenen Gewinn** возмещение упущенной выгоды (прибыли)
**Ersatz geben** возмещать *кому-л.* убытки
**Ersatz des aufgewandten Kapitals** возмещение капитальных затрат
**Ersatz des verausgabten Kapitals** возмещение капитальных затрат
**Ersatz des vollen Interesses** возмещение сполна всех убытков
**Ersatz von Grundmitteln** замена основных фондов
**teilweiser Ersatz** частичное возмещение, частичная компенсация
**wertmäßiger Ersatz** возмещение в стоимостном выражении
**Ersatz- und Reserveteile** *n pl* запасные и сменные части
**Ersatz- und Verschleißteile** *m pl* запасные и быстроизнашивающиеся части
**Ersatz- und Verschleißteiltypung** *f* типизация запасных и изнашивающихся частей, типизация запасных и быстроизнашивающихся частей
**Ersatzangebot** *n* предложение возместить убытки, предложение компенсировать убытки; предложение другого (*равноценного по потребительной стоимости*) товара взамен первоначально предложенного

**Ersatzanspruch** *m* притязание на возмещение убытков, притязание на возмещение расходов, клеймс)
**Ersatzanspruch** регрессный иск; регресс (*при несоблюдении взятых на себя денежных обязательств*)
**Ersatzausrüstungen** *f pl* заменяемое оборудование
**Ersatzausrüstungen** запасное оборудование, запасной инвентарь
**Ersatzausrüstungen** обновлённые основные фонды
**Ersatzausstattung** *f* замена морально устаревшего торгового инвентаря и оборудования, замена физически устаревшего торгового инвентаря и оборудования
**Ersatzbedarf** *m* **an Arbeitskräften** дополнительная потребность в работниках для замены выбывших
**Ersatzbeleg** *m* вторичный оправдательный документ, дубликат оправдательного документа, дубликат подтверждающего документа
**Ersatzbeschaffung** *f* приобретение новых основных фондов взамен изношенных
**Ersatzeinstellung** *f* принятие на работу (*рабочих, служащих*) взамен выбывших
**Ersatzfonds** *m* фонд возмещения
**Ersatzfonds** *pl* фонды возмещения
**gesellschaftliche Ersatzfonds** общественные фонды возмещения
**Ersatzfondsproduktion** *f* воспроизводство фондов возмещения
**Ersatzforderung** *f* требование о возмещении убытков
**Ersatzgerät** *n* дублирующее устройство, резервное устройство

**Ersatzinvestition** *f* капиталовложения, инвестиции (*направляемые на замену мощностей или оборудования*)
**Ersatzinvestitionen** *f pl* капиталовложения, направляемые на замену изношенных основных фондов; инвестиции на возмещение основного капитала
**Ersatzkosten** *pl* расходы на замену, издержки на замену
**Ersatzleistung** *f* возмещение
**Ersatzleistung** исполнение обязательства взамен невыполненного
**Ersatzleistung** исполнение обязательства взамен неудовлетворительно выполненного (*напр. поставка товара взамен некондиционного*)
**Ersatzleistung der Versicherung** страховое возмещение, страховое вознаграждение
**Ersatzleistung des Versicherers** страховое возмещение, страховое вознаграждение
**Ersatzlieferung** *f* поставка с целью замены некондиционного товара
**Ersatzmittel** *n* заменитель, суррогат, эрзац
**Ersatzmodelle** *n pl* модели оборудования для замены устаревшего
**Ersatzpflicht** *f* обязанность компенсации, обязанность замены
**Ersatzpflicht** обязанность компенсировать убыток, обязанность возместить убыток
**ersatzpflichtig** обязанный возместить убыток
**ersatzpflichtig** регрессивный (*в вексельном праве*)
**Ersatzprinzip** *n* принцип возмещения
**Ersatzstoff** *m* заменитель, суррогат, эрзац
**Ersatzstücke** *n pl* запасные части, запасные детали, сменные детали

**Ersatzsumme** f сумма, уплачиваемая в качестве возмещения
**Ersatzsumme** сумма компенсации
**Ersatzteildienst** m служба снабжения *(клиентов)* запасными частями
**Ersatzteile** n запасные части, запасные детали, сменные детали
**nicht typengebundene Ersatzteile** нетипизированные запасные части, нестандартизованные запасные части, нестандартные запасные части
**typengebundene Ersatzteile** типизированные запасные части, типовые запасные части
**zweckgebundene Ersatzteile** запасные части целевого назначения
**Ersatzteilfertigung** f изготовление запасных частей
**Ersatzteilkatalog** m каталог запасных частей
**Ersatzteillieferung** f поставка запасных частей
**Ersatzteilliste** f каталог запасных частей, список запасных частей, список запчастей
**Ersatzteilpreis** m цена на дополнительно поставляемые запасные части *(напр. к автомобилям)*
**Ersatzteilproduktion** f производство запасных частей
**zentrale Ersatzteilproduktion** централизованное производство запасных частей
**Ersatzteilversorgung** f снабжение запасными частями, снабжение запчастями
**Ersatztheorie** f теория восстановления, теория ремонта *(оборудования)*
**Ersatzware** f товар, поставляемый взамен некондиционного товара; компенсационная поставка товара

**Ersatzwert** m стоимость, подлежащая возмещению
**Ersatzwert** стоимость возмещения
**Erscheinung** f явление; проявление
**gesellschaftliche Erscheinung** общественное явление
**Erscheinungsform** f форма проявления
**Erscheinungsform des Wertes** форма проявления стоимости
**Erscheinungsweise** f характер проявления, способ проявления *(напр. экономического закона)*
**Erschließung** f освоение *(мощностей)*
**Erschließung** изыскание, выявление *(напр. резервов)*
**Erschließung** освоение *(напр. нового рынка)*
**Erschließung** открытие *(напр. новых предметов налогообложения)*
**Erschließung** разработка *(природных богатств)*; вскрытие *(месторождения)*
**Erschließungsaufwand** m затраты на подготовку участка к застройке
**Erschließungsaufwand** затраты на вскрытие месторождения
**Erschöpfung** f усталость, утомление; изнеможение; изнурение; истощение *(напр. запасов)*
**erschüttern** подрывать *(напр. монополию в какой-л. области)*
**erschweren** затруднять, осложнять; препятствовать
**Erschwernis** f затруднение, трудность; препятствие
**Erschwerniszulage** f надбавка за работу в трудных условиях; надбавка за выполнение особо тяжёлых работ

**Erschwerniszuschlag** m надбавка за работу в трудных условиях; надбавка за выполнение особо тяжёлых работ
**Ersetzbarkeit** f заменяемость, взаимозаменяемость
**ersetzen** возмещать, компенсировать *(убытки, ущерб)*
**ersetzen** vt заменять
**Ersetzung** f возмещение *(напр. убытков)*
**Ersetzung** замена, замещение
**Ersetzungsprinzip** n принцип возмездности *(в отношениях между хозрасчётными предприятиями)*
**Ersetzungsprinzip** принцип возмещения
**Ersitzung** f приобретение права собственности по давности владения
**ersparen** vt скопить, копить, накопить, сэкономить, экономить, сберечь, беречь
**Ersparnis** f накопление, сбережение *(процесс)*
**Ersparnis** экономия в чём-л.
**aus Arbeitseinkommen stammende Ersparnis** трудовые сбережения
**Ersparnisprämie** f премия за экономию *(материалов и средств производства)*
**Ersparnisse** f pl сбережения; накопления
**Ersparung** f накопление, сбережение *(процесс)*
**erstatten** vt возвращать, возмещать *(напр. произведённые платежи)*
**Erstattung** f возвращение, возмещение *(расходов, издержек)*; субсидия
**teilweise Erstattung** частичное возмещение, частичная компенсация
**volle Erstattung** полное возмещение; полная компенсация

**Erstattungsanspruch** *m* требование о возмещении, притязание на возмещение

**Erstattungskasse** *f* государственная касса регулирования цен, возмещающая разницу за перевозку товаров на расстояние, превышающее нормативное

**Erstausfertigung** *f* прима-вексель

**Erstausstatterpreis** *m* цена на детали, используемые при сборке конечного продукта, цена на узлы, используемые при сборке конечного продукта, цена на агрегаты, используемые при сборке конечного продукта *(напр. автомашины)*

**Erstausstattung** *f* первоначальное оснащение предприятия производственными фондами

**Erstbearbeitung** *f* первичная обработка

**Erstbedarf** *m* первичный спрос, первичные потребности

**Erstbeitrag** *m* первичный взнос

   **Erstbeitrag** первичный страховой взнос

**Erstbeleg** *m* первичный документ *(подтверждающий)*

**Erstbuchung** *f бухг.* первичная запись

**Erste-Hilfe-Leistung** *f* оказание первой помощи *(пострадавшему на предприятии)*

**erstellen** изготовлять, производить, вырабатывать

   **erstellen** устанавливать *(напр. нормы)*

   **erstellen** открывать *(аккредитив)*; выписывать *(счёт, счёт-фактуру)*

   **erstellen** составлять, разрабатывать *(напр. планы)*

**Erstellung** *f* изготовление, производство; составление, разработка *(напр. плана)*; установление *(напр. норм)*; открытие *(аккредитива)*; выписка *(счёта-фактуры)*

**Erstellungskosten** *pl* капитальные затраты

**Ersterfassung** *f бухг.* первичный учёт; первичный подсчёт; первичная запись данных

**Erstigkeit** *f* преимущество, предоставляемое одному из кредиторов

**Erstkalkulation** *f* первичная калькуляция

**Erstnutzung** *f* первичное использование *(напр. результатов исследований)*; первичное применение предприятием научно-технических достижений в собственном производстве

**Erstpfändung** *f* первичная опись имущества

**Erstplanung** *f* этап начального планирования

**Erstschrift** *f* первый экземпляр

**Ersttagsausgabe** *f* корреспонденция, почтовые знаки которой погашаются в первый день франкирования

**Ersttagsbrief** *m* корреспонденция, почтовые знаки которой погашаются в первый день франкирования

**Ertassungsverfahren** *n стат.* метод учета

**Erteilung** *f* выдача *(напр. заказа)*; распределение

**Ertrag** *m* выход продукта

   **Ertrag** доход, прибыль; выручка *(см. также* Erträge*)*

   **Ertrag** выход *(напр. продукта)*

   **Ertrag** добыча; размер выработки

   **Ertrag** урожай, урожайность

   **Ertrag je Flächeneinheit** урожайность (в расчёте) на единицу площади

   **fester Ertrag** постоянный доход, твёрдый доход *(напр. от ценных бумаг)*

   **periodenfremder Ertrag** непериодический доход, иррегулярный доход; нерегулярная прибыль

   **einen Ertrag liefern** приносить доход, давать доход

   **keinen Ertrag abwerfend** не дающий дохода

**Erträge** *m pl* доходы

   **Erträge aus Beteiligungen** доходы от участия в предприятиях

   **außerordentliche Erträge** чрезвычайные доходы

   **betriebsfremde Erträge** доходы, получаемые не от производственной деятельности предприятия

**ertragfähig** доходный, прибыльный

**Ertragfähigkeit** *f* доходность, прибыльность

   **Ertragfähigkeit** урожайность

**Erträglichkeit** *f* доходность, прибыльность

**Erträgnis** *n* доход, прибыль; выручка

**ertragreich** высокопродуктивный, продуктивный

   **ertragreich** доходный, дающий (большой) доход, прибыльный

   **ertragreich** высокоурожайный, урожайный

**Ertragsanteil** *m* доля дохода

**Ertragsberechnung** *f* определение доходов, расчёт доходов, исчисление доходов; определение урожайности; определение выхода (продукции), расчёт выхода (продукции)

**Ertragsbeteiligung** *f* участие в прибыли

**Ertragsbilanz** f баланс доходов

**Ertragsergebnis** n доход, прибыль; выручка

**Ertragsgesetz** n закон убывающей доходности, закон убывающей отдачи

**Ertragshöhe** f величина дохода

**Ertragshoheit** f налоговый суверенитет *(право территориальных властей распоряжаться по своему усмотрению налоговыми поступлениями)*

  **Ertragshoheit** право сбора налогов и использования налоговых средств

**Ertragskraft** f степень отдачи

**Ertragslage** f уровень доходов

**Ertragsleistung** f **des Bodens** плодородие почвы

**ertragslos** бездоходный, не приносящий доходы

**Ertragslosigkeit** f отсутствие доходности, отсутствие доходов бездоходность

**Ertragsprognose** f прогноз доходов; прогноз урожая

**Ertragsquelle** f источник дохода

**Ertragsrechnung** f расчёт доходов

  **Ertragsrechnung** *бухг.* счёт прибылей и убытков

  **laufende Ertragsrechnung** счёт прибылей и убытков текущего периода, текущий счёт прибылей и убытков

**Ertragsreichtum** m доходность

**Ertragsschutzzoll** m фискально-оградительная пошлина

**Ertragssteigerung** f увеличение доходов, рост доходов; повышение урожайности

**Ertragssteuer** f налог с прибыли, налог на доходы *(напр. от денежного капитала)*; реальный налог

**ertragstreu** дающий устойчивые урожаи

**Ertragsüberschuss** m прибыль

**Ertragswert** m накопленная прибыль, капитализированная прибыль, чистая капитализированная прибыль

**Ertragswirtschaft** f доходное хозяйство

**Ertragszuwachs** m рост доходов, прирост доходов

  **volkswirtschaftlicher Ertragszuwachs** рост народнохозяйственных доходов, прирост народнохозяйственных доходов

**Erwägungen** f pl соображения (мн.ч.)

  **konjunkturbedingte Erwägungen** конъюнктурные соображения

**Erwartung** f ожидание

  **mathematische Erwartung** математическое ожидание

  **Lebenserwartung** f предполагаемый срок службы; расчётный срок службы; теоретический срок службы

**Erwartungsklausel** f оговорка в договоре купли-продажи, предусматривающая дату прибытия судна в место назначения и дату погрузки

**erwartungstreu** соответствующий ожиданию

**Erwartungswert** m математическое ожидание; *с.-х.* ожидаемая доходность; ожидаемая стоимость

**Erweiterung** f расширение; распространение; увеличение

  **Erweiterung des Spieles** расширение игры *(в теории игр)*

**Erweiterungsbedarf** m **an Arbeitskräften** дополнительная потребность в рабочей силе

**Erweiterungsinvestitionen** f pl капитальные вложения, направленные на расширение производства; инвестиции, направленные на расширение производства

**Erweiterungskapital** n капиталовложения, направляемые на расширение производства

**Erweiterungsmaßnahmen** f pl мероприятия по расширению производственных мощностей

**Erweiterungsprogramm** n программа расширения производственных мощностей

**Erwerb** m приобретение; покупка; доход; заработок; ремесло; промысел; занятие

  **Erwerb der Arbeitskräfte** наём рабочей силы

  **Erwerb des Besitzes** приобретение владения

  **Erwerb des Lebensunterhalts** добывание средств к жизни

  **gutgläubiger Erwerb** *юр.* добросовестное приобретение

  **steuerpflichtiger Erwerb** переход права владения земельным участком, облагаемый налогом; приобретение права владения земельным участком, облагаемое налогом

  **ohne Erwerb sein** быть лишённым источников дохода; не иметь заработка

**erwerben** приобретать; покупать; зарабатывать; приобретать, наживать; приобретать *(навыки)*

  **käuflich erwerben** покупать

**Erwerber** m получатель; покупатель

**erwerblich** приобретаемый
**erwerblich** промысловый
**erwerblich** трудовой

**Erwerbsakt** m *юр.* акт приобретения

**erwerbsbeschränkt** с ограниченной трудоспособностью

**Erwerbsbesteuerung** f обложение подоходным налогом, подоходное налогообложение

**Erwerbseinkünfte** pl доходы от предоставляемых коммерческих услуг

**Erwerbseinkünfte des Staates** доходы государства от предоставляемых им коммерческих услуг *(почта, связь, железная дорога и т.д.)*

**erwerbsfähig** трудоспособный

**Erwerbsfähigkeit** f трудоспособность

**Erwerbsgenossenschaft** f промысловое товарищество

**Erwerbsgeschäft** n промысел; промысловое предприятие

**erwerbslos** безработный; не имеющий дохода, не имеющий заработка

**Erwerbslose** m f безработный, не работающий, не занятый в народном хозяйстве

**Erwerbslosenunterstützung** f пособие по безработице

**Erwerbslosigkeit** f безработица

**Erwerbsminderung** f частичная потеря трудоспособности, частичная потеря работоспособности, снижение трудоспособности, снижение работоспособности

**Erwerbspersonen** f pl лица, имеющие (самостоятельный) заработок, лица, имеющие (самостоятельный) доход

**Erwerbspersonen** экономически активное население *(часть населения, занятого в общественном производстве плюс численность безработных)*

**Erwerbsquelle** f источник дохода, источник заработка

**Erwerbsquote** f доля экономически активного населения в общей численности населения страны

**Erwerbssteuer** f подоходный налог; налог на приобретаемые предметы; промысловый налог

**Erwerbsstruktur** f структура занятости *(населения)*

**erwerbstätig** зарабатывающий, имеющий (самостоятельный) заработок; трудящийся

**Erwerbstätige** pl лица, имеющие (самостоятельный) заработок, лица, имеющие (самостоятельный) доход

**Erwerbstätige** pl население, занятие в народном хозяйстве

**Erwerbstätigkeit** f трудовая деятельность

**erwerbsunfähig** нетрудоспособный; неработоспособный

**Erwerbsunfähigkeit** f нетрудоспособность; неработоспособность

**Erwerbswirtschaft** f промысловое хозяйство

**Erwerbszweig** m вид занятий; отрасль деятельности, область деятельности

**Erwerbung** f приобретение; покупка

**erwirtschaften** vt получать *(в результате успешной хозяйственной деятельности)*

**erwirtschaftet** полученный в результате хозяйственной деятельности

**Erwirtschaftung** f получение *(напр. доходов в результате хозяйственной деятельности)*

**Erwirtschaftung eines Gewinns** получение прибыли в результате собственной хозяйственной деятельности

**erworben** приобретённый; купленный; добытый; заработанный; нажитый; благоприобретенный

**erzeugen** выращивать

**erzeugen** порождать, вызывать

**erzeugen** производить, вырабатывать; выпускать; создавать; производить

**erzeugen** *с.-х.* выращивать; культивировать

**Erzeuger** m производитель, изготовитель, продуцент

**Erzeugerabgabepreis** m оптовая цена предприятия, оптовая цена промышленности

**Erzeugerbetrieb** m предприятие-изготовитель, предприятие-продуцент, производящее предприятие, предприятие-производитель, производитель

**Erzeugerfirma** f фирма-изготовитель, фирма-продуцент, фирма-производитель; производитель

**Erzeugerhandel** m прямой сбыт предприятиями-изготовителями своих товаров потребителям; прямой сбыт сельскохозяйственной продукции потребителям

**Erzeugerland** n страна-изготовитель, страна-продуцент, производящая страна, страна-производитель

**Erzeugerpreis** m *с.-х.* закупочная цена, сдаточная цена

**Erzeugerpreis** цена производителя

**Erzeugerpreisindex** m индекс движения сдаточных цен на сельскохозяйственную продукцию

**Erzeugnis** n изделие, готовое изделие; продукт; продукция; произведенная продукция

**Erzeugnis der Hausarbeit** изделие, изготовленное кустарём-надомником; кустарное изделие

**Erzeugnis der Hausindustrie** изделие, изготовленное кустарём-надомником; кустарное изделие

**Erzeugnis der Heimarbeit** изделие, изготовленное кустарём-надомником; кустарное изделие
**Erzeugnis der laufenden Fertigung** освоенное изделие
**Erzeugnis des täglichen Bedarfs** продукт первой необходимости, продукт повседневного спроса
**Erzeugnis erster Qualität** первосортное изделие; первосортный продукт
**Erzeugnis hoher Qualität** высококачественное изделие; высококачественный продукт
**Erzeugnis minderer Qualität** изделие низкого качества, низкокачественное изделие
**Erzeugnis mit Weltniveau** изделие, отвечающее мировым стандартам; изделие, соответствующее мировым стандартам
**Erzeugnis von geringer Qualität** низкокачественное изделие, низкосортное изделие; продукт низкого качества
**Erzeugnis von hoher Qualität** высококачественное изделие; высококачественный продукт
**angearbeitetes Erzeugnis** полуобработанное изделие, полуфабрикат
**branchenfremdes Erzeugnis** изделие, не свойственное данному производству; изделие, не свойственное данной отрасли промышленности; попутное изделие; побочное изделие
**einfaches Erzeugnis** однородное изделие; простое изделие
**einheimisches Erzeugnis** отечественное изделие, отечественный продукт
**fertiggestelltes Erzeugnis** готовое изделие; готовый продукт
**gangbares Erzeugnis** ходовое изделие; пользующееся спросом изделие
**geringwertiges Erzeugnis** низкокачественное изделие, низкосортное изделие; продукт низкого качества
**handwerkliches Erzeugnis** кустарное изделие
**hiesiges Erzeugnis** изделие местного производства, изделие местной промышленности
**hochwertiges Erzeugnis** высококачественное изделие; высококачественный продукт
**kompliziertes Erzeugnis** неоднородное изделие; сложное изделие
**kunstgewerbliches Erzeugnis** художественное изделие кустарной работы, художественное изделие кустарного изготовления; изделие художественных промыслов
**landwirtschaftliches Erzeugnis** сельскохозяйственный продукт, сельскохозяйственная продукция, аграрная продукция
**nicht standardisiertes Erzeugnis** нестандартное изделие
**repräsentatives Erzeugnis** репрезентативное изделие, не входящее в номенклатуру продукции предприятия
**schwer verkäufliches Erzeugnis** труднореализуемое изделие; неходовое изделие
**standardisiertes Erzeugnis** стандартное изделие
**strukturbestimmendes Erzeugnis** структуро-определяющее изделие
**typisiertes Erzeugnis** стандартное изделие, типовое изделие
**umsatzintensives Erzeugnis** изделие повышенного спроса
**volkswirtschaftlich wichtiges Erzeugnis** изделие народнохозяйственной важности
**Erzeugnisart** $f$ вид продукции
**erzeugnisbedingt** обусловленный спецификой изделия
**Erzeugnisbilanz** $f$ баланс отдельного продукта
**Erzeugnisbilanz** баланс производства
**Erzeugnisdatei** $f$ база данных изделий
**Erzeugnisdurchlauf** $m$ прохождение изделием технологического процесса
**Erzeugniseingabe** $f$ одновременная подача всех деталей изделия в производство
**Erzeugniseinheit** $f$ единица изделия, единица количества продукции (напр. в штуках, тоннах)
**Erzeugnisentwicklung** $f$ разработка изделия
**erzeugnisgebunden** поиздельный
**Erzeugnisgestaltung** $f$ оформление изделия
**Erzeugnisgruppe** $f$ группа изделий; группа предприятий, выпускающих однородную продукцию
**Erzeugnisgruppen** $f, pl$, **repräsentative** группы репрезентативных изделий
**Erzeugnisgruppenabrechnung** $f$ расчёт издержек по группам изделий, калькуляция издержек по группам изделий
**Erzeugnisgruppenarbeit** $f$ совместная работа предприятий, выпускающих однородную продукцию
**Erzeugnisgruppenbilanz** $f$ баланс группы изделий; баланс отдельных видов продукции, баланс по группам изделий

**Erzeugnisgruppenkennziffern** *f pl* показатели совместной работы предприятий, выпускающих однородную продукцию

**Erzeugnisgruppenleitbetrieb** *m* головное предприятие по группе изделий; ведущее предприятие по группе изделий

**Erzeugnisgruppenwettbewerb** *m* соревнование между предприятиями, выпускающими однородную продукцию

**Erzeugniskalkulation** *f* калькуляция издержек на отдельное изделие, расчёт издержек на отдельное изделие

**Erzeugniskartei** *f* картотека изделий

**Erzeugnismenge** *f* количество (произведённой) продукции

**überplanmäßig abgelieferte Erzeugnismenge** сверхплановая продукция

**Erzeugnismethode** *f* метод классификации выпускаемой продукции по группам изделий

**Erzeugnisnomenklatur** *f* номенклатура изделий; номенклатура продукции

**Erzeugnisnorm** *f* норма расхода материалов на изделие

**Erzeugnispaß** *m* паспорт изделия

**Erzeugnisplanung** *f* планирование выпуска изделий

**Erzeugnisprinzip** *n* принцип специализации производства по видам выпускаемой продукции, принцип предметной специализации

**Erzeugnisprognose** *f* прогноз новых видов изделий

**Erzeugnisqualität** *f* качество продукции

**Erzeugnisse** *n pl* изделия, продукция

**Erzeugnisse der Industrie** промышленные изделия, продукция промышленного производства

**Erzeugnisse für den Markt** товарная продукция

**devisenrentable Erzeugnisse** изделия, рентабельно сбываемые на иностранных рынках; изделия с коэффициентом валютной рентабельности свыше единицы; конкурентоспособные на зарубежных рынках изделия

**gleichartige Erzeugnisse** однородная продукция

**haushaltchemische Erzeugnisse** изделия бытовой химии

**Erzeugnisselbstkosten** *pl* себестоимость изделий; себестоимость производства (*изделий*)

**Erzeugnissortiment** *n* ассортимент продукции, производственный ассортимент

**erzeugnisspezialisiert** предметный (*напр. о специализации производства*)

**Erzeugnisstruktur** *f* производственная структура промышленных предприятий, группировка предприятий по техническим характеристикам выпускаемых ими изделий

**Erzeugnisstückzahl** *f* количество изделий в штуках

**Erzeugnissystematik** *f* производственная структура промышленных предприятий, группировка предприятий по техническим характеристикам выпускаемых ими изделий

**Erzeugnistypen** *m pl* типы изделий

**Erzeugnisvergleichsmethode** *f* метод исчисления затрат времени на обработку изделий на основе использования сравнительных коэффициентов (*затрат времени на уже обработанные изделия*)

**Erzeugnisvielfalt** *f* разнообразие изделий, многообразие изделий

**Erzeugnisvorkalkulation** *f* предварительная калькуляция изделий

**Erzeugung** *f* продукция

**Erzeugung** производство, изготовление, выпуск; создание; продукция

**großtechnische Erzeugung** крупномасштабное производство

**industrielle Erzeugung** промышленное производство; промышленная продукция

**landwirtschaftliche Erzeugung** сельскохозяйственное производство; сельскохозяйственная продукция, продукция аграрного сектора экономики, аграрная продукция

**Erzeugungsdefizit** *n* дефицитность продукции

**Erzeugungskapazität** *f* производственная мощность; производственные мощности

**Erzeugungsplan** *m* производственный план

**Erzeugungspreis** *m* цена производства

**Erzeugungsprogramm** *n* производственная программа

**Erzeugungsrichtung** *f* направление (*развития*) производства

**Erzeugungsvorgang** *m* производственный процесс, процесс производства

**Erziehungsurlaub** *m* отпуск по уходу за ребёнком; декретный отпуск

**Erziehungszoll** *m* покровительственная пошлина, поощрительная пошлина

**Erzielung** *f* достижение (*цели*)

**Erzielung** извлечение (*прибыли*)

**Erzindustrie** *f* горнорудная промышленность, горнодобывающая промышленность

**Erzwingungsgeld** *n* штраф за непредставление налоговой декларации

**erzwungen** принудительный

**ES, Spanien** Испания

**Escapeklausel** *f* оговорка о праве отмены льготных таможенных пошлин *(в договорах, заключаемых США с другими странами)*; пункт договора, освобождающий сторону от ответственности *(при определённых обстоятельствах)*

**Eskompte** *m уст.* учёт, дисконтирование *(векселя)*; дисконт, учётный банковский процент, учётная ставка

**eskomptieren** *уст.* учитывать, дисконтировать *(вексель)*

**Eskont** *m уст.* учёт, дисконтирование *(векселя)*; дисконт, учётный банковский процент, учётная ставка

**ESOMAR, European Society for Opinion Surveys and Market Research** Европейское общество по изучению общественного мнения и рыночной конъюнктуры

**ESP, Peseta, - Spanien, Andorra** Испанская песета *(код валюты 724), в н.в. заменена на Евро* **EURO**, - Испания, Андорра

**Essenteilnehmer** *m* посетитель предприятий системы общественного питания, едок

**essential goods** *pl англ.* товары первой необходимости, предметы первой необходимости

**essentials** *pl англ.* товары первой необходимости, предметы первой необходимости

**Est:**
  **ESt, Einkommensteuer** подоходный налог
  **E.St, Eisenbahnstation** железнодорожная станция

**EStDV, Verordnung zur Durchführung des Einkommensteuergesetzes** инструкция о порядке проведения закона о подоходном налоге

**EStG, Einkommensteuergesetz** закон о подоходном налоге

**Esttg, Erstattung** возмещение *(напр. издержек)*

**ET, Aethiopien** Эфиопия

**etablieren** учреждать *(напр. предприятие, дело)*

**Etablierung** *f* основание, учреждение *(напр. фирмы)*

**Etat** *m фр.* (государственный) бюджет; бюджетные средства; смета
  **Etat** штат, личный состав
  **außerordentlicher Etat** чрезвычайный бюджет
  **außer dem Etat** вне штата
  **im Etat ausweisen** проводить по смете

**Etatanarchie** *f* бюджетная анархия

**Etatdefizit** *n* бюджетный дефицит *(превышение расходов над доходами)*

**etatisiert** введённый в смету, введённый в бюджет; запланированный *(напр. о расходах, издержках)*

**Etatkostenvergleich** *m* сравнение сметных расходов

**etatmäßig** находящийся в пределах бюджета, бюджетный; согласно смете; согласно бюджету; штатный

**Etatrechnung** *f* статистический отчёт о выполнении годового (государственного) бюджета

**Etatsentwurf** *m* проект бюджета

**Etatsgesetz** *n* закон о государственном бюджете, закон о госбюджете

**Etatsjahr** *n* бюджетный год

**Etatsposition** *f* статья бюджета, бюджетная статья

**Etatsposten** *m* статья бюджета, бюджетная статья

**Etatsrecht** *n* право утверждения бюджета

**Etatsstand** *m* состояние бюджета

**Etatssumme** *f* сметная сумма

**Etatstand** *m* состояние бюджета

**Etatstitel** *m* бюджетный титул

**Etatsüberschreitung** *f* сверхсметный кредит; бюджетный перерасход, превышение в бюджете расходов над доходами, пассивный баланс бюджета

**Etatsüberschuss** *m* активный баланс бюджета, превышение в бюджете доходов над расходами

**ETB, Birr, - Aethiopien** Эфиопский быр *(код валюты 230)*, - Эфиопия

**Etikette** *f* этикетка

**Etikettierung** *f* этикетирование

**ETT, einheitlicher Transittarif** единый транзитный тариф, ETT

**etw.bB, etwas bezahlt-Brief** приказы на продажу выполнены в незначительной доле *(отметка в биржевом бюллетене)*

**Etwapreis** *m* приблизительная цена, ориентировочная цена

**etwbG etwas bezahlt-Geld** приказы на покупку выполнены в незначительной доле *(отметка в биржевом бюллетене)*

**EU, Europaunion** *f*, **Europäische Union** ЕС, Европейский союз, Евросоюз

**EU-Länder** *pl* страны-члены Европейского союза, страны-члены Евросоюза

**EU-Währung** *f* евровалюта
**außerhalb der EU** за пределами ЕС; вне ЕС

**EuGH, Europäischer Gerichtshof** Европейский Верховный суд

**EUR, Euro, EWU (ab 1.1.1999)** Евро

**EURATOM, Europäische Atomgemeinschaft** Европейское сообщество по атомной энергии, Евратом

**Euro** евро *(единая валюта ЕС)*

**Euro-Dollar-Markt** *m* рынок евродолларов

**Euro-Dollars** *m pl* евродоллары *(текущие счета и вклады в европейских банках)*

**Euro-Einführung** *f* введение евро, введение валюты евро *(в оборот, в обращение)*

**Euro-Konversionskurse** *m, pl* курсы конверсии в евро

**Euro-Zone** *f* еврозона; зона хождения валюты евро

**Euroaktie f** евроакция

**Euroanleihemarkt** *m* еврорынок (долгосрочного ссудного) капитала

**Eurobond** *m* евробонд

**Eurocard** Еврокард, Eurocard, платёжная система Eurocard

**Eurocard, ЕС** Еврокард, Eurocard, платёжная карточка Eurocard

**Eurocheque** *m* еврочек

**Eurodollar-Markt** *m* рынок евродолларов *(рынок кратко- и долгосрочных кредитов, опирающихся на долларовые вклады в неамериканских банках)*

**Eurodollars** *m pl* евродоллары *(выраженные в долларах средства на счетах в неамериканских банках)*

**EUROFIMA, West-Europäische Gesellschaft für die Finanzierung von Eisenbahnmaterial** Западноевропейское общество по финансированию железнодорожного подвижного состава

**Eurogeld** *n* евроденьги *(финансовые активы, выраженные в евровалютах и обращающиеся на международных рынках ссудных капиталов)*

**Eurogeldmarkt** *m* денежный еврорынок, рынок евроденег *(рынок краткосрочного ссудного капитала, опирающийся на евровалютные вклады)*

**Eurokrat** *m* еврократ

**EUROMART, European Common Market** Европейский Общий рынок

**Euronormen** *f pl* евронормы

**EUROP, Europäisches Übereinkommen über die gemeinschaftlicher Benutzung von Güterwagen** Соглашение между странами (Западной) Европы о совместном использовании товарных вагонов

**Europäische:**

**Europäische Agentur für die Beurteilung von Arztneimitteln** Европейское агентство экспертизы медицинских препаратов

**Europäische Agentur für Gesundheitsschutz und Sicherheit am Arbeitsplatz** Европейское агентство по охране здоровья трудящихся и безопасности на рабочем месте

**Europäische Agrarunion** ист. Европейский аграрный союз

**Europäische Atomenergiegesellschaft** Европейское сообщество по атомной энергии, Евратом

**Europäische Atomgemeinschaft** *f* Европейское сообщество по атомной энергии, Евратом

**Europäische Beobachtungsstelle für Drogen und Drogensucht** Европейский центр наблюдения за распространением наркотиков

**Europäische Freihandelsassoziation** Европейская ассоциация свободной торговли, ЕАСТ, *"малая зона свободной торговли"*

**Europäische Gemeinschaft für Atomenergie** Европейское сообщество по атомной энергии, Евратом

**Europäische Gemeinschaft für Kohle und Stahl, EGKS** Европейское объединение угля и стали, ЕОУС

**Europäische Gemeinschaften** *pl* Европейские сообщества *(включают Европейское объединение угля и стали, Европейское экономическое сообщество и Европейскую комиссию по атомной энергии)*

**Europäische Gesellschaft für Meinungs- und Marktforschung** Европейское общество по изучению общественного мнения и рыночной конъюнктуры

**Europäische Gesellschaft für Zusammenarbeit** Европейская ассоциация сотрудничества, ЕАС

**Europäische Güterwagen-Gemeinschaft** Европейская ассоциация по совместному использованию товарных вагонов

**Europäische Güterzug-Fahrplankonferenz** Европейская конференция по согласованию расписания движения грузовых поездов

**Europäische Handelsgesellschaft** *f* Европейское торговое общество, ЕТО

**Europäische Investitionsbank** *f* Европейский инвестиционный банк

**Europäische Konferenz der Verwaltungen für das Post- und Fernmeldewesen** Европейская конференция почтовой и телефонно-телеграфной связи

**Europäische Liga für Wirtschaftliche Zusammenarbeit** Европейская лига экономического сотрудничества
**Europäische Organisation für Kernforschung** Европейская организация ядерных исследований
**Europäische Organisation für Qualitätskontrolle** Европейская организация по контролю качества, ЭОКК
**Europäische Produktivitätszentrale** Европейское агентство по вопросам производительности
**Europäische Stiftung für Berufsbildung** Европейский фонд профессиональной подготовки.
**Europäische Stiftung zur Verbesserung der Lebens- und Arbeitsbedingungen** Европейский фонд содействия улучшению условий жизни и труда
**Europäische Umweltagentur** Европейское агентство по охране окружающей среды
**Europäische Union** *f*, **EU** Европейский союз, Евросоюз, ЕС
**Europäische Vereinigung für Wirtschaftliche und Soziale Entwicklung** Европейский комитет экономического и социального прогресса
**Europäische Verkehrsministerkonferenz** Европейская конференция министров транспорта
**Europäische Verpackungsvereinigung** Европейская федерация по упаковке
**Europäische Verteidigungsgemeinschaft** Европейское оборонительное сообщество, ЕОС
**Europäische Wirtschafts- und Zollunion** *ист.* Европейский экономический и таможенный союз

**Europäische Wirtschaftsgemeinschaft** Европейское экономическое сообщество, ЕЭС, "Общий рынок"
**Europäische Zahlungsunion** *ист.* Европейский платёжный союз, ЕПС *(1950-1958 г.г.)*
**Europäische Wirtschaftsraum, EWR** Европейское экономическое пространство, ЕЭП
**Europäischer:**
**Europäischer Entwicklungsfonds** Европейский фонд развития *(образован ЕЭС)*
**Europäischer Sozialfonds** Европейский социальный фонд *(образован ЕЭС)*
**Europäischer Währungsfonds** Европейский валютный фонд, ЕВФ
**Europäischer Wirtschaftsprüfer-Verhand** Европейский союз бухгалтеров-ревизоров хозяйственных и финансовых предприятий
**Europäischer Wirtschaftsrat** Организация европейского экономического сотрудничества, ОЕЭС, Европейский экономический совет
**Europäischer Zollrat** Совет таможенного сотрудничества *(международная организация)*
**Europäisches:**
**Europäisches Harmonisierungsamt für den Binnenmarkt - Marken Muster und Modelle** Европейское бюро гармонизации на внутреннем рынке (товарные знаки и дизайн)
**Europäisches Patentenamt** Европейское патентное управление
**Europäisches übereinkommen über die gemeinschaftliche Benutzung von Güterwagen** Соглашение между странами (Западной) Европы о совместном использовании товарных вагонов

**Europäisches Währungsabkommen, EWA** Европейское валютное соглашение
**Europäisches Währungssystem, EWS** Европейская валютная система
**Europäisches Wiederaufbauprogramm, EWAP, EWP** *ист.* Программа восстановления Европы, план Маршалла
**Europäisches Zentrum für Bevölkerungsforschung** Европейский центр по изучению народонаселения
**Europäisches Zentrum zur Förderung der Berufsausbildung** Европейский центр развития профессиональной подготовки
**Europarat, EU** Европейский совет, ЕС
**Euroscheck** *m* еврочек *(выдаётся владельцам вкладов с гарантией выплаты до 400 марок)*
**Eurosystem** *n* евросистема (напр., компьютерная система учета въезжающих на территорию ЕС)
**Eurosystem** *n* Евросистема (финансовая система Евросоюза - включает ЕЦБ и ЦБ стран-участниц Евросоюза)
**Euroübereinkommen** Европейская конференция по согласованию расписания движения грузовых поездов
**EV:**
**E.V., Eingang vorbehalten** при условии (предварительного) получения *(напр. денег)*
**EV, Eingang vorbehalten** при условии предварительного получения денег
**EV, eingetragener Verein** зарегистрированный союз, зарегистрированное объединение
**e.V., eingetragener Verein** зарегистрированное общество, зарегистрированное объединение

**evaluieren** vt оценивать, определять стоимость

**Evaluierung** f оценка, определение стоимости; аттестация

**Evalvation** f оценка и определение стоимости монет

**evalvieren** vt оценивать, определять стоимость

**EVD, Eidgenössisches Volkswirtschaftsdepartement** Швейцарский департамент народного хозяйства

**Eventualhaushalt** m ожидаемое исполнение бюджета

**Eventualschulden** fpl вероятная задолженность, предполагаемая задолженность, вероятные долги

**Eventualverpflichtung** f условное обязательство

**eventuell** возможный *(при известных обстоятельствах)*

**eventuell** при случае, смотря по обстоятельствам

**Evidenz** f очевидность, ясность

   **Evidenz** *австр.* учёт, статистика

**Evidenzbeleg** m учётный документ

**Evidenzführung** f ведение учёта

**Evidenzhaltung** f ведение статистического учёта

**Evidenzzentrale** f центральное бюро учёта банковских кредитов

**Eviktion** f *ист.* захват крестьянских земель помещиками; сгон крестьян с земли *(при феодализме и капитализме)*

   **Eviktion** *юр.* лишение прав на имущество

**EVLP, Ein- und Verkaufsländerprogramm** программа мероприятий, предусматриваемых для развития торговых отношений бывш. ГДР с другими странами

**EVO, Eisenbahnverkehrsordnung** правила коммерческой эксплуатации железных дорог *(для внутригерманского сообщества)*

**EVP, Einzelhandelsverkaufspreis** розничная (продажная) цена

**evtl, eventuell** возможный, вероятный

**EWA, Europäisches Währungsabkommen** Европейское валютное соглашение

**EWBS, Exportwarenbegleitschein** сопроводительный документ на экспортные товары

**EWF, Europäischer Währungsfonds** Европейский валютный фонд, ЕВФ

**EWG, Europäische Wirtschaftsgemeinschaft** Европейское экономическое сообщество, ЕЭС, Общий рынок

**EWG-Markt** m Общий рынок, рынок стран Европейского экономического сообщества

**EWS, Europäisches Währungssystem** Европейская валютная система

**EwZ, Einwohnerzahl** число жителей, численность населения

**ex warehouse** *англ.* со склада, франко-склад

**ex works** *англ.* франко-завод поставщик, с завода-поставщика

**ex-post** прогноз

   **ex post-Prognose** f ретроспективный прогноз

**exc., excipe** *англ.* исключая

**exchange** *англ.* обмен; меняльная контора; биржа *(в Англии)*

**Exchangeorder** f поручение на обмен услугами *(применяется в отношениях между авиакомпаниями)*

**Exchequer-Bond** m казначейский вексель

**exekutieren** исполнять, приводить в исполнение *(судебное решение или приговор)*; экзекутировать *(счёт клиента)*; налагать арест на имущество

**Exekutierung** f исполнение *(судебного решения или приговора)*; опись имущества; наложение ареста на имущество; принудительная ликвидация биржевой сделки

**Exekutiening an der Börse** принудительная ликвидация сделки на бирже

**Exekution** f исполнение *(судебного решения или приговора)*; опись имущества; наложение ареста на имущество; принудительная ликвидация биржевой сделки

**Exekution an der Börse** принудительная ликвидация сделки на бирже

**Exel-Arbeitsmappe** f рабочая папка Exel

**Exgut, Expreßgut** груз особой срочности, экспресс-груз

**EXIM, Export-Import Bank of the United States** Экспортно-импортный банк США

**Existenz** f существование; средства к существованию

   **j-m die Existenz nehmen** лишить *кого-л.* источника средств к существованию

**Existenzform** f форма существования

**Existenzgrundlage** f основа существования, базис существования; средства к существованию

**Existenzgründungsprogramm** m программа учреждения и начала функционирования предприятий *(ФРГ)*

**Existenzminimum** n прожиточный минимум

   **steuerfreies Existenzminimum** не облагаемый налогом прожиточный минимум

**Existenzmittel** *n pl* средства к существованию

**Existenzweise** *f* образ жизни
  **Existenzweise des Werts** способ существования стоимости

**Exklusivverkehr** *m* исключительное право вести торговлю с определёнными фирмами, монопольное право вести торговлю с определёнными фирмами

**Exklusivvertreter** *m* представитель, имеющий исключительное право, представитель, имеющий монопольное право, агент, имеющий исключительное право, агент, имеющий монопольное право; эксклюзивный представитель

**Exkulpation** *f* (*юр.*) оправдание; извинение, прощение
  **Exkulpation von Verantwortung** *юр.* освобождение от ответственности

**Exliberalisierung** *f* исключение товаров из списка либерализированных товаров

**Exoten** *pl* (уст.) заокеанские ценные бумаги; иностранные ценные бумаги

**Exp., Export** экспорт

**ExpA, Exportausschuss** Комитет по вопросам экспорта (ФРГ)

**Expansion** *f* развитие; подъём (*напр. промышленности*)
  **Expansion** экспансия; распространение (*влияния*)
  **monetäre Expansion** монетарная экспансия (*увеличение денежной массы*)
  **wirtschaftliche Expansion** экономическая экспансия

**Expansionskonjunktur** *f* улучшение конъюнктуры; (промышленный) подъём

**Expansionspolitik** *f* захватническая политика, экспансионистская политика

**Expansionstheorie** *f* экспансионистская теория

**Expedient** *m* экспедитор, отправитель

**Expediteur** *m* экспедитор, отправитель

**Expedition** *f* отправка, отправление; экспедиция, экспедиционная контора
  **Expedition** экспедирование, отправка

**Expeditionsgebühr** *f* плата за отправку; экспедиционный сбор

**Expeditor** *m* экспедитор, отправитель

**Expensen** *pl* издержки

**Experiment** *n* эксперимент
  **ökonomisches Experiment** экономический эксперимент

**Experimentalnormen** *f, pl*, **statistische** опытно-статистические нормы

**Experimentier-VWB** Объединение народных экспериментальных предприятий (*бывш. ГДР*)

**Experimentierbilanz** *f* экспериментальный баланс

**Expert** *m* эксперт

**Experte** *m* эксперт

**Expertenauffassung** *f* мнение экспертов

**Experteneinschätzung** *f* экспертная оценка, оценка эксперта

**Experteneinschätzungsmethode** *f* метод экспертных оценок (*напр. в прогнозировании*)

**Expertengutachten** *n* заключение экспертов, экспертное заключение

**Expertenschätzung** *f*, **individuelle** индивидуальная экспертная оценка

**Expertise** *f* акт экспертизы
  **Expertise** экспертиза
  **die Expertise ausfertigen** составлять акт экспертизы

**expertisieren** *vt* производить экспертизу, проводить экспертизу

**Exploitation** *f* эксплуатация, угнетение; эксплуатация, разработка (*месторождения*)

**Exploitationsgrad** *m* степень эксплуатации
  **Exploitationsgrad der Arbeit** степень эксплуатации труда

**Exploitationsmittel** *n* средство эксплуатации

**Exploitationsrate** *f* норма эксплуатации

**Exploitationsweise** *f* способ эксплуатации

**Exploiteur** *m* эксплуататор

**exploitieren** эксплуатировать, угнетать; эксплуатировать, разрабатывать (*месторождение*)

**Explosion** *f* **der Unternehmerprofite** бурный рост прибылей предпринимателей, бурный рост прибылей предпринимательской прибыли

**Exponat** *n* экспонат

**Exponent** *m* экспонент
  **Exponent** показатель степени

**Exponentialfunktion** *f* *стат.* показательная функция, экспоненциальная функция

**Export** *m* экспорт, вывоз
  **Export auf Vorschuss** субсидируемый экспорт
  **Export zu Schleuderpreisen** экспорт по бросовым ценам, демпинг
  **händlerfreier Export** прямой экспорт; экспорт без участия посредников
  **indirekter Export** экспорт с участием посредников, косвенный экспорт
  **lohnintensiver Export** зарплатоёмкий экспорт, трудоёмкий экспорт
  **mittelbarer Export** косвенный экспорт; экспорт с участием посредников
  **unmittelbarer Export** прямой экспорт; экспорт без участия посредников, экспорт без посредников
  **unsichtbarer Export** невидимый экспорт; серый экспорт

**Export-Import Bank der USA** Экспортно-импортный банк США

**Export-Import-Firma** f экспортно-импортная фирма

**Export-Import-Rentabilität** f (экономическая) рентабельность экспортно-импортных операций

**exportabel** экспортный; пригодный для экспорта; экспортоориентированный

**Exportabgabe** f налог на экспортируемые товары, экспортная пошлина, вывозная пошлина

**Exportabrechnung** f отчёт о выполнении экспортного плана (бывш. ГДР, СССР); бланк учёта экспортных операций, карточка учёта экспортных операций

**Exportabsatz** m система сбыта товаров, идущих на экспорт

**Exportabschluss** m экспортная сделка

**Exportagent** m агент по экспортным операциям

**Exportantrag** m экспортная заявка

**Exportartikel** m статья экспорта, предмет экспорта; экспортный товар

**Exportauftrag** m экспортный заказ, заказ на экспорт

**Exportauftragsgeschäft** n экспортные сделки, заключаемые по поручению внешнеторгового предприятия (бывш. ГДР, СССР)

**Exportaufwendungen** f pl экспортные издержки; издержки, возникающие при исполнении экспортных сделок

**Exportausschuss** m Комитет по вопросам экспорта (ФРГ)

**Exportaussichten** f pl экспортные возможности; перспективы экспорта

**Exportausstellung** f выставка экспортных товаров

**Exportbasis** f база для осуществления экспорта, база (базис) экспортной сделки

**Exportbedarf** m экспортная потребность; потребность в экспорте

**Exportbedingungen** f pl условия экспорта, экспортные условия

**Exportbegünstigung** f стимулирование экспорта; экспортные льготы

**Exportbegünstigungen** f pl экспортные льготы; экспортные преференции, преференции на экспорт

**Exportbeihilfe** f экспортная субсидия

**Exportbetrieb** m предприятие, работающее на экспорт, предприятие-экспортёр; экспортноориентированное предприятие

**Exportbewilligung** f экспортная лицензия, разрешение на вывоз

**Exportbonifikation** f экспортная премия

**Exportbonus** m экспортная премия, экспортный бонус

**Exportbürgschaft** f страхование экспортных кредитов

**Exportbüro** n экспортное бюро; экспортная контора

**Exportdiversifikation** f диверсификация экспорта

**Exportdokumente** n pl экспортная сопроводительная документация

**Exportdumping** n демпинг, экспорт по бросовым ценам

**Exportdurchschnittspreis** m, **statistischer** среднестатистическая экспортная цена

**Exporteigengeschäft** n экспортные сделки, заключаемые самостоятельно производственными предприятиями; прямые экспортные сделки с предприятиями-производителями

**Exporteinnahmen** f pl поступления от экспорта

**Exporten** pl предметы экспорта, экспортные товары

**Exporterlös** m доход от экспорта, выручка от экспорта, экспортная выручка

**Exporterzeugnis** n экспортное изделие, изделие, идущее на экспорт

**Exporteur** m экспортёр

**unsichtbarer Exporteur** невидимый экспортёр, серый экспортёр

**Exportexpansion** f расширение экспорта, увеличение экспорта

**exportfähig** годный для экспорта, пригодный для экспорта

**Exportfinanzierung** f финансирование экспорта

**Exportfirma** f экспортная фирма; фирма, занимающаяся экспортом; внешнеторговая фирма

**Exportfonds** m экспортный фонд

**Exportförderung** f стимулирование экспорта, поощрение экспорта, содействие развитию экспорта

**staatliche Exportförderung** государственное стимулирование экспорта, государственное содействие развитию экспорта

**Exportförderungsprämie** f экспортная премия

**Exportfracht** f экспортный груз

**Exportfunktion** f функция экспорта

**Exportgemeinschaft** f объединение мелких и средних предприятий в целях осуществления экспорта производимой ими продукции; (специализированное) отраслевое объединение предприятий, занимающихся экспортом (бывш. ГДР)

**Exportgenehmigung** f экспортная лицензия, разрешение на вывоз

**Exportgeschäft** n экспортная сделка, экспортная операция

**Exportgeschäft** компания, специализирующаяся на экспорте товаров, фирма, специализирующаяся на экспорте товаров

**Exportgrundpreis** m расчётная экспортная цена, используемая при анализе рентабельности экспорта

**Exportgut** n экспортный товар

**Exportgüter** n, pl, **weltmarktfähige** конкурентоспособные экспортные товары

**Exporthandel** m экспортная торговля

**Exporthändler** m экспортёр; посредник по экспорту, агент по экспорту

**Exporthaus** n фирма-экспортёр, экспортная фирма

**exportierbar** пригодный к экспорту

**exportieren** vt экспортировать, вывозить

**Exportinonopol** n монополия на экспорт; экспортная монополия

**Exportintensität** f доля экспортных товаров в общем объёме товарной продукции страны, удельный вес экспортных товаров в общем объёме товарной продукции страны

**exportintensiv** экспортоёмкий

**Exportkapazität** f экспортные возможности, экспортный потенциал

**Exportkartell** n экспортный картель

**Exportkaufmann** m торговец экспортными товарами

**Exportkontingent** n экспортный контингент

**Exportkontor** n контора по экспорту (товаров), экспортная контора

**Exportkontrolle** f контроль над экспортом, экспортный контроль

**Exportkosten** pl экспортные расходы

**Exportkredit** m экспортный кредит, кредит по экспортным операциям

**Exportkreditgarantie** f гарантия по экспортным кредитам

**Exportkreditierung** f кредитование экспорта

**Exportkreditversicherung** f страхование экспортных кредитов

**Exportkundendienst** m служба информации и технического обслуживания во внешней торговле

**Exportlager** n склад для хранения экспортных товаров

**Exportlagerhaltung** f хранение экспортных товаров на складе

**Exportland** n страна-экспортёр, экспортирующая страна

**Exportleitbetrieb** m ведущее экспортное предприятие, головное экспортное предприятие

**Exportlieferbetrieb** m предприятие, поставляющее товары на экспорт

**Exportlieferung** f экспортная поставка, поставка на экспорт

**Exportliste** f список экспортных товаров

**Exportliste** экспортный список

**Exportlizenz** f экспортная лицензия, разрешение на вывоз

**Exportmarkierung** f экспортная маркировка (товаров)

**Exportmenge** f физический объём экспорта

**Exportmesse** f ярмарка экспортных товаров

**Exportmuster** n экспортный образец, образец экспортного товара, образец экспортируемого товара

**Exportnachfrage** f экспортный спрос; спрос на экспортные товары

**Exportneuheitenschau** f показ экспортных новинок, выставка экспортных новинок

**Exportordnung** f порядок экспорта

**Exportorganisation** f экспортная организация; организация экспорта

**Exportplan** m план экспорта, экспортный план, план по экспорту

**Exportposition** f статья экспорта, предмет экспорта

**Exportposten** m статья экспорта, предмет экспорта

**Exportpotential** n экспортный потенциал; экспортные возможности

**Exportprämie** f экспортная премия

**Exportpreis** m экспортная цена

**durchschnittlicher Exportpreis** средняя экспортная цена

**Exportpreisindex** m индекс экспортных цен

**Exportproduktion** f производство товаров на экспорт; экспортная продукция

**devisengünstige Exportproduktion** производство на экспорт, обеспечивающее крупные поступления валюты

**Exportproduktionskontingent** n контингент производимой для экспорта продукции

**Exportprogramm** n экспортная программа, программа экспорта

**Exportquote** f доля экспорта в общем объёме производимой продукции, экспортная квота

**Exportquote** экспортная квота

**Exportregelung** f регулирование экспорта

**Exportrentabilität** f (экономическая) рентабельность экспорта

**Exportrentabilitätskennziffer** f показатель (экономической) рентабельности экспорта

**Exportreserve** f экспортный резерв

**Exportrestriktion** f мероприятия государства по ограничению экспорта, мероприятия государства по запрещению экспорта

**Exportrestriktion** ограничение экспорта

**Exportrückgang** m сокращение экспорта, падение экспорта

**Exportrückstand** m задолженность по экспортным поставкам; отставание в экспортных поставках

**Exportrückvergütungen** f pl косвенное субсидирование экспорта, скрытое субсидирование экспорта

**Exportrückvergütungen** косвенные экспортные премии, скрытые экспортные премии

**Exportschrumpfung** f сокращение экспорта, падение экспорта

**Exportsignierung** f маркировка экспортируемых товаров; экспортная маркировка товаров

**Exportstatistik** f статистика экспорта, экспортная статистика

**Exportsteigerung** f рост экспорта, увеличение экспорта, повышение объёмов экспорта

**Exportstreckengeschäft** n сделка на покупку экспортёром товара у предприятия-поставщика для непосредственной отправки его заграничному клиенту

**Exportstruktur** f структура экспорта

**Exportstützungen** f pl косвенные экспортные премии, скрытые экспортные премии

**Exportsubvention** f экспортная субсидия (субвенция)

**Exportsubventionierung** f субсидирование экспорта

**Exportüberhang** m активное сальдо торгового баланса, превышение экспорта над импортом, активное внешнеторговое сальдо

**Exportüberschuss** m превышение экспорта над импортом, активное сальдо торгового баланса (по экспорту)

**Exportumsatz** m оборот по экспорту, объём экспорта

**Exportunternehmen** n экспортное предприятие

**Exportvalutaerklärung** f валютная декларация по экспорту

**Exportverbot** n запрет экспорта, запрещение экспорта

**Exportvereinigung** f экспортное объединение

**Exportverfahren** n порядок проведения экспортных операций, экспортный режим

**Exportvergütung** f субсидирование экспорта

**Exportvergütung** экспортная премия; дотация на экспорт

**Exportverpackung** f экспортная упаковка; упаковка экспортных товаров

**Exportvertrag** m договор на экспорт, контракт на экспорт

**Exportvertreter, marktansässiger** представитель по экспорту, находящийся в стране сбыта; посредник по экспорту, находящийся в стране сбыта; агент по экспорту, находящийся в стране сбыта

**Exportvolumen** n объём экспорта

**Exportvorräte** m pl запасы экспортных товаров

**Exportware** f экспортный товар, экспортируемый товар

**Exportwarenbegleitscheln** m сопроводительный документ на экспортный товар

**Exportwerbung** f реклама экспортируемых товаров

**exportwichtig** имеющий важное значение для экспорта

**Exportzinsen** m pl проценты по экспортным операциям

**Exportzoll** m экспортная пошлина, вывозная пошлина

**Exportzuschuss** m экспортная дотация

**Expreßgutbeförderung** f перевозка грузов особой срочности, перевозка экспресс-грузов

**Expromission** f добровольное принятие на себя чужого обязательства, добровольное принятие на себя чужого долга

**Expropriation** f экспроприация, принудительное отчуждение; отнятие собственности, лишение прав собственности

**expropriieren** экспроприировать

**Expropriierung** f экспроприация, принудительное отчуждение; отнятие собственности, лишение прав собственности

**Exquisiterzeugnis** *n* модное изделие; изделие повышенного качества; предмет роскоши

**extensiv** 1. обширный, пространный; 2. экстенсивный

**Extensivinvestitionen** *f pl* экстенсивные капиталовложения, капиталовложения, идущие на расширение имеющихся и приобретение новых основных фондов

**extern** внешний; внештатный

**Externspeicher** *m* внешняя память, внешнее запоминающее устройство

**Exterritorialität** *f* экстерриториальность

**Extinktion** *f* погашение, уплата

**extra** превосходный, первоклассный, высшего сорта

**extra** специально, особо

**extra berechnen** начислять отдельно

**Extra-Konto** *n* дополнительный счёт (*напр. банковский, карточный*)

**Extraausgaben** *f pl* особые издержки, специальные издержки; дополнительные расходы

**Extraauslagen** *f pl* особые издержки, специальные издержки; дополнительные расходы

**Extraausschüttung** *f* **der Dividenden** распределение дополнительных дивидендов

**Extrabeilage** *f* специальное приложение, особое приложение

**Extrabesteuerung** *f* специальное налогообложение, особое налогообложение, чрезвычайное налогообложение

**Extraeinfuhr** *f* дополнительный импорт

**Extragewinn** *m* дополнительная прибыль

**Extrakosten** *pl* особые издержки, специальные издержки; дополнительные расходы

**Extramehrwert** *m* избыточная прибавочная стоимость; дополнительная прибавочная стоимость

**Extranachfrage** *f* дополнительный спрос

**Extraordinarium** *n* чрезвычайный бюджет

**Extrapolation** *f* экстраполяция (*метод прогнозирования, при котором тенденции, выявленные в прошлом, распространяются на будущее*)

**Extraprodukt** *n* дополнительный продукт, добавочный продукт

**Extraprofit** *m* сверхприбыль

**Extraprovision** *f* дополнительная комиссия; специальное комиссионное вознаграждение, особое комиссионное вознаграждение

**Extrarente** *f* дополнительная рента

**Extras** *pl* специальные надбавки к плате за морской провоз особо тяжёлых грузов, специальные надбавки к плате за морской провоз особо длинномерных грузов

**Extraschicht** *f* дополнительная смена, сверхурочная смена

**Extrastunden** сверхурочные часы

**Extratara** *f* дополнительная тара (*сверх предусмотренной*)

**Extremalaufgabe** *f* экстремальная задача

**Extremalproblem** *n* экстремальная задача

**Extremalstrategie** *f* экстремальная стратегия

**Extremalwert** *m* экстремум, экстремальное значение

**Extrembedingungen** *f pl* экстремальные условия, крайние условия

**Extrempunkt** *m* экстремальная точка, точка экстремума

**Extremum** *n* экстремум, экстремальное значение

**Extremwert** *m* экстремум, экстремальное значение

**Extremwertkarte** *f* контрольная карта (*для*) крайних значений (*при статистическом контроле качества*), контрольная карта (*для*) экстремальных значений (*при статистическом контроле качества*)

**Extremwertproblem** *n* экстремальная задача

**EXW: exw, ex works** (*eng.*) франко-завод, с завода, с предприятия

**Exzedent** *m* эксцедент (*возможное превышение, напр. определённый процент сверх контрактных условий*)

**Exzedenten-Rückversicherung** *f* эксцедентная система страхования

**Exzedentenfranchise** *f* *страх.* безусловная франшиза

**Exzeß** *m* **der Verteilung** эксцесс распределения; эксцесс дележа

**EZB:**

**EZB, Einfuhr- und Zahlungsbewilligung** импортная и платёжная лицензия

**EZB** Центральный банк ЕС

**ezg, Einzahlung** платёж, взнос; оплата

**EZO, Eisenbahn-Zollordnung** железнодорожные таможенные правила

**EZU, Europäische Zahlungsunion** *ист.* Европейский платёжный союз, ЕПС

**EZU-Land** *n* страна, входящая в Европейский платёжный союз

# F

**FA:**
  **FA, Finanzamt** финансовое ведомство, налогово-финансовое управление
  **Fa, Firma** фирма, торговое предприятие
**f.a.a., free of all average** *анг. страх.* свободно от всякой аварии
**f.a.B., frei an Bord** франко-борт
**Fabrik** f фабрика, завод
**Fabrik- und Werkstatistik** f фабрично-заводская статистика
**Fabrikabteilung** f цех фабрики, цех завода, фабричный цех
**Fabrikant** m предприниматель, фабрикант, заводчик; изготовитель
**Fabrikarbeiter** m фабричный рабочий, заводской рабочий
**Fabrikat** n фабрикат; фабричное изделие, изделие фабричного производства
**Fabrikatekonto** n счёт готовых изделий, счёт готовой продукции
**Fabrikation** f производство, изготовление
**Fabrikationsabfälle** m pl отходы производства
**Fabrikationsattest** n промысловое свидетельство, свидетельство на промысел, патент на промысел, промысловый патент
**Fabrikationsbedingungen** f pl условия производства
**Fabrikationsdaten** pl производственные данные
**Fabrikationsdauer** f срок изготовления
**fabrikationsfähig** годный для *(фабричного или заводского)* производства
**Fabrikationsfehler** m дефект изготовления
**Fabrikationsgeheimnis** n секрет производства, производственный секрет
**Fabrikationskonto** n счёт затрат на изготовление продукции
**Fabrikationskonto** счёт производства
**Fabrikationskosten** pl издержки производства
**Fabrikationslizenz** f лицензия на изготовление (продукции)
**Fabrikationsmarke** f заводская марка, фабричная марка; заводской знак, фабричный знак
**Fabrikationsmethode** f фабричный способ производства; технология изготовления продукции, технология производства
**Fabrikationsmöglichkeiten** f pl производственные возможности
**Fabrikationsmonopol** n монополия на изготовление продукции
**Fabrikationsprogramm** n производственная программа; номенклатура выпускаемой продукции
**Fabrikationsprozess** m производственный процесс
**Fabrikationsrisiko** n производственный риск *(напр. при страховании товара с длительным сроком изготовления или по индивидуальному заказу)*
**Fabrikationssteuer** f налог на изготовление продукции
**Fabrikationsverfahren** n фабричный способ производства; технология изготовления продукции, технология производства
**Fabrikatsteuer** f *уст.* налог на готовые изделия
**Fabrikbuchhaltung** f заводская бухгалтерия; бухгалтерия предприятия
**Fabrikeinrichtung** f заводское оборудование
**Fabrikgesetzgebung** f фабричное законодательство
**Fabrikgroßhandelspreis** m оптовая заводская цена
**Fabrikgrundstück** n земельный участок, принадлежащий фабрике; заводской участок земли
**Fabrikhandel** m коммерческая деятельность фабрики, коммерческая деятельность завода
**Fabrikherr** m фабрикант, заводчик, владелец фабрики, владелец завода
**Fabrikkalkulation** f производственная калькуляция
**Fabriklager** n фабричный склад
**Fabrikleitung** f фабричная администрация, заводская администрация
**Fabrikmarke** f заводская марка, фабричная марка; заводской знак, фабричный знак
**fabrikmäßig** фабрично-заводской, фабричный
**Fabrikmusterlager** n выставка фабричных образцов, выставка образцов фабричной продукции
**fabrikneu** совершенно новый, прямо с фабрики, прямо с завода
**Fabrikniederlage** f фабричный склад, заводской склад

**Fabrikordnung** f правила внутреннего распорядка на фабрике, правила внутреннего распорядка на заводе

**Fabrikpackung** f фабричная упаковка, заводская упаковка

**Fabrikpreis** m фабричная цена, заводская цена

**Fabrikstadt** f промышленный город, промгород

**Fabrikstempel** m заводское клеймо, фабричное клеймо

**Fabriksystem** n *ист.* фабричная система

**Fabrikzeichen** n заводская марка, фабричная марка; заводской знак, фабричный знак

**f.a.c., fast as can** *анг.* как можно скорее

**Facekontrolle f; Face-Kontrolle f** фейс-контроль

**Fachabteilung** f отраслевой отдел (*напр. в плановой комиссии*)

**Facharbeit** f квалифицированная работа

**Facharbeiter** m квалифицированный рабочий; специалист

**hochqualifizierter Facharbeiter** высококвалифицированный рабочий, рабочий высокой квалификации

**landwirtschaftlicher Facharbeiter** квалифицированный сельскохозяйственный рабочий

**Facharbeiterausbildung** f подготовка квалифицированных рабочих

**spezielle Facharbeiterausbildung** специальная подготовка квалифицированных рабочих

**Facharbeiterbrief** m свидетельство о получении специальности

**Facharbeiternachwuchs** m молодые кадры, получающие квалификацию в профессионально-технических училищах; пополнение кадров квалифицированных рабочих

**Facharbeiterprüfung** f квалификационный экзамен

**Facharbeiterschulung** f повышение квалификации рабочих

**Facharbeiterstamm** m основные кадры квалифицированных рабочих

**Facharbeiterzeugnis** n свидетельство о присвоении (определённой) квалификации

**Fachausbildung** f специальное образование; профобразование

**Fachausschuss** m комиссия экспертов, комитет экспертов, экспертная комиссия

**Fachausstellung** f специализированная выставка, отраслевая выставка

**Fachbereich** m отрасль; группа промышленных предприятий, выпускающих однотипные изделия

**Fachbereich-Standard** m отраслевой стандарт

**Fachberuf** m специальность; профессия

**fachbezogen** отраслевой

**fachbezogen** профессиональный; специализированный

**Facheinzelhandel** m специализированная розничная торговля

**Fachgebiet** n специальность

**Fachgebiet** область науки

**Fachgebietsleiter** m руководитель (специализированной) группы

**fachgebunden** отраслевой

**fachgemäß** квалифицированно, со знанием дела

**fachgemäß** специальный, профессиональный, компетентный

**Fachgeschäft** n специализированный магазин

**Fachgliederung** f отраслевой принцип классификации

**Fachhandel** m специализированная торговля

**Fachhandelsspanne** f наценка, устанавливаемая в специализированной торговле

**Fachjargon** m профессиональный жаргон, профессиональное арго, профессиональный сленг

**Fachkartei** f специализированная картотека; специальный файл на картах

**Fachkenntnisse** fpl специальные знания; знание предмета

**Fachkommission** f комиссия экспертов, комитет экспертов, экспертная комиссия

**Fachkraft** f специалист

**Fachkräfte** fpl специалисты

**wissenschaftlich-technische Fachkräfte** кадры научных и технических специалистов; научно-технические кадры

**fachkundig** сведущий в конкретной области; знающий дело

**Fachmann** m специалист; профессионал

**Fachmesse** f отраслевая ярмарка, специализированная ярмарка

**Fachnorm** f отраслевой норматив; отраслевая норма

**Fachnormenausschuss** m комитет промышленных нормативов и стандартов

**Fachnormenausschuss** Комитет технических норм и стандартов (*ФРГ*)

**Fachnormenausschuss** отраслевой комитет норм и стандартов

**Fachorgan** n отраслевой орган (хозяйственного) управления

**Fachschulabschluss** *m* присвоение рабочему звания специалиста средней квалификации *(бывш. ГДР)*

**Fachschule** *f* среднее специальное учебное заведение, специальное училище; техникум, профтехучилище, ПТУ

**Fachschule für den Handel und das Caststättengewerbe** *уст.* школа торгово-кулинарного ученичества; торговый техникум; кулинарный техникум

**nichttechnische Fachschule** специальное училище нетехнического профиля

**technische Fachschule** техническое училище, техникум, профтехучилище, ПТУ

**Fachschulkader** *m pl* кадры со средним специальным образованием

**Fachschulreife** *f* наличие предпосылок для обучения в специальных училищах *(напр. окончание школы-десятилетки, стаж работы)*

**Fachschulstudium** *n* обучение в средних специальных учебных заведениях

**Fachstatistik** *f* отраслевая статистика

**Fachverband** *m* специализированною объединение, отраслевое объединение; отраслевой профессиональный союз

**Fachvereinigung** *f* специализированною объединение, отраслевое объединение

**Fachverkäufer** *m* квалифицированный продавец; продавец специализированного профиля; профессиональный продавец; продавец с (высшим) специальным образованием

**Fachzweig** *m* отрасль; специальность

**Factoring** *n* факторинг *(может предполагать, напр. инкассирование дебиторской задолженности клиента с выплатой указанной суммы немедленно или по мере погашения задолженности)*; способ финансирования сбыта через посредника

**Factoring** *англ.* факторинг *(покупка банком требования продавца к покупателю для инкассации)*

**FADN, Farm Accountancy Data Network** *(eng.)*; **Informationsnetz landwirtschaftlicher Buchfährun** Информационная система бухгалтерских данных по сельскому хозяйству (ЕС)

**f.a.F., frei ab Fabrik** франко-завод

**f.a.H., frei ab Haus** франко-местонахождение

**Fähigkeitsnachweis** *m* удостоверение о технической подготовке, свидетельство о технической подготовке

**Fährboot** *n* паромное судно

**Fährbootverkehr** *m* паромное движение

**Fährbootwagen** *m* вагон, используемый в паромном движении

**Fahrdienst** *m* автохозяйство *(на заводах)*

**Fähre** *f* паром; перевоз

**Fahren** *n* работа, действие, функционирование

**Fahren** перевозка *(грузов)*

**Fahren** управление *(процессом)* по разомкнутому контуру; введение процесса

**Fahren** выполнение программы, прогон программы

**Fahrgeld** *n* плата за проезд; фрахт, плата за перевозку грузов, плата за провоз

**Fahrgelderstattung** *f* возвращение проездных *(в случае неиспользования проездного билета)*

**Fahrgeldstundung** *f* выдача проездных билетов организациям с последующей их оплатой

**Fahrkostenerstattung** *f* возмещение платы за проезд *(рабочим и служащим)*

**fahrlässig** небрежный, неосторожный

**Fahrlässigkeit** *f* небрежность, неосторожность

**Fahrnis** *f* движимое имущество, движимость

**Fahrnisbesitz** *m* владение движимым имуществом

**Fahrniseigentum** *n* движимое имущество, движимость

**Fahrnisgemeinschaft** *f* общность движимого имущества супругов

**Fahrniskauf** *m* купля движимого имущества

**Fahrnisklage** *f* иск в отношении движимого имущества

**Fahrnispfandrecht** *n* залоговое право на движимое имущество

**Fahrnisversicherung** *f* страхование движимого имущества

**Fahrpark** *m* ж.-д. парк подвижного состава

**Fahrplan** *m* график движения *(напр., поездов)*, график движения транспорта, расписание

**Fahrpreis** *m* плата за проезд, стоимость проезда

**Fahrpreisermäßigung** *f* льготный тариф; снижение стоимости проезда

**Fahrpreiserstattung** *f* возвращение проездных *(в случае неиспользования проездного билета)*

**Fahrpreisvergünstigung** f льготный тариф; предоставление права на пользование льготным тарифом

**Fahrprogramm** n программа распределения материальных потоков (*сырья и материалов*); программа распределения ресурсов; логистическая задача по управлению потоками

**Fahrt** f езда; плавание; рейс; ездка

**Fahrtbegrenzungsklausel** f *страх.* оговорка, территориально ограничивающая движение судов

**Fahrtcomputer** m бортовой компьютер (*система информации для водителя*)

**Fahrtenbuch** n путевой дневник; путевой журнал

**Fahrtkosten** pl транспортные издержки, транспортные расходы

**Fahrtlänge** f дальность поездки

**Fahrtlängenstatistik** f группировка проданных проездных билетов по дальности расстояния и классности

**Fahrtroute** f маршрут

**Fahrtspesen** pl транспортные издержки, транспортные расходы

**Fahrweise** f режим; режим эксплуатации

**Fahrzeug** n транспортное средство; *ж.-д.* единица подвижного состава

**Fahrzeugbau** m транспортное машиностроение

**Fahrzeugbetriebspark** m эксплуатационный парк транспортных средств

**Fahrzeugeinsatzstunde** f *стат.* автомобиле-час

**Fahrzeugstillstandszeit** f простой подвижного состава (*на железной дороге*)

**Fahrzeugstunde** f *стат.* автомобиле-час

**Fahrzeugtag** m *стат.* автомобиле-день

**Fahrzeugzulassung** f технический паспорт транспортного средства, технический паспорт средства сообщения

**fair average quality** *англ.* справедливое среднее качество, по среднему качеству (*условие поставки при продаже зерна и некоторых других товаров*)

**fair market value** *англ.* справедливая рыночная стоимость, соразмерная рыночная стоимость

**FAK, Familien-Ausgleichskasse** f касса выплаты пособий многодетным семьям

**Faksimile** n факсимиле

**Faksimile** факсимильная связь; фототелеграфная связь

**Faksimile** факсимильное сообщение; факс

**Faksimiledruck** m факсимильная печать

**Faksimilegerät** n факсимильный аппарат; факс

**Faksimilestempel** m штемпель с факсимиле

**Faksimllegerät** n аппарат факсимильной связи; факс

**Faksimileunterschrift** f факсимиле; факсимильная подпись

**Faksimileverkehr** m факсимильная связь

**verschlüsselter Faksimileverkehr** m зашифрованная факсимильная связь; кодированная факсимильная связь; защищённая факсимильная связь; факсимильная связь по защищённым каналам

**Fakt** m факт

**unleugbarer Fakt** бесспорный факт; неопровержимый факт; очевидный факт

**Fakteninformation** f фактическая информация, фактографическая информация

**faktisch** фактический; еальный; действительный

**Faktor** m фактор, обстоятельство;

**Faktor** посредник, фактор, агент; комиссионер, маклер

**Faktor** *мат.* фактор, множитель, сомножитель; коэффициент

**Faktor** управляющий технической частью типографии

**Faktor** m **der Entwicklung** f фактор развития

**außerökonomischer Faktor** внеэкономический фактор

**preisbildender Faktor** ценообразующий фактор

**Faktorei** f *ист.* фактория

**Faktoreinkommen** n факторный доход (*доход от использования факторов производства - труда, земли и капитала, получаемый в форме зарплаты, арендной платы и прибыли*)

**Faktoren** m pl факторы (*мн.ч.*), *см.тж.* Faktor m

**gebietsbildende Faktoren** (*производственные*) факторы, определяющие экономический профиль района

**persönliche Faktoren** личные факторы; личностные факторы

**stoffliche Faktoren** вещественные факторы; вещные факторы; материальный факторы; сырьевые факторы

**Faktorenanalyse** f *стат.* анализ действия различных факторов, анализ факторов; *мат.* факторный анализ, факториальный анализ

**Faktorenlohn** m повременно-премиальная заработная плата

**Faktorgeschäft** n факторинг (*покупка банком требования продавца к покупателю для инкассации*)

**Faktorindex** m *стат.* аналитический индекс

**Faktorkosten** *pl* цена по факторам производства

**Faktorlücke** *f* факторный "разрыв" *(превышение спроса на факторы производства над их предложением)* - см. Produktionsfaktoren

**Faktorpreis** *m* цена по факторам производства

**Faktur** *f* счёт-фактура, фактура, счёт

**spezifizierte Faktur** фактура-спецификация, специфицированный счёт

**Faktura** *f* счёт-фактура, фактура, счёт

**spezifizierte Faktura** специфицированный счёт, специфицированный счёт-фактура, фактура-спецификация

**Faktura-Lizenz** *f* фактура-лицензия; фактурная лицензия

**Fakturagewicht** *n* фактурный вес *(жидких и сыпучих продуктов)*

**Fakturaprogramm** *n* *(компьютерная)* программа по выписыванию счетов-фактур; компьютерная программа для составления счётов (счетов-фактур)

**Fakturenbrief** *m* сопроводительное письмо к фактуре

**Fakturenbuch** *n* *торг., уст.* фактурная книга, книга счетов-фактур

**Fakturendatum** *n* дата выписки счета; дата выписки фактуры; дата счёта; дата инвойса; дата выписки инвойса

**Fakturenpreis** *m* фактурная цена; цена, указанная в счёте-фактуре; цена, указанная в счёте; цена, указанная в инвойсе

**Fakturenwert** *m* фактурная стоимость; цена, указанная в фактуре

**Fakturierarbeit** *f* составление счетов-фактур

**Fakturierautomat** *m* фактурный автомат, автомат для выписки счетов-фактур

**fakturieren,** *vt* выписывать счёт-фактуру, выставлять счёт-фактуру

**Fakturiermaschine** *f* фактурная машина

**Fakturierung** *f* выписка счетов-фактур, фактурирование, составление фактур

**Fall** *m* падение, снижение, понижение *(напр., нормы прибыли)*, убыль

**Fall** *стат.* случай; исход *(в теории вероятностей)*

**Fall** *(судебное)* дело; прецедент

**Fall eines Handelshauses** банкротство торгового дома

**denkbarer Fall** мыслимый исход *(в теории вероятностей)*

**tendenzieller Fall der Profitrate** тенденция нормы прибыли к понижению

**günstiger Fall** благоприятный исход

**Fallbeispiel** *n* конкретная задача из производственной практики, предлагаемая для самостоятельного решения на занятиях с целью повышения квалификации руководящих кадров

**Fallen** *n* падение, снижение, понижение *(напр., нормы прибыли)*

**fallieren,** *vi* прекратить платежи; стать несостоятельным, обанкротиться

**mit zehntausend Mark fallieren** прекратить платежи с дефицитом в 10000 марок

**fällig** подлежащий исполнению; подлежащий уплате

**fällig werden** наступить *(о сроке)*

**die Zahlung ist fällig** срок платежа наступил

**Fälligkeit** *f* срок исполнения обязательства, наступление срока исполнения обязательства, срок уплаты; истечение срока *(платежа, уплаты, оплаты)*

**Fälligkeit der Steuer** срок уплаты налога

**bei Fälligkeit** по наступлении срока

**vor Fälligkeit** до истечения срока

**Fälligkeitsdatum** *n* день исполнения обязательства; день истечения срока

**Fälligkeitsdatum eines Wechsels** срок платежа по векселю

**Fälligkeitshypothek** *f* ипотека с определённым сроком выкупа

**Fälligkeitskartei** *f* платёжный календарь

**Fälligkeitsstellung** *f* взыскание, истребование *(напр., кредита, ссуды)*

**Fälligkeitstag** *m* срок исполнения обязательства

**Fälligkeitstermin** *m* срок исполнения обязательства

**Fälligstellung** *f* взыскание, истребование *(напр., кредита, ссуды)*

**Fälligstellung von Krediten** взыскание ссуд, взыскание кредита

**vorzeitige Fälligstellung von Krediten** досрочное взыскание ссуд, досрочное взыскание кредита

**Falliment** *n* *уст.* банкротство, несостоятельность; прекращение платежей

**Fallissement** *n* *фр. уст.* банкротство, несостоятельность; прекращение платежей

**Fallit** *m* банкрот; лицо, объявленное несостоятельным; лицо, объявленное неплатёжеспособным

**fallit** несостоятельный, неплатёжеспособный

**fallit sein** быть несостоятельным, быть неплатёжеспособным, обанкротиться

**Falliterklärung** *f* объявление о несостоятельности

**Fallitmasse** *f* имущество банкрота, конкурсная масса

**Fallmethode** *f* метод обучения руководящих кадров, основанный на самостоятельном решении конкретных задач из производственной практики

**Falschbuchung** *f* неправильная запись в книгу, ошибочная запись в книгу

**Falschgeld** *n* фальшивые деньги, фальшивые денежные знаки

**Falschmünzerei** *f* подделка монет и денежных знаков

**Fälschung** *f* подлог, подделка, фальсификация; подделка, фальсификат

**Falsifikat** *n* фальсификат, подделка *(денег, документов)*

**Falsifikate** *n pl* фальшивые деньги, фальшивые денежные знаки

**falsifizieren,** *vt* подделывать, фальсифицировать

**Falzmaschine** *f* канц. фальцевальная машина

**Familie** *f* семья; семейство
**kinderreiche Familie** многодетная семья

**Familienangehörige** *m* член семьи
**mithelfender Familienangehörige** помогающий член семьи
**unterhaltsberechtigter Familienangehörige** иждивенец

**Familienarbeitskraft** *f* работающий член семьи

**Familienausgleichskasse** *f* касса выплаты пособий многодетным семьям

**Familienbeihilfe** *f* пособие многодетным семьям

**Familienbetrieb** *m* *(крестьянское)* семейное хозяйство *(хозяйство, в котором работают члены одной семьи без наёмных работников)*

**Familienbudget** *n* семейный бюджет, бюджет семьи

**Familienbudgetuntersuchung** *f* исследование семейных бюджетов

**Familieneinkommen** *n* доход семьи

**Familienermäßigung** *f* льготы, предоставляемые семьям, имеющим детей, при обложении подоходным налогом

**Familiengeld** *n* страховое пособие, выплачиваемое семье пострадавшего от несчастного случая в течение всего периода пребывания его в лечебном учреждении

**Familiengüterrecht** *n* правовые нормы, регулирующие имущественные отношения членов семьи

**Familienhaushalt** *m* семейный бюджет, бюджет семьи

**Familienlastenausgleich** *m* все виды помощи и дотаций семьям

**Familienlohn** *m* заработная плата, выплачиваемая с учётом социальных факторов *(напр., семейного положения)*

**Familienoberhaupt** *n* глава семьи

**Familienrecht** *n* юр. семейное право

**Familienrechtsverhältnisse** *n pl* правовые отношения членов семьи

**Familienstand** *m* семейное положение

**Familienstandslohn** *m* заработная плата, выплачиваемая с учётом социальных факторов *(напр., семейного положения)*

**Familiensterbegeld** *n* пособие, выдаваемое органом социального страхования на похороны умершего члена семьи

**Familienunterhalt** *m* содержание семьи; средства на содержание семьи; пособие семье мобилизованного

**Familienunterstützung** *f* страховое пособие, выплачиваемое семье пострадавшего от несчастного случая в течение всего периода пребывания его в лечебном учреждении

**Familienvorstand** *m* глава семьи

**Familienwirtschaft** *f* *(крестьянское)* семейное хозяйство *(хозяйство, в котором работают члены одной семьи без наёмных работников)*

**Familienwochenhilfe** *f* пособие, выплачиваемое органом социального страхования беременным женщинам и роженицам, являющимся членами семьи застрахованного

**Familienzulage** *f* надбавка (к заработной плате) за многодетность, пособие на детей

**Familienzuschlag** *m* надбавка (к заработной плате) за многодетность, пособие на детей

**FAO, United Nations Food and Agricultural Organization** Продовольственная и сельскохозяйственная организация ООН, ФАО

**F.A.Q. :**

**F.A.Q** *англ.* **fair average quality** справедливое среднее качество, по среднему качеству *(условие поставки при продаже зерна и некоторых других товаров)*

**F.A.Q** *англ.* **friquently asked questions** часто задаваемые вопросы, *ироничн.* ЧаВО

**f.a.q., free alongside quai** свободно вдоль набережной, свободно вдоль причала

**Farbdynamik** *f* создание цветного колорита для достижения определённого психологического воздействия

**Farbendynamik** *f* создание цветного колорита для достижения определённого психологического воздействия

**Farm** *f* ферма, хутор; ферма (*напр., птицеводческая*)

**Farmbetrieb** *m* фермерское хозяйство

**Farmer** *m* фермер

**Farmwirtschaft** *f* фермерское хозяйство

**f.a.s., free alongside ship** франко вдоль борта судна, ФАС (*обязанность доставить за свой счёт груз к борту судна*)

**Faß** *n* бочка; бочонок
  **Faß** баррель

**Fassung** *f* вариант, редакция; текст; формулировка

**Fassungsvermögen** *n* грузовместимость

**FAST** (*eng.*); **Vorausschau und Bewertung in Wissenschaft und Technologie** Прогнозирование и оценка результатов деятельности в сфере науки и техники (ЕС); ФАСТ

**Faszikel** *m* связка бумаг; дело

**FATF** Международная группа по борьбе с отмыванием доходов, полученных преступным путём

**Faulfracht** *f* мёртвый фрахт

**Fäulnis** *f* тление, порча, гниль; загнивание, разложение
  **Fäulnis des Imperialismus** загнивание империализма

**Faustformel** *f* эмпирическая формула; упрощённая формула (*для приближённого расчёта*)

**Faustgläubiger** *m* залогодержатель

**Faustpfand** *n* залог движимого имущества, заклад движимого имущества, ручной заклад

**Faustpfandkredit** *m* кредит под залог движимого имущества

**Faustregel** *f* эмпирическое правило

**Faustwert** *m* приближённое значение

**Faustzahlen** *f pl* ориентировочные цифры

**Fautfracht** *f* мёртвый фрахт (*начисляется пароходством отправителю за неполное использование оговоренной договором перевозки тоннажа*)

**faux frais** *фр.* накладные расходы

**Favoriten** *m pl бирж.* привилегированные ценные бумаги, ценные бумаги, пользующиеся наибольшим спросом

**Fazilität** *f* специализированное кредитное отделение Международного Валютного Фонда

**Fazilität** организация по предоставлению помощи, фонд по предоставлению помощи

**Fazit** *n* итог, (*общая*) сумма; вывод
  **das Fazit ziehen** подвести итог

**FB, Frachtbrief** *ж. д.* накладная; *мор.* коносамент

**Fbl., Formblatt** формуляр; бланк

**FCL, Full Container Load** полностью загруженный контейнер

**fco, franco** франко; свободный от расходов

**FCR, Forwarding Agenfs Certificate of Receipt** экспедиторское свидетельство о получении груза, экспедиторское свидетельство о принятии груза, экспедиторское свидетельство о получении имущества

**F.C.&S. free of capture and seizure** *страх.* свободно от пленения и захвата

**f.c.s.r c.c., free of capture, seizure, riots and civil commotion** свободно от всех рисков при насильственной конфискации, восстании, революции

**FD:**
  **F.D., free dock** франко-док
  **f.d., free delivery** бесплатная доставка
  **f.d., free discharge** бесплатная выгрузка
  **f.d., free dispatch** бесплатная пересылка

**FDC, First Day Cover** корреспонденция, почтовые знаки оплаты которой погашаются в первый день франкирования

**f.D.G., für Dienstgebrauch** для служебного пользования

**FDGB, Freier Deutscher Gewerkschaftsbund** Объединение свободных немецких профсоюзов, ОСНП (*бывш. ГДР*)

**FDI, direct foreign investment, foreign direct investments** (*eng.*); **ausländische Direktinvestitionen** прямые иностранные инвестиции, ПИИ

**FDIC, Federal Deposit Insurance Corporation** Федеральная корпорация страхования банковских вкладов (*США*)

**FDJ, Freie Deutsche Jugend** Союз свободной немецкой молодёжи, ССНМ (*бывш. ГДР*)

**FDJ-Kontrollposten** *m pl* молодёжные контрольные посты на предприятиях (*в бывш. ГДР*)

**F.D.R., für die Richtigkeit** (*с подлинным*) верно

**f.d.R.d.A., für die Richtigkeit der Abschrift** копия верна

**FE, Fetteinheit** единица жирности молока

**Fe- und NE-Metallurgie** *f* чёрная и цветная металлургия

**FE-Verfahren** *n* акцептная форма расчётов; метод автоматического зачёта банком суммы требования продавца

**Fecom, Europäischer Fonds für währungspolitische Zusammenarbeit** Европейский фонд валютно-политического сотрудничества

**Federwaage** *f* пружинные весы

**Feduziant** *m юр.* доверитель

**feed-back** *англ.* обратная связь, (*хозяйственная*) реакция, отклик на сигнал

**feed-back geben** сотрудничать, взаимодействовать, использовать инициативу

**feedback** (*англ., выч. тех*) обратная связь

**Fegsel** *pl* остатки насыпного груза (*или просыпавшегося сквозь тару товара*)

**Fehlanlage** *f* ошибочные инвестиции (*основанные на ошибочных расчётах*)

**Fehlanpassung** *f* рассогласование

**Fehlanzeige** *f* заявление о недостаче

**Fehlanzeige** *вчт.* индикация отсутствия; ошибочная индикация

**Fehlarbeit** *f* некачественная работа; брак

**Fehlbedarf** *m* непокрытый спрос

**Fehlbedienung** *f* неправильное управление, некорректное управление; ошибка управления

**Fehlbestand** *m* недостаток, недостача, недостающее количество, нехватка

**Fehlbetrag** *m* денежный дефицит, недочёт; недостающая сумма, неполная сумма, недоплата; манко

**Fehlbeurteilung** *f* ошибочная оценка

**Fehle** *f* дефицит, недостаток

**Fehleinschätzung** *f* ошибочная оценка

**fehlen,** *vi* недоставать, не хватать

**Fehler** *m* ошибка, погрешность; неправильность; недостаток, изъян; дефект; порок; повреждение; сбой

**Fehler des Stichprobendurchschnitts** *стат.* ошибка выборочной средней

**Fehler erster Art** ошибка первого рода

**Fehler zweiter Art** ошибка второго рода

**absoluter Fehler** абсолютная ошибка, абсолютная погрешность

**akkumulierter Fehler** суммарная ошибка

**ausbesserungsfähiger Fehler** устранимый дефект

**fingierter Fehler** мнимая ошибка

**formaler Fehler** формальная ошибка

**fortschreitender Fehler** прогрессирующая погрешность

**innerer Fehler** внутренний дефект

**kritischer Fehler** основной дефект (*при статистическом контроле качества*)

**mittlerer Fehler** средняя ошибка

**nebensächlicher Fehler** второстепенный дефект (*при статистическом контроле качества*)

**relativer Fehler** относительная ошибка

**scheinbarer Fehler** ожидаемая ошибка, наиболее доверительная погрешность

**statischer Fehler** статическая ошибка

**systematischer Fehler** систематическая ошибка

**überkritischer Fehler** критический дефект (*при статистическом контроле качества*)

**versteckter Fehler** внутренний дефект

**wahrer Fehler** истинная ошибка

**wahrscheinlicher Fehler** вероятная ошибка

**zufälliger Fehler** случайная ошибка

**zulässiger Fehler** предельная ошибка, допустимая ошибка

**Fehleraufteilung** *f* классификация (*производственных*) дефектов (*при статистическом контроле качества*)

**Fehlerausgleichung** *f* компенсация ошибок, коррекция ошибок, коррекция погрешностей

**Fehlerbehandlung** *f* обработка ошибок

**Fehlererwartung** *f* математическое ожидание ошибок, математическое ожидание времени появления сбоев (*или неисправностей*); вероятность ошибки

**fehlerfrei** безукоризненный, безупречный

**Fehlerkarte** *f* дефектная перфокарта; (*контрольная*) карта дефектов

**Fehlerkoeffizient** *m* коэффициент погрешностей

**Fehlerlokalisierungsprogramm** *n* программа локализации ошибок (*или неисправностей*)

**Fehlernte** *f* неурожай, недород

**Fehlertheorie** *f стат.* теория ошибок

**Fehlerwahrscheinlichkeit** *f* вероятность ошибки

**Fehlerzeugnis** *n* бракованное изделие, изделие с браком

**Fehlfabrikat** *n* бракованное изделие, изделие с браком

**Fehlfracht** *f* мёртвый фрахт

**Fehlgeldentschädigung** *f* денежное вознаграждение, выплачиваемое кассирам на случай возможного возмещения ими недостающих сумм

**Fehlgewicht** *n* недостающий вес, недовес; вес, ниже установленного в договоре; убыль в весе; недостача в весе

**Fehlinformation** *f* неправильная информация, ошибочная информация

**Fehlinvestition** *f* ошибочные инвестиции *(основанные на ошибочных расчётах)*

**Fehlinvestitionen** *f pl* ошибочные инвестиции, некорректные инвестиции, ошибочные вложения капитала

**Fehljahr** *n* неурожайный год

**Fehlkalkulation** *f* неправильная калькуляция; просчёт; ошибка в подсчёте

**Fehlkarte** *f* карточка-заместитель *(вложенная в картотеку вместо взятой)*; недостающая карта, недостающая перфокарта

**Fehlkauf** *m* неудачная покупка, убыточная покупка

**Fehlleistung** *f* брак; некачественная работа; плохой результат; промах

**Fehlmasse** *f* недостающий вес, недовес; вес, ниже установленного в договоре; убыль в весе; недостача в весе

**Fehlmenge** *f* недостача, дефицит

**Fehlmenge innerhalb der Verpackung** внутритарная недостача

**Fehlmengenkosten** *pl* издержки, возникающие в результате непоступления грузов *((напр., на склад)*; издержки, связанные с неиспользованием складских площадей

**Fehlplanung** *f* неправильное планирование, неумелое планирование, ошибочное планирование

**Fehlprodukt** *n* бракованное изделие, изделие с браком

**Fehlschicht** *f* смена, не отработанная по неуважительным причинам

**Fehlstück** *n* бракованное изделие, брак

**Fehlstunde** *f pl* простой, время простоя

**Fehlstunden** *f pl* простой; часы простоя

**Fehlverladung** *f* ошибочная отгрузка, отгрузка не по назначению

**Fehlzeit** *f* простой; часы простоя

**Feierabendarbeit** *f* сверхурочная работа

**Feierabendheim** *n* общежитие для престарелых, дом для престарелых

**Feierschicht** *f* целосменный простой, целодневный простой

**eine Feierschicht einlegen** прекратить работу *(на одну смену)*; вынужденно не работать

**eine Feierschicht verfahren** прекратить работу *(на одну смену)*; вынужденно не работать

**Feiertag** *m* праздник, праздничный день

**Feiertagslohn** *m* заработная плата, выплачиваемая рабочим и служащим за работу в праздничные и нерабочие дни

**Feiertagszuschlag** *m* доплата за работу в праздничный день

**feil** продающийся, выставленный на продажу

**feilbieten**, *vt* выставлять для продажи; предлагать для продажи; продавать

**feilhalten**, *vt* выставлять для продажи; предлагать для продажи; продавать

**feiltragen** торговать в разнос, разносить товары *(для продажи)*

**Fein-und Feinstgewichtsstück** *n* аналитическая гиря

**Feinablaufplan** *m* детализированный график ведения работ *(напр., строительных)*

**Feinbilanzierung** *f* составление детализированных балансов

**Feinfischertrag** *m* *(годовой)* улов ценных пород рыб *(в килограммах с гектара площади водоёма)*

**Feingehalt** *m* проба *(монеты)*; чистое содержание *(благородного металла в сплаве)*, корн *(вес чистого благородного металла в монете)*

**Feingewicht** *n* чистый вес; корн *(вес чистого благородного металла в монете)*

**Feingold** *n* чистое золото

**Feingoldgehalt** *m* содержание чистого золота

**Feinmetall** *n* чистый металл

**Feinnetzplan** *m* детализированный сетевой график, детализированная сеть

**Feinnomenklatur** *f* развёрнутая номенклатура

**Feinplan** *m* детализированный план

**Feinproportionen** *f pl* точные пропорции

**Feld** *n* поле, пашня

**Feld** *обр. дан.* поле, клетка, графоклетка; массив *(данных)*

**besetztes Feld** значащий элемент *(таблицы межотраслевого баланса)*

**Feldbaubrigade** *f* полеводческая бригада

**Feldforschung** *f* первичное ("полевое") исследование, (эмпирическое) изучение первичных данных

**Feldgemeinschaft** *f* *ист.* земельная община; общинное владение землёй

**Feldmark** *f* межа *(в поле)*; общая площадь полезных сельскохозяйственных угодий

**Feldmaß** *n* мера площади *(сельскохозяйственных угодий)*

**Fensterbriefhülle** f конверт с окошечком

**Fensterlochkarte** f апертурная карта

**Feriendienst** m профсоюзные организации, ведающие отдыхом трудящихся

**Ferienplatz** m место в доме отдыха, место в пансионате

**Ferienscheck** m путёвка *(напр., в дом отдыха)*

**Fernanschluss** m устройство дистанционной связи

**Fernarbeiter** m рабочий, проживающий далеко от места работы

**Fernbedienung** f дистанционное управление, управление на расстоянии; телеуправление; дистанционное обслуживание

**Fernbezug** m поставка *(напр., товаров)* на дальнее расстояние

**Fernbleiben** n **von der Arbeit** невыход на работу, неявка на работу

**Ferneingabe** f дистанционный ввод данных

**Fernfracht** f фрахт на большие расстояния; дальнепробежный груз

**Fernfrachtverkehr** m автотранспортные перевозки грузов на дальние расстояния

**Ferngeschäft** n иногородняя сделка; иногородняя торговля

**Ferngut** n груз дальнего следования

**Fernhandel** m иногородняя торговля

**Fernmeldegebühren** f pl плата за пользование средствами связи

**Fernmelderecht** n правовые нормы, регламентирующие работу органов связи

**Fernmeldesatellit** m спутник связи

**Fernmeldewesen** n связь *(телефон, телеграф, телефакс и др.)*

**Fernmeßeinrichtung** f телеметрическое устройство

**Fernrechnen** n дистанционная обработка данных, телеобработка данных

**Fernscheck** m иногородний чек

**Fernschreiben** n, **FS** телекс *(документ)*
  **mit Fernschreiben** телексом

**Fernschreiber** m телетайп

**fernschriftlich** по телексу
  **eine fernschriftliche Mitteilung** сообщение по телексу

**Fernsehakademie** f телевизионный университет

**Fernsehen** n, **industrielles** промышленное телевидение *(для наблюдения и контроля за производственными процессами)*

**Fernsehwerbung** f телевизионная реклама

**Fernsprechamtstafel** f ведомственная таблица для телефонных переговоров

**Fernsprechdichte** f показатель телефонизации населения *(число телефонных точек на 100 жителей)*

**Fernsprechkundendienst** m обслуживание абонентов телефонной сети

**Fernsprechnetz** n телефонная сеть

**Fernsprechteilnehmer** m абонент телефонной сети

**Fernsprechverbindung** f телефонное сообщение

**Fernsprechverkehr** m телефонная связь
  **innerbetrieblicher Fernsprechverkehr** внутризаводская телефонная связь

**Fernsteuerung** f дистанционное управление, управление на расстоянии, телеуправление

**Fernstudium** n заочное обучение

**Ferntransport** m дальнепробежный транспорт, транспорт для перевозок на дальние расстояния, дальний транспорт; перевозка на дальнее расстояние

**Fernübertragung** f дистанционная передача данных, телепередача данных

**Fernverarbeitung** f дистанционная обработка данных, телеобработка данных

**Fernverkehr** m дальнее автомобильное сообщение, дальнее железнодорожное сообщение; дальние перевозки пассажиров, дальние перевозки грузов; перевозка грузов автотранспортом;
  **Fernverkehr** дальняя *(телефонная)* связь
  **Fernverkehr** иногородние расчёты *(в банковском деле)*

**Fernverkehrsstraße** f автомагистраль

**Fernversand** m отправка на дальнее расстояние

**fertigen**, vt изготовлять

**Fertigerzeugnis** n готовое изделие

**Fertigerzeugniskonto** n счёт готовых изделий

**Fertigerzeugnisse** n pl готовая продукция

**Fertigfabrikat** n готовое изделие

**Fertiggewicht** n вес готового изделия, масса готового изделия; вес готовой детали, масса готовой детали

**Fertigkeiten** f pl *(трудовые)* навыки

**Fertiglager** n склад готовой продукции

**Fertigmasse** f масса готового изделия, вес готового изделия; масса готовой детали, вес готовой детали

**Fertigprodukt** *n* готовое изделие; готовый продукт
**Fertigstellung** *f* (окончательное) изготовление; окончание производства
**Fertigstellungsgrad** *m* степень *(технической)* готовности изделия, степень *(технической)* готовности узла, степень *(технической)* готовности детали, стадия *(технической)* готовности изделия, стадия готовности узла, стадия готовности
**Fertigstellungsstufe** *f* стадия готовности; степень *(технической)* готовности изделия, степень *(технической)* готовности узла, степень *(технической)* готовности детали
**Fertigstellungstermin** *m* срок (окончательного) изготовления
**Fertigteil** *n* готовая деталь; готовая конструкция; готовый блок; сборный элемент
**Fertigung** *f* производство, изготовление; технология
**automatische Fertigung** автоматизированное производство
**betriebseigene Fertigung** изготовление деталей и узлов на собственном предприятии
**erzeugnisspezialisierte Fertigung** специализированное по видам выпускаемой продукции производство
**fließende Fertigung** поточное производство
**fremde Fertigung** изготовление деталей и узлов на смежном предприятии
**handwerkliche Fertigung** ремесленное производство
**serienmäßige Fertigung** серийное производство
**verfahrensspezialisierte Fertigung** специализированное по видам используемой технологии производство
**zentrale Fertigung** централизованное производство комплектующих деталей и узлов

**Fertigungsablauf** *m* производственный процесс; ход изготовления, ход производства, процесс изготовления, процесс производства; технологический процесс, технология производства
**gleichmäßiger Fertigungsablauf** ритмичный технологический процесс; ритмичность производства
**Fertigungsabschnitt** *m* производственный участок
**erzeugnisspezialisierter Fertigungsabschnitt** предметно-замкнутый производственный участок
**Fertigungsabteilung** *f* цех
**Fertigungsart** *f* тип производства, вид производства; тип технологического процесса, вид технологического процесса
**Fertigungsaufgabe** *f* производственное задание
**Fertigungsauftrag** *m* заказ-наряд на изготовление; производственное задание
**Fertigungsbedingungen** *f pl* условия производства
**Fertigungsbereich** *m* объединение нескольких производственных участков *(в целях облегчения управления производством)*
**Fertigungsdatensammlung** *f* сбор производственной информации
**Fertigungsdisziplin** *f* дисциплина производства; дисциплина технологического процесса
**Fertigungseingabe** *f* запуск в производство
**Fertigungseinheit** *f* единица продукции; нормализованная деталь, стандартизованная деталь, нормализованный узел
**Fertigungseinzelkosten** *pl* прямые издержки производства *(на единицу продукции)*

**Fertigungsendstelle** *f* завершающий участок производства
**Fertigungsfluss** *m* технологический поток
**Fertigungsgang** *m* рабочая операция, технологическая операция; рабочий ход; рабочий такт; период работы; рабочий процесс, ход работы; процесс работы
**Fertigungsgemeinkosten** *pl* накладные расходы; общие производственные расходы, накладные производственные расходы
**Fertigungsgrad** *m* стадия готовности; степень *(технической)* готовности изделия, степень *(технической)* готовности узла, степень *(технической)* готовности детали
**Fertigungsgrundlohn** *m* основная заработная плата
**Fertigungshauptkostenstelle** *f* основной цех; основной производственный участок
**Fertigungshauptstelle** *f* основной цех; основной производственный участок
**Fertigungshilfskostenstelle** *f* вспомогательный цех; вспомогательное производство
**Fertigungshilfsstelle** *f* вспомогательный цех; вспомогательное производство
**Fertigungskapazität** *f* производственная мощность
**Fertigungskapazität** производственные мощности
**Fertigungskette** *f* поточная линия
**Fertigungskomplex** *m* производственный комплекс
**Fertigungskontrolle** *f* межоперационный производственный контроль
**Fertigungskosten** *pl* производственные расходы, производственные издержки, издержки производства

**Fertigungskostenstelle** f локализация издержек на производстве, место возникновения затрат

**Fertigungskostenstelle** производственный участок

**Fertigungslenkung** f управление производством, управление процессом производства

**Fertigungslinie** f поточная линия

**Fertigungslizenz** f лицензия на изготовление

**Fertigungslohn** m заработная плата за (*основную*) производственную работу

**Fertigungslohnzettel** m ведомость заработной платы за (*основную*) производственную работу, расчётный лист заработной платы за (*основную*) производственную работу

**Fertigungslos** n партия (*деталей*), серия (*изделий*)

**Fertigungsmaße** n pl производственные размеры

**Fertigungsmaterial** n основной и вспомогательный материал для изготовления изделий; сырьё и материалы, стоимость которых образует прямые издержки, *ср.* Gemeinkostenmaterial

**Fertigungsmaterial** ); вспомогательные заводские материалы, отражаемые в графе накладных расходов

**Fertigungsmittel** n технологическое оснащение, технологическая оснастка

**Fertigungsmittelwirtschaft** f инструментально-лекальное хозяйство

**Fertigungsmöglichkeiten** f pl производственные возможности

**Fertigungsmuster** n головной образец, эталон; опытный образец

**Fertigungsnebenstelle** f вспомогательный цех

**Fertigungsnest** n предметно-замкнутый участок; комплексное расположение машин для завершения технологической операции

**Fertigungsplan** m технологический маршрут

**Fertigungsplanung** f планирование производства; разработка технологического процесса

**Fertigungsprinzip** n принцип организации производства

**Fertigungsprogramm** n производственная программа

**Fertigungsprozess** m производственный процесс; ход изготовления, ход производства, процесс изготовления, процесс производства; технологический процесс, технология производства

**Fertigungsqualität** f качество изготовления

**Fertigungsreife** f стадия технологической готовности (*продукции, изделия*) к запуску в производство

**Fertigungsrhythmus** m ритм технологического процесса, такт технологического процесса; производственный цикл

**Fertigungsschema** n технологическая схема производства

**Fertigungssonderkosten** pl особые издержки производства

**Fertigungsstelle** f производственный участок

**Fertigungsstraße** f поточная линия; конвейер

**Fertigungsstrecke** f, **automatische** автоматизированный участок поточной линии

**Fertigungsstufe** f стадия производства

**Fertigungssystem** n система производства

**Fertigungstechnik** f технология производства

**fertigungstechnisch** технологический

**Fertigungstechnologie** f технология производства

**Fertigungsteil** n деталь

**Fertigungstoleranz** f производственный допуск

**Fertigungsunterlagen** pl технологическая документация

**Fertigungsverfahren** n технология производства; способ изготовления

**Fertigungsverlauf** m процесс производства, ход производства; чередование рабочих операций

**Fertigungsvorgang** m производственный процесс

**beherrschter Fertigungsvorgang** контролируемый производственный процесс

**nicht beherrschter Fertigungsvorgang** неконтролируемый производственный процесс

**Fertigungsvorlauf** m производственный задел

**Fertigungszuschläge** m pl часть расходов, учитываемая в прямых издержках

**Fertigware** f готовое изделие, готовая продукция

**Fertigwaren** f pl готовая продукция

**Fertigwarenbuchhaltung** f бухгалтерия по учёту готовых изделий

**Fertigwarenindustrie** f отрасль промышленности по выпуску готовой продукции (*напр., автомобилестроение*); промышленность по выпуску готовой продукции

**Fertigwarenpreis** m цена готового изделия, цена готовых изделий, цена готового товара

**fest** твёрдый, устойчивый (*напр., о цене*)

**Festangebot** n твёрдое предложение, твёрдая оферта

**festangestellt** штатный (*о работниках*)

**nicht festangestellt** внештатный (*о работниках*)

**Festanlage** f срочный вклад
**Festbeträge** pl фиксированные платежи, рентные платежи
**Festgeld** n срочный вклад (*в банке, в сберкассе*)
**Festgeschäft** n твёрдая сделка, срочная сделка
**Festhypothek** f ипотека с жёстко фиксированным сроком выкупа, ипотека с твёрдым сроком выкупа
**Festigkeit** f стабильность, устойчивость (*напр., цен*)
**Festigung** f **der Preise** стабилизация цен
**Festigungstendenz** f тенденция к стабилизации
**Festkomma** n вчт. фиксированная запятая, фиксированная точка (*при представлении чисел*)
**Festkommabetrieb** m вчт. режим работы с фиксированной запятой
**Festkommamultiplikation** f вчт. умножение (*чисел*) с фиксированной запятой
**Festkommarechnung** f вчт. вычисления с фиксированной запятой
**Festkonto** n блокированный счёт (*в ФРГ*)
**Festkosten** pl постоянные издержки
**Festkostenanteil** m доля постоянных издержек, удельный вес постоянных издержек
**Festlegen** n установление; замораживание (*напр., кредита*)
**Festlegung** f установление (*напр., фрахтовой ставки*)
**Festlegung** вложение (*капитала*)
**Festlegung** закрепление
**Festlegung einer Akzise** обложение акцизом
**Festlegung eines Limits** лимитирование, установление лимита
**Festlegung verschärfter Zahlungsbedingungen** перевод на особую форму расчётов

**Festlegungen** f, pl, **übertarifliche** сверхтарифные ставки (*на предприятии*)
**festliegen** быть замороженным (*напр., о кредите*)
**Festlohn** m твёрдая заработная плата
**festmachen**, vt договариваться; приходить к соглашению; заключать (*сделку*)
**Festpreis** m твёрдая цена
**Festpreiskatalog** m прейскурант (*единых*) твёрдых цен
**Festpreissystem** n система твёрдых цен
**Festprogramm** n постоянная программа, фиксированная программа, жёсткая программа
**Festsatzkredit** m кредит с твёрдой процентной ставкой
**Festsetzung** f установление (*напр., цены*)
**Festsetzung der Löhne** установление тарифных ставок; установление размеров заработной платы
**Festsetzung von Kontingenten** контингентирование, установление контингентов
**Festsetzung von Quoten** квотирование, установление квот
**Festspeicher** m выч. постоянная (*долговременная*) память, постоянное (*долговременное*) ЗУ
**Feststellung** f установление, констатация; определение
**Feststellung der Verpackungsmasse** тарирование
**Feststellungsbescheid** m уведомление финансового органа об установлении объекта для налогообложения; уведомление финансового органа об установлении масштаба исчисления налога
**festverrechnet** твёрдорасчётный

**festverzinslich** с жёстко фиксированным процентом, с твёрдым процентом
**festverzinslich** приносящий постоянный процент, приносящий твёрдый процент (*напр., о государственных ценных бумагах*)
**Festwährung** f твёрдая валюта
**Festwert** m постоянная величина; постоянное значение
**Festzinskredit** m кредит с твёрдой процентной ставкой
**Fetischcharakter** m фетишизм
**Fetischcharakter der Ware** товарный фетишизм
**Fetischcharakter des Geldes** денежный фетишизм
**Fetischcharakter des Kapitals** фетишизм капитала
**Fetischgestalt** f фетишистская форма (*напр., капитала*)
**Fetischisierung** f фетишизация
**Fetischkult** m фетишизм
**Fetteinheit** f единица жирности молока, показатель жирности молока
**fetter Happen** m (**ein großer Gewinn**) жирный кусок (крупный выигрыш)
**fetter Happen** m (**ein einträgliches Geschäft**) жирный кусок (выгодная сделка)
**Feuchtigkeitsgehalt** m содержание влаги, влажность
**Feudalherrschaft** f ист. феодализм
**Feudalisierung** f феодализация
**Feudalismus** m ист. феодализм
**Feudallast** f феодальная повинность
**Feudalordnung** f феодальный строй, феодальный уклад
**Feudalrente** f феодальная рента

**Feudalstaat** *m* феодальное государство

**Feudalverfassung** *f* феодальный уклад

**Feudum** *n ист.* лен, ленное поместье, феод

**Feuerassekuranz** *f* страхование от огня

**Feuerbetriebsunterbrechungsversicherung** *f* страхование от убытков из-за приостановки производственного процесса вследствие пожара

**feuergefährlich** легковоспламеняющийся; самовозгораемый *(о грузах)*; огнеопасный

**Feuerkasse** *f* страховая касса, производящая страхование от огня; бюро по страхованию от огня; фонд страхования от огня

**Feuerpflichtversicherung** *f* обязательное страхование зданий и производственных сооружений от огня и других стихийных бедствий

**Feuerpolice** *f* страховой полис *(при страховании от огня)*, полис страхования от огня и других стихийных бедствий

**Feuerschutzanlage** *f* противопожарная установка

**Feuerversicherung** *f* страхование от огня

**Feuerversicherungsprämie** *f* страховая премия, вносимая страхующимися от огня, страховая премия, вносимая застрахованными от огня

**Feuerwehrkosten** *pl* расходы на противопожарные мероприятия, расходы предприятия на организацию противопожарных мероприятий, издержки предприятия на организацию противопожарных мероприятий

**Feuerwerkskörper** *m* пиротехническое средство

**FF, ff:**
  **FF, Fremdfertigung** иностранного производства *(о товаре)*
  **ff, sehr fein** экстра

**FG:**
  **FG, Finanzgericht** налогово-финансовый суд *(ФРГ)*
  **Fg., Feingold** чистое золото

**F.g.a., free general average** *страх.* свободно от общей аварии

**FGeh, Fernsprechgebühren** плата за пользование телефоном

**Fgut, Frachtgut** груз малой скорости

**FI:**
  **FI:** налогово-финансовое управление; финансовое ведомство
  **FI, Finnland** Финляндия
  **f.i., free in** погрузка оплачивается фрахтователем

**f.i.a., füll interest admitted** все условия для обеспечения заинтересованности соблюдены

**fiat money** *англ.* неразменные бумажные деньги

**FIATA, Federation Internationale des Associations de Transitaires et Assimiles** Международная федерация транспортно-экспедиторских ассоциаций

**Fibor, Frankfurt Offered Rate** межбанковская ставка на основе операций во Франкфурте-на-Майне

**f.i.c., freight, insurance, carriage** цена, включающая фрахт, страхование и стоимость перевозки *(условие поставки в договоре купли-продажи)*

**fiduciary issue** *англ.* фидуциарная эмиссия

**Fiduziant** *m юр.* доверитель

**Fiduziar** *m юр.* доверенный, доверенное лицо; лицо, которому передаётся право собственности на имущество *(в обеспечение долга)*

**Fiduziargesellschaft** *f юр.* фидуциарное общество

**fiduziarisch** *юр.* фидуциарный; доверительный

**fieldwork** *англ. стат.* (анкетный) опрос на местах

**fieren**, *vt* опускать груз, поднятый краном; *мор.* спускать; отдавать, травить *(тросы, якорь)*

**Figurendiagramm** *n стат.* фигурная диаграмма

**fiktiv** условный *(о показателе)*

  **fiktiv** фиктивный, мнимый *((напр., о сделке)*; вымышленный; условный *((напр., о показателе)*

**File** *англ.* массив данных; файл

**Filialbetrieb** *m (торговое)* многофилиальное предприятие

**Filiale** *f* филиал *(торгового предприятия, банка)*, отделение

**Filiale am gleichen Platz** местный филиал

**Filialgeschäft** *n* филиал предприятия, филиальное отделение предприятия

**Filialgruppe** *f* группа торговых филиалов одинаковой специализации

**Filialgruppenleiter** *m* руководитель группы торговых филиалов одинаковой специализации

**Filialnetz** *n* сеть филиалов *((напр., банков)*

**Filialsystem** *n* филиальная система предприятия *(напр., в банковском деле, торговле)*; *соц.* филиальная система объединения торговых точек с одинаковым ассортиментом

**Filialunternehmen** *n* филиальное предприятие, многофилиальное предприятие

**Filialunternehmung** *f* филиальное предприятие, многофилиальное предприятие

**Filmausgabegerät** *n* устройство вывода данных на плёнку

**Filmspeicher** *m* память на тонких плёнках, ЗУ на тонких плёнках

**Filmspeicher** фотооптическая память, фотооптическое ЗУ; память на микрофильмах

**FIM, Finnmark, - Finnland** Финская марка *(код валюты 246), в н.в. заменена на* Евро **EURO**, - Финляндия

**Final-Faktura** *f* окончательный счёт

**Finalabschluss** *m* окончательный расчёт

**Finalerzeugnis** *n* конечный продукт

**Finalnachfrage** *f* конечный спрос

**Finalprodukt** *n* конечный продует

**Finalproduktion** *f* конечная продукция, готовая продукция

**Finalproduzent** *m* конечный производитель

**financial interrelations ratio** *англ.* финансовый коэффициент *(выражает соотношение между совокупной стоимостью финансовых активов и реальным богатством страны)*

**Finanz** *f* финансовое дело, финансы; финансовый мир, банкиры

**Finanz- und Kreditsystem** *n* финансово-кредитная система

**Finanz- und Wirtschaftssystem** *n* финансово-экономическая система

**Finanz-Ergebniskonto** *n* счёт финансовых результатов; финансово-результативный счёт

**Finanzabgaben** *f pl* налоги; сборы; пошлины; взносы

**Finanzabkommen** *n* финансовое соглашение

**Finanzabrechnungen** *f pl* финансовые расчёты *(результатов деятельности)*

**Finanzabteilung** *f* финансовый отдел, финотдел

**Finanzaktiva** *pl* финансовые активы, финансовая наличность

**Finanzakzept** *n* финансовый акцепт, акцептованный финансовый вексель

**Finanzamt** *n* финансовое учреждение; финансовое управление, налогово-финансовое управление; финансовое ведомство; финансовый отдел, финотдел

**Finanzanalyse** *f* финансовый анализ, анализ финансового положения *(как метод финансового контроля)*

**Finanzanlagevermögen** *n* основной капитал *(в денежной форме)*

**Finanzapparat** *m* финансовый аппарат

**Finanzaristokratie** *f* финансовая аристократия *(группа ведущих финансистов страны)*, финансовая олигархия

**Finanzaufkommen** *n pl* финансовые поступления *(в государственный бюджет)*

**Finanzausgleich** *m* финансовое балансирование, сведение финансовых расчётов; бюджетное регулирование; распределение доходов государственного бюджета; финансовое соглашение о распределении доходов

**horizontaler Finanzausgleich** распределение доходов государственного бюджета по горизонтали *(между органами одного уровня, напр. между землями)*

**vertikaler Finanzausgleich** распределение доходов государственного бюджета по вертикали *(между вышестоящими и нижестоящими органами, напр. между землями и общинами)*

**Finanzautonomie** *f* финансовая автономия

**Finanzbedarf** *m* потребность в финансовых средствах, потребности в финансах

**Finanzbehörden** *f pl* финансовые органы

**Finanzbericht** *m* финансовый отчёт *(напр., Федерального министерства финансов)*

**Finanzberichterstattung** *f* финансовый отчёт

**Finanzbeteiligung** *f* финансовое участие *(в предприятии)*, финансирование

**Finanzbeziehungen** *f pl* финансовые взаимоотношения

**Finanzbilanz** *f* финансовый баланс, баланс финансовых ресурсов

**Finanzbuchführung** *f* финансовое счетоводство; ведение финансовой документации

**Finanzbuchhaltung** *f* бухгалтерский учёт *(включающий "внешние" связи предприятия - с кредиторами, должниками, инвесторами - ср.* **Betriebsbuchhaltung** *)*

**Finanzdecke** *f* финансовое покрытие *(необходимых платежей)*; финансовое обеспечение

**Finanzdefizit** *n* финансовый дефицит

**Finanzdelikt** *n* финансовое правонарушение

**Finanzdisziplin** *f* финансовая дисциплина

**Finanzeinnahmen** *f pl* финансовые поступления *(в государственный бюджет)*; фискальный доход

**Finanzen** *f pl* финансы, финансовые средства, денежные средства; (государственный) бюджет, государственные доходы; *соц.* система денежных отношений; денежные фонды

**Finanzen der Wirtschaftszweige** финансы отрасли промышленности, отраслевые финансы
**staatliche Finanzen** общегосударственные финансы
**die Finanzen sanieren** оздоровить финансы, санировать финансы
**Finanzer** *m австр.* таможенник, таможенный досмотрщик
**Finanzfachmann** *m* финансист, финансовый работник
**Finanzgebaren** *n* финансовая деятельность, характер финансовой деятельности
**Finanzgebarung** *f* финансовая деятельность, ведение финансовых дел
**Finanzgericht** *n* налогово-финансовый суд *(регулирует налоговые споры)*
**Finanzgeschäft** *n* финансовая сделка, финансовая операция
**Finanzgesetzgebung** *f* финансовое законодательство
**Finanzgruppe** *f* финансовая группа; финансово-монополистическая группа
**Finanzherr** *m* финансовый магнат, финансист
**Finanzhilfe** *f* финансовая помощь, субсидии (мн.ч.)
**staatliche Finanzhilfe** государственные субсидии (мн. ч.)
**mit Finanzhilfe rechnen** рассчитывать на финансовую помощь
**Finanzhilfe gewähren** предоставлять субсидии, субсидировать
**Finanzhoheit** *f* финансовый суверенитет
**finanziell** финансовый; денежный
**finanzielle Hilfe** *f* финансовая помощь; помощь деньгами
**finanzielle Intermediäre** финансовые посредники (мн.ч.)
**finanzielle Pyramide** финансовая пирамида
**finanzielle Uterstützung** финансовая поддержка; поддержка деньгами; поддержка финансами
**aus finanziellen Gründen** по финансовым мотивам; из финансовых соображений
**in finanzieller Hinsicht** в денежном выражении; в финансовом выражении
**Finanzier** *m* финансист, банкир, осуществляющий финансирование
**finanzieren,** *vt* финансировать
**ein Projekt finanzieren** финансировать проект; вкладывать деньги в проект; инвестировать в проект
**Finanzierung** *f* 1. финансирование; инвестирование; вложение денег 2. кредитование
**Finanzierung aus dem Haushalt** бюджетное финансирование
**Finanzierung des Wohnungsbau** финансирование жилищного строительства
**Finanzierung durch eine Bank** банковское финансирование
**Finanzierung durch Erlaß der Gewinnabführung an den Staat** финансирование *(напр., капиталовложений)* за счёт средств, поступающих от уменьшения отчислений от прибыли в госбюджет
**Finanzierung ohne Rückerstattung** безвозвратное финансирование, безвозмездное финансирование
**Finanzierung ohne Rückzahlungspflicht** безвозвратное финансирование, безвозмездное финансирование; финансирование на безвозмездной основе; финансирование на безвозвратной основе
**Finanzierung über Kredite** кредитное финансирование; финансирование путём предоставления кредита(ов)
**Finanzierung über Leasing** финансирование через лизинг; лизинговое финансирование
**Finanzierung über die Preise** финансирование через механизм цен
**auf dem Wege der Finanzierung** в порядке финансирования
**auftragsgebundene Finanzierung** позаказное финансирование
**kurzfristige Finanzierung** 1. краткосрочное финансирование 2. краткосрочное кредитование; предоставление коротких кредитов
**langfristige Finanzierung** 1. долгосрочное финансирование 2. долгосрочное кредитование; предоставление длинных кредитов
**offene Finanzierung** открытое финансирование
**stille Finanzierung** скрытое финансирование
**zyklische Finanzierung** циклическое финансирование
**Finanzierungsart** *f* вид финансирования, вид кредитования, способ финансирования, способ кредитования
**Finanzierungsbank** *f* финансирующая компания *(напр., акционерное общество, использующее средства, полученные от выпуска акций и облигаций, для финансирования других фирм)*
**Finanzierungsbank** деловой банк *(во Франции)*
**Finanzierungsbedarf** *m* потребности в финансировании; потребности в средствах финансирования

**Finanzierungsbedürfnis** *n* потребности в финансировании; потребности в средствах финансирования

**Finanzierungsbestimmung** *f* инструкция о порядке финансирования

**Finanzierungsbestimmungen,** *f, pl* правила финансирования, положения о порядке финансирования

**Finanzierungsbilanz** *f* баланс финансирования; финансовая смета *(баланс)*; баланс ликвидных средств

**Finanzierungsfonds,** *m, pl* фонды финансирования (мн.ч.)
**operative Finanzierungsfonds** фонды оперативного финансирования (мн.ч.)

**Finanzierungsform** *f* форма финансирования

**Finanzierungsgeschäft** *n* финансовая сделка, финансовая операция, операция по финансированию; операция по кредитованию; инвестиционная сделка

**Finanzierungsgesellschaft** *f* финансирующая компания *(напр., акционерное общество, использующее средства, полученные от выпуска акций и облигаций, для финансирования других фирм)*, финансирующее общество

**Finanzierungsgrundsatz** *m* принцип финансирования

**Finanzierungsinstitut** *n* финансовое учреждение, кредитное учреждение *(напр., банк)*

**Finanzierungskennzahl** *f* показатель финансового положения

**Finanzierungsleasing** *n* *(финансовый) лизинг (аренда производственного оборудования или транспортных средств, осуществляемая при посредничестве специализированной компании; последняя обычно приобретает оборудование в кредит)*

**Finanzierungslimit** *n* 1. лимит финансирования 2. лимит кредитования; кредитный лимит

**Finanzierungsmarkt** *m* 1. денежный рынок; финансовый рынок 2. рынок ликвидных средств 3. инвестиционный рынок 4. кредитный рынок; рынок кредитов

**Finanzierungsmethoden,** *f, pl* методы финансирования (мн.ч.)

**Finanzierungsmöglichkeit** *f* возможность финансирования

**Finanzierungsnachteil** *m* недостатки финансирования (мн.ч.)

**Finanzierungsorgan** *n* финансовый орган

**Finanzierungsplanung** *f* планирование финансирования

**Finanzierungsprogramm** *n* программа финансирования

**Finanzierungsquelle** *f* источник финансирования
**zweckgebundene Finanzierungsquelle** источник целевого финансирования

**Finanzierungsrechnung** *f* финансовый расчёт *(включает бюджетные и кредитные отношения между финансовым и нефинансовым секторами народного хозяйства)*

**Finanzierungsreserve** *f* финансовые резервы (мн.ч.)

**Finanzierungsrisiko** *n* финансовый риск; кредитный риск; риск невозврата вложенных средств; риск невозврата кредита

**Finanzierungsschwierigkeiten,** *f, pl* трудности финансирования, затруднения в области финансирования; трудности в привлечении инвестиций

**Finanzierungsspielraum** *m* возможности финансирования

**Finanzinspektion.** *f* финансовая инспекция, финансовый надзор

**Finanzjahr** *n* финансовый год

**Finanzkapital** *n* финансовый капитал; *редк.* банковский капитал

**Finanzkasse** *f* налогово-финансовая касса *(ФРГ)*

**Finanzkategorien,** *f, pl* стоимостные категории *(напр., цена, прибыль, себестоимость)*, финансовые категории

**Finanzkennziffer** *f стат.* стоимостный показатель

**Finanzkontrollbericht** *m* сводный финансовый отчёт

**Finanzkontrolle** *f* финансовый контроль

**Finanzkraft** *f* финансовые возможности (мн.ч.); финансовая сила

**finanzkräftig** финансово устойчивый; состоятельный; материально обеспеченный
**finanzkräftiges Unternehmen** финансово устойчивое предприятие
**sich einen finanzkräftiges Partner suchen** искать обеспеченного партнёра; искать партнёра со средствами; искать состоятельного партнёра

**Finanzkrise** *f* финансовый кризис
**in einer Finanzkrise stecken** попасть в финансовый кризис; очутиться в финансовом кризисе; переживать финансовый кризис
**Finanzkrise verursachen** вызывать финансовый кризис; являться причиной финансового кризиса

**Finanzlage** *f* финансовое положение; финансовое состояние *(напр., предприятия)*
**Finanzlage eines Unternehmens** финансовое положение предприятия

**sich in einer schwierigen Finanzlage befinden** находиться в сложном финансовом положении

**Finanzmagnat** *m* финансовый магнат

**Finanzmakler** *m* финансовый маклер

**Finanzmanipulationen,** *f, pl* финансовые махинации

**Finanzmann** *m* финансовый магнат, финансист, представитель финансовых кругов; инвестор; спонсор

**Finanzmann** *m* специалист в области финансов; финансист; специалист по финансам; специалист в области финансирования

**Finanzmarkt** *m* денежный рынок; финансовый рынок; рынок финансов; инвестиционный рынок; рынок кредитов

**Instabilität des internationalen Finanzmarktes** нестабильность международного финансового рынка

**Trend zur Internationalisierung der Finanzmärkte** тенденция к интернационализации финансовых рынков

**Finanzmathematik** *f* финансовая математика; совокупность моделей, с помощью которых описываются финансовые операции

**Finanzmethoden,** *f, pl* методы финансирования (мн.ч.)

**Finanzmittel,** *n, pl* финансы(мн. ч.), финансовые средства (мн. ч.), денежные средства (мн.ч.), финансовые ресурсы (мн.ч.), денежные ресурсы (мн.ч.)

**Finanzmittel beantragen** подавать заявление на предоставление финансовых средств

**Finanzmonopol** *n* налоговая монополия, финансовая монополия; государственная монополия на производство и сбыт подакцизных товаров *(напр. табака, алкоголя) (средство налоговой политики)*

**Finanzökonomie** *f* финансовое хозяйство; денежное хозяйство *(предприятия)*

**Finanzökonomik** *f* экономика финансов

**Finanzökonomisches Forschungsinstitut beim Ministerium der Finanzen** Финансово-экономический исследовательский институт при Министерстве финансов *(бывш. ГДР)*

**Finanzoligarchie** *f* финансовая олигархия

**Finanzoperation** *f* финансовая операция, финансовая сделка

**Finanzplan** *m* финансовый план

**Finanzplan erstellen** 1. подготовить финансовый план 2. составить смету

**Finanzplan einer Dienststelle** ведомственная смета

**betrieblicher Finanzplan** финансовый план предприятия, заводская смета

**detaillierter Finanzplan** детальная смета

**endgültiger Finanzplan** окончательная смета

**vorläufiger Finanzplan** предварительная смета

**Finanzplankalkulation** *f* планово-финансовая калькуляция

**Finanzplanung** *f* финансовое планирование, прогноз потребности в финансах

**Finanzpolitik** *f* финансовая политика

**aggressive Finanzpolitik** агрессивная финансовая политика

**Finanzprognose** *f* финансовый прогноз

**Finanzquellen,** *f, pl* финансовые ресурсы, денежные ресурсы

**Finanzrechnung** *f* финансовый учёт, учёт финансов; учёт финансовых операций; учёт условий, процесса и результатов производства в денежно-стоимостной форме

**Finanzrecht** *n* финансовое право

**Finanzreform** *f* финансовая реформа

**Finanzreserven,** *f, pl* финансовые резервы

**Finanzressourcen,** *f, pl* финансовые ресурсы, денежные ресурсы

**Finanzrevision** *f* финансовая ревизия, ревизия финансовой деятельности

**Finanzrichtsatz** *m* финансовый норматив

**Finanzschuld** *f* финансовая задолженность

**gestundete Finanzschuld** просроченная финансовая задолженность

**Finanzschulddarlehen** *n* ссуда для покрытия финансовой задолженности; ссуда для покрытия части финансовой задолженности

**Finanzspritze** *f* финансовая инъекция; финансовое вливание; финансовая подпитка

**Finanzstatistik** *f* статистика финансов

**Finanzstatus** *m* сводка состояния финансов предприятия; финансовое положение, финансовый статус

**Finanzsteuern,** *f, pl* налоги, преследующие фискальные цели; налоги, идущие в государственную казну

**Finanzstrafe** *f* финансовый штраф; штраф за нарушение постановлений о государственных доходах, наказание за нарушение постановлений о государственных доходах

**Finanzsystem** *n* финансовая система

**Finanztransaktion** *f* 1. международная финансовая сделка; финансовая сделка 2. финансовая операция; финансовая транзакция; транзакция, трансакция

**eine Finanztransaktion abschließen** заключить финансовую сделку

**Finanztransaktionen durchführen** осуществлять финансовые операции

**Finanzverfassung** *f* законодательство о финансировании; законодательство об инвестициях; свод финансово-правовых постановлений, регулирующий систему финансирования;

**Finanzvermögen** *n* финансовое имущество *(напр., имущество публично-правовых органов, обеспечивающее неналоговые доходы)*

**Finanzverpflichtung** *f* финансовое обязательство

**Finanzverwaltung** *f* финансовое управление

**Finanzverwaltung** управление финансами

**Finanzvoranschlag** *m* финансовая смета

**Finanzvoranschlag** государственный бюджет; госбюджет

**Finanzvoranschlag** финансовый бюджет

**Finanzwache** *f* ( австр.) таможня

**Finanzwachkommissar** *m* таможенный комиссар

**Finanzwechsel** *m* финансовый вексель *(в его основе - нетоварная сделка, используется обычно для мобилизации денежных ресурсов и не всегда подлежит учёту/дисконтированию)*

**Finanzwelt** *f* мир финансов; мир денег; мир финансистов

**hohe Finanzwelt** *f* финансовая олигархия

**Finanzwesen** *n* финансовое хозяйство; финансы; финансовая система; финансовое дело; финансы *(наука)*

**das Finanzwesen sanieren** оздоровить финансы, санировать финансы

**Finanzwirtschaft** *f* финансовое хозяйство; денежное хозяйство *(предприятия)*

**betriebliche Finanzwirtschaft** финансовое хозяйство предприятия *(включает хозяйственный оборот капитала - см.* **Kapitalwirtschaft** *и хозяйственный оборот платёжных средств - см.* **Zahlungsmittelwirtschaft***)*

**öffentliche Finanzwirtschaft** государственное финансовое хозяйство; государственные финансы (как институт)

**finanzwirtschaftlich** финансово-экономический

**Finanzwissenschaft** *f* финансовая наука; финансовое учение; финансы *(учебный предмет)*; наука о финансах

**Finanzzerrüttung** *f* расстройство финансов

**Finanzzoll** *m* фискальная пошлина; таможенная пошлина

**Finder** *m* нашедший *(потерянную вещь)*

**Finder** открыватель (месторождения)

**der ehrliche Finder wird gebeten...** нашедшего просят...

*dem* **Finder 10 Euro für das Wiederbringen bieten** обещать нашедшему вещь награду в 10 евро за ее возврат

**Finderlohn** *m* вознаграждение за находку; премия за находку

**FINEBEL, Frankreich-Italien-Niderlande-Belgien-Luxemburg** Франция, Италия, Нидерланды, Бельгия, Люксембург *(страны, объединённые экономическим и таможенным соглашением)*

**Finefta** соглашение от 27.3.1961 г. о присоединении Финляндии к Европейской ассоциации свободной торговли

**fingiert** фиктивный; поддельный

**fingierte Order** фиктивный ордер

**fingierte ProformeßRechnung** фиктивный счёт; фиктивная счёт-проформа

**fingiertes Kapital** фиктивный капитал

**Fingiertheit** *f* фиктивность

**f.i.o., free in and out** погрузка и выгрузка оплачиваются фрахтователем

**fios, free in and out and stowed** погрузка, выгрузка и укладка груза в трюме оплачиваются фрахтователем

**Firma** *f* фирма, торговый дом; торговое предприятие

**Firma** юридическое наименование фирмы, юридическое наименование акционерного общества, юридическое наименование товарищества, официально зарегистрированное наименование предприятия

**die Firma ändern** изменить наименование фирмы

**die Firma arbeitet mit Verlust** фирма работает с убытком

**die Firma beschäftigt 1000 Personen** фирма обеспечивает работу 1000 человек; на фирме тысяча рабочих мест

**eine Firma in Handelsregister eintragen** внести фирму в торговый реестр (регистр)

**eine Firma leiten** руководить фирмой; управлять фирмой

**Bonität einer Firma** солидность фирмы

**für eine Firma zeichnen** подписывать от имени фирмы

**eingetragene Firma** зарегистрированная фирма

**ersonnene Firma** фиктивное наименование фирмы

**konkurrierende Firma** конкурирующая фирма; фирма-конкурент

**leistungsfähige Firma** продуктивная фирма; устойчивая фирма

**marktbeherrschende Firma** доминирующая *на рынке* фирма

**renommierte Firma** солидная фирма; фирма с хорошей репутацией

**sichere Firma** надёжная фирма

**zuverlässige Firma** надёжная фирма

**Firmenbezeichnung** *f* фирменное обозначение

**Firmenbriefbogen** *m* бланк фирмы, фирменный бланк

**Firmenchef** *m* владелец фирмы

**Firmenformular** *n* бланк фирмы, фирменный бланк

**Firmenfortführung** *f* продолжение ведения дел фирмы *(напр., наследниками)*

**Firmengebrauch,** *m,* **unbefugter** неправомочное использование наименования фирмы, недозволенное использование наименования фирмы

**Firmengründung** *f* основание фирмы, учреждение фирмы

**Firmenimage** *n* имидж фирмы

**Firmenkern** *m* основное название фирмы *(имя владельца фирмы)*

**Firmenkreditkarte** корпоративная кредитная карта

**Firmenmantel** *m* совокупные права на участие в капитале акционерной компании *(при их покупке новый владелец может освобождаться от учредительских издержек),* совокупные права акционерной компании на пай

**Firmenmarke** *f* торговая марка фирмы; фирменный торговый знак

**Firmenname** *m* наименование фирмы; название фирмы

**Firmenregister** *n* список (торговых) фирм, реестр (торговых) фирм

**Firmenschild** *n* вывеска *(с названием)* фирмы, фирменная вывеска

**Firmenschutz** *m* юр. охрана права на фирму, охрана права пользования наименованием фирмы

**Firmensitz** *m* местонахождение фирмы

**Firmentarif** *m* тарифное соглашение, заключённое между профсоюзом и предприятием, тарифное соглашение, заключённое между профсоюзом и фирмой

**Firmenvertreter** *m* представитель фирмы, агент фирмы

**Firmenverzeichnis** *n* реестр фирм

**Firmenwert** *m* цена фирмы, стоимость фирмы, "гудвилл" *(условная стоимость деловых связей, денежная оценка неосязаемого капитала, напр. престижа торговой марки, опыта деловых связей, устойчивости клиентуры)*

**Firmenzeichen** *n* торговая марка фирмы

**Firmenzusatz** *m* дополнительное название фирмы; дополнение к названию фирмы

**firmieren,** *vt* иметь наименование *(о фирме);* ставить знак фирмы; подписывать от имени фирмы

**first open water** *англ.* "первой открытой водой", "ПОВ", "сейчас же после открытия навигации" *(условие поставки в договоре купли-продажи)*

**first-in-first-out** *англ.* предположение, согласно которому материалы расходуются в той же последовательности, в которой они закупались *(метод оценки использованных материалов или оборота ценных бумаг)*

**fiscal drag** *англ.* финансовый тормоз *(экономического роста с помощью налоговых изъятий)*

**fiscal policy** *англ.* финансовая политика

**Fischerei** *f* рыболовство, рыбный промысел

**Fischerei-Produktionsgenossenschaft** *f* рыболовецкий производственный кооператив

**Fischereizone** *f* зона рыбной ловли

**Fiskal** *m ист.* фискал, государственный казначей

**Fiskaleinlagen,** *f, pl* банковские вклады государства, вклады государственной казны в банках

**fiskalisch** фискальный, казённый *(относящийся к фиску, к государственной казне);* налоговый

**Fiskalismus** *m* фискальная политика государства; политика государства в области налогов

**Fiskaljahr** *n* бюджетный год, фискальный год

**Fiskalpolitik** *f* налоговая политика; фискальная политика; политика фискальных органов

**Fiskalschuld** *f* государственный долг

**Fiskalzoll** *m* фискальная пошлина

**Fiskus** *m лат.* фиск, (государственная) казна
  **in den Fiskus fließen** поступать в государственную казну

**f.i.w., free in waggon** франко-вагон *(условие поставки в договоре купли-продажи)*

**fix** твёрдый; определённый; неизменный, постоянный
  **fixe Preise** твёрдые цены; постоянные цены; неизменные цены
  **fixes Gehalt** твёрдый оклад
  **fixe Kosten** постоянных расходы; постоянные затраты
  **fixer Ertrag** постоянный доход; твёрдый доход
  **fixer Wechselkurs** фиксированный обменный курс

**Fixabkommen** *n* соглашение на твёрдый срок, соглашение на определённых условиях

**fixen,** *vt бирж.* совершать срочные сделки; играть на бирже на срок *(продавать ценные бумаги или товар, оговаривая определённый срок сделки)*

**Fixer** *m* бланкист, заключающий сделку на срок, биржевой агент

**Fixer** играющий на срок биржевой спекулянт

**Fixgeschäft** *n* срочная сделка, твёрдая сделка *(сделка, в которой соблюдение срока является основой существования самой сделки)*

**Fixkauf** *m* купля на срок; *бирж.* твёрдая сделка *(на срок),* твёрдая *(срочная)* сделка

**Fixkosten,** *pl* постоянные издержки, твёрдые издержки, фиксированные издержки

**Fixkostendegression** *f* уменьшение постоянных затрат; снижение доли постоянных затрат

**Fixkostenkoeffizient** *m* доля постоянных издержек в общих расходах

**Fixpreis** *m* твёрдая цена; фиксированная цена; *(бирж.)* зафиксированная цена

**Fixtermin** *m* твёрдый срок

**Fixum** *n* твёрдая часть вознаграждения *(напр., комиссионеру);* твёрдый оклад

**Fixverkauf** *m* продажа на срок; бланковая продажа *(ценных бумаг)*

**FJ, Fidschi** Фиджи

**FJD, Fidschi-Dollar, - Fidschi** Доллар Фиджи *(код валюты 242),* - Фиджи

**FK, Finanzkasse** налогово-финансовая касса *(ФРГ)*

**FKP, Falkland-Pfund, - Falklandinseln** Фунт Фолклендских островов *(код валюты 238),* - Фолклендские острова, *или* Мальвинские острова

**Fkta, Faktura** счёт-фактура, фактура

**Fl, Freiliste** перечень товаров, разрешённых к ввозу без (каких-л.)ограничений; список товаров, разрешённых к внешнеторговым операциям

**Flachablage** *f канц.* горизонтальная форма хранения деловых бумаг *(стопками)*

**Fläche** *f* площадь, территория
  **bebaute Fläche** площадь застройки
  **bestellte Fläche** возделываемые сельскохозяйственные площади

**Flächenausnutzung** *f* использование *(земельной)* площади

**Flächendiagramm** *n стат.* плоскостная диаграмма

**Flächeneinheit** *f* единица площади

**Flächenleistung** *f* производительность труда в расчёте на единицу площади сельскохозяйственных угодий

**Flächenmaß** *n* мера площади

**Flächensteuer** *f* поземельный налог

**Flachkartei** *f канц.* плоская обозримая картотека

**Flachpalette** *f* плоский поддон

**Flachsichtkartei** *f канц.* плоская обозримая картотека

**Flackerstreik** *m* забастовка вспышками *(на отдельных предприятиях),* ступенчатая стачка

**"flag of convenience"** *англ.* "удобный" флаг, дешёвый флаг *(в морском судоходстве понимаются группы стран - Либерия, Панама -, предоставляющие судоходным компаниям определённые преимущества при регистрации судов)*

**Flagge** *f* флаг
  **billige Flagge** удобный флаг, дешёвый флаг *(в морском судоходстве понимаются группы стран - Либерия, Панама -, предоставляющие судоходным компаниям определённые преимущества при регистрации судов)*

**Flaggenbegüngstigung** *f* наибольшее благоприятствование судам "удобного" флага, наибольшее благоприятствование судам дешёвого флага

**Flaggendiskriminierung** *f* дискриминация *(государства)* в области судоходства; дискриминация национального флага

**Flaggenprotektionismus** *m* протекционизм в отношении национального флага *(элемент государственной политики, направленной на повышение конкурентоспособности морского флага своей страны)*

**Flaggenrecht** *n* закон о флаге *(предписывающий вывешивание флага каждому торговому судну);* право на флаг; право вывешивания национального флага, право вывешивания торговых флагов

**Flaggenzuschlag** *m* надбавка *(к таможенным пошлинам)* для грузов, перевозимых иностранными судами

**Flammpunkt** *m* температура возгорания *(указывается в накладной и сопроводительных документах при перевозке горючих материалов)*

**Flat** *m* амер. вагон-платформа

**flat** без калькуляции процентов (бирж.)

**flau** слабый, вялый *(напр., о торговле)*; неоживлённый *(напр., о бирже)*; залежалый, непродающийся *(о товаре)*

**Flaumacher** *m* разг. биржевой спекулянт, играющий на понижение

**Flaumacherei** *f* разг. бирж. игра на понижение

**Flaute** *f* вялость, слабость *(напр., конъюнктуры)*, застой *(в делах)*, стагнация
  **Flaute im Handel** застой в торговле
  **geschäftliche Flaute** спад деловой активности
  **in der Flaute bleiben** находиться в застое

**Flei-Verkehr** *m* комбинированные авиа-железнодорожные грузовые перевозки, комбинированные авиа-железнодорожные товарные перевозки

**Fleißzulage** *f* надбавка за хорошую работу

**flexibel** гибкий *(напр., о вексельных курсах, об экономике)*

**Flexibilisierung** *f* придание гибкости *(напр. отношениям)*

**Flexibilität** *f* гибкость *(напр., вексельных курсов, экономики)*

**Fließabschnitt** *m* (отдельный) участок поточной линии

**Fließarbeit** *f* поточная организация труда, конвейерная организация труда

**Fließarbeitssystem** *n* конвейерная система

**Fließband** *n* конвейер; транспортёр
  **Fließband** поточная организация труда

**Fließbandarbeit** *f* поточная работа, конвейерная работа; поточная организация производства

**Fließbanderzeugnis** *n* изделие, изготовляемое на конвейере, конвейерное изделие

**Fließbandverfahren** *n* поточный метод производства

**Fließbanproduktion** *f* поточное производство; конвейерное производство

**Fließfertigung** *f* поточное производство
  **komplexe Fließfertigung** комплексное поточное производство
  **konstante Fließfertigung** однопредметные непрерывно-поточные линии

**Fließgut** *n* материал для поточного производства

**Fließhandel** *m* текущая биржевая торговля

**Fließmontage** *f* монтаж на конвейере, сборка на конвейере

**Fließprinzip** *n* поточный принцип производства

**Fließreihe** *f* поточная линия
  **automatische Fließreihe** автоматическая поточная линия

**Fließstraße** *f* поточная линия
  **automatische Fließstraße** автоматическая поточная линия

**Fließsystem** *n* система поточных линий, поточная система

**Floaten** *n* колебание обменного курса; флюктуация обменного курса
  **reines Floaten** *n* чистый, плавающий курс валюты *(устанавливающийся в результате свободного действия рыночных сил)*
  **schmutziges Floaten** плавающий курс валюты *(на который оказывают влияние операции центрального банка)*

**floating** англ. "плавающий" курс *(национальной валюты)*, свободно колеблющийся курс *(национальной валюты)*, флотинг, свободное колебание курса

**Flop** *m* 1. неудачный товар 2. неудача; провал

**florieren,** *vi* процветать

**Flottenkapazität** *f* перевозочная способность морских транспортных средств

**flottieren,** *vi* колебаться *(о курсах)*

**Flucht** *f* отток денег, капитала, "бегство" капитала *(напр., от обесценения денег)*
  **Flucht in die Sachwerte** стремление обратить деньги в реальные ценности *(при инфляции)*, обращение денег в реальные ценности

**Fluchtkapital** *n* 1. перегретые финансы 2. капитал, убегающий (из страны, отрасли)

**Fluchtlinie** *f* красная линия, линия застройки

**Flug-Eisenbahnverkehr** *m* комбинированные авиа-железнодорожные грузовые перевозки, комбинированные авиа-железнодорожные товарные перевозки

**Fluggastgebühr** *f* дополнительный сбор, взимаемый с пассажиров в аэропортах

**Fluggesellschaft** *f* авиакомпания

**Flughafengebühr** *f* сбор за использование аэропортов, взимаемый управлениями аэропортов с предприятий воздушного сообщения; дополнительный сбор, взимаемый с пассажиров в аэропортах

**Flugpreis** *m* стоимость авиаперевозки, стоимость воздушной перевозки

**Fluktuation** *f* колебание, флюктуация *(напр., курс валюты)*; текучесть *(напр., рабочей силы)*
  **Fluktuation der Arbeitskräfte** текучесть рабочей силы
**Fluktuationsklausel** *f* оговорка в договоре, дающая возможность изменять твёрдую цену
**Flurbegehung** *f* обход сельскохозяйственных угодий и оценка ожидаемого урожая
**Flurbereinigung** *f* устранение чересполосицы; укрупнение земельных владений *(в ущерб мелким хозяйствам)*
**Flurbuch** *n* земельный кадастр
**Flureinrichtung** *f* землеустройство
**Flurgestaltung** *f* землеустройство
**Flurkarte** *f* план сельскохозяйственных угодий, карта сельскохозяйственных угодий
**Flurneuordnung** *f* землеустройство; устранение чересполосицы
**Flurschaden** *m* потрава полей, потрава сельскохозяйственных угодий *(скотом)*
**Flurzersplitterung** *f* чересполосица
**Flussdichte** *f* мат. плотность потока
**Flussfrachtgeschäft** *n* сделка на перевозку речного груза
**Flussguterversicherung** *f* страхование речных грузов
**flüssig** свободный, ликвидный *(о капитале)*; легко реализуемый
  **flüssig machen** реализовать *(имущество)*; привести в ликвидное состояние *(капитал)*; превращать в ликвиды; превращать в наличные деньги; размораживать *(иностранные вклады)*
  **Beschaffung flüssiger Mittel** мобилизация ликвидных средств

**Flusskargoversicherung** *f* страхование речных грузов; страхование речных судов
**Flussrhythmus** *m* ритм потока
**Flusstransportversicherung** *f* страхование речных судов и речных грузов
**F.m., fair merchantable** хорошего торгового качества; хороший товар среднего качества
**FMI, Fonds Monetaire International** Международный валютный фонд, МВФ
**FNA, Fachnormenausschuss** Комитет технических норм и стандартов *(ФРГ)*
**FO:**
  **FO, Färöer** Фарерские острова
  **fo, free out** выгрузка оплачивается фрахтователем
**FOA:**
  **FOA, Foreign Operations Administration** Управление по делам заграничных операций *(США)*
  **f.o.a., free on aircraft** франко-самолёт
**fob:**
  **fob, free on board** англ. фоб, свободно на борту, франко-борт *(условия продажи, предполагающие обязанность продавца доставить и погрузить товар на борт судна)*
  **f.o.b., free on board** свободно на борту, франко-борт, фоб *(условие поставки в договоре купли-продажи)*
  **fob-Kalkulation** *f* калькуляция экспортной цены на условиях фоб, калькуляция вывозной цены на условиях фоб
  **fob-Lieferung** *f* поставка на условиях фоб
  **fob-Preis** *m* цена фоб
  **f.o.b./f.o.b., free on board/free of board** погрузка на борт судна в порту погрузки и разгрузка с борта судна в порту выгрузки оплачиваются фрахтователем

**FOC:**
  **F.O.C., free of claims** свободно от претензий *(напр., о замене товара)*
  **foc, f.o.c., free of charge** бесплатно
  **fod, f.o.d., free of damage** *страх.* свободно от повреждения
**Föderalismus** *m* федерализм *(соотношение властных полномочий между центром и местными органами власти)*
**Föderation** *f* федерация
**Folge** *f* следствие, последствие; результат; вывод, заключение; последовательность, очерёдность; ряд, серия
  **durchgängige Folge** непрерывная последовательность
  **technologische Folge** последовательность технологических операций, очерёдность технологических операций, технологическая последовательность
**Folgeauftrag** *m* дополнительный заказ
**Folgebedarf** *m* производный спрос
**Folgebeitrag** *m* последующий страховой взнос
**Folgeereignis** *n сет. пл.* последующее событие
**Folgeinvestitionen**, *f, pl* сопряжённые капиталовложения; последующие капиталовложения; сопряжённые инвестиции
  **standortbedingte mittelbare Folgeinvestitionen** косвенные сопряжённые капиталовложения, обусловленные месторасположением предприятия
  **unmittelbare Folgeinvestitionen** прямые сопряжённые капиталовложения
**Folgekarte** *f* дублирующая перфокарта, перфокарта-дублёр

**Folgekosten** *pl* последующие затраты (все прямые и косвенные затраты после завершения проекта)

**Folgennutzen** *m* косвенная экономия, вторичная экономия

**Folgeprämie** *f* последующий страховой взнос

**Folgeprüfung** *f* выборка (метод выборочного контроля качества)

multiple **Folgeprüfung** многократная выборка, повторная выборка

**Folgeschaden** *m* косвенный убыток; косвенный ущерб (в результате, напр. несвоевременной или некачественной поставки товаров, материалов)

**Folgetest** *m* выборка (метод выборочного контроля качества)

**Folio** *n* фолио (левая и правая страницы в счётных книгах, имеющие один и тот же порядковый номер), развёрнутый лист счётной книги (левая и правая стороны которого имеют один и тот же порядковый номер)

ein **Folio** in der Bank haben иметь счёт в банке

**folio** *лат.* фолио (левая и правая страницы в счётных книгах, имеющие один и тот же порядковый номер)

**folio meo** за мой счёт

**Fond** *m* фонд

**FONDAK, Fonds für Deutsche Aktien** фонды мелких держателей акций предприятий (ФРГ)

**FONDRA, Fonds für Deutsche Renten und Aktien** фонды мелких держателей ренты и акций предприятий (ФРГ)

**Fond** *m* фонд; накопления (напр., фонд предприятия, фонд накопления)

**Fond** фонд (как организация - напр. Международный валютный фонд)

einen **Fond** einrichten учреждать фонд, учредить фонд

**Fonds,** *m, pl* запасы, ресурсы, накопления; фонды (напр., фонды обращения, производственные фонды)

**Fonds** ценные бумаги (облигации и акции), облигации государственного займа

**Fonds der gesellschaftlichen Konsumtion** фонд общественного потребления

**Fonds der individuellen Konsumtion** фонд индивидуального потребления, фонд личного потребления

**Fonds der individuellen und gesellschaftlichen Konsumtion** фонд индивидуального и общественного потребления

**Fonds der Kommunalwirtschaft** коммунальные фонды

**Fonds der nichtproduktiven Sphäre** фонды непроизводственной сферы

**Fonds der nichtproduktiven Konsumtion** фонд непроизводственного потребления

**Fonds für die individuelle Konsumtion** фонд индивидуального потребления, фонд личного потребления

**Fonds für die materielle Stimulierung** фонд материального стимулирования, фонд материального поощрения

**Fonds für Investitionen** фонды по финансированию капиталовложений; инвестиционные фонды

**Fonds für für Lohne und Gehälter** фонд заработной плат, ФЗП

**Fonds für Massenbedarfsgüter** фонд ширпотреба

**Fonds für materiellen Anreiz** фонд материального стимулирования, фонд материального поощрения

**Fonds für Preisminderungen bei Waren** фонд уценки товаров

**Fonds für soziale Fürsorge** фонд социального обеспечения, ФСО

**Fonds für soziale und kulturelle Maßnahmen und den Wohnungsbau** фонд социально-культурных мероприятий и жилищного строительства

**Fonds für Warenverluste und Handelsrisiko** фонд покрытия недостач товаров и торгового риска

**Fonds Neue Technik** фонд средств на осуществление мероприятий по освоению новой техники

**Fonds sperren** замораживать фонды

**Fonds von Existenzmitteln** фонд жизненных средств

**Fonds Wissenschaft und Technik** фонд развития науки и техники

**Fonds zur Ankurbelung der Wirtschaft** фонд экономического стимулирования; фонд стимулирования экономики

**Fonds zur Erweiterung der Grundmittel** фонд средств на осуществление мероприятий по расширению парка оборудования

**Fonds zur Marktstabilisierung** фонд стабилизации рынка; фонд для стабилизации рынка

**Fonds zur Vergütung nach der Arbeitsleistung** фонд оплаты по труду

aktive betrieblich genutzte **Fonds** действующие фонды

außerbudgetärer **Fonds** внебюджетный фонд

**ausländische Fonds** иностранные фонды
**betriebliche Fonds** фонды предприятия
**Bildung von Fonds** образование фондов; формирование фондов
**eigene Fonds der Betriebe** собственные средства предприятия
**eigene Fonds** собственные средства *(предприятия)*
**fremde Fonds** привлечённые средства *(предприятия)*, заёмные средства *(предприятия)*
**geliehene Fonds** привлечённые средства *(предприятия)*, заёмные средства *(предприятия)*
**genossenschaftliche Fonds** кооперативные фонды
**geplante Fonds** плановые фонды
**gesellschaftliche Fonds** общественные фонды
**konsolidierte Fonds** консолидированные фонды
**materielle Fonds** материальные фонды
**nicht marktgebundene Fonds** внерыночные фонды
**nichtproduktive Fonds** непроизводственные фонды
**produktive Fonds** производственные фонды
**schwarze Fonds** нелегальные фонды; чёрный фонд
**unteilbare Fonds** неделимые фонды *(колхозов)*
**zweckgebundene Fonds** целевые фонды
**Fondsabgabe** *f* плата за фонды
**Fondsabteilung** *f* фондовый отдел *(в банке, конторе)*
**Fondsanteil** *m* инвестиционный сертификат
**Fonds-Anteilspapier** *n* инвестиционный сертификат
**Fondsanteilsschein** *m* акция инвестиционной компании
**Fondsausnutzung** *f* использование фондов
**Fondsausstattung** *f* фондовооружённость, обеспеченность фондами
**Fondsausstattungsgrad** *m* уровень фондовооружённости, уровень обеспеченности фондами
**Fondsbesitzer** *m* держатель ценных бумаг
**Fondsbestände**, *m, pl* наличные фонды
**Fondsbestandskonto** *n* счёт наличных фондов
**fondsbezogen** фондовый
**Fondsbildung** *f* образование фондов
**Fondsbörse** *f* фондовая биржа
**Fondseffektivität** *f* отдача *(производственных)* фондов; эффективность фондов
**Fondseinsatz** *m* использование фондов, затраты фондов
**hoher gesellschaftlich notwendiger Fondseinsatz** высокий уровень затрат, обусловленный общественными потребностями
**Fondsentwicklung** *f* движение фондов, динамика фондов
**Fondsergiebigkeit** *f* фондоотдача
**fondsgebunden** фондовый
**Fondshandel** *m* фондовые операции, торговля ценными бумагами
**Fondshändler** *m* биржевой маклер, биржевой спекулянт
**Fondsinhaber** *m* держатель ценных бумаг
**Fondsintensität** *f* фондоёмкость *(производства)*
**fondsintensiv** фондоёмкий
**Fondsmakler** *m* биржевой маклер, биржевой спекулянт
**Fondsmarkt** *m* фондовый рынок
**Fondsquote** *f* фондоотдача
**Fondsrentabilität** *f* рентабельность фондов
**Fondsspekulation** *f* биржевая спекуляция
**Fondsstruktur** *f* структура фондов
**Fondsträger** *m* фондодержатель
**Fondsumschlag** *m* оборот фондов, обращение фондов, оборот ценных бумаг, обращение ценных бумаг,
**Fondsumschlagskonto** *n* счёт оборота фонда производства
**Fondsverminderung** *f* уменьшение фондов
**Fondsverzehr** *m* расходование фондов
**Fondsvorschuss** *m* авансированные фонды
**Fondswirksamkeit** *f* отдача *(производственных)* фондов; эффективность фондов
**Fondszuführung** *f* отчисление в фонды
**Fondszuwachs** *m* рост фондов, прирост фондов
**foot** *англ.* фут *(= 30,5 см)*
**f.o.q., free on quay** франко - пристань
**f.o.r., free on rail** франко погрузочная платформа, фор, ФОР
**Force majeure** *фр.* форс-мажор, обстоятельство непреодолимой силы
**Force-majeure-Klausel** *f* оговорка о форс-мажоре, оговорка о действии непреодолимой силы, пункт о форс-мажоре, пункт о действии непреодолимой силы, мажорная оговорка
**Ford-System** *n* фордизм *(система капиталистической организации производства)*
**Förderanlage** *f* конвейерная установка *(напр., для подачи документов)*; подъёмная установка; транспортировочное устройство

**Förderband** *n* ленточный транспортёр, транспортёрная лента, конвейерная лента; конвейер

**Fördergebiet** *n* отсталый в экономическом отношении район страны, развитие которого предусматривается

**Förderkosten**, *pl* расходы на доставку, стоимость доставки; стоимость пересылки

**Fördermittel**, *n, pl* транспортные средства

**fordern** требовать
 **eine Lohnerhöhung fordern** требовать повышения зарплаты
 **Rechte fordern** требовать прав

**fördern** стимулировать; поощрять
 **die Investitionen fördern** стимулировать капиталовложения; поощрять инвестиции
 **den Export fördern** стимулировать экспорт
 **den Handel fördern** содействовать торговле
 **die Entwicklung von Regionen fördern** содействовать развитию регионов

**Forderung** *f* требование; претензия; притязание; долговое обязательство; счёт; причитающаяся сумма, следуемая сумма; *канц.* требование, *см.тж.* Forderungen *pl*
 **gefährdete Forderung** сомнительные долговые обязательства (*находящиеся под угрозой неуплаты*)
 **gerichtliche Forderung** судебный иск
 **rückständige Forderung** неоплаченный долг
 **zweifelhafte Forderung** сомнительный долг, сомнительное долговое требование
 **eine Forderung anmelden** предъявлять требование
 **eine Forderung aufmachen** предъявлять требование
 **eine Forderung einziehen** получать по счёту
 **eine Forderung geltend machen** заявлять претензию

**Förderung** *f* стимулирование; содействие; поощрение; продвижение;

**Förderung** *горн.* добыча

**Forderungen**, *f, pl* дебиторская задолженность; счета дебиторов; долги; суммы, причитающиеся кому-л.; долговые обязательства; кредиторские претензии, *см.тж.* Forderung *f*
 **Forderungen an Industriebetriebe** задолженность промышленных предприятий
 **Forderungen an Konzerngesellschaften** задолженность "дочерних" обществ, входящих в концерн
 **Forderungen anmelden** признавать претензии кредиторов
 **Forderungen annehmen** признавать претензии кредиторов
 **Forderungen auf Grund von Warenlieferungen und Leistungen** задолженность покупателей и клиентов за товары и услуги
 **Forderungen aus Warenlieferungen und Leistungen** задолженность покупателей и клиентов за товары и услуги
 **Forderungen der Gläubiger** претензии кредиторов
 **Forderungen stellen** предъявлять требования, выдвигать требования; *юр.* притязать
 **abgeschriebene Forderungen** списанные долги
 **notleidende Forderungen** сомнительные требования
 **offenstehende Forderungen** непогашенная задолженность
 **uneinbringliche Forderungen** безнадёжные требования, безнадёжные долги; долги, которые не удастся взыскать
 **währungsentwertete Forderungen** долговые обязательства в обесцененной валюте

**Forderungsabkauf** *m* покупка банком требования продавца к покупателю для инкассации

**Forderungsabtretung** *f* цессия, уступка требования (*кредитором другому лицу*)
 **stille Forderungsabtretung** негласная уступка требования

**Forderungsausfall** *m* утрата требования (*напр., вследствие неплатёжеспособности должника*), списание долга

**Forderungsbeitreibung** *f* инкассация долгов, взимание долгов

**Forderungsberechtigte** *m* кредитор

**Forderungsbestand** *m* портфель требований (*к заказчикам или клиентам*)
 **durchschnittlicher Forderungsbestand** средняя сумма неоплаченных счетов

**Forderungsbetrag** *m* сумма, причитающаяся кому-л.; сумма задолженности

**Forderungseinziehung** *f* инкассация долгов, взимание долгов

**Forderungseinzugsverfahren** *n* акцептная форма расчётов; метод автоматического зачёта банком суммы требования продавца

**Forderungskauf** *m* покупка претензии третьего лица, покупка требования третьего лица

**Forderungsklage** *f* иск из обязательства, иск по долговому обязательству

**Forderungskonto** *n* счёт дебиторов

**Forderungskredit** *m* кредит под требование; кредит под ценные бумаги; расчётный кредит

**Förderungsmaßnahmen,** *f, pl* мероприятия по дальнейшему повышению квалификации персонала, мероприятия по дальнейшему повышению квалификации рабочих и служащих

**Forderungspapiere,** *n, pl* ценные бумаги, содержащие требования *(денежные - банкноты, векселя, чеки или товарные - коносамент, накладная и т.д.)*

**Forderungspfändung** *f* юр. наложение ареста на право требования третьего лица; секвестр обязательства третьего лица

**Forderungsrecht** *n* право требования; обязательственное право

**Förderungssystem** *n* поощрительная система *(оплаты труда)*

**Forderungsübergang** *m* переход требований, переход требования *(к третьему лицу)*

**Forderungsverletzung,** *f,* **positive** недобросовестное исполнение *(договорного)* обязательства, причиняющее ущерб другой стороне

**Forderungsverzicht** *m* отказ от требования

**Foreground/Background-Verarbeitung** *f* выполнение работ с высоким (низким) приоритетом

**forfeit** *англ.* утрата права; конфискация; штраф; конфискованная вещь

**Forfeitierung** *f* форфетирование, форфейтинг *(кредитование банком внешнеэкономических операций путём покупки у экспортёра векселей, акцептованных импортёром)*

**Form** *f* форма, вид
  **Form** образ, очертание
  **Form** форма, формальность
  **Formen** *pl* формы обращения; правила приличия
  **Auktionsform** вид аукциона

**Formalprüfung** *f* проверка по формальным признакам (в налоговой практике)

**Formalsprache** *f* формализованный язык

**Formatierung** *f* задание формата, указание формата; описание формата

**Formation,** *f,* **sozialökonomische** общественно-экономическая формация

**Formblatt** *n* стат. формуляр; бланку форма

**Formblattsammlung** *f* стат. альбом форм

**Formeltarif** *m* налоговый тариф; тариф обложения, основанный на точной математической формуле

**Formgebung,** *f,* **industrielle** дизайн, художественное конструирование

**formgemäß** по форме, согласно форме

**formgerecht** по форме, согласно форме

**Formular** *n* формуляр *(напр., статистический)*; бланк; форма

**Formularschreiber** *m* устройство печати на формулярах *(или бланках)*

**Formvorschrift** *f* предписание о соблюдении установленной формы; установленная законом форма *(напр., для юридических сделок)*

**Formwandlung** *f* **der Ware** превращение формы товара

**Forschung** *f (научное)* исследование; изыскание
  **Forschung und Entwicklung** исследования и разработки, научно-исследовательские и опытно-конструкторские разработки, НИОКР
  **Online-Forschung** *f* онлайновое исследование

**Forschungs- und Entwicklungsaufwand** *m* затраты на исследования и разработки, расходы на исследования и разработки, затраты на научно-исследовательские и опытно-конструкторские работы

**Forschungs- und Entwicklungskapazität** *f* возможности *(напр., предприятия)* в области исследований и разработок

**Forschungs- und Entwicklungsstellen,** *f, pl* организации, занимающиеся научно-исследовательскими и опытно-конструкторскими разработками, научно-исследовательские и опытно-конструкторские институты

**Forschungsarbeiten,** *f, pl,* **wissenschaftliche** научно-исследовательские работы

**Forschungsergebnis** *n* результат *(научного)* исследования, результат научно-исследовательской работы

**Forschungskooperation** *f* кооперирование исследований, кооперирование исследовательских работ

**Forschungskosten,** *pl* исследовательские расходы, расходы на исследовательские работы, расходы на исследования

**Forschungsmethode** *f* метод исследования

**Forschungsprojekt** *n* научно-исследовательский проект

**Forschungsvorhaben** *n* научно-исследовательский проект

**Forstbetrieb** *m* лесное хозяйство

**Forstökonomie** *f* экономика лесного хозяйства

**Forsttaxation** *f* лесная таксация

**Forstwirt** *m* лесничий; владелец лесничества

**Forstwirtschaft** *f* лесное хозяйство

**forstwirtschaftlich** лесохозяйственный

**Fortbildung** *f* повышение квалификации, совершенствование

**Fortbildungskosten,** *pl* расходы на повышение квалификации; расходы на обучение

**Fortbildungsschule** *f* профессиональная школа, профессиональное училище

**FORTRAN** *англ.* ФОРТРАН *(язык программирования, выраженный математическими формулами, используется для научных целей)*

**Fortschreibung** *f* определение новых статистических условий *(напр., при определении численности населения на данный момент путём изучения изменений, имевших место со времени последней переписи)*

**Fortschreibung** изменение налоговой стоимости *(напр., в связи с изменением способа использования объекта обложения, формы собственности),*; изменение оценки имущества; изменение *(намёток)* в проекте *(или смете)* государственного бюджета

**Fortschreibung** *бухг.* нарастающий итог

**Fortschreibungsbescheid** *m* справка об изменении имущественного ценза

**Fortschreibungsveranlagung** *f* установление нового *(размера)* налога в связи с изменением оценки имущества

**Fortschritt** *m* прогресс
**gesellschaftlicher Fortschritt** общественный прогресс
**technischer Fortschritt** технический прогресс
**wissenschaftlich-technischer Fortschritt** научно-технический прогресс

**Fortschrittskontrolle** *f* контроль за ходом производства

**Fortschrittsrate** *f* темп прогресса

**Fortwälzung** *f***, von Steuern** переложение налогов *(на покупателей)*, перекладывание налогов на покупателей *(путём повышения цен на товары)*

**Fortzahlung** *f* дальнейшая выплата

**f.o.s., free on steamer** франко-судно *(условие поставки в договоре купли-продажи)*

**f.o.t., free on truck** франко-погрузочная платформа, фот франко-грузовик *(в США)*

**FOW:**
**FOW, first open water** первой открытой водой, ПОВ
**fow, f.o.w., free on waggon** франко-вагон

**fp:**
**FP, freie Pufferzeit** свободный резерв времени
**fp, finanzpolitisch** финансово-политический
**f.p., fully paid** полностью оплаченный
**f.p.a., free of particular average** свободный от частной аварии, свободно от частной аварии

**fr:**
**FR, Frankreich** Франция
**fr., franko** франко
**fr., freigemacht** оплачено; очищено от сборов и пошлин

**Fracht** *f* фрахт, *(корабельный)* груз; кладь; тоннаж; перевозка грузов

**Fracht** фрахт, плата за перевозку грузов, плата за провоз грузов; арендная плата за судно

**Fracht-** (в сл.сл.) фрахтовый *( см. также* Frachten)

**Fracht gegen Nachnahme** оплата фрахта наложенным платежом

**Fracht mit einbegriffen** со включением фрахта

**Fracht nachnehmen** уплачивать фрахт в порту выгрузки

**Fracht pro Tonne** фрахт за тонну груза

**Fracht voraus** уплата фрахта вперёд *(в порту отправления)*

**Fracht vorausbezahlt** фрахт уплачен в порту погрузки

**in Fracht nehmen** зафрахтовать *(судно)*

**tote Fracht** мёртвый фрахт *(плата за зафрахтованное, но неиспользованное место на судне)*

**unvorhergesehene Fracht** непредвиденный фрахт

**fracht-und spesenfrei** франко-провоз и без накладных расходов

**Frachtabsender** *m* грузоотправитель, отправитель груза

**Frachtaufgeber** *m* грузоотправитель, отправитель груза

**Frachtaufkommen** *n* доход от перевозок *(напр., между различными регионами)*

**Frachtaufseher** *m* суперкарго; распорядитель груза *(представитель владельца груза, сопровождающий груз в пути или представитель фрахтователя на тайм-чартерном судне)*

**Frachtausschuss** *m* фрахтовый комитет

**Frachtausschüsse,** *m, pl* фрахтовые комитеты *(объединяющие, например, на паритетных началах представителей судоходных компаний и грузоотправителей)*

**Frachtbasis** *f* фрахтовый базис

**Frachtbedingungen,** *f, pl* условия перевозки груза

**Frachtbeförderung** *f* перевозка груза

**Frachtbegünstigung** *f* фрахтовая льгота

**Frachtberechnung** *f* расчёт фрахта

  **gebrochene Frachtberechnung** расчёт фрахта по участкам пути, расчёт фрахта по отрезкам пути

**Frachtbörse** *f* фрахтовая биржа

**Frachtbrief** *m* транспортная накладная *(документ, выдаваемый отправителем перевозчику в соответствии с договором перевозки, а также сопроводительный документ для наземного транспортирования);* мор. коносамент

  **auf den Frachtempfänger ausgestellter Frachtbrief** накладная на имя грузополучателя; накладная, выписанная на имя грузополучателя

  **direkter Frachtbrief** мор. прямой коносамент, сквозной коносамент; ж.-д. прямая накладная

  **internationaler Frachtbrief** накладная по международным перевозкам, накладная международного сообщения

**Frachtbriefdoppel** *n* дубликат накладной; дубликат транспортной накладной

**Frachtbriefduplikat** *n* дубликат накладной; дубликат транспортной накладной

**Frachtbroker** *m* фрахтовый брокер, маклер по фрахтованию судов

**Frachtdrehscheibe** *f* поворотный круг для разгрузки *(или погрузки) (в том числе самолётов)*

**Frachteigentümer** *m* хозяин груза, владелец груза, грузовладелец

**Frachteigner** *m* хозяин груза, владелец груза, грузовладелец

**Frachtempfänger** *m* грузополучатель

**frachten,** *vt* фрахтовать, нанимать судно для перевозки груза; зафрахтовывать судно; загружать судно

**Frachten-** *(в сл.сл.)* фрахтовый

**Frachtenarbitrage** *f* фрахтовый арбитраж *(при выборе оптимального способа транспортировки груза)*

**Frachtenausgleichskasse** *f* государственный орган по выравниванию заготовительных цен на изделия с высокими транспортными расходами *(бывш. ГДР)*

**Frachtenbörse** *f* фрахтовая биржа

**Frachtenindex** *m* фрахтовый индекс

**Frachtenkrieg** *m* фрахтовая война

**Frachtenmarkt** *m* фрахтовый рынок

**Frachtenumsatz** *m* грузооборот

**Frachtenumschlag** *m* грузооборот

**Frachter** *m* грузовое судно

**Frachter** фрахтователь

**Frachter für Behältertransport** контейнеровоз

**Frachter für Erztransport** рудовоз

**Frachterleichterung** *f* снижение фрахтовой ставки; снижение стоимости перевозки; фрахтовая льгота

**Frachtermäßigung** *f* снижение фрахтовой ставки; снижение стоимости перевозки; фрахтовая льгота

**Frachtflugzeug** *n* грузовой самолёт

**frachtfrei** включая фрахт до места назначения, франко-место назначения, франко-фрахт *(условие поставки в договоре купли-продажи)*

**frachtfrei** пометка отправителя о том, что он несёт фрахтовые издержки

**frachtfrei** франко-провоз, франко место назначения

**frachtfrei Station des Empfängers** франко-станция получателя

**Frachtfreiheit** *f* свободный провоз

**Frachtführer** *m* фрахтовщик, перевозчик груза *(фирма или лицо, предоставляющее судно под перевозку)*

**Frachtführerakte** *f* коммерческий акт, торговый акт

**Frachtgebühr** фрахт, плата за перевозку грузов, плата за провоз грузов; арендная плата за судно

**Frachtgeld** *n* фрахт, плата за перевозку грузов, плата за провоз грузов; арендная плата за судно

**Frachtgeschäft** *n* фрахтовое дело; фрахтовая сделка; сделка по найму перевозочных средств; договор перевозки грузов; транспортная контора

**Frachtgewerbe** *n* фрахтовое дело

**Frachtgrundlage** *f* фрахтовый базис

**Frachtgut** *n* груз малой скорости

**Frachtgutbeförderung** f перевозки грузов малой скорости

**Frachtkarte** f дорожная ведомость; сопроводительная карточка к грузу

**Frachtkonjunktur** f конъюнктура на рынке фрахта

**Frachtkonto** n фрахтовый счёт

**Frachtkontrakt** m договор перевозки, договор на перевозку грузов, транспортный договор; чартер, договор о фрахтовании судна, договор морской перевозки

**Frachtkosten,** pl издержки по перевозке грузов, издержки по товарным перевозкам, транспортные издержки; фрахтовые расходы, фрахт

**Frachtliste** f перечень отгруженных товаров

**Frachtlohn** m фрахт, плата за перевозку грузов, плата за провоз грузов; арендная плата за судно

**Frachtmakler** m маклер по фрахтованию судов, фрахтовый брокер

**Frachtpapiere,** n, pl документы на перевозку груза, перевозочные документы, транспортные документы

 sonstige **Frachtpapiere** прочие сопроводительные транспортные документы (напр., экспортные лицензии)

**Frachtparität** f фрахтовый паритет

**frachtpflichtig** подлежащий оплате за провоз; подлежащий оплате наложенным платежом (о грузах)

**Frachtpolitik** f фрахтовая политика

**Frachtrabatt** m фрахтовая скидка

**Frachtrate** f фрахтовая ставка, ставка фрахта

**Frachtratenindex** m фрахтовый индекс

**Frachtraum** m загрузочная мощность

**Frachtrechnung** f счёт за фрахт

**Frachtsatz** m фрахтовая ставка, ставка фрахта

**Frachtsatzzeiger** m таблица тарифных ставок, расчётная таблица провозной платы

**Frachtschein** m фрахтовая ставка, ставка фрахта

**Frachtspesen,** pl издержки по перевозке грузов, издержки по товарным перевозкам, транспортные издержки; фрахтовые расходы, фрахт

**Frachtstellung** f постановления договора о транспортных расходах, регулирующие базис цены

**Frachtstundung** f отсрочка платежей за перевозку грузов

**Frachttarif** m грузовой тариф, фрахтовый тариф, тариф на перевозку

**Frachtumschlag** m грузооборот

**Frachtunterschied** m разница фрахтовых ставок

**Frachtverkehr** m грузовые перевозки, грузооборот

**Frachtversender** m экспедитор (в торговых перевозках); грузоотправитель

**Frachtversicherung** f страхование фрахта

**Frachtvertrag** m договор перевозки, договор на перевозку грузов, транспортный договор; чартер, договор о фрахтовании судна, договор морской перевозки

**Frachtvertragsverhältnis** n юр. отношения сторон, вытекающие из договора на перевозку грузов

**Frachtvorschuss** m фрахтовый аванс

**Frachtzahlung** f оплата провоза груза

**Frachtzettel** m транспортная накладная; мор. коносамент; ж.-д. накладная

**Frachtzoll** m тоннажный сбор, корабельный сбор

**Frachtzuschlag** m доплата к фрахту, доплата за провоз груза; надбавка к фрахту

**Fragebogen** m анкета, опросный лист

**fragil** лат. ломкий, хрупкий, бьющийся

**Franchise** f страх. франшиза, мелкий ущерб, не подлежащий возмещению страховщиком; соответствующая оговорка в договоре страхования

**Franchise-System** n англ. франчайзинг, система сбыта (при которой крупная торговая фирма предоставляет свою торговую марку, технологию и т.п., сохраняя за собой возможность руководства и контроля)

**Franchisegeber** m фирма, предоставляющая право на сбыт своей продукции в системе франчайзинга

**Franchisegebühr** f плата производителю в системе франчайзинга за осуществление маркетинга и менеджмента

**Franchisenehmer** m берущий право на сбыт в системе франчайзинга

**franco** франко, свободный от расходов; свободный от оплаты расходов по доставке товара в указанный пункт (о покупателе), с оплатой до..., см. также frei

**Frankatur** f франкирование, (предварительная) оплата почтовых сборов; сбор, уплачиваемый при отправке груза, предварительная оплата груза, предварительная оплата за транспортировку груза

**Frankaturzwang** *m* принудительное франкирование; обязательство *(предварительной)* оплаты за провоз

**frankieren**, *vt* франкировать *(письмо)*, *(предварительно)* оплачивать почтовым сбором; наклеивать марку

**Frankiermaschine** *f* маркировальная машина, франкировальная машина

**frankiert** оплаченный; сбор за провоз уплачен; оплачено *(надпись на письме)*

**Frankierung** *f* уплата сбора за провоз; франкирование, *(предварительная)* оплата почтовых сборов

**Frankierungsvermerk** *m* отметка об оплате почтовым сбором *(вместо марки)*

**Frankierungszwang** *m* принудительное франкирование; обязательство *(предварительной)* оплаты за провоз

**franko** франко, свободный от расходов; свободный от оплаты расходов по доставке товара в указанный пункт *(о покупателе)*, с оплатой до..., см. также frei

**franko Bahnhof** франко железнодорожная станция

**franko Bestimmungsbahnhof** франко-станция назначения

**franko Fracht** франко-фрахт

**franko gegen franko** взаимная оплата расходов

**franko Provision** франко-комиссионные, без комиссионного вознаграждения

**franko Valuta** франко-валюта, бесплатно

**franko Waggon** франко-вагон

**franko Waggon Grenze Verkäuferland** франко-вагон граница страны продавца

**franko-franko** франко-франко *(продавец несёт расходы по доставке и за упаковку)*

**Frankobrief** *m* оплаченное письмо

**Frankogebühr** *f* почтовый сбор

**Frankolieferung** *f* поставка франко, поставка с оплаченным провозом

**Frankopreis** *m* цена франко

**Frankorechnung** *f* счёт франко

**Frankovermerk** *m* отметка об оплате почтовым сбором *(вместо марки)*

**Frauenarbeit** *f* женский труд

**Frauenarbeitsschutz** *m* охрана женского труда

**Frauenberufe**, *m, pl* женские профессии

**Frauenbeschäftigungsgrad** *m* уровень занятости женщин; доля занятых женщин в общей численности занятых

**frbl, freibleibend** остаётся свободным *(для реализации, продажи)*

**free** *англ.* франко, свободный от расходов; свободный от оплаты расходов по доставке товара в указанный пункт *(о покупателе)*, с оплатой до...; свободный *(не несущий ответственности за убытки)*, см.тж. frei

**free alongside ship** франко вдоль борта судна, фас

**free delivered** доставка франко *(в обусловленное место)*

**free discharge** выгрузка оплачивается фрахтователем, судно свободно от расходов по выгрузке

**free house** франко-местонахождение

**free in** погрузка оплачивается фрахтователем

**frei ein und aus, free in and out** погрузка и выгрузка оплачиваются фрахтователем, судно свободно от расходов по погрузке и выгрузке

**free in and out and stowed** погрузка, выгрузка и укладка груза в трюме оплачиваются фрахтователем

**free in and stowed** погрузка и укладка груза в трюме оплачиваются фрахтователем

**free in waggon** франко-вагон, фот

**free loading** расходы по погрузке оплачиваются фрахтователем

**free of capture and seizure** *страх.* свободно от пленения и захвата

**free of Charge** бесплатно

**free of claims** свободно от претензий *(напр., о замене товара, о возмещении убытков)*

**free of damage** *страх.* свободно от повреждения

**free of particular average** *страх.* свободно от частной аварии

**free of steamer** франко с судна

**free on board** с доставкой на борт судна, с погрузкой на борт судна; свободно на борту, франко-борт, фоб

**free on board/free of board** погрузка на борт судна в порту погрузки и разгрузка с борта судна в порту выгрузки оплачиваются фрахтователем

**free on quay** франко-пристань

**free on rail** франко погрузочная платформа, фор

**free on steamer** франко с судна

**free on truck** франко погрузочная железнодорожная платформа, фор; франко-грузовик

**free on waggon** франко-вагон, фот

**free out** выгрузка оплачивается фрахтователем, судно свободно от расходов по выгрузке

**free overside** франко-строп судна в порту разгрузки *(условие об обязанности покупателя нести все издержки с момента оставления грузом судового стропа)*

**freeholder** *англ. ист.* фригольдер

**frei** франко, свободный от расходов; свободный от оплаты расходов по доставке товара в указанный пункт *(о покупателе)*, с оплатой до..., *см.тж. англ.* free, *см.тж.* franko

**frei** свободный *(не несущий ответственности за убытки)*

**frei** бесплатный; франкированный, оплаченный вперёд, *см. также* franko

**frei ab Fabrik** франко-завод-поставщик

**frei ab Haus** франко-местонахождение

**frei ab hier** франко здесь

**frei ab Schiff** свободно с судна, франко с судна

**frei ab Werk** франко-завод-поставщик

**frei an Bord** с доставкой на борт судна, с погрузкой на борт судна; свободно на борту, франко-борт, фоб

**frei Bahn** франко-железная дорога

**frei durch Ablösung** оплачено *(штамп на почтовых отправлениях, не франкируемых обычными знаками почтовой оплаты)*

**frei ein (eingeladen)** погрузка оплачивается фрахтователем

**frei ein und aus** погрузка и выгрузка оплачиваются фрахтователем, судно свободно от расходов по погрузке и выгрузке

**frei eingeladen** погрузка оплачивается фрахтователем

**frei Eisenbahngleis** франко погрузочная платформа, фор

**frei Empfangsbahnhof** франко-станция назначения

**frei Fahrzeug** франко-грузовик

**frei gestaut** франко-стивидорные работы, штивка

**frei Grenze** франко-граница

**frei Grenzstation** франко-граница

**frei Hafen** франко-порт

**frei Haus** включая стоимость доставки на дом, с (бесплатной) доставкой на дом

**frei Kai** франко-пристань

**frei Lager** франко-склад

**frei Lager des Empfängers** франко-склад покупателя

**frei Lager des Empfängers oder frei Verkaufsstelle** франко-склад покупателя, франко торговая точка покупателя *(базис цены в договоре купли-продажи)*

**frei Lager des Verkäufers** франко-склад продавца

**frei Lagerhaus des Empfängers** франко-склад покупателя

**frei Lagerhaus des Verkäufers** франко-склад продавца

**frei Längsseite Schiffs** франко вдоль борта судна, фас

**frei Schiff** франко-судно

**frei Schiffsseite** франко вдоль борта судна, фас

**frei Ufer** франко-берег

**frei Versandstation** франко-станция отправления

**frei Versandstation verladen** франко-станция отправления, включая расходы по погрузке в вагон *(базис цены в договоре купли-продажи)*

**frei von Kriegsmolesten** свободно от ущерба, вызванного войной *(страховщик не несёт убытков, связанных с военными действиями)*

**frei von Steuern** не облагаемый налогами

**frei von Zoll** свободный от пошлины, франко таможенная пошлина

**frei Waggon** франко-вагон, фот

**Freiaktie** *f* бесплатная акция, дополнительная акция; свободная акция *(выдаётся акционеру в счёт дивиденда)*

**Freianteil** *m* доля имущества, не облагаемая налогом

**Freibauer** *m ист.* свободный крестьянин; крестьянин, свободный от барщины

**Freibetrag** *m* не облагаемый налогом минимум *(дохода)*, часть дохода, не облагаемого налогом, сумма, вычитаемая из дохода, подлежащего налогообложению *(налог взимается с превышения установленной суммы)*, *ср.* Freigrenze

**Freibetrag** предварительная оплата транспортных расходов; *(предварительная)* оплата почтовых отправлений

**Freibetrag für jedes Kind** не облагаемая налогом сумма дохода на каждого ребёнка

**freibleibend** без обязательств

**freibleibend** остающийся свободным *(напр., для продажи)*; без обязательства *(о предложении, об оферте)*

**freibleibend anbieten** *торг.* предлагать без обязательства

**freibleibend offerieren** *торг.* предлагать без обязательства

**eine freibleibende Offerte** свободная оферта

**Freibrief** *m* охранная грамота; *мор.* чартер; *ист.* отпускная грамота, вольная

**Freie Demokratische Partei** Свободная демократическая партия, СвДП *(ФРГ)*

**Freie Deutsche Jugend** Союз свободной немецкой молодёжи, ССНМ *(бывш. ГДР)*

**Freier Deutscher Gewerkschaftsbund** Объединение свободных немецких профсоюзов, ОСНП *(бывш. ГДР)*

**Freifahrt** *f ж.д.* бесплатный проезд

**Freifahrt** ход судна порожняком

**Freigabe** *f* отмена реквизиции; освобождение имущества от ареста; снятие запрета; разрешение к продаже, разрешение к отправке; деблокирование, размораживание, снятие ограничений, разблокирование *(счетов)*; выдача *(напр., товара с таможни)*;

**Freigabe der Löhne** снятие запрета на повышение заработной платы, "размораживание" заработной платы

**Freigabe der Preise** отмена регулирования цен

**freigeben,** *vt* отменять реквизицию; освобождать имущество от ареста; снимать запрет; разрешать к продаже, разрешать к отправке; снимать ограничения, деблокировать, размораживать, разблокировать *(счета)*; выдавать *(напр., товар с таможни)*;

**Freigeld** *n* свободно распространяющиеся *(бумажные)* деньги

**freigemacht** свободно *(для продажи)*; оплаченный; оплачено; очищено от сборов и пошлин

**ordnungsgemäß freigemacht** оплаченный должным образом

**Freigepäck** *n* бесплатный багаж; багаж, провозимый бесплатно

**Freigewicht** *n* вес, не подлежащий оплате

**freight** *англ.* фрахт, груз

**freight forward** фрахт оплачивается в порту выгрузки

**freight or carriage paid to...** провоз оплачен до...

**freight prepaid** фрахт уплачен в порту погрузки

**Freigrenze** *f* максимальный размер дохода, не облагаемого налогом; доход, в пределах которого налог не взимается *(с превышением этого размера налог может взиматься со всей суммы)*, *ср.* Freibetrag

**Freigut** *n* товар, не подлежащий обложению пошлиной, беспошлинный товар

**Freigut** *ист.* двор *(крестьянская усадьба)*, свободный от податей и повинностей; *ист.* аллод (свободно отчуждаемая земельная собственность)

**Freihafen** *m* вольный порт, свободный порт, вольная гавань, свободная гавань, порто-франко, порт беспошлинного ввоза и вывоза

**Freihafengebiet** *n* зона, свободная от таможенного обложения, зона франко

**Freihafenstellung** *f* статус порто-франко

**freihalten,** *vt* сохранять в силе; резервировать, бронировать

**Freihandel** *m* свободная торговля *(без вмешательства государства, вводящего пошлины, запреты, премии и проч.)*, беспошлинная торговля, вольная торговля

**Freihandelsgebiet** *n* зона свободной торговли

**Freihandelslehre** *f* фритредерство, доктрина свободной торговли

**Freihandelspreis** *m* коммерческая цена, цена свободного рынка

**Freihandelszone** *f* зона свободной торговли

**Freihändler** *m* сторонник теории свободной торговли, фритредер

**Freihauslieferung** *f* доставка на дом; поставка франко-склад получателя

**Freiheit** *f* свобода

**Freihof** *m ист.* двор *(крестьянская усадьба)*, свободный от податей и повинностей

**Freiladegut** *n* навалочный груз

**Freiladeverkehr** *m* перевозки навалочных грузов

**Freilager** *n* склад под открытым небом, открытый склад

**Freilager** свободный порт, порт беспошлинного ввоза и вывоза

**Freiliste** *f* список товаров, разрешённых к ввозу без каких-л. ограничений, список товаров, допущенных к внешнеторговым операциям, список либерализированных товаров; список товаров для беспошлинного ввоза *(в рамках ЕЭС)*

**freimachen,** *vt* оплачивать почтовым сбором, франкировать

**freimachen** высвобождать *(напр., финансовые ресурсы)*

**Freimachung** *f* оплата почтовым сбором, франкирование

**Freimachung** высвобождение *(напр., финансовых ресурсов)*

**Freimachungsvermerk** *m* отметка об уплате почтового сбора при отправке

**Freimachungszwang** *m* обязанность оплаты почтовым сбором, обязательная оплата почтовым сбором

**Freimarkt** *m* беспошлинный рынок

**Freimasse** *f* вес, не подлежащий оплате

**Freimesse** *f* беспошлинная ярмарка

**Freipaß** *m* свидетельство на беспошлинный провоз

**Freisaß** *m ист.* свободный мелкий землевладелец

**Freisasse** *m ист.* свободный мелкий землевладелец

**freischaffend** внештатный *(напр., о корреспонденте)*

**Freischaffende** *m* лицо свободной профессии

**Freischreibung** *f* разрешение таможни на свободный ввоз *(или вывоз)* грузов *(не подлежащих оплате пошлиной)*

**freisetzen** *f* высвобождать *(напр., рабочую силу, финансовые средства)*

**Freisetzung** *f* высвобождение *(напр., рабочей силы, финансовых средств)*

**Freisetzungsaufwand** *m* расходы по высвобождению *(ресурсов)*

**Freisetzungseffekt** *m* эффект от высвобождения рабочей силы *(в результате технического прогресса)*

**Freistadt** *f* вольный город

**Freistellung** *f* высвобождение *(напр., рабочей силы, финансовых средств)*; предоставление выбора

**Freistellung von der Arbeit** освобождение от работы для выполнения гражданских обязанностей, освобождение от работы по личным и семейным обстоятельствам

**Freistempler** *m* клиент почты, пользующийся маркировальной машиной; клиент почты, пользующийся франкировальной машиной

**Freistempler** маркировальная машина, франкировальная машина

**Freiumschlag** *m* маркированный конверт, прилагаемый для ответа

**Freiverkaufszuschlag** *m* надбавка на цену брикетов бурого угля, находящихся в свободной продаже *(бывш. ГДР)*

**Freiverkehr** *m* внебиржевой оборот *(торговые операции с ценными бумагами наряду с официальной биржевой торговлей)*

**Freiverkehrskurs** *m* курс внебиржевого оборота, неофициальный курс

**Freiverkehrswerte**, *m, pl* ценные бумаги, не допущенные к биржевому обороту; ценные бумаги, не котирующиеся на бирже; ценные бумаги во внебиржевом обороте

**Freivermerk** *m ж.-д.* отметка об уплате провоза грузоотправителем

**Freizeichen** *n* знак фирмы *(не подлежащий регистрации в качестве товарного знака)*

**Freizeichnungsklausel** *f* пометка индоссанта на векселе "без оборота на меня", надпись индоссанта на векселе "без оборота на меня"; пометка о снятии с себя ответственности; оговорка *(в соглашениях, документах)* об освобождении от ответственности

**Freizeichnungsklausel** *юр.* оговорка об аннулировании договора при наступлении определённых обстоятельств.

**Freizeichnungsklausel** статья *(договора)*, содержащая оговорку

**Freizeit** *f* свободное *(от работы)* время, досуг

**Freizeitgestaltung** *f* организация досуга

**Freizeitökonomik** *f* экономика досуга *(вопросы, связанные с экономической стороной использования свободного времени)*

**Freizone** *f* вольный район *(район беспошлинного ввоза)*; свободный порт, порт беспошлинного ввоза и вывоза

**Freizügigkeit** *f юр.* право свободного передвижения и повсеместного проживания

**Freizügigkeit der Arbeitskräfte** свобода передвижения рабочих *(право выбора местожительства)*

**Freizügigkeitsverkehr** *m* проведение приходо-расходных операций по сберегательным книжкам во всех кредитных учреждениях, независимо от места выдачи сберегательной книжки *(бывш. ГДР)*

**Fremdanlageerweiterung** *f* мероприятия по модернизации арендованных основных фондов за счёт финансовых средств пользователя

**Fremdarbeit** *f* чужой труд; труд иностранных рабочих

**Fremdarbeiter** *m* иностранный рабочий

**Fremdbeanspruchung** *f эк. тр.* напряжение, вызванное влиянием производственной среды; перенапряжение, вызванное влиянием производственной среды

**Fremdbesitz** *m* владение чужим имуществом, владение чужой вещью

**Fremdbesitzer** *m* владелец чужого имущества, владелец чужой вещи

**Fremdbezug** *m* поставка со стороны, получение со стороны *(напр., электроэнергии)*; поставки других предприятий

**Fremdenindustrie** *f* индустрия туризма

**Fremdenrecht** *n* нормы международного и государственного права, регулирующие правовое положение иностранцев; режим иностранцев

**Fremdensteuer** *f* налог на иностранцев; курортный налог

**Fremdenverkehr** *m* туризм и деловые поездки; иностранный туризм

**berufsbedingter Fremdenverkehr** научный туризм; поездки, связанные с интересами профессии *(напр., для посещения выставок, ярмарок, конгрессов)*

**reproduktionsbedingter Fremdenverkehr** туристические поездки с целью отдыха и лечения

**Fremdenverkehrsbetrieb** *m* предприятие по обслуживанию туристов; обслуживание туристов

**Fremdenverkehrsgewerbe** *n* приём и обслуживание туристов *(как занятие, приносящее доход)*; туристическая индустрия

**Fremdenverkehrswerbung** *f* реклама для привлечения туристов, рекламные мероприятия и средства для привлечения туристов

**Fremdfinanzierung** *f* финансирование с помощью привлечённых средств

**Fremdgelder** *n pl* суммы, поступившие на счёт по ошибке

**Fremdgelder** заёмные средства, привлечённые средства *(у промышленной фирмы или банка)*

**Fremdgut** *n* чужое имущество

**Fremdkapital** *n* заёмный капитал, привлечённый капитал; заёмные средства

**kurzfristiges Fremdkapital** краткосрочный заёмный капитал

**langfristiges Fremdkapital** долгосрочный заёмный капитал

**Fremdkapitalsteuer** *f* налог на привлечённый капитал, налог на заёмный капитал

**Fremdleistungen,** *f, pl* производственные услуги со стороны

**Fremdlieferung** *f* поставки со стороны

**aus Fremdlieferung** привозной *(напр., о товаре)*

**Fremdmittel,** *n, pl* заёмные средства

**Fremdversicherung** *f* страхование чужого риска

**Fremdwährungsguthaben** *n* активы в иностранной валюте

**Fremdwährungsschuld** *f* денежный долг, выраженный в иностранной валюте

**Fremdwährungsversicherung** *f* страхование, предусматривающее выплату страховой суммы в иностранной валюте при наступлении страхового случая за границей; страхование с выплатой в иностранной валюте

**Frequentierung** *f* посещаемость *(напр., магазина покупателями)*

**Frequenz** *f* посещаемость; приток

**Frequenzmethode** *f* частотный метод *(решения транспортных проблем)*

**Frerndfinanzierung** *f* финансирование за счёт привлечения средств со стороны

**Freundschafts-, Handels- und Schiffahrtsvertrag** *m* договор о дружбе, торговле и судоходстве

**Freundschaftswechsel** *m* дружеский вексель, безденежный вексель

**FRF, Französischer Franc, - Frankreich, Andorra, Monaco, Französische Überseeterritorien** Французский франк *(код валюты 250), в н.в. заменена на* Евро **EURO**, - Франция, Андорра, Монако, Французские южные Территории

**frfr, frachtfrei** франко-место назначения

**frgm., freigemacht** свободно *(напр., для продажи)*; оплачено; очищено от сборов и пошлин

**Friedensbedarf** *m* потребности мирного времени

**Friedensindustrie** *f* мирная промышленность; отрасли мирной промышленности

**Friedenspflicht** *f* обязательство коллективного договора об отказе от забастовок и увольнений

**Friedensvergleich** *m* полюбовная сделка, мировая сделка, полюбовное урегулирование претензий

**Frischwarenmarkt** *m* (сезонный) базар в большом городе *(по продаже свежих овощей, цветов и другой сельскохозяйственной продукции)*

**Frisieren** *n* **der Bilanz** "причёсывание" баланса

**Frist** *f* срок

**abgelaufene Frist** истёкший срок

**angemessene Frist** соразмерный срок, соответствующий срок

**äußerste Frist** крайний срок

**kürzeste Frist** кратчайший срок

**letzte Frist** крайний срок

**Nichteinhaltung von Fristen** несоблюдение сроков (напр. поставки, платежа)

**obligatorische Frist** обязательный срок

**richterliche Frist** срок, установленный судом

**verkürzte Frist** сокращённый срок

**vertragliche Frist** договорный срок

**eine Frist gewähren** предоставить срок

**eine Frist (fest)setzen** устанавливать срок, назначить срок

**eine Frist überschreiten** превысить срок

**eine Frist verkürzen** сокращать срок

**eine Frist verlängern** продлевать срок

**in Fristen bezahlen** платить в рассрочку

**frist- und entschädigungslos** в любое время и без возмещения ущерба, без ограничения сроком и без обязательства возмещения ущерба

**Fristablauf** *m* истечение срока

**Fristbemessung** *f* исчисление срока

**Fristen- und Terminplanung** *f* календарное планирование, планирование сроков выполнения работ

**Fristenplan** *m* календарный план

**Fristenplanung** *f* календарное планирование, планирование сроков выполнения работ

**fristgemäß** в срок

**fristgerecht** в срок

**Fristgesuch** *n* просьба об отсрочке

**Fristgewährung** *f* предоставление отсрочки, предоставление срока

**Fristigkeit** *f* срочность

**fristlos** без указания срока, без ограничения сроком; бессрочный; немедленный

**Fristtage,** *m, pl* льготные дни *(в вексельном обращении)*, грационные дни *(в вексельном обращении)*

**Fristüberschreitung** *f* превышение срока

**Fristüberschreitung** просрочка, несоблюдение срока

**Fristverlängerung** *f* продление срока, отсрочка

**Fristversäumnis** *n* просрочка, несоблюдение срока

**Fristversäumnis** пропуск, неиспользование прав, связанных с истечением срока

**Fristwechsel** *m* срочный вексель, вексель с указанием срока платежа

**Fristwesen** *n* определение и планирование сроков

**Fritalux, Frankreich-Italien-Luxemburg** Франция, Италия, Люксембург *(страны, объединённые экономическим и таможенным союзом)*

**fro, franko** франко

**Fron** *f* подневольный труд, принудительный труд; *ист.* барщина

**Fronabgabensystem** *n ист.* оброчная система

**Fronarbeit** *f ист.* барщина; подневольный труд, принудительный труд

**Fronarbeitssystem** *n ист.* барщинная система

**fronen,** *vi ист.* отбывать барщину; работать принудительно, работать подневольно

**Frongeld** *n ист.* оброк

**Fronpflichtigkeit** *f ист.* барщинная повинность, барщина

**Fronrecht** *n юр.* крепостное право

**Front, f, Grüne** *ист.* "Зеленый фронт" *(созданное в 1929 г. в Германии объединение сельскохозяйственных союзов)*

**Fronzinssystem** *n ист.* оброчная система

**Frs., Francs** столько-то франков

**FRSt, Fernsprechrechnungsstelle** абонементно-расчётный отдел телефонной станции

**Frt:**

 **Frt, freight** груз; фрахт

 **Frt, freight** фрахтовая тонна

**Frtfwd, freight forward** фрахт, уплачиваемый в порту выгрузки

**Frto, Frachttonne** фрахтовая тонна

**Frtppd, freight prepaid** фрахт уплачен в порту погрузки

**Fruchtbarkeit** *f* плодородие, плодородность; урожайность; плодовитость

**Fruchtbarkeitsrente** *f* рента за плодородие

**Fruchtbarkeitsziffer** *f стат.* коэффициент фертильности, коэффициент плодовитости

**allgemeine Fruchtbarkeitsziffer** общий коэффициент рождаемости

**Fruchtfolge** *f* севооборот, плодосмен, ротация

**Fruchtfolgerotation** *f* севооборот, плодосмен, ротация

**Fruchtwechsel** *m* севооборот, плодосмен *(с правильным чередованием зерновых пропашных и бобовых культур)*

**Fruchtwechselwirtschaft** *f* плодосменная система

**Fruchtzins** *m ист.* хлебная подать, подать, вносимая хлебом

**Frühaussaat** *f* ранний посев

**Frühbezugsrabatt** *m* скидка за покупку сезонных товаров до наступления сезона

**Frühbörse** *f* утренняя биржа

**Frühinvalidität** *f* ранняя инвалидность

**Frühjahrsaussaat** *f* весенний сев, сев яровых культур

**Frühjahrsbestellung** *f* подготовка и проведение сева яровых культур

**Frühkapitalismus** *m* ранний капитализм

**Frühprognose** *f* "ранний" прогноз, предварительный прогноз, первичный прогноз

**Frühschicht** *f* утренняя смена, ранняя смена, первая смена

**Frühstückskartell** *n* джентльменское соглашение, устная договорённость

**Frühverkaufsstelle** *f* магазин, открывающийся раньше других

**Frühwarnsystem** *n* система прогноза

**Fruktifikationstheorie** *f* теория использования *(теория процента, выдвинутая Тюрго)*

**Frustration** f расстройство *(планов)*; фрустрация, крушение *(надежд)*

**FS, Fernschreiben** телекс

**FSU, former Soviet Union** *(eng.)*; **ehemalige Sowjetunion** бывший Советский Союз

**FT:**
  **F/T** фрахтовая тонна
  **ft, full terms** условия в целом

**FTA, free-trade area (eng); Freihandelzone** зона свободной торговли

**FTC, financial and technical cooperation** *(eng.)*; **Finanz- und tedchnische Zusammenarbeit** финансовое и техническое сотрудничество; сотрудничество в финансовой и технической сферах

**FTP (File Transfer Protocol) benutzen, um Buchdateien bei Internet-Shop hochzuladen** использовать протокол *FTP* для загрузки книжной базы данных в Интернет-магазин (на торговую площадку Интернет-магазина)

**Fuhrenzoll** m *ист.* мыт

**Fuhrgeld** n плата за доставку

**Fuhrgewerbe** n извозный промысел

**Fuhrkosten,** pl гужевые расходы

**Fuhrlohn** m плата за провоз *(грузов)*

**Fuhrmannsgewerbe** n извозный промысел

**Fuhrpark** m гужевой парк; парк транспортного хозяйства, подвижной состав транспортного хозяйства

**Führung** f руководство, управление; руководство, руководители; ведение *(напр., счетов)*; поведение, образ действий

**Führung der Clearingkonten** ведение счетов по клирингу

**Führung der Geschäfte** ведение дел

**Führung der Kassengeschäfte des Haushalts durch das Schatzamt** казначейская система кассового исполнения бюджета

**Führung der Kassengeschäfte des Haushalts durch eine Bank** банковская система кассового исполнения бюджета

**Führung von Konten** ведение счетов

**werbende Führung** система руководства, ставящая себе целью привлечение коллектива к участию в достижении оптимальных результатов работы предприятия

**Führungsaufgaben,** f, pl задачи управления, управленческие задачи

**Führungsbereich** m сфера управления, сфера руководства

**Führungskader,** m, pl руководящие кадры, руководящие работники

**Führungskräfte,** f, pl руководящие кадры, руководящие работники

**Führungsnachwuchs** m молодое поколение руководящих кадров

**Führungsorgan** n руководящий орган, орган управления, орган руководства

**Führungsposition** f руководящая должность; ведущие позиции

**in eine Führungsposition aufsteigen** занять руководящую должность

**Führungsqualität f** качество управления

**Führungsspitze** f высшее руководство

**Führungsstab** m руководящий орган, орган управления, орган руководства

**Führungsstil** m стиль руководства

**Führungstätigkeit** f руководство, руководящая деятельность, управленческая деятельность

**wissenschaftlich fundierte Führungstätigkeit** научно обоснованная управленческая деятельность

**Führungswissenschaft** f наука управления

**Führungszeugnis** n свидетельство о поведении и благонадёжности, выдаваемое предпринимателем рабочему; справка полиции о благонадёжности

**Fuhrwerkstransport** m гужевая перевозка.

**Fuhrwesen** n извозный промысел; гужевой транспорт

**füll set** *англ. внешторг.* полный комплект *(напр., коносамента)*

**full-time-job** *англ.* полная занятость *(в течение всего рабочего дня)*

**Fülle** f изобилие; избыток; богатство; разнообразие *(напр., ассортимента)*

**Füllinserate,** n, pl незаказанные объявления, помещаемые редакцией газеты *(или журнала)* для заполнения пустых мест

**Füllprogramm** n программа оптимальной загрузки оборудования

**FUND:**
  **FUND, International Monetary Fund** Международный валютный фонд, МВФ
  **Fund** m открытие месторождения *(полезных ископаемых)*; месторождение *(полезных ископаемых)*

**Fundamentalsatz** m основная теорема; основная посылка

**fundieren,** vt основывать, учреждать; вкладывать деньги *(в предприятие)*; обосновывать; консолидировать *(по государственному кредиту)*

**fundiert** основанный, учреждённый; вложенный *(о деньгах)*; обоснованный; солидный

**fündig** богатый *(о месторождении)*; рудоносный *(о районе, участке)*

**Fundort** m месторождение *(полезных ископаемых)*

**Fundstätte** f месторождение *(полезных ископаемых)*

**Fünfjahrplan** m пятилетний план, пятилетка

**Fünftage-Arbeitswoche** f пятидневная рабочая неделя

**Fünfundvierzigstundenwoche** f сорокапятичасовая рабочая неделя

**fungibel** заменимый

 **fungible Waren** заменимые товары

**Fungibilität** f заменимость *(напр., товаров биржевой торговли)*, заменяемость

**fungieren** vi действовать, функционировать; выполнять обязанности

**Funktion** f функционирование, действие; функция, деятельность, работа

 **Funktion** мат. функция; функционал

 **Funktion der Warenzirkulation** функция обращения товаров

 **Funktion des Lebensstandards** функция уровня жизни

 **betriebstechnische Funktion** управленческая функция

 **eindeutige Funktion** однозначная функция

 **gesellschaftliche Funktion** общественная функция

 **quadratische Funktion** квадратическая функция

**Funktional** n мат. функционал

**Funktionalabteilung** f функциональный отдел *(орган при директоре предприятия для руководства предприятием)*

**Funktionalanalysis** f функциональный анализ

**Funktionalgleichung** f функциональное уравнение

**Funktionalismus** m функционализм

**Funktionalmatrix** f мат. функциональная матрица

**Funktionalsystem** n функциональная система управления

**Funktionalzusammenhang** m стат. функциональная зависимость

**Funktionär** m деятель, работник *(напр., профсоюзный)*; функционер

**Funktionen,** f, pl функции денег

 **Funktionen des Geldes** функции денег

**funktionieren,** vi функционировать, действовать, работать *(напр., о машине)*

**Funktionsauslösung** f начало работы, пуск *(устройства)*; разрешение работы

**Funktionsbaugruppe** f функциональный блок; функциональный модуль

**Funktionsdauer** f продолжительность функционирования, срок функционирования

**Funktionsdiagramm** n функциональная диаграмма, функциональная схема; диаграмма функционирования

**funktionsfähig** пригодный к эксплуатации; способный к функционированию

**Funktionsfähigkeit** f функционирование; пригодность к эксплуатации

**Funktionsfeld** n **des Kapitals** поле функционирования капитала

**Funktionsgesetz** n закон функционирования

**Funktionsmaße,** n, pl действующие размеры

**Funktionsmodell** n действующая модель

**Funktionsmuster** n опытный образец; действующий макет

**Funktionsnomenklatur** f **für Hoch- und Fachschulkader** номенклатура кадров с высшим и специальным средним образованием

**Funktionsplan** m план распределения функций *(или обязанностей)*, план разграничения функций *(или обязанностей)*; роспись трудовых *(или рабочих)* заданий,; роспись должностей и функций; должностное распределение функций

**Funktionsprobe** f эксплуатационное испытание

 **technische Funktionsprobe** техническое испытание эксплуатационных качеств, техническое испытание эксплуатационной надёжности

**Funktionsprozess** m процесс функционирования

**Funktionsrabatt** m скидка за принятие на себя некоторых функций поставщика *(напр., функции рекламы)*; скидка для агента по перепродаже

**funktionssicher** надёжный в эксплуатации

**Funktionssicherheit** f эксплуатационная надёжность *(напр., машины)*

**Funktionsstörungen,** f, pl неполадки

**Funktionstafel** f функциональная таблица

**Funktionstastatur** f клавиатура управления; функциональная клавиатура

**funktionstüchtig** дееспособный; работоспособный

**Funktionstüchtigkeit** f эксплуатационная надёжность (напр., машины)
**Funktionsvertretung** f замещение должности
**Funktionsweise** f принцип действия
**Funktionszeit** f время функционирования, продолжительность функционирования
**Funktionszyklus** m рабочий цикл, цикл работы
**Funkwerbung** f радиореклама
**für jede Transaktion eine Gebühr erheben** получать с каждой транзакции сбор
**Fürsorge** f попечение, забота; попечительство; социальное обеспечение
**gemeinschaftliche Fürsorge** социальное обеспечение
**öffentliche Fürsorge** государственное социальное обеспечение
**Fürsorgeamt** n отдел социального обеспечения, управление социального обеспечения
**Fürsorgeeinrichtungsbehörde** f учреждение социального обеспечения, орган социального обеспечения
**fürsorgerisch** относящийся к социальному обеспечению
**Fürsorgeunterstützung** f пособие по социальному обеспечению
**Fusion** f слияние (напр., фирмы), соединение
**fusionieren,** vt соединять, объединять, сливать (напр., предприятия, фирмы)
**Fusionierung** f составление последовательности (информации); слияние (информации)
**Fusionsbilanz** f объединительный баланс
**Fuß** m фут (мера длины)
**laufender Fuß** погонный фут
**Fustage** f фр. твёрдая тара; стоимость тары, стоимость упаковки
**Fusti,** pl um. фусти, скидка за поставку загрязнённого товара, скидка за недоброкачественный товар
**Fusti** отходы (в торговле); утечка, усушка, утруска
**Futter** n фураж, корм (для скота)
**Futteraufriß** m таблица сопоставления удоев и использованных питательных кормовых веществ
**Futtereinheit** f с.-х. кормовая единица
**Futterwirtschaft** f хозяйство, занимающееся возделыванием кормовых культур
**Futurologie** f футурология
**FV:**
  **FV, Fv., Fachvereinigung** специализированное (торговое или промышленное) объединение
  **f.v., frei von** свободно от (чего-л.)
**FVG, Gesetz über die Finanzverwaltung** закон о налоговой инспекции (ФРГ)
**FW, Forstwirtschaft** лесное хозяйство

# G

**G:**
  **G, geheim** секретно
  **G, "Geld"** курс покупателей, курс спроса (в курсовых бюллетенях)
  **-G, "gestrichen Geld"** курс зачёркнут, так как имелся лишь спрос (в курсовых бюллетенях)
  **G, Griff** (рабочий) приём
  **G Tar, Gütertarif** ж.-д. тариф на перевозку грузов
**GA:**
  **G/A, Con general average contribution** страх. долевой взнос (для покрытия убытков) по общей аварии
  **GA, G/A, general average** страх. общая авария
  **Ga, Güterabfertigung** приём грузов к отправке; грузовые операции
**GAB, General Arragement to Borrow** Общее положение о заимствовании
**Gag, Ganzzug** маршрутный грузовой поезд с однородным грузом
**Gage** f фр. вознаграждение; жалованье, гонорар, содержание
**gal, Gallon** m галлон (мера объема жидких и сыпучих тел в Англии и США)
**Gallon** m галлон (мера объёма жидких и сыпучих тел в Англии и США)
**Gallone** f галлон (мера объёма жидких и сыпучих тел в Англии и США)
**Gallup-Institut** n институт Гэллапа (институт изучения общественного мнения в США)
**Gamma-Verteilung** f гамма-распределение
**GAN, Generalauftragnehmer** m генеральный подрядчик, генподрядчик (в строительстве); генеральный поставщик

**gangbar** ходкий, пользующийся спросом

**gängig** ходкий (*о товаре*)

**Gängigkeit** *f* ходкость (*о товаре*)

**Gant** *f* аукцион, публичные торги; продажа с аукциона

**Gantt-Grafik** *f* график Ганта (*график выполнения плана*)

**Gantt-Pensumsystem** *n* система заработной платы Ганта (*в системе сочетаются повременная и сдельная формы заработной платы*)

**Gantt-System** *n* система заработной платы Ганта (*в системе сочетаются повременная и сдельная формы заработной платы*)

**Ganztagsarbeit** *f* работа на полный рабочий день; полная занятость

**Ganztagsbeschäftigung** *f* работа на полный рабочий день; полная занятость

**Ganzzugbildung** *f* формирование маршрутных грузовых поездов

**GAP:**

**GAP, Großhandelsabgabepreis** *m* отпускная цена промышленности, оптовая цена

**gap** (*eng.*) гап (*резкое снижение цены товара, при котором минимальная цена предыдущего биржевого дня (периода) выше максимальной цены текущего дня (периода)*)

**GAP-Analyse** *f* анализ инфляционного разрыва, *GAP*-анализ; анализ дефляционного разрыва, *GAP*- анализ

**gar., garantiert** гарантировано

**Garant** *m* гарант, поручитель

**Garantie** *f* гарантия, ручательство, поручительство; обеспечение

**Garantie der Versicherer** гарантия страховщиков

**Garantie geben** предоставлять гарантию

**Garantie gewähren** предоставлять гарантию, давать гарантию, гарантировать, ручаться

**Garantie stellen** предоставлять гарантию, давать гарантию, гарантировать, ручаться

**Garantie übernehmen** предоставлять гарантию, давать гарантию, гарантировать, ручаться

**Garantie- und Nacharbeit** *f* работы, выполняемые в течение гарантийного срока

**Garantie- und Sicherheitsleistungen,** *f, pl* предоставление гарантий (*при импорте в виде авансовых платежей, при экспорте в виде депозитных вкладов или оговорённых в контракте неустоек*)

**Garantieanleihe** *f* гарантийный заём

**Garantiearbeit** *f* работы, выполняемые в течение гарантийного срока

**Garantiebrief** *m* гарантийное письмо

**Garantiedepot** *n* гарантийный депозит, гарантийный вклад

**Garantiedienst** *m* служба гарантийного ремонта

**Garantieeinlage** *f* гарантийный взнос (*при срочной сделке взнос для покрытия разницы между начальной ценой и последующей котировкой*)

**Garantieerklärung** *f* гарантийное письмо

**Garantiefall** *m* случай, требующий предоставления гарантии

**Garantiefonds** *m* гарантийный фонд

**Garantieforderung** *f* требование о предоставлении гарантии

**Garantiefrist** *f* гарантийный срок; срок поручительства

**Garantiefunktion** *f* гарантийная функция (*товарного знака*)

**Garantiegebende** *m* гарант, поручитель

**Garantiehinterlegung** *f* гарантийный депозит, гарантийный вклад; гарантийный взнос (*при срочной сделке взнос для покрытия разницы между начальной ценой и последующей котировкой*)

**Garantiekapital** *n* гарантийный капитал

**Garantieklage** *f* иск к поручителю

**Garantieklausel** *f* юр. гарантийная оговорка; пункт (*договора*) о предоставляемых гарантиях

**Garantiekosten,** *pl* расходы, вытекающие из факта предоставления гарантии; расходы по гарантийному обслуживанию; расходы, связанные с получением государственной (*или банковской*) гарантии

**Garantiekredit** *m* гарантийный кредит

**Garantieleistung** *f* предоставление гарантии; гарантийные услуги (*напр., ремонт*)

**Garantieleistungsvertrag** *m* гарантийный договор, договор гарантии

**Garantielohn** *m* гарантированный минимум заработной платы

**Garantiemarke** *f* гарантийная марка, гарантийное клеймо

**Garantiepflicht** *f* обязанность предоставления гарантии, обязанность получения гарантии; гарантийное обязательство

**garantieren,** *vt* гарантировать, предоставлять гарантию, давать гарантию; обеспечивать; ручаться

**Garantierung** *f* гарантирование, предоставление гарантии, поручительство; обеспечение

**Garantieschein** *m* гарантийное письмо; гарантия (*квитанция*), гарантийный талон; гарантийное свидетельство

**Garantieschreiben** *n* гарантийное письмо

**Garantiesumme** *f* гарантийная сумма

**Garantiesyndikat** *n* гарантийный синдикат

**Garantiesystem** *n* система государственных гарантий

**Garantieübernahme** *f* предоставление гарантии

**Garantievereinbarung** *f* соглашение о предоставлении гарантии, договорённость о предоставлении гарантии

**Garantievermerk** *m* отметка о *(предоставлении)* гарантии, оговорка о гарантии

**Garantieverpflichtung** *f* гарантийное обязательство, гарантия

**Garantieversicherung** *f* гарантийное страхование

**Garantievertrag** *m* гарантийный договор, договор гарантии

**Garantievorrat** *m* гарантийный запас, страховой запас

**Garantievorschuss** *m* аванс в счёт предоставленных гарантий

**Garantiezeichen** *n* гарантийный знак

**Garantiezeit** *f* гарантийный срок; срок поручительства

**Garantiezeitraum** *m* гарантийный срок; срок поручительства

**Garantiezusage** *f* гарантийное обязательство

**Garantitionds** *m* гарантийный фонд

**Gartenbau** *m* садоводство

**Gartenbaubetrieb** *m* садоводческое хозяйство; садоводство

**Gartenrecht** *n* право на пользование земельным участком под сад *(или огород)*

**Gasgebühr** *f* тариф на пользование газом; плата за пользование газом

**Gastarbeiter** *m* иностранный рабочий *(временно работающий в Германии)*

**Gastarbeitnehmer** *m* иностранный рабочий; рабочий-иммигрант

**Gästebeirat** *m* специальный орган при предприятиях общественного питания, обладающий контрольно-совещательными функциями *(бывш. ГДР)*

**Gasthaus** *n* гостиница

**Gasthof** *m* гостиница

**Gastland** *n* страна, принимающая иностранные прямые инвестиции

**Gaststätte** *f* предприятие общественного питания *(напр., ресторан, столовая, кафе)*; гостиница, отель

**Gaststättenaufschlag** *m* ресторанная накидка *(к цене)*

**Gaststättenbetrieb** *m* предприятие общественного питания *(напр., ресторан, столовая, кафе)*; гостиница, отель

**Gaststätteneinrichtung** *f* предприятие общественного питания *(напр., ресторан, столовая, кафе)*; гостиница, отель

**Gaststättenerlös** *m* выручка предприятий общественного питания

**Gaststättengesetz** *n* закон, регулирующий работу предприятий общественного питания, питейных заведений, мест ночлега

**Gaststättenkosten,** *pl* издержки предприятий общественного питания, затраты предприятий общественного питания

**Gaststättenkultur** *f* культура обслуживания в предприятиях общественного питания

**Gaststättennetz** *n* сеть предприятий общественного питания

**Gaststättenproduktion** *f* продукция предприятий общественного питания

**Gaststättenspanne** *f* торговая накидка к стоимости блюд, реализуемых через систему предприятий общественного питания

**Gaststättenumsatz** *m* оборот предприятий общественного питания

**Gaststättenverkaufspreis** *m* отпускная цена предприятий общественного питания

**Gaststättenwesen** *n* общественное питание и гостиничное дело

**GATT, General Agreement on Tariffs and Trade** Генеральное соглашение по *(таможенным)* тарифам и торговле, ГАТТ

**GATT-Liberalisierung** *f* либерализация *(торговли)* в рамках ГАТТ

**GATT-Raum** *m* зона ГАТТ

**Gattenermäßigung** *f* налоговая льгота, предоставляемая на супругу *(или супруга)*

**Gattung** *f* вид; род; тип, сорт; категория; серия; марка

**Gattungsbegriff** *m* родовой элемент *(знака)*

**Gattungskauf** *m* купля-продажа товара определённого вида, купля-продажа товара определённого сорта *(напр., автомобиля определённой марки)*

**Gattungsschuld** *f* долг, погашаемый путём возврата вещи *(или предмета)* определённого вида

**Gattungsware** *f* вид товара, в рамках которого товары взаимозаменяемы

**GB, gB:**

**GB, Grossbritannien** Великобритания

**GB, "Geld und Brief"** курс покупателей и курс продавцов, спрос и предложение *(в биржевых бюллетенях)*

**GB, Genehmigungsbescheid** *m* уведомление о разрешении

**GB, Genossenschaftsbank** *f* кооперативный банк; кредитное товарищество

**GB, Geschäftsbedingungen,** *f, pl* условия заключения сделки; правила ведения дел

**Gb., Gebühr** пошлина; сбор; налог

**GBA, Gesetzbuch der Arbeit** Кодекс законов о труде *(бывш. ГДР)*

**GBf, Güterbahnhof** товарная станция

**GBhf, Güterbahnhof** товарная станция

**GBO:**
**GBO, Grundbuchordnung** положение о порядке ведения кадастровых книг, положение о порядке ведения поземельных книг

**g.b.o., goods in bad order** товары в плохом состоянии

**GBP, Pfund Sterling, - Grossbritannien** Фунт стерлингов, - Великобритания

**GBV, (innerdienstliche) Güterbeförderungsvorschriften der Eisenbahn** правила перевозки грузов по железным дорогам

**Gbz, Gebührenzettel** квитанция об уплате налогов, квитанция об уплате сборов, квитанция об уплате пошлин

**GD:**
**GD, Generaldirektor** генеральный директор
**GD, Guatemala** Гренада

**GDBH, Gesellschaft Deutscher Berg- und Hüttenleute** Общество немецких горняков и металлургов *(бывш. ГДР)*

**GDR, global depository receipt** *(eng.)* глобальная депозитная расписка

**GDS, gebührenpflichtige Dienstsache** служебный документ, подлежащий оплате гербовым сбором

**GE:**
**GE, Georgien** Грузия
**GE, Getreideeinheit** зерновая единица
**GE, Gewichtseinheit** весовая единица, единица веса

**Gebarung** *f* управление делами; деятельность; ведение *(финансовых)* дел

**Gebarung** финансовая комиссия, финансовый комитет

**Gebarung** поведение, образ действий, манеры

**Gebarung** метод ведения дела; деловая практика

**Gebäudeabschreibung** *f* амортизационные списания стоимости зданий и сооружений

**Gebäudeabschreibungen** *pl* амортизационные отчисления со стоимости зданий и сооружений

**Gebäudebesteuerung** *f* обложение налогом зданий; обложение налогом строений

**Gebäudeentschuldungssteuer** *f* налог на прибыль, дополнительно получаемую домовладельцами от взимания квартирной платы в периоды денежной инфляции *(взимался в Германии в 1926-1942 гг.)*

**Gebäudekosten,** *pl* расходы по содержанию и эксплуатации зданий

**Gebäudesteuer** *f* налог, взимаемый со зданий

**Gebäudesteuerrolle** *f* выписка из кадастра с указанием объектов налогообложения, размера налога, содержащая отметку об уплате поземельного налога

**Gebäudeversicherung** *f* страхование зданий; страхование строений

**Gebäudewert** *m* стоимость здания; стоимость зданий; стоимость строения; стоимость строений

**Gebäudezählung** *f* перепись зданий и сооружений

**Geber** *m* дающий, предоставляющий *(кому-л. что-л.)*
**Geber** податель
**Geber** даритель; жертвователь; пожертвователь; спонсор
**Geber** *экон.* донор
**Arbeitgeber** *m* работодатель
**Auftraggeber** *m* заказчик; организация-заказчик
**Lizenzgeber** орган, выдающий лицензию; лицензиар *(организация, уполномоченная выдавать лицензии)*

**Geberland** *n* страна-донор *(предоставляющая кредиты, займы, экономическую помощь)*

**Gebiet** *n* область; зона; территория; район; область; регион
**Gebiet** сфера (деятельности); компетенция
**Gebiet ohne Selbstregierung** территория без самоуправления
**autonomes Gebiet** автономная область
**gemeindefreies Gebiet** не принадлежащая общине земля
**juristisches Gebiet** юридическая сфера
**strukturschwaches Gebiet** район с неразвитой инфраструктурой; регион с неразвитой структурой; малоосвоенный регион

**Gebietseinteilung** *f* районирование
**ökonomische Gebietseinteilung** экономическое районирование

**Gebietsentwicklungsplan** *m* план развития района (напр. экономического); план развития региона

**Gebietshoheit** *f* территориальный суверенитет

**Gebietskartell** *n* картель, деятельность которого ограничена строго определённой территорией; региональный картель

**Gebietskörperschaft** *f* юридическое лицо, деятельность которого ограничена строго определённой территорией *(напр., община)*; юридическое лицо, обладающее публичными правами на определённой территории *(напр., корпорация, финансово-промышленная группа)*

**Gebietsleiter** *m* районный менеджер; территориальный менеджер; региональный менеджер; управляющий сбытовым районом компании

**Gebietslizenz** f локальная лицензия; лицензия на деятельность в определённом районе; лицензия на поставку в определённый район (товаров и услуг)

**Gebietsökonomik** f экономика района; экономика региона

**Gebietsplan** m план развития района (экономического); план развития региона

**Gebietsplanung** f планирование развития района (экономического)

**Gebietsprinzip** n территориальный принцип

**Gebietsprogramm** n программа развития района (экономического); программа развития региона

**Gebietsrepräsentant** m региональный представитель

**Gebietsstruktur** f структура района (экономического); структура региона

**Gebietsvereinigung Volkseigener Güter** территориальное объединение народных имений *(бывш. ГДР)*

**Gebietsverkäufer** m местный торговый агент; региональный торговый агент; продавец, обслуживающий определённый район; региональный представитель компании (торговой)

**gebietsweise** в местном масштабе

**gebietsweise** в определённом месте

**Gebietswirtschaft** f экономика района; экономика региона

**gebietswirtschaftlich** относящийся к району (экономическому)

**Gebietszentrum** n региональный центр

**GebO; Gebührenordnung** положение о порядке уплаты сборов, налогов *или* пошлин

**Geborenenüberschuss** m превышение рождаемости над смертностью

**Gebot** n предложение *(своей цены или условий сбыта)*

**Gebot** приказ, требование; предписание *(административное, государственное)*

**Gebot** ставка; предложение (на аукционе); предлагаемая цена; заявка на торгах; предложенная покупателем цена

**das Gebot beenden** прекратить приём заявок (от покупателей, напр. на аукционе, гна торгах)

**ein Gebot tun** предлагать цену

**geringstes Gebot** предложение самой низкой цены *(на торгах)*

**ein höheres Gebot tun** предлагать более высокую цену

**letztes Gebot** последнее предложение цены *(на торгах)*

**zu Gebote stehen** быть в распоряжении

**Gebrauch** m употребление, пользование; применение; эксплуатация; обычай

**Gebrauchsabnahme** f сдача-приёмка строительного объекта

**Gebrauchsanleitung** f инструкция по применению, инструкция по пользованию; инструкция по эксплуатации

**Gebrauchsanweisung** f инструкция по применению, инструкция по пользованию, руководство к применению, руководство к пользованию; инструкция по эксплуатации

**Gebrauchsartikel,** m, pl потребительские товары, товары широкого потребления, товары народного потребления, предметы личного потребления *(напр., хозяйственные товары, одежда, игрушки)*

**Gebrauchsbedingungen,** f, pl условия употребления

**Gebrauchsdauer** f срок службы *(средств производства)*; срок годности; срок пользования

**Gebrauchseigenschaften,** f, pl потребительские свойства; эксплуатационные качества

**gebrauchserleichternd** облегчающий пользование; облегчающий эксплуатацию

**Gebrauchsfähigkeit** f годность к потреблению, годность к употреблению, пригодность к потреблению, пригодность к употреблению; готовность к эксплуатации

**Gebrauchsgegenstände,** m, pl потребительские товары, товары широкого потребления, товары народного потребления, предметы личного потребления *(напр., хозяйственные товары, одежда, игрушки)*

**Gebrauchsgewährung** f предоставление в пользование

**Gebrauchsgüter,** n, pl потребительские товары, товары широкого потребления, товары народного потребления, предметы личного потребления *(напр., хозяйственные товары, одежда, игрушки)*

**langlebige Gebrauchsgüter** потребительские товары длительного пользования

**Gebrauchskosten,** pl функциональные издержки *(возникающие, напр. в результате износа, повреждения основных средств производства)*

**Gebrauchsmuster** n (зарегистрированный) промышленный образец, промышленная модель

**Gebrauchsmusterschutz** m защита промышленного образца

**Gebrauchsnormal** n эталон

**Gebrauchsrecht** *n* право пользования

**gebrauchsunfähig** непригодный к потреблению, непригодный к эксплуатации, непригодный к употреблению

**Gebrauchsvermögen** *n* потребительский капитал

**Gebrauchsvorschrift** *f* инструкция по применению, инструкция по пользованию, руководство к применению, руководство к пользованию; инструкция по эксплуатации

**Gebrauchsware** *f* потребительские товары, товары широкого потребления, товары народного потребления, предметы личного потребления *(напр., хозяйственные товары, одежда, игрушки)*

**Gebrauchswerbung** *f* реклама *(в форме выставок, витрин)*

**Gebrauchswert** *m* потребительная стоимость; потребительская ценность

**Gebrauchswert-Kostenanalyse** *f* функционально-стоимостный анализ, анализ затрат на основе потребительной стоимости,

**Gebrauchswertbilanz** *f* баланс потребительных стоимостей

**Gebrauchswerteigenschaften,** *f, pl* потребительские свойства,; эксплуатационные качества

**gebrauchswertmäßig** исходя из потребительной стоимости

**Gebrauchswertminderung** *f* уменьшение потребительной стоимости, снижение потребительной стоимости

**gebraucht** бывший в употреблении

**Gebrauchtwagen** *m* подержанный автомобиль

**Gebrauchtwagenmarkt** *m* рынок подержанных автомобилей

**Gebrauchtware** *f* вещь, бывшая в употреблении; подержанная вещь

**Gebrauchtwarenhandel** *m* торговля подержанными вещами

**GebrMG, Gebrauchsmusterschutzgesetz** закон об охране (промышленных) образцов

**Gebühr** *f* сбор; пошлина; налог; плата; взнос; тариф; вознаграждение, гонорар *(напр., адвокату)*

**Gebührenauferlegung** *f* обложение пошлиной

**Gebührenaufschub** *m* отсрочка уплаты пошлины

**Gebührenaufstellung** *f* перечень пошлин, шкала пошлин, таблица пошлин

**Gebührenbefreiung** *f* освобождение от уплаты сбора, освобождение от уплаты налога, освобождение от пошлин

**Gebührenbeitreibung** *f* взимание сбора, взимание налога, взимание пошлин

**Gebührenberechnung** *f* исчисление размера платы, исчисление размера налога *или* сбора, исчисление пошлины

**Gebührenerhebung** *f* взимание платы, взимание налога, взимание пошлин

**Gebührenerlaß** *m* освобождение от уплаты сбора, налога *или* пошлины; снижение размера сбора, налога *или* пошлины; налоговая льгота

**Gebührenermäßigung** *f* снижение размера сбора, налога *или* пошлины; налоговая льгота

**Gebührenerstattung** *f* возврат уплаченного сбора *или* налога, возврат уплаченной пошлины

**gebührenfrei** свободный от уплаты сбора, налога *или* пошлины; беспошлинный; бесплатный

**Gebührenfreiheit** *f* освобождение от уплаты сбора, налога *или* пошлины

**Gebührenmarke** *f* знак оплаты, гербовая марка *(для уплаты пошлины)*

**Gebührennachlass** *m* снижение размера сбора, налога *или* пошлины; налоговая льгота

**Gebührenordnung** *f* положение о порядке уплаты сбора, налога *или* пошлины

**Gebührenpauschale** *n* паушальная сумма налогов

**Gebührenpflicht** *f* налоговая повинность

**gebührenpflichtig** платный *(напр., об услугах почты)*; подлежащий обложению пошлиной, подлежащий обложению сборами

**Gebührensatz** *m* ставка сбора, ставка налога, ставка пошлины

**Gebührentabelle** *f* таблица почтовых тарифов; таблица сборов

**Gebührentafel** *f* таблица почтовых тарифов; таблица сборов

**Gebührenüberhebung** *f* неправомерное взимание непредусмотренных сборов *(в корыстных целях)*, неправомерное взимание сборов в завышенном размере *(в корыстных целях)*

**Gebührenzeiten,** *f, pl* тарифные периоды

**Gebührenzettel** *m* квитанция об уплате сбора, налога *или* пошлины

**Gebührenzuschlag** *m* дополнительный сбор

**Geburtenabnahme** *f* уменьшение рождаемости, падение рождаемости

**Geburtenanzahl** *f* рождаемость *(в численном выражении)*

**Geburtenausfall** *m* уменьшение рождаемости, падение рождаемости

**Geburtenbeihilfe** *f* единовременное пособие при рождении ребёнка

**Geburtenentwicklung** *f* динамика рождаемости

**Geburtenförderung** *f* стимулирование рождаемости

**Geburtenfrequenz** *f* рождаемость *(в численном выражении)*

**Geburtenhäufigkeit** *f* рождаемость *(в численном выражении)*

**Geburtenkontrolle** *f* контроль за рождаемостью

**Geburtenrate** *f* коэффициент рождаемости

**Geburtenrückgang** *m* уменьшение рождаемости, падение рождаемости

**Geburtenüberschuss** *m* превышение рождаемости над смертностью

**Geburtenverhältnis** *n* коэффициент рождаемости

**Geburtenziffer** *f* коэффициент рождаемости; рождаемость *(в численном выражении)*

**Geburtsbeihilfe** *f* единовременное пособие при рождении ребёнка

**gediegen** доброкачественный

**Gedinge** *n* *ю.-нем.* мелочной торг; сдельная работа *(особенно в горном деле)*, сдельщина

**Gedingearbeit** *f* сдельная работа, сдельщина

**Gedingelohn** *m* сдельная оплата *(труда)*; размер оплаты сдельной работы

**Gedingenehmer** *m* лицо, выполняющее сдельную работу, сдельщик

**Gedingeträger** *m* лицо, уполномоченное работниками наёмного труда на заключение договора на сдельную работу

**Gedingeunternehmer** *m* подрядчик

**GEFA, Gesellschaft für Absatzfinanzierung** Общество финансирования сбытовых операций

**Gefahr** *f* опасность; риск; страховой риск; угроза

  **Gefahr abwenden** предотвращать опасность

  **Gefahr bagatellisieren** преуменьшать опасность

  **Gefahr laufen** подвергаться опасности

  **auf eigene Gefahr** на свой риск (и риск); на свою ответственность

  **auf eigene Rechnung und Gefahr** на свой страх и риск

  **außer Gefahr sein** быть вне опасности

  **bei Gefahr einer Geldstrafe** под угрозой денежного штрафа

  **Beseitigung der Gefahr** устранение опасности

  **gegenwärtige Gefahr** реально существующая опасность; непосредственная опасность

  *j-n* **in Gefahr bringen** подвергать *кого-л.* опасности

  **in Gefahr geraten** попасть в опасное положение

  **Quelle erhöhter Gefahr** источник повышенной опасности; истоник повышенного риска

  **versicherte Gefahr** застрахованный риск

  **Versicherung auf erste Gefahr** страхование на случай первого риска

  **zunehmende Gefahr** возрастающая опасность

**Gefahrabwendung** *f* предотвращение опасности

**gefährden** угрожать; грозить *(кому-л., чему-л.)*

**gefährden** подвергать опасности *(кого-л., что-л.)*

**gefährdet sein** быть в опасности; находиться в опасности; быть поставленным под угрозу; подвергаться риску

**gefährdet** находящийся под угрозой *(напр., неуплаты)*

**Gefährdungshaftung** *f* обязанность возмещения ущерба, причиной возникновения которого явился источник повышенной опасности

**Gefahrendeckung** *f* заключение договора страхования

**Gefahrengemeinschaft** *f* **der Versicherten** пул страхователей определённого вида страхования

**Gefahrenklasse** *f* *страх.* класс рисков

**Gefahrenquelle** *f* источник опасности

**Gefahrenrückversicherung** *f* перестраховка *(страхование одной страховой компании в другой)*

**Gefahrentarif** *m* страховой тариф, установленный в зависимости от класса рисков

**Gefahrenübernahme** *f* принятие на себя риска

**Gefahrenübergang** *m* переход риска *(напр., при случайной гибели или порче товара, переход материальной ответственности от продавца к покупателю)*

**Gefahrenzulage** *f* надбавка за риск, надбавка к заработной плате за работу в опасных условиях

**Gefahrenzuschlag** *m* надбавка за риск, надбавка к заработной плате за работу в опасных условиях

**Gefahrerhöhung** *f* *страх.* увеличение степени риска; повышение степени (возникновения) опасности

  **Gefahrerhöhung in der Versicherung** повышение опасности, имевшее место после заключения договора страхования; увеличение риска после заключения договора страхования

**Gefahrgut** *n* опасный груз
**Gefahrgüter** *pl* опасные грузы *(транспортировка которых связана с риском, напр. кислота, взрывчатые вещества и проч.)*
**Gefahrtragung** *f* ответственность за риск *(напр., случайной гибели имущества)*
**Gefahrübergang** *m* переход риска *(напр., при случайной гибели или порче товара, переход материальной ответственности от продавца к покупателю)*
**gefährlich** опасный; рискованный
  **gefährliche Abfälle** опасные отходы
  **gefährliche Güter** опасные грузы
  **gefährliche Kontamination** опасный уровень загрязнения
  **gefährliche Produktion** опасное производство
  **gefährliche Stoffe** опасные вещества
  **gefährliche Tätigkeit** опасная деятельность
  **gefährliche Waren** опасные товары *(напр. для здоровья потребителей)*
  **ökologisch gefährliche Stoffe** экологически опасные вещества
  **Transportordnung für gefährliche Güter** положение о транспортировке опасных грузов
  **Versicherung für gefährliche Güter** страхование опасных грузов
  **die Zahl gefährlicher Waren auf europäischen Märkten** количество опасных товаров на европейских рынках *(на европейском рынке, на рынке Европы)*
**Gefahrübernahme** *f* принятие на себя риска *(напр. на случайной гибели имущества)*

**Gefahrzettel** *m* этикетка на опасный груз
**Gefälle** *n* разность, разница *(в ценах, в оплате и проч.)*
**Gefälle,** *pl* доходы *(чаще всего от владения имуществом)*
**Gefälligkeitsakzept** *n* дружеский акцепт
**Gefälligkeitsgiro** *n* дружеский индоссамент
**Gefälligkeitsindossament** *n* дружеский индоссамент
**Gefälligkeitswechsel** *m* дружеский вексель *(принятый досрочно к оплате простой вексель)*
**Gefäßwagen** *m* вагон-резервуар
**GEFO, Gesellschaft für Osthandel** Общество торговли с восточными странами *(ФРГ)*
**gefragt** пользующийся спросом *(о товаре)*
**Gefriergut** *n* замороженные продукты
**Gefriergüter,** *n, pl* замороженные товары
**Gefrierschiff** *n* рефрижераторное судно
**Gefrierware** *f* замороженные продукты
**Gefüge** *n* структура, устройство
**Gefühlgehalt** *m* эмоциональность *(напр., товарного знака)*
**Gefühlzeichen** *n* осязательный *(товарный)* знак
**GEG, Großeinkaufsgenossenschaft der Konsumvereine** Оптово-закупочное товарищество потребительских обществ
**Gegenangebot** *n* встречное предложение, контрпредложение, встречная оферта
**Gegenanspruch** *m* встречное притязание, встречный иск
**Gegenantrag** *m* встречное предложение, контрпредложение

**Gegenauftrag** *m* встречный заказ
**Gegenausfuhr** *f* встречный экспорт; взаимный экспорт
**Gegenbedingung** *f* встречное условие, ответное условие
**Gegenbescheinigung** *f* встречная расписка, ответная расписка
**Gegenbestätigung** *f* ответное подтверждение *(подтверждение уведомления о получении письма)*
**Gegenbestellung** *f* встречный заказ
**Gegenbetrieb** *m* конкурирующее предприятие
**Gegenbilanz** *f* контрбаланс
**Gegenbuch** *n* расчётная книжка по текущему счёту
**Gegenbuchung** *f* бухг. сторнирующая запись, красное сторно
**Gegenbürge** *m* поручитель за поручителя
**Gegenbürgschaft** *f* взаимное поручительство
**Gegenentwurf** *m* встречный проект
**Gegenexport** *m* встречный экспорт; взаимный экспорт
**Gegenfaktor** *m* противодействующий фактор
**Gegenforderung** *f* юр. встречный иск; встречное требование
**Gegengeschäft** *n* встречная сделка, взаимная сделка, контрсделка
**gegengezeichnet** скреплено подписью
**Gegenhandel** *m* встречные торговые операции, встречные коммерческие операции
**Gegenklage** *f* юр. встречный иск
**Gegenkläger** *m* лицо, предъявляющее встречный иск
**Gegenkonto** *n* двойной счёт, корреспондирующий счёт
**Gegenkontrolle** *f* встречная проверка *(при ревизии)*

**Gegenläufigkeit** f (des Transports) встречные перевозки
**Gegenleistung** f встречное исполнение; взаимность исполнения обязательств *(напр., по договору)*; ответная услуга
**Gegenliste** f проверочный список, контрольный список
**Gegenmacht** f противостоящая сила *(продавца или покупателя на рынке, противостояние, напр. профсоюзов и предпринимателей)*
**Gegenmaßnahme** f ответная мера, контрмера
**Gegenmuster** n образец, выставляемый покупателем
**Gegenofferte** f встречная оферта, встречное предложение, контрпредложение
**Gegenoperation** f встречная сделка, взаимная сделка, контрсделка
**Gegenpartei** f *юр.* противная сторона *(в процессе)*
**Gegenplan** m встречный план
**Gegenposten** m корреспондирующая статья
**Gegenprobe** f вторичная проверка, встречная проверка; встречный образец
**Gegenprojekt** n встречный проект
**Gegenprüfung** f контрольное испытание, проверочное испытание
**Gegenquittung** f ответная расписка, взаимная расписка
**gegenrechnen,** vt проверять счёт
**Gegenrechnung** f встречный счёт, контрольный счёт
**Gegenrechnungsbuch** n встречное предложение, контрпредложение
**Gegenrecht** n право взаимности
**Gegenrimesse** f встречный вексель, контрримесса
**Gegenschein** m расписка в получении

**gegenschreiben,** vt списывать со счёта
**Gegenschrift** f *бухг.* контрордер; контрпроводка, обратная проводка
**Gegenschuld** f взаимный долг, обоюдный долг
**Gegenseitigkeit** f взаимность, обоюдность
**Gegenseitigkeitsgeschäft** n взаимная сделка *(разновидность бартерной сделки)*
**Gegenseitigkeitsgesellschaft** f общество, функционирующее на основе принципа взаимности
**Gegenseitigkeitsverein** m общество, функционирующее на основе принципа взаимности
**Gegenseitigkeitsversicherung** f взаимное страхование
**Gegensicherheit** f взаимное обеспечение, обоюдное обеспечение *(залогом)*
**Gegenstand** m предмет, вещь; предмет, объект; тема
　**Gegenstand** *юр.* объект права *(вещи, права, долговые обязательства, патенты, репутация, секрет фирмы и проч.)*
　**Gegenstand der allgemeinen Konsumtion** предмет всеобщего потребления
　**Gegenstand des täglichen Bedarfs** предмет первой необходимости
**Gegentausch** m взаимный обмен
**Gegentransaktion** f встречная сделка, взаимная сделка, контрсделка
**Gegentransport** m встречные перевозки
**Gegenüberstellung** f противопоставление; сопоставление, сравнение
**Gegenunternehmen** n конкурирующее предприятие, фирма-конкурент, предприятие-конкурент

**Gegenunternehmung** f конкурирующее предприятие, фирма-конкурент, предприятие-конкурент
**Gegenunterschrift** f контрассигнация, скрепление подписью, подтверждение подписью; визирование
**Gegenverbindlichkeit** f встречное обязательство, взаимное обязательство
**Gegenverkehr** m встречные перевозки *(грузов)*
**Gegenverpflichtung** f встречное обязательство, взаимное обязательство
**Gegenverschreibung** f взаимное письменное обязательство
**Gegenversicherung** f взаимное страхование
**Gegenvorschlag** m встречное предложение, контрпредложение
**Gegenwartswert** m первоначальная стоимость за вычетом суммы износа; действительная стоимость, фактическая стоимость
**Gegenwechsel** m встречный вексель *(вексель, выдаваемый в качестве оплаты)*
**Gegenwert** m эквивалент
**Gegenwertfonds** m эквивалентный фонд
**Gegenwertkonto** n эквивалентный счёт
**Gegenwertmittel,** n, pl эквивалентные средства; эквивалентный фонд
**gegenzeichnen,** vt контрассигнировать, скреплять подписью, подтверждать подписью; визировать; ратифицировать
**Gegenzeichnung** f контрассигнация, скрепление подписью, подтверждение подписью; визирование; вторая подпись *(при подписании контракта)*

**Gehalt** *n 1* оклад; жалованье; заработная плата *(служащих)*
   **Gehalt laut Einzelvertrag** персональный оклад
   **festes Gehalt** твёрдый оклад
   **fixes Gehalt** фиксированный "твёрдый" оклад
   **personengebundenes Gehalt** персональный оклад
   *das* **Gehalt nach der beruflichen Qualifizierung abstufen** вводить шкалу заработной платы по производственной квалификации
   *das* **Gehalt durch einen Nebenverdienst aufbessern** прирабатывать к основному заработку
   *das* **Gehalt der Angestellten ist nach Dienstjahren gestaffelt** ставки служащих повышаются с увеличением рабочего стажа
**Gehalt** *m II* вместимость, ёмкость
**Gehalt** содержание; проба *(напр., металла)*
   **Gehalt in Gewichtsteilen** весовое содержание
**Gehaltsabbau** *m* снижение заработной платы, уменьшение заработной платы
**Gehaltsabzug** *m* удержание из заработной платы, вычеты из заработной платы
**Gehaltsanspruch** *m* право на получение заработной платы; требуемый оклад
**Gehaltsaufbesserung** *f* повышение заработной платы
**Gehaltsempfänger** *m* получатель заработной платы
**Gehaltsentwicklung** *f* динамика заработной платы
**Gehaltserhöhung** *f* повышение заработной платы
**Gehaltsgefälle** *n* разница в окладах *(служащих разных категорий)*
**Gehaltsgruppe** *f* разряд заработной платы служащих
**Gehaltsgruppenkatalog** *m* тарифно-квалификационный справочник; схема должностных окладов
**Gehaltsklasse** *f* разряд заработной платы служащих
**Gehaltskonto** *n* счёт *(в банке или в сберкассе)*, на который переводится заработная плата
**Gehaltskürzung** *f* снижение заработной платы, уменьшение заработной платы
**Gehaltsliste** *f* платёжная ведомость на выдачу заработной платы
**Gehaltspfändung** *f* наложение ареста на заработную плату
**Gehaltspolitik** *f* политика в области заработной платы
**Gehaltsrechnung** *f* расчёт заработной платы
**Gehaltssatz** *m* ставка заработной платы *(служащего)*
**Gehaltssenkung** *f* снижение заработной платы, уменьшение заработной платы
**Gehaltsstelle** *f* отдел заработной платы, расчётный стол
**Gehaltsstufe** *f* разряд заработной платы; разряд тарифной сетки
**Gehaltstabelle** *f* таблица ставок заработной платы, таблица тарифов заработной платы
**Gehaltstag** *m* день выплаты заработной платы
**Gehaltstüte** *f* конверт с *(отсчитанной)* заработной платой
**Gehaltsverbesserung** *f* повышение заработной платы
**Gehaltsvorschuss** *m* аванс *(в счёт заработной платы)*
**Gehaltszahlung** *f* выплата заработной платы, выдача заработной платы
**Gehaltszulage** *f* надбавка *(к окладу)*, надбавка к заработной плате
**Gehaltszuschlag** *m* надбавка к заработной плате, надбавка к окладу
**Geheimbuch** *n* секретный журнал
**Geheimbuchführung** *f* секретная бухгалтерия; секретный бухгалтерский учёт
**Geheimhaltung** *f* сохранение в тайне; обязанность не разглашать тайну; обязательство не разглашать сведения (напр. о клиентах банка)
**Geheimkartell** *n* негласный картель *(скрытые формы координации действий продавцов с целью ограничения конкуренции)*
**Geheimkonto** *n* секретный счёт
**Geheimpatent** *n* секретный патент
**Geheimtransaktion** *f* секретная транзакция; тайная транзакция
**Geheimverfahren** *n* сведения о технологии производства, "ноу-хау"
**Geistesarbeit** *f* умственный труд, умственная работа
**Geistesarbeiter** *m* работник умственного труда
**Geistesschaffende** *m* работник умственного труда
**GEL:**
   **GEL, Lari, - Georgien** Лари *(код валюты 981), -* Грузия
   **gel., geliefert** поставленный; доставленный
**Geld** *n* деньги
   **Geld** *бирж.* курс спроса, цена спроса
   **Geld akkumulieren** накапливать деньги
   **Geld anlegen** вкладывать деньги
   **Geld anlegen** помещать деньги, вкладывать деньги
   **Geld auf Kündigung** ссуда до востребования

**Geld auf Zinsen geben** давать деньги в рост
**Geld erwerben** зарабатывать деньги; наживать деньги, "делать" деньги
**Geld gegen Zinsen verleihen** давать деньги в рост
**Geld und Brief** *бирж.* спрос и предложение
**Geld unterschlagen** совершить растрату
**Geld vom Konto abheben** снимать деньги со счёта, брать деньги со счёта, получать деньги со счёта
**akzessorisches Geld** акцессорные деньги
**bares Geld** наличные деньги
**billiges Geld** дешёвые деньги (*напр. о дешёвых кредитах*)
**effektives Geld** свободные деньги, наличные средства
**fundiertes Geld** вложенные деньги (*напр., в банк*)
**gefälschtes Geld** фальшивые деньги
**hartes Geld** металлические деньги, монеты
**heißes Geld** "горячие" деньги (*капиталы, срочно переводимые в банки другой страны ввиду угрозы инфляции или в надежде получить дополнительную прибыль на курсовой разнице*)
**internationales Geld** мировые деньги; международная валюта
**kurantes Geld** деньги, обладающие полной законной платёжной силой (*неограниченно принимаемые в оплату*)
**nicht konvertierbares Geld** неконвертируемая валюта
**nicht konvertierbares Geld** сакральные деньги, ритуальные деньги
**tägliches Geld** *бирж.* однодневная ссуда

**verfügbares Geld** свободные (*денежные*) средства, наличные средства, наличность
**zinstragendes Geld** деньги, приносящие проценты
**Geld- und Kreditregulierung** *f* денежно-кредитное регулирование
**Geld- und Kreditsystem** *n* денежно-кредитная система
**Geld- und Sachwertlotterie** *f* денежно-вещевая лотерея
**Geld- und Verrechnungsdokument** *n* денежно-расчётный документ
**Geld- und Wechselbörse** *f* фондовая биржа, валютная биржа
**Geld- und Wertpapierhandel** *m* (валютный) арбитраж
**Geldabgabe** *f* денежный сбор
**Geldabholer** *m разг.* разъездной инкассатор
**Geldabschöpfung** *f* изъятие из обращения избытка денег, изъятие из обращения избыточной массы денег
**Geldabwertung** *f* девальвация; обесценение денег
**Geldabzug** *m* денежный вычет
**Geldakkomodation** *f* аккомодация денежного обращения
**Geldakkord** *m разг.* аккордная заработная плата
**Geldakkumulation** *f* накопление денег; процесс накопления денег
**Geldangebot** *n* предложение денег (*со стороны государства, центрального и коммерческих банков*)
**Geldanhäufung** *f* накопление денег; процесс накопления денег
**Geldanlage** *f* помещение денег, вложение денег, вложение денежных средств, капиталовложение, инвестирование, инвестиция

**Geldanleihe** *f* заём в денежной форме, денежная ссуда
**Geldanpassung** *f* приспособление денежного обращения (*к меняющимся условиям*), аккомодация денежного обращения
**Geldanweisung** *f* денежный перевод; ассигновка (*документ*)
**Geldanweisungsschein** *m* ассигновка (*документ*); квитанция денежного перевода
**Geldäquivalent** *n* денежный эквивалент
**Geldaristokratie** *f* финансовая аристократия
**Geldaufwand** *m* денежные расходы, денежные затраты, расходы, издержки, затраты
**Geldaufwendungen,** *f, pl* денежные расходы, денежные затраты, расходы, издержки, затраты
**Geldaufwertung** *f* повышение стоимости денег; ревальвация
**Geldausdruck** *m* денежное выражение, стоимостное выражение
**Geldausdruck des Wertes** денежное выражение стоимости
**im Geldausdruck** в денежном выражении, в стоимостном выражении
**Geldausgabe** *f* расходы, издержки, затраты; выдача денег
**nichtverbrauchswirksame Geldausgaben,** *pl* денежные расходы (*населения*), не сказывающиеся на росте потребления
**Geldausgabeautomat** *m,* GAA банкомат; банковский автомат; автоматический кассовый аппарат (для выдачи наличных денег)
**Geldauszahlung** *f* выплата денег
**Geldbedarf** *m* потребность в деньгах
**Geldbeitrag** *m* денежный взнос, денежный вклад

**Geldbeleg** *m* денежный документ

**Geldbelohnung** *f* денежное вознаграждение

**Geldbeschaffung** *f* привлечение денежных средств

**Geldbestand** *m* денежная наличность, денежные средства

**Geldbewegung** *f* движение денег

**Geldbewilligung** *f* ассигнование (*денежных средств*)

**Geldbewilligungskomission** *f* бюджетная комиссия

**Geldbeziehungen,** *f, pl* денежные отношения

**Geldbilanz** *f* баланс доходов и расходов

**Geldbörse** *f* фондовая биржа, валютная биржа; биржа ссудного капитала

**Geldbörse** кошелёк, портмоне

**Geldbuße** *f* денежный штраф

**Gelddarlehen** *n* денежная ссуда

**Gelddeckung** *f* товарное покрытие выпущенных в обращение бумажных денег; ликвидные средства, находящиеся в распоряжении предприятия

**Gelddepositum** *n* денежный вклад в банк, депозит

**Gelddisposition** *f* расчётный отдел банка

**Geldeingang** *m* поступление денег, поступление денежных средств

**Geldeingangsdauer** *f* продолжительность поступления денег, длительность поступления денег

**Geldeinheit** *f* денежная единица

**Geldeinkommen** *n* доходы в денежной форме, денежные доходы; денежные поступления

**Geldeinkünfte,** *pl* доходы в денежной форме, денежные доходы; денежные поступления

**Geldeinlage** *f* денежный вклад в банк, депозит

**Geldeinnahmen,** *f, pl* денежные поступления; доходы в денежной форме, денежные доходы

**Geldeinnahmen aus gesellschaftlichen Fonds** денежные выплаты из общественных фондов

**Geldeinzahler** *m* вкладчик; вносящий деньги

**Geldeinzug** *m* инкассация наличных денег

**Geldemission** *f* эмиссия денег, выпуск денег

**Geldempfänger** *m* инкассатор; получатель денег

**Geldentschädigung** *f* денежная компенсация

**Geldentwertung** *f* обесценение денег; девальвация

**Geldentwertungsausgleich** *m* компенсация за обесцененные деньги

**Gelder,** *n, pl* деньги; денежные средства, финансовые средства; наличные средства

**aufgenommene Gelder** средства, полученные в качестве ссуды

**ausstehende Gelder** недоимка

**ausstehende Gelder** свободные от налогового обложения суммы возмещения затрат, связанных с исполнением служебных обязанностей

**feste Gelder** срочные вклады; деньги, данные взаймы на определённый срок; суммы на специальных счетах, блокированные при проведении денежной реформы (*ФРГ*)

**kurzfristige Gelder** краткосрочные вклады; краткосрочные кредиты; краткосрочные ссуды

**langfristige Gelder** долгосрочные вклады; долгосрочные кредиты; долгосрочные ссуды

**Gelderhebung** *f* сбор денег, взимание денег

**Gelderlös** *m* выручка, денежные поступления

**Geldersatz** *m* суррогат денег; денежное возмещение

**Geldersatzmittel** *n* суррогат денег; средство, выполняющее функцию денег

**Geldertrag** *m* доходы в денежной форме, денежные доходы; денежные поступления

**Gelderwerb** *m* получение денег (*напр., в виде заработной платы или дивидендов*)

**Geldfaktor** *m* денежный фактор

**Geldfälschung** *f* подделка денег, фальсификация денег, фальшивомонетничество

**Geldfetisch** *m* денежный фетиш

**Geldfetischismus** *m* денежный фетишизм

**Geldfonds** *m* денежный фонд

**Geldfondsentwicklung** *f* динамика денежных фондов

**Geldforderung** *f* денежное требование

**wechselseitige Geldforderung** взаимное денежное требование

**Geldform** *f* денежная форма

**Geldform der Entlohnung** денежная форма заработной платы

**geldfressend** *разг.* требующий больших затрат наличных средств; дорогостоящий

**Geldfunktion** *f* функция денег

**Geldgeber** *m* кредитор, заимодавец; инвестор

**Geldgebühren,** *f, pl* денежные сборы, налоги в денежной форме

**Geldgeschäft** *n* денежная сделка, финансовая сделка, денежная операция, финансовая операция

**Geldgestalt** *f* денежная форма

**Geldhamstern** *n* тезаврирование денег, накопление денег

**Geldhandel** *m* торговля деньгами; торговля валютой

**Geldhandlungskapital** *n* денежно-торговый капитал

**Geldhandlungsprofit** *m* денежно-торговая прибыль

**Geldherrschaft** *f* господство финансовой олигархии; плутократия

**Geldhort** *m* тезаврированные деньги, деньги, превращённые в богатство

**Geldhortung** *f* тезаврирование (денег), накопление денег как богатства

**Geldinstitut** *n* кредитное учреждение

**Geldinstitute,** *n, pl,* **verlagerte** кредитные учреждения за пределами ФРГ, аппарат управления которых находится в ФРГ; кредитные учреждения за пределами ФРГ, филиалы которых находятся в ФРГ

**Geldkapital** *n* денежный капитал *(обычно включает финансовые активы фирмы - наличные деньги, банковские вклады, облигации, акции и др.)*

**Geldkapitalnot** *f* недостаток денежного капитала, нехватка денежного капитала, потребность в денежных ресурсах

**Geldkarte** *f,* **payment card** *(eng.)* платёжная карточка; платёжная карта

**elektronische Geldkarte f** электронная платёжная карточка; платёжная карточка "электрон" (напр. Visa-электрон)

**Geldkassette** *f* ящик с отделениями для разменной монеты

**Geldklemme f (ugs.)** финансовые затруднения

**Geldknappheit** *f* денежный голод, ограниченность денежных средств, нехватка денег, денежные затруднения

**Geldkontraktion** *f* дефляция

**Geldkredit** *m* денежный кредит

**Geldkreislauf** *m* оборот денежных средств; оборот денег; движение финансовых средств

**Geldkrise** *f* денежный кризис, денежно-кредитный кризис

**Geldkurs** *m* валютный курс

**Geldkurs** *бирж.* курс покупателей; цена покупателя; цена спроса; курс спроса; курс, предлагаемый покупателем; цена, предлагаемая покупателем

**Geldkurszettel** *m* курсовой бюллетень; валютная котировка

**Geldlage** *f* состояние денежного рынка; положение на валютном рынке

**Geldleihgeschäft** *n* кредитно-ссудная операция

**Geldleistung** *f* платёж наличными; *ист.* денежная повинность

**Geldleistungen,** *f, pl* денежные выплаты

**Geldleistungen aus den gesellschaftlichen Konsumtionsfonds** денежные выплаты из общественных фондов потребления

**Geldleistungen der Sozialversicherung** платежи из фонда социального страхования

**Geldlohn** *m* денежная форма оплаты труда, (денежная) заработная плата

**fester Geldlohn** гарантированный минимум оплаты труда

**Geldmakler** *m* биржевой маклер по валюте

**Geldmangel** *m* денежный голод, нужда в деньгах, ограниченность денежных средств, нехватка денег,

**Geldmann** *m разг.* богатый предприниматель; финансист; финансовый воротила, делец

**Geldmarkt** *m* денежный рынок; рынок краткосрочного кредита *(краткосрочные денежные ссуды, рынок векселей, казначейских обязательств и др.)*

**Geldmarktanlagen,** *f, pl* инвестиции *(в ценные бумаги денежного рынка)*

**Geldmarktpapiere,** *n, pl* ценные бумаги, обращающиеся на денежном рынке; краткосрочные ценные бумаги

**Geldmarktsatz** *m* ставка процента денежного рынка

**Geldmarktverflüssigung** *f* обилие наличных средств на денежном рынке, обилие наличных денег на денежном рынке

**Geldmarktzinssatz** *m* ставка процента денежного рынка

**Geldmasse** *f* денежная масса

**Geldmaßstab** *m* денежный масштаб, стоимостный масштаб

**Geldmechanismus** *m* денежный механизм

**Geldmenge** *f* денежная масса, *(напр., объём обращающейся в стране денежной массы)*

**Geldmittel,** *n, pl* денежные средства, финансовые средства; денежные фонды

**Geldmittelbewegung** *f* движение наличных средств

**Geldnachfrage** *f* спрос на деньги

**geldnah** "почти деньги", близкие субституты денег

**Geldnehmer** *m* заёмщик, должник

**Geldniederschlag** *m* оседание денег *(напр., у населения)*

**Geldnot** *f* денежный голод, нужда в деньгах, ограниченность денежных средств, нехватка денег

**Geldnotierung** *f* валютная котировка; курс денег

**Geldoperation** *f* денежная сделка, финансовая сделка, денежная операция, финансовая операция

**Geldordnung** *f* денежная система

**Geldpacht** *f* арендная плата

**Geldpanik** *f* паника на валютном рынке

**Geldpapiere,** *n, pl* ценные бумаги

**Geldpolitik** *f* денежно-кредитная политика (*часто направлена на стабилизацию денежной системы*); валютная политика

**Geldpolitik in der Euro-Zone** финансовая политика в Еврозоне; финансовая политика в зоне обращения евро

**Geldposten** *m* денежная статья (*кассовая*)

**Geldprämie** *f* денежная премия

**Geldpreis** *m* валютный курс; курс денег

**Geldquantum** *n* денежная масса

**Geldrechnung** *f* денежный учёт; счёт (*денежный*)

**Geldreform** *f* денежная реформа

**Geldregulierung** *f* регулирование денежного обращения

**Geldreichtum** *m* тезаврированные деньги, деньги, превращённые в богатство

**Geldrente** *f* денежная рента

**Geldrepartierung** *f* бирж. частичное выполнение поручений на покупку

**Geldrimesse** *f* римесса, денежный перевод

**Geldsatz** *m* учётный процент, учётная ставка

**Geldschatz** *m* тезаврированные деньги, деньги, превращённые в богатство

**Geldschein** *m* денежный знак; банкнота

**Geldschöpfung** *f* эмиссия бумажных денег, выпуск бумажных денег (*как правило, в период инфляции*); новая денежная эмиссия

**Geldschöpfungsmultiplikator** *m* мультипликатор новой денежной эмиссии (*чаще всего исчисляется как соотношение между размерами дополнительной эмиссии платёжных средств и увеличением резервов коммерческих банков*)

**Geldschuld** *f* денежный долг

**Geldschwierigkeiten,** *f, pl* денежные затруднения, материальные затруднения

**Geldsendung** *f* денежный перевод

**Geldsorten,** *f, pl* валюта (*различных стран*); иностранные золотые монеты, банкноты и купоны; девизы

**Geldsortenzettel** *m* курсовой бюллетень; валютная котировка

**Geldstabilität** *f* стабильность денег

**Geldsteuer** *f* денежный сбор; налог, взимаемый в денежной форме

**Geldstillegung** *m* нуллификация денег (*объявление государством сильно обесцененных бумажных денег недействительными*)

**Geldstock** *m* основной капитал

**Geldstrafe** *f* денежный штраф; пеня

**Geldstrom** *m* денежный поток, поток денег

**Geldstückelung** *f* подсчёт денег по купюрам; распределение бумажных денег по видам купюр

**Geldsurrogat** *n* денежный суррогат, близкие субституты денег, "почти деньги" (*напр., срочные и сберегательные вклады, еврочеки и др.*); денежный знак (*напр., банкнота*)

**Geldsystem** *n* денежная система

**Geldtauschverkehr** *m* денежный обмен

**Geldtheorie** *f* теория денег; теория денежного обращения

**Geldtransaktion** *f* денежная сделка, финансовая сделка, денежная операция, финансовая операция

**Geldüberfluss** *m* избыток денег, превышение денежной массы над товарным предложением при данном уровне цен

**Geldüberhang** *m* избыток денег, превышение денежной массы над товарным предложением при данном уровне цен

**Geldübermittlung** *f* перечисление, перевод денег (*почтовая операция*)

**Geldüberschuss** *m* избыток денег, превышение денежной массы над товарным предложением при данном уровне цен

**Geldüberweisung** *f* денежный перевод; перевод денег по безналичному расчёту

**Geldumlauf** *m* денежное обращение

**Geldumlaufformel** *f* формула денежного обращения

**Geldumlaufgeschwindigkeit** *f* скорость обращения денег

**Geldumlaufgesetz** *n* закон денежного обращения

**Geldumsatz** *m* денежный оборот

**Geldumschlaggeschwindigkeit** *f* скорость обращения денег

**Geldumtausch** *m* обмен денег, обмен денежных знаков (*напр., старых на новые*)

**Geldumtauschstelle** *f* обменная, контора, обменный пункт, пункт обмена денег

**Geldunterstützung** *f* денежная помощь; денежное пособие

**Geldverbindlichkeit** *f* денежное обязательство

**Geldverflechtungsbilanz** f баланс (межотраслевых) финансовых связей

**Geldvergütung** f денежное возмещение; денежное вознаграждение

**Geldverhältnisse,** n, pl денежные отношения; положение на денежном рынке

**Geldverkehr** m денежный оборот; денежное обращение

**Geldverkehrsbilanz** f баланс денежных поступлений и платежей

**Geldverleiher** m кредитор, заимодавец

**Geldverlust** m (денежный) ущерб, убыток

**Geldvermögen** n капитал; ценности; движимое имущество (в денежной форме)

**Geldvernichtung** f изъятие частными лицами на время наличных денег из обращения

**Geldverpflichtung** f денежное обязательство

**Geldverpuppung** f **der Ware** превращение товара в денежную куколку

**Geldverschreibung** f денежное обязательство (в письменной форме); долговая расписка

**Geldverschwendung** f расточительность; мотовство; **Geldverschwendung** f пустая трата денег; бесцельная трата денег

**Geldvolumen** n объём денежного обращения

**Geldvorschuss** m денежный аванс; денежное авансирование

**Geldwanderung** f миграция денег

**Geldware** f деньги, денежный товар, деньги как товар

**Geldwäsche** f "отмывание" денег (напр., перевод наличных денег, полученных от незаконного бизнеса, в обычные банковские депозиты и др.)

**Geldwechsel** m размен денег; обмен (иностранной) валюты; пункт обмена (иностранной) валюты

**Geldwechselgeschäft** n операция по обмену (иностранной) валюты; контора по обмену (иностранной) валюты; меняльная контора; лавка меняли

**Geldwechsler** m меняла

**Geldwert** m стоимость денег, курс денег; денежная стоимость (напр., товара), денежный эквивалент

**Geldwertbereinigung** f пересчёт по индексу цен

**Geldwerte,** m, pl деньги и ценности (в балансе)

**Geldwertentwicklung** f динамика покупательной способности денег

**Geldwertstabilität** f стабильность денег

**Geldwertverschlechterung** f падение покупательной способности денег, снижение покупательной способности денег

**Geldwesen** n финансы, система финансовых отношений, система денежного обращения

**Geldwirtschaft** f денежное хозяйство (совокупность видов, свойств и функций денег)

**geldwirtschaftlich** денежно-хозяйственный

**Geldwucher** m ростовщичество

**Geldwucherer** m ростовщик

**Geldzählgerät** n денежно-счётная машина, денежно-счётный аппарат

**Geldzahlung** f платёж наличными

**Geldzeichen** n денежный знак

**Geldzeichenfälschung** f подделка денежных знаков

**Geldzins** m ссудный процент; процент с капитала, рента; ист. денежная повинность

**Geldzirkulation** f денежное обращение

**Geldzufluss** m приток денег

**Geldzuwendung aus dem Gewinn** выплата из прибыли к заработной плате

**Steuer-und SV-beitragsfreie Geldzuwendung** денежное пособие, свободное от налогов и взносов в фонд социального страхования

**Gelegenheitsagent** m агент, выполняющий отдельные поручения

**Gelegenheitsarbeit** f случайная работа

**Gelegenheitsarbeiter** m человек, не имеющий постоянной работы, человек, живущий на случайный заработок

**Gelegenheitsgeschäft** n случайная сделка

**Gelegenheitsgesellschaft** f общество, организованное для проведения отдельных (от случая к случаю) операций

**Gelegenheitskauf** m покупка (товара или ценных бумаг) по случаю

**Gelegenheitsverdienst** m случайный заработок

**Gelegenheitsware** f товар, предлагаемый по случаю, товар, приобретаемый по случаю

**Gelegenheitsware** товар, продаваемый по случаю; товар, приобретаемый по случаю

**gelten,** vi быть действительным, иметь силу

**der Vertrag gilt ...** контракт имеет силу ...

**geltend** действующий, имеющий силу

**geltend machen** сделать что-л. действенным, пустить в ход, воспользоваться

**Geltendmachung** f осуществление прав; предъявление претензий, предъявление требований

**Geltung** *f* значение; значимость; ценность; действие, действительность (напр., закона, договора)

**Geltungsbereich** *m* компетенция; территориальная сфера действия (закона, распоряжения)

**Geltungsdauer** *f* срок действия

**Geltungskonsum** *m* престижное потребление (потребление, основанное на желании поддержать свой престиж); приобретение товаров из тщеславия, приобретение товаров из желания блеснуть

**Gemarkung** *f* земельные угодья, принадлежащие общине

**Gemeinbesitz** *m* совместное владение, коллективное владение; общинное владение

**Gemeinde** *f* община

**Gemeinde** самоуправляемая административная единица

**Gemeinde** *церк.* приход

**Gemeindeabgaben**, *f, pl* муниципальные сборы; общинные сборы, коммунальные сборы

**Gemeindeanleihe** *f* муниципальный заём

**Gemeindeausgaben**, *f, pl* расходы общины, расходы местного органа самоуправления

**Gemeindebesitz** *m* общинная собственность; собственность местного органа самоуправления

**gemeindeeigen** общинный (о собственности)

**Gemeindeeigentum** *n* общинная собственность; собственность местного органа самоуправления

**Gemeindeeinkommen** *n* доходы общины, доходы местного органа самоуправления

**Gemeindegut** *n* общинное имущество; имущество местного органа самоуправления

**Gemeindehaushalt** *m* бюджет общины, бюджет местного органа самоуправления

**Gemeindeordnung** *f* положение об общинах; устав общины

**Gemeindeplanung** *f* планирование общин, общинное планирование

**Gemeindesteuer** *f* коммунальный налог, муниципальный налог

**Gemeindesteuern**, *f, pl* муниципальные налоги (в ФРГ, напр. поземельный налог, налог на вид хозяйственной деятельности, налоги на напитки, налоги с увеселительных предприятий)

**Gemeindeverband** *m* объединение общин

**Gemeineigentum** *n* общая собственность, коллективная собственность; государственная собственность; общинная собственность

**Gemeingebrauch** *m* совместное пользование, коллективное пользование; право общего пользования (напр., дорогами)

**Gemeingläubiger** *m* общее число кредиторов несостоятельного должника; совокупный кредитор

**Gemeingut** *n* общественное достояние, общее достояние

**Gemeinkosten**, *pl* накладные расходы (частично входящие в себестоимость)

**Gemeinkostenanteil** *m* удельный вес накладных расходов, доля накладных расходов

**Gemeinkostenbereich** *m* область накладных расходов, сфера накладных расходов

**Gemeinkostendeckung** *f* покрытие накладных расходов

**Gemeinkostenleistungen**, *f, pl* продукция и услуги предприятия, используемые для внутреннего потребления

**Gemeinkostenleistungen** затраты на услуги, учитываемые в накладных расходах

**Gemeinkostenlohne**, *m, pl* заработная плата за все виды подсобных работ

**Gemeinkostenmaterial** *n* сырьё и вспомогательные материалы, стоимость которых относится к накладным расходам (ср.

**Gemeinkostenrechnung** *f* счёт накладных расходов

**Gemeinkostensatz** *m* норма (распределения) накладных расходов

**Gemeinkostenschlüsselung** *f* разбивка накладных расходов (по отдельным видам); расшифровка накладных расходов,

**Gemeinkostensenkung** *f* снижение накладных расходов

**Gemeinkostenzuschlag** *m* надбавка на накладные расходы (в калькуляциях)

**gemeinkundig** общеизвестный

**Gemeinlastprinzip** *n* принцип компенсации экономического ущерба (напр., за счёт бюджета)

**Gemeinnutz** *m* общая польза, общеполезность

**gemeinnützig** общественно полезный

**Gemeinnützigkeit** *f* общая польза, общеполезность; общественная полезность (является основанием для освобождения от налога)

**gemeinsam** общий; коллективный

**gemeinsame Erklärung** совместное заявление

**Gemeinsamer Markt** Общий рынок

**gemeinsames Eigentum** общая собственность; коллективная собственность; совместная собственность

**Gemeinsamkeit** *f* общность; сходство; совпадение
**Gemeinsamkeit der Interessen** общность интересов; совпадение интересов
**gemeinschädlich** общественно вредный; вредный для общества
**Gemeinschaft** *f* 1. общность 2. общество; объединение 3. сообщество; содружество 4. общая собственность 5. Европейское сообщество
**Gemeinschaft nach Bruchteilen** *юр.* общая долевая собственность
**Gemeinschaft zur gesamten Hand** *юр.* общая совместная собственность
**aus einer Gemeinschaft ausscheiden** выходить из общества; выходить из организации
**eheliche Gemeinschaft** *юр.* семейная общность
**Europäische Gemeinschaft** Европейское сообщество; ЕС
**Kommission der Europäischen Gemeinschaften** комиссия европейских сообществ
**völkerrechtliche Gemeinschaft** международно-правовая общность
**Gemeinschaftsarbeit** *f* коллективный труд
**Gemeinschaftsbeschaffung** *f* коллективная закупка; коллективная заготовка
**Gemeinschaftsbesitz** *m* коллективное владение, совместное владение
**Gemeinschaftsdepot** *n* коллективное депонирование
**Gemeinschaftsgründung** *f* основание (акционерного) общества
**Gemeinschaftshaftung** *f* солидарная ответственность; круговая порука
**Gemeinschaftskontenrahmen** *m* единая номенклатура счетов
**Gemeinschaftskonto** *n* общий счёт
**Gemeinschaftsnutzung** *f* совместное пользование
**Gemeinschaftsproduktion** *f* совместное производство
**Gemeinschaftssparen** *n* коллективные вклады
**Gemeinschaftsstation** *f* машиносчётная станция, обслуживающая несколько предприятий
**Gemeinschaftsunternehmen** *n* совместное предприятие
**Gemeinschaftsvertrieb** *m* совместный сбыт *(продукции)*; объединённый сбыт (нескольких производителей)
**Gemeinschaftswaren** *f, pl* (тамож.) товары, пороизведённые или пущенные в оборот на территории Европейского союза; товары с происхождением с/на территории Европейского союза
**Nichtgemeinschaftswaren** *f, pl* (тамож.) товары, пороизведённые или пущенные в оборот не на территории Европейского союза
**Gemeinschaftswerbung** *f* совместная реклама; коллективная реклама; групповая реклама
**Gemeinschuld** *f* конкурсная масса, остаточное имущество фирмы-банкира
**Gemeinschuldner** *m* несостоятельный должник нескольких кредиторов, банкрот, находящийся под конкурсом; должник, оказавшийся банкротом
**Gemeinwesen** *n* коммуна; общество; общественность
**Gemeinwirtschaft** *f* коллективное хозяйство, общее хозяйство
**Gemeinwirtschaftliche Hochseefischerei-Gesellschaft** Кооперативное общество морского рыболовства *(ФРГ)*
**Gemeinwirtschaftlichkeit** *f* оценка хозяйственной деятельности предприятия, исходя из её пользы для общества
**Gemeinwirtschaftsbank** *f* профсоюзно-кооперативный банк *(ФРГ)*
**GEMES, Gesellschaft für Messegestaltung und Organisation** Общество по оборудованию и организации ярмарок
**Gemischtbetrieb** *m* смешанное предприятие, предприятие смешанного типа
**Gemischtfertigung** *f* смешанная форма производства *(станочного и конвейерного)*, смешанная форма технологического процесса производства
**Gemischtunternehmen** *n* совместное предприятие
**Gemischtwaren,** *f, pl* мелочной товар
**Gemischtwarengeschäft** *n* небольшой магазин по продаже продовольственных, галантерейных, хозяйственных и других товаров
**Gemischtwarenhandel** *m* мелочная торговля
**Gemischtwarenhandlung** *f* небольшой магазин по продаже продовольственных, галантерейных, хозяйственных и других товаров
**Gemüse- und Obstgürtel** *m* пригородное садово-овощеводческое хозяйство
**Gemüseanbau** *m* овощеводство; огородничество
**Gemüsebau** *m* овощеводство; огородничество
**Gemüseverkaufsstelle** *f* овощной магазин, зеленой магазин
**Gen:**
**Gen. Dir** генеральный директор
**GenG Genossenschaftsgesetz** закон о кооперативных товариществах

**genaues Bild über die aktuellen Preise machen** получить точное представление о действующих ценах; создать точное представление о действующей цене (ценах); получить полную картину о действующих ценах

**Genauigkeitsklasse** *f* класс точности

**Gencon-Charter** *m* Дженкон *(условное название типового чартера на фрахтование судов для перевозки генеральных грузов)*

**Genehmigung** *f* разрешение, санкция, утверждение; одобрение, согласие, *ср.* Lizenz

**Genehmigungsregime** *n* лицензионный порядок осуществления внешнеторговых операций

**zentrales Genehmigungsregime** *ист.* лицензионный порядок осуществления торговых операций во внутригерманской торговле *(между бывш. ГДР, ФРГ и Зап. Берлином)*

**Genehmigungsverfahren** *n* лицензионный порядок осуществления внешнеторговых операций

**Generalabkommen** *n* общее соглашение, генеральное соглашение

**Generalabrechnung** *f* заключительный расчёт; окончательный расчёт

**Generalagent** *m* генеральный представитель, главный представитель *(напр., фирмы)*; генеральный агент

**Generalakzise** *f* универсальный акциз

**Generalauftragnehmer** *m* генеральный подрядчик *(в строительстве)*; генеральный поставщик

**Generalaussperrung** *f* общий локаут

**Generalbebauungsplan** *m* генеральный план застройки

**Generaldirektor** *m* генеральный директор

**Generalgut** *n* генеральный груз

**Generalhandel** *m* генеральная торговля, общая торговля *(общий внешний торговый оборот, включая транзитные товары)*

**Generalhypothek** *f* общая ипотека

**Generalinstandsetzung** *f* капитальный ремонт

**Generalinvestor** *m* главный инвестор, основной инвестор

**Generalkargo** *m* генеральный груз

**Generalkartell** *n* генеральный картель

**Generalkasse** *f* главная касса

**Generalklausel** *f* общая оговорка, генеральная оговорка

**Generalkosten,** *pl* основные расходы *(напр., в договоре фрахтования)*

**Generalkostenplan** *m* генеральная смета

**Generalkostenvoranschlag** *m* генеральная смета

**Generalladung** *f* генеральный груз

**Generallizenz** *f* генеральная лицензия

**Generalpacht** *f* генеральная аренда

**Generalplan** *m* генеральный план

**Generalpolice** *f* *страх.* генеральный полис

**Generalreparatur** *f* капитальный ремонт

**Generalstaatskasse** *f* центральная государственная касса

**Generalstreik** *m* всеобщая забастовка

**Generaltarif** *m* генеральный тариф *(с максимальными пошлинами)*

**Generalüberholung** *f* капитальный ремонт

**Generalvereinbarung** *f* генеральное соглашение, общее соглашение, глобальное соглашение

**Generalverkaufsagenturabkommen** *n* соглашение между международными авиакомпаниями о предоставлении прав на осуществление коммерческих операций на взаимной основе

**Generalverkehrsplan** *m* генеральный план развития транспорта

**Generalversicherung** *f* генеральное страхование *(напр., договор транспортного страхования, условия и объект которого оговариваются в общих чертах)*

**Generalvertreter** *m* генеральный представитель, главный представитель *(напр., фирмы)*; генеральный агент

**Generalvollmacht** *f* общая доверенность

**Generalziel** *n* генеральная цель

**Generalzolltarif** *m* генеральный таможенный тариф

**Generation** *f* поколение

**genormt** нормированный; унифицированный; стандартный, нормативный

**Genossenschaft** *f* товарищество; артель; кооператив; кооперация; ассоциация; объединение, союз

**Genossenschaft mit beschränkter Haftung** товарищество с ограниченной ответственностью

**Genossenschaft mit unbeschränkter Haftung** товарищество с неограниченной ответственностью

**Genossenschaft mit unbeschränkter Nachschusspflicht** товарищество с неограниченной ответственностью по уплате дополнительных денежных взносов

**Genossenschaft ohne Nachschusspflicht** товарищество без обязательства уплаты дополнительных денежных взносов
**Genossenschaft zur gemeinsamen Bodenbearbeitung** товарищество по совместной обработке земли
**bäuerliche Genossenschaft** сельскохозяйственный кооператив
**eingetragene Genossenschaft** зарегистрированное товарищество
**gewerbliche Genossenschaft** промысловая артель
**industrielle Genossenschaft** промышленный кооператив
**landwirtschaftliche Genossenschaft** сельскохозяйственное товарищество; сельскохозяйственный кооператив; сельскохозяйственная артель
**Genossenschaftler** *m* член кооператива; пайщик; кооператор
**genossenschaftlich** кооперативный
**genossenschaftlich-kollektivwirtschaftlich** кооперативно-колхозный
**Genossenschaftsanteil** *m* кооперативный пай
**Genossenschaftsbank** *f* кооперативный банк; кредитное товарищество
**Genossenschaftsbauer** *m* член сельскохозяйственного производственного кооператива
**Genossenschaftsbildung** *f* кооперирование
**Genossenschaftshandel** *m* кооперативная торговля
**Genossenschaftshandwerker** *m* кооперированный кустарь
**Genossenschaftskasse** *f* Кооперативная касса *(в Германии - банк для финансирования кооперативов)*
**Genossenschaftskonkurs** *m* несостоятельность товарищества, банкротство товарищества
**Genossenschaftskredit** *m* кооперативный кредит

**Genossenschaftsmitglied** *n* член кооператива; пайщик; кооператор
**Genossenschaftsrecht** *n* кооперативное право
**Genossenschaftsregister** *n* реестр кооперативов
**Genossenschaftssozialismus** *m ист.* гильдейский социализм
**Genossenschaftssteuern,** *f, pl* налоги, которыми облагаются кооперативы и их члены *(в бывш. ГДР)*
**Genossenschaftsverband** *m* союз кооперативных организаций
**Genossenschaftsvergleich** *m* положения, регулирующие имущественные отношения членов товариществ, ликвидируемых в силу признания их несостоятельными
**Genossenschaftswesen** *n* кооперация *(как форма хозяйственной деятельности)*
**Gentilgesellschaft** *f ист.* родовое общество
**Gentilverfassung** *f ист.* родовой строй
**Gentilwirtschaft** *f ист.* родовое хозяйство
**Genußaktie** *f* привилегированная акция *(акция, предусматривающая фиксированный дивиденд; обычно не даёт права на участие в голосовании)*
**Genußgüter,** *n, pl* потребительские товары
**Genußmittel,** *pl* изделия пищевкусовой промышленности *(деликатесы, алкоголь и т.п.)*
**Genußrecht** *n* право не членов акционерного общества на долю прибыли *(или ликвидационной выручки)*
**Genußrechte,** *n, pl* права не членов акционерного общества на часть прибыли от его ликвидации, права не членов акционерного общества на часть поступлений от его ликвидации

**Genußschein** *m* акция без номинальной стоимости, гарантирующая определённую долю прибыли *(или ликвидационной выручки)*; акция с фиксированным размером дохода, акция с фиксированным размером дивиденда
**Geopolitik** *f* геополитика
**Geosoziologie** *f* геосоциология
**Gepa, Gepäckabfertigung** *f* отправка багажа
**Gepflogenheit** *f* обычай, традиция
**gepr., geprüft** проверено
**gepr.u.gen., geprüft und genehmigt** проверено и одобрено
**Gerätebau** *m* приборостроение
**geregelt** урегулированный
**Gericht** *n* суд; жюри
**gerichtlich** судебный; судейский; судебным порядком, по суду
   **auf gerichtlichem Wege** судебным порядком
**Gerichtsbarkeit** *f* подсудность; юрисдикция
   **ordentliche Gerichtsbarkeit** обычное судопроизводство
**Gerichtsbescheid** *m* решение суда, постановление суда, определение суда
**Gerichtsbeschluss** *m* решение суда, постановление суда, определение суда
**Gerichtsentscheidung** *f* решение суда, постановление суда, определение суда
**Gerichtsgebühren,** *f, pl* судебные пошлины, судебные сборы
**Gerichtshof** *m* суд, судебная палата; трибунал
**Gerichtshof der europäischen Gemeinschaften** Суд европейских сообществ *(ЕЭС, ЕОУС и Евратома)*
**Europäischer Gerichtshof** Европейский Верховный суд

**Gerichtskosten,** *pl* судебные издержки

**Gerichtsstand** *m* подсудность
**allgemeiner Gerichtsstand** общая подсудность

**Gerichtsstandvereinbarung** *f* соглашение о подсудности

**Gerichtsvollzieher** *m* судебный исполнитель

**Gerichtsweg** *m* судебный порядок
**unter Ausschluss des Gerichtsweges** без обращения в суд

**Gerichtswesen** *n* суд, судоустройство

**geringbezahlt** низкооплачиваемый

**geringhaltig** невысокого качества; с низким содержанием; низкопробный *(о благородных металлах)*

**geringwertig** малоценный; низкосортный

**Gerstenwert** *m* кормовая единица, приравниваемая по питательной ценности к ячменю

**gerundet** округлённый
**kaufmännisch gerundet** (величина) после бухгалтерского округления

**gesackt-lose-gesackt** вторичная упаковка в мешки высыпавшегося на судне товара

**Gesamt-Jahresbericht** *m* сводный годовой отчёт

**Gesamtabschreibung** *f* паушальная амортизация

**Gesamtaktie** *f* глобальная акция

**Gesamtanalyse** *f* комплексный анализ

**Gesamtangebot** *n* глобальное предложение

**Gesamtarbeit** *f* совокупный труд
**gesellschaftliche Gesamtarbeit** совокупный общественный труд

**Gesamtarbeiter** *m* совокупный рабочий

**Gesamtarbeitsvertrag** *m* коллективный трудовой договор

**Gesamtarbeitszyklus** *m* *эк. тр.* операционный цикл

**Gesamtaufkommen** *n* общие ресурсы

**Gesamtaufwand** *m* общие издержки, общие расходы; полные затраты

**Gesamtausfallzeit** *f* общее время простоя *(напр., машин)*

**Gesamtausfuhr** *f* общий экспорт, весь экспорт; общая сумма экспорта

**Gesamtausgaben,** *f, pl* общие издержки, общие расходы; полные затраты

**Gesamtausgebot** *n* одновременная продажа с аукциона нескольких земельных участков

**Gesamtausweis** *m* общий финансовый отчёт; общий баланс

**Gesamtbelegschaft** *f* весь состав рабочих и служащих, коллектив предприятия

**Gesamtberufsjahre,** *n, pl* общий трудовой стаж; совокупный трудовой стаж

**Gesamtbeschäftigte,** *pl* общая численность занятых, общая численность работающих

**Gesamtbeschäftigtenzahl** *f* общая численность занятых, общая численность работающих

**Gesamtbestand** *m* (весь) наличный состав; вся наличность, все наличные средства

**Gesamtbetrag** *m* общая сумма

**Gesamtbetrieb** *m* производственный процесс *(в целом)*

**Gesamtbetriebsrat** *m* производственный совет группы предприятий, принадлежащих одной фирме

**Gesamtbewertung** *f* глобальная оценка, общая оценка, недифференцированная оценка, паушальная оценка

**Gesamtbilanz** *f* сводный баланс; общая сумма баланса, общий итог
**volkswirtschaftliche Gesamtbilanz** сводный народнохозяйственный баланс

**Gesamtbruttoeinkommen** *n* совокупный валовой доход

**Gesamtdauer** *f* общая продолжительность
**Gesamtdauer des Netzplanes** *сет. пл.* продолжительность критического пути

**Gesamtdienstalter** *n* общий трудовой стаж

**Gesamtdienstjahre,** *n, pl* общий трудовой стаж; совокупный трудовой стаж

**Gesamteigenhandel** *m* общий объём импорта и экспорта страны без транзита

**Gesamteigentum** *n* общая собственность, коллективная собственность; государственная собственность; общинная собственность

**Gesamteinfuhr** *f* общий импорт, весь импорт; общая сумма импорта

**Gesamteinkommen** *n* совокупный доход

**Gesamteinlagen,** *f, pl* общая сумма вкладов, общая сумма депозитов

**Gesamteinnahmen,** *f, pl* общий доход; общая сумма поступлений

**Gesamtergebnis** *n* окончательный результат; итог

**Gesamterlös** *m* общая выручка

**Gesamternte** *f* валовой сбор сельскохозяйственных культур, валовой урожай

**Gesamtertrag** *m* общая сумма поступлений; общий доход; валовой сбор сельскохозяйственных культур, валовой урожай

**Gesamterzeugung** f общий объём продукции, общий объём выпуска изделий

**Gesamtexport** m общий экспорт, весь экспорт; общая сумма экспорта

**Gesamtfonds** m совокупные фонды; совокупность ценных бумаг

**Gesamtforderungen,** f, pl общая сумма требований

**Gesamtfracht** f общий фрахт

**Gesamtgeschäftsführung** f совместное ведение дел *(торговой фирмы)*

**Gesamtgewicht** n общий вес, вес брутто

**Gesamtgewinn** m валовая прибыль, общая прибыль

**Gesamtgewinnplan** m план валовой прибыли

**Gesamtgläubiger,** m, pl солидарные кредиторы (мн.ч.)

**Gesamtgläubigerschaft** f солидарные кредиторы (мн.ч.)

**Gesamthaltung** f солидарная ответственность; *юр.* коллективное поручительство

**Gesamthand** f *юр.* общая совместная собственность

**Gesamthand-Gemeinschaft** f *юр.* общая совместная собственность

**Gesamthandeigentum** n совместная собственность

**Gesamthandforderung** f совместное требование против нескольких должников; совместное требование нескольких кредиторов

**Gesamthandlungsvollmacht** f совместные полномочия, общая доверенность

**Gesamtheit** f совокупность; всё в целом; комплекс, полнота, целостность

  **Auswahlgesamtheit** f *стат.* общий объём выборки

  **Gesamtheit der Elementarereignisse** *стат.* полная группа событий

  **hypothetische Gesamtheit** гипотетическая совокупность

  **Lösungsgesamtheit** f совокупность решений

  **normalverteilte Gesamtheit** нормальная совокупность, нормально распределённая совокупность

  **statistische Gesamtheit** статистическая совокупность

  **als Gesamtheit** в совокупности

**Gesamthypothek** f общая ипотека

**Gesamtimport** m общий импорт, весь импорт; общая сумма импорта

**Gesamtindex** m общий индекс

**Gesamtinvestitionsvolumen** n совокупный объём инвестиций; суммарный объём инвестиций; общий объём инвестиций

**Gesamtkapital** n совокупный капитал, общий капитал *(сумма активов предприятия, фирмы или отрасли)*

  **gesellschaftliches Gesamtkapital** совокупный общественный капитал

**Gesamtkosten,** pl общие издержки (мн.ч.), общие расходы (мн.ч.); полные затраты (мн. ч.)

**Gesamtkostenzuwachs** m прирост общих издержек

**Gesamtlänge** f общая длина, протяжённость

  **Gesamtlänge** общая протяжённость

**Gesamtleistung** f общая производительность, полная производительность; общий производственный результат, совокупный производственный результат

**Gesamtlohn** m общая заработная плата, общая сумма заработной платы, заработная плата по совокупности *(без удержаний)*

**Gesamtmasse** f общая масса

  **Gesamtmasse** совокупность

**Gesamtmehrwert** m совокупная прибавочная стоимость

**Gesamtmenge** f общее количество

  **Gesamtmenge** *мат.* полное множество, сумма множеств

**Gesamtmittelwert** m *стат.* общая средняя (величина); средняя *(величина)*

**Gesamtmodell** n комплексная модель

**Gesamtnachfrage** f общий спрос, совокупный спрос

**gesamtnational** общенациональный

**Gesamtnetzwerk** n сводный сетевой график, комплексный сетевой график

**Gesamtnutzen** m общий эффект; совокупный эффект

**Gesamtoptimum** n оптимум

  **volkswirtschaftliches Gesamtoptimum** народнохозяйственный оптимум

**Gesamtprodukt** n совокупный *(общественный)* продукт, валовой *(общественный)* продукт; валовой продукт

  **gesellschaftliches Gesamtprodukt** совокупный общественный продукт, валовой общественный продукт

**Gesamtproduktion** f валовая продукция, совокупная продукция,

**Gesamtproduktionspreis** m общая цена производства

**Gesamtproduktivität** f общая производительность

**Gesamtprofit** m валовая прибыль, общая прибыль

**Gesamtprofitmasse** f общая масса прибыли

**Gesamtprognose** f комплексный прогноз

**Gesamtprojekt** n комплексный проект

**Gesamtprokura** f общая доверенность; общая торговая доверенность, коллективная торговая доверенность
**Gesamtprozess** m общий процесс, совокупный процесс
**Gesamtpuffer** m полный резерв времени
**Gesamtpufferzeit** f полный резерв времени
**Gesamtquantum** n общее количество
**Gesamtrechnung** f баланс, итог
**volkswirtschaftliche Gesamtrechnung** народнохозяйственный баланс
**volkswirtschaftliche Gesamtrechnung** национальный счёт
**Gesamtrechtsnachfolge** f общее правопреемство, универсальное правопреемство
**Gesamtrichtpreis** m общая ориентировочная цена, общая установочная цена
**Gesamtschätzung** f валовая оценка
**Gesamtschlupfzeit** f полный резерв времени
**Gesamtschuld** f юр. общий долг; солидарное обязательство
**Gesamtschuldner** m pl солидарные должники (несколько должников, отвечающих за выплату общего долга)
**Gesamtselbstkosten** pl полная себестоимость (продукции)
**Gesamtsumme** f общая сумма
**Gesamtsystem** n совокупная система
**Gesamtsystem der Reservefonds** совокупная система резервных фондов
**Gesamttabelle** f сводная таблица
**Gesamttarifsatz** m полная тарифная ставка
**Gesamtüberblick** общий обзор; общее впечатление

**Gesamtübersicht** f сводный отчёт
**Gesamtumsatz** m валовой оборот, общий оборот
**Gesamtumschlag** m валовой оборот, общий оборот
**Gesamtumschlagsperiode** f общий период оборачиваемости (капитала), совокупная продолжительность оборота (капитала)
**Gesamtunternehmer** m генеральный подрядчик, генподрядчик
**Gesamtverbrauch** m общее потребление, совокупное потребление
**Gesamtverbrauch** общий расход (напр., сырья)
**Gesamtverflechtungsbilanz** f сводный межотраслевой баланс
**Gesamtverfrachtung** f общая загруженность (судна)
**Gesamtverkauf** m оптовая продажа
**Gesamtverkauf** продажа в комплекте
**Gesamtverkauf** распродажа
**Gesamtverlust** m полные потери (мн.ч.); суммарные потери (мн.ч.)
**Gesamtvermögen** n общее имущество (при обложении поимущественным налогом - всё имущество налогоплательщиков, исключая не подлежащие налогообложению объекты)
**Gesamtvermögen** все основные и оборотные средства
**Gesamtverschuldung** f общая задолженность; совокупная задолженность; полная задолженность
**Gesamtvertretung** f коллективное представительство; совместное представительство
**Gesamtverzeichnis** n сводный указатель

**gesamtvolkswirtschaftlich** народнохозяйственный
**Gesamtvolumen** n общий объём; полный объём
**Gesamtvolumen eines Kühlraumes** общая ёмкость холодильной камеры
**Gesamtvorhaben** n комплексный проект
**Gesamtwarenprodukt** n совокупный общественный продукт, валовой общественный продукт
**Gesamtwarenumsatz** m валовой товарооборот; общий товарооборот; совокупный товарооборот
**Gesamtwert** m общая стоимость, полная стоимость
**Gesamtwert** суммарное значение, общее значение, полное значение
**im Gesamtwert von...** (D) общей стоимостью в...
**Gesamtwirkung** f общее воздействие, суммарное воздействие, эффект от воздействия (сразу) нескольких факторов
**Gesamtwirkungsgrad** m общий коэффициент полезного действия
**Gesamtwirtschaft** f народное хозяйство, национальная экономика; макроэкономика
**gesamtwirtschaftlich** народнохозяйственный
**Gesamtzollsatz** m общая ставка таможенной пошлины
**Gesandtschaftsgut** n груз персонала миссии, консульский груз (служебный и личный)
**Geschäft** n дело, занятие; сделка, операция (напр., торговая, банковская); фирма, предприятие; дело; торговый дом; магазин; бизнес
**Geschäft auf Zeit** сделка на срок
**Geschäft zweiter Hand** сделка на подержанный товар

**Geschäft mit einer Promptware** сделка на наличный товар
**Geschäft mit nachfolgender Lieferung** сделка на условиях последующей поставки товара
**dem Bankstatut zuwiderlaufendes Geschäft** неуставная банковская сделка, неуставная банковская операция
**direktes Geschäft** прямая сделка; прямая торговля *(без посредников)*
**dissimuliertes Geschäft** фиктивная сделка, прикрывающая другую сделку
**effektives Geschäft** выгодная сделка
**fiduziarisches Geschäft** фидуциарная сделка
**gutgehendes Geschäft** процветающее предприятие
**schwebendes Geschäft** незаконченная сделка
**statutwidriges Geschäft** неуставная сделка, неуставная операция (торговая, банковская и т.п.)
**das Geschäft flaut ab** в делах намечается спад, в делах намечается застой
**das Geschäft ist eingegangen** дело закрылось, дело прекратило своё существование
**ein Geschäft abschließen** заключать сделку
**ein Geschäft tätigen** совершать сделку
**ein Geschäft übernehmen** вступать в управление торговым предприятием
**Geschäftemacher** *m* делец; спекулянт
**geschäftlich** деловой; торговый, коммерческий
**Geschäftsabkommen** *n* деловое соглашение
**Geschäftsabschluss** *m* заключение сделки; заключение торговой сделки
**Geschäftsabschluss** деловая сделка, торговая сделка
**Geschäftsabschluss** конец биржевого собрания

**Geschäftsakt** *m* коммерческий акт, сделка
**Geschäftsaktivität** *f* деловая активность
**Geschäftsanteil** *m* участие в деле, доля в деле, доля в предприятии; пай
**Geschäftsanteilschein** *m* паевое свидетельство в обществе с ограниченной ответственностью *(обычно не котируется на рынке ценных бумаг)*
**Geschäftsaufhebung** *f* ликвидация предприятия, закрытие предприятия
**Geschäftsauflösung** *f* ликвидация предприятия, закрытие предприятия
**Geschäftsaufschwung** *m* подъём деловой активности
**Geschäftsaufsicht** *f* надзор за ведением дел, надзор за операциями; контроль за деятельностью предприятия
**Geschäftsaufsicht** торговая администрация
**Geschäftsausgaben,** *f, pl* операционные расходы *(банка)*
**Geschäftsbank** *f* деловой банк, коммерческий банк
**Geschäftsbedingung** *f* условия сделки *(являются частью оферты)*
**Geschäftsbedingungen,** *f, pl* условия заключения сделки; условия сделки; правила ведения дел
**Geschäftsbericht** *m* отчёт о деятельности *(напр., компании)*; отчёт о состоянии дел; отчёт о работе
**Geschäftsbesorgungsvertrag** *m* договор поручения
**Geschäftsbetrieb** *m* предприятие, фирма; дело; ход торговых дел
**kaufmännischer Geschäftsbetrieb** торговое предприятие
**wirtschaftlicher Geschäftsbetrieb** рентабельное предприятие

**Geschäftsbezeichnung** *f* наименование предприятия, наименование фирмы
**Geschäftsbeziehungen,** *f, pl* деловые отношения, деловые связи
**Geschäftsbranche** *f* отрасль промышленности, отрасль торговли
**Geschäftsbrauch** *m* торговый обычай
**Geschäftsbrief** *m* деловое письмо
**Geschäftsbuch** *n* конторская книга, бухгалтерская книга, торговая книга
**Geschäftsbuchhaltung** *f* бухгалтерия предприятия, бухгалтерия фирмы; бухгалтерский учёт на предприятии
**Geschäftsbuchhaltung** финансовая бухгалтерия *(включает внешние хозяйственные связи с должниками, кредиторами, инвесторами)*
**Geschäftseinnahmen,** *f, pl* операционные доходы
**Geschäftseinrichtung** *f* основание фирмы, учреждение фирмы; открытие торгового дела; оборудование торгового предприятия
**Geschäftseröffnung** *f* открытие магазинов, начало торговли; начало биржевого собрания
**Geschäftsfähigkeit** *f* деловые способности; деловитость; дееспособность
**Geschäftsflaute** *f* спад деловой активности; застой в делах, "мёртвый сезон"
**Geschäftsfreund** *m* клиент; заказчик; контрагент, партнёр *(торговый)*
**Geschäftsführer** *m* управляющий, заведующий *(напр., торговой фирмой)*; коммерческий директор; исполнительный директор; управляющий делами

**Geschäftsführung** f руководство фирмой, руководство предприятием; делопроизводство, ведение дел

**Geschäftsgebaren** n ведение дел фирмы; деловая практика, метод ведения дел

**Geschäftsgebrauch** m торговый обычай

**Geschäftsgebühren**, f, pl сборы, уплата которых предусмотрена при заключении договоров страхования

**Geschäftsgeheimnis** n коммерческая тайна; секрет фирмы

**Geschäftsgewinn** m коммерческая прибыль

**Geschäftsgrundlage** f деловая основа

**Geschäftsgrundstück** n застроенный земельный участок, принадлежащий предприятию

**Geschäftsguthaben**, n, pl общая сумма паевых взносов

**Geschäftsguthabendividenden**, f, pl дивиденды, выплачиваемые с суммы паевых взносов

**Geschäftshaus** n торговый дом; предприятие, фирма

**Geschäftsinhaber** m владелец предприятия, владелец фирмы

**Geschäftsjahr** n отчётный год; хозяйственный год; финансовый год

**Geschäftskapital** n коммерческий капитал; капитал предприятия, капитал фирмы

**Geschäftskenntnisse**, f, pl бизнес-образование; знание коммерческого дела; знание торгового дела;

**Geschäftskommunikationssystem** n система бизнес-коммуникаций

**Geschäftskonto** n счёт взаимных расчётов предприятия со своими подразделениями, находящимися на самостоятельном балансе

**Geschäftskorrespondenz** f деловая переписка; коммерческая корреспонденция

**Geschäftskosten**, pl торговые расходы, торговые издержки; операционные расходы *(банка)*

**Geschäftskreise**, m, pl деловые круги

**Geschäftskrise** f глубокий спад деловой активности; кризис

**Geschäftskunde** m клиент

**Geschäftslage** f положение дел; состояние рынка; конъюнктура

**Geschäftsleben** n деловая *(экономическая)* жизнь

**Geschäftsleiter** m управляющий, заведующий *(напр., торговой фирмой)*; коммерческий директор; исполнительный директор; управляющий делами

**Geschäftsleitung** f руководство фирмой, руководство предприятием; делопроизводство, ведение дел

**Geschäftsleute**, pl деловые круги; деловые люди, дельцы, коммерсанты; бизнесмены

**Geschäftsmann** m делец, коммерсант; бизнесмен

**Geschäftsoperation** f торговая операция, коммерческая операция

**Geschäftsort** m место совершения сделки; местонахождение предприятия

**Geschäftspapiere**, n, pl деловые бумаги

**Geschäftspartner** m партнёр, *(торговый)* контрагент; компаньон

**Geschäftspersonal** n служащие предприятия, служащие фирмы, персонал предприятия, персонал фирмы

**Geschäftspolitik** f торговая политика, промышленная политика

**Geschäftspraktiken**, f, pl деловая практика

**restriktive Geschäftspraktiken** ограничительная деловая практика

**Geschäftsreise** f деловая поездка; командировка

**Geschäftsreisende** m коммивояжёр; лицо, находящееся в деловой поездке

**Geschäftsrisiko** n коммерческий риск, хозяйственный риск, деловой риск, бизнес-риск

**Geschäftsrisken** pl деловые риски, бизнес-риски (мн.ч.)

**Geschäftsrückgang** m спад деловой активности; упадок

**Geschäftsrückschlag** m спад деловой активности; упадок

**Geschäftsschluss** m закрытие предприятия, закрытие фирмы; окончание работы магазина

**Geschäftsschluss** заключение сделки

**Geschäftsstand** m положение дел

**Geschäftsstelle** f отделение *(напр., банка)*; контора

**Geschäftsstille** f застой в делах

**Geschäftsstillstand** m застой в делах, "мёртвый сезон"

**Geschäftsstockung** f застой в делах, "мёртвый сезон"

**Geschäftstätigkeit** f деловая активность; экономическая деятельность, хозяйственная деятельность; коммерческая деятельность

**Geschäftsteilhaber** m компаньон, совладелец

**Geschäftsübernahme** f вступление во владение предприятием, вступление во владение фирмой, вступление в управление предприятием, вступление в управление фирмой

**Geschäftsumfang** m размеры оборота предприятия, размеры оборота фирмы

**Geschäftsumfang** объём сделки

**Geschäftsumsatz** *m* оборот предприятия, оборот фирмы
**Geschäftsunternehmung** *f* предприятие, фирма; дело
**Geschäftsverbindungen,** *f, pl* деловые отношения, деловые связи
**Geschäftsverkehr** *m* деловые отношения, деловые связи
**Geschäftsvermittler** *m* посредник; комиссионер, маклер
**Geschäftsvermittlung** *f* посредничество; маклерство
**Geschäftsvermögen** *n* капитал предприятия, капитал фирмы, имущество предприятия, имущество фирмы
**Geschäftsvertreter** *m* агент предприятия, агент фирмы
**Geschäftsvorfall** *m* бухг. хозяйственная операция
**einen Geschäftsvorfall verbuchen** провести операцию по бухгалтерским книгам; внести операцию в бухгалтерский учёт
**Geschäftswelt** *f* деловые круги (мн.ч.); деловой мир; бизнес-сообщество
**Geschäftswert** *m* репутация предприятия, репутация фирмы, престиж предприятия, престиж фирмы
**immaterieller Geschäftswert** репутация предприятия, репутация фирмы, престиж предприятия, престиж фирмы
**originärer Geschäftswert** гудвилл, условная стоимость деловых связей; разность между общей стоимостью фирмы и балансовой суммой её реальных и финансовых активов
**Geschäftswucher** *m* корыстное использование тяжёлого положения контрагентов в деловой практике
**Geschäftszeit** *f* часы работы (*предприятия, фирмы*)

**Geschäftszusammenbruch** *m* крах, банкротство (*предприятия, фирмы*)
**Geschäftszweig** *m* отрасль промышленности, отрасль торговли
**Geschenkkaufhaus** *n* магазин подарков
**Geschirr** *n* приспособление для загрузки и разгрузки судна
**Geschirr** посуда
**Geschlechtsstruktur** *f* структура (населения) по полу
**geschlossen** закрытый; замкнутый
**geschlossene Hauswirtschaft** *f* натуральное хозяйство
*eine* **geschlossene Versammlung** *f* закрытое собрание
**geschlossener Fonds** *m* закрытый фонд
**geschlossener Markt** *m* замкнутый рынок, изолированный рынок
**Geschmacksmuster,** *n, pl* образцы, оформленные по нормам промышленной эстетики
**Geschmacksprüfer** *m* дегустатор
**GeschmMG, Geschmacksmustergesetz, (Gesetz, betreffend das Urheberrecht an Mustern und Modellen)** закон об авторском праве на образцы и модели
**geschmuggelt** контрабандный; путём контрабанды
**GeschO, Geschäftsordnung** устав предприятия; порядок ведения дел
**geschüttet** навалом
**Geselle** *m* подмастерье
**Gesellschaft** *f* общество; сообщество
**Gesellschaft** общество, объединение, союз; общество, компания; товарищество (*напр., торговое*)
**Gesellschaft auf Anteile** товарищество на паях

**Gesellschaft des bürgerlichen Recht** простое общество; гражданско-правовое товарищество; простое товарищество
**Gesellschaft mit beschränkter Haftung** общество с ограниченной ответственностью; товарищество с ограниченной ответственностью (*члены которого отвечают только своей долей капитала*)
**Gesellschaft mit beschränkter Haftung und Co** коммандитное товарищество, ответственным участником которого является общество с ограниченной ответственностью
**Gesellschaft mit unbeschränkter Haftung** общество с неограниченной ответственностью
**gemischte Gesellschaft** смешанное общество
**gemischtstaatliche Gesellschaft** общество с участием капитала иностранного государства
**gemischtwirtschaftliche Gesellschaft** смешанное общество
**klassenlose Gesellschaft** бесклассовое общество
**stille Gesellschaft** коммандитное товарищество; негласное товарищество (*предполагающее не зафиксированное особым договором участие в коммерческой деятельности другого партнёра*)
**aus einer Gesellschaft ausschneiden** выходить из общества, выйти из общества; выйти из членов общества, выйти из участников общества; прекратить участие в обществе
**eine Gesellschaft gründen** учреждать общество, учредить общество

**Gesellschafter** *m* участник товарищества, член товарищества; компаньон

**beschränkt haftender Gesellschafter** компаньон общества с ограниченной ответственностью

**geschäftsführender Gesellschafter** управляющий делами общества компаньон

**persönlich haftender Gesellschafter** компаньон, несущий ответственность за долги общества всем своим имуществом

**scheidender Gesellschafter** выбывающий участник товарищества

**stiller Gesellschafter** участник негласного товарищества, негласный компаньон. участник коммандитного товарищества

**unbeschränkt haftender Gesellschafter** полноправный компаньон общества с неограниченной ответственностью

**vollhaftender Gesellschafter** полноправный компаньон общества с неограниченной ответственностью

**Gesellschafterbeschluss** *m* решение о создании общества; решение о создании товарищества

**Gesellschafterbeschluss** решение компаньонов товарищества; решение участников товарищества; решение участников общества; решение членов общества

**Gesellschafterdarlehen** *n* заём, предоставленный обществу его членом

**Gesellschaftereinlage** *f* вклад участника общества, вклад участника товарищества

**Gesellschafterversammlung** *f* собрание участников товарищества, собрание участников общества, собрание пайщиков

**gesellschaftlich** общественный; коллективный

**gesellschaftlich nützliche Arbeit** общественно полезный труд

**gesellschaftlich notwendige Arbeitswillige** *эк.* общественно необходимое рабочее время

**gesellschaftliche Aktivität** общественная активность

**gesellschaftliche Arbeit** общественная работа

*das* **gesellschaftliche Eigentum** общественная собственность

**gesellschaftliche Produktion** общественное производство

**gesellschaftlicher Konsumtionsvorrat** *m* государственные резервы потребительских товаров

**Gesellschafts-Einkommensteuer** *f* (подоходный) налог на общества

**Gesellschaftsanteil** *m* доля в товариществе, доля в обществе

**Gesellschaftsbau** *m* культурно-бытовое строительство

**Gesellschaftseinlage** *f* вклад в капитал общества

**Gesellschaftsform** *f* общественная форма; форма общества, форма товарищества

**Gesellschaftsformation** *f* общественная формация

**ökonomische Gesellschaftsformation** общественная экономическая формация

**Gesellschaftskapital** *n* капитал общества, капитал компании

**Gesellschaftsleistungen**, *f, pl* поставки и услуги, предоставляемые обществом своим членам

**Gesellschaftsordnung** *f* общественный строй, общественное устройство

**Gesellschaftsprognose** *f* прогноз общественного развития

**Gesellschaftsprognostik** *f* социальная прогностика

**Gesellschaftsrechte**, *n, pl* права на участие в прибылях общества

**Gesellschaftsschichtung** *f* социальная стратификация, социальное расслоение

**Gesellschaftsspiel** *n* салонная игра *(теория игр)*

**Gesellschaftsstatistik** *f* социальная статистика

**Gesellschaftssteuer** *f* налог на *(торгово-промышленные)* общества

**Gesellschaftssteuer** *f* налог на компанию

**Gesellschaftsstruktur** *f* структура общества, общественная структура

**ökonomische Gesellschaftsstruktur** экономический уклад общества

**Gesellschaftssystem** *n* общественная система

**sozialistisches Gesellschaftssystem** общественная система социализма

**vorkapitalistisches Gesellschaftssystem** докапиталистическая общественная формация

**Gesellschaftsvermögen** *n* имущество *(напр., в коммандитных товариществах)*; активы *(напр., в акционерных обществах)*; общее имущество компании

**Gesetz** *n* закон

**Gesetz der abnehmenden Bodenfruchtbarkeit** закон убывающего плодородия почвы

**Gesetz der abnehmenden Produktivität** закон убывающей производительности

**Gesetz der Durchschnittsprofitrate** закон средней нормы прибыли

**Gesetz der Einheitlichkeit der Preise** закон единства цен
**Gesetz der fallenden Lohnquote** закон уменьшающейся заработной платы; закон убывающей производительности труда
**Gesetz der Geldzirkulation** закон денежного обращения
**Gesetz der großen Zahlen** закон больших чисел
**Gesetz der kleinen Zahlen** закон малых чисел
**Gesetz der Konkurrenz und Anarchie der kapitalistischen Produktion** закон конкуренции и анархии капиталистического производства
**Gesetz der Konzentration und der Zentralisation des Kapitals** закон концентрации и централизации капитала
**Gesetz der Normalverteilung** *стат.* закон нормального распределения
**Gesetz der Obereinstimmung der Produktionsverhältnisse mit dem Charakter der Produktionskräfte** закон соответствия производственных отношений характеру производительных сил
**Gesetz der Ökonomie der Zeit** закон экономии (рабочего) времени
**Gesetz der planmäßigen proportionalen Entwicklung der Volkswirtschaft** закон планомерного пропорционального развития народного хозяйства
**Gesetz der stetigen Steigerung der Arbeitsproduktivität** закон постоянного роста производительности труда
**Gesetz der Verteilung nach der Arbeitsleistung** закон распределения по труду
**Gesetz der vorrangigen Entwicklung der Produktion von Produktionsmitteln** закон преимущественного развития производства средств производства

**Gesetz des Arbeitswerts** закон трудовой стоимости
**Gesetz des stetigen Wachstums der Arbeitsproduktivität** закон постоянного роста производительности труда
**Gesetz des tendenziellen Falls der Profitrate** закон тенденции нормы прибыли к понижению
**allgemeines Gesetz der kapitalistischen Akkumulation** всеобщий закон капиталистического накопления
**Gesetzbuch** *n* кодекс (законов)
**Gesetze,** *n, pl* законы (мн.ч.)
  **ökonomische Gesetze** экономические законы
**Gesetzgeber** *m* законодатель
**Gesetzgebung** *f* законодательство
  **Gesetzgebung des Bundes** федеральное законодательство
  **arbeiterfeindliche Gesetzgebung** антирабочее законодательство
  *die* **arbeitsrechtliche Gesetzgebung** трудовое законодательство
  **konkurrierende Gesetzgebung des Bundes** (юр.) конкурирующее законодательство федерации
**Gesetzgebungsnotstand** *m* чрезвычайное законодательство; законодательная необходимость
**gesetzlich** законный, легальный; узаконенный, установленный законом
  **gesetzlich** по закону, законно, легально
**ges.gesch., gesetzlich geschützt** охраняется законом
**Gesindebetrieb** *m* сельскохозяйственное предприятие, использующее труд батраков
**Gesindeordnung** *f ист.* правила, регулирующие отношения между сельскохозяйственными рабочими и нанимателями, правила, регулирующие отношения между батраками и нанимателями

**gesonderte Aufführung** *f стат.* выделение
**GesSt, Gesellschaftssteuer** налог на (торгово-промышленные) общества
**gestaut** уложенный в трюме груз
  **fob gestaut** фоб со штивкой
**Gestehungskosten,** *pl* издержки производства; себестоимость
**Gestehungspreis** *m* себестоимость
**Gestellung** *f* поставка, доставка; предъявление товаров для выполнения таможенных формальностей, предъявление товара для таможенного контроля
**Gestellungspflicht** *f* обязательность предъявления товара к таможенному досмотру
**Gestellungsverzeichnis** *n* реестр товаров, подлежащих таможенному контролю, указатель товаров, подлежащих таможенному контролю
**gestrichen** *бирж.* "зачёркнут" (т. е. "курса нет"; обозначается в курсовых бюллетенях чертой -)
**Gesuch** *n* прошение; заявление; ходатайство
**Gesuchgegner** *m* ответчик (по ходатайству)
**Gesuchsteller** *m* заявитель; жалобщик
**Gesundheitsattest** *n* карантинное свидетельство, санитарное свидетельство
**Gesundheitspaß** *m* карантинное свидетельство, санитарное свидетельство
**gesundheitsschädlich** вредный (для здоровья)
**Gesundheitsschutz** *m* охрана здоровья
**Gesundung** *f* оздоровление, санация (финансовая)
  **Gesundung der Währung** оздоровление валюты, санация валюты

**Gesundwert** *m* "здоровая стоимость" *(стоимость товара в неповреждённом состоянии)*
**getankt** наливом
**Getränk** *n* напиток, питьё
**Getränkesteuer** *f* налог на алкогольные напитки, лимонад, кофе, чай, какао
**Getreide** *n* зерновые культуры, зерновые; хлебные злаки; зерно, хлеб *(в зерне)*
   **Getreide für den Verkauf** товарный хлеб, товарное зерно
   **Getreide für Ernährungszwecke** продовольственное зерно
   **Getreide für Futterzwecke** фуражное зерно, кормовое зерно
**Getreideabgabe** *f* поставки зерна государству
**Getreideablieferung** *f* поставки зерна государству
**Getreideablieferungs-Staatsplan** *m* государственный план поставок зерна государству
**Getreideablieferungssoll** *n* плановые задания по поставке зерна
**Getreideanbaufläche** *f* площади, занятые под зерновые культуры
**Getreideaufbringung** *f* заготовки зерна
**Getreideaufbringungsprogramm** *n* план заготовок зерна
**Getreideaufkauf** *m* закупки зерна
**Getreideausfuhr** *f* экспорт зерна
**Getreidebeschaffung** *f* заготовки зерна
**Getreidebörse** *f* хлебная биржа
**Getreideeinfuhr** *f* импорт зерна
**Getreideeinheit** *f* зерновая единица
**Getreideeinkauf** *m* закупки зерна
**Getreideerfassung** *f* заготовки зерна
**Getreideerfassungsplan** *m* план заготовок зерна
**Getreideerzeugung** *f* производство зерна
**Getreideexport** *m* экспорт зерна
**Getreideheber** *m* подъёмник для выгрузки зерна
**Getreideimport** *m* импорт зерна
**Getreidekontrolle** *f* контроль зерна *(пункт контракта)*
**Getreidekrise** *f* кризис перепроизводства зерна
**Getreideland** *n* житница *(о стране)*
**Getreidemarkt** *m* хлебный рынок
**Getreidemonopol** *n* хлебная монополия
**Getreidepreis** *m* цена на зерно
**Getreideproblem** *n* зерновая проблема
**Getreideproduktion** *f* производство зерна
**Getreidesilo** *n m* зерновой бункер, силосное зернохранилище, элеватор
**Getreidesoll** *n* плановые задания по поставке зерна
**Getreidezins** *m* хлебный налог
**Gew., Gewährleistung** гарантия, поручительство
**Gewähr** *f* гарантия, ручательство, поручительство
   **ohne Gewähr** без гарантии, без ручательства
**gewähren,** *vt* предоставлять, давать *(напр., льготу, кредит)*; исполнять, удовлетворять *(напр., просьбу)*
**gewährleisten,** *vt* гарантировать, ручаться, поручаться
**Gewährleister** *m* поручитель, гарант
**Gewährleistung** *f* гарантия, ручательство, поручительство; обеспечение
**Gewährleistungsanspruch** *m* гарантийный иск; притязание на предоставление гарантии; рекламация, рекламационная претензия
**Gewährleistungsfrist** *f* срок гарантии; срок поручительства; гарантийный срок
**Gewährleistungskapital** *n* гарантийный капитал
**Gewährleistungskosten,** *pl* расходы, вытекающие из факта предоставления гарантии; расходы, связанные с получением государственной гарантии, расходы, связанные с получением банковской гарантии
**Gewährleistungspflicht** *f* обязанность предоставления гарантии
**Gewährleistungswagnis** *n* риск, связанный с принятием обязательств по выдаваемым гарантиям
**Gewahrsam** *m* сохранение, сохранность
**Gewahrsamspflicht** *f* обязательство по сохранности *(напр., груза)*
**Gewährsmann** *m* поручитель, гарант
**Gewährung** *f* предоставление *(скидки, кредита, права и т.п.)*
**Gewalt** *f* власть *(напр., исполнительная)*; сила, могущество; насилие, принуждение, давление
   **außerökonomische Gewalt** политическое *(внеэкономическое)* принуждение
   **gesetzgebende Gewalt** законодательная власть
   **höhere Gewalt** непреодолимая сила, форс-мажор
   **ökonomische Gewalt** экономическое принуждение
   **soziale Gewalt** меры политического и экономического принуждения
   **vollziehende Gewalt** исполнительная власть

**Gewerbe** *n* *(любая)* деятельность *(направленная на получение регулярного дохода за исключением сельского, лесного хозяйства, добычи полезных ископаемых, свободных профессий, государственной службы, общественно-полезной деятельности)*
**Gewerbe** промысел; ремесло; занятие, профессия; промышленность
**bäuerliches Gewerbe** крестьянский промысел
**ortsfestes Gewerbe** местный промысел
**stehendes Gewerbe** оседлый промысел
**Gewerbebank** *f* промысловый банк
**Gewerbeberechtigung** *f* право заниматься промыслом; разрешение на занятие промыслом
**Gewerbebesteuerung** *f* обложение промысловым налогом
**Gewerbebetrieb** *m* промысловое предприятие; промышленное предприятие; ремесленная мастерская; кустарное промышленное предприятие
**Gewerbeerlaubnis** *f* право заниматься промыслом; разрешение на занятие промыслом
**Gewerbeertrag** *m* доход от занятия промыслом; доход предприятия
**Gewerbeertragssteuer** *f* налог на вид деятельности; промысловый налог
**Gewerbeförderung** *f* содействие развитию промыслов, содействие развитию ремёсел
**Gewerbefreiheit** *f* свобода занятия промыслом
**Gewerbegemeinschaft** *f* промысловая кооперация
**Gewerbegenehmigung** *f* промысловое свидетельство; лицензия на занятие промыслом, промысловая лицензия

**Gewerbegenossenschaft** *f* промысловая кооперация
**Gewerbekammer** *f* ремесленная палата
**Gewerbekapital** *n* капитал компании, рассматриваемый как единая стоимость при обложении налогом на вид деятельности
**Gewerbekrankheit** *f* профессиональная болезнь
**Gewerbelizenz** *f* лицензия на занятие промыслом, промысловая лицензия
**Gewerbeordnung** *f* промысловый устав, ремесленный устав, промысловое уложение
**Gewerbepatent** *n* промысловое свидетельство
**Gewerberecht** *n* промысловое право; правовые нормы, регулирующие вопросы, связанные с ведением промысла
**Gewerberolle** *f* реестр лиц, самостоятельно занимающихся промыслом
**Gewerbeschein** *m* промысловое свидетельство
**Gewerbesparte** *f* профильная отрасль
**Gewerbestatistik** *f* промышленная статистика, статистика промышленности
**Gewerbesteuer** *f* налог на вид деятельности; промысловый налог
**Gewerbesteuererklärung** *f* промысловая налоговая декларация
**Gewerbesteuergesetz** *n* закон о промысловом налоге
**gewerbetreibend** занимающийся промыслом, занимающийся ремеслом
**Gewerbetreibende** *m* лицо, занимающееся *каким-л.* промыслом
**Gewerbeunion** *f* объединение ремесленников, союз ремесленников

**Gewerbeverband** *m* объединение ремесленников, союз ремесленников
**Gewerbeverein** *m* объединение ремесленников, союз ремесленников
**gewerblich** производственный, связанный с экономической деятельностью, промысловый; промышленный; ремесленный; технический; профессиональный
**gewerbsmäßig** профессиональный
**Gewerk** *n* ремесло; ремесленный цех; мастерская
**Gewerke** *m* член ремесленного союза; член горнопромышленного общества, акционер горнопромышленного общества
**Gewerkschaft** *f* профессиональный союз, профсоюз
**bergrechtliche Gewerkschaft** горнопромышленное общество, горнопромышленное товарищество
**gewerkschaftlich** профсоюзный
**Gewerkschaftsbank** *f* профсоюзный кредитный банк, кредитный банк, основанный профсоюзами
**Gewerkschaftsgruppe** *f* профсоюзная группа, профгруппа
**Gewerkschaftskartell** *n* местное объединение профсоюзов
**Gewerkschaftspolitik** *f* профсоюзная политика
**Gewerkschaftstag** *m* съезд профессиональных союзов *(в ФРГ)*
**Gewicht** *n* вес, масса; тяжесть, груз; гиря; вес, влияние; важность
**absolute Gewichte,** *n, pl стат.* абсолютные веса, абсолютные массы
**ausgeladenes Gewicht** выгруженный вес

**ausgeliefertes Gewicht** поставленный вес *(определяется в порту назначения)*

**gesetzliches Gewicht** легальный вес

**kleine Gewichte**, *n, pl* разновес

**relative Gewichte,** *n, pl стат.* относительные веса, относительные массы

**spezifisches Gewicht** удельный вес

**totes Gewicht** вес упаковки; тара

**das Gewicht im Löschhafen ermitteln** устанавливать вес в порту разгрузки

**nach Gewicht verkäuflich** развесной *(о товаре)*

**Gewichteinheit** *f;* **Ge** весовая единица, единица веса

**kleine Gewichteinheiten** разновесы

**gewichten** *vt* взвешивать

**Gewichteschwund** *m* потеря в весе, убыль в весе; утруска; усушка; недостача веса

**Gewichteverlust** *m* потеря в весе, убыль в весе; утруска; усушка; недостача веса

**Gewichtezertifikat** *n* весовой сертификат

**gewichtig** тяжёлый; полновесный *(о монетах)*; веский, важный

**Gewichtsabgang** *m* потеря в весе, убыль в весе; утруска; усушка; недостача веса

**Gewichtsabzug** *m* весовая скидка

**Gewichtsangabe** *f* указание веса *(на упаковке)*

**Gewichtsangaben,** *f, pl* данные о весе *(требования об указании веса нетто и брутто)*

**Gewichtsausfall** *m* потеря в весе, убыль в весе; утруска; усушка; недостача веса

**Gewichtsbescheinigung** *f* отвес *(объединение мелких грузов разных мест в один)*

**Gewichtseinheit** *f* весовая единица, единица веса

**Gewichtsermittlung** *f* определение веса, определение массы

**Gewichtsfunktion** *f* весовая функция, функция веса

**Gewichtsklausel** *f* оговорка о весе, пункт контракта о весе

**Gewichtskoeffizient** *m* весовой коэффициент; весовой множитель

**Gewichtsmangel** *m* недостача веса, недовес

**Gewichtsmanko** *n* недостача в весе, недовес

**Gewichtsmarkierung** *f* данные о весе, данные о массе *(указание веса/массы нетто и брутто в маркировке груза)*; весовая маркировка

**Gewichtsmaß** *n* весовая мера, мера веса

**Gewichtsnota** *f* весовой сертификат

**Gewichtsnote** *f* весовой сертификат

**Gewichtspackung** *f* расфасовка по весу

**Gewichtsschwund** *m* потеря в весе, убыль в весе; утруска; усушка; недостача веса

**Gewichtsstück** *n* гиря

**Gewichtstarif** *m* весовой тариф; весовой транспортный тариф

**Gewichtstoleranz** *f* весовой допуск, допускаемые отклонения в весе

**Gewichtsverkauf** *m* продажа по весу

**Gewichtsverlust** *m* потеря в весе, убыль в весе; утруска; усушка; недостача веса

**Gewichtszertifikat** *n* весовой сертификат, весовое свидетельство

**Gewichtszettel** *m* весовой сертификат

**Gewichtszoll** *m* пошлина, взимаемая с веса товаров

**Gewichtszunahme** *f* нагул *(у скота)*; привес; увеличение веса; увеличение массы

**Gewichtung** *f* весомость *(напр., факторов)*

**Gewichtung** *стат.* взвешивание; оценка

**Gewichtung** задание весовых коэффициентов

**Gewichtung; weighting** *(eng.)* взвешивание валютного индекса по степени значимости

**Gewichtung der Beobachtung** *стат.* вес наблюдения

**Gewichtungsziffer** *f* коэффициент эквивалентности, коэффициент равнозначности; весовой коэффициент; весовой множитель

**Gewinn** *m* прибыль, доход; выгода, польза; выигрыш

**Gewinn aus dem Warenabsatz** прибыль от реализации товаров

**Gewinn bringen** приносить прибыль; быть прибыльным, быть выгодным, быть рентабельным

**Gewinn einbringen** приносить прибыль; быть прибыльным, быть выгодным, быть рентабельным

**Gewinn erzielen** получать прибыль, извлекать прибыль; получать доход

**Gewinn herausholen** получать прибыль, извлекать прибыль; получать доход

**Gewinn herausschlagen** получать прибыль, извлекать прибыль; получать доход

**Gewinn ziehen** получать прибыль, извлекать прибыль; получать доход

**Gewinn zur Verteilung** прибыль к распределению

**anfallender Gewinn** получаемая прибыль

**ausgeschütteter Gewinn** распределённая прибыль, выплаченная прибыль
**bereinigter Gewinn** чистая прибыль; очищенный доход
**bilanzmäßig ausgewiesener Gewinn** балансовая прибыль
**entgangener Gewinn** недополученная прибыль; упущенная выгода, упущенная прибыль
**erwirtschafteter Gewinn** полученная прибыль
**fingierter Gewinn** фиктивная прибыль, мнимая прибыль
**imaginärer Gewinn** предполагаемая прибыль *(один из примеров: продавец закладывает в страховую сумму 10% сверх цены товара - обязательное условие по сделкам сиф Инкотермс)*
**kalkulatorischer Gewinn** калькуляционная прибыль *(фигурирующая в калькуляции цена товара за вычетом предполагаемых издержек)*; расчётная прибыль
**nicht ausgeschütteter Gewinn** нераспределённая прибыль
**nicht entnommener Gewinn** не перечисленная в бюджет прибыль, оставленная предприятию прибыль
**nicht realisierter Gewinn** нереализованная прибыль
**nicht verteilter Gewinn** нераспределённая прибыль
**steuerpflichtiger Gewinn** прибыль, облагаемая налогом; прибыль, подлежащая обложению налогом
**überplanmäßiger Gewinn** сверхплановая прибыль
**unverhältnismäßiger Gewinn** непропорциональная прибыль
**verhältnismäßiger Gewinn** пропорциональная прибыль
**verteilbarer Gewinn** распределяемая прибыль

**voraussichtlicher Gewinn** ожидаемая прибыль
**den Gewinn ausweisen** отразить прибыль в балансе
**Gewinn- und Verlustbeteiligung** *f* участие в прибылях и убытках
**Gewinn- und Verlustkonto** *n бухг.* счёт прибылей и убытков
**Gewinn- und Verlustrechnung** *f* учёт прибылей и убытков; *бухг.* счёт прибылей и убытков
**Gewinnabführung** *f* налог с прибыли; отчисление от прибыли
**Gewinnabführung an den Staat** отчисление от прибыли в государственный бюджет
**Gewinnabführungen,** *f, pl* платежи из прибыли; перевод прибыли
**Gewinnabschlag** *m* снижение размера прибыли; снижение прибыли
**Gewinnabschluss** *m бухг.* заключение счёта прибылей, подведение итога по счёту прибылей
**Gewinnabschöpfung** *f* изъятие прибыли *(избыточной)*
**Gewinnanalyse** *f* анализ прибыли *(при проведении анализа хозяйственной деятельности предприятия)* доля прибыли; дивиденд; участие в прибылях
**rückständiger Gewinnanteil** невыплаченный дивиденд
**Gewinnanteilschein** *m* дивидендный купон
**Gewinnausgleich** *m* выравнивание нормы прибыли; мероприятия по выравниванию размеров получаемой отдельными предприятиями прибыли *(путём уменьшения или увеличения отчислений от прибыли, а также предоставления дотации)*

**Gewinnausschüttung** *f* распределение прибыли
**verdeckte Gewinnausschüttung** скрытое распределение прибыли *(напр., дополнительные выплаты из прибыли высшим должностным лицом)*
**Gewinnberechnung** *f* расчёт прибыли
**analytische Gewinnberechnung** аналитический метод расчёта прибыли
**Gewinnbeteiligung** *f* участие в прибылях
**Gewinnbildung** *f* образование прибыли, формирование прибыли
**gewinnbringend** прибыльный, рентабельный, выгодный
**Gewinneinbuße** *f* потеря прибыли
**gewinnen,** *vt* получать прибыль, извлекать прибыль; иметь выгоду, извлекать пользу; выигрывать
**gewinnen** добывать *(полезные ископаемые)*
**Gewinnentwicklung** *f* динамика прибыли
**Gewinner** *m* выигравший; номер, на который пал выигрыш
**Gewinnerhöhung** *f* повышение размера прибыли
**Gewinnermittlung** *f* определение размера прибыли
**Gewinnermittlungsbilanz** *f* баланс прибыли
**Gewinnerwirtschaftung** *f* получение прибыли
**Gewinnfeststellung** *f* определение размера прибыли
**einheitliche Gewinnfeststellung** единый метод определения размера прибыли
**gesonderte Gewinnfeststellung** неунифицированный метод определения размера прибыли
**Gewinnfonds** *m* фонд прибыли

**Gewinnforderungen,** *f, pl* **der Banken, höhere** требование уплаты более высокого процента за банковские кредиты

**Gewinngröße** *f* размер прибыли

**gewinngünstig** прибыльный, рентабельный

**Gewinnherausgabeanspruch** *m* притязание на выплату прибыли

**Gewinnhöhe** *f* размер прибыли

**Gewinnkonto** *f* счёт прибыли

**Gewinnlage** *f* уровень прибылей

**Gewinnlinse** *f* область доходности, зона доходности *(на графике имеет форму линзы)*

**Gewinnliste** *f* таблица выигрышей, тиражная таблица

**Gewinnmasse** *f* масса прибыли

**Gewinnmatrix** *f стат.* матрица выигрыша

**Gewinnmaximierung** *f* максимизация прибыли

**Gewinnminderung** *f* уменьшение *(размера)* прибыли

**Gewinnmitnahme** *f* реализация курсового дохода, реализация курсовой прибыли

**Gewinnobligation** *f* долговое обязательство, дающее право на участие в прибылях; облигация на участие в прибылях

**Gewinnnormativ** *n* норматив прибыли

**Gewinnplan** *m* план по *(реализации)* прибыли

**Gewinnplanung** *f* планирование прибыли

**Gewinnposten** *m* статья дохода

**Gewinnprinzip** *n* принцип прибыльности, принцип рентабельности

**Gewinnpunktrechnung** *f* определение размера общего оборота, позволяющего получать прибыль

**Gewinnquote** *f* норма прибыли

**Gewinnrate** *f* норма прибыли

**Gewinnsaldo** *m* активное сальдо, положительное сальдо

**Gewinnsatz** *m* норма прибыли

**Gewinnschuldverschreibung** *f* долговое обязательство, дающее право на участие в прибылях; облигация на участие в прибылях

**Gewinnspanne** *f* разница между доходами и расходами; рентабельность *(может исчисляться, напр. как отношение прибыли к обороту или к собственному капиталу)*

**Gewinnsparen,** *n, pl* выигрышные вклады *(в банке или сберегательной кассе)*

**Gewinnsparen** метод хранения вкладов в сберегательной кассе, при котором доход выплачивается в виде выигрышей

**Gewinnspiel** *n* лотерея; розыгрыш призов; игра с призами

**Gewinnsteuer** *f* налог с прибыли; отчисления от прибыли

**Gewinnteil** *m* доля прибыли

**Gewinnthesaurierung** *f* тезаврирование прибыли, накопление прибыли в качестве богатства

**Gewinntransfer** *m* трансферт прибылей

**Gewinnumverteilung** *f* перераспределение прибыли

**Gewinnung** *f* добыча *(полезных ископаемых)*

**Gewinnungskosten,** *pl* эксплуатационные расходы; себестоимость добычи *(полезных ископаемых)*

**Gewinnverteilungsquote** *f* ставка распределения прибыли, квота распределения прибыли

**Gewinnverwendung** *f* использование прибыли

**Gewinnverwendungs-Normativ** *n* норматив использования прибыли

**Gewinnverwendungsfonds** *m* фонд использования прибыли

**Gewinnverwendungsplanung** *f* планирование использования прибыли

**Gewinnverwertung** *f* использование прибыли

**Gewinnvolumen** *n* объём получаемой прибыли

**Gewinnvortrag** *m* перенос прибылей *(на следующий хозяйственный год)*; *бухг.* нераспределённый остаток прибыли

**Gewinnzuführungen,** *f, pl* начисления к прибыли

**Gewinnzunahme** *f* повышение размера прибыли

**Gewinnzuschlag** *m* дополнительная прибыль *(в качестве экономического рычага)*

**Gewinnzuwachs** *m* повышение размера прибыли

**GewO, Gewerbeordnung** *f* промысловый устав, ремесленный устав, промысловое уложение

**gewogen** взвешенный

**gewogen übernommen** взвешено и принято *(пометка фрахтовщика)*

**Gewohnheitsrecht** *n юр.* обычное право

**GewSt:**

**GewSt-DV Gewerbesteuer-Durchführungsverordnung** инструкция о порядке начисления и взимания промыслового налога

**GewStG; Gewerbesteuergesetz** закон о промысловом налоге

**GewSt; Gewerbesteuer** налог на вид деятельности; промысловый налог

**GewStR, Gewerbesteuer-Richtlinien** директивы о промысловом налоге

**gez., gezeichnet** подлинник подписал

**Gezeitenenergie** *f* энергия приливов

**GF:**
**GF, Geschäftsführer** управляющий *(торговой фирмой);* коммерческий директор
**GF, Grundfonds** основные фонды

**GFA, Gewerbeförderungsamt** Управление содействия развитию ремёсел *(Австрия)*

**GFK:**
**GFK, Gesellschaft für Konsumforschung** Общество по изучению проблем потребления
**GfK, Gewerkschaftsgruppe für Kleinbetrieb** профсоюзная группа на мелком предприятии *(бывш. ГДР)*

**GFM, Gesellschaft für Marktforschung** Общество по изучению рыночной конъюнктуры *(ФРГ, Швейцария)*

**GG:**
**G.G., gesetzlich geschützt** охраняется законом
**GG, Grundgesetz der Bundesrepublik Deutschland** конституция ФРГ, основной закон ФРГ

**ggez, gegengezeichnet** скреплено подписью

**ggf., ggfs., gegebenenfalls** при случае, при известных условиях, при необходимости

**GGK, Gehaltsgruppenkatalog** тарифно-квалификационный справочник

**Ggw., Gutgewicht** прибавка к весу *(отпускаемого товара)*

**GH:**
**GH, Ghana** Гана, *до 1978г. код* GE
**GH, Großhandel** оптовая торговля
**Gh., Gehalt** оклад; жалованье

**GHC, Cedi, - Ghana** Седи *(код валюты 288),* - Гана

**GHD, Großhandelsdirektion** дирекция отраслевой оптовой торговой организации *(бывш. ГДР)*

**GHG:**
**GHG, Gemeinwirtschaftliche Hochseefischerei-Gesellschaft** Кооперативное общество морского рыболовства *(ФРГ)*
**GHG, Großhandelsgesellschaft** общество оптовой торговли
**GHG, Großhandelsgesellschaft für Obst und Gemüse** общество оптовой торговли фруктами и овощами

**GHK, Großhandelskontor** контора оптового торгового предприятия, контора оптовой фирмы

**GI, Gibraltar** Гибралтар

**Giffen-Effekt** *m* эффект Гиффена, рост величины спроса с ростом цены *(в определённых условиях, напр., при уменьшении реальных доходов и изменении структуры потребления может расшириться спрос на некоторые товары)*

**Giftbetrieb** *m* вредное производство

**Gigantomanie** *f* гигантомания

**Gilde** *f* гильдия; корпорация

**Gildensozialismus** *m* гильдейский социализм

**Giltedged-Markt** *m* рынок английских государственных бумаг; рынок первоклассных ценных бумаг

**GIP, Gibraltar-Pfund, - Gibraltar** Гибралтарский фунт *(код валюты 292),* - Гибралтар

**Giralgeld** *n* деньги жирооборота *(средства безналичного расчёта),* деньги банковского жирооборота

**Giralgeldschöpfung** *f* создание *(прирост)* безналичных платёжных средств

**Girant** *m* жирант, индоссант
**nachfolgender Girant** последующий индоссант
**vorhergehender Girant** предыдущий индоссант, предшествующий индоссант

**Girat** *m* жират, индоссат

**Giratar** *m* жират, индоссат

**girierbar** могущий быть переданным по передаточной надписи

**girieren**, *vt* жирировать, индоссировать, делать передаточную надпись
**in blanko girieren** делать бланковую передаточную надпись, ставить бланковую передаточную надпись
**voll girieren** снабжать полной передаточной надписью
**den Wechsel girieren** жирировать вексель

**Girierung** *f* совершение передаточной надписи *(на векселе);* жиро, индоссо, индоссамент, передаточная надпись *(на векселе);* жирооборот, безналичный расчёт

**Giriervermerk** *m* передаточная надпись *(на векселе)*

**Giro** *n* жиро, индоссо, индоссамент, передаточная надпись *(на векселе);* жирооборот, безналичный расчёт
**Giro in blanko** бланковая передаточная надпись, бланковый индоссамент
**beschränktes Giro** ограниченный индоссамент
**volles Giro** полная передаточная надпись, полный индоссамент

**Giroabteilung** *f* переводный отдел, жироотдел *(банка)*

**Giroanweisung** *f* жироприказ

**Girobank** *f* жиробанк

**Giroeinlagen,** *f, pl* вклады на расчётные и контокоррентные счета, вклады на расчётных и контокоррентных счетах

**Girogeld** *n* деньги жирооборота *(средства безналичного расчёта)*, деньги банковского жирооборота

**Girogeschäft** *n* жирооборот, жирооперации, жирорасчёты, безналичный расчёт

**Giroguthaben** *n* суммы на жиросчёте

**Girokasse** *f* жирокасса, расчётная касса

**Girokonto** *n* жиросчёт, текущий счёт в системе жирооборота

**Gironetz** *n* сеть жиробанков

**Giroobligo** *n* обязательство по передаточным надписям

**Giroprimanota** *f* мемориал жирооборота

**Girosystem** *n* система жирорасчётов, система безналичных расчётов

**Giroverbindlichkeit** *f* обязательство по передаточным надписям

**Giroverkehr** *m* жирооборот
  **Giroverkehr betreiben** заниматься ведением текущих счетов

**Girowechsel** *m* переводный вексель

**Girozentrale** *f* жироцентрал

**Girozentralen** *f pl* жироцентралы, кредитные институты, осуществляющие взаимный зачёт платежей

**Girozettel** *m* жироприказ

**Gitternetz**, *n*, **demographisches** *стат.* демографическая сетка, демографическая решётка

**GKA, Gebrauchswert-Kosten-Analyse** анализ затрат на основе потребительной стоимости, функционально-стоимостный анализ

**GKG, Gerichtskostengesetz** закон о судебных издержках

**GKO, Geschäftskostenordnung** положение об издержках на организационные расходы

**GKR, Gemeinschaftskontenrahmen industrieller Verbände** единая номенклатура счетов промышленных союзов *(ФРГ)*

**GL, Grönland** Гренландия

**Glattstellung** *f* завершение сделки, полная реализация сделки *(выполнение взаимных обязательств)*; закрытие счетов; *бирж.* ликвидация сделки; покрытие задолженности по счетам; заключение счетов

**Glauben** *m* вера; доверие; уверенность
  **Glauben finden** приобрести доверие
  **im festen Glauben** в полной уверенности
  **in gutem Glauben** *торг.* бона фиде, по доброй вере, из лучших побуждений; добросовестно; *юр.* в доброй вере

**Gläubiger** *m* вкладчик
  **Gläubiger** кредитор, заимодавец
  **begünstigter Gläubiger** привилегированный кредитор, преимущественный кредитор
  **betreibender Gläubiger** кредитор, давший ход конкурсному делу; кредитор, явившийся инициатором назначения конкурса
  **bevorrechtigter Gläubiger** привилегированный кредитор, преимущественный кредитор
  **handschriftlicher Gläubiger** заимодавец по простой расписке
  **hypothekarischer Gläubiger** ипотечный кредитор; кредитор по закладной

**Gläubigeranfechtung** *f* оспаривание кредитором своих прав на (спорное) имущество

**Gläubigeranmeldungsfrist** *f* срок заявления претензий кредиторам; срок заявления претензий кредиторами

**Gläubigerausschuss** *m юр.* конкурсное управление
  **Gläubigerausschuss** *m* конкурсное управление, комиссия из кредиторов по конкурсному делу

**Gläubigerbank** *f* банк-кредитор

**Gläubigerbegünstigung** *f* предоставление преимуществ одному из кредиторов

**Gläubigerbeirat** *m* совет кредиторов

**Gläubigerbenachteiligung** *f* причинение ущерба кредиторам

**Gläubigerkapital** *n* отданный взаймы капитал
  **kurzfristiges Gläubigerkapital** краткосрочный, отданный взаймы капитал *(взятые кредиты)*
  **langfristiges Gläubigerkapital** долгосрочный, отданный взаймы капитал *(облигации, ипотеки)*

**Gläubigerland** *n* страна-кредитор

**Gläubigerschaft** *f* кредиторы

**Gläubigerstaat** *m* государство-кредитор

**Gläubigerverzug** *m* просрочка кредитора в принятии исполнения обязательства должником

**Gleichartigkeit** *f* однородность, однотипность; схожесть

**gleichbedeutend** равнозначащий, равносильный; тождественный, идентичный

**gleichgestellt** приравненный; равнозначный; равный
  **steuerlich gleichgestellt** приравненный по налогообложению
  **gleichgestellte Rechte** равные права, равнозначные права

**Gleichgewicht** *n* равновесие
**dynamisches Gleichgewicht** динамическое равновесие
**generelles Gleichgewicht** общее равновесие
**labiles Gleichgewicht** неустойчивое равновесие
**monetäres Gleichgewicht** равновесие денежного обращения
**partielles Gleichgewicht** частичное равновесие
**stabiles Gleichgewicht** устойчивое равновесие
**wirtschaftliches Gleichgewicht** экономическое равновесие
**Gleichgewichtsbedingung** *f* условие равновесия
**Gleichgewichtslage** *f* состояние равновесия
**Gleichgewichtsmarkt** *m* рынок уравновешенного спроса и предложения, рынок сбалансированного спроса и предложения
**Gleichgewichtsmechanismus** *m* механизм равновесия
**Gleichgewichtspreis** *m* равновесная цена *(складывающаяся при устойчивом равновесии спроса и предложения)*, сбалансированная цена, цена в условиях устойчивого равновесия спроса и предложения
**Gleichgewichtssituation** *f* ситуация равновесия
**Gleichgewichtsstörung** *f* нарушение равновесия
**Gleichgewichtsstrategie** *f* стратегия равновесия
**Gleichgewichtssystem** *n* система равновесия
**Gleichgewichtstheorie** *f* теория равновесия (цен)
**Gleichgewichtszustand** *m* состояние равновесия
**Gleichheit** *f* равенство, тождество, адекватность
**horizontale Gleichheit** горизонтальная адекватность *(лица с одинаковыми доходами платят одинаковые налоги)*
**vertikale Gleichheit** вертикальная адекватность *(налоги возрастают по мере увеличения облагаемых доходов)*
**Gleichläufigkeit** *f стат.* синхронность
**Gleichlaufproduktion** *f* производство, функционирующее по принципу соответствия количества производимой и реализуемой продукции
**gleichmachen,** *vt* равнять, уравнивать, нивелировать
**Gleichmacherei** *f* уравниловка
**gleichmacherisch** основанный на уравниловке; уравнительный
**Gleichmäßigkeit** *f* соразмерность; симметричность
**Gleichmäßigkeit der Besteuerung** соразмерность (налого)обложения
**gleichordnen,** *vt* координировать
**Gleichordnung** *f* координация
**gleichschalten,** *vt* унифицировать
**Gleichschaltung** *f* унификация
**gleichsetzen,** *vt* приравнивать; отождествлять
**Gleichsetzungsfaktor** *m* коэффициент тождественности, коэффициент однозначности
**gleichstellen,** *vt* приравнивать; сравнивать; уравнивать
**Gleichstellung** *f* уравнивание, уравнение
**Gleichung** *f* уравнение, уравнивание; сравнение; равенство
**Gleichung** *мат.* уравнение
**Gleichungspunkt** *m* паритет
**Gleichungssystem** *n* система уравнений
**Gleichungssystem der Volkswirtschaftsbilanz** система уравнений народнохозяйственного баланса
**lineares Gleichungssystem** система линейных уравнений
**ökonometrisches Gleichungssystem** система эконометрических уравнений
**Gleichwert** *m* равноценность; эквивалентность; равнозначность
**gleichwertig** равноценный; эквивалентный; равнозначный
**gleichwertig** с постоянными параметрами
**Gleichwertigkeit** *f* равноценность; эквивалентность; равнозначность
**Gleisbenutzungsgebühr** *f* плата за пользование рельсовым путём
**Gleiswaage** *f* весы для взвешивания пустых и разгруженных вагонов
**Gleitkommamultiplikation** *f вчт.* умножение *(чисел)* с плавающей запятой
**Gleitmittelverfahren** *n* метод скользящих средних
**Gleitpreis** *m* скользящая цена
**Gleitpreisklausel** *f* пункт договора, предусматривающий установление цены через некоторое время после заключения договора; пункт договора, предусматривающий установление скользящей цены
**Gleitzoll** *m* меняющийся размер ставки таможенной пошлины; пошлина непостоянного размера
**gliedern,** *vt* расчленять, делить; подразделять; классифицировать; дифференцировать
**Gliedersystem** *n* система *(торговых)* звеньев
**Gliedertaxe** *f* ставка страховых сумм при страховании от несчастных случаев

**Gliederung** f расчленение; подразделение; классификация; дифференциация; организация, структура; *бухг.* расшифровка

**Gliederung der Betriebsangehörigen** состав работников предприятия

**Gliederung der Volkswirtschaft** классификация отраслей народного хозяйства, народнохозяйственная классификация

**Gliederung des Arbeitsganges** расчленение рабочего процесса *(на отдельные операции)*

**Gliederung nach Kostenelementen** номенклатура элементов затрат

**horizontale Gliederung des Schemas** горизонтальная структура схемы *(напр., моделируемого предприятия)*

**organische Gliederung** органическое деление *(производственного процесса)*

**vorbereitende Gliederung** *бухг.* предварительная расшифровка

**Gliederungsmerkmal** n признак группировки; признак группирования

**Gliederungssystem** n рубрикация

**Gliederungstiefe** f разветвлённость (баланса, структурного документа и т.п.)

**Gliederungstiefe** глубина рубрикации

**Gliederungstiefe der Bilanz** разветвлённость баланса

**Gliederungszahl** f коэффициент *(как экономический показатель)*

**Gliedziffernmethode** f *стат.* метод исчисления сезонных индексов

**Gliedziffernverfahren** n *стат.* метод исчисления сезонных индексов

**Globalabkommen** n глобальное соглашение

**Globalabschreibung** f глобальная амортизация *(напр., исчисляемая для всей суммы основных средств по единому нормативу)*; *бухг.* общее списание, общая амортизация

**Globalabtretung** f изменение обсуждаемых условий, уступка *(большинства или всех)* требований *(с заменой их на новые)*

**Globalaktie** f глобальная акция

**Globalanleihen** f pl заём в крупных выпусках

**Globalbetrag** m валовая сумма, общая сумма

**Globalbilanz** f сводный баланс

**Globalgenehmigung** f общее разрешение *(на ввоз или вывоз)*

**Globalinterpolation** f *стат.* общая интерполяция

**Globalisierung** f глобализация

**Globalisierung der Weltwirtschaft** глобализация экономики

**Globaltarif** m *ж.-д.* общий тариф *(в международном грузовом сообщении)*

**Globalvertrag** m глобальное соглашение; общий договор

**Globalwarenbegleitschein** m общий товаросопроводительный документ

**Globalwirtschaft** f мировое хозяйство

**Glockenkurve** f *стат.* кривая нормального распределения

**gltd, geltend** действительный, действующий, имеющий силу

**GM:**

**GM, Gambia** Гамбия

**GM, Gebrauchsmuster** промышленный образец

**GM, Goldmark** *ист.* золотая марка *(условная денежная единица)*

**GmbH, Gesellschaft mit beschränkter Haftung** общество с ограниченной ответственностью

**GMD, Dalasi, - Gambia** Даласи *(код валюты 270)*, - Гамбия

**GmubH, Gesellschaft mit unbeschränkter Haftung** общество с неограниченной ответственностью

**GmuH, Gesellschaft mit unbeschränkter Haftung** общество с неограниченной ответственностью

**GN, Guinea** Гвинея

**Gnadenfrist** f льготный срок, льготная отсрочка

**Gnadentage,** m, pl грационные дни, льготные дни, льготный срок

**GNF, Guinea-Franc, - Guinea** Гвинейский франк *(код валюты 324)*, - Гвинея

**GO:**

**GO, Geschäftsordnung** устав предприятия; порядок ведения дел

**GO, Gebührenordnung** положение о порядке уплаты сборов, налогов *или* пошлин

**g.o.b., good ordinary brand** *(eng.)* хороший сорт, обычный сорт

**Gold** n золото

**Gold ausprägen** чеканить монету из золота

**Gold diggen** заниматься золотоискательским промыслом

**Gold in Barren** золото в слитках

**Gold münzen** чеканить золотую монету

**Gold von echter Währung** золото высшей пробы

**Gold zu Münzen prägen** чеканить золотые монеты

**dumpfes Gold** матовое золото

**gediegenes Gold** самородное золото

**gegossenes Gold** золото в слитках
**gemünztes Gold** золото в монетах
**gemünztes Gold** листовое золото
**klammes Gold** самородок
**lauteres Gold** чистое золото
**legiertes Gold** сплав золота
**mannheimer Gold** фальшивое золото
**massives Gold** золото высшей пробы *(без примесей)*
**mattes Gold** матовое золото
**monetäres Gold** монетарное золото
**pures Gold** чистое золото
**reines Gold** чистое золото
**rotes Gold** червонное золото
**in Gold** в золотом исчислении
**in Gold zahlen** платить золотом
**Gold- und Silberwaren stempeln** ставить пробу на золотые и серебряные изделия; ставить пробирное клеймо на золотые и серебряные изделия
*etw.* **mit Gold aufwiegen** оплатить (что-л.) золотом в том же весе
**dieser Fluss führt Gold mit** это золотоносная река
**Gold- und Devisenbilanz** *f* золотовалютный баланс
**Goldabfluss** *m* отлив золота, утечка золота
**Goldabgabe** *f* продажа золота
**Goldabwanderung** *f* утечка золота
**Goldagio** *n* лаж, наценка на золото
**Goldankaufpreis** *m* закупочная цена на золото
**Goldanleihe** *f* золотой заём
**Goldarbitrage** *f* золотой арбитраж
**Goldaufkaufpreis** *m* закупочная цена на золото

**Goldaufkommen** *n* золотые ресурсы
**Goldausbeute** *f* добыча золота
**Goldausfuhr** *f* вывоз золота, экспорт золота
**Goldausfuhrpunkt** *m* нижняя золотая точка, экспортная золотая точка, нижний предел котировки обменного курса валют, имеющих золотое обеспечение
**Goldautomatismus** *m* автоматическое регулирование уровня запасов золотых монет странами золотого монометаллизма; золотой автоматизм *(механизм регулирования внутреннего денежного обращения и валютных операций при золотом стандарте)*
**Goldbarren** *m* слиток золота, золотой слиток
**Goldbarrenmänner,** *m, pl* буллионисты *(сторонники свободной обратимости бумажных денег в золото)*
**Goldbarrenstandard** *m* золотослитковый стандарт
**Goldbarrenwährung** *f* золотослитковая валюта
**Goldbasis** *f* золотая база, золотая основа
**Goldbestand** *m* золотой запас
**den Goldbestand anreichern** наращивать золотые запасы
**Goldblock** *m* золотой блок
**Goldblockade** *f* золотая блокада
**Golddeckung** *f* золотое обеспечение
**Golddevisenstandard** *m* золотодевизный стандарт *(денежная система, при которой в качестве общепризнанного платёжного средства наряду с золотом выступают девизы)*
**Golddevisenwährung** *f* золотодевизный стандарт

**Goldeinfuhr** *f* ввоз золота, импорт золота
**Goldeinfuhrpunkt** *m* верхняя золотая точка, импортная золотая точка, верхний предел котировки обменного курса валют, имеющих золотое обеспечение
**Goldeinheit** *f* золотая единица
**Goldfieber** *n* золотая лихорадка
**Goldgehalt** *m* золотое содержание; проба золота; содержание золота в руде
**Goldgeld** *n* золотые деньги; золотая монета; золото
**Goldgestalt** *f* образ золота
**vorgestellte Goldgestalt** мысленно представляемый образ золота
**Goldgewicht** *n* мера веса для взвешивания золота; проба золота
**Goldgewinnung** *f* добыча золота
**Goldhandel** *m* торговля золотом
**Goldkern** *m* золотой резерв эмиссионного банка
**Goldkernwährung** *f* золотослитковый стандарт
**Goldklausel** *f* золотая оговорка
**Goldkonvertibilität** *f* конвертируемость валют в золото, обратимость валют в золото
**Goldkonvertierbarkeit** *f* конвертируемость валют в золото, обратимость валют в золото
**Goldmark** *f ист.* золотая марка
**Goldmarkt** *m* рынок золота *(купля-продажа золота и акций золотодобывающих компаний)*
**Goldmechanismus** *m* золотовалютный механизм
**Goldmünze** *f* золотая монета
**Goldmünzfuß** *m* золотомонетный стандарт

**Goldmünzklausel** f золотомонетная оговорка
**Goldmünzstandard** m золотомонетный стандарт
**Goldmünzsystem** n золотомонетная система *(система денежного обращения со свободным обменом банкнот на золото)*
**Goldparität** f золотой паритет
**Goldpool** m ист. "золотой пул"
**Goldpreis** m цена, выраженная в золоте
**Goldprobe** f мера веса для взвешивания золота; проба золота
**Goldproduktion** f добыча золота
**Goldpunkt** m золотая точка, **unterer Goldpunkt** нижняя золотая точка, экспортная золотая точка, нижний предел котировки обменного курса валют, имеющих золотое обеспечение
**Goldrente** f золотая рента
**Goldreserve** f золотой запас
**Goldschatz** m золотой запас; золотой клад; сокровище;
**Goldstandard** m золотой стандарт *(предполагает ряд условий, включающих, в частности, чеканку и свободное обращение золотых денег, размен банкнот на золото),* золотой монометаллизм
**Goldstück** n золотая монета, золотой
**Goldtitel** m название золотой монеты
**Goldüberschuss** m излишки золота
**Goldumlauf** m золотое обращение
**Goldumlaufwährung** f золотомонетный стандарт *(денежная система, в которой роль покупательного средства выполняют золотые монеты),* золотой стандарт золотой монометаллизм

**Goldverknappung** f сокращение золотого запаса *(страны)*
**Goldvorrat** m золотой запас
**Goldwährung** f золотой стандарт, золотой монометаллизм
  **Goldwährung mit Goldmünzenumlauf** золотомонетный стандарт
  **effektive Goldwährung** золотомонетный стандарт
  **hinkende Goldwährung** "хромающий" золотой стандарт *(обращение наряду с золотыми серебряных монет)*
  **monometallistische Goldwährung** золотой монометаллизм, золотой стандарт
  **nominelle Goldwährung** номинальная золотая валюта
**Goldwährungsmechanismus** m золотовалютный механизм
**Goldwert** m золотое содержание денежной единицы; проба золота
**Goldwertanleihe** f заём, обеспеченный золотой оговоркой
**Goldwertklausel** f оговорка о золотом содержании
**Goldzahlung** f платёж в золоте
**Goldzeichen**, n, pl знаки золота *(бумажные деньги, замещающие золотое функциях средства обращения и платежа)*
**Goldzertifikat** n золотой сертификат
**Goldzirkulation** f золотое обращение
**Goldzufluss** m приток золота
**Good-will** m англ. "гудвилл", условная стоимость деловых связей *(разность между рыночной стоимостью фирмы и балансовой суммой её реальных и финансовых активов)*
**Goodwill** m англ. репутация фирмы, престиж фирмы
**GP, Gesamtpufferzeit** сет. пл. полный резерв времени

**GPG, Gärtnerische Produktionsgenossenschaft** садоводческий производственный кооператив *(бывш. ГДР)*
**gpr., geprüft** проверено
**gpr.u.gen., geprüft und genehmigt** проверено и одобрено
**GR, gr:**
  **GR, Griechenland** Греция
  **GR, Güterrechtsregister** перечень прав грузовладельцев
  **gr., gratis** бесплатно, безвозмездно
**Grad** m **der Fließfertigung** степень поточности производства
**Graph** m мат. граф
**Graphentheorie** f теория графов
**Gratifikation** f гратификация *(денежная награда, поощрение); (единовременное)* денежное вознаграждение, наградные
**gratis** гратис, бесплатно, безвозмездно, даром
  **gratis und franko** бесплатно
**Gratisaktie** f бесплатная акция; свободная акция *(может выдаваться акционеру, напр. в счёт дивиденда)*
**Gratisangebot** n бесплатное предложение товара *(может использоваться в качестве одного из способов конкуренции)*
**Gratisarbeit** f даровой труд
**Gratisgenußschein** m бесплатная акция с фиксированным размером дохода, бесплатная акция с фиксированным размером дивиденда
**Gratisgeschäft** n безвозмездная сделка
**Gratismuster** n бесплатный образец
**Gratisnaturkraft** f **des Kapitals** даровая естественная сила капитала

**Gratisprobe** f бесплатная проба; бесплатный образец

**Gravitation** f гравитация (явление взаимного воздействия цен на различных рынках)

**GRD, Drachme, - Griechenland** Драхма (код валюты 300), в н.в. заменена на Евро **EURO** , - Греция

**Grdb., Grundbuch** поземельная книга; земельный кадастр

**GRDI, Global Retail Development Index** (eng.) глобальный индекс развития розничной торговли

**Grenzaktivität** f сет. пл. граничная работа

**Grenzanalyse** f маргинальный анализ

**Grenzarbeiter** m предельный рабочий

**Grenzarbeitsertrag** m предельный продукт труда

**Grenzaufseher** m таможенный чиновник

**Grenzaufsichtsbeamte** m таможенный чиновник

**Grenzaufwand** m предельные затраты

**Grenzausgleich** m пограничная компенсация (субсидия, выплачиваемая на сельскохозяйственную продукцию при пересечении границы в рамках ЕЭС)

**Grenzbedingung** f ограничительное условие, предельное условие

**Grenzbetrieb** m предприятие, покрывающее лишь издержки производства

**Grenzboden** m земельные угодья, обрабатываемые (в силу неудобного расположения или низкого качества почвы) лишь при наличии платёжеспособного спроса на сельскохозяйственные продукты

**Grenze** f граница, рубеж; граница, предел, грань

**Grenzeinnahme** f предельный доход (денежная стоимость предельного продукта)

**Grenzereignis** n сет. пл. граничное событие

**Grenzerlös** m предельная выручка (увеличение или уменьшение выручки, возникающее при увеличении или уменьшении сбыта на одну единицу)

**Grenzertrag** m предельный доход (денежная стоимость предельного продукта)

**Grenzfehler** m предельная ошибка

**Grenzgebiet** n пограничная область, пограничный район; пограничная зона; смежная область

**Grenzgewinn** m предельная прибыль

**Grenzhandel** m приграничная торговля

**Grenzkosten,** pl предельные издержки (увеличение издержек, с которыми сопряжено производство дополнительной единицы продукции)

**Grenzkostenkalkulation** f расчёт предельных издержек, калькуляция предельных издержек

**Grenzkredit** m предельный кредит (предел взаимного кредитования по клиринговым расчётам)

**Grenzkurs** m биржевой курс (максимальные и минимальные котировки)

**Grenzleistung** f предельная мощность; предельная производительность

**Grenzleistungsfähigkeit** f **des Kapitals** предельная эффективность капитала, предельная эффективность капиталовложений

**Grenznutzen** m предельная полезность

**Grenznutzen des Geldes** предельная полезность денег

**Grenznutzentheorie** f теория предельной полезности

**Grenzplankostenrechnung** f расчёт предельных плановых издержек

**Grenzplanungsrechnung** f расчёт предельных плановых издержек

**Grenzpreis** m предельная цена

**Grenzprinzip** n маргинальный принцип (изучение последствий предельно малого изменения рассматриваемых величин)

**Grenzprodukt** n предельный продукт (дополнительная продукция, получаемая благодаря предельно малому приращению рассматриваемого производственного фактора)

**Grenzproduktion** f маргинальное производство, дополнительное производство

**Grenzproduktivität** f предельная производительность

**Grenzproduktivitätstheorie** f теория предельной производительности

**Grenzpunkt** m мат. граничная точка

**Grenzrate** f предельная норма

**Grenzrate der Substitution** предельная норма замещения

**Grenzrecht** n пограничное право

**Grenzschließung** f закрытие границы; блокада

**Grenzsperre** f закрытие границы; блокада

**Grenzspesen,** pl таможенные сборы (несёт экспедитор)

**Grenzsteuersatz** m предельная налоговая ставка

**Grenzübergangsbahnhof** m пограничная станция (оборудованная для таможенного контроля за экспортными и импортными грузами)

**Grenzumsatz** *m* маргинальный оборот, дополнительный оборот

**Grenzwert** *m* предельная величина, предельное значение; предельная стоимость

**Grenzwertproduktivität** *f* предельная производительность

**Grenzwertsatz** *m* мат. предельная теорема

**zentraler Grenzwertsatz** центральная предельная теорема

**Grenzzoll** *m* пограничная таможенная пошлина; пограничная таможня

**Grenzzollamt** *n* пограничная таможня

**Grenzzollstelle** *f* пограничная таможня

**Griff** *m* (рабочий) приём *(труда)*; качество *(на ощупь)*

**Griffelement** *n* элемент трудового процесса

**Griffgruppe** *f* группа элементов трудового процесса, совокупность элементов трудового процесса

**erweiterte Griffgruppe** укрупнённая группа элементов трудового процесса

**Griffzeitrechnung** *f* расчёт времени на выполнение отдельных элементов трудового процесса

**GRMG, Geschäftsraummietengesetz** закон о найме служебных помещений

**Grob-Modell** *n* грубая модель *(напр. экономического исследования)*

**Grobberechnung** *f* предварительный расчёт, черновой расчёт

**Grobgewicht** *n* вес брутто

**Grobnetzplan** *m* сет. пл. укрупнённый сетевой график, укрупнённая сеть

**Grobnomenklatur** *f* укрупнённая номенклатура

**gross terms** *англ.* погрузка и разгрузка за счёт судоходной компании *(условие платежа на фрахтовом рынке)*

**Groß- und Einzelhandels...** оптово-розничный

**Groß- und Einzelverkauf** *m* продажа оптом и в розницу

**Großabnehmer** *m* крупный покупатель; крупный потребитель *(напр., электроэнергии, газа)*

**Großagrarier** *m* крупный землевладелец, латифундист

**Großaktionär** *m* крупный акционер, держатель большого пакета акций

**Großankauf** *m* оптовая закупка; *разг.* покупка в больших количествах

**Großaufkäufer** *m* крупный скупщик

**Großbankier** *m* крупный банкир; крупный финансист

**Großbauer** *m* зажиточный крестьянин; кулак

**großbäuerlich** кулацкий

**Großbauernschaft** *f* зажиточное крестьянство; кулачество

**Großbauerntum** *n* зажиточное крестьянство; кулачество

**Großbauernwirtschaft** *f* кулацкое хозяйство

**Großbautätigkeit** *f* капитальное строительство

**Großbehälter** *m* контейнер большой ёмкости, большеёмкий контейнер

**Großbetrieb** *m* крупное производство; крупное предприятие; *с.-х.* крупное хозяйство

**genossenschaftlicher Großbetrieb** крупный сельскохозяйственный кооператив

**landwirtschaftlicher Großbetrieb** *с.-х.* крупное хозяйство

**Großbezieher** *m* крупный покупатель; крупный потребитель *(напр., электроэнергии, газа)*

**Großbourgeoisie** *f* крупная буржуазия

**Großbuch** *n* бухг. главная книга, гроссбух

**Großbürgertum** *n* крупная буржуазия

**Großdetailgeschäft** *n* уст. оптово-розничная торговля *(система универсальных магазинов)*

**Größe** *f* величина; размер

**gesuchte Größe** искомая величина

**gleichbleibende Größe** константа

**inkommensurable Größe** несоизмеримая величина

**korrelierende Größe** коррелирующая величина

**optimale Größe** оптимальная величина; оптимальный размер

**unbekannte Größe** неизвестная величина

**veränderliche Größe** переменная величина, переменная

**zu prognostizierende Größe** прогнозируемая величина

**zufällige Größe** случайная величина

**Großeinkauf** *m* оптовая закупка; *разг.* покупка в больших количествах

**Großeinkaufsgesellschaft** *f* оптово-закупочное общество; товарищество оптовых закупок

**Großeinkaufspreis** *m* оптовая закупочная цена

**Großemballage** *f* крупногабаритная тара

**Größenbeziehung** *f* **der Mittelwerte** стат. мажорантность средних значений

**Größendegression** *f* снижение средних издержек производства на единицу продукции по мере расширения производства

**Größenklasse** f *стат.* группа (*напр., населения по возрастному признаку*)

**Größenordnung** f порядок величины; классификация по размерам; размер, объём
**Größenordnung der Waren** градация товаров по размеру

**Größenstaffel** f перечень цен, установленных в зависимости от размеров продукта (*напр., яиц*)

**Großerzeuger** m крупный продуцент, крупный производитель

**Großfabrikation** f серийное производство, массовое производство; производство в крупных масштабах

**Großfarmer** m крупный фермер

**Großfertigung** f серийное производство, массовое производство; производство в крупных масштабах

**Großfinanzier** m крупный банкир; крупный финансист

**Großforschung** f крупные научные исследования, комплексные научные исследования

**Großforschungseinrichtung** f крупное исследовательское учреждение
**Arbeitsgemeinschaft der Großforschungseinrichtungen; AGF** Объединение крупных исследовательских центров, Комитет по координации крупных научно-исследовательских работ

**Großforschungszentrum** n крупный исследовательский центр

**Großgebiet** n *дем.* агломерация

**Großgewerbe** n крупное предприятие; крупное промысловое предприятие; крупный промысел

**Großgewicht** n вес брутто

**Großgrundbesitz** m крупное землевладение, крупная латифундия, крупная земельная собственность

**Großgrundbesitzer** m крупный землевладелец, латифундист

**Großhandel** m оптовая торговля
**im Großhandel kaufen** покупать оптом
**über den Großhandel beziehen** покупать оптом

**Großhandelsartikel m, pl** оптовые товары

**Großhandelsabgabepreis** m отпускная цена промышленности, оптовая цена

**Großhandelsabschlag** m оптовая скидка

**Großhandelsagent** m агент по оптовым операциям

**Großhandelsaufschlag** m оптовая наценка

**Großhandelsbetrieb** m предприятие оптовой торговли

**Großhandelserzeugnisse n, pl** оптовые товары

**Großhandelsfirma** f оптовая фирма

**Großhandelsgeschäft** n оптовая сделка; оптовая фирма

**Großhandelsgesellschaft** f общество оптовой торговли

**Großhandelsindex** m индекс оптовых цен

**Großhandelskauf** m оптовая закупка; оптовая покупка; покупка оптом

**Großhandelskaufmann** m оптовый продавец; оптовый торговец; оптовик

**Großhandelskontenrahmen** m номенклатура счетов предприятий оптовой торговли

**Großhandelslager** n оптовый склад

**Großhandelslieferung** f оптовая поставка

**Großhandelsmarkt** m рынок оптовой торговли; оптовый рынок

**Großhandelsmesse** f оптовая ярмарка

**Großhandelsnetz** n сеть предприятий оптовой торговли; оптовая сеть

**Großhandelsniederlassung** f оптовая база

**Großhandelsorgane n, pl** организации оптовой торговли

**Großhandelspreis** m оптовая цена

**Großhandelspreisindex** m индекс оптовых цен

**Großhandelspreislimit** n лимит оптовой цены

**Großhandelspreisliste** f прейскурант оптовых цен

**Großhandelspreisreform** f реформа оптовых цен

**Großhandelsrabatt** m оптовая скидка; скидка за опт

**Großhandelssortiment** n ассортимент оптовой торговли

**Großhandelsspanne** f оптовая наценка

**Großhandelsspezialisierung** f специализация оптовой торговли

**Großhandelsumsatz** m оборот оптовой торговли; оптовый оборот

**Großhandelsverkauf** m оптовая продажа; продажа оптом

**Großhandelsvertreter** m агент по оптовым операциям

**Großhändler** m крупный торговец; оптовый торговец, оптовик

**Großhandlung** f оптовый магазин
**Großhandlung** оптовая торговля

**Großhersteller** m крупный продуцент, крупный производитель

**Großherstellung** f крупное производство, производство в крупных масштабах

**Großimporteur** *m* крупный импортёр; крупная импортная фирма

**Großindustrie** *f* крупная промышленность

**Großindustrieller** *m* крупный промышленник

**Grossist** *m* оптовый торговец, оптовик

**Großkapital** *n* крупный капитал

**Großkapitalist** *m* крупный капиталист

**großkapitalistisch** крупнокапиталистический

**Großkaufmann** *m* крупный коммерсант; крупный торговец

**Großkredit** *m* крупный кредит

**Großlager** *n* крупный склад

**Großlandwirt** *m* крупный фермер

**Großlandwirtschaftsbetrieb** *m* крупное сельскохозяйственное производство; крупное сельскохозяйственное предприятие, крупное хозяйство

**Großlebensversicherung** *f* страхование жизни на крупную сумму *(в ФРГ - на сумму свыше 3000 марок)*

**Großlieferant** *m* оптовый поставщик

**Großmagnat** *m* магнат, крупный капиталист; крупный помещик

**Großmarkthalle** *f* крытый центральный рынок

**Großpächter** *m* крупный арендатор

**Großproduktion** *f* крупное производство, производство в крупных масштабах

**Großproduzent** *m* крупный продуцент, крупный производитель

**Großraumverkaufsstelle** *f* крупный (универсальный) магазин; торговый центр

**Großreparatur** *f* капитальный ремонт

**Großschiffahrtsstraße** *f* главный водный путь

**Großschiffahrtsweg** *m* главный водный путь

**Großserienfertigung** *f* крупносерийное производство

**Großserienproduktion** *f* крупносерийное производство

**Großstadt** *f* крупный город

**großtechnisch** промышленный

**großtonnagig** крупнотоннажный

**Großtransport** *m* перевозка крупногабаритных грузов

**Größtwert** *m* максимальное значение; максимальная величина, максимум

**Großunternehmen** *n* крупное предприятие; крупная фирма

**Großunternehmer** *m* крупный предприниматель

**Großunternehmung** *f* крупное предприятие; крупная фирма

**Großverbraucher** *m* крупный потребитель

**Großverkaufsstelle** *f* крупный (универсальный) магазин; торговый центр

**Großverpackung** *f* крупногабаритная тара

**Großvieheinheit** *f* (условная) единица крупного рогатого скота

**Großwirtschaft** *f* с.-х. крупное хозяйство

**GrSt, Grundsteuer** поземельный налог

**GrStG, Grundsteuergesetz** закон о поземельном налоге

**Grubenanteil** *m* пай в горнопромышленном предприятии, кукса

**Grundabgabe** *f* поземельный налог

**Grundakten,** *f, pl* кадастровые акты, акты поземельной книги

**Grundanteil** *n* земельный надел

**Grundarbeit** *f* основная работа; работа в основных производственных цехах

**Grundarbeiter** *m* рабочий основных производственных цехов

**Grundarbeitszeit** *f* основное рабочее время

**Grundausbildung,** *f,* **berufliche** первый этап профессиональной подготовки, первичная профессиональная подготовка

**Grundbedarf** *m* основные потребности

**Grundbedingung** *f* основное условие, основная предпосылка

**Grundbeleg** *m* основной документ, первичный документ

**Grundberuf** *m* основная профессия

**Grundbesitz** *m* земельная собственность, землевладение

**Grundbesitzer** *m* землевладелец, помещик, аграрий

**Grundbilanz** *f* основной баланс *(включает торговый баланс, баланс услуг, баланс текущих платежей, баланс долгосрочного капиталооборота)*

**Grundbuch** *n* поземельная книга, земельный кадастр; *бухг.* журнал, мемориал

**Grundbuchamt** *n* учреждение, ведущее поземельные книги

**Grundbuchberichtigung** *f* исправление в записях поземельной книги

**Grundbuchordnung** *f* правила ведения поземельных книг

**Grundbuchungen,** *f, pl* ведение книг бухгалтерского учёта; записи в книгах бухгалтерского учёта, основные бухгалтерские записи

**Grunddaten,** *pl* **des Netzplanes** основные параметры сетевого графика

**Grunddienstbarkeit** *f* вещный сервитут, реальный сервитут; право землепользования

**Grundeigentum** *n* земельная собственность, землевладение

**Grundeigentümer** *m* землевладелец, помещик, аграрий

**Grundeigentumsmonopol** *n* монополия на хозяйственное использование земли; монополия частной собственности на землю

**Grundeigentumstitel,** *m, pl* права земельной собственности

**Grundeigentumsverhältnisse,** *n, pl* отношения земельной собственности

**Grundeinheit** *f* основная единица измерения

**gründen,** *vt* основывать, учреждать; основывать, обосновывать

**Gründer** *m* учредитель *(акционерного общества)*; *бирж.* грюндер, делец, делец-спекулянт

**Gründeraktie** *f* учредительская акция

**Gründeranteil** *m* учредительский пай

**Gründerbericht** *m* отчёт учредителей *(напр., акционерного общества)*

**Gründergewinn** *m* доход, присваиваемый организаторами акционерной компании, учредительская прибыль, прибыль учредителей *(акционерного общества)*

**Gründerjahre,** *n, pl ист.* годы грюндерства, период грюндерства

**Gründerlohn** *m* учредительская прибыль, прибыль учредителей *(акционерного общества)*

**Gründertum** *n ист.* грюндерство; *бирж.* грюндеры, дельцы, дельцы-спекулянты

**Grunderwerb(s)steuer** *f* налог, взимаемый при покупке земельного участка

**Grundfonds,** *m, pl* основные фонды

**Grundfonds der nichtproduktiven Sphäre** непроизводственные основные фонды

**Grundfonds der nichtproduzierenden Sphäre** непроизводственные основные фонды

**ausgesonderte Grundfonds** выбывшие основные фонды

**passive Grundfonds** основные фонды, представленные предметами труда

**verschlissene Grundfonds** износившиеся основные фонды, изношенные основные фонды

**Grundfonds- Nettoinvestitionsintensität** *f* чистая капиталоёмкость по основным фондам

**Grundfonds-Bruttoinvestitionsintensität** *f* валовая капиталоёмкость по основным фондам

**Grundfonds-Nettoinvestitionsintensität** *f* чистая капиталоёмкость по основным фондам

**Grundfondsausnutzung** *f* использование основных фондов

**Grundfondsaussonderung** *f* выбытие основных фондов

**Grundfondsausstattung** *f* фондовооружённость

**Grundfondsbestandsentwicklung** *f* динамика основных фондов

**Grundfondsbilanz** *f* баланс основных фондов

**Grundfondseffektivität** *f* эффективность основных фондов

**Grundfondseinheit** *f* единица основных фондов

**Grundfondsintensität** *f* фондоёмкость

**grundfondsintensiv** фондоёмкий

**Grundfondsökonomie** *f* экономия основных фондов

**Grundfondsquote** *f* фондоотдача

**Grundfondsrentabilität** *f* рентабельность основных фондов

**Grundfondsverschleiß** *m* износ основных фондов

**Grundfondswirtschaft** *f* экономика основных средств

**komplexe Grundfondswirtschaft** мероприятия, обеспечивающие учёт, использование и поддержание основных средств в исправном состоянии; экономика основных средств

**Grundform** *f* основная форма; первоначальная форма; главная форма, преобладающая форма

**Grundform der Durchschreibebuchführung** копировально-карточная форма учёта

**Grundgebühr** *f* основной сбор; основная такса

**Grundgehalt** *n* основной оклад

**Grundgesamtheit** *f* генеральная совокупность *(полный набор всех учитываемых статистических единиц)*

**alternative Grundgesamtheit** альтернативная генеральная совокупность

**endliche Grundgesamtheit** конечная генеральная совокупность

**unendliche Grundgesamtheit** бесконечная генеральная совокупность

**Grundgeschäft** *n* основная сделка, основная торговая операция

**Grundgesetz** *n* основной закон

**Grundgesetz** *n* конституция

**ökonomisches Grundgesetz** основной экономический закон

**Grundgleichung** *f* основное уравнение, базовое уравнение, исходное уравнение

**Grundgleichung des Geldwesens** установление весового содержания металла в денежной единице

**Grundhaltung** *f* принципиальная позиция; общий характер, общий тон *чего-л.*

**Grundhandelsgeschäfte**, *n, pl* виды торговой деятельности, осуществление которой регламентируется торговым законодательством ФРГ

**Grundherr** *m* землевладелец, помещик, аграрий; *ист.* феодал, сеньор

**Grundherrschaft** *f* помещичье землевладение; *ист.* сеньоральная власть

**Grundhold** *m ист.* крепостной крестьянин

**Grundholden** *pl ист.* крепостные; крепостные крестьяне

**Grundhörige**, *pl ист.* зависимые крестьяне

**gründich** основательно

**Grundinvestition** *f* основные капиталовложения, основные инвестиции

**Grundkapital** *n* основной капитал; акционерный капитал; паевой капитал; уставный капитал, учредительский капитал

**verdecktes Grundkapital** скрытый основной капитал *(акционерного общества)*

*das* **Grundkapital aufstokken** увеличивать основной капитал

**Grundkapitalaufstockung** *f* накопление основного капитала

**Grundkonzeption** *f* основная концепция

**Grundkosten,** *pl* основные расходы, основные затраты, основные издержки

**direkte Grundkosten** прямые основные расходы

**indirekte Grundkosten** косвенные основные расходы

**variable indirekte Grundkosten** косвенные основные расходы

**Grundkredit** *m* земельный кредит, ипотечный кредит

**Grundkreditinstitut** *n* земельный банк, ипотечный банк

**Grundlage** *f* основа; основание; опора; база, базис, фундамент

**auf genossenschaftlicher Grundlage** на кооперативных началах; на коллективной основе

**auf gleichberechtigter Grundlage** на равноправной основе, на равных правах

**Grundlageinvestition** *f* "инфраструктурные" инвестиции

**Grundlagenforschung** *f* фундаментальное исследование

**Grundlohn** *m* основная заработная плата; тарифная заработная плата

**Grundlohnfonds** *m* фонд основной заработной платы

**Grundlohnformen,** *f, pl* формы основной заработной платы

**Grundmaterial** *n* основной материал

**Grundmittel,** *n, pl* основные средства, основные фонды

**stillgelegte Grundmittel** неиспользуемые основные средства

**vermietete und verpachtete Grundmittel** арендованные основные средства

**Grundmittelarten** *f pl* виды основных средств

**Grundmittelausnutzung** *f* использование основных средств, использование основных фондов

**Grundmittelaussonderung** *f* выбытие основных фондов

**Grundmittelausstattung** *f* фондовооружённость

**Grundmittelbestand** *m* наличие основных средств

**Grundmittelbewertung** *f* оценка основных средств

**Grundmittelbilanz** *f* баланс основных средств

**Grundmittelblatt** *n* инвентарная карта основных средств, инвентарная карточка основных средств

**Grundmittelbuchführung** *f* учёт основных средств

**Grundmittelbuchhaltung** *f* учёт основных средств

**Grundmitteleinsatz** *m* ввод в действие основных средств, ввод в эксплуатацию основных средств

**Grundmittelfonds** *m* фонд основных средств

**Grundmittelgruppe** *f (классификационная)* группа основных средств

**Grundmittelintensität** *f* фондоёмкость

**Grundmittelkarte** *f* инвентарная карта основных средств

**Grundmittelkartei** *f* картотека основных средств

**Grundmittelkonto** *n бухг.* счёт основных средств

**Grundmittelkredit** *m* кредитование основных средств

**Grundmittelnachweis** *m* учёт основных средств

**Grundmittelquote** *f* фондоотдача

**Grundmittelrechnung** *f* учёт основных средств

**Grundmittelstammkarte** *f* инвентарная карта основных средств

**Grundmittelstruktur** *f* структура основных фондов

**Grundmittelumbewertung** *f* переоценка основных фондов

**Grundmitteluntergruppe** f подгруппа основных средств

**Grundmittelverkauf** m продажа основных средств

**Grundmittelwert** m стоимость основных средств

**Grundmittelwirtschaft** f мероприятия, обеспечивающие учёт, использование и поддержание основных средств в исправном состоянии; экономика основных средств

  **komplexe Grundmittelwirtschaft** мероприятия, обеспечивающие учёт, использование и поддержание основных средств в исправном состоянии

**Grundnomenklatur** f основная номенклатура

**Grundnorm** f основной стандарт

**Grundpatent** n основной патент

**Grundpfandrecht** n земельное залоговое право; ипотека

**Grundpreis** m базисная цена, основная цена

**Grundproportionen,** f, pl основные пропорции, главные пропорции

**Grundrechnungen,** f, pl аналитические счета

**Grundrecht** n основное (конституционное) право; земельное право; *ист.* феодальное право; феодальное право на реальный сервитут

**Grundrente** f земельная рента *(в виде платы за аренду земельного участка)*

  **absolute Grundrente** абсолютная земельная рента

**Grundrißgestaltung** f планировка *(напр., торгового помещения)*

**Grundsatztechnologie** f основная технология

**Grundschuld** f долг, обеспеченный залогом недвижимого имущества; ипотечный долг

**Grundschuldbrief** m закладная

**Grundsortiment** n основной ассортимент

**Grundsteuer** f поземельный налог

**Grundstoffe,** pl основные сырьё и материалы

**Grundstoffindustrie** f промышленность основных материалов *(бывш. ГДР)*; основные отрасли тяжёлой промышленности *(ФРГ)*

**Grundstück** n участок земли, земельный участок; имение; земельный участок с находящимися на нём постройками

  **landwirtschaftliches Grundstück** сельскохозяйственное угодье, сельхозугодье

**Grundstücke,** n, pl**, landwirtschaftliche** (полезные) сельскохозяйственные угодья

**Grundstückkredit** m ипотечный кредит

**Grundstücksbelastung** f вещное обременение земельного участка

**Grundstücksbesitzer** m землевладелец

**Grundstücksbestandteile,** m, pl имущество *(в первую очередь здания и постройки)*, непосредственно связанное с земельным участком

**Grundstückskataster** m земельный кадастр

**Grundstücksklausel** f дополнение к доверенности, расширяющее полномочия доверенного лица в области использования земельных участков *(вплоть до их продажи, переуступки владения и вещного обременения)*

**Grundstückskredit** m ипотечный кредит, земельный кредит

**Grundstücksmakler** m маклер по продаже земельных участков

**Grundstückspfandrecht** n земельное залоговое право; ипотека

**Grundstücksspekulation** f спекуляция земельными участками

**Grundstücksumlegung** f землеустройство

**Grundstücksverkehr** m уступка права собственности на земельный участок; уступка владения земельным участком, отчуждение земельного участка

**Grundstücksvollmacht** f доверенность на право владения земельным участком

**Grundsystematik** f классификация

  **volkswirtschaftliche Grundsystematik** классификация отраслей народного хозяйства

**Grundtarif** m базисный тариф

**Gründung** f основание, учреждение *(напр., акционерного общества)*

  **qualifizierte Gründung** квалифицированное учреждение *(форма акционерного общества)*

**Gründungsaufwand** m издержки, связанные с учреждением фирмы, издержки, связанные с учреждением предприятия; учредительские расходы

**Gründungsbericht** m отчёт учредителей *(напр., акционерного общества)*

**Gründungsbilanz** f вступительный баланс, начальный баланс

**Gründungsgeschäft** n учредительская операция *(банка)*, учредительская сделка

  **irreguläres Gründungsgeschäft** беспорядочная операция, нерегулярная операция

**Gründungsgesetz** *n* законодательный акт, регламентирующий порядок учреждения *(напр., акционерного общества)*

**Gründungskapital** *n* учредительский капитал

**Gründungskosten,** *pl* издержки, связанные с учреждением фирмы, издержки, связанные с учреждением предприятия; учредительские расходы

**Gründungsmitglied** *n* член-учредитель

**Gründungsprüfung** *f* проверка правильности и правомерности учреждения акционерного общества, ревизия правильности и правомерности учреждения акционерного общества

**Gründungsrecht** *n* право на учреждение *(напр., фирмы)*

**Gründungsversammlung** *f* учредительное собрание акционеров

**Grundvariante** *f* основной вариант

**Grundvergütung,** *f,* **garantierte** *с.-х.* гарантированная оплата труда, основная оплата труда

**Grundvermögen** *n* земельная собственность; недвижимое имущество, недвижимость; основной капитал

**Grundvermögen** земля, недвижимость на ней, оборудование, а также наследственное право застройки

**Grundverpfändung** *f* заклад земельного участка; ипотечный долг

**Grundvertrag** *m* основной контракт

**Grundvoraussetzung** *f* основное условие; основная предпосылка

**Grundwerkstoff** *m* основное *(производственное)* сырьё

**Grundwert** *m* стоимость земли, стоимость земельных угодий; основной капитал; основная стоимость, базисная стоимость

**Grundzehnt** *m ист.* земельная десятина *(налог)*

**Grundzeit** *f* основное (рабочее) время

**Grundzeit-Hand** *f* основное ручное рабочее время

**Grundzeit-Maschine** *f* основное машинное время

**Grundzeit-Maschine/Hand** основное ручное рабочее и машинное время

**Grundzins** *m* поземельный налог; арендная плата за землю; *ист.* оброк

**grundzinspflichtig** подлежащий обложению поземельным налогом; *ист.* оброчный

**Grundzinssatz** *m* основная ставка ссудного процента

**Grundzollsatz** *m* основная ставка таможенной пошлины

**Grundzüge** *m, pl* основные черты; основные показатели

**Grundzüge der Wirtschaftspolitik der Mitgliedstaaten und der Gemeinschaft** основные направления экономической политики государств-членов и Сообщества (ЕС)

**Grüne Lira** *f* "зелёная лира" *(коэффициент, по которому цены на аграрную продукцию ЕЭС пересчитываются из европейской расчётной единицы в итальянскую лиру)*

**Grünlandanteil** *m* доля лугов и пастбищ в общей площади полезных сельскохозяйственных угодий; соотношение между площадью пахотных угодий и площадью лугов и пастбищ

**Grünlandbewirtschaftung** *f* хозяйственное использование лугов и пастбищ

**Grünlandfonds,** *pl* (земельные) фонды лугопастбищного хозяйства

**Grünlandverhältnis** *n* доля лугов и пастбищ в общей площади полезных сельскохозяйственных угодий; соотношение между площадью пахотных угодий и площадью лугов и пастбищ

**Grünlandwirtschaft** *f* лугопастбищное хозяйство

**Gruppen A und B der gesellschaftlichen Produktion** группы "А" и "Б" общественного производства

**Gruppenabschreibung** *f* групповая амортизация *(метод начисления амортизации по однородным группам основных фондов)*; групповое списание

**Gruppenakkord** *m* коллективная сдельная оплата труда, бригадная сдельная оплата труда

**Gruppenanordnung** *f* группировка

**Gruppenarbeit** *f* бригадный метод работы

**Gruppenarbeitsvertrag** *m* трудовой договор бригады

**Gruppenbildung** *f стат.* группировка, группирование, разбивка на группы

**Gruppenbreite** *f стат.* интервал

**Gruppendurchschnitte,** *m, pl стат.* групповые средние (величины)

**Gruppendynamik** *f* динамика групп

**Gruppeneigentum** *n* групповая собственность

**Gruppeneinsatz** *m* бригадный метод работы

**Gruppenfertigung** *f* изготовление партиями

**Gruppenfloating** *m* групповой флоутинг *(обязательства нескольких стран относительно совместного "плавания" обменных курсов их валют)*

**Gruppenforschung** *f* исследование, осуществляемое коллективом работников

**Gruppengrenzen,** *f, pl* стат. границы интервалов
**Gruppenkapazität** *f* суммарные (производственные) мощности группы однородных предприятий
**Gruppenkapital** *n* групповой капитал
**gesellschaftliches Gruppenkapital** общественный групповой капитал
**Gruppenkontrolle** *f* обр. дан. контроль групповых итогов
**Gruppenkosten,** *pl* групповые издержки (включаемые в себестоимость лишь части производимой продукции)
**Gruppenkosten** издержки, связанные с изготовлением группы изделий, издержки, связанные с изготовлением партии изделий
**Gruppenmatrix** *f* групповая матрица
**Gruppenmerkmal** *n* стат. группировочный признак, основание группировки
**Gruppenmitte** *f* стат. срединное значение интервала
**Gruppenmittelwerte,** *m, pl* стат. групповые средние (величины)
**Gruppennorm** *f* групповая норма, бригадная норма
**Gruppennormung** *f* групповое нормирование, бригадное нормирование
**Gruppenorganisation** *f* групповой метод организации трудового процесса, бригадный метод организации трудового процесса
**Gruppenreparatur** *f* агрегатный ремонт
**Gruppenstücklohn** *m* коллективная сдельная оплата труда, бригадная сдельная оплата труда
**Gruppentechnologie** *f* групповая технология производства, бригадная технология производства
**Gruppenunfallversicherung** *f* групповое страхование от несчастных случаев на производстве, коллективное страхование от несчастных случаев на производстве
**Gruppenversicherung** *f* групповое страхование, коллективное страхование
**Gruppenverteilung** *f* группировка, разбивка на группы
**Gruppierung** *f* стат. группировка, группирование, разбивка на группы
**Gruppierung der Betriebe nach Unterstellung** группировка предприятий по формам подчинения
**Gruppierung der Erzeugnisse nach der Nutzungsdauer** группировка продукции по срокам пользования, группировка продукции по продолжительности сроков службы
**Gruppierung nach dem ökonomischen Bestimmungszweck der Produktion** группировка по экономическому назначению продукции
**Gruppierung nach einem Merkmal** простая группировка
**Gruppierung nach qualitativen Merkmalen** группировка по качественному признаку
**Gruppierung nach quantitativen Merkmalen** группировка по количественному признаку
**Gruppierung nach zwei oder mehr Merkmalen** аналитическая группировка
**mehrstufige Gruppierung** комбинированная группировка
**Gruppierungsmerkmal** *n* стат. группировочный признак, основание группировки
**Gruppierungstabelle** *f* стат. групповая таблица, группировочная таблица
**Grußformel** *f* формула приветствия (в конце делового письма)
**gr.wt., gross weight** вес брутто, вес товара с упаковкой
**GS, Gewinnsatz** норма прибыли
**g.s.w., gross schipping weight** вес брутто при погрузке
**g.t., gross terms** погрузка и разгрузка за счёт судоходной компании (условие платежа на фрахтовом рынке)
**GTar, Gütertarif** железнодорожный грузовой тариф
**GTQ, Quetzal, - Guatemala** Кетсаль (код валюты 320), - Гватемала
**GtrBhf, Güterbahnhof** товарная станция
**GTZ, Deutsche Gesellschaft für Technische Zusammenarbeit GmbH** Германское общество по техническому сотрудничеству
**Guilloche** *f фр.* гильош, "водяные знаки"
**Gült(e)** *f* заклад земельного надела; долг, обеспеченный залогом недвижимого имущества; ипотечный долг; ист. натуральная повинность, денежная повинность, оброк; доход
**gültig** действительный, законный - имеющий (законную) силу, действующий; мат. значащий (о цифрах)
**gültig sein** иметь силу, быть действительным
**Gültigkeit** *f* действительность, законность; сила (закона, договора)
**Gültigkeitsdauer** *f* срок действия (напр., договора)
**Gültigkeitsfrist** *f* срок действия (напр., договора)
**Gut** *n* имущество; товар; груз; материал; продукт, см.тж. Güter *pl*
**Gut** имение; поместье
**Gut** благо

**abgesacktes Gut** груз в мешках; тарный груз
**anvertrautes Gut** вверенное имущество, депонированное имущество
**auflaufendes Gut** прибывающий груз
**bewegliches Gut** движимое имущество, движимость
**deroutiertes Gut** груз, не попавший по назначению
**empfindliches Gut** легко повреждаемый груз
**erbloses Gut** выморочное имущество
**flüssiges Gut** наливной груз
**gestapeltes Gut** штабелированный груз
**herrenloses Gut** бесхозное имущество
**inferiores Gut** товар низшей категории
**leichtverderbliches Gut** скоропортящийся груз
**liegendes Gut** недвижимое имущество, недвижимость
**nicht in Empfang genommenes Gut** невостребованный груз
**schweres Gut** тяжеловесный груз
**sperriges Gut** громоздкий груз, негабаритный груз
**sperriges Gut** негабаритный груз
**stückiges Gut** штучный груз
**superiores Gut** товар высшего качества, товар лучшего качества, лучший товар
**teilbares Gut** делимое благо
**unbewegliches Gut** недвижимое имущество, недвижимость
**unteilbares Gut** неделимое благо
**unterwegs befindliches Gut** груз в пути
**verpacktes Gut** упакованный груз, тарный груз; затаренный груз

**Gut-Schlecht-Prüfung** *f* контроль по качественному признаку, альтернативный контроль *(в статистическом контроле качества)*
**Gut-Schlecht-Urteile,** *n, pl* контроль по качественному признаку, альтернативный контроль *(в статистическом контроле качества)*
**Gutachten** *n* заключение, экспертиза; мнение, отзыв
   **Gutachten erstellen** составлять заключение, подготовить заключение
   **ein Gutachten abgeben** дать заключение, давать заключение
**gutachten,** *vi* давать заключение, производить экспертизу
**Gutachter** *m* эксперт; арбитр; консультант; рецензент
   **externer Gutachter** внештатный эксперт
**Gutart** *f* вид груза, род груза
**Gutartentarif** *m* предметный тариф
**Güte** *f* (хорошее) качество; доброкачественность; добротность
**Güte- und Lieferbedingungen,** *f, pl* условия по качеству и поставке товаров
**Güteanforderungen,** *f, pl* требования по качеству, требования, предъявляемые к качеству,
**Gütebestimmung** *f* оценка качества, определение качества
**Gütebewertung** *f* оценка качества, определение качества
**Güteerhaltung** *f* сохранение качества
**Gütefaktor** *m* добротность; коэффициент добротности
**Gütefunktion** *f* **des Testes** функция качества теста
**Gütegrad** *m* качество, доброкачественность; показатель качества; класс точности
**Güteinspektion** *f* инспекция по качеству

**Gütekennwert** *m* показатель качества, коэффициент качества
**Gütekennzeichen** *n* показатель качества, коэффициент качества
**Gütekennziffer** *f* показатель качества, коэффициент качества
**Güteklasse** *f* класс качества, класс по качеству; сорт; степень качества
**Güteklassenstruktur** *f* сортность
**Güteklassifizierung** *f* классификация качества продукции
**Gütekoeffizient** *m* показатель качества, коэффициент качества
**Gütekontrolle** *f* контроль качества; браковка; бракераж; отдел технического контроля
**Gütemerkmal** *n* *(отличительный)* признак *(хорошего)* качества
**Gütenorm** *f* стандарт по качеству продукции
**Güteprüfung** *f* проверка качества, контроль качества
**Güter,** *n, pl* грузы *(мн.ч.)*, см.тж. Gut *n*
   **Güter des täglichen Bedarfs** товары широкого потребления, товары массового потребления
   **Güter mit kurzer Lebensdauer** товары кратковременного пользования
   **Güter mit langer Lebensdauer** товары длительного пользования
   **beförderte Güter** перевозимые грузы
   **beförderte Güter** товары, потребление которых не поощряется государством
   **heterogene Güter** разнородные *(взаимозаменяемые)* товары *(напр., розные марки автомобилей)*

**kurzlebige Güter** товары кратковременного пользования

**langlebige Güter** товары длительного пользования

**meritorische Güter** товары или услуги, потребление которых поощряется государством *(часто в обязательной форме, напр. образование, прививки и проч.)*

**schwere Güter** тяжеловесы *(о грузах)*

**strategische Güter** стратегические товары

**substituierbare Güter** взаимозаменяемые товары, заменяемые товары

**übermäßig lange Güter** длинномеры, длинномерный груз

**vertretbare Güter** взаимозаменяемые грузы, взаимозаменимые грузы

**Güter-Haftpflichtversicherung** *f* гарантийное страхование грузов

**Güterabfertigung** *f* приём грузов к отправке; грузовые операции

**Güterabsender** *m* грузоотправитель; экспедитор

**Güterabtretung** *f* переуступка прав на владение имуществом

**Güteranfall** *m* грузопоток

**Güteraustausch** *m* товарообмен

**Güterbeförderung** *f* перевозка грузов, грузовые перевозки

**Güterbeförderungsleistung** *f* грузооборот

**Güterbeförderungsplan** *m* план грузовых перевозок

**Güterbeförderungsschein** *m* требование на перевозку грузов

**Güterbewegung** *f* движение грузов; грузооборот

**Güterbezeichnung** *f* наименование груза

**Gütereinteilung** *f* номенклатура грузов

**Güterempfänger** *m* грузополучатель, получатель груза,

**Güterfernverkehr** *m* перевозка грузов на дальнее расстояние, дальние грузовые перевозки *(автомобильным транспортом)*

**Gütergemeinschaft** *f* имущественная общность *(напр., супругов)*

**Güterklassifikatlon** *f* классификация грузов

**Güterkraftverkehr** *m* автотранспортные перевозки грузов

**Güterkreislauf** *m* обращение товаров

**innerbetrieblicher Güterkreislauf** внутризаводское обращение товаров

**Güterkursbuch** *n* указатель грузовых сообщений

**Güternahverkehr** *m* перевозка грузов на близкое расстояние, ближние грузовые перевозки *(автомобильным транспортом)*

**Güternomenklatur** *f* номенклатура грузов

**Güterpartie** *f* партия грузов

**Güterproduktion** *f* производство товаров

**Güterrecht** *n* имущественное право

**vertragsmäßiges Güterrecht** договорное имущественное право

**Gütersammelstelle** *f* перевалочный пункт

**Güterstrom** *m* грузопоток

**einläufiger Güterstrom** грузопоток в одном направлении

**gegenläufiger Güterstrom** грузопоток в обоих направлениях

**Güterstromgrafik** *f* график грузопотока

**Güterstromoptimierung** *f* оптимизация грузопотока

**Güterstruktur** *f* структура перевозок

**Gütertarif** *m* грузовой тариф

**Gütertransit** *m* транзит грузов

**Gütertransport** *m* перевозка грузов, грузовые перевозки, транспортировка грузов

**Gütertransportleistung** *f* грузооборот

**Gütertransportplan** *m* план грузовых перевозок

**Gütertransportpreis** *m* тариф на перевозку грузов

**Gütertransportversicherung** *f* *(транспортное)* страхование грузов, транспортное страхование

**Gütertrennung** *f* *юр.* раздел имущества

**Güterumlauf** *m* грузооборот

**Güterumsatz** *m* грузооборот

**Güterumschlag** *m* перевалка грузов

**Güterumschlag in der See- und Binnenschiffahrt** морские и речные грузовые перевозки

**Güterverkehr** *m* грузовое движение, грузовые перевозки; грузооборот

**zentralisierter Güterverkehr** централизованные грузовые перевозки

**Güterverkehrsdichte** *f* плотность грузовых перевозок

**Gütervermittlungsstelle** *f* посредническое бюро по продаже и покупке земельных участков

**Güterversicherung** *f* *(транспортное)* страхование грузов

**Güterverzeichnis** *n* номенклатура грузов

**Güterwagen** *m* товарный вагон

**Güterwagengemeinschaft,** *f* **EUROP** западноевропейское соглашение о совместном использовании грузовых вагонов

**Güterwagenumlauf** m оборот грузовых вагонов
**Güterzins** m проценты с инвестированного капитала, проценты с ценных бумаг
**Güterzufuhr** f подвоз грузов
**Güterzug** m товарный поезд
**Gütesicherung** f гарантия качества
**Gütevereinbarung** f соглашение по качеству
**Güteverfahren** n примирительный арбитраж (в гражданском процессе)
**Gütevorschrift** f технические условия (по качеству)
**Gütevorschriften** f, pl технические условия (по качеству)
**Gütezahl** f показатель качества, коэффициент качества; балл
**Gütezeichen** n знак качества
**Gütezeichen Q** знак высшего качества (в бывш. ГДР)
**Gütezeugnis** n паспорт качества, выдаваемый предприятием; сертификат качества (во внешней торговле)
**Güteziffer** f добротность; коэффициент добротности
**Gutgewicht** n поход, прибавка к (определённому) весу (отпускаемого товара)
**gutgläubig** торг. бона фиде, "по доброй вере"
**Gutgrenze** f допускаемый уровень качества, приемлемое качество, предел отбраковки, граница отбраковки (в статистическом контроле качества)
**Guthaben** n активы
**Guthaben** кредитовое сальдо на счетах клиента
**Guthaben** авуары
**Guthaben** вклад (в банке)
**Guthaben auf einem Konto ausweisen** показать сумму на счёте
**Guthaben freigeben** разблокировать активы; разблокировать авуары; разблокировать счёт
**Guthaben im Rahmen des Prämien- oder des Gewinnsparens** выигрышный вклад
**Guthaben mit täglicher Kündigung** вклад до востребования
**Guthaben pfänden** заблокировать счёт; арестовать счёт, наложить арест на счёт; наложить арест на авуары
**Guthaben sperren** заблокировать счёт, блокировать счёт, заморозить вклад на счёте в банке, заморозить средства на счёте в банке
**ausländisches Guthaben** иностранные авуары
**befristetes Guthaben** срочный вклад
**dem Staatserbrecht unterliegendes Guthaben** выморочный вклад
**durch namenloses Sparen gebildetes Guthaben** вклад на предъявителя
**gebundenes Guthaben** срочный вклад
**jederzeit verfügbares Guthaben** бессрочный вклад
**umsatzloses Guthaben** неподвижный вклад
**verzinsliches Guthaben** процентный вклад
**guthaben,** vt иметь в активе
**Guthabenklausel** f оговорка о наличии остатка на счёте (напр., в тексте чека)
**Guthabenumstellung** f переоценка вкладов (напр. в связи с изменением курса, учётной ставки, при валютной реформе и т.п.)
**Guthabezins** m процент по вкладам; "пассивный" процент
**Gutlage** f допускаемый уровень качества, приемлемое качество, предел отбраковки, граница отбраковки (в статистическом контроле качества)
**gutmachen,** vt исправлять, поправлять (ошибку); возмещать (ущерб); заглаживать (вину); улучшать (сорт, породу)
**Gutmasse** f поход, прибавка к (определённому) весу (отпускаемого товара)
**Gutsbesitz** m земельное владение, поместье
**Gutschein** m бона, талон, ордер; банковский чек; ваучер
**Gutschein ausgeben** выдавать орде, выдавать банковский чек
**Gutschein zum Bezug einer Ware** талон на получение товара
**gutschreiben,** vt записать на кредит, кредитовать (записывать в бухгалтерскую книгу)
**gutschreiben** зачесть, засчитывать
**dem Konto gutschreiben** записать на кредит
**fünf Rubel gutschreiben** зачесть пять рублей
**Gutschrift** f запись в кредит
**Gutschriftanzeige** f кредит-авизо, кредитовое авизо, кредит-нота
**Gutschriftavis** m кредитовое авизо, кредит-нота
**Gutschriftkonto** n бухг. кредитуемый счёт
**Gutschriftmeldung** f кредит-авизо, кредитовое авизо, кредит-нота
**Gutseigentum** n земельная собственность
**Gutsherrenland** n помещичья земля
**gutsherrlich** помещичий
**Gutsherrschaft** f владельцы имения, помещики; помещичье владение; ист. феодальная власть сеньора
**Gutshof** m усадьба имения; земельный участок с хозяйственными постройками
**Gutsmanufaktur** f ист. помещичья вотчинная мануфактура

**Gutstagelöhner** *m* батрак, работающий в помещичьем имении, батрак-подёнщик, работающий в помещичьем имении

**Gutswirtschaft** *f* помещичье хозяйство

**fronherrliche Gutswirtschaft** *ист.* крепостническое помещичье хозяйство

**GUV, gesetzliche Unfallversicherung** обязательное страхование от несчастных случаев

**GV:**

**GV, Gewinn- und Verlustrechnung** счёт прибылей и убытков

**GV, Großvieheinheit** весовая (условная) единица крупного рогатого скота *(при учёте поголовья)*

**g.v., grande vitesse** скоростной груз, срочный груз

**GVE, Großvieheinheit** весовая (условная) единица крупного рогатого скота *(при учёте поголовья)*

**GVP, Großhandelsverkaufspreis** отпускная *или* продажная оптовая цена

**gVV, gemeinschaftliches Versandverfahren** общие условия отправки грузов *(стран-членов ЕЭС)*

**GVVG, Gebietsvereinigung Volkseigener Güter** территориальное объединение народных имений *(в бывш. ГДР)*

**Gw, Gewinn** прибыль; доход; выигрыш

**GwvH, Gewichtsteile von Hundert** весовые проценты

**GY, Guyana** Гайяна

**GYD, Guyana-Dollar, - Guyana** Гайянский доллар *(код валюты 328)*, - Гайана

**GZT, Gemeinsamer Zolltarif** Общий таможенный тариф *(стран ЕЭС)*

# H

**H:**

**H, Haben** кредит, кредит счёта

**H, Hersteller** производитель, продуцент, изготовитель

**H Reg** торговый регистр

**H.-Bez., Handelsbezeichnung** торговое название, торговое обозначение

**ha, Hektar** гектар, га

**Haager Schiedsgericht** *n* постоянный третейский суд Гааге *(международный)*

**Habe** *f* имущество, состояние, собственность

**bewegliche Habe** движимое имущество, движимость

**unbewegliche Habe** недвижимое имущество, недвижимость

**Haben** *n* кредит, приход, правая сторона счёта

**in das Haben buchen** кредитовать счёт; записать в кредит счёта

**Habenbestände,** *m, pl* авуары; кредиты, активы; наличные запасы

**Habenbuchung** *f* занесение в кредит счёта

**Habenposition** *f* статья кредита

**Habensaldo** *m* кредитовое сальдо, отрицательное сальдо, кредитовый остаток, остаток по кредиту

**Habenseite** *f* кредитовая сторона, кредит

**Habenumsatz** *m* кредитовый оборот, оборот по кредиту

**Habenzinsabkommen** *n* соглашение о процентах по вкладам, соглашение о процентах по кредиту

**Habenzinsen,** *m, pl* проценты, уплачиваемые банком по вкладам и кредитам; проценты по вкладам

**Habezinsen,** *m, pl* проценты, уплачиваемые банком по вкладам и кредитам; проценты по вкладам

**HAC, Hague Arbitration Convention** Гаагская конвенция о международном арбитраже

**Hafen** *m* порт, гавань

**aus dem Hafen auslaufen** выходить из порта

**in den Hafen einlaufen** входить в порт

**Hafen-Konnossement** *n* портовый коносамент *(коносамент на груз, находящийся в порту и подлежащий погрузке на определённое прибывшее в порт судно)*

**Hafenabgaben,** *f, pl* портовая пошлина *(плата за вход в порт)*, портовые сборы *(при морских перевозках)*

**Hafenbahnverkehr** *m* портовая железная дорога

**Hafenbetriebsordnung** *f* организация портового хозяйства

**Hafengebiet** *n* портовая зона

**Hafengebühren,** *f, pl* портовые сборы *(включают плату за водоизмещение судна, причальный сбор, издержки складирования груза)*

**Hafengeld** *n* плата в порту за водоизмещение судна *(часть портовых сборов)*; портовые сборы *(при перевозках по внутренним водным путям)*

**Hafenliegezeit** f время стоянки в порту
**Hafenumschlag** m грузооборот порта *(годовой)*
**Hafenusance** f портовый обычай
**Hafenusancen,** f, pl портовые обычаи
**Hafenzeit** f время стоянки в порту
**Hafenzoll** m портовая пошлина *(плата за вход в порт)*, портовые сборы *(при морских перевозках)*
**Haft** f ответственность; порука, гарантия; *ю.-нем.* заклад
**haftbar** несущий ответственность
**haften,** vi быть ответственным; нести ответственность; отвечать
**Haftende** m несущий ответственность, отвечающий за что-л.
**Hafterklärung** f гарантийное письмо
**Haftgeld** n *разг.* задаток
**Haftpfennig** m *разг.* задаток
**Haftpflicht** f ответственность
  **außervertragliche Haftpflicht** внедоговорная ответственность
  **mit beschränkter Haftpflicht** с ограниченной ответственностью *(см. также* **Haftung** *)*
**Haftpflichtgesetz** n закон о материальной ответственности
**haftpflichtig** несущий ответственность
**Haftpflichtsumme** f сумма гарантии; капитал обеспечения *(компании)*
**Haftpflichtverbindlichkeiten,** f, pl гарантийные обязательства
**Haftpflichtversicherung** f гарантийное страхование *(предполагает защиту страхования от третьего лица, претендующего на возмещение ущерба)*

**Haftung** f ответственность *(при которой несущий её обязан возместить возможные убытки)*; гарантия
  **Haftung aus Vertrag** договорная ответственность
  **Haftung für Schadenersatz** ответственность за нанесение ущерба
  **Haftung mit dem Vermögen** имущественная ответственность
  **anteilmäßige Haftung** долевая ответственность
  **beschränkte Haftung** ограниченная ответственность
  **gemeinschaftliche Haftung** солидарная ответственность
  **gesamtschuldnerische Haftung** солидарная ответственность
  **materielle Haftung** материальная ответственность
  **persönliche Haftung** личная ответственность
  **sachliche Haftung** имущественная ответственность
  **selbstschuldnerische Haftung** экспромиссорная ответственность
  **solidarische Haftung** солидарная ответственность
  **uneingeschränkte Haftung** неограниченная ответственность
  **vertragliche Haftung** договорная ответственность
  **zivilrechtliche Haftung** гражданская ответственность
  **die Haftung übernehmen** взять на себя ответственность
  **von der Haftung entbinden** освободить от ответственности
**Haftungsausschluss** m исключение ответственности
**Haftungsbereich** m сфера ответственности
**Haftungsbeschränkung** f ограничение ответственности

**Haftungsempfänger** m кредитор, получивший поручительство
**Haftungsfrist** f гарантийный срок
**Haftungsgenossenschaft** f поручительское товарищество
**Haftungszeit** f гарантийный срок
**Hagelversicherung** f страхование от градобития
**Halbautomat** m полуавтомат
**Halbbauer** f n мелкий крестьянин; *ист.* испольщик
**Halberzeugnis** n полуфабрикат
**Halbfabrikat** n полуфабрикат
**Halbfertigware** f полуфабрикат
**Halbfertigwarenindustrie** f промышленность полуфабрикатов
**Halbgroßhandel** m мелкооптовая торговля, оптово-розничная торговля
**Halbjahr** n полугодие
**Halbjahresgeld** n шестимесячная ссуда, шестимесячный кредит,
**Halbjahrplan** m полугодовой план
**Halbkolonie** f полуколония
**Halbmonopol** n частичная монополия государства
**Halbpacht** f *ист.* испольщина, испольная аренда
**Halbpächter** m *ист.* испольщик
**Halbproletariat** n полупролетариат
**halbstaatlich** с государственным участием, полугосударственный *(о предприятии)*
**Halbtaasbeschäftigung** f работа при сокращённом наполовину рабочем дне
**Halbtagsarbeit** f работа при сокращённом наполовину рабочем дне
**halbverarbeitet** полуобработанный

**Halbware** f полуфабрикат
**Halbzeug** n полуфабрикат
**Halle** f цех; павильон; крытый рынок, торговые ряды
**Halseigenschaft** f *ист.* крепостное право
**haltbar** прочный, ноский; добротный; крепкий; стойкий *(при хранении)*
**Haltbarkeitsdauer** f срок годности
**halten**, vt хранить *(напр., деньги в банке)*
**Halter** m держатель *(напр., ценных бумаг)*
**Haltezeit** f простой *(в работе)*; время простоя
**Haltezeit der Ausrüstung** простой оборудования
**Haltezeit innerhalb der Schicht** внутрисменный простой
**ganztägige Haltezeit** целодневный простой
**organisatorisch bedingte Haltezeit** простой, вызванный причинами организационного характера
**technisch bedingte Haltezeit** простой по техническим причинам
**Haltung** f устойчивость; сохранение; хранение *(напр., денег в банке)*; *бухг.* ведение *(напр., конторских книг)*; содержание *(напр., скота)*; положение *(напр., рынка)*
**Haltung der Börse** положение на бирже, настроение на бирже, тенденция в движении биржевых курсов
**sichere Haltung** повышательная тенденция *(на бирже)*
**unsichere Haltung** понижательная тенденция *(на бирже)*
**Hammer**, m:
**unter den Hammer bringen** продавать с молотка, продавать с аукциона
**unter den Hammer kommen** пойти с молотка, продаваться с аукциона

**Hand** f рука
**Hand** почерк
**Hand-** (в сл.сл.) ручной
**öffentliche Hand** органы государственной власти; публично-правовые корпорации
**aus öffentlicher Hand** из государственных средств
*die* **beglaubigte Hand** засвидетельствованная подпись, заверенная подпись
*j-m die* **Hände schmieren** дать взятку *кому-л.*, давать взятку *кому-л.*, подмазать *кого-л.*
*j-m die* **Hände versilbern** дать взятку *кому-л.*, подмазать *кого-л.*
**seine Hände in Unschuld waschen** умывать руки, слагать с себя всякую ответственность
**Hand- und Spanndienste**, m, pl *ист.* барщинная и гужевая повинность
**Hand-Mund-Kauf** m закупка сырья и материалов только для текущего производства
**Handarbeit** f ручной труд; физический труд; работа, выполняемая вручную; ручная работа
**Handarbeiter** m работник ручного труда; ремесленник; работник физического труда
**Handarbeitsaufwand** m затраты ручного труда
**Handarbeitsplatz** m рабочее место с применением *(преимущественно)* ручного труда
**handbedient** неавтоматический, с ручным управлением, с ручным обслуживанием
**Handel** m торговля; *уст.* торг; торговая сделка, торговая операция
**Handel am Platz** местная торговля
**Handel im großen** оптовая торговля
**Handel im kleinen** розничная торговля

**Handel per Erscheinen** торговля по появлении *(биржевая торговля ценными бумагами по мере их поступления)*
**allgemeiner Handel** генеральная торговля, общая торговля *(общий внешний торговый оборот, включая транзитные товары)*
**ambulanter Handel** торговля вразнос, торговля в развоз *(с доставкой на дом)*
**äußerer Handel** внешняя торговля
**außergewöhnlicher Handel** случайная торговля
**außergewöhnlicher Handel** торговля при чрезвычайных обстоятельствах
**bilateraler Handel** двусторонняя торговля
**direkter Handel** торговля без посредников; прямая торговля
**engspezialisierter Handel** узкоспециализированная торговля; специализированная торговля
**freier Handel** свободная торговля; торговля без ограничений
**genossenschaftlicher Handel** кооперативная торговля
**inferregionaler Handel** межрайонная торговля, межрегиональная торговля
**innerdeutscher Handel** *ист.* внутригерманская торговля
**innerer Handel** внутренняя торговля; торговля на внутреннем рынке
**innerregionaler Handel** внутрирайонная торговля, внутрирегиональная торговля; торговля на местных ранках
**interkontinentaler Handel** межконтинентальная торговля
**internationaler Handel** международная торговля

**kollektivwirtschaftlicher Handel** колхозная торговля
**konsumgenossenschaftlicher Handel** торговля, осуществляемая потребительской кооперацией
**multilateraler Handel** многосторонняя торговля
**örtlicher Handel** местная торговля
**rechtswidriger Handel** незаконная торговля
**reger Handel** оживлённая торговля, бойкая торговля
**schwarzer Handel** торговля на "чёрном рынке"; под
**schwarzer Handel** подпольная торговля; незаконная торговля (напр. без уплаты налогов)
**spekulativer Handel** спекулятивная торговля
**spezialisierter Handel** специализированная торговля
**staatlicher Handel** государственная торговля, госторговля
**unsichtbarer Handel** торговля по невидимым статьям
**vermittelnder Handel** посредническая торговля, посредничество
**zeitweiser Handel** эпизодическая торговля
**zweiseitiger Handel** двусторонняя торговля
**zwischenstaatlicher Handel** межгосударственная торговля
**Handeln** *n* поступки (мн.ч.), действия (мн.ч.)
**konkludentes Handeln** конклюдентные действия (действия, свидетельствующие о некоторых, формально не выраженных намерениях)
**Anleitung zum Handeln** руководство к действию
*das* **genossenschaftliche Handeln** общественный труд
**sich zum einigen Handeln finden** действовать совместно

**handeln**, *vi* вести торговлю, торговать, вести торговые дела; вести переговоры; торговаться; договариваться
**auf eigene Gefahr handeln** действовать на собственный риск
**mit Aktien handeln** торговать акциями
**mit Ware handeln** торговать товарами
**(mit jdm) um den Preis handeln** вести переговоры о цене; торговаться
**Handels- und Aufkaufniederlassung** *f* торгово-заготовительная база
**Handels- und Entwicklungskonferenz der Vereinten Nationen** *f* конференция ООН по торговле и развитию, ЮНКТАД
**Handels- und Kreditgenossenschaften,** *f, pl* кредитно-сбытовые кооперативы
**landwirtschaftliche Handels- und Kreditgenossenschaften** сельскохозяйственные кредитно-сбытовые кооперативы
**Handels- und Schiffahrtsvertrag** *m* договор о торговле и судоходстве
**Handels- und Zahlungsabkommen** *n* соглашение о торговле и платежах, торговое и платёжное соглашение
**Handelsabgabe** *f* (истор.) отчисление части чистого дохода народных торговых предприятий в госбюджет (в бывш. ГДР)
**Handelsabgaben,** *f, pl* уст. отчисления торговых предприятий в госбюджет (бывш. ГДР)
**Handelsabkommen** *n* торговое соглашение
**Handelsabpackung** *f* расфасовка для торговли; расфасовка для розничной торговли
**Handelsabschlag** *m* торговая скидка

**Handelsagent** *m* торговый агент; поверенный торговой фирмы
**Handelsagentur** *f* торговое агентство
**Handelsakt** *m* торговая сделка
**Handelsaktie** *f* акция торговой компании
**Handelsakzept** *n* акцептованная тратта
**Handelsangelegenheit** *f* судебный спор, вытекающий из торговой сделки; судебное дело по поводу торгового спора
**Handelsangestellte** *m* торговый служащий
**Handelsarbitrage** *f* арбитраж по торговым конфликтам
**Handelsarten,** *f, pl* формы торговли
**Handelsartikel** *m* предмет торговли, товар
**Handelsassoziation** *f* торговая ассоциация
**Handelsattache** *m* торговый атташе
**Handelsaufschlag** *m* торговая накидка, торговая наценка
**Handelsaufwand** *m* торговые расходы
**Handelsausgaben,** *f, pl* торговые расходы
**Handelsausrüstungen,** *f, pl* торговое оборудование
**Handelsaustausch** *m* товарообмен; торговый обмен
**multilateraler Handelsaustausch** многосторонний торговый обмен
**Handelsausweitung** *f* расширение торговли
**Handelsbank** *f* коммерческий банк
**Handelsbedingungen f, pl** торговые обычаи; торговые условия; узанс; условия торговли

**Handelsbedürfnisse,** *n, pl* потребности торговли
**Handelsbelange,** *pl* коммерческие интересы
**Handelsberechtigung** *f* право на ведение торговли
**Handelsbereich** *m* район деятельности торговых предприятий, объединённых по территориальному признаку, сфера деятельности торговых предприятий, объединённых по территориальному признаку
**Handelsbeschränkung** *f* торговое ограничение; ограничение в торговле
**Handelsbeschränkungen** *pl* торговые ограничения; ограничения в торговле; торговые барьеры (мн.ч.)
**Handelsbesprechungen,** *f, pl* торговые переговоры
**Handelsbestand** *m* 1. (банк.) портфель заказов 2. торговый запас 3. промысловый запас
**Handelsbetätigung** *f* торговая деятельность
**Handelsbetrieb** *m* торговое предприятие; торговое дело; торговый бизнес
**genossenschaftlicher Handelsbetrieb** кооперативное торговое предприятие
**Handelsbetriebswirtschaftslehre** *f* наука об организации работы торгового предприятия; экономика и организация торгового предприятия (наука)
**Handelsbevollmächtiger** *m* торговый представитель; уполномоченный фирмы; торговый представитель фирмы; доверенный торгового предприятия
**Handelsbezeichnung** *f* торговое название; торговое обозначение

**Handelsbeziehungen,** *f, pl* торговые отношения, коммерческие связи
**Handelsbeziehungen aufnehmen** устанавливать торговые отношения, установить торговые отношения; устанавливать коммерческие связи, установить коммерческие связи
**Handelsbilanz** *f* торговый баланс (часть платёжного баланса, включает экспорт и импорт товаров)
**aktive Handelsbilanz** активный торговый баланс
**ausgeglichene Handelsbilanz** выровненный торговый баланс (равновесие внешнеторгового баланса)
**passive Handelsbilanz** пассивный торговый баланс
**Handelsbilanztheorie** *f* теория сбалансированной внешней торговли
**Handelsblockade** *f* торговая блокада
**Handelsbourgeoisie** *f* торговая буржуазия
**Handelsboykott** *m* торговый бойкот
**Handelsbrauch** *m* торговый обычай, торговый узанс, узанс; узанц
**Handelsbrief** *m* коммерческое письмо; *ист.* купчая
**Handelsbücher,** *n, pl* торговые книги
**Handelsbündnis** *n* торговый союз (между городом и деревней; бывш. ГДР)
**Handelsdelegation** *f* торговая делегация
**Handelsdiskriminierung** *f* дискриминация в торговле
**Handelseffekten,** *pl* ценные бумаги, котирующиеся на бирже
**Handelseinkommen** *n* доход от торговли, доход от торговой деятельности

**Handelsembargo** *n* торговое эмбарго
**Handelserleichterung** *f* создание льготных условий в торговле; льготные условия в торговле
**Handelserleichterung ausnutzen** использовать льготные условия в торговле; воспользоваться льготными условиями в торговле
**Handelserleichterung gewährleisten** предоставлять льготные условия в торговле, предоставить льготные условия в торговле
**Handelserleichterung zugestehen** предоставлять льготные условия в торговле, предоставить льготные условия в торговле
**Handelserlös** *m* торговая выручка, выручка торгующих организаций
**Handelsertrag** *m* доход от торговой деятельности
**Handelserzeugnis** *n* торговое изделие, товар
**Handelsexpansion** *f* торговая экспансия
**handelsfähig** котирующийся на бирже; реализуемый, продаваемый; оплачиваемый; обмениваемый
**Handelsfahrzeug** *n* торговое транспортное средство, коммерческое транспортное средство
**Handelsfaktor** *m* торговый посредник, комиссионер; *уст.* фактор
**Handelsfaktura** *f* торговая фактура
**Handelsfirma** *f* торговая фирма; коммерческая фирма; торговое предприятие; предприятие торговли
**Handelsfixkauf** *m* купля на срок
**Handelsflagge** *f* торговый флаг
**Handelsflaute** *f* застой в торговле

**Handelsflotte** *f* торговый флот

**Handelsförderung** *f* содействие развитию торговли

**Handelsform** *f* форма торговли

**handelsfrei** разрешённый к продаже

**Handelsfreiheit** *f* свобода торговли; торговый патент

**Handelsfreiheiten,** *f, pl* торговые привилегии

**Handelsfreund** *m* торговый партнёр; корреспондент *(лицо или учреждение, выполняющие финансовые коммерческие поручения)*

**Handelsfunktionen,** *f, pl* торговые функции

**Handelsgebrauch** *m* торговый обычай, торговый узанс, узанс

**Handelsgegenstand** *m* предмет торговли, товар

**Handelsgeld** *n* торговая выручка

**Handelsgemeinkosten,** *pl* торговые накладные расходы

**Handelsgeographie** *f* география торговли *(отрасль экономической географии)*

**Handelsgepflogenheit** *f* торговый обычай, торговый узанс, узанс

**Handelsgericht** *n* коммерческий суд; суд по торговым делам; суд по торговым спорам; отделение суда низшей инстанции для ведения торговых реестров *(регистров)*

**Handelsgerichtsbarkeit** *f* юрисдикция коммерческих судов, подсудность по торговому праву

**Handelsgeschäft** *n* торговая сделка, торговая операция; торговое дело; торговля *(торговые сделки, необходимые для поддержания хозяйственной деятельности фирмы)*

**Handelsgeschäft** торговое предприятие; торговая фирма

**Handelsgesellschaft** *f* торговое общество, торговая компания *(объединение лиц для совместного ведения торговой деятельности в рамках одной фирмы)*

**offene Handelsgesellschaft** открытое торговое товарищество *(чаще всего с неограниченной ответственностью участников)*, полное товарищество

**Handelsgesetzbuch** *n* торговый кодекс

**Handelsgesetzgebung** *f* торговое законодательство

**Handelsgewerbe** *n* торговый промысел, торговля, торговая деятельность,

**Handelsgewicht** *n* торговый вес

**Handelsgewinn** *m* торговая прибыль

**Handelsgewohnheit** *f* торговый обычай, торговый узанс, узанс

**Handelsglied** *n* торговое предприятие *(как звено общей цепочки торговых предприятий)*

**Handelsgut** *n* предмет торговли, товар

**Handelsgüte** *f* торговое качество

**Handelshaus** *n* торговый дом; торговая фирма

**Handelshemmnisse,** *n, pl* препятствия в торговле *(напр., таможенные пошлины)*

**Handelshilfsgewerbe** *n* вспомогательная по отношению к торговле деятельность, вспомогательный вид деятельности, связанной с торговлей *(напр., страхование, реклама)*

**Handelshindernisse,** *n, pl* препятствия в торговле *(напр., таможенные пошлины)*

**handelsindustriell** торгово-промышленный

**Handelsinspektion** *f* торговая инспекция

**Handelsinteressen,** *n, pl* коммерческие интересы

**Handelskammer** *f* торговая палата; палата суда по разбору торговых споров

**amtliche Handelskammer** государственная торговая палата

**freie Handelskammer** частная торговая палата, частноправовая торговая палата

**gemischte Handelskammer** смешанная торговая палата

**nichtamtliche Handelskammer** частная торговая палата, частноправовая торговая палата

**Handelskapazitäten,** *f, pl* торговые мощности

**Handelskapital** *n* торговый капитал

**Handelskauf** *m* сделка купли-продажи *(предметом которой является товар или ценная бумага и при которой хотя бы один из партнёров специализирован на торговых операциях)*

**Handelskaufmann** *m* торговый работник *(со специальным образованием)*

**Handelskette** *f* торговая цепь, сеть объектов сбыта, сбытовая цепь *(продвижения товара)*; сеть магазинов крупного торгового предприятия, сеть филиалов крупного торгового предприятия

**Handelskettenspanne** *f* разница между ценой производства и конечной ценой продажи, разница между ценой производства и продажной ценой

**Handelsklasse** *f* категория пищевых товаров, категория продуктов *(особенно плодоовощных)*

**Handelsklausel** *f* торговая оговорка, торговая формула *(напр., условия поставки)*

**Handelskonvention** f торговая конвенция
**Handelskonzern** m торговый концерн
**Handelskooperation** f торговая кооперация
**Handelskorrespondenz** f коммерческая корреспонденция, коммерческая переписка, торговая переписка, деловая переписка
**Handelskosten,** pl торговые издержки
**Handelskostenanalyse** f анализ торговых издержек
**Handelskredit** m коммерческий кредит; подтоварный кредит
**Handelskreditbrief** m товарный аккредитив (выплата по которому производится против отгрузочных документов)
**Handelskreise,** m, pl торговые круги, коммерческие круги
**Handelskrieg** m торговая война, дискриминационные меры в торговых отношениях (между странами)
**Handelskrise** f кризис торговли
**Handelskunde** f торговля (как наука)
**Handelslehre** f торговля (как наука)
**Handelslehrling** m ученик (в торговом деле)
**Handelsleistung** f работа торгового предприятия
**Handelsleistungen,** f, pl торговые услуги
**Handelsmakler** m торговый маклер; торговый посредник
**Handelsmarine** f (морской) торговый флот
**Handelsmarke** f торговая марка
**Handelsmasse** f торговый вес
**Handelsmesse** f торговая ярмарка
**Handelsmißbräuche,** m, pl злоупотребления в торговле

**Handelsmission** f торговая миссия, торговое представительство
**Handelsmonopol** n торговая монополия, монополия торговли; крупное монополистическое торговое предприятие
**Handelsmünzen,** f, pl монеты, имеющие хождение в международной торговле
**Handelsname** m юридическое наименование торгового предприятия, юридическое наименование (торгового) предприятия с указанием фамилии владельца
**Handelsnationalismus** m торговый национализм
**Handelsnetz** n торговая сеть, сбытовая сеть
**Handelsnetzentwicklungsplan** m план развития торговой сети
**Handelsniederlassung** f филиал торгового предприятия; торговая база
**Handelsobjekt** n предмет торговли, товар
**Handelsoperation** f коммерческая сделка, торговая сделка, торговая операция
**Handelsorgan** n торговая организация, торговый орган
**Handelsorganisation** f государственная торговая организация; предприятие государственной торговли (бывш. ГДР)
**Handelspapiere,** n, pl ценные бумаги, используемые в торговле, ценные бумаги, используемые в торговом обороте; торговые документы
**Handelspartner** m торговый партнёр, партнёр по торговым сделкам; компаньон; контрагент по торговым сделкам
**Handelspatent** n торговый патент
**Handelspersonal** n персонал торгового предприятия; работники торговли

sonstiges **Handelspersonal** работники торгового предприятия, не занятые непосредственно в сфере продажи товаров (напр., работники торговой рекламы)
**Handelspfand** n залог по торговой сделке
**Handelsplan** m план по торговле; торгово-финансовый план (как часть народнохозяйственного плана)
**Handelsplanung** f планирование торговли
**Handelsplattform** f торговая платформа (Интернет)
Online-**Handelsplattform** онлайновая торговая платформа
**Handelspolitik** f торговая политика (государства)
**Handelsprämie** f торговая премия
**Handelspraxis** f торговая практика, практика работы торговых предприятии
**Handelspreisbindung** f установление обязательных цен в системе торговых предприятий
**Handelspreiskatalog** m прейскурант розничных цен
**Handelsprivileg** n торговая привилегия
**Handelsprodukt** n товар
**Handelsprofit** m торговая прибыль
**Handelsprogramm** n программа предприятий торговли
**Handelsprovisorium** n временное торговое соглашение
**Handelsrabatt** m торговая скидка
**Handelsrat** m торговый советник
**Handelsraum** m торговый зал, торговое помещение
**Handelsrecht** n торговое право
**handelsrechtlich** торгово-правовой

**Handelsregime** *n* торговый режим

**Handelsregister** *n* торговый регистр *(с регистрацией коммерсантов, обладающих всеми полномочиями согласно Торговому кодексу)*, торговый реестр, реестр торговых фирм

**Handelsreisende** *m* коммивояжёр; разъездной представитель торговой фирмы

**Handelsrestriktionen,** *f, pl* торговые ограничения, ограничения в области внешней торговли

**Handelsrisiko** *n* торговый риск

**Handelssache** *f* судебный спор, вытекающий из торговой сделки

**Handelsschiff** *n* торговое судно

**Handelsschranke** *f* торговый барьер; ограничения в области торговли, торговые ограничения

**Handelsschranke umgehen** обойти торговый барьер; обходить торговые барьеры

**nichttarifäre Handelsschranke** нетарифные торговые барьеры: квоты, особые требования к качеству *(и проч.)*

**Handelssitte** *f* торговый обычай, торговый узанс, узанс

**Handelssorte** *f* рыночный сорт

**Handelssortiment** *n* ассортимент товаров

**Handelsspanne** *f* торговая наценка *(разница между продажной ценой товара и ценой покупки; включает торговые издержки и прибыль)*

**Handelsspannenerlös** *m* прибыль торговых организаций

**Handelsspannenermittlung** *f* определение размера торговой наценки, определение размера торговой скидки

**Handelssparte** *f* отрасль торговли

**Handelsspekulation** *f* спекуляция на ценах товаров; спекуляция на разнице в ценах

**Handelssperre** *f* торговая блокада

**Handelsspesen,** *pl* накладные расходы предприятий торговли, накладные расходы торговых предприятий

**Handelsspezialisierung** *f* специализация торговли

**Handelsspionage** *f* коммерческий шпионаж, бизнес-шпионаж

**Handelsstand** *m* (ист.) торговое сословие

**Handelsstatistik** *f* статистика торговли

**Handelssteuer** *f* **des Handwerks** торговый налог на ремесленников

**Handelsstillstand** *m* застой в торговле; упадок в торговле

**Handelsstockung** *f* временное нарушены торговых отношений; временное прекращение торговли

**Handelsstraße** *f* торговый путь

**Handelsstufe** *f* звено торговой цепи, звено сбытовой цепи

**Handelssystem** *n* система торговли

**Handelstätigkeit** *f* торговая деятельность, торговля

**Handelstechnik** *f* техника торговли

**Handelstransaktion** *f* коммерческая сделка, торговая сделка, торговая операция

**Handelstransport** *m* транспортировка товаров

**Handelstreffen** *n* торговые переговоры стран - членов СЭВ

**Handelsubereinkunft** *f* торговое соглашение

**handelsüblich** принятый в торговле; стандартный; традиционный

**Handelsübung** *f* практика, принятая в таможенном деле

**Handelsumsatz** *m* торговый оборот, объём продаж

**Handelsunkosten,** *pl* накладные расходы предприятий торговли, накладные расходы торговых предприятий

**Handelsunternehmen** *n* торговое предприятие, коммерческое предприятие

**Handelsunternehmung** *f* торговое предприятие, коммерческое предприятие

**Handelsusance** *f* торговый обычай, торговый узанс, узанс

**Handelsusancen,** *f, pl* торговые обычаи (мн.ч.), узанс

**Handelsverband** *m* торговое объединение, торговый союз; торговая ассоциаций

**Handelsverbindungen,** *f, pl* торговые связи

**Handelsverbot** *n* запрещение торговли, запрет на торговлю

**Handelsverein** *m* торговое объединение, торговый союз

**Handelsvereinbarung** *f* торговое соглашение

**Handelsvereinigung** *f* торговое объединение, торговый союз

**Handelsverhandlungen,** *f, pl* торговые переговоры (мн.ч.)

**Handelsverkehr** *m* торговля; торговые сношения; торговые связи

**Gegenstand des Handelsverkehrs** объект торговли *(товары и ценные бумаги, подлежащие продаже)*

**internationaler Handelsverkehr** международная торговля

**mit** *j-m* **in Handelsverkehr stehen** торговать с *кем-л.*

**Handelsverluste**, *m, pl* убытки от торговли, торговые убытки, коммерческие убытки

**Handelsvermittlung** *f* торговое посредничество

**Handelsverpackung** *f* торговая упаковка

**Handelsvertrag** *m* торговый договор *(напр., регулирующий отношения купли-продажи между двумя странами)*

**Handelsvertreter** *m* торговый представитель

**Handelsvertretung** *f* представительство торговой фирмы; торговое представительство, торгпредство

**Handelsvollmacht** *f* полномочие на ведение торговых сделок, полномочие на ведение торговых операций; доверенность *(документ)* на ведение торговых сделок, доверенность *(документ)* на ведение торговых операций

**Handelsvolumen** *n* объем торговли

**Handelsvorrat** *m* торговый запас; запас, отвечающий требованиям торговли, торговые резервы,

**Handelsvorrecht** *n* торговая привилегия

**Handelsvorschrift** *f* торговое правило

**Handelsware** *f* товар, готовый к реализации; готовые изделия, закупаемые промышленным предприятием для комплектования производимой им продукции

**Handelswaren**, *f, pl* товары, подготовленные к реализации в торговой сети; готовые изделия, закупаемые промышленными предприятиями для комплектования выпускаемой ими продукции

**Handelswechsel** *m* коммерческий вексель *(выставляется на основании торговых сделок)*

**Handelsweg** *m* торговый путь

**Handelswelt** *f* торговая среда, коммерческая среда; торговый мир, коммерческий мир; торговые круги, коммерческие круги

**Handelswerbung** *f* торговая реклама

**Handelswert** *m* торговая стоимость, рыночная стоимость; торговая цена, рыночная цена

   **gemeiner Handelswert** обычная торговая стоимость, обычная торговая цена

**Handelswesen** *n* торговое дело, торговля

**Handelswissenschaften**, *f, pl* коммерческие науки

**Handelszeichen** *n* товарный знак; торговая марка

**Handelszettel** *m* торговый бюллетень, биржевой бюллетень

**Handelszins** *m* торговый процент

**Handelszirkulation** *f* товарное обращение

**Handelszoll** *m* торговая пошлина

**Handelszuschlag** *m* торговая накидка, торговая наценка

**Handelszweig** *m* отрасль торговли

**Handeltreibende** *m* торговец

**Handfertigkeit** *f* навык, сноровка

**Handfließfertigung** *f* поточное производство с применением ручного труда

**Handfließreihe** *f* поточная линия с применением ручного труда

**Handfließstraße** *f* поточная линия с применением ручного труда

**Handgeld** *n* задаток

**Handgewerbe** *n* ремесло

**Handkauf** *m* покупка за наличные с одновременным получением товара; мелочная торговля; покупка с рук

**Handlager** *n* складское помещение *(в торговых предприятиях)*, используемое для краткосрочного хранения товаров

**Händler** *m* продавец; торговец; коммерсант

   **abhängiger Händler** зависимый коммерсант; зависимый владелец торгового предприятия

**Händlergeschäft** *n* биржевая сделка на приобретение ценных бумаг

**Händlerhilfen**, *f, pl* технические средства торговли *(напр., автоматы)*

   **erweiterte Händlerhilfen** помощь торговцам со стороны фирм-поставщиков *(напр., в оформлении витрин)*

**Handling** *n* англ. захват *(приспособление)*

**Handlung** *f* действие, поступок; торговое дело, торговля; магазин, лавка

   **rechtswidrige Handlung** *юр.* деликт, недозволенное действие

**Handlungsagent** *m* торговый агент; поверенный торговой фирмы

**Handlungsbevollmächtigte** *m* уполномоченный торговой фирмы, доверенный торгового предприятия

**Handlungsfähigkeit** *f* дееспособность

**Handlungsgehilfe** *m* служащий торговой фирмы, торговый служащий; продавец

**Handlungshaus** *n* торговый дом, торговая фирма

**Handlungskosten**, *pl* торговые издержки

**Handlungslehrling** *m* ученик в торговом деле

**Handlungsreisende** *m* коммивояжёр; разъездной представитель торговой фирмы

**Handlungsstrategie** *f* стратегия действий (*в теории игр*)

**Handlungsunfähigkeit** *f* недееспособность

**Handlungsunkosten,** *pl* накладные расходы предприятий торговли, накладные расходы торговых предприятий

**Handlungsvollmacht** *f* полномочие на ведение торговых сделок, полномочие на ведение торговых операций; доверенность (*документ*) на ведение торговых сделок, доверенность (*документ*) на ведение торговых операций

**Handmaterial** *n* канцелярские принадлежности

**Handtratte** *f* вексель без индоссамента, вексель без передаточной надписи

**Handverkauf** *m* ручная продажа (*напр., в аптеке*)

**Handwerk** *n* ремесленное производство, ремесло

**reparaturleistendes Handwerk** мелкий ремонт (*бытовое обслуживание*)

**Handwerker** *m* ремесленник, кустарь

**Handwerkergenossenschaft** *f* ремесленный кооператив

**Handwerkerinnung** *f* ист. цех ремесленников

**Handwerkerproduktionsgenossenschaft** *f* ремесленный производственный кооператив (*бывш. ГДР*)

**Handwerkerschaft** *f* ист. сословие ремесленников

**Handwerkerstand** *m* ист. сословие ремесленников

**Handwerkervereinigung** *f* объединение ремесленников

**Handwerkerzeichen** *n* условный знак, обозначающий принадлежность к конкретному ремеслу; графическое изображение, обозначающее принадлежность к конкретному ремеслу

**Handwerkerzunft** *f* ист. цех ремесленников

**handwerklich** ремесленный, кустарный

**Handwerksbetrieb** *m* ремесленное производство, кустарное производство; ремесленная мастерская

**Handwerksdichte** *f* плотность ремесленных предприятий; плотность кустарных предприятий

**Handwerkserzeugnis** *n* кустарное изделие; изделие кустарных промыслов

**Handwerksförderung** *f* содействие развитию ремесла

**Handwerkshandel** *m* розничная торговля, осуществляемая ремесленными предприятиями

**Handwerksinnung** *f* ист. цех ремесленников, союз ремесленников

**Handwerkskammer** *f* ремесленная палата (*представительный орган ремесленников*)

**Handwerkslehrling** *m* ученик мастера-ремесленника

**Handwerksleistungen,** *f, pl* работы и услуги, выполняемые и предоставляемые ремесленными предприятиями

**handwerksmäßig** ремесленный, кустарный

**Handwerksmeister** *m* ремесленник, имеющий звание мастера

**Handwerksorganisation** *f* организация ремесленного производства

**Handwerkspolitik** *f* политика, проводимая в интересах поддержания ремесленного производства

**Handwerkspreise,** *m, pl* цены на работы и услуги, выполняемые и предоставляемые ремесленными предприятиями

**Handwerksprodukt** *n* изделие ремесленного производства

**Handwerksproduktion** *f* ремесленное производство

**Handwerksrolle** *f* список ремесленных предприятий (*может вестись особой ремесленной палатой*)

**Handwerksstatistik** *f* статистика ремесленных предприятий

**Handwerkssteuer** *f* налог на ремесленников

**Handwerksverband** *m* союз ремесленников, объединение ремесленников

**Handwerksverein** *m* союз ремесленников, объединение ремесленников

**Handzeichen** *n* инициалы (*при парафировании документов*)

**Handzeit** *f* рабочее время, затраченное на ручные операции, рабочее время, затраченное на ручной труд

**Handzettel** *m* рекламный листок

**Hangar** *m* фр. ангар; навес, крытое помещение на пристани

**Hängeablage** *f* хранение папок с делами в подвесных картотеках

**Hängekartei** *f* подвесная картотека

**hängend** незавершённый, незаконченный (*напр., о расчетах*)

**Hängeregistratur** *f* стеллаж для хранения папок с делами в подвесных картотеках, шкаф для хранения папок с делами в подвесных картотеках

**Hanse** f *ист.* Ганза, Ганзейский союз

**Häppchen** n покупка по дешевке; распродажа, *см. уменьш.* Happen

**Hardware** *англ.* технические средства, техника, аппаратура

**Harmonisierung** f гармонизация; согласование *(товарных позиций, таможенной номенклатуры, факторов производства и т.п.)*

**Harmonogramm** n гармонограмма *(графическое изображение двух или нескольких связанных между собою рабочих процессов)*

**Harrod-Domar-Modell** n модель Харрода - Домара

**Hartgeld** n металлические деньги

**Hartwährung** f твёрдая валюта

**gegen Hartwährung verkaufen** продавать на твёрдую валюту

**Hartwährungsland** n страна с твёрдой валютой

**Harvard-Barometer** n Гарвардский экономический барометр *(конъюнктуры)*

**Harvard-Modell** n Гарвардская модель *(экономического прогнозирования)*

**Harzburger-Modell** n Гарцбургская модель

**Hättekalkulation** f ориентировочная калькуляция, предварительная калькуляция

**Häufigkeit** f частота, частотность; множество; распространённость

**Häufigkeitsdichte** f *стат.* плотность распределения

**Häufigkeitskurve** f *стат.* кривая распределения

**Häufigkeitsstufe** f *стат.* квартиль

**Häufigkeitstabelle** f таблица частот

**Häufigkeitsverteilung** f статистическое распределение, статистическое распределение частот

**Häufigkeitszahl** f *стат.* относительная величина степени, относительная величина интенсивности, статистический коэффициент

**Hauptablage** f центральный архив *(фирмы или предприятия)*

**Hauptabmessungen,** f, pl главные размеры, основные размеры; габаритные размеры

**Hauptabnehmer** m основной потребитель; основной покупатель

**Hauptabschnitt** m ведущий участок, главный участок *(напр., производства)*

**Hauptabteilung** f основной цех; главный отдел

**Hauptaktionär** m главный акционер

**Hauptarbeitskräftebilanz** f главный баланс трудовых ресурсов, сводный баланс трудовых ресурсов

**Hauptaufgabe,** f, **ökonomische** главная экономическая задача

**Hauptauftraggeber** m генеральный заказчик; основной инвестор

**Hauptauftragnehmer** m генеральный подрядчик

**Hauptauftragnehmerbetrieb** m генеральный подрядчик

**Hauptausfuhrland** n основная страна-экспортёр

**Hauptbereich,** m, **volkswirtschaftlicher** ведущая отрасль народного хозяйства, основная отрасль народного хозяйства

**Hauptberuf** m основная профессия; основная специальность

**Hauptbeschäftigung** f основное занятие, основная деятельность

**Hauptbetrag** m основная часть пособия по безработице

**Hauptbetrieb** m основное предприятие, головное предприятие, ведущее предприятие; ведущий участок производства, главный участок производства

**Hauptbuch** n гроссбух; Главная книга *(бухгалтерского учёта)*

**Hauptbuchhalter** m главный бухгалтер

**Hauptbuchhaltung** f главная бухгалтерия

**Hauptbuchkonten** n pl счета Главной книги; счета, включённые в Главную книгу

**Hauptbuchkonto** n *бухг.* главный счёт, счёт первого порядка

**Hauptdaten,** pl основные данные; основные характеристики; основные параметры

**Hauptdiagonale** f **einer Verflechtungstabelle** главная диагональ таблицы межотраслевого баланса

**Haupteinkommensbezieher** m основной получатель дохода

**Hauptentschädigung** f возмещение основной части ущерба, нанесённого имуществу

**Haupterwerbsquelle** f основной источник дохода

**Haupterzeugnis** n основное изделие *(предприятия)*

**Haupterzeugnisse,** n, pl основная продукция *(предприятия)*

**Hauptexportartikel** m основная экспортная статья, основная статья экспорта

**Hauptexportland** n основная страна-экспортёр

**Hauptexportposition** f основная экспортная статья, основная статья экспорта

**Hauptexportposten** m основная экспортная статья, основная статья экспорта

**Hauptfabrikat** n основное изделие *(предприятия)*

**Hauptfeststellung** f установление основы исчисления налога, установление масштаба исчисления налога

**Hauptfinanzplan** m сводный финансовый план

**Hauptfläche** f площадь основных и подсобных помещений, площадь основных и вспомогательных помещений *(напр., торгового или промышленного предприятия)*

**Hauptfristenplan** m основной календарный план; основной план-график

**Hauptfunktion** f основная функция

**Hauptfunktionsfläche** f площадь основных помещений *(напр., торгового или промышленного предприятия)*; основная производственная площадь

**Hauptgeschäft** n основной магазин *(в сети магазинов)*

**Hauptgewinn** m главный выигрыш *(в лотерее)*

**Haupthandelsweg** m главный торговый путь

**Haupthandelszentrum** n основной торговый центр

**Hauptinstandsetzung** f капитальный ремонт

**Hauptinvestitionen**, f, pl основные капиталовложения, основные инвестиции

**Hauptinvestitionsträger** m основной инвестор, генеральный заказчик

**Hauptkapazität** f производственная мощность предприятия по выпуску основной продукции

**Hauptkasse** f центральная касса

**Hauptkäufer** m основной потребитель; основной покупатель

**Hauptkenndaten**, pl основные параметры; основные показатели

**Hauptkennziffer** f основной показатель

**Hauptkettenglied** n основное звено, ведущее звено *(напр., плана)*

**Hauptkonsument** m основной потребитель

**Hauptkonto** n главный счёт, основной счёт

**Hauptkosten**, pl основные затраты

**Hauptkunde** m основной клиент; основной покупатель; основной потребитель

**Hauptleistungen**, f, pl основные результаты; основные результаты *(деятельности предприятия)*

**Hauptlieferant** m генеральный поставщик

**Hauptmarkt** m основной товарный рынок *(напр., рынок зерна)*; основной рынок *(напр. сбыта)*

**Hauptmerkmal** n основная характеристика; главный признак

**Hauptmethode** f главный метод; основной метод

**Hauptniederlassung** f центральная администрация; центральное управление, центральное руководство; правление; главный офис

**Hauptnomenklatur** f основная номенклатура

**Hauptnutzer** m, pl основные пользователи; основные потребители

**Hauptökonom** m 1. главный экономист 2. старший управляющий

**Hauptpacht** f главный договор аренды

**Hauptperson** f первое лицо; главное лицо *(напр. компании)*

**Hauptplan** m основной план; базовый план; главный план

**Hauptprodukt** n основной продукт; базовый продукт; основное изделие; *(предприятия)*; главный артикул

**Hauptproduktion** f основная продукция *(предприятия)*

**Hauptproduktionsbereich** m основная отрасль производства

**Hauptproduktionsprozess** m основной производственный процесс; основной технологический процесс

**Hauptproduktionsrichtung** f главное направление развития производства

**Hauptproduktionszweig** m основная отрасль производства

**Hauptprojektant** m главный проектировщик *(организация)*

**Hauptprozess** m основной *(технологический)* процесс

**Hauptreparatur** f капитальный ремонт

**Hauptschuldner** m основной должник, первоначальный должник *(при поручительстве)*

**Haupttechnologe** m главный технолог

**Hauptteilhaber** m основной компаньон, главный компаньон

**Hauptterminplan** m основной календарный план; основной план-график

**Haupttrend** m основная тенденция

**Haupttriebkraft** f основная движущая сила

**Hauptunternehmer** m генеральный подрядчик

**Hauptunterstützung** f основная часть пособия по безработице

**Hauptveranlagung** f установление основного размера налога; основное распределение налогов; основная сумма налога

**Hauptveranlagungszeitraum** m срок, на который установлен основной размер налога

**Hauptverkehrsstunde** f час пик, час наибольшей нагрузки

**Hauptverrechnungskonto** n основной расчётный счёт

**Hauptversammlung** f общее собрание акционеров

**außerordentliche Hauptversammlung** внеочередное общее собрание акционеров

**ordentliche Hauptversammlung** очередное общее собрание акционеров, ежегодное общее собрание акционеров

**Hauptversicherungsschein** m генеральный полис

**Hauptvertrag** m общий договор, генеральный договор

**Hauptvertretung** f генеральное представительство

**Hauptverwaltung** f главная администрация, главное управление

**Hauptvorhaben** n основной проект; основное мероприятие; основная цель; основной замысел

**Hauptwarengruppe** f основная товарная группа

**Hauptwarenmarkt** m основной товарный рынок (напр., рынок зерна)

**Hauptwirtschaftszweig** m ведущая отрасль, ведущий сектор экономики, ведущая отрасль экономики, ведущая отрасль народного хозяйства

**Hauptziehung** f основной тираж

**Hauptziel** n основная цель, главная цель

**Hauptzollamt** n Главное таможенное управление

**Haus** n торговый дом, фирма; универмаг

**Haus-Haus-Gepäckbeförderung** f перевозка багажа "от дома до дома", перевозка багажа "от двери до двери"

**Haus-Haus-Gepäckverkehr** m перевозка багажа "от дома до дома", перевозка багажа "от двери до двери"

**Haus-Haus-Güterverkehr** m перевозки грузов от дома отправителя до дома получателя, перевозки грузов по системе "от дома до дома"

**Haus-Haus-Verkehr** m перевозки грузов от дома отправителя до дома получателя, перевозки грузов по системе "от дома до дома", транспортировка (несколькими видами транспорта) от дома отправителя до дома получателя

**Haus-Haus-Verkehr** пункт о поставке в контракте

**Haus-Haus-Verkehr** пункт в договоре страхования

**Haus-zu-Haus-Verkehr** m перевозки грузов от дома отправителя до дома получателя, перевозки грузов по системе "от дома до дома"

**Hausarbeit** f кустарная работа на дому; разг. надомничество, надомная работа, надомный труд; домашняя работа (работа по дому. по хозяйству)

**Hausarbeiter** m надомник; кустарь

**Hausarbeitstag** m день для работ по дому (оплаченный свободный день, ежемесячно предоставляемый работающим женщинам, имеющим семью; бывш. ГДР)

**Hausbank** f банк, представляющий интересы концерна; холдинг-банк; фирменный банк, банк, обслуживающий фирму

**Hausbelieferung** f обслуживание на дому (напр., предприятиями службы быта)

**Hausbeschau** f внешторг. осмотр поставленного товара после его сдачи экспедитором (для выявления скрытых дефектов), осмотр с целью обнаружения в поставленном товаре скрытых дефектов (после его принятия)

**Hausbesitz** m домовладение

**Hausbesuch** m визит на дом с целью рекламы

**Hausdurchsuchung** f домашний обыск, обыск в квартире

**Häuser**, n, pl, **emittierende** эмитирующие учреждения

**Hausfrau** f домохозяйка, домашняя хозяйка

**Hausgeld** n пособие за счёт социального страхования на время пребывания в лечебном учреждении; арендная плата, квартирная плата

**Hausgewerbe** n кустарный промысел, домашний промысел; разг. надомничество

**Hausgewerbetreibende** m кустарь; надомник

**Haushalt** m (государственный) бюджет; домашнее хозяйство, семейное предприятие, семейное хозяйство

**Haushalt einer Föderation** федеральный бюджет

**außerordentlicher Haushalt** чрезвычайный бюджет

**autonomer Haushalt** автономный бюджет

**kommunaler Haushalt** городской бюджет; коммунальный бюджет

**öffentlicher Haushalt** государственный бюджет

**ordentlicher Haushalt** обычный бюджет

**örtlicher Haushalt** местный бюджет

**zentraler Haushalt** центральный бюджет

**an den Haushalt abführen** отчислять в бюджет

**aus dem Haushalt finanziert werden** финансироваться за счёт бюджета

**den Haushalt verabschieden** утверждать бюджет

**Haushaltansatz** *m* бюджетное предложение

**Haushalts- und Kulturwaren**, *f, pl* товары культурно-бытового назначения

**Haushalts- und Wirtschaftsartikel**, *m, pl* предметы домашнего и хозяйственного обихода

**Haushaltsabführungen**, *f, pl* отчисления в бюджет, платежи в бюджет

**Haushaltsabrechnung** *f* отчёт об исполнении бюджета

**zusammengefaßte Haushaltsabrechnung** сводный баланс по исполнению бюджета, сводный отчёт об исполнении бюджета

**Haushaltsakkumulation** *f* бюджетные накопления

**Haushaltsanalyse** *f* анализ исполнения бюджета

**Haushaltsansatz** *m* бюджетные намётки

**Haushaltsaufbau** *m* структура бюджета

**Haushaltsaufschläge**, *m, pl* бюджетные наценки

**Haushaltsausgaben**, *f, pl* бюджетные расходы; расходная часть бюджета; расходы домашнего хозяйства, расходы семьи

**Haushaltsausgleich** *m* балансировка бюджета, сведение бюджета; покрытие дефицита бюджета

**Haushaltsausschuss** *m* бюджетная комиссия *(в парламенте)*

**Haushaltsbesteuerung** *f* обложение налогом доходов и имущества семьи, совокупность налогов на семейную хозяйственную единицу

**Haushaltsbewilligung** *f* бюджетное ассигнование; утверждение бюджета, вотирование

**Haushaltsbeziehungen**, *f, pl* отношения с бюджетом *(физических и юридических лиц)*; финансовые взаимосвязи (государственного) бюджета

**Haushaltsbilanz** *f* баланс доходов и расходов; баланс бюджетного учреждения

**Haushaltsbuch** *n* расчётная книжка рабочего, расчётная книжка рабочей бригады

**Haushaltsbuchführung** *f* бюджетный учёт, бюджетное счетоводство

**Haushaltschemie** *f* бытовая химия

**Haushaltsdefizit** *n* бюджетный дефицит, дефицит государственного бюджета, превышение бюджетных расходов над доходами

**Haushaltsdisziplin** *f* бюджетная дисциплина

**Haushaltsdurchführung** *f* исполнение бюджета

**Haushaltseinkommen** *n* доход семьи, доход домашнего хозяйства

**Haushaltseinnahmen**, *f, pl* доходы (государственного) бюджета, доходная часть бюджета

**Haushaltseinrichtung** *f* государственная организация, государственное учреждение

**Haushaltseinrichtungen**, *f, pl* бюджетные учреждения

**Haushaltsentwurf** *m* проект (государственного) бюджета

**Haushaltserhebung** *f* бюджетное обследование

**Haushaltsfehlbetrag** *m* бюджетный дефицит, дефицит государственного бюджета, превышение бюджетных расходов над доходами

**haushaltsfinanziell** бюджетный, финансируемый из (государственного) бюджета *(напр., о научно-исследовательском учреждении)*

**Haushaltsfinanzierung** *f* бюджетное финансирование

**Haushaltsfonds** *m* (резервный) фонд государственного бюджета

**Haushaltsführung** *f* бюджетная политика

**sparsame Haushaltsführung** политика экономии бюджета

**Haushaltsgleichgewicht** *n* бюджетное равновесие, сбалансированность бюджета, равенство бюджетных доходов и расходов

**Haushaltsgröße** *f* объём бюджета, общая сумма доходов и расходов государственного бюджета

**Haushaltsgrundsätze**, *m, pl* бюджетные принципы, принципы разработки и составления бюджета

**Haushaltsjahr** *n* бюджетный год

**Haushaltskennziffer** *f* бюджетный показатель

**Haushaltsklarheit** *f* ясность статей бюджета

**Haushaltskonto** *n* бюджетный счёт

**Haushaltskontrolle** *f* бюджетный контроль

**Haushaltskreislauf** *m* бюджетный период, бюджетный цикл

**Haushaltslage** *f* состояние бюджета

**Haushaltslücke** f бюджетный дефицит

**Haushaltslücke schließen** покрыть бюджетный дефицит

**haushaltsmäßig** в соответствии с бюджетом

**Haushaltsmethode** f бюджетный метод

**Haushaltsmittel,** n, pl бюджетные средства

**eingesparte Haushaltsmittel** сэкономленные бюджетные средства

**nicht ausgeschöpfte Haushaltsmittel** пассивные бюджетные остатки

**veranschlagte Haushaltsmittel** сметные бюджетные ассигнования

**Haushaltsnormativ,** n, **langfristiges staatliches** долгосрочный государственный норматив по доходам и расходам бюджета

**Haushaltsnormen,** f, pl бюджетные нормы

**Haushaltsorgan** n бюджетный орган

**Haushaltsorganisation** f бюджетное учреждение, бюджетная организация

**Haushaltsperiode** f бюджетный период

**Haushaltsplan** m (государственный) бюджет; проект (государственного) бюджета; бюджет *(документ)*

**Haushaltsplan-Ist** n исполненный бюджет; фактическое выполнение (государственного) бюджета

**Haushaltsplan-Soll** n задания (государственного) бюджета; текущий бюджет

**Haushaltsplanansatz** m концепция (государственного) бюджета, проект бюджета

**Haushaltsplanergebnis** n итог выполнения (государственного) бюджета, исполнение бюджета *(итог и выполнение финансового плана)*,

**Haushaltsplanung** f бюджетное планирование

**Haushaltspolitik** f бюджетная политика

**Haushaltsposition** f статья бюджета, бюджетная статья, бюджетная позиция

**Haushaltsposten** m статья бюджета, бюджетная статья, бюджетная позиция

**Haushaltsprinzipien,** n, pl бюджетные принципы, принципы разработки и составления бюджета

**Haushaltsquerschnitt** m структура (государственного) бюджета *(по отдельным видам расходов и доходов)*, состав бюджетных доходов и расходов

**Haushaltsrechnung** f бюджетный учёт; статистический отчёт выполнения годовой сметы (государственного) бюджета; бюджетный набор; бюджетное обследование

**Haushaltsreform** f бюджетная реформа

**Haushaltsreserven,** f, pl бюджетные резервы

**Haushaltsreste,** m, pl бюджетные остатки

**Haushaltsschema** n схема бюджета

**Haushaltsstabilisator** m бюджетный стабилизатор

**Haushaltsstand** m состояние бюджета

**Haushaltsstatistik** f бюджетная статистика

**Haushaltssystematik** f бюджетная классификация, бюджетная систематика; единая номенклатура счетов государственного бюджета; бюджетная классификация

**Haushaltstag** m день для работ по дому *(оплаченный свободный день, ежемесячно предоставляемый работающим женщинам, имеющим семью; бывш. ГДР)*

**Haushaltsüberschuss** m бюджетный излишек, превышение бюджетных доходов над расходами

**Haushaltsumfang** m объём бюджета, общая сумма доходов и расходов государственного бюджета

**Haushaltsverbrauch** от потребление домашнего хозяйства

**Haushaltsvergleich** m сравнение бюджетов, сопоставление бюджетов, бюджетный анализ

**Haushaltsversicherung** f страхование домашнего имущества

**Haushaltsvollstreckung** f бюджетная дисциплина *(порядок её соблюдения)*

**Haushaltsvollstreckungsverfahren** n порядок взимания финансовыми органами отчислений в бюджет в случае невыполнения в срок предприятиями своих бюджетных обязательств

**Haushaltsvolumen** n объём бюджета, общая сумма доходов и расходов государственного бюджета

**Haushaltsvoranschlag** m проект (государственного) бюджета

**Haushaltswaren,** f, pl предметы домашнего обихода

**Haushaltswirtschaft** f бюджетное хозяйство; бюджетный механизм

**örtliche Haushaltswirtschaft** местные финансы; финансы местных органов власти

**Haushaltszählung** f бюджетная перепись

**Haushaltszuschlag** m бюджетная дотация

**Haushaltszuschuss** m бюджетная дотация, государственная (бюджетная) дотация

**Haushaltszuweisungen,** f, pl ассигнования из бюджета, бюджетное финансирование

**Haushaltszuwendungen,** *f, pl* бюджетные ассигнования, бюджетные дотации

**Haushaltung** *f* ведение домашнего хозяйства; *стат.* семья; домохозяйство; группа лиц, ведущих совместно домашнее хозяйство

**Haushaltungsgröße** *f* размер семейного бюджета

**Haushaltungskosten,** *pl* хозяйственные расходы, расходы на ведение домашнего хозяйства

**Haushaltversicherung** *f* страхование домашнего имущества

**hausieren,** *vi* торговать вразнос, разносить товары по домам

**Hausiergewerbe** *n* торговля вразнос

**Hausierhandel** *m* торговля вразнос

**Hausindustrie** *f* кустарная промышленность; кустарный промысел, домашний промысел; кустарное производство на дому

**Häusler** *m ист.* безземельный крестьянин, бобыль

**Hausmacherware** *f* кустарное изделие, изделие кустарной промышленности

**Hausmiete** *f* квартирная плата; плата за наём дома, плата за наём квартиры

**Hausordnung** *f* правила внутреннего распорядка *(на предприятии)*

**Hausproduktion** *f* домашнее производство; кустарное производство на дому

**Hausrat** *m* (домашняя) обстановка и предметы домашнего обихода

**Hausratentschädigung** *f* возмещение ущерба от гибели (домашней) обстановки и предметов домашнего обихода

**Hausratversicherung** *f* страхование (домашней) обстановки и предметов домашнего обихода

**Hausreinigung** *f* **und Hausreparaturen** обеспечение сохранности дома и домового имущества, поддержание надлежащего санитарно-технического состояния

**Hausse** *f* наивысший уровень биржевого курса

**Hausse** повышение биржевых курсов, повышение биржевых цен; экономический подъём

**plötzliche Hausse** внезапное повышение биржевых курсов, внезапное повышение биржевых цен

**Haussebewegung** *f бирж.* повышательная тенденция, тенденция на повышение биржевого курса

**Hausseklausel** *f* оговорка о повышении цены *(с целью компенсации убытков)*

**Hausseklausel** *бирж.* пункт об автоматическом повышении цены, оговорка об автоматическом повышении цены *(в договоре купли-продажи)*

**haussen,** *vi бирж.* играть на повышение (курса)

**Haussespekulant** *m* биржевой торговец, играющий на повышение курса ценных бумаг, "бык", спекулянт, играющий на повышение (курса)

**Haussespekulation** *f бирж.* игра на повышение (курса)

**Haussetendenz** *f бирж.* повышательная тенденция, тенденция на повышение биржевого курса

**Haussier** *m* биржевой торговец, играющий на повышение курса ценных бумаг, "бык", спекулянт, играющий на повышение (курса)

**haussieren,** *vi бирж.* играть на повышение (курса)

**Haussklaverei** *f ист.* патриархальное рабство

**Hausverhandlung** *f внешторг.* осмотр поставленного товара после его сдачи экспедитором *(для выявления скрытых дефектов)*, осмотр с целью обнаружения в поставленном товаре скрытых дефектов *(после его принятия)*

**Hauswirtschaft** *f* домашнее хозяйство; крестьянское хозяйство, крестьянский двор; *с.-х.* подсобное хозяйство

**geschlossene Hauswirtschaft** замкнутое натуральное хозяйство

**persönliche Hauswirtschaft** личное хозяйство, индивидуальное хозяйство; подсобное хозяйство *(члена сельскохозяйственного производственного кооператива бывш. ГДР)*

**Hauszins** *m* рента с домов; квартирная плата; арендная плата

**Hauszinssteuer** *f уст.* налог на квартирную плату; налог на доходы домовладельцев, полученные в период инфляции

**Hauszustellgebühr** *f* плата за доставку на дом

**Hautefinance** *f* финансовая аристократия

**Havarie** *f* авария

**Havarie** *страх.* убытки при морских перевозках

**besondere Havarie** частная авария *(все прочие случаи повреждения, напр. столкновение судов)*

**große Havarie** общая авария *(убытки, понесённые ради спасения судна, грузов)*

**kleine Havarie** малая авария *(сопряжённые с ней издержки)*

**Havarieakte** *f* аварийный акт

**havarieberechtigt** имеющий право на возмещение убытков от аварии

**Havariebond** *m* аварийная подписка, аварийный бонд *(письменное обязательство получателя спасённого груза в случае общей аварии об уплате взноса на диспашу)*

**Havarieeinschuss** *m* аварийный взнос

**Havariegelder,** *n, pl* аварийные деньги *(суммы, идущие на компенсацию последствий морских аварий)*

**Havarieinspektion** *f* уст. инспекция по морским авариям

**Havariekommissar** *m* аварийный комиссар *(уполномоченный страховщика по установлению ущерба в результате аварии)*

**havarieren,** *vi* терпеть аварию

**Havariereparatur** *f* аварийный ремонт

**Havarierevers** *m* аварийная подписка, аварийный бонд *(письменное обязательство получателя спасённого груза в случае общей аварии об уплате взноса на диспашу)*

**havariert** потерпевший аварию

**Havarieschaden** *m* ущерб от аварии, убыток от аварии

**Havarieverschreibung** *f* аварийная подписка, аварийный бонд *(письменное обязательство получателя спасённого груза в случае общей аварии об уплате взноса на диспашу)*

**Havariezertifikat** *n* свидетельство об аварии *(составляется агентом страховщика на повреждённые в морской аварии партии товара)*

**Haverei** *f* убытки по аварии
  **besondere Haverei** убытки по частной аварии
  **große Haverei** убытки по общей аварии
  **kleine Haverei** убытки по частной аварии

**HB, Hauptbuch** главная бухгалтерская книга, гроссбух

**Hbd, Hochbedarf** высокий спрос

**HBV, Handel-Banken-und Versicherungen-Gewerkschaft** Профессиональный союз работников торговых предприятий, банков и страховых обществ *(ФРГ)*

**HdA, Handbuch der Ausfuhr** "Справочник по экспорту"

**HDE:**
**HDE, Hauptverband des Deutschen Einzelhandels** Главный союз германских розничных торговцев

**HdE, Handbuch der Einfuhr** "Справочник по импорту"

**Hebel** *m* рычаг
  **finanzpolitischer Hebel** рычаг финансовой политики
  **ökonomische Hebel** *pl* экономические рычаги; рычаги экономического воздействия; рычаги экономического влияния

**heben,** *vt* взимать, собирать *(напр., налоги, пошлины)*

**Hebesatz** *m* ставка налога

**Hebung** *f* повышение, подъём; увеличение, рост; развитие; получение *(денег)*; взимание, сбор *(налогов, пошлин)*; устранение; прекращение; отмена

**Hedge-Geschäft** *n* сделка по хеджированию

**Hedgegeschäft** *n* хедж, сделка по хеджированию *(срочная сделка, заключённая для страхования от возможного падения цены)*

**hedging** англ. хеджирование

**Heeresbudget** *n* военный бюджет

**Heeresetat** *m* военный бюджет

**Hegemonie** *f* гегемония

**Heimarbeit** *f* кустарная работа на дому; *разг.* надомничество, надомная работа, надомный труд; домашняя работа *(работа по дому, по хозяйству)*

**Heimarbeiter** *m* надомник; кустарь

**Heimarbeiterentgeltbuch** *n* расчётная книжка надомника

**Heimarbeiterzuschlag** *m* надбавка за работу, производимую на дому

**Heimarbeits- und Gewerbeartel** *n* кустарно-промысловая артель

**Heimarbeitsartel** *n* артель кустарей

**Heimathafen** *m* порт приписки судна

**Heimatzettel** *m* наклейка о принадлежности к железной дороге *какой-л.* страны

**Heimfall** *m* переход *(выморочного имущества)* в собственность государства; обратный переход к собственнику *(его земельного участка)*

**Heimfracht** *f* груз, взятый судном на обратном пути

**Heimgewerbe** *n* кустарная работа на дому, кустарное производство на дому, кустарный промысел, домашний промысел; кустарная промышленность

**Heimindustrie** *f* кустарное производство на дому, кустарный промысел, домашний промысел; кустарная промышленность

**Heimindustrieartikel** *m* кустарное изделие

**heimisch** отечественный, внутренний

**Heimsparbüchse** *f* сберегательная копилка *(контролируемая служащим сберкассы на дому у держателя сберкнижки)*

**Heimsparer** *m* держатель сберегательной копилки

**Heimwerker** *m* ремесленник, кустарь

**Heimwerkgenossenschaft** *f* кустарно-промысловая артель, ремесленная артель

**Heiratsbeihilfe** *f* пособие при вступлении в брак

**Hektar** *n* гектар

**Hektar mittleres Pflügen** гектар условной пахоты

**Hektarertrag** *m* урожай с гектара

**Hektarveranlagung** *f* с.-х. обложение налогом с гектара полезной площади

**hemmen**, *vt* сдерживать, задерживать; затруднять; препятствовать, мешать; тормозить; приостанавливать; прекращать

**herabdrücken**, *vt* сбивать, снижать, понижать *(напр., цену)*

**herabsetzen**, *vt* снижать, понижать

**Herabsetzung** *f* снижение *(напр., заработной платы)*; понижение *(напр., цен, норм)*, скидка; сокращение *(напр., расходов)*; уменьшение *(напр., плана, расходов)*

**Herangehen**, *n*, **interdisziplinäres** киб. "междисциплинарный" подход *(к изучению экономических явлений)*

**Heraufsetzung** *f* повышение *(напр., цен, норм)*; увеличение *(напр., плана, расходов)*

**Heraufsetzung des Diskontsatzes** повышение ставки учётного процента

**Herausgabe** *f* выпуск *(напр., ценных бумаг)*; выдача; выпуск, издание

**Herausgabeanspruch** *m* виндикация *(истребование истцом своего имущества в судебном порядке от третьего лица)*

**herausziehen**, *vt* изымать *(напр., из обращения)*

**Hereingabe** *f* залог *(репортных)* ценных бумаг

**hereingeben**, *vt* закладывать *(репортные)* ценные бумаги; продавать *(репортные)* ценные бумаги

**Hereingeber** *m* лицо, закладывающее *(репортные)* ценные бумаги; продавец репортных ценных бумаг

**Hereinnahme** *f* выдача ссуды под залог *(репортных)* ценных бумаг; привлечение средств *(в депозитных сделках)*

**hereinnehmen**, *vt* выдавать ссуду под залог *(репортных)* ценных бумаг; покупать *(репортные)* ценные бумаги

**Hereinnehmer** *m* лицо, принимающее в залог *(репортные)* ценные бумаги; покупатель репортных ценных бумаг

**Herfracht** *f* расходы по перевозке груза к месту назначения

**Herkunft** *f* прибытие, приход; происхождение

**Herkunft der Ware** происхождение товара

**Herkunftsangabe** *f* указание страны происхождения товара; маркировка, указывающая страну происхождения

**Herkunftsbezeichnung** *f* данные о происхождении товара

**Herkunftsklausel** *f* оговорка о применении специального тарифа к товарам определённого происхождения

**Herkunftsland** *n* страна происхождения *(товара)*

**Herkunftsrabatt** *m* "скидка на порт отгрузки" *(предоставляется участниками одной конференции - отгрузчику из порта другой конференции)*, см. Konferenz

**Herkunftsverschleierung** *f* преднамеренное сокрытие страны происхождения товара

**Hermes-Garantien**, *f, pl* экспортные гарантии и поручительства *(даваемые уполномоченным Федерального правительства страховой компанией Хермес Кредитферзихерунгс АГ Гамбург)*

**herrenhaft** по-хозяйски

**Herrenkonfektion** *f* мужская одежда *(готовое платье)*

**Herrenland** *n* ист. господская земля, помещичья земля

**herrenlos** ничей, ничейный, бесхозяйный, бесхозный, не имеющий владельца; выморочный; покинутый, брошенный

**herrenloses Eigentum** бесхозное имущество

**Herrenlosigkeit** *f* бесхозность; обезличенность

**Herrschaftsbereich** *m* сфера влияния, сфера господства

**herstellen** *vt* производить, изготовлять, выпускать *(продукцию)*; получать; создавать; устанавливать *(напр., связи)*; организовывать, создавать; восстанавливать; возобновлять; реставрировать

**großtechnisch herstellen** осуществлять промышленное производство

**in Lizenz herstellen** производить по лицензии

**Hersteller** *m* изготовитель, продуцент, производитель

**Herstellerabgabepreis** *m* отпускная цена промышленности, оптовая цена промышленности

**Herstellerbetrieb** *m* предприятие-продуцент, предприятие-изготовитель, предприятие-производитель

**Herstellerfirma** *f* фирма-продуцент, фирма-изготовитель

**Herstellerland** *n* страна-производитель, страна-изготовитель

**Herstellernutzen** *m* производственный эффект

**Herstellerrisiko** *n* риск изготовителя, риск производителя *(в статистическом контроле качества)*

**Herstellerwerk** *n* завод-изготовитель

**Herstellkosten,** *pl* издержки производства, производственные издержки

**Herstellung** *f* производство, изготовление, выпуск *(продукции)*; получение; создание; установление *(напр., связей)*; организация, создание; восстановление; возобновление; реставрация; *мат.* построение

**serienmäßige Herstellung** серийное производство

**Herstellungsabteilung** *f* цех

**Herstellungsaufwand** *m* издержки производства, производственные издержки; производственная себестоимость, фабрично-заводская себестоимость

**Herstellungsdaten,** *pl* технико-экономические данные производства *(определённой продукции)*

**Herstellungsdatum** *n* дата изготовления

**Herstellungsdauer** *f* время производства, период производства

**Herstellungsfehler** *m* производственный брак

**Herstellungskosten,** *pl* издержки производства, производственные издержки; производственная себестоимость, фабрично-заводская себестоимость

**Herstellungsland** *n* страна происхождения товара

**Herstellungslizenz** *f* лицензия на производство

**Herstellungsmittel,** *n*, *pl* средства производства (мн.ч.)

**Herstellungsmöglichkeiten,** *f*, *pl* производственные возможности

**Herstellungsmonopol** *n* монополия на производство

**Herstellungsprogramm** *n* производственная программа

**Herstellungsprozess** *m* производственный процесс, процесс производства

**Herstellungsqualität** *f* качество изготовления

**Herstellungsverfahren** *n* технологический процесс, технология производства

**Herstellungsvermögen** *n* производственные возможности

**Herstellungsweise** *f* метод изготовления, способ изготовления

**Herstellungswert** *m* первоначальная стоимость *(основных фондов по балансу фирмы)*

**herunterwirtschaften,** *vt* приводить в упадок *(хозяйство)*; приводить в негодность *(машину)*

**heterogen** гетерогенный, разнородный, неоднородный

**Heuer** *f* наём судовой команды; заработная плата судовой команды; наём, аренда; фрахт судна

**Heuerling** *m ист.* арендатор небольшого земельного участка, отрабатывающий аренду собственным трудом; подёнщик

**Heuermann** *m ист.* арендатор небольшого земельного участка, отрабатывающий аренду собственным трудом; подёнщик

**Heuervertrag** *m* контракт по найму судовой команды

**Heuristik** *f* эвристика

**heuristisch** эвристический

**Hfbf, Hafenbahnhof** портовая железнодорожная станция

**H.G., Handelsgericht** коммерческий суд

**HGB, Handelsgesetzbuch** торговый кодекс

**Hgbf, Hauptgüterbahnhof** главная товарная станция

**HGS, Hauptgeschäftsstelle** правление, главная контора, главная администрация

**HH, Handelshochschule** высшее коммерческое училище

**Hierarchie** *f* иерархия *(напр., характеристика организационной структуры компании)*

**Hierarchie** иерархическое деление

**Datenhierarchie** *f* иерархия данных

**Multiplexhierarchie** *f* мультиплексная иерархия

**hierarchisch** иерархический; по иерархическому принципу

**hierarchisch strukturierte Organisation** иерархически структурированная организация

**hierarchische Datenbank** иерархическая база данных

**hierarchische Datenbasis** иерархическая база данных

**hierarchische Klassifikation** иерархическая классификация

**hierarchische Planung** иерархическое планирование

**hierarchische Struktur** *f* иерархическая структура

**hierarchischer Entwurf** иерархический проект

**hierarchisches Netz** иерархическая сеть

**Hiev** *m* груз, поднимаемый за один рабочий ход стрелы

**Hieve** *f* груз, заключённый в строп и состоящий из нескольких грузовых мест

**hieven,** *vt* выбирать, поднимать; грузить груз, заключённый в строп *(с помощью лебёдки)*

**High-Tech; Schlüsseltechnologie** *f* ключевая технология; хай-тек

**Hilfe** *f* помощь, поддержка; пособие; работник
**Hilfe** меню "Помощь"
**Hilfe leisten** оказывать помощь
**finanzielle Hilfe** финансовая помощь; субсидия; финансовое воспомоществование
**gegenseitige Hilfe** взаимная помощь, взаимопомощь
**materielle Hilfe** материальная помощь
**staatliche finanzielle Hilfe** государственная субсидия; государственная финансовая помощь
**staatliche Hilfe** помощь со стороны государства; государственная помощь; госпомощь
**Online-Hilfe** онлайновая помощь; "Помощь" в режиме диалога
**technische Hilfe** техническая помощь
**Hilfeleistung** *f* оказание помощи; помощь таможенным досмотрщикам при подготовке груза к досмотру
**Hilfe-Seite** *f* страница помощи (напр. в Интернет-магазине)
**Hilfestellung** *f* страховка, страховая сумма
**hilfreiche Erkenntnisse** полезные сведения
**Hilfs-Funktion** *f* вспомогательная функция
**Hilfsabteilung** *f* вспомогательный цех; вспомогательный отдел
**Hilfsaktivität** *f* сет. пл. фиктивная работа; зависимость
**Hilfsanspruch** *m* вспомогательное притязание, субсидиарное притязание
**Hilfsarbeiten**, *f, pl* подсобные работы, вспомогательные работы
**Hilfsarbeiter** *m* подсобный рабочий, вспомогательный рабочий; разнорабочий; неквалифицированный рабочий

**Hilfsarbeiterlohn** *m* заработная плата неквалифицированных рабочих
**Hilfsausrüstung** *f* вспомогательное оборудование
**Hilfsbetrieb** *m* с.-х. подсобное производство; подсобное предприятие, вспомогательное предприятие
**Hilfsbücher**, *n, pl* бухг. вспомогательные книги
**Hilfserzeugnis** *n* вспомогательное изделие
**Hilfsfonds** *m* (общественный) фонд помощи нетрудоспособным членам сельскохозяйственного производственного кооператива (бывш. ГДР)
**Hilfsgewerbe** *n* **des Handels** подсобные торговые сделки и операции (напр., операции торговых агентов, комиссионеров, экспедиторов, фрахтовщиков)
**Hilfshandgriff** *m* вспомогательный рабочий приём
**Hilfskasse** *f* касса по оказанию материальной помощи
**Hilfskonto** *n* бухг. вспомогательный счёт
**Hilfskraft** *f* подсобная рабочая сила, вспомогательная рабочая сила, неквалифицированная рабочая сила
**Hilfslager** *n* подсобный склад, подсобное складское помещение
**Hilfsleistung** *f* подсобное производство, вспомогательное производство
**Hilfsleistungen**, *f, pl* продукция вспомогательных производств
**Hilfsliste** *f* вспомогательная ведомость
**Hilfslohn** *m* заработная плата работников, не принимающих непосредственного участия в производственном процессе (напр., административно-управленческого аппарата)
**Hilfsmaterial** *n* вспомогательный материал

**Hilfsmaterialverbrauch** *m* расход вспомогательных материалов
**Hilfsmaterialverbrauchnsorm** *f* норма расхода вспомогательных материалов
**Hilfsmittel** *n* подсобное средство, вспомогательное средство
**Hilfsmittel** пособие инвалидам по социальному страхованию
**Hilfspersonal** *n* вспомогательный персонал, подсобный персонал
**Hilfsproduktion** *f* подсобное производство, вспомогательное производство
**Hilfsproduktionsbereich**, *m*, **landwirtschaftlicher** подсобная отрасль производства сельского хозяйства, вспомогательная отрасль производства сельского хозяйства (напр., ремонтные мастерские)
**Hilfsprozess** *m* вспомогательный процесс
**Hilfsquellen**, *f, pl* ресурсы (мн.ч.)
**natürliche Hilfsquellen** природные ресурсы (мн.ч.)
**örtliche Hilfsquellen** местные ресурсы (мн.ч.)
**Hilfsraum** *m* оперативно-вспомогательное помещение
**Hilfsstoff** *m* вспомогательный материал
**Hilfszeit** *f* вспомогательное время, время на вспомогательную операцию
**Hilfszeit "Hand"** ручное вспомогательное время
**Hilfszeit "Maschine"** машинное вспомогательное время, аппаратурное вспомогательное время
**Hilfszeit "Maschine-Hand"** машинно-ручное вспомогательное время
**Hinbeförderung** *f* перевозка к месту назначения

**Hinterbliebenenrente** f пенсия по случаю утраты кормильца семьи

**hinterlegen** vt сдавать на хранение; депонировать; вносить в депозит; класть на депозит

**hinterlegen** vt (патент.) депонировать; подавать; подавать заявку; сдавать на хранение

*ein* **Depositum hinterlegen** внести *(деньги)* в депозит

*einen* **Vertrag hinterlegen** *(юр.)* депонировать договор

**Hinterleger** m депонент, депозитор, вкладчик

**Hinterleger** m (патент.) заявитель

**hinterlegt** (фин., юр.) депонированный

**hinterlegt** (патент.) заявленный

**hinterlegte Summe** f (фин., юр.) депонированная сумма; сумма на депозите; сумма на депозитном счёте

**hinterlegter Betrag** m (фин.) вклад, депозит

**hinterlegtes Muster** n (патент.) заявленный образец

**Hinterlegung** f сдача на хранение; внесение в депозит, депонирование; предоставление банковской гарантии

**Hinterlegung einer Sicherheit** внесение залога

**Hinterlegung von Mustern** хранение у поставщика образцов изделия, в соответствии с которыми он должен поставлять свою продукцию получателю

**Hinterlegungsfonds** m заложенное движимое имущество

**Hinterlegungsordnung** f правила внесения и хранения залога

**Hinterlegungssumme** f (фин., юр.) депонированная сумма, hinterlegte Summe

**Hintermann** m индоссант, жирант

**hinterstellig** недоплаченный

**Hinterziehung** f *(злостный)* неплатёж, уклонение от платежей *(налогов, пошлин и т.п.)*; присвоение денег, мошенничество

**Hinweis** m указание; ссылка; намёк; индексация

**hilfreiche Hinweise,** pl полезные указания (мн.ч.)

**kritischer Hinweis** критическое замечание

**vertiefende Hinweise geben** дать расширенный комментарий

**einen Hinweis bringen** сделать указание; высказать замечание

**einen Hinweis geben** дать указание; высказать замечание

**mit Hinweis auf (etw., A)** с ссылкой на (что-л.); ссылаясь на (что-л.)

**unter Hinweis auf (etw., A)** с ссылкой на (что-л.); ссылаясь на (что-л.)

**vertiefende Hinweise geben** дать расширенный комментарий

**Hinzurechnung** f причисление (к счёту)

**Histogramm** n *стат.* гистограмма

**Hitzearbeit** f работа в горячих цехах

**Hitzezulage** f доплата за работу в помещениях с высокими температурами *(напр., в горячих цехах)*

**Hitzezuschlag** m доплата за работу в помещениях с высокими температурами *(напр., в горячих цехах)*

**HK:**

**HK, Hauptmasse** главная касса

**HK, Hongkong** Гонконг

**HKD, Hongkong-Dollar, - Hongkong, Sonderverwaltungszone** Гонконгский доллар *(код валюты 344),* - Гонконг

**h.l., hoc loco** в этом месте

**HN, Honduras** Гондурас, *до 1978г. код* HI

**HNL, Lempira, - Honduras** Лемпира *(код валюты 340),* - Гондурас

**HO:**

**HO, Handelsorganisation** государственная торговая организация; предприятие государственной торговли *(бывш. ГДР)*

**HO, Hinterlegungsordnung** правила *(внесения в депозит и)* хранения депонированных сумм

**HO-Beirat** m общественный совет государственной торговой организации, совет покупателей при предприятиях государственной торговли *(бывш. ГДР)*

**HO-Betrieb** m предприятие государственной торговли, магазин государственной торговли

**HO-Gaststätte** f предприятие государственной системы общественного питания

**HO-Geschäft** n магазин государственной торговли

**HO-Kombinat** n комбинат государственной торговой организации *(бывш. ГДР)*

**HO-Kreisbetrieb** m районное предприятие государственной торговой организации *(бывш. ГДР)*

**Hobbock** m *(жестяные или картонные)* прямоугольные коробки *(для красок, жиров и проч.)*

**Hoch** n бум, период бума

**konjunkturelles Hoch** конъюнктурный бум

**Hochachtung** f глубокое уважение

**mit vollendeter Hochachtung** с совершенным почтением

**mit vorzüglicher Hochachtung** с совершенным почтением

**hochachtungsvoll** с глубоким уважением

**wir verbleiben hochachtungsvoll** остаёмся с глубоким уважением *(в конце письма)*

**Hochbedarf** *m* высокий спрос, интенсивный спрос

**Hochbetrieb** *m* напряжённая работа *(на предприятиях, в учреждениях)*; часы пик

**hochentwickelt** высокоразвитый

**Hochfinanz** *f* финансовая олигархия, финансовая аристократия, денежная аристократия, финансовые тузы

**Hochkapitalismus** *m* зрелый капитализм

**Hochkonjunktur** *f* высокая конъюнктура; период бума, бум

**Hochleistung** *f* высокая производительность; высокий производственный результат

**hochleistungsfähig** высокопроизводительный

**Hochleistungsverfahren** *n* высокопроизводительный метод

**hochmechanisiert** высокомеханизированный

**Hochmechanisierung** *f* высокий уровень механизации

**hochmöglichst** по наивысшему курсу *(пометка на биржевых приказах)*

**hochqualifiziert** высококвалифицированный

**Hochsaison** *f* разгар сезона

**hochschrauben**, *vt* взвинчивать *(напр., цены)*

**Hochschulkader**, *m*, *pl* кадры, имеющие высшее образование

**Hochschutzzoll** *m* высокая покровительственная таможенная пошлина

**Hochseeschiffahrt** *f* судоходство в открытом море

**Hochseeschiffsverkehr** *m* судоходство в открытом море

**Hochseeverkehr** *m* судоходство в открытом море

**Hochspannung** *f* высокая конъюнктура, высокая деловая активность; высокое напряжение

**Höchstauslastung** *f* максимальная загрузка; максимальная загруженность

**Höchstbedarf** *m* максимальный спрос

**Höchstbegrenzung** *f* **der Rente** максимальный размер пенсии

**Höchstbelastungssatz** *m* максимальная налоговая ставка, наивысшая ставка налогового обложения

**Höchstbestand** *m* максимальный запас товарно-материальных ценностей

**Höchstbetrag** *m* максимальная сумма, предельная сумма

**Höchstbetragshypothek** *f* ипотека, внесённая в кадастр с указанием максимальной суммы стоимости земельного участка

**Höchstbietende** *m f* предлагающий наивысшую цену

**Höchstdauer** *f* максимальный срок; максимальная продолжительность

**Höchstdeckungssumme** *f* максимальная сумма покрытия

**Höchstfrachtsatz** *m* максимальная фрахтовая ставка, наивысшая ставка фрахта

**Höchstgebot** *n* предложение наивысшей цены *(на аукционе)*

**Höchstgewicht** *n* максимальный вес, максимальная масса

**Höchstgrenze** *f* предел; лимит

**Höchstkurs** *m* максимальный курс, наивысший курс

**Höchstleistung** *f* максимальная производительность, рекордная производительность; производственный рекорд; высшее достижение, рекордное достижение

**Höchstlohn** *m* максимальный размер заработной платы; высшая ставка

**Höchstnorm** *f* наивысшая норма

**Höchstpassiva**, *pl* максимальный размер пассивов

**Höchstpreis** *m* максимальная цена *(в том числе устанавливаемая государством предельная цена)*, наивысшая цена

**Höchstprofit** *m* максимальная прибыль

**Höchstrente** *f* максимальный размер пенсии

**Höchstsatz** *m* наивысшая процентная ставка, максимальная процентная ставка

**Höchststand** *m* наивысший уровень

**wissenschaftlich-technischer Höchststand** наивысшие достижения научно-технического прогресса

**Höchstversicherungssumme** *f* максимальная страховая сумма

**Höchstvorrat** *m* максимальный запас

**Höchstwert** *m* максимальное значение, наивысшее значение, максимум

**Höchstwert** наивысшая стоимость *(устанавливается при оценке имущества налоговыми экспертами)*

**Höchstwertprinzip** *n* принцип оценки активов предприятия не выше предельного стоимостного лимита

**hochtreiben**, *vt* взвинчивать *(цены)*

**hochverzinslich** высокопроцентный; высокодоходный *(вклад)*

**Hochwasser- und Überschwemmungsversicherung** *f* страхование от паводков и наводнений; страхование от паводка и наводнений

**Hochwasserzuschlag** *m* надбавка к фрахту *(при паводке)*
**hochwertig** высококачественный, высокосортный
**hochwirksam** высокоэффективный
**Hochzinspolitik** *f* политика высокого ссудного процента *(может осуществляться с целью уменьшения совокупного спроса)*
**Hof** *m* (крестьянский) двор; усадьба
**Höffigkeit** *f* перспективность месторождения
**Hofvorrat** *m* (внутрихозяйственный) запас *(напр., семян)*
**Hofzählung** *f* с.-х. подворная перепись
**Höhe** *f* уровень *(напр., цен)*; предел; величина, размер *(напр., налогов)*
   **Höhe der Investitionen** *соц.* объём капиталовложений
   **Höhe der Kapitalanlagen** объём капиталовложений
   **Höhe der Kapitalinvestitionen** объём капиталовложений
   **in Höhe von** ... в размере ...
**Hoheit** *f* верховная власть, господство, суверенитет
**hoheitlich** суверенный
**Hoheitsbetriebe**, *m, pl* предприятия коммунального хозяйства; предприятия публично-правовых корпораций
**Hoheitsgebiet** *n* государственная территория, территория суверенного государства
**Hoheitsgewässer** *pl* территориальные воды
**Hoheitsrecht**, *n*, **staatliches** суверенное право государства
**höher:**
   **auf ein höheres Niveau bringen** поднимать до более высокого уровня уровня *(напр. объём продаж)*
   **höher bewertet** переоценённый; с завышенным курсом; с завышенной стоимостью

**höhere Beamte** высшие чиновники; ведущие администраторы; представители высшего руководства
**höhere Bildung** высшее образование
**höherer Beamte** старшее должностное лицо; старший менеджер; ведущий менеджер
**Höherbewertung** *f* переоценивание; оценка по завышенной стоимости; завышение стоимости при оценке (напр. стоимости акций)
**höhere Gewalt** *f* непреодолимая сила, форс-мажор
**Höhere-Gewalt-Klausel** *f* оговорка о форс-мажорных обстоятельствах
**der Fall Höherer Gewalt** случай непреодолимой силы, форс-мажорная ситуация
**der Umstand Höherer Gewalt** случай непреодолимой силы, форс-мажорная ситуация
**Höherqualifizierung** *f* повышение квалификации
**Höherstufung** *f* повышение в должности
**Höker** *m* мелочной торговец
**Hökerei** *f* мелкая торговля, мелочная торговля
**Hökerhandel** *m* мелкая торговля, мелочная торговля
**Holding** *f* холдинговая компания *(компания, владеющая большей частью акций или паёв других компаний и управляющая ими)* холдинг-компания, холдинг
**Holding-Bank** *f* банк, представляющий интересы концерна, холдинг-банк
**Holdinggesellschaft** *f* холдинговая компания *(компания, владеющая большей частью акций или паёв других компаний и управляющая ими)* холдинг-компания, холдинг

**Holschuld** *f* долг, взыскиваемый по месту жительства должника; обязательство, исполняемое по месту пребывания должника
**Holzvorräte**, *m, pl* лесные ресурсы
**homo oeconomicus** *m лат. ист.* "экономический человек" *(термин, введённый А. Смитом)*
**Homomorphie** *f* гомоморфизм
**Homomorphismus** *m* гомоморфизм
**Honorant** *m* акцептант-поручитель "за честь" *(лицо, за которое акцептант совершил платёж)*, акцептант - поручитель за аккуратный платёж, поручитель "за честь"; плательщик "за честь" *(в вексельном праве)*
**Honorar** *n* гонорар
**Honorarsteuer** *f* налог на гонорар
**Honorarvertrag** *m* договор на выполнение работы против уплаты гонорара
**Honorat** *m* лицо, за платёж которого поручился акцептант; лицо, за которое акцептант совершил платёж *(в вексельном праве)*
**Honorierung** *f* уплата, платёж *(напр., по векселю)*; акцептование *(векселя)*; ; акцепт; возмещение *(убытков)*; уплата гонорара *(за выполнение работы)*
**Hörigkeit** *f* ист. крепостная зависимость, феодальная зависимость; личная зависимость; кабала; зависимость, подчинённость
**Horizontal-Registratur** *f* горизонтальная форма хранения деловых бумаг *(стопками)*
**Horten** *n* накопление запасов, создание запасов; тезаврирование, накопление *(золота)*

**Hortung** f накопление запасов, создание запасов; тезаврирование, накопление (золота)
**Hortungskauf** m закупка с целью создания запасов
**strategischer Hortungskauf** закупка с целью создания стратегических запасов
**Hortungsmittel** n средство образования запасов; средство образования сокровищ (функция денег)
**hot money** англ. "горячие деньги" (капиталы, часто перемещающиеся из страны в страну в поисках более высокого дохода)
**Hotel** n гостиница, отель
**Hotelbeirat** m контрольный совет при гостиницах и предприятиях общественного питания (работающий на общественных началах; бывш. ГДР)
**Hotelerlös** m выручка гостиницы
**Hotelwesen** n гостиничное дело
**HPA:**
 **HPA, Handelspolitische Abteilung bei der Botschaft** Отдел торговой политики при посольстве бывш. ГДР (в социалистических странах)
 **HPA, Handelspolitischer Ausschuss** Комитет по вопросам торговой политики (ФРГ)
**HPG, Handwerksproduktionsgenossenschaft** производственное товарищество ремесленников
**Hptvg, Hauptvertretung** главное представительство
**HR:**
 **HR, Kroatien** Хорватия
 **HR, Handelsregister** торговый реестр; торговый регистр
 **HRA, Handelsregister A** торговый регистр A (для одиночных торговцев, ФРГ)
 **HRB, Handelsregister B** торговый регистр Б (для торговых организаций, ФРГ)

**HRK, Kuna, - Kroatien** Куна (код валюты 191), - Хорватия
**Hrst, Hersteller** изготовитель, производитель, продуцент
**HS, Harmonisiertes System** единая система обозначения и кодирования товаров в международной торговле; гармонизированная система внешнеторговой деятельности; товарная номенклатура внешнеэкономической деятельности
**HT, Haiti** Гаити, до 1978г. код HO
**HTG, Gourde, - Haiti** Гурд (код валюты 332), - Гаити
**HU, Ungarn** Венгрия
**Hube** f ист. гуфа, надел земли; гуфа (земельная мера)
**Hubwagen** m тележка с грузоподъёмным приспособлением
**Huckepacktransport** m контрейлерные перевозки
**Huckepackverfahren** n система контрейлерных перевозок
**Huckepackverkehr** m контрейлерные перевозки
**HUF, Forint, - Ungarn** Форинт (код валюты 348), - Венгрия
**Hufe** f ист. гуфа, надел земли; гуфа (земельная мера)
**Hulk** m килектор, плашкоут (несамоходное судно, оборудованное грузоподъёмными средствами)
**human** (англ.) человеческий
**human capital** англ. "человеческий капитал" (трудовые ресурсы, включая накопленные знания, образование, опыт)
**human relations** англ. "человеческие отношения"
**Hundert** n сотня, сто штук (мера)
**Hundertsatz** m процент; процентное содержание

**Hungerlohn** m нищенская заработная плата, нищенское жалованье
**HV:**
 **H.V., Handverkauf** ручная продажа
 **HV, Hauptversammlung** общее собрание (акционеров)
 **HV, Hauptverwaltung** правление, главная администрация
**HWK, Handwerkskammer** ремесленная управа, ремесленная палата
**Hygiene** f гигиена (напр., труда на предприятии)
**Hygieneinspektion** f санитарная инспекция
**Hygienenorm** f санитарно-гигиеническая норма
**Hygieneüberwachung** f санитарный надзор
**Hygieneüberwachung im Industriebetrieb** санитарно-промышленный надзор
**hygroskopisch** гигроскопический
**Hyp, Hypothek** f ипотека, закладная
**Hyp B, Hypothekenbuch** ипотечная книга
**Hyp D., Hypothekardarlehen** ипотечная ссуда
**Hypbank, Hypothekenbank** ипотечный банк; банк ипотечного кредитования
**HypBr, Hypothekenbrief** ипотечный акт, акт о регистрации ипотеки в земельном кадастре
**Hyp.D., Hypothekardarlehen** ипотечная ссуда
**hyperarchische Struktur** f гиперархическая структура
**Hyperinflation** f гиперинфляция (кульминация стремительно развивающейся инфляции)
**Hypfr, hypothekenfrei** свободный от ипотеки, незаложенный

**Hypothek** f ипотека, залог недвижимого имущества; ипотека, закладная
**erststellige Hypothek** первая закладная
**eine Hypothek aufnehmen** брать ипотечную ссуду
**mit einer Hypothek belasten** закладывать имущество под ипотеку, обременять имущество ипотекой

**Hypothekablösung** f погашение ипотечной ссуды

**Hypothekar** m ипотекодержатель; кредитор по закладной

**Hypothekardarlehen** n ипотечная ссуда; ссуда под недвижимое имущество

**hypothekarisch** ипотечный, залоговый

**Hypothekarkredit** m ипотечный кредит *(долгосрочный кредит, обеспеченный ипотечными обязательствами, оформляющими залог недвижимого имущества)*

**Hypothekarlebensversicherung** f страхование жизни, при котором страховая сумма предназначена для погашения ипотечной ссуды

**Hypothekarobligation** f ипотечная облигация

**Hypothekarschuldverschreibung** f ипотечная ссуда, ссуда под недвижимое имущество; ипотечная облигация

**Hypotheken-Kreditversicherung** f страхование ипотечных кредитов

**Hypothekenabtretung** f передача ипотеки, уступка ипотеки

**Hypothekenanleihen**, f, pl ипотечные займы

**Hypothekenanstalt** f ипотечный банк

**Hypothekenbank** f ипотечный банк

**Hypothekenbrief** m ипотечный акт, акт о регистрации ипотеки в земельном кадастре

**Hypothekendarlehen** n ипотечная ссуда, ссуда под недвижимое имущество

**Hypothekeneintragung** f ипотечная запись, запись в ипотечную книгу

**hypothekenfrei** свободный от ипотеки, незаложенный

**Hypothekengeschäfte**, n, pl банковские операции по выдаче ипотечных ссуд

**Hypothekengläubiger** m ипотекодержатель, кредитор по закладной

**Hypothekenpfandbrief** m ипотечный закладной лист

**Hypothekenpfandbriefgeschäfte**, n, pl банковские операции по выдаче ипотечных ссуд и выпуску закладных листов

**Hypothekenrecht** n ипотечное право, залоговое право

**Hypothekenregister** n ипотечная книга

**Hypothekenschuld** f ипотечная задолженность, ипотечный долг

**Hypothekenschulden**, f, pl ипотечные займы

**Hypothekenschuldner** m должник по ипотеке

**Hypothekenverschuldung** f ипотечная задолженность, ипотечный долг

**Hypothekenwechsel** m ипотечный вексель *(в соответствии с которым должник отвечает своим недвижимым имуществом)*

**hypothekieren**, vt заложить под ипотеку

**Hypothese** f гипотеза
**alternative Hypothese** альтернативная гипотеза

**Hypothesenprüfung** f проверка гипотезы

**Hypothesenwahrscheinlichkeit** f гипотетическая вероятность

**HZA:**

**HZA, Habenzinsabkommen** соглашение о процентах по кредиту

**HZA, Handels- und Zahlungsabkommen** торговое и платёжное соглашение

**HZA, Hauptzollamt** главное таможенное управление

# I

**I-Gruppen**, f, pl тарифные группы заработной платы инженерно-технических работников

**IA:**

**IA, Inhaberaktie** акция на предъявителя

**i.A., im Auftrag** по поручению

**IAA, Internationales Arbeitsamt** Международное бюро труда, МВТ *(ООН)*

**IABA, International Aircraft Brokers' Association** Международная ассоциация авиационных брокеров

**IAEA, International Atomic Energy Agency** Международное агентство по атомной энергии, МАГАТЭ

**IAFE, International Association of Fairs and Expositions** Международная ассоциация по устройству *(сельскохозяйственных)* ярмарок и выставок *(США)*

**IAO, Internationale Arbeitsorganisation** Международная организация труда, МОТ *(ООН)*

**IAP, Industrieabgabepreis** отпускная цена промышленности, оптовая цена

**IAPIP, International Association for the Protection of Industrial Property** Международная ассоциация по охране прав на промышленную собственность

**IATA, International Air Transport Association** Международная авиатранспортная ассоциация

**i.A.u.f.R., im Auftrag und für die Rechnung** по поручению и за счёт *(такого-то)*

**i.A.u.i.V., im Auftrag und in Vertretung** по поручению и в порядке исполнения обязанностей *(такого-то)*

**i.b., in bond** сложенный на таможенном складе *(до уплаты пошлины)*

**IBAN; International Bank Account Number** *(eng.)*; **standardisierte internationale Kontonummer für grenzüberschreitende Zahlungen innerhalb Europas** стандартизованный банковский номер и номер банковского счета клиента для осуществления платежей между государствами Европейского Союза

**IBCG, Internationaler Bund Christlicher Gewerkschaften** Международная конфедерация христианских профсоюзов, МКХП

**IBEC, International Bank for Economic Cooperation** Международный банк по экономическому сотрудничеству

**Ibf, Industriebankfiliale** филиал торгово-промышленного банка *(бывш. ГДР)*

**IBFG, Internationaler Bund Freier Gewerkschaften** Международная конфедерация свободных профсоюзов, МКСП

**IBRC, International Business Relations Council** Международный совет деловых связей

**IBRD, International Bank for Reconstruction and Development** Международный банк реконструкции и развития, МБРР

**IBWZ, Internationale Bank für wirtschaftliche Zusammenarbeit** Международный банк экономического сотрудничества, МВЭС

**ICA:**

**ICA, International Coffee Agreement** Международное соглашение по кофе

**ICA, International Cooperative Alliance** Международный кооперативный альянс, МКА

**ICAE, International Conference of Agricultural Economists** Международная конференция *(общество)* по изучению экономических проблем сельского хозяйства

**ICAO, International Civil Aviation Organization** Международная организация гражданской авиации

**ICB, International Container Bureau** Международное бюро по контейнерам

**ICC:**

**I.C.C., Institute Cargo Clauses** условия страхования грузов, принятые Объединением лондонских страховщиков

**ICC, International Chamber of Commerce** Международная торговая палата, МТП

**ICCE, International Council of Commerce Employers** Международный совет владельцев торговых предприятий

**ICCH, International Commodity Clearing House** Международная палата клиринговых расчётов

**ICFTU, International Confederation of Free Trade Unions** Международная конфедерация свободных профсоюзов, МКСП

**ICHCA, International Cargo Handling Coordination Association** Международная ассоциация по рационализации транспортно-грузовых операций

**ICIA, International Credit Insurance Association** Международная ассоциация по страхованию кредитных операций, МАСК

**ICITO, Interim Commission of the International Trade Organization** Временная комиссия Международной торговой организации *(ООН)*

**ICRICE, International Centre of Research and Information on Collective Economy** Международный центр по изучению коллективной экономики

**ICSM, International Committee of Scientific Management** Международный комитет по проблемам научного менеджмента

**ICT International Commercial Terms** Инкотермс *(международная форма торговых условий, установленных Международной торговой палатой)*

**ID:**

**ID** идентификатор

**ID** псевдоним (пользователя)

**ID, Indonesien** Индонезия

**i.D., im Durchschnitt** в среднем

**IDA, International Development Association** Международная ассоциация экономического развития, МАР

**Idealindex** *m* стат. идеальный индекс *(по Ирвингу Фишеру)*

**Idealisierung** *f* идеализация

**Ideenbank** *f* банк идей

**Ideenfindung** *f* нахождение идей

**Ideenkonferenz** *f* конференция идей, метод отнесённой оценки *(метод прогнозирования)*

**Identitätsnachweis** *m* подтверждение идентичности товара *(при таможенном досмотре)*, подтверждение тождества *(вывозимого товара с ранее ввезённым)*

**Identitätssicherung** *f* меры по обеспечению идентичности, мероприятия, обеспечивающие идентичность *(прошедшего таможенную очистку товара)*

**i.d.F., in der Fassung** в редакции

**idle money** *англ.* неиспользуемые денежные ресурсы, тезаврированные денежные ресурсы

**IDR, Rupiah, - Indonesien** Рупия *(код валюты 360)*, - Индонезия

**IE:**

**IE, Internationale Einheit** международная единица *(измерения)*

**IE, Irland** Ирландия

**IEA:**

**IEA, International Economic Association** Международная ассоциация экономических наук

**IEA, International Energy Agency** международное энергетическое агентство

**IEB, Interamerikanische Entwicklungsbank** Межамериканский банк развития

**IEP, Irisches Pfund, - Irland** Ирландский фунт *(код валюты 372), в н.в. заменена на* Евро **EURO**, - Ирландия

**IFA, International Fiscal Association** Международная налоговая ассоциация

**IFAP, International Föderation of Agricultural Producers** Международная федерация сельскохозяйственного производства

**IfB, Institut für Bedarfsforschung** Институт изучения спроса *(бывш. ГДР)*

**IFC, International Finance Corporation** Международная финансовая корпорация, МФК

**IFRS; International Financial Reporting Standards** *(eng.)* Международные стандарты финансовой отчетности

**IFH, Internationale Föderation des Handwerks** Международная федерация (союзов) ремесленников

**IFIG, Internationales Forschungs- und Informationszentrum für Gemeinwirtschaft** Международный центр по изучению коллективной экономики

**IFO, Institut für Wirtschaftsforschung** Институт экономических исследований

**IfW, Rheinisch-Westfälisches Institut für Wirtschaftsforschung** Рейнско-вестфальский институт экономических исследований *(ФРГ)*

**IG:**

**IG, IG-Farben, Interessengemeinschaft der Deutschen Farbenindustrie** И. Г. Фарбениндустри *(крупнейший химический концерн Германии)*

**IG, Interessengemeinschaft** объединение, концерн, пул

**i.G., im Gold** в золотом исчислении

**IGB, Internationaler Genossenschaftsbund** Международный кооперативный альянс, МКА

**IGB, Internationales Gewerkschaftsbüro** Международное бюро профсоюзов

**IGU, Internationale Gewerbe-Union** Международный союз ремесленников и владельцев мелких и средних торгово-промышленных предприятий

**IHB, Industrie- und Handelsbank** торгово-промышленный банк *(бывш. ГДР)*

**IHI, Internationales Handelsinstitut** Международный институт торговли

**IHK:**

**IHK, Industrie- und Handelskammer der DDR** Торгово-промышленная палата бывш. ГДР

**IHK, Internationale Handelskammer** Международная торговая палата, МТП

**IIAS, International Institute of Administration Sciences** Международный институт администрирования

**IIB:**

**IIB, Institut International des Brevets** Международный патентный институт

**IIB, Internationale Investitionsbank** Международный инвестиционный банк

**I.I.C., International Institute of Commerce** Международный институт торговли

**IIE, Institut International de l'Epargne** Международный институт *(общество)* сберегательных касс

**IIPF, International Institute for Public Finance** Международный институт государственных финансов

**IIS:**

**IIS, Internationales Institut des Sparwesens** Международный институт сберегательных касс

**IIS, Internationales Institut für Statistik** Международный статистический институт

**IISA International Institute of Administration Sciences** Международный институт администрирования

**i.K., in Konkurs** в стадии конкурса *(вследствие несостоятельности должника)*

**I.K.K., Innungskrankenkasse** больничная касса союзов ремесленников

**IL:**

**IL, Israel** Израиль

**i.L., in Liquidation** в стадии ликвидации

**ILA, International Law Association** Ассоциация международного права *(международная организация)*

**Illation** *f* имущественный вклад *(в виде вещей или передаваемых прав)*

**Illationsgründung** *f* участие в учреждении акционерного общества имущественным вкладом

**illegal** нелегальный

**illimitiert** неограниченный, нелимитированный

**illiquid** неликвидный, неплатёжеспособный

**Illiquidität** *f* неликвидность; отсутствие наличных средств

**ILO, International Labour Organization** Международная организация труда, МОТ *(ООН)*

**ILS, Neuer Schekel, - Israel** Шекель *(код валюты 376)*, - Израиль

**IMAG, Internationale Messe- und Ausstellungsdienst-Gesellschaft** Общество по обслуживанию международных ярмарок и выставок

**Image** *англ.* престиж, репутация *(фирмы)*

**Image** *вчт.* загрузочный модуль

**imaginär** мнимый; воображаемый, кажущийся

**IMC:**

**IMC, International Maritime Committee** Международный морской комитет *(унификации морского и торгового права)*

**IMC, International Materials Conference** Международная конференция по сырьевым ресурсам

**IMCO, Intergovernmental Maritime Consultative Organization** Межправительственная морская консультативная организация, ИМКО

**IMF, International Monetary Fund** Международный валютный фонд, МВФ

**Imkerei** *f* пчеловодство

**Immaterialgut** *n* нематериальная ценность, интеллектуальная собственность *(напр., авторские права)*

**Immaterialgüter,** *n, pl* нематериальные ценности (мн. ч.); нематериальные активы (мн.ч.)

**Immaterialgüterrecht** *n* право на нематериальные ценности *(напр., авторское право, патентное право)*

**Immission** *f* воздействие экологически вредных выбросов *(на людей и имущество)*, вредное воздействие *(напр., дыма, газа, сажи)*

**immobil** недвижимый

**Immobiliarbesitz** *m* владение недвижимым имуществом

**Immobiliarklausel** *f* приложение к доверенности, расширяющее полномочия доверенного лица распоряжаться земельными участками

**Immobiliarkredit** *m* кредит под недвижимость; ипотечный кредит

**Immobiliarkreditinstitut** *n* ипотечный банк

**Immobiliarvermögen** *n* недвижимое имущество, недвижимость

**Immobiliarverpfändung** *f* залог недвижимого имущества

**Immobiliarversicherung** *f* страхование недвижимого имущества, страхование недвижимости

**Immobiliarvollstreckung** *f* обращение взыскания на недвижимое имущество

**Immobilien,** *pl* недвижимое имущество, недвижимость

**Immobilienhandel** *m* торговля недвижимым имуществом

**Immobilienkredit** *m* кредит под недвижимость; ипотечный кредит

**Immobiliensteuer** *f* налог на недвижимое имущество

**Immobillarkreditinstitut** *n* ипотечное кредитное учреждение; ипотечный банк

**Imp., Import** импорт, ввоз

**Imparität** *f* неравенство *(напр., расхождение между суммами доходов и расходов в балансе)*

**Imparitätsprinzip** *n* принцип импаритета *(балансовая оценка имущества по низшей стоимости)*

**Imperialismus** *m* империализм

**Implikation** *f* включение; предположение, предпосылка, импликация

**impliziert** скрытый, неявный; включая

**Import** *m* импорт, ввоз, *см. также* Einfuhr

**direkter Import** прямой импорт, импорт без участия посредников

**mittelbarer Import** косвенный импорт, импорт с участием посредников

**unmittelbarer Import** прямой импорт, импорт без участия посредников

**unmittelbarer Import** невидимый импорт, серый импорт

**Import-Export-Koordinierung** *f* координация экспорта и импорта

**importabel** импортируемый; пригодный для импорта

**Importabgabepreis** *m* отпускная цена на импортные товары, отпускная цена по импорту сбытовая цена на импортные товары

**Importanteil** *m* доля импорта, удельный вес импорта

**Importartikel** *m* импортный товар, предмет импорта, статья импорта

**Importaufwendungen,** *f, pl* затраты на импорт

**Importbedarf** *m* спрос на импортные товары

**Importbedürfnisse,** *n, pl* потребности в импорте

**Importbeschränkung** *f* ограничение импорта

**Importbewilligung** *f* импортная лицензия, ввозная лицензия, разрешение на ввоз

**Importdepot** *n* импортный депозит *(способ ограничения импорта - внесение в банк наличных средств в размере определённого процента от стоимости импортируемого товара)*

**Importdokumente,** *n, pl* документы на импортный товар

**Importe** *m, pl* импортируемые товары, предметы импорта

**Importen,** *pl* предметы импорта, импортные товары

**Importerlaubnis** *f* импортная лицензия, ввозная лицензия, разрешение на ввоз

**Importerschwerung** *f* ограничение импорта

**Importerzeugnis** *n* импортный товар; импортное изделие

**Importeur** *m фр.* импортёр

**importfähig** пригодный для импорта

**Importfinanzierung** *f* финансирование импорта

**Importfirma** *f* фирма-импортёр, импортирующая фирма

**Importförderung** *f* содействие импорту, стимулирование импорта, содействие развитию импорта

**Importfunktion** *f* функция импорта

**Importgebühren,** *f, pl* ввозная пошлина

**Importgenehmigung** *f* импортная лицензия, ввозная лицензия, разрешение на ввоз

**Importgeschäft** *n* импортная сделка, импортная операция; импортное торговое предприятие

**Importgut** *n* импортный товар

**Importhandel** *m* импорт, импортная торговля

**Importhandelsspanne** *f* отрицательное сальдо торгового баланса *(возникающее, напр. в результате незапланированного увеличения импорта)*

**Importhaus** *n* фирма-импортёр *(посредник между заказчиком и зарубежными фирмами-поставщиками)*, импортирующая фирма

**importhemmend** сдерживающий импорт

**importieren,** *vt* импортировать, ввозить

**Importintensität** *f* доля импорта в обеспечении *каким-л.* товаром, удельный вес импорта в обеспечении *каким-л.* товаром, "импортоёмкость"

**Importkapazität** *f* импортные возможности *(страны)*

**Importkaufmann** *m* коммерсант, занимающийся импортными операциями

**Importkontingent** *n* импортный контингент, контингент импортных товаров

**Importkontor** *n* контора по импорту *(товаров)*, импортная контора; отдел по импорту во внешнеторговых объединениях бывш. ГДР

**Importkontrolle** *f* контроль над импортом

**Importkosten,** *pl* расходы, связанные с импортом товаров

**Importkraft** *f* импортные возможности *(страны)*

**Importlager** *n* склад импортных товаров

**Importland** *n* импортирующая страна, ввозящая страна, страна-импортёр

**Importliste** *f* список импортируемых товаров, перечень импортируемых товаров, перечень импортных товаров

**Importlizenz** *f* импортная лицензия, ввозная лицензия, разрешение на ввоз

**Importmeldung** *f* импортная декларация

**Importmöglichkeiten,** *f, pl* импортные возможности *(страны)*

**Importnegativattest** *n* документ, подтверждающий народно-хозяйственную необходимость импорта определённого товара *(бывш. ГДР)*

**Importneigung** *f* склонность к импорту

**Importplan** *m* импортный план, план по импорту

**Importposition** *f* статья импорта, предмет импорта

**Importposten** *m* статья импорта, предмет импорта

**Importpotential** *n* импортный потенциал

**Importpreis** *n* импортная цена

  **durchschnittlicher Importpreis** средняя импортная цена

**Importpreisindex** *m* индекс импортных цен

**Importquote** *f* импортная квота *(соотношение между стоимостью импорта товаров и услуг и величиной совокупного общественного продукта)*

**Importrestriktion** f ограничение импорта; ограничение на импорт

**Importrückgang** m сокращение импорта, уменьшение импорта

**Importsog** m большой спрос на импортные товары

**Importsperre** f запрещение импорта, запрет импорта

**Importstatistik** f импортная статистика, статистика *(товарного)* импорта

**Importsteuer** f импортный налог, налог на импортируемые товары

**Importstruktur** f структура импорта

**Importsubstitution** f замещение импорта внутренним производством

**Importüberhang** m пассивный торговый баланс, пассивный баланс внешней торговли *(превышение импорта над экспортом)*, превышение импорта над экспортом

**Importüberschuss** m пассивный торговый баланс, пассивный баланс внешней торговли *(превышение импорта над экспортом)*, превышение импорта над экспортом

**Importumsatz** m оборот по импорту

**Importunternehmen** n фирма-импортёр, импортирующая фирма

**Importverbot** n запрещение импорта, запрет импорта

**Importvereinigung** f импортное объединение

**Importverfahren** n импортный режим; регулирование импорта

**Importvertrag** m договор на импорт, контракт на импорт

**Importvolumen** n объём импорта

**Importware** f импортный товар

**Importwünsche**, m, pl импортные потребности

**Importzertifikat** n импортный сертификат *(гарантии правительства страны-импортёра, делающие невозможным реэкспорт импортированного товара без особого разрешения)*

**Importziel** n импортный план, план по импорту

**Importzinsen**, m, pl проценты по импортным операциям

**Importzoll** m импортная пошлина, ввозная пошлина

**Impulskauf** m необдуманная покупка *(часто сделанная под влиянием рекламы)*

**imputiert** оценочный

**IMS:**
 **IMS, Information Management System** система управления базами данных для больших ЭВМ
 **IMS, Informations-Management-System** информационная система управления

**IN, Indien** Индия

**in Bausch und Bogen** целиком, всё вместе, оптом, гуртом

**in bond** англ. беспошлинно, но под таможенным контролем

**in bond** англ. находящийся на хранении на таможенном складе *(до уплаты пошлины)*

**in bulk** англ. без упаковки; насыпью, навалом; наливом

**in bulk** англ. целиком, всё вместе

**in dispute** англ. отметка в коносаменте о наличии разногласия между судовладельцем и грузоотправителем; отметка в коносаменте о разногласиях между отправителем и перевозчиком относительно количества груза

**in full** англ. твёрдая сумма фрахта *(независимо от количества и объёма груза - при перевозке машин и оборудования)*

**in saldo** бухг. в остатке
 **in saldo bleiben** оставаться должным

**In-Ballast-Fahrt** f балластный пробег

**Inanspruchnahme** f использование; ограничение прав; лишение *(напр., собственности)* в пользу государства
 **Inanspruchnahme bewilligter Haushaltsmittel** освоение бюджетных ассигнований, использование бюджетных ассигнований

**inäquivalent** неэквивалентный

**Inbetriebnahme** f ввод в эксплуатацию, сдача в эксплуатацию, пуск в производство
 **Inbetriebnahme neuer Kapazitäten** ввод новых мощностей

**Inbetriebsetzung** f ввод в эксплуатацию, сдача в эксплуатацию, пуск в производство

**Inc., incorporated** зарегистрированный как корпорация *(США)*

**Incentive** f стимул, побудительный мотив *(напр., в виде налоговых льгот или дотаций)*

**incorporated** англ. (официально) зарегистрированный в качестве юридического лица

**Incoterms, International Commercial Terms** Инкотермс *(международная форма торговых условий, установленных Международной торговой палатой)*

**Ind:**
 **Ind., Index** индекс
 **Ind., Indossament** индоссамент, передаточная надпись *(на векселе)*
 **Ind., Industrie** промышленность, индустрия

**Indemnisation** f возмещение ущерба, компенсация

**indemnisieren,** *vt* возмещать ущерб, компенсировать ущерб

**Indemnität** *f* возмещение ущерба, компенсация ущерба, гарантия от убытка; *юр.* освобождение от ответственности, индемнитет

**Indemnitätsbrief** *m* гарантийное письмо

**Indent** *m* индентная операция; выдача заказа на закупку импортного товара через посредника

**Indentgeber** *m* импортёр, дающий заказ на закупку товара,

**Indentgeschäft** *n* индентная операция; выдача заказа на закупку импортного товара через посредника

**Indentnehmer** *m* экспортёр, получающий заказ на поставку товара

**Indentvertreter** *m* заграничный представитель импортёра; посредник, осуществляющий индентные операции

**Index** *m* индекс; показатель; указатель, индекс; реестр, список

**Index der durchschnittlichen Veränderung** *стат.* средний индекс

**Index der Frühindikatoren** индекс опережающих индикаторов

**Index der Spätindikatoren** индекс запаздывающих индикаторов

**Index der Verbraucherpreise** индекс цен на потребительские товары

**Index des Kostensatzes** *стат.* индекс затрат на единицу продукции

**Index des Kostenvolumens** *стат.* индекс издержек производства

**Index kürzer führender Indikatoren** индекс краткосрочных опережающих индикаторов (США)

**Index länger führender Indikatoren** индекс долгосрочных опережающих индикаторов (США)

**Index mit fester Basis** *стат.* базисный индекс

**Index mit fester Struktur** *стат.* индекс постоянного состава

**Index mit variabler Struktur** *стат.* индекс переменного состава

**Index mit variabler Zusammensetzung** *стат.* индекс переменного состава

**Index mit veränderlicher Basis** *стат.* цепной индекс

**Index mit veränderlicher Struktur** *стат.* индекс переменного состава

**Index übereinstimmender Indikatoren** индекс совпадающих индикаторов (США)

**arithmetischer Index** *стат.* арифметический индекс

**Dow-Johnes-Index** *m* индекс Доу-Джонса

**einfacher Index** *стат.* индивидуальный индекс

**geometrischer Index** *стат.* геометрический индекс

**gewogener Index** *стат.* взвешенный индекс

**harmonischer Index** *стат.* гармонический индекс

**ungewogener Index** *стат.* невзвешенный индекс

**zusammengesetzter Index** *стат.* сводный индекс

**Indexaktie** *f* индексированная акция *(привязанная к индексу цен)*

**Indexanleihe** *f* индексированный заем

**Indexanleihe** *f* индексированная облигация

**Indexbildung** *f* индексация

**Indexbindung** *f* индексация *(обязательство, предусматривающее увеличение номинальной величины выплат - заработной платы, пенсии и т.п. - в соответствии с ростом цен)*

**Indexbindung** смыкание индексов

**Indexbindung** индексирование, индексация

**Indexdatei** *f* индексный файл; файл индекса; индекс

**Indexfamilie** *f* *стат.* семья, служащая основой для исчисления индекса стоимости жизни *(обычно семья из четырёх человек)*, "стандартная" семья, расходы которой используются для исчисления индекса стоимости жизни

**indexgebunden** индексированный

**indexgebundenes Darlehen** индексированный заем

**indexgebundene Entlastung** индексированная скидка *(с налога)*

**Indexgewichte** *n pl стат.* веса индекса

**Indexerstellung** *f* составление индекса

**indexieren** *vi* индексировать, увязывать с индексом

**indexieren** устанавливать коэффициент

**indexieren** (бирж.) устанавливать индекс (курса акций)

**indexieren** снабжать указателем

**indexiert** (страх., бирж.) индексированный

**indexierte Lebensversicherung** индексированное страхование жизни

**indexierte Staatsanleihe** индексированный государственный заем

**indexierter Wertpapierinvestitionsplan** *m* (бирж.) план индексированных инвестиций в ценные бумаги

**Indexierung** *f* индексирование; индексация; установка индекса (курса акций)

**Indexklausel** *f* (страх.) статья договора, предусматривающая при повышении индекса стоимости жизни соответствующую надбавку к задолженности; статья об индексации (в договоре)

**Indexklausel** оговорка о скользящих ценах (устанавливающая окончательную цену в зависимости от издержек производства)

**Indexklausel** условие "скользящей шкалы" (в коллективных договорах); эскалационная клаузула (условие в коллективном договоре, требующее повышения заработной платы соответственно росту цен на потребительские товары)

**Indexkriterium** *n* критерий оценки индексов

**Indexlehre** *f* стат. индексная теория

**Indexliste** *f* список индексов

**Indexlohn** *m* индексированная зарплата, см. Indexbindung

**Indexlohn** форма оплаты (труда), учитывающая изменение индекса стоимости жизни

**Indexmethode** *f* индексный метод

**Indexmiete** *f* индексированная аренда

**Indexmiete** *f* индексированный лизинг

**Indexoption** *f* индексный опцион (на основе биржевого индекса)

**indexorientierter Fonds** *m* индексированный паевой фонд

**Indexpacht** *f* индексированная аренда

**Indexpunkt** *m* (бирж.) индексная позиция; индексный пункт

**Indexregister** *n* индексный регистр

**Indexreihe** *f* индексный ряд

**Indexrente** *f* динамическая рента (рост её связан с ростом стоимости жизни)

**Indexsystem** *n* стат. система индексов

**Indexterminkontrakt** *m* (бирж.) индексный фьючерсный контракт, индексный срочный контракт

**Indexversicherung** *f* страхование, основанное на механизме индексов (для защиты страхователя от убытков в результате падения стоимости денег), страхование с использованием индексной оговорки

**Indexwährung** *f* регулируемая валюта

**Indexzahl** *f* стат. индексное число, индекс; цифровой индекс; числовой индекс; числовое значение индекса

**Indexzahl mit fester Basis** стат. базисный индекс

**Indexzahl mit veränderlicher Basis** стат. цепной индекс

**Indexziffer** *f* индекс; показатель

**Indexziffer** цифровой индекс; числовой индекс; числовое значение индекса

**Indiensthaltung** *f* эксплуатация; содержание в исправности

**Indienststellung** *f* ввод в эксплуатацию, сдача в эксплуатацию

**Indifferenzintervall** *n* интервал безразличия

**Indifferenzkurve** *f* кривая безразличия

**Indifferenzlehre** *f* теория безразличия

**Indifferenzmarge** *f* нейтральная маржа

**Indifferenzsystem** *n* система безразличия

**Indikation** *f* индикация

**indikativ** индикативный

**indikative Planung** *f* индикативное планирование

**Indikator** *m* индикатор, показатель

**monäterer Indikator** индикатор денежно-кредитной политики (может использоваться для характеристики эффективности денежно-кредитной политики)

**indirekt** косвенный

**indirekte Adressierung** *f* (выч. тех.) косвенная адресация; многоуровневая адресация

**indirekte Besteuerung** *f* косвенное налогообложение

**indirekte Investition** *f* портфельные инвестиции

**indirekte Kosten** *pl* бухг. косвенные издержки

**indirekte Lohnkosten** *pl* непроизводственная заработная плата

**indirekte Lohnkosten** *pl* издержки на непроизводственную рабочую силу

**indirekte Steuer** *f* косвенный налог

**indirekte Parität** *f* кросс-курс (соотношение двух валют, рассчитанное по их курсу относительно курса третьей валюты); косвенный обменный курс

**indirekter Wechselkurs** *m* кросс-курс; косвенный обменный курс

**indisponibel** несвободный; не могущий быть использованным; замороженный (о капитале)

**Individual-** (в сл.сл.) индивидуальный; частный; личный

**Individualbesitz** *m* единоличное обладание; частное владение

**Individualeinkommen** *n* индивидуальный доход, личный доход

**Individualfinanzierung** f индивидуальное финансирование, прямая кредитная сделка

**Individualsparen** n индивидуальные вклады в сберегательную кассу

**Individualversicherung** f индивидуальное страхование

**Individualwirtschaft** f частное хозяйство; *(с.-х.)* единоличное хозяйство

**privater Individualverkehr** m частный транспорт, личный транспорт

**Indizes** m pl индексы *(мн.ч.)*, *см. тж.* Index m

**Indizes mit konstanter Gewichtung** *стат.* индексы с постоянными весами

**Indizes mit variabler Gewichtung** *стат.* индексы с переменными весами

**Indizierung** f определение индексов, индицирование

**indossabel** индоссируемый, передаваемый по индоссаменту

**Indossament** n индоссамент *(передаточная надпись на обратной стороне документа, посредством которой оговоренное этим документом право переходит от индоссанта к указанному им индоссату)*

**Indossament ausstellen** индоссировать, жирировать, делать передаточную надпись (на обороте векселя)

**beschränktes Indossament** ограниченный индоссамент

**durch Indossament übertragbar** индоссируемый, передаваемый по индоссаменту

**unvollständiges Indossament** неполная передаточная надпись, неполный индоссамент

**vollständiges Indossament** полная передаточная надпись, полный индоссамент

**Indossamentobligo** n обязательство по индоссаменту

**Indossamentverbindlichkeit** f обязательство по индоссаменту

**Indossant** m индоссант, прежний владелец ценной бумаги *(или другого финансового обязательства)*

**nachfolgender Indossant** последующий индоссант

**vorhergehender Indossant** предыдущий индоссант, предшествующий индоссант

**Indossat** m индоссат, жират, приобретатель прав, векселеприобретатель *(по передаточной надписи)*

**Indossatar** m индоссат, жират, приобретатель прав, векселеприобретатель *(по передаточной надписи)*

**Indossateur** m индоссат, жират, приобретатель прав, векселеприобретатель *(по передаточной надписи)*

**indossement** *англ.* индоссамент, передаточная надпись

**Indossent** m индоссант, прежний владелец ценной бумаги *(или другого финансового обязательства)*

**indossierbar** индоссируемый, передаваемый по индоссаменту

**indossieren,** vt индоссировать, жирировать, переводить на другое лицо *(напр. вексель)*, делать передаточную надпись (на обороте векселя)

**indossieren** индоссировать, переводить на другое лицо *(напр. вексель)*

**Indossierung** f индоссирование, жирирование, переуступка векселя по передаточной надписи

**Indosso** n индоссамент, индоссо, жиро, передаточная надпись

**industrialisieren,** vt индустриализировать

**Industrialisierung** f индустриализация

**Wachstum der Industrialisierung** растущая индустриализация; развитие индустриализации

**Industrialisierungsgrad** m уровень индустриализации

**Industrialisierungspolitik** f политика индустриализации

**Industrialismus** m индустриализм, преобладание промышленности *(в экономике)*

**Industrie** f промышленность, индустрия

**einheimische Industrie** отечественная промышленность

**extraktive Industrie** добывающая промышленность

**feinmechanische und optische Industrie** промышленность, производящая приборы точной механики и оптики

**hausgewerbliche Industrie** кустарная промышленность; ремесленные промыслы (мн. ч.)

**kapitalintensive Industrie** капиталоёмкая отрасль промышленности

**leistungsfähige Industrie** мощная индустрия, мощная промышленность

**lohnintensive Industrie** трудоёмкая отрасль промышленности

**materialintensive Industrie** материалоёмкая отрасль промышленности

**örtliche Industrie** местная промышленность

**verarbeitende Industrie** обрабатывающая промышленность

**volkseigene Industrie** государственная промышленность *(бывш. ГДР)*

**weiterverarbeitende Industrie** обрабатывающая промышленность

**Industrie- und Handelsbank** f торгово-промышленный банк

**Industrie- und Handelskammer** f; **IHK** торгово-промышленная палата, ТПП

**Industrie-Agrarland** n индустриально-аграрная страна

**Industrie-Norm** f промышленный стандарт

**Deutsche Industrie-Norm** f; **DIN** промышленный стандарт ФРГ, ДИН

**Industrieabfälle** m pl промышленные отходы, отходы промышленного производства

**Industrieabgabepreis** m отпускная цена промышленности, оптовая цена промышленности, отпускная цена промышленной продукции

**Industrieabteilung** f промышленный отдел

**Industrieabwässer** pl промышленные сточные воды

**Industrieaktie** f акция промышленного предприятия, промышленная акция

**Industrieanlage** f промышленная установка, производственная установка; промышленное оборудование, производственное оборудование; промышленное сооружение

**Industrieanlagenexport** m экспорт промышленного оборудования

**Industriearbeiter** m промышленный рабочий, производственный рабочий, индустриальный рабочий

**Industrieartikel** m промышленный товар; изделие промышленности

**Industrieausrüstung** f промышленное оборудование; оборудование для промышленных предприятий

**Industrieausstellung** f промышленная выставка

**Industriebahn** f железная дорога внутризаводского транспорта

**Industriebank** f промышленный банк; банк по финансированию промышленного строительства *(в развивающихся странах)*

**Industriebankfiliale** f филиал торгово-промышленного банка *(бывш. ГДР)*

**Industriebau** m промышленное строительство, промышленная стройка; промышленное здание

**Industriebedarf** m промышленный спрос; потребности промышленности

**Industriebereich** m сфера промышленности; отрасль промышленности

**Industriebericht** m отчёт промышленного предприятия

**Industriebeschäftigte** pl занятые в промышленности, работающие в промышленности

**Industriebetrieb** m промышленное предприятие

**wissenschaftlicher Industriebetrieb** научно-исследовательское промышленное предприятие, промышленное предприятие научно-исследовательского характера

**Industriebevölkerung** f индустриальное население

**Industriebezirk** m промышленный район, индустриальный район

**Industriebilanz** f баланс промышленного предприятия, баланс промышленной отрасли, баланс фирмы

**Industriebörse** f биржа готовых изделий

**Industriedynamik** f индустриальная динамика *(метод исследования работы предприятий и фирм)*

**Industrieerzeugnis** n промышленное изделие

**Industrieerzeugung** f промышленное производство

**Industriefernsehen** n промышленное телевидение *(для контроля за производственными процессами)*

**Industrieformgestaltung** f художественное оформление промышленных изделий, промышленная эстетика, дизайн

**Industriefusion** f слияние промышленных предприятий

**Industriegebiet** n промышленный район, индустриальный район

**Industriegelände** n заводская территория; район промышленных предприятий *(в городе)*

**industriegemäß** индустриальный, промышленный

**Industriegemeinde** f промышленная община

**Industriegeographie** f география промышленности

**Industriegesellschaft** f индустриальное общество

**Industriegewerkschaft** f профессиональный союз производственных рабочих *(определённой отрасли промышленности)*; профсоюз в определённой отрасли промышленности

**Industriegruppe** f подотрасль промышленности

**Industrieguter** n промышленный товар

**Industriegüter** n pl промышленные товары (мн.ч.)

**Industriehandelskammer** f торгово-промышленная палата

**bei der Industriehandelskammer** при торгово-промышленной палате

**Industriehygiene** f промышленная гигиена

**Industriehypothek** f ипотека на участок, занятый промышленным предприятием

**Industrieinstitut** *n* инженерно-экономический институт

**Industrieinvestitionen** *f pl* капиталовложения в промышленность, инвестиции в промышленность; промышленные инвестиции

**Industriekalkulation** *f* калькуляция промышленного предприятия

**Industriekapital** *n* промышленный капитал, индустриальный капитал

**Industriekapitalismus** *m* промышленный капитализм

**Industriekapitän** *m* промышленный магнат

**Industriekapitän** флагман индустрии

**Industriekaufmann** *m* экономист по сбыту и снабжению; специалист по сбыту и снабжению *(на промышленном предприятии)*; менеджер по сбыту

**Industriekooperation** *f* промышленная кооперация

**internationale Industriekooperation** международная промышленная кооперация

**Industriekredit** *m* промышленный кредит

**Industriekreditbank** *f* промышленный банк; банк по финансированию промышленного строительства *(в развивающихся странах)*

**Industriekreise** *m, pl* промышленные круги

**Industriekrise** *f* промышленный кризис

**Industriekunst** *f* художественное оформление промышленных изделий, промышленная эстетика, дизайн

**Industrieladen** *m* промтоварный магазин; магазин промышленных товаров

**Industrieladen** фабричный магазин (торгующий по оптовым или сниженным ценам)

**Industrieland** *n* индустриальная страна, промышленно развитая страна

**Industrielandschaft** *f* индустриальный ландшафт, промышленный ландшафт

**industriell** промышленный, индустриальный

**industriell** *(изготовленный)* фабрично-заводским способом, заводского производства

**industriell hergestellt** изготовленный промышленным способом; заводского производства

**industriell-technisch** индустриально-технический

**industrielle Fertigung** промышленное производство

**in industriellem Umfang** в промышленных масштабах

**Industriellenkreise** *m, pl* промышленные круги (мн.ч.)

**Industriellenverband** *m* союз промышленников, союз фабрикантов; индустриальный союз

**Industrieller** *m* промышленник, фабрикант

**Industriemacht** *f* индустриальная мощь; страна с развитой промышленностью, индустриальная держава

**Industriemathematik** *f* промышленная математика

**Industrieministerium** *n* промышленное министерство

**Industriemonopol** *n* промышленная монополия

**Industriemuster** *n* промышленный образец

**Industrienachfrage** *f* промышленный спрос

**Industrieobligation** *f* промышленная облигация

**Industrieökonomik** *f* экономика промышленности

**Industriepolice** *f страх.* полис по страхованию промышленных рисков

**Industriepolitik** *f* политика в области промышленности

**Industriepreis** *m* цена на промышленную продукцию и услуги промышленности; (оптовая) цена промышленности

**Industriepreisbildung** *f* ценообразование в промышленности

**Industriepreisreform** *f* реформа цен на промышленную продукцию и услуги промышленности

**Industriepreisregelsystem** *n* система регулирования цен на промышленную продукцию и услуги промышленности

**Industrieprodukt** *n* изделие промышленности

**Industrieproduktion** *f* промышленная продукция, продукция промышленности

**Industrieproduktion** промышленное производство

**Industrieproduktionsindex** *m* индекс промышленного производства

**Industrieschaden** *m* экологический ущерб от работы предприятия; загрязнение внешней среды предприятием

**Industrieschuldverschreibung** *f* промышленная облигация

**Industriesortiment** *n* ассортимент промышленной продукции, номенклатура промышленной продукции

**Industriesoziologie** *f* индустриальная социология

**Industriestaat** *m* индустриальная страна, промышленно развитая страна

**Industriestadt** *f* промышленный город, индустриальный город

**Industriestatistik** *f* промышленная статистика, статистика промышленности

**Industriestruktur** *f* структура промышленности

**Industriesystem** *n* промышленная система

**Industrietyp** *m* тип промышленного предприятия

**Industrietypen** *m, pl* типы промышленных предприятий

**Industrieuhr** *f* табельные контрольные часы

**Industrieumsatz** *m* оборот промышленности, промышленный оборот

**Industrieunternehmer** *m* промышленник; предприниматель в области промышленности; биснесмен в области производства

**Industrieverband** *m* союз промышленников

**Industrieverband** профессиональный союз промышленных рабочих

**Industrievereinigung** *f* союз промышленников

**Industrievereinigung** профессиональный союз промышленных рабочих

**Industrieverlagerung** *f* перемещение промышленности; перебазирование промышленных предприятий

**Industrieversuchsstelle** *f* экспериментальная промышленная лаборатория

**Industrievertrieb** *m* промышленный сбыт, сбыт промышленной продукции

**Industrievertriebsnetz** *n* промышленная сбытовая сеть

**Industriewaren** *fpl* промышленные товары *(мн.ч.)*, промтовары *(мн.ч.)*; фабричные товары *(мн.ч.)*, товары заводского производства *(мн.ч.)*

**lebensnotwendige Industriewaren** промышленные товары первой необходимости

**Industriewaren-Handelsorganisation** *f* государственная розничная торговля промышленными товарами

**Industriewaren-Verkaufsstelle** *f* магазин промышленных товаров, промтоварный магазин; магазин "промтовары"

**Industriewarenabteilung** *f* отдел промышленных товаров; отдел промтоваров

**Industriewerbung** *f* промышленная реклама

**Industriewerk** *n* промышленное предприятие

**Industriewerte** *m, pl* акции промышленных компаний

**führende Industriewerte** акции ведущих промышленных компаний

**Industriewirtschaft** *f* индустриальное хозяйство, экономика промышленности

**Industriezählung** *f* стат. промышленная перепись, промышленный ценз

**Industriezensus** *m* стат. промышленная перепись, промышленный ценз

**Industriezentrum** *n* промышленный центр, индустриальный центр

**Industriezoll** *m* ("оградительная") пошлина на ввоз промышленных товаров

**Industriezone** *f* промышленная зона, промышленный район

**Industriezweig** *m* индустриальная отрасль; отрасль индустрии; отрасль промышленности; промышленная отрасль

**Industriezweige** *m, pl* отрасли промышленности (мн.ч.)

**strukturbestimmende Industriezweige** структуроопределяющие отрасли промышленности (мн.ч.)

**extraktiver Industriezweig** отрасль добывающей промышленности

**industriezweigbezogen** в разрезе отрасли промышленности, в плане отрасли промышленности, в отраслевом разрезе

**Industriezweiggliederung** *f* классификация отраслей промышленности

**Industriezweigökonomik** *f* экономика отрасли промышленности

**Industriezweigplanung** *f* планирование отрасли промышленности

**Industriezweigrentabilität** *f* рентабельность отрасли промышленности

**Industriezweigstruktur** *f* отраслевая структура промышленности

**Industriezyklus** *m* промышленный цикл

**induziert** вызванный влиянием, индуцированный

**Inex, Industrieanlagenexport** экспорт промышленного оборудования

**inferior** низкий, худший, низкого качества

**Inflation** *f* инфляция, обесценение денег

**Inflation anheizen** подогревать инфляцию

**Inflation bekämpfen** преодолевать инфляцию; побеждать инфляцию

**Inflation dämpfen** сдерживать инфляцию

**autonome Inflation** автономная инфляция

**galoppierende Inflation** быстро развивающаяся инфляция, галопирующая инфляция

**importierte Inflation** импортированная инфляция *(напр., в результате резкого подорожания импортного сырья)*

**säkuläre Inflation** секулярная инфляция, постоянно действующая инфляция *(устойчивый рост цен, наблюдаемый на протяжении длительного периода времени)*

**schleichende Inflation** ползучая инфляция, скрытая инфляция, медленно развивающаяся инфляция
**unter hoher Inflation leiden** переживать сильную инфляцию
**inflationär** инфляционный
**inflationistisch** инфляционный, инфляционистский
**Inflationsbekämpfung** f борьба с инфляцией, преодоление инфляции
**inflationsbereinigt** с учётом инфляции
**Inflationserscheinungen** f, pl инфляционные явления
**Inflationsgefahr** f угроза инфляции, опасность инфляции
**Inflationsgefälle** n разница в темпах инфляции
**Inflationspolitik** f инфляционистская политика
**Inflationsrate** f темп роста цен; индекс инфляции; процент инфляции
  **die Inflationsrate steigt auf 300%** темп инфляционного роста цен достиг 300%
**inflatorisch** инфляционный
**Informatik** f информатика (теория и технология обработки данных)
  **angewandte Informatik** f прикладная информатика
**Wirtschaftsinformatik** f экономическая информатика
**Information** f информация, сведения
  **Information erteilen** давать сведения
  **Information geben** давать сведения
  **Information für leitende Kader** информация для руководящих кадров
**assoziative Information** ассоциативная информация
**beschreibende Information** описательная информация
**heuristische Information** эвристическая информация
**nomologische Information** номологическая информация
**ökonomische Information** экономическая информация
**redundante Information** избыточная информация
**statistische Information** статистическая информация
**strategische Information** стратегическая информация
**unterrichtende Information** информация общего характера
**Informationsamt** n информационное учреждение
**Informationsanalyse** f информационный анализ
**Informationsanalysenzentrum** n центр анализа информации
**Informationsaustausch** m обмен информацией
**Informationsauswertung** f обработка информации
**Informationsballast** m информационный шум
**Informationsbedarf** m потребности в информации, потребность в информации
**Informationsbeziehungen** f, pl информационные отношения; обмен информацией, информационные связи
**Informationsblatt** n информационный бюллетень, информационный листок
**Informationsbrocker** m поставщик информации
**Informationseinheit** f единица информации
**Informationselement** n элемент информации
**Informationserfassung** f сбор информации
**Informationsexplosion** f информационный взрыв (напр. от избытка информации)
**Informationsfluss** m поток информации; информационный поток
**Informations- und Materialflüsse** pl информационные и материальные потоки
**Informationsgehalt** m информационное содержание (напр., содержание прогноза)
**Informationsgewinn** m информационный выигрыш (напр. выигрыш во времени получения информации)
**Informationsgewinnung** f получение информации, сбор информации
**Informationsglied** n информационное звено
**Informationsmassiv** m массив информации, информационный массив
**Informationsmenge** f количество информации; информационное множество
**Informationsordnung** f упорядочение информации, классификация информации
**Informationsquelle** f источник информации; источник сведений
**Informationsrecherche** f информационный поиск
**Informationsredundanz** f избыточность информации
**Informationsspeicherung** f накопление информации, накапливание информации
**Informationsspeicherung** хранение информации
**Informationsstrom** m поток информации; информационный поток
**Informationssystem** n информационная система
**integriertes Leitungs-Informationssystem** n система централизованной обработки данных и управления производством

**Management-Informationssystem** *n* административная информационная система; информационная модель *(система поддержки принятия решений)*; управленческая информационная система

**Informationsträger** *m* носитель информации

**Informationsumfang** *m* объём информации

**Informationsumwandlung** *f* преобразование информации; перекодировка информации

**Informationsverarbeitung** *f* обработка информации

**Informationsverarbeitung in realer Zeit** обработка информации в реальном времени, обработка информации в масштабе реального времени

**automatisierte Informationsverarbeitung** *f*; **AIV** автоматизированная обработка информации

**integrierte Informationsverarbeitung** *f* интегральная обработка информации; интегрированная обработка информации

**Informationsverarbeitungsgerät** *n* устройство обработки информации

**Informationsverarbeitungstechnik** *f* техника обработки информации

**Informationsverdichtung** *f* сжатие информации, уплотнение информации

**Informationsvertrag** *m* договор о предоставлении научно-технической информации

**Informativität** *f* информативность

**informell** неформальный

**informelle Gruppe** неформальная группа

**informieren,** *vt* информировать, осведомлять

**sich informieren** осведомляться, получать информацию

**Infrastruktur** *f* инфраструктура *(обеспечивающая условия хозяйственной деятельности - транспорт, энергетика, управление, образование и т.п.)*

**einschlägige Infrastruktur** соответствующая инфраструктура

**entwickelte Infrastruktur** развитая инфраструктура

**erforderliche Infrastruktur** необходимая инфраструктура

**fehlende Infrastruktur** отсутствие необходимой инфраструктуры

**gebaute Infrastruktur** инженерные сооружения

**gut ausgebaute Infrastruktur** хорошо развитая инфраструктура

**knappe Infrastruktur** недостаточно развитая инфраструктура

**kommunale Infrastruktur** сеть коммунальных учреждений

**leistungsfähige Infrastruktur** эффективная инфраструктура; мощная инфраструктура

**militärische Infrastruktur** военная инфраструктура

**ökologische Infrastruktur** экологическая инфраструктура

**schlechte Infrastruktur** слабо развитая инфраструктура, плохо развитая инфрастуктура

**soziale Infrastruktur** социальная инфраструктура

**städtebauliche Infrastruktur** градостроительная инфраструктура

**technische Infrastruktur** техническая инфраструктура, инженерная инфраструктура

**unzureichende Infrastruktur** недостаточно развитая инфраструктура, неразвитая инфраструктура

**vorhandene Infrastruktur** имеющаяся инфраструктура; сложившаяся инфраструктура; наличие необходимой инфраструктуры

**wenig entwickelte Infrastruktur** недостаточно развитая инфраструктура, малоразвитая инфраструктура

**zerstörte Infrastruktur** разрушенная инфраструктура

**Infrastrukturkredit** *m* кредит на финансирование инфраструктуры

**Ingangsetzung** *f* пуск (в ход), приведение в действие; пуск в эксплуатацию, ввод в эксплуатацию

**Ingenieurbüro** *n* проектно-конструкторское бюро; инженерно-техническая контора, инженерное бюро; инженерная фирма

**Inh., Inhaber** владелец; держатель

**Inhaber** *m* владелец, хозяин *(напр., предприятия)*

**Inhaber** держатель *(ценной бумаги)*; обладатель

**Inhaber** предъявитель (ценной бумаги)

**Inhaber** собственник

**Inhaber** содержатель *(заведения)*

**Inhaber-** (в сл.сл.) на предъявителя; предъявительский

**auf Inhaber** на предъявителя

**Inhaber von** *etw. (D)* **sein** иметь *что-л.*, владеть *чем-л.*

**Inhaberaktie** *f* акция на предъявителя, предъявительская акция,

**Inhaberhypothek** *f* ипотека на предъявителя

**Inhaberindossament** *n* бланковый индоссамент; бланковая надпись

**Inhaberklausel** f отметка о предъявительском характере документа, отметка о том, что документ выписан на предъявителя

**Inhaberkonnossement** n коносамент на предъявителя, предъявительский коносамент

**Inhaberlagerschein** m складское свидетельство на предъявителя

**Inhaberobligation** f облигация на предъявителя, предъявительская облигация

**Inhaberpapiere** n предъявительская ценная бумага, ценная бумага на предъявителя

**Inhaberpapiere** n pl предъявительские ценные бумаги (мн.ч.); ценные бумаги на предъявителя

**Inhaberpolice** f *страх.* предъявительский полис; полис на предъявителя

**Inhaberscheck** m чек на предъявителя, предъявительский чек

**Inhaberschuldverschreibung** f долговое обязательство на предъявителя; облигация на предъявителя, предъявительская облигация

**Inhabersparbuch** n сберегательная книжка на предъявителя

**Inhabersparen** n внесение вкладов на предъявительскую сберегательную книжку

**Inhabersparguthaben** n вклад на предъявителя

**Inhaberwechsel** m вексель на предъявителя, предъявительский вексель

**Inhalt** m содержание (напр. доклада)

**Inhalt** содержимое

**Inhalt** ёмкость, вместимость

**Inhalt** объём

**Inhalt** *(мат.)* объём; площадь

**Informationsinhalt** m количество информации; объём информации; содержание информации

**Kubikinhalt** m кубатура

**Ladeinhalt** m грузовместимость; тоннаж

**Minusinhalt** m отрицательное содержание; отрицательный итог *(счётчика)*

**Nutzinhalt** m полезная ёмкость; полезный объём; рабочий объём

**Plusinhalt** m положительный итог *(счётчика)*

**Inhaltsangabe** f обозначение *(на упаковке товара)* о содержимом, отметка *(на упаковке)* о качестве и весе продукта, отметка *(на упаковке)* о качестве и весе продовольственного товара

**Inhaltsregister** n оглавление

**Inhaltsregister** перечень

**Inhaltsregister** указатель

**Inhauslieferung** f доставка на дом *(за особую плату)*

**inherent vice** англ. внутренне присущий порок *(оговорка в контракте)*

**Initial-** (в сл.сл.) начальный

**Inkassant** m *австр.* инкассатор

**inkassieren,** vt инкассировать

**Inkasso** n инкассо; инкассация, инкассирование, получение платежа; взыскание долга

**Inkasso mit Nachakzept** инкассо с последующим акцептом

**Inkasso mit Vorakzept** инкассо с предварительным акцептом

**dokumentäres Inkasso** инкассо против документов

**per Inkasso** по инкассо

**zum Inkasso** на инкассо

**zum Inkasso einreichen** выставлять на инкассо

**zum Inkasso entgegennehmen** принимать на инкассо

**Inkassoabschnitt** m документ (принятый *или* сданный) на инкассо

**Inkassoabtretung** f уступка инкассации

**Inkassoakzept** n акцептный кредит

**Inkassoanzeige** f инкассовое авизо

**Inkassoauftrag** m инкассовое поручение

**Inkassoavis** m инкассовое авизо

**Inkassobank** f банк-инкассатор

**Inkassobeamte** m, инкассатор

**Inkassobearbeiter** m инкассатор

**Inkassobeauftragte** m инкассатор

**Inkassobüro** n инкассаторское бюро *(специальное учреждение, занимающееся взысканием долгов)*

**Inkassogebühr** f комиссия за инкассо

**Inkassogeschäft** n инкассовая операция *(платёж по обязательству, взыскание долгов по обязательствам, срок оплаты которых наступил или скоро наступит)*

**Inkassoindossament** n инкассовый индоссамент, *передаточная надпись на векселе с добавлением* Wert zur Einziehung, zum Inkasso, in Prokura

**Inkassokommission** f посредничество при инкассировании

**Inkassopapier** n документ (принятый *или* сданный) на инкассо

**Inkassopapiere** pl документы, переданные на инкассо *(напр., вексель, коносамент, страховой полис, фактура)*

**Inkassoposten** m сумма, подлежащая инкассированию; инкассированная сумма

**Inkassoprovision** f комиссия за инкассо

**Inkassorisiko** *n* риск неплатежа *(при инкассовой форме расчётов)*

**Inkassospesen** *pl* издержки по инкассо, комиссия за инкассо,

**Inkassospesen zu Lasten des Empfängers** издержки по инкассо за счёт получателя

**Inkassostelle** *f* инкассаторский пункт

**Inkassoverfahren** *n* инкассовая форма расчёта

**Inkassovergütung** *f* комиссия за инкассо

**Inkassoverkehr** *m* инкассовые операции

**Inkassovollmacht** *f* доверенность на инкассирование, полномочие на получение платежа

**Inkassozession** *f* уступка инкассации

**inkludieren**, *vt* включать *(в себя)*, содержать

**inklusive** включительно, включая

**inkommensurabel** несоизмеримый, несоразмерный; иррациональный

**inkonvertibel** необратимый, неконвертируемый *(о валюте)*

**Inkrafttreten** *n* вступление в силу

**Inkrement** *n* *мат.* приращение

**inkulant** несговорчивый, нелюбезный *(в деловых отношениях)*

**Inland** *n* своя страна *(по отношению к зарубежным государствам)*

**Inlandaufkommen** *n* внутренние ресурсы.

**Inländerkonvertibilität** *f* конвертируемость валюты для резидентов данной страны, обратимость валют для резидентов

**Inland(s)handel** *m* внутренняя торговля

**inländisch** отечественный, внутренний

**Inlandsabsatz** *m* сбыт на внутреннем рынке

**Inlandsanleihe** *f* внутренний заём

**Inlandsauftrag** *m* внутренний заказ, отечественный заказ

**Inlandsaufwand** *m* средние по народному хозяйству затраты живого и овеществлённого труда на производство изделия, средние по народному хозяйству затраты живого и овеществлённого труда на предоставление услуги

**Inlandsbedarf** *m* внутренние потребности, потребности внутреннего рынка; спрос на внутреннем рынке

**Inlandserlös** *m* выручка от импорта, доход от реализации импортных товаров на внутреннем рынке

**Inlandserzeugung** *f* отечественное производство

**Inlandsgebühr** *f* 1. внутренняя такса; внутренний сбор; 2. сбор или такса за переговоры внутри страны *(тлф.)*; 3. сбор за перевозку внутри страны

**Inlandsgeschäft** *n* сделки на внутреннем рынке, торговля на внутреннем рынке

**Inlandsgroßhandelspreis** *m* оптовая цена на внутреннем рынке

**Inlandskäufer** *m* отечественный покупатель

**Inlandsklausel** *f* условие, при котором экспортёр оговаривает своё право не поставлять товар *(напр., если цены в стране назначения ниже экспортных, при этом контракт не расторгается)*

**Inlandsmarkt** *m* внутренний рынок, национальный рынок

**Inlandsnachfrage** *f* внутренний спрос, спрос на внутреннем рынке

**Inlandspreis** *m* цена на внутреннем рынке, цена внутреннего рынка

**Inlandsprodukt** *n* отечественное изделие, изделие отечественного производства

**Inlandsproduktion** *f* отечественное производство; отечественная продукция, продукция отечественного производства

**Inlandsschuld** *f* внутренний долг, внутренняя задолженность

**Inlandsumsatz** *m* оборот внутри страны, оборот на внутреннем рынке

**Inlandsverbrauch** *m* внутреннее потребление, потребление внутри страны

**Inlandsverkauf** *m* сбыт на внутреннем рынке

**Inlandsverkehr** *m* внутренние перевозки; транспортное сообщение внутри страны; обращение товаров внутри страны; платёжный оборот внутри страны

**Inlandsverschuldung** *f* внутренняя задолженность, внутренний долг

**Inlandswährung** *f* национальная валюта

**Inlandsware** *f* отечественный товар, товар отечественного производства

**Inlandswechsel** *m* вексель внутреннего обращения

**Inlandszoll** *m* внутренняя пошлина

**Innenabsatz** *m* сбыт на внутреннем рынке

**Innenanleihe** *f* внутренний заём

**Innenauftrag** *m* внутризаводской заказ, внутренний заказ предприятия

**Innenfinanzierung** *f* финансирование за счёт собственных средств, финансирование из собственных средств предприятия

**Innenhandel** *m* внутренняя торговля

**Innenmarkt** *m* внутренний рынок, национальный рынок

**Innenministerium** *n* министерство внутренних дел; МВД

**Innenpolitik** f внутренняя политика

**innenpolitisch** внутриполитический

**innenpolitische Stabilität** внутриполитическая стабильность

**Innenrevision** *f* внутренняя ревизия, ревизия, проведённая ревизионным отделом предприятия; внутренний аудит; внутрифирменный аудит

**Innenrevisor** *m* внутренний ревизор, внутренний аудитор

**Inntransport** *m* внутренний транспорт, транспорт внутри предприятия, внутризаводской транспорт; перевозки внутри страны

**Innenumsatz** *m* внутризаводской оборот; внутрипромышленный оборот; оборот между головным обществом и дочерними предприятиями; внутрихозяйственный оборот; холдинговый оборот

**Innenverkehr** *m* внутренний транспорт, транспорт внутри предприятия, внутризаводской транспорт; перевозки внутри страны; внутризаводской оборот; внутрипромышленный оборот;

**Innenverpackung** *f* внутренняя упаковка

**Innenwirtschaft** *f* с.-х. внутрифермерское хозяйство

**innerbetrieblich** внутренний (*напр., о ресурсах*); внутрипроизводственный; внутризаводской; внутрицеховой; внутрифирменный; собственное (оборудование)

**innerbetriebliche Weisung** ведомственный акт, ведомственный нормативный акт, внутриведомственный нормативный акт

**innergenossenschaftlich** внутрикооперативный; внутриколхозный

**innerregional** внутрирегиональный

**innerstaatlich** внутригосударственный

**innerwirtschaftlich** внутрихозяйственный

**innerzweiglich** внутриотраслевой; отраслевой

**Innovation** *f* нововведение; инновация; новация; новшество

**innovativ** новаторский, инновационный, способствующий нововведениям

**Innung** *f* ист. гильдия; цех, союз ремесленников; профессиональное объединение ремесленников

**Innungskrankenkasse** *f* больничная касса союза ремесленников

**Input** *m* ввод информации; вводимая информация; входящий поток вызовов (*в теории массового обслуживания*); затраты

**einfacher Input** простейший поток (*в теории массового обслуживания*)

**Input-Output-Analyse** *f* анализ межотраслевых связей, анализ "затраты-выпуск" (*метод экономического анализа*)

**Input-Output-Methode** *f* метод межотраслевого баланса, метод "затраты - выпуск"

**Input-Output-Modell** *n* модель межотраслевого баланса, модель "затраты - выпуск"

**Input-Output-Tabelle** *f* таблица межотраслевого баланса, таблица "затраты - выпуск"

**INR, Indische Rupie, - Indien** Индийская рупия (*код валюты 356*), - Индия

**Inrechnungsstellen** *n* бухг. включение в счёт, занесение в счёт

**ins., insurance** (*eng.*) страхование

**Inserat** *n* (*рекламное, деловое*) объявление в прессе

**Insertion** *f* помещение (*напр., рекламных*) объявлений в прессе

**Insertionskosten** *pl* расходы на публикацию объявлений

**Insertionstarif** *m* тариф на объявления в прессе

**insgesamt** в целом, в совокупности, итого

**Insichgeschäft** *n* сделка, заключённая с самим собой (*в тех случаях, когда одно лицо является представителем двух сторон*)

**Insichgeschäft** внутренняя сделка (*способ выполнения банком биржевых поручений, при котором банк сам покупает ценные бумаги, обращающиеся на рынке, и перепродаёт их клиенту*)

**Insider** *m* инсайдер; лицо, имеющее доступ к "внутренней" биржевой информации (*напр., благодаря своему служебному положению*); лицо, совершающее прибыльную сделку на основе информации, недоступной широкой публике

**insolvent** неплатёжеспособный; несостоятельный (*о должнике*); обанкротившийся

**für insolvent erklärt** объявленный банкротом; заявленный банкротом

**Insolvenz** *f* неплатёжеспособность, несостоятельность, банкротство

**im Insolvenzfall** в случае банкротства; в случае неплатёжеспособности; в случае несостоятельности

**Nachweis** *m* **der Insolvenz; proof of insolvency** (*eng.*) установление банкротства; установление факта банкротства

**Insolvenzgericht** *n* суд по делам о несостоятельности; суд по делам о банкротстве; суд по конкурсному производству *(в Германии - Amtsgericht участковый суд, суд низшей инстанции)*

**Insolvenzklausel** *f*; **insolvency clause** *(eng.)* оговорка о неплатежеспособности *(устанавливает, что перестрахователь несёт ответственность за свою часть убытка, даже если первичный страховщик становится неплатёжеспособным)*

**Insolvenzverfahren** *n* конкурсный процесс; конкурсное производство; процесс по делу банкрота; производство по делу банкрота

**Insolvenzverwalter** *m* конкурсный управляющий; распорядитель конкурсной массой

**Inspekteur** *m* инспектор

**Inspektion** *f* инспекция, проверка, контроль; ревизия; осмотр, досмотр *(напр., багажа)*; инспекция *(учреждение)*

**Inspektionsbefund** *m* досмотровая роспись

**Inspektor** *m* инспектор, ревизор

**inspizieren**, *vt* инспектировать, проверять, контролировать, ревизовать, осматривать, досматривать

**instabil** неустойчивый, нестабильный

**Instabilität** *f* неустойчивость; нестабильность

**Installation** *f* установка, оборудование; монтаж, сборка; промышленный объект; сооружение; установка

**Installationskosten** *pl* расходы по монтажу

**Installationszelle** *f* сантехнический узел

**installieren**, *vt* устанавливать, сооружать оборудовать; монтировать

**Instandhaltung** *f* содержание в исправности, поддержание в исправном состоянии; текущий ремонт

  **laufende Instandhaltung** текущий ремонт

  **planmäßige vorbeugende Instandhaltung** планово-предупредительный ремонт основных средств

  **vorbeugende Instandhaltung** профилактический ремонт, профилактический ремонт основных средств

**Instandhaltungsabteilung** *f* ремонтный цех

**Instandhaltungsanleitung** *f* инструкция по уходу *(за машинами)*

**Instandhaltungsbetrieb** *m* ремонтное предприятие; ремонтный завод

**Instandhaltungsfonds** *m* фонд ремонта основных средств

**Instandhaltungskosten** *pl* расходы по содержанию оборудования в исправности, эксплуатационные расходы

**Instandhaltungsleistungen** *f, pl* объём работ по обслуживанию и ремонту оборудования

**Instandhaltungsmaßnahme** *f* мероприятие по содержанию оборудования в исправности

**Instandhaltungsmaßnahmen** *f, pl* мероприятия по обслуживанию и ремонту оборудования

**Instandhaltungsplan** *m* план текущего ремонта

**Instandhaltungsrechnung** *f* учёт ремонта

**Instandhaltungsrichtwert** *m* норматив на ремонт основных средств

**Instandhaltungswesen** *n* ремонтное дело

**Instandhaltungszyklus** *m* ремонтный цикл

**Instandsetzung** *f* ремонт; исправление, починка; приведение в исправное состояние

**Instandsetzungsabteilung** *f* ремонтный цех

**Instandsetzungsarbeiten** *f, pl* ремонтные работы

**Instandsetzungsdienst** *m* ремонтная служба, ремонтно-восстановительная служба

**Instandsetzungskosten** *pl* расходы по ремонту

**Instandsetzungswerkstatt** *f* ремонтная мастерская, ремонтный цех

**Instanzenbreite** *f* широта управления

**Instanzentiefe** *f* число уровней в иерархии управления, глубина управления

**Inste** *m* батрак-подёнщик, безземельный крестьянин

**institute cargo clause** *англ.* условие страхования грузов Объединения лондонских страховщиков

**Institutionalismus** *m* институционализм *(институционалистское направление в буржуазной политической экономии)*

**Instmann** *m* батрак-подёнщик, безземельный крестьянин

**Instradierung** *f* предписанный заранее маршрут вагона через определённые станции с невысокими фрахтовыми ставками

**Instrument** *n* инструмент; орудие; *тех.* прибор

**Instrumentalvariable** *f* инструментальная переменная

**Insuffizienz** *f* неплатёжеспособность, несостоятельность

**InsVV** insolvenzrechtliche Vergütungsverordnung

**intakt** невредимый, целый, исправный

  **intakt sein** исправно действовать, не иметь повреждений

**intangible** *англ.* нематериальный

**Integral** *n мат.* интеграл; долгосрочный государственный долг, обеспеченный покрытием из специальных поступлений

**Integralfranchise** *f страх.* интегральная франшиза

**Integration** *f* интеграция, объединение; слияние; *мат.* интегрирование

**horizontale Integration** горизонтальная интеграция

**kapitalistische Integration** капиталистическая интеграция

**soziale Integration** социальная интеграция

**wirtschaftliche Integration** экономическая интеграция

**vertikale Integration** вертикальная интеграция

**wissenschaftlichtechnische Integration** научно-техническая интеграция

**Integrationsplan** *m* план интеграции

**Integrationspolitik** *f* интеграционная политика; политика в области интеграции

**integrieren,** *vt* объединять, сливать, осуществлять интеграцию; интегрировать

**Intelligenz** *f* ум; интеллект

**Intelligenz** интеллигенция; работники умственного труда

**verteilte Intelligenz f** *вчт.* распределенное управление

**Intelligenzarbeit** *f* интеллектуальный труд

**Intelligenzintensität** *f* доля научно-технического труда в общих затратах труда

**intelligenzlos** немой (терминал)

**intelligenzloses Endgerät n** немой терминал; терминал ввода-вывода

**Intelligenzniveau** *n* уровень умственного развития

**Intensität** *f* интенсивность

**Intensität der Wirtschaft** интенсивность хозяйства

**Intensitätslehre** *f* учение об интенсификации сельскохозяйственного производства

**Intensitätsniveau** *n с.-х.* уровень интенсификации

**Intensitätsrente** *f* дифференциальная рента

**Intensitätssteigerung** *f* повышение интенсивности

**Intensitätsstruktur** *f с.-х.* структура интенсификации

**Intensitätszahlen** *f, pl* показатели интенсификации сельского хозяйства, показатели интенсивности

**intensiv** интенсивный

**intensiv erweiterte Reproduktion** интенсивный тип расширенного воспроизводства

**intensive Wirtschaft** *с.-х.* интенсивное хозяйство

**Intensivhaltung** *f с.-х.* интенсивное содержание *(животных)*

**Intensivierung** *f* интенсификация; усиление; повышение действенности

**Intensivierung der Landwirtschaft** интенсификация сельского хозяйства

**Intensivinvestitionen** *f, pl* интенсивные капиталовложения

**Intensivität** *f* интенсивность

**Intensivwirtschaft** *f с.-х.* интенсивное ведение хозяйства

**Intendant** *m* арт-директор; художественный руководитель; главный режиссёр *(театра, радиовещательной или телевизионной станции)*

**Intendant** *воен.* интендант, офицер интендантской службы; офицер службы тыла

**interaktiv** диалоговый; интерактивный

**interaktiv zu präsentieren** интерактивно представлять (напр. товар, услуги)

**interaktive Datenverarbeitung** интерактивная обработка данных

**interaktive Kommunikation** интерактивная связь

**Interbankrate** *f;* **Interbankenrate** *f* межбанковская процентная ставка; межбанковский процент *(по кредитам);* процентная ставка по межбанковским операциям; межбанковская учётная ставка; ставка процента по межбанковским операциям

**Interbankrate** *f;* **Interbankenrate** *f;* **Tagesgeldsatz** *m* межбанковская ставка; *средневзвешенная ставка по 1-дневным межбанковским кредитам*

**Interdependenz** *f* взаимозависимость; взаимосвязь

**Interesse** *n* интерес; заинтересованность; интерес; выгода

**betriebliches Interesse** хозяйственный интерес; интерес производства, интересы производства

**gesellschaftliches Interesse** общественный интерес

**ideeles Interesse** духовный интерес

**kollektives Interesse** коллективная заинтересованность, интересы коллектива

**materielles Interesse** материальная заинтересованность

**negatives Interesse** ущерб, возникший из-за доверия к действию договора

**ökonomisches Interesse** экономическая заинтересованность

**persönliches Interesse** личная заинтересованность

**positives Interesse** возмещение ущерба, возникшего из-за невыполнения условий договора

**solidarisches Interesse** солидарная заинтересованность

**volkswirtschaftliches Interesse** народнохозяйственный интерес

**Interessen** *n pl* проценты *(на отданный взаймы капитал)*
**Interessenausgleich** *m* компромисс
**Interessenberechnung** *f* исчисление процентов, начисление процентов
**Interessengebiet** *n* сфера влияния; область интересов
**Interessengegensatz** *m* противоположность интересов
**Interessengemeinschaft** *f* общность интересов, единство интересов
  **Interessengemeinschaft** объединение; хозяйственное объединение; картель; концерн
  **Interessengemeinschaft** профессиональное объединение
**Interessengemeinschaftsvertrag** *m* договор об общности интересов *(самостоятельных предприятий)*
**Interessengruppe** *f* группировка, связанная общими интересами; группа по интересам
**Interessenrechnung** *f* исчисление процентов, начисление процентов
**Interessent** *m* заинтересованное лицо; заинтересованная сторона; покупатель; партнёр, компаньон
**Interessentenwald** *m* кооперативный лес, принадлежащий владельцам отдельных участков
**Interessenverband** *m* объединение, союз *(основанный на общности интересов)*
**interessiert** заинтересованный
  **interessiert sein** быть заинтересованным
**Interessiertheit** *f* заинтересованность
  **persönliche Interessiertheit** личная заинтересованность
**interest** англ. *(ссудный)* процент

**Interface** *n*; **Schnittstelle** *f* интерфейс
  **Interface-Ereignis** *n сет. пл.* граничное событие
**Interim** *n* временное соглашение, интерим
**Interimsaktie** *f* временная акция; временное свидетельство *(на акцию или облигацию)*;; свидетельство на право получения предварительного дивиденда
**Interimsbescheid** *m* временное решение, предварительное решение
**Interimsbilanz** *f* промежуточный баланс
**Interimsfaktur** *f* предварительный счёт; предварительная фактура
**Interimskonto** *n* промежуточный счёт; вспомогательный счёт
**Interimsporotokoll** *n* временный протокол
**Interimsschein** *m* временное свидетельство *(на акцию или облигацию)*; временная акция; свидетельство на право получения предварительного дивиденда
**Interkalarzinsen** *m, pl* проценты, накопившиеся за время создания акционерного общества
**Intermetall, Internationale Organisation für die Zusammenarbeit sozialistischer Länder auf dem Gebiet der Schwarzmetallurgie** "Интерметалл" *(организация сотрудничества бывш. социалистических стран в области чёрной металлургии)*
**International Commercial Terms** Инкотермс *(международная форма торговых условий, установленных Международной торговой палатой)*

**Internationale Entwicklungsorganisation** *f* Международная ассоциация развития *(филиал МБРР, представляющий льготные займы развивающимся странам)*
**Internationale Standardisierungs-Organisation** Международная организация по стандартизации *(ИСО)*
**Internationale Union für Luftfracht-Versicherung** Международный союз авиационного страхования
**Internationale Union für Messen und Ausstellungen** Союз международных ярмарок и выставок
**Internationale Vereinigung Demokratischer Juristen** Международная ассоциация юристов-демократов
**Internationale Vereinigung der Größeren Betriebe des Einzelhandels** Международная федерация крупных торговых предприятий
**Internationale Vereinigung der Unabhängigen Luftverkehrsunternehmen** Международная федерация независимых авиатранспортных предприятий
**Internationale Vereinigung des Groß- und Außenhandels** Международный центр по оптовой и внешней торговле
**Internationale Vereinigung für Agrar-Kredit** Международная федерация обществ сельскохозяйственного кредита
**Internationale Vereinigung für Finanz-und Steuerrecht** Международная налоговая ассоциация
**Internationale Vereinigung für Gewerblichen Rechtsschutz** Международная ассоциация по охране прав на промышленную собственность

**Internationale Vereinigung für Luftfahrt und Fungwesen** Международная авиационная федерация, ФАИ

**Internationale Vereinigung für Messen und Ausstellungen** Международная ассоциация по устройству *(сельскохозяйственных)* ярмарок и выставок *(США)*

**Internationale Vereinigung für Sozialversicherung** Международная ассоциация *(изучения проблем)* социального страхования

**Internationale Vereinigung für Wirtschaftswissenschaften** Международная ассоциация экономических наук

**Internationale Vereinigungen der Gewerkschaften im WGB** Международные объединения профсоюзов, входящих во Всемирную федерацию профсоюзов

**Internationale Verrechnungseinheiten** *pl* международные расчётные единицы

**Internationaler Rat für Sozialwissenschaften** Международный совет по социальным наукам

**Internationaler Rat Wissenschaftlicher Unionen** Международный совет научных обществ

**Internationaler Studentenbund** Международный союз студентов, МСС

**Internationaler Verband der Schiffseigentümer** Международная федерация судовладельцев

**Internationaler Verband der Zeitungsausschnittsbüros** Международная федерация бюро газетных вырезок

**Internationaler Verband Landwirtschaftlicher Erzeuger** Международная федерация производителей сельскохозяйственной продукции

**Internationaler Währungsfond; IWF** международный валютный фонд, МВФ

**Internationaler Weizen-Rat** Международный совет по торговле пшеницей

**Internationaler Transportversicherungsverband** Международный союз транспортного страхования

**Internationales Arbeitsamt** Международное бюро труда, МБТ *(ООН)*

**Internationales Behälter-Büro** Международное бюро по контейнерам

**Internationales Eisenbahn-Transportkomitee** Международный комитет железнодорожного транспорта

**Internationales Forschungs- und Informationszentrum für Gameinwirtschaft** Международный центр по изучению коллективной экономики

**Internationales Gewerkschaftsbüro** Международное бюро профсоюзов

**Internationales Handelsinstitut** Международный институт торговли

**Internationales Institut des Sparwesens** Международный институт сберегательного дела

**Internationales Institut für den Frieden** Международный институт мира

**Internationales Institut für Forschung und Dokumentierung des Handelswettbewerbes** Международный институт по изучению вопросов торговой конкуренции

**Internationales Institut für Öffentliches Finanzwesen** Международный институт по проблемам государственных финансов

**Internationales Institut für Patentwesen** Международный патентный институт

**Internationales Institut für Statistik** Международный статистический институт

**Internationales Institut für Verwaltungswissenschaft** Международный институт по изучению проблем управления

**Internationales Kaffeeabkommen** Международное соглашение по кофе

**Internationales Komitee für Maße und Gewichte** Международный комитет мер и весов

**Internationales Komitee für Seeschiffahrt** Международный морской комитет *(унификации морского и торгового права)*

**Internationales Komitee für wissenschaftliche Betriebsführung** Международный комитет научной организации труда

**Internationales Komitee vom Roten Kreuz** Международный комитет Красного Креста, МКК, МККК

**Internationales Patentinstitut** Международный патентный институт

**Internationales Rohstoffabkommen** *n*; **IRA** международное товарное соглашение, МТС *(заключается экспортёрами и импортёрами с целью стабилизации цен на отдельные сырьевые товары)*

**Internationales Rotes Kreuz** Международный Красный Крест, МКК

**Internationales Seeschiffahrtskomitee** Международный комитет по вопросам морского права и судоходства

**Internationales Sparkassen-Institut** Международный институт *(общество)* сберегательных касс

**Internationales Statistisches Institut** Международный статистический институт

**Internationales Übereinkommen über den Eisenbahnfrachtverkehr** Международное соглашение по железнодорожным грузовым перевозкам

**Internationales Verbindungszentrum des Großhandels** Международный центр связи оптовой торговли

**Internationales Waren-Clearinghaus** Международная палата клиринговых расчётов

**Internationales Weizenabkommen** Международное соглашение по пшенице

**Internationales Zinnabkommen** Международное соглашение по олову

**Internationales Zuckerabkommen** Международное соглашение по сахару

**Internationalisierung** f интернационализация

**Internationalisierung der Produktion** интернационализация производства

**Internet** n Интернет

**im Internet surfen (navigieren)** путешествовать в (сети) Интернет; осуществлять поиск в (сети) Интернет

**Kreditkartenzahlungen** pl **im Internet** платежи при помощи кредитной карточки в Интернет

**Internet-Auslieferung** f поставка по Интернет; поставка через Интернет

**Internet-Banking** Интернет-банкинг

**Internet-Börse** f Интернет-биржа

**Internet-Business** n, **Geschäft im WWW, Internet-Geschäft** n бизнес в Интернет; электронная коммерция

**Internet- Geschäft:**

**Internet- Geschäft** n, **virtueller Laden** m Интернет-магазин

**Internet-Geschäft** n, **Geschäft im WWW** торговля в Интернет; Интернет-коммерция

**Internet-Lösung** f Интернет-решение

**Internetportal n** Интернет-портал

**Internet-Provider** m Интернет-провайдер

**Internet-Technologien** pl Интернет-технологии

**Interparlamentarische Union** Межпарламентский союз

**Interpolation** f интерполяция, интерполирование

**Interpolierung** f интерполяция, интерполирование

**Interpretationsmethode** f метод интерпретации

**Interpretierungsmethode** f метод интерпретации

**interregional** межрегиональный

**Intervallprognose** f интервальный прогноз

**Intervallreihe** f интервальный ряд динамики

**Intervallschätzung** f интервальная оценка

**intervalutarisch** межвалютный, интервалютарный

**Intervention** f интервенция; вмешательство; посредничество, ходатайство; протекция; протест; демарш

**Interventionismus** m активная государственная политика, направленная на регулирование социально-экономических процессов, интервенционизм

**Interventionsklage** f интервенционный иск; иск *(третьего лица)* о праве собственности на описанное имущество; иск об исключении имущества из описи

**Interventionspreis** m *(нижний или верхний)* предел интервала цен *(когда рыночная цена достигает указанного предела, это влечёт за собой вмешательство в механизм свободного взаимодействия рыночных сил)*

**Interventionspunkt** m предельное отклонение валютного курса *(достижение которого влечёт за собой вмешательство Центрального эмиссионного банка)*

**Interventionspunkte** m, pl верхняя и нижняя границы диапазона колебания курса *(в системе с фиксированным курсом)*

**Interviewmethode** f метод опроса, метод интервьюирования

**Interzonenhandel** m ист. межзональная торговля, внутригерманская торговля

**Interzonenwarenverkehr** m ист. межзональный товарооборот, внутригерманский товарооборот

**Inumlaufsetzung** f выпуск в обращение

**Inv, V Invalidenversicherung** страхование на случай инвалидности

**Invalidenrente** f пенсия по инвалидности

**Invalidenversicherung** f страхование на случай инвалидности

**Invalidität** *f* инвалидность; нетрудоспособность; потеря трудоспособности

**Invaliditätsentschädigung** *f* компенсация за потерю трудоспособности *(в результате несчастного случая)*

**Invaliditätsfall** *m* страх. случай инвалидности

**Invaliditätsgrad** *m* страх. степень инвалидности; группа инвалидности

**Invaliditätsgruppe** *f* группа инвалидности

**invariabel** неизменяемый, неизменимый, постоянный

**Inventar** *n* инвентарь; инвентаризационная опись, инвентарная опись; инвентаризационная утварь

   **Ausrüstung und Inventar** оборудование и инвентарь

   **Inventar aufnehmen** проводить инвентаризацию, сделать инвентарную опись, инвентаризировать

   **festes Inventar** движимость, соединённая с недвижимостью; постоянная принадлежность недвижимости

   **lebendes Inventar** живой инвентарь *(племенной и рабочий скот)*

   **totes Inventar** мёртвый инвентарь *(машины, утварь)*; замороженные материальные средства; неиспользуемый запас; запас товаров, не пользующихся спросом;

**Inventaraufnahme** *f* инвентаризация

**Inventarbeitrag** *m* взнос инвентарём в неделимый фонд сельскохозяйственного производственного кооператива *(бывш. ГДР)*, взнос деньгами в неделимый фонд сельскохозяйственного производственного кооператива *(бывш. ГДР)*

   **zusätzlicher Inventarbeitrag** взнос в неделимый фонд, превышающий размер, установленный сельскохозяйственным производственным кооперативом *(бывш. ГДР)*

**Inventarbestand** *m* инвентарь, инвентарный парк

**Inventarbewertung** *f* инвентарная оценка

**inventarisieren,** *vt* инвентаризировать, инвентаризовать, проводить инвентаризацию

**Inventarkonto** *n* инвентарный счёт

**Inventarliste** *f* инвентаризационная опись, инвентарная опись

**Inventarnachweis** *m* инвентарная опись

**Inventarnummer** *f* инвентарный номер

**Inventarobjekt** *n* инвентарный объект

**Inventarpark** *m* инвентарь, инвентарный парк

**Inventarstück** *n* инвентарный объект

**Inventarversicherung** *f* страхование инвентаря

**Inventarverzeichnis** *n* инвентаризационная опись, инвентарная опись

**Invention** *f* изобретение, открытие

**Inventur** *f* инвентаризация; учёт; инвентаризационная опись; акт инвентаризации

   **effektive Inventur** инвентаризация товарно-материальных ценностей и денежных средств

   **laufende Inventur** текущая инвентаризация

   **permanente Inventur** перманентная инвентаризация, постоянная инвентаризация; перманентный учёт

**Inventurabstimmung** *f* сверка результатов инвентаризации *(с данными текущего бухгалтерского учёта)*

**Inventurausverkauf** *m* *(сезонная)* распродажа товаров

**Inventurauswertung** *f* подведение итогов инвентаризации

**Inventurbestand** *m* инвентарь, инвентарный парк

**Inventurbilanz** *f* инвентаризационный баланс

**Inventurdifferenz** *f* недостачи, выявленные в ходе инвентаризации, излишки, выявленные в ходе инвентаризации

   **positive Inventurdifferenz** излишки, выявленные в ходе инвентаризации

**Inventurdifferenzen** *f, pl* инвентарные разницы

   **negative Inventurdifferenzen** недостачи

   **positive Inventurdifferenzen** излишки

**Inventurgruppe** *f* торг. группа по проведению инвентаризации; ревизионная комиссия

**Inventurliste** *f* инвентаризационная опись, инвентарная опись

**inventurmäßig** согласно инвентаризации, соответственно инвентаризации

**Inventurmethode** *f* инвентарный метод *(оценки незавершённого производства)*

**Inventurpark** *m* трансп. инвентарный парк

**Inventurprotokoll** *n* протокол инвентаризации, акт инвентаризации; акт ревизии

**Inventurprüfung** *f* инвентарная ревизия

**Inventurverkauf** *m* *(сезонная)* распродажа товаров

**Inventurvermögen** *n* инвентарное имущество

**Invest-** (в сл.сл.) инвестиционный

**Investbau** *m* капитальное строительство

**Investbeitrag** *m* инвестиционная ссуда

**investieren,** *vt* инвестировать, вкладывать, помещать *(капитал)*

**Investierung** *f* инвестирование, капиталовложения, помещение капитала

**Investition** *f* инвестирование, капиталовложения, помещение капитала, *см.тж.* Investitionen *f pl*

**nicht fertiggestellte Investition** незавершённое инвестирование

**vollendete Investition** завершённое инвестирование

**Investitionen** *f, pl* капитальные вложения (мн.ч.), капиталовложения (мн.ч.), инвестиции (мн.ч.)

**außerplanmäßige Investitionen** внеплановые капиталовложения (мн.ч.)

**autonome Investitionen** капиталовложения, независимые от объёма производства (мн.ч.); автономные капиталовложения (мн.ч.)

**dezentrale Investitionen** децентрализованные капиталовложения (мн.ч.)

**direkte Investitionen** прямые инвестиции, прямые капиталовложения (мн.ч.)

**geplante Investitionen** планируемые капиталовложения (мн.ч.)

**indirekte Investitionen** косвенные капиталовложения (мн.ч.)

**induzierte Investitionen** индуцированные капиталовложения (мн.ч.), производные капиталовложения (мн.ч.)

**nichtproduktive Investitionen** непроизводственные капиталовложения (мн.ч.)

**planmäßige Investitionen** плановые капиталовложения (мн.ч.)

**privatwirtschaftliche Investitionen** частные инвестиции (мн.ч.)

**produktive Investitionen** производственные капиталовложения (мн.ч.)

**realisierte Investitionen** реализованные капиталовложения (мн.ч.); осуществлённые инвестиции (мн.ч.); завершённые инвестиции (мн.ч.)

**rentable Investitionen** рентабельные инвестиции (мн.ч.)

**spezifische Investitionen** удельные капиталовложения (мн.ч.)

**staatliche Investitionen** государственные капиталовложения (мн.ч.); государственные инвестиции (мн.ч.); госинвестиции (мн.ч.)

**Investitionen genehmigen** утверждать инвестиции, утвердить инвестиции

**Investitionen kürzen** сокращать объём инвестиций

**Investitionsabrechnung** *f* учёт капиталовложений

**Investitionsabteilung** *f* отдел капитального строительства, ОКС

**Investitionsaktivität** *f* инвестиционная активность

**Investitionsanreiz** *m* стимулирование инвестиций

**Investitionsarbeiten** *f, pl* капитальные работы (мн.ч.), работы по капитальному строительству (мн.ч.)

**Investitionsaufgabe** *f* задание по капитальному строительству

**Investitionsauftraggeber** *m* инвестор, заказчик *(в строительстве)*

**Investitionsauftragnehmer** *m* подрядчик *(в строительстве)*; поставщик *(оборудования для капитального строительства)*

**Investitionsaufwand** *m* капитальные вложения, капиталовложения, инвестиции; капитальные затраты

**Investitionsaufwendungen** *f, pl* капитальные вложения, капиталовложения, инвестиции; капитальные затраты

**Investitionsausmaß** *n* размер капиталовложений, масштаб капиталовложений, величина капиталовложений

**Investitionsausrüstung** *f* основные средства производства

**Investitionsbank** *f* инвестиционный банк; банк по финансированию капитального строительства *(в социалистических странах)*

**Investitionsbau** *m* капитальное строительство

**nicht fertiggestellte Investition** незавершённое капитальное строительство

**vollendete Investition** завершённое капитальное строительство; завершенное инвестирование

**Investitionsbauvorhaben** *n* капиталовложения

**Investitionsbedarf** *m* инвестиционный спрос, спрос на инвестиции, потребность в капиталовложениях, потребность в инвестициях

**Investitionsbereitschaft** *f* склонность к инвестированию

**Investitionsbeteiligung** *f* участие в капитальных вложениях; участие в капитальном строительстве

**Investitionsbilanz** *f* баланс капиталовложений

**Investitionsboom** *m* инвестиционный бум, бум инвестиций

**Investitionsbudget** *n* бюджет капиталовложений

**Investitionsdurchführung** *f* осуществление капиталовложений

**Investitionseffekt** *m* коэффициент эффективности капиталовложений, эффективность капиталовложений, эффективность инвестиций

**Investitionseinsparung** *f* экономия средств при осуществлении капиталовложений

**Investitionsfinanzierung** *f* финансирование капиталовложений; финансирование капитального строительства

**Investitionsfinanzierungsplan** *m* план финансирования капитальных вложений

**Investitionsfonds** *m* инвестиционный фонд, фонд капиталовложений, средства для капитальных вложений

**Investitionsfreiheit** *f* свобода инвестирования, свобода инвестиций

**investitionsfreudig** склонный к инвестированию

**Investitionsfunktion** *f* функция инвестиций, функция капиталовложений

**Investitionsgesellschaft** *f* инвестиционная компания; компания по распространению "народных акций" *(мелких ценных бумаг, обеспеченных акциями крупных компаний)*

**Investitionsgrenze** *f* лимит капиталовложений

**Investitionsgüter** *n pl* основные средства производства

**Investitionsgütererzeugung** *f* производство оборудования; производство основных средств производства

**Investitionsgüterindustrie** *f* отрасль промышленности, производящая (основные) средства производства; промышленность, производящая оборудование

**Investitionsgüternachfrage** *f* инвестиционный спрос, спрос на инвестиции

**Investitionshaushalt** *m* инвестиционный бюджет, бюджет инвестиций; бюджет капиталовложений

**Investitionshilfe** *f* инвестиционная помощь

**Investitionshöhe** *f* размер капиталовложений, масштаб капиталовложений, величина капиталовложений

**Investitionsintensität** *f* капиталоёмкость, ёмкость инвестиций

**investitionsintensiv** капиталоёмкий

**Investitionskoeffizient** *m* коэффициент эффективности капиталовложений

**Investitionskomplex** *m* комплексные капитальные вложения, комплексные инвестиции

**Investitionskontrolle** *f* контроль над капиталовложениями, контроль за инвестированием

**Investitionskoordinierung** *f* координация капиталовложений; координация инвестиций

**territoriale Investitionskoordinierung** территориальная координация капиталовложений

**Investitionskosten** *pl* капитальные вложения, капиталовложения, инвестиции; капитальные затраты

**Investitionskostensenkung** *f* снижение капитальных затрат, снижение затрат, связанных с осуществлением капитальных вложений

**Investitionskraft** *f* основная масса капитальных вложений; финансовый потенциал инвестора

**Investitionskredit** *m* инвестиционный кредит *(долгосрочный кредит для финансирования инвестиций)*

**Investitionsleistung** *f* капитальное строительство

**unvollendete Investitionsleistung** незавершённое капитальное строительство

**Investitionsleistungsvertrag** *m* договор на капитальное строительство

**Investitionslenkung** *f* регулирование капиталовложений *(государством)*

**direkte Investitionslenkung** прямое регулирование капиталовложений

**indirekte Investitionslenkung** косвенное регулирование капиталовложений

**Investitionslimit** *n* лимит капиталовложений

**Investitionsmangel** *m* нехватка капиталовложений

**Investitionsmaßnahme** *f* инвестиционное мероприятие; мероприятие по приобретению (основных) средств производства

**Investitionsmittel** *n pl* инвестиционные средства (мн.ч.)

**Investitionsmultiplikator** *m* инвестиционный мультипликатор

**Investitionsnachfrage** *f* инвестиционный спрос, спрос на инвестиции

**Investitionsneigung** *f* склонность к инвестированию

**Investitionsniveau** *n* уровень капиталовложений

**Investitionsnorm** *f* норма капиталовложений

**Investitionsobjekt** *n* объект капитального строительства; инвестиционный объект

**Investitionsordnung** f порядок инвестирования, правила инвестирования

**Investitionsplan** m план капиталовложений

**Investitionsplanprojekt** n проект плана капиталовложений

**Investitionsplanung** f планирование капитальных вложений

**Investitionspolitik** f инвестиционная политика, политика в области капиталовложений, инвестиционная политика государства *(с целью обеспечения равновесия на рынке рабочей силы)*

**Investitionsprognose** f прогноз капиталовложений; прогноз инвестиций

**Investitionsprogramm** n программа капиталовложений; программа капитального строительства; инвестиционная программа, программа инвестиций

**Investitionsprojekt** n проект капитального строительства

**Investitionsquote** f удельный вес чистых капиталовложений в чистом национальном продукте

**Investitionsrate** f удельный вес валовых капиталовложений *(напр., в валовом национальном продукте или в чистом общественном продукте)*

**Investitionsrechnung** f расчёт оптимальной инвестиционной программы, расчёт рентабельности капиталовложений; учёт капиталовложений

**Investitionsreserve** f резерв капиталовложений

**Investitionsruine** f незавершённое капитальное строительство

**Investitionsschutzabkommen** n соглашение о гарантиях для иностранных капиталовложений

**Investitionsspritze** f финансовая "инъекция" с целью стимулирования капиталовложений

**Investitionsstabilisierung** f стабилизация капиталовложений

**Investitionsstatistik** f статистика капиталовложений

**Investitionssteuer** f налог на капиталовложения

**Investitionstätigkeit** f инвестиционная деятельность

**Investitionstermin** m срок осуществления капиталовложений

**Investitionsträger** m инвестор, заказчик *(в строительстве)*

**Investitionsumfang** m объём капиталовложений

**Investitionsverbrauch** m потребление основных средств производства

**Investitionsvervielfacher** m инвестиционный мультипликатор

**Investitionsvolumen** n объём капиталовложений

**Investitionsvorbereitung** f подготовительные работы, необходимые для осуществления капитальных вложений

**Investitionsvorhaben** n капиталовложения; объект капитального строительства; план капитального строительства

**Investitionsvorhaben durchführen** осваивать капиталовложения

**Investitionsvorhaben verwirklichen** осваивать капиталовложения

**Investitionszulage** f инвестиционная надбавка *(со стороны земель и общин)*

**Investitionszuwachsrate** f темп прироста капиталовложений

**Investivlohn** m форма оплаты труда, при которой удерживаемая часть заработной платы рабочего объявляется его долей в капитале предприятия

**Investment** n вложение денег, помещение капитала

**Investment-Anteilschein** m акция инвестиционной компании

**Investmentfonds** m инвестиционный фонд

**Investmentgesellschaft** f инвестиционная компания; компания по распространению "народных акций" *(мелких ценных бумаг, обеспеченных акциями крупных компаний)*

**Investmentsparen** n использование средств мелких вкладчиков для создания инвестиционного фонда

**Investmentsparen** регулярное использование сбережений с целью накопления *(напр., систематическое вложение небольших сумм в акции инвестиционных компаний)*

**Investmenttrust** m инвестиционный трест *(компания, вкладывающая свой капитал в различные виды ценных бумаг)*

**Investmittel** pl капитальные затраты

**Investor** m инвестор *(лицо, организация или государство, осуществляющее вложение капитала)*

**Invisibles** pl англ. невидимый экспорт; невидимый импорт

**invoice** англ. фактура; счёт; инвойс

**invoice price** *(eng.)*; **Invoicepreis** m; **Invoice-Preis** m фактурная цена, указываемая в счете (инвойсе, фактуре); цена по счёту; цена в счёте; цена в соответствии с инвойсом

**Involvement** n привлечение (напр. внимания покупателей, покупателей)

**hohes Involvement** высокий уровень привлечения

**niedriges Involvement** низкий уровень привлечения

**Inzidenz** f сфера распространения, охват *(напр., налогами)*; инцидентность

**wirtschaftliche Inzidenz** f экономическая сфера влияния

**I/O, Input/Output** ввод/вывод *(информации)*

**IOE, International Organization of Employers** Международная организация предпринимателей

**IOS, International Organization for Standardization** Международная организация (технических норм и) стандартов

**i.P., in Papier** в ценных бумагах

**IQ, Irak** Ирак

**IQD, Irak-Dinar, - Irak** Иракский динар *(код валюты 368)*, - Ирак

**IR:**
 **IR, Investitionsrechnung** расчёт рентабельности капиталовложений
 **IR, Iran, Islamische Republik** Иран (Исламская республика)
 **IRR, Rial, - Iran, Islamische Republik** Иранский реал *(код валюты 364)*, - Иран (Исламская республика)

**Irrtumswahrscheinlichkeit** f мат. вероятность ошибки

**IS:**
 **IS, Island** Исландия, *до 1978г. код EI*
 **i.S., in Summa** в итоге, в сумме

**ISA, International Föderation of the National Standardization Associations** Международная федерация национальных ассоциаций по стандартизации

**I.S.F., International Shipping Federation** Международная федерация судовладельцев

**ISH, Institut des Seeverkehrs und der Hafenwirtschaft** Институт морского судоходства и портового хозяйства *(бывш. ГДР)*

**ISI, International Statistical Institute** Международный статистический институт

**ISK, Isländische Krone, - Island** Исландская крона *(код валюты 352)*, - Исландия

**ISO, International Organization for Standardization** Международная организация по стандартизации, ИСО

**Isodapanen** pl изодапаны *(линии на географической карте, соединяющие пункты с одинаковым высоким уровнем транспортных расходов)*

**Isolierung** f изоляция; обивка грузовых помещений звуко- и теплоизоляционным материалом

**Isolierung** юр. изоляция, обособление (напр. от общества)

**Isolierung des Verbrechers** изоляция преступника

**Isolierwagen** m вагон-холодильник, изотермический вагон

**Isophoren** pl изофоры *(кривые одинаковой доходности)*

**Isoquanten** pl изокванты

**Isotimen** pl изотимы *(кривые одинаковых бюджетных расходов или одинаковых издержек производства)*

**Isovektoren** m, pl изовекторы *(линии на географической карте, соединяющие пункты с одинаковыми транспортными расходами до определенного места)*

**Ist-Bestand** m фактическое наличие

**Ist-Kennzahl** f фактический показатель

**Ist-Prinzip-Abrechnung** f расчёт товарооборота на основе фактического поступления товаров

**Ist-Zahlen** f, pl реальные цифры

**Istabrechnung** f калькуляция фактических издержек; подсчёт фактической стоимости; учёт фактических данных; расчёт фактических данных; расчёт товарооборота на основе фактического поступления товаров

**Istarbeitsaufwand** m фактические затраты труда

**Istaufkommen** n фактические поступления; фактические доходы

**Istaufkommen** с.-х. выполнение плана заготовок, выполнение плана закупок (сельхозпродукции)

**Istaufkommen** фактические ресурсы *(рабочей силы, материалов, денежных средств)*

**Istaufwand** m фактические издержки; фактические затраты

**Istaufwendungen** f, pl фактические издержки, фактические затраты

**Istausgaben** f, pl фактические издержки, фактические затраты

**Isteinnahmen** f, pl фактические поступления; фактические доходы

**Isterlös** m фактическая выручка; фактическая прибыль, реальная прибыль

**Istgehalt** *n* реальная заработная плата *(служащих)*

**Istgewinn** *m* фактическая прибыль, реальная прибыль, фактический доход, реальный доход

**Istgröße** *f* действительная величина, реальная величина, фактическая величина

**Istkalkulation** *f* отчётная калькуляция

**Istkapazität** *f* фактическая мощность

**Istkosten** *pl* фактические издержки, фактические затраты

**Istkostenrechnung** *f* калькуляция фактических издержек, подсчёт фактической стоимости

**Istlohn** *m* реальная заработная плата *(рабочих)*, фактически выплачиваемая заработная плата

**Istselbstkosten** *pl* фактическая себестоимость; реальная себестоимость

**Istspanne** *f* фактическая разница между закупочной и продажной ценой; отношение валовой прибыли к обороту, отношение валовой прибыли к товарообороту

**Iststunden** *f, pl* количество фактически отработанных часов

**Istverdienst** *m* фактический заработок

**Istversteuerung** *f* начисление налога с оборота на основе фактического эквивалента затрат; обложение налогом фактически полученного вознаграждения

**Istwert** *m* действительное значение, реальное значение; действительная величина, реальная величина, фактическая величина; фактическая стоимость

**Istzahlen** *f, pl* фактические цифры, реальные цифры *(напр., расходов)*

**Istzeit** *f* фактически затраченное время *(напр., на выполнение производственной операции)*

**IT, Italien** Италия

**ITC, Inlandtransportkomitee** Комитет по внутреннему транспорту *(в рамках Экономической комиссии ООН для Европы)*

**Iteration** *f мат.* итерация

**Iterationsmethode** *f* итерационный метод, итеративный метод

**Iterationsverfahren** *n* итерационный метод

**ITI, International Thrift Institute** Международный институт (общество) сберегательных касс

**ITK, Internationales Transportkomitee** Международный транспортный комитет

**ITL, Italienische Lira, - Italien, San Marino, Vatikanstaat** Итальянская лира *(код валюты 380), в н.в. заменена на* Евро **EURO** , - Италия

**ITO, International Trade Organization** Международная организация торговли *(ООН)*

**ITVV, Internationaler Transport-Versicherungs-Verband** Международный союз транспортного страхования

**IUAI, International Union of Aviation Insurers** Международный союз авиационного страхования

**IÜG, Internationales Übereinkommen über den Eisenbahngüterverkehr** Международная конвенция о перевозках грузов по железным дорогам

**iV:**

**i.V., in Vertretung** исполняющий обязанности *(подпись на документах)*

**i.V., in Vollmacht** по доверенности, по уполномочию, по полномочию, на основании доверенности

**I.v., Irrtum vorbehalten** исключая ошибки *(оговорка в документе),* исключая ошибки и пропуски

**IVB, Institut für Verwaltungsorganisation und Bürotechnik** Институт организации управления и оргтехники *(бывш. ГДР)*

**I.V.f.g.R., Internationale Vereinigung für Gewerblichen Rechtsschutz** Международная ассоциация по охране прав на промышленную собственность

**IVG, Industrie-Verwaltungs-Gesellschaft** Общество совершенствования методов управления промышленными предприятиями

**IVO, Investitionsverordnung** Положение о порядке подготовки и осуществления капитальных вложений *(бывш. ГДР)*

**IVSt, Industrieversuchsstelle** экспериментальная промышленная лаборатория

**i.W., in Worten** *(сумма)* прописью

**IWA, Internationales Weizenabkommen** Международное соглашение по пшенице

**IWC, International Wheat Council** Международный совет по торговле пшеницей

**IWF, Internationaler Währungsfonds** Международный валютный фонд, МВФ

**IWV, internationale Wirtschaftsvereinigung** международное хозяйственное объединение *(бывш. СЭВ)*

**IZA, Internationales Zuckerabkommen** Международное соглашение по сахару

# J

**j/a, joint account** общий счёт, объединённый счёт

**Jahrbuch** *n* ежегодник

**statistisches Jahrbuch** статистический ежегодник

**Jahresabgabe** *f* ежегодный взнос; *ист.* оброк

**Jahresabgrenzung** *f бухг.* разграничение *(поступлений и затрат)* между смежными отчётными годами

**Jahresabrechnung** *f* годовой отчёт, подведение итогов за год; *бухг.* годовой отчёт

**Jahresabschluss** *m* конец хозяйственного года; *бухг.* годовой (заключительный) баланс

**konsolidierter Jahresabschluss** консолидированный годовой баланс

**Jahresabschlussbericht** *m* годовой отчёт

**Jahresabschlusskonten** *n pl* годовые заключительные счета, счета годового баланса

**Jahresabschlussprüfung** *f* заключительная годовая проверка, проверка годового баланса

**Jahresabschnitt** *m* год, годичный период

**Jahresanalyse** *f* анализ по данным годового отчёта

**Jahresanfangsbestand** *m* остаток на начало года

**Jahresarbeitsverdienst** *m* годовой заработок

**Jahresarbeitsverdienstgrenze** *f* максимальный размер годового заработка

**Jahresarbeitsvertrag** *m с.-х.* трудовой договор, заключаемый на один год

**Jahresaufkommen** *n* годовая продукция; годовая добыча; годовые ресурсы

**Jahresausgaben** *f, pl* годовые затраты

**Jahresausgleich** *m бухг.* годовой (заключительный) баланс

**Jahresausstoß** *m* годовой выпуск *(продукции)*

**Jahresbeitrag** *m* ежегодный *(денежный)* взнос

**Jahresbericht** *m* годовой отчёт

**Jahresberichterstattung** *f* годовая отчётность

**Jahresbilanz** *f* годовой (заключительный) баланс, итоги за год

**Jahresbonus** *m* бонус от суммы, на которую закуплены товары в течение года

**Jahresbudget** *n* годовой бюджет

**Jahresdurchschnitt** *m* среднегодовой показатель; среднегодовые данные

**als Jahresdurchschnitt** в среднем за год

**im Jahresdurchschnitt** в среднем за год

**jahresdurchschnittlich** среднегодовой

**Jahresdurchschnittsbestand** *m* среднегодовой запас

**Jahresdurchschnittseinkommen** *n* среднегодовой доход

**Jahresdurchschnittsleistung** *f* среднегодовая производительность; среднегодовой выпуск продукции *(предприятием)*

**Jahresdurchschnittsziffer** *f* среднегодовой показатель

**Jahreseinkommen** *n* годовой доход

**Jahreseinkünfte** *pl* годовой доход

**Jahresendbestand** *m* остаток на конец года

**Jahresendprämie** *f* премия по результатам работы за год, премия по итогам работы за год; 13-я заработная плата

**Jahresgebühr** *f* годичная пошлина; пошлина за год; сбор за год; годовой сбор; годовой тариф; годовая плата; плата за год

**Jahresergebung** *f* годовая отчётность

**Jahreserhebung** *f* годовая отчётность

**Jahresertrag** *m* годовая выработка; годовая прибыль

**Jahresgeld** *n* годовой кредит; кредит на год; ссуда, предоставляемая на год

**Durchschnittszinssatz für 1-Jahresgeld** средняя процентная ставка по годовому кредиту

**Jahresgeschäftsbericht** *m* годовой отчёт *(о состоянии дел)*; годовой отчёт о деятельности *(напр., фирмы, предприятия)*

**Jahresgewinn** *m* годовая прибыль

**Jahreshaushaltsrechnung** *f* годовая смета государственного бюджета

**Jahresinstandsetzungsvertrag** *m* договор о проведении ремонтно-восстановительных работ, заключаемый на годичный период

**Jahreskontrollbericht** *m* годовой контрольный отчёт

**Jahreskostenplan** *m* годовая смета, годовая смета затрат

**Jahresleistung** *f* выпуск продукции за год

**Jahreslohn** *m* годовая заработная плата

**garantierter Jahreslohn** гарантированный размер годовой заработной платы

**Jahreslohnfonds** *m* годовой фонд заработной платы

**Jahresmaschinenzeitfonds** *m* годовой фонд машинного времени

**Jahresnorm** *f* годовая норма

**Jahrespauschale** *n* общая годовая сумма, паушальная годовая сумма

**Jahresplan** *m* годовой план

**betrieblicher Jahresplan** техпромфинплан, технический промышленно-финансовый план

**Jahresplanbestand** *m* годовой плановый запас

**Jahresplanung** *f* годовое планирование

**betriebliche Jahresplanung** годовое планирование предприятия

**Jahresprämie** *f* годовой размер (страховой) премии

**Jahresproduktionsplan** *m* годовой производственный план

**Jahresprotokoll** *n* ежегодный протокол о поставках товаров, ежегодный протокол о предоставлении услуг

**Jahresrate** *f* годовая норма; ежегодный взнос

**Jahresrohmiete** *f* годовая плата за аренду земли, годовой размер общей арендной платы

**Jahressoll** *n* годовое задание, годовой план

**Jahressteuerfestsetzung** *f* расчёт доли налоговых платежей в годовом доходе

**Jahresumsatz** *m* годовой оборот

**Jahresumschlag** *m* годовой оборот

**Jahresveranlagung** *f* ежегодное распределение налогов; установление годового размера налога

**Jahresverbrauch** *m* годовое потребление, потребление за год

**Jahresverträge** *m, pl* годовые хозяйственные договоры (заключаемые между предприятиями в бывш. ГДР)

**Jahresverzinsung** *f* годовой процент, начисление годового процента, уплата годового процента

**Jahresviertel** *n* квартал (годовой)

**Jahresvolkswirtschaftsplan** *m* годовой народнохозяйственный план

**Jahresvoranschlag** *m* годовая смета

**Jahreswert** *m*, **durchschnittlicher** среднегодовая стоимость

**Jahreswirtschaftsbericht** *m* годовой экономический отчёт, ежегодный экономический отчёт

**Jahreswirtschaftsplan** *m* годовой хозяйственный план

**Jahreswuchs** *m* ежегодный рост, ежегодный прирост

**Jahreszahlung** *f* ежегодный платёж

**Jahreszins** *m* годовой процент

**Jahreszinsen** *m, pl* годовые проценты

**Jahreszuwachsrate** *f* годовой темп роста

**Jahrfünft** *n* пятилетие, пятилетка

**jährlich** годичный, ежегодный, годовой; ежегодно

**Jahrmarkt** *m* ярмарка

**Jahrmarktwechsel** *m* ярмарочный вексель

**Jahrpacht** *f* аренда (земли) на год

**Jato, Jahrestonnen** (столько-то) тонн в год (напр., мощность завода)

**Jber., Jahresbericht** годовой отчёт

**JD, Jahresdurchschnitt** среднегодовой показатель; среднегодовые данные

**je größer die Nachfrage, desto höher der Preis** чем больше спрос, тем выше цена

**Jedermann-Einfuhr** *f* импорт мелких партий товара

**Jetonautomat** *m* жетонный автомат

**Jettison** *n англ.* джеттисон, выбрасывание груза за борт (для облегчения и спасения судна)

**Jettyklausel** *f* оговорка джетти (вводимая страховой компанией оговорка о повреждении товара во время его транспортировки от пакгауза до склада получателя)

**jeweilig** соответствующий, данный

**nach jeweiligen Normen** по действующим нормам

**jeweils** каждый раз, в определённый момент, в каждом случае; соответственно, смотря по обстоятельствам

**JM, Jamaika** Ямайка

**JMD, Jamaika-Dollar, - Jamaika** Ямайский доллар (код валюты 388), - Ямайка

**JO, Jordanien** Иордания

**Job** *m англ.* выгодное дело, выгодная сделка; занятие, работа; рабочее место

**Jobber** *m англ.* спекулянт на фондовой бирже, джоббер, профессиональный биржевик (заключающий сделки за собственный счет)

**jobbern** *vi* играть на бирже, вести посреднические операции на бирже за свой счёт

**JOD, Jordan-Dinar, - Jordanien** Иорданский доллар (код валюты 400), - Иордания

**joint account** *англ.* общий счёт, объединённый счёт

**joint venture** *англ.* совместное предприятие, смешанное предприятие

**Journal** *n* бухг. журнал; мор. судовой журнал

**amerikanisches Journal** американская форма двойного бухгалтерского учёта

**Journal-Hauptbuch** *n* бухг. главный журнал, главная книга; гроссбух

**Journal-Order** *f* бухг. журнал-ордер

**Journal-Order-Buchführung** *f* бухг. журнально-ордерная форма учёта

461

**Journal-Order-Form** *f бухг.* журнально-ордерная форма учёта

**Journal-Original-Form** *f бухг.* форма копиручёта, при которой карточка журнала накладывается для записи из карточку лицевого счёта

**Journalblatt** *n бухг.* карточка журнала, лист журнала *(при копиручёте)*

**Journalteilung** *f бухг.* ведение раздельных журналов *(при журнально-книжной форме учёта)*

**JP:**

**JP, Japan** Япония, *до 1978г.* код JA

**j.P., juristische Person** юридическое лицо

**JPY, Yen, - Japan** Йена *(код валюты 392),* - Япония

**Jugendarbeit** *f* труд молодёжи

**Jugendarbeitsschutz** *m* охрана труда молодёжи

**Jugendbrigade** *f* молодёжная бригада

**Jugendförderungsplan** *m* план мероприятий по работе с молодёжью

**Jugendneuererkollektiv** *n* коллектив юных новаторов

**Jugendobjekt** *n* молодёжная стройка, молодёжный объект

**Jugendschutz** *m* охрана *(прав)* молодёжи

**Jumbo-Frachter** *m* широкофюзеляжный самолёт для перевозки грузов *("Боинг-747", "Боинг-737"; "ИЛ-76")*

**Jungfacharbeiter** *m* молодой специалист

**Junggesellensteuer** *f* налог на холостяков

**Jungviehaufzuchtstation** *f* животноводческая станция выращивания молодняка

**Jungviehweidegenossenschaft** *f* пастбищное товарищество по выращиванию молодняка

**Juniorpartner** *m* младший партнёр

**Junker** *m ист.* юнкер, помещик *(в Пруссии); ист.* аграрий, член аграрной партии

**Junkertum** *n ист.* рихерство *(крупные помещики в Пруссии)*

**Junktimgeschäft** *n* компенсационная сделка, при которой вывоз определённых товаров поставлен в зависимость от ввоза равных по важности товаров; компенсационная сделка в рамках торгового соглашения

**justieren,** *vt* юстировать; приводить монеты к указанному весу

**Justifikation** *f* оправдание

**Justifikation** одобрение, признание правильности; утверждение

**Justifikation** проверка

**Justifikation einer Rechnung** проверка и утверждение счёта

**Justifizierung** *f* подтверждение

**Justifizierung** проверка

**Justifizierung einer Rechnung** подтверждение счёта; проверка счёта

**justum pretium** *лат. ист.* справедливая цена *(по учению Фомы Аквинского)*

**Juwelenversicherung** *f* страхование драгоценностей

**Juwelierwaren** *f, pl* ювелирные изделия

**Juxta** *f* отрывной талон *(напр., чековой книжки или акции);* контрольный купон, контрольный корешок *(лотерейного билета)*

**Juxte** *f* отрывной талон *(напр., чековой книжки или акции);* контрольный купон, контрольный корешок *(лотерейного билета)*

# K

**K Reg Kontenregulativ** порядок регулирования взаимных расчётов

**K-Z., Kurszettel** курсовая таблица, курсовой бюллетень, биржевой бюллетень

**Kabelverkehr** *m* телефонная связь, телеграфная связь; сделки, заключаемые по телефону *(в основном биржевые)*

**Kabotage** *f* каботаж, каботажное плавание, каботажное судоходство

**Kaderentwicklungsplan** *m* план подготовки кадров

**Kaderfluktuation** *f* текучесть кадров

**Kadukten** *pl юр.* выморочные земли

**kaduzieren,** *vt* признавать недействительным, утратившим силу; исключать из исключить из акционерного общества

**kaduzieren** *юр.* признавать имущество выморочным

**kaduzieren** *бирж.* признавать ценную бумагу недействительной, признавать ценную бумагу утратившей силу

**kaduzieren** приостанавливать *(напр., судебный процесс)*

**Kaduzierung** *f* признание недействительным, утратившим силу; заявление о неуплате; исключение акционера из-за неуплаты за взятые акции, исключение из состава членов акционерного общества

**Kaduzierung** *юр.* признание имущества выморочным

**Kaduzierung** *бирж.* признание ценной бумаги недействительной, признание ценной бумаги утратившей силу

**Kaduzierung** приостановление *(напр., судебного процесса)*

**Kaertenkonto** *n* карточный счёт (напр. банковский, карточный)

**K.A.F., Kost, Assekuranz, Fracht** цена, включающая стоимость, расходы по страхованию и фрахт

**KAG, Kommunalabgabengesetz** закон о порядке взимания и уплаты коммунальных сборов

**Kahlpfändung** *f* судебная опись всего имущества должника

**Kahn** *m* баржа, несамоходное судно

**Kahneiche** *f* определение веса груза путём замера осадки баржи

**Kahnmakler** *m* маклер по фрахтованию речных судов

**Kai** *m* набережная; пирс; причальная стенка

**Kai-Receipt** *n* расписка портового склада в принятии груза

**Kai-Sonderleistungen** *f, pl* специальные услуги, оказываемые причальными службами *(сортировка, (пере)маркировка и пр.)*

**Kai-Umschlaggebühren** *f, pl* сборы за перевалку на причал

**Kai-Wiegeantrag** *m* причальное весовое требование

**Kaiabgaben** *f, pl* причальный сбор; портовые сборы

**Kaiausrüstung** *f* оборудование причала

**Kaibetrieb** *m* причальное хозяйство

**Kaiempfangsschein** *m* расписка причального склада о принятии груза

**Kaigebühren** *f, pl* причальный сбор, плата за причал; портовые сборы

**Kaigeld** *n* причальный сбор, плата за причал; портовые сборы

**Kailagergeld** *n* плата за хранение груза в пакгаузе сверх установленного срока

**Kaireceipt** *n* квитанция причального склада о принятии груза *(свидетельствует об отгрузке, но не об отправке)*

**Kaischuppen** *m* причальный склад, пакгауз

**Kaispesen** *pl* причальный сбор, плата за причал; портовые сборы

**Kaitarif** *m* причальный тариф *(включает импортную и экспортную группу товаров;, ставки для второй группы обычно ниже)*

**Kaiwaggonfrei** франко-вагон причальная ветка

**Kaizoll** *m* причальный сбор, плата за причал; портовые сборы

**Kalamitäten** *f, pl*, **wirtschaftliche** экономические трудности

**Kalenderarbeitszeit** *f* календарное рабочее время

**Kalenderarbeitszeitfonds** *m* календарный фонд рабочего времени

**Kalenderplan** *m* календарный план

**Kalenderplanung** *f* календарное планирование

**Kalendertag** *m* календарный день

**Kalkül** *n австр.* вычисление, исчисление, счёт; смета; расчёт, соображение

**Kalkulation** *f* калькуляция *(исчисление издержек на единицу продукции или произведённой работы)*

**auftragsweise Kalkulation** позаказный метод калькулирования

**eine Kalkulation erstellen** составить калькуляцию

**Kalkulationsartikel** *m, pl* товары, не имеющие аналогов на рынке, новая для рынка продукция

**Kalkulationsaufbau** *m* структура расчёта

**Kalkulationsaufschlag** *m* калькуляционная надбавка

**Kalkulationsdifferenz** *f* разница в двух расчётах, расхождение между результатами двух расчётов, расхождение между результатами двух калькуляций

**Kalkulationseinheit** *f* расчётная единица, калькуляционная единица, сметная единица

**Kalkulationsfaktor** *m* калькуляционная надбавка *(выраженная в процентном отношении к исчисленным издержкам)*

**Kalkulationsgruppe** *f* расчётная группа

**Kalkulationskartell** *n* картель, осуществляющий расчёт цен

**Kalkulationsposition** *f* позиция калькуляции, статья калькуляции

**Kalkulationspreis** *m* калькуляционная цена, сметная цена

**Kalkulationsrichtlinien** *f, pl* директивные указания *(вышестоящих органов)* относительно порядка проведения калькуляционных расчётов

**Kalkulationsschema** *n* калькуляционная схема *(способ исчисления себестоимости изделий)*; номенклатура калькуляционных статей

**Kalkulationsunterlagen** *f, pl* исходные данные калькуляции

**Kalkulationsverfahren** *n* метод калькуляции, метод калькулирования

**Kalkulationswerte** *m, pl* расчётные данные, сметные данные

**Kalkulationszeitpunkt** *m* день проведения калькуляции, день проведения калькуляционных расчётов

**Kalkulator** *m* калькулятор; сметчик

**kalkulatorisch** калькуляционный, полученный в результате расчётов, сметный

**kalkulieren,** *vt* калькулировать; составлять смету; принимать в расчёт, взвешивать

**Kalo** *m* естественная убыль в весе; скидка с цены за убыль в весе

**Kalogrenzen** *f, pl* нормы естественной убыли

**Kälteanlage** *f* холодильная установка, холодильник

**kältebeständig** морозостойкий

**Kälteerzeuger** *m* рефрижератор

**kambial** вексельный, камбиальный

**Kambialrecht** *n* вексельное право

**Kambio** *m* вексель, камбио

**Kambist** *m уст.* камбист, маклер по векселям

**Kameralismus** *m* камерализм *(название меркантилизма в Германии)*

**Kameralistik** *f* камералистика *(одна из форм простого счетоводства)*

**Kammer** *f* палата *(государственное учреждение)*; палата *(парламента)*

**Kammer der Technik** Техническая палата *(бывш. ГДР)*

**Kammer für Außenhandel** внешнеторговая палата

**Kammergut** *n ист.* удельное имение; рудники, принадлежащие казне

**Kampagne** *f* кампания; эксплуатационный период

**Kampagnebetrieb** *m* сезонное производство; сезонное предприятие

**Kampagneindustrie** *f* промышленность сезонного характера

**Kampagneleistung** *f с.-х.* сезонная производительность

**Kampagnen-Controlling** *m* контроллинг кампании (маркетинговой, рекламной и т.п.)

**Kampftarif** *m* оградительный тариф *(особо низкий тариф, вводимый при проникновении аутсайдеров в линейное судоходство)*

**Kampfzoll** *m* реторсионная пошлина, штрафная пошлина *(особо высокая импортная пошлина на товары какой-л. страны, торговая политика которой считается дискриминационной по отношению к данной стране)*

**kanalisieren,** *vt* направлять
**Kapitalströme in andere Länder kanalisieren** направлять капиталы в другие страны

**Kannkaufmann** *m* лицо, приобретающее статус коммерсанта после занесения его в торговый регистр

**Kannkaufmann** *m* фермер, лесничий, занимающийся побочным их занятию промыслом, зарегистрировав его как торговую фирму

**Kannleistung** *f* производительность при полной загрузке, производительность *(предприятия)* при полной загрузке его мощностей

**Kantar** *m* кантар *(мера веса во многих странах Ближнего Востока от 45-80 кг в одних странах до 230-320 кг в других)*

**kanten,** *vt* кантовать, ставить ящик на ребро

**Kapazität** *f* ёмкость; объём; (производственная) мощность; пропускная способность; *сет. пл.* ресурсы

**in Betrieb genommene Kapazität** освоенная мощность
**installierte Kapazität** установленная мощность
**maschinelle Kapazität** производительность машин
**normale Kapazität** нормальная производительность (предприятия)
**normale Kapazität** проектная мощность, проектная производительность
**technische Kapazität** техническая производительность
**überschüssige Kapazität** избыточная мощность
**überschüssige Kapazität** производительность, обеспечивающая оптимальную рентабельность производства

**Kapazitätsausbau** *m* расширение производственных мощностей

**Kapazitätsausdehnung** *f* расширение производственных мощностей

**Kapazitätsauslastung** *f* загрузка производственных мощностей

**Kapazitätsausnutzung** *f* загрузка производственных мощностей, использование производственных мощностей

**Kapazitätsausnutzungsbestimmung** *f* порядок использования мощностей

**Kapazitätsausnutzungsgrad** *m* степень загрузки производственных мощностей, уровень загрузки производственных мощностей, степень загрузки производственных мощностей

**Kapazitätsausnutzungsnorm** *f* норма загрузки производственных мощностей

**Kapazitätsbestimmung** *f* определение величины производственных мощностей, определение размеров производственных мощностей

**Kapazitätsbilanz** f баланс производственных мощностей
**Kapazitätseinheit** f единица мощности
**Kapazitätseinsatz** m использование производственных мощностей
**Kapazitätsentwicklung** f расширение производственных мощностей
**Kapazitätsermittlung** f определение величины производственных мощностей, определение размеров производственных мощностей
**Kapazitätserweiterung** f расширение производственных мощностей
**Kapazitätskosten** pl издержки, зависящие от уровня мощностей; расходы, связанные с содержанием производственных мощностей
**Kapazitätslücke** f нехватка производственных мощностей
**Kapazitätsplanung** f планирование производственных мощностей; *сет. пл.* распределение ресурсов
**Kapazitätsprognose** f прогноз производственных мощностей
**Kapazitätsreserve** f резервы производственных мощностей
**Kapazitätsschranke** f *сет. пл.* ограничение по ресурсам
**Kapazitätsüberhang** m избытки производственных мощностей; избыточные производственные мощности
**Kapazitätsüberschuss** m избытки производственных мощностей; избыточные производственные мощности
**Kapazitätswirkung** f эффект производственного потенциала *(влияние дополнительных инвестиций на производственные мощности и этим самым на выпуск продукции)*

**kapazitiv** связанный с производственными мощностями; обусловленный производственными мощностями
**Kapital** n капитал; *собир.* капиталисты; крупная собственность
**Kapital anlegen** вкладывать капитал, помещать капитал
**Kapital einschießen** вкладывать капитал, помещать капитал
**Kapital beschaffen** привлекать капитал
**Kapital binden** связывать капитал
**Kapital erwerben** составить себе капитал
**Kapital festlegen** превратить оборотный капитал в постоянный
**Kapital in Effekten** фондовый капитал
**Kapital in Grundbesitz immobilisieren** вкладывать капитал в недвижимое имущество, инвестировать капитал в недвижимое имущество
**Kapital in Grundstücken angelen** вкладывать капитал в недвижимое имущество, инвестировать капитал в недвижимое имущество
**Kapital in Wertpapieren** фондовый капитал
**Kapital investieren** вкладывать капитал, помещать капитал, инвестировать капитал
**Kapital placieren** вкладывать капитал, помещать капитал, размещать капитал
**Kapital schöpfen** создавать капитал *(напр., о специфическом виде банковских операций - предоставлении ссуд в форме записи на текущий счёт и др.)*
**Kapital sicherstellen** вкладывать капитал в надёжное предприятие, надёжно вкладывать капитал

**Kapital unterbringen** вкладывать капитал, помещать капитал, размещать капитал
**Kapital verwalten** управлять капиталом
**Kapital verwenden** использовать капитал
**Kapital von durchschnittlicher Zusammensetzung** капитал среднего *(органического)* строения
**Kapital von hoher Zusammensetzung** капитал высокого *(органического)* строения
**Kapital von niedriger Zusammensetzung** капитал низкого *(органического)* строения
**akkumuliertes Kapital** накопленный капитал
**angelegtes Kapital** вложенный капитал, инвестированный капитал
**ausgeliehenes Kapital** ссуженный капитал
**ausländisches Kapital** иностранный капитал
**auswanderndes Kapital** эмигрирующий капитал
**brachliegendes Kapital** омертвлённый капитал
**brachliegendes Kapital** свободный капитал, наличный капитал
**brachliegendes Kapital** собственный капитал
**eingefrorenes Kapital** замороженный капитал
**eingefrorenes Kapital** неприкосновенный капитал
**festgelegtes Kapital** иммобилизованный капитал
**fiktives Kapital** фиктивный капитал
**fingiertes Kapital** фиктивный капитал
**flüssiges Kapital** оборотный капитал; свободный капитал
**flüssiges konstantes Kapital** оборотный постоянный капитал

**flüssiges variables Kapital** оборотный переменный капитал

**freigesetztes Kapital** высвобожденный капитал

**fusioniertes Kapital** объединённый капитал

**genehmigtes Kapital** акционерный капитал, увеличенный за счёт выпуска новых акций

**gut angelegtes Kapital** выгодно помещённый капитал, выгодно размещённый капитал, размещённый с выгодой капитал

**haftendes Kapital** уставной капитал, уставный капитал

**indisponibles Kapital** несвободный капитал

**individuelles Kapital** индивидуальный капитал

**industrielles Kapital** промышленный капитал

**kaufmännisches Kapital** торговый капитал, купеческий капитал

**konstantes Kapital** постоянный капитал

**konstantes Kapital** скрытый капитал

**merkantiles Kapital** торговый капитал, купеческий капитал

**mobiles Kapital** мобильный капитал

**negatives Kapital** негативный капитал *(превышение задолженности над стоимостью имущества предприятия)*

**personifiziertes Kapital** персонифицированный капитал

**potentielles Kapital** потенциальный капитал

**produktives Kapital** производительный капитал

**prozessierendes Kapital** функционирующий капитал; капитал, пущенный в оборот

**registriertes Kapital** зарегистрированный *(акционерный)* капитал

**sachliches Kapital** вещный капитал

**stehendes Kapital** основной капитал

**steriles Kapital** бесплодный капитал, стерильный капитал

**suspendiertes Kapital** высвободившийся капитал

**totes Kapital** мёртвый капитал, омертвлённый капитал; капитал, не приносящий доход

**überflüssiges Kapital** избыточный капитал; избыток капитала

**unbeschäftigtes Kapital** бездействующий капитал, омертвлённый капитал, замороженный капитал

**unbeschäftigtes industrielles Kapital** бездействующий промышленный капитал

**variables Kapital** переменный капитал

**verausgabtes Kapital** израсходованный капитал

**verfügbares Kapital** наличный капитал

**verleihbares Kapital** ссудный капитал

**verwertetes Kapital** использованный капитал; капитал, стоимость которого возросла

**verzehrtes Kapital** потреблённый капитал

**vorgeschossenes Kapital** авансированный капитал

**Kapitalabberufung** f изъятие капитала

**Kapitalabfindung** f единовременное возмещение ущерба, единовременное возмещение убытков

**Kapitalabfluss** m отток капитала, утечка капитала, отлив капитала, бегство капитала

**Kapitalabwanderung** f утечка капитала, отлив капитала, бегство капитала

**Kapitalabzug** m изъятие капитала, отказ от участия капиталом в делах фирмы

**Kapitalakkumulation** f накопление капитала

**Kapitalangebot** n предложение капитала

**Kapitalanhäufung** f накопление капитала

**Kapitalanlage** f инвестиции, капиталовложения, помещение капитала

**Kapitalanlagebereich** m область *(прибыльного)* приложения капитала

**Kapitalanlagegesellschaft** f инвестиционная компания

**Kapitalanlagesphäre** f сфера *(прибыльного)* приложения капитала

**Kapitalanlagezweig** m область *(прибыльного)* приложения капитала

**Kapitalansammlungsvertrag** m договор о накоплении средств *(для жилищного строительства часто с предоставлением льгот)*

**Kapitalanteil** m доля в капитале, участие в капитале; пай в предприятии

**Kapitalanwendungssphäre** f сфера *(прибыльного)* приложения капитала

**Kapitalarmut** f нехватка капитала

**Kapitalaufstockung** f увеличение основного капитала

**Kapitalaufwand** m затраты капитала; капитальные затраты

**Kapitalaufwendung** f затраты капитала; капитальные затраты

**Kapitalaufwertung** f увеличение стоимости капитала

**Kapitalausfuhr** f вывоз капитала, экспорт капитала

**Kapitalausgaben** f, pl затраты капитала; капитальные затраты

**Kapitalauslagen** f, pl затраты капитала; капитальные затраты

**Kapitalausrüstung** f основные средства производства

**Kapitalausrüstungen** f, pl основные средства производства

**Kapitalausstattung** f капиталовооружённость

**Kapitalausweitung** f экстенсивное увеличение капитала

**Kapitalbedarf** m потребность в капитале; спрос на капитал

**Kapitalbeschaffung** f привлечение капитала, мобилизация капитала

**Kapitalbesteuerung** f обложение доходов от капитала налогом, обложение капитала налогом

**Kapitalbeteiligung** f долевое участие в (акционерном) капитале
  staatliche **Kapitalbeteiligung** долевое участие государства в (акционерном) капитале

**Kapitalbetrag** m сумма капитала, величина капитала

**Kapitalbewegung** f движение капитала

**Kapitalbewilligung** f предоставление капитала

**Kapitalbilanz** f баланс оборачиваемости капиталов и кредитов, баланс движения капиталов (часть платёжного баланса страны, охватывает движение капиталов, изменения в международных требованиях и обязательствах)

**kapitalbildend** капиталообразующий

**Kapitalbildung** f образование капитала

**Kapitalbildungskraft** f способность к образованию капиталов

**Kapitalbindung** f привлечение средств; капиталовложения, затраты капитала
  hohe **Kapitalbindung** большие капиталовложения

**Kapitalbudget** n бюджет капиталовложений

**Kapitalcharakter** m характер капитала

**Kapitaldeckungsverfahren** n порядок предоставления средств для будущих выплат (по социальному страхованию), система предоставления средств для будущих выплат (по социальному страхованию)

**Kapitaldienst** m платежи по нетоварным операциям (напр., в погашение кредитов и займов, уплата процентов, выплата пенсий)

**Kapitaleigentum** n капитал-собственность

**Kapitaleinfuhr** f ввоз капитала, импорт капитала

**Kapitaleinfuhrland** n страна, ввозящая капитал, страна, импортирующая капитал

**Kapitaleinkommen** n доход с капитала (дивиденд, ссудный процент, прибыль, приносимая дополнительными вложениями капитала)

**Kapitaleinlage** f долевое участие в (акционерном) капитале, долевое участие в капитале акционерного общества

**Kapitalemission** f эмиссия капитала

**Kapitalentwertung** f обесценение капитала

**Kapitalentwertungskonto** n счёт обесценения капитала

**Kapitalentwicklungsfonds** m фонд капитального развития (ООН)

**Kapitalerhaltung** f, **nominelle** сохранение номинальной стоимости капитала

**Kapitalerhöhung** f увеличение капитала, рост основного капитала (фирмы)
  bedingte **Kapitalerhöhung** увеличение основного капитала фирмы при соблюдении определённых условий

**Kapitalerneuerung** f обновление капитала

**Kapitalersatz** m возмещение капитала

**Kapitalertrag** m доход с капитала (дивиденд, ссудный процент, прибыль, приносимая дополнительными вложениями капитала)

**Kapitalertragssteuer** f налог на доход с капитала

**Kapitalexport** m экспорт капитала, вывоз капитала

**Kapitalexporteur** m экспортёр капитала

**Kapitalfetischismus** m фетишизм капитала

**Kapitalflucht** f отлив капитала, утечка капитала (за границу, где ниже налоги)

**Kapitalfluss** m перелив капиталов

**Kapitalfunktion** f капитал-деятельность, капитал-функция

**Kapitalgeber** m инвестор, инвеститор

**Kapitalgesellschaft** f общество, компания (в которых главную роль играет капитал, вложенный партнёрами - акционерное общество, общество с ограниченной ответственностью)

**Kapitalgestalt** f форма капитала

**Kapitalgewinn** m прибыль на (вложенный) капитал

**Kapitalgröße** f размер капитала, величина капитала

**Kapitalgüter** n pl основные средства производства

**Kapitalgüterindustrie** f промышленность, производящая основные средства производства, промышленность основных средств производства

**Kapitalguthaben** n pl капитал, активы

**liberalisierte Kapitalguthaben** либерализованные счета капиталов, принадлежащих иностранцам

**Kapitalherabsetzung** f сокращение капитала (напр., акционерного), уменьшение капитала (напр., акционерного)

**Kapitalherrschaft** f господство капитала

**Kapitalhilfe** f финансовая помощь, помощь в финансировании (напр., развивающимся странам)

**Kapitalhilfekredit** m финансовые средства (предоставляются, как правило, развивающимся странам на льготных условиях)

**Kapitalhunger** m нехватка капитала

**Kapitalien** n pl капитальные вложения

**Kapitalimport** m ввоз капитала, импорт капитала

**Kapitalimportland** n страна, ввозящая капитал, страна, импортирующая капитал

**Kapitalintensität** f капиталоёмкость

**kapitalintensiv** капиталоемкий

**Kapitalinvestierung** f вложение капитала, инвестирование

**Kapitalinvestitionen** f, pl инвестиции, капиталовложения, помещение капитала

**Kapitalisation** f капитализация, определение величины доходов и расходов, ожидаемых в будущем

**kapitalisieren,** vt капитализировать, обращать в капитал

**Kapitalisierung** f капитализация, определение величины доходов и расходов, ожидаемых в будущем

**Kapitalisierungszinsfuß** m процент капитализации

**Kapitalismus** m капитализм

**Kapitalist** m капиталист

**Kapitalistengemeinschaft** f объединение капиталистов

**kapitalistisch** капиталистический

**Kapitalknappheit** f нехватка капитала

**Kapitalkoeffizient** m коэффициент капитальных затрат

**Kapitalkonto** n счёт капитала

**negatives Kapitalkonto** счёт капитала, показанный в активе баланса

**Kapitalkonzentration** f концентрация капитала

**Kapitalkosten** pl капитальные затраты

**Kapitalkraft** f финансовая мощь

**kapitalkräftig** обладающий финансовой мощью; состоятельный

**Kapitalkreis** m кругооборот капитала

**Kapitalkreislauf** m кругооборот капитала

**kapitallos** лишённый капитала, не владеющий капиталом

**Kapitalmacht** f власть капитала, могущество капитала

**Kapitalmagnat** m крупный капиталист, магнат

**Kapitalmangel** m нехватка капитала

**Kapitalmarkt** m рынок долгосрочных капиталов, рынок ссудных капиталов; рынок долгосрочных кредитов; рынок капиталов

**organisierter Kapitalmarkt** биржа; организованный рынок капиталов

**privater Kapitalmarkt** рынок частных ссудных капиталов

**Kapitalmarktzins** m процент на рынке долгосрочных капиталов

**Kapitalmarktzins** m ссудный процент

**Kapitalmasse** f масса капитала

**Kapitalmenge** f масса капитала; величина капитала, объём капитала

**Kapitalminimum** n минимум капитала, минимальный размер капитала

**Kapitalmonopol** n монополия капитала

**Kapitalmystifikation** f мистификация капитала

**Kapitalnachfrage** f спрос на капитал

**Kapitalneuinvestitionen** f, pl новые инвестиции, новые капиталовложения

**Kapitalnot** f потребность в капитале; нехватка капитала

**Kapitalpapier** n ценная бумага

**Kapitalproduktivität** f производительность капитала

**Kapitalprofit** m прибыль с капитала

**Kapitalquantum** n величина капитала, объём капитала

**Kapitalreichtum** m изобилие капитала

**Kapitalrente** f капиталистическая рента, рента с капитала

**Kapitalrentner** m капиталист-рантье

**Kapitalreproduktion** f воспроизводство капитала

**Kapitalreserve** f резерв капитала, запас капитала

**Kapitalrückführung** f репатриация капитала

**Kapitalrücklage** f создание резервов капитала, создание запасов капитала; резерв капитала, запас капитала

**Kapitalrückzahlung** f возврат капитала

**Kapitalrückzug** m изъятие капитала, отказ от участия капиталом в делах фирмы

**Kapitalsammelstellen** *f, pl* предприятия, аккумулирующие свободные денежные средства

**Kapitalsättigung** *f* капиталонасыщение; капиталонасыщенность

**Kapitalschutzabkommen** *n* соглашение о гарантиях, предоставляемых иностранным инвесторам

**kapitalschwach** бедный капиталами

**Kapitalsparvertrag** *m* договор о накоплении капитала *(из страховых премий)*

**Kapitalsteuer** *f* налог на капитал

**Kapitalstock** *m* совокупный основной капитал *(народного хозяйства, отрасли и др.)*; основные фонды

**Kapitalstrom** *m* приток капиталов

**Kapitalstruktur** *f* структура капитала

**Kapitalsubstanz** *f* субстанция капитала

**Kapitalsumme** *f* сумма капитала, величина капитала

**Kapitalteil** *m* часть капитала, элемент капитала

   **fixer Kapitalteil** основной капитал *(как элемент капитала вообще)*

   **zirkulierender Kapitalteil** оборотный капитал *(как элемент капитала вообще)*

**Kapitaltransaktion** *f* операция с капиталом, сделка, объектом которой являются капиталы

**Kapitaltransfer** *m* трансферт капитала, перемещение капитала

**Kapitalüberfluss** *m* избыток капиталов

**Kapitalüberfremdung** *f* засилье иностранного капитала

**Kapitalüberhang** *m* избыток капитала

**Kapitalüberschuss** *m* избыток капитала

**Kapitalübertragung** *f* трансферт капитала, перемещение капитала

**Kapitalumfang** *m* объём капитала, величина капитала

**Kapitalumsatz** *m* оборот капитала, кругооборот капитала *(один цикл)*

**Kapitalumschlag** *m* оборот капитала, кругооборот капитала *(один цикл)*

**Kapitalumsetzung** *f* перемещение капитала

**Kapitalverbrauch** *m* потребление капитала

**Kapitalverflechtung** *f* сращивание капиталов, слияние капиталов

**Kapitalverhältnisse** *n pl* капиталистические отношения

**Kapitalverkehr** *m* оборот капитала, обращение капитала

**Kapitalverkehrsbilanz** *f* баланс оборачиваемости капиталов и кредитов, баланс движения капиталов

**Kapitalverkehrskontrollen** *f, pl* законодательные меры контроля оборота капитала

**Kapitalverkehrssteuer** *f* налог на оборот капитала *(объединяет акционерный и биржевой налоги)*, налог на оборотный капитал

**Kapitalverlagerung** *f* перемещение капитала

**Kapitalverleiher** *m* лицо, ссужающее капитал

**Kapitalverlust** *m* потеря капитала

**Kapitalvermehrung** *f* приращение капитала, увеличение капитала

**Kapitalverminderung** *f* уменьшение капитала

**Kapitalvermögen** *n* капитал; основные средства производства

**Kapitalvernichtung** *f* уничтожение капитала

**Kapitalverschiebung** *f* перемещение капитала

**Kapitalverschleiß** *m* изнашивание капитала, износ капитала

**Kapitalversicherung** *f* страхование жизни на оговорённую сумму, страхование жизни на твёрдо установленную страховую сумму *(выплачиваемую при наступлении страхового случая)*

**Kapitalvertiefung** *f* "углубление капитала" *(характеризует увеличение продолжительности периода между началом и завершением производственного цикла)*

**Kapitalverwaltungsgesellschaft** *f* инвестиционная компания

**Kapitalverwässerung** *f* разбавление капитала *(рост акционерного капитала, при котором внутренняя стоимость активов не увеличивается)*, разводнение капитала

**Kapitalverwertung** *f* использование капитала; прибыльное приложение капитала; увеличение стоимости капитала

**Kapitalverzehr** *m* потребление капитала

**Kapitalvorrat** *m* резерв капитала, запас капитала

**Kapitalvorschuss** *m* авансированный капитал

**Kapitalwanderung** *f* миграция капитала

**Kapitalwert** *m* стоимость капитала; совокупный капитал

   **gesellschaftlicher Kapitalwert** стоимость общественного капитала

   **konstanter Kapitalwert** постоянная стоимость капитала

   **ursprünglicher Kapitalwert** первоначальная стоимость капитала

   **variabler Kapitalwert** переменная стоимость капитала

   **verwerteter Kapitalwert** возросшая стоимость капитала

**Kapitalwirtschaft** f капиталистическое хозяйство; хозяйство капитала *(привлечение, управление и использование капитала)*

**kapitalwirtschaftlich** капиталистический

**Kapitalzersplitterung** f дробление капитала, раздробление капитала

**Kapitalzins** m процент на капитал

**Kapitalzinstheorie** f теория прибыли на капитал, теория нарастания капитала *(Бём - Баверка)*

**Kapitalzirkulation** f обращение капитала

**Kapitalzufluss** m приток капитала

**Kapitalzufuhr** f приток капитала

**Kapitalzuführung** f приток капитала

**Kapitalzuführungen** f, pl прилив капитала, приток капитала

**internationale Kapitalzuführungen** международное движение капиталов

**Kapitalzurücklegung** f создание резервов капитала, создание запасов капитала; резерв капитала, запас капитала

**Kapitalzusammenlegung** f объединение капиталов; сокращение (основного) капитала *(акционерного общества)*

**Kapitalzusammensetzung** f состав капитала

**Kapitalzuschussland** n страна, импортирующая капитал

**Kapitalzuwachs** m прирост капитала, прирост курсовой стоимости ценных бумаг

**Kapitelnorm** f норма расходов бюджетного учреждения

**KapSt:**
**KapSt, Kapitalertragssteuer** налог на доходы с капитала
**KapSt, Kapitalertragssteuer** налог с дохода от помещённого капитала
**KapSt, Kapitalverkehrssteuer** налог с оборота акционерного общества

**Kardinalnutzen** m количественная полезность

**Kardinalskala** f количественная шкала *(оценок)*

**Karenz** f время ожидания, срок ожидания; время до начала выплаты *(напр., пособия, пенсии)*

**Karenztage** m, pl время ожидания, срок ожидания; время до начала выплаты *(напр., пособия, пенсии)*

**Karenzzeit** f время ожидания, срок ожидания; время до начала выплаты *(напр., пособия, пенсии)*

**Kargo** m карго *(морской груз без указания его точного наименования)*; грузовой реестр

**Kargo-Geschäft** n сделка на товар, находящийся на плаву

**Kargoplan** m каргоплан

**Kargoversicherung** f страхование карго, страхование морского груза

**Karibische Schiffahrtsgesellschaft** Карибская судоходная компания, КСК

**Karte** f карта; карточка

**Kartei** f картотека

**Kartei-Technik** f канц. картотечная техника

**Karteibehälter** m ящик картотеки

**Karteibuchführung** f копируучёт

**Karteikarte** f карточка из картотеки, картотечная карточка

**Karteikasten** m ящик картотеки

**Karteimöbel** n pl картотечная мебель

**Karteiwesen** n картотечная система

**Karteizettel** m карточка из картотеки, картотечная карточка

**Kartell** n картель *(одна из форм соглашения частных или государственных предприятий и союзов с целью ограничения конкуренции на рынке)*

**Kartellabkommen** n картельное соглашение

**Kartellbildung** f образование картеля

**Kartellbindungen** f, pl картели, картельные объединения

**kartellgebunden** картелированный, объединённый в картель

**Kartellgenosse** m член картеля, участник картеля

**Kartellgesetz** n закон о картелях

**kartellieren, vt** картелировать, объединять в картель

**kartelliert** картелированный
**kartellierte Erzeugnisse** продукция картелированных предприятий
**kartellierte Preise** картельные цены

**Kartellierung** f картелирование, объединение в картель

**Kartellmitglied** n член картеля, участник картеля

**Kartellpreis** m картельная цена

**Kartellrecht** n картельное право

**Kartellrente** f картельная рента

**Kartellverband** m объединение в форме картеля, картельное объединение

**Kartellvereinbarung** f картельное соглашение

**Kartellvereinigung** f объединение в форме картеля, картельное объединение

**Kartellvertrag** m картельный договор

**Kartellzwang** m принудительное объединение в картель

**Kartenakzeptanz** f устройство для (считывания) и акцептования пластиковых карт

**MasterCard/VISA-Akzeptanz für Händler** устройство для (считывания) и акцептования пластиковых карт для торгующих организаций

**Kartendoppler** m вчт. перфоратор-репродуктор

**Kartendurchlauf** m вчт. поток перфокарт

**Karteneingabe** f вчт. ввод карт

**Kartengang** m вчт. карточный цикл

**Kartenkopf** m вчт. надцифровое поле перфокарты, чистое поле перфокарты

**Kartenlocher** m вчт. перфоратор

**Kartenlochung** f обр. дан перфорация карт, перфорирование карт

**Kartenterminal** карточный терминал

**kartieren,** vt нанести результат расчёта на географическую карту; включить в картотеку

**Kartierung** f оформление отгрузочных документов в международных перевозках железной дорогой (для расчётов между станциями отправления и назначения)

**Kartogramm** n картограмма, картодиаграмма

**Karton** m картон; картонная коробка

**kartoniert** упакованный в картонные коробки

**Kasko** m каско, транспортное средство (судно, самолёт, автомобиль)

**Kasko-Versicherung** f страхование транспортных средств

**Kaskoversicherung** f страхование каско

**Kassa** f австр. касса; сейф; сберегательная касса; наличные деньги; больничная касса; окошко кассы

**Kassageschäft** n кассовая сделка, сделка на фондовой бирже (платежи по таким сделкам осуществляются в день их заключения или в ближайшие дни в отличие от срочных сделок)

**Kassakurs** m бирж. курс кассовых сделок, курс фондовых ценностей при кассовых сделках на бирже

**Kassamarkt** m бирж. рынок кассовых сделок

**Kassanotiz** f котировка по кассовым сделкам

**Kassapreis** m бирж. курс кассовых сделок, курс фондовых ценностей при кассовых сделках на бирже

**Kassascheck** m чек на предъявителя, предъявительский чек

**Kassaware** f бирж. товар по кассовым сделкам

**Kassazahlung** f уплата наличными

**Kasse** f касса; сейф; сберегательная касса; наличные деньги; больничная касса; окошко кассы

**gegen Kasse kaufen** покупать за наличные

**Kasse gegen Dokumente** документы, обеспечивающие наличный расчёт, аккредитив, наличные против документов

**operative Kasse** операционная касса

**soziale Kasse** социальная касса

**Kassekonto** n бухг. счёт кассы

**Kassenanweisung** f ассигновка; банковский билет; кассовый чек (в магазине)

**Kassenausgabe** f кассовый расход (бюджета)

**Kassenbeleg** m кассовый документ

**Kassenbericht** m отчёт о состоянии кассы, кассовый отчёт; кассовая рапортичка

**Kassenbestand** m кассовая наличность, денежная наличность кассы

**Kassenbuch** n кассовый реестр, приходно-расходная книга

**Kassendefizit** n кассовый дефицит

**Kassendifferenz** f разница между кассовой наличностью и данными бухгалтерского учёта

**Kassenfehlbetrag** m кассовый дефицит, недостача в кассе

**Kassenfehlbetragsrechnung** f подведение баланса кассы за каждый день с целью выявления возможных недостач

**Kassengeschäft** n кассовая сделка, сделка на фондовой бирже (платежи по таким сделкам осуществляются в день их заключения или в ближайшие дни в отличие от срочных сделок)

**Kassenlimit** n лимит кассовой наличности

**Kassenobligation** f (казначейское) обязательство с твёрдым процентом

**Kassenplan** m кассовый план

**Kassenrabatt** m скидка за платёж наличными

**Kassenrechnung** f кассовый учёт, учёт кассовых операций; рапортичка о кассовых операциях, кассовая рапортичка

**Kassenreserve** f кассовый резерв

**Kassenreservebestand** m оборотная кассовая наличность

**Kassenrestbestand** m остаток кассовой наличности

**Kassenscheck** m кассовый чек, чек на оплату наличными

**Kassenscheine** m, pl среднесрочные облигации

**Kassensturz** m ревизия кассы
**Kassenüberschuss** m кассовый излишек
**Kassenumsatzplanung** f планирование кассового оборота
**Kassenverkehr** m движение средств по статьям кассы, кассовые операции
**Kassenvollzugsorgan** n финансовый орган; кассовый исполнительный орган
**Kassenvorrat** m кассовый резерв
**kassieren** принимать в кассу
**kassieren** накапливать; кумулировать (процент, проценты)
**kassieren** изымать из обращения (деньги)
**kassieren** юр. кассировать, отменять
*etw.* **für sich kassieren** прикарманить, присвоить, взять себе
**eine Urkunde kassieren** признавать документ недействительным
*ein* **Urteil kassieren** отменять приговор
**Kaste** f (тж. перен.) каста
**eine abgeschlossene Kaste** замкнутая касти
**Kastenordnung** f кастовый строй
**Kastenwesen** n кастовый строй
**Kat., Katalog** m каталог
**Katallaktik** f каталактика (термин, предлагавшийся с конца XIX в. для общей характеристики взаимодействия рыночных сил)
**Katalog** m каталог; справочник
**erzeugnisgebundener Katalog** тарифно-квалификационный справочник по видам изделий
**reich gegliederter Katalog** подробный каталог; каталог с подробной рубрикацией
**technologiegebundener Katalog** тарифно-квалификационный справочник по технологическому признаку

**Katalognummer** f номер по каталогу; каталожный номер
**Katalogpreis** m справочная цена, цена по каталогу
**Kataster** m (земельный) кадастр
**Katasteramt** n землемерное управление; землемерный отдел; Управление подушных податей (Австрия)
**Katasteraufnahme** f внесение в кадастр; составление кадастра
**Katasterfläche** f площадь, указанная в кадастре
**Katasterkarte** f кадастровая карта
**Katastersteuer** f кадастровый налог (прямой налог ср. **Tarifsteuer**)
**Katastrierung** f внесение в кадастр; составление кадастра
**Katastrophenrückstellung** f страх. резерв для покрытия возможных убытков в случае катастроф
**Kategorialreihen** f, pl некорректные статистические ряды, неправильно построенные статистические ряды
**Kategorie** f категория
**kategorisieren** vt распределить по категориям; разбивать на категории (напр. внутри каталога)
**Kauf** m покупка, купля
**Kauf ab Lager** покупка со склада
*einen* **Kauf abschließen** заключить сделку купли-продажи, совершить покупку
**Kauf auf Abruf** покупка по отзыву
**Kauf auf Besicht** пробная покупка, покупка на пробу; покупка с условием осмотра
**Kauf auf Borg** покупка в кредит
**Kauf auf fest** покупка за наличный расчёт
**Kauf auf feste Lieferung** твёрдая сделка

**Kauf auf feste Rechnung** твёрдая сделка
**Kauf auf Kredit** покупка в кредит
**Kauf auf Lieferung** покупка с доставкой
**Kauf auf Probe** пробная покупка, покупка на пробу
**Kauf auf Teilzahlung** покупка в рассрочку
**Kauf auf Umtausch** покупка с правом обмена купленного
**Kauf auf Zeit** покупка в кредит
**Kauf aus erster Hand** покупка из первых рук
**Kauf eines gebrauchten PKW** покупка подержанного автомобиля
**Kauf in Bausch und Bogen** покупка гуртом, покупка полностью, покупка без остатка
**Kauf nach Muster** покупка по образцам (чаще всего мелкооптовая торговля)
**Kauf nach Probe** 1. покупка по образцам (чаще всего мелкооптовая торговля) 2. покупка на пробу; пробная покупка
**Kauf nach Тур** покупка по среднему образцу
*einen* **Kauf rückgängig machen** признавать сделку купли-продажи недействительной
*einen* **Kauf umstoßen** аннулировать покупку
*einen* **Kauf vermitteln** посредничать в купле
**Kauf zu einem annehmbaren Preis** покупка по сходной цене
**Kauf zur Probe** пробная покупка, покупка на пробу
**blinder Kauf** фиктивная сделка
**exekutiver Kauf** бирж. покупка в порядке экзекутирования (клиента или счёта)
**fixer Kauf** твёрдая сделка

**Kauf- und Verkaufsakt** *m* акт купли-продажи

**Kauf- und Verkaufsvereinbarung** *f* соглашение о купле-продаже

**Kauf-Rückvermietung** *f* сделка, при которой продавец арендует купленные у него товары

**Kaufabschluss** *m* заключение сделки купли-продажи, совершение покупки

**Kaufangebot** *n* предложение продать, предложение продажи *(исходящее от продавца)*; предложение купить, предложение покупки *(исходящее от покупателя)*; предложение торговой сделки

**Kaufantrag** *m* поручение на покупку

**Kaufauftrag** *m* поручение на покупку

**kaufbar** продающийся, продажный

**Kaufbrief** *m* торговый договор, договор купли-продажи

**kaufen,** *vt* купить, покупать

**Kaufentscheidung** *f* принятие решения о покупке

**Kaufentscheidungsprozess** *m* процесс принятия решения о покупке (в маркетинговой практике); процесс мотивации покупки

**extensiver Kaufentscheidungsprozess** экстенсивное решение о покупке

**limitierter Kaufentscheidungsprozess** лимитированное решение о покупке (напр. в условиях дефицита товара)

**routinemäßiger Kaufentscheidungsprozess** традиционное решение о покупке; принятие решения о покупке под воздействием традиционных факторов

**impulsiver Kaufentscheidungsprozess** импульсивное решение о покупке

**Käufer** *m* покупатель

**minderbemittelter Käufer** малоимущий покупатель

**Käuferbank** *f* банк, обслуживающий покупателей

**Käuferbefragung** *f* опрос покупателей

**Käuferbetrieb** *m* предприятие-покупатель

**Käuferfirma** *f* фирма-покупатель

**Käuferkredit** *m* потребительский кредит

**Käuferland** *n* страна-покупатель

**Käufermarkt** *m* рынок покупателя *(складывается при превышении предложения над спросом)*; рынок с благоприятной для покупателей конъюнктурой

**Käufermonopol** *n* монополия покупателей, монополия покупателя

**Käufernachfrage** *f* потребительский спрос

**Käuferstromanalyse** *f* анализ ритма потока покупателей

**Käuferstruktur** *f* состав покупателей

**Käuferwünsche** *m, pl* запросы покупателей

**Käuferzusammensetzung** *f* состав покупателей

**Kauffähigkeit** *f* покупательная способность

**Kauffahrtei** *f* торговое судоходство; морская торговля

**Kauffahrteiflotte** *f* торговый флот, коммерческий флот

**Kauffonds** *m, pl* покупательные фонды *(часть средств населения, предназначенная для оплаты потребительских товаров)*; покупательная способность *(населения)*

**Kauffondsüberhang** *m* часть покупательных фондов, оставшихся неиспользованными; превышение покупательных фондов над предложением товаров и услуг

**Kauffreudigkeit** *f* повышенный спрос *(на товары)*

**Kaufgegenstand** *m* предмет покупки, предмет купли-продажи

**Kaufgeld** *n* покупная цена, продажная цена

**Kaufgeschäft** *n* покупка, сделка купли-продажи; торговое дело

**Kaufgesuch** *n* объявление о покупке, запрос на покупку *(напр. объявление в газете, на доске объявлений в Интернет в рубриках "Ищу" или "Куплю")*

**Kaufhalle** *f* универсам; торговые ряды; крытый рынок

**Kaufhandel** *m* торговля, купля-продажа

**Kaufhaus** *n* универсальный магазин, универмаг; торговый дом *(фирма)*; товарный склад

**Kaufherr** *m* крупный торговец; владелец торгового дома

**Kaufkapazität** *f* покупательная сила *(денег)*

**Kaufkontrakt** *m* торговый договор, торговый контракт, договор купли-продажи

**Kaufkraft** *f* покупательная способность *(населения)*; покупательная способность, покупательная сила *(денег)*

**nominelle Kaufkraft** номинальная покупательная способность

**reale Kaufkraft** реальная покупательная способность

**Kaufkraftausfall** *m* падение покупательной способности

**Kaufkraftentzug** *m* снижение покупательной способности

**kaufkräftig** обладающий покупательной способностью; обладающий покупательной силой *(о деньгах)*

**Kaufkraftindex** *m* индекс покупательной способности

**Kaufkraftminderung** f уменьшение покупательной способности

**kaufkraftmobilisierend** повышающий покупательную способность

**Kaufkraftparität** f паритет покупательной силы *(валют)*

**Kaufkraftschrumpfung** f падение покупательной способности

**Kaufkraftschwund** m падение покупательной способности

**Kaufkraftüberhang** m превышение спроса над предложением; избыток денег, "денежный навес" *(превышение денежной массы над товарным предложением)*

**Kaufkraftvolumen** n объём покупательной способности

**Kaufkraftwährung** f валюта, курс которой зависит от колебаний индексов цен

**Kaufkurs** m *бирж.* курс покупателей

**käuflich** продающийся, имеющийся в продаже; продажный

**Kauflust** f покупательский спрос *(на товары)*
   **die Kauflust wecken** оживить спрос

**Kaufmann** m торговец, коммерсант; купец; специалист по торговле, специалист по экономике торговли
   **ordentlicher Kaufmann** добросовестный коммерсант

**kaufmännisch** торговый, коммерческий; купеческий

**Kaufmannkapital** n торговый капитал

**Kaufmannschaft** f коммерческий мир, круг коммерсантов, круг торговцев; купеческое сословие, купечество, купцы

**Kaufmannsgilde** f *ист.* купеческая гильдия

**Kaufmannsgut** n товар; кипа, тюк

**Kaufmannskapital** n торговый капитал, купеческий капитал

**Kaufmittel** n средство, обладающее покупательной способностью
   **allgemeines Kaufmittel** средство, обладающее всеобщей покупательной способностью

**Kaufmotiv** n мотив покупки

**Kaufmotivforschung** f изучение мотивов покупки, мотивационный анализ

**Kaufobjekt** n предмет купли-продажи, объект купли-продажи

**Kauforder** f поручение на покупку

**Kaufordre** f поручение на покупку

**Kaufprämie** f премия покупателю за покупку

**Kaufpreis** m цена покупателя, покупная цена, продажная цена

**Kaufpreisminderung** f снижение покупной цены, снижение продажной цены

**Kaufreiz** m привлекательность товара; стимулирование покупок; средство стимулирования покупки

**Kaufschilling** m задаток

**Kaufsteuer** f налог на покупку

**Kaufstimmung** f покупательский спрос *(на товары)*

**Kaufteile** n pl детали и изделия, поставляемые предприятию-продуценту субпоставщиками

**Kaufvertrag** m договор купли-продажи *(обоюдное волеизъявление, в результате которого покупатель обязуется уплатить и принять товар, а продавец передать право владения)*

**Kaufvoranschlag** m смета стоимости покупки

**Kaufware** f товар

**kaufweise** путём покупки

**Kaufwert** m текущая покупная цена, текущая продажная цена

**Kaufzeit** f время, необходимое для превращения денежного капитала в производительный

**Kausalanalyse** f причинный анализ, каузальный подход *(к изучению экономики)*

**Kausalforschung** f исследование причин

**Kausalmonismus** m каузальный монизм

**Kausalnexus** m причинная связь

**Kausalzusammenhang** m причинная связь

**Kautel** f мера предосторожности *(при заключении договора)*

**Kaution** f поручительство, предоставление обеспечения; залог денежная сумма, служащая обеспечением
   **gegen Kaution** под поручительство; под залог

**Kautionseffekten** pl ценные бумаги, служащие обеспечением

**kautionsfähig** имеющий право выступать поручителем; могущий представить обеспечение, могущий внести залог

**Kautionskredit** m кредит под обеспечение

**Kautionskreditgeschäft** n залоговая кредитная операция

**kautionspflichtig** обязанный представить поручительство; обязанный внести залог

**Kautionssumme** f залоговая сумма, сумма, внесённая в качестве залога

**Kautionsversicherung** f поручительское страхование

**Kautionswechsel** m вексель обеспечения, обеспечительский вексель

**Kavent** m поручитель

**kavieren** *vi* выступать поручителем

**K.B., Konzessionsbetrieb** концессионное предприятие

**k.d., K.D., knocked down** разобран *(на составные части)*

**KdT, Kammer der Technik** Техническая палата *(бывш. ГДР)*

**KE, Kenia** Кения, *до 1978г.* код CD

**KeedoozIe-System** *n* система самообслуживания

**Kehrmatrix** *f* обратная матрица

**Kehrwert** *m* обратная величина; обратное значение

**Kellerwechsel** *m* бронзовый вексель, дутый вексель, фиктивный вексель

**Kenndaten** *pl* данные; параметры; характеристики

**Kennedy-Runde** *f* раунд Кеннеди *(в рамках ГАТТ)*

**Kenngröße** *f* параметр

**Kennlinie** *f* характеристическая кривая, характеристика

**Kenntnis** *f* сведение; знание
  **in Kenntnis setzen** ставить в известность
  **zur Kenntnis; z.K.** к сведению
  **zur Kenntnis bringen** довести до сведения

**Kennummer** *f* код; числовая характеристика, характеристическое число

**Kennwert** *m* параметр; показатель; характеристика; коэффициент

**Kennzahl** *f* показатель, индекс, коэффициент; числовая характеристика; кодовая цифра, код, кодовое число; шифр

**Kennzahlmethode** *f* метод укрупнённой номенклатуры продукции *(метод планирования фонда заработной платы)*

**Kennzeichen** *n* признак *(напр., товарной группы)*; характеристика *(напр., количественная)*; показатель

**Kennzeichnung** *f* обозначение; характеристика

**Kennzeichnungspflicht** *f* обязанность продуцента точно обозначать изделия, обязанность продуцента точно обозначать товары

**Kennzeichnungszahl** *f* индекс

**Kennziffer** *f* показатель; индекс; характеристическое число, числовая характеристика; кодовая цифра, кодовое число; шифр

**Kennziffer der Schadensquote** показатель убыточности

**abgeleitete Kennziffer** производный показатель; приведённый показатель

**absolute Kennziffer** абсолютный показатель

**analytische Kennziffer** индивидуальный показатель

**einheitliche Kennziffer** единый показатель

**in Geld ausgedrückte Kennziffer** денежный показатель, стоимостный показатель

**industriezweigtypische Kennziffer** отраслевой показатель

**ökonomische Kennziffer** экономический показатель

**qualitative Kennziffer** качественный показатель

**quantitative Kennziffer** количественный показатель

**reziproke Kennziffer** обратный показатель

**sozialökonomische Kennziffer** социально-экономический показатель

**synthetische Kennziffer** синтетический показатель

**technisch-wirtschaftliche Kennziffer** технико-экономический показа гель

**territoriale Kennziffer** территориальный показатель

**umgerechnete Kennziffer** приведённый показатель

**verbindliche Kennziffer** обязательный показатель

**vorgegebene Kennziffer** заданный показатель

**wertmäßige Kennziffer** стоимостный показатель, денежный показатель

**zusammenfassende Kennziffer** синтетический показатель

**Kennziffernspiegel** *m* таблица показателей *(в планировании)*

**Kennziffernsystem** *n* система показателей

**Kerblochkarte** *f* карта с краевой перфорацией, перфокарта с краевой перфорацией

**Kernbelegschaft** *f* кадровый состав рабочих

**Kerngeschäft** *n* 1. основное направление торговли; основное направление бизнеса 2. основная сделка

**Kernproblem** *n* основная проблема, коренная проблема

**Kernware** *f* отборный товар

**KES, Kenia-Schilling, - Kenia** Кенийский шиллинг *(код валюты* 404*)*, - Кения

**Kette** *f* цепь; *вчт.* строка
  **freiwillige Kette** объединение оптовых и розничных торговых предприятий *(ФРГ)*

**Kettenabschluss** *m* сделка, заключённая на условии последовательного участия в ней ряда посредников

**Kettenhandel** *m* торговые операции, осуществляемые при условии последовательного участия в них ряда посредников

**Kettenindex** *m* цепной индекс

**Kettenläden** *m, pl* розничные магазины объединения торговых предприятий; сеть однотипных розничных магазинов, учреждаемых одной фирмой; торговые ряды

**Kettenmodell** *n* *киб.* цепная модель

**Kettenziffer** *f* *стат.* цепной индекс

**Keynesianismus** *m* кейнсианство

**KF, Konsulatsfaktura** консульская фактура

**K.F.A., Kosten, Fracht, Assekuranz** цена, включающая стоимость, фрахт и расходы по страхованию

**KFG, Gesetz über den Verkehr mit Kraftfahrzeugen** закон об автомобильных *(грузовых и пассажирских)* перевозках

**KFIH, Komitee zur Förderung des Internationalen Handels** Комитет содействия развитию международной торговли *(с бывш. СССР и другими социалистическими странами)*

**KFM:**
  **Kfm., Kaufmann** коммерсант
  **kfm., kaufmännisch** коммерческий

**KfS, Koordinierungsstelle für Standardisierung** орган, занимающийся координационной деятельностью в области стандартизации *(при промышленных министерствах и министерстве строительства бывш. ГДР)*

**KfW:**
  **KfW, Kreditanstalt für Wiederaufbau** Банк по реконструкции *(кредитует инвестиции в Германии и за рубежом)*
  **KfW, Kreditanstalt für Wiederaufbau** Кредитанштальт фюр видерауфбау *(один из банков ФРГ)*

**KG:**
  **KG, Kirgistan** Кыргызстан
  **KG, Kommanditgesellschaft** коммандитное товарищество, товарищество на вере
  **KG, Konsumgenossenschaft** потребительская кооперация, потребительское общество, потребительский кооператив

**KGaA, Kommanditgesellschaft auf Aktien** акционерное коммандитное товарищество

**KGS, Kirgistan-Som, - Kirgistan** Сом (киргизский) *(код валюты 417)*, - Киргизтан

**KGV, Konsumgenossenschaftsverband** союз потребительских обществ

**KH:**
  **KH, Kambodscha** Камбоджа
  **k.H., kurzer Hand zurück** незамедлительно вернуть *(пометка на деловой бумаге)*

**KHR, Riel, - Kambodscha** Риэль *(код валюты 116)*, - Камбоджа

**Kilogrammpreis** *m* цена за килограмм *(применяется в отношении, определённых технических товаров)*

**Kilometergeld** *n* "километровые деньги" *(возмещение за служебные поездки на собственной машине)*

**Kinderarbeit** *f* детский труд

**Kinderbeihilfe** *f* пособие на детей

**Kinderermäßigung** *f* налоговая льгота для многодетных семей

**Kindergeld** *n* пособие для многодетных семей; надбавка к заработной плате на детей; надбавка к пенсии на детей; *юр.* отдельное имущество ребёнка

**Kindergeldzuschlag** *m* надбавка к заработной плате на детей; надбавка к пенсии на детей

**Kinderrente** *f* пенсия детям, оставшимся без родителей

**Kinderunfallversicherung** *f* страхование детей от несчастных случаев

**Kinderversorgungsversicherung** *f* страхование жизни родителей в целях обеспечения детей

**Kinderzulage** *f* надбавка к заработной плате на детей; надбавка к пенсии на детей

**Kinderzuschlag** *m* надбавка к заработной плате на детей; надбавка к пенсии на детей

**Kinderzuschuss** *m* надбавка к заработной плате на детей; надбавка к пенсии на детей

**Kirchensteuer** *f* церковный налог; *ист.* церковная подать

**Kiste** *f* ящик *(вид упаковки)*
  **hölzerne Kiste** деревянный ящик

**Kistenpackung** *f* упаковка в ящиках, ящичная упаковка

**Kj., Kalenderjahr** календарный год

**KK, Krankenkasse** больничная страховая касса, страховая касса

**KL, Konsumladen** магазин потребительской кооперации

**Kladdenbuch** *n* *бухг.* черновая книга

**Klage** *f* жалоба, иск; (исковое) прошение
  **Klage auf Schadenersatz** иск о возмещении убытков, иск о компенсации
  **dingliche Klage** вещный иск
  **eine Klage einreichen** подавать жалобу в суд

**Klagefrist** *f* срок для возбуждения иска

**klagen** *vi* подавать в суд, жаловаться

**Kläger** *m* истец

**Klappbehälter** *m* складной контейнер

**klarieren,** vt очищать от таможенных формальностей, кларировать *(морской груз)*

**Klarierer** m маклер по кларированию *(морских грузов)*

**Klarierung** f очистка от таможенных формальностей, кларирование *(морского груза)*

**Klarierungsbrief** m свидетельство об очистке от таможенных формальностей, таможенное свидетельство

**Klarierungsmakler** m маклер по кларированию *(морских грузов)*

**Klarschrift** f незашифрованный текст

**Klarsichtverpackung** f целлофановая упаковка, прозрачная упаковка

**Klasse** f класс *(общества)*; класс *(разряд, категория)*; класс *(тип вагона, каюты)*

**Klasse einer Anleihe** разряд займа

**gesellschaftliche Klasse** общественный класс

**herrschende Klasse** господствующий класс, правящий класс

**produktive Klasse** класс производителей

**soziale Klasse** общественный класс

**überlebte Klasse** отживающий класс

**unproduktive Klasse** класс непроизводителей

**Klassenauseinandersetzung** f классовое столкновение

**klassenbedingt** классовый, классово обусловленный

**klassenbewusst** классово сознательный

**Klassenbeziehungen** f, pl классовые отношения

**Klassenbreite** f интервал *(группировки)*

**Klassendifferenzierung** f классовая дифференциация, классовое расслоение

**Klasseneinteilung** f классификация

**Klassenformation** f общественная классовая формация

**Klassengesellschaft** f классовое общество

**Klassenharmonie** f классовая гармония

**klassenindifferent** надклассовый

**Klassenmuster** n типовой образец, стандартный образец

**Klassenordnung** f общественная классовая формация

**Klassenschichtung** f классовая дифференциация, классовое расслоение

**Klassenspaltung** f классовая дифференциация, классовое расслоение

**Klassenstaat** m классовое государство

**Klassensteuer** f дифференцированный налог, поразрядный налог

**Klassenstruktur** f классовый состав; классовая структура *(населения)*

**Klassenteilung** f классовая дифференциация, классовое расслоение

**Klassenverhältnisse** n pl соотношение классов *(внутри общества)*; классовые отношения

**Klassenvorrecht** n классовая привилегия

**Klassenwesen** n классовая сущность

**Klassenzusammensetzung** f классовый состав; классовая структура *(населения)*

**klassieren,** vt классифицировать

**Klassifikation** f классификация

**klassifizieren,** vt классифицировать

**Klassifizierung** f классификация

**Klausel** f оговорка; ограничительное условие; пункт, статья *(в договоре)*

**Klausel der Haftpflichtbeschränkung** оговорка об ограничении ответственности

**Klausel "ohne Regress"** юр. безоборотная оговорка

**unter der Klausel** с оговоркой

**Kleinabnehmer** m мелкий покупатель; мелкий потребитель *(напр., электроэнергии, газа)*

**Kleinaktie** f мелкая акция, акция с невысокой ценой

**Kleinaktienbesitzer** m мелкий акционер, держатель небольшого количества акций

**Kleinaktionär** m мелкий акционер, держатель небольшого количества акций

**Kleinausfuhren** f, pl вывоз мелких партий товара, экспорт мелких партий товара

**Kleinautomatisierung** f малая автоматизация

**Kleinbauer** m мелкий крестьянин; мелкий фермер

**kleinbäuerlich** мелкокрестьянский

**Kleinbauernschaft** f мелкое крестьянство

**Kleinbauernwirtschaft** f мелкое крестьянское хозяйство; мелкое фермерское хозяйство; бедняцкое хозяйство

**Kleinbesitz** m мелкая собственность; незначительная собственность

**bäuerlicher Kleinbesitz** мелкая крестьянская собственность

**Kleinbesitzer** m мелкий собственник

**Kleinbesitzerinteressen** n pl мелкособственнические интересы

**kleinbesitzerlich** мелкособственнический

**Kleinbetrieb** *m* мелкое предприятие; малое предприятие; МП; мелкое производство; *с.-х.* мелкое хозяйство

**warenproduzierender Kleinbetrieb** мелкотоварное сельскохозяйственное производство

**Kleinbezieher** *m* мелкий покупатель, розничный покупатель

**Kleinbourgeoisie** *f ист.* мелкая буржуазия

**Kleinbürgertum** *n ист.* мелкая буржуазия

**Kleinbusiness** *n* мелкий бизнес

**Kleineigentum** *n* мелкая собственность; незначительная собственность

**Kleineigentümer** *m* мелкий собственник

**Kleineinfuhr** *f* мелкий импорт

**Kleineinfuhren** *f, pl* ввоз мелких партий товара; импорт мелких партий товара; мелкий импорт

**Kleineinkauf** *m* покупка мелких партий товара; покупка малой партии товара; покупка малых партий товара

**Kleinerzeuger** *m* мелкий производитель

**Kleinfabrikation** *f* мелкое производство; малое производство

**Kleinfertigung** *f* мелкое производство; малое производство

**Kleingeld** *n* разменная монета; *разг.* мелочь; мелкие деньги

**Kleingeschäft** *n* розничная торговля; *уст.* мелочная торговля

**Kleingewerbe** *n (мелкое)* кустарное производство; мелкий промысел

**Kleingewerbebetrieb** *m (мелкое)* кустарное производство; мелкий промысел

**Kleingewerbetreibender** *m* кустарь; мелкий ремесленник; мелкий промышленник; лавочник; мелкий торговец

**selbständiger Kleingewerbetreibender** некооперированный кустарь, частный кустарь

**kleingewerblich** кустарный, мелкокустарный

**Kleingutbeförderung** *f* перевозка мелких грузов

**Kleingüter** *n pl* мелкие грузы

**Kleingutverkehr** *m* перевозка мелких грузов

**Kleinhandel** *m* розничная торговля; мелочная торговля

**in Kleinhandel kaufen** покупать в розницу; покупать в рознице; покупать в розничной торговле

**Kleinhandelsmarkt** *m* рынок розничной торговли; розничный рынок

**Kleinhandelsnetz** *n* розничная торговая сеть

**Kleinhandelspreis** *m* розничная цена; цена в рознице; цена в розничной торговле

**Kleinhändler** *m* мелкий торговец; розничный торговец

**Kleinhandlung** *f* розничная торговля; *уст.* мелочная торговля

**Kleinhersteller** *m* мелкий производитель; ремесленник

**Kleinindustrie** *f (мелкое)* кустарное производство; мелкий промысел; мелкая промышленность

**Kleinindustrielle** *m* мелкий промышленник

**Kleinkredit** *m* небольшой кредит

**Kleinlandwirt** *m* мелкий землевладелец

**Kleinmechanisierung** *f* малая механизация

**Kleinmechanisierungsmittel** *n pl* средства малой механизации

**Kleinpacht** *f* мелкая аренда

**Kleinpächter** *m* мелкий арендатор

**Kleinpackung** *f* розничная упаковка; мелкая расфасовка (товара)

**Kleinproduktion** *f* мелкое производство; малое производство

**Kleinproduzent** *m* мелкий производитель

**Kleinreparatur** *f* мелкий ремонт

**Kleinserie** *f* небольшая серия, мелкая серия

**Kleinserienfertigung** *f* мелкосерийное производство

**Kleinserienproduktion** *f* мелкосерийное производство

**Kleinsparverkehr** *m* оборот сберегательного учреждения по мелким взносам

**Kleinstbesitz** *m* карликовое владение

**Kleinstbetrag** *m* минимальная сумма

**Kleinstbetrieb** *m* карликовое предприятие

**Kleinstemballage** *f* тара малой ёмкости

**Kleinstmaß** *n* минимальный размер

**Kleinstmenge** *f* минимальное количество

**Kleinstunternehmen** *n* карликовое предприятие

**Kleinstverpackung** *f* тара малой ёмкости

**Kleinstwert** *m* наименьшее значение, минимум

**Kleinunternehmen** *n* мелкое предприятие

**Kleinunternehmer** *m* мелкий предприниматель

**Kleinverbraucher** *m* мелкий потребитель

**Kleinverkauf** *m* розничная торговля; мелочная торговля

**Kleinverkäufer** *m* мелкий торговец, розничный торговец

**Kleinverkaufspreis** *m* розничная цена

**Kleinzeiten** *f, pl*, **vorbestimmte** запланированное время на выполнение отдельных элементов производственного процесса, заданное время на выполнение отдельных элементов производственного процесса

**Kleinzeitverfahren** *n* метод запланированного времени на выполнение отдельных элементов производственного процесса, метод заданного времени на выполнение отдельных элементов производственного процесса

**Klick-Statistik** *f* статистика кликов (по Интернет-странице); статистика заходов на Интернет-страницу; статистика переходов внутри веб-сайта

**Klient** *m* клиент

**Klientschaft** *f* клиентура, клиенты

**KM, Komoren** Коморы, *до 1978г. код* RC

**KMF, Komoren-Franc, - Komoren** Франк коморских островов *(код валюты* 174*)*, - Коморские острова

**KMInd, Konsumtionsmittelindustrie** промышленность, производящая потребительские товары

**KMU, kleine und mittlere Industriebetriebe** малые и средние промышленные предприятия, МСПП

**Knappheit** *f* недостаток, нехватка; недостача; скудность; ограниченность *(фактическое несоответствие между потребностями и имеющимися товарами и услугами)*

**Knappheit an Mitteln** нехватка средств, недостаток средств

**Knappheitsprinzip** *n* принцип ограниченности

**Knappschaftsruhegeld** *n* пенсия горняков за выслугу лет

**Knappschaftsvollrente** *f* полный размер пенсии горнорабочих

**Knebelungsvertrag** *m* кабальный договор; кабальная сделка

**knechtend** кабальный, закабаляющий

**Knechtsarbeit** *f* труд батрака; рабский труд, подневольный труд

**Knechtschaftsvertrag** *m* кабальный договор; кабальная сделка

**Knechtung** *f* порабощение, закабаление

**selbständiger Knechtung** экономическое закабаление

**Knoten** *m* узел; (морской) узел *(мера скорости судна)*; *сет. пл.* узел *(как правило, обозначает событие)*

**Knotenpunktzählung** *f* учёт транспортных потоков на узловых пунктах

**Know-how** *n англ.* "ноу-хау" (научно-технические знания и опыт организации производства на основе последних достижений науки и техники), секрет производства (может служить объектом коммерческих сделок)

**KnzU, Konzessionsunternehmung** концессионное предприятие

**KO:**

**KO, Konkursordnung** конкурсный устав; положение о конкурсах *(по делам несостоятельных должников)*

**Ko., Konnossement** коносамент

**Koalition** *f* коалиция

**blockierende Koalition** блокирующая коалиция *(в теории игр)*

**Koalitionsbildung** *f* образование коалиции

**Koalitionsfreiheit** *f* свобода создания коалиций, свобода создания союзов, свобода создания ассоциаций, свобода создания объединений

**Koalitionsspiel** *n* коалиционная игра

**Kode** *m* код

**Koeffizient** *m* коэффициент

**Koeffizient der Fondsintensität** коэффициент фондоёмкости

**Koeffizient der Konkurrenz** коэффициент состязательности *(целей)*

**Koeffizient der Mehrfachkorrelation** коэффициент множественной корреляции

**Koeffizient der rückläufigen Beziehung** коэффициент обратной связи

**Koeffizient der Umlaufmittelausnutzung** коэффициент использования оборотных средств

**Koeffizient des direkten Aufwands** коэффициент прямых затрат

**Koeffizient des technischen Nutzeffekts** коэффициент технической эффективности *(напр., основных фондов)*

**Koeffizient des Umlaufs** коэффициент оборачиваемости

**Koeffizient des vollen Aufwands** коэффициент полных затрат

**konstanter Koeffizient** постоянный коэффициент

**konstanter Koeffizient** структурный коэффициент

**normativer Koeffizient der Aufwandseffektivität** нормативный коэффициент эффективности затрат *(величина, обратная нормативному сроку окупаемости капитальных вложений)*

**variabler Koeffizient** переменный коэффициент

**Koeffizientenmatrix** f матрица коэффициентов

**technologische Koeffizientenmatrix** матрица технологических коэффициентов

**Koeffizientenmethode** f метод коэффициентов (*учитывающий, напр. зависимость затрат от формирующих их факторов*)

**Koeffizientensystem** n система коэффициентов

**Kofinanzierung** f совместное финансирование

**Kohlendioxydsteuer** f сбор за выброс двуокиси углерода; сбор за выброс выхлопных газов

**Kohlenwertstoffindustrie** f промышленность по переработке угля

**Kohortenanalyse** f когортный анализ (*в статистике народонаселения*)

**Kohortenmethode** f когортный метод (*в статистике народонаселения*)

**Koinzidenz** f совпадение

**Kolchos** m колхоз, колхозное хозяйство

**Kolchoshandel** m колхозная торговля, колхозный внедеревенский рынок

**Kolchoswirtschaft** f колхозное хозяйство

**Kollaps** m коллапс

**Kollaps des Währungs- und Finanzsystems** коллапс валютно-финансовой системы

**kollationieren,** vt сверять (*копию*) с оригиналом, сличать (*копию*) с оригиналом

**Kollegialsystem** n коллегиальная система руководства (*решение принимается группой равноправных лиц*), система коллегиальности (*в руководстве*); система коллегий

**Kollektiv** n коллектив

**statistisches Kollektiv** статистический коллектив

**Kollektivarbeit** f коллективный труд; коллективная работа, совместная работа

**Kollektivarbeitsvertrag** m коллективный (трудовой) договор

**Kollektivbauer** m работник сельскохозяйственного кооператива; колхозник

**Kollektivbedürfnisse** n pl коллективные потребности

**Kollektiveigentum** n коллективная собственность

**Kollektivgesellschaft** f полное товарищество

**Kollektivgut** n коллективная собственность; колхозная собственность

**Kollektivhaftung** f коллективная ответственность

**Kollektivierung** f коллективизация

**durchgehende Kollektivierung** сплошная коллективизация

**Kollektivismus** m коллективизм

**pluralistischer Kollektivismus** плюралистический коллективизм

**sozialistischer Kollektivismus** социалистический коллективизм,

**Kollektivlohn** m коллективная заработная плата

**Kollektivmonopol** n монополия картельного типа

**Kollektivsparen** n коллективное хранение денег в сберегательной кассе

**Kollektivversicherung** f коллективное страхование, групповое страхование

**Kollektivvertrag** m коллективное трудовое соглашение; коллективный договор государств

**Kollektivwerbung** f совместная реклама

**Kollektivwirtschaft** f сельскохозяйственный кооператив; коллективное хозяйство, колхоз

**Kollektivwirtschaftsaufbau** m колхозное строительство

**Kollianzahl** f число мест (*в партии товара*)

**kollidieren** vi сталкиваться, оказывать противодействие, конфликтовать

**Kollision** f столкновение; коллизия, конфликт

**Kollisionsklausel** f условие об ответственности страховщика за убытки застрахованного судна в результате его столкновения с другими судами

**Kollisionsrecht** n коллизионное право

**Kollisionsschaden** m повреждение в результате столкновения (*транспортных средств*); коллизионный ущерб, коллизионный убыток

**Kollisystem** n контейнерная система транспортировки грузов

**Kollitara** f тара, вес которой принимается в размере, установленном торговым обычаем

**Kollo** n место (*багажа, груза*); единица груза

**Kollusion** f тайное соглашение, договорённость

**Kolonat** n *ист.* колонат

**Kolonialbank** f колониальный банк

**Kolonialbesitz** m колониальное владение, колония

**Kolonialbesitzung** f колониальное владение, колония

**Kolonialgesellschaft** f колониальное общество

**Kolonialhandel** m торговля метрополий колониями

**Kolonialherr** m колонизатор

**Kolonialherrschaft** f колониальное господство

**Kolonialismus** *m* колониализм

**Kolonialjoch** *n* колониальный гнёт

**Kolonialkrise** *f* кризис колониальной системы

**Kolonialmacht** *f* колониальная держава

**Kolonialprofit** *m* прибыль, получаемая за счёт эксплуатации колоний

**Kolonialsystem** *n* колониальная система

**Kolonialwährung** *f* уст. колониальная валюта

**Kolonialwaren** *f, pl* ист. колониальные (*б. ч. бакалейные*) товары

**Kolonialwerte** *m, pl* ценные бумаги колониальных предприятий; облигации займов колоний

**Kolonisation** *f* колонизация

**innere Kolonisation** внутренняя колонизация

**Kolonisationspolitik** *f* колонизаторская политика

**Kolonisationstheorie** *f* теория колонизации

**Kolonisator** *m* колонизатор

**kolonisieren**, *vt* заселять; основывать колонии; колонизировать

**Kolonlalausbeutung** *f* эксплуатация колоний

**Kolonnenwettbewerb** *m* соревнование между бригадами (*бывш. ГДР*)

**Kolportage** *f* фр. торговля вразнос, продажа вразнос (*б. ч. книг*)

**KomAbgC** закон о порядке взимания и уплаты коммунальных сборов

**Kombinat** *n* комбинат

**Kombination** *f* комбинация, комбинирование; сочетание, соединение; мат. сочетание

**Kombination der Produktion** комбинирование производства

**Kombination zur komplexen Ausnutzung des Rohstoffes** комбинирование в целях комплексного использования сырья

**landwirtschaftliche Kombination** комбинирование сельскохозяйственного производства

**rohstofforientierte Kombination** комбинирование, ориентированное на оптимальную организацию использования сырья

**territoriale Kombination** комбинирование в территориальном разрезе

**Kombinationsanalyse** *f* комбинационный анализ

**Kombinationsgrad** *m* уровень комбинирования

**Kombinationsprozess** *m* сочетание производственных факторов (*для достижения лучших результатов производства*)

**Kombinationstabelle** *f* стат. комбинационная таблица

**Kombinatorik** *f* комбинаторика

**kombinatorisch** соединительный; мат. комбинаторный

**KomG, Kommanditgesellschaft** коммандитное товарищество, товарищество на вере

**KomGaA, Kommanditgesellschaft auf Aktien** акционерное коммандитное товарищество

**Komitee** *n* комитет

**Komitee der gegenseitigen Bauernhilfe** комитет крестьянской взаимопомощи

**Komitee für Technische Hilfe des Wirtschatts- und Sozialrats der Vereinten Nationen** Комитет технической помощи развивающимся странам Экономического и социального Совета ООН

**Komitee zur Förderung des Internationalen Handels** Комитет содействия международной торговле (*с СССР и социалистическими странами*)

**Kommanditaktionär** *m* акционер коммандитного товарищества

**Kommanditanteil** *m* коммандитный пай, пай коммандитного товарищества

**Kommanditär** *m* швейц. коммандитист, ограниченный ответственный вкладчик коммандитного товарищества (*отвечающий по обязательствам только своим вкладом*)

**Kommanditeinlage** *f* вклад коммандитиста

**Kommanditgesellschaft, KG** коммандитное товарищество (*в котором хотя бы один компаньон отвечает по обязательствам всем своим имуществом, а другой или другие ограниченно, только своим вкладом*)

**Kommanditgesellschaft auf Aktien** акционерное коммандитное товарищество, коммандитное товарищество на "акциях" (*в котором вклады коммандитистов выражены в форме акционерного капитала*)

**Kommanditist** *m* коммандитист, ограниченный ответственный вкладчик коммандитного товарищества (*отвечающий по обязательствам только своим вкладом*)

**Kommanditscheck** *m* филиальный переводный чек

**Kommanditvertrag** *m* договор об учреждении коммандитного товарищества

**Kommanditwechsel** *m* филиальный переводный вексель

**Kommando** *n* команда *(приказ)*; *киб., вчт.* команда; импульс

**Kommandogeber** *m вчт.* датчик команд, командное устройство

**Kommandogeld** *n* командировочные деньги

**Kommandogerät** *n вчт.* командное устройство

**Kommandowerk** *n вчт.* командное устройство

**kommassieren,** *vt австр.* соединять земельные участки

**Kommendation** *f ист.* коммендация

**Kommerpapier** *n* коммерческий документ (напр. вексель)

**Kommerz** *m* торговля, коммерция

**Kommerz- und Privatbank** Коммерц-унд-приватбанк *(крупный банк ФРГ)*

**Kommerzakzept** *n* торговый акцепт, коммерческий акцепт

**Kommerzbank** *f* коммерческий банк, торговый банк

**Kommerzialisierung** *f* коммерциализация, приватизация

**Kommerzialsystem** *n* коммерческая система *(развития торговли)*

**kommerziell** торговый, коммерческий

**kommerziell** промышленный *(о производстве)*

**kommerzieller Kredit** коммерческий кредит

**Kommerzwechsel** *m* торговый вексель, коммерческий вексель

**KommG, Kommanditgesellschaft** коммандитное товарищество, товарищество на вере

**Kommis** *m фр.* комми; приказчик; продавец, торговый служащий; клерк

**Kommission** *f* комиссия *(организация)*; комиссия, комиссионное поручение; комиссия, комиссионное вознаграждение

**Kommission für Arbeitsproduktivität und Löhne** комиссия по производительности труда и заработной плате

**Kommission für Sozialpolitik** Комиссия по вопросам социальной политики

**in Kommission nehmen** принимать на комиссию, брать на комиссию

**Kommissionär** *m* комиссионер, посредник, торговый агент

**Kommissionsagent** *m* агент, работающий на комиссионных началах

**Kommissionsartikel** *m* товар, принятый на комиссию; товар, сданный на комиссию; комиссионный товар

**Kommissionsbetrug** *m* обман со стороны комиссионера в целях нанесения ущерба комитенту

**Kommissionsbuchhandel** *m* комиссионная книжная торговля *(напр., посредник между издательством и розничной торговлей)*

**Kommissionsfirma** *f* комиссионная фирма, фирма, осуществляющая комиссионные операции

**Kommissionsgebühr** *f* комиссия, комиссионное вознаграждение; комиссионные деньги

**Kommissionsgeschäft** *n* комиссионный магазин; комиссионная фирма; комиссионная сделка; комиссионные операции

**Kommissionsgut** *n* товар, принятый на комиссию, товар, сданный на комиссию; комиссионный товар

**Kommissionshandel** *m* комиссионная торговля, торговля на комиссионных началах

**Kommissionshandelssteuer** *f* налог на комиссионные торговые операции

**Kommissionshändler** *m* торговец, ведущий комиссионную торговлю

**Kommissionshaus** *n* комиссионная фирма; комиссионная контора

**Kommissionskauf** *m* комиссионная купля-продажа

**Kommissionskontor** *n* комиссионная контора

**Kommissionslager** *n* склад товаров, сданных на комиссию; склад комиссионных товаров

**Kommissionsmethode** *f* метод комиссии *(метод экспертной оценки развития науки)*

**Kommissionsnota** *f* бланк комиссионного поручения

**Kommissionspreis** *m* комиссионная цена

**Kommissionsrimesse** *f* комиссионная римесса

**Kommissionssendung** *f* посылка товаров с правом возврата получателем непроданной части

**Kommissionstransport** *m* транспорт, работающий на комиссионных началах

**Kommissionstratte** *f* комиссионная тратта

**Kommissionsvergütung** *f* комиссия, комиссионное вознаграждение

**Kommissionsverkauf** *m* комиссионная продажа, продажа на комиссионных началах

**Kommissionsverkaufsstelle** *f* комиссионный магазин

**Kommissionsverlag** *m* комиссионное издание *(за счёт автора)*

**Kommissionsvertreter** *m* агент, работающий на комиссионных началах

**Kommissionsware** f товар, принятый на комиссию; товар, сданный на комиссию; комиссионный товар

**Kommissionswechsel** m комиссионная тратта

**kommissionsweise** в порядке сдачи на комиссию, в порядке приёма на комиссию

**Kommissionszettel** m бланк комиссионного поручения

**Kommitiv** n письменная доверенность, письменное полномочие

**Kommittent** m комитент, доверитель (*дающий поручение комиссионеру*)

**kommittieren,** vt поручать, доверять

**Kommunalabgaben** f, pl плата за коммунальные услуги; коммунальные сборы

**Kommunalanleihe** f коммунальный заём, муниципальный заём

**Kommunalbank** f коммунальный банк

**Kommunalbau** m коммунальное строительство

**Kommunalbetrieb** m предприятие коммунально-бытового хозяйства, предприятие коммунального хозяйства

**Kommunaldarlehen** n коммунальная ссуда, коммунальный кредит

**Kommunaleigentum** n муниципальная собственность, общинная собственность

**Kommunaleinrichtungen** f, pl коммунально-бытовые предприятия (мн.ч.); предприятия коммунально-бытового обслуживания (мн.ч.)

**Kommunalhandel** m торговля, осуществляемая местными органами власти (*напр., общинами*)

**kommunalisieren** vt муниципализировать

**Kommunalisierung** f муниципализация

**Kommunalkredit** m коммунальный кредит, муниципальный кредит

**Kommunalobligation** f муниципальная облигация (*выпускается местными властями или по их поручению банками и служит источником финансирования местных расходов*), облигация коммунального займа

**Kommunalstatistik** f статистика коммунально-бытового хозяйства

**Kommunalsteuer** f коммунальный налог, муниципальный налог

**Kommunalunternehmen** n предприятие коммунально-бытового хозяйства, предприятие коммунального хозяйства; коммунальное предприятие

**Kommunalverkehr** m коммунальный транспорт

**Kommunalwirtschaft** f коммунальное хозяйство, коммунально-бытовое хозяйство

**kommunalwirtschaftlich** коммунальный, коммунально-бытовой

**Kommune** f коммуна; община
  **landwirtschaftliche Kommune** сельскохозяйственная коммуна

**Kommungut** n общинное имущество

**Kommunikation** f коммуникация, связь; сообщение
  **Kommunikation** передача данных
  **betriebsinterne Kommunikation** внутризаводская связь

**Kommunikationskanal** m коммуникационный канал (*для доведения информации до потребителя*)

**Kommunikationssystem** n система коммуникации, система связи
  **integriertes Kommunikationssystem** интегрированная система связи

**Kommunität** f общность
  **Kommunität** общинное владение (*напр., землей*)

**Kommutation** f мат. замена, коммутативность; ист. коммутация

**Kommutationszahl** f страх. коммутационное число

**Komp., Kompanie** компания (*торговая, промышленная*)

**Kompagnie** f швейц. компания, общество, товарищество

**Kompagnon** m фр. компаньон

**Kompanie** f компания, общество, товарищество

**Komparationsmethode** f метод сравнений, метод сопоставлений

**Komparativreklame** f сравнительная реклама

**Kompatibilität** f совместимость (*требование взаимной непротиворечивости, совместимости предпосылок, посылок или аксиом*)

**Kompensation** f компенсация, возмещение

**Kompensationsabkommen** n компенсационное соглашение, бартерное соглашение

**Kompensationsbetrieb** m производство, перестраивающееся в периоды конъюнктурного затишья на выпуск новых видов продукции; производство, перестраивающееся в периоды сезонного затишья на выпуск новых видов продукции

**Kompensationsgeschäft** n компенсационная сделка, бартерная сделка

**Kompensationshandel** m компенсационная торговля; компенсационные сделки

**Kompensationskalkulation** f смешанная, калькуляция

**Kompensationskurs** *m* *биржх.* компенсационный курс; ликвидационный курс

**Kompensationsobjekt** *n* предмет компенсации

**Kompensationsprinzip** *n* принцип компенсации, принцип возмещения

**Kompensationstheorie** *f* компенсационная теория протекционизма, уравнительная теория протекционизма

**Kompensationsvertrag** *m* компенсационное соглашение, бартерное соглашение

**Kompensationszahlung** *f* компенсационный платёж

**kompensierbar** возмещаемый; зачитываемый *(при компенсации)*

**kompensieren,** *vt* компенсировать, возмещать; зачитывать *(при компенсации)*

**kompetent** компетентный

**Kompetenz** *f* компетентность; компетенция; полномочия; *юр.* подведомственность

**Kompetenzbereich** *m* круг полномочий, компетенция

**Kompetenzkompetenz** *f* право разрешать споры о компетентности, право разрешать споры о подведомственности

**Kompetenzüberschreitung** *f* превышение полномочий

**Komplement** *n* дополнение

**Komplementär** *m* лично ответственный "полный" компаньон *(отвечающий по обязательствам коммандитного товарищества или акционерного коммандита всем своим имуществом)*

**Komplementär** член коммандитного товарищества, несущий неограниченную ответственность; комплементарий *(в бывш. ГДР - бывший владелец предприятия, передавший по договору это предприятие как пай в смешанную государственно-частную*

**Komplementärartikel** *m, pl* дополняющие товары, взаимодополняющие товары

**Komplementärgüter** *n pl* дополняющие товары, взаимодополняющие товары

**Komplementäritat** *f* дополняемость, взаимодополняемость

**Komplementärvergütung** *f* дополнительное возмещение

**Komplementärwaren** *f, pl* дополняющие товары, взаимодополняющие товары

**komplett** комплектный, полный

**komplettieren,** *vt* комплектовать, пополнять, дополнять

**Komplettierung** *f* комплектование, укомплектование, пополнение, дополнение

**Komplettierungserzeugnis** *n* дополняющее изделие

**Komplettierungslager** *n* комплектовочный склад

**Komplettierungsplan** *m* график комплектования

**Komplex** *m* комплекс
**rüstungsindustrieller Komplex** военно-промышленный комплекс, ВПК

**komplex** комплексный; сложный

**Komplexanalyse** *f* комплексный анализ

**Komplexautomatisierung** *f* комплексная автоматизация

**Komplexbilanz** *f* комплексный баланс

**Komplexbrigade** *f* комплексная бригада

**Komplexität** *f* комплексность
**territoriale Komplexität** территориальная комплексность

**Komplexkosten** *pl* комплексные расходы; комплексные статьи расходов

**Komplexlohnsatz** *m* комплексная расценка

**Komplexlösung** *f* комплексное решение

**Komplexmechanisierung** *f* комплексная механизация

**Komplexnetzplan** *m* комплексный сетевой график, сводный сетевой график, комплексная сеть, сводная сеть

**Komplexnorm** *f* комплексная норма

**Komplexnormativ** *n* комплексный норматив

**Komplexprognose** *f* комплексный прогноз

**Komplexprogramm** *n* комплексная программа

**Komplexprozess** *m* комплекс операций, комплекс работ; комплексный процесс

**Komplexrechnungen** *f, pl* учёт комплексных статей затрат; учёт по комплексам

**Komplexrevision** *f* комплексная ревизия; комплексный пересмотр

**Komplexstandardisierung** *f* комплексная стандартизация

**Komplexstudie** *f* комплексное исследование, комплексный анализ

**Komplextaktstraße** *f* комплексный поточный метод строительства

**Komplexverarbeitung** *f* комплексная переработка

**Komplexvorgang** *m* комплекс операций, комплекс работ; комплексный процесс

**Komplexzeitnormativ** *n* комплексный норматив времени

**Komplexzyklogramm** *n* комплексная циклограмма

**Kompliziertheit** *f* сложность

**Kompliziertheitseinheit** *f* единица ремонтосложности

**Kompliziertheitsgruppe** *f* группа ремонтосложности

**Komponente** *f* компонент, составная часть; *мат.* составляющая; компонента

**Komponentenmethode** f метод главных компонент
**Komprador** m компрадор
**Kompradorenbourgeoisie** f компрадорская буржуазия
**Kompromissabkommen** n компромиссное соглашение
**Kompromissantrag** m компромиссное предложение
**Kompromissbeschluss** m компромиссное решение
**Kompromisslösung** f компромиссное решение
**Komptantgeschäfte** n pl кассовая сделка, сделка на фондовой бирже (*платежи по таким сделкам осуществляются в день их заключения или в ближайшие дни в отличие от срочных сделок*)
**Kondiktion** f требование возврата незаконно полученного
**Kondition** f условие; кондиция, качество; норма
**Konditionenkartell** n картель, согласующий только единые условия продажи (*но не цены*)
**Konditionsgeschäft** n кондиционная сделка, соглашение, предусматривающее особые условия
**Konditionskartell** n картельное соглашение об однородности условий торговли (*напр., условий поставки и платежа*)
**Kondizieren** n требование возврата незаконно полученного
**Kondominat** n кондоминат, кондоминиум
**Kondominium** n кондоминат, кондоминиум
**Kondratieff-Zyklus** цикл Кондратьева (*"длинноволновый" цикл в 50-60 лет*)
**Konferenz** f конференция, совещание, заседание, совет; картельное соглашение судоходных компаний

**Konferenz der Vereinten Nationen für Handel und Entwicklung** Конференция ООН по торговле и развитию, ЮНКТАД
**Konferenz über Internationale Wirtschaftliche Zusammenarbeit; KIWZ** конференция по международному экономическому сотрудничеству
**Konferenzrate** f картельная фрахтовая ставка
**Konfidenzgrenzen** f, pl доверительные границы (мн.ч.)
**Konfidenzintervall** n доверительный интервал
**Konfidenzkoeffizient** n доверительный коэффициент
**Konfidenzniveau** n доверительный уровень
**Konfidenzschätzung** f доверительная оценка
**Konfiskation** f конфискация (*изъятие имущества и прав - обычно государством*)
**konfiszieren**, vt конфисковать
**Konfliktkommission** f конфликтная комиссия
**konform** единообразный, одинаковый; *мат.* конформный
**Konformität** f единообразие, одинаковость; *мат.* конформность
**Konfrontation** f конфронтация, противостояние; сопоставление (*напр., данных*); *юр.* очная ставка
**kongruent** согласованный, конгруэнтный
**konjugiert** сопряжённый
**Konjunktion** f конъюнкция
**Konjunktur** f конъюнктура
**anziehende Konjunktur** повышательная конъюнктура
**günstige Konjunktur** благоприятная конъюнктура
**inflationistische Konjunktur** инфляционная конъюнктура
**kriegsinflationistische Konjunktur** военно-инфляционная конъюнктура

**labile Konjunktur** неустойчивая конъюнктура
**sinkende Konjunktur** понижательная конъюнктура
**stabile Konjunktur** устойчивая конъюнктура, стабильная конъюнктура
**steigende Konjunktur** повышательная конъюнктура
**weltwirtschaftliche Konjunktur** конъюнктура мирового рынка; конъюнктура на мировых рынках
**Konjunkturabschwächung** f спад конъюнктуры
**Konjunkturanalyse** f конъюнктурный анализ, исследование конъюнктуры, изучение конъюнктуры, конъюнктурное исследование
**Konjunkturänderung** f изменение конъюнктуры
**Konjunkturankurbelung** f форсирование экономической активности, искусственный подъём в экономике
**Konjunkturanstieg** m подъём конъюнктуры, повышение конъюнктуры
**Konjunkturaufschwung** m подъём конъюнктуры, повышение конъюнктуры
**Konjunkturausgleichsrücklage** f фонд выравнивания конъюнктуры (*создаётся правительством*)
**Konjunkturbarometer** n барометр конъюнктуры
**konjunkturbedingt** обусловленный конъюнктурой, определяемый конъюнктурой
**Konjunkturbelebung** f оживление конъюнктуры
**Konjunkturbeobachtung** f исследование конъюнктуры, изучение конъюнктуры, конъюнктурное исследование, конъюнктурный анализ
**Konjunkturbericht** m обзор конъюнктуры, конъюнктурный обзор

**Konjunkturbesserung** f улучшение конъюнктуры

**Konjunkturbewegung** f колебание конъюнктуры

**Konjunkturbewegungen** f, pl регулярные изменения конъюнктуры, чаще всего - экономический цикл, цикл деловой активности

**Konjunkturdämpfung** f сдерживание конъюнктуры, сдерживание хозяйственной активности

**Konjunkturdiagnose** f конъюнктурный диагноз

**Konjunkturdienst** m служба информации о состоянии конъюнктуры

**konjunkturell** конъюнктурный

**konjunkturempfindlich** чувствительный к колебаниям конъюнктуры

**Konjunkturempfindlichkeit** f чувствительность к колебаниям конъюнктуры

**Konjunkturentwicklung** f развитие конъюнктуры

**Konjunkturfaktor** m фактор конъюнктуры, конъюнктурный фактор

**Konjunkturforschung** f исследование конъюнктуры, изучение конъюнктуры, конъюнктурное исследование, конъюнктурный анализ

**Konjunkturforschungsinstitut** n научно-исследовательский конъюнктурный институт

**Konjunkturgefälle** n разница в развитии конъюнктуры, различие в развитии конъюнктуры

**Konjunkturgeschichte** f история экономических циклов

**Konjunkturgewinn** m конъюнктурная прибыль

**Konjunkturgewinner** m капиталист, использующий конъюнктуру в своих интересах; *разг.* конъюнктурщик, приспособленец

**Konjunkturindikator** m конъюнктурный индикатор *(характеризует конъюнктурные, циклические колебания)*

**Konjunkturlehre** f теория экономических циклов

**Konjunkturlenkung** f регулирование экономических циклов

**konjunkturlos** бесцикловый, не имеющий циклов; бескризисный

**Konjunkturmechanismus** m механизм экономического цикла

**Konjunkturmodell** n модель экономического цикла

**Konjunkturphase** f фаза экономического цикла

**Konjunkturpolitik** f конъюнктурная политика *(напр., государственное регулирование экономики налоговыми и денежно-кредитными рычагами)*; игра на конъюнктуре

**monetäre Konjunkturpolitik** монетарная конъюнктурная политика, государственное регулирование экономики с помощью средств валютно-финансовой политики

**Konjunkturpreis** m конъюнктурная цена

**Konjunkturprognose** f прогноз конъюнктуры

**Konjunkturreihen** f, pl экономические циклы (мн.ч.)

**Konjunkturrückfall** m ухудшение конъюнктуры, спад конъюнктуры

**Konjunkturrückgang** m ухудшение конъюнктуры, спад конъюнктуры

**Konjunkturrückschlag** m ухудшение конъюнктуры, спад конъюнктуры

**Konjunkturschwankung** f колебание конъюнктуры

**Konjunkturschwankungen** pl конъюнктурные колебания (мн.ч.)

**Konjunkturspitze** f наивысшая точка конъюнктурного развития

**Konjunkturstabilisierung** f стабилизация конъюнктуры

**Konjunkturstatistik** f конъюнктурная статистика

**Konjunkturtest** m изучение конъюнктуры методом опроса

**Konjunkturtheorie** f теория конъюнктуры, теория экономических циклов

**Konjunkturüberhitzung** f "перегрев" конъюнктуры

**Konjunkturumschlag** m резкое изменение конъюнктуры

**Konjunkturverfall** m ухудшение конъюнктуры, спад конъюнктуры

**Konjunkturverschlechterung** f ухудшение конъюнктуры, спад конъюнктуры

**Konjunkturvorschau** f прогноз конъюнктуры

**Konjunkturwechsel** f, n изменение конъюнктуры

**Konjunkturwelle** f "волна" экономического цикла, продолжительность экономического цикла

**Konjunkturwellen** f, pl периоды экономических циклов

**Konjunkturwoge** f конъюнктурный подъём

**Konjunkturzyklus** m экономический цикл

**konkludent** *юр.* конклюдентный, заключительный, допускающий определённые выводы

**Konklusion** f заключение, вывод

**Konkurrent** m конкурент; соперник

**Konkurrenz** f конкуренция; соперничество; конкурирующая фирма

**Konkurrenz der Ziele** состязательность целей

**Konkurrenz innerhalb eines Produktionszweiges** внутриотраслевая конкуренция

**Konkurrenz zwischen den Produktionszweigen** межотраслевая конкуренция
**Konkurrenz zwischen den Wirtschaftszweigen** межотраслевая конкуренция
**atomistische Konkurrenz** атомистическая конкуренция
**beschränkte Konkurrenz** ограниченная конкуренция
**freie Konkurrenz** свободная конкуренция
**heterogene Konkurrenz** гетерогенная конкуренция *(разнородный состав участников)*
**homogene Konkurrenz** гомогенная конкуренция *(однородные участники)*
**horizontale Konkurrenz** горизонтальная конкуренция *(конкуренция товаров в пределах одной категории)*
**monopolistische Konkurrenz** монополистическая конкуренция
**oligopolistische Konkurrenz** олигополистическая конкуренция
**polypolistische Konkurrenz** полиполистическая конкуренция
**reine Konkurrenz** чистая конкуренция, совершенная конкуренция
**scharfe Konkurrenz** острая конкуренция
**schrankenlose Konkurrenz** неограниченная конкуренция
**sphärische Konkurrenz** вертикальная конкуренция, сферическая конкуренция
**totale Konkurrenz** тотальная конкуренция
**unlautere Konkurrenz** недобросовестная конкуренция
**unvollständige Konkurrenz** несовершенная конкуренция
**vertikale Konkurrenz** вертикальная конкуренция, сферическая конкуренция
**vollständige Konkurrenz** совершенная конкуренция
**zunehmende Konkurrenz** растущая конкуренция, усиливающаяся конкуренция
**zyklische Konkurrenz** циклическая конкуренция
**Konkurrenzartikel** *m, pl* конкурирующие товары
**Konkurrenzausschluss** *m* исключение конкуренции
**Konkurrenzbedingungen** *f, pl* условия конкуренции (мн. ч.)
**Konkurrenzbeschränkung** *f* ограничение конкуренции
**Konkurrenzbetrieb** *m* конкурирующее предприятие
**Konkurrenzbeziehungen** *f, pl* конкурентные отношения (мн.ч.)
**Konkurrenzdruck** *m* конкурентное давление; давление, оказываемое конкурентами
**Konkurrenzerkundung** *f* определение состояния конкуренции на рынке
**konkurrenzfähig** конкурентоспособный
**Konkurrenzfähigkeit** *f* конкурентоспособность
**Konkurrenzfirma** *f* конкурирующая фирма, фирма-конкурент
**Konkurrenzfreiheit** *f* свобода конкуренции
**Konkurrenzgeschäft** *n* конкурирующая фирма, фирма-конкурент
**Konkurrenzgesellschaft** *f* общество, основанное на конкуренции; общество свободной конкуренции; конкурирующая компания; конкурирующая фирма, фирма-конкурент
**Konkurrenzkampf** *m* конкурентная борьба; конкуренция
**Konkurrenzklausel** *f* оговорка договора об исключении конкуренции, пункт договора об исключении конкуренции; условие о запрещении агенту брать на себя сбыт товаров конкурентов, оговорка о запрещении агенту заниматься сбытом товаров конкурентов
**Konkurrenzland** *n* страна-конкурент, конкурирующая страна
**konkurrenzlos** вне конкуренции; вне конкурса
**Konkurrenzmechanismus** *m* механизм конкуренции
**Konkurrenzpreis** *m* конкурентная цена, цена конкурирующей фирмы
**Konkurrenzpreisverhältnis** *n* соотношение конкурентных цен
**Konkurrenzreaktion** *f* реакция на действия конкурентов
**Konkurrenzsozialismus** *m* социализм с рыночной конкуренцией *(попытка соединить плановую экономику с рыночной)*
**Konkurrenzstrategie** *f* стратегия конкурентной борьбы
**konkurrenzunfähig** неконкурентоспособный
**Konkurrenzunfähigkeit** *f* неконкурентоспособность
**Konkurrenzunterlagen** *f, pl* конкурентные материалы
**Konkurrenzunternehmen** *n* конкурирующее предприятие
**Konkurrenzuntersuchung** *f* расследование деятельности конкурирующих фирм
**Konkurrenzverbot** *n* запрещение конкуренции
**Konkurrenzverhältnisse** *n pl* конкурентные отношения, отношения конкуренции
**Konkurrenzwirtschaft** *f* экономическая система, основанная на конкуренции

**konkurrieren** vi конкурировать, соперничать; соревноваться

**Konkurs** m несостоятельность, банкротство; *(торговый)* конкурс *(по делам несостоятельного должника)*; конкурсное производство

**Konkurs erklären** объявить неплатёжеспособность, назначить конкурс

**im Konkurs gehen** обанкротиться

**in Konkurs geraten** обанкротиться

**Konkursanfechtung** f оспаривание сделок несостоятельного должника *(заключённых им после прекращения платежей)*

**Konkursbeamte** m конкурсный управляющий; конкурсный администратор; управляющий имуществом банкрота; ликвидатор (обанкротившегося предприятия)

**Konkursbeschlag** m арест имущества должника, назначенного в конкурс; арест имущества банкрота

**Konkursbilanz** f конкурсный баланс; баланс предприятия-банкрота; ликвидационный баланс фирмы-банкрота

**Konkursdelikt** n преступление, связанное с конкурсным производством; злостное банкротство

**Konkursdividende** f дивиденд, выплачиваемый кредиторам после реализации конкурсной массы

**Konkurserklärung** f объявление конкурса; назначение конкурса; назначение конкурсного производства; объявление об открытии конкурсного производства; объявление о несостоятельности; объявление банкротом; объявление о банкротсве; заявление о банкротстве

**Konkursgericht** n суд по делам о несостоятельности; суд по делам о банкротствах; суд по конкурсным делам

**Konkursgrund** m причина несостоятельности должника

**Konkursmasse** f конкурсная масса; имущество банкрота; имущество несостоятельного должника, подлежащее распределению между кредиторами *(собственниками)*

**Konkursmasseverkauf** m распродажа конкурсной массы; распродажа имущества банкрота; распродажа предметов конкурсной массы

**Konkursprozess** m конкурсное производство; производство по делам о банкротстве

**Konkursverfahren** n конкурсное производство; производство по делам о банкротстве; конкурсное судопроизводство; судопроизводство по делу о банкротстве

**Konkursverkauf** m распродажа конкурсной массы; распродажа имущества банкрота; распродажа предметов конкурсной массы

**Konkursvermögen** n конкурсная масса; конкурсное имущество; имущество несостоятельного должника

**Konkursverwalter** m конкурсный управляющий; управляющий конкурсной массой, ликвидатор обанкротившегося предприятия

**Konkursverwaltung** f конкурсное управление; управление конкурсной массой

**Können** n умение; знание; мастерство

**fachmännisches Können** профессиональное умение

**Konnossement** n коносамент

**durchgehendes Konnossement** сквозной коносамент

**einfaches Konnossement** простой коносамент

**indossiertes Konnossement** индоссированный коносамент

**reines Konnossement** чистый коносамент

**unreines Konnossement** нечистый коносамент, коносамент с оговоркой *(напр., когда упаковка не отвечает требованиям)*

**vordatiertes Konnossement** коносамент, датированный завтрашним числом

**an Bord Konnossement** бортовой коносамент *(когда товар погружен на указанное в коносаменте судно)*

**ein Konnossement ausstellen** выписывать коносамент, выставлять коносамент

**Konnossemente** n pl коносаменты (мн.ч.)

**gleichlautende Konnossemente** коносаменты с одинаковым содержанием

**Konnossementgarantien** f, pl коносаментные гарантии *(требуются в случае прибытия товара и отсутствия коносамента)*

**Konnossementgewicht** n вес по коносаменту

**Konnossementklauseln** f, pl коносаментные оговорки *(условия судоходной компании, указанные в коносаменте)*

**Konnossementmasse** f вес по коносаменту

**Konnossementmenge** f вес по коносаменту

**Konsens(us)** m консенсус, общее согласие по спорным вопросам

**Konsensprinzip** n принцип согласия *(напр., для занесения в кадастр)*

**Konsensus** *m* *юр.* консенсус

**konsentieren** *vi* соглашаться; одобрить

**Konsequenzenprognose** *f* прогноз последствий

**Konsignant** *m* консигнант, дающий поручение на консигнацию, *см.* Konsignationsgeschäft

**Konsignatar, Konsignatär** *m* консигнатор, лицо, берущее на себя продажу товара по консигнационной сделке

**Konsignation** *f* консигнация *(вид коммерческих операций)*, передача дорожных чеков на комиссию иностранному банку

**Konsignationsgeschäft** *n* консигнационная сделка *(при которой консигнатор реализует по поручению консигнанта помещённый на его склад товар консигнанта)*

**Konsignationsgut** *n* товар, отправленный на консигнацию, консигнационный товар

**Konsignationshandel** *m* консигнационная торговля

**Konsignationskonto** *n* консигнационный счёт

**Konsignationslager** *n* консигнационный склад

**Konsignationsrechnung** *f* консигнационный счёт

**Konsignationsverkauf** *m* продажа товаров, принятых на консигнацию

**Konsignationsvertrag** *m* консигнационный договор

**Konsignationsware** *f* товар, отправленный на консигнацию, консигнационный товар

**konsignieren**, *vt* отправлять товар на консигнацию

**konsistent** последовательный, стабильный, согласованный

**Konsolidation** *f* консолидация; укрепление, сплочение, упрочение; объединение; укрупнение; консолидация *(государственных займов)*

**konsolidiert** консолидированный

**Konsolidierung** *f* консолидация; укрепление, сплочение, упрочение; объединение; укрупнение; консолидация *(государственных займов)*

**Konsolidierungskredit** *m* консолидированный кредит

**Konsols** *pl* консоли *(обращавшиеся ранее английские государственные облигации с твёрдым процентом и без срока погашения)*

**Konsortialbanken** *f, pl* банки-участники консорциума

**Konsortialbeteiligung** *f* участие в консорциуме

**Konsortialführung** *f* руководство консорциума

**Konsortialgeschäft** *n* соглашение о создании консорциума; консорционная сделка; деловая операция консорциума

**Konsortialkurs** *m* консорциальный курс *(курс, по которому участники консорциума покупают ценные бумаги, также твёрдый курс, по которому банковский консорциум приобретает акции)*

**Konsortialquote** *f* квота участника консорциума

**Konsortialvertrag** *m* соглашение о создании консорциума

**Konsortium** *n* консорциум, целевое объединение нескольких компаний *(главным образом, банков, напр. для реализации ценных бумаг по единому курсу)*

**konstant** постоянный

**Konstante** *f* постоянная, константа

**Konstantsummenspiel** *n* игра с постоянной суммой

**Konstellation** *f* положение дел, конъюнктура

**Konstruktion** *f* конструкция, сооружение; структура, строение

**Konstruktion einer Anleihe** строение займа

**instandhaltungsgerechte Konstruktion** конструкция *(напр., станка)*, обеспечивающая максимально широкую эксплуатацию при минимальных расходах на техническое обслуживание

**vorgefertigte Konstruktion** сборная конструкция

**Konstruktionsbüro** *n* конструкторское бюро

**Konstruktionskosten** *pl* расходы, связанные с разработкой конструкции; затраты, связанные с разработкой конструкции; издержки, связанные с разработкой конструкции

**Konsularvertrag** *m* консульский договор, консульская конвенция

**Konsulat** *n* консульство; *ист.* консульство, консулат

**Konsulatsbestätigung** *f* консульская легализация

**Konsum** *m* потребление; потребительский кооператив; потребительское общество

**aufgeschobener Konsum** отложенный потребительский спрос

**privater Konsum** личное потребление

**zurückgestellter Konsum** отложенный потребительский спрос

**Konsumartikel** *m, pl* потребительские товары

**Konsumbedarf** *m* потребительский спрос

**Konsumbelieferung** *f* обслуживание потребителей; снабжение рынка потребительскими товарами

**Konsumeinschränkung** f ограничение потребления
**Konsument** m потребитель
**gesellschaftlicher Konsument** общественный потребитель; государственный потребитель
**individueller Konsument** индивидуальный потребитель
**produktiver Konsument** производственный потребитель
**zahlungsfähiger Konsument** платёжеспособный потребитель
**Konsumentenbudget** n потребительский бюджет
**Konsumentenfreiheit** f "свобода" потребителя определять объём и характер потребления
**Konsumentenhandel** m кооперативная форма торговли; торговля потребительскими товарами
**Konsumentenkredit** m потребительский кредит *(предоставляется банком потребителю для оплаты в рассрочку)*
**Konsumentenrente** f потребительский излишек для покупателя *(возможная разница между максимальной ценой, которую потребитель готов уплатить, и фактической платой)*
**Konsumentenvereinigung** f объединение потребителей *(для защиты своих интересов)*
**Konsumentenverhalten** n поведение потребителей
**Konsumentenwaren** f, pl потребительские товары, товары потребления
**Konsumentrisiko** n риск потребителя, риск заказчика *(в статистическом контроле качества)*
**Konsumerhebung** f обследование потребления, анализ потребления
**Konsumfinanzierung** f кредитование потребителя
**Konsumfunktion** f функция потребления
**Konsumgenossenschaft** f потребительская кооперация, потребительское общество, потребительский кооператив
**konsumgenossenschaftlich** кооперативный *(относящийся к потребительской кооперации)*
**Konsumgeschäft** n магазин потребительской кооперации
**Konsumgesellschaft** f общество потребителей
**Konsumgewohnheiten** f, pl обычаи потребителей, привычки потребителей
**Konsumgroßhandel** m кооперативная форма оптовой торговли; оптовая торговля потребительскими товарами
**Konsumgüter** n pl потребительские товары, товары потребления
**dauerhafte Konsumgüter** потребительские товары длительного пользования
**industrielle Konsumgüter** промышленные потребительские товары
**kurzlebige Konsumgüter** потребительские товары кратковременного пользования, потребительские товары краткосрочного пользования
**langlebige Konsumgüter** потребительские товары длительного пользования
**Konsumgüteraustausch** m торговый обмен потребительскими товарами
**Konsumgüterbedarf** m спрос на потребительские товары
**Konsumgüterbilanz** f баланс потребительских товаров
**Konsumgüterbinnenmarkt** m внутренний рынок потребительских товаров
**Konsumgütergroßhandel** m оптовая торговля потребительскими товарами
**Konsumgütergroßhandelsbetrieb** m предприятие оптовой торговли потребительскими товарами
**Konsumgüterindustrie** f промышленность товаров широкого потребления, промышленность товаров народного потребления, промышленность потребительских товаров
**Konsumgüternachfrage** f спрос на потребительские товары
**Konsumgüterpreise** m, pl цены на потребительские товары
**Konsumgüterproduktion** f производство потребительских товаров
**konsumieren**, vt потреблять
**Konsumierung** f потребление
**Konsumkaufhaus** n магазин потребительской кооперации
**Konsumkraft** f покупательная способность *(населения)*
**Konsumkredit** m потребительский кредит
**Konsumladen** m разг. магазин потребительской кооперации
**Konsumorientierung** f ориентация на потребителя при выборе места для торгового предприятия; ориентация на потребление *(теория "общества потребления")*
**Konsumsteuer** f налог на предметы потребления
**Konsumtibilien** pl предметы потребления; продукты питания
**Konsumtibilität** f потребляемость

**Konsumtion** f потребление
**gesellschaftliche Konsumtion** общественное потребление
**individuelle Konsumtion** личное потребление, индивидуальное потребление
**laufende Konsumtion** текущее потребление
**nichtlebensstandardwirksame Konsumtion** потребление, не влияющее на уровень жизни
**nichtproduktive Konsumtion** непроизводственное потребление
**parasitäre Konsumtion** паразитическое потребление
**private Konsumtion** личное потребление, индивидуальное потребление
**produktive Konsumtion** производственное потребление
**zahlungsfähige Konsumtion** платёжеспособное потребление
**Konsumtionsausgaben** f, pl расходы на приобретение потребительских товаров
**Konsumtionsbeschränkung** f ограничение потребления
**Konsumtionsbilanz** f баланс потребления
**Konsumtionselastizität** f эластичность потребления
**Konsumtionsentwicklung** f динамика потребления
**Konsumtionsfähigkeit** f покупательная способность (населения)
**Konsumtionsfonds** m фонд потребления
**gesellschaftliche Konsumtionsfonds** pl общественные фонды потребления
**Konsumtionsforschung** f изучение потребления, анализ потребления
**Konsumtionsfunktion** f функция потребления

**Konsumtionsgewohnheiten** f, pl обычаи потребителей, привычки потребителей
**Konsumtionsgüter** n pl потребительские товары, товары потребления
**Konsumtionskraft** f покупательная способность (населения)
**Konsumtionskredit** m потребительский кредит
**Konsumtionslenkung** f управление потреблением, регулирование потребления
**Konsumtionsmittel** n pl средства потребления, предметы потребления
**Konsumtionsnorm** f норма потребления
**Konsumtionsplanung** f планирование потребления, регулирование потребления
**Konsumtionspolitik** f политика в области потребления
**Konsumtionsprognose** f прогноз потребления
**Konsumtionsprozess** m процесс потребления
**Konsumtionsrate** f норма потребления
**Konsumtionssphäre** f сфера потребления
**Konsumtionssteuer** f налог на предметы потребления
**Konsumtionsstruktur** f структура потребления
**Konsumtionsverhältnisse** n pl отношения, складывающиеся в сфере потребления
**konsumtiv** потребительский; потребительный
**Konsumtivkredit** m потребительский кредит
**Konsumverein** m союз потребительских обществ; потребительский кооператив
**Konsumwaren** f, pl потребительские товары, товары потребления

**Kontaktstrecke** f отдел магазина, в котором покупатель имеет свободный доступ к товарам
**Kontango** n репорт (пролонгация срока биржевой сделки участником, играющим на повышение)
**Kontangogeschäft** n бирж. репортная операция, репортная сделка; репортирование
**kontant** наличный (о деньгах)
**Kontanten** pl наличные деньги
**Kontantgeschäft** n кассовая сделка, сделка на фондовой бирже
**Konten** pl счета
**Konten des Reinvermögens** счета чистого имущества (субсчета счёта капитала)
**gemischte Konten** смешанные счета
**provisionspflichtige Konten** счета, по которым начисляется комиссия с оборота
**transferable Konten** переводные счета
**Kontenabschluss** m заключение счетов, закрытие счетов, выведение итогов по счетам
**Kontenabstimmung** f согласование счетов
**Kontenausgleich** m сбалансирование счетов, сальдирование
**Kontenbestand** m средства, числящиеся на счёте
**Kontenbewegung** f движение средств по счетам
**Kontenblatt** n карточка лицевого счёта; страница лицевого счёта (в книге бухгалтерского учёта)
**Konteneintragung** f занесение в счёт, проводка по счёту
**Konteneröffnung** f открытие счёта
**Kontenfreigabe** f открытие счёта

**Kontenführer** *m* счетовод

**Kontenführung** *f* ведение счетов, ведение счёта

**Kontenglattstellung** *f* восстановление кредитов

**Kontengliederung** *f* классификация счетов

**Kontengruppe** *f* группа счетов

**Konteninhaber** *m* владелец счёта

**Kontenklasse** *f* раздел номенклатуры счетов; раздел счётного плана

**Kontenkontrolle** *f* проверка записей на счетах

**kontenmäßig** по счетам, согласно счетам

**Kontennummer** *f* номер счёта, шифр счёта

**Kontennummersystematik** *f* схема присвоения номеров *(в бюджетной классификации)*; числовая систематика счетов, кодирование счетов

**Kontenplan** *m* счётный план *(система главных счетов с разбивкой на классы и группы)*

**Kontenrahmen** *m* номенклатура счетов, план счетов, **vereinfachter Kontenrahmen** суженная номенклатура счетов

**Kontenregister** *n* перечень счетов *(предприятия)*

**Kontenregulativ** *n* порядок регулирования взаимных расчётов

**kontenregulativ** регулирующий взаимные расчёты

**Kontenruf** *m* контировка *(составление бухгалтерской проводки)*

**Kontensparen** *n* аккумуляция сбережений населения на счетах в сберегательных кассах

**Kontensperre** *f* арест счёта; арест вклада; блокирование счёта

**Kontensperrung** *f* арест счёта; арест вклада; блокирование счёта

**Kontenstand** *m* состояние счетов

**Kontensystematik** *f* классификация счетов

**kontentieren**, *vt* проводить оплату по счетам, оплачивать, платить

**Kontenumsatz** *m* обороты по счетам

**Kontenuntergruppe** *f* подгруппа счетов

**Kontenverfügung** *f* распоряжение счётом

**Kontenverzeichnis** *n* реестр счетов

**Konteraktivposten** *m* *бухг.* контрактивная статья

**Konterbande** *f* контрабанда; контрабандный товар

**Kontermine** *f* группа спекулянтов, играющих на понижение; группа понижателей; биржевой контрманёвр

**Kontermineur** *m* *бирж.* спекулянт, играющий на понижение; медведь

**konterminieren** *vi* *бирж.* рассчитывать на понижение курсов; действовать против повышения курсов

**Konterpassivposten** *m* *бухг.* контрпассивная статья

**Konti** *pl* счета

**Kontierung** *f* *бухг.* контировка, составление проводок

**Kontierung auf dem Beleg** контировка на документе

**Kontinentalsperre** *f* *ист.* континентальная блокада

**Kontingent** *n* контингент, предельное количество; лимит, норма; доля, часть; состав

**das Kontingent ausschöpfen** исчерпать контингент, выбрать норму

**ein Kontingent überziehen** превысить контингент

**bilaterales Kontingent** двусторонний контингент

**kontingentieren** *vi* контингентировать, устанавливать контингент, устанавливать контингенты

**Kontingentierung** *f* контингентирование, установление лимита

**Kontingentierungskartell** *n* картель, для участников которого установлены твёрдые контингенты

**Kontingentierungssteuern** *f, pl* контингентированные налоги

**Kontingentträger** *m* фондодержатель

**Kontingenz** *f* *стат.* сопряжённость признаков, контингенция

**Kontingenzkoeffizient** *m* *стат.* коэффициент взаимной сопряжённости, коэффициент сопряжённости признаков

**Kontingenztafel** *f* таблица сопряжённости признаков

**kontinuierlich** непрерывный, бесперебойный

**Kontinuität** *f* непрерывность

**Kontinuitätsprinzip** *n* принцип непрерывности

**Kontinuum** *n* непрерывность; континуум

**Konto** *n* счёт

**Konto bei der Bank auflösen** закрыть счёт в банке

**Konto vivo** *ит.* лицевой счёт

**Kontoa nuovo** *ит.* счёт переходящих сумм

**analytisches Konto** счёт аналитического учёта; счёт второго порядка

**belastetes Konto** дебетуемый счёт

**bezogenes Konto** счёт, с которого должна быть произведена уплата

**erkanntes Konto** кредитуемый счёт

**gesperrtes Konto** блокированный счёт

**laufendes Konto** текущий счёт, контокоррентный счёт
**persönliches Konto** лицевой счёт
**synthetisches Konto** счёт синтетического учёта; счёт первого порядка
**auf dem Konto haben** дебетовать счёт
**auf Konto** на счёт
**das Konto belasten** дебетовать счёт
**ein Konto einrichten** открыть счёт, открывать счёт
**ein Konto eröffnen** открыть счёт, открывать счёт
**ein Konto sperren** блокировать счёт, заблокировать счёт
**Konto-Original-Form** *f* форма копиручёта, при которой карточка лицевого счёта накладывается для записи на карточку журнала
**Konto-Original-Methode** *f* форма копиручёта, при которой карточка лицевого счёта накладывается для записи на карточку журнала
**Kontoabschluss** *m* заключение счёта, закрытие счёта
**Kontoauszug** *m* выписка из счёта
**Kontoeröffnung** *f* открытие счёта
**Kontogegenbuch** *n* расчётная книга
**Kontoguthaben** *n* сумма, находящаяся на счетах
**Kontoinhaber** *m* владелец счёта, владелец личного счёта
**Kontokorrent** *n* *ит.* текущий счёт, контокоррент, контокоррентный счёт *(банковский счёт, на котором учитываются взаимные требования и платежи клиента)*
**kontenloses Kontokorrent** контокоррент без лицевых счетов

**Kontokorrentauszug** *m* выписка из контокоррентного счёта
**Kontokorrentgeschäft** *n* контокоррентная операция *(при этом банк может выступать как в роли дебитора, так и в роли кредитора)*
**Kontokorrentkonto** *n* контокоррентный счёт
**Kontokorrentkredit** *m* контокоррентный кредит *(разновидность кредита по открытому счёту)*
**Kontokorrentrechnung** *f* текущий счёт, контокоррент, контокоррентный счёт
**Kontokorrentvertrag** *m* договор об осуществлении взаимных расчётов с помощью контокоррентного счёта
**Kontonummer** *f* номер счёта
**Kontor** *n* контора
**gemischtes Kontor** контора по экспорту и импорту товаров
**Kontorechnung** *f*, **funktionale** функциональное счетоводство *(форма двойной бухгалтерии, созданная В. Томсом)*
**Kontorist** *m* конторщик, конторский служащий, клерк, офисный работник, работник офиса
**Kontoristinen** *f* конторщица, конторская служащая; клерк, работница офиса
**Kontosaldo** *m* сальдо счёта
**Kontoseite** *f* сторона счёта
**linke Kontoseite** дебет
**rechte Kontoseite** кредит
**Kontosperre** *f* блокировка счёта, блокирование счёта
**Kontovertrag** *m* договор об открытии счёта
**Kontovortrag** *m* перенос на счёт
**Kontrahent** *m* контрагент, сторона в договоре
**kontrahieren** *vi* заключать контракт

**Kontrahierung** *f* вступление в договорные отношения, контрактация, заключение контракта
**Kontrahierungszwang** *m* *юр.* принудительное заключение контрактов
**Kontrakt** *m* контракт, договор; подряд *(напр., в строительстве)*
**langfristiger Kontrakt** долгосрочный контракт
**Kontraktabschluss** *m* заключение контракта
**Kontraktbruch** *m* нарушение контракта
**Kontrakteinkommen** *n* доход, исчисленный по контракту; доход согласно контракту
**Kontraktion** *f* сокращение размеров, контракция
**Kontraktion der Preise** понижение цен
**Kontraktpreis** *m* контрактная цена, контрактационная цена, договорная цена
**Kontramuster** *n* контрольный образец
**Kontraprotest** *m* встречный протест *(векселя)*
**Kontribution** *f* взнос; контрибуция
**Kontrollabschnitt** *m* контрольный купон; отрывной талон *(напр., рабочего наряда)*
**Kontrollarbeitsgang** *m* контрольная операция
**Kontrollberechnung** *f* контрольный расчёт, поверочный расчёт
**kontrollberechtigt** имеющий право контроля
**Kontrollbericht** *m* сводный бухгалтерский отчёт
**Kontrollbescheid** *m* предписание контрольного финансового органа
**Kontrollbilanz** *f* контрольный баланс

**Kontrollbrett** *n* контрольная *(табельная)* доска, табель; контрольный щит

**Kontrolle** *f* контроль, проверка; *тамож.* досмотр

**Kontrolle der Planerfüllung** контроль за выполнением плана

**Kontrolle durch den Haushalt** бюджетный контроль

**Kontrolle durch die Mark** контроль маркой

**betriebstechnische Kontrolle** технический контроль

**gesellschaftliche Kontrolle** общественный контроль

**hundertprozentige Kontrolle** стопроцентный контроль, сплошной контроль

**korrigierende Kontrolle** корректирующий контроль

**mitlaufende Kontrolle** оперативный контроль, текущий контроль

**selbsttätige Kontrolle** автоматический контроль; самоконтроль; самостоятельный контроль

**stichprobenweise Kontrolle** проверка по выбору, выборочный контроль

**eine Kontrolle errichten** установить контроль

**unter Kontrolle stellen** взять под контроль

**Kontrollergebnis** *n* результат контроля

**Kontrolleur** *m* контролёр

**Kontrollgesellschaft** *f* контролирующая компания *(компания, владеющая контрольным пакетом акций)*, контролирующее общество, холдинговая компания, холдинг-компания

**Kontrollgrenzen** *f, pl* контрольные границы, контрольные пределы

**kontrollierbar** контролируемый; подлежащий контролю

**kontrollieren,** *vt* контролировать, проверять; *тамож.* досматривать

**Kontrollkarte** *f* контрольная карта

**Kontrollkarte für den Fehlerprozentsatz** контрольная карта *(для)* доли дефектных изделий

**Kontrollkarte für die Anzahl der fehlerhaften Einheiten** контрольная карта *(для)* числа дефектных изделий

**Kontrollkarte für die Spannweite** контрольная карта интервалов

**Kontrollkarte für die Standardabweichung** контрольная карта стандартных отклонений

**Kontrollkarte für Extremwerte** контрольная карта *(для)* экстремальных значений, контрольная карта *(для)* крайних значений

**abgeleitete Kontrollkarte** смешанная контрольная карта, групповая контрольная карта

**kombinierte Kontrollkarte** комбинированная контрольная карта

**Kontrollkartentechnik** *f (статистический)* контроль качества с помощью контрольных карт, техника контрольных карт

**Kontrollkasse** *f* контрольный кассовый аппарат

**Kontrollkassierer** *m* кассир-контролёр

**Kontrollmarke** *f* контрольный жетон *(напр., сберкассы)*

**Kontrollmessung** *f* контрольное измерение, контрольный замер

**Kontrollnummer** *f* контрольный номер; табельный номер *(в ведомости на выдачу заработной платы)*

**Kontrolloperation** *f* контрольная операция

**Kontrollorganisation** *f,* **technische** организация технического контроля

**Kontrollosigkeit** *f* бесконтрольность

**Kontrollprobe** *f* контрольное испытание, проверочное испытание

**Kontrollprüfung** *f* контрольная проверка *(напр., качества товаров)*

**Kontrollprüfzeichen** *n* клеймо контролёра качества, клеймо отдела технического контроля

**persönliches Kontrollprüfzeichen** личное клеймо *(рабочего)*

**Kontrollpunkt** *m стат.* точка контроля *(на кривой оперативной характеристики)*

**Kontrollspanne** *f* область контроля, сфера контроля, область осуществления контрольных функций, сфера осуществления контрольных функций

**Kontrollspezifikation** *f* контрольная спецификация

**Kontrollstichprobenuntersuchung** *f стат.* контрольная выборка

**Kontrolltafel** *f* контрольная *(табельная)* доска, табель; контрольный щит

**Kontrolltermin** *m* контрольный срок

**Kontrolluhr** *f* контрольные часы *(на предприятии)*

**Kontrollverfahren** *n* метод контроля, техника контроля

**Kontrollvermerk** *m* отметка о результатах контроля; отметка о результатах таможенного досмотра

**Kontrollzahl** *f* контрольная цифра

**Kontrollziffer** *f* контрольная цифра

**Kontrollziffer für die Kredithöhe** контрольная цифра кредитования

**Konturpackung** *f* прозрачная упаковка, соответствующая контурам упакованного товара

**Konurbation** *f* конурбация *(совокупность двух или более районов или городов, образующих район сплошной городской застройки)*

**KonvA, Konvertierungsanleihe** конверсионный заём

**Konvention** *f* конвенция, соглашение, договор, договорённость

**Konvention der Vereinten Nationen gegen die Korruption** Конвенции Организации Объединенных Наций против коррупции; Конвенция ООН против коррупции

**Europäische Konvention zum Schutz der Menschenrechte und Grundfreiheiten** Европейская конвенция о защите прав и основных свобод человека

**Genfer Konvention** Женевская конвенция; Женевская международная конвенция

**Konvention über den Festlandsockel** Конвенция о континентальном шельфе

**Konvention von Lome** ломейская конвенция *(об экономической ассоциации развивающихся стран с ЕЭС)*

**UNO-Konvention** Конвенции Организации Объединенных Наций; Конвенция ООН

**konventional** конвенциональный; конвенционный

**Konventional-** *(в сл.сл.)* конвенциональный; конвенционный

**Konventionalstrafe** *f* договорная неустойка; конвенциональный штраф

**die Konventionalstrafe abziehen** вычесть неустойку

**die Konventionalstrafe berechnen** начислить неустойку

**Konventionaltarif** *m* конвенционный тариф; договорные пошлины

**Konventionalzoll** *m* конвенциональная пошлина, конвенционная пошлина

**konventionell** договорный; общепринятый, обычный, традиционный

**Konventionstarit** *m* конвенционный тариф

**Konvergenz** *f* конвергенция; сходимость

**dauerhafte Konvergenz der Wirtschaftsleistungen der Mitgliedstaaten** устойчивое сближение экономических показателей в государствах-членах ЕС

**wirtschaftliche Konvergenz** экономическая конвергенция

**Konvergenzkriterium** *n* критерий сходимости

**Konvergenztheorie** *f* теория конвергенции

**Konversion** *f* конверсия *(изменение первоначальных условий займа - ссудного процента и условий погашения; перевод военных предприятий на производство гражданской продукции)*

**wahlweise Konversion** факультативная конверсия

**Konversionsanleihe** *f* конверсионный заём

**Konversionskasse** *f* конверсионная касса

**konvertibel** конвертируемый, обратимый *(о валюте)*

**Konvertibilität** *f* обратимость, конвертируемость *(возможность покупки девизов на отечественную валюту и свободного распоряжения ими для резидентов данной страны, иностранных граждан и фирм), см.* Devisen

**konvertierbar** конвертируемый, обратимый *(о валюте)*

**Konvertierbarkeit** *f* обратимость, конвертируемость

**beschränkte Konvertierbarkeit** частичная обратимость, ограниченная обратимость

**volle Konvertierbarkeit** полная обратимость

**konvertieren,** *vt* конвертировать, обращать *(валюту)*; производить конверсию *(напр., государственного долга)*

**Konvertierung** *f* конвертирование *(валюты)*; проведение конверсии *(напр., государственного долга)*; конверсия

**Konvertierungs- und Transferrisiko** *n* риск приостановления конвертирования валюты, риск приостановления трансферта валюты

**Konvertierungsanleihe** *f* конверсионный заём

**Konvertionsoperationen** *f, pl* операции по обмену валют

**KonvT, Konventionaltarif** конвенционный тариф, договорные пошлины, конвенционные пошлины

**Konzentration** *f* концентрация *(напр., ускоренное, расширение крупных предприятий за счёт мелких)*

**Konzentration der Produktion** концентрация производства

**Konzentration des Kapitals** концентрация капитала

**horizontale Konzentration** горизонтальная концентрация

**landwirtschaftliche Konzentration** концентрация сельскохозяйственного производства

**vertikale Konzentration** вертикальная концентрация

**Konzentrationsbewegung** f процесс концентрации

**Konzentrationsgrad** m степень концентрации, уровень концентрации

**Konzentrationsstufe** f степень концентрации, уровень концентрации

**konzentrieren**, vt концентрировать, сосредоточивать

**Konzeption** f концепция; замысел

**Konzern** m концерн (объединение различных - иногда юридически частично самостоятельных предприятий, фирм)
  **internationaler Konzern** международный концерн
  **multinationaler Konzern** мультинациональный концерн
  **transnationaler Konzern** транснациональный концерн

**Konzernabschluss** m итоговый "чистый" баланс концерна

**Konzernbank** f банк при концерне

**Konzernbilanz** f единый баланс концерна, сводный баланс концерна

**Konzerne** m, pl концерны (мн. ч.)
  **bundeseigene Konzerne** федеральные концерны; концерны, являющиеся собственностью государства

**Konzernentflechtung** f декартелизация

**Konzerngesellschaften** f, pl компании, входящие в состав концерна; фирмы, входящие в состав концерна

**Konzernherr** m глава концерна, владелец концерна

**konzernieren**, vt создавать концерн, объединять в концерн, объединять в концерны

**Konzernverflechtung** f сращивание концернов

**Konzertierung** f согласование

**Konzerttournee** f концертное турне

**Konzertzeichner** m бирж. спекулянт ценными бумагами

**Konzession** f концессия, разрешение на определённую деятельность
  **Konzession** уступка (вынужденная); компромисс
  **auf Konzession eingehen** пойти на уступку
  **eine Konzession gewähren** предоставить концессию
  jmdm **Konzessionen machen** делать кому-л. уступки

**Konzessionär** m концессионер

**konzessionieren** vt предоставлять концессию

**Konzessionsanleihe** f концессионный заём

**Konzessionsbedingungen** f, pl условия предоставления концессии; концессионные условия

**Konzessionsbetrieb** m концессионное предприятие; предприятие на условиях концессии

**Konzessionsbewerber** m соискатель концессии, претендент на получение концессии

**Konzessionseinnahmen** f, pl концессионные поступления

**Konzessionsgebühr** f концессионный сбор

**Konzessionsgesetz** n закон о концессиях

**Konzessionsgesuch** n ходатайство о предоставлении концессии

**Konzessionsinhaber** m концессионер; владелец концессии

**Konzessionskapitalismus** m концессионный капитализм

**Konzessionslasten** f, pl платежи по концессионному договору

**Konzessionspolitik** f концессионная политика, политика концессий

**Konzessionsrecht** n концессионное право

**Konzessionsstaatskapitalismus** m государственно-концессионный капитализм

**Konzessionssystem** n система концессий

**Konzessionsunternehmung** f концессионное предприятие

**Konzessionsurkunde** f патент на концессию

**Konzessionsvertrag** m концессионный договор; концессионное соглашение

**Kooperation** f кооперирование, кооперация; сотрудничество
  **Kooperation der Arbeit** кооперация труда
  **Kooperation der Industrie** кооперирование в промышленности
  **einfache Kooperation** простая кооперация
  **innerbetriebliche Kooperation** внутризаводское кооперирование (производства)
  **internationale Kooperation** международная кооперация
  **technische Kooperation** техническое сотрудничество
  **in Kooperation mit ...** в сотрудничестве с ...

**Kooperationsabkommen** n соглашение о сотрудничестве

**Kooperationsbeziehungen** f, pl отношения, складывающиеся в рамках системы кооперирования; кооперационные связи

**Kooperationsgemeinschaft** f с.-х. межкооперативное объединение

**Kooperationskette** f цепочка кооперирующихся предприятий

**Kooperationslieferungen** *f, pl* кооперированные поставки, поставки, осуществляемые в рамках системы кооперирования

**Kooperationspartner** *m* партнёр по системе кооперирования, партнёр по сотрудничеству

**Kooperationsplan** *m* план кооперирования

**Kooperationsprinzip** *n* принцип кооперации *(объединение природоохранных усилий федерации, земель и общин ФРГ, а также экономистов и учёных)*

**Kooperationsstückliste** *f* спецификация кооперированных поставок

**Kooperationsverband** *m* с.-х. межкооперативное объединение

**Kooperationsvereinbarung** *f* соглашение о кооперировании, договор о кооперировании

**Kooperativ** *n* кооператив, кооперация; сотрудничество

**kooperativ** кооперативный; основанный на кооперации; основанный на сотрудничестве]

**Kooperative** *f* кооператив; кооперация; сотрудничество

**Kooperativgenossenschaft** *f* кооперативное товарищество; кооператив

**kooperieren** действовать сообща; сотрудничать; кооперироваться; объединяться для совместных действий

**Kooperierung** *f* кооперирование; сотрудничество

   **Kooperierung mit** *j-m* в содружестве; в сотрудничестве с кем-л.

**Koordinate** *f* координата

   **Koordinaten** *pl* координаты *мн.ч.*; система координат

   **absolute Koordinate** абсолютная координата

**Koordinatenachse** *f* ось координат

**Koordinatennetz** *n* координатная сетка

**Koordinatenpapier** *n* бумага с координатной сеткой; диаграммная бумага

**Koordinatensystem** *n* система координат

**koordinieren,** *vt* координировать, согласовывать, увязывать

**Koordiniertheit** *f* согласованность

**Koordinierung** *f* координация, согласование, увязка

   **Koordinierung der Arbeitsgänge** сочетание рабочих операций

   **Koordinierung der Volkswirtschaftspläne** координация народнохозяйственных планов

   **fehlende Koordinierung** несогласованность, неувязка

   **internationale Koordinierung der Produktion** международное координирование производства

   **Koordinierung der Wirtschaftspolitik** координация экономической политики (*напр.* государств-членов ЕС)

**Koordinierungsvereinbarung** *f* соглашение о сотрудничестве и координировании деятельности

**Kopf** *m* шапка, заголовок *(письма, бланка)*

**Kopf** голова, душа, человек *(при счёте)*

**Kopf** голова

**Kopf-** (в сл.сл.) головной

**pro Kopf** *(в расчёте)* на душу (населения)

**Kopfanteil** *m* доля на душу населения

**Kopfarbeiter** *m* работник умственного труда

**Kopfbesteuerung** *f ист.* обложение подушной податью

**Kopfbogen** *m* фирменный бланк

**Kopfgeld** *n ист.* подушная подать

**Kopfsteuer** *f* паушальный налог *(в отличие от подоходного налога основывается на внешних признаках, фиксируемых гражданским, жилищным правом и проч.)*

**Kopfsteuer** *ист.* подушная подать

**Kopfzins** *m ист.* подушная подать

**Kopie** *f* копия, дубликат

**kopieren,** *vt* делать копию; снимать копию; копировать; размножать *(записи, чертежи и т.п.)*

**Koppelprodukte** *n pl стат.* сопряжённые виды продуктов сельского хозяйства; комбинированные продукты

**Koppelrecht** *n* право общего пастбища

**Kopplung** *f* связь; согласование

   **rekursive Kopplung** рекурсивная связь

**Kopplungsgeschäft** *n* продажа товара с принудительным ассортиментом; *(разг.)* продажа с нагрузкой

   **Kopplungsgeschäft** связанная сделка *(разновидность компенсационной сделки, при которой импорт увязывается с экспортом некоторых, заранее определённых товаров)*

**Korn** *n* зерно, зерновой, хлеб

**Kornbörse** *f* зерновая биржа, хлебная биржа

**Körner** *m* корнер *(объединение биржевиков для скупки акций)*

**Körnerertrag** *m* урожай зерновых; урожайность зерновых

**Kornernte** *f* уборка хлебов, уборка зерновых, жатва хлебов

**Kornertrag** *m* урожай зерновых; урожайность зерновых

**Kornmarkt** *m* хлебный рынок, рынок зерна

**Kornproduktion** *f* производство зерновых

**Körperdiagramm** *n* *стат.* объёмная диаграмма

**Körperschaft** *f* корпорация, объединение, орган *(объединение предпринимателей или потребителей с определённой целью с правами юридического лица)*

**Körperschaft des öffentlichen Rechts** *юр.* публичная корпорация, публичноправовая корпорация

**Körperschaft des Privatrechts** *юр.* частная корпорация, частноправовая корпорация

**internationale Körperschaft** международный орган; специализированная международная организация

**öffentlich-rechtliche Körperschaft** *юр.* публичная корпорация, публичноправовая корпорация

**öffentliche Körperschaft** публичная корпорация *(не частная)*

**körperschaftlich** корпоративный, объединённый

**Körperschaftsbesteuerung** *f* обложение налогом корпораций

**Körperschaftssteuer** *f* корпоративный налог, налог на доходы *(публичной)* корпорации, налог на доходы юридического лица *(относится ко всем акционерным обществам и обществам с ограниченной ответственностью)*

**Korporation** *f* корпорация, объединение, орган *(объединение предпринимателей или потребителей с определённой целью с правами юридического лица)*

**Korporationseigentum** *n* корпоративное имущество; корпоративная собственность

**Korrealgläubiger** *m* совокупный кредитор

**Korrealhypothek** *f* общая ипотека

**Korrealschuldner** *m* совокупный должник

**korrektieren** *vt* вносить поправки; корректировать; делать корректирующую запись; вносить корректирующую запись

**Korrektion** *f* коррекция; поправка; исправление; корректирование

**Korrektivposten** *m* *бухг.* сторнировочная статья

**Korrektur** *f* исправление; поправка; корректура

**Korrekturfaktor** *m* поправочный коэффициент

**Korrekturgröße** *f* поправочный коэффициент

**Korrekturposten** *m* сторнировочная статья (в бухучёте)

**Korrelation** *f* соотношение, корреляция *(в статистике - математический анализ предполагаемой взаимозависимости между различными переменными/динамическими рядами)*

**einfache Korrelation** простая корреляция

**einfache Korrelation** взаимная корреляция

**mehrfache Korrelation** множественная корреляция

**Korrelations- und Regressionsanalyse** *f* корреляционный и регрессионный анализ

**Korrelationsabhängigkeit** *f* корреляционная зависимость

**Korrelationsanalyse** *f* корреляционный анализ

**Korrelationskoeffizient** *m* коэффициент корреляции

**multipler Korrelationskoeffizient** коэффициент множественной корреляции

**partieller Korrelationskoeffizient** коэффициент частной корреляции

**Korrelationsrechnung** *f* корреляционное исчисление

**Korrelationstabelle** *f* *стат.* корреляционная таблица

**Korrelationszusammenhang** *m* корреляционная связь

**korrelativ** коррелятивный, соотносительный; взаимозависимый

**korrespektiv** *юр.* взаимный

**korrespektives Testament** взаимное завещание

**Korrespondent** *m* корреспондент

**Korrespondentenverrechnung** *f* (банк.) корреспондентский счёт

**Korrespondenz** *f* переписка, корреспонденция

**Korrespondenz besorgen** вести корреспонденцию; вести переписку; заниматься *(чьей-л.)* корреспонденцией; заниматься *(чьей-л.)* перепиской

*mit jmdm.* **in Korrespondenz stehen** находиться с *кем-л.* в переписке

**verbraucherpolitische Korrespondenz; VpK** ведение переписки по вопросам политики в области защиты прав потребителей

**Korrespondenz-Bank** *f* банк-корреспондент

**Korrespondenzbüro** *n* информационное бюро *(для прессы)*; пресс-бюро

**Korrespondenzkonto** *n* (банк.) корреспондентский счёт, корсчёт

**Korrespondenzreeder** *m* (юр.) арматор, ведающий чужими, переданными ему в управление судами

**korrespondieren** *vi* вести переписку *с кем-л*

**korrespondieren** соответствовать *чему-л.*, соотноситься *с чем-л.*

**Korruption** *f* коррупция

**Korsopolice** *f* полис страхования от всех рисков, универсальный полис

**Kossäte** *m* ист. крестьянин-бедняк

**Kosten** *pl* расходы, затраты, издержки *(направленные на обеспечение коммерческого результата)*

**Kosten der Produktion** издержки производства

**Kosten je Fertigungseinheit** затраты в расчёте на единицу продукции, удельные затраты

**Kosten für fremde Leistungen** затраты, связанные с услугами со стороны

**Kosten für die Erteilung der Bankgarantie** расходы на получение банковской гарантии; расходы, связанные с получением банковской гарантии

**Kosten für die Verlängerung der Bankgarantie** расходы на продление банковской гарантии; расходы, связанные с продлением банковской гарантии

**Kosten im Jahresdurchschnitt** среднегодовая стоимость

**Kosten- und Preislimit** *n pl* лимиты издержек и цен

**Kosten-Effektivität der Kampagnen** эффективность вложений в кампанию (напр. рекламную)

**Kosten-Ergebnis-Analyse** *f* анализ "расходы - доход"; анализ "затраты - результат"

**Kosten-Nutzen-Analyse** *f* анализ затрат и результатов

**Kosten-Plus-Kalkulation** *f* калькуляция цен по методу "прямые издержки плюс прибыль"

**Kostenanschlag** *m* расчёт стоимости; смета *(расходов)*; сметная калькуляция

**Kostenaufwand** *m* затраты; издержки; расходы

**Kostenfunktion** *f* функция стоимости; функция ., выражающая стоимость

**Kostenmehraufwand** *m* дополнительный расход средств; перерасход средств

**Kostenminimierung** *f* оптимизация производственного процесса для удешевления изделий

**Kostenplan** *m* смета

**Kostenrechnung** *f* калькуляция; учёт затрат; учёт *m.* издержек

**Kostenstelle** *f* статья расхода

**Kostenträger** *m* заказчик; объект затрат

**Kostenüberschlag** *m* предварительная смета

**Kostenwert** *n* 1. величина издержек; показатель издержек 2. совокупные убытки в связи с гибелью нетрудоспособного, пострадавшего при ДТП *(сумма затрат на жизнеобеспечение и образование, а также медицинских расходов)*

**anteilige Kosten** приходящиеся на чью-л. долю расходы

**auftragsfixe Kosten** постоянные по данному заказу издержки

**außerplanmäßige Kosten** сверхплановые расходы, сверхсметные расходы

**bedingt konstante Kosten** условно-постоянные расходы, условно-постоянные затраты

**betriebsfixe Kosten** постоянные производственные расходы, постоянные производственные издержки

**degressive Kosten** уменьшающиеся издержки; дегрессивные издержки

**direkt zurechenbare Kosten** прямые затраты

**direkte Kosten** прямые издержки

**etatisierte Kosten** запланированные расходы

**falsche Kosten** непроизводительные накладные расходы *(в сфере обращения)*

**fiktive Kosten** фиктивные издержки

**fiktive Kosten** косвенные затраты, непрямые условно-постоянные *("накладные")* издержки

**indirekte variable Kosten** косвенные переменные затраты

**intervallfixe Kosten** промежуточные издержки, промежуточные расходы

**kalkulatorische Kosten** калькулируемые издержки

**kommerzielle Kosten** внепроизводственные расходы, коммерческие расходы

**komparative Kosten** сравнительные издержки (производства)

**kompensatorische Kosten** компенсирующие затраты

**laufende Kosten** текущие расходы; текущие затраты

**lohnabhängige Kosten** затраты, зависящие от размера заработной платы

**materialabhängige Kosten** общие издержки на материалы

**mittelbare Kosten** непосредственные расходы; прямые издержки
**nicht geplante Kosten** непланируемые расходы; непредвиденные затраты; незапланированные затраты
**planbare Kosten** планируемые расходы; планируемые издержки; планируемые затраты
**primäre Kosten** первичные издержки; первичные затраты; первичные расходы; затраты на первоначальном этапе
**produktionsbedingte Kosten** затраты на производство, производственные издержки
**produktionsbedingte Kosten** производительные расходы
**progressive Kosten** растущие издержки; прогрессивные расходы *(вид переменных расходов, которые растут быстрее, чем объём производства)*
**proportionale Kosten** пропорциональные расходы
**soziale Kosten** социальные издержки *(производства)*; затраты на социальные нужды
**spezifische Kosten** затраты в расчёте на единицу продукции, удельные затраты
**sprungfixe Kosten** постоянные издержки, возрастающие скачкообразно
**tatsächliche Kosten** фактические издержки; действительные затраты
**technologische Kosten** основные расходы, технологические расходы
**teilbewegliche Kosten** издержки, остающиеся постоянными независимо от загрузки *(машины)*

**übrige Kosten** прочие расходы *(издержки, непосредственно не связанные с производственным процессом и сбытом изделий)*
**unproduktive Kosten** непроизводительные расходы
**veränderliche Kosten** переменные издержки; переменные затраты
**veranschlagte Kosten** сметные расходы; расходы по смете
**verrechnete Kosten** дополнительные причисленные издержки
**voraussichtliche Kosten** вероятные расходы
**vorläufige Kosten** предварительные расходы
**zusätzliche Kosten** добавочные расходы; дополнительные расходы
**als Kosten buchen** списывать в расход
**auf eigene Kosten** за свой счёт
**auf Kosten** за счёт
**die Kosten der Reproduktion** стоимость копирования; стоимость изготовления копии (напр. **CD**-диска)
**die Kosten für das Kopieren** стоимость копирования; стоимость изготовления копии (напр. **CD**-диска); затраты на изготовление копии; затраты на копирование
**die Kosten tragen** нести расходы
**die Kosten zur Hälfte tragen** нести издержки пополам
**für die Kosten aufkommen** взять на себя все расходы
**ohne Kosten** не подлежащий протесту *(надпись на векселе)*
**Anlagekosten** *pl* расходы на оборудование
**Aufstellkosten** *pl* стоимость монтажа

**Baukosten** *pl* стоимость строительных работ; стоимость строительства
**Bedienungskosten** *pl* расходы на обслуживание
**Beförderungskosten** *pl* плата за провоз *(грузов)*
**Betriebskosten** *pl* издержки производства; производственные расходы; эксплуатационные расходы
**Druckkosten** *pl* стоимость печати; типографские расходы
**Einzelkosten** *pl* одноэлементные расходы
**Entwicklungskosten** *pl* расходы на опытно-конструкторские работы
**Erstellungskosten** *pl* капитальные затраты
**Fertigungskosten** *pl* издержки производства; производственные расходы
**Förderkosten** *pl* расходы на транспорт; транспортные расходы
**Frachtkosten** *pl* фрахтовые расходы
**Gemeinkosten** *pl* 1. накладные расходы 2. общая стоимость
**Gestehungskosten** *pl* издержки производства; себестоимость
**Grundkosten** *pl* начальная стоимость; начальные капиталовложения
**Hauungskosten** *pl* стоимость заготовки древесины
**Herstellungskosten** *pl* издержки производства; стоимость изготовления; стоимость производства
**Lagerkosten** *pl* складские расходы; складские издержки; стоимость хранения
**Leistungskosten** *pl* оплата за предоставляемую мощность *(по тарифу)*; расходы по установленной мощности *(машин на электростанции)*

**Maschinenkosten** *pl* амортизационные отчисления *(на механическое оборудование)*
**Mehrkosten** *pl* добавочные расходы
**Produktionskosten** *pl* издержки производства; производственные затраты; стоимость продукции
**Reparaturkosten** *pl* затраты на ремонт; стоимость ремонта
**Selbstkosten** *pl* себестоимость
**Stromkosten** *pl* расходы на электроэнергию; стоимость электроэнергии
**Transportkosten** *pl* стоимость перевозки; транспортные расходы
**Übernachtungskosten** *pl* расходы на проживание в гостинице
**Unterhaltungskosten** *pl* расходы на техническое обслуживание; расходы по текущему ремонту; эксплуатационные расходы
**Verpflegungskosten** *pl* расходы на питание
**Verwaltungskosten** *pl* административные расходы
**Wartungskosten** *pl* расходы по техническому обслуживанию
**Werkstattskosten** *pl* цеховые расходы
**Zeitausfallkosten** *pl* стоимость времени простоя
**kosten**, *vt* стоить
**Kostenabgrenzung** *f* размежевание затрат, размежевание расходов
**Kostenabweichung** *f* отклонение фактических издержек от сметных расходов, отклонение фактических затрат от расчётных
**Kostenänderung** *f* изменение размера издержек производства; изменение структуры издержек производства

**Kostenanschlag** *m* смета, смета расходов, предварительный подсчёт; сметная стоимость
**Kostenanschlagsnorm** *f* сметная норма
**Kostenanteil** *m* доля издержек
**Kostenart** *f* вид издержек; вид расходов
**Kostenarten** *f, pl* виды издержек, виды расходов
   **abgeleitete Kostenarten** производные виды издержек
   **natürliche Kostenarten** первичные виды издержек
   **zusammengesetzte Kostenarten** производные виды издержек
**Kostenartengruppe** *f* группа статей расходов
**Kostenartenkonten** *n pl* счета отдельных видов расходов
**Kostenartenrechnung** *f* учёт расходов по видам, учёт затрат по видам
**Kostenartenverteilung** *f* распределение видов затрат
**Kostenaufbau** *m* структура издержек
**Kostenauflösung** *f* деление общих издержек на постоянные и пропорционально произведённые; разделение издержек; разнесение издержек (по бухгалтерским статьям)
**Kostenaufschlag** *m* надбавка к стоимости
**Kostenaufschlüsselung** *f* распределение издержек, распределение затрат *(по местам их возникновения)*
**Kostenaufwand** *m* издержки, расходы, затраты
**kostenaufwendig** связанный с большими расходами, требующий больших расходов
**Kostenausgleichsbetrag** *m* дотация для поддержания уровня цен

**kostenbeeinflussend** влияющий на величину издержек, влияющий на величину затрат
**Kostenbelastung** *f* дебетование на сумму издержек
**Kostenbelastung je Stück** затраты на единицу продукции, удельные затраты
**Kostenbestandteil** *m* составляющая издержек, составляющая затрат, элемент издержек (напр. производства)
**Kostenbeteiligung** *f* участие в расходах; участие в затратах
**Kostenbetrag** *m* сумма издержек, сумма расходов
**kostenbewusst** учитывающий издержки; экономичный
**kostenbewusst wirtschaften** экономно вести хозяйство
**kostendeckend** покрывающий издержки, покрывающий расходы
**Kostendeckung** *f* покрытие издержек, покрытие расходов, покрытие затрат
**Kostendeckungsbeitrag** *m* величина покрытия постоянных издержек
**Kostendegression** *f* уменьшение издержек, уменьшение расходов, уменьшение затрат
**Kostendifferenz** *f* разница в издержках; разница в уровнях стоимости
**Kostendisziplin** *f* финансово-сметная дисциплина
**Kostendynamik** *f* динамика издержек, динамика расходов, динамика затрат
**Kosteneffizienz** *f* соотношение между объёмом выпуска продукции и возникшими издержками; эффективность затрат
**Kosteneinfluss** *m* влияние издержек, воздействие издержек *(напр., на себестоимость)*
**Kosteneinflussgröße** *f* параметры затрат

**Kosteneinheit** f единица стоимости

**Kosteneinsparung** f экономия затрат, экономия на издержках

**Kostenelastizität** f эластичность расходов, эластичность издержек

**Kostenelement** n элемент затрат, элемент издержек

**Kostenentwicklung** f динамика издержек, динамика расходов, динамика затрат

**Kostenerfassung** f подсчёт издержек, подсчёт затрат; учёт затрат, учёт издержек

**kostenerhöhend** увеличивающий издержки, увеличивающий расходы, увеличивающий затраты

**Kostenerhöhung** f увеличение издержек, увеличение расходов, увеличение затрат

**Kostenersatz** m возмещение издержек, возмещение затрат

**Kostenersparnis** f экономия на затратах, экономия на издержках

**Kostenexplosion** f резкий рост издержек, взрывообразный рост затрат, резкий скачок затрат

**Kostenfaktot** m параметр затрат, параметр издержек

**Kostenfinanzierungskredit** m кредит для финансирования производственных затрат *(предоставляется предприятиям сезонного характера)*

**Kostenflexibilität** f эластичность расходов, эластичность издержек

**kostenfrei** бесплатный; безвозмездный

**kostenfreie Demoversion** f бесплатная демо-версия (программы)

**kostenfreier Download** m бесплатная загрузка (программы с сервера); бесплатное скачивание (программы в Интернет)

**Kostenfunktion** f функция затрат, функция издержек

**Kostengliederung** f классификация издержек

**Kostengruppe** f группа издержек, группа расходов, группа затрат

**kostengünstig** требующий меньших затрат, требующий меньших издержек

**kostengünstig** благоприятный в экономическом отношении; оптимальный по стоимости; экономичный

**Kostengutschrift** f кредитование в возмещение издержек

**Kostenhöhe** f величина издержек, величина расходов, величина затрат, размер издержек, размер расходов, размер затрат

**Kosteninflation** f затратная инфляция

**Kostenkalkulation** f калькуляция издержек, калькуляция расходов

**Kostenkennziffern** f, pl показатели отдельных видов затрат

**Kostenkomplex** m комплексная статья затрат

**Kostenkonto** n счёт расходов

**Kostenkriterium** n критерий затрат

**Kostenkurve** f кривая затрат

**Kostenlimit** n лимит затрат

**kostenlos** без издержек; бесплатный, безвозмездный

**kostenmäßig** стоимостный

**Kostenmatrix** f матрица затрат

**Kostenminimierung** f минимизация затрат

**Kostenminimum** n минимальный уровень издержек, минимальный уровень расходов, минимальный уровень затрат

**Kostenniveau** n уровень издержек, уровень расходов, уровень затрат

**Kostennorm** f норма издержек, норма расходов, норма затрат

**Kostennormativ** n норматив издержек, норматив расходов, норматив затрат

**Kostenoptimalität** f оптимальность издержек, оптимальность затрат

**Kostenoptimum** n оптимальный уровень издержек, оптимальный уровень затрат, оптимум издержек, оптимум затрат

**Kostenordnung** f положение, регламентирующее уровень издержек

**Kostenplan** m расходная смета издержек производства

**Kostenplanung** f планирование издержек, планирование затрат

**Kostenposition** f статья расхода, расходная статья

**Kostenpreis** m себестоимость, стоимость издержек производства

**Kostenprognose** f прогноз издержек, прогноз расходов, прогноз затрат

**Kostenprogression** f прогрессивный рост издержек, прогрессивный рост расходов

**Kostenpunkt** m *бухг.* статья расходов

**optimaler Kostenpunkt** точка минимальных издержек на единицу изделий

**Kostenrechnung** f предварительная смета расходов; калькуляция расходов, смета расходов, сметная стоимость; *бухг.* ведение операционных счетов; оперативный учёт

**Kostenremanenz** f гистерезис затрат, гистерезис издержек *(влияние предшествующих изменений в организации производства на форму кривой издержек)*

**Kostensammelkonto** *n* бухг. собирательный счёт затрат, собирательный счёт издержек

**Kostensatz** *m* норма затрат; расценка

**Kostensatzmethode** *f* метод планирования затрат *(на одну денежную единицу товарной продукции)*

**Kostenschlüssel** *m* ключ раскладки затрат, ключ раскладки издержек *(по местам их возникновения)*

**Kostensenkung** *f* снижение издержек

**kostenspielig** дорогой, дорогостоящий; убыточный

**Kostenstandard** *m* стандартная сумма расходов; стандартная расценка

**Kostenstelle** *f* место возникновения затрат, место осуществления расходов

**fiktive Kostenstelle** фиктивное место возникновения затрат

**Kostenstellen** *f, pl* источники затрат *("места возникновения")*

**Kostenstellenkonten** *n pl* счета затрат по местам их возникновения

**Kostenstellenkonten** счета затрат по операциям их возникновения

**Kostenstellenrechnung** *f* анализ мест и операций возникновения издержек; смета по месту возникновения затрат; учёт затрат по месту их возникновения

**Kostensteuern** *f, pl* издержки производства, имеющие форму внутризаводских налогов и включаемые в калькуляцию цены предприятия *(как правило, в кооперативах, частных предприятиях)*

**Kostenstruktur** *f* структура издержек, структура расходов, структура затрат

**industrielle Kostenstruktur** структура издержек производства

**Kostentheorie** *f* теория издержек

**Kostenträger** *m* носитель издержек *(напр., рабочая сила, сырьё)*; объект затрат, носитель затрат

**Kostenträgerabrechnungsbogen** *m* расчётная ведомость учёта затрат по видам изделий

**Kostenträgereinzelrechnung** *f* калькуляция себестоимости отдельных изделий

**Kostenträgergruppe** *f* группа изделий

**Kostenträgergruppenrechnung** *f* калькуляция себестоимости группы изделий

**Kostenträgerkonten** *n pl* счета затрат по видам изделий

**Kostenträgermethode** *f* метод калькуляции себестоимости по носителям издержек

**Kostenträgerplan** *m* список изделий, производимых на предприятии, перечень изделий, производимых на предприятии

**Kostenträgerrechnung** *f* калькуляция затрат; учёт затрат, учёт затрат по носителям, учёт затрат по объектам, операционное ведение счетов по носителям затрат

**Kostenträgerstückrechnung** *f* калькуляция издержек на единицу продукции

**Kostenträgerzeitrechnung** *f* калькуляция себестоимости изделий за определённый период

**Kostenträgheit** *f* гистерезис затрат, гистерезис издержек

**Kostentragung** *f* несение издержек

**Kostentrend** *m* тренд издержек, тренд расходов, тренд затрат

**Kostenüberbeanspruchung** *f* превышение фактических издержек над предварительно рассчитанными, превышение фактических затрат над предварительно рассчитанными

**Kostenüberhöhung** *f* превышение сметы издержек

**Kostenüberschreitung** *f* превышение расходов, несоблюдение сметы

**Kostenüberzug** *m* превышение фактических издержек над предварительно рассчитанными, превышение фактических затрат над предварительно рассчитанными

**Kostenumlage** *f* распределение издержек, распределение затрат, раскладка издержек, раскладка затрат

**Kostenunterdeckung** *f* неполное покрытие издержек; неполное финансирование издержек

**Kostenvergleich** *m* сопоставление затрат, сопоставление издержек, сравнение затрат, сравнение издержек

**internationaler Kostenvergleich** международное сопоставление затрат

**Kostenverteilung** *f* распределение издержек, распределение затрат

**Kostenvolumen** *n* объём издержек, объём расходов, объём затрат

**Kostenvoranschlag** *m* предварительная смета расходов; сметная стоимость

**Kostenvorteile** *m, pl* преимущества в издержках; преимущества в издержках производства

**absolute Kostenvorteile** абсолютные преимущества в издержках

**absolute Kostenvorteile** преимущества в сравнительных издержках производства *(по теории Рикардо)*, сравнительные преимущества в издержках

**Kostenwert** *m* издержки в стоимостном выражении, расходы в стоимостном выражении, затраты в стоимостном выражении; величина издержек, показатель издержек

**Kostenwertmarken** *f, pl* жетоны для оперативного контроля затрат *(гл. обр. на вспомогательные материалы)*

**kostenwirksam** влияющий на размер издержек, воздействующий на величину издержек, влияющий на величину издержек

**Kostenzurechnung** *f* включение затрат, включение издержек

**Kostenzuwachskoeffizient** *m* коэффициент прироста издержек производства

**Kostgeld** *n* плата за питание, плата за стол; *бирж.* репортная сделка, репорт

**Kostgeschäft** *n бирж.* репортная сделка, репорт

**KostO, Kostenordnung** положение об издержках

**Kostpreis** *m* издержки производства

**kostspielig** дорогой, дорогостоящий; убыточный, разорительный

**kotieren,** *vt* котировать *(ценные бумаги на бирже)*

**Kotierung** *f бирж.* котировка

**Kotsasse** *m ист.* крестьянин-бедняк

**Kovarianz** *f мат.* ковариантность, ковариация

**Kovarianzmatrix** *f* ковариационная матрица

**K.P., Kleinpackung** розничная упаковка; мелкая расфасовка *(товара)*

**KPW, Won, - Korea, Demokratische Volksrep.** Северокорейская вона *(код валюты 408),* - Корея, демократическая народная республика

**Krach** *m* банкротство, крах

*der* **Krach an der Börse** крах биржи, резкое падение акций на бирже

**Kraft** *f* сила; усилие; энергия, мощность

**Kraft** работник(и), специалист(ы)

**außer Kraft setzen** отменять, аннулировать

**in Kraft bleiben** оставаться в силе,

**in Kraft treten** вступать в силу *(о законе, договоре и т.п.)*

**Kräfte** *f, pl* кадры; рабочая сила

**Kräftemangel** *m* нехватка рабочей силы

**Kräfteverhältnis** *n* соотношение сил

**Kraftfahrzeug** *n* автомобиль, автомашина; транспортное средство

**Kraftfahrzeugbau** *m* автомобилестроение; автопромышленность

**Kraftfahrzeugsteuer** *f* автомобильный налог; налог на автотранспорт; автотранспортный налог

**Kraftfahrzeugtransport** *m* грузовой автотранспорт

**Kraftfahrzeugversicherung** *f* страхование автомобилей

**kraftlos** недействительный, утративший силу

**Kraftloserklärung** *f* признание *(документа, ценной бумаги)* утратившим силу, недействительным

**Kraftstoff** *m* горючее, топливо

**Kraftstoffersparnis** *f* экономия топлива

**Kraftstromerzeugung** *f* выработка электроэнергии

**Kraftstromnetz** *n* силовая сеть

**Kraftverkehr** *m* автомобильное сообщение, автомобильный транспорт; автомобильные перевозки

**Kraftwagenbau** *m* автомобилестроение

**Kraftwagenkosten** *pl* расходы на содержание и эксплуатацию автомобиля, расходы на содержание и эксплуатацию автомобилей

**Kraftwagenverkehr** *m* автомобильный транспорт; автомобильные перевозки

**Kraftwerk** *n* электростанция

**Krämer** *m* мелочной торговец, мелкий лавочник; торгаш

**Krämerei** *f* мелочная лавка; торгашеский дух, меркантильный дух; торгашество

**Krämerladen** *m* мелочная лавка

**Krämermakler** *m* маклер в розничной торговле, маклер в мелочной торговле, посредник в розничной торговле, посредник в мелочной торговле

**Kramhandel** *m* мелочная торговля; бакалейная торговля

**Kramwaren** *f, pl* мелочной товар; бакалея

**Krangebühren** *f, pl* крановые сборы, плата за пользование краном

**Krängung** *f* крен *(судна, как одна из причин аварии)*

**Krankengeld** *n* пособие по нетрудоспособности, пособие по болезни

**Krankengeldzuschlag** *m* надбавка к пособию по нетрудоспособности, надбавка к пособию по болезни

**Krankenkasse** *f* больничная касса

**Krankenschein** *m* листок нетрудоспособности, больничный листок, бюллетень

**Krankenstand** *m* процентное отношение числа пропущенных по болезни рабочих дней к общему числу рабочих дней; *стат.* заболеваемость

**Krankenversicherung** *f* страхование на случай болезни

**Krankenzettel** *m* листок нетрудоспособности, больничный листок, бюллетень

**Krankenzuschüsse** *m, pl* пособия по нетрудоспособности, пособия по болезни

**Krankheitskosten** *pl* расходы, связанные с болезнью

**kreativ** творческий

**Kredit** *m* кредит (*напр.* банковский)

**Kredit** *n бухг.* кредит; кредитная сторона баланса

**Kredit auf Abruf** онкольный кредит

**Kredit einräumen** предоставлять кредит

**Kredit genießen** пользоваться кредитом

**Kredit gewähren** предоставлять кредит

**Kredit in ausländischer Währung** кредит в иностранной валюте

**Kredit in laufender Rechnung** контокоррентный кредит

**Kredit mit dinglicher Sicherung** кредит с вещным обеспечением

**Kredit ohne Deckung** необеспеченный кредит, непокрытый обеспечением (*бланковый*) кредит, кредит без обеспечения

**Kredit ohne dingliche Sicherung** кредит без вещного обеспечения

**Kredit zur Förderung der Erzeugung** кредит для стимулирования производства

**Kredit zur Förderung des Verbrauchs** кредит для стимулирования потребления

**außerplanmäßiger Kredit** внеплановый кредит; дополнительный кредит (*на внеплановые нужды*)

**befristeter Kredit** кредит на определённый срок

**blanko eingeräumter Kredit** бланковый кредит

**durchlaufender Kredit** переходящий кредит

**einmaliger zweckgebundener Kredit** единовременная целевая ссуда, единовременный целевой кредит

**fälliger Kredit** срочный кредит

**fristloser Kredit** бессрочный кредит

**garantierter Kredit** гарантированный кредит

**jederzeit kündbarer Kredit** онкольная ссуда

**kaufmännischer Kredit** коммерческий кредит

**kurzfristiger Kredit** краткосрочный кредит

**landwirtschaftlicher Kredit** сельскохозяйственный кредит

**langer Kredit** долгосрочный кредит

**längerfristiger Kredit** среднесрочный кредит

**langfristiger Kredit** долгосрочный кредит

**laufender Kredit** контокоррентный кредит

**mit Regierungsgarantie ausgestatteter Kredit** кредит, имеющий правительственную гарантию; кредит под госгарантии

**mit Regierungsgarantie ausgestatteter Kredit** нелимитируемый кредит

**offener Kredit** открытый кредит, кредит по открытому счёту

**privater Kredit** частный кредит

**sofort fälliger Kredit** кредит до востребования, ссуда до востребования

**staatlicher Kredit** государственный кредит, госкредит

**überfälliger Kredit** просроченный кредит

**unbefristeter Kredit** бессрочный кредит

**unbegrenzter Kredit** неограниченный кредит, нелимитируемый кредит

**ungedeckter Kredit** необеспеченный кредит, непокрытый обеспечением кредит, бланковый кредит; кредит без обеспечения

**unverzinslicher Kredit** беспроцентный кредит

**unwiderruflicher Kredit** безотзывный кредит

**verzinslicher Kredit** кредит под проценты

**warengesicherter Kredit** кредит под залог товаров, товарно-залоговый кредит

**widerruflicher Kredit** отзывной кредит

**zusätzlicher Kredit** дополнительный кредит

**zweckgebundener Kredit** целевой кредит, целевая ссуда

**auf Kredit** в кредит; взаймы

**einen Kredit aufnehmen** брать кредит

**einen Kredit einräumen** предоставлять кредит

**einen Kredit eröffnen** открывать кредит

**einen Kredit gewähren** предоставлять кредит

**einen Kredit tilgen** погашать кредит
**einen Kredit vergeben** предоставлять кредит
**einen Kredit verlängern** продлевать кредит
**einen Kredit wiederherstellen** возобновить кредит
**Kreditabkommen** *n* кредитное соглашение, соглашение о кредитах
**Kreditabteilung** *f* кредитный отдел *(банка)*
**Kreditakte** *f* досье клиента банка, получившего кредит
**Kreditakzept** *n* финансовый акцепт, кредитный акцепт
**Kreditangebot** *n* предложение кредита *(ссудного капитала)*
**Kreditanspruchnahme** *f* использование кредита
**Kreditanstalt** *f* кредитное учреждение, банк
**Kreditanstalt für Wiederaufbau** Банк реконструкции *(в Германии; кредитует капитальные вложения)*
**Kreditanstalt für Wiederaufbau** "Кредит-анштальт фюр видерауфбау" *(один из банте ФРГ)*
**Kreditanteil** *m* доля кредитных средств *(в общем финансировании)*
**Kreditantrag** *m* кредитная заявка, заявка на получение кредита
**Kreditaufblähung** *f* непомерное увеличение кредита, непомерное раздувание кредита
**Kreditaufnahme** *f* получение кредита
**Kreditaufsicht** *f* контроль над объёмом кредитования
**Kreditauftrag** *m* кредитное поручение *(выдаваемое кому-л. поручение предоставить от собственного имени и за собственный счёт кредит третьему лицу)*

**Kreditauskunft** *f* данные о кредитоспособности, сведения о кредитоспособности, справка о кредитоспособности
**Kreditausreichungsmethode** *f* способ кредитования, метод кредитования
**Kreditausweitung** *f* кредитная экспансия, предоставление дополнительного кредита
**Kreditbank** *f* коммерческий банк, кредитный банк, ссудный банк
**Kreditbedarf** *m* потребность в получении кредита, спрос на кредит, потребность в кредите
**Kreditbestand** *m* кредитовый остаток
**Kreditbetrug** *m* мошенничество с целью получения кредита
**Kreditbeziehungen** *f, pl* кредитные отношения
**Kreditbilanz** *f* кредитный баланс; кредитный статус *(сопоставление задолженности и имущества фирмы)*
**Kreditblockade** *f* кредитно-финансовая блокада, кредитная блокада
**Kreditbrief** *m* аккредитив, кредитное письмо; дорожный аккредитив
**Kreditbuchung** *f* кредитовая запись
**Kreditbürgschaft** *f* поручительство по кредиту
**Kreditbüro** *n* кредит-бюро, кредитное бюро
**Kreditdauer** *f* срок кредита
**Kreditdeckung** *f* (товарно-материальное) обеспечение кредита
**Kreditdeflation** *f* кредитная дефляция
**Kreditdisziplin** *f* кредитная дисциплина

**Kredite, eingefrorene** замороженные кредиты
**öffentliche Kredite** государственные ссуды, государственные кредиты
**Krediteinräumung** *f* предоставление кредита, кредитование
**Krediteinsatz** *m* использование кредита
**Kreditentscheidung** *f* решение *(банка)* о предоставлении кредита
**Krediterkundigung** *f* справка о кредитоспособности, осведомление о кредитоспособности
**Krediterleichterung** *f* льготное кредитование, предоставление льгот по кредиту; облегчение условий кредита, смягчение условий получения кредита, смягчение условий погашения кредита
**Kreditermächtigung** *f* кредитное полномочие *(парламент, напр. предоставляет федеральному правительству для проведения специальных программ)*
**Krediteröffnung** *f* открытие кредита
**Kreditexpansion** *f* кредитная экспансия
**kreditfähig** кредитоспособный
**Kreditfähigkeit** *f* кредитоспособность
**Kreditfazilität** *f* кредитная линия *(лимит, в рамках которого банк предоставляет кредит; обязательства банка по выдаче ссуды не являются контрактными)*; свинг, допускаемое сальдо, предел взаимного кредитования *(по клиринговым расчётам)*
**Kreditfinanzierung** *f* кредитное финансирование
**Kreditfonds** *m* фонд кредитования
**Kreditfrist** *f* срок кредита

**Kreditgeber** *m* кредитор, заимодавец

**Kreditgeld** *n* кредит (*как денежные средства*)

**Kreditgenossenschaft** *f* кредитное (*кооперативное*) товарищество; кредитная кооперация

**Kreditgeschäft** *n* кредитная операция; кредитная сделка
**passives Kreditgeschäft** пассивная кредитная операция

**Kreditgesellschaft** *f* кредитное общество
**Kreditgesellschaft auf Gegenseitigkeit** общество взаимного кредита

**Kreditgesetz** *n* закон о кредитных операциях

**Kreditgesetzgebung** *f* кредитное законодательство

**Kreditgewährung** *f* предоставление кредита, кредитование

**Kreditgutschrift** *f* кредитовая проводка

**Kredithandel** *m* торговля в кредит

**kreditieren,** *vt* кредитовать, предоставлять кредит; *бухг.* кредитовать, заносить в кредит

**Kreditierung** *f* занесение в кредит, кредитование, предоставление кредита

**Kreditinflation** *f* кредитная инфляция (*инфляция вследствие расширения кредитных операций*)

**Kreditinstitut** *n* кредитное учреждение; кредитный банк; кредитный институт (*предприятие, в основе деятельности которого лежат кредитные операции, осуществляемые на коммерческих принципах*)

**Kreditinstrument** *n* инструмент кредитования

**Kreditiv** *n* аккредитив

**Kreditkarte** *f* кредитная карточка (*средство безналичного расчёта*)
**auf Kreditkarte kaufen** покупать по кредитной карточке

**Kreditkartenauszahlung** *f* платёж кредитной картой; платёж кредитной карточкой

**Kreditkarteninhaber** *m* владелец кредитной карты; владелец кредитной карточки

**Kreditkasse** *f* кредитная касса

**Kreditkauf** *m* покупка в кредит, купля-продажа в кредит

**Kreditkonto** *n* кредитный счёт

**Kreditkontrolle** *f* контроль за кредитными операциями

**Kreditkrise** *f* кредитный кризис

**Kreditkündigung** *f* закрытие кредита; требование о погашении кредита; отзыв кредита, отзыв ссуды

**Kreditkürzung** *f* уменьшение объёма предоставляемых кредитов, сокращение кредитования

**Kreditlager** *n* таможенный склад для грузов, очистка от пошлины которых отсрочена

**Kreditlaufzeit** *f* срок кредита

**Kreditlimit** *n* лимит кредитования

**Kreditlimitierung** *f* лимитирование объёма предоставляемого кредита

**Kreditlinie** *f* кредитная линия (*лимит, в рамках которого банк предоставляет кредит; обязательства банка по выдаче ссуды не являются контрактными*); свинг, допускаемое сальдо, предел взаимного кредитования (*по клиринговым расчётам*)

**kreditlos** без кредита, лишённый кредита

**Kreditmangel** *m* недостаток кредитных средств, нехватка кредитных средств; кредитный голод

**Kreditmarge** *f* кредитная маржа

**Kreditmarkt** *m* кредитный рынок (*охватывает всю совокупность финансовых рынков*); рынок ссудного капитала; рынок кредитов

**Kreditmasse** *f* конкурсная масса; имущество несостоятельного должника; имущество банкрота

**Kreditmenge** *f* объём кредита

**Kreditmethode** *f* метод финансирования посредством использования кредитов

**kreditlos** без кредита

**Kreditnachfrage** *f* спрос на кредит; спрос на ссудный капитал

**Kreditnehmer** *m* заёмщик; ссудополучатель; получатель кредита

**Kreditnehmerland** *n* страна-заёмщица

**Kreditnot** *f* недостаток кредитных средств; нехватка кредитных средств; кредитный "голод"; недостаток денег на рынке кредитов

**Kreditnota** *f* кредит-нота, кредитовое авизо

**Kreditnote** *f* кредит-нота, кредитовое авизо

**Kreditobjekt** *n* объект кредитования

**Kreditoperation** *f* кредитная операция

**Kreditor** *m* кредитор; *ист.* заимодавец

**Kreditoren** *m, pl* кредиторская задолженность; кредиторы по расчётам

**Kreditorenkontokorrent** *n* контокоррентный счёт кредиторской задолженности

**Kreditpapiere** n pl кредитные средства обращения; кредитные ценные бумаги *(преимущественно облигации)*

**Kreditplafond** m предел кредитования; средства ограничения кредитных операций

**Kreditplanung** f кредитное планирование

**Kreditpolitik** f кредитная политика; ссудная политика; кредитно-ссудная политика

**restriktive Kreditpolitik** рестриктивная кредитная политика

**Kreditportefeuille n** кредитный портфель

**Kreditpreis** m цена при продаже в кредит; величина процента за кредит

**Kreditprovision** f комиссия за предоставленный кредит, рисковая премия при кредитных операциях

**Kreditprüfer** m аналитик отдела кредитов банка; эксперт отдела кредитов

**Kreditprüfung** f проверка кредитоспособности; анализ возможности предоставления кредита

**Kreditreserven** f, pl резервы, создаваемые в целях расширения кредитных ресурсов; кредитные резервы

**Kreditrahmen m** схема кредитования

**Kreditrestriktion** f кредитная рестрикция, кредитное ограничение; ограничение кредита

**Kreditrisiko** n кредитный риск *(зависит от платежеспособности покупателя, конъюнктуры финансовых рынков и проч.)*

**Kreditrisikoversicherung** f страхование кредитных рисков

**Kreditrückflussdauer** f срок погашения кредита

**Kreditrückführung** f отзыв кредита

**Kreditrückzahlung** f погашение кредита; погашение кредитов

**Kreditsachbearbeiter** m служащий отдела кредитов банка; кредитный консультант

**Kreditsaldo** m кредитовое сальдо

**Kreditsanktionen** f, pl кредитные санкции

**Kreditsauskunftei f** агентство, определяющее кредитоспособность заёмщиков

**Kreditschöpfung** f выделение дополнительных кредитов, предоставление дополнительных кредитов, создание дополнительного кредита, увеличение объёма кредита

**Kreditschrumpfung** f уменьшение объёма предоставляемых кредитов, сокращение кредитования

**Kreditschulden** f, pl задолженность по кредиту

**Kreditschutzverein** m агентство кредитной информации

**kreditschwach** некредитоспособный

**Kreditschöpfungsmultiplikator m** кредитный мультипликатор

**Kreditseite** f кредитовая сторона *(счета бухгалтерского учета)*

**Kreditsicherung** f кредитное обеспечение; обеспечение кредита; защита кредита от риска

**Kreditsonderkonto** n особый кредитный счёт

**Kreditsperre** f кредитная блокада *(прекращение предоставления кредитов)*, лишение кредита; кредитная рестрикция

**Kreditspritze** f кредитная инъекция; кредитное вливание

**Kreditstatus** m кредитный статус *(сопоставление задолженности и имущества фирмы)*, сопоставление задолженности по кредиту со степенью ликвидности предприятия

**Kreditstopp** m прекращение роста объёма кредита

**Kreditstundung** f отсрочка платежей по кредиту

**Kreditsumme** f сумма кредита

**Kreditsystem** n кредитная система *(охватывает все организации и операции по обеспечению экономики кредитами)*

**Kredittilgung** f погашение кредита; погашение задолженности по кредитам

**Kredittranche f** транш кредита; кредитный транш

**Kreditüberdeckung** f обеспечение кредита

**Kreditüberwachung f** оценка кредитоспособности

**kreditunfähig** некредитоспособный

**Kreditunsicherheit** f неустойчивость кредита

**Kreditunterlagen** f, pl документация, служащая основанием для предоставления кредита; документация при оформлении кредита

**kreditunwürdig** некредитоспособный; ненадёжный заемщик; недобросовестный получатель кредита

**Kreditverbindlichkeiten** f кредитное обязательство

**Kreditverbindlichkeiten** pl задолженность по ссуде; кредитные обязательства

**Kreditvereinbarung** f соглашение о кредитах; кредитное соглашение

**Kreditvergabe** f предоставление кредита; кредитование

**Kreditvergabepolitik f** кредитная политика

**Kreditverhältnisse** *n pl* кредитные отношения

**Kreditverkauf** *m* продажа в кредит

**Kreditverknappung** *f* "кредитный голод"

**Kreditverknappung** ограничение кредита, кредитная рестрикция

**Kreditverlängerung** *f* продление кредита

**Kreditverminderung** *f* уменьшение кредита

**Kreditvermittler** *m* посредник при кредитовании; кредитный посредник

**Kreditverrechnung** *f* кредитный клиринг

**Kreditverordnung** *f* инструкция об условиях кредитования; инструкция о порядке кредитования

**Kreditverpflichtung** *f* обязательство по кредиту; кредитное обязательство

**Kreditversicherung** *f* страхование кредита; страхование кредитов *(напр., при экспорте)*

**Kreditversorgung** *f* кредитование

**Kreditvertrag** *m* договор о предоставлении кредита; кредитное соглашение; кредитный договор *(контракт между кредитором и заёмщиком)*

**Kreditverwaltung** *f* регулирование кредитов; кредитный менеджмент

**Kreditvolumen** *n* объём кредитного рынка; ёмкость кредитного рынка

**Kreditvolumen** размер кредитного фонда

**Kreditvolumen** объём кредитования

**Kreditvolumen** портфель выданных банком займов; общая сумма дебиторской задолженности; кредитный портфель

**Kreditvoraussetzung** *f* оценка потребности в кредите

**Kreditvorgang** *m* кредитная операция; кредитование

**Kreditvorschuss** *m* кредит, ссуда

**Kreditwechsel** *m* вексель, в основе которого лежат не товарные поставки *(оформляется с целью привлечения денежных средств)*

**Kreditwesen** *n* кредитная система *(охватывает все организации и операции по обеспечению экономики кредитами)*

**Kreditwirtschaft** *f* кредитная система

**Kreditwirtschaft** *f* банковское дело (в сфере выдачи кредитов)

**Kreditwucher** *m* ростовщичество

**kreditwürdig** кредитоспособный; платёжеспособный

**Kreditwürdigkeit** *f* кредитоспособность; платёжеспособность

**Kreditwürdigkeitsprüfung** *f* проверка кредитоспособности; проверка платёжеспособности; анализ возможности предоставления кредита

**Kreditzins** *m* процент по кредиту; процент по ссуде; процент по займу

**Kreditzinsen** *m, pl* проценты по кредиту; ставка ссудного процента; кредитная ставка

**Kreditzinssatz** *m* ставка процента на заемный капитал; заемный процент, ссудный процент

**Kreditzirkulationsmittel** *n pl* кредитные средства обращения

**Kreditzurückziehung** *f* аннулирование кредита

**Kreditzuwachs** *m* прирост объёма кредита

**Kreis** *m* круг; окружность; район, крайс *(низшая единица административного деления ФРГ)*; сфера *(деятельности)*; *сет. пл.* контур

**Kreisdiagramm** *n стат.* круговая диаграмма

**kreisgeleitet** районного подчинения

**Kreishaushalt** *m* бюджет района (ФРГ)

**Kreislauf** *m* оборот, кругооборот; циркуляция; цикл; *сет. пл., мат.* контур

**Kreislauf der Fonds** кругооборот фондов

**Kreislauf des Geldes** денежное обращение

**Kreislauf des Kapitals** кругооборот капитала

**geschlossener Kreislauf** *сет. пл., мат.* замкнутый контур

**wirtschaftlicher Kreislauf** экономический цикл

**Kreislaufformel** *f* формула обращения

**Kreisplanungskommission** *f* районная плановая комиссия *(бывш. ГДР)*

**Kreisstadt** *f* районный центр; главный город *(района, округа, департамента)*

**Kreistagsabgeordnete** *m* депутат районного собрания

**Kreisumlage** *f* отчисление части бюджетных поступлений общин в бюджет района

**Kreuz-Preis-Elastizität** *f* перекрёстная эластичность *(напр., изменение спроса на один товар в зависимости от изменения цены на другой товар)*

**Kreuzband** *n* бандероль

**Kreuzband** *n* бандероль для заклейки сосчитанных банкнот

**eingeschriebenes Kreuzband** заказная бандероль

**Kreuzbandsendung** *f* бандероль

**Kreuzelastizität** f перекрёстная эластичность *(изменение цены на один товар в зависимости от изменения спроса на сходный товар)*; коэффициент перекрёстной эластичности

**Kreuzkorrelation** f взаимная корреляция; перекрёстная корреляция

**Kreuzkurs** m кросс-курс *(цена одной валюты, выраженная в другой и исчисленная на основе их курсов в третьей валюте, чаще всего в долларах США)*

**Kreuzparität** f кросс-курс *(соотношение двух валют, рассчитанное по их курсу относительно курса третьей валюты)*

**Kreuzpreiselastizität** f эластичность цен

**Krida** f *австр.* злостное банкротство; банкротство; конкурс

**Kridar** m; **Kridatar** m *австр.* злостный банкрот; несостоятельный должник нескольких кредиторов; должник, оказавшийся банкротом

**Krieg** m война, военные действия

**Kriegerfamilienunterstützung** f помощь семьям погибших на войне; помощь родственникам погибших в ходе военных действий

**Kriegsanleihe** f военный заём

**Kriegsanstalten** pl мероприятия военного характера; военные приготовления

**Kriegsausgaben** f, pl военные расходы; расходы на военные нужды

**Kriegsausschlussklauseln** f pl *страх.* военная оговорка; оговорка о войне; оговорка, исключающая ответственность страховщика за ущерб, возникший в ходе или в результате военных действий

**Kriegsbedarf** m военные нужды

**Kriegsbedarf** m военные запасы

**Kriegsbeschädigtenrente** f пенсия инвалидам войны

**Kriegsbudget** n военный бюджет

**Kriegsentschädigung** f возмещение военного ущерба

**Kriegsentschädigung** f возмещение военных убытков

**Kriegsentschädigungen** pl репарации

**Kriegsetat** m военный бюджет

**Kriegsfall** m:
im **Kriegsfall**(e) в случае войны
für den **Kriegsfall** на случай войны

**Kriegsfinanzierung** f финансирование войны; финасирование военных действий; финансирование боевых действий

**Kriegsfolge** f последствия войны; ущерб, причинённый войной; ущерб в результате военных действий

**Kriegsfolgekrise** f послевоенный кризис

**Kriegsfolgelasten** f, pl расходы государственного бюджета мирного времени, связанные с ликвидацией последствий ведения войны *(напр., обеспечение инвалидов войны, семей переселенцев, репарации)*

**Kriegsfolgengesetz** n закон о порядке возмещения ущерба, нанесённого войной (военными действиями)

**Kriegsfolgenschlussgesetz** n закон о порядке возмещения ущерба, нанесённого войной (военными действиями)

**Kriegsgewinnler** m наживающийся на войне; нажившийся на войне; наживающийся на военных поставках; нажившийся на военных поставках

**Kriegsgewinnsteuer** f налог на военные прибыли; налог на доходы от военных поставок

**Kriegsindustrie** f оборонная промышленность; военная промышленность

**kriegsindustriell** военно-промышленный

**kriegsindustrielles Komplex** m военно-промышленный комплекс; ВПК

**Kriegsinteressent** m наживающийся на войне; нажившийся на войне; наживающийся на военных поставках; нажившийся на военных поставках

**Kriegsinvalidenrente** f пенсия инвалидам войны

**Kriegskonjunktur** f военная конъюнктура

**Kriegskosten** pl военные расходы; расходы на военные нужды

**Kriegslast** f бремя войны; бремя военных расходов

**Kriegslasten** pl контрибуции; репарации

**Kriegslasten** pl тяжёлые последствия войны *(в экономике)*

**Kriegsleistung** f военная повинность; *ист.* натуральный налог во время войны

**Kriegslieferant** m поставщик военной продукции

**Kriegslieferung** f поставка вооружений; поставка вооружений и военной техники

**Kriegsmolesten** *pl* тяготы, вызванные войной; бремя войны

**frei von Kriegsmolesten** свободно от ущерба, вызванного войной *(страховщик не несёт убытков, связанных с военными действиями)*

**Kriegsopferversorgung** *f* социальное обеспечение инвалидов войны и семей погибших на войне

**Kriegspotential** *n* военный потенциал

**Kriegsprämientarif** *m* страховой тариф в военное время

**Kriegsproduktion** *f* военное производство

**Kriegsrisiko** *n страх.* военный риск *(страховщик возмещает убытки вследствие любых военных действий)*

**Kriegsrisikoversicherung** *f* страхование от военного риска; страхование от военных рисков

**Kriegsschaden** *m* материальный ущерб, причинённый войной; убытки в результате военных действий

**Kriegsschuld** *f* военный долг

**Kriegsschulden** *pl* военные долги; правительственные военные долги

**Kriegssteuer** *f* военный налог

**Kriegssteuer** контрибуция

**Kriegswirtschaft** *f* военная экономика; экономика войны; экономика военного времени

**kriegswirtschaftlich** военно-экономический; военно-хозяйственный

**Kriegswirtschaftspotential** *n* военно-экономический потенциал

**kriegswissenschaftlich** военно-научный

**Kriegszeit** *f* военное время; время ведения военных действий

**Kriegszustand** *m* военное положение; состояние войны

**Kriegszwecke** *pl* военные цели; военные нужды

**Kriminalbeamte** *m* сотрудник уголовной полиции; сотрудник криминальной полиции

**Kriminalität** *f* преступность

**organisierte Kriminalität** организованная преступность

**VN-Übereinkommen gegen die grenzüberschreitende organisierte Kriminalität** Конвенция ООН против трансграничной организованной преступности

**kriminell** уголовный, криминальный; преступный

**Kriminelle** *m* уголовный преступник

**Kriminalfall** *m* уголовное дело

**Kriminalinspektor** *m* инспектор уголовной полиции; инспектор криминальной полиции

**kriminalisieren** криминализовать; вовлекать в преступную деятельность

**Kriminalisierung** *f* криминализация; рост преступности

**Kriminalisierungsprozess** процесс криминализации

**Kriminalist** *m* криминалист; специалист по уголовному праву

**Kriminalist** сотрудник уголовной полиции; сотрудник криминальной полиции

**Kriminalistik** *f* криминалистика

**Kriminalität** *f* преступность

**Aufhebung von Ursachen der Kriminalität** устранение причин преступности

**das Gesetz zur Bekämpfung des illegalen Rauschgifthandels und anderen Erscheinungsformen der organisierten Kriminalität** закон о борьбе с незаконной торговлей наркотиками и другими формами проявления организованной преступности

**Niveau der Kriminalität** уровень преступности; степень криминализации

**organisierte Kriminalität, OrgK** организованная преступность, ОП

**Stehkragen-Kriminalität** *f* преступность белых воротничков; беловоротничковая преступность; преступность среди служащих *(среднего и высшего звена госаппарата и корпораций)*

**Strukturen der organisierten Kriminalität** струкуты организованной преступности; структуры оргпреступности; структурные подразделения оргпреступности

**Krise** *f* кризис

**Krise der Überproduktion** кризис перепроизводства

**Krise der Zahlungsbilanz** кризис платёжного баланса

**Krise betraf die Industrie** кризис охватил промышленность

**Krise heraufbeschwören** вызвать кризис

**Krise im Finanzierungs- und Teilzahlungskreditgeschäft** вторичный банковский кризис

**Krise überstehen** выдержать кризис

**Krise überwinden** преодолеть кризис, выйти из кризиса

**abgeschwächte Krise** ослабленный кризис

**allgemeine Krise** общий кризис, всеобщий кризис

**allgemeine Krise des Kapitalismus** общий кризис капитализма

**beginnende Krise wurde durch geeignete Maßmahmen aufgefangen** наметившийся кризис был предотвращен соответствующими мерами
**endogene Krise** эндогенный кризис *(вызванный внутренними причинами)*
**exogene Krise** экзогенный кризис *(вызванный внешними причинами)*
**industrielle Krise** промышленный кризис
**inflationistische Krise** инфляционный кризис
**kriegsinflationistische Krise** послевоенный инфляционный кризис
**landwirtschaftliche Krise** аграрный кризис, кризис в сельском хозяйстве
**latente Krise** скрытая форма кризиса, латентная форма кризиса
**nichtzyklische Krise** нецикличный кризис; кризис, не носящий циклического характера
**ökologische Krise** экологический кризис
**partielle Krise** частичный кризис
**schleichende Krise** затяжной кризис
**Vertiefung der Krise** обострение кризиса
**während der Krisen** во время кризисов
**zyklische Krise** циклический кризис
**in die Krise hineingleiten** вползать в кризис
**in einer Krise stecken** находиться в кризисе
**krisenabwendend** антикризисный
**krisenanfällig** подверженный кризисам
**Krisenelemente** *n pl* элементы кризиса

**Krisenerscheinung** *f* кризисное явление; проявление кризиса
**krisenfest** бескризисный, не знающий кризисов, не подверженный кризисам
**Krisenfestigkeit** *f* бескризисность
**krisenfrei** бескризисный, не знающий кризисов, не подверженный кризисам
**Krisengefahr** *f* угроза кризиса, опасность кризиса
**krisengelähmt** парализованный кризисом
**krisenhaft** кризисный
**krisenhindernd** тормозящий развитие кризиса
**Krisenjahre** *n pl* годы кризиса, кризисные годы
**krisenlindernd** смягчающий кризис
**krisenlos** бескризисный
**Krisenmechanismus** *m* механизм экономического цикла
**Krisensteuer** *f* чрезвычайный налог, вызванный экономическим кризисом; налог, обусловленный чрезвычайными обстоятельствами
**Krisensubvention** *f* антикризисная субсидия, субсидия для преодоления кризиса
**Krisensymptom** *n* симптом кризиса
**Krisentheorie** *f* теория кризисов
**krisenverhindernd** антикризисный
**Krisenwirkungen** *f, pl* последствия кризиса
**Krisenzeichen** *n* симптом кризиса
**Krisenzyklus** *m* экономический цикл
**Krisis** *f* кризис
**Kriterium** *n* признак, критерий
**Kronbauern** *m, pl ист.* государственные крестьяне

**Kronkolonie** *f ист.* коронная колония
**KRR, Kostenrechnungsrichtlinien** руководящие указания о порядке составления калькуляций
**KRW, Won, - Korea, Republik** Вона *(код валюты* 410), - Корея, республика
**KSchG, Kündigungsschutzgesetz** закон, гарантирующий защиту от незаконных увольнений; закон, гарантирующий защиту от необоснованных увольнений
**KSt, Körperschaftssteuer** налог на *(торгово-промышленные)* корпорации
**KStDV, Verordnung zur Durchführung des Körperschaftssteuergesetzes** инструкция о порядке проведения закона о налоге на корпорации
**KStG, Körperschaftssteuergesetz** закон о налоге на корпорации
**Ktm., Kaufmann** торговец, коммерсант
**Kto., Konto** *бухг.* счёт
**KTR:**
  **KTR, Kostenträger** носитель затрат
  **Ktr, Kontrolle** контроль
**KU, Konzessionsunternehmung** концессионное предприятие
**Kubiktabelle** *f* счётная таблица *(для быстрого определения объёма транспортного места)*
**K.u.F., Kost und Fracht** цена, включающая стоимость и фрахт
**Kuhhandel** *m* закулисный торг, закулисные торговые переговоры; нечистая сделка
**kühl aufbewahren** маркировка "хранить в прохладном месте"
**Kühlanlage** *f* холодильная установка; холодильное оборудование

**Kühlbehälter** *m* изотермический контейнер

**Kühlerzeugnis** *n* охлаждённый продукт

**Kühlgüter** *n pl* грузы, подлежащие транспортировке в прохладном месте *(чаще всего от 0о до -22оС)*

**Kühlkette** *f* европейское объединение транспортных предприятий по перевозке скоропортящихся грузов

**Kühlladentisch** *m* холодильный прилавок

**Kühlmittel** *n* холодильный агент, хладагент

**Kühlmöbel** *pl* холодильное оборудование

**Kühlraum** *m* холодильная камера

**Kühlschiff** *n* судно-рефрижератор

**Kühlwagen** *m* автомобиль-рефрижератор

**Kühlwaggon** *m* вагон-холодильник *(от 0о до -22оС)*, рефрижераторный вагон

**Kulisse** *f бирж.* кулиса, неофициальная биржа

**Kulissengeschäfte** *n pl бирж.* сделка кулисы, операции кулисы

**Kulissenpapiere** *n pl бирж.* ценные бумаги, имеющие обращение только на кулисе

**Kulissier** *m* кулисье *(биржевой маклер, не входящий в число официальных биржевых брокеров и ведущий операции за свой счёт)*

**Kultur** *f* культура; сельскохозяйственная культура

**Kultur- und Kommunaleinrichtungen** *f, pl* культурно-бытовые учреждения

**Kultur- und Prämienfonds** *m* фонд социально-культурных мероприятий и премиальный фонд

**Kultur- und Sozialfonds** фонд социально-культурных мероприятий

**Kulturabgabe** *f* культурный сбор, сбор на нужды культуры

**Kulturartenverhältnis** *n* структура сельскохозяйственных угодий, соотношение культур

**Kulturfonds** *m* фонд социально-культурных мероприятий

**Kumulation** *f* скопление, накопление; *стат.* кумуляция, суммирование; сумма

**kumulativ** кумулятивный, накопленный; нарастающий; совокупный

**Kumulativzahl** *f стат.* кумулятивная численность

**Kumulierung** *f* суммирование нарастающим итогом

**Kumulierungsgefahr** *f* кумуляция страховых рисков

**kündbar** погашаемый, подлежащий погашению; подлежащий отмене

**Kunde** *m* клиент; покупатель; заказчик

**anhänglicher Kunde** *m* постоянный клиент; постоянный покупатель

**anweisender Kunde** *m* клиент-поручитель; поручитель

**auswärtiger Kunde** *m* иногородний клиент

**bekannter Kunde** *m* известный клиент; знакомый клиент; известный покупатель; знакомый покупатель

**eingeschriebener Kunde** *m* зарегистрированный клиент (напр. в Интернет-магазине)

**Einzelkunde** *m* индивидуальный клиент; частный клиент; клиент (физическое лицо); покупатель; потребитель

**Firmenkunde** *m* корпоративный клиент; корпоративный покупатель; клиент (юридическое лицо)

**gelegentlicher Kunde** *m* случайный клиент; случайный покупатель

**im Auftrag des Kunden** по поручению клиента; по поручению покупателя

**Kunden gewinnen** привлекать клиентов, привлекать покупателей

**der Kunde ist König** *(ugs.)* покупатель всегда прав

**Kunden werben** привлекать клиентов, привлекать покупателей

**nicht zahlender Kunde** *m* клиент, не выполняющий обязательства (по оплате); клиет, не оплачивающий покупку (после получения товара)

**Privatkunde** *m* частный клиент; клиент (физическое лицо); покупатель; потребитель

**Problemkunde** *m* проблемный клиент

**schwieriger Kunde** *m* трудный клиент

**Stammkunde** *m* постоянный клиент; постоянный покупатель

**übler Kunde** *m* скользкий клиент; клиент с дурной славой

**unangenemer Kunde** *m* неприятный клиент; неприятный покупатель

**unerwünschter Kunde** *m* нежелательный клиент

**unzufriedener Kunde** недовольный клиент; недовольный покупатель

**unzuverlässiger Kunde** *m* ненадёжный клиент; ненадёжный покупатель

**verlässlicher Kunde** *m* надёжный клиент; надёжный покупатель; заслуживающий доверия клиент; достойный доверия клиент; достойный доверия покупатель

**vertrauenswürdiger Kunde** m достойный доверия клиент; достойный доверия покупатель; добросовестный покупатель; добросовестный клиент *(о частном лице, о фирме)*; кредитоспособный покупатель; кредитоспособный клиент; заслуживающий доверия клиент

**voraussichtlicher Kunde m** потенциальный клиент; потенциальный покупатель; предполагаемый клиент

**die Wünsche den Kunden kennen** знать пожелания клиентов; знать желания клиентов

**zäher Kunde** несговорчивый клиент

**zahlungsunfähiger Kunde** платёжеспособный клиент

**zahlungsunfähiger Kunde** неплатёжеспособный клиент

**Kundenbasis** f клиентская база

**Kundenbedürfnisse n, pl** запросы клиентов; потребности клиентов; запросы покупателей; потребности покупателей

**Kundenberatungsdienst** m; **Kunden-Beratungsdienst** m консультативная служба *(для покупателей)*, *(специальная)* консультативная служба по оказанию услуг покупателям

**Kundendienstanlagen pl** средства обслуживания клиентов

**Kundenakzept** n акцептованная тратта

**Kundenanzahlung** f задаток клиента

**Kundenauftrag** m заказ клиента; поручение клиента *(банку)*

**Kundenauswahl** f подбор клиентов

**Kundenberatungsdienst** m консультативная служба *(для покупателей)*, *(специальная)* консультативная служба по оказанию услуг покупателям

**Kundenbestellung** f заказ клиента; поручение клиента *(банку)*

**Kundenbetreuung** f обслуживание покупателей; обслуживание посетителей; обслуживание клиентов; обслуживание пользователей *(напр. Интернет-магазина)*

**Kundenbuch** n книга жалоб и предложений; книга отзывов покупателей

**Kundendaten pl** данные о клиенте; информация о клиенте; данные покупателя; данные пользователя

**die Kundendaten tragen** вносить данные о клиенте; вносить данные о клиентах *(напр. в базу данных)*

**Archiv der Kundendaten** архив данных о клиентах *(покупателях)*

**Kundendatendatei f** базу данных клиентов; база данных покупателей; база данных пользователей

**Kundendienst** m обслуживание, сервис

**Kundendienst** обслуживание покупателей; сервис

**beratender Kundendienst** консультативная служба *(для покупателей)*, *(специальная)* консультативная служба по оказанию услуг покупателям

**betreuender Kundendienst** специальная служба по оказанию покупателям различных услуг

**Kundendienst** m обслуживание покупателей; обслуживание потребителей; обслуживание клиентов

**Büro für Kundendienst** бюро обслуживания посетителей

**Kundendienstbedingungen** f, pl условия технического обслуживания

**Kundendienststation** f станция технического обслуживания

**Kundendienststützpunkt** m гарантийно-консультационный пункт; станция технического обслуживания

**Kundenfang** m привлечение покупателей обманным путём

**Kundenfinanzierung** f финансирование потребительского спроса; кредитование покупателей

**Kundenfläche** f площадь для покупателей *(в магазине)*

**Kundenfrequenz** f наплыв покупателей, наплыв клиентов, поток покупателей, поток клиентов

**Kundengeschäft** n банковская операция по поручению и за счёт клиента; операция на бирже по поручению и за счёт клиента

**Kundenkonto** n личный счёт *(клиента)*; счёт покупателя

**Kundenkredit** m потребительский кредит

**Kundenkreis** m клиентура, круг покупателей; круг клиентов

**Kundenkreise** pl клиентура

**Kundenleistung** f работа, выполненная по заказу; изделия, изготовленные по заказу

**Kundenmaterial** n давальческий материал, давальческое сырьё

**Kundenproduktion** f производство на постоянного покупателя *(не на рынок)*; единичное изготовление в соответствии с заказами, индивидуальное изготовление в соответствии с заказами, индивидуальное изготовление

**Kundenproduktion** производство на известного покупателя *(по предварительному заказу)*; производство на заказ, производство по заказу *(определённого заказчика)*

**Kundenrabatt** *m* 1. розничная скидка 2. клиентская скидка (напр. для постоянных покупателей)

**Kundenreklamation** *f* рекламация покупателя, рекламация заказчика

**Kundensätze** *m, pl* фрахтовые ставки за перевозку сборного груза

**Kundenservice** *m* обслуживание клиентов; подразделение обслуживания клиентов; сервис для пользователей; сервис для покупателей; сервис для клиентов

**Kundensicherungsvertrag** *m* договор об обеспечении клиентуры

**Kundenskonto** *m* скидка, предоставляемая клиенту при платеже наличными; скидка, предоставляемая клиенту до срока

**Kundenstamm** *m* постоянный круг покупателей; постоянные клиенты (мн.ч.); постоянная клиентура; клиентская база

**Kundensteuer** *f* налог на биржевой оборот

**Kundenstock** *m* клиентура, круг покупателей

**Kundenumsatz** *m* оборот по поставкам и услугам другим предприятиям

**Kundenverkehrsfläche** *f* площадь для покупателей (*в магазине*)

**Kundenwechsel** *m* вексель клиента, вексель покупателя

**Kundenwerbung** *f* привлечение клиентов, привлечение покупателей

**kündigen** *vt* отменять, расторгать, денонсировать (*договор, соглашение*); увольнять *кого-л.*

**Kündigung** *f* расторжение, денонсация (*напр., договора*); объявление, предупреждение, уведомление (*об увольнении с работы, об отказе от работы, о расторжении договора*); увольнение
**außerordentliche Kündigung** увольнение без предварительного предупреждения
**fristlose Kündigung** увольнение без предварительного предупреждения
**ordentliche Kündigung** увольнение с предварительным предупреждением

**Kündigungsgeld** *n* срочный вклад, срочный вклад с предварительным уведомлением об изъятии

**Kündigungsgrundschuld** *f* долг, подлежащий погашению при предварительном уведомлении

**Kündigungsgrundschuld** ипотечный долг, подлежащий погашению при первом требовании

**Kündigungskontrakt** *m* договор с оговоркой о возможном отказе от него

**Kündigungsschutz** *m* запрещение необоснованного увольнения

**Kundschaft** *f* клиентура; покупатели; заказчики; потребители; *австр.* сведения, информация
**feste Kundschaft** постоянная клиентура

**Kunstingenieur** *m* конструктор-дизайнер

**Küper** *m* бондарь (*производит ремонт бочек и отбор образцов содержимого*)

**Küperkosten** *pl* издержки по ремонту бочек, взятию проб, переупаковке, перелопачиванию

**Kupfergeld** *n* медные деньги, медная разменная монета

**Kupferscheidemünze** *f* медная разменная монета

**Kupon** *m* купон (*отрезной талон, образующий часть ценной бумаги, напр. облигации или особого купонного листа, прилагаемого к этой бумаге; выплата регулярного дохода, напр. процента, сопровождается изъятием соответствующего купона*)

**Kuponabschneiden** *n разг.* стрижка купонов

**Kuponbogen** *m* купонный лист (*акции, облигации*)

**Kuponkurs** *m* курс срочных купонов (*иностранных ценных бумаг*)

**Kuponmark** *f ист.* марка с наклеенным купоном

**Kuponschneiden** *n разг.* стрижка купонов

**Kuponschneider** *m* рантье

**Kuponsteuer** *f* купонный налог (*налог на доходы с капитала*), налог на доход от купонов; уравнительный налог на ценные бумаги

**Kuppelkalkulation** *f* калькуляция издержек на продукты совместного производства (*выпуск которых технологически обусловлен одним производственным процессом*)

**Kuppelprodukt** *n* побочный продукт

**Kuppelprodukte** *n pl* два изделия, выпускаемых одновременно на одной технологической линии; несколько изделий, выпускаемых одновременно на одной технологической линии

**Kuppelprodukte** два или более изделий, выпускаемых на основе единого производственного процесса

**Kuppelproduktion** f изготовление в одном производственном процессе нескольких продуктов (напр., смола и кокс при производстве газа)

**Kuppelproduktion** f одновременное производство на одной технологической линии двух изделий

**Kuppelproduktion** f побочная продукция (напр., холодильники на автомобильном предприятии)

**Kurant** n находящаяся в обращении монета

**kurant** имеющий хождение; находящийся в обращении (о деньгах); ходкий, легко сбываемый (о товаре)

**Kurantgeld** n находящиеся в обращении деньги, находящиеся в обращении монеты

**Kurantmünze** f находящаяся в обращении монета; полноценные, отчеканенные по монетной стопе монеты (напр., при золотой валюте - золотые монеты)

**Kurs** m курс (цена биржевых товаров, ценных бумаг, валюты)

   **Kurs der telegrafischen Oberweisungen** курс телеграфных переводов

   **doppelter Kurs** двойной курс

   **fester Kurs** твёрдый курс

   **intervalutarischer Kurs** интервалютарный курс

   **laufender Kurs** текущий курс

   **nachbörslicher Kurs** послебиржевой курс

   **nichtamtlicher Kurs** частный курс

   **nomineller Kurs** номинальный курс

   **offizieller Kurs** официальный курс

   **privater Kurs** частный курс

   **vorbörslicher Kurs** предбиржевой курс

   **den Kurs drücken** понижать курс, снижать курс

   **den Kurs herabsetzen** понижать курс, снижать курс

   **den Kurs hinaufsetzen** повышать курс

   **den Kurs steigern** повышать курс

   **der Kurs bessert sich** курс повышается

   **der Kurs hält sich** курс стабилен

   **hoch im Kurs stehen** высоко котироваться

**Kursabbröckelung** f постепенное незначительное понижение курса, тенденция курса к понижению

**Kursabschlag** m понижение курса

**Kursabweichung** f колебание курсов, отклонение курсов

**Kursänderung** f изменение курса

**Kursangabe** f указание курса, котировка

**Kursanstieg** m повышение курса

**Kursaufschlag** m повышение курса

**Kursausschlag** m "перекос" курсов

**Kursbericht** m курсовой бюллетень, биржевой бюллетень

**Kursbewegung** f движение биржевых курсов

**Kursblatt** n биржевой бюллетень, курсовая таблица

**Kursblätter** n pl биржевой бюллетень

**Kursdruck** m давление (каких-л. рыночных сил) на курс

**Kurse & Indizes** курсы и индексы (на бирже)

**Kurseinbruch** m внезапное падение курса

**Kursentwicklung** f движение биржевых курсов

**Kurserholung** f повышение курса

**Kursfeststellung** f установление курсов

   **vorbörslicher Kursfeststellung** официальное установление курсов

**Kursgestaltung** f формирование курса

**Kursgewinn** m курсовая прибыль

**kursieren** vi быть в обращении (о монетах, ценных бумагах); курсировать (о транспорте)

**Kursindex** m курсовой индекс

**Kursintervention** f регулирование (б. ч. банками) курса ценных бумаг

**Kursklausel** f курсовая оговорка (на переводных векселях, выставленных не в национальной валюте страны назначения)

**Kurslimit** n курсовой лимит

**Kursliste** f курсовой бюллетень

**Kursmakler** m биржевой маклер (посредник между продавцом и покупателем, регистрирует и публикует сложившиеся курсы)

**Kursmeldung** f курсовой бюллетень

**Kursnotierung** f котировка курсов

   **Kursnotierung** биржевой бюллетень

**Kursparität** f валютный паритет

**Kurspflege** f поддержание курса (меры, предпринимаемые банком для стабилизации курса)

**Kursregulierung** f регулирование уровня курсов

**Kursrisiko** n риск потери в результате колебания курса (*фондовых ценностей, валюты и др.*), риск потери на курсе

**Kursrückgang** m падение курса, понижение курса

**Kursschnitt** m бирж. занижение курса при расчёте с комиссионером

**Kursschwankung** f колебание курса

**Kurssicherung** f страхование на случай возможных потерь от колебания курсов (*при экспортно-импортных операциях*); меры по защите от валютных рисков при экспортно-импортных операциях (*напр., путём перехода к расчётам в устойчивой валюте*)

**Kurssicherungsklausel** f оговорка об ограничении потерь при колебаниях курса, оговорка, предусматривающая исключение потерь от колебания курсов,

**Kurssprung** m скачок курса

**Kurssprung nach oben** резкое повышение курса, скачок курса вверх

**Kurssprung nach unten** падение курса

**Kursstand** m уровень курса, уровень курсов

**Kurssteigerung** f повышение курса

**Kursstreichung** f снятие ценной бумаги с котировки

**Kurssturz** m резкое падение курса

**Kursstützung** f поддержание курса (*путём закупки ценных бумаг*), закупки ценных бумаг с целью поддержания курса

**Kurstreiber** m биржевик, играющий на повышение

**Kurstreiberei** f взвинчивание курсов; игра на повышение

**Kursverfall** m падение курса

**Kursverlust** m потери от колебания курсов

**Kursverlustversicherung** f страхование на случай возможных потерь от колебания курсов (*при экспортно-импортных операциях*)

**Kursverwässerung** f разводнение курсов

**Kurswagen** m сборно-раздаточный вагон (*в грузовых перевозках*)

**Kurswechsel** m изменение курса

**Kurswert** m курсовая стоимость ценной бумаги (*напр., биржевая котировка*), курсовая цена

**Kurszettel** m биржевой бюллетень, курсовая таблица

**Kurtage** f куртаж, вознаграждение банковскому маклеру

**Kurz- bis mittelfristige Geldmarktpapiere** краткосрочные и среднесрочные ценные бумаги

**Kurzanschrift** f сокращённый (*телеграфный*) адрес

**Kurzarbeit** f неполный рабочий день; неполная рабочая неделя; неполная занятость

**kurzarbeiten** vi работать неполный рабочий день, работать неполную рабочую неделю

**Kurzarbeiter** m частично безработный, работающий неполный рабочий день, работающий неполную рабочую неделю

**Kurzarbeitergeld** n пособие частично безработным

**Kurzarbeiterunterstützung** f пособие частично безработным

**Kurzarbeitklausel** f оговорка о неполной рабочей неделе (*в тарифном соглашении*)

**kurzbefristet** краткосрочный

**kürzen** vt укорачивать; сокращать, уменьшать, убавлять,.
  **Betrag um...kürzen** сокращать сумму на...
  **die Dauer kürzen** сократить срок

**kurzfristig** краткосрочный
  **kurzfristig fälliger Wechsel** краткосрочная тратта; краткосрочный вексель; вексель, оплачиваемый сразу же при предъявлении или в течение короткого срока

**Kurzfristplanung** f краткосрочное планирование, текущее планирование

**Kurzlebigkeit** f недолговечность

**Kurzpausen** f, pl кратковременные паузы в работе, кратковременные перерывы в работе

**Kurzstreik** m кратковременная забастовка

**Kurztag** m неполный рабочий день

**Kurztarif** m пониженный тариф

**Kurzwaren** f pl галантерейный товар, галантерея, галантерейные товары; мелкий скобяной товар

**Kurzwarenhandel** m торговля галантерейными товарами; торговля мелким скобяным товаром

**Kurzwoche** f неполная рабочая неделя

**Küstenfahrer** m каботажное судно

**Küstengewässer** pl территориальные воды, прибрежные воды

**Küstenschiff** n каботажное судно

**Küstenschiffahrt** f каботаж, каботажное плавание, прибрежное плавание

**KUVG, Kranken- und Unfall-Versicherungsgesetz** закон о страховании на случай болезни и аварии *(Швейцария)*

**Kux** *m* кукса *(пай в горнопромышленном предприятии; ФРГ)*

**Kuxenbörse** *f* биржа кукс *(ФРГ)*

**Kuxinhaber** *m* держатель куксы *(пайщик горнопромышленного предприятия; ФРГ)*

**Kuxschein** *m* паевое свидетельство в горнопромышленном обществе

**KV:**

**KV, kaufmännische Verwaltung** торговая администрация

**KV, Konkursverfahren** конкурсное производство

**KV, Konkursverwalter** управляющий конкурсной массой, ликвидатор

**KV, Krankenversicherung** страхование на случай болезни

**KV, Kreditanstalt für Wiederaufbau** Банк по реконструкции *(кредитует инвестиции в Германии и за рубежом)*

**KVG, Kapitalverkehr-Steuergesetz** закон о налоге на оборотный капитал

**KW:**

**KW, Konsumware** потребительский товар

**KW, Kuwait** Кувейт

**KWD, Kuwait-Dinar, - Kuwait** Кувейтский динар *(код валюты 414),* - Кувейт

**KWG, Gesetz über das Kreditwesen** Закон о кредитных операциях

**KWU, Kommunalwirtschaftsunternehmen** предприятие коммунального хозяйства

**KY, Kaimaninseln** Кайманские острова, *до 1978г. код* CF

**Kybernetik** *f* кибернетика

**KYD, Kaiman-Dollar, - Kaimaninseln** Доллар Каймановых островов *(код валюты 136),* - Каймановы острова

**KZ:**

**K.Z., Kurszettel** курсовая таблица, биржевой бюллетень

**KZ, Kasachstan** Казахстан

**KZT, Tenge, - Kasachstan** Тенге (казахский) *(код валюты 398),* - Казахстан

# L

**L:**

**L, Ladungsfähigkeit** грузовместимость, грузоподъёмность

**L, lowest price** самая низкая цена; самый низкий биржевой курс

**L O/C, letter of credit** аккредитив

**LA:**

**LA, Laos** Народная демократическая республика Лаос, *до 1978г. код* KN

**L.A., laut Akten** по документам, согласно документам

**labil** неустойчивый, шаткий, лабильный

**Labilität** *f* неустойчивость, шаткость, лабильность

**Lade- und Löscharbeien** *f pl* погрузочно-разгрузочные работы

**Lade- und Löschfristen** *f, pl* сроки погрузочно-разгрузочных работ

**Lade- und Transportgemeinschaft** *f* объединение отправителей, объединение получателей *(по совместной транспортно-экспедиторской обработке массовых грузов);* объединение отправителей по совместной транспортно-экспедиторской обработке массовых грузов, объединение получателей по совместной транспортно-экспедиторской обработке массовых грузов

**Ladearbeiten** *f, pl* погрузочные работы

**Ladeauftrag** *m* отгрузочное поручение

**Ladebereitschaft** *f* готовность к погрузке

**Ladebereitschaftsmeldung** *f* уведомление о готовности судна к погрузке *(выдаётся перевозчиком),* уведомление о готовности судна к производству погрузочных работ, извещение о готовности судна к производству погрузочных работ, нотис

**Ladebrief** *m* коносамент

**Ladebuch** *n* книга учёта перевозимых грузов

**Ladeeinheit** *f* комплект грузов, подготовленных к транспортировке; погрузочная единица, погрузочный блок *(комплект грузов, предназначенных для транспортировки)*

**Ladefähigkeit** *f* грузовместимость, грузоподъёмность; водоизмещение

**Ladefaktor** *m* коэффициент загрузки *(транспортных средств)*

**Ladefläche** *f* погрузочная площадь *(напр., товарного вагона)*

**Ladefrist** *f* срок погрузки

**Ladefristenplan** *m* план погрузочных работ *(фиксирует последовательность различных погрузочных операций),* календарный план погрузочных работ

**Ladegebühr** f стоимость погрузки; плата за погрузку
**Ladegeld** n стоимость погрузки; плата за погрузку
**Ladegemeinschaft** f объединение отправителей, объединение получателей *(по совместной транспортно-экспедиторской обработке железнодорожных грузов)*
**Ladegeschirr** n погрузочно-разгрузочные приспособления; судовой грузовой такелаж
**Ladegewicht** n грузоподъёмность, грузовместимость; отгруженный вес, полезный груз *(на самолёте)*, подъёмный груз *(ж.-д.)*
**Ladegewichtsgüter** n pl навалочный груз *(в этом случае фрахт обычно исчисляется в зависимости от грузоподъёмности вагона, а не от фактического веса)*
**Ladegut** n груз
**Ladehafen** m порт отгрузки, порт погрузки
**Ladeinhalt** m грузовместимость; грузоподъёмность; ёмкость; тоннаж
**Ladekosten** pl издержки по погрузке, расходы по погрузке
**Ladeliste** f погрузочная ведомость; спецификация на груз
**Lademannschaft** f погрузочно-разгрузочная бригада
**Lademarke** f погрузочная метка *(выше которой нельзя загружать судно)*
**Lademaß** n габаритный шаблон; габарит груза
**Lademasse** f грузоподъёмность, грузовместимость
**Lademaßüberschreitung** f негабаритность груза, превышение допустимого габарита груза
**laden** vt грузить, нагружать *на что-л.*; загружать
**Laden** m **Läden** pl лавка, магазин

**Laden** n нагрузка; погрузка; навалка *(груза)*; заряжание, зарядка *(аккумулятора)*
**Ladeneinrichtung** f оборудование магазина
**Ladenfront** f торговый ряд
**Ladenhüter** m *разг.* залежалый товар, лежалый товар, неходкий товар, товар, на который нет спроса
**Ladeninhaber** m владелец магазина
**Ladenöffnungszeiten** f, pl часы работы магазина
**Ladenpreis** m *разг.* розничная цена
**Ladenreihe** f торговый ряд
**Ladenverkauf** m продажа через розничную сеть
**Ladenverkaufspreis** m розничная цена
**Ladeorder** f погрузочный ордер, фрахтовый наряд
**Ladeort** m место погрузки
**Ladepapiere** n pl грузовые документы, погрузочные документы
**Ladepforte** f погрузочные ворота *(у судна)*
**Ladeplan** m грузовой план, каргоплан *(план размещения груза на судне)*
**Ladeplatte** f поддон
**Ladeprofil** n габарит груза
**Laderaum** m трюм; полезный объём *(напр., товарного вагона)*
**Ladeschein** m *ж.-д.* накладная; *мор.* коносамент; свидетельство о погрузке
**Ladeschluss** m право фрахтователя аннулировать чартер-партию *(если, напр. судно не прибыло под погрузку)*
**Ladestelle** f место погрузки
**Ladetüchtigkeit** f пригодность судна для размещения грузов; грузовые качества морских транспортных средств
**Ladeübergewicht** n излишек веса

**Ladeversäumnis** n просрочка погрузки, просрочка при погрузке
**Ladezeit** f срок погрузки
**Ladezettel** m погрузочная ведомость; спецификация на груз
**Ladung** f погрузка; груз; фрахт
**flüssige Ladung** наливной груз
**gemischte Ladung** смешанный груз
**gestapelte Ladung** штабелированный груз
**vorpalettisierte Ladung** погрузка *(на судно)* с предварительной пакетизацией грузов
**Ladungs-Manifest** n декларация, манифест, список товара, находящегося на судне *(предъявляется таможне)*
**Ladungsarrest** m задержание груза, арест груза
**Ladungsbeschlagnahme** f задержание груза, арест груза; *ж.-д.* накладная; *мор.* коносамент; свидетельство о погрузке
**Ladungsempfänger** m грузополучатель
**Ladungsgläubiger** m кредитор, предоставивший ссуду под залог груза
**Ladungskontrolleur** m присяжный счётчик, таллиман
**Ladungstüchtigkeit** f готовность судна к приёму и перевозке грузов
**Ladungsverzeichnis** n погрузочная ведомость; спецификация на груз; маршрут грузовых перевозок; направление грузовых перевозок
**LAES, Latin-American Economic System** Латиноамериканская экономическая система, ЛАЭС

**LAFTA, Latin-American Free Trade Association** Латиноамериканская ассоциация свободной торговли, ЛАСТ

**lag** *англ.* лаг, отставание, запаздывание

**Lagebericht** *m* отчёт о состоянии дел *(напр., фирмы)*

**Lager** *n* склад, складское помещение; хранилище; база
**ab Lager** со склада,
**auf Lager** на складе
**genossenschaftlich genutztes Lager** склад, используемый на кооперативных началах
**landfestes Lager** склад на земле *(в отличие от плавучих хранилищ)*
**die Ware dem Lager entnehmen** взять товар со склада

**Lager-Transithandelsgenehmigung** *f* разрешение на транзитную торговлю и хранение реэкспортируемого товара

**Lageraufnahme** *f* инвентаризация складских запасов; выдача *(товаров)* со склада, выдача товаров с базы хранения, выдача продуктов с базы хранения

**Lagerausgleich** *m* надбавка к пошлине за хранение на таможенном складе

**Lagerbau** *m* строительство складов; складское сооружение

**Lagerbauten** *m pl* складские постройки

**Lagerbehandlung** *f* складская обработка грузов *(товаров или продуктов)*, находящихся на складе

**Lagerbericht** *m* сведения о состоянии складских запасов, сводка о состоянии складских запасов

**Lagerbestand** *m* складской запас

**Lagerbestände** *m pl* складские запасы

**Lagerbeständigkeit** *f* стойкость к хранению

**Lagerbetrieb** *n* склад, предприятие, хранящее грузы

**Lagerbevorratungen** *f, pl* создание складских запасов; движение складских запасов, изменение складских запасов

**Lagerbewertung** *f* оценка стоимости складских запасов

**Lagerbuch** *n* книга складского учёта

**Lagerbuchführung** *f* складской учёт, складское счетоводство

**Lagerdauer** *f* время хранения *(на складе)*
**durchschnittliche Lagerdauer** среднее время хранения *(на складе)*

**Lagerempfangsschein** *m* складская расписка

**Lagerente** *f* рента положения, рента по местоположению *(дополнительный доход, напр. в случае местонахождения сельскохозяйственного предприятия ближе к центру сбыта)*,

**Lagerergänzung** *f* пополнение складских запасов

**Lagerfachkarte** *f* карточка складского материального учёта

**lagerfähig** пригодный к хранению; непортящийся *(о товаре)*

**Lagerfertigung** *f* производство в целях создания определённого складского запаса

**Lagerfläche** *f* складская площадь, площадь складирования

**Lagerfrist** *f* время хранения *(на складе)*

**Lagergebäude** *n* складское сооружение

**Lagergebühr** *f* плата за хранение *(грузов)* на складе

**Lagergeld** *n* плата за хранение *(грузов)* на складе

**Lagergeschäft** *n* склад, предприятие, хранящее грузы; отпуск товаров со склада

**Lagerglied** *n* склад как звено в товаропроводящей цепи

**Lagergut** *n* груз, пригодный для хранения на складе; груз, сданный на приписной таможенный склад

**Lagerhalter** *m* владелец склада

**Lagerhaltung** *f* складское хозяйство; хранение на складе; складирование; складские запасы; *энм.* управление запасами
**außerplanmäßige Lagerhaltung** внеплановые складские запасы
**optimale Lagerhaltung** оптимальные складские запасы

**Lagerhaltungskosten** *pl* складские расходы, расходы на содержание складских запасов

**Lagerhaltungsmodell** *n (математическая)* модель управления запасами

**Lagerhaltungstheorie** *f* теория управления запасами

**Lagerist** *m* владелец склада

**Lagerjournal** *n* складской журнал регистрации поступления и выдачи грузов, складской журнал, *см. также* Lagerbuch

**Lagerkapazität** *f* ёмкость склада, складская ёмкость

**Lagerkarte** *f* карточка складского материального учёта

**Lagerkauf** *m* покупка со склада

**Lagerklauseln** *f pl* условия складирования *(в зависимости от вида товара и места хранения)*

**Lagerkomplex** *m* складской комплекс, комплекс складов

**Lagerkonto** *n* счёт материалов на складе; счёт материальных ценностей

**Lagerkosten** *pl* складские расходы

**Lagerleistung** *f* складской оборот

**Lagerleistungen** *f, pl* продукция, изготовленная для пополнения складских запасов *(предприятия) (не по заказу)*

**Lagermaterial** *n* материал, хранящийся на складе, материалы, хранящиеся на складах

**Lagermiete** *f* плата за хранение *(грузов)* на складе

**lagern** *vt* хранить на складе; складировать, помещать на склад; храниться на складе

**Lagernetz** *n* система баз, сеть складов

**Lagernormativ** *n* норматив складских запасов

**Lagernutzfläche** *f* полезная складская площадь

**Lagernutzraum** *m* полезный складской объём

**Lagerordnung** *f* положение о складировании *(юридические нормы, регулирующие отношения между владельцем склада и собственником хранимых товаров)*; распорядок работы на складе

**Lagerpersonal** *n* складские работники

**Lagerpfandschein** *m* складское залоговое свидетельство

**Lagerplatz** *m* складское место, место складирования

**Lagerraum** *m* складское помещение, склад; амбар

**Lagerrisiko** *n* риск, связанный с хранением продукции на складе

**Lagerschein** *m* складская расписка *(о принятии, размещении и сохранности груза)*

**Lagerskontro** *n* складской учёт материалов *(с указанием остатка)*

**Lagerspesen** *pl* складские расходы

**Lagerstatistik** *f* складская статистика

**Lagerstock** *m* складские запасы

**Lagertarif** *m* тариф складского хранения

**Lagertechnik** *f* складская техника

**Lagertransport** *m* внутрискладской транспорт

**Lagerumsatz** *m* складской оборот

**Lagerumschlag** *m* оборачиваемость складских запасов

**Lagerung** *f* хранение на складе, складирование

**fließende Lagerung** складское хранение на полках, оборудованных транспортёрными лентами

**fließende Lagerung** технически обусловленный срок хранения

**starre Lagerung** стационарное хранение

**technisch bedingte Lagerung** технически обусловленный срок хранения

**Lagerungsgrundfläche** *f* складская площадь *(используемая непосредственно для хранения товаров)*, часть складской площади, служащая непосредственно для хранения товаров

**Lagerungskapazität** *f* площадь складирования; ёмкость складских помещений, складская мощность

**Lagerungskosten** *pl* складские расходы

**Lagerungssatz** *m* ставка складского хранения

**Lagerungsschaden** *m* издержки хранения запасов; ущерб от хранения грузов на складе, ущерб, связанный с хранением грузов на складе,

**Lagerungszeit** *f* время хранения *(на складе)*

**Lagerunternehmen** *n* склад, предприятие, хранящее грузы

**Lagerveränderung** *f* изменения складского запаса

**Lagerverlust** *m* потери от хранения продукции на складе, потери при хранении на складе, убытки при хранении на складе

**Lagerversicherung** *f* страхование от риска, связанного с хранением грузов на складе

**Lagervertrag** *m* договор о передаче грузов на хранение *(оговаривает количество товаров, сроки, стоимость складирования)*

**Lagervorrat** *m* складские запасы

**Lagerware** *f* товар, отпускаемый со склада *(немедленно, в отличие от намечаемых на последующие сроки поставок)*

**Lagerwirtschaft** *f* складское хозяйство

**absatzseitige Lagerwirtschaft** складское хозяйство сбытовой организации

**Lagerzins** *m* процент на стоимость складских запасов

**Lagerzyklus** *m* цикл складирования

**lahmlegen** *vt* парализовать, останавливать

**Lahmlegung** *f* приостановка, прекращение деятельности; застой

**Laissez-faire-Liberalismus** *m* экономический либерализм, основанный на требовании свободной конкуренции и невмешательства государства в экономику

**LAK, Kip, - Laos** Кип *(код валюты 418)*, - Лаос, народная демократическая республика

**LAN, Local-Area Network** *(eng.)* вчт. локальная сеть

**Land** f страна (см. тж. **Länder**)
**Land** край; округ
**Land** земля, почва; земля
**Land** суша
**Land** сельская местность
**Land** земля (единица административного деления ФРГ и Австрии)
**assoziiertes Land** присоединившаяся страна, ассоциированная страна
**bebautes Land** возделываемая земля
**kreditnehmendes Land** страна-заёмщик
**Land- und Forstwirtschaft** f сельское и лесное хозяйство
**land-lease** англ ленд-лиз, передача взаймы, передача в аренду (вооружения, техники, продовольствия и т. д.)
**land-lease act** англ. закон о ленд-лизе
**Landarbeiten** f, pl полевые работы (мн.ч.)
**Landarbeiter** m сельскохозяйственный рабочий
**Landarbeiter** m (ист.) батрак
**Landarbeiterlohn** m оплата труда сельскохозяйственных рабочих
**landarm** малоземельный
**Landarmut** f малоземелье
**Landaufschlag** m торговая накидка на оптовые цены в сельских местностях
**Landaufteilung** f раздел земли; парцелляция
**Landbaukombinat** n комбинат сельскохозяйственного строительства (бывш. ГДР)
**Landbeschädigung** f повреждение, полученное грузом на суше (до погрузки на судно)
**Landbevölkerung** f сельское население, деревенские жители

**landed charges** англ. сборы за выгрузку, сборы за перевалку через причал
**landed weight** англ. вес, полученный в порту назначения
**Länder** n pl страны, см. тж. Land
**Länder mit entwickelter Marktwirtschaft** страны с развитой рыночной экономикой
**Länder mit zentral geplanter Wirtschaft** страны с централизованным плановым хозяйством
**abhängige Länder** зависимые страны
**hochindustrialisierte Länder** высокоразвитые в промышленном отношении страны
**nichtpaktgebundene Länder** неприсоединившиеся страны
**ökonomisch schwachentwikkelte Länder** экономически слаборазвитые страны
**unterentwickelte Länder** (экономически) слаборазвитые страны
**Länder-Code** m код страны
**Länderanalyse** f анализ политического и экономического развития страны
**Länderbank** f Банк немецких земель
**Länderkontingent** n импортный контингент по конкретной стране
**Länderkonzeption** f концепция будущих экономических связей с определёнными странами (элемент перспективного планирования внешнеэкономических отношений)
**Länderstruktur** f **des Außenhandels** структура внешней торговли по странам, страновая структура внешней торговли

**Landesanleihe** f заём, выпущенный правительством земли (в ФРГ и Австрии)
**Landesarbeitsamt** n земельная биржа труда (в ФРГ и Австрии)
**Landesausbau** m освоение экономически отсталых районов; внутренняя колонизация
**Landesbanken** f, pl банки Земель (в ФРГ и Австрии); ист. народные банки земель (созданные на территории бывш. ГДР в 1945 г. в результате реформы банковского дела)
**Landesdurchschnitt** m данные в среднем по стране (мн.ч.), показатели в среднем по стране (мн.ч.), средние показатели по стране (мн.ч.), средние данные по стране (мн.ч.)
**Landeserzeugnis** n изделие отечественного производства, изделие национальной промышленности
**Landesfinanzamt** n налогово-финансовое управление Земли (ФРГ)
**Landeskultur** f культура ведения сельского хозяйства
**Landesplanung** f территориальное планирование
**Landesprodukt** n продукт отечественного производства, изделие отечественного производства, изделие национального производства (промышленности)
**Landessteuern** f, pl налоги Земель; налоги, взимаемые Землями (ФРГ и Австрия)
**landesüblich** принятый в (данной) стране, общепринятый в (данной) стране
**Landesversicherungsanstalt** f управление социального страхования Земли (ФРГ)
**Landeswährung** f национальная валюта

**Landeszentralbanken** f, pl центральные банки Земель (ФРГ)

**Landflucht** f уход сельского населения в города, миграция населения в города, урбанизация

**Landfrachtbrief** m сухопутная накладная; накладная для транспортировки наземным путём (при продаже со склада, с завода и т.п.)

**Landfrachtgeschäft** n перевозка груза по суше, перевозка груза наземным путём

**Landgangsgeld** n деньги за оформление документов на погрузку на суше (получаемые капитаном или его уполномоченным)

**Landgemeinde** f сельская община

**Landgewinnung** f мероприятия по увеличению земельных фондов (напр., за счёт осушения болот)

**Landgut** n уст. поместье

**Landhandel** m сельская торговля, торговля на селе; сухопутная торговля

**Landhandelsnetz** n сельская торговая сеть

**Landhunger** m малоземелье

**landhungrig** малоземельный; безземельный

**Landkaskoversicherung** f страхование средств сухопутного транспорта

**Landkrankenkasse** f сельская больничная касса

**Landkreis** m сельский район (единица административного деления бывш. ГДР)

**landlos** безземельный

**Landlosigkeit** f безземелье

**Landlosmachung** f обезземеливание

**Landmangel** m малоземелье

**Landmaschine** f сельскохозяйственная машина

**Landmaschinenbestand** m парк сельскохозяйственных машин

**Landmaschinenprüfwesen** n система контрольных испытаний новой сельскохозяйственной техники

**Landmaschinenzählung** f перепись сельскохозяйственных машин, инвентаризация сельскохозяйственной техники

**Landnot** f малоземелье

**Landnutzungstausch** m обмен правом пользования земельными участками (напр., между сельскохозяйственными производственными кооперативами в бывш. ГДР)

**Landpacht** f земельная аренда

**Landpachtsystem** n система земельной аренды

**landreich** многоземельный

**Landschaften** f, pl ист. ландшафты (кредитные товарищества, возникшие в Пруссии в XVIII веке и занимавшиеся предоставлением ипотечных кредитов)

**Landschaftgestaltung** f формирование ландшафта

**Landschaftspflege** f охрана ландшафта

**Landschaftspflege** реставрация ландшафта

**Landschaftsschutz** m охрана ландшафта

**Landsperre** f блокада страны

**Landstück** n земельный участок

**Landtechnik** f сельскохозяйственная техника; сельхозтехника

**Landtransport** m наземный транспорт

**Landtransport** перевозка грузов наземным транспортом; транспортировка сухопутным путём

**Landvermögen des Reeders** имущество судовладельца, на которое не распространяются претензии пострадавших от частной аварии

**Landwarenhaus** n сельский универсальный магазин, сельский универмаг

**Landweg** m сухопутная дорога

**auf dem Landwege** по суше, сушей, наземным путём

**Landwirt** m фермер; агроном

**Landwirtschaft** f сельское хозяйство

**landwirtschaftlich** сельскохозяйственный

**Landwirtschaftsausstellung** f сельскохозяйственная выставка

**Landwirtschaftsbank** Сельскохозяйственный банк (бывш. ГДР)

**Landwirtschaftsbetrieb** m сельскохозяйственное предприятие, сельхозпредприятие, аграрное предприятие, предприятие агропромышленного комплекса, предприятие АПК

**Landwirtschaftsbezirk** m сельскохозяйственный район

**Landwirtschaftserzeugnis** n сельскохозяйственный продукт

**Landwirtschaftsgebiet** n сельскохозяйственный район

**Landwirtschaftsgenossenschaft** f сельскохозяйственная кооперация; сельскохозяйственный кооператив

**Landwirtschaftsgesetz** n аграрный закон

**Landwirtschaftsgesetzgebung** f аграрное законодательство

**Landwirtschaftsjahr** n сельскохозяйственный год

**Landwirtschaftskammer** сельскохозяйственная палата

**Landwirtschaftskomitee** Комитет по сельскому хозяйству *(Экономической комиссии ООН для Европы)*

**Landwirtschaftskredit** *m* сельскохозяйственный кредит

**Landwirtschaftskrise** *f* аграрный кризис, кризис сельскохозяйственного производства

**Landwirtschaftspolitik** *f* аграрная политика, политика в области сельского хозяйства

**Landwirtschaftspreise** *m pl* цены на сельскохозяйственные продукты

**Landwirtschaftsprodukt** *n* сельскохозяйственный продукт

**Landwirtschaftsproduktion** *f* продукция сельского хозяйства; сельскохозяйственное производство

**Landwirtschaftsrat** Совет по сельскому хозяйству *(бывш. ГДР)*

**Landwirtschaftsstatistik** *f* статистика сельского хозяйства

**Landwirtschaftssteuer** *f* сельскохозяйственный налог

**Landwirtschaftsstruktur** *f* структура сельского хозяйства

**Landwirtschaftsversicherung** *f* сельскохозяйственное страхование

**Landwirtschaftszählung** *f* сельскохозяйственная перепись

**Landwirtschaftszweig** *m* отрасль сельского хозяйства

**Landzuteilung** *f* отвод земли, наделение землёй

**Landzuweisung** *f* отвод земли, наделение землёй

**langfristig** долгосрочный; длительный; на перспективу

**Langgut** *n* длинномерный груз

**Langlebigkeit** *f* долговечность

**Längsseitslieferung** *f* доставка груза к борту судна, доставка груза на условии франко вдоль борта судна, доставка груза на условии фас

**Lärmbekämpfung** *f* борьба с шумами

**Laßbauer** *m ист.* лассит

**Lassit** *m ист.* лассит

**Last** *f* груз; нагрузка; весовая единица судового груза *(= 2000 кг)*, ласт *(ФРГ)*

**steuerliche Last** налоговое бремя

**Lasten** *f, pl* отчисления; налоги; бремя; тяготы

**zu Lasten** за счёт; на счёт

**lasten** *vt* нагружать, грузить; зафрахтовать *(судно)*

**lastenfrei** свободный от долгов, не обременённый долгами *(напр., о земельном участке)*

**Lastentransport** *m* перевозка грузов, транспортировка грузов; грузовой транспорт

**Lastfaktor** *m* коэффициент нагрузки

**Lastfaktor** *m* коэффициент загрузки *(транспортных средств)*

**last-in-first-out** "прибыл последним - обслужен первым"; расходование запасов в обратном порядке; обслуживание в обратном порядке

**Lastgrenze** *f* предельная нагрузка *(товарного вагона)*

**Lastigkeit** *f* грузоподъёмность

**Lastkilometer** *n* километр пробега с грузом

**Lastlauf** *m* пробег с грузом

**Lastplan** *m* грузовой план; карго-план

**Lastschrift** *f* дебет-авизо, запись в дебет счёта

**Lastschriftanzeige** *f* дебет-нота; дебетовое авизо

**Lastschriftauftrag** *m* инкассовое поручение

**Lastschriftzettel** *m* дебет-нота; дебетовое авизо

**Lastspitze** *f* пик нагрузки

**Lastwagen** *m* грузовой автомобиль

**Lastzug** *m* грузовой автопоезд

**Lateinamerikanische Freihandels-Assoziation** Латиноамериканская ассоциация свободной торговли, ЛАСТ

**latent** скрытый, латентный

**latentes Kapital** *n* скрытый капитал, латентный капитал

**Latifundium** *n* латифундия

**Laudemium** *n ист.* денежная повинность *(вассала)*

**laufend** непрерывный; текущий *(о годе, счете)*; погонный *(о мере длины)*

**Laufkarte** *f* производственная карта, сопровождающая обрабатываемую деталь; технологическая карта, в которой указана последовательность и характер производственных стадий изготовления деталей

**Laufkunde** *m* случайный покупатель

**Laufkundschaft** *f* случайные покупатели; случайная клиентура

**Laufperiode** *f* межремонтный пробег

**Laufzeit** *f* срок действия *(напр., договора, векселя, кредита)*; срок прохождения *(напр., документов)*; *ж.-д.* время *(груза)* в пути; машинное время

**Lautsprecherwerbung** *f* реклама с помощью громкоговорителей

**lay days** стояночное время, сталийное время *(необходимое для за- и разгрузки судна*, лейдейс; время хранения на предприятии материала *(подлежащего производственной обработке)*

**Layout-Fachmann** *m* специалист по рекламе
**LB:**
  **LB, Landwirtschaftsbank** Сельскохозяйственный банк *(бывш. ГДР)*
  **LB, Lieferbarkeitsbescheinigung** свидетельство о допущении ценных бумаг к обращению на бирже
  **LB, Libanon** Ливан, *до 1978г. код* **KU**
**l.B., laut Bericht** согласно отчёту
**lb, libra** фунт *(английская мера веса, равная 453,5924 г)*
**lb.av., pound avoirdupois** английский фунт торгового веса *(= 453,5924 г)*
**LBH, Volkseigene Betriebe für Land-, Bau- und Holzbearbeitungsmaschinen** Народные предприятия по производству сельскохозяйственных машин, строительных механизмов и деревообрабатывающих станков *(бывш. ГДР)*
**LBP, Libanesisches Pfund, - Libanon** Ливанский фунт *(код валюты 422),* - Ливан
**L.C., L/C, letter of credit** аккредитив
**LCL:**
  **LCL, less than carload** мелкая партия груза
  **LCL, Less than Container Load** партия товара, не полностью заполняющая контейнер
**Ld, limited** с ограниченной ответственностью *(добавление к названию английских акционерных обществ)*
**Ldw., Landwirtschaft** сельское хозяйство

**leasing** *n англ.* лизинг, прокат средств производства, аренда средств производства - машин, транспортных средств и других товаров *(обычно осуществляется специализированной лизинговой компанией)*
**Leasing-Gesellschaft** *f* компания, занимающаяся лизингом, фирма, занимающаяся лизингом
**Leasingvertrag** *m* арендный договор
**Leben** *n* жизнь
  **geistiges Leben** духовная жизнь
  **gesellschaftliches Leben** общественная жизнь
  **wirtschaftliches Leben** хозяйственная жизнь
**Lebendgeborenenüberschuss** *m* естественный прирост населения
**Lebensart** *f* образ жизни
**Lebensbaum** *m стат.* возрастная пирамида
**Lebensbedingungen** *f, pl* условия жизни
**Lebensbedürfnisse** *n pl* жизненные потребности
**Lebensdauer** *f* продолжительность жизни; срок службы, продолжительность службы *(напр., машины)*
**Lebensdauer** технический срок эксплуатации *(обычно превосходит экономически целесообразный срок эксплуатации)*
**Lebensdauer** цикл полезного использования
**Lebensdauer der Grundmittel** срок службы основных средств *(производства)*
**kurze Lebensdauer** недолговечность
**mittlere Lebensdauer** средняя продолжительность срока службы
**wahrscheinliche Lebensdauer** *стат.* вероятная продолжительность жизни

**Lebenserwartung** *f стат.* средняя продолжительность жизни
**Lebenshaltung** *f* общий уклад жизни, быт; уровень жизни, жизненный уровень
  **soziale Lebenshaltung** социальные условия, общественный жизненный уклад
**Lebenshaltungsindex** *m* индекс стоимости жизни
**Lebenshaltungskosten** *pl* стоимость жизни
**Lebenshaltungskostenindex** *m* индекс стоимости жизни
**Lebenskosten** *pl* стоимость жизни
**Lebenskostenindex** *m* индекс стоимости жизни
**Lebensmittel** *pl* продовольственные товары, продовольствие
  **lebensnotwendige Lebensmittel** продукты первой необходимости
**Lebensmittelfälschung** *f* фальсификация продовольственных товаров
**Lebensmittelfonds** *m* продовольственный фонд
**Lebensmittelgeschäft** *n* продовольственный магазин, продуктовый магазин
**Lebensmittelgesetz** *n* закон об ответственности за продажу населению недоброкачественных продовольственных товаров и предметов первой необходимости
**Lebensmittelgesetz** закон об ответственности за продажу недоброкачественных продуктов *(в ФРГ с 1974 года)*
**Lebensmittelindustrie** *f* пищевая промышленность
**Lebensmittelkosten** *pl* расходы на покупку продовольственных товаров
**Lebensmittelkrise** *f* продовольственный кризис

**Lebensmittelniederlassung** *f* продовольственная база

**Lebensmittelsortiment** *n* ассортимент продовольственных товаров

**Lebensmittelzuteilung** *f* продовольственный паёк *(по карточкам)*

**Lebensniveau** *n* уровень жизни, жизненный уровень

**Lebensrente** *f* пожизненная рента

**Lebensstandard** *m* уровень жизни, жизненный уровень
**hoher Lebensstandard** высокий жизненный уровень; высокий уровень жизни

**Lebensstandardforschung** *f* исследование уровня жизни, изучение уровня жизни

**Lebensstandardplanung** *f* планирование уровня жизни

**Lebensstandardprognose** *f* прогноз уровня жизни

**Lebensunterhalt** *m* средства к жизни; пропитание

**Lebensverbesserung** *f* улучшение условий жизни

**Lebensverhältnisse** *n pl* бытовые условия жизни

**Lebensversicherung** страхование жизни
**verbundene Lebensversicherung** страхование жизни, при котором срок выплаты страховой суммы зависит от смерти одного из застрахованных

**Lebensversicherungsprämie** *f* страховая премия застрахованного

**Lebensweise** *f* образ жизни

**lebenswichtig** жизненно необходимый

**Lebenszyklus** *m* жизненный цикл *(изделий, фирмы, отрасли, потребителя и др.)*

**Leck** *n* течь, пробоина

**Leckage** *f фр.* утечка, течь

**Ledigensteuer** *f* налог на холостяков и бездетных

**Leerfahrt** *f* порожний пробег
**die Leerfahrt vermeiden** избежать порожнего пробега

**Leerformular** *n* незаполненный бланк

**Leerfracht** *f* мёртвый фрахт *(не полностью используемая загрузочная мощность)*

**Leergang** *m* холостой ход *(машины)*

**Leergewicht** *n* вес в порожнем состоянии, тара *(вагона)*; вес тары

**Leergut** *n* тара; бывшая в употреблении тара

**Leergutlager** *n* склад *(возвращаемой)* тары, тарный склад

**Leergutsammelstelle** *f* пункт по сбору тары

**Leerkilometer** *n* километр порожнего пробега

**Leerkosten** *pl* часть постоянных расходов, приходящихся на долю неиспользованных производственных мощностей

**Leerlauf** *m* холостой ход *(машины)*; порожний пробег

**Leerlauffracht** *f* мёртвый фрахт

**Leerlaufkoeffizient** *m* коэффициент порожнего пробега

**Leerlaufkosten** *pl* издержки при работе вхолостую, издержки, связанные с работой вхолостую,

**Leermasse** *f* вес в порожнем состоянии, тара *(вагона)*; вес тары

**Leerpackung** *f* тара; бывшая в употреблении тара

**Leerprovision** *f* мёртвая комиссия *(плата за зафрахтованное, но неиспользованное погрузочное место на судне)*

**Leerverkauf** *m бирж.* фиктивная продажа, декувер; спекуляция на разнице курсов

**Leerwechsel** *m* финансовый вексель *(вексель, не имеющий товарного покрытия)*

**legal** легальный

**Legalisation** *f* легализация, узаконение

**Legalisierung** *f* легализация, узаконение

**Legat** *n юр.* легат, завещательный отказ

**Legende** *f* легенда, пояснение *(напр., к статистической таблице или диаграмме)*; легенда *(надпись на монетах)*

**Legeverfahren** *n стат.* раскладка карточек

**legislativ** законодательный, легислативный

**Legitimation** *f юр.* легитимация; удостоверение личности; полномочие, доверенность

**Legitimationsübertragung** *f* передача *(акционером)* права голоса третьему лицу

**legitimiert** правомочный

**Lehen** *n ист.* лен, феод; ленное поместье

**Lehnsgut** *n ист.* ленное поместье

**Lehnsherr** *m ист.* сюзерен, феодал

**Lehnsmann** *m ист.* ленник, вассал

**Lehnware** *f ист.* денежная повинность *(вассала)*

**Lehrabschlussprüfung** *f* экзамен на получение квалификационного разряда

**Lehrausbilder** *m* мастер производственного обучения

**Lehrbetrieb** *m* предприятие, на котором ученики проходят производственное обучение; учебное предприятие

**Lehre** *f* учение, доктрина, теория; обучение, учёба; производственное обучение

**Lehrgeld** *n* оплата труда учеников *(напр., на производстве)*

**Lehrkombinat** *n* учебно-производственный комбинат

**Lehrling** *m* ученик *(напр., на производстве)*

**Lehrlingsausbildung** f обучение учеников *(напр., на производстве)*

**Lehrlingseinstellung** f приём подростка на работу *(с целью обучения его избранной профессии)*

**Lehrlingsentgelt** n оплата труда учеников *(напр., на производстве)*

**Lehrlingserziehungsbeihilfe** f субсидия на обучение и содержание учеников

**Lehrstelle** f рабочее место для приёма подростков на работу

**Lehrverkaufsstelle** f школа-магазин

**Lehrvertrag** m (трудовой) договор об обучении учеников *(напр., на производстве)*

**Lehrwerkstatt** f учебно-производственная мастерская

**Lehrzeit** f время обучения *(напр., на производстве)*

**Leibeigene** m f крепостной

**Leibeigenschaft** f ист. крепостное право

**Leibgedinge** n пожизненная пенсия, отцовский надел *(при выделе детей)*, выдел старику

**Leibrente** f пожизненная рента

**Leibrentenversicherung** f страхование пожизненной ренты

**Leibzins** m ист. подушная подать

**Leibzucht** f пожизненная пенсия, отцовский надел *(при выделе детей)*, выдел старику

**Leichter** m лихтер *(несамоходное грузовое судно)*; баржа; шаланда

**Leichterfahrzeug** n лихтер

**Leichtergebühr** f плата за пользование лихтером

**leichtern** vt перегружать груз на лихтер

**Leichterschiff** n лихтеровоз

**Leichtgüter** n pl легковесные грузы

**Leichtirboot** n лихтер

**leichtverderblich** скоропортящийся *(о товаре)*

**leichtverkäuflich** быстрореализуемый

**Leih -und Pachtlieferung** f ист. поставка по ленд-лизу

**Leih- und Pachtgesetz** n ист. закон о ленд-лизе

**Leihamt** n ломбард

**Leihanstalt** f ломбард

**leihbar** ссужаемый

**Leihe** f ссуда; прокат *(безвозмездная передача в пользование вещи против обязательства о возврате)*; ломбард

**Leihemballage** f оборотная тара

**leihen** vt одалживать, ссужать, давать взаймы; брать взаймы; брать на прокат

**Leihfonds** m pl ссудные фонды

**Leihgebühr** f плата за прокат

**Leihgegenstand** m предмет, предоставленный на прокат

**Leihgeschäft** n продлённая сделка, депорт

**Leihgut** n предмет, предоставленный на прокат

**Leihhaus** n ломбард

**Leihkapital** n ссудный капитал

**Leihkapitalist** m ссудный капиталист

**Leihkapitalmarkt** m рынок ссудного капитала

**Leihmiete** f плата за прокат

**Leihmittel** n средство кредитования *(функция денег)*

**Leihpfand** n залог под ссуду, залог по ссуде

**Leihschein** m ломбардный билет, закладная квитанция

**Leihverpackung** f оборотная тара

**Leihware** f предмет, предоставленный на прокат

**leihweise** заимообразно; напрокат

**Leihzins** m ссудный процент

**Leipziger Kommissions- und Großbuchhandel** Лейпцигская комиссионная и оптовая книготорговля *(бывш. ГДР)*

**Leipziger Messe** Лейпцигская ярмарка

**Leipziger Messeamt** дирекция Лейпцигской ярмарки

**Leistende** m исполнитель; обслуживающая фирма

**Leistenschein** m талон купонного листа

**Leistung** f произведённая работа, выполненная работа, выработка; исполнение *(договора, поставок.)*; производительность; мощность; продуктивность

**Leistung** платёж, расход *(напр., бюджетные расходы)*

**Leistung** юр. исполнение действия, составляющего содержание обязательства

**Leistung an Erfüllungs Statt** замена исполнения *(одного обязательства другим с согласия кредитора)*

**Leistung der Viehwirtschaft** продуктивность животноводства

**Leistung einer Zahlung** производство платежа

**Leistung erstellen** производить, создавать новую стоимость

**Leistung im Basiszeitraum** выработка базисного периода

**Leistung je Mann und Schicht** выработка на одну человеко-смену

**arbeitsstündliche Leistung** часовая выработка

**arbeitsstündliche Leistung** дневная выработка

**arbeitsstündliche Leistung** производимая продукция, оказываемые услуги

**effektive Leistung** фактическая мощность, реальная мощность

**fixe Leistung** твёрдо установленный платёж

**garantierte Leistung** гарантируемая мощность

**höchstmögliche Leistung** максимальная мощность

**innenbetriebliche Leistung** продукция на собственные нужды, услуги на собственные нужды

**installierte Leistung** установленная мощность

**mangelhafte Leistung** ненадлежащее исполнение договорных обязательств

**mangelhafte Leistung** проектная мощность

**provisionsfreie Leistung** бесплатная операция *(банка)*

**rechnerische Leistung** расчётная мощность

**rechnerische Leistung** удельная мощность

**theoretische Leistung** теоретическая мощность, расчётная мощность

**unvollständige Leistung** неполное исполнение договорных обязательств

**vorfristige Leistung** досрочное исполнение договора; досрочный платёж

**Leistung Zug um Zug** одновременное исполнение договорного обязательства обеими сторонами

**eine Leistung gewähren** предоставить страховое пособие

**Leistungen** *f pl* услуги; оказание услуг; успехи, достижения; результат

**Leistungen** повинности; платежи; пособия

**Leistungen erbringen** давать производственные результаты

**Leistungen für Fremde** производственные услуги на сторону

**Leistungen nichtindustrieller Art** работы и услуги непромышленного характера

**betriebliche Leistungen** производимая продукция и предоставляемые предприятием услуги

**betriebliche Leistungen** собственные затраты *(могут входить в состав неоплачиваемых затрат)*

**finanzielle Leistungen** платежи

**fremde Leistungen** производственные услуги со стороны; чужие затраты *(относящиеся к неоплачиваемым затратам)*

**fremde unproduktive Leistungen** *(подрядные)* услуги со стороны, носящие непроизводственный характер

**ideelle Leistungen** нематериальные услуги

**industrielle Leistungen** работы и услуги промышленного характера

**innerbetriebliche Leistungen** предоставление услуг для внутризаводских нужд

**kulturelle und soziale Leistungen** отчисления на социальные и культурные нужды, платежи на социальные и культурные нужды

**materielle Leistungen industrieller Art** работы и услуги промышленного характера *(напр., ремонт, монтаж)*

**nicht produktive Leistungen** непроизводственные услуги

**produktive Leistungen** производственные услуги

**soziale Leistungen** платежи на социальные нужды, выплаты на социальные нужды

**untengeltliche Leistungen** неоплачиваемые затраты

**wiederkehrende Leistungen** периодические платежи, текущие платежи; повремённые платежи

**wissenschaftlichtechnische Leistungen** научно-технические достижения

**Leistungs- und Aufwandvsergleich** *m* сравнение затрат и результатов

**Leistungs- und Effektivitätskennziffern** *f pl* *(статистические)* показатели производительности и эффективности

**Leistungs- und Effektivitätsreserven** *f pl* резервы повышения производительности и эффективности

**Leistungs- und Effektivitätsverbesserung** *f* обеспечение условий для повышения производительности и эффективности

**Leistungsabfall** *m* падение производительности; падение мощности *(напр., машины)*

**leistungsabhängig** зависящий от выработки

**Leistungsangabe** *f* заданная производительность; данные о результатах

**Leistungsangebot** *n* оферта

**Leistungsanreiz** *m* стимулирование труда

**Leistungsanspruch** *m* право на получение страхового пособия

**Leistungsarbeit** *f* сдельная работа

**Leistungsaufnahme** *f* потребление мощности

**Leistungsbedarf** *m* потребная мощность, требуемая мощность

**Leistungsbemessung** f определение мощности, определение производительности

**Leistungsberechnung** f определение мощности, определение производительности

**Leistungsbewertung** f оценка (результатов) труда; оценка продукции

**Leistungsbeziehungen** f pl внутрипроизводственные связи *(между предыдущим и последующим звеньями производственного процесса)*

**Leistungsbilanz** f баланс по текущим операциям, баланс текущих статей *(часть платёжного баланса - сопоставление ввоза и вывоза товаров и услуг, а также односторонних денежных переводов и доходов от заграничных инвестиций за определённый период)*

**Leistungsbuch** n книга учёта продуктивности скота

**Leistungsbudget** n план-смета *(с учётом изменения издержек, связанного с колебаниями объёма производства)*, гибкая производственная программа-смета

**Leistungsdurchschnitt** m средняя выработка

**Leistungsebene** f уровень управления, ступень управления

**Leistungseinheit** f единица производительности, единица мощности

**Leistungseinheitskosten** pl затраты на единицу производительности, затраты на единицу мощности; средние затраты в расчёте на единицу произведённой продукции *(или услуг)*

**Leistungseinheitswert** m затраты на единицу производительности, затраты на единицу мощности; средние затраты в расчёте на единицу произведённой продукции *(или услуг)*

**Leistungserfassung** f учёт общего объёма произведённой продукции и предоставленных услуг

**Leistungserstellung** f производственная деятельность; создание новой стоимости

**leistungsfähig** работоспособный; трудоспособный; производительный; продуктивный

**Leistungsfähigkeit** f работоспособность; трудоспособность; производительность; продуктивность; мощность; провозная способность, пропускная способность; потенциал

**arbeitsgegenstandbezogene Leistungsfähigkeit** эффективность использования предметов труда

**arbeitskräftebezogene Leistungsfähigkeit** производительность труда

**arbeitsmittelbezogene Leistungsfähigkeit** производительность, обеспеченная средствами труда

**steuerliche Leistungsfähigkeit** способность юридических лиц осуществлять налоговые платежи, способность физических лиц осуществлять налоговые платежи

**Leistungsfähigkeitsprinzip** n принцип, исходящий из способности плательщика рассчитаться по долгам *(используется в теории налогообложения)*

**Leistungsfaktor** m коэффициент мощности; фактор производительности труда

**Leistungsfaktoren** m pl факторы производства

**dispositive Leistungsfaktoren** организационные факторы производства

**ursprüngliche Leistungsfaktoren** первичные факторы производства *(труд, земля, капитал)*

**Leistungsfonds** m фонд материального стимулирования *(формируется из прибыли и используется для поощрения роста производительности труда, экономии и повышения качества продукции)*

**Leistungsfrist** f срок исполнения *(напр., договора)*; срок платежа; срок исполнения обязательств

**vertragliche Leistungsfrist** договорный срок исполнения

**Leistungsgarantie** f гарантии, выдаваемые поставщиками экспортной продукции

**Leistungsgebot** n требование погашения задолженности по налогу

**Leistungsgegenstand** m объект обязательства, предмет обязательства объект исполнения договорного обязательства

**Leistungsgewinn** m вновь созданная стоимость, добавленная стоимость

**Leistungsgrad** m коэффициент использования мощностей; коэффициент использования производительности труда; показатель использования трудовых ресурсов

**Leistungsgradschätzung** f оценка производительности труда на основе измерения уровня его интенсивности

**Leistungsgrundlohn** m уст. прямая сдельная оплата труда, основная сдельная заработная плата

**Leistungskennziffer** f производственный показатель, показатель выработки, объёма производства продукции и услуг; (производственный) показатель, дающий право на получение премии

**Leistungsklage** f иск по исполнению обязательства

**Leistungskraft** f производительные силы *(напр., общества)*

**Leistungslohn** *m* сдельная заработная плата, аккордная заработная плата

**progressiver Leistungslohn** *уст.* сдельно-прогрессивная заработная плата

**Leistungslöhner** *m уст.* сдельщик

**Leistungslohnsystem** *n уст.* система сдельной оплаты труда; сдельщина

**Leistungsminderung** *f* снижение производительности, падение производительности труда, снижение эффективности производственного процесса

**Leistungsnachweis** *m* ведомость выпуска продукции

**Leistungsnachweis** сводка произведённых сельскохозяйственных работ

**Leistungsniveau** *n* уровень производительности труда

**Leistungsnorm** *f* норма выработки

**leistungsorientiert** нацеленный на конечный результат

**Leistungsort** *m* место исполнения обязательства

**Leistungsplanung** *f* планирование производственных показателей

**Leistungsprämie** *f соц.* премия за высокие производственные показатели

**Leistungspreis** *m* цена производства

**Leistungsprinzip** *n* принцип оплаты по количеству и качеству труда, принцип оплаты по труду

**Leistungsrate** *f* показатель эффективности производства, коэффициент эффективности производства

**Leistungsrechnung** *f* учёт общего объёма произведённой продукции и предоставленных услуг; учёт мощности, учёт производительности; учёт продукции

**Leistungsreserve** *f* резерв мощности

**Leistungsschau** *f* смотр трудовых успехов

**Leistungsspitze** *f* наивысшая производительность, максимальная производительность; пик мощности

**Leistungsstand** *m* уровень производительности труда

**leistungsstark** производительный

**leistungssteigernd** влияющий на повышение производительности

**Leistungssteigerung** *f* повышение производительности, повышение результативности производства; повышение производительности труда; увеличение мощности

**Leistungsstörungen** *f, pl* обстоятельства, мешающие исполнению обязательства

**Leistungsstücklohn** *m* сдельная заработная плата, аккордная заработная плата

**Leistungsstufe** *f* надбавка к основной заработной плате *(напр., за высокие показатели в труде, вознаграждение за дополнительный риск и т.п.)*

**Leistungstermin** *m* срок исполнения обязательства

**Leistungsverflechtung** *f* внутризаводские производственные связи

**Leistungsvergleich** *m* сравнение производственных результатов, сравнение результатов производственной деятельности

**Leistungsvergütung** *f* оплата труда

**Leistungsvermögen** *n* работоспособность; трудоспособность; производительность; продуктивность; мощность; провозная способность, пропускная способность; потенциал

**Leistungsvertrag** *m* договор на выполнение определённых работ, договор на оказание определённых услуг

**Leistungsverweigerung** *f* отказ от исполнения обязательства, отказ от выполнения обязательств

**Leistungsverweigerungsrecht** *n* право отказа от исполнения обязательства

**Leistungsverzeichnis** *n* перечень работ и услуг, подлежащих выполнению

**Leistungsverzug** *m* задержка исполнения, просрочка исполнения *(напр., договорного обязательства)*; задержка платежа

**Leistungswachstum** *n* прирост объёма производства

**Leistungswettbewerb** *m* добросовестная конкуренция; эффективная *("справедливая")* конкуренция

**Leistungszeit** *f* время продуктивной работы; срок исполнения договорного обязательства

**Leistungszulage** *f* надбавка к основной заработной плате *(напр., за высокие показатели в труде, вознаграждение за дополнительный риск и т.п.)*

**Leistungszuschlag** *m* надбавка к основной заработной плате *(напр., за высокие показатели в труде, вознаграждение за дополнительный риск и т.п.)*

**Leistungszuwachs** *m* прирост объёма производства

**Leisturgstarif** *m* тариф на *(платные)* услуги

**Leitbetrieb** *m* головное предприятие, ведущее предприятие

**Leiter** *m* руководитель; управляющий; заведующий

**Leiter mit Einzelverantwortung** руководитель с персональной ответственностью

**entscheidungsberechtigter Leiter** руководитель, обладающий правом принятия решения

**kaufmännischer Leiter** коммерческий директор

**Leiterpersönlichkeit** *f* руководитель; личность руководителя

**Leiterspanne** *f* круг обязанностей руководителя; число подчинённых *у какого-л.* руководителя

**Leitfiliale** *f* головной филиал, головное отделение *(напр., банка)*

**Leitfirma** *f* головная фирма, ведущая фирма

**Leitkarte** *f* главная перфокарта, ведущая перфокарта; *канц.* карточка-разделитель

**Leitkurs** *m* ведущий валютный курс

**Leitung** *f* руководство; управление; дирекция; заведование; руководящий орган; управление

**Leitung** проводка; линия *(телефонной связи)*

**Leitung der Postsendungen** пересылка и доставка почты

**kaufmännische Leitung** аппарат управления материально-техническим снабжением и сбытом *(производства)*

**ökonomische Leitung** аппарат экономического управления *(производством)*

**technische Leitung** аппарат технического управления *(производством)*

**zentrale Leitung** центральный аппарат управления *(производством)*

**Leitungs- und Lenkungskosten** *pl* административно-управленческие расходы

**Leitungs- und Organisationsablauf** *m* порядок управления и организации

**Leitungs- und Verwaltungspersonal** *n* административно-управленческий персонал

**Leitungsaufbau** *m* организационная структура управления

**Leitungsaufgabe** *f* задача управления

**Leitungsaufwand** *m* затраты на управление, управленческие расходы; трудоёмкость управленческого труда

**Leitungsbereich** *m* сфера управления, область управления

**Leitungsebene** *f* уровень управления, ступень управления

**Leitungsfunktion** *f* функция управления, управленческая функция

**Leitungsinstrument** *n* инструмент управления

**Leitungskader** *m pl* руководящие кадры, руководящий состав

**Leitungskosten** *pl* управленческие издержки, управленческие расходы

**Leitungskräfte** *pl* руководящие кадры, руководящий состав

**Leitungsmethode** *f* метод управления, метод руководства; методика управления

**Leitungsmethodik** *f* формы и методы управления, формы и методы руководства

**Leitungsmodell** *n* модель управления

**Leitungsorgan** *n* орган управления; руководящий орган

**Leitungsorganisation** *f* организация управления

**Leitungspersonal** *n* управленческий персонал

**Leitungsprinzip** *n* принцип управления

**Leitungsprozess** *m* управленческий процесс, процесс управления

**Leitungspyramide** *f* пирамида управления, иерархическое построение системы управления

**Leitungsstil** *m* стиль руководства

**Leitungsstruktur** *f* *(организационная)* структура управления

**abteilungslose Leitungsstruktur** бесцеховая структура управления

**Leitungsstufe** *f* ступень управления, уровень управления

**Leitungssystem** *n* система управления, система руководства

**Leitungstechnologie** *f* технология управления

**Leitungstransport** *m* трубопроводный транспорт

**Leitungsvorschrift** *f* предписание отправителем пути следования грузов

**Leitungswasserschadenversicherung** *f* страхование на случай нанесения ущерба неисправной водопроводной системой, страхование на случай нанесения ущерба неисправной отопительной системой

**Leitungswasserversicherung** *f* страхование на случай нанесения ущерба неисправной водопроводной системой, страхование на случай нанесения ущерба неисправной отопительной системой

**Leitungsweg** *m* *трансп.* путь следования *(предусмотренный в сопроводительном документе)*, предписанный путь следования,

**Leitungswissenschaft** *f* наука управления

**Leitwährung** *f* ведущая валюта, ключевая валюта, основная валюта

**Leitzinsen** *m pl* базисная ставка ссудного процента *(может устанавливаться Центральным банком)*

**Lend-Lease** *n* англ. ленд-лиз

**lenkbar** управляемый; регулируемый

**lenken** *vt* управлять; руководить; регулировать; распределять *(напр., рабочую силу, капиталовложения)*

**Lenkung** *f* управление; руководство; регулирование; распределение *(напр., рабочей силы, капиталовложений)*

  **indirekte Lenkung** косвенное регулирование

  **pretiale Lenkung** государственное регулирование с помощью механизма цен

  **staatliche Lenkung** государственное регулирование

**Lenkungsapparat** *m* управленческий аппарат, административно-управленческий аппарат

**Lenkungskosten** *pl* управленческие расходы

**less essential goods** англ. товары не первой необходимости

**letter** англ. письмо

  **letter of authority** англ. письменное полномочие

  **letter of credit** англ. аккредитив; аккредитивное письмо

  **letter of indemnity** англ. гарантийное письмо, реверс

  **letter of indemnity** англ. реверс, письменное обязательство

  **letter of intent** англ. письменное заявление о целях *("о намерениях")*

  **letter of intent** письмо-обязательство Международному валютному фонду *(выдаётся страной-заёмщиком, сообщающей о намечаемых формах использования ссуды)*

**lettera di vettura** *ит.* накладная

**lettre de change** *фр.* вексель

**Letztverbraucher** *m* конечный потребитель

**Letztverteiler** *m* розничный торговец

**Leuchtfeuergebühr** *f* мор. маячный сбор

**Leuchtgeld** *n* мор. маячный сбор

**Leuchtturmgebühr** *f* мор. маячный сбор

**Leuchtwerbung** *f* световая реклама

**Leumund** *m* репутация, слава

**Levantehandel** *m* ист. торговля со странами Леванта, торговля с Левантом

**Leverage** *n* леверидж *(чаще всего статистический показатель, характеризующий соотношение между заёмными средствами и собственным капиталом фирмы)*

**Leverage-factor** *n* леверидж-фактор *(отношение привлечённого капитала к собственному)*

**lfd** порядковый

  **lfd.; laufend** текущий; порядковый

  **lfd.Nr.; laufende Nummer** канц. порядковый номер

**Lfg, Lieferung** *f* поставка; выпуск *(книги, брошюры)*

**LFKO, Kanzleiordnung für die Landesfinanzämter** правила делопроизводства для местных налогово-финансовых органов земель ФРГ

**lfm, laufendes Meter** погонный метр

**LG:**

  **LG, Landgericht** земельный суд *(Германия)*

  **lg, tn long ton** длинная тонна, английская тонна (= 1016 кг)

**L./H., letter of hypothecation** свидетельство о получении ссуды в банке под залог недвижимости

**LI, Liechtenstein** Лихтенштейн

**Li-Anleihe** *f* ист. заём ликвидных средств

**Li-Li-Schiff** *n* судно типа "лифт-он-лифт-оф", (контейнерное) судно с вертикальной погрузкой и выгрузкой, контейнеровоз ячеистой конструкции

**Liaison** *f* фр. связь, контакт

  **eine Liaison mit (jmdm.) eingehen** войти с *(кем-л.)* в контакт

**Liberal-Demokratische Partei Deutschlands** Либерально-демократическая партия Германии, ЛДПГ *(бывш. ГДР)*

**liberalisieren** *vt* либерализовать

**Liberalisierung** *f* либерализация

**Liberalisierungsgrad** *m* степень либерализации

**Liberalisierungsliste** *f* список либерализованных товаров

**Liberalismus** *m* либерализм

**Liberalitätsentschädigung** *f* возмещение ущерба из любезности *(при отсутствии у страхователя оснований для предъявления претензии)*

**Libor** *f* либор *(ставка по межбанковским краткосрочным депозитам, устанавливающаяся на основе операций Лондонского денежного рынка)*

**Libor, London Interbank Offered Rate** лондонская межбанковская ставка *(базис для кредитования, курс предложения кредита)*

**Libra** *f* либра *(испанский, португальский, латиноамериканский фунт = 460 г)*

**Lichtreklame** *f* световая реклама

**Lichtwerbung** *f* световая реклама

**Liebhaberpreis** *m* цена предложения любителя

**Liebhaberwert** *m* цена предложения любителя

**Liefer- und Abnahmebedingungen** *f, pl* условия сдачи и приёмки

**Liefer- und Bezugsgenehmigung** *f уст.* разрешение на экспорт в бывш. ГДР и на импорт из бывш. ГДР *(ФРГ)*

**Liefer- und Leistungsvertrag** *m* договор на поставку товаров и предоставление услуг

**Liefer- und Montagevertrag** *m* договор о поставке и монтаже оборудования

**Lieferabkommen** *n* соглашение о поставках

**Lieferangebot** *n* предложение о поставках товаров; ассортимент товаров, предлагаемых к поставке

**Lieferant** *m* поставщик; подрядчик

**Lieferantenkartei** *f* картотека поставщиков

**Lieferantenkredit** *m* кредит, предоставляемый поставщиком

**Lieferantenleergut** *n* порожняя тара поставщиков

**Lieferantenschulden** *f pl* задолженность поставщикам *(бухгалтерский учёт)*

**Lieferantenwahl** *f* выбор *(предприятий)* поставщиков

**Lieferaufschub** *m* отсрочка поставки

**Lieferauftrag** *m* заказ на поставку; наряд на поставку

**Lieferausfall** *m* невыполнение поставки

**lieferbar** подлежащий поставке, поставляемый

**Lieferbarkeitsbeschelnigung** *f* свидетельство о допущении ценных бумаг к обращению на бирже

**Lieferbasis** *f* базис поставки, базисные условия поставки

**Lieferbedingung** *f* условие поставки

**Lieferbedingungen** *f, pl* условия поставки

**Lieferbetrieb** *m* завод-поставщик; предприятие-поставщик

**Lieferdatum** *n* дата поставки, день поставки

**Lieferdauer** *f* срок поставки

**Lieferer** *m* поставщик

**Liefererkonto** *n* счёт поставщиков

**lieferfähig** способный осуществить поставку, способный поставлять

**Lieferfirma** *f* фирма-поставщик

**Lieferfrist** *f* срок поставки *(в договоре купли-продажи - время между заключением контракта и поставкой; в железнодорожных перевозках - время между передачей груза отправителем и подтверждением принятия получателем)*

**Lieferfrist einhalten** соблюдать срок поставки

**Lieferfrist festlegen** устанавливать срок поставки

**Lieferfrist festsetzen** устанавливать срок поставки

**Lieferfrist überschreiten** просрочить поставку

**Lieferfristüberschreitung** *f* просрочка поставки

**Liefergarantie** *f* гарантия поставки

**Liefergrafik** *f* график поставок

**Lieferhäufigkeit** *f* частота поставок

**Lieferhöhe** *f* объём поставки; поставленное количество

**Lieferkatalog** *m* каталог поставляемых товаров

**Lieferkette** *f* сбытовая цепь; цепь сбыта

**Lieferkosten** *pl* стоимость поставки; расходы на поставку

**Lieferkredit** *m* коммерческий кредит

**Lieferkürzung** *f* сокращение поставок

**Lieferland** *n* вывозящая страна, экспортирующая страна, страна-экспортёр, страна-поставщик

**Liefermenge** *f* объём поставки; поставленное количество; партия поставленного товара

**Liefermöglichkeit** *f* возможность поставки

**Liefermöglichkeit vorbehalten** возможность поставки сохраняется *(оговорка, ограничивающая, но не отменяющая обязательств по поставке)*

**liefern,** *vt* поставлять; доставлять; сдавать, отпускать *(напр., товар)*; выпускать *(продукцию)*

**Wertpapiere liefern** предлагать ценные бумаги

**Lieferort** *m* место поставки

**Lieferparität** *f* базис поставки, базисные условия поставки

**Lieferpartie** *f* поставленная партия *(товара)*, партия поставленного товара

**Lieferpflicht** *f* обязательство по поставкам

**staatliche Lieferpflicht** обязательство по государственным поставкам

**Lieferplan** *m* план поставок; график поставок

**Lieferrhythmus** *m* ритмичность поставок

**Lieferrisiko** *n* риск невыполнения условий поставки, риск невыполнения условий поставок

**Lieferrückstand** *m* отставание в поставке, задержка в поставке

**Lieferschein** *m* накладная, деливери-ордер *(указание продавца об отправке с его склада упомянутого или иного товара)*

**Lieferschwierigkeit** *f* затруднение в поставках

**Liefersortiment** *n* ассортимент поставляемых товаров
**Liefersperre** *f* запрет на поставки; эмбарго
**Lieferstopp** *m* запрет на поставки; эмбарго
**Liefertag** *m* день поставки, дата поставки
**Liefertermin** *m* срок поставки; срок доставки
**den Liefertermin einhalten** соблюдать срок поставки
**Liefertreue** *f* соблюдение сроков и объёмов поставок, соблюдение сроков поставки
**Lieferumfang** *m* объём поставки, объём поставок
**Lieferung** *f* поставка; доставка; поставляемый товар, доставляемый товар; партия поставляемого товара
**Lieferung** выпуск, выработка (*продукции*)
**Lieferung als Schüttgut** поставка россыпью, поставка навалом
**Lieferung auf Abruf** поставка по отзыву
**Lieferung auf Zeit** доставка в срок
**Lieferung** экспортная поставка на валюту
**Lieferung direkt an Schiff** оверсайд-деливери (*сдача груза с одного судна на другое*)
**Lieferung en gros** оптовая поставка, поставка оптом
**Lieferung frei ab Schiff** оверсайд-деливери (*сдача груза с одного судна на другое*)
**Lieferung frei Haus** доставка на дом, с доставкой на дом (*без доплаты*)
**Lieferung im Direktverkehr** доставка транзитом
**Lieferung im Rahmen des Leih- und Pachtgesetzes** *ист.* поставка по ленд-лизу
**Lieferung in Montageeinheiten** поставка в разобранном виде
**Lieferung in zusammengebautem Zustand** поставка в собранном виде
**Lieferung mit Remissionsrecht** условная покупка с правом возврата купленной вещи (*обычно в книготорговле*)
**Lieferung ohne Vorlage von Rechnungsdokumenten** неотфактурованная поставка
**Lieferung von Waren auf Ziel** отпуск товаров в кредит
**beschleunigte Lieferung** ускоренная поставка
**komplette Lieferung** комплектная поставка
**lose Lieferung** поставка навалом
**prompte Lieferung** немедленная поставка, срочная поставка
**prompte Lieferung** немедленная поставка, срочная поставка
**sortimentsgerechte Lieferung** поставка, отвечающая обусловленному ассортименту, поставка, соответствующая обусловленному ассортименту, поставка в соответствии с ассортиментом
**termingerechte Lieferung** своевременная поставка, поставка в срок
**umgehende Lieferung** срочная поставка
**umgehende Lieferung** немедленная поставка, срочная поставка
**unvollständige Lieferung** недопоставка, неполная поставка
**verzögerte Lieferung** просроченная поставка
**Lieferungen ins Ausland führen wir ausschliesslich gegen Vorauskasse oder Visa oder Mastercard\Eurocard durch** поставки за рубеж мы осуществляем исключительно против авансового платежа или при оплате карточками Visa *или* Mastercard\Eurocard
**Lieferungsabkommen** *n* соглашение о поставках
**Lieferungsgenehmigung** *f* разрешение на поставку (*выдаётся для экспорта определённых товаров*)
**Lieferungsgeschäft** *n* соглашение на поставку, сделка на поставку, договор на поставку (*содержит сведения о количестве заказанного товара, условиях реализации и установленных сроках поставки*)
**Lieferungskauf** *m* покупка с последующей поставкой (*на основе срочной сделки*)
**Lieferungsklausel** *f* условия поставки (*по Инкотермс*)
**Lieferungsmenge** *f* количество поставляемого товара
**Lieferungsort** *m* место поставки
**Lieferungssperre** *f* задержка выдачи (*на обусловленный срок*) ценных бумаг; запрет на выдачу
**Lieferungsvertrag** *m* договор поставки
**Lieferungsverzögerung** *f* задержка поставки; просрочка должником исполнения обязательства, просрочка исполнения обязательств (*влекущая за собой обычно материальные санкции*)
**Lieferungsverzug** *m* задержка поставки; просрочка должником исполнения обязательства, просрочка исполнения обязательств (*влекущая за собой обычно материальные санкции*)
**Lieferungszeit** *f* время поставки, срок поставки

**Lieferverpflichtung** f обязательство по поставке
**Liefervertrag** m договор поставки, договор о поставке, договор на поставку
**Lieferverzug** m задержка поставки
**Lieferwerk** n завод-поставщик
**Lieferwert** m стоимость транспортируемого груза, стоимость отправляемого груза; ценность отправляемого груза (*указывается отправителем в железнодорожной накладной и служит основой для определения материальной ответственности*)
**Lieferzeit** f срок поставки
**Lieferzeitraum** m срок поставки
**Lieferzettel** m накладная
**Lieferzyklus** m интервал времени между двумя поставками
**Liegegebühren** f pl демередж (*штраф за простой судна*)
**Liegegeld** n демередж (*штраф за простой судна*)
**liegenbleiben** vi не находить сбыта (*о товарах*), затовариваться
**Liegenschaft** f недвижимое имущество, недвижимость
**Liegenschaftsdienst** m землемерное управление; землемерный отдел (*бывш. ГДР*)
**Liegeplatz** m место стоянки судна
**Liegetage** m pl стояночное время, сталийное время (*необходимое для за- и разгрузки судна, лейдейс; время хранения на предприятии материала (подлежащего производственной обработке)*)
**Liegezeit** f стояночное время, сталийное время (*необходимое для за- и разгрузки судна, лейдейс; время хранения на предприятии материала (подлежащего производственной обработке)*)

**Lieu** *фр.* вычет из фрахта за невзвешивание груза
**LIFE, London International Futures Exchange** Лондонская биржа срочных сделок
**Liga der Arabischen Staaten** Лига арабских государств
**lighterage** *англ.* погрузка и разгрузка с применением лихтеров
**lighthouse-charges** *англ.* маяковые сборы (*на содержание маяков*)
**Likelihood-Methode** f метод правдоподобия
**LIM-Konferenz** Европейская конференция по согласованию расписания движения товарных поездов (*на международных линиях*)
**Limit** n предел, граница, лимит; лимитированная цена
 **Limit** ограничение количества и срока (*напр., поставок*)
 **Limit** лимит; предлагаемый фрахт, устраивающий покупателя
**Limitation** f ограничение
**limited partnership** *англ.* коммандитное товарищество
**limitieren** vt ограничивать, лимитировать
**limitiert** лимитированный; дефицитный
**Limitierung** f ограничение, лимитирование
**Limitkarte** f лимитная карта, лимитно-заборная карта
**Limitpreis** m лимитированная цена, предельная цена
**Limitum** n предел, граница, лимит; лимитированная цена
**Linearprogrammierung** f линейное программирование
**liner** *англ.* линейное судно (*совершающее рейсы по определённому направлению*)
 **liner terms** *англ.* условия отгрузки в линейном движении

**Linie** f линия (*напр. поведения*)
 **Linie** линия, трасса, путь; маршрут
 **technologische Linie** технологическая линия)
 **in erster Linie** в первую очередь
 **in letzter Linie** в последнюю очередь
**Liniendiagramm** n линейная диаграмма
**Liniendienst** m *мор.* линейная служба
**Linienmakler** m маклер по фрахтованию судов (*в линейном судоходстве*)
**Linienorganisation** f линейная организация управления, линейная система организации управления (*производством*)
**Linienschiffahrt** f линейное судоходство (*организуемое по определённым направлениям*)
**Liniensystem** n линейная система организации управления (*производством*)
**liquid** ликвидный
**Liquidation** f ликвидация; *бирж.* исполнение по срочной сделке
 **Liquidation** расчёт, счёт, выяснение взаимных претензий
 **gerichtliche Liquidation** ликвидация по решению суда (*распределение конкурсной массы между кредиторами и собственниками*)
**Liquidationsanteilschein** m ликвидационная акция
**Liquidationsbestand** m ликвидационный остаток
**Liquidationsbilanz** f ликвидационный баланс
**Liquidationserlös** m выручка от ликвидации, ликвидационная выручка,; выплата при роспуске

**Liquidationseröffnungsbilanz** *f* первоначальный ликвидационный баланс

**Liquidationsgewinn** *m* прибыль от ликвидации, ликвидационная прибыль

**Liquidationshaus** *n* расчётная палата, клиринговая палата

**Liquidationskasse** *f* (акционерные) общества, занимающиеся ликвидацией имущества распущенных торговых компаний

**Liquidationskasse** расчётная палата, клиринговая палата

**Liquidationskurs** *m* ликвидационный курс *(курс ценных бумаг)*, курс акций ликвидируемых компаний

**Liquidationspreis** *m* ликвидационная цена

**Liquidationsschlussbilanz** *f* заключительный ликвидационный баланс

**Liquidationssystem** *n* расчётная система погашения чеков

**Liquidationsverein** *m* объединение банков, занимающееся ликвидацией имущества распущенных компаний

**Liquidationsvergleich** *m* ликвидация задолженности путём продажи имущества должника

**Liquidationsverkauf** *m* ликвидационная продажа, ликвидационная распродажа

**Liquidationswert** *m* ликвидационная сумма; ликвидационная стоимость

**liquidieren**, *vt* ликвидировать, распускать; устранять

**Liquidierung** *f* ликвидация; *бирж.* исполнение по срочной сделке

**Liquidität** *f* ликвидность, способность *(финансовых активов)* превращаться в наличные деньги; платёжеспособность

**gerichtliche Liquidität** абсолютная ликвидность *(наличность, текущие вклады в государственных кредитных учреждениях и др.)*

**bilanzmäßige Liquidität** ликвидность баланса

**einzelwirtschaftliche Liquidität** микроэкономическая ликвидность, ликвидность отдельных кредитных институтов

**gesamtwirtschaftliche Liquidität** ликвидность кредитной системы, макроэкономическая ликвидность

**internationale Liquidität** международная ликвидность *(способность в любое время оплатить свои обязательства в иностранной валюте)*

**Liquiditätsanleihe** *f ист.* заём ликвидных средств

**Liquiditätsbasis** *f* ликвидный базис *(расчётный показатель, дающий представление о ликвидности кредитной системы)*

**Liquiditätsbeengung** *f* уменьшение ликвидности

**Liquiditätsdarlehen** *n (краткосрочный)* кредит, предоставляемый для пополнения ликвидных средств, кредит для восполнения ликвидных средств

**Liquiditätseffekt** *m* эффект ликвидности *(показывает влияние изменений денежной массы и спроса на деньги на уровень ссудного процента)*

**Liquiditätserhaltung** *f* обеспечение ликвидности, сохранение ликвидности

**Liquiditätsfalle** *f* ликвидная "ловушка" *(термин, введённый Дж. Кейнсом и характеризующий нечувствительность спроса на деньги к изменениям ссудного процента при низких процентных ставках)*

**Liquiditätsgrad** *m* коэффициент ликвидности, степень ликвидности

**Liquiditätsgrundsätze** *m pl* принципы содержания ликвидности

**Liquiditätshilfe** *f (краткосрочный)* кредит, предоставляемый для пополнения ликвидных средств, кредит для восполнения ликвидных средств

**Liquiditätskoeffizient** *m* коэффициент ликвидности

**Liquiditätskosten** *pl* издержки по поддержанию ликвидности *(утраченные выгоды или расходы, предпринятые с целью сохранить определённую степень ликвидности)*

**Liquiditätskredit** *m (краткосрочный)* кредит, предоставляемый для пополнения ликвидных средств, кредит для восполнения ликвидных средств

**Liquiditätsmittel** *n pl* ликвидные средства *(финансовые активы, которые легче всего могут быть обращенными в деньги)*

**Liquiditätsneigung** *f* предпочтение наличных денег *(вкладам)*

**Liquiditätspapiere** *n pl* ликвидные ценные бумаги *(напр., казначейские обязательства и векселя)*

**Liquiditätspolitik** *f* политика обеспечения ликвидности, мероприятия по обеспечению ликвидности

**Liquiditätspräferenz** *f* предпочтение наличных денег *(вкладам)*

**Liquiditätsquote** *f* квота ликвидности *(удельный вес свободных ликвидных резервов коммерческих банков в общей сумме их активов)*

**Liquiditätsreserve** *f* заёмные средства, обеспечивающие ликвидность компании; заёмные средства, обеспечивающие ликвидность фирмы; заёмные средства, обеспечивающие ликвидность предприятия

**Liquiditätsreserve** *f* ликвидные резервы *(имеющиеся у банка наличные деньги или близкие к деньгам активы)*

**freie Liquiditätsreserve** свободные ликвидные резервы; краткосрочные ликвидные требования кредитных институтов

**Liquiditätssaldo** *m* ликвидное сальдо банковской системы *(минимальные резервы и свободные ликвидные резервы банков)*

**Liquiditätsschwierigkeiten** *f pl* нехватка ликвидных средств, недостаток ликвидных средств

**Liquiditätsspielraum** *m* объём легко мобилизуемых ликвидных средств; ликвидные возможности

**Liquiditätsstand** *m* состояние ликвидности

**Liquiditätsstütze** *f (краткосрочный)* кредит, предоставляемый для пополнения ликвидных средств, кредит для восполнения ликвидных средств

**liquids** англ. жидкий груз *(указывается на грузе или в отгрузочных документах)*

**Liquis, Liquidationsanteilscheine** ликвидационные акции

**Liste** *f* список; ведомость; реестр; опись; сводка; таблица обработки информации

**Liste** протокол, распечатка *(программа)*

**Liste anlegen** составлять список

**Liste aufstellen** составлять список

**Liste der Großhandelspreise** прейскурант оптовых цен

**Listenpreis** *m* прейскурантная цена, цена по прейскуранту, справочная цена

**Live-Auktion** *f* аукцион в реальном времени; аукцион с отслеживанием ставок в реальном времени; интерактивный аукцион; "живой" аукцион

**Live- & Onlineauktion** аукцион с отслеживанием ставок в реальном времени и онлайновый аукцион; "живой" и онлайновый аукцион

**Livestock:**

**Livestock Clause** англ. страховая оговорка о живом скоте

**Livestock-Versicherung** *f* страхование домашнего скота; страхование животных

**Liz., Lizenz** лицензия

**Lizenz** *f* лицензия, разрешение *(полученное в результате договора)*

**Lizenz erteilen** выдавать лицензию

**Lizenz vergeben** выдавать лицензию

**ausschließliche Lizenz** исключительная лицензия

**einfache Lizenz** простая лицензия, неисключительная лицензия

**in Lizenz** по лицензии

**volle Lizenz** полная лицензия

**Lizenzabgabe** *f* лицензионный сбор

**Lizenzabkommen** *n* лицензионное соглашение

**Lizenzantrag** *m* заявка на лицензию

**Lizenzausgaben** *f, pl* лицензионные расходы, расходы, связанные с приобретением лицензий

**Lizenzaustausch** *m* обмен лицензиями

**Lizenzbroker** *m* лицензионный брокер

**Lizenzeinnahmen** *f, pl* лицензионные доходы, поступления от продажи лицензий, поступления от реализации лицензий

**Lizenzentzug** *m* аннулирование лицензии

**Lizenzerteilung** *f* выдача лицензии, выдача лицензий

**Lizenzfertigung** *f* лицензионное производство, производство по лицензии

**lizenzfrei** безлицензионный, не требующий лицензии

**Lizenzgeber** *m* лицензиар *(организация, уполномоченная выдавать лицензии)*

**Lizenzgebühr** *f* лицензионный сбор; лицензионное вознаграждение

**Lizenzgegenstand** *m* объект лицензии, предмет лицензии

**Lizenzgeschäft** *n* лицензионная сделка, лицензионная операция

**Lizenzgewinn** *m* прибыль от реализации лицензий

**Lizenzhandel** *m* торговля лицензиями

**lizenzieren** *vt* выдавать лицензию

**Lizenzierung** *f* выдача лицензии, выдача лицензий

**Lizenzinhaber** *m* держатель лицензии

**Lizenzmonopol** *n* монополия на лицензию

**Lizenznahme** *f* получение лицензии; покупка лицензии

**Lizenznehmer** *m* лицензиат, получатель лицензии, обладатель лицензии

**Lizenzoperation** *f* лицензионная сделка, лицензионная операция

**Lizenzpolitik** *f* лицензионная политика

**Lizenzproduktion** *f* лицензионное производство, производство по лицензии

**Lizenzsystem** *n* лицензионная система

**Lizenzvereinbarung** *f* лицензионное соглашение

**Lizenzvergabe** *f* выдача лицензии, выдача лицензий

**Lizenzverkauf** *m* продажа лицензии

**Lizenzvertrag** *m* договор о лицензии, лицензионный договор *(напр., об использовании авторского права, товарного знака, патента, "ноу-хау")*

**Lizitant** *m* покупатель на аукционе

**Lizitant** предлагающий цену *(на аукционе)*

**Lizitation** *f* аукцион, торги, публичные торги, товарный аукцион *(как с повышающейся, так и с понижающейся ценой)*

**lizitieren,** *vt* продавать с аукциона, продавать с публичных торгов

**l.J., laufenden Jahres** текущего года

**LK:**

**LK, Landwirtschaftskammer** Сельскохозяйственная палата

**LK, Sri Lanka** Шри Ланка, до 1978г. *код* SL

**LKEM, Lohngruppenkatalog Eisen und Metall** тарифно-квалификационный справочник металлистов

**LKG, Leipziger Kommissions- und Großbuchhandel** Лейпцигская комиссионная и оптовая книготорговля *(бывш. ГДР)*

**LKR, Sri-Lanka-Rupie, - Sri Lanka** Шри-Ланкийская рупия *(код валюты* 144), - Шри-Ланка

**LKW, Lastkraftwagen** грузовой автомобиль

**LKW-Fährverkehr** *m* автомобильно-паромные перевозки

**LKW-Transport** *m* автомобильные грузовые перевозки, перевозки на грузовых автомобилях

**LKW-Verkehr** *m* перевозки на грузовых автомобилях

**Lloyd's** *англ.* Ллойдс *(международный страховой рынок; страховое объединение; регистр Ллойда; мировой центр информации о мореплавании; система страховых брокеров и андеррайтеров, связанных с корпорацией Ллойда)*

**Lloyd's Agent** агент страхового общества Ллойда

**Lloyd's Machinery Certificate** свидетельство Ллойда об исправности судовых механизмов

**Lloyd's policy** типовой полис Ллойда

**Lloyd's Register** морской регистр Ллойда

**Danson and Lloyd's Mercantile Cases** сборник решений по торговым делам (составители Дэнсон и Ллойд)

**Germanischer Lloyd** Германский Ллойд *(техническая ассоциация в Гамбурге, ведающая классификацией морских транспортных судов)*

**l.M., laufenden Monats** текущего месяца

**LMB, Volkseigene Betriebe für Leichtmaschinenbau** Народные предприятия лёгкого машиностроения *(бывш. ГДР)*

**LMG, Lebensmittelgesetz** закон об ответственности за продажу населению недоброкачественных продовольственных товаров и предметов первой необходимости

**LN, Landwirtschaftliche Nutzfläche** полезная сельскохозяйственная площадь

**Lobby** *f* лобби; завсегдатаи кулуаров (парламента, конгресса); группа лиц, "обрабатывающих" членов парламента (конгресса, правительства) в пользу того или иного законопроекта

**Lobbyismus** *m* лоббизм; система нажима на членов законодательных органов; протаскивание (законопроектов, кандидатов и *т. п.*) путём махинаций и/или сговора

**Lobbyist** лоббист

**L.O/C; letter of credit** *(eng.)* аккредитив

**Locher** *m* перфоратор; дырокол

**Lochkarte** *f* перфокарта, перфорированная карта

**Lochkartenbuchführung** *f бухг.* перфокарточная форма учёта

**Lochkartenmaschinenstation** *f* машиносчётная станция, счётно-перфорационная станция

**Lochkartensteuerung** *f* (программное) управление с помощью перфокарт

**Lochkartensystem** *n стат., бухг.* система учёта с помощью перфокарт

**Lochkartenverfahren** *n стат., бухг.* метод автоматизированного учёта с помощью перфокарт

**Lochstreifen** *m* перфолента, перфорированная лента

**Lochstreifenlesegerät** *n* устройство *(для)* считывания с перфоленты

**Lochstreifenleser** *m* устройство *(для)* считывания с перфоленты

**Lockangebot** *n* предложение, имеющее целью привлечение покупателей

**Lockartikel** *m pl* товары, служащие для привлечения покупателей
**Lockmittel** *n* средство привлечения покупателей
**Lockvogelpreis** *m* цена для привлечения покупателей
**loco, Loco** локо *(франко-местонахождение товара, с указанием места)*
  **loco Rostock; Loco Rostock** локо Росток
**Loco-Sendung** *f* товарная партия, отправляемая в пределах одной транспортной зоны часто по льготным тарифам *(напр., перевалки в гамбургской портовой зоне)*
**Loco-Verkauf** *m* продажи, осуществляемые по месту нахождения продавца или товара
**Locogeschäft** *n* бирж. сделка купли-продажи с немедленной поставкой товара, сделка на наличный товар; кассовая сделка; сделка, заключаемая и реализуемая в месте нахождения продавца
**Locohandel** *m* торговля наличными товарами
**Locosendung** *f* товарная партия, отправляемая в пределах одной транспортной зоны *(по льготным тарифам)*
**Locoverkauf** *m* продажа(и), осуществляемые по месту нахождения продавца
**Logbuch** *n* судовой журнал, вахтенный журнал
**Logistik** *f* логистика, планирование и обеспечение материально-технического снабжения *(включает оптимизацию транспорта, складирования, доставки, сбытовых операций)*
  **Grundlagen der Logistik** основы логистики
  **Identifikationssysteme in der Logistik** системы идентификации в логистике
  **Software in der Logistik** ПО в логистике; программное обеспечение в логистике; программное обеспечение, применяемое в логистике
**Logistikkosten** *pl* расходы на логистику; расходы, связанные с бесперебойным снабжением сырьём и материалами
**logistisch** логистический; обеспечивающий материально-техническое снабжение
**Logo** *n* логотип; графический знак фирмы; фирменный знак; эмблема
  **das Logo des Händlers** логотип продавца
**Lohn** *m* заработная плата, зарплата; награда, вознаграждение
  **Lohn beziehen** получать заработную плату
  **Lohn für Gelegenheitsarbeiten** плата за случайные работы
**Lohn-Gehaltsfonds** *m pl* фонд зарплаты *(рабочих и/или служащих)*
**Lohn- und Arbeitskräftelimit** лимит по труду
**Lohn- und Einkommensberechnung für Rentner** учёт заработков и доходов пенсионеров
**Lohn- und Gehaltsempfänger** *m pl* лица наёмного труда, рабочие и служащие
**Lohn- und Gehaltsgruppenkatalog** *m* тарифно-квалификационный справочник
**Lohn- und Preisstopp** *m* замораживание заработной платы
**Akkordlohn** *m* аккордная зарплата; сдельная зарплата
**direkter Lohn** прямая *(сдельная)* заработная плата
**Fertigungslohn** *m* заработная плата за *(основную)* производственную работу; расценка
**gedrückter Lohn** пониженная заработная плата
**gleitende Lohn** форма оплаты, учитывающая изменения индекса стоимости жизни, индексированная оплата
**indirekter Lohn** косвенная *(сдельная)* заработная плата
**kollektiver Lohn** коллективная заработная плата; коллективная сдельная заработная плата
**leistungsabhängiger Lohn** сдельно-прогрессивная заработная плата
**Leistungslohn** *m* сдельная зарплата; сдельная оплата
**natürlicher Lohn** естественная цена труда *(по теории Д. Рикардо)*
**produktiver Lohn** заработная плата производственных рабочих
**realer Lohn** реальная заработная плата; реальная зарплата; фактическая зарплата
**Reallohn** *m* реальная заработная плата
**rückständiger Lohn** невыплаченная заработная плата
**Stundenlohn** *m* почасовая оплата
**übertariflicher Lohn** надтарифная заработная плата, сверхтарифная заработная плата
**unproduktiver Lohn** заработная плата обслуживающего персонала и вспомогательных рабочих
**Zeitlohn** *m* повременная оплата труда
**Lohn-Preis-Spirale** *f* спираль заработной платы и цен *(одна из теорий инфляции)*
**Lohnabbau** *m* снижение заработной платы

**lohnabhängig** зависящий от заработной платы

**Lohnabkommen** n соглашение о ставках и расценках

**Lohnabrechnung** f расчёт заработной платы; платёжная ведомость, расчётная ведомость; отчётность по заработной плате

**Lohnabrechnungsheft** n расчётная книжка

**Lohnabrechnungskonto** n счёт заработной платы

**Lohnabrechnungsliste** f платёжная ведомость

**Lohnabrechnungssystem** n система расчёта заработной платы; форма заработной платы

**Lohnabschlag** m аванс (*в счёт заработной платы*), аванс в счёт заработной платы, аванс по заработной плате

**Lohnabschlagszahlung** f выдача аванса в счёт заработной платы

**Lohnabzüge** m, pl удержания из заработной платы, вычеты из заработной платы; денежные начёты

**Lohnabzugskontrolle** f контроль за уровнем удержаний из заработной платы

**Lohnabzugsverfahren** n удержания из заработной платы

**Lohnanteil** m доля заработной платы

**Lohnarbeit** f наёмный труд; работа на условиях переработки давальческого сырья

**freie Lohnarbeit** вольнонаёмный труд

**fremde Lohnarbeit** кооперирование предприятий, основанное на переработке давальческого сырья и материалов

**in Lohnarbeit stehen** работать в качестве наёмного рабочего

**Lohnarbeiter** m наёмный рабочий

**freier Lohnarbeiter** вольнонаёмный рабочий

**Lohnarbeiterklasse** f класс наёмных рабочих

**Lohnaufbesserung** f повышение заработной платы

**Lohnaufschlag** m надбавка к заработной плате, доплата к заработной плате, дополнительная оплата; доплата к основному окладу

**Lohnauftrag** m заказ на переработку давальческого сырья

**Lohnauftraggeber** m заказчик, передающий давальческое сырьё на переработку

**Lohnauftragnehmer** m предприятие, принимающее давальческое сырьё на переработку

**Lohnaufwand** m расходы по заработной плате

**lohnaufwendig** трудоёмкий

**Lohnauseinandersetzungen** f, pl разногласия по вопросам заработной платы

**Lohnausfall** m потери в заработной плате (*напр., в результате простоя в работе*)

**ohne Lohnausfall** с сохранением содержания; без потерь в зарплате

**Lohnausgleich** m компенсация потерь в заработной плате по временной нетрудоспособности; пособие по временной нетрудоспособности

**Lohnausgleichszahlung** f компенсация потерь в заработной плате по временной нетрудоспособности; пособие по временной нетрудоспособности

**Lohnbedingungen** f, pl условия оплаты труда

**Lohnberechnung** f расчёт заработной платы

**Lohnberechnungstabelle** f таблица расчёта заработной платы

**Lohnbeschlagnahme** f наложение ареста на заработную плату

**Lohnbestandteil** m составная часть заработной платы

**übertariflicher Lohnbestandteil** доля заработной платы, получаемая сверх тарифа

**Lohnbetrieb** m предприятие, предоставляющее в распоряжение другого рабочую силу

**Lohnbeutel** m *разг.* конверт с (*отсчитанной*) заработной платой, получка

**Lohnbewegung** f борьба (*трудящихся*) за повышение уровня заработной платы, борьба (*трудящихся*) за сохранение уровня заработной платы; динамика развития заработной платы

**Lohnbuch** n расчётная книжка

**Lohnbuchführung** f расчёт заработной платы

**Lohnbüro** n расчётный стол; расчётная контора; отдел заработной платы (*на предприятии*); бюро расчётов по заработной плате

**Lohndifferenzierung** f дифференциация заработной платы

**Lohndisproportion** f диспропорции в уровнях заработной платы

**Lohndrift** f отклонение фактической зарплаты от расчётных ставок

**Lohndruck** m снижение заработной платы

**Lohndrückerei** f снижение заработной платы

**Lohndumping** n демпинг, обусловливаемый низким уровнем заработной платы

**Lohndurchschreibebuchführung** f копиручёт заработной платы

**Löhne und Gehälter** *pl* заработная плата рабочих и служащих
**Lohneinbehaltung** *f* удержание из заработной платы
**Lohneinbußen** *f, pl* потери в заработной плате
**Lohneinkünfte** *pl* трудовой доход
**Lohneinsparung** *f* экономия заработной платы
**Lohneinstufung** *f* тарификация заработной платы
**Lohnempfänger** *m* наёмный рабочий
**lohnen** вознаграждать
**lohnend** выгодный, стоящий, хорошо оплачиваемый
**Lohnentwicklung** *f* изменение уровня заработной платы, динамика уровня заработной платы
**lohnerhöhend** повышающий заработную плату
**Lohnerhöhung** *f* повышение заработной платы
**Lohnfächer** *m pl* тарифы заработной платы
  **die Lohnfächer festlegen** составить тарифно-квалификационный справочник, тарифицировать *(работы и работников)*
**Lohnfonds** *m* фонд заработной платы
  **abgerechneter Lohnfonds** расчётный фонд заработной платы
  **direkter Lohnfonds** фонд прямой *(сдельной)* заработной платы
  **geplanter Lohnfonds** плановый фонд заработной платы
**Lohnfondskontrolle** *f* контроль за расходованием фонда заработной платы, контроль за использованием фонда заработной платы
**Lohnfondsplanung** *f* планирование фонда заработной платы

**Lohnfondsstruktur** *f* структура фонда заработной платы
**Lohnfondsüberziehung** *f* перерасход фонда заработной платы
**Lohnforderung** *f* требование повышения заработной платы
  **pfändbare Lohnforderung** часть заработной платы, могущая быть удержанной
**Lohnformen** *f, pl* формы заработной платы
  **direkte Lohnformen** формы прямой *(сдельной)* заработной платы
  **indirekte Lohnformen** формы косвенной *(сдельной)* заработной платы
  **individuelle Lohnformen** формы индивидуальной оплаты труда
  **kollektive Lohnformen** формы коллективной оплаты труда
  **kombinierte Lohnformen** формы комбинированной оплаты труда
**Lohngefüge** *n* структура заработной платы
**Lohngemeinkosten** *pl* расходы на заработную плату, расходы по заработной плате
**Lohngesetz** *n* закон о заработной плате
  **eisernes Lohngesetz** *n* железный закон заработной платы
**Lohngestaltung** *f* тарификация работ и рабочих
**Lohngruppe** *f* тарифный разряд, разряд заработной платы
  **durchschnittliche Lohngruppe** средняя ставка заработной платы для определённой категории работников
  **in eine Lohngruppe einstufen** переводить на тарифную ставку (кого-л., напр. на повышенную)

**Lohngruppenausgleich** *m* надбавка к заработной плате за квалификацию работника
**Lohngruppenausgleich** *m* выравнивание тарифной ставки
**Lohngruppenkatalog** *m* тарифно-квалификационный справочник
**Lohngruppenmerkmale** *n pl* признаки принадлежности к определённому тарифному разряду
**Lohnheft** *n* расчётная книжка
**Lohnherabsetzung** *f* снижение заработной платы
**Lohnherr** *m уст.* хозяин, наниматель, работодатель
**Lohnhöhe** *f* уровень заработной платы; размер заработной платы
**Lohnintensität** *f* зарплатоёмкость *(удельный вес заработной платы в общих расходах на производство изделия)*, доля зарплаты в общих издержках
**lohnintensiv** зарплатоёмкий, требующий особенно большой доли затрат, направляемых на выплату заработной платы
**Lohnjournal** *n* платёжная ведомость
**Lohnkampf** *m* борьба за повышение заработной платы
**Lohnkarte** *f* расчётная карта рабочего, расчётная карта служащего; расчётный лист
**Lohnkoeffizient** *m* коэффициент заработной платы
  **zonaler Lohnkoeffizient** поясной коэффициент заработной платы
**Lohnkonto** *n* счёт заработной платы; персональный счёт заработной платы; счёт для зачисления заработной платы
**Lohnkonto** лицевой счёт налогоплательщика
**Lohnkonzeption** *f* концепция заработной платы

**Lohnkosten** *pl* расходы по заработной плате; стоимость рабочей силы; издержки на ФЗП; издержки на фонд заработной платы; издержки на заработную плату; издержки на зарплаты; издержки, связанные с выплатой зарплаты

**Lohnkürzung** *f* снижение заработной платы

**Lohnleitlinie** *f* директивная линия в области заработной платы

**Lohnliste** *f* платёжная ведомость

**Lohnmaximum** *n* максимум заработной платы

**Lohnminderung** *f* снижение заработной платы

**Lohnminderungsausgleich** *m* доплата к заработной плате (*в связи с введением 45-часовой рабочей недели в бывш. ГДР*)

**Lohnminimurn** *n* минимум заработной платы

**staatlich garantiertes Lohnminimurn** минимум заработной платы, гарантируемый государством

**Lohnmittelwert** *m* средний размер заработной платы

**Lohnmühle** *f* мельница, работающая на давальческом зерне

**Lohnnebenkosten** *pl* косвенные издержки ФЗП; косвенные издержки фонда заработной платы; косвенные издержки, связанные с выплатой заработной платы

**Lohnniveau** *n* уровень заработной платы; уровень зарплаты

**Lohnordnung** *f* положение о заработной плате

**Lohnperiode** *f* платёжный период

**Lohnpfändung** *f* наложение ареста на заработную плату

**Lohnplanung** *f* планирование заработной платы

**Lohnpolitik** *f* политика в области заработной платы

**leistungsorientierte Lohnpolitik** политика в области заработной платы, ориентированная на конечный результат

**Lohnprämie** *f* премия к заработной плате

**Lohnpreisschere** *f* "ножницы" между размером заработной платы и ценами

**Lohnquote** *f* норма заработной платы; квота заработной платы

**Lohnrahmentarif** *m* типовой тариф; типовой рамочный тариф;

**Lohnrahmentarif** типовое тарифное соглашение; рамочное тарифное соглашение

**Lohnrahmentarifvertrag** *m* типовое тарифное соглашение; рамочное тарифное соглашение

**Lohnrate** *f* норма заработной платы

**Lohnraub** *m* ограбление рабочих предпринимателями путём снижения заработной платы

**Lohnrechner** *m* бухгалтер-расчётчик

**Lohnrechnung** *f* расчёт заработной платы; расчётный счёт заработной платы

**zettelarme Lohnrechnung** безнарядная форма учёта заработной платы

**Lohnregelung** *f* регулирование заработной платы

**Lohnreglement** *n* регламентирование заработной платы

**Lohnregulierung** *f* регулирование заработной платы

**Lohnrückstand** *m* отставание роста заработной платы (*напр., от роста производительности труда или цен*)

**Lohnrückstände** *m pl* задолженность по заработной плате

**Lohnrückstufung** *f* уменьшение заработной платы

**Lohnsammelkonto** *n* счёт заработной платы

**Lohnsammelschein** *m* сводная платёжная ведомость, сводная расчётно-платёжная ведомость

**Lohnsatz** *m* тарифная ставка заработной платы, ставка заработной платы; расценка

**Lohnsatz je Menge** сдельная расценка; расценка от выработки

**überbetrieblich geltender Lohnsatz** единая расценка на предприятии

**Lohnschein** *m* рабочий наряд

**Bruttolohnschein** *m* наряд на сдельную работу

**Einzellohnschein** *m* индивидуальный рабочий наряд

**Leistungslohnschein** *m* наряд на сдельную работу

**Lohnscheinbewertung** *f* таксировка рабочих нарядов

**Sammellohnschein** *m* накопительный рабочий наряд

**Lohnschiebung** *f* утайка части заработной платы, подлежащей наложению ареста

**Lohnschutz** *m* защита заработной платы от наложения ареста сверх размера, установленного законом

**Lohnschwierigkeiten** *f, pl* затруднения в выплате заработной платы

**Lohnsenkung** *f* снижение заработной платы

**Lohnskala** *f* шкала заработной платы

**bewegliche Lohnskala** скользящая шкала заработной платы

**Lohnsklaverei** *f* наёмное рабство

**Lohnsparkasse** f сберегательная касса, в которую перечисляется заработная плата
**Lohnsperre** f замораживание заработной платы
**Lohnstatistik** f статистика заработной платы
**Lohnsteigerung** f повышение заработной платы
**Lohnsteuer** f подоходный налог; подоходный налог на заработную плату; налог на трудовой доход
**Lohnsteuer-Durchführungsverordnung** f инструкция о порядке удержания налога на заработную плату, инструкция о порядке взимания налога на заработную плату
**Lohnsteuer-Jahresausgleich** m возмещение излишне удержанного в течение года налога на заработную плату
**Lohnsteuerabzug** m удержание подоходного налога
**Lohnsteueraußenprüfung** f контроль правильности внесения налога на заработную плату, планомерно проводимый финансовым органом
**Lohnsteuerberechnung** f вычисление суммы налога на заработную плату
**Lohnsteuererhöhung** f повышение налога на заработную плату
**Lohnsteuererstattung** f возмещение излишне удержанного в течение года налога на заработную плату
**lohnsteuerfrei** свободный от налога на заработную плату
**Lohnsteuerjahrestabelle** f таблица годовой суммы налога на заработную плату
**Lohnsteuerkarte** f карточка исчисления налога на заработную плату
**Lohnstopp** m замораживание заработной платы
**Lohnstreifen** m копия расчёта заработной платы *(выдаваемая на руки при выдаче заработной платы)*
**Lohnstreik** m забастовка с требованием повышения заработной платы
**Lohnstufe** f тарифная ставка
**Lohnsumme** f *(общая)* сумма заработной платы
**Lohnsummensteuer** f налог на фонд заработной платы предприятия, налог на фонд заработной платы фирмы *(разновидность налога на вид деятельности)*
**Lohnsystem** n система заработной платы
**Lohntabelle** f таблица расчёта заработной платы
   **Lohntabelle** таблица ставок зарплаты
**Lohntafel** f таблица уровней заработной платы, установленных договором
**Lohntag** m день выплаты заработной платы
**Lohntarif** m тарифная сетка; расценка *(нормы оплаты за единицу произведенной работы)*
**Lohntheorie** f теория заработной платы
**Lohntüte** f *разг.* конверт с *(отсчитанной)* заработной платой, получка
**Lohnumfang** m уровень заработной платы; размер заработной платы
**Löhnung** f *уст.* заработная плата; жалованье; выплата заработной платы
**Lohnverarbeitungsvertrag** m договор на переработку давальческого сырья

**Lohnveredelung** f переработка давальческого сырья; давальческая сделка, сделка о передаче на переработку давальческого сырья
   **aktive Lohnveredelung** активные операции по переработке давальческого сырья *(переработка на отечественных предприятиях давальческого сырья иностранных заказчиков)*
   **passive Lohnveredelung** пассивные операции по переработке давальческого сырья *(переработка отечественного давальческого сырья за границей)*
**Lohnveredelungsgeschäft** n давальческая сделка, сделка о передаче на переработку давальческого сырья
**Lohnvereinbarung** f соглашение по вопросам заработной платы
**Lohnverhältnis** n
   **im Lohnverhältnis arbeiten** работать по найму
   **im Lohnverhältnis stehen** работать по найму
**Lohnverhältnisse** n pl условия оплаты труда
**Lohnverteilung** f ведомость распределения заработной платы по видам её
**Lohnverteilungsblatt** n ведомость распределения заработной платы по видам её
**Lohnwalzvertrag** m договор на изготовление проката из давальческого металла
**Lohnwerk** n система организации производства, основанная на переработке давальческого сырья
**lohnwirksam** оказывающий влияние на заработную плату
**Lohnzahlung** f выплата заработной платы
**Lohnzahlungsliste** f платёжная ведомость

**Lohnzahlungszeitraum** *m* платёжный период

**Lohnzeit** *f* оплачиваемое рабочее время, оплачиваемая часть рабочего времени

**Lohnzettel** *m* рабочий наряд; расчётный листок; распоряжение на оплату

**Lohnzettel** кассовый ордер

**Lohnzuschlag** *m* надбавка к заработной плате, доплата к заработной плате, дополнительная оплата; доплата к основному окладу

**loi, letter of intent** *(eng.)* письмо-обязательство

**Lokal** *n* помещение

**Lokal** ресторан, кафе, закусочная; трактир; винный погребок

**Lokal-** *(в сл.сл.)* местный; локальный

**lokal** местный; имеющий местное значение; локальный

**Lokalbahn** *f* железная дорога местного значения; пригородная железная дорога; подъездной путь *(напр., завода)*

**Lokalbank** *f* местный банк

**Lokalisation** *f* локализация; определение места

**Lokalisierung** *f* локализация

**Fehlereingrenzung** *f* локализация повреждений; локализация ошибок; определение местоположения неисправности; обнаружение повреждения

**Lokalmiete** *f уст.* плата за наём помещения

**Lokalnetz** *n* локальная сеть *(выч.тех.)*

**Lokaltarif** *m трансп.* местный тариф; тарифная сетка заработной платы (данной местности)

**Lokalverkehr** *m* местное сообщение, пригородное сообщение; городской транспорт

**Lokkilometer** *n* локомотиво-километр

**Lokogeschäft** *n бирж.* сделка купли-продажи с немедленной поставкой товара, сделка на наличный товар; кассовая сделка; сделка, заключаемая и реализуемая в месте нахождения продавца

**Lokohandel** *m* торговля наличными товарами

**Lokoware** *f* наличный товар; товар, который может быть немедленно поставлен

**Lokoware** *f* товар, поставляемый немедленно

**lo/lo, Lift on/lift off** погрузка и разгрузка причальными кранами

**Lombard** *m* 1. ломбард 2. выдача ссуд под залог вещей; выдача ссуд банком под залог ценных бумаг; залог, ссуда под залог 3. *(уст.)* банкир; меняла;

**Lombardanleihe** *f* ломбардная ссуда, ссуда под залог, ссуда под заклад, заём под обеспечение

**Lomdarddarlehen** *n* ломбардная ссуда, ссуда под залог, ссуда под заклад, заём под обеспечение

**Lombardeffekten,** *pl* ценные бумаги, находящиеся на хранении в банке в качестве обеспечения кредита

**lombardfähig** пригодный для получения ссуды под залог, пригодный для получения ссуды под заклад

**Lombardgeschäft** *n* ломбардная операция, залоговая операция, ломбардная сделка, кредитование под залог *(в том числе под залог товарных запасов в пункте перевалки)*; ломбард

**lombardieren** *vt* закладывать, отдавать под заклад; давать ссуду под заклад, давать ссуду под залог *(товаров или ценных бумаг)*

**Lombardierung** *f* 1. заклад движимого имущества *(гл. образом ценных бумаг)* 2. выдача ссуды под залог 3. взятие ссуды под заклад

**Lombardkredit** *m* ломбардный кредит *(в Германии предоставляется Федеральным банком коммерческим банкам; может использоваться в качестве одного из инструментов регулирования объёма денежной массы)*

**Lombardlinie** *f* ломбардный предел

**Lombardpolitik** *f* ломбардная политика

**Lombardsatz** *m* процентная ставка ломбардных (банковских) кредитов, процентная ставка по ломбардным кредитам

**Lombardvorschuss** *m* ломбардная ссуда, ссуда под залог, ссуда под заклад, заём под обеспечение

**Lombardzinsfuss** *m* процентная ставка ломбардных (банковских) кредитов, процентная ставка по ломбардным кредитам

**London Interbank Offered Rate, Libor** *(eng.)* Лондонская межбанковская ставка *(базис для кредитования, курс предложения кредита)*

**Loroguthaben** *n* вклад на счёте лоро

**Lorokonto** *n* лоро, лоро-конто, счёт лоро *(счет, открытый банком для своего корреспондента)*

**Los** *n* партия *(деталей)*, серия *(изделий)*; минимальное количество, которое покупатель на аукционе должен забрать после присуждения; лот; лотерейный билет

**Losanleihe** *f* выигрышный заём

**Lösch- und Ladeplätze** *m, pl* места выгрузки и погрузки *(в порту)*

**Löschanlage** *f* 1. разгрузочная установка 2. сливная установка *(напр. нефтепродуктов)*

**Löscharbeiten** *f, pl* разгрузочные работы *(мн.ч.)*; работы по разгрузке *(мн.ч.)*

**Löschbereitschaft** *f* готовность к разгрузке

**Löschbrücke** *f* 1. разгрузочная эстакада 2. сливная эстакада *(напр. нефтепродуктов)*

**Löschdauer** *f* 1. продолжительность разгрузки, время разгрузки *(напр. судна)* 2. продолжительность слива, время слива *(напр. нефтепродуктов)*

**Löschen** *n* аннулирование, погашение; закрытие *(напр., счёта)*; ликвидация *(напр., фирмы)*

**Löschen** разгрузка, выгрузка *(судна)*

**Löschen** удаление, зачёркивание *(записи)*; исправление ошибочно сделанной записи; *бухг.* сторно, сторнирование

**Löschen** *вчт.* стирание, гашение

**löschen** *vt* аннулировать, погашать; закрывать *(напр., счёт)*; разгружать, выгружать *(судно)*; стирать *(написанное)*; *бухг.* сторнировать

**löschen** *вчт.* стирать, гасить *(запись)*

**Löschfrist** *f* срок разгрузки

**Löschgut** *n* выгружаемый груз, выгружаемый товар

**Löschhafen** *m* порт разгрузки

**Löschkosten**, *pl* расходы по выгрузке *(судна)*; расходы по тушению пожара

**Löschort** *m* место разгрузки *(порт или населённый пункт)*

**Löschplatz** *m* место разгрузки *(площадка)*; место выгрузки

**Löschung** *f* аннулирование, погашение; закрытие *(напр., счёта)*; ликвидация *(напр., фирмы)*

**Löschung** разгрузка, выгрузка *(судна)*

**Löschung** удаление, зачёркивание *(записи)*; исправление ошибочно сделанной записи; *бухг.* сторно, сторнирование

**Löschung** *вчт.* стирание, гашение

**Löschung einer Strafe** снятие взыскания

**Löschung eines Akkreditivs** закрытие аккредитива

**Löschzeit** *f* срок разгрузки; продолжительность разгрузки

**lose** навалом, россыпью, без расфасовки, без упаковки

**Loseblattbuch** *n бухг.* книга (учёта) со свободными листами, книга (учёта) со свободными карточками, книга (учёта) с несброшюрованными листами, книга (учёта) с несброшюрованными карточками

**Loseblattbuchführung** *f бухг.* учёт на свободных листах, учёт на свободных карточках, учёт на несброшюрованных листах, учёт на несброшюрованных карточках

**Loseblattechnik** *f* карточная форма делопроизводства; *бухг.* система учёта на свободных *(несброшюрованных)* листах, система учёта на свободных *(несброшюрованных)* карточках; карточная система учёта

**Loseblattsystem** *n* карточная форма делопроизводства; *бухг.* система учёта на свободных *(несброшюрованных)* листах, система учёта на свободных *(несброшюрованных)* карточках; карточная система учёта

**Loseblattverfahren** *n* карточная форма делопроизводства; *бухг.* система учёта на свободных *(несброшюрованных)* листах, система учёта на свободных *(несброшюрованных)* карточках; карточный метод учёта

**Lösegeld** *n ист.* выкуп *(деньги)*

**Losfertigung** *f* выпуск продукции отдельными партиями, выпуск продукции отдельными сериями

**Losgröße** *f* 1. размер партии, размер серии *(выпущенных изделий)* 2. серийность *(размер партии выпускаемых изделий)*

**optimale Losgröße** оптимальная серийность, экономически оптимальный размер партии, экономически оптимальный размер серии

**wirtschaftliche Losgröße** оптимальная серийность, экономически оптимальный размер партии, экономически оптимальный размер серии

**Loskauf** *m ист.* выкуп *(действие)*

**Loslösung** *f* отделение, отрыв

**Loslösung des Preises** отрыв цены *(от стоимости товара)*

**Losnote** *f уст.* складское свидетельство на получение со склада товара частями, складское свидетельство на получение со склада товара партиями

**Losumfang** *m* размер партии, размер серии; серийность

**Losung** *f уст.* дневная выручка *(напр., розничного магазина)*

**Lösung** *f* разрешение, решение *(напр., задачи)*

**Lösung** *f* расторжение *(напр., договора)*, см. тж. Auflösung

**Lösung eines Arbeitsrechtsverhältnisses** прекращение трудовых правоотношений
**Lösung eines Problems** решение проблемы
**Lösung von Geschäftsbeziehungen** расторжение деловых отношений; расторжение торговых отношений
**eine einvernehmliche Lösung anstreben** стремиться к приемлемому решению
**Lösungsbereich** *m* область свободы решений *(термин линейного программирования)*
**Lösungsfehler** *m* мат. погрешность решения
**Lösungsintervall** *n* зона неопределённости решения
**Lösungsraum** *m* мат. пространство решений
**Lösungsvariante** *f* вариант решения
**Lösungsvektor** *m* мат. вектор-решение
**Lösungsvorschlag** *m* предложение решения *(напр., задачи)*
**Lösungsweg** *m* путь решения *(напр., задачи)*
**Lotsengebühr** *f* лоцманский сбор
**Lotsengelder** *pl* лоцманский сбор
**Lotterie** *f* лотерея
**Lotterieanleihe** *f* выигрышный заём
**Lotterielos** *n* лотерейный билет
**Lotterieschein** *m* лотерейный билет
**Lotteriesteuer** *f* налог на лотереи, лотерейный налог
**Lotterwirtschaft** *f* бесхозяйственность, беспорядок
**LOWA, Volkseigene Betriebe für Lokomotiv- und Waggonbau** Народные предприятия локомотиво- и вагоностроения *(бывш. ГДР)*
**Lower Management** *n (eng.)* нижнее звено менеджмента; нижнее звено управления

**LPG, Landwirtschaftliche Produktionsgenossenschaft** сельскохозяйственный производственный кооператив *(бывш. ГДР)*
**LPG-Beirat** *m* совет по делам сельскохозяйственных производственных кооперативов *(бывш. ГДР)*
**LPG-Gesetz** *n* закон о сельскохозяйственных производственных кооперативах *(бывш. ГДР)*
**LR:**
**L.R., laufende Rechnung** текущий счёт
**LR, Liberia** Либерия
**LRD, Liberianischer Dollar, - Liberia** Либерийский доллар *(код валюты 430), -* Либерия
**LS:**
**L.S., auf lange Sicht** долгосрочный *(напр., о векселе)*
**LS, Lesotho** Лесото
**LSL, Loti, - Lesotho** Лоти *(код валюты 426), -* Лесото
**LSÖ, Leitsätze für die Preisermittlung auf Selbstkostenbasis bei Leistungen für öffentliche Aufträge** основные положения для исчисления цен на базе себестоимости при выполнении государственных заказов
**LSP, Leitsätze für die Preisermittlung auf Grund von Selbstkosten** основные положения для исчисления цен на базе себестоимости
**Lst., Ladestelle** место погрузок
**LStDV, Lohnsteuer- Durchführungsverordnung** положение о порядке взимания налога на заработную плату, положение о порядке взимания подоходного налога
**LStR, Lohnsteuer-Richtlinien** (руководящие) указания о налоге на заработную плату, (руководящие) указания о подоходном налоге

**LT:**
**LT, Litauen** Литва
**lt., laut** согласно, в соответствии с ...
**ltd, limited** *(eng.)* с ограниченной ответственностью *(добавление к названию акционерных обществ)*
**LTL, Litas, - Litauen** Литовский лит *(код валюты 440), -* Литва
**l.tn.** длинная тонна, английская тонна *(= 1016 кг)*
**LU, Luxemburg** Люксембург, *до 1978г. код* FL
**Lücke** *f* 1. ниша 2. разрыв
**deflatorische Lücke** дефляционный разрыв *(в макроэкономическом анализе - превышение совокупного предложения над совокупным спросом)*
**inflatorische Lücke** инфляционный разрыв *(превышение совокупного спроса над совокупным предложением)*
**winw Lücke schließen** заполнить нишу; закрыть нишу *(напр. товарную, на рынке)*
**Lückenanalyse** *f* анализ инфляционного разрыва, **GAP-** анализ 2. анализ дефляционного разрыва, **GAP-** анализ
**LUF, Luxemburgischer Franc, - Luxemburg** Люксембургский франк *(код валюты 442), в н.в. заменена на* Евро **EURO**, - Люксембург
**Luftbeförderungskosten,** *pl* расходы по воздушной перевозке, издержки по воздушной перевозке
**Luftfahrtversicherung** *f* страхование воздушных перевозок
**Luftfracht** *f* 1. авиагруз 2. плата за авиаперевозку
**Luftfracht** мёртвый фрахт *(не полностью используемая загрузочная мощность)*
**Luftfracht** разница между грузоподъёмностью и неполной загрузкой *(расчёт ведётся как за полную загрузку)*

**Luftfrachtagent** *m* агент, экспедитор *(выбираемый по предписанию международной авиатранспортной ассоциации)*

**Luftfrachtassekuranz** *f* страхование авиагрузов; страхование авиационных грузов

**Luftfrachtbrief** *m* авианакладная; авиационная накладная

**Luftfrachtführer** *m* авиаперевозчик

**Luftfrachtgeschäft** *n* *(коммерческая)* операция воздушной перевозки грузов

**Luftfrachtverkehr** *m* грузовые авиаперевозки

**Luftgütertransportversicherung** *f* страхование авиагрузов

**Luftkabotage** *f* воздушный каботаж

**Luftpost** *f* авиапочта
  **mit Luftpost** авиапочтой
  **per Luftpost versenden** отправлять авиапочтой; посылать авиапочтой

**Luftpostverkehr** *m* воздушная почта, авиапочта

**Luftreinhaltung** *f* поддержание чистоты атмосферы; охрана воздушной среды
  **Auflagen zur Luftreinhaltung erfüllen** выполнять предписания по охране окружающей среды

**Lufttransport** *m* воздушный транспорт; перевозка воздушным транспортом, авиаперевозка

**Luftverkehr** *m* воздушное сообщение

**Luftverkehrsgesellschaft** *f* авиатранспортная компания

**Luftverkehrstarif** *m* тариф воздушного сообщения

**Luftverkehrstransport** *m* воздушный транспорт; перевозка воздушным транспортом, авиаперевозка

**Luftverkehrsunternehmen** *n* авиатранспортная компания

**Luftverschmutzung** *f* загрязнение воздушной среды; загрязнение атмосферы

**Luke** *f* люк
  **Lukenverschluss** *m* *(тамож.)* пломбирование люков *(судна с иностранным товаром, попадающим по внутреннему водному сообщению в таможенную зону)*

**lukrativ** прибыльный, доходный; выгодный, выигрышный
  **lukratives Nebengeschäft** прибыльная побочная деятельность; доходное побочное занятие; доходная торговля побочными товарами

**lukrieren** *vt* приобретать, извлекать выгоду, извлекать доход; приносить доход, приносить прибыль

**lump sum** налог, взнос *(взимаемые в форме фиксированной денежной суммы)*

**lump sum** общая сумма товара

**lump sum** *англ.* паушальная сумма фрахта, твёрдая сумма фрахта *(независимо от количества перевозимых грузов)*

**Lumpenproletariat** *n* люмпен-пролетариат

**Lumpenproletarier** *m* люмпен-пролетарий

**lumpsum** *англ.* паушальная сумма фрахта

**Lumpsum-Fracht** *f* паушальная сумма фрахта

**Lustbarkeitssteuer** *f* налог на увеселительные заведения

**lustlos** вялый *(о настроении на бирже)*; слабый *(о спросе)*

**Luxus** *m* роскошь; люкс
  **Luxusartikel** *m* предмет роскоши

**Luxusaufwendungen** *f, pl* расходы на предметы роскоши

**Luxusbedarf** *m* потребности в предметах роскоши

**Luxusbesitzsteuer** *f* налог на владельца предметов роскоши

**Luxusbesteuerung** *f* налогообложение предметов роскоши

**Luxusgegenstand** *m* предмет роскоши

**Luxusgut** *n* предметы роскоши

**Luxussteuer** *f* налог на предметы роскоши

**Luxusware** *f* предметы роскоши *(мн.ч.)*; товары сорта "люкс" *(мн.ч.)*

**Luxuszoll** *m* пошлина на ввоз предметов роскоши, пошлина на импорт предметов роскоши *(повышенная)*

**LV, Lettland** Латвия, *до 1978г. код* KS

**LVA, Landesversicherungsanstalt** земельное управление социального страхования *(ФРГ)*

**LVAB, Landesversicherungsanstalt, Berlin** Западноберлинское управление социального страхования

**L.V.G., Lüftverkehrsgesetz** закон о воздушных *(грузовых и пассажирских)* перевозках

**LVL, Lats, - Lettland** Латвийский лат *(код валюты 428),* - Латвия

**LWA, Landwirtschaftsamt** управление сельского хозяйства

**LWM, Landeswirtschaftsministerium** Земельное министерство экономики

**LY, Libysch-Arabische Dschamahirija** Ливийская арабская Джамахирия

**LYD, Libyscher Dinar, - Libysch-Arabische Dschamahirija** Ливийский динар *(код валюты 434),* - Ливийская Арабская Джамахирия

**Lz, Lizenz** лицензия; разрешение

**LZB, Landeszentralbank** Центральный банк земли *(ФРГ)*

**LZL, Lohnzahlungsliste** ведомость на выплату заработной платы

# M

**m, Mehrwert** прибавочная стоимость

**M-Gruppen** f, pl тарифные группы заработной платы мастеров *(на производстве)*

**M-Kommerz** m; **m-commerce** *(eng.)* мобильная коммерция

**M-Trading** n; **mobile Trading** n; **m-trading; mobile trading** *(eng.)* мобильный трейдинг (управление инвестиционным счетом посредством портативного компьютера - PDA, Personal Digital Assistant - с использованием технологий беспроводного доступа Wireless Application Protocol и GPRS)

**M-Zahlung** f; **m-payment** *(eng.)* платёж при помощи мобильного телефона или коммуникатора (КПК)

**MA, mA:**

**MA, Markenartikel** изделие с маркировкой товарного знака; фирменный товар

**MA, Marokko** Марокко

**m.A., mangels Annahme** ввиду неприятия; за отсутствием акцепта *(протест в случае неакцептования векселя)*

**MACD, Moving Average Convergence/Divergence** МАКД; **MACD** (техническая величина; используемая на биржах ценных бумаг)

**Machenschaft** f, pl происки; махинации; козни, интриги
**dunkle Machenschaften** pl тёмные махинации
**preistreibende Machenschaften** pl махинации, ведущие к искусственному взвинчиванию цен

**Macher** m 1. менеджер 2. делец 3. заправила

**Machtelite** f господствующая элита; властная элита

**Machtgeber** m доверитель

**Machthaber** m доверенный

**Mächtigkeit** f могущество, мощь; толщина *(пласта)*; мощность *(месторождения)*; *мат.* весомость
**Mächtigkeit des Kriteriums** весомость критерия

**Machtstellung** f могущество, мощь; крепкие позиции

**Machtvollkommenheit** f полнота власти, суверенитет

**MAD, Dirham, - Marokko** Марокканский дирхам *(код валюты 504)*, - Марокко

**Magazin** n склад *(торговый)*; хранилище
**Magazin** лоток *(торговый)*
**Magazin** *(с.-х.)* зернохранилище; амбар; хранилище
**Magazin** журнал, иллюстрированный журнал
**Magazin und sonstige Vorräte** складские и прочие запасы

**Magazingenossenschaft** f сбытовая кооперация

**Magistrale** f 1. магистраль *(понятие математической теории равномерного пропорционального роста экономики)* 2. *(ж.-д.)* магистраль, магистральная линия

**Magnetkarte** f 1. магнитная карта; карточка с магнитной полосой (платёжная) 2. магнитный ключ; электромагнитный ключ; электронный ключ с магнитной полосой

**Magnetkontokarte** f магнитная кредитная карточка; магнитная платёжная карточка; платёжная карта с магнитной полосой

**Magnetstreifen** m; **magnetischer Streifen** m магнитная полоска; магнитная полоса (на платёжной карточке, на электронном ключе и т.п.)

**Magnetstreifenkarte** f 1. платёжная карточка с магнитной полосой; платёжная карта с магнитной полосой 2. магнитный ключ; электромагнитный ключ; электронный ключ с магнитной полосой

**Magnetstreifenleser** m устройство считывания магнитных полос

**Mahl** n *(уст.)* 1. судебное разбирательство, судебный процесс; 2. договор, контракт

**Mahlabgabe** f гарнцевый сбор, плата за помол

**Mahlgebühr** f гарнцевый сбор, плата за помол

**Mahlgeld** n гарнцевый сбор, плата за помол

**Mahnbescheid** m; **Aufforderung eine bereits fällig gewordene Zahlung zu leisten** требование по долговому обязательству; напоминание об оплате просроченного долга

**Mahnbrief** m; **Erinnerung über die Fälligkeit einer geschuldeten Summe** письменное напоминание, письмо-напоминание; требование об уплате (долга); требование о выполнении обязательства; письменное напоминание об оплате долга

**Mahngebühr** f пеня, штраф за просроченный платёж

**Mahnschreiben** n письменное напоминание об оплате; письмо-напоминание об оплате; требование платежа в письменном виде; требование оплаты в письменном виде

**Mahnung** *f* напоминание, требование *(адресованное к должнику об уплате ссуды)*; напоминание кредитора должнику об уплате долга; напоминание *(об оплате)*; требование *(оплаты)*; напоминание о выполнении обязательств

**eine Mahnung erhalten** получать напоминание

**auf die erste Mahnung reagieren** реагировать на первое напоминание

**außergerichtliche Mahnung** внесудебное напоминание

**erste Mahnung** первое напоминание

**gerichtliche Mahnung** судебное напоминание; судебное напоминание о выполнении обязательств, судебное напоминание об уплате долга

**letzte Mahnung** последнее напоминание

**mehrmalige Mahnung** неоднократное напоминание; повторное напоминание

**Mahnung zur Zahlung** напоминание о платеже; напоминание об оплате

**Mahnverfahren** *n* предупреждение должника через суд о необходимости уплаты долга

**Mahnverfahren** получение исполнительных документов в ответ на судебную повестку с требованием об уплате долга

**Mahnverfahren** получение исполнительных документов в ответ на судебную повестку с требованием об уплате долга

**Mahnverfahren** упрощённый порядок рассмотрения дел о взыскании задолженности *(без вызова ответчика в суд)*

**MAI, Ministerium für Außenhandel und Innerdeutschen Handel** *ист.* Министерство внешней и внутригерманской торговли *(бывш. ГДР)*

**Mailing n** почтовая реклама; прямая почтовая реклама; адресная почтовая реклама

**Mailingliste f; mailing list** *(eng.)* список адресов; список почтовых адресов; список рассылки; список адресной рассылки; подсистема рассылки; группа электронной почты; список адресов электронной почты

**Mailmerge n; mail merge** *(eng.)* автоматическое составление писем; постановка почтовых реквизитов (автоматическая)

**Mailorder f; mail order** *(eng.)*; **postalische Bestellung f** почтовый заказ; заказ товаров по почте; заказ на высылку товара по почте; заказ на товар с доставкой по почте

**Mailserver m; mail server** *(eng.)* сервер электронной почты; почтовый сервер

**Majorat** *n юр.* 1. майорат *(порядок передачи имущества по наследству старшему в роде)* 2. майорат *(имение)*

**auf das Majorat verzichten** отказаться от преимущественного права наследования

**Majoratsgut** *n* майорат *(имение)*

**Majoratsland** *n ист.* майоратная земля

**Majoratsrecht** *n* майоратное право

**majeure (fr):**

**force majeure (fr); Force majeure f; höhere Gewalt f** непреодолимая сила; форс-мажор; обстоятельство непреодолимой силы

**Force majeure Klausel** *f*; **Höhere-Gewalt-Klausel f; Klausel über höhere Gewalt** оговорка о действии непреодолимой силы; пункт контракта о форс-мажоре; форс-мажорная оговорка; форс-мажор; оговорка о форс-мажорных обстоятельствах

**Majorität** *f* большинство *(голосов, напр. при голосовании акционеров)*

**absolute Majorität** абсолютное большинство *(голосов)*

**Majoritätsbeschluss** *m* постановление большинства; решение, принятое большинством голосов

**Majoritätsbeteiligung** *f* участие большинства

**Majoritätskauf** *m* массовая покупка акций на бирже

**Majoritätskäufe** *m, pl* покупка акций обладателем самого крупного пакета

**Majoritätsspiel** *n* мажоритарная игра

**gewichtetes Majoritätsspiel** взвешенная мажоритарная игра

**Majoritätswahl** *f* избрание большинством голосов

**MAK, Maximale Arbeitsplatz-Konzentration, (für toxische Gase, Dämpfe und Stäube)** максимальная концентрация (токсических газов, паров и пыли) на рабочее место

**Makler** *m* маклер, посредник *(при заключении сделок на фондовых и товарных биржах)*; брокер *(напр. биржевой)*

**Makler für Immobilien** посредник на рынке недвижимости; посредник при покупке недвижимого имущества; посредник при продаже недвижимого имущества

**beeidigter Makler** присяжный маклер

**freier Makler** неофициальный маклер, кулисье *(биржевой маклер, не входящий в число официальных биржевых брокеров и ведущий операции за свой счёт)*

**Ring Deutscher Makler (für Immobilien, Hypotheken und Finanzierungen)** Объединение немецких маклеров *(по недвижимости, ипотекам и финансированию)*

**ungesetzlicher Makler** биржевой "заяц"; кулисье; неофициальный биржевой маклер

**vereidigter Makler** биржевой маклер; официальный маклер

**Maklerbank** *f* брокерский банк

**Maklerbuch** *n* дневник биржевого маклера; журнал биржевого маклера; журнал биржевого брокера

**Maklerdarlehen** *n* брокерский кредит

**Maklerfirma** *f* брокерская фирма

**Maklergebühr** *f* вознаграждение за посредничество, вознаграждение маклера; маклерское вознаграждение; комиссия брокера

**Maklergeschäft** *n* маклерское дело; маклерская сделка; брокерская сделка; брокераж

**Maklerkammer** *f* брокерская палата *(корпорация, публикующая официальные котировки, осуществляющая контроль за работой маклеров и проч.)*

**Maklerkorporation** *f* корпорация маклеров

**Maklerlohn** *m* вознаграждение за посредничество, вознаграждение маклера; маклерское вознаграждение; вознаграждение посредника

**Maklerprovision** *f* комиссионные маклеру за посредничество, маклерская комиссия

**Maklervereinigung** *f* объединение маклеров; объединение брокеров

**Maklervertrag** *m* маклерский договор; брокерский договор; договор на брокерское обслуживание

**Makroeigenschaft** *f* макросвойство *(напр., системы управления)*

**Makromethode** *f* макрометод, макроподход

**Makromodell** *n* макромодель

**Makroökonomie** *f* макроэкономика

**makroökonomisch** макроэкономический

**Makrorayon** *m* макрорайон *(размещения производства)*

**Makrostandort** *m* макрорайон *(размещения производства)*

**Makrostruktur** *f* макроструктура

**Makrovariable** *f* макропеременная *(величина)*

**makulieren** пускать макулатуру в переработку; списывать в макулатуру *(книги)*

**malochen (umg.)** *(разг.)* вкалывать, ишачить, горбатиться

**Malrabatt** *m* скидка за повторное помещение объявлений, скидка при повторном помещении объявлений *(в печати)*

**malthusianisch** мальтузианский

**Malthusianismus** *m* мальтузианство

**Malus** *m лат.* надбавка к страховой премии в случае большего убытка

**Mammutbetrieb** *m* гигантское предприятие, предприятие-гигант

**Mammutkonzern** *m* гигантский концерн, концерн-гигант

**Mammutunternehmen** *n* гигантское предприятие, предприятие-гигант

**Management** *n (англ.)* менеджмент *(управление, руководство, организация производства)*

**Management by delegation** менеджмент путём делегирования

**Management by exception** управление по отклонениям *(децентрализованная форма организации руководства, когда при нормальном, (без отклонений) ходе работы сотрудники среднего и нижнего уровней принимают самостоятельные решения)*

**Management by objectives** управление на основе оценки эффективности; менеджмент с постановкой целей *(сотрудники, принимающие решения, имеют чётко сформулированные критерии эффективности их решений; метод позволяет координировать децентрализованные решения)*

**Management by participation** менеджмент с участием сотрудников; менеджмент с участием работников постановкой целей

**Electronic Document Management System, EDMS** *(eng.)* система управления электронными документами

**Management Information Systems** *(eng.)*, **EDV-Abteilung** *f* отдел информационных систем

**Telecommunications Management** *(eng.)* сеть управления связью

**Management-Buyout** *m* приобретение фирмы руководящим составом

**Management-Informationssystem** *n* система информации и управления *(выч.тех)*; информационно-управляющая система *(выч.тех)*; административная информационная система (выч.тех); управленческая информационная система (выч.тех)

**Management-Trust** m особая форма трестовского объединения фирм, действующих в области инвестиций (размеры вложений определяются руководством треста)

**Managementebene** f уровень менеджмента

**Managementfirma** f управляющая фирма, фирма, осуществляющая управление

**Managementsystem** n система управления (выч.тех)

**managen** vt управлять, руководить

   **ein Unternehmen managen** управлять предприятием

**Manager** m управляющий; администратор; менеджер; распорядитель

**Managerordnung** f структура управления, структура руководства

**Managertheorie** f теория управления, теория менеджмента

**Managertum** n менеджеризм (теория руководства экономикой управляющими-профессионалами)

**Manchesterliberalismus** m ист. манчестерство

**Manchesterschule** f ист. манчестерская школа

**Manchestertum** n ист. манчестерство

**Mandant** m мандант, доверитель

**Mandat** n мандат, поручение, полномочия

**Mandatar** m мандатарий, уполномоченный (получивший мандат)

**Mandatarstaat** m страна-мандатарий, страна, имеющая мандат (на управление подмандатной территорией)

**Mandatsgebiet** n подмандатная территория

**Mangel** m нехватка, дефицит; недостаток, дефект, изъян; нужда, бедность

   **einen Mangel aufweisen** обнаруживать дефект, иметь дефект, обнаруживать недостачу, иметь недостачу

   **einen Mangel beheben** устранять дефект, устранять недостачу

   **einen Mangel beseitigen** устранять дефект, устранять недостачу

   **einen Mangel feststellen** обнаруживать дефект; устанавливать дефект; отмечать недостаток

   **einen Mangel leiden** жить в нужде; терпеть нужду

   **einen Mangel rügen** заявлять рекламацию по качеству; заявлять об обнаруженном дефекте (недостатке)

   **für den Mangel haften** отвечать за нехватку; отвечать за недостаток; отвечать за дефект; нести ответственность за дефект

   **Mangel an Rohstoffen** недостаток сырья; нехватка сырья; дефицит сырья

   **Mangel an Waren** недостаток товаров; нехватка товаров; дефицит товаров

   **Mangel an qualifizierten Facharbeitern** нехватка квалифицированных кадров; нехватка квалифицированной рабочей силы

   **offener Mangel** очевидный дефект; очевидный недостаток

   **spürbarer Mangel** ощутимый дефицит

   **verborgener Mangel** скрытый дефект

   **verdeckter Mangel** скрытый дефект

**Mangelanspruch** m рекламация

**Mängelansprüche** m, pl претензии по качеству

**Mängelanzeige** f рекламация по качеству; уведомление (покупателем продавца) о недостатках поставленного товара

**Mangelberuf** m редкая профессия

**Mängelbeseitigung** f устранение недостатков, устранение дефектов

**Mängeleinrede** f претензия по качеству, рекламация

**mangelfrei** безупречный, без недостатков; без дефектов; , свободный от недостатков

**mangelhaft** недостаточный, дефицитный; дефектный, с изъяном, неисправный, бракованный; неудовлетворительный; несовершенный

   **mangelhafte Erzeugnisse** дефектные изделия

   **mangelhafte Lieferung** неполная поставка

   **mangelhafte Erfüllung des Vertrages** неполное исполнение договора, неполное исполнение условий договора (контракта, соглашения)

**Mangelhaftigkeit** f дефицитность; дефектность; несовершенство

**Mängelhaftung** f ответственность (напр., продавца) за качество товара

**Mangelkosten**, pl издержки, связанные с нехваткой материалов (или сырья); издержки, связанные с дефицитом материалов (или сырья)

**Mangelkosten** расходы, связанные с устранением дефектов; расходы по устранению дефектов

**Mängelrüge** f рекламация, уведомление *(покупателем продавца)* о недостатках поставленного товара
**Mängelrüge** рекламация по качеству, рекламация на недостачу
**mangels** за отсутствием; за недостатком
**mangels Annahme** ввиду непринятия, за отсутствием акцепта *(протест в случае неакцептования векселя)*
**mangels Zahlung** из-за неуплаты
**Mängelursache** f причина дефекта, причина неисправности
**Mangelware** f дефицитный товар
**Manifest** n манифест, список товара, находящегося на судне *(предъявляется таможне)*
**Manifestationseid** m *юр.* подтверждение под присягой заявлений должника, касающихся имущественного состояния
**Manipulant** m манипулянт *(торговец, производящий необходимую для продажи обработку товара - сортировку, смешивание и проч.)*
**Manipulation** f манипуляция *(приём в ручной работе)*; манипуляция над товаром *(с целью приспособления его к вкусам потребителей)*; манипуляция (сознанием потребителей)
**manipulieren** манипулировать
**die öffentliche Meinung manipulieren** манипулировать общественным мнением
**mankieren** vi прекратить платежи, обанкротиться

**Manko** n манко, нехватка, недостача, дефицит, недопоставка *(также недостача денег и товаров)*; недостаток, недочет, дефект, изъян
**ein Manko in der Kasse entdecken** обнаружить недостачу в кассе
**ein Manko ersetzen** восполнить недостачу
**ein Manko innerhalb der Verpackung** внутритарная недостача
**mankofrei** без дефицита; без недостачи; без изъяна
**mankofrei abrechnen** подвести итоги без потерь
**Mankogelder** n, pl денежное вознаграждение, выплачиваемое кассирам на случай возможного возмещения ими недостающих сумм; денежное вознаграждение, выплачиваемое счётным работникам на случай возможного возмещения ими недостающих сумм
**mannigfaltig** разнообразный
**Mansholt-Plan** m план Мансхольта
**Mantel** m 1. титульный лист акций 2. акция без купонного листа, облигация без купона *(главная часть ценной бумаги)* 3. совокупные права компании на пай 4. организационная форма предприятия *(напр., акционерное общество)*, форма организации акционерного общества
**Mantelgesetz** n *(юр.)* рамочный закон; обрамляющий закон; закон, содержащий только общие положения
**Mantelgründung** f формальное основание акционерного общества; фиктивное основание акционерного общества

**Mantelkauf** m покупка акционерного общества путём приобретения только его прав участия и некоторой части его собственного капитала; покупка акционерного общества путём приобретения только его прав участия и организационной формы
**Manteltarif** m общая часть для ряда тарифных договоров *(в данной местности)*; тарифное соглашение, содержащее общие положения; типовое тарифное соглашение
**Manteltarifvertrag** m тарифное соглашение, содержащее общие положения; типовое тарифное соглашение; рамочное тарифное соглашение
**manuell** ручной, производимый вручную; вручную
**manuelle Arbeit** ручная работа
*die* **manuell Schaffenden** работники физического труда
**Manufaktur** f 1. *ист.* мануфактура (предприятие) 2. текстиль, мануфактура
**Manufakturbetrieb** m *ист.* мануфактурное производство; мануфактура
**Manufakturperiode** f *ист.* мануфактурный период
**Marc-up-Prinzip** n; **Kosten-Plus-Kalkulation** калькуляция цен по методу "прямые издержки плюс прибыль"; расчёт цен по методу "прямые издержки плюс прибыль"
**Marge** f маржа; *бирж.* гарантийный взнос *(в срочной или опционной сделке для покрытия возможного разрыва между начальной ценой и последующей котировкой)*
**Marge** маржа при авансировании *(документов или товаров)*

**Marge** *бирж.* разница курсов (*или цен*) между отдельными биржами (*в арбитражной сделке*)

**Marge** маржа (*вид торговли товарами, минимальная и максимальная цена которых ограничена определёнными рамками*)

**marginal** предельный, маргинальный, маржинальный; минимально (*экономически*) эффективный

**marginal** критический, решающий

**marginal** приростный, дополнительный

**marginale Kosten** предельные издержки; маржинальные издержки

**marginaler Käufer** маргинальный покупатель

**marginaler Kapitalkoeffizient** предельный коэффициент капитала; приростная капиталоёмкость; предельная капиталоёмкость

**Marginalanalyse** *f* маржинальный анализ; маргинальный анализ; предельный анализ, анализ по предельным показателям

**Marginalprinzip** *n* маргинальный принцип (*принцип, предполагающий анализ влияния предельно малых изменений какой-л. величины*);

**Marginaltheorie** *f* маржиналистская теория

**Margins for variation** *англ.* депонирование для компенсации потерь из-за курсовой разницы, сдача на хранение определённых сумм для компенсации потерь из-за курсовой разницы

**Mark** *f* 1. марка (*денежная единица*) 2. (*ист.*) марка (*крестьянская община в средневековой Германии*)

**mark-up-pricing** *англ.* калькуляция цены по методу: издержки производства плюс фиксированный процент прибыли (*чистого дохода*)

**markant** видный, выдающийся, яркий, примечательный

**Marke** *f* марка; фирменный знак; товарный знак

**Marke** (*контрольный*) номер, номерок (*напр., на табельной доске*)

**Marke** талон (*продуктовых и промтоварных карточек*)

**Marke** *вчт.* метка; маркер, маркировочный знак

**Marke** марка; почтовая марка

*eine* **Marke entwerten** погашать марку (*почтовую, гербовую*)

**angemeldete Marke** заявленный знак

**begleitende Marke** сопровождающий знак

**Europäische Marke** товарный знак в Европейском сообществе

**nachgemachte Marke** контрафактный знак, подделанный знак

**weltbekannte Marke** всемирно известная марка

**Markenabkommen** *n* соглашение о знаках; соглашение о товарных знаках

**Markenabsatz** *m* нормированная продажа

**Markenähnlichkeit** *f* сходство знаков; сходство товарных знаков

**Markenanmeldungsverordnung** *f* положение о заявках на знаки

**Markenartikel** *m* фирменное изделие, фирменный товар; марочное изделие; изделие с маркировкой зарегистрированного знака

**Markenartikelpreisbildung** *f* ценообразование по фирменным изделиям

**Markenartikelwerbung** *f* реклама фирменного товара; реклама марочного товара

**Markenbestandteil** *m* элемент (*товарного*) знака

**Markenerzeugnis** *n* фирменное изделие, фирменный товар

**Markengebrauch** *m* использование знака

**Markenhinterleger** *m* заявитель знака

**Markenimage** *n* имидж марки; имидж товарного знака; имидж знака

**Markeninhaber** *m* владелец знака; обладатель знака

**Markenkollision** *f* коллизия знаков; столкновение знаков

**Markennachahmung** *f* подделка знака; подражание знаку

**Markenname** *m* название торговой марки; название марки; название товарного знака

**Markennichtigkeit** *f* недействительность знака

**Markenpflege** *f* раскручивание торговой марки

**markenpflichtig** нормированный; рационируемый, получаемый по карточкам

**Markenproduktion** *f* фирменная продукция

**Markenprüfung** *f* экспертиза знаков

**Markenrecht** *n* право охраны знаков

**Markenregister** *n* реестр знаков; реестр товарных знаков

**Markenregistrierung** *f* внесение знаков в реестр; регистрация знаков

**Markenreinheit** *f* чистота знака

**Markenschutz** *m* охрана фирменного знака, охрана товарного знака

**Markenschutzgesetz, M.Sch.G.** закон об охране товарных знаков

**Markensystem** *n* карточная система (*нормирования*), система рационирования, карточная система

**Markentreue** *f* приверженность потребителей определённой марке (сорту, виду товаров)

**Markenverkauf** *m* 1. нормированная продажа, продажа по карточкам 2. продажа знака; продажа товарного знака

**Markenverletzung** *f* нарушение знака

**Markenvertrieb** *m* нормированная продажа, продажа по карточкам

**Markenware** *f* фирменное изделие, фирменный товар

**Markenwerbung** *f* реклама фирменного товара; реклама марочного товара; реклама фирменного знака; реклама товарного знака; реклама товарной марки

**Markenzeichen** *n* марка (в графическом виде); фирменный знак; товарный знак; лого; логотип

**Market Maker** *m*; **market maker** *(eng.)* участник финансового рынка; участник фондового рынка; участник рынка валюты; участник рынка ценных бумаг; брокерская фирма, постоянно котирующая ценные бумаги

**Marketing** *n* маркетинг (совокупность мер, ориентирующая хозяйственную деятельность фирмы на существующие или потенциальные потребности рынка)

**Marketing-Mix** *n* маркетинг-микс; смешанный маркетинг; комбинированный маркетинг

**Marketing n, marketing** *(eng.)* маркетинг

**marketing research** исследование маркетинга, изучение маркетинга

**direct marketing** прямой маркетинг

**export marketing** изучение внешнего рынка

**global marketing** глобальный маркетинг

**multilevel Marketing** *n;* **Netzmarketing** сетевой маркетинг, МЛМ, MLM

**test marketing** пробный маркетинг

**Marketing-Budget** *n* маркетинговый бюджет; бюджет на проведение маркетинга; бюджет на осуществление маркетинга

**Marketing-Controlling** *m* маркетинговый контроллинг

**Marketing-Strategie** *f* маркетинговая стратегия; стратегия маркетинга

**Marketing-Ziele,** *pl* цели маркетинга; маркетинговые цели

**Marketingabteilung** *f* отдел маркетинга; служба маркетинга

**Marketingforschung** *f* маркетинговое исследование

**Marketinginstrument** *n* маркетинговый инструмент; инструмент маркетинга

**Web-Site als Marketing-Instrument** веб-страница как маркетинговый инструмент;

**Marketingkonzept** *n* маркетинговая концепция; концепция маркетинга

**Marketingmanagement** *n* маркетинговый менеджмент; менеджмент маркетинга; управление маркетингом концепция;

**Marketingstrategie** *f* маркетинговая стратегия; стратегия маркетинга

**Marketingsystem** *n* система маркетинга

**vertikales Marketingsystem** система вертикального маркетинга

**Markgenossenschaft** *f* марка (крестьянская община в средневековой Германии)

**markieren** *vt* маркировать, наносить маркировку; обозначать; размечать; клеймить, ставить (фабричную) марку

**Markierung** *f* маркировка; обозначение; *вчт.* признак; клеймение

**Markierung auftragen** наносить маркировку; маркировать

**Markierung einbringen** наносить маркировку; маркировать

**Markierung eines Produktes** маркировка продукта

**Markierung der Staatsgrenze** демаркация государственной границы

**Markierungszeichen** *n* клеймо; маркировочный знак

**Montagemarkierung** *f* монтажная маркировка; монтажная разметка

**Produktmarkierung** *f* маркировка изделия

**Markierungskosten** *pl* расходы по маркировке, издержки по маркировке (устанавливаются тарифами)

**Markt** *m* 1. рынок, сбыт, торговля 2. рынок, базар 3. ярмарка 4. рыночная площадь, центральная площадь *(города)*

**amtlicher Markt** официальный рынок

**attraktiver Markt** привлекательный рынок

**aufnahmefähiger Markt** ёмкий рынок

**ausländischer Markt** ёмкий рынок зарубежный рынок; внешний рынок; иностранный рынок

**beschränkt aufnahmefähiger Markt** рынок ограниченной ёмкости

**flauer Markt** вялый рынок, рынок с низким спросом

**freier Markt** свободный рынок

**gemeinsamer Markt** общий рынок

**gesättigter Markt** насыщенный рынок

**geplanter Markt** планируемый рынок *(государственная + кооперативная формы торговли)*

**geschlossener Markt** замкнутый рынок, изолированный рынок

**grauer Markt** "серый" рынок *(полуофициальный рынок)*; закупка непосредственно у оптовика, минуя розничную сеть; закупка непосредственно у производителя, минуя розничную сеть

**heimischer Markt** национальный рынок, внутренний рынок

**heterogener Markt** разнородный рынок; гетерогенный рынок

**homogener Markt** однородный рынок; гомогенный рынок

**inländischer Markt** национальный рынок, внутренний рынок

**internationaler Markt** международный рынок, мировой рынок

**labiler Markt** неустойчивый рынок

**monopoler Markt** монопольный рынок

**nationaler Markt** национальный рынок, внутренний рынок

**offener Markt** открытый рынок

**oligopoler Markt** олигопольный рынок

**oligopolistischer Markt** олигополистический рынок

**organisierter Markt** организованный рынок

**potentieller Markt** потенциальный рынок

**schrumpfender Markt** сужающийся рынок

**schwarzer Markt** чёрный рынок

**sehr organisierter Markt** заорганизованный рынок

**stabiler Markt** стабильный рынок, устойчивый рынок

**überseeischer Markt** заморский рынок; заокеанский рынок

**unorganisierter Markt** неорганизованный рынок

**unvollkommener Markt** несовершенный рынок *(наличие неконкурентных структур может обеспечивать различные условия реализации одинаковых товаров)*; рыночное хозяйство, характеризующееся несовершенной конкуренцией

**variabler Markt** фондовый рынок, на котором ведётся торговля ценными бумагами по текущим курсам

**virtueller Markt** виртуальный рынок

**vollkommener Markt** совершенный рынок *(рынок с едиными условиями реализации одинаковых товаров)*; полное рыночное хозяйство

**auf dem Markt erscheinen** поступать в продажу

**auf dem Markt herrscht große Zurückhaltung** на рынке выжидательное настроение

**auf den Markt bringen** пустить в продажу

**den Markt aufteilen** делить рынок; разделить рынок

**den Markt beherrschen** господствовать на рынке; занимать на рынке ведущие позиции

**den Markt beliefern** осуществлять поставки на рынок; поставлять на рынок

**den Markt beruhigen** успокаивать рынок

**den Markt erforschen** исследовать рынок, изучать рынок

**den Markt erforschen** исследовать рынок,

**den Markt erobern** захватывать рынок; завоёвывать рынок

*en* **Markt gegen die Einfuhr ausländischer Waren abriegeln** оградить рынок от ввоза иностранных товаров

**den Markt mit (etw.) überschwemmen** переполнять рынок (чем.-л.)

**der Markt ist belebt** на рынке царит оживление

**der Markt ist flau** конъюнктура рынка вялая

**der Markt ist flott** на рынке царит оживление

**der Markt ist freundlich** конъюнктура рынка благоприятная, цены на рынке повышаются

**der Markt ist günstig** конъюнктура рынка благоприятная, цены на рынке повышаются

**der Markt ist lebhaft** на рынке царит оживление

**der Markt ist lustlos** конъюнктура рынка неблагоприятная, цены на рынке падают

*der* **Markt ist mit Waren gesättigt** рынок наводнён товарами; рынок насыщен товарами

**der Markt ist nicht ausreichend beschickt** рынок обеспечен недостаточно

**der Markt ist schwach** конъюнктура рынка вялая

**der Markt ist stetig** конъюнктура рынка устойчивая, цены на рынке держатся на прежнем уровне

**der Markt ist zögernd** конъюнктура рынка неопределённая, конъюнктура рынка выжидательная

**einen Markt beobachten** наблюдать за рынком; следить за рынком; следить за ситуацией на рынке

**einen Markt erschließen** осваивать рынок

**ein neues Produkt auf den Markt bringen** поставлять на рынок новый продукт; выводить на рынок новый продукт

**(etw.) auf den Markt werfen** выбрасывать на рынок (что-л.)

**sich aus dem Markt zurückziehen** уходить с рынка; исчезать с рынка

**die Ware findet keinen Markt** товар не находит рынка сбыта; товар не находит сбыта

**Waren auf den Markt werfen** выбрасывать товары на рынок

**zum Markt gehen** идти на рынок; идти на базар

**Marktabgabe** *f* рыночный сбор

**Marktabgrenzung** *f* определение границ рынка

**Marktanalyse** *f* изучение рынка, анализ рынка, исследование рынка, анализ конъюнктуры рынка; оценка состояния рынка

**Marktänderung** *f* *(разовое)* изменение условий рынка

**Marktangebot** *n* рыночное предложение

**Marktanpassung** *f* приспособление к изменившимся условиям рынка; приспособление рынка к изменившимся условиям; приспособление рынка к изменяющимся условиям

**Marktanteil** *m* удельный вес на рынке, доля рынка; товарность *(продукции)*

**den Marktanteil erhöhen** повышать долю участия на рынке; расширять свою нишу на рынке

**den Marktanteil halten** удерживать долю на рынке; удерживать нишу на рынке

**Marktanteilung** *f* сегментирование рынка; разделение рынка (на сферы влияния)

**Marktartikel** *m* товарность *(продукции)*

**Marktaufkommen** *n* товарность *(продукции)*

**Marktaufnahmefähigkeit** *f* ёмкость рынка

**Marktauftritt** *m* **neuer Erzeugnisse** появление на рынке новых изделий

**Marktautomatismus** *m* рыночный автоматизм *(изменение рыночных цен под воздействием спроса и предложения)*

**Marktbearbeitung** *f* обработка (внешнего) рынка; подготовка (внешнего) рынка (для сбыта)

**Marktbedarf** *m* рыночный спрос; потребности рынка

**Marktbedingungen** *f, pl* рыночные условия; условия рынка; условия, существующие на рынке

**Marktbedürfnisse** *n, pl* потребности рынка; запросы рынка; рыночные потребности *(мн.ч.)*

**Marktbeeinflussung** *f* воздействие на условия, существующие на рынке, влияние на условия, существующие на рынке; влияние на рынок; влияние на конъюнктуру рынка; влияние на рыночную конъюнктуру рынок

**marktbeherrschend** господствующий на рынке, доминирующий на рынке; монопольный

**Marktbeherrschung** *f* 1. господство на рынке, доминирование на рынке 2. влияние ситуацией на рынке

**Marktbelange** *m, pl* требования рынка; запросы рынка

**Marktbelebung** *f* оживление рынка; оживление на рынке

**Marktbelieferung** *f* поставки на рынок

**Marktbeobachtung** *f* слежение за рынком; отслеживание ситуации на рынке; изучение рынка, наблюдение за изменением конъюнктуры рынка

**Marktbericht** *m* обзор состояния конъюнктуры рынка, обзор состояния рыночной конъюнктуры

**Marktberuhigung** *f* стабилизация рынка; стабилизация положения на рынке

**Marktbeurteilung** *f* рыночная оценка

**Marktbewegungen** *f pl* изменения рыночной конъюнктуры, изменения состояния конъюнктуры рынка *(напр., сезонные колебания)*; рыночные колебания *(мн.ч.)*

**Marktbeziehungen** *f, pl* рыночные отношения

**feste Marktbeziehungen** прочные рыночные связи

**kurzfristige Marktbeziehungen** краткосрочные рыночные связи; временные рыночные связи

**landwirtschaftlich Marktbeziehungen** рыночные связи сельскохозяйственных предприятий

**Marktdaten** *f, pl* рыночные показатели *(мн.ч.)*; данные о рынке *(мн.ч.)*; информация о рынке

**Marktdaten auswerten** оценивать информацию о рынке

**Marktdaten erheben** собирать информацию о рынке

**Marktdiskont** *m* рыночный учётный процент, биржевой учётный процент, рыночный дисконт; биржевой дисконт

**Marktdurchdringung** *f* внедрение на рынок; проникновение на рынок

**Marktdurchdringungspolitik** *f* политика проникновение на рынок

**Marktdurchdringungsstrategie** *f* стратегия проникновение на рынок

**Marktdurchsichtigkeit** f "прозрачность" рынка (в процессе конкуренции наличие для всех участников рынка необходимой для принятия решений информации), определение ёмкости рынка и условий конкуренции

**Markteinbruch** m резкое ухудшение конъюнктуры рынка; падение рынка (напр. ценных бумаг); резкое ухудшение ситуации на рынке

**Markteinführung** f внедрение на рынок (напр. нового товара)

**Markteinschätzung** f рыночная оценка; оценка конъюнктуры рынка

**Markteintritt** m 1. выход на рынок; появление на рынке (фирмы) 2. внедрение на рынок (напр. нового товара); выход на рынок; появление на рынке (нового товара)

**administrative Markteintrittsschranken**, mf pl административные барьеры на пути выхода на рынок

**Markteintrittsschranken**, mf pl препятствия выход у на рынок; препятствия на пути проникновения на рынок

**Markteintrittsstrategie** f стратегия выхода на рынок

**markten** vi торговаться из-за чего-л.

**Marktenge** f узость рынка; ограниченность рынка

**Marktentfernung** f отдалённость рынка

**Marktentwicklung** f динамика рынка, динамика конъюнктуры рынка, развитие рынка; эволюция рынка

**Markterfordernisse** n, pl требования рынка (мн.ч.)

**Markterholung** f оживление рынка, оживление конъюнктуры рынка

**Markterschließung** f освоение рынка; выход на рынок

**marktfähig** ходкий, ходовой (о товаре), имеющий спрос на рынке, пользующийся спросом на рынке; конкурентоспособный

**marktfähiges Produkt** конкурентоспособный продукт; пользующийся на рынке спросом продукт

**marktfertig** готовый для реализации, готовый для продажи (о товаре), готовый для реализации на рынке

**Marktfinanzierung** f внешнее финансирование

**Marktfinanzierung** форма финансирования путём распространения акций на внешних рынках, форма финапсирования путём распространения государственных облигаций на внешних рынках

**Marktfläche** f 1. часть полезной сельскохозяйственной площади, продукция с которой реализуется на рынок 2. территория рынка; площадь рынка; площадь базара

**Marktfonds** m, pl рыночные фонды

**Marktform** f форма рынка, вид рынка; рыночная ситуация

**Marktformen** f pl рыночные формы (характеризуют структуру предложения и спроса, степень и формы конкуренции между продавцами и между покупателями)

**Marktforschung** f изучение рынка, исследование рынка, анализ конъюнктуры рынка

**ausländische Marktforschung** изучение иностранных рынков

**kommoditäre Marktforschung** изучение конъюнктуры рынка

**repräsentative Marktforschung** репрезентативное изучение рынка

**regionale Marktforschung** региональное изучение рынка; изучение рынка по регионам

**stichprobenartige Marktforschung** выборочное изучение рынка

**suchprobenartige Marktforschung** выборочное изучение рынка

**ökoskopische Marktforschung** экоскопическое изучение рынка

**territoriale Marktforschung** территориальное изучение рынка; изучение рынка по территориям; изучение рынка по регионам

**Marktforschungsinstitut** n институт изучения рынка(ов), конъюнктурный институт; институт рыночных исследований

**marktführend** ведущий на рынке; лидирующий на рынке

**Marktführer** m лидер на рынке

**Marktfunktion** f рыночная функция; функция рынка

**marktgängig** ходкий, ходовой (о товаре), имеющий спрос на рынке, пользующийся спросом на рынке; конкурентоспособный

**Marktgebiet** n 1. район сбыта 2. район покупки, район закупки 3. территория, обслуживаемая рынком 4. территория рынка

**Marktgebühr** f рыночный сбор; торговый сбор на рынке; сбор за торговлю на рынке (базаре)

**marktgebunden** рыночный; связанный с рынком; обусловленный рынком

**Marktgefüge** n структура рынка

**Marktgeltung** f роль и значение на рынке *(предприятия, товара или сорта)*, рыночный престиж; престиж на рынке

**Marktgemeinschaft** f рыночное сообщество

**Marktgemüsebau** m товарное овощеводство

**marktgerecht** отвечающий требованиям рынка, соответствующий требованиям рынка, удовлетворяющий требованиям рынка, удовлетворяющий запросам рынка

**marktgerechter Preis** рыночно обоснованная цена; соответствующая реалиям рынка цена

**Marktgeschäft** n 1. рыночная сделка 2. рыночная торговля; торговля на рынке

**Marktgesellschaft** f рыночное общество

**Marktgestaltung** n формирование рынка; образование рынка (напр. новых товаров); создание рынка (напр. новых товаров)

**Marktgetreide** n товарный хлеб, товарное зерно

**Marktgewohnheiten** pl рыночные обычаи

**Marktgleichgewicht** n равновесие, существующее на рынке; равновесие на рынке; рыночное равновесие; сбалансированность рынка; стабильность рынка

**Marktgliederung** f 1. сегментация рынка; деление рынка на сегменты 2. классификация рынков

**Marktgut** n 1. эк. товарный продукт; 2. товар, продающийся на рынке

**Markthalle** f крытый рынок

**Markthandel** m 1. рыночная торговля 2. торговля на рынке; торговля на ярмарке

**Markthändler** m рыночный торговец; ярмарочный торговец

**Marktinstabilität** f нестабильность рынка; неустойчивость рынка; неустойчивая конъюнктура рынка

**Marktintervention** f рыночная интервенция

**Marktkanal** m рыночный канал (сбыта товаров); канал продвижения товаров на рынок; канал товародвижения

**Marktkonfiguration** f рыночная конфигурация; конфигурация рынка

**marktkonform** рыночный

**marktkonforme Mittel** n pl рыночные средства

**marktkonform** учитывающий потребности рынка

**Marktkonjunktur** f конъюнктура рынка; рыночная конъюнктура

**heutige Marktkonjunktur** f сложившаяся рыночная конъюнктура; сегодняшняя рыночная конъюнктура

**Marktkonstellation** f положение на рынке; сложившаяся конъюнктура рынка; рыночная ситуация, ситуация на рынке

**Marktkundige** m информированный о состоянии рынка; специалист по вопросам рынка

**Marktkurs** m рыночный курс *(напр. пропорции обмена валют)*; биржевой курс

**Marktlage** f положение на рынке, состояние конъюнктуры рынка; конъюнктура рынка

**Marktlagengewinn** m прибыль, получаемая за счёт высокой конъюнктуры рынка

**Marktleistung** f производство продукции и предоставление услуг для рынка; с.-х. производство товарной продукции

**Marktleistungen** f pl товары, услуги *(произведённые на продажу)*

**Marktlenkung** f регулирование рыночных отношений

**Marktlenkungsabgaben** f, pl сборы, взимаемые в целях регулирования рынка

**Marktlohn** m оплата труда, свободно складывающаяся на рынке *(труда)*, ставки оплаты, складывающиеся на рынке труда

**Marktlücke** f рыночная ниша

**Marktmacher** m; **market maker** *(eng.)* участник финансового рынка; участник фондового рынка; участник рынка валюты; участник рынка ценных бумаг; брокерская фирма, постоянно котирующая ценные бумаги

**Marktmechanismus** m рыночный механизм

**Marktmesse** f ярмарка *(местного значения)*

**Marktnachfrage** f рыночный спрос, спрос на рынке

**Marktnische** f рыночная ниша

**Marktnotierung** f рыночная котировка

**Marktöffnung** f открытие рынка; снижение импортных барьеров

**Marktordnung** f система регулирования рыночных отношений; положение о рынках, положение о рыночной торговле

**Marktorganisation** f система регулирования рыночных отношений; положение о рынках, положение о рыночной торговле

**Marktorientierung** f ориентация на рынок

**Marktpartner** m рыночный партнёр; партнёр на рынке

**Marktpenetration** f проникновение на рынок; внедрение ни рынок

**Marktphase** f 1. период внедрения продукта на рынок (*термин, принятый в рекламе*) 2. стадия развития рынка

**Marktplatz** m торговая площадка

**elektronischer Marktplatz** m электронная торговая площадка; торговый портал в Интернет

**Marktpolitik** f политика в области рыночных отношений; рыночная политика; политика на рынке (*напр. на рынке какого-л. товара*)

**Marktposition** f 1. положение на рынке; позиция на рынке 2. рыночная позиция

**Marktpotential** n потенциал рынка; рыночный потенциал

**Marktpreis** m рыночная цена

**durchschnittlicher Marktpreis** среднерыночная цена; среднестатистическая рыночная цена; усреднённая рыночная цена; средняя цена на рынке

**Marktpreisbildung** f рыночное ценообразование

**Marktproblem** n проблема рыночных отношений; проблема рынков

**Marktprodukt** n рыночный продукт

**Marktproduktion** f производство на рынок; товарная продукция

**Marktproduktionspreis** m рыночная цена производства

**Marktprognose** f прогноз изменения конъюнктуры рынка; прогноз конъюнктуры рынка; рыночный прогноз

**Marktpsychologie** f рыночная психология

**Marktrate** f рыночная ставка, ставка рынка

**Marktreaktion** f реакция рынка; реагирование рынка

**Marktregelung** f регулирование рыночных отношений

**marktreif** рыночный, характерный зрелому рынку; достигший требований рынка

**Marktreihe** f торговый ряд

**Marktreserve** f 1. (*буферный*) рыночный запас; рыночный резерв 2. резервы рынка (*мн.ч.*)

**Marktrichtpreis** m ориентировочная рыночная цена; предварительная рыночная цена; предварительная цена на рынке

**Marktrisiko** n рыночный риск; риск, связанный с реализацией товаров на рынке

**Marktrlenkung** f регулирование рыночных отношений; управление рынком; управление рыночными отношениями

**Marktsättigung** f насыщение рынка

**Marktschreierei** f навязчивая реклама; крикливая реклама

**marktschreierisch** крикливый, навязчивый (*о рекламе*)

**Marktschwankungen** f, pl 1. колебания конъюнктуры рынка, колебания рыночной конъюнктуры; колебания цен на рынке 2. периодические изменения в структуре рынка

**Marktsegment** n рыночный сегмент; сегмент рынка

**Marktsegmentationstheorie** f теория сегментации рынка (*автор теории* **J. M. Culbertson**)

**Marktsegmentierung** f сегментация рынка

**Marktsituation** f рыночная ситуация, ситуация на рынке

**Marktsozialismus** m "рыночный социализм"

**Marktspaltung** f раскол единого рынка вследствие *каких-л.* правительственных мероприятий, раскол единого рынка вследствие деятельности отдельных компаний

**Marktspaltung** "расщепление" рынка (*может принять различные формы, но всегда связано с попытками ограничения рыночной конкуренции*)

**Prinzip der Marktspaltung** принцип "расщепления" рынка (*в результате осуществления этого принципа на рынке в одно и то же время на один и тот же товар цена оказывается неодинаковой*)

**Marktstabilität** f стабильность рынка; устойчивость рынка; устойчивая конъюнктура рынка; стабильная конъюнктура рынка

**Marktstand** m состояние рынка

**Marktstellung** f рыночная позиция; позиция на рынке; место на рынке; занимаемое на рынке место; занимаемое на рынке положение

**Marktsteuern** f pl рыночные налоги (*мн.ч.*)

**Marktstrategie** f рыночная стратегия; стратегия поведения на рынке

**Marktstrategie entwickeln** развивать рыночную стратегию

**Marktstruktur** f рыночная статистика; статистика рынка

**Marktstruktur** f структура рынка

**Marktstudie** f изучение рынка; исследование рынка

**eine Marktstudie in Auftrag geben** заказать исследование рынка

**Marktstufe** f сбытовое звено; звено в цепи сбыта

**Marktteilnehmer** *m* участник рынка
**Marktteilnehmer** *m* участник торговой сделки *(покупатель или продавец)*
**Markttendenz** *f* рыночная тенденция, тенденция изменения конъюнктуры рынка; тенденции на рынке; господствующие на рынке тенденции
**herrschende Markttendenzen** *pl* господствующие на рынке тенденции *(мн.ч.)*
**Markttest** *m* испытание в условиях рынка
**Markttransparenz** *f* прозрачность рынка *(в процессе конкуренции наличие для всех участников рынка необходимой для принятия решений информации)*; определение ёмкости рынка и условий конкуренции; определённость в конъюнктуре рынка; определённость конъюнктуры рынка; транспарентность рынка
**Marktüberblick** *m* обзор рынка; обзор конъюнктуры рынка
**marktüblich** обычный на рынке; общепринятый на рынке; характерный для рынка; рыночноориентированный
**Marktuntersuchung** *f* изучение конъюнктуры рынка, исследование конъюнктуры рынка
**Marktusancen** *f, pl* обычаи рынка *(мн.ч.)*; рыночный узанс; торговый узанс
**Marktveranstaltungen** *f, pl* 1. организация ярмарок, организация торгов, организация аукционов, проведение ярмарок, проведение торгов, проведение аукционов 2. мероприятия по стимулированию продаж;
**Marktverband** *m* картель *(объединение компаний, распределяющий между собой рынки сбыта)*

**Marktverfassung** *f* состояние рынка
**Marktverhalten** *n* 1. поведение на рынке; поведение участника рынка; поведение участников рынка 2. поведение рынка
**Marktverhältnisse** *n pl* 1. рыночные отношения 2. рыночные условия
**unter günstigen Marktverhältnisse** *n pl* при благоприятных рыночных условиях
**Marktverlust** *m* потеря рынка
**Marktversagen** *n* сбой рыночного механизма; отказ рыночного механизма (напр. дисбаланс спроса и предложения)
**Marktverschiebung** *f* сдвиг рыночной конъюнктуры; изменение соотношения между спросом и предложением
**Marktverstopfung** *f* заполнение рынка бесплатной продукцией; заполнение рынка продукцией по демпинговым ценам (с целью недобросовестной конкуренции)
**Marktvolumen** *n* ёмкость рынка; объём рынка *(характеризует потенциальные возможности сбыта при данном уровне цен)*
**Marktvorbereitung** *f* подготовка рынка *(для сбыта, напр. нового товара)*; подготовительные мероприятия на рынке
**Marktvorrat** *n* рыночный резерв, рыночный запас
**Marktvorteil** *m* 1. преимущество рыночной экономики 2. рыночное преимущество
**Marktwachstum** *n* развитие рынка; рост рынка; прирост на рынке
**Marktwechsel** *m* ярмарочный вексель; вексель, подлежащий учету на ярмарке

**Marktwert** *m* рыночная стоимость; оценка по рыночным ценам; фактическая стоимость, определяемая по рыночным ценам
**innerer Marktwert** стоимость на внутреннем рынке
**internationaler Marktwert** стоимость, складывающаяся на международном рынке; международная рыночная стоимость; стоимость на международных рынках
**Marktwiderstand** *m* препятствия для реализации товара на рынке; "сопротивление" рынка (напр. расширению сбыта, сбыту определенных товаров и т.п.)
**Marktwirtschaft** *f* рыночная экономика, рыночное хозяйство
**freie Marktwirtschaft** свободная рыночная экономика, свободное рыночное хозяйство
**soziale Marktwirtschaft** социальная рыночная экономика; социальное рыночное хозяйство *(рыночная экономика с регулированием цен на некоторые продукты, услуги или товары с учётом спроса на них со стороны определённых социальных слоёв общества)*
**in der freien Marktwirtschaft** в условиях свободной рыночной экономики
**marktwirtschaftlich** рыночный, относящийся к рыночной экономике
**marktwirtschaftliches Gleichgewicht** сбалансированность рыночной экономики
**marktwirtschaftliches Prinzip** принцип рыночной экономики
**Marktzerrütung** *f* дестабилизация рынка; дезорганизация рынка

**Marktziel** *m* рыночная цель; цель на рынке

**Marktzinz** *m* рыночный процент; средний процент на финансовых рынках; средний ссудный процент

**Marktzugang** *m* доступ на рынок; проникновение на рынок; внедрение на рынок; доступ к рынку

**Marktzutritt** *m* доступ на рынок; проникновение на рынок; внедрение на рынок; доступ к рынку

**Marktzutrittsschranken** *f pl* барьеры на пути проникновения на рынок; препятствия к вхождению в рынок

**Marshall-Plan** *m* план Маршалла

**Marshall-Planland** *n* страна, получавшая помощь по плану Маршалла

**Marshallplan** *m* план Маршалла

**MAS, Maschinenausleihstation** *ист.* машинопрокатная станция, МПС *(бывш. ГДР, 1949-1952 гг.)*

**Maschine** *f* 1. машина, станок, механизм 2. вычислительная машина; ВМ; ЭВМ

**Maschine** инструмент, орудие *(напр. труда)*

**Maschine** *(ж.-д.)* локомотив

**Maschine** *(авиа.)* самолёт

**Maschinen** *pl* машины и оборудование *(мн.ч.)*

**automatische Maschine** автоматическое устройство, автомат

**lehrende Maschine** обучающая ЭВМ

**numerisch gesteuerte Maschine** станок с числовым программным управлением, станок с цифровым программным управлением, станок с ЧПУ

**programmgesteuerte Maschine** станок с программным управлением

**Abrechnungsmaschine** *f* бухгалтерская вычислительная машина; бухгалтерский автомат; счётная машина

**Abzählmaschine** *f* отсчётно-дозировочная машина

**Maschine** *f* **zur Steuerung der relationalen Datenbank** машина для управления реляционной базой данных

**Maschine-Handzeit** *f* машинно-ручное время

**maschinell** машинный, механический; механизированный; станочный

**maschinell ablesen** *vt* считывать информацию по машинному адресу

**maschinelle Datenverarbeitung** *f* машинная обработка данных

**maschinelle Übersetzung** *f* автоматизированный перевод; автоматический перевод; машинный перевод

**maschinelles Handwerkzeug** *n* механизированный инструмент

**Maschinen- und Anlagenzeitfonds** *m* фонд машинного времени производственного оборудования

**Maschinen- und Traktoren-Station** *ист.* машинно-тракторная станция, МТС *(бывш. ГДР) (1952-1959 г.г.)*

**Maschinen-Garantieversicherung** *f* форма страхования по обеспечению надёжности машин и оборудования; гарантийное страхование машин и оборудования

**Maschinen-Traktoren-Station** *f* машинно-тракторная станция, МТС

**maschinenabhängig** машинно-зависимый *(выч.)*

**maschinenabhängige Programmiersprache** *f* машинно-зависимый язык программирования

**Maschinenadresse** *f* адрес информации в машине *(выч.)*; машинный адрес *(выч.)*

**Maschinenarbeit** *f* машинная работа, машинный труд

**Maschinenausfall** *m* простой машины *(напр., в связи с наладкой, переоборудованием)*

**Maschinenauslastung** *f* загрузка машин, загрузка оборудования

**Maschinenauslastungsgrad** *m* степень загрузки машин, степень загрузки оборудования

**Maschinenauslastungskoeffizient** *m* коэффициент загрузки машин, коэффициент загрузки оборудования

**Maschinenauslastungsnorm** *f* норма использования машин, норма использования оборудования

**Maschinenausleihstation** *ист.* машинопрокатная станция, МПС *(бывш. ГДР, 1949-1952 г.г.)*

**Maschinenausstattung** *f* механовооружённость, техническая вооружённость

**Maschinenbau** *m* машиностроение

**allgemeiner Maschinenbau** *m* общее машиностроение

**Bergwerksmaschinenbau** *m* горное машиностроение

**Elektromaschinenbau** *m* электромашиностроение

**Energiemaschinenbau** *m* энергомашиностроение

**Großmaschinenbau** *m* тяжёлое машиностроение

**Maschinenbaufirma** *f* машиностроительная фирма

**Maschinenbelegung** f загрузка машин, загрузка оборудования

**Maschinenbelegungsplan** m план загрузки машин, план загрузки оборудования

**Maschinenbesatz** m с.-х. оснащённость техникой

**Maschinenbestand** m машинный парк; парк машин (и оборудования)

**Maschinenbetriebskosten,** pl расходы по эксплуатации машин и оборудования, эксплуатационные издержки

**Maschinenbuchführung** f бухг. механизированный учёт

**Maschinenbuchhaltung** f бухг. механизированный учёт

**Maschinenbuchhaltungsstation** f машиносчётная станция, МСС

**Maschinendurchlaufplanung** f планирование использования машин и оборудования; планирование использования производственных мощностей

**Maschineneinsatz** m механизация

**Maschinenerneuerungskonto** n счёт отчислений на новую технику

**Maschinenfließfertigung** f поточное производство

**automatische Maschinenfließfertigung** автоматическое поточное производство

**Maschinenfließreihe** f поточная линия

**automatische Maschinenfließreihe** автоматическая поточная линия

**Maschinenfließstraße** f поточная линия

**Maschinenkapazität** f производительность машины; мощность оборудования

**Maschinenkarte** f паспорт машины, паспорт станка

**Maschinenklausel** f оговорка, предусматривающая компенсацию в случае ущерба, чаще всего только в размере расходов на ремонт *(в договорах купли-продажи и перевозки машин)*

**Maschinenkode** m вчт. код машины

**Maschinenkosten,** pl расходы по содержанию машин и оборудования *(мн.ч.)*; амортизационные отчисления мн. *(на механическое оборудование)*

**Maschinenlaufstunden** f, pl количество машино-часов

**Maschinenlaufzeit** f машинное время; время работы машины

**Maschinennutzung** f использование оборудования

**Maschinenpark** m машинный парк

**Maschinenpaß** m паспорт машины, паспорт станка; паспорт оборудования

**Maschinenpflege** f уход за машиной; обслуживание машины

**Maschinenplatz** m производственная площадь, занятая оборудованием

**Maschinenprodukt** n продукт машинного производства, изделие машинного производства

**Maschinenprogramm** n вчт. машинная программа; компьютерная программа

**Maschinenrechenstation** f машиносчетная станция, МСС

**Maschinensatz** m машинный агрегат; комплект машин

**Maschinenschaden** m поломка оборудования

**Maschinenschicht** f машино-смена

**Maschinenschild** n фирменная табличка машины

**Maschinensprache** f машинный язык

**Maschinenstraße** f станочная линия; конвейер

**automatische Maschinenstraße** автоматическая станочная линия

**Maschinenstunde** f машино-час, станко-час

**Maschinenstundenkalkulation** f калькуляция эксплуатационных издержек в расчёте на один машино-час

**Maschinenstundenkosten,** pl эксплуатационные издержки в расчёте на один машино-час

**Maschinenwartung** f уход за машиной; обслуживание машины

**Maschinenzeit** f машинное время

**Maschinenzeitbilanz** f баланс машинного времени

**Maschinenzeitfonds** m фонд машинного времени

**Maschinergröße** f**, optimale** оптимальная производительность крупных машин

**Maschinisierung** f механизация

**Maß** n мера; размер; величина, масштаб; мерка; мера, предел, граница; степень

**Maß der Arbeit** мера труда

**Maß der Werte** мера стоимости

**Maß des Verbrauchs** мера потребления, объём потребления, величина потребления

**Maß- und Gewichtssystem** n система мер и весов

**Maßabweichung** f отклонение от нормальной меры

**Maßanalyse** f объёмный анализ, титровальный анализ *(при исследовании качества продукции)*

**Maßangabe** f указание размера

**Masse** f масса; вес; груз; конкурсная масса

**statistische Masse** объект статистического наблюдения

**Masseabgang** *m* потеря в весе, убыль в весе; утруска; усушка; утечка

**Masseansprüche** *m pl* требования, удовлетворяемые в первую очередь из конкурсной массы *(напр., при осуществлении процедуры банкротства)*

**Massedifferenz** *f* разница в весе

**Masseeinheit** *f* единица веса, весовая единица

**Masseforderungen** *f pl* требования *(обычно - кредиторов)* к конкурсной массе

**Massegläubiger** *m* кредитор, имеющий право на преимущественное удовлетворение своих требований из конкурсной массы

**Massekosten** *pl* расходы, связанные с подготовкой и проведением конкурса *(при распространённой процедуре банкротства покрываются в первую очередь из конкурсной массы)*

**Massemanko** *n* потеря в весе, убыль в весе; недовес, провес

**Masseminderung** *f* уменьшение веса

**Masseminderung durch Verschütten** утруска

**Massenabsatz** *m* массовый сбыт

**Massenarbeitslosigkeit** *f* массовая безработица

**Massenartikel** *m* изделие массового производства; предмет широкого потребления

**Massenaufkauf** *m* массовая закупка

**Massenbedarf** *m* широкий спрос, массовый спрос

**Massenbedarfsgüter** *n, pl* товары широкого потребления, предметы широкого потребления

**Massenbedarfsgüterproduktion** *f* производство товаров широкого потребления

**Massenbedarfswaren** *f, pl* товары широкого потребления, предметы широкого потребления

**Massenbeförderung** *f* массовые перевозки

**Massenelend** *n* обнищание масс, пауперизация; нищета масс

**Massenentlassung** *f* массовое увольнение

**Massenerscheinung** *f* стат. массовое явление

**Massenerzeugung** *f* массовое производство

**Massenfertigung** *f* массовое производство *(в обрабатывающей промышленности)*

**parallele Massenfertigung** однопредметное массовое производство; однопрофильное массовое производство

**wechselnde Massenfertigung** многопредметное массовое производство; многопрофильное массовое производство

**Massenfließfertigung** *f* массовое поточное производство

**Massengebrauchsartikel** *m, pl* товары широкого потребления, предметы широкого потребления

**Massengut** *n* массовый груз, навалочный груз

**Massengütertransport** *m* перевозка массовых грузов, массовые перевозки грузов

**Massengüterverkehr** *m* перевозка массовых грузов, массовые перевозки грузов

**Massengutfrachter** *m* сухогруз, судно для перевозки массовых грузов

**Massengutfrachtschiff** *n* судно, предназначенное для перевозок массовых грузов, сухогруз

**Massenherstellung** *f* массовое производство *(в обрабатывающей промышленности)*

**Massenkunde** *m* массовый покупатель

**Massenmedien** *n, pl* средства массовой информации *(печать, радио, телевидение)*

**Massenproduktion** *f* массовое производство

**Massensatz** *m* разновес

**Massenschätzung** *f* стат. валовая оценка

**Massenschüttgut** *n* массовый груз, навалочный груз

**Massenstückgut** *n* массовый штучный груз

**Massenverbrauch** *m* широкое потребление, массовое потребление

**Massenverbrauchsgüter** *n, pl* товары широкого потребления, предметы широкого потребления

**Massenverbundenheit** *f* связь с массами

**Massenverkehr** *m* массовые перевозки

**Massenvertrieb** *m* массовый сбыт

**Massenwaren** *f, pl* товары широкого потребления, предметы широкого потребления

**Massenwerbung** *f* реклама, рассчитанная на широкие круги потребителей

**Massenwettbewerb** *m* массовое соревнование

**Massenzeichnung** *f* der Anleihe массовая подписка на заём

**Masseschulden** *f, pl* долги, покрываемые из конкурсной массы

**Masseschwund** *m* потеря в весе, убыль в весе; утруска; усушка; утечка

**Masseunterschied** *m* разница в весе

**Masseverlust** *m* потеря в весе, убыль в весе; утруска; усушка; утечка

**Massezunahme** f увеличение веса; *с.-х.* нагул, привес

**Maßgabe** f мера; соразмерность; соответствие; условия *(заключения договора)*

**maßgerecht** соответствующий размеру; по мерке

**Maßgut** n габаритный груз

**Maßhaltepolitik** f политика сдерживания требований *(напр., о повышении заработной платы)*

**Maßkontrolle** f проверка размеров, контроль размеров

**Maßliste** f габаритный перечень *(часть погрузочного ордера с указанием размеров мест, поставляемых на причал; является основой для расчёта фрахтовых ставок)*

**Maßnahme** f мероприятие, мера

**diskriminierende Maßnahme** дискриминационная мера

**einschränkende Maßnahme** ограничительная мера

**gerichtliche Maßnahme** судебная мера

**halbe Maßnahme** полумера

**handelspolitische Maßnahme** торгово-политическая мера

**provisorische Maßnahme** временная мера, мероприятие временного характера

**restriktive Maßnahme** ограничительная мера

**technischorganisatorische Maßnahme** организационно-техническое мероприятие

**wirtschaftlichorganisatorische Maßnahme** организационно-хозяйственное мероприятие

**wirtschaftspolitische Maßnahme** хозяйственно-политическое мероприятие

**Maßrate** f фрахтовая ставка для негабаритных грузов

**Maßregel** f мероприятие, мера; распоряжение, предписание

**Maßstab** m масштаб

**Maßstab der Preise** масштаб цен

**im großtechnischen Maßstab** в промышленных масштабах

**im technischen Maßstab** в производственных условиях

**Maßstabsteuern** f pl основные налоги; налоги, составляющие основную часть бюджетных поступлений

**Maßsystem** n система единиц измерения

**technisches Maßsystem** практическая система единиц измерения

**Maßzahl** f размерное число; числовая мера

**statistische Maßzahl** статистическая мера

**Maßzoll** m пошлина, взимаемая с размера груза

**MasterCard** международная платёжная система Мастеркард; международная система кредитных карточек "Мастеркард"

**MasterCard, MC** платёжная карточка Мастеркард; платёжная карточка **MasterCard**; карточка **MasterCard**

**mate's receipt** *англ.* штурманская расписка *(в приёме груза - предварительный коносамент)*

**Material** n материал; сырьё; материальные средства

**Material** материалы, документы, доказательства

**beigestelltes Material** давальческое сырьё; давальческий материал

**fehlerhaftes Material** дефектный материал

**flottantes Material** ценные бумаги, временно находящиеся у биржевых маклеров

**rollendes Material** подвижной состав

**schwer beschaffbares Material** дефицитный материал

**schwimmendes Material** ценные бумаги, временно находящиеся у биржевых маклеров

**unterwegs befindliches Material** *бухг.* материалы в пути

**zweckgebundenes Material** материалы целевого назначения

**Material- und Warenbestände** m, pl запасы товарно-материальных ценностей

**Materialabfälle** m, pl отходы сырья и материалов

**Materialanforderung** f заявка на сырьё и материалы

**Materialaufkommen** n материальные фонды, материальные ресурсы

**Materialaufwand** m расход сырья и материалов, расходование сырья и материалов

**Materialaufwandkoeffizient** m коэффициент затрат сырья и материалов

**voller Materialaufwandkoeffizient** коэффициент полных затрат

**materialaufwendig** материалоёмкий

**Materialaufwendigkeit** f материалоёмкость

**Materialausgabe** f отпуск материалов

**Materialausnutzung** f использование сырья и материалов

**Materialausnutzungskoeffizient** m коэффициент использования сырья и материалов

**Materialausnutzungsnorm** f норма использования сырья и материалов

**Materialbedarf** m потребности в сырье и материалах, потребность в сырье и материалах

**Materialbedarfsermittlung** f определение потребностей в сырье и материалах

**Materialbedarfsplan** m план материально-технического снабжения

**Materialbeistellung** f поставка сырья и материалов *(предприятию для обработки)*; поставка *(заказчиком производителю)* давальческого сырья и материалов

**Materialbelege** m, pl бухг. материальная документация, документация по учёту материалов

**Materialbelieferung** f материально-техническое снабжение

**Materialbereitstellungsplan** m план материально-технического снабжения

**Materialbeschaffung** f обеспечение сырьём и материалами, приобретение сырья и материалов, получение сырья и материалов

**Materialbestand** m запасы сырья и материалов; запасы товарно-материальных ценностей; остатки товарно-материальных ценностей

**Materialbestandskarte** f ведомость учёта материалов; ведомость учёта товарно-материальных ценностей; карточка учёта товарно-материальных ценностей

**Materialbestandskonto** n бухг. статья материального баланса, отражающая наличие товарно-материальных ценностей, сальдо по счёту "сырьё и материалы"

**Materialbestandskontrolle** f контроль за состоянием запаса материалов, контроль за состоянием запасов товарно-материальных ценностей

**Materialbestandsnorm** f установленный *(фирмой)* норматив запасов материалов, норматив запасов товарно-материальных ценностей; норматив товарных запасов

**Materialbestandsrechnung** f количественный учёт материальных запасов *(напр., в штуках, метрах)*, учёт материальных запасов

**Materialbestellung** f заказ материалов; заказ на материалы

**Materialbevorratung** f создание запасов товарно-материальных ценностей

**Materialbewegung** f движение сырья и материалов

**Materialbewertungskennziffer** f показатель материалоёмкости, коэффициент материалоёмкости

**Materialbeziehung** f получение материалов

**Materialbezug** m получение материалов

**Materialbilanz** f материальный баланс

**Materialbilanzierung** f составление материального баланса

**Materialbuchführung** f бухг. материальный учёт, учёт товарно-материальных ценностей

**Materialbuchhaltung** f бухг. материальный учёт, учёт товарно-материальных ценностей

**Materialdeckungsquelle** f источник покрытия потребностей в сырье и материалах

**Materialdisposition** f учёт *(внутризаводского)* движения сырья и материалов

**Materialeingang** m поступление материалов

**Materialeingangsschein** m приходный ордер на материалы, накладная на поступление материалов

**Materialeinkauf** m закупка материалов

**Materialeinsatz** m использование сырья и материалов; расход сырья и материалов *(в производственных целях)*

**Materialeinsatzschlüssel** m коэффициент материалоёмкости, характеристика материалоёмкости

**Materialeinsparung** f экономия сырья и материалов

**Materialeinsparungsprämie** f премия за экономию сырья и материалов

**Materialentnahme** f отпуск материалов

**Materialentnahmeschein** m накладная на отпуск материалов со склада; лимитно-заборная карта

**Materialersparnis** f экономия сырья и материалов

**Materialfluss** m материальный поток

**Materialflussbild** n схематическое изображение материальных потоков

**Materialfonds** m, pl материальные фонды, материальные ресурсы

**Materialgemeinkosten**, pl общие издержки на материалы, общие расходы на материалы

**Materialgemeinkosten** условно-постоянная часть расходов *(накладные расходы)*, связанных с приобретением сырья и материалов

**Materialgüte** f качество материала, добротность материала

**Materialhilfsstelle** f отдел материально-технического снабжения

**Materialien** n, pl, **handelsübliche** стандартизованная продукция

**Materialintensität** f материалоёмкость

**materialintensiv** материалоёмкий

**Materialisation** f материализация, овеществление

**Materialisierung** f материализация, овеществление

**Materialkartei** f картотека учёта сырья и материалов, картотека учёта товарно-материальных ценностей

**Materialkennziffer** f показатель материалоёмкости

**Materialkontingent** n контингент материалов

**Materialkontrolle** f контроль за состоянием запаса материалов, контроль за состоянием запасов товарно-материальных ценностей; испытание материалов

**verbraucherseitige Materialkontrolle** контроль качества материалов потребителями

**Materialkosten,** pl *(заводские)* расходы на сырьё и материалы; *(заводская)* стоимость сырья и материалов

**Materiallager** n склад товарно-материальных ценностей

**Materiallagerung** f складирование сырья и материалов

**Materiallieferung** f поставка сырья и материалов; партия поставляемых материалов

**Materialmangel** m нехватка сырья и материалов, дефицит сырья и материалов; дефект в материале, изъян в материале

**Materialnormativ** n норматив расхода сырья и материалов

**Materialökonomie** f экономия сырья и материалов; материально-техническое снабжение

**Materialorientierung** f территориальное размещение производительных сил с учётом *(фактора)* материальных ресурсов

**Materialplan** m план материально-технического снабжения

**Materialplanung** f планирование материально-технического снабжения

**Materialpreis** m цена сырья и материалов

**Materialpreisdifferenz** f разница между расчётной ценой и фактической стоимостью сырья и материалов

**Materialprüfung** f испытание материалов

**Materialprüfungskosten,** pl расходы по испытанию материалов

**Materialpuffer** m плановые сверхнормативные запасы сырья и материалов

**Materialquelle** f источник получения сырья и материалов, источник поступления сырья и материалов

**Materialrechnung** f учёт товарно-материальных ценностей

**Materialreserven** f, pl резервы сырья и материалов, запасы сырья и материалов

**Materialrichtsatz** m норматив расхода сырья и материалов

**Materialrückgabeschein** m накладная на возврат неиспользованных материалов *(на склад)*; приёмно-сдаточная накладная

**Materialrückgewinnung** f утилизация отходов, утилизация вторичного сырья

**Materialrücklauf** m возврат неиспользованных материалов

**Materialrücklaufschein** m накладная на возврат неиспользованных материалов *(на склад)*; приёмно-сдаточная накладная

**Materialsammelschein** m сводная ведомость учёта сырья и материалов

**Materialschaden** m материальный ущерб

**materialsparend** экономящий сырьё и материалы

**Materialsperre** f запрет на поставку сырья и материалов *(метод принудительного картелирования)*

**Materialstrom** m материальный поток

**Materialstückliste** f технологическая карта изделий

**Materialsubstitution** f замена сырья и материалов

**Materialteuerungszuschlag** m надбавка, предусмотренная на случай повышения стоимости сырья и материалов

**Materialumschlag** m оборот сырья и материалов

**Materialumsetzung** f перемещение сырья и материалов, переброска сырья и материалов

**Materialverbrauch** m расход сырья и материалов

**spezifischer Materialverbrauch** удельный расход сырья и материалов

**Materialverbrauchsnorm** f норма расхода сырья и материалов

**erfahrungsstatistische Materialverbrauchsnorm** плановая норма расхода сырья и материалов, устанавливаемая на основе статистических данных

**errechnete Materialverbrauchsnorm** расчётная норма расхода сырья и материалов

**technisch begründete Materialverbrauchsnorm** технически обоснованная плановая норма расхода сырья и материалов

**Materialverbrauchsnormung** f нормирование расхода сырья и материалов

**Materialverbrauchsstruktur** f структура расхода сырья и материалов

**Materialverbrauchsstudie** f анализ расхода сырья и материалов

**Materialverbrauchsvorgabe** f *(устанавливаемый)* лимит расхода сырья и материалов

**Materialvergeudung** f перерасход сырья и материалов
**Materialverluste** m, pl потери сырья и материалов
**Materialverrechnung** f расчёты, связанные с поступлением и расходованием сырья и материалов
**Materialverrechnungspreis** f передняя внутризаводская расчётная цена материалов на плановый год
**Materialverschwendung** f перерасход сырья и материалов
**Materialversorgung** f материально-техническое снабжение, снабжение производственными ресурсами
**Materialversorgungsbilanz** f баланс материально-технического снабжения, баланс поставок производственных ресурсов
**Materialversorgungsplan** m план материально-технического снабжения
**Materialversorgungsstatistik** f статистика материально-технического снабжения
**Materialverteilung** f распределение сырья и материалов
**Materialverteilungsplan** m план распределения сырья и материалов
**Materialverteuerungszuschlag** m надбавка, предусмотренная на случай повышения стоимости сырья и материалов
**Materialverwendung** f расходование сырья и материалов, использование сырья и материалов
**Materialvorrat** m производственные запасы
**Materialvorratsnorm** f норма производственных запасов
**Materialwirtschaft** f материально-техническое снабжение; система снабжения производственными ресурсами, логистика
**Materialzirkulation** f оборот сырья и материалов
**Materialzufluss** m поступление сырья и материалов
**Materialzugang** m поступление сырья и материалов
**Materialzuteilung** f распределение сырья и материалов; материально-техническое снабжение
**materiell-stofflich** материально-вещественный
**materiell-technisch** материально-технический
**Matrikularbeiträge** n pl взнос члена союза государств для финансирования общих задач союза
**Matrix** f мат. матрица
  **Matrix der Koeffizienten** матрица коэффициентов
  **ausgeartete Matrix** вырожденная матрица
  **einspaltige Matrix** матрица-столбец
  **einzeilige Matrix** матрица-строка
  **konjugiert komplexe Matrix** комплексно-сопряжённая матрица
  **normale Matrix** нормальная матрица
  **periodische Matrix** периодическая матрица
  **reduzible Matrix** приводимая матрица
  **reduzierte Matrix** приведённая матрица
  **reziproke Matrix** обратная матрица
  **Matrix** матрица с конечным числом элементов в каждом столбце
  **stochastische Matrix** стохастическая матрица
  **technologische Matrix** технологическая матрица
  **unitäre Matrix** унитарная матрица
  **unzerlegbare Matrix** неразложимая матрица
  **vollständige Matrix** полная матрица
  **zeilenfinite Matrix** матрица с конечным числом элементов в каждой строке
**Matrixspiel** n матричная игра
**Matrixverfahren** n матричный метод
**Matrize** f мат. матрица
**Matrizenbetriebsplan** m матричный промфинплан (предприятия)
**Matrizenbilanz** f матричный баланс (предприятия)
**Matrizenform** f мат. матричная форма
**Matrizenkarte** f главная перфокарта, матричная перфокарта
**Matrizenmethode** f матричный метод
**Matrizenmodell** n матричная модель (напр., межотраслевого баланса)
**mature economy** англ. "зрелая" экономика
**max., maximal** максимальный; максимально
**Maximal** f максимально высокая страховая сумма (в страховании грузового транспорта)
**Maximalarbeitstag** m предельный рабочий день, максимальный рабочий день
**Maximalbelastung** f максимальная нагрузка
**Maximalbeschäftigung** f максимальная занятость
**Maximalbestand** m максимальный запас
**Maximalbetrag** m максимальная сумма
**Maximaldauer** f **der Aktivität** сет. пл. максимальная продолжительность работы
**Maximaleindeckung** f максимальный запас (материалов)
**Maximalerlös-Kombination** f комбинированное производство различных изделий, обеспечивающее максимальную выручку на рынке
**Maximalfehler** m предельная ошибка

**Maximalgrenze** f максимальный предел *(напр., процента)*

**Maximalhypothek** f ипотека, внесённая в кадастр с указанием максимальной суммы стоимости земельного участка

**Maximalleistung** f максимальная производительность *(или мощность)*

**Maximalprofit** m максимальная прибыль

**Maximalprogramm** n программа-максимум

**Maximaltarif** m максимальный *(таможенный)* тариф

**Maximalwert** m максимальная величина, максимальное значение, максимум

**Maximalzoll** m максимальная пошлина

**Maximierung** f *мат.* максимизация

**Maximum** n максимум
 **minimales Maximum** *мат.* минимакс
 **ein Maximum erstreben** стремиться к максимуму

**Maximum-Likelihood-Gleichung** f уравнение максимального правдоподобия

**Maximum-Likelihood-Methode** f метод максимума правдоподобия

**Maximum-Likelihood-Prinzip** n принцип максимума правдоподобия

**Maximum-Minimum-Problem** n задача на минимакс

**Maximumprinzip** n *мат.* принцип максимума

**Maxinnim-Likelihood-Schätzung** f оценка по принципу максимального правдоподобия

**m.a.Z., mit allem Zubehör** со всеми принадлежностями

**MB, Ministerialbekanntmachung** *(циркулярное)* распоряжение министерства

**m.b.b.e., merchanfs brokers both ends** маклеры грузоотправителя находятся в портах погрузки и выгрузки, брокеры грузоотправителя находятся в портах погрузки и выгрузки

**Mber., Monatsbericht** месячный отчёт

**mbH,, m.b.H. mit beschränkter Haftung** с ограниченной ответственностью *(о компании, о товариществе)*

**MC, Monaco** Монако, *до 1978г. код MJ*

**MD:**
 **MD, Moldau, Republik** Республика Молдова, *до 1978г. код PO*
 **MD, Monatsdurchschnitt** месячная средняя, среднемесячный уровень
 **Md., Milliarde** миллиард
 **m/d, month(s) after date** месяц(ы) с даты

**MDAX, Der Midcap-Index der Deutschen Börse** МДАКС, индекс 70 ликвидных акций второй позиции биржи ФРГ

**MdF, Ministerium der Finanzen** Министерство финансов

**m.d.F.b., mit der Führung beauftragt** уполномоченный на ведение дел

**m.d.F.d.G.b., mit der Führung des Geschäftes beauftragt** уполномоченный на ведение дел фирмы

**MDL, Moldau-Leu, - Moldau, Republik** Молдавский лей *(код валюты 498)*, - Молдова, республика

**MDN, Mark der Deutschen Notenbank** марка Государственного банка бывш. ГДР, марка бывш. ГДР *(до 1968 г. марка Немецкого эмиссионного банка)*

**m.d.W.b., mit der Wahrung der Geschäfte beauftragt** уполномоченный соблюдать интересы фирмы

**ME, Mengeneinheit** количественная единица измерения

**mechanisierbar** поддающийся механизации

**Mechanisierung** f механизация
 **durchgängige Mechanisierung** комплексная механизация, сплошная механизация, полная механизация

**Mechanisierungsgrad** m уровень механизации

**Mechanisierungskoeffizient** m коэффициент механизации

**Mechanisierungsmittel** n, pl средства механизации

**Mechanisierungsstand** m уровень механизации

**Mechanisierungsstufe** f уровень механизации

**med., medio** медио, середина месяца

**MEDA, Messedienst für die Agrar- und Ernährungswirtschaft** Общество по техническому обслуживанию сельскохозяйственных и продовольственных ярмарок

**Media-Plan** m медиа-план; медиа-планирование; планирование информационных потоков

**Median** m *мат., стат.* среднее значение, центральное значение, медиана

**Mediane** f *мат., стат.* среднее значение, центральное значение, медиана

**Mediankarte** f *(контрольная)* карта медиан

**Medianwert** m срединное значение, центральное значение, медиана

**Medien** m средняя стоимость; средняя величина

**Medien** медиана

**Medien** промежуточное значение

**Medien** n, pl средства массовой информации *(печать, радио, телевидение)*

**Medienanalyse** f анализ рекламной деятельности

**Medio** *m австр.* медио, середина месяца, *15-е число месяца*
**mediofällig** подлежащий оплате в середине месяца, подлежащий оплате 15-го числа, подлежащий учёту в середине месяца, подлежащий учёту 15-го числа *(о векселе)*
**Mediogeld** *n* краткосрочный кредит с оплатой 15-го числа
**Mediogeschäft** *n* сделка на медио, сделка, срок которой истекает к середине месяца
**Mediowechsel** *m* вексель, подлежащий оплате в середине месяца, вексель, подлежащий оплате 15-го числа, вексель, подлежащий учёту в середине месяца, вексель, подлежащий учёту 15-го числа
**MEEC, Middle East Economic Commission** Экономическая комиссия ООН для Среднего Востока
**m.e.G., mit eigenem Geschäftsbereich** с собственной сферой деятельности
**Mehr- oder Wenigerrechnung** *f* расчёт разниц между статьями торгового баланса и статьями баланса предприятия, составленного для определения суммы налогового обложения
**Mehr-Variantenplanung** *f* многовариантное планирование
**Mehraggregatbedienung** *f* многоагрегатное обслуживание
**Mehranfertigung** *f* заказ, выполненный предприятием с некоторым превышением
**Mehrarbeit** *f* дополнительный труд; прибавочный труд; сверхурочная работа; увеличение объёма работы
**Mehrarbeit leisten** работать сверх нормы, работать сверхурочно; *разг.* перерабатывать

**Mehrarbeitsstellenbedienung** *f* обслуживание нескольких рабочих мест; многостаночное обслуживание, многоагрегатное обслуживание, многостаночная работа, многоагрегатная работа
**Mehrarbeitstag** *m* прибавочный рабочий день
**Mehrarbeitsvergütung** *f* оплата сверхурочной работы
**Mehrarbeitszeit** *f* прибавочное рабочее время
**Mehrarbeitszuschlag** *m* надбавка *(к заработной плате)* за сверхурочную работу
**Mehraufwand** *m* дополнительные затраты, сверхплановые затраты, дополнительные расходы
**Mehraufwand durch kompliziertes Sortiment** дополнительные затраты, обусловленные усложнением сортамента выпускаемой продукции
**technologischer Mehraufwand** дополнительные затраты, обусловленные изменением технологии производства
**Mehraufwendungen** *f, pl* дополнительные затраты, сверхплановые затраты, дополнительные расходы
**Mehrausgaben** *f, pl* дополнительные затраты, сверхплановые затраты, дополнительные расходы
**Mehrausstoß** *m* дополнительный выпуск продукции, сверхплановый выпуск продукции
**Mehrbedarf** *m* дополнительные потребности, сверхплановые потребности
**Mehrbelastung** *f* дополнительная нагрузка, избыточная нагрузка, чрезмерная нагрузка; дополнительное *(налоговое)* обложение
**Mehrberechnung** *f* доплата
**gegen Mehrberechnung** за особую доплату

**Mehrbestand** *m* сверхнормативные запасы
**Mehrbetrag** *m* излишек *(бюджета)*
**Mehrbetrag** превышение доходов над расходами, излишки
**Mehrblatt-Verfahren** *n бухг.* метод копиручёта, при котором одновременно с записями в карточку лицевого счёта и в журнал производятся другие записи
**Mehreinfuhr** *f* дополнительный импорт
**Mehreinfuhr** пассивное сальдо *(торгового баланса)*
**Mehreinnahmen** *f pl* дополнительные поступления, сверхплановые поступления; дополнительный доход
**Mehrerlös** *m* дополнительная выручка, сверхплановая выручка; выручка сверх намечавшейся по смете
**Mehrerzeugung** *f* избыточное производство; производство дополнительной продукции; дополнительная продукция, сверхплановая продукция
**mehrfach** неоднократный, многократный
**mehrfach** сложный, комбинированный
**Mehrfach-Stichprobenplan** *m* план множественного приёмочного контроля, многовыборочный контроль *(качества)*
**Mehrfach-Stichprobenverfahren** *n* метод множественного приёмочного контроля
**Mehrfacharbitrage** *f* многосторонний арбитраж
**Mehrfachbesteuerung** *f* многократное обложение
**Mehrfachbezieher** *m* получатель нескольких видов пособий
**Mehrfachnutzung** *f* многократное использование

**Mehrfachprojekt** *n* многопрограммный проект

**Mehrfachqualifikation** *f* освоение нескольких специальностей

**Mehrfachregression** *f* стат. множественная регрессия

**Mehrfachtransporte** *m, pl* многократные перевозки, повторные перевозки

**Mehrfachzoll** *m* сложный таможенный тариф

**Mehrfahrtenkarte** *f* проездной билет на несколько поездок

**Mehrfracht** *f* дополнительный фрахт, дополнительная плата за провоз, дополнительная плата за перевозку

**Mehrgebot** *n* разница между самой низкой и самой высокой ценой *(на аукционе)*

**Mehrgewicht** *n* излишний вес, избыточный вес

**Mehrgewinn** *m* дополнительная прибыль, сверхплановая прибыль; сверхприбыль

**Mehrgewinnsteuer** *f* налог на сверхприбыль

**Mehrheitsbeteiligung** *f* участие большинства

**Mehrjahreshaushaltsplan** *m* многолетний финансовый план; проект государственного бюджета на несколько лет

**Mehrkosten**, *pl* дополнительные издержки, дополнительные расходы, сверхплановые издержки; перерасход

**Mehrleistung** *f* повышенная производительность; дополнительная продукция; перевыполнение норм выработки

**Mehrleistungen** *f, pl* дополнительные выплаты *(по социальному страхованию)*

**Mehrleistungslohn** *m* сдельно-премиальная оплата труда, сдельно-премиальная заработная плата

**Mehrleistungsprämie** *f* повременно-премиальная оплата труда, повременно-премиальная заработная плата

**Mehrleistungsprämie bei Materialeinsparung** премия за экономию *(сырья и)* материалов

**Mehrleistungsprämie für Planübererfüllung** премия за перевыполнение плана, доплата за перевыполнение плана

**Mehrlieferung** *f* поставка сверх договорного количества, поставка сверх установленного количества

**Mehrlohn** *m* дополнительная заработная плата; приработок

**Mehrlohnprämie** *f* премия за перевыполнение нормы

**Mehrmaschinenarbeiter** *m* многостаночник

**Mehrmaschinenbedienung** *f* многостаночное обслуживание, многоагрегатное обслуживание, многостаночная работа, многоагрегатная работа

**Mehrmaschinenbedienungsnorm** *f* норма при многостаночной работе

**Mehrpersonenspiel** *n* игра с большим числом участников

**Mehrphasensteuer** *f* многофазный налог с оборота; налог, взимаемый на разных стадиях *("фазах")* продвижения облагаемых товаров *или* услуг к конечному потребителю

**Mehrporto** *n* дополнительная оплата почтового отправления, добавочная оплата почтовых отправлений

**Mehrprodukt** *n* дополнительный продукт; прибавочный продукт

**Mehrproduktbetrieb** *m* предприятие, производящее несколько видов продукции

**Mehrprodukterzeugung** *f* производство нескольких видов продукции

**Mehrproduktfertigung** *f* производство нескольких видов продукции

**Mehrproduktherstellung** *f* производство нескольких видов продукции

**Mehrproduktion** *f* дополнительная продукция, сверхплановая продукция; производство дополнительной продукции

**Mehrprofit** *m* сверхприбыль

**Mehrschichtenarbeit** *f* многосменная работа

**Mehrschichtenbetrieb** *m* многосменная работа; предприятие, работающее в несколько смен

**Mehrspaltenjournal** *n* бухг. табличная форма журнала, многографная форма журнала

**Mehrspaltenverfahren** *n* бухг. метод табличной формы учёта, метод многографной формы учёта

**Mehrstellenarbeit** *f* многостаночное обслуживание, многоагрегатное обслуживание, многостаночная работа, многоагрегатная работа

**Mehrsteuern** *f, pl* разность между уплаченной и действительно причитавшейся суммами налога; разница между объявленной суммой налога и суммой, установленной налоговым контролем; переплата налога

**Mehrstimmrecht** *n* право использования "многоголосых" акций

**Mehrstimmrechtaktie** *f* "многоголосая" акция, плюральная акция *(акция, наделённая большим правом при голосовании или имеющая более высокое соотношение между правом голоса и номиналом)*

**Mehrstimmrechtsaktie** f "многоголосая" акция, плюральная акция

**mehrstufig** многоступенчатый

**Mehrüberweisung** f дополнительный денежный перевод

**Mehrung** f увеличение, умножение

**Mehrverausgabung** f **von Arbeitskraft** дополнительные затраты труда; интенсификация труда

**Mehrverbrauch** m дополнительное потребление; дополнительный расход, сверхплановый расход, перерасход

**Mehrverdienst** m дополнительный заработок, приработок

**Mehrvergütung** f дополнительная оплата труда

**Mehrwegverpackung** f многооборотная тара, многократно оборачивающаяся тара, возвратная тара

**Mehrwert** добавленная стоимость, вновь созданная стоимость

**Mehrwert drüben** дополнительные расходы при принятии товара в месте назначения (*пошлина, фрахт и т.д.*)

**Mehrwert erzeugen** производить прибавочную стоимость, создавать прибавочную стоимость

**Mehrwert produzieren** производить прибавочную стоимость, создавать прибавочную стоимость

**absoluter Mehrwert** абсолютная прибавочная стоимость

**kapitalisierter Mehrwert** капитализированная прибавочная стоимость

**relativer Mehrwert** относительная прибавочная стоимость

**vergoldeter Mehrwert** прибавочная стоимость, превратившаяся в деньги

**Mehrwertbildung** f создание прибавочной стоимости

**Mehrwertgesetz** n закон прибавочной стоимости

**Mehrwertmasse** f масса прибавочной стоимости

**Mehrwertproduktion** f производство прибавочной стоимости

**Mehrwert(s)rate** f норма прибавочной стоимости

**Mehrwertsteuer** f налог на добавленную стоимость, налог на вновь созданную стоимость

**Mehrwertsteuerrückerstattung** f возврат суммы налога на добавленную стоимость

**Mehrwerttheorie** f теория прибавочной стоимости

**Mehrzeit** f добавочное время; прибавочное время

**Mehrzweckfertigung** f многоцелевое производство

**Mehrzweckgenossenschaft** f многоотраслевой кооператив

**Mehrzweckgüterwagen** m универсальный товарный вагон

**Mehrzweckkontrollkarte** f многоцелевая контрольная карта, контрольная карта многоцелевого назначения

**Mehrzweckmaschine** f универсальная машина

**Mehrzweigstruktur** f многоотраслевая структура (хозяйства)

**Meinungsforschung** f изучение общественного мнения

**Meinungskauf** m бирж. спекулятивная покупка (*при игре на повышение*)

**Meinungskäufe** m pl фиктивная сделка при покупке товаров и услуг; спекулятивные покупки

**Meinungsmaschinerie** f машина обработки общественного мнения

**Meinungsverkauf** m бирж. спекулятивная продажа (*при игре на повышение*)

**Meinungsverschiedenheit** f разногласие (*сторон*)

**meistbegünstigen** vt предоставлять режим наибольшего благоприятствования

**meistbegünstigt** пользующийся режимом наибольшего благоприятствования

**Meistbegünstigung** f наибольшее благоприятствование, режим наибольшего благоприятствования

**Meistbegünstigung genießen** пользоваться режимом наибольшего благоприятствования

**Meistbegünstigung gewähren** предоставлять режим наибольшего благоприятствования

**Grundsatz der Meistbegünstigung** принцип наибольшего благоприятствования

**Meistbegünstigungsklausel** f оговорка о режиме наибольшего благоприятствования

**Meistbegünstigungsprinzip** n принцип наибольшего благоприятствования

**Meistbegünstigungstarif** m тариф для стран, пользующихся режимом наибольшего благоприятствования

**Meistbietende** m предлагающий наибольшую цену (*на аукционе*)

**Meister** m мастер (*ремесленник, сдавший экзамен на мастера*)

**Meisterbereich** m производственный участок, возглавляемый мастером

**Meisterfonds** m фонд мастера (*для премирования*)

**Meisterprüfung** f экзамен на мастера

**Meistgebot** n предложение самой высокой цены (*на аукционе*)

**meistgefragt** ходовой, пользующийся наибольшим спросом *(о товаре)*

**Meldeadresse** *f* место, указанное в судовых документах, куда по прибытии судна должен обратиться капитан

**Meldebestand** *m* минимальный уровень производственных запасов

**Meldepflicht** *f*, **steuerliche** обязанность представления налоговой декларации, обязанность налогоплательщика предоставить декларацию о доходах

**Meldeschluss** *m (крайний)* срок подачи заявки

**Meldung** *f* авизо, уведомление

**Meldungsfrist** *f* срок подачи заявки

**Meliorationen** *f pl* мелиорация

**Meliorationsgemeinschaft** *f* товарищество по улучшению земель, мелиоративное товарищество

**Meliorationsgenossenschaft** *f* товарищество по улучшению земель, мелиоративное товарищество

**Memorial** *n* бухг. мемориал

**Memorial-Order** *f* бухг. мемориальный ордер

**Memorial-Order-Buchführung** *f* мемориально-ордерная форма учёта

**Memorial-Order-Verfahren** *n* бухг. мемориально-ордерная форма учёта

**Memorialanweisung** *f* мемориальный ордер

**Menge** *f* масса, множество, большое количество; куча, груда; *мат.* множество

**Menge von Aufteilungen** множество дележей *(в теории игр)*

**Menge von Zuständen** *мат.* множество состояний

**Mengenangabe** *f* указание количества, указание размера, указание веса *(товара)*

**Mengenanpasser** *m* продавец *(или покупатель)*, определяющий, какое количество товара при данных ценах должно быть продано *или* куплено

**Mengenanpassung** *f* поставка на рынок такого количества конкурентного товара, которое не ведёт к изменению существующих цен

**Mengenanpassung** поставка на рынок такого количества товара, которое не ведёт к изменению существующих цен и, следовательно, не вызывает реакции партнёров *или* конкурентов

**Mengenbeschränkung** *f* количественное ограничение

**Mengenbilanz** *f* количественный баланс

**Mengeneinheit** *f* единица измерения

**Mengenelastizität** *f* эластичность спроса в зависимости от количества

**Mengenfunktion** *f* функция торговых организаций, заключающаяся в установлении соразмерных отношений между количеством товаров и спросом

**mengengemäß** по количеству, в количественном отношении

**mengengerecht** соответствующий установленному количеству; в нужном количестве

**Mengenindex** *m* количественный индекс, объёмный индекс

**Mengenkartell** *n* картель, регулирующий объём продукции

**Mengenkennzeichnung** *f* количественная характеристика

**Mengenkennziffer** *f стат.* натуральный показатель

**Mengenkonjunktur** *f* высокая конъюнктура как результат высокого спроса на товары *(при стабильных или снижающихся ценах)*

**Mengenkonjunktur** ситуация циклического оживления (подъёма) *(при которой увеличение денежного спроса влечёт за собой главным образом расширение производства, а не общий рост цен)*, ср. Preiskonjunktur

**Mengenkontrolle** *f* количественный контроль, контроль количества

**Mengenkosten,** *pl* переменные издержки; затраты, величина которых меняется пропорционально количеству товара *(напр., фрахт, страхование и проч.)*

**Mengenkurs** *m* косвенная котировка, *(косвенная)* котировка валют

**Mengenlehre** *f* теория множеств

**Mengenleistung** *f* производительность, производственный результат, выраженный через количество произведённых товаров *или* услуг; производительность труда, выраженная в количественных единицах измерения

**mengenmäßig** количественный; по количеству, в количественном отношении

**Mengenmerkmal** *n* количественная характеристика, количественный признак

**Mengenmessung** *f* количественное измерение; количественный анализ, измерение

**Mengennachlass** *m* количественная скидка, скидка с цены за количество; оптовая скидка

**Mengennorm** *f* норма выработки в единицах изделий

**Mengennotierung** *f* косвенная котировка

**Mengenprüfung** f серийное испытание

**Mengenrabatt** m количественная скидка, скидка с цены за количество; оптовая скидка

**Mengenrechnung** f количественный учёт товарно-материальных ценностей

**Mengenregulierung** f (государственное) макроэкономическое регулирование, регулирование спроса и предложения на отдельных рынках

**Mengenreklamation** f рекламация по количеству

**Mengenspesen,** pl переменные издержки; затраты, величина которых меняется пропорционально количеству товара (напр., фрахт, страхование и проч.); издержки, величина которых меняется от объёма используемых сырья и материалов

**Mengenstaffel** f шкала скидок с цены для крупного покупателя, шкала оптовых скидок; шкала скидок с цены за количество

**Mengenumsatz** m оборот (торговый) по физическому объёму; оборот в физическом исчислении

**Mengenverhältnis** n количественное соотношение

**Mengenverluste** m, pl количественные потери в процессе производства

**Mengenverschleierung** f неверное указание количества (товара)

**Mengenvolumen** n физический объём

**Mengenzuschlag** m надбавка к цене за количество, накидка к цене за количество

**Mensch** m человек

**Mensch-Maschine-System** n система "человек-машина"

**Mensch-Umwelt-Beziehung** f связь "человек-окружающая среда"

**Menschenhändler** m торговец людьми; работорговец

**Menüladen** m магазин кулинарии и полуфабрикатов

**merchantable** англ. пригодный для торговли (о товаре среднего качества)

**meritorisch** заслуживающий уважения, достойный

**merkantil** меркантильный; торговый, коммерческий; меркантильный, торгашеский, мелочно-расчётливый

**Merkantilismus** m ист. меркантилизм

**merkantilistisch** меркантилистский; меркантильный

**Merkantilsystem** n ист. меркантилизм

**Merkmal** n примета, признак, отличительная черта, отличительный знак; характеристика; стат. признак

 **diskontinuierliches Merkmal** дискретный признак, прерывный признак

 **kontinuierliches Merkmal** непрерывный признак

 **meßbares Merkmal** измеримый признак

 **nicht meßbares Merkmal** неизмеримый признак

 **qualitatives Merkmal** качественный признак

 **quantitatives Merkmal** количественный признак

 **statistisches Merkmal** статистический признак

**Merkmalsauswahl** f стат. выбор признаков

**Merkmalsgröße** f стат. значение признака

**Merkmalsvariation** f стат. вариация признака

**Merkmalswert** m стат. значение признака

**Merkposten** m бухг. памятная статья, памятная позиция

**Merkzeichen** n метка, пометка, значок; отличительный признак

**Merkzettel** m памятная записка

**Mesorayon** m средний (по размерам) экономический район, мезорайон

**Meß-, Steuerungs- und Regelungstechnik** f контрольно-измерительные приборы и техника автоматического управления

**Mess- und Marktwaren** f, pl товары, предназначенные для ярмарок и выставок (в качестве экспонатов)

**meßbar** измеримый

**Meßbrief** m судовой паспорт (содержит данные о судне, постоянно находится на борту)

**Messe** f ярмарка; , ярмарка-выставка; выставка (место для заключения сделок - ср.

 **Messe der Meister von Morgen** выставка технического творчества молодёжи, ВТТМ (бывш. ГДР)

 **auf der Messe** на ярмарке

 **Buchmesse** книжная ярмарка; книжная выставка

 **Frankfurter Buchmesse** Франкфуртская книжная ярмарка (выставка)

 **internationale Messe** международная ярмарка

 **Leipziger Messe** Лейпцигская ярмарка

 *die* **Messe bauen** ездить на ярмарку, посещать ярмарку (для продажи чего-л.)

 *die* **Messe war gut beschickt** на ярмарке было представлено много разных товаров

 *die* **Messe war gut besucht** ярмарку посетило много людей; ярмарка прошла очень оживлённо

**Messe- und Ausstellungsversicherung** f страхование экспонатов ярмарок и выставок

**Messeabschluss** *m* закрытие ярмарки

**Messeabschluss** сделка, заключённая на ярмарке; контракт, заключённый на ярмарке

**Messebeschicker** *m* участник ярмарки

**Messedienst für die Agrar- und Ernährungswirtschaft** Общество по техническому обслуживанию сельскохозяйственных и продовольственных ярмарок

**Messegast** *m* посетитель ярмарки

**Messegelände** *n* территория ярмарки; территория выставки

**Messegeschäft** *n* сделка, заключённая на ярмарке, контракт, заключённый на ярмарке

**Messegut** *n* экспонат ярмарки

**Meßeinheit** *f* единица измерения

**Meßeinrichtung** *f* измерительное устройство

**Meßeinrichtungen** *pl* измерительная техника

**Messekatalog** *m* выставочный каталог; каталог выставки; каталог выставки-распродажи; каталог выставки-ярмарки; каталог ярмарки

**Messekontingent** *n* ярмарочный контингент *(обязательство страны-организатора ярмарки приобрести экспонаты или предоставить участникам возможности сбыта после окончания ярмарки)*

**Messekontingente** *n, pl* обязательство страны, организующей ярмарку *(образцов)*, на покупку определённого объёма выставленных товаров после закрытия ярмарки

**Messekosten** *pl* расходы, связанные с организацией и проведением ярмарки; издержки, связанные с организацией и проведением ярмарки

**Messeland** *n* страна, организующая ярмарки

**Messen** *n* 1. измерение (действие); производство измерений 2. результат измерений 3. исчисление, вычисление *(фрахта по весу или размеру)*

**Messepalast** *m* главный павильон *(на ярмарке, торговой выставке и др.)*

**Meßergebnis** *n* результат измерения

**Messestadt** *f* город, в котором проводятся ярмарки

**Messetag** *m* ярмарочный день

**Messewerbung** *f* реклама ярмарки

**Meßgegenstand** *m* предмет измерения, объект измерения

**Meßgerät n** измерительный прибор

**Meßgeräte** *pl* измерительные приборы, измерительная аппаратура

**CO-Meßgeräte für Autoabgase** приборы для определения концентрации окиси углерода в выхлопных газах автомобилей

**Meßgröße** *f* показатель *(цифровой)*; параметр

**Meßgröße** измеренная величина

**Meßgröße** измеряемая величина; измеряемый параметр

**Meßhandel** *m* торговля в разнос *(приурочиваемая к ежегодным ярмаркам)*

**Meßreihe** *f* стат. ряд измерений, серия измерений

**Meßsystem** *n* измерительная система

**Messung** *f* измерение; обмер; замер; межевание *(полей)*

**kardinale Messung** количественное измерение

**ordinale Messung** порядковое измерение

**Meßverfahren** *n* способ измерения, метод измерения; процесс межевания *(полей)*

**Meßwagen m** передвижная станция мониторинга (напр. экологического); передвижная лаборатория

**Meßwarte** *f* центральный пункт по наблюдению и контролю за технологическим процессом *(напр., на нефтеперегонном заводе)*

**Meßwechsel** *m* ярмарочный вексель

**Meßwert** *m* измеренная величина, измеряемая величина

**Meßwesen** *n* метрология

**Meßwesen** инструментальный мониторинг

**Meßwesen auf dem Gebiet des Strahlenschutzes** измерения в области радиационной защиты; радиационный мониторинг

**Meßzahl** *f* показатель *(цифровой)*

**Metageschäft** *n* мета, солидарная сделка *(деление прибылей и убытков поровну между участниками сделки)*; сделка с равными для сторон долями прибыли и убытка; долевые операции; арбитражные операции на половинных началах

**Metageschäft** банковские операции по счёту мета; банковские операции по счёту долевых операций

**Metainformation** *f* метаинформация

**Metakonto** *n* общий счёт *(участников меты)*; счёт мета, счёт долевых операций

**metallbearbeitend** металлообрабатывающий

**Metallbörse** *f* товарная биржа металлов

**Metallgeld** *n* металлические деньги

**Metallgeldsystem** *n* система обращения металлических денег

**Metallgeldumladt** *m* металлическое обращение, обращение металлических денег

**Metallgeldumlauf** *m* обращение металлических денег

**Metallgeldzirkulation** *f* металлическое обращение, обращение металлических денег

**Metallgeschäft** *n* сделка на металл; торговля металлом в слитках и монетах

**Metallismus** *m* металлизм, металлистическая теория денег *(теория, связывающая некоторые существенные особенности денежной системы, прежде всего, золотого стандарта, со свойствами монетарного металла)*

**metallverarbeitend** металлообрабатывающий

**Metallwährung** *f* металлические деньги *(денежная система, базирующаяся на обращении металлических - золотых или серебряных - денег)*

**Metallwarenindustrie** *f* метизная промышленность

**metaökonomisch** метаэкономический

**metaökonomische Bilanz** *f* метаэкономический баланс (в макроэкономике)

**Metaverbindung** *f* **(eine besonders auf finanzmärkten häufige vereinbarung zwischen mehreren beteiligten; alle transaktionen durch nur einen partner (den metisten) abwickeln zu lassen. entstehende gewinne und verluste werden dann zwischen den konsorten gemäss den vertragsmodalitäten aufgeteilt)** 1. консорциум банков *(за совместный счёт и риск)* 2. операции по счёту мета

**Metaverrechnung** *f* расчёт по долевым операциям, расчет по счёту мета

**Meter** *n* метр

**Metergewicht** *n* ж.-д. погонный вес, погонная масса *(отношение веса нагруженного вагона в тоннах к длине вагона в метрах)*

**Meterkonvention** *f* ист. метрическая конвенция

**Meterware** *f* товар, продаваемый на метры

**Methode** *f* метод
  **Methoden** *f, pl* методы (мн. ч.)

**Methode der Arbeitsnormung** метод нормирования труда

**Methode der Auflösungsmultiplikatoren** *мат.* метод разрешающих множителей *(для решения задач линейной оптимизации)*

**Methode der aufsteigenden Indizes** метод нарастающих индексов *(метод решения транспортной проблемы)*

**Methode der direkten Berechnung** метод прямого расчёта

**Methode der Einzelberechnung** метод прямого счёта *(в бюджетном планировании)*

**Methode der gleitenden Durchschnitte** выявление основной тенденции методом скользящей средней

**Methode der größten Ähnlichkeit** *мат.* метод наибольшего правдоподобия

**Methode der kleinsten Quadrate** метод *(суммы)* наименьших квадратов

**Methode der kleinsten Quadratsumme** метод *(суммы)* наименьших квадратов

**Methode der ökonomischen Analyse und Synthese** метод экономического анализа и синтеза

**Methode der Parameterpreisbildung** параметрический метод ценообразования

**Methode der Potentiale** метод потенциалов *(метод линейной оптимизации)*

**Methode der rationellen Funktionen** метод рациональных функций

**Methode der schrittweisen Verbesserung** метод последовательного улучшения, МПУ *(напр., плана)*

**Methode der Variantenrechnung** метод многовариантности; метод вариантных расчётов

**Methode des indifferenten Erzeugnisses** метод индифферентного изделия

**Methode des Korrelationszusammenhanges** метод корреляционной зависимости

**Methode des kritischen Weges** *сет. пл.* метод критического пути

**Methode des Unterschiedsbetrages** метод разницы в ценах

**analytisch-experimentelle Methode** экспериментально-аналитический метод

**analytisch-rechnerische Methode** расчётно-аналитический метод

**analytische Methode** аналитический метод

**erfahrungsstatistische Methode** опытно-статистический метод

**ökonometrische Methode** экономико-математический метод, эконометрический метод

**repräsentative Methode** метод частичного наблюдения, метод несплошного наблюдения

**retrograde Methode** ретроградный способ *(способ вычисления процентов)*

**ungarische Methode** венгерский метод, метод дифференциальных рент *(метод решения транспортных проблем)*

**zurückschreitende Methode** ретроградный способ *(способ вычисления процентов)*

**Methoden- und Modellbank** f банк методов и моделей
**Methodik** f методика
**Methodik** методология
**methodisch** методический
**methodische Winke** методические указания
**Methodologie** f методология
**methodologisch** методологический
**Metist** m метист, участник меты; участник сделки за совместный счёт и риск
**Metrologie** f метрология; измерительная техника; техника измерений
**metrologisch** метрологический
**MFG:**
  **m.f.G., mit freundlichen Grüßen** с уважением *(концовка делового письма)*
  **mfg., manufacturing** (анг.) производство
  **mfg., manufacturing** (анг.) промышленный
  **Mfg Co, manufacturing Company** (анг.) фирма-изготовитель
**MfHV, Ministerium für Handel und Versorgung** Министерство торговли и снабжения *(бывш. ГДР)*
**MfJ, Ministerium für Justiz** Министерство юстиции
**MfL, Ministerium für Leichtindustrie** Министерство лёгкой промышленности *(бывш. ГДР)*
**mfr., manufacturer** (анг.) изготовитель
**MfV, Ministerium für Verkehrswesen** Министерство путей сообщения
**MG:**
  **M/G, Maß/Gewicht** размер/вес *(альтернативная основа для расчёта пароходством фрахта)*
  **MG, Madagaskar** Мадагаскар

**MGF, Madagaskar-Franc, - Madagaskar** Малагасийский франк *(код валюты 450)*, - Мадагаскар
**MHV, Multilaterale Handelsverhandlungen** многосторонние торговые переговоры (в рамках ГАТТ), МТП
**Miederwaren** f pl женская галантерея *(пояса, корсеты и т.п.)*
**Miet- und Pachtzinsen** m, pl плата за наём, арендная плата; плата за пользование арендованным имуществом
**Miete** f наём, аренда; прокат; арендная плата, плата за наём; квартирная плата; плата за прокат; чартер
**Mieten und Pachten** n арендная плата, плата за наём; аренда, доходы от аренды
**Miete auf neunundneunzig Jahre** аренда на 99 лет
**Miete pro Kalendermonat** арендная плата за календарный месяц
**Mieteinigungsamt** n юр. примирительная камера по вопросам найма и обмена помещений
**mieten** vt снимать, брать в аренду; брать напрокат; мор. фрахтовать; нанимать *(напр., рабочую силу)*
**Mieter** m наниматель; арендатор
**Mieterdarlehen** n ссуда, предоставленная арендатором помещения, ссуда, предоставленная нанимателем помещения
**Mietermitverwaltung** f участие квартиросъёмщиков в управлении домами государственного и кооперативного фонда *(бывш. ГДР)*
**Mieterschutz** m закон о защите прав квартиросъёмщиков
**Mieterzuschuss** m авансовый платёж нанимателя; плата, внесённая нанимателем вперёд

**Mietgebühr** f арендная плата, плата за наём; квартирная плата; плата за прокат
**Mietgeld** n арендная плата, плата за наём; квартирная плата; плата за прокат
**Miethöhe** f размер арендной платы; размер платы за прокат
**Mietkauf** m покупка предмета длительного пользования с предварительным испытанием его в течение срока проката *(применяется широко в США)*
**Mietkauf** покупка товара с предварительным использованием *(в ФРГ, как правило, мебели, срок до 3-х лет)*
**Mietkosten**, pl плата за наём, арендная плата; плата за пользование арендованным имуществом
**Mietobjekt** n предмет аренды, предмет проката
**Mietpreis** m размер арендной платы
**Mietrate** f доля арендной платы *(при оплате в рассрочку)*
**Mietsache** f арендуемое имущество; предмет, взятый напрокат
**Mietsatz** m ставка арендной платы
**Mietverhältnis** n юр. отношения, вытекающие из договора аренды помещения, отношения, вытекающие из договора найма помещения
**Mietverlust** m убытки домовладельца из-за прекращения поступления квартирной платы
**Mietvertrag** m договор проката, договор аренды *(часто предшествует покупке этого товара)*; договор о найме помещения, договор об аренде помещения
**Mietvorauszahlung** f уплата арендной платы авансом

**Mietzins** *m* арендная плата, плата за наём; рента с домов

**Mifrifi, Mittelfristige Finanzplanung** среднесрочное финансовое планирование

**Migrationstheorie** *f* теория миграций

**Mikromethode** *f* микро-метод, микро-подход

**Mikromodell** *n* микромодель

**Mikroökonomik** *f* микро-экономика (*часть экономической теории, предметом анализа которой является отдельный потребитель или фирма*)

**mikroökonomisch** микроэкономический

**Mikroprogrammspeicher** *m* накопитель для хранения микропрограмм (*постоянный*)

**Mikroprozessor** *m* микропроцессор

**Mikrorechner** *m* микро-ЭВМ (*встроенная или ПЭВМ на базе микропроцессора*)

**Mikrostandort** *m* микрорайон (*размещения производства*)

**Mikrostruktur** *f* микроструктура

**Mikrovariable** *f* микропеременная (величина)

**Mikrozensus** *m* стат. микроценз, микроперепись (*особая форма переписи населения*)

**Milch-Gemüse-Gürtel** *m* зона овощеводческого хозяйства и молочного животноводства, пояс овощеводческого хозяйства и молочного животноводства (*вокруг крупных промышленных центров*)

**Militär-Industrie-Komplex** *m* военно-промышленный комплекс, ВПК

**Militärbudget** *n* военный бюджет

**Militäretat** *m* (от франц.) военный бюджет

**Militärhaushalt** *m* военный бюджет

**Militärindustrie** *f* военная промышленность

**Militarisierung** *f* милитаризация

**Militarisierung der Wirtschaft** милитаризация экономики

**Militärmacht** *f* военная держава

**Mill., Mio, Million** миллион, млн.

**Milliardär** *m* миллиардер

**Milliarde** *f* миллиард

**Millionär** *m* миллионер

**min, mindestens** минимум, по крайней мере

**Minderausgaben** *f, pl* неполное расходование сумм, ассигнованных по бюджету; невыполнение расходной части бюджета, недорасход

**Minderbetrag** *m* недостающая сумма, дефицит

**Mindereinnahme** *f* недобор, недостача; убыток

**Minderfabrikat** *n* изделие низкого качества; второстепенная продукция

**Mindergewicht** *n* недостающий вес, недовес; недостача

**Mindergewinn** *m* невыполнение плана по прибыли

**Minderheitsbeteiligung** *f* участие меньшинства (*напр., в голосовании или принятии решений в рамках акционерной компании*);

**Minderheitsrechte** *n pl* права меньшинства (*напр., акционеров*)

**Minderkaufmann** *m* мелкий промышленник, сам реализующий свою продукцию, мелкий кустарь, сам реализующий свою продукцию

**Minderkaufmann** *m* лицо, занимающееся промыслом *или* ремесленник, реализующий свою продукцию

**Minderlieferung** *f* недопоставка, недопоставка товара (*по сравнению с количеством, обусловленным контрактом*)

**Mindermaß** *n* недостающий вес, недовес; недостача

**Mindermasse** *f* недостающий вес, недовес; недостача

**Mindermengenzuschlag** *m* возмещение поставщику дополнительных расходов, возникающих при производстве и поставке продукции мелкими партиями

**Mindermengenzuschlag** надбавка к цене при принятии заказчиком количеств, ниже обусловленных договором, накидка к цене при принятии заказчиком количеств, ниже обусловленных договором

**Minderqualität** *f* пониженное качество

**Minderung** *f* уменьшение; сокращение; снижение, понижение; снижение цены (*напр., ввиду низкого качества*); смягчение, ослабление (*напр., напряжённости*)

**Minderung** уценка, снижение цены (*вследствие обнаруженных недостатков*)

**Minderung der Erwerbsfähigkeit** снижение трудоспособности

**Minderung der Verdienstfähigkeit** снижение трудоспособности

**Minderverbrauch** *m* потребление ниже (*установленной*) нормы, расходование ниже (*установленной*) нормы

**Minderwert** *m* пониженная стоимость; пониженная ценность

**minderwertig** малоценный; неполноценный; недоброкачественный; низкокачественный, низкосортный; низкотоварный

**Minderwertigkeit** f низкое качество, низкий сорт, недоброкачественность, неполноценность

**Mindestabsatzvorrat** m минимальный размер товарных запасов (напр., у торговых организаций)

**Mindestanforderung** f минимальное требование

**Mindestarbeitsleistung** f минимальная производительность труда; минимальная выработка

**Mindestarbeitstage** m pl минимальное количество рабочих дней

**Mindestbargebot** n минимальная предложенная сумма (на аукционе)

**Mindestbeitrag** m минимальный взнос, минимальный вклад

**Mindestbestand** m минимальный уровень запасов (товарно-материальных ценностей)

**Mindestbestellmenge** f минимальное количество, предусмотренное условиями заказа

**Mindestbetrag** m наименьшая сумма, минимальная сумма

**steuerfreier Mindestbetrag** не облагаемый налогом минимум

**Mindestbewertung** f минимальная оценка, установление минимальной стоимости (в соответствии с налоговым правом может определяться для основных и оборотных средств)

**Mindestbezugsmenge** f минимальное количество, предусмотренное условиями поставки

**Mindesteindeckung** f минимальный уровень запасов (товарно-материальных ценностей)

**Mindesteinfuhrpreis** m минимальная цена на импортируемые товары

**Mindesteinkommen** n минимальный доход

**Mindesteinlage** f минимальный вклад (в ФРГ, напр. для сберегательных и текущих чековых счетов в почтовых отделениях)

**Mindestfeingehalt** n минимальная проба (драгоценных металлов)

**Mindestforderung** f минимальное требование

**Mindestfracht** f минимальный фрахт

**Mindestgebot** n резервная цена (на аукционе)

**Mindestgehalt** n минимальный размер заработной платы, минимальная заработная плата (служащих)

**Mindestgewicht** n минимальный вес, минимальная масса

**Mindestgrundkapital** n минимальный размер основного капитала

**Mindestgüte** f минимально допустимый предел качества, нижний предел качества

**Mindestgütegrenze** f нижний предел качества

**Mindestkapazität** f минимальная мощность

**Mindestkapital** n минимальный размер капитала

**Mindestleistung** f минимальная нагрузка; минимальная производительность; минимальная мощность

**Mindestleistungsfähigkeit** f минимальная производительность

**Mindestlohn** m минимальная заработная плата, МЗП; минимальный размер заработной платы

**garantierter Mindestlohn** гарантированный минимум заработной платы

**Mindestmenge** f минимальное количество, минимальный физический объём

**Mindestmenge** минимальное количество продукции (согласованное между отправителем и перевозчиком для доставки в обусловленные адрес и срок)

**Mindestmenge** лот (партия ценных бумаг, являющаяся единицей сделок на фондовой бирже)

**Mindestmengenklausel** f пункт договора железнодорожной перевозки, оговаривающий определённый вес груза

**Mindestmengentarif** m льготный тариф, предоставляемый перевозчиком отправителю при перевозке минимального количества грузов, см. Mindestmenge

**Mindestnennbetrag** m der Aktien минимальная номинальная стоимость акций

**Mindestnorm** f минимальная норма

**Mindestpassiva**, pl минимальный размер пассивов

**Mindestpreis** m минимальная цена

**Mindestpreis** резервная цена (на аукционе, ниже которой продавец не готов продать товар)

**Mindestpreis** минимальный курс (ценных бумаг на бирже)

**Mindestpreisänderung** f изменение минимального курса (ценных бумаг на бирже)

**Mindestprovision** f банк. минимальный размер комиссионных (предполагает минимальный объём операций), минимальный размер комиссии

**Mindestqualität** f минимально допустимый предел качества, нижний предел качества

**Mindestqualitätsstandard** *m* минимальный стандарт качества; минимально допустимый стандарт качества

**Mindestrate** *f* минимальная ставка

**Mindestrendite** *f* минимальный доход (с ценных бумаг)

**Mindestrentabilität** *f* минимальная рентабельность

**Mindestrente** *f* минимальный размер пенсии

**Mindestreserve** *f* минимальный уровень резервов (банка), минимальный резерв

**Mindestreserve der Banken** минимальные резервы банка (при резервном устройстве банковской системы - сумма бессрочных вкладов банков, хранящаяся в центральном банке)

**Mindestreserve-Soll** *n* норма (обязательных) минимальных резервов

**Mindestreservepolitik** *f* политика минимальных резервов (кредитных учреждений)

**Mindestreservesatz** *m* минимальный уровень резервов (банка)

**Mindestreservesatz** резервная ставка (отношение резервов к общей сумме соответствующих вкладов коммерческого банка, выраженное в процентах - устанавливается и регулируется Центральным Банком в целях контроля над денежным обращением и кредитом)

**Mindestsatz** *m* минимальная ставка

**Mindestschadenersatz** *m* минимальный размер возмещения понесённых убытков, минимальный размер компенсации убытка, минимальный размер компенсации ущерба

**Mindestsortiment** *n* ассортиментный минимум

**Mindeststeuer** *f* минимальный размер промыслового налога

**Mindestvermögen** *n* минимальная оценка стоимости имущества (служит основой при исчислении налога на имущество)

**Mindestversicherungszeit** *f* минимальный период страхования (необходимый для получения права на страховую премию)

**Mindestvorrat** *m* минимальный запас (включает страховой, производственно-технический и другие виды хранимых запасов)

**staatlichverbindlicher Mindestvorrat** обязательный минимальный размер производственных запасов

**Mindestzoll** *m* минимальная пошлина

**Mine** *f* группа биржевых игроков на повышение

**Mine** искусственное вздувание цен на бирже

**Mine** вставной грифель, вставной стержень

**Mine** англ. "моё" (выражение согласия на покупку при биржевых сделках)

**Mineralölindustrie** *f* нефтяная промышленность

**Mini-Flaute** *f* мини-спад (в экономике)

**Minimalbestand** *m* минимальный запас

**Minimaldauer** *f* минимальная продолжительность

**Minimaldauerder Aktivität** сет. пл. минимальная продолжительность работы

**Minimalfracht** *f* минимальный фрахт, минимальная ставка фрахта

**Minimalkennziffer** *f* минимальный показатель

**Minimalkosten,** *pl* минимальные издержки, минимальные расходы, минимальные затраты

**Minimalkostenkombination** *f* комбинация факторов, дающая наименьшие издержки производства

**Minimalprogramm** *n* программа-минимум

**Minimaltarif** *m* минимальный тариф

**Minimalwert** *m* минимальная стоимость; минимальное значение

**Minimalzahl** *f* минимальное число

**Minimalzeit** *f* минимальная продолжительность работы

**Minimalzoll** *m* минимальная пошлина

**Minimax-Prinzip** *n* эк., мат. принцип минимакса (применяется, напр. в задачах, предполагающих принятие решений в условиях неопределённости и риска)

**Minimaxlösung** *f* минимаксное решение

**Minimaxprinzip** *n* принцип минимакса

**Minimaxstrategie** *f* минимаксная стратегия

**Minimaxverfahren** *n* минимаксная стратегия

**minimieren** *vt* минимизировать, сводить к минимуму

**Minimierung** *f* минимизация, сведение к минимуму

**minimisieren** *vt* минимизировать, сводить к минимуму

**Minimisierung** *f* минимизация, сведение к минимуму

**Minimum** *n* минимум

**steuerfreies Minimum** не облагаемый налогом минимум

**ein Minimum erstreben** стремиться к минимуму

**zum Minimum machen** минимизировать, сводить к минимуму

**Minimumstelle** *f* редчайший вариант

**Minimumzeit** *f сет. пл.* минимальная продолжительность работы

**Ministerialprinzip** *n* ведомственный принцип

**Ministerialprinzip** принцип деления госбюджета по министерствам, принцип членения госбюджета по министерствам

**Ministerium** *n* министерство

**Ministerium der Finanzen** Министерство финансов

**Ministerium für Außenhandel und Innerdeutschen Handel** *ист.* Министерство внешней и внутригерманской торговли *(бывш. ГДР)*

**Ministerium für Gesundheitswesen** Министерство здравоохранения

**Ministerium für Handel und Versorgung** Министерство торговли и снабжения *(бывш. ГДР)*

**Ministerium für Leichtindustrie** Министерство лёгкой промышленности *(бывш. ГДР)*

**Ministerium für Post- und Fernmeldewesen** Министерство почт и телеграфа *(бывш. ГДР)*

**Ministerium für Verkehrswesen** Министерство путей сообщения

**Minorat** *n юр.* минорат

**Minorität** *f* меньшинство

**Minoritätsbeteiligung** *f* участие меньшинства

**Minoritätsrechte** *n, pl* права меньшинства *(напр., акционеров)*;

**Minus** *n мат.* минус

**Minus** *(ком.)* дефицит

**Minus** минус, недостаток, порок

**Minusdifferenz** *f* отрицательный коэффициент *(при хранении товаров)*; отсутствие потерь *(при хранении товаров)*

**Minusvermögen** *n* имущество, чрезмерно отягощённое долгами; отрицательная чистая стоимость имущества

**Minuszeichen** *n* (знак) минус; *бирж.* отметка *(после наименования ценной бумаги)* об ожидаемом значительном падении курса

**Minuteneinkauf** *m* закупка *(б. ч. продовольственных товаров)* по предварительным заказам

**Mio, Million** миллион, млн.

**MIP, marine insurance policy** полис морского страхования

**Mischfinanzierung** *f* смешанное финансирование *(чаще всего - из государственных и частных источников)*

**Mischladung** *f* смешанный груз

**Mischpreis** *m* смешанная цена

**Mischzoll** *m* смешанная таможенная пошлина

**Mischzölle** *m pl* смешанные пошлины, комбинированные пошлины

**gleitende Mischzölle** скользящие комбинированные пошлины *(стоимостные и скользящие пошлины)*

**Mise** *f фр.* вклад *(в предприятие)*; взнос; предложенная сделка, предложенная сумма *(на аукционе)*; ставка *(в игре)*

**Mißbrauch** *m* злоупотребление *(чем-л.)*, *юр.* неправомерное использование *(напр., власти, прав)*

**Mißbräuche, pl** злоупотребления *(мн.ч.)*, *юр.* неправомочные действия *(мн.ч.)*

**Mißbrauchsaufsicht** *f* надзор со стороны Федерального картельного бюро, контроль со стороны Федерального картельного бюро *(во избежание злоупотреблений, связанных с отсутствием конкуренции и ограничением свободы действий - ФРГ)*

**Mißbrauchsprinzip** *n* принцип предотвращения злоупотребления экономической властью *(в правительственной политике содействия конкуренции)*

**Mißernte** *f* неурожай

**mißvergnügt** недовольный, раздосадованный

**Mißverhältnis** *n* диспропорция; несоответствие; несоразмерность

**Mißverhältnis** натянутые отношения, разногласие, разлад; непорядок, неполадки

**in einem Mißverhältnis mit (j-m) stehen** быть с *(кем-л.)* в плохих отношениях

**Mißverstand** *m* несообразительность, непонятливость

**mißverständlich** *I* вызывающий недоразумения, двусмысленный, спорный, допускающий ложное толкование; допускающий неправильное толкование

**mißverständlich** *II adv* по недоразумению

**Mißverständnis** *n* недоразумение, ошибка

**Mißverständnis** недоразумение, разногласие, размолвка; разногласие

**einem Mißverständnis begegnen** предупреждать недоразумение

**ein Mißverständnis vorbeugen** предупреждать недоразумение

**da liegt ein Mißverständnis vor** здесь *(какое-то)* недоразумение *einem* **Mißverständnis begegnen** предупредить *(возможное)* недоразумение

*einem* **Mißverständnis entgegentreten** предупредить недоразумение *(возможное)*

*einem* **Mißverständnis vorbeugen** предупредить *(возможное)* недоразумение

*das* **beruht auf einem Mißverständnis** это произошло по недоразумению; это основано на недоразумении

**Mißwirtschaft** *f* бесхозяйственность

**mit Verlust verkaufen** продавать с убытком; продать с убытком; торговать в убыток

**Mitarbeiter** *m* сотрудник, работник

**Mitbenutzung** *f* совместное пользование, совместное использование

**Mitbenutzungsrecht** *n* право совместного пользования, право совместного использования

**Mitbesitz** *m* совладение, совместное владение

**Mitbesitzer** *m* совладелец, компаньон

**Mitbestimmung** *f* право решающего голоса, "социальное соучастие", участие в принятии решения; право принимать участие в делах фирмы, право принимать участие в делах предприятия

**Mitbestimmungsgesetz** *n* закон об участии рабочих в управлении предприятием

**Mitbestimmungsrecht** *n* право участия в управлении предприятием *(рабочих и служащих)*

**wirtschaftliches Mitbestimmungsrecht** право участия в решении хозяйственных вопросов, право участия в решении экономических вопросов

**Mitbewerber** *m* конкурент

**Miteigentum** *n* общая (долевая) собственность

**Miteigentum nach Bruchteilen** *юр.* долевая собственность, совместная собственность

**Miteigentümer** *m* совладелец, компаньон

**miteinbegriffen** включённый, включая

**miteingeschlossen** включённый, включая

**die Kosten in der Preis miteingeschlossen** включая издержки в цену

**Miterbe** *m юр.* один из наследников

**Mitgläubiger** *m* партнёр по предоставлению совместной ссуды, сокредитор

**Mitgliedsbeitrag** *m* членский взнос

**Mitgliedschaft** *f* члены, компаньоны

**Mitgliedschaftsrecht** *n* право членства, право участия

**Mitgliedspapiere** *n, pl* ценные бумаги, дающие право членства, ценные бумаги, дающие право участия

**Mitgliedsschaftsrecht** *n* членство, право участия

**Mitgliedstaat** *m* страна-член, страна-участница *(пакта, блока)*

**Mitinhaber** *m* совладелец, компаньон

**Mitkopplung** *f киб.* обратная положительная связь

**Mitläufereffekt** *m* демонстрационный эффект, эффект "стадности" *(рост ценности какой-л. вещи в связи с ростом круга её потребителей)*

**Mitnutzung** *f* совместное использование предприятиями научно-технических достижений

**Mitpacht** *f* совместная аренда, соаренда

**Mitpächter** *m* соарендатор

**Mitschuldner** *m* партнёр по получению совместной ссуды, содолжник

**"Mitspieler"-Gedanke** *m* идея "партнерства"

**Mittagskurs** *m бирж.* курс в середине дня

**mitteilen** *vt* сообщать, уведомлять

**Mitteilung** *f* сообщение, уведомление

**Mittel** *n pl* средства *(мн.ч.) (материальные, финансовые)*

**Mittel bereitstellen** предоставлять средства, выделять средства; ассигновать средства

**Mittel beweglich einsetzen** маневрировать ресурсами

**Mittel bewilligen** предоставлять средства, выделять средства; ассигновать средства

**Mittel der öffentlichen Hand** общественные средства; средства государственных и местных органов власти

**Mittel elastisch einsetzen** маневрировать ресурсами

**Mittel freimachen** высвобождать средства

**Mittel zuteilen** предоставлять средства, выделять средства; ассигновать средства

**abzuführende Mittel** отчисляемые средства

**außerbudgetäre Mittel** внебюджетные средства

**eigene Mittel** собственные средства

**flüssige Mittel** ликвидные средства, свободные средства

**flüssige Mittel** свободные средства

**fremde Mittel** заёмные, привлечённые средства

**fremde Mittel** связанные средства, замороженные средства

**geliehene Mittel** заёмные средства, привлечённые средства

**langfristige Mittel** долгосрочные вклады
**liquide Mittel** ликвидные средства, свободные средства
**marktkonforme Mittel** средства воздействия на экономику, учитывающие требования рынка
**monetäre Mittel** денежные средства; монетарные средства
**öffentliche Mittel** общественные средства; средства государственных и местных органов власти
**eigene Mittel erster Ordnung** свободная наличность банка
**eigene Mittel 1. Ordnung** свободная наличность банка
**organisationstechnische Mittel** организационно-технические средства, средства оргтехники
**rückzahlbare Mittel** возвратные средства
**staatliche Mittel** государственные средства
**Mittel** *n* средство, способ; средняя величина, средняя
**arithmetisches Mittel** средняя арифметическая
**einfaches Mittel** простая средняя
**einfaches arithmetisches Mittel** простая средняя арифметическая
**geometrisches Mittel** средняя геометрическая
**gewogenes Mittel** взвешенная средняя
**gewogenes arithmetisches Mittel** взвешенная средняя арифметическая
**Mittelabnehmer** *m* средний покупатель; средний потребитель *(напр., электроэнергии, газа)*
**Mittelaufnahme** *f* привлечение средств, мобилизация средств

**mittelbar** промежуточный; посредствующий; косвенный
**mittelbarer Export** *m* экспорт с участием посредников
**Mittelbedarf** *m* потребности в средствах
**Mittelberechnung** *f* подсчёт средств на выплату заработной платы *(согласно штатному расписанию)*
**Mittelbeschaffung** *f* заимствование средств, привлечение средств
**Mittelbetrieb** *m* среднее *(по величине)* предприятие
**Mittelerwirtschaftung** *f* ресурсы самофинансирования *(фирмы)*
**Mitteleuropa** *n* Средняя Европа, Центральная Европа
**mitteleuropäisch** среднеевропейский; центральноевропейский
**Mitteleuropäische Schlaf-und Speisewagen-Aktiengesellschaft** Центрально-европейское акционерное общество по эксплуатации спальных вагонов и вагонов-ресторанов *(бывш. ГДР)*
*der* **mitteleuropäische Raum** район Центральной Европы
**mitteleuropäische Zeit; MEZ** среднеевропейское время
**Mittelfranken** *n* Средняя Франкония
**mittelfristig** среднесрочный
*eine* **mittelfristige Anleihe** среднесрочный заем
**mittelfristige Prognose** *f* среднесрочный прогноз
**Mittelgut** *n* товар среднего качества
**Mittelkurs** *m* бирж. средний курс *(валюты, ценных бумаг)*
**Mittellohn** *m* средняя заработная плата *(рабочего)*
**Mittellosigkeit** *f* отсутствие средств

**Mittelprodukt** *n* промежуточный продукт
**Mittelpunkt** *m* центр
**Mittelpunkt** средняя точка
**Mittelraumwarenträger** *m* стенд для товаров, установленный в центре торгового зала
**Mittelschlusskurs** *m* средний курс к моменту закрытия биржи
**Mittelserienfertigung** *f* серийное производство, среднесерийное производство
**Mittelsmann** *m* посредник
**Mittelsorte** *f* средний сорт
**feine Mittelsorte** хорошее среднее качество
**Mittelstand** *m* средний слой *(общества)*; ист. среднее сословие
**Mittelstand** средний уровень
**diese Unternehmen gehören zum Mittelstand** эти предприятия относятся к числу средних
**mittelständisch** средний, средних размеров
**Mittelvergabe** *f* предоставление средств *(в системе МВФ)*
**Mittelwert** *m* стат. среднее значение; средняя величина, средняя
**Mittelwert der Grundgesamtheit** стат. генеральная средняя
**positiver Mittelwert** положительное среднее значение
**statistischer Mittelwert** статистическая средняя
**Mittelwertkarte** *f* контрольная карта для средних значений *(при статистическом контроле качества)*
**Mittelwertrechnung** *f* стат. метод средних величин
**Mitt.I.H.K.; Mitteilungen** *der* **Deutschen Gruppe** *der* **Internationalen Handelskammer** Бюллетень немецкого отделения Международной торговой палаты

**Mittler** *m* посредник

**mittler** средний, расположенный посредине

**mittler** средний, промежуточный

*eine* **mittlere Stadt** город средней величины

**mittlere Art und Güte** *f* среднее качество

**Mittlertum** *n* посредничество

**mitübernehmen** *vt* вступать в совместное владение; совместно принять на себя *(напр., обязательство)*

**Mituntemehmerschaft** *f* совместное участие в предприятии

**Mitunternehmer** *m* участник предприятия

**Mitunternehmerschaft** *f* совместное участие в деятельности фирмы (предприятия)

**mitverantwortlich** солидарно ответственный

**Mitverantwortlichkeit** *f* солидарная ответственность

**Mitverantwortung** *f* солидарная ответственность

**Mitverschluss** *m* совместное хранение *(сданных в залог товаров или ценных бумаг)*

**zollamtlicher Mitverschluss** совместное хранение товаров на таможенном складе; совместное хранение грузов на таможенном складе

**Mitversicherung** *f* совместное страхование *(предполагает участие нескольких страховщиков)*

**Mitvormund** *m* соопекун

**Mitvormundschaft** *f* совместная опека

**Mitwirkungspflicht** *f* обязанность заказчика принимать непосредственное участие в работе

**Mitzeichnung** *f* совместное подписание документа

**MK, Mazedonien** Македония

**MKD, Denar, - Mazedonien** Денар *(код валюты* 807), - Македония

**MLI, Montanunion** Европейское объединение угля и стали, ЕОУС

**MM:**

**MM, Myanmar** Мианмар, *до 1978г. код* MT

**MM, Leipziger Mustermesse** Лейпцигская ярмарка образцов, Лейпцигская ярмарка-выставка образцов

**MM, Mustermesse** ярмарка образцов, Лейпцигская ярмарка

**m.M., mangels Material** *бирж.* за отсутствием предложения

**MMK, Kyat, - Myanmar** Кьят *(код валюты* 104), - Мьянма (Бирма)

**MLM; Multilevel Marketing** *n* сетевой маркетинг, МЛМ, MLM

**Beteiligung an Multilevel Marketing Programm** участие в программе сетевого маркетинга

**Rekrutierung neuer Mitglieder für das MLM-Programm** рекрутирование новых участников в программу сетевого маркетинга; рекрутирование новых участников в МЛМ-программу

**MMM, Messe der Meister von morgen** выставка технического творчества молодёжи, ВТТМ *(бывш. ГДР)*

**MMM-Bewegung** *f* движение молодых новаторов производства *(бывш. ГДР)*, движение мастеров завтрашнего дня *(бывш. ГДР)*

**MN:**

**MN, Mongolei** Монголия, *до 1978г. код* BU

**m.N., mangels Nachfrage** *бирж.* за отсутствием спроса

**MNT, Tugrik, - Mongolei** Тугрик *(код валюты* 496), - Монголия

**MO:**

**MO, Macau** Макао, *до 1978г. код* CL

**MO DAG; Motorenfabrik Darmstadt Aktiengesellschaft** "Моторенфабрик Дармштадт акциенгезельшафт" *(наименование моторостроительных заводов в ФРГ)*

**M.O.; mark off** *(eng.)* списывать, списать

**M.O., money order** *(eng.)* денежный перевод, денежный почтовый перевод, платежное поручение

**Mo., Montag** понедельник

**Mobiliar** *n* движимое имущество, движимость; предметы домашнего обихода, домашняя обстановка

**Mobiliarkredit** *m* кредит под залог движимого имущества

**Mobiliarsteuer** *f* налог на движимое имущество

**Mobiliarvermögen** *n* движимое имущество, движимость

**Mobiliarversicherung** *f* страхование движимого имущества

**Mobiliarverwaltung** *f* хозяйственный отдел *(на предприятии)*

**Mobilien,** *pl* движимое имущество, движимость

**Mobilienkonto** *n* счёт движимого имущества

**mobilisieren** *vt* мобилизовать (капитал, средства)

**Mobilisierung** *f* мобилизация (капитала, средств)

**Mobilität** *f* мобильность

**Mobilität** легкая реализуемость, ликвидность

**soziale Mobilität** социальная мобильность

**Mobilitätsziffer** *f* показатель мобильности населения

**MOD:**
**MOD** вычисление остатка; получение остатка от целочисленного деления
**mod., modern** современный
**Modell** *n* модель; образец
**Modell des Krisenzyklus** модель цикла
**Modell des ökonomischen Wachstums** модель экономического роста
**Modell des Wirtschaftswachstums** модель экономического роста
**abstraktes Modell** абстрактная модель
**analytisches Modell** аналитическая модель
**beschreibendes Modell** дескриптивная модель, описательная модель
**computerunterstütztes Modell** компьютерная модель; модель, созданная при помощи компьютера
**deterministisches Modell** детерминированная модель
**diskretes Modell** дискретная модель
**dynamisches Modell** динамическая модель
**funktionales Modell** функциональная модель
**gegenständliches Modell** вещественная модель, материальная модель
**gesamtwirtschaftliches Modell** общехозяйственная модель
**kybernetisches Modell** кибернетическая модель
**makroökonomisches Modell** макроэкономическая модель
**mathematisches Modell** математическая модель
**mehrflügeliges Modell** многостворная модель *(в планировании)*
**mehrsektorales Modell** многосекторная модель
**mikroökonomisches Modell** микроэкономическая модель
**optimales Modell** оптимальная модель
**statisches Modell** статическая модель
**statistisches Modell** статистическая модель
**stochastisches Modell** стохастическая модель, теоретико-вероятностная модель
**strukturelles Modell** структурная модель
**theoretisches Modell** теоретическая модель
**volkswirtschaftliches Modell** модель народного хозяйства, народнохозяйственная модель
**wirtschaftliches Modell** экономическая модель
**wirtschaftsmathematisches Modell** экономико-математическая модель, эконометрическая модель
**zwischenzweigliches Modell** межотраслевая модель
**modellieren** *vt* моделировать
**Modellierung** *f* моделирование
**Modellkosten,** *pl* расходы на изготовление моделей, издержки на изготовление моделей
**Modellprognose** *f* прогноз, разработанный с помощью *(экономико-математической)* модели; прогноз на основе экономико-математической модели
**Modelltheorie** *f* теория моделей
**Modellversuch** *m* моделирование
**Modernisierung** *f* модернизация
**Modernisierungsbedarf** *m* спрос на обновление, спрос на модернизацию
**Möglichkeit** *f* возможность
**Moment** *n* момент, фактор, обстоятельство
**im gegebenen Moment** в данный момент
**kritisches Moment** *стат.* критический момент
**Momentanverzinsung** *f* постоянное начисление процентов, непрерывное начисление процентов
**Monatsabstimmung** *f* ежемесячная сверка бухгалтерских записей с документами
**Monatsausweis** *m* месячный отчёт о состоянии счетов
**Monatsbericht** *m* месячный отчёт
**Monatsbilanz** *f* месячный баланс
**Monatsdurchschnitt** *m* среднемесячный уровень; месячная средняя
**Monatsdurchschnittsleistung** *f* среднемесячная выработка
**Monatsdurchschnittsverfahren** *n* метод среднемесячных показателей, метод, основанный на использовании среднемесячных показателей
**Monatseinkommen** *n* месячный доход, месячный заработок
**Monatsgehalt** *n* месячная заработная плата *(служащих)*, месячный должностной оклад
**Monatsgeld** *n* месячная ссуда *(ссуда, которая должна быть погашена в последний день месяца)*
**Monatslohn** *m* месячная заработная плата *(рабочих)*
**Monatslöhner** *m* лицо, получающее твёрдый месячный оклад, лицо, получающее твёрдую заработную плату
**Monatsregulierung** *f* оговорка о выставлении счёта за товары, поставленные в течение месяца, в конце месяца
**Mondialreihen** *f, pl* экономико-статистические ряды глобального характера

**monetär** монетарный, денежный

**Monetarismus** *m* монетарная система, монетаризм *(направление экономической теории и хозяйственной политики)*

**Monetarsystem** *n* монетарная система, монетаризм

**MonG, Monopolgesetz** закон о монополиях

**monieren** *vt* заявлять рекламацию, предъявлять рекламацию, рекламировать

**Monitor** *m* монитор; видеоконтрольное устройство

**Monitur** *f* отметка портовой администрации о замеченных повреждениях на грузе, представленном для погрузки; отметка портовой администрации о замеченных повреждениях на принимаемом грузе

**Monometallismus** *m* монометаллизм *(денежная система, основанная на использовании золота или серебра)*

**Monopol** *n* монополия *(на что-л.)*; монопольная торговля *(чем-л.)*

**Monopol** монополия, монопольное объединение

**Monopol an Grund und Boden** монополия на землю

**Monopol der Bodenbewirtschaftung** монополия на землю как на объект хозяйства

**Monopol des Außenhandels** монополия внешней торговли

**bilaterales Monopol** двусторонняя монополия

**fiskalisches Monopol** фискальная монополия, казённая монополия

**privates Monopol des Grundeigentums** монополия частной собственности на землю

**teilweises Monopol** частичная монополия

**zum Monopol machen** монополизировать

**zweiseitiges Monopol** двусторонняя монополия

**Monopolabgabe** *f* монопольный сбор; монопольный налог

**Monopolabkommen** *n* монопольное соглашение

**Monopolausgleich** *m* монопольный уравнительный сбор

**Monopolbank** *f* банк-монополист; банковская монополия

**Monopolbetrieb** *m* монопольное предприятие; монополистическое предприятие

**Monopolbourgeoisie** *f* монополистическая буржуазия

**Monopoleinnahmen** *f, pl* поступления монопольных налогов

**Monopolgeschäft** *n* монопольное предприятие; монополистическое предприятие

**Monopolgesetz** *n* закон о монополиях

**Monopolgesetzgebung** *f* законодательство о монополиях

**Monopolgewinn** *m* монопольная прибыль

**Monopolgüter** *n, pl* монопольные товары *(мн.ч.)*

**Monopolherr** *m* монополист

**monopolisieren** *vt* монополизировать

**Monopolisierungsgrad** *m* уровень монополизации

**monopolistisch** монополистический; монополистский; монопольный

**Monopolkapital** *n* монополистический капитал

**Monopolkapitalismus** *m* монополистический капитализм

**Monopolkapitalist** *m* монополист

**monopolkapitalistisch** монополистический

**Monopolklausel** *f* монопольная оговорка

**Monopolkontrolle** *f* контроль за деятельностью монополий

**Monopolmißbrauch** *m* злоупотребление монополий

**Monopolpreis** *m* монопольная цена

**Monopolprofit** *m* монопольная прибыль

**Monopolrecht** *n* монопольное право

**Monopolrente** *f* монопольная рента

**Monopolstellung** *f* монопольное положение

**Monopolsteuer** *f* монопольный налог

**Monopoltheorie** *f* теория монополий

**Monopolunternehmen** *n* монопольное предприятие; монополистическое предприятие

**Monopolverband** *m* монополистическое объединение

**Monopolvereinbarung** *f* монопольное соглашение

**Monopolvertrag** *m* монопольный договор

**Monopolware** *f* монопольный товар

**Monopolzoll** *m* монопольная пошлина

**Monopson** *f* монопсония *(рыночная структура, в которой много продавцов противостоят одному покупателю)*

**Montage** *f* монтаж, сборка, установка

**die Montage durchführen** производить монтаж

**Montageabteilung** *f* сборочный цех

**Montageanteil** *m* показатель, характеризующий степень сложности сборки, коэффициент "сборности"

**Montageanweisung** *f* инструкция по монтажу

**Montagearbeiter** *m* монтажник

**Montageaufwand** *m* расходы на монтаж, затраты на монтаж; трудоёмкость монтажа; трудоёмкость монтажа

**Montageband** *n* сборочный конвейер

**Montagebau** *m* метод сборного строительства

**Montagebedingung** *f* условие монтажа *(оборудования)*

**Montagebetrieb** *m* сборочное предприятие, механосборочное предприятие

**Montagedienst** *m* выполнение работ по установке и выверке машин и другого оборудования

**montagefähig** сборный; готовый к монтажу

**montagefertig** готовый к установке; смонтированный

**Montagekapazität** *f* мощности по монтажу; монтажные мощности по сборке

**Montagekosten,** *pl* стоимость монтажа

**Montageleistungen** *f, pl* монтажные работы *(мн.ч.)*

**Montagereihe** *f* сборочная линия

**Montagesicherung** *f* страхование монтажных работ, страхование оборудования на время монтажа

**Montageverfahren** *n* способ монтажа

**Montanaktien** *f, pl* акции горнодобывающих компаний

**Montangesellschaft** *f* горнопромышленное общество

**Montanindustrie** *f* горнодобывающая промышленность

**Montanunion** *f* Европейское объединение угля и стали, ЕОУС

**Monte-Carlo-Methode** *f* стат. метод Монте-Карло

**Monteur** *m* монтёр-сборщик; механик; монтажник

**MOP, Pataca, - Macau** Патака *(код валюты 446),* - Макао

**Moratorium** *n* мораторий, приостановка платежей, отсрочка платежей

**ein Moratorium erklären** объявить мораторий *(чаще всего имеется в виду задолженность страны)*

**Moratoriumsrisiko** *n* риск объявления моратория *(возникает, когда платежам в определённой валюте препятствует всё более острая нехватка финансовых ресурсов)*

**Morbiditätsstatistik** *f* статистика заболеваемость

**Morbiditätsziffer** *f* стат. коэффициент заболеваемости

**Morgen** *m* морген *(земельная мера в Германии = 0,26-0,36 га, в ряде стран Южной Африки = 0,86 га)*

**Mortalitätszifffer** *f* стат. коэффициент смертности

**mortgage** англ. закладывать

**mortgage** англ. ипотека; залог

**Mortifikation** *f* признание недействительным, признание потерявшим силу *(напр., о ценных бумагах),* признание утраты силы *(документом, ценной бумагой)*

**Motivation** *f* мотивация *(использование моральных и материальных стимулов поведения человека в организации)*

**Motivforschung** *f* мотивационный анализ

**Motivschutz** *m* охрана содержания товарного знака, охрана мотива товарного знака

**Moto, Tonnen je Monat** *(столько-то)* тонн в месяц

**Motorenfabrik Darmstadt Aktiengesellschaft** "Моторенфабрик Дармштадт акциенгезельшафт" *(наименование моторостроительных заводов в ФРГ)*

**Motorgüterschiff** *n* грузовой теплоход

**Motorisierungsgrad** *m* уровень моторизации, уровень механизации

**Motorschiff** *n* теплоход

**Motorschiff mit Unterwasserflügeln** теплоход на подводных крыльях

**MP:**

**MP** в собственные руки *(ставится в телеграммах перед адресом)*

**m.P., mit Protest** при наличии протеста, опротестованный

**m.p. ...; months after payment** ... *(eng.)* месяцев с даты платежа, через *(столько-то)* месяцев после платежа

**MPA, Materialprüfungsamt** Управление по испытанию материалов

**MPF, Ministerium für Post- und Fernmeldewesen** Министерство почт и телеграфа *(бывш. ГДР)*

**MPM, METRA-Potentialmethode** метод потенциалов *(в сетевом планировании)*

**m.pp., manu propria** в собственные руки

**MR:**

**M.R., m.r., mate's receipt** извещение о погрузке

**MR, Mauretanien** Мавритания

**m./R., meine Rechnung** мой счёт

**Mrd., Milliarde** *n* миллиард, биллион

**MRO, Ouguiya, - Mauretanien** Угия *(код валюты 478),* - Мавритания

**MS:**

**M/S, merchant ship** *(eng.)* торговое судно

**M/S, months after sight** *(eng.)* через *столько-то* месяцев по предъявлении

**MS, Mitgliedstaat** страна-участница

**MS, Mitgliedstaaten,** *pl* страны-участницы (мн.ч.)

**MS** *(eng)* (выч.) административная система; центр управления сетью

**M/S, merchant ship** *(eng)* торговое судно

**MS, Motorschiff** теплоход; моторное судно

**m/s, month(s) after sight** *(eng.)* месяц(ы, ев) после предъявления

**m/s, month(s) after sight** месяцев после предъявления

**m.s.c., mandatum sine clausula** неограниченные полномочия

**MSch, G Mieterschutzgesetz** закон об охране прав квартиросъёмщиков

**MT:**

**MT, Malta** Мальта

**M/T, Mail transfer** почтовый перевод

**MT, Materialteuerungszuschlag** надбавка, предусматриваемая на случай повышения стоимости сырья и материалов

**m.T., mit Talon** с талоном, с купоном

**MtG, Ministerium für Gesundheitswesen** Министерство здравоохранения *(бывш. ГДР)*

**MTL, Maltesische Lira, - Malta** Мальтийская лира *(код валюты 470)*, - Мальта

**MTM, Methods Times Measurement** методы запланированного времени на выполнение отдельных элементов производственного процесса, методы заданного времени на выполнение отдельных элементов производственного процесса

**MTS:**

**MTS, Maschinen- und -Traktoren-Station** *ист.* машинно-тракторная станция, МТС *(бывш. ГДР, 1952-1959 гг.)*

**Mts, Geh. Monatsgehalt** месячная заработная плата *(служащих)*, месячный должностной оклад

**MU:**

**MU, Mauritius** Маврикий

**MU, Montanunion** Европейское объединение угля и стали

**Multikollinearität** *f* мультиколлинеарность

**multilateral** многосторонний, мультисторонний

**Multilateralisierung** *f* **der Zahlung** осуществление платежей на многосторонней основе

**Multilateralisierung der Zahlungen** осуществление платежей на многосторонней основе

**Multilateralismus** *m* система многосторонних деловых и торговых отношений

**Multilateralität** *f* многостороннее *(торговые)* отношения

**Multimomentmethode** *f* эк. тр. метод моментных наблюдений

**Multimomentverfahren** *n* эк. тр. метод моментных наблюдений

**multinational** многонациональный

**multipel** множественный, многократный

**Multiplexmethode** *f* мультиплексный метод

**Multiplikation** эк. мультипликация; *мат.* умножение

**Multiplikationsmethode** *f* мультипликационный метод

**Multiplikationssatz** *m* теорема умножения

**Multiplikator** *m* эк. мультипликатор *(выражает, во сколько раз зависимая переменная возрастает или уменьшается в конечном счёте, если независимая переменная изменяется на единицу)*; *мат.* множитель

**Multiplikatortheorie** *f* теория мультипликатора

**multiplizieren** *vt мат.* умножать; мультиплицировать

**multiprocessing** *англ.* многопроцессорная обработка

**multiprocessing** *англ.* параллельная обработка *(напр., одной программы несколькими ЭВМ)*

**multiprocessing** *англ.* параллельная обработка данных в ЭВМ

**Multiprogrammierung** *f* мультипрограммирование

**Multiverarbeitung** *f* многопроцессорная обработка

**Mündelgeld** *n* опекунские деньги *(на воспитание опекаемого)*

**mündelsicher** охраняемый в соответствии с законом об опёке

**Mundproduktion** *f* хлебобулочные, кондитерские и кулинарные изделия, предназначенные для моментального потребления

**munizipalisieren** *vt* муниципализировать, передавать в ведение *или* собственность муниципальным властям

**Munizipalsozialismus** *m* муниципальный социализм

**Münzamt** *n* монетный двор

**Münzautomat** *m* монетный автомат

**Münzdelikte** *n, pl* фальшивомонетничество

**Münze** *f* монета; монетный двор

**Münze aus dem Verkehr ziehen** изымать монету из обращения

**Münze ausprägen** чеканить монету

**Münze in Umlauf setzen** пускать монету в обращение

**gangbare Münze** монета в обращении

**gekippte Münze** неполновесная монета

**kleinste Münze** неразменная монета

**ungangbare Münze** монета, изъятая из обращения

**ungangbare Münze** неполновесная монета

**unterwertige Münze** неполноценная монета, низкопробная монета

**Münzeinheit** *f* денежная единица

**Münzeinziehung** *f* изъятие из обращения *(повреждённых или фальшивых)* монет

**münzen** vt чеканить монету, чеканить монеты

**Münzengold** n монетарное золото, монетарный металл (в условиях золотомонетного стандарта - золото)

**Münzenumlauf** m металлическое обращение

**Münzertrag** m доход от чеканки монет, монетный доход

**Münzfälschung** f подделка монет, фальшивомонетничество

**Münzfuß** m монетная стопа (стандарт, определяющий вес и содержание металла в монете)

**Münzgeld** n монета; металлические деньги

**Münzgestalt** f монетная форма (денег)

**Münzgewicht** n вес металла, установленный для денежной единицы, весовая единица металла, установленная для денежной единицы

**Münzgewinn** m доход от чеканки монет, монетный доход

**Münzgold** n монетарное золото, монетарный металл (в условиях золотомонетного стандарта - золото)

**Münzhandel** m торговля монетами

**Münzhof** m монетный двор

**Münzhoheit** f монетный суверенитет (право чеканки монет), ср. Münzrecht

**Münzkonvention** f монетная конвенция

**Münzkunde** f нумизматика

**Münzparität** f валютный паритет, монетный паритет, монетарный паритет

**Münzpolitik** f денежная политика

**Münzprägung** f чеканка монет

**Münzrecht** n право чеканки монет

**Münzregal** n монетная регалия, право чеканки и изъятия из обращения монет

**Münzstätte** f монетный двор

**Münzstückelung** f деление монет по достоинству, классификация монет по достоинству

**Münzumlauf** n монетное обращение

**Münzunion** f монетный союз

**Münzverschlechterung** f порча монет

**Münzvertrag** m монетное соглашение

**Münzzähler** m монетный счётчик

**MUR, Mauritius-Rupie,** - **Mauritius** Маврикийская рупия (код валюты 480), - Маврикий

**Mußkaufmann** m лицо, считающееся коммерсантом в силу самого факта его деятельности (независимо от включения в Торговый реестр)

**Mußleistungen** f, pl обязательные платежи (напр., по социальному страхованию)

**Muster** n образец; опытный экземпляр; макет; пример; образец

**Muster** рисунок, узор

**Muster ohne Wert** образец без цены

**auf Muster** по образцу

**ein Muster einreichen** представить образец

**ein Muster vorlegen** представить образец

**gemäß Muster** по образцу

**Kauf nach Muster** покупка по образцу

**nach Muster** по образцу

**Musterallsstellung** f выставка образцов

**Musterarbeitsnorm** f типовая норма выработки (сельскохозяйственных производственных кооперативов, бывш. ГДР)

**Musterausfuhr** f экспорт образцов (с целью обеспечения более полной информации, рекламы и проч.); вывоз товарных образцов

**Musterbau** m опытный цех, опытное производство; показательное строительство

**Musterbuch** n книга образцов, журнал образцов

**Mustereinfuhr** f импорт образцов, ввоз товарных образцов

**Musterfertigung** f изготовление опытных образцов; опытное производство

**Musterkollektion** f коллекция образцов

**Musterlager** n склад образцов

**Mustermesse** f ярмарка образцов, ярмарка-выставка образцов

**Mustermietvertrag** m типовой договор о найме, типовой договор об аренде

**Musterpolice** f страх. типовой полис, стандартный полис

**Musterrabatt** m скидка при покупке образцов, скидка комиссионеру на товары, использованные в качестве образцов

**Musterraum** m кабинет товарных образцов (на предприятии-изготовителе или на предприятиях оптовой торговли)

**Musterregister** n реестр образцов, список образцов

**Musterrolle** f реестр образцов, список образцов; судовая роль (документ)

**Mustersatzung** f типовой устав, примерный устав

**Musterschau** f выставка образцов

**Musterschutz** m (правовая) защита образца

**Musterstatut** n типовой устав, примерный устав

**Musterstellenplan** m типовое штатное расписание

**Mustersteuerordnung** *f* типовое положение о налогах, типовое положение о сборах; типовые правила взимания налогов, типовые правила взимания сборов

**Mustersteuersatzung** *f* типовое положение о налогах, типовое положение о сборах; типовые правила взимания налогов, типовые правила взимания сборов

**Musterstück** *n* опытный образец

**Mustertarif** *m трансп.* типовой тариф

**Mustertreue** *f* соответствие образцу, соответствие *(отгруженной партии товаров)* образцу

**Musterverkauf** *m* продажа по образцам, продажа по образцу

**Mustervertrag** *m* типовой договор, типовой контракт

**Musterwirtschaft** *f* образцовое хозяйство, образцово-показательное хозяйство

**Musterziehen** *n* контроль качества по взятому образцу, контроль качества по взятой пробе

**Muter** *m* лицо *(физическое или юридическое)*, добивающееся права на разработку рудного месторождения

**Mutterfirma** *f* фирма-мать

**Muttergesellschaft** *f* основное общество, головное общество, основная компания, головная компания, материнская компания

**Mutualismus** *m* мютюализм *(учение Прудона)*

**Mutungsvorrecht** *n* преимущественное право на разработку рудного месторождения

**MV, Malediven** Мальдивы

**MVN, Materialverbrauchsnorm** норма расходования сырья и материалов

**MVR, Rufiyaa, - Malediven** Руфия *(код валюты 462)*, - Мальдивы

**MW, Malawi** Малави

**m.W.d.G.b., mit Wahrung der Geschäfte beauftragt** уполномоченный соблюдать интересы фирмы

**MWK, Malawi-Kwacha, - Malawi** Квача (малавийская) *(код валюты 454)*, - Малави

**MX, Mexiko** Мексика, *до 1978г. код MD*

**MXN, Mexikanischer Peso, - Mexiko** Мексиканское песо *(код валюты 484)*, - Мексика

**MY, Malaysia** Малайзия

**MYR, Malaysischer Ringgit, - Malaysia** Малазийский риггит *(код валюты 458)*, - Малайзия

**MZ:**

**MZ, Mosambik** Мозамбик

**MZ, m.Z., mangels Zahlung** из-за неуплаты

**m.Z., mangels Zahlung** из-за неуплаты

**MZM, Metical, - Mosambik** Метикал *(код валюты 508)*, - Мозамбик

# N

**N:**

**N, Nationaleinkommen** национальный доход

**N, neue Aktien sind ausgegeben, aber noch nicht lieferbar** новые акции выпущены, но ещё не поступили в продажу *(отметка в курсовых бюллетенях)*

**N, Nostrokonto** счёт ностро

**N; Nachnahme** наложенным платежом; наложенный платёж

**per Nachnahme** наложенным платежом

**als Nachnahme** наложенным платежом

**mit Nachnahme** наложенным платежом

**durch Nachnahme** наложенным платежом

**unter Nachnahme** наложенным платежом

**n., net register** чистая регистровая вместимость, чистый регистровый тоннаж

**n., net weight** вес нетто, чистый вес

**n-Personenspiel** *n* игра "*n*"-участников

**NA:**

**NA, Namibia** Намибия

**NA, Namensaktie** именная акция

**N/A, no account** нет счёта, нет текущего счёта *(отметка банка на неоплаченном чеке)*

**N/A, no advice** нет извещения, авизо не поступило *(отметка банка на неоплаченной тратте)*

**n.a., nebenamtlich** по совместительству

**n/a, no acceptance** неакцептование, неакцепт

**n.a., not above** не выше

**naa:**

**n.a.a., nicht anderweitig angeführt** иного не указано

**n.a.a., not always afloat** не всегда на плаву

**NACEMA, Volkseigene Betriebe des Maschinenbaus für Nahrungs- und Genußmittel, Kälte- und Chemische Industrie** Народные предприятия по производству оборудования для пищевой, холодильной и химической промышленности *(бывш. ГДР)*

**Nachahmereffekt** *m* демонстрационный эффект, эффект подражания *(спрос на товар расширяется в результате того, что всё больше потребителей следуют примеру "лидеров")*

**Nachahmung** *f* подражание, копирование; подделка; имитация; моделирование

**Nachakzept** *n* последующий акцепт

**Nacharbeit** *f* дополнительная работа, сверхурочная работа

**Nacharbeit** последующая обработка, дополнительная обработка; работа по исправлению бракованных изделий

**Nacharbeitskosten,** *pl* расходы по дополнительной обработке, издержки по дополнительной обработке; расходы по устранению брака, издержки по устранению брака

**Nacharbeitungszeit** *f* время на исправление брака, время на исправление бракованных изделий

**Nachauftrag** *m* дополнительный заказ

**Nachauftragnehmer** *m* субподрядчик; субпоставщик

**Nachbarrecht** *n* правовые нормы, регулирующие отношения соседей - собственников недвижимости

**Nachbearbeitung** *f* последующая обработка, дополнительная обработка; работа по исправлению бракованных изделий

**Nachbearbeitungskosten,** *pl* расходы по дополнительной обработке, издержки по дополнительной обработке; расходы по устранению брака, издержки по устранению брака

**Nachbehandlung** *f* отделка; последующая обработка, дополнительная обработка; чистовая обработка, окончательная обработка

**nachbessern** *vt* устранять дефекты, устранять недостатки; вносить дополнительные исправления

**Nachbesserung** *f* доделка; устранение дефектов, устранение недостатков, устранение неполадок

**Nachbesserungspflicht** *f* обязанность устранения *(заводских)* дефектов

**nachbestellen** *vt* выдавать дополнительный заказ

**nachbestellen** дополнительно заказывать

**Nachbestellung** *f* дополнительный заказ

**nachbesteuern** *vt* облагать дополнительным налогом

**Nachbesteuerung** *f* дополнительное обложение налогом, дополнительное налогообложение

**nachbezahlen** *vt* дополнительно оплачивать; доплачивать

**Nachbezahlung** *f* дополнительная оплата; доплата

**Nachbezug** *m* дополнительная покупка; дополнительное получение *(напр., товара, деталей)*

**Nachbezugsrecht** *n* право на дополнительное получение дивидендов за прошлые годы по привилегированным акциям

**Nachbildung** *f* копирование, изготовление по образцу; модель; макет; моделирование; имитация

**Nachbörse** *f* кулиса, неофициальная биржа

**nachbörslich** после закрытия биржи *(напр., о движении курсов во внебиржевом обороте)*

**Nachbuchung** *f* дополнительная бухгалтерская проводка

**Nachbürgschaft** *f* поручительство за поручителя

**nachdatieren** *vt* датировать задним числом, проставлять дату после выписки документа, помечать задним числом

**Nachdatierung** *f* датирование задним числом

**Nacherbe** *m юр.* последующий наследник, наследник-субститут

**Nacherbenvermerk** *m юр.* отметка в кадастре о субституции *(в наследовании)*

**Nacherbschaft** *f юр.* субституция *(в наследовании)*

**Nachereignis** *n* событие, непосредственно следующее за данным

**Nacherhebung** *f* дополнительное взыскание *(налогов)*

**Nachfakturierung** *f* последующая выписка счёта-фактуры

**Nachfcrderung** *f* дополнительное требование; требование доплаты; *бирж.* требование повторной поставки *(при срочной кратной сделке)*; требование о повышении цены на товар *(если цена не была твёрдо зафиксирована)*

**Nachfeststellung** *f* последующее установление ценности хозяйственной единицы *(для определения размера налога)*; последующее установление ценности имущества *(служащего объектом обложения налогом)*

**Nachfolge** f *юр.* наследование; преемственность
**Nachfolgebank** f банк-преемник
**Nachfolgebedarf** m спрос на сопутствующие товары, потребность в сопутствующих товарах
**Nachfolgegesellschaft** f общество-преемник; компания-преемник
**Nachfolgeinstitut** n банк-преемник
**Nachfolgeinvestitionen** f, pl последующие капиталовложения; последующие инвестиции; инвестиции будущих периодов
**nachfolgend** следующий, последующий
**Nachfolger** m наследник; преемник
  **Nachfolger** работа, непосредственно следующая за данной работой
  *(j-n)* **zum Nachfolger berufen** делать *(кого-л.)* своим преемником
  *(j-n)* **zu seinem Nachfolger bestimmen** назначить *(кого-л.)* своим преемником
**Nachfolgeunternehmen** n предприятие-преемник
**Nachfolgezusatz** m добавление слова "наследник" к названию фирмы, добавление слова "наследники" к названию фирмы
**Nachfordeningsgeschäft** n сделка с правом выставлять дополнительные требования
**Nachforderung** f дополнительное требование
  **Nachforderung** требование доплаты; требование о повышении цены *(если цена не была оговорена контрактом)*
  **Nachforderung** *бирж.* требование повторной поставки *(при срочной "кратной" сделке)*

**Nachforderungsgeschäft** n сделка с правом выставления дополнительных требований
**Nachforderungsrecht** n право выставлять дополнительные требования; право требовать повышения цены, право требовать повышения доплаты
**Nachforschung** f экспертиза; поиск
  **amtliche Nachforschung** официальная экспертиза
**Nachfrage** f спрос; запрос
  **Nachfrage des Handels** спрос торговых предприятий *(напр., на продукцию промышленности)*
  **Nachfrage nach Agrarprodukten** спрос на сельскохозяйственную продукцию
  **Nachfrage nach allen Qualitäten** спрос на все сорта *(товара)*
  **Nachfrage und Angebot** спрос и предложение
  **agrarische Nachfrage** спрос на сельскохозяйственную продукцию
  **aperiodische Nachfrage** апериодический спрос, нерегулярный спрос
  **auf dem Binnenmarkt Nachfrage** спрос на внутреннем рынке, спрос внутреннего рынка, внутренний спрос
  **autonome Nachfrage** автономный спрос
  **befriedigte Nachfrage** удовлетворённый спрос
  **einmalige aperiodische Nachfrage** апериодический спрос, нерегулярный спрос
  **einmalige Nachfrage** разовый спрос; нерегулярный спрос
  **elastische Nachfrage** эластичный спрос
  **fiktive Nachfrage** фиктивный спрос
  **gedeckte Nachfrage** удовлетворённый спрос

  **gesteigerte Nachfrage** возросший спрос
  **kaufkräftige Nachfrage** платёжеспособный спрос
  **konsumtive Nachfrage** потребительский спрос; спрос на предметы потребления
  **periodische Nachfrage** периодический спрос
  **produktionsbestimmte Nachfrage** производственный спрос; спрос на определённую продукцию
  **saisonbedingte Nachfrage** сезонный спрос
  **ständige Nachfrage** постоянный спрос
  **starke Nachfrage** высокий спрос
  **tägliche Nachfrage** повседневный спрос
  **teilweise Nachfrage** частичный спрос
  **unbefriedigte Nachfrage** неудовлетворённый спрос
  **voraussichtliche Nachfrage** ожидаемый спрос, предполагаемый спрос
  **zahlungskräftige Nachfrage** платёжеспособный спрос
  **die Nachfrage läßt nach** спрос падает
  **die Nachfrage sinkt** спрос снижается
  **die Nachfrage steigt** спрос повышается
  **die Nachfrage übersteigt das Angebot** спрос превышает предложение
  **die Nachfrage wächst** спрос повышается
**Nachfragebegrenzung** f ограничение спроса
**Nachfrageboom** m самый высокий спрос, наивысший спрос
**Nachfrageduopol** n диополия покупателей, дуополия покупателей

**Nachfragedyopol** *n* диополия покупателей, дуополия покупателей

**Nachfrageelastizität** *f* эластичность спроса *(по цене товара, по доходу)*

**Nachfrageentwicklung** *f* динамика спроса; развитие спроса;

**Nachfrageerwartung** *f* ожидаемый спрос, предполагаемый спрос

**Nachfragefunktion** *f* функция спроса

**individuelle Nachfragefunktion** функция индивидуального спроса

**kollektive Nachfragefunktion** функция коллективного спроса

**statische Nachfragefunktion** статическая функция спроса

**Nachfrageinflation** *f* инфляция спроса *(вызванная ускоренным ростом денежного спроса, опережением расширения совокупного предложения)*

**Nachfragekurve** *f* кривая спроса

**Nachfragelücke** *f* дефляционный разрыв *(превышение совокупного предложения над совокупным спросом)*

**Nachfragemarkt** *m* рынок покупателей

**Nachfragemonopol** *n* монополия покупателей, монопсония, *см.тж.* Monopson

**nachfragen** *vi* справляться, осведомляться *(о чём-л. у кого-л.)*

**Nachfrageoligopol** *n* олигополия покупателей

**Nachfrageperiodizität** *f* периодичность спроса

**Nachfrager** *m* покупатель, потребитель

**Nachfragerückgang** *m* сокращение спроса, уменьшение спроса, падение спроса

**Nachfrageschrumpfung** *f* сокращение спроса, уменьшение спроса

**Nachfragespitze** *f* максимальный спрос

**Nachfragestabilität** *f* устойчивость спроса

**Nachfragesteigerung** *f* увеличение спроса, рост спроса

**Nachfragestruktur** *f* структура спроса

**atomistische Nachfragestruktur** атомистическая структура спроса

**monopolistische Nachfragestruktur** монополистическая структура спроса

**oligopolistische Nachfragestruktur** олигополистическая структура спроса

**Nachfrageüberschuss** *m* превышение спроса над предложением

**Nachfrageumfang** *m* величина спроса, объём спроса

**Nachfrageveränderung** *f* изменение спроса, сдвиг в спросе

**Nachfrageverlagerung** *f* смещение спроса, сдвиг в спросе

**Nachfrageverschiebung** *f* смещение спроса, сдвиг в спросе

**Nachfrist** *f* дополнительный срок, льготный срок, отсрочка

**eine Nachfrist gewähren** предоставить отсрочку

**Nachfristbewilligung** *f* предоставление дополнительного срока, предоставление отсрочки, пролонгация

**Nachfristgewährung** *f* предоставление дополнительного срока, предоставление отсрочки, пролонгация

**Nachfristsetzung** *f* предоставление дополнительного срока, предоставление отсрочки, пролонгация

**Nachgeben** падение, понижение *(цен, курсов)*; уступка

**nachgeben** *vi* уступать, идти на уступки; соглашаться; падать *(о курсе, о ценах)*

**Nachgebot** *n* дополнительное предложение

**Nachgebühr** *f* доплата, дополнительный *(почтовый или телеграфный)* сбор

**Nachgirant** *m* последующий жирант, последующий индоссант

**Nachgiro** *n* последующий жирант, последующий индоссант

**Nachholebedarf** *m* отложенный спрос

**nachholen** *vt* наверстывать, нагонять, догонять; успеть сделать *(упущенное ранее)*

**Nachholung** *f* навёрстывание; последующее установление

**Nachholung der Steuerfestsetzung** последующее установление уточнённых налоговых ставок

**Nachindossament** *n* последующий индоссамент *(выписывается после наступления срока оплаты векселя)*

**Nachindossant** *m* последующий индоссант, последующий жирант

**Nachinventur** *f* дополнительная инвентаризация

**Nachkalkulation** *f* дополнительная калькуляция

**Nachkalkulation** калькуляция фактических издержек *(обычно предполагает сравнение результатов с предварительной калькуляцией)*

**Nachkalkulation** контрольная калькуляция, проверочная калькуляция; отчётная калькуляция *(себестоимости изделия)*

**Nachkontrolle** *f* последующий контроль, дополнительный контроль

**Nachkosten** *pl* дополнительные затраты *(мн.ч.)*

**Nachkosten** расходы по устранению дефектов в бракованной продукции *(мн.ч.)*

**Nachkriegskonjunktur** f послевоенная конъюнктура
**Nachkriegswirtschaft** f послевоенная экономика
**Nachlass** m ослабление; уменьшение, сокращение; скидка; уступка; бонификация *(напр., за пониженное качество)*
**Nachlass** наследство
**Nachlass der Konjunktur** ухудшение конъюнктуры
**Nachlass der Nachfrage** уменьшение спроса
**Nachlassbesteuerung** f обложение наследства налогом
**Nachlassen** n ослабление; уменьшение, сокращение, снижение *(цены)*
**Nachlassen der Geschäftstätigkeit** спад деловой активности
**Nachlassen der Konjunktur** ухудшение конъюнктуры
**Nachlassen der Nachfrage** сокращение спроса, уменьшение спроса
**Nachlassgegenstände** m, pl объекты наследства
**Nachlässigkeitsklausel** f оговорка о несчастном случае из-за небрежности
**Nachlasskonkurs** m конкурс наследственной массы, распродажа наследственной массы
**Nachlasspflegschaft** f *юр.* опека над наследственной массой
**Nachlasssteuer** f налог на наследство, наследственная пошлина,
**Nachlassstundung** f *швейц.* отсрочка из-за неплатёжеспособности
**Nachlassverbindlichkeiten** f, pl долги, обременяющие наследство
**Nachlassvergleich** m мировая сделка в целях предотвращения конкурса *(распродажи)* над наследственной массой

**Nachlassverwaltung** f управление наследственной массой
**Nachleistung** f денежные затраты, производимые после установления вызывающих их факторов
**finanzielle Nachleistung** доплата
**Nachlieferung** f дополнительная поставка, допоставка; дополнительная доставка; досылка
**Nachllassgläubiger** m кредитор наследственной массы, кредитор наследодателя
**Nachmachen** n подделка, фальсификация
**Nachmann** m последующий индоссамент, последующий жирант
**nachmessen** vt повторно измерять; проверять размеры, контролировать размеры
**Nachnahme** f наложенный платёж; почтовое отправление наложенным платежом
**per Nachnahme** наложенным платежом
**Nachnahmebegleitschein** m сопроводительный документ о наложенном платеже *(прилагается к платёжному требованию или накладной)*
**Nachnahmebetrag** m сумма наложенного платежа
**Nachnahmegebühr** f сборы за наложенный платёж
**Nachnahmekosten**, pl сборы за наложенный платёж
**Nachnahmepostanweisung** f извещение о почтовом отправлении наложенным платежом
**Nachnahmesendung** f почтовое отправление наложенным платежом
**nachnehmen** vt взыскивать оплату наложенным платежом, взимать оплату наложенным платежом

**Nachnutzung** f использование научно-технических достижений одних предприятий другими
**Nachporto** n дополнительный почтовый сбор, почтовая доплата
**Nachprodukt** n побочный продукт
**Nachprovision** f дополнительное комиссионное вознаграждение
**nachprüfen** vt пересматривать, перепроверять
**Nachprüfung** f пересмотр; ревизия; повторная проверка, дополнительная проверка, повторный контроль, дополнительный контроль
**Nachprüfungsverfahren** n метод дополнительной проверки; метод дополнительного контроля
**nachrechnen** vt пересчитывать, проверять счёт, проверять подсчёт; подсчитывать
**Nachreise** f *страх.* дальнейшая транспортировка грузов, прибывающих с других континентов
**Nachrichten,** pl данные; сообщения; информация; известия
**Nachrichtenagentur** f информационное агентство
**Nachrichtenbeförderungsleistungen** f, pl услуги органов связи
**Nachrichtenfluss** m поток информации, информационный поток
**Nachrichtenverarbeitung** f обработка информации
**Nachschau** f надзор, осуществляемый налоговой инспекцией, контроль, осуществляемый налоговой инспекцией
**nachschicken** vt досылать
**Nachschieben** n недозволенная торговля товарами, приобретёнными после официального объявления распродажи

**Nachschuss** *m* доплата *(напр., при ломбардном кредите, если рыночная стоимость залога уменьшается в результате падения цен)*
**Nachschusspflicht** *f* обязанность доплаты; обязанность внесения дополнительного денежного взноса
**Nachschussprämie** *f* дополнительная страховая премия
**Nachsendeschein** *m* документ, заменяющий сопроводительное письмо *(если накладная идёт отдельно от груза)*
**Nachsichttage** *m pl* отсрочка оплаты векселя *(срок оплаты которого ещё не наступил)*
**Nachsichtwechsel** *m* вексель "срочный по предъявлении" *(вексель, подлежащий оплате через определённый срок после предъявления)*
**Nachspalten** *f, pl* бухг. дополнительные графы, дополнительные колонки
**Nachstechen** *n* взятие пробы сыпучего товара *(из мешков)*, взятие пробы поставленного сыпучего товара *(перед его окончательным принятием)*
**Nachstechschein** *m* документ, дающий право складу брать пробы
**nachstehend** нижеследующий; ниже, далее
**Nachsteuer** *f* дополнительный налог
**nächstfällig** очередной, следующий, ближайший *(напр., о платеже, поставках и др.)*
**Nachtarbeit** *f* ночная работа
**Nachtarbeitszuschlag** *m* надбавка за ночную работу
**Nachtbetrieb** *m* ночная работа
**Nachteil** *m* убыток, ущерб; вред; недостаток, дефект, изъян; отрицательный момент

**nachteilig** убыточный, невыгодный; неудачный; невыгодно, с убытком, в ущерб *(себе)*
**nachträglich** дополнительный; дополнительно
**Nachteiligkeit** *f* убыточность
**Nachtlöschkosten** *pl* плата за разгрузку в ночное время
**Nachtrag** *m* добавление, дополнение; приложение
 als **Nachtrag** дополнительно, в качестве дополнения
 im **Nachtrag** дополнительно, в качестве дополнения
 zum **Nachtrag** дополнительно, в качестве дополнения
**Nachtragemonopol** *n* монополия покупателей
**Nachtragsetat** *m* дополнительный бюджет, дополнительные ассигнования
**Nachtragshaushalt** *m* дополнительный бюджет
**Nachtragsverteilung** *f* распределение конкурсной массы, образовавшейся после причитавшихся обязательных платежей
**Nachtschicht** *f* ночная смена
**Nachtschichtprämie** *f* надбавка за работу в ночную смену
**Nachtstrecke** *f* авиалиния, используемая также для ночных полётов
**Nachttarif** *m* ночной тариф *(на переговорных пунктах)*
**Nachttresor** *m* сейф для депонирования ценностей в банках во внерабочее время
**Nachtwachdienst** *m* служба охраны предприятий в ночное время
**Nachtzulage** *f* доплата за работу в ночное время, надбавка за ночную работу
**Nachtzuschlag** *m* надбавка за ночную работу
**Nachunternehmer** *m* субподрядчик
**Nachurlaub** *m* дополнительный отпуск

**Nachveranlagung** *f* последующее установление размера налога; последующее распределение налогов, дополнительное распределение налогов; дополнительная сумма налогов
**nachvergüten** *vt* дополнительно вознаграждать, дополнительно оплачивать, доплачивать
**Nachvergütung** *f* дополнительное вознаграждение, дополнительная оплата, доплата
**nachverlangen** *vt* дополнительно требовать; требовать в придачу; требовать в качестве доплаты
**Nachversicherung** *f* дополнительное страхование; страхование задним числом; расширение объёма страхования
**nachversteuern** *vt* платить дополнительно, доплачивать *(о налогах)*
**nachwägen** *vt* взвешивать повторно, проверять вес путём повторного взвешивания
**Nachwägung** *f* повторное взвешивание, проверка веса путём повторного взвешивания
**Nachwährschaft** *f* швейц. ответственность *(за скрытые дефекты проданного имущества)*
**Nachweis** *m* доказательство; свидетельство
**Nachweis** индекс, список
**Nachweis** подтверждение, удостоверение
**Nachweis** справка
**Nachweis** бухг. ведомость
**Nachweis** учёт
**Nachweis** посредническая контора
**Nachweis** биржа труда
**Nachweis des Verkaufs von Fertigerzeugnissen** учёт реализации готовой продукции
**Nachweis nach dem Ort der Kostenentstehung** учёт по месту возникновения затрат

**Nachweis nach Kostenarten** учёт по элементам затрат
**Nachweis schwebender Beträge** учёт неуплаченных сумм
**Nachweis über gezahlte Steuern** справка о суммах уплаченных налогов
**Nachweis über Kassengeschäfte** учёт кассовых операций
**analytischer Nachweis** аналитический учёт
**belegmäßiger Nachweis** документальное доказательство
**direkter Nachweis** непосредственный учёт
**direkter Nachweis** (юр.) прямое доказательство
**Nachweis erbringen** приводить доказательство
**mengenmäßiger Nachweis** количественный учёт
**wert- und mengenmäßiger Nachweis** количественно-стоимостный учёт
**wertmäßiger Nachweis** стоимостный учёт, учёт в денежном выражении
**den Nachweis erbringen** обосновывать, приводить доказательства
**den Nachweis führen** обосновывать, приводить доказательства
**nachweisen** vt доказывать, представлять доказательства, подтверждать, удостоверять (документально)
**nachweisen** выявлять, обнаруживать (напр., резервы)
**nachweisen** подыскивать (напр., работу для кого-л. в порядке посредничества)
**Nachweismakler** m информационный маклер (указывающий на возможность заключения сделки, но не посредничающий в её заключении)
**Nachweispflicht** f обязанность налогоплательщика доказывать правильность данных, внесённых им в налоговую декларацию

**Nachweisstelle** f посредническая контора; биржа труда
**Nachweisung** f доказательство; подтверждение
**Nachweisung** список, перечень, опись
**Nachweisung** отчёт, отчётность
**Nachweisung** подыскание (напр., работы)
**Nachweisung** декларация, спецификация товаров, подлежащих транспортировке
**Nachwiegung** f повторное взвешивание
**Nachwuchs** m молодые кадры (на производстве); молодые специалисты
**Nachwuchskader** m, pl резервы руководящих кадров
**Nachwuchskräfte** f, pl молодые кадры (на производстве); молодые специалисты
**nachzahlen** vt доплачивать, приплачивать, оплачивать дополнительно; оплачивать задним числом, выплачивать задним числом
**nachzählen** vt пересчитывать, проверять подсчёт
**Nachzahlung** f дополнительная оплата, дополнительная выплата, дополнительный платёж; доплата, приплата; последующий взнос; плата задним числом
**Nachzahlung leisten** доплачивать, производить доплату
**Nachzählung** f пересчёт, повторный подсчёт, проверочный подсчёт; повторная перепись
**Nachzoll** m дополнительная таможенная пошлина
**Nachzugsaktie** f отсроченная акция, акция с отсроченной выплатой дивидендов, второочередная акция
**NAD, Namibia-Dollar, - Namibia** Доллар Намибии (код валюты 516), - Намибия

**NAG, Nationale Arbeitnehmergemeinschaft** Национальное швейцарское общество наёмных рабочих
**Näherrecht** n право преимущественного приобретения (недвижимости)
**Näherung** f мат. приближение, аппроксимация
**Näherungslösung** f приближённое решение
**Näherungsmethode** f метод приближения, метод аппроксимации
**Näherungsverfahren** n метод приближения, метод аппроксимации
**Näherungswert** m приближённое значение
**Nährstoffertrag** m урожай сельскохозяйственных культур, выраженный в количестве питательных единиц
**Nahrungserwerb** m заработок, дающий средства на приобретение продуктов питания
**Nahrungsgüter** n, pl продовольственные товары
**Nahrungsmittel** n, pl пищевые продукты, продукты питания; продовольственные товары
**Nahrungsmittelbedarf** m потребность в продовольственных товарах
**Nahrungsmittelgesetz** n закон об ответственности за продажу населению недоброкачественных продовольственных товаров и предметов первой необходимости
**Nahrungsmittelsteuer** f ист. продналог, продовольственный налог
**Nahrungsmittelverfälschung** f фальсификация пищевых продуктов
**Nahrungsmittelvorschuss** m ссуда продуктами питания
**Nahrungsstand** m продовольственное положение

**Nahrungsverhältnisse** *n, pl* продовольственное положение

**Nährwert** *m* кормовая ценность; пищевая ценность

**Nahtereignis** *n сет. пл.* стыковое событие

**Nahverkehr** *m* транспортировка грузов *(автотранспортом)* на близкие расстояния, местные перевозки,

**Nahverkehrs-Preisverordnung** *f* тариф на местные перевозки

**Nahverkehrstarif** *m* тариф на местные перевозки

**Nahzone** *f* зона местного грузового автомобильного сообщения *(в радиусе 50 км от пункта отправления автомашины)*

**Namensaktie** *f* именная акция

**einfache Namensaktie** простая именная акция

**vinkulierte Namensaktie** винкулированная именная акция *(именная акция, передаваемая третьему лицу только с разрешения правления, выпустившего акцию общества)*

**Namensguthaben** *n* именной вклад

**Namensindossament** *n* именной индоссамент

**Namenslagerschein** *m* именное складское свидетельство

**Namensobligation** *f* именная облигация

**Namenspapier** *n* именной документ; именная ценная бумага

**Namenspapiere** *n pl* именные бумаги, именные ценные бумаги

**Namenspolice** *f* именной страховой полис

**Namensscheck** *m* именной чек

**Namensschuldverschreibung** *f* именная облигация

**Namenswechsel** *m* именной вексель

**Nämlichkeit** *f* тождество, тождественность, идентичность

**Nämlichkeit** *тамож.* идентичность товара; соответствие товара заявленному

**Nämlichkeitsmittel** *n, pl тамож.* средства обеспечения идентичности товара

**Nämlichkeitsnachweis** *m тамож.* подтверждение идентичности товара

**Nämlichkeitsschein** *m тамож.* свидетельство, подтверждающее идентичность товара

**Nämlichkeitssicherung** *f* обеспечение идентичности *(признание ввозимых товаров идентичными однажды ввезённому)*

**Nämlichkeitsverfahren** *n* метод таможенной очистки периодически вывозимых товаров с выдачей свидетельства об их идентичности, метод таможенной сертификации периодически ввозимых товаров

**NASDAQ, National Association of Securities Dealers automated quotations** система автоматической котировки Национальной ассоциации фондовых дилеров (США)

**Naßgewicht** *n* вес товара во влажном состоянии

**National-Demokratische Partei Deutschlands** Национально-демократическая партия Германии, НДПГ *(бывш. ГДР)*

**Nationalbudget** *n* национальный бюджет

**Nationaleinkommen** *n* национальный доход

**produziertes Nationaleinkommen** произведённый национальный доход

**Nationaleinkommensbilanz** *f* баланс национального дохода

**Nationaleinkommensvergleiche** *m, pl* сравнение национальных доходов

**internationale Nationaleinkommensvergleiche** сравнение национальных доходов разных стран, сопоставление национальных доходов разных стран

**Nationales Aufbauwerk** Национальный фонд восстановления *(организация в бывш. ГДР)*

**nationalisieren** *vt* национализировать, передавать в государственную собственность

**Nationalisierung** *f* национализация, передача в собственность государства

**Nationalkapital** *n* национальный капитал

**Nationalökonomie** *f* политэкономия; национальная экономия

**Nationalprodukt** *n* национальный продукт

**Nationalreichtum** *m* национальное богатство

**Nationalschuld** *f* национальный долг

**Nationalverband** *m* национальная ассоциация

**Nationalverband der Britischen Industriellen** Национальная ассоциация британских промышленников

**Nationalvermögen** *n* национальное богатство

**Nationalwährung** *f* национальная валюта

**Nationalwirtschaft** *f* национальная экономика

**NATO, North Atlantic Treaty Organization** Организация Североатлантического договора, Североатлантический пакт, НАТО

**Natur- und Klimaverhältnisse** *n, pl* природно-климатические условия

**Natur- und Wirtschaftsverhältnisse** *n, pl* природно-экономические условия

**natura:**
  **in natura** *(лат.)* натурой, в натуре, в натуральной форме; в натуральном выражении, в вещественном выражении
  **in natura** *(лат.)* в натуральном виде
  **in natura** *(лат.)* собственной персоной
  **in natura** *(лат.)* на деле

**Natural-** (в сл.сл.) натуральный

**Natural-Wert-Verflechtungsbilanz** *f* натурально-стоимостный межотраслевой баланс

**Naturalabgabe** *f* натуральный налог; *ист.* натуральная повинность

**Naturalangabe** *f* натуральный показатель; натуральное выражение

**Naturalausdruck** *m* натуральное выражение; натуральный показатель
  **im Naturalausdruck** в натуральном выражении, в вещественном выражении

**Naturalaustausch** *m ист.* натуральный обмен, натурообмен

**Naturalbeitrag** *m* взнос натурой, взнос в натуре, взнос в натуральной форме

**Naturalbesteuerung** *f* натуральное налоговое обложение, налогообложение в натуральной форме

**Naturalbeziehungen** *f, pl* отношения натурального обмена

**Naturalbezüge** *m, pl с.-х.* натуральные доходы, доходы в натуральной форме

**Naturaldarlehen** *n* натуральная ссуда, ссуда в натуральной форме

**Naturaleinheit** *f* натуральная единица

**Naturaleinkommen** *n* натуральный доход, доход в натуральной форме

**Naturaleinkünfte** *f pl* натуральные доходы

**Naturalentgelt** *n* оплата труда в натуральной форме, оплата натурой, *(ист.)* натуроплата

**Naturalersatz** *m страх.* возмещение ущерба в натуральной форме

**Naturalfonds** *m* натуральный фонд *(колхозов)*

**Naturalform** *f* натуральная форма, натурально-вещественная форма

**Naturalgeld** *n ист.* "природные" деньги *(скот, зерно и другие товары, выполняющие роль всеобщего эквивалента)*

**Naturalgewicht** *n* натуральный вес *(один из критериев качества, основывающийся на соотношении объёма и веса определённого товара)*; натурный вес *(напр., зерна)*

**Naturalgröße** *f* натуральная величина

**Naturalherstellung** *f юр.* восстановление в прежнее состояние; восстановление права собственности, реституция

**Naturalien,** *pl* продукты питания, продовольствие

**Naturalkennzahl** *f стат.* натуральный показатель

**Naturalkennziffer** *f стат.* натуральный показатель

**Naturalkredit** *m* кредит в натуральной форме, натуральная ссуда

**Naturalleistung** *f* платёж натурой, платёж в натуральной форме

**Naturalleistung** физический объём продукции

**Naturalleistungen** *f, pl ист.* натуральная повинность; натуральный оброк

**Naturallohn** *m* натуральная заработная оплата *(выдаётся не деньгами, а определёнными товарами)*, заработная плата натурой, натуроплата,

**Naturalmethode** *f* метод определения производительности труда на базе натуральных показателей

**Naturalmonatslohn** *m ист.* месячина, месячная заработная плата в натуральной форме

**Naturalpacht** *f ист.* натуральная аренда

**Naturalprämie** *f страх.* натуральная премия, премия, выдаваемая в натуральной форме

**Naturalrabatt** *m* скидка за количество в форме бесплатной поставки части товара

**Naturalrente** *f* натуральная рента

**Naturalrestitution** *f юр.* восстановление в прежнее состояние; восстановление права собственности, реституция; *юр.* возмещение убытков в натуральной форме

**Naturalsteuer** *f* натуральный налог

**Naturaltausch** *m ист.* натуральный товарообмен

**Naturaltauschwirtschaft** *f* натуральное меновое хозяйство

**Naturaltilgung** *f* погашение ипотечных кредитов закладными *(а не наличными)*

**Naturalumsatz** *m* безденежный оборот, оборот в натуральной форме, оборот в натуральном выражении

**Naturalvergütung** *f* оплата труда в натуральной форме, натуроплата

**Naturalversicherung** *f* натуральное страхование

**Naturalversorgung** *f* обеспечение в натуральной форме, снабжение в натуральной форме

**Naturalverteilung** f распределение в натуральной форме

**Naturalvolumen** n физический объём *(напр., производства)*

**Naturalvorschuss** m с.-х. аванс натурой, аванс в натуральной форме

**Naturalwirtschaft** f натуральное хозяйство

**Naturalzins** m процент по натуральной ссуде *(в натуральном меновом хозяйстве)*; ист. натуральный оброк

**Naturalzuwendung** f выплата натурой, выплата в натуральной форме

**Naturbedingungen** f, pl естественные условия, природные условия

**Naturfondsabgabe** f сбор, взимаемый для обеспечения наиболее рационального использования природных ресурсов, налог, взимаемый для обеспечения наиболее рационального использования природных ресурсов *(земли, водоёмов; бывш. ГДР)*

**Naturgröße** f натуральная величина

**Naturkräfte** f, pl природные силы *(мн.ч.)*

**naturnotwendig** физически необходимый

**Naturprodukt** n продукт естественного происхождения, естественный продукт, природный продукт, натуральный продукт

**Naturprodukte**, pl сырьё

**Naturreichtümer**, pl природные богатства *(мн.ч.)*; природные ресурсы *(мн.ч.)*

**Naturschätze**, pl природные богатства *(мн.ч.)*; природные ресурсы *(мн.ч.)*

**Naturschutzgesetz** n закон об охране природы

**Naturstoff** m натуральное вещество

**Naturstoffe** m, pl природные материалы *(мн.ч.)*

**Naturverhältnisse** n, pl природные условия *(мн.ч.)*

**nautisch** навигационный; морской

**Nav-km, Navigationskilometer** навигационный километр

**Navicert** n англ. свидетельство об отсутствии на судне военной контрабанды, сертификат об отсутствии на судне военной контрабанды, навицерт, охранное свидетельство *(для торговых судов в военное время)*

**Navigationsperiode** f навигационный период

**Navigationszeit** f навигационный период

**NbA, Neubauamt** n управление капитального строительства

**NC, numerical control (eng)** ЧПУ, числовое программное управление

**NC-Maschine** f станок с цифровым программным управлением

**NC-Werkzeugmaschine** f станок с цифровым программным управлением

**N.C.V., no commercial value** коммерческой ценности не имеет

**ND:**

**ND, Genehmigung für Nebenkosten und Dienstleistung** согласие на оплату накладных расходов и оказанных услуг

**ND, Nachrichtendienst** служба информации, информационное агентство

**ND, Nummerndrucker** цифровое печатающее устройство; ЦПУ

**NDPD, Nationaldemokratische Partei Deutschlands** Национально-демократическая партия Германии, НДПГ *(бывш. ГДР)*

**NE:**

**NE, Nationaleinkommen** национальный доход

**NE, Nichteisenmetall** цветной металл

**NE-Metalle** n pl цветные металлы *(мн.ч.)*

**Nebenabgaben** f, pl дополнительные сборы *(мн.ч.)*, побочные сборы *(мн.ч.)*; дополнительные пошлины *(мн.ч.)*, побочные пошлины *(мн.ч.)*; дополнительные налоги *(мн.ч.)*, побочные налоги *(мн.ч.)*

**Nebenabkommen** n дополнительное соглашение

**Nebenabreden** f pl договорённости, действующие в связи с основным договором

**Nebenabteilung** f подсобный цех

**Nebenadresse** f адрес на случай протеста векселя *(указывает индоссант)*; "запасной" адрес *(куда в случае непринятия груза следует обратиться фрахтовщику)*

**nebenamtlich** по совместительству, внештатно

**Nebenanlagen** f, pl вспомогательное оборудование

**Nebenanlagen** подсобное хозяйство

**Nebenanschließer** m ж.-д. владелец добавочной соединительной ветки, владелец добавочного подъездного пути

**Nebenarbeit** f побочная работа, дополнительная работа, работа по совместительству

**Nebenausgaben** f, pl побочные расходы *(мн.ч.)*, дополнительные расходы *(мн.ч.)*; накладные расходы *(мн.ч.)*

**Nebenbedeutung** f побочное значение, сопровождающее значение, второстепенное значение

**Nebenbedingung** f мат. ограничение; дополнительное условие

**Nebenbedingungen** f pl вспомогательные условия *(напр., для проведения расчёта)*

**Nebenberechnung** f дополнительный расчёт

**Nebenberuf** m вторая профессия, побочная профессия; работа по совместительству, совместительство

**im Nebenberuf** по совместительству

**im Nebenberuf arbeiten** работать по совместительству

**nebenberuflich** по совместительству, внештатно

**Nebenbeschäftigung** f работа по совместительству, совместительство; побочное занятие

**als Nebenbeschäftigung** по совместительству

**Nebenbestimmung** f дополнительное условие *(контракта)*

**Nebenbetrieb** m вспомогательное предприятие; подсобное производство, побочное производство; подсобное хозяйство

**landwirtschaftlicher Nebenbetrieb** сельскохозяйственное вспомогательное предприятие *(напр., сыроварня, кирпичный завод)*

**Nebenbezug** m побочный доход, дополнительный доход; приработок

**Nebenbörse** f неофициальная биржа, кулиса

**Nebenbücher** n pl вспомогательные книги *(в которых могут указываться определённые виды хозяйственных операций - напр. вексельная, товарная и др.)*

**Nebenbuchführung** f вспомогательный учёт

**Nebenbuchhaltungen** f pl вспомогательные формы бухгалтерского учёта, формы вспомогательного бухгалтерского учёта *(учёт капитальных вложений, складской учёт и учёт заработной платы)*

**Nebenbuchung** f *бухг.* проводка по книгам вспомогательного учёта, вспомогательные записи, проводки

**Nebeneinanderbestehen** n сосуществование

**friedliches Nebeneinanderbestehen** мирное сосуществование

**Nebeneinkommen** n побочный доход, дополнительный доход; приработок

**Nebeneinkünfte** f pl побочные доходы, дополнительные доходы; приработки

**Nebeneinkünfte** повышенные доходы *(в результате научной, писательской, артистической деятельности - в ФРГ облагаются подоходным налогом по льготным ставкам)*

**Nebeneinnahmen** f, pl побочные доходы, дополнительные доходы; приработки

**Nebeneinrichtung** f подсобное устройство

**Nebenertrag** m чистый доход от реализации отходов производства

**Nebenerwerb** m побочный доход, дополнительный доход; приработок

**Nebenerwerb** побочное ремесло, побочное занятие

**landwirtschaftlicher Nebenerwerb** побочный доход от сельского хозяйства, дополнительный доход от сельского хозяйства

**Nebenerwerbsbetrieb** m фермерское хозяйство, которое его владелец *или* арендатор ведёт помимо своего основного занятия

**Nebenerwerbsbetrieb** с.-х. хозяйство, дающее побочный доход, хозяйство, дающее дополнительный доход

**Nebenerwerbslandwirt** m фермер, хозяйство которого носит побочный характер по отношению к основному занятию

**Nebenerzeugnis** n побочный продукт

**Nebenfehler** m второстепенный дефект *(при статистическом контроле качества)*

**Nebenfertigung** f побочное производство

**Nebenfläche** f часть основной площади *(напр., промышленного предприятия)*, используемая для побочных целей

**Nebenfunktionsfläche** f площадь подсобных помещений *(напр., торгового или промышленного предприятия)*

**Nebengebühr** f дополнительный сбор *(на транспорте)*

**Nebengeschäfte** n, pl, **kaufmännische** побочные торговые сделки коммерсанта

**Nebengewerbe** n подсобный промысел, побочный промысел; побочное занятие, побочная деятельность

**Nebenhaushalt** m дополнительный бюджет

**Nebenkapazität** f производственные мощности по выпуску побочной продукции

**Nebenkassen** f, pl вспомогательные кассы, подсобные кассы *(для разгрузки главной кассы)*

**Nebenklassen** f, pl *трансп.* дополнительные тарифные классы

**Nebenkonto** n вспомогательный счёт

**Nebenkosten** pl побочные затраты, дополнительные затраты, побочные издержки, дополнительные издержки; побочные расходы, дополнительные расходы, сверхсметные расходы

**Nebenkostenstellen** f, pl места возникновения затрат, связанных с производством побочной продукции (напр., цехи по переработке отходов производства)

**Nebenlager** n подсобный цеховой склад материалов

**Nebenleistungen** f, pl дополнительные услуги; дополнительно выполненная работа; платежи за дополнительные услуги; дополнительные выплаты

**Nebenleistungsaktiengesellschaft** f акционерное общество, на пайщиков которого возлагаются дополнительные обязанности

**Nebennutzung** f, **forstliche** промежуточное лесопользование

**Nebenpersonal** n вспомогательный персонал

**Nebenplatz** m населённый пункт, в котором нет центрального банка земли (ФРГ)

**Nebenprodukt** n побочный продукт

**Nebenproduktion** f побочное производство; побочная продукция

**fischereiliche Nebenproduktion** побочная продукция рыбопромыслового хозяйства

**Nebenprozess** m вспомогательный процесс (на производстве)

**Nebenraum** m подсобное помещение; оперативно-вспомогательное помещение (напр., для расфасовки товара)

**nebenrechnen** vt проверять счёт; осуществлять дополнительные расчёты, осуществлять вспомогательные расчёты

**Nebenrechnung** f вспомогательный расчёт, контрольный расчёт; вспомогательный учёт

**Nebensicherheit** f дополнительное обеспечение

**Nebensicherung** f дополнительное обеспечение

**Nebenspesen,** pl побочные затраты, дополнительные затраты, побочные издержки, дополнительные издержки; побочные расходы, дополнительные расходы, сверхсметные расходы

**Nebenstelle** f филиал, отделение; представительство; агентство

**Nebenstelle** параллельный телефон

**Nebensteuer** f дополнительный налог

**Nebentätigkeit** f работа по совместительству, совместительство

**Nebenunkosten,** pl накладные расходы

**Nebenunternehmer** m субподрядчик

**Nebenverbrauch** m дополнительное потребление

**Nebenverbraucher** m побочный потребитель

**Nebenverdienst** m побочный заработок, дополнительный заработок, приработок; побочный доход

**Nebenverpflichtung** f дополнительное обязательство; дополнительная обязанность

**Nebenversicherung** f страхование от одного и того же риска в нескольких компаниях одновременно

**Nebenwirkung** f побочное действие; побочный эффект

**Nebenwirtschaft** f подсобное хозяйство, побочное хозяйство

**Nebenzeit** f подсобное время (в производственном процессе)

**Nebenzollamt** m дополнительная таможня

**Negation** f мат., вчт. отрицание

**Negativattest** n отрицательная аттестация (удостоверение суда об отсутствии в торговом реестре определённых записей)

**Negativbescheinigung** f объявление запрета (напр., заявление о запрете на импорт какого-л. товара)

**Negativbestätigung** f подтверждение, свидетельствующее о том, что производство данного товара в стране отсутствует

**Negativklausel** f негативная оговорка (обязательство заёмщика, взявшего кредит под часть/части своего имущества, не брать ссуд у других кредиторов под оставшуюся часть имущества)

**Negativliste** f список товаров для ярмарки с учётом ограничительных квот

**Negativlisten** f, pl списки товаров, импорт которых ограничен

**Negativsaldo** m пассивное сальдо

**Negativzins** m отрицательный процент (в случае номинального процента - плата банку за разрешение хранить свой вклад; при расчёте реального процента - свидетельство того, что процентные выплаты не компенсировали инфляционного обесценения вклада)

**Negligence-Klausel** f оговорка о снятии ответственности в договоре фрахтователя (с пароходства и команды)

**Negotiant** m коммерсант, торговец; негоциант

**Negotiation** f торговая сделка; торговля; посредничество; ведение переговоров

**Negotiation** продажа ценных бумаг; размещение займа через банк; дисконтирование тратты, учёт тратты

**Negotium** n торговая сделка; торговля

**negoziabel** могущий быть предметом сделки, могущий быть предметом торговли; могущий быть предметом продажи; способный к обращению; могущий быть оплаченным

**Negoziant** *m* коммерсант, торговец; негоциант

**Negoziation** *f* торговая сделка; торговля; посредничество; ведение переговоров

**Negoziation** продажа ценных бумаг; размещение займа через банк; дисконтирование тратты, учёт тратты

**Negoziationsgewicht** *n* торгово-политическая значимость товара, значимость товара в международной торговле

**Negoziationskredit** *m* банковский кредит, осуществляемый путём дисконтирования документированных тратт, банковский кредит, осуществляемый путём учёта документированных тратт

**Negozierung** *f* дисконтирование документированной тратты, учёт документированной тратты

**negoziierbar** могущий быть предметом сделки, могущий быть предметом торговли; могущий быть предметом продажи; способный к обращению; могущий быть оплаченным

**negoziieren** *vt* заключать сделки; вести торговлю; выступать посредником; вести переговоры

**negoziieren** пускать ценные бумаги в обращение; размещать заём через банк, размещать заём через консорциум банков

**negoziieren** дисконтировать документированные тратты, учитывать документированные тратты

**Negoziierung** *f* продажа ценных бумаг; размещение займа через банк; дисконтирование тратты, учёт тратты

**Negoziierungsorder** *f* поручение европейского банка заокеанскому филиалу на дисконтирование документированных тратт, предъявляемых заокеанским поставщиком

**Nehmer** *m* покупатель; ремитент, получатель платежа по векселю

**Nehmerland** *n* принимающая страна, страна - получатель кредита *(или займа, экономической помощи)*

**Neidbau** *m* сооружение построек с целью нанесения ущерба соседям

**Neigungswaage** *f* маятниковые весы

**Nennbetrag** *m* номинальная сумма; номинальная стоимость, нарицательная стоимость, номинал; достоинство *(денежного знака)*

**Nennbetrieb** *m* номинальный режим

**Nenner** *m* знаменатель *(дроби)*

**Nenngroße, Nenngröße** *f* номинальная величина, номинальное значение; типоразмер

**Nennkapital** *n* номинальный капитал

**Nennleistung** *f* номинальная производительность; номинальная мощность

**Nennmaß** *n* типоразмер; номинальная величина, номинальное значение

**Nennpreis** *m* нарицательная стоимость, номинальная цена, нарицательная цена

**Nennverbrauch** *m* номинальное потребление

**Nennwert** *m* нарицательная стоимость, номинальная стоимость, номинал; номинальная величина, номинальное значение

**nach dem Nennwert** по нарицательной стоимости, по номинальной стоимости, по номиналу

**über dem Nennwert liegen** быть выше нарицательной стоимости, быть выше номинальной стоимости, быть выше номинала

**zum Nennwert** альпари, по номиналу *(о курсе ценных бумаг)*

**Nennwertaktie** *f* акция с фиксированным номиналом; акция с фиксированной номинальной стоимостью; акция с фиксированной нарицательной стоимостью

**Neokapitalismus** *m* неокапитализм

**neoklassisch** неоклассический *(напр. о теории)*

**Neokolonialismus** *m* неоколониализм

**Neoliberalismus** *m* неолиберализм

**Neomalthusianismus** *m* неомальтузианство

**Neomarxismus** *m* неомарксизм

**Neomerkantilismus** *m* неомеркантилизм

**Neonreklame** *f* неоновая реклама; светящаяся реклама; световая реклама; неоновая вывеска

**Neonschild** *n* неоновая вывеска; неоновая рекламная вывеска; неоновая реклама

**neo-ricardianisch** неорикардианский

**Nestfertigung** *f* производство по предметно-замкнутому принципу

**Nestfertigungsbereich** *m* предметно-замкнутый участок (производства)

**net weight** *англ.* вес-нетто, чистый вес, вес без упаковки (тары)

**netto** без упаковки

  **netto** нетто, без упаковки (*о весе*); без скидки (*о цене*); за вычетом всех налогов и сборов (*о доходе*); за вычетом всех скидок и удержаний (*о сумме*)

  **netto Kasse** нетто-касса, чистые кассовые поступления наличными без скидки

**Netto-Grundfondsintensität** *f* чистая фондоёмкость

**Nettoabnahme** *f* **an Forderungen** чистое снижение требований

**Nettoausgaben** *f, pl* чистые расходы

**Nettoauslandsposition** *f* финансовое сальдо, заграничная нетто-позиция (*в платёжном балансе разность между требованиями отечественных кредиторов к иностр. должникам и обязательствами отечественных должников по отношению к иностр. кредиторам*)

**Nettobeitrag** *m* страховая нетто-премия; чистый страховой взнос

**Nettobetrag** *m* сумма нетто

**Nettobilanz** *f* нетто-баланс

**Nettodevisenerlös** *m* чистая валютная выручка

**Nettoeinkaufspreis** *m* закупочная цена нетто

**Nettoeinkommen** *n* чистый доход, доход нетто

**Nettoeinnahme** *f* чистый доход, доход нетто

**Nettoerlös** *m* чистая выручка, выручка нетто

**Nettoertrag** *m* чистый доход, доход нетто

**Nettofinanzierung** *f* бюджетное финансирование государственных организаций, собственные доходы которых не покрывают целиком их расходы

**Nettofinanzierung** нетто-финансирование (*напр., формы финансирования нерентабельных государственных организаций; в результате взаимных расчётов эти организации оказываются получателями субсидий*)

**Nettofläche** *f* площадь нетто

**Nettofondsrentabilität** *f* расчётная рентабельность производственных фондов

**Nettogehalt** *n* заработная плата за вычетом всех налогов

**Nettogeldeinnahmen** *f, pl* **der Bevölkerung** чистые денежные доходы населения

**Nettogeldvermögen** *n* сальдо финансовых расчётов, разница между требованиями и обязательствами фирмы *или* частного лица

**Nettogewicht** *n* вес-нетто, чистый вес, вес без упаковки (*тары*), масса-нетто

  **gesetzliches Nettogewicht** легальный вес нетто

  **reales Nettogewicht** реальный вес нетто

**Nettogewinn** *m* чистый доход, чистая прибыль (*прибыль после вычета всех издержек*)

**Nettogewinnabführungen** *f, pl* отчисления от чистой прибыли

  **überzahlte Nettogewinnabführungen** сверхнормативные отчисления от чистой прибыли

**Nettoinlandsprodukt** *n* чистый внутренний продукт

**Nettoinvestitionen** *f pl* чистые инвестиции, чистые капиталовложения (*валовые капиталовложения за вычетом суммы амортизационных отчислений*)

**Nettokapital** *n* чистый капитал

**Nettokurs** *m бирж.* фактический курс

**Nettolohn** *m* заработная плата за вычетом всех налогов, чистая зарплата (*за вычетом налогов*)

**Nettolohnblatt** *n* расчётная ведомость фактической заработной платы

**Nettolohnrechnung** *f* составление (расчётно)-платёжной ведомости

**Nettomasse** *f* масса-нетто, вес-нетто, чистая масса, чистый вес, масса без упаковки, вес без упаковки (*тары*)

**Nettoposition** *f* сальдо финансовых расчётов, разница между требованиями и обязательствами фирмы *или* частного лица

**Nettoprämie** *f страх.* нетто-премия

  **einmalige Nettoprämie** единовременная нетто-премия

**Nettopreis** *m* цена нетто, цена после всех вычетов

**Nettoprinzip** *n* принцип оценки основных фондов по остаточной стоимости

**Nettoprodukt** *n* чистый продукт

  **gesellschaftliches Nettoprodukt** чистый общественный продукт

**Nettoproduktion** *f* чистая продукция

  **Nettoproduktion je Arbeitskraft** чистая продукция в расчёте на одного рабочего

  **Nettoproduktion je Arbeitszeiteinheit** чистая продукция в расчёте на единицу затраченного рабочего времени

**Nettoproduktionsmethode** *f стат.* метод определения производительности общественного труда, основанный на сопоставлении показателей чистой продукции и затрат рабочего времени

**Nettoproduktionswert** *m* стоимость чистой продукции

**Nettoproduktionszuwachs** *m* прирост чистой продукции

**Nettoproduktivität** *f* чистая производительность совокупного труда; производительность ресурсов, исчисленная на базе чистой продукции

**Nettoprofit** *m* чистая прибыль

**Nettoquote** *f* удельный вес чистой продукции в стоимости валового продукта, удельный вес чистой стоимости произведённой продукции в её валовой стоимости; *стат.* отношение брутто-коэффициента к нетто-коэффициенту воспроизводства населения

**Nettorate** *f* фрахтовая ставка нетто *(без учета скидок и надбавок)*

**Nettoraumgehalt** *m* нетто-вместимость *(судна)*; нетто-регистровый тоннаж

**Nettorechnung** *f* учёт чистых результатов хозяйственной деятельности *(расчёт чистой прибыли, накопления реальных активов по остаточной стоимости и др.)*; результативный счёт

**Nettoregistertonnage** *f* нетто-регистровый тоннаж

**Nettoregistertonne** *f* нетто-регистровая тонна

**Nettoreproduktionsziffer** *f* *стат.* нетто-коэффициент воспроизводства населения

**Nettorohstoffeinsatznorm** *f* норма чистого расхода сырья

**Nettosatz** *m* нетто-ставка

**Nettosozialprodukt** *n* чистый общественный продукт *(валовой общественный продукт за вычетом материальных затрат)*, чистый социальный продукт

**Nettosozialprodukt zu Marktpreisen** чистый социальный продукт, выраженный в рыночных ценах

**Nettotara** *f* чистая тара, фактический вес упаковки

**Nettotarif** *m* нетто-тариф, тариф нетто

**Nettoumsatz** *m* чистый оборот

**Nettoverdienst** *m* чистый заработок

**Nettoverkaufspreis** *m* продажная цена нетто, сбытовая цена нетто

**Nettovermögen** *n* фактическое имущество; чистая стоимость имущества

**Nettoverzollung** *f* взимание таможенной пошлины с веса нетто, обложение груза таможенной пошлиной, взимаемой с веса нетто

**Nettowert** *m* фактическая стоимость, остаточная стоимость *(основных фондов)*

**Nettozeit** *f* чистое время *(работы)*

**Nettozins** *m* нетто-процент; чистый процент по кредиту; чистый процент по операциям ссуд и займов

**Nettozinssatz** *m* ставка чистого процента по кредиту

**Netz** *n* сеть
  **Netz der Beschaffungsstellen** заготовительная сеть
  **Netz der Verkaufsstellen** торговая сеть
  **kritisches Netz** *сет. пл.* критическая зона
  **lokales Netz** локальная сеть
  **regionales Netz** региональная сеть
  **subkritisches Netz** *сет. пл.* подкритическая зона
  **verzweigtes Netz** разветвлённая сеть
  **warenzuführendes Netz** товаропроводящая сеть

**Netzdienstleister** *m* провайдер

**Netzdichte** *f* плотность сети, густота сети *(дорог)*, плотность транспортной сети

**Netzplan** *m* сетевой график, сетевая модель, сеть
  **detaillierter Netzplan** детализированный сетевой график
  **deterministischer Netzplan** детерминированная сетевая модель, детерминированная сеть
  **einfacher Netzplan** одноцелевой сетевой график; простая сеть
  **ereignisorientierter Netzplan** сетевой график, ориентированный на события, сетевой график на языке событий
  **erweiterter Netzplan** разветвлённый сетевой график, многоцелевой сетевой график
  **komplexer Netzplan** комплексный сетевой график
  **probabilistischer Netzplan** вероятностная сетевая модель, вероятностная сеть
  **stochastischer Netzplan** стохастическая сетевая модель, стохастическая сеть
  **verdichteter Netzplan** укрупнённый сетевой график

**Netzpiraterie** *f* сетевое пиратство

**Netzplanelement** *n* элемент сетевого графика, элемент сети

**Netzplanmatrix** *f* матрица сетевого графика

**Netzplanmodell** *n* сетевая модель

**Netzplanstruktur** *f* топология сетевого графика

**Netzplantechnik** *f* сетевое планирование и управление *(координация различных форм активного воздействия в рамках одного большого проекта)*

**Netzwerk** *n* сетевой график, сетевая модель, сеть

**Netzwerkanalyse** *f* сетевое планирование; анализ сетевого графика; сетевое планирование и управление

**Netzwerkberechnung** *f* расчёт сетевого графика, расчёт сетевой модели

**Netzwerkdiagramm** *n* сетевой график, сетевая модель, сеть

**Netzwerkkalkulation** *f* сетевая заводская *(производственная)* калькуляция; система сетевого планирования

**Netzwerkleitung** *f* сетевое управление

**Netzwerkmethode** *f* метод сетевого планирования

**Netzwerkoptimierung** *f* оптимизация сетевого графика

**Netzwerkplanung** *f* сетевое планирование

**Netzwerkplanungsmethode** *f* метод сетевого планирования

**Netzwerktechnik** *f* сетевое планирование и управление

**neu** новый

  **neue Armut** "новые бедные"

  **neue Arten** новые виды

  **neue Energiequellen** новые источники энергии

  **neue Industriestandortausweisung** размещение новых промышленных предприятий

  **neue Quellen** новые источники

  **neue Technologien** новые технологии

  **neue Umwelttechnologien** новые природоохранные технологии

  **neue Verfahren** новые технологии

  **neue Wirtschaft** *f* новая экономика (в условиях глобализации, напр. с использованием Интернет)

  **neueste Erkenntnisse** новейшие достижения *(науки и техники)*

**Neuanfertigung** *f* изготовление нового предмета, капитальный ремонт которого нецелесообразен; впервые изготовленная вещь

**Neuanlage** *f* **von Kapital** новое капиталовложение

**Neuanlagen** *f, pl,* **unfertige** незавершённое новое строительство

**Neuanschaffung** *f* приобретение новой вещи

**Neuanschaffungskosten,** *pl* расходы по обновлению оборудования

**Neuattestierung** *f* переаттестация

**neuaufbauen** *vt* восстанавливать; реорганизовывать

**neuaufschließen** *vt* проводить работы по вскрытию нового месторождения; вводить в эксплуатацию *(шахту)*; возобновлять работы *(напр., на руднике, бывшем на консервации)*

**Neuaufschluss** *m* работы по вскрытию нового месторождения; ввод в эксплуатацию *(шахты)*; возобновление работ *(напр., на руднике, бывшем на консервации)*

**Neuaufteilung** *f* передел; перераспределение

  **Neuaufteilung der Welt** передел мира

**neuausfertigen** *vt бухг.* пересоставлять, составлять заново

**Neuausrichtung** *f* переориентация; перепрофилирование; перестройка

**neuausrüsten** *vt* переоборудовать

**Neuausrüstung** *f* переоборудование; перевооружение

  **technische Neuausrüstung** техническое перевооружение; технические нововведения

**neuausstatten** *vt* переоборудовать, переоснащать

**Neuausstattung** *f* переоборудование; перевооружение

**neuausstellen** *vt бухг.* пересоставлять, составлять заново

**Neubau** *m* новостройка; дом-новостройка; новая постройка

**Neubau** новое строительство

**Neubau von Autobahnen** строительство крупных автомагистралей

**Neubau von Deponien** строительство полигонов отходов

**Neubau von Kernkraftwerken** строительство новых АЭС

**Neubau von Wasserstraßen** прокладка новых водных путей

**Neubauer** *m* крестьянин-новосёл *(на вновь освоенных землях)*; крестьянин-переселенец; *ист.* крестьянин, получивший землю по земельной реформе *(бывш. ГДР)*

**Neubauerneigentum** *n ист.* собственность крестьян, получивших землю по земельной реформе *(бывш. ГДР)*

**Neubauwohngebiet** *n* район-новостройка, район новостроек

**Neubauwohnung** *f* квартира в доме-новостройке

**Neubedarf** *m* новый спрос

**Neuberechnung** *f* перерасчёт, новый расчёт; новое вычисление, повторное вычисление

**neubesteuern** *vt* облагать налогом заново, облагать налогом повторно

**Neubewertung** *f* переоценка, заново проведённая оценка *(напр., основных фондов)*

**Neueinführung** *f* нововведение, новшество

**Neueinstellung** *f* новый набор *(рабочих)*; восстановление *(на работе)*; переориентация, новая установка

**Neuemission** *f* акции и другие ценные бумаги, выпущенные после денежной реформы *(в Западной Германии)*

**Neuentwicklung** f разработка новых моделей, разработка новых конструкций образцов; новая конструкция, модификация; новая модель; новый образец

**Neuentwicklungsprognose** f, **technische** прогноз развития новой техники и технологии

**Neuer-Kunde-Rabatt** m скидка новому клиенту при первом заказе

**Neuerer** m рационализатор; новатор

**Neuereraktiv** n актив новаторов производства (бывш. ГДР)

**Neuereraufgabe** f задание, поставленное новатору производства (бывш. ГДР)

**Neuererbewegung** f движение новаторов производства (бывш. ГДР)

**Neuererbrigade** f бригада новаторов производства

**Neuererbüro** n бюро по рационализации и изобретательству

**Neuererfonds** m фонд поощрения новаторства (бывш. ГДР)

**dezentralisierter Neuererfonds** децентрализованный фонд поощрения новаторства (бывш. ГДР)

**Neuererkommission** f комиссия по распространению опыта новаторов производства (бывш. ГДР)

**Neuerermethode** f новаторский метод (работы)

**Neuererpaß** m свидетельство новатора производства, удостоверение новатора производства (бывш. ГДР)

**Neuererplan** m план работы новаторов производства (бывш. ГДР)

**Neuererrat** m совет новаторов производства (бывш. ГДР)

**Neuererstammkarte** f учётная карта новатора производства (бывш. ГДР)

**Neuerertum** n новаторство

**Neuerervereinbarung** f соглашение между руководством предприятия и коллективом новаторов о решении особо важных производственных задач (бывш. ГДР)

**Neuerervergütung** f вознаграждение за изобретения и рационализаторские предложения (бывш. ГДР)

**Neuerervorschlag** m рационализаторское предложение (бывш. ГДР)

**Neuererwesen** n рационализаторство и изобретательство

**Neuererzentrum** n окружное бюро содействия движению новаторов (бывш. ГДР)

**Neuerscheinung** f новинка

**Neuerung** f новшество, нововведение, новация; обновление; реформа; реформирование

**Neufassung** f новая редакция, новая формулировка

**Neufestsetzung** f переоценка; установление заново (напр., цен); пересмотр

**Neufestsetzung der Kapitalverhältnisse** установление нового размера капитала общества (на основании западногерманского закона от 2 8. 1949 г. о составлении вступительных балансов в немецких марках)

**Neufestsetzung des Versicherungswertes nach einem Brand** переоценка страховой стоимости после пожара

**Neufestsetzung von Preisen** установление новых цен

**Neufeststellung** f новое определение ценности хозяйственной единицы (для установления размера налога)

**Neufeststellung** новое определение рыночной цены активов, служащих объектом обложения (напр., для определения размера налога)

**Neugeldguthaben** n, pl денежные средства на текущих счетах в немецких марках (после сепаратной денежной реформы в трёх западных зонах Германии 21.; 1948 г.)

**neugeschaffen** вновь созданный (напр., о стоимости)

**neugestalten** vt перестраивать; переоборудовать; преобразовывать; реформировать; реорганизовывать; переделывать

**Neugestaltung** f переустройство, перестройка; переоборудование; преобразование; реформа, реорганизация; переделка; новое оформление

**Neugestaltung des Arbeitsplatzes** переоборудование рабочего места

**Neugewicht** n новый вес (установленный в результате дополнительного взвешивания); выгруженный вес; вес, установленный путём перевзвешивания в месте назначения

**Neugirosammeldepot** n новые требования, возникающие в результате переоценки ценных бумаг

**Neugläubiger** m кредитор, предъявивший требование после открытия конкурса

**Neugründung** f основание нового предприятия, учреждение нового предприятия; вновь созданное предприятие; вновь созданная организация

**Neuhausbesitz** m новое домовладение

**Neuheit** f новинка (в торговле); новшество

**Neuheitenschau** f выставка новинок

**Neuheitsprüfung** f проверка "на новизну"

**Neuigkeitsgrad** m степень новизны

**Neuinvestitionen** *f pl* капитальные вложения в новое строительство; экстенсивные капиталовложения

**Neujahrszuwendung** *f* новогоднее денежное вознаграждение, новогодние наградные

**Neukunde** *m* новый клиент; новый покупатель; новый заказчик

**Neukundengewinnung** *f* завоевание новых клиентов; привлечение новых клиентов

**Neukundin** *f* новая клиентка; новая заказчица; новая покупательница

**Neuland** *n* целина, целинные земли

**Neuland und Altbrache** целинные и залежные земли

**Neuländereien,** *pl* целинные земли, целина

**Neulanderschließung** *f* освоение целины

**Neulandgewinnung** *f* освоение целины

**Neuordnung** *f* новый строй, новый порядок; реорганизация; переустройство; преобразование

**Neuordnung des Bankwesens** новая банковская система; реорганизация банковского дела, реорганизация банковской систем

**Neupacht** *f* повторное арендование, повторная аренда; вновь арендованный объект

**Neuprägung** *f* монета новой чеканки; новая чеканка

**Neuprodukt** *n* вновь созданный продукт

**Neuproduktion** *f* изготовление новых видов продукции

**neuproduziert** вновь произведённый

**Neuregelung** *f* введение новых правил, установление новых правил; реорганизация; переустройство; урегулирование на новой основе

**Neuregelung des Steuerwesens** реорганизация налоговой системы; налоговая реформа

**Neuschätzung** *f* страх. переоценка

**Neutaxierung** *f* страх. переоценка

**neutralisieren** 1. нейтрализовать 2. усреднять

**Neutralität** *f* **des Geldes** нейтральность денег *(обсуждаемое в экономической теории с XVIII в. предположение - равномерный рост всех цен и денег не должен оказывать влияния на реальные величины - производство, занятость и пр.)*

**Neuveranlagung** *f* установление новых размеров налога, пересмотр налоговых тарифов

**Neuverteilung** *f* передел; перераспределение *(напр., бюджетных средств)*

**Neuwert** *m* вновь созданная стоимость; восстановительная стоимость объекта страхования; стоимость новой вещи, цена новой вещи *(не бывшей в употреблении)*

**Neuwertentschädigung** *f* страховое возмещение по стоимости нового предмета, возмещение по восстановительной стоимости объекта страхования

**Neuwertversicherung** *f* страхование вновь созданной стоимости; страхование по восстановительной стоимости объекта страхования

**n.F., Neue Fassung** новая редакция

**nfo, non free out** выгрузка оплачивается получателем товара, выгрузка оплачивается покупателем товара

**nfr, nicht freigemacht** не очищен от сборов, не очищен от таможенных пошлин

**Nftr., nouveau franc** новый французский франк

**NG, Nigeria** Нигерия

**NGN, Naira, - Nigeria** Найра *(код валюты 566),* - Нигерия

**NI, Nicaragua** Никарагуа

**Nibor** *f* нибор *(межбанковская ставка, складывающаяся на основе операций крупнейших нью-йоркских банков)*

**Nicht-Sterlingblock-Länder** *n, pl* страны, не входящие в стерлинговую зону

**Nichtabnahme** *f* непринятие *(напр., товара)*

**Nichtakzept** *n* неакцептование

**Nichtakzeptierung** *f* неакцептование

**Nichtannahme** *f* неакцептование

**Nichtanspruchnahme** *f* неиспользование, неполное использование, неполное "освоение" *(напр., ассигнованных средств)*

**Nichtäquivalentenaustausch** *m* неэквивалентный обмен

**Nichtarbeitende** *m* неработающий

**Nichtauslastung** *f* недогрузка *(напр., производственных мощностей фирмы)*

**Nichtauslastung der Produktionskapazität** недогрузка производственных мощностей

**chronische Nichtauslastung** хроническая недогрузка *(напр., предприятия)*

**Nichtbankenbereich** *m* небанковский сектор *(страховые, инвестиционные и др. компании)*

**Nichtbeachtung** *f* несоблюдение

**Nichtbeantwortung** *f* уклонение от ответственности

**Nichtbefolgung** *f* несоблюдение, невыполнение

**Nichtbegleichung** *f* неуплата *(напр., долга)*

**Nichtberechtigte** m неправомочный

**nichtberufstätig** неработающий

**Nichtbestellung** f отмена заказа

**Nichtbezahlung** f неуплата, неплатёж

**Nichtclearingland** n страна, не имеющая клиринговых соглашений с другими странами

**Nichteinhaltung** f несоблюдение (напр., сроков), нарушение (напр., графика)

**Nichteinlösung** f неуплата
**Nichteinlösung eines Wechsels** неуплата по векселю

**Nichteinstellung** f отказ в приёме на работу

**Nichterfüllung** f невыполнение, неисполнение (напр., договора)

**Nichtgebrauchswert** m непотребительная стоимость; товар, не находящий спроса на рынке

**Nichtgeschäftsfähige** m юр. недееспособное лицо

**Nichtgestellung** f **eines Akkreditivs** неоткрытие аккредитива

**nichtig** недействительный, утративший силу, аннулированный (напр., о договоре); незначительный

**Nichtigkeit** f недействительность (напр., договора)

**nichtindustriell** непромышленный

**nichtkapitalistisch** некапиталистический

**nichtkonvertibel** необратимый, неконвертируемый (о валюте)

**Nichtkonvertibilität** f необратимость, неконвертируемость (валюты)

**nichtkonvertierbar** необратимый, неконвертируемый (о валюте)

**Nichtkonvertierbarkeit** f необратимость, неконвертируемость (валюты)

**Nichtleistung** f невыполнение обязательств, неисполнение обязательств

**nichtlinear** мат. нелинейный

**Nichtlösbarkeit** f неразрешимость
**Nichtlösbarkeit** нерастворимость

**Nichtmetallgeld** n неметаллические деньги

**Nichtmitgliedergeschäfte** n, pl операции кооперативного товарищества, осуществляемые с нечленами кооператива

**Nichtnullsummen-Zweipersonenspiel** n игра двух участников с ненулевой суммой

**Nichtnullsummenspiel** n игра с ненулевой суммой

**Nichtproduktionssphäre** f непроизводственная сфера

**nichtproduktiv** непроизводительный; непроизводственный

**nichtproduzierend** непроизводственный

**nichtprofitabel** неприбыльный, недоходный

**nichtrückzahlbar** безвозвратный (напр., о ссуде)

**nichtstandardgerecht** нестандартный (о товаре)

**nichttarifär** нетарифный

**nichtumkehrbar** необратимый

**Nichtverjährbarkeit** f юр. неприменимость срока давности

**Nichtverjährung** f юр. неприменимость срока давности

**Nichtwohngebäude** n нежилой дом

**Nichtzahler** m неплательщик

**Nichtzahlung** f неуплата, неплатёж

**nichtzahlungsfähig** неплатёжеспособный (напр., о спросе)

**niederdrücken** vt понижать (цены); оказывать давление (на цены); угнетать, подавлять

**Niedergang** m n падение, ухудшение (конъюнктуры)

**Niederlage** f склад, товарный пакгауз; филиал, отделение; база; оптовая контора

**Niederläger** m австр. оптовый торговец

**Niederlageschein** m тамож. складское свидетельство

**niederlassen, sich** селиться, расселяться; обосновываться; открывать филиал, открывать отделение

**Niederlassung** f поселение; селение, посёлок; филиал, отделение; база
**Niederlassung des Versandhandels** торгово-посылочная база
**Niederlassung für mehrere Rayons** межрайонная база

**Niederlassungsland** n страна местонахождения филиала банка другой страны

**niederlegen** vt сдавать на хранение (напр., товар на таможенный склад); депонировать

**Niederleger** m владелец товара, хранящегося на таможенном складе

**Niederlegung** f сдача на хранение (напр., товара на таможенный склад); депонирование; хранение на почте заказного письма после уведомления о нём адресата

**niederschlagen** vt оседать (напр., вне процесса обращения); юр. приостанавливать, прекращать (дело)

**sich iederschlagen** отражаться в балансе

**sich in Geld niederschlagen** осаждаться в виде денег

**Niederschlagung** *f* *юр.* приостановка, прекращение *(напр., дела)*

**Niederschlagung von Forderungen des Staatshaushalts** временное прекращение взыскания сумм в доход государственного бюджета

**Niederschlagung von Steuern** временное прекращение взыскания налогов

**Niederstwertprinzip** *n* принцип оценки по самой низкой стоимости *(при составлении баланса оценки исходят из самых жёстких критериев)*

**Niedrighaltung** *f* поддержание на низком уровне; недопущение роста, недопущение повышения, недопущение увеличения

**Niedrigstbelastung** *f* минимальная нагрузка

**Niedrigstkurs** *m* *бирж.* минимальный курс

**Niedrigstwertprinzip** *n* принцип оценки по самой низкой стоимости *(при составлении баланса оценки исходят из самых жёстких критериев)*

**Niedrigtarif** *m* низкий тариф; минимальный тариф; *(очень)* низкий тариф *(для проезда в городском транспорте)*

**Niedrigwasserzuschlag** *m* надбавка к фрахту при низкой воде

**Nießbrauch** *m* *юр.* узуфрукт, право пользования чужим имуществом *(или собственностью)*

**Nießbraucher** *m* *юр.* узуфруктуар; юридический субъект, имеющий право пользования чужим имуществом; временный владелец

**NIMEXE, Nomenklatur für die Import- und Exportstatistiken der Europäischen Gemeinschaften** номенклатура товаров для экспортно-импортной статистики (ЕЭС)

**NIO, Cordoba, - Nicaragua** Золотая кордоба *(код валюты 558)*, - Никарагуа

**Niveau** *n* уровень

   **durchschnittliches Niveau** средний уровень

   **hohes Niveau** высокий уровень

**Niveauangleichung** *f* выравнивание уровней; выравнивание уровней *(жизни)*

**niveaubestimmend** определяющий уровень

**Niveauunterschied** *m* различие в уровнях *(напр., экономического развития)*; разница в уровнях

**Niveauvergleich** *m* сравнение уровней, сопоставление уровней

**Nivellierung** *f* нивелирование

**Nivellierungstendenz** *f* нивелирующая тенденция

**Nivellierungstheorie** *f* теория автоматического регулирования денежного обращения и цен *(основанная на количественной теории денег Д. Юма и Д. Рикардо)*

**Nkm, Nutzkilometer** полезный километр

**NL, Niederlande** Нидерланды

**NLG, Holländischer Gulden, - Niederlande** Нидерландский гульден *(код валюты 528)*, *в н.в. заменена на Евро* **EURO**, - Нидерланды

**n.M., nach Muster** по образцу

**NN:**

   **N/N, nicht notieren** не публиковать в биржевой котировке

   **n.n., netto netto** свободно от уплаты

**NO:**

   **N/O, no order** заказа не поступило; приказа нет, распоряжения нет

   **NO, Norwegen, Svalbard** Норвегия, *до 1978г. код* WN

   **n.o., netto** нетто; чистый вес

**No-show-Gebühr** *f* плата, вносимая пассажиром при возврате неиспользованного им билета на самолёт в более поздние, чем установлено правилами, сроки

**Nochgeschäft** *n* срочная сделка с предварительной премией, опцион покупателя, срочная сделка с обратной премией, опцион продавца

**Nochprämiengeschäft** *n* *бирж.* срочная кратная сделка с премией

**Nochstücke** *n, pl* ценные бумаги, дополнительно поставленные на основании заключённой срочной кратной сделки с премией, ценные бумаги, дополнительно затребованные на основании заключённой срочной кратной сделки с премией

**NOK, Norwegische Krone, - Norwegen, Svalbard** Норвежская крона *(код валюты 578)*, - Норвегия; Буве, остров

**Nomenklatur** *f* номенклатура

**Nomenklaturverzeichnis** *n* номенклатурный перечень

**Nominal** *n* номинал, номинальная стоимость, нарицательная стоимость

   **nach dem Nominal** по номиналу, по номинальной стоимости

**Nominalbetrag** *m* номинальная сумма *(платежа)*, нарицательная стоимость

**Nominaleinkommen** *n* номинальный доход

**Nominalismus** *m* номинализм, номиналистическая теория денег

**Nominalkapital** *n* номинальный капитал, нарицательный капитал

**Nominallohn** *m* номинальная заработная плата, номинальная зарплата

**Nominallohnindex** *m* индекс номинальной заработной платы

**Nominalpreis** *m* номинальная цена *(напр., в отличие от индекса реальной стоимости имущества)*

**Nominalschuld** *f* номинальный долг

**Nominalskala** *f* номинальная шкала *(оценок)*, назывная шкала *(оценок)*, классификационная шкала *(оценок)*

**Nominalverzinsung** *f* начисление процентов от нарицательной стоимости ценных бумаг

**Nominalwert** *m* номинальная стоимость, нарицательная стоимость, номинал

nach dem **Nominalwert** по номинальной стоимости, по номиналу

unter dem **Nominalwert liegen** быть ниже номинальной стоимости

**nominalwertmäßig** в соответствии с номинальной стоимостью

**Nominalzins** *m* процентный доход *(напр., от ценных бумаг)*, исчисленный по номинальной стоимости; доход от ценных бумаг, исчисленный по номинальной стоимости

**nominell** номинальный

**non essential goods** *англ.* товары не первой необходимости

**non free out** *англ.* выгрузка оплачивается получателем товара, выгрузка оплачивается покупателем товара *(оговорка в договоре купли-продажи)*

**Non Participating Countries** *англ. ист.* страны, осуществлявшие расчёты через Европейский платёжный союз, но не являвшиеся членами Организации европейского экономического сотрудничества и зависимыми от них заморскими территориями

**non-competiting groups** *англ.* группы работников разных профессий, не конкурирующие между собой *(согласно теории заработной платы английского экономиста Дж. Э. Кэрнса)*

**Nonvalenz** *f* неплатёжеспособность, безнадёжные долги *(в случае дебиторской задолженности)*; просроченные и "сомнительные" ссуды *(в банковской практике)*

**Nonvaleur** *m фр.* лежалый товар, обесцененный товар; ценная бумага, не имеющая ценности, ценная бумага, имеющая незначительную ценность

**NÖP, Neue Ökonomische Politik** *ист.* новая экономическая политика, нэп

**N.O.R., not otherwise rated** без другого указания

**Nord-Süd-Dialog** *m* диалог Север-Юг *(переговоры об экономических отношениях развитых и развивающихся стран)*

**Nordatlantikpakt** Организация Североатлантического договора, Североатлантический пакт, НАТО

**Nordischer Rat** Северный совет *(организация стран Северной Европы)*

**Nordwesteckenregel** *f* правило северо-западного угла *(при решении транспортной проблемы)*

**Norm** *f* норма; правило; эталон; стандарт; норма, плановое задание

**Norm der Tagesproduktion** норма суточной выработки

**Norm der Vorbereitungs- und Abschlusszeit** норма подготовительно-заключительного времени

**Norm für jede einzelne Ware** потоварная норма

einheitliche **Norm** единая норма

erfahrungsstatistische **Norm** опытно-статистическая норма

feste **Norm** твёрдая норма

gesetzgeberische **Norm** законодательная норма

gewohnheitsrechtliche **Norm** обычная норма

progressive **Norm** прогрессивная норма

quantitative **Norm** количественная норма

rechnerisch ermittelte **Norm** расчётная норма

technisch begründete **Norm** технически обоснованная норма

die **Norm einhalten** выполнять норму

die **Norm überbieten** перевыполнять норму

die **Norm übererfüllen** перевыполнять норму

die **Norm unterbieten** не выполнять норму

den höchsten **Normen entsprechen** отвечать наивысшим стандартам

**Normabschreibung** *f* нормальная амортизация *(как характеристика процесса)*

**Normabweichung** *f* отклонение от нормы

**normal tax** *англ.* нормальный налог *(базис подоходного налога и налога на корпорации в США)*

**Normalabschreibung** *f* нормальная ставка амортизационных отчислений

**Normalarbeiter** *m* средний рабочий *(при расчёте норм выработки)*

**Normalarbeitstag** *m* нормальный рабочий день

**Normalarbeitsvertrag** *m* типовой трудовой договор

**Normalarbeitszeit** *f* нормальное рабочее время

**Normalbelastung** f нормальная нагрузка, нормальная загрузка
**Normalbeschäftigung** f средняя занятость; средняя производительность *(предприятия)*
**Normalbestand** m нормальный запас *(текущий)*
**Normalbetriebsmittel** n, pl унифицированная оснастка производства
**Normaldauer** f **der Aktivität** *сет. пл.* нормальная продолжительность работы
**Normalfertigungsmittel** n, pl унифицированная оснастка производства
**Normalgemeinkosten,** pl нормальные накладные расходы, обычные накладные расходы
**Normalgewicht** n нормальный вес, средний вес, стандартный вес; эталон веса
**Normalgleichung** f нормальное уравнение
**Normalgrad** m **der Arbeitsintensität** нормальная степень интенсивности труда
**Normalien,** pl нормы; стандарты; правила; предписания, директивы; нормализованные детали, стандартизованные детали
**normalisieren** vt нормализовать; устанавливать стандарт, стандартизировать
**Normalisierung** f нормализация; стандартизация
**Normalkalkulation** f типовая калькуляция; калькуляция, составленная на основе средних издержек, калькуляция, составленная на основе нормальных издержек
**Normalkontenplan** m *бухг.* типовой счётный план *(определённой отрасли промышленности)*
**Normalkontenrahmen** m *бухг.* типовая номенклатура счетов *(определённой отросли промышленности)*
**Normalkosten,** pl средние издержки, нормальные издержки; стандарт-кост *(принят гл. обр. в США)*
**Normalkostenrechnung** f калькуляция, составленная на основе средних издержек, калькуляция, составленная на основе нормальных издержек
**Normalleistung** f нормальная мощность; средняя производительность
**Normalmaß** n нормальный размер, средний размер, стандартный размер; эталон меры
**Normalnachfrage** f обычный спрос
**Normalpackung** f обычная упаковка
**Normalpreis** m обычная цена
**Normalstreuung** f однократный охват рекламой круга лиц, на который она рассчитана *(число охваченных соответствует числу намеченных к охвату)*
**Normalverbrauch** m обычный расход, обычное среднее потребление, среднее потребление
**Normalverbraucher** m *стат.* средний потребитель
**Normalverdiener** m среднеоплачиваемый работник
**Normalverteilung** f *мат., стат.* нормальное распределение
**Normalverteilungskurve** f *стат.* кривая нормального распределения
**Normalvertrag** m типовой договор, типовой контракт
**Normalzeit** f нормальное время *(произведение из фактически затраченного времени и коэффициента производительности)*; поясное время
**Normalzins** n обычный процент
**Normalzuschläge** m, pl обычные надбавки
**Normänderung** f изменение норм *(выработки)*
**Normänderungsmeldung** f извещение об изменении норм *(при нормативном учёте затрат)*
**Normativ** n норматив
**Normativ der Leistung** норматив производительности
**Normativ der Nettogewinnabführung** норматив отчислений от чистой прибыли *(в бюджет)*
**Normativ der Warenbestände in Umsatztagen** норматив товарных запасов, выраженный в днях товарооборота
**Normativ des Arbeitsregimes** норматив режима работы
**Normativ des Außenhandelsergebnisses** норматив рентабельности экспорта и импорта
**einheitliches Normativ des Nutzeffekts** единый норматив эффективности, единый норматив экономического эффекта
**typisiertes Normativ** типовой норматив
**volkswirtschaftliches Normativ** народнохозяйственный норматив
**zweiggebundenes Normativ** отраслевой норматив
**das Normativ überschreitend** сверхнормативный
**normativ** нормативный
**Normativbestand** m нормативный запас
**Normativbesteuerung** f нормативное обложение
**Normativbestimmung** f установление нормативов
**Normativbestimmungen** f, pl нормативы; нормативные положения *(напр., тарифного соглашения)*

**Normativdaten,** *pl* нормативные данные

**Normative** *f* предписание, норматив *(используемый при регулировании экономических процессов)*

  **hygienische Normative** *pl* санитарно-гигиенические нормативы

**Normativfrist** *f* нормативный срок

**Normativgrundkosten,** *pl* нормативные основные расходы

**Normativkalkulation** *f* нормативная калькуляция, нормативный метод калькулирования

**Normativkennziffer** *f* нормативный показатель

**Normativkoeffizient** *m* нормативный коэффициент

**Normativkosten,** *pl* нормативная стоимость; нормативная себестоимость; нормативные издержки, нормативные расходы, нормативные затраты

**Normativkostenrechnung** *f* нормативный учёт затрат; нормативное калькулирование себестоимости; калькуляция издержек на основе расходных нормативов

**Normativkredit** *m* *уст.* плановый кредит

**Normativmethode** *f* нормативный метод учёта производственных издержек

**Normativrückflussdauer** *f* нормативный срок окупаемости

**Normativselbstkosten,** *pl* нормативная себестоимость

**Normativsteuer** *f* расчётный ("нормативный") налог; налог, исчисленный на основе средней производственной нормы

**Normativvorrat** *m* нормативный запас

**Normativwert** *m* нормативная стоимость

**Normativzeit** *f* нормативный срок

  **Normativzeit für den Dokumentendurchlauf** нормативный срок документооборота

**Normberechnung** *f* расчёт норм

**Normen** *f pl* нормы, стандарты, технические условия

  **hygienische Normen** санитарно-гигиенические нормы

**normen** *vt* нормировать; стандартизировать; унифицировать

**Normenarbeit** *f* работа по установленным нормам

**Normenberichtigung** *f* корректировка норм

**Normenblatt** *n* таблица норм, свод норм

**Normendifferenz** *f* разница в нормах, расхождение в нормах

**Normenerarbeitung** *f* разработка норм

**Normenindex** *m* нормативный показатель; норматив

**Normenkatalog** *m* каталог норм, каталог стандартов

**Normenkommission** *f* нормировочная комиссия *(на предприятии)*

**Normenkoordinierungsausschuss der Vereinten Nationen** Координационный комитет ООН по вопросам стандартизации

**Normenkorrektur** *f* корректировка норм

**Normenschinderei** *f* погоня за чрезмерно высокими нормами, потогонная система

**Normenüberprüfung** *f* пересмотр норм

**Normerfüllung** *f* выполнение нормы

  **durchschnittliche Normerfüllung** средний процент выполнения нормы

**Normerfüllungsindex** *m* индекс выполнения нормы

**Normermittlung** *f* расчёт норм

**Normfestlegung** *f* установление норм

**Normfestsetzung** *f* установление норм

**normgerecht** в соответствии с нормами, в соответствии со стандартами, соответствующий норме

**Normgerechtheit** *f* стандартность

**Normgerechtigkeit** *f* упорядоченность в соответствии с установленными нормативами, стандартизация в соответствии с установленными нормативами

**normieren** *vt* нормировать; стандартизировать; унифицировать

**Normierung** *f* нормирование; стандартизация; унификация

**Normleistung** *f* нормальная мощность, мощность при нормальных условиях

**Normminute** *f* нормо-минута

**Normreihe** *f* *стат.* стандартный ряд

**Normstufung** *f* нормированная градация

**Normstunde** *f* нормативный час, нормо-час

**Normteil** *m* стандартная деталь, стандартизованная деталь, нормализованная деталь

**Normung** *f* нормирование; стандартизация; унификация

  **Normung der Arbeitslöhne** нормирование заработной платы

  **Normung und Vergütung** нормирование и оплата труда

  **industrielle Normung** промышленная стандартизация, стандартизация промышленных изделий

  **technische Normung** техническое нормирование

**Normungsmethode** *f* метод нормирования

**erfahrungsstatistische Normungsmethode** опытно-статистический метод нормирования

**Normungsunterlagen,** *pl* документация по нормированию

**Normungsverfahren** *n* метод нормирования

**Normverbrauch** *m* нормативный расход

**normwidrig** не соответствующий норме, противоречащий норме; нестандартный, не соответствующий стандарту

**Normzeit** *f* норма времени; нормируемое время; норматив расхода времени

**Normzeitmethode** *f* метод норм времени *(метод планирования фонда заработной платы)*; метод, предполагающий нормирование затрат времени

**NÖS, neues ökonomisches System der Planung und Leitung (der Volkswirtschaft)** новая экономическая система планирования и управления *(народным хозяйством) (бывш. ГДР)*

**Nostro** *n* ит. счёт-ностро *(счёт какого-л. банка в иностранном банке)*, ср. Lorokonto, Vostrokonto

**Nostroeffekten** *pl* ценные бумаги банка, находящиеся на хранении у иностранных банков-корреспондентов

**Nostroguthaben** *n* актив ностро *(актив банка, находящийся в банках-корреспондентах)*, вклады на счетах ностро

**Nostrokonto** *n* ит. ностро, счёт ностро

**Nostroverbindlichkeiten** *f, pl* обязательства банка перед банками-корреспондентами

**Nostroverpflichtungen** *f pl* обязательства банка перед банками-корреспондентами; средства, полученные в качестве ссуды от банков-корреспондентов

**Nota** *f* пометка; заметка, запись; счёт, фактура, счёт-фактура; поручение, заказ; сообщение, извещение

**Notadresse** *f* адрес на случай протеста векселя *(указывает индоссант)*, указание адреса третьего лица на векселе *(на случай протеста векселя)*

**Notadresse** запасной адрес *(куда, в случае непринятия груза, следует обратиться фрахтовщику)*

**Notanschrift** *f* указание адреса третьего лица на векселе *(на случай протеста векселя)*

**Notanzeige** *f* нотификация *(уведомление векселедержателем векселедателя об опротестовании выданного векселя)*; уведомление; извещение

**Notar** *m* нотариус

**Notariat** *n* нотариальная контора

**Notariatgebühr** *f* нотариальный сбор

**Notariatsgebühr** *f* нотариальный сбор

**Notbestand** *m* аварийный запас

**Notbetrieb** *m* аварийный режим; с.-х. вспомогательное хозяйство, подсобное хозяйство

**Notbetriebsanlage** *f* запасная установка

**Note** *f* банкнота, банковский билет; денежный знак; счёт *(документ)*

**Notenausgabe** *f* выпуск банкнот, эмиссия банкнот, банкнотная эмиссия

**Notenausgaberecht** *n* право выпуска банкнот, право эмиссии банкнот

**Notenausgabesystem** *n* эмиссионная система

**Notenbank** *f* эмиссионный банк

**Notenbankausweis** *m* отчёт эмиссионного банка *(содержит обычно баланс эмиссионного банка)*

**Notenbankpolitik** *f* политика эмиссионного банка, эмиссионная политика

**Notendeckung** *f* обеспечение банкнот, покрытие банкнот

**Noteneinlösung** *f* выкуп банкнот

**Noteneinlösungspflicht** *f* обязанность обмена банковских билетов на золото *(существовала в условиях функционирования золотого стандарта)*

**Notenemission** *f* выпуск банкнот, эмиссия банкнот, банкнотная эмиссия

**Notenentwertung** *f* обесценение банкнот

**Notenkontingent** *n* контингент банкнотной эмиссии, лимит банкнотной эмиссии

**Notenmonopol** *n* монополия на выпуск банкнот, монополия на эмиссию банкнот

**Notenprivileg** *n* монопольное право выпуска банкнот, привилегия на выпуск банкнот, привилегия на эмиссию банкнот

**Notenreserve** *f* резерв банкнот

**Notensteuer** *f* налог на выпуск банкнот, эмиссионный налог

**Notenstückelung** *f* деление купюр банкнот по достоинству, упорядочение купюр по достоинству

**Notenumlauf** *m* обращение банкнот, банкнотное обращение; сумма банкнот, находящихся в обращении

**Noterbe** *m* юр. законный наследник

**Notgeld** *n* деньги, выпущенные в исключительных обстоятельствах, суррогат денег *(напр., бумажные деньги, выпускавшиеся после войны)*

**notice** *англ.* нотис *(письменное уведомление о готовности судна к производству грузовых работ)*

**notieren** *vt* котировать; публиковать в биржевой котировке

**Notierung** *f* *(биржевая)* котировка, курс *(ценных бумаг)*

**Notierung über dem Nennwert** котировка выше номинальной стоимости

**Notierung über Pari** котировка выше номинальной стоимости

**Notierung unter dem Nennwert** котировка ниже номинальной стоимости

**Notierung unter Pari** котировка ниже номинальной стоимости

**amtliche Notierung** официальная котировка *(определяется соотношением спроса и предложения)*; официальная запись

**direkte Notierung** прямая котировка

**fortlaufende Notierung** текущая котировка *(котировка ценных бумаг с большим оборотом, может вестись на протяжении всей торговой сессии)*

**indirekte Notierung** косвенная котировка

**nichtamtliche Notierung** неофициальная котировка *(в результате сделок на основе торговых обычаев)*

**Notierungskommission** *f* котировочная комиссия

**Notifikation** *f* нотификация *(уведомление векселедержателем векселедателя об опротестовании выданного векселя)*; уведомление; извещение

**Notifikationspflicht** *f* обязанность регрессанта производить нотификацию *(в вексельном праве)*

**notifizieren** *vt* нотифицировать, уведомлять, извещать

**Notifizierung** *f* нотификация *(уведомление векселедержателем векселедателя об опротестовании выданного векселя)*; уведомление; извещение

**notify address** *англ.* запасной адрес *(на ордерном коносаменте)*

**nötigen** *vt* принуждать; вынуждать, заставлять

**Notjahr** *n* неурожайный год

**notleidend** неоплаченный *(о векселе)*; сомнительный *(о требовании)*, ненадёжный *(о ценной бумаге)*; опротестованный *(вексель)*

**Notlösung** *f* компромиссное решение

**Notopfer** *n* пожертвование на помощь оказавшимся в бедственном положении; чрезвычайный налог в случае бедственного положения

**Notpfennig** *m* сбережения, отложенные на чёрный день

**Notstand** *m* чрезвычайное положение

**Notstands- und Sparprogramm** *n* программа чрезвычайных мероприятий и режима экономии

**Notstandsarbeiten** *f, pl* общественные работы, имеющие целью занять безработных; общественные работы, имеющие целью устранить последствия стихийного бедствия

**Notstandsbeihilfen** *f, pl* финансовая помощь, предоставляемая при чрезвычайных обстоятельствах

**Notstandsgebiet** *n* бедствующий район, район, находящийся в бедственном положении

**Notstandsgesetz** *n* чрезвычайный закон, закон о чрезвычайном положении

**Notverkauf** *m* вынужденная продажа товаров, принадлежащих другому лицу

**Notvorrat** *m* аварийный запас

**Notwährung** *f* временная валюта

**Notwurf** *m* джеттисон *(выбрасывание груза за борт для облегчения и спасения судна)*

**Notzurückbehaltungsrecht** *n* право сохранения за собой *(имущественных или других)* ценностей, принадлежащих должнику

**Novation** *f* новация *(замена старого долгового обязательства новым или переход к третьему лицу финансового соглашения)*

**NP:**

**N.P., Normalpackung** обычная упаковка, стандартная упаковка

**NP, Nepal** Непал, *до 1978г. код MS*

**n/p, non-payment** *(eng.)* неуплата, неплатёж

**NPC-Länder** *n, pl ист.* страны, осуществлявшие расчёты через Европейский платёжный союз, но не являвшиеся членами Организации европейского экономического сотрудничества и зависимыми от них заморскими территориями

**NPL, Netzwerkplanung und -leitung** сетевое планирование и управление

**NPR, Nepalesische Rupie, - Nepal** Непальская рупия *(код валюты 524), -* Непал

**Nr., Nummer** *f* порядковый номер; номер

**Nrn, Nummern** номера; порядковые номера

**NRR, net reproduction rate** *стат.* нетто-коэффициент воспроизводства населения

**NS:**

**NS, not sufficient** неудовлетворительный, неприемлемый; не соответствующий требованиям

**n.S., nach Sicht** по предъявлении *(напр., тратты)*

**NsB, Nachweis schwebender Beträge** неоплаченные суммы, подлежащие доказательству

**NSG, Naturschutzgebiet** *(крупный)* заповедник

**nto** нетто

**Ntzl., Nutzlast** полезный груз

**Nullereignis** *n сет. пл.* нулевое событие

**Nullhypothese** *f* нулевая гипотеза

**Nullifikation** *f* объявление недействительным; нуллификация *(денежных знаков)*

**nullifizieren** *vt* отменять, объявлять недействительным; нуллифицировать *(денежные знаки)*

**Nullserie** *f* опытная серия

**Nullsummen-Zweipersonenspiel** *n* игра двух участников с нулевой суммой

**Nullsummenspiel** *n мат.* игра с нулевой суммой

**Nulltarif** *m* нулевой тариф *(самый низкий тариф для проезда в городском транспорте бывш. ГДР)*

**Numeriermaschine** *f* нумератор

**Numerierung** *f* нумерация

**Numerierwerk** *n* нумератор

**Numerik** *f* цифровое программное управление

**numerisch** цифровой, числовой, численный

**Nummer** *f* порядковый номер; номер

**Nummernordnung** *f* числовая система

**Nummernsystem** *n* числовая система

**Nummernverzeichnis** *n* опись ценных бумаг в порядке нарастающих номеров

**Nurgewerkschaftertum** *n* ограничение деятельности узкоэкономическими задачами, аполитичность в профсоюзном движении

**Nutzarbeit** *f* полезная работа

**nutzbar** полезный, пригодный

**Nutzbarkeit** *f* полезность, пригодность, возможность использования

**Nutzbarmachung** *f* утилизация, использование *(напр., отходов)*; освоение *(напр., целинных земель, природных богатств)*

**nutzbringend** полезный, выгодный, плодотворный

**Nutzeffekt** *m* коэффициент полезного действия; экономический эффект; (экономическая) эффективность; полезный эффект; эффект, польза

**Nutzeffekt der Arbeit** эффективность труда

**Nutzeffekt der Gesamtarbeit** эффективность совокупного труда

**Nutzeffekt der internationalen Arbeitsteilung** эффективность международного разделения труда

**Nutzeffekt der lebendigen Arbeit** эффективность живого труда

**Nutzeffekt der Werbung** эффективность рекламы, эффективность рекламных мероприятий

**Nutzeffekt des Außenhandels** эффективность внешней торговли

**Nutzeffekt des wissenschaftlich-technischen Fortschrittes** эффективность научно-технического прогресса

**Nutzeffekt von Investitionen** эффективность капиталовложений

**direkter Nutzeffekt** непосредственная эффективность

**gebietswirtschaftlicher Nutzeffekt** экономическая эффективность в рамках отдельно взятого экономического района

**gesellschaftlicher Nutzeffekt** общественная полезность; эффективность совокупного общественного труда

**ökonomischer Nutzeffekt** экономическая эффективность

**technischer Nutzeffekt** техническая эффективность

**vergleichbarer Nutzeffekt** сравнительная эффективность

**vergleichbarer ökonomischer Nutzeffekt** сравнительная экономическая эффективность

**volkswirtschaftlicher Nutzeffekt** народнохозяйственная эффективность

**Nutzeffektsberechnung** *f* определение экономической эффективности, расчёт экономической эффективности

**Nutzeffektsermittlung** *f* определение экономической эффективности

**Nutzeffektskriterium** *n* критерий экономической эффективности; критерий полезности

**Nutzeffektsnormativ** *n* норматив экономического эффекта, норматив эффективности

**Nutzeffektsrechnung** *f* определение экономической эффективности, расчёт экономической эффективности

**Nutzeffektssteigerung** *f* повышение экономической эффективности

**Nutzen** *m* польза, эффект, полезность *(способность удовлетворять человеческие потребности)*

**Nutzen bringen** приносить пользу; приносить прибыль

**Nutzen haben** получать прибыль

**beiderseitiger Nutzen** взаимная выгода
**ökonomischer Nutzen beim Anwenden** экономический эффект использования
**gegenseitiger Nutzen** взаимная выгода
**gesellschaftlicher Nutzen** общественная полезность
**nicht ergebniswirksamer volkswirtschaftlicher Nutzen** народнохозяйственный эффект *(напр., снижения цен)*, непосредственно не сказывающийся на результатах деятельности предприятия
**ökonomischer Nutzen** экономический эффект экономическая выгода
**ordinaler Nutzen** порядковая полезность
**quantitativer Nutzen** количественная полезность
**subjektiver Nutzen** субъективная полезность
**volkswirtschaftlicher Nutzen** народнохозяйственная эффективность; народнохозяйственный эффект
**von hohem Nutzen** высокоэффективный
**wirtschaftlicher Nutzen** хозяйственная выгода, экономическая выгода
**Nutzen-Kosten-Analyse** *f* анализ затрат и результатов; анализ методом межотраслевого баланса, межотраслевой анализ
**Nutzenergie** *f* полезная энергия *(свет, тепло, сила)*
**Nutzensabrechnung** *f* расчёт экономической эффективности
**Nutzensanalyse** *f* анализ эффективности, анализ полезности
**Nutzensanteil** *m*, **in den Preis einzubeziehender** часть экономического эффекта, включаемая в цену

**Nutzensberechnung** *f* расчёт экономической эффективности
**grobe Nutzensberechnung** предварительный расчёт экономической эффективности
**Nutzensbetrachtung** *f* расчёт экономической эффективности
**grobe Nutzensbetrachtung** предварительный расчёт экономической эффективности
**Nutzensfunktion** *f* функция полезности
**gesellschaftliche Nutzensfunktion** функция общественной полезности
**Nutzensmaximum** *n* максимум пользы; утилитарность; максимум полезности
**Nutzensteilung** *f* использование экономического эффекта предприятием-производителем и предприятием-потребителем
**Nutzensvergleich** *m* вариантный метод определения максимального экономического эффекта
**Nutzentheorie** *f* теория предельной полезности
**Nutzfaktor** *m* коэффициент использования, коэффициент утилизации
**Nutzfläche** *f* полезная *(производственная)* площадь; с.-х. угодье
**fischereiliche Nutzfläche** площадь рыбоводного водоёма
**landwirtschaftliche Nutzfläche** сельскохозяйственное угодье
**Nutzflächenverhältnis** *n* структура сельскохозяйственных земель
**Nutzgrenze** *f* предел полезности
**Nutzinhalt** *m* трансп. полезный объём, полезная ёмкость
**Nutzkapazität** *f* полезная ёмкость

**Nutzkoeffizient** *m* коэффициент использования капиталовложений
**Nutzkosten** *pl* все переменные расходы плюс стоимость использования производственных мощностей
**Nutzkosten** все переменные расходы плюс стоимость использованных мощностей
**Nutzkraft** *f* эффективная сила
**Nutzladefähigkeit** *f* полезная грузоподъёмность *(судна)*
**Nutzladung** *f* коммерческий груз
**Nutzlast** *f* полезная нагрузка
**Nutzlast der Fahrzeuge** полезная нагрузка транспортных средств, рабочая нагрузка транспортных средств
**Nutzlastgewicht** *n* вес полезного груза
**Nutzleistung** *f* полезная мощность, эффективная мощность
**Nützlichkeit** *f* полезность; польза, выгода
**gesellschaftliche Nützlichkeit** общественная полезность
**Nutzmasse** *f* эффективный вес
**nutznießerisch** основанный на использовании выгоды, основанный на извлечении выгоды
**nutznießlich** основанный на использовании выгоды, основанный на извлечении выгоды
**Nutznießung** *f* извлечение выгоды; *юр.* узуфрукт, право пользования чужим имуществом *(или собственностью)*
**Nutznießungsrecht** *n* *юр.* узуфрукт, право пользования чужим имуществом *(или собственностью)*
**Nutzqualität** *f* качество товара, отвечающее требованиям потребителей

**Nutzschwelle** f порог полезности, порог полезного эффекта, порог рентабельности

**Nutzung** f пользование, использование; эксплуатация *(напр., природных богатств)*; эксплуатационная деятельность; польза, выгода; доход; право пользования

**Nutzung auf Lebenszeit** пожизненное пользование

**Nutzung auf Mietbasis** пользование на правах аренды

**Nutzung auf Pachtbasis** пользование на правах аренды

**Nutzung des Bodens** пользование землёй

**Nutzung gegen Entgelt** пользование за плату

**befristete Nutzung** пользование на срок

**betriebliche Nutzung** хозяйственное использование

**entgeltliche Nutzung** пользование за плату

**gemeinschaftliche Nutzung** совместное пользование

**in Nutzung nehmen** сдавать в эксплуатацию

**individuelle Nutzung** личное пользование

**kostenlose Nutzung** бесплатное пользование, безвозмездное пользование

**öffentliche Nutzung** общественное пользование

**unbefristete Nutzung** бессрочное пользование; вечное пользование *(землёй)*

**unbefristete Nutzung** безвозмездное пользование, бесплатное пользование

**wirtschaftliche Nutzung** экономическая целесообразность

**zeitweilige Nutzung** временное пользование

**Nutzungsanschlag** m оценка стоимости земельного участка по приносимому им доходу

**Nutzungsbefugnis** f право пользования, право эксплуатации; право получения дохода

**Nutzungsdauer** f срок службы; срок эксплуатации

**betriebsgewöhnliche Nutzungsdauer** обычный срок службы *(производственных ресурсов)*, обычный срок службы средств производства *(на предприятии)*

**hohe Nutzungsdauer** долговечность *(оборудования)*

**normative Nutzungsdauer** нормативный срок эксплуатации; заданный срок эксплуатации

**technische Nutzungsdauer** технический срок эксплуатации

**vorgegebene Nutzungsdauer** заданный срок эксплуатации; нормативный срок службы

**wirtschaftliche Nutzungsdauer** срок экономически целесообразной эксплуатации, срок эксплуатации

**Nutzungsentgelt** n плата за использование, плата за пользование

**nutzungsfähig** годный к использованию, пригодный к использованию

**Nutzungsfaktor** m коэффициент использования, коэффициент утилизации

**Nutzungsfläche** f полезная площадь; полезная производственная площадь

**Nutzungsfläche** с.-х. угодье; полезная площадь сельхозземель

**Nutzungsfrist** f срок эксплуатации

**Nutzungsgebühr** f плата за пользование

**Nutzungsgenossenschaften** f, pl сельскохозяйственные производственные товарищества

**Nutzungsgrad** m степень использования *(напр., основных производственных фондов)*

**Nutzungshauptzeit** f основной срок эксплуатации

**Nutzungskoeffizient** m коэффициент использования

**Nutzungsmöglichkeit** f возможность использования

**Nutzungspfandrecht** n залоговое право пользования, право использования внесённого залога

**Nutzungsplanung** f планирование использования земельных угодий, планирование использования лесных угодий

**Nutzungsrecht** n право пользования, право эксплуатации; право получения дохода

**ausschließliches Nutzungsrecht** исключительное право пользования

**öffentliches Nutzungsrecht** *юр.* право общего участия

**Nutzungstheorie** f теория предельной пользы *(теория процента, выдвинутая Менгером)*

**Nutzungsvertrag** m договор о передаче на время права пользования, соглашение о передаче на время права пользования

**Nutzungswirtschaft** f замкнутое натуральное хозяйство

**Nutzungszeit** f срок службы; срок эксплуатации

**Nutzwert** m коэффициент полезного действия; эффект; субъективная ценность

**Nutzwertanalyse** f метод оценки и выбора в анализе затрат и результатов

**nv, nicht vorhanden** не имеется в наличии

**NVP, Nahverkehrs-Preisverordnung** тариф на местные перевозки

**n.wt., net weight** вес нетто, вес (товара) без упаковки, чистый вес

**NZ, Neuseeland** Новая Зеландия

**NZD, Neuseeland-Dollar, - Neuseeland, Ozeanien** Новозеландский доллар *(код валюты 554)*, - Новая Зеландия, Океания

# O

**O-Wagen** *m* вагон для сыпучих грузов, вагон для навалочных грузов

**OA:**
  **O.A., Ohne Auftrag** без поручения, без заказа
  **O/a, o.a., on account** *(eng.)* в счёт *(причитающейся суммы)*
  **o.A., ohne Auftrag** без поручения, без заказа

**OAA, Organisation des Nations Linies pour l'Alimentation et l'Agriculture** Продовольственная и сельскохозяйственная организация ООН

**OACI, Organisation de l'Aviation Civile Internationale** Международная организация гражданской авиации, ИКАО

**obenangeführt** вышеназванный

**obenbenannt** вышеназванный

**obenerwähnt** вышеупомянутый

**Oberbetriebsleitung** *f* главная дирекция предприятия

**Oberbewertung** *f* высшая оценка

**Obergesellschaft** *f* материнская фирма, материнское общество, основное общество, главное общество

**Obergrenze** *f* верхний предел, верхняя граница *(напр., рентабельности)*

**Oberinspektion** *f* главная инспекция, главный надзор

**Oberschicht** *f* высшие круги *(мн.ч.)*; высшие слои *(мн.ч.)* *(общества)*

**Obertarif** *m* максимальный тариф

**obig** вышеупомянутый; вышеуказанный

**Objekt** *n* объект, предмет; цель, задача
  **schlüsselfertiges Objekt** объект "под ключ" *(строящийся или построенный)*
  **vor der Inbetriebnahme stehendes Objekt** пусковой объект

**Objekt-Prämienentlohnung** *f* сдельно-премиальная пообъектная оплата труда

**Objektbesteuerung** *f* взимание налога с объекта обложения

**Objektfristenplan** *m* календарный план изготовления конкретных изделий

**objektgebunden** пообъектный

**Objekthoheit** *f* право установления и отмены налога, право обложения налогом

**Objektivierung** *f* проведение объективной линии, объективизация

**Objektkollektiv** *n* коллектив, занятый на строительстве объекта

**Objektkredit** *m* инвестиционный кредит, погашение которого осуществляется за счёт кредитуемого объекта

**Objektleistungslohn** *m* аккордная заработная плата, сдельная зарплата, аккордная оплата труда, сдельная оплата труда *(преимущественно в строительстве)*

**Objektleiter** *m* руководитель объекта

**Objektlohn** *m* аккордная заработная плата, сдельная зарплата, аккордная оплата труда, сдельная оплата труда *(преимущественно в строительстве)*

**objektorientiert:**
  **objektorientierte Programmierung** *f* объектно-ориентированное программирование

**Objektsteuern** *f, pl* прямые налоги *(напр., подоходный, поземельный налоги, налог на вид деятельности и др.)*

**Objekttaktstraße** *f* поточный метод строительства

**ObJektterminplan** *m* календарный план изготовления конкретных изделий

**OBL:**
  **OBL, Oberbetriebsleitung** главная администрация предприятия
  **obl., obligatorisch** обязательный

**obliegen** *vi* вменяться в обязанности, надлежать *кому-л.*

**Obliegenheit** *f* обязанность, обязательство

**Obligation** *f* обязательство; облигация
  **alternative Obligation** альтернативное обязательство
  **auf den Inhaber lautende Obligation** облигация на предъявителя, предъявительская облигация
  **auf den Namen lautende Obligation** именная облигация
  **ausgeloste Obligation** выигравшая облигация
  **eingetragene Obligation** зарегистрированная облигация
  **festverzinsliche Obligation** облигация с твёрдым процентом
  **festverzinsliche Obligation** ипотечная облигация
  **mittelfristige Obligation** среднесрочная облигация

**nicht weiterverkäufliche Obligation** неперепродаваемая облигация

**nichtbevorrechtigte Obligation** непривилегированная облигация

**unverzinsliche Obligation** беспроцентная облигация

**unverzinsliche Obligation** облигация, не снабжённая процентным купоном

**zinstragende Obligation** процентная облигация

**Obligationär** *m* держатель облигации, владелец облигаций

**Obligationenausgabe** *f* выпуск облигаций

**Obligationeninhaber** *m* держатель облигации, владелец облигаций

**Obligationsanleihe** *f* облигационный заём

**Obligationsausgabe** *f* выпуск облигаций

**Obligationskapital** *n* облигационный капитал

**obligatorisch** обязательный

**obligatorische Bestimmung** обязательное постановление

**obligatorische Frist** обязательный срок

**Obligo** *n* облиго; обязательство, поручительство

**ohne Obligo** без гарантий, без обязательств; без оборота на меня, без оборота на нас *(отметка на векселе)*

**Obligobuch** *f* книга по учёту обязательств; книга по учёту задолженности клиентов банка по учтённым векселям

**Obligokartei** *f* картотека учёта расчётов с подрядчиками

**Obliteration** *f* обесценение в результате зачёркивания гербовой марки, обесценение в результате надписывания гербовой марки

**Obmann** *m* суперарбитр

**OC:**

**O.C., open Charter** открытый чартер

**O.C., order cancelled** *(eng.)* заказ аннулирован

**o/c, overcharge** *(eng.)* завышенная цена, завышенный расход

**OC-Funktion** *f* функция оперативной характеристики *(в статистическим контроле качества)*

**OC-Kurve** *f* кривая оперативной характеристики *(в статистическом контроле качества)*

**Octroi** *фр.* октруа, потребительский налог при импорте пищевых продуктов

**OD, o.d.:**

**o.D., ohne Datum** без указания даты

**o.D., ohne Dividendenschein** без дивидендного купона *(об акции)*

**o.d., on deck** *(eng.)* на палубе

**o.D.b., ohne Dividendenbogen** без дивидендного купона, без листа с дивидендными купонами *(об акции)*

**Oderkonten** *n, pl* совместные счета, распоряжаться которыми может каждый член кредитного общества в отдельности

**Ödlandkultivierung** *f* освоение пустошей, освоение залежных земель

**OECD, Organization for Economic Cooperation and Development** Организация экономического сотрудничества и развития, ОЭСР

**O.E.E.C., Organization for European Economic Cooperation** *ист.* Организация европейского экономического сотрудничества, ОЕЭС

**OFD, Oberfinanzdirektion** Главное налоговое управление

**Off-Shore-Aktivitäten** *f pl* зарубежные банковские операции; офф-шорные банковские операции

**Off-Sshore-Geschäfte** *pl* офф-шорные сделки, сделки не на суше *(добыча нефти, газа, обеспечение буровых вышек рабочими и материалами)*

**Offenbarungseid** *m* юр. подтверждение заявлений должника, касающихся имущественного состояния

**Offenbarungspflicht** *f* обязанность давать сведения о себе *(при найме на работу)*

**Offenlegungspflicht** *f* обязанность кредитных учреждений требовать от заёмщика документальных данных о состоянии его дел

**Offenmarkt** *m* открытый рынок

**Offenmarktpolitik** *f* политика открытого рынка, политика операций на открытом рынке *(средство влияния центрального банка на масштабы денежного обращения и условия кредита путём скупки или продажи ценных бумаг)*

**offensiv** наступательный, атакующий, агрессивный

**Offensive** *f* наступление; активное неприятие *чего-л.*

**offenstehend** причитающийся, следуемый *(о деньгах)*

**öffentlich** публичный, открытый, гласный; общественный, общедоступный; "общественный", государственный

**öffentlich-privat** публично-частный

**öffentlich-rechtlich** публично-правовой

**Öffentlichkeitsarbeit** *f* мероприятия по организации широкой рекламы; связи *(фирмы, государственной организации)* с общественностью, паблик рилейшенз

**Öffentlichkeitsprinzip** n принцип гласности
**offerieren** vt предлагать
**Offerte** f оферта, предложение
　**eine Offerte unterbreiten** представить оферту на рассмотрение
**Offertingenieur** m инженер-экономист, занимающийся составлением оферт
**Offertpreis** m цена предложения, цена оферты
**Office** n контора, бюро, служебное здание, служебное помещение
**Offizierssold** m офицерское денежное содержание
**offset** англ. компенсирующий платёж, погашение (части) предшествующих обязательств; зачёт
　**offset account** англ. расчётный счёт (в эмиссионном банке другой страны)
**Offset-Dollar** m расчётный доллар
**Offset-Länder** n, pl страны, осуществляющие взаимные платежи через расчётные счета в эмиссионных банках
**Offshore-Kauf** m закупка военных материалов за границей
**Offshore-Steuerabkommen** n соглашение (между ФРГ и США) о налоговых льготах в отношении расходов, понесённых США в интересах "совместной обороны"
**OFH, Oberster Finanzhof** Главная налоговая инспекция
**ÖFI, Ökonomisches Forschungsinstitut bei der Staatlichen Plankommission** Научно-исследовательский экономический институт при Государственной плановой комиссии (бывш. ГДР)
**OFK, Oberfinanzkasse** Главная касса налоговой инспекции
**OG, Oberstes Gericht** Верховный суд (бывш. ГДР)
**OGL, Open General Licence** открытая генеральная лицензия
**oH, offene Handelsgesellschaft** открытое торговое товарищество (с неограниченной ответственностью для каждого из участников)
**OHG:**
**OHG, offene Handelsgesellschaft** открытое торговое товарищество (с неограниченной ответственностью для каждого из участников)
**oHG, offene Handelsgesellschaft** открытое торговое товарищество (с неограниченной ответственностью для каждого из участников), открытое полное торговое товарищество (с неограниченной ответственностью участников)
**OHV, ordentliche Hauptversammlung** очередное (ежегодное) общее собрание (акционеров)
**OIC, Organisation Internationale du Commerce** Международная организация торговли (ООН)
**OIE, Organisation Internationale des Employeurs** Международная организация предпринимателей
**OIN, Organisation Internationale de la Normalisation** Международная организация технических норм и стандартов
**OIT, Organisation Internationale du Travail** Международная организация труда, МОТ (ООН)
**O.K., ohne Kosten** не подлежащий протесту (надпись на векселе)
**Ökologie** f экология (наука, занимающаяся взаимоотношениями живых существ и их отношениями с окружающей средой)
**ökologisch** экологический
**Ökonom** m экономист; управляющий (имением); (сельский) хозяин
**Ökonometrie** f эконометрия, дисциплина, исследующая методы статистического анализа эмпирических данных
**Ökonometriker** m эконометрист
**ökonometrisch** эконометрический
**Ökonomie** f экономия, бережливость; хозяйственность; экономика; ист. экономия (крупное помещичье имение)
　**angewandte Ökonomie** прикладная экономика
　**angewandte Ökonomie des Kapitalismus** политическая экономия капитализма
　**politische Ökonomie des Sozialismus** политическая экономия социализма
　**klassische bürgerliche politische Ökonomie** классическая буржуазная политэкономия
　**kleinbürgerliche politische Ökonomie** мелкобуржуазная политэкономия
　**mathematische Ökonomie** математическая экономия
　**mathematische Ökonomie** политическая экономия, политэкономия
　**punktuelle Ökonomie** точечная экономия
　**vormarxistische polilische Ökonomie** домарксистская политэкономия
**Ökonomiebauer** m ист. экономический крестьянин
**Ökonomik** f экономика
**ökonomisch** экономный, бережливый; экономичный; экономический

**ökonomische Effizienz** *f* экономическая рентабельность; экономическая эффективность

**ökonomische Kybernetik** *f* экономическая кибернетика

**ökonomische Methode** *f* экономический метод

**ökonomische Methodologie** *f* экономическая методология; методология экономики

**Ökonomisches Forschungsinstitut bei der Staatlichen Plankommission** Научно-исследовательский экономический институт при Государственной плановой комиссии *(бывш. ГДР)*

**ökonomisches Problem** *f* экономическая задача; коммерческая задача

**ökonomischgeographisch** экономико-географический

**ökonomisieren** *vt уст.* экономить, сберегать

**Ökonomismus** *m* экономизм *(учение)*

**Ökosystem** *n* экосистема

**Oktroi** *m фр. ист.* октруда, ввозная пошлина

**Öl- und Fettfabrikation** *f* изготовление жиров и растительных масел

**Oligopol** *n* олигополия, рыночная структура, характеризующаяся господством нескольких компаний на рынке

**oligopolistisch** олигополистический

**Oligopolwirtschaft** *f* олигополистическая экономика

**OLSch, Orderlagerschein** товарораспорядительный складской документ

**OM:**

**O&M,** *(eng.)* **Organization and Methods; Organisation und Methoden** организация и методы; служба реализации управления; служба рационализации управления

**OM, Oman** Оман, *до 1978г. код* NA

**Ombudsmann** *m* банковский омбудсман *(неофициальный орган для урегулирования споров между банками и клиентами)*

**Ombudsmann** омбудсман; чиновник, рассматривающий претензии граждан к правительственным служащим и организациям; инспектор по правам человека

**Omnium** *n* совокупность бумаг, используемых в заёмных операциях *(на английских биржах)*

**Omniumpolice** *f* полис комплексного страхования

**Omniumversicherung** *f* комплексное страхование

**OMR, Rial Omani, - Oman** Оманский риал *(код валюты* 512), - Оман

**on call** *англ.* онколь *(текущий счёт в банке, открываемый под залог товаров, ценных бумаг и других ценностей)*; *внешторг.* онколь *(установление цены при отзыве товара)*

**on call-Geschäft** *n* онкольная сделка, онкольная операция

**on call-Konto** *n* онкольный счёт

**on call-Kredit** *m* онкольный кредит

**Online-Controlling** *m* онлайновый контроллинг

**Online-Produkte** *pl* онлайновые продукты (мн.ч.)

**Online-Projekt** *n* онлайновый проект

**Online-Prospekt** *m* онлайновый проспект

**Online-Reaktion** *f* онлайновая реакция (пользователей, напр. на рекламную кампанию в Интернет)

**Online-Verkauf** *m* онлайновая продажа; онлайновые продажи (мн.ч.)

**Online-Verkauf von Büchern** онлайновая продажа книг (в Интернет-магазине)

**Online-Verkauf in der Internet-Auktion** онлайновая продажа в Интернет-аукционе

**Online-Vertrieb von Produkten und Dienstleistungen** онлайновое распространение продукции и услуг

**Onlinebanking** *n* телебанкинг; онлайновый банкинг; банковское обслуживание в реальном времени по Интернет

**Onlinebetrieb** *m* работа в реальном времени; работа в онлайновом режиме; оперативный режим; неавтономный режим; диалоговый режим

**Onlinedienst** *m* онлайновая служба

**o.O., ohne Obligo** без оборота на меня *(надпись на векселе)*; без обязательства, без поручительства

**OP:**

**O.P., Offenmarktpolitik** политика открытого рынка

**O.P., Originalpackung** оригинальная упаковка, фирменная упаковка

**o.P., ohne Protest** без протеста, неопротестованный *(о векселе)*

**OPEC, Organization of the Petroleum Exporting Countries** организация стран-экспортёров нефти, ОПЕК

**open** *англ.* открытый

**open general licence** *англ.* открытая генеральная лицензия *(применяется б. ч. в странах стерлинговой зоны)*

**open jaw trip** *англ.* круговой рейс *(с различными пунктами отправления и прибытия)*

**open market policy** *англ.* политика открытого рынка

**Open-Systems-Interconnection** *f;* **OSI** *(выч.тех.)* соединение открытых систем

**Operatingleasing** *n* эксплуатационный лизинг *(все расходы по эксплуатации арендованного оборудования и уходу за ним несёт сам предприниматель, контракт может быть расторгнут в любое время)*

**Operation, deckungspflichtige** операция, вытекающая из платёжных обязательств

**operations research** *англ.* исследование операций

**Operationscharakteristik** *f* оперативная характеристика, рабочая характеристика *(в статистическом контроле качества)*

**Operationsforschung** *f* исследование операций

**Operationskosten-Versicherung** *f* страхование расходов на операцию

**operativ-wirtschaftlich** оперативно-хозяйственный

**Operativplan** *m* оперативный план, текущий план

**Operativplanung** *f* оперативное планирование, текущее планирование

**Opfergeld** *n* жертвенные деньги *(взносы на нужды церкви)*

**Optant** *m* оптант, лицо, имеющее право выбора

**Optertheorie** *f* теория равномерного налогового обложения

**optimal** оптимальный, наилучший

**Optimalbeschäftigung** *f* оптимальная занятость

**Optimalität** *f* оптимальность

**Optimalitätskriterium** *n* критерий оптимальности *(используется, напр. при выборе варианта хозяйственной стратегии)*

**allgemeines Optimalitätskriterium** глобальный критерий оптимальности, общий критерий оптимальности

**lokales Optimalitätskriterium von Wirtschaftsentscheidungen** локальный критерий оптимальности экономических решений

**Optimalitätsprinzip** *n* принцип оптимальности

**volkswirtschaftliches Optimalitätsprinzip** принцип народнохозяйственной оптимальности

**Optimallösungssuche** *f* поиск оптимального решения

**Optimalplanung** *f* оптимальное планирование

**Optimalpreis** *m* оптимальная цена

**Optimalproblem** *n* оптимальная проблема

**Optimalrechnung** *f* оптимизация *(напр., поиск вариантов, обеспечивающих максимизацию прибыли)*

**Optimalwert** *m* оптимальное значение, оптимальная величина

**Optimalwertsuche** *f* поиск оптимальных значений

**optimieren** *vt* оптимизировать

**Optimierung** *f* оптимизация; оптимальное программирование

**Optimierung des Netzwerkes** оптимизация сетевого графика

**dynamische Optimierung** динамическая оптимизация

**ganzzahlige Optimierung** целочисленная оптимизация

**konvexe Optimierung** выпуклая оптимизация

**lineare Optimierung** линейная оптимизация

**nichtlineare Optimierung** нелинейная оптимизация

**nichtlineare Optimierung** параметрическая оптимизация

**nichtlineare Optimierung** квадратичная оптимизация

**stochastische Optimierung** стохастическая оптимизация

**Optimierungschance** *f* возможность оптимизации

**Optimierungskriterium** *n* критерий оптимальности

**Optimierungsrechnung** *f* оптимальное программирование; оптимизация

**Optimum** *n* оптимум, оптимальные условия, оптимальный режим

**technologisches Optimum** технологический оптимум

**Option** *f* опцион *(вид срочной сделки)*, сделка с премией *(обусловленное уплатой премии право купли/продажи ценных бумаг в течение определённого срока по установленному курсу)*

**Optionklausel** *f* опцион, оговорка об опционе *(выбор отправителем порта разгрузки для находящегося в пути судна с биржевым товаром, причём эти условия заранее согласуются с пароходством, напр., Бремен опцион Антверпен)*

**Optionsgeber** *m* опционодатель

**Optionsgebühr** *f* взнос *(покупателя опциона, опционополучателя)* по опционному договору

**Optionsgeschäft** *n* опцион, срочная сделка *(с товарами или финансовыми активами, при которой покупатель опциона имеет право в любой момент в течение оговоренного срока купить или продать объект опционной сделки по установленной цене)*

**Optionsgeschäft** право членов *(банковского)* синдиката на получение дополнительной квоты *(при размещении ценных бумаг на первичном рынке)*

**Optionsnehmer** *m* опционополучатель

**Optionsposition** *f* стрэдл *(срочная арбитражная сделка, состоящая в одновременной покупке и продаже финансовых инструментов для получения прибыли от изменения соотношения между ценами; частный случай двойного опциона)*

**ÖPZ, Österreichisches Produktivitätszentrum** Австрийское бюро по вопросам производительности *(организации европейского экономического сотрудничества)*

**OR:**
  **O.R., owner's risk** *страх.* на риск владельца *(имущества, груза)*

  **o.r., owner's risk** собственного риска

**Order** *f* ордер; приказ, распоряжение; поручение

  **an eigene Order** по собственному приказу *(оговорка на документе, напр., векселе)*

  **an Order** по приказу *(оговорка, превращающая документ, напр., вексель, в оборотный)*

  **fingierte Order** фиктивный заказ

  **nicht an Order** не по приказу *(оговорка, превращающая оборотный документ, напр., вексель, в необоротный)*

**Orderbestand** *m* портфель заказов

**Orderbuch** *n* книга заказов

**Ordereingang** *m* поступление заказов

**Orderindossament** *n* ордерный индоссамент *(передаточная надпись)*

**Orderklausel** *f* оговорка на оборотном документе

**Orderkonnossement** *n* ордерный коносамент *(передаваемый с помощью передаточной надписи)*

**Orderladeschein** *m* ордерный коносамент

**Orderpapier** *n* оборотный документ, ордерный документ *(ценная бумага, указывающая определённое лицо, которое может воспользоваться правом, указанным в документе, а также могущая быть передана с помощью передаточной надписи другому лицу)*

**Orderscheck** *m* ордерный чек

**Orderwarendokument** *n* товарораспорядительный документ; документ, обеспечивающий право распоряжения товаром

**Ordinalskala** *f* порядковая шкала *(напр., ряд значений ординалистской полезности)*

**Ordinärpreis** *m* продажная цена, цена по прейскуранту

**ordnen** *vt* упорядочивать; ранжировать

**Ordnung** *f* строй *(общественный)*, устройство *(общественное)*, уклад; устав; правила, порядок; приведение в порядок, упорядочение, систематизация; ранжирование

  **Ordnung der Aktiva** упорядочение активов

  **alphabetische Ordnung** алфавитный порядок

  **chronologische Ordnung** хронологический порядок

  **naturalwirtschaftliche Ordnung** натуральное хозяйство

  **natürliche Ordnung** естественный порядок

  **urgemeinschaftliche Ordnung** первобытно-общинный строй

**Ordnungen** *f, pl* узансы *(мн.ч.)*, торговые обычаи *(мн.ч.)*

**ordnungsgemäß** правильный, надлежащий

**Ordnungsmäßigkeit** *f* согласованность, достоверность *(данных)*

**Ordnungsmäßigkeit der Buchführung** правильность ведения бухгалтерского учёта

**Ordnungsmerkmal** *n стат.* группировочный признак, основание группировки

**Ordnungsmittel** *n, pl* средства оргтехники

**Ordnungsnummer** *f* порядковый номер

**Ordnungsschema** *n* схема упорядочения

**Ordnungssteuern** *f, pl* налоги, преследующие, главным образом, нефискальные цели

**Ordnungsstrafe** *f* дисциплинарное взыскание; административный штраф

**Ordnungsstrafrecht** *n* дисциплинарное право

**Ordnungstechnik** *f* организационная техника, оргтехника

**Ordnungswirtschaft** *f* "упорядоченная экономика"

**Organ** *n* орган, организация *(учреждение)*

  **beratendes Organ** совещательный орган

  **gesetzgebendes Organ** законодательный орган

  **verfügendes Organ** распорядительный орган

  **vollziehendes Organ** исполнительный орган

  **wirtschaftsleitendes Organ** руководящий хозяйственный орган

**Organgesellschaft** *f* дочерняя компания, дочернее общество

**Organisation** *f* организация, организационная работа

**Organisation** организация, устройство, структура

**Organisation** организация *(учреждение, объединение)*

**Organisation der Afrikanischen Einheit** Организация африканского единства, ОАЕ

**Organisation der Amerikanischen Staaten** Организация американских государств, ОАГ

**Organisation der Erdöl exportierenden Länder** организация стран-экспортёров нефти, ОПЕК

**Organisation der Vereinten Nationen** Организация Объединённых Наций, ООН

**Organisation der Vereinten Nationen für Ernährung und Landwirtschaft** Продовольственная и сельскохозяйственная организация ООН, ФАО

**Organisation der Vereinten Nationen für Erziehung, Wissenschaft und Kultur** Организация Объединённых Наций по вопросам просвещения, науки и культуры, ЮНЕСКО

**Organisation der Vereinten Nationen für industrielle Entwicklung** Организация Объединённых Наций по вопросам индустриализации развивающихся стран, ЮНИДО

**Organisation des Warschauer Vertrages** *бывш.* Организация Варшавского Договора

**Organisation für afro-asiatische Völkersolidarität** Организация солидарности народов Африки и Азии

**Organisation für die Zusammenarbeit in der Schwarzmetallurgie** "Интерметалл" *(организация сотрудничества бывш. социалистических стран в области чёрной металлургии)*

**Organisation für Europäische Wirtschaftliche Zusammenarbeit** *ист.* Организация европейского экономического сотрудничества, ОЕЭС

**Organisation für Handelszusammenarbeit** Организация торгового сотрудничества *(США)*

**Organisation für Wirtschaftliche Zusammenarbeit und Entwicklung** Организация экономического сотрудничества и развития, ОЭСР

**Organisations- und Rechenzentrum** *n* организационный и вычислительный центр

**Organisationseinheit** *f* организационная единица *(напр., в теории управления производством)*

**Organisationsform** *f* форма организации, организационная форма

**Organisationsgrad** *m*, **gewerkschaftlicher** уровень охвата трудящихся профсоюзами

**Organisationskosten** *pl* организационные расходы

**Organisationslehre** *f* наука об организации *(включает проблемы оптимального распределения ответственности, выбора методов управления, критериев при создании специализированных отделов и проч.)*

**Organisationsmittel** *n pl* средства организации, средства организации управленческого труда, средства оргтехники

**Organisationsplan** *m* план проведения организационных мероприятий

**Organisationsstruktur** *f* организационная структура

**Organisationssystem** *n* система организации, организационная система

**Organisationstechnik** *f* организационная техника, оргтехника

**Organisationsvorschlag** *m* организационное предложение

**organisatorisch** организационный; организаторский

**Organschaft** *f* зависимость юридического лица от главенствующей организации, функциональная зависимость юридического лица от главенствующей организации *(напр., дочерней компании от главного акционерного общества)*

**Organschaftsvertrag** *m* договор о совместном распределении прибылей

**Orientierung** *f* ориентировка, ориентация

**Orientierungsdaten** *pl* ориентировочные данные; "ориентировка", общая характеристика хозяйственной ситуации *(напр., сообщается федеральным правительством с целью обеспечения экономической стабильности и/или стимулирования экономического роста)*

**Orientierungsgröße** *f* ориентировочный показатель

**Orientierungskennziffer** *f* ориентировочный показатель

**Orientierungsplan** *m* ориентировочный план

**Orientierungspreis** *m* ориентировочная цена

**Orientierungsprognose** *f* ориентировочный прогноз, приближённый прогноз

**Orientierungsziffer** *f* контрольная цифра; ориентировочная цифра

**Original-Journal-Verfahren** *n* метод первичного журнала *(способ ведения бухгалтерских счетов, когда данные первичных документов сначала заносятся в специальный журнал, а затем осуществляются проводки по бухгалтерским счетам)*

**Original-Konto-Verfahren** *n* метод первичного учёта *(способ ведения бухгалтерских счетов, в соответствии с которым проводки по счетам осуществляются на основании первичных бухгалтерских документов)*

**Originalfaktur** *f* оригинальная фактура

**Originalfaktura** *f* оригинальная фактура

**Originalkapitalwert** *m* первоначальная стоимость капитала

**Originalkonnossement** *n* подлинник *(оригинал)* коносамента

**Originalpackung** *f* оригинальная упаковка, фирменная упаковка

**Originalrechnung** *f* подлинная фактура, оригинальная фактура; подлинный счёт

**Originaltara** *f* тара, вес которой устанавливается отправителем путём взвешивания

**Originalverpackung** *f* оригинальная упаковка, фирменная упаковка

**Origlnalkonnossement** *n* оригинал коносамента, подлинный коносамент, оригинальный коносамент

**Orlginalkapitalwert** *m* первоначальная стоимость капитала

**Ort** *m* место, пункт

  **Ort des Handels** место торговли

  **am Ort angegebenen** *(a.a.O.)* в указанном месте

**Ortsangabe** *f* указание места

**Ortsgespräch** *n* разговор по местной телефонной сети

**Ortsklasse** *f* зонально-территориальный тарифный разряд

**Ortslohn** *m* средняя подённая оплата труда, принятая в данной местности

**Ortsmarkt** *m* местный рынок

**Ortstarif** *m* местный тариф

**ortsüblich** обычный в данном месте, обычный по местным условиям

**Ortsvergleich** *m* сравнение с передовыми предприятиями и участками

**Ortsverkehr** *m* местное сообщение; местные перевозки

**O/S, out of stock** не имеется на складе; отсутствующий *(в запасе)* на складе

**OS-System** *n* система работы городского транспорта без кондукторов

**Ost-West-Handel** *m* торговля между Востоком и Западом

**Österreichische Volkspartei** Австрийская народная партия, АНП

**Österreichischer Gewerkschaftsbund** Объединение австрийских профсоюзов

**Österreichisches Produktivitätszentrum** Австрийское бюро по вопросам производительности *(Организации европейского экономического сотрудничества)*

**Osthandel** *m* торговля с Востоком

**Ostsee- und Internationale Schiffahrts-Konferenz** Балтийская и международная морская конференция

**Oszillation** *f* изменения, колебания *(напр., циклические колебания производства, конъюнктуры)*

**o/t, on truck** *(eng.)* на грузовом автомобиле

**o/t o.r., on truck or railway** *(eng.)* автомобилем *или* железной дорогой

**OTC, Organization for Trade Cooperation** Организация торгового сотрудничества *(США)*

**o.U., ohne Umsatz** без оборота *(в курсовых бюллетенях)*

**o.u.O., ohne unser Obligo** "без оборота на нас" *(надпись на векселе)*

**outport** *(eng.)* аутпорт, внешний порт

**Output** *m* выпуск, производство; объём произведённой продукции

  **Output** вывод информации; выходящий поток вызовов, выходящий поток заявок *(в теории массового обслуживания)*; выпуск

  **Output** *мат.* выход, итог

**Outsider** *m* *англ.* аутсайдер *(предприниматель, не входящий в монополистическое объединение)*

**overdraft, O/D** *(eng.)*; **Kontoüberziehung** *f* овердрафт *(кредитная операция, предполагающая возможность получения денежных средств по чеку или платёжному поручению сверх остатка на текущем счёте)*

**overside delivery** *англ.* оверсайд-деливери *(условие сдачи груза с судна)*; выгрузка на другое судно; сдача груза с одного судна на другое; через борт *(поставка*

**overtime** *(eng.)*; **Überstunden** *f pl* англ. овертайм *(сверхурочное время, потраченное на погрузку или разгрузку судна)*

**ÖVW, örtliche Versorgungswirtschaft** коммунальное хозяйство

**OW:**

  **O.W., (Muster) ohne Wert** не имеющий торговой ценности *(об образце)*

  **o/W., (Muster) ohne Wert** не имеющий торговой ценности *(об образце)*

  **o.w, O.W, ohne Wert** не имеющий ценности

**Owenismus** *m* учение Оуэна

**oz, ounce** унция *(мера веса = 28,35 г)*

**Ozeandampfer** *m* океанский пароход

# P

**P:**
**P, "Papier"** курс продавцов, предложение (в курсовых бюллетенях бирж Мюнхена и Австрии)
**P, Patent** патент
**P, Produktion** производство; продукция
**P'd, paid** уплачено; оплачено
**PA:**
**PA, Panama** Панама
**P/A, partieular average** *страх.* частная авария
**PA, Postamt** почтамт, почтовое отделение
**PA, Postscheckamt** управление почтовых чековых операций
**P/A, power of attorney** доверенность
**PA, procurement authorization** разрешение на закупку, разрешение на заготовку *(для западногерманских экспортно-импортных организаций)*
**p.A., per Adresse** в адрес
**pa (Abk.), prima** *(бирж.)* обозначение первого сорта
**p.a., particular average** частная авария
**p.a., per annum** *(лат.)* в год
**p.a., per aval** в качестве поручителя *(политика на векселе)*
**pa, porteur amenage** контейнер большой ёмкости
**pa, prima** *бирж.* обозначение первого сорта
**p.a., pro anno** в год, за год
**pa-Behälter** *m* крупнотоннажный контейнер, большегрузный контейнер
**PAB, Balboa, - Panama** Бальбоа *(код валюты 590), -* Панама

**Pacht** *f* аренда *(взятие или передача вещей или прав за плату во временное хозяйственное пользование)*; арендный договор; арендная плата
**gemeinsame Pacht** соаренда, совместная аренда
**gemischte Pacht** смешанная аренда
**individuelle Pacht** индивидуальная аренда
**rückständige Pacht** задолженность по арендной плате
**in Pacht geben** сдавать в аренду
**in Pacht haben** арендовать
**in Pacht nehmen** брать в аренду
**in Pacht übernehmen** арендовать
**Pacht- und Leihgesetz** *n* закон о ленд-лизе
**Pacht- und Leihhilfe** *f* ленд-лиз
**Pachtbauer** *m* крестьянин-арендатор
**Pachtbesitz** *m* арендованное владение
**Pachtbetrieb** *m* арендованное предприятие
**Pachtbrief** *m* арендный договор, договор аренды
**Pachtdauer** *f* срок аренды
**pachten** *vt* арендовать, брать в аренду
**Pächter** *m* арендатор
**Pächterklasse** *f* фермерство
**Pächterkredit** *m* кредит арендаторам, кредит, предоставляемый арендаторам земельных участков,
**Pächterschaft** *f* фермерство; фермерские хозяйства, прибегающие к аренде земли
**Pachtgebühr** *f* арендная плата; плата за наём; плата за пользование арендованным имуществом

**Pachtgeld** *n* арендная плата; плата за наём; плата за пользование арендованным имуществом
**Pachtgut** *n* арендованное имущество
**Pachtherr** *m* владелец объекта, сдаваемого в аренду
**Pachthof** *m* арендованный хутор; арендованная ферма
**Pachtkontrakt** *m* арендный договор, договор аренды
**Pachtkosten,** *pl* расходы по аренде, затраты по аренде
**Pachtland** *n* арендованная земля
**Pachtleih-Leistungen** *f, pl* поставки по закону о передаче в аренду; поставки по закону о передаче взаймы; поставки по ленд-лизу
**Pachtmann** *m* арендатор
**Pachtpreis** *m* арендная плата, размер арендной платы
**Pachtrecht** *n* арендное право
**Pachtschutz** *m* охрана прав арендаторов
**Pachtsumme** *f* сумма арендной платы, размер арендной платы
**Pachtung** *f* арендный договор, договор аренды; арендованная ферма
**Pachtvertrag** *m* арендный договор, договор аренды
**pachtweise** по аренде
**Pachtzahlung** *f* арендная плата, аренда
**Pachtzeit** *f* срок аренды
**Pachtzins** *m* арендная плата; плата за наём; плата за пользование арендованным имуществом

**Päckchen** *n* (малогабаритная или маловесная) посылка, посылка-бандероль, (почтовый) мелкий пакет *(вид международного зарегистрированного почтового отправления весом до 2 кг)*
**Packen** *m* большой пакет, тюк; штабель
**Packer** *m* упаковщик
**Packhaus** *n* пакгауз; грузовой склад
**Packhof** *m* пакгауз; грузовой склад
**packing credit** *англ.* аккредитив для оплаты неотгруженных товаров
**packing list** *англ.* упаковочный лист; упаковочная ведомость *(товаросопроводительная документация)*
**Packkraft** *f* упаковщик
**Packleinen** *n* упаковочный холст
**Packliste** *f* упаковочный лист, упаковочная спецификация
**Packmaterial** *n* упаковочный материал
**Packmittel** *n* упаковочный материал
**Packpapier** *n* упаковочная бумага, обёрточная бумага
**Packung** *f* упаковка *(тара)*; пачка; упаковка, укладка
**Packungseinlage** *f* вкладыш в упаковку; рекламный вкладыш, реклама-вкладыш
**Packzettel** *m* упаковочный лист, упаковочная спецификация
**pagatorisch** связанный с платежами
**Paket** *n* посылка, почтовый пакет *(весом до 20 кг)*; пакет акций
   **als Paket senden** отправлять посылкой
**Pakethandel** *m бирж.* торговля пакетами акций
**paketieren** *vt* фасовать, расфасовывать
**Paketzuschlag** *m бирж.* доплата к стоимости пакета акций

**Pakt** *m* пакт; договор, соглашение
**Palette** *f* палитра, ассортимент, выбор
**Palette** *трансп.* поддон
**Palettenpool** *m трансп.* пул владельцев поддонов
**Palettentransport** *m* перевозки на поддонах
**Palettenumlauf** *m трансп.* оборот поддонов
**Palettenverkehr** *m* перевозки на поддонах
**Palett(is)ierung** *f* введение системы перевозки грузов с укладкой на поддоны
**Pallettbox** *f трансп.* ящичный поддон
**Pallette** *f трансп.* поддон
**panamerikanisch** панамериканский
**Panamerikanische Union** Панамериканский союз
**panel** *амер.* группа специалистов *(формируется, напр. для консультаций на длительное время)*; группа экспертов; совет консультантов; комиссия
**Panhonlib-Schiffe** *n, pl* судна, ходящие под флагом Панамы, Гондураса, Либерии, предоставляющих льготы судовладельцам в случае приписки судов к портам этих стран
**PAnw, Postanweisung** почтовый денежный перевод
**PAO, Preisanordnung** постановление о ценах
**Papier** *n* документ, удостоверение; бумага
**Papieradel** *m ист.* жалованное дворянство, пожалованное дворянство
**Papiere** *n, pl* ценные бумаги; документы
   **Papiere herausbringen** выпускать ценные бумаги
   **Papiere verwerten** реализовать ценные бумаги
   **ausländische Papiere** иностранные ценные бумаги

   **konsolidierte Papiere** консолидированные ценные бумаги
   **öffentliche Papiere** облигации подписного займа
   **schwere Papiere** ценные бумаги, курс которых удерживается на высоком уровне
   **übertragbare Papiere** оборотные документы
   **zinstragende Papiere** процентные бумаги, бумаги, приносящие доход в виде процентов
   **die Papiere abnehmen** принимать ценные бумаги
   **die Papiere abstoßen** продавать значительные партии ценных бумаг, сбрасывать ценные бумаги
   **die Papiere herausbringen** выпускать ценные бумаги
   **die Papiere liefern** предъявлять ценные бумаги
   **die Papiere sind gestiegen** акции повысились
   **die Papiere verwerten** реализовать ценные бумаги
**Papiergeld** *n* бумажные деньги *(мн.ч.)*
   **Papiergeld einziehen** изымать бумажные деньги из обращения
   **Papiergeld zurückziehen** изымать бумажные деньги из обращения
   **inkonvertibles Papiergeld** неконвертируемые бумажные деньги, неразменные бумажные деньги
   **konvertierbares Papiergeld** конвертируемые бумажные деньги
   **nicht einlösbares Papiergeld** неразменные бумажные деньги
   **nicht konvertierbares Papiergeld** неконвертируемые бумажные деньги, неразменные бумажные деньги

**Papiergeldausgabe** *f* выпуск бумажных денег, эмиссия бумажных денег

**Papiergeldeinziehung** *f* изъятие бумажных денег из обращения

**Papiergeldemission** *f* выпуск бумажных денег, эмиссия бумажных денег, бумажно-денежная эмиссия

**Papiergeldinflation** *f* инфляция бумажных денег

**Papiergeldkurs** *m* курс бумажных денег

**Papiergeldumlauf** *m* бумажно-денежное обращение

**Papiergeldzirkulation** *f* бумажно-денежное обращение

**Papiergold** *n* бумажное золото *(термин, используемый для характеристики специальных прав заимствования)*, см. Sonderziehungsrechte

**Papiersack** *m* бумажный мешок *(упаковка)*

**Papierwährung** *f* бумажная валюта

**Papierwerte** *m pl* ценные бумаги *(мн.ч.)*

**diskontierbare Papierwerte** учитываемые ценные бумаги

**nicht diskontierbare Papierwerte** неучитываемые ценные бумаги

**notierte Papierwerte** котирующиеся ценные бумаги

**unnotierte Papierwerte** некотирующиеся ценные бумаги

**Papierwolf** *m* агрегат для уничтожения рукописных материалов, агрегат для уничтожения рукописных документации

**Pappe** *f* картон

**Pappe** папка

**Klemmpappe** *f* канцелярская папка с проволочным (металлическим) замком

**Pappverpackung** *f* картонная упаковка

**Par, Paragraph** параграф

**par ordre** *(фр.)* по приказу; по поручению

**Parallelarbeit** *f* работа, выполняемая в процессе дублирования; дублирование работ *(процесс)*

**Parallelfertigung** *f* дублирование производства

**Parallelforschung** *f* параллельные исследования, дублирование в исследованиях

**Parallelität** *f* одновременность выполнения нескольких различных работ; одновременность выполнения одной работы *(напр., на нескольких заводах)*; параллелизм *(в работе)*

**innerzyklische Parallelität** одновременное выполнение нескольких рабочих операций в ходе производства единицы изделия, одновременная обработка различных деталей в ходе производства единицы изделия

**zwischenzyklische Parallelität** одновременная обработка различных изделий, относящихся к разным заказам, в производственных цехах предприятия

**Parallelmarkt** *m* неофициальный свободный валютный рынок

**Parallelprinzip** *n* принцип соответствия количества производимой и реализуемой продукции; *киб.* параллельный принцип

**Parallelschaltung** *f* параллельное соединение *(в теории надёжности)*

**Parallelverlauf** *m* параллельное движение предметов труда

**Parallelwährung** *f* параллельная валюта

**Parameter** *m* параметр, показатель, характеристика

**Parameter der aktiven Einwirkung** параметр активного воздействия

**strategischer Parameter** стратегический параметр

**verallgemeinerter Parameter** обобщённый показатель

**vorgegebener Parameter** заданный параметр

**Parameterpreisbildung** *f* ценообразование с учётом технико-экономических параметров

**Parameterschätzung** *f стат.* оценка параметров

**Parametertest** *m стат.* тест параметров, проверка параметров

**Parameterwert** *m стат.* значение параметра

**Parameterwertung** *f стат.* оценка параметров

**Paraphe** *f* параф, подпись; виза *(подпись ответственного лица на документе)*

**paraphieren** *vt* визировать; парафировать

**Pari** *n* номинальная котировка; номинальный курс *(ценных бумаг)*; номинальная стоимость, нарицательная стоимость; достоинство *(монет)*

**pari** *ит. бирж.* альпари, по номинальной стоимости

**pari** *ит.* по номиналу

**al pari** по номиналу

**über pari** выше номинала

**über pari** выше номинальной стоимости, выше номинального курса

**unter pari** ниже номинала

**unter pari** ниже номинальной стоимости, ниже номинального курса

**zu pari** по номинальной стоимости, по номиналу, альпари

**Pari-Emission** *f* выпуск ценных бумаг по номинальной стоимости; выпуск ценных бумаг по курсу, соответствующему номиналу

**Parikurs** *m* паритетный курс, паритетная цена *(нередко "привязанная" к какой-л. другой, эталонной цене или к фиксированному значению индекса покупательной способности)*, валютный паритет; номинальный курс *(ценных бумаг)*

**Pariser Club** "Парижский клуб" *(группа западноевропейских стран, совместно заключивших в Париже соглашение с Аргентиной о товарообороте и платежах на многосторонней основе)*

**Parität** *f* паритет, равенство; паритетное отношение, паритетное соотношение; паритет *(соотношение между валютами розных стран)*

**Paritätentabellen** *f, pl* таблицы паритетов валютных курсов

**paritätisch** паритетный, равный, *(осуществляемый)* на основе паритета

**Paritätskurs** *m* паритетный курс *(расчётный курс в международном платёжном обороте)*; валютный паритет; номинальный курс *(ценных бумаг)*

**Paritätstabellen** *f, pl* таблицы паритетов валютных курсов

**Pariwert** *m* номинальная стоимость, номинальная ценность

**Parkettmakler** *m* официальный маклер *(Парижской биржи)*

**Parkplatzversichenung** *f* страхование автомобилей от ущерба, причинённого на автомобильной стоянке

**Part** *m n* доля одного из владельцев судна, пай одного из владельцев судна

**part-time-job** *англ.* неполная занятость, частичная занятость

**Partei** *f* партия; сторона *(в договоре, в процессе)*

   **Partei der Arbeit der Schweiz** Швейцарская партия труда, ШПТ

   **angerufene Partei** сторона-ответчик *(в третейском судопроизводстве)*

   **anrufende Partei** сторона-истец *(в третейском судопроизводстве)*

   **interessierte Partei** заинтересованная сторона

   **vertragschließende Partei** договаривающаяся сторона

**Partenbrief** *m* свидетельство о размере доли участия совладельца судна

**Partenreeder** *m* совладелец судна, компаньон судовладельца

**Partenreederei** *f* судоходная компания, основанная на долевом участии совладельцев судна

**Partialobligation** *f* долевое обязательство, частичное обязательство,; парциальная облигация

**Partialprognose** *f* частный прогноз

**Partialschaden** *m* частичный убыток, частичный ущерб

**Partialzahlung** *f* платёж в рассрочку

**participating bonds,** *pl англ.* облигации, дающие наряду с процентным доходом право участия в распределяемой прибыли

**Participation** *f* участие *(напр., участие рабочих и служащих в производстве и прибылях)*

**particular average** *англ.* частная авария

**Partie** *f* партия *(деталей, товара)*

**partiell** частичный; частный

**partienweise** партиями, по частям

**Partieware** *f* уценённый товар

**Partiewarengeschäft** *n* магазин, торгующий уценёнными товарами

**Partikularakzept** *n* неполный акцепт

**Partikularhavarie** *f* *(страх.)* частная авария

**Partikulier** *m* рантье

**Partikulierer** *m* частный владелец судна внутреннего плавания *(речного или озёрного)*

**Partikulierschiffer** *m* частный владелец судна

**Partizipation** *f* участие *(напр., в принятии решений, в распределении прибыли)*

**Partizipationsgeschäft** *n* коммерческая сделка, осуществляемая совместно несколькими предпринимателями

**Partizipationskonto** *n* счёт участников операций консорциума банков, счёт участников совместной сделки *(напр., операций банковского консорциума)*

**partizipieren** *vi* участвовать, принимать участие

**Partner** *m* партнёр; компаньон

**Partnerbetrieb** *m* предприятие-партнёр *(по договору)*

**Partnerland** *n* страна-партнёр *(по договору)*

**Partnerschaft** *f* партнёрство, совместное участие

   **betriebliche Partnerschaft** социальное партнёрство

**Partnerschaftsbestrebungen** *f, pl* мероприятия, связанные с распространением идей "социального партнерства"

**Parzelle** *f* парцелла, небольшой земельный участок, небольшой земельный надел

**Parzellenbetrieb** *m* мелкое земельное предприятие *(в ФРГ до 5 га полезной площади)*

**Parzelleneigentum** *n* мелкая земельная собственность

**Parzellenwirtschaft** *f* парцеллярное хозяйство

**parzellieren** vt разбивать на мелкие участки, парцеллировать

**parzellieren** vt продавать мелкими участками

**Parzellierung** f парцеллирование, парцеллизация

**PASCAL** вчт. ПАСКАЛЬ (язык программирования)

**Paß** m паспорт (гражданина)

**Paß** паспорт (техизделия)

**den Paß ausstellen** выписывать паспорт, выдавать паспорт

**den Paß erneuern lassen** получать новый паспорт

**Paß mit abgelaufener Geltungsdauer** просроченный паспорт

**den Paß verlängern** продлевать срок действия паспорта

**den Paß vorzeigen** предъявлять паспорт

**Paß- und Meldeordnung** f паспортный режим

**Paß- und Meldewesen** n отдел паспортизации

**Passage** f пассаж, крытая торговая галерея

**Passage** пропуск (напр. продукта через машину)

**Passage** проход, проезд; переход, переезд; дорога

**Passage** перевозка

**Passagevertrag** m договор на перевозку пассажиров морским путём, договор морской перевозки пассажиров

**Passagierstrom** m стат. пассажиропоток

**Paßgebühren** f, pl паспортный сбор

**Passiergewicht** n минимальный вес монеты, ремедиум,

**Passierstelle** f пропускной пункт

**Passiva** n, pl пассивы, пассив; долги, долговые обязательства

**antizipative Passiva** антиципативные пассивы

**ständige Passiva** устойчивые пассивы

**transitorische Passiva** переходящие пассивы

**Passivfinanzierung** f пассивное финансирование (за счёт привлечённых средств)

**Passivgeschäft** n пассивная (банковская) операция (в результате которой фирма становится должником)

**Passivhandel** m внешнеторговый оборот, имеющий пассивное сальдо; внешнеторговый оборот, имеющий отрицательное сальдо

**Passivierung** f сведение (баланса) с пассивом

**Passivkonto** n пассивный счёт

**Passivkredit** m кредит, выступающий в качестве источника финансирования; кредит в рамках финансирования за счёт привлечения чужого капитала

**Passivmasse** f пассивная масса, долговая масса (на конкурсе)

**Passivobligationen** f pl облигационные обязательства фирмы (фигурирующие в её пассивах)

**Passivposition** f статья пассива, пассивная статья баланса

**Passivposten** m статья пассива, пассивная статья баланса

**Passivsaldo** m пассивное сальдо, отрицательное сальдо

**Passivseite** f пассив (в балансе)

**Passivtausch** m пассивная замена

**Passivvermögen** n долговые обязательства

**Passivvermögen** пассивная часть баланса

**Passivvermögen** пассивы

**Passivwechsel** m pl векселя в пассиве

**Passivzins** m пассивный процент; процент, уплачиваемый кредитным учреждением

**Passivzins** процент, уплачиваемый банком кредиторам по обязательствам, фигурирующим в пассивах фирмы

**Passivzinssatz** m процентная ставка по вкладам, процентная ставка по обязательствам фирмы

**Paßsteuer** f паспортный сбор

**Paßwort** n шифр, код (используемый в замках сейфов)

**Patenbetrieb** m завод-шеф; предприятие-шеф; подшефная организация

**Patenschaft** f шефство

**Patenschaftsbetrieb** m завод-шеф; предприятие-шеф; подшефная организация

**Patenschaftsvertrag** m договор о шефстве

**Patent** n патент (исключительное право на производственную реализацию изобретения)

**angreifbares Patent** оспоримый патент

**eingetragenes Patent** зарегистрированный патент

**einheimisches Patent** отечественный патент

**laufendes Patent** действующий патент

**ruhendes Patent** неиспользуемый патент

**vorläufiges Patent** временный патент

**ein Patent bekämpfen** оспаривать патент

**ein Patent einreichen** подавать заявку на патент

**ein Patent erwirken** получать патент

**ohne Patent** беспатентный

**um ein Patent nachsuchen** просить о выдаче патента

**Patent- und Lizenzgebühren** f, pl патентно-лицензионные сборы

**Patentabkommen** *n* патентное соглашение

**Patentamt** *n* бюро по регистрации изобретений и выдаче патентов; патентное ведомство

**Patentantrag** *m* патентная заявка

**Patentbroker** *m* патентный брокер *(напр., фирма, специализирующаяся на торговых операциях с патентами)*

**Patenteinspruch** *m* юр. опротестование патента

**Patentgebühr** *f* патентный сбор, патентная пошлина

**patentieren** *vt* патентовать, выдавать патент, регистрировать патент

**Patentinhaber** *m* патентообладатель, патентодержатель

**Patentkosten**, *pl* расходы по приобретению патента; расходы по исследовательским работам, ведущим к получению патентов

**Patentlizenz** *f* патентная лицензия

**Patentrecht** *n* патентное право

**Patentrolle** *f* патентный реестр

**Patentschrift** *f* описание изобретения к патенту

**Patentschutz** *m* охрана патента; охрана изобретений; охрана патентных прав

**Patentträger** *m* патентообладатель, патентодержатель

**Patenturkunde** *f* авторское свидетельство на изобретение, патентная грамота

**Patentverfahren** *n* порядок выдачи и погашения патентов

**Patentvergütung** *f* вознаграждение, выплачиваемое патентообладателю

**Patentverletzung** *f* нарушение патентных прав

**Patentverwertungsgesellschaft** *f* Общество по реализации патентов *(ФРГ)*

**Pattern** Паттерн *(метод принятия крупных экономических решений)*

**Pauper** *m* (анг.) паупер, нищий

**Pauper** живущий на пособие по бедности

**Pauperisation** *f* пауперизация, обнищание

**pauperisiert** обедневший, обнищавший

**Pauperisierung** *f* пауперизация, обнищание

**Pauperismus** *m* пауперизм, нищета

**Pausch-** (в сл.сл.) паушальный

**pauschal** паушально, целиком, в целом, оптом; гуртом

**Pauschalabfindung** *f* паушальное возмещение, общее возмещение

**Pauschalabschreibung** *f* паушальное списание, общее списание

**Pauschalarbeit** *f* аккордный подряд *(сдельная работа, оплачиваемая в целом)*

**Pauschalbeitrag** *m* паушальный взнос *(напр., в фонд социального страхования)*

**Pauschalbesteuerung** *f* паушальное обложение налогом

**Pauschalbetrag** *m* паушальная сумма; общая сумма *(без выделения отдельных составляющих)*

**erster Pauschalbetrag** сумма первоначального паушального взноса *(при приобретения лицензии)*

**Pauschalbewertung** *f* паушальная оценка

**Pauschaldelkredere** *n* паушальное делькредере

**Pauschale** *n* паушальная сумма; общая сумма *(без выделения отдельных составляющих)*

**Pauschalerstattung** *f* паушальное возмещение

**Pauschalfrachtsatz** *m* паушальная фрахтовая ставка

**pauschalieren** *vt* округлять *(сумму)*

**Pauschallohn** *m* аккордная оплата

**Pauschalpolice** *f* страх. паушальный полис

**Pauschalpreis** *m* паушальная цена

**Pauschalrate** *f* паушальная фрахтовая ставка

**Pauschalsteuersatz** *m* паушальная ставка налога

**Pauschalsumme** *f* паушальная сумма; общая сумма *(без выделения отдельных составляющих)*

**Pauschaltarif** *m* паушальный тариф

**Pauschalversicherung** *f* паушальное страхование, глобальное страхование

**Pauschalzahlung** *f* паушальный платёж

**Pausengestaltung** *f* структура перерывов в работе, структура пауз в работе

**Pausenplan** *m* расписание перерывов в работе, расписание пауз в работе, график перерывов в работе, график пауз в работе

**Pausenregelung** *f* регулирование перерывов в работе, регулирование пауз в работе

**Pausenregime** *n* режим перерывов в работе, режим пауз в работе

**pay as you earn-Prinzip** *n* принцип взимания налога путём удержания из заработной платы

**pay-day** англ. бирж. день платежа, день исполнения обязательства

**payt., payment** англ. платёж, уплата

**Pazifikpakt** Тихоокеанский пакт безопасности, АНЗЮС

**Pazifischer Sicherheitspakt** Тихоокеанский пакт безопасности, АНЗЮС

**PB:**
**PB, Postbank** Постбанк; Почтовый банк (Германия)
**p.b., peso bruto** вес брутто, вес товара с упаковкой

**PC:**
**PC, Participating Countries** страны-участницы; *ист.* маршаллизованные страны; страны-члены Европейского платёжного союза; страны-члены Организации европейского экономического сотрудничества
**P.C., pettycash** мелкие суммы; мелкие расходы
**pc, per cassa** уплата наличными
**p/c, prices current** существующие цены, курсы дня
**p.c., pro centum** процент
**p.cap., per capita** на душу населения

**PD:**
**P.D., port dues** портовые сборы, портовые пошлины
**pd, paid** *англ.* уплачено; оплачено

**PE:**
**PE, Peru** Перу, *до 1978г. код MU*
**p.e., probable error** *англ.* вероятная ошибка средних статистических величин
**pekuniär** денежный, финансовый
**Pelz** *m* шкура, мех
**Pelz** шуба
**Pelzauktion** *f* пушной аукцион
**Pelzhandel** *m* торговля пушным товаром, торговля пушниной
**PEN, Neuer Sol, - Peru** Новый соль *(код валюты 604)*, - Перу
**Pendant** *n фр.* пара, пандан *(предмет, парный или схожий с другим)*

**Pendelkartei** *f канц.* качающаяся картотека
**Pendelverkehr** *m* челночное транспортное сообщение; перевозки рабочей силы от места жительства к месту работы и обратно
**Pendelwanderer** *m* лицо, регулярно пользующееся транспортом для поездки на работу и с работы *(обычно о живущих далеко от места работы)*
**Pendelwanderung** *f стат.* маятниковая миграция
**Pendler** *m* лицо, регулярно пользующееся транспортом для поездки на работу и с работы *(обычно о живущих далеко от места работы)*
**Penetration** *f* . пенетрация, проникновение
**Pension** *f* пенсия (ежемесячная выплата, для госслужащих, служащих), *для всех остальных см.* Rente *f*
**Pension** пенсия (напр. уйти на пенсию)
**Pension** пансион (содержание жильца на полном довольствии)
**Pension** плата за стол; плата за питание
**Pension** пансион *(гостиница)*; пансионат
**Pension** регулярно выплачиваемы проценты на вложенный капитал
**Pension für hohes Dienstalter** пенсия за выслугу лет
**bei voller Pension** на полном пансионе
**eine Pension beziehen** получать пенсию
**in Pension gehen** уйти на пенсию
**in Pension (sein)** (быть) на пенсии
**Pensionär** *m* пенсионер
**Pensionist** *m австр.* пенсионер

**Pensionsanweisung** *f* назначение пенсии
**pensionsberechtigt** имеющий право на получение пенсии
**Pensionsdienstalter** *n* стаж работы для получения пенсии
**Pensionsempfänger** *m* пенсионер
**Pensionsfonds** *m* пенсионный фонд
**Pensionsgeschäft** *n* операция по предоставлению ссуды под заклад векселей
**Pensionskasse** *f* пенсионная касса
**Pensionsrente** *f* пенсия
**Pensionsrückstellung** *f* резервный фонд для выплаты пенсий; пенсионный фонд (резервный)

**per:**
**per annum** *лат.* ежегодно
**per aval** *лат.* в качестве поручителя *(пометка на векселе)*
**per cassa** *лат. (уплата)* наличными
**per comptant** *фр. (уплата)* наличными
**per medio** *лат. бирж.* в середине месяца
**per procura** *лат.* по доверенности, по полномочию
**per ultimo** *лат. бирж.* в конце месяца
**per ultimo** *лат. бирж.* в конце месяца

**Periode** *f* период; цикл
**Periodenabgrenzung** *f* разграничение затрат и поступлений между смежными отчётными периодами
**periodenbezogen** относящийся к определённому периоду; относящийся к конкретном циклу
**Periodenerfolg** *m* результат отчётного периода (прибыль за отчётный период или убыток за отчётный период)

**periodenfremd** нерегулярный (*напр., о прибыли*)

**periodenfremd** не относящийся к отчётному периоду

**Periodenleistung** *f* продукция предприятия за определённый период

**permanent** перманентный, неизменный, постоянный, непрерывный; неоднократный

**permanenter Auftrag** *f* долгосрочное поручение на совершение определённых операций (*банку или иному, финансовому учреждению*)

**Perpetualismus** *m* перпетуализм

**Person** *f* *юр.* лицо

**Person** персона, лицо, человек, индивид

**Person** лицо; душа (*как единица демографического учёта*)

*eine* **beamtete Person** должностное лицо

*eine* **beglaubigte Person** аккредитованное лицо, доверенное лицо, поверенный

**dritte Person** третье лицо

*eine* **Person mit ramponiertem Ruf** особа с подмоченной репутацией

**je Person** душевой, в расчёте на душу населения

**juristische Person** юридическое лицо

**eigene Person zurückstellen** отводить свою кандидатуру, давать самоотвод (*на собрании*)

**einflussreiche Person** влиятельное лицо

**geschäftsfähige Person** дееспособное лицо

**natürliche Person** физическое лицо

**nicht geschäftsfähige Person** недееспособное лицо

**pro Person** за человека; на человека

*(j-n)* **von Person kennen** знать (*кого-л.*) лично

*die* **Unverletzbarkeit der Person** неприкосновенность личности

**Personal** *n* персонал (*предприятия*), штат, личный состав; кадры (*мн.ч.*)

**ingenieurtechnisches Personal** инженерно-технический персонал, инженерно-технические работники, ИТР

**leitendes Personal** руководящий состав, руководящие кадры

**Personal-Leasing** *f* лизинг рабочей силы (*временная передача персонала другому работодателю*)

**Personalabbau** *m* сокращение штатов

**Personalabgang** *m* отток персонала; отток кадров

**Personalabteilung** *f* отдел кадров

**Personalamt** *n* управление кадров

**Personalanzeige** *f* объявление в печати о найме на работу; объявление в печати о желании получить работу

**Personalausbildung** *f* подготовка кадров; обучение персонала

**Personalausgaben** *f pl* расходы на содержание персонала (*предприятия*), расходы по содержанию персонала (*предприятия*)

**Personalbedarf** *m* потребности в рабочей силе; потребность в персонале; потребность в кадрах

**Personalberater** *m* консультант по персоналу

**Personalberatung** *f* консультационная фирма по кадровым вопросам

**Personalbeschaffung** *f* привлечение рабочей силы

**Personalbestand** *m* личный состав, штат работников; кадры (*мн.ч.*)

**Personalbeurteilung** *f* служебная характеристика

**Personalbüro** *n* отдел найма и увольнения

**Personalchef** *m* начальник отдела кадров; главный менеджер по персоналу

**Personalcomputer** *m* персональный компьютер, ПК

**Personalfreisetzung** *f* высвобождение рабочей силы; сокращение штатов; увольнение персонала

**Personalgesellschaft** *f* общество, товарищество (*в котором главную роль играет личное участие, а не вложенный капитал, напр. открытое торговое общество, коммандитное товарищество*)

**personalisiert** персонализированный

**personalisierte Produkte und Dienstleistungen** *pl* персонализированные продукты и услуги (*мн.ч.*)

**Personalisierung** *f* персонализация; идентификация

**Personalkartei** *f* картотека личного состава, картотека учёта персонала

**Personalkosten** *pl* расходы на содержание персонала (*предприятия*), расходы по содержанию персонала (*предприятия*)

**Personalkosten ansetzen** устанавливать расходы на содержание персонала

**Personalkredit** *m* кредит без обеспечения (*товарами или ценными бумагами*), кредит без вещественного обеспечения

**Personalleiter** *m* начальник отдела кадров; начальник кадровой службы

**Personalmanagement** *n* управление персоналом; управление кадрами

**Personalmiete** *f* лизинг рабочей силы *(временная передача персонала другому работодателю)*

**Personalnebenkosten** *pl* дополнительные расходы на содержание персонала, накладные расходы по содержанию персонала *(предприятия)*

**Personalpapiere** *pl* личные документы *(мн.ч.)*

**Personalpension** *f* персональная пенсия

**Personalplan** *m* штаты; штатное расписание

**Personalpolitik** *f* политика в области кадров, кадровая политика

**Personalrecht** *f* личное право; личное имущественное право

**Personalrente** *f* персональная пенсия

**Personalservituten** *pl* юр. личные сервитуты

**Personalsteuer** *f* налог на занятость *(разновидность налога на вид деятельности)*

**Personalstruktur** *f* структура кадров; штатная структура

**Personalvertretungsgesetz** *n* закон о представительстве рабочих и служащих в государственных учреждениях *(ФРГ)*

**Personalwirtschaft** *f*, **personnel management** управление персоналом; управление кадрами

**Personalzahl** *f* численность рабочей силы

**Personen-Garantieversicherung** *f* гарантийное страхование от растрат и хищений *(осуществляемое предпринимателем)*

**Personen-Kautionsversicherung** *f* обеспечительное страхование от растрат и хищений, залоговое страхование от растрат и хищений *(осуществляемое служащим)*

**Personenbeförderung** *f* перевозки пассажиров

**Personenbeförderungsleistung** *f* стат. пассажирооборот

**Personenbeförderungstarif** *m* пассажирский тариф

**Personenbeförderungsvertrag** *m* договор перевозки пассажиров

**Personendepot** *n* книга лицевых счетов депонентов

**Personenfirma** *f* "именная" фирма, *(название которой содержит одно или несколько имён)*; фирма, в названии которой указывается фамилия и имя владельца

**Personengesellschaft** *f* общество, товарищество *(в котором главную роль играет личное участие, а не вложенный капитал, напр., открытое торговое общество, коммандитное товарищество)*

**Personengesellschaft;** *(eng.)* **LLC, limited-liability company; LC, limited company** компания с ограниченной ответственностью; общество с ограниченной ответственностью

**Personenkilometer** *n* стат. пассажиро-километр

**Personenkonto** *n* лицевой счёт

**Personenkreiswerbung** *f* реклама, рассчитанная на определённый круг потребителей

**Personenrechte** *n, pl* личные *(имущественные)* права

**Personenstandsaufnahme** *f* перепись всех постоянно проживающих в общине; ежегодная перепись хозяйств и мелких предприятий, размещённых на дому

**Personensteuer** *f* личный налог *(напр. подоходный налог)*; налог на физическое лицо

**Personensteuern** *f, pl* личные налоги *(мн.ч.)*

**Personensuchanlage** *f* система поискового вызова, система персонального вызова; пейджинговая система; система вызова по пейджеру

**Personentarif** *m* пассажирский тариф

**Personenvereinigung** *f* ассоциация; объединение

**Personenverkehr** *m* перевозки пассажиров; пассажирское сообщение

**Personenversicherung** *f* личное страхование *(напр. страхование жизни, страхование от несчастных случаев и т.п.)*

**Personenwechsel** *m* кадровые перемещения *(мн.ч.)*

**Personenzahl** *f* численность рабочей силы

**Personifikation** *f* персонификация

**personifizieren** персонифицировать

**personifiziert** персонифицированный

**personifizierter Benutzer** персонифицированный пользователь *(напр. платёжной системы)*

**Personifizierung** *f* персонификация

**Personifizierung von Kapital** персонификация капитала

**persönlich,** *I* личный, индивидуальный, персональный

**persönlich,** *II* лично

**persönliche Verantwortung** персональная ответственность

*ein* **persönliches Konto** личный счет

**persönliche Bürgschaft** *f* личная гарантия

**persönliche Bürgschaft** *f* гарантия, предоставляемая физическим лицом
**persönliches Eigentum** *n* личная собственность
**persönliches Einkommen** *n* личный доход
**Persönlichkeitsrecht** *n* личное право; право личности
**Persönlichkeitsrechte** *n pl* личные права (в отличие от прав, обеспечиваемых собственностью)
**perspektiv** перспективный
**Perspektiv-** (в сл.сл.) перспективный
**Perspektivbilanz** *f* перспективный баланс
**Perspektive** *f* перспектива
**perspektivisch** перспективный
**Perspektivplan** *m* перспективный план
  **optimaler Perspektivplan** оптимальный перспективный план
**Perspektivplangruppe** *f* группа перспективного планирования
**Perspektivplanprojekt** *n* проект перспективного плана
**Perspektivplanung** *f* перспективное планирование
  **betriebliche Perspektivplanung** заводское перспективное планирование, внутризаводское перспективное планирование
**Perspektivplanunterlagen,** *pl* документация перспективного плана
**Perspektivplanzeitraum** *m* перспективный (плановый) период
**Perspektivplanziel** *n* цель перспективного плана
**Perspektivrechnung** *f* перспективный расчёт, прогностический расчёт
**Perspektivzeitraum** *m* перспективный (плановый) период

**PERT, Program Evaluation and Review Technique** метод оценки и обзора программы, ПЕРТ
**PERT/cost** ПЭРТ-затраты, ПЭРТ-стоимость
**PERT-Kostenplanung** *f* планирование затрат по методу ПЭРТ, метод "ПЭРТ-затраты", метод "ПЭРТ-стоимость"
**PERT-Methode** *f* метод ПЭРТ
**PERT-Netzwerk** *n* сетевой график ПЭРТ
**PERT-Planungs- und Kontrollsystem** *n* система планирования и контроля ПЭРТ
**PERT-Planungssystem** *n* система планирования ПЭРТ
**PERT-Zeitplanung** *f* календарное планирование по методу ПЭРТ
**PERT-Zeitplanungsmethode** *f* метод календарного планирования ПЭРТ
**Perzent** *n австр.* процент
**perzentuell** *австр.* процентный; в процентном отношении
**Perzipient** *m* получатель
**perzipieren** *vt* получать, инкассировать *(деньги)*
**Petrodollar** *m* нефтедоллар
**Petroleumaktie** *f* акция нефтяной компании
**PF:**
  **P.F., porto franco** порто-франко, порт беспошлинного ввоза и вывоза
  **P.F., prix fixe** твёрдая цена, цена без запроса
**Pfand** *n* залог, заклад
  **als Pfand nehmen** принимать в качестве залога, брать в качестве залога
  **ein Pfand verlängern** перезакладывать
  **gegen Pfand** под залог
  **zum Pfand geben** оставлять в залог, давать в качестве залога
  **zum Pfand geben** предоставлять в залог
  **zum Pfand nehmen** принимать в качестве залога, брать в качестве залога

**pfandbar, pfändbar** подлежащий наложению ареста, подлежащий запрещению, подлежащий конфискации; могущий быть удержанным *(напр., о заработной плате)*
**Pfandberichtigung** *f* корректировка плана
**Pfandbesitzer** *m* держатель залога
**Pfandbrief** *m* закладной лист
**Pfandbriefanstalt** *f* ипотечный банк *(или другое кредитное учреждение, предоставляющее ссуды под залог земли)*
**Pfandbriefgesetz** *n* закон, регулирующий выпуск закладных листов и облигаций коммунального займа
**Pfandbriefinstitut** *n* ипотечный банк *(или другое кредитное учреждение, предоставляющее ссуды под залог земли)*
**Pfandbriefmarkt** *m* рынок закладных листов
**Pfandbruch** *m* преднамеренное уничтожение залога, преднамеренное утаивание залога
**Pfandeffekten** *pl* ценные бумаги *(находящиеся на хранении в банке в качестве залога/обеспечения кредита)*, ломбардные бумаги
**Pfandentstrickung** *f* преднамеренное уничтожение описанного имущества, преднамеренная продажа описанного имущества, преднамеренная продажа конфискованного имущества, преднамеренная порча описанного имущества
**Pfandgeber** *m* залогодатель
**Pfandgeld** *n* задаток; авансируемая сумма
**Pfandgeschäft** *n* залоговая операция

**Pfandgläubiger** *m* кредитор, дающий ссуду под залог, заимодавец, дающий ссуду под залог, кредитор по залогу

**Pfandgut** *n* залог, заклад

**Pfandhalter** *m* залогодержатель

**Pfandhaus** *n* ломбард

**Pfandhauszins** *m* ломбардный процент, процент, взимаемый ломбардом

**Pfandindossament** *n* индоссамент по залогу, залоговый индоссамент

**fiduziarisches Pfandindossament** фидуциарный залоговый индоссамент

**offenes PfandIndossament** открытый залоговый индоссамент

**verstecktes Pfandindossament** закрытый залоговый индоссамент

**Pfandindossatar** *m* индоссат по залогу

**Pfandleergut** *n* залоговая тара

**Pfandleihanstalt** *f* ломбард

**Pfandleihe** *f* выдача ссуд под залог; ломбард

**Pfandnehmer** *m* кредитор, дающий ссуду под залог, заимодавец, дающий ссуду под залог, кредитор по залогу

**Pfandpreis** *m* залоговая цена

**Pfandprolongation** *f* перезаклад, перезалог, пролонгация залога

**Pfandrecht** *n* залоговое право, ипотечное право

**Pfandschein** *m* ломбардная квитанция, залоговая квитанция; залоговое свидетельство; закладная

**Pfandschuldner** *m* должник по залогу, должник, получивший залоговый кредит

**Pfändung** *f* (судебная) опись имущества должника, наложение ареста на имущество должника

**Pfändung von Arbeitseinkommen** удержание части трудового дохода *(по постановлению суда)*

**Pfändungs-und Oberweisungs-beSchluss** *m* решение суда о наложении ареста на сумму долга и переводе её кредитору

**pfändungsfrei** свободный от наложения ареста; не подлежащий судебной описи

**Pfändungsklausel** *f* определение (суда) о наложении ареста на имущество

**Pfandverleiher** *m* залогодатель

**Pfandverschreibung** *f* залоговое свидетельство

**Pfandvertrag** *m* залоговое обязательство, договор о передаче залогового права на имущество для обеспечения требования кредитора

**Pfandverwertung** *f* использование залога в целях удовлетворения требований кредитора

**pfandweise** в виде залога, в качестве залога

**Pfandwert** *m* залоговая стоимость

**Pfd, Pfund** (немецкий) фунт *(= 500 г)*

**Pfeildiagramm** *n* сет. пл. сетевой график, в котором работы обозначаются стрелками

**Pflege** *f* уход; попечение; забота; попечительство

**Pflege** уход, техническое обслуживание; ремонт; поддержание в рабочем состоянии

**Pflege und Wartung** уход, техническое обслуживание

**dezentrale Pflege** децентрализованное обслуживание

**persönliche Pflege** личный уход *(за машиной, станком)*

**vorbeugende Pflege** предупредительный ремонт, профилактический ремонт

**Lagerpflege** *f* уход за хранящейся на складе продукцией

**Lagerstättenpflege** *f* охрана недр

**Pflegestation** *f* пункт обслуживания

**Pflegestation technische** пункт технического обслуживания

**Pflegevertrag** *m* договор о содержании жилого помещения в исправном состоянии

**Pflegevertrag** договор об охране (государственной) собственности

**Pflegevertrag** договор об уходе за городскими территориями и зелёными насаждениями *(между городским коммунальным хозяйством и гражданами)*

**Pflegevertrag** договор на техническое обслуживание

**Pflicht** *f* долг, обязательство, обязанность

**Pflichtabgabe** *f* обязательные поставки сельскохозяйственной продукции государству

**Pflichtabgabe** обязательный платёж

**Pflichtablieferung** *f* обязательные поставки сельскохозяйственной продукции государству

**Pflichtablieferungsmenge** *f* объём поставок сельскохозяйственной продукции государству

**Pflichtbeitrag** *m* обязательный взнос в фонд социального страхования

**Pflichtige** *m* налогоплательщик *(потенциальный)*

**Pflichtinventarbeitrag** *m с.-х.* обязательный взнос инвентарём в неделимый фонд, обязательный взнос деньгами в неделимый фонд *(бывш. ГДР)*

**Pflichtlagerkredit** *m* кредит для финансирования товарных запасов

**Pflichtleistungen** *f, pl* обязательные платежи из фонда социального страхования *(мн.ч.)*

**Pflichtlieferung** *f* обязательная поставка

**Pflichtlieferungen** *f, pl* обязательные поставки *(мн.ч.)*

**Pflichtprüfung** обязательное испытание (товара) *(согласно условиям договора)*; плановая ревизия; обязательная проверка годовых балансов, нормативная проверка годовых балансов

**Pflichtreserve** *f фин.* обязательный резерв

**Pflichtreserven** *f, pl фин.* обязательные резервы *(мн.ч.)*

**Pflichtsoll** *n* обязательная норма, заданная норма, установленная норма

**Pflichtsortiment** *n* принудительный ассортимент; обязательный асортимент

**Pflichtteil** *m* обязательная доля *(из наследственного имущества)*

**Pflichtteilsberechtigte** *m юр.* лицо, имеющее право на обязательную долю наследства; непременный наследник

**Pflichtversicherung** *f* обязательное страхование

**Pfusch** *m разг.* брак, недоброкачественная продукция

**Pfuscharbeit** *f разг.* плохая работа, халтура

**Pfuschmakler** *m разг.* кулисье *(неофициальный биржевой маклер)*, "биржевой заяц"

**PG, Papua-Neuguinea** Папуа Новая Гвинея

**PGH, Produktionsgenossenschaft des Handwerks** кустарно-промышленное товарищество *(бывш. ГДР)*

**PGK, Kina, - Papua-Neuguinea** Кина *(код валюты 598)*, - Папуа-Новая Гвинея

**Pgt, Postgut** почтовый груз

**PH, Philippinen** Филиппины, *до 1978г. код РМ*

**Phase** *f* фаза *(напр., циклов экономической активности)*

**analytische Phase** аналитическая фаза *(в процессе разработки плана)*

**direktive Phase** директивная фаза *(в процессе разработки плана)*

**konzeptionelle Phase** фаза разработки концепции *(в процессе разработки плана)*

**theoretische Phase** теоретическая стадия разработки концепции *(в процессе разработки плана)*

**Phasenprodukt** *n* промежуточный продукт, "фазовый" продукт, промежуточный продукт фазы производства

**Phasenwechsel** *m* смена фаз

**Phillips-Kurve** *f* "кривая Филлипса" *(в макроэкономических моделях характеризует в общей форме связь между темпами инфляции и уровнем безработицы)*

**PHP, Philippinischer Peso, - Philippinen** Филиппинское песо *(код валюты 608)*, - Филиппины

**PIC** персональный идентификационный код, ПИК

**Pilotanlage** *f* пилотная установка, "полупромышленная" установка *(промежуточное звено между лабораторным испытанием и производством)*, опытная установка

**Pilotprojekt** *n* "полупромышленное" проектирование; "полупромышленный" проект

**Pilotstudie** *f* предварительное исследование *(для определения направления дальнейших работ)*

**Pilotvorhaben** *n* пробный проект, опытный проект, экспериментальный проект

**PIN, Persönliche Identifikations-Nummer, personal identification number (eng)** персональный код пользователя; персональный идентификационный номер; пароль для доступа к системе

**PIN-Code, Personal Identification Number** *(eng.)* ПИН-код, **PIN** -код *(аналог цифровой подписи клиента, необходимый для проведения операций в сети банкоматов, а также в ПОС-терминалах, оборудованных специальными устройствами ввода ПИН-кода)*

**Pionier** *m* пионер, новатор

**Pioniere von Rochdale** Рочдейлские пионеры *(зачинатели кооперативного движения в Англии)*

**Pionierinvestitionen** *f, pl* затраты на научно-исследовательские и опытно-конструкторские работы, расходы на научно-исследовательские и опытно-конструкторские работы, расходы на НИОКР

**Pionierinvestitionen** затраты на экономическое освоение новых районов, расходы на экономическое освоение новых районов

**Pipeline** *f англ.* трубопровод

**Pirat** *m* пират, морской разбойник

**Pirat** *m* пират; производитель пиратское ПО (аудио- и видеопродукции); нарушитель авторских прав; нарушитель прав на интеллектуальную собственность

**Piraterie** *f* пиратство; пиратское копирование; (разг.) пиратирование; нелегальное производство (напр. аудио-, видео-, компьютерной продукции)
**Piraterie** пиратство, морской разбой
**Softwarepiraterie** *f* незаконное копирование программных средств; компьютерное пиратство
**PK:**
 **PK, Pakistan** Пакистан
 **PK, Preiskontrolle** контроль над ценами
 **PK, Privatkonzession** частная концессия
**pkg., package(s)** места *(при транспортировке)*
**PKM, Projektierungs-, Konstruktions- und Montagebüro** проектно-конструкторское и монтажное бюро
**PKR, Pakistanische Rupie, - Pakistan** Пакистанская рупия *(код валюты 586)*, - Пакистан
**PKV, Privatkrankenversicherung** частное страхование на случай болезни
**PKW, Personenkraftwagen** легковой автомобиль
**PL:**
 **PL, Polen** Польша
 **P/L, partial loss** *страх.* частичный убыток
 **P.&L., profit and loss** прибыль и убыток
 **Pl., Preisliste** прейскурант
**Placierung** *f* размещение *(напр., ценных бумаг)*; место помещения рекламы
 **Placierung der Anleihe** размещение займа
**Placierungsvorschrift** *f* указание рекламодателя относительно места помещения рекламы
**Plafond** *m* потолок *(максимальный размер, напр., кредита, предельный уровень, напр. цен)*
**Plafondbesteuerung** *f* максимальное налогообложение

**Plakattafel** *f* рекламный щит
**Plan** *m* план; график
 **Plan der Aufgaben der Neuerer** план работ новаторов производства
 **Plan der Aufnahme neuer Erzeugnisse** план освоения новых видов продукции
 **Plan der Einnahmen** план по доходам
 **Plan der Erweiterung der Grundfonds** план расширения основных фондов
 **Plan der Forschungs- und Entwicklungsarbeiten** план научно-исследовательских и опытно-конструкторских работ
 **Plan der Pflichten** распределение неторговых обязанностей *(напр., оформление витрин)* между работниками магазина *(бывш. ГДР)*
 **Plan der Positionen** план позиций *(государственного бюджета)*, план статей *(государственного бюджета)*, номенклатура позиций *(государственного бюджета)*, номенклатура статей *(государственного бюджета)*
 **Plan des Belegdurchlaufs** график движения бухгалтерских документов
 **Plan Neue Technik** план развития и внедрения новой техники *(бывш. ГДР)*
 **Plan "Wissenschaft und Technik"** план развития науки и техники, план по науке и технике *(бывш. ГДР)*
 **anspruchsvoller Plan** напряжённый план
 **bilanzierter Plan** сбалансированный план
 **detaillierter Plan** детализированный план
 **Grüner Plan** Зелёный план *(одна из форм государственно-монополистического регулирования сельского хозяйства в развитых капиталистических странах Западной Европы)*
 **laufender Plan** текущий план
 **zusammenfassender Plan** сводный план
**Plan-Ist-Abrechnung** *f* сопоставление плановых заданий с фактическими показателями *(выполнения плана)*
**Plan-Ist-Gegenüberstellung** *f* сопоставление плановых заданий с фактическими показателями *(выполнения плана)*
**Plan-Ist-Kostenrechnung** *f* анализ затрат на основе сопоставления фактических и плановых данных; учёт затрат по отклонениям
**Plan-Ist-Vergleich** *m* сравнение фактических показателей с планом
**Planablauf** *m* ход выполнения плана
**Planabrechnung** *f* анализ выполнения плана, *(статистический)* контроль за ходом выполнения плана
**Planabschnitt** *m* раздел плана
**Planabstimmung** *f* координация планов, координация отдельных разделов плана, согласование планов, согласование отдельных разделов плана
 **internationale Planabstimmung** международная координация планов
**Planabweichung** *f* нарушение плана, отклонение от плана
**Planänderung** *f* изменение плана, корректировка плана

**Planangebot** *n* предложение, заявка в план; предложения по разработке плана, передаваемые на рассмотрение вышестоящим планирующим органам

**Planansatz** *m* концепция плана

**Planarbeit** *f* плановая работа

**Planaufbau** *m* структура плана

**Planaufgabe** *f* плановое задание

   **staatliche Planaufgabe** государственное плановое задание

**Planauflage** *f* плановое задание, план, заказ

   **verbindliche Planauflage** обязательное плановое задание

**Planaufschlüsselung** *f* расшифровка плана; разбивка плана *(по исполнителям, по продукции)*

**Planaufschlüsselung und -abrechnung** *f* распределение плановых заданий между подразделениями

**Planaufstellung** *f* составление плана; составление проекта плана

**Planausarbeitung** *f* разработка плана

**planbar** поддающийся планированию

**planbedingt** плановый, обусловленный планом

**Planberechnung** *f* расчёт плана

**Planbericht** *m* отчёт о выполнении плана

**Planberichtigung** *f* корректировка плана

**Planbestand** *m* плановые производственные запасы

**Planbestände** *m pl* плановые запасы, нормативные запасы

**Planbestätigung** *f* утверждение плана

**Planbilanz** *f* плановый баланс

**Plandirektiven** *f, pl* директивы плана

**Plandiskussion** *f соц.* широкое обсуждение перспективных и годовых планов народного хозяйства в процессе их разработки

**Plandisziplin** *f* плановая дисциплина

**Plandurchführung** *f* исполнение плана, осуществление плана, выполнение плана, реализация плана

**planen** *vt* планировать, запланировать; намечать

**Planentscheidungen** *f pl* решения, принимаемые в области планирования

   **langfristige Planentscheidungen** решения, принимаемые в области перспективного планирования

   **operative Planentscheidungen** решения оперативного планирования, решения текущего планирования

**Planentwurf** *m* проект плана

**Planer** *m* плановик, плановый работник

**Planerarbeitung** *f* разработка плана

**Planerfüllung** *f* выполнение плана, реализация плана

   **Planerfüllung nach dem Sortiment** выполнение плана по ассортименту

   **mengenmäßige Planerfüllung** выполнение количественных показателей плана

   **sortimentsgerechte Planerfüllung** выполнение плана по ассортименту

   **vorfristige Planerfüllung** досрочное выполнение плана

**Planerfüllungsprognose** *f* прогноз выполнения плана

**Planfehler** *m* ошибка в плане

**planfrei** не связанный с планом, не запланированный

**plangemäß** планомерный; плановый; согласно плану, по плану; в плановом порядке

**plangerecht** соответствующий плану, отвечающий плановым намёткам

**Plangewinn** *m* плановая прибыль

**Planification** *f фр.* "планификация" *(термин, используемый для характеристики индикативного планирования)*

**Planjahr** *n* плановый год; *стат.* отчётный год

**Planjahrfünft** *n* пятилетка, пятилетний план

**Plankalkulation** *f* плановая калькуляция

**Plankennziffer** *f* плановый показатель

   **staatliche Plankennziffer** государственный плановый показатель

   **verbindliche Plankennziffer** директивный плановый показатель

**Plankommission** *f* плановая комиссия

**Plankonkretisierung** *f* конкретизация плана

**Plankontinuität** *f* непрерывность процесса планирования

**Plankontrolle** *f* контроль за ходом выполнения плана

**Plankoordinierung** *f* координация планов, координация отдельных разделов плана, согласование планов, согласование отдельных разделов плана

   **volkswirtschaftliche Plankoordinierung** координация народнохозяйственного плана

**Plankorrektur** *f* изменение плана, корректировка плана

**Plankosten**, *pl* плановые затраты, плановые расходы

**Plankostenrechnung** *f* расчёт плановых затрат, плановая смета *(расходов)*

**Plankredit** *m* плановая ссуда, плановый кредит
**Planlauf** *m* ход выполнения плана
**internationaler Planlauf** международная координация планов, международное согласование планов
**Planlohnfonds** *m* плановый фонд заработной платы
**Planlosigkeit** *f* бесплановость
**planmäßig** планомерный; плановый, предусмотренный планом; планомерно
**Planmäßigkeit** *f* планомерность, плановость
**Planmethodik** *f* методика планирования
**planmethodisch** относящийся к методике составления плана
**Planmethodologie** *f* методология планирования
**Planneuberechnung** *f* повторный расчёт плановых показателей
**Plannorm** *f* плановая норма
**Plannormativ** *n* плановый норматив
**Plannormerfüllung** *f* выполнение плановых норм
**Plannormfestlegung** *f* установление плановых норм
**Plannormübererfüllung** *f* перевыполнение плановых норм
**Planometrie** *f* планометрия
**Planoptimierung** *f* оптимизация плана
**Planperiode** *f* плановый период
**Planposition** *f* позиция плана, статья плана; позиция номенклатуры продукции, позиция номенклатуры услуг
**Planpräzisierung** *f* уточнение плана
**Planpreis** *m* плановая цена
**Planproduktion** *f* плановая продукция
**Planprojekt** *n* проект плана, намётки плана

**Planrealisierung** *f* выполнение плана, реализация плана
**Planrücklauf** *m*, отставание от плана
**Planrückstand** *m* отставание в выполнении плана, невыполнение плана, невыполнение плановых заданий
**Planrunde** *f сет. пл.* операция планирования
**erste Planrunde** первая *(вычислительная)* операция планирования
**korrigierende Planrunde** операция корректировки плана
**Planselbstkosten**, *pl* плановая себестоимость
**Plansoll** *n* плановое задание, план, заказ
**Plansortiment** *n* плановый ассортимент, запланированный ассортимент
**Planspiel** *n* метод решения производственно-экономических проблем с помощью моделей
**Planstelle** *f* штатная единица, штатная должность
**freie Planstelle** вакантная штатная должность; вакантная должность
**Planstellen** *f, pl* штаты *(мн.ч.)*
**Plantafeln** *f, pl* таблицы с передвижными наглядными средствами, иллюстрирующими ход выполнения плана
**Planteil** *m* раздел плана
**Plantreue** *f* соблюдение плана
**Planüberbietung** *f* перевыполнение плана
**Planübererfüllung** *f* перевыполнение плана
**Planung** *f* планирование; проектирование
**Planung der Arbeit** планирование труда
**Planung der Arbeitskräfte** планирование трудовых ресурсов, планирование рабочей силы

**Planung der materialtechnischen Versorgung** планирование материально-технического снабжения
**Planung der Preise** планирование цен
**Planung der Transportleistung** планирование транспортных перевозок
**Planung der Valuta** планирование валютной выручки
**Planung der Volkswirtschaft** планирование народного хозяйства, народнохозяйственное планирование
**Planung des Arbeitslohnes** планирование заработной платы
**Planung des Kredits** кредитное планирование
**Planung des Staatshaushalts** планирование государственного бюджета, бюджетное планирование
**Planung des Warenumsatzes** планирование товарооборота
**auftraggebundene Planung** позаказное планирование
**leistungsabhängige Planung des Lohnfonds** планирование фонда заработной платы в зависимости от результатов работы *(предприятия)*
**eigenverantwortliche Planung** собственное планирование, планирование, осуществляемое самим предприятием
**erzeugnisgebundene Planung** поиздельное планирование
**gemeinsame Planung** совместное планирование; общее планирование
**gleitende Planung** скользящее планирование
**innerbetriebliche Planung** внутризаводское планирование, производственное планирование

**komplexterritoriale Planung** комплексно-территориальное планирование

**komplexe Planung** комплексное планирование

**kontinuierliche Planung** скользящее планирование

**langfristige Planung** долгосрочное планирование

**mittelfristige Planung** среднесрочное планирование

**objektgebundene Planung** пообъектное планирование

**operative Planung** оперативное планирование, текущее планирование

**optimale Planung** оптимальное планирование

**permanente Planung** непрерывное планирование

**perspektivische Planung** перспективное планирование

**sozialökonomische Planung** социально-экономическое планирование

**strukturkonkrete Planung** структурное планирование

**tagfertige Planung** составление производственных планов на каждый день

**tagfertige Planung** территориальное планирование

**volkswirtschaftliche Planung** планирование народного хозяйства, народнохозяйственное планирование

**zentrale Planung** центральное планирование

**zentrale staatliche Planung** централизованное государственное планирование

**Planungs-und Bilanzreserven** *f, pl* планово-балансовые резервы

**Planungsablauf** *m* плановый процесс, ход реализации плана; процесс разработки плана

**Planungsabteilung** *f* плановый отдел, планово-экономический отдел

**Planungsebene** *f* уровень планирования

**Planungseinheit** *f* единица планирования, плановая единица

**Planungsfehler** *m* ошибка в планировании

**Planungsfirma** *f* проектная фирма

**Planungsgegenstand** *m* объект планирования, предмет планирования

**Planungshorizont** *m* период планирования, горизонт планирования

**Planungskennziffer** *f* нормативные показатели, используемые при составлении плана

**Planungsmappe** *f* досье дирекции предприятия *(с материалами для постоянного контроля за ходом выполнения плана)*

**Planungsmaßnahme** *f* мероприятие в области планирования

**Planungsmechanismus** *m* механизм планирования

**Planungsmethode** *f* метод планирования

**planungsmethodisch** относящийся к методике планирования

**Planungsnormativ** *n* плановый норматив

**Planungsordnung** *f* порядок планирования

**Planungsorgan** *n* планирующий орган, плановый орган

**Planungsorganisatlon** *f* организация планирования

**Planungsprinzip** *n* принцип планирования

**Planungsspanne** *f* запланированный разрыв между ценами *(напр., между оптовыми и розничными)*

**Planungsstufe** *f* стадия планового процесса, ступень разработки плана

**Planungssystem** *n* система планирования

**Planungstätigkeit** *f* деятельность в области планирования, планирование

**planungstechnisdi** связанный с техникой планирования

**Planungstheorie** *f* теория планирования

**Planungsvoranschlag** *m* проектная смета

**Planungszeitraum** *m* плановый период

**Planuntererfüllung** *f* недовыполнение плана, отставание в выполнении плана; невыполнение плана

**Planunterschreitung** *f* недовыполнение плана, отставание в выполнении плана

**Planvariante** *f* вариант плана

**Planverflechtungsbilanz** *f* плановый межотраслевой баланс

**Planvergleich** *m* сравнение с планом

**Planverletzung** *f* нарушение плановой дисциплины

**Planverlust** *m* убытки вследствие невыполнения плана, плановые убытки

**Planverrechnungsverfahren** *n* форма расчётов, основанная на периодическом списании согласованных сумм

**Planverstoß** *m* нарушение плановой дисциплины

**Planverteidigung** *f* обоснование плана

**Planvorgabe** *f* плановое задание

**Planvorjahr** *n* прошлый плановый год, прошедший плановый год

**Planvorlauf** *m* опережение плана, досрочное выполнение плана; перевыполнение плана

**Planvorschlag** *m* проект плана; предложение по плану

**Planvorsprung** *m* опережение плана, досрочное выполнение плана; перевыполнение плана

**Planwerte,** *m, pl* плановые данные

**planwidrig** противоречащий плану

**Planwirtschaft** *f* плановое хозяйство, плановая экономика

**Planwirtschaftler** *m* экономист-плановик

**Planzahlen** *f, pl* плановые цифры, плановые показатели

**Planzeitraum** *m* плановый период, планируемый период

**Planziel** *n* плановое задание

**Planziffern** *f, pl* плановые цифры, плановые показатели

**Platte** *f* диск, дискета

**Platte** плата *(напр., для монтажных схем)*

**Plattenbetriebssystem** *n* вчт. дисковая операционная система, ДОС

**Platzagent** *m* местный торговый агент иногородней фирмы

**Platzangebot** *n стат.* пассажировместимость

**Platzanweisung** *f* одногородний денежный перевод

**Platzgeld** *n* сборы за хранение грузов непосредственно на территории железнодорожной станции

**Platzgeschäft** *n* сделка на продажу импортного товара, заключаемая и реализуемая по месту нахождения покупателя

**Platzgroßhändler,** *m, pl* оптовые торговые предприятия, не ведущие иногородней торговли

**Platzkapazität** *f* количество посадочных мест *(в предприятиях общественного питания)*

**Platzkostenrechnung** *f (детализированный)* учёт затрат по отдельным рабочим местам

**Platzmontage** *f* монтаж на месте установки

**Platzscheck** *m* одногородний чек, местный чек *(чек, у которого место выставления совпадает с местом платежа)*

**Platzspesen,** *pl* надбавки за инкассирование векселей в небольших и отдалённых пунктах

**Platztratte** *f* одногородний переводный вексель, одногородняя тратта

**Platzübertragungen** *f, pl* одногородние перечисления

**Platzverbrauch** *m* местное потребление

**Platzvertreter** *m* местный представитель иногородней фирмы

**Platzvorräte,** *m, pl* местные запасы

**Plausibilitätskontrolle** *f* контроль достоверности (математическими методами налоговых расчётов и поступлений)

**Pleite** *f* банкротство; (коммерческий) крах; разорение

**Pleite** *f (umg.)* неудача; фиаско; провал

**vor der Pleite stehen** стоять на пороге банкротства

**pleite** безденежный; разорившийся; обанкротившийся

**pleite gehen** разориться; обанкротиться; попасть на конкурс

**pleite sein** разориться; обанкротиться; находиться в состоянии банкротства; быть банкротом

**PLN, Zloty, - Polen** Злотый *(код валюты 985), - Польша*

**Plotter** *m* графопостроитель *(периферийное графическое устройство ЭВМ)*

**Pluralismus** *m* плюрализм

**pluralistisch** плюралистический

**Plus** *n* (знак) плюс; излишек; плюс, преимущество

**Plusbetrag** *m* сумма излишка

**Pluskorrektur** f; **upward revision** *(eng.)* пересмотр в сторону повышения *(напр. цен)*

**Plusmacherei** *f* извлечение прибыли; обогащение; стяжательство

**Pluspaket** *n* дополнительный пакет (сервисный, финансовых услуг и т.п.)

**Plussaldo** *m* положительное сальдо, активное сальдо

**Plussparen** *n* вид банковского накопительного вклада с дополнительными возможноятми по накоплению или льготами (напр. ежемесячного автоматического пополнения за счет свободных средств с жиросчета; предоставление бесплатной пластиковой карточки и т.п.)

**PLZ:**

**PLZ, Polish zloty** польский злотый

**PLZ, Postleitzahl** *f* почтовый индекс; почтовый код

**pm:**

**Pm, Produktionsmittel** средства производства

**pm., premium** лаж; *(страховая)* премия

**p.m., pro mille** промилле, тысячная доля, %

**pm, promesse** промесса

**Pma (Abk.), prima** первоклассный, первосортный, высшего качества, высшего сорта

**P/N, promissory note** простой вексель, прямой вексель, соло-вексель

**P.O., Postal Order** почтовый перевод

**POD:**

**P.O.D., pay on delivery** наложенный платёж; наложенным платежом

**P.o.D., pay on delivery** подлежащий оплате по поставке

**Point** *m* *бирж.* пункт *(напр., в котировках акций может быть изменение цены на 1 доллар)*
**Police** *f* (страховой) полис, страховое свидетельство
**beitragsfreie Police** *f* *страх.* полис с оплаченной премией
**benannte Police** *страх.* именной полис
**gemischte Police** *страх.* смешанный полис
**laufende Police** *страх.* открытый полис, *страх.* генеральный полис
**nicht taxierte Police** *страх.* открытый полис, *страх.* генеральный полис
**offene Police** *страх.* открытый полис, *страх.* генеральный полис
**prämienfreie Police** *f* *страх.* полис, свободный от уплаты премии
**eine Police ausfertigen** *страх.* выдать полис
**Policedarlehen** *n* ссуда под (страховой) полис, ссуда в счёт (страхового) полиса
**Policedarlehen** *n* ссуда под страховой полис
**Policehalter** *m* владелец (страхового) полиса, держатель (страхового) полиса
**Policehalter** *m* владелец страхового полиса
**Policeinhaber** *m* владелец (страхового) полиса, держатель (страхового) полиса
**Politik** *f* политика
**Politik der Beibehaltung des Lohnniveaus** политика замораживания заработной платы
**Politik des Haushaltsdefizits** политика бюджетного дефицита
**Politik des Lohnstopps** политика замораживания заработной платы

**Politik des roll back** политика отбрасывания
**abgewirtschaftete Politik** изжившая себя политика
**abgewirtschaftete Politik** захватническая политика, агрессивная политика
**deflationistische Politik** дефляционистская политика
**monetäre Politik** монетарная политика
**monetäre Politik** экономическая политика
**monetäre Politik** ограничительная политика
**Polyfirmierung** *f* сложное наименование фирм, многоступенчатое наименование фирм
**Polypol** *n* полиполия *(рыночная ситуация, при которой существует ограниченное число крупных продавцов, обеспечивающее возможности координации их действий)*
**Pon, Pön** *f* пеня, штраф за просрочку; неустойка
**Pönale** *n* пеня, штраф за просрочку; неустойка
**POO, post-office order** *(денежный)* перевод по почте, почтовый *(денежный)* перевод
**Pool** *m* *англ.* пул *(объединение предпринимателей, ставящее своей целью, напр. регулирование цен)*; объединение ресурсов; слияние товарных складов
**Poolabkommen** *n* соглашение о создании пула
**Population** *f* население
**Populationstheorie** *f* теория народонаселения
**P.O.R., payable on receipt** *(eng.)* подлежащий оплате по получении
**Port-Konnossement** *n* портовый коносамент
**Portal** *n* (*комп.*) портал
**portativ** портативный, малообъёмный

**Portefeuille** *n* портфель *(напр., акций или ценных бумаг)*
**Portfolio** *n* портфель *(напр., ценных бумаг)*
**Portfolio-Analyse** *f* анализ портфеля *(напр. ценных бумаг, инвестиционного)*
**Portfolio-Hypothek** *f* портфельная ипотека
**Portfolio-Investitionen** *f pl* портфельные инвестиции *(не обеспечивающие контроля над компанией)*
**Porto** *n* порто, почтовый сбор; почтовые расходы
**porto franco** *ит.* порто-франко, порт беспошлинного ввоза и вывоза
**portofrei** без почтового сбора
**Portokosten,** *pl* почтовые расходы
**portopflichtig** подлежащий оплате почтовым сбором
**Portosatz** *m* франкирование *(предварительная оплата почтовых сборов)*
**POS:**
  **POS, point of sale** *(eng.)* терминал для производства платежей в месте совершения покупки
  **POS-Terminal** *m* терминал для производства платежей в месте совершения покупки
  **Pos., Position** статья *(напр., бюджета)*; позиция *(напр., товарная)*
**Position** *f* позиция, расположение; положение, местоположение; пост, должность; служебное положение; статья *(напр., бюджета)*; позиция *(напр., товарная)*, статья *(напр., импорта)*, см. также Posten
  **ausgabenseitige Position** статья расхода, расходная статья
  **einnahmenseitige Position** статья прихода, приходная статья
  **führende Position** ключевая позиция

**Position durchhalten** выдержать срок; уложиться в срок
**Position halten** выдержать срок; уложиться в срок
**Positionierung** f подведение в позицию (графу)
**Positionierung** вчт. позиционирование, (автоматическая) установка в заданном положении
**Positionsstichprobe** f стат. упорядоченная выборка
**Positivliste** f список ремёсел, допущенных ремесленным уставом, перечень ремёсел, допущенных ремесленным уставом
**Positivwirkung** f действие принципа гласности торгового реестра
**Post** f почта; почтовое отделение; почтамт; почта, письма, корреспонденция
  **mit getrennter Post** с отдельной почтой
  **mit gleicher Post** с той же почтой, немедленно, той же почтой
  **mit umgehender Post** обратной почтой
**Post- und Fernmeldegebühren** f, pl почтовые сборы и сборы телесвязи (телефона, телеграфа, радио)
**Postamt** n почтамт; почтовое отделение
  **stummes Postamt** почтовое отделение, работающее по методу самообслуживания; почта-автомат
**Postanweisung** f почтовый (денежный) перевод, (денежный) перевод по почте
**Postauftrag** m инкассовое поручение почте (напр., по инкассированию)
  **Postauftrag zur Geldeinziehung** поручение почте на получение денег, поручение почте на инкассирование денег

**Postauftragsabkommen** n соглашение относительно расчётов по обязательствам через почту
**postdatieren** vt помечать поздним числом
**Postdienstleistungsgebühr** f плата за услуги почтовой связи
**Postdienstleistungstarif** m тариф на оплату услуг почтовой связи
**Posten** m партия товара
  **einen Posten absetzen** продать партию товара
  **einen Posten abstossen** сбыть партию товара; (разг.) сбросить партию товара
**Posten** m пост, должность; служебное положение
**Posten** партия товара
**Posten** статья (напр., бюджета)
**Posten** позиция (напр., товарная)
**Posten** статья (напр., импорта)
**Posten** стат. контрольная партия изделий, см. также Position
**Posten** m, pl бухг. статьи баланса
**Posten auf der Aktivseite** статья актива
**Posten auf der Passivseite** статья пассива
**Posten der Rechnungsabgrenzung** расходы будущих лет
**Posten die der Rechnungsabgrenzung dienen** статьи, разграничивающие учёт поступлений и затрат между смежными отчётными периодами
**antizipative Posten** бухг.: антиципированные статьи баланса
**debitorischer Posten** дебиторская статья

**laufende Posten der Zahlungsbilanz** текущий платёжный баланс
**durchlaufende Posten** переходящие суммы
**schwebende Posten** неиспользованные сметные ассигнования
**transitorische Posten** переходящие статьи баланса
**ungedeckter Posten** непокрытая статья
**postenweise** по статьям (напр. бухучёта)
**postenweise** партиями, частями
**postfrei** не облагаемый почтовым сбором
**Postfreistempelmaschine** f маркировальная машина почтового отделения
**Postfreistempler** m клиент почты, пользующийся маркировальной машиной; маркировальная машина почтового отделения
**Postgebühr** f почтовый сбор, порто
**Postgiro** n перевод сумм с одного почтового счёта на другой; безналичный перевод денег между двумя почтовыми счетами
**Postgut** n почтовое отправление (напр., бандероль, посылка)
**postindustrial society** англ. постиндустриальное общество
**Postkartenscheck** m расчётный чек в форме почтовой открытки
**Postkassenvorgang** m почтово-кассовая операция
**postlagernd** до востребования
**Postlaufkredit** m почтовый кредит (взаимное предоставление текущих кредитов для осуществления денежных операций/переводов по почте)

**Postmietverpackung** *f* почтовые упаковочные средства, предоставляемые напрокат *(напр., коробки, небольшие ящики)*

**Postmonopol** *n* государственная монополия на осуществление почтовых операций, почтовая регалия

**postnumerando** *лат.* с последующим платежом; оплачиваемый по выполнении заказа, оплачиваемый по выполнении поручения

**postnumerando Verzinsung** *f* уплата процентов по истечении срока

**Postnumeration** *f* последующая оплата, оплата по выполнении заказа, оплата по выполнении поручения

**postnumerendo** суммы, уплачиваемые по истечении срока

**Postporto** *n* почтовые сборы

**Postprotest** *m* протест векселя, осуществляемый с помощью почтовых отправлений, протест векселя через почту, протест чека через почту

**Postprotestauftrag** *m* поручение почте на протест векселя, поручение почте на протест чека

**Postregal** *n* государственная монополия на осуществление почтовых операций, почтовая регалия

**Postreisescheckheft** *n* туристическая почтово-чековая книжка

**Postscheck** *m* почтовый чек, *(денежный)* чек, оплачиваемый в почтовом отделении; *(денежный)* чек, предъявляемый к оплате в почтовом отделении, чек по текущему счёту при почтовом отделении

**Postscheckdienst** *m* оборот по чековым текущим счетам при почтовом отделении

**Postscheckkonto** *n* чековый текущий счёт при почтовом отделении

**gebundenes Postscheckkonto** почтово-сберегательный счёт, которым можно распоряжаться только в соответствии с законом о платёжном обороте *(бывш. ГДР)*

**Postscheckkontoinhaber** *m* владелец текущего счёта при почтовом отделении

**Postscheckцberweisung** *f* почтово-чековый перевод

**Postscheckverkehr** *m* оборот по чековым текущим счетам при почтовом отделении

**Postschließfach** *n* абонементный почтовый ящик

**Postskriptum** *n*, **PS** постскриптум, приписка к письму

**Postsparbuch** *n* почтово-сберегательная книжка

**Postsparkasse** *f* почтовая сберегательная касса

**Postsparkonto** *n* почтово-сберегательный счёт

**Postüberweisung** *f* почтовый перевод; перечисление с чекового текущего счёта

**Postverkehr** *m* почтовая связь, почтовое обслуживание

**Postverrechnungsverkehr** *m* почтовые расчётные операции

**postwendend** с обратной почтой

**Postwerbung** *f* реклама с использованием средств почтовой, телефонной и телеграфной связи

**Postwertzeichen** *n* знак почтовой оплаты, почтовая марка

**Postwurfdrucksachen** *f, pl* рекламные материалы, рассылаемые по почте *(различного рода печатные издания, товарные образцы)*

**Postwurfsendungen** *f, pl* рекламные материалы, рассылаемые по почте *(различного рода печатные издания, товарные образцы)*

**Postzahlungsverkehr** *m* почтовый платёжный оборот, платёжный оборот по почтовым операциям

**Postzollabfertigung** *f* таможенная очистка почтового груза

**Postzollordnung** *f* правила таможенных операций для почтовых учреждений

**Postzwang** *m* обязательность пользования услугами почтовых учреждений для пересылки определённых видов отправлений

**Potential** *n* потенциал

**rüstungswirtschaftliches Potential** военно-экономический потенциал

**wissenschaftlichtechnisches Potential** научно-технический потенциал

**Potentialmethode** *f сет. пл., мат.* метод потенциалов

**potentiell** потенциальный, возможный

**potentielle Kunden** *m, pl* потенциальные покупатели (мн.ч.)

**PP:**

**P.P., picked port** установленный *(договором морской перевозки)* порт

**P.P., postage paid** пересылка по почте оплачена, почтовые расходы оплачены

**P.P., Privatpackung** собственная упаковка *(в противоположность фабричной или оригинальной)*

**p.p., per procura** по доверенности

**p.p., post paid** почтовые сборы оплачены

**ppd, prepaid** оплаченный вперёд

**ppt., prompt** немедленно, промпт

**PR:**

**PR, public relations** *(eng.)*, **Betriebsgestaltung** *f* связь с широкой публикой, связь с общественными организациями и населением; (внешняя) информация и реклама; связи фирмы с общественностью; паблик-релейшнз

**Pr.RV Preise-Rechnungsvorschrift** предписание о калькуляции цен

**Pr.V Privatversicherung** личное страхование

**PR-Massnahmen,** *pl* мероприятия по паблик-релейшнз; мероприятия по расширению связей с общественностью

**PR-Spezialist** *m, (eng.)*: **public relations** специалист по связям с общественностью; специалист в области паблик-релейшнз

**Pr.A., Prioritätsaktie** привилегированная акция

**Präferenz** *f* предпочтение, преимущество; льгота; преференция; предпочтение, приоритет

  **Präferenz genießen** пользоваться преференцией, пользоваться льготой

**Präferenzenaggregation** *f* агрегирование предпочтений, суммирование предпочтений, определение суммы рангов

**Präferenzfaktor** *m* фактор предпочтения

**Präferenzfunktion** *f* функция предпочтения

**Präferenzordnung** *f* ранжирование предпочтений *(в микроэкономической теории - формирование целевой функции потребителя)*

**Präferenzpreis** *m* льготная цена

**Präferenzspanne** *f* разница между преференциальной пошлиной и пошлиной, которой облагаются товары стран, не пользующихся таможенными льготами

**Präferenzsystem** *n* система преференций; система преференциальных пошлин, система предпочтительных пошлин

**Präferenztarif** *m* льготный тариф, преференциальный тариф

**Präferenzzoll** *m* преференциальная пошлина, предпочтительная пошлина

**Präferenzzollsystem** *n* система преференций; система преференциальных пошлин, система предпочтительных пошлин

**Präge** *f* монетный двор

**Prägeanstalt** *f* монетный двор

**Prägegebühr** *f* сбор за чеканку золотых монет

**prägen** *vt* чеканить монеты

**Prägerecht** *n* право чеканки монет

**Prägeschatz** *m* сбор за чеканку золотых монет

**Pragmatik** *f* прагматика

**Prahm** *m* баржа

**Präklusivfrist** *f* *юр.* преклюзивный срок

**Praktikum** *n* практика

**Praktizismus** *m* практицизм; делячество

**Präliminarien,** *pl* предварительные переговоры

**Präliminarverhandlungen** *f, pl* предварительные переговоры

**Prämie** *f* премия, награда; страховая премия, страховой взнос

  **auf Prämie verkaufen** продавать под премию

**Prämienakkordlohn** *m* премиально-аккордная заработная плата

**Prämienanleihe** *f* выигрышный заём, лотерейный заём

**Prämienanteil** *m* доля доходов, отчисляемая в премиальный фонд; доля прибыли, отчисляемая в премиальный фонд

**Prämienanzahlung** *f* первый взнос при заключении договора страхования

**Prämiendepot** *n* фонд премий; *страх.* депо премий

**Prämieneinlage** *f* выигрышный вклад

**Prämieneinsatzbetrag** *m* сумма премиальной ставки

**Prämienentlohnung** *f* премиальная оплата труда, премиальная система оплаты труда

**Prämienentzug** *m* лишение премии

**Prämienerklärungstag** *m* день объявления премий *(в срочной сделке заранее зафиксированная дата, когда контрагент отказывается от сделки или заново определяет её условия и объём)*

**Prämienfonds** *m* фонд материального поощрения, премиальный фонд

**Prämienfondszuführung** *f* отчисление в фонд материального поощрения

**Prämiengelder** *n, pl* премиальные

**Prämiengeschäft** *n* срочная сделка с выплатой премии, срочная сделка с премией, сделка на срок с премией

**Prämieninkasso** *n* инкассо премий

**Prämienkauf** *m* покупка под премию

**Prämienkennziffern** *f pl* показатели премирования, производственные показатели, выполнение которых даёт право на получение премии

**Prämienleistungslohn** *m* сдельно-премиальная заработная плата, сдельно-премиальная система заработной платы, сдельно-премиальная оплата труда

**Prämienlohn** *m* премиальная оплата труда

**Prämienlohnsystem** *n* система премиальной оплаты труда; **progressives Prämienlohnsystem** прогрессивно-премиальная система оплаты труда

**Prämienlos** *n* облигация выигрышного займа, билет выигрышного займа

**Prämienmittel** *n, pl* средства фонда материального поощрения

**Prämienobjektlohn** *m* сдельно-премиальная пообъектная оплата труда

**Prämienobligation** *f* облигация выигрышного займа

**Prämienordnung** *f* положение о премировании; порядок премирования

**Prämienrate** *f* ставка выигрыша

**Prämienregelung** *f* регулирование размера премий

**Prämienreserve** *f* резервный капитал для покрытия притязаний страхователей

**Prämienrückerstattung** *f* возврат части страховых премий *(при личном страховании)*

**Prämienrückgewähr** *f* возврат части страховых премий *(при личном страховании)*

**Prämienschleuderei** *f* снижение ставок страховых премий до уровня, не обеспечивающего финансовую стабильность страховой компании; демпинг страховых премий

**Prämiensparen** *n* выдача премии покупателю, сделавшему определённое количество покупок в одном и том же магазине *(один из видов поощрения покупателей)*

**Prämiensparen** метод хранения вкладов в сберегательной кассе, при котором доход выплачивается в виде выигрышей

**Prämiensparen** форма хранения вкладов, когда для вознаграждения вкладчиков регулярно проводится розыгрыш премии

**Prämienstücklohn** *m* сдельно-премиальная заработная плата, сдельно-премиальная система заработной платы, сдельно-премиальная оплата труда

**Prämienstücklohn nach Plannormen** сдельно-премиальная заработная плата с премированием за выполнение плановых норм

**Prämienstundung** *f* отсрочка взноса страховых премий

**Prämiensystem** *n* премиальная система; система поощрений

**Prämientarif** *m трансп.* премиальный тариф

**Prämienüberträge** *m pl* резерв премиальных выплат

**Prämienverkauf** *m* продажа под премию

**Prämienverlosung** *f* розыгрыш премии

**Prämienversicherung** *f* премиальное страхование

**Prämienvertrag** *m* договор о премиях

**Prämienvorauszahlung** *f* уплата страховых премий авансом, уплата страховых премий вперёд

**Prämienvorschuss** *m* аванс в счёт

**Prämienzahlung** *f* выдача премий, выплата премий

**Prämienzeitlohn** *m* повременно-премиальная зарплата, повременно-премиальная система заработной платы, повременно-премиальная оплата труда

**Prämienzuführung** *f* отчисление в фонд материального поощрения, отчисления в премиальный фонд

**Prämierung** *f* премирование, награждение

**Prämierungsbedingungen** *f, pl* условия премирования

**Prämisse** *f* предпосылка; предположение; первая посылка *(логическая)*

**pränumerando** с уплатой вперёд, с платежом вперёд, с предварительным платежом; с начислением процентов вперёд

**pränumerando-Verzinsung** *f* уплата процентов вперёд, уплата процентов авансом

**Pränumeration** *f* аванс, платёж авансом, платёж вперёд; абонементная плата, плата за подписку

**Pränumerationskauf** *m* авансовая покупка, покупка с предоплатой *(товар оплачивается до его поставки)*

**Pränumerationskauf** договор купли-продажи, обязывающий покупателя к платежу авансом, договор купли-продажи, обязывающий покупателя к платежу вперёд

**Prärogativ** *n* прерогатива, исключительное право

**Prärogative** *f* прерогатива, исключительное право

**präsent** присутствующий; имеющийся в распоряжении; **präsent sein** присутствовать, находиться

**Präsentant** *m* предъявитель векселя, презентант

**Präsentation** *f* предъявление *(векселя)*

**Präsentationsfrist** *f* срок действия обязательства *(напр., векселя или чека)*; срок предъявления *(векселя или чека)*

**präsentieren** *vt* предъявлять *(напр., вексель)*; предлагать; предъявлять к оплате обязательство *(напр., вексель)*

**Präsenz** *f* присутствие; явка на работу; число присутствующих; присутствующие

**Präsenzgeld** *n* суточные *(деньги)*

**Präsident** *m* президент, председатель *(напр., правления, банка)*

**Präsumtion** *f* презумпция, предположение

**Prävention** *f лат.* предупреждение, профилактика, предотвращение; *страх.* превенция

**Präventivmaßnahmen** *f, pl* превентивные меры

**Praxeologie** *f* праксеология

**Praxis** *f* практика
  **internationale Praxis** международная практика
  **kaufmännische Praxis** торговая практика, коммерческая практика

**praxiswirksam** пригодный для практического использования *(напр., вывод теории хозяйственного управления)*

**Präzedens** *n* прецедент

**Präzedenz** *f* преимущественное право, преимущество; прецедент

**Präzedenzfall** *m* прецедент

**Präzisierung** *f* уточнение

**Präziswechsel** *m* вексель с точно фиксированной датой платежа, вексель со сроком платежа на определённый день

**preference shares** *англ.* привилегированные акции

**preferred stocks** *англ.* привилегированные акции

**Preis** *m* цена, *см.тж.* Preise *pl*
  **Preis** премия, приз
  **Preis ab Kai** цена франко-пристань порта отправления
  **Preis bei Barzahlung** цена при условии уплаты наличными
  **Preis cif** цена сиф
  **Preis des Werttyps** цена, соответствующая стоимости
  **Preis fas** цена фас
  **Preis fob** цена фоб
  **Preis franko** цена франко
  **Preis freibleibend** цена предложения может быть изменена *(оговорка в оферте)*
  **Preis mit Aufschlag** цена с накидкой
  **abgesprochener Preis** договорная цена, оговоренная цена
  **angemessener Preis** приемлемая цена, умеренная цена
  **äußerster Preis** предельная, крайняя цена
  **bestätigter Preis** подтверждённая цена
  **bestätigter Preis** цена, сложившаяся на конкретном предприятии; отпускная цена предприятия при специальном заказе
  **unveränderter Preis des Basiszeitraumes** неизменная базисная цена
  **durchschnittlich gewogener Preis** средневзвешенная цена
  **durchschnittlich gewogener Preis** средняя цена
  **echter Preis** истинная цена
  **effektiver Preis** фактическая цена, реальная цена
  **effektiver Preis** единая цена
  **einmaliger Preis** разовая цена
  **endgültiger Preis** окончательная цена
  **erhöhter Preis** повышенная цена
  **ermäßigter Preis** сниженная цена, пониженная цена; льготная цена
  **erschwinglicher Preis** доступная цена
  **erschwinglicher Preis** фактурная цена
  **festgesetzter Preis** установленная цена
  **fingierter Preis** фиктивная цена
  **freier Preis** свободная цена
  **gebundener Preis** твёрдая цена
  **gemittelter Preis** усреднённая цена
  **gepfefferter Preis** *разг.* вздутая цена
  **gesetzlicher Preis** цена, установленная законом, государственная цена
  **gestaffelter Preis** дифференцированная цена
  **gesteuerter Preis** регулируемая цена
  **gesteuerter Preis** цена с учётом предоставленной дотации
  **gleichbleibender Preis** неизменная цена, фиксированная цена
  **gleitender Preis** скользящая цена
  **gültiger Preis** действующая цена
  **günstiger Preis** сходная цена, приемлемая цена, выгодная цена
  **hochgetriebener Preis** взвинченная цена, вздутая цена
  **hoher Preis** высокая цена
  **innerstaatlicher Preis** внутренняя цена
  **konstanter Preis** постоянная цена
  **laufender Preis** текущая цена
  **natürlicher Preis** естественная цена
  **niedriger Preis** низкая цена
  **optimaler Preis** оптимальная цена
  **ortsüblicher Preis** местная цена
  **prohibitorischer Preis** запретительная цена
  **regulierender Preis** регулирующая цена
  **sinkender Preis** понижающаяся цена, снижающаяся цена
  **staatlich festgesetzter Preis** государственная цена; фиксированная госцена
  **stabiler Preis** устойчивая цена, стабильная цена

**überhöhter Preis** завышенная цена
**umgehender Preis** цена на сегодняшний день
**unerschwinglicher Preis** недоступная цена
**variabler Preis** меняющаяся цена, изменяющаяся цена
**vergleichbarer Preis** сопоставимая цена, сравнимая цена
**verlustbringender Preis** убыточная цена
**verlustbringender Preis** ориентировочная цена
**vorläufiger Preis** предварительная цена; временная цена
**zeitweiliger Preis** временная цена
**zonaler Preis** поясная цена
**den Preis abbauen** снижать цену
**den Preis abmachen** договариваться о цене
**den Preis ändern** изменять цену
**den Preis angeben** указывать цену
**den Preis drücken** сбивать цену
**den Preis erhöhen** повышать цену
**den Preis ermäßigen** снижать цену
**den Preis reduzieren** снижать цену
**den Preis steigern** повышать цену
**den Preis unterbieten** сбивать цену
**der Preis pendelt bei ...** цена колеблется в пределах...
**der Preis versteht sich ...** цена включает ...
**die hohen Preise behaupten sich** цены держатся высокие
**die Preise erholen sich** цены вновь повышаются
**die Preise ermäßigen** снижать цены
**die Preise flauen ab** цены падают
**die Preise fluktuieren** цены колеблются
**die Preise haben eine sinkende Tendenz** цены имеют тенденцию к понижению
**die Preise herabsetzen** снижать цены
**die Preise hinauftreiben** взвинчивать цены, повышать цены
**die Preise hochhalten** держать цены на высоком уровне
**die Preise hochschrauben** взвинчивать цены, повышать цены
**die Preise hochtreiben** взвинчивать цены, повышать цены
**die Preise klettern in die Höhe** цены повышаются постепенно
**die Preise schießen in die Höhe** цены стремительно растут
**die Preise senken** снижать цены
**die Preise ziehen an** цены повышаются
**im Preis anziehen** подниматься в цене
**im Preis fallen** падать в цене
**im Preis herabsetzen** снижать цену
**im Preis nachgeben** уступать в цене
**im Preis sinken** падать в цене
**im Preis steigen** подниматься в цене, повышаться в цене
**im Preis zurückgehen** падать в цене
**mit neuen Preisen versehen** устанавливать новые цены
**Tarif- oder Gebührenregeln für öffentliche Unternehmen** цены, размеры тарифных ставок, правила отчислений, предписываемые государственным предприятиям
**unsere Preise verstehen sich...** наши цены включают...

**Preis-Leistungs-Verhältnis** *n* соотношение "цена-производительность" *(используется в практике ценообразования)*
**Preisabbau** *m* снижение цен, падение цен
   **einschneidender Preisabbau** резкое падение цен
**Preisablaß** *m* скидка с цены, уступка (в цене)
**Preisabrede** *f* соглашение о ценах *(картельного характера)*
**Preisabsatzkurve** *f* кривая изменения спроса в зависимости от уровня цен
**Preisabsatztunktlon** *f* функция спроса
**Preisabschlag** *m* скидка с цены, уступка (в цене)
**Preisabschwächung** *f* тенденция к понижению цен, понижательная динамика цен, тенденция цен к понижению
**Preisabschwächungstendenz** *f* тенденция цен к понижению
**Preisabsprache** *f* соглашение о ценах *(картельного характера)*
**Preisabstufung** *f* дифференциация цен, дифференцирование цен
**Preisabweichung** *f* отклонение цен *(напр., от стоимости)*
**Preisaktiv** *n* рабочая группа общественного контроля над ценами *(бывш. ГДР)*
**Preisanalyse** *f* анализ цен
**Preisänderung** *f* изменение (уровня) цен
**Preisänderungskoeffizient** *m* коэффициент изменения (уровня) цен
**Preisänderungsrücklage** *f* денежные накопления, образовавшиеся в результате роста цен; резерв, образовавшийся в результате роста цен
**Preisangabe** *f* указание цены, обозначение цены

**Preisangebot** *n* предложение с указанием цены, оферта с указанием цены; предложение цены
  **äußerst kalkuliertes Preisangebot** предложение с указанием крайней цены
  **verbindliches Preisangebot** предложение гарантированной цены на определённые поставки и услуги
**Preisangleichung** *f* выравнивание уровней цен
**Preisanordnung** *f* распоряжение о ценах
**Preisanstieg** *m* рост цен
**Preisantragsverfahren** *n* порядок внесения на рассмотрение и утверждение предложений о ценах
**Preisart** *f* вид цен
**Preisaufbau** *m* структура цен
**Preisaufschlag** *m* надбавка к цене, накидка к цене
**Preisauftrieb** *m* взвинчивание цен(ы), *(быстрый)* рост цены
**Preisausgleich** *m* выравнивание уровня цен, выравнивание уровней цен внутреннего и внешнего рынка *(бывш. ГДР)*
**Preisausgleichsabführungen** *f pl* отчисления с разницы в ценах
**Preisausgleichsfonds** *m* фонд выравнивания цен
**Preisausgleichskasse** *f* государственный орган по выравниванию уровней заготовительных цен на изделия с высокими транспортными расходами *(бывш. ГДР)*
**Preisauskunftspflicht** *f* обязанность выдачи справок, касающихся цен
**Preisausrichtung** *f* ориентация цен
**Preisauszeichnung** *f* обозначение цены, снабжение (товара) ценниками
**Preisauszeichnungspflicht** *f* обязанность обозначения цены

**Preisbasis** *f* базис цен; базисная цена
  **eigene Preisbasis** собственный базис цен *(в отличие от базиса цен мирового рынка)*
**Preisbefestigungstendenz** *f* тенденция к стабилизации, тенденция к некоторому повышению цен
**Preisbegünstigung** *f* льготы, предоставляемые при установлении цен, ценовые скидки
**Preisbeobachtung** *f* наблюдение за движением цен
**Preisberechnung** *f* расчёт цены, калькуляция цены
**preisbereinigt** с элиминацией колебаний в цене, с элиминированием колебаний в цене
**preisbereinigt** статистический показатель, очищенный от изменения цен
**Preisbereinigung** *f* элиминация колебаний в цене, элиминирование колебаний в цене
  **Preisbereinigung der Zirkulationskosten** пересчёт издержек обращения по тарифам и ценам, исчисленным путём элиминации их изменений
  **Preisbereinigung des Warenumsatzes** пересчёт товарооборота по ценам, исчисленным путём элиминации их изменений
**Preisbestandteil** *m* элемент цены
**Preisbestätigung** *f* подтверждение цены
**Preisbestimmung** *f* установление цен, определение цен
**Preisbeweglichkeit** *f* эластичность цен
**Preisbewegung** *f* движение цен(ы), динамика цен(ы)
**Preisbewilligung** *f* утверждение цены
**Preisbilanz** *f* баланс взаимного влияния цен в условиях межотраслевых связей
**preisbildend** ценообразующий

**Preisbildung** *f* установление цены; ценообразование
  **dynamische Preisbildung** динамическое ценообразование
  **dynamische Preisbildung** свободное ценообразование
**Preisbildungsbefugnis** *f* право на участие в установлении цен, полномочие на участие в установлении цен
**Preisbildungsfaktor** *m* фактор ценообразования
**Preisbildungsgesetz** *n* закон ценообразования
**Preisbildungsgrundsatz** *m* принцип ценообразования
**Preisbildungsmethode** *f* метод ценообразования
**Preisbildungsnormativ** *n* норматив ценообразования
**Preisbildungsorgane** *n, pl* органы, ведающие вопросами ценообразования
**Preisbildungsprinzip** *n* принцип ценообразования
**Preisbildungssystem** *n* система ценообразования
**Preisbildungsvorschrift** *f* предписание по вопросам ценообразования
**Preisbindung** *f* установление единых *(напр., картельных)* цен; замораживание цен
  **Preisbindung in der zweiten Hand** установление единых картельных цен по вертикали
  **Preisbindung zweiter Hand** установление единых картельных цен по вертикали
  **horizontale Preisbindung** установление единых картельных цен по горизонтали
  **langfristige Preisbindung** установление твёрдых цен на продолжительный срок
  **langfristige Preisbindung** вертикальное ценообразование *(напр., торговля обязуется продавать товар по согласованным с производителями ценам)*

**Preisbindungsabsprache** f соглашение о ценах *(между картелями)*

**Preisbindungsklausel** f пункт *(контракта)* о соблюдении единых цен, пункт *(договора)* о соблюдении твёрдоустановленных цен

**Preisbindungsrevers** m письменное обязательство соблюдать твёрдоустановленные цены, реверс соблюдать твёрдоустановленные цены

**Preisbindungsvertrag** m договор о соблюдении твёрдоустановленных цен, договор об установлении и соблюдении единых *(картельных)* цен

**Preisblatt** n прейскурант

**Preisdegression** f снижение цен на морально устаревающие товары

**Preisdifferenz** f разница в ценах

**Preisdifferenzierung** f дифференциация цен *(разная цена на один и тот же товар разным категориям покупателей)*, дифференцирование цен

**territoriale Preisdifferenzierung** территориальное дифференцирование цен

**zeitliche Preisdifferenzierung** сезонное дифференцирование цен

**Preisdifferenzkonto** n *бухг.* счёт резерва выравнивания цен

**Preisdifferenzrücklage** f резерв выравнивания цен

**Preisdiktat** n диктат цен

**monopolistisches Preisdiktat** установление цен, обеспечивающих высокие прибыли монополистам; диктат в области монополизации цен

**Preisdiskriminierung** f дискриминация в области цен, дискриминирование в области цен, дискриминационная ценовая политика

**Preisdisparität** f различие в уровнях цен *(напр., на промышленные и сельскохозяйственные товары)*; нарушение ценовых пропорций, несоответствие между ценами на различные группы товаров

**Preisdisziplin** f дисциплина в вопросе цен

**Preisdokumentation** f *внешторг.* документация о ценах; данные систематического учёта цен и тенденций в их движении; документация, являющаяся обоснованием требуемых цен

**Preisdruck** m давление с помощью цен; ценовой нажим; экономическое давление монополий с помощью цен

**Preisdrücker** m *бирж.* игрок на понижение *(курса)*

**Preisdumping** n экспорт по бросовым ценам, демпинг

**Preise**, m, pl цены *(мн.ч.)*, *см.тж.* Preis m

**Preise angleichen** выравнивать цены

**Preise bestimmen** устанавливать цены

**Preise bleiben stabil** цены стабильны, цены устойчивы

**Preise fallen** цены падают, цены понижаются

**Preise für das Handwerk** прейскурант на работы, выполняемые ремесленными кооперативами и частными ремесленными мастерскими *(бывш. ГДР)*

**Preise geben nach** цены падают, цены понижаются

**Preise gehen zurück** цены падают, цены понижаются

**Preise halten sich** цены держатся на прежнем уровне

**administrierte Preise** цены, устанавливаемые крупными фирмами *(их объединением)* или государством; цены, контролируемые крупными фирмами *(их объединением)* или государством

**gleitende Preise** скользящие цены

**verbundene Preise** цены на взаимнодополняющие товары

**veröffentlichte Preise** опубликованные цены

**Preisebene** f уровень цен

**Preiseinbruch** m резкое падение цен

**Preiseinstufung** f определение цены на новое изделие и вид услуги на основе существующей структуры цен

**Preisekonomie** f экономика цен

**Preiselastizität** f эластичность цен

**Preiselastizität der Nachfrage** эластичность спроса по цене *(изменение масштабов спроса, выраженное в процентах, в случае увеличения или уменьшения цены на 1%)*

**Preiselement** n элемент цены

**Preisempfehlung** f рекомендация относительно ценовой политики, рекомендация по ценам

**Preisentwicklung** f динамика цен(ы), движение цен(ы)

**Preisentwicklungslinie** f графическое изображение движения цен, диаграмма движения цен

**Preiserhöhung** f повышение цен(ы)

**Preiserhöhungstendenz** f тенденция цен к некоторому повышению

**Preiserholung** f тенденция цен к некоторому повышению

**Preisermäßigung** f снижение цен, понижение цен; скидка с цены, уступка (в цене)

**Preisermittlung** f определение цены; исчисление цены

**Preisermittlung auf Grundlage der Selbstkosten** исчисление цены на базе себестоимости, калькуляция цены на базе себестоимости

**Preiserrechnungsvorschrift** f предписание о порядке исчисления цен, инструкция о порядке исчисления цен

**Preisersatzkennziffer** f показатель, заменяющий фактические цены, индекс, заменяющий фактические цены *(при анализе рентабельности экспорта)*; показатель затрат, коэффициент затрат; ценовой индекс рентабельности экспорта

**Preisfestigung** f стабилизация цен(ы)

**Preisfestlegung** f установление цены

**Preisfestsetzung** f установление цены; расценка

**Preisfixierung** f фиксирование цены в договоре, фиксирование цены в контракте

**Preisflexibilität** f эластичность цен

**Preisform** f форма цены

**Preisforschung** f изучение цены, анализ цены, изучение динамики цен, анализ динамики цен

**Preisfreigabeanordnung** f постановление об отмене регулирования цен

**Preisführerschaft** f лидерство в ценах *(метод олигополистического ценообразования, при котором большинство продавцов устанавливает цену, ориентируясь на поведение фирмы-лидера)*

**Preisführerschaft** лидерство отдельных монополий, лидерство отдельных монополистических групп, лидирование отдельных монополий, лидирование отдельных монополистических групп

**Preisfunktion** f функция цен

**Preisgefälle** n различие в уровнях цен *(напр., на промышленные и сельскохозяйственные товары)*; нарушение ценовых пропорций, несоответствие между ценами на различные группы товаров

**Preisgefüge** n структура цен

**Preisgegenüberstellung** f сопоставление цен

**preisgemindert** уценённый

**Preisgenehmigung** f утверждение цены

**Preisgestaltung** f ценообразование; структура цен

**Preisgrenze** f граница, предел установления цены; лимитированная цена; лимит цен

**Preisgrundlage** f базис цен; базисная цена

**Preisgruppe** f группа цен

**Preisherabsetzung** f снижение цен, падение цен

**Preisindex** m индекс цен

**Preisindex der Lebenshaltung** индекс стоимости жизни

**Preisindex der Lebenshaltung der Bevölkerung** бюджетный индекс, индекс стоимости жизни населения

**Preisindex für die Lebenshaltung** индекс стоимости жизни

**Preisinformation** f информация о ценах

**Preisinterdependenz** f взаимозависимость цен

**Preiskalkulation** f расчёт цены, калькуляция цены

**Preiskarte** f ярлык-ценник

**vorgelochte Preiskarte** перфорированный ярлык-ценник

**Preiskartell** n картельное соглашение о ценах, ценовой картель *(напр., соглашение об ограничении ценовой конкуренции и поддержании единых цен)*

**Preiskatalog** m прейскурант; ценник

**Preiskategorie** f категория цен

**Preiskennziffer** f стоимостный показатель

**Preisklasse** f категория цен *(в гостиницах, ресторанах, кафе)*

**Preisklausel** f пункт *(договора)* о цене

**Preiskonjunktur** f конъюнктура, характеризующаяся быстрым ростом цен и прибылей монополий

**Preiskonkurrenz** f конкуренция в области цен, конкурентная борьба в области цен

**Preiskontrolle** f контроль за ценами

**Preiskonvention** f конвенция по ценам

**Preiskoordinierungsorgan** n орган по координированию цен

**Preiskotierung** f биржевая котировка

**Preiskreuzelastizität** f эластичность цены одного товара по отношению к цене другого, перекрёстная эластичность цен *(характеризует изменение спроса на какой-либо товар в зависимости от изменения цены на другой товар)*

**Preiskrieg** m война цен, ценовая война

**Preiskurant** m прейскурант; ценник

**Preiskurve** f кривая цен

**Preislage** f уровень цен; цена

**Preislawine** f катастрофическое падение цен; катастрофический рост цен

**Preislenkung** f регулирование цен

**preislich** в отношении цены

**Preislimit** n лимит цен

**Preisliste** f прейскурант, прайс-лист; ценник,

**Preismanipulation** f манипуляция ценами

**Preismaßnahme** f мероприятие в области цен

**Preismaßstab** m масштаб цен

**Preismechanismus** m механизм цен *(рыночный механизм децентрализованного управления хозяйственными процессами)*

**Preismethode** *f* *стат.* стоимостный метод *(измерения производительности труда)*
**repräsentative Preismethode** репрезентативный метод *(в ценообразовании)*
**Preisminderung** *f* понижение цен(ы), снижение цен(ы) *(напр., ввиду низкого качества)*
**Preismitteilungspflicht** *f* обязанность предоставления информации о ценах
**Preismodell** *n* модель цен
**Preisnachlass** *m* скидка с цены, уступка (в цене)
  **weiterberechneter Preisnachlass** скидка с цены на экспортный товар вследствие рекламации
**Preisnachweis** *m* (документальное) обоснование цен(ы)
**Preisneuordnung** *f* реформа цен
**Preisniveau** *n* уровень цен
  **inländisches Preisniveau** уровень внутренних цен
**Preisniveaukennziffer** *f* показатель, характеризующий общий уровень цен, *внешторг.* показатель уровня цен
**Preisnivellierung** *f* выравнивание уровней цен
**Preisnotierung** *f* биржевая котировка; *внешторг.* цена
**Preisobergrenze** *f* максимальная цена; самый высокий уровень цен, при котором производство товара ещё рентабельно
**Preisorgan** *n* орган, ведающий ценообразованием и контролем над ценами *(бывш. ГДР)*
**Preisoszillation** *f* колебание цен
**Preisplanung** *f* планирование цен
**Preispolitik** *f* политика цен *(совокупность мер, влияющих на процессы рыночного ценообразования)*

**preispolitisch** относящийся к политике цен
**Preisprognose** *f* прогноз цен
**Preisprüfung** *f* проверка цен
**Preisrecht** *n* правовые нормы, регулирующие вопрос о ценах
**Preisreduktion** *f* снижение цен(ы), понижение цен(ы)
**Preisreform** *f* реформа цен
**Preisregelung** *f* регулирование цен; нормы, регулирующие ценообразование; регулирование правил ценообразования, регулирование методов ценообразования; меры по оказанию влияния на уровень цен,
**Preisreihe** *f* ряд цен
**Preisrelation** *f* соотношение цен
**Preisrevision** *f* пересмотр цен
**Preisrisiko** *n* риск, связанный с непредвиденным изменением цен; риск, связанный с колебаниями цен; риск потери на ценах,
**Preisrückerstattung** *f* возврат суммы, израсходованной на покупку товара
**Preisrückgang** *m* падение цен, понижение цен
**Preisrückschlag** *m* падение цен, понижение цен
**Preisrückvergütung** *f* скидка с цены *(внутрикооперативная форма распределения прибылей в потребительской кооперации)*
**Preissanktionen** *f, pl* санкции в области цен
**Preissatz** *m* такса, ставка
**Preisschere** *f* ножницы цен, ценовые ножницы *(движение в разных направлениях цен или изменение относительных цен на большие группы товаров, напр., на аграрную и промышленную продукцию)*
**Preisschleuderei** *f* демпинг, экспорт по бросовым ценам

**Preisschraube** *f* взвинчивание цен
**Preisschwankung** *f* колебание цен
**Preisschwankungsklausel** *f* пункт об автоматическом повышении цены, оговорка об автоматическом повышении цены *(в договоре купли-продажи)*
**Preissenkung** *f* снижение цен, понижение цен
**Preissenkungsnormativ** *n* норматив снижения цен
**Preisskala** *f* шкала цен
**Preisspanne** *f* разрыв в уровне цен, разница в уровне цен
**Preisspekulation** *f* биржевой ажиотаж
**Preisspiegel** *m* сопоставление экспортных цен на один и тот же товар
**Preisstabilisierung** *f* стабилизация цен
**Preisstabilität** *f* стабилизация цен; стабильность цен, устойчивость цен
**Preisstaffeln** *f, pl* ряды цен
**Preisstaffelung** *f* дифференцирование цен
**Preisstand** *m* уровень цен
**Preisstandswährung** *f* функциональная валюта
**Preisstatistik** *f* статистика цен
**Preissteigerung** *f* повышение цен; рост цен
**Preissteigerungsrücklagen** *f pl* денежные накопления, образовавшиеся в результате роста цен
**Preisstellung** *f* *внешторг.* установление цен, указание цен; цена
**Preissteuerung** *f* регулирование цен; нормы, регулирующие ценообразование; регулирование правил ценообразования, регулирование методов ценообразования; меры по оказанию влияния на уровень цен,

**Preisstopp** *m* замораживание цен *(запрет государства повышать цены)*

**Preisstoß** *m* скачок цен

**Preisstraftat** *f* преступление, связанное с нарушением постановлений о ценах

**Preisstreuung** *f* диапазон разрыва между самыми низкими и самыми высокими розничными ценами

**Preisstufe** *f* категория цен *(в гостиницах, ресторанах, кафе)*

**Preisstuktur** *f* структура цен

**Preissturz** *m* резкое падение цен, стремительное падение цен, катастрофическое падение цен

**Preisstützung** *f* поддержание цен *(на определённом уровне)*
**staatliche Preisstützung** государственные дотации для поддержания уровня цен

**Preissumme** *f* сумма цен

**Preissummenmethode** *f* метод суммы цен *(при определении эффективности использования производственных ресурсов)*

**Preissystem** *n* система цен
**doppeltes Preissystem** система двойных цен

**Preistafel** *f* прейскурант *(в виде таблицы)*

**Preistaxe** *f* твёрдая государственная цена

**Preistendenz** *f* тенденция в движении цен

**Preistheorie** *f* теория цен

**Preistreiber** *m* бирж. спекулянт, играющий на повышение; спекулянт, искусственно взвинчивающий цены

**Preistreiberei** *f* искусственное вздувание цен, искусственное взвинчивание цен; завышение цены

**Preistyp** *m* тип цен *(как форма существования стоимости)*

**Preisüberhöhung** *f* завышение цен(ы) *(в результате ограничения конкуренции, концентрации экономической власти и т.п.)*

**Preisüberprüfung** *f* пересмотр цен

**Preisüberwachung** *f* контроль за ценами

**Preisumgehung** *f* обход постановлений о ценах

**Preisunterbietung** *f* сбивание цен(ы)
**gezielte Preisunterbietung** демпинг

**Preisuntergrenze** *f* минимальная цена *(при которой производство ещё сохраняет рентабельность)*, самый низкий уровень цены, при котором производство товара ещё рентабельно

**Preisuntersuchung** *f* анализ цен

**Preisvereinbarung** *f* соглашение по ценам

**Preisverfall** *m* падение цен

**Preisverflechtung** *f* взаимное влияние цен в модели межотраслевых связей, взаимное влияние цен в условиях межотраслевых связей; сопряжённость цен

**Preisverflechtungsbilan** *f* баланс взаимного влияния цен в условиях межотраслевых связей

**Preisverflechtungskoeffizient** *m* коэффициент взаимного влияния цен в условиях межотраслевых связей

**Preisverflechtungsmodell** *n* модель взаимного влияния цен на изделия в условиях межотраслевых связей

**Preisvergleich** *m* сопоставление цен, сравнение цен
**internationaler Preisvergleich** международный сопоставительный анализ цен
**nationaler Preisvergleich** национальный сопоставительный анализ цен

**Preisverhältnis** *n* соотношение цен

**Preisverlauf** *m* движение цен
**planmäßiger Preisverlauf** планомерное движение цен

**Preisverordnung** *f* постановление о ценах

**Preisverstoß** *m* нарушение постановлений о ценах

**Preisverzeichnis** *n* прейскурант

**Preisvolumen** *n* объём в стоимостном выражении *(напр., сбыта)*

**Preisvorschau** *f* прогноз цен

**Preisvorschlag** *m* 1. проект цены 2. предложение цены

**Preisvorschrift** *f* предписание о ценах, предписание фиксированной цены *(напр., в государственных предприятиях)*

**Preiswechsel** *m* изменение цен

**Preiswerk** *n* организация ремесленного производства, при которой производитель является одновременно и поставщиком сырья

**preiswert** недорогой, сходный по цене

**preiswert** достойный похвалы

**preiswert verkaufen** недорого продавать; продавать по приемлемой цене

**Preiswettbewerb** *m* конкуренция в области цен, конкурентная борьба в области цен

**Preiswucher** *m* спекуляция на повышении цен

**Preiszone** *f* зона действия определённых цен; ценовая зона; тарифная зона

**Preiszuschlag** *m* надбавка к цене, накидка к цене

**Preiszuschuss** *m* дотация к цене, дотация *(государства)* для поддержания уровня цен

**Prekareihandel** *m* тайная торговля между воюющими государствами *(под флагом нейтральной страны)*

**Prekarie** *f* ист. прекарий

**Premag, Preßluftwerkzeug- und Maschinenbau-Aktiengesellschaft** *(ист.)* "Пресслюфт-веркцойг- унд машиненбауакциен-гезельшафт" *(наименование заводов пневматического оборудования и машиностроения в Западном Берлине)*

**premium** англ. бирж. ажио; лаж; маржа; премия (страховая)

**Presse** *f* пресса, печать
**Angriffe in der Presse** нападки в прессе
**Beleidigung durch die Presse** оскорбление в печати
**Beschlagnahmeprivileg der Presse** право конфискации прессы, право конфискации печатных изданий
*die* **bundesdeutsche Presse** пресса ФРГ
**gelbe Presse** жёлтая пресса
*eine* **amtliche Mitteilung an die Presse herausgeben** опубликовать официальное сообщение в печати
*die* **Stimme der Presse** отклики печати

**Pressemeldung** *f* сообщение в пресе; информационный сюжет; информационное сообщение (в СМИ)

**Presseattache** *m* пресс-атташе, атташе по делам печати

**Presseinhaltsdelikt** *n* преступление, выражающееся в распространении через печать сведений, содержащих состав уголовно наказуемого деяния

**Presserecht** *n* совокупность норм, регулирующих общие правоотношения прессы

**Pressevergehen** *n* правонарушение в области печати; правонарушение в области печатных СМИ

**Pressevertreter** *m* представитель прессы; представитель печатных СМИ; представитель печатных средств массовой информации

**Pression** *f* давление; гнёт; принуждение

**Pressionsmittel** *n* средство давления, средство воздействия, средство принуждения

**pressure groups,** *pl* англ. объединения лоббистов

**Prestige** *n* престиж
**Prestige der Persönlichkeit** престиж личности

**Prestigekonsum** *m* потребление товаров, носящее престижный характер, приобретение товаров, носящее престижный характер

**Prestigepreis** *m* цена, установленная из соображений престижа; престижная цена

**Prima** *f* прима-вексель, "прима" *(первый экземпляр переводного векселя)*

**Prima-Bankakzept** *n* обязательство в форме векселя, выставленного на определённый банк *(и акцептованного банком)*

**prima** высшего качества; высшего сорта; первосортный; первоклассный; первоплатёжный; оплачиваемый в первую очередь
**prima Ware** первосортный товар; "прима"; товар высшего сорта
**prima Warenwechsel** первоклассный торговый вексель
**a prima vista (lat.)** по предъявлении

**Primabank** *f* первоклассный банк

**Primabankakzept** *n* вексель, акцептованный крупным банком; первоклассный вексель

**Primabankscheck** *m* первоклассный банковский чек

**Primadiskont** *m* банковский учётный процент *(по которому дисконтируются векселя в частных банках)*

**Primadiskonten** *m pl* первоклассные (краткосрочные) векселя, обращающиеся на денежном рынке с более низким учётным процентом; первоклассные краткосрочные векселя, учитываемые частными кредитными учреждениями

**Primage** *f* фр. примаж, премия капитану

**Primanota** *f* ит. бухг. мемориал, (регистрационный) журнал, черновая книга

**Primapapiere** *n, pl* первоклассные ценные бумаги; ; особо надёжные ценные бумаги *(обращающиеся на денежном рынке)*

**Primaqualität** *f* высшее качество *(товара)*

**Primäraufbereitung** *f* стат. первичная сводка

**Primäraufkommen** *n* первичные ресурсы

**Primärbeleg** *m* первичный документ

**Primärberechnung** *f* первичный подсчёт; предварительный подсчёт

**Primärdaten,** *pl* первичные данные (мн.ч.); первичная информация

**Primärdokument** *n* первичный документ; исходный документ; основной документ

**Primärdokumentation** *f* первичная документация

**Primäreinkommen** *n* первичный доход, основной доход

**Primärenergie** *f* первичные источники энергии *(напр., уголь, нефть, газ и т.п.)*

**Primärenergieträger** *m* первичный энергоисточник *(уголь, нефть, газ)*

**Primärerfassung** *f* бухг., стат. первичный учёт

**Primärforschung** *f* изучение первичных данных

**Primärkosten,** *pl* первичные затраты (мн.ч.)

**Primärmarkt** *m* первичный рынок ценных бумаг

**Primarquellen** *f pl* первичные ресурсы (мн.ч.)

**Primärverteilung** *f* первичное распределение

**Primaware** *f* первосортный товар

**Primawechsel** *m* прима-вексель; "прима" *(первый экземпляр переводного векселя)*

**prime-rate** англ. прайм рейт *(учётная ставка для первоклассных заёмщиков)*; базисная ставка

**Primgeld** *n* примаж, премия капитану

**Printer** *m* печатающее устройство, ПУ; принтер

**Prinzip** *n* принцип

**Prinzip der eigenverantwortlichen Leitung** принцип самостоятельности руководства *(хозяйственной деятельностью)*, принцип хозяйственной самостоятельности управления

**Prinzip der Einzelleitung** принцип единоначалия

**Prinzip der großen Zahlen** принцип больших чисел

**Prinzip der Leistung und Gegenleistung** принцип взаимного исполнения обязательств

**Prinzip der materiellen Interessiertheit** принцип материальной заинтересованности

**Prinzip der Meistbegünstigung** принцип наибольшего благоприятствования, режим наибольшего благоприятствования

**Prinzip "Gleicher Lohn für gleiche Leistung"** принцип равной оплаты за равный труд

**Prinzip der offenen Marktwirtschaft mit Wettbewerbsfreiheit** принцип открытой рыночной экономики и свободной конкуренции

**Prinzipal** *m* шеф, хозяин, принципал; глава

**Prinzipalgläubiger** *m* главный кредитор

**Priorität** *f* приоритет; первенство, преимущественное право *(напр., преимущественное право клиентских сделок над дилерскими в биржевой торговле)*

**gleiche Priorität** одинаковый приоритет

**höchste Priorität** наивысший приоритет

**Prioritäten** *f, pl* привилегированные акции; привилегированные облигации

**Prioritätenskala** *f* шкала приоритетов

**Prioritätsaktie** *f* привилегированная акция

**Prioritätsfrist** *f* срок сохранения приоритета

**Prioritätsgläubiger** *m* преимущественный кредитор, кредитор, требования которого удовлетворяются из конкурсной массы в первую очередь

**Prioritätsgruppen** *pl* приоритетные группы (напр. покупателей, товаров)

**Prioritätsintervall** *n* срок сохранения приоритета

**Prioritätsobligation** *f* привилегированная облигация

**Prise** *f* приз

**Prisenrecht** *n* призовое право *(раздел международного права)*

**privat** частный, находящийся в частной собственности; личный

**Privatanleihe** *f* частный заём

**Privatbank** *f* частный банк

**Privatbankier** *m* частная банкирская фирма

**Privatbedarf** *m* индивидуальные потребности

**Privatbesitz** *m* частное владение; частная собственность

**in Privatbesitz überführen** передавать в частную собственность, денационализировать

**Privatbesitzer** *m* частный владелец

**Privatbetrieb** *m* частное предприятие

**Privatbilanz** *f* баланс частного имущества

**Privatbörse** *f* 1. неофициальная биржа 2. частная биржа

**Privatdarlehen** *n* частный заём

**Privatdiskont** *m* банковский учётный процент *(по которому дисконтируются векселя в частных банках)*

**Privatdiskonten** *m pl* первоклассные краткосрочные векселя, обращающиеся на денежном рынке с более низким учётным процентом, первоклассные краткосрочные векселя, учитываемые частными кредитными учреждениями

**Privatdiskontkredit** *m* кредит на условиях банковского учётного процента

**Privateigentum** *n* частная собственность

**Privateigentum an Grund und Boden** частная собственность на землю

**Privateigentum an Produktionsmitteln** частная собственность на средства производства

**Privateigentümer** *m* частный собственник

**Privateigentumsrecht** *n* право частной собственности

**Privateinlage** *f* частный вклад, частный взнос

**Privatentnahme** f изъятие средств *(напр., фирмы)* для личных целей, изъятие материальных средств предприятия для личных целей, изъятие финансовых средств предприятия для личных целей

**Privaterzeuger** m частный производитель, частный продуцент

**Privatforderung** f частная претензия

**Privatfracht** f частный груз

**Privatgeschäft** n частное предприятие, частная фирма

**Privatgläubiger** m частный кредитор

**Privatgüterwagen** m частный грузовой вагон

**Privathaftpflichtversicherung** f страхование гражданской ответственности *(частного лица)*

**Privathand** f частное владение

sich in **Privathand befinden** принадлежать частному лицу; находиться в частном владении

**Privathandel** m частная торговля

**Privathändler** m торговец-частник

**Privathaushalt** m частное хозяйство; домашнее хозяйство; частное домовладение

**Privathaushalte** m частные домовладения

**Privathersteller** m частный производитель, частный продуцент

**Privatier** m *фр.* рантье

**Privatindustrie** f частная промышленность, промышленность, находящаяся в частной собственности

**Privatinvestition** f частное капиталовложение, частная инвестиция

**privatisieren** vt приватизировать, передавать в частную собственность, денационализировать

**Privatisierung** f приватизация, передача в частную собственность, денационализация

**Privatkapital** n частный капитал

**privatkapitalistisch** частнокапиталистический

**Privatkonsum** m личное потребление

**Privatkonto** n личный счёт; персональный счёт

**Privatkrankenversicherung** f частное страхование на случай болезни

**Privatkredit** m кредит, предоставляемый частному физическому лицу, кредит частному лицу

**Privatladen** m частный магазин

**Privatnotenbank** f частный эмиссионный банк, эмиссионный банк, находящийся в частной собственности

**Privatpackung** f собственная упаковка *(в противоположность фабричной или фирменной)*

**Privatpost** f частное почтовое предприятие; частное предприятие по оказанию почтовых услуг

**Privatproduktion** f частное производство; производство, находящееся в частной собственности

**Privatproduzent** m частный производитель; *(разг.)* частник

**Privatschuldverschreibung** f частное долговое обязательство

**Privatsektor** m частный сектор

**Privatunternehmen** n частное предприятие

**Privatunternehmer** m частный предприниматель

**Privatunternehmerschaft** f частное предпринимательство

**Privatunternehmertum** n частное предпринимательство

**Privatverbrauch** m личное потребление

**Privatvermögen** n личное имущество, индивидуальное имущество

**notwendiges Privatvermögen** имущество, используемое исключительно в личных целях; (личное) имущество, не используемое в производственных целях

**Privatversicherung** f личное страхование

**Privatwechsel** m частный вексель

**Privatwirtschaft** f частное хозяйство, индивидуальное хозяйство

**privatwirtschaftlich** частнохозяйственный; частный; частнокапиталистический

**Privatzins** m частный процент

**Privatzollböden** m, pl частные склады для временного краткосрочного хранения таможенных грузов *(до выполнения таможенных формальностей)*; частный склад временного таможенного хранения

**Privileg** n привилегия, преимущество; льгота; преимущественное право; прерогатива

**Privilegien** pl привилегии; льготы; правовые преимущества

**diplomatische Privilegien** дипломатические привилегии

**ökonomische Privilegien** дипломатические привилегии

**Privilegationsaktie** f привилегированная акция

**privilegieren** предоставлять привилегию

**Privilegium** n привилегия, преимущество; льгота; преимущественное право; прерогатива

**pro** указывает на способ расчёта по количеству, по срокам
**pro anno** *(p.a.)* в год, за год
**pro centum** *лат.* процент
**pro forma** *лат.* формальный, указываемый "для соблюдения формы" *(напр., ориентировочные или предварительные данные о прибыли, приводимые в балансе)*
**pro mille** промилле, тысячная доля
**pro Person** на одного, на каждого
**pro rata** пропорционально, в соответствующих долях
**pro rata temporis** *лат.* по истечении срока
**pro Stück** за штуку
**Pro-Kopf** на душу населения; в расчёте на душу населения
**Pro-Kopf-Einkommen** *n* доход в расчёте на душу населения
**Pro-Kopf-Erzeugung** *f* производство (продукции) в расчёте на душу населения, производство на душу населения
**Pro-Kopf-Leistung** *f* выработка в расчёте на одного работника
**Pro-Kopf-Produktion** *f* производство (продукции) в расчёте на душу населения, производство на душу населения
**Pro-Kopf-Quote** *f* показатель потребления в расчёте на душу населения, показатель производства на душу населения
**Pro-Kopf-Umsatz** *m* средний оборот в расчёте на одного продавца
**Pro-Kopf-Verbrauch** *m* потребление в расчёте на душу населения, душевое потребление, среднее потребление на душу населения
**Pro-Kopf-Verbrauchskennzahl** *f* показатель уровня потребления на душу населения
**Pro-Kopf-Verkauf** *m* средний объём продаж в расчёте на душу населения

**Probe** *f* проверка, испытание; образец; проба; опыт
**Probe** *f* проба (ценных металлов)
**auf Probe kaufen** покупать на пробу
**Abnahmeprobe** *f* приёмочные испытания
**Betriebsprobe** *f* заводское испытание; производственное испытание; эксплуатационное испытание
**eine Probe (ent)nehmen** брать пробу, опробовать, апробировать
**gemäß Probe** по образцу *(пункт договора, контракта)*
**nach Probe** согласно пробе; по образцу *(пункт договора, контракта)*
**zur Probe kaufen** покупать на пробу
**Probeabschluss** *m* предварительный баланс, предварительное заключение
**Probearbeitsverhältnis** *n* трудовые отношения, базирующиеся на прохождении испытательного срока
**Probeauftrag** *m* пробный заказ
**Probeauswahl** *f* взятие проб, взятие образцов
**Probebetrieb** *m* опытное предприятие; пробная эксплуатация
**Probebilanz** *f* предварительный баланс
**Probedienstzeit** *f* испытательный срок *(для работника)*
**Probeeinsatz** *m* опытная эксплуатация
**Probeentnahme** *f* взятие проб, взятие образцов
**Probeerfassung** *f* предварительная перепись
**Probeerhebung** *f стат.* выборка, выборочное наблюдение
**Probefahrt** *f* пробный пробег, ходовое испытание

**Probelauf** *m* пробный пуск, пусковое испытание
**Probelieferung** *f* пробная поставка
**Probemaschine** *f* машина, демонстрируемая покупателю; машина, предоставляемая покупателю на время, для испытания
**probemäßig** пробный
**Probenahme** *f* взятие проб; отбор проб
**Probenahmebescheinigung** *f* свидетельство о взятии пробы
**Probenehmer** *m* пробоотборник
**Probenvorbereitung** *f* подготовка образцов к испытанию
**Probenvorlagepflicht** *f* обязанность представить товар для испытания
**Probesendung** *f* посылка с образцами, пакет с образцами, бандероль с образцами *(товара)*
**Probestecher** *m* зонд, щуп *(для взятия проб сыпучих товаров)*
**Probestück** *n* образец; проба
**probeweise** для пробы; в виде опыта
**Probezeit** *f* испытательный срок
**Probeziehen** *n* взятие проб
**Probieramt** *n* пробирная палата
**probieren** *vt* испытывать, опробовать
**Probierer** *m* контролёр, испытатель
**Probierschein** *m* пробирное свидетельство
**Probierverfahren** *n* метод контрольных проб
**Problem** *n* проблема; задача
**komplexes Problem** комплексная проблема
**ökonometrisches Problem** экономико-математическая проблема, эконометрическая проблема

**Problemforschung** f проблемное исследование
**Problemkomplex** m комплекс проблем, совокупность проблем
**Problemprognose** f проблемный прогноз
**Problemstellung** f постановка задачи
**production sharing** *англ.* долевое участие в продукции предприятия
**productivity** *англ.* производительность, продуктивность
**produit net** *фр.* "чистый продукт" *(по учению физиократов)*
**Produkt** n продукт, фабрикат, (готовое) изделие
**Produkt** *мат.* произведение
  **Produkt des Ackerbau(e)s** продукт земледелия
  **abgesetztes Produkt** реализованный продукт
  **erstklassiges Produkt** первоклассное изделие, первосортный продукт
  **fertiggestelltes Produkt** готовый продукт, готовое изделие
  **gefälschtes Produkt** фальсификат
  **gesellschaftliches Produkt** общественный продукт
  **handwerkliches Produkt** кустарное изделие
  **hochwertiges Produkt** высококачественное изделие, высокосортный продукт
  **inländisches Produkt** продукт отечественного производства, изделие отечественного производства
  **leichtverderbliches Produkt** скоропортящийся продукт
  **notwendiges Produkt** необходимый продукт
  **standardisiertes Produkt** унифицированное изделие, стандартизированное изделие, стандартизованное изделие
  **Produkt-Kataloge im Internet** каталоги продукции в Интернет
**Produktanalyse** f анализ продукции
**Produktenaustausch** m продуктообмен, натуральный обмен, безденежный обмен; бартер; бартерный обмен
**Produktenbörse** f товарная биржа *(организованный рынок, на котором ведётся оптовая торговля контрактами/партиями некоторых товаров)*
**Produktenrente** f натуральная рента; рента продуктами
**Produktentausch** m продуктообмен, натуральный обмен, безденежный обмен
**Produktform** f форма продукта
**Produktion** f производство, изготовление; выпуск продукции; продукция; выработка
  **Produktion abwürgen** сокращать производство *(под влиянием кризиса, конкуренции)*
  **Produktion auf großer Stufenleiter** производство в широких масштабах, производство, организованное в крупном масштабе, крупное производство
  **Produktion einstellen** прекращать производство
  **Produktion von Konsumtionsmitteln** производство средств потребления
  **Produktion von Produktionsmitteln** производство средств производства
  **abgesetzte Produktion** реализованная продукция
  **arbeitsintensive Produktion** трудоёмкое производство
  **aus der Produktion ziehen** снимать с производства
  **außerplanmäßige Produktion** сверхплановая продукция
  **automatisch ablaufende Produktion** автоматизированное производство
  **diskontinuierliche Produktion** дискретное производство
  **einheimische Produktion** отечественная продукция; отечественное производство
  **energieintensive Produktion** энергоёмкое производство
  **industrielle Produktion** промышленная продукция
  **inländische Produktion** отечественная продукция; отечественное производство
  **laufende Produktion** текущее производство
  **marktgerechte Produktion** продукция, отвечающая требованиям рынка
  **serienweise Produktion** серийное производство
**Produktions-** (в сл.сл.) промышленный; промышленно-; производственный; производственно-
**Produktions-Dispatcherabteilung** f производственно-диспетчерский отдел
**Produktions- und Erzeugnisstruktur** f **der Volkswirtschaft** материально-вещественная структура народного хозяйства
**Produktions- und Finanzplan** m промышленно-финансовый план, (уст., жарг.) промфинплан
**Produktions- und Investitionstätigkeit** f производственно-инвестиционная деятельность
**Produktions- und Realisierungsbedingungen** f, pl условия производства и реализации *(продукции)*
**Produktions- und sonstiger Betriebsbedarf** m производственно-эксплуатационные нужды

**Produktionsabfälle** *m, pl* отходы производства (мн.ч.)

**Produktionsabgabe** *f* 1. сдача продукции 2. налог с оборота

**Produktionsablauf** *m* производственный процесс

**gleichmäßiger Produktionsablauf** равномерность производства, ритмичность производства; ритмичность производственного процесса

**Produktionsabsatz** *m* сбыт продукции

**Produktionsabschnitt** *m* производственный участок

**Produktionsabschnitt nach dem Fertigungsprinzip** технологический участок производства

**Produktionsabschnitt nach dem Objektprinzip** предметный участок производства

**nach dem Objektprinzip organisierter Produktionsabschnitt** предметный участок производства

**nach dem Werkstattprinzip organisierter Produktionsabschnitt** технологический участок производства

**Produktionsabstimmung** *f* координация производственных программ, согласование производственных программ

**internationale Produktionsabstimmung** международная координация производственных программ

**Produktionsabteilung** *f* 1. цех; производственный цех; цех основного производства 2. промышленный отдел; сектор производства (отдел); производственный сектор (отдел)

**Produktionsagenzien** *n, pl* производственные факторы (мн.ч.); факторы производства (мн.ч.)

**Produktionsaktivität** *f* производственная активность

**Produktionsanlage** *f* 1. промышленная установка 2. производственное оборудование (мн.ч.)

**Produktionsanlagefonds** *m, pl* основные производственные фонды (мн.ч.)

**Produktionsanlauf** *m* начало выпуска продукции; запуск в производство; начало производства

**Produktionsanstieg** *m* рост производства; увеличение производства

**Produktionsarbeiter** *m* производственный рабочий, рабочий производственной сферы

**Produktionsästhetik** *f* производственная эстетика

**Produktionsaufgabe** *f* производственное задание

**Produktionsaufgebet** *n* производственный почин

**Produktionsaufkommen** *n* производственные ресурсы, ресурсы производства

**Produktionsauflage** *f* производственное задание; производственная программа

**Produktionsaufnahme** *f* запуск в производство

**Produktionsaufsicht** *f* надзор за производством

**Produktionsauftrag** *n* заказ-наряд на изготовление, производственный заказ; производственное задание

**Produktionsaufwand** *m* затраты производства (мн.ч.), производственные затраты (мн.ч.); затраты на производство (мн.ч.)

**Produktionsaufwendungen** *f, pl* затраты производства (мн.ч.), производственные затраты (мн.ч.); затраты на производство (мн.ч.)

**Produktionsausbildung** *f* производственная учёба; профучёба

**Produktionsausgaben** *f pl* издержки производства (мн.ч.); эксплуатационные расходы (мн.ч.)

**Produktionsausmaß** *n* масштабы производства (мн.ч.), размеры производства (мн.ч.)

**Produktionsausrüstung** *f* производственное оборудование

**Produktionsausstoß** *m* выпуск продукции; объём выпускаемой продукции

**Produktionsausstoß je Zeiteinheit** выпуск продукции в единицу времени

**stückweiser Produktionsausstoß** поштучный выпуск продукции

**Produktionsbarometer** *n* "производственный барометр"

**Produktionsbasis** *f* производственная база

**materielle Produktionsbasis** материально-техническая база

**Produktionsbedarf** *m* производственные потребности, производственные нужды

**produktionsbedingt** отвечающий требованиям производства; производственный, связанный с производством; обусловленный производством

**Produktionsbedingungen** *f, pl* условия производства (мн.ч.)

**gesellschaftliche Produktionsbedingungen** общественные условия производства (мн.ч.)

**materielle Produktionsbedingungen** материальные условия производства (мн.ч.)

**natürliche Produktionsbedingungen** природно-экономические условия производства (мн.ч.)

**objektive Produktionsbedingungen** объективные условия производства (мн.ч.)
**persönliche Produktionsbedingungen** субъективные условия производства (мн. ч.), личностные условия производства (мн.ч.)
**sachliche Produktionsbedingungen** материальные условия производства (мн.ч.)
**Produktionsbeleg** *m* производственный документ
**Produktionsberatung** *f* производственное совещание
**ständige Produktionsberatung** постоянно действующее производственное совещание
**Produktionsbereich** *m* сфера производства, производственная сфера
**Produktionsberichterstattung** *f* отчёт о выполнении производственной программы
**Produktionsbesprechung** *f* производственное совещание
**Produktionsbetrieb** *m* производственное предприятие, промышленное предприятие
**Produktionsbeziehungen** *f, pl* производственные связи, производственные отношения
**gegenläufige Produktionsbeziehungen** обратные производственные связи
**horizontale Produktionsbeziehungen** горизонтальные производственные отношения *(между звеньями одного уровня, в том числе между предприятиями одной и той же отрасли)*
**vertikale Produktionsbeziehungen** вертикальные производственные отношения *(между вышестоящими и нижестоящими звеньями или между предприятиями-поставщиками и предприятиями, потребляющими их продукцию)*

**produktionsbezogen** производственный, относящийся к производству, имеющий отношение к производству
**Produktionsdatenbank** *f* база данных на продукцию; база данных продукции
**Produktionsdauer** *f* продолжительность производственного цикла; продолжительность изготовления
**Produktionsdirektor** *m* директор по производству
**Produktionsdrosselung** *f* сокращение производства
**Produktionsdurchlauf** *m* производственный цикл
**Produktionsdurchlaufplan** *m* производственный график
**Produktionsdurchlaufzeit** *f* время на производство одного вида изделий
**Produktionseffektivität** *f* эффективность производства
**Produktionseffizienz** *f* эффективность производства
**Produktionseingabe** *f* запуск в производство
**Produktionseinheit** *f* единица продукции
**Produktionseinstellung** *f* налаживание производства *(организация выпуска определённого вида продукции)*
**Produktionseinstellung** прекращение производства
**Produktionsendstufe** *f* завершающая стадия производства, завершающая стадия производственного цикла
**Produktionsentwicklungsfonds** *m* фонд развития производства
**Produktionsergebnis** *n* производственный результат, результат производственной деятельности, итог производственной деятельности
**Produktionserhöhung** *f* рост производства

**produktionserschwerend** затрудняющий работу, осложняющий нормальное производство
**Produktionserweiterung** *f* расширение производства
**Produktionsfaktor** *m* фактор производства *(чаще всего ресурсы, используемые в производстве - труд, земля, капитал)*
**objektiver Produktionsfaktor** объективный фактор производства; вещественный фактор производства
**persönlicher Produktionsfaktor** субъективный фактор производства; личностной фактор производства
**subjektiver Produktionsfaktor** субъективный фактор производства; ; личностной фактор производства
**Produktionsfaktorentheorie** *f* теория факторов производства
**Produktionsfehler** *m* производственный дефект, дефект изготовления
**Produktionsfeld** *n* область производства, сфера производства; промышленная сфера
**Produktionsfertigkeit** *f* производственный навык
**Produktionsfläche** *f* производственная площадь
**Produktionsfluss** *m* производственный процесс
**Produktionsfonds** *m, pl* производственные фонды, фонды производственного назначения
**Produktionsfondsabgabe** *f* плата за производственные фонды; платность фондов
**Produktionsfondsintensität** *f* фондоёмкость *(средний расход производственных ресурсов на единицу производимой продукции)*
**Produktionsfondsquote** *f* фондоотдача

**Produktionsform** f форма производства

**Produktionsgebäude** n производственное здание

**Produktionsgebäude und -anlagen,** pl производственные здания и сооружения

**Produktionsgebiet** n область производства, сфера производства

**Produktionsgeheimnis** n коммерческая тайна, секрет производства

**Produktionsgenossenschaft** f производственное товарищество, производственный кооператив; производственная кооперация

**gärtnerische Produktionsgenossenschaft** садоводческий производственный кооператив *(бывш. ГДР)*

**landwirtschaftliche Produktionsgenossenschaft** сельскохозяйственный производственный кооператив *(бывш. ГДР)*

**Produktionsgenossenschaft werktätiger Fischer** рыболовецкий производственный кооператив *(бывш. ГДР)*

**Produktionsgrundarbeit** f работа основных производственных подразделений

**Produktionsgrundarbeiter** m основной производственный рабочий, основной рабочий производственных подразделений, рабочий основного производства

**Produktionsgrundfonds** m, pl основные производственные фонды; ОПФ (мн.ч.)

**Produktionsgüter** n, pl промежуточная продукция, промежуточные изделия *(сырьё и полуфабрикаты)*

**Produktionsgüterindustrie** f промышленность, производящая промежуточную продукцию *(сырьё и полуфабрикаты)*; производства, выпускающие промежуточную продукцию

**Produktionshilfsarbeit** f работа вспомогательных производственных подразделений (цехов, отделов), работа подсобных производственных подразделений

**Produktionshilfsarbeiter** m подсобный производственный рабочий, подсобный рабочий производственных подразделений, рабочий вспомогательного производства

**Produktionshöhe** f объём производства; выход продукции

**Produktionsindex** m индекс объёма промышленной продукции, индекс физического объёма производства

**Produktionsindextabelle** f таблица производственных показателей

**Produktionsinstrumente** n, pl орудия производства

**Produktionskapazität** f производственная мощность; производительность

**Produktionskartell** n производственный картель *(объединение предпринимателей, регулирующее условия продажи выпускаемой продукции)*

**Produktionskennziffer** f производственный показатель; производственный коэффициент; показатель производства

**Produktionskoeffizient** m производственный коэффициент *(соотношение между объёмом выпускаемой продукции и количеством используемого производственного фактора)*

**Produktionskollektiv** n производственный трудовой коллектив

**Produktionskomplex** m производственный комплекс; ПК

**Produktionskonto** n бухг. счёт производства; счёт затрат на изготовление продукции

**Produktionskontrolle** f производственный контроль; контроль на производстве

**Produktionskosten** pl издержки производства (мн.ч.), производственные затраты (мн.ч.); производственные издержки (мн.ч.)

**gesellschaftliche Produktionskosten** общественные издержки производства (мн.ч.)

**laufende Produktionskosten** текущие издержки производства (мн.ч.)

**ständige Produktionskosten** постоянные издержки производства (мн.ч.)

**vergleichbare Produktionskosten** сравнимые издержки производства (мн.ч.)

**Produktionskredit** m кредит на развитие производства

**Produktionskredit** производственный кредит

**laufender Produktionskredit** краткосрочный кредит; текущий кредит; кредитная линия

**Produktionskultur** f культура производства; производственная культура

**Produktionskunst** f художественное конструирование, промышленная эстетика, дизайн

**Produktionsland** n страна-продуцент, страна-производитель; страна-изготовитель

**Produktionslaufzeit** f срок производства (определенного вида продукции)

**Produktionslaufzeit eines Erzeugnisses** период времени, в течение которого изделие находится в производственной программе предприятия

**Produktionsleistung** f выработка, производственный результат; производительность

**Produktionsleiter** m руководитель производства

**Produktionsleitung** f руководство производством, управление производством; производственный отдел, отдел управления производством

**produktionslenkend** регулирующий производство

**Produktionslenker** m диспетчер

**Produktionslenkung** управление производством; производственный отдел; диспетчерский отдел

**Produktionslos** n партия *(деталей)*, серия *(изделий)*

**Produktionsmasse** f масса выпущенной продукции

**Produktionsmaßstab** m масштаб производства

**Produktionsmenge** f количество произведённой продукции, объём произведённой продукции; физический объём производства

**Produktionsmethode** f метод производства, способ производства

   **industriemäßige Produktionsmethode** с.-х. промышленный метод производства, индустриальный метод производства

**Produktionsmilieu** n производственная среда

**Produktionsminderung** f сокращение производства; сужение производства

**Produktionsmittel** n, pl средства производства (мн.ч.)

   **produzierte Produktionsmittel** произведённые средства производства (мн.ч.)

   **verzehrte Produktionsmittel** потреблённые средства производства (мн.ч.)

   **zersplitterte Produktionsmittel** распылённые средства производства (мн.ч.)

**Produktionsmittelbezug** m закупка средств производства, приобретение средств производства

**Produktionsmittelhandel** m торговля средствами производства

**Produktionsmittelindustrie** f отрасли, выпускающие средства производства; промышленность, производящая средства производства

**Produktionsmittelknappheit** f нехватка средств производства

**Produktionsmittelpreis** m цена на средства производства

**Produktionsmittelproduktion** f производство средств производства

**Produktionsmittelzirkulation** f обращение средств производства

**Produktionsmöglichkeiten** f, pl производственные возможности

**Produktionsmöglichkeitskurve** f кривая производственных возможностей *(характеризующая максимальный объём производства данного товара при сохранении прежнего выпуска остальных товаров и фиксированных реальных затратах)*

**Produktionsmonopol** n монополия на производство

**Produktionsneuerer** m новатор производства

**Produktionsniveau** n уровень производства

**Produktionsnomenklatur** f номенклатура изделий; номенклатура выпускаемых изделий; номенклатура продукции

**Produktionsnorm** f норма выработки

**Produktionsoptimum** n производственный оптимум *(ситуация, при которой обеспечивается наиболее эффективное использование производственных факторов)*

**Produktionsorganisation** f организация производства

**Produktionsorganismus** m производственный организм

**Produktionsperiode** f производственный цикл; период производства

**Produktionsphase** f фаза производства, производственная фаза

**Produktionsplan** m производственный план

   **operativer Produktionsplan** оперативный производственный план, текущий производственный план

**Produktionsplanung** f планирование производства, производственное планирование

   **langfristige Produktionsplanung** долгосрочное планирование производства

   **operative Produktionsplanung** оперативное планирование производства, текущее планирование производства, оперативно-производственное планирование

   **strategische Produktionsplanung** стратегическое планирование производства

**Produktionspotential** n производственный потенциал *(характеризуется масштабами совокупного продукта, получаемого при полном использовании народнохозяйственных ресурсов)*

**Produktionspotenz** f производственные возможности (мн.ч.)

**Produktionspraxis** f производственная практика

**Produktionspreis** m цена производства

   **gesellschaftlicher Produktionspreis** общественная цена производства

**Produktionsprinzip** n производственный принцип, принцип производства

**Produktionsprofil** *n* профиль производства, производственный профиль

**Produktionsprogramm** *n* производственная программа

**vom Produktionsprogramm absetzen** снимать с производства

**Produktionsprozess** *m* производственный процесс, процесс производства

**Produktionsprozess des Kapitals** процесс производства капитала

**diskontinuierlicher Produktionsprozess** дискретный процесс производства

**einfacher Produktionsprozess** простой процесс производства, простое производство

**gesellschaftlicher Produktionsprozess** общественный процесс производства

**komplizierter Produktionsprozess** сложный процесс производства, сложное производство

**Produktionsquote** *f* производственная квота

**Produktionsrationalisierung** *f* рационализация производства

**Produktionsreife** *f* готовность изделия к запуску в производство, готовность изделия к промышленному производству

**bis zur Produktionsreife** до стадии промышленного производства

**Produktionsreserven** *f, pl* производственные резервы

**innerbetriebliche Produktionsreserven** внутризаводские производственные резервы

**Produktionsrhythmus** *m* ритм технологического процесса, такт технологического процесса

**Produktionsrichtsatz** *m* производственный норматив

**Produktionsrisiko** *n* производственный риск

**Produktionsrückgang** *m* сокращение производства

**konjunkturbedingter Produktionsrückgang** сокращение производства, обусловленное неблагоприятной конъюнктурой

**Produktionsrückschlag** *m* сокращение производства

**konjunkturbedingter Produktionsrückschlag** сокращение производства, обусловленное неблагоприятной конъюнктурой

**Produktionsschwankungen** *f pl* колебания производства, изменения производства

**saisonale Produktionsschwankungen** сезонные колебания производства

**Produktionsselbstkosten,** *pl* себестоимость производства

**Produktionssoll** *n* плановое производственное задание

**Produktionssortiment** *n* ассортимент продукции, сортамент продукции, сортимент продукции

**Produktionsspezialisierung** *f* специализация производства

**Produktionsstand** *m* уровень производства

**Produktionsstatistik** *f* промышленная статистика

**Produktionssteigerung** *f* расширение производства; рост производства

**Produktionsstockung** *f* застой в производстве

**Produktionsstorung** *f* нарушение процесса производства

**Produktionsstrategie** *f* стратегия производства

**Produktionsstratifikation** *f* стратификация производства

**Produktionsstruktur** *f* структура производства

**Produktionsstückzahl** *f* число изготовленных промышленных изделий

**Produktionsstufe** *f* стадия производства, стадия производственного процесса, этап производственного процесса

**nachgelagerte Produktionsstufe** последующая стадия производства, последующая стадия производственного процесса

**vorgelagerte Produktionsstufe** предшествующая стадия производства, предшествующая стадия производственного процесса

**Produktionstechnik** *f* производственная техника; технология производства; метод производства, способ производства

**Produktionstiefe** *f* глубина переработки *(характеристика, показывающая, сколько стадий последующей обработки проходят поступающие на предприятие сырьё и полуфабрикаты)*

**Produktionstransport** *m* внутризаводской транспорт

**Produktionsüberleitung** *f* освоение производства новой продукции; передача в производство

**Produktionsüberschuss** *m* избыточный продукт, излишки продукции

**Produktionsumfang** *m* объём производства

**mengenmäßiger Produktionsumfang** физический объём производства *(продукции)*, объём производства в натуральном выражении

**Produktionsumlauffonds** *m, pl* оборотные производственные фонды

**Produktionsumstellung** f перевод производства на выпуск других видов продукции, переход на производство новых видов изделий, переход на производство новых видов продукции

**produktionsunabhängig** внепроизводственный, не зависящий от производства

**Produktionsunterlagen** pl производственная документация

**Produktionsverbesserung** f усовершенствование производства, рационализация производства, модернизация производства

**Produktionsverbindungen** f, pl производственные связи

**Produktionsverbrauch** m производственное потребление

**direkter und voller Produktionsverbrauch** прямые и полные производственные затраты

**Produktionsvereinigung** f производственное объединение

**Produktionsverfahren** n производственная технология, технология производства

**Produktionsverflechtung** f взаимосвязь и взаимозависимость производства

**Produktionsverhältnisse** n, pl производственные отношения

**Produktionsverlagerung** f перебазирование производства

**Produktionsverlust** m производственные потери

**Produktionsvermögen** n производительная часть *(национального)* богатства

**Produktionsverpflichtung** f трудовое обязательство *(на производстве)*

**Produktionsvolumen** n объём производства, см. также Produktionsumfang

**industrielles Produktionsvolumen** объём промышленного производства

**Produktionsvorbereitung** f подготовка производства

**konstruktive Produktionsvorbereitung** конструктивная подготовка производства

**organisatorische Produktionsvorbereitung** организационная подготовка производства

**Produktionsvorbereitungszeit** f время на подготовку производства

**Produktionsvorgabe** f производственное задание

**Produktionsvorhaben** n производственный проект

**Produktionsvorrat** m производственный запас

**Produktionswachstum** n рост производства

**Produktionsweise** способ производства; экономическая формация

**auf Privateigentum beruhende Produktionsweise** способ производства, основанный на частной собственности *(на средства производства)*

**Produktionswerkzeuge** n, pl орудия производства

**Produktionswert** m стоимость продукции

**Produktionswettbewerb** m производственное соревнование

**Produktionszeit** f период производства; период производственного цикла, продолжительность производственного цикла

**Produktionszeitfinanzierung** f финансирование расходов, предполагаемых производственным циклом

**Produktionszeitplan** m календарный график производства

**Produktionszeitraum** m период производства; период производственного цикла, продолжительность производственного цикла

**Produktionszensus** m промышленная перепись

**Produktionsziel** n производственное задание

**Produktionsziffern** f, pl производственные показатели

**Produktionszusammenarbeit** f сотрудничество в области производства

**internationale Produktionszusammenarbeit** международное сотрудничество в области производства

**Produktionszusammenschlüsse** m, pl объединения сельскохозяйственных предприятий в интересах совместного ведения производства

**Produktionszuwachs** m прирост производства

**Produktionszweig** m отрасль производства

**Produktionszwischenhandel** m посредническая торговля товарами производственного назначения

**Produktionszyklus** m производственный цикл

**geschlossener Produktionszyklus** замкнутый производственный цикл

**produktiv** продуктивный; производительный; производственный

**Produktivgenossenschaft** f производственное товарищество, производственный кооператив

**Produktivgüter** n, pl орудия производства; средства производства

**Produktivität** f производительность, продуктивность

**abnehmende Produktivität** убывающая производительность

**geplante geplante Produktivität** плановая производительность

**Produktivitätseffekt** m эффект производительности

**Produktivitätsentwicklung** f динамика производительности, изменения производительности

**Produktivitätserhöhung** f рост производительности, повышение производительности

**Produktivitätsfaktor** m фактор роста производительности

**Produktivitätsgefälle** n разница в уровнях производительности

**Produktivitätshilfe** f целевая субсидия *(направленная на повышение производительности труда)*

**Produktivitätshöhe** f уровень производительности

**Produktivitätsindex** m индекс производительности

**Produktivitätskurve** f кривая производительности

**Produktivitätsmessung** f измерение производительности

**Produktivitätsniveau** n уровень производительности

**Produktivitätsreserven** f, pl резервы роста производительности

**Produktivitätsstand** m уровень производительности

**Produktivitätssteigerung** f повышение производительности, повышение продуктивности

**Produktivitätstheorie** f теория производительности *(теория процента, выдвинутая Тюненом)*

**produktivitätswirksam** воздействующий на производительность, влияющий на производительность

**Produktivitätszunahme** f повышение производительности, повышение продуктивности

**Produktivkapital** n производительный капитал, капитал, вложенный в средства производства

**Produktivkräfte** f, pl производительные силы

**Produktivkredit** m кредит, предоставляемый на производственные цели

**Produktkartei** f картотека сбытовых изделий

**Produktplanung** f стратегия выпуска продукции *(включает все фазы производства и сбыта изделия, осваиваемого фирмой)*

**Produktwert** m стоимость продукта

**Produzent** m продуцент, производитель, изготовитель; предприятие-продуцент, предприятие-производитель

**Produzenten** m, pl производители (мн.ч.)

**assoziierte Produzenten** ассоциированные производители

**selbständiger Produzent** самостоятельный производитель

**unmittelbarer Produzent** непосредственный производитель

**Produzentenrente** f излишек производителя *(в теоретических моделях - доход промышленного предпринимателя или продавца, характеризуемый площадью участка между кривой предложения и линией равновесной цены); ср.* Konsumentenrente

**Produzentenrente** f предпринимательская прибыль

**Produzentenrisiko** n риск изготовителя

**produzierbar** производимый, пригодный для производства

**produzieren** vt производить, изготовлять, выпускать

**produzierend** производственный *(напр., о сфере);* производящий

**Profession** f профессия; специальность

**Professionalismus** m профессионализм

**professionell** профессиональный

**professioniert** ремесленный; профессиональный

**Professionist** m ремесленник; *австр.* специалист

**professionsmäßig** профессиональный

**Profil** n профиль

**profilbestimmend** определяющий профиль

**Profilüberschreitung** f негабаритность

**Profit** m прибыль, доход; выгода

**Profit abwerfen** приносить прибыль

**Profit bringen** приносить прибыль

**Profit einheimsen** *разг.* получать прибыль, загребать прибыль

**Profit einstecken** *разг.* получать прибыль, загребать прибыль

**Profit einstreichen** *разг.* получать прибыль, загребать прибыль

**Profit erwirtschaften** извлекать прибыль, получать прибыль

**Profit erzielen** извлекать прибыль, получать прибыль

**Profit herausschlagen** извлекать прибыль, получать прибыль

**Profit machen** извлекать прибыль, получать прибыль

**Profit ziehen** извлекать прибыль, получать прибыль

**entgangener Profit** потерянная прибыль, упущенная прибыль

**erwirtschafteter Profit** полученная прибыль, извлечённая прибыль

**erzielter Profit** полученная прибыль, достигнутая прибыль

**kommerzieller Profit** торговая прибыль, коммерческая прибыль, прибыль от торговых операций
**konjunkturbedingter Profit** прибыль, обусловленная конъюнктурными причинами
**latenter Profit** потенциальная прибыль; скрытая прибыль, латентная прибыль
**verborgener Profit** скрытая прибыль
**profitabel** прибыльный; выгодный
**profitables Handelsmodell** более выгодная модель торговли; более выгодная торговая модель
**Profitaufteilung** f распределение прибыли
**Profitberechnung** f исчисление прибыли
**Profitbesteuerung** f обложение прибыли налогом
**Profitentwicklung** f динамика прибылей, движение прибылей
**Profitexplosion** f бурный рост прибылей
**Profitfunktion** f функция прибыли
**Profitgier** f жажда наживы
**profitgierig** жаждущий наживы
**Profithöhe** f размер прибыли
**profitieren** vi извлекать прибыль, получать прибыль; получать пользу, извлекать выгоду, выигрывать
**Profitinteresse** n интерес, связанный с получением прибыли
**Profitjäger** m "охотник" за наживой
**Profitkalkulation** f исчисление прибыли
**Profitkontrolle** f контроль над прибылями
**Profitmacher** m делец; спекулянт (напр., биржевой)

**Profitquelle** f источник прибылей
**Profitrate** f норма прибыли
**allgemeine Profitrate** общая норма прибыли, средняя норма прибыли
**Profitsteuer** f налог на прибыль
**Profitstreben** n стремление к извлечению прибыли, стремление к получению прибыли, погоня за прибылью; стремление к наживе
**Profitsucht** f жажда наживы
**Profitverschleierung** f сокрытие прибылей (напр., в результате манипуляций при составлении баланса)
**Proformafaktura** f предварительный счёт, проформа-счёт; предварительная фактура
**Proformageschäft** n торг. трактация
**Proformarechnung** f предварительный счёт, проформа-счёт; предварительная фактура
**Proformarechnung** твёрдая оферта (в случае согласия с её условиями возвращается продавцу с соответствующей пометкой; служит основой при заключении контракта)
**Prognose** f прогноз; прогнозирование; предвидение
**Prognose der Verflechtungsbeziehungen** межотраслевой прогноз
**äußere Prognose** экзогенный прогноз; внешний прогноз
**bedingte Prognose** условный прогноз
**detaillierte Prognose** детализированный прогноз, детальный прогноз
**einfache Prognose** элементарный прогноз, единичный прогноз
**einwertige Prognose** единичный прогноз

**gesamtvolkswirtschaftliche Prognose** народнохозяйственный прогноз, прогноз развития народного хозяйства
**innere Prognose** эндогенный прогноз; внутренний прогноз
**kurzfristige Prognose** краткосрочный прогноз
**langfristige Prognose** долгосрочный прогноз
**mittelfristige Prognose** среднесрочный прогноз
**naive Prognose** наивный прогноз
**numerische Prognose** численный прогноз, количественный прогноз
**öffentliche Prognose** официальный прогноз
**partielle Prognose** частичный прогноз (рассматривающий изменения лишь одной из нескольких переменных величин); частный прогноз
**passive Prognose** пассивный прогноз
**qualitative Prognose** качественный прогноз
**quantitative Prognose** количественный прогноз
**simultane Prognose** множественный прогноз
**stochastische Prognose** стохастический прогноз
**technische Prognose** прогноз развития техники
**territoriale Prognose** прогноз территориального развития
**unbedingte Prognose** безусловный прогноз
**unternehmerische Prognose** прогноз предпринимательской деятельности
**volkswirtschaftliche Prognose** народнохозяйственный прогноз, прогноз развития народного хозяйства
**wissenschaftlichtechnische Prognose** прогноз развития науки и техники, научно-технический прогноз

**Prognosearbeit** f прогностическая деятельность, работа по составлению прогнозов, прогнозирование
**Prognosebildung** f разработка прогноза
**Prognoseentscheidung** f решение, основывающееся на прогнозе
**Prognosefehler** m ошибка прогноза
**Prognosegenauigkeit** f точность прогноза
**Prognosehorizont** m горизонт прогнозирования
**Prognoseinformation** f прогностическая информация, информация, необходимая для разработки прогноза
**Prognosemethode** f метод прогнозирования
**Prognosemodell** n прогнозная модель, прогностическая модель
**Prognoseobjekt** n объект прогноза, объект прогнозирования
**Prognoseperiode** f прогнозируемый период; горизонт прогнозирования
**Prognosesicherheit** f достоверность прогноза, надёжность прогноза
**Prognosesystem** n система прогнозов
**Prognosetechnik** f метод прогнозирования, техника прогнозирования
**Prognosevariante** f вариант прогноза
**Prognoseverfahren** n метод прогнозирования; "технология" прогнозирования
**Prognosewert** m прогнозная величина, прогнозируемая величина
**Prognosezeitraum** m прогнозируемый период
**Prognostik** f прогностика
**prognostizieren** vt прогнозировать; предвидеть
**prognostizierend** прогнозируемый
**Prognostizierung** f прогнозирование
**Programm** n программа, план работы
**Programm der Europahilfe** ист. программа помощи Европе *(план Маршалла)*
**Programm der Vereinten Nationen für Technische Hilfeleistung** Программа технической помощи ООН слаборазвитым странам
**heuristisches Programm** эвристическая программа
**lineares Programm** линейная программа
**verzweigtes Programm** разветвлённая программа
**zyklisches Programm** циклическая программа
**Programmablaufplan** m логическая схема программы; блок-схема программы
**Programmalternative** f альтернатива программы
**programmäßig** соответствующий программе; по программе, как предусмотрено программой
**Programmausarbeitung** f разработка программы; составление программы
**Programmbibliothek** f библиотека программ
**Programmeinrichtung** f программное устройство
**Programmfertigung** f разработка программы для ЭВМ; производство по программе
**programmgemäß** соответствующий программе; по программе, как предусмотрено программой
**Programmhandel** m торговля *(ценными бумагами)*, ведущаяся на основе компьютерных программ
**programmierbar** поддающийся программированию
**Programmierer** m программист
**Programmiersprache** f язык программирования
**maschinenorientierte Programmiersprache** машинно-ориентированный язык программирования
**problemorientierte Programmiersprache** проблемно-ориентированный язык программирования
**Programmiersystem** n система программирования
**programmiert** запрограммированный, программный
**Programmierung** f программирование
**diskrete Programmierung** дискретное программирование
**dynamische Programmierung** динамическое программирование
**ganzzahlige Programmierung** целочисленное программирование
**heuristische Programmierung** эвристическое программирование
**lineare Programmierung** линейное программирование
**nichtlineare Programmierung** нелинейное программирование
**parametrische Programmierung** управляющее программирование
**stochastische Programmierung** стохастическое программирование
**Programmierungssprache** f язык программирования
**problemorientierte Programmierungssprache** проблемно-ориентированный язык программирования
**Programmprognose** f программируемый прогноз, программный прогноз, прогноз-программа

**Programmverzahnung** f мультипрограммирование
**Progress** m прогресс
**Progression** f прогрессия; развитие; (перен.) движение вперёд; продвижение
**Progression** прогрессивное возрастание налоговой ставки (по мере возрастания доходов); (налоговая) прогрессия
**kalte Progression** (разг.) холодная прогрессия (фактическое увеличение ставки налога, когда, напр. вследствие инфляции увеличивается облагаемая номинальная сумма, а вместе с тем осуществляется переход к более высоким налоговым ставкам)
**steigende Progression** возрастающая прогрессия
**Progressionsvorbehalt** m оговорка о недопустимости двойного налогообложения имущества
**progressiv** прогрессивный; прогрессирующий
**progressiv gestaffelte Besteuerung** прогрессивное обложение (налогами); налогообложение по прогрессивной шкале (ставке)
**progressive Kosten** растущие издержки; прогрессивные расходы (вид переменных расходов, которые растут, быстрее, чем объём производства)
**progressiver Steuersatz** прогрессивная налоговая ставка
**progressiver Tarif** возрастающий тариф
**Progressivbesteuerung** f прогрессивное налогообложение
**Progressivlohn** m сдельно-прогрессивная оплата
**Progressivsteuer** f прогрессивный налог

**prohibitiv** запретительный
**Prohibitivpreis** m запретительная цена
**Prohibitivsystem** n система запретительных пошлин
**Prohibitivtarif** m запретительный тариф
**Prohibitivzoll** m запретительная пошлина
**Prohibitzoll** m запретительная импортная пошлина (обычно используется вместо прямого запрета импорта)
**Projekt** n проект; план; намерение
**gemeinsames Projekt** совместное предприятие; совместный проект
**Projektant** m проектная организация
**Projektaufgabe** f проектное задание
**Projektdaten,** pl проектные данные
**Projektfinanzierung** f финансирование проекта
**projektieren** vt проектировать
**Projektierung** f проектирование
**Projektierungs- und Entwicklungsarbeiten** f, pl проектно-изыскательские работы
**Projektierungs- und Konstruktionsarbeiten** проектно-конструкторские работы
**Projektierungsarbeiten** f, pl проектные работы
**Projektierungsauftrag** m задание на проектирование
**Projektierungsaufwand** m расходы по проектированию
**Projektierungsbetrieb** m проектная организация (народное предприятие в бывш. ГДР)
**Projektierungsbüro** n проектное бюро
**Projektierungseinrichtung** f проектное учреждение, проектная организация

**Projektierungsgrundlage** f основа проектирования
**Projektierungskosten,** pl расходы по проектированию
**Projektierungsleistung** f объём проектных работ
**Projektierungsleistungen** f, pl проектные работы; услуги по проектированию
**Projektierungsmangel** m ошибка в проектных работах
**Projektierungsmethoden** f, pl методы проектирования
**Projektierungsplan** m план проектирования капитальных вложений
**Projektierungstinanzierung** f финансирование проектных работ
**Projektierungsunterlagen** f, pl проектная документация
**Projektierungsvertrag** m договор на выполнение проектных работ
**Projektierungszeit** f срок выполнения проектных работ
**Projektion** f перспективная оценка; прогноз
**Projektion** проекция, механическая экстраполяция
**Projektionswerbemittel** n проецируемое средство рекламы
**Projektkapazität** f проектная мощность
**Projektkosten,** pl проектные затраты
**Projektlösung** f проектное решение
**Prok., Prokurist** прокурист
**Prokura** f общая (торговая) доверенность, генеральная (торговая) доверенность (выдаётся только коммерсантам, обладающим всеми правами и атрибутами, предусмотренными Торговым кодексом)
**durch Prokura** по доверенности
**in Prokura** по доверенности

**Prokuraindossament** *n* инкассовый индоссамент

**Prokurist** *m* прокурист, доверенный торговой фирмы

**Proletariat** *n* пролетариат

**Prolongation** *f* пролонгация *(продление правовых отношений, особенно сроков оплаты и исполнения)*, продление, отсрочка

**Prolongation des Wechsels** пролонгация векселя

**Prolongationsakzept** *n* пролонгационный акцепт

**Prolongationsgeschäft** *n* пролонгационная сделка, *см.* Deportgeschäft, Reportgeschäft

**Prolongationswechsel** *m* пролонгированный вексель

**prolongieren** *vt* пролонгировать, продлевать, отсрочивать *(напр., время сделки)*

**Promesse** *f* промесса *(обязательство уступить весь доход или некоторую его часть в случае выигрыша)*

**prompt** быстрый, немедленный; точный

**prompt** промпт *(условие сделки, когда покупателю товара за наличные предоставляется до 3 дней отсрочки для проверки товара и счетов на оплату)*

**Promptgeschäft** *n* биржевая сделка на товар, который может быть поставлен немедленно, сделка на наличный товар; сделка с поставкой товара непосредственно после её заключения; кассовая сделка

**Promptware** *f* наличный товар

**Propergeschäft** *n* сделка за свой счёт

**Properhandel** *m* торговля за свой счёт, собственная торговля; заключение биржевых сделок за свой счёт

**Proportion** *f* пропорция; соотношение

**innerzweigliche Proportion** внутриотраслевая пропорция

**proportional** пропорциональный

**Proportionalität** *f* пропорциональность

**Proportionalitätstheorie** *f* теория пропорциональности

**Proportionalsteuer** *f* пропорциональный налог

**Proportionen** *f, pl* пропорции

**optimale Proportionen** оптимальные пропорции

**volkswirtschaftliche Proportionen** народнохозяйственные пропорции

**proportioniert** пропорциональный; соразмерный

**Proportionierung** *f* установление пропорций

**Prorogation** *f* продление срока, отсрочка; *юр.* пророгация

**Prorogationsabkommen** *n* пророгационное соглашение *(заключается между иностранными партнёрами для определения компетенции суда в спорных случаях)*

**Prorogationsvereinbarung** *f* пророгационное соглашение

**Prospekt** *m* проспект

**Prospekt-Expose** *n* план рекламного проспекта, схема рекламного проспекта

**Prospektmaterial** *n* проспекты *(рекламные издания)*

**Prospektwerbung** *f* реклама посредством проспектов

**prosperieren** *vi* преуспевать, процветать, благоденствовать

**Prosperität** *f* процветание, "просперити" *(также по отношению к характеристике фазы циклического подъёма)*

**Prostitutionstourismus** *m* секс-туризм

**Prostitutionstourist** *m* секс-турист

**Protektionismus** *m* протекционизм *(политика, направленная на ограждение некоторых отраслей отечественной экономики от зарубежной конкуренции)*

**administrativer Protektionismus** административный протекционизм *(напр., политика ограничения импорта)*

**protektionistisch** протекционистский

**Protest** *m* протест, возражение

**Protest** официально заверенный документ об отказе от платы по векселю

**Protest einlegen** заявить протест

**Protest erheben** заявить протест

**Protest mangels Annahme** протест в случае неакцептования *(векселя)*

**Protest mangels Zahlung** протест в случае неплатежа

**mit Protest** при наличии протеста

**ohne Protest** без протеста *(надпись на векселе)*; неопротестованный *(о векселе)*

**zu Protest gehen** неакцептование, неоплата *(векселя)*

**Protesterhebung** *f* заявление протеста, опротестование *(в вексельном обращении)*

**Protesterklärung** *f* заявление протеста, опротестование *(в вексельном обращении)*

**Protesterlaß** *m* освобождение от обязанности предъявления векселя к протесту

**protestieren** *vt* протестовать, возражать; опротестовывать *(вексель)*

**Protestkosten** *pl* расходы, связанные с опротестованием векселя, расходы по протесту *(в вексельном обращении)*, сборы за протест *(векселя)*

**Proteststreik** *m* забастовка в знак протеста
**Protokoll** *n* протокол; акт
  **Protokoll über Inventurdifferenzen** сличительная ведомость
  **ein Protokoll abfassen** составить протокол
  **ein Protokoll aufnehmen** составить протокол
  **ein Protokoll aufstellen** составить протокол
  **ein Protokoll ausfertigen** составить протокол
**Proudhonismus** *m ист.* прудонизм
**Provenienz** *f* происхождение (товара)
**Provenienz-Zertifikat** *n* свидетельство о происхождении (товара)
**Provinzbank** *f* провинциальный банк
**Provinzbörse** *f* провинциальная биржа
**Provision** *f* вознаграждение за посредничество (напр., в торговых операциях); комиссионные, комиссионное вознаграждение за услуги, комиссия
  **eine Provision erheben** взимать комиссионные
  **ohne Provision** франко-комиссия
**provisionsfrei** франко-комиссия
**Provisionsprozent** *n* комиссионный процент
**Provisionsreisende** *m* коммивояжёр, работающий на комиссионных началах
**Provisionssatz** *m* ставка комиссии, комиссионное вознаграждение (в процентах, напр. к сумме оборота)
**Provisionsvergütung** *f* вознаграждение за посредничество (напр., в торговых операциях); комиссионные, комиссионное вознаграждение

**Provisionsversicherung** *f* страхование (маклерской, торговой) комиссии
**Provisionsvertreter** *m* представитель торговой фирмы, работающий на комиссионных началах
**Provisor** *m* управляющий чужим имуществом, работающий на комиссионных началах
**prox, proximo** в следующем месяце
**Prozent** *n* процент
**Prozentanleihe** *f* процентный заём; ссуда под проценты
**prozentisch** процентный
**Prozentkurs** *m* биржевой курс, указанный в процентах к номиналу
**Prozentpunkt** *m* процентная точка
**Prozentrechnung** *f* исчисление процентов
**Prozentsatz** *m* процентная ставка; процент, процентное число
  **Prozentsatz der Absagen** процент отказов в обслуживании
**Prozentspanne** *f* процентная разница, диапазон значений
  **Prozentspanne** процентное соотношение между закупочной и продажной ценой
**Prozenttara** *f* средний вес тары (упаковки), выраженный в процентах от веса брутто партии товара
**prozentual** процентный; в процентном отношении
**Prozentualprüfung** *f* выборочное испытание
**prozentuell** *австр.* процентный; в процентном отношении
**Prozentwert** *m* процентная сумма
**Prozess** *m* процесс; развитие
  **Prozess** процесс, судебный процесс, судебное дело, тяжба, судебное разбирательство
  **Prozesse** *pl* процессы (мн. ч.)

  **Prozess außer statistischer Kontrolle** статистически неподконтрольный процесс, статистически неконтролируемый процесс
  **Prozess des Kaufs und Verkaufs** процесс купли-продажи
  *einen* **Prozess hinausschieben** затягивать судебное дело
  **Prozess in statistischer Kontrolle** статистически подконтрольный процесс
  *einen* **Prozess zu** *j-s* **Gunsten entscheiden** решать дело в суде в *чью-л.* пользу
  **arbeitsaufwendiger Prozess** трудоёмкий процесс
  **determinierter Prozess** детерминированный процесс
  **es zum Prozess kommen lassen** довести дело до судебного процесса
  **gegen** *j-n einen* **Prozess anstrengen** возбудить процесс против *кого-л.*, возбудить дело против *кого-л.*, подать в суд на *кого-л.*, привлечь к суду *кого-л.*
  **kontinuierlicher Prozess** непрерывный процесс
  **kumulativer Prozess** кумулятивный процесс (процесс цепной реакции, в котором следствия процесса становятся причиной его дальнейшего усиления)
  **lohnaufwendiger Prozess** трудоёмкий процесс
  **Markowscher Prozess** марковский процесс, процесс Маркова
  **stochastischer Prozess** стохастический процесс
  **stoffgewinnende Prozesse** процессы добывающего производства, процессы горнодобывающего производства
  **stoffumwandelnde Prozesse** процессы обрабатывающего производства
  **stoffverformende Prozesse** процессы перерабатывающего производства

**Prozessanalyse** f анализ процесса

**Prozessaval** m поручительство банка в обеспечение обязательств своих клиентов

**Prozess-Diagramm** n диаграмма процесса

**Prozesskonto** n операционный счёт

**Prozesskosten,** pl судебные издержки, судебные расходы

**Prozessrechner** m управляющая вычислительная машина, УВМ

**Prozessrechnersystem** n управляющая вычислительная система

**Prozesssteuerung** f управление производственным процессом

  **Prozesssteuerung durch Rechner** управление производственными процессами при помощи ЭВМ

  **dynamische Prozesssteuerung** динамическое управление процессом

**Prozessvergleich** m (судебная) мировая сделка

**Prozesszins** m процент, присуждаемый судом выигравшей стороне

**Prüf., Prüfungsantrag** 1. заявка на экспертизу; ходатайство о проведении экспертизы 2. (патент.) ходатайство о проведении полной экспертизы заявки на предполагаемое изобретение

**Prüfanlage** f испытательная установка, испытательное устройство

**Prüfattest n** свидетельство об испытании, акт проведения испытаний

**prüfbar** проверяемый

**Prüfbeamte** m ревизор; контролёр

**Prüfbedingung** f условие испытания

  **Prüfbedingungen** pl условия испытания

**Prüfbefund** m заключительный протокол испытания

  **Prüfbefund** результат испытаний; результат тестирования

**Prüfbelastung** f пробная нагрузка; тестовая нагрузка; нагрузка в ходе испытаний

**Prüfbericht** m акт испытания; отчёт об испытании; протокол испытаний; акт об испытаниях; отчёт об испытаниях

**Prüfblatt** n ведомость осмотров; ведомость приёмочного контроля

**Prüfdaten** pl данные испытаний; контрольные данные; тестовые данные

**Prüfdauer** f продолжительность испытания; продолжительность тестирования

**Prüfeinrichtung** f испытательная установка, испытательное устройство

**Prüfen** n контроль; проверка; испытание

  **programmiertes Prüfen** программный контроль

**prüfen** vt испытывать; проверять; контролировать; опробовать

  **sachverständig prüfen** производить экспертизу

**Prüfer** m контролёр; ревизор; бухгалтер-ревизор

**Prüferbilanz** f баланс, составленный ревизорами предприятия; контрольный баланс, проверочный баланс

**Prüfergebnis** n результат испытания, результат проверки

**Prüffrist** f срок испытания, срок проверка

**Prüfkennlinie** f кривая оперативной характеристики (в статистическом контроле качества)

**Prüfkosten,** pl расходы на контроль

**Prüfling** m контролируемое изделие; контролируемая партия (изделий)

**Prüflos** n стат. контрольная партия изделий, контролируемая партия изделий (при выборочном контроле качества)

**Prüfplan** m план контроля; план испытаний, план проверки

**Prüfposten** m стат. контрольная партия изделий, контролируемая партия изделий (при выборочном контроле качества)

**Prüfprotokoll** n протокол контроля (качества)

**Prüfschärfe** f жёсткость контроля (качества)

**Prüfstelle** f контрольная станция, испытательная станция, контрольный пункт, испытательный пункт; отдел технического контроля, ОТК (на предприятии)

**Prüfung** f испытание; проверка; контроль; опробование; исследование

  **Prüfung der Bewährung im Gebrauch** проверка хозяйственной годности товара в употреблении

  **Prüfung des Haushaltsplanes** рассмотрение бюджета

  **Prüfung getypte** типовое испытание

  **Prüfung in der Produktion** производственная проверка

  **messende Prüfung** контроль по количественному признаку (в статистическом контроле качества)

  **messende Prüfung** контроль по качественному признаку (в статистическом контроле качества)

  **normale Prüfung** обычный контроль

**organoleptische Prüfung** органолептическая оценка *(товаров) (в статистическом контроле качества)*

**reduzierte Prüfung** ослабленный контроль

**sachliche Prüfung** проверка по существу *(напр., бухгалтерской отчётности)*

**verschärfte Prüfung** жёсткий контроль

**zollamtliche Prüfung** таможенный досмотр

**eine Prüfung durchführen** произвести испытание

**der Prüfung unterwerfen** подвергнуть испытанию

**der Prüfung unterziehen** подвергнуть испытанию

**eine Prüfung vornehmen** произвести испытание

**Prüfungsbericht** *m* отчёт о результатах ревизии, отчёт о результатах испытаний, отчёт о результатах контроля

**Prüfungsbuch** *n* книга записи результатов испытаний, книга записи результатов *(технического)* испытания

**Prüfungsingenieur** *m* инженер-приёмщик; инженер ОТК; контролёр, проверяющий качество

**Prüfungskosten,** *pl* расходы по испытанию; расходы по ревизии *(напр., издержки, связанные с проверкой бухгалтерских книг)*;

**Prüfungsordnung** *f* положение о проведении испытания, положение о проведении контроля

**technische Prüfungsordnung** положение о проведении технического испытания, порядок проведения технического испытания

**Prüfungsprotokoll** *n* протокол испытания, протокол технического осмотра, протокол проверки

**Prüfungsstempel** *m* контрольный штамп

**Prüfungstermin** *m* судебное заседание для проверки претензий, заявленных кредиторами несостоятельного должника

**Prüfungstermin im Konkursverfahren** судебное заседание для проверки претензий, заявленных кредиторами несостоятельного должника

**Prüfverfahren** *n* способ испытания, способ проверки, метод испытания, метод проверки

**Prüfvermerk** *m* отметка *(организации технического контроля)* о проверке

**Prüfzahl** *f* контрольное число ( в ГТД и налоговой практике)

**zweistellige Prüfzahl** двузначное контрольное число ( в ГТД и налоговой практике)

**Prüfzeichen** *n* проверочное клеймо

**PrVO, Preisverordnung** постановление о ценах

**PS, Prämiensparen** выигрышный вклад в сберегательной кассе

**PSch, Postscheck** почтовый чек; чек по текущему счёту при почтовом отделении

**PSchA, Postscheckamt** управление операций по текущим счетам при почтовых отделениях

**Pseudoangebotsfunktion** *f* псевдофункция предложения

**Pseudonachfragefunktion** *f* псевдофункция спроса

**Pseudonachfragekurve** *f* псевдокривая спроса

**Pseudoprogramm** *n* псевдопрограмма

**p.sh., preferred shares** привилегированная акция

**PSpA, Postsparkassenamt** управление почтово-сберегательных касс

**Psychohygiene** *f* психогигиена

**Psychotechnik** *f* психотехника

**PT:**

**PT, Portugal** Португалия, *до 1978г. код* PP

**pt, payment** *(eng.)* платёж, уплата

**PTE, Escudo, - Portugal** Португальское эскудо *(код валюты 620), в н.в. заменена на* Евро **EURO** , - Португалия

**p.u., per ultimo (lat.)** в конце месяца, на конец месяца

**public relations** *(eng.)*; **Public Relations** *pl* деятельность компании, связанная с распространением информации и рекламной деятельностью; связи с общественностью *(фирмы)*

**Publicity** *f (eng.)*; **Publizität** *f* публичность, общеизвестность, паблисити

**Publikationspflicht** *f* обязанность публикации годового баланса

**Publizität** *f* публичность, общеизвестность, паблисити; массовость *(займа)*

**Publizitätspflicht** *f* обязанность давать публичную информацию *(о делах фирмы)*; обязанность акционерной компании предоставлять сведения о своей деятельности владельцам акций

**Publizitätsprinzip** *n* принцип публичности

**Pufferspeicher** *m* аварийный склад

**Pufferzeit** *f сет. пл.* резерв времени

**bedingt verfügbare Pufferzeit** частный резерв времени первого вида

**freie Pufferzeit** свободный резерв времени

**freie verfügbare Pufferzeit** свободный резерв времени

**gesamte Pufferzeit** полный резерв времени
**unabhängige Pufferzeit** частный резерв времени второго вида, независимый резерв времени
**Pugwash-Konferenzen** Пагоушские конференции по науке и международным отношениям
**Pultordner** *m* регистратор; папка для досье
**pump priming** *англ.* стимулирование хозяйственной активности с помощью дефицитного финансирования, "бюджетное накачивание"
**Pumpwirtschaft** *f* экономическая политика, направленная на обострение инфляции
**Punkt** *m* точка; *(географическая)* точка; место; пункт, статья, оговорка *(договора)*; *бирж.* пункт *(единица курсовой котировки)*; талон *(промтоварной карточки)*; балл *(при установлении цен с помощью системы баллов)*
**Punkt-Vier-Programm** *n* *ист.* программа оказания "технической помощи" слаборазвитым странам

**Punktation** *f* предварительное соглашение
**Punktbewertung** *f* балльная оценка, оценка по системе баллов
**Punktbewertungsmethode** *f* метод балльной оценки
**Punktbewertungssystem** *n* метод балльной оценки
**Punktdiagramm** *n* точечная диаграмма
**Punkteskala** *f* шкала (балльных) оценок; балльная шкала
**Punktfeld** *n* *стат.* поле рассеивания, поле рассеяния
**Punktkarte** *f* промтоварная карточка, продовольственная карточка
**Pünktlichkeitsprämie** *f* премия за точность
**Punktmarkt** *m* специальная товарная биржа *(напр., биржа хлопка, биржа кофе)*
**Punktprognose** *f* точечный прогноз
**Punktschätzung** *f* точечная оценка
**Punktsystem** *n* система баллов *(в ценообразовании)*
**punktweise** по пунктам, по статьям
**purchase tax** *англ.* налог на покупки

**PV, Prüfvorschriften** правила испытаний
**PVG, Personalvertretungsgesetz** закон о представительстве рабочих и служащих в государственных учреждениях *(ФРГ)*
**PVO, Preisverordnung** постановление о ценах
**PVÜ, Pariser Verbandsübereinkunft zum Schutz des gewerblichen Eigentums** Парижская международная конвенция об охране прав на промышленную собственность
**PW, Papierwährung** бумажные деньги
**PWF, Produktionsgenossenschaft werktätiger Fischer** рыболовецкий производственный кооператив *(бывш. ГДР)*
**PY, Paraguay** Парагвай
**PYG, Guarani, - Paraguay** Гуарани *(код валюты 600)*, - Парагвай
**Pyramidendiagramm** *n* диаграмма в форме пирамиды
**PZO, Postzollordnung** почтовые правила таможенных операций

# Q

**Q:**
**Q, Gütezeichen Qualität** знак высшего качества *(в бывш. ГДР)*
**Q, Qualität** качество
**Q, Quantität** количество
**q, Quintal** квинтал *(мера веса)*
**QA, Katar** Катар
**QAR, Katar-Riyal, - Katar** Катарский реал *(код валюты 634)*, - Катар
**QSK-System** *n* система заданного времени на выполнение отдельных элементов производственного процесса

**Qu., Quartal** квартал *(три месяца)*
**Quadrant** *m* квадрант
**Quadratdiagramm** *n* квадратная диаграмма
**Quadratmeter-Methode** *f* метод статистического учёта продукции с квадратного метра *(в сельскохозяйственном производстве)*
**Qual., Qualität** качество
**qual., qualitativ** качественный; качественно

**Qualifikation** *f* квалификация; аттестация; правовая квалификация *(в международном частном праве)*
**berufliche Qualifikation** производственная квалификация, профессиональная квалификация, деловая квалификация
**Qualifikationsanalyse** *f* анализ уровня квалификации *(напр., бригады, цеха)*
**Qualifikationsgrad** *m* уровень квалификации
**Qualifikationsgruppe** *f* квалификационный разряд

**Qualifikationsmerkmal** n тарифно-квалификационная характеристика

**Qualifikationsniveau** n уровень квалификации

**Qualifikationsstruktur** f структура квалификационных разрядов

**Qualifikationsstufe** f квалификационный разряд

**Qualifikationstaritbuch** n тарифно-квалификационный справочник

**qualifizieren** vt квалифицировать; аттестовать; повышать качество, улучшать

**qualifiziert** квалифицированный

**Qualifizierung** f квалификация; аттестация; повышение качества, улучшение

**abschnittsweise Qualifizierung** последовательное повышение производственной квалификации

**Qualifizierungsaufwand** m затраты на повышение квалификации *(работника)*

**Qualifizierungsplan** m план повышения квалификации

**Qualifizierungsvertrag** m договор *(между предприятием и трудящимся)* о повышении квалификации

**Qualimetrie** f квалиметрия *(количественная оценка качества продукции)*

**Qualität** f качество *(в том числе ценных бумаг или фирм, выпустивших такие бумаги)*, свойство; сорт

**beste Qualität** высший сорт

**feine Qualität** отличное качество

**geringe Qualität** низкое качество

**gute Qualität** доброкачественность

**handelsübliche Qualität** торговое качество

**hochwertige Qualität** высокое качество

**hohe Qualität** высокое качество

**höhere Qualität** повышенная сортность

**mindere Qualität** пониженная сортность

**mittlere Qualität und Güte** торговое качество, обычное среднее качество

**verbesserte Qualität** повышенное качество

**qualitativ** качественный, сортовой, добротный; по качеству, в качественном отношении

**Qualitätsabfall** m снижение качества

**Qualitätsabnahme** f приёмка товара с проверкой его качества

**Qualitätsabschlag** m скидка с цены в случае покупки товара пониженного качества

**Qualitätsabweichung** f отклонение в качестве, отклонение по качеству

**Qualitätsanalyse** f анализ качества, качественный анализ

**Qualitätsänderung** f изменение качества

**Qualitätsanforderung** f требование, предъявляемое к качеству

**Qualitätsanforderungen** f, pl требования, предъявляемые к качеству

**Qualitätsanspruch** m рекламация относительно качества, рекламация по качеству

**Qualitätsarbeit** f качественная работа; квалифицированная работа, квалифицированный труд; изделие высокого качества

**Qualitätsbeanstandung** f рекламация по качеству

**Qualitätsbeherrschung** f текущий контроль производственного процесса *(в статистическом контроле качества)*

**Qualitätsbestimmung** f определение качества

**Qualitätsbeurteilung** f приёмочный контроль *(готовой)* продукции; оценка качества

**Qualitätsbewegung** f движение за высокое качество *(продукции)*

**Qualitätsbewertung** f оценка качества

**Qualitätsbewertungsmerkmal** n критерий оценки качества

**Qualitätsbezeichnung** f обозначение качества

**Qualitätsbrigade** f бригада отличного качества

**Qualitätsdifferenzierung** f дифференциация *(продукции)* по качеству

**Qualitätseinfluss** m влияние качества *(напр., на себестоимость, на цену)*

**Qualitätseinstufung** f классификация по степеням качества, классификация по характеристикам; сортность

**Qualitätselastizität** f эластичность *(напр., цен)* от качества

**Qualitätsentwicklung** f улучшение качества

**Qualitätserhaltung** f поддержание качества, сохранение качества

**Qualitätserhöhung** f повышение качества

**Qualitätserzeugnis** n изделие высокого качества, продукт высокого качества

**Qualitätsexpertise** f экспертиза качества

**Qualitätsfestlegung** f определение качества

**Qualitätsfunktion** f функция торговых предприятий, направленная на улучшение качества товаров

**Qualitätsgarantie** f гарантия качества, обеспечение качества

**qualitätsgemäß** соответствующий установленному качеству

**qualitätsgerecht** соответствующий установленному качеству

**Qualitätsgeschichte** f "история качества" (*в статистическом контроле качества*)

**Qualitätsgrad** m уровень качества

**Qualitätsgutachten** n экспертиза качества, заключение экспертизы о качестве (*товара, фондовых активов и др.*)

**Qualitätskennziffer** f качественный показатель, показатель качества

**komplexe Qualitätskennziffer** комплексный показатель качества

**Qualitätsklausel** f пункт (*договора*) о качестве

**Qualitätsklauseln** f pl условия (*пункты*), предусматривающие качество товара

**Qualitätskontrolle** f контроль качества

**Qualitätskontrolle durch Stichproben** выборочный контроль качества

**betriebliche Qualitätskontrolle** заводской контроль качества

**staatliche Qualitätskontrolle** государственный контроль качества

**statistische Qualitätskontrolle** статистический контроль качества

**totale Qualitätskontrolle** сплошной контроль качества

**Qualitätslage** f уровень качества

**annehmbare Qualitätslage** приемлемый уровень качества

**Qualitätsmangel** m качественный дефект

**Qualitätsmarke** f знак качества

**Qualitätsmaße** n, pl единицы измерения качества

**qualitätsmäßig** соответствующий качеству; в качественном отношении

**Qualitätsmaßstab** m критерий качества, мерило качества

**Qualitätsmerkmal** n признак качества (*в статистическом контроле качества*)

**Qualitätsminderung** f снижение качества

**Qualitätsmuster** n проба, взятая для проверки качества

**Qualitätsniveau** n уровень качества

**Qualitätsnorm** f норма качества, стандарт качества

**Qualitätsparameter** m качественный параметр, параметр, характеризующий качество

**Qualitätsplanung** f планирование качества

**Qualitätsprämie** f премия за качество

**Qualitätsprobe** f контроль качества

**Qualitätsproduktion** f высококачественная продукция

**Qualitätsprüfung** f контроль качества

**Qualitätsrabatt** m скидка при продаже товара пониженного качества, скидка с цены за поставку товара пониженного качества

**Qualitätsregulierung** f управление качеством

**Qualitätsreklamation** f рекламация по качеству, рекламация по поводу качества

**Qualitätsrente** f рента, взимаемая за качество земельных угодий, рента, взимаемая за плодородие земельных угодий

**Qualitätsrisiko** n риск, связанный с качеством товара

**Qualitätssanktionen** f, pl санкции в связи с отклонением в качестве, санкции в связи с отклонением по качеству

**Qualitätssicherung** f гарантия качества, обеспечение качества

**Qualitätssicherungssystem** n система обеспечения качества

**Qualitätsstaffel** f система цен, дифференцированных по качеству однородных товаров

**Qualitätsstandard** m стандарт качества

**Qualitätsstatistik** f статистика качества (*продукции*)

**Qualitätssteigerung** f повышение качества

**komplexe Qualitätssteigerung** комплексное повышение качества

**Qualitätsstreitigkeit** f спор по качеству, спор по поводу качества

**Qualitätsstufe** f ступень качества; категория качества

**Qualitätsstufen** f, pl сортность (*о продукции*)

**Qualitätsswap** m своп с целью улучшения "качества" ценных бумаг

**Qualitätstest** m проверка качества

**Qualitätstypen** m pl (*торговая*) классификация товаров по качеству

**Qualitätsunterschied** m разница в качестве

**Qualitätsuntersuchung** f контроль качества

**Qualitätsverbesserung** f повышение качества, улучшение качества

**Qualitätsvereinbarung** f соглашение по качеству, договорённость по качеству

**Qualitätsverletzung** f нарушение условий по качеству

**Qualitätsverlust** m ухудшение качества

**Qualitätsverlust der Waren** ухудшение качества товаров, порча товаров

**Qualitätsvertragsstrafe** f договорный штраф за отклонения в качестве, договорная неустойка за отклонения в качестве

**Qualitätsvorschrift** f качественная спецификация (*для изготовления продукции*); технические условия

**Qualitätsware** f высококачественный товар, товар высокого качества

**Qualitätswettbewerb** m соревнование за высокое качество

**Qualitätszahl** f коэффициент качества

**Qualitätszertifikat** n сертификат качества, свидетельство о качестве

**Qualitätszeugnis** n сертификат качества, свидетельство о качестве

**Qualitätszuschlag** m надбавка *(к цене)* за улучшенное качество, накидка к цене за поставку товара повышенного качества

**Qualitätszuwachs** m рост качества

**Quant., Quantität** количество

**quant., quantitativ** количественный; количественно

**Quantifikation** f количественная оценка; квантификация, получение количественной оценки

**quantifizierbar** количественно выражаемый, квантифицируемый, поддающийся количественной оценке

**quantifizieren** vt квантифицировать, давать количественную оценку

**Quantifizierung** f квантификация, количественное выражение

**Quantifizierung des Wertes** количественное измерение стоимости

**Quantil** n *мат., стат.* квантиль

**Quantität** f количество

**quantitativ** количественный, количественно, в количественном отношении

**Quantitätsbestimmung** f количественное определение

**Quantitätsfunktion** f функция торговых предприятий, связанная с приведением предложения товаров в соответствие со спросом

**Quantitätsgleichung** f "уравнение обмена" *(по количественной теории денег)*

**Quantitätskennzahl** f количественный показатель

**Quantitätskontrolle** f количественный контроль

**Quantitätstheorie** f **des Geldes** количественная теория денег

**Quantitätszuwachs** m количественный прирост

**Quantum** n количество; сумма; итог; *(денежная)* ставка

**Quarantäne** f карантин, карантинный пункт

**Quarantänegelder** n, pl карантинный сбор

**Quarantänespesen**, pl карантинный сбор

**Quarantänevorschriften** f, pl правила карантинного надзора, карантинные правила

**Quarantänezertifikat** n карантинный сертификат, карантинное свидетельство

**Quartal** n квартал

**Quartalabschluss** m конец квартала; подведение итогов за квартал, квартальный отчёт

**Quartalsabrechnung** f квартальная отчётность

**Quartalsanalyse** f анализ квартальных итогов деятельности, анализ по данным квартальной отчётности; анализ сезонного влияния на движение квартальных данных

**Quartalsbargeldumsatz** m квартальный оборот наличных средств

**Quartalsbargeldumsatzplan** m квартальный план оборота наличных средств

**Quartalsbericht** m (еже)квартальный отчёт

**Quartalsdifferenzierung** f дифференциация по кварталам *(напр., при планировании производства)*

**Quartalskassenplan** m квартальный кассовый план

**Quartalskreditplan** m квартальный кредитный план

**quartalsmäßig** квартальный; поквартально

**Quartalsplan** m квартальный план

**Quartalsumsatz** m оборот за квартал

**quartalsweise** квартальный; поквартально

**Quartalswertung** f подведение итогов работы за квартал; итог работы за квартал

**quartalweise** квартальный; поквартально

**Quartalwertung** f подведение итогов работы за квартал; итог работы за квартал

**Quartil** n *мат., стат.* квартиль

**Quartilsabstand** m *мат., стат.* квартиль

**Quasi-Eigenmittel** pl квазисобственные средства *(накопленные отчисления из прибыли в пенсионные фонды, резервы для выплаты выходных пособий, досрочная амортизация)*

**Quasiliberalisierung** f квазилиберализация

**Quasimonopol** n квазимонополия

**Quasipreis** m квазицена

**Quasirente** f квазирента, дополнительный доход, образующийся в результате более эффективного ведения дела *(имеет временный характер)*

**Quelle** f источник

**Quelle erhöhter Gefahr** источник повышенного риска, источник повышенной опасности

**zweckgebundene Quelle** целевой источник *(напр., финансирования)*

**Quellenbesteuerung** f обложение налогами источников дохода, взимание налогов по принципу: "у источника"; изъятие подоходного налога

**Quellensteuer** f налог на источники дохода

**Querschnittanalyse** f перекрёстный анализ
**Querschnittsberuf** m сквозная профессия
**Querschnittsbrigade** f сквозная бригада
**Querschnittsorgan** n орган в системе управления, выполняющий определённые функции
**Querschnittsprogramm** n программа комплексного развития народного хозяйства
**Querschnittsstichprobe** f стат. поперечное сечение выборки
**Querschnittsuntersuchung** f стат. исследование по методу поперечного сечения
**querschreiben** vt акцептовать (вексель), акцептовать вексель (расписываясь поперёк его левой стороны)
**Quersummenprüfung** f проверка методом итога (по вертикали и горизонтали)
**Querzählwerk** n бухг. счётчик поперечного подсчёта, счётчик для подсчёта итога строки

**quittieren** vt расписываться (в получении чего-л.)
**Quittung** f квитанция, расписка в получении
**Quittungsblock** m квитанционная книжка
**Quittungsgebühr** f квитанционный налог, квитанционный сбор
**Quittungssteuer** f квитанционный налог, квитанционный сбор
**Qulitätssicherung** f обеспечение качества, гарантия качества
**Quotaldeckung** f частичное покрытие (определённая квота, процент бумажных денег обеспечивается золотом), см. Geldkernwährung
**Quotation** f бирж. котировка
**Quotaverfahren** n стат. метод частичного наблюдения по принципу неслучайного отбора
**Quote** f квота, доля, пай, взнос участника объединения (напр., взнос страны в Международный валютный фонд)

**Quotenaktie** f долевая акция, квотативная акция
**Quotenerhöhung** f повышение квот(ы), увеличение квот(ы)
**Quotenheraufsetzung** f повышение квот(ы), увеличение квот(ы)
**Quotenkampf** m борьба между членами картеля за долю в общем сбыте
**Quotenkartell** n контингентированный картель
**Quotenprinzip** n квотативный принцип (налогообложения)
**Quotenrückversicherung** f квотативная перестраховка, квотативное перестрахование
**Quotenstichprobe** f долевая выборка, выборка по группам
**Quotient** m коэффициент; отношение
**quotieren** vt бирж. котировать (сообщать цены продавца и покупателя)
**Quotierung** f котировка
**Quotitätssteuer** f окладной налог, квотативный налог
**Quotitätssteuern** f pl "распределяемые" налоги

# R

**R:**
**R, Rabatt** скидка (с цены)
**R, Rechnung** счёт; расчёт
**"R"-Positionen** f, pl позиции балансов государственного плана, являющиеся контрольными цифрами (бывш. ГДР)
**RA, Runderlaß für Außenwirtschaft** циркуляр по вопросам внешнеэкономических отношений
**Rab, RAB, Rabatt** скидка
**rabaissieren** vt снижать (цену); уценивать (товары)
**Rabatt** m скидка
   **Rabatt auf den Preis** скидка с цены

**Rabatt einräumen** предоставлять скидку
**Rabatt geben** предоставлять скидку
**Rabatt gewähren** предоставлять скидку
**nachträglich vergüteter Rabatt** скидка, предоставляемая задним числом (напр., с оборота за определённый период)
**verschleierter Rabatt** скрытая скидка
**einen Rabatt zugestehen** предоставить скидку с цены
**Rabattbuch** n книжка для наклейки талонов на получение скидки

**Rabattgabe** f предоставление скидки
**Rabattgewährung** f предоставление скидки
**Rabattgruppe** f группа товаров, на цены которых даётся скидка, группа товаров, на цены которых предоставляется скидка
**rabattieren** vt предоставлять скидку
**Rabattkartell** n картельное соглашение о размере предоставляемых скидок, картельное соглашение, предусматривающее согласованные размеры предоставляемых скидок

**Rabattmarke** *f* талон, дающий право на скидку

**Rabattsatz** *m* размер скидки

**Rabattsparmarke** *f* талон, дающий право на скидку

**Rabattsparverein** *m* союз розничных торговцев, предоставляющих покупателям скидки *(на определённых условиях)*

**Rabattverein** *m* союз розничных торговцев, предоставляющих покупателям скидки *(на определённых условиях)*

**RAD, Reichsarbeitsdienst** трудовая повинность *(в фашистской Германии)*

**RAG, Reichsarbeitsgericht** суд по трудовым конфликтам

**Rahmenabkommen** *n* рамочный договор, договор об общих условиях; типовое соглашение, типовой договор,

**Rahmenbedingung** *f pl* рамочные условия, общие условия *(соглашения, кредита)*

**Rahmengesetz** *n* закон, имеющий общий характер, закон, содержащий общие положения *(подлежащие конкретизации в специальных постановлениях)*

**Rahmenkatalog** *m* типовой перечень работ; типовой тарифно-квалификационный каталог

**Rahmenkollektivvertrag** *m* типовой коллективный договор

**Rahmenkredit** *m* рамочный кредит, соглашение об общих условиях кредита

**Rahmenlieferungsabkommen** *n* типовое соглашение о поставках

**Rahmenmerkmal** *n* типовой признак

**Rahmenmethodik** *f* методические указания *(напр., по составлению плана)*; типовая методика

**Rahmennetzplan** *m* укрупнённый сетевой график

**Rahmenordnung** *f* типовой устав, типовое положение

**Rahmenstellenplan** *m* типовое штатное расписание

**Rahmenstrukturplan** *m* типовой структурный план *(учреждения)*

**Rahmentarifvertrag** *m* рамочное тарифное соглашение, тарифное соглашение, содержащее общие условия; типовой коллективный договор о тарифных ставках, типовое тарифное соглашение

**Rahmentechnologie** *f* типовая технология

**Rahmenvertrag** *m* рамочный договор, договор об общих условиях; типовой договор

**Raiffeisen-Spar- und Darlehenskasse** *f* касса кредитования сельского хозяйства "Райфайзен" *(ФРГ, Швейцария)*

**Raiffeisenkasse** *f* касса кредитования сельского хозяйства "Райфайзен" *(ФРГ, Швейцария)*

**RAL, Reichsausschuss für Lieferbedingungen und Gütesicherung** Государственный комитет по условиям поставок и качеству *(ФРГ)*

**Rampe** *f* рампа, наклонный въезд; грузовая платформа; *(вагон)*-платформа

**Ramponage** *f* повреждение товара, порча товара *(часто из-за неудовлетворительной упаковки)*

**ramponieren** *vt* повреждать, портить, приводить в негодность *(товар)*

**RAMPS, Resource Allocation and Multiprojekt Scheduling** (метод) РАМПС *(метод распределения ресурсов и многопрограммного планирования)*

**RAMPS-Verfahren** *n* метод РАМПС, метод распределения ресурсов и многопрограммного планирования, метод распределения и многосетевого планирования ресурсов

**Ramsch** *m* старьё, утиль, хлам; дешёвый товар, бросовый товар; несортовой товар, бракованный товар

**Ramschgeschäft** *n* сделка по купле-продаже дешёвых товаров

**Ramschhandel** *m* торговля старьём, торговля бросовым товаром, торговля бракованными товарами

**Ramschkauf** *m* скупка старья и утильсырья

**Ramschware** *f* дешёвый товар, бросовый товар; бракованный товар, несортовой товар

**Randbedingung** *f* краевое условие, предельное условие

**Randlochkarte** *f* карта с краевой перфорацией

**Randomtafel** *f* *стат.* таблица случайных чисел

**Randschrift** *f* гуртовая надпись *(на монете)*

**Rang** *m* степень; класс; разряд; *юр.* очерёдность; *мат.* ранг

**Rangänderung** *f* изменение очерёдности *(в кадастре)*

**Range** *f* *англ.* ряд портов *(определённого района с названием первого и последнего)* с едиными фрахтовыми ставками

**Range** пределы изменения цены *(зафиксированные в контракте или другом документе)*

**Range-Zuschlag** *m* надбавка к фрахтовой ставке за доставку до промежуточного порта

**Rangehafen** *m* порт в ряду портов с едиными фрахтовыми ставками

**Rangfolge** *f* степень, класс, разряд, ранг; очерёдность, ранжирование; предпочтение, ранжировка, приоритет

**Rangierbahnhof** *m* сортировочная станция

**Rangierberg** *m* сортировочная горка

**rangieren** *vt* формировать поезда, составлять поезда; ранжировать, переставлять на другой путь; упорядочивать данные *(напр., фиксировать их значения в порядке убывания)*

**Rangierstation** *f* сортировочная станция

**Rangklasse** *f* класс очерёдности *(при удовлетворении требований конкурсных кредиторов)*

**Rangklausel** *f* класс очерёдности *(при размещении конкурсных кредитов)*

**Rangkorrelation** *f* *стат.* корреляция рангов

**Rangkorrelationskoeffizient** *m* *стат.* коэффициент корреляции рангов

**Rangordnung** *f* порядок; субординация; порядок предпочтения; ранжирование

**volkswirtschaftliche Rangordnung** порядок предпочтения, устанавливаемый в зависимости от народнохозяйственных задач *или* целей *(при выборе оптимального варианта плана)*

**Rangordnungsmerkmal** *n* признак рангов *(при статистическом контроле качества)*

**Rangordnungsverfahren** *n* установление порядка очерёдности, ранжирование; установление порядка отчётности

**Rangtest** *m* ранговый критерий

**Rangverhältnis** *n* *юр.* очерёдность

**Rapport** *m* отчёт

**Rarität** *f* редкость, редкостная вещь, редкая антикварная вещь, раритет; предмет, представляющий коллекционную ценность

**Rat** *m* совет *(указание, рекомендация)*; совет *(коллегиальный орган)*

**Rat der Europäischen Handelsföderationen** Совет европейских торговых федераций

**Rat der Europäischen Industrie-Verbände** Совет европейских промышленных федераций

**Rat für Gegenseitige Wirtschaftshilfe** *истор.* Совет Экономической Взаимопомощи, СЭВ

**Rat für landwirtschaftliche Produktion und Nahrungsgüterwirtschaft** Совет по вопросам сельскохозяйственного производства и переработке сельскохозяйственной продукции

**geschäftsführender Rat** руководящий совет

**geschäftsführender Rat** производственно-технический совет

**technischökonomischer Rat** технико-экономический совет

**Rate** *f* ставка; норма; часть, доля; взнос *(при платеже в рассрочку)*, частичный платёж, частичный взнос; темп, индекс *(роста)*

**Rate** рыночный курс *(напр., пропорции обмена валют)*

**Rate der Verwertung** норма возрастания стоимости

**Rate der Warenumschlagsgeschwindigkeit** норма оборачиваемости товаров

**Rate des Mehrprodukts** норма прибавочного продукта

**Rate des Mehrwerts** норма прибавочной стоимости

**Rate des Zinsfußes** норма процента

**offene Rate** открытая фрахтовая ставка *(формирующаяся в зависимости от спроса и предложения тоннажа)*

**auf Raten kaufen** покупать в рассрочку

**in Raten erwerben** приобретать в рассрочку

**in Raten zahlen** платить в рассрочку

**rate cutting** *англ.* снижение цен и курсов *(в том числе фрахтовых ставок)*

**Ratenanleihe** *f* заём, погашаемый путём последующих регулярных *(частичных)* выплат

**Ratenanstieg** *m* повышение ставок, рост ставок

**Ratenerhöhung** *f* повышение ставок, рост ставок

**Ratengeschäft** *n* сделка по продаже *(товара)* в рассрочку

**Ratenhandel** *m* торговля в рассрочку

**Ratenkauf** *m* покупка в рассрочку

**Ratenschulden** *f pl* задолженность за товар, купленный в рассрочку

**Ratentermin** *m* срок уплаты очередного взноса

**Ratentilgung** *f* погашение *(долга)* в рассрочку

**Ratenverkauf** *m* продажа в рассрочку

**Ratenverschuldung** *f* задолженность за товар, купленный в рассрочку

**Ratenwechsel** *m* вексель, погашаемый частями

**ratenweise** в рассрочку, отдельными взносами, по частям

**Ratenzahlung** *f* уплата в рассрочку, уплата отдельными взносами

**auf Ratenzahlung verkaufen** продавать в рассрочку

**in Ratenzahlung erwerben** приобретать в рассрочку

**in Ratenzahlung kaufen** покупать в рассрочку

**Ratenzahlungskredit** *m* кредит, погашаемый частями

**Ratifikationsklausel** *f* статья, предусматривающая порядок ратификации *(договора, соглашения)*

**Ratifikationsurkunde** *f* ратификационная грамота

**Ratifizierung** *f* ратификация, утверждение

**Ration** *f* рацион; паёк

**rational** рациональный; разумный; целесообразный, обоснованный

**Rationalisatorenbewegung** *f* движение рационализаторов, движение новаторов *(бывш. ГДР)*

**Rationalisatorenpaß** *m* паспорт рационализатора *(бывш. ГДР)*

**rationalisieren** *vt* рационализировать

**Rationalisierung** *f* рационализация

**Rationalisierungsaufgabe** *f* задание по рационализации

**Rationalisierungsausschuss der Deutschen Wirtschaft** Комитет рационализации экономики *(ФРГ)*

**Rationalisierungsdruck** *m* давление на трудящихся, оказываемое проведением в жизнь мероприятий по рационализации

**Rationalisierungseffekt** *m* эффект от рационализации, эффект, обеспечиваемый рационализацией *(напр., технологического процесса)*

**Rationalisierungsfonds** *m* фонд рационализации

**Rationalisierungsgemeinschaft** Общество рационализации промышленного производства *(ФРГ)*

**Rationalisierungsgemeinschaft des Handels** Общество рационализации торгового дела *(ФРГ)*

**Rationalisierungsinvestition** *f* капиталовложение на проведение рационализации основных фондов; капиталовложения, направляемые на более рациональную организацию *(напр., производства)*

**Rationalisierungskonzeption** *f* концепция *(комплексной)* рационализации *(бывш. ГДР)*

**Rationalisierungskredit** *m* кредит на внедрение новой техники и модернизацию оборудования; кредит на проведение рационализации *(производства)*; целевой кредит *(напр., ссуда на модернизацию производства)*

**Rationalisierungskuratorium der Deutschen Wirtschaft** Кураториум по проблемам рационализации экономики ФРГ

**Rationalisierungsmaßnahme** *f* мероприятие в области рационализации, мероприятие по рационализации

**Rationalisierungsmittel** *n, pl* средства рационализации

**Rationalisierungsvorschlag** *m* рационализаторское предложение, предложение, предусматривающее более рациональную организацию *(напр., производства)*

**Rationalisierungswesen** *n* рационализаторство

**Rationalprinzip** *n* принцип рациональности

**rationell** рациональный, разумный; целесообразный; экономичный

**rationeller Einsatz** *m* экономичное применение; рациональное использование

**rationelles Produktionslos** *n* экономичная серия; оптимальная серия

**Rationenpreis** *m* цена рационируемого товара

**rationieren** *vt* устанавливать рацион, устанавливать норму выдачи, рационировать; вводить карточки *(на товары)* вводить карточную систему, переходить к рационированию товаров

**Rationierung** *f* рационирование, установление рациона, установление нормы выдачи; карточная система *(в торговле)*

**Raubbau** *m* хищническая разработка *(месторождения)*; хищническая эксплуатация

**Raubkopie** *f* пиратская копия

**Raubprofit** *m* сверхприбыль

**Rauchwaren** *pl* пушнина, пушной товар, меха

**Rauchwarenauktion** *f* пушной аукцион

**Rauchwarenhandel** *m* торговля пушниной

**Rauhgewicht** *n* общий вес *(напр., сплава металлов, монеты)*

**Raum** *m* пространство; место; ёмкость, вместимость; объём; тоннаж; помещение; трюм; район, местность место

**industriell genutzter Raum** производственное помещение

**Raumausnutzung** *f* использование площадей *(напр., складских)*

**Raumbedarf** *m* потребность в площади

**Raumcharter** *m* чартер, чартер-партия *(на фрахтование определённого тоннажа)*

**Raumeinheit** *f* единица объёма

**räumen** *vt* ликвидировать, продавать *(складские запасы)*, распродавать *(складские запасы)*

**Raumentlüfter** *m* вытяжное устройство помещения *(склада, хранилища)*

**Raumfracht** *f* чартер, чартер-партия *(на фрахтование определённого тоннажа)*

**Raumgehalt** *m* вместимость, ёмкость; объём; тоннаж; кубатура

**Raumgewicht** *n* объёмный вес

**Rauminhalt** *m* вместимость, ёмкость; объём; тоннаж; кубатура

**Rauminhalt eines Schiffes** вместимость судна

**spezifischer Rauminhalt** удельный объём

**raumintensiv** пространствоёмкий *(об отрасли промышленности, напр., о сельском хозяйстве)*

**Raumklimagerät** *n* устройство кондиционирования помещения

**Raumkosten** *pl* затраты на содержание *(складских и проч.)* помещений

**Raumladung** погрузка в трюм; трюмный груз

**Räumlichkeit** *f* помещение; вместимость; объём, ёмкость

**raummäßig** по объёму

**Raummeter** *n m* складочный кубический метр

**Raumordnung** *f* землеустройство

**Raumordnungsplan** *m* план землеустройства

**Raumplanung** *f* планирование размещения производственных помещений и установок

**Raumpolitik** *f* политика регионального развития

**Raumprogramm** *n* реестр помещений торгового предприятия *(с их характеристикой)*

**raumsparend** компактный, малогабаритный

**Raumtarif** *m* морской грузовой тариф *(на основе которого фрахт исчисляется с учётом используемого объёма трюма)*

**Räumte** *f* грузовместимость; трюм

**Raumtemperatur** *f* комнатная температура *(при хранении)*

**raumüberwindend** "сокращающий расстояние" *(об отрасли промышленности. напр., о транспорте)*

**Räumung** *f* ликвидация, распродажа *(складских запасов)*; освобождение, очистка

**Räumungsausverkauf** *m* окончательная распродажа

**Räumungspreis** *m* цена по случаю распродажи

**Räumungsverkauf** *m* *(окончательная)* распродажа

**Raumverladung** *f* грузы, погружаемые под палубой, трюмные грузы

**RaumverSchluss** *m* запирание, оформляемое таможенной пломбой *(вагонов, трюмов и т.п.)*

**Raumwirtschaftstheorie** *f* теория ведения крупнотерриториального хозяйства

**RAW, Rationalisierungsausschuss der Deutschen Wirtschaft** Комитет по проблемам рационализации экономики ФРГ

**RAWA-Police** *f* страховой полис на товары, проданные в рассрочку

**rayonieren** *vt* делить на районы, районировать; распределять по карточкам

**Rba, Reichsbahnbetriebsamt** Управление эксплуатации государственных железных дорог *(бывш. ГДР)*

**RBD, Reichsbahnbaudirektion** Дирекция строительства государственных железных дорог *(бывш. ГДР)*

**Rbk, Reichsbank** *ист.* имперский банк, рейхсбанк *(государственный банк Германии до 1945 г.)*

**rd., rund** приблизительно, около

**r.d.A., zu den Akten** к делу *(канцелярская пометка)*

**R.D.C., running down clause** условие об ответственности страховщика за убытки застрахованного судна в результате его столкновения с другими судами

**RDM, Ring Deutscher Makler für Immobilien, Hypotheken und Finanzierungen** Объединение немецких маклеров по недвижимости, ипотекам и финансированию *(ФРГ)*

**RDV, Reichsverband Deutscher Volks- und Betriebswirte** Объединение немецких экономистов и инженеров по организации производства

**RE:**

**RE, Rechnungs-Einheit** условная расчётная единица *(Европейского платежного союза)*

**RE, Rechnungseinheit** расчётная единица

**RE, Reineinkommen** чистый доход

**Re., Rimesse** римесса

**RE-Kredit** *m* кредит, предоставленный в рамках акцептной формы расчётов

**RE-Verfahren** *n* метод акцептного расчёта, акцептная форма расчётов

**Readjustment** *англ.* корректировка *(напр., фрахтовой ставки, может использоваться также для обозначения индексирования обязательств)*

**ready cash** *англ.* наличные деньги

**ready cash** платёж в течение пяти дней

**Realakkumulation** f накопление в материально-вещественной форме

**Realbesitz** m реальная собственность, фактическая собственность, реальное владение, фактическое владение; недвижимое имущество, недвижимость

**Realeinkommen, verbrauchswirksames** реальный доход, содействующий росту потребления

**Realgarantie** f реальная гарантия

**Realien,** pl реалии, факты, сведения; реальная действительность действительные ценности

**realignment** англ. урегулирование валютного курса (напр., пересмотр центральных курсов в рамках Европейской валютной системы)

**Realisationsprinzip** n принцип реализации

**Realisationstheorie** f теория реализации

**Realisationswert** m продажная стоимость

**realisierbar** реальный, осуществимый, выполнимый ; могущий быть реализованным, могущий быть проданным, реализуемый

**Realisierbarkeit** f реальность, осуществимость, выполнимость; возможность реализации, возможность продажи, реализуемость, возможность обращения в деньги

**realisieren** vt реализовать, осуществить, выполнить; реализовать, продавать, обращать в деньги

**Realisierung** f реализация, осуществление, выполнение; реализация, продажа

**Realisierung des gesellschaftlichen Gesamtprodukts** реализация совокупного общественного продукта

**Realisierungsbedingungen** f, pl условия реализации

**Realisierungsfrist** f срок реализации

**Realisierungskosten,** pl затраты на реализацию готовой продукции, расходы на реализацию готовой продукции, издержки на реализацию готовой продукции

**Realisierungsmethode** f метод реализации

**Realisierungsrisiko** n риск, связанный с реализацией товара

**Realisierungsschwierigkeiten** f, pl затруднения в реализации

**Realisierungstermin** m срок реализации

**Realisierungstheorie** f теория реализации

**Realisierungsvereinbarung** f договор о реализации изобретений, договор о реализации рационализаторских предложений, договор о внедрении в производство изобретений, договор о внедрении в производство рационализаторских предложений

**Realisierungsweg** m движение товара по сбытовой цепочке

**Realitätenvermittler** m австр. маклер по продаже земельных участков

**Realkapital** n реальный капитал, совокупность используемых материальных ресурсов

**Realkauf** m покупка (за наличные) с одновременным получением товара

**Realkontrakt** m юр. реальный контракт, реальный договор

**Realkredit** m кредит под залог реальных ценностей (напр., товаров, ценных бумаг); обеспеченный кредит; вещный кредит; кредит под залог недвижимого имущества, ипотечный кредит

**Realkreditinstitut** n кредитное учреждение, предоставляющее ипотечные ссуды, ипотечный банк

**Reallast** f поземельный налог

**Reallohn** m реальная заработная плата (расчётный показатель, учитывающий изменения покупательной способности денег)

**Reallohnindex** m индекс реальной заработной платы

**Realobligation** f закладная (документ)

**Realpfandrecht** n ипотечное право

**Realpreis** m реальная цена, фактическая цена

**Realprodukt** n реальный продукт

**Realrecht** n вещное право

**Realsicherheit** f обеспечение недвижимостью

**Realsteuer** f прямой налог (напр., подоходный, поземельный)

**Realsteuern** f pl прямые налоги (чаще всего, на недвижимое имущество); см. Objektsteuern

**Realteilung** f раздел (наследственного) земельного участка между наследниками

**Realvertrag** m юр. реальный договор, реальный контракт

**Realwert** m реальная стоимость, фактическая стоимость (в отличие от номинальной суммы)

**Realzins** m доход от инвестированного капитала, исчисленный по действующему курсу; доход от ценных бумаг, исчисленный по действующему курсу; фактический процент от ценных бумаг, см. Rendite

**Reassekuranz** f перестраховка

**rec., receipt** квитанция

**recd., received** полученный

**Rechenablauf** *m* вычислительный процесс, процесс вычислений

**Rechenanlage** *f* вычислительная машина, ВМ; ЭВМ, электронная вычислительная машина; вычислительное устройство; вычислитель; компьютер; счётная машина; счётно-решающее устройство

**analoge Rechenanlage** аналоговая ВМ, АВМ

**arbeitende Rechenanlage** активная ВМ

**compatible Rechenanlage** совместимая ВМ

**dezentralisierte Rechenanlage** децентрализованная вычислительная система

**digitale Rechenanlage** цифровая вычислительная машина, ЦВМ

**digitale elektronische Rechenanlage** электронная цифровая ВМ, ЭЦВМ

**druckende Rechenanlage** ВМ с печатью; счётно-решающее устройство с выводом на печать

**elektronische Rechenanlage** электронная вычислительная машина, ЭВМ

**externe Rechenanlage** внешняя ВМ; периферийная ВМ

**hybride Rechenanlage** гибридная ВМ; аналого-цифровая ВМ

**IBM-compatible Rechenanlage** *IBM* совместимая ВМ

**kleine Rechenanlage** малая ВМ, ВМ небольшой производительности

**kommerzielle Rechenanlage** ВМ для коммерческих расчётов

**kompatible Rechenanlage** совместимая ВМ

**mikroprozessorbasisbezogene Rechenanlage** микропроцессорная ВМ, ВМ на базе микропроцессора, микро-ЭВМ

**programmgesteuerte Rechenanlage** ВМ с программным управлением

**tastatur-orientierte Rechenanlage** ВМ с управлением от клавиатуры

**zentrale Rechenanlage** центральная ВМ *(в многомашинном комплексе)*; ЦВМ

**Rechenautomat** *m* автоматическое вычислительное устройство; вычислительный автомат; автоматическая вычислительная машина

**programmgesteuerter Rechenautomat** программируемый вычислительный автомат

**Rechenbefehl** *m* команда на проведение вычислительных операций

**Rechenbetrieb** *m* фабрика механизированного учёта

**Rechenbrett** *n* счётная доска ж.; счёты мн.

**Recheneinheit** *f* арифметическое устройство, АУ *(вычислительной машины)*

**Rechenkontrolle** *f* контроль вычислений

**Rechenkosten,** *pl* стоимость вычислительных работ, затраты на вычислительные работы, расходы на вычислительные работы, издержки на вычислительные работы

**Rechenlocher** *m* счётно-перфорационное устройство

**Rechenmaschine** *f* вычислительная машина, ВМ; счётная машина, арифмометр

**Rechenmethode** *f* метод расчёта, алгоритм расчёта

**numerische Rechenmethode** численный метод расчёта

**Rechenoperation** *f* арифметическая операция, арифметическое действие

**Rechenpreis** *m* стоимостный показатель

**Rechenprogramm** *n* программа вычислений; программа для вычислительной машины, машинная программа

**Rechenschaft** *f* отчёт

**Rechenschaftslegung** *f* отчёт; отчётность

**rechenschaftspflichtig** подотчётный, обязанный отчитываться

**Rechenstation** *f* машиносчётная станция; вычислительный центр, ВЦ

**Rechentabelle** *f* расчётная таблица

**Rechentafel** *f* расчётная таблица

**Rechentechnik** *f* вычислительная техника

**Rechenverfahren** *n* метод вычислений

**Rechenwerk** *n* арифметическое устройство, АУ *(вычислительной машины)*

**Rechenzeit** *f* продолжительность вычислений, время вычислений

**Rechenzentrum** *n* вычислительный центр, ВЦ

**Rechnen** *n* счёт; вычисления; арифметика

**kaufmännisches Rechnen** торговые подсчёты; коммерческая арифметика; коммерческие расчёты

**rechnen** *vi* считать, вычислять рассчитывать на *что-л*; считаться с *чем-л.*, принимать в расчёт, учитывать; предвидеть ожидать, надеяться

**Rechner** *m* калькулятор

**Währungsrechner** валютный калькулятор (для быстрого пересчёта курса валют)

**Rechnerausfallzeit** *f* время простоя вычислительной машины

**Rechnerkomplex** *m* вычислительный комплекс; ВК

**Rechnung** *f* вычисление; расчёт; учёт; подсчёт; счёт *(документ)*, фактура; счёт *(в банке)*; *(финансовый)* отчёт

**Rechnung in zweifacher Ausfertigung** счёт в двух экземплярах

**Rechnung mit Abzug von ... %** счёт со скидкой на ... %

**analytische Rechnung** *бухг.* аналитический счёт

**endgültige Rechnung** итоговый счёт

**fällige Rechnung** счёт, срок платежа по которому наступил

**fingierte Rechnung** фиктивный счёт

**laufende Rechnung** текущий счёт

**neue Rechnung** *бухг.* перенос сальдо истекшего года в бухгалтерские счета следующего *(наступившего)* года; перенос сальдо истекшего года в отчётность наступившего года

**offene Rechnung** открытый счёт; неоплаченный счёт

**prospektive Rechnung** *сет. пл.* отсчёт времени от исходного события сети

**provisorische Rechnung** временный счёт; предварительный счёт

**retrograde Rechnung** *сет. пл.* отсчёт времени от завершающего события сети

**spezifizierte Rechnung** счёт-спецификация, фактура-спецификация

**synthetische Rechnung** *бухг.* синтетический счёт

**unabgemachte Rechnung** неоплаченный счёт

**vorläufige Rechnung** предварительный счёт

**auf die Rechnung setzen** *бухг.* отнести на счёт

**auf eigene Rechnung** за свой счёт

**auf Rechnung** за счёт

**für Rechnung** за счёт

**eine Rechnung ausgleichen** оплатить счёт, оплачивать счёт

**eine Rechnung ausstellen** выписать счёт, оплачивать счёт

**eine Rechnung begleichen** оплатить счёт, оплачивать счёт

**eine Rechnung bezahlen** оплатить счёт, оплачивать счёт

**eine Rechnung erledigen** оплатить счёт, оплачивать счёт

**für eigene Rechnung und Gefahr** на свой страх и риск

**für gemeinschaftliche Rechnung** за общий счёт

**Handelsrechnung** счёт-фактура, фактура

**Proformarechnung** счёт-проформа

**Rechnungsabgrenzung** *f бухг.* разграничение затрат и поступлений между смежными отчётными периодами

**aktive Rechnungsabgrenzung** разграничение затрат между смежными отчётными периодами

**passive Rechnungsabgrenzung** разграничение поступлений между смежными отчетными периодами

**Rechnungsabgrenzungsposten** *m pl* статьи, разграничивающие учёт затрат и поступлений между отчётными периодами; разделение расходов между данным периодом и последующим временем

**aktive Rechnungsabgrenzungsposten** статьи, разграничивающие учёт затрат между смежными отчётными периодами

**passive Rechnungsabgrenzungsposten** статьи, разграничивающие учёт поступлений между смежными отчётными периодами

**Rechnungsabschluss** *m* заключение счетов; сальдирование; заключительный баланс

**Rechnungsabschrift** *f* копия счёта

**Rechnungsanfertigung** *f* оформление счёта, выписка счёта

**Rechnungsart** *f* способ исчисления, способ расчёта

**Rechnungsausfertigung** *f* выставление счёта, выписка счёта; экземпляр счёта

**Rechnungsausgangsbuch** *n* книга регистрации выписанных счетов

**Rechnungsausgleich** *m бухг.* выведение сальдо, сальдо

**Rechnungsausstellung** *f* выставление счёта, выписка счёта

**Rechnungsauszug** *m* выписка из счёта

**Rechnungsbeleg** *m бухг.* подтверждающий документ, прилагаемый к счёту, оправдательный документ к счёту

**Rechnungsbetrag** *m* сумма счёта; фактурная сумма, фактурная стоимость

**Rechnungsbuch** *n* счётная книга, фактурная книга, книга счетов

**Rechnungsdefizit** *n* дебетовое сальдо по счёту; кассовый дефицит, превышение расходов *(выплат наличных денег)* над поступлениями

**Rechnungseingangsbuch** *n бухг.* книга регистрации поступающих счетов поставщиков

**Rechnungseingangsjournal** *n бухг.* журнал поступающих счетов поставщиков

**Rechnungseingangskonto** *n бухг.* счёт поступивших счетов поставщиков

**Rechnungseinheit** *f* счётная единица; расчётная единица; условная расчётная единица *(Европейского платёжного союза)*

**Rechnungseinzugsverfahren** *n* метод акцептного расчёта, акцептная форма расчётов
**Rechnungserteilung** *f* представление счёта *(к платежу)*
**Rechnungsführung** *f* счетоводство, бухгалтерия; учёт
 **analytische Rechnungsführung** аналитический учёт
 **gesamtstaatliche Rechnungsführung** общегосударственный учёт
 **innerbetriebliche wirtschaftliche Rechnungsführung** внутризаводской хозяйственный расчёт
 **synthetische Rechnungsführung** синтетический учёт
 **Rechnungsführung über Arbeitszeit und Lohn** учёт труда и заработной платы
 **Rechnungsführung über den Kassenverkehr** учёт кассовых операций
 **Rechnungsführung über die unvollendete Produktion** учёт незавершённого производства
 **vollständige wirtschaftliche Rechnungsführung** полный хозяйственный расчёт
 **wirtschaftliche Rechnungsführung** хозяйственный расчёт, хозрасчёт
 **mit wirtschaftlicher Rechnungsführung** хозрасчётный
**Rechnungsgang** *m* вычислительный процесс, процесс вычислений
**Rechnungsgebarung** *f австр.* финансовая деятельность; практика учёта
**Rechnungsgrundlagen** *f pl* основы вычислений, основы расчётов; основы исчисления
**Rechnungsjahr** *n* бюджетный год; отчётный год; (отчётный) хозяйственный год
**Rechnungslegung** *f* отчётность; представление отчёта
**rechnungsmäßig** расчётный, находящий отражение в системе счетов
**Rechnungsmonat** *m* отчётный месяц
**Rechnungsnummer** *f* номер счёта
**Rechnungsperiode** *f* отчётный период
**Rechnungsposition** позиция счёта
 **kumulative Rechnungsposition** позиция счёта нарастающим итогом; кумулятивная позиция счёта
**Rechnungsposten** *m* бухгалтерская статья, статья учёта
**Rechnungspreis** *m* фактурная цена (указываемая в счёте, счёте-фактуре, накладной); цена в соответствии со счётом-фактурой
**Rechnungsprüfer** *m* ревизор, проверяющий бухгалтерскую отчётность; аудитор
**Rechnungsprüfung** контроль счетов, проверка счетов; ревизия отчётности; аудит
**Rechnungsquartal** *n* отчётный квартал
**Rechnungsüberschuss** *m* кредитовое сальдо по счёту
**Rechnungswesen** *n* счетоводство; учёт; отчётность
 **betriebliches Rechnungswesen** производственный учёт *(может включать годовой баланс, анализ издержек, производственную статистику, финансирование)*
 **industrielles Rechnungswesen** промышленный учёт и отчётность
 **volkswirtschaftliches Rechnungswesen** народнохозяйственный учёт и отчётность
**Recht** *n* право; закон; законность
 **abgeleitetes Recht** производное право
 **absolutes Recht** абсолютное право
 **aktives Recht** активное право
 **akzessorisches Recht** акцессорное право; производное право; право, вытекающее из другого права
 **alleiniges Recht** монопольное право
 **allgemeingültiges Recht** общее право; общепринятое право; общеобязательное право
 **angeborenes Recht** прирождённое право, право по рождению
 **angemaßtes Recht** самовольно присвоенное право
 **angeworbenes Recht** благоприобретённое право; приобретённое право
 **auf ein Recht verzichten** отказываться от права
 **ausländisches Recht** иностранное право
 **ausschließliches Recht** исключительное право; монопольное право; привилегия
 **bedingtes Recht** условное право
 **bedingtes subjektives Recht** условное субъективное право
 **beschränktes Recht** ограниченное право
 **bürgerliches Recht** гражданское право
 **dingliches Recht** вещное право
 **diskretionäres Recht** дискреционное право
 **dispositives Recht** диспозитивное право
 **eingetragenes Recht** зарегистрированное право
 **erworbenes Recht** благоприобретённое право
 **formelles Recht** формальное право
 **geltendes Recht** действующее право
 **gemeinsames Recht** совместное право

**gesetzliches Recht** законное право; право, записанное в законе
**internationales öffentliches Recht** международное публичное право
**interterritoriales Recht** межтерриториальное право; право, регулирующее коллизии между правовыми нормами различных членов федеративного государства
**kanonisches Recht** каноническое право
**kodifiziertes Recht** кодифицированное право
**legitimes Recht** законное право; легитимное право
**materielles Recht** материальное право
**nachgiebiges Recht** правовые положения, которые могут быть изменены по соглашению сторон
**nicht übertragbares Recht** непередаваемое право
**obligatorisches Recht** обязательственное право
**öffentliches Recht** публичное право
**örtliches Recht** местное право
**persönliches Recht** личное право
**privates Recht** частное право
**prozessuales Recht** процессуальное право
**regionales Recht** региональное право
**relatives Recht** относительное право
**subjektives Recht** субъективное право
**subsidiäres Recht** субсидиарное право, дополняющее право, вспомогательное право
**übertragbares Recht** передаваемое право
**unabdingbares Recht** неотъемлемое право
**ungeschriebenes Recht** неписаное право
**unübertragbares Recht** непередаваемое право
**unveräußerliches Recht** неотчуждаемое право
**unverjährbares Recht** право, не подлежащее действию давности
**verbrieftes Recht** зафиксированное право, узаконенное право *(напр., на владение вещью)*; право, подтвержденное документом
**vortretendes Recht** преимущественное право
**wohlerworbenes Recht** благоприобретенное право
**zeitlich beschränktes Recht** право, ограниченное во времени
**zwingendes Recht** императивное право *(не может быть изменено соглашением сторон)*; обязательная правовая норма
**Recht auf Arbeit** право на труд
**Recht auf Erholung** право на отдых
**Recht auf materielle Versorgung** право на материальное обеспечение
**Recht der Ersitzung** право давности
**Recht "der ersten Hand"** право "первой руки"
**Recht der Exterritorialität** право экстерриториальности
**Recht der internationalen Wirtschaftsbeziehungen** правовые нормы, регулирующие международные экономические отношения
**das Recht auf** *etw.* **haben** иметь право на *(что-л.)*
**das Recht ausüben** воспользоваться правом
**das Recht einräumen** предоставить право
*(jmds.)* **Recht wahrnehmen** защищать *(чьё-л.)* право
**sich das Recht vorbehalten** оставлять за собой право

**rechtlich** правовой, юридический; законный; честный, справедливый
**rechtlich** юридически, с точки зрения права
**rechtlich verpflichtet** правообязанный
**rechtlos** бесправный; незаконный
**rechtmäßig** законный, легальный
**Rechtsabteilung** *f* юридический отдел
**Rechtsakt** *m* юридический акт, правовой акт
**Rechtsanspruch** *m* претензия; правопритязание, правовое притязание; притязание, основанное на праве
**Rechtsansprüche,** *pl* претензии (мн.ч.)
**Rechtsanwalt** *m* адвокат; защитник
**Rechtsanwaltbüro** *n* адвокатское бюро; адвокатская контора
**Rechtsanwaltsbüro** *n* адвокатское бюро; адвокатская контора
**Rechtsanwaltschaft** *f* адвокатура
**Rechtsanwaltsgebühr** *f* вознаграждение адвокату
**Rechtsanwaltskammer** *f* адвокатская камера; адвокатская палата *(орган самоуправления адвокатуры)*
**Rechtsausübung** *f* осуществление права
**Rechtsberater** *m* юрисконсульт
**Rechtsbeschwerde** *f* жалоба *(в суд)*
**Rechtsfähigkeit** *f* правоспособность
**allgemeine Rechtsfähigkeit** общая правоспособность
**prozessuale Rechtsfähigkeit** процессуальная правоспособность
**Rechtsfall** *m* юридический случай

**Rechtsform** *f* правовая форма, юридическая форма
**Rechtsgeschäft** *n* правовая сделка *(направленная на изменение правовых отношений)*, юридическая сделка
**dissimuliertes Rechtsgeschäft** диссимулированная юридическая сделка *(юридическая сделка, прикрываемая фиктивной сделкой)*
**drückendes Rechtsgeschäft** кабальная юридическая сделка
**einseitiges Rechtsgeschäft** односторонняя юридическая сделка
**fiduziarisches Rechtsgeschäft** фидуциарная юридическая сделка
**gesetzwidriges Rechtsgeschäft** противозаконная юридическая сделка
**simuliertes Rechtsgeschäft** фиктивная юридическая сделка
**rechtsgültig** законный, имеющий законную силу, имеющий юридическую силу
**Rechtshandlung** *f* юридический акт, правовой акт
**Rechtskosten,** *pl* судебные издержки
**Rechtskraft** *f* законная сила *(судебного решения)*
**Rechtskraft erlangen** получить силу закона
**rechtskräftig** имеющий законную силу
**Rechtslage** *f* правовое положение, правовой статус
**Rechtsmängelhaftung** *f* юр. гарантия продавца в том, что объект купли-продажи свободен от долговых обязательств и не находится в собственности третьих лиц

**Rechtsmittel** *n* кассационная жалоба, обжалование
**Rechtsmittel** *n pl* юр. кассационная жалоба *(об отмене вышестоящей инстанцией решения нижестоящей инстанции)*; апелляция *(средство пересмотра не вступившего в силу постановления)*
**Rechtsnachfolge** *f* правопреемство
**Rechtsnachfolger** *m* правопреемник
**Rechtsnorm** *f* правовая норма
**Rechtsobjekt** *n* объект права
**Rechtspersönlichkeit** *f* юридическое лицо
**Rechtsregelung** *f* правовое регулирование
**Rechtsschutz** *m* юридическая защита, правовая защита
**gewerblicher Rechtsschutz** защита предпринимательских прав; охрана промышленных прав *(напр., на товарные знаки, патенты, образцы изделий)*
**Rechtssicherheit** *f* гарантия соблюдения законности
**Rechtsstatus** *m* правовой статус, правовое положение
**Rechtsstellung** *f* правовое положение, правовой статус
**Rechtssubjekt** *n* субъект права, носитель права
**Rechtsträger** *m* субъект права, носитель права, обладатель права
**Rechtsträgerschaft** *f*, **nutznießende** право землепользования
**Rechtstreit** *m* тяжба
**Rechtstreit** судебный процесс
**Rechtstreit** гражданский судебный спор
**rechtsungültig** незаконный, не имеющий законной силы, не имеющий юридической силы

**Rechtsverhältnisse** *n, pl* правовые отношения (мн.ч.)
**Rechtsverkehrssteuer** *f* налог за совершение сделок *(связанных, напр. с переходом имущества от одного лица к другому)*
**Rechtsverletzer** *m* правонарушитель; нарушитель действующего законодательства
**Rechtsvorschrift** *f* законоположение
**Rechtsweg** *m* судебное рассмотрение дела *(в отличие от административного)*
**unter AusSchluss des Rechtsweges** во внесудебном порядке
**rechtswidrig** противозаконный, незаконный, неправомерный
**rechtswirksam** имеющий законную силу, имеющий юридическую силу, законный
**rechtszuständig** подсудный, подпадающий под юрисдикцию
**Rechtübertragung** *f* передача прав, передача полномочий
**rechtzeitig** своевременно, вовремя, в назначенное время
**rechtzeitig** своевременный
**rechtzeitig ankommen** вовремя прийти; вовремя прибыть
*die* **Zahlungen erfolgen rechtzeitig** платежи производятся своевременно
**Recycling** *n англ.* рециклирование, вторичное использование ресурсов
**Recycling** рециклирование нефтедолларов *(привлечения в промышленно развитые страны резко возросших в 70-е годы доходов нефтеэкспортирующих государств)*

**Red Clause** f англ. красная оговорка *(условие аккредитива, согласно которому банк соглашается выплатить авансом часть суммы аккредитива против представления вместо коносамента)*

**Red Clause** красная оговорка *(оговорка Объединения лондонских страховщиков, напечатанная красным шрифтом и приклеиваемая к страховому полису)*

**redeemed share** *(eng.)*; **eingezogene Aktie** f выкупленная акция

**Redeflation** f рефляция *(денежно-кредитная политика, направленная на стимулирование экономической активности и рост занятости)*

**Rediskont** m переучёт, рекдисконт *(векселей- вторичная покупка или перепродажа учтенных)*

**rediskontfähig** годный к переучёту *(обычно о векселях)*

**rediskontfähige Wechsel** m pl переучитываемые векселя (мн.ч.)

**Rediskontfazilität** f "дисконтное окно" *(возможность получения ссуды в центральном банке)*

**Rediskontfazilität der Zentralbank** "дисконтное окно" Центрального банка

**rediskontieren** vt переучитывать *(векселя)*, перепродавать *(учтенные векселя)*

**Rediskontierer** m лицо, переучитывающее вексель (муж. рода)

**Rediskontiererin** f лицо, переучитывающее вексель (жен. рода)

**Rediskontierung** f переучёт; редисконт *(векселей)*

**Rediskontkredit** m лимит кредитования под переучёт векселей, предоставляемый коммерческим банкам Центральны банком

**Rediskontkredit** m редисконтный кредит, переучётный кредит *(кредит, предоставляемый Федеральным или Центральным банком другим банкам в форме ссуд под залог имеющихся у них векселей)*

**Rediskontsatz** m ставка переучёта *(векселей)*; ставка редисконтирования

**Redislokation** f редислокация

**Redistribution** f перераспределение

**redistributiv** перераспределяемый

**Redlichkeit** f честность, добросовестность

**Redlichkeitssicherheit** f гарантия честности

**Reduktion** сокращение, уменьшение, снижение; ограничение; *мат.* приведение, сведение; сокращение; усреднение

**Reduktion der Arbeit** редукция труда *(приведения различных видов труда к общей единице измерения)*

**redundant** избыточный; излишний

**redundant** *(выч.тех.)* резервный

**redundante Information** f избыточная информация

**Redundanz** f избыточность, избыток *(напр., информации)*

**reduzieren** vt сокращать, уменьшать, снижать; ограничивать; редуцировать; *мат.* приводить, сводить; сокращать

**Reduzierung** f сокращение, уменьшение, снижение; ограничение; *мат.* приведение, сведение; сокращение; усреднение

**Datenreduzierung** f *(выч.тех.)* сжатие данных; уплотнение данных

**Reede** f рейд

**Reeder** m судовладелец; владелец пароходства; член пароходной компании

**Reederei** f пароходство, пароходная компания

**Reexport** m реэкспорт, экспорт импортированных товаров

**Reexportgeschäft** n реэкспортная сделка, реэкспортная операция

**Reexporthandel** m реэкспортная торговля

**Reexportklausel** f оговорка, определяющая порядок реэкспорта

**Refa:**

**Refa, Reichsausschuss für Arbeitsstudien** Федеральное ведомство по рационализации труда

**Refa, Reichsausschuss für Arbeitszeitermittlung** комитет по изучению рабочего времени *(разработал систему разбивки рабочего процесса на элементы, которая используется для рационализации труда)*

**REFA-System** n система изучения рабочих операций и хронометрирования рабочего времени, используемая Федеральным ведомством по рационализации труда

**Refaktie** f рефакция, бонификация, скидка за повреждённый *(или низкокачественный)* товар; скидка с фрахта

**refaktieren** vt предоставлять скидку *(с оптовых цен)*

**Referenz** f отзыв, рекомендация; референция; поручитель; лицо, дающее рекомендацию

**Referenz** ссылка на *что-л.*

**Referenzbuch** n книга отзывов и предложений

**Referenzmuster** n образец *(служащий основой заключения сделки о купле-продаже)*

**Referenzpreis** *m* справочная цена

**refinanzieren** *vt* рефинансировать, повторно привлекать капитал

**Refinanzierung** *f* рефинансирование, повторное привлечение капитала *(напр., выпуск новых ценных бумаг для того, чтобы выкупить обязательства, подходящие к сроку погашения)*

**Refinanzierungskredit** *m* кредит на рефинансирование

**Reflation** *f* рефляция *(денежно-кредитная политика, направленная на стимулирование экономической активности и рост занятости)*

**Reflektant** *m* рефлектант; возможный покупатель; претендент *(напр., на аукционе)*

**REFO, Reparatur- und Erhaltungsfonds der örtlichen Staatsorgane** фонды *(местных органов власти бывш. ГДР)* по ремонту и поддержанию в надлежащем состоянии государственного имущества

**Reform** *f* реформа; преобразование; реорганизация

**refüsieren** *vi фр.* отказаться от приёмки товара

**Refüsierungsrecht** *n* право отказа от приёмки товара *(после установления несоответствия его качества условиям контракта)*

**reg., regelmäßig** регулярный; регулярно

**Regale** *n* прерогативы власти; регалии, атрибуты

**Regalien** *n, pl* прерогативы власти; регалии, атрибуты

**Regalstapelung** *f* складское хранение товара на полках, складское хранение товара на стеллажах

**Regelbelastung** *f* расчётная нагрузка, нормальная нагрузка; регулируемая нагрузка

**Regeleingriff** *m* регулирующее воздействие

**Regelgröße** *f* регулирующая величина, управляющая величина

**Regelkreis** *m* контур регулирования

**Regelleistungen** *f, pl (обычные)* услуги предприятий бытового обслуживания; обязательная медицинская и финансовая помощь, оказываемая органами социального страхования (ФРГ)

**Regelleistungspreise** *m, pl* прейскурант на *(обычные)* услуги предприятий бытового обслуживания

**Regelmechanismen** *m pl (экономические)* механизмы регулирования

**Regelmechanismus** *m (экономический)* механизм регулирования

**regeln** *vt* регулировать; упорядочивать; регламентировать

**die Schulden regeln** уплатить долги

**die Streitigkeiten regeln** уладить спорные вопросы

**Regelparameter** *m* параметр регулирования

**Regelsystem** *n* система регулирования

**Regeltarif** *m трансп.* нормальный тариф

**Regelung** нормализация, улаживание; регулирование; упорядочивание; регламентирование

**Regelung** регулировка, регулирование

**ökonomische Regelung** экономическое регулирование

**Regelungstechnik** *f* техника автоматического регулирования

**Regelungstheorie** *f* теория автоматического регулирования

**Regenversicherung** *f* страхование от атмосферных осадков

**Regie** *f* управление *(государственным или коммунальным предприятием непосредственно центральными органами власти или муниципалитетом)*; государственная монополия *(напр., табачная монополия)*

**in eigener Regie** хозяйственным способом *(напр., в отношении строительства)*

**Regiebauweise** *f* хозяйственный способ строительства

**Regiekosten,** *pl* накладные управленческие расходы; накладные расходы предприятий государственного сектора *(напр., сберкасс, почты)*; накладные расходы коммунальных предприятий местных органов управления

**Regiekosten** расходы по торговым сделкам, не включённые в цену товара *(напр., на рекламу, ярмарки и т.п.)*

**Regien** *f, pl* накладные управленческие расходы

**Regierung** *f* правительство

**Regierungsabkommen** *n* межправительственное соглашение

**Regierungsanleihe** *f* государственный заём

**Regierungsauftrag** *m* государственный заказ

**Regierungsbank** *f* государственный банк

**regierungseigen** находящийся в распоряжении правительства, государственный

**Regierungsgarantie** *f* правительственная гарантия, государственная гарантия

**Regierungshandel** *m* внешняя торговля, осуществляемая государственными органами

**Regierungskäufe** *m, pl* государственные закупки

**Regierungsstützpreis** *m* субвенционированная *(за счёт государственных дотаций)* цена *(цена ниже или равная себестоимости)*
**Regierungssystem** *n* форма правления, система правления
**Region** *f* регион, область, район
**regional** региональный
**Regionalabkommen** *n* региональное соглашение
**Regionalanalyse** *f* региональный анализ
**Regionalbank** *f* региональный банк
**Regionalfonds der EG** *m* региональный фонд Европейского сообщества, региональный фонд ЕЭС
**Regionalismus** *m* регионализм; сепаратизм
**Regionalplanung** *f* региональное планирование
**Regionalreihen** *f, pl* экономико-статистические ряды регионального характера
**Regionalwirtschaft** *f* региональная экономика
**Regionierung** *f* классификация регионов, деление на экономические районы
**Registeibrief** *m* судовое свидетельство, судовой сертификат
**Register** *n* список, указатель, перечень; индекс; регистр; регистрационная запись; реестр; реестровая книга
**Registergebühr** *f* регистрационный сбор
**Registertonnage** *f* регистровый тоннаж
**Registertonne** *f* регистровая тонна *(мера водоизмещения судна1 регистровая тонна= 2,832 м3)*
**Registratur** *f* регистратура *(учреждение)*; архив; дело *(документы)*; стеллаж, шкаф *(для папок с делами)*; регистрация, запись

**Registrierjournal** *n бухг.* регистрационный журнал
**Registrierkasse** *f* кассовый аппарат
**Registrierkassenstreifen** *m* лента кассового аппарата
**registrierter Teilnehmer** зарегистрированный участник *(напр. аукциона, торгов)*
**Registrierung** *f* регистрация, запись, фиксация
**Regredient** *m юр.* регрессант, истец, предъявляющий регрессный иск
**Regress** *m юр.* регресс, регрессный иск, обратное требование о возмещении
**Regressanspruch** *m юр.* регресс, регрессный иск, обратное требование о возмещении
**Regressant** *m юр.* регрессант, истец, предъявляющий регрессный иск
**Regressat** *m юр.* регрессат, ответчик по регрессному иску
**Regression** *f* регрессия *(в экономическом анализе - функциональная зависимость рассматриваемого показателя от других переменных)*
**bedingte Regression** условная регрессия
**einfache Regression** простая регрессия
**gewogene Regression** взвешенная регрессия
**lineare Regression** линейная регрессия
**mehrfache Regression** множественная регрессия
**nichtlineare Regression** нелинейная регрессия
**Regressionsanalyse** *f* регрессионный анализ
**Regressionsfunktion** *f* функция регрессии
**Regressionsgerade** *f мат.* прямая регрессии, линия регрессии

**Regressionsgleichung** *f* корреляционное уравнение, уравнение регрессии; корреляционно-регрессивное уравнение
**multiple Regressionsgleichung** уравнение множественной регрессии
**Regressionskurve** *f* кривая регрессии
**Regressionsmethode** *f* регрессионный метод
**Regressionsprognose** *f* регрессионный прогноз
**Regressionsrechnung** *f* регрессионный анализ
**Regressionsschätzung** *f* регрессионная оценка *(напр., национального дохода)*
**regressiv** регрессивный *(ставки регрессивного налога снижаются с увеличением дохода)*; регрессный
**Regresspflicht** *f* обязанность удовлетворить требование регрессанта
**Regressverzichtsabkommen** *n* соглашение об отказе от регресса
**Regs., registered tonnage** регистровый тоннаж
**Regularitätsbedingung** *f* условие регулярности
**Regulativ** *n* (общая) инструкция, директива; распоряжение
**regulativ** инструктивный, директивный, руководящий
**regulieren** *vt* регулировать, налаживать; приводить в порядок; оплачивать (счёт); управлять
**Regulierung** *f* регулирование, наладка; упорядочение; оплата *(по счёту)*
**Regulierung nach Abweichungen** регулирование по рассогласованиям, регулирование по отклонениям
**Regulierung nach kritischen Parametern** регулирование по критическим параметрам
**ökonomische Regulierung** экономическое регулирование

**Regulierungskonto** n регулирующий счёт
**Regulierungspreis** m регулирующая цена
**Regulierungszölle** m, pl пошлины, регулирующие внешнюю торговлю
**Rehabilitation** f юр. реабилитация; восстановление работоспособности (инвалида); трудоустройство (выздоравливающего)
**REI, Rat der Europäischen Industrieverbände** Совет европейских промышленных федераций
**reibungslos** бесперебойный, беспрепятственный
**Reichsabgabenordnung** f ист. (германские) государственные правила о взыскании налогов, сборов и пошлин
**Reichsausschuss für Arbeitsstudien** Федеральное ведомство по рационализации труда (ФРГ)
**Reichsausschuss für Lieferbedingungen und Gütesicherung** Федеральное ведомство по условиям поставок и качеству (ФРГ)
**Reichsbahn** f (Deutsche) железные дороги (бывш. ГДР); железные дороги Германии (до мая 1945 г.)
**Reichsbank** f (Deutsche) имперский банк, рейхсбанк (государственный банк Германии до мая 1945 г.)
**Reichsbodenschätzung** f оценка почв и их классификация по плодородию и доходности (в фашистской Германии и в ФРГ)
**Reichsfinanzhof** m имперское налогово-финансовое управление (в Германии с 1918 г. по 1945 г.)
**Reichsnährstand** m Имперское земельное сословие (официальная организация крестьянства в фашистской Германии)

**Reichspatent** n (Deutsches) германский государственный патент (до мая 1945г.)
**Reichsspitzenbetrieb** m сельскохозяйственное предприятие, служившее эталоном для сравнения доходности предприятий при их налогообложении (в фашистской Германии)
**Reichsversicherungsamt** Федеральное ведомство (социального) страхования (ФРГ)
**Reichtum** m богатство
  **materieller Reichtum** изобилие материальных благ
**Reife** f, **technologische** технологическая зрелость (изделия)
**Reifeprozess** m процесс созревания
**Reihe** f ряд; серия; очередь; порядок; очерёдность; стат., мат. ряд
  **dynamische Reihe** стат. динамический ряд, ряд динамики
  **empirische Reihe** стат. эмпирический ряд
  **statische Reihe** стат. вариационный ряд
  **statistische Reihe** стат. статистический ряд
**Reihenabschluss** m сделка при участии ряда контрагентов
**Reihenfabrikation** f серийное производство,
  **Reihenfabrikation mit Zeitzwang** конвейерное серийное производство, поточное серийное производство, серийное производство с принудительным тактом
  **Reihenfabrikation ohne Zeitzwang** серийное производство со свободным тактом
  **erzeugnisgebundene Reihenfabrikation** серийное производство, основанное на комплексном расположении разнотипных машин для изготовления определённого вида изделий

**Reihenfertigung** f серийное производство,
  **Reihenfertigung mit Zeitzwang** конвейерное серийное производство, поточное серийное производство, серийное производство с принудительным тактом
  **Reihenfertigung ohne Zeitzwang** серийное производство со свободным тактом
  **erzeugnisgebundene Reihenfertigung** серийное производство, основанное на комплексном расположении разнотипных машин для изготовления определённого вида изделий
**Reihenfolge** f последовательность, очерёдность; чередование (напр., производственных процессов)
  **optimale Reihenfolge** оптимальная последовательность производственных процессов
  **technologische Reihenfolge** последовательность технологических процессов, технологическая последовательность
**Reihenfolgeprobleme** n, pl задачи теории расписаний, задачи выбора оптимальной последовательности
**Reihengeschäft** n сделка при участии ряда контрагентов
**reihenmäßig** серийный
**Reihenregress** m последовательный регресс
**Reihenrückgriff** m последовательный регресс
**Reihenverlauf** m последовательное движение предметов труда, последовательное чередование рабочих операций
**reihenweise** серийный; серийно; рядами
**Reimport** m реимпорт
**Reinausbeute** f выход чистого продукта

**Reineinkommen** *n* чистый доход (*сумма продаж фирмы за вычетом всех издержек*)
**zentralisiertes Reineinkommen** централизованный чистый доход
**Reineinkommensnormativ** *n* норматив чистого дохода
**Reineinkommensquote** *f* доля чистого дохода
**Reineinkommensrate** *f* норма чистого дохода
**Reineinkommenssatz** *m* норма чистого дохода
**Reineinkommensverteilung** *f* распределение чистого дохода
**Reineinnahme** *f* чистая выручка
**Reineinsparung** *f* чистая экономия (*сэкономленные суммы за вычетом издержек*)
**Reinerlös** *m* чистая выручка
**Reinertrag** *m* чистый доход; чистый выход (*продукции*); урожайность (*за вычетом потерь*)
**Reingewicht** *n* чистый вес, чистая масса, вес нетто
**Reingewinn** *m* чистая прибыль (*валовая прибыль за вычетом всех издержек; в акционерных обществах распределяется между дивидендными выплатами и накапливаемыми резервами*)
**Reingewinnsatz** *m* норма чистой прибыли
**Reingewinnverteilung** *f* распределение чистой прибыли
**Reininvestitionen** *f pl* чистые инвестиции, чистые капиталовложения
**Reinmasse** *f* чистый вес, чистая масса, вес нетто
**Reinnettogewicht** *n* чистый вес нетто (*чистый вес товара без примесей*)
**Reinumsatz** *m* чистый оборот
**Reinverlust** *m* чистый убыток

**Reinvermögen** *n* чистая стоимость имущества; имущество, свободное от долгов; все основные и оборотные средства за вычетом долгов (*капитал фирмы без привлечённых средств*)
**reinvestieren** *vt* реинвестировать
**Reinvestition** *f* реинвестиция, реинвестиции
**Reiseavis** *m n* уведомление о посещении
**Reisebedarf** *m* путевые запасы продовольствия, не облагаемые пошлиной
**Reisebüro** *n* бюро путешествий, туристско-экскурсионное бюро
**Reisecharter** *m* рейсовый чартер
**Reisedevisen,** *pl* иностранная валюта, выданная на туристские цели
**Reisefreibetrag** *m* количество валюты, разрешённое к свободному провозу через границу
**Reisefreigrenze** *f* количество валюты, разрешённое к свободному провозу через границу
**Reisegeld** *n* проездные деньги, путевые деньги
**Reisegepäck** *n* багаж
**Reisegepäckbeförderung** *f* перевозка багажа
**Reisegepäckversicherung** *f* страхование багажа
**Reisegerät** *n* личные вещи пассажира, не облагаемые пошлиной, личные вещи туриста, не облагаемые пошлиной
**Reisehandel** *m* торговля через коммивояжёров
**Reisekosten,** *pl* путевые расходы; командировочные расходы, расходы по командировкам
**Reisekostenabrechnung** *f* отчёт по командировочным расходам

**Reisekostenvorschuss** *m* аванс на расходы по командировкам
**Reisekreditbrief** *m* аккредитив сберегательной кассы
**Reiselagerversicherung** *f* страхование товаров, перевозимых коммивояжёром; страхование товарных образцов, перевозимых коммивояжёром
**Reisendenstrom** *m* пассажиропоток
**Reisepaß** *m* заграничный паспорт, загранпаспорт
**Reisescheck** *m* дорожный чек, туристский чек
**Reisesparkasse** *f* дорожная сберегательная касса
**Reisespesen,** *pl* путевые расходы; командировочные расходы, расходы по командировкам
**Reisestrom** *m* пассажиропоток
**Reiseverkehr** *m* пассажирское движение; пассажирские перевозки; туризм
**Reisevertreter** *m* коммивояжёр
**Reisezahlungsmittel** *n, pl* проездные деньги, путевые деньги
**Reisezeit** продолжительность поездки; туристский сезон
**Reisezugkilometer** *n* ж.-д. пассажиро-километр
**reißend** нарасхват
**Reiter** *m* орг. (картотечный) рейтер, "наездник"
**Reitwechsel** *m* бронзовый вексель, фиктивный вексель
**Reitwechsel** необеспеченный, "скачущий" вексель (*выставляемый трассантом с намерением получить ликвидные средства*)
**Reklamant** *m* заявитель рекламации, заявитель претензии; жалобщик

**Reklamation** *f* рекламация, претензия; жалоба; протест
  **die Reklamation bei** *jmdm.* **anmelden** предъявить *кому-л.* рекламацию,
  **die Reklamation erheben** предъявить рекламацию
  **die Reklamation klären** выяснять причину рекламации
  **die Reklamation regeln** урегулировать рекламацию
  **eine Reklamation einlegen** предъявлять рекламацию, предъявлять претензию, заявлять рекламацию, заявлять претензию
  **eine Reklamation geltend machen** предъявлять рекламацию, предъявлять претензию, заявлять рекламацию, заявлять претензию
  **eine Reklamation vorbringen** предъявлять рекламацию, предъявлять претензию, заявлять рекламацию, заявлять претензию
**Reklamationsakte** *f* рекламационный акт
**Reklamationsanspruch** *m* рекламация; претензия; жалоба
**Reklamationsfrist** *f* срок для предъявления рекламации
**Reklamationsprotokoll** *n* рекламационный акт
**Reklamationssumme** *f* сумма рекламации
**Reklamationsverfahren** *n* порядок предъявления рекламаций
**Reklamationswert** *m* сумма рекламации
**Reklame** *f* реклама
  **Reklame machen** рекламировать *что-л.*
**Reklameaufwendungen** *f, pl* затраты на рекламу, расходы на рекламу, издержки на рекламу
**Reklamekosten**, *pl* затраты на рекламу, расходы на рекламу, издержки на рекламу

**Reklamesteuer** *f* налог на рекламу
**reklamieren** *vt* заявлять рекламацию, предъявлять рекламацию, предъявлять претензию; требовать, претендовать на *что-л.*
**Rekommerzialisierung** *f* рекоммерциализация
**Rekomparation** *f* выкуп, обратное приобретение
**Rekompens(ation)** *f* возмещение, вознаграждение, компенсация
**Rekonstruktion** *f* реконструкция
**Rekonstruktionsperiode** *f* период реконструкции
**Rekonstruktionsplan** *m* план реконструкции
**Rekonstruktionsvorhaben** *n* проект реконструкции
**Rekonversion** *f* перевод экономики на мирные рельсы
**Rekonzentration** *f* реконцентрация
**Rekordstand** *m* рекордный уровень, наивысший уровень
**Rektagiro** *n* именной индоссамент
**Rektaindossament** *n* индоссамент с оговоркой "не приказу"; ограничительный именной индоссамент, именной индоссамент
**Rektaklausel** *f* оговорка "не приказу" *(при наличии которой оборотное обязательство не может быть передано третьему лицу с помощью индоссамента)*
**Rektakonnossement** *n* именной коносамент
**Rektaladeschein** *m* именной коносамент
**Rektapapier** *n* именная ценная бумага *(не может быть передана с помощью передаточной надписи; в ряде случаев не может быть объектом свободной торговли)*; именной документ

**Rektascheck** *m* ректа-чек, именной чек
**Rektawechsel** *m* ректа-вексель, именной вексель
**Rektifikation** *f* исправление, пересмотр, поправка, корректировка
**Rektifikationsetat** *m* пересмотренный государственный бюджет, скорректированный государственный бюджет
**Rekultivierung** *f* обработка залежных земель, рекультивация
**Relation** *f* соотношение, отношение, пропорция; взаимосвязь
**Relationen** *f, pl* отношения, пропорции
  **Relationen zwischen den Lohngruppen** межразрядные соотношения
  **strukturelle Relationen** структурные пропорции
**Relationspreis** *m* относительная цена; цена, устанавливаемая в определённой пропорции к уровню цен на другие товары
**relativ** относительный
  **die relative Wahrheit** филос. относительная истина
  **die relative Zahl** мат. относительное число
**Relativität** *f* относительность; условность
**Relativlohn** *m* относительная заработная плата
**Relativmaximum** *n* относительный максимум
**Relativwert** *m* относительная величина
**Relativzahl** *f* относительная величина
**relevant** важный, существенный; актуальный; *мат.* релевантный
**Relevanz** *f* важность, существенность; актуальность; релевантность

**Reliberalisiening** f повторное включение товаров в список либерализированных товаров

**Remanenz** f гистерезис

**Remanenz der Kosten** гистерезис затрат, гистерезис издержек

**Remanenzschleife** f кривая гистерезиса, петля гистерезиса

**Remanenzsprung** m скачок гистерезиса

**Rembours** m *фр.* рамбурс, возмещение, покрытие *(расходов)*

**Remboursakzept** n банк-акцепт во внешней торговле

**Remboursement** n *фр.* возмещение, покрытие *(расходов)*; почтовая доплата

**Remboursgeschäft** n рамбурсная операция *(сделка, при которой оплата товара осуществляется банком, который по поручению импортёра осуществляет платёж после предъявления экспортёром отгрузочных документов)*

**remboursieren** vt рамбурсировать, возмещать, покрывать *(расходы)*

**sich remboursieren** требовать возмещения расходов; получать возмещение за расходы

**Rembourskredit** m рамбурсный кредит *(акцептование банком товарного векселя)*

**Remedium** n ремедиум *(при золотом стандарте допустимое законом отклонение веса монеты от установленной нормы)*

**Remilitarisierung** f ремилитаризация

**Remilitarisierungskosten,** pl расходы на перевооружение, расходы на ремилитаризацию

**Remise** f *фр.* ремиз, вознаграждение

**Remiser** m посредник между маклером и покупателем

**Remisier** m *фр.* посредник между маклером и покупателями

**Remission** f уменьшение, снижение; льгота; освобождение *(напр., от уплаты долга)*

**Remission** возвращение, отсылка назад

**Remission** денежные переводы *(напр., эмигрантов на родину)*

**Remission** посредничество

**Remisstrategie** f стратегия, обеспечивающая ничью, стратегия, ведущая к ничьей

**Remittent** m ремитент, получатель переводного векселя

**remittieren** m отсылать обратно; уплачивать; перечислять, переводить *(деньги)*; ремитировать, вознаграждать

**remonetisieren** vt возвращаться к использованию металлических монет, пускать монету вновь в обращение

**Remonetisierung** f **des Goldes** ремонетизация золота

**Remontagekredit** m кредит для восстановления демонтированных предприятий

**Remuneration** f компенсация, возмещение, вознаграждение; награда, премия *(денежная)*

**Rendement** n *фр.* выход чистой продукции *(из сырья)*; содержание чистого вещества в смеси

**Rendite** f *ит.* рендита, проценты, доход *(с ценных бумаг)*, фактический доход с ценных бумаг *(в отличие от номинального процента)*

**Rendite auf die Endfälligkeit** доход от ценной бумаги при ее погашении

**Rendite auf durchschnittliche Laufzeit** доходность облигации, рассчитанная относительно среднего срока погашения

**Rendite des eingesetzten Kapitals** прибыль на инвестированный капитал; прибыль на задействованный капитал; прибыль на вложенный капитал; прибыль на чистые активы

**Rendite des investierten Kapitals** прибыль на инвестированный капитал; прибыль на задействованный капитал; прибыль на вложенный капитал

**Rendite einer Kapitalanlage; return on investment; ROI** *(eng.)* прибыль на инвестированный капитал

**Rendite einer kündbaren Anleihe** доходность облигации, рассчитанная до первого срока погашения

**Rendite einer langfristigen Anleihe** доходность по долгосрочному обязательству; доходность по долгосрочным ценным бумагам; доход по долгосрочным ценным бумагам

**Rendite nach Steuern** доход после уплаты налогов; прибыль после уплаты налогов

**Rendite vor Steuern** доход до уплаты налогов

**verzinsliche Rendite** процентный доход

**zusammengesetzte Rendite** (банк.) сложный процент; комбинированный доход; составная доходность

**angegebene Rendite** указанная доходность акции

**effektive Rendite** реальная норма прибыли; реальный коэффициент окупаемости капиталовложений

**hohe Rendite** высокий фактический доход с ценных бумаг; высокая рендита

**laufende Rendite** (банк.) текущая доходность

**Renegotiationsklausel** f оговорка в договоре купли-продажи *(напр., военных материалов за границей)*, дающая покупателю право пересмотра цен
**Rennwettsteuer** f налог со скачек
**Renommee** n репутация *(напр., фирмы)*
**Renovation** f обновление; восстановление; ремонт
**renovieren** vt обновлять; восстанавливать; ремонтировать
**Renovierung** f обновление; восстановление; ремонт
**Renovierungskosten** pl издержки по ремонту
**rentabel** рентабельный, доходный, прибыльный; выгодный
**Rentabilität** f рентабельность, доходность, прибыльность; выгодность *(соотношение между чистой прибылью и авансированным капиталом)*
**Rentabilität der Betriebsleistung** рентабельность производства
**unterschiedliche Rentabilität** разнорентабельность, различная рентабельность, различная степень рентабельности
**volkswirtschaftliche Rentabilität** народнохозяйственная рентабельность
**Rentabilitätsberatungen** f, pl производственные совещания по вопросам рентабельности
**Rentabilitätsberechnung** f расчёт рентабельности, исчисление рентабельности
**Rentabilitätsbesprechungen** f, pl производственные совещания по вопросам рентабельности
**Rentabilitätsbewegung** f движение за повышение рентабельности производства *(бывш. ГДР)*

**Rentabilitätsentwicklung** f динамика рентабельности
**rentabilitätsfördernd** содействующий повышению рентабельности, способствующий повышению рентабельности
**Rentabilitätsgrad** m уровень рентабельности
**Rentabilitätsgrundlage** f основа рентабельности
**Rentabilitätskennzahlen** f pl показатель рентабельности, индекс рентабельности
**Rentabilitätskennziffer** f показатель рентабельности, индекс рентабельности
**Rentabilitätsmessung** f определение рентабельности, оценка рентабельности
**Rentabilitätsprinzip** n принцип рентабельности
**Rentabilitätsprüfung** f контроль рентабельности
**Rentabilitätsrate** норма рентабельности
**fondsbezogene Rentabilitätsrate** норма рентабельности, отнесённая к использованным фондам
**Rentabilitätssatz** m норма рентабельности
**Rentabilitätsschwelle** f порог рентабельности
**Rente** f рента, доход; периодические поступления *(платежей)*; пенсия *(по социальному страхованию)*
**Rente auf Lebenszeit** пожизненная пенсия
**Rente aus dem Staatshaushalt** пенсия, выплачиваемая из средств государственного бюджета
**Rente bei nichtvollständigem Dienstalter** пенсия, выплачиваемая при неполном стаже работы
**Rente für Arbeitsunfähige** пенсия по нетрудоспособности

**Rente für Arbeitsverwendungsunfähige** пенсия по нетрудоспособности
**abgebrochene Rente** пенсия, выплачиваемая до определённого срока
**absolute Rente** абсолютная рента
**dynamische Rente** законодательно установленное изменение пенсий в зависимости от размеров валового дохода
**ewige Rente** бессрочная рента
**feste Rente** фиксированная рента, постоянная рента
**kapitalisierte Rente** капитализированная рента
**konsolidierte Rente** консолидированный доход
**lebenslängliche Rente** пожизненная пенсия
**personengebundene Rente** персональная пенсия
**eine Rente beziehen** получать пенсию
**Rentenabfindung** f единовременные выплаты, единовременное пособие *(большей частью при несчастных случаях на производстве)*
**Rentenalter** n пенсионный возраст
**Rentenanleihe** f рентный заём
**Rentenanleihe, unechte** рентный заём, не связанный с твёрдыми обязательствами должника
**Rentenanpassung** f законодательно установленное изменение размера пенсий в зависимости от других факторов *(роста цен, дохода др.)*
**Rentenanspruch** m право на пенсию
**Rentenanweisung** f назначение пенсии
**Rentenbank** f рентный банк
**landwirtschaftliche Rentenbank** Сельскохозяйственный рентный банк *(ФРГ)*

**Rentenbankgrundschuld** f ипотечный долг сельскохозяйственному рентному банку

**Rentenbankzins** m ссудный процент рентного банка, ссудный процент, устанавливаемый рентным банком

**Rentenberechnung** f исчисление пенсии, исчисление ренты, расчёт пенсии, расчёт ренты

**Rentenberechtigung** f право на получение пенсии

**Rentenbezieher** m пенсионер

**Rentenbeziehungen** f, pl рентные отношения

**Rentenbezug** m, **mehrfacher** получение нескольких видов пенсий

**Rentenbrief** m облигация ипотечного банка

**Renteneinkommen** n рентный доход; доход от выплат по социальному страхованию; пенсия (как доход)

**Rentenempfänger** m пенсионер

**Rentenerhöhung** f повышение размера пенсии

**Rentenfestlegung** f назначение пенсии

**Rentenfonds** m пенсионный фонд

**Rentengewährleistung** f пенсионное обеспечение

**Rentenhöhe** f размер пенсии

**Rentenkasse** f пенсионная касса

**Rentenkonto** пенсионный счёт; счёт пенсионных накоплений

**Rentenkorrektur** f перерасчёт пенсии

**Rentenleistung** f пенсионное обеспечение

**Rentenleistungen** f pl пенсионное обеспечение

**Rentenmarkt** m бирж. рынок ценных бумаг с твёрдым процентом (напр., облигаций), оборот ценных бумаг (с фиксированным доходом)

**Rentenmehrbetrag** m надбавка к пенсии на дороговизну

**Rentenpapiere** n, pl ценные бумаги с твёрдым процентом (напр., облигации), ценные бумаги с фиксированным процентом, твёрдопроцентные бумаги

**Rentenrechnung** f расчёт ренты, исчисление ренты

**Rentenreform** f реформа пенсионного обеспечения

**Rentenschuld** f рентный долг

**Rententheorie** f теория ренты

**Rentenumrechnung** f перерасчёт пенсии

**Rentenversicherung** f пенсионное страхование, страхование пенсий

  **private Rentenversicherung** частное пенсионное страхование

**Rentenversorgung** f пенсионное обеспечение

**Rentenwerte** m, pl ценные бумаги с твёрдым процентом (напр., облигации), ценные бумаги с фиксированным процентом, твёрдопроцентные бумаги

**Rentenzahlung** f выплата пенсий

  **nachschüssige Rentenzahlung** выплата пенсии в конце платёжного периода

  **vorschüssige Rentenzahlung** выплата пенсии в начале платёжного периода

**Rentenzahlungen** f, pl рентные платежи, фиксированные платежи

**Rentenzuschlag** m надбавка к пенсии

**Rentier** m фр. рантье

**rentieren** vi приносить доход

  **sich rentieren** окупаться, быть выгодным

**Rentierstaat** m государство-рантье

**Rentner** m пенсионер; рантье

**Rentnerstaat** m государство-рантье

**Rentrate** f норма ренты

**Reorganisation** f реорганизация, перестройка, преобразование

**reorganisieren** vt реорганизовать, перестроить, преобразовать

**rep., repartiert** бирж. поручения выполнены лишь частично

**Reparation** f репарация, возмещение; восстановление

**Reparationsabkommen** n соглашение о репарациях

**Reparationsbeitrag** m репарационный взнос

**Reparationsentnahme** f получение репарационных платежей, получение выплат в счёт репараций

**Reparationsleistungen** f, pl репарационные платежи; поставки в счёт репараций

**Reparationslieferungen** f, pl поставки в счёт репараций

**Reparationsschuld** f задолженность по репарациям

**Reparationszahlung** f репарационный платёж, выплаты в счёт репараций

**Reparatur** f починка, ремонт; ремонт; восстановление

  **laufende Reparatur** текущий ремонт

  **mittlere Reparatur** средний ремонт

  **periodische Reparatur** периодический ремонт

  **vorbeugende Reparatur** профилактический ремонт

**Reparatur- und Erhaltungsfonds der örtlichen Staatsorgane** фонды (местных органов власти бывш. ГДР) по ремонту и поддержанию в надлежащем состоянии государственного имущества

**Reparatur- und Wartungspersonal** n ремонтно-обслуживающий персонал

**Reparatur-Technische Station** *ист.* ремонтно-техническая станция, РТС *(бывш. ГДР)*

**Reparaturanfall** *m* объём ремонтных работ

**Reparaturarbeiten** *f, pl* ремонтные работы, ремонтно-восстановительные работы,

**Reparaturaufwand** *m* расходы по ремонту, затраты по ремонту

**Reparaturausgaben** *f, pl* расходы по ремонту, затраты по ремонту

**reparaturbedürftig** требующий ремонта

**Reparaturdienst** *m* ремонтная служба

**Reparatureinheit** *f* (условная) единица ремонтосложности, (условная) ремонтная единица

**reparaturfähig** годный к ремонту, пригодный к ремонту, могущий быть отремонтированным; исправимый *(о браке)*

**Reparaturfonds** *m* фонд финансирования текущего и капитального ремонта, ремонтный фонд

**Reparaturintervall** *n* межремонтный период

**Reparaturkapazitäten** *f, pl* производственные ремонтные мощности

**Reparaturkosten,** *pl* расходы по ремонту, затраты по ремонту, стоимость ремонта

**Reparaturleistungen** *f, pl* услуги по ремонту

**fremde Reparaturleistungen** услуги со стороны по ремонту и восстановлению основных фондов

**Reparaturnormative** *n, pl* нормативы ремонта *(основных фондов)*

**Reparaturperiode** *f* межремонтный период

**Reparaturplan** *m* план *(капитального и среднего)* ремонта

**Reparaturprogramm** *n* план *(капитального и среднего)* ремонта

**Reparatursystem** *n* система проведения ремонтных работ

**Reparaturumlage** *f* раскладка расходов по ремонту по месту их возникновения, распределение расходов по ремонту по месту их возникновения

**reparaturunfähig** негодный к ремонту, непригодный к ремонту; неисправимый *(о браке)*

**Reparaturverfahren** *n* технология ремонтных работ

**Reparaturvorleistung** *f* расходы по подготовке планового ремонта

**Reparaturwerkstatt** *f* ремонтная мастерская; ремонтный цех; ремонтный завод

**Reparaturwesen** *n* ремонтное хозяйство

**Reparaturzyklus** *m* ремонтный цикл

**reparieren** *vt* ремонтировать, починять, исправлять

**repartieren** *vt* распределять, раскладывать; делить пропорционально

**Repartierung** *f* распределение, раскладка, количественное распределение, стоимостное распределение *(в соответствии с размером заказа)*

**Repartierung** выдача импортных квот

**Repartierung** *бирж.* репортирование акций, деление акций *(в случае превышения суммы выпущенных акций)*

**Repartion** *f* распределение, раскладка

**Repartition** *f* распределение, раскладка

**Repartitionssteuer** *f* распределяемый налог

**Repartitionssteuern** *f pl* распределяемые налоги *(исчисляются на основе распределяемого между налогоплательщиками дохода)*

**repetitiv** стереотипный, шаблонный

**Repn, Repartition** распределение, раскладка; подсчёт доли участия *(в доходах или расходах)*

**Report** *m* сообщение; отчёт; *бирж.* репорт *(отсрочка платежа за купленные акции до следующего расчётного периода)*

**Reporteur** *m* лицо, принимающее в залог ценные бумаги

**Reportgeschäft** *n* репортная сделка; пролонгационная сделка, предлагаемая игроком на повышение, *ср.* Deportgeschäft

**reportieren** *vt бирж.* репортировать

**Reportierter** *m* лицо, закладывающее ценные бумаги

**Reporttag** *m бирж.* день объявления репорта

**Repräsentation** *f* представительство, репрезентация; представление

**Repräsentationsartikel** *m* фирменный сувенир

**Repräsentationsaufwendungen** *f, pl* представительские расходы

**Repräsentationsgelder** *n pl* деньги, выделяемые на представительские расходы

**Repräsentationskosten,** *pl* представительские расходы

**Repräsentativerfassung** *f стат.* выборочное наблюдение, несплошное наблюдение

**Repräsentativerhebung** *f стат.* репрезентативная выборка, выборочный метод, выборочное наблюдение, несплошное наблюдение

**Repräsentativverfahren** *n* репрезентативная выборка, выборочный метод

**Repräsentativwerbung** *f* репрезентативная реклама, фирменная реклама

**Reprise** *f* реприза *(повышение биржевого курса после спада; оживление экономической деятельности после спада деловой активности)*

**Reprivatisierung** *f* реприватизация *(повторный возврат в частные руки)*, денационализация

**Reproduktion** *f* воспроизводство

**Reproduktion auf erweiterter Stufenleiter** расширенное воспроизводство

**Reproduktion auf einfacher Stufenleiter** простое воспроизводство

**Reproduktion der Arbeitskraft** воспроизводство рабочей силы

**Reproduktion der Bevölkerung** воспроизводство населения

**Reproduktion der Produktionsverhältnisse** воспроизводство производственных отношений

**Reproduktion des gesellschaftlichen Gesamtprodukts** воспроизводство совокупного общественного продукта

**Reproduktion in Naturalform** воспроизводство в натуре

**einfache Reproduktion** простое воспроизводство

**erweiterte Reproduktion** расширенное воспроизводство

**extensiv erweiterte Reproduktion** экстенсивный тип расширенного воспроизводства

**gebrauchswertmäßige Reproduktion** воспроизводство потребительной стоимости

**gesellschaftliche Reproduktion** общественное воспроизводство

**intensiv erweiterte Reproduktion** интенсивный тип расширенного воспроизводства

**wertmäßige Reproduktion** воспроизводство стоимости

**Reproduktionsagenzien** *n, pl* факторы воспроизводства

**Reproduktionseffekt** *m* эффект воспроизводства

**Reproduktionsform** *f* форма воспроизводства

**Reproduktionsindex** *m стат.* коэффициент воспроизводства населения, индекс воспроизводства населения

**Reproduktionskosten,** *pl* стоимость воспроизводства

**Reproduktionskostentheorie** *f* теория стоимости воспроизводства

**Reproduktionsmittel** *n, pl* средства воспроизводства

**Reproduktionsperiode** *f* период воспроизводства

**Reproduktionsperiode des fixen Kapitals** период воспроизводства основного капитала

**Reproduktionsphase** *f* фаза воспроизводства

**Reproduktionspreis** *m* восстановительная стоимость *(основных фондов)*

**Reproduktionsprozess** *m* процесс воспроизводства

**betrieblicher Reproduktionsprozess** процесс воспроизводства *(рассматриваемый в рамках предприятия)*

**betrieblicher Reproduktionsprozess** общественный процесс воспроизводства

**betrieblicher Reproduktionsprozess** естественный процесс воспроизводства

**ökonomischer Reproduktionsprozess** экономический процесс воспроизводства

**Reproduktionswert** *m* стоимость воспроизводства; восстановительная стоимость *(основных фондов)*

**Reproduktionszeit** *f* время воспроизводства, период воспроизводства

**Reproduktionszeit der Fonds** время воспроизводства основных фондов

**Reproduktionsziffer** *f стат.* коэффициент воспроизводства населения, индекс воспроизводства населения

**Reproduktionszyklus** *m* цикл воспроизводства

**Reproduzierbarkeit** *f* воспроизводимость

**reproduzieren** *vt* воспроизводить; возобновлять; репродуцировать

**Reptilienfonds** *m* финансовые средства, тайно используемые государством для поддержки проправительственных газет

**Republiksteuern** *f, pl* общегосударственные налоги *(бывш. ГДР)*

**Repudiation** *f фр.* отказ государства от уплаты долгов, отказ от погашения долга, отказ от выполнения контракта; отказ от принятия денег из-за низкой покупательной силы

**Repudiation** официальное заявление государством о своей несостоятельности *(после приостановления выплат кредиторам)*

**Requirierung** *f* реквизиция

**Requisition** *f* реквизиция

**Res, Reserve** резерв; запасы

**Reservation** *f* оговорка *(напр., при заключении сделки)*; резервация

**Reserve** *f* резерв, запас

**heiße Reserve** нагруженный резерв *(в теории надёжности)*

**kalte Reserve** ненагруженный резерв *(в теории надёжности)*
**statutarische Reserve** уставный резерв
**warme Reserve** облегчённый резерв *(в теории надёжности)*
**in Reserve haben** иметь в резерве, держать в резерве
**Reservearmee** *f* резервная армия
**Reservearmee an Arbeitskräften** резервная армия труда
**industrielle Reservearmee** промышленная резервная армия
**Reserveausrüstung** *f* резервное оборудование
**Reservebank** *f* резервный банк
**Reserveberechnung** *f* расчёт резервов страхового общества
**Reservebestände** *m pl* резервные запасы, средства на резервных счетах
**zentrale Reservebestände** централизованные запасы
**Reservebildung** *f* создание резерва, создание резервных запасов
**Reserveelemente** *n, pl* резервные элементы *(в теории надёжности)*
**Reservefixkapital** *n* резервный основной капитал
**Reservefonds** *m, pl* резервный фонд, резервные запасы; резервный капитал
**operative Reservefonds** оперативные запасы, текущие запасы
**strategische Reservefonds** стратегические запасы
**Reservegrundmittel** *n, pl* резервные основные средства
**Reservelager** *n* запасной склад
**Reserveleistung** *f* резервная мощность

**Reservemedium** *n* резервное средство
**Reserven** *f pl* резервы *(напр., накопления, образованные из нераспределённой прибыли)*; запасы (мн.ч.)
**Reserven anlegen** создавать резервные фонды
**finanzielle Reserven** финансовые резервы
**innere Reserven** внутренние резервы
**liquide Reserven** ликвидные резервы
**liquidierbare Reserven** расходуемые резервы
**materielle Reserven** материальные резервы
**offene Reserven** открытые резервы
**operative Reserven** текущие резервы
**örtliche Reserven** местные резервы
**personelle Reserven** резервы рабочей силы
**stille Reserven** скрытые резервы, потенциальные резервы
**strategische Reserven** стратегические запасы
**technische Reserven** технические резервы *(пассивная статья баланса страховой компании)*
**wirtschaftliche Reserven** экономические резервы, хозяйственные резервы
**Reservenbildung** *f* образование резервов, создание резервов
**Reservewährung** *f* резервная валюта *(используемая, напр., эмиссионным банком, международными валютными организациями и др.)*
**reservieren** *vt* резервировать
**Residualmethode** *f* метод остаточного фактора

**Residualtheorie** *f* остаточная теория
**Residualtheorie des Lohnes** остаточная теория заработной платы *(теория К. Уолкера)*
**Residualtheorie des Profits** остаточная теория прибыли *(теория Д. Рикардо)*
**Resistenz** *f* сопротивление, противодействие
**passive Resistenz** пассивное сопротивление; итальянская забастовка
**Respektfrist** *f* льготный срок
**Respekttage** *m pl* льготные дни, грационные дни *(отсрочки при уплате по векселю)*
**Respit** *m* отсрочка *(при платеже по векселю)*
**Ressort** *n* фр. ведомство; круг обязанностей; сфера деятельности; компетенция
**Ressortangelegenheit** *f* ведомственный вопрос, узковедомственный вопрос
**ressortgebunden** ведомственный
**Ressortgeist** *m* ведомственный подход, узковедомственный подход, местничество
**ressortmäßig** ведомственный, узковедомственный
**Ressortprinzip** *n* ведомственный принцип
**Ressortstatistik** *f* ведомственная статистика
**Ressortwirtschaft** *f* ведомственность; местничество
**Ressourcen** *f, pl* ресурсы
**biologische Ressourcen** биологические ресурсы
**demographische Ressourcen** демографические ресурсы
**einheimische Ressourcen** внутренние ресурсы, отечественные ресурсы
**limitierte Ressourcen** лимитированные ресурсы, дефицитные ресурсы, ограниченные ресурсы

**natürliche Ressourcen** природные ресурсы

**nichtreproduzierbare Ressourcen** невоспроизводимые ресурсы

**nichtspeicherbare Ressourcen** *сет. пл.* возобновляемые ресурсы

**reproduzierbare Ressourcen** воспроизводимые ресурсы

**speicherbare Ressourcen** *сет. пл.* невозобновляемые ресурсы

**technische Ressourcen** технические ресурсы

**territoriale Ressourcen** территориальные ресурсы, местные ресурсы

**volkswirtschaftliche Ressourcen** народнохозяйственные ресурсы

**Ressourcenausgleich** *m* балансирование ресурсов, выравнивание ресурсов

**Ressourcenbaum** *m* дерево ресурсов

**Ressourcenbedarf** *m* потребность в ресурсах

**Ressourcenbeschränktheit** *f* дефицитность ресурсов, ограниченность ресурсов

**Ressourcenbilanzierung** *f* балансирование ресурсов, выравнивание ресурсов

**Ressourceneinsatz** *m* потребление ресурсов, использование ресурсов

**Ressourcenfreisetzung** *f* высвобождение ресурсов

**Ressourcenökonomie** *f* экономия ресурсов

**Ressourcenplanung** *f* распределение ресурсов

**Ressourcenschranken** *f, pl* ограничения по ресурсам, ограничения, накладываемые на использование ресурсов

**Ressourcenstruktur** *f* структура ресурсов

**Ressourcensummation** *f* суммирование потребностей в ресурсах

**Ressourcenverteilung** *f* распределение ресурсов

**Rest** *m* остаток, оставшаяся часть; *мат.* остаток; разность

**Restant** *m* должник, не погасивший часть долга; непроданный товар, залежавшийся товар; невостребованный выигрыш *(по облигации, лотерейному билету)*

**Restanz** *f швейц.* остаток

**Restausverkauf** *m* распродажа остатков

**Restbestand** *m* остаток

**Restbetrag** *m бухг.* остаток *(суммы)*

**Restbuchwert** *m* остаточная стоимость *(основных фондов)*, реальная стоимость *(основных фондов)*

**Restegeschäft** *n* магазин, торгующий остатками

**Resteverkauf** *m* продажа остатков, распродажа остатков

**Restfaktormethode** *f* метод остаточного фактора

**Restfrist** *f* остаточный срок *(время, остающееся до погашения долгового обязательства)*

**Restgewinn** *m, freier* часть прибыли, остающаяся в свободном распоряжении предприятия

**Restitution** *f юр.* реституция, возвращение *(имущества)*; возмещение *(убытков)*

**Restkapital** *n* часть ссуды, оставшаяся непогашенной

**Restkostenrechnung** *f* метод калькулирования издержек производства побочной продукции

**Restladung** *f* догрузка

**Restnutzungsdauer** *f* остаточный срок службы *(напр., оборудования)*

**Restriktion** *f* рестрикция, ограничение; сокращение; оговорка; *мат.* ограничение

**Restriktionsfestlegung** *f* установление ограничений

**Restriktionsmaßnahme** *f* ограничительная мера

**Restriktionspolitik** *f* политика ограничений, рестрикционная политика

**restriktiv** ограничительный, рестрикционный

**Restrukturierung** *f* реструктуризация (напр. долга)

**Restsaldo** *m* конечное сальдо

**Restschuld** *f* остаток долга

**Restschuld** неоплаченный долг; невыплаченный долг; непогашенная задолженность

**Restschuld** непогашенный остаток; невыплаченный остаток *(кредита)*

**Restschuld zugunsten** *(Gen.)* дебетовое сальдо (в отношении кого-л., с кем-л.)

**Restschuldversicherung** *f* частное страхование ипотеки

**Restschuldversicherung** *f* страхование на случай невозврата кредита

**Restschuldlebensversicherung** *f* страхование жизни должника

**Restschuldlebensversicherung** страхование жизни получателя банковского кредита

**Reststreuung** *f стат.* остаточная вариация; показатель статистической ошибки

**Restsumme** *f* остаток суммы; сальдо

**Resturlaub** *m* неиспользованная часть отпуска

**Restwaren** *f, pl* товарные остатки (мн.ч.)

**Restwert** *m* остаточная стоимость *(основных фондов)*, реальная стоимость *(основных фондов)*

**Restwert** остаточная стоимость

**Restwertabschreibung** f дегрессивное амортизационное отчисление, метод дегрессивной амортизации

**Restwertmethode** f метод остаточной стоимости *(применяется при калькуляции сопряжённых продуктов)*

**Restwertverfahren** n метод калькулирования издержек производства побочной продукции

**Restzahlung** f платёж в окончательный расчёт, платёж при окончательном расчёте

**Resultatwerk** n суммирующее устройство *(счётной машины)*

**reswitching** англ. возврат к первоначальным условиям сделки, возврат к прежней технике производства

**Retardat** n задолженность *(финансовая)*, недоимка

**Retardation** f задержка *(платежа)*

**Retentionsrecht** n право должника задержать уплату долга до выполнения кредитором своего обязательства

**Retorsion** f реторсия, ответная мера

**Retorsionszoll** m таможенная пошлина, введённая в порядке реторсии; штрафная пошлина

**Retouren** f, pl фр. возвращённые продавцу *(непроданные или дефектные)* товары; товары, присланные экспортёру его филиалами за границей в зачёт экспортных поставок

**Retouren** деньги за проданный товар

**Retouren** неоплаченные векселя и чеки

**Retourfracht** f обратный фрахт

**Retourscheck** m неоплаченный чек

**Retourspesen**, pl плата за обратный провоз

**Retourwechsel** m рекамбио *(обратный переводный вексель)*, ретратта; ретур

**Retrozedent** m ретроцедент, переуступщик

**Retrozession** f рецессия, переуступка *(напр., части комиссионного вознаграждения другим участникам сделки)*; ретроцессия

**Return on investment** англ. индекс отдачи, доход на вложенный капитал *(соотношение между прибылью - обычно до вычета налогов - и вложенным капиталом)*

**Reufracht** f мёртвый фрахт

**Reugeld** n компенсация, отступные *(в случае отказа от контракта)*, неустойка

**Reukauf** m оговорка о возможном расторжении сделки; отказ от покупки; отступные; неустойка

**Reuter-Index** m индекс цен агентства Рейтер *(английский индекс цен на массовые товары мировой торговли)*

**Reuvertrag** f n договор с оговоркой о праве отказа от него

**revalidieren** vt вновь вводить в действие *(напр., закон)*, возобновлять юридическую силу какого-л. документа

**revalieren** vt покрывать свои расходы; покрываться *(о расходах)*; окупаться

**Revalierung** f покрытие *(расходов)*; окупаемость

**Revalierungsklausel** f условие о покрытии *(переводного векселя)*

**revalorisieren** vt ревальвировать

**Revalorisierung** f ревальвация *(в условиях фиксированных валютных курсов - повышение курса валюты по отношению к валютам других стран)*

**Revalvation** f ревальвация *(в условиях фиксированных валютных курсов - повышение курса валюты по отношению к валютам других стран)*

**revalvieren** vt ревальвировать

**Revenue** f доход

**Revers** m письменное заявление; расписка

**Revers** реверс; письменное обязательство о возмещении убытков

**Revers** реверс, оборотная сторона *(монеты)*

**Reversion** f обращение, оборот

**Reversion** юр. реверсия, возврат

**Reverssystem** n торг. система реверсов

**revidieren** vt ревизовать, проверять, контролировать; пересматривать; ревизовать, изменять

**Revirement** n фр. изменение, перемена; бухг. перенесение суммы из одной статьи в другую

**Revision** f ревизия, проверка, контроль; пересмотр; ревизия, изменение

**Revision des Haushaltsvollzuges** ревизия исполнения бюджета

**außerordentliche Revision** внеплановая ревизия

**nichtturnusmäßige Revision** внезапная ревизия

**planmäßige Revision** плановая ревизия

**stichprobenweise Revision** выборочная ревизия

**thematische Revision** тематическая ревизия

**thematische Revision** периодическая ревизия

**vollständige Revision** сплошная ревизия

**Revisionsbericht** m отчёт о результатах ревизии

**Revisionsfirma** *f* аудиторская фирма

**Revisionskommission** *f* ревизионная комиссия

**Revolution** *f* революция

**industrielle Revolution** промышленная революция

**wissenschaftlichtechnische Revolution** научно-техническая революция

**revolving credit** *англ.* автоматически возобновляемый *(краткосрочный)* кредит

**Revolvingakkreditiv** *n* автоматически возобновляемый аккредитив

**Revolvingkredit** *m* автоматически возобновляемый *(краткосрочный)* кредит *(в соответствии с таким соглашением заёмщик может - в пределах некоторой максимальной суммы - многократно получать ссуды)*

**Rewe, Rheinisch-Westfälische Einkaufsgenossenschaft der Lebensmittelhändler** Рейнско-вестфальское товарищество по *(оптовой)* закупке продовольственных товаров *(ФРГ)*

**REWI-Verband** Ревизионный и хозяйственный союз потребительских кооперативов

**Rezession** *f* рецессия, экономический спад; падение, ухудшение *(конъюнктуры)*; кризис, свёртывание

**Rezession** рецессия, обратная уступка, переуступка

**Rezessionserscheinungen** *f, pl* явления экономического спада; кризисные явления

**Rezessionsperiode** *f* период экономического спада

**reziprok** взаимный; обоюдный; *мат.* обратный

**Reziprozität** *f* взаимная выгода; *мат.* взаимность, двойственность

**Reziprozitätsgeschäft** *n* взаимная внешнеторговая сделка *(разрешение страной-импортёром ввоза определённого товара при условии экспорта другого товара, допускаемого на свои рынки страной-партнёром)*

**Reziprozitätsklausel** *f* пункт *(договора)*, предусматривающий принцип взаимности

**Reziprozitätsprinzip** *n* принцип взаимности

**Reziprozitätsvertrag** *m* договор, основанный на принципе взаимности

**rfA, rechnungsführendes Amt** главная бухгалтерия

**RG, Rationalisierungsgemeinschaft** Общество рационализации промышленного производства *(ФРГ)*

**RGH, Rationalisierungsgemeinschaft des Handels** Общество рационализации торгового дела *(ФРГ)*

**RGW, Rat für Gegenseitige Wirtschaftshilfe** *бывш.* Совет экономической взаимопомощи, СЭВ

**Rheinisch-Westfälisches Institut für Wirtschaftsforschung** Рейнско-вестфальский институт экономических исследований *(ФРГ)*

**RHO, Reichshaushaltsordnung** положение о государственном бюджете

**Rhythmus** *m* ритм

**RI:**

**Ri, Richtlinien** директивы; руководящие указания

**r.i., reinsurance** перестраховка

**RIC, Regolamento Internazionale Carrozze** Международное соглашение о взаимном пользовании пассажирскими, багажными и почтовыми вагонами

**ricardianisch** рикардианский

**ricardianische Theorie** рикардианство

**neo-ricardianisch** неорикардианский

**Richtbeispiel** *n* подробное описание вида производственной деятельности, служащее основой для включения её в соответствующую тарифную группу

**Richtbetrieb** *m* сельскохозяйственное предприятие, служившее эталоном для сравнения доходности предприятий при их налогообложении *(в фашистской Германии)*

**richtige Produkte zum richtigen Zeitpunkt** правильные продукты в правильное время (принцип маркетинга)

**Richtlinie** *f* директива; руководящая линия *(напр., при выборе хозяйственной стратегии)*

**Richtpreis** *m* ориентировочная цена; предварительная цена; рекомендуемая государством цена

**Richtpreisspanne** *f* интервал, в котором колеблется ориентировочная цена

**Richtsatz** *m* контрольная цифра *(плана)*; норматив

**Richtsatz für eigene Umlaufmittel** норматив собственных оборотных средств

**berichtigter Richtsatz** скорректированный норматив

**finanzieller Richtsatz** финансовый норматив

**Richtsatzbestände** *m, pl* нормативные запасы

**richtsatzfrei** ненормируемый

**richtsatzgebunden** нормативный

**richtsatzgeplant** нормативный

**Richtsatzkalkulation** *f* нормативная калькуляция

**Richtsatzmethode** *f* нормативный метод учёта

**Richtsatzplan** *m* раздел техпромфинплана, определяющий потребности предприятия в оборотных средствах и их размеры *(бывш. ГДР)*

**Richtsatzplanbestand** *m* плановые производственные запасы

**Richtsatzplankredit** *m* краткосрочный кредит, предоставляемый предприятию на восполнение израсходованных средств *(бывш. ГДР)*

**Richtsatzselbstkosten,** *pl* нормативная себестоимость

**Richtsatztage** *m, pl* норматив запасов сырья, материалов и готовой продукции, исчисленный в календарных днях

**Richtsatzverbrauch** *m* нормативный расход *(напр., сырья и материалов)*

**Richttage** *m, pl* нормативный срок оборачиваемости сырья, материалов и готовой продукции

**Richtungsfaktor** *m* угловой коэффициент

**Richtungskoeffizient** *m* поправочный коэффициент

**Richtungstarif** *m* тариф *(перевозок)*, действующий в одном направлении

**Richtungsverkehr** *m* маршрутизированные перевозки всеми видами транспорта

**Richtwert** *m* нормативный показатель *(норматив, контрольная цифра)*

**Richtwerttabelle** *f* таблица нормативов

**Richtzahlen** *f, pl* контрольные цифры; ориентировочные цифры; *стат.* исходные показатели

**Riesenbetrieb** *m* предприятие-гигант

**Riesenprofit** *m* огромные прибыли, огромные барыши

**Riesenvorrat** *m* крупные запасы

**Riesenwerk** *n* завод-гигант

**Rikambio** *m* *ит.* рекамбио *(дополнительные требования кредитора, возникающие в результате протеста векселя)*

**Rikambiowechsel** *m* рекамбио, обратный *(переводный)* вексель *(опротестованный вексель, выставленный предыдущему держателю)*

**Rimesse** *f* римесса, переводный вексель *(вексель, пересылаемый для покрытия долга)*; погашение долга *(пересылкой векселя)*

**Ring Deutscher Makler für Immobilien, Hypotheken und Finanzierungen** Объединение немецких маклеров по недвижимости, ипотекам и финансированию *(ФРГ)*

**Ringabschluss** *m* ринг

**Ringbelieferung** *f* кольцевой завоз

**Ringgeschäft** *n* ринг, объединение *(банков, фирм)*

**Ringverkehr** *m* **im innerbetrieblichen Transport** маршрутизированные перевозки, осуществляемые внутризаводским транспортом

**Ringzufuhr** *f* кольцевой завоз; кольцевой подвоз *(товаров)*

**Rinnverlust** *m* утечка, потери от утечки

**Risiken** *n, pl* риски

**Risiken im Außenhandelsgeschäft** внешнеторговые риски

**Risikenkumulation** *f* *страх.* кумуляция рисков

**Risikenverhältnis** *n* *страх.* отношение рисков

**Risikenverteilung** *f* *страх.* дробление рисков

**Risiko** *n* риск

**Risiko der Abnahmeverweigerung** риск непринятия товара

**Risiko kundenanonymer Fertigung** риск выпуска продукции для анонимного потребителя

**kalkulatorisches Risiko** калькулируемый риск

**versicherbares Risiko** страхуемый риск

**auf eigenes Risiko** на свой страх и риск

**das Risiko decken** оплачивать расходы, оплачивать убытки

**ein Risiko eingehen** брать на себя расходы

**ein Risiko tragen** брать на себя расходы

**ein Risiko übernehmen** брать на себя расходы

**Risikoanalyse** *f* анализ риска

**vereinigte Risikoanalyse** сводный анализ риска, объединённый анализ риска

**Risikoaufschlag** *m* *страх.* надбавка за риск, премия за риск

**Risikobeitrag** *m* часть страхового взноса, необходимая для покрытия страхового риска

**Risikograd** *m* *страх.* степень риска

**Risikolebensversicherung** *f* страхование на случай смерти

**risikominimierend** сводящий риск к минимуму

**Risikomischung** *f* снижение риска затоваривания путём расширения ассортимента производства

**Risikoprämie** *f* *страх.* надбавка за риск, премия за риск *(может фигурировать, напр., при калькуляции издержек)*; спекулятивная рента

**Risikoprüfung** *f* проверка наличия и степени риска *(перед заключением договора страхования)*

**Risikostreuung** *f* дробление риска

**Risikoübernahme** *f* принятие *(на себя)* риска

**Risikoversicherung** f страхование от риска; страхование на случай смерти
**Risikozuschlag** m *страх.* надбавка за риск, премия за риск
**Riskontro** n *ит.* взаимный зачёт требований; скидка; ресконтро *(вспомогательная бухгалтерская книга)*; амбарная книга, учётная книга
**Ristorno** n m *ит.* погашение записи, сторнирование; ристорно; возврат страховой премии
**Ristornogebühren** f pl сборы при расторжении, сборы при сторнировании
**Ritratte** f *ит.* ретратта, ретур, обратный *(переводный)* вексель
**RIV, Regolamento Internazionale Veicoli** Международное соглашение о взаимном пользовании товарными вагонами
**Rivale** m соперник, конкурент
**RIW** Международное соглашение о взаимном пользовании товарными вагонами
**Rj., Rechnungsjahr** бюджетный год; отчётный год
**RKV:**
  **RKV, Rahmenkollektivvertrag** типовой коллективный договор
  **RKV, Reichskostenverordnung** правила определения издержек при государственных подрядах и поставках
**RKW, Rationalisierungs-Kuratorium der Deutschen Wirtschaft** кураториум по проблемам рационализации экономики ФРГ
**RLN, Rat für landwirtschaftliche Produktion und Nahrungsgüterwirtschaft** Совет по вопросам сельскохозяйственного производства и перерабатывающей промышленности *(бывш. ГДР)*

**RM, Reichsmark** рейхсмарка, германская марка *(денежная единица Германии до 1948 г.)*
**RO, Rumänien** Румыния
**Ro-Ro-Fähre** f паром для перевозки методом "ролл он - ролл оф", паром с горизонтальной погрузкой и выгрузкой
**Ro-Ro-Schiff** n судно типа "ролл он-ролл оф" *(с горизонтальной погрузкой и выгрузкой)*
**Rob, Reise ohne Bargeld** аккредитив сберегательной кассы
**Roh-, Hilfs- und Betriebsstoffe** m, pl сырьё, вспомогательные и прочие материалы
**Rohausbeute** f выход неочищенного продукта, выход сырого продукта
**Rohbauproduktion** f основные строительные работы
**Rohbilanz** f предварительный баланс, ориентировочный баланс
**Rohertrag** m валовой доход, доход брутто *(результат - обычно в денежном выражении - без вычета издержек и затрат)*
**Rohgewicht** n вес брутто
**Rohgewinn** m валовая прибыль
**Rohgut** n сырьё; *трансп.* наволочный груз
**Rohmaterial** n сырьё; сырьевые материалы
**Rohmaterialvorräte** m, pl запасы сырья, ресурсы сырья, сырьевые запасы, сырьевые ресурсы
**Rohproduktenhandel** m торговля сырьём и полуфабрикатами; торговля ломом и отходами *(используется главным образом для чёрной и цветной металлургии)*
**Rohrleitung** f трубопровод
**Rohrleitungstransport** m трубопроводный транспорт

**Rohstoff** m сырьё; полуфабрикаты
  **Rohstoff und Grundmaterial** сырьё и основные материалы
  **agrarischer Rohstoff** сельскохозяйственное сырьё
  **defizitärer Rohstoff** дефицитное сырьё
  **einheimischer Rohstoff** отечественное сырьё
  **industrieller Rohstoff** промышленное сырьё
  **kriegswichtiger Rohstoff** стратегическое сырьё
  **monopolfreier Rohstoff** немонополизированное сырьё
  **örtlich vorkommender Rohstoff** местное сырьё
  **pflanzlicher Rohstoff** сырьё растительного происхождения
  **rückgewonnener Rohstoff** вторичное сырьё
  **strategischer Rohstoff** стратегическое сырьё
**Rohstoffabkommen** n соглашение о поставках сырья
  **internationales Rohstoffabkommen** международное соглашение по сырью
**Rohstoffanhängsel** n сырьевой придаток
**rohstoffarm** бедный сырьём
**Rohstoffaufkommen** n сырьевые ресурсы
**Rohstoffaufteilung** f распределение сырья
**Rohstoffausnutzung** f потребление сырья, использование сырья
**Rohstoffausnutzungsnorm** f норма потребления сырья, норма использования сырья
**Rohstoffbasis** f сырьевая база
  **sekundäre Rohstoffbasis** вторичная сырьевая база
**Rohstoffbedarf** m потребности в сырье, потребность в сырье
**Rohstoffbeschaffung** f заготовка сырья; закупка сырья

**Rohstoffbilanz** f баланс сырьевых ресурсов

**Rohstoffeinfuhr** f импорт сырья

**Rohstoffeinsatz** m использование сырья

**Rohstoffeinsatznorm** f норма расходования сырья

**Rohstoffersparnis** f экономия сырья

**Rohstoffgebiet** n сырьевой район, район богатых природных ресурсов

**Rohstoffgeographie** f география природных ресурсов

**Rohstoffhortung** f создание запасов сырья

**Rohstoffkreditgeschäft** n кредитная сделка по импорту сырья, необходимого для производства экспортных товаров

**Rohstoffländer** n, pl страны-поставщики сырья

**Rohstofflieferant** m поставщик сырья

**Rohstoffmangel** m нехватка сырья, дефицит сырья

**Rohstoffmonopol** n монополия на поставку сырья

**Rohstofforientierung** f размещение производительных сил с учётом источников сырья

**Rohstoffpolitik** f государственная политика, направленная на содействие в снабжении сырьём

**Rohstoffpreise** m, pl цены на сырьё

**Rohstoffquelle** f источник сырья

**Rohstoffreserven** f, pl сырьевые резервы, сырьевые запасы, запасы сырья

**Rohstoffressourcen**, pl сырьевые ресурсы

**Rohstoffverbrauch** m расходование сырья

**Rohstoffvereinbarung** f соглашение о поставках сырья

**Rohstoffverknappung** f нехватка сырья, дефицит сырья

**Rohstoffverteuerung** f повышение цен на сырьё

**Rohstoffvorräte** m, pl сырьевые резервы, сырьевые запасы, запасы сырья

**Rohsutoffgewinnungsindustrie** f добывающая промышленность

**Rohüberschuss** m валовая прибыль

**ausweispflichtiger Rohüberschuss** валовая прибыль, которая обязательно должна быть показана (*в счёте прибылей и убытков акционерной компании*)

**Rohumsatz** m валовой оборот

**Rohware** f сырьё; полуфабрикат

**Rohzins** m валовой процент, брутто-процент (*процентные доходы до выплаты налогов*)

**ROI, Return on Investment** индекс отдачи (*соотношение между прибылью и вложенным капиталом*)

**ROL, Leu, - Rumänien** Леи, - Румыния

**roll-on-roll-off-Verfahren** n метод транспортировки с горизонтальной погрузкой и выгрузкой

**Rollauftrag** m договор на доставку железнодорожного груза автотранспортом

**Rollbockverkehr** m железнодорожное сообщение со сменой колёсных тележек

**Rollfuhr** f доставка железнодорожного груза автотранспортом

**Rollfuhrdienst** m, **bahnamtlicher** служба доставки железнодорожного груза автотранспортом

**Rollfuhrunternehmen** n автотранспортное предприятие

**Rollfuhrunternehmer** m перевозчик железнодорожного груза автотранспортом

**Rollfuhrversicherungsschein** m страховой полис в перевозках железнодорожных грузов

**Rollgeld** n плата за доставку железнодорожного груза автотранспортом

**Rollgeld** *разг.* плата за доставку железнодорожного груза на дом

**Rollschrank** m (*канцелярский*) раздвижной шкаф

**Rostbildung** f ржавление, образование ржавчины

**Rote Gewerkschaftsinternationale** *ист.* Красный Интернационал профсоюзов, Профинтерн

**rote Klausel** f красная оговорка (*условие аккредитива, согласно которому банк соглашается выплатить авансом часть суммы аккредитива против представления вместо коносамента*)

**rote Klausel** красная оговорка (*оговорка Объединения лондонских страховщиков, напечатанная красным шрифтом и приклеиваемая к страховому полису*)

**Rotofließreihe** f роторная автоматическая линия

**Rotofließstraße** f роторная автоматическая линия

**Round-Table-Konferenz** Встречи "круглого стола" Восток - Запад

**Routenführung** f маршрут, расписание рейсов

**Routentransport** m маршрутизированные перевозки

**Routinearbeit** f рутинная работа

**geistige Routinearbeit** рутинная умственная работа

**Routinearbeiten** f, pl рутинные работы (мн.ч.)

**RP, reponse payee** ответ оплачен *(пометка на почтово-телеграфных отправлениях)*
**Rpf, Reichspfennig** рейхспфенниг *(немецкая монета до 1948 г.)*
**RT, Registertonne** регистровая тонна
**RTS, Reparatur-Technische Station** ремонтно-техническая станция, РТС *(бывш. ГДР)*
**RU, Russische Föderation** Российская Федерация
**RUB, Rubel, - Russische Föderation** Российский рубль *(код валюты 810)*, - Российская Федерация
**Rubel** *m* рубль
  **konvertible Rubel** конвертируемый рубль
  **transferabler Rubel** переводный рубль
**Rubrum** *n* рубрум, краткое содержание письма
**Rückantwort** *f* письменный ответ
**Rückäufer** *m* возвращающийся покупатель (после первой покупки осуществляет повторные покупки)
**Rückauftrag** *m* встречное поручение; встречный заказ
**Rückbeförderung** *f* встречная перевозка; обратная доставка
**Rückbehaltungsrecht** *n* право должника задержать уплату долга до выполнения кредитором своего обязательства
**Rückbuchung** *f* бухг. погашение записи, сторнирование, сторно
**rückdiskontieren** *vt* переучесть *(вексель)*
**Rückdiskontierung** *f* переучёт *(векселей)*
**Rückenschild** *n* рекламный щит на спине человека-рекламы
**Rückerstattung** *f* возврат *(напр., налогов)*; юр. реституция, возвращение *(имущества)*; возмещение *(убытков)*
**Rückexport** *m* реэкспорт

**Rückfall** *m* спад *(биржевых курсов)*; юр. рецидив
**Rückfluss** *m* обратный приток *(напр., платёжных средств)*
**Rückfluss der investierten Mittel** окупаемость капиталовложений
**Rückflussdauer** *f* срок окупаемости *(капиталовложений)*
**Rückflussdauer** продолжительность обратного притока средств, длительность обратного притока средств
**Rückflussfrist** *f* срок окупаемости *(капиталовложений)*
**Rückflussstücke** *n, pl* бирж. ценные бумаги, скупаемые эмитентом для предотвращения падения их курса
**Rückfracht** *f* фрахт за обратную перевозку; обратный фрахт
**Rückführung** *f* возврат *(товара или денег)*
**Rückführung** обратная связь; репатриация *(в том числе репатриация капитала)*
**Rückführung von Mitteln aus dem Staatshaushalt** возврат части средств, отчисленных в госбюджет
**Rückführung von Vermögenswerten** репатриация имущества
**Rückführungsgüter** *n pl* грузы, подлежащие возврату
**Rückgabe** *f* возврат, возвращение
  **gegen Rückgabe** с условием возврата
**Rückgang** *m* возвращение, возврат; обратный ход; упадок, спад, падение; уменьшение, снижение, сокращение
**Rückgang des Geschäfts** сокращение объёма сделок, сокращение биржевого оборота
**Rückgang des Umsatzes** сокращение объёма сделок, сокращение биржевого оборота

**rückgängig machen** *vt* отменить, аннулировать, ликвидировать
**Rückgängigmachung** *f* отмена, аннулирование, ликвидация
**Rückgewinnung** *f* регенерация, вторичное использование
**Rückgewinnungsnorm** *f* норма вторичного использования материалов
**Rückgriff** *m* юр. регресс, обратное требование о возмещении
  **ohne Rückgriff** без регресса
**Rückgriffsberechtigte** *m* регрессант *(лицо, требующее возмещения, используется в вексельном обращении)*
**Rückgriffsnehmende** *m, f* регрессант *(в вексельном обращении)*
**Rückgriffsrecht** *n* право регресса
**Rückgriffsschuldner** *m* регрессат *(лицо, против которого направлено требование о возмещении, в вексельном обращении)*
**Rückindossament** *n* обратный индоссамент
**Rückkauf** *m* выкуп *(акций, облигаций, займов, страховки)*
**Rückkauf von Versicherungen** досрочное расторжение страхователем договора страхования
**rückkaufen** *vt* выкупать *(акции, облигации, займов)*
**Rückkaufsdisagio** *n* дизажио от выкупа облигаций, *см.* Disagio
**Rückkaufswert** *m* страх. выкупная сумма
**Rückkopplung** *f* обратная связь
**Rückkopplungskreis** *m* контур обратной связи
**Rückkopplungssystem** *n* система с обратной связью

**Rückladung** f обратный фрахт, обратный груз

**Rücklage** f резерв
  **gesetzliche Rücklage** обязательный резерв
  **satzungsmäßige Rücklage** уставный фонд
  **der Rücklage zuführen** отчислить в резерв

**Rücklagefonds** m с.-х. резервный фонд

**Rücklagen** f, pl запас; сбережения, накопления; резервы, резервные фонды
  **Rücklagen vornehmen** создавать резервные накопления, создавать резервные фонды
  **freiwillige Rücklagen** свободные резервы
  **gesetzliche Rücklagen** резервы, установленные законом; обязательные отчисления в резервный фонд
  **offene Rücklagen** открытые резервы
  **stille Rücklagen** скрытые резервы

**Rücklagenkonto** n бухг. счёт резерва предстоящих платежей

**Rückläufigkeit** f отставание, регресс

**Rücklaufzeit** f срок окупаемости (капиталовложений)

**Rücklieferung** f возврат поставки

**Rücklieferungsschein** m счёт на возвращаемый товар

**Rückprämie** f бирж. премия по срочным сделкам при игре на понижение

**Rückprämiengeschäft** n бирж. срочная сделка с премией при игре на понижение

**Rückrechnung** f интерполяция, интерполяционные расчёты (в планировании)
  **prognostische Rückrechnung** прогностическая интерполяция

**Rückscheck** m неоплаченный чек

**Rückschlag** m кризис; спад хозяйственной активности (после подъёма)
  **geschäftlicher Rückschlag** убыток
  **konjunktureller Rückschlag** спад конъюнктуры
  **wirtschaftlicher Rückschlag** экономический спад

**Rücksendegebühr** f сбор за возврат (почтового отправления)

**rücksenden** vt возвращать, посылать обратно

**Rücksendung** f возвращение (документа, товара); обратная доставка
  **Rücksendung mangelhafter Waren** возврат некондиционных товаров; возврат брака; возврат бракованных товаров

**Rückstand** m задолженность, долг; отставание; невыполнение

**rückständig** задолжавший (платёж), просрочивший (платёж); остаточный, невыплаченный (о долге) отсталый

**rückständig** отсталый, отстающий

**Rückständigkeit** задолженность; отсталость
  **ökonomische Rückständigkeit** экономическая отсталость

**Rückstellungen** f, pl отчисления в резервный фонд; целевые отчисления (могут формироваться за счёт отчислений от доходов или на основе привлечения средств извне)
  **Rückstellungen für künftige Zahlungen** отчисления в резерв предстоящих платежей
  **Rückstellungen für Reparaturen** отчисления на ремонт
  **Rückstellungen für später geplante größere Investitionen** отчисления (от прибыли) в резервный фонд (на финансирование крупных капиталовложений)
  **Rückstellungen für Steuern** налоговые отчисления
  **versicherungstechnische Rückstellungen** отчисления в резерв предстоящих платежей страховых сумм

**Rücktratte** f ит. ретратта, ретур, обратный (переводный) вексель

**Rücktritt** m (односторонний) отказ от контракта, отказ от договора; уход, отставка
  **Rücktritt wegen Fehlens des Akkreditivs** отказ от договора из-за неоткрытия аккредитива, отступление от договора из-за неоткрытия аккредитива

**rückvergüten** vt возмещать, выплачивать обратно, компенсировать

**Rückvergütung** f возмещение, возвращение, обратная выплата; обратная бонификация; начисления на пай (в потребительском кооперативе)

**rückverrechnen** vt засчитывать встречное требование (при клиринговых расчётах)

**Rückverrechnung** f зачёт встречного требования
  **eine Rückverrechnung vornehmen** производить перерасчёт

**Rückverrechnungsauftrag** m требование на списание в безакцептном порядке; дебет-нота

**Rückversicherer** m страховщик (при договоре перестраховки)

**Rückversicherte** m страхователь (в договоре перестраховки)

**Rückversicherung** f перестрахование, перестраховка *(при больших рисках страховая компания страхует себя в другой страховой компании, уменьшая тем самым уровень своего риска)*
  **anteilige Rückversicherung** непропорциональная форма перестрахования
  **proportionale Rückversicherung** пропорциональная форма перестрахования
**Rückversicherungsgesellschaft** f перестраховочное общество, общество перестрахования
**Rückversicherungsprämie** f перестраховочная премия
**Rückversicherungsvertrag** m договор перестрахования
**Rückwälzung** f перекладывание бремени *(напр., налогового)*
**Rückwälzung** перекладывание расходов
**Rückwanderung** f реэмиграция
**Rückware** f возвращённый *(из-за границы)* товар; предмет реимпорта
**Rückwarenerklärung** f декларация на возвращаемый экспортный товар
**Rückwärtsrechnung** f *сет. пл.* отсчёт времени от завершающего события сети
**Rückwärtsversicherung** f страхование задним числом
**Rückwechsel** m ретратта, ретур, обратный *(переводный)* вексель, рекамбио
**Rückweisezahl** f браковочное число
**Rückweisquote** f доля возвращаемой продукции; норма возврата продукции
**Rückweiswahrscheinlichkeit** f вероятность отбраковки *(в статистическом контроле качества)*
**rückzahlbar** подлежащий уплате, подлежащий возврату
  **rückzahlbar in Raten** погашаемый в рассрочку

**Rückzahlbarkeit** f возвратность *(напр., кредита)*
**rückzahlen** возвращать деньги; выкупать *(облигации)*
**rückzahlen** выкупать *(облигации или другие обязательства)*
**Rückzahlung** f возврат, возвращение денег; выкуп *(облигаций)*
  **Rückzahlung** погашение *(напр., облигаций)*
  **Rückzahlung eines Kredits in Waren** погашение кредита товарами
  **Rückzahlung mit Agio** погашение с надбавкой против номинала *(при погашении займов)*
  **Rückzahlung von Auslandsschulden** платёж по внешней задолженности
  **Rückzahlung zum Nennwert** погашение по паритету *(при погашении займов)*
**Rückzahlungsagio** n надбавка при погашении долгового обязательства, ажио при погашении долгового обязательства
**Rückzahlungsbedingungen** f, pl условия возврата денег
**Rückzahlungsfrist** f срок возврата *(напр., денежных сумм при ссуде)*
**Rückzahlungsschein** m расходный ордер с распиской в получении денег по *(сберегательному)* вкладу
**Rückzollschein** m таможенное свидетельство на возврат пошлин, дебентура
**Ruf** m репутация
  **einen guten Ruf behalten** сохранить хорошую репутацию
  **einen guten Ruf genießen** пользоваться хорошей репутацией
**RUF, Revolving Underwriting Facility** *(eng.)* форма среднесрочных кредитных программ на базе евронот; РУФ

**Rügefrist** f срок для предъявления рекламации
**Rügepflicht** f обязанность покупателя предъявить претензии к качеству товара
**Ruhegehalt** n пенсия по старости и за выслугу лет *(государственным служащим)*
**Ruhegehaltslasten** f, pl расходы по выплате пенсий по старости и за выслугу лет *(государственным служащим)*
**Ruhegeld** n пенсия по старости и за выслугу лет *(государственным служащим)*; страховое вознаграждение *(получаемое служащим в дополнение к пенсии)*
**Ruhezeit** f время отдыха; простой; нерабочее время *(машины)*
**Ruin** m разорение, банкротство, крах; упадок, разруха
  **wirtschaftlicher Ruin** хозяйственная разруха
**ruinieren** vt разорять(ся), разрушать, губить, подрывать
**Ruinspiel** n игра на разорение
**Rumpfwirtschaftsjahr** n неполный хозяйственный год
**Run** m *англ.* массовое изъятие вкладов из банка, паника в банке; биржевая паника
**Rundfahrtproblem** n задача о коммивояжёре, проблема о коммивояжёре
**Rundreisekreditbrief** f m циркулярный аккредитив
**Rundreiseproblem** n задача о коммивояжёре, проблема о коммивояжёре
**Rundreisezeit** f продолжительность кругового рейса *(судна)*
**Rundungsfehler** m ошибка округления
**Rüstgrundzeit** f *(основное)* подготовительно-заключительное время; *(основное)* время на наладку
**Rüstkosten,** pl расходы на переналадку

**Rüstung** f подготовка; сборы; подготовка к войне; вооружение; оснащение

**Rüstungsaktien** f, pl акции военно-промышленных компаний

**Rüstungsanleihe** f военный заём

**Rüstungsauftrag** m военный заказ

**Rüstungsausgaben** f, pl военные расходы, расходы на вооружение

**Rüstungsboom** m бум, вызванный гонкой вооружений

**Rüstungsetat** m военный бюджет

**Rüstungsexport** m экспорт вооружений

**Rüstungsfinanzierung** f финансирование военного производства

**Rüstungsgeschäft** n производство вооружений, военный бизнес

**Rüstungshaushalt** m военный бюджет

**Rüstungsindustrie** f военная промышленность, промышленность, производящая вооружение; военное производство

**rüstungsindustriell** военно-промышленный

**Rüstungskosten**, pl военные расходы, расходы на вооружение

**Rüstungslasten** f, pl бремя военных расходов, бремя вооружений

**Rüstungsmonopol** n военно-промышленная монополия

**Rüstungspolitik** f политика гонки вооружений

**Rüstungspotential** n военно-промышленный потенциал

**Rüstungsproduktion** f производство вооружения

**Rüstungsprofitsteuer** f налог на военные прибыли

**Rüstungsprogramm** n программа гонки вооружений

**Rüstungsrennen** n гонка вооружений

**Rüstungsüberprofit** m сверхприбыль, получаемая от военного бизнеса

**Rüstungswettlauf** m гонка вооружений

**Rüstungswirtschaft** f военная экономика

**rüstungswirtschaftlich** военно-экономический

**Rüstwertkoeffizient** m коэффициент затрат времени на подготовительно-заключительные операции

**Rüstzeit** f подготовительно-заключительное время; подготовительное время; время на подготовку; время на наладку

**Rutsch** m бирж. резкое падение (курса акций); обвал (курса акций)

**RVA, Reichsversicherungsanstalt** Государственное управление социального страхования (ФРГ)

**Rvj., Rechnungsvierteljahr** отчётный квартал

**RVO, Reichsversicherungsordnung** f Закон о социальном страховании

**RVS, Rollfuhrversicherungsschein** страховое свидетельство на перевозимый по суше груз

**RW, Ruanda** Руанда, до 1978 г. код PG

**RWF, Ruanda-Franc, - Ruanda** Руандский франк, - Руанда

**r.z., rückzahlbar** подлежащий уплате, подлежащий возврату

**RZG, Rentenzulagegesetz** закон о надбавке к пенсиям (государственным, ФРГ)

# S

**S:**
**S, Saldobetrag** сальдо
**S, Serie** серия (в курсовой таблице)
**S.F.A., Shipping and Forwarding Agent** судовой маклер и экспедитор
**S-Karte** f контрольная карта для стандартных отклонений (при статистическом контроле качества)
**S-Positionen** f, pl позиции балансов государственного плана, отражающие обязательные государственные плановые задания (бывш. ГДР)

**SA, sA:**
**S.A., Societe Anonyme** франц. акционерное общество
**SA, Saudi-Arabien** Саудовская Аравия
**Sa., Summa** сумма, итог
**Saatbau-LPG** f семеноводческий сельскохозяйственный производственный кооператив (бывш. ГДР)
**Saatfläche** f посевная площадь
**Saatgutfonds** m семенной фонд
**Saatgutreservefonds** m страховой семенной фонд

**Saatkampagne** f посевная кампания

**Sabotage** f саботаж

**Sachanlagen** f pl производственный капитал в вещной форме

**Sachanlagevermögen** n основной капитал (в вещной форме; земельные участки, здания, оборудование)

**Sachausgaben** f pl материальные затраты; расходы бюджетных организаций на оплату различного рода материалов и услуг

**Sachbearbeiter** *m* ответственный исполнитель; консультант, референт

**Sachbeschädigung** *f* нанесение ущерба имуществу

**sachbezogen** действенный

**Sachbezüge** *m, pl* вознаграждение за труд в натуральной форме, натуральная оплата

**Sachdepot** *n* место хранения ценных бумаг и прочих ценностей в банке; книга учёта ценных бумаг, принятых на хранение

**Sacheinlage** *f* имущественный вклад *(в виде вещей или передаваемых компании прав, напр., патентов)*

**Sachen** *f, pl* вещи, предметы; имущество

   **Sachen** действия, за которые никто не готов нести ответственность

   **abhanden gekommene Sachen** пропавшее имущество, утерянное имущество

   **bewegliche Sachen** движимое имущество

   **ersetzbare Sachen** субституты, заменимые вещи

   **ersetzliche Sachen** субституты, заменимые вещи

   **herrenlose Sachen** бесхозное имущество

   **nicht vertretbare Sachen** незаменимые вещи, уникальные вещи, незаменимые предметы, уникальные предметы; поступки, за которые никто не готов нести ответственность; мероприятия, с проведением которых нельзя согласиться

   **öffentliche Sachen** предметы общественного пользования

   **unbewegliche Sachen** недвижимое имущество

   **unvertretbare Sachen** незаменимые вещи, уникальные вещи, незаменимые предметы, уникальные предметы; поступки, за которые никто не готов нести ответственность; мероприятия, с проведением которых нельзя согласиться

   **verbrauchbare Sachen** предметы, которые могут быть потреблены, предметы, которые могут быть израсходованы

   **vertretbare Sachen** заменимые вещи, заменимые предметы; поступки, за которые кто-либо готов нести ответственность; мероприятия, проведение которых допустимо

**Sachenrecht** *n юр.* вещное право

**Sachfirma** *f* фирма, в названии которой указан род её занятия *(или характер операции)*

**sachgemäß** надлежащий, соответствующий, должный

**Sachgesamtheit** *f* комплект, набор *(напр., инструментов)*

**Sachgründung** *f* основание акционерного общества на базе имущественных вкладов учредителей

**Sachhehlerei** *f* укрывательство; скупка скупка имущества, добытого преступным путём, принятие в залог имущества, добытого преступным путём

**Sachkapital** *n* основной *(акционерный)* капитал

**Sachkapitalerhöhung** *f* увеличение *(акционерного)* капитала за счёт имущественных вкладов

**Sachkontenrahmen** *m бухг.* номенклатура основных счетов

**Sachkonto** *n* основной счёт, счёт учёта материальных ценностей *(напр., товарный счёт)*

**Sachkredit** *m* кредит под обеспечение

**Sachleistungen** *f pl* натуральные выплаты; неденежная помощь застрахованным из фонда социального страхования

**Sachlohn** *m* заработная плата, получаемая в натуральной форме

**Sachmängel** *m, pl* недостатки, обнаруженные в изделии, недостатки, обнаруженные в товаре, дефекты, обнаруженные в изделии, дефекты, обнаруженные в товаре

**Sachmängelhaftung** *f* гарантия качества; ответственность *(продавца или предпринимателя)* за недостатки, обнаруженные в изделии *(или товаре)*

**Sachprämie** *f* премия натурой

**Sachschaden** *m* материальный ущерб

**Sachschadenhaftpflichtgesetz** *n* закон об ответственности за причинённый материальный ущерб

**Sachsteuern** *f, pl* налоги на недвижимое имущество, налоги на доходы от недвижимого имущества; реальные налоги; поземельные налоги

**Sachübernahme** *f* принятие имущественного вклада в капитал акционерного общества

**Sachurteil** *n* решение о материально-правовой обоснованности выдвинутого требования, решение о материально-правовой обоснованности выдвинутого притязания

**Sachv., Sachverständige** *m* эксперт

**Sachverhalt** *m* обстоятельства дела, положение вещей; содержание, значение

**Sachvermögen** *n* имущество

**Sachversicherung** *f* страхование имущества, имущественное страхование

**Sachverständige** *m* эксперт

**Sachverständigenausschuss** *m* экспертная комиссия

**Sachverständigengutachten** *n* заключение экспертизы

**Sachverständigenkommission** *f* экспертная комиссия

   **ärztliche Sachverständigenkommission** врачебно-трудовая экспертная комиссия, ВТЭК

**Sachverständigenurteil** *n* заключение экспертизы
**Sachverständigenverfahren** *n* экспертиза
**Sachverständigenverfahren im Versicherungswesen** метод установления размера страхового ущерба с помощью экспертизы
**Sachverzeichnis** *n* инвентарная опись; предметный указатель
**Sachwalter** *m* поверенный; управляющий делами
**Sachwert** *m* реальная стоимость; реальная ценность
**Sachwertanleihe** *f* товарный заём
**Sachwertklausel** *f* оговорка о покрытии долга по займу *(во время инфляции)* в натуральной форме
**Sachwertlotterie** *f* вещевая лотерея
**Sackladung** *f* груз в мешочной упаковке
**Sackrutsche** *f* спуск для мешков
**SAE, SÄE, Sonder-Ausfuhrerklärung** особая экспортная декларация
**Safe** *m англ.* сейф
**Safevertrag** *m* договор о праве пользования сейфом в банке
**SAG, Staatliche Aktiengesellschaft** Государственное акционерное общество *(бывш. ГДР)*
**saisonabhängig** сезонный
**saisonal** сезонный
**Saisonangebot** *n* сезонное предложение *(напр., услуг по обслуживанию туристов)*
**Saisonarbeit** *f* сезонная работа
**Saisonarbeiter** *m* сезонный рабочий
**Saisonarbeitskräfte** *f, pl* сезонная рабочая сила
**Saisonarbeitslosigkeit** *f* сезонная безработица
**Saisonausverkauf** *m* сезонная распродажа
**Saisonbedarf** *m* потребность, обусловленная сезоном
**saisonbedingt** сезонный
**Saisonbelieferung** *f* сезонные поставки
**saisonbereinigt** очищенный от сезонных колебаний *(напр., о ценах)*
**Saisonbereinigung** *f* сглаживание сезонных колебаний; очищение от сезонных колебаний
**Saisonbeschäftigung** *f* сезонная работа
**Saisonbestand** *m* сезонный запас
**Saisonbetrieb** *m* сезонное предприятие
**Saisonbewegung** *f* сезонное колебание
**Saisoncharakter** *m* сезонный характер, сезонность
**Saisonfinanzierungsplan** *m* план финансирования сезонных затрат
**saisongebunden** сезонный
**Saisongebundenheit** *f* сезонность
**saisongerecht** соответствующий сезону; сезонный
**Saisongewerbe** *n* сезонная работа, сезонное занятие
**Saisonhandel** *m* сезонная торговля
**Saisonindex** *m стат.* индекс сезонности
**Saisonindustrie** *f* сезонная отрасль промышленности
**Saisonkapazität** *f* сезонная мощность
**Saisonkarte** *f* сезонный *(проездной)* билет
**Saisonkoeffizient** *m стат.* коэффициент сезонности
**Saisonkräfte** *f, pl* сезонная рабочая сила
**Saisonkredit** *m* ссуда на сезонные затраты, кредит на сезонные затраты
**Saisonkrippe** *f* сезонные детские ясли
**Saisonnormale** *f* нормаль сезонных колебаний
**Saisonpreis** *m* сезонная цена
**Saisonproduktion** *f* сезонная продукция; сезонное производство
**SaisonSchlussverkauf** *m* сезонная распродажа товаров
**Saisonschwankung** *f* сезонное колебание
**Saisonschwankungen** *f pl* сезонные колебания
**Saisontarif** *m* сезонный тариф
**Saisontätigkeit** *f* сезонная работа
**Saisonverkehr** *m* сезонные перевозки
**Saisonvertrag** *m* договор на поставку сезонных товаров
**Saisonvorrat** *m* сезонный запас
**Saisonwanderung** *f* сезонная миграция *(рабочей силы)*
**Saisonware** *f* сезонный товар
**Saisonzahl** *f стат.* коэффициент сезонности
**Saisonzufuhr** *f* сезонный завоз *(товаров)*
**säkular** вековой, повторяющийся каждые сто лет, действующий на протяжении длительного периода
**Säkulärgleichung** *f* уравнение вековой тенденции, вековое уравнение, секулярное уравнение
**Säkularisation** *f* секуляризация
**salaire proportionel** *фр.* пропорциональная дополнительная заработная плата
**Saläranpassung** *f* надбавка к заработной плате *(поощрение)*
**salarieren** *vt швейц.* выплачивать заработную плату; оплачивать, вознаграждать
**Salärkonto** *n* счёт заработной платы

**Saldenausgleich** m выравнивание сальдо (напр., приведение в соответствие доходов и расходов)
**Saldenbilanz** f сальдо баланса, нетто-баланс, сальдовый баланс
**Saldenkonto** n штафельный счёт, сальдовый счёт
**Saldenmethode** f бухг. метод сальдирования
**Saldenmitteilung** f подтверждение сальдо (лицевых счетов)
**Saldenverrechnung** f расчёты по сальдо
**Saldenvortrag** m бухг. перенос сальдо (на новый счёт)
**saldieren** vt выводить остаток, выводить сальдо, сальдировать; погашать долг
  **sich wechselseitig saldieren** взаимно погашать долг
**Saldierkonto** n штафельный счёт, сальдовый счёт
**Saldiermaschine** f сумматор, суммирующее устройство, см. также Addiermaschine
**Saldierung** f выведение остатка, выведение сальдо, сальдирование; погашение долга
**Saldo** m бухг. сальдо, остаток
  **Saldo übertragen** переносить сальдо
  **Saldo vortragen** переносить сальдо
  **Saldo ziehen** выводить сальдо
  **Saldo zu unseren Gunsten** сальдо в нашу пользу
  **den Saldo gutmachen** покрывать разницу
  **einen Saldo aufweisen** показывать сальдо
**Saldoanerkennung** f признание сальдо (должником) в пользу кредитора, признание сальдо должником
**Saldobetrag** m бухг. сальдо, остаток
**Saldokonto** n сальдовый счёт
**Saldoübertrag** m перенос сальдо

**Saldoübertragung** f перенос сальдо
**Saldovortrag** m перенос сальдо (на новый счёт)
**salesmanship** амер. искусство продавать, умение продавать
**Salland** n ист. земля феодала, обрабатываемая крестьянами, находящимися в феодальной зависимости
**Salto mortale** m ит. сальто-мортале (акт обмена Т-Д)
**Salzsteuer** f соляной налог
**Sammel- und Verteilungskonto** n бухг. собирательно-распределительный счёт
**Sammel-Versicherungsschein** m полис многократного страхования
**Sammelabschreibungen** f, pl бухг. сводные списания
**Sammelaktie** f глобальная акция
**Sammelaktion** f кампания по сбору средств (среди населения), сбор пожертвований
**Sammelanmeldung** f совокупная заявка
**Sammelanzeigen** f pl (aller Marken) нотификация (всех торговых марок)
**Sammelauftrag** m сводный заказ; сводное платёжное поручение
**Sammelavis** m, n сводное авизо
**Sammelbeleg** m сводный документ; бухг. сводная проводка, сборная проводка; сводный реестр
**Sammelberichterstattung** f сводная отчётность
**Sammelbilanz** f сводный баланс
**Sammelbogen** m накопительная ведомость
**Sammelbuch** n бухг. сводный журнал, накопительный регистр (при журнально-ордерной системе учёта)
**Sammelbuchung** f бухг. сводная проводка, сборная проводка

**Sammeldauerauftrag** m сводное постоянное платёжное поручение
**Sammeldepot** n совместное хранение (ценных бумаг), совместное хранение ценных бумаг (разных владельцев)
**Sammeldevisenerklärung** f сводная валютная декларация
**Sammelformblatt** n сводная форма
**Sammelgegenbuchung** f бухг. сводная контрпроводка, вторичная запись
**Sammelgenehmigung** f общее разрешение
**Sammelgut** n сборный груз
**Sammelgüterzug** m сборный грузовой поезд
**Sammelgutverkehr** m перевозки сборного груза (через экспедиционные предприятия)
**Sammelhinterlegung** f совместное депонирование
**Sammeljournal** n бухг. сводный журнал, накопительный регистр (при журнально-ордерной системе учёта)
**Sammelkauf** m совместная закупка (товаров)
**Sammelkonnossement** n сборный коносамент
**Sammelkonto** n бухг. собирательный счёт
**Sammelladung** f сборный груз
**Sammelladungsspedition** f отправка сборного груза
**Sammelliste** f подписной лист; общий список, общий реестр; накопительная ведомость
**Sammelliste mit Opposition belegter Wertpapiere** список ценных бумаг, изъятых из обращения
**Sammellohnschein** m общий рабочий наряд
**Sammelmeldung** f für Ausfuhrabschlüsse сводное уведомление экспортёра о проведённых экспортных операциях

**Sammelmemorialorder** f сводный мемориальный ордер

**Sammelnachweis** m накопительная ведомость, сводная ведомость

**Sammelpolice** f сводный полис

**Sammelscheck** m сводный чек

**Sammeltabelle** f сводная таблица

**Sammeltransporte** m, pl сборные грузовые перевозки

**Sammeltratte** f сборная тратта

**Sammelüberweisung** f одновременный перевод денежных сумм владельцем счёта нескольким получателям

**Sammelungen** f, pl, **öffentliche** сбор пожертвований (среди населения)

**Sammelverkehr** m сборные грузовые перевозки

**Sammelversicherung** f групповое страхование, коллективное страхование

**Sammelverwahrung** f совместное хранение (ценных бумаг)

**Sammelverzeichnis** n сводная ведомость

**Sammelwaggon** m сводный вагон

**Sammelzug** m сборный грузовой поезд

**sample** англ. стат. выборка; образец

**sampling methods** англ. метод выборочного контроля

**sämtliche Preise verstehen sich incl. der MWST (Mehrwertsteuer** f**)** все цены включают в себя НДС (налог на добавленную стоимость)

**Sandwichmann** m англ. "человек-сандвич", человек-реклама

**Sanierung** f санация, оздоровление (мероприятия, направленные на укрепление финансового положения частной компании или публично-правовых учреждений)

**Sanierung** реконструкция (жилых или общественных зданий)

**Sanierung der Wirtschaft** оздоровление экономики

**Sanierungsbilanz** f оздоровительный баланс, санационный баланс

**Sanierungsgewinn** m прибыль, образовавшаяся в результате проведённой санации

**Sanierungsmaßnahmen** f, pl мероприятия по оздоровлению (напр., бюджета)

**Sanitätsbescheinigung** f санитарное свидетельство

**Sanitätsinspektion** f **im Industriebetrieb** санитарно-промышленный надзор

**Sanktion** f санкция; разрешение, одобрение; санкция (принудительная мера); штраф

**sanktionieren** vt санкционировать; разрешать, одобрять

**Sanktionsform** f форма санкций

**Sanktionsleistung** f исполнение действия, предусмотренного договорными санкциями; оплата штрафа

**sanktionspflichtig** обязанный выполнять договорные санкции

**Sanktionssystem** n система санкций

**Sanktionsverpflichtung** f обязательство по договорным санкциям

**SAR, Saudi Riyal, - Saudi-Arabien** Саудовский реал, - Саудовская Аравия

**Satellitenstadt** f город спутник

**Sattelpunkt** m седловая точка, "седло"

**Sättigung** f насыщение (напр., рынка товарами); удовлетворение (напр., спроса)

**Sättigungsfunktion** f функция насыщения

**Sättigungsgrad** m степень насыщения, насыщенность

**Sättigungsgrenze** f граница насыщения, предел насыщения (чаще всего - спроса на данный товар)

**Sättigungskurve** f кривая насыщения

**Sättigungsmenge** f объём насыщения

**Sättigungsniveau** n уровень насыщения

**Sättigungsperiode** f период насыщения

**Sättigungsprognose** f прогноз насыщения

**Sättigungsprozess** m процесс насыщения

**Sättigungspunkt** m граница насыщения, предел насыщения

**Satz** m тезис, положение; правило, закон; теорема

**Satz** норма; ставка; тариф

**Satz** комплект; набор; агрегат

**Satz** вчт. запись

**Satz der Lizenzgebühr** ставка лицензионного вознаграждения

**erzeugnisgebundener Satz** потоварная ставка (налогового обложения)

**partialer Satz** норма частичного покрытия издержек, норма частичного покрытия затрат

**proportionaler Satz** пропорциональная норма издержек, пропорциональная норма затрат

**prozentualer Satz** процентная норма издержек, процентная норма затрат

**unvollständiger Satz** разрозненный комплект

**vertraglich vereinbarter Satz** договорная ставка

**voller Satz** полный комплект (напр., коносаментов)

**Satzung** f устав, статут; инструкция

**Satzungskapital** *n* уставный капитал, уставной капитал
**satzungsmäßig** уставный, соответствующий уставу; согласно уставу, в соответствии с уставом
**satzweise** партиями (поставки)
**Säuglingssterblichkeitsziffer** *f стат.* коэффициент детской смертности *(в возрасте до одного года)*
**Säulendiagramm** *n стат.* гистограмма, столбчатая диаграмма
**säumig** неисправимый, платящий с опозданием *(напр., о плательщике)*
**säumig** опаздывающий *(о человеке)*
**säumig** медлительный
**säumig** инертный; нерадивый, ленивый
**Säumigkeit** *f* медлительность, инертность; просрочка платежа
**Säumnis** *f* упущение; опоздание, задержка; просрочка
**Säumniszuschlag** *m* пеня за просрочку *(платежа)*, штраф за просрочку *(платежа)*
**SB:**
  **S.B., Sonderbezeichnung** специальное обозначение, специальная маркировка
  **SB-** *(в сл.сл.)* самообслуживания *(напр. магазин)*
  **SB-Laden** *m* магазин самообслуживания
  **SB-Restaurant** *n* ресторан самообслуживания
  **SB-Tankstelle** *f* бензозаправочная станция самообслуживания
  **sb, saisonbereinigt** очищенный от сезонных колебаний
  **s.bf., sauf bonne fin** при соблюдении обычных условий
**SBK:**
  **SBK, Schlussbilanzkonto** счёт заключительного баланса
  **SBK, Spezialbaukombinat** специализированный строительный комбинат

**SC:**
  **SC, Seychellen** Сейшелы
  **s&c ;** *(eng.)***shipper and carrier; Befrachter und Beförderer** *m* отправитель и экспедитор (фрахтователь, перевозчик)
**Sch, Scheck** чек
**Schachbrettabelle** *f* шахматная таблица, "шахматка"
**Schachbrettbilanz** *f* межотраслевой баланс, баланс межотраслевых связей, шахматный баланс
**schachbrettförmig** шахматный, имеющий форму шахматной таблицы
**Schachbrettstreiks** *m, pl* кратковременные забастовки *(проводимые в одной отрасли в разное время в различных районах страны)*
**Schacher** *m* махинация, мелкая спекуляция, нечестная сделка
**schachern** *vi* спекулировать
**Schachgestalt** *f* шахматная форма *(ведения записей в бухгалтерском учёте)*; *разг.* шахматка
**Schachtel** *f* коробка
**Schachtelbeteiligung** *f* система участия, при которой ряд фирм владеет акциями *какой-л.* фирмы
**Schachteldividende** *f* дивиденд от участия в другом обществе, дивиденд от участия в другой компании
**Schachtelgesellschaft** *f* компания-участник *(организационные формы акционерного контроля компании позволяют оказывать влияние на решения других компаний)*
**schachteln** вкладывать в коробки; складывать в коробки
**Schachtelpaket** *n* пакет участия
**Schachtelprivileg** *n* налоговая льгота по доходам, полученным от участия в других обществах, налоговая льгота по доходам от участия в других компаниях

**Schaden** *m* (материальный) ущерб, убыток, потеря, вред; повреждение, порча, поломка
  **Schaden aus höherer Gewalt** ущерб от форс-мажора, ущерб, возникший от случая непреодолимой силы,
  **Schaden erleiden** терпеть убытки, терпеть убыток
  **Schaden erleiden** терпеть убытки, терпеть убыток
  **Schaden leiden** терпеть убытки, терпеть убыток
  **Schaden verhüten** предотвращать убытки
  **abstrakter Schaden** абстрактный убыток *(разница между контрактной и рыночной ценой)*
  **direkter Schaden** прямой убыток
  **geschäftlicher Schaden** убыток от торговли, торговый убыток
  **immaterieller Schaden** нематериальный *(моральный)* ущерб
  *jmdm.* **Schaden anrichten** причинять *кому-л.* вред, причинять *кому-л.* ущерб
  *jmdm.* **Schaden bringen** причинять *кому-л.* вред, причинять *кому-л.* ущерб
  *jmdm.* **Schaden zufügen** причинять *кому-л.* вред, причинять *кому-л.* ущерб
  **zu Schaden kommen** терпеть убытки, терпеть убыток
**Schadenabwendungspflicht** *f* обязанность застрахованного предотвращать ущерб
**Schadenabwicklung** *f* возмещение убытков
**Schadenanzeige** *n* заявление об убытках
**Schadenbearbeitung** *f* расследование страховщиком аварийного случая *(с целью определения размера страхового возмещения)*

**Schadenbegutachtung** f *страх.* экспертиза по ущербу

**Schadenbescheinigung** f свидетельство о повреждениях

**Schadenermittlung** f определение размера ущерба, определение размера убытков

**Schadenersatz** m возмещение ущерба, возмещение убытков

   **den Schadenersatz leisten** возмещать убытки

**Schadenersatzanspruch** m претензия по возмещению убытков; (*тж. страх.*) требование возмещения ущерба; требование возмещения убытков

**Schadenersatzklage** f иск по возмещению убытка

**Schadenersatzleistung** f возмещение ущерба, возмещение убытков

**Schadenfreiheitsrabatt** m *страх.* скидка за предотвращение ущерба, скидка за безаварийность

**Schadenminimierung** f минимизация ущерба

**Schadenquote** f убыточность

**Schadenregulierung** f расследование страховщиком аварийного случая (*с целью определения размера страхового возмещения*)

**Schadenreparatur** f аварийный ремонт

**Schadenreserve** f *страх.* резервы для возмещения убытков, резервы неоплаченных убытков

**Schadenrücklage** f *страх.* резервы для возмещения убытков, резервы неоплаченных убытков

**Schadensaufmachung** f диспаша, расчёт убытков от общей аварии (*судна и груза*); исчисление ущерба, исчисление убытков

**Schadensausgleich** m компенсация за понесённый ущерб, компенсация за понесённые убытки, возмещение за понесённый ущерб, возмещение за понесённые убытки

**Schadensberechnung** f исчисление ущерба, исчисление убытков

**Schadensbetrag** m размер ущерба, размер убытков, сумма убытков

**Schadensfall** m *страх.* аварийный случай, случай нанесения ущерба

**Schadenshöhe** f размер ущерба, размер убытков

**Schadenskosten,** pl аварийные расходы

**Schadensliste** f дефектная ведомость

**Schadensnachweis** m обоснование понесённого ущерба, обоснование понесённых убытков

**Schadenssumme** f сумма убытков

   **gemeldete Schadenssumme** заявленная сумма убытков

**Schadenverhütung** f возмещение ущерба, возмещение убытков; предотвращение ущерба, предотвращение убытков

**Schadenversicherung** f страхование от убытков

**Schadenwahrscheinlichkeit** f вероятность возникновения убытков

**schadhaft** повреждённый, испорченный

**Schädigung** f нанесение ущерба; повреждение, ущерб

**Schädigungsgrad** m степень повреждения

**Schädlichkeit** f вредность

**Schadlosbürge** m *юр.* поручитель на случай понесения убытка, поручитель на случай возникновения убытка

**Schadlosbürgschaft** f *юр.* поручительство на случай уменьшения дохода

**Schadloshaltung** f возмещение убытков (*за счёт кого-л.*); освобождение от ответственности за убытки

**Schadstoffkonzentration** f концентрация вредных веществ

**Schaffende** m f трудящийся

**Schaffensfreude** f радость творчества, радость созидания; трудовой подъём, энтузиазм

**Schaffenskraft** f работоспособность; творческая сила

**Schaffenslust** f радость творчества, радость созидания; трудовой подъём, энтузиазм

**Schaltergeschäft** n (*одновременно совершаемая*) двусторонняя банковская операция (*напр., приобретение клиентом ценных бумаг за наличные деньги, обмен иностранной валюты*)

**Schalterprovision** f комиссия банку за реализацию ценных бумаг

**Schank** m 1. торговля спиртными напитками 2. пивная, трактир, *разг.* кабак, *уст.* шинок

**Schankerlaubnis** f разрешение на продажу спиртных напитков; разрешение на торговлю спиртными напитками

**Schankerlaubnissgebühr** f лицензионный сбор за выдачу разрешения на торговлю спиртными напитками; сбор за лицензию на торговлю спиртными напитками

**Schankerlaubnissteuer** f налог с разрешённой торговли спиртными напитками

**Schankgerechtigkeit** f разрешение на продажу спиртных напитков

**Schankgesetze** n pl законы о торговле спиртными напитками

**Schankstätte** *f* буфет; стойка; бар; прилавок *(в пивной, закусочной)*

**Schankstube** *f* буфет; стойка; бар; прилавок *(в пивной, закусочной)*

**Schankerlaubnissteuer** *f* налог, взимаемый при выдаче патента на право содержания питейного заведения

**Schanktisch** *m* буфет; стойка; бар; прилавок *(в пивной, закусочной)*

**Schankverzehrsteuer** *f* налог, взимаемый при оплате счёта в питейном заведении

**Schankwirt** *m* хозяин пивной; трактирщик; *разг.* кабатчик; *уст.* шинкарь

**Schar** *f* 1. стая *(птиц)*
 **Schar** косяк *(рыб)*
 **laichende Schar** нерестовый косяк

**Scharwerk** *n* *ист.* барщина; изнурительный труд; побочная работа *(напр., каменщиков, плотников)*

**Schattenhaushalt** *m* теневой бюджет

**Schattenpreis** *m* неявная цена, теневая цена *(предполагаемая цена, фигурирующая в оптимизационных экономических расчётах и моделях)*

**Schattenwirtschaft** *f* теневая экономика

**Schatz** *m* сокровище; богатство
 **Schatz** клад
 **Schatz** казна
 *die* **Schätze des Bodens** полезные ископаемые
 **Schätze sammeln** накапливать богатства
 **nach Schätzen graben** искать клад; вести раскопки в поисках клада
 **U-Schätze, unverzinsliche Schatzanweisungen** *m, pl* бескупонные казначейские обязательства от 6 до 24 месяцев

**Schatzamt** *n* казначейство

**Schatzanhäufung** *f* накопление сокровищ, тезаврирование

**Schatzanweisung** *f* казначейское обязательство *(выставляется на держателя, учитывается государственным эмиссионным банком)*, краткосрочное казначейское обязательство, среднесрочное казначейское обязательство
 **unverzinsliche Schatzanweisungen** *pl* бескупонные казначейские обязательства

**schätzbar** могущий быть оценённым, поддающийся оценке; имеющий ценность
 **schätzbar** ценный
 **schätzbare Sache** оценимая вещь; поддающаяся оценке вещь

**Schatzbildung** *f* накопление сокровищ, тезаврирование

**schätzen** оценивать; определять *(напр., количество, вес, цену)*

**Schätzer** *m* оценщик; таксатор; эксперт-оценщик

**Schatzfund** *m* обнаружение клада; находка клада

**Schätzfunktion** *f* функция оценки
 **erschöpfende Schätzfunktion** исчерпывающая функция оценки
 **konsistente Schätzfunktion** плотная функция оценки

**Schatzkammer** *f* *ист.* сокровищница
 **Schatzkammer** хранилище *(банка)*
 **Schatzkammer** казначейство

**Schatznote** *f* казначейский билет

**Schätzpreis** *m* цена по оценке, оценочная цена; оценочная стоимость

**Schatzschein** *m* казначейское *(краткосрочное, беспроцентное)* обязательство; казначейский билет

**Schatzscheinanleihe** *f* государственный заём в форме выпуска казначейских обязательств

**Schätztheorie** *f* теория оценок
 **statistische Schätztheorie** статистическая теория оценок

**Schätzung** *f* оценка *(напр., имущества)*; вальвация; *уст.* обложение поборами
 **Schätzung der Besteuerungsgrundlagen** оценка основ налогообложения; оценка налогооблагаемой базы
 **asymptotisch erwartungstreue Schätzung** асимптотически несмещенная оценка
 **effektive Schätzung** эффективная оценка
 **erschöpfende Schätzung** исчерпывающая оценка
 **erwartungstreue Schätzung** несмещённая оценка
 **fundierte Schätzung** обоснованная оценка
 **hinreichende Schätzung** достаточная оценка
 **höchstwirksame Schätzung** оценка с наибольшей эффективностью
 **konsistente Schätzung** состоятельная оценка
 **nach vorläufigen Schätzungen** по предварительным подсчётам; по предварительным данным; по предварительным оценкам
 **nichterwartungstreue Schätzung** смещённая оценка
 **optimale Schätzung** оптимальная оценка
 **optimistische Schätzung** оптимистическая оценка; оптимистичная оценка; оценка, исходя из лучших ожиданий
 **passende Schätzung** подходящая оценка
 **pessimistische Schätzung** пессимистическая оценка; пессимистичная оценка; оценка, исходя из худших ожиданий
 **unverzerrte Schätzung** несмещённая оценка
 **wahrscheinlichste Schätzung** наиболее вероятная оценка

**Schätzungslehre** f теория оценки сельскохозяйственного предприятия

**Schätzungsliste** f *страх.* оценочный лист

**Schätzungsnorm** f *страх.* оценочная норма

**Schätzungssumme** f оценка; оценочная сумма; предположительная сумма; примерная сумма

**schätzungsweise** примерно, приблизительно; оценочно

**Schätzungswert** m оценочная стоимость *(имущества)*

**Schätzverfahren** n метод оценки

**Schatzwechsel** m казначейский вексель *(краткосрочное государственное обязательство, обычно используемое инвесторами в качестве ликвидного резерва)*; краткосрочное казначейское обязательство, среднесрочное казначейское обязательство

**Schätzwert** m оценочная стоимость, стоимость по оценке; *мат.* оценка

**Schau** f выставка, демонстрация, показ *(напр., моделей)*

**Schau** смотр; осмотр; обозрение, обзор

**zur Schau stehen** быть выставленным *(для обозрения)*

**Schaubild** n диаграмма; график; графическое изображение

**Schaufenster** n витрина

**Schaufensterausrüstung** f витринно-выставочное оборудование

**Schaufenstergestaltung** f оформление витрины

**Schaufensterwerbung** f витринная реклама

**Schaupackung** f бутафория *(в витринах магазинов)*

**Schaupackung** прозрачная упаковка *(товара)*; целлофановая упаковка *(товара)*

**Schauraum** m зал товарных образцов; кабинет товарных образцов; зал для презентаций; выставочный зал; демонстрационный зал

**Schaustück** n художественно оформленная витрина-выставка рекламируемого товара

**Schautruhe** f прилавок-витрина; витрина

**Schauvitrine** f прилавок-витрина; витрина

**Scheck** m чек; платёжное поручение

**einen Scheck ausfüllen** заполнить чек

**einen Scheck ausstellen** выписывать чек, выставлять чек

**einen Scheck einlösen** платить по чеку

**Scheck mit Indossament** индоссированный чек; чек с передаточной надписью

**einen Scheck protestieren lassen** опротестовать чек

*einen* **Scheck schreiben** выписывать чек

**einen Scheck sperren** блокировать чек

**einen Scheck zur Zahlung vorlegen** предъявить чек *(к оплате)*

**ScheckG; Scheckgesetz** закон о чековом обороте

**abgelaufener Scheck** просроченный чек

**bestätigter Scheck** подтверждённый чек, акцептованный чек

**durchkreuzter Scheck** кроссированный чек, перечёркнутый чек, кросс-чек

**E-Scheck** электронный чек

**gedeckter Scheck** покрытый чек; чек с покрытием; чек с обеспечением; обеспеченный чек

**indossierter Scheck** индоссированный чек; чек с передаточной надписью

**mit einem Scheck bezahlen** оплачивать чеком

**offener Scheck** открытый чек, некроссированный чек

**ungedeckter Scheck** непокрытый чек; чек без покрытия; чек без покрытия; необеспеченный чек

**verfallener Scheck** просроченный чек

**vordatierter Scheck** чек, датированный предыдущим числом

**Scheckabrechnung** f взаимный зачёт чеков; взаимозачёт чеков

**Scheckabteilung** f отдел чековых операций *(банка)*

**Scheckannahme** f принятие чека к оплате

**Scheckaussteller** m чекодатель

**Scheckaustauschstelle** f пункт взаимного зачёта чеков

**Scheckbedingungen** f, pl *(обязательные)* реквизиты чека

**Scheckbetrag** m сумма чека

**Scheckbetrug** m выдача непокрытых чеков; мошенничество, связанное с использованием чеков; выдача непокрытых чеков с мошеннической целью

**Scheckbetrüger** m мошенник в сфере чекового обращения; лицо, заведомо выдающее чек без покрытия

**Scheckbuch** n чековая книжка

**Scheckbürgschaft** f поручительство по чеку

**Scheckdiskontierung** f дисконтирование чеков

**Scheckeinzugskonto** n счёт документов, принятых на инкассо, счёт документов, сданных на инкассо

**Scheckempfänger** m получатель чека

**Scheckfähigkeit** f чековая правоспособность

**aktive Scheckfähigkeit** активная чековая правоспособность

**passive Scheckfähigkeit** пассивная чековая правоспособность

**Scheckfälschung** f подделка чеков, подделывание чеков
**Scheckformular** n бланк чека, формуляр чека
**Scheckgelder** n, pl чековые деньги
**Scheckheft** n чековая книжка
**limitiertes Scheckheft** лимитированная чековая книжка
**Scheckindossament** n чековый индоссамент *(надпись, подтверждающая переход к новому владельцу)*
**Scheckinhaber** m предъявитель чека, чекодержатель
**Scheckinkasso** n инкассо чеков, инкассирование чеков
**Scheckkurs** m чековый курс *(оценка в национальной валюте суммы чека, выписанного в валюте другой страны)*
**Schecknehmer** m бенефициар, получатель чека
**Scheckprozess** m упрощённый порядок взыскания судебным органом чекового требования
**Scheckregister** n реестр чеков
**Scheckrückgriff** m регресс по чеку
**Scheckrückrechnung** f обратный счёт при неуплате по чеку
**Schecksperre** f блокирование чека, запрещение платежа по чеку
**Scheckverfahren** n расчёты в чековой форме, чековые расчёты
**Scheckverkehr** m чековый оборот
**Scheckvordruck** m чековый бланк; бланк чека
**scheduied territories,** pl англ. страны стерлинговой зоны
**Schedulen-Einkommensteuer** f шедулярный подоходный налог
**Schedulensteuer** f шедулярный налог *(форма обложения доходов, используемая в Англии и некоторых других странах)*

**Scheidegeld** n разменные деньги
**Scheidemünze** f разменная монета
**Schein** m свидетельство; удостоверение; расписка; денежный знак, купюра
**Scheinaktivität** f сет. пл. фиктивная работа, зависимость
**Scheinauktion** f фиктивный аукцион
**Scheinbargründung** f фиктивное основание акционерного общества
**Scheinbonität** f мнимый бонитет
**Scheinfaktura** f фиктивная фактура
**Scheingeschäft** n мнимая сделка, фиктивная сделка
**Scheingesellschaft** f мнимое торговое общество, фиктивное торговое общество
**Scheingewinn** m мнимая прибыль, фиктивная прибыль, мнимый доход *(получаемый в результате изменений в оценке основных и оборотных средств фирмы)*
**Scheingründung** f фиктивное основание акционерного общества
**Scheinhandelsgesellschaff** f мнимое торговое общество, фиктивное торговое общество
**Scheinhandlungsvollmacht** f фиктивные торговые полномочия, фиктивная торговая доверенность
**Scheinkauf** m фиктивная покупка
**Scheinkaufmann** m мнимый коммерсант
**Scheinkurs** m биржс. номинально установленный курс, фиктивный курс
**Scheinrechnung** f фиктивный счёт; условный счёт; фиктивная фактура

**Scheinrentabilität** f мнимая рентабельность
**Scheintätigkeit** f сет. пл. фиктивная работа, зависимость
**Scheinverkauf** m фиктивная продажа
**Scheinversteigerung** f фиктивный аукцион
**Scheinvorgang** m сет. пл. фиктивная работа, зависимость
**Scheinwechsel** m фиктивный вексель, дутый вексель
**Scheinwert** m фиктивная стоимость
**Scheitelpunkt** m вершина, кульминационный пункт
**Scheitern** n провал, крах, неудача, срыв; крушение *(судна)*; поражение *(на выборах)*
**Schemaskizze** f схематический план
**Schenkung** f дарение; дар
**Schenkungsbilanz** f баланс переводов и платежей *(часть платёжного баланса)*
**Schenkungssteuer** f налог на дарение *(составной элемент налога с наследства)*; см. Erbschaftssteuer
**Schenkungsurkunde** f юр. дарственная
**Schere** f "ножницы" *(напр., в ценах)*, диспропорция, разрыв
**Scherf** m ист. шерф *(монета в полпфеннига)*
**Schicht** f слой, прослойка *(общества)*
**Schicht** (рабочая) смена
**geleistete Schicht** рабочая смена
**soziale Schicht** общественная прослойка, социальная прослойка
**in 2 Schichten** в две смены
**Schichtarbeit** f сменная работа
**Schichtarbeit** подённая работа
**durchgehende Schichtarbeit** трёхсменная работа; работа в режиме непрерывного цикла

**Schichtarbeiter** *m* рабочий смены; сменный рабочий, сменщик

**Schichtarbeiter** подёнщик

**Schichtarbeitsplan** *m* график сменной работы

**Schichtaufgabe** *f* сменное задание

**Schichtauftrag** *m* сменное задание

**Schichtauslastung** *f* сменная загрузка (*напр., машин*)

**Schichtauslastungskoeffizient** *m* коэффициент сменности рабочей силы

**Schichtausnutzungskoeffizient** *m* коэффициент сменности работы (*оборудования*)

**Schichtausnutzungskoeffizient** коэффициент использования режимного фонда времени

**Schichtbetrieb** *m* производство, работающее в несколько смен

**Schichtbetrieb** сменная работа

**Schichtbrigade** *f* сменно-суточная бригада

**Schichtdauer** *f* продолжительность рабочей смены

**Schichtdienst** *m* сменная работа, посменная работа

**im Schichtdienst arbeiten** работать в несколько смен; работать посменно

**Schichtfaktor** *m* фактор сменности работы оборудования

**Schichtfolge** *f* чередование смен

**Schichtkapazität** *f* производственная мощность смены

**Schichtkoeffizient** *m* коэффициент сменности рабочей силы

**Schichtleistung** *f* выработка за смену, сменная выработка

**Schichtnorm** *f* сменная норма выработки

**Schichtpause** *f* перерыв в работе смены

**Schichtplan** *m* график сменности; график сквозной смены (*при трёхсменной работе*)

**Schichtprämie** *f* надбавка к заработной плате за работу в ночную смену

**Schichtsoll** *n* сменное (*плановое*) задание

**Schichtsystem** *n* система сменной работы, система посменной работы

**Schichtübergabe** *f* передача смены

**fliegende Schichtübergabe** передача смены без перерыва в работе

**Schichtung** *f* расслоение, дифференциация

**Schichtwechsel** *m* пересменка, пересменок, начало смены, конец смены

**schichtweise** по сменам; посменный; послойно, слоями

**Schichtzahl** *f* число рабочих смен; сменность

**Schichtzeit** *f* время работы смены, часы работы смены; продолжительность смены

**Schichtzeitfonds** *m* **der Produktionsausrüstung** режимный фонд времени производственного оборудования

**Schichtzuschlag** *m* надбавка к заработной плате за эпизодическую работу в ночное время, в воскресные и праздничные дни

**Schickschuld** *f* обязательство, исполняемое по месту пребывания должника путём пересылки им долга к месту жительства кредитора

**Schieber** *m разг.* спекулянт

**Schieberei** *f* спекулятивная сделка, спекулятивная операция, спекуляция

**Schiebung** *f* спекулятивная сделка, спекулятивная операция, спекуляция

**Schiebungsgeschäft** *n* спекулятивная сделка, спекулятивная операция, спекуляция

**Schiedsgericht** *n* арбитраж, третейский суд

**Schiedsgericht für Arbeitsstreitigkeiten** арбитраж по трудовым конфликтам

**schiedsgerichtlich** арбитражный, третейский

**Schiedsgerichtsgebühr** *f* арбитражный сбор

**Schiedsgerichtsklausel** *f* арбитражная оговорка, оговорка о третейской процедуре, пункт договора об обращении к третейскому суду

**Schiedsgerichtsvereinbarung** *f* арбитражное соглашение, соглашение о третейском суде

**Schiedsgerichtsverfahren** *n юр.* процедура прохождения дела в арбитраже

**Schiedsklausel** *f* арбитражная оговорка, оговорка об арбитраже, оговорка о третейской процедуре, пункт договора об обращении к третейскому суду

**gemischte Schiedsklausel** оговорка о смешанном арбитраже

**Schiedskommission** *f* арбитражная комиссия

**Schiedsrichter** *m* арбитр, третейский судья

**Schiedsrichtereinsatz** *m* участие трудящихся в работе Государственного арбитража, участие трудящихся в работе Государственного договорно-правового суда (*бывш. ГДР*)

**schiedsrichterlich** арбитражный, третейский; посреднический

**Schiedsspruch** *m* решение арбитража, решение третейского суда

**Schiedsurteil** *n* решение арбитража, решение третейского суда

**Schiedsvereinbarung** *f* арбитражное соглашение, соглашение о третейском суде

**Schiedsvergleich** *m* компромиссное решение третейского суда

**Schiedsversuch** *m* *юр.* арбитражное испытание

**Schiedsvertrag** *m* арбитражный договор, договор об обращении к третейскому суду

**Schiene-Straße-Problem** *n* проблема конкуренции между автомобильным и железнодорожным транспортом

**Schiene-Straße-Verkehr** *m* смешанные железнодорожно-автомобильные перевозки

**Schienenersatzverkehr** *m* перевозка нерельсовым транспортом *(в тех случаях, когда перевозка по железной дороге временно невозможна)*

**Schienenfahrzeuge** *n, pl* железнодорожный подвижной состав

**Schienennetz** *n* сеть железных дорог

**Schienenparallelverkehr** *m* перевозки, осуществляемые параллельно железнодорожным транспортом и другими средствами транспорта

**Schienenverkehr** *m* железнодорожный транспорт, рельсовый транспорт, железнодорожные перевозки

**Schiff** *n* судно; корабль
 **Schiff für Trockenladung** сухогрузное судно, сухогруз
 **gechartertes Schiff** зафрахтованное судно, судно, предоставленное для перевозки грузов
 **kombiniertes Schiff** комбинированное судно
 **unterbelastetes Schiff** недогруженное судно

**Schiffahrt** *f* судоходство, навигация; перевозка морем, транспортировка морем
 **große Schiffahrt** океанское судоходство

**Schiffahrtsabgaben** *f, pl* судовые сборы *(напр., за пользование каналами, шлюзами)*

**Schiffahrtsabkommen** *n* соглашение о судоходстве

**Schiffahrtsaktie** *f* акция судоходной компании

**Schiffahrtsbörse** *f* фрахтовая биржа

**Schiffahrtsgericht** *n* суд по делам судоходства

**Schiffahrtsgerichte** *n, pl* судебные палаты по делам судоходства

**Schiffahrtsgesellschaft** *f* судоходное общество, судоходная компания

**Schiffahrtskonferenz** *f* соглашение *(чаще всего картельного типа)* между судоходными компаниями, картельное соглашение между судовладельцами

**Schiffahrtsperiode** *f* сезон навигации, период навигации, навигация

**Schiffahrtsprämien** *f pl* *(государственные)* субсидии судоходным компаниям

**Schiffahrtssaison** *f* сезон навигации, период навигации, навигация

**Schiffahrtsstraße** *f* судоходный путь

**Schiffahrtssubvention** *f* *(государственная)* субсидия судоходной компании, субсидия судоходным компаниям, дотация судоходным компаниям

**Schiffahrtstarif** *m* речной тариф, морской тариф

**Schiffahrtsvertrag** *m* договор о морских перевозках

**Schiffbarkeit** *f* судоходность

**Schiffbau** *m* судостроение, кораблестроение

**Schifferbetriebsverbände** *m, pl* объединения мелких судовладельцев, союзы мелких судовладельцев *(в судоходстве по внутренним водам ФРГ)*

**Schifferbörse** *f* фрахтовая биржа

**Schifferdienstbuch** *n* трудовая книжка занятых в речном флоте *(бывш. ГДР)*

**Schifferentgelt** *n* вознаграждение владельцам судов частного сектора за транспортные услуги *(бывш. ГДР)*

**Schiffsabfertigung** *f* кларирование судна

**Schiffsagent** *m* морской агент, морской маклер

**Schiffsagentur** *f* морское агентство

**Schiffsanlegestelle** *f* пристань, причал

**Schiffsanteil** *m* доля во владении судном

**Schiffsausrüster** *m* судовой поставщик, шипчандлер; физическое лицо, зафрахтовавшее судно на основе таймчартера, юридическое лицо, зафрахтовавшее судно на основе таймчартера

**Schiffsbank** *f* ипотечный банк, предоставляющий ссуды под залог зарегистрированного судна

**Schiffsbefrachtungskontrakt** *m* договор морской перевозки

**Schiffsbesitzer** *m* судовладелец, арматор

**Schiffsbestand** *m* состав (торгового) флота

**Schiffsbetrieb** *m* эксплуатация судна

**Schiffsbörse** *f* фрахтовая биржа

**Schiffsbrief** *m* судовой сертификат

**Schiffsdarlehen** *n* бодмерея, заём под залог судна, заём под залог груза, ссуда под залог судна, ссуда под залог груза

**Schiffseigentümer** *m* судовладелец, арматор
**Schiffseigner** *m* владелец судна, используемого на внутренних водных путях
**Schiffsfracht** *f* судовой груз, фрахт
**Schiffsfrachtbrief** *m* коносамент
**Schiffsführer** *m* капитан судна; судоводитель; штурман
**Schiffsführung** *f* судовождение, управление кораблём
**Schiffsgebühr** *f* тоннажный сбор, корабельный сбор
**Schiffsgläubiger** *m* кредитор, предоставивший ссуду под залог судна
**Schiffsgut** *n* судовой груз
**Schiffshavarie** *f* морская авария
**Schiffsheuer** *f* плата за наём судна
**Schiffshypothek** *f* судовая ипотека, корабельная ипотека
**Schiffshypothekenbank** *f* ипотечный банк, предоставляющий ссуды под залог зарегистрированного судна
**Schiffskartell** *n* картель судовладельцев
**Schiffsklarierung** *f* кларирование судна
**Schiffsklasseattest** *n* судовое свидетельство о мореходности
**Schiffsklassifikationsgesellschaft** *f* общество, осуществляющее классификацию и регистрацию судов *(напр., классификационное общество Ллойд в Англии)*
**Schiffskreditbank** *f* ипотечный банк, предоставляющий ссуды под залог зарегистрированного судна
**Schiffslade- und -löschnorm** *f* суточная норма погрузки и выгрузки судна
**Schiffsladeschein** *m* коносамент
**Schiffsladung** *f* судовой груз
**Schiffslieferant** *m* шипчандлер, судовой поставщик
**Schiffsliegegeld** *n* демередж *(денежное возмещение за задержку судна при производстве грузовых операций)*, плата за простой судна в порту
**Schiffsliegezeit** *f* время простоя судна
**Schiffsmakler** *m* корабельный маклер, маклер по фрахтованию судов, судовой брокер
**Schiffsmanifest** *n* судовой манифест
**Schiffsmeßbrief** *m* свидетельство об измерении вместимости судна, мерительное свидетельство судна
**Schiffsmiete** *f* фрахтование, наём судна; плата за наём судна
**Schiffsmieter** *m* фрахтователь
**Schiffspapiere** *n pl* судовые документы; грузовые документы
**Schiffspart** *m* доля совладельца судоходной компании
**Schiffspatent** *n* судовой патент
**Schiffspfandbrief** *m* корабельная закладная
**Schiffspfandbriefbank** *f* ипотечный банк, предоставляющий ссуды под залог зарегистрированного судна
**Schiffspfandrecht** *n* морское залоговое право
**Schiffsprokureur** *m* маклер по фрахтованию речных судов
**Schiffsraum** *m* трюм; тоннаж
**Schiffsregister** *n* судовой реестр
**Schiffsrevision** *f* судовая инспекция
**Schiffssicherheitsvertrag** *m*, **internationaler** Международная конвенция об обеспечении безопасности судоходства
**Schiffstagebuch** *n* судовой журнал
**Schiffstonnage** *f* тоннаж
**Schiffstonnagetage** *m, pl* тоннаж-сутки
**Schiffstransport** *m* перевозка водным путём
**Schiffsvermieter** *m* фрахтователь
**Schiffsversicherung** *f* страхование судов, страхование каско
**Schiffsversteigerung** *f* продажа судов с аукциона
**Schiffsverzeichnis** *n* список судов, перечень судов; декларация на судовой груз
**Schiffszertifikat** *n* судовой сертификат
**Schiffszettel** *m* ордер на погрузку, погрузочный ордер *(оформляется грузоотправителем на перевозку партии товара, является основанием для расчёта фрахта и принятия груза)*
**Schlachtgewicht** *n* убойный вес *(скота)*
**Schlachtrindproduktion** *f* мясное животноводство
**Schlagsatz** *m* сбор за чеканку монет из драгоценных металлов
**Schlagschatz** *m* сбор за чеканку золотых монет
**Schlagseite** *f* крен; сторона крена
**Schlagstempel** *m* клеймо контролёра качества, клеймо отдела технического контроля
**Schlagwort** *n* ключевое слово (напр. в описании товара на Интернет-странице)
**Schlagwort** *n* заголовок
**Schlagwort** *n* предметная рубрика
**Schlagwort** *n* лозунг; девиз; слоган
**Schlange** *f* очередь
**Schlechterfüllung** *f* выполнение договорных обязательств не надлежащим образом
**Schlechtgrenze** *f* нижний предел допустимого качества

**Schlechtlage** *f* нижний предел допустимого качества

**Schlechtwetterzulage** *f* надбавка за плохую погоду *(дополнительные расходы при морских перевозках)*

**Schleichhandel** *m* нелегальная торговля *(напр., наркотиками)*; торговля на чёрном рынке, торговля из-под полы, контрабанда

**Schleichwerbung** *f* косвенная реклама

**Schleife** *f сет. пл.* замкнутый контур

**Schlendrian** *m* рутина, инертность, косность; волокита, халатность

**schleppen** *vt* буксировать

**Schlepper** *m* трактор; тягач; буксир, буксирное судно

**Schlepperentgelt** *n* буксирное вознаграждение, плата за буксировку

**Schleppkahn** *m* баржа

**Schlepplohn** *m* плата за буксировку

**Schleppnetzfischerei** *f* траловое рыболовство; траловый лов

**Schleuderartikel** *m* бросовый товар

**Schleuderei** *f* расточительство, мотовство

**Schleuderexport** *m* демпинг, бросовый экспорт

**Schleuderkonkurrenz** *f* продажа за бесценок; демпинг, бросовый экспорт

**Schleuderpreis** *m* бросовая цена, демпинговая цена

**monopolistischer Schleuderpreis** монопольно низкая цена

**Schleuderware** *f* бросовый товар

**Schleusengeld** *n* шлюзовой сбор; шлюзные сборы

**Schleuser** *m* перевозчик нелегальных эмигрантов

**Schleusung** *f* шлюзование

**Schleusung** нелегальный провоз

**Schleusung von Migranten** нелегальный провоз мигрантов

**Schlichtung** *f* мирное урегулирование *(напр., конфликта)*

**Schlichtungsausschuss** *m* примирительная комиссия

**Schlichtungsinstanz** *f* комиссия по трудовым конфликтам

**Schlichtungsverfahren** *n юр.* третейское разбирательство

**Schlichtungsverhandlungen** *f, pl* переговоры по вопросу урегулирования конфликта

**Schlichtungswesen** *n* арбитраж

**Schließfach** *n* абонементный сейф *(в банке)*; абонементный почтовый ящик

**Schließfachmiete** *f* плата за пользование сейфом в банке

**Schlitzkarte** *f* карта со щелевидными прорезями, перфокарта со щелевидными прорезями

**Schlotbaron** *m разг.* промышленный магнат

**Schluderarbeit** *f* небрежная работа, недоброкачественная работа, халтура

**Schlupf** *m сет. пл.* резерв времени

**Schlupfvariable** *f* дополняющая переменная; скользящая переменная

**Schlupfzeit** *f сет. пл.* резерв времени

**bedingt verfügbare Schlupfzeit** частный резерв времени первого вида

**frei verfügbare Schlupfzeit** свободный резерв времени

**gesamte Schlupfzeit** полный резерв времени

**unabhängige Schlupfzeit** частный резерв времени второго вида, независимый резерв времени

**Schluss** *m* конец, окончание; завершение

**Schluss** вывод, заключение

**Schluss** минимальная сумма; минимальное количество товара *(в биржевой сделке)*

**logischer Schluss** умозаключение; логический вывод

**Schlussabrechnung** *f* окончательный расчёт

**Schlussbericht** *m* заключение; заключительный доклад

**Schlussbesprechung** *f* устное заключение бухгалтера-контролёра о результатах проверки годового баланса; заключительная беседа с руководителями предприятия о результатах проверки работы

**Schlussbestand** *m* уровень запасов на конец учётного периода; товарные запасы на конец отчётного периода

**Schlussbestimmungen** *pl* заключительная часть; заключительные положения *(договора)*

**Schlussbilanz** *f* заключительный баланс; баланс на конец отчётного периода; баланс по итогам финансового года; годовой баланс

**Schlussbilanzkonto** *n* счёт заключительного баланса

**Schlussbrief** *m* документ, подтверждающий основные условия сделки *(напр., купли-продажи)*; окончательная оферта

**Schlussdividende** *f* окончательный дивиденд *(за завершающую часть года)*

**Schlüssel** *m* ключ; код; шифр

**Schlüsselbetrieb** *m* предприятие ключевого значения

**Schlüsselbezeichnung** *f* условное обозначение *(напр., счетов)*

**Schlüsselbildung** *f* кодирование

**schlüsselfertig** (*строящийся или построенный*) "под ключ"; готовый "под ключ"

**Schlüsselindustrie** *f* ключевая отрасль промышленности

**Schlüsselkosten,** *pl* издержки, распределяемые по местам их возникновения путём использования соответствующего шифра (*или кода*)

**Schlüsselliste** *f* номенклатура

**Schlüsselnummer** *f* цифровое (*условное*) обозначение; учётный шифр

**Schlüsselparameter** *m* ключевой параметр

**Schlüsselposition** *f* ключевая позиция, решающая позиция

**Schlüsselrecht** *n* право жены на отказ от имущества, оставшегося после смерти её мужа

**Schlüsselstellung** *f* ключевая позиция, решающая позиция

**Schlüsselsystem** *n* система кодов

**Schlüsseltabelle** *f* номенклатура; сводная таблица

**Schlüsselziffern** *f, pl* контрольные цифры (*плана*)

**Schlussformel** *f* заключительная формула (*делового письма*)

**Schlusskurs** *m* курс при закрытии биржи, курс в конце биржевого дня, заключительный курс

**Schlussnote** *f* биржевая записка о заключении сделки (*подписывается участником биржевых операций на каждую партию сразу после заключения сделки*)

**Schlusspreis** *m* цена при закрытии биржи, цена в конце биржевого дня

**Schlussrechnung** *f* окончательный счёт, окончательный расчёт; отчёт управляющего конкурсом собранию кредиторов

**Schlussschein** *m* маклерская записка, брокерская записка; биржевой контракт

**Schlussspalte** *f* итоговый столбец

**Schlusstermin** *m* окончательный срок, последний срок; собрание кредиторов, созываемое перед окончанием конкурсного производства

**Schlussverkauf** *m* распродажа в конце сезона

**Schlussverkaufspreis** *m* цена, установленная для распродажи в конце сезона

**Schlussverteilung** *f* окончательный раздел (*напр., конкурсной массы при банкротстве*), окончательное распределение конкурсной массы среди кредиторов

**Schlusszeile** *f* нижняя строка

**schmarotzerhaft** паразитический, паразитарный

**Schmarotzertum** *n* паразитизм

**Schmerzensgeld** *n юр.* денежное возмещение за причинённое телесное повреждение; неустойка (*при невыполнении обязательства*)

**Schmiergeld** *n* взятка

**Schmierstoff** *m* смазочный материал

**Schmuggel** *m* контрабанда, контрабандная торговля

**Schmuggelei** *f* контрабанда, контрабандная торговля

**Schmuggelware** *f* контрабандный товар, контрабанда

**Schmutzkonkurrenz** *f* недобросовестная конкуренция

**Schmutzprobe** *f* проба на загрязнённость

**Schmutzzulage** *f* надбавка за выполнение грязной работы, надбавка за работу в грязных условиях, приплата за выполнение грязной работы, приплата за работу в грязных условиях

**Schmutzzuschlag** *m* надбавка за выполнение грязной работы, надбавка за работу в грязных условиях, приплата за выполнение грязной работы, приплата за работу в грязных условиях

**Schneeball-System** *n* "система снежного кома" (*обязательство покупателя одновременно с внесением задатка привлекать дополнительных покупателей; в качестве вознаграждения фирма-продавец уменьшает остаток непогашенной задолженности за покупку*)

**Schneeballsystem** *n* принцип "снежного кома" (*один из методов недобросовестной конкуренции*)

**Schnellarbeitsmethode** *f* скоростной метод работы

**Schnellarbeitsverfahren** *n* скоростной метод работы

**Schnellbaufließfertigung** *f* поточно-скоростной метод строительства

**Schnellbearbeitungsverfahren** *n* скоростной метод обработки

**Schnelldrucker** *m* быстропечатающее устройство

**Schnellfließverfahren** *n* поточно-скоростной метод производства

**Schnellgutverkehr** *m* перевозки срочного груза

**Schnellhefter** *m* скоросшиватель

**Schnellmethode** *f* скоростной метод

**Schnellreparatur** *f* скоростной метод ремонта; срочный ремонт

**Schnellspeicher** *m вчт.* быстродействующее запоминающее устройство, быстродействующее ЗУ

**schnellverderblich** скоропортящийся

**schnellverkäuflich** быстрореализуемый *(о товаре)*, быстрораскупаемый

**schnellverschleißend** быстроизнашивающийся

**Schnellverschleißteil** *m* быстроизнашивающаяся деталь, быстроизнашивающийся элемент системы

**Schnellzugzuschlag** *m* ж.-д. доплата за скорость

**Schnitt** *m* прибыль, получаемая в результате разницы цен при реализации срочных сделок

**Schnittarif** *m* ж.д. тариф на перевозку грузов в определённые пункты *или* из определённых пунктов *(как правило, погранстанций)*

**Schnittholz** *n* пиловочник

**Schnittware** *f* пилёный лесоматериал; мануфактурные товары

**Schnürmaschine** *f* упаковочная машина

**Schock** *n* копа, шестьдесят штук *(мера)*

**Schockpunkt** *m*, **psychologischer** "психологическая точка шока" *(обозначение ставки прогрессивного подоходного налога, превышение которой должно привести к потере налогоплательщиком интереса к предпринимательской деятельности)*

**Schollenpflichtigkeit** *f* ист. крепостная повинность

**Schonarbeit** *f* работа, предоставляемая с учётом здоровья работника

**Schonarbeitsplatz** *m* рабочее место для трудящихся с временно пониженной трудоспособностью

**Schonfrist** *f* льготный срок

**Schonplatz** *m* рабочее место для трудящихся с временно пониженной трудоспособностью

**Schraffurkartogramm** *n* стат. фоновая *(штрихованная)* картограмма

**Schrägsichtkartei** *f* канц. вертикальная обозримая картотека

**Schranke** *f* барьер, преграда, препятствие; граница, предел

**Schreib-Addiermaschine** *f* суммирующая пишущая машина

**Schreibautomat** *m* автоматическая пишущая машина

**Schreiben** *n* письмо; послание

**Schreibkasse** *f* контрольный кассовый аппарат

**Schreibmaschine** *f* пишущая машина, пишущая машинка

**Schreibwaren** *fpl* канцелярские товары

**Schreibzimmer** *n (центральное)* машинописное бюро

**Schriftform** *f* письменная форма; форма документа, установленный образец документа

**Schriftgut** *n* деловая документация *(напр., переписка, чертеж, фото)*

**Schriftgutablage** *f* регистратура

**Schriftgutwertstufen** *f, pl* категории важности документов, категории ценности документов

**Schriftmacher** *m* передовик; зачинатель *(какого-л. движения)*; идущий в ногу со временем

**Schriftstück** *n* документ, (официальная) бумага

**Schriftverkehr** *m (служебная)* переписка

**Schriftwechsel** *m* переписка, корреспонденция

**mit** *jmdm.* **im Schriftwechsel stehen** переписываться с *кем-л.*

**Schrot** *n* полный вес монеты, абсолютный вес монеты

**Schrott** *m* металлолом; скрап *(металлические отходы)*

**Schrotterlös** *m* выручка от продажи металлолома

**Schrottwert** *m* продажная стоимость оборудования *(напр., машины, станка)*, предназначенного к списанию; ликвидационная стоимость оборудования, стоимость при утилизации

**schrumpfen** *vi* сокращаться, сворачиваться *(напр., о производстве)*

**Schrumpfung** *f* сокращение, свёртывание *(напр., производства)*

**Schrumpfung einer Währung** сокращение валютных резервов

**Schubladenprognose** *f* неофициальный прогноз

**Schubschiff** *n* судно-толкач

**Schubverband** *m* баржебуксирный состав

**SCHUFA, Schutzgemeinschaft für Allgemeine Kreditsicherung** Гарантийное общество страхования кредитов *(ФРГ)*

**Schul- und Kinderspeisung** *f* система питания (детей) в школах и в детских учреждениях

**Schuld** *f* долг, долговое обязательство, *см.тж.* Schulden *pl*

**Schuld** обязательство

**Schuld** вина

**Schulden begleichen** производить платёж по обязательствам

**ablösbare Schuld** погашаемый долг

**aufgeschobene Schuld** отсроченный долг

**ausstehende Schuld** непогашенный долг

**fällige Schuld** срочный долг, долг, срок погашения которого наступил

**flottierende Schuld** краткосрочный *(государственный)* долг *(большей частью в форме казначейских векселей или банковских кредитов)*

**fundierte Schuld** долгосрочный *(напр., государственный)* долг; консолидированный долг

**konsolidierte Schuld** консолидированный долг

**laufende Schuld** текущий долг

**mittelfristige Schuld** среднесрочный долг

**schwankende Schuld** краткосрочный *(государственный)* долг *(большей частью в форме казначейских векселей или банковских кредитов)*

**schwebende Schuld** подвижная задолженность *(краткосрочная задолженность, обычно в форме банковских кредитов или казначейских векселей)*

**staatlich garantierte Schuld** долг, погашение которого гарантировано государством, долг под государственную гарантию

**unbezahlte Schuld** неуплаченный долг

**ungewisse Schuld** сомнительный долг

**verjährte Schuld** просроченный долг

**eine Schuld abtragen** погашать долг; погашать задолженность, ликвидировать задолженность

**eine Schuld ausbuchen** списывать долг

**eine Schuld begleichen** производить платёж по обязательствам

**eine Schuld nachlasseneine** простить долг

**eine Schuld nachsehen** простить долг

**in Schuld stehen** остаться в долгу

**Schuldabänderung** *f юр.* договор об изменении содержания долга

**Schuldanerkenntnis** *f* договор о признании должником существующего долга

**negative Schuldanerkenntnis** признание одного из партнёров по договору в том, что у него нет требований к другому партнёру

**Schuldbeitritt** *m юр.* принятие на себя чужого обязательства совместно с первоначальным должником; вступление в договор в качестве солидарного должника

**Schuldbrief** *m* долговое обязательство; заёмное письмо

**unverzinslicher Schuldbrief** бескупонное долговое обязательство, беспроцентное долговое обязательство

**verzinslicher Schuldbrief** долговое обязательство с купонным бланком, процентное долговое обязательство

**Schuldbuch** *n* бухгалтерские счета *(книга)*, учитывающие структуру и размеры *(государственного)* долга, книга государственного долга; долговая книга

**Schuldbuchforderung** *f* требование, основанное на записях в долговой книге, требование по долговой книге

**Schulden** *f, pl* долги (мн.ч.), *см.. тж.* Schuld *f*

**für Schulden haften** отвечать по долгам

**in Schulden geraten** влезть в долги

**Schulden abzahlen** оплачивать долги, оплатить долги, выплатить долги, выплачивать долги

**Schulden begleichen** рассчитаться с долгами, рассчитываться с долгами

**Schulden einfordern** взыскивать долги, взыскать долги; требовать уплату долгов

**Schulden einklagen** предъявлять иск за неуплату долгов, предъявить иск за неуплату долгов

**Schulden haben** иметь долги

**Schulden konsolidieren** консолидировать долги; консолидировать задолженности

**Schulden machen** делать долги

**Schulden tilgen** погашать долги

**Schulden übernehmen** принимать на себя долги, брать на себя долги

**öffentliche Schulden** государственные долги

**offene Schulden** открытые долги

**uneintreibare Schulden** безнадёжные долги; долги, которые невозможно взыскать

**ungewisse Schulden** сомнительные долги

**verjährte Schulden** просроченные долги

**für (jds) Schulden bürgen** поручиться за (чьи-л.) долги, ручаться за (чьи-л.) долги

**haften für Schulden** нести ответственность за долги

**(jmd) die Schulden erlassen** освобождать (кого-л.) от уплаты долга, освободить (кого-л.) от уплаты долга

**schulden** *vt* быть должным *(деньги)*

**Schuldenabkommen** *n* соглашение о долгах

**Schuldenabtragung** *f* платёж по долговому обязательству; погашение долгов, ликвидация задолженности

**Schuldenaufnahme** *f* принятие долга на себя

**Schuldenbegleichung** *f* платёж по долговому обязательству; погашение долгов, ликвидация задолженности
**schuldenbelastet** обременённый долгами
**Schuldenbezahlung** *f* платёж по долговому обязательству; погашение долгов, ликвидация задолженности
**Schuldendienst** *m* обслуживание долга *(ежегодные выплаты процентов и части основной суммы задолженности), (ежегодные)* платежи в погашение долгосрочного *(государственного)* долга
**Schuldenerlaß** *m* освобождение от долгов, списание задолженности
**schuldenfrei** свободный от долгов
**Schuldenkonto** *n* счёт дебиторов
**Schuldenlast** *f* бремя долгов, долговое бремя; бремя *(государственной)* задолженности
**Schuldenmasse** *f* общая сумма долгов несостоятельного должника, подлежащих удовлетворению из конкурсной массы, долговая масса
**Schuldenpolitik** *f* регулирование кредитных отношений *(чаще всего относится к регулированию государственной задолженности)*
**Schuldenregelung** *f* урегулирование долговых обязательств
**Schuldenregelungsgesetz** *n* закон о порядке урегулирования долговых обязательств
**Schuldenrückzahlung** *f* возврат долгов
**Schuldentilgung** *f* погашение долгов, выплата долгов
**Schuldentilgungsdauer** *f* продолжительность погашения долгов, длительность погашения долгов

**Schuldentilgungsfonds** *m* фонд погашения долговых обязательств
**Schuldenzahlung** *f* уплата долгов
**Schuldforderung** *f* долговое требование
**Schuldforderungsklage** *f* иск о взыскании долга
**Schuldherr** *m* кредитор, заимодавец
**Schuldhöhe** *f* размер долга
**schuldig** быть должным *(денежное обязательство)*
 **schuldig** виновный, виноватый
 **ich bleibe Ihnen ... Rubel schuldig** я должен Вам ... рублей
 **sich schuldig bekennen** признать себя виновным
**Schuldklage** *f* иск о взыскании долга
**Schuldknechtschaft** *f* (долговая) кабала
**Schuldmitübernahme** *f* *юр.* принятие на себя чужого обязательства совместно с первоначальным должником
**Schuldner** *m* должник, дебитор
 **böswilliger Schuldner** злостный должник
 **insolventer Schuldner** несостоятельный должник
 **säumiger Schuldner** неисправный должник
 **unsicherer Schuldner** ненадёжный должник
 **zahlungsunfähiger Schuldner** несостоятельный должник
**Schuldnerbank** *f* банк-дебитор, банк-должник
**Schuldnerbegünstigung** *f* *юр.* незаконные действия лица в пользу несостоятельного должника
**Schuldnereigentum** *n* имущество должника

**Schuldnerland** *n* страна-должник, государство-дебитор
**Schuldnermehrheit** *f* *юр.* должники, связанные солидарным обязательством, должники, связанные совокупным обязательством
**Schuldnerstaat** *m* государство-должник
**Schuldnerverzug** *m* дебиторская просрочка, просрочка должником исполнения обязательства
**Schuldpapier** *n* долговое обязательство
**Schuldposten** *m, pl* пассивы, долги, обязательства; позиция задолженности, статья задолженности
**Schuldrecht** *n* обязательственное право, облигационное право
 **Schuldrecht** правовые отношения, основанные на системе обязательств, долговое право
**Schuldregister** *n* бухгалтерские счета *(книга)*, учитывающие структуру и размеры *(государственного)* долга, книга государственного долга; долговая книга
**Schuldschein** *m* долговое обязательство
**Schuldscheindarlehen** *n* заём под долговое обязательство *(предоставляется, как правило, на меньшие суммы, чем зафиксировано в обязательствах)*; ссуда под долговое обязательство
**Schuldsumme** *f* сумма долга, сумма задолженности
**Schuldtilgung** *f* погашение долга, уплата долга
**Schuldtitel** *m* исполнительный лист, документ с исполнительной надписью

**Schuldübernahme** f принятие на себя долга другого лица, перевод долга
  **kumulative Schuldübernahme** принятие на себя чужого обязательства совместно с первоначальным должником
  **privative Schuldübernahme** принятие на себя чужого обязательства с освобождением первоначального должника от его исполнения
**Schuldüberweisung** f перевод долга
**Schuldumschreibung** f новация долгового обязательства
**Schuldumwandlung** f новация долгового обязательства
**Schuldurkunde** f с долговое обязательство; бескупонное обязательство, облигация без купонов
**Schuldverbindlichkeit** f долговое обязательство
**Schuldverhältnis** n правовые отношения между кредитором и должником
**Schuldverpflichtung** f долговое обязательство
**Schuldverschreibung** f облигация; долговое обязательство (*выдаваемое центральным правительством, местными органами власти, частной фирмой*); закладной лист ипотечного банка
  **Schuldverschreibung auf den Inhaber** долговое обязательство на предъявителя
  **Schuldverschreibung mit Gewinnbeteiligung** облигация с участием в прибылях, облигация, дающая право на участие в прибылях
**Schuldversprechen** n договор о принятии на себя обязательства; долговое обязательство
**Schuldvertrag** m договор, регулирующий правовые отношения между кредитором и должником
**Schuldwechsel** тратта; вексель к платежу; *юр.* смена должника
**Schuldzinsen** m, pl проценты по кредиту
**Schule** f
  **institutionelle Schule** институционалистская школа (*направление в политической экономии*)
  **neoklassische Schule** неоклассическая школа (*направление в политической экономии*)
**Schülerentgelt** n плата учащимся средних школ во время прохождения ими производственного обучения (*в бывш. ГДР*)
**Schulgeldfreiheit** f бесплатное обучение
**Schulsparen** n накопление сбережений школьниками
**Schulspeisung** f общественное питание детей в школе и в детском саду
**Schulung** f обучение; учение, учёба
  **Schulung** квалификация
  **Schulung** курсы (мн.ч.)
  **Schulung** выучка, школа
  **innerbetriebliche Schulung** внутризаводская учёба
  **produktionstechnische Schulung** производственно-техническое обучение
**Schuman-Plan** m план Шумана
**Schund** m дешёвый товар, бросовый товар; бракованный товар, несортовой товар; *разг.* барахло
**Schundware** f дешёвый товар, бросовый товар; бракованный товар, несортовой товар
**Schuppen** m склад, складское помещение; пакгауз; депо; ангар
**Schürfrecht** n право разведки (*полезных ископаемых*), право на ведение разведочных работ
**Schüttdichte** f плотность навалочного груза
**Schüttgewicht** n насыпной вес
**Schüttgut** n сыпучий груз, навалочный груз
**Schüttmasse** f насыпной вес
**Schutz** m защита; предохранение
  **diplomatischer Schutz** дипломатическая неприкосновенность
  **patentrechtlicher Schutz** охрана патентов; патентно-правовая охрана
  **(j-m) seinen Schutz und Beistand leihen** прийти (*кому-л.*) на помощь; выступить в (*чью-л.*) защиту
  **sich in (j-s) Schutz begeben** стать (под чью-л.) защиту
**Schutzaktien** f, pl *уст.* покровительственные акции
**Schutzbrief** m охранная грамота; привилегия
**Schutzgemeinschaft** f гарантийное общество
**Schutzgemeinschaft für Allgemeine Kreditsicherung** Гарантийное общество страхования кредитов (*ФРГ*)
**Schutzgemeinschaften** f, pl объединения держателей ценных бумаг (*в целях обеспечения своих прав*); объединения кредиторов (*в целях обеспечения своих прав*)
**Schutzgüte** f качество орудий производства, отвечающее требованиям безопасности, гигиены и удобства обращения
**Schutzherrschaft** f протекторат
  **feudale Schutzherrschaft** *ист.* феодальная зависимость
**Schutzmarke** f фирменный знак, товарный знак, фабричная марка
**Schutzmuster** n патентованный образец

**Schutzrecht** *n* защита промышленных прав *(патенты, товарные знаки и т.п.)*

**Schutzsystem** *n* покровительственная система, система протекционизма

**Schutztarif** *m* покровительственный тариф, протекционистский тариф

**Schutzvereinigungen** *f, pl* объединения держателей ценных бумаг *(в целях обеспечения своих прав)*; объединения кредиторов *(в целях обеспечения своих прав)*

**Schutzversicherung** *f* страхование экспортно-импортных грузов

**Schutzzoll** *m* защитная пошлина *(на импорт)*, оградительная пошлина, покровительственная пошлина, протекционистская пошлина

**Schutzzollehre** *f* протекционизм, система оградительных пошлин

**Schutzzollpolitik** *f* политика протекционизма, протекционистская политика, протекционизм

**Schutzzollsystem** *n* покровительственная система, система протекционизма

**Schwellenländer** *pl* новые индустриальные страны; новые индустриальные государства

**Schwangeren- und Stillgeld** *n* пособие беременным женщинам и кормящим матерям

**Schwangeren- und Wochengeld** *n* пособие по беременности и родам

**Schwangeren- und Wochenhilfe** *f* пособие по беременности и родам

**Schwangeren- und Wochenurlaub** *m* отпуск по беременности и родам

**Schwangerengeld** *n* пособие по беременности

**Schwangerschaftsurlaub** *m* отпуск по беременности и родам

**Schwankung** *f* колебание
**Schwankungen** *f pl* колебания (мн.ч.)
**konjunkturelle Schwankung** колебание конъюнктуры
**periodische Schwankung** периодическое колебание
**wirtschaftliche Schwankung** колебание в экономике

**Schwankungsbereich** *m* диапазон колебаний, интервал колебаний, область изменений, пределы колебаний *(рассматриваются значения какого-л. экономического показателя)*; *стат.* размах вариации

**Schwankungsbreite** *f* диапазон колебаний, интервал колебаний, шкала колебаний; *стат.* размах вариации

**Schwankungsgrad** *m* уровень колебаний

**Schwankungsgrenze** *f* граница колебания; допуск

**Schwankungsmarkt** *m бирж.* рынок ценных бумаг с колеблющимися курсами, биржевая торговля *(характеризующаяся колеблющимися котировками товаров или фондовых ценностей)*

**Schwankungsreserven** *f, pl* резервы предстоящих платежей страховых сумм

**Schwankungsrückstellung** *f* резервы, предназначенные для компенсации колебаний *(напр., дохода)*

**Schwankungsrückstellungen** *f, pl* резервы предстоящих платежей страховых сумм

**Schwankungswerte** *m, pl бирж.* ценные бумаги, курсы которых колеблются в определённых пределах

**Schwänze** *f* спекулятивная скупка *(товара или ценных бумаг)*;

**Schwarzarbeit** *f* незаконная трудовая деятельность, незаконное занятие *каким-л.* промыслом; *разг.* "левая" работа

**schwarz** чёрный
**schwarze Bretter** *pl* доски объявлений в Интернет *(мн. ч.)*
**schwarzer Markt** чёрный рынок; подпольный рынок
**"Schwarzer Peter"** *(разг.)* перенос обязательств по выплате задолженности на другое лицо (физическое или юридическое)

**Schwarzgeld** *n* 1. доход(ы) от незаконного бизнеса 2. *(юр.)* доходы от необязательного бизнеса, скрываемые от налогообложения; подпольные доходы (скрываемые от налогообложения) 3. доходы от нелегальной трудовой деятельности (с которых не платят налоги); *(разг.)* деньги, выплачиваемые в чёрную (обезличенная выплата наличных денег)

**Schwarzhandel** *m* нелегальная торговля *(напр., наркотиками)*; торговля на чёрном рынке, торговля из-под полы; контрабанда

**Schwarzmarkt** *m* чёрный рынок; нелегальный рынок; подпольный рынок; рынок нелегальных товаров; рынок запрещённых товаров; рынок контрафактных товаров
**auf dem Schwarzmarkt kaufen** покупать на чёрном рынке, купить на чёрном рынке; приобретать на чёрном рынке

**Schwarzmarktgewinn** *n* доход от операций на чёрном рынке; доход от незаконного бизнеса

**Schwarzmarktgeschäft** *n* операция на чёрном рынке; сделка на чёрном рынке

**Schwarzmarktpreis** *m* цена чёрного рынка; цена на чёрном рыке; спекулятивная цена

**Schwarzmetallurgie** *f* чёрная металлургия

**schwebend** неуплаченный, неконсолидированный *(напр., о долге)*; нерешённый *(напр., о вопросе)*; незаконченный *(напр., о процессе)*

**Schweigepflicht** *f* обязанность сохранения производственной тайны, обязанность сохранения служебной тайны

**Schweizer Banken-Vereinigung** Швейцарский банковский союз

**Schweizerischer Kaufmännischer Verein** Союз швейцарских коммерсантов

**Schwellenland** *n* пороговая страна *(наиболее развитая из развивающихся стран или страна, приблизившаяся к показателям промышленно развитого государства)*

**Schwellenpreis** *m* *(нижний или верхний)* предел рассматриваемого интервала цен

**Schwellenpreise** *m, pl* пороговые цены (мн.ч.)

**Schwellenwert** *m* предельная величина; пороговый уровень

**Schwemme** *f* затоваривание *(связанное с насыщением рынка)*

**Schwerarbeit** *f* тяжёлая работа; изнурительный труд

**Schwerbeschädigtenbetreuung** *f* система мероприятий по приобщению инвалидов к производственному процессу

**Schwerbeschädigtenrente** *f* пенсия по инвалидности

**Schwererwerbsbeschränkte** *m* лицо с ограниченной *(не менее, чем на 50%)* трудоспособностью

**Schwergut** *n* тяжеловесный груз; балласт

**Schwergutzuschlag** *m* доплата за перевозку тяжеловесного груза *(свыше 2 т)* при морских перевозках

**Schwerindustrie** *f* тяжёлая промышленность

**Schwerkollo** *n* крупное место *(тюк, багаж)*, тяжёлое место *(тюк, багаж)*

**Schwerlasttransportbedingungen** *f, pl* условия перевозки автотранспортом тяжеловесных грузов, условия перевозки автотранспортом специальных грузов

**Schwermaschinenbau** *m* тяжёлое машиностроение

**Schwerpunkt** *m* суть, сущность; главная задача, основная задача; основное звено

**Schwerpunktarbeit** *f* первоочередная работа, главная работа, основная работа, работа первостепенной важности

**Schwerpunkte** *m, pl*, **industrielle** важные промышленные центры; ключевые позиции в промышленности

**schwerpunktmäßig** в зависимости от значимости

**Schwerpunktobjekt** *n* объект первостепенной важности; ударная стройка

**Schwerpunktprogramm** *n* программа первостепенной важности

**Schwerpunktstreik** *m* забастовка на предприятиях первостепенной важности, забастовка в цехах первостепенной важности *(форма частичной забастовки)*

**Schwerpunktversorgung** *f* снабжение трудящихся в зависимости от народнохозяйственного значения предприятий *(бывш. ГДР)*

**Schwerpunktvorhaben** *n* объект первостепенной важности; ударная стройка

**Schwerpunktzuschlag** *m* надбавка к заработной плате за выполнение особо важной работы

**schwerwiegend** веский, серьёзный, мотивированный

**Schwesterfirma** *f* родственная фирма *(напр., фирма, операции которой относятся к тому же производственному или коммерческому циклу)*; однотипная фирма

**Schwierigkeitseinheit** *f* единица ремонтосложности, *(условная)* ремонтная единица

**Schwierigkeitsgrad** *m* степень сложности ремонта

**Schwierigkeitsgruppe** *f* группа ремонтосложности, *(условная)* ремонтная единица

**Schwimmdock** *n* плавучий док

**Schwindelgeschäft** *n* жульническая сделка, афера

**Schwindelprofit** *m* прибыль, полученная обманным путём

**Schwitzsystem** *n* потогонная система труда

**Schwund** *m* потеря, убыль; усушка, усадка

**Schwund feststellen** определять убыль, определить убыль

**natürlicher Schwund** естественная убыль

**Schwundgeld** *n* деньги с убывающей покупательной силой *(по одной из буржуазных теорий "регулируемой" валюты)*; денежное возмещение потерь от естественной убыли *(напр., усушки)*

**Schwundhöchstsatz** *m* допустимый предел потерь

**Schwundnorm** *f* норма естественной убыли

**Schwundprozente** *n, pl* процент потери, процент усушки, процент утечки, процент провеса

**Schwundsatz** *m* процент потери, процент усушки, процент утечки, процент провеса

**Schwundverlust** *m* естественная убыль

**schwunghaft** оживлённый, бойкий *(о торговле)*

**schwungvoll** оживлённый, бойкий *(о торговле)*

**Scoring Modell** *n* скоринг-метод *(метод балльной оценки, напр. при определении рейтинга кредитоспособности)*

**SCR, Seychellen-Rupie, - Seychellen** Сейшельская рупия, - Сейшелы

**SD:**

**S.D., Sight Draft** тратта по предъявлению

**SD, Sudan** Судан, *до 1978г. код SR*

**SD-Tarife** *m, pl* тарифы за транзит через морской порт

**SDAG, Sowjetisch-Deutsche Aktiengesellschaft Wismut** Советско-германское акционерное общество "Висмут" *(бывш. ГДР)*

**S.D.B.L., sight draft - bill of lading attached** тратта по предъявлению с приложенным коносаментом

**SDD, Sudanesischer Dinar, - Sudan** Суданский динар, - Судан

**SDev Erkl, Sammel-Devisenerklärung** сводная валютная декларация

**SDevErkl., Sammel-Devisenerklärung** сводная валютная декларация

**SDR,** *(eng.)* **special drawing rights; Sonderziehungsrechte** *n, pl* специальные права заимствования *(расчётная единица МВФ)*, СПЗ

**SE:**

**S/E,** *(eng.)* **stock exchange; Wertpapierbörse** *f* фондовая биржа

**SE, Schweden** Швеция, *до 1978г. код TS*

**SEATO, South-East Asia Treaty Organization** Организация договора Юго-Восточной Азии, СЕАТО

**SEC:**

**SEC, Securities and Exchange Commission** Комиссия по делам фондовых бирж и выпуску ценных бумаг *(США)*

**Sec., Sekunda-Wechsel** второй экземпляр векселя, секунда-вексель

**s.e.c., salvo errore calculi** исключая ошибки в подсчёте

**Sechsergemeinschaft** *f ист.* сообщество шести стран, "шестёрка"

**Sechserpool** *m ист.* объединение шести европейских социалистических стран *(Болгарии, Венгрии, бывш. ГДР, Польши, Румынии, бывш. Чехословакии)* в области международного воздушного сообщения

**second-hand-Geschäft** *n англ.* сделка с подержанным товаром

**Second-Hand-Wagen** *m* подержанный автомобиль

**Secondhandgeschäft** *n* сделка с подержанным товаром

**Secondhandschiff** *n* судно, бывшее уже в эксплуатации; подержаное судно

**Securitization** *f* секьюритизация *(процесс увеличения роли ценных бумаг на финансовых рынках в ущерб кредитам)*; повышение роли ценных бумаг как формы заимствований

**See-** *(в сл.сл.)* морской

**Seearbitragekommission** *f* морская арбитражная комиссия, МАК

**Seeblockade** *f* морская блокада

**Seedarlehen** *n* бодмерея, заём под залог судна, заём под залог груза, ссуда под залог судна, ссуда под залог груза; *ист.* морской заём

**Seedurchgangskosten,** *pl* расходы по морскому транзиту, издержки по морскому транзиту

**Seefracht** *f* морской фрахт *(плата за провоз)*; морской фрахт, морской груз

**Seefrachtbrief** *m* коносамент

**Seefrachtgeschäft** *n* сделка на перевозку грузов морем, сделка на перевозку грузов морским путём

**Seefrachtkosten,** *pl* стоимость перевозки грузов морским путём, стоимость перевозки морем

**Seefrachtordnung** *f* порядок перевозки морским путём опасных грузов, правила перевозки морским путём опасных грузов

**Seefrachtrecht** *n* правовые нормы перевозок грузов морским путём

**Seefrachtverkehr** *m* перевозка грузов морским путём, морские перевозки грузов

**Seefrachtversicherung** *f* страхование морского фрахта

**Seefrachtvertrag** *m* договор на перевозку грузов морским путём, договор морской перевозки

**Seegüterversicherung** *f* страхование морского фрахта

**Seehafen** *m* морской порт, морская гавань

**Seehafen-Speditions-Tarife** *pl*; **SST** экспедиторские тарифы, принятые в морских портах

**Seehafenausnahmetarif** *m* льготный железнодорожный тариф для немецких морских портов *(ФРГ)*

**Seehafenbetriebsordnung** *f* правила о режиме морских портов

**Seehafendurchfuhrtarife** *m, pl* тарифы за транзит через морской порт

**Seehafenordnung** f правила о режиме морских портов
**Seehafenverkehr** m сообщение между морскими портами
**Seehandbuch** n морская лоция
**Seehandel** m морская торговля
**Seehandelsrecht** n морское торговое право
**Seeherrschaft** f господство на море
**Seekapitän** m капитан морского судна
**Seekargoversicherung** f морское страхование карго; морское страхование груза на плаву
**Seekarte** f мор. навигационная карта
**Seekaskoversicherung** f страх. страхование морских судов; морское страхование каско (каско - страхование транспортных средств)
**seeklar** готовый к выходу в море (о судне)
**Seekonnossement** n; (eng.) Oc.B/L, Ocean Bill of Lading) коносамент; морской коносамент
**Seekredit** m морской кредит
**Seeladeschein** m коносамент
**Seemakler** m морской агент, морской маклер
**Seemannsamt** n морское ведомство при правительстве федеральной земли (ФРГ)
**Seemannsbrauch** m морской обычай, узанс в морской практике
**seemäßig** годный для морской перевозки, пригодный для морской перевозки, пригодный для перевозки морем; морской
**S.E.E.O., saivo errore et omissione** исключая ошибки и пропуски
**Seepassagevertrag** m договор на перевозку пассажиров морским путём, договор морской перевозки пассажиров

**Seeprotest** m юр. протест капитана судна, морской протест (представление капитаном судна заявления о причинах аварии судна)
**Seerecht** n морское право
**Seeregister** n морской регистр
  **Lloyd's Seeregister** морской регистр Ллойда
**Seerisiko** n морской риск
**Seeschaden** m ущерб от морской аварии; убыток от морской аварии
  **Seeschaden** убыток, возникший во время перевозки морем
**Seeschadenberechnung** f страх. диспаша; расчёт убытков от общей аварии (расчет по распределению расходов по общей аварии между судном, грузом, и фрахтом, составляемый диспашёром; место и порядок составления диспаши указывается в коносаменте)
**Seeschiedsgericht** n морской арбитраж, морской третейский суд
**Seeschiffahrt** f морское судоходство; мореплавание
**Seesperre** f морская блокада
**Seestraße** f морской путь
**Seetransport** m морской транспорт; морское транспортное сообщение
  **Seetransport** перевозки морским путём, перевозки морем, морские перевозки
**Seeverkehr** m морское сообщение, морское судоходство
**Seeverpackung** f морская упаковка, упаковка, пригодная для морской транспортировки
**Seeversicherung** f морское страхование
**Seeversicherungspolice** f полис морского страхования
**Seeversicherungsschein** m полис морского страхования

**Seewechsel** m бодмерейный вексель, расписка в получении ссуды по бодмерейному договору
**Seeweg** m морской путь
**Seezeit** f ходовое время судна
**Seezollgrenze** f морская таможенная граница
**Seezollhafen** m морской таможенный порт
**Segment** n сегмент рынка
  **Marktsegment** n сегмент рынка
**Segmentationstheorie** f теория сегментации (объясняющая, напр., структуру рыночных цен, ссудного процента и др.)
**segmentieren** сегментировать; разбивать на части (напр. рекламную аудиторию, среду покупателей и т.п.)
**Seh, RG Schuldenregelungsgesetz** закон о порядке урегулирования долговых обязательств (ФРГ)
**Seigneurialrecht** n ист. сеньориальное право
**Sein** n, **gesellschaftliches** общественное бытие
**Seite** f сторона (участник)
  **Seiten** f, pl договаривающиеся стороны (мн.ч.)
  **vertragschließende Seiten** договаривающиеся стороны (мн.ч.)
**SEK, Schwedische Krone, - Schweden** Шведская крона (код валюты 752), - Швеция
**Sektor** m сектор
  **genossenschaftlicher Sektor** кооперативный сектор
  **halbstaatlicher Sektor** полугосударственный сектор
  **kapitalistischer Sektor** капиталистический сектор
  **kollektivwirtschaftlicher Sektor** колхозный сектор
  **sozialistischer Sektor** социалистический сектор
  **volkseigener Sektor** государственный сектор (в бывш. ГДР)

**Sektorendiagramm** n *стат.* секторная диаграмма

**Sektorenintegration** f объединение отдельных отраслей экономики в плане общей экономической интеграции Европы

**Sekunda** f "секунда", секунда-вексель *(второй экземпляр переводного векселя)*, второй экземпляр тратты

**Sekundawechsel** m "секунда", секунда-вексель *(второй экземпляр переводного векселя)*, второй экземпляр тратты

**sekunda** второсортный *(о товаре)*

**die Ware ist sekunda** товар второго сорта

**sekundär** вторичный *(напр., о ресурсах, доходах)*

**sekundär** второстепенный

**sekundäre Kosten** вторичные издержки (мн.ч.)

**sekundärer Sektor** вторичный сектор

**Sekundäraufbereitung** f *стат.* вторичная сводка

**Sekundäraufkommen** n вторичные ресурсы

**Sekundäreinkommen** n pl вторичные доходы *(населения)*, производный доход, вторичный доход

**Sekundärenergie** f вторичная энергия *(энергоресурсы, являющиеся продуктом переработки первичных энергоносителей - электроэнергия, нефтепродукты, кокс и т.п.)*

**Sekundärforschung** f вторичное исследование *(получающее информацию и некоторые результаты из материалов первичных исследований)*

**Sekundärgruppierung** f вторичная группировка

**Sekundärprodukt** n вторичный продукт

**Sekundärrohstoff** m вторичное сырьё

**Sekundärstatistik** f вторичная статистика *(получаемая на основе переработки информации, собранной в ходе первичных исследований)*, статистические данные второго порядка

**Sekundärverteilung** f перераспределение *(напр., национального дохода)*, вторичное распределение

**Sekundawechsel** m "секунда", секунда-вексель *(второй экземпляр переводного векселя)*, второй экземпляр тратты

**selbständig;** *(eng)* **self-sufficient** экономически самостоятельный

**selbständig** самостоятельный; независимый

**selbständig** самостоятельный; отдельный; автономный

**wirtschaftlich selbständig** экономически независимый; независимый в экономическом отношении

**selbständig erwerbstätig** с самостоятельным заработком без найма на работу

**selbständiger Verein** независимое объединение

**Selbständige,** pl лица, не работающие по найму *(в том числе лица свободных профессий)*

**Selbständiger** m лицо, не работающее по найму; ремесленник; индивидуальный предприниматель; предприниматель без образования юридического лица, ПБЮЛ (в РФ)

**Selbständigkeit** автономность

**wirtschaftlich-operative Selbständigkeit** оперативно-хозяйственная самостоятельность

**wirtschaftliche Selbständigkeit** экономическая самостоятельность, хозяйственная самостоятельность

**Selbstanfertigung** f собственное производство, собственное изготовление продукции *(конечной и промежуточной)*

**Selbstanzeige** f заявление налогоплательщика налоговому органу о неполноте представленных им ранее данных, заявление налогоплательщика налоговому органу об ошибочности представленных им ранее данных

**Selbstauflösung** f самороспуск, самоликвидация

**Selbstaufnahme des Arbeitstages** самофотография рабочего дня

**Selbstausfüllung** f *стат.* самоисчисление, самоопрос, саморегистрация

**Selbstbeanspruchung** f напряжение, вызванное применением нерациональных рабочих приёмов; перенапряжение, вызванное применением нерациональных рабочих приёмов

**Selbstbedienung** f самообслуживание

**Selbstbedienungladen** m магазин самообслуживания

**Selbstbedienungsgaststätte** f предприятие общественного питания, работающее по методу самообслуживания

**Selbstbedienungsgeschäft** n магазин самообслуживания

**Selbstbedienungsladen** m магазин самообслуживания

**Selbstbedienungsverkaufsstelle** f магазин самообслуживания

**Selbstbedienungswäscherei** f прачечная самообслуживания

**Selbstbedienungszone** f зона самообслуживания *(в магазине)*

**Selbstbehalt** m участие страхователя в возмещении убытков; франшиза

**Selbstbehalt** удержание на собственные нужды *(расходы на покрытие своих издержек, вычитаемые из полученного дохода)*

**Selbstberechnung** *f* вычисление самим налогоплательщиком размера налога, подлежащего уплате

**Selbstbeschränkung** *f* самоограничение

**Selbstbesteuerung** *f* самообложение

**Selbstbeteiligung** *f* участие страхователя в возмещении убытков; франшиза

**Selbstbewertung** *f* самооценка

**Selbsteinschätzung** *f* самооценка

**Selbsteintritt** *m* участие посредника *(комиссионера, маклера)* от собственного лица в сделках своих клиентов

**Selbsteintrittsrecht** *n* юр. право посредника участвовать от собственного лица в сделках своих клиентов

**Selbstemission** *f* самостоятельная эмиссия *(эмиссия ценных бумаг, размещаемых эмитентом без посредника)*

**Selbsterrechnungserklärung** *f* налоговая декларация, составленная налогоплательщиком на основе вычисленного им самим размера налога

**selbsterzeugt** собственного производства, собственного изготовления

**Selbstfinanzierung** *f* самофинансирование, финансирование за счёт собственных средств

**Selbstgebrauch** *m* собственное потребление

**selbstgerecht** самоуверенный

**selbstgerecht** уверенный в своей правоте

**Selbsthilfe** *f* самопомощь *(мобилизация развивающейся страной собственных средств, нередко организуемая в рамках программы иностранной помощи)*

**Selbsthilfeverkauf** *m* продажа товара третьим лицам при просрочке в приёмке его первоначальным покупателем

**Selbstkontrahieren** *n* заключение договора с самим собой от имени представляемого лица, заключение контракта с самим собой от имени представляемого лица

**Selbstkontrolle** *f* самоконтроль, самопроверка

**Selbstkosten,** *pl* себестоимость

  **bereinigte Selbstkosten** очищенная себестоимость

  **betriebliche Selbstkosten** фабрично-заводская себестоимость

  **betriebsindividuelle Selbstkosten** заводская себестоимость

  **Selbstkosten des Basiszeitraums** базисная себестоимость

  **Selbstkosten (innerhalb) eines Industriezweiges** отраслевая себестоимость

  **geplante Selbstkosten** плановая себестоимость; запланированная себестоимость

  **gesellschaftlich notwendige Selbstkosten** общественно необходимая себестоимость

  **gesellschaftliche Selbstkosten** общественная себестоимость

  **individuelle Selbstkosten** индивидуальная себестоимость

  **kommerzielle Selbstkosten** коммерческая себестоимость

  **normative Selbstkosten** нормативная себестоимость

  **planmäßige Selbstkosten** плановая себестоимость

  **reine Selbstkosten** чистая себестоимость

  **zonale Selbstkosten** зональная себестоимость

**Selbstkostenanteil** *m* удельный вес себестоимости *(напр., в цене)*; удельный вес издержек *(напр., в цене)*

**Selbstkostenberechnung** *f* калькуляция себестоимости, расчёт себестоимости, определение себестоимости

**Selbstkostenbereinigung** *f* очистка себестоимости

**selbstkostenbezogen** на основе себестоимости, применительно к себестоимости

**Selbstkostenelement** *n* элемент себестоимости

**Selbstkostenentwicklung** *f* динамика себестоимости

**Selbstkostenindex** *m* индекс себестоимости *(производства)*

**Selbstkostenkalkulation** *f* калькуляция себестоимости, расчёт себестоимости, определение себестоимости

**Selbstkostenplan** *m* план по себестоимости

**Selbstkostenplanung** *f* планирование себестоимости

**Selbstkostenpreis** *m* цена, исчисленная на базе себестоимости

**Selbstkostenrechnung** *f* калькуляция себестоимости, расчёт себестоимости, определение себестоимости

**Selbstkostensenkung** *f* снижение себестоимости

  **absolute Selbstkostensenkung** абсолютное снижение себестоимости

  **geplante Selbstkostensenkung** плановое снижение себестоимости

  **relative Selbstkostensenkung** относительное снижение себестоимости

**Selbstkostensenkungsauflage** *f* задание по снижению себестоимости

**Selbstkostensenkungsprämie** *f* премия за снижение себестоимости

**Selbstkostensteigerung** *f* повышение себестоимости; повышение издержек *(напр., за разные периоды)*

**Selbstkostenüberschreitung** *f* превышение запланированной себестоимости

**Selbstkostenveränderung** *f* изменение себестоимости

**Selbstkostenvergleich** *m* сравнение себестоимости, сопоставление себестоимости

**Selbstkostenvolumen** *n* объём себестоимости

**Selbstkostenwert** *m* стоимость производства, стоимость изготовления; себестоимость

**Selbstlauf** *m* самотёк

**Selbstnormung** *f уст.* установление норм выработки самими рабочими

**Selbstprogrammierung** *f* автоматическое программирование

**Selbststeuerung** *f* автоматическое управление

**Selbstverbrauch** *m* собственное потребление

**Selbstverpflichtung** *f* индивидуальное обязательство

**Selbstversicherung** *f* самострахование

**selbstversorgend** *(eng)* **self-sufficient** экономически самостоятельный

**Selbstversorgerwirtschaft** *f* подсобное хозяйство *(напр., предприятия)*

**Selbstversorgung** *f* самообеспечение, обеспечение за счёт внутреннего производства; самоснабжение

**Selbstversorgungswirtschaft** *f* мелкое сельскохозяйственное предприятие, продукция которого идёт почти исключительно на покрытие собственных потребностей

**Selbstverwaltung** *f*, **kommunale** органы коммунального самоуправления

**Selbstverwertung** *f* **des Kapitals** самовозрастание капитала

**selbstwirtschaften** *vi* самостоятельно зарабатывать средства

**selektiv** селективный, избирательный

**Selektivität** *f* избирательность, селективность

**Self-fullfilling prophecy** *f* сбывающий ся прогноз

**selfappeal** *англ. (внешняя)* привлекательность товара

**Selfgovernment** *n* самоуправление

**selfliquidating credit (eng); aus Warenerlös der finanzierten Ware automatisch zurückbezahlter Kredit** краткосрочный подтоварный кредит *(автоматически погашающийся при продаже товара)*

**Seltenheitsgüter** *n, pl* уникальные товары, раритеты

**Seltenheitsprämie** *f* рента за редкость

**Seltenheitsprinzip** *n* принцип редкости

**Seltenheitsrente** *f* рента за редкость

**Seltenheitswert** *m* ценность уникальных товаров, ценность раритетов

**Semantik** *f* семантика, учение о знаках и символах *(в т.ч. в ЭВМ)*

**Sendedatum** *n* дата выхода в эфир

**senden** *vt* посылать, отправлять

**senden** *vt* передавать по радио; передавать в эфир; передавать в телеэфир

**Sendung** *f* почтовое отправление; посылка

**Sendung** перевод *(денежный)*

**Sendung** партия *(товара)*

**Sendung** радиопередача

**Sendung** телепередача; передача в телеэфире

**außergewöhnliche Sendung** груз, противоречащий нормам и правилам перевозки *(напр., внегабаритный или тяжеловесный груз)*

**postlagernde Sendung** почтовое отправление до востребования

**senken** *vt* снижать, понижать *(напр., цену)*

**senkrecht** вертикальный

**Senkung** *f* снижение, понижение, уменьшение

**Sensal** *m австр.* маклер, посредник; биржевой маклер; брокер

**Sensalie** *f* куртаж, маклерские деньги, комиссионные деньги

**Sensarie** *f* куртаж, маклерские деньги, комиссионные деньги

**Sensarie** сенсари, вознаграждение за брокерские услуги

**separat** отдельный, особый, обособленный, специальный

**Separatkonto** *n* специальный счёт

**Separatvertrag** *m* сепаратный договор

**Sequential-Stichprobenverfahren** *n стат.* метод последовательного выборочного контроля *(качества)*

**Sequentialtest** *m* последовательный критерий

**Sequenzanalyse** *f стат.* последовательный анализ

**Sequester** *m* секвестр

**Sequestration** *f* секвестирование, наложение секвестра; передача спорного имущества во временное владение третьего лица; *ист.* конфискация собственности военных преступников и активных нацистов

**sequestrieren** *vt* секвестировать, накладывать секвестр

**Sequestrierung** *f* секвестирование, наложение секвестра; передача спорного имущества во временное владение третьего лица; *ист.* конфискация собственности военных преступников и активных нацистов

**search engine** *(eng.)*; **Suchmaschine f** механизм поиска; сервер поиска; поисковая машина *(в Internet)*

**Serie** *f* серия

**Serien-Parallelprinzip** *n* последовательно-параллельный принцип

**Serien-Parallelsystem** *n* последовательно-параллельная система

**Serienanlauf** *m* начало серийного производства, запуск в серийное производство

**Serienbau** *m* серийное производство

**Serienbauweise** *f* серийное производство

**Seriendurchgangszeit** *f* продолжительность изготовления одной серии конкретного продукта *(в рабочих часах)*

**Serienerzeugnis** *n* изделие серийного производства

**Serienfertigung** *f* серийное производство, серийный выпуск

**Serienfließfertigung** *f* серийно-поточное производство

**Seriengröße** *f* размер серии *(напр., изделий)*
  **wirtschaftliche Seriengröße** экономически обоснованный размер серии, оптимальный размер серии

**Serienherstellung** *f* серийное производство, серийный выпуск

**Serienkalkulation** *f* серийная калькуляция *(вычисление средних издержек серии продуктов, напр., в автомобилестроении - определённой марки автомобиля)*, калькуляция целой серии продукции

**serienmäßig** серийный; сериями, серийно

**Serienproduktion** *f* серийное производство; серийная продукция
  **in die Serienproduktion aufnehmen** включить в серийное производство

**Serienprüfung** *f* серийное испытание

**Serienschaltung** *f* последовательное соединение *(в теории надёжности)*

**serienweise** серийный; сериями, серийно

**Server m** сервер
  **Datenbankserver m** файл-сервер; файловый сервер
  **E-Mail-Server m** E-Mail-сервер; почтовый сервер; сервер почтовых рассылок
  **Netzwerkserver m** сетевой сервер; сервер сети; узел обслуживания сети; рабочая станция

**Service** *m* обслуживание; услуги; сервис
  **Service** служба сервиса; отдел обслуживания

**Serviceabteilung f** отдел обслуживания; отдел сервисного обслуживания; сервис; сервисный отдел; отдел по работе с покупателями

**Servicehandbuch n** сервисная книжка
  **Servicehandbuch** руководство по пользованию; руководство пользователя

**Serviceingenieur m; Service-Ingenieur m** инженер по эксплуатации; *(разг.)* эксплуатационщик

**Servicenetz n** сеть пунктов сервисного обслуживания; сервисная сеть

**Servicequalität** *f* качество сервиса; качество сервисных услуг

**Servicestation** *f* станция (технического) обслуживания

**Servicesystem** *n* система обслуживания

**Servicewerkstatt** *f* станция обслуживания

**Servicezeit** *f* время обслуживания

**Servis** *m фр.* плата за обслуживание
  **Servis** обслуживание; сервис
  **Servis** квартирные деньги
  **Servis** командировочные деньги
  **Servis** чаевые

**Servitut** *n австр. ист.* сервитут

**SET, Secure Electronic Transaction** стандарт **SET** *(технология, совместно разработанная системами Visa и MasterCard для обеспечения безопасности платежей с помощью пластиковых карт в Интернет)*
  **SET-Standard** *m* стандарт SET
  **SET-Zertifikat** *n* **SET** -сертификат

**Setzung** *f* система счисления

**SfAGS, Abkommen über den internationalen Eisenbahngüterverkehr, (der sozialistischen Länder)** Соглашение о международном железнодорожном грузовом сообщении, СМГС

**SFF, Staatlicher Futtermittelfonds** Государственный фуражный фонд *(бывш. ГДР)*

**S.F.O., Seefrachtordnung** правила морского страхования

**SG:**
  **SG, Singapur** Сингапур
  **Sg, Schnellgut** срочный груз

**SGB, Sozialgesetzbuch** Кодекс социальных законов; Кодекс социального права
  **GKSGB, Gemeinschaftskommentar zum Sozialgesetzbuch** Общий комментарий к Кодексу социальных законов

**SGD, Singapur-Dollar, - Singapur** Сингапурский доллар, - Сингапур

**SH, Samoa** Святая Елена

**share** *англ.* акция

**s.h.e., sundays holidays excepted** *англ.* исключая выходные и праздничные дни

**Sherman act** *англ.* антитрестовский закон Шермана *(США)*

**shippingorder** *англ.* ордер на погрузку, погрузочный ордер

**Shop** m *(eng.)*, -s, -s; **Laden** m; **Geschäft** n магазин; шоп
**Internet-Shop** Интернет-магазин

**Shop-Tour** f =, -en шоп-тур

**Shopper** m *(eng.)*; **Einkaufsroller** m участник шоп-тура; покупатель, специально отправившийся за покупками

**shopping; Shopping** n, -s -s *амер.* посещение магазина с целью покупки; шопинг; покупка

**shopping-center; Shopping-Center** n; **Shoppingcenter** n *амер.* торговый центр; шопинг-центр

**Shopping-Goods** pl; **Shoppinggoods** pl товары неповседневного спроса; товары, приобретаемые во время шоп-тура (потребитель специально отправляется для покупки таких товаров - "осуществляет шопинг")

**short-run-Betrachtung** f *англ.* краткосрочный анализ

**SHP, St. Helena-Pfund, - St. Helena** Фунт Острова Святой Елены *(код валюты 654)*, - Остров Святой Елены

**shpt., shipment** *англ.* отправка морем, отгрузка морем

**sh.tn., short ton** *англ.* короткая тонна, малая тонна *(907,185 кг)*

**Shut-down-point** m *англ.* "точка закрытия", объём производства *("точка")*, при котором дальнейшее функционирование предприятия становится нецелесообразным

**SI, Slowenien** Словения, *до 1978г. код* WL

**SIC; Steuerliches Info-Center** информационный центр по налогам и вопросам налогообложения; информационный налоговый центр

**sicher** безопасный; надёжный

**sicheres Identifikationsverfahren** безопасный способ идентификации

**Sicherheit** f безопасность; надёжность; гарантия, обеспечение; залог; поручительство; достоверность

**Sicherheit gewähren** предоставить гарантии, гарантировать; дать поручительство, поручиться

**Sicherheit leisten** предоставить гарантии, гарантировать; дать поручительство, поручиться

**Sicherheit stellen** предоставить гарантии, гарантировать; дать поручительство, поручиться

**hypothekarische Sicherheit** ипотечное обеспечение

**statistische Sicherheit** статистическая достоверность

**technische Sicherheit** техническая безопасность; техническая надёжность

**als Sicherheit** в обеспечение

**Sicherheitsarrest** m арест с целью обеспечить исполнение долга

**persönlicher Sicherheitsarrest** арест должника *(с целью принудительного взыскания долга)*

**Sicherheitsbestand** m резервный запас, страховой запас

**Sicherheitsbestimmungen** f, pl правила безопасности

**technische Sicherheitsbestimmungen** правила техники безопасности

**Sicherheitsbonität** f гарантированная платёжеспособность *(по рассматриваемым обязательствам)*

**Sicherheitsdirektor** n начальник управления общественной безопасности *(Австрия)*

**Sicherheitsfach** n сейф

**Sicherheitsfaktor** m коэффициент запаса прочности; коэффициент надёжности; коэффицнент безопасности; степень надёжности

**Sicherheitsfonds** m резервный фонд, страховой фонд

**Sicherheitsgrad** m степень точности *(проверки, наблюдения и т.п.)*, степень точности выборочной проверки, степень точности статистического наблюдения

**Sicherheitsgründe** m, pl соображения безопасности; соображения обеспечения надёжности производственного процесса

**Sicherheitsingenieur** m инженер по технике безопасности

**Sicherheitshinweise,** pl указания по безопасности (напр. при онлайновой работе с платёжной системой)

**Sicherheitsinspektion** f инспекция по технике безопасности *(бывш. ГДР)*

**Sicherheitsklausel** f оговорка, включаемая в договор в целях снижения определённых рисков

**Sicherheitsleistung** f поручительство, порука; обеспечение, гарантия; залог; *юр.* представление обеспечения *(в гражданском процессе)*; имущественное обеспечение

**Sicherheitsmarge** f степень безопасности *(в страховании)*

**Sicherheitsnachlass** m скидка со страховой премии за меры предосторожности, снижающие риск страховщика

**Sicherheitsnormen** *f pl* правила техники безопасности
**Sicherheitsorgan** *n* орган безопасности
**Sicherheitspfand** *n* залог *(в обеспечение долга)*
**Sicherheitsprüfung** *f* проверка надёжности, испытание надёжности
**Sicherheitsrat der UNO** Совет Безопасности ООН
**Sicherheitsschranke** *f* предел надёжности
**Sicherheitsstandard** *m* стандарт безопасности; *(обычно - мн.ч.)* стандарты безопасности
**Sicherheitssystem** *n* система безопасности; система обеспечения безопасности
**kollektives Sicherheitssystem** система коллективной безопасности
**regionales Sicherheitssystem** система региональной безопасности
**Sicherheitstechnik** *f* техника безопасности
**Sicherheitsvorlauf** *m* страховой запас; резервный запас; страховой задел *(на производстве)*
**Sicherheitsvorrat** *m* гарантийный запас, гарантийный резерв,; резервный запас, страховой запас
**Sicherheitsvorschriften** *f pl* правила техники безопасности
**Sicherheitswechsel** *m* вексель обеспечения; обеспечительский вексель; гарантированный вексель
**Sicherheitszahl** *f* коэффициент запаса прочности; коэффициент, надёжности
**sichern** *vt* обеспечивать, гарантировать; охранять; предохранять, защищать
**die Unabhängigkeit sichern** гарантировать независимость
**einen Vertrag sichern** обеспечить договор

**sicherstellen** *vt* обеспечивать, гарантировать
**sicherstellen** устанавливать; констатировать
**sicherstellen** конфисковывать, конфисковать
**einen Klageanspruch sicherstellen** обеспечить исковое требование
**Sicherstellung** *f* обеспечение; гарантия; резервирование
**Sicherstellung** *f юр.* предварительный арест *(имущества)*
**Sicherstellung einer Forderung** обеспечение требования
**Sicherstellung von Gegenständen** сохранение изъятых предметов
**Sicherstellung von Zollgut** *(предварительный)* арест таможенного груза
**materielle Sicherstellung** материальное обеспечение
**materielle Sicherstellung bei vorübergehender Arbeitsunfähigkeit** материальное обеспечение по временной нетрудоспособности
**polizeiliche Sicherstellung** полицейское обеспечение *(сохранности вещи или права)*
**strafprozessuale Sicherstellung** уголовно-процессуальное обеспечение *(сохранности вещи или права)*
**Sicherung** *f* обеспечение; гарантия; сохранение; сохранность
**dingliche Sicherung** вещное обеспечение
**materielle Sicherung** материальное обеспечение *(производства)*, обеспечение *(производства)* материальными ресурсами
**Sicherungsabtretung** *f* фидуциарная уступка; полная уступка прав или требований; цессия в обеспечение обязательства; уступка в обеспечение обязательства

**Sicherungseigentum** *n* собственность, переданная должником в обеспечение кредита; залоговое имущество; имущество, переданное должником кредитору в обеспечение долга
**Sicherungsfonds** *m* резервный фонд, страховой фонд
**Sicherungsgeber** *m* лицо, передающее часть своего имущества в качестве залога кредитору *(в обеспечение долга)*
**Sicherungsgeld** *n* денежный штраф, налагаемый на налогоплательщика в случае несоблюдения им условий уплаты налогов; штраф, налагаемый на налогоплательщика в случае нарушения условий уплаты налога
**Sicherungsgeschäft** *n* сделка, имеющая целью обеспечение требования кредитора; сделка в обеспечение требований кредитора
**Sicherungsgrundschuld** *f* долг, обеспеченный залогом недвижимости; обеспечительное обременение земельного участка
**Sicherungshaftbefehl** *m* приказ о предупредительном аресте для обеспечения сохранности; приказ о наложении ареста для обеспечения сохранности
**Sicherungshypothek** *f* обеспечительная ипотека
**Sicherungsmaßnahme** *f* мера безопасности
**Sicherungsmaßnahmen** *pl* меры безопасности (мн.ч.)
**Sicherungsnehmer** *m* лицо, которому передаётся право собственности *(в обеспечение долга)*; лицо, которому передаётся закладываемое имущество *(в обеспечение долга)*

**Sicherungsübereignung** f передача кредитору закладываемого имущества *(в обеспечение долга)*, передача кредитору права собственности *(в обеспечение долга);* обеспечительная передача собственности *(фидуциарная сделка передачи в собственность кредитору имущества, которое остаётся при этом в эксплуатации должника и возвращается при оплате долга)*

**Sicherungsverfahren** n способ предохранения; способ обеспечения сохранности

**Sicherungsvermögen** n имущество, переданное должником кредитору *(в качестве заклада при получении займа)*

**Sicherungsvorrat** m резервный запас, страховой запас

**Sicherungswechsel** m обеспечительный вексель

**Sicherungszession** f уступка в обеспечение обязательства; цессия в обеспечение обязательства

**Sicht** f срок
  **Sicht** срок предъявления к оплате денежного документа
  **Sicht** точка зрения
  **Sicht** перспектива
  **kurze Sicht** краткий срок
  **lange Sicht** долгий срок
  **auf lange Sicht** *(с расчётом)* на далёкое будущее; надолго; в течение продолжительного срока; долго
  **auf lange Sicht; l.S.** долгосрочный *(о векселе)*
  **auf Sicht** по предъявлении, прима-виста; по первому требованию
  **auf weite** *(с расчётом)* на далёкое будущее; надолго; в течение продолжительного срока; долго
  **aus dieser Sicht betrachtet** рассматривая с этих позиций
  *ein* **Plan auf lange Sicht** перспективный план
  **bei Sicht** по предъявлении *(пометка на векселе)*
  **nach Sicht; n.S.** по предъявлении
  **Wechsel auf kurze Sicht** краткосрочный вексель
  **Wechsel auf lange Sicht** долгосрочный вексель
  **Wechsel auf Sicht** вексель, подлежащий оплате по предъявлении; срочный вексель по предъявлении
  **zehn Tage nach Sicht** десять дней после предъявления *(векселя)*

**Sichtbarmachung** f выявление

**Sichtbarmachung unsichtbarer Schriften** восстановление невидимого текста *(выцветшего, вытравленного, смытого, подчищенного или нанесённого симпатическими чернилами)*

**Sichtdepositum** n депозит, подлежащий выдаче при первом требовании; депозит до востребования; вклад до востребования, бессрочный вклад

**Sichteinlage** f бессрочный вклад; вклад до востребования; текущий вклад; текущий счёт *(в банке)*
  **Sichteinlage** депозит до востребования

**Sichtguthaben** n бессрочный вклад; вклад до востребования

**Sichtkartei** f картотека с визуальным поиском
  **Alphabetsichtkartei** f алфавитная картотека

**Sichtkurs** m валютный курс краткосрочных кредитных орудий обращения *(напр., чеков)*

**Sichtschuldverschreibung** f долговое обязательство, подлежащее оплате по предъявлении; долговое обязательство на предъявителя; обязательство на предъявителя

**Sichttratte** f переводный вексель на предъявителя; тратта на предъявителя; предъявительская тратта

**sichtvermerkfrei** не требующий визы, без визы

**Sichtwechsel** m вексель на предъявителя; предъявительский вексель; вексель, подлежащий оплате по предъявлении

**Sichtwerbung** f визуальная реклама *(напр., афиши, плакаты, световая реклама);* наглядная агитация *(с помощью плакатов, диаграмм и т. п.)*

**Sichtzahlung** f платёж по предъявлении *(какого-л. документа)*

**"Sieben"** *(ист.)* "семёрка" (страны, входящие в Европейскую ассоциацию свободной торговли)

**Siebenjahrplan** m ист. семилетний план, семилетка

**Siedelei** f поселение

**Siedlung** f населённый пункт; посёлок, поселение
  **Siedlung** колония
  **aus Siedlung** 1. выселение 2. вывод *(вредных производств за пределы какой-л. территории)*
  **Feriensiedlung** f дачный посёлок; кемпинг
  **ländliche Siedlung** населённый пункт сельского типа, сельский населённый пункт; посёлок сельского типа
  **städtische Siedlung** населённый пункт городского типа; посёлок городского типа
  **stadtähnliche Siedlung; städtische Siedlung** посёлок городского типа; ПГТ; городское поселение

**Stadtrandsiedlung** f посёлок на окраине города

**Siedlungsabfälle** m pl 1. отходы населённых пунктов; коммунальные отходы; коммунально-бытовые отходы; городские бытовые отходы 2. твёрдые бытовые отходы, ТБО

**Siedlungsbau** *m* 1. поселковое строительство 2. дом в посёлке; постройка в посёлке

**Siedlungsbauten** *m pl* жилищное строительство

**Siedlungsbereich** *m* селитебная зона; зона жилой застройки; участок жилой застройки

**Siedlungsdichte** *f* плотность населённых пунктов; плотность заселения

**siedlungsfern** удалённый от населённых пунктов

**siedlungsfernes Erholungsgebiet** зона отдыха вне населённого пункта

**siedlungsfernes Gebiet** район, удалённый от населённых пунктов

**Siedlungsfläche** *f* земельная площадь, занятая под населённые пункты

**Siedlungsfunktion** *f* функция населённого пункта, функция посёлка

**Siedlungsgebiet** *n* район поселения; район заселения; район поселкового строительства

**Siedlungsgenossenschaft** *f* товарищество по строительству посёлков

**Siedlungsgeographie** *f* география населённых пунктов

**Siedlungsgröße** *f* величина населённого пункта, величина посёлка

**Siedlungskomplex** *m* комплекс населённых пунктов

**Siedlungskredit** *m* кредит для новых поселенцев

**Siedlungsnetz** *n* сеть населённых пунктов

**Siedlungsökologie** *f* экология населённых мест; экология селитебных территорий

**Siedlungsstruktur** *f* структура населённых пунктов

**Siedlungssystem** *n* система населённых пунктов

**Siegerbetrieb** *m* предприятие, вышедшее победителем в соревновании; завод-победитель *(в соревновании)*

**sign., signatum** подписано

**Signatarstaat** *m* государство, подписавшее договор; государство-сигнатарий

**Signatur** *f* подпись; сигнатура; ярлык

**signieren** *vt* подписывать; делать надпись, наклеивать ярлык, маркировать

**Signierung** *f* подписание *(документа)*; клеймение; маркировка *(упаковки экспортных отправлений)*; *стат.* кодирование, шифровка

**Signifikanz** *f* значимость, важность, значительность; значение, смысл

**Signifikanz des Unterschieds** *стат.* достоверность существенного различия

**Signifikanzniveau** *n* уровень значимости

**Signifikanzprüfung** *f* проверка значимости

**Signifikanztest** *m* критерий значимости; *стат.* критерий существенности

**Signifikanztest für Differenzen** *стат.* критерий существенности различия

**Silberpunkte** *m, pl бирж.* серебряные точки

**Silberwährung** *f* серебряная валюта

**Silberwährung monometallistische** серебряный монометаллизм

**SIMEX, Singapore International Monetary Exchange** Сингапурская международная финансовая биржа

**Simplexkriterium** *n* симплексный критерий

**Simplexmethode** *f* симплексный метод, симплекс-метод

**Simplexverfahren** *n* симплексный метод, симплекс-метод

**Simulation** *f* имитация, имитационное моделирование

**Simulationsbetrieb** *m* моделируемое предприятие, имитируемое предприятие

**simulieren** *vt* воспроизводить, моделировать

**Simultaneität** *f* синхронность, одновременность; общность

**Simultangründung** *f* учреждение акционерного общества, форма учреждения акционерного общества *(при которой учредители полностью распределяют между собой акции)*; одновременное учреждение

**Simultanität** *f* синхронность; одновременность; общность

**Simultanprognose** *f* множественный прогноз

**single tax** *англ.* "единственный налог" *(по учению физиократов)*; единый земельный налог *(в США)*

**Singularversicherung** *f* индивидуальное страхование

**Sinken** *n* понижение

**tendenzielles Sinken** тенденция к понижению

**sinken** *vi* падать, понижаться, снижаться; уменьшаться; ослабевать; идти на убыль

**SIT, Tolar - Slowenien** Толар - Словения

**SITC, Standard International Trade Classification** Международная стандартная торговая классификация, МСТК

**Sitten** *pl* 1. нравы; обычаи 2. поведение

**gute Sitten** общепринятые нормы; общепринятые моральные нормы

**sittenlos** аморальный, безнравственный

**sittenwidrig** 1. противоречащий общепринятым нормам 2. аморальный, безнравственный

**sittenwidrige Anlockung** *f* аморальная морали реклама; реклама, противоречащая морали; противоречащая нормам морали реклама

**sittenwidrige Handlung** аморальный поступок, безнравственный поступок

**sittenwidrige Schädigung** нарушение общепринятых норм

**Situation** *f* ситуация

**Situation auf dem Markt** ситуация на рынке

**strategische Situation** *f* стратегическая ситуация

**situationsbedingt** ситуационно обусловленный

**Sitz** *m* местонахождение, местопребывание

**Sitz** местожительство; постоянный адрес проживания физического лица

**Sitz; Standort der Zentrale** резиденция; штаб-квартира; главный офис (международной организации)

**Sitz einer juristischen Person** местонахождение юридического лица

**Sitz einer juristischen Person; juristische Adresse einer juristischen Person** юридический адрес *(фирмы)*

**Sitz der Regierung** резиденция правительства

**Sitz der Verwaltung** местонахождение правления; местонахождение управляющего органа; местонахождение органа управления

**Sitz des nationalen Greenpeacebüros in Deutschland** штаб-квартира Национального отделения "Гринпис" в Германии

**Sitzgesellschaften** *f, pl* акционерные общества, являющиеся лишь юридически фирмами данной страны

**Sitzkassa f, Sitzkasse (österr.)** касса (касса в кафе, кафетерии и т.п. с постоянно находящимся за ней кассиром)

**Sitzkassierin f (österr.)** женщина-кассир, (разг.) кассирша (в кафе, постоянно находящаяся за кассой)

**Sitzstaat** *m* государство местонахождения *(напр., международной организации)*

**Sitzstreik** *m* сидячая забастовка

**SK:**

**SK, Selbstkosten** себестоимость

**SK, Slowakei** Словакия

**Skadenz** *f* наступление срока платежа

**Skala** *f* шкала; градация, последовательность

**Skala der Tarifkoeffizienten** шкала тарифных коэффициентов

**bewegliche Skala** подвижная шкала, скользящая шкала

**Skaleneffekt** *m* эффект масштаба *(экономия на массовости производства)*

**Skin-Packung** *f* прозрачная упаковка, плотно облегающая упакованный товар

**SKK, Slowakische Krone, - Slowakei** Словацкая крона, - Словакия

**Sklavenarbeit** *f* рабский труд

**Sklavenbesitz** *m* рабовладение

**Sklavenhaltergesellschaft** *f* рабовладельческое общество

**Sklavenhalterordnung** *f* рабовладельческий строй

**Sklavenhalterstaat** *m* рабовладельческое государство

**Sklavenwirtschaft** *f* рабовладельческое хозяйство

**Skonto** *m n* сконто *(скидка при платеже наличными или до срока)*

**Skontration** *f* клиринг, зачёт взаимных требований

**Skontro** *n* клиринг, зачёт взаимных требований

**Skontro** инвентарная книга; учётная книга поступающих и проданных товаров

**Skrip** *m* талон, ордер; предварительное свидетельство на акцию, предварительное свидетельство на облигацию, временная акция; временная облигация; скрипс

**SKS, Ständige Kommission für Standardisierung beim RGW** Постоянная комиссия *бывш.* СЭВ по стандартизации

**SKV, Schweizerischer Kaufmännischer Verein** Союз швейцарских коммерсантов

**SLA, Schweizerische Landwirtschaftsausstellung** Швейцарская сельскохозяйственная выставка

**Slip** *m* англ. талон, бланк *(в виде узкой полоски бумаги)*; чек

**Slogan** *m* англ. рекламный девиз

**Slump** *m* англ. бирж. внезапное падение цен, внезапное падение спроса; внезапное падение курсов ценных бумаг

**SM, San Marino** Сан Марино

**SMA, Sowjetische Militäradministration, (in Deutschland)** *ист.* Советская военная администрация в Германии, СВАГ, СВА *(1945-1949 гг.)*

**SMAD, Sowjetische Militäradministration, (in Deutschland)** *ист.* Советская военная администрация в Германии, СВАГ, СВА *(1945-1949 гг.)*

**small business** *амер.* мелкий бизнес; мелкие и средние предприятия

**SMI, Swiss Market Index** швейцарский биржевой индекс

**SMPS, Abkommen über den internationalen Eisenbahnpersonenverkehr, (der sozialistischen Länder)** Соглашение о международном пассажирском сообщении, СМПС (бывш. социалистических стран)

**SN, Seenutzfläche** площадь озера, пригодная для разведения рыбы

**SNB:**

**SNB, Schweizerische Nationalbank** Национальный банк Швейцарии

**SNB, Schweizerische Nationalbank** Швейцарский национальный банк

**SO, Somalia** Сомали

**social benefits** *англ.* общественная выгода *(обеспечиваемая, напр., функционированием общественных учреждений)*

**social wants** *англ.* общественная потребность

**Sockelbetrag** *m* цокольная сумма *(оговариваемая в тарифном соглашении дополнительно к общему повышению зарплаты, выплачивается в одинаковом размере всем работникам; направлена на ограничение различий между зарплатой рабочих и окладом служащих)*

**Sockeldeckung** *f* "цокольное" покрытие *(низкая сумма обращающихся банкнот не покрывается золотым резервом, но каждая последующая эмиссия обеспечивается золотым покрытием)*, см. Geldkernwdhrung

**Sofortakzept** *n* немедленный акцепт

**Sofortbezahlung** *f* немедленная оплата, немедленный платёж

**Sofortbezahlungsverfahren** *n* инкассо с последующим акцептом; метод немедленной оплаты

**Sofortbuchhaltung** *f* *бухг.* метод учёта с немедленной записью произведённых операций в лицевых счетах, немедленная запись *(отражение)* поступившей информации в системах бухгалтерских счетов

**Sofortgeschäft** *n* *бирж.* сделка на наличный товар; сделка с немедленной поставкой товара; кассовая сделка

**Soforthilfe** *f* неотложная материальная помощь; внеочередное единовременное пособие

**Sofortinkasso** *n* инкассо с последующим акцептом

**Sofortlieferung** *f* срочная поставка, немедленная поставка

**Sofortmaßnahme** *f* срочная мера

**Sofortprogramm** *n* программа проведения срочных мероприятий, программа проведения неотложных мероприятий

**Sofortrabatt** *m* скидка, предоставляемая немедленно (при покупке)

**Sofortwirkung** *f* немедленное вступление в силу

**Sofortzahlung** *f* немедленная оплата, немедленный платёж

**Software** *f* *англ.* программное обеспечение, средства программирования

**Solaklausel** *f* упоминание в тексте векселя о том, что данный вексель выставлен в одном экземпляре, оговорка о выставлении векселя в одном экземпляре

**Solarenergie** *f* солнечная энергия

**Solawechsel** *m* соло-вексель, простой вексель *(выставитель сам обязуется уплатить долг)*

**Solidarbürge** *m* солидарный поручитель

**Solidarbürgschaft** *f* солидарное поручительство

**Solidarhaftung** *f* солидарная ответственность

**solidarisch** солидарный

**Solidaritätsrat der afro-asiatischen Völker** Совет солидарности народов Африки и Азии

**Solidaritätsstreik** *m* забастовка *(в знак)* солидарности

**Solidarverpflichtung** *f* солидарное обязательство, корреальное обязательство

**Solidarzoll** *m* солидарная пошлина

**Soll** *n* дебет, дебет счёта; смета; норма; *(плановое)* задание

**Soll und Haben** *n* дебет и кредит, приход и расход

**im Soll buchen** заносить в дебет *(счёта)*

**ins Soll eintragen** заносить в дебет

**Soll-Betrag** *m* запланированная сумма

**Soll-Buchung** *f* занесение в дебет *(счёта)*

**Soll-Ist-Vergleich** *m* сравнение плановых показателей с фактическими, сопоставление плановых показателей с фактическими

**Soll-Ist-Vergleich der Produktionskosten** сопоставление плановых и фактических издержек производства

**Soll-Prinzip-Abrechnung** *f* принцип расчёта нормативных показателей; расчёт товарооборота на основе ожидаемого поступления товаров

**Sollbestand** *m* *бухг.* дебетовое сальдо, остаток по дебету; плановое наличие

**Sollbuchung** *f* запись в дебет, занесение в дебет *(счёта)*

**Solleinnahme** *f* *бухг.* запланированный доход; плановое поступление, плановые поступления

**Sollerfüllung** f выполнение плана; *с.-х.* выполнение обязательных поставок

**Solletat** m проект бюджета

**Sollgröße** f номинальный размер

**Sollkaufmann** m кандидат *(при оформлении прав на предпринимательскую деятельность; по закону становится коммерсантом только после регистрации в Торговом реестре)*

**Sollkonto** n *бухг.* активный счёт, дебетовый счёт

**Sollkosten** pl плановые издержки, плановые расходы, плановые затраты; номинальные затраты; предельно допустимые расходы

**Sollkostenrechnung** f расчёт плановых издержек; расчёт предельно допустимых затрат

**Sollmenge** f плановое количество, заданное количество; номинальное количество

**Sollsaldo** m дебетовое сальдо, положительное сальдо, активное сальдо

**Sollseite** f *бухг.* дебетовая *(левая)* сторона счёта, дебетовая сторона, дебет

**Sollselbstkosten** pl плановая себестоимость, заданная *(предельно допустимая)* себестоимость

**Sollspanne** f допустимая разница; скалькулированная торговая накидка

**Sollüberschuss** m намеченное превышение бюджетных доходов над расходами; плановый остаток

**Sollumsatz** m плановый оборот, намеченный оборот; дебетовый оборот, оборот по дебету

**Sollversteuerung** f начисление налога с оборота на основе согласованного *(а не фактического)* эквивалента затрат, обложение налогом согласованного, но ещё не полученного вознаграждения

**Sollwert** m заданное значение, задаваемое значение, заданный показатель, задаваемый показатель; номинальное значение; номинальная стоимость

**Sollzahl** f плановая цифра; плановое количество

**Sollzeit** f время, потребное по плану для выполнения производственной операции

**Sollzinsabkommen** n соглашение о процентах по кредиту

**Sollzinsen** m pl процентные доходы, проводимые по дебетовым счетам, проценты, получаемые кредитором

**solvent** платёжеспособный, состоятельный

**Solvenz** f платёжеспособность, состоятельность

**Sommerpreise** m, pl летние *(сезонные)* цены

**SommerSchlussverkauf** m осенняя распродажа, распродажа в конце летнего сезона

**Sonder-Ausfuhrerklärung** f специальная экспортная декларация, особая экспортная декларация

**Sonderabschreibungen** f, pl амортизационные отчисления специального назначения

**Sonderanfertigung** f специальное исполнение *(напр., по заказу)*

**Sonderangebot** n особое предложение, специальное предложение, экстренное предложение *(напр., товара по сниженным ценам)*

**Sonderanweisung** f специальная инструкция

**Sonderaufschlag** m специальная наценка

**Sonderauftrag** m специальный заказ

**Sonderausführung** f специальное исполнение *(напр., по заказу)*

**Sonderausgaben** f pl специальные расходы, особые расходы; расходы налогоплательщика, вычитаемые из облагаемого дохода

**steuerliche Sonderausgaben** *(отдельные)* виды расходов, которые не учитываются при определении величины подоходного налога

**Sonderaustauschgeschäft** n товарообменные операции между государствами, осуществляемые в рамках торговых соглашений при условии расчётов в свободно конвертируемой валюте

**Sonderbankkonto** n особый банковский счёт, специальный банковский счёт, специальный счёт в банке

**Sonderbedingung** f особое условие

**Sonderbedingung für die Einlösung von Rechnungen** особый порядок оплаты счетов

**Sonderbereitstellung** f специальное ассигнование, непредвиденное ассигнование

**Sonderbesteuerung** f особое обложение, особое налогообложение

**Sonderbetrieb** m специальное предприятие; предприятие особого назначения

**Sonderbezeichnung** f специальное обозначение, специальная маркировка

**Sonderbilanzen** f, pl балансы, составляемые по особому случаю *(напр., при ликвидации или слиянии предприятий)*

**Sonderbudget** n специальный бюджет

**Sonderdepot** n специальное хранение, отдельное хранение *(ценных бумаг или другого имущества клиента)*

**Sondereinsatz** m, **freiwilliger** субботник; воскресник

**Sondereinzelkosten,** *pl* **der Fertigung** особые издержки производства, специальные издержки производства

**Sondererhebung** *f стат.* специальная перепись

**Sonderfertigung** *f* специальное исполнение *(напр., по заказу)*

**Sonderfinanzausgleich** *m* специальная балансовая увязка государственного бюджета *(бывш. ГДР)*

**Sonderfonds** *m* особый фонд *(предприятия),* специальный фонд *(предприятия) (для финансирования различных мероприятий)*

**Sonderfonds der Vereinten Nationen für wirtschaftliche Entwicklung** Специальный фонд ООН *(по финансированию экономического развития слаборазвитых стран)*

**Sonderfrist** *f* особый срок, льготный срок

**Sondergehalt** *n* персональный оклад

**Sondergemeinkosten,** *pl* специальные накладные расходы, дополнительные накладные расходы

**Sonderhaushalt** *m* специальный бюджет

**Sonderkalkulation** *f* (специальная) калькуляция целевого назначения

**Sonderkonkurs** *m* конкурсное производство, охватывающее не всё имущество несостоятельного должника, а лишь часть его

**Sonderkonkurs** форма конкурсного производства *(охватывающая не всё имущество несостоятельного должника, а лишь часть его)*

**Sonderkonten** *n, pl* **der Wirtschaft** особые *(банковские)* счета народного предприятия *(в бывш. ГДР)*

**Sonderkontrolle** *f* специальный контроль

**Sonderkosten,** *pl* специальные расходы, особые расходы, специальные затраты, особые затраты

**Sonderkredit** *m* дополнительный кредит на цели финансирования внеплановых оборотных средств *(бывш. ГДР)*

**Sonderkreditkonto** *n* специальный ссудный счёт

**Sonderkurs** *m* особый курс, льготный курс

**Sonderlohnfonds** *m* специальный фонд заработной платы, особый фонд заработной платы

**Sondernachlass** *m* специальная скидка, особая скидка

**Sonderpreis** *m* (временная) льготная цена *(напр., при распродажах)*

**Sonderprovision** *f* дополнительная комиссия

**Sonderprüfung** *f* специальная ревизия, внеочередная ревизия

**Sonderrabatt** *m* специальная скидка, особая скидка

**Sonderrecht** *n* преимущественное право, привилегия; приоритет; особое право

**Sonderschicht** *f* специальная вахта *(на предприятии)* в честь *какого-л.* события, вахта для выполнения специального задания

**Sondersteuer** *f* специальный налог

**Sondertarif** *m* особый тариф, специальный тариф

**zu Sondertarif befördern** транспортировать по льготному тарифу

**Sonderumsatzsteuer** *f* специальный налог с оборота

**Sonderurlaub** *m* внеочередной отпуск

**Sonderveranstaltungen** *f, pl* специальные мероприятия в области внутренней торговли, направленные на ускорение товарооборота

**Sonderverkauf** *m* продажа товаров по сниженным ценам, распродажа товаров по сниженным ценам; продажа уценённых товаров, распродажа уцененных товаров

**Sondervertrag** *m* специальный договор, особый договор

**Sonderverwahrkonto** *n* специальный текущий счёт для хранения депозитов бюджетных учреждений

**Sonderverwahrung** *f* специальное хранение, отдельное хранение *(ценных бумаг или другого имущества клиента)*

**Sondervollmacht** *f* особые полномочия; специальная доверенность

**Sonderziehungsrechte** *n, pl;* *(eng.)* **SZR, special drawing rights** специальные права заимствования СДП *(расчётные денежные единицы, используемые в рамках Международного валютного фонда),* специальные права на получение валюты в Международном валютном фонде

**Sonderzuteilung** *f* дополнительная норма выдачи

**Sonderzuwendung** *f* дополнительная *(единовременная)* выплата *(напр., пособия);* дополнительная субсидия

**Sonn- und Feiertagsarbeit** *f* работа в воскресные и праздничные дни

**Sonnenfleckentheorie** *f* теория солнечных пятен *(буржуазная теория, объясняющая периодичность колебаний конъюнктуры влиянием солнечных пятен)*

**Sonntagsarbeit** f работа в воскресные дни
**Sonntagsschicht** f, **freiwillige** воскресник
**Sorgfaltspflicht** f обязанность тщательно соблюдать интересы торгового партнёра
**Sorte** f сорт; тип
  **Sorten** f, pl сорта
  **ertragreiche Sorte** урожайный сорт
  **feinste Sorten** лучшие сорта, отборный товар
  **fiktive Sorte** условный сорт (*как носитель затрат*)
  **gängige Sorte** ходовой сорт
  **geringste Sorte** худший сорт
**Sorten** f, pl иностранная валюта (*в форме наличных денег*), инвалюта (*в виде монет, банкнот и купонов ценных бумаг*),
**Sortenarbitrage** f валютный арбитраж (*спекулятивная сделка с иностранной валютой*)
**sortenecht** чистосортный
**Sortenfertigung** f производство продукции широкого ассортимента
**Sortengeschäft** n инвалютная операция (*обмен инвалюты, покупка монет и др.*), сделка на наличную иностранную валюту; обмен иностранной валюты; меняльная лавка; торговля (*наличной*) иностранной валютой
**Sortenhandel** m бирж. торговля (*наличной*) иностранной валютой
**Sortenkalkulation** f калькуляция изделий в зависимости от сорта
**Sortenkurs** m бирж. курс иностранной валюты
**Sortenpreis** m цена по сортам, цена, дифференцированная по сортам

**Sortenproduktion** f производство продукции широкого ассортимента
**Sortenrechnung** f калькуляция изделий в зависимости от сорта
**Sortenschalter** m окошко (*в банке*) для обмена иностранной валюты
**Sortenumrechnungssatz** m перерасчётная ставка иностранной валюты, перерасчётный курс иностранной валюты
**Sortenverzeichnis** n ассортиментный перечень товаров
**Sortenwechselkosten,** pl расходы, связанные с изменением ассортимента выпускаемой продукции, затраты, связанные с изменением ассортимента выпускаемой продукции, издержки, связанные с изменением ассортимента выпускаемой продукции
**Sortenzettel** m бирж. бюллетень курсов иностранной валюты
**Sortiertechnik** f методы и технические приёмы сортировки (*оргтехника*)
**Sortierung** f сортировка
**Sortiment** n ассортимент; сортимент, сортамент; товарный склад
  **breites Sortiment** широкий ассортимент
  **gemischtes Sortiment** смешанный ассортимент
  **handelstypisches Sortiment** стандартный ассортимент; стандартный торговый ассортимент
  **reichhaltiges Sortiment** широкий ассортимент
  **dem Sortiment entsprechend** согласно ассортименту, по ассортименту
**Sortimentierung** f определение ассортимента продукции

**Sortimentsänderung** f изменение ассортимента
**Sortimentsänderungsnachweis** m информация оптовых торговых организаций об изменении ассортимента
**Sortimentsaustausch** m торговый обмен потребительскими товарами между бывшими странами социалистического содружества
**Sortimentsbegrenzung** f ограничение ассортимента
**Sortimentsbereinigung** f "очистка" ассортимента, упорядочение ассортимента
**Sortimentsbilanz** f ассортиментный баланс (*продукции*)
**Sortimentsbildung** f формирование ассортимента (*отвечающего спросу*)
**Sortimentsbreite** f широта ассортимента
**Sortimentsbuchhandlung** f розничная продажа книг; книжный магазин (*розничной торговли*), торгующий книгами разных издательств
**Sortimentseinteilung** f каталогизация ассортимента
**Sortimentsergänzung** f пополнение ассортимента
**Sortimentserweiterung** f расширение ассортимента
**Sortimentsfestlegung** f определение ассортимента
**sortimentsgemäß** соответствующий ассортименту; по ассортименту, соответственно ассортименту
**sortimentsgerecht** соответствующий ассортименту; по ассортименту, соответственно ассортименту
**Sortimentsgroßhandel** m торговля средствами производства; оптовая торговля товарами широкого ассортимента, оптовая торговля потребительскими товарами

**Sortimentsgruppe** f ассортиментная группа

**Sortimentskennziffer** f ассортиментный показатель

**Sortimentskontrolle** f контроль за ассортиментом

**Sortimentsliste** f ассортиментный список

**Sortimentsminimum** n ассортиментный минимум

**Sortimentsplanerfüllung** f выполнение плана по ассортименту

**Sortimentsprofilierung** f профилирование ассортимента

**Sortimentssatz** m ассортиментный набор

**Sortimentsstruktur** f структура товарного ассортимента

**Sortimentstechnologie** f технология производства, обуславливаемая ассортиментом продукции

**Sortimentstiefe** f полнота ассортимента

**Sortimentsverengung** f сужение ассортимента

**Sortimentsverschiebung** f ассортиментный сдвиг, изменение ассортимента продукции

**SOS, Somalia-Schilling, - Somalia** Сомалийский шиллинг, - Сомали

**Sotortwirkung** f немедленное вступление в силу

**Sowjetische Kontrollkommission, (in Deutschland)** ист. Советская контрольная комиссия (в Германии), СКК

**Sowjetische Militäradministration in Deutschland** ист. Советская военная администрация в Германии, СВАГ

**Sozialabgaben** f, pl социальные отчисления, расходы на социальные нужды; расходы (предпринимателя) по социальному страхованию

**Sozialbeiträge** m, pl отчисления на социальное страхование

**Sozialbericht** m раздел отчёта о деятельности предприятия, содержащий данные социального характера (напр., численность занятых, половозрастная и профессиональная структура занятости, расходы на заработную плату)

**Sozialbrache** f земли, пустующие по причинам социального характера (напр., уход крестьян на заработки в город)

**Sozialbudget** n расходы бюджета на социальные нужды

**Sozialdemokratische Partei Deutschlands** Социал-демократическая партия Германии, СДПГ (ФРГ)

**Sozialeinrichtung** f учреждение (организация) системы социального обеспечения

**Sozialfonds** m общественный фонд (сельскохозяйственного производственного кооператива в бывш. ГДР); фонд социально-культурных мероприятий (на предприятиях)

**Sozialforschung** f социальное исследование

**Sozialfürsorge** f социальное обеспечение

**Sozialgeographie** f социальная география

**Sozialgesetzgebung** f социальное законодательство

**Sozialhaushalt** m расходы бюджета на социальные нужды

**Sozialinvestitionen** f pl инвестиции на социальные нужды (со стороны государства или местных властей)

**sozialisieren** vt обобществлять

**Sozialismus** m социализм
  **demokratischer Sozialismus** демократический социализм
  **kleinbürgerlicher Sozialismus** мелкобуржуазный социализм
  **utopischer Sozialismus** утопический социализм
  **wissenschaftlicher Sozialismus** научный социализм

**Sozialistische Einheitspartei Deutschlands** Социалистическая единая партия Германии, СЕПГ (бывш. ГДР)

**Sozialistische Einheitspartei Westberlins** Социалистическая единая партия Западного Берлина, СЕП Западного Берлина

**Sozialistische Partei Österreichs** Социалистическая партия Австрии, СПА

**Sozialkapital** n социальный капитал (активы, принадлежащие публично-правовым учреждениям; часть активов фирмы, служащая основой накопления для финансирования пенсионных отчислений и выходных пособий)

**Sozialkapital** общественный капитал

**Sozialkosten,** pl расходы по социальному страхованию
  **wissenschaftlicher Sozialkosten** добровольные отчисления (предприятия) по социальному страхованию
  **gesetzliche Sozialkosten** отчисления (предприятия) по социальному страхованию, предусмотренные законом, отчисления (предприятия) по социальному страхованию, предусмотренные тарифным соглашением

**Soziallasten** f социальное бремя, бремя социальных расходов

**Soziallasten** f, pl социальное бремя, бремя социальных расходов

**Sozialleistungen** f pl услуги социального характера, предоставляемые государством и публично-правовыми организациями; социальные выплаты (производятся предпринимателем в дополнение к основной зарплате)

**Soziallohn** *m* заработная плата, выплачиваемая с учётом социальных факторов *(напр., семейное положение)*, социальная заработная плата *(финансовая помощь семье)*

**Sozialökonomie** *f* политическая экономия

**sozialökonomisch** социально-экономический

**Sozialordnung** *f* общественный строй

**Sozialorganisation** *f* социальная организация, общественная организация

**Sozialpartner** *m* "социальный партнёр"

**Sozialpartnerschaft** *f* социальное партнёрство *(обычно имеется в виду стремление к разрешению конфликтов между работодателем и работающим путём переговоров и компромиссов)*

**Sozialpflichtversicherung** *f* обязательное социальное страхование

**Sozialplan** *m* социальный план *(предусматривает мероприятия по охране труда, а также уменьшение других неблагоприятных последствий для работающих)*

**Sozialpolitik** *f* социальная политика *(стремление государства и других организаций улучшить социальное положение сравнительно менее обеспеченных слоёв населения; научная дисциплина, исследующая формы и методы социального регулирования)*

**sozialpolitisch** социально-политический

**Sozialprodukt** *n* общественный продукт, валовой продукт общественного производства *(совокупность произведённых товаров и услуг, исключая собственное потребление предприятий)*

**Sozialprogramm** *n* программа социальных мероприятий

**Sozialquote** *f* социальная квота, квота социальных выплат *(доля социальных выплат в валовом национальном продукте)*

**sozialrechtlich** социально-правовой

**Sozialreform** *f* социальная реформа

**Sozialrente** *f* государственная пенсия

**Sozialschicht** *f* социальная прослойка

**Sozialstaat** *m* социальное государство *(демократическое правовое государство, обеспечивающее материальную поддержку социальных слоёв с низкими доходами)*

**Sozialstatistik** *f* социальная статистика, социально-экономическая статистика

**Sozialstruktur** *f* социально-экономическая структура, социальная структура

**Sozialtarife** *m, pl* ж.-д. льготные тарифы для определённых категорий пассажиров *(напр., для живущих далеко от места работы)*

**Sozialversicherung** *f* социальное страхование

**Sozialversicherungsbeiträge** *m, pl* отчисления на социальное страхование

**sozialversicherungsbeitragsfrei** свободный от отчислений на социальное страхование

**sozialversicherungspflichtig** обязанный делать взносы в фонд социального страхования

**Sozialversicherungsrente** *f* пенсия из фонда социального страхования

**Sozialversorgung** *f* социальное обеспечение

**Sozialwesen** *n* социальное обеспечение; система социального обеспечения

**Sozialwirtschaft** *f* "общественное" хозяйство

**sozialwirtschaftlich** общественно-экономический, социально-экономический

**Sozialwirtschaftslehre** *f* социально-экономическое учение

**soziieren** *vt* объединять; делать компаньоном, делать участником

**sozio-** социо-

**Soziogramm** *n* социограмма

**Soziographie** *f* социография

**soziographisch** социографический

**Soziologie** *f* социология

**Soziometrie** *f* социометрия

**Soziometrik** *f* социометрия

**soziometrisch** социометрический

**Sozius** *m* компаньон, участник, соучастник; товарищ

**Soz.V., Sozialversicherung** социальное страхование

**S.p.A., Societa per Azioni** акционерное общество

**Spalte** *f* колонка; столбец; графа *(таблицы)*, рубрика

**Spaltenaddition** *f* суммирование по графе

**Spaltenfeld** *n* стат. позиция столбца

**Spaltenmatrix** *f* матрица-столбец

**Spaltensumme** *f* стат. итог по графе

**Spaltensummenverfahren** *n* стат. метод суммированного разделения

**Spanndienst** *m* ист. гужевая повинность

**Spanne** *f* промежуток, диапазон; разница; торговая накидка

**gebundene Spanne** торговая накидка, которую предприятие должно применять в обязательном порядке *(напр., в силу договора или правительственных распоряжений)*

**Spannungskurs** *m* диапазонный курс во внебиржевом обороте *(напр., 115% - спрос, 118% - предложение)*

**Spannweite** *f* стат. размах вариации

**Spannweitenmitte** *f* стат. середина размаха

**Spar- und Darlehenskasse** *f* ссудосберегательная касса

**Sparanlage** *f* вложение сбережений, вложение накоплений, помещение накоплений на сберегательную книжку, помещение накоплений в ценные бумаги

**Sparanteil** *m* доля сбережений

**Sparbank** *f* сберегательная касса

**Sparbeitrag** *m* страховой взнос *(как форма долгосрочных сбережений)*

**Sparbetrag** *m* сумма сбережений, сумма сберегательного вклада

**Sparbuch** *n* сберегательная книжка

**Spardepositen** *n, pl* сберегательные вклады

**Spareinlage** *f* сберегательный вклад, вклад *(в сберегательную кассу)*
  **bedingte Spareinlage** условный сберегательный вклад
  **befristete Spareinlage** срочный сберегательный вклад
  **feste Spareinlage** срочный сберегательный вклад
  **jederzeit rückzahlbare Spareinlage** бессрочный сберегательный вклад

**Sparen** *n* накопление *(денег)*; бережливое расходование, экономное расходование *(материальных ценностей, денег)*; хранение денег в сберегательной кассе
  **Sparen mit täglicher Verfügungsmöglichkeit** бессрочное хранение сбережений
  **Sparen mit vereinbarter Kündigungsfrist oder Laufzeit** хранение сбережений в течение обусловленного срока
  **liquides Sparen** образование ликвидных сбережений
  **nichtliquides Sparen** образование неликвидных сбережений

**sparen** *vt* копить, откладывать *(деньги)*; беречь, экономить

**Sparer** *m* вкладчик *(сберегательной кассы)*

**Sparerschaden** *m* ущерб, нанесённый владельцам сбережений валютной реформой

**Sparförderung** *f* содействие накоплению, стимулирование накопления

**Sparform** *f* форма хранения сбережений; форма накопления; способ накопления

**Sparformen** *f pl* формы хранения сбережений
  **risikofreie Sparform** безрисковая форма накопления; безрисковый способ накопления

**Sparfreudigkeit** *f* готовность *(населения)* хранить деньги в сберегательных кассах

**Spargeld** *n* вклад на сберегательном счету

**Spargelder** *n, pl* сумма вкладов на сберегательных счетах, сбережения

**Spargirokonto** *n* жиросчёт, переводно-чековый счёт *(в системе сберегательных касс)*

**Spargiroverkehr** *m* жирорасчёт, жирорасчёт в системе сберегательных касс

**Spargroschen** *m* сбережения на чёрный день

**Sparguthaben** *n* вклад в сберегательную кассу; текущий счёт в сберегательной кассе; сбережения

**Sparguthaben** *n* сберегательный вклад; авуары банка, созданные на базе сберегательных вкладов

**Sparguthaben der Versicherten** резерв для покрытия притязаний страхователей жизни *(образуется из взносов страхователей)*

**festes Sparguthaben** срочный сберегательный вклад

**Sparhang** *m* склонность *(населения)* к накоплению

**Sparhaushalt** *m* бюджет, составленный с учётом проводимого режима экономии средств

**Sparheft** *n* сберегательная книжка

**Sparinstitution** *f* учреждение, в котором можно хранить деньги

**Sparkarte** *f* карточка для наклейки марок сберегательной кассы

**Sparkasse** *f* сберегательная касса

**Sparkassen- und Giroverbände** *m, pl* Объединения союзов сберегательных касс и жироцентров *(ФРГ)*

**Sparkassenbuch** *n* сберегательная книжка

**Sparkasseneinlage** *f* сберегательный вклад, вклад *(в сберегательную кассу)*

**Sparkassenfonds** *m* фонд сберегательных касс

**Sparkassensatzung** *f* устав сберегательных касс, положение о сберегательных кассах

**Sparkonto** *n* сберегательный счёт, *(лицевой)* счёт в сберегательной кассе

**Sparkunde** *m* вкладчик

**Sparleistung** *f* взнос вкладчика в сберегательную кассу; сумма сбережений вкладчика

**Sparmarke** *f* марка сберегательной кассы

**Sparmittel** *n* средство образования сокровищ, средство накопления *(функция денег)*

**Sparneigung** *f* склонность *(населения)* к накоплению

**Sparprämien** *f, pl* премия, выплачиваемая активным вкладчикам; выигрыш *(по выигрышным сберегательным вкладам)*

**Sparprogramm** *n* программа режима экономии

**Sparprozess** *m* процесс образования капиталов путём создания сбережений

**Sparquote** *f* доля дохода, накапливаемая в качестве сбережений *(в рамках индивидуального бюджета или всей национальной экономики)*, часть дохода, идущая на вклады

**Sparrate** f норма сбережений

**Sparregime** n режим экономии

**sparsam** бережливый, расчётливый, экономный; хозяйственный

**Sparsamkeit** f бережливость, расчётливость, экономность; хозяйственность

**Sparsamkeitsprämie** f премия за экономию *(напр., материалов)*

**Sparsamkeitsprinzip** n принцип режима экономии

**Sparsamkeitsregime** n режим экономии

**Spartätigkeit** f помещение населением денег на вклады в сберегательных кассах

**Sparte** f отрасль *(напр., промышленности)*; отдел; подразделение *(напр., предприятия)*; область *(напр., специализации)*; раздел *(напр., науки)*

**Spartheorie** f теория сбережений

**Sparverein** m общество взаимного кредита

**Sparverkehr** m оборот сберегательной кассы; сберегательные операции

**Sparvertrag** m договор с учреждением, хранящим сберегательные вклады, об их использовании

**Sparvorgang**, процесс образования капиталов путём создания сбережений

**Sparzins** m процент по сберегательным вкладам

**Sparzinsen** m, pl проценты, выплачиваемые по вкладам

**Spätkapitalismus** m поздний капитализм

**spätkapitalistisch** относящийся к позднему капитализму

**Spätverkaufsstelle** f дежурный магазин

**S.p.d., Steamer pays dues** все сборы оплачивает судно

**special drawing rights** *англ.* специальные права заимствования, специальные права на получение валюты в Международном валютном фонде

**spedieren** vt отправлять, посылать *(товар, груз)*

**Spediteur** m экспедитор, транспортный агент *(посредник между отправителем и перевозчиком)*

**Spediteuranzeige** f экспедиторское извещение

**Spediteurbedingungen** f, pl отправительские условия

**Spediteurbescheinigung** f расписка экспедитора

**Spediteurbordereau** m бордеро экспедитора

**Spediteurgeschäft** n экспедиционное предприятие; экспедиторская сделка, транспортная сделка

**Spediteurhaftpflichtversicherung** f гарантийное страхование груза, перевозимого экспедитором, гарантийное страхование экспедитором перевозимого груза

**Spediteurhaftung** f ответственность экспедитора

**Spediteurkonnossement** n экспедиторский коносамент

**Spediteurofferte** f оферта экспедитора

**Spediteurpfandrecht** n залоговое право экспедитора

**Spediteursammelgutverkehr** m перевозки сборного груза через экспедитора

**Spedition** f транспортно-экспедиторская операция; транспортно-экспедиционное агентство

**Speditionsauftrag** m транспортное поручение

**Speditionsbetrieb** m экспедиционное предприятие

**Speditionsdienste** m pl экспедиторские услуги

**Speditionsdienste gewähren** предоставить экспедиторские услуги, обеспечить экспедиторские услуги

**Speditionsgeschäft** n транспортно-экспедиционное агентство; транспортно-экспедиторская операция; экспедиционный подряд, экспедиторский подряд

**Speditionskosten** pl экспедиционные расходы, экспедиторские расходы

**Speditionsversicherung** f страхование перевозимого груза

**Speditionsvertrag** m договор перевозки

**Speicher** m амбар, склад

**Speicher** *вчт.* накопитель *(информации)*, память, запоминающее устройство, ЗУ

**Speicherarbeiter** m складской рабочий

**Speicherkapazität** f ёмкость склада, пропускная способность склада; ёмкость памяти

**Speicherwirtschaft** f складское хозяйство

**Speiseanstalt** f столовая; ресторан

**Speisegaststätte** f предприятие общественного питания; ресторан; гастштэт

**Speisenumsatz** m оборот столовой *(по продаже горячих и холодных блюд)*

**Speisenverbrauch** m потребление продуктов питания

**Speiseproduktion** f приготовление пищи, производство готовых блюд

**industrielle Speiseproduktion** промышленное приготовление пищи, промышленное производство готовых блюд

**Speisewirtschaft** f, **gesellschaftliche** общественное питание; система общественного питания

**Spekulation** f *бирж.* спекуляция, спекулятивная сделка

**Spekulationscharakter** m спекулятивный и характер

**Spekulationsgeschäft** *n* спекулятивная сделка *(купля или продажа товара с целью получения прибыли)*

**Spekulationsgewinn** *m* прибыль от спекуляции

**Spekulationshandel** *m* спекулятивная торговля

**Spekulationskasse** *f* "спекуляционная" касса *(кассовая наличность, предназначенная для спекулятивных целей)*

**Spekulationskrisen** *f, pl* ист. экономические кризисы, вызванные массовой спекуляцией ценными бумагами

**Spekulationspapiere** *n, pl* дивидендные бумаги, курс которых подвержен большим колебаниям *(что служит основой для спекуляции)*

**Spekulationspapiere** ценные бумаги, служащие объектом спекулятивных сделок *(приобретаемые для получения прибыли в результате реализации курсового дохода)*

**Spekulationspreis** *m* спекулятивная цена

**Spekulationssteuer** *f* налог на прибыль от спекулятивных сделок

**Spekulationswechsel** *m* спекулятивный вексель

**Spekulationswert** *m* прибыль от спекуляций на росте цен

**spekulativ** спекулятивный

**Spende** *f* пожертвование, взнос; дар

**Sperrbezirk** *m* район, находящийся под карантином

**Sperrdepot** *n* блокированный депозит

**Sperre** *f* локаут; эмбарго, запрет; *(экономическая)* блокада; наложение ареста, блокирование *(напр., счёта)*

**sperren** *vt* накладывать эмбарго; арестовывать, накладывать арест, блокировать *(напр., счёт)*

**Sperrgebiet** *n* запретная зона; район блокады; район, закрытый для пролёта самолётов, движения судов

**Sperrgut** *n* громоздкий груз, негабаритный груз

**Sperrguthaben** *n* блокированные авуары; блокированный счёт

**Sperrkarte** *f* карточка-заместитель *(вложенная в картотеку вместо взятой)*

**Sperrklinkeneffekt** *m* инерционный эффект *(может определять динамику отдельных экономических показателей)*

**Sperrkonto** *n* блокированный счёт

**Sperrmarkguthaben** *n* блокированные авуары в марках

**Sperrminorität** *f* меньшинство акционеров, имеющее согласно акционерному законодательству определённые права *(напр., право притязания на возмещение убытков)*

**Sperrstück** *n* ценная бумага, продаваемая лишь по истечении обусловленного срока

**Sperrtarif** *m* запретительный тариф

**Sperrung** *f* наложение эмбарго; наложение ареста, блокирование *(напр., счёта)*

**Sperrung von Haushaltsmitteln** наложение запрета на отпуск бюджетных средств

**Sperrverzeichnis** *n* перечень утерянных и похищенных сберегательных и чековых книжек *(издаётся для служебного пользования)*

**Sperrzoll** *m* запретительная пошлина

**Spesen** *pl* издержки, накладные расходы, дополнительные расходы по осуществлению сделки, которые несёт заказчик

**fixe Spesen** постоянные издержки, непропорциональные издержки

**spesenfrei** без издержек, без накладных расходов

**Spesenplätze** *m, pl* города, в которых инкассирование векселей и чеков связано с расходами, населённые пункты, в которых инкассирование векселей и чеков связано с расходами

**Spesenrechnung** *f* счёт издержек

**Spezialanfertigung** *f* специальное исполнение

**Spezialarbeiter** *m* квалифицированный рабочий

**Spezialausführung** *f* специальное исполнение

**Spezialbank** *f* специализированный банк, занимающийся кредитованием в определённой области *(напр., сельскохозяйственный, транспортно-кредитный и т.п.)*

**Spezialbaubetrieb** *m* специализированное строительное предприятие

**Spezialbaukombinat** *n* специализированный строительный комбинат

**Spezialbehälter** *m* специальный контейнер

**Spezialbetrieb** *m* специализированное предприятие

**Spezialbetriebsmittel** *n, pl* специальная оснастка производства; специальный инструмент

**Spezialbilanzen** *f, pl* балансы, составляемые по особому случаю *(напр., при ликвидации или слиянии предприятий)*

**Spezialbörse** *f* биржа, специализирующаяся на одном виде ценных бумаг *(или товара)*; специализированная биржа *(на которой совершаются сделки только по одному виду товаров мировой торговли)*

**Spezialbrigade** *f* специализированная бригада

**Spezialdepot** *n* особый депозит

**Spezialerzeugnis** *n* специальное изделие

**Spezialfabrik** *f* специализированное предприятие

**Spezialfall** *m* особый случай, частный случай

**Spezialfertigungsmittel** *n, pl* специальная оснастка производства; специальный инструмент

**Spezialfonds** *m* особый фонд *(предприятия)*, специальный фонд *(предприятия)* *(для финансирования различных мероприятий)*

**Spezialgeschäft** *n* специализированный магазин

**Spezialgroßhandel** *m* специализированная оптовая торговля

**Spezialgüterwagen** *m* специализированный грузовой вагон *(напр., вагон-цистерна)*

**Spezialhandel** *m* специализированная торговля *(напр., по обслуживанию иностранных граждан)*

**Spezialhandel** *стат.* специальная торговля *(включает по импорту иностранные товары, прошедшие таможенный контроль и направляемые для внутреннего потребления, а по экспорту - товары национального производства, вывезенные за границу)*

**Spezialisation** *f* специализация

**Spezialisation auf einzelne Arbeitsgänge** специализация по стадиям производства

**Spezialisation auf komplette Erzeugnisse** предметная специализация

**Spezialisation auf Teilprodukte eines Erzeugnisses** детальная специализация, подетальная специализация

**Spezialisation der Produktion** специализация производства

**erzeugnisgebundene Spezialisation** предметная специализация, попредметная специализация

**horizontale Spezialisation** горизонтальная специализация

**innerbetriebliche Spezialisation** внутризаводская специализация

**internationale Spezialisation** международная специализация

**länderweise Spezialisation** построновая специализация

**stadienmäßige Spezialisation** специализация по стадиям *(производства)*

**technologische Spezialisation** технологическая специализация

**teilegebundene Spezialisation** детальная специализация, подетальная специализация

**territoriale Spezialisation** территориальная специализация

**überbetriebliche Spezialisation** межзаводская специализация

**vertikale Spezialisation** вертикальная специализация

**Spezialisierung** *f* специализация

**Spezialisierung auf einzelne Arbeitsgänge** специализация по стадиям производства

**Spezialisierung auf komplette Erzeugnisse** предметная специализация

**Spezialisierung der Produktion** специализация производства

**erzeugnisgebundene Spezialisierung** предметная специализация, попредметная специализация

**horizontale Spezialisierung** горизонтальная специализация

**innerbetriebliche Spezialisierung** внутризаводская специализация

**internationale Spezialisierung** международная специализация

**länderweise Spezialisierung** специализация по странам

**stadienmäßige Spezialisierung** специализация по стадиям *(производства)*

**technologische Spezialisierung** технологическая специализация

**teilegebundene Spezialisierung** детальная специализация, подетальная специализация

**territoriale Spezialisierung** территориальная специализация

**überbetriebliche Spezialisierung** межзаводская специализация

**vertikale Spezialisierung** вертикальная специализация

**Spezialisation auf Teilprodukte eines Erzeugnisses** детальная специализация, подетальная специализация

**Spezialisierungsabkommen** *n*, **internationales** международное соглашение о специализации *(напр., производства, исследовательских работ)*

**Spezialisierungsgrad** *m* уровень специализации

**Spezialisierungsrichtung** *f* направление специализации

**Spezialisierungsvereinbarung** *f* соглашение *(между бывш. социалистическими странами)* о специализации производства

**Spezialisierungsvertrag** *m*, **internationaler** международное соглашение о специализации *(напр., производства, исследовательских работ)*

**Spezialität** *f* специальность

**Spezialkalkulation** *f* (специальная) калькуляция целевого назначения

**Spezialkontainer** m специальный контейнер
**Spezialkreditbrief** m авизованный аккредитив
**Spezialkreditinstitut** n специальное кредитное учреждение
**Spezialladen** m специализированный магазин
**Speziallager** n специализированный склад
**Spezialmärkte** m, pl специализированные рынки, особые рынки (на которых ведётся торговля определённым видом продуктов или товаров)
**Spezialmesse** f специализированная ярмарка, отраслевая ярмарка
**Spezialschiff** n специализированное судно (напр., танкер)
**Spezialtaktstraße** f специальная поточная линия с заданным тактом
**Spezialtarif** m особый тариф, специальный тариф
**Spezialverkaufsstelle** f специализированный магазин
**Spezialverpackung** f специальная упаковка, особая упаковка
**Spezialvollmacht** f особые полномочия
**Spezialzweig** m специализированная отрасль
**Spezieskauf** m купля-продажа определённого предмета, купля-продажа конкретного предмета
**Speziesschuld** f долг, погашаемый передачей покупателю купленного им определённого предмета
**Spezifikation** f спецификация
**Spezifikationskauf** m торговая сделка с последующим уточнением характеристик товара
**Spezifikationskauf** торговая сделка с точным указанием вида, количества, цены и с последующим указанием подробных характеристик товара

**spezifiziert** специфицированный (напр., счёт)
**spf., superfein** самого высшего качества, экстра
**Sphäre** f сфера, среда; сфера деятельности, круг деятельности, область деятельности
  **Sphäre der individuellen Konsumtion** сфера личного потребления
  **Sphäre der Konsumtion** сфера потребления
  **Sphäre der materiellen Produktion** сфера материального производства
  **Sphäre der produktiven Konsumtion** сфера производственного потребления
  **Sphäre der Warenzirkulation** сфера товарного обращения
  **Sphäre der Zirkulation** сфера обращения
  **Sphäre des persönlichen Verbrauchs** сфера личного потребления
  **nichtproduzierende Sphäre** сфера нематериального производства, непроизводственная сфера
  **produzierende Sphäre** сфера материального производства
**Spiegelbildsystem** n форма счетоводства по принципу зеркального изображения (раздельное финансовое и производственное счетоводство)
**Spiel** n игра
  **Spiel an der Börse** игра на бирже
  **Spiel in extensiver Form** игра в позиционной форме, позиционная игра
  **Spiel in Normalform** игра в нормальной форме
  **Spiel mit unvollständiger Information** игра с неполной информацией
  **Spiel mit vollständiger Information** игра с полной информацией
  **Spiel über dem Einheitsquadrat** игра на единичном квадрате
  **allgemeineres Spiel** мат. общая игра
  **antagonistisches Spiel** мат. антагонистическая игра
  **außerwesentliches Spiel** мат. несущественная игра
  **erweitertes Spiel** мат. расширенная игра
  **faires Spiel** мат. корректная игра, честная игра
  **fiktives Spiel** мат. фиктивная игра
  **kooperatives Spiel** коалиционная игра, кооперативная игра
  **nichtkooperatives Spiel** бескоалиционная игра, некооперативная игра
  **strategisches Spiel** стратегическая игра
  **unendliches Spiel** бесконечная игра
  **unzerlegbares Spiel** неразложимая игра
  **wesentliches Spiel** существенная игра
  **zerlegbares Spiel** разложимая игра
**Spielbank** f игорный дом, казино
**Spielbankenabgabe** f налог с игорных домов, сбор с игорных домов
**Spielbankunternehmen** n игорный дом, казино
**Spieler** m игрок
  **fiktiver Spieler** фиктивный игрок
  **maximalisierender Spieler** максимизирующий игрок
  **minimalisierender Spieler** минимизирующий игрок
  **reeller Spieler** реальный игрок

**Spielermenge** *f* множество игроков

**Spielgeschäft** *n* игра на разницу (на бирже)

**Spieltheorie** *f* теория игр

**strategische Spieltheorie** теория стратегических игр

**spill-over-Effekt** *m* англ. эффект переключения (чаще всего подразумеваются позитивные и негативные последствия действий, касающиеся третьих, непосредственно не связанных с этими действиями лиц)

**Spindler-Plan** *m* план Шпиндлера (план, предусматривающий установление системы "социального партнёрства")

**Spinngewebe-Modell** *n* "паутинообразная модель" (рассматривает взаимоотношения между спросом и предложением при условии, когда функция предложения с запаздыванием реагирует на изменения функции спроса)

**Spirituosen** *pl* спиртные напитки

**Spitze** *f* остаток; бирж. нереализованные акции

**Spitze der Zahlungsbilanz** сальдо платёжного баланса

**Spitzen** *f, pl* остатки, излишки

**freie Spitzen** свободные излишки (сельскохозяйственной продукции)

**Spitzenarbeiter** *m* передовик (производства)

**Spitzenausgleich** *m* балансовая увязка бюджета (может осуществляться, напр., за счёт дотаций); балансовая увязка бюджета нижестоящей организации за счёт дотаций вышестоящей организации

**Spitzenbedarf** *m* максимальные потребности

**Spitzenbelastung** *f* пиковая нагрузка (обычно наблюдается при сильном расширении спроса)

**Spitzenbeträge** *m, pl* излишние суммы; наивысшие суммы

**Spitzenbetrieb** *m* передовое предприятие; режим работы в часы пик, работа при пиковой нагрузке

**Spitzenerzeugnis** *n* изделие (наи)высшего качества

**Spitzenerzeugnis im Weltmaßstab** изделие, отвечающее мировым стандартам

**Spitzengesellschaft** *f* материнская корпорация, головная корпорация, головное общество, головная компания

**Spitzengremium** *n* верховный орган

**Spitzenlast** *f* пиковая нагрузка, максимальная нагрузка

**Spitzenlastbetrieb** *m* режим работы в часы пик, работа при пиковой нагрузке

**Spitzenleistung** *f* максимальная мощность, пиковая мощность; максимальная производительность; максимальная выработка (бригады, рабочего); наивысший результат, наивысшее достижение

**Spitzenlohn** *m* максимальная заработная плата

**Spitzenniveau** *n* наивысший уровень, высший уровень

**Spitzenqualität** *f* высшее качество

**Spitzenrate** *f* максимальная ставка

**Spitzenschicht** *f* верхушка (социальной группы)

**Spitzenstellung** *f* командная позиция, ключевая позиция

**Spitzentechnologie** *f* высокая (передовая) технология

**spitzentechnologisch** высокотехнологический

**Spitzenverbände** *m, pl* доминирующие объединения предприятий, доминирующие объединения компаний, господствующие объединения предприятий, господствующие объединения компаний

**Spitzenverkaufszeit** *f* часы пик в торговой сети

**Spitzenverkehr** *m* движение транспорта в часы пик

**Spitzenverkehrszeit** *f* часы пик на транспорте

**Spitzenwert** *m* максимальная величина, предельная величина, максимум; пиковое значение, пик

**Spitzenwerte** *m, pl* акции ведущих компаний

**SPK:**

**SPK, Staatliche Plankommission** Государственная плановая комиссия (бывш. ГДР)

**SpK, Spezifikationskauf** торговая сделка с последующим уточнением спецификаций

**Spk., Sparkasse** сберегательная касса

**Split** *m* англ. сплит (дробление акций, предполагающее обмен одной крупной акции на несколько мелких)

**Splittersortiment** *n* нетиповой ассортимент

**Splitting** *m* 1. дробление акций; деление акций на акции с меньшей номинальной стоимостью; сплит 2. форма налогообложения для супругов (за основу для уплаты налога берётся поделённая пополам сумма их общих доходов)

**Splittingsystem** *n* система налогового обложения совместного дохода супругов, при которой каждый из них выплачивает равную сумму (США, ФРГ)

**Sponsor** *m* спонсор

**Sponsoring** *f* спонсорство (финансовая или материальная поддержка мероприятий, организаций)
**Spontaneität** *f* стихийность; спонтанность
  **Spontaneität des Marktes** рыночная стихия
**Spontankauf** *m* непредвиденная покупка
**Spontankäufen** *pl* спонтанные покупки (мн.ч.)
**Spotgeschäft** *n* *бирж.* сделка на наличный товар; сделка с немедленной поставкой товара; кассовая сделка
**spottbillig** за бесценок
**Spottpreis** *m*
  **zu Spottpreisen** за бесценок
**Sprechbörse** *f* неофициальная биржа
**Sprechstellendichte** *f* плотность телефонной сети
**Springer** *m* подсменный рабочий, подсмена
**Sprung** *m* скачок
**sprungfixe Kosten,** *pl* скачкообразные издержки (мн.ч.); скачкообразно возрастающие постоянные издержки (мн.ч.)
**Sprungkosten** *pl* затраты на новое оборудование, расходы, связанные с приобретением нового оборудования
**Sprungregress** *m* непоследовательный регресс, обратное требование, предъявляемое в порядке очерёдности передаточных надписей *(на векселе или чеке)*
**Sprungrückgriff** *m* непоследовательный регресс, обратное требование, предъявляемое в порядке очерёдности передаточных надписей *(на векселе или чеке)*
**SQK, statistische Qualitätskontrolle** статистический контроль качества

**SR:**
  **SR, Schiedsrichter** третейский судья, арбитр
  **SR, Suriname** Суринам
**SRG, Suriname-Gulden, - Suriname** Суринамский гульден, - Суринам
**SS:**
  **S.S., short sight** краткосрочный *(напр., о векселе)*
  **S/S, special settlement** специальное соглашение *(о расчётах с кредиторами)*
**SSL; Secure Sockets Layer** протокол безопасных соединений; уровень защищённых разъёмов; протокол SSL
  *128 bit-***SSL- Verschlüsselungsverfahren** шифрование с использованием 128-битного протокола **SSL** ; кодирование с использованием 128-битного протокола **SSL**
**SST, Seehafen-Speditions-Tarife** экспедиторские тарифы, принятые в морских портах
**SSUB, staatlicher Straßenunterhaltungsbetrieb** государственная дорожно-ремонтная станция
**St.:**
  **St. Stock** основной капитал
  **St., Stock** ценные бумаги
  **St., Stock** товарные запасы; запасы товарно-материальных ценностей
  **St., Stück** *(столько-то)* штук
**StA:**
  **StA, Staatsanleihe** государственный заём
  **StA, Stammaktie** акция первого выпуска, основная акция
  **StA, Steuerabzug (vom Arbeitslohn)** удержание налога *(с заработной платы)*
**Staat** *m* государство, держава; страна; штат *(единица административного деления)*

**Staaten** *m, pl* страны, государства
  **assoziierte Staaten** ассоциированные страны
  **assoziierte Staaten** неприсоединившиеся государства *(к военному пакту)*
  **paktgebundene Staaten** присоединившиеся государства *(к военному пакту)*
**staatlich** государственный
  **staatlich** казённый
  **staatliche Defizite verbuchen** регистрировать дефицит госбюджета
  **staatliche Versicherung** *f* госстрахование; государственное страхование
  **staatliche Zuteilung** *f* государственное рационирование; государственное фондирование
  *die* **staatliche Administrative** органы государственного управления
  **eine staatliche Anleihe** государственный заем
**Staatliches Amt für Berufsausbildung** Государственное управление профессионального обучения *(бывш. ГДР)*
**Staatliches Büro für die Begutachtung von Investitionen** Государственное бюро экспертизы по вопросам капиталовложений *(бывш. ГДР)*
**Staatsangehörigkeit** *f* гражданство, подданство
  *der* **Erwerb der Staatsangehörigkeit** *юр.* натурализация, приём в гражданство
  *die* **Verleihung der Staatsangehörigkeit** натурализация, приём в гражданство, предоставление прав гражданства
  *j-m die* **Staatsangehörigkeit entziehen** лишить кого-л. гражданства
  *die* **Staatsangehörigkeit erwerben** приобрести гражданство, получить гражданство

**Staatsangelegenheit** f государственное дело

**Staatsanleihe** f государственный заём

**Staatsaufbau** m государственное устройство, система государственных органов, структура государственного устройства

**Staatsausgaben** f, pl государственные расходы, расходы по государственному бюджету

**Staatsbank** f государственный банк

**Staatsbankrott** m неплатёжеспособность государства, финансовое банкротство государства

**Staatsbetrieb** m государственное предприятие

**Staatsbudget** n государственный бюджет

**Staatsdomäne** f государственная собственность *(напр., земля)*

**Staatseffekten**, pl государственные ценные бумаги; государственные фонды

**staatseigen** государственный

**Staatseigentum** n государственная собственность

**Staatseinkommen** n государственные доходы, доходы государства

**Staatseinkünfte**, pl государственные доходы, доходы государства

**Staatseinnahmen** f, pl государственные доходы, доходы государства, доходы в госбюджет, поступления в госбюджет

**Staatserbrecht** n наследственное право государства, право государства на наследование выморочного имущества

**Staatsetat** m государственный бюджет

**Staatsfinanzen**, pl государственные финансы (мн.ч.)

**Staatsfinanzierung** f государственное финансирование

**Staatsfonds** m, pl государственные фонды (мн.ч.)

**Staatsform** f форма государственного правления, форма государственного устройства

**Staatsgarantie** f государственная гарантия

**Staatsgeheimnis** n государственная тайна

**Verrat eines Staatsgeheimnisses** умышленное разглашение сведений, составляющих государственную тайну

**Staatsgelder** n pl государственные бюджетные средства, государственные финансовые средства; деньги из государственного бюджета

**Staatsgewalt** f государственная власть

**Staatsgrenze** f государственная граница, госграница

**Markierung der Staatsgrenze** демаркация государственной границы

**Staatsgut** n государственное хозяйство, госхоз *(бывш. ГДР)*; совхоз *(бывш. СССР, СНГ)*

**Staatshaftung** f государственная гарантия; материальная ответственность за ущерб, возникший вследствие нарушения государственным служащим его служебных обязанностей

**Staatshaftung** обязательства государства по компенсации ущерба, возникшего в результате противозаконных действий представителей государственной власти

**Staatshandel** m государственная торговля

**Staatshaushalt** m государственный бюджет, госбюджет

**Staatshaushaltsbilanz** f баланс государственных доходов и расходов

**Staatshaushaltsordnung** f положение о государственном бюджете бывшей ГДР

**Staatshaushaltsplan** m проект государственного бюджета

**Staatshaushaltsrecht** n бюджетное право

**Staatsintervention** f вмешательство государства

**Staatskapitalismus** m государственный капитализм, госкапитализм

**staatskapitalistisch** государственно-капиталистический

**Staatskasse** f государственная казна, казначейство

**Staatskasse** государственная единая касса (государственный денежный резерв для текущих нужд)

**Staatskosten**, pl государственные расходы, расходы по государственному бюджету

**Staatskredit** m государственный кредит

**Staatslasten** f, pl государственные долги

**Staatsleistungen** f pl государственная социальная программа

**Staatslotterie** f государственная лотерея

**Staatsmacht** f государственная власть

**Staatsmonopolismus** m государственно-монополистический капитализм

**staatsmonopolistisch** государственно-монополистический

**Staatsnote** f казначейский билет

**Staatsoberhaupt** n глава государства

**Staatsobligation** f облигация государственного займа

**Staatsordnung** f государственное устройство

**Staatsorgan** n орган государственной власти

**Staatspapiere** n, pl государственные ценные бумаги

**Staatspapiermarkt** m рынок государственных ценных бумаг, рынок государственных бумаг

**Staatsplan** m государственный план

**Staatsplanaufgabe** *f* государственное плановое задание

**Staatsplanbilanzen** *f, pl* балансы государственного плана

**Staatsplandokument** *n* документ государственного плана; государственный плановый документ

**Staatsplannomenklatur** *f* номенклатура государственного плана

**Staatsplanposition** *f* позиция номенклатуры государственного плана

**Staatsplanvorhaben** *n* объект капитального строительства по государственному плану

**Staatsprüfung** *f* государственная экспертиза

**Staatsquote** *f* доля государственных расходов в общественном продукте

**Staatsrecht** *n* государственное право

**Staatsreserve** *f* государственные резервы

**Staatssäckel** *m* *(разг.)* казна

**Staatsschatz** *m* *ист.* государственная казна; государственные запасы золота и драгоценных металлов

**Staatsschatzanweisung** *f* казначейское обязательство; казначейский вексель

**Staatsschuld** *f* государственный долг

**schwebende Staatsschuld** краткосрочный государственный долг

**unkonsolidierte Staatsschuld** неконсолидированный государственный долг

**Staatsschuldbuch** *n* книга государственного долга

**Staatsschulden** *f pl* государственные долги (мн.ч.)

**schwebende Staatsschulden** текущие государственные долги

**Staatsschuldverschreibung** *f* государственная облигация, облигация государственного займа, обязательство государственного займа *(напр., облигации)*

**Staatssicherheit** *f* государственная безопасность

**Organe der Staatssicherheit** органы государственной безопасности

**Staatssozialismus** *m* государственный социализм

**Staatssteuer** *f* государственный налог

**Staatstätigkeit** *f* государственная деятельность

**Staatstheorie** *f* теория государства

**Staatstitel** *m, pl* государственные ценные бумаги (мн.ч.)

**Staatsunternehmen** *n* государственное предприятие, госпредприятие

**Staatsverbrauch** *m* государственное потребление *(напр., безвозмездные расходы госбюджета на выплату заработной платы государственным рабочим и служащим и др.)*

**Staatsverbrechen** *n* государственное преступление, преступление против государства

**Staatsvermögen** *n* государственное имущество, госимущество

**Staatsversicherung** *f* государственное страхование, госстрахование

**Staatsvertrag** *m* государственный договор; международный договор на государственном уровне

**Staatsverwaltung** *f* государственное управление

**Staatswirtschaft** *f* экономика страны, национальное хозяйство; государственный сектор *(национальной)* экономики

**staatswirtschaftlich** относящийся к государственному сектору экономики, относящийся к национальному госсектору экономики

**Staatszuschuss** *m* государственная субсидия, государственная дотация; правительственная субсидия

**Stab** *m* штаб *(тип личностных отношений в организации труда на предприятии - горизонтальная структура)*, - *ср.* **Linie**, штабное подразделение, штабной орган *(управления)*

**Stab** штат; управленческий персонал

**Stab von Mitarbeitern** штат сотрудников

**Stab und Linie** линейные и функциональные подразделения фирмы

**StaBA, Statistisches Bundesamt** Федеральное статистическое управление *(ФРГ)*

**Stabdiagramm** *n* столбиковая диаграмма, столбчатая диаграмма; гистограмма

**stabil** устойчивый, стабильный

**stabil halten** стабилизировать, делать устойчивым

**stabiles Gleichgewicht** *n* устойчивое равновесие

**stabile Lage** прочное положение, устойчивое положение, стабильное положение

**stabiler Markt** стабильный рынок

**stabile Mehrheit** устойчивое большинство

**stabile Rate** *f* стабильный курс; стабильная ставка прироста

**stabile Währung** устойчивая валюта

**Stabilerhaltung** *f* сохранение устойчивости, сохранение стабильности

**Stabilisation** *f* стабилизация

**Stabilisator** *m* стабилизатор (*экономики*)
**stabilisieren** *vt* стабилизировать
  **sich stabilisieren** стабилизироваться
**stabilisierend** стабилизирующий
  **stabilisierender Faktor** *m* стабилизирующий фактор, фактор стабилизации
**Stabilisierung** *f* стабилизация
  **relative Stabilisierung** относительная стабилизация
**Stabilisierungsfonds** *m* стабилизационный фонд; стабилизационный валютный фонд
**Stabilisierungsklausel** *f* стабилизационная оговорка в договорах эксцедента убытков
**Stabilisierungspolitik** *f* стабилизационная политика; политика стабилизации
  **ökonomische Stabilisierungspolitik** политика экономической стабилизации
**Stabilisierungszoll** *m* стабилизирующая таможенная пошлина
**Stabilität** *f* устойчивость; стабильность; устойчивое равновесие (*на рынке*)
  **wirtschaftliche Stabilität** экономическая устойчивость, экономическая стабильность, устойчивость экономики
  **zur Stabilität gelangen** стабилизироваться
**Stabilitätspolitik** *f* политика стабилизации
**Stabilitätszone** *f* область устойчивости; зона устойчивости; стабильная зона
**Stablinienmanagement** *n* линейное и функциональное управление
**Stabliniensystem** *n* линейная система управления
**Stabsabteilung** *f* штаб, штабное подразделение, штабной орган (*управления*)
**Stabsorgan** *n* штаб, штабное подразделение, штабной орган (*управления*)

**Stackelbergsches Duopolmodell** *n* модель дуополии Штакельберга
**stadial** стадийный
**Stadium** *n* стадия, период; ступень, фаза
**Stadt** *f* город
  **Stadt-** (в сл.сл.) городской
  **kreisangehörige Stadt** город районного подчинения
**Stadtanleihe** *f* муниципальный заём, коммунальный заём
**Stadtbank** *f* коммунальный банк, муниципальный банк, городской банк
**Stadtbau** *m* градостроительство
**Stadtbebauungsplan** *m* план городской застройки
**Stadtbevölkerung** *f* городское население
**Stadtbewohner** *m* житель города, городской житель
**Stadtbewohnerin** *f* жительница города, городская жительница
**Städtebund** *m* *ист.* союз городов
**Städteversicherung** *f* страхование муниципалитетами городского хозяйства от возможных рисков
**Stadtküchengeschäft** *n* доставка на дом готовых блюд и напитков
**Stadtplanung** *f* городское планирование, планирование развития города
**Stadtschaften** *f, pl* ипотечные банки, выдающие (*несрочные амортизационные*) ссуды под залог городских земельных участков
**Stadtsparkasse** *f* городская сберегательная касса
**Stadtstruktur** *f* структура города
**Stadtverkehr** *m* городской транспорт; городское уличное движение
**Stadtwirtschaft** *f* городское хозяйство; *ист.* система хозяйства, основанная на экономическом господстве городов

**Staffelanleihe** *f* заём с дифференцированным процентом
**Staffelbild** *n* гистограмма
**Staffelkartei** *f* ступенчатая картотека
**Staffelkonto** *n* (*уст.*) штафель, (*уст.*) штафельный счёт, сальдовый счёт
**staffeln** *vt* 1. дифференцировать; производить градацию 2. располагать в шахматном порядке (*напр. порядок заполнения бухгалтерских документов*)
**Staffelpreise** *m pl* дифференцированные цены (*напр., по масштабам сделки: чем больше партия покупаемых товаров, тем ниже цены за единицу товара*)
**Staffelrabatt** *m* дифференцированная скидка (*в зависимости от объёма заказа*)
**Staffelrechnung** *f* учёт по стадиям производства; штафельный метод вычисления процентов
**Staffelregress** *m* последовательный регресс
**Staffelrückgriff** *m* последовательный регресс
**Staffelsichtkartei** *f* обозримая ступенчатая картотека
**Staffelspanne** *f* разница (*между двумя показателями*)
**Staffelspannen** *f, pl* дифференцированные торговые накидки на цены (*напр., в зависимости от качества или величины партии*)
**Staffelsteilkartei** *f* вертикальная ступенчатая картотека
**Staffelsteuer** *f* *ист.* классный налог, поразрядный налог
**Staffeltarif** *m* дифференцированный тариф, (*уст.*) штафельный тариф (*транспортный тариф, ставки которого уменьшаются с увеличением расстояния*); тарифная сетка
**Staffelung** *f* дифференциация; градация; ступенчатое расположение карточек в картотеке, расположение уступами карточек в картотеке

**Staffelzins** *m* дифференцированный процент (*по банковскому вкладу; исчисляется в зависимости от срока вклада*)

**Staffelzoll** *m* дифференцированная таможенная пошлина

**Staffelzölle** *pl* дифференцированные таможенные пошлины (мн.ч.)

**Stagflation** *f* стагфляция (*стагнация, сопровождаемая явлениями инфляции*)

**Stagnation** *f* стагнация, застой

**Stagnationszustand** *m* состояние стагнации, состояние застоя

**stagnieren** *vi* стагнировать, переживать застой, находиться в состоянии застоя

**stagnierend** застойный, стагнирующий

**Stahlkammer** *f* банковский сейф (*комната в банке*)

**Stammabschnitt** *m* корешок (*квитанционной или чековой книжки*)

**Stammaktie** *f* обыкновенная акция

**Stammarbeiter** *m* 1. кадровый рабочий 2. штатный работник

**Stammbelegschaft** *f* кадровый состав (*предприятия*)

**Stammbetrieb** *m* основное предприятие

**Stammbevölkerung** *f* коренное население

**Stammdaten** *n, pl* основные данные (мн.ч.); постоянные данные (мн.ч.)

**Stammeinlage** *f* доля участия в основном капитале акционерного общества; доля компаньона в обществе с ограниченной ответственностью, пай участника ООО; вклад в уставной фонд; вклад в уставной капитал

**Stammesadel** *m* родовая знать, аристократия

**Stammfreier m** (*жарг.*) постоянный клиент

**Stammgut** *n* 1. транзитный неперегружаемый штучный груз 2. родовое имение

**Stammkapital** *n* основной *акционерный* капитал; основной капитал, основной капитал в обществе с ограниченной ответственностью; уставной фонд (АО)

**verdecktes Stammkapital** скрытый основной *акционерный* капитал; скрытый основной капитал

**Stammkunde** *m* постоянный покупатель; постоянный клиент

**Stammkundin** *f* постоянная покупательница; постоянная клиентка

**Stammkundschaft** *f* постоянные покупатели; постоянная клиентура; постоянный круг покупателей; постоянная клиентура

**Stammland** *n* страна происхождения

**Stammliste** *f* 1. основной список; основной регистр 2. штатный список персонала 3. (*воен.*) список личного состава

**Stammorganisation** *f* центральная организация; головная организация

**Stammpatent** *n* основной патент

**Stammpolice** *f* основной полис

**Stammprioritäten** *f, pl* привилегированные акции (мн.ч.)

**Stammprioritätsaktien** *f, pl* привилегированные акции (мн.ч.)

**Stammregister** *n* корешок квитанционной книжки; корешок чековой книжки

**Stammunternehmen** *n* основное предприятие, головное предприятие

**Stammverbindung** *f* длительная деловая связь, длительные деловые отношения

**Stand** *m* положение, состояние; уровень

**Stand** ларёк, киоск; стенд

**Stand** сословие

**Stand der Aktien** курс акций

**Stand der Geschäftstätigkeit** уровень деловой активности

**Stand** *der* **Technik** уровень техники

**Stand der Wirtschaft** состояние экономики

**abgabenpflichtiger Stand** *ист.* податное сословие

**Stand-by-Kredit** *m* резервный кредит

**Standarbeitszeit** *f* стандартное рабочее время (*продолжительность и график работы для работника(ов), предприятия, цеха, подразделения*)

**Standard** *m* стандарт

**Standards** *m, pl* стандарты (мн.ч.)

**staatlicher Standard** государственный стандарт, госстандарт; Госстандарт (*организация и название официального стандарта*)

**dem staatlichen Standard entsprechen** отвечать государственному стандарту

**dem Standard halten** придерживаться стандарта; соблюдать условия стандарта

**einen Standard setzen** устанавливать стандарт

**internationale Standards** *pl* международные стандарты

**vom Standard abweichen** откланяться от стандарта; откланяться от условий стандарта

**Standard-Chartervertrag** *m* типовой договор морской перевозки

**Standard-Stichprobenplan** *n* план стандартного приёмочного контроля *(качества)*

**Standardabweichung** *f* стандартное отклонение; отклонение от стандарта

**Standardabweichung** *стат.* среднеквадратическое отклонение; среднеквадратичная погрешность; нормированное отклонение

**Standardaktivitätsdauer** *f сет. пл.* нормативная продолжительность работы

**Standardannahme** *f* стандартное допущение

**Standardartikel** *m* стандартное изделие

**Standardartikel** *m* стандартный товар

**Standardartikel** *m, pl* стандартные изделия (мн.ч.) (изделия, соответствующие государственному стандарту или иному установленному стандарту)

**Standardausführung** *f* стандартная конструкция; стандартное исполнение, типовое исполнение, обычное исполнение

**Standardausführung** стандартный образец

**Standardbarre** *f* стандартный слиток; эталонный слиток (золота пробы 995,0 и весом 400 унций или 12,5 кг)

**Standardbauweise** *f* стандартное исполнение, типовое исполнение

**Standardbestimmung** *f* стандартное определение, определение по стандарту

**Standardbevölkerung** *f стат.* возрастная структура населения, принимаемая за основу при сравнении смертности в разных странах; возрастная структура населения, принимаемая за основу при сравнении рождаемости в разных странах

**Standardelement** *n* стандартизированная деталь, стандартизованная деталь, унифицированная деталь, стандартный элемент, стандартизированный элемент, стандартизованный элемент, унифицированный элемент

**Standardempfehlung** *f* рекомендуемый стандарт

**Standardempfehlungen** *f, pl* стандартные рекомендации (мн.ч.); стандартные советы (мн.ч.)

**Standardform** *f* стандартная форма

**Standardform** *f* стандартный формат

**Standardformat** *n* стандартный формат, стандартизированный формат, стандартизованный формат

**Standardgröße** *f* стандартный размер

**Standardisation** *f* стандартизация

**standardisieren** *vt* стандартизировать, устанавливать стандарт

**standardisieren** *vt* стандартизировать; унифицировать

**Standardisierung** *f* стандартизация; унификация

**komplexe Standardisierung** комплексная стандартизация

**volle Standardisierung** полная унификация

**Standardisierungsgrad** *m* уровень стандартизации; степень стандартизации; степень унификации

**Standardkonto** *n* стандартный счёт; универсальный счёт

**Standardkosten,** *pl* плановые издержки; сметные издержки *(предприятия на производимую продукцию и предоставляемые услуги, рассчитываемые на основе использования стандартных показателей, напр., материальных затрат, занятости, цен)*

**Standardmodell** *n* стандартный образец; стандартная модель

**Standardmuster** *n* стандартный образец товара

**Standardnorm** *f* стандарт

**staatliche Standardnorm** государственный стандарт

**Standardpreis** *m* стандартная цена, единая цена

**Standardqualität** *f* стандартное качество

**Standardreparatur** *f* планово-предупредительный ремонт

**Standardsortiment** *n* стандартный ассортимент

**Standardstoffkosten,** *pl* плановая стоимость сырья, плановая стоимость материалов

**Standardtechnologie** *f* стандартная технология

**Standardteil** *n* стандартная деталь, стандартизированная деталь, унифицированная деталь, стандартизированный элемент, унифицированный элемент

**Standardteil** стандартная часть (напр. договора)

**Standardverfahren** *n* стандартная технология; типовая технология

**Standardvertrag** *m* типовой договор; стандартный договор; стандартизированный договор

**Standardware** *f* стандартный товар, стандартизированный товар; стандартная продукция

**Standby-Kredit** *m* резервный кредит

**Standby-Kredite** *m, pl* кредиты, предоставляемые Международным валютным фондом своим членам для преодоления трудностей, связанных с платёжным балансом

**Ständer** *m* стенд; стойка; прилавок

**Ständerat** *m* Совет кантонов *(палата швейцарского парламента)*
**Standesprivileg** *n* сословная привилегия
**Standesvorrecht** *n* сословная привилегия
**Ständeteilung** *f* сословное деление
**Standgeld** *n* плата за место на рынке, плата за место на ярмарке
   **Standgeld** плата за простой *(напр., железнодорожного вагона)*; демередж; плата за длительное хранение груза
   **Standgeld** плата за место на выставке; оплата места на выставке; оплата стенда на выставке
**ständig** постоянный; длительный, долговременный
**Ständige Kommission** Постоянная комиссия *(в Совете Экономической Взаимопомощи)*
**Ständige Kommission für Arbeit und Berufsbildung** Постоянная комиссия по труду и профессиональному образованию *(бывш. ГДР)*
**Ständige Kommission für Handel und Versorgung** Постоянная комиссия по торговле и снабжению *(бывш. ГДР)*
**Ständige Tarifkommission** Постоянная комиссия по железнодорожным тарифам
**Ständiger Schiedsgerichtshof** *m* постоянный третейский суд *(международный)*
**Standort** *m* местоположение; местонахождение; положение; размещение
   **Standort** место стоянки *(автомашин)*
   **transportkostenorientierter Standort** место размещения производства, выбранное с учётом минимизации транспортных издержек
**Standort verlegen** переносить месторасположение; менять месторасположение
**standortbedingt** обусловленный месторасположением; обусловленный местом размещения *(напр. производства)*
**Standortbedingungen** *f pl* условия места размещения *(производства)*
**Standortbesonderheit** *f* особенность места размещения *(производства)*
**Standortfaktoren** *m, pl* факторы, влияющие на выбор места размещения; фактор, определяющий месторасположение
**Standortfaktoren** *m, pl* факторы, влияющие на выбор места размещения *(производства)*
**Standortgenehmigung** *f* утверждение места размещения *(предприятий)*
**Standortkatalog** *m* топографический каталог
**Standortorientierung** *f* ориентирование на определённые факторы при выборе места размещения
**Standortplanung** *f* территориальное планирование, планирование размещения производительных сил
**Standortpolitik** *f* политика размещения производительных сил
**Standortverhältnisse** *n, pl* условия места размещения производства
**Standortverteilung** *f* размещение *(напр., промышленных и сельскохозяйственных предприятий)*
**Standortverteilung der Produktivkräfte** размещение производительных сил
**Standortwahl** *f* выбор места размещения; определение месторасположения

**Standzeit** *f* простой
   **Standzeit** трансп. стояночное время
   **Standzeit** демерредж, простой
   **Standzeit** простой, время простоя *(напр. ЭВМ, компьютера)*
   **Standzeit** время погрузки; сталийное время
   **Standzeit** срок службы *(напр., сооружения)*
**Stapel** *m* складское место, склад
   **Stapel** штабель, стопка, куча
   **Stapel** *мор.* стапель
   **Stapel** *(выч.)* стековое ЗУ; стековое запоминающее устройство; стековая память
**Stapelart** *f* метод складирования товаров
**Stapelartikel** *m* товар среднего качества, постоянно берущийся со склада *(где он хранится в штабелях)*
**Stapelbuchhaltung** *f* бухг. метод учёта производственных операций в лицевых счетах по прошествии определённого времени
**Stapelgut** *n* товар, складируемый в штабелях; товары массового производства *(напр., текстиль)*
**stapeln** *vt* укладывать в штабель; хранить в штабелях
**Stapelräum** *m* полезный объём склада
**Stapelsystem** *n* система складирования
**Stapelverfahren** *n* система складирования
**Stapelware** *f* товар, складируемый в штабелях; товары массового производства *(напр., текстиль)*, массовый товар *(товар, продаваемый насыпью, навалом)*

**Starrheit** *f* неизменность, неподвижность *(напр., о процентных ставках или о валютных курсах)*

**Start** *m сет. пл.* исходное событие, начальное событие

**Startereignis** *n сет. пл.* исходное событие, начальное событие

**Starthilfe** *f* помощь на начальном этапе; стартовая помощь

   **finanzielle Starthilfe leisten** оказывать финансовую помощь на первоначальном этапе; оказывать финансовую помощь на начальном этапе

**stationär** стационарный, неподвижный, постоянный

   **stationäre Wirtschaft** экономика, находящаяся в продолжительном состоянии равновесия; экономика в статическом положении; экономика в статическом состоянии

**Statistik** *f* статистика; статистические данные (мн.ч.)

   **Statistik der Wirtschaftsrechnungen** бюджетная статистика

   **amtliche Statistik** официальная статистика

   **betriebswirtschaftliche Statistik** производственная статистика

   **landwirtschaftliche Statistik** статистика сельского хозяйства

   **Makrostatistik** *f* макростатистика

   **mathematische Statistik** математическая статистика

   **Mikrostatistik** *f* статистика малых выборок

   **Ordnungsstatistik** *f* порядковая статистика; статистика рангов

   **Schadensstatistik** *f* статистика отказов (оборудования)

**Statistiken** *f, pl* статистические данные (мн.ч.)

**statistisch** статистический; учётный

   **Statistisches Bundesamt** Федеральное статистическое ведомство

   *die* **Ergebnisse eines Experiments statistisch auswerten** подвергнуть статистической обработке результаты эксперимент

**Stätte** *f* место *(действия, происшествия и т. п.)*

**Stätte** *f* месторождение

**Stätte** *f* место, жилище

   **Stätte des Handels** место торговли

   **keine bleibende Stätte haben** не иметь постоянного местожительства

**Status** *m* положение; состояние; статус, правовое положение

**Status** статус, правовое положение

**Status** статус, имущественное состояние

**Statussymbol** *n* символ престижа

**Statut** *n* устав, статут; положение

   **Statut eines Unternehmens** устав предприятия

**statutarisch** уставный, соответствующий уставу

**Statutenfonds** *m* уставный фонд

**statutengemäß** уставный, соответствующий уставу

**statutenmäßig** уставный, соответствующий уставу

**Stauen** *n* штивка, стивидорные работы

**stauen** *vt* грузить, размещать *(в трюм)*

**Stauerbaas** *m* старший стивидор

**Stauereifirma** *f* фирма, выполняющая стивидорные работы; стивидор

**Stauerfirma** *f* фирма, выполняющая стивидорные работы; стивидор

**Staufaktor** *m* объём, занимаемый тонной определённого груза в трюме

**Staukoeffizient** *m* объём, занимаемый тонной определённого груза в трюме

**Staumaß** *n* объём, занимаемый тонной определённого груза в трюме

**Stauplan** *m* план размещения груза на судне, грузовой план, карго-план

**Stauung** *f* укладка груза в трюме, штивка

   **Stauungskosten** *pl* стоимость укладки груза в трюме

**StB, Steuerbilanz** баланс предприятия, составленный для определения суммы налогового обложения

**Stckpr., Stückpreis** цена за штуку

**Std., Stunden** часы

**Stehkartei** *f канц.* вертикальная картотека

**Steigen** *n* рост, повышение, увеличение

   **tendenzielles Steigen** тенденция к повышению

**steigen** *vi* подниматься; расти, повышаться; увеличиваться *(о ценах, процентных ставках и т.п.)*

**steigern** *vi* увеличивать; повышать *(напр., цены, требования)*; усиливать *(напр., противоречия)*

**Steigerung** *f* усиление; повышение; увеличение

   **Steigerung der Löne um 10%** повышение зарплат на 10 процентов

**Steigerungsbetrag** *m* прогрессирующая сумма *(при взносах)*

**Steilkartei** *f канц.* вертикальная картотека

**Steilregistratur** f *канц.* стеллаж для хранения вертикально расположенных папок с делами, шкаф для хранения вертикально расположенных папок с делами

**Steilsichtkartei** f *канц.* вертикальная обозримая картотека

**Steine und Erden,** pl минеральное сырьё для промышленности строительных материалов и керамической промышленности; нерудные ископаемые; нерудные *(строительные)* материалы

**Steinkohleneinheiten** f pl условное топливо

**Stellage** f стеллаж *(вид биржевой сделки)*

**Stellagegeschäft** n стеллаж *(вид биржевой сделки)*

**Stelle** f место; пункт *(напр., заготовительный)*
  **Stelle** штатная единица, должность; рабочее место
  **Stelle** инстанция, учреждение; орган *(управления)*
  **an Ort und Stelle sein** быть на месте
  **etatmäßige Stelle** штатная должность
  **nachgeordnete Stelle** подчинённая должность
  **übergeordnete Stelle** руководящая должность
  **die Stelle wechseln** сменить работу, менять работу
  **eine freie Stelle nachbesetzen** занимать вакантную должность, занять вакантную должность
  **eine Stelle ausschreiben** объявлять вакантной должность, объявить вакантной должность
  **eine Stelle suchen** искать работу, заниматься поиском работы
  **sich an höchster Stelle beschweren** обращаться с жалобой в вышестоящую инстанцию, обратиться с жалобой в вышестоящую инстанцию
  **sich an die zuständige Stelle wenden** обращаться в соответствующую инстанцию, обратиться в соответствующую инстанцию
  **Abfertigungsstelle** f экспедиционная контора
  **Abrechnungsstelle** f банк
  **Baustelle** f строительная площадка; строительный участок; стройплощадка

**Stellenangebot** n предложение работы, предложение вакантных должностей, предложение рабочих мест

**Stellenanzeige** f объявление о найме на работу *(в газете)*

**Stellenleistung** f место производства продукции; производственный участок

**stellenlos** безработный; за штатом

**Stellennachweis** m биржа труда

**Stellenplan** m штатное расписание
  **über den Stellenplan hinaus** сверхштатный

**Stellenplanaktiv** n рабочая группа по вопросам штатного расписания *(при местных органах власти в бывш. ГДР)*

**Stellenplandisziplin** f штатная дисциплина

**Stellenplankürzung** f сокращение штатов

**Stellenplanmethode** f метод планирования фонда заработной платы на основе штатного расписания

**Stellensuche** f поиск работы

**Stellenvermittlung** f биржа труда

**Stellgeld** n *бирж.* премия по стеллажу

**Stellgeschäft** n стеллаж, двойной опцион *(вид биржевой сделки)*

**Stellung** f *(общественное)* положение
  **Stellung** должность
  **Stellung** рабочее место
  **Stellung** установка, точка зрения, позиция
  **Stellung einer Sicherheit** предоставление поручительства
  **Stellung eines Akkreditivs** выставление аккредитива
  **dominierende Stellung** господствующее положение; господствующая позиция
  **staatsrechtliche Stellung** государственно-правовое положение

**Stellungslosigkeit** f безработица

**Stellungswechsel** m смена места работы; перемена места работы; смена места службы

**stellvertretend** замещающий *(кого-л.)*
  *der* **stellvertretende Vorsitzende** заместитель председателя; временно исполняющий обязанности председателя

**Stellvertreter** m заместитель; исполняющий обязанности
**Stellvertreter** представитель; уполномоченный

**Stellvertretung** f заместительство; исполнение обязанностей
**Stellvertretung** представительство
  **in Stellvertretung des Direktors** исполняющий обязанности директора, и/о директора, и.о. директора

**Stempel** m штемпель, печать; штамп

**Stempelabgaben,** pl. гербовые сборы (мн.ч.)

**Stempelgebühr** f гербовый сбор

**Stempelgeld** *n* пособие по безработице

**Stempelkarte** *f* удостоверение безработного для регистрации на бирже труда; карточка табельного учёта

**Stempelmarke** *f* гербовая марка, марка гербового сбора

**Stempelmarkensteuer** *f* бандерольный сбор

**Stempelpapier** *n* гербовая бумага

**Stempelschneider** *m* резчик печатей; изготовитель печатей (штампов)

**Stempelstelle** *f* биржа труда

**Stempelsteuer** *f* гербовый сбор, сбор за регистрацию

**Stempelstreifen** *m* бандероль *(ярлык об уплате акциза)*

**Stenokontoristin** *f* секретарь-стенографистка

**Stenotypistin** *f* машинистка-стенографистка

**Stepping-Stone-Methode** *f* дистрибутивный метод *(применение линейной оптимизации к решению транспортных задач)*

**Sterbegeld** *n* пособие на погребение, пособие на похороны

**Sterbegeld** сбережения, предназначенные для похорон, *(разг.)* гробовые (деньги)

**Sterbegeld** страховая премия, выплачиваемая в случае смерти

**Sterbegeldversicherung** *f страх.* страхование расходов по погребению

**Sterbekasse** *f уст.* касса страхования жизни *(напр., на предприятии)*

**Sterbenswahrscheinlichkeit** *f стат.* вероятность смерти

**Sterbetafel** *f стат.* таблица смертности

**Sterbeurkunde** *f страх.* свидетельство о смерти

**Sterbeziffer** *f стат.* коэффициент смертности

**Sterilisierung** *f des Geldes* "стерилизация" денежного обращения *(США)*

**Sterilisierungsreskriptionen** *pl* краткосрочные и среднесрочные ценные бумаги для изъятия свободных средств из оборота (выпускаются государством или центральным банком)

**Sterling** *m* стерлинг

**Pfund Sterling, Pfd. St** фунт стерлингов

**sterling area (eng)** стерлинговая зона

**Sterlingbereich** *m* стерлинговая зона

**Sterlingblock** *m* стерлинговый блок

**Sterlingblock-Länder** *n, pl* страны стерлингового блока

**Sterlinggebiet** *n* стерлинговая зона

**Sterlingguthaben** *n* авуары в фунтах стерлингов

**Sterlingkonto** *n* счёт в фунтах стерлингов

**Sterlingländer** *n, pl* страны стерлингового блока

**Sterlingraum** *m* стерлинговая зона

**Sterlingzone** *f* стерлинговая зона

**Steuer** *f* налог

**Steuer auf Lebensmittel** акцизный налог, налог на предметы потребления

**Steuer vom Arbeitseinkommen** налог на трудовой доход

**direkte Steuer** прямой налог

**ergänzende Steuer** дополнительный налог

**gestaffelte Steuer** дифференцированный налог; *ист.* классный налог; поразрядный налог

**indirekte Steuer** косвенный налог

**kontingentierte Steuer** контингентированный налог

**kontingentierte Steuer** сельскохозяйственный налог

**parafiskalische Steuer** парафискальный налог

**progressive Steuer** прогрессивный налог, прогрессивно-повышающийся налог

**örtliche Steuer** местный налог

**staatliche Steuer** государственный налог

**zentrale Steuer** общегосударственный налог

**zusätzliche Steuer** дополнительный налог

**zweckgebundene Steuer** целевой налог

**die Steuer stunden** отсрочить уплату налога

**die Steuer überwälzen** переложить налог, перекладывать налог (на кого-л. другого)

**die Steuer umgehen** уклоняться от уплаты налога, уклониться от уплаты налога

**die Steuer veranlagen** устанавливать сумму налога, установить сумму налога

**die Steuern hinterziehen** утаивать от налогообложения, утаить от налогообложения

**die Steuern senken** уменьшать налогообложение; снижать налоги

**der Steuer unterliegen** подлежать налогообложению

**eine Steuer abwälzen** перелагать налог

**eine Steuer erheben** взимать налог

**eine Steuer erhöhen** повышать налог; увеличивать налог

**eine Steuer senken** уменьшить налог, снизить налог

**Gewinn vor Steuern** прибыль без вычета налогов

**nach Abzug der Steuer** за вычетом налога

**mit Steuer belegen** облагать налогом, обложить налогом

**von der Steuern absetzen** исключать из налогооблагаемой базы

**Steuerabschnitt** *m* период налогообложения

**Steuerabwälzung** *f* переложение налога, перекладывание налога

**Steuerabwälzung auf den Käufer** переложение налога на покупателя, перекладывание налога на покупателя

**Steuerabwälzung durch Preiserhöhung** переложение налога путём повышения цены
**Steuerabwehr** *f* сокрытие размера доходов от налогообложения
**Steuerabzug** *m* вычет налога (*напр., из доходов*)
**Steueramnestie** *f* налоговая амнистия
**Steueramortisation** *f* погашение задолженности по налогу (*возможно погашение частями*)
**Steueramt** *n* налоговое управление
**Steuerangleichung** *f* выравнивание налоговых платежей
**Steueranspruch** *m* требование об уплате налога
**Steuerapparat** *m* налоговый аппарат
**Steuerarten** *f, pl* виды налогов
**Steueraufkommen** *n* налоговые поступления (мн.ч.)
**Steueraufsicht** *f* налоговая инспекция, налоговый контроль
**Steuerausfall** *m* налоговые недоимки (мн.ч.)
**Steuerausweichung** *f* уклонение от уплаты налогов
**steuerbar** регулируемый, управляемый
**Steuerbefreiung** *f* освобождение от уплаты налога
**persönliche Steuerbefreiung** освобождение от налога субъекта обложения
**sachliche Steuerbefreiung** освобождение от налога объекта обложения (*напр., в случае имущественного налога*)
**subjektive Steuerbefreiung** освобождение от налога субъекта обложения
**(jmd) Steuerbefreiung gewäfren** освобождать (кого-л.) от уплаты налога

**steuerbegünstigt** пользующийся налоговыми льготами
**Steuerbegünstigung** *f* налоговая льгота
**Steuerbehörden** *f pl* финансовое управление, налоговое управление
**Steuerbeitreibung** *f* взимание налогов, взыскание налогов; сбор налогов
**Steuerbelastung** *f* налогообложение, налоговое обложение, обложение налогом
**Steuerbemessungseinheit** *f* единица налогового обложения (*объект, определяемый по размеру, числу и весу*)
**Steuerbemessungsgrundlage** *f* базис налоговых расчётов
**Steuerberater** *m* консультант по налоговым вопросам
**Steuerberechnung** *f* исчисление налога, вычисление налога, исчисление суммы налога, расчёт суммы налога
**Steuerbescheid** *m* платёжное извещение налогового органа
**Steuerbetrag** *m* сумма налога
**Steuerbetrug** *m* введение в заблуждение налоговых органов, обман налоговых органов
**Steuerbevollmächtigte** *m* уполномоченный по налоговым вопросам
**Steuerbilanz** *f* баланс, составленный для определения суммы налогового обложения (*напр., расчёт суммы полученной прибыли*)
**Steuerbürde** *f* налоговое бремя
**Steuerbürgschaft** *f* поручительство за уплату налогов третьим лицом
**Steuerdegression** *f* налоговая дегрессия
**Steuerdelikte** *n, pl* нарушения налогового законодательства

**Steuerdestinatar** *m* фактический налогоплательщик, конечный налогоплательщик, носитель налога, дестинатор
**Steuerdestinatar** *m* налогоплательщик, определяемый законодательством (*не всегда совпадает с* **Steuerträger, Steuerzahler**)
**Steuerdienst** *m* налоговая служба (РФ)
**Der Staatliche Steuerdienst der Russischen Föderation** Государственная налоговая служба Российской федерации
**Steuerdiffusion** *f* налоговая диффузия (*распространение налогов за границы операций субъектов налогообложения на всю экономику страны*)
**Steuerdirigismus** *m* налоговый дирижизм (*система использования налогов в интересах монополистического капитала*)
**Steuerdruck** *m* налоговый гнёт
**Steuereingänge** *m pl* налоговые поступления (мн.ч.)
**Steuereinheit** *f* единица налогового обложения (*объект, определяемый по размеру, числу и весу*)
**Steuereinholung** *f* налоговое стимулирование (*ситуация, при которой налогоплательщик для погашения своих налоговых обязательств стремится расширить объём выпускаемой продукции или снизить издержки производства*)
**Steuereinholung** совокупность мероприятий предпринимателей, направленных на возмещение их "потерь" от выплаты налогов (*напр., повышение производительности труда без соответствующей оплаты*)

**Steuereinnahmen** f, pl налоговые поступления

**Steuereintreibung** f взимание налогов, взыскание налогов; сбор налогов

**lückenlose Steuereintreibung** тщательный ("сплошной") сбор налогов

**Steuererhebung** f взимание налогов, взыскание налогов; сбор налогов

**Steuererklärung** f налоговая декларация

**Steuererlaß** m освобождение от уплаты налогов

**Steuererleichterung** f уменьшение налогов, снижение налогов

**Steuerermäßigung** f налоговая льгота

**Steuerermäßigung für zu unterhaltende Personen** налоговая льгота на иждивенцев

**Steuerermittlungsverfahren** n метод определения размера налоговых обязательств, метод определения размера налогового обложения; метод расследования случаев нарушения налогового законодательства

**Steuererstattung** f возврат переплаченных сумм налога

**Steuerertrag** m доходы от (поступления) налогов

**Steueretat** m налоговый бюджет

**Steuerfahnder** m налоговый инспектор

**Steuerfahndung** f вскрытие случаев нарушения налогового законодательства, обнаружение случаев нарушения налогового законодательства

**Steuerfall** m налоговый случай

**Steuerfestsetzung** f установление размера налога

**Steuerflexibilität** f эластичность налоговых поступлений *(напр., эластичность налогов по доходу);* см. Aufkommenselastizität

**Steuerflucht** f переезд налогоплательщика с целью уклонения от уплаты налоговой задолженности, переезд налогоплательщика за рубеж с целью уменьшения налоговых выплат

**Steuerform** f форма налога

**Steuerfortwälzung** f перекладывание налогов на покупателей *(путём повышения цен на товары)*

**steuerfrei** не облагаемый налогом, не подлежащий налогообложению

**steuerfrei** освобождённый от уплаты налога

**Steuerfreibetrag** m сумма, не облагаемая налогом

**Steuerfreiheit** f освобождение от уплаты налога

**Steuergebäude** n структура налогообложения

**Steuergefährdung** f нарушение налогового законодательства с целью уменьшения налоговых выплат путём предоставления неверных данных

**Steuergefährdung** нарушение налогового законодательства с целью уменьшения общей суммы выплачиваемых налогов, нарушение налогового законодательства с целью неправомерного использования налоговых льгот

**Steuergegenstand** m объект налогообложения, объект налогового обложения

**Steuergeheimnis** n "налоговая тайна" *(обязанность не разглашать сведения о финансовом положении налогоплательщика)*

**Steuergeschenk** n "налоговый подарок" *(предпринимателям как мероприятие экономической политики)*

**Steuergesetz** n закон о налоге; закон о налогообложении (конкретным налогом)

**Steuergesetzgebung** f налоговое законодательство

**Steuergläubiger** m налоговый кредитор *(напр., в случае отсрочки при взимании налогов)*

**Steuergrundlage** f основа налогообложения, базис налогообложения

**Steuergrundsatz** m принцип взимания налога

**Steuergutscheine** m, pl государственные долговые обязательства, принимаемые в уплату налогов; налоговые сертификаты *(государственные долговые обязательства, приносящие процентные доходы и принимаемые в уплату налогов)*

**Steuerhaftung** f налоговая ответственность *(напр., за налоговый долг другого налогоплательщика)*

**Steuerharmonisierung** f гармонизация налоговых систем

**Steuerharmonisierung** f гармонизация налоговых платежей

**Steuerhäufung** f общее бремя, "нагромождение" налогов *(учитывает также дополнительные платежи в результате перекладывания налогов)*

**Steuerhehlerei** f уклонение от налогообложения *(в результате сознательной покупки, утаивания или продажи предметов, налог на которые не уплачен)*, укрывательство доходов от налогового обложения, утаивание доходов от налогового обложения

**Steuerherabsetzung** f снижение налогов

**Steuerhinterzieher** m *(физическое или юридическое)* лицо уклоняющееся от уплаты налогов

**Steuerhinterziehung** f злостный неплатёж налогов, уклонение от уплаты налогов *(путём указания неверных данных в налоговой декларации)*

**Steuerhoheit** f налоговый суверенитет
  **der Träger der Steuerhoheit** носитель налогового суверенитета

**Steuerillusion** f иллюзия налога *(напр., игнорирование различий между номинальным и фактическим налогообложением)*

**Steuerjahr** n налоговый год

**Steuerkataster** m налоговый кадастр

**Steuerklasse** f разряд налогообложения, класс налогообложения

**Steuerkompetenzen** f, pl право взимания налогов

**Steuerkraft** f налоговая потенция *(способность субъекта налогообложения платить налоги)*; соотношение между налоговыми поступлениями и численностью населения *(напр, страны, области, общины)*

**Steuerkraftziffer** f средняя сумма налога на душу населения

**Steuerkurswert** m курсовая стоимость ценных бумаг, устанавливаемая федеральным министром финансов *(является основой для исчисления налоговых обязательств)*, официальная курсовая стоимость ценных бумаг

**Steuerkurszettel** m бюллетень курсовой стоимости ценных бумаг, служащий основанием для исчисления и распределения налога

**Steuerlast** f налоговое бремя
  **die Steuerlast erhöhen** усилить налоговое бремя

**Steuerlastquote** f доля налоговых поступлений в валовом национальном продукте, доля государственных поступлений от налогов в валовом социальном продукте

**steuerlich** налоговый

**Steuerliste** f список налогоплательщиков с указанием суммы взимаемых налогов, окладной лист

**Steuermarke** f гербовая марка, марка гербового сбора

**Steuermaßzahl** f ставка для исчисления поземельного и промыслового налогов

**Steuermehreinnahmen** pl дополнительные налоговые поступления

**Steuermeßzahl** f ставка для исчисления поземельного и промыслового налогов

**Steuermonopol** n налоговая монополия, финансовая монополия

**Steuermultiplikator** m налоговый мультипликатор *(может показывать, напр., на сколько процентов изменятся в среднем налоговые поступления, если национальный доход меняется на один процент)*

**Steuern** f, pl налоги *(мн.ч.)*, см. тж. Steuer f
  **Steuern berechnen** начислять налоги, начислить налоги
  **Steuern einziehen** взимать налоги, взыскивать налоги
  **Steuern hinterziehen** уклоняться от уплаты налогов, уклониться от уплаты налогов, уклоняться от налогообложения, уклониться от налогообложения
  **Steuern veranlagen** устанавливать налоги, устанавливать ставку налогов
  **Steuern zahlen** платить налоги

  **grenzausgleichsfähige Steuern** налоги, в отношении которых применяется принцип страны назначения *(при экспорте или импорте товаров)*
  **örtliche Steuern** местные налоги *(мн.ч.)*; региональные налоги *(мн.ч.)*

**Steueroase** f "налоговый оазис" *(страна или отрасль с относительно льготными налогами)*

**Steuerobjekt** n объект налогообложения, объект налогового обложения

**Steuerordnung** f положение о налогах, положение о сборах, правила взимания налогов, правила взимания сборов

**Steuerpacht** f ист. откуп налогов

**Steuerparameter** m управляющий параметр

**Steuerpflicht** f налоговая повинность
  **beschränkte Steuerpflicht** обязанность уплаты налогов с доходов, получаемых внутри страны
  **unbeschränkte Steuerpflicht** обязанность уплаты налогов с доходов, получаемых как внутри страны, так и за границей

**steuerpflichtig** подлежащий обложению налогом, облагаемый налогом
  **beschränkt steuerpflichtig** облагаемый налогами с доходов, полученных внутри страны
  **unbeschränkt steuerpflichtig** облагаемый налогами с доходов, полученных внутри страны и за рубежом
  **steuerpflichtiger Gewinn** налогооблагаемая прибыль, облагаемая налогом прибыль
  **steuerpflichtiges Einkommen** налогооблагаемый доход, облагаемый налогами доход

**Steuerpflichtige** *f*; **Stpfl.** налогоплательщик, налогоплательщица; налогообязанное лицо

**Steuerpflichtiger** *m* налогоплательщик, налогооблагаемое лицо

**Steuerpolitik** *f* налоговая политика

**Steuerpräferenz** *f* налоговая привилегия

**Steuerprivileg** *n* налоговая привилегия

**Steuerprogression** *f* система прогрессивных налогов, налоговая прогрессия

**Steuerprozentsatz** *m* процентное отношение суммы налогов к общему обороту

**Steuerquelle** *f* источник налогов, налоговый источник

**Steuerquote** *f* налоговая квота *(доля налоговых поступлений в совокупном общественном продукте)*

**volkswirtschaftliche Steuerquote** доля налоговых поступлений в валовом национальном продукте, доля государственных поступлений от налогов в валовом социальном продукте

**Steuerrecht** *n* налоговое право

**formelles Steuerrecht** формальное налоговое право

**internationales Steuerrecht** международное налоговое право

**materielles Steuerrecht** материальное налоговое право

**steuerrechtlich** согласно налоговому праву, налогово-правовой

**Steuerreform** *f* налоговая реформа

**Steuerregression** *f* система регрессивных налогов, налоговая регрессия

**Steuerreserve** *f* *страх.* резерв на уплату налогов

**Steuerrückerstattung** *f* возврат налогов

**Steuerrückstand** *m* задолженность по налогам, налоговая недоимка

**Steuerrückstände** *pl* налоговые недоимки, задолженность по налогам

**Steuerrückvergütung** *f* возврат налогов

**Steuerrückwälzung** *f* переложение налогов, перекладывание налогов *(путём снижения заработной платы, увеличения цены на конечную продукцию, сбивания цен на сырьё и т.п.)*

**Steuersatz** *m* налоговая ставка, налоговая квота

**ermässigter Steuersatz** льготная налоговая ставка

**progressiver Steuersatz** прогрессивная налоговая ставка

**Steuersatztarif** *m* тарифная сетка налогообложения; тариф, предусматривающий для каждого разряда определённую ставку обложения

**Steuersäumnisgesetz** *n* закон о надбавках за просрочку платежа налогов, закон о доплатах за просрочку платежа налогов; закон о санкциях за просрочку платежа налогов

**Steuerschraube** *f* налоговый пресс

**Steuerschuld** *f* задолженность по налоговым обязательствам; задолженность по налогу

**Steuerschuldner** *m* налоговый должник; должник по уплате налогов

**Steuersenkung** *f* снижение налогов

**Steuerstatistik** *f* налоговая статистика

**Steuerstreik** *m* забастовка налогоплательщиков, отказ налогоплательщиков платить налоги

**Steuerstundung** *m* отсрочка уплаты налогов, отсрочка по уплате налогов

**Steuersubjekt** *n* субъект налогового обложения, субъект налогообложения

**Steuersystem** *n* налоговая система

**Steuersystematik** *f* систематика налогов, классификация налогов

**Steuertarif** *m* тариф налогообложения, налоговый тариф

**Steuertäuschung** *f* введение в заблуждение налоговых органов, обман налоговых органов

**Steuertechnik** *f* налоговая техника, техника налогового дела

**Steuertermin** *m* срок уплаты налога; срок погашения налоговых обязательств

**Steuertheorie** *f* теория налогов

**Steuertilgung** *f* погашение задолженности по налогу *(возможно погашение частями)*

**Steuerträger** *m* фактический налогоплательщик, конечный налогоплательщик, носитель налога, дестинатор

**Steuerüberwälzung** *f* переложение налога, перекладывание налогов *(напр., предприниматель стремится переложить налог на своих поставщиков или покупателей)*

**Steuerumgehung** *f* обход налоговых законов

**Steuerung** *f* управление, регулирование; система управления, система регулирования

**Steuerung eines Produktionsprozess** управление производственным процессом

**Steuerung eines Unternehmens** управление фирмой

**Steuerungsdaten** *pl* информация, используемая в процессе управления, управляющие данные

**Steuerveranlagung** *f* определение суммы налога

**Steuerveranlagungseinheit** *f* единица налогового обложения

**Steuerveranlagungseinhelt** *f* единица налогового обложения

**Steuervergünstigung** *f* налоговая льгота, налоговая привилегия; налоговые льготы

**Steuervergütung** *f* возврат *(части)* уплаченных налогов

**Steuerverjährung** *f* давность требования уплаты налога

**Steuerverkürzung** *f* занижение налога, занижение суммы налога

**Steuervermeidung** *f* уклонение от уплаты налога

**Steuerversicherung** *f* страхование налогов

**Steuervorauszahlung** *f* уплата налогов вперёд

**Steuerwerk** *n* устройство управления

**Steuerwert** *m* стоимость актива для целей налогообложения

**Steuerwiderstand** *m* налоговое сопротивление *(попытка переложить налог или уклониться от него)*

**Steuerwirtschaft** *f* система налогообложения

**Steuerzahler** *m* налогоплательщик, лицо, уплачивающее налог, *не всегда совпадает с* Steuerträger

**Steuerzahlung** *f* уплата налогов

**Steuerzeichen** *n* знак оплаты налогов

**Steurabwälzung** *f* перекладывание налогов на плечи трудящихся

**stf., steuerfrei** не облагаемый налогом, не подлежащий налоговому обложению

**StFB, staatlicher Forstwirtschaftsbetrieb** государственное предприятие лесного хозяйства *(бывш. ГДР)*

**StGB, Strafgesetzbuch** уголовный кодекс

**Stichjahr** *n* базисный год

**Stichkupon** *m* последний купон купонного листа *(акции, облигации)*

**Stichkurs** *m бирж.* базисный курс

**Stichprobcnkorrelationskoeffizient** *m* коэффициент корреляции выборки

**Stichprobe** *f стат.* выборка; выборочное наблюдение; выборочная проба; выборочный контроль, выборочная проверка

**doppelte Stichprobe** двукратная выборка, двойная выборка

**einfache Stichprobe** простая выборка, простой выборочный контроль

**einmalige Stichprobe** однократная выборка, однократный выборочный контроль

**geordnete Stichprobe** упорядоченная выборка

**geschichtete Stichprobe** расслоённая выборка

**kleine Stichprobe** малая выборка

**mechanische Stichprobe** механическая выборка

**mehrfache Stichprobe** кратная выборка, кратный выборочный контроль

**repräsentative Stichprobe** репрезентативная выборка

**sequentielle Stichprobe** последовательная выборка

**statistische Stichprobe** статистическая выборка

**typische Stichprobe** типологическая выборка, типическая выборка

**unabhängige Stichprobe** независимая выборка

**verbundene Stichprobe** связанная выборка

**wiederholte Stichprobe** повторная выборка

**zufällige Stichprobe** случайная выборка

**Kontrolle durch Stichprobe machen** производить контроль путём взятия выборочных проб

**Stichprobeentnahme** *f* взятие выборочной пробы

**Stichproben-Anfangsmoment** *n* начальный выборочный момент

**stichprobenartig** *стат.* выборочный; выборочным путём

**Stichprobenauswahl** *f стат.* выборка; выборочное наблюдение; выборочная проба

**Stichprobenbeobachtung** *f* выборочное наблюдение, выборочный метод наблюдения

**Stichprobendurchschnitt** *m* выборочная средняя

**Stichprobenentnahme** *f* взятие выборочной пробы

**Stichprobenergebnis** *n* результат выборочной проверки; результат выборки

**Stichprobenerhebung** *f* выборочное исследование

**Stichprobenfehler** *m* ошибка выборки, ошибка выборочного контроля

**Stichprobenfehler bei Anteilgrößen** ошибка выборочной доли

**Stichprobenfunktion** *f* выборочная функция

**Stichprobenkarte** *f* контрольная карта *(при статистическом контроле качества)*

**Stichprobenkontrolle** *f* выборочный контроль *(качества)*

**Stichprobenkovarianzmatrix** *f* ковариационная матрица выборки

**Stichprobenmedian** *m* медиана выборки

**Stichprobenmethode** *f* выборочный метод

**Stichprobenmittel** *n* выборочная средняя

**Stichprobenmittelwert** *m* среднее выборочное значение

**Stichprobenmoment** *n* выборочный момент

**Stichprobenplan** *m* план выборки; план приёмочного контроля *(при статистическом контроле качества)*

**Stichprobenplan für Attributprüfung** *стат.* выборочный план контроля по качественным признакам

**Stichprobenplan für Variablenprüfung** выборочный план контроля по количественным признакам

**doppelter Stichprobenplan** план двойного приёмочного контроля *(качества)*

**einfacher Stichprobenplan** план одиночного приёмочного контроля, план одновыборочного контроля *(качества)*

**einfacher Stichprobenplan** выборочный план последовательного контроля *(качества)*

**mehrfacher Stichprobenplan** план множественного приёмочного контроля, многовыборочный план контроля *(качества)*

**Stichprobenprüfung** *f* выборочный контроль

**Stichprobenqualitätskontrolle** *f* выборочный контроль качества

**Stichprobenquantil** *n* квантиль выборки

**Stichprobenraum** *m* выборочное пространство

**Stichprobenregressionskoeffizient** *m* коэффициент регрессии выборки

**Stichprobenstreuung** *f* дисперсия выборки

**Stichprobensystem** *n* система приёмочного контроля

**doppeltes Stichprobensystem** система двойного приёмочного контроля

**einfaches Stichprobensystem** система простого приёмочного контроля

**kontinuierliches Stichprobensystem** система непрерывного приёмочного контроля

**mehrfaches Stichprobensystem** система множественного приёмочного контроля

**Stichprobentheorie** *f* теория выборок

**Stichprobenumfang** *m* объём выборки

**relativer Stichprobenumfang** относительный объём выборки

**Stichprobenuntersuchung** *f* *стат.* выборочное наблюдение, выборка

**Stichprobenverfahren** *n* выборочное наблюдение; выборочный метод; метод выборочного контроля, выборочный контроль *(качества)*

**Stichprobenverfahren für messende Prüfung** выборочный контроль *(качества)* по количественным признакам

**doppeltes Stichprobenverfahren** метод двукратной выборки, метод двукратного выборочного контроля *(качества)*

**einfaches Stichprobenverfahren** метод простой выборки, метод однократного выборочного контроля *(качества)*

**mehrfaches Stichprobenverfahren** многовыборочный метод контроля *(качества)*

**Stichprobenverteilung** *f* выборочное распределение

**Stichprobenverteilungsfunktion** *f* функция выборочного распределения

**stichprobenweise** на выборку; выборочным путём, выборочно

**Stichprobenwert** *m* выборочное значение

**Stichtag** *m* срок уплаты, день платежа; день поставки *(напр., товара)*; день выполнения *(напр., заказа)*

**Stichtag** *бухг.* день, на который составляется баланс; день инвентаризации

**Stichtag** *стат.* критическая дата

**Stichtag** *юр.* день вступления в силу *(напр., закона, договора)*

**stichtagbezogen** относящийся к определённой дате, относящийся к определённому дню

**Stichtagsbestand** *m* наличие *(товаров или денежной наличности)*, запас на определённый день

**Stichtagsinventur** *f* инвентаризация на определённую дату

**Stichtagskontrolle** *f* контроль наличия материалов на определённый день

**Stichtagspreis** *m* цена на определённый день, служащая основой расчёта с поставщиком

**Stichtagsvorratsnorm** *f* норма запаса на определённый день

**Stichtagsvorratsnormung** *f* нормирование запаса на определённый день; нормирование запасов в днях *(напр., при планировании товарооборота)*

**Stichtagswert** *m* данные, получаемые в установленные сроки

**Stichwort** *n* поисковое слово (напр. в Интернет)

**Stichwort** *n* вокабула (в словаре)

**Stichwort** *n* предметная рубрика

**Stiftung** *f* учреждение, основание; фонд *(гл. обр. благотворительный, пользуется налоговыми льготами)*

**still** скрытый *(напр., резервы)*; негласный *(напр., участие)*

**stillegen** *vt* свёртывать, *(временно)* останавливать работу *(предприятия)*, консервировать *(напр., предприятие, строительство)*; закрывать *(предприятие)*, прекращать движение *(на линии, на трассе)*; ставить на прикол *(суда)*

**Stillgeld** *n* пособие кормящей матери

**Stillhalteabkommen** *n* соглашение о моратории

**Stillhaltekredite** *m, pl* кредиты, попадающие под действие моратория

**Stillhalten** *n* отсрочка оплаты *(денежных обязательств)*

**Stillhalter** *m* продавец опциона

**Stilliegetage** *m pl* сверхсталийное время

**Stillpausen** *f, pl* перерывы в работе для кормящих матерей

**Stillstand** *m* застой; затишье; бездействие; простой *(напр., машины)*

**Stillstand der Anlage** простой оборудования

**Stillstand der Ausrüstung** простой оборудования

**ganzschichtiger Stillstand** целосменный простой, простой всей смены

**ganztägiger Stillstand** целодневный простой, простой в течение всего рабочего дня

**technisch bedingter Stillstand** простой по техническим причинам

**vollschichtiger Stillstand** целосменный простой, простой всей смены

**Stillstands- und Wartezeit** *f* время простоя машин, время простоя оборудования; период застоя

**Stillstandsbeseitigung** *f* ликвидация простоя

**Stillstandsdauer** *f* продолжительность простоя, длительность простоя

**Stillstandskosten,** *pl* расходы, связанные с консервацией предприятия; расходы, вызванные простоем

**Stillstandszeit** *f* время простоя машин, время простоя оборудования; период застоя

**Stimmkraft** *f* количество голосов

**Stimmrecht** *n* право голоса *(напр., на собрании акционеров)*; положение о выборах

**Stimmrechtsaktie** *f* многоголосая акция, плюральная акция

**Stimmschein** *m* удостоверение с правом голоса (на собрании акционеров)

**Stimulierung** *f* стимулирование; поощрение

**materielle Stimulierung** материальное стимулирование

**ökonomische Stimulierung** экономическое стимулирование

**Stimulierungsfonds** *m, pl* поощрительные фонды

**Stimulierungsmaßnahme** *f* мера поощрения

**Stimulus** *m* стимул

**materieller Stimulus** материальный стимул

**Stipulation** *f* договор, условие; оговорка

**StKl, Steuerklasse** разряд налогообложения, класс налогообложения

**stöbern** искать; осуществлять поиск (напр. в каталоге, в Интернет, в Интернет-магазине)

**stöbern** рыться; шарить; копаться (с целью поиска)

**Stochastik** *f* стохастика

**stochastisch** стохастический, вероятностный

**Stock** *m* товарные запасы, запасы товарно-материальных ценностей

**Stock** *m* основной капитал

**Stock** *m* акция; долговое обязательство; ценные бумаги

**Stock der Aktien** контрольный пакет акций

**stock** *(eng.)* биржа

**stock brocker** биржевой маклер *(на фондовой бирже)*

**stock certificate** глобальная акция *(в США и Англии)*; акционерный сертификат (удостоверяющий право владельца на часть капитала компании); свидетельство на долю участия в акционерном капитале

**stock corporation** акционерная корпорация *(США)*

**Stock Exchange** *f* фондовая биржа

**Stockdividende** *f* дивиденд в форме акций, дивиденд в форме выпуска дополнительных акций

**Stockmaster** *m* информационное табло на бирже

**stockpile** англ. стратегический запас

**Stockpile-Verkäufe** *m, pl* продажа излишков стратегических запасов, реализация излишков стратегических запасов

**Stockpiling** англ. создание запасов стратегического сырья

**Stockpiling-Käufe** *m, pl* закупки с целью создания запасов стратегического сырья

**Stockung** *f* застой; затор, пробка *(на транспорте)*

**Stofffluss** *m* материальный поток *(в межотраслевом балансе)*; поток материалов *(в логистике)*

**Stoffflussbild** *n* схема материальных потоков *(в логистике, в межотраслевом балансе)*

**Stoffgewinnung** f добыча полезных ископаемых
**stofflich** материальный; вещественный
**Stopp** m остановка; приостановка; прерывание; пауза; замораживание
**Stopp loss Order** f бирж. стоп-ордер, стоп-заказ
**Exportstopp** приостановка экспорта; остановка экспорта; прерывание экспортных поставок
**Importstopp** приостановка импорта; остановка импорта; прерывание импортных поставок
**Lieferungsstopp** приостановка поставки; приостановка поставок; остановка поставок; пауза в поставках; замораживание поставок
**stoppen** останавливать, приостанавливать
**stoppen** фиксировать (напр. цену в биржевых торгах)
**Unterhandlungen stoppen** приостанавливать переговоры
**Stoppkurs** m бирж. твёрдый курс; твёрдый биржевой курс
**Stoppkurspreis** m бирж. цена по твёрдому курсу
**Stoppmiete** f твёрдо установленная (чаще квартирная) арендная плата
**Stoppreis** m стоп-цена, замороженная цена
**Stör** f работа, исполняемая (ремесленником) в помещении заказчика, работа, исполняемая (ремесленником) в помещении клиента
**auf der Stör arbeiten** работать у заказчика на дому
**Störbetrieb** m работа, исполняемая (ремесленником) в помещении заказчика, работа, исполняемая (ремесленником) в помещении клиента

**stornieren** vt бухг. сторнировать, исправить запись в бухгалтерских книгах; аннулировать (напр., заказ)
**Storno** m сторно, исправление бухгалтерской записи
**Stornobuchung** f бухг. сторно
**Stornogrund** m страх. причина сторнирования
**Stornorecht** n право сторнировать записи (напр. банка, страховой компании и т.п.))
**Stornoreserve** f страховой резерв
**Störreserve** f резервный запас, страховой запас
**Störung** f нарушение; расстройство; повреждение; помеха; неполадки; сбой
**Störung** негативное явление, отрицательное влияние (какого-л. фактора)
**Störung im Handel** перебой в торговле
**Störungen** f, pl неполадки (в работе)
**Störungsbehebung** f отладка, устранение помех
**Störungsbeherrschung** f предотвращение нежелательного воздействия, оказываемого отрицательными факторами
**Störungsbeseitigung** f отладка, устранение помех
**störungsfrei** бесперебойный; без помех, без повреждений, безотказный, безаварийный
**Störungsmeldung** f учёт возмущений, регистрация отрицательно влияющих факторов, сигнал о сбое
**Störungspuffer** m внеплановые сверхнормативные запасы сырья и материалов
**Störungspuffer** страховой резерв, резерв на устранение возмущений
**Stpp., Stoppreis** "замороженная" цена, "стоп-цена"

**StPr, Stammprioritätsaktie** привилегированная акция первого выпуска
**strafbar** наказуемый (в том числе с помощью материальных санкций)
**Strafbedingungen** f, pl договорные санкции
**Strafbescheid** m уведомление о наложении штрафа
**Strafe** f наказание; взыскание; штраф; пеня
**Strafe zahlen** платить штраф
**mit Strafe belegen** обложить штрафом
**strafen** vt штрафовать; наказывать
**Straffung** f усиление, укрепление
**Strafgeld** n денежный штраф; пеня
**Strafporto** n дополнительная плата (за несоблюдение почтового тарифа)
**Strafrabatt** m штрафная скидка
**Strafrecht** n уголовное право
**Strafsanktionen** f, pl штрафные санкции
**Strafzölle** m pl "ответные" пошлины, реторсии (встречные меры по отношению к странам, затрудняющим ввоз высокими пошлинами)
**Strandgut** n предметы, выброшенные морем после кораблекрушения (на берег)
**Straßenabgabe** f уст. дорожный сбор, шоссейный сбор
**Straßenanliegerbeitrag** m взнос на дорожное строительство, уплачиваемый владельцами прилегающих к дорогам участков,
**Straßenfertigung** f производство на автоматических станочных линиях
**Straßenhandel** m уличная торговля; торговля вразнос

**Straßensteuer** f дорожный налог

**Straßenverkäufer** m торговец с лотка, торговец вразнос

**Straßenzoll** m дорожная пошлина

**Strategie** f стратегия

  **Strategie** методика; методология; система руководства

  **Strategie des Verhaltens** стратегия поведения

  **CIM-Strategie** f стратегия комплексно-автоматизированного производства

  **Entscheidungsstrategie** f стратегия принятия решений

  **extremale Strategie** экстремальная стратегия

  **gemischte Strategie** смешанная стратегия

  **individuelle Strategie** индивидуальная стратегия

  **maximale Strategie** максимальная стратегия

  **minimale Strategie** минимальная стратегия

  **Minimax-Strategie** f минимаксная стратегия

  **optimale Strategie** оптимальная стратегия

  **reine Strategie** чистая стратегия

  **Untersuchungsstrategie** f методика исследований

  **eine Strategie entwickeln** разрабатывать стратегию

  **eine Strategie verfolgen** придерживаться стратегии

**Strategienmenge** f множество стратегий

**Strategienwahl** f выбор стратегии

**strategisch** стратегический

  **strategische Planung** стратегическое планирование

  **strategische Unternehmungsführung** стратегический менеджмент

  **strategisches Geschäftsfeld** стратегическое поле деятельности

**Stratifikationstheorien** f, pl теории стратификации

**Streckenfracht** f фрахт за известное расстояние, фрахт за определённое расстояние

**Streckengeschäft** n торговая операция, при которой предприятие-поставщик поставляет товар непосредственно заказчику по указанию оптовой торговой организации

**Streckenhandel** m торговая операция, при которой предприятие-поставщик поставляет товар непосредственно заказчику по указанию оптовой торговой организации

**Streifband** n бандероль

**Streifbanddepot** n хранение ценных бумаг банком в отдельных конвертах (*отличающихся друг от друга нанесёнными полосами*), хранение ценных бумаг под бандеролью

**Streifbandsendung** f бандероль

**Streifendiagramm** n ленточная диаграмма, полосовая диаграмма

**Streifenregister** n *канц.* ленточный указатель

**Streifensteuer** f бандерольный сбор (*акцизный налог*)

**Streik** m забастовка, стачка

  **allgemeiner Streik** всеобщая забастовка

  **planmässiger Streik** плановая забастовка, запланированная забастовка

  **sitzender Streik** сидячая забастовка

  **verkehrter Streik** итальянская забастовка

  **wilder Streik** стихийная забастовка, спонтанная забастовка

  **den Streik ausrufen** объявлять забастовку

  **der Streik lähmt die Wirtschaft** забастовка парализует экономику

  **einen Streik abbrechen** прекращать забастовку

  **(etw) durch Streik erzwingen** добиваться (чего-л.) путём забастовки, добиваться (чего-л.) путём проведения забастовки

  **in Streik treten** начинать забастовку, начать забастовку, забастовать

  **zum Streik aufrufen** призывать к забастовке, призвать к забастовке

**Streikaktion** f забастовка, стачка

**Streikbewegung** f забастовочное движение, стачечное движение

**Streikbrecher** m штрейкбрехер

**Streikbruch** m срыв забастовки

**Streikende** m бастующий, забастовщик, стачечник

**Streikfonds** m стачечный фонд

**Streikfreiheit** f свобода стачек

**Streikgelder** n, pl пособие бастующим

**Streikkasse** f стачечная касса

**Streikposten** m стачечный пикет, пикет забастовщиков

  **Streikposten aufstellen** выставить стачечный пикет, выставлять стачечный пикет; выставить пикет забастовщиков, выставлять пикет забастовщиков

**Streikrecht** n право на проведение забастовок; право проведения забастовок; право организации забастовок; право на забастовки

**Streikversicherung** f страхование предпринимателей на случай забастовок

**Streit** m спор, ссора; дело, процесс; столкновение, конфликт

**Streitfall** *m* спорный случай, конфликт
  **den Streitfall schlichten** уладить конфликт

**Streitgegenstand** *m* предмет спора; предмет иска

**Streitigkeit** *f* *юр.* спор; ссора, конфликт
  **vermögensrechtliche Streitigkeit** имущественный спор

**Streitobjekt** *n* предмет спора; предмет иска

**Streitwert** *m* исковая цена; исковая стоимость; величина иска

**Streuarten** *f, pl* формы распространения рекламных материалов

**Streubesitz** *m* разбросанное земельное владение, распылённое земельное владение

**streuen** *vt* распределять *(напр., товары)*; размещать *(напр., собственность)*; распространять *(рекламные материалы)*; *стат.* рассеивать

**Streuergebnis** *n* результат проведения кампании по распространению рекламных материалов

**Streugebiet** *n* район распространения рекламных материалов

**Streuplan** *m* план распространения рекламных материалов; план рекламной кампании

**Streuung** *f* распределение *(напр., товаров)*; размещение *(напр., собственности)*; распространение *(рекламных материалов)*; *стат.* рассеяние, дисперсия; разброс

**Streuungsdiagramm** *n* диаграмма дисперсий

**Streuungsfeld** *n* *стат.* поле рассеяния

**Streuungskarte** *f* контрольная карта для дисперсий *(в статистическом контроле качества)*

**Streuungskoeffizient** *m* *стат.* коэффициент рассеяния

**Streuungsmaß** *n* *стат.* мера рассеяния

**Streuungsmatrix** *f* ковариационная матрица

**Streuungszerlegung** *f* дисперсионный анализ

**Streuzeit** *f* продолжительность распространения и действия рекламных материалов

**Strich** *m* черта; линия; штрих
  **unter dem Strich** *бухг.* за балансом

**Strichelungsverfahren** *n* *стат.* штрихелевание

**Strichkode** *m* штриховой код; штрих-код

**Strichkodeleser** *m* считыватель штрихового кода; автомат для считывания штрихового кода
  **optischer Strichkodeleser** *m* оптический считыватель штрихового кода

**Strichliste** *f* *стат.* рабочая таблица, используемая при штрихелевании

**Strichplan** *m* линейный график

**Strohmann** *m* подставное лицо *(действующее, напр., под своим именем, но за счёт средств, полученных от других лиц)*

**Strohmanngründung** *f* основание акционерного общества с помощью подставных лиц

**Strom** *m* поток; *(электрический)* ток, электроэнергия
  **endlicher Strom** конечный поток *(требований) (в теории массового обслуживания)*
  **unendlicher Strom** бесконечный поток *(требований) (в теории массового обслуживание)*

**Strombilanz** *f* электроэнергетический баланс

**Stromkontingent** *n* лимит на электроэнергию

**Stromzählung** *f* учёт динамики транспортного потока; подсчёт потребления электроэнергии

**Stropp** *m* строп *(приспособление из канатов, тросов, цепей и т.п. для захвата грузов и подвешивания их к крюку подъёмного крана)*

**Struktur** *f* структура; строение; состав; устройство; уклад
  **abteilungslose Struktur** бесцеховая структура управления производством
  **regionale Struktur** региональная структура
  **technologische Struktur** технологическая структура

**Strukturanalyse** *f* структурный анализ, анализ структуры

**Strukturänderungen** *f, pl* структурные изменения, структурные сдвиги

**strukturbestimmend** структуроопределяющий

**Strukturdiagramm** *n* *стат.* структурная диаграмма

**Struktureffekt** *m* структурный эффект

**Struktureinheit** *f* структурная единица, структурное звено

**Strukturen** *f, pl* организационная структура,
  **risikominimierende Strukturen** организационная структура, характеризующаяся минимальным риском *(для компании)*
  **straff organisierte Strukturen** чётко организованная структура

**Strukturentwicklung** *f* развитие структуры

**Strukturforschung** *f* исследование структуры, структурное исследование, структурный анализ

**Strukturgestaltung** *f* организационная структура

**Strukturmodell** *n* структурная модель

**Strukturorganisation** *f* организационная структура

**Strukturplan** *m* структурный план *(организации управления предприятием)*

**Strukturplanung** *f сет. пл.* определение структуры; исходное планирование *(проекта)*

**Strukturpolitik** *f* структурная политика

**regionale Strukturpolitik** региональная структурная политика *(проводится обычно центральным правительством, местными властями и международными организациями, напр., ЕЭС, с целью совершенствования структуры экономических регионов)*

**Strukturschaubild** *n* структурная схема

**Strukturveränderung** *f* изменение структуры

**Strukturverschiebung** *f* структурный сдвиг

**Strukturwandel** *m* изменение структуры; структурный сдвиг

**Strukturwechsel** *m* изменение структуры

**Strumpfsparen** *n* хранение денег в кубышке

**Stück** *n* кусок, часть; штука
**pro Stück** за штуку

**Stückarbeit** *f* сдельная работа

**Stückartwechsel** *m* переналадка линии при прерывно-поточном производстве

**Stücke** *n pl* отдельные купюры денег, отдельные купюры ценных бумаг, ценные бумаги
**fehlerhafte Stücke** повреждённые купюры
**freie Stücke** свободно перепродаваемые ценные бумаги
**nasse Stücke** неразмещённые закладные
**reine Stücke** ценные бумаги, отвечающие требованиям биржи

**Stückekonto** *n уст.* счёт ценных бумаг, сданных на хранение без описи

**Stückelung** *f* дробление; деление *(монет, банкнот, ценных бумаг)* по купюрам; деление *(монет, банкнот, ценных бумаг)* по достоинству; дробление; деление *(эмиссии по купюрам или достоинствам)*

**Stückerfolg** *m (коммерческий)* результат от продажи единицы продукции

**Stückeverzeichnis** *n* опись ценных бумаг, перечень ценных бумаг

**Stückezuteilung** *f* размещение ценных бумаг по подписке

**Stückgeldakkord** *m* сдельная аккордная заработная плата

**Stückgut** *n* штучный товар; штучный груз; мелкий груз

**Stückkosten**, *pl* издержки на единицу продукции, прямые издержки

**Stückkostenkalkulation** *f* калькуляция издержек в расчёте на единицу продукции, калькуляция себестоимости единицы продукции

**Stückkurs** *m бирж.* курс отдельной ценной бумаги

**Stückleistung** *f* штучная производительность

**Stückliste** *f* перечень, спецификация

**Stücklohn** *m* сдельная заработная плата, сдельная оплата труда, система сдельной заработной платы
**einfacher Stücklohn** прямая сдельная заработная плата, прямая сдельная оплата труда
**indirekter Stücklohn** косвенно-сдельная заработная плата, косвенно-сдельная оплата труда
**kollektiver Stücklohn** коллективная сдельная оплата труда
**progressiver Stücklohn** сдельно-прогрессивная заработная плата, сдельно-прогрессивная оплата труда
**im Stücklohn arbeiten** работать сдельно

**Stücklohnarbeit** *f* сдельная работа

**Stücklöhner** *m* рабочий-сдельщик

**Stücklohnsatz** *m* расценка на сдельную работу

**Stücklohnsystem** *n* система сдельной оплаты труда, сдельная система заработной платы, сдельщина
**einfaches Stücklohnsystem** простая сдельная система оплаты труда, прямая сдельная система оплаты труда, пропорциональная сдельная система оплаты труда
**indirektes Stücklohnsystem** косвенная сдельная система оплаты труда

**Stücknorm** *f* норма выработки *(выраженная в штуках)*

**Stücknormzeit** *f* норма штучного времени

**Stücknotierung** *f бирж.* котировка отдельной ценной бумаги, котировка ценных бумаг данного вида

**Stückprämie** *f* премия за сбыт единицы скоропортящихся продуктов, премия за сбыт единицы залежавшихся товаров

**Stückpreis** *m* поштучная цена, цена за штуку

**Stückpreissystem** *n* система оплаты труда за каждую единицу выработанной продукции

**Stückrechnung** *f* расчёт коммерческого результата, достигнутого от продажи единицы продукции, подсчёт коммерческого результата, достигнутого от продажи единицы продукции; поштучный учёт

**Stückschuld** *f* долг, погашаемый индивидуально передачей определённой вещи

**Stückspanne** f торговая наценка (*напр., за количество*), определяемая в расчёте на единицу товара; торговая скидка (*напр., за количество*), определяемая в расчёте на единицу товара

**Stücktara** f тара, вес которой принимается в размере, установленном торговым обычаем

**Stücktarif** m тариф на перевозку штучного груза, штучный тариф

**Stückware** f штучный товар

**stückweise** поштучно; частями

**Stückwerk** n несовершенная работа, незаконченная работа, незавершённая работа; сдельная работа, поштучная работа; работа, оплачиваемая поштучно

**Stückzahl** f объём продукции в штуках, количество изделий в штуках

  **hohe Stückzahl** крупная серия

  **kleine Stückzahl** мелкая серия

  **mittlere Stückzahl** средняя серия

  **niedrige Stückzahl** мелкая серия

**Stückzahlnorm** f норма выработки (*выраженная в штуках*)

**Stückzeit** f время изготовления единицы продукции, штучное время

**Stückzeitakkord** f повременно-сдельная заработная плата; штучно-аккордная зарплата

**Stückzeitnorm** f норма штучного времени

  **kalkulierte Stückzeitnorm** норма штучно-калькуляционного времени

**Stückzinsen** m, pl бирж. гарантированные проценты (мн.ч.)

**Stückzölle** m, pl ставки пошлины (*в исчислении на единицу продукции*)

**Studie** f исследование

  **technologische Studie** технологическое исследование

**studieren** vt изучать (*проблему, вопрос*)

  **studieren** vi обучаться, учиться

**Studium** n изучение (*вопроса*); учёба, обучение

**Stufendivisionskalkulation** f простой метод калькуляции для каждой ступени производства

**Stufenerzeugnis** n промежуточное изделие, полуфабрикат

**Stufenfabrikat** n промежуточное изделие, полуфабрикат

**Stufengrafik** f ступенчатый график

**Stufengründung** f учреждение акционерного общества по мере распространения акций

**Stufenmodell** n ступенчатая модель

**Stufennorm** f норма расходования материалов на изготовление промежуточного продукта

**Stufenpreise** m, pl ступенчатые цены

**Stufenprodukt** n промежуточный продукт

**Stufenproduktion** f многостадийный процесс производства

**Stufenspezialisierung** f специализация стадий производства

**Stufentarif** m ступенчатый тариф; ступенчатая шкала налогообложения

**Stufentheorie** f теория стадийного развития, теория стадий

**stufenweise** постепенный, последовательный; стадийный

**Stuhlkapazität** f число посадочных мест (*предприятия общественного питания*)

**stunden** vt пролонгировать, отсрочивать (*платёж и т.п.*)

**Stundenerzeugungsplan** m почасовой график производства

**Stundenleistung** f почасовая производительность, часовая производительность, часовая выработка,

**Stundenlohn** m почасовая оплата труда

**Stundenlohnsatz** m почасовая ставка заработной платы

  **Stundenlohnsatz nach Tarif** почасовая тарифная ставка

**Stundenplan** m часовой график

**Stundenproduktion** f почасовая производительность, часовая производительность, часовая выработка,

**Stundenproduktionsplan** m часовой график

**Stundung** f отсрочка, пролонгация (*платежа*); мораторий

**Stundungsfrist** f срок, на который предоставлена отсрочка (*платежа*)

**Stundungsgesuch** n просьба об отсрочке (*платежа*)

**Stundungszinsen** m, pl проценты, взимаемые за предоставление отсрочки (*платежа*)

**Sturmschadenversicherung** f страхование от ущерба, нанесённого бурей, страхование от ущерба, нанесённого ураганом, страхование от ущерба, нанесённого штормом

**Sturmversicherung** f страхование от ущерба, нанесённого бурей, страхование от ущерба, нанесённого ураганом, страхование от ущерба, нанесённого штормом

**Sturzgut** n насыпной груз, навалочный груз

**Stuto, Tonnen je Stunde** (*столько-то*) тонн в час

**Stützung** *f* дотация; субсидия, субвенция

**Stützungskauf** *m* интервенционная скупка *(закупка для поддержания цен или курсов)*, покупка в целях поддержания существующего курса, покупка в целях поддержания существующего уровня цен

**Stv, Stellvertreter** заместитель; исполняющий обязанности

**Stv, Stellvertreter** представитель

**StW, statistisches Warenverzeichnis** статистический перечень товаров

**Subagent** *m* субагент

**Subauftragnehmer** *m* предприятие-смежник, являющееся поставщиком основного исполнителя заказа

**Subcompany** *f* англ. дочерняя *(подконтрольная)* компания

**Subcontract** *m* субподряд; договор с субподрядчиком

**Subhastation** *f* продажа с молотка, продажа с аукциона, продажа с публичных торгов

**Subjektsteuern** *f, pl* личные налоги

**Subkonto** *n* субсчёт

**Sublieferant** *m* субпоставщик

**Submission** *f* объявление конкурса на размещение заказов; размещение подрядов; торги; продажа с молотка, продажа с аукциона, продажа с публичных торгов

**Submission** ярмарка образцов, ярмарка-выставка *(для заключения контрактов между предприятиями-поставщиками и торговыми организациями; бывш. ГДР)*

**Submissionskartell** *n* картель, объединяющий предпринимателей *(в рамках которого распределяются общие оферты на государственные заказы)*

**Submissionslieferung** *f* принудительная поставка

**Submissionslieferungsvertrag** *m* договор принудительной поставки

**Submittent** *m* подрядчик

**Subnetz** *n* сет. пл. частная сеть

**Suboptimierung** *f* субоптимизация

**Subpacht** *f* субаренда

**Subsidium** *n* субвенция, субсидия, дотация *(чаще всего государственная финансовая помощь)*

**Subsistenzmittel** *n, pl* средства пропитания, средства к существованию

**Subsistenzmittelfondstheorie** *f* теория фонда средств к существованию

**Subskription** *f* подписка *(напр., на ценные бумаги)*

**Substanz** капитал, имущество

**wertbildende Substanz** субстанция, созидающая стоимость

**Substanzbesteuerung** *f* обложение налогом имущества; обложение прямыми реальными налогами

**Substanzbewertung** *f* оценка стоимости имущества *(при налогообложении)*

**Substanzerhaltung** *f* сохранение капитала

**Substanzsteuer** *f* реальный налог *(поземельный, промысловый)*

**Substanzverringerung** *f* истощение запасов ископаемых *(напр., на горнозаводских предприятиях, каменоломнях)*

**Substanzverzehr** *m* истощение запасов ископаемых *(напр., на горнозаводских предприятиях, каменоломнях)*

**Substanzwert** *m* реальная стоимость; реальная ценность

**Substituierbarkeit** *f* заменимость

**Substituierbarkeit der Ressourcen** взаимозаменяемость ресурсов

**Substitut** *m* субститут, заменитель

**Substitution** *f* заменяемость, замена, замещение

**Substitution der Produktionsfaktoren** взаимозамещаемость факторов производства

**substitutional** взаимозаменяемый

**Substitutionseffekt** *m* эффект замещения *(изменение величины спроса на товар в результате изменения его цены по отношению к ценам других товаров при сохранении неизменного дохода)*

**Substitutionselastizität** *f* эластичность замещения, эластичность замены

**substitutionsfähig** взаимозаменяемый

**Substitutionsgüter** *n, pl* взаимозаменяемые товары; взаимозаменяемые продукты; взаимозаменяемое сырьё

**Substitutionskoeffizient** *m* мат. коэффициент подстановки, коэффициент замещения

**Substitutionskonkurrenz** *f* конкуренция субститутов, конкуренция заменителей *(между взаимозаменяемыми товарами)*

**Substitutionsmaterial** *n* заменитель

**Substitutionsmethode** *f* метод замещения

**Substitutionsprodukt** *n* заменитель *(продукт)*

**Substitutionswaren** *f, pl* взаимозаменяемые товары

**subsummieren** *vt* подводить промежуточные итоги

**Subsystem** *n* субсистема, подсистема; частная система

**Subvention** f субвенция, субсидия, дотация (чаще всего государственная финансовая помощь); пособие, денежная помощь
   **unsichtbare Subvention** невидимая субсидия, скрытая субсидия
**subventionieren** vt субсидировать; предоставлять дотацию; выплачивать пособие оказывать денежную помощь
**Subventionierung** f субвенция, субсидия, дотация (чаще всего государственная финансовая помощь); пособие, денежная помощь
**Subventionsabbau** m сокращение субсидий
**Subventionsbericht** m отчёт о выдаче субсидий
**Subventionsfonds** m субвенционный фонд
**Subvertreter** m субагент
**Suchkartei** f справочная картотека
**Suchkatalog** m поисковый каталог (в Интернет)
**Suchmaschine** f поисковая машина (в Интернет)
**Suchprogramm** n программа поиска
**Südostasienpakt** Организация договора Юго-Восточной Азии, СЕАТО
**Südostasienpaktorganisation** Организация договора Юго-Восточной Азии, СЕАТО
**Suchmaschine f** механизм поиска; сервер поиска; поисковая машина (в Internet); информационно-поисковая машина
**Suchmaschineoptimierung f** оптимизация поиска (в поисковых машинах); оптимизация механизма поиска
**Sukzessionsstaat** m государство-правопреемник

**sukzessiv** последовательный; постепенный
**Sukzessivgründung** f учреждение акционерного общества по мере распространения акций
**Sukzessivlieferung** f поставка частями, поставка партиями
**summa, summarum** всего, в итоге
**summarisch** суммарный, итоговый
**Summation** f подведение итога; суммирование
**Summator** m обр. дан. сумматор
**Summe** f сумма; итог, результат
   **aufgelaufene Summe** нарастающий итог
   **ausstehende Summe** недоплаченная сумма
   **kumulative Summe** нарастающий итог
**Summen** f, pl суммы
   **disponible Summen** свободная наличность
   **restierende Summen** недоимки; недоплаты
**Summenaktie** f акция с твёрдо установленной квотой, недолевая акция
**Summenbilanz** f бухгалтерский баланс, в котором по каждой статье приводится оборот за соответствующий период
**Summendepot** n вид депонирования ценных бумаг в банке, при котором последний может регулировать состав хранимого портфеля, возвращая бумаги одного вида
**Summenrückversicherung** f страх. квотативная перестраховка

**Summenversicherung** f страх. страхование на фиксированную сумму, страхование не твёрдо установленную страховую сумму (выплачиваемую при наступлении страхового случая)
**summieren** vt суммировать, подытоживать, подводить итог
**Summierung** f подведение итога; суммирование
**SUNFED, Special United Nations Fund for Economic Development** Специальный фонд ООН (по финансированию экономического развития слаборазвитых стран)
**super tax** англ. дополнительный подоходный налог; дополнительная импортная пошлина; доплата почтового сбора
**Superdividende** f дополнительный дивиденд; бонус, скидка
**Superette** f небольшой магазин самообслуживания с ограниченным ассортиментом товаров
**Superkapitalismus** m суперкапитализм
**Superkargo** m суперкарго
**Superkartell** n суперкартель, сверхкартель
**Superlativreklame** f крикливая реклама
**supermarket** англ. супермаркет, универсам
**Supermarkt** m супермаркет, универсам
**Supermonopol** n сверхмонополия
**Superprotektionismus** m сверхпротекционизм
**Supersystem** n суперсистема
**Supertara** f дополнительная тара (сверх предусмотренной)

**Supertrust** *m* супертрест, трест-гигант

**supranational** наднациональный, супернациональный

**Suprasystem** *n* суперсистема

**Supratara** *f* дополнительная тара *(сверх предусмотренной)*

**Surcharge** *f* дополнительный фрахтовый сбор, доплата к фрахтовому сбору *(при возникновении непредвиденных обстоятельств, удорожающих морскую перевозку)*

**Surplus** *n* излишек, остаток; обеспечение; покрытие

**Surplusarbeit** *f* прибавочный труд

**Surplusarbeitszeit** *f* прибавочное рабочее время

**Surplusbevölkerung** *f* избыточное население

**Surpluskapital** *n* добавочный капитал

**Surplusprodukt** *n* прибавочный продукт

**Surplusprofit** *n* сверхприбыль

**Surpluswert** *m* прибавочная стоимость

**Surrogatkonkurrenz** *f* конкуренция между монополиями, производящими однородную продукцию

**Surtax** *f* дополнительный подоходный налог; дополнительная импортная пошлина; доплата почтового сбора

**SV:**
  **SV, Sachverständigenrat** совет экспертов
  **SV, Sozialversicherung** социальное страхование

**SV-Beitrag** *m* взнос в фонд социального страхования

**SVO, Verordnung über die Sozialversicherung** положение о социальном страховании

**SVS, Speditionsversicherungsschein** страховое свидетельство на перевозимый груз

**swap** *англ. фин.* своп

**Swap-Geschäft** *n* своп *(обмен финансовыми активами, доходами или обязательствами; в случае валютного свопа, напр., участник приобретает иностранную валюту в обмен на отечественную с последующим выкупом)*

**Swapgeschäft** *n фин.* своп

**Sweatingsystem** *n* потогонная система

**SWIFT, Society for Worldwide Interbank Financial Telecommunications** Международная межбанковская организация по валютным и финансовым расчётам по телексу

**Swing** *m англ.* свинг, допустимое сальдо, предел взаимного кредитования *(по клиринговым расчётам)*

**Swingkredit** *m фин.* свинг

**switch** *англ. фин.* свитч

**Switch-Geschäft** *n англ.* свитч *(внешнеторговая сделка, при которой несбалансированное сальдо по клирингу используется в торговле с третьими странами)*

**Switchgeschäft** *n фин.* свитч

**SY, Syrien** Сирийская арабская республика

**Symbol** *n* символ, условное обозначение

**Symbolkartogramm** *n стат.* картодиаграмма

**Sympathiestreik** *m* стачка солидарности, забастовка солидарности

**Synchronisation** *f* синхронизация

**Synchronisation der Arbeitsgänge** синхронизация производственных операций

**synchronisieren** синхронизировать

**Synchronisierung** *f* синхронизация

**Syndikalismus** *m* синдикализм

**syndikalistisch** синдикалистский

**Syndikat** *n* синдикат *(форма хозяйственного объединения; в промышленности - организация, осуществляющая совместный сбыт продукции)*

**syndizieren** *vt* объединять в синдикат

**SYP, Syrisches Pfund, - Syrien** Сирийский фунт, - Сирия

**System** *n* система
  **System der fehlerfreien Arbeit** система бездефектной работы
  **System der Leitung, automatisiertes** автоматизированная система управления, АСУ
  **System der Massenbedienung** система массового обслуживания
  **System der Vertragspreise** система договорных цен
  **System der Vorzugszolle** система покровительственных пошлин, система преференций
  **System des optimalen Funktionierens der Wirtschaft** система оптимального функционирования экономики, СОФЭ
  **System des Zahlungsausgleichs** система безналичных расчётов
  **System mit Rückführung** система с обратной связью
  **System mit Verlusten** система *(обслуживания)* с потерями
  **System ohne Verluste** система *(обслуживания)* с ожиданием

**System technisch-wirtschaftlicher Kennziffern** система технико-экономических показателей
**System von Modellrechnungen** система моделей
**System vorbestimmter Zeiten** система запланированного времени, система заданного времени, метод запланированного времени, метод заданного времени *(производственного процесса)*
**adaptives System** адаптивная система, адаптирующаяся система
**automatisiertes System der Betriebsleitung** автоматизированная система управления предприятием, АСУП
**automatisiertes System der Planberechnungen** автоматизированная система плановых расчётов, АСПР
**automatisiertes System der Planung und Leitung** автоматизированная система планирования и управления
**binäres System** двоичная система счисления, бинарная система счисления
**dekadisches System** десятичная система счисления
**dynamisches System** динамическая система
**einheitliches System** единая система единиц
**einheitliches System von Rechnungsführung und Statistik** единая система учёта и статистики
**endliches System** конечная система
**geschlossenes System** замкнутая система
**gesteuertes System** управляемая система
**großes System** сложная система, большая система
**kybernetisches System** кибернетическая система
**lernendes System** самообучающаяся система
**lineares System** линейная система
**neues ökonomisches System der Planung und Leitung (der Volkswirtschaft)** новая экономическая система планирования и управления *(народным хозяйством)* *(бывш. ГДР)*
**metrisches System** метрическая система
**monopolkapitalistisches System** система монополистического капитализма
**nichtautonomes System** неавтономная система
**offenes System** открытая система
**ökonomisches System des Sozialismus** экономическая система социализма
**selbsteinstellendes System** самонастраивающаяся система
**selbstorganisierendes System** самоорганизующаяся система
**selbststeuerndes System** самоуправляющаяся система
**stationäres System** устойчивая система; стационарная система
**statisches System** статическая система
**steuerndes System** управляющая система
**unendliches System** бесконечная система
**Systemanalyse** *f* системный анализ
**Systematik** *f* систематика; классификация; номенклатура
**Systematiken** *f, pl* номенклатуры
**Systematik der Ausbildungsberufe** номенклатура профессий, подготавливаемых в системе профессионального обучения *(бывш. ГДР)*
**Systematik des Staatshaushaltsplans** номенклатура государственного бюджета
**technologische Systematik** технологическая классификация товаров, классификация товаров по технологическим признакам
**teleologische Systematik** телеологическая классификация товаров, классификация товаров по их целевому назначению
**volkswirtschaftliche Systematiken** народнохозяйственные номенклатуры
**Systematisierung** *f* систематизация, классификация
**Systemautomatisierung** *f* системная автоматизация
**Systemglied** *n* узел системы, звено системы
**Systemmethode** *f* системный метод; системный подход
**Systemobjekt** *n* системный объект
**Systemparameter** *m* параметр системы
**Systemtechnik** *f* технические приёмы системного подхода
**Systemtheorie** *f* теория систем
**kybernetische Systemtheorie** теория кибернетических систем
**Systemverwalter** *m* (выч.тех.) администратор системы; системный администратор (напр. локальной сети фирмы)
**Systemwettbewerb** *m* соревнование между системами
**SZ, Swasiland** Свазиленд
**SZA, Sollzinsabkommen** соглашение о дебетовых процентах по кредиту
**SZL, Lilangeni, - Swasiland** Лилангени, - Свазиленд

# T

**T:**
**T, Tausend** тысяча
**T, Taxkurs** *(биржевой)* курс по оценке
**T, Teil** часть; доля; *юр.* сторона
**T, Termin** срок
**T, Tragfähigkeit** грузоподъёмность
**T, Transport** транспорт, репорт *(перенос итога на следующую страницу)*
**t, Tonne** тонна
**T.-Ums., Tagesumsatz** дневной оборот
**t-Verteilung** f *стат.* распределение Стьюдента
**Ta, Tara** тара, упаковка, вес упаковки
**TAA, Transferable Account Area** зона применения переводных счетов *(в фунтах стерлингов)*
**TAB:**
**TAB, Technical Assistance Board of the United Nations** Бюро технической помощи (ООН)
**Tab** m *англ. канц.* выступ карточки-разделителя, выступающая часть карточки-разделителя *(для удобства отыскания нужного раздела картотеки)*
**Tab., Tabelle** таблица
**Tab-Karte** f *канц.* карточка с выступами
**Tab-Reiter** m *канц.* (картотечный) рейтер, "наездник"
**Tabaksteuer** f акциз на табак, налог на табак, акцизный налог на табак *(сырьё и изделия)*
**Tabakwarenabgabe** f 1. налог на табак и табачные изделия 2. единый налог на табак и табачные изделия *(бывш. ГДР)*

**Tabakwerbung** f реклама табачных изделий
**Tabakwerbungsverbot** n запрет на рекламу табачных изделий; запрет на рекламу табака и табачных изделий
**totaler Tabakwerbungsverbot** полный запрет на рекламу табачных изделий
**tabellarisch** в виде таблицы, в форме таблицы, табличный
**tabellarisch ordnen** табулировать
**tabellarischer Ausdruck** m распечатка таблиц(ы)
**Tabelle** f таблица
**Tabelle** табель
**Tabelle** табулягромма
**Tabelle** список (в табличной форме)
**Tabelle** график в табличной форме
**Tabelle** расписание (напр. поездов в табличной форме)
**Tabelle "Aufwendungen - Ausstoß"** таблица "затраты - выпуск"
**Tabelle "Lieferungen - Ausstoß"** таблица "поставки - выпуск"
**Abrechnungstabelle** f расчётная ведомость; расчётно-платёжная ведомость
**Auswertungstabelle** f итоговая ведомость; табулягромма
**Berechnungstabelle** f расчётная таблица
**elektronische Tabelle** электронная таблица, таблица в электронной форме
**Entlohnungstabelle** f платёжная ведомость
**gedruckte Tabelle** (выч.тех) табличная форма выдачи на печать; распечатанная таблица

**Lohntabelle** f таблица ставок зарплаты
**schachbrettartige Tabelle** шахматная таблица, (разг.) шахматка
**sortierte Tabelle** упорядоченная таблица
**statistische Tabelle** f *страх.* статистическая таблица
**ungeordnete Tabelle** неупорядоченная таблица
**unsortierte Tabelle** неупорядоченная таблица
**Abrechnungstabelle** f расчётная ведомость; расчётно-платёжная ведомость
**Auswertungstabelle** f итоговая ведомость; табулягромма
**Beobachtungstabelle** f таблица результатов наблюдений
**Berechnungstabelle** f расчётная таблица
**Datentabelle** f таблица данных
**Fehlertabelle** f таблица повреждений
**Kalkulationstabelle** f электронная таблица
**Lohntabelle** f таблица ставок зарплаты; тарифная сетка
**Look-up-Tabelle** f справочная таблица
**Umwandlungstabelle** f таблица преобразования
**Vorkopf** (m) **der Tabelle** заголовок таблицы
**Tabelle der Beispielrechnungen** таблица типовых расчётов; таблица образцов расчётов *(в налоговой и таможенной практике)*
**Tabellenangaben** f, pl данные таблицы; данные в форме таблицы; данные в виде таблицы; табличные данные

**Tabellenauszug** *m* выписка из списка требований конкурсных кредиторов

**Tabellenbuchhaltung** *f* табличная форма бухгалтерского учёта

**Tabellenfeld** *n* клетка таблицы

**Tabellenform** *f* табличная форма

**tabellenförmig** в виде таблицы, в форме таблицы, табличный

**Tabellenfunktion** *f* табличная функция

**Tabellengrenze** *f* граница таблицы
  **untere Tabellengrenze** нижняя граница таблицы

**Tabellenkopf** *m* сказуемое *(статистической)* таблицы
  **Tabellenkopf** заголовок таблицы; шапка таблицы

**Tabellenlesen** *n* (выч.тех) просмотр таблицы; считывание таблицы

**Tabellenprogramm** *n* программа составления статистической таблицы, схема составления статистической таблицы

**Tabellenschreiben** *n* табулирование, составление таблиц

**Tabellenwerte** *m, pl* данные таблицы; данные в форме таблицы

**tabellieren** *vt* табулировать, составлять таблицы, сводить в таблицы

**Tabellierliste** *f* *стат.* табулярамма

**Tabelliermaschine** *f* табулятор; (почт.) табуляторная машина
  **Tabelliermaschine** (выч.тех.) табулятор, табуляционная машина
  **Tabelliermaschine** бухгалтерская машина, счётная машина, счётно-аналитическая машина, фактурная машина

**Tabellierung** *f* табулирование, составление таблиц

**tabelllieren** *vt* табулировать, составлять таблицы, сводить в таблицы

**Tabulator** *m* табулятор; табуляционная машина
  **Tabulator** (выч.тех.) клавиша табуляции; табулятор; табуляционная клавиша
  **Tabulator** табулятор (в пишущих машинках)

**Taf., Tafel** таблица

**Tafelgeschäft** *n* приобретение ценных бумаг за наличные

**TAG:**
  **TAG, Technical Assistance Committee, (of the Economic and Social Council of the United Nations)** Комитет технической помощи развивающимся странам Экономического и Социального Совета ООН

**Tag** *m* день; сутки
  **arbeitsfreier Tag** нерабочий день
  **verkaufsoffener Tag** рабочий день *(в торговой сети)*
  **Tag- und Nachtarbeit** *f* круглосуточная работа

**Tagearbeit** *f* *ист.* подённая работа, подёнщина

**Tagebuch** *n* дневник; журнал; *бухг.* журнал, мемориал

**Tagegeld** *n* суточные *(деньги)*; средства на покрытие расходов, связанных со служебными поездками

**Tagegelder** *n, pl* суточные *(деньги)*; средства на покрытие расходов, связанных со служебными поездками

**Tagegeldleistungen** *f, pl* выплата суточных *(денег)*
  **Tagegeldleistungen in der Versicherung** выплата суточных *(денег)* из фонда страхования от болезни и несчастных случаев

**Tagegeldversicherung** *f* страхование по болезни с выплатой суточного возмещения

**Tagelohn** *m* подённая *(заработная)* плата, подённая оплата; дневной заработок

**Tagelöhner** *m* подённый рабочий, подёнщик; батрак
  **freier Tagelöhner** подённый рабочий, подёнщик; батрак

**Tagelöhnerarbeit** *f* *ист.* подённая работа, подёнщина

**Tagelöhnerei** *f* *ист.* подённая работа, подёнщина

**Tagesabschluss** *m* *бухг.* ежедневное заключение записей; ежедневное подведение итогов

**Tagesabstimmung** *f* ежедневное согласование записей в разных регистрах и первичных документах

**Tagesabstinimung** *f* ежедневная сверка бухгалтерских записей с документами

**Tagesarbeitsleistung** *f* дневная выработка, суточная выработка; дневной выпуск продукции; суточная производительность

**Tagesarbeitsnorm** *f* норма выработки за день, дневная норма *(выработки)*

**Tagesaufgabe** *f* насущная задача; дневное задание, дневная норма

**Tagesauflage** *f* дневное задание, дневная норма

**Tagesausbeute** *f* суточная добыча

**Tagesausnutzungsfaktor** *m* коэффициент суточного использования

**Tagesausstoß** *m* дневная выработка, суточная выработка

**Tagesauszug** *m* выписка из текущего счёта *(банка)* за один день

**Tagesbestand** *m* дневной запас

**Tageserlös** *m* дневная выручка

**Tagesförderung** *f* суточная добыча

**Tagesgeld** *n* однодневная ссуда; однодневная банковская ссуда; однодневный банковский кредит

**Tagesgeldkonto** *n* (*Um einen höheren Zinsertrag zu erzielen, werden vorübergehend liquide Mittel auf einem Tagesgeldkonto angelegt. Dabei bestehen keine festen Laufzeiten, sonder über das angelegte Kapital kann täglich verfügt werden. Der Zinssatz ist von der Höhe der Einlage, sowie vom allgemeinen Marktzinsniveau abhängig. In der Regel fallen bei Tagesgeldkonten keine Kontoführungsgebühren an.*) текущий счёт; краткосрочный текущий счёт (в банке)

**Online-Tagesgeldkonto** *n* текущий краткосрочный счёт в банке с онлайновым доступом

**Tagesgeschäft** *n* кассовая сделка (*см. тж.* Kassageschäft)

**Tageskasse** *f* дневной оборот; выручка за день

**Tageskauf** *m* кассовая сделка

**Tageskurs** *m* официальный курс на определённый день, внебиржевой курс на определённый день; курс дня

**Tagesleistung** *f* дневная выработка, суточная выработка; дневной выпуск продукции; суточная производительность

**Tageslohn** *m* подённая (*заработная*) плата, подённая оплата; дневной заработок

**Tageslohnsatz** *m* дневная ставка (*зарплаты*)

**Tagesnorm** *f* норма выработки за день, дневная норма (*выработки*)

**Tagespreis** *m* цена текущего дня

**Tagespreisprinzip** *n* принцип калькулирования издержек по ценам текущего дня

**Tagesprodukt** *n* продукция, произведённая в течение дня, продукция, произведённая в течение суток

**Tagesschicht** *f* дневная смена

**Tagessoll** *n* дневное (*плановое*) задание

**Tagessollerfüllung** *f* выполнение дневного задания

**Tagesspitze** *f* максимальная суточная нагрузка, , максимальная суточная нагрузка, загрузка, суточный пик нагрузки, суточный пик загрузки

**Tagesumsatz** *m* дневной оборот, суточный оборот, оборот за сутки

**Tagesumsatzbilanz** *f* суточный (оборотный) баланс

**Tagesumsatzliste** *f* операционный дневник (*сберкассы*), ежедневная ведомость оборотов

**Tagesverbrauch** *m* суточное потребление, суточный расход

**Tagesverdienst** *m* дневной заработок

**Tagesverkauf** *m* дневная продажа, продажа за день

**Tagesvorlauf** *m* суточный задел (*на производстве*)

**Tageswechsel** *m* дато-вексель, вексель со сроком, исчисленным со дня выдачи

**Tageswert** *m* стоимость на текущий день; стоимость суточного бюджетного набора рабочего и его семьи

**Tagesziel** *n* дневное задание, дневная норма

**tageweise** подённо; по дням; за каждый день

**Tagewerk** *n* работа за день; рабочий день

**Tagfertigkeit** *f* ажур, ежедневная готовность (*по оформлению документов*)

**täglich** ежедневный

**täglich aktualisiert** ежедневно обновляемый

**Tagwechsel** *m* дато-вексель, вексель со сроком, исчисленным со дня выдачи

**Takt** *m* (рабочий) ритм, ритм потока, ритм поточного производства

**Takt** (*выч.тех.*) такт

**Takt** такт; цикл

*eine* **Serienfertigung nach Takten** цикличное серийное производство

**fester Takt** устойчивый ритм

**Taktarbeit** *f* ритмичная поточная работа

**Taktbauweise** *f* поточный метод строительства

**Taktfertigung** *f* поточное производство

**Taktreparatur** *f* поточно-узловой метод ремонта

**Taktstraße** *f* (*автоматическая*) поточная линия с расчётным ритмом

**Taktstraßenparameter** *m, pl* параметры работы поточной линии

**Taktverfahren** *n* поточный метод

**Taktzeit** *f* расчётный такт; шаг потока; время цикла, продолжительность цикла *вчт.* длительность такта

**Talfracht** *f* фрахт за перевозку по течению реки

**tallieren** *vt* контролировать количество (*погружаемого или разгружаемого*) груза

**Tallierung** *f* контроль за количеством груза (*при погрузке или разгрузке*), подсчёт количества груза (*при погрузке и выгрузке судна*)

**tallyman** англ. таллиман, присяжный счётчик

**Tallymann** *m* таллиман, присяжный счётчик

**Talon** *m* талон (*последний отрезок купонного листа, в обмен на который выдаётся новый купон*), талон купонного листа (*акции, облигации*)

**Talsohle** f **der Konjunktur** самая низкая точка кривой развития конъюнктуры, самая низкая точка кривой хозяйственной активности

**TAN:**

**TAN, technisch begründete Arbeitsnormen** технически обоснованные нормы выработки

**TAN; Transaktionsnummer** f номер транзакции (уникальный номер для каждой онлайновой операции по счёту в Интернет-банке, служит для повышения безопасности онлайновых банковских операций)

**TAN-Liste** список номеров транзакций (выдается клиентам Интернет-банка на определенный период и обычно содержит список из 50 - 100 номеров)

**TAN-Bearbeiter** m хронометражист; нормировщик

**TAN-Statistik** f производственная статистика, отражающая работу при применении технически обоснованных норм выработки

**tanken** vi заправляться горючим

**Tanker** m танкер, наливное судно

**Tankermarkt** m танкерный фрахтовый рынок

**Tankerrate** f фрахтовая ставка на танкеры, фрахтовая ставка на наливной тоннаж

**Tankertonnage** f наливной тоннаж

**Tankprahm** m наливная баржа

**Tankschiff** n танкер, наливное судно

**Tankwagen** m вагон-цистерна (для перевозки нефти, нефтепродуктов и спирта)

**Tantieme** f фр. тантьема (вознаграждение, выплачиваемое высшим должностным лицам дополнительно к заработку; исчисляется обычно в форме некоторого процента от прибыли компании)

**Tantiemesteuer** f налог на тантьему

**Tara** f тара, упаковка

**Tara** вес тары, вес упаковки, вес упаковочного материала

**absolute Tara** чистая тара; абсолютная тара

**gesetzliche Tara** легальный вес тары

**reduzierte Tara** вес импортной тары, показанный в единицах веса страны, импортировавшей товар в упаковке

**reelle Tara** фактический вес тары

**usuelle Tara** узо-тара (тара, вес которой принимается в размере, установленном торговым обычаем)

**verifizierte Tara** проверенный вес тары

**wirkliche Tara** фактический вес тары

**"Tara zu retournieren"** "с возвратом тары" (надпись на упаковке)

**Versandtara** f отгрузочная тара

**Taraabzugssatz** m норма уменьшения веса брутто товара, поставляемого и упаковке (при исчислении ставки таможенного обложения)

**Taragewicht** n вес тары, вес упаковки, вес упаковочного материала

**Taraordnung** f (таможенные) правила, регулирующие вопрос о таре

**Tarasatz** m тарный тариф

**Taratarif** m тара-тариф

**Tarazuschlags(s)atz** m норма увеличения веса товара, поставляемого без упаковки (при исчислении ставки таможенного обложения)

**tarieren** vt тарировать, определять вес тары; тарировать, юстировать

**Tarierung** f тарирование, установление веса тары; тарирование, юстировка

**Tarif** m тариф (оплата работ, напр., по затраченному времени, или транспортных услуг по расстоянию); расценка

**Tarif mit Entfernungsstaffel** дифференцированный тариф (транспортных перевозок)

**allgemein gültiger Tarif** общий тариф

**autonomer Tarif** автономный (таможенный) тариф (устанавливаемый государством односторонне, без договора с другими государствами)

**degressiver Tarif** прогрессивно понижающийся тариф

**ermäßigter Tarif** льготный тариф

**gleichbleibender Tarif** пропорциональный тариф

**gleitender Tarif** скользящая шкала (напр., обложения налогами)

**progressiver Tarif** прогрессивно возрастающий тариф; прогрессивный тариф

**proportionaler Tarif** пропорциональный тариф

**staffelloser Tarif** единый недифференцированный тариф (транспортных перевозок)

**Tarif- und Qualifikationsverzeichnis** n тарифно-квалификационный справочник

**Tarif- und Verkehrsanzeiger** m тарифно-маршрутный указатель

**Tarif-Schlichtungskommission** f расценочно-конфликтная комиссия

**Tarifabkommen** *n* тарифное соглашение
**Tarifanzeiger** *m* тарифный указатель
**Tarifart** *f* вид тарифа
**Tarifaufbau** *m* структура тарифа
**Tarifausschuss** *m* тарифная комиссия
**Tarifautonomie** *f* тарифная автономия, автономия в области тарифных ставок
**Tarifbeitrag** *m* страховой взнос, страховая премия
**Tarifbestimmung** *f* положение о тарифах
**Tarifbewegung** *f* движение профсоюзов за заключение коллективных *(трудовых)* договоров
**Tarifbildung** *f* тарификация
**Tarifbruch** *m* нарушение коллективного *(трудового)* договора о тарифных ставках
**Tarifdifferenzierung** *f* дифференциация тарифов
**Tarifdiktatur** *f* тарифная диктатура
**Tarifdisparität** *f* расхождение между тарифами
**Tarifentfernung** *f* тарифное расстояние
**Tarifentgelt** *n* тарифная плата
**Tariferhöhung** *f* повышение тарифной ставки
**Tarifermäßigung** *f* понижение тарифной ставки
**Tariffaktor** *m* тарифный фактор *(напр., расстояние)*
**Tarifform** *f* форма тарифа
**tariffrei** свободный от тарифов
**Tarifgebiet** *n* зона действия тарифа, тарифная зона
**Tarifgebühr** *f* тарифная плата; тарифный сбор
**Tarifgehalt** *n* тарифный оклад, оклад по тарифной сетке, тарифная ставка
**Tarifgesetz** *n* положение о тарифах

**Tarifgestaltung** *f* тарификация
**Tarifgruppe** *f* тарифный разряд
**Tarifgruppeneinteilung** *f* *трансп.* тарифно-групповая классификация
**Tarifhoheit** *f* прерогатива государства в установлении тарифа, установление тарифов *(часто под контролем государства)*
**tarifieren** *vt* тарифицировать
**Tarifizierung** *f* тарификация; установление тарифа
**Tarifklasse** *f трансп.* тарифный класс; тарифная группа
**Tarifkoeffizient** *m* тарифный коэффициент
**Tarifkommission** *f* тарифная комиссия
**Tarifkonflikt** *m* тарифный конфликт
**Tarifkonstruktion** *f* структура тарифа
**Tarifkontrahent** *m* сторона в переговорах об установлении тарифных ставок
**Tarifkoordinierung** *f* координация транспортных тарифов
**Tarifkorrektur** *f* пересмотр тарифов
**tariflich** по тарифу, согласно тарифу
**Tariflohn** *m* заработная плата, предусмотренная тарифным соглашением *(обычно ниже фактической зарплаты)*, см. Effektivlohn
**Tarifnachlass** *m* тарифная скидка
**Tarifnetz** *n* тарифная сетка
**Tarifniveau** *n* уровень тарифных ставок
**Tarifordnung** *f* положение о тарифах
**Tarifpartei** *f* сторона в коллективном договоре, сторона в трудовом договоре
**Tarifpolitik** *f* политика в области тарифов

**Tarifpreis** *m* тариф; расценка
**Tarifprogression** *f* система прогрессивных ставок *(напр., налогообложения)*
**Tarifquote** *f* тарифная ставка
**Tarifrabatt** *m* тарифная скидка
**Tarifsatz** *m* тарифный оклад, оклад по тарифной сетке, тарифная ставка
**Tarifschema** *n* тарифная схема
**Tarifsenkung** *f* понижение тарифа, снижение тарифа; понижение расценки
**Tarifskala** *f* шкала заработной платы
**Tarifspanne** *f* соотношение между отдельными тарифными ставками *(оплаты труда)*, разница между отдельными тарифными ставками
**Tarifstaffel** *f* тарифная сетка
**Tarifstaffelung** *f* тарифная сетка; шкала обложения налогом
**Tarifsteuer** *f* налог, взимаемый в соответствии с существующим на данный момент налоговым тарифом *(не может быть определён заранее)*
**Tarifsteuern** *f, pl* налоги, взимаемые по установленным тарифам
**Tarifstreit** *m* тарифный конфликт
**Tarifstufe** *f* тарифный разряд
**Tarifstunde** *f эк. тр.* коэффициенто-час
**Tarifsystem** *n* тарифная система
**Tariftabelle** *f* таблица тарифов
**Tariftafel** *f* таблица тарифов
**Tarifüberarbeitung** *f* пересмотр тарифов
**Tarifunifikation** *f* унификация тарифов

**Tarifverband** *m* объединение транспортных предприятий для согласования единых тарифов

**Tarifverband Deutsche Bundesbahn - Deutsche nichtbundeseigene Eisenbahn** объединение федеральных и негосударственных железных дорог ФРГ для согласования единых тарифов

**Tarifvereinbarung** *f* тарифное соглашение

**Tarifverhandlungen** *f, pl* переговоры по тарифам, переговоры по тарифным ставкам

**Tarifvertrag** *m* тарифное соглашение, коллективное трудовое соглашение (*может служить основой для индивидуальных трудовых соглашений, заключается обычно между профсоюзами и союзом работодателей*)
  **einen Tarifvertrag aushandeln** добиться заключения коллективного договора
  **einen Tarifvertrag schließen** заключить коллективный договор

**Tarifvertragsgesetz** *n* закон о тарифных соглашениях, закон о порядке заключения коллективных (*трудовых*) договоров

**Tarifvertragspartei** *f* сторона в коллективном договоре, сторона в трудовом договоре

**Tarifwerte** *m, pl* бирж. акции предприятий электро-, водо- и газоснабжения

**Tarifwesen** *n* тарификация

**Tarifzone** *f* зона действия тарифа, тарифная зона

**Tarifzwang** *от* тарифная диктатура

**Tarirgrundlohn** *m* заработная плата, предусмотренная тарифным соглашением

**Taschenrechenmaschine** *f* карманный калькулятор

**Taschenrechner** *m* карманный калькулятор

**Tastenrechenmaschine** *f* клавишная вычислительная машина

**Tatbestand** *m* состав преступления; факты (*относящиеся к какому-л. происшествию*)

**Tatbestandaufnahme** *f* протокол о фактах происшествия (*констатация повреждения, возникающего, напр., во время ж.-д. перевозки, и полного или частичного ущерба*)

**Tätige**, *pl*
  **freiberuflich Tätige** лица свободных профессий, работники свободных профессий
  **wirtschaftlich Tätige** занятые (*т. е. лица, занятые какой-л. деятельностью, приносящей доход или заработок*)

**tätigen** *vt* совершать, осуществлять

**Tätigkeit** *f* деятельность; работа; функционирование; (*технологическая*) операция; *сет. пл.* событие, работа
  **berufliche Tätigkeit** работа по специальности
  **berufliche Tätigkeit** общественно-полезная деятельность
  **gewerbliche Tätigkeit** занятие; профессиональная деятельность
  **gleichzeitige Tätigkeit** работа по совместительству, совместительство
  **produktive Tätigkeit** производительная деятельность
  **vollziehende Tätigkeit** деятельность исполнительных органов (*государственной власти и управления*)
  **wirtschaftliche Tätigkeit** хозяйственная деятельность

**Tätigkeitsbereich** *m* сфера деятельности, область деятельности

**Tätigkeitsdauer** *f* трудовой стаж
  **ununterbrochene Tätigkeitsdauer** непрерывный трудовой стаж

**Tätigkeitsgebiet** *n* область деятельности, сфера деятельности

**Tätigkeitskreis** *m* сфера деятельности, область деятельности

**Tätigkeitsmerkmal** *n* тарифно-квалификационная характеристика (*определённой работы*)

**Tätigkeitssphäre** *f* сфера деятельности, область деятельности

**Tätigkeitsvergütung** *f* вознаграждение частным владельцам предприятий с государственным участием

**Tätigkeitszeit** *f* рабочее время

**tato, Tonnen je Tag** (*столько-то*) тонн в день, (*столько-то*) тонн в сутки

**Tausch** *m* обмен; размен; бартер

**Tauschabkommen** *n* бартерный договор, бартерное соглашение

**Tauschakt** *m* акт обмена, обменная операция; бартерная операция

**Tauschartikel** *m* предмет обмена, объект обмена

**Tauschbank** *f* обменный банк

**Tauschbeziehungen** *f, pl* бартерные отношения, меновые отношения, отношения обмена

**Tauschdepot** *n* одна из форм хранения ценных бумаг в банке (*при которой банк обязан возвращать бумаги того же вида*), хранение ценных бумаг с правом обмена их на ценные бумаги того же вида,

**tauschen** *vt* менять, обменивать; меняться, обмениваться

**Tauschform** *f* форма обмена

**Tauschgegenstand** *m* предмет обмена, объект обмена
**Tauschgemeinschaft** *f* центральный обменный пункт
**Tauschgeschäft** *n* бартерная сделка, меновая сделка
**Tauschhandel** *m* бартерная торговля, меновая торговля; натуральный продуктообмен
**Tauschmittel** *n* средство обмена *(функция денег)*
**Tauschobjekt** *n* объект обмена, предмет обмена
**Tauschrelation** *f* бартерные отношения, меновые отношения, отношения обмена
**Tauschverhältnisse** *n, pl* бартерные отношения, меновые отношения, отношения обмена
**Tauschverkehr** *m* бартерная торговля
**Tauschvertrag** *m* бартерный договор, бартерное соглашение
**Tauschverwahrung** *f* хранение ценных бумаг с правом обмена их на ценные бумаги того же вида
**tauschweise** путём обмена
**Tauschwert** *m* меновая стоимость; цена
**Tauschwirtschaft** *f* меновое хозяйство
**Tauschzentrale** *f* центральный обменный пункт
**tax and dues** *англ.* надбавки к фрахту за разгрузку судна *(оговорка в договорах морской перевозки грузов в Южную Америку)*
**Taxater** *m* таксатор, эксперт по оценке
**Taxation** *f* таксация, таксировка, оценка
**taxation days** *англ.* дни публичного осмотра образцов товаров, предназначенных для продажи
**Taxationsgebühr** *f* оценочный сбор

**Taxationsliste** *f* оценочная ведомость
**Taxationssteuer** *f* оценочный сбор
**Taxationsverzeichnis** *n* оценочная ведомость
**Taxe** *f* такса *(твёрдая фрахтовая ставка, сбор и т.п.)*
**Taxen** *pl* результаты оценки
**taxfrei** свободный от обложения
**taxieren** *vt* таксировать, оценивать
**Taxierung** *f* таксировка, таксация, оценка
**Taxkurs** *m* *бирж.* курс, устанавливаемый на основе оценки, оценочный биржевой курс
**Taxpreis** *m* цена по оценке, оценочная цена; оценочная стоимость; цена, устанавливаемая государством *или* местными властями *(в результате оценки)*
**Taxwert** *m* оценочная стоимость, стоимость по оценке
**Taylorismus** *m* тейлоризм
**Taylorsystem** *n* тейлоризм
**TBNE, Tarifverband Deutsche Bundesbahn - Deutsche nichtbundeseigene Eisenbahn** объединение федеральных и негосударственных железных дорог ФРГ для согласования единых тарифов
**TE:**
**TE, Internationale Konferenz für die Technische Einheit im Eisenbahnwesen** Международная конференция по железнодорожным техническим стандартам
**Te, Tratte** тратта, переводный вексель
**Team** *n англ.* команда; коллектив
**teamwork** *англ.* исследования, проводимые группой, в состав которой входят различные специалисты

**Technik** *f* техника; технические средства
**Techniken** *pl* методы, приёмы
**technisch** технический
**technisch-ökonomisch** технико-экономический
**technisch-organisatorisch** организационно-технический
**technisch-wirtschaftlich** технико-экономический
**technische Arbeitshilfen** *f, pl* технические средства (для) облегчения работы
**Technischer Überwachungsverein** Союз работников технического надзора
**technisieren** *vt* внедрять технику, механизировать
**Technisierung** *f* внедрение техники, механизация
**Technisierungsgrad** *m* уровень технической оснащённости; уровень механизации, степень механизации
**Technisierungsgrad der Arbeit** коэффициент механовооружённости; уровень механизации труда
**Technisierungskennziffer** *f* показатель технической оснащённости; показатель уровня механизации
**Technisierungskoeffizient** *m* коэффициент технической оснащённости
**Technizismus** *m* техницизм
**Technokrat** *m* технократ
**Technokratie** *f* технократия
**technokratisch** технократический
**Technokratismus** *m* технократизм
**Technologie** *f* технология
**fortgeschrittene Technologie** передовая технология, прогрессивная технология
**Technologiematrix** *f* технологическая матрица
**Technologietransfer** *m* передача технологии

**technologisch** технологический

**TEEM, Trans Europ Express Marchandises** трансъевропейские перевозки грузов большой скорости

**Teesteuer** *f* акциз на чай, налог на чай

**Teil** *m* часть, доля, пай
  **Teil** сторона *(в договоре)*
  **Teil** район, часть *(города)*
  **Teil** деталь; элемент
  **vertragschließender Teil** договаривающаяся сторона
  **in monatlich gleichen Teilen** ежемесячно равными частями
  **zu gleichen Teilen** поровну

**Teilablieferung** *f* поставка государству определённого процента произведённой сельскохозяйственной продукции

**Teilakkreditiv** *n* делимый аккредитив *(допускает осуществление частичных платежей)*

**Teilakzept** *n* частичный (неполный) акцепт

**Teilannahme** *f* частичный (неполный) акцепт

**Teilarbeitsgang** *m* элемент трудовой операции, элемент производственной операции

**Teilarbeitslosigkeit** *f* частичная безработица

**Teilaufgabe** *f* частная задача, подзадача резервов

**Teilauflösung** *f* **der Rücklagen** частичная ликвидация запасов, частичная ликвидация резервов

**Teilautomation** *f* частичная автоматизация

**Teilautomatisierung** *f* частичная автоматизация

**teilbar** делимый

**Teilbefrachtung** *f* фрахтование части судна

**Teilbelastung** *f* частичная нагрузка; частичная загрузка

**Teilbeschädigung** *f* частичное повреждение

**Teilbeschäftigte** *m* работающий неполный рабочий день, работающий неполную рабочую неделю, частично занятый *(напр., неполный рабочий день или неполную рабочую неделю)*

**Teilbeschäftigung** *f* частичная занятость, неполная занятость

**Teilbetrag** *m* частичная сумма; частичный платёж

**Teilbilanz** *f* частичный баланс; баланс по промежуточным итогам; частный баланс

**Teilcharter** *m* договор фрахтования части судна

**Teilchartervertrag** *m* договор фрахтования части судна

**Teildisproportion** *f* частичная диспропорция

**Teile** *n, pl* детали (мн.ч.), см. тж. Teil *n*
  **angearbeitete Teile** заготовленные детали; *(производственный)* задел
  **bezogene Teile** детали, поставляемые предприятию-продуценту субпоставщиками, изделия, поставляемые предприятию-продуценту субпоставщиками

**Teilefertigung** *f* производство деталей, изготовление деталей
  **zentrale Teilefertigung** централизованное изготовление деталей

**Teileigentum** *n* долевая собственность

**Teileigentümer** *m* долевой собственник

**Teileinlösung** *f* частичный выкуп; частичная уплата *(по векселю)*

**Teilerfassung** *f* частичный учёт; *стат.* несплошное наблюдение, частичное наблюдение

**Teilergebnis** *n* частный результат

**Teilerhebung** *f* частичное взимание *(налогов)*

**Teilerlaß** *m* частичное освобождение *(напр., от налогов)*

**Teilerzeugnis** *n* полуфабрикат; комплектующее изделие

**Teileserien** *f, pl* серии деталей

**Teilfabrikat** *n* полуфабрикат; комплектующее изделие

**Teilfestpreis** *m* расценка на изготовление отдельных деталей, расценка на отдельные виды работ и услуг

**Teilforderung** *f* частичное требование

**Teilfrankatur** *f* фрахт, оплаченный отправителем до определённой станции

**Teilhaber** *m* пайщик; компаньон, совладелец; участник
  **beschränkt haftender Teilhaber** компаньон с ограниченной ответственностью
  **geschäftsführender Teilhaber** управляющий компаньон
  **solidarisch verpflichteter Teilhaber** компаньон с солидарной ответственностью
  **stiller Teilhaber** негласный компаньон
  **als Teilhaber aufnehmen** принимать в качестве компаньона
  **als Teilhaber eintreten** входить в дело в качестве компаньона
  **die Teilhaber auskaufen** выкупать пай компаньонов

**Teilhaberpapiere** *n, pl* ценные бумаги, подтверждающие право участия *(напр., в прибылях)*

**Teilhaberschaft** *f* участие *(напр., в прибылях)*; членство
  **stille Teilhaberschaft** негласное участие

**Teilhaberversicherung** *f* страхование жизни компаньонов фирмы

**Teilhafter** *m* член товарищества с ограниченной ответственностью, коммандитист

**Teilindossament** *n* неполный индоссамент, частичный индоссамент

**Teilintegration** *f* частичная интеграция

**Teilkalkulation** *f* калькуляция издержек отдельного производственного процесса; частичная калькуляция

**Teilkapazität** *f* производственная мощность *(отдельного)* участка *(на предприятии)*

**Teilkonnossement** *n* коносамент на *(одну)* партию товара

**Teilkonvertibilität** *f* частичная конвертируемость, частичная обратимость *(валют)*

**teilkonvertierbar** частично конвертируемый, частично обратимый *(о валюте)*

**Teilkonvertierbarkeit** *f* частичная конвертируемость, частичная обратимость *(валют)*

**Teilkostendeckung** *f* частичное покрытие издержек

**Teilkostenrechnung** *f* учёт затрат по *(укрупнённым)* частям

**Teilkrise** *f* частичный кризис

**Teilladung** *f* частичный груз, парцелльный груз

**Teilleistung** *f* частичное исполнение *(напр., обязательства)*

**Teillieferung** *f* частичная поставка

**Teilmasse** *f* частная статистическая совокупность

**Teilmechanisierung** *f* частичная механизация, неполная механизация

**Teilmodell** *n* частная модель, подмодель

**Teilmonopol** *n* неполная *(напр., фискальная)* монополия, частичная монополия; монополия государства на изготовление определённых товаров, монополия государства на сбыт определённых товаров

**Teilmontage** *f* пооперационная сборка

**Teilnehmer** *m* участник

**Teilnehmerland** *n* страна-участница, страна-член

**Teilnehmerstaat** *m* государство-участник, государство-член

**Teilnehmerverzeichnis** *n* список акционеров с правом голоса; список абонентов почты; список участников

**Teilnetz** *n* *сет. пл.* частная сеть

**Teilnetzwerk** *n* частный сетевой график

**Teilnichtigkeit** *f* недействительность части правовой сделки

**Teilnorm** *f* норма расхода материалов на изготовление детали, норма расхода материалов на изготовление части изделия

**Teilobligation** *f* частичное обязательство, "парциальная" облигация

**Teiloperation** *f* отдельная операция *(рабочего процесса)*

**Teiloptimierung** *f* субоптимизация

**Teilpacht** *f* издольщина

**Teilpächter** *m* арендатор-издольщик, издольщик

**Teilplan** *m* раздел плана; частный план

**Teilpreis** *m* расценка на изготовление отдельных деталей, расценка на отдельные виды работ и услуг

**Teilprognose** *f* частный прогноз

**Teilprojekt** *n* проект отдельного объекта капитального строительства

**Teilprovision** *f* частичное комиссионное вознаграждение

**Teilprozess** *m* отдельная фаза технологического процесса

**Teilraumverfrachtung** *f* сдача в аренду части судна

**Teilrente** *f* неполная пенсия; пенсия, выплачиваемая в размере определённого процента полной пенсии

**Teilreparatur** *f* частичный ремонт

**Teilreproduktionswert** *m* реальная стоимость *(предприятия)*

**Teilrevision** *f* частичная ревизия

**Teilrückzahlung** *f* частичное погашение денежного обязательства, частичное погашение долга

**Teilschaden** *m* частичный убыток, частичный ущерб

**Teilschein** *m* свидетельство на получение части груза *(в случае, когда в одном коносаменте отмечаются партии, идущие разным получателям)*

**Teilschuldner** *m* долевой должник

**Teilschuldverhältnisse** *n, pl* долевые обязательства

**Teilschuldverschreibung** *f* долевое обязательство

**Teilselbstbedienung** *f* частичное самообслуживание

**Teilsendung** *f* поставка частями

**Teilstabilisierung** *f* частичная стабилизация

**Teilstorno** *m бухг.* частичное сторно

**Teilstreik** *m* частичная забастовка

**Teilsumme** *f* частная сумма, частичная сумма

**Teilsystem** *n* подсистема

**Teilsystemprognose** *f* прогноз подсистемы

**Teiltaktstraße** *f* поточный метод выполнения отдельных однородных процессов строительного комплекса

**Teilumschlagszahl** *f* показатель оборачиваемости оборотных средств

**Teilungsanordnung** f завещательное распоряжение о порядке раздела наследства

**Teilungsmasse** f активная масса; масса, подлежащая распределению между кредиторами *(при конкурсе)*

**Teilungsplan** m план распределения между кредиторами выручки от продажи с аукциона

**Teilverflechtungsbilanz** f баланс межотраслевых связей *(отдельного сектора народного хозяйства)*

**Teilverflechtungsmodell** n модель межотраслевых связей *(отдельного сектора народного хозяйства)*

**Teilverfrachtung** f частичное фрахтование

**Teilverladung** f частичная отгрузка

**Teilverlust** m частичный убыток

**Teilvorhaben** n часть общего плана, часть общего проекта *(капитального строительства)*

**Teilweg** m *сет. пл.* частный путь

**teilweise** частью, частично, по частям; частичный

**Teilwerbemittel** n, pl средства, используемые помимо прямого назначения также и в целях рекламы *(напр., упаковка или автомобиль с рекламной надписью)*

**Teilwert** m частичная стоимость *(налоговая сумма, используемая при исчислении стандартной стоимости, имущества предприятия, а также налогооблагаемая прибыль)*, *см.тж.* Einheitswert

**Teilwirtschaft** f *ист.* издольное хозяйство

**Teilzahlung** f уплата в рассрочку, уплата по частям; частичный взнос, частичный платёж

**auf Teilzahlung kaufen** покупать в рассрочку

**Teilzahlungsabschluss** m сделка на условиях платежа в рассрочку

**Teilzahlungsbank** f банк потребительского кредита *(при покупке товаров в рассрочку)*

**Teilzahlungsgeschäft** n сделка на условиях платежа в рассрочку; торговля с рассрочкой платежа; торговля в рассрочку

**Teilzahlungskauf** m покупка в рассрочку

**Teilzahlungskredit** m выплачиваемая частями ссуда, ссуда с погашением в рассрочку; потребительский кредит с рассрочкой платежа, кредит при продаже товаров в рассрочку

**Teilzahlungskreditrate** f частичный платёж в погашение потребительского кредита с рассрочкой платежа

**Teilzahlungskreditversicherung** f страхование потребительских кредитов с рассрочкой платежа

**Teilzahlungskreditzinsen** m, pl проценты за пользование потребительским кредитом с рассрочкой платежа

**Teilzahlungsverkauf** m продажа в рассрочку

**Teilzahlungsvertrag** m договор купли-продажи на условиях платежа в рассрочку

**Teilziel** n подцель; частная цель

**tel quel** *фр.* тель-кель *(оговорка в договоре купли-продажи, в соответствии с которой качество поставляемого товара не гарантируется)*

**Telefonat** n телефонный разговор; телефонограмма

**Telefonie** f телефония

**Internet-Telefonie** f Интернет-телефония

**Telefonhandel** m внебиржевая торговля ценными бумагами, осуществляемая по телефону; торговля по телефонным заказам

**Telefonkonferenz** f телефонная конференция; телеконференция

**Telefonnetz** n телефонная сеть

**Telex** m телекс

**telquel** *фр.* тель-кель *(оговорка в договоре купли-продажи, в соответствии с которой качество поставляемого товара не гарантируется)*

**Telquel-Klausel** f тель-кель *(оговорка в договоре купли-продажи, в соответствии с которой качество поставляемого товара не гарантируется)*

**Telquel-Kurs** m валютный курс "тель-кель", валютный курс без процентов и прочих издержек

**Temporückgang** m снижение темпов *(напр., роста какой-л. величины)*

**Tempoverkauf** m ускоренная продажа

**Tendenz der Handelsablenkung** тенденция к вменению направления торговли

**Tendenz der Handelsvermehrung** тенденция к расширению торговли

**Tendenz zur Regionalisierung** тенденция к региональной замкнутости, тенденция к территориальной замкнутости

**dezentralistische Tendenz** тенденция к децентрализации

**dominierende Tendenz** господствующая тенденция

**fallende Tendenz** тенденция к понижению, понижательная тенденция

**gleichmacherische Tendenz** уравнивающая тенденция

**handelsvermehrende Tendenz** тенденция к расширению торговли

**kurzfristig wirkende Tendenz** кратковременная тенденция

**langfristig wirkende Tendenz** долговременная тенденция

**maximierende Tendenz** максимизирующая тенденция
**minimierende Tendenz** минимизирующая тенденция
**nivellierende Tendenz** нивелирующая тенденция
**preisabschwächende Tendenz** тенденция, понижающая цены
**steigende Tendenz** тенденция к повышению, повышательная тенденция
**Tendenzbetrieb** *m* предприятие, преследующее, главным образом, некоммерческие цели *(напр., предприятие для занятия слепых, предприятие Общества Красного Креста)*
**Tendenzprognose** *f* прогноз тенденции
**Tendenzumkehr** *f* изменение тенденции
**Tender** *m* тендер, объявление открытого конкурса *(напр., при размещении казначейских векселей, заказов)*
**tendieren** *vi* иметь тенденцию *(к чему-л.)*
**Terme-Uxe-Versicherung** *f* страхование жизни, при котором страховая сумма выплачивается в твёрдо установленный срок
**Termin** *m* срок; дата
**angemessener Termin** приемлемый срок
**äußerster Termin** крайний срок, предельный срок
**fixer Termin** твёрдый срок
**frühester Termin** *сет. пл.* ранний срок *(начала или окончания работы, наступления события)*
**harter Termin** жёсткий срок
**kurzer Termin** короткий срок, сжатый срок
**spätester Termin** *сет. пл.* поздний срок *(начала или окончания работы, наступления события)*

**Terminablauf** *m* окончание срока
**Terminabschluss** *m* сделка на срок, срочная сделка, фьючерсная сделка
**Terminal** *m* терминал *(перегрузочный комплекс)*
**Terminankaufskurs** *m бирж.* курс покупателей по сделкам на срок
**Terminarbeit** *f* работа, выполняемая к определённому сроку; срочная работа
**Terminbörse** *f* срочная биржа, фьючерсная биржа, биржа срочных сделок
**Termindevisen** *f, pl бирж.* девизы *(платёжные средства в иностранной валюте)*, покупаемые на срок; девизы, продаваемые на срок
**Termindruck** *m* штурмовщина
**Termineinhaltung** *f* соблюдение сроков
**Termineinlage** *f* срочный вклад
**Terminfeststellung** *f* установление срока
**Terminfixversicherung** *f* страхование жизни с выплатой страховой суммы в установленный договором срок
**Termingelder** *n, pl* деньги на срочном вкладе
**termingemäß** в соответствии с установленным сроком, в соответствии с обусловленным сроком; в срок, к сроку, своевременно; своевременный
**termingerecht** в соответствии с установленным сроком, в соответствии с обусловленным сроком; в срок, к сроку, своевременно; своевременный

**Termingeschäft** *n* сделка на срок, срочная сделка, фьючерсная сделка *(сделка, в результате которой товар или ценная бумага переходят к покупателю через некоторое время по цене, диктуемой условиями сделки)*
**bedingtes Termingeschäft** срочная сделка с премией, срочная сделка с неустойкой в случае отказа от её исполнения
**festes Termingeschäft** твёрдая сделка на срок, твёрдая срочная сделка
**Terminguthaben** *n* срочные активы, авуары банка
**Terminhandel** *m* купля-продажа на срок
**Terminierung** *f* установление срока
**Terminjäger** *m* работник, осуществляющий контроль за соблюдением сроков *(напр., отгрузки продукции)*
**Terminkalender** *m* календарь-памятка
**Terminkarte** *f* технологическая карта сроков; контрольная карта сроков исполнения заказов
**Terminkäufer** *m* покупатель, заинтересованный в поставке товара через определённый срок, покупатель на срок
**Terminkontrolle** *f* контроль за соблюдением сроков
**Terminlieferung** *f* срочная поставка
**Terminmarkt** *m бирж.* рынок срочных сделок
**terminmäßig** в соответствии с установленным сроком, в соответствии с обусловленным сроком; в срок, к сроку, своевременно; своевременный
**Terminnot** *f* штурмовщина

**Terminpapiere** *n, pl* *бирж.* ценные бумаги, имеющие хождение на рынке срочных сделок

**Terminplan** *m* календарный план, план-график

**Terminplanung** *f* календарное планирование

**Terminschuld** *f* срочный долг; задолженность; отставание

**Terminstellung** *f* установление срока

**Terminüberschreitung** *f* нарушение сроков

**Terminus** *m* термин, понятие; срок вступления в силу, дата вступления в силу *(напр., закона)*

**Terminverkauf** *m* *бирж.* продажа на срок

**Terminverkaufskurs** *m* *бирж.* курс продавцов по сделкам на срок, курс продавцов по срочным сделкам

**Terminverlängerung** *f* отсрочка, продление срока, пролонгация

**Terminverletzung** *f* нарушение сроков

**Terminversäumnis** *f* нарушение сроков

**Terminverschiebung** *f* отсрочка, продление срока, пролонгация

**Terminverstoß** *m* нарушение сроков

**Terminvertrag** *m* договор, действие которого обусловлено конкретным сроком

**Terminware** *f* товар, продаваемый по срочным сделкам

**terminweise** на срок; по срокам

**Terminwesen** *n* совокупность технических средств, методов и мероприятий по планированию сроков и контролю за их соблюдением

**Terminzahlung** *f* платёж по срочным сделкам *(производимый через определённый срок)*, срочный платёж

**terms of payment** соотношение между истребованными и предоставленными коммерческими кредитами

**terms of payment** *англ.* условия платежа; соотношение между истребованными и предоставленными коммерческими кредитами

**terms of trade** *англ.* международное обозначение для различных количественных внешнеторговых показателей

**terms of trade** *англ.* торговые обычаи, торговые условия

**terms of trade** *англ.* условия (внешней) торговли *(соотношение индексов импортных и экспортных цен; характеризует факторы, влияющие на расчёты страны)*

**Territorialebene** *f:*
  **auf Territorialebene** в территориальном разрезе; на территориальном уровне

**Territorialitätsprinzip** *n* принцип территориальности

**Territorialkomplex** *m* территориально-производственный комплекс

**Territorialplanung** *f* территориальное планирование

**Territorialprinzip** *n* принцип территориальности

**Territorialprognose** *f* территориальный прогноз

**Territorialwirtschaft** *f* *ист.* территориальная форма хозяйства

**Tertia** *f* терция, вексель терция *(третий экземпляр переводного векселя)*

**Tertiawechsel** *m* терция, вексель терция *(третий экземпляр переводного векселя)*

**terzo** *ит.* сделка трёх участников за совместный счёт и риск

**Test** *m* тест; испытание, проба; проверка
  **einstufiger Test** одиночное испытание
  **mehrstufiger Test** множественное испытание
  **sequentieller Test** последовательное испытание
  **statistischer Test** статистический тест; статистическая проверка

**Testmethode** *f* метод тестов, метод тестирования

**Testverfahren** *n* метод тестов, метод тестирования

**Testverfahren** *вчт.* метод отладки, тестовая процедура

**Testverkaufsstelle** *f* специальная торговая точка, через которую осуществляется пробная продажа новых *(или улучшенных)* потребительских товаров

**Testwert** *m* значение критерия, размер критерия

**Tetrapackung** *f* пакет тетрапак *(одноразовая тара)*

**teuer** дорогой; дорого

**Teuerung** *f* рост цен, повышение цен, подорожание

**Teuerungsabgeltung** *f* надбавка к заработной плате в связи с ростом цен

**Teuerungsrate** *f* темп роста дороговизны *(повышения цен на предметы первой необходимости)*

**Teuerungsunruhen** *f, pl* волнения, вызванные ростом цен

**Teuerungszulage** *f* надбавка к заработной плате в связи с ростом цен

**Teuerungszuschlag** *m* надбавка к заработной плате на дороговизну

**Texten** *n* составление рекламных текстов

**Texter** *m* составитель рекламных текстов

**Textierung** *f* составление рекламных текстов

**TEXTIMA, Volkseigene Betriebe für Maschinen der Textil- und Bekleidungsindustrie** Народные машиностроительные предприятия текстильной и швейной промышленности *(бывш. ГДР)*

**Textschlüssel** *m* код

**Textschlüssel für den Drahtverkehr der Banken** банковский телеграфный код

**TF, Telefunken-Werke** "Телефункенверке" *(заводы радиоаппаратуры в ФРГ)*

**Tfl., Tafel** таблица

**TGH, Transportgemeinschaft des Handels** объединение торгового автотранспорта *(бывш. ГДР)*

**TGL:**

**TGL, Symbol für die DDR-Standards** стандарт бывш. ГДР

**TGL, Technische Normen, Gütevorschriften und Lieferbedingungen** технические нормы и стандартные качества поставляемых товаров *(бывш. ГДР)*

**TH:**

**TH, Thailand** Таиланд

**t/24h, Tonnen pro Tag** *(столько-то)* тонн в сутки

**THB, Baht, - Thailand** Бат *(код валюты 764)*, - Таиланд

**Theorie** *f* теория

**Theorie der Eigentumsstreuung** теория диффузии собственности, теория рассеивания собственности, теория "распыления" собственности

**Theorie der Entscheidungen** теория *(принятия)* решений

**Theorie der Entscheidungsfunktionen** теория функции решений

**Theorie der gelenkten Währung** теория управляемой валюты

**Theorie der Glückspiele** теория азартных игр

**Theorie der Konjunkturstabilisatoren** теория стабилизаторов конъюнктуры

**Theorie der kostenneutralen Lohnpolitik** теория, согласно которой увеличение заработной платы не должно вести к росту издержек производства

**Theorie der Lagerbestände** теория управления запасами

**Theorie der Lohn-Preis-Spirale** теория спирали заработной платы и цен

**Theorie der Massenbedienung** теория массового обслуживания

**Theorie der optimalen Funktion der Wirtschaft** теория оптимального функционирования экономики

**Theorie der Grenzleistungsfähigkeit des Kapitals** теория предельной эффективности капитала

**Theorie der Produktionsfaktoren** теория факторов производства

**Theorie der Produktionsumwege** теория движения производства

**Theorie der sozialen Stratifikation** теория социальной стратификации, теория социального расслоения

**Theorie der sozialistischen Wirtschaftsführung** теория управления социалистической экономикой, теория управления социалистическим народным хозяйством

**Theorie der Spiele** теория игр

**Theorie der strategischen Spiele** теория стратегических игр

**Theorie der unvollständigen Konkurrenz** теория несовершенной конкуренции

**Theorie der Vorräte** теория управления запасами

**Theorie der Wahlakte** теория выбора

**Theorie der Wechsellagen** теория экономических циклов

**Theorie der wirtschaftlichen Verhaltensweisen** теория экономического поведения

**Theorie der Wohlfahrtsökonomie** теория экономического благосостояния

**Theorie der Zeitpräferenzen** теория предпочтения времени

**Theorie des Ertragszuwachses** теория возрастающей доходности

**Theorie des kontrollierten Kapitalismus** теория контролируемого капитализма

**Theorie des Plankapitalismus** теория планового капитализма

**Theorie des regulierten Kapitalismus** теория регулируемого капитализма

**Theorie des wirtschaftlichen Verhaltens** теория экономического поведения

**Theorie des Wirtschaftswachstums** теория экономического роста

**Theorie großer Systeme** теория больших систем

**Theorie vom abnehmenden Bodenertrag** теория убывающего плодородия почвы

**Theorie vom eisernen Lohngesetz** теория "железного" закона заработной платы *(теория Ф. Лассаля)*

**Theorie vom friedlichen Hineinwachsen des Kapitalismus in den Sozialismus** теория мирного врастания капитализма в социализм

**Theorie vom Managersystem** теория менеджеризма

**Theorie von der Beständigkeit der Kleinproduktion** теория живучести мелкого производства

**Theorie von der Dezentralisierung der ökonomischen Macht** теория децентрализации экономической мощи

**Theorie von der Stabilität der kleinbäuerlichen Wirtschaft** теория устойчивости мелкого крестьянского хозяйства

**Theorie zufälliger Prozesse** теория случайных процессов

**kooperative Theorie der Spiele** коалиционная теория игр, кооперативная теория игр

**makroökonomische Theorie** макроэкономическая теория

**marginalistische Theorie** маржиналистская теория

**mikroökonomische Theorie** микроэкономическая теория

**nichtkooperative Theorie der Spiele** некоалиционная теория игр, некооперативная теория игр

**pluralistische Theorie** плюралистическая теория

**thesaurieren** *vt* тезаврировать, накапливать *(деньги, благородные металлы и др.)* в форме сокровищ

**Thesaurierung** *f* тезаврирование, тезаврация, накопление *(денег, благородных металлов и др.)* в форме сокровищ

**Thesaurus** *m* тезаурус; тезаврация

**Through Bill of Lading** *англ.* сквозной коносамент; сквозная транспортная накладная *(США)*

**Through B/L** *англ.* сквозной коносамент; сквозная транспортная накладная *(США)*

**Ticketsystem** *n* система самообслуживания на предприятиях общественного питания по наборным картам *(карты вручаются посетителям при входе, а расчёт по ним производится при выходе)*

**Tiefbau** *m* малоэтажное строительство; строительство подземных сооружений

**Tiefgang** *m* осадка; марка погружения *(судна)*

**Tiefgang ablesen** определять вес груза по осадке судна

**tiefgekühlt** замороженный *(часто о продуктах питания)*

**tiefkühlen** *vt* охлаждать до очень низкой температуры

**Tiefkühlerzeugnis** *n* замороженный продукт

**Tiefkühltruhe** *f* низкотемпературный прилавок

**Tiefpunkt** *m* низшая точка

**Tiefstand** *m* низкий уровень; неблагоприятная конъюнктура, депрессия

**Tiefststand** *m* предельно низкий уровень

**Tierbestand** *m* поголовье скота

**Tierschadenhaftung** *f* ответственность за ущерб, причинённый животными

**Tierseuchenentschädigung** *f* возмещение, выплачиваемое владельцам скота при эпизоотиях

**Tierzucht** *f* животноводство

**Tierzuchtertrag** *m* доход от животноводства

**Tierzuchtleistung** *f* продуктивность животноводства

**tilgbar** погашаемый; подлежащий погашению *(о долге)*

**tilgen** *vt* погашать, уплачивать *(долг)*

**Tilgung** *f* погашение *(кредита)*, уплата *(долга)*

**Tilgungen**, *f, pl*, **laufende** текущие платежи

**Tilgungsanleihe** *f* аннуитет *(заём, подлежащий погашению равными годовыми долями)*

**Tilgungsanleihe** заём, погашение которого происходит постепенно в строго устанавливаемые сроки

**Tilgungsaufkommen** *n* поступление средств от погашения облигаций

**Tilgungsbedingungen** *f, pl* условия погашения *(долга, займа)*

**Tilgungsbetrag** *m* сумма взноса в счёт погашения долга

**Tilgungsdauer** *f* срок погашения *(период)*

**Tilgungsfonds** *m* фонд погашения, амортизационный фонд

**Tilgungsfrist** *f* срок погашения *(дата)*

**Tilgungsgewinn** *m* прибыль, образуемая при выкупе долговых обязательств по курсу ниже номинала

**Tilgungshypothek** *f* амортизационная ипотека *(залоговое обязательство, погашаемое регулярными равными платежами)*

**Tilgungskapital** *n* амортизационный капитал

**Tilgungsleistung** *f* платёж в погашение долга, поставка в погашение долга

**Tilgungsmodus** *m* способ возврата долга, способ погашения долга, условия погашения долга

**Tilgungsquote** *f* процент погашения *(долга)*

**Tilgungsrate** *f* процент погашения *(долга)*

**Tilgungssatz** *m* процент погашения *(долга)*

**Tilgungssumme** *f* сумма взноса в счёт погашения долга

**Tilgungsversicherung** *f* страхование жизни, при котором страховая сумма может использоваться для погашения ипотечной ссуды

**Tilgungsverzicht** *m* списание основной суммы долга

**Tilgungszahlung** *f* платёж в погашение задолженности

**Tilgunsquote** *f* процент погашения *(долга)*; норма погашения, доля погашения *(кредита)*
**time-sheet** англ. таймшит
**Timecharter** *m* англ. тайм-чартер
**TIR, transport international de marchandises par la route** международные товарные перевозки по определённым автострадам Европы, Tir-Carne
**Tischcomputer** *m* настольный компьютер
**Tischrechenmaschine** *f* арифмометр
**Titel** *m* правооснование
  **Titel** смета по капитальному строительству, смета капитального строительства
  **Titel** название
  **Titel** титул, смета *(в бюджетной классификации)*
  **handelbarer Titel** ценная бумага, имеющая хождение *(напр. котирующаяся на бирже)*
**Titelliste** *f* титульный список
**Titelschutz** *m* защита авторского права на название
**TJ, Tadschikistan** Таджикистан, *до 1978г. код ТР*
**TJR, Tadschikistan-Rubel, - Tadschikistan** Таджикский рубль, - Таджикистан
**t/km, Tonnenkilometer** тонно-километр
**TKO, Technische Kontrollorganisation** Организация технического контроля, ОТК *(на предприятиях бывш. ГДР, СССР)*
**TL, technische Lieferbedingungen** технические условия поставки
**TLO:**
  **T.L.O., total loss only** анг. страх. только в случае полной гибели *(судна)*
  **t.l.o., total loss only** анг. застраховано только от полной гибели

**TM:**
  **TM, Tankmotorschiff** танкер
  **TM, Turkmenistan** Туркменистан, *до 1978г. код ТА*
**TMM, Turkmenistan-Manat, - Turkmenistan** Манат *(код валюты 795)*, - Туркменистан
**TN:**
  **TN, Tunesien** Тунис
  **TN: Netztafel** сетка номограммы, сетка диаграммы
  **tn, ton** тонна
**Teichnutzfläche** площадь пруда, пригодная для разведения рыбы
**TND, Tunesischer Dinar, - Tunesien** Тунисский динар *(код валюты 788)*, - Тунис
**Tarifordnung** тарифные правила
**TO:**
  **TO, Tonga** Тонга
  **TO: Taraordnung** таможенные правила, регулирующие вопрос о таре
  **to, Tonne** тонна
**TOA, Tarifordnung für Angestellte des öffentlichen Dienstes** тарифные правила для служащих муниципальных учреждений
**Tochterbetrieb** *m* дочернее предприятие
**Tochterfirma** *f* дочерняя фирма
**Tochtergesellschaft** *f* дочернее общество, дочерняя компания
**Tochterunternehmen** *n* дочернее предприятие
**Todesfallversicherung** *f* страхование на случай смерти
**Toleranz** *f* допуск *(отклонений)*
**Toleranz** ремедиум *(в условиях золотомонетного стандарта - допустимое законом уменьшение веса монеты)*
**Toleranzbereich** *m* поле допуска

**Toleranzfaktor** *m* коэффициент допуска *(при статистическом контроле качества)*
**Toleranzgrenze** *f* граница допуска; поля допуска
  **obere Toleranzgrenze** верхний контрольный предел
  **untere Toleranzgrenze** нижний контрольный предел
**Toleranzlinie** *f* кривая допусков
**TOM, technisch-organisatorische Maßnahmen** организационно-технические мероприятия, ОТМ
**TOM-Plan** *m* план организационно-технических мероприятий
**Tombola** *f* австр. вещевая лотерея
**ton deadweight** англ. тонна-дедвейт
**Tonnage** *f* тоннаж; водоизмещение
  **Tonnage für Reisecharter** рейсовый тоннаж
  **Tonnage für Zeitcharter** тайм-чартерный тоннаж
  **aufgelegte Tonnage** прикольный тоннаж
  **prompte Tonnage** свободный тоннаж
  **seegängige Tonnage** морской тоннаж
  **stillgelegte Tonnage** прикольный тоннаж
**Tonnageanforderung** *f* спрос на тоннаж
**Tonnagebedarf** *m* потребности в тоннаже; спрос на тоннаж, потребность в тоннаже
**Tonnagenachfrage** *f* спрос на тоннаж
**Tonnagesteuer** *f* тоннажный сбор, корабельный сбор
**Tonne** *f* тонна
**Tonnengehalt** *m* тоннаж
**Tonnengeld** *n* тоннажный сбор, корабельный сбор

**Tonnenideologie** f идеология вала (в соответствии с которой основное внимание при выполнении производственных планов уделяется количественным показателям, бывш. ГДР, СССР)

**Tonnenkilometer** n тонно-километр

**tonnenweise** тоннами; бочками

**TOP, Pa'anga, - Tonga** Паанга (код валюты 776), - Тогна

**Top-Management** n англ. высшее руководство, высшее звено управления

**Top-Manager** m англ. управляющий высшего звена управления, менеджер высшего звена управления

**Topfwagen** m вагон с (керамическими) ёмкостями в ячейках (для перевозки кислот); спецвагон для перевозки кислот

**Topmanager** m высший управляющий, высшее должностное лицо компании; топ-менеджер

**auslandserfahrener Topmanager** высший управляющий с опытом работы за границей

**Tops/Flops** повышение/падение (курсов на бирже)

**Torsteuer** f ист. налог, взимавшийся с ввозимых в город товаров

**total** бухг. итого, всего

**total** совсем, совершенно

**total** тотальный, всеобщий; полный; совсем, совершенно, полностью

**Totalablieferung** f поставка государству всей произведённой сельскохозяйственной продукции (в Германии во время второй мировой войны)

**Totalausverkauf** m полная распродажа

**Totalbetrag** m итоговая сумма

**Totalerfassung** f стат. сплошное наблюдение

**Totalerhebung** f стат. сплошное наблюдение

**Totalgewicht** n общий вес

**Totalprognose** f глобальный прогноз, тотальный прогноз

**Totalrechnung** f учёт результата деятельности предприятия за весь период его существования; учёт результатов деятельности за весь период существования (фирмы, предприятия и др.)

**Totalschaden** m полный ущерб, общий ущерб, полная сумма понесённого ущерба

**Totalsumme** f общая сумма, итог

**Totalverlust** m общий убыток; безвозвратная потеря, полная потеря

**Totalverlust** полная гибель (застрахованного судна или груза)

**Totalwert** m общая стоимость

**Totlast** f трансп. вес порожняка

**Totlast** мор. мёртвый груз, постоянный балласт

**Totzeit** f простой, время простоя (машины, станка)

**Tourenplan** m план завоза товаров

**Tourex, Touristenexpreß** ж.-д. туристский экспресс

**Touristenkurs** m туристский (некоммерческий) курс (валют) (в бывш. соцстранах)

**TÖZ, technisch-ökonomische Zielstellung** технико-экономическая целевая установка, постановка технико-экономической цели

**TP:**

**T.P., titulo pleno** полный титул

**T.p.:**

**T.p., titulo pleno** полный титул

**Tp., Transport** транспорт

**Tp., Transport** репорт (перенос итога на следующую страницу)

**T.Q., tel quel** тель-кель, как есть (условие продажи без гарантии качества)

**TR:**

**TR, Türkei** Турция

**Tr., Tratte** тратта, переводный вексель

**tr., tare** тара, упаковка

**tracing** (eng.); **Sendungsverfolgung** f отслеживание (почтового отправления)

**DHL online tracing** англ. отслеживание в интерактивном режиме отправлений экспресс-почты DHL

**trade bill** англ. торговый вексель, торговая тратта; товарный вексель

**trade terms** англ. торговые обычаи, торговые условия, узанс

**Trade Union Unity League** англ. ист. Лига профсоюзного единства (США)

**Trade-Union** f англ. тред-юнион

**trademark** англ. торговая марка, товарный знак

**Tradeunionismus** m тред-юнионизм

**Traditionalismus** m традиционализм

**Traditionspapier** n распорядительный документ, товарораспорядительный документ

**Trafik** f австр. табачный киоск (где продаются также почтовые и гербовые марки, газеты)

**Tragehandel** m торговля вразнос, торговля с лотков, торговля с лотка

**Trägerbetrieb** m головное предприятие, ведущее предприятие

**Tragfähigkeit** f грузоподъёмность; допустимая нагрузка

**Tragfähigkeit** f мор. полная грузоподъёмность, дедвейт

**Trägheit** *f* инертность; гистерезис *(замедленная реакция на обнаруживающееся внешнее воздействие)*
**Trägheit** инерция; вялость, инертность; инерционность
**Trägheit in der Ökonomik** инерционность в экономике
**Trailerschiff** *n* трейлеровоз
**Trailerverkehr** *m* трейлерные перевозки
**Trainee** *m* стажёр *(напр. работник, проходящий 1-3-летнюю практику на крупном предприятии)*
**Trajektverkehr** *m* паромное железнодорожное сообщение
**Traktorenbesatz** *m*:
**Traktorenbesatz je 1000 ha Ackerfläche** показатель числа тракторов, приходящихся на 1000 га пахотных угодий
**Traktoreneinheit** *f* условный (15-сильный) трактор
**Tramp** *m* трамп, трамповое судно
**Tramp** рабочий, странствующий по стране в поисках работы *(гл. обр. в США)*
**Trampbeförderung** *f* трамповые перевозки
**Trampftonnage** *f* трамповый тоннаж
**Trampreederei** *f* трамповая судоходная компания
**Trampschiff** *n* трамповое судно
**Trampschiffahrt** *f* трамповое судоходство, судоходство по любым направлениям
**Tramptonnage** *f* трамповый тоннаж
**Tranche** *f* *фр.* транш, часть обязательств, часть эмиссии ценных бумаг *(напр. при размещении этих обязательств на рынках разных стран)*
**Tranche** часть *(одна четвёртая)* квоты стран-членов в МВФ

**Transaktion** *f* сделка, операция, транзакция *(обычно международная финансовая)*
**Transaktion** *вчт.* транзакция, обработка запроса
**Transaktionskosten** *pl* расходы по операции, расходы по сделке, издержки по операции, издержки по сделке
**Transaktionsnummer** *f* номер транзакции
**Transfer** *m* передача *(напр. технологий)*; перемещение, движение *(капитала)*
**Transfer** *вчт.* передача данных
**Transfer** *юр.* передача управления
**Transfer** трансферт, перевод, перечисление *(иностранной валюты, ценных бумаг)*
**Transfer der Kapitalien** перемещение капиталов, перевод капиталов, трансферт капиталов
**Transfer der Technologien und Verfahren** передача технологий
**Transfer-Pfund-Konto** *n* переводный счёт в фунтах стерлингов
**Transferabkommen** *n* соглашение о трансферте
**transferable account countries** *англ.* страны, входящие в зону применения переводных счетов в фунтах стерлингов
**Transferbilanz** *f* переводный баланс, трансфертный баланс, баланс переводов и платежей *(часть платёжного баланса)*
**Transfereinkommen** *n* доход, поступающий из-за границы
**Transfergarantie** *f* гарантия перечисления экспортной выручки, гарантия перечисления прибылей, полученных за границей
**Transfergebühr** *f* налог на денежные переводы за границу

**Transfergebühr** *f* сбор с зарубежных денежных переводов
**transferierbar** могущий быть переведённым за границу, могущий быть перечисленным за границу
**transferierbar** могущий быть перевезённым (перечисленным) за границу
**transferieren** *vt* передавать, перемещать, переводить
**Transferierung** *f* трансферт; перечисление
**Transferrisiko** *n* риск задержки трансферта
**Transferrisiko** риск задержки трансферта причитающихся сумм, риск задержки перевода причитающихся сумм
**Transferstraße** *f* автоматическая линия, автоматическая поточная линия
**Transferzahlungen** *f pl* переводные выплаты, трансфертные платежи *(напр. социальные платежи, государственные дотации сельскохозяйственным производителям и проч.)*
**Transformation** *f* трансформация; преобразование
**Transformationstheorie** *f* теория трансформации капиталистического общества
**Transfrigoroute** *f* международное объединение транспортных предприятий по перевозке скоропортящихся грузов
**Transit** *m* транзит; провоз
**Transit via** транзитом через *(страну)*
**Transitabgabe** *f* транзитная пошлина, транзитный сбор
**Transitabsatz** *m* транзитная реализация
**Transitausfuhr** *f* транзитный экспорт, экспорт через территорию третьей страны; экспорт, осуществляемый через территорию третьей страны
**Transitbeförderung** *f* транзитные перевозки

**Transitbegünstigungen** *f pl* привилегированные тарифы для транзитных грузов

**Transitbelieferung** *f* транзитное снабжение

**Transiteinfuhr** *f* импорт, осуществляемый через территорию третьей страны; транзитный импорт

**Transitexport** *m* транзитный экспорт, экспорт через территорию третьей страны; экспорт, осуществляемый через территорию третьей страны

**Transitfracht** *f* транзитный фрахт, фрахт за транзитный груз

**Transitgebühr** *f* транзитная пошлина, транзитный сбор, пошлина за транзит, сбор за транзит

**Transitgeschäft** *n* транзитная операция

**Transitgut** *n* транзитный груз; транзитный товар

**Transitgutbeförderung** *f* перевозка транзитного груза

**Transithandel** *m* транзитная торговля

**transitieren** провозить транзитом, осуществлять транзитные перевозки

**Transitivität** *f* транзитивность *(условие перехода к непротиворечивой системе предпочтений, напр. товарный набор А1 предпочтительней, чем набор А2, тогда как А2 предпочтительнее, чем набор А3, следовательно, А1 предпочитается А3)*

**Transitivität der Präferenz** транзитивность предпочтений *(в анализе спроса)*

**Transitklausel** *f* транзитная оговорка *(при которой пошлину платит покупатель)*; транзитная клаузула

**Transitkosten,** *pl* расходы по транзитной перевозке, затраты по транзитной перевозке

**Transitlager** *n* склад для товаров в транзитной торговле; транзитный склад

**Transitland** *n* страна транзита; страна, через территорию которой осуществляются транзитные перевозки

**Transitlieferung** *f* транзитные поставки

**Transitlinie** *f* транзитная линия, транзитный маршрут

**transitorisch** *бухг.* переходящий, запаздывающий итог *(сумма выводится в более позднем периоде, чем платёж)*, *ср.* antizipativ

**Transitorium** *n* переходящая статья *(государственного бюджета)*

**Transitseefracht** *f* морской фрахт за транзитные товары; морской транзитный фрахт

**Transitstaat** *m* государство транзита

**Transittarif** *m* транзитный тариф

**Transitumsatz** *m* транзитный оборот

**Transitumschlag** *m* транзитный оборот

**Transitverbot** *n* запрет на транзит, запрет на транзитные перевозки

**Transitverkehr** *m* транзитная торговля; транзитные перевозки

**Transitware** *f* транзитный груз; транзитный товар

**Transitzoll** *m* транзитная пошлина

**Transmissionsmechanismen** *pl* трансмиссионные механизмы *(обычно в теории так называются механизмы, посредством которых реализуется воздействие денежно-кредитной политики на движение производства, занятости и др. показатели хозактивности)*

**Transport** *m* транспорт, перевозка, транспортирование; транспорт

**Transport** партия груза

**Transport im offenen Durchgang** перевозка открытым транспортом

**Transport zu Lande** перевозка наземным транспортом

**Transport zu Wasser** перевозка водным транспортом

**Transport zwischen den einzelnen Arbeitsgängen** межоперационный транспорт

**gebrochener Transport** смешанные перевозки

**innerbetrieblicher Transport** внутризаводской транспорт

**schienengebundener Transport** рельсовый транспорт

**überbetrieblicher Transport** межзаводской транспорт

**zwischenbetrieblicher Transport** межзаводской транспорт

**Transport- und Speditionsarbeit** *f* транспортно-экспедиционная операция

**Transport- und Speditionsvorgang** *m* транспортно-экспедиционная операция

**transportabel** годный к перевозке, пригодный к перевозке, транспортабельный

**Transportagentur** *f* транспортное агентство

**Transportalgorithmus** *m* алгоритм транспортной задачи

**Transportarbeiten** *f, pl* транспортные работы, работы по транспортировке

**Transportaufkommen** *n* вся масса поступивших для перевозки грузов

**Transportauftrag** *m* транспортное поручение

**Transportaufwand** *m* транспортные издержки, транспортные расходы

**Transportaufwendungen** *f, pl* транспортные издержки, транспортные расходы

**Transportausgleichskasse** *f* государственный орган по нивелированию заготовительных цен на изделия с высокими транспортными расходами *(бывш. ГДР)*

**Transportausrüstungen** *f, pl* подъёмно-транспортные средства

**Transportbedarf** *m* потребности в перевозках

**Transportbedingungen** *f, pl* условия перевозки, условия транспортировки

**Transportbehälter** *m* контейнер

**Transportbescheinigung** *f* транспортная накладная; товаро-транспортная накладная

**Transportbeschriftung** *f* транспортная маркировка

**Transportbetrieb** *m* транспортное предприятие

**Transportbilanz** *f* транспортный баланс

**Transportdiebstahl** *m* кража на транспорте

**Transportdokument** *n* транспортная накладная, транспортно-сопроводительный документ

**Transporteinheit** *f* транспортная единица, единица транспорта

**Transportentfernung** *f* дальность перевозки

**Transportentgelt** *n* плата за транспортные перевозки

**transportfähig** перевозимый, годный для перевозки, годный для транспортировки

**Transportfähigkeit** *f* провозная способность, пропускная способность; транспортные мощности

**Transportfaktor** *m* коэффициент перевозимости

**transportfest** надёжный в транспортировке, надёжный для транспортировки

**Transportflugzeug** *n* транспортный самолёт

**Transportgefahr** *f* риск, связанный с перевозкой; транспортный риск; транспортные риски

**Transportgefährdung** *f* угроза транспорту, угроза транспортировке груза, угроза транспортируемому грузу

**Transportgeschäft** *n* сделка на перевозку

  **Transportgeschäft** транспортное предприятие

**Transportgesellschaft** *f* транспортное акционерное общество

  **Transportgesellschaft** *f* транспортное общество, транспортная фирма

**Transportgewerbe** *n* транспортно-экспедиционное дело

**transportgünstig** *(экономически)* выгодный для перевозки

**Transportgut** *n* транспортируемый груз

**Transporthindernis** *n* трудности в (при) транспортировке; помехи, связанные с транспортировкой груза

**transportierbar** транспортируемый, годный к перевозке

**transportieren** *vt* транспортировать, перевозить

**Transportkapazität** *f* провозная способность, пропускная способность

**Transportkooperation** *f* кооперирование в области транспортных перевозок

**Transportkoordinierung** *f* координация перевозок

**Transportkosten**, *pl* транспортные расходы *(все расходы, связанные с транспортировкой груза)*

**Transportlager** *n* транспортный склад

**Transportleistung** *f* объём перевозок; грузооборот

**Transportlos** *n* транспортная партия *(товара)*

**Transportmarkierung** *f* транспортная маркировка

**Transportmenge** *f* объём перевозок; количество перевозок

**Transportmittel** *n, pl* транспортные средства (мн.ч.); транспорт

  **außerbetriebliche Transportmittel** внешние транспортные средства, сторонние транспортные средства

  **innerbetriebliche Transportmittel** средства внутризаводского транспорта; внутризаводские транспортные средства

**Transportmittelabgabe** *f* пошлина, взимаемая с транспортных средств; налог на транспортные средства, находящиеся в индивидуальном владении

**Transportmittelzählung** *f* перепись транспортных средств

**Transportnorm** *f* норма перевозок; транспортные нормы

**Transportobjekt** *n* объект перевозки, объект транспортировки

**Transportökonomik** *f* экономика транспорта

**Transportoptimierung** *f* оптимизация транспортных перевозок

**Transportpapiere** *n pl* транспортные документы

**Transportplan** *m* план перевозок

**Transportplanung** *f* планирование перевозок

**Transportpreis** *m* стоимость перевозок

  **Transportpreis** *m* цена перевозки

**Transportproblem** *n* транспортная проблема, транспортная задача

**Transportraum** *m* грузовместимость транспортного средства

**Transportrichtung** *f* направление (грузовых) перевозок

**Transportrisiko** *n* транспортные риски

**Transportschaden** *m* повреждение груза при перевозке; убытки, понесённые при перевозке груза; повреждение груза при перевозке; убытки при перевозке

**Transportschiff** *n* транспортное судно

**Transportselbstkosten** *pl* себестоимость перевозки; себестоимость перевозок

**Transportsoll** *n* норма перевозок

**Transportspeditionsspesen,** *pl* транспортно-экспедиторские расходы

**Transportspesen,** *pl* транспортно-экспедиторские расходы

**Transportstück** *n* транспортируемый груз; единица перевозимого груза

**Transportsystem** *n* транспортная система; система перевозок

**Transporttarif** *m* транспортный тариф

**Transportübernahme** *f* принятие груза к перевозке

**Transportumschließung** *f* упаковка, пригодная для транспортировки грузов

**Transportunregelmäßigkeiten** *f, pl* нарушение порядка транспортировки, нерегулярное осуществление перевозок; нерегулярная доставка

**Transportunternehmen** *n* транспортное предприятие

**Transportverlust** *m* повреждение груза при перевозке; убытки, понесённые при перевозке груза; повреждение груза при перевозке; убытки при перевозке; транспортные потери, потери при транспортировке

**Transportverpackung** *f* упаковка, пригодная для транспортировки грузов

**Transportversicherung** *f* страхование на транспорте, транспортное страхование

**Transportvertrag** *m* договор на перевозку

**Transportvolumen** *n* объём перевозок

**Transportwesen** *n* транспортное дело

**Transportzweig** *m* вид транспорта

**Trassant** *m* трассант; лицо, выдающее переводной вексель (тратту)

**Trassat** *m* трассат; лицо, обязанное уплатить по переводному векселю (тратте)

**trassieren** *vt* трассировать, представлять *(вексель)* к акцептованию

**Trassierungskredit** *m* кредит, предоставленный под залог переводного векселя

**Tratte** *f* переводный вексель, тратта
   **eine Tratte begeben** выписать тратту
   **eine Tratte einziehen** инкассировать тратту
   **eine Tratte in Umlauf bringen** пустить тратту в обращение
   **eine Tratte wird fällig** срок тратты истекает

**Trattenavis** *n* авизо, извещение трассантом трассата о пуске в оборот тратты

**Trattenbuch** *n* вексельная книга, книга учета векселей

**Trattenkauf** *m* банковский дисконтный кредит, дисконтный кредит *(осуществляемый путём дисконтирования/учёта документированных тратт)*

**Travellerscheck** *m* дорожный чек *(обычно покупается для поездок и может быть обменен на наличные деньги в любом кредитном учреждении, поддерживающем корреспондентские связи с банком-эмитентом)*

**Treasury-Bond** *m* англ. казначейский вексель

**Treibhausindustrie** *f* отрасль промышленности, конкурентоспособность которой обеспечивается за счёт государственных дотаций

**Trend** *m* тенденция, тренд
   **anziehender Trend** повышательная тенденция
   **dominierender Trend** господствующая тенденция, доминирующая тенденция, преобладающая тенденция
   **kurzfristiger Trend** кратковременная тенденция
   **langfristiger Trend** длительная тенденция, долгосрочная тенденция
   **linearer Trend** общая поступательная тенденция
   **linearer Trend** линейный тренд
   **nicht linearer Trend** нелинейный тренд
   **parabolischer Trend** параболический тренд
   **sinkender Trend** понижательная тенденция
   **vorherrschender Trend** господствующая тенденция, доминирующая тенденция, преобладающая тенденция
   **zwei gegenläufige Trends** две противоположные тенденции

**Trendermittlung** *f* выявление основной тенденции развития, определение основного направления развития

**Trendermittlung** *f* выявление тенденции

**Trendextrapolation** *f* экстраполяция тренда, проекция тренда

**Trendfunktion** *f* функция тренда

**Trendgleichung** *f* уравнение тренда

**Trendlinie** *f* тренд; направление развития

**Trendprognose** *f* прогноз основной тенденции развития

**Trendprojektion** *f* проекция тренда, экстраполяция тренда

**Trennschicht** *f* (общественная) прослойка

**Trennung** *f* отделение; разделение; разобщение, разъединение; расторжение

**Trennung der Entgelte** раздельное указание видов платежей и выручки при уплате налога с оборота

**Trennungsentschädigung** *f* возмещение расходов, связанных с проживанием в силу служебных причин вне местопребывания семьи; компенсация в связи с расторжением договора, неустойка

**Trennungszulage** *f* надбавка за отрыв от постоянного местожительства, командировочные

**Treppenkurve** *f* ступенчатая кривая

**Tresor** *m* сейф, несгораемый шкаф *(также для хранения ценностей и сокровищ в банке)*

**Tresorfachmiete** *f* договор о праве пользования сейфом в банке; плата за пользование сейфом в банке

**Tresorschein** *m* казначейское обязательство, казначейская облигация

**Treu und Glaube** *юр.* добросовестность *(при истолковании и исполнении обязательств)*

**Treuegelder** *n, pl* надбавка к заработной плате за долголетнюю непрерывную работу

**Treuepension** *f* пенсия за выслугу лет

**Treueprämie** *f* надбавка к заработной плате за долголетнюю непрерывную работу

**Treuerabatt** *m* скидка с цены, предоставляемая за длительные деловые связи *(для постоянного заказчика)*

**Treuerente** *f* пенсия за выслугу лет

**Treueurlaub** *m* дополнительный отпуск за многолетнюю непрерывную работу *(бывш. ГДР, СССР)*

**Treugeber** *m* лицо, передавшее право собственности на имущество кредитору *(в обеспечение долга)*

**Treuhand** *f* управление чужим имуществом по поручению доверителя; трастовое управление; управление секвестрованным предприятием; опека

**Treuhandanstalt** *f* ведомство по управлению государственной собственностью *(в новых землях ФРГ)*

**Treuhandbank** *f* трест-компания *(один из видов коммерческих банков в США)*

**Treuhandeigentum** *n* собственность, находящаяся на ответственном хранении; доверительная собственность; имущество, вверенное попечению

**Treuhänder** *m* *юр.* доверенное лицо, доверенный; лицо, которому передаётся право собственности на имущество *(в обеспечение долга)*

**Treuhänderdepot** *n* ценные бумаги, переданные на хранение доверенным лицом владельца бумаг

**treuhänderisch** фидуциарный; доверительный; по поручению доверителя

**fiduziarisches Rechtsgeschäft** фидуциарная сделка; сделка, основанная на вере основанная на вере; доверительная операция *(банков)*

**fiduziarische Zession** фидуциарная цессия; фидуциарная уступка требования; уступка, основанная на вере

**Treuhandgeschäft** *n* фидуциарная сделка *(передача доверенному лицу закладываемого или сдаваемого на хранение имущества)*

**Treuhandgut** *n* имущество, управляемое по доверенности; имущество, вверенное попечению; собственность, находящаяся на ответственном хранении; имущество в трастовом управлении

**Treuhandkredit** *m* доверительный кредит

**Treuhandschaft** *f* управление чужим имуществом по поручению доверителя; трастовое управлснис; управлснис ссквестрованным предприятием; опека

**Treuhandschaftsrat der UNO** Совет по опеке ООН

**Treuhandsystem** *n* система опеки

**Treuhandverhältnis** *n* управление чужим имуществом по поручению доверителя; трастовое управление; управление секвестрованным предприятием; опека

**Treuhandvermögen** *n* имущество, управляемое по доверенности; имущество, вверенное попечению; собственность, находящаяся на ответственном хранении; имущество в трастовом управлении

**Treuhandvertrag** *m* фидуциарный договор; доверительный договор *(банка)*

**Treunehmer** *m* доверенное лицо, доверенный; лицо, которому передаётся право собственности на имущество *(в обеспечение долга)*

**Treurabatt** *m* доверительная скидка *(напр. может предоставляться покупателям товара у фирм, объединенных в картель)*

**trf., transfer** перевод *(денег)*; трансферт

**Trgf., Tragfähigkeit** грузоподъёмность

**trial-and-error-Methode** *f* метод проб и ошибок

**trial-and-error-Verhalten** *n* линия поведения, использующая метод проб и ошибок

**Triebkraft** *f* движущая сила

**Triebkräfte** *f, pl* движущие силы *(мн.ч.)*

   **gesellschaftliche Triebkräfte** движущие силы общественного развития

   **ideelle gesellschaftliche Triebkräfte** духовные движущие силы общественного развития

   **materielle gesellschaftliche Triebkräfte** материальные движущие силы общественного развития

   **ökonomische Triebkräfte** движущие силы экономического развития

**Trieur** *фр.* триер *(очистительно-сортировочная машина для зерновых и бобовых)*

**Trillion** *f* триллион *(1012 в СНГ, США, Франции, 1018 в ФРГ и Англии)*

**Trimmarbeit** *f мор.* укладка *(груза)*, штивка, стивидорные работы

**Trimmen** *n мор.* укладка *(груза)*, штивка, стивидорные работы

**trimmen** *vt* дифферентовать, распределять груз в трюме

**trip-charter** *англ.* рейсовый чартер

**Triptik** *n* таможенный пропуск для автомашин для проезда через границу *(в виде тройного талона)*

**Triptyk** *n* таможенный пропуск для автомашин для проезда через границу *(в виде тройного талона)*

**TRL, Türkisches Pfund / Türkische Lira, - Türkei** Турецкая лира *(код валюты 792)*, - Турецкая лира

**Trockeneis** *n* сухой лёд

**Trockenfracht** *f* сухой груз

**Trockenfrachtschlff** *n* сухогрузное судно, сухогруз

**Trockenschlff** *n* сухогрузное судно, сухогруз

**Trockentonnage** *f* сухогрузный тоннаж

**Trockenverlust** *m* усушка; потери от усушки

**Trodelhandel** *m уст.* торговля подержанными вещами

**Trödelmarkt** *m* блошиный рынок; барахолка

**tropenfest** годный для эксплуатации в тропических условиях; исполненный в тропическом варианте, пригодный для эксплуатации в тропических условиях

**Tropenfestigkeit** *f* годность для эксплуатации в тропических условиях

**tropensicher** годный для эксплуатации в тропических условиях; исполненный в тропическом варианте, пригодный для эксплуатации в тропических условиях

**Troy-Unze** *f* тройская унция *(мера веса благородных металлов, равная 31,1035 г)*

**Troygewicht** *n* тройский вес *(единица измерения, используемая при взвешивании благородных металлов)*

**Trucksystem** *n* система оплаты труда в натуральной форме

**Trucksystem** система частичной оплаты труда в натуральной форме, система полной оплаты труда в натуральной форме

**Trust** *m англ.* трест

   **trust Company** *англ.* трест-компания *(один из видов коммерческих банков в США)*

   **trust receipt** *англ.* сохранная расписка; варрант

**Trustbildung** *f* создание трестов, образование трестов

**trustee** *англ.* доверенное лицо, опекун *(напр. банк, которому доверено представлять интересы покупателей облигаций или который получает на хранение какое-л. имущество)*

**trustieren** трестировать, создавать тресты, образовывать тресты

**TS:**

**T/S, Tage nach Sicht** дней после предъявления

**TS, Transportschiff** транспортное судно

**TT:**

**TT, Trinidad und Tobago** Тринидад и Тобаго, *до 1978г. код* TD

**TT, telegraphic transfer** телеграфный (денежный) перевод

**T.T., terms of trade** соотношение импортных и экспортных цен

**Tt, Tariftonne** тарифная тонна

**TTD, Trinidad-und-Tobago-Dollar, - Trinidad und Tobago** Доллар Тринидада и Тобаго *(код валюты 780)*, - Тринидад и Тобаго

**Ttkm, Tariftonnenkilometer** тарифный тонно-километр

**T.U.C., Trade Union Congress** Британский конгресс тред-юнионов

**Turnus** *m* цикл; оборот

**je Turnus** за смену *(в санаториях и домах отдыха)*

**TÜV, Technischer Überwachungsverein** Союз работников технического надзора

**TV, Tarifvertrag** тарифное соглашение; соглашение о тарифных ставках

**TVA, Tarif- und Verkehrsanzeiger** тарифно-маршрутный указатель

**TVG, Tarifvertragsgesetz** закон о тарифных соглашениях, закон о порядке заключения коллективных договоров о тарифных ставках

**TVO:**

**TVO, Tarifvertragsordnung** правила применения соглашения о (провозных) тарифах

**TVO, Transportverordnung** постановление о планировании и кооперации при грузовых перевозках *(бывш. ГДР)*

**TW, Taiwan** Тайвань

**TWD, Neuer Taiwan-Dollar, - China (Taiwan)** Новый тайваньский доллар, - Тайвань

**TWI, training within industry** *англ.* обучение внутри промышленности *(программа рационализации производства)*

**TWK, technisch-wirtschaftliche Kennziffer** технико-экономический показатель

**two-level-planning** *англ.* планирование на двух уровнях, двухуровневое планирование

**TWZ, technisch-wissenschaftliche Zusammenarbeit** научно-техническое сотрудничество

**Typ** *m* тип *(в различных значениях)*; образец, стандарт

**typen** типизировать

**Typenarbeitsnorm** *f* типовая норма выработки

**Typenausführung** *f* типовое исполнение, стандартное исполнение

**Typenbereinigung** *f* устранение многообразия типоразмеров

**Typenentwurf** *m* типовой проект

**Typengröße** *f* типоразмер, типовой размер

**Typenidentität** *f* типовая идентичность

**Typenkalkulation** *f* типовая калькуляция

**Typenkauf** *m* покупка по образцу

**Typenlösung** *f* типовое решение

**Typenmuster** *n* типовой образец, стандарт

**Typennetzplan** *m* типовой сетевой график

**Typennormativ** *n* типовой норматив

**gegenstandsbezogenes Typennormativ** типовой предметный норматив

**Typenpolice** *f страх.* типовой полис, стандартный полис

**Typenprojektierung** *f* типовое проектирование

**Typenreihe** *f* ряд типоразмеров

**Typentechnologie** *f* типовая технология, стандартная технология

**Typenträgersystem** *n* система осуществления капитального ремонта и модернизации основных средств специализированными предприятиями

**Typenverminderung** *f* устранение многообразия типоразмеров

**Typenverringerung** *f* устранение многообразия типоразмеров

**Typenvertreter** *m* типовое изделие

**typisieren** *vt* типизировать; унифицировать; стандартизировать, стандартизовать

**Typisierung** *f* типизация; унификация; стандартизация, стандартизование

**Typprüfung** *f* проверка соответствия образцу, проверка соответствия стандарту

**Typung** *f* типизация; унификация; стандартизация, стандартизование

**TZ:**

**TZ, Tarazuschläge** надбавки за тару

**TZ, Tarazuschlagsatz** надбавка на вес тары

**TZ, Teilzahlung** частичный платёж

**TZS, Tansania-Schilling, - Tansania** Танзанийский шиллинг *(код валюты 834)*, - Танзания, единая республика U

# U

**U, Ultimo** ультимо, последний день месяца; последний биржевой день месяца

**U-Schätze, uverzinsliche Schatzanweisungen** *m, pl* бескупонные казначейские обязательства *(обычно на срок от 6 до 24 месяцев)*

   **U-Schätze** беспроцентные казначейские обязательства, беспроцентные казначейские векселя

**UA, u.A.:**

   **UA, Ukraine** Украина

   **UA, unsichtbare Ausfuhren** невидимый экспорт; серый экспорт

   **u.A., unter Anweisung** при уведомлении, при авизовании

   **u.A., unter Anzeige** при извещении, при уведомлении

**UAH, Griwna, - Ukraine** Гривна *(код валюты 980)*, - Украина

**UBEC, Union of Bananas Exporting Countries** Союз стран - экспортёров бананов, ССЭБ

**über:**

   **abfällige Reden über** *j-n* **führen** неблагоприятно отзываться (о ком-л.)

   **Abschluss über 100 Tonnen Baumwolle** контракт о поставке 100 тонн хлопка

   **Abwicklung des Zahlungsverkehrs erfolgt über diese Bank** платежи осуществляются через этот банк

   **sich** *(D)* **über eine Frage Aufklärung verschaffen** получить разъяснение (по какому-л. вопросу)

   **über** *etw. (A)* **abfällig urteilen** отрицательно отзываться (о чем-л.), давать отрицательную оценку (кому-л., чему-л.)

   **über** *etw. (A)* **abstimmen** проголосовать, решить (что-л.) голосованием

   **über dem Strich** над чертой

**Überabschreibung** *f* амортизационные отчисления выше фактического износа; скалькулированные амортизационные отчисления на полностью амортизированное, но ещё используемое оборудование; избыточные амортизационные отчисления

**Überakkumulation** *f* сверхнакопление, перенакопление; сверхаккумуляция

**Überaktivität f** сверхактивность

**Überalterung** *f* моральный износ *(техники, оборудования)*

   **Überalterung** *стат.* старение населения, постарение населения

**Überangebot** *n* превышение предложения над спросом; избыточное предложение; избыток предложения *(товаров)*; избыток наличия на складах *(товаров)*; избыточное снабжение

   **Überangebot an Waren abbauen** снизить избыточное предложение товаров; уменьшить товарное давление на рынок

**Überansammlung f** перенакопление (капитала)

**Überanspruchung** *f* перегрузка

**Überanstrengung** *f* перегрузка; перенапряжение *(тж. тех.)*; чрезмерное напряжение *(сил)*; переутомление; переработка

**Überarbeit** *f* сверхурочная работа; переработка; работа сверх установленных норм

**Überbau** *m* надстройка

   **Überbau** *юр.* нарушение границ при постройке

   **Überbau** наземная часть здания

   **Basis und Überbau** базис и надстройка

**Überbeanspruchung** *f* перегрузка; избыточная нагрузка; чрезмерная нагрузка

**Überbeanspruchungskosten,** *pl* дополнительные издержки, вызванные чрезмерной загрузкой *(напр. из-за устаревшего оборудования)*; дополнительные расходы, связанные с эксплуатацией технически устаревшего оборудования

**überbefriedigen** более чем удовлетворять *(кого-л.)*; быть более чем достаточным *(для чего-л.)*

**überbehalten** сохранить, сберечь *(напр., деньги)*

**Überbelastung** *f* перегрузка; сверхнормативная нагрузка *(напр. на оборудование, работников)*; чрезмерная нагрузка

**Überbeschäftigung** *f* сверхзанятость

   **Überbeschäftigung** избыточное использование производственных мощностей

**überbesetzen** нанимать слишком много рабочих; раздувать штаты

**Überbesetzung** *f* перенаселённость, избыточная населённость, избыточная заселённость; укомплектование с избытком

**Überbestand** *m* излишек; излишки *(мн.ч.)*; превышение установленных норм товарных запасов

   **Überbestand an Waren** излишки товаров; затоваривание

**Überbesteuerung** *f* чрезмерное налогообложение

**überbetrieblich** межзаводской, межпроизводственный

**Überbevölkerung** *f* перенаселение

   **relative Überbevölkerung** относительное перенаселение

**überbewerten** *vt* давать завышенную оценку

   **überbewerten** переоценивать в сторону завышения, оценивать с завышением

**Überbewertung** *f* завышенная оценка *(напр. имущества по сравнению с фактической стоимостью)*

   **Überbewertung** переоценка *(в сторону завышения стоимости)*

   **Überbewertung einer Aktie** переоценка акции; завышенная оценка акции (завышенная стоимость акции)

   **Überbewertung einer Währung** переоценка валюты; завышенная оценка валюты

**überbezahlen** *vt* переплачивать

**überbieten** превосходить, превышать

   **überbieten** предлагать более высокую цену, предложить более высокую цену; давать более высокую цену (напр. на аукционе); перебивать цену (на аукционе, торгах и т.п. более высокой ценой)

   **überbieten** перевыполнять *(напр. план)*

**Überbordwerfen** *n* страх. джеттисон *(выбрасывание груза за борт для облегчения и спасения судна)*

**Überbringer** *m* предъявитель; податель

   **Überbringerklausel** *f* оговорка о выплате предъявителю; оговорка о выплате подателю *(напр. на чеке, векселе)*

   **Überbringerscheck** *m* чек на предъявителя, предъявительский чек

**Überbrückungsdarlehen** *n* краткосрочная ссуда *(для целей рефинансирования)*

   **Überbrückungsdarlehen** краткосрочная ссуда для преодоления временных финансовых затруднений

**Überbrückungsfinanzierung** *f* краткосрочное финансирование

   **Überbrückungsfinanzierung** *f* промежуточное (краткосрочное) финансирование *(используемое, напр. до получения ссуды или размещения ценных бумаг)*

**Überbrückungsgeld** *n* (истор.) единовременная материальная помощь лицам, переехавшим в бывш. ГДР; подъёмные для граждан бывш. ГДР, временно проживавших за рубежом и возвратившихся на родину

**Überbrückungshilfe** *f* краткосрочная ссуда, дотация (предоставляемая) на пополнение ликвидных средств, бюджетная дотация

   **Überbrückungshilfe** краткосрочная финансовая ссуда, предоставляемая на случай нехватки ликвидных средств; бюджетная ссуда

**Überbrückungskredit** *m* краткосрочный кредит для преодоления временных затруднений

   **Überbrückungskredit** *m* промежуточный (краткосрочный) кредит *(предоставляемый, напр. для преодоления временной нехватки ликвидных средств)*

**Überdeckung** *f* превышение стоимости материальных фондов предприятия над стоимостью его оборотных средств

   **Überdeckung** *f* превышение стоимости основных производственных фондов предприятия над стоимостью его оборотных средств

   **Überdeckung der Kosten** превышение расчётных издержек над фактическими

**Überdividende** *f* дополнительные дивиденды; бонус; сверхдивиденды

**Übereignung** *f* передача, отчуждение *(имущества в чью-л. собственность)*

   **Übereignung** передача права собственности *(на вещь)*

   **Übereignung** передача в собственность

   **Übereignung des Rechtes** передача права *(владения)*

**Übereinkommen** *n* соглашение, договор; конвенция; договорённость

**übereinkommen** *vi* договариваться *о чем-л.*, согласовывать *что-л.*

**Übereinkunft** *f* соглашение, договор; конвенция; договорённость

   **Übereinkunft treffen** прийти к соглашению; достичь договорённости

   **laut Übereinkunft** по договорённости; по соглашению; согласно договорённости

   **stille Übereinkunft** (юр.) молчаливое согласие; безмолвное согласие

**übereinstimmen** *vi* совпадать, соответствовать, согласовываться *(о действиях)*

**Übereinstimmung** *f* соответствие

   **Übereinstimmung** согласование

   **Übereinstimmung** соглашение

   **Übereinstimmung** согласие

   **in Übereinstimmung mit** в соответствии с

   **mangelnde Übereinstimmung** неполное соответствие

**Übererfüllung** f перевыполнение *(напр. плана)*
**zulässige Übererfüllung** допустимое превышение *(напр. количества при поставке насыпных грузов)*
**überetatmäßig** сверхбюджетный
**überfällig** давно назревший *(напр. о предстоящих изменениях)*
**überfällig** запоздавший, опоздавший *(напр. о самолёте)*
**überfällig** просроченный *(напр. о векселе)*
**Überfinanzierung** f завышенная оценка основного капитала *(при учреждении акционерного общества)*
**Überfischungsabkommen** n, pl международные конвенции об охране запасов рыбы и морского зверя
**Überfluss** m избыток; изобилие; излишек
**Überfluss an Bevölkerung** избыток населения
**Überfluss an Kapital** избыток капитала
**Überflussgesellschaft** f общество изобилия *(термин, используемый для характеристики современного уровня благосостояния в развитых странах)*; общество потребления
**überflüssige Werbung** f излишняя реклама; навязчивая реклама *(напр. спам по электронной почте, массовые факсовые рассылки и т.п.)*
**Überflussproduktion** f избыточная продукция; перепроизводство
**überfordern** vt запрашивать слишком высокую цену
**überfordern** предъявлять чрезмерные требования
**Überforderung** f запрос *(напр. слишком высокой цены)*
**Überforderung** повышенное требование
**Überforderung** чрезмерное требование, завышенное требование

**überfremden** vt допускать усиленный приток иностранного капитала *(или заграничных товаров)*
**Überfremdung** f проникновение иностранного капитала; преобладание иностранного капитала, усиление иностранного влияния, преобладание иностранного влияния; преобладание иностранного капитала
**Überführung,** f **in die Produktion** передача в производство, освоение производства
**Überfülle** f изобилие; избыток
**Überfülle an Waren** избыток товаров; затоваривание
**Überfüllung** f переполнение, перегрузка
**Überfüllung** затоваривание рынка
**Überfüllung des Marktes mit Waren** затоваривание рынка; переполнение рынка товарами
**Übergabe** f передача; сдача-приёмка; выдача
**Übergabe der Verpflichtung** *юр.* делегирование обязательства, передача обязательства
**Übergabe von Aufgabe** делегирование задачи; передача исполнения задачи *(напр. другому работнику)*
**Übergabe von Dokumenten** выдача документов; передача документов
**Übergabe- und Übernahmeverrechnungspreis** m приёмо-сдаточная расчётная цена
**Übergabe-Übernahmetermin** m срок сдачи-приёмки; дата приёма-передачи *(сдачи)*
**Übergabeakt** m передаточный акт, акт передачи, акт приёмки, акт приёма-передачи *(сдачи)*
**Übergabebilanz** f передаточный баланс

**Übergabetermin** m срок передачи
**Übergangsbestände** m, pl переходящие остатки
**Übergangserscheinung** f переходное явление
**Übergangsfrist** f переходный период
**Übergangsgebührnisse** f, pl (единовременное) денежное пособие, выдаваемое военнослужащим сверхсрочной службы при демобилизации *(бывш. ГДР, СССР)*
**Übergangsgeld** n 1. денежное пособие при переходе на другое место работы *(напр. после курсов переучивания на другую профессию)* 2. единовременное денежное пособие военнослужащим, остающимся на сверхсрочной военной службе *(бывш. ГДР, СССР)*
**Übergangskonten** n, pl переходные расчётные счета *(между финансовой и производственной бухгалтерией)*
**Übergangsmaßnahme** f мера переходного характера, временная мера
**Übergangsnorm** f временная норма
**Übergangsökonomik** f экономика переходного периода
**Übergangsperiode** f переходный период
**Übergangsregelung** f управление на переходном этапе; промежуточное управление
**Übergangsrente** f пенсия, выплачиваемая при переводе по состоянию здоровья на другую, нижеоплачиваемую работу *(для компенсации разницы в заработной плате)*
**Übergangsstufe** f переходная ступень
**Übergangstarif** m тариф на смешанные перевозки

**Übergangswirtschaft** f экономика переходного периода
**Übergangszeit** f переходный период
**Übergangszeitraum** m переходный период
**übergeben** передавать; сдавать *(напр. на комиссию, в эксплуатацию)*
**Übergebot** n предложение более высокой цены *(напр. на аукционе)*, предложение товара по более высокой цене *(напр. на аукционе)*
**Übergewicht** n избыточный вес, излишний вес, лишний вес, вес сверх установленного в договоре; перевес
**Übergewinn** m сверхплановая прибыль; сверхприбыль
**Übergewinnsteuer** f налог на дополнительные доходы
**Übergewinnsteuer** налог на сверхприбыль
**Überhang** m перевес, преобладание; превышение *(напр. экспорта над импортом)*; избыток
**Überhangbau** m незавершённое строительство, *разг.* незавершёнка
**Überhitzung,** f der Konjunktur "перегрев" конъюнктуры
**überhöhen** vt чрезмерно повышать, завышать, вздувать *(цены)*
**Überhöhung** f превышение
**Überholung** f опережение; обгон
**Überholung** ремонт
**Überholung** таможенный досмотр
**Überholungsarbeit** f ремонт, ремонтные работы
**Überholungsintervall** n межремонтный срок
**Überinvestitionen** f, pl избыточные инвестиции, чрезмерные инвестиции, сверхинвестиции, избыточные инвестиции

**Überinvestitionstheorie** f теория сверхинвестирования, теория избыточного инвестирования
**Überkapazität** f избыточные производственные мощности
**Überkapitalisierung** f завышенная оценка имущества *(основных и оборотных средств предприятия)*
**Überlagerung** f залёживание *(товаров)*; накопление *(складских запасов)*; затоваривание
**Überlagerung der Arbeitsverrichtungen** совмещение производственных операций
**Überlagerungszeit** f простой оборудования *(напр. по технологическим причинам)*
**Überlandverkehr** m международное сообщение
**Überlassung** f уступка; переуступка
**Überlassung der Ware** уступка товара
**unentgeltliche Überlassung der Ware** бесплатная уступка товара
**Überlassungsvertrag** m *юр.* договор передачи права собственности на земельный участок на условиях предоставления передающему права выдела по старости
**Überlast** f перегрузка; непосильное бремя
**Überlebenswahrscheinlichkeit** f *стат.* вероятность дожития
**Überleitung** f перевод, переход; освоение производства новой продукции
**Überleitung der Entwicklungsergebnisse in die Produktion** внедрение разработок в производство
**Überleitung in die Produktion** освоение производства новой продукции
**Überleitung neuer Erzeugnisse in die Produktion** освоение производства новой продукции

**Überleitungsauftrag** m *фин.* переводное поручение
**Überleitungsphase** f фаза освоения производства новой продукции
**Überleitungsvertrag** m договор о разработке и освоении производства новой продукции, договор о разработке и освоении производства новой технологии
**Überliegegebühren** f, pl демередж, плата за простой *(судна)*, контрсталийные деньги
**Überliegegeld** n демередж *(плата за задержку судна сверх оговоренного срока при погрузке или разгрузке судна)*; контрсталийные деньги
**Überliegetage** m, pl контрсталийные дни, излишний простой *(судна)*
**Überliegezeit** f контрсталийные дни, излишний простой *(судна)*
**Überliegezeit** f сверхсталийное время, контрсталийное время *(время пребывания судна в порту сверх установленного погрузочно-разгрузочного времени)*; время простоя судна в порту
**Überlimitvorhaben** n сверхлимитное капитальное строительство
**Überliquidität** f избыточная ликвидность; чрезмерно высокий уровень ликвидности, наличие чрезмерно большого объёма ликвидных средств
**überlisten** vt перехитрить, провести *(кого-л.)*
**Übermaß** n избыток; излишек
**Übermasse** f избыточный вес, излишний вес, лишний вес, вес сверх установленного в договоре
**übermitteln** vt передавать, пересылать

**Übernachtungsgeld** *n* квартирные (деньги)
**Übernachtungskosten,** *pl* квартирные (деньги)
**Übernahme** *f* принятие на себя *(напр. обязательств)*
**Übernahme** поглощение (компании)
**Übernahme** сдача-приёмка; приём, приёмка *(напр. груза для отправки его адресату)*
**Übernahme als Verwahrstück** принятие на хранение
**Übernahme des Risikos** принятие риска (на себя)
**Übernahme eines Amtes** приём должности; вступление в должность
**Übernahme eines Auftrages** принятие заказа
**Übernahme einer Lieferung** сдача-приёмка поставки
**Übernahme in Depot** принятие на хранение
**Übernahme von Schulden** принятие долгов; принятие задолженности (на себя)
**Übernahme einer Lieferung** приёмка поставки; приёмка товаров (поставки)
**Übernahme-Übergabeakt** *m* акт сдачи-приёмки, приёмо-сдаточный акт
**Übernahmeakt** *m* приёмо-сдаточный акт
**Übernahmeangebot** *n* предложение о поглощении
**Übernahmebedingungen** *f pl* условия сдачи-приёмки
**Übernahmebescheinigung** *f* квитанция о приёмке
**Übernahmebilanz** *f* приёмо-сдаточный баланс
**Übernahmegründung** *f* основание акционерного общества, при котором все акции остаются во владении учредителей
**Übernahmekonnossement** *n* коносамент на груз, принятый в перевозке

**Übernahmekurs** *m* эмиссионный курс *(ценных бумаг)*
**Übernahmepreis** *m* эмиссионный курс, курс эмиссии *(ценных бумаг)*
**Übernahmepreis; (eng) acceptance price** акцептная цена
**Übernahmeprotokoll** *n* акт сдачи-приёмки, протокол сдачи-приёмки
**Übernahmesatz** *m* плата за перевозку груза, установленная по договорённости между экспедитором и грузоотправителем *(а не по официальным тарифным ставкам)*
**Übernahmeschein** *m* ордер на погрузку, погрузочный ордер
**Übernahmetermin** *m* срок сдачи-приёмки
**Übernahmeverweigerung** *f* отказ от принятия
**Übernahmewert** *m* инвентарная стоимость *(объектов, принятых в фонд основных средств)*
**übernational** наднациональный
**übernehmen** брать на себя *(напр. ответственность)*
**übernehmen** *vt* получать, принимать *(напр. заказ)*
**Übernehmer** *m* лицо, принявшее на себя какое-л. обязательство
**Übernormativbestand** *m* сверхнормативные запасы
**Übernormativkredit** *m* уст. сверхнормативный кредит, дополнительный кредит
**überoptimal** выше оптимального, сверхоптимальный
**Überorganisation** *f* излишне разросшаяся организационная структура предприятия
**Überpariemission** *f* выпуск ценных бумаг, при котором рыночная цена превышает их номинал; выпуск ценных бумаг по эмиссионному курсу, превышающему номинал

**Überplanbestände** *m, pl* сверхплановые запасы
**Überplangewinn** *m* сверхплановая прибыль
**überplanmäßig** сверхплановый
**Überplanproduktion** *f* сверхплановая продукция
**Überplanverkauf** *m* сверхплановая продажа
**Überpreis** *m* завышенная цена; чрезмерно высокая цена
**Überproduktion** *f* перепроизводство, сверхпроизводство
**allgemeine Überproduktion** общее перепроизводство
**partielle Überproduktion** частичное перепроизводство
**relative Überproduktion** относительное перепроизводство
**Überproduktionskrise** *f* кризис перепроизводства
**zyklische Überproduktionskrise** циклический кризис перепроизводства
**Überprofit** *m* сверхприбыль, избыточный доход
**überprüfen** пересматривать, ревизовать
**überprüfen** проверять; контролировать
**Überprüfung** *f* пересмотр
**Überprüfung** проверка; контроль; ревизия
**einer Überprüfung unterziehen** подвергать проверке, подвергнуть проверке
**laufende Überprüfung** текущий контроль; текущее обследование технического состояния основных фондов
**periodische Überprüfung** периодический контроль; периодическое обследование технического состояния основных фондов
**sichtprobenmäßige Überprüfung** выборочный контроль; выборочная проверка

**überrechnen** переводить сумму, переносить сумму *(напр. на другой счёт)*

**überrechnen** пересчитывать; рассчитывать, калькулировать

**Übersättigung** *f* перенасыщение *(напр. рынка)*

**Übersättigung des Marktes** перенасыщение рынка *(товарами, услугами)*

**überschätzen** *vt* переоценивать, давать завышенную оценку

**Überschlag** *m* ориентировочная смета, ориентировочный расчёт

**überschlagen** составлять ориентировочную смету, делать ориентировочный расчёт

**überschläglich** приблизительный, ориентировочный *(подсчёт)*

**Überschlagsbetrachtung** *f* ориентировочная смета, ориентировочный расчёт

**Überschlagsrechnung** *f* сметная калькуляция

**überschneiden, sich** дублировать *(в расчётах, сметах)*; допускать "двойной счёт" *(в сметах)*; пересекаться; переплетаться; дублировать *(напр. деятельность предприятия)*

**Überschneidungszeit** *f* простой оборудования *(напр. по технологическим причинам)*

**überschreiten** не соблюдать *(напр. срок)*

**überschreiten** перевыполнять *(напр. нормы)*; перекрывать *(напр. плановые задания)*

**überschreiten** превышать *(напр. смету)*

**Überschreitung** *f* несоблюдение *(срока)*

**Überschreitung** перевыполнение *(напр. норм)*; перекрытие *(напр. плановых заданий)*

**Überschreitung** перерасход *(средств)*

**Überschreitung** превышение *(сметы)*

**Überschreitung des Liefertermins** несоблюдение срока поставки

**Überschreitung eines Haushaltsansatzes** сверхсметный расход

**Überschreitungswahrscheinlichkeit** *f* вероятность ошибки

**überschulden** обременять долгами *(имущество)*

**überschulden** *vt* чрезмерно обременять долгами *(превышать допустимую пропорцию между долгами и собственным имуществом)*

**Überschuldung** *f* превышение пассивов над активами; задолженность (чрезмерная, большая)

**Überschuldung** *f* чистая задолженность; превышение долгов над кредитами, выданными фирмой *(потребителем)*

**Überschuss** *m* излишек; избыток; остаток *(напр. суммы)*; превышение; увеличение, рост

**einen Überschuss erwirtschaften** получать излишек в результате хозяйственной деятельности; получать излишки в результате хозяйственной деятельности;

**Überschussbestand** *m* избыточные запасы *(товарно-материальные ценности)*; избыточные складские запасы; излишки; "свободная наличность" *(в бюджете)*

**Überschussfinanzierung** *f* самофинансирование; финансирование за счёт собственных средств (избыточных)

**überschüssig** излишний, избыточный; превышающий

**überschüssig** лишний, излишний; избыточный

**Überschusskapazität** *f* избыточные производственные мощности

**Überschussland** *n* страна, имеющая положительное сальдо платёжного баланса; страна-производитель; страна-экспортёр, страна с активным сальдо платёжного баланса

**Überschussnachfrage** *f* избыточный спрос; превышенный спрос; повышенный спрос

**Überschussprodukte** *n, pl* излишки продуктов

**Überschussrechnung** *f* расчёт доходов и расходов

**Überschussreserve** *f* избыточные резервы *(разница между фактическими резервами банка и минимальной суммой необходимых резервов)*, см. Mindestreserve, Liquiditätsreserve

**Überschussreserven** *f, pl* резервы, превышающие установленный законом минимум

**überschwemmen** наводнять, заполнять *(напр. рынок товарами)*

**Überschwemmungsversicherung** *f* страхование от наводнения

**Überseebanken** *f, pl* иностранные банки

**Überseefrachter** *m* океанское грузовое судно

**Überseehandel** *m* заморская торговля; межконтинентальная торговля; трансатлантическая торговля

**Überseehandel** *m* межконтинентальная торговля; трансатлантическая торговля

**überseeisch** заморский; трансатлантический; межконтинентальный

**überseeisch** межконтинентальный, трансатлантический

**Überseekontrakt** *m* контракт с заокеанской фирмой *(или страной)*

**Überseemarkt** *m* заокеанский рынок

**Überseeschiff** *n* океанское судно

**Überseeverpackung** *f* упаковка для морской перевозки грузов

**Übersetzung** *f* неразвитость торговой сети *(используется как меткое выражение без указания конкретных данных)*

**Übersetzung** перевод на другой язык

**Übersetzung** *вчт.* трансляция, конвертирование; сдвиг в машинной графике

**Übersicht** *f* обзор, обозрение; общая таблица, сводная таблица, сводка

**Überprofit Übersicht** статистическая сводка

**Übersichtsplan** *m* общий план, генеральный план, генеральный план

**übersteigen** *vt* превышать, превосходить

**Überstreuung** *f* многократное ознакомление с одной и той же рекламой конкретного круга лиц

**Überstunden** *f, pl* сверхурочные часы, сверхурочное время; овертайм *(сверхурочное время для рабочих и служащих при погрузке и разгрузке судна)*

**Überstunden ausbezahlen** оплачивать сверхурочное время; оплачивать сверхурочные часы (работы)

**Überstunden kürzen** снижать объём сверхурочной работы

**Überstunden leisten** работать сверхурочно, выполнять сверхурочную работу

**Überstunden machen** работать сверхурочно, выполнять сверхурочную работу; работать в сверхурочное время

**Überstunden vergüten** выплачивать компенсацию за сверхурочную работу; возмещать сверхурочные часы (работы)

**Überstundenarbeit** *f* сверхурочная работа

**Überstundengeld** *n* сверхурочные (деньги), оплата за сверхурочную работу

**Überstundenvergütung** *f* сверхурочные (деньги), оплата за сверхурочную работу; компенсация сверхурочной работы

**Überstundenzuschlag** *m* надбавка за сверхурочную работу, надбавка к заработной плате за сверхурочную работу

**Übertara** *f* вес тары, превышающий нормальный; сверхтара

**Übertrag** *m* *бухг.* перенос *(итога)*

**übertragbar** передаваемый; переносимый; оборотный *(о документе)*; носимый, переносный *(о приборе)*

**nicht übertragbar** без права передачи

**übertragbares Akkreditiv** переводный аккредитив, трансферабельный аккредитив

**übertragbares Recht** передаваемое право

**Übertragbarkeit** *f* возможность переноса *(средств)*

**Übertragbarkeit von Haushaltsmitteln** возможность переноса неиспользованных бюджетных средств текущего периода на следующий год

**Übertragshaushalt** *m* бюджетные остатки

**Übertragung** *f* переадресование *(напр. аккредитива)*

**Übertragung** передача *(напр. данных)*

**Übertragung** переложение *(напр. ответственности)*

**Übertragung** *бухг.* перенос (итога) передача

**Übertragung** уступка требования, цессия

**Übertragungen** *f, pl* платежи *(по балансу переводов и платежей)*; государственные платежи международным организациям

**Übertragungsbilanz** *f* баланс переводов и платежей *(часть платёжных балансов)*

**Übertragungsbuchführung** *f* *бухг.* журнально-книжная форма учёта

**Übertragungsbuchführung** перенос бухгалтерских записей; разнесение записей

**Übertragungsgeschwindigkeit** *f* *вчт.* скорость передачи данных

**Übertragungsgewinn** *m* доход, прибыль, образовавшаяся в результате передачи активов

**Übertragungsgewinn** прибыль, образовавшаяся в результате передачи имущественных ценностей *(при слиянии и реорганизации предприятий)*

**Übertragungsurkunde** *f* передаточный акт, акт передачи *(при конкурсе)*

**Übertragungsvermerk** *m* передаточная надпись *(на векселе)*, индоссамент

**Übertragungswirtschaft** *f* субсидируемая отрасль, дотируемая отрасль *(или сектор экономики)*

**übertrumpfen** опережать

**Überverdienst** *m* заработок за сверхурочную работу

**Überverdienstzuschlag** *m* надбавка к заработку за сверхурочную работу

**überversichern** застраховывать на сумму, превышающую стоимость страхового объекта

**Überversicherung** *f* страхование на сумму, превышающую фактическую стоимость страхуемого предмета; завышенное страхование

**übervölkert** перенаселённый *(о странах, городах)*
**Übervölkerung** f перенаселение, перенаселенность
　**flüssige Übervölkerung** перенаселение, уровень которого постоянно меняется; перенаселение, степень которого постоянно меняется
　**konsolidierte Übervölkerung** постоянное перенаселение
　**latente Übervölkerung** скрытое перенаселение
　**relative Übervölkerung** относительное перенаселение
　**stockende Übervölkerung** застойное перенаселение
**überwachen** vt контролировать, следить за выполнением *чего-л.*
**Überwachung** f наблюдение, надзор; контроль
　**gesundheitliche Überwachung** санитарно-промышленный надзор
　**gesundheitliche Überwachung** санитарный надзор, санитарная охрана
　**laufende Überwachung** текущий контроль
　**technische Überwachung** технический надзор, технадзор
**Überwachungsbestimmungen** f, pl положения о таможенном надзоре
**Überwachungsliste** f список налогоплательщиков *(с указанием суммы взимаемых налогов)*
**Überwachungsrecht** n право контроля
**Überwachungsstelle** f контролирующий орган, орган надзора
**Überwachungsuntersuchung** f диспансеризация
**Überwachungszeichen** n клеймо отдела технического контроля

**Überwälzung** f перекладывание налогов
**Überwälzung** f переложение *(налогов, напр. в цене товара)*
**Überwälzung der Umsatzsteuer** перекладывание налога с оборота на покупателя, перекладывание налога с оборота на потребителя
**überweisen** vt переводить *(деньги)*
**Überweisung** f перевод, перечисление *(денег)*
　**drahtliche Überweisung** телеграфный перевод
　**nicht ausgeführte Überweisung** неосуществленный перевод, неврученный перевод
　**rückläufige Überweisung** поручение банку производить периодические платежи, поручение сберегательной кассе производить периодические платежи
**Überweisungsauftrag** m платёжное поручение; жироприказ
**Überweisungsauftrag im Fernverkehr** иногороднее платёжное поручение; иногородний жироприказ
**Überweisungsauftrag im Platzverkehr** местное платёжное поручение; одногородний жироприказ
**Überweisungsauftrag mit Bankbestätigung** платёжное поручение, акцептованное банком
**Überweisungssammelauftrag** m сводное платёжное поручение; сводный жироприказ
**Überweisungsscheck** m расчётный чек *(в жирообороте - межбанковский перевод)*
**Überweisungsträger** m субъект платёжного поручения
**Überweisungsverfahren** n метод безналичных расчётов, процедура безналичных расчётов; безналичные расчёты

**Überweisungsverkehr** m безналичный расчёт; жирооборот
**Überwertung** f переоценка
**überzahlen** vt переплачивать
**Überzeichnung** f подписка, при которой предъявляемый спрос выходит за рамки суммы выпущенных ценных бумаг
**Überziehen** n получение по чеку суммы, превышающей остаток на текущем счёте, получение по чеку суммы, превышающей размер предоставляемого кредита
**Überziehung** f перерасход
**Überziehung des Lohnfonds** перерасход фонда заработной платы
**Überziehung eines Kontos** получение с текущего счёта суммы, превышающей остаток на нём
**Überziehungskredit** m овердрафт *(сумма, в пределах которой банк кредитует владельца текущего счёта)*; превышение кредита *(в банке)*
**Überziehungsprovision** f банковская комиссия за овердрафт; банковская комиссия за сумму, выданную по чеку сверх остатка на текущем счёте
**Übgrteuerung** f завышение цены
**Übiquitäten** f, pl блага, встречающиеся всюду, блага, встречающиеся повсюду *(термин буржуазной теории размещения производства)*
**übpl., überplanmäßig** сверхплановый
**UBS, Union des Banques Suisses** Швейцарский банковский союз
**Übungsanstieg** m повышение производительности труда за счёт приобретения трудовых навыков
**u.c., usual conditions** обычные условия

**UCPTE, Union pour la Coordination de la Production et du Transport de l' Energie Electrique** Союз по координированию производства и передачи электроэнергии *(организация восьми европейских стран)*

**u.E., unseres Ermessens** по нашему усмотрению

**UEBL, Union Economique Belgo-Luxembourgeoise** Бельгийско-Люксембургский экономический союз

**UEP, Union Europeene de Paiement** Европейский платёжный союз, ЕПС

**Ufer** *n* берег
  **franko Ufer** франко-берег, свободно с берега
  **frei Ufer** франко-берег, свободно с берега

**Ufergeld** *n* сборы за хранение грузов на берегу реки

**UFI, Union des Foires Internationales** Союз международных ярмарок

**UFP, unveränderlicher Festpreis** неизменная цена, твёрдая цена

**UG, Uganda** Уганда

**ÜG, Überleitungsgesetzt** временный закон, переходный закон

**UGX, Uganda-Schilling, - Uganda** Угандийский шиллинг *(код валюты 800),* - Уганда

**UIAPME, Union Internationale de l'Artisanat et des Petites et Moyennes Entreprises** Международный союз ремесленников и владельцев мелких и средних промышленных предприятий

**UKV, Umzugskostenverordnung** положение о выплате подъёмных

**ult., Ultimo** в последний день месяца, на ультимо

**Ultimahypothek** *f* ипотека, внесённая в кадастр с указанием максимальной суммы стоимости земельного участка

**Ultimo** *m* ультимо, последний день месяца; *бирж.* последний биржевой день месяца
  **per Ultimo** в конце месяца

**ultimo** в последний день месяца

**Ultimogeld** *n* кредит со сроком погашения в конце месяца *(или года)*; ссуда, которая должна быть погашена в последний день месяца

**Ultimogeschäft** *n бирж.* сделка на ультимо; срочная сделка со сроком исполнения в конце месяца

**Ultimokurs** *m бирж.* курс по сделкам на ультимо

**Ultimoregelung** *f* выполнение биржевой сделки в последний день месяца *или* квартала

**Ultra-Vires-Theorie** *f* теория, согласно которой полномочия руководства торговой фирмы ограничиваются целями, обозначенными в уставе

**Umadressierung** *f* переадресовка, переадресация *(напр. платёжного поручения)*

**Umarbeitung** *f* переработка, переделка

**Umb., Umbuchung** перенесение бухгалтерских записей с одного счёта на другой; перечисление на другой счёт; перенос записи с одного счёта на другой

**Umbasierung** *f* установление иной исходной базы статистических расчётов; перебазирование

**umbewerten** *vt* переоценивать, оценивать заново

**Umbewertung** *f* переоценка
  **Umbewertung der Grundmittel** переоценка основных средств

**umbuchen** переносить бухгалтерские записи с одного счёта на другой; перечислять на другой счёт

**Umbuchung** *f* перенесение бухгалтерских записей с одного счёта на другой; перечисление на другой счёт

**Umfang** *m* объём; размер; величина; вместительность; ёмкость
  **mengenmäßiger Umfang** физический объём, объём в физическом выражении
  **wertmäßiger Umfang** объём в стоимостном выражении

**umfirmieren** переименовывать фирму

**Umformung** *f* изменение формы; деформация; видоизменение; трансформация, преобразование

**Umfrageorganisation** *f* организация опросов *(в целях изучения рынков и общественного мнения)*

**UMG, Gesetz über den Verkehr mit unedlen Metallen** закон о торговле неблагородными металлами

**Umgebungseinfluss** *m* влияние окружающей среды

**umgehend** срочный *(об ответе)*, немедленный
  **mit umgehender Post** обратной почтой

**Umgemeindung** *f с.-х.* переход угодий от одной общины к другой *(бывш. ГДР)*

**Umgestaltung** *f* преобразование; реорганизация; перестройка, переформирование

**Umgründung** *f* изменение правовой формы предприятия

**Umgruppierung** *f* перегруппировка, перераспределение

**Umhüllung** *f* оболочка; обёртка; упаковка, тара

**Umkehrmatrix** *f* обратная матрица

**Umkehrung** f изменение *(напр. тенденции)*

**Umladegut** n перегружаемый товар

**Umladeklausel** f пункт договора перевозки, предоставляющий право транспортным организациям производить перевалку грузов по своему усмотрению

**umladen** vt перегружать

**Umladeschuppen** m сортировочный склад, перевалочный пакгауз; перегрузочный склад, перевалочный склад

**Umladeverkehr** m транспортировка, предусматривающая перевалку грузов

**Umladung** f перевалка, перегрузка

**Umladungsavis** m (n) извещение о перевалке; перевалочное авизо

**Umladungskosten,** pl расходы по перевалке (мн.ч.)

**Umladungslieferschein** m перегрузочный ордер доставки, деливери-ордер

**Umlage** f раскладка, распределение *(напр. налога)*; отчисление *(от себестоимости)*

**umlagern** перемещать товары, хранящиеся на складе; перемещать товары из одного складского помещения в другое

**Umlagerung** f перекладывание

**Umlageschlüssel** m принцип распределения издержек

**Umlageverfahren** n метод мобилизации финансовых средств путём распределения денежных сборов среди определённого круга лиц

**Umlageverfahren** метод получения финансовых средств путём распределения денежных сборов среди определённого круга лиц *(традиционный инструмент коммунальной политики налогообложения)*

**Umland** n окрестности, пригороды

**Umlauf** m обращение, хождение *(о денежных знаках)*; циркуляция; оборот

**Umlauf** цикл

**Umlauf** коэффициент оборачиваемости *(оборудования)*

**Umlauf des Geldes** денежное обращение

**aus dem Umlauf ziehen** изымать из обращения

**außer Umlauf setzen** изъять из обращения

**in Umlauf bringen** пускать в обращение

**in Umlauf geben** пускать в обращение

**in Umlauf kommen** поступать в обращение

**in Umlauf kommen** становиться общепринятым

**im Umlauf sein** находиться в обращении, иметь хождение *(о денежных знаках)*

**in Umlauf setzen** пускать в обращение

**falsche Münzen in Umlauf setzen** пустить в обращение фальшивые деньги

**eine Tratte in Umlauf bringen** пустить тратту в обращение

**Betriebsumlauf** m эксплуатационный оборот *(вагонов, локомотивов)*

**Frachtumlauf** m грузооборот

**Güterwagenumlauf** m оборот грузового вагона

**Lokomotivumlauf** m оборот локомотива

**Umlaufperiode** f период обращения

**Umlaufschrott** m оборотный металл

**Umlaufstoff** m оборотный материал

**Umlaufaktiven** pl оборотные активы

**umlaufen** находиться в обращении, иметь хождение *(о денежных знаках)*

**umlauffähig** годный к обращению, пригодный к обращению *(о денежных знаках)*

**Umlauffähigkeit** f обращаемость *(денежных знаков)*

**Umlauffonds** m, pl оборотные фонды (мн.ч.)

**Umlauffonds der nichtproduktiven Sphäre** оборотные фонды непроизводственной сферы (мн.ч.)

**Umlauffonds der nichtproduzierenden Sphäre** оборотные фонды непроизводственной сферы (мн.ч.)

**Umlauffonds für Produktionszwecke** производственные оборотные фонды (мн.ч.)

**nichtproduktive Umlauffonds** оборотные фонды непроизводственной сферы (мн.ч.)

**Umlaufgeschwindigkeit** f оборачиваемость *(оборотных средств)*

**Umlaufgeschwindigkeit** обращаемость, скорость обращения *(денег)*

**Umlaufmasse** f масса в обращении; обращаемая масса

**Umlaufmasse des Geldes** масса денег в обращении

**Umlaufmittel** n, pl оборотные средства

**Umlaufmittel** средство обращения *(функция денег)*

**betriebliche Umlaufmittel** собственные оборотные средства *(предприятия)*

**fremde Umlaufmittel** заёмные оборотные средства

**richtsatzfreie Umlaufmittel** ненормируемые оборотные средства

**Umlaufmittelabführung** f отчисление оборотных средств

**Umlaufmittelausstattung** f обеспеченность оборотными средствами

**Umlaufmittelbedarf** *m* потребности в оборотных средствах

**Umlaufmittelbestand** *m* наличие оборотных средств

  **materieller Umlaufmittelbestand** оборотный запас материалов

**Umlaufmittelbestandteil** *m* составной элемент оборотных средств; элемент оборотных средств

**Umlaufmittelbewertung** *f* оценка оборотных средств; оценка стоимости оборотных средств

**Umlaufmittelbilanzierung** *f* балансовая увязка оборотных средств

**Umlaufmittelbindung** *f* замораживание оборотных средств

**Umlaufmittelbindungsverlust** *m* потери от замораживания оборотных средств, ущерб от замораживания оборотных средств

**Umlaufmitteldisposition** *f* диспозиция *(предварительный расчёт)* оборотных средств

  **Umlaufmitteldisposition** распоряжение оборотными средствами

**Umlaufmitteleinsparung** *f* экономия оборотных средств

**Umlaufmittelelement** *n* элемент оборотных средств

**Umlaufmittelerhöhung** *f* увеличение объёма оборотных средств

**Umlaufmittelfinanzierung** *f* финансирование оборотных средств

**Umlaufmittelfonds** *m* фонд оборотных средств

**Umlaufmittelintensität** *f* коэффициент закрепления оборотных средств

  **Umlaufmittelintensität** удельный вес оборотных средств в общей стоимости товаров и услуг

**Umlaufmittelkredit** *m* кредит для покрытия потребности в оборотных средствах

  **Umlaufmittelkredit** кредит для пополнения оборотных средств

**Umlaufmittelnorm** *f* норма оборотных средств

**Umlaufmittelplan** *m* финансовый план, финплан *(в рамках промфинплана)*

**Umlaufmittelplanung** *f* планирование оборотных средств

**Umlaufmittelquote** *f* норматив оборотных средств

**Umlaufmittelrichtsatz** *m* норматив оборотных средств

**Umlaufmittelverteilungsfonds** *m* централизованный фонд отчислений от высвободившихся оборотных средств

  **Umlaufmittelverteilungsfonds** *m* централизованный фонд перераспределения *(временно свободных)* оборотных средств

**Umlaufmittelwirtschaft** *f* режим использования оборотных средств

  **Umlaufmittelwirtschaft** *f* совокупность сведений о функционировании оборотных средств *(режим формирования, использования, показатели эффективности)*

**Umlaufmittelzuführung** *f* получение дополнительных оборотных средств, выделение дополнительных оборотных средств; пополнение оборотных средств

**Umlaufmittelzuwachs** *m* прирост оборотных средств

**Umlaufpolice** *f* универсальный полис, универсальный страховой полис

**Umlaufsvermögen** *n* оборотные средства предприятия *(к ним обычно относят капитал, необходимый для обеспечения текущей деятельности; по бухгалтерским счетам - чистые текущие активы)*

**Umlaufvermögen** *n* оборотный капитал

**umlegen** распределять, раскладывать *(напр. налоги)*

**Umlegung** *f* устранение чересполосицы

**Umleitung** *f* изменение направления

  **Umleitung an die neue Adresse** переадресовка

**Ummarkierung** *f* перемаркировка

**ummünzen** перечеканивать

**Umpacken** *n* упаковка заново

**umprägen** перечеканивать

**Umprofilierung** *f* перепрофилирование

  **Umprofilierung der Produktion** изменение производственного профиля; переход на выпуск новой продукции

**umqualifizieren** переквалифицировать

**umrechnen** пересчитывать; производить перерасчёт *(напр. валюты)*

**Umrechnung** *f* пересчёт; перерасчёт *(напр. валюты)*

**Umrechnungsfaktor** *m* коэффициент пересчёта, переводный коэффициент

**Umrechnungskoeffizient** *m* коэффициент пересчёта, переводный коэффициент

**Umrechnungskurs** *m* курс пересчёта (валют)

**Umrechnungstafel** *f* переводная таблица, таблица пересчёта

**Umrüstkosten,** *pl* расходы на переналадку, расходы на переоборудование

**Umrüstung** *f* перевооружение, переоснащение, переоборудование; переналадка

**Umsatz** *m* *бухг.* оборот по счетам

  **Umsatz** товарооборот; оборот *(стоимость товаров и услуг, реализованных потребителю)*

**Umsatz auf den Außenmärkten** внешнеторговый оборот, оборот внешней торговли

**Umsatz aus Realisierung** оборот по реализации

**Umsatz aus Verkauf** оборот по продаже

**Umsatz im Zahlungsverkehr** платёжный оборот

**Umsatz pro Kopf der Bevölkerung** оборот в расчёте на душу населения, товарооборот в расчёте на душу населения

**innerbetrieblicher Umsatz** внутризаводской оборот

**Umsatzabgabe** *f* отчисления с оборота

**Umsatzanalyse** *f* анализ оборота

**Umsatzaufgliederung** *f* распределение торгового оборота

**Umsatzaufgliederung auf Monate** распределение торгового оборота по месяцам

**Umsatzausfall** *m* уменьшение оборота, сокращение оборота

**Umsatzausgleichssteuer** *f* налог на импортированный товар *(компенсационного характера, соответствующий налогу с оборота)*

**Umsatzausgleichsteuer** *f* компенсационный налог с оборота *(часто на импортные товары)*

**Umsatzbelastung** *f* распределение по обороту, удельный вес общих расходов в сумме оборота; удельный вес общих расходов в общей стоимости оборота, доля общих расходов в общей стоимости оборота

**Umsatzbelebung** *f* оживление оборота

**Umsatzbesteuerung** *f* обложение налогом с оборота

**Umsatzbetrag** *m* сумма оборота

**Umsatzbilanz** *f* баланс оборота

**Umsatzbilanz** оборотный баланс

**Umsatzbonus** *m* бонус от суммы, на которую закуплены товары в течение определённого периода

**Umsatzdividende** *f* дивиденд с оборота, дивиденд с объёма продаж *(в сбытовых кооперативных товариществах)*

**Umsatzerlös** *m* выручка с оборота

**Umsatzgeschäfte** *n, pl* операции по покупке и перепродаже *(напр. ценных бумаг)*

**Umsatzgeschwindigkeit** *f* оборачиваемость, скорость обращения, скорость оборота

**Umsatzgestaltung** *f* структура оборота

**Umsatzgewinn** *m* удельный вес чистой прибыли в общей стоимости оборота, доля чистой прибыли в общей стоимости оборота, прибыль с оборота

**Umsatzgröße** *f* объём оборота, размер оборота, величина оборота

**Umsatzgrößenklasse** *f* класс, к которому относится торговое предприятие по объёму оборота

**Umsatzhäufigkeit** *f* оборачиваемость, скорость оборота, скорость обращения

**Umsatzhöhe** *f* объём оборота, размер оборота, величина оборота

**umsatzintensiv** обладающий высокой интенсивностью (скоростью) обращения

**umsatzintensiv** пользующийся повышенным спросом, имеющий повышенный спрос

**Umsatzkapital** *n* оборотный капитал

**Umsatzkennzahl** *f* показатель оборота

**Umsatzkennziffer** *f* показатель оборота

**Umsatzliste** *f* *бухг.* оборотная ведомость

**schachbrettförmige Umsatzliste** *бухг.* шахматная оборотная ведомость, *(разг.)* шахматка

**Umsatzmenge** *f* объём оборота, объём товарооборота

**Umsatzplan** *m* план оборота, план товарооборота

**Umsatzplanerfüllung** *f* выполнение плана оборота, выполнение плана товарооборота

**Umsatzplanung** *f* планирование оборота, планирование товарооборота

**Umsatzpolice** *f страх.* генеральный полис с расчетом премии по обороту

**Umsatzprämie** *f* премия персоналу торгового предприятия за увеличение объёма оборота, премия персоналу торгового предприятия за увеличение объёма товарооборота *(бывш. ГДР)*; премия крупному покупателю

**Umsatzprinzip** *n* принцип зависимости величины прибыли от объёма продаж

**Umsatzprovision** *f* комиссионные с оборота, комиссия с оборота

**Umsatzrückgang** *m* уменьшение оборота, уменьшение товарооборота

**Umsatzschwankungen** *f, pl* колебания объёма оборота; колебания сбыта; колебания объёма сбыта

**periodische Umsatzschwankungen** периодические колебания объёма оборота; периодические колебания сбыта; периодические колебания объёма сбыта

**Umsatzsoll** *n* запланированный объём оборота, планируемый объём оборота, намеченный оборот

**Umsatzstatistik** *f* статистика оборота, статистика товарооборота; статистика объёма продаж

**Umsatzsteigerung** *f* рост оборота, рост товарооборота, расширение оборота, расширение товарооборота; рост объёма продаж

**Umsatzsteuer** f налог с оборота

**differenzierte Umsatzsteuer** дифференцированный налог с оборота

**Umsatzsteuererklärung** f декларация на уплату налога с оборота

**Umsatzsteuerfreiheit** f освобождение от налога с оборота

**Umsatzsteuerheft** n журнал учёта оборота, журнал учёта товарооборота; журнал учёта объёма продаж

**Umsatzsteuerkartei** f публикации циркуляров и распоряжений общего характера по вопросам налога с оборота

**Umsatzsteuerrecht** n правовые предписания по вопросам налога с оборота

**Umsatzsteuersatz** m ставка налога с оборота

**Umsatzsteuervergütung** f возврат налога с оборота на экспортные товары

**Umsatzsteuervergütung** возмещение (части) уплаченного налога с оборота (*напр. при поставках на экспорт*); возмещение налога с оборота, уплаченного экспортёром

**Umsatzsteuervoranmeldung** f декларация на уплату налога с оборота

**Umsatzstruktur** f структура оборота, структура товарооборота; структура продаж

**Umsatzsumme** f сумма оборота

**Umsatzverdienstrate** f удельный вес чистой прибыли в общей стоимости оборота, доля чистой прибыли в общей стоимости оборота, прибыль с оборота

**Umsatzvolumen** n объём оборота, объём товарооборота; объём продаж

**Umsatzzahlen** f, pl контрольные показатели объёма продаж

**Umschlag** m конверт; обёртка

**Umschlag** оборот

**Umschlag** перевалка (*грузов*)

**Umschlag der Fonds** оборот фондов

**Umschlag der Produktionsgrundfonds** оборот основных производственных фондов

**Umschlag des Kapitals** оборот капитала

**innerbetrieblicher Umschlag** *с.-х.* внутрихозяйственный оборот

**umschlagen** перегружать товар

**umschlagen** перекладывать (*расходы*) на кого-л.

**umschlagen** пускать в оборот (*товар*)

**Umschlagmittel** n, pl погрузочно-разгрузочные средства, перегрузочные средства

**Umschlagsarbeiten** f, pl перевалочные работы, работы по перевалке грузов

**Umschlagsbestand** m оборачиваемые запасы

**Umschlagsdauer** f время оборота (*средств*)

**Umschlagsfähigkeit** f срок товарооборачиваемости

**Umschlagsfinanzierung** f финансирование оборота

**Umschlagsgebühr** f сбор за перевалку грузов

**Umschlagsgeschwindigkeit** f оборачиваемость, скорость оборота, скорость обращения

**Umschlagshandel** m перевалочная торговля

**Umschlagshäufigkeit** f оборачиваемость, скорость оборота, скорость обращения

**Umschlagskapazitäten** f, pl погрузочно-разгрузочные мощности, мощности по перевалке грузов

**Umschlagskoeffizient** m коэффициент оборачиваемости (*напр. соотношение между годовым складским оборотом и средним складским запасом*)

**Umschlagskosten**, pl стоимость перевалочных работ, расходы по перегрузке

**Umschlagskredit** m кредит по грузообороту

**Umschlagskreditierung** f кредитование оборота

**Umschlagslager** n перевалочный склад

**Umschlagsleistung** f (расчётный) показатель объёма оборота в расчёте на одного занятого, (расчётный) показатель объёма товарооборота в расчёте на одного занятого

**Umschlagsleistung pro Liegeplatz** пропускная способность причала

**Umschlagsnorm** f норма оборачиваемости

**Umschlagsperiode** f время оборота, время обращения

**Umschlagspunkt** m точка безубыточности (*напр. уровень производства, при котором издержки равны выручке, или объём продаж ценных бумаг, обеспечивающий полное покрытие затрат*)

**Umschlagspunkt** точка нулевой прибыли (*в товарообороте*)

**Umschlagspunkt** цена, при которой доходы фирмы равны издержкам

**Umschlagsspeicherung** f промежуточное хранение (*при смешанных перевозках*)

**Umschlagsvorrat** m запас, обеспечивающий планомерный оборот, запас, обеспечивающий планомерный товарооборот

**Umschlagszahl** f число оборотов

**Umschlagszeit** f время оборота, время обращения

**Umschließung** f упаковка, тара

**Umschreibung,** f **von Wertpapieren** передача именных ценных бумаг, уступка именных ценных бумаг

**Umschuldung** f конверсия, преобразование, облегчение задолженности *(путём уменьшения процента, частичного списания обязательств и т.п.)*

**Umschuldung** конверсия долгов; консолидация долгов; объединение, слияние долгов

**umschulen** переквалифицировать, переобучать

**Umschulung** f переквалификация, переобучение, переподготовка

**Umschwung** m высшая точка кривой хозяйственной активности, низшая точка кривой хозяйственной активности

**Umschwung** поворот, перелом; переворот *(напр. в общественном мнении, науке)*; высшая точка кривой конъюнктуры, низшая точка кривой конъюнктуры *(от которой начинается спад или подъём)*

**gesellschaftlicher Umschwung** общественный переворот

**wirtschaftlicher Umschwung** экономический переворот

**umsetzbar** обратимый *(напр. о векселе)*; способный к обращению

**umsetzbar** осуществимый

**Umsetzbarkeit** f обратимость, превращаемость *(напр. в деньги)*

**Umsetzbarkeit** осуществляемость, осуществимость

**umsetzen** переводить *(в другую категорию)* перераспределять *(напр. основные фонды)*

**umsetzen** перемещать, перебазировать

**umsetzen** превращать, обменивать

**umsetzen** пускать в оборот

**umsetzen** пускать в продажу

**umsetzen** переводить *(напр. на другую работу)*

**in Geld umsetzen** превращать в деньги, реализовывать

**Umsetzung** f перевод *(напр. в другую категорию)*

**Umsetzung** перемещение, перебазирование; превращение; обмен; перевод *(напр. на другую работу, в другую категорию)*; перераспределение *(напр. основных фондов)*

**Umsetzung** перераспределение *(напр. основных фондов)*

**Umsetzung** превращение; обмен

**Umsetzung am Arbeitsplatz** перевод на новое рабочее место

**Umsetzung von Arbeitskräften** перемещение рабочей силы

**Umsetzung von Grundmitteln** безвозмездная передача основных фондов

**Umsetzung von Haushaltsmitteln** перенос бюджетных средств

**Umsignierung** f перемечивание

**umsortieren** vt пересортировывать

**Umstand** m обстоятельство

**Umstand höherer Gewalt** обстоятельство(а) непреодолимой силы, форс-мажор

**Umstände** m, pl обстоятельства

**Umstände höherer Gewalt** обстоятельства непреодолимой силы, форс-мажор

**Umstapeln** n переукладка

**umstauen** перегружать *(товары)*; перераспределять груз на судне, изменять расположение груза на судне

**umstauen** перераспределять груз на судне

**Umstellgebühr** f плата за перестановку вагона на другой путь

**Umstellung** f перестановка; перемещение

**Umstellung** перестройка, переключение, перевод, переход

**Umstellung der Landwirtschaft** перестройка сельского хозяйства, переориентация сельского хозяйства

**Umstellungskosten,** pl расходы по перестройке производства, затраты по перестройке производства, расходы по переключению производства на выпуск других видов продукции

**UmstG, Umstellungsgesetz, Drittes Gesetz zur Neuordnung des Geldwesens** закон о перестройке денежной системы *(ФРГ)*

**umstoßen** vt отменять, аннулировать *(напр. сделку)*

**umstritten** спорный, оспариваемый

**Umstrukturierung** f изменение структуры

**Umtausch** m обмен, мена

**Umtausch** оговорка в контракте о праве обмена *(товара)*

**Umtauschanweisung** f поручение на обмен услугами *(применяется в отношениях между авиакомпаниями)*

**Umtauschbarkeit** f обратимость, конвертируемость *(валют)*

**umtauschen** vt обменивать, менять

**Umtauschverhältnis** n меновая пропорция, обменное соотношение

**Umtransport** *m* пересылка другое место, отправка в другое место

**umtransportieren** *vt* направлять в другое место

**umverteilen** *vt* перераспределять

**Umverteilung** *f* перераспределение

**Umverteilung des Mehrwertes** перераспределение прибавочной стоимости

**Umverteilung des Nationaleinkommens** перераспределение национального дохода

**Umverteilung von Haushaltsmitteln** перераспределение бюджетных средств

**Umverteilungsposten** *m* перераспределительная статья (*бюджета*)

**Umwälzung** *f* переворот

**ökonomische Umwälzung** *f* экономический переворот

**eine wissenschaftliche Umwälzung herbeiführen** произвести переворот в науке

**Umwandelbarkeit** *f* обратимость, конвертируемость (*валют*)

**Umwandlung** *f* превращение, преобразование; изменение; конверсия; *мат.* преобразование

**Umwandlung von Kapitalgesellschaften** изменение правовой формы обществ (*напр. акционерных*)

**Umwandlungsbilanz** *f* баланс, составленный при изменении предприятием правовой формы

**Umwandlungswert** *m* стоимость за вычетом косвенных убытков

**umwechseln** менять, обменивать; разменивать (деньги)

**Umwelt** *f* окружающая среда; экология (*совокупность живых организмов, неодушевленных предметов и процессов, окружающих живой организм, и их взаимное влияние*)

**Umwelt** окружающий мир, окружение; (*окружающая*) среда, атмосфера (напр. в коллективе)

**Umwelt** (*в маркетинге*) окружающая среда

**Umwelt-** (*Natur-, ökologisch, Umweltschutz-*) (*первая часть составных слов*) экологический, относящийся к экологии; природоохранный, природоохранительный, относящийся к охране окружающей среды

**gegnerische Umwelt** враждебное окружение

**gesellschaftliche Umwelt** общественная среда, социальная среда

**Abgabe von Schadstoffen an die Umwelt** выброс(ы) вредных веществ в окружающую среду

**die Assimilation an die Umwelt** приспособление к условиям окружающей среды

**die Umwelt belastende Abgase** вредные выбросы в окружающую среду; выбросы, загрязняющие окружающую среду

**die Umwelt gefährdende Abfallbeseitigung** удаление отходов с риском для окружающей среды

**zunehmende Belastung der Umwelt mit Abfallprodukten** растущее загрязнение окружающей среды отходами, растущее засорение окружающей среды отходами

**Arbeitsgemeinschaft für Umweltfragen e.V., Arbeitsgemeinschaft Umwelt, AGU** Комиссия по вопросам окружающей среды (*ФРГ*)

**Bundestagsausschuss für Umwelt, Naturschutz und Reaktorsicherheit** Комитет Бундестага по окружающей среде, охране природы и реакторной безопасности

**Umweltanpassung** адаптация к условиям окружающей среды

**Umweltbedingungen** *f pl* условия окружающей среды

**umweltbelastend** экологически вредный

**Umwelteinfluss** *m* влияние окружающей среды

**Umweltfaktor** *m* фактор окружающей среды

**Umweltforschung** *f* изучение окружающей среды

**umweltfreundlich** экологически не вредный, дружественный к окружающей среде

**Umweltgestaltung** *f* формирование окружающей среды

**Umweltgesundung** *f* оздоровление окружающей среды

**Umweltkontrolle** *f* контроль за состоянием окружающей среды

**Umweltkosten** *pl* расходы на защиту окружающей среды

**Umweltökonomik** *f* экологическая экономика (*охватывает систему связей между экономикой и окружающей средой, вырабатывает стратегию хозяйственной политики, направленной на предотвращение отрицательных экологических последствий*)

**Umweltpolitik** *f* экологическая политика, политика в области экологии

**Umweltschaden** *m* экологический ущерб

**Umweltschutz** *m* охрана окружающей среды; защита окружающей среды

**Umweltstörgröße** *f* возмущающее воздействие окружающей среды

**Umweltverschmutzung** f загрязнение окружающей среды
**Umwertung** f переоценка, новая оценка
**Umworbene** m f, pl лица, которым адресована реклама; лица, которым адресованы рекламные материалы; адресаты рекламы (рекламных материалов); потенциальные покупатели, потенциальные потребители
**Umzugsgeld** n подъёмные *(денежное вознаграждение, предназначенное для компенсации издержек переезда)*
**Umzugsgutversicherung** f страхование домашнего имущества при переезде на новую квартиру
**Umzugskosten,** pl подъёмные *(денежное вознаграждение, предназначенное для компенсации издержек переезда)*
**Umzugsurlaub** m отпуск, предоставляемый при переезде на новую квартиру *(бывш. ГДР)*
**UN, United Nations** Организация Объединённых Наций, Объединённые Нации, ООН
**u.N., unter Naturschutz** находится под охраной *(напр. о заповеднике)*
**UN-Konferenz für Handel und Entwicklung** Конференция ООН по торговле и развитию, ЮНКТАД
**unabgemacht** неоконченный; неуплаченный
**Unabgestimmtheit** f несогласованность
**unabhängig** независимый
**Unabhängigkeit** f независимость
  **wirtschaftliche Unabhängigkeit** экономическая независимость
**unabsehbar** непредвиденный *(о последствиях)*

**unabsetzbar** не находящий сбыта *(товар)*
**unabsetzbar** незаменимый, бессменный *(о работнике)*
**unakzeptiert** неакцептованный *(напр. о векселе)*
**unangemessen** несоответствующий, несоразмерный; неадекватный
**unannehmbar** неприемлемый
**Unantastbarkeit** f неприкосновенность
  **Unantastbarkeit des Volkseigentums** неприкосновенность народной собственности
**unausgeglichen** несбалансированный, невыравненный *(о балансе)*
**unbar** безналичный *(о платёжных отношениях)*
**Unbedenklichkeitsbescheinigung** f свидетельство финансового управления об отсутствии у налогоплательщика задолженности по налогам
  **preisrechtliche Unbedenklichkeitsbescheinigung bei Grundstücken** свидетельство финансового органа о том, что цена приобретаемого по договору участка земли не превышает установленной максимальной цены
**unbefristet** бессрочный; не ограниченный сроком, без указания срока
**unbeglichen** неоплаченный
**Unbegründetheit** f необоснованность
  **offensichtliche Unbegründetheit** f явная необоснованность
**unbegütert** несостоятельный, небогатый, бедный, неимущий; без средств к существованию
**unbeladen** без груза, порожняком

**unbelastet** без груза; незагруженный
**unbelastet** недебетованный
**unbelastet** неотягчённый, необременённый
**unbemittelt** несостоятельный, небогатый, бедный, неимущий; без средств (к существованию)
**unberechenbar** не поддающийся учёту; непредвиденный
**unberechtigt** незаконный; необоснованный, несправедливый, неправомочный
**unberücksichtigt** оставленный без внимания; неучтённый
**unbeschadet** без ущерба; неповреждённый
  **unbeschadet seiner Rechte** не нарушает его прав, без ущерба его правам, без ущерба для его прав
**unbeschädigt** неповреждённый, без повреждений
**unbeschäftigt** незанятый; безработный
**unbeschränkt verwendbar** свободно обратимый, обращаемый без ограничений *(о валюте)*
**unbesteuert** не облагаемый налогом
**unbesteuert** не обложенный налогом
**Unbestimmtheit** f неопределённость
**Unbestimmtheitsmaß** n мера неопределённости
**unbeweglich:**
  **unbewegliches Vermögen** n недвижимое имущество
**unbewirtschaftet** бесхозный; необработанный *(об участке земли)*
**unbezahlt** неоплаченный; "не оплачено" *(отметка)*
**UNCTAD, United Nations Conference on Trade and Development** Конференция ООН по торговле и развитию, ЮНКТАД

**Underwriter** *m англ.* гарант размещения *(напр. займа, ценных бумаг)*; морской страховщик

**Undkonten** *n, pl* совместные счета, распоряжаться которыми могут только все члены общества сообща; совместные счета членов хозяйственного объединения *(распоряжаться которыми они могут только сообща)*

**UNECOSOC, United Nations Economic and Social Council** Экономический и социальный Совет Организации Объединённых Наций, ЭКОСОС

**uneigennützig** бескорыстный

**uneinbringlich** не подлежащий взысканию

  **uneinbringlich** безнадёжный *(о требовании)*

**Uneinbringlichkeit** *f* безнадёжность *(требования)*

**unentgeltlich** бесплатный, безвозмездный, даровой

  **unentgeltlich** бесплатно, безвозмездно, даром, гратис

**unentwegt** неуклонный, непрерывный *(напр. о росте производства)*

**unergiebig** неплодородный; бесплодный

  **unergiebig** непроизводительный, безрезультатный

**unerschwinglich** недоступный *(напр. о цене)*, чрезмерный, непосильный *(напр. о налоге)*

**unerwünscht** нежелательный

  **unerwünschtes Risiko** *n* нежелательный риск

**Unfall** *m* авария; катастрофа; происшествие

  **Unfall** травма; несчастный случай

**Unfall-Hinterbliebenenrente** *f* пенсия членам семьи погибшего на производстве; пенсия при потере кормильца

**Unfallanzeige** *f* уведомление (предприятием) инспекции по охране труда о несчастном случае на производстве

**Unfälle** *m, pl* травмы (мн.ч.)

  **nichtmeldepflichtige Unfälle** производственные травмы, о которых предприятие не обязано извещать инспекцию по охране труда

**Unfallerfassung** *f* учёт несчастных случаев

**Unfallforschung** *f* изучение причин производственного травматизма

**Unfallkosten** *pl* расходы по ликвидации аварии, расходы по регрессивным искам

**Unfallkrankengeld** *n* пособие по временной нетрудоспособности *(вследствие несчастного случая на производстве или профзаболевания)*

**Unfallquelle** *f* источник производственного травматизма

**Unfallrente** *f* пенсия по инвалидности

**Unfallrisiko** *n* риск несчастного случая

**Unfallschaden** *m* убыток от аварии

  **Unfallschaden** травма вследствие несчастного случая

**Unfallschutz** *m* профилактика несчастных случаев; профилактика производственного травматизма

**Unfallstatistik** *f* статистика производственного травматизма

**Unfallumlage** *f* дополнительные взносы в фонд социального страхования, дифференцированные по классам опасности *(для предприятий)*

**Unfallverhütung** *f* техника безопасности; предупреждение несчастных случаев

**Unfallversicherung** *f* страхование от несчастных случаев

  **landwirtschaftliche Unfallversicherung** страхование от несчастных случаев в сельском хозяйстве

  **private Unfallversicherung** личное страхование от несчастных случаев; индивидуальное страхование от производственного травматизма

  **soziale Unfallversicherung** социальное страхование от несчастных случаев

**UNFAO, United Nations Food and Agricultural Organization** Продовольственная и сельскохозяйственная организация ООН, ФАО

**unfertig** незавершённый; неготовый

**Unfreie** *m, pl ист.* сервы; вилланы

**unfundiert** необеспеченный *(о займах)*, нефундированный *(в практике ряда стран - долг, не предусматривающий фонда погашения)*

**unfundiert** необоснованный, неаргументированный

**ungangbar** изъятый из обращения *(о деньгах)*

  **ungangbar** неходкий, не находящий сбыта *(о товаре)*

**ungedeckt** необеспеченный *(о ссудах, ценных бумагах и проч.)*

  **ungedeckt** непокрытый

  **ungedeckter Schaden** не покрытый ущерб

  **versicherungsmäßig ungedeckter Schaden** не покрытый страхованием ущерб

**ungelernt** неквалифицированный, необученный

**ungerade** непрямой

  **ungerade** нечётный

**ungeschmälert** несокращённый, неурезанный

**ungesichert** необеспеченный, без покрытия *(о ссудах, ценных бумагах и проч.)*

**ungleichberechtigt** неравноправный

**Ungleichgewicht** n неравновесие; неравенство

**vermögensmäßiges Ungleichgewicht** имущественное неравенство

**Ungleichheitskoeffizient** m коэффициент расхождения, коэффициент несоответствия

**ungleichmäßig** неравномерный

**Ungleichung** f мат. неравенство

**Ungleichwertigkeit** f неравноценность, неэквивалентность

**Ungleichwertigkeit des Warenaustausches** неэквивалентность товарообмена, неравноценность товарообмена

**ungültig** недействительный (напр. о сделке)

etw **für ungültig erklären** объявить недействительным что-л., аннулировать что-л.

**Ungültigkeit** f недействительность (напр. сделки)

**Ungültigkeitserklärung** f объявление о недействительности, заявление об аннулирование; уведомление о прекращении действия

**UNIDO, United Nations Industrial Development Organization** Организация Объединённых Наций по вопросам индустриализации развивающихся стран, ЮНИДО

**unifizieren** vt унифицировать, осуществлять унификацию (стандартизацию)

**Unifizierung** f унификация

**Unikat** n первый и единственный экземпляр железнодорожной накладной, первый и единственный экземпляр коносамента

**Union** f союз; объединение; уния

**Union der leitenden Angestellten** Союз руководящих служащих (ФРГ)

**United Nations Economic and Social Council, ECOSOC** Экономический и социальный совет ООН, ЭКОСОС

**Universalakzise** f универсальный акциз

**Universalausrüstung** f универсальное оборудование

**Universalbank** f банк универсального типа

**Universalbank** универсальный банк

**Universalbehälter** m универсальный контейнер

**Universalbetriebsmittel** n, pl универсальная оснастка производства

**Universalfertigungsmittel** n pl универсальная оснастка производства

**Universalgüterwagen** m универсальный грузовой вагон; стандартный грузовой вагон

**Universalismus** m универсализм

**Universallager** n универсальный склад

**Universalmaschine** f универсальная машина, универсальный станок

**Universalpolice** f универсальный страховой полис (предусматривает страхование от многих рисков)

**Universalsukzession** f универсальная преемственность, универсальное право наследования

**unk., unkündbar** не подлежащий востребованию; несрочный (о займе)

**unkalkuliert** внесметный

**unkalkuliert** некалькулируемый

**unkalkuliert** незапланированный

**unkonsolidiert** неконсолидированный

**unkontrolliert** бесконтрольный

**unkoordiniert** нескоординированный, несогласованный

**Unkosten,** pl уст. издержки, расходы, затраты; общие издержки; накладные расходы, непроизводительные расходы

**ab Unkosten** за вычетом издержек

**Unkostenbeitrag** m участие в расходах

**Unland** n непригодная к обработке земля, неудобная земля

**Unmäßigkeit** f неумеренность, излишество

**unmittelbar** непосредственный; прямой

**unmittelbarer Schaden** m непосредственный ущерб; прямой ущерб

**Unmöglichkeit** f невозможность

**objektive Unmöglichkeit der Leistung** объективная невозможность исполнения обязательства

**offenbare Unmöglichkeit des Buchführungsergebnisses** явное несоответствие данных бухгалтерского учёта положению вещей

**UNO, United Nations Organization** Организация Объединённых Наций, ООН

**UNO-Vollversammlung** Генеральная Ассамблея ООН

**UNO-Spezialfonds** специальный фонд ООН

**unökonomisch** неэкономичный; бесхозяйственный

**unökonomisch** внеэкономический

**unökonomischer Zwang** m внеэкономическое принуждение

**Unpfändbarkeit** f недопустимость наложения ареста на определённые предметы личного пользования должника, недопустимость наложения ареста на определённые предметы домашней обстановки должника

**unplanmäßig** неплановый, внеплановый; непланомерный

**Unplanmäßigkeit** f непланомерность

**unproduktiv** непроизводительный, непродуктивный; непроизводственный

**Unproduktivität** f непроизводительный

**Unproduktivität der Arbeit** низкая производительность труда

**unprofitabel** убыточный, нерентабельный

**unproportional** непропорциональный, несбалансированный

**unqualifiziert** безусловный, безоговорочный, неограниченный

**unqualifiziert** неквалифицированный

**unrealisierbar** нереализуемый; не могущий быть реализованным

**unrechtmäßig** незаконный, неправомерный

**unrein** не чистый

**unrentabel** нерентабельный, убыточный

**Unrentabilität** f нерентабельность, убыточность

**unrichtig** неправильный; неточный (о сведениях)

**unrichtige Angabe** f неправильные сведения

**UNRRA, United Nations Relief and Rehabilitation Administration** ист. Администрация помощи и послевоенного восстановления при ООН, ЮНРРА

**unsachgemäß** ненадлежащий; не надлежащим образом

**UNSCC, United Nations Standards Coordinating Committee** Координационный комитет ООН по вопросам стандартизации

**Unsicherheit** f ненадёжность; неопределённость

**Unstimmigkeit** f несоответствие, ошибка

**Unstimmigkeit** разногласие, противоречие

**UNTAP, United Nations Technical Assistance Programme** Программа технической помощи ООН слаборазвитым странам

**unteilbar** неделимый, целостный

**Untennatrix** f мат. подматрица

**unter pari** ниже номинала

**Unterabschreibung** f амортизационные отчисления, не компенсирующие фактического износа; амортизационные отчисления ниже фактического износа

**Unteragent** m субагент

**Unterangebot** n недостаточное предложение (напр. товаров на рынке), превышение спроса над предложением

**Unterauftragnehmer** m субподрядчик

**Unterauslastung** f недогрузка (напр. производственных мощностей)

**unterbelasten** vt недогружать, загружать не полностью

**Unterbelastung** f недогрузка (напр. производственных мощностей)

**Unterbelegung** f недогрузка

**Unterbelegung** нехватка рабочей силы

**Unterbeschäftigung** f неполная загруженность (производственных мощностей)

**Unterbeschäftigung** неполная занятость; частичная безработица

**Unterbevölkerung** f малая заселённость; недостаточная населённость

**Unterbewertung** f заниженная оценка (напр. имущества по сравнению с фактической стоимостью)

**unterbieten** сбивать (цену); снижать (напр. нормы расхода материалов)

**einen Preis unterbieten** сбивать цену

**Unterbietung** f сбивание (цен), снижение (норм расхода)

**Unterbietung der Preise** сбивание цен

**Unterbilanz** f недостаток в основных и оборотных средствах при фиксированной общей сумме капитала

**Unterbrechung** f перерыв, остановка; нарушение, временное прекращение (напр. производственного процесса)

**Unterbrechung** вчт. прерывание

**technologisch bedingte Unterbrechung** нарушение производственного процесса, обусловленное технологическими причинами

**unterbreiten** vt представлять на рассмотрение

**Unterbringung** f помещение, вложение (капитала)

**Unterbringung** размещение, распределение (напр. займа)

**Unterdeckung** f превышение задолженности по краткосрочным кредитам над стоимостью материальных фондов предприятия

**Unterdeckung** превышение задолженности по краткосрочным кредитам над суммой ликвидных фондов предприятия

**Unterdeckung der Kosten** превышение фактических издержек над расчётными, превышение фактических затрат над расчётными

**Untererfüllung** f невыполнение

**Untergang** m гибель; крушение; упадок, гибель

**untergeben** подчинённый; подведомственный

**Untergesellschaft** f дочернее общество

**Untergewicht** n недовес, недостача в весе

**untergewichtig** неполновесный

**Untergruppe** f подгруппа; субгруппа

**Unterhalt** m материальная помощь; алименты

**unterhaltsbedürftig** нуждающийся в материальной помощи

**Unterhaltsbeihilfe** f пособие, материальная помощь; пособие нуждающимся учащимся старших классов средней школы *(бывш. ГДР)*

**Unterhaltsbetrag** m сумма пособия, сумма материальной помощи, сумма алиментов; пособие членам семей лиц, призванных на воинскую службу *(бывш. ГДР)*

**Unterhaltsempfänger** m иждивенец; получатель алиментов

**Unterhaltskostenbeitrag** m сумма возмещения части расходов на содержание домов для пенсионеров и престарелых, вносимая проживающими в этих домах

**Unterhaltung** f предоставление бюджетной дотации

**Unterhaltung** техническое обслуживание, содержание в исправном состоянии; уход за оборудованием, текущий ремонт

**Unterhaltung** развлечение, отдых, времяпрепровождение

**Unterhaltungsarbeiten** f, pl работы по текущему ремонту, ремонтные работы

**Unterhaltungsgaststätte** f танцевальное кафе; ночной бар с танцплощадкой; ресторан с танцплощадкой

**Unterhaltungskosten** pl расходы на поддержание в исправности *(напр. оборудования)*

**unterhandeln** vi вести переговоры, проводить переговоры

**Unterhändler** m посредник, представитель *(в переговорах)*

**Unterhandlung** f переговоры

**Unterhandlungen**, f, pl переговоры

   **Unterhandlungen führen** вести переговоры

**unterjährig**:

   **unterjährige Versicherung** f страхование на срок менее года

**Unterkapitalisierung** f заниженная оценка *(имущества или акций, отражающих стоимость основных и оборотных средств корпорации)*

**Unterkäufer** m посредник, комиссионер; перекупщик

**Unterkonsumtion** f отставание уровня потребления от возможностей производства, недопотребление

**Unterkonten** n, pl субсчета

**Unterkonto** n субсчёт

**Unterlagen** f, pl документация; данные; приложение(я)

**Unterlassung** f юр. неисполнение обязанности, бездействие

**Unterlassungsanspruch** m требование прекращения действия, требование несовершения действия

**Unterlieferant** m субпоставщик; субподрядчик

**unterliegen** vi находиться в чьём-л. ведении

   **unterliegen** подлежать чему-л.

**Unterlimitvorhaben** n нижелимитное капитальное строительство

**Unterlizenz** f сублицензия

**Untermakler** m маклер, являющийся доверенным торгового маклера; промежуточный маклер

**Untermaß** n недомер

**Untermasse** f недовес

**Untermiete** f поднаём помещения, наём помещения у основного съёмщика, субаренда, наём у основного съёмщика

**Untermietpreis** m плата за помещение, снятое у основного съёмщика; плата за субаренду

**Unternehmen** n предприятие, дело, бизнес

   **angegliedertes Unternehmen** присоединённое предприятие

   **gemeinnütziges Unternehmen** предприятие общественного пользования

   **gemeinsames Unternehmen** совместное предприятие, СП

   **gemeinwirtschaftliches Unternehmen** предприятие, не находящееся непосредственно в частной собственности

   **gemischtwirtschaftliches Unternehmen** смешанное предприятие, предприятие со смешанным капиталом

   **großkapitalistisches Unternehmen** крупное капиталистическое предприятие

   **kleines Unternehmen** малое предприятие

   **konzessioniertes Unternehmen** концессионное предприятие

   **mittelständisches Unternehmen** предприятие средних размеров, среднее предприятие

   **öffentliches Unternehmen** предприятие общественного пользования

   **staatseigenes Unternehmen** государственное предприятие

   **umgruppiertes Unternehmen** реорганизованное предприятие

**Unternehmensaufspaltung** f раздел предприятия

**Unternehmensbesteuerung** *f* налогообложение предприятий

**Unternehmensbewertung** *f* оценка предприятия, оценка фирмы

**Unternehmensbezeichnung** *f* название предприятия

**Unternehmensforschung** *f* изучение деятельности предприятия, исследование деятельности предприятия *(обычно предполагает использование системы экономико-математических моделей)*

**Unternehmensforschung** исследование операций предприятия

**Unternehmensführung** *f* управление предприятием, менеджмент *(выбор форм и методов управления, планирование, организация, система информации и проч.)*

**Unternehmensführung nach dem Ergebnis** управление по результату, управление по конечному результату

**Unternehmensgruppe** *f* группа компаний

**Unternehmensgruppe** *f* концерн

**Unternehmensgruppe** *f* объединение предприятий

**Unternehmensgruppe** *f* фирменный пул

**Unternehmensgruppe** *f* промышленная группа; финансово-промышленная группа

**Unternehmensgruppe** *f* временное объединение компаний инвесторов

**Unternehmensidentität** *f*; *(eng.)* **corporate identity** фирменный стиль; Копоративный стиль

**Unternehmensimage** *n*; *(eng.)* **corporate image** образ фирмы (в глазах потребителей; на рынке; в деловых кругах)

**Unternehmensinvestition** *f* корпоративные инвестиции; инвестиции фирмы

**Unternehmenskonsum** *m* внутрифирменные расходы; внутренние производственные затраты

**Unternehmenskonzentration** *f* концентрация производства; промышленная концентрация; концентрация производственных фондов

**Unternehmenskultur** *f* предпринимательская культура; культура предпринимательства

**Unternehmensleitebene** *f* корпоративное звено управления; корпоративный уровень управления

**Unternehmensleiter** *m* руководитель фирмы; руководитель предприятия; глава предприятия

**Unternehmensleiterin** *f* руководительница фирмы

**Unternehmensleitung** *f* администрация предприятия; управление фирмы; руководство корпорации, руководство акционерного общества; менеджмент фирмы

**Unternehmensliquidität** *f*; *(eng.)* **company liquidity** ликвидность компании; ликвидность фирмы

**Unternehmensmodell** *n* корпоративная модель; бизнес-модель

**Unternehmensmodell** *n*; *(eng.)* **corporate model** (выч.тех.) модель для применения в сфере бизнеса

**Unternehmensnetz** *n*; *(eng.)* **corporate network** корпоративная сеть; сеть компании

**Unternehmensplanung** *f* бизнес-планирование; составление бизнес-плана

**Unternehmensplanung** *f* планирование на предприятии; внутрифирменное планирование, планирование в рамках отдельного предприятия

**Unternehmenspolitik** *f* (хозяйственная и общественная) политика предприятия (выработка стратегии и тактики хозяйственной деятельности, поведения на рынке, создания имиджа фирмы и т.п.); фирменная политика; политика поведения фирмы на рынке

**Unternehmenspolitik** *f* (хозяйственная) политика предприятия *(выработка стратегии и тактики хозяйственной деятельности)*

**Unternehmenspolitik** *f* политика предприятия; политика фирмы (выработка стратегии и тактики хозяйственной деятельности); корпоративная философия; принципы деятельности корпорации; фирменный стиль (визитки, буклеты, упаковка и т.д.)

**Unternehmensprospekt** *m* фирменный проспект; проспект предприятия; проспект фирмы

**Unternehmenszusammenschluss** *m* объединение предприятий, слияние предприятий

**Unternehmer** *m* предприниматель

**selbständiger Unternehmer** независимый предприниматель; свободный предприниматель

**Unternehmereinkommen** *n* предпринимательская прибыль; предпринимательский доход

**Unternehmergeist** *m* дух предпринимательства, предприимчивость

**Unternehmergemeinschaft** *f* объединение подрядчиков *(для выполнения крупных заказов)*

**Unternehmergewinn** *m* предпринимательская прибыль, предпринимательский доход

**Unternehmergewinn** *m* предпринимательская прибыль, прибыль предпринимателя

**Unternehmerinitiative** *f* предпринимательская инициатива

**unternehmerisch** предприимчивый, инициативный

**unternehmerisch** предпринимательский

**unternehmerisches Risiko** *n* предпринимательский риск; бизнес-риск

**Unternehmerkapital** *n* предпринимательский капитал

**Unternehmerpfandrecht** *n* залоговое право предпринимателя

**Unternehmerprofit** *m* предпринимательская прибыль, прибыль предпринимателя

**Unternehmerschaft** *f* предпринимательство

**Unternehmertätigkeit** *f* предпринимательская деятельность

**Unternehmertum** *n* предпринимательство

**Unternehmerverband** *m* союз предпринимателей, объединение предпринимателей

**Unternehmervereinigung** *f* союз предпринимателей, объединение предпринимателей, ассоциация предпринимателей

**Unternehmervermögen** *n* предпринимательский капитал, капитал предпринимателя; собственный капитал предпринимателя

**Unternehmerwagnis** *n* предпринимательский риск

**Unternehmerwillkür** *f* произвол предпринимателей

**Unternehmerwirtschaft** *f* частнопредпринимательское хозяйство

**Unternehmung** *f* предприятие, дело, бизнес
  **öffentliche Unternehmung** общественное предприятие (*находится во владении публично-правовых организаций*)
  **staatliche Unternehmung** государственное предприятие
  **private Unternehmung** частное предприятие

**Unternehmungsergebnis** *n* результат деятельности предприятия; предпринимательский результат

**Unternehmungsform** *f* правовая форма предприятия

**Unternehmungsgeist** *m* дух предпринимательства, предприимчивость

**Unternehmungsmehrwert** *m* гудвилл, хорошая репутация фирмы; разность между общей стоимостью фирмы и ценой всех принадлежащих ей балансовых активов (*отражает условную стоимость деловых связей, коммерческую репутацию фирмы и др.*)

**Unternehmungsmehrwert** стоимость деловых связей и репутации предприятия

**Unternehmungspolitik** *f* хозяйственная политика предприятия; предпринимательская политика

**Unternehmerrisikenversicherung** *f* страхование рисков предпринимателя; страхование бизнес-рисков

**Unternehmungsspiel** *n* метод принятия решений при помощи моделей "деловая игра"

**Unternehmungssteuer** *f* налог на предприятия; налог на предпринимателя

**Unternehmungswert** *m* стоимость предприятия, цена предприятия

**Unternehmungszusammenschluss** *m* объединение предприятий

**Unterordnung** *f* подчинение, субординация
  **Unterordnung der Arbeit unter das Kapital** подчинение труда капиталу

**Unterpacht** *f* субаренда

**Unterpächter** *m* субарендатор

**Unterpariemission** *f* выпуск ценных бумаг по эмиссионному курсу, установленному ниже номинала

**Unterpariemission** размещение облигаций на первичном рынке по курсу ниже их номинальной стоимости (*к акциям не относится!*)

**Unterpfand** *n* залог, гарантия

**Unterplanbestand** *m* запасы ниже нормативных, запасы ниже плановых; дефицит нормативного запаса

**Unterplangewinn** *m* прибыль ниже плановой; прибыль ниже запланированной

**Unterposition** *f* субпозиция; подпозиция

**unterpräsentiert sein** быть недостаточно представленным

**Unterpreis** *m* цена ниже номинала, льготная цена

**Unterproduktion** *f* недопроизводство; превышение спроса над предложением

**Unterricht** *m* преподавание, обучение
  **Unterricht** урок; занятие
  **berufspraktischer Unterricht** обучение профессиональным навыкам
  **berufstheoretischer Unterricht** преподавание технических основ (*в процессе профессионального обучения*)

**Unterrichtungsinformation** *f* справочные данные, справочная информация

**Untersachkonten** *n*, *pl* субсчета основного счёта

**Untersachkonto** *n* субсчёт основного счёта
**Untersagung** *f* запрещение; запрет
  **Untersagung der Berufsausübung** запрещение занимать определённые должности; запрет на занятие определённых должностей
  **Untersagung des Betriebs von Fahrzeugen** запрещение эксплуатации автомобилей *(не отвечающих техническим требованиям)*
**Unterscheidungsanalyse** *f стат.* различительный анализ, разграничительный анализ
**Unterscheidungszölle** *m, pl* дифференциальные таможенные пошлины
**Unterschiedlichkelt** *f* различие
**Unterschiedsbetrag** *m* разница, разность *(в счёте)*
  **Unterschiedsbetrag** *m* разница проходящих по счетам сумм, разность проходящих по счетам сумм
**Unterschlagung** *f* присвоение *(чужого имущества или чужих денег)*; растрата; сокрытие *(средств)*; утаивание
  **Unterschlagung** утайка, сокрытие
  **Unterschlagung der Mittel in Fremdwährung** 1. сокрытие средств в иностранной валюте 2. растрата средств в иностранной валюте
  **Unterschlagung einer Sache** присвоение вещи; присвоение чужой вещи
  **Unterschlagung im Amt** растрата, совершённая должностным лицом; присвоение, совершённое должностным лицом
  **Unterschlagung von Staatseigentum** присвоение государственных средств, казнокрадство

**Unterschlagungsrevision** *f* ревизия, производимая для выявления случаев растрат, хищений, подлогов, сокрытий
**Unterschlagungstäter** *m* 1. растратчик 2. лицо, присвоившее чужую вещь; лицо, присвоившее чужое имущество 3. лицо, сокрывшее *что-л.* от таможенного досмотра 4. лицо, сокрывшее *что-л.* от налогообложения
**Unterschleif** *m (veralt.);* **Unterschlagung** *f* присвоение *(чужого имущества или чужих денег)*; растрата; утайка, сокрытие
**unterschreiben** *vt* подписывать *что-л.*, ставить подпись *(под чем-л., на чем-л.)*
  **als Zeuge unterschreiben** подписаться в качестве свидетеля *(на документе)*; подписаться в качестве понятого *(на документе)*
  **eine Bürgschaftserklärung unterschreiben** подписать заявление о взятии на поруки
  **einen Vertrag unterschreiben** подписывать договор
**unterschreiten** не израсходовать *(по смете)*, не использовать *(отпущенные средства)*
**Unterschreitung** *f* неизрасходование *(отпущенных средств)*
  **Unterschreitung der Plankosten** невыполнение плана по расходам, невыполнение расходной части плана
**Unterschrift** *f* подпись
  **Unterschrift des Protestbeamten** принудительная надпись *(на векселе, предъявленном к протесту)*
  **Unterschrift unter den Vertrag setzen** поставить подпись под контрактом, ставить подпись под контрактом; подписывать контракт, подписать контракт *(договор, соглашение)*

  **eigenhändige Unterschrift** собственноручная подпись
  **elektronische Unterschrift** электронная подпись
  **für die Richtigkeit der Unterschrift** подпись удостоверяется
  **gefälschte Unterschrift** подделанная подпись; подложная подпись
  **mit Unterschrift bestätigen** заверять подписью, заверить подписью
  **zur Unterschrift legen** представить на подпись; положить на подпись; передать на подпись
**Unterschriftbeglaubigung** *f* удостоверение подписи; заверение подписи
**Unterschriftsbeglaubigung** *f* удостоверение подписи; заверение подписи
**Unterschriftsbestätigung** *f* удостоверение подписи; заверение подписи
**Unterschriftsblatt** *n* бланк с образцами подписей *(в банке)*
**Unterschriftskarte** *f* карточка с образцами подписей *(в практике банков)*
**Unterschuss** *m* дефицит, убыток
**unterschwellig** подсознательный; подпороговый
**unterschwellige Empfindung** *f* подсознательное восприятие; подпороговое восприятие *(напр. рекламы)*
**unterschwellige Werbung** *f* реклама на подсознательном уровне
**Unterspannungsschaden** *m (страх.)* ущерб от перепада напряжения
**Unterspediteur** *m* субэкспедитор

**Unterstellung** f подчинение
**behördliche Unterstellung** ведомственная подчинённость; административная подчинённость
**doppelte Unterstellung** двойное подчинение

**Unterstellungsverhältnis** n отношения подчинения, подчинённость

**Unterstellungsverhältnis** n подведомственность

**zersplittertes Unterstellungsverhältnis** ведомственная разобщённость

**Untersterblichkeit** f (*стат.*) смертность ниже средней нормы

**Unterstichprobe** f *стат.* выборка из доли, дальнейшая выборка

**Unterstreuung** f неполный охват рекламой круга лиц, на который она рассчитана

**Unterstützung** f поддержка, помощь; содействие; пособие
**finanzielle Unterstützung** финансовая поддержка, денежная поддержка; финансовая помощь
**gegenseitige Unterstützung** взаимопомощь
**geistige Unterstützung** моральная поддержка, поддержка на моральном уровне
**materielle Unterstützung** материальная поддержка, материальная помощь
**notwendige Unterstützung** необходимая поддержка, необходимая помощь
**öffentliche Unterstützung** государственная субсидия; государственная поддержка, господдержка; государственная помощь, госпомощь, поддержка на государственном уровне

**unterstützungsbedürftig** нуждающийся в поддержке, нуждающийся в помощи

**Unterstützungsbeihilfe** f пособие

**Unterstützungsdauer** f срок действия полиса

**Unterstützungseinrichtung** f организация по выдаче пособий нуждающимся, учреждение по выдаче пособий нуждающимся

**Unterstützungsgeld** n пособие, *см. тж.* Unterstьtzung

**Unterstützungskasse** f касса взаимопомощи

**Unterstützungskoeffizient** m коэффициент взаимной поддержки

**Unterstützungskoeffizient der Ziele** коэффициент взаимной поддержки целей

**Unterstützungssatz** m размер пособия

**Unterstützungstarif** m льготный тариф *(для определенных категорий пассажиров)*

**Untersuchung** f исследование, изучение, изыскание; осмотр, обследование; *юр.* расследование, следствие, дознание; *стат.* наблюдение
**Untersuchung des Familienhaushalts** исследование бюджета семьи
**einmalige statistische Untersuchung** *стат.* разовое (единовременное) наблюдение
**informelle Untersuchung** изучение спроса и общественного мнения без прямого опроса
**ökonometrische Untersuchung** эконометрическое исследование, экономико-математическое исследование
**periodische Untersuchung** *стат.* периодическое наблюдение
**statistische Untersuchung** статистическое наблюдение
**zollamtliche Untersuchung** таможенный досмотр

**Untersuchungsbefund** m результат исследования
**Untersuchungsbefund** *юр.* результат следствия; результат дознания; результат расследования

**Untersuchungsobjekt** n объект исследования; *стат.* объект наблюдения
**statistisches Untersuchungsobjekt** объект статистического наблюдения

**Untersuchungszeitraum** m период исследования
**Untersuchungszeitraum** *стат.* период статистического наблюдения

**Untersuchungsziel** n цель исследования
**Untersuchungsziel** цель статистического наблюдения

**Untertagearbeiter** m подземный рабочий; рабочий на подземных работах

**untertariflich** ниже тарифа
**untertariflich** при ставках ниже тарифных

**Unterverband** m единица административного деления
**staatlicher Unterverband** единица административного деления государства *(напр. в ФРГ - земля, община)*

**Unterverkauf** m продажа по сниженным ценам; распродажа

**Unterverpachtung** f перепродажа посредниками
**Unterverpachtung der Arbeit** перепродажа труда посредниками

**unversicherbar** нестрахуемый
**unversicherbares Risiko** n нестрахуемый риск

**Unterversicherung** f страхование на сумму ниже стоимости страхового объекта; недострахование; неполное страхование; страхование в заниженных суммах

**Unterversicherungsverzicht** m отказ от страхования в заниженной страховой сумме
**unterversorgen** недостаточно снабжать; не обеспечивать достаточное снабжение
**Untervertreter** m субагент
**Untervölkerung** f малонаселённость
**Untervollmacht** f передоверие
   **Untervollmacht erteilen** передоверить полномочие
**Unterwanderung** f усиление иностранного влияния (напр. на экономику страны)
**unterweisen** инструктировать, давать инструкции
   **unterweisen** наставлять, поучать, обучать
**unterwerfen** vt подвергнуть что-л. чему-л.
   **die Ware der Prüfung unterwerfen** подвергнуть товар испытанию
**Unterwerfung** f покорение, порабощение, подчинение
**unterwertig** неполноценный, малостоящий; малоценный
   **unterwertig** ниже обычной цены
**unterzeichnen** vt подписывать, подписать, поставить подпись
   **ein Abkommen unterzeichnen** подписать соглашение
**Unterzeichnung** f подписывание, подписание; подпись
   **Unterzeichnungsrecht** n право подписи
   **Unterzeichnung des Protokolls** подписание протокола
**unterziehen** vt подвергать что-л. чему-л.
**Unterziel** n подцель, частная цель
**untilgbare Schuld** неуплаченный долг

**Untreue** f 1. (преступное) злоупотребление доверием; злоупотребление специальным полномочием (вытекающим из закона или договора) 2. умышленное нарушение обязанности соблюдать имущественные интересы доверителя 3. неверность, измена
   **Untreue begehen** 1. злоупотреблять доверием; 2. изменять; совершить измену
**Untreuestrafrecht** n совокупность уголовно-правовых норм, регулирующих ответственность за злоупотребление доверием
**unveräußerlich** неотъемлемый (о правах)
   **unveräußerlich** непродаваемый, без права продажи
**unverbindlich** необязательный; без обязательств
   **unverbindliches Angebot** предложение без обязательства; необязательная оферта
**unvergleichbar** несравнимый, несопоставимый; несоизмеримый
**Unvergleichbarkeit** f несравнимость, несопоставимость; несоизмеримость
**unverhältnismäßig** несоразмерный, непропорциональный
**unverkäuflich** непродажный; непродаваемый; неходовой
   **diese Ware ist unverkäuflich** этот товар не продаётся; этот товар не имеет сбыта
   **unverkäufliche Waren aus dem Angebot nehmen** исключать из ассортимента неходовые товары (неходовой товар)
   **unverkäufliches Warenmuster** непродаваемый товарный образец

**unvermögend** бедный, неимущий; малоимущий; бессильный, неспособный
**unverpackt** без упаковки
**unverpfändet** незаложенный
**unverrückbar** устойчивый (напр. о валютных курсах)
**unverschuldet** без долгов, не имеющий долгов
**unversehrt** невредимый; сохранный; неповреждённый
   **Fehlmenge bei unversehrter Außenverpackung** внутренняя недостача при (полной) сохранности внешней упаковки
   **in unversehrtem Zustand** в неповреждённом виде; в неповреждённом состоянии
**unversichert** незастрахованный
**unversteuert** не обложенный налогом; беспошлинный, не оплаченный пошлиной
   **unversteuert** необлагаемый налогом
   **unversteuerte Nebeneinnahmen** необлагаемые налогом побочные доходы
**Unvertkarfe** f контрольная карта для изделий (при статистическом контроле качества)
**unverzinslich** беспроцентный
   **unverzinsliche Anleihen** беспроцентные займы
   **unverzinsliche Wertpapiere** беспроцентные ценные бумаги
**unverzollt** беспошлинный, не оплаченный пошлиной
   **unverzollt** исключая таможенные пошлины

**unverzüglich** немедленно, незамедлительно
**unverzügliche Bezahlung der offenen Rechnungssumme** незамедлительная оплата открытой суммы счёта
**unverzügliche Übersendung der geforderten Güter** немедленная пересылка требуемых товаров (грузов)
**unvollendet** незаконченный, незавершённый
**unvollkommen** неполный; несовершенный
**unvollkommene Verbindlichkeit** не вступившее в силу обязательство
**unvollkommener Markt** несовершенный рынок
**Unvorhersehbarkeit** f непредсказуемость; невозможность предвидеть; непредвиденность
**unvorteilhaft** невыгодный
**Unwert** m малоценность
**unwert** малоценный; не имеющий цены
**unwertig** малоценный; не имеющий цены
**unwiderruflich** безотзывный (об аккредитиве)
**unwiderrufliche Begünstigung** f безотзывное предоставление принципа наибольшего благоприятствования
**zur unwiderruflich freien Verfügung** в свободное распоряжение без права отзыва
**unwirksam** 1. безрезультатный 2. недействительный, недействующий 3. недейственный; неэффективный
**unwirksame Maßnahmen** неэффективные меры
**unwirtschaftlich** бесхозяйственный; неэкономный; неэкономичный, нерентабельный

**Unwirtschaftlichkeit** f бесхозяйственность
**Unwirtschaftlichkeit** неэкономность, неэкономичность, нерентабельность
**Unze** f унция (мера веса = 28, 35 г)
**unzulässig** недопустимый; непозволительный; незаконный
**unzulässige Auslegung der Vertragsvereinbarungen** недопустимая интерпретация договорных положений; недопустимое толкование договорных положений
**unzulässig handeln** действовать недопустимыми методами; поступать недопустимым образом
**Unzulässigkeit** f недопустимость
**Unzulässigkeit des Rechtsweges** недопустимость обращения в суд
**unzuständig** 1. неподсудный 2. неподведомственный 3. некомпетентный
**Unzuständigkeit** f 1. неподсудность 2. неподведомственность 3. некомпетентность
**Unzuständigkeit des Mitarbeiters** некомпетентность сотрудника
**UP, unabhängige Pufferzeit** частный резерв времени второго вида, независимый резерв времени
**UPP, unveränderlicher Planpreis** неизменная плановая цена
**UPU, Union Postale Universelle** Всемирный почтовый союз, ВПС
**UR:**
**U.R., Urheberrecht** авторское право
**u.R., unter Rückerbittung** подлежащий возврату; подлежит возврату

**Urabstimmung** f первичное голосование
**Urbanisierungsgrad** m уровень урбанизации
**Urbanistik** f городская экономика (разрабатывает методы решения городских хозяйственных проблем)
**Urbanistik** урбанистика
**Urbeleg** m первичный документ
**Urboden** m целина
**Urgemeinschaft** f первобытнообщинный строй, первобытное общество
**urgent** лат. срочно (пометка на почтово-телеграфных отправлениях)
**urgent** лат. срочный, настоятельный, безотлагательный
**Urgesellschaft** f первобытнообщинный строй, первобытное общество
**Urheber** m автор; правообладатель; обладатель правом, Copyright
**Urheberrecht** n авторское право
**gewerbliches Urheberrecht** n право промышленной собственности
**internationales Urheber- und Erfinderrecht** n международное авторское и изобретательское право
**Verletzung des Urheberrechts** нарушение авторского права
**Urheberrechtsschutz** m защита авторское право; охрана авторских прав
**Urheberschein** m авторское свидетельство
**Urheberschutz** m охрана авторских прав
**Urk., Urkunde** документ, свидетельство, акт; удостоверение

**Urkunde** f документ; акт; грамота; удостоверение
**Urkunde ausstellen** подготовить документ; оформлять документ, оформить документ
**Urkunde für ewige Bodennutzung** акт на вечное пользование землёй
**amtliche Urkunde** официальный документ
**auf Urkunden beruhend** подтверждаемый документами; подтверждённый документами; документально подтверждённый
**notariell beglaubigte Urkunde** нотариально заверенный документ; документ с нотариальным заверением
**notarielle Urkunde** нотариальный акт; нотариально заверенный документ
**übertragbare Urkunde** оборотный документ
**vollstreckbare Urkunde** исполнительный лист
**Urkunden- und Wechselprozess** m упрощённый порядок взыскания судебными органами требований, основанных на документах и векселях
**Urkundenfälschung** f подделка документов
**Urkundenprozess** m упрощённый порядок взыскания судебными органами требований, основанных на документах
**Urkundensteuer** f гербовый сбор
**Urkundenzahlungsbefehl** m приказ об уплате, основанный на документах; документальный приказ об оплате; документально обоснованный приказ об оплате
**urkundlich** документальный

**Urlaub** m отпуск
**Urlaub bei Weiterzahlung des Gehaltes** отпуск с сохранением содержания, оплачиваемый отпуск
**bezahlter Urlaub** оплаченный отпуск
**dekretmäßiger Urlaub** декретный отпуск
**jährlicher Urlaub** ежегодный отпуск
**Urlaub ohne Lohnausfall** отпуск с сохранением содержания, оплачиваемый отпуск
**unbezahlter Urlaub** отпуск без сохранения содержания, неоплачиваемый отпуск; отпуск без сохранения заработной платы; отпуск за свой счёт
**Urlauberbetreuung** f организация отдыха отпускников
**Urlaubsabgeltung** f компенсация за неиспользованный отпуск
**Urlaubsanspruch** m право на отпуск (оплачиваемый)
**Urlaubsarbeit** f работа в период отпуска
**Urlaubsdauer** f продолжительность отпуска
**Urlaubsentgelt** n отпускные деньги, заработная плата за время отпуска; компенсация за неиспользованный отпуск
**Urlauberhöhung** f увеличение продолжительности отпуска
**Urlaubsgeld** n отпускные деньги, заработная плата за время отпуска; компенсация за неиспользованный отпуск
**Urlaubsgewährung** f предоставление отпуска
**Urlaubslohn** m отпускные деньги, заработная плата за время отпуска; компенсация за неиспользованный отпуск
**Urlaubsmeldung** f записка о предоставлении отпуска (*документ для расчёта отпускных*)

**Urlaubsplan** m календарный план предоставления отпусков, график отпусков
**Urlaubsplanung** f планирование отпусков
**Urlaubsscheck** m путёвка (*в дом отдыха, санаторий*)
**Urlaubstarif** m тариф, действующий в период отпусков; тариф на время отпусков
**Urlaubsvereinbarung** f соглашение о сроках дополнительных отпусков (*заключаемое между руководителем предприятия и профсоюзной организацией*)
**UrlO, Urlaubsordnung** положение об отпусках
**Urmaterial** n первичный материал; сырьё
**Urproduktion** f отрасли народного хозяйства, связанные с использованием природных ресурсов (*напр. добывающая промышленность, сельское хозяйство*)
**Ursachenforschung** f исследование причин
**analytische Ursachenforschung** аналитическое исследование причин
**statistische Ursachenforschung** статистическое исследование причин
**synoptische Ursachenforschung** *стат.* синоптическое исследование причин
**Urschrift-Verkehr** m переписка с пометкой на подлинниках "сразу же вернуть"
**Ursprung** m происхождение
**Ursprungsattest** n свидетельство о происхождении товара
**Ursprungsbescheinigung** f свидетельство о происхождении товара; сертификат происхождения товара
**Ursprungsbestimmung** f определение происхождения товара

**Ursprungsbezeichnung** f обозначение страны происхождения товара

**Ursprungsland** n страна происхождения *(товара)*

**Ursprungslandprinzip** n принцип взимания налогов только в стране происхождения экспортных товаров

**Ursprungslandprinzip** принцип страны происхождения *(по которому экспортируемые товары и услуги облагаются налогом в собственной стране)*

**Ursprungsnachweis** m свидетельство о происхождении товара

**Ursprungsregeln** f pl правила определения страны происхождения *(товара в мировой торговле)*

**Ursprungszertifikat** n свидетельство о происхождении товара

**Ursprungszeugnis** n свидетельство о происхождении товара

**Urteil** n приговор, решение суда

**Urteil** суждение, мнение

**Urteil geben** вынести решение

**urteilen** vi судить, отзываться

**Urverlader** m первоначальный отправитель груза

**Urversender** m первоначальный отправитель (груза)

**US, USA** Соединенные штаты Америки

**Usance** f *англ.* обычай, торговый обычай, установленный порядок, узанс

**Usance** процентная ставка по кредиту

**gemäß den Usancen** согласно с торговыми обычаями; в соответствии с торговыми обычаями

**Usancehandel** m торговля иностранной валютой по курсу биржи третьей страны

**Usancekurs** m курс двух валют; кросс-курс; кросскурс

**usancemäßig** биржевой

**usancemäßig** соответствующий торговым обычаям; согласно торговым обычаям, в соответствии с торговыми обычаями

**Usancenhandel** m торговля иностранной валютой по курсу биржи третьей страны

**Usancetara** f узотара *(тара, вес которой принимается в размере, установленном торговым обычаем)*

**Usanz** f обычай, торговый обычай, установленный порядок, узанс

**Uso** m обычай, торговый обычай, установленный порядок, узанс

**Usotara** f узотара *(тара, вес которой принимается в размере, установленном торговым обычаем)*

**Usowechsel** m вексель на срок, установленный торговым обычаем

**USt., Umsatzsteuer** налог с оборота

**USt-Schuld, Umsatzsteuerschuld** размер обязательства по налогу с оборота

**UstDB, Durchführungsbestimmungen zum Umsatzsteuergesetz** инструкции о порядке исполнения закона о налоге с оборота

**UStG, Umsatzsteuergesetz** закон о налоге с оборота

**UstG, Umsatzsteuergesetz** закон о налоге с оборота

**u.t., usual terms** *(eng.)* обычные условия

**Utilismus** m утилитаризм

**utilitarisch** утилитарный

**Utilitarismus** m утилитаризм *(принцип оценки явления с точки зрения его полезности)*

**Utilitätsprinzip** n принцип максимальной полезности

**utilities** *англ.* предприятия общественного пользования; коммунальные сооружения *(в США)*

**Utopie** f утопия

**u.u.R., urschriftlich unter Rückerbittung** подлинник возвратить

**u.ü.V., unter üblichem Vorbehalt** на обычных условиях; с обычной оговоркой, при соблюдении обычных условий

**UV:**

**U.V., Unfallversicherung** страхование от несчастных случаев

**u.V., unter Vorbehalt** с оговоркой, с условием

**ÜV, Überweisungsverkehr** безналичный расчёт; жирооборот

**UW:**

**U/W, underwriter** *англ.* морской страховщик

**u/w, underwriter** *англ.* страховщик *(при прямом страховании)*; перестраховщик *(при перестраховании)*

**UWG, Gesetz gegen den unlauteren Wettbewerb** закон против недобросовестной конкуренции, закон против нечестной конкуренции

**UY, Uruguay** Уругвай

**UYU, Uruguayischer Peso, - Uruguay** Уругвайское песо *(код валюты 858)*, - Уругвай

**UZ, Usbekistan** Узбекистан

**UZg., Ursprungszeugnis** свидетельство о происхождении товара

**UZS, Usbekistan-Sum, - Usbekistan** Узбекский сум *(код валюты 860)*, - Узбекистан

# V

**V:**
  **V, Verordnung** постановление, распоряжение
  **V, Versicherung** страхование
  **V, Verwaltung** управление; администрация; правление
  **v, variables Kapital** переменный капитал
  **V-Liste** *f* список налогоплательщиков с указанием суммы взимаемых налогов
  **V-Steuern** *f, pl* налоги, установленные по методу формального распределения

**VA:**
  **VA, Vatikanstaat** Святой престол, Ватикан
  **VA, Valuta** валюта
  **VA, Vermögensabgabe** *(разовый)* налог на имущество
  **VA, Versicherungsanstalt** страховое общество
  **VA, vorläufige Arbeitsnorm** временная норма выработки
  **VA, Vorzugsaktie** привилегированная акция

**VAE, Vereinigte Arabische Emirate** Объединённые Арабские эмираты, ОАЭ

**VAG, Versicherungs-Aufsichts-Gesetz** закон об инспекции социального страхования

**VAK, Vereinigung Kommunaler Arbeitgeberverbände** Объединение коммунальных союзов предпринимателей *(ФРГ)*

**Vakanz** *f* вакансия

**Vakatstrich** *m* зигзагообразный прочерк *(на пустых листах бухгалтерской книги)*; бухгалтерский прочерк

**Val., Valuta** валюта

**Valenz** *f* сопоставимость (по цене)

**Validität** *f* действительность; обоснованность

**Valoren**, *pl* ценные бумаги

**Valoren- und Wertsachenversicherung** *f* страхование ценных бумаг и ценностей

**Valorenversicherung** *f* транспортное страхование ценностей, адвалорное страхование

**Valorisation** *f* валоризация *(меры по повышению цен, напр. путём сокращения рыночного предложения)*

**Valorisierung** *f* валоризация

**Val.p:**
  **Val.p., Valuta per** валютирование
  **val.p., valeur per** сроком

**valuation charge** *англ.* дополнительный сбор с объявленной ценности, взимаемый по первой категории *(по накладной воздушного сообщения)*

**value:**
  **value added** *англ.* стоимость, добавленная обработкой; добавленная стоимость
  **value added tax, VAT** *англ.* налог на добавленную стоимость, НДС
  **value surcharge** *англ.* дополнительный сбор с объявленной ценности, взимаемый по второй категории *(по накладной воздушного сообщения)*

**Valuta** *f* валюта

**Valuta** *f* валютный курс

**Valuta der Zahlung** валюта платежа

**Valuta des Käuferlandes** валюта покупателя *(страны покупателя)*

**Valuta des Verkäuferlandes** валюта продавца *(страны продавца)*

**Valuta kompensiert** валюта компенсирована, валюта получена

**frei konvertierbare Valuta** свободно конвертируемая валюта, СКВ

**harte Valuta** устойчивая валюта, твёрдая валюта

**nicht konvertierbare Valuta** неконвертируемая валюта, мягкая валюта

**unbeständige Valuta** нетвёрдая валюта, неустойчивая валюта

**veränderliche Valuta** нетвёрдая валюта, неустойчивая валюта

**vollwertige Valuta** полноценная валюта

**Valutaakzept** *n* акцепт, выставленный в иностранной валюте; акцептованный вексель, выставленный в иностранной валюте

**Valutaanleihen** *f, pl* долговые обязательства в иностранной валюте

**Valutaanleihen** *f, pl* валютные займы; займы в иностранной валюте

**Valutaaufkommensplan** *m* план поступлений валюты, план валютных поступлений

**Valutaaufwertung** *f* ревальвация *(переоценка валюты, предполагающая повышение паритета)*

**Valutaausgaben** *f, pl* валютные расходы

**Valutabankkredit** *m* банковский кредит в иностранной валюте

**Valutabedarfsplan** *m* план потребностей в валюте

**Valutabeschränkungen** *f, pl* валютные ограничения

**Valutabewirtschaftung** f валютное регулирование

**Valutabonds** m, pl долговые обязательства в иностранной валюте

**Valutadumping** n валютный демпинг (*экспорт товаров по более низким ценам в результате девальвации валюты в стране, экспортирующей товары*)

**Valutaeinkaufspreis** m покупная цена импортного товара, выраженная в иностранной валюте

**Valutaeinnahmen** f, pl валютные поступления, поступления в валюте

**Valutaentwertung** f обесценение валюты

**Valutaerklärung** f валютная декларация

**Valutaerlös** m валютная выручка

**Valutafonds** m, pl валютные фонды

**Valutagegenwert** m валютный эквивалент; ВЭ

**Valutageschäft** n валютная операция, валютная сделка

**Valutagesetzgebung** f валютное законодательство

**Valutahunger** m валютный голод, девизный голод

**Valutaintervention** f валютная интервенция

**Valutaklausel** f валютная оговорка, валютное условие, валютная клаузула

**Valutakonto** n валютный счёт, счёт в иностранной валюте

**Valutakontrolle** f валютный контроль; валютные ограничения

**Valutakredit** m кредит, предоставленный в иностранной валюте; кредит в иностранной валюте; валютный кредит

**Valutakrise** f валютный кризис

**Valutakupon** m валютный купон

**Valutakurs** m валютный курс, вексельный курс, интервалютарный курс

**Valutamangel** m валютный голод, девизный голод; нехватка валюты

**Valutamittel** n, pl валютные ресурсы

**Valutamonopol** n валютная монополия

**Valutanotierung** f валютная котировка; котировка валют(ы)

**Valutapapiere** n pl иностранные ценные бумаги, сумма и проценты по которым оплачиваются в соответствующей валюте; ценные бумаги в иностранной валюте

**Valutaparität** f валютный паритет

**Valutaplanung** f валютное планирование

**Valutapolitik** f валютная политика

**Valutapreis** m цена в иностранной валюте

**Valutapreiskalkulation** f калькуляция цен в иностранной валюте, расчёт цен в иностранной валюте

**Valutapreisverbesserung** f повышение валютного курса

**Valutapreisverschlechterung** f понижение валютного курса

**Valutaregulierung** f валютное регулирование; регулирование валютных операций; регулирование валюто-обменных операций

**Valutareserven** f, pl валютные резервы

**valutarisch** валютный

**Valutarisiko** n риск потери на колебаниях валютных курсов; валютные риски

**Valutaschuld** f валютная задолженность

**Valutaschulden** f pl валютные долги; долги в валюте

**Valutaspekulation** f валютная спекуляция; спекуляция валютой

**Valutaverkaufspreis** m продажная цена экспортного товара, выраженная в иностранной валюте; цена экспортного товара в валюте

**Valutaverrechnungspreis** m расчётная цена в иностранной валюте

**Valutaversicherung** f страхование, предусматривающее выплату страховой суммы в иностранной валюте (*при наступлении страхового случая за границей*)

**Valutawerte** m, pl валютные ценности

**Valutazone** f валютная зона

**Valuten,** pl денежные единицы различных стран; процентные купоны ценных бумаг в иностранной валюте

**Valuten** платёжные средства в иностранной валюте, девизы

**Valutenkonto** n валютный счёт

**Valutierung** f валютирование (*установление дня зачисления какой-л. суммы в дебет или кредит соответствующего счёта*)

**variabel** непостоянный, переменный

**Variabilitätskoeffizient** m *стат.* коэффициент вариации

**Variable** f переменная (величина)

**diskontinuierliche Variable** прерывная переменная, дискретная переменная

**endogene Variable** эндогенная переменная

**exogene Variable** экзогенная переменная

**integrierende Variable** переменная интегрирования

**komplexe Variable** комплексная переменная
**kontinuierliche Variable** непрерывная переменная
**mehrdimensionale Variable** многомерная переменная
**prädeterminierte Variable** зависимая переменная, детерминированная переменная
**stochastische Variable** стохастическая переменная
**unabhängige Variable** независимая переменная
**zufällige Variable** случайная переменная
**Variablen-Attribut-Prüfung** *f* контроль по количественным и качественным признакам
**gemischte Variablen-Attribut-Prüfung** смешанный контроль по количественным и качественным признакам
**Variablenmerkmal** *n* количественный признак *(в статистическом контроле качества)*
**Variablenprüfung** *f* контроль по количественному признаку *(в статистическом контроле качества)*
**Variante** *f* вариант
**Variante** *мат.* варианта; инварианта
**potenzielle-optimale Variante** потенциально-оптимальный вариант *(плана)*
**Variantenberechnungen** *f, pl* вариантные расчёты, расчёты вариантов
**Variantenbreite,** *f* **der Planung** широта использования вариантных расчётов в планировании
**Variantenkombination** *f* комбинация вариантов *(в планировании)*
**Variantenprognose** *f* вариантный прогноз, прогноз вариантов
**Variantenrechnungen** *f, pl* вариантные расчёты, расчёты вариантов

**Variantenvergleich** *m* сравнение вариантов, сопоставление вариантов
**Varianz** *f* дисперсия; рассеивание, рассеяние
**Varianz, gesamte** общая дисперсия
**Varianz innerhalb der Gruppen** внутригрупповая дисперсия
**Varianz innerhalb einer Stichprobe** дисперсия выборочной средней
**Varianz von Stichprobendurchschnitten** стохастическая дисперсия
**Varianzanalyse** *f* дисперсионный анализ
**Varianzzerlegung** *f стат.* сложение дисперсий
**Variation** *f* вариация
**Variation** видоизменение
**Variation** изменение, колебание
**Variationsbreite** *f стат.* размах вариации
**Variationsgitternetz** *n стат.* вариационная сетка
**Variationskoeffizient** *m стат.* коэффициент вариации
**Variationsrechnung** *f* вариационное исчисление
**Variationsreihe** *f* вариационный ряд
**Variationsstatistik** *f* вариационная статистика
**Variator** *m стат.* коэффициент вариации
**VAT, Value Added Tax** налог на добавленную стоимость, НДС
**VB:**
**VB, Verwaltungsbezirk** административный округ
**Vb., Verbrauch** потребление, расход
**VbBV, Verband der beratenden Betriebs- und Volkswirte** Союз консультантов по организации и экономике производства

**VBE, Vollbeschäftigteneinheit** единица полной занятости
**VBK, Verband Berliner Konsumgenossenschaften** Союз берлинских потребительских кооперативов *(бывш. ГДР)*
**vbl, variabel** переменный, непостоянный
**VBLA, Verband der Bekleidungs-, Leder- und Ausrastungsarbeiter der Schweiz** Союз швейцарских рабочих швейной, кожевенной и галантерейно-фурнитурной промышленности
**VBMI, Verein der Bayerischen Metallverarbeitenden Industrie** Баварское объединение металлообрабатывающей промышленности
**vBP, vereidigter Buchprüfer** дипломированный бухгалтер-ревизор
**Vcom (R), Virtual Commerce** *(зарегистрированная марка)*
**VDA:**
**VDA, Verband Deutscher Arbeitgeber** Союз немецких предпринимателей, Союз немецких работодателей
**VdA, Verband der Automobilindustrie** Объединение автомобильной промышленности
**VDB:**
**VDB, Verein Deutscher Bücherrevisoren** Союз немецких бухгалтеров-ревизоров
**VDB, Vereinigung Deutscher Buchbindereien** Объединение немецких переплётно-брошюровочных предприятий
**VDBF, Verband der Briefumschlag- und Papierausstattungsfabriken** Объединение предприятий по производству конвертов и писчей бумаги
**VdgB, Vereinigung der gegenseitigen Bauernhilfe** Объединение крестьянской взаимопомощи *(бывш. ГДР)*

**VdH, Verband der Handelsauskunfteien** Союз кредитных бюро *(дающих справки о кредитоспособности банковской клиентуры - ФРГ)*

**VDI, Verein Deutscher Ingenieure** Союз немецких инженеров

**VDK, Verband Deutscher Konsumgenossenschaften** Союз потребительских кооперативов *(бывш. ГДР)*

**VDLM, Verein Deutscher Luftfrachtmakler** Союз немецких авиационных брокеров

**VDMA, Verein Deutscher Maschinenbauanstalten** Объединение немецких машиностроительных предприятий

**VdN-Pension** *f* пенсия лицам, преследовавшимся при нацизме

**VdN-Rente** *f* пенсия лицам, преследовавшимся при нацизме

**VDNE, Verband Deutscher Nichtbundeseigener Eisenbahnen** Объединение неправительственных железных дорог

**VDRG, Verband Deutscher Rundfunk- und Fernsehfachgroßhändler** Союз немецких оптовых торговцев радио- и телевизионной аппаратурой

**VdS, Verband der Deutschen Sperrholzindustrie** Объединение предприятий немецкой фанерной промышленности

**VDV, Verband Deutscher Diplom-Volkswirte** Союз немецких дипломированных экономистов

**VE:**
  **VE, Venezuela** Венесуэла
  **VE, Verrechnungseinheit** расчётная единица *(в платёжном обороте бывш. ГДР с ФРГ и бывш. Западным Берлином)*; ист. *(условная)* расчётная единица *(Европейского платёжного союза)*

**VEAB, Volkseigener Erfassungs- und Aufkaufbetrieb für landwirtschaftliche Erzeugnisse** Народное предприятие по заготовке и закупке сельскохозяйственных продуктов *(бывш. ГДР)*

**VEB:**
  **VEB, Bolivar, - Venezuela** Боливар *(код валюты* 862), - Венесуэла
  **VEB, volkseigener Betrieb** народное предприятие *(бывш. ГДР)*

**VEBA, Vereinigte Elektrizitäts- und Bergwerksaktiengesellschaft** ФЕБА, "Ферайнигте электрицитетс- унд бергверксакциенгезельшафт" *(наименование западногерманского электроэнергетического и горнопромышленного концерна)*

**VEG, volkseigenes Gut** народное имение *(бывш. ГДР)*

**VEH, volkseigener Handel** государственная торговля *(бывш. ГДР)*; народное торговое предприятие *(бывш. ГДР)*

**Vektor** *m* вектор

**Vektoranalyse** *f* векторный анализ

**Vektordiagramm** *n* векторная диаграмма

**Vektorfunktion** *f* векторная функция, вектор-функция

**Vektormenge** *f* векторное множество

**VELA, Vereinigung der Leitenden Angestellten** Союз администраторов торговых и промышленных предприятий

**Veledes, Verband der Lebensmittel-Detaillisten der Schweiz** Союз швейцарских розничных торговцев продовольственными товарами

**Vellen-Effekt** *m* "показное" потребление *(использование предметов потребления напоказ, с целью произвести впечатление)*

**verabredungsgemäß** согласно договорённости; в соответствии с соглашением

**Verallgemeinerung** *f* обобщение

**Veralten** *n* старение; устаревание *(напр. продукции)*
  **moralisches Veralten** моральное старение, моральное устаревание

**Veränderliche** *f* переменная *(величина)*

**Veränderlichkeit** *f* изменчивость

**Veränderung** *f* перемена, изменение
  **Veränderung von Preisen** изменение цен

**Veränderungen** *f, pl* сдвиги; изменения; перемены
  **strukturelle Veränderungen** структурные сдвиги; структурные изменения

**Veränderungsrate** *f* темп изменения

**Veranlagung** *f* определение суммы налога, начисление налога
  **Veranlagung** распределение налогов
  **Veranlagung** установление размера налога; установление ставки налога
  **Veranlagung** распределение обязательных поставок сельскохозяйственной продукции *(бывш. ГДР, СССР)*
  **Veranlagung, differenzierte** дифференцированное распределение обязательных поставок сельскохозяйственных продуктов
  **Veranlagung, förmliche** формальное распределение налогов

**Veranlagungsliste** *f* список налогоплательщиков с указанием суммы взимаемых налогов

**Veranlagungsrichtlinien** *f, pl* директивы о порядке распределения налогов

**Veranlagungssteuern** *f, pl* налоги, установленные по методу формального распределения

**Veranlagungssteuern** *(формально)* распределяемые налоги

**Veranlagungsverfahren** *n* метод распределения налогов

**Veranlagungszeitraum** *m* налоговый период

**veranschlagen** *vt* составлять смету, проводить предварительный расчёт

**Veranschlagung** *f* предварительная смета; смета; предварительная калькуляция; калькуляция

**Veranschlagungsnorm** *f* расчётная норма (бюджета)

**Veranschlagungsrichtsatz** *m* расчётная норма (бюджета)

**verantwortlich** ответственный; ответственно

**Verantwortlichkeit** *f* ответственность

**materielle Verantwortlichkeit** материальная ответственность

**persönliche Verantwortlichkeit** личная ответственность

**strafrechtliche Verantwortlichkeit** уголовная ответственность

**Verantwortung** *f* ответственность

**materielle Verantwortung** материальная ответственность

**persönliche Verantwortung** личная ответственность

**strafrechtliche Verantwortung** уголовная ответственность

**Verantwortung tragen** нести ответственность

**Verantwortung übernehmen** взять на себя ответственность, принять на себя ответственность

**Verantwortung übertragen** возложить ответственность

**Verantwortungsbereich** *m* круг ответственности; сфера (действия) ответственности

**verarbeiten** *vt* обрабатывать, перерабатывать

**Sekundärrohstoff verarbeiten** перерабатывать вторичное сырьё, перерабатывать сырьё

**Verarbeitung** *f* обработка, переработка *(напр. сырья)*

**Verarbeitungsbereiche** *m, pl* перерабатывающие отрасли

**Verarbeitungsbetrieb** *m* перерабатывающее предприятие, предприятие по переработке *(напр. сырья)*

**Verarbeitungsbetrieb** предприятие-потребитель, завод-потребитель

**Verarbeitungseigenschaften** *f, pl* технологические свойства

**Verarbeitungsindustrie** *f* обрабатывающая промышленность

**Verarbeitungskosten**, *pl* затраты на обработку, расходы на обработку, стоимость обработки

**Verarbeitungsland** *n* страна-потребитель

**Verarbeitungsstufe** *f* стадия обработки

**Verarmung** *f* обнищание, пауперизация; обеднение

**Verauktionierung** *f* продажа с аукциона, продажа с публичных торгов, продажа с молотка

**verausgaben** тратить, истратить, расходовать, израсходовать

**Veräußerer** *m* субъект, осуществляющий отчуждение

**veräußerlich** отчуждаемый; реализуемый, продаваемый

**veräußern** *vt* отчуждать; реализовывать, продавать

**Veräußerung** *f* отчуждение; реализация, продажа

**öffentliche Veräußerung** продажа с публичных торгов

**Veräußerungsgewinn** *m* прибыль от продажи, прибыль от реализации

**Veräußerungsverbot** *n* запрет реализации, запрет на реализацию (продажу)

**Veräußerungswert** *m* стоимость продаваемого

**Veräußerungswert** цена продажи

**Verbalskala** *f* номинальная шкала (оценок), назывная шкала (оценок), классификационная шкала (оценок)

**Verband** *m* союз, общество, объединение *(напр. между отдельным гражданином или предприятием, с одной стороны, и государством, с другой стороны)*

**Verband Berliner Konsumgenossenschaften** Союз берлинских потребительских кооперативов *(бывш. ГДР)*

**Verband der Automobilindustrie** Объединение автомобильной промышленности

**Verband der beratenden Betriebs- und Volkswirte** Союз консультантов по организации и экономике производства

**Verband der Handelsauskunfteien** Союз кредитных бюро *(дающих справки о кредитоспособности банковской клиентуры ФРГ)*

**Verband der Industrie der EWG-Länder** *истор.* Союз промышленности стран Европейского экономического сообщества

**Verband der Konsumgenossenschaften** союз потребительских обществ

**Verband Deutscher Arbeitgeber** Союз немецких предпринимателей
**Verband Deutscher Diplom-Volkswirte** Союз немецких дипломированных экономистов
**Verband Deutscher Konsumgenossenschaften** Союз немецких потребительских кооперативов *(бывш. ГДР)*
**Verband Deutscher Nichtbundeseigener Eisenbahnen** Объединение негосударственных железных дорог
**Verband Kommunaler Unternehmen** Объединение коммунальных предприятий
**Verband Schweizerischer Konsumvereine** Союз швейцарских потребительских обществ
**Verband zur Förderung der Umschlagstechnik und -Organisation in den Seehäfen** Международная ассоциация по рационализации транспортно-грузовых операций
**Verbandskasse** *f* касса союза, касса общества
**Verbandsmarke** *f* единый товарный знак предприятий, входящих в *какое-л.* объединение; единая товарная марка предприятий, входящих в *какое-л.* объединение
**Verbandsprüfung** *f* ревизия деятельности товарищества *(объединения, ассоциации)*
**Verbandsrevision** *f* ревизия деятельности товарищества *(объединения, ассоциации)*
**Verbandsstatistik** *f* статистика объединений
**Verbandstarif** *m* тарифное соглашение, заключённое между профсоюзом и союзом предпринимателей
**Verbandswesen** *n*, **gewerbliches** система промышленных объединений

**verbessern** исправлять *(ошибку)*; улучшать; совершенствовать; рационализировать; повышать *(о жизненном уровне)*
**Verbesserung** *f* исправление *(ошибки)*
**Verbesserung** улучшение; рационализация, совершенствование
**Verbesserungsvorschlag** *m уст.* рационализаторское предложение, рацпредложение
**verbilligen** *vt* понижать *(напр. учётный процент)*
 **verbilligen** удешевить; удешевлять
**verbilligt** удешевлённый
**Verbilligung** *f* понижение
 **Verbilligung** удешевление, снижение цены понижение учётного процента
 **Verbilligung** понижение учётного процента, снижение учётного процента
 **einschneidende Verbilligung** резкое снижение цен, существенное удешевление
**verbindlich** обязывающий, обязательный
**Verbindlichkeit** *f* обязательство; задолженность, *см. также* Verbindlichkeiten
 **gegenseitige Verbindlichkeit** взаимное обязательство
 **gesamtschuldnerische Verbindlichkeit** корреальное обязательство
 **ungedeckte Verbindlichkeit** необеспеченная задолженность
 **eine Verbindlichkeit eingehen** брать на себя обязательства, принимать на себя обязательства
 **eine Verbindlichkeit übernehmen** брать на себя обязательства, принимать на себя обязательства
 **ohne Verbindlichkeit** без обязательства; без гарантий

**Verbindlichkeiten** *f, pl* обязательства; задолженность; пассивы; долги, *см. также* Verbindlichkeit
 **abgeschriebene Verbindlichkeiten** списанные обязательства
 **gegenseitige Verbindlichkeiten** взаимные обязательства
 **sonstige Verbindlichkeiten** прочие обязательства; *бухг.* прочие долги
 **ungedeckte Verbindlichkeiten** необеспеченная задолженность, задолженность без обеспечения
 **Verbindlichkeiten abdecken** производить платёж по обязательствам
 **Verbindlichkeiten auf Grund von Warenlieferungen und Leistungen** задолженность поставщикам на основе товарных поставок и услуг
 **Verbindlichkeiten aus noch auszuzahlenden Löhnen** задолженность по невыплаченной заработной плате, задолженность по невыплаченной зарплате
 **Verbindlichkeiten gegenüber einer Bank** задолженность банку
 **ohne Verbindlichkeiten** без обязательства; без гарантий; без обеспечения
 **seine Verbindlichkeiten erfüllen** выполнить свои обязательства, исполнять свои обязательства
**verbodmen** *vt* получать заём, получать ссуду
 **verbodmen** получать заём под залог судна и груза, получать ссуду под залог судна и груза, получить бодмерейный займ, получить бодмерейную ссуду
**Verbodmung** *f* бодмерейный заём, бодмерейная ссуда *(под залог судна и груза)*

**verborgen** *разг.* давать взаймы

**Verböserung** *f* изменение первоначального решения налогового органа в ущерб лицу, опротестовавшему его

**Verbot** *n* запрещение, запрет; наложение запрета
  **ein Verbot auferlegen** наложить запрет
  **ein Verbot aufheben** отменить запрет, снять запрет
  **ein Verbot erlassen** налагать запрет
  **ein Verbot über** *(A)* **verhängen** наложить запрет

**Verbotskunde** *m* отправитель груза, запрещающий экспедитору включать перевозимый груз в страховое свидетельство

**Verbotsprinzip** *n* принцип запрета *(направленный против ограничений конкуренции)*

**Verbotszone** *f* запретная зона

**Verbrauch** *m* потребление, расход, расходование
  **Verbrauch der Bevölkerung** народное потребление, потребление населения
  **Verbrauch der Industrie** промышленное потребление
  **Verbrauch für den Eigenbedarf** расход на собственные нужды; потребление для собственных нужд
  **Verbrauch je Bezugseinheit** удельный расход, удельное потребление
  **aufgeschobener Verbrauch** отсроченное потребление, отложенное потребление
  **direkter Verbrauch** прямое потребление, непосредственное потребление
  **genormter Verbrauch** нормированное потребление, нормированный расход
  **indirekter Verbrauch** косвенное потребление
  **industrieller Verbrauch** промышленное потребление
  **inländischer Verbrauch** внутреннее потребление (страны)
  **laufender Verbrauch** текущее потребление
  **örtlicher Verbrauch** местное потребление
  **parasitärer Verbrauch** паразитическое потребление
  **privater Verbrauch** личное потребление; индивидуальное потребление
  **produktionsbedingter Verbrauch** производственное потребление
  **sparsamer Verbrauch** экономное расходование
  **spezifischer Verbrauch** удельный расход, удельное потребление
  **unproduktiver Verbrauch** непроизводственное потребление
  **zurückgestellter Verbrauch** отсроченное потребление, отложенное потребление

**verbrauchen** полностью израсходовать израсходовать (полностью), истратить (до конца); истощить

**verbrauchen** потреблять, расходовать

**Verbraucher** *m* потребитель
  **produktiver Verbraucher** производственный потребитель
  **zahlungsfähiger Verbraucher** платёжеспособный потребитель
  **von Verbraucher zu Verbraucher;** *(eng.)* **C2C, customer-to-customer** потребитель-потребителю, C2C (вид Интернет-торговли, обычно в онлайновых аукционах и на досках объявлений)
  **von Kunde zu Kunde;** *(eng.)* **C2C, customer-to-customer** потребитель-потребителю, C2C

**Verbraucherausgaben** *f pl* потребительские издержки

**Verbraucherbefragung** *f* опрос потребителей

**Verbraucherbetrieb** *m* предприятие-потребитель

**Verbrauchergenossenschaft** *f* потребительская кооперация

**Verbraucherkredit** *m* потребительский кредит

**Verbrauchernachfrage** *f* потребительский спрос

**Verbraucherpolitik** *f* политика, направленная на защиту интересов потребителя

**Verbraucherpreis** *m* потребительская цена, цена потребителя
  **Verbraucherpreis** цена покупки, конечная цена

**Verbraucherpreisindex** *m* индекс потребительских цен

**Verbraucherschutz** *m* защита потребителя; защита прав потребителя

**Verbraucherschwerpunkt** *m* место концентрации потребителей, район концентрации потребителей

**Verbrauchersortiment** *n* ассортимент потребительских товаров

**Verbraucherstruktur** *f* структура потребителей

**Verbrauchertest** *m* оценка спроса потребителей

**Verbraucherverband** *m* союз потребителей

**Verbraucherzentrum** *n* центр потребления

**Verbrauchsabgaben** *f, pl* налоги на определённые виды потребительских товаров, налоги на определённые виды потребительских услуг

**Verbrauchsabweichung** *f* расхождение норм потребления сырья, материалов, энергии *(при расчёте издержек)*

**Verbrauchsanstieg** *m* рост потребления

**Verbrauchsartikel** *m* предмет потребления, потребительский товар

**Verbrauchsausgaben** *f, pl* потребительские расходы

**Verbrauchsbesteuerung** *f* взимание налога на потребление (какого-л.) товара или услуги *(не с дохода)*; налогообложение потребительских товаров; взимание подоходного налога по потреблению, а не по доходу

**Verbrauchsdeckung** *f* удовлетворение спроса

**Verbrauchselastizität** *f* эластичность потребления

**Verbrauchsermittlung** *f* определение потребностей

**Verbrauchsforschung** *f* исследование потребления, изучение потребления

**Verbrauchsfunktion** *f* функция потребления

**Verbrauchsgewinn** *m* прибыль, получаемая от экономии сырья, материалов, энергии *(при расчёте издержек)*

**Verbrauchsgewohnheiten** *f, pl* привычки потребителей, обычаи потребителей; традиции потребления

**Verbrauchsguter, Verbrauchsgüter** *pl* потребительские товары; предметы личного потребления; потребительские товары разового пользования, потребительские товары недлительного пользования *(напр. продукты питания, лекарства, косметика)*

**langlebige Verbrauchsguter** потребительские товары длительного пользования

**Verbrauchsgüterindustrie** *f* промышленность по производству потребительских товаров; промышленность товаров широкого потребления

**Verbrauchskapazität** *f* возможности потребления

**Verbrauchskapazität** *f* потребительская способность *(населения)*

**Verbrauchsland** *n* страна-потребитель

**Verbrauchslenkung** *f* регулирование потребления

**Verbrauchsmenge** *f* потребляемое количество

**Verbrauchsniveau** *n* уровень потребления

**Verbrauchsnorm** *f* норма потребления; норма расхода

**rationelle Verbrauchsnorm** рациональная норма потребления

**Verbrauchsnormativ** *n* норматив потребления или. расхода

**Verbrauchsnormung** *f* нормирование расхода

**Verbrauchsplanung** *f* планирование расхода

**Verbrauchsquote** *f* норма потребления

**Verbrauchsrate** *f* норма потребления; норма расхода

**Verbrauchsrichtsatz** *m* норма потребления; норма расхода

**Verbrauchsrückgang** *m* сокращение потребления

**Verbrauchssatz** *m* норма потребления; норма расхода

**Verbrauchsstatistik** *f* статистика потребления

**Verbrauchssteuer** *f* акциз, налог на отдельные предметы потребления

**Verbrauchssteuerhinterziehung** *f* уклонение от уплаты акциза

**Verbrauchsstruktur** *f* структура потребления

**Verbrauchsteuer** *f* акциз, налог на предметы потребления

**Verbrauchsteuerhinterziehung** *f* уклонение от уплаты акцизов

**Verbrauchstyp** *m* тип потребления *(набор потребляемых благ, сходный для определенной группы людей)*

**Verbrauchsverlust** *m* убытки от перерасхода сырья, материалов, энергии, потери от перерасхода сырья, материалов, энергии *(при расчёте издержек)*

**Verbrauchswert** *m* предполагаемое изменение количества, качества, ассортимента потребительских товаров

**Verbrauchswert** цель изменения качества, количества, ассортимента предлагаемых потребителям товаров *(инструмент планирования)*

**verbriefen** *vt* подтверждать документами, письменно заверять, письменно гарантировать

**verbuchen** *vt* заносить в бухгалтерскую книгу; подводить итог

**verbuchen** отмечать, выявлять *(в результате подсчётов)*

**staatliche Defizite verbuchen** регистрировать дефицит госбюджета

**Verbuchung** *f* бухгалтерская запись; бухгалтерская проводка

**Verbuchung** проводка по бухгалтерским книгам

**Verbundnetz** *n* единая энергосистема, ЕЭС

**Verbundnetz** объединённая энергосистема

**Verbundprodukt** *n* сопряжённый продукт, побочный продукт

**Verbundwerbung** *f* рекламная деятельность, осуществляемая совместно несколькими предприятиями

**Verbundwirtschaft** *f* взаимодействие и поддержка разных предприятий (фирм) одной отрасли *(путём компенсации или обмена результатами производственной деятельности)*

**Verbundwirtschaft** хозяйство нескольких предприятий, деятельность которых кооперируется по вертикали

**verbürgen** vt ручаться, поручиться *(за кого-л., что-л.)*, гарантировать
**Verbürgerlichung** f обуржуазивание
**Verbürgung** f гарантия, ручательство
**Verdachtsnachschau** f контроль при возникновении подозрения в уклонении от уплаты налогов, сборов и пошлин; контроль при провозе контрабандных товаров; (д)осмотр при возникновении подозрения в уклонении от уплаты налогов, сборов и пошлин
**Verderb** m гибель *(товара)*
**Verderb** порча *(товара)*
**verderbbar** портящийся, подверженный порче
**Verderben** n порча, гибель
**verderben** vt портить
**verderben** vi портиться; гнить; скисать; пропадать
**Verdichtung,** f **der Arbeitszeit** уплотнение рабочего времени
**verdienen** зарабатывать *(деньги)*
**nebenbei verdienen** прирабатывать; работать по совместительству
**zusätzlich verdienen** прирабатывать; работать по совместительству
**Verdienst** m I заработок
**effektiver Verdienst** фактический заработок
**entgangener Verdienst** упущенный заработок *(напр. из-за болезни)*
**zusätzlicher Verdienst** приработок, дополнительный заработок
**Verdienst** n II заслуга
**Verdienstausfall** m уменьшение заработка *(напр. в связи с простоем производства, болезнью рабочего)*
**Verdinglichung** f овеществление, материализация, материальное воплощение

**Verdingung** f подряд, выдача подряда *(на производство работ)*; работа по найму; конкурс на размещение заказов *(обычно правительственных)*; размещение заказов по открытому конкурсу
**Verdingungskartell** n картель, основанный на принципе распределения заказов между его участниками; картель, основанный на принципе распределения подрядов между его участниками
**Verdingungsvertrag** m договор найма рабочей силы
**Verdingungsvertrag** договор участников картеля о порядке распределения заказов между ними
**verdorben** испорченный
**verdrängen** vt вытеснять
**von Grund und Boden verdrängen** обезземеливать, разорять крестьян
**Verdrängung** f вытеснение *(напр. с рынка)*
**Verdrängung des Goldes** вытеснение золота *(из каналов денежного обращения)*
**Veredelung** f облагораживание, улучшение; переработка; использование растительной продукции в целях получения животноводческой продукции
**Veredelungspolice** f полис комбинированного страхования
**Veredelungsverkehr** m международный торговый оборот, связанный с переработкой сырья
**Veredelungsverkehr** реэкспорт товаров, прошедших облагораживание; реэкспорт товаров, прошедших незначительную обработку; реимпорт товаров, прошедших облагораживание; реимпорт товаров, прошедших незначительную обработку
**aktiver Veredelungsverkehr** активная форма внешнеторговой политики *(связанной с переработкой сырья)*

**passiver Veredelungsverkehr** пассивная форма внешнеторговой политики *(связанной с переработкой сырья)*
**passiver Veredelungsverkehr** реимпорт товаров, прошедших облагораживание за рубежом; реимпорт товаров, прошедших незначительную обработку за рубежом
**Veredelungswirtschaft** f отрасль по переработке растительной и животноводческой сельскохозяйственной продукции
**Veredlung** f облагораживание, улучшение; переработка; использование растительной продукции в целях получения животноводческой продукции
**Veredlungspolice** f полис комбинированного страхования; страховой комбинированный полис
**Veredlungsverkehr** m реэкспорт товаров, прошедших облагораживание, реэкспорт товаров, прошедших незначительную обработку, реимпорт товаров, прошедших облагораживание, реимпорт товаров, прошедших незначительную обработку
**passiver Veredlungsverkehr** реимпорт товаров, прошедших облагораживание за рубежом, реимпорт товаров, прошедших незначительную обработку за рубежом
**vereidigt** присяжный
**Verein** m союз, общество, объединение, корпорация
**Verein Deutscher Bücherrevisoren** Союз немецких бухгалтеров-ревизоров
**Verein Deutscher Ingenieure** Союз немецких инженеров
**Verein Deutscher Maschinenbauanstalten** Объединение немецких машиностроительных предприятий
**wirtschaftlicher Verein** экономический союз, хозяйственный союз

**vereinbaren** vt согласовывать
**sich vereinbaren** договариваться
**Vereinbarkeit** f совместимость
**vereinbart** 1. согласованный 2. стандартный
**die vereinbarte Lieferfrist muß eingehalten werden** согласованный срок поставки должен соблюдаться
**Vereinbarung** f соглашение, договорённость, сделка
**Vereinbarungsdarlehen** n ссуда, основанная не на передаче денежной суммы, а на превращении другого обязательства в ссуду (по договорённости)
**Vereinbarungspreis** m договорная цена, договорённая цена, условленная цена, цена соглашения
**vereinheitlichen** vt унифицировать, стандартизировать, стандартизовать
**Vereinheitlichung** f унификация, унифицирование; стандартизация
**Vereinheitlichung des Formular- und Vordruckwesens** унификация документов
**Vereinigte Elektrizitäts- und Bergwerksaktiengesellschaft** "Ферайнигте электрицитетс- унд бергверксакциенгезельшафт" (наименование электроэнергетического и горнопромышленного концерна в ФРГ)
**Vereinigtes Institut für Kernforschung** Объединённый институт ядерных исследований
**Vereinigung** f объединение, союз, ассоциация; корпорация; конфедерация; слияние
**Vereinigung Britischer Handelskammern** Ассоциация английских торговых палат
**Vereinigung der gegenseitigen Bauernhilfe** Объединение крестьянской взаимопомощи (бывш. ГДР)
**Vereinigung der Zentralfachverbände** Союз центральных отраслевых объединений ремесленников
**Vereinigung für Internationales Rechtswesen** Ассоциация международного права
**Vereinigung für Koordinierung der Erzeugung und Zuleitung der Elektrizität** Союз по координированию производства и передачи электроэнергии (организация восьми европейских стран)
**Vereinigung Organisationseigener Betriebe** объединение предприятий (издательств, типографий), принадлежащих партии (бывш. ГДР)
**Vereinigung Volkseigener Betriebe** Объединение народных предприятий (бывш. ГДР)
**Vereinigung Volkseigener Erfassungs- und Aufkaufbetriebe landwirtschaftlicher Erzeugnisse** Объединение народных предприятий по заготовке и закупке сельскохозяйственных продуктов (бывш. ГДР)
**Vereinigung Volkseigener Güter** Объединение народных имений (бывш. ГДР)
**Vereinigung Volkseigener Warenhäuser** Объединение государственных универсальных магазинов (бывш. ГДР)
**Vereinigung Volkseigener Warenhäuser CENTRUM** Центральный орган объединения государственных универсальных магазинов (бывш. ГДР)
**Vereinigungsfreiheit** f свобода коалиций, свобода союзов; свобода (создания) объединений

**vereinnahmen** vt получать, собирать (деньги); взимать (налоги, долги)
**Vereinnahmung** f получение
**Vereinnahmungsmenge** f оприходуемое количество; бухг. приход
**Vereinnahmungszeit** f время между приёмкой товара и моментом его складирования
**Vereinregister** n реестр союзов
**Vereinte Nationen** Объединённые Нации, ООН
**Vereinzelung** f детализация
**Vereinzelung** разъединение, разобщение; распылённость, разобщённость; раздробленность (напр. производителей)
**Verelendung** f обнищание, обеднение, пауперизация
**absolute Verelendung** абсолютное обнищание
**relative Verelendung** относительное обнищание
**Verelendungstheorie** f теория обнищания
**Vererbung** f наследование, переход по наследству; передача по наследству
**Verfachbuch** n ист. поземельный кадастр
**Verfahren** n действие, акт
**Verfahren** n метод, способ, процесс, технология; приём работы
**Verfahren** юр. производство (дела)
**Verfahren** система работы, режим работы
**Verfahren** технология
**Verfahren der Steuerprogression** система прогрессивного налогообложения
**Verfahren des paarweisen Vergleichs** метод попарного сравнения

**Verfahren vorbestimmter Zeiten** метод запланированного времени на выполнение отдельных элементов производственного процесса, метод заданного времени на выполнение отдельных элементов производственного процесса

**Verfahren zur Rentabilitätsermittlung** метод определения рентабельности

**handwerkliches Verfahren** кустарный способ

**netzwerkanalytisches Verfahren** *сет. пл.* метод анализа сетевых графиков, метод сетевого анализа

**nichtindustrielles Verfahren** кустарный способ

**selbsttätiges und rekursives Verfahren** автономный и рекурсивный метод

**Verfahrensauswahl** *f* выбор технологии

**Verfahrensauswahl** *f* выбор способа *(напр. расчёта)*

**Verfahrensauswahl** *f* выбор методики

**Verfahrensforschung** *f* исследование метода, исследование способа

**Verfahrensforschung** исследование операций

**verfahrensspezialisiert** специализированный по видам используемой технологии *(о производстве)*

**Verfahrenstechnik** *f* технология (производства)

**Verfahrensträger** *m* предприятие передовой технологии; высокотехнологичное предприятие; инновационное предприятие

**verfahrenstypisch** технологический; связанный с технологией, имеющий отношение к технологии; инновационный

**Verfall** *m* разрушение; распад; упадок; развал; гибель

**Verfall** *юр.* наступление срока исполнения обязательства

**Verfall des Preises** падение цены

**Verfall des Wechsels** наступление срока оплаты векселя, наступление срока оплаты по векселю

**Verfall eines Wechsels** наступление срока оплаты векселя, наступление срока оплаты по векселю

**Verfallbuch** *n* книга срочных платежей, книга учёта срочных платежей

**verfallen** *vi* разрушаться, приходить в упадок

**verfallen** терять силу

**verfallen** уменьшаться, падать *(напр. о производстве, сбыте)*

**Verfallklausel** *f* пункт договора о погашении денежного долга в рассрочку

**Verfallserklärung** *f* заявление о просрочке векселя

**Verfallstag** *m* наступление срока оплаты

**Verfallszeit** *f* срок платежа по векселю, срок оплаты векселя

**Verfallzeit** *f* срок платежа по векселю, срок оплаты векселя

**Verfälschung** *f* подделка, фальсификация

**Verfeinerung** *f* улучшение, усовершенствование

**Verfertiger** *m* производитель

**Verflechtung** *f* переплетение (напр. хозяйственных интересов), сращивание *(капиталов разных фирм)*

**Verflechtungsanalyse** *f* анализ межотраслевых связей, анализ межпроизводственных связей

**Verflechtungsbeziehungen** *f, pl* межотраслевые связи

**innervolkswirtschaftliche Verflechtungsbeziehungen des Außenhandels** связи внешней торговли с отраслями народного хозяйства страны

**Verflechtungsbilanz** *f* межотраслевой баланс, баланс межотраслевых связей; *бухг.* шахматный баланс

**Verflechtungsbilanz der Geldbeziehungen** баланс межотраслевых финансовых связей

**Verflechtungsbilanz der Produktion und Verteilung der Erzeugnisse** межотраслевой баланс производства и распределения продукции

**Verflechtungsbilanz des gesellschaftlichen Gesamtprodukts** межотраслевой баланс совокупного общественного продукта

**dynamische Verflechtungsbilanz** динамический межотраслевой баланс

**finanzielle Verflechtungsbilanz** баланс межотраслевых финансовых связей

**volkswirtschaftliche Verflechtungsbilanz** межотраслевой баланс народного хозяйства, народнохозяйственный межотраслевой баланс

**Verflechtungsbilanzierung** *f* составление межотраслевого баланса

**Verflechtungsmodell** *n* модель межотраслевых связей

**Verfolgungsspiel** *n* игра преследования *(в теории, игр)*

**Verformung** *f* деформация *(напр. хозяйственных связей)*

**verfrachten** *vt* зафрахтовать (судно), сдавать в аренду судно

**verfrachten** перевозить, отправлять *(груз водным путем)*

**verfrachten** перевозить груз *(водным путем)*

**Verfrachter** *m* фрахтовщик (перевозчик), экспедитор

**Verfrachtungsbedingungen** *f, pl* общие условия перевозок речными судами *(бывш. ГДР)*; условия фрахта

**verfügbar** имеющийся в распоряжении, наличный, наличествующий, имеющийся в наличии

**verfügbar** остающийся после вычета налогов *(о доходе)*

**Verfügbarkeit** *f вчт.* безотказность в эксплуатации

**Verfügbarkeit** возможность располагать, возможность пользоваться *(чем-л.)*

**verfügen** *vi* иметь в своём распоряжении *(напр. доход после вычета налогов)*, распоряжаться

**Verfügung** *f* постановление, распоряжение

**nachträgliche Verfügung** последующее распоряжение, дополнительное распоряжение; дополнительное распоряжение *(отправителя груза)* об изменении договора на перевозку груза

**zur Verfügung haben** иметь в распоряжении

**zur Verfügung stehen** быть в распоряжении *(чьём-л.)*

**zur Verfügung stellen** предоставлять в распоряжение *(чьё-л.)*

**Verfügungsbeleg** *m* распорядительный документ

**Verfügungsfonds** *m* директорский фонд

**Verfügungsfonds des Generaldirektors** фонд, находящийся в распоряжении генерального директора; фонд генерального директора

**Verfügungsgewalt** *f юр.* полномочия, право распоряжаться

**Verfügungsgewalt über Produktionskapazität** право распоряжаться производственными мощностями

**Vergabe** *f* выдача *(заказов, кредитов)*

**Vergabe** размещение заказов

**Vergantung** *f ю.-нем* аукцион, публичные торги

**vergeben** *vt* выдавать

**vergeben** размещать *(заказы, кредиты)*

**durch Ausschreibung vergeben** выдавать заказ по открытому конкурсу, размещать заказ по открытому конкурсу

**vergegenständlichen** овеществлять, материализовать

**Vergeltung** *f* реторсия, ответные действия одного государства по отношению к другому с целью предотвращения дискриминационных мер

**Vergeltungszoll** *m* реторсионная пошлина; пошлина, взимаемая в порядке реторсии

**vergenossenschaften** кооперировать, передавать в кооперативную собственность, обращать в кооперативную собственность

**vergenossenschaftlichen** кооперировать, передавать в кооперативную собственность, обращать в кооперативную собственность

**Vergenossenschaftung** *f* передача в кооперативную собственность, обращение в кооперативную собственность, кооперирование

**Vergesellschaftung** *f* обобществление

**Vergesellschaftung der Arbeit** обобществление труда

**Vergesellschaftung der Produktion** обобществление производства

**Vergesellschaftung der Produktionsmittel** обобществление средств производства

**Vergeudung** *f* расточительство; разбазаривание

**Vergleich** *m* сверка; выверка

**Vergleich** соглашение, компромисс

**Vergleich** судебный процесс во избежание банкротства

**Vergleich** сравнение, сопоставление

**Vergleich** *юр.* мировая сделка

**innerbetrieblicher Vergleich** внутризаводской сопоставительный анализ

**paarweiser Vergleich** попарное сравнение

**zwischenbetrieblicher Vergleich** сопоставительный анализ деятельности предприятий

**vergleichbar** сравнимый, сопоставимый

**Vergleichbarkeit** *f* сопоставимость, сравнимость

**Vergleiche** *m, pl*, **internationale ökonomische** международные экономические сопоставления

**vergleichen** сопоставлять, сравнивать; сверять *(напр. счёт)*

**Vergleichsanalyse** *f* сопоставительный анализ

**Vergleichsanalyse** *f* сравнительный анализ

**Vergleichsangaben** *f pl* сопоставимые данные, сравнительные данные

**Vergleichsangahen** *f, pl* сопоставимые данные, сравнительные данные

**Vergleichsbeobachtung** *f* сравнительное наблюдение, сопоставительное наблюдение

**Vergleichsbetrieb** *m* сопоставляемое предприятие, сравниваемое предприятие

**Vergleichsbilanz** *f* сравнительный баланс, сопоставительный баланс; баланс имущества несостоятельного должника на день прекращения платежей

**Vergleichsdaten,** *pl* сопоставимые данные, сравнительные данные

**Vergleichsdiagramm** *n* диаграмма сравнения

**Vergleichsgegenstand** *m* объект сравнения, объект сопоставления

**Vergleichskurs** *m* уравнительный курс

**Vergleichsliste** *f* сличительная ведомость; выверочная ведомость, ведомость выверки, ведомость сверки

**Vergleichsmaß** *n* эталонная мера

**Vergleichsmuster** *n* образец, эталон

**Vergleichsobjekt** *n* объект сравнения; эталон, образец

**Vergleichssortiment** *n* контрольный ассортимент

**Vergleichsstatik** *f* сравнительная статика *(один из методов исследования, используемый в микроэкономической теории)*

**Vergleichsverfahren** *n* сравнительный метод; метод аналогии

**Vergleichsverfahren** полюбовная сделка, мировая сделка, мировое соглашение, мировая

**Vergleichsverfahren** судебный процесс во избежании банкротства

**Vergleichswerte,** *pl* сопоставимые данные, сравнительные данные

**Verglelchbarkeit** *f* сопоставимость, сравнимость

**internationale Verglelchbarkeit** сопоставимость данных по странам, международная сопоставимость

**örtliche Verglelchbarkeit** территориальная сопоставимость

**sachliche Verglelchbarkeit** сопоставимость по признакам

**VerglO, Vergleichsordnung** конкурсный устав; положение о конкурсах; положение о банкротствах *(по делам несостоятельных должников)*

**Vergnügungssteuer** *f* налог на доходы со зрелищных и увеселительных предприятий

**Vergünstigung** *f* льгота; уступка

**vertragliche Vergünstigung** договорная льгота

**vergüten** возмещать *(издержки, убытки)*

**vergüten** бонифицировать, выдавать бонус

**vergüten** оплачивать

**vergüten** вознаграждать; премировать

**vergüten** платить *(напр. проценты по вкладам)*

**vergüten** улучшать качество

**vergüten** рафинировать

**Vergütung** *f* возмещение *(издержек, убытков)*

**Vergütung** выплата *(напр. процентов по вкладам)*

**Vergütung** вознаграждение; премия

**Vergütung** бонификация

**Vergütung** рафинирование

**Vergütung** улучшение качества

**Vergütung der Arbeit** оплата труда

**Vergütung für Neuerervorschläge** вознаграждение за изобретения и рационализаторские предложения

**Vergütung in Naturalien** натуроплата, оплата натурой

**Vergütung nach dem Endprodukt** с.-х. оплата труда по конечной продукции

**einmalige Vergütung** единовременное вознаграждение

**finanzielle Vergütung** денежное вознаграждение

**zusätzliche Vergütung** дополнительное вознаграждение

**ohne Vergütung** безвозмездно

**Vergütungsausgleich** *m* компенсация в покрытие разницы в уровнях заработной платы

**Vergütungsliste** *f* список экспортных товаров, на которые распространяется положение об экспортной бонификации (II, III и IV разрядов, бывш. ГДР)

**Vergütungsordnung** *f* положение об оплате (труда)

**Vergütungsordnung** тарифная сетка *(заработной платы)*

**Vergütungssatz** *m* размер оплаты, размер вознаграждения, размер компенсации

**Vergütungssatz** *бирж.* репортная ставка

**Vergütungsstufe** *f* тарифный разряд

**Vergütungssystem** *n* система оплаты труда

**einheitliches Vergütungssystem** единая система оплаты труда

**Verhalten** *n* поведение, образ действий

**Verhalten des Systems** поведение системы

**ökonomisches Verhalten** экономическое поведение

**wirtschaftliches Verhalten** экономическое поведение

**Verhaltensforschung** *f* изучение поведения

**Verhaltensgleichung** *f* бихевиористическое уравнение, бихейвиористическое уравнение

**Verhaltenspsychologie** *f* бихевиоризм, бихейвиоризм, психология поведения

**Verhaltensweise** *f* поведение, образ действий

**Verhältnis** *n* отношение, соотношение, пропорция; отношения *(напр. деловые)*; связи

**intervalutarisches Verhältnis** соотношение валют

**prozentuales Verhältnis** процентное отношение

**sachliches Verhältnis** вещное отношение
**zahlenmäßiges Verhältnis** численное отношение, количественное отношение
**im Verhältnis zu** в сравнении (с чем-л.)
**Verhältnisgewichte** *n, pl стат.* относительные веса
**verhältnisgleich** пропорциональный; соразмерный
**Verhältnisgröße** *f* относительная величина
**Verhältniskennziffer** *f* относительный показатель
**verhältnismäßig** относительный, сравнительный
**Verhältnismethode** *f* сопоставительный метод; метод сопоставлений
**Verhältnisse** *n, pl* отношения; условия, обстоятельства
**gesellschaftliche Verhältnisse** общественные отношения, отношения в обществе
**gesellschaftliche Verhältnisse** полуфеодальные отношения
**gesellschaftliche Verhältnisse** экономические отношения, хозяйственные отношения, отношения в экономике
**gesellschaftliche Verhältnisse** общественные отношения, отношения в обществе
**Verhältniswert** *m* относительная величина
**Verhältniszahl** *f* относительное число, относительная величина
**genetische Verhältniszahl** *стат.* относительная величина интенсивности, относительная величина частоты
**synthetische Verhältniszahl** *стат.* относительная величина координации
**Verhältniszahlen** *f pl* относительные числа, относительные величины
**verhandeln** вести переговоры
**verhandeln** *юр.* слушать дело, разбирать дело
**Verhandlungen** *f, pl* переговоры
**Verharrungspause** *f эк. тр.* микропауза
**Verharrungszeitraum** *m эк. тр.* микропауза
**verhindern** *vt* предупреждать, предотвращать
**verhökern** *разг.* продавать с лотка, продавать в розницу
**verhüten** *vt* предотвращать (что-л.); принимать меры по профилактике
**Verhütung** *f* предупреждение, предотвращение, профилактика
**Verhütung von Ausschuss** предупреждение брака
**Verifizierung** *f* верификация (*научный принцип проверки путем сопоставления, напр. со статистическими данными*)
**Verifizierung** свидетельство, удостоверение (*в подлинности*)
**verjähren** *vi* терять силу за давностью
**verjährt** просроченный; потерявший силу за давностью
**Verjährung** *f юр.* исковая давность
**Verjährungsfrist** *f юр.* срок давности
**Verjährungshemmung** *f юр.* приостановление срока давности
**Verjährungsrecht** *n юр.* право давности
**verkarten** паспортизировать
**Verkauf** *m* продажа, реализация; сбыт
**Verkauf auf Teilzahlung** продажа в рассрочку
**Verkauf durch Versandhandel** продажа с доставкой на дом
**Verkauf en detail** продажа в розницу, розничная продажа
**Verkauf en gros** продажа оптом, оптовая продажа
**Verkauf gegen Lieferschein** продажа против деливери-ордера
**Verkauf im großen** продажа оптом, оптовая продажа
**Verkauf Im kleinen** продажа в розницу, розничная продажа
**Verkauf mit Wiederverkauf** *бирж.* репорт
**Verkauf mit Zahlungsziel** продажа с отсрочкой платежа
**Verkauf nach Probe** продажа по образцу
**Verkauf unter Vorbehalt** условная продажа
**Verkauf von Grundmitteln** продажа основных средств производства
**Verkauf von Stückwaren** торговля штучными товарами
**direkter Verkauf** продажа без посредников; прямая продажа
**fingierter Verkauf** фиктивная продажа
**freier Verkauf** свободная продажа
**gerichtlicher Verkauf** продажа по судебному решению
**gewinnbringender Verkauf** прибыльная продажа
**öffentlicher Verkauf** публичная продажа
**rationierter Verkauf** продажа по карточной системе
**unrationierter Verkauf** свободная продажа
**zwangsweiser Verkauf** принудительная продажа, принудительная распродажа, продажа с аукциона
**zu Verkauf bringen** пускать в продажу, продавать
**zum Verkauf bestimmt** предназначенный для продажи, продаваемый
**zum Verkauf kommen** поступать в продажу, продаваться

**verkaufen** *vt* продавать, сбывать
**verkaufen auf Kredit** продавать в кредит
**verkaufen auf Ziel** продавать в кредит
**im Einzelhandel verkaufen** продавать в розницу
**im Großhandel verkaufen** продавать оптом
**ohne Zwischenhändler verkaufen** продавать без посредников, осуществлять прямые продажи
**preiswert verkaufen** продавать недорого
**zu billig verkaufen** продешевить, продавать по очень заниженным ценам
**zu einem Spottpreis verkaufen** продавать за бесценок, распродавать за бесценок
**zu Einkaufspreisen verkaufen** продавать по своей цене
**zu ermäßigten Preisen verkaufen** продавать с уступкой
**Verkäufer** *m* продавец
**direkter Verkäufer** непосредственный продавец, прямой продавец
**in Verkäufers Wahl** по выбору продавца *(пункт договора)*
**nach Verkäufers Wahl** по выбору продавца *(пункт договора)*
**Verkäuferland** *n* страна-экспортёр, страна-поставщик
**Verkäufermarkt** *m* рынок продавцов *(обычно связывается с превышением спроса над предложением)*
**Verkäufermonopol** *n* монополия продавца
**Verkäufermonopol** монополия продавцов
**Verkäuferring** *m* объединение предпринимателей-торговцев, объединение торговых организаций (продавцов)

**verkäuflich** продающийся, имеющийся в продаже
**verkäuflich nach Gewicht** развесной; продаваемый на вес
**Verkaufs- und Auslieferungszeit** *f* время, затрачиваемое на поставку товаров оптовой торговой сетью предприятиям розничной торговли
**Verkaufsabteilung** *f* отдел продаж, отдел сбыта
**Verkaufsagent** *m* агент по сбыту, агент по продажам
**Verkaufsakt** *m* акт продажи; продажа; сделка
**Verkaufsanalyse** *f* анализ сбыта, анализ торгово-сбытовой деятельности
**Verkaufsanzeige** *f* объявление о продаже
**Verkaufsargument** *n* аргументы при продаже; аргументы продавца
**Verkaufsaufgabe** *f* задача торговли, проблема торговли
**Verkaufsaufträge** *m, pl* приказы на продажу
**unlimitierte Verkaufsaufträge** нелимитированные приказы на продажу акций (по наиболее выгодному курсу)
**Verkaufsausstellung** *f* выставка-продажа
**Verkaufsautomat** *m* торговый автомат
**Verkaufsbedingungen** *f, pl* условия продажи
**Verkaufsbezirk** *m* (географический) район сбыта
**Verkaufsblock** *m* книжка (товарных) чеков *(у продавца)*
**Verkaufsbüro** *n* отдел сбыта; отдел продаж
**Verkaufseinrichtung** *f* торговая организация; торговое предприятие; торговая точка
**Verkaufserlös** *m* выручка от продажи

**Verkaufsfähigkeit** *f* реализуемость, способность продаваться
**Verkaufsfähigkeit der Ware** реализуемость товара
**Verkaufsfläche** *f* основная площадь торгового помещения; основные торговые площади
**Verkaufsförderung** *f* стимулирование сбыта, поддержка сбыта
**Verkaufsform** *f* форма торгового обслуживания; форма торговли
**Verkaufsgemeinschaft** *f* (специализированное) отраслевое объединение предприятий, занимающихся экспортом
**Verkaufsgenossenschaft** *f* сбытовой кооператив, торговый кооператив
**Verkaufshalle** *f* крытый рынок; торговые ряды
**Verkaufskalkulation** *f* калькуляция продажной цены товара; калькуляция отпускной цены
**progressive Verkaufskalkulation** прогрессивная калькуляция продажной (отпускной) цены товара *(причисление к заготовительной цене накладных расходов и прибыли)*
**retrograde Verkaufskalkulation** калькуляция заготовительной цены товара, основанная на вычете из продажной (отпускной) цены накладных расходов и прибыли
**Verkaufskana** *m* канал сбыта
**Verkaufskanäle** *m, pl* каналы сбыта
**Verkaufskartell** *n* сбытовой картель
**Verkaufskiosk** *m* киоск, ларёк
**Verkaufskommission** *f* комиссионное поручение на продажу *(товаров или ценных бумаг)*
**Verkaufskommission** *f* комиссионная сделка *(посредническая операция)*

**Verkaufskonto** *n* счёт продаж

**Verkaufskontor** *n* сбытовая контора

**Verkaufskontrakt** *m* договор купли-продажи

**Verkaufskosten,** *pl* издержки продажи

   **Verkaufskosten** издержки реализации, реализационные издержки

**Verkaufskräfte** *f, pl* торговые работники; продавцы; работники прилавка

**Verkaufskultur** *f* культура торговли

**Verkaufskurs** *m* *бирж.* курс продавца; курс продавцов

**Verkaufsland** *n* страна-экспортёр, страна-поставщик

**Verkaufslehrling** *m* ученик продавца; учащийся торгового техникума, учащийся торгового училища

**Verkaufsleiter** *m* руководитель отдела сбыта, руководитель отдела продаж

**Verkaufsmarkt** *m* рынок сбыта

**Verkaufsmesse** *f* (торговая) ярмарка с распродажей товаров

**Verkaufsmuster** *n* товарный образец

   **Verkaufsmuster** торговый образец

**Verkaufsmusterlager** *n* склад торговых образцов, склад товарных образцов

**Verkaufsnorm** *f* норма продажи

**Verkaufsorganisation** *f* сбытовая организация, организация по сбыту

**Verkaufspersonal** *n* торговый персонал

**Verkaufspreis** *m* продажная цена; цена продаж

**Verkaufsprogramm** *n* программа продаж; реализационная программа

**Verkaufsprovision** *f* комиссия с оборота (в процентах)

**Verkaufsquote** *f* удельный вес покупателей *(сделавших покупки, в общей численности лиц, посетивших магазин)*

**Verkaufsraum** *m* торговое помещение; торговый зал *(напр. универмага)*

**Verkaufsraumfläche** *f* основная площадь торгового помещения

**Verkaufsrecht** *n* право продажи

**Verkaufsschau** *f* выставка-продажа

**Verkaufsschlager** *m разг.* ходкий товар, ходовой товар

**Verkaufsschulling** *f* подготовка кадров торговых работников

**Verkaufsstatistik** *f* торговая статистика, статистика сбыта

**Verkaufsstelle** *f* магазин; торговая точка

   **engspezialisierte Verkaufsstelle** узкоспециализированный магазин

   **Verkaufsstelle mit geschlossenem Bedienungssystem** магазин с обслуживанием покупателей продавцами

   **Verkaufsstelle mit offenem Bedienungssystem** магазин самообслуживания

**Verkaufsstellenleiter** *m* заведующий магазином, завмаг, директор магазина

**Verkaufsstellennetz** *n* торговая сеть, сбытовая сеть, сеть реализации

**Verkaufsstellenplan** *m* план торгово-хозяйственной деятельности магазина

**Verkaufsstellenvertrag** *m* договор на поставку товаров, заключённый предприятием розничной торговли с предприятием-поставщиком

**Verkaufssteuer** *f* налог на продажу; налог с продаж

   **allgemeine Verkaufssteuer** общий налог на продажу, общий налог с продаж

**Verkaufsstützpunkt** *m* филиал сбытовой организации экспортёра за рубежом, филиал сбытовой организации производителя за рубежом

**Verkaufssystem** *n* система форм продажи товаров; торговая система, система торговли

**Verkaufsterritorium** *n* (географический) район сбыта

**Verkaufsverhandlungen** *f, pl* переговоры по продаже конкретного товара; торговые переговоры

**Verkaufswagen** *m* автолавка, магазин-фургон

**Verkaufswerbimg** *f* торговая реклама

**Verkaufswert** *m* продажная стоимость; продажная цена; выручка

**Verkaufszeit** *f* время, необходимое для продажи и отпуска товара покупателю в розничной торговле; время торговли, часы торговли, часы работы магазинов

   **Verkaufszeit** время продажи; время продаж

**Verkaufszentrale** *f* сбытовой синдикат объединённых в картель предприятий; торговое объединение

**Verkaufszentrum** *n* крупный (фирменный) магазин; центральный универмаг; торговый центр

**Verkaufsziel** *n* план-задание по товарообороту, устанавливаемое для торговых работников; цель продаж; цель сбыта, сбытовая цель

**Verkaufszone** *f* торговые залы *(магазина)*

**Verkehr** *m* движение; транспорт; перевозки

**Verkehr** связь, сообщение, коммуникация; коммуникации

**Verkehr** обращение; оборот *(напр. денег, акций)*

**Verkehr** обмен (денег)

**Verkehr** отношения *(напр. торговые)*

**bargeldloser Verkehr** безналичный оборот, безналичный расчёт

**direkter Verkehr** прямое (транспортное) сообщение

**freier Verkehr** свободное обращение импортных товаров, не подлежащих таможенному обложению

**gebrochener Verkehr** перевозки с перевалкой; смешанные перевозки, комбинированные перевозки; смешанная транспортировка *(на нескольких видах транспорта)*

**gebrochener Verkehr** деловые отношения, деловые связи; торговые связи

**gebrochener Verkehr** пассажирские и грузовые перевозки за пределы государственной границы

**individueller Verkehr** индивидуальный транспорт

**kombinierter Verkehr** смешанные перевозки, комбинированные перевозки

**kommerzieller Verkehr** коммерческие перевозки; торговые отношения, коммерческие отношения

**laufender Verkehr** текущие операции *(напр. банка)*

**öffentlicher Verkehr** транспорт общего пользования, общественный транспорт

**ungebrochener Verkehr** прямое (транспортное) сообщение

**variabler Verkehr** торговля ценными бумагами на бирже при меняющихся котировках

**unmittelbarer Verkehr zwischen Fabrik und Einzelhandel** прямая связь между предприятием и розничной торговлей

**aus dem Verkehr entziehen** изымать из обращения *(деньги)*

**aus dem Verkehr ziehen** изымать из обращения *(деньги)*

**Verkehrsabwicklung** *f* осуществление перевозок

**Verkehrsader** *f* транспортная артерия, транспортная магистраль

**Verkehrsaktie** *f* акция транспортного предприятия

**Verkehrsanalyse** *f* анализ транспортных потоков *(в пределах одной территории)*

**Verkehrsandrang** *m* часы пик; транспортные пробки

**Verkehrsanspruch** *m* интенсивность перевозок, грузонапряжённость

**Verkehrsaufkommen** *n* комплекс потребностей в транспортных услугах в течение определённого периода и в пределах определённой территории

**Verkehrsbeanspruchung** *f* интенсивность перевозок, грузонапряженность

**Verkehrsbedürfnis** *n* потребность в перевозках

**Verkehrsbelastung** *f* интенсивность перевозок, грузонапряженность

**Verkehrsbereich** *m* зона транспортного сообщения

**Verkehrsbereich** зона транспортных перевозок

**Verkehrsbetrieb** *m* транспортное предприятие

**Verkehrsbilanz** *f* оборотный баланс, предварительный баланс, ориентировочный баланс, брутто-баланс; *трансп.* баланс перевозок

**Verkehrsdiagnose** *f* исследование транспортных проблем, исследование транспортных систем

**Verkehrsdichte** *f* интенсивность движения, грузонапряженность

**Verkehrsdurchsetzung** *f* внедрение в оборот *(напр. товарного знака или обозначения)*

**Verkehrseffizienz** *f* эффективность транспортных перевозок

**Verkehrseinheit** *f* единица перевозок

**Verkehrseinnahmen** *f, pl* транспортные доходы, доходы от перевозок

**Verkehrsentflechtung** *f* упорядочение транспортных перевозок; упорядочение транспортного движения

**Verkehrsferne** *f* отдалённость населённого пункта от ближайшей станции транспортной магистрали

**Verkehrsfluss** *m* транспортный поток; поток транспорта

**Verkehrsfrequenz** *f* частота перевозок

**Verkehrsgebiet** *n* зона движения, пояс движения

**Verkehrsgleichung** *f* уравнение обмена *(в количественной теории денег Ирвинга Фишера)*

**Verkehrshafen** *m* торговый порт

**Verkehrshäufigkeit** *f* частота перевозок

**Verkehrshypothek** *f* обычная ипотека, простая ипотека

**Verkehrsintensität** *f* интенсивность движения, грузонапряженность

**Verkehrskartogramm** n график грузопотока(ов)
**Verkehrskoordination** f координация перевозок; координация транспортных потоков
**Verkehrskreditbank** f банк кредитования транспортных операций
**Verkehrsleistung** f объём перевозок
**Verkehrsmittel** pl транспортные средства, средства сообщения
  **Verkehrsmittel** n транспортное средство
**Verkehrsmittelwerbung** f реклама с помощью транспортных средств; реклама на транспортных средствах
**Verkehrspalette** f оборотный поддон; поддон многократного использования
**Verkehrsplan** m план перевозок
  **komplexer Verkehrsplan** комплексный план перевозок
**Verkehrsplanung** f планирование перевозок
**Verkehrspolitik** f политика в области транспорта; транспортная политика, регулирование деятельности транспортных компаний
**Verkehrssitte** f торговый обычай, узанс
**Verkehrsspitze** f время максимальной напряжённости движения; пик перевозок
**Verkehrsstatistik** f статистика транспорта
**Verkehrssteuern** f, pl налоги, вытекающие из товарно-денежных и имущественных отношений
**Verkehrsstrom** m судоходная река
**Verkehrssystem** n транспортная система; система перевозок
**Verkehrstarif** m транспортный тариф

**Verkehrsteilnehmerzählung** f перепись пассажиров
**Verkehrsteuern** f pl налоги, связанные с некоторыми формами хозяйственной деятельности
  **Verkehrsteuern** транспортный налог
  **Verkehrsteuern** налог при покупке земельного участка
  **Verkehrsteuern** налог на оборот капитала
**Verkehrsträger** m вид транспорта, тип транспорта; род связи, вид связи
**Verkehrsumfang** m объём перевозок
**Verkehrsverein** n общество содействия развитию туризма
  **Verkehrsverein** транспортное объединение
**Verkehrsverhältnisse** n, pl положение с транспортом
  **Verkehrsverhältnisse** транспортные условия
**Verkehrswerbung** f реклама с помощью транспортных средств
**Verkehrswert** m общая стоимость (*напр. совокупная стоимость облагаемого имущества*)
  **Verkehrswert** m обычная цена, средняя цена; реальная рыночная цена имущественного объекта
  **Verkehrswert** рыночная цена (*цена реализации к определённому моменту*)
**Verkehrswertigkeit** f (народнохозяйственная) эффективность транспортных средств
**Verkehrswesen** n транспортное дело, транспорт
**Verkehrswirtschaft** f меновое хозяйство; рыночное хозяйство; хозяйство, основанное на товарно-денежных отношениях; транспортное хозяйство, транспорт

**Verkehrswirtschaft** f транспорт и связь (*операции и средства, необходимые для перевозки людей, грузов, передачи информации*)
  **freie Verkehrswirtschaft** свободное товарно-денежное хозяйство
**Verkehrswissenschaft** f наука о транспорте; логистика
**Verkenrswerbemittel** n, pl реклама с помощью транспортных средств
**Verkettung** f переплетение; взаимозависимость; *стат.* цепной метод
**verklagen** vt предъявлять иск, подавать жалобу
  **verklagen auf Schadenersatz** предъявлять иск о возмещении ущерба
  **auf Schadenersatz verklagen** предъявлять иск о возмещении ущерба
**Verklarung** f морской протест; заявление капитана о наличии общей аварии; заявление капитана о наличии частной аварии
**verknappt** дефицитный
**Verknappung** f нехватка, дефицит
**Verkörperung** f воплощение (*напр. капитала*)
**Verlade- und Entladearbeiten** f, pl погрузочно-разгрузочные работы; стивидорские работы
**Verladeanzeige** f уведомление об отгрузке, отгрузочное авизо
**Verladearbeifen** f, pl погрузочные работы, работы по погрузке
**verladebereit** готовый к отгрузке
  **verladebereit stehen** быть готовым к отгрузке
**Verladegewicht** n отгруженный вес
**Verladegut** n груз (*погружаемый на судно*)

**Verladehafen** *m* порт погрузки

**Verladekosten** *pl* расходы по отгрузке или погрузке *(на судно)*

**Verladekosten,** *pl* стивидорные расходы

**Verladekosten und Seefracht** включая стоимость и фрахт, каф

**verladen** *vt* грузить, погрузить

**verladen** перегружать на другой вид транспорта

**Verladeorder** *f* погрузочный ордер, погрузочный наряд, наряд на погрузку

**Verlader** *m* грузоотправитель

**Verlader** погрузчик *(механизм)*

**Verladung** *f* перегрузка

**Verladung** погрузка, отгрузка

**Verlag** *m* издательство

**Verlag** простейшая форма мануфактуры с производством на дому

**Verlagerung** *f* перебазирование, перемещение; складирование

**Verlagsbuchhandel** *m* книготорговля, осуществляемая самим издательством

**Verlagsstück** *n* периодическое издание, подписка на которое принята самим издательством и передана почтовому ведомству для доставки

**Verlagssystem** *n* ист. система простейшего мануфактурного производства, характеризовавшаяся эксплуатацией торговым капиталом ремесленников, работавших на дому

**Verlagssystem** раздаточная система; система надомных работников

**verlängern** продлить, пролонгировать *(напр. срок ссуды)*

**Verlängerung** *f* продление, пролонгация, отсрочка; удлинение

**Verlängerungswechsel** *m* пролонгационный вексель; пролонгированный вексель; продленный вексель

**Verlauf** *m* течение, ход, процесс

**kombinierter Verlauf** комбинированное чередование рабочих операций, комбинированный процесс *(производства)*

**Verlaufsanalyse** *f* последовательный анализ

**Verlaufsrichtung** *f сет. пл.* последовательность

**Verleger** *m* издатель

**Verleger** лицо, дающее надомникам работу и сбывающее продукцию

**Verleger** *ист.* капиталист, эксплуатировавший труд ремесленников, работавших на дому; скупщик *(в условиях мануфактурного производства)*

**Verleih** *m* прокат, аренда *(напр. имущества)*

**Verleihdienst** *m* служба проката

**verleihen** *vt* давать взаймы

**verleihen** дать напрокат, дать взаймы

**verleihen** награждать, присуждать награду

**Verleiher** *m* ссудодатель

**Verleihgebühr** *f* плата за прокат

**verletzen** *vt* нарушать *(закон, правило и т.п.)*

**verletzen** повредить, повреждать; травмировать, наносить травму

**Verletztenrente** *f* компенсационное пособие, выплачиваемое лицу, частично утратившему трудоспособность вследствие несчастного случая

**Verletzung** *f* нарушение *(закона, договора и т.п.)*

**Verletzung** повреждение, травма

**Verlosung** *f* розыгрыш (в лотерее)

**Verlust** *m* потеря, потери, убыток, убытки, утрата, пропажа

**außerplanmäßiger Verlust** внеплановый убыток

**direkter Verlust** прямой ущерб, прямой убыток

**mittelbarer Verlust** косвенный ущерб, косвенный убыток

**planmäßiger Verlust** плановый убыток

**tatsächlicher Verlust** фактический убыток

**teilweiser Verlust** частичный убыток

**unmittelbarer Verlust** прямой ущерб, прямой убыток

**als Verlust abschreiben** списывать в убытки

**den Verlust erleiden** потерпеть убыток

**den Verlust vergüten** возмещать убыток

**einen Verlust begleichen** покрывать убыток

**einen Verlust begleihen** компенсировать убыток

**einen Verlust decken** покрывать убыток

**für den Verlust entschädigen** возмещать убыток

**ohne Verlust abrechnen** подводить итоги без потерь

**vor Verlust sichern** страховать от убытков

**Verlust- und Gewinnkonto** *n бухг.* счёт прибылей и убытков

**verlustarm** с малыми издержками, с небольшими издержками

**verlustarm** с малыми потерями

**Verlustausgleich** *m* возмещение понесённого убытка, возмещение понесённого ущерба, компенсация понесённого убытка, компенсация понесённого ущерба

**Verlustberechnung** *f* подсчёт убытков, исчисление убытков

**Verlustbetrieb** *m* убыточное предприятие, нерентабельное предприятие

**Verlustbetrieb laut Plan** планово-убыточное предприятие

**verlustbringend** убыточный, нерентабельный, приносящий убытки

**Verlustdeckungspflicht** *f* обязательство по возмещению убытков

**Verlustfaktor** *m* фактор потерь

**verlustfrei** безубыточный; без убытков, без потерь

**Verlustfunktion** *f* функция потерь

**Verlustgeschäft** *n* убыточная сделка, убыточная операция

**Verlustherd** *m* источник убытков

**Verlustkoalition** *f* проигрывающая коалиция *(в теории, игр)*

**Verlustkonto** *n* счёт потерь

**auf Verlustkonto** безвозвратно

**Verlustkurve** *f* кривая убытков; кривая потерь

**verlustlos** без потерь; без убытков

**Verlustmatrix** *f* матрица проигрыша

**Verlustpreis** *m* убыточная цена; цена, приносящая убыток продавцу

**Verlustquelle** *f* источник убытков

**Verlustquellenbeseitigung** *f* с.-х. борьба с потерями

**Verlustrechnung** *f* бухг. счёт убытков

**verlustreich** связанный с большими потерями

**Verlustsaldo** *m* отрицательное сальдо, пассивное сальдо

**Verluststützungen** *f, pl* соц. дотации планово-убыточным предприятиям; дефицитное финансирование

**globale Verluststützungen** общее дефицитное финансирование

**produktgebundene Verluststützungen** государственные дотации (предприятиям), предоставляемые в зависимости от вида продукции

**Verlustsystem** *n* система обслуживания с потерями

**Verlustvortrag** *m* итоговые убытки

**Verlustwahrscheinlichkeit** *f* вероятность потерь

**Verlustzeit** *f* время простоя

**Verlustzuweisung** *f* участие в капиталовложениях, которые обеспечивают особые налоговые льготы

**vermarkten** *vt* продавать, сбывать

**Vermarktung** *f* подготовка товара *(сельскохозяйственной продукции)* к продаже *(напр. сортировка, упаковка, маркировка)*

**Vermarktungsstation** *f* пункт по первичной обработке *(овощей, фруктов)* для продажи

**vermehren** увеличивать, умножать

**Vermehrungsbetrieb** *m* сельскохозяйственное предприятие, специализирующееся на производстве сортовых семян

**Vermerk** *m* пометка, отметка

**Vermerk Nicht an Order** отметка "не по приказу" *(превращающая оборотный документ в необоротный)*

**vermieten** *vt* сдавать в наём, сдавать в аренду, сдавать в прокат

**Vermieter** *m* арендодатель, сдающий внаём; *юр.* наймодатель

**Vermietung** *f* сдача в наём, сдача в аренду, сдача в прокат

**vermindern** уменьшать, сокращать; снижать;

**Verminderung** *f* уменьшение, сокращение

**vermitteln** *vt* посредничать

**vermitteln** сообщать, передавать *(информацию, опыт)*

**Vermittler** *m* посредник

**Vermittlung** *f* передача *(опыта, информации и т.п.)*

**Vermittlung** посредничество

**Vermögen** основной и оборотный капитал; основные и оборотные средства *(чаще всего выраженные в денежной форме)*

**Vermögen** способность, возможность

**beschlagnahmtes Vermögen** арестованное имущество; имущество, на которое наложен арест; имущество под арестом

**betriebsnotwendiges Vermögen** имущество, обеспечивающее нормальную деятельность предприятия; необходимые активы, потребные активы

**bewegliches Vermögen** движимое имущество, движимость

**erbloses Vermögen** *ист.* выморочное имущество

**ererbtes Vermögen** наследственное имущество, наследство, наследуемое имущество

**flüssiges Vermögen** имущество в ликвидной форме, ликвидное имущество

**gemeinsames Vermögen** совместное имущество; имущество в совместном владении

**genossenschaftliches Vermögen** кооперативное имущество

**landwirtsschaftliches Vermögen** имущество сельскохозяйственного предприятия

**mobiles Vermögen** движимое имущество, движимость

**öffentliches Vermögen** государственная собственность; собственность коммунальных учреждений, собственность некорпоративных организаций

**persönliches Vermögen** личное имущество, имущество *(находящееся)* в личной собственности; индивидуальное имущество, имущество *(находящееся)* в индивидуальной собственности

**staatliches Vermögen** государственное имущество, имущество *(находящееся)* в государственной собственности

**unbewegliches Vermögen** недвижимое имущество, недвижимость

**werbendes Vermögen** часть имущества предприятия, служащая непосредственно производственным целям

**das Vermögen flüssig machen** *разг.* реализовывать имущество, превращать имущество в наличные деньги

**vermögend** влиятельный

**vermögend** состоятельный, зажиточный, имущий

**wenig vermögend** малоимущий

**Vermögens- und Verbindlichkeitskonten** *n pl* имущественно-деловые счета

**Vermögensabgabe** *f* разовый налог на имущество

**Vermögensänderungen** *f, pl* изменения в имущественном состоянии

**Vermögensaufnahme** *f* инвентаризация имущества

**Vermögensaufstellung** *f* налоговый кадастр *(список облагаемого имущества, содержащий сведения об оценочной стоимости объектов)*

**Vermögensaufteilung** *f* раздел имущества

**Vermögensbeschlagnahme** *f юр.* наложение ареста на имущество, арест имущества

**Vermögensbesitz** *m разг.* имущество; владение имуществом

**Vermögensbestand** *m* фактическое состояние имущества

**Vermögensbestandskonto** *n* активный счёт; счёт активов

**Vermögensbesteuerung** *f* обложение имущества налогом, налогообложение имущества

**Vermögensbewertung** *f* оценка имущества

**Vermögensbilanz** *f* баланс имущественного состояния

**Vermögensbildung** *f* накопление имущества, накопление капитала; образование собственности и имущества

**Vermögensdelikt** *n* имущественное преступление

**Vermögenseinkommen** *n pl* доходы от имущества

**Vermögenseinkommen** доходы от капитала

**Vermögenseinkommen** доходы от недвижимости

**Vermögenseinziehung** *f* конфискация имущества

**Vermögensentziehung** *f* конфискация имущества

**Vermögenserklärung** *f* декларация, заполняемая при уплате налога на имущество

**Vermögenserklärung** налоговая декларация на имущество

**Vermögensgemeinschaft** *f* общность имущества

**Vermögensgüter** *n pl* основные и оборотные средства (фирмы, предприятия)

**Vermögenshaftung** *f* имущественная ответственность

**Vermögenshaushalt** *m* бюджет капиталовложений

**Vermögenshaushalt** счёт движения капитала

**Vermögenslage** *f* имущественное положение

**Vermögensmehrung** *f* увеличение имущества, прирост имущества *(компании)*

**Vermögensnachweis** *m* данные бухгалтерского учёта об имущественном положении

**Vermögensnachweis** *m* опись имущества

**Vermögensnachweis** справка об имущественном состоянии налогоплательщика

**Vermögensrechnung** *f* имущественный счёт *(сопоставляющий общую стоимость имущества и сумму обязательств на определённую дату)*

**Vermögensschaden** *m* имущественный ущерб; ущерб, нанесённый имуществу

**Vermögensstatus** *m* имущественное состояние; имущество

**Vermögenssteuer** *f* имущественный налог, налог на имущество; плата за фонды; налог на основные и оборотные средства

**Vermögensstrafe** *f* денежный штраф *(величина которого определенным образом увязана с размерами имущества виновника)*

**Vermögenssubstanzsteuern** *f pl* налоги с имущества *(а не с текущей прибыли)*

**Vermögensteuer** *f* имущественный налог; плата за фонды; налог на основные и оборотные средства

**Vermögenstitel** *m* титул собственности; права собственности

**Vermögensübernahme** *f* принятие имущества другого лица на договорной основе; принятие (передача) имущества

**Vermögensübernahme** принятие имущества *(на баланс)*

**Vermögensübersicht** *f* баланс имущественного состояния

**Vermögensübersicht** сводка имущественного состояния

**Vermögensvergleich** *m* сравнение имущественного положения предприятия по состоянию на определённые даты

**Vermögensverhältnisse** *n, pl* имущественные отношения

**Vermögensversicherung** *f* страхование имущества

**Vermögensverwaltung** *f* управление имуществом

**Vermögenswerte** *m, pl* имущество, имущественные ценности, материальные ценности

   **ausgesonderte Vermögenswerte** выбывшее имущество; списанное имущество

   **nichtangabenpflichtige Vermögenswerte** имущественные ценности, не подлежащие включению в налоговую декларацию

   **überflüssige Vermögenswerte** излишнее имущество

**Vermögenszensus** *m* имущественный ценз

**Vermögenszuwachssteuer** *f* налог на прирост имущества

**Vermögenszuwachstheorie** *f* теория прироста имущественного состояния *(рассматривает любой доход как рост богатства)*

**Vernichtungsanspruch** *m* требование уничтожения *(напр. пиратской продукции)*

**Veröffentlichungspflicht** *f* обязанность предприятий *(акционерных обществ, банков и т.п.)* публиковать материалы о своей деятельности *(напр. годовые балансы, изменения в уставе и т.п.)*

**verpachten** *vt* сдавать в аренду, сдавать внаём

**Verpächter** *m* арендодатель

**Verpächterpfandrecht** *n* залоговое право арендодателя

**Verpachtung** *f* сдача в аренду, сдача внаём

**verpacken** *vt* упаковывать

**Verpackung** *f* тара, упаковка

   **haltbare Verpackung** прочная упаковка

   **mangelhafte Verpackung** недостаточная упаковка

   **mehrmals verwendbare Verpackung** многооборотная тара, многократно оборачивающаяся тара, возвратная тара, тара многократного использования

   **ordnungsgemäße Verpackung** надлежащая упаковка

   **steife Verpackung** жёсткая тара

   **steife Verpackung** упаковка, обеспечивающая сохранность товара при транспортировке

   **verlorene Verpackung** упаковка разового пользования, тара разового пользования, разовая тара, одноразовая упаковка

   **wiederverwendbare Verpackung** многооборотная тара, многократно оборачивающаяся тара, возвратная тара

**Verpackungsgebühren** *f, pl* упаковочный сбор

**Verpackungsgewicht** *n* вес упаковки

**Verpackungskosten,** *pl* расходы по упаковке

**verpackungslos** бестарный *(о транспортировке)*

**Verpackungsmasse** *f* масса упаковки

**Verpackungsmittel** *n, pl* упаковочный материал

**Verpackungsmittellager** *n* тарный склад

**Verpackungsschaden** *m* ущерб вследствие использования ненадлежащей упаковки, убыток вследствие использования ненадлежащей упаковки; ущерб вследствие недостаточной упаковки

**Verpackungsstoff** *m* тарная ткань, упаковочная ткань

**Verpackungswirtschaft** *f* тарное хозяйство

**verpfänden** *vt* закладывать, отдавать в залог

   **von neuem verpfänden** перезакладывать

   **wieder verpfänden** перезакладывать

**Verpfänder** *m* закладчик, залогодатель

**Verpfändung** *f* заклад, передача в залог

   **Verpfändung** *юр.* установление залогового права *(на имущество)*

   **abermalige Verpfändung** перезаклад, вторичный заклад

   **unter Verpfändung von Waren** под залог товаров

**Verpflegung** *f* продовольственное снабжение *(напр. персонала фирмы)*

**Verpflegungsgaststätte** *f* предприятие общественного питания общего характера *(напр. кафетерии, заводские столовые, рестораны)*

**Verpflegungsgeld** *n* компенсация проживающим в доме престарелых за дни отсутствия, компенсация проживающим в доме пенсионеров за дни отсутствия

**Verpflegungssatz** *m* норма расхода денег на питание *(напр. в больницах)*; норма выплаты денег на питание *(напр. командировочным)*; продовольственный рацион, пищевой рацион, паёк

**verpflichten** *vt* обязывать

**sich verpflichten** обязываться, брать на себя обязательство

**Verpflichtete** *m* лицо, ответственное по чеку *(в чековом обращении)*

**Verpflichtete** *m* ответственное лицо

**Verpflichtung** *f* обязанность

**Verpflichtung** обязательство

**Verpflichtung aus dem Vertrag** обязательство по договору

**gesamtschuldnerische Verpflichtung** солидарное обязательство

**knechtende Verpflichtung** кабальное обязательство

**vertragsmäßige Verpflichtung** обязательство по договору, договорное обязательство

**Verpflichtungserklärung** *f* обязательство

**Verpflichtungsschein** *m* обязательство получателя; расписка о принятии обязательства

**Verpflichtungsschein des Empfängers von Löschgütern** обязательство получателя выгружаемого груза; требование получателя на выдачу указанного в коносаменте товара

**Verrat** *m* измена, предательство

**Verrat** умышленное разглашение тайны

**Verrat von Geheimnissen** разглашение производственных секретов; разглашение служебной тайны

**Verrechnen** *n* ошибка в расчёте

**verrechnen** перечислять; списывать

**verrechnen** рассчитать, производить расчёт; делать перерасчёт;

**verrechnen** рассчитаться (за что-л., с кем-л.); поставить в счёт *(что-л., кому-л.)*

**sich verrechnen** обсчитаться, просчитаться, ошибиться в расчёте

**Verrechnung** *f* перечисление; списывание

**Verrechnung** расчёт; подсчёт; перерасчёт; взаимный расчёт, клиринг; зачёт встречного однородного требования

**Verrechnung gegen Kredit** расчёт в кредит

**Verrechnung, gegenseitige** взаимный зачёт

**bargeldlose Verrechnung** безналичный расчёт

**eine Verrechnung vornehmen** делать расчёт, делать перерасчёт

**"nur zur Verrechnung"** "только для перечисления" *(надпись на чеке)*

**Verrechnungen** *f, pl* денежные расчёты; расчёты; взаиморасчёты

**innere Verrechnungen** внутренние расчёты

**multilaterale Verrechnungen** многосторонние расчёты

**zwischenstaatliche Verrechnungen** межгосударственные расчёты, межгосударственный клиринг

**Verrechnungs- und Kassengeschäfte** *n, pl* расчётно-кассовые операции

**Verrechnungs- und Zahlungssalden** *m, pl* сальдо расчётов и платежей

**Verrechnungs- und Zahlungsverkehr** (денежные) расчёты и платежи

**Verrechnungs-Unterkonto** *n* субрасчётный счёт

**Verrechnungsabkommen** *n* межгосударственное соглашение клирингового характера; (межгосударственное) соглашение о взаимных расчётах, клиринговое соглашение

**Verrechnungsauftrag** *m* расчётное поручение

**Verrechnungsbasis** *f* расчётный базис

**Verrechnungsbedingungen** *f, pl* условия расчёта

**Verrechnungsbeziehungen** *f, pl* отношения по расчётам; расчётные отношения; расчёты

**Verrechnungsbilanz** *f* расчётный баланс

**Verrechnungsdokument** *n* расчётный документ

**Verrechnungsdollar** *m* расчётный доллар *(условная денежная единица, используемая в платёжных расчётах)*

**Verrechnungseinheit** *f* условная расчётная единица; условная расчётная валютная единица; расчётная валютная единица; расчётная единица

**Verrechnungsfähigkeit** *f* возможность быть засчитанным в себестоимость изделий *(об издержках, затратах)*

**Verrechnungsgeschäft** *n* клиринговая операция; взаимный расчёт, клиринг

**Verrechnungsgewinn** *m* расчётная прибыль

**Verrechnungskonto** *n* расчётный счёт *(в банке)*

**Verrechnungskredit** *m* кредит под требование

**Verrechnungskurs** *m* расчётный курс

**Verrechnungsländer** *n, pl* страны, с которыми платёжный оборот осуществляется через расчётные счета

**Verrechnungsnetz** n сеть жиробанков, сеть жироцентралов *(осуществляющих взаимные расчёты)*

**Verrechnungspreis** m (твёрдая) расчётная цена

**Verrechnungspreis** m твёрдая цена (устанавливаемая фирмой), цена, фигурирующая в расчётах

  **fester Verrechnungspreis** твёрдая цена

**Verrechnungsrate** f расчётная ставка

**Verrechnungsscheck** m расчётный чек, жирочек, кроссированный чек, перечёркнутый чек

**Verrechnungsstand** m состояние взаимных расчётов *(в эмиссионных банках)*

**Verrechnungsstelle** f жироцентраль; расчётный центр; расчётно-кассовый центр, РКЦ

**Verrechnungssystem** n система расчётов

  **fester Verrechnungssystem** система многосторонних расчётов

**Verrechnungstarif** m расчётный тариф

**Verrechnungsvereinbarung** f соглашение о расчётах *(напр. о формах и сроках платежей)*

**Verrechnungsverfahren** n порядок расчётов

**Verrechnungsverkehr** m расчётные операции

  **bargeldloser Verrechnungsverkehr** безналичные расчёты

  **bilateraler Verrechnungsverkehr** двусторонние расчёты

  **internationaler Verrechnungsverkehr** международные (клиринговые) расчёты

  **multilateraler Verrechnungsverkehr** многосторонние расчёты

**Verrechnungswährung** f расчётная валюта

**Verrechnungszahlungen**, pl трансфертные платежи, передаточные платежи *(напр. выплаты по социальному страхованию, процентов по вкладам)*

**Verrechnungszeitraum** m расчётный период

**verringern, sich** уменьшаться, сокращаться *(напр. о потреблении, расходах)*

**Verringerung** f уменьшение, снижение, сокращение

**Vers., Versicherung** f страхование

**Versachlichung** f овеществление

  **Versachlichung der gesellschaftlichen Beziehunger** овеществление общественных отношений

**Versand** m отправка, отгрузка, отсылке

  **zum Versand bringen** отправлять

**Versand nur gegen Nachnahme** посылка только наложенным платежом; отправка только наложенным платежом

**Versandabfertigung** f отправка груза; заявка на отправку груза

  **Versandabfertigung** отправка экспортного груза, заявка на отправку экспортного груза

  **Versandabfertigung** экспедиция

**Versandabteilung** f экспедиция *(отдельного предприятия)*

**Versandannahmebuch** n книга приёма грузов к отправке

**Versandanweisung** f предписание о порядке отгрузки, инструкция по отгрузке; приказ об отправке

**Versandanzeige** f уведомление об отправке, извещение об отправке

**Versandart** f способ отправки; способ доставки; способ пересылки (напр. товара, купленного в Интернет-магазине)

**Versandartikel** m товар (отправляемый) почтой

**Versandavis** m, n уведомление об отправке, извещение об отправке

**Versandaviso** n уведомление об отправке, извещение об отправке

**Versandbahnhof** m станция отгрузки, станция отправки

**Versandbereitschaft** f готовность к отгрузке *(может выступать в качестве необходимого условия для открытия аккредитива)*

**Versandbereitschaftsmeldung** f извещение о готовности товара к отгрузке

**Versandbestimmung** f предписание об условиях отправки *(товаров)*

**Versandbewilligung** f разрешение на отправку товара

**Versandbuchhandel** m "книга почтой", посылочная торговля книгами

**Versanddisposition** f распоряжение о порядке отгрузки; разнарядка

**Versanddokumente** n, pl отгрузочные документы

**Versandfirma** f фирма, ведущая посылочную торговлю *(торговлю по почте)*

**Versandgeschäft** n посылочная торговля, торговля по почте

  **Versandgeschäft** посылочная фирма

  **Versandgeschäft** рассылка товаров покупателям *(по почте)*

  **Versandgeschäft** экспедиционная контора *(для пересылки товаров по почте)*

**Versandgewicht** n вес груза с упаковкой, вес груза брутто, вес отправляемого товара

**Versandgroßhandel** m посылочная оптовая торговля

**Versandhandel** m посылочная торговля

**Versandhandlung** f посылочная (торговая) фирма, посылочное (торговое) предприятие

**Versandhaus** n посылочная (торговая) фирма, посылочное (торговое) предприятие

**Versandinstruktion** f транспортная разнарядка, инструкция о порядке пересылки или поставки *(товаров)*

**Versandklausel** f пункт договора о расходах по отправке товара и о связанном с этим риске

**Versandkosten**, pl расходы на пересылку, расходы по отправке, экспедиционные расходы; стоимость пересылки

**Versandmenge** f отгружаемый вес, отправляемое количество

**Versandnorm** f норма перевозок

**Versandpapiere** n, pl транспортные документы; товаросопроводительные документы, товаросопроводительная документация

**Versandpartie** f партия товара, предназначенная к отправке; партия отгруженного товара

**Versandrhythmus** m ритм перевозок

**Versandscheck** m иногородний чек

**Versandschein** m отгрузочная накладная

**Versandstelle** f экспедиция *(напр. отдел фирмы, ведающий транспортировкой грузов)*

**Versandvertreter** m коммивояжёр, торговый агент, сбывающий товары фирмы на дому

**Versandvorschrift** f отгрузочная разнарядка

**Versandvorschrift** предписание о порядке отгрузки, инструкция по отгрузке

**Versandwechsel** m иногородний вексель

**Versandweite** f дальность перевозки

**Versatzhaus** n ломбард

**Versäumniszuschlag** m пеня, пени

**Verschachtelung** f инкорпорация

**verschärfen** обострять *(напр. конкурентную борьбу)*; усиливать *(напр. напряжение)*, ускорять *(напр. темп)*

**Verschiebung** f нелегальная продажа на сторону

**Verschiebung** отсрочка, перенесение *(срока)*

**Verschiebung** передвижение, перемещение, сдвиг

**verschiffen** vt отправлять морем; погрузить на судно, грузить на судно, осуществлять штифку

**Verschiffer** m грузоотправитель; экспедитор *(при отгрузке морским путём)*

**Verschiffung** f отправка морем, отправка водным путём, перевозка морем, перевозка водным путём

**Verschiffungsdokument** n судовой отгрузочный документ

**Verschiffungsdokumente** n, pl судовые отгрузочные документы

**Verschiffungsgewicht** n отгруженный вес

**Verschiffungsmasse** f отгруженный вес

**Verschiffungspapiere** n, pl судовые отгрузочные документы

**Verschleierung** f вуалирование; подчистки№ представление искажённых данных

**Verschleierung der Bilanz** вуалирование баланса, завуалирование баланса; подчистки в балансе; представление искажённых данных в балансе

**Verschleiß** m износ *(основных фондов)*; изнашивание; амортизация

**endgültiger Verschleiß** окончательный износ

**fysischer Verschleiß** физический износ, материальный износ

**materieller Verschleiß** физический износ, материальный износ

**mechanischer Verschleiß** механический износ

**moralischer Verschleiß** моральный износ

**physischer Verschleiß** физический износ, материальный износ

**technischer Verschleiß** технический износ

**verschleißen** vi изнашиваться, срабатываться, устаревать

**Verschleißgrad** m степень износа, коэффициент износа *(основных фондов)*

**Verschleißkoeffizient** m коэффициент износа *(основных фондов)*

**Verschleißkosten** pl издержки, связанные с возмещением износа

**Verschleißmaterialkosten**, pl издержки, связанные с устранением износа

**Verschleißquote** f коэффициент износа *(основных фондов)*, выраженный в процентах

**Verschleißteil** n быстроизнашивающаяся деталь

**verschleudern** растрачивать; разбазаривать; продавать за бесценок

**Verschließstreifen** *m* бандероль, бандеролька *(ярлык об уплате пошлины)*

**Verschluss** *m;* **Verschluß** *m (alt)* запор; замок

**unter Verschluss lagern** помещать (в залог) на таможенный склад *(до уплаты пошлины)*; хранить под замком

**Waren in Verschluss tun** помещать товары на таможенный склад *(в залог до уплаты пошлины)*

**Verschlussanerkenntnis** *f* таможенный документ о надёжности пломб, обеспечивающих идентичность товаров

**verschlüsseln** кодировать, шифровать

**Verschlüsselung** *f* кодирование

**Verschlussformular** *n* бланк строгой отчётности

**Verschlussgebühr** *f тамож.* сбор за наложение пломб

**Verschlussplombe** *f* пломба для заделки почтовых отправлений

**Verschlussverletzung** *f* нарушение правил хранения таможенных грузов

**Verschmelzung** *f* объединение, слияние; сращивание

**Verschmutzungsgrad** *m* степень загрязнённости (окружающей среды)

**Verschulden, nautisches** вина, возникающая во время морской перевозки; навигационная ошибка

**durch das Verschulden** по вине

**Verschuldensprinzip** *n* принцип материальной ответственности лица, виновного в причинении ущерба, принцип материальной ответственности лица, виновного в причинении убытков

**verschuldet** имеющий задолженность

**verschuldet** обременённый долгами

**Verschuldung** *f* задолженность; долги

**Verschuldung der Landwirtschaft** задолженность сельского хозяйства; долги сельского хозяйства

**äußere Verschuldung** внешняя задолженность, задолженность по внешним займам

**innere Verschuldung** внутренняя задолженность, задолженность по внутренним займам; внутренние долги

**öffentliche Verschuldung** государственная задолженность, государственный долг *(может включать сумму обязательств местных органов власти)*

**Verschuldungsbilanz** *f* баланс задолженности

**Verschuldungsgrad** *m* степень задолженности *(отношение между суммой обязательств фирмы и её собственным или общим капиталом)*

**Verschuldungsstruktur** *f* структура задолженности; структура долга

**verschwenden** *vt* безрассудно тратить; расточительствовать; заниматься расточительством

**Verschwendung** *f* расточительство; мотовство; берассудная трата

**Verschwendungssucht** *f* расточительство; тяга к расточительству

**verselbständigen, sich** стать самостоятельным, стать независимым; обособиться; основать собственное дело, основать собственное предприятие; обособиться; отделиться

**Verselbständigung** *f* обособление; отделение

**versenden** *vt* отправлять, рассылать, доставлять

**Versender** *m* отправитель, грузоотправитель; экспедитор

**Versendung** *f* отправка, отправление, рассылка

**Versendungsgefahr** *f* риск, связанный с отправкой грузов, транспортный риск, транспортные риски

**Versendungskauf** *m* операция пересылочной торговли *(напр. покупка, при которой заключение сделки и передача товара производятся в разных местах);* торговая операция, при которой заключение договора и сдача товара совершаются в разных местах

**Versendungsvorschriften** *f, pl* правила отправки *(почтовые)*

**versetzen** перемещать, переставлять; переводить на новое место работы; перемещать по службе; *разг.* отдавать в залог, закладывать *(имущество)*

**versicherbar** подлежащий страхованию

**Versicherer** *m* страховщик

**v e r s i c h e r n** *v t* страховать, застраховать

**sich versichern** застраховаться

**Versichernder** *m* страховщик

**Versicherte** *m* страхователь *(страхующий себя)*

**Versicherung** *f* договор страхования

**Versicherung** страхование

**Versicherung** страховая компания

**Versicherung** страховая сумма

**Versicherung auf den Erlebensfall** страхование на дожитие

**Versicherung auf den Todes- und Erlebensfall** смешанное страхование, страхование на случай смерти и на дожитие

**Versicherung auf den Todesfall** страхование на случай смерти
**Versicherung auf erstes Risiko** страхование первого риска
**Versicherung auf Gegenseitigkeit** взаимное страхование
**Versicherung auf Lebenszeit** пожизненное страхование
**Versicherung auf verbundenes Leben** страхование жизни, при котором срок выплаты страховой суммы зависит от смерти одного из застрахованных
**Versicherung auf Zeit** страхование на срок, срочное страхование
**Versicherung auf zweites Risiko** страхование второго риска
**Versicherung zugunsten eines Dritten** страхование в пользу третьего лица, страхование в пользу третьих лиц
**Versicherung des Kriegsrisikos** страхование военного риска, страхование военных рисков
**Versicherung für den Erlebensfall** страхование на дожитие
**Versicherung für den Krankheitsfall** страхование от болезни
**Versicherung gegen Kriegsrisiko** страхование военного риска
**Versicherung mit festem Auszahlungstermin** страхование жизни с выплатой страховой суммы к установленному договором сроку
**abgekürzte Versicherung** временное страхование
**allgemeine Versicherung** общее страхование; генеральное страхование
**beitragsfreie Versicherung** страхование, при котором страхующийся освобождён от уплаты взносов *(в силу определённых обстоятельств)*
**freiwillige Versicherung** добровольное страхование
**gemischte Versicherung** смешанное страхование; комбинированное страхование
**genossenschaftliche Versicherung** кооперативное страхование
**gesetzliche Versicherung** законодательно обязательное страхование; обязательное страхование
**kurzfristige Versicherung** краткосрочное страхование *(страхование на срок менее года)*
**mehrfache Versicherung** многократное страхование
**soziale Versicherung** социальное страхование
**staatliche Versicherung** государственное страхование, госстрахование
**eine Versicherung abschließen** заключить договор страхования, застраховаться
**Versicherungsagentur** *f* страховое агентство
**Versicherungsaktie** *f* акция страховой компании
**Versicherungsaktien** *f, pl* акции страховых компаний
**Versicherungsaktiengesellschaft** *f* страховое акционерное общество, САО
**Versicherungsanstalt** *f* страховое общество, СО
**öffentlich-rechtliche Versicherungsanstalt** публично-правовое страховое общество
**Versicherungsantrag** *m* страховое заявление
**Versicherungsaufsicht** *f* страховой надзор
**Versicherungsaufsichtsbehörde** *f* страховая инспекция
**Versicherungsaufsichtsgesetz** *n* закон о регулировании деятельности частных страховых компаний
**Versicherungsauslagen** *f, pl* расходы по страхованию
**Versicherungsaußendienst** *m* организация работы сотрудников страхового предприятия среди населения; разъездная работа страховых инспекторов
**Versicherungsbeginn** *m* момент вступления в договорные отношения со страховым обществом
**formeller Versicherungsbeginn** момент заключения договора страхования
**materieller Versicherungsbeginn** момент вступления в силу страховой охраны; момент, с которого начинается (материальная) ответственность страхового общества
**technischer Versicherungsbeginn** момент, с которого начинает исчисляться страховой взнос
**Versicherungsbehörde** *f* страховое ведомство, страховое учреждение
**Versicherungsbeitrag** *m* страховой взнос, страховая премия, страховой платёж
**einmaliger Versicherungsbeitrag** единовременный страховой взнос
**Versicherungsbescheinigung** *f* страховое свидетельство, страховой полис
**Versicherungsbescheinigung** страховой сертификат
**Versicherungsbestand** *m* страховой портфель
**Versicherungsbetrag** *m* страховая сумма *(напр. обусловленная контрактом сумма выплат при наступлении страхового случая)*

**Versicherungsbetrug** m обман с целью получения страховки; мошенничество в сфере страхования

**Versicherungsbörse** f страховая биржа, страховой рынок, рынок страхования; рынок страховых услуг

**Versicherungsdauer** f продолжительность страхования, срок страхования; срок действия договора страхования

**Versicherungsende** n момент окончания договорных отношений со страховым обществом, момент окончания страхования, окончание страхования

**Versicherungsentgelt** n страховой взнос, страховая премия, страховой платёж

**Versicherungsentschädigung** f страховое возмещение

**Versicherungsfall** m страховой случай

**Versicherungsfonds** m страховой фонд

**innerbetrieblicher Versicherungsfonds** внутризаводской страховой фонд

**staatlicher Versicherungsfonds** фонд государственного страхования; государственный страховой фонд

**Versicherungsform** f форма страхования; система страхования

**Versicherungsgarantie** f страховая гарантия

**Versicherungsgeber** m страховщик

**Versicherungsgebühr** f (комиссионное) вознаграждение, уплачиваемое страхователем в возмещение расходов, связанных с деятельностью страховщика и не входящее в страховую премию

**Versicherungsgegenstand** m объект страхования, предмет страхования

**Versicherungsgrundstück** n территория, на которую распространяется действие договора страхования *(чаще всего страхования имущества)*; застрахованный участок *(застройки)*

**Versicherungsgut** n страхуемое имущество

**Versicherungskapazität** n страховой капитал

**Versicherungskapital** n страховой капитал

**Versicherungskasse** f страховая касса, больничная касса

**Versicherungskonzern** m страховой концерн

**Versicherungskosten** pl расходы по страхованию, расходы на страхование

**Versicherungsleistung** f выплата страхового возмещения

**Versicherungsleistung** сумма, выплачиваемая страхователю *(при наступлении страхового случая)*

**Versicherungsmarkt** m рынок страхования; рынок страховых услуг

**Versicherungsmathematik** f актуарные расчёты; актуарная математика

**Versicherungsmedizin** f медицинское обслуживание членов страховой кассы, медицинское обслуживание членов больничной кассы; медицинское обслуживание застрахованных лиц

**Versicherungsmonopol** n страховая монополия;

**Versicherungsnehmer** m страхователь

**Versicherungsnorm** f норма страхового возмещения

**Versicherungsnota** f страховой ковернот

**Versicherungsort** m территория, на которую распространяется действие договора страхования *(чаще всего страхования имущества)*

**Versicherungsort** место заключения договора страхования

**Versicherungsperiode** f продолжительность страхования, срок страхования; срок действия договора страхования; страховой период; период действия страхования, период действия договора страхования

**Versicherungspolice** f страховой полис, полис, полис страхования

**Versicherungsprämie** f страховой взнос; страховая премия

**Versicherungsschein** m страховой полис, полис, страховое свидетельство

**Versicherungsschein auf Zeit** страховой полис на срок, срочный полис, полис срочного страхования

**Versicherungsschutz** m страховая защита *(совокупность правовых отношений, предусматриваемых договором страхования)*

**Versicherungssparen** n накопление сбережений путём уплаты страховых взносов *(напр. в случаях краткосрочного страхования жизни)*; страховые накопления

**Versicherungsspesen,** pl расходы по страхованию, расходы на страхование

**Versicherungssteuer** f страховая пошлина, страховой сбор

**Versicherungssumme** f страховая сумма, сумма страхования

**Versicherungstarif** m страховой тариф, тариф на страховые услуги

**Versicherungsträger** *m* страховая организация, страховщик

**Versicherungsunternehmen** *n* страховая компания

**Versicherungsverein auf Gegenseitigkeit** Союз обществ взаимного страхования

**Versicherungsvertrag** *m* договор страхования, страховой договор

**Versicherungsvertreter** *m* страховой агент

**Versicherungswert** *m* страховая стоимость, актуарная стоимость, стоимость страховых объектов, стоимость застрахованных объектов, стоимость объектов страхования

**Versicherungswesen** *n* страхование; страховое дело; страховой бизнес

**staatliches Versicherungswesen** государственное страхование

**Versicherungszertifikat** *n* страховой сертификат

**Versicherungszins** *m* страховой процент

**Versicherungszwang** *m* принудительность страхования, обязательность страхования; обязательное страхование

**Versilberung** *f* превращение имущества ликвидированного торгового общества в деньги

**Versilberungswert** *m* ликвидационная стоимость

**versorgen** *vt* обеспечивать, снабжать

**Versorgung** *f* снабжение, обеспечение; обслуживание

**Versorgung der Bevölkerung** обеспечение населения (*напр. товарами, услугами*), обслуживание населения

**entgeltlose Versorgung** бесплатное снабжение; бесплатное обслуживание

**materialtechnische Versorgung** материально-техническое снабжение

**rationierte Versorgung** нормированное снабжение, рационируемое снабжение

**regelmäßige Versorgung** регулярное снабжение, бесперебойное снабжение

**Versorgungsaktiv** *n* актив постоянной комиссии по торговле и снабжению местных советов (*бывш. ГДР*)

**Versorgungsapparat** *m* снабженческий аппарат

**Versorgungsberechtigung** *f* право на социальное обеспечение

**Versorgungsbereich** *m* (жилой) район обслуживания и снабжения

**Versorgungsbestand** *m* товарные запасы

**volkswirtschaftlich notwendiger Versorgungsbestand** товарные запасы, отвечающие потребностям народного хозяйства

**Versorgungsbetrieb** *m* предприятие коммунально-бытового обслуживания; коммунальное предприятие электро-, водо- и газоснабжения

**Versorgungsbetriebe** *m pl* коммунальные предприятия (*включая электро-, водо- и газоснабжение*)

**Versorgungsbezirk** *m* район обслуживания и снабжения

**Versorgungsbilanz** *f* баланс снабжения, баланс обслуживания

**Versorgungsbilanz** баланс снабжения и обслуживания

**Versorgungseffekt** *m* полезный народнохозяйственный эффект, получаемый в сфере снабжения и обслуживания населения

**Versorgungsfonds** *m* фонд снабжения и обслуживания государственных организаций

**Versorgungsgebiet** *n* область обслуживания, район обслуживания, обслуживаемая территория

**Versorgungsgemeinschaft** *f* форма совместной хозяйственной деятельности городов и общин (*бывш. ГДР*), направленной на рационализацию коммунально-бытового обслуживания населения

**Versorgungsgroßhandel** *m* система снабжения через оптовую торговлю

**Versorgungsgroßhandel der Landwirtschaft** система снабжения сельского хозяйства через оптовую торговлю (*напр. кормами, посевными материалами*)

**Versorgungslage** *f* положение со снабжением, состояние снабжения

**Versorgungsnetz** *n* торговая сеть

**Versorgungsnetz** сеть предприятий службы быта

**Versorgungsnetz** сеть снабжения

**Versorgungsnetz** сеть электроснабжения

**Versorgungsniveau** *n* уровень снабжения

**Versorgungsquelle** *f* источник снабжения; ресурсы

**Versorgungsschwierigkeiten** *f, pl* трудности со снабжением

**Versorgungsstörung** *f* перебои в снабжении

**Versorgungssystem** *n* система снабжения, система обеспечения

**Versorgungsunternehmen** *n* предприятие коммунально-бытового обслуживания; предприятие бытового обслуживания

**Versorgungsvertrag** *m* договор на обслуживание

**Versorgungswerte** *m, pl* акции коммунальных предприятий

**Versorgungswirtschaft** *f* бытовые услуги (как отрасль экономики)

**örtliche Versorgungswirtschaft** коммунальное хозяйство; местная промышленность

**Verspätung** *f* опоздание, задержка

**Verspätungszeit** *f* просрочка, задержка, опоздание; время задержки; время опоздания

**Verspätungszinsen** *m, pl* пеня за просрочку платежа, штраф за просрочку платежа

**Verspätungszuschlag** *m* пеня за просрочку представления налоговой декларации

**Verspätungszuschlag** (дополнительная) сумма, начисляемая за просрочку отчислений в бюджет

**verspekulieren** *vt* потерять (деньги) в результате спекулятивных операций; потерять (деньги) на спекуляциях

**verstaatlichen** *vt* огосударствлять, национализировать, проводить огосударствление, осуществлять национализацию

**Verstaatlichung** *f* огосударствление, национализация, национализирование

**Verstädterung** *f* урбанизация, рост городского населения

**verständigen** *vt* извещать, уведомлять (о чём-л.)

**Verständigung** *f* извещение, уведомление

**verstauen** *vt разг.* грузить, укладывать; размещать (груз)

**versteigern** продавать с аукциона, продавать с (публичных) торгов

**Versteigerung** *f* аукцион, публичная продажа, продажа с (публичного) торга

**Versteigerung** распродажа с аукциона

**Versteigerung** торги, аукцион

**freiwillige Versteigerung** добровольный аукцион

**freiwillige Versteigerung** публичные торги

**Versteigerung von Waren** товарный аукцион; распродажа товаров с торгов

**Versteigerungsbedingungen** *f, pl* условия аукционной продажи, условия продажи с аукциона; условия проведения торгов; условия торгов

**Versteigerungsbeschluss** *m* решение суда о принудительной продаже недвижимого имущества с аукциона

**Versteigerungserlös** *m* выручка от продажи с аукциона

**Versteigerungsfirma** *f* аукционная фирма

**Versteigerungsgebühr** *f* аукционный сбор

**Versteigerungsvermerk** *m* отметка в кадастре о назначении земельного участка к продаже с аукциона

**versteuerbar** облагаемый налогом; подлежащий обложению налогом

**versteuern** *vt* облагать налогом

**versteuern** уплатить налог

**Versuch** *m* опыт, эксперимент; проба, тест, испытание; попытка

**Versuchs- und Entwicklungskosten**, *pl* расходы, связанные с проведением опытно-конструкторских работ; затраты, связанные с проведением опытно-конструкторских работ

**Versuchs- und Irrtummethode** *f* метод проб и ошибок

**Versuchsabschnitt** *m* опытный производственный участок, экспериментальный производственный участок

**Versuchsabteilung** *f* экспериментальный цех

**Versuchsanlage** *f* экспериментальная установка, опытная установка

**Versuchsauswertung** *f* анализ и обобщение результатов опыта

**Versuchsbereich** *m* опытный производственный участок, экспериментальный производственный участок

**Versuchsbetrieb** *m* опытная эксплуатация, пробная эксплуатация

**Versuchsbetrieb** опытное предприятие, экспериментальное предприятие

**Versuchsdaten**, *pl* опытные данные

**Versuchsmuster** *n* опытный образец, опытное изделие

**Versuchsproduktion** *f* опытное производство

**versuchsweise** в виде опыта, для опыта, на пробу

**Versuchswerbung** *f* экспериментальная реклама

**Versur** *f* оборот, товарооборот

**vertafeln** представлять в виде таблицы, сводить в таблицу

**Vertagung** *f* отсрочка; перенесение на другой срок

**Vertagung auf unbestimmte Zeit** перенос на неопределённый срок; отсрочка на неопределённый срок

**verteidigen** *f* защищать; оборонять; отстаивать

**sich verteidigen** защищаться; обороняться; отстаивать свои (права, позиции)

**j-n vor Gericht verteidigen** защищать кого-л. на суде

**Martktanteile verteidigen** защищать рыночную долю; отстаивать рыночную долю; отстаивать долю рынка

**seine Rechte verteidigen** защищать свои права; отстаивать свои права

**Verteidigung** *f* защита; оборона

**Verteidigung einer Marktstelle** защита позиций на рынке

**Verteidigungsausgaben** *f, pl* расходы на оборону

**Verteidigungsindustrie** *f* оборонная промышленность, предприятия оборонного комплекса, *разг.* оборонка

**verteilen** *мат.* распределять; раздавать; выдавать (заработную плату); размещать (заказы)

**Gewinne verteilen** распределять прибыль

**neu verteilen** перераспределять

**Verteilerideologie** *f* идеология распределения

**Verteilerzuschlag** *m* торговая накидка; торговая наценка; торговая надбавка; торговая скидка (в книжном бизнесе)

**verteilte Datenverarbeitung** *f* распределённая обработка данных

**verteiltes Computersystem** *n* распределённая компьютерная система

**Verteilung** *f* (*мат.*) распределение

**Verteilung** (экон.) распределение; раздача

**Verteilung** выдача заработной платы

**Verteilung** размещение (заказов)

**Verteilung der Arbeiter** расстановка рабочих (на рабочие места), распределение рабочих

**Verteilung der genossenschaftlichen Einkünfte** *с.-х.* распределение доходов

**Verteilung der Haushaltsmittel** бюджетное распределение

**Verteilung der Marktfonds** распределение рыночных фондов

**Verteilung des Handelsnetzes** размещение торговой сети

**Verteilung des Restvermögens** распределение имущества, оставшегося после ликвидации общества, между его участниками

**Verteilung nach den Bedürfnissen** распределение по потребностям

**Verteilung nach der Arbeitsleistung** распределение по труду; распределение по трудовому участию

**asymptotisch-normale Verteilung** асимптотически нормальное распределение

**Verteilung von Information** распределение информации; распространение информации

**asymptotische Verteilung** асимптотическое распределение

**binomiale Verteilung** биномиальное распределение

**diskrete Verteilung** дискретное распределение

**Gaussche Verteilung** (*стат.*) распределение Гаусса, нормальное распределение

**gleichmäßige Verteilung** уравнительное распределение (*в первобытном обществе*)

**hypergeometrische Verteilung** гипергеометрическое распределение

**kontigentierte Verteilung** фондированное распределение

**lognormale Verteilung** логарифмическое нормальное распределение

**normale Verteilung** нормальное распределение

**räumliche Verteilung** территориальное размещение; территориальное распределение

**statistische Verteilung** статистическое распределение

**Verteilungsdichte** *f мат.* плотность распределения

**Verteilungsdichtefunktion** *f* функция плотности распределения

**Verteilungsfunktion** *f* функция распределения

**Verteilungsgesetz** *n* закон распределения

**Verteilungsgleis** *n* сортировочный путь

**Verteilungshistogramm** *n* гистограмма распределения

**Verteilungskoeffizient** *m* коэффициент распределения

**Verteilungskurve** *f* кривая распределения

**Verteilungslehre** *f* теория распределения

**Verteilungsproblem** *n* распределительная задача

**geschlossenes Verteilungsproblem** закрытая распределительная задача

**geschlossenes Verteilungsproblem** открытая распределительная задача

**Verteilungsrechnung** *f* ведение национальных счетов, исчисление национального дохода на основе статистики текущего производства и выплачиваемых доходов

**Verteilungsrechnung** учёт прибылей и убытков в (акционерных) обществах при распределении конкурсной массы

**Verteilungsschlüssel** *m* ключ для расчёта при распределении издержек, ключ для расчёта при распределении затрат

**Verteilungssystem** *n* система распределения

**Verteilungstheorie** *f мат.* теория распределений

**Verteilungstheorie** теория распределения (*доходов*)

**Verteilungsverhältnisse** *n, pl* отношения распределения

**Verteilungsweise** f способ распределения

**Verteilungszentrale** f распределительный пункт; центр распределения; центральная распределительная установка

**verteuern** vt повышать цену
**sich verteuern** дорожать, подниматься в цене, повышаться в цене

**Verteuerung** f повышение цен, рост цен, подорожание, удорожание

**vertiefen** углублять, усиливать *(напр. противоречия)*; обострять *(напр. кризис)*

**vertikal** вертикальный
**vertikale Diversifikation** вертикальная диверсификация

**Vertikalkonzern** m вертикальный концерн *(объединение для производства промежуточных изделий конечного продукта)*

**Vertikalsoftware** f средства вертикального программирования

**Vertikaltrust** m вертикальный трест; трест с вертикальной структурой *(объединение для производства промежуточных изделий конечного продукта)*

**Vertikalverbund** m вертикальное интеграционное объединение

**Vertikalverflechtung** f вертикальные связи

**Vertikalzählwerk** n *бухг.* счётчик вертикального подсчёта, счётчик для подсчёта итога столбца

**Vertrag** m договор; соглашение; контракт
**Vertrag abschließen** заключать договор
**Vertrag annulieren** аннулировать договор
**Vertrag auf einmalige Leistung** разовый договор

**Vertrag auf gegenseitige Verrechnung** договор (о ведении) расчётного счёта
**Vertrag aufkündigen** денонсировать договор
**Vertrag auflösen** расторгнуть договор
**Vertrag brechen** нарушить договор
**Vertrag einhalten** соблюдать договор
**Vertrag in Schriftform** письменный договор, договор в письменной форме
**Vertrag sui generis** *юр.* договор в своём роде
**Vertrag über den Bau von Mustern** договор об изготовлении опытных образцов
**Vertrag über gegenseitige Hilfe** договор о взаимопомощи, договор о взаимной помощи
**Vertrag über gegenseitige Hilfeleistung** договор о взаимопомощи, соглашение об оказании взаимной помощи
**Vertrag über Handel und Schiffahrt** договор о торговле и судоходстве, договор о торговле и мореплавании
**Vertrag über materielle Haftung** договор о материальной ответственности; договор о матответственности
**Vertrag über volle materielle Haftung** договор о полной материальной ответственности
**Vertrag über wissenschaftlich-technische Leistungen** договор на выполнение научно-исследовательских и опытно-конструкторских работ; договор на НИОКР
**Vertrag zugunsten Dritter** договор в пользу третьих лиц
**abstrakter Vertrag** абстрактный договор
**anfechtbarer Vertrag** оспариваемый договор

**Art des Vertrags** тип договора; вид договора
**dinglicher Vertrag** *юр.* вещный договор
**befristeter Vertrag** срочный договор, ограниченный сроком договор, договор на срок
**beglaubigter Vertrag** заверенный договор
**einseitiger Vertrag** односторонний договор; одностороннее соглашение
**gegenseitiger Vertrag** двусторонний договор, двустороннее соглашение
**gegenseitiger Vertrag** обоюдный договор, взаимный договор *(напр. купли-продажи)*
**gültiger Vertrag** действующий договор; действующий контракт; действующее соглашение
**internationaler Vertrag** международный договор; международный контракт; контракт с зарубежной организацией (фирмой); международное соглашение
**knechtender Vertrag** кабальный договор; кабальное соглашение, договор на кабальных условиях, соглашение на кабальных условиях
**langfristiger Vertrag** долгосрочный договор, долгосрочное соглашение
**multilateraler Vertrag** многосторонний договор; многостороннее соглашение
**mündlich geschlossener Vertrag** устный договор, договор в устной форме
**mündlicher Vertrag** устный договор, договор в устной форме
**nichtiger Vertrag** утративший силу договор, недействующий договор
**nicht leicht berechtigter Vertrag** неравноправный договор; неравноправное соглашение

**öffentlich-rechtlicher Vertrag** общественно-правовой договор
**privatrechtlicher Vertrag** частноправовой договор
**rechtskräftoger Vertrag** вступивший в силу договор
**rechtsungleicher Vertrag** неравноправный договор; неравноправное соглашение
**schriftlicher Vertrag** договор в письменной форме
**schuldrechtlicher Vertrag** *юр.* обязательственный договор
**statutenwidriger Vertrag** внеуставная сделка; договор, противоречащий уставу *(фирмы, предприятия, общества)*
**stornierter Vertrag** сторнированный договор
**typisierter Vertrag** типовой договор, типовое соглашение; стандартизованный договор; бланк стандартного договора; *(разг.)* "рыба" договора
**typischer Vertrag** типовой договор, типовое соглашение
**unbefristeter Vertrag** бессрочный договор; бессрочное соглашение
**unentgeltlicher Vertrag** безвозмездный договор
**völkerrechtlicher Vertrag** договор, заключаемый на основе положений международного права; международное соглашение, международно-правовое соглашение
**an einen Vertrag gebunden sein** быть связанным обязательствами по договору; быть связанным условиями договора; быть связанным договором
**der Vertrag ist abgelaufen** срок действия договора истёк
**einem Vertrag beitreten** присоединяться к договору (соглашению, конвенции)
**einen Vertrag abschließen** заключить договор, заключать договор
**einen Vertrag ändern** изменять договор, изменить договор; вносить изменения в договор, внести изменения в договор
**einen Vertrag anfechten** оспаривать договор
**einen Vertrag annullieren** аннулировать договор, расторгнуть договор, денонсировать договор
**einen Vertrag aufkündigen** сообщить о денонсации договора; денонсировать договор
**einen Vertrag auflösen** расторгнуть договор
**einen Vertrag aushandeln** заключать договор; добиваться заключения договора; стремится заключить договор
**einen Vertrag brechen** нарушить договор, нарушить условия договора
**einen Vertrag beim Notar hinterlegen** сдавать договор на хранение нотариусу, сдать договор на хранение нотариусу
**einen Vertrag einhalten** соблюдать договор, соблюдать условия договора
**einen Vertrag erneuern** возобновить договор
**einen Vertrag erfüllen** выполнять договор, выполнить договор; исполнить договор; выполнить условия договора
**einen Vertrag hinterlegen** депонировать договор
**einen Vertrag kündigen** расторгнуть договор, расторгать договор; денонсировать договор
**einen Vertrag unterzeichnen** подписывать договор, подписать договор
**einen Vertrag verletzen** нарушить договор
**ein Vertrag läuft ab** срок действия договора истекает; срок договора истёкает
**ein Vertrag verstößt gegen das Gesetz** договор противоречит закону
**Beratungsvertrag** *m* договор о консультационной помощи
**Frachtvertrag** *m* договор о фрахтовании судна; фрахтовый договор; договор фрахта; чартер; чартерный договор
**Haftung** *f* **aus Vertrag** договорная ответственность
**kraft des Vertrags** в силу договора
**laut Vertrag** по договору, согласно договору
**Liefervertrag** *m* договор на поставку; договор поставки; контракт на поставку
**Musterbauvertrag** *m* договор об изготовлении опытного образца
**Normalvertrag** *m* типовой контракт; типовой договор
**Punkt eines Vertrags** пункт договора
**Schiffsvertrag** *m* чартер
**Service-Vertrag** договор на обслуживание; договор на сервисное обслуживание; сервисный договор
**Standardvertrag** *m* типовой договор
**vom Vertrag zurücktreten** отказаться от договора
**Wartungsvertrag** *m* договор на техническое обслуживание
**vertraglich** договорной; в договорном порядке; по договору, согласно договору
**vertraglich absichern** гарантировать в договоре; гарантировать в договорном порядке

**vertraglich vereinbaren** согласовывать в договоре; достигать договорное согласие
**vertragliche Frist** договорной срок
**vertragliche Haftung** договорная ответственность; ответственность по договору
**vertragliche Regelung** договорное урегулирование
*(jndn)* **vertraglich binden** связывать договорными условиями *(кого-л.)*
**sich vertraglich zu** *(etw.)* **verpflichten** обязываться по договору; принимать договорные обязательства
**vertragliches Aufkaufsystem** договорная система закупок
**Verträglichkeitskriterium** *n* критерий совместимости
**Verträglichkeitstest** *m* проверка на совместимость, испытание на совместимость
**Vertrags- und Preisspaltung** *f* недозволенные действия по сбыту марочных товаров под анонимной маркой и по более низким ценам
**Vertrags-Nebenabrede** *f* внедоговорное соглашение; дополнительное соглашение к договору (как правило, конфиденциальное)
**Vertragsablauf** *m* истечение срока договора; истечение срока контракта; окончание срока договора; окончание договора; окончание срока контракта; окончание контракта; окончание срока соглашения
**Vertragsabschluss** *m* заключение договора; заключение соглашения; заключение контракта; подписание договора; подписание контракта; подписание соглашения
**einem Vertragsabschluss gelangen** достигать заключения договора

**Vertragsabschlussfrist** *f* срок заключения договора
**Vertragsabschlusspflicht** *f* обязанность заключения договора
**gesetzliche Vertragsabschlusspflicht** установленная законом обязанность заключения договора, законодательная обязанность заключения договора
**Vertragsabschlussverfahren** *n* процедура заключения договора; порядок заключения договора
**Vertragsabwicklung** *f* операции по исполнению договора *(поставка товара, приём, расчёты)*
**Vertragsänderung** *f* изменение договора, внесение изменений в договор
**Vertragsangebot** *n* предложение о заключении договора *(с указанием всех необходимых для заключения сделки условий)*, оферта
**Vertragsannahme** *f* принятие договора, акцепт договора
**Vertragsantrag** *m* предложение о заключении договора *(с указанием всех необходимых для заключения сделки условий)*, оферта
**Vertragsartikel** *m* статья договора; статья соглашения
**Vertragsaufhebung** *f* отмена договора, денонсация договора, отмена контракта, денонсация контракта
**Vertragsbauweise** *f* подрядный способ строительства
**Vertragsbedingungen** *f, pl* договорные условия, условия договора, условия контракта, условия соглашения
**Vertragsbeziehungen** *f, pl* договорные отношения
**Vertragsbindung** *f* договорное обязательство, обязательство по договору

**Vertragsbruch** *m* нарушение договора, нарушение контракта, нарушение соглашения
**Vertragschließende** *m* договаривающаяся сторона, контрагент
**Vertragsdisziplin** *f* договорная дисциплина
**Vertragsentwurf** *m* проект договора, проект контракта
**Vertragserfüllung** *f* выполнение договора, выполнение контракта, выполнение условий договора
**Vertragsforschung** *f* исследовательские работы, проводимые по договору; договорные исследовательские работы; договорное исследование
**Vertragsgegenstand** *m* предмет договора, предмет контракта; предмет соглашения
**vertragsgemäß** соответствующий договору, отвечающий условиям договора; по договору, согласно условиям договора; договорной
**vertragsgerecht** соответствующий договору, отвечающий условиям договора; по договору, согласно условиям договора
**Vertragsgericht** *n* арбитраж
**staatliches Vertragsgericht** государственный арбитраж, госарбитраж
**Vertragsgesetz** *n* закон о внедрении системы договорных отношений
**Vertragsgestaltungsverfahren** *n* порядок рассмотрения государственным арбитражем споров, связанных с отношениями по хозяйственным договорам
**Vertragshändler** *m* частный оптовый торговец, занимающийся продажей средств производства на основе договора, заключаемого с государственной торговой организацией

**Vertragskalkulation** f предварительная калькуляция расходов, составленная к моменту заключения договора
**Vertragsklausel** f пункт договора, договорная клаузула, договорная оговорка, оговорка в договоре
**vertragslos** бездоговорный
**vertragsmäßig** соответствующий договору, отвечающий условиям договора; по договору, согласно условиям договора
**Vertragsmuster** n договорный образец
**Vertragsobjekt** n предмет договора
**Vertragspartei** f сторона в договоре, участник договора
**Vertragspartner** m сторона в договоре, участник договора, партнер по договору
**Vertragspreis** m договорная цена, контрактная цена, цена по договору
**Vertragspreissystem** n система договорных цен
**Vertragspunkt** m пункт договора; пункт котракта
**Vertragsrückstände** m, pl отставание (по срокам или по количеству) в выполнении договорных обязательств; количества, подлежащие допоставке по договору
**Vertragssanktionen** f pl договорные санкции (напр. в случае нарушения условий контракта)
**Vertragsschiedsverfahren** n арбитражное судопроизводство
**Vertragsschließende** m договаривающаяся сторона
**Vertragsschluss** m заключение договора, заключение контракта
  **schriftlicher Vertragsschluss** письменное заключение договора; заключение договора в письменной форме
  **Vertragsschluss unter Abwesenden** заключение договора между отсутствующими

**Vertragssparen** n накопление сбережений на основе договора со сберегательной кассой
**Vertragsstrafe** f неустойка, конвенциональный штраф, договорный штраф, пеня
**Vertragsstrafengläubiger** m сторона в договоре, в пользу которой нарушитель договора обязан уплатить штраф
**Vertragsstrafenverpflichtung** f обязанность платить договорные штрафы
**Vertragsstreitigkeiten** f, pl разногласия по договору
**Vertragssystem** n система договорных отношений, система хозяйственных договоров
**Vertragstarif** m договорный тариф
**Vertragsteil** m сторона договора, участник договора
**Vertragstreue** f договорная дисциплина
**Vertragsübernahme** f принятие на себя исполнение договора (контракта) (вместо другой стороны)
**Vertragsunterlagen** f, pl приложения к договору
**Vertragsverbindlichkeit** f обязательство по договору; обязательство, вытекающее из договора
**Vertragsverhältnisse** n, pl юр. договорные отношения
**Vertragsverletzung** f нарушение договора, нарушение контракта
**Vertragsversicherung** f договорное страхование
**Vertragswährung** f валюта договора, валюта сделки
**Vertragswert** m сумма договора, сумма контракта; сумма соглашения; цена договора
**vertragswidrig** в нарушение договора, в нарушение контракта
**Vertragsziel** n цель заключения договора; цель договора

**Vertragszoll** m конвенционная пошлина, конвенционная пошлина, конвенционный тариф
**Vertragszollsatz** m договорный таможенный тариф; конвенциональный таможенный тариф
**Vertrauen** n доверие
  j-m **Vertrauen entgegenbringen** оказывать кому-л. доверие
  j-s **Vertrauen erwerben** завоевать чьё-л. доверие
  j-s **Vertrauen in reichem Maße genießen** пользоваться у кого-л. большим доверием
  j-s **Vertrauen rechtfertigen** оправдывать чье-л. доверие
**Vertrauensabstimmung** f голосование по вопросу о доверии (напр. правлению фирмы)
**Vertrauensamt** n ответственный пост; ответственная должность
**Vertrauensbereich** m доверительная область
**Vertrauensfaktor** m стат. доверительный коэффициент
**Vertrauensgarantie** f гарантия конфедициальности
**Vertrauensgebiet** n доверительная область
**Vertrauensgrenzen** f, pl доверительные границы
**Vertrauensinteresse** n возмещение ущерба, возникшего из-за доверия к действительности договора
**Vertrauensintervall** n доверительный интервал
**Vertrauensleute**, pl доверенные лица (мн.ч.)
**Vertrauensmann** m доверенное лицо; агент; уполномоченный
**Vertrauensperson** f доверенное лицо
**Vertrauensschaden** m ущерб, понесённый одной из сторон договора в результате доверия к действительности договора

**Vertrauensschadenversicherung** *f* страхование от убытков из-за доверия к действительности договора
**Vertrauensstellung** *f* ответственный пост; ответственная должность
**Vertrauenswahrscheinlichkeit** *f* доверительная вероятность
**vertrauenerweckend** вызывающий *(к себе)* доверие
**vertrauenswürdig** достойный доверия; добросовестный *(напр. о фирме)*; кредитоспособный
**vertreiben** *vt* изгонять, прогонять
  **vertreiben** продавать, сбывать
  **vertreiben** выступать в роли дистрибутора
  **von Grund und Boden vertreiben** обезземеливать
**Vertreibung** *f* изгнание
  **Vertreibung** *f* продажа, сбыт, реализация, дистрибуция
**vertretbar** (юр.) заменимый *(о вещах)*
  **vertretbar** допустимый
  **vertretbar** могущий быть оправданным *(о поступке)*
  **vertretbar sein** быть недопустимым; быть невозможным
**Vertretbarkeit** *f* заменимость *(потребительских товаров)*
  **Vertretbarkeit** *f* оправданность, допустимость, возможность
  **wirtschaftliche Vertretbarkeit** экономическая оправданность
**vertreten** *vt* быть представителем
  **vertreten** замещать, заменять *(кого-л.)*
  **ein Haus vertreten** быть представителем фирмы, быть представителем торгового дома
**Vertretene** *m* представляемое лицо

**Vertreter** *m* представитель *(напр. фирмы)*
  **Vertreter** заместитель
  **Vertreter** замещающее лицо
  **Vertreter** агент; коммивояжёр
  **Vertreter** дилер
  **Vertreter** *m* юр. поверенный
  **Vertreter des öffentlichen Interesses** представитель государственных интересов
  **bevollmächtigter Vertreter** полномочный представитель
  **diplomatischer Vertreter** дипломатический представитель
  **gesetzlicher Vertreter** законный представитель
  **führende Vertreter der Wirtschaft** ведущие представители экономики
**Vertreterfirma** *f* фирма-агент, агентская фирма
**Vertreterkosten** *pl* представительские расходы, представительские издержки
**Vertreterprovision** *f* комиссионное вознаграждение торговому представителю, комиссионное вознаграждение агенту, агентское комиссионное вознаграждение; дилерское вознаграждение
**Vertreterversandhandel** *m* посылочная торговля через коммивояжёров
**Vertretervertrag** *m* договор на представительство, договор на оказание представительских услуг
**Vertretung** *f* представительство
  **Vertretung** замещение *(кого-л.)*
  **Vertretung** исполнение *чьих-л.* обязанностей
  **Vertretung** деятельность разъездного агента, деятельность коммивояжёра

  **Vertretung ohne Auftrag** представительство без поручения
  **Vertretung ohne Vertretungsmacht** представительство без соответствующих полномочий
  **Vertretung von Amts wegen** официальное представительство
  **Vertretung vor Gericht** представительство в суде
  **auftragslose Vertretung** представительство без поручения
  **bevollmächtigte Vertretung** полномочное представительство
  **die Vertretung übernehmen** принимать на себя обязательства представителя; становиться представителем *(напр. фирмы)*
**Vertretungsmacht** *f* полномочие действовать в качестве представителя
**Vertretungsordnung** *f* порядок представительства
**Vertrieb** *m* продажа, сбыт, реализация
**Vertriebsabteilung** *f* отдел сбыта
**Vertriebsapparat** *m* сбытовой аппарат
**Vertriebsfirma** *f* сбытовая фирма
**Vertriebsgemeinkosten,** *pl* накладные расходы по сбыту
**Vertriebsgesellschaft** *f* сбытовая компания, сбытовое общество, сбытовое акционерное общество
**Vertriebshaus** *n* сбытовая фирма; торговый дом
**Vertriebskartell** *n* сбытовой картель
**Vertriebskosten,** *pl* расходы по сбыту, затраты по сбыту; расходы, связанные с реализацией продукции, затраты, связанные с реализацией продукции

**Vertriebskostenstellen** *f, pl* места возникновения сбытовых расходов *(напр. упаковочный отдел, экспедиция, отдел рекламы)*
**Vertriebsplan** *m* план реализации
**Vertriebsstellen** *f, pl* места возникновения сбытовых расходов *(напр. упаковочный отдел, экспедиция, отдел рекламы)*
**Vertriebsweg** *m* канал сбыта
**vertrusten** трестировать, объединять в трест *(предприятия)*
**veruntreuen** растрачивать, расхищать; присваивать
**Veruntreuung** *f* растрата, расхищение; злоупотребление доверием
**Veruntreuungsversicherung** *f* страхование от растрат и хищений
**Verursacherprinzip** *n* принцип компенсации экономического ущерба за счёт виновного в нанесении ущерба
**Verursachungsprinzip** *n* принцип материальной ответственности лица, деятельность которого обусловила возникновение ущерба, принцип материальной ответственности лица, деятельность которого обусловила возникновение убытков
**Vervollgenossenschaftlichung** *f* сплошное кооперирование сельского хозяйства
**vervollkommnen** *vt* усовершенствовать
**Vervollkommnung** *f* усовершенствование
**Verwägen** *n* взвешивание
**Verwägung** *f* взвешивание
**verwahren** *vt* хранить
**Verwahrer** *m* хранитель *(вклада)*

**Verwahrkonto** *n бухг.* счёт невыясненных сумм на хранении
**Verwahrkonto** текущий счёт для хранения депозитов бюджетных учреждений
**Verwahrung** *f* хранение, сохранение; договор хранения; протест, возражение
**in Verwahrung halten** сохранять, хранить
**in Verwahrung nehmen** брать на хранение
**Verwahrung erheben** протестовать
**Verwahrungsbuch** *n* книга депозитов (банка)
**Verwahrungsgebühr** *f* плата за хранение
**Verwahrungsschein** *m* сохранное свидетельство
**Verwahrungsvertrag** *m* договор хранения
**unregelmäßiger Verwahrungsvertrag** договор хранения с правом распоряжаться сданными на хранение ценностями и с обязательством возврата эквивалента
**Verwaltung** *f* администрация, управление (орган), правление
**Verwaltung** управление, руководство
**Verwaltung** администрирование
**Verwaltung** (выч.тех.) ведение; учёт
**Verwaltung der Kundenkrankheit** ведение картотеки клиентов
**Verwaltung der Vereinten Nationen für Hilfe und Wiederherstellung** *ист.* Администрация Объединённых Наций по помощи и восстановлению, ЮНРРА
**Verwaltung der Wirtschaftsbetriebe der Regierung der DDR** Управление государственных предприятий *бывш.* ГДР

**Verwaltung für Wirtschaftliche Zusammenarbeit** Администрация экономического сотрудничества *(по "плану Маршалла")*
**Verwaltung Volkseigener Betriebe** *ист.* Управление народных предприятий *(в бывш. ГДР с 1952 г. по 1957 г.)*
**Verwaltung Volkseigener Güter** Управление народных имений *(бывш. ГДР)*
**Verwaltung eines Fonds** управление фондом
**die Verwaltung arbeitet unrationell** управление нерационально; управление работает нерационально
**staatliche Verwaltung** орган государственного управления
**Sitz der Verwaltung** местонахождение правления; местонахождение управляющего органа; местонахождение органа управления
**Verwaltungsaufwendungen** *f pl* административно-управленческие издержки, административно-управленческие расходы, административные расходы
**Verwaltungsaufwendungen einschränken** сокращать административно-управленческие расходы, сокращать административные расходы
**Verwaltungsausgaben** *f pl* административные расходы, административно-управленческие расходы
**Verwaltungsbezirk** *m* административно-территориальная единица
**Verwaltungsbuchführung** *f* бюджетный учёт, бюджетное счетоводство
**Verwaltungsbuchführung** *f* бюджетный учёт и отчётность

**Verwaltungsdistrikt** *m* административный округ; административный район

**Verwaltungseinheit** *f* административная единица

**territoriale Verwaltungseinheit** административно-территориальная единица

**Verwaltungseinteilung** *f* административно-территориальное деление

**Verwaltungsfunktion** *f* административная функция

**Verwaltungsgebiet** *n* административный район

**Verwaltungsgebühren** *f pl* административные сборы

**Verwaltungsgemeinkosten,** *pl* административно-хозяйственные расходы (мн.ч.), административные расходы (мн.ч.); управленческие расходы (мн.ч.); расходы на управление (мн.ч.)

**Verwaltungsgerichtsbarkeit** *f* административная юрисдикция

**Verwaltungsgliederung** *f* административный состав; административное деление; административно-территориальное деление

**Verwaltungshoheit** *f* административный суверенитет

**Verwaltungskosten,** *pl* административные расходы, административно-управленческие расходы

**Verwaltungskostengewinn** *m* прибыль за счёт экономии по статье управленческих расходов

**Verwaltungskostenstellen** *f, pl* места возникновения административно-управленческих расходов

**Verwaltungskostenumlage** *f* распределение административно-управленческих расходов, раскладка административно-управленческих расходов, распределение административных расходов

**Verwaltungsorgan** *n* административный орган, орган административного управления

**Verwaltungspersonal** *n* административно-управленческий персонал; администрация

**Verwaltungsprotektionismus** *m* административный протекционизм; протекционизм, осуществляемый административными органами *(напр. путём осуществления прямого контроля над импортом каких-л. товаров)*

**Verwaltungsrat** *m* административный совет

**Verwaltungsstelle** *f* административное учреждение

**Verwaltungsstellen** *f, pl* места возникновения административно-управленческих расходов

**Verwaltungsstruktur** *f* структура управления

**abteilungslose Verwaltungsstruktur** бесцеховая структура управления

**typisierte Verwaltungsstruktur** типовая структура управления

**Verwaltungsvermögen** *n* имущество государственных и местных административных органов, используемое для выполнения ими своих функций *(напр. здания судебных органов, министерств т. д.)*

**Verwaltungswirtschaftslehre** *f* концепция хозяйственного регулирования *(делающая особый акцент на роль государственного управления и государственных предприятий в экономике страны)*

**Verwandlung** *f* превращение; метаморфоза

**Verwandlung der Warenform** метаморфоза товарной формы

**Verwandlung in Kapital** капитализация

**Verwässerung** *f* **des Aktienkapitals** разводнение акционерного капитала

**Verweisung** *f* ссылка *(напр. на договор)*

**Verweisungsvertrag** *m* юр. договор о выборе права

**Verweltlichung** *f* ист. секуляризация

**Verwendbarkeit** *f* пригодность, применимость; практическая полезность

**verwenden** *vt* употреблять, использовать, применять

**Verwender** *m* потребитель

**Verwender** *m* физическое или юридическое лицо, использующее *(что-л.)*

**Verwendung** *f* применение, использование, *см.тж.* Verwendungen *pl*

**Verwendung** употребление

**Verwendung des Nationaleinkommens** использование национального дохода

**einmalige Verwendung** однократное использование

**gewerbliche Verwendung** использование в целях промысла; промышленное применение

**Verwendungen** *f, pl* затраты, расходы *(напр. расходы доверенного в пользу доверителя)*

**Verwendungsart** *f* способ употребления

**Verwendungskonzeption** *f* общие направления расходования средств

**Verwendungszweck** *m* целевое назначение *(напр. кредита)*

**verwerfen** отвергнуть *(напр. предложение)*; отвести, отводить *(напр. кандидатуру)*

**Verwerfung** *f* отвергание, отклонение *(чего-л.)*
**Verwerfung der Buchführung** отказ финансовых органов признать данные бухгалтерского учёта, отказ финансовых органов принять данные бухгалтерской отчётности
**verwertbar** могущий быть использованным, годный для использования, пригодный для использования
**verwerten** *vt* использовать
**verwerten** реализовать
**verwerten** утилизировать
*eine* **Erfindung verwerten** внедрять изобретение
**seine Kenntnisse verwerten** использовать свои знания, применять свои знания
**Papiere verwerten** реализовать ценные бумаги
**sich verwerten** самовозрастать *(напр. о стоимости)*
**Verwertung** *f* возрастание *(напр. стоимости, ценности активов)*
**Verwertung** использование, применение *(напр. капитала)*
**Verwertung** реализация *(напр. изобретения)*
**Verwertung** утилизация *(напр. отходов производства)*
**Verwertung des Kapitals** увеличение стоимости капитала, самовозрастание стоимости капитала
**Verwertungskoeffizient** *m* коэффициент использования
**Verwertungskoeffizient** коэффициент утилизации
**Verwertungskoeffizient** коэффициент возрастания стоимости
**Verwertungsmöglichkeit** *f* возможность использования
**Verwertungsmöglichkeit** возможность утилизации
**Verwertungsprozess** *m* процесс возрастания стоимости
**Verwertungsprozess des Kapitals** процесс самовозрастания стоимости капитала

**Verwertungsrate** *f* норма возрастания стоимости, норма возрастания ценности
**Verwertungsrate** норма самовозрастания капитала
**verwirken** *vt* терять право *(на что-л., напр. утратить право на импорт вследствие недоплаты пошлин)*
**Verwirkung** *f* лишение, потеря
**Verwirkung** утрата права
**Verwirkungsklausel** *f* оговорка в договоре о потере прав(а) в случае невыполнения обязательств
**verwirtschaften** *разг.* разбазаривать, заниматься расточительством
**Verwohlfeilerung** *f* удешевление *(напр. элементов постоянного капитала)*
**Verzehr** *m* потребление, расходование продуктов питания
**verzehren** потреблять, расходовать продукты питания
**Verzehrsgewohnheiten** *f, pl* обычаи и привычки в потреблении продуктов питания
**Verzeichnis** *n* список, опись, реестр, перечень
**Verzerrung** *f* искажение *(напр. ценовых пропорций, валютных паритетов и т.п.)*
**Verzicht** *m* отказ *(от прав, выгоды, возможности и т.п.)*
**Verzicht auf Recht** *юр.* абандонировать право
**verzichten** *vi* отказаться *(от чего-л.)*
**Verzichturteil** *n* решение суда, принятое в связи с отказом истца от своего притязания
**verzinsbar** процентный, приносящий проценты, с процентами
**verzinsen** начислять проценты
**verzinsen** платить проценты

**verzinslich** процентный, приносящий проценты
**verzinslich anlegen** помещать под проценты
**Verzinsung** *f* взимание процентов; взимание банковского процента
**Verzinsung** банковский процент; проценты
**Verzinsung** начисление процентов
**Verzinsung einer Anleihe** начисление процентов по займу
**gleichmäßige Verzinsung** твёрдый процент, фиксированный процент *(по ценным бумагам)*
**kontinuierliche Verzinsung** непрерывное начисление процентов
**Verzinsungs- und Tilgungsmodus** *m* способ начисления процентов и погашения капитального долга
**Verzinsungsfaktor** *m* множитель наращения, множитель увеличения
**Verzinsungsverbot** *n* запрет на взимание ссудного процента
**Verzögerung** *f* задержка, запаздывание; затягивание; просрочка *(напр. платежа)*
**verzollbar** подлежащий обложению пошлиной
**verzollbar** подлежащий таможенному обложению
**verzollen** облагать пошлиной
**verzollen** оплачивать пошлину
**verzollt** включая таможенные пошлины
**Verzollung** *f* обложение пошлиной
**Verzollung** уплата пошлины
**Verzollung** уплата таможенной пошлины

**Verzollungsmaßstäbe** *m, pl* критерии, используемые в системе таможенного обложения *(напр. стоимость, вес, количество товаров)*

**Verzollungspostgebühr** *f* сбор за таможенный досмотр почтовых отправлений

**Verzollungsverfahren** *n* порядок очистки товаров от пошлин; порядок таможенной очистки

**Verzug** *m* задержка, запаздывание; затяжка
   **Verzug** просрочка *(напр. платежа, поставок и т.п.)*

**Verzugsschaden** *m* ущерб, наносимый кредитору просрочкой платежа; ущерб, наносимый кредитором просрочкой в принятии обязательства

**Verzugsvertragsstrafe** *f* договорный штраф за просрочку

**Verzugszins** *m* пеня за просрочку исполнения обязательства

**Verzugszinsen** *m pl* пеня(и) за просрочку в выполнении обязательства

**Verzugszuschlag** *f* доначисления за просрочку (опоздание)

**Verzweigtheit** *f* разветвлённость

**Verzweigung** *f* разветвление

**VEW, Volkseigene Wirtschaft** народное хозяйство *(бывш. ГДР)*

**VF-Verfahren** *n* метод взаимного зачёта требований и обязательств

**VGW, Valutagegenwert** валютный эквивалент

**v.H., vom Hundert** процент

**via** *лат.* виа, по, через *(пометка, указывающая путь следования и т.п.)*

**vice versa** *лат.* обратно; наоборот
   **vice versa** *трансп.* на обратном пути

**Vidierung** *n* (юр.) завидирование; заверение; удостоверение

**Vieh** *n* скот

**Viehbesatz** *m* количество голов скота в расчёте на единицу площади, плотность поголовья скота

**Viehbestand** *m* поголовье скота

**Viehsteuer** *f* налог на потребление мяса, налог на мясо; налог на лиц, содержащих скот

**Viehwirtschaft** *f* животноводческое хозяйство

**Viehwirtschaftsbetrieb** *m* животноводческое хозяйство; животноводство

**Vielfeldersystem** *n* многопольная система земледелия

**Vielfelderwirtschaft** *f* многопольное хозяйство; многополье

**Vielplanwirtschaft** *f* многоплановая экономика *(обозначение товарно-денежного хозяйства)*

**Vielsteuersystem** *n* система множественности налогов

**Vierbrigadesystem** *n* четырёхбригадная система, четырёхстенная система *(на железнодорожном транспорте бывш. ГДР)*

**Vierpersonenspiel** *n* игра с четырьмя участниками, игра четырёх участников
   **Vierpersonenspiel mit Summe Null** игра четырёх участников с нулевой суммой

**Vierschichtarbeit** *f* четырёхсменная работа

**Vierspaltenverfahren** *n* *бухг.* четырёхколоночная система копиручёта

**vierteljährlich** квартальный, поквартальный

**Viertelkreis** *m* квадрант

**Vindikationsanspruch** *m* *юр.* виндикационное притязание, притязание на выдачу истцу его имущества

**Vindikationsklage** *f* *юр.* виндикационный иск

**Vinkulation** *f* винкулирование; превращение предъявительских ценных бумаг в именные *(путём совершения надписи)*

**Vinkulationsgeschäft** *n* банковская операция по предоставлению аванса поставщику и обеспечению поступления платежа от импортёра *(предоставляется обычно под залог товарных документов, подписанных поставщиком)*

**vinkulieren** *vt* винкулировать, превращать предъявительские ценные бумаги в именные
   **vinkulieren** связывать; обязывать

**vinkuliert** винкулированный
   **vinkulierte Aktie** винкулированная акция
   **vinkulierte Namensaktie** *f* винкулированная именная акция

**Vinkulierung** *f* винкулирование *(надпись на предъявительских ценных бумагах, превращающая их в именные)*; превращение предъявительских ценных бумаг в именные *(путём совершения надписи)*

**VIP:**
   **VIP** *m*; **VIP** *(eng.)*, **very important person** *(eng.)*; **sehr wichtige Person, bedeutende Persönlichkeit** вип-персона
   **VIP, Verwaltungs- und Informations-Paket für Kapitalanlagegesellschaften** программное обеспечение для инвестиционных компаний

**VIP-Gast** *m*; **VIPgast** *m* VIP-гость; VIP-клиент; VIP-участник
   **Anmeldung als Vip Gast** регистрация в качестве VIP-гостя; регистрация в качестве VIP-клиента; регистрация в качестве VIP-участника

**VIP-Halle** f VIP-зал; зал для VIP-гостей; зал для VIP-пассажиров

**Virement** n перераспределение бюджетных средств

**virtuell** виртуальный

**vis major** *лат.* форс-мажор, непреодолимая сила

**vis-a-vis** *(фр.)* визави, друг против друга; напротив

**Visa-Carte** f пластиковая Виза-карта, пластиковая карта Visa

**Visa-Karte** f пластиковая Виза-карта, пластиковая карта Visa

**Visa-Kontrolle** f бюджетный контроль, осуществляемый путём визирования кассовых ордеров

**Visavis** n m *(фр.)* визави, друг против друга; напротив

**Visby Regeln** f pl правила Висбю

**visieren** vt I визировать, накладывать визу *(на документ)*; эталонировать *(меры и весы)*

**visieren** vi II эталонировать *(меры и весы)*

**Vision** f видение *(напр. ситуации)*

**Visitation** f *юр.* личный обыск; досмотр; визитация

**Visitenkarte** f визитная карточка

**Vista** f *(ит.) ком.* предъявление *(векселя)*; презентация

**Vistawechsel** m вексель на предъявителя

**Visum** n виза

   **Visum zur einmaligen Einreise** однократная виза; виза для однократного въезда

   **Visum zur mehrmaligen Einreise** многократная виза, виза для многократного посещения

   **das Visum erlangen** получать визу, получить визу

   **das Visum erteilen** выдать визу, выдавать визу

**Vitrine** f витрина

**Vizepräsident** m вице-президент

**Vizepräsidentin** f вице-президент

**v.J., voriges Jahres** прошлого года

**VK, Versicherungskasse** страховая касса

**VKA, Volkskontrollausschuss** Комитет народного контроля *(бывш. ГДР)*

**VKU, Verband Kommunaler Unternehmen** Объединение коммунальных предприятий (хозяйств)

**Vl., Verlust** убыток, ущерб

**Vm., Vormann** предшествующий индоссант, предыдущий индоссант

**VN:**

   **VN, Vereinte Nationen** ООН, Организация объединённых наций

   **VN, Vietnam** Вьетнам

**VND, Dong, - Vietnam** Донг *(код валюты 704)*, - Вьетнам

**VO, Verordnung** постановление, распоряжение, предписание, указ

**VOB, Verdingungsordnung für Bauleistungen** правила выполнения подрядно-строительных работ

**Vol., Volumen** n объём

**Volatilität** f подвижность денежных средств, динамичность денежных средств

**Volk** n народ; нация

**Völkerrecht** n международное право

   **allgemeines Völkerrecht** публичное международное право

**völkerrechtlich** международно-правовой, основанный на международном праве, соответствующий нормам международного права; с точки зрения международного права; согласно нормам международного права

**völkerrechtswidrig** противоречащий нормам международного права

**Völkervertragsrecht** n международное договорное право

**Volks- und Berufszählung** f демографически-профессиональная перепись

**Volksaktie** f *истор.* народная акция

**Volksbewegung** f всенародное движение

**Volksdemokratie** f народная демократия; *ист.* страна народной демократии

**volkseigen** народный, являющийся собственностью народа

**Volkseigener Erfassungs- und Aufkaufbetrieb für landwirtschaftliche Erzeugnisse** Народное предприятие по заготовке и закупке сельскохозяйственных продуктов *(бывш. ГДР)*

**Volkseigenes Kontor Handelstechnik** Народная контора торговой техники *(бывш. ГДР)*

**Volkseigentum** n всенародное достояние; народное достояние

   **allgemeines Volkseigentum** общенародное достояние, общенародная собственность

   **einheitliches Volkseigentum** единая общенародная собственность

**Volkseinkommen** n национальный доход; совокупный национальный доход

**Volksentscheid** m референдум, всенародный опрос

**Volksgesundheit** f здоровье народа

   **Volksgesundheit** здравоохранение

**Volkskapitalismus** m "народный капитализм"

**Volkskonsum** m народное потребление

**Volkskontrollorgan** *n* орган народного контроля

**Volksverbrauch** *m* народное потребление

**Volksvermehrung** *f* прирост населения

**Volksvermögen** *n* национальное богатство

**Volksvermögen** общенародное достояние

**Volksversicherung** *f* страхование жизни на небольшую сумму *(в бывш. ГДР - до 2000 марок, в ФРГ - до 3000 марок)*

**Volkswirt** *m* экономист; специалист в области народного хозяйства

**Volkswirtschaft** *f* народное хозяйство

**Volkswirtschaft** национальная экономика

**volkswirtschaftlich** народнохозяйственный

**Volkswirtschaftsbereich** *m* отрасль народного хозяйства

**Volkswirtschaftsbilanz** *f* баланс народного хозяйства

**zusammenfassende Volkswirtschaftsbilanz** сводный баланс народного хозяйства

**Volkswirtschaftslehre** *f* политическая экономия, национальная экономическая теория, социальная экономическая теория

**Volkswirtschaftsmethode** *f* народнохозяйственный метод исчисления *(напр. валовой продукции промышленности)*

**Volkswirtschaftsplan** *m* народнохозяйственный план

**optimaler Volkswirtschaftsplan** оптимальный народнохозяйственный план

**Volkswirtschaftsplanung** *f* планирование народного хозяйства, народнохозяйственное планирование

**Volkswirtschaftspolitik** *f* экономическая политика, политика в области народного хозяйства

**Volkswirtschaftstheorie** *f* теория народного хозяйства, народнохозяйственная теория

**Volkswirtschaftszweig** *m* отрасль народного хозяйства

**Volkswohlfahrt** *f* общественное благосостояние

**Volkswohlstand** *m* народное благосостояние

**Volkswohnungsbau** Народное общество жилищного строительства *(ФРГ)*

**Volkszählung** *f* перепись населения, демографическая перепись

**Vollarbeit** *f* полная занятость

**Vollarbeitskräfte** *f, pl,* **familieneigene** *ист.* взрослые члены (крестьянской) семьи, работающие в течение целого года по 8 часов

**Vollarbeitsloser** *m* полностью безработный

**Vollarbeitslosigkeit** *f* полная безработица

**Vollauslastung** *f* полная загрузка

**Vollautomatisierung** *f* полная автоматизация

**Vollbauer** *m ист.* полноправный член сельской общины, владелец крестьянского двора и земельного участка

**Vollberuf** *m* (ремесленная) профессия широкого профиля

**Vollbeschäftigte** *m* занятый полный рабочий день, занятый полностью

**Vollbeschäftigteneinheit** *f* единица полной занятости

**Vollbeschäftigung** *f* полная занятость

**Vollbeschäftigungsgrad** *m* уровень занятости

**Vollbeschäftigungspolitik** *f* политика обеспечения полной занятости

**Vollcharter** *m* договор о фрахтовании всего судна, чартер с предоставлением всего судна для перевозки груза, полный чартер

**vollentwickelt** развитой

**Vollerhebung** *f* статистический учёт при полном охвате учитываемых объектов

**Vollerwerbsbetrieb** *m* крестьянское хозяйство, дающее основной доход *(владелец проживает на доход только от хозяйства)*

**Vollerwerbslose** *m* полностью безработный

**Vollgewinn** *m* полная прибыль

**Vollgiro** *n* именной индоссамент, полный индоссамент

**Vollhafter** *m* член коммандитного товарищества, несущий полную ответственность по обязательствам товарищества; полный член коммандитного товарищества

**Vollindossament** *n* именной индоссамент, полный индоссамент

**Vollkaskoversicherung** *f* страхование (владельцев автомобилей) от всех рисков, связанных с их использованием; страхование каско транспортных средств

**Vollkaufmann** *m* коммерсант, обладающий всеми правами и атрибутами *(согласно Торговому кодексу)*

**Vollkostenrechnung** *f* учёт и калькуляция полной себестоимости; калькуляция себестоимости с полным распределением затрат

**Vollmacht** *f* полномочие, доверенность

**in Vollmacht; i.V.** по уполномочию; по доверенности

**Vollmachtgeber** *m* доверитель

**Vollmachtgeschäft** *n* (экспортная) сделка, заключённая по доверенности третьего лица

**Vollmachtindossament** *n* поручительская надпись

**Vollmachtinhaber** *m* уполномоченное лицо, лицо с полномочиями

**Vollmachtsindossament** *n* поручительская надпись

**Vollmachtstimmrecht** *n* компактное большинство голосов акционеров (базируется на владении контрольным пакетом акций, достаточным для принятия определённых решений)

**Vollmechanisierung** *f* полная механизация

**Vollmonopol** *n* полная монополия, исключительная монополия

**Vollperson** *f* стат. потребительская единица

**Vollrente** *f* полная пенсия

**Vollrevision** *f* полная ревизия, полная документальная ревизия

**Vollsortiment** *n* полный ассортимент

**vollständige Kontrolle** полный контроль

**Vollständigkeit** *f* комплектность (оборудования)

**Vollständigkeit** полнота, точность (данных)

**vollstrecken** *vt* приводить в исполнение (приговор, решение суда)

**Vollstreckung** *f* приведение в исполнение (приговора, решения суда)

**Vollstreckungsbefehl** *m* исполнительный лист

**Vollstreckungsgebühr** *f* судебный сбор

**Vollstreckungsorgan** *n* судебно-исполнительный орган

**Vollstreckungstitel** *m pl* исполнительные документы (на основании которых может осуществляться принудительное исполнение постановлений суда, арбитража и проч.)

**Vollstreckungsversteigerung** *f* принудительная продажа с торгов, принудительная продажа с аукциона

**Vollumbruch** *m* распашка (земель)

**Vollverlust** *m* полная потеря

**vollwertig** полноценный

**Vollwertversicherung** *f* страхование на сумму, равную полной стоимости страхового объекта; страхование на полную сумму

**vollziehen** выполнять, исполнять (напр. поручение)

**vollziehen** осуществлять, приводить в исполнение (напр. решение суда)

**Vollziehung** *f* осуществление; приведение в исполнение, выполнение, исполнение

**Vollzug** *m* исполнение

**in Vollzug setzen** привести в исполнение, приводить в исполнение; исполнять

**Vollzug des Arrestes** наложение ареста, арест

**Vollzug der Beschlagnahme** производство конфискации, конфискация, осуществление конфискации

**Vollzug der Strafe** исполнение наказания

**Vollzug der Umweltschutzbestimmungen** выполнение природоохранных требований

**Vollzug von Luftreinhaltemaßnahmen** осуществление атмосферозащитных мероприятий

**zum Vollzug bringen** привести в исполнение, приводить в исполнение; исполнять

**Vollzugsbehörden** *f pl* юр. исполнительные органы

**Vollzugsfrist** *f* срок исполнения

**Vollzugskontrolle** *f* проверка исполнения

**Volontär** *m* лицо (напр. ученик, подмастерье), работающее без вознаграждения (в целях повышения квалификации); волонтёр

**volontieren** работать без вознаграждения (в целях повышения квалификации)

**Volumen** *n* объём

**Volumen in Werteinheiten** стоимостный объём

**dem Volumen nach** по объёму

**mengenmäßiges Volumen** физический объём

**wertmäßiges Volumen** стоимостный объём

**Volumenindex** *m* объёмный индекс

**Volumenverpackung** *f* унифицированная расфасовка; объемная упаковка

**Vomhundertsatz** *m* процентная ставка, одна сотая часть

**Vomtausendsatz** *m* ставка в промилле, одна тысячная часть

**von:**

**von Kunde zu Kunde** потребитель-потребителю

**von Verbraucher zu Verbraucher** потребитель-потребителю

**Von-Bis-Gehälter** *n, pl* оклады, установленные в определённых пределах

**Von-Bis-Preise** *m, pl* цены, колеблющиеся в известных пределах (напр. сезонные цены на овощи)

**Von-Bis-Spanne** *f* интервал

**vor- und nachgelagert** смежный (напр. об отрасли промышленности)

**Vorablieferung** f досрочная поставка
**vorabzahlen** уплачивать вперёд, платить вперёд, осуществлять платёж авансом, осуществлять авансовый платёж
**Vorakzept** n предварительный акцепт
**Voranschlag** m предварительная калькуляция
  **Voranschlag** предварительная смета
  **Voranschlag** проект бюджета
**Voranschlagsfinanzierung** f сметное финансирование
**Voranschlagskosten** pl сметная стоимость; издержки, указанные в калькуляции; сметная калькуляция
**Voranschlagspreis** m цена по смете; сметная стоимость
**Voranschlagsrechnung** f смета
**Voranschlagswert** m сметная стоимость, оценочная стоимость
**Vorausbedingung** f предварительное условие
**Vorausberechnung** f прогноз
  **kurzfristige statistische Vorausberechnung** краткосрочный статистический прогноз
**vorausbestellen** предварительно заказывать, заранее заказывать
**Vorausbezahlung** f оплата вперёд, авансовый платёж, предоплата
**Vorauskasse per Scheck** авансовый платёж чеком
**Vorauskasse per Überweisung** авансовый платёж банковским переводом
**Vorauskontrolle** f предварительный контроль
**Vorausleistung** f авансовый платёж, предварительный платёж; предоплата
**Vorauslieferung** f досрочная поставка
**vorausplanen** планировать на перспективу
**Vorausplanung** f перспективное планирование, планирование на предстоящий период (на перспективу)
**Voraussage** f предсказание, прогноз; предвидение
  **Voraussage der Marktentwicklung** прогноз изменения конъюнктуры рынка, прогноз развития рынка
**Voraussagemodell** n прогнозная модель
**Vorausschätzung** f прогнозная оценка, прогностическая оценка
**Vorausschau** f просмотр от начала к концу
**Voraussetzung** f предпосылка, условие
  **Voraussetzung** гипотеза; предположение
  **Voraussetzungen** f, pl условия (мн.ч.)
  **technische Voraussetzungen** технические требования, технические условия
  **unbedingte Voraussetzung** необходимое условие, непременное условие, необходимая предпосылка
  **unter der Voraussetzung** при условии
**Voraussicht** f предвидение
  **Voraussicht** прогноз, предсказание
  **aller Voraussicht nach wird das nicht eintreffen** по всем предположениям этого не случится; насколько можно предвидеть этого не случится
  **nach menschlicher Voraussicht** насколько может предвидеть человек
  **vollkommene Voraussicht** совершенное предсказание
  **wissenschaftliche Voraussicht** научное предвидение
**voraussichtlich** предполагаемый; вероятностный; вероятный; возможный (вполне); ожидаемый
**Vorauswahl** f предварительный выбор (предполагается некоторыми формами торговли)
**vorauszahlbar** с оплатой вперёд, с предоплатой, с авансовым платежом
**Vorauszahlung** f авансовая выплата; оплата вперёд, предоплата
  **Vorauszahlung** задаток, аванс
  **Vorauszahlungen leisten** вносить аванс, внести аванс; осуществить авансовые платежи
**Vorauszahlungsfinanzierung** f финансирование с оплатой вперёд, финансирование авансом, предоплата
**Vorbehalt** m оговорка; ограничение; условие
  **Vorbehalt gegen (etw.) anmelden** выдвигать условие против (чего-л.); делать оговорку против (чего-л.); ставить ограничение (чему-л.)
  **einen Vorbehalt machen** ставить условие
  **mit Vorbehalt** с оговоркой; с условием, при условии, условно
  **mit Vorbehalt** с оговоркой, с условием
  **ohne Vorbehalt** без оговорок
  **unter üblichem Vorbehalt** исключая ошибки и пропуски; при соблюдении обычных условий
  **unter Vorbehalt** с оговоркой; с условием, условно
  **einem Projekt ohne Vorbehalt zustimmen** соглашаться с проектом без оговорок

**vorbehalten, sich** (D) оставить за собой право
**vorbehaltlich** с условием; с оговоркой; условный
**vorbehaltlos** без оговорок; безоговорочный
**vorbehaltlos** без оговорок, безоговорочно
**Vorbehaltskauf** *m* пробная покупка; покупка с условием (возврата)
**Vorbehaltsklauseln** *fpl* оговорки о предоставлении экспортной или импортной лицензии
**Vorbehaltspreis** *m* условная цена; оговоренная цена
**Vorbehandlung** *f* предварительная обработка
**Vorbeitrag** *m* предварительный взнос, авансовый взнос, взнос авансом
**Vorberechtigung** *f* преимущественное право
**vorbereiten** подготавливать, готовить
**Vorbereitung** *f* подготовка, подготовительная работа
**Vorbereitung eines Verfahrens** досудебная подготовка дела
**Vorbereitung der Hauptverhandlung** подготовка дела к судебному разбирательству
**Vorbereitung der Produktion** подготовка производства
**Vorbereitungen abschließen** закончить приготовления
**Vorbereitung beenden** закончить подготовку
**Belegvorbereitung** *f* подготовка документов
**Mangel an Vorbereitung** недостаточная подготовленность
**Mangel an Vorbereitung** подготовка
**technische Vorbereitung** техническая подготовка производства
**Vorbereitungs- und Abschlussarbeit** *f* подготовительно-заключительная работа
**Vorbereitungs- und Abschlusszeit** *f* подготовительно-заключительное время
**Vorbereitungsarbeit** *f* подготовительная работа
**Vorbereitungsdienst** *m* подготовительная практика к занятию (какой-л.) должности
**Vorbereitungsgrundzeit** *f* основное время на подготовку (*напр. станка для выполнения другой работы*); основной срок наладки
**Vorbereitungskosten**, *pl эк. тр.* расходы на подготовку и завершение рабочих операций; расходы на освоение выпуска новых изделий; расходы на подготовку и освоение (*выпуска новой продукции*)
**Vorbereitungsküche** *f* фабрика-кухня; цех подготовки полуфабрикатов (*по выработке полуфабрикатов для системы общественного питания и розничной торговли*)
**Vorbereitungsraum** *m* помещение для подготовки товаров к продаже
**Vorbereitungszeit** *f* время на подготовку (*напр. станка для выполнения другой работы*); время на наладку
**Vorbescheid** *m* предварительное решение; предварительное (судебное) определение
**Vorbescheid** *m* первичное заключение (*эксперта*)
**Vorbesichtigung** *f* **von Zollgut** предварительный осмотр; предварительный досмотр
**Vorbesichtigung von Zollgut** предварительный осмотр таможенного груза; предварительный досмотр таможенного груза
**Vorbestellung** *f* предварительный заказ; заявка, предварительный абонемент; предварительная подписка
**Vorbeugung** *f* предотвращение; предупреждение; профилактика; превенция
**Vorbeugungsarbeit** *f* предупредительная работа, профилактическая работа (*по предотвращению преступлений*), профилактика (*преступления; преступлений*)
**Vorbeugungsmaßnahme** *f* предупредительная мера, профилактическая мера
**Vorbeugungsmaßregel** *f* предупредительная мера, профилактическая мера
**Vorbeugungsreparatur** *f* профилактический ремонт
**planmäßige Vorbeugungsreparatur** планово-предупредительный ремонт
**Vorbeugungstätigkeit** *f* предупредительная деятельность, профилактическая деятельность, деятельность по предупреждению (*преступности*)
**Vorbezahlung** *f* аванс, авансовый платёж
**Vorbilanz** *f* предварительный баланс
**Vorbildwirkung** *f* воздействие личным примером; личный пример
**Vorbörse** *f* биржевое собрание, проведённое до официального открытия биржи; утренняя биржа; биржевое собрание до открытия биржи
**vorbörslich** добиржевой; до официального открытия биржи
**Vorbringen** *n* утверждение; объяснение; довод; заявление
**vordatiert** датированный предстоящим числом; датирование завтрашним числом
**Vordatierung** *f* датирование завтрашним числом; датирование предстоящим числом; датирование будущим числом

**Vordermann** *m* предыдущий держатель векселя, предшествующий индоссант, предыдущий индоссант

**Vordringen** *n* проникновение; внедрение

**Vordruck** *m* бланк, формуляр; форма

**Vordruckwesen** *n* область деятельности, связанная с разработкой форм, изготовлением и использованием бланков и формуляров

**Vorentscheidung** *f* предварительное решение

**Vorentwurf** *m* предварительный проект

**Vorereignis** *n* сет. пл. предшествующее событие

**Vorertrag** *m* предварительный доход

**Vorerzeugnis** *n* полуфабрикат

**Vorfabrikat** *n* полуфабрикат

**Vorfall** *m* 1. происшествие 2. прецедент
   **geschäftlicher Vorfall** *m* хозяйственная операция

**Vorfertigung** *f* (предварительная) заготовка

**Vorfertigungsabteilung** *f* заготовительный цех

**Vorfertigungshalle** *f* заготовительный цех

**Vorfertigungswerk** *n* заготовительный цех; завод, изготовляющий части для предприятия, выпускающего готовую продукцию; завод, изготовляющий детали для предприятия, выпускающего готовую продукцию

**Vorfinanzierung** *f* предварительное финансирование, авансовое финансирование; краткосрочное кредитование; предоставление краткосрочного кредита; выдача короткого кредита

**Vorfinanzierungskredit** *m* краткосрочный кредит *(может предоставляться, напр. для преодоления временных финансовых затруднений, пополнения оборотных средств и т.п.)*

**Vorfracht** *f* расходы по перевозке груза до промежуточного пункта
   **Vorfracht** фрахт и издержки, уплачиваемые за перевозку груза до промежуточного порта

**vorfristig** досрочный

**Vorführung** *f* демонстрация, показ *(напр. товаров на таможне)*
   **Vorführung von Zollgut** представление в таможню подлежащих очистке пошлиной товаров

**Vorgabe** *f* запланированное время, заданное время *(на выполнение работы)*
   **Vorgabe** заданный показатель
   **Vorgabe** постановка цели
   **Vorgabe von Umsatzzielen** заданный показатель оборота (средств)
   **staatliche Vorgaben** *f, pl* государственные задания; государственные плановые задания
   **gesetzte Vorgaben erreichen** достигать поставленную цель; достичь поставленную цель

**Vorgabeermittlung** *f* определение нормативных показателей, необходимых для расчёта расходов

**Vorgabekennziffer** *f* заданный показатель

**Vorgabekosten,** *pl* плановые затраты; плановые расходы; сметные расходы; расходы по смете; затраты по смете
   **Vorgabekosten** сметная стоимость, стоимость по смете

**Vorgabewert** *m* заданный показатель, запланированная стоимость

**Vorgabezeit** *f* запланированное время, заданное время *(на выполнение работы)*

**Vorgabeziffer** *f* контрольная цифра

**Vorgang** *m* производственный процесс
   **Vorgang** бухг. операция
   **Vorgang** сет. пл. работа
   **Vorgang** прецедент
   **Vorgang** образец, пример
   **Arbeitsvorgang** *m* технологический процесс
   **arbeitsintensiver Vorgang** трудоёмкий процесс
   **komplexer Vorgang** комплекс операций, комплекс работ; комплексный процесс
   **kritischer Vorgang** критическая работа
   **nichtkritischer Vorgang** некритическая работа
   **subkritischer Vorgang** подкритическая работа
   **wirtschaftlicher Vorgang** хозяйственная операция

**Vorgänge** *m pl* процессы, операции
   **Vorgänge verbuchen** проводить операции по книгам, проводить операции по бухучёту
   **produktive Vorgänge** производственные процессы

**Vorgänger** *m* предшествующая разработка; предшествующий образец; прототип
   **Vorgänger** предшествующий символ
   **Vorgänger** предшественник
   **Vorgänger** сет. пл. работа, непосредственно предшествующая данной
   **mein Vorgänger im Amt** мой предшественник на этой должности

**Vorgangsdauer** *f* сет. пл. продолжительность работы

**Vorgangsknotennetz** *n сет. пл.* сетевой график, в котором работы обозначаются кружками, сетевой график, в котором работы обозначаются квадратами

**Vorgangsliste** *f сет. пл.* перечень работ

**Vorgangspfeilnetz** *n сет. пл.* сетевой график, в котором работы обозначаются стрелками

**Vorgehen** *n* процедура, операция; действия (мн.ч.); образ действия

   **gemeinsames Vorgehen** совместные действия

   **indextheoretisches Vorgehen** *стат.* индексный анализ

   **planmässiges Vorgehen** запланированные действия

**Vorgesellschaft** *f* (созданное) акционерное общество, ещё не внесённое в торговый реестр

**Vorgesetztenschulung** *f* подготовка руководящих кадров

**Vorgesetzter** *m* руководитель; начальник

**Vorgriff** *m* кредитование

   **Vorgriff auf künftige Einnahmen** кредитование в счёт будущих поступлений

**Vorgriffsregulierung** *f* регулирование (предоставления) кредитов в счёт будущих поступлений

**Vorgründungsgesellschaft** *f* (созданное, учреждённое) акционерное общество, ещё не внесённое в торговый реестр

**Vorhaben** *n* комплекс работ, комплекс операций

   **Vorhaben** проект, разработка

   **Vorhaben** тема

   **Vorhaben** намерение

   **Vorhaben umsetzen** осуществить намерение; реализовать замысел

**Vorhand** *f* право преимущественной покупки

   **Vorhand** преимущество

**vorhanden** имеющийся в наличии

   **vorhanden sein** быть, иметься в наличии

**Vorhandensein** *n* наличие; (уст.) наличествование

**Vorherrschaft** *f* господство, преобладание, засилье

   **Vorherrschaft auf dem Markt** господство на рынке

**Vorhersage** *f* предсказание, прогноз

**Vorkalkulation** *f* предварительная калькуляция; сметная калькуляция; предварительный расчёт *(определение издержек перед началом производства или закупок)*

**Vorkapitalismus** *m* докапиталистическая формация; формация, предшествующая капитализму

**vorkapitalistisch** докапиталистический

**Vorkauf** *m* скупка; перекупка *(для перепродажи)*

**Vorkäufer** *m* скупщик; перекупщик

**Vorkaufsrecht** *n* право преимущественной покупки; преимущественное право покупки

**Vorkehrung** *f* мера предосторожности

**Vorklage** *f* предварительная жалоба истца

**Vorklärung** *f* подготовительная стадия *(напр. разработки модели)*

**Vorkommen** *n* существование, наличие

   **Vorkommen** месторождение

**Vorkontrolle** *f* предварительный контроль

**Vorkreditierung** *f* предварительное кредитование

**Vorkriegsniveau** *n* довоенный уровень

**Vorkriegsproduktion** *f* довоенное производство

**Vorkriegsstand** *m* довоенный уровень

**vorladen** *vt* вызывать *(напр., в суд)*

**Vorlage** *f* представление *(документа)*

   **Vorlage** проект, предложение *(напр. закона)*

   **bei Vorlage** по предъявлении *(в вексельном обороте)*, прима-виста

   **gegen Vorlage** по предъявлении, при предъявлении *(напр. документов)*

   **sofort bei Vorlage** по первому требованию

   **zahlbar bei Vorlage** с платежом по предъявлении *(пометка на векселе)*; с оплатой против предъявления

**Vorlagenverwertung** *f* неправомочное использование и передача различных сведений *(напр. чертежей, рецептов, раскроя)* в условиях конкурентной борьбы

**Vorlauf** *m* опережение, упреждение; (производственный) задел; предварительная оценка процесса

   **Vorlauf praktikablen Wissens** опережающее развитие знаний, находящих практическое применение

   **wissenschaftlichtechnischer Vorlauf** научно-технический задел, научно-техническое опережение

**vorläufig** временный; предварительный; текущий; промежуточный; предварительный

   **vorläufige Bilanz** предварительный баланс

   **vorläufiges Ergebniss** предварительный результат; промежуточный результат

   **vorläufige Verfügung** временное распоряжение; временная директива

**Vorlaufkapazität** f задельная мощность; предварительная мощность

**Vorlaufkoeffizient** m коэффициент опережения, коэффициент упреждения

**Vorlaufkosten** pl транспортные расходы, уплачиваемые за перевозку груза до порта

**Vorlaufnorm** f норма задела; норма предварительной выработки

**vorlegen** vt представлять; предъявлять (документ)
- **Beweismaterial vorlegen** предъявлять доказательства
- **einen Vertrag zur Unterschrift vorlegen** представлять договор на подпись
- **Pläne der Öffentlichkeit vorlegen** представлять общественности планы; ознакомить общественность с планами
- **(etw.) zur Begutachtung vorlegen** представлять на рассмотрение (что-л.)

**Vorlegung** f представление, предъявление (напр. векселя или чека)
- **bei Vorlegung** по предъявлении
- **gegen Vorlegung** по предъявлении

**Vorlegungsfrist** f срок действия (чека), срок предъявления (чека, платежного документа)

**Vorlegungsklausel** f отметка на векселе о предъявлении его к акцепту

**Vorlegungsvermerk** m отметка трассата о дне предъявления чека

**Vorleistung** f аванс, аванс-задаток, авансовый платёж
- **Vorleistung** авансовая поставка
- **Vorleistung** государственные ассигнования на здравоохранение и оборону (ФРГ)
- **Vorleistung** издержки производства, входящие в себестоимость продукции будущих периодов (часть оборотных средств)
- **Vorleistung** обеспечение временного задела, обеспечение опережения во времени
- **Vorleistung** отражённые в народнохозяйственном балансе товары и услуги, потребляемые в производстве за определённый период
- **Vorleistung** подготовительные работы
- **Vorleistung** бухг. расходы будущих периодов
- **industrielle Vorleistungen** f, pl (предварительные) поставки и услуги промышленности (для сельского хозяйства)

**Vorleistungspflicht** f обязанность одной стороны исполнить свои договорные обязательства раньше другой

**vorliegen** vi иметься, быть налицо
- **Ihr Schreiben liegt uns vor** мы получили Ваше письмо

**vorliegend** данный, имеющийся

**Vormann** m предшествующий индоссант, предыдущий индоссант, предшествующий векселедержатель, предыдущий векселедержатель

**Vormerkverfahren** n предварительное таможенное действие

**Vormontage** f предварительный монтаж, предварительная сборка, фор-монтаж

**Vormund** m опекун
- **einen Vormund berufen** назначать опекуна
- **zum Vormund bestellen** назначать опекуна

**Vormundschaft** f опека
- **unter Vormundschaft stehen** находиться под опекой

**vornehmen** vt проводить, производить (действия)

**Vornhundertsatz** m процентная ставка, ставка в процентах, процент

**Vornorm** f предварительная норма; временная норма

**Vornotierung** f предварительная запись; предварительная котировка; предварительный курс (ценных бумаг)

**Vorpalettierung** f предварительная пакетирование (грузов)

**Vorplanung** f предварительное планирование

**Vorprämie** f бирж. премия по срочным сделкам (при игре на повышение)

**Vorprämiengeschäft** n бирж. срочная сделка с премией, заключённая для игры на повышение

**Vorprodukt** n исходный продукт; полуфабрикат
- **Vorprodukt** n сырьё и материалы, необходимые для начального развёртывания производства (часть запаса предприятия)

**Vorprojekt** n предварительный проект, фор-проект

**Vorprüfung** f предварительная проверка, предварительное испытание; предварительный осмотр

**Vorrang** m преимущество, преимущественное право; преференция; приоритет

**vorrangig** преимущественный (напр. о праве)

**Vorrangigkeit** f первоочерёдность
- **Vorrangigkeit der Steuerforderungen** первоочерёдность уплаты налогов

**Vorrangigkeitsanspruch** m юр. преимущественное право

**Vorrangstellung** f преимущественное положение, главенствующее положение

**Vorrat** *m* запас, резерв; запасы, резервы
  **laufender Vorrat** текущие запасы
  **produktionsbedingter Vorrat** производственные запасы
  **richtsatzgebundener Vorrat** нормативные запасы
  **zweckgebundener Vorrat** запасы целевого назначения

**Vorräte** *m, pl* запасы, резервы
  **laufende Vorräte** текущие запасы

**Vorräteversicherung** *f* страхование запасов

**Vorratsabbau** *m* сокращение запасов; ликвидация запасов

**Vorratsaktien** *f, pl* резервные акции

**Vorratsbewegung** *f* движение запасов; течение запасов (резервов)

**Vorratsbildung** *f* образование запасов, создание запасов, формирование запасов, создание резервов

**Vorratsentwicklung** *f* движение запасов

**Vorratsgrundstücke** *n, pl* земельные участки, приобретённые для расширения предприятия в будущем

**Vorratshaltung** *f* содержание запасов

**Vorratskauf** *m* покупка в запас

**Vorratsnorm** *f* норматив товарных запасов, норматив запасов товарно-материальных ценностей
  **handelsseitige Vorratsnorm** норма запасов, отвечающая требованиям торговли
  **verbraucherseitige Vorratsnorm** норма текущих запасов материалов

**Vorratsnormativ** *n* норматив товарных запасов, норматив запасов товарно-материальных ценностей

**Vorratsnormung** *f* нормирование запасов, нормирование товарных запасов

**Vorratspflege** *f* обеспечение сохранности качества запасов *(пищевых продуктов, кормов, текстильных изделий)*, находящихся на складах; обеспечение сохранности складских запасов

**Vorratsplan** *m, operativer* план (создания) оперативных запасов

**Vorratsproduktion** *f* производство с целью создания запасов

**Vorratsproportionierung** *f* пропорциональное распределение запасов

**Vorratsvermögen** *n* запас предприятия *(сырьё, вспомогательные материалы, полуфабрикаты, готовая продукция)*
**Vorratsvermögen** *бухг.* товары и материалы на складе

**Vorratszeichen** *n* запасной товарный знак *(зарегистрированный в патентном бюро)*

**Vorrecht** *n* преимущество; привилегия; преимущественное право; приоритет
  **Vorrechte aufheben** отменить привилегии
  **Vorrechte genießen** пользоваться привилегиями, использовать привелегии

**Vorrechtsaktie** *f* привилегированная акция

**Vorrechtsgläubiger** *m* кредитор, предоставляющий ссуду на наиболее выгодных условиях; преимущественный кредитор; привилегированный кредитор

**Vorrichtung** *f* подготовительные работы
  **Vorrichtung** приспособление, устройство

**Vorschätzung** *f* предварительная оценка

**Vorschaurechnung** *f* предварительный подсчёт, предварительный учёт; предварительная калькуляция

**Vorschieben** *n* **von Waren** недозволенная торговля товарами, приобретёнными на условиях распродажи остатков до официального объявления распродажи

**vorschießen** *vi* выдавать аванс, авансировать
  **vorschießen** ссужать, ссудить, предоставить ссуду

**Vorschlag** *m* предложение; проект

**Vorschlags- und Erfindungswesen** *n* рационализаторство и изобретательство

**Vorschlagswesen** *n* рационализаторство

**Vorschrift** *f* предписание, положение, инструкция
  **eine Vorschrift erfüllen** выполнить инструкцию
  **Vorschriften der multilateralen Überwachung** правила для процедуры многостороннего контроля (в ЕС)

**vorschriftsgemäß** предписанный, соответствующий предписанию, согласно предписанию

**vorschriftsmäßig** предписанный, соответствующий предписанию, согласно предписанию, по предписанию

**Vorschuss** *m* задаток, аванс; предварительный взнос; ссуда
  **abzurechnender Vorschuss** подотчётная сумма
  **außerplanmäßiger Vorschuss** внеплановый аванс

**geplanter Vorschuss** плановый аванс
**als Vorschuss** авансом, в виде аванса, в виде задатка
**einen Vorschuss einräumen** предоставлять аванс
**einen Vorschuss gewähren** предоставлять аванс
**einen Vorschuss leisten** авансировать, выдавать аванс; внести аванс
**gegen Vorschuss** под аванс
**Vorschusskasse** *f* ссудная касса
**Vorschusskonto** *n* авансовый счёт; счёт авансовых платежей
**Vorschussleistende** *m* авансодатель
**Vorschussnehmer** *m* авансополучатель; получатель аванса
**Vorschusswechsel** *m* авансовый вексель
**vorschussweise** в виде аванса, в виде задатка; авансом
**Vorschusszahlung** *f* задаток, авансирование, авансовый платёж
**Vorschusszeit** *f* период, на который авансируется капитал
**Vorsicht** *f* "осторожно" (маркировка на грузах)
**Vorsicht** осторожность
**Vorsichtsmarkierung** *f* предупредительная маркировка на внешней упаковке
**Vorsichtsmarkierungen** *f, pl* предупредительная маркировка (надписи) на внешней упаковке
**Vorsichtsmaßnahme** *f* мера предосторожности
**Vorsichtsmaßnahmen** *f, pl* меры предосторожности (мн.ч.)

**Vorsorgerücklage** *f* отчисления (от прибыли) на случай непредвиденных убытков; отчисления в резервный фонд
**Vorst., Vorstand** правление
**Vorstand** *m* правление акционерного общества *(руководящий и исполнительный орган)*
**Vorsteuerabzug** *m* уменьшение величины (валового) дохода до вычета налогов
**Vorsteuerberichtigung** *f* операции, связанные с корректировкой предварительного вычета налога из суммы доходов
**vorstrecken** выдавать задаток, выдавать аванс, авансировать
**vorstrecken** давать взаймы, занимать
**Vorteil** *m* достоинство
**Vorteil** польза; выгода; прибыль; преимущество
**Vorteil** преимущество
**Vorteil** привилегия
**Vorteil** превосходство
**absoluter Vorteil** абсолютная выгода
**absoluter Vorteil** абсолютное превосходство
**beiderseitiger Vorteil** взаимная выгода
**komparativer Vorteil** относительная выгода
**wirtschaftlicher Vorteil** хозяйственная выгода; народнохозяйственная выгода; экономическая выгода
**vorteilhaft** благоприятный
**vorteilhaft** выгодный
**vorteilhaft** полезный
**gegenseitig vorteilhaft** взаимовыгодный
**Vortest** *m стат.* предварительный тест *(при подготовке текста опроса)*

**Vortrag** *m бухг.* перенесённая сумма
**Vortrag** *бухг.* перенос суммы на новый счёт; перенос на новый счёт; перенос сальдо на новый счёт
**Vortrag** доклад; лекция
**Vortrag** *(служебный)* доклад, рапорт, донесение
*einen* **Vortrag halten** делать доклад
**Vorverhandlungen** *f, pl* предварительные переговоры
**Vorverkauf** *m* предварительная продажа предприятиями оптовой торговли промышленных товаров
**Vorvertrag** *m* предварительный договор; предварительное соглашение; предконтрактное соглашение
**Vorwärtsentwicklung** *f* развитие, прогресс
**Vorwärtsrechnung** *f сет. пл.* отсчёт времени от исходного события сети
**Vorwegnahme** *f* антиципация; досрочная уплата
**vorweisen** предъявлять *(напр. вексель к оплате)*
**vorweisen** предъявлять, показывать *(документ)*
**Bescheinigung vorweisen** предъявлять удостоверение *(справку, свидетельство, квитанцию и т.п.)*
**Zertifikat vorweisen** предъявлять свидетельство, предъявлять удостоверение, предъявлять сертификат
**vorzeigen** предъявлять *(напр. вексель к оплате)*
**vorzeigen** предъявлять, показывать *(документ)*
**den Paß vorzeigen** предъявлять паспорт
**zum Akzept vorzeigen** представлять к акцептованию; предъявлять к акцептованию
**Vorzeiger** *m* предъявитель

**vorzeitig** досрочный; заблаговременный, преждевременный

**vorzeitige Abschreibung** *f* ускоренная амортизация; досрочная амортизация

**vorzeitige Rente** *f* досрочно назначенная пенсия

**vorzeitiger Rückkauf** *m* досрочный выкуп

**vorzeitige Rückzahlung** *f*; **anticipated repayment** *(eng.)* досрочное погашение; досрочное погашение кредита

**vorzeitige Tilgung** *f* 1. досрочное погашение 2. досрочный выкуп 3. ускоренная амортизация

**vorzeitige Zahlung** *f*; **payment before due date** *(eng.)* досрочный платёж; погашение задолженности до истечения срока платежа

**vorzeitiges Storno** *n страх.* досрочное сторнирование

**Vorzensur** *f* предварительная цензура

**Vorzinsen** *pl* учётные проценты по дисконту

**Vorzug** *m* предпочтение; преимущество; привилегия; преференция; приоритет

**handgreiflicher Vorzug** явное преимущество

**vorzüglich** преимущественный *(о праве)*, предпочтительный

**Vorzuglichkeit** *f* предпочтительность; преимущественность

**Vorzugsaktie** *f* привилегированная акция *(акция с фиксированным дивидендом; в большинстве случаев не обеспечивает права голоса)*

**Vorzugsaktie mit Gewinnbeteiligung; participating preference share** *(eng.)* привилегированная акция с участием в дивидендах

**Vorzugsaktie mit Stimmrecht** привилегированная акция с правом голоса

**Vorzugsaktie ohne kumulativen Dividendenanspruch; noncumulative preferred stock** *(eng.)* привилегированная акция, пропущенный дивиденд по которой не накапливается и не выплачивается

**Vorzugsaktie ohne Nachbezugsrecht; noncumulative preferred stock** *(eng.)* привилегированная акция, пропущенный дивиденд по которой не накапливается и не выплачивается

**Vorzugsaktie ohne Stimmrecht** привилегированная акция без права голоса

**kumulative Vorzugsaktie** кумулятивная привилегированная акция, привилегированная акция с накапливающимся дивидендом

**Vorzugsaktionär** *m* держатель привилегированных акций

**Vorzugsangebot** *n* выгодное предложение; особо выгодное предложение; предложение на заключение сделки на льготных условиях; привилегированная оферта; привилегированное предложение

**Vorzugsangebot** сделка с премией

**Vorzugsbedingung** *f* льгота

**Vorzugsbehandlung** *f* льготный таможенный режим; обработка в льготном таможенном режиме

**Vorzugsbehandlung** *(вчт.)* обслуживание с приоритетом

**Vorzugsbehandlung** преференциальный режим

**Vorzugsdividende** *f* дивиденд по привилегированной акции

**Vorzugsdividende** привилегированный дивиденд; дивиденд, выплачиваемый в первую очередь

**Vorzugsgewinnanteil** *m* дивиденд по привилегированной акции

**Vorzugsgewinnanteil** привилегированный дивиденд; дивиденд, выплачиваемый в первую очередь

**Vorzugsgläubiger** *m* кредитор, претензия которого подлежит первоочередному удовлетворению; кредитор, претензия которого подлежит преимущественному удовлетворению; кредитор первой очереди

**Vorzugsgrundlage** *f* преференциальная основа; база расчёта преференциальных пошлин

**Vorzugsklage** *f* иск на преимущественное удовлетворение

**Vorzugskondition** *f* льготное условие

**Vorzugskonditionen** *pl*; **preferential terms** *(eng.)* льготные условия; преимущественные условия

**Vorzugskredit** *m* льготный кредит, кредит на льготных условиях

**Vorzugslasten** *f, pl* налоги и взносы в госбюджет, направляемые на специальные цели

**Vorzugslasten** обязательные платежи в государственный бюджет, дающие определённые права; обязательные платежи в государственный бюджет, дающие определённые преимущества

**Vorzugsobligation** *f* привилегированная облигация; облигация с первоочередной выплатой процентов и первоочередным погашением

**Vorzugspreis** *m* льготная цена; цена, выгодная для покупателей; низкая цена

**Vorzugsrabatt** *m* льготная скидка

**Vorzugsrecht** *n* преимущественное право; привилегия; льгота

**Vorzugstarif** *m* льготный тариф, преференциальный тариф

**Vorzugsvorlage** *f* преференциальная основа

**vorzugsweise** преимущественно; предпочтительно

**vorzugsweise Befriedigung** преимущественное удовлетворение *(кредитора)*

**Recht auf vorzugsweise Befriedigung** право на преимущественное удовлетворение (напр. требований кредитора)

**Vorzugszinssatz** *m* льготная процентная ставка

**Vorzugszoll** *m* преференциальная пошлина, предпочтительная пошлина; покровительственная пошлина, протекционистская пошлина, льготная пошлина

*das* **System der Vorzugszölle** система покровительственных пошлин; система преференций

**Vorzugszollgebiet** *n* зона таможенных привилегий; зона преференций

**Vorzugszollgebiet** территория, на которой действуют покровительственные пошлины

**Vorzugszone** *f* территория, на которой действуют покровительственные пошлины; зона преференций, зона таможенных привилегий

**Vostrokonto** *n* *ит.* востро-конто, счёт востро *(напр. счёт иностранного вкладчика в банке данной страны)*; счёт лоро

**votieren** голосовать

**Votum** *n* вотум

**Voucher** *m* *англ.* ваучер, вид ценной бумаги для упрощения расчётов между бюро путешествий

**VÖV, Verband Öffentlicher Verkehrsbetriebe** Союз предприятий общественного транспорта

**Vowo, Volkswohnungsbau** *истор.* Народное общество жилищного строительства (ФРГ)

**Voyage-charter** *англ.* договор на аренду судна для определённого рейса, чартер-партия на рейс

**Voyageur** *m* *фр.* коммивояжёр

**VP, Volkspolizei** народная полиция *(в бывш. ГДР)*

**vpf., verpfändet** заложено, находится в закладе

**VPöA, Verordnung über die Preise bei öffentlichen Aufträgen** положение о ценах при официальных заказах, положение о ценах при государственных заказах

**VR:**

**VR, verantwortlicher Redakteur** *m* ответственный редактор

**VR, Verlagsrecht** *n* издательское право

**VR, Verwaltungsrat** *m* административный совет; совет по планированию производства и контролю за выпуском продукции *(на предприятии)*

**VR, Videorekorder** *m* видеомагнитофон

**VR, virtual reality** *(eng.)* виртуальная реальность

**VR, Volksrepublik** *f* народная республика

**VRA, Vertrauliche Runderlaße für Außenwirtschaft** конфиденциальные циркуляры по вопросам экономики и внешней торговли

**VrKD, Verband Reisender Kaufleute Deutschlands** Союз немецких коммивояжёров

**Vrz.A., Vorzugsaktie** привилегированная акция

**VSK, Verband Schweizerischer Konsumvereine** Союз швейцарских потребительских обществ

**VSt:**

**VSt, Vermögenssteuer** налог на имущество

**VSt., Verkaufsstelle** *f* торговая точка

**VStG, Vermögenssteuergesetz** закон о налоге на имущество

**VSV, Verordnung über die Sozialpflichtversicherung** постановление об обязательном социальном страховании

**v.T., vom Tausend** промилле, тысячная доля

**v.T.-Satz** *m* ставка в промилле

**VTL, Vorläufige Technische Lieferbedingungen** временные технические условия поставки

**Vtr., VTR:**

**Vtr.,Vtr, Vertreter** представитель; поверенный

**VTR, videotape recorder** *(eng.)* видеомагнитофон; устройство записи на видеоленту

**VÜG** Соглашение по железнодорожным грузовым перевозкам

**VÜP, Vereins-Übereinkommen über den Eisenbahn-Personen- und Gepäckverkehr** Соглашение о железнодорожных пассажирских сообщениях и перевозках багажа

**VVaG, Versicherungsverein auf Gegenseitigkeit** Союз обществ взаимного страхования

**VVB:**
**VVB, Vereinigung Volkseigener Betriebe** *ист.* Объединение народных предприятий *(бывш. ГДР)*
**VVB, Verwaltung Volkseigener Betriebe** *ист.* Управление народными предприятиями *(в бывш. ГДР с 1952 г. по 1957 г.)*
**VVB-Umlage** *f ист.* отчисления предприятий на содержание аппарата Объединения народных предприятий *(бывш. ГДР)*
**VVEAB, Verwaltung Volkseigener Erfassungs- und Aufkaufbetriebe landwirtschaftlicher Erzeugnisse** *ист.* Управление народных предприятий по заготовке и закупке сельскохозяйственной продукции *(бывш. ГДР)*

**VVG:**
**VVG, Vereinigung Volkseigener Güter** *ист.* Объединение народных имений *(бывш. ГДР)*
**VVG, Verwaltung Volkseigener Güter** *ист.* Управление народными имениями *(бывш. ГДР)*
**VVW, Vereinigung Volkseigener Warenhäuser** *ист.* Объединение государственных универсальных магазинов *(бывш. ГДР)*
**VVW-CENTRUM, Vereinigungvolkseigener Warenhäuser CENTRUM** *ист.* Центральный орган объединения государственных универсальных магазинов *(бывш. ГДР)*

**VW:**
**VW, Volkswirtschaft** народное хозяйство, экономика, национальная экономика
**Vw, Volkswirtschaft** народное хозяйство, национальная экономика, экономика
**VWD, Vereinigte Wirtschaftsdienste** служба экономической информации
**VWR, Verwaltung der Wirtschaftsbetriebe der Regierung der DDR** *ист.* Управление хозяйственными предприятиями правительства *(бывш. ГДР)*
**VZ, Vorauszahlung** задаток, оплата вперёд; авансовая выплата, предварительный взнос денег; выплата авансом

# W

**W:**
**W, Währung** валюта;
**W, Wert** ценность; стоимость; цена
**W, Woche** неделя
**W-Gruppen** *f, pl* тарифные группы заработной платы экономистов *(бывш. ГДР)*
**W.-Pr., Warenprobe** образец товара *(высылаемый по почте)*
**WA:**
**Wa, Waren** *f, pl* товары
**WA, Wirtschaftsabkommen** экономическое соглашение;
**W.A., with average** *страх. англ.* включая частную аварию
**Waage** *f* весы (мн.ч.)
**Abfüllwaage** фасовочные весы
**Absackwaage** автоматические весы с засыпкой мешков
**Annahmewaage** весы приёмного устройства
**Balkenwaage** безмен; коромысловые весы
**Behälterwaage** ковшовые весы
**Blockwaage** весы для взвешивания слитков.
**Rückenwaage** весы с платформой
**Dezimalwaage** десятичные весы
**Fahrzeugwaage** автомобильные весы
**Federwaage** пружинные весы
**Neigungswaage** циферблатные весы
**Paketierwaage** расфасовочные весы
**Postwaage** почтовые весы
**Schalenwaage** чашечные весы
**Tafelwaage** настольные весы
**Viehwaage** весы для взвешивания скота
**Zeigerwaage** циферблатные весы
**Zuteilwaage** весы-дозатор
**Waageamt** *n* палата мер и весов; , пробирная палата
**WAB, Währungsausgleichsbetrag; MCA** *(eng.)*, **monetary compensatory amount** сумма валютной компенсации
**wach** деятельный
**Wache** *f* караульное помещение; пропускной пункт (будка)
**Wache** полицейский участок
**Wache halten** сторожить; стоять на страже; охранять
**als Wache zurückbleiben** оставаться для охраны
*die* **Wache ablösen** сменять караул; сменять вахту

**wachhalten** vt поддерживать; сохранять (напр., интерес к чему-л.)
**Wachmann** m вахтёр
  **Wachmann** караульный
  **Wachmann** ночной сторож
  **Wachmann** сторож
**Wachsen** n рост; увеличение; развитие
**wachsen** vi расти, развиваться, возрастать, увеличиваться
  **ins Geld wachsen** (разг.) подниматься в цене; расти в цене
**Wachstum** n рост; прирост
  **ausgewogene Wachstum** равномерное развитие
  **gleichgewichtiges Wachstum** уравновешенный рост, сбалансированный рост
  **kräftiges Wachstum** быстрый рост
  **überdurchschnittliches Wachstum** опережающий рост
  **vorrangiges Wachstum** преимущественный рост; опережающий рост
  **wirtschaftliches Wachstum** экономический рост
**Wachstumsangleichung** f выравнивание темпов роста, сглаживание темпов роста
**Wachstumsdynamik** f динамика роста (экономического)
**Wachstumseffekt** m эффект роста
**Wachstumsfaktor** m фактор роста
**Wachstumsfaktoren** m, pl факторы (мн.ч.)
  **ökonomische Wachstumsfaktoren** экономические факторы роста
**Wachstumsforschung** f исследование роста
**Wachstumsgleichgewicht** n сбалансированность роста, равновесие роста
**Wachstumskriterium** n критерий роста; критерий экономического роста

**Wachstumsmodell** n модель роста
  **wirtschaftliches Wachstumsmodell** модель экономического роста
**Wachstumsplanung** f планирование роста; планирование экономического роста; планирование роста в народном хозяйстве
**Wachstumspolitik** f политика роста (направленная на создание стимулов и условий для экономического роста)
**Wachstumspostulation** f разработка исходных посылок роста, разработка исходных концепций роста
**Wachstumsprognose** f прогноз роста; прогноз экономического роста; экономический прогноз роста
**Wachstumsproportionen** f, pl пропорции роста
**Wachstumsquote** f коэффициент роста; темп роста
**Wachstumsrate** f коэффициент роста; темп роста
**Wachstumsstrategie** f стратегия развития
**Wachstumstempo** n темп роста
  **gemessen am Wachstumstempo** по темпам развития; в соответствии с темпами развития (роста)
  **ökonomisches Wachstumstempo** темп экономического роста
**Wachstumstendenz** f тенденция роста
**Wachstumstheorie** f теория роста (экономического)
  **ökonomische Wachstumstheorie** теория экономического роста
**Wachstumstrend** m тенденция роста
**Wachstumsunterschied** m различие в темпах роста

**Wachunternehmen** n охранное предприятие
**wage drift** англ. отклонение фактической заработной платы от расчётных ставок
**Wägegebühr** f весовой сбор
**Wägegeld** n весовой сбор
**Wagen** m автомобиль
  **Wagen** ж.-д. вагон
  **frei Wagen** франко-вагон
**wägen** vt взвешивать
**Wagenachsekilometer** n вагоно-осе-километр
**Wagenauslastung** f загрузка вагона
**Wagenbestand** m вагонный парк
**Wagenbestellung** f заявка на вагон(ы)
**Wagenkilometer** n вагоно-километр
**Wagenkipper** m вагоноопрокидыватель
**Wagenlastlauf** m гружёный рейс вагона; полезный прогон вагона; полезный пробег вагона
**Wagenleerlauf** m порожний рейс вагона; пробег вагона порожняком
**Wagenpark** m вагонный парк, парк вагонов
**Wagenstandgeld** n штраф за простой вагонов
**Wagenstandgeldfrist** f допускаемая продолжительность простоя вагонов
**Wagentage** m, pl вагоно-сутки
**Wagenumlauf** m вагонооборот
**Waggon** m вагон
**Waggonbau** m вагоностроение
**Wagnis** n риск; рискованное дело, рискованное предприятие
  **kalkulatorisches Wagnis** калькулируемые накидки к цене на риск
  **kalkulatorisches Wagnis** калькуляционный риск

**Wagnisdeckung** f покрытие, обеспечение *(на случай возможного риска)*; обеспечение на случай возможного риска, обеспечение возможных рисков

**Wagniskennzahl** f покрытие индекс риска; коэффициент риска; показатель риска

**Wagnisprüfung** f страх. проверка возможности и степени покрытия риска; проверка рискового обеспечения

**Wagnisverluste** m, pl убытки от рисков (мн.ч.)

**Wagnisverzehr** m гибель оборудования и складских запасов в результате катастроф

**Wagniszuschlag** m надбавка за риск, рисковая премия, премия за риск

**Wägung** f взвешивание
  **Wägung** оценка (напр. ситуации, возможностей)
  **Bruttowägung** f взвешивание брутто

**Wahl** f I выбор
  **Wahl des Käufers** право выбора покупателя
  **in Wahl** по выбору
  **nach Wahl** по выбору *(напр. пункт договора)*

**Wahl** f II сорт; качество
  **erste Wahl** первый сорт
  **von zweiter Wahl** второсортный
  **zweiter Wahl** второсортный

**wahlfrei** нерегулярный; произвольный

**Wahlkauf** m свободная покупка

**Wahlmöglichkeit** f право выбора

**Wahlschuld** f юр. альтернативное обязательство

**Wahlzoll** m альтернативная пошлина

**wahren** хранить; сохранять; беречь, охранять

**WährG, Währungsgesetz** закон о валютной реформе *(от 20.6. 1948 г. в западных зонах Германии)*

**Wahrheitstreue** f достоверность, истинность

**wahrnehmen** vt соблюдать *(сроки)*, защищать *(интересы)*; покрывать *(расходы)*

**Wahrnehmung** f различение; восприятие; ощущение; наблюдение
  **eine Wahrnehmung machen** сделать наблюдение, заметить

**Wahrnehmung** f соблюдение (срока, интересов)
  **Wahrnehmung berechtigter Interessen** соблюдение законных интересов
  **in Wahrnehmung seiner Interessen** защищая свои интересы

**wahrscheinlich** мат. вероятностный

**Wahrscheinlichkeit** f мат. вероятность
  **Wahrscheinlichkeit a posteriori** апостериорная вероятность
  **Wahrscheinlichkeit a priori** априорная вероятность
  **bedingte Wahrscheinlichkeit** условная вероятность
  **empirische Wahrscheinlichkeit** эмпирическая вероятность
  **fiduziäre Wahrscheinlichkeit** доверительная вероятность, фидуциарная вероятность
  **komplementäre Wahrscheinlichkeit** дополняющая вероятность, комплементарная вероятность
  **statistische Wahrscheinlichkeit** статистическая вероятность
  **totale Wahrscheinlichkeit** полная вероятность
  **unbedingte Wahrscheinlichkeit** безусловная вероятность

**Wahrscheinlichkeitsdichte** f плотность вероятности

**Wahrscheinlichkeitseinschränkung** f вероятностное ограничение

**Wahrscheinlichkeitsfläche** f мат. поле вероятностей

**Wahrscheinlichkeitsgrad** m степень вероятности

**Wahrscheinlichkeitslehre** f теория вероятностей

**Wahrscheinlichkeitspapier** n вероятностная бумага

**Wahrscheinlichkeitsprozess** m вероятностный процесс

**Wahrscheinlichkeitsrechnung** f расчёт степени вероятности

**Wahrscheinlichkeitsschluss** m вероятностное заключение, вероятностное умозаключение; вероятностный вывод

**Wahrscheinlichkeitssystem** n вероятностная система

**wahrscheinlichkeitstheoretisch** вероятностный

**Wahrscheinlichkeitstheorie** f теория вероятностей

**Wahrscheinlichkeitsverteilung** f распределение вероятностей

**Wahrscheinlichkeitsverteilungsfunktion** f функция распределения вероятностей

**Wahrung** f сохранение, охрана

**Währung** f валюта
  **Währung der Zahlung** валюта платежа
  **ausländische Währung** иностранная валюта
  **beschränkt konvertierbare Währung** частично конвертируемая валюта, частично обратимая валюта
  **effektive Währung** наличная валюта
  **einfache Währung** монометаллическая денежная система, монометаллизм
  **entwertete Währung** обесцененная валюта

**frei konvertierbare Währung** свободно конвертируемая валюта, СКВ, свободно обратимая валюта

**freie Währung** свободная валюта; свободнообращаемая валюта; валюта в свободном обращении

**geschlossene Währung** замкнутая валюта

**harte Währung** устойчивая валюта, твёрдая валюта, СКВ

**hinkende Währung** "хромающая" валюта, колеблющаяся валюта

**kollektive Währung** коллективная валюта

**konvertierbare Währung** конвертируемая валюта, обратимая валюта

**manipulierte Währung** регулируемая валюта *(валютные курсы регулируются эмиссионным банком посредством рыночных операций, интервенций и др.)*

**nicht konvertierbare Währung** неконвертируемая валюта, необратимая валюта

**unkonvertierbare Währung** неконвертируемая валюта, необратимая валюта

**vereinbarte Währung** обусловленная договором валюта (платежа)

**weiche Währung** weiche неустойчивая валюта, мягкая валюта *(напр. стран СНГ)*

**Währungs- und Finanzmechanismus** *m* валютно-финансовый механизм

**Währungs- und Goldpolitik** *f* золотовалютная политика, авуарная политика

**Währungsabkommen** *n* валютное соглашение

**Währungsabwertung** *f* девальвация, обесценивание валюты

**Währungsaufwertung** *f* ревальвация, повышение ценности валюты, повышение стоимости валюты

**Währungsbank** *f* валютный банк

**Währungsbasis** *f* валютная база

**Währungsbeistand** *m* валютная помощь

**kurzfristiger Währungsbeistand** краткосрочная валютная помощь

**Währungsbeschränkungen** *f, pl* валютные ограничения

**Währungsbeziehungen** *f, pl* валютные отношения (мн.ч.)

**Währungsblock** *m* валютный блок

**Währungschaos** *n* валютный хаос

**Währungscoctail** *m* валютный своп-коктейль *(составными элементами договора являются несколько валют, используемых для уравновешивания в случае внезапного резкого изменения рыночного курса той или иной валюты)*

**Währungsdeckung** *f* валютное покрытие

**Währungsdisparität** *f* валютная разница, разница в курсах валют; валютный диспаритет

**Währungsdumping** *n* валютный демпинг

**Währungseinheit** *f* валютная единица

**Währungseinheit** денежная единица

**Währungsfaktura** *f* счёт-фактура в иностранной валюте, валютная счёт-фактура

**Währungsfonds** *m* валютный фонд

**Währungsgebiet** *n* валютная зона, валютный регион

**Währungsgeld** *n* валюта

**Währungsgesetz** *n* закон о валютных операциях

**Währungsgewinnabgaben** *f, pl* уравнительные налоги на прибыль, полученную в результате денежной реформы

**Währungsgold** *n* монетарное золото

**Währungsgrundlage** *f* валютная база

**Währungsguthaben** *n* активы в иностранной валюте, валютный авуары

**Währungshoheit** *f* валютный суверенитет

**Währungsklausel** *f* валютная оговорка *(в договоре, в контракте)*

**Währungskonto** *n* валютный счёт

**Währungskonvertibilität** *f* конвертируемость валют, обратимость валют

**Währungskorb** *m* валютная корзина

**Währungskrise** *f* валютный кризис, валютно-финансовый кризис

**Währungskurs** *m* валютный курс, курс валюты

**Währungsmechanismus** *m* валютный механизм

**Währungsmetall** *n* валютный металл

**Währungsmonopol** *n* валютная монополия

**Währungsparität** *f* валютный паритет

**Währungspolitik** *f* валютная политика

**währungspolitisch** относящийся к валютной политике, применительно к валютной политике

**Währungspreis** *m* валютная цена, цена в иностранной валюте

**Währungsraum** *m*, **freier** зона стран свободно конвертируемых валют

**Währungsreform** f валютно-финансовая реформа
**Währungsreform** денежная реформа
**Währungsrelation** f соотношение валют
**Währungsrembours** m валютный рамбурс
**Währungsreserven** f, pl валютные резервы, резервы валюты
**Währungsscheck** m чек в иностранной валюте
**Währungsschlange** f "валютная змея" (в соответствии с действовавшим в 70-х годах соглашением западноевропейских стран взаимные колебания курсов их валют были ограничены при свободном плавании относительно доллара)
**Währungsschrumpfung** f сокращение валютных резервов
**Währungsschuld** f валютная задолженность, задолженность по валюте
**Währungsschutzzoll** m покровительственная пошлина, протекционистская пошлина (для ограничения импорта товаров, закупаемых на валюту)
**Währungsschwankungen** f, pl колебания курсов валют
**Währungsstabilisierung** f стабилизация валюты
**Währungsstabilität** f стабильность валюты, устойчивость валюты
**Währungssystem** n валютная система, валютно-финансовая система
   **bimetallistisches Währungssystem** биметаллизм
**Währungstabellen** f, pl таблицы валют стран мира
**Währungsubersicht** f таблицы валют стран мира

**Währungsumstellung** f изменение валютного паритета (в условиях золотого стандарта - пропорции размена на золото и масштаба цен)
**Währungsumstellung** изменение золотого содержания валюты
**Währungsunion** f валютный союз
**Währungsverfall** m падение курса валюты
**Währungsvorräte** m, pl валютные резервы, резервы валюты
**Währungswirbel** m валютная лихорадка
**Währungszerrüttung** f валютный хаос
**Währungszone** f валютная зона; зона хождения валюты
**Währungszuschlag** m валютная надбавка к морскому фрахту
**Waisenrente** f пенсия, выплачиваемая детям застрахованных лиц после смерти последних; материальная помощь сиротам
**Wallstreetmagnat** m финансовый магнат Уолл-стрита
**Wandelanleihe** f конверсионный заём; заём с изменяющимися условиями погашения
**Wandelgeschäft** n превращение срочной биржевой сделки в кассовую сделку
**Wandelgeschäft** срочная биржевая сделка с правом (продавца или покупателя) на досрочную поставку товара; превращение срочной биржевой сделки в кассовую сделку
**Wandelobligation** f облигация конверсионного займа

**Wandelschuldverschreibung** f облигация конверсионного займа (именная облигация, выпущенная акционерным обществом, которую через некоторое время можно обменять на акции)
**Wanderarbeit** f отхожий промысел; разъездная работа
**Wanderarbeiter** m рабочий, занятый в отхожем промысле
**Wanderausstellung** f передвижная выставка
**Wandergewerbe** n отхожий промысел; разъездная работа; работа за выездом
**Wandergewerbesteuer** f налог на отхожий промысел
**Wanderhandel** m выездная торговля
**Wanderhandwerk** n отхожий промысел
**Wanderhandwerker** m ремесленник, занятый в отхожем промысле
**Wanderlager** n временный склад
**Wanderung** f миграция (населения)
   **Wanderung** перемещение (напр. капитала)
**Wanderungsbilanz** f стат. баланс миграции, сальдо миграции (населения)
**Wanderungssaldo** m стат. баланс миграции, сальдо миграции (населения)
**Wanderungsstatistik** f статистика миграции (населения)
**Wandlung** f аннулирование договора купли-продажи при обнаружении дефекта в поставленном товаре, аннулирование договора подряда при обнаружении дефекта в поставленном товаре
   **Wandlung** перемена, изменение; превращение; преобразование; трансформация

**Wandprotest** *m* предъявление опротестованного векселя лицу, обязанному по векселю, в его отсутствие

**Wandprotest** *m* протест векселя *(в случае неплатежа, напр. при отсутствии плательщика по векселю по указанному адресу)*

**WAO:**

**WAO, wissenschaftliche Arbeitsorganisation** научная организация труда, НОТ

**WAO-Maßnahmen** *f, pl* мероприятия НОТ

**Ware** *f* товар *(см. тж. Waren pl товары мн.ч.)*

**Ware der gesteigerten Nachfrage** товар, пользующийся повышенным спросом; товар повышенного спроса

**Ware des Grundbedarfs** товары повседневного спроса, товары первой необходимости

**Ware des täglichen Bedarfs** товары повседневного спроса

**Ware erster Wahl** высококачественный товар, товар первого класса

**Ware mit unzureichendem Angebot** дефицитный товар; товар неограниченного спроса

**abgelagerte Ware** лежалый товар

**abgepackte Ware** фасованный товар, расфасованный товар

**allgemeine Ware** всеобщий товар

**aussortierte Ware** отбракованный товар

**aussortierte Ware** заменимый товар

**besteuerbare Ware** облагаемый товар, облагаемый налогом товар

**börsenfähige Ware** биржевой товар; товар, допущенный к биржевым торгам

**disponible Ware** наличный товар, имеющийся в наличии товар

**fehlerhafte Ware** бракованный товар, недоброкачественный товар

**flüssige Ware** жидкий товар, наливной товар, разливной товар

**gangbare Ware** ходовой товар, пользующийся спросом товар

**geringwertige Ware** недоброкачественный товар, малоценный товар

**halbfertige Ware** полуфабрикат

**harte Ware** *внешторг.* товар первой необходимости; дефицитный товар

**harte Ware** высококачественный товар, первосортный товар

**inländische Ware** отечественный товар, товар отечественного производства

**konsumreife Ware** готовый к потреблению товар

**kontingentierte Ware** контингентированный товар

**kurante Ware** легко сбываемый товар; ходовой товар, пользующийся спросом товар

**langlebige Ware** товар длительного пользования

**leichtverderbliche Ware** скоропортящийся товар

**liegengebliebene Ware** залежалый товар

**mangelhafte Ware** недоброкачественный, дефектный товар, товар с дефектом

**marktbegehrte Ware** ходкий товар, ходовой товар, пользующийся спросом товар

**minderwertige Ware** низкокачественный товар

**prima Ware** первосортный товар; прима; товар высшего сорта

**quotierte Ware** квотируемый товар; квотированный товар, рационируемый товар; товар по квотам

**reexportierte Ware** реэкспортированный товар

**rollende Ware** товар, перевозимый автомобильным транспортом; товар, перевозимый железнодорожным транспортом

**schwer absetzbare Ware** неходкий товар, неходовой товар, трудно реализуемый товар

**schwer verkäufliche Ware** неходкий товар, неходовой товар, трудно реализуемый товар, трудно продаваемый товар, с трудом продаваемый товар

**schwimmende Ware** товар на плаву; товар, перевозимый речным транспортом; товар, перевозимый морским транспортом; товар, перевозимый водным путём

**überschüssige Ware** излишки товарной продукции, излишки товара

**unterwegs befindliche Ware** товар в пути

**verknappte Ware** дефицитный товар

**vertretbare Ware** заменяемый товар

**vollwertige Ware** полноценный товар, доброкачественный товар

**weiche Ware** *внешторг.* товар не первой необходимости *(напр. предметы роскоши)*

**wertgeminderte Ware** уценённый товар

**zollpflichtige Ware** подлежащий обложению пошлиной товар, облагаемый таможенной пошлиной товар

**die neue Ware hereinbekommen** получить новый товар

**die Ware auf den Markt bringen** предлагать товар *(на рынке)*; выбросить товар на рынок
**die Ware auszeichnen** указывать цену товара *(в ценнике)*
**die Ware mit dem Preisschild auszeichnen** указывать цену товара *(в ценнике)*; снабжать товар ценником
**die Ware führen** торговать товаром
**die Ware geht reißend ab** товар продаётся нарасхват
**die Ware im Preis aufschlagen** поднимать цену на товар
**die Ware klarieren** очищать товар от таможенных формальностей; декларировать товар, кларировать товар *(перевозимый судном)*
**die Ware verzollen** очищать товар от таможенных формальностей
**wie die Ware steht und liegt** оговорка в договоре купли-продажи об отсутствии гарантии определённого качества товара, тель-кель; оговорка "как есть"
**Ware-Geld-Austausch** *m* товарно-денежный обмен
**Ware-Geld-Beziehungen** *f, pl* товарно-денежные отношения
**Waren** *f, pl* товары (мн.ч.)
  **Waren beleihen** давать ссуду под товары
  **Waren des dezentralisierten Warenfonds** нефондовые товары, нефондируемые товары; товары из децентрализованных фондов
  **Waren des Massenbedarfs** товары широкого потребления
  **Waren des zentralisierten Fonds** фондовые товары
  **Waren in Verschluss tun** помещать товары (в залог) на таможенный склад *(до уплаты пошлины)*
  **Waren zum Verkauf bringen** выбрасывать товары на рынок; предлагать товары к продаже *(на продажу)*
  **exportauftragsgebundene Waren** товары, подготовленные к поставке согласно экспортному заказу
  **markenlose Waren** товары без фирменного знака; обезличенные товары; товары без маркировки
**Waren- und Leistungsbilanz** *f* баланс товаров и услуг
**Waren- und Materiallager** *n* склад товарно-материальных ценностей
**Waren- und Zahlungsabkommen** *n* торгово-платёжное соглашение
**Waren- und Zahlungsverkehr** *m* платёжный оборот и товарное движение
**Waren-Kredit-Verkehr m; Warenkreditverkehr m** общество кредитования товарооборота
**Warenabkommen** *n* торговое соглашение
  **internationales Warenabkommen** международное торговое соглашение по определённому товару *(напр. Международное соглашение по пшенице, Международное соглашение по сахару)*
**Warenabrechnungsbörse** *f* внешторг. товарная расчётная палата
**Warenabrechnungsstelle** *f* внешторг. товарная расчётная палата
**Warenabsatz** *m* сбыт товаров, продажа товаров
**Warenabsender** *m* отправитель товара
**Warenabzug** *m* получение товара со склада
**Warenakkreditiv** *n* товарный аккредитив
**Warenakzept** *n* товарный акцепт
**Warenangebot** *n* предложение товара; ассортимент
**Warenanhäufung** *f* скопление товаров; затоваривание
**Warenannahme** *f* приёмка товара
**Warenansammlung** *f* скопление товаров; накапливание товаров; затоваривание
**Warenäquivalent** *n* эквивалентный товар; товарный эквивалент
**Warenart** *f* вид товара
**Warenaufkommen** *n* товарные ресурсы
**Warenaufschlag** *m* накидка к цене товара, наценка на товар
**Warenausfuhr** *f* вывоз товаров, экспорт товаров
**Warenausfuhr- und Wareneinfuhrgeschäfte** *n, pl* экспортно-импортные операции; внешнеторговые операции
**Warenausgabe** *f* контроль и выдача покупок *(в магазине)*
**Warenausgabestelle** *f* контроль и выдача покупок *(в магазине)*
**Warenausgang** *m* отпуск товаров оптовой торговле; реализация товаров;
**Warenausgangsbuch** *n* книга отпуска товаров, журнал отпуска товаров *(оптовым организациям)*
**Warenausgangsjournal** *n* книга отпуска товаров, журнал отпуска товаров *(оптовым организациям)*
**Warenauslage** *f* выкладка товара *(в магазине)*
  **Warenauslage** выставка товаров *(в магазине)*
**Warenausstattung** *f* внешнее оформление товара
  **Warenausstattung** оформление товара

**Warenausstellung** f выставка товаров
**Warenaustausch** m прямой товарообмен, бартер, бартерная операция
   **ungleichwertiger Warenaustausch** неэквивалентный товарообмен
**Warenaustauschabkommen** n соглашение о товарообмене; бартерное соглашение
**Warenaustauschfonds** m товарообменный фонд
**Warenaustauschgeschäft** n товарообменная сделка, бартерная сделка
**Warenaustauschoperation** f товарообменная операция, бартерная операция
**Warenauswahl** f ассортимент товаров
   **Warenauswahl** выбор товаров
   **Warenauswahl** набор товаров
   **Warenauswahl** отбор товаров
   **Warenauswahl** *стат.* товарный набор
**Warenauszeichnung** f маркировка товаров; товарная маркировка
**Warenautomat** m торговый автомат
**warenbedingt** обусловленный характером товара
**Warenbeförderung** f поставка товаров; доставка товаров
**Warenbegleitpapier** n товаросопроводительный документ *(напр. накладная)*
**Warenbegleitschein** m товаросопроводительный документ *(напр. накладная)*
**Warenbeleihung** f ломбардные операции
   **Warenbeleihung** товарная ссуда
   **Warenbeleihung** выдача товарных ссуд
   **Warenbeleihung** залоговые операции

**Warenbelieferung** f снабжение товарами, обеспечение товарами; завоз товаров, подвоз товаров
**Warenbereitstellung** f предоставление товаров для снабжения, выделение товаров для снабжения; заготовка товаров
**Warenbeschaffung** f заготовка товара
**Warenbeschriftung** f маркировка товаров; нанесение торговой марки
**Warenbesitzer** m владелец товара
**Warenbestand** m товарные запасы; запасы товарно-материальных ценностей; наличие товаров; товарные остатки
**Warenbestandskonto** n счёт учёта товарных запасов
**Warenbestellung** f требование-заказ, требование-накладная; заказ товаров
**Warenbeurteilung** f определение качества товара, проверка качества товара
**warenbewegend** товаропроводящий
**Warenbewegung** f грузопоток
   **Warenbewegung** движение товаров; обращение товаров; товарное обращение
   **Warenbewegung** продвижение товаров *(напр. на рынок)*
   **innerbetriebliche Warenbewegung** внутризаводское движение товаров
**Warenbewegungsglied** n звено в цепи товарного обращения
**Warenbewegungskosten,** pl расходы по продвижению товаров *(напр. на рынок)*
**Warenbewertung** f оценка товаров
**Warenbewirtschaftung** f рационирование товаров
**Warenbezeichnung** f наименование товара

**Warenbeziehungen** f, pl товарные отношения (мн.ч.)
**Warenbezug** m закупка товаров
**Warenbezugskosten,** pl расходы, связанные с закупкой товаров; транспортно-заготовительные расходы
**Warenbezugsplan** m план закупки товаров
**Warenbilanz** f товарный баланс
**Warenbörse** f товарная биржа
**Warenbruttogewinn** m вес брутто товара
**Warenbuch** n товарная книга
**Warencharakter** m характер товаров; товарные характеристики
   **Warencharakter der Arbeitsprodukte** товарный характер продуктов труда
**Warendeckung** f товарное обеспечение, товарное покрытие
**Warendefizit** n дефицит товаров, нехватка товаров
**Warendumping** n товарный демпинг
**Wareneigentümer** m собственник товара
**Wareneinfuhr** f ввоз товаров, импорт товаров
**Wareneinführer** m импортёр
**Wareneingang** m поступление товаров, прибытие товаров
**Wareneingangsbescheinigung** f документ, подтверждающий поступление товара в страну назначения; документ, подтверждающий прибытие товара в страну назначения
**Wareneingangsdeklaration** f *тамож.* декларация о поступивших товарах; импортная декларация, ИД, импортная таможенная декларация
**Wareneingangsjournal** n журнал поступления товаров, книга поступления товаров; приходный журнал

**Wareneingangskontrolle** f контроль поступления товаров; количественная и качественная приёмка товаров

**Wareneingangsschein** m приходная накладная, накладная на поступление товаров, накладная на поступление заводских материалов

**Wareneinheit** f единица товара; единица измерения товара

**Wareneinkauf** m покупка товаров, закупка товаров

**Wareneinsatz** m объём товаров, выпущенных в продажу; стоимость товаров, выпущенных в продажу

**Wareneinstandspreis** m заготовительная цена товара

**Warenempfang** m приём товаров; приёмка товаров

**Warenempfänger** m получатель товара

**Warenexport** m экспорт товаров, вывоз товаров

**Warenfetischismus** m товарный фетишизм

**Warenfluss** m товарный поток; грузовой поток

**Warenflussplan** m график товарного потока

**Warenfonds** m, pl товарные фонды

**Warenfondsbilanzierung** f балансировка товарных фондов

**Warenfondsdifferenzierung** f дифференциация товарных фондов

**Warenfondsplanung** f планирование товарных фондов

**Warenform** f товарная форма

**Warenfunktion** f товарная функция

**Warengattung** f род товара, вид товара, категория товара (в классификации товаров)

**Warengenossenschaft** f товарный кооператив

**Warengeschäfte** n, pl торговля товарами

**Warengestalt** f образ товара; товарная форма

**Wärengestaltung** f оформление товара

**Warengruppe** f товарная группа

**Warengruppenspanne** f (торговая) наценка по товарным группам

**Warengruppenverzeichnis** n список товарных групп

**Warengruppierung** f группировка товаров

**Warenhandel** m торговля товарами

**Warenhandelsbetrieb** m предприятие, торгующее товарами; торговое предприятие

**Warenhandlungskapital** n товарно-торговый капитал

**Warenhandwerker** m ремесленник

**Warenhaus** n универмаг, универсальный магазин

**Warenhausbesteuerung** f обложение универсальных магазинов налогами; налогообложение универсальных магазинов

**Warenhausprogramm** n комплексная производственная программа предприятия; программа предприятия по ассортименту (выпускаемых) товаров

**Warenhaussteuer** f налог на универсальные магазины

**Warenhortung** f накопление товаров, накапливание товаров

spekulative **Warenhortung** накопление товаров в спекулятивных целях

**Warenhunger** m товарный голод

**Warenimport** m импорт, ввоз товаров

**Wareninflation** f товарная инфляция

**Warenkapital** n товарный капитал

**Warenkatalog** m каталог товаров

**Warenklasse** f класс товара

**Warenklassifikation** f классификация товаров

**Warenklassifikation** товарная классификация

**Warenkombination** f стат. товарный набор, набор товаров

**Warenkontrolle** f бракераж, отбраковка, выбраковка

**Warenkontrolle** товарный контроль

**Warenkorb** m стат. бюджетный набор

**Warenkorb** товарная корзина (набор потребительских товаров и услуг - основа для расчёта индексов, напр. цен)

**Warenkörper** m товар (в вещной форме)

**Warenkredit** m товарный кредит

**Warenkreditabkommen** n соглашение о товарном кредите

**Warenkreditbrief** m товарный аккредитив

**Warenkreditversicherung** f страхование делькредере; страхование товарного кредита

**Warenkreditvertrag** m договор о товарном кредите; соглашение о товарном кредите

**Warenkunde** f товароведение

**warenkundlich** товароведческий

**Warenlager** n склад товаров, товарный склад

**Warenlagerung** f хранение товаров

**Warenleib** m товарная корзина (набор потребительских товаров и услуг - основа для расчёта индексов, напр. цен)

**Warenlieferung** f поставка товаров, товарная поставка

**Warenlieferungsvertrag** *m* договор на поставку товаров
**Warenliste** *f* список товаров, товарный список
**Warenlombard** *m* ломбардные операции с товарами
**Warenlombard** товарный кредит (ссуда)
**Warenmakler** *m* торговый маклер; торговый посредник
**Warenmangel** *m* дефицит товаров, нехватка товаров, товарный дефицит; товарный голод
**Warenmanko** *n* недостача товаров
**Warenmarkt** *m* товарный рынок; рынок товаров
**Warenmasse** *f* товарная масса
zirkulierende **Warenmasse** товарная масса, находящаяся в обращении; товарная масса в обращении; циркулирующая на рынке товарная масса
**Warenmerkmal** *n* товарный признак, признак товара
**Warenmesse** *f* торговая ярмарка
**Warenmuster** *n* образец товара, товарный образец
**Warenmuster ohne Handelswert** образец товара, не имеющий стоимости, неторговый образец товара; бесплатный торговый образец, безвозмездный торговый образец
**Warennachfrage** *f* спрос на товары, товарный спрос
**Warenname** *m* наименование товара
**Warennebenkosten,** *pl* торговые накладные расходы
**Warennomenklatur** *f* товарная номенклатура
**Warennummer** *f* номер товара (*напр. по каталогу*)
**Warenpapiere** *n, pl* товарные ценные бумаги (*напр. товарный вексель*)
**Warenpapiere** товаросопроводительные документы

**Warenpartie** *f* партия товара; товарная партия
**Warenposition** *f* товарная позиция (*напр. в спецификации*)
**Warenposten** *m* партия товара; товарная партия
**Warenposten** товарная позиция (*напр. в спецификации*)
**Warenpräsentation** *f* показ товаров, презентация товара
**Warenpreis** *m* цена на товар, цена товара
**Warenpreisklausel** *f* пункт договора о цене товара
**Warenprobe** *f* образец товара (*напр. высылаемый по почте*)
**Warenprodukt** *n* продукт (*как товар*)
**Warenproduktion** *f* производство товаров, товарное производство
**Warenproduktion** товарная продукция
einfache **Warenproduktion** простое товарное производство
fertiggestellte **Warenproduktion** изготовленная товарная продукция
finanzgeplante **Warenproduktion** совокупная плановая продукция предприятия
industrielle **Warenproduktion** промышленная товарная продукция, товарная продукция промышленности
kleine **Warenproduktion** мелкое товарное производство
nichtindustrielle **Warenproduktion** товарная продукция непромышленного характера
nichtvergleichbare **Warenproduktion** несопоставимая товарная продукция
nichtvergleichbare **Warenproduktion** реализованная товарная продукция
vergleichbare **Warenproduktion** сопоставимая товарная продукция

**Warenproduzent** *m* товаропроизводитель, товаропродуцент, производитель товара
**Warenprüfung** *f* контроль качества товаров, контроль за качеством товаров
**Warenquellen** *f, pl* товарные ресурсы (мн.ч.)
örtliche **Warenquellen** местные товарные ресурсы (мн. ч.)
**Warenrabatt** *m* товарная скидка, скидка на товар
**Warenrealisierung** *f* реализация товаров
**Warenrechnung** *f* учёт товаров
**Warenrechnung** *f* коммерческая фактура, счёт-фактура
**Warenregressversicherung** *f* регрессное страхование товаров, страхование товаров на основе права регресса
**Warenrepräsentant** *m* товар-представитель, репрезентативный товар
**Warenreserven** *f, pl* товарные запасы, товарные ресурсы, товарные резервы, запасы товара(ов), резервы товара(ов)
zentrale **Warenreserven** централизованные товарные запасы
**Warenressourcen** *f, pl* товарные ресурсы
**Warenrestbestand** *m* товарные остатки, остатки товаров
**Warenrohgewinn** *m* валовой доход от продажи товаров, валовая прибыль от продажи товаров
**Warenrücksendung** *f* возврат товаров
**Warenrückvergütung** *f* возмещение товарами
**Warensanktionen** *f, pl* товарные санкции (*применяемые в отношении неплательщиков по товарным поставкам*)

**Warenscheck** *m* кредитный чек *(при уплате в рассрочку)*
**Warenscheck** чек при подтоварных операциях
**Warenschleuse** *f* склад при магазине для приёмки товаров в нерабочее время
**Warenschuld** *f* товарная задолженность, задолженность по товарной поставке
**Warenschulden** *f, pl* товарная задолженность
**Warenschwund** *m* убыль товара
natürlicher **Warenschwund** естественная убыль товара
**Warensendung** *f* партия товара; товарная партия
unverlangte **Warensendung** невостребованная партия товара
**Warensignierung** *f* маркировка товаров
**Warensortiment** *n* товарный ассортимент, ассортимент товаров
**Warenspezialisierung** *f* товарная специализация
**Warenspezifikation** *f* товарная спецификация
**Warenstatistik** *f* товарная статистика
**Warensteuer** *f* налог на продукты массового потребления, акцизный налог; косвенный налог; налог на товары
**Warenstrom** *m* товарный поток
**Warenstruktur** *f* товарная структура *(напр. экспорта)*
**Warensystematik** *f* систематика товаров
nationale **Warensystematik** систематика отечественных товаров
**Warentausch** *m* прямой товарообмен, бартер

**Warentermingeschäft** *n* срочная сделка на поставку товара, сделка с последующей поставкой товара
**Warentest** *m* проверка качества товара *(контроль готовых товаров на пригодность к использованию)*
**Warentest** (рыночный) тест товара
**Warentheorie** *f* **des Geldes** товарная теория денег
**Warenträger** *m, pl* оборудование для размещения товаров в магазине *(напр. настенные полки, подставки, витрины)*
**Warentransport** *m* транспортировка товаров
**Warenüberbestand** *m* товарные излишки
**Warenüberfluss** *m* избыток товаров
**Warenumlauf** *m* товарооборот
**Warenumlaufgeschwindigkeit** *f* скорость товарооборота
**Warenumsatz** *m* товарооборот
**Warenumsatzgeschwindigkeit** *f* скорость товарооборота
**Warenumsatzplan** *m* план товарооборота, план по товарообороту
**Warenumsatzsteuer** *f* налог с суммы товарооборота
**Warenumsatzsteuer** налог с товарооборота
**Warenumschlag** *m* товарооборот; оборачиваемость товаров
effektiver **Warenumschlag** фактический товарооборот
normierter **Warenumschlag** нормированный товарооборот
**Warenumschlagsgeschwindigkeit** *f* скорость товарооборота; оборачиваемость товаров

**Warenumschlagskredit** *m* кредит для финансирования товарооборота
**Warenumschließung** *f* упаковка товара, тара
**Warenumtausch** *m* обмен товаров
**Warenunterart** *f* подвид товара
**Warenusance** *f* торговый обычай, узанс
**Warenverderb** *m* порча товара
**Warenverderb** ухудшение качества товара
**Warenverkauf** *m* продажа товаров
**Warenverkaufsautomat** *m* торговый автомат
**Warenverkehr** *m* товарооборот; движение товаров
**Warenverkehr** торговые отношения, торговые связи
**Warenverknappung** *f* дефицит товаров, нехватка товаров
**Warenverlust** *m* товарные потери
**Warenversand** *m* отправка товара; пересылка товара
**Warenversandkosten** *pl* расходы по отправке, расходы по пересылке товара
**Warenversicherung** *f* страхование товаров
**Warenversorgung** *f* снабжение товарами, обеспечение товарами
**Warenverteilung** *f* распределение товаров
**Warenvertreter** *m* торговый представитель
**Warenvertreter** *стат.* товар-представитель, репрезентативный товар
**Warenverzeichnis** *n* список товаров
**Warenvolumen** *n* объём движения товаров *(поступающих на склад и отпускаемых со склада)*

**Warenvorräte** *m, pl* товарные запасы

**übermäßige Warenvorräte** затоваривание; сверхнормативные товарные запасы

**Warenvorschüsse** *m, pl* краткосрочные банковские кредиты под залог товаров

**Warenwandlung** *f* превращение товара

**Warenwechsel** *m* товарный вексель *(выставляется на основе товарооборота)*

**Warenwechsel** торговый вексель

**prima Warenwechsel** первоклассный торговый вексель

**Warenweg** *m* путь движения товаров, путь прохождения товара *(напр. на рынке)*

**Warenwert** *m* товарная стоимость, стоимость товара

**Warenwirtschaft** *f* товарное хозяйство

**einfache Warenwirtschaft** простое товарное хозяйство

**kleine Warenwirtschaft** мелкое товарное хозяйство

**Warenzeichen** *n* товарный знак; торговая марка

**eingetragenes Warenzeichen** зарегистрированный товарный знак

**Warenzeichenblatt** *n* Бюллетень товарных знаков

**Warenzeichengebühr** *f* сбор за регистрацию товарного знака; сбор за регистрацию товарных знаков

**Warenzeichenrecht** *n* право на товарный знак; право на товарные знаки

**Warenzeichenschutz** *m* охрана товарного знака; охрана товарных знаков

**Warenzeichenverband** *m* объединение предприятий, выпускающих продукцию под одним товарным знаком

**Warenzirkulation** *f* товарное обращение, циркуляция товаров *(напр. на рынке)*

**Warenzufuhr** *f* завоз товаров; подвоз товаров

**warenzuführend** товаропроводящий

**Warenzulieferung** *f* поставка товаров

**Warenzustellung** *f* доставка товаров

**zentralisierte Warenzustellung** централизованная доставка товаров

**Warngrenzen** *f, pl* предупредительные границы товаров *(в статистическом контроле качества)*

**Warnstreik** *m* предупредительная забастовка

**Warrant** *m* варрант *(документ, предоставляющий право купить или продать определённую сумму тех или иных ценных бумаг на протяжении фиксированного периода)*

**Warrant** складская расписка, варрант

**Warrant** доковая расписка, варрант

**Warrantdiskont** *m* (подтоварная) ссуда под залог варранта; варрантный дисконт

**Warrantkredit** *m* кредит под варрант

**Warschauer Vertrag über Freundschaft, Zusammenarbeit und gegenseitigen Beistand** *истор.* Варшавский договор о дружбе, сотрудничестве и взаимной помощи

**Warte- und Stillstandszeiten** *f, pl* время простоев *(на производстве)*

**Wartegeld** *n* штраф за простой

**Warten** *n* ожидание

**Wartentheorie** *f* теория ожидания

**Warteschlange** *f* очередь

**Warteschlangenlänge** *f* длина очереди

**Warteschlangenprobleme** *n, pl* задачи теории массового обслуживания, задачи теории очередей

**Warteschlangentheorie** *f* теория массового обслуживания, теория очередей

**Warteschlangetheorie** *f* теория массового обслуживания

**Wartesystem** *n* система (обслуживания) с ожиданием, система (обслуживания) без потерь

**Wartesystem mit teilweisem Verlust** смешанная система обслуживания

**Wartevorgang** *m* ожидание

**Wartezeit** *f* время до наступления срока выплат пособий (а также пенсий и т.п.)

**Wartezeit** время ожидания

**Wartezeit** время простоя

**Wartezeit** время до наступления срока выплат пособий по социальному страхованию

**Wartezeit** время до наступления срока выплат страховых сумм

**Wartezeit der Ausrüstung** простой оборудования

**Wartezeit des Arbeiters** простой рабочего

**Wartezeit innerhalb der Schicht** внутрисменный простой

**ganztägige Wartezeit** дневной простой, простой в течение целого рабочего дня

**organisatorisch bedingte Wartezeit** простой, обусловленный организационными причинами; простой по организационным причинам

**Wartezimmerverfahren** *n* метод временного запрещения трансферта в определённую страну до погашения ею своей задолженности

**Wartung** f уход *(напр. за машинами)*, техническое обслуживание; технический надзор, технадзор
**Wartung und Pflege** предупредительный ремонт и обслуживание
**laufende Wartung** межремонтное обслуживание, текущее профилактическое обслуживание, текущее обслуживание
**periodische Wartung** периодическая профилактика, периодический профилактический осмотр (обслуживание)
**technische Wartung** технический осмотр, техосмотр
**vorbeugende Wartung** предупредительный ремонт
**Wartungsdienst** m служба технического обслуживания
**Wartungsdienst** служба технического сервиса, технический сервис, техсервис
**Wartungskosten** pl издержки по техническому обслуживанию, расходы по техническому обслуживанию
**Wartungspersonal** n обслуживающий персонал; ремперсонал, ремонтный персонал
**Wartungszeit** f время межремонтного обслуживания
**Wartungszeit** время ремонта
**Wartungszeit des Arbeitsplatzes** время обслуживания рабочего места
**organisatorische Wartungszeit des Arbeitsplatzes** время организационного обслуживания рабочего места
**technische Wartungszeit des Arbeitsplatzes** время технического обслуживания рабочего места
**Wäscherei** f прачечная
**industrielle Wäscherei** фабрика-прачечная

**Wasser** n вода; воды (мн.ч.)
**Wasser** минеральная вода
**Wasser** сточные воды (мн. ч.)
**erstes offenes Wasser** с открытием навигации, первой открытой водой, ПОВ *(условие договора купли-продажи)*
**im Wasser** в воде
*das* **Wasser kann hier nicht eindringen** вода не может проникнуть сюда
**unter Wasser stehen** быть под водой, быть затопленным
**zu Wasser und zu Lande** на воде и на суше; по воде и по суше
**Wasseraktien** f, pl разводнённые акции, разводнённый акционерный капитал *(номинальная оценка которых существенно превышает стоимость реальных активов и потенциала фирмы)*
**wasserbeständig** водостойкий, несмываемый *(о краске)*
**wasserdicht** водонепроницаемый
**wasserfest** водостойкий, несмываемый *(о краске)*
**Wassergrundbuch** n водный кадастр
**Wasserhaltung** f водное хозяйство
**Wasserhaushaltsbilanz** f водный баланс
**Wasserkosten**, pl расходы по водоснабжению *(для промышленных целей)*
**Wasserkraftjahresarbeit** f годовая выработка гидроэлектростанции
**Wasserkraftwerk** n гидроэлектростанция
**Wassernutzungsrecht** n право пользования водоёмом, право водопользования
**Wassernutzungsregister** n реестр водопользования
**Wasserstraße** f водный путь

**Wasserstraßenbenutzungsgebühr** f сбор за пользование водными путями
**Wasserstraßenordnung** f правила движения по внутренним водным путям
**Wassertransport** m водный транспорт
**Wassertransport** перевозка водным путём; перевозки водным путём
**Wasserverbrauch** m потребление воды, расход воды
**Wasserverdrängung** f водоизмещение *(судна)*
**Wasserwirtschaft** f водное хозяйство
**W.B.:**
 **W.B., way bill** англ. (транспортная) накладная, железнодорожная накладная
 **W/B, way bill** англ. железнодорожная накладная, (транспортная) накладная
 **WB, Werkbericht** отчёт о деятельности завода
 **WB, Werkbund** Союз ремесленных предприятий *(Швейцария)*
**WBewG, Wohnraumbewirtschaftungsgesetz** закон о распределении жилой площади *(ФРГ)*
**WBS, Warenbegleitschein** товаросопроводительный документ, накладная
**WE: Währungseinheit** денежная единица
 **WE, Werteinheit** единица-эквивалент
**WEB:**
 **WEB, Wareneingangs-Bescheinigung** документ, подтверждающий поступление товара в страну назначения; документ, подтверждающий прибытие товара в страну назначения

**Web** *n* "Всемирная паутина"; Интернет; вэб

**Web-Controlling** *m* веб-контроллинг; анализ веб-страницы *(ее индексирования, позиционирования и т.п.)*

**Web-Promotion** *n* продвижение веб-страницы; продвижение страницы в Интернет; веб-промоушн

**Webadresse** *f* адрес домашней страницы; адрес в страницы в Интернет; вэб-адрес; веб-адрес; web-адрес

**Webdesign** *n* вэб-дизайн; веб-дизайн; оформление страницы в Интернет

**Webforum** n веб-форум; вэб-форум; web-форум

**Webgemeinschaft** *f*; **web community** *(eng.)* вэб-комьюнити; веб-комьюнити; вэб-сообщество; веб-сообщество; вэб-аудитория; веб-аудитория

**Webkatalog** m вэб-каталог; веб-каталог

**Webserver**; **web server** *(eng.)* Web-сервер

**Website** *f* страница в Интернет; домашняя страница; веб-страница; вэб-страница

**Website-Darstellung** *f* отображение на странице в Интернет; представление на странице в Интернет *(напр. описание и картинка товара)*

**Website-Marketing** *n* маркетинг при помощи веб-страницы; веб-маркетинг; вэб-маркетинг; Интернет-маркетинг

**Website-Marketing** *n* маркетинг веб-страницы

**Webstore** n веб-магазин; вэб-магазин; Web-магазин

**Websurfer** *m* путешественник в Интернет

**Websurfing** *f* навигация по Интернет; путешествие по Интернет

**Webwaren** *pl* тканые изделия (мн.ч.)

**Wechsel** *I m* перемена; изменение; смена, чередование; размен *(денег)*; обмен; мена
**Wechsel** размен *(денег)*
**Wechsel** смена, чередование
**Wechsel der Arbeit** перемена работы; чередование рабочих операций
**Wechsel des Standorts** перебазирование *(напр. предприятия)*
**Wechsel** *II m* вексель
**Wechsel a vista** вексель на предъявителя
**Wechsel an eigene Order** вексель по собственному приказу
**Wechsel an fremde Order** вексель по чужому приказу
**Wechsel auf kurze Sicht** краткосрочный вексель
**Wechsel auf lange Sicht** долгосрочный вексель, вексель на длительный срок
**Wechsel für fremde Rechnung** комиссионная тратта; вексель за счет третьих лиц; вексель за чужой счет
**Wechsel mit anhängenden Papieren** документированная тратта
**Wechsel mit Indossament** индоссированный вексель, вексель с передаточной надписью
**Wechsel mit kürzerer Laufzeit** краткосрочный вексель
**Wechsel mit längerer Laufzeit** долгосрочный вексель
**Wechsel a vista** вексель на предъявителя
**abgelaufener Wechsel** просроченный вексель
**abgelaufener Wechsel** акцептованный вексель, акцепт
**auf das Ausland gezogener Wechsel** иностранный вексель, заграничный вексель; иностранная тратта, заграничная тратта

**ausländischer Wechsel** иностранный вексель, заграничный вексель; иностранная тратта, заграничная тратта
**befristeter Wechsel** вексель со сроком платежа на определённый день, срочный вексель
**begebener Wechsel** пущенный в обращение индоссированный вексель; вексель, переданный путём индоссирования; индоссированный вексель
**bezahlter Wechsel** оплаченный вексель
**diskontfähiger Wechsel** учётоспособный вексель, вексель, принимаемый банком к учёту; дисконтируемый вексель
**diskontierter Wechsel** учтённый вексель
**domizilierter Wechsel** домицилированный вексель
**echter Wechsel** подлинный вексель
**eigener Wechsel** простой вексель, прямой вексель, соло-вексель
**erstklassiger Wechsel** первоклассный вексель, надежный вексель, "добротный" вексель
**gezogener Wechsel** переводной вексель, тратта *(распоряжение лицу, на которое выставлен вексель, выплатить предъявителю фиксированную сумму)*
**indossierter Wechsel** индоссированный вексель, вексель с передаточной надписью
**konditionierter Wechsel** вексель, оплата которого связана с определёнными условиями; условный вексель, связанный вексель *(напр. с вручением коносамента)*
**kurzfristiger Wechsel** краткосрочный вексель
**langfristiger Wechsel** долгосрочный вексель

**mittelfristiger Wechsel** среднесрочный вексель
**mittelfristiger Wechsel** оборотный вексель
**nicht diskontfähiger Wechsel** неучётоспособный вексель, вексель, не принимаемый банком к учёту; недисконтируемый вексель
**noch nicht girierter Wechsel** неиндоссированный вексель, первоначальный вексель
**notleidender Wechsel** неакцептованный вексель, вексель без акцепта
**notleidender Wechsel** неоплаченный вексель, невыкупленный вексель
**offener Wechsel** бланковый вексель, бланко-вексель, вексель бланко
**privater Wechsel** частный вексель
**rediskontierter Wechsel** переучтённый вексель
**rediskontierter Wechsel** надёжный вексель
**unbegebbarer Wechsel** необоротный вексель
**unechter Wechsel** подложный вексель; фальшивый вексель
**ungedeckter Wechsel** непокрытый вексель, вексель без покрытия
**vermißter Wechsel** утерянный вексель, потерянный вексель
**zu Protest gegangener Wechsel** опротестованный вексель
**der Wechsel ist fällig** срок векселя истек, срок оплаты векселя наступил
**einen Wechsel akzeptieren** акцептовать вексель, принимать вексель к оплате
**einen Wechsel annehmen** акцептовать вексель, принимать вексель к оплате
**einen Wechsel an jemandes Order zahlbar machen** выставлять вексель *(по чьему-л.)* приказу

**einen Wechsel ausstellen** выставлять вексель, трассировать вексель, выдавать вексель
**einen Wechsel begeben** передавать вексель, наносить на вексель передаточную надпись, индоссировать вексель, пускать вексель в обращение путём индоссирования, передавать вексель путём индоссирования
**einen Wechsel diskontieren** учитывать вексель, дисконтировать вексель, осуществлять дисконт векселя
**einen Wechsel diskontieren lassen** представлять вексель к учёту
**einen Wechsel domizilieren** домицилировать вексель
**einen Wechsel einkassieren** инкассировать вексель
**einen Wechsel einlösen** оплачивать вексель, платить по векселю
**einen Wechsel einreichen** представлять вексель к оплате
**einen Wechsel einziehen** инкассировать вексель
**einen Wechsel erneuern** пролонгировать вексель, продлевать вексель, продлевать действие векселя
**einen Wechsel eskontieren** представлять вексель к учёту
**einen Wechsel garantieren** ручаться за платёж по векселю, авалировать
**einen Wechsel girieren** индоссировать вексель, совершать передаточную надпись на векселе
**einen Wechsel honorieren** оплачивать вексель, платить по векселю
**einen Wechsel in Diskont nehmen** принимать вексель к учёту, дисконтировать вексель, учитывать вексель

**einen Wechsel indossieren** индоссировать вексель, совершать передаточную надпись на векселе
**einen Wechsel Not leiden lassen** просрочить вексель
**einen Wechsel präsentieren** предъявлять вексель к принятию, предъявлять вексель к акцепту, предъявлять вексель к оплате, представлять вексель к принятию, представлять вексель к акцепту, представлять вексель к оплате
**einen Wechsel prolongieren** пролонгировать вексель, продлевать действие векселя
**einen Wechsel rediskontieren** переучитывать вексель, редисконтировать вексель
**einen Wechsel trassieren** трассировать вексель
**einen Wechsel verfallen lassen** просрочить вексель
**einen Wechsel vorlegen** предъявлять вексель к принятию, предъявлять вексель к акцепту, предъявлять вексель к оплате, представлять вексель к принятию, представлять вексель к акцепту, представлять вексель к оплате
**einen Wechsel zahlbar stellen** предъявлять вексель к оплате, представлять вексель к оплате
**einen Wechsel ziehen** предъявлять вексель к оплате, выставлять вексель
**einen Wechsel zu Protest gehen lassen** опротестовывать вексель, предъявлять вексель к протесту
**einen Wechsel zum Diskont annehmen** принимать вексель к учету, дисконтировать вексель
**einen Wechsel zurückziehen** изъять вексель из обращения, изымать вексель из обращения

**Wechselabschrift** f копия векселя *(изготовленная векселедержателем)*

**Wechselabteilung** f отдел банка, занимающийся учётом векселей и техническими операциями с ними

**Wechseladresse** f фамилия трассата, фамилия плательщика по векселю

**Wechselakzept** n акцепт векселя, акцептование векселя, принятие векселя к платежу; акцептованный вексель, акцепт

**Wechselangaben** f, pl вексельные реквизиты

**Wechselannahme** f акцепт векселя; принятие векселя к оплате

**Wechselausfertigung** f экземпляр (переводного) векселя

**Wechselaussteller** m векселедатель, трассант

**Wechselausstellung** f выставление векселя, трассирование векселя, выдача векселя

**Wechselbank** f учётный банк

**Wechselbegebung** f передача векселя путём индоссирования, передача векселя путём совершения передаточной надписи

**Wechselbeitreibung** f взыскание по векселю

**Wechselberuf** m смежная профессия

**Wechselbestand** m вексельный портфель, портфель векселей

**Wechselbeziehung** f взаимосвязь, взаимозависимость, взаимоотношение

**Wechselbeziehungen** f, pl **mit dem Staatshaushalt** платежи в бюджет и ассигнования из бюджета

**Wechselbezogene** m трассат, плательщик по векселю

**Wechselblankett** n бланковый вексель

**Wechselbörse** f фондовая биржа

**Wechselbrief** m *уст.* вексель

**Wechselbuch** n книга регистрации поступающих векселей

**Wechselbürge** m авалист, поручитель по векселю *(часто банк, выступающий в роли гаранта)*

einen **Wechselbürgen stellen** представлять авалиста, представлять поручителя по векселю

**Wechselbürgschaft** f аваль, поручительство по векселю *(превращает авалиста в должника)*

**Wechselbürgschaft leisten** давать вексельное поручительство, ставить аваль на векселе

**Wechseldeckung** f покрытие векселя, обеспечение векселя

**Wechseldienst** m обмен иностранной валюты *(на границе)*; пункты обмена иностранной валюты

**Wechseldiskont** m дисконт, учётный процент

**Wechseldiskontierer** m дисконтёр *(векселей)*

**Wechseldiskontierung** f дисконтирование векселей, учёт векселей

**Wechseldiskontkredit** m учётный кредит

**Wechseldomizil** n домициль по векселю

**Wechseldoppelschrift** f дубликат векселя *(изготовленный трассантом)*

**Wechselduplikat** n дубликат векселя *(изготовленный трассантом)*

**Wechseleinrede** f ответные претензии должника по векселю к векселедержателю

**Wechselfähigkeit** f вексельная дееспособность

**Wechselfälschung** f подлог векселей, подделка векселей, изготовление фальшивого векселя

**Wechselfließfertigung** f многопредметные поточные линии; прерывно-поточное производство, ППО

**Wechselforderung** f вексельное требование, требование по векселю

**Wechselformular** n вексельный бланк

**Wechselgarantie** f гарантия по векселю, гарантия по выкупу векселя, гарантия по оплате векселя *(со стороны плательщика)*

**Wechselgeber** m векселедатель, трассант

**Wechselgeld** n разменные монеты, разменная монета, мелочь *(металлические деньги)*

**Wechselgeldautomat** m автомат по размену денег; автомат для размена денег; разменный автомат

**Wechselgeldfonds** m разменный фонд *(банков)*

**Wechselgeldkasse f; Wechselkasse f** касса по размену денег; разменная касса

**Wechselgeldkasse f; Wechselkasse f** касса по обмену денег; обменная касса; касса по обмену валют; валютная касса

**Wechselgeschäft** n вексельные операции банков; банковские операции по обмену валюты; операция по обмену валюты

**Wechselgeschäftsfähigkeit** f вексельная дееспособность

**Wechselgesetz** n вексельный устав; закон, регулирующий вексельные операции; закон об обращении векселей

**Wechselgirant** m вексельный жирант, индоссант

**Wechselgiro** *n* передаточная надпись на векселе, индоссамент, жиро
  **volles Wechselgiro** именной индоссамент

**Wechselgläubiger** *m* кредитор по векселю

**Wechselindossament** *n* передаточная надпись на векселе, индоссамент, жиро, жиронадпись

**Wechselinhaber** *m* векселедержатель
  **regressnehmender Wechselinhaber** регрессант

**Wechselinkasso** *n* инкассо векселей
  **Wechselinkasso** инкассация векселя

**Wechselinkassogeschäft** *n* операции банка по инкассации векселей

**Wechselintervention** *f* вексельная интервенция

**Wechselkasse** *f* 1. филиал банка, занимающийся обменом иностранных валют, приёмом депозитов и другими банковскими операциями; обменный пункт валюты *(банка)*. 2. *(частная)* меняльная контора, 3. *ист.* лавка менялы, меняльная лавка

**Wechselklage** *f* иск по векселю

**Wechselklausel** *f* вексельная метка

**Wechselkommission** *f* покупка и продажа векселей на комиссионных началах

**Wechselkonto** *n* счёт векселей

**Wechselkopie** *f* копия векселя

**Wechselkopierbuch** *n* книга регистрации поступающих векселей, журнал регистрации поступающих векселей

**Wechselkredit** *m* вексельный кредит
  **Wechselkredit** кредитные операции, связанные с учётом векселей

**Wechselkurs** *m* вексельный курс
  **Wechselkurs** обменный курс, валютный курс, *устар.* интервалютарный курс, курс валюты
  **einheitlicher Wechselkurs** единый валютный курс
  **fester Wechselkurs** твёрдый валютный курс
  **flexibler Wechselkurs** свободный курс
  **frei schwankender Wechselkurs** свободно колеблющийся валютный курс, свободно плавающий курс
  **freier Wechselkurs** свободный валютный курс
  **gespaltener Wechselkurs** разные курсы для одной и той же валюты, множественный курс
  **mehrfacher Wechselkurs** множественный валютный курс
  **multipler Wechselkurs** разные курсы для одной и той же валюты, множественный курс
  **starrer Wechselkurs** твёрдый валютный курс
  **überbewerteter Wechselkurs** завышенный валютный курс, завышенный курс *(валюты)*
  **unterbewerteter Wechselkurs** заниженный валютный курс, заниженный валютный курс

**wechselkursbedingt** обусловленный динамикой валютного курса, зависящий от валютного курса

**Wechselkurse** *m, pl* обменные курсы (мн.ч.) (валют)

**Wechselkursentwicklung** *f* движение валютных курсов

**Wechselkursflexibilität** *f* подвижность валютного курса, гибкость валютных курсов

**Wechselkursmechanismus** *m* механизм обменного курса *(способствует выравниванию платёжного баланса при свободных курсах)*

**Wechselkurssystem** *n* система обменных курсов

**Wechselkurstheorie** *f* теория обменного курса *(анализирует формирование и изменение рыночного курса валюты, выраженного в другой валюте)*

**Wechselkurszettel** *m* таблица курсов иностранных валют; таблица обменных курсов; таблица валютных курсов

**Wechsellagen** *f, pl* конъюнктура

**Wechsellombard** *m* выдача ссуд под залог векселей

**Wechselmakler** *m* вексельный маклер

**Wechselmarke** *f* вексельная марка

**Wechselmesse** *f ист.* вексельная ярмарка, ярмарка камбистов

**Wechselmoratorium** *n* отсрочка платежа по векселю

**wechseln** *vt* обменивать; разменивать, менять
  **wechseln** разменивать деньги, менять деньги

**Wechselnehmer** *m* ремитент, получатель платежа по векселю

**Wechselobligo** *n* вексельное обязательство, вексельные обязательства
  **Wechselobligo** сумма общей задолженности по векселям

**Wechselorder** *f* вексельный ордер

**Wechselordnung** *f* вексельный устав

**Wechselpari** *n* паритетный курс; номинальная котировка

**Wechselpensionsgeschäft** *n* операция по предоставлению ссуды под залог векселей

**Wechselportefeuille** *n* вексельный портфель, портфель векселей

**Wechselprolongation** *f* пролонгация векселя

**Wechselprotest** *m* протест векселя, опротестование векселя, вексельный протест

**Wechselprozess** *m* упрощённое судебное производство по вексельным делам, ускоренное судебное производство по вексельным делам

**Wechselrechnung** *f* исчисление дисконтной суммы; расчёт по учёту векселей

**Wechselrechnung** расчёт по дисконту векселей

**Wechselrecht** *n* вексельное право

**Wechselrecht** право обмена, разрешение на обмен *(напр., валюты)*

**einheitliches Wechselrecht** единое вексельное право

**wechselrechtlich** согласно вексельному праву, по вексельному праву, обусловленный вексельным правом

**Wechselrechtsfähigkeit** *f* вексельная дееспособность

**Wechselrediskont** *m* переучёт векселей, редисконто векселей

**Wechselregress** *m* вексельный регресс, обратное требование по векселю

**Wechselreiterei** *f* операции с фиктивными векселями, выдача фиктивных векселей, махинации с векселями

**Wechselremittierung** *f* ремитирование посредством векселей

**Wechselrequisiten** *n, pl* вексельные реквизиты, реквизиты векселя

**Wechselrückgriff** *m* вексельный регресс, обратное требование по векселю

**Wechselrückrechnung** *f* счёт, предъявляемый регрессантом регрессату

**Wechselschuld** *f* долг в вексельной форме, долг по векселю; вексельный долг

**Wechselschuldner** *m* должник по векселю

**Wechselsensal** *m австр.* вексельный маклер

**Wechselskontro** *n* вспомогательная бухгалтерская книга учёта векселей в банке

**Wechselstelle** *f* пункт обмена иностранной валюты, обменный пункт валюты *(банка)*

**Wechselsteuer** *f* вексельный налог *(платит физическое или юридическое лицо, выписывающее вексель)*

**Wechselsteuer** вексельный сбор

**Wechselstrenge** *f* строгость соблюдения обязательств по векселю

**Wechselstube** *f* филиал банка, занимающийся обменом иностранных валют, приёмом депозитов и другими банковскими операциями; (частная) меняльная контора; *ист.* лавка менялы, меняльная лавка

**Wechselstube** обменный валютный пункт *(банка)*, филиал банка по обмену валюты

**Wechselsumme** *f* вексельная сумма, сумма векселя

**Wechseltätigkeit** *f* обмен иностранной валюты, валютообменные операции

**Wechselübernehmer** *m* индоссат

**Wechselübertragung** *f* передача векселя путём совершения передаточной надписи, передача векселя путём индоссирования, индоссирование векселя

**Wechselumlauf** *m* вексельный оборот, вексельное обращение, обращение векселей

**Wechselvaluta** *f* валюта векселя, валюта платежа по векселю

**Wechselverbindlichkeiten** *f, pl* обязательства по векселям

**Wechselverfall** *m* наступление срока уплаты по векселю

**Wechselverjährung** *f* наступление давности по векселю, истечение давности по векселю

**Wechselwert** *m* стоимость векселя

**Wechselwert** валюта векселя

**Wechselzahlung** *f* платёж по векселю, оплата векселя

**Wechselzahlungsbefehl** *m* безусловный приказ об оплате векселя

**Wechselzedent** *m* индоссант *(лицо, получающее по передаточной надписи на векселе)*

**Wechselzieher** *m* векселедатель, трассант

**Wechselzinsen** *m, pl* проценты, уплачиваемые регрессатом регрессанту

**Wechselzinsen** проценты по векселю

**Wechselzirkulation** *f* вексельное обращение, обращение векселей

**Weckselmakler** *m* билль-брокер, вексельный маклер

**Weg** *m* путь

**kritischer Weg** *сет. пл.* критический путь

**nichtkritischer Weg** *сет. пл.* некритический путь

**öffentlicher Weg** дорога общего пользования; государственная дорога

**subkritischer Weg** *сет. пл.* подкритический путь

**auf friedlichem Wege** мирным путём

**aus dem Wege räumen** *тж. перен.* устранить с пути *(напр., препятствия)*

**im Wege stehen** препятствовать *чему-л.*, стоять на пути

**Wegegeld** *n* дорожная пошлина

**Wegekosten,** *pl* расходы транспортных предприятий на поддержание дорог в хорошем состоянии; дорожные расходы; налог на пользование дорог

**Wegesteuer** *f* дорожный сбор; налог на пользователей дорог

**Wegeunfall** *m* травма, полученная по пути на работу (*или с работы - приравниваемая к производственной травме*)

**Wegeunterhaltungspflicht** *f* устар. дорожная повинность

**Wegezoll** *m* дорожная пошлина; налог на пользователей дорог

**Wegfall** *m* отсутствие; отмена, упразднение

**Wegfall der Geschäftsgrundlage** изменение обстоятельств, послуживших деловой основой заключения договора

**in Wegfall kommen** отпадать; терять силу; упраздняться

**Wegnahme** *f* изъятие; конфискация; отнятие

**Wegnahme von Land** обезземеливание

**Wegnahmerecht** *n* юр. право на изъятие

**Wegverpackung** *f* разовая тара, одноразовая тара, тара разового пользования, тара одноразового использования

**Wehrsold** *m* денежное содержание военнослужащих, денежное довольствие военнослужащих

**Wehrsteuer** *f* ист. военный налог

**Wehrwirtschaft** *f* ист. военная экономика, экономика военного времени

**Weichwährung** *f* неустойчивая валюта; мягкая валюта (*напр., стран СНГ*)

**Weichwährungsland** *n* страна с неустойчивой валютой

**Weidebesatz** *m* количество голов скота в условных единицах крупного рогатого скота на гектар пастбищных угодий; нагрузка пастбища, нагрузка на пастбище

**Weidewirtschaft** *f* пастбищное хозяйство

**weifare economics** англ. экономика благосостояния

**weigern, sich** отказываться (*от чего-л.*), сопротивляться (*чему-л.*), уклоняться (*от чего-л.*)

**Weigerung** *f* отказ (*от чего-л.*); уклонение (*от чего-л.*); сопротивление (*чему-л.*)

**Weigerungsgrund** *m* основание для отказа; повод для уклонения (*от чего-л.*)

**Weihnachtsgratifikation** *f* рождественское денежное вознаграждение, рождественские наградные; рождественская премия

**Weihnachtszuwendung** *f* рождественское денежное вознаграждение, рождественские наградные; рождественская премия

**Weinsteuer** *f* акциз на виноградные и фруктовые вина; акциз на вино; акциз на винные изделия

**Weisung** *f* указание, инструкция, предписание, распоряжение, директива

**Weisungsrecht** *n* юр. право распоряжаться

**Weiterbeförderung** *f* дальнейшая транспортировка

**Weiterbeförderung** переотправка

**Weiterbegebung** *f* передача (*напр. векселя*)

**Weiterbezug** *m* продление подписки

**Weiterbildung** *f* продолжение образования; повышение квалификации; переподготовка (кадров)

**berufliche Weiterbildung** повышение квалификации (*по своей специальности*)

**Weiterentwicklung** *f* дальнейшее развитие, совершенствование; модернизация

**Weiterentwicklung von Erzeugnissen** дальнейшее развитие изделий, дальнейшее совершенствование изделий; модернизация изделий

**berufliche Weiterentwicklung** совершенствование технологии производства; развитие технологии производства

**Weiterentwicklungsprognose** *f* прогноз развития

**technische Weiterentwicklungsprognose** прогноз технического развития

**Weitergabe** *f* передача

**Weitergabe von Erfahrungen** передача опыта

**weitersenden** переотправлять, осуществлять переотправку

**Weitertransport** *m* переотправка

**Weiterverarbeitung** *f* дальнейшая переработка

**Weiterveräußerung** *f* перепродажа

**Weiterverkauf** *m* перепродажа

**Weiterversicherung** *f* продление договора страхования

**Weiterzahlung** *f* продолжение выплаты (денег)

**unter Weiterzahlung des Gehalts** с сохранением содержания

**Weitstreckenverkehr** *m* дальние перевозки, перевозки на дальние расстояния

**Weitwohner** *m* рабочий, проживающий далеко за пределами той территориальной единицы, где находится его место работы; работник, проживающий далеко от места работы

**Weizenabkommen** *n*, **internationales** соглашение по пшенице
**Internationales Weizenabkommen** Международное соглашение по пшенице
**Wellenlänge** *f* (радио., тв.) длина волны
**Wellenlänge** продолжительность периода
**Wellenlänge der Konjunkturreihen** продолжительность конъюнктурных циклов, продолжительность периодов конъюнктурных циклов, продолжительность колебаний конъюнктуры
**Welt-Erdölreserven** *f, pl* мировые запасы нефти
**Weltagrarmarkt** *m* мировой рынок сельскохозяйственных продуктов
**weltanschaulich** мировоззренческий
**Weltanschauung** *f* мировоззрение
**Weltausbeute** *f* мировая добыча
**Weltausfuhr** *f* мировой экспорт
**Weltbank** *f*; **Internationale Bank für Wiederaufbau und Entwicklung** Международный банк реконструкции и развития, МБРР
**Weltbestmarke** *f* мировой уровень
**Weltbund der Demokratischen Jugend** Всемирная федерация демократической молодёжи, ВФДМ
**Welteinfuhr** *f* мировой импорт
**Welternährungsrat** *m* Всемирный совет по продовольствию
**Welternährungswirtschaft** *f* мировое продовольственное хозяйство
**Welterzeugung** *f* мировое производство

**Weltföderation der Gesellschaften für die Vereinten Nationen** Всемирная федерация ассоциаций содействия ООН
**Weltfördermenge** *f* мировая добыча
**Weltfriedensrat** Всемирный Совет Мира, ВСМ
**Weltgeld** *n* мировые деньги
**Weltgesellschaft** *f* мировое сообщество
**Weltgesundheitsorganisation** Всемирная организация здравоохранения, ВОЗ
**Weltgewerkschaftsbund** *m*; **WGB** Всемирная федерация профсоюзов, ВФП
**Weltgewinnung** *f* мировая добыча
**Welthandel** *m* мировая торговля
**freier Welthandel** свободная мировая торговля
**Welthandelsflotte** *f* мировой торговый флот
**Welthandelskonferenz** *f* конференция ООН по торговле и развитию, ЮНКТАД
**Welthandelsorganisation** *f*; **WTO, World Trade Organization** ВТО, Всемирная торговая организация
**Welthandelszentrum** *n* центр мировой торговли
**Welthöchststand** *m* мировой уровень
**Weltjugendversammlung** Всемирная ассамблея молодёжи
**Weltkonjunktur** *f* конъюнктура мирового рынка; мировые конъюнктуры
**Weltkreditbrief** *m* циркулярный аккредитив
**Weltmarkt** *m* мировой рынок
**einheitlicher Weltmarkt** единый мировой рынок
**weltmarktfähig** конкурентоспособный на мировом рынке, отвечающий требованиям мирового рынка

**Weltmarktfähigkeit** *f* конкурентоспособность на мировом рынке, способность товара отвечать требованиям мирового рынка, соответствие требованиям мирового рынка
**weltmarktführend** являющийся ведущим на мировом рынке, лидирующий на мировом рынке, лидирующий на рынках мира
**Weltmarktpreis** *m* цена мирового рынка, цена на мировых рынках
**Weltmarktpreis-Indizes** *m, pl* индексы цен мирового рынка
**Weltmarktzirkulation** *f* обращение на мировом рынке
**Weltniveau** *n* мировой уровень, мировой стандарт, мировое достижение
**Weltpostverein** Всемирный почтовый союз, ВПС *(при ООН)*
**Weltpostvertrag** *m* Всемирный почтовая конвенция
**Weltpreis** *m* цена мирового рынка, цена на мировых рынках
**Weltprodliktion** *f* мировое производство
**Weltproduktion** *f* мировое производство
**Weltrechtspflegeprinzip** *n* принцип мирового правосудия
**Weltschiffahrtsorganisation** мировая организация, всемирная организация, всемирная ассоциация
**Weltspitze** *f* мировой уровень, мировой стандарт, высшее мировое достижение
**an der Weltspitze liegen** отвечать мировым стандартам
**Weltspitzenerzeugnis** *n* изделие, отвечающее мировым стандартам
**Weltstand** *m* мировой уровень, мировой стандарт, мировое достижение

**Weltstandsvergleich** *m* сопоставление с мировым стандартом, сравнение с мировым стандартом *(напр. экономических показателей, технических параметров)*

**Weltsystem** *n* мировая система

**Welttelegraphenverein** *ист.* Всемирный союз телеграфной связи

**Welttierschutzbund** *m* Международный союз защиты животных

**Welturheberrechtsabkommen** *n* Всемирная конвенция по охране авторских прав

**Weltverband der Gesellschaften für die Vereinten Nationen** Всемирная федерация ассоциаций содействия ООН

**Weltverbrauch** *m* мировое потребление

**Weltvertriebsrecht** *n* право продажи литературного произведения, охраняемого Женевской конвенцией, во всех без исключения странах мира

**Weltwährungsfonds** Международный валютный фонд, МВФ

**Weltweizenabkommen** *n* Международное соглашение по пшенице

**Weltwirtschaft** *f* мировая экономика, мировое хозяйство

**Weltwirtschaftskrise** *f* мировой экономический кризис, кризис мирового хозяйства

**Weltwirtschaftsordnung** *f* мировой экономический порядок

**Weltwirtschaftssystem** *n* мировая экономическая система

**Wendepunkt** *m* поворотная точка, перелом *(напр. в движении хозяйственной активности)*

**Wendepunktprognose** *f* прогноз поворотных точек

**Werbe** *f* реклама

**Werbe- und Messekosten** *pl* расходы на рекламу и проведение выставок *(статья баланса услуг)*

**Werbeabteilung** *f* отдел рекламы, рекламный отдел

**Werbeagentur** *f* рекламное агентство, агентство по рекламе

**Werbeaktion** *f* рекламная кампания

**Werbeanalyse** *f* анализ рынка с целью разработки рациональных рекламных мероприятий; рекламный маркетинг рынка

**Werbeantwort** *f* ответ на рекламную посылку товара, ответ на пробную посылку товара

**Werbeanzeige** *f* рекламное объявление

**Werbeargument** *n* аргумент рекламы, аргумент в рекламе; рекламный тезис

**Werbeatelier** *n* рекламное ателье, ателье по изготовлению средств рекламы

**Werbeaufgaben** *f, pl* задачи рекламы

**Werbeaufschrift** *f* рекламная надпись

**Werbeaufwand** *m* затраты на рекламу, расходы на рекламу, рекламные расходы

**Werbeaufwendung** *f* затраты на рекламу, расходы на рекламу, рекламные расходы

**Werbeaufwendungen** *f, pl* расходы на рекламу, затраты на рекламу, рекламные расходы

**Werbeausgaben** *f, pl* расходы на рекламу, затраты на рекламу, рекламные расходы

**Werbebeilage** *f* рекламное приложение

**Werbeberater** *m* консультант но рекламе, рекламный консультант

**Werbeberührte**, *pl* круг лиц, охваченных рекламой; аудитория рекламы

**Werbebezogene**, *pl* лица, которым адресуется реклама; потенциальные покупатели, потенциальные потребители; аудитория рекламы

**Werbebonus** *m* вознаграждение за участие в рекламе; рекламный бонус

**Werbebrief** *m* рекламное письмо

**Werbebudget** *n* бюджет на рекламу, бюджет рекламы

**Werbebudget** смета расходов на рекламу

**Werbedrucke** *m, pl* рекламные проспекты, рекламные буклеты

**Werbedrucksachen** *f, pl* рекламные проспекты, рекламные буклеты

**Werbeelement** *n* элемент рекламы

**Werbeerfolg** *m* успех рекламного мероприятия; успех рекламы

**Werbeerfolgsprognose** *f* прогноз результатов проведения рекламных мероприятий; прогноз эффективности рекламы

**Werbeerfüller** *m, pl* лица, ставшие под влиянием рекламы покупателями рекламируемого товара

**Werbeetat** *m* смета расходов на рекламу

**Werbefachmann** *m* специалист по рекламе, специалист в области рекламы

**Werbefachschule** *f* школа но подготовке специалистов рекламного дела

**Werbefaktor** *m* рекламный фактор, фактор влияния рекламы

**Werbefeldzug** *m* рекламная кампания

**Werbefernsehen** *n* передача рекламных объявлений по телевидению, телевизионная реклама, реклама по телевидению, реклама на телевидении

**Werbefilm** *m* рекламный фильм; рекламный клип

**Werbeflug** *m* использование авиации в целях рекламы; рекламный пролет

**Werbeforschung** *f* изучение методов рекламы, изучение рекламы

**Werbefotographie** *f* рекламная фотография

**Werbefunk** *m* рекламное радиовещание, передача рекламных объявлений по радио; реклама по радио

**Werbegabe** *f* рекламный подарок, рекламный сувенир

**Werbegemeinte,** *pl* круг лиц, которым адресована реклама; рекламная аудитория, аудитория рекламы

**Werbegeschenk** *n* рекламный подарок, рекламный сувенир

**Werbegespräch** *n* беседа, преследующая рекламные цели; беседа в рекламных целях

**Werbegrundsätze** *m, pl* принципы рекламы; принципы организации и проведения рекламных кампаний

**Werbehilfen** *f, pl* вспомогательные средства рекламы, используемые и в других целях *(напр. упаковка, автомобиль с рекламной надписью)*; средства косвенной рекламы

**Werbehilfsmittel** *n, pl* вспомогательные средства рекламы *(напр. стенды, стеллажи)*; средства косвенной рекламы

**Werbeidee** *f* рекламная идея; идея, положенная в основу рекламного мероприятия; идея рекламной кампании

**werbeinduziert:**
**werbeinduzierter Verkauf** *m* продажа в результате воздействия рекламы; продажа под воздействием рекламы; инициируемая рекламой продажа

**Werbeintensität** *f* интенсивность рекламной деятельности; интенсивность рекламы

**Werbekampagne** *f* рекламная кампания

**Werbekatalog** *m* рекламный каталог

**Werbekaufmann** *m* специалист по торговой рекламе

**Werbekonstante** *f* неотъемлемая составная часть рекламного текста, неотъемлемая составная часть рекламного изображения *(напр. изображение скрещенных синих мечей для реклам; мейсенского фарфора)*

**Werbekonzeption** *f* концепция рекламы; рекламная концепция; концепция рекламной кампании

**Werbekosten,** *pl* расходы на рекламу, затраты на рекламу; рекламные расходы

**Werbelehre** *f* наука об организации рекламного дела

**Werbeleistungen** *f, pl* услуги по рекламе; рекламные услуги
**fremde Werbeleistungen** услуги по рекламе со стороны; рекламные услуги со стороны третьих лиц *(организаций)*

**Werbematerial** *n* рекламный материал
**Werbematerialien** *pl* рекламные материалы (мн.ч.)

**Werbemittel** *n, pl* рекламные средства, средства рекламы

**Werbemittelanalyse** *f* анализ рекламных средств

**Werbemittelstreubereiche** *m, pl* районы распространения рекламных материалов

**Werbemittelverkettung** *f* сочетание различных рекламных средств, использование различных рекламных средств *(комплексное)*

**Werbemotto** *n* рекламный слоган, рекламный девиз

**werben** вербовать, привлекать, набирать *(напр. рабочую силу)*

**werben** рекламировать; осуществлять рекламную деятельность

**Werbeobjekt** *n* объект рекламы *(товары или услуги)*

**Werbeökonom** *m* экономист по рекламе; специалист по рекламному делу

**Werbeperiode** *f* период проведения рекламных мероприятий

**Werbefotographie** *f* рекламная фотография

**Werbeplanung** *f* планирование рекламных мероприятий; планирование рекламы

**Werbeprinzipien** *n, pl* принципы рекламы *(организации и проведения)*

**Werbeprospekt** *m* рекламный проспект

**Werbepsychologie** *f* психология рекламного дела

**Werber** *m* специалист а области рекламы; сотрудник рекламного отдела; сотрудник рекламной фирмы

**Werber** вербовщик, наниматель, агент по найму

**Werberabatt** *m* скидка, предоставляемая с рекламной целью; рекламная скидка; рекламная цена *(включает скидку)*

**Werberecht** *n* 1. право вербовки 2. право рекламы

**Werberevision** *f* пересмотр рекламных мероприятий; пересмотр концепции рекламы

**Werberhythmus** *m* ритм проведения рекламных мероприятий; рекламные ритмы

**Werbesatz** *m* рекламный девиз; рекламный слоган; девиз рекламной кампании

**Werbeschild** *n* рекламный щит; *(светящаяся)* вывеска

**Werbeschreiben** *n* рекламное письмо

**Werbeschrift** *f* рекламное издание *(печатное)*; рекламный проспект

**Werbeschulung** *f* подготовка специалистов рекламного дела

**Werbespruch** *m* рекламный девиз; рекламный слоган; девиз рекламной кампании

**Werbestempel** *m* *(почтовый)* штемпель с рекламным текстом

**Werbetexter** *m* составитель рекламных текстов; рекламрайтер

**Werbeträger** *m* лицо, ответственное за рекламу; предприятие, ответственное за рекламу

**Werbeträger** место для помещения рекламы, место для размещения рекламы; транспортное средство с нанесенной на него рекламой

**Werbeunternehmer** *m* предприниматель, занимающийся рекламой, предприниматель-специалист по рекламе; рекламист

**Werbevorbereitung** *f* подготовка рекламной кампании

**Werbevortrag** *m* лекция рекламного характера; лекция в рекламных целях

**Werbeweg** *m* путь доведения средств рекламы до лиц, которым они предназначены; рекламные пути

**Werbewirksamkeit** *f* действенность рекламы

**Werbewirkung** *f* действие средств рекламы, воздействие средств рекламы; эффект использования рекламных средств, эффективность рекламных мероприятий, эффективность рекламной кампании

**Werbewirtschaft** *f* рекламное дело, реклама

**Werbeziel** *n* цель рекламного мероприятия

**Werbezielgruppe** *f* целевая рекламная группа; группа (для) целевой рекламы

**werblich** рекламный

**Werbung** *f* вербовка, набор *(напр. рабочей силы)*

**Werbung** реклама; рекламирование

**Werbung** рекламный проспект, рекламный текст

**Werbung durch Sandwichmänner** живая реклама, реклама "сэндвич" *(ношение плакатов на груди и на спине человека)*

**Werbung treiben** рекламировать, осуществлять рекламу; проводить рекламную кампанию

**akustische Werbung** реклама с помощью акустических средств; акустическая реклама

**aufdringliche Werbung** назойливая реклама; агрессивная реклама; навязчивая реклама

**marktschreierische Werbung** крикливая реклама

**Werbungskosten,** *pl* рекламные издержки *(связанные с получением дохода) (понятие налогового права)*

**Werbungsmittler** *m* посредническая контора по рекламе

**Werbungsvertreter** *m* агент по рекламе, рекламный агент

**Werft** *f* верфь; судоверфь

**Werk** *n* дело, труд, работа

**Werk** завод; фабрика; предприятие

**ab Werk** с завода *(продавца)*, франко завод

**frei** *(ab)* **Werk** франко завод *(получателя)*

**Werkabteilung** *f* цех *(завода, фабрики)*

**Werkbahn** *f* внутризаводская железная дорога; подъездные пути предприятия

**Werkbund** Союз ремесленных предприятий *(Швейцария)*

**Werkfernverkehr** *m* дальние перевозки грузов предприятия собственным транспортом, дальние перевозки грузов собственным транспортом фирмы *(предприятия)*

**Werkfürsorge** *f* мероприятия по социальному обслуживанию работающих на предприятии и членов их семей

**Werkgelände** *n* территория завода, территория фабрики, территория предприятия

**Werkhalle** *f* цех *(завода, фабрики)*

**Werkhandel** *m* торговля, осуществляемая производственными предприятиями; торговля с завода *(в заводском магазине по заводским ценам)*

**Werkhandelsgesellschaft** *f* сбытовая контора производственного предприятия; сбытовая фирма *(одного или нескольких производственных предприятий)*

**Werklager** *n* заводской склад, фабричный склад, склад завода *(фабрики, предприятия)*

**Werkleiter** *m* руководитель предприятия

**Werklieferungsvertrag** *m* договор на выполнение работы из материала изготовителя *(с последующей передачей вещи и прав собственности на неё заказчику)*

**Werklieferungsvertrag** договор подряда на выполнение заказа из материала изготовителя

**Werklohn** *m* плата за выполнение заказа по договору подряда; оплата договора-подряда, оплата подрядного договора

**Werknahverkehr** *m* пригородные перевозки грузов предприятия собственным транспортом

**Werknummer** *f* заводской номер *(изделия)*

**Werkpreis** *m* заводская цена, фабричная цена

**Werksattest** *n* заводской паспорт *(на выпускаемую продукцию)*

**Werkschule** *f* профшкола при *(на)* предприятии *(заводе)*

**Werksgarantie** *f* заводская гарантия, гарантия предприятия-изготовителя, гарантия завода-изготовителя

**Werkshafen** *m* заводской порт *(изделия)*

**Werkslandard** *m* заводской стандарт, фабричный стандарт

**Werkslieferung** *f* заводская поставка, прямая поставка с завода-производителя

**Werksnorm** *f* заводской стандарт, фабричный стандарт

**Werksnormenabteilung** *f* отдел нормирования *(на заводе, предприятии)*

**Werksparkasse** *f* заводская сберегательная касса, сберкасса на предприятии

**Werkspionage** *f* промышленный шпионаж, промшпионаж

**Werkspsychologie** *f* инженерная психология

**Werkstandard** *m* заводской стандарт

**Werkstatt** *f* цех *(завода, фабрики)*; мастерская, ремесленная мастерская

**Werkstatt-Vorkalkulation** *f* предварительная цеховая калькуляция

**Werkstättenfertigung** *f* цеховой принцип производства; маршрутная технология *(в отличие от конвейерной)*

**Werkstattfertigung** *f* цеховой принцип производства; маршрутная технология *(в отличие от конвейерной)*

**Werkstattkosten,** *pl* цеховые расходы, внутрицеховые расходы *(затраты)*

**Werkstattpraxis** *f* производственная практика, практика на производстве

**Werkstattprinzip** *n* принцип специализации производства по видам используемой технологии

**Werkstoffe** *m, pl* сырьё и материалы; материалы

**Werkstoffersparnis** *f* экономия сырья и материалов; экономия материалов

**Werkstoffkosten,** *pl* затраты на сырьё и материалы

**Werkstoffkosten** стоимость сырья и материалов; стоимость материалов

**Werkstoffverbrauch** *m* расход материалов, расход сырья и материалов *(в натуральном выражении)*

**Werkstoffverlust** *m* потери сырья и материалов; потери материалов

**Werkstück** *n* заготовка; обрабатываемая деталь; обрабатываемое изделие, обрабатываемый предмет

**Werkstückwechsel** *m* перестановка на обработку другой детали, перестановка на обработку другого изделия, переключение на обработку другой детали, переключение на обработку другого изделия

**Werksverkaufspreis** *m* заводская цена, фабричная цена

**Werktätige** *m* трудящийся, работник, рабочий

**Werktätige mit mittlerem Einkommen** среднеоплачиваемый работник

**in Lohnarbeit stehender Werktätige** наёмный работник

**Werkunkosten,** *pl* накладные расходы производства

**Werkverkehr** *m* перевозка грузов транспортными средствами предприятия; внутризаводские перевозки

**Werkverkehrsabgabe** *f* отчисление в бюджет за использование предприятием внутризаводских транспортных средств

**Werkvertrag** *m* договор подряда *(на выполнение работ, на предоставление услуг)*

**Werkwohnung** *f* жилое помещение, предоставляемое предприятием работнику

**Werkzeug** *n* инструмент, орудие

**Werkzeug** оснастка

**Werkzeugbau** *m* инструментальное производство, производство инструментов; цех по изготовлению *(инструментальной)* оснастки

**Werkzeugentschädigung** *f* компенсация за инструмент

**Werkzeugfertigung** *f* инструментальное производство, производство инструментов; цех по изготовлению *(инструментальной)* оснастки

**Werkzeuggeld** *n* деньги, выплачиваемые *(предприятием, государством)* рабочему *(безработному)* для приобретения необходимого инструмента

**Werkzeugkosten,** *pl* расходы на оснастку, ; стоимость оснастки

**Werkzeugkosten** расходы на приобретение и изготовление инструментов, затраты на приобретение и изготовление инструментов, стоимость инструмента

**Werkzeugmaschine** *f* станок

**Werkzeugmaschinenbau** *m* станкостроительная промышленность, станкостроение

**Werkzeugsortiment** *n* комплект инструментов, набор инструментов; инструментарий; оснастка

**Werkzeugverbrauch** *m* расход инструмента

**Werkzeugverschleiß** *m* износ инструмента

**Werkzeugwirtschaft** *f* инструментальное хозяйство

**Wert** *m* стоимость; цена; ценность

**Wert** абсолютная величина

**Wert** день валютирования записи (в дебет *или* в кредит) *(в банковских и биржевых операциях)*

**Wert** оценка

**Wert** значение; величина, показатель, данные

**Wert abgeben** передавать стоимость

**Wert der Arbeit** стоимость труда

**Wert der Arbeitskraft** стоимость рабочей силы

**Wert des Spiels** *ист.* цена игры

**Wert erhalten** валюта получена *(надпись на векселе)*

**Wert hecken** производить стоимость, создавать стоимость

**Wert heute** сроком сегодня, к исполнению сегодня *(надпись на фин. документе)*

**Wert in Rechnung** валюта получена *(надпись на векселе)*

**Wert je Erzeugniseinheit** индивидуальная стоимость продукции; стоимость единицы продукции

**Wert konstanter** постоянная стоимость; постоянная величина

**Wert realisieren** реализовать стоимость

**Wert übertragen** переносить стоимость

**Wert zum Einzug** валюта на инкассо *(надпись на векселе)*

**Wert zum Inkasso** валюта на инкассо *(надпись на векселе)*

**Wert zur Einziehung** валюта на инкассо *(надпись на векселе)*

**absoluter Wert** абсолютная стоимость; абсолютная величина

**absoluter Wert** абсолютная ценность

**alter Wert** старая стоимость

**bezogener Wert** относительная величина

**dinglicher Wert** объективная стоимость

**fiktiver Wert** фиктивная стоимость

**gedankenhafter Wert** духовная ценность

**gegenwärtiger Wert** текущая стоимость

**gemeiner Wert** общая стоимость *(основа для налогообложения)*

**gesellschaftlicher Wert** общественная стоимость

**grösster Wert** максимум; максимальная стоимость

**häufigster Wert** *стат.* мода; модус

**hinzugefügter Wert** добавленная стоимость

**individueller Wert** индивидуальная стоимость

**internationaler Wert** стоимость товаров на мировом рынке, международная стоимость

**kleinster Wert** минимум; минимальная стоимость

**modifizierter Wert** превращенная форма стоимости, модифицированная форма стоимости

**nationaler Wert** стоимость товаров на внутреннем рынке; национальная стоимость

**nationaler Wert** естественная стоимость

**neugeschaffener Wert** вновь созданная стоимость

**optimistischer Wert** оптимистическая оценка

**pessimistischer Wert** пессимистическая оценка

**proportionaler Wert** пропорциональная стоимость

**relativer Wert** относительная стоимость

**reziproker Wert** обратная величина

**sachhafter Wert** вещная ценность, вещная стоимость

**sich verwertender Wert** самовозрастающая стоимость

**steuerpflichtiger Wert** облагаемая налогом стоимость

**subjektiver Wert** субъективная стоимость

**tatsächlicher Wert** фактическая стоимость; действительная стоимость

**übertragener Wert** перенесённая стоимость

**ursprünglicher Wert** первоначальная стоимость

**variabler Wert** переменная величина; переменная стоимость

**veranschlagter Wert** сметная стоимость, стоимость по смете; оценочная стоимость
**voller Wert** полная стоимость
**vorgegebener Wert** заданная величина
**vorgeschossener Wert** авансированная стоимость
**wahrer Wert** истинная стоимость; действительная стоимость
**wahrscheinlichster Wert** наиболее вероятная величина; вероятностная величина
**werterzeugender Wert** стоимость, создающая стоимость
**wirtschaftlicher Wert** хозяйственная ценность
**zufälliger Wert** случайное значение
**zulässiger Wert** допустимое значение
**an Wert verlieren** обесцениваться, терять в стоимости
**dem Wert nach** в стоимостном выражении; в соответствии со стоимостью
**vom Wert** ад валорем *(со стоимости или с объявленной цены)*
**Wert-Preis-Abweichung** *f* отклонение цены от стоимости
**Wert-Preis-Beziehung** *f* соотношение между стоимостью и ценой, соотношение стоимость - цена
**Wert-Preis-Beziehungen** *f, pl* соотношение между стоимостью и ценой, , соотношение стоимость - цена
**Wert-Preis-Divergenz** *f* отклонение цены от стоимости
**Wert-Preis-Inkongruenz** *f* несоответствие цены и стоимости, несовместимость цены и стоимости
**Wertabgabe** *f* перенесение стоимости

**Wertabschlag** *m* уценка *(при переоценке)*
**Wertänderung** *f* изменение стоимости
**Wertangabe** *f* стоимостный показатель
  **Wertangabe** указание стоимости, указание цены
**Wertansatz** *m* стоимостная оценка
  **Wertansatz** стоимость
**Wertansdruck** *m* стоимостное выражение; стоимостный показатель
**Wertarbeit** *f* качественная работа, высококлассная работа
**Wertaufholung** *f* повышение балансовой стоимости
**Wertausdruck** *m* стоимостное выражение
  **Wertausdruck** стоимостный показатель
**Wertaustausch** *m* обмен стоимостями
**Wertbasis** *f* стоимостная база; база расчета стоимости
**Wertbegriff** *m* понятие стоимости
**Wertberechnung** *f* измерение стоимости
  **Wertberechnung** *f* расчёт стоимости
**Wertberichtigung** *f* исправление балансовой стоимости, корректирование балансовой стоимости, корректировка балансовой стоимости
  **Wertberichtigung** переоценка стоимости, упорядочение стоимости
  **Wertberichtigung** статья в левой части баланса, образующаяся при некоторых методах корректировки амортизации
**Wertberichtigungen** *f, pl бухг.* регулирующие статьи баланса

**Wertberichtigungsposten** *m* регулирующая статья баланса *(корректирует подлежащие пересмотру записи в активной или пассивной частях баланса)*
**Wertberichtigungsposten** *m, pl бухг.* регулирующие статьи баланса
**Wertbestandteil** *m* составная часть стоимости
  **Wertbestandteil** составной элемент стоимости, компонент стоимости
**Wertbestimmung** *f* определение стоимости
  **Wertbestimmung** оценка
**Wertbewegung** *f* движение стоимости, динамика стоимости
**Wertbeziehungen** *f, pl* отношения стоимостей; отношения стоимостных долей, взаимоотношения денежных категорий *(являющихся основой экономических рычагов)*
**Wertbilanz** *f* стоимостный баланс
**wertbildend** создающий стоимость, стоимостнообразующий
**Wertbildner** *m* создатель стоимости
**Wertbildung** *f* создание стоимости, образование стоимости, формирование стоимости
**Wertbildungsprozess** *m* процесс создания стоимости, процесс образования стоимости, процесс формирования стоимости, формирование стоимости
**Wertbrief** *m* ценное письмо; письмо с указанной ценностью
**Wertdaten,** *pl* стоимостные данные
**Wertding** *n* воплощение стоимости
  **Wertding** ценный предмет

**Werte** *m, pl* данные
  **Werte** ценности; ценные бумаги
  **empirische Werte** эмпирические данные
  **errechnete Werte** расчётные данные
  **festverzinsliche Werte** ценные бумаги, приносящие твёрдый процент; ценные бумаги с твёрдым процентом; первоклассные ценные бумаги
  **gegebene Werte** исходные данные
  **materielle Werte** материальные блага, вещественные блага
  **rechnerisch ermittelte Werte** расчётные данные
  **repräsentative Werte** репрезентативные ценные бумаги
  **vertretbare Werte** заменимые ценности
**Wertelement** *n* элемент стоимости, часть стоимости
**Wertentwicklung** *f* движение стоимости, динамика стоимости, развитие стоимости
**Werterhaltung** *f* сохранение стоимости *(напр. товаров)*
**Werterhaltungsarbeiten** *f, pl* работы по сохранению материальных ценностей
**Werterneuerungsfonds** *m* фонд обновления машинного парка
**Werterneuerungskonto** *n* счёт резерва обновления машинного парка
**Wertersatz** *m* возмещение стоимости
  **Wertersatz** субститут ценности
**Wertersatzrücklage** *f* резерв обновления основных фондов
**Wertfaktor** *m* фактор стоимости
**Wertfall** *m* падение стоимости

**Wertform** *f* форма стоимости
  **absolute Wertform** абсолютная форма стоимости
  **allgemeine Wertform** всеобщая форма стоимости
  **einfache Wertform** простая форма стоимости
  **entfaltete Wertform** развёрнутая форма стоимости
  **modifizierte Wertform** превращенная форма стоимости, модифицированная форма стоимости
  **relative Wertform** относительная форма стоимости
  **zufällige Wertform** простая форма стоимости
  **in Wertform** в стоимостной форме, в стоимостном выражении
**Wertfortschreibung** *f* установление новой стоимости объекта налогового обложения
**Wertfracht** *f* фрахт, исчисляемый с ценности перевозимого груза
**wertfrei** без оплаты; франко
  **wertfrei** не имеющий цены; не имеющий стоимости
**wertgemindert** неполноценный
  **wertgemindert** уценённый
**Wertgestalt** *f* образ стоимости
**Wertgfsetz** *n* закон стоимости
**wertgleich** равный по стоимости
**Wertgleichung** *f* стоимостное уравнение, уравнение стоимости
**Wertgröße** *f* величина стоимости
  **absolute Wertgröße** абсолютная величина стоимости
  **relative Wertgröße** относительная величина стоимости
**Wertigkeit** *f* валентность
  **Wertigkeit** потенциал, эффективность
  **Wertigkeit** ценность, значимость

**Wertigkeitskoeffizient** *m* коэффициент значимости *(напр. целей)*
**Wertinkrement** *n* приращение стоимости
**Wertkategorie** *f* стоимостная категория, категория стоимости
**Wertkennziffer** *f* стоимостный показатель
**Wertkörper** *m* воплощение стоимости
**Wertlehre** *f* теория стоимости
  **Wertlehre** учение о стоимости
**wertlos** не имеющий цены, не имеющий стоимости
  **wertlos** обесцененный *(напр. о банкнотах)*
**Wertmaß** *n* мера стоимости
**wertmäßig** в стоимостном выражении, в ценностном выражении; по стоимости; стоимостный; выраженный в стоимостном выражении
**Wertmaßstab** *m* масштаб стоимости
**Wertmessung** *f* измерение стоимости
**Wertminderung** *f* снижение стоимости, уменьшение стоимости
  **Beträge der Wertminderung** амортизация
**Wertmodifikation** *f* превращение формы стоимости
**Wertpaket** *n* ценная посылка, посылка
**Wertpapier** *n* ценная бумага, *см. также* Wertpapiere *pl*
  **Wertpapier** эмиссионная бумага *(особо защищённая бумага, напр. для денежных знаков)*
  **außer Kurs gesetztes Wertpapier** исключённая из обращения ценная бумага
**Wertpapierabteilung** *f* фондовый отдел *(банка, биржи)*
**Wertpapierarbitrage** *f* фондовый арбитраж

**Wertpapierbereinigung** f урегулирование расчётов по ценным бумагам

**Wertpapierbestand** m портфель ценных бумаг

**Wertpapierbörse** f фондовая биржа, биржа ценных бумаг

**Wertpapierdepot** n депо(т) ценных бумаг

**Wertpapiere** n, pl ценные бумаги (мн.ч.)

   **Wertpapiere liefern** предлагать ценные бумаги (на бирже)

   **Wertpapiere der öffentlichen Hand** государственные ценные бумаги

   **durch Wertpapiere gesicherte Industrieobligation** f промышленная облигация, обеспеченная другими ценными бумагами, хранящимися на условиях траста (напр. облигации головной компании, выпущенные под залог облигаций филиалов)

   **aufgerufene Wertpapiere** изъятые из обращения ценные бумаги (мн.ч.), аннулированные ценные бумаги (мн.ч.) (акции или долговые обязательства)

   **außer Kurs gesetzte Wertpapiere** изъятые из обращения ценные бумаги (мн.ч.), аннулированные ценные бумаги (мн.ч.) (акции или долговые обязательства)

   **erstklassige Wertpapiere** первоклассные ценные бумаги (мн.ч.); особо надёжные ценные бумаги (мн.ч.)

   **festverzinsliche Wertpapiere** ценные бумаги, приносящие твёрдый процент (мн.ч.); ценные бумаги с твёрдым процентом (мн.ч.)

   **kaufmännische Wertpapiere** коммерческие ценные бумаги (мн.ч.)

   **notleidende Wertpapiere** ненадёжные ценные бумаги (мн.ч.)

   **vernichtete Wertpapiere** уничтоженные ценные бумаги (мн.ч.); выведенные из обращения ценные бумаги (мн.ч.)

   **vertretbare Wertpapiere** заменимые ценные бумаги (мн.ч.)

**Wertpapieremission** f эмиссия ценных бумаг, выпуск ценных бумаг

**Wertpapierkurs** m курс ценных бумаг

**Wertpapiermarkt** m рынок ценных бумаг, фондовый рынок

**Wertpapiersparen** n образование сбережений путём покупки ценных бумаг, формирование сбережений путём вложений в ценные бумаги

**Wertpapierspekulation** f спекуляция ценными бумагами; спекуляции на фондовом рынке

**Wertpapiersteuer** f налог на ценные бумаги

**Wertpapierswap** m своп (обмен) ценных бумаг (напр. с целью уменьшения риска)

**Wertpapierumschreibung** f передача (кому-л.) именных ценных бумаг

   **Wertpapierumschreibung** передача ценных бумаг (другому лицу)

**Wertpapierversicherung** f страхование ценных бумаг, страхование ценных бумаг от потерь на курсе в момент их погашения

   **Wertpapierversicherung** страхование курсовых рисков (ценных бумаг)

**Wertpapierverwahrung** f хранение ценных бумаг

**Wertpreis** m стоимость

**Wertprodukt** n вновь созданная стоимость

**Wertproduktion** f производство стоимости

**Wertqualität** f субстанция стоимости

**Wertquantität** f количество стоимости

**Wertquantum** n стоимость (количественный аспект); величина стоимости

**Wertrealisierung** f реализация стоимости

**Wertrechnung** f расчёт стоимости

**Wertreklame** f рекламный сувенир, рекламный подарок

**Wertrelation** f стоимостное отношение; стоимостные отношения (мн.ч.); стоимостное соотношение

**Wertreserve** f резерв стоимости

**Wertrevolution** f резкое снижение стоимости (за счёт внедрения достижений научно-технического прогресса)

**Wertrückgang** m падение стойкости

**Wertsachen** f, pl ценности, ценные вещи, драгоценности

**Wertsachenversicherung** f страхование ценностей

**wertschaffend** создающий стоимость

**Wertschöpfung** вновь созданная стоимость

   **Wertschöpfung** f создание стоимости

**Wertschriftenclearing** n клиринг (взаимный зачёт требований) по операциям с ценными бумагами

**Wertsendung** f ценное (почтовое) отправление

**Wertsicherungsklausel** f валютная оговорка (в договоре, в контракте)

**Wertsteigerung** f повышение стоимости

**Wertstellung** f валютирование
  **Wertstellung auf dem Bankkonto** валютирование
**Wertstempel** m знак почтовой оплаты (штемпель вместо марки)
**Wertsteuer** f налог на стоимость (напр. недвижимого имущества)
**Wertsubstanz** f субстанция стоимости
**Wertsumme** f сумма стоимости
**Werttarif** m тарификация грузов по их ценности
**Werttarifierung** f трансп. тарификация грузов по их ценности
**Wertteil** m элемент стоимости, часть стоимости
  **konstanter Wertteil des Kapitals** постоянный капитал
  **variabler Wertteil des Kapitals** переменный капитал
**Werttheorie** f теория стоимости
**Werttoleranzen** f, pl допускаемые отклонения от договорной суммы, допускаемые отклонения от договорного количества
**Wertträger** m носитель стоимости
**Wertüberschuss** m избыток стоимости
**Wertübertragung** f перенесение стоимости
**Wertung** f оценка; определение стоимости
**Werturteil** n оценка значимости, оценка ценности (напр. оценка экономических явлений с материальной, этической, религиозной и др. точек зрения)
**Wertverhältnis** n стоимостное отношение; стоимостные отношения
**Wertverlust** m потеря стоимости; обесценивание

**Wertvermehrung** f увеличение стоимости
**Wertverminderung** f снижение стоимости, уменьшение стоимости
**Wertverzehr** m снижение стоимости, уменьшение стоимости
**Wertvorgabe** f задание по стоимости
**Wertvorschuss** m авансированная стоимости
**Wertwechsel** m изменение стоимости
**Wertzahlen** f pl показатели (стоимостные)
  **technisch-ökonomische Wertzahlen** технико-экономические показатели, ТЭП
**Wertzeichen** n знак оплаты (напр. почтовая марка)
**Wertzoll** m адвалорная пошлина, стоимостная пошлина, пошлина со стоимости
**Wertzollordnung** f порядок обложения адвалорной пошлиной
**Wertzunahme** f увеличение стоимости
  **Wertzunahme** возрастание стоимости
  **Wertzunahme** прирост(ание) стоимости
**Wertzusammensetzung** f структура стоимости
  **Wertzusammensetzung des Kapitals** стоимостное строение капитала, стоимостная структура капитала
**Wertzuschlagklausel** f оговорка в договоре страхования о выплате надбавки к страховой сумме (в случае повышения стоимости страхуемого предмета)
**Wertzuwachs** m возрастание стоимости
  **Wertzuwachs** стоимостный прирост, прирост(ание) стоимости

**Wertzuwachssteuer** f (устар.) налог на добавленную стоимость, НДС, см. **Mehrwertsteuer** f
**Wesen** n сущность, существо
**wesentlich** существенный
**West-Ost-Handel** m торговля между Западом и Востоком
**Westeuropäische Union** истор. Западноевропейский союз
**Wettbewerb** m конкуренция
  **Wettbewerb** соревнование
  **Wettbewerb** торги (мн.ч.)
  **Wettbewerb antreten** вступить в конкурентную борьбу; развернуть конкурентную борьбу
  **außer Wettbewerb** вне конкурса
  **erzeugnisgebundener Wettbewerb** соревнование за освоение и совершенствование новых видов промышленной продукции
  **in den Wettbewerb eintreten** вступить в конкурентную борьбу
  **innerbetrieblicher Wettbewerb** внутризаводское соревнование
  **komplexer Wettbewerb** комплексное соревнование
  **öffentlicher Wettbewerb** гласное соревнование; открытая конкуренция; открытая конкурентная борьба
  **überbetrieblicher Wettbewerb** конкуренция между предприятиями
  **unlauterer Wettbewerb** недобросовестная конкуренция
**Wettbewerbs- und Prämienordnung** f положение о порядке проведения соревнования и премирования по итогам соревнования (в бывш ГДР, СССР)
**Wettbewerbsabkommen** n соглашение о недопущении конкуренции

**Wettbewerbsanalyse** f анализ конкуренции (на рынке); анализ конкурентов

**Wettbewerbsaufruf** m вызов на соревнование (в бывш ГДР, СССР)

**Wettbewerbsaufruf** конкурентный вызов; мероприятия со стороны конкурентов (повышающие их конкурентоспособность)

**Wettbewerbsauswertung** f подведение итогов соревнования

**Wettbewerbsauswertung** подведение итогов конкурентной борьбы

**Wettbewerbsbedingungen** f, pl условия соревнования; условия конкурентной борьбы

**Wettbewerbsberichterstattung** f предоставление отчёта об итогах конкурентной борьбы

**Wettbewerbsbeschränkung** f ограничение конкуренции

**Wettbewerbsbewegung** f движение за (социалистическое) соревнование (бывш. ГДР, СССР)

**Wettbewerbsergebnisse** n, pl итоги соревнования; итоги конкурентной борьбы

**Wettbewerbserkenntnisse** f, pl опыт конкурентной борьбы; опыт в конкурентной борьбе

**Wettbewerbsfähigkeit** f конкурентоспособность

**Wettbewerbsform** f форма соревнования

**Wettbewerbsform** форма конкуренции, форма конкурентной борьбы

**Wettbewerbsgesellschaft** f общество свободной конкуренции; рыночное общество

**Wettbewerbsklausel** f оговорка о недопущении конкуренции (напр., условие, запрещающее агенту брать на себя обязательства по сбыту товаров конкурентов)

**Wettbewerbsklausel** условие, запрещающее агенту брать на себя обязательства по сбыту товаров конкурентов

**Wettbewerbskonzeption** f концепция конкурентной борьбы; концепция организации борьбы с конкурентами

**Wettbewerbslage** f состояние конкуренции

**Wettbewerbsmethoden** f, pl методы конкурентной борьбы

**Wettbewerbsordnung** f порядок конкуренции

**Wettbewerbspartner** m партнёр по соревнованию

**Wettbewerbspolitik** f политика поддержания, активизация конкуренции (часть экономической политики)

**Wettbewerbsprämie** f премия за лучшие показатели в соревновании, премия по итогам соревнования

**Wettbewerbspreis** m конкурентная цена

**Wettbewerbsprinzipien** n, pl принципы; принципы конкурентной борьбы

**Wettbewerbsrichtlinie** f концепция конкурентной борьбы; концепция организации борьбы с конкурентами; основные направления конкурентной борьбы

**Wettbewerbsschutz** m защита права на ведение добросовестной конкуренции

**Wettbewerbsschwerpunkte** m, pl первоочередные задачи конкурентной борьбы

**Wettbewerbssieger** m победитель в соревновании; победитель в конкурентной борьбе

**Wettbewerbstafel** f устар. доска учёта хода (социалистического) соревнования

**Wettbewerbstafel** таблица учета показателей конкурентной борьбы

**Wettbewerbstarif** n трансп. конкурентный тариф

**Wettbewerbsteilnehmer** m участник соревнования

**Wettbewerbsverbot** n запрещение конкуренции (напр. запрет служащим торговой фирмы в период действия трудового соглашения заниматься без разрешения работодателя торговой деятельностью)

**Wettbewerbsvereinbarung** f устар. договор о (социалистическом) соревновании

**Wettbewerbsvereinbarung** соглашение между конкурентами об ограничении конкуренции

**Wettbewerbsvereinbarung** соглашение предпринимателя с торговыми служащими, представителями и компаньонами фирмы о недопущении конкуренции в ущерб интересам фирмы

**Wettbewerbsverpflichtung** f устар. обязательство по договору о (социалистическом) соревновании

**Wettbewerbswerbung** f реклама, осуществляемая с целью подчеркнуть преимущества данного товара над конкурирующим; реклама в условиях конкурентной борьбы; реклама с целью конкурентной борьбы

**Wettbewerbswertung** f подведение итогов соревнования; подведение итогов конкурентной борьбы

**Wettbewerbswirtschaft** f конкурентная экономика; хозяйство, основанное на свободной конкуренции; рыночное хозяйство; рыночное хозяйство, основанное на конкуренции; экономика свободной конкуренции

**Wettbewerbsziel** n цель соревнования; цель конкурентной борьбы

**wetterfest** устойчивый против атмосферных влияний; погодостойкий

**Wettrüsten** n гонка вооружений

**Wettsparen** n досрочный платёж денежных взносов в строительный кооператив с целью получения суммы на строительство ранее намеченного срока

**WEU, Westeuropäische Union** истор. Западноевропейский союз

**Wfrtschaftsware** f предмет хозяйственного обихода, предмет повседневного пользования

**WFTU, World Federation of Trade Unions, Weltgewerkschaftsbund** Всемирная федерация профсоюзов, ВФП

**WG:**

**WG, Wechselgesetz** закон, регулирующий вексельные операции; закон о вексельном обращении

**W.G., weight guaranteed** англ. гарантированный вес

**w.g., weight guaranteed** англ. гарантированный вес

**WGB, Weltgewerkschaftsbund** Всемирная федерация профсоюзов, ВФП

**WH, Wirtschaftshochschule** экономический институт, высшее экономическое учебное заведение

**WIB, Wissenschaftlicher Industriebetrieb** промышленное предприятие научно-исследовательского характера; инновационное предприятие; венчурное предприятие; (высокорисковое) наукоёмкое предприятие

**wichten** стат. взвешивать

**wichtige Kundengruppen** важные группы покупателей (в маркетинге)

**Wichtung** f стат. взвешивание

**Wichtungsvariaite** f стат. вариант взвешивания

**Widerruf** m отмена (в чековом обороте), ревокация (в платёжном обороте); отзыв (напр. прежнего заказа биржевому брокеру)

**Widerruf der Anweisung** аннулирование платёжного поручения

**Widerruf eines Verrechnungsdokumentes** отзыв расчётного документа

**bis auf Widerruf** до отзыва; до момента отзыва (напр. документ в силе)

**widerrufen** vt отзывать, отменять (в одностороннем порядке)

**widerrufen** отменять, отзывать (напр. платёжный документ)

**widerruflich** отзывной (напр. аккредитив)

**widerruflich** временный (о постановлении)

**widerruflich** могущий быть отменённым; могущий быть изменённым

**widerruflicher Kredit** отзывной кредит

**Widerrufsanspruch** m юр. требование отказа от противозаконных утверждений, подрывающих доверие к кредитоспособности истца

**Widerrufung** f юр. отзыв; отмена, аннулирование

**Befehlswiderrufung** f вчт. отмена команды

**Widerspruch** m противоречие; расхождение; возражение, протест; юр. (мотивированное) отрицание ответчиком предъявленного ему иска

**Widerspruch der Warenproduktion** противоречие товарного производства

**Widerspruch zwischen Kapital und Arbeit** противоречие между трудом и капиталом

**Widerspruch zwischen Produktion und Konsumtion** противоречие между производством и потреблением

**Widerspruch zwischen Produktion und Markt** противоречие между производством и рынком

**antagonistischer Widerspruch** антагонистическое противоречие

**innerer Widerspruch der Ware** внутреннее противоречие

**nichtantagonistischer Widerspruch** неантагонистическое противоречие

**wesentlicher Widerspruch** существенное противоречие

**Widersprüchlichkeit** f противоречивость

**Widerspruchsklage** f юр. иск третьего лица о праве собственности на описанное имущество; иск об исключении имущества из описи

**Widmung** f передача частной собственности в пользование публично-правовых организаций

**Wiederabtretung** f обратная переуступка

**Wiederabtretung** обратная переуступка требования, рецессия

**wiederanlegen** реинвестировать (напр. капитал)

**Wiederanschaffungswert** *m* восстановительная стоимость *(напр. в страховании)*

**Wiederaufbau** *m* восстановление; реконструкция, перестройка

**Wiederaufbauarbeiten** *f, pl* восстановительные работы, работы по восстановлению

**Wiederaufbauklausel** *f* оговорка о восстановлении *(стоимости или имущества в натуральной форме)*

**Wiederaufbaukredit** *m* кредит для целей восстановления

**Wiederaufbaukredit** кредит для восстановления хозяйства *(экономики)*

**Wiederaufbaukredit** кредит МБРР

**Wiederaufbauwert** *m* восстановительная стоимость

**Wiederauffüllung** *f* очередное пополнение *(средств фонда)*

**Wiederaufnahme** *f* возобновление *(напр. торговых отношений)*

**Wiederaufrüstung** *f* ремилитаризация

**Wiederausfuhr** *f* реэкспорт

**Wiederbeschaffungskosten,** *pl* восстановительная стоимость *(основных фондов)*

**Wiederbeschaffungspreis** *m* восстановительная стоимость *(основных фондов)*; стоимость новоприобретения

**Wiederbeschaffungswert** *m* восстановительная стоимость *(основных фондов)*; стоимость новоприобретения

**Wiedereinfuhr** *f* реимпорт

**Wiedereinsatz** *m* вторичное применение, повторное применение; с.-х. внутрихозяйственный оборот

**Wiedereinsatzleistung** *f* внутризаводские работы

**wiederersetzen** возмещать, компенсировать

**Wiedererstattung** *f* возмещение, компенсация

**Wiedererstattung der Kapitalauslage** возмещение капитальных затрат

**wiedererzeugen** *vt* воспроизводить

**Wiedergestellung** *f* повторное представление таможенному органу товара, идентичность которого была обеспечена

**Wiedergestellung von Zollgut** повторное предъявление таможенному органу товара *(на досмотр)*

**Wiedergewinnung** *f* восстановление, использование вторичного сырья, ресайклинг

**Wiedergewinnung** обратный приток

**Wiedergewinnung** *тех.* регенерация, рекуперация

**Wiedergutmachung** *f* возмещение, компенсация; репарация

**Wiedergutmachungsleistung** *f* репарационные выплаты; выплаты по репарациям

**Wiedergutmachungszahlungen** *f, pl* репарации

**Wiederherstellung** *f* восстановление; реставрация

**Wiederherstellung** *юр.* реституция

**Wiederherstellungsarbeiten** *f, pl* восстановительные работы

**Wiederherstellungsklausel** *f* оговорка в договоре страхования от огня *(в соответствии с которой предусматривается выплата первоначально только части страховой суммы, а остатка её - после восстановления страхового объекта)*

**Wiederherstellungskosten,** *pl* затраты на восстановление, восстановительная стоимость

**Wiederherstellungsperiode** *f* восстановительный период, период восстановления

**Wiederherstellungspreis** *m* восстановительная стоимость, стоимость восстановления

**Wiederherstellungsreparatur** *f* восстановительный ремонт

**Wiederherstellungswert** *m* восстановительная стоимость; стоимость восстановления

**Wiederholteile** *n, pl* детали многократного использования

**Wiederholungsrabatt** *m* скидка за повторные объявления *(напр. в прессе, на телевидении и т.п.)*

**Wiederkäuferrecht** *n* право выкупа, право продавца на обратную покупку проданной вещи *(пункт договора купли-продажи)*

**Wiederkaufsrecht** *n* право выкупа, право продавца на обратную покупку проданной вещи *(пункт договора купли-продажи)*

**wiederkehrend** периодический *(напр. о платежах)*

**Wiedernutzbarmachung** *f* **von Grundstükken** повторное освоение земельных участков

**Wiedersicht** *f*:
**bei Wiedersicht** по предъявлении

**Wiederverkauf** *m* перепродажа

**Wiederverkäuferrabatt** *m* скидка *(для)* агента по перепродаже

**wiederverladen** переотправлять

**Wiederverladung** *f* переотправка

**Wiederverwendung** *f* повторное использование, вторичное использование, утилизация
**zur Wiederverwendung** для повторного использования

**Wiederverwendungspackung** *f* многократно оборачивающаяся тара, многооборотная тара, тара многократного использования

**Wiederverwendungsprojekt** *n* типовой проект

**Wiederverwendungsverpackung** *f* многократно оборачивающаяся тара, многооборотная тара, тара многократного использования

**Wiederverzinsung** *f* начисление процентов на проценты, начисление сложных процентов

**Wiederverzinsung** сложные проценты *(предусматривающие начисление процентов на проценты)*

**Wiedervorführung** *f* повторное представление таможенному органу товара

**Wiegegeld** *n* весовой сбор

**Wiegekosten** *pl* расходы по взвешиванию

**Wiegekosten im cif-Geschäft** расходы по взвешиванию в сделке на условиях сиф *(оплачивает продавец)*

**Wiegeliste** *f* запись результатов таможенного осмотра груза; весовой список, перечень весов *(массы) (грузов)*

**Wiegemeister** *m* весовщик

**vereidigter Wiegemeister** присяжный весовщик

**wiegen** *vi* весить

**wiegen** *vt* взвешивать

**Wieger** *m* весовщик

**WIFO, Wirtschaftliche Forschungsgesellschaft** Общество экономических исследований

**Wigru, Wirtschaftsgruppe** группа в системе классификации по экономическим показателям

**Willenserklärung** *f* юр. волеизъявление

**Willensunstimmigkeit** *f* расхождение, разногласие *(между договаривающимися сторонами)*

**Willkürreserven** *f, pl* бухг. резервы, наличие которых обусловлено произвольным занижением оценок статей актива

**windfall-profit** англ. непредвиденный доход

**window-dressing** англ. приведение баланса в соответствие с установленными требованиями *(напр. путём привлечения дополнительных ликвидных средств на день составления баланса)*

**Windprotest** *m* протест векселя, опротестование векселя *(в случае невозможности найти должника по указанному адресу)*

**Winkelbank** *f* чёрная биржа; чёрная касса

**Winkelbörse** *f* чёрная биржа

**Winterbauförderung** *f* стимулирование зимнего строительства *(система различных надбавок)*

**Winterfestmachung** *f* мероприятия по выполнению зимних работ в строительстве

**Winterpreise** *m, pl* зимние цены, зимние сезонные цены

**Winterreparaturprogramm** *n* план (программа) зимнего ремонта

**Winterschlussverkauf** *m* весенняя распродажа; зимне-весенняя распродажа (товаров)

**Winterschulung** *f,* **landwirtschaftliche** обучение работников сельского хозяйства в зимний период

**Winterzuschlag** *m* надбавка (напр. к фрахту) в зимнее время года (применяется особенно в бассейне Балтийского моря)

**Wirfschaftler** *m* экономист

**Wirfschaftsleitung** *f* управление (народным) хозяйством, управление экономикой

**optimale Wirfschaftsleitung** оптимальное управление экономикой

**staatliche Wirfschaftsleitung** государственное управление экономикой

**Wirfschaftsmodell** *n* экономическая модель; модель экономики

**Wirksamkeit** *f* эффективность, действенность; действие, деятельность

**Wirksamkeit** последствие; следствие; результат

**Wirksamwerden** *n* юр. вступление в силу

**Wirkung** *f* действие; воздействие, влияние; следствие, последствие, результат; эффект

**Wirkungsbereich** *m* сфера влияния, сфера воздействия, сфера действия

**Wirkungsbilanz** *f* баланс по сальдовому методу, сальдовый баланс, нетто-баланс

**Wirkungsdauer** *f* продолжительность действия

**Wirkungsgrad** *m* коэффициент полезного действия, к.п.д.; эффективность; степень эффективности

**Wirkungsgrad der Arbeit** эффективность труда

**wirtschaftlicher Wirkungsgrad** экономическая эффективность, эффективность экономики

**Wirkungskreis** *m* сфера влияния, сфера воздействия, сфера действия

**Wirtschaffsatlas** *m* экономико-географический атлас

**Wirtschaffsrechnen** *n* хозяйственные вычисления

**Wirtschaft** *f* экономика; хозяйство; народное хозяйство; услуги

**Wirtschaft mit vielen Betriebszweigen** многоотраслевое хозяйство, многоотраслевая экономика

**dienstleistende Wirtschaft** комплекс предприятий, предоставляющих услуги; предприятия бытового обслуживания

**extensive Wirtschaft** экстенсивное хозяйство

**gelenkte Wirtschaft** управляемая экономика

**gemischte Wirtschaft** смешанная экономика

**geschlossene Wirtschaft** замкнутое хозяйство; замкнутая экономика

**gewerbliche Wirtschaft** промысловое хозяйство

**harmonische Wirtschaft** гармоническая экономика

**intensive Wirtschaft** *с.-х.* интенсивное хозяйство

**kapitalistische Wirtschaft** капиталистическое хозяйство, капиталистическая экономика

**kartellgebundene Wirtschaft** картелированная экономика

**kreisgeleitete Wirtschaft** совокупность предприятий районного подчинения *(бывш. ГДР)*

**landarme Wirtschaft** *с.х.* малоземельное хозяйство

**militarisierte Wirtschaft** военная экономика, экономика, поставленная на военные рельсы; милитаристская экономика, милитаризированная экономика, милитаризованная экономика

**monopolistische Wirtschaft** монополистическая экономика

**oligopolistische Wirtschaft** олигополистическая экономика

**örtlichgeleitete Wirtschaft** совокупность предприятий местного подчинения *(бывш. ГДР)*; муниципальные предприятия

**planlose Wirtschaft** бесплановое хозяйство

**planmäßig betriebene Wirtschaft** плановое хозяйство

**private Wirtschaft** экономика, основу которой составляет частная собственность на средства производства; частнопредпринимательская деятельность *(хозяйство)*

**privatkapitalistische Wirtschaft** частнокапиталистическая экономика

**regulierte Wirtschaft** регулируемая экономика

**sozialistische Wirtschaft** социалистическое хозяйство, социалистическая экономика

**spezialisierte Wirtschaft** специализированное хозяйство

**stadtnahe Wirtschaft** *с.-х.* пригородное хозяйство

**stationäre Wirtschaft** хозяйство, имеющее постоянные условия для производства и сбыта продукции

**statische Wirtschaft** статический экономический процесс

**vergesellschaftete Wirtschaft** обобществленная экономика

**vielseitig organisierte Wirtschaft** многоуровневая экономика; многоотраслевое хозяйство

**volkseigene Wirtschaft** совокупность народных предприятий *(бывш. ГДР)*

**zentralgeleitete Wirtschaft** совокупность предприятий центрального подчинения *(бывш. ГДР, СССР)*, совокупность предприятий республиканского подчинения *(бывш. ГДР, СССР)*

**zentralgeplante Wirtschaft** централизованная экономика; экономика с централизованным планированием

**Wirtschaftegut** *n* материальное благо; имущество; собственность; товар

**Wirtschaften** *n* хозяйствование

**unökonomisches Wirtschaften** бесхозяйственность; неэкономное хозяйствование

**wirtschaften** заниматься хозяйством, вести хозяйство, хозяйствовать; заниматься предпринимательством; вести предпринимательскую деятельность

**Wirtschaftler** *m* учёный-экономист; экономист

**wirtschaftlich** рентабельный, доходный, прибыльный

**wirtschaftlich** экономический, хозяйственный

**wirtschaftlich** экономный, бережливый

**wirtschaftlich sinnvoll** экономически обосновано

**wirtschaftlich-organisatorisch** организационно-хозяйственный

**Wirtschaftliche Forschungsgesellschaft** Общество экономических исследований

**wirtschaftliche Integration** *f* экономическая интеграция

**wirtschaftliche Inzidenz** *f* экономическая сфера влияния

**wirtschaftliche Lebensdauer** *f* экономический срок службы

**wirtschaftliche Nutzungsdauer** *f* экономический срок службы

**wirtschaftliche Selbstgenügsamkeit** f автаркия

**wirtschaftlicher Anreiz** m экономический стимул; экономическое стимулирование

**wirtschaftlicher Auftrag** m экономическая задача; задачи экономики (мн.ч.)

**wirtschaftlicher Fortschritt** m экономический прогресс; прогресс в экономике; экономические достижения

**wirtschaftliches Gut** n экономическое благо

**wirtschaftliches Veralten** n экономическая отсталость; устаревание в экономическом отношении

**Wirtschaftlichkeit** f рентабельность, доходность, прибыльность

**Wirtschaftlichkeit** экономическая эффективность

**Wirtschaftlichkeit** хозяйственность, бережливость

**Wirtschaftlichkeit** экономичность

**Wirtschaftlichkeitsanalyse** f экономический анализ

**Wirtschaftlichkeitsberechnung** f расчёт экономической эффективности

**Wirtschaftlichkeitsgrenze** f предел эффективной экономической стратегии, граница эффективной экономической стратегии; предел экономичности

**Wirtschaftlichkeitslehre** f учение о рациональной организации производства

**Wirtschaftlichkeitsprinzip** n принцип рентабельности, принцип (экономической) эффективности

**Wirtschaftlichkeitsrechnung** f расчёт эффективности хозяйственных операций (*обычно основан на сопоставлении альтернативных вариантов*)

**Wirtschafts- und Sozialausschuss** *истор.* Экономический и социальный совет *(при ЕЭС)*

**Wirtschafts- und Sozialrat der Vereinten Nationen, ECOSOC** n Экономический и социальный совет ООН

**Wirtschafts- und Verwaltungskosten** pl административно-хозяйственные расходы

**Wirtschaftsabkommen** n экономическое соглашение

**Wirtschaftsablauf** m развитие экономики, ход экономического развития

**Wirtschaftsablauf** экономический процесс; хозяйственный процесс

**Wirtschaftsaktivität** f экономическая активность

**Wirtschaftsaktivität** экономическая деятельность

**Wirtschaftsanalyse** f анализ хозяйственной деятельности; анализ экономики

**räumliche Wirtschaftsanalyse** пространственный анализ экономики

**Wirtschaftsankurbelung** f оживление экономики

**Wirtschaftsartikel** m предмет хозяйственного обихода; бытовой предмет

**Wirtschaftsaufbau** m хозяйственное строительство, строительство хозяйственным способом, строительство хозспособом

**Wirtschaftsaufschwung** m экономический подъём, подъём экономики

**Wirtschaftsaufschwung** m; **economic expansion** экономическая экспансия

**Wirtschaftsaufsicht** m контроль над экономикой; контроль хозяйственной деятельности

**Wirtschaftsausschuss** m экономическая комиссия, комитет по экономическим вопросам

**Wirtschaftsbarometer** n *образн.* экономический барометр; показатель экономической активности

**Wirtschaftsbedarf** m потребности экономики, потребности (народного) хозяйства

**Wirtschaftsbedarf** требования, предъявляемые экономикой

**Wirtschaftsbehörde** f хозяйственный орган, хозорган; субъект экономической деятельности

**Wirtschaftsberatergremium des Präsidenten der USA** Совет экономических консультантов при президенте США

**Wirtschaftsbereich** m отрасль экономики, отрасль хозяйства; сфера экономики

**Wirtschaftsbereich** сфера экономической деятельности

**Wirtschaftsbericht** m экономический отчёт, хозяйственный отчёт

**Wirtschaftsbesprechungen** f, pl переговоры по экономическим вопросам

**Wirtschaftsbestechung** f подкуп верхушки рабочего класса и профсоюзных функционеров посредством мероприятий экономического характера; предоставление экономических привилегий с целью переманивания рабочих

**Wirtschaftsbewegung** f изменение конъюнктуры; изменение экономической конъюнктуры

**Wirtschaftsbewegung** развитие экономики

**Wirtschaftsbeziehungen** f, pl экономические отношения, хозяйственные отношения

**Wirtschaftsbezirk** m промышленный округ

**Wirtschaftsblock** m экономический блок

**Wirtschaftsblockade** f экономическая блокада

**Wirtschaftsboykott** m экономический бойкот

**Wirtschaftschaos** n экономический хаос

**Wirtschaftsdebatte** f дискуссия по экономическим вопросам; дебаты по экономическим вопросам *(напр. в парламенте)*

**Wirtschaftsdelikt** n хозяйственное преступление; уголовное преступление в области экономики

**Wirtschaftsdemokratie** f хозяйственная демократия, экономическая демократия

**Wirtschaftsdynamik** f динамика экономического развития, динамика хозяйственного развития

**Wirtschaftseinheit** f хозяйственная единица, хозяйственная организация

**Wirtschaftseinrichtung** f хозяйственная организация

**Wirtschaftseinsatz** m с.-х. внутрихозяйственный оборот

**Wirtschaftsentwicklung** f экономическое развитие, развитие экономики, развитие хозяйства

**Wirtschaftserschwernisse** f, pl трудности экономического развития, трудности хозяйственного развития

**Wirtschaftserschwernisse** экономические трудности

**Wirtschaftsethik** f хозяйственная этика, этика предпринимательства

**Wirtschaftsexpansion** f экономическая экспансия

**Wirtschaftsexperte** m эксперт по экономике, эксперт в области экономики, экономический эксперт

**Wirtschaftsfachmann** m специалист по экономическим вопросам, экономист

**Wirtschaftsfläche** f земельная площадь хозяйственного назначения

**Wirtschaftsfläche** площадь, используемая под хозяйственные нужды

**Wirtschaftsflug** m коммерческий авиарейс

**Wirtschaftsform** f (экономический) уклад; характер экономики

**gesellschaftliche Wirtschaftsform** общественно-экономический уклад

**patriarchalische Wirtschaftsform** патриархальный уклад

**privatkapitalistische Wirtschaftsform** частнокапиталистический уклад

**staatskapitalistische Wirtschaftsform** государственно-капиталистический уклад

**Wirtschaftsformation** f экономическая формация

**Wirtschaftsforschung** f экономическое исследование; экономический анализ; исследование в области экономики

**Wirtschaftsführung** f ведение хозяйства, осуществление хозяйственной деятельности

**Wirtschaftsführung** управление (народным) хозяйством, управление экономикой

**planmäßige Wirtschaftsführung** плановое ведение хозяйства

**Wirtschaftsfunktionär** m хозяйственный работник, хозяйственник

**Wirtschaftsgebiet** n область хозяйственной деятельности

**Wirtschaftsgebiet** экономический район

**Wirtschaftsgemeinschaft** f экономическое сообщество

**Wirtschaftsgemeinschaft der westafrikanischen Staaten** Экономическое сообщество западно-африканских государств, ЭКОВАС

**Wirtschaftsgeographie** f экономическая география

**Wirtschaftsgeschichte** f экономическая история, история экономики, история экономических отношений, история экономических учений

**Wirtschaftsgesetzgebung** f экономические законы

**Wirtschaftsgruppe** f группа в системе классификации по экономическим признакам

**Wirtschaftsgruppierung** f классификация по экономическим признакам, группировка по экономическим признакам

**Wirtschaftsgut** n имущество, собственность

**Wirtschaftsgut** материальная ценность

**Wirtschaftsgut** товар

**Wirtschaftsgüter** n, pl материальные блага

**kurzlebige Wirtschaftsgüter** малоценные и быстроизнашивающиеся предметы; *разг.* малоценка

**langlebige Wirtschaftsgüter** предметы длительного пользования *(напр. холодильники, мебель, автомашины)*

**Wirtschaftshierarchie** f хозяйственная иерархия

**Wirtschaftshilfe** f экономическая помощь

**gegenseitige Wirtschaftshilfe** экономическая взаимопомощь

**Wirtschaftshof** m с.-х. хозяйственный двор, хоздвор

**Wirtschaftsinstitution** f хозяйственный орган, хозорган; хозяйственная организация

**Wirtschaftsjahr** n хозяйственный год

**Wirtschaftsjahresdurchschnitt** m среднегодовой показатель

**Wirtschaftskataster** m хозяйственный кадастр *(бывш. ГДР)*

**Wirtschaftskommission: Wirtschaftskommission der Vereinten Nationen für Afrika** Экономическая комиссия ООН для Африки, ЭКА

**Wirtschaftskommission der Vereinten Nationen für Asien und den Fernen Osten** Экономическая комиссия ООН для Азии и Дальнего Востока, ЭКАДВ

**Wirtschaftskommission der Vereinten Nationen für den Mittleren Osten** Экономическая комиссия ООН для Среднего Востока

**Wirtschaftskommission der Vereinten Nationen für Europa** Экономическая комиссия ООН для Европы, ЭКЕ

**Wirtschaftskommission der Vereinten Nationen für Lateinamerika** Экономическая комиссия ООН для Латинской Америки, ЭКЛА

**Wirtschaftskonferenz** *f* экономическое совещание, конференция по экономическим вопросам, конференция экономистов

**Wirtschaftskontrolle** *f* контроль за производственно-хозяйственной деятельностью предприятия, контроль за хозяйственной деятельностью, контроль за экономической деятельностью

**komplexe Wirtschaftskontrolle** комплексный контроль за производственно-хозяйственной деятельностью предприятия

**Wirtschaftskreislauf** *m* хозяйственный кругооборот *(обычно включает движение денежных и товарных потоков, их взаимодействие с накопленными запасами)*

**Wirtschaftskreislauf** экономический цикл

**Wirtschaftskrieg** *m образн.* экономическая война

**Wirtschaftskrise** *f* экономический кризис, кризис в экономике

**allgemeine Wirtschaftskrise** всеобщий экономический кризис

**Wirtschaftslage** *f* экономическая конъюнктура

**Wirtschaftslage** экономическое положение, экономическая ситуация, ситуация в экономике

**der Wirtschaftslage entsprechende Massnahmen** меры, соответствующие экономической ситуации

**unsichere Wirtschaftslage** шаткое экономическое положение; неопределённое экономическое положение

**Wirtschaftsleben** *n* экономика, экономическая жизнь (страны); хозяйственная жизнь

**Wirtschaftsleiter** *m разг.* хозяйственник; начальник экономического отдела

**Wirtschaftslenkung** *f* управление (народным) хозяйством, управление экономикой

**optimale Wirtschaftslenkung** оптимальное управление экономикой

**staatliche Wirtschaftslenkung** государственное управление экономикой

**Wirtschaftsmacht** *f* экономическая мощь

**Wirtschaftsmacht** экономически развитое государство

**Wirtschaftsmathematik** *f* математическая экономика

**Wirtschaftsmatrix** *f* экономическая матрица

**Wirtschaftsmilitarisierung** *f* милитаризация экономики

**Wirtschaftsminister** *m* министр экономики

**Wirtschaftsmission** *f* экономическая миссия

**Wirtschaftsmodell** *n* экономическая модель; модель экономики

**Wirtschaftsnachrichten** *f pl* новости экономики; экономические новости

**Wirtschaftsoperationen** *f, pl* хозяйственные операции, хозоперации *(термин системы национальных счетов)*

**Wirtschaftsordnung** *f* экономический порядок

**Wirtschaftsordnung** экономический строй

**Wirtschaftsorgan** *n* хозяйственный орган, хозяйственная организация, хозорганизация

**Wirtschaftsorganisation** *f* организация народного хозяйства, организация экономики

**Wirtschaftsorganisation** экономическая организация, хозяйственная организация

**internationale Wirtschaftsorganisation** международная экономическая организация

**zwischenstaatliche Wirtschaftsorganisation** межгосударственная экономическая организация

**Wirtschaftsorganisationen** *f, pl* формы организации хозяйства

**Wirtschaftsorganismus** *m* хозяйственный организм

**Wirtschaftspäckchen** *n* почтовая посылка-бандероль весом до 2 кг

**Wirtschaftspaket** *n* почтовый пакет весом до 20 кг

**Wirtschaftspatent** *n* экономический патент *(бывш. ГДР)*

**Wirtschaftsphilosophie** *f* философия хозяйства, экономическая философия *(попытка объяснить экономические явления философскими методами)*

**Wirtschaftsplan** *m* хозяйственный план; план экономического развития

**Wirtschaftsplanung** f планирование экономического развития

**Wirtschaftspolitik** f экономическая политика, политика в области экономики

**angebotsorientierte Wirtschaftspolitik** ориентированная на предложение экономическая политика *(включает мероприятия, стимулирующие расширение предложения)*

**antizyklische Wirtschaftspolitik** антициклическая экономическая политика

**nachfrageorientierte Wirtschaftspolitik** ориентированная на спрос экономическая политика *(предусматривает мероприятия, направленные на активизацию рыночного спроса)*

**Wirtschaftspotential** n экономический потенциал; хозяйственные возможности

**Wirtschaftspraxis** f хозяйственная практика

**Wirtschaftspresse** f экономическая пресса

**Wirtschaftsprognose** f экономический прогноз, прогноз экономического развития

**Wirtschaftsprognose** f прогноз конъюнктуры рынка

**Wirtschaftsprognostik** f прогнозирование развития народного хозяйства

**Wirtschaftsprognostik** экономическое прогнозирование

**Wirtschaftsprognostizierung** f прогнозирование развития народного хозяйства, экономическое прогнозирование

**Wirtschaftsprogrammierung** f экономическое программирование

**Wirtschaftsprozess** m хозяйственный процесс; процессы в области экономики

**Wirtschaftsprüfer** m бухгалтер-ревизор; аудитор; налоговый инспектор; финансовый инспектор

**Wirtschaftsprüfung** f ревизия хозяйственной деятельности предприятия; аудит предприятия

**Wirtschaftsprüfungsgesellschaft** f аудиторская фирма

**Wirtschaftspsychologie** f экономическая психология *(исследует реакцию отдельного лица на изменившиеся экономические условия и как следствие - принятие соответствующего экономического решения)*

**Wirtschaftspublizistik** f публицистика, посвящённая хозяйственным проблемам; экономическая публицистика

**Wirtschaftsrat** m экономический совет

**Wirtschaftsrat des Bezirkes** окружной экономический совет *(бывш. ГДР)*

**Wirtschaftsraum** m экономический район; экономическое пространство, хозяйственное пространство, экономический регион

**Wirtschaftsrechnung** f хозяйственный учёт

**Wirtschaftsrechnung** экономический учёт

**Wirtschaftsrechnung** *стат.* бюджетное обследование

**Wirtschaftsrecht** n *юр.* хозяйственное право

**internationales Wirtschaftsrecht** международное хозяйственное право

**Wirtschaftsreform** f экономическая реформа; реформа(ы) в области экономики

**Wirtschaftsregelung** f регулирование экономики

**Wirtschaftsregulieren** n регулирование экономики

**Wirtschaftsregulierung** f регулирование экономики

**Wirtschaftsreserven** f, pl экономические резервы, хозяйственные резервы

**Wirtschaftsrezession** f экономический спад, рецессия

**Wirtschaftsrückgang** m экономический спад

**Wirtschaftsruin** m хозяйственная разруха

**Wirtschaftssachverständige** m экономист, специалист в области экономики

**Wirtschaftsschwankungen** f, pl экономические колебания *(чаще всего имеются в виду хозяйственные циклы различной продолжительности)*

**Wirtschaftssektor** m сектор экономики, отрасль экономики, отрасль народного хозяйства

**Wirtschaftssituation** f экономическая ситуация; ситуация на рынке

**Wirtschaftssoziologie** f экономическая социология *(исследование социальной стороны экономических явлений)*

**Wirtschaftsspionage** f экономический шпионаж

**Wirtschaftsstatistik** f хозяйственная статистика

**Wirtschaftsstatistik** экономическая статистика

**Wirtschaftsstil** m стиль ведения хозяйства

**Wirtschaftsstrafgesetz** n закон о хозяйственных преступлениях, закон об экономических преступлениях, закон о преступлениях в области экономики

**Wirtschaftsstrafrecht** n хозяйственное уголовное право; экономическое уголовное право

**Wirtschaftsstraftat** f хозяйственное преступление, хозяйственное уголовное преступление, уголовное преступление в области экономики

**Wirtschaftsstruktur** f структура народного хозяйства, структура экономики, структура хозяйства; экономическая структура

**Wirtschaftsstufe** f стадия экономического развития, ступень экономического развития

**Wirtschaftsstufentheorie** f теория стадийности экономического развития

**Wirtschaftssubjekte** n, pl хозяйственные субъекты; субъекты экономической деятельности

**Wirtschaftssystem** n экономическая система, хозяйственная система, система хозяйства

**Wirtschaftstätigkeit** f хозяйственная деятельность, экономическая деятельность

**Wirtschaftstheorie** f экономическая теория

**Wirtschaftstyp** m тип хозяйства; тип экономики

**Wirtschaftsunion** f экономический союз
  **Wirtschaftsunion Belgien-Luxemburg** Бельгийско-Люксембургский экономический союз

**Wirtschaftsverband** m хозяйственный союз, экономический союз
  **Wirtschaftsverband Belgien-Niederlande-Luxemburg** Экономический союз Бельгии, Нидерландов и Люксембурга; Бенилюкс

**Wirtschaftsverbindungen** f, pl экономические связи; хозяйственные связи

**Wirtschaftsverbrechen** n хозяйственное преступление, хозяйственное уголовное преступление; уголовное преступление в области экономики, уголовное экономическое преступление, уголовно наказуемое преступление в области экономики

**Wirtschaftsverein** m хозяйственный союз, экономический союз, экономическое объединение, хозяйственное объединение, хозобъединение

**Wirtschaftsvereinbarung** f экономическое соглашение, соглашение об экономическом сотрудничестве

**Wirtschaftsvereinigung** f хозяйственное объединение, хозобъединение
  **internationale Wirtschaftsvereinigung** международное хозяйственное объединение; международный экономический союз

**Wirtschaftsverfall** m упадок экономики

**Wirtschaftsverfassung** f совокупность правовых норм, используемых в данной хозяйственной структуре
  **Wirtschaftsverfassung** состояние экономики, хозяйственная ситуация

**Wirtschaftsverflechtungen** f, pl экономические связи; экономические связи и взаимозависимости; экономические взаимосвязи

**Wirtschaftsverhandlungen** f, pl переговоры по экономическим вопросам

**Wirtschaftsvertrag** m хозяйственный договор, хоздоговор

**Wirtschaftsverwaltungsbezirk** m экономический административный район

**Wirtschaftsvorgang** m хозяйственная операция; экономическая операция

**Wirtschaftswachstum** n экономический рост

**Wirtschaftsweise** f экономический уклад, уклад экономики

**Wirtschaftswerbung** f коммерческая реклама
  **Wirtschaftswerbung** экономическая реклама, реклама в области экономики

**Wirtschaftswert** m хозяйственная ценность; экономическая стоимость

**wirtschaftswichtig** важный в экономическом отношении, важный для экономики

**Wirtschaftswissenschaft** f экономическая наука, экономика
  **angewandte Wirtschaftswissenschaft** прикладная экономика

**Wirtschaftswissenschaften** f, pl экономика, экономическая наука, начальный курс экономической теории (*обычно включает элементарные положения микроэкономической и макроэкономической теории*)

**Wirtschaftswissenschaftler** m учёный-экономист; экономист (*окончивший экономический вуз*)

**Wirtschaftswunder** n экономическое чудо

**Wirtschaftszusammenarbeit** f экономическое сотрудничество, сотрудничество в области экономики

**Wirtschaftszweig** m отрасль экономики, отрасль хозяйства

**Wirtschaftszweiglohngruppenkatalog** m отраслевой тарифно-квалификационный справочник, ОТКС

**Wirtschaftszweigsystematik** f классификация отраслей экономики

**Wirtschaftszyklus** *m* экономический цикл

**Wissens- und Datenspeicherung** *f* накопление (знаний и) информации

**Wissenschaft** *f* наука

**Wissenschaftsbeziehungen** *f, pl* научные связи

**internationale Wissenschaftsbeziehungen** международные научные связи

**Wissenschaftseffektivität** *f* эффективность науки

**Wissenschaftsintegration** *f* интеграция науки, научная интеграция, интеграция в области науки *(научных исследований)*

**Wissenschaftsinvestitionen** *f, pl* капиталовложения в науку; инвестиции в науку; инвестиции в научной сфере

**Wissenschaftskonzentration** *f* концентрация науки

**Wissenschaftskooperation** *f* кооперирование научных работ

**Wissenschaftsleitung** *f* управление наукой

**Wissenschaftsmethodologie** *f* методология науки

**Wissenschaftsökonomie** *f* экономика науки

**Wissenschaftsprognose** *f* прогноз развития науки; научный прогноз

**Wissenschaftsstruktur** *f* структура науки

**Wissenschaftswissenschaft** *f* науковедение, наукознание, наука о науке

**Wissenschaftszentrum** *n* научный центр

**Witwengeld** *n* пособие, выплачиваемое вдове служащего *(ФРГ)*; пособие, выплачиваемое вдове чиновника *(ФРГ)*

**Witwenrente** *f* пенсия, выплачиваемая вдовам застрахованных лиц

**WiVV, Wirtschaftsverband Versicherungsvermittlung** Экономический союз страховых маклеров

**WjD, Wirtschaftsjahresdurchschnitt** средняя годовая, средний показатель за год

**WKV, Waren-Kredit-Verkehr** Общество (банковского) кредитования товарооборота

**WLK, Wirtschaftszweiglohngruppenkatalog** отраслевой тарифно-квалификационный справочник, ОТКС

**W/M, weight or measurement** *англ.* исчисление фрахта по весу *или* размеру

**W.Nr., Werknummer** заводской номер

**WO:**

**WO, Wechselordnung** вексельный устав

**Wo, Wechselordnung** вексельный устав

**WO-Pläne** *m, pl* планы, разрабатываемые руководящими хозяйственными органами

**Woche** *f* неделя

**Grüne Woche** *ист.* "Зелёная неделя"; сельскохозяйственная выставка, проводимая ежегодно в Западном Берлине

**Wochenarbeitszeit** *f* продолжительность рабочей недели, рабочая неделя

**Wochenausweis** *m* недельный финансовый отчёт, еженедельный финансовый отчёт, недельный баланс, еженедельный баланс *(банка)*

**Wochengeld** *n* пособие, выплачиваемое роженице

**Wochenhilfe** *f* пособие, выплачиваемое роженице

**Wochenmarkt** *m* еженедельный базар, еженедельный рынок

**Wochenurlaub** *m* послеродовой отпуск; отпуск роженице

**Wohlergehen** *n* благополучие

**materielles Wohlergehen** материальное благополучие

**Wohlfahrt** *f* благосостояние, польза

**Wohlfahrt** благотворительность, общественное вспомоществование

**Wohlfahrt** общее благо, польза

**öffentliche Wohlfahrt** всеобщее благосостояние, всеобщее благоденствие

**Wohlfahrtseinrichtungen** *f, pl* органы социального обеспечения

**Wohlfahrtsfonds** *m* благотворительный фонд

**Wohlfahrtsfunktion** *f* функция благосостояния

**soziale Wohlfahrtsfunktion** функция общественного благосостояния

**Wohlfahrtskasse** *f* касса благотворительного фонда

**Wohlfahrtskriterien** *n, pl* критерии благосостояния

**Wohlfahrtsmarke** *f* почтовая марка с надбавкой для благотворительных целей; благотворительная почтовая марка

**Wohlfahrtsmodell** *n* модель "общества всеобщего благоденствия"

**Wohlfahrtsökonomie** *f* экономика благосостояния

**Wohlfahrtsökonomie** экономическая теория благосостояния

**neoklassische Wohlfahrtsökonomie** неоклассическая теория благосостояния *(рассматривает проблемы построения и использования функции общественного благосостояния)*

**Wohlfahrtspflege** *f* благотворительность

**Wohlfahrtsstaat** *m* "государство благосостояния", "государство всеобщего благосостояния", "государство всеобщего благоденствия"

**Wohlfahrtstheorie** f экономическая теория всеобщего благосостояния

**Wohlstand** m благосостояние, имущественная состоятельность

**allgemeiner Wohlstand** всеобщее благосостояние, всеобщее благоденствие

**materieller Wohlstand** материальное благосостояние

**Wohlstandsfunktion** f функция благосостояния

**Wohlstandsgesellschaft** f общество всеобщего благосостояния, общество всеобщего благоденствия

**Wohlstandsindikatoren** m pl (статистические) индикаторы благосостояния

**Wohn- und Lebensverhältnisse** n, pl жилищно-бытовые условия

**Wohnbau** m жилое сооружение

**Wohnbau** жилищное строительство

**Wohnbevölkerung** f наличное население

**Wohndichte** f плотность населения; демографическая плотность

**Wohneinheit** f квартира (расчётная единица, используемая для характеристики объёма жилищного строительства)

**Wohnflächenbenutzung** f использование жилой площади

**Wohngebäude** n жилой дом, жилое строение

**privates Wohngebäude** частный жилой дом, жилой дом, находящийся в частной собственности, индивидуальный дом

**Wohngebiet** n жилой район

**Wohngebiet** район массовой застройки (жилыми зданиями)

**Wohngeld** n государственное пособие для покрытия расходов по найму жилых помещений

**Wohngeld** дотация для найма жилых помещений (в ФРГ - из федерального или земельного бюджета)

**Wohngemeinschaft** f совокупность лиц, проживающих в одной квартире, но ведущих самостоятельное домашнее хозяйство; жилищное товарищество, жилтоварищество; кондоминиум

**Wohnort** m местожительство; местонахождение

**Wohnraum** m жилая площадь; жилое помещение

**Wohnraumbewirtschaftung** f распределение жилой площади; жилищное хозяйство

**Wohnraumentfremdung** f использование жилых помещений не по прямому назначению; перевод в нежилой фонд (жилых помещений); отчуждение жилья

**Wohnraumfonds** m жилой фонд; жилищный фонд

**Wohnraumlenkung** f учёт и распределение жилого фонда

**Wohnraumpolitik** f жилищная политика

**Wohnsitz** m местожительство; местонахождение

**Wohnsitzfinanzamt** n финансовый отдел по месту жительства

**Wohnung** f квартира; жилище, жильё

**abgeschlossene Wohnung** отдельная квартира

**überbelegte Wohnung** перенаселённая квартира

**volkseigene Wohnung** жильё, находящееся в государственной собственности (бывш. ГДР)

**Wohnungs- und Kommunalwirtschaft** жилищно-коммунальное хозяйство

**Wohnungsabgang** m уменьшение жилого фонда

**Wohnungsbau** m жилищное строительство

**individueller Wohnungsbau** индивидуальное жилищное строительство

**Wohnungsbaugenossenschaft** f жилищно-строительный кооператив, ЖСК

**Wohnungsbaukombinat** n домостроительный комбинат

**Wohnungsbaukosten,** pl расходы на жилищное строительство

**Wohnungsbaukredit** m кредит на цели финансирования жилищного строительства; кредит на постройку жилья

**Wohnungseigentum** n право собственности на жильё

**Wohnungseinheit** f единица жилой площади

**Wohnungsfonds** m жилой фонд

**Wohnungsfrage** f жилищный вопрос

**Wohnungsgenossenschaft** f жилищный кооператив

**Wohnungsmiete** f договор найма жилого помещения; аренда жилого помещения

**Wohnungsmiete** квартирная плата, квартплата

**Wohnungsmietrecht** n юр. жилищное право

**Wohnungsmietrecht** право пользования жилым помещением на основании договора личного найма

**Wohnungsmietvertrag** m договор найма жилого помещения

**Wohnungsneubau** m новое жилищное строительство; новостройка

**Wohnungspolitik** f жилищная политика, политика в области жилищного строения (и распределения жилья)

**Wohnungsproblem** n жилищная проблема; проблема жилья

**Wohnungsreform** f жилищная реформа; реформа в области жилищного строения (и распредления жилья)

**Wohnungssteuer** f квартирный налог, налог на квартиру

**Wohnungsverhältnisse** *n, pl* жилищные условия

**Wohnungswirtschaft** *f* жилищное хозяйство

**Wohnungszählung** *f* жилищная перепись; перепись жилья *(жилого фонда)*

**Wohnungszugang** *m* увеличение жилого фонда

**Wohnungszwangswirtschaft** *f* регулирование распределения жилой площади, квартирной платы и охраны прав квартиросъёмщиков

**Wohnverhältnisse** *n, pl* жилищные условия

**work simplification** *англ.* метод упрощения труда *(США)*

**Work-Factor-System** *n англ.* система заданного времени на выполнение отдельных элементов производственного процесса

**working capital** *англ.* оборотный капитал

**working capital** *англ.* чистая сумма текущих активов *(разность между текущими активами и пассивами)*

**Wortmarke** *f* словесный товарный знак

**Wortzeichen** *n* словесный товарный знак

**WP:**

**WP, Werkstoffprüfung** испытание материалов

**WP, Wirtschaftsprüfer** бухгалтер-ревизор, экономист-ревизор; аудитор

**w.p.a., with particular average** *англ.* с частной аварией

**Wpkt, Wertpaket** ценная посылка, посылка с объявленной ценностью

**WR:**

**WR, Währungsreform** валютно-финансовая реформа

**WR, warenhouse receipt** *англ.* складская расписка, квитанция о приёме (товара) на склад

**WR, Wechselrecht** вексельное право

**WR, Wirtschafts- und Sozialrat der Vereinten Nationen** Экономический и Социальный совет ООН

**W/R, w.rec., warehouse receipt** *англ.* складское свидетельство

**WST, Tala, - Samoa** Тала, - Самоа

**wt, weight** *англ.* вес

**WtB, Waren des täglichen Bedarfs** товары каждодневного спроса, товары повседневного спроса, товары первой необходимости

**WTF, wissenschaftlich-technischer Fortschritt** научно-технический прогресс, НТП

**WtK, Wissenschaftlichtechnische Konzeption** концепция научно-технического развития

**WTZ:**

**WTZ, wissenschaftlichtechnische Zusammenarbeit** научно-техническое сотрудничество, НТС

**WTZ, wissenschaftlichtechnisches Zentrum** научно-технический центр, НТЦ

**Wucher** *m ист.* ростовщичество

**Wucherer** *m ист.* ростовщик

**Wuchererstaat** *m ист.* государство-ростовщик

**Wuchergeschäft** *n ист.* ростовщическая сделка

**Wuchergewinn** *m ист.* барыш, ростовщическая прибыль

**wucherhaft** *ист.* ростовщический

**Wucherhandel** *m ист.* ростовщическая торговля

**wucherisch** *ист.* ростовщический

**Wucherkapital** *n ист.* ростовщический капитал

**Wucherkredit** *m ист.* ростовщический кредит

**wuchern** *vi ист.* давать в рост *(деньги)*, наживаться, заниматься ростовщичеством

**Wucherprofit** *m ист.* барыш, ростовщическая прибыль

**Wucherstaat** *m ист.* государство-ростовщик

**Wucherzinsen** *m, pl ист.* ростовщические проценты

**Wühltisch** *m разг.* прилавок с товарами *(для свободного выбора покупателями)*

**Wunschliste** *f* список товаров, которые страна намерена экспортировать; список товаров, которые страна намерена импортировать

**WUST:**

**WUSt, Warenumsatzsteuer** налог с товарооборота, налог на товарооборот

**Wust, Warenumsatzsteuer** налог на товарооборот, налог с товарооборота

**Wüstungen** *f, pl ист.* покинутые жителями селения

**WV:**

**WV, Warenverzeichnis** список товаров

**WV, Wirtschaftsverband** хозяйственное объединение

**Wvz.AHStat., Warenverzeichnis für die Außenhandelsstatistik** список товаров, учитываемых внешнеторговой статистикой

**W/W, warehouse warrant** *англ.* складской варрант, складская расписка

**w.w.d., W.W.D., weather working days** *англ.* рабочие дни с благоприятной *(хорошей)* погодой

**WWU, Wirtschafts- und Währungsunion** экономический и валютный союз

**WZ., Wz., Warenzeichen** товарный знак

**WZG, Warenzeichengesetz** закон о товарных знаках, закон о клеймении товаров

**WzI, Wert zum Inkasso** валюта на инкассо *(надпись на векселе)*

# X

**x-d, ex dividend** *англ.* без дивиденда *(о продаваемой акции)*

**XAF, CFA-Franc, - Aequatorialguinea, Gabun, Kamerun, Kongo, Tschad, Zentralafrikanische Republik** Франк КФА ВЕАС *(код валюты 950)*, - Экваториальная Гвинея, Габон, Камерун, Конго, Чад, Центрально-Африканская Республика

**x.c., ex coupon** *англ.* без купона *(на получение очередного дивиденда)*

**XCD, Ostkaribischer Dollar, - Dominica, Grenada, Montserrat, Anguilla, Antigua und Barbuda** Восточно-карибский доллар *(код валюты 951)*, - Доминика, Гренада, Монтсеррат, Ангилья, Антигуа и Барбуда

**X.D, xd, x/d, xdiv, ex dividend** *англ.* без дивиденда *(о продаваемой акции)*

**XDR** СДР, "специальные права заимствования" *(код валюты 960)*, - Международный валютный фонд

**Xenokratie** *f* ксенократия; чужеземное владычество; засилье иностранцев

**xi, x.in., ex interest** *англ.* без (начисления) процентов

**X.L.&U.L., exclusive of loading and unloading** *англ.* исключая погрузку и разгрузку

**XOF, CFA-Franc, - Benin, Burkina Faso, Côte d'Ivoire, Guineau-Bissau, Mali, Niger, Senegal, Togo** Франк КФА ВСЕАО *(код валюты 952)*, - Бенин, Буркина-Фасо, Кот д'Ивуар, Гвинея-Бисау, Мали, Нигер, Сенегал, Того

**XP, express paid** *англ.* срочность (пересылки) оплачена

**XPF, CFP-Franc, - Französisch-Polynesien, Neukaledonien, Wallis und Futuna** Франк КФП *(код валюты 953)*, - Французская Полинезия, Новая Каледония, Уоллис и Фортуна

**XPP, express paid by post** *англ.* срочность (пересылки) оплачена почтой

**xpr, ex privilege** *англ.* без привилегии на сделку с премией

**XPT, express paid by telegraph** *англ.* срочность (пересылки) оплачена телеграфом

**x/r, ex right** *англ.* без права на приобретения новых акций

**xw, ex warrants** *англ.* без (права на получение) документов, без варранта

# Y

**Y.A., York-Antwerp rules** *англ.* Йоркско-Антверпенские правила *(морского страхования)*

**Y.A.r., York-Antwerp rules** *англ.* Йоркско-Антверпенские правила *(морского страхования)*

**yard** *n* ярд *(английская мера длины = 0,914 м)*

**YE, Jemen** Йемен

**YER, Jemen-Rial, - Jemen** Йеменский риал *(код валюты 886)*, - Йемен

**Y.O., yearly output** *англ.* ежегодная выработка, годовая производительность; годовая добыча *(в горнорудной промышленности)*

**Young-Anleihe** *f ист.* заём Юнга

**Young-Plan** *m ист.* план Юнга

**YUM, Jugoslawischer Neuer Dinar, - Jugoslawien** Югославский динар *(код валюты 890)*, - Югославия

# Z

**Z, Zahl** число, количество; цифра

**Z-Methode** *f*, **Lidstonesche** метод Лидстона, метод исчисления размера резервов страховых компаний

**Z-Plan** *m* государственный план по новой технике *(бывш. ГДР)*

**ZA:**

**ZA, Zahlungsabkommen** платёжное соглашение

**ZA, Zinsabkommen** соглашение о процентах по кредиту

**ZA, Zollamt** таможня

**za, zirka** приблизительно, около

**ZAbfo, Zollabfertigungsordnung** порядок очистки от таможенных пошлин

**ZABhf, Zollamt am Bahnhof** вокзальная таможня, привокзальная таможня, отделение таможни на железнодорожной станции

**Zahl** *f* количество, численность

**Zahl** число, цифра

**Zahl der Überlebenden** *стат.* число доживающих

**durchschnittliche Zahl** среднее число, средний показатель

**endliche Zahl** конечное число; конечный показатель

**komplexe Zahl** комплексное число

**kumulative Zahl** *стат.* кумулятивная численность

**natürliche Zahl** натуральное число

**reelle Zahl** вещественное число

**wachsende Zahl von Armen** растущее количество бедных

**zahlbar** подлежащий оплате, подлежащий уплате; с платежом

**zahlbar bei Ablieferung** подлежащий оплате при доставке

**zahlbar bei Sicht** подлежащий оплате по предъявлении *(платёжного документа)*

**zahlbar bei 30 Tagen** подлежит оплате в течение 30 дней

**zahlbar bei Verfall** к оплате по наступлении срока, к уплате по наступлению срока

**zahlbar bei Vorlegung** подлежащий оплате по предъявлении *(платёжного документа)*

**zahlbar bei Vorzeigung** подлежащий оплате по предъявлении

**zahlbar machen** выписывать к уплате *(напр. вексель)*

**zahlbar nach Erhalt der Ware** подлежит оплате по получении товара

**zählbar** исчислимый; поддающийся счёту *(учёту)*

**Zählbereich** *m стат.* счётный участок

**Zählblättchen** *n стат.* счётный листок, счётная карточка; фишка *(при ручном обобщении данных)*

**Zahlbox** *f* касса *(напр. в городском транспорте, работающем без кондуктора)*

**Zahlen** *f, pl* данные; цифры; показатели

**zahlen** платить, оплачивать; выплачивать

**im voraus zahlen** уплачивать вперёд, платить авансом

**in Raten zahlen** платить в рассрочку

**pünktlich zahlen** платить аккуратно

**pünktlich zahlen** платить в срок

**säumig zahlen** задерживать платёж

**Zählen** *n* отсчёт

**zählen** *vt* считать; подсчитывать; высчитывать; отсчитывать

**Zahlenangaben** *f, pl* цифровые данные

**Zahlenlotto** *n* цифровая лотерея *(напр. спортлото)*

**zahlenmäßig** числовой, численный, количественный

**Zahlenreihe** *f* числовой ряд

**Zahlensymbol** *n* цифровой символ

**Zahlensystem** *n* числовая система

**Zahlenwert** *m* численное значение

**Zahlenwert** численное значение

**Zahler** *m* плательщик

**pünktlicher Zahler** аккуратный плательщик

**säumiger Zahler** неаккуратный плательщик

**Zähler** *m* счётчик (прибор)

**Zähler** *(юр.)* счётчик

**Zähler** числитель *(дробь)*

**geschworener Zähler** присяжный счётчик, таллиман

**statistischer Zähler** статистический счётчик

**vereidigter Zähler** присяжный счётчик, таллиман

**Zahlkarte** *f* карточка взноса денег на чековый текущий счёт при почтовом отделении

**Zahlkarte** почтово-чековый переводной бланк

**Zahlkarte** платёжная карточка

**Zählkarte** *f стат.* счётная карточка, счётный листок

**Zählkasse** *f* касса пересчёта денег

**Zählkasse** касса со счётным устройством, кассовый аппарат со счётным устройством

**Zählkasse** кассовый аппарат со счётным устройством

**Zahlkellnersystem** *n* бригадная система обслуживания посетителей предприятий общественного питания

**Zahlstelle** *f* место платежа; касса

**Zahlstellengeschäft** *n* операции по оплате банком процентных и дивидендных купонов

**Zahlstellenwechsel** *m* вексель, выставленный по месту жительства трассата *(или банка, акцептовавшего вексель)*; домицилированный вексель

**Zahltag** *m* день оплаты, день выплаты, день платежа; день выдачи заработной платы, день выплаты заработной платы

**Zahlung** *f* платёж; оплата; уплата; взнос
**Zahlungen** *pl* платежи (мн. ч.)
**Zahlung an Lieferanten** расчёты с поставщиками
**Zahlung auf Auslandsverbindlichkeiten** платежи по иностранным кредитам
**Zahlung auf Auslandsverbindlichkeiten** платежи по иностранным обязательствам
**Zahlung auf Raten verteilen** рассрочивать платёж; осуществлять оплату частями
**Zahlung aus dem Akkreditiv** платёж с аккредитива, выплаты с аккредитива
**Zahlung ausführen** производить платёж
**Zahlung bei Empfang der Ware** платёж против товара
**Zahlung des Gehalts** выдача зарплаты; выплата зарплаты; выдача денежного содержания; выплата денежного содержания
**Zahlung durch Akkreditiv** платёж посредством аккредитива; платёж выставлением аккредитива
**Zahlung durch direkte Rimesse** прямое ремитирование
**Zahlung durch direkte Tratte** прямое трассирование
**Zahlung durch Rimesse** ремитирование
**Zahlung durch Tratte** трассирование
**Zahlung durch vorausbestätigte Überweisung** расчёты акцептованными поручениями
**Zahlung eines Zuschlags** дополнительная плата, дополнительный платёж
**Zahlung einstellen** прекратить платёж (оплату)
**Zahlung entrichten** производить платёж (оплату)

*der* **Zahlung enthoben sein** быть освобожденным от уплаты
**Zahlung erfolgt** платёж производится; платёж следует
**Zahlung gegen Dokumente** платёж в соответствии с предъявленными документами; платёж против документов, платёж наличными против документов
**Zahlung in Etappen** поэтапный платёж
**Zahlung in Raten** оплата в рассрочку; оплата по частям; оплата частями
**Zahlung im Namen Dritter** *f* платёж в интересах третьего лица
**Zahlung im Clearingverkehr** клиринговые расчёты
**Zahlung im Lastschriftverfahren** безакцептный платёж
**Zahlung in bar** платёж наличными; наличный платёж
**Zahlung in natura** платёж натурой; оплата натурой; натуральная оплата
**Zahlung in Teilbeträgen** выплата частями
**Zahlung ist fällig** срок платежа наступил
**Zahlung kompensiert** платёж компенсирован встречным исполнением
**Zahlung leisten** производить платёж, осуществлять оплату
**Zahlung mittels Akkreditiv(s)** платёж с *(помощью)* аккредитива; оплата выставлением аккредитива, оплата путём выставления аккредитива
**Zahlung per Akkreditiv** платёж посредством аккредитива; оплата выставлением аккредитива, оплата путём выставления аккредитива
**Zahlung per Inkasso** платёж по инкассо; оплата инкассо

**Zahlung über Akkreditiv** платёж посредством аккредитива; оплата выставлением аккредитива, оплата путём выставления аккредитива
**Zahlung verlangen** требовать исполнения платежа
**Zahlung von Stützungsgeldern** субсидирование
**Zahlung von Zuschüssen** субсидирование
*die* **Zahlungen einstellen** прекращать платежи
**allgemeine Zahlung** всеобщая перепись
**an Zahlung Statt nehmen** принимать вместо платежа
**Anweisung zur Zahlung** платёжный ордер
**bankmäßige Zahlung** платёж через банк
**bare Zahlung** платёж наличными; наличный платёж
**bargeldlose Zahlung** безналичный расчёт, платёж по безналичному расчёту, *разг.* оплата по безналу
**effektive Zahlung** платёж в наличной валюте; платёж по тратте; платёж в валюте указанной в переводном векселе, платёж в валюте указанной в тратте
**einmalige Zahlung** единовременный взнос; единовременная оплата, единовременный платёж
**elektronische Zahlung** электронный платёж
**fällige Zahlung** платёж, по которому наступил срок
**fortlaufende Zahlung** последовательная перепись
**gegen Zahlung** против платежа *(условие в договоре)*
**in Zahlung nehmen** принимать к оплате
**Internet-Zahlung** Интернет-платёж; платёж чкркз Интернет; онлайновый платёж

**kommerzielle Zahlung** коммерческий платёж; платёж, связанный с комерческой деятельностью
**laufender Zahlung** текущий платёж
**Mahnung zur Zahlung** напоминание о платеже; напоминание об оплате
**mangels Zahlung** из-за неуплаты; за отсутствием акцепта *(протест в случае неакцептования векселя)*
**mit der Zahlung im Rückstand sein** запаздывать с платежом, запаздывать с уплатой
**mit der Zahlung in Verzug geraten** просрочивать платёж
**mit der Zahlung in Verzug kommen** просрочивать платёж
**nicht zur Zahlung vorgelegter Scheck** не подлежащий оплате чек
**nichtkommerzielle Zahlung** некоммерческий платёж; платёж, не связанный с комерческой деятельностью
**Online-Zahlung** онлайновый платёж
**regelmäßig wiederkehrende Zahlung** периодический платёж; регулярно повторяющийся платёж
**regelmäßige Zahlung** регулярные платежи
**rückständige Zahlung** просроченный платёж
**Währung der Zahlung** валюта платежа
**zur Zahlung vorlegen** предъявлять к оплате
**Zählung** f перепись *(населения)*
**Zählung** счёт, подсчёт; учёт
**allgemeine Zählung** всеобщая перепись
**Zahlungs- und Lieferbedingungen** f, pl условия платежа и поставки
**Zahlungsabkommen** n платёжное соглашение
**Zahlungsabkommen auf Clearingbasis** платёжное соглашение на клиринговой основе
**Zahlungsabkommen auf Regierungsebene** межправительственное платёжное соглашение
**Zahlungsanspruch** m требование платежа (оплаты)
**Zahlungsanweisende** m лицо, дающее поручение произвести платёж
**Zahlungsanweisung** f платёжное поручение, поручение произвести платёж
**Zahlungsart** f вид платежа, способ платежа
**Zahlungsaufforderung** f требование произвести платёж; напоминание о платеже
**Zahlungsaufschub** m отсрочка платежа
**befristeter Zahlungsaufschub** отсрочка платежа, ограниченная определённой датой, отсрочка платежа на определённый срок
**Zahlungsauftrag** m платёжное поручение
**einen Zahlungsauftrag ausführen** выполнить (исполнить) платёжное поручение
**Zahlungsausgang** m платёж *(напр. банка)*
**Zahlungsausgleich** m выравнивание платежей, балансировка платежей; взаиморасчёты; выравнивание сальдо взаиморасчётов
**internationaler Zahlungsausgleich** международные расчёты
**Zahlungsbedingungen** f, pl условия платежа, условия оплаты
**Zahlungsbefehl** m приказ об уплате, платёжный приказ *(судебная повестка с требованием уплаты долга во избежание принудительного взыскания)*
**Zahlungsbefugnis** f полномочия на проведение платежа
**Zahlungsbereitschaft** f готовность предприятия выполнить свои обязательства по погашению платежей
**Zahlungsbereitschaft** согласие заплатить определённую цену
**Zahlungsbestätigung** f подтверждение платежа
**Zahlungsbilanz** f платёжный баланс *(баланс всех расходов и поступлений в операциях резидентов данного государства с нерезидентами за определённый период)*
**Zahlungsbilanz nach Ländern** платёжный баланс по странам
**Zahlungsbilanz nach Währungsgebieten** платёжный баланс по валютным зонам
**laufende Zahlungsbilanz** текущий платёжный баланс
**Zahlungsbilanzabrechnung** f отчётный платёжный баланс
**Zahlungsbilanzausgleich** m выравнивание платёжного баланса, сальдирование платёжного баланса
**multilateraler Zahlungsbilanzausgleich** балансирование платёжного баланса на основе системы многосторонних расчётов, балансирование платёжного баланса на многосторонней основе, многостороннее сальдирование платёжного баланса
**Zahlungsbilanzdefizit** n дефицит платёжного баланска
**Zahlungsbilanzgleichgewicht** n равновесие платёжного баланса

**Zahlungsbilanzkrise** f кризис платёжного баланса

**Zahlungsbilanzmechanismen** m, pl механизмы саморегулирования платёжного баланса

**Zahlungsbilanzpolitik** f политика регулирования платёжного баланса (*такое регулирование осуществляется обычно государством; оно направлено на восстановление и сохранение равновесия*)

**Zahlungsbilanzreserven** f, pl валютные резервы

**Zahlungsbilanzreserven** резервы, обеспечиваемые активным сальдо платёжного баланса

**Zahlungsbilanzschwierigkeiten** f, pl затруднения в балансировании платёжного баланса

**Zahlungsbilanztheorie** f теория платёжного баланса

**Zahlungsdisziplin** f платёжная дисциплина

**Zahlungsdokument** n платёжный документ

**Zahlungsdomizil** n домицилий, место платежа, место осуществления платежа

**Zahlungseingang** m поступление платежа; поступление платежей

**Zahlungseinstellung** f приостановка платежей, прекращение платежей

**Zahlungsempfänger** m получатель платежа; ремитент (*в вексельном обращении*)

**Zahlungserleichterung** f улучшение условий платежа

**Zahlungsermächtigung** f полномочия на проведение платежа, полномочия на осуществление платежа (платежей)

**zahlungsfähig** платёжеспособный; ликвидный

**Zahlungsfähigkeit** f платёжеспособность; ликвидность

**zweifelhafte Zahlungsfähigkeit** сомнительная платёжеспособность; сомнительная ликвидность

**Zahlungsforderung** f платёжное требование

**Zahlungsfreigrenze** f предельная сумма, которая может быть перечислена за границу без специального разрешения

**Zahlungsfrist** f срок платежа

**festgelegte Zahlungsfrist** срок, установленный для оплаты; установленный срок платежа

**gesetzliche Zahlungsfrist** срок платежа, установленный законом

**die Zahlungsfrist einhalten** соблюдать сроки платежа, выдерживать сроки платежа

**Zahlungsklausel** f пункт договора об условиях (осуществления) платежа; условие договора, предусматривающее порядок платежа; пункт договора о порядке платежа (*напр. о платеже против документов*); валютная оговорка

**zahlungskräftig** платёжеспособный

**Zahlungskredit** m платёжный кредит

**Zahlungskürzung** f декорт

**Zahlungskürzung** f скидка с цены, депорт (*в том числе разность между ценами в настоящий момент и ценами срочных сделок*)

**Zahlungsleistung** f платёж

**Zahlungsminderung** f декорт

**Zahlungsmittel** n средство платежа (*функция денег*); средство платежа, платёжное средство (*напр. чеки*)

**allgemeines Zahlungsmittel** всеобщее средство платежа

**ausländisches Zahlungsmittel** девизы (*платёжные средства, представленные иностранной валютой*)

**inländisches Zahlungsmittel** национальная валюта

**internationales Zahlungsmittel** международное средство платежа

**Zahlungsmittelumlauf** m денежное обращение

**Zahlungsmittelwirtschaft** f денежное хозяйство (*система, обеспечивающая приток ликвидных средств*)

**Zahlungsmodus** m способ платежа

**Zahlungsmodus** форма платежа, вид платежа

**Zahlungsmodus** порядок платежей, порядок осуществления платежей

**Zahlungsorder** f платёжный ордер

**Zahlungsort** m место платежа, место осуществления платежа

**Zahlungspapier** n платёжный документ

**Zahlungsperiode** f период платежа

**Zahlungspflicht** f обязанность произвести платёж (*в установленные сроки*), обязанность оплатить

**zahlungspflichtig** подлежащий оплате; обязанный оплатить

**Zahlungspflichtige** m лицо, обязанное произвести платёж; плательщик (*в банковском деле*)

**Zahlungspflichtige** должник

**Zahlungsplan** m фин. план погашения; план проведения платежей

**Zahlungsrabatt** m скидка с цены за платежи в короткие сроки

**Zahlungsraum** m валютная зона

**Zahlungsraum** (региональное) соглашение о многосторонних расчётах

**Zahlungsrisiko** n платёжный риск, риск (неосуществления) платежа; риск, связанный с отсутствием платежей

**Zahlungsrückstand** *m* задолженность по платежам; просроченные платежи
**Zahlungsrückstände** *m, pl* задолженность по платежам
**Zahlungssaldo** *m* платёжное сальдо; сальдо платёжного баланса
**Zahlungssatz** *m* такса
**Zahlungsscheck** *m* чек, оплачиваемый наличными
**Zahlungsschein** *m* долговая расписка
**Zahlungsschwierigkeiten** *f, pl* затруднения, связанные с проведением платежей
**Zahlungssicherheit** *f* безопасность оплаты, безопасность платежа (напр. онлайнового, кредитной карточкой через терминал и пр.)
**Zahlungssicherheit** *f* надёжность платежа; обеспечение платежа
**Zahlungssperre** *f* запрет на проведение платежей
**Zahlungssperre** запрещение производить платежи
**Zahlungssperre** мораторий по платежам (на платежи)
**Zahlungsstockung** *f* приостановка платежей, прекращение платежей
**Zahlungsstockung** затруднения, связанные с осуществлением платежа; затруднения, связанные с проведением платежей
**Zahlungsstopp** *m* мораторий на платежи; запрет на проведение платежей
**Zahlungsstundung** *f* отсрочка платежа
**Zahlungsstundung** рассрочка платежа
**Zahlungstag** *m* день платежа
**Zahlungstermin** *m* срок платежа, срок осуществления платежа
**Zahlungstitel** *m* платёжный титул

**Zahlungsüberhang** *m* превышение платежей над поступлениями
**Zahlungsüberweisung** *f* перевод денег, перечисление денег
**Zahlungsüberweisung** платёжное поручение
**zahlungsunfähig** неплатёжеспособный, несостоятельный, обанкротившийся
**zahlungsunfähig werden** обанкротиться, становится банкротом
**für zahlungsunfähig erklären** объявлять банкротом
**Zahlungsunfähige** *m* неплатёжеспособный, несостоятельный, банкрот
**Zahlungsunfähigkeit** *f* неплатёжеспособность, несостоятельность, банкротство
**Zahlungsunfähigkeitsrisiko** *n* риск неплатёжеспособности; риск банкротства
**Zahlungsunferbrechung** *f* приостановка платежей, прекращение платежей
**Zahlungsunion** *f* платёжный союз
**Europäische Zahlungsunion** *ист.* Европейский платёжный союз, ЕПС
**Zahlungsunterbrechung** *f* приостановка платежей
**Zahlungsverbindlichkeit,** платёжное обязательство
**Zahlungsvereinbahrung** *f* соглашение о платежах, платёжное соглашение
**Zahlungsverkehr** *m* платёжный оборот (все расчёты различных участков хозяйственного процесса, осуществляемые с помощью общеупотребительных платёжных средств)
**Zahlungsverkehr** система расчётов
**Zahlungsverkehr am Platz** внутригородские расчёты, одногородние расчёты, расчёты в пределах (одного) города

**bankmäßig organisierter Zahlungsverkehr** расчёт платежей через банк, система расчётов через банк
**bargeldloser Zahlungsverkehr** безналичные расчёты; безналичный расчёт
**inländischer Zahlungsverkehr** внутренний платёжный оборот
**innerdeutscher Zahlungsverkehr** *ист.* внутригерманский платёжный оборот
**internationaler Zahlungsverkehr** международные расчёты
**interner Zahlungsverkehr** внутрибанковские расчёты
**multilateraler Zahlungsverkehr** многосторонние расчёты
**internationaler Zahlungsverkehr nichtkommerzieller Natur** расчёты по международным неторговым операциям
**Zahlungsverkehrsnetz** *n* система (*организации*) платёжного оборота
**Zahlungsvermittlung** *f* посредничество в платежах
**Zahlungsverpflichtete** *m* лицо, обязанное произвести платёж
**Zahlungsverpflichtung** *f* обязанность платить, обязанность произвести платёж
**Zahlungsverschreibung** *f* письменное обязательство, предусматривающее последующий платёж; деловая расписка, письменное обязательство произвести платёж, долговая расписка
**Zahlungsverspätung** *f* задержка платежа, просрочка платежа
**Zahlungsversprechen** *n* платёжное обязательство, обязательство произвести платёж

**Zahlungsverweigerung** f отказ произвести платёж, отказ от платежа

**Zahlungsverzögerung** f просрочка платежа, задержка платежа

**Zahlungsverzug** m задержка платежа, просрочка платежа

**Zahlungsvollmacht** f платёжные полномочия; платёжная доверенность; полномочия на проведение платежа

**Zahlungsvorgang** m платёжная операция; платёж

**Zahlungsweise** f способ платежа

**Zahlungszeit** f срок платежа, время платежа

**Zahlungszeitpunkt** m дата платежа

**Zahlungszeitraum** m период платежа

**Zahlungsziel** n предмет платежа; цель платежа

**Zählwerk** n счётный механизм, счётчик

**Zahlwoche** f неделя, в течение которой должен быть произведён платёж; неделя платежа

**Zahlzettel** m чек (в магазине, кассового аппарата и т.п.)

**ZAK, Gruppe "Zentrale Ausfuhrkontrolle"** Центральная группа контроля над экспортом (ФРГ)

**ZAnw, Zahlungsanweisung** платёжное поручение

**ZAR, Rand, - Südafrika, Lesotho, Namibia** Рэнд (код валюты 710), - Южная африка, Лесото, Намибия

**ZASt, Zollaufsichtsstelle** пункт таможенного досмотра; таможенный пост

**ZAV, Zentralarbeitsgemeinschaft für das Straßenverkehrsgewerbe** Центральное объединение транспортно-экспедиционных организаций

**ZAW, Zentralausschuss der Werbewirtschaft** Центральное управление по делам торговой рекламы (ФРГ)

**ZBR, Zentralbankrat** Центральный банковский совет (ФРГ)

**ZDH, Zentralverband des Deutschen Handwerks** Центральное объединение союзов немецких ремесленников

**ZDK., Zentralverband Deutscher Konsumgenossenschaften** Центральный союз немецких потребительских обществ

**Zeche** f счёт в ресторане, счёт в пивной

**Zeche** цех, гильдия

**Zeche** шахта, рудник, (рудничные) копи

**Zedent** m индоссант

**Zedent** цедент (лицо, уступившее требование или право)

**nachfolgender Zedent** последующий индоссант

**nachfolgender Zedent** предшествующий индоссант

**zedieren** vt уступать право (напр. востребования денежных платежей)

**zedieren** юр. уступать право требования

**Zedierung** f индоссирование

**Zedierung** цессия, уступка (права) требования

**Zehentgeld** n ист. десятина (подать деньгами)

**Zehentkom** n ист. десятина (подать натурой)

**Zehnergruppe** f группа десяти (группа стран, заключивших специальные кредитные соглашения с Международным валютным фондом)

**Zehnerklub** m, **Pariser Club** m Клуб десяти, Парижский клуб

**Zehnrubelschein** m червонец

**Zehnstundenbill** f ист. билль о десятичасовом рабочем дне (Англия)

**Zehnt(e)** m ист. десятина (подать)

**Zehrgelder** n, pl командировочные; суточные (деньги)

**Zehrgelder** расходы на питание, расходы на жизнь; плата за питание

**Zeichen** n знак; символ

**Zeichen** пометка; помета; отметка

**Zeichenlochkarte** f перфокарта со знаковой маркировкой

**Zeichenschutz** m охрана товарных знаков

**Zeichensteuer** f бандерольный сбор

**Zeichentest** m критерий знаков (в статистическом контроле качества)

**zeichnen** подписываться (напр. на заём)

**zeichnen** vt подписывать, ставить подпись

**Zeichnung** f швейц. выставка племенного скота

**Zeichnung** подписание (документа)

**Zeichnung** подписка (напр. на заём, на акции)

**Zeichnung** рисунок; чертёж

**Zeichnung** схема, изображение

**Zeichnungsbedingungen** f, pl условия подписки (напр. на заём, на акции)

**Zeichnungsberechtigte** m лицо, имеющее право подписи; лицо с правом подписи

**Zeichnungsberechtigung** f право подписи (на документах)

**Zeichnungsbetrag** m сумма уплаты по займу

**Zeichnungsbeträge** m, pl суммы уплаты по займу

**Zeichnungsgründung** f учреждение акционерного общества (путём распространения акций по подписке)

**Zeichnungsregistratur** *f* регистратура чертежей *(на предприятии)*; архив технических чертежей

**Zeichnungsschein** *m* расписка в принятии на себя обязательств по подписке на новые ценные бумаги

**Zeichnungsschein** участие в подписке *(обязательство, предусматривающее подписку на новые ценные бумаги)*

**Zeichnungsstelle** *f* банк, принимающий подписку на новые ценные бумаги; фондовый отдел, осуществляющий подписку на ценные бумаги

**Zeichnungsunterlagen** *f, pl* чертежи

**Zeile** *f* позиция

   **Zeile** строка

   **Zeile** ряд

**Zeilenabstand** *m* расстояние между строками

**Zeilensumme** *f* итог по строке; сумма по строке

**Zeit** *f* время; эпоха; срок; период

   **Zeit des Durchlaufs einer Aktivität** *сет. пл.* продолжительность выполнения работы

   **Zeit für Fehlleistungen** время, затраченное на производство дефектных изделий, устранение дефектов и на гарантийный ремонт

   **Zeit für natürliche Bedürfnisse und arbeitsbedingte Erholungspausen** время на отправление естественных потребностей (надобностей) и на перерывы для отдыха, обусловленные характером работы

   **Zeit für persönliche Bedürfnisse** время на личные надобности

   **Zeit für Vorbereitungs- und Abschlussarbeit** время подготовительно-заключительных операций; время на подготовительные и заключительные (рабочие) операции

   **Zeit für vorgeschriebene Pausen** время регламентированных перерывов

   **Zeit für vorgeschriebene Unterbrechungen** время регламентированных перерывов

   **Zeit für Wartung des Arbeitsplatzes** время обслуживания рабочего места

   **Zeit geschäftlicher Flaute** мёртвый сезон *(напр. в торговле)*

   **Zeit je Erzeugniseinheit** время, затрачиваемое на производство единицы продукции; время на производство единицы продукции

   **Zeit messen** хронометрировать, замерять время, осуществлять хронометраж

   **Zeit nicht vorgesehener Pausen** время нерегламентированных перерывов

   **Zeit nicht vorgesehener Unterbrechungen** время нерегламентированных перерывов (перебоев)

   **Zeiten** *f, pl* **der Außerbetriebnahme** время, в течение которого оборудование не эксплуатируется *(напр. из-за планового ремонта)*

   **arbeitsfreie Zeit** свободное от работы время

   **genormte Zeit** нормированное время

   **lagergeldfreie Zeit** срок бесплатного хранения на складе, время бесплатного складирования

   **operative Zeit** оперативное время *(время, затрачиваемое на непосредственное выполнение заданной операции)*

   **optimistische Zeit** *сет. пл.* оптимистическое время, минимальная продолжительность работы

   **pessimistische Zeit** *сет. пл.* пессимистическое время, максимальная продолжительность работы

   **reelle Zeit** время в реальном масштабе

   **standgeldfreie Zeit** срок бесплатного простоя вагона

   **stille Zeit** мёртвый сезон *(напр. в торговле)*; застой

**Zeit- und Kostensummen** *f, pl стат.* суммы затрат времени и издержек производства

**Zeit-Kosten-Optimierung** *f* оптимизация соотношений между величиной издержек осуществляемых в различное время, оптимизация соотношения между величиной затрат и временем

**zeitabhängig** зависимый от времени; в зависимости от времени, хронометражный

**Zeitablaufbeobachtung** *f* хронометражное наблюдение; хронометраж

**Zeitabschreibung** *f* амортизация в зависимости от срока службы *(напр. оборудования)*; списание амортизационных отчислений в соответствии со сроком службы оборудования

**Zeitakkord** *m* повременно-сдельная заработная плата, аккордная заработная плата

**Zeitaufnahme** *f* хронометраж

**Zeitaufstellung** *f* таймшит

**Zeitaufwand** *m* затраты времени, временные затраты

   **normativer Zeitaufwand** нормативные затраты времени

**Zeitaufwandsermittlung** *f* хронометраж; определение затрат (рабочего) времени

**Zeitaufwendung** *f* затраты времени, временные затраты

**Zeitaufzeichnung** *f* хронограмма

**Zeitausfall** *m* простой

**Zeitausnutzung** *f* использование времени

**Zeitauswertung** *f* анализ и обобщение результатов хронометража; сравнение временных показателей

**Zeitberechnung** *f* исчисление срока

**Zeitbestimmung** *f* измерение времени

**zeitbezogen** ограниченный временем; с временным ограничением

**Zeitbilanz** *f* баланс рабочего времени

**Zeitbudget** *n* бюджет времени, временной бюджет

**Zeitcharter** *m* тайм-чартер, договор морской перевозки

**Zeitdauer** *f* продолжительность; длительность

**Zeitdauer der Bedienung** продолжительность обслуживания

**Zeitdauer des kritischen Weges** продолжительность критического пути

**Zeiteinheit** *f* единица времени; временная единица

**Zeiteinsparung** *f* экономия времени

**Zeitermittlung** *f* хронометраж; нормирование

**Zeitermittlungsbogen** *m* хронометражная карта

**Zeitermittlungsreihe** *f* хронометражный ряд

**Zeitersparnis** *f* экономия времени

**Zeitfaktor** *m* фактор времени, временной фактор

**Zeitfestsetzung** *f* определение времени, установление времени

**Zeitfonds** *m* фонд времени

**Zeitfracht** *f* фрахт, уплачиваемый фрахтователем в зависимости от времени фрахтования; сезонный фрахт

**Zeitfunktion** *f* функция времени

**zeitgemäß** современный; соответствующий духу времени

**zeitgemäß** своевременный

**zeitgerecht** своевременный

**zeitgerecht** современный; соответствующий духу времени

**Zeitgeschäft** *n* сделка на срок, срочная сделка, фьючерсная сделка

**Zeitgewinn** *m* экономия времени; выигрыш (во) времени; временной задел

**Zeitgliederung** *f* структура *(рабочего)* времени, структура затрат рабочего времени

**Zeitgrad** *m* **des Arbeiters** отношение заданного времени к фактически затраченному при сдельной работе

**Zeitgrundlohn** *m* простая повременная заработная плата, основная повременная заработная плата *(без доплат, премий и т. д.)*

**Zeitintervall** *n* временной интервал, интервал времени

**Zeitkauf** *m* *бирж.* покупка на срок, сделка на срок

**Zeitkennziffer** *f* временной показатель

**Zeitkonstante** *f* постоянная времени

**Zeitlohn** *m* повременная заработная плата, повременная система оплаты труда

**einfacher Zeitlohn** простая повременная система заработной платы, простая повременная оплата труда

**Zeitlohnschein** *m* рабочий наряд на выполнение работ, оплачиваемых повременно

**Zeitmeßangaben** *f, pl* данные хронометрирования, данные хронометража

**Zeitmeßergebnisse** *n, pl* данные хронометрирования, данные хронометража

**Zeitmessung** *f* хронометраж, хронометрирование; хронометражное наблюдение

**stichprobenweise Zeitmessung** выборочное хронометражное наблюдение; выборочный хронометраж

**Zeitnahme** *f* хронометраж; хронометражное наблюдение

**stichprobenweise Zeitnahme** выборочное хронометражное наблюдение; выборочный хронометраж

**Zeitnorm** *f* норма времени, временная норма

**Zeitnormativ** *n* норматив времени, временной норматив

**Zeitnormativ für Erholung und persönliche Bedürfnisse** норматив времени на отдых и личные надобности

**betriebliches Zeitnormativ** заводской норматив времени, внутризаводской временной норматив

**komplexes Zeitnormativ** укрупнённый норматив времени

**Zeitnormativarbeit** *f* работа на основе норматива времени

**Zeitnormativkatalog** *m* справочник нормативов времени, справочник временных нормативов

**Zeitnormung** *f* нормирование времени

**Zeitnutzungsfaktor** *m* коэффициент использования (рабочего) времени

**Zeitpacht** *f* аренда на срок, срочная аренда

**Zeitplan** *m* план-график, календарный график *(работ)*

**Zeitplanung** f календарное планирование; планирование сроков *(выполнения работ)*

**Zeitpolice** f срочный полис, полис на срок; полис, действующий на протяжении определённого времени

**Zeitpräferenz** f временная преференция *(по теории И. Фишера)*

**Zeitpunkt** m момент; дата; срок

**Zeitpunktreihe** f *стат.* моментный ряд динамики

**zeitraubend** трудоёмкий, требующий больших затрат времени

**Zeitraumreihe** f *стат.* интервальный ряд динамики

**Zeitreihe** f *стат.* временной ряд, ряд динамики, динамический ряд

**evolutionäre Zeitreihe** эволюционный временной ряд

**Zeitreihenanalyse** f анализ временных рядов, анализ рядов динамики, анализ динамических рядов

**Zeitreihenforschung** f анализ временных рядов, анализ рядов динамики, анализ динамических рядов

**Zeitrente** f рента, ограниченная сроком, срочная рента, рента на *(определённый)* срок

**Zeitreserven** f, pl резервы времени; временные резервы

**Zeitschätzung** f *сет. пл.* временная оценка

**Zeitschriftenversicherung** f страхование абонента журнала

**Zeitsichtwechsel** m вексель, подлежащий оплате в определённый срок после предъявления

**Zeitspanne** f период, интервал времени, период времени, интервал времени

**Zeitspiel** n игра с выбором момента времени

**Zeitstudie** f анализ затрат времени

**Zeitstudien** f pl анализ затрат рабочего времени, *см.* Refa

**Zeitsummenmethode** f метод суммирования затрат времени *(при определении производительности труда)*

**zeitunabhängig** независимый от времени

**Zeitungsausschnitt-Büro** n бюро газетных вырезок

**Zeitungsgebühr** f плата за подписку на газету, подписная плата за газету

**Zeitverbrauch** m затраты времени; трата времени

**Zeitvergleich** m сопоставление однородных показателей за разные периоды времени, сравнение однородных показателей за разные периоды времени

**Zeitverkauf** m бирж. продажа на срок, срочная сделка

**Zeitverlagerung** f перенесение сроков

**Zeitverlust** m потеря времени; временные потери

**Zeitverluste** m, pl потери времени; временные потери

**Zeitverluste durch Ausschuss** потери времени, обусловленные выпуском бракованной продукции

**ausschussbedingte Zeitverluste** потери времени от производства брака

**organisationsgebundene Zeitverluste** потери времени, обусловленные недостатками организационного характера

**reparaturgebundene Zeitverluste** потери времени по ремонту (на ремонт)

**vom Arbeiter abhängige Zeitverluste** потери времени по вине рабочего

**Zeitverschiebung** f временной лаг, временной задел

**Zeitversicherung** f страхование на определённое время, срочное страхование

**Zeitverwendung** f использование времени

**Zeitverzögerungsproblem** n *(киб.)* проблема запаздывания

**Zeitvorgabe** f задание по времени *(на выполнение работы)*

**Zeitvorhersage** f *сет. пл.* прогноз затрат времени

**Zeitwert** m стоимость объекта страхования на момент возникновения ущерба, первоначальная стоимость объекта страхования за вычетом суммы износа

**Zeitwert** стоимость основных и оборотных средств на момент оценки, стоимость основных и оборотных средств по состоянию на определённую дату

**Zeitwert** стоимость (основных и/или оборотных) средств на день сведения баланса; остаточная стоимость; остаточная балансовая стоимость

**Zeitwerteröffnungsbilanz** f вступительный баланс, составленный по фактической стоимости *(основных фондов)*; начальный баланс, составленный по фактической стоимости *(основных фондов)*

**Zeitwertung** f хронометраж

**Zeitwertversicherung** f страхование по фактической стоимости, страхование по первоначальной стоимости за вычетом суммы износа

**Zeitzölle** m, pl сезонные тарифы

**Zellstoff- und Papierindustrie** f целлюлозно-бумажная промышленность

**Zensus** m имущественный ценз; ценз

**Zensus** перепись населения

**Zensusindustrie** f отрасль промышленности, включаемая в ценз промышленного предприятия

**Zentner** m; **Ztr** центнер *(немецкий центнер 50 кг, метрический центнер 100 кг)*

**Zentralbank** f центральный банк, ЦБ; центральный эмиссионный банк

**Zentralbankgeld** n деньги, выпущенные центральным эмиссионным банком *(банкноты, средства частных банков, хранимые на бессрочных или резервных вкладах в центральном банке)*

**Zentralbankpolitik** f политика, проводимая центральным банком; денежно-кредитная политика центрального банка

**Zentralbankrat** m Центральный совет банков

**Zentraldorf** n населённый пункт, являющийся культурным, политическим и хозяйственным центром в сельской местности

**Zentrale** f база
  **Zentrale** материнская компания (фирма)
  **Zentrale** центральная администрация, центральное руководство-центр

**zentrale** центральный

**Zentrale Kommission für Staatliche Kontrolle** Центральная комиссия государственного контроля *(бывш. ГДР)*

**Zentrale Vorratskommission für mineralische Rohstoffe** Центральная комиссия по запасам минерального сырья *(бывш. ГДР)*

**Zentrales Büro für die Neuererbewegung** Центральное бюро по рационализации и изобретательству *(бывш. ГДР)*

**Zentrales Forschungsinstitut für Arbeit** Центральный научно-исследовательский институт труда *(бывш. ГДР)*

**Zentrales Vertragsgericht** Центральный Государственный Арбитраж *(бывш. ГДР)*

**Zentrales Warenkontor** Центральная товарная контора *(бывш. ГДР)*

**Zentralhof** m с.-х. центральная усадьба

**Zentralinspektion der Technischen Überwachung** Центральная инспекция технического надзора

**Zentralinstitut** n:
  **Zentralinstitut für Arbeitsschutz** Центральный институт охраны труда *(бывш. ГДР, Дрезден)*
  **Zentralinstitut für Fertigungstechnik des Maschinenbaues** Центральный институт техники производства в машиностроительной промышленности *(бывш. ГДР)*
  **Zentralinstitut für Gestaltung** Центральный институт оформления промышленных изделий *(бывш. ГДР)*
  **Zentralinstitut für sozialistische Wirtschaftsführung beim ZK der SED** Центральный институт управления социалистическим народным хозяйством при ЦК СЕПГ *(бывш. ГДР)*

**Zentralisation** f централизация
  **Zentralisation des Kapitals** централизация капитала
  **Zentralisation des Produktionsmittelhandels** централизация торговли средствами производства

**Zentralisierung** f централизация
  **Zentralisierung des Kapitals** централизация капитала
  **Zentralisierung des Produktionsmittelhandels** централизация торговли средствами производства

**Zentralismus** m, **demokratischer** демократический централизм

**Zentralküche** f фабрика-кухня

**Zentralmarkt** m центральный рынок

**Zentralnotenbank** f центральный эмиссионный банк

**Zentralort** m (основной) сельский населённый пункт, осуществляющий в интересах населения нескольких общин определённые функции

**Zentralpaktorganisation** f Организация центрального договора, СЕНТО

**Zentralregistratur** f центральный архив *(фирмы или предприятия)*

**Zentralstelle für Standardisierung** Центральное управление стандартизации

**Zentralverband des Deutschen Handwerks** Центральное объединение союзов немецких ремесленников

**Zentralverband Deutscher Konsumgenossenschaften** Центральный союз немецких потребительских обществ

**Zentralverwaltung** f центральное управление, главное управление, центральное ведомство

**Zentralverwaltung für Statistik** центральное статистическое управление, ЦСУ

**Zentralverwaltungswirtschaft** f централизованно управляемое хозяйство, централизованная экономика, централизованно управляемая экономика

**Zentralwert** m стат. медиана
  **Zentralwert** средняя величина, средний показатель; среднее значение

**Zentrum** n агрохимический центр
  **agrochemisches Zentrum** агрохимический центр

**Zerfall** m упадок; разруха; распад; разложение

**zerfallen** vi приходить в упадок; рушиться; распадаться

**Zerlegung** f разборка, демонтаж

**Zerlegung** расчленение *(напр. трудового процесса)*; раскладка *(напр. налоговых поступлений)*; *мат.* разложение

**Zerlegungsbescheid** m указание *(финансового органа)* о порядке раскладки налоговых поступлений

**Zerrüttung** f разруха; расстройство, дезорганизация *(напр. экономики)*

**Zerrütung** f разруха, расстройство

**Zersplitterung** f раздробление; раздробленность; расчленённость

**Zersplitterung** распыление *(напр. средств)*; дробление, раздробление; раздроблённость; расчленённость; разобщённость; распылённость

**Zersplitterung** дробление (акций), сплит

**Zersplitterung der Investitionen** распыление капиталовложений, распыление инвестиций

**Zersplitterung der Produktion** дробление производства

**administrative Zersplitterung** ведомственная разобщённость

**Zerstreutheit** f распылённость

**Zerstückelung** f разукрупнение, дробление, раздробление

**Zertifikat** n свидетельство; удостоверение; сертификат

**endgültiges Zertifikat** окончательный сертификат

**Zession** f *юр.* цессия, уступка, передача *(напр. передача права востребования денежных платежей)*

**fiduziarische Zession** фидуциарная уступка прав, уступка прав на веру

**stille Zession** негласная уступка требования, негласная цессия

**Zessionar** m цессионер, новый кредитор *(лицо, которое приобрело требование или право)*

**Zessionär** m цессионер, лицо, которому переданы права

**Zessionsbrief** m переводное письмо *(письменный документ)*, оформляющий цессию

**Zessionskredit** m кредит под уступку требований

**Zesslonar** m цессионер; лицо, которому переданы права

**Zettel** m ведомость

**Zettel** записка

**Zettel** карточка

**Zettel** этикетка, наклейка, ярлык

**Zettelbank** f *уст.* эмиссионный банк

**Zettelkartei** f картотека

**Zettelkasten** m картотечный ящик; картотека

**Zettelkatalog** m картотечный каталог

**Zeugnis** n свидетельские показания

**Zeugnis** свидетельство; удостоверение; справка; аттестат

**Zf., Zinsfuß** процентная ставка, ставка процента

**ZFD, Zollfahndungsdienst** таможенная противоконтрабандная служба

**ZfS, Zentralstelle für Standardisierung** Центральное управление стандартизации

**ZFSt, Zollfahndungsstelle** пункт таможенной службы по борьбе с контрабандой

**ZG:**

**ZG, Zollgesetz** таможенный устав, таможенные правила

**Z.G., Zollgewicht** вес, подлежащий таможенному обложению

**ZI, Zollinhaltserklärung** таможенная декларация

**ziehen** извлекать *(выгоду)*

**ziehen** подводить *(итог, баланс)*

**ziehen** трассировать, выставлять тратту

**ziehen** привлекать *(напр. к ответственности)*

**ziehen** получать *(напр. пользу)*

**Ziehende** m трассант; лицо, выдающее тратту

**Ziehung** f пользование кредитом; получение кредита

**Ziehung** тираж, розыгрыш *(лотереи)*

**Ziehung** трассирование; выставление тратты

**eigene Ziehung der Bank** трассирование векселя самим банком

**Ziehungsliste** f тиражная таблица

**Ziehungsplan** m план проведения тиражей

**Ziel** n намеченная цифра; задание

**Ziel** обусловленная отсрочка платежа

**Ziel** пункт назначения

**Ziel** срок платежа

**Ziel** цель

**Ziel einhalten** соблюдать срок

**Ziel überschreiten** просрочивать

**Ziel wie gewöhnlich** в обычный срок

**offenes Ziel drei Monate** трёхмесячный кредит по открытому счёту

**gesellschaftliches Ziel** общественная цель

**Ziel-Mittel-Vergleich** m анализ схемы "цель-средства"

**Zielbahnhof** m станция назначения

**Zielbaum** *m* дерево целей (*метод постановки задач и выбора целей; может использоваться, напр. в финансовом планировании*)

**Zielbaummethode** *f* метод дерева целей

**Zielbeziehungen** *f pl* отношения между целями (*в том числе - идентичность, нейтральность, гармоничность противоречивость, конфликтность*)

**Zielereignis** *n сет. пл.* завершающее событие

**Zielertrag** *m* итог, результат (*при использовании метода дерева целей в планировании*)

**Zielertragsmatrix** *f* матрица "цель - средства"

**Zielfunktion** *f* целевая функция (*математическое выражение непротиворечивой системы предпочтений*)

   **Zielfunktion der Konsumtion** целевая функция потребления

   **Zielfunktion des Verbrauchs** целевая функция потребления

**Zielgeschäft** *n* срочная сделка; *бирж.* твёрдая сделка на срок, твёрдая срочная сделка

**Zielgröße** *f* конечная величина; целевая функция

**Zielgruppe** *f* группа целей

   **Zielgruppe** потребительская группа (*в маркетинге*)

   **Zielgruppe** рекламная аудитория (*аудитория, на которую нацелена реклама*)

   **Zielgruppe** целевая группа

**Zielhierarchie** *f* иерархия целей

**Zielkatalog** *m* каталог целей, перечень целей (*при планировании научно-исследовательских работ*)

**Zielkauf** *m* покупка в кредит

   **Zielkauf** *бирж.* покупка на срок

**Zielkette** *f* цепь целей, цепочка целей

**Zielknoten** *m сет. пл.* завершающее событие

**Zielkonflikt** *m* конфликт целей

**Zielkorridor** *m* целевые ориентиры темпов роста денежной массы (*верхний и нижний пределы обычно устанавливаются в качестве ориентиров денежно-кредитной политики центрального банка*)

**Zielkredit** *m*, **fester** кредит, предполагающий фиксированные условия и разовое погашение

   **fester Zielkredit** потребительский кредит с разовым погашением

**Zielkriterien** *n pl* целевые критерии, критерии постановки и достижения целей

**Zielprämie** *f* целевая премия

**Zielpreis** *m* цена срочной сделки

**Zielprognose** *f* целевой прогноз

**Zielprogrammethode** *f* целевой метод планирования, целепрограммный метод планирования

**Zielsetzung** *f* постановка цели

   **Zielsetzung** целевая установка

**Zielstellung** *f* целевая установка; постановка целей

   **technischökonomische Zielstellung** постановка технико-экономической цели

**Zielsystem** *n* перечень целей

   **Zielsystem** система целей

   **konsistentes Zielsystem** непротиворечивая система целей, согласующаяся система целей

**Zieltag** *m* день платежа

**Zielverkauf** *m* продажа в кредит; продажа с отсрочкой платежа

**Zielvorrat** *m* целевой запас

**Zielzahlung** *f* оплата на срок

**Zielzonen** *f, pl* пределы колебания (*напр. валютных курсов*)

**ZIF, Zentralinstitut für Fertigungstechnik des Maschinenbaues** Центральный институт техники производства в машиностроительной промышленности (*бывш. ГДР, Карл-Маркс-Штадт*)

**Ziffer** *f* статья; параграф; пункт

**Ziffer** цифра

**Ziffernangaben** *f, pl* цифровые данные

**Zifferndaten,** *pl* цифровые данные

**Ziffernfeld** *n* цифровое поле, цифровая сетка (*перфокарты*)

**Ziffernrechenautomat** *m* цифровая вычислительная машина, ЦВМ

**Ziffernrechenmaschine** *f* цифровая вычислительная машина, ЦВМ

**Ziffernrechner** *m* цифровая вычислительная машина, ЦВМ

**Zigarettensteuer** *f* налог на сигареты; налог на папиросы

**Zigarettenwährung** *f разг.* обесцененная валюта

**Zins** *m, I* арендная плата; квартирная плата

   **Zins** *ист.* оброк, подать; налог, повинность, дань; пошлина

**Zins** *m, II* процент, *см.тж.* **Zinsen** *m, pl*

   **Zins** ссудный процент (*плата за пользование заёмными средствами*)

   **Zins** (*страх.*) процент

   **Zins auf Zins** сложный процент; процент на процент

   **einfacher Zins** простой процент

**fälliger Zins** *(страх.)* срочный процент

**fester Zins** твёрдый процент

**fixer Zins** твёрдый процент; фиксированный процент

**natürlicher Zins** естественный процент; теория Викселя о естественном проценте

**vertragsmäßiger Zins** договорный процент

**Zins- und Dividendenschein** *m* купон по процентам и дивидендам

**ZinsA, Anweisung für die Berechnung, Erhebung und Verbuchung von Zinsen** указание о порядке начисления, взимания и проводки по книгам причитающихся процентов

**Zinsabbau** *m* понижение процента; снижение процентной ставки

**Zinsabgrenzung** *f* разграничение процентов; разнос процентов

**Zinsabgrenzungstag** *m* день разграничения процентов

**zinsabhängig** зависящий от процента; зависящий от процентной ставки

**Zinsabkommen** *n* соглашение о процентах (напр. по кредиту)

**Zinsabschlag** *m* скидка со ставки процента *(основной, базовой)*

**Zinsabschluss** *m* закрытие процентов

**Zinsabschnitt** *m* процентный купон *(облигации процентно-выигрышного займа, акции)*, купон процентных *(ценных)* бумаг

**Zinsabschnitt** купон ценной бумаги *(чаще всего - облигации)*

**Zinsabzug** *m* удержание процентов

**Zinsangabe** *f* проявление интереса к новым ценным бумагам на стадии регистрации

**Zinsanleihe** *f* процентный заём

**Zinsanpassung** *f* регулирование нормы процента

**Zinsanrechnung** *f* начисление процента; начисление процентов

**Zinsanspruch** *m* притязание на получение процентов; право на получение процентов

**Zinsanzug** *m* вычет процентов, удержание процентов

**Zinsarbitrage** *f бирж.* валютный арбитраж

**Zinsarbitrage** процентный арбитраж *(операции, проводимые с различными финансовыми инструментами или на нескольких финансовых рынках)*

**Zinsart** *f* вид процентов

**Zinsaufschlag** *m* спрэд; процентная надбавка

**Zinsauftrieb** *m* рост процентной ставки; повышение процентной ставки

**Zinsaufwand** *n* процентные расходы; расходы, связанные с выплатой процентов

**Zinsaufwand** *n* выплаченный процент

**Zinsaufwendungen** *f, pl* процентные расходы; расходы, связанные с выплатой процентов

**Zinsausfall** *m* потеря процентов

**Zinsausgleichssteuer** *f* процентно-уравнительный налог, уравнительный налог на доход от процентов

**Zinsausstattung** *f* условие начисления процентов; условия начисления процентов

**zinsbar** *(редк.)* приносящий проценты; процентный

**zinsbar** обязанный платить проценты; подлежащий выплате процентов

**Zinsbedingungen** *f, pl* процентные условия (мн.ч.)

**zinsbegünstigt** по льготной процентной ставке; по льготному проценту; по льготным процентам

**Zinsberechnung** *f* начисление процентов; исчисление процентов

**Zinsbetrag** *m* сумма взноса в счёт погашения процентов; сумма (начисленных) процентов

**Zinsbilanz** *f* баланс расходов на оплату процентных платежей и поступлений процентных доходов на средства, отданные в ссуду

**Zinsbildung** *f* образование процента, формирование процента

**Zinsbogen** *m* купонный лист *(облигации процентно-выигрышного займа, акции)*

**zinsbringend** приносящий проценты; процентный

**Zinsdarlehen** *n* ссуда под проценты; процентный заём

**Zinsdivisor** *m мат.* постоянный процентный делитель

**Zinseinkommen** *n* доход в виде ссудного процента; доход в виде процентов по кредиту

**Zinseinkommen** (бирж.) доход от процентов; процентный доход

**Zinseinkünfte**, *pl* доходы от процентов (мн.ч.)

**Zinseinnahmen** *f, pl* доходы от процентов (мн.ч.)

**Zinselastizität** f эластичность (какой-л. переменной) по ссудному проценту (показывает, на сколько процентов изменяется, напр. спрос на деньги/капиталовложения в случае уменьшения/увеличения ссудного процента на 1%)

**Zinsen** m, pl проценты (мн.ч.)

**Zinsen abbauen** снижать проценты; понижать процентную ставку

**Zinsen ablösen** откупаться от уплаты процентов единовременным взносом

**Zinsen abwerfen** приносить проценты

**Zinsen anrechnen** начислять проценты

**Zinsen auf Zinsen** сложные проценты (мн.ч.); проценты на проценты (мн.ч.)

**Zinsen auszahlen** выплачивать проценты

**Zinsen berechnen** исчислять проценты, высчитывать проценты; начислять проценты

**Zinsen bringen** приносить проценты

**Zinsen einbringen** приносить проценты

**Zinsen einnehmen** взимать проценты, взыскивать проценты

**Zinsen entrichten** взимать проценты, взыскивать проценты

**Zinsen erhalten** получать проценты

**Zinsen erheben** взимать проценты

**Zinsen kapitalisieren** превращать проценты в капитал; капитализировать проценты

**Zinsen tragen** приносить проценты

**Zinsen vergüten** платить проценты (по вкладам)

**Zinsen zuschlagen** начислять проценты

**Zinsen für langfristige Einzelfertigung** проценты по специальным заказам, связанные с длительным сроком их исполнения (мн.ч.)

**Zinsen tragen** приносить проценты, давать проценты

**Zinsen vergüten** платить проценты по вкладам

**Zinsen zum Kapital schlagen** начислять проценты на капитал

**Zinsen zuschlagen** начислять проценты

**auf hohe Zinsen** под высокие проценты; по высокой процентной ставке (напр. выдавать кредит)

**angefallene Zinsen** набежавшие проценты (мн.ч.); начисленные проценты (мн.ч.)

**aufgelaufene Zinsen** набежавшие проценты (мн.ч.)

**aufgelaufene Zinsen** наросшие проценты (мн.ч.)

**ausstehende Zinsen** невыплаченные проценты (мн.ч.) (напр. по ссуде)

**fällige Zinsen** проценты, подлежащие уплате (мн.ч.); проценты к оплате (мн.ч.) (при наступлении срока)

**jährliche Zinsen** годовые проценты (мн.ч.); проценты за год (мн.ч.)

**kalkulatorische Zinsen** проценты на собственный капитал, включаемые в калькуляцию (мн.ч.)

**kommerzielle Zinsen** проценты по коммерческому кредиту (мн.ч.)

**rückständige Zinsen** неуплаченные проценты (мн.ч.), просроченные проценты (мн.ч.), процентные недоимки (мн.ч.)

**vertraglich gesicherte Zinsen** договорно-гарантированные проценты (мн.ч.); проценты, гарантированные договором (мн.ч.)

**von den Zinsen leben** жить на проценты

**zu niedrigen Zinsen** по низкой процентной ставке; под низкие проценты (напр. выдавать кредит)

**zinsen** платить арендную плату, платить квартирную плату

**zinsen** получать арендную плату, получать квартирную плату

**zinsen** ист. платить оброк

**zinsen** ист. получать оброк

**zinsen** vt платить проценты; приносить проценты

**Zinsendienst** m выплата процентов (по займу)

**Zinsenlast** f задолженность по процентам

**Zinsenrechnung** f расчёт процентов; учёт процентов

**Zinsenstamm** m талон купонного листа (акции, облигации процентно-выигрышного займа), дающий право на получение нового купонного листа

**Zinsentwicklung** f движение ссудного процента

**Zinsenverzinsung** f начисление процентов на проценты, начисление сложных процентов

**Zinsenzahlung** f погашение процентов, уплата процентов; выплата по процентам

**Zinserhöhung** f повышение процента; повышение процентной ставки; увеличение процента; повышение общего уровня процента

**Zinsertrag** m доход от процентов по ценным бумагам, процентный доход; дивиденд(ы)

**Zinsertragsbilanz** f баланс доходов и расходов по процентам

**Zinsertragsteuer** f налог на доход от процентов, налог на процентные доходы

**Zinseszins** m сложный процент

**Zinseszinsen** m, pl сложные проценты (мн.ч.)

**Zinseszinsnomogramm** n номограмма сложных процентов

**Zinseszinsrechnen** n исчисление сложных процентов, расчёт сложных процентов

**Zinseszinsrechnung** f исчисление сложных процентов, расчёт сложных процентов

**Zinsezinsen** m, pl начисление процентов на проценты, начисление сложных процентов

**Zinsforderung** f требование уплаты процентов, требование выплаты процентов

**Zinsform** f форма процента

**Zinsformel** f формула для исчисления процентов, формула исчисления процентов

**zinsfrei** I беспроцентный
**zinsfrei** II освобожденный от квартирной платы, освобожденный от арендной платы; *ист.* свободный от оброка, свободный от подати

**Zinsfuß** m процентная ставка, уровень процента, размер процента
**fester Zinsfuß** твёрдая процентная ставка

**Zinsgarantie** f гарантия получения установленного процента

**Zinsgefälle** n разница в уровнях процента, разница между процентными ставками *(используется в арбитражных сделках)*

**Zinsgenuß** m получение процента(ов)

**Zinsgroschen** m *ист.* денежный оброк; налог

**Zinsgut** n *ист.* земельный участок, с которого взимается подать, земельный участок, с которого взимается оброк

**Zinsgutschrift,** запись о начислении (накопленных) процентов (отмечается на соответствующих счетах)

**Zinshöchstsatz** m максимальная процентная ставка

**Zinshöhe** f процентная ставка, уровень процента, размер процента

**Zinsintensität** f величина процента, величина процентов

**Zinsklausel** f оговорка о начислении процентов *(напр. в случае задержки исполнения обязательства)*

**Zinsknechtschaft** f *ист.* долговое рабство; кабала

**Zinskonstellation** f соотношение процентных ставок

**Zinskonto** n счёт по процентам

**Zinskonversion** f изменение процентной ставки; снижение уровня процента займа путём конверсии

**Zinskonversion** f процентная конверсия *(предполагает обычно изменение номинального процента)*

**Zinskosten,** pl затраты на оплату процентов по кредиту

**Zinskostennormativ** n норматив доли процентных издержек в издержках производства

**Zinskupon** m процентный купон *(облигации процентно-выигрышного займа, акции)*, купон процентных *(ценных)* бумаг; отрывной купон *(ценной бумаги)*

**Zinslast** f задолженность по процентам

**Zinsleiste** f талон купонного листа; отрывной купон *(ценной бумаги)*

**Zinsleistung** f выплата процентов

**Zinsleute,** pl *ист.* крепостные; оброчные крестьяне

**zinslos** беспроцентный, без процентов

**Zinsmarge** f процентная маржа

**Zinsmechanismus** m процентный механизм

**Zinsnehmen** n взимание процентов

**Zinsniveau** n уровень процента; уровень процентной ставки

**Zinsnote** f авизо, предусматривающее начисление процентов; авизо о начислении процентов

**Zinsnummer** f процентное число

**Zinspapiere** n, pl процентные бумаги; бумаги, приносящие дивиденды

**Zinsperiode** f процентный период *(период, в течение которого начисляется обусловленный контрактом процент)*

**zinspflichtig** обязанный платить процент(ы)

**Zinspolitik** f процентная политика

**Zinspolitik** политика регулирования банковского процента

**Zinspolitik** политика регулирования учётной банковской ставки

**Zinsrate** f процентная ставка, ставка процента; норма процента
**natürliche Zinsrate** естественная норма процента
**wirkliche Zinsrate** реальная норма процента, фактическая норма процента

**Zinsrechnung** f исчисление процентов, расчёт процентов; учёт процентов

**Zinsreduktion** f снижение процентной ставки

**Zinsrisiko** *n* процентный риск (риск потерь или успешной выгоды в связи с колебаниями рыночных процентны ставок и изменения стоимости кредитов или заимствований)

**Zinsrückerstattung** *f* возврат процентов

**Zinsrückstand** *m* 1. неуплаченные проценты; задолженность по процентам 2. невзысканный процент; недоимка по процентам

**Zinsrückstände,** *pl* неуплаченные проценты; процентные недоимки; недоимки по процентам; задолженность по процентам

**Zinssaldo** *n* остаток процентов, сальдо процентов

**Zinssatz** *m* процентная ставка; ставка процента; норма процента; размер процента; ссудный процент

**Zinssatz** учётная ставка

**Zinssätze** *pl* процентные ставки (мн.ч.)

**Zinssätze auf Spareinlagen** *m pl* банковская ставка по депозитам

*den* **Zinssatz erhöhen** повышать процентную ставку

*den* **Zinssatz ermäßigen** понижать процентную ставку

**Zinssatz für Ausleihungen** кредитная ставка; ставка ссудного процента

**Zinssatz für Bankkredite** процентная ставка по банковской ссуде; прооцентная ставка по банковскому кредиту

**Zinssatz für kurzfristige Kredite** краткосрочная процентная ставка

**Zinssatz für langfristige Anleihen** процентная ставка по долгосрочным займам

*den* **Zinssatz herabsetzen** понижать процентную ставку

*einen* **Zinssatz nach oben begrenzen** 1. ограничивать максимальную процентную ставку 2. процентный "кэп" (соглашение о максимальной ставке по облигациям с плавающей процентной ставкой)

*den* **Zinssatz neu festsetzen** устанавливать новую процентную ставку

*den* **Zinssatz senken** понижать процентную ставку

*die* **Zinssätze geben nach** процентные ставки снижаются

**ermäßigter Zinssatz** льготная процентная ставка по кредиту

**fester Zinssatz** твёрдая процентная ставка

**gesetzlicher Zinssatz** процентная ставка, установленная законом

**variabler Zinssatz** переменная процентная ставка; плавающая процентная ставка

**Zinssatzangleichung** *f* выравнивание ставок процента, выравнивание процентных ставок, сближение ставок процента, сближение процентных ставок

**Zinssatzregulierung** *f* регулирование процентной ставки

**Zinssatzbegrenzung** *f* ограничение процентной ставки; ограничение процента

**Zinssatzrisiko** *n* процентный риск *(риск потерь или успешной выгоды в связи с колебаниями рыночных процентны ставок и изменения стоимости кредитов или заимствований)*

**Zinsschein** *m* купон процентных ценных бумаг, процентный купон *(облигации процентно-выигрышного займа, акции)*, купон процентных *(ценных)* бумаг; облигационный купон; процентный купон; купон на оплату процентов; купон на выплату процентов

**den Zinsschein abtrennen** отрезать процентный купон, отрезать купон процентных (ценных) бумаг

**den Zinsschein trennen** отрезать процентный купон, отрезать купон процентных (ценных) бумаг

**Zinsscheinbogen** *m* купон облигации

**Zinsschwankung** снижение общего уровня процента; снижение процента; падение процента; понижение процентной ставки

**Zinssenkung** *f* снижение общего уровня процента; снижение процента; понижение процентной ставки

**zinssicher** с устойчивым процентом

**Zinsspanne** *f* маржа, разница между процентными ставками, разрыв между процентными ставками, разница в уровнях процентных ставок; процентная маржа; разница между двумя ставками процента; разница между ставками процента по активным и пассивным операциям; разница между ставками процента по активным и пассивным операциям; процентный спред

**Zinsspannenrechnung** *f* исчисление маржи, исчисление разницы между процентными ставками, исчисление процентной маржи, расчёт процентной маржи

**Zinsstaffel** *f* штафельный метод исчисления процентов, метод исчисления процентов по штафельной форме

**Zinsstaffelmethode** f штафельный метод исчисления процентов, метод исчисления процентов по штафельной форме

**Zinsstruktur** f структура ссудного процента; структура процентной ставки; структура ставки процента

**Zinssubvention** f льготные условия выплаты процентов по займам; компенсация процентной ставки по кредитам (вид государственного содействия местным органам власти, субъектам малого бизнеса и т.п.)

**Zinssumme** f сумма начисленных процентов (перенесённая в счёт)

**Zinstabelle** f таблица для вычисления процентов

**Zinstag** m ист. день взноса оброка; день выполнения повинностей

**Zinstage** m, pl дни, кладущиеся в основу исчисления процентов; дни, за которые начисляются проценты

**Zinsteiler** m постоянный процентный делитель

**Zinstender** m процентный тендер

**Zinstermin** m срок уплаты процентов

**Zinstheorie** f теория процента

**Zinstilgung** f уплата ссудного процента; уплата процента; уплата процентов

**zinstragend** приносящий проценты (напр. о капитале), процентный

**Zinstrend** m тенденция движения ссудного процент; процентная тенденция

**Zinsverbot** n юр. запрещение взимания процентов

**Zinsvergütung** f начисление процентов (вкладчику), срок исковой давности по уплате процентов

**Zinsverzicht** m отказ от взимания процентов; списание процентов по задолженности

**Zinsverzug** m просрочка в уплате (оплате) процентов

**Zinsvoraus** m дополнительные процентные платежи (напр. по вкладам)

**Zinsvoraus** превышение общеобязательных процентных ставок по вкладам

**Zinsvorsprung** m положительная разность между рассматриваемыми процентными ставками

**zinsweise** I в виде процентов
**zinsweise** II ист. в виде оброка, в виде подати, в виде повинности

**Zinswucher** m ист. ростовщичество

**Zinszahl** f процентное число, число процентов, число начисленных процентов, процентный номер

**Zinszahlung** f уплата процентов

**Zinszahlungstermin** m срок уплаты процентов

**Zinszuschlag** m причисление процентов к капиталу, капитализация процентов

**Zirkaauftrag** m бирж. поручение на совершение сделок в пределах определённых границ колебаний курсов, поручение на совершение сделок в пределах определённых границ колебаний цен

**Zirkularkreditbrief** m циркулярный аккредитив

**Zirkularscheck** m дорожный чек; туристский чек

**Zirkulartest** m стат. кружное испытание

**Zirkulation** f обращение

**expandierende Zirkulation** увеличение денежной массы, находящейся в обращении

**inländische Zirkulation** внутреннее обращение

**kontrahierende Zirkulation** сокращающееся обращение

**metallische Zirkulation** обращение металлических денег

**aus der Zirkulation herausnehmen** изымать из обращения

**außer Zirkulation setzen** изымать из обращения

**in Zirkulation geben** пускать в обращение

**in Zirkulation werfen** пускать в обращение

**Zirkulationsakt** m акт обращения

**Zirkulationsart** f вид обращения, форма обращения

**Zirkulationsbeziehungen** f, pl отношения в сфере (товарного) обращения; связи, отношения (сложившиеся в сфере обращения)

**Zirkulationsfähigkeit** f обращаемость

**Zirkulationsfonds** m, pl фонды обращения

**Zirkulationsform** f форма обращения, вид обращения

**Zirkulationsfunktion** f функция обращения

**Zirkulationsgesamtkosten** pl совокупные издержки обращения, общие издержки обращения

**Zirkulationsgeschwindigkeit** f скорость обращения

**Zirkulationskanal** m канал(ы) обращения

**Zirkulationskapital** n капитал в сфере обращения; капитал в обращении

**Zirkulationskosten,** *pl* издержки обращения
**Zirkulationskosten der Außenwirtschaft** издержки обращения в сфере внешнеэкономической деятельности
**allgemeine Zirkulationskosten** общие издержки обращения
**direkte Zirkulationskosten** прямые издержки обращения
**heterogene Zirkulationskosten** гетерогенные издержки обращения
**homogene Zirkulationskosten** гомогенные издержки обращения
**indirekte Zirkulationskosten** косвенные издержки обращения
**Zirkulationskredit** *m* коммерческий кредит
**Zirkulationsmaschinerie** *f* механизм обращения
**Zirkulationsmasse** *f* денежная масса, находящаяся в обращении
**Zirkulationsmechanismus** *m* механизм обращения
**Zirkulationsmittel** *n* средство обращения
**Zirkulationsperiode** *f* период обращения
**Zirkulationsphase** *f* фаза обращения
**Zirkulationsprozess** *m* процесс обращения; обращение
**Zirkulationsreserve** *f* резервный фонд оборотного капитала *(резервы для увеличения чистой стоимости текущих активов)*, резервный фонд оборотных средств
**Zirkulationssphäre** *f* сфера обращения
**Zirkulationsstadium** *n* стадия обращения
**Zirkulationsstockung** *f* образование товарных запасов в сфере обращения

**Zirkulationstätigkeit** *f* деятельность предприятия в сфере обращения
**Zirkulationsverflechtung** *f* финансовый межотраслевой баланс; межотраслевой баланс
**Zirkulationsvorgang** *m* процесс обращения
**Zirkulationsvorrat** *m* запасы товарно-материальных ценностей
**Zirkulationsvorrat** резервы обращения
**Zirkulationsweg** *m* канал обращения; канал торговли; пути торговли
**Zirkulationswert** *m* стоимость обращения
**Zirkulationszeit** *f* время обращения, период обращения
**zirkulieren** *vi* находиться в обращении, циркулировать *(о деньгах)*
**Zisternenwagen** *m* вагон-цистерна, железнодорожная цистерна, цистерна
**Zivilgesetzgebung** *f* гражданское законодательство, гражданский кодекс, ГК
**Zivilmakler** *m* маклер по купле-продаже домов *(земельных участков, квартир)*, маклер по операциям с недвижимостью, дилер по купле-продаже домов, риэлтор
**Zivilrecht** *n* гражданское право
**Zk:**
**Zk, Zahlkarte** счётная карточка *(в статистике)*
**Zk, Zollkasse** таможенная касса
**ZKA, Zentraler Kreditausschuss** Центральный кредитный комитет
**ZKfSK, Zentrale Kommission für Staatliche Kontrolle** Центральная комиссия государственного контроля *(бывш. ГДР)*

**ZKMA, Zentraler Kapitalmarktausschuss** Центральный комитет рынка долгосрочных капиталов
**ZM, Sambia** Замбия
**ZMK, Kwacha, - Sambia** Квача (замбийская) *(код валюты 894)*, - Замбия
**ZO-Plan** *m* план по новой технике, разработанный министерствами, а также другими центральными органами *(бывш. ГДР)*
**Zoll** *m I* дюйм
**Zoll** *m II* таможня
**Zoll** *m III* таможенная пошлина, *см.тж.* Zölle *m, pl*
**Zoll** таможенный тариф
**Zölle,** *pl* таможенные пошлины
**ausländischer Zoll** таможенный тариф иностранного государства
**autonomer Zoll** автономная пошлина
**fester Zoll** стабильная пошлина, твёрдая пошлина
**fixer Zoll** стабильная пошлина, твёрдая пошлина, фиксированная пошлина
**gebundener Zoll** консолидированная пошлина
**gemischter Zoll** смешанная пошлина; комбинированная пошлина
**gemischte Zölle,** *pl* смешанные пошлины *(одновременное использование в качестве основы обложения как стоимостных, так и специфических пошлин)*
**protektionistischer Zoll** протекционистская пошлина
**spezifischer Zoll** специфическая пошлина
**dem Zoll unterliegen** подлежать обложению пошлиной
**den Zoll abbauen** уменьшать пошлину
**den Zoll abschaffen** уменьшать пошлину

**den Zoll aufheben** уменьшать пошлину; отменять пошлину

**den Zoll defraudieren** делать ложное показание в таможне с целью неполной уплаты пошлины, указывать ложные сведения при проведении таможенного досмотра

**den Zoll einziehen** взимать пошлину

**den Zoll erheben** взимать пошлину

**den Zoll hinterziehen** делать ложное показание в таможне с целью неполной уплаты пошлины, указывать ложные сведения при проведении таможенного досмотра

**Zoll- und Devisenerklärung** *f* таможенная и валютная декларация

**Zoll- und Wirtschaftsunion Zentralafrikas** Таможенный и экономический союз Центральной Африки, ЮДЕАК

**Zoll-Codenummer** *f* таможенный код *(товара, ставки налога, поставщика и пр.)*

**Zollabbau** *m* уменьшение пошлин, снижение пошлин

**Zollabfertigung** *f* таможенная очистка, растамаживание *(совокупность действий таможни, необходимых для свободного ввоза, вывоза или транзита груза)*

**Zollabfertigung** таможенный осмотр, таможенный досмотр

**Zollabfertigungsgebühren** *f, pl* таможенные сборы и платежи

**Zollabfertigungskosten,** *pl* сбор за право вывоза товара с таможенного склада

**Zollabfertigungsstelle** *f* таможня; таможенный пост; таможенный пункт

**Zollabfertigungsverfahren** *n* порядок таможенной очистки

**Zollabfertigungsverfahren** порядок таможенной регистрации

**Zollabgaben** *f, pl* таможенные сборы

**Zollabkommen** *n* таможенная конвенция

**Zollagent** *m* таможенный агент

**Zollagent** таможенный маклер

**Zollagent** декларант

**Zollagent** таможенный брокер

**Zollager** *n* таможенный склад; склад временного хранения при таможне

**Zollagerung** *f* хранение на таможенном складе

**Zollamt** *n* таможня

**zollamtlich** таможенный, присущий таможне, касающийся таможни

**zollamtlicher Abwicklungscode** *m* код таможенной операции

**zollamtliche Bewertung** *f* таможенная оценка, определение таможней ценности ввозимых товаров

**zollamtliche Überwachung** *f* таможенный контроль

**Zollamtsformalitäten** *f, pl* таможенные формальности (мн.ч.)

**Zollamtskredit** *m* таможенный кредит

**Zollamtsnomenklatur** *f* таможенная номенклатура

**Zollanmeldung** *f* таможенная декларация, ТД

**Zollansageposten** *m* пограничный пункт приёма грузов *(для направления их на определённую таможню)*

**Zollanschluss** *m* часть территории одной страны, входящая в таможенные границы другой

**Zollanschlüsse** *m, pl* части территории одной страны, входящие в таможенные границы другой *(по международным соглашениям)*

**Zollantrag** *m* заявление о желательном порядке очистки товаров от пошлин, таможенная заявка

**Zollantrag** таможенная заявка *(определяется существующим таможенным режимом)*

**Zollanweisungsverfahren** *n* способ таможенного перевода *(таможенных грузов на другую таможню для таможенной очистки транзитных грузов)*, метод передачи поступивших *(транзитных)* таможенных грузов на другую таможню для очистки

**gewöhnliches Zollanweisungsverfahren** обычный способ таможенного перевода

**internationales Zollanweisungsverfahren** международный способ таможенного перевода

**Zollanweisungsverkehr** *m* способ таможенного перевода *(таможенных грузов на другую таможню для таможенной очистки транзитных грузов)*, метод передачи поступивших *(транзитных)* таможенных грузов на другую таможню для очистки

**Zollarten** *f, pl* виды пошлин; виды таможенных пошлин *(сборов)*

**Zollaufschlag** *m* добавочная пошлина

**Zollaufschublager** *n* таможенный склад *(для грузов, очистка которых от пошлины отсрочена)*; таможенный склад временного хранения

**Zollaufsicht** *f* таможенный досмотр, досмотр на таможне

**Zollaufsichtsstelle** *f* пункт таможенного досмотра; ПТД; пункт таможенного контроля, ПКТ

**Zollausgaben** *f, pl* таможенные расходы (мн.ч.)

**Zollauskunft** *f* справка таможенного органа о ставках пошлины

**Zollausland** *n* зарубежные страны (*в таможенной практике -включают часть территории, не входящую в таможенные границы, в т.ч. открытое море, кроме территории страны, входящей в таможенные границы других стран*)

**Zollausschluss** *m* части государственной территории страны, которые не входят в таможенные границы данной страны, а также открытое море

**Zollausschlüsse** *m, pl* части государственной территории страны, не входящие в таможенные границы данной страны (*напр. свободные гавани*)

**Zollbanderole** *f* таможенная бандероль (*бандеролька, марка*) (*ярлык об уплате пошлины*)

**zollbar** облагаемый пошлиной; подлежащий обложению пошлиной

**Zollbeamte** *m* таможенник, сотрудник таможни

**Zollbearbeitung** *f* обработка грузов на таможне; таможенная очистка грузов

**Zollbeförderung** *f* перевозка таможенных грузов с одной таможни на другую; перевозка грузов под таможенным контролем (*с одной таможни на другую*)

**Zollbefreiung** *f* освобождение от пошлины; освобождение от таможенной пошлины

**Zollbefreiungsschein** *m* свидетельство об освобождении от пошлины; свидетельство об освобождении от таможенной пошлины

**Zollbefund** *m* заключение о результатах таможенного досмотра, таможенная роспись

**Zollbegleitpapier** *n* таможенное свидетельство (*документ, прилагаемый к таможенному грузу в соответствии с особыми распоряжениями*)

**Zollbegleitschein** *m* таможенная накладная, таможенное свидетельство

**Zollbegünstigung** *f* таможенная льгота; таможенная преференция

**Zollbehandlung** *f* таможенная обработка; выполнение формальностей, связанных с таможенным досмотром; выполнение таможенных формальностей

**Zollbehörde** *f* таможенные органы, таможня

**Zollbehörden** *f, pl* таможенные власти

**Zollbelastung** *f* бремя таможенных сборов и пошлин; таможенное обложение; таможенные сборы и пошлины

**Zollbemessung** *f* таможенная оценка, оценка стоимости (*или потребительских свойств*) облагаемых пошлиной грузов; определение таможенной стоимости

**Zollbeschau** *f* таможенный осмотр, таможенный досмотр

**äußere Zollbeschau** внешний таможенный осмотр, внешний таможенный досмотр

**innere Zollbeschau** внутренний таможенный осмотр, внутренний таможенный досмотр

**Zollbescheid** *m* таможенное извещение (*напр, о размере пошлины*)

**Zollbeschlagnahme** *f* таможенная конфискация, конфискация на таможне

**Zollbestimmungen** *f, pl* таможенные правила

**Zollbeteiligte** *m* лицо, подающее таможенную декларацию на товары, подлежащие таможенному осмотру; лицо, подающее таможенную декларацию на товары, подлежащие таможенному досмотру

**Zollbetrag** *m* таможенная пошлина; сумма таможенной пошлины

**Zollbinnenband** *n* территория внутри таможенной границы

**Zollblockade** *f* таможенная блокада

**Zollbund** *m* таможенный союз

**Zollbündnis** *n* таможенный союз

**Zollbürgschaft** *f* поручительство по задолженности (*таможенным органам*)

**Zolldarlegung** *f* представление товара к таможенной очистке

**Zolldeklarant** *m* таможенный брокер, таможенный декларант, декларант, таможенный агент, таможенный маклер

**Zolldeklaration** *f* таможенная декларация, ТД

**Zolldepot** *n* таможенный склад

**Zolldienststelle** *f* таможенный орган; таможня

**Zolldifferenzierung** *f* применение дифференциальных таможенных тарифов

**Zolldiskriminierung** *f* таможенная дискриминация

**Zolldisparität** *f* расхождение в размерах пошлин; таможенный диспаритет

**Zolldokumente** *n, pl* таможенные документы

**Zölle** *m, pl* пошлины; тарифы, *см.тж.* Zoll
  die **Zölle ad valorem** адвалорные пошлины
  die **Zölle anheben** повышать таможенные тарифы
  die **Zölle herabsetzen** снижать таможенные тарифы
  die **Zölle senken** снижать таможенные тарифы

**Zolleigenlager** *n* склад для совместного хранения товаров, принадлежащий владельцу таможенного груза

**Zolleinfuhrschein** *m* таможенное ввозное свидетельство

**Zolleinkünfte,** *pl* таможенные доходы; доходы от деятельности таможни

**Zolleinlager** *n* склад для хранения грузов, владельцы которых пользуются доверием таможенных органов

**Zolleinnahmen** *f, pl* таможенные доходы

**Zolleintreibung** *f* взыскание пошлин; взыскание таможенных пошлин

**Zollempfangsbescheinigung** *f* свидетельство (квитанция) об уплате таможенной пошлины, таможенное свидетельство

**Zollentrichtung** *f* уплата пошлины; уплата таможенной пошлины

**Zollerhebung** *f* взимание пошлины; взимание таможенной пошлины

**Zollerhöhung** *f* повышение пошлины

**Zollerklärung** *f* таможенная декларация, ТД

**Zollerlaß** *m* освобождение от таможенной пошлины; освобождение от уплаты таможенной пошлины

**Zollermäßigung** *f* снижение пошлины, понижение пошлины; снижение таможенной пошлины

**Zollerschwemisse** *f, pl* таможенные барьеры

**Zollerstattung** *f* возврат пошлины; возврат таможенной пошлины

**Zollfahndung** *f* борьба с контрабандой; ужесточение таможенного контроля

**Zollfahndungsdienst** *m* таможенная служба по борьбе с контрабандой

**Zollfaktura** *f* таможенный счёт; таможенная фактура; таможенный счёт-фактура

**Zollflughafen** *m* аэропорт, имеющий таможню

**Zollformalitäten** *f, pl* таможенные формальности
  **Zollformalitäten abwickeln** осуществлять процедуры прохождения через таможенный контроль; проводить таможенную очистку
  **Zollformalitäten erfüllen** осуществлять процедуры прохождения через таможенный контроль; проводить таможенную очистку

**Zollfrachtklausel** *f* оговорка в транспортном страховании, регулирующая размер добавочной премии (*расходы на уплату пошлин и фрахтовые издержки при транспортировке включаются в страховую стоимость*)

**zollfrei** беспошлинный; беспошлинно, не облагаемый пошлиной; без пошлины

**Zollfreigebiet** *n* зона франко; зона, свободная от таможенного обложения; зона свободной торговли; такс фри

**Zollfreiheit** *f* право на освобождение от таможенного обложения, право на освобождение от таможенных пошлин; режим свободного внешнеторгового оборота, режим беспошлинного внешнеторгового оборота
  **Zollfreiheit genießen** пользоваться правом на освобождение от таможенного обложения

**Zollfreilager** *n* приписной таможенный склад

**Zollfreimeldung** *f* заявление на товары, свободные от таможенного обложения; заявление для упрощенного декларирования грузов на таможне, заявление (*на таможню*) на свободные от пошлин товары

**Zollfreischein** *m* свидетельство об освобождении от таможенных пошлин; таможенный транзитный пропуск

**Zollfreischreibung** *f* разрешение таможенных органов на свободный ввоз грузов, не подлежащих оплате пошлиной; разрешение таможенных органов на свободный вывоз грузов, не подлежащих оплате пошлиной

**Zollfreischreibungsverfahren** *n* разрешение таможенных органов на свободный ввоз грузов, не подлежащих оплате пошлиной; разрешение таможенных органов на свободный вывоз грузов, не подлежащих оплате пошлиной

**Zollfreizone** *f* свободная таможенная зона; зона свободной (беспошлинной) торговли

**Zollgebiet** *n* внутренняя территория страны (*в таможенной практике*), территория внутри таможенных границ, таможенная зона, таможенная территория

**Zollgebühr** f таможенный сбор

**Zollgebühren** pl таможенные сборы (и платежи)

**Zollgeleitschein** m таможенное свидетельство

**Zollgesetz** n таможенный устав, таможенные правила

**Zollgesetzbuch** n таможенный кодекс; ТК

**Zollgesetzgebung** f таможенное законодательство

**Zollgewahrsam** m таможенный *(закрытый)* склад; таможенный склад

in **Zollgewahrsam halten** держать на таможенном складе

**Zollgewahrsamsverfahren** n таможенный режим, обеспечивающий сохранность и идентичность таможенных грузов

**Zollgewicht** n таможенный вес; вес, подлежащий таможенному обложению; легальная тара

**Zollgrenze** f таможенная граница

**Zollgut** n таможенный груз; груз под таможенным контролем

**Zollhaftung** f ответственность за уплату пошлины; ответственность за взыскание пошлины

**Zollhaus** n таможня

**Zollhehlerei** f укрывательство грузов от обложения таможенной пошлиной, укрывательство багажа от обложения таможенной пошлиной, утаивание грузов от обложения таможенной пошлиной, утаивание багажа от обложения таможенной пошлиной

**Zollherabsetzung** f снижение пошлины, понижение пошлины; снижение таможенной пошлины

**Zollhinterziehung** f уклонение от уплаты пошлины; уклонение от уплаты таможенной пошлины

**Zollhoheit** f таможенный суверенитет

**Zollinhaltserklärung** f таможенная декларация

**Zollinie** f таможенная граница

**Zollinland** n государственная территория страны, исключая части этой территории, не входящие в её таможенные границы

**Zollkai** m таможенная пристань

**Zollkartell** n картельное соглашение о межгосударственных расчётах по таможенным операциям

**Zollkasse** f таможенная касса

**Zollklarierung** f таможенная очистка товара; декларирование; кларирование *(судов)*

**Zollklarlerung** f очистка товара от пошлины

**Zollkodex** m таможенный кодекс

**Zollkommissar** m таможенный комиссар

**Zollkontingent** n контингент товаров, на который распространяются таможенные льготы

**Zollkontrolle** f таможенный досмотр

**Zollkontrolle** таможенный осмотр

einer **Zollkontrolle unterwerfen** подвергать таможенному осмотру, подвергать таможенному досмотру

**Zollkonvention** f таможенная конвенция

**Zollkonvention über internationale Güterbeförderungen mit Carnet TIR** таможенная конвенция о международных грузовых перевозках по определённым автострадам Европы по сопроводительным книжкам международных товарных перевозок

**Zollkredit** m таможенный кредит *(предоставление таможенными органами отсрочки при уплате пошлины)*

**Zollkrieg** m таможенная война

**Zollager** n таможенный *(закрытый)* склад; таможенный склад

**Zollmanifest** n таможенный манифест

**Zollmauer** f таможенный барьер

**Zollmitverschluss** m совместное хранение товаров на таможенном складе, совместное хранение грузов на таможенном складе

**Zollnacherhebung** f дополнительное взимание пошлины

**Zollnachforderung** f дополнительное взимание пошлины; дополнительное взимание таможенной пошлины

**Zollnachweis** m таможенная справка

**Zollnebengebühr** f дополнительный таможенный сбор

**Zollniederlage** f таможенный склад

öffentliche **Zollniederlage** приписной таможенный склад

**Zollnomenklatur** f таможенная номенклатура

**Zollpapiere** n, pl таможенные документы

**Zollpassierschein** m таможенный пропуск для автомашин

**zollpflichtig** облагаемый пошлиной

**Zollplombe** f пломба таможни, таможенная пломба

**Zollpolitik** f таможенная политика

**Zollprotektionismus** m таможенный протекционизм

**Zollquittung** f квитанция об уплате таможенной пошлины

**Zollrechnung** f таможенный счёт

**Zollrecht** *n* таможенное право

**zollrechtlich** таможенно-правовой

**Zollregime** *n* таможенный режим

**Zollrückerstattung** *f* возврат пошлины; возврат таможенной пошлины

**Zollrückgabeschein** *m* квитанция о возврате пошлины; удостоверение таможни на право обратного получения пошлины

**Zollrunde** *f* тарифный раунд *(в рамках ГАТТ)*

**Zollsatz** *m* ставка таможенной пошлины

**Zollschau** *f* таможенный досмотр *(осмотр)*

**Zollschein** *m* таможенная квитанция

**Zollschranke** *f* таможенный барьер

**Zollschuld** *f* обязанность платить пошлину

**Zollschuldner** *m* лицо, обязанное уплатить пошлину

**Zollschuppen** *m* таможенный склад, пакгауз

**Zollsenkung** *f* снижение *(размера)* пошлины; снижение *(размера)* таможенной пошлины

   **individuelle Zollsenkung** снижение пошлин на определённые виды товаров

**Zollsicherungsverkehr** *m* перевозка, хранение и переработка груза, освобождённого от таможенного обложения

**Zollskala** *f* шкала пошлин; шкала таможенных пошлин

**Zollspesen,** *pl* таможенные расходы

**Zollstation** *f* таможенная *(железнодорожная)* станция

**Zollstatistik** *f* таможенная статистика

**Zollstelle** *f* таможня

   **vorgeschobene Zollstelle** таможня, находящаяся на территории чужого государства

**Zollstempel** *m* таможенное клеймо; таможенная отметка; штамп таможни

**Zollstraßen** *f, pl* пути, ведущие от таможенной границы к пограничной таможне

**Zollstraßenzwang** *m* необходимость перевозки таможенных грузов только по путям, ведущим к пограничной таможне

**Zollstreitigkeit** *f* таможенный конфликт

**Zollstunden** *f pl* время на таможенный досмотр *(чаще всего установленное таможней)*

**Zollstundungsverfahren** *n* отсрочка при оплате пошлины

**Zollsystem** *n* таможенная система

**Zolltara** *f* часть веса тары, исключаемая из веса брутто при обложении пошлиной

**Zolltarif** *m* таможенный тариф

   **ausgehandelter Zolltarif** конвенционный тариф

   **autonomer Zolltarif** автономный таможенный тариф

   **kombinierter Zolltarif** смешанный таможенный тариф

   **vereinbarter Zolltarif** конвенционный тариф

**Zolltarifherabsetzung** *f* снижение таможенного тарифа

**Zolltarifnomenklatur** *f* таможенная номенклатура

**Zolltarifschema** *n* схема начисления таможенных тарифов; схема таможенных тарифов

**Zolltarifskala** *f* шкала пошлин; шкала таможенных пошлин

**Zollüberwachung** *f* таможенный надзор

**Zollunion** *f* таможенный союз, таможенная уния

**Zollverband** *m* таможенный союз, таможенная уния

**Zollveredelung** *f* таможенные операции по ввозу и вывозу сырья, предназначенного для переработки; таможенная обработка возвратного сырья

**Zollverein** *m*, **Deutscher** *ист.* Германский таможенный союз

**Zollverfahren** *n* таможенная процедура, таможенный режим

   **endgültiges Zollverfahren** окончательный таможенный режим

   **vorläufiges Zollverfahren** временный таможенный режим

**Zollverfahrensrecht** *n* положения, устанавливающие таможенный режим страны

**Zollvergehen** *n* таможенное нарушение

**Zollvergünstigung** *f* таможенная льгота

**Zollvergütung** *f* возвратная пошлина

**Zollverkehr** *m* таможенные операции

**Zollverschluss** *m* хранение на таможне в запираемых и пломбируемых помещениях; перевозка в средствах транспорта под таможенной пломбой; перевозка под таможенным контролем

   **unter Zollverschluss** на складе таможни, (хранящийся) на таможенном складе *(до уплаты пошлины)*

   **unter Zollverschluss verbringen** доставлять под таможенной пломбой, доставлять под таможенным контролем

**Zollverschlussverletzung** *f* срыв таможенной пломбы *(несанкционированный)*

**Zollvertrag** *m* таможенная конвенция

**Zollvertreter** m таможенный агент; представитель таможни (таможенных органов)
**Zollverwaltung** f таможенное управление
**Zollverwendung** f кратковременное использование товаров, хранящихся на таможенных складах (напр. в качестве образцов, экспонатов)
**Zollverzeichnis** n таможенный тариф
**Zollvormerkschein** m свидетельство о предварительном таможенном действии; предварительная таможенная декларация
**Zollvormerkverfahren** n предварительное таможенное действие
**Zollvormerkverkehr** m предварительное таможенное действие
**Zollvorschriften** f pl таможенные правила
**Zollvorzugsbehandlung** f применение льготного таможенного тарифа
**Zollwert** m базовая цена товара (на основе которой определяется размер пошлины); цена товара, взятая за основу при начислении (размера) пошлины; таможенная стоимость (товара)
**Zollwertanmeldung** f декларация таможенной стоимости, ДТС
**Zollwesen** n таможенное дело
**Zollzahlung** f уплата пошлины
**Zollzettel** m квитанция об уплате пошлины
**Zone** f зона, полоса; район; пояс (тарифный), зона (тарифная)
  **kritische Zone** сет. пл. критическая зона
  **nichtkritische Zone** сет. пл. резервная зона; некритическая зона
  **subkritische Zone** сет. пл. подкритическая зона; субкритическая зона

**Zonendurchschnittspreis** m среднепоясная цена
**Zoneneinzelhandelspreis** m поясная розничная цена
**Zonenpreis** m поясная цена
**Zonentarif** m (железнодорожный) поясной тариф, (транспортный) тариф для зоны; тариф для отдельных зон; ж.-д. зональный тариф, поясной тариф; поясная система оплаты
**ZPktK, Zollpaketkarte** таможенная декларация на посылку
**ZRA, Zeiß-Rechenautomat** цейсовский вычислительный автомат; цейсовская вычислительная машина (бывш. ГДР)
**ZRN, Neuer Zaire, - Kongo, Demokratische Republik** Новый заир (код валюты 180), - Заир
**ZT, Zolltarif** таможенный тариф
**ZTG, Zolltarifgesetz** закон о таможенных тарифах; таможенно-тарифные правила
**Ztr, Zentner** (немецкий) центнер (= 50 кг)
**"Zu Verkaufen"** "Имеется в продаже"
**Zubehör** n принадлежности, инвентарь, сопутствующие товары
**Zubehörbedarf** m потребности в принадлежностях, потребности в сопутствующих товарах; потребность в комплектующих изделиях
**Zubringerverkehr** m движение транспорта местного сообщения, согласованное с движением транспорта дальнего следования
**Zubuchung** f бухгалтерская запись, занесение в бухгалтерскую книгу
**Zubuße** f доплата, прибавка

**Zucker- und Stärkeindustrie** f крахмалопаточная промышленность
**Zueignung** f присвоение
**Zuerwerbsbetrieb** m сельскохозяйственное предприятие, занимающееся побочным промыслом
**Zufall** m случай; случайность
**Zufallsereignis** n стат. случайное событие
**Zufallsstichprobe** f стат. случайная выборка
**Zufallsstreuung** f стат. случайное рассеяние, случайное отклонение (от средней величины); распространение рекламных материалов
**Zufallstichprobe** f выборочный контроль
**Zufallszahl** f стат. случайное число
**Zufuhr** f подвоз, завоз; доставка; снабжение
  **Zufuhr** подвозимые грузы
  **Zufuhr** приток, поступление; поступления
**Zuführung** f отчисление; взнос
  **Zuführung** подвоз, завоз; снабжение
**Zuführungen** f, pl отчисления; платежи
  **Zuführungen der Rücklage** отчисления в резерв; резервные отчисления
  **Zuführungen von Gewinn zum Statutenfonds** отчисления от прибыли в установленные фонды (напр. в премиальный фонд)
  **Zuführungen von Mitteln** отчисления средств
  **Zuführungen zum Betriebsprämienfonds** отчисления (от прибыли) в премиальный фонд предприятия
  **planmäßige Zuführungen** плановые отчисления

**Zuführungsbetrag** *m* сумма отчислений

**Zug-um-Zug-Leistung** *f* встречное исполнение обязательств *(напр. платёж, поставка)*; платёж непосредственно против встречного исполнения; платёж против встречного исполнения

**Zugabewesen** *n* бесплатная добавка к покупке

**Zugabewesen** метод конкуренции, основанный на привлечении покупателей выдачей им премий к покупкам

**Zugänge** *m, pl* поступления *(обычно денежные)*

**Zugänger** *m сет. пл.* стрелка, ведущая к узлу *(как правило, обозначает работу, а узел - событие)*

**Zugartikel** *m* модный товар, ходкий товар, ходовой товар

**zugeben** *vt* приплачивать

**zugeführt** привозной

**zugeliefert** привозной

**Zugeständnis** *n* уступка

**zugunsten** в пользу *кого-л.*

**Zukauf** *m* дополнительная покупка

**zukunftsbezogen** рассчитанный на будущее, имеющий отношение к будущему; применительно к будущему

**Zukunftsgewinn** *m* ожидаемая прибыль; прибыль предстоящих периодов

**Zulage** *f* надбавка, прибавка *(напр. к заработной плате)*

**Zulassungsstelle** *f* комиссия по вопросам допуска ценных бумаг к биржевой торговле; регулирующие органы, ведающие допуском ценных бумаг к официальной котировке в биржевой торговле *(на фондовом рынке)*

**Zulieferant** *m* поставщик промежуточной продукции; поставщик комплектующих изделий; субпоставщик

**Zulieferbetrieb** *m* предприятие - поставщик промежуточной продукции, предприятие-смежник; предприятие-субпоставщик

**Zuliefererzeugnis** *n* промежуточное изделие; промежуточный продукт; комплектующее изделие

**Zulieferfirma** *f* фирма - поставщик промежуточной продукции; фирма-субпоставщик

**Zuliefergarantie** *f* гарантия, выдаваемая конечному производителю поставщиком промежуточной продукции

**Zulieferindustrie** *f* отрасль промышленности, производящая промежуточную продукцию; предприятия-смежники; смежное производство

**Zuliefermaterial** *n* промежуточная продукция

**zuliefern** *vt* поставлять

**Zulieferteil** *n* комплектующая деталь

**Zulieferungen** *f, pl* поставки промежуточной продукции; поставки предприятий-смежников

**Zunahme** *f* прирост; приращение; увеличение

**absolute Zunahme** абсолютный прирост

**durchschnittliche Zunahme** средний прирост

**Zunahmequote** *f стат.* коэффициент прироста; темп прироста

**Zunft** *f ист.* цех; объединение городских ремесленников

**Zunfthandwerk** *n ист.* цеховое ремесло

**zuordnen** *vt* присоединять, включать, назначать

**Zuordnung** *f, вчт.* присвоение *(адресов)*

**Zuordnung** соответствие; согласование; упорядочение

**Zuordnung** сочетание, соединение, установление *(связи)*; назначение

**optimale Zuordnung** оптимальное распределение

**Zuordnungsproblem** *n* задача о назначениях *(вид задачи линейного программирования)*; проблема распределения, распределительная задача

**Zupacht** *f* аренда новых участков земли *(дополнительно к ранее уже арендованным)*

**Zupacht** дополнительная аренда *(вдобавок к ранее арендованным участкам)*

**zurechnen** прибавлять; причислять; включать *(напр. в статью расходов)*

**Zurechnung** *f* прибавление; причисление; включение *(напр. в статью расходов)*

**Zurechnunglehre** *f* теория вменения

**Zurechnungsfortschreibung** *f* фиксирование роста ценности имущества

**Zurechnungstheorie** *f* теория вменения

**zurückbehalten** *vt* удерживать *(напр. налоги, вычеты и др.)*, оставлять себе *(сумму)*

**Zurückbehaltungsrecht** *n* право одной стороны отказаться от выполнения своего обязательства по договору до выполнения его другой стороной

**zurückbezahlen** *vt* возвращать *(деньги)*

**Zurückbleiben** *n* отставание

**zurückerstatten** *vt* вернуть, возместить, возмещать *(издержки)*

**Zurückgabe** *f* возвращение, возврат *(напр. имущества)*

**Zurückgebliebenheit** *f* отставание, отсталость

**zurückgehen** понижаться, снижаться, падать *(напр. о курсах)*
**zurückgezahlt** погашенный *(напр. о долге)*
**zurückhalten** vt резервировать; удерживать
**zurückhandeln** vt совершать обратную сделку *(напр. выкупить ранее проданные товары или ценные бумаги)*
**Zurückkauf** m выкуп, обратная покупка
**zurückkaufen** vt выкупать
**zurücklegen** vt резервировать
**zurückliefern** возвращать *(напр. поставленный товар)*
**zurücktreten** vi отказаться от чего-л. *(напр. от выполнения контракта)*
**zurückzahlen** возвращать, погашать *(напр.. доле)*
**zurückziehen** vt брать обратно, отменять *(заказ)*, снимать *(предложение, заказ)*
**Zurückziehung** f отмена *(заказа)*, отказ *(от требования)*
**Zusammenarbeit** f сотрудничество; совместная работа; кооперирование
  **geistig-kulturelle Zusammenarbeit** сотрудничество в области культуры
  **gleichberechtigte Zusammenarbeit** равноправное сотрудничество
  **internationale Zusammenarbeit** международное сотрудничество
  **multilaterale Zusammenarbeit** многостороннее сотрудничество
  **technischwissenschaftliche Zusammenarbeit** научно-техническое сотрудничество, НТС
  **wirtschaitliche Zusammenarbeit** экономическое сотрудничество
**zusammenarbeiten** сотрудничать, работать совместно

**Zusammenballung** f сосредоточение, концентрация; агломерация
  **Zusammenballung von Kapitalien** концентрация капиталов
**Zusammenbau** m монтаж, сборка
**Zusammenbruch** m банкротство; крах; катастрофа
**Zusammenfassung** f, агрегирование
  **Zusammenfassung** выводы, подведение итогов
  **Zusammenfassung** сосредоточение *(напр. средств производства)*; концентрация
**zusammengefaßt** сводный
**zusammengestellt** сводный
**Zusammenhang** n связь; зависимость; (причинная) связь, причина
  **Zusammenhänge** m, pl связи
  **gegenseitiger Zusammenhang** взаимосвязь
  **korrelativer Zusammenhang** корреляционная зависимость
  **wirtschaftliche Zusammenhänge** хозяйственные связи, экономические связи
**Zusammenlegung** f объединение, слияние; укрупнение, сращивание; совмещение
  **Zusammenlegung des Netzwerks** укрупнение сети
  **Zusammenlegung von Aktien** объединение акций; слияние акций *(в целях оздоровления акционерного общества)*
  **Zusammenlegung von Arbeiten** совмещение работ
  **zeitliche Zusammenlegung** совмещение по времени
**Zusammenrechnung** f заключительные расчёты, подведение итога
  **Zusammenrechnung des Vermögens** подсчитывание стоимости имущества семьи, суммирование стоимости имущества семьи

**Zusammenschluss** m объединение; слияние; концентрация
  **genossenschaftlicher Zusammenschluss** кооперативное объединение
  **horizontaler Zusammenschluss** горизонтальная концентрация
  **kartellmäßiger Zusammenschluss** картельное объединение
  **monopolistischer Zusammenschluss** монополистическое объединение
  **vertikaler Zusammenschluss** вертикальная концентрация
  **Zusammenschluss von Unternehmungen** слияние предприятий
**zusammensetzen** vt составлять *(вместе)*; собирать *(механизм)*; компоновать; агрегировать *(статистические данные)*
**Zusammensetzung** f агрегирование
  **Zusammensetzung** компоновка
  **Zusammensetzung** состав; структура; строение
  **Zusammensetzung** составление, образование
  **Zusammensetzung der betrieblichen Fonds** состав производственных фондов
  **Zusammensetzung der Bevölkerung** структура населения; демографическая структура
  **Zusammensetzung der Gesellschaft** структура общества
  **Zusammensetzung der Produktion** структура производства
  **Zusammensetzung des Gesamtprodukts** структура совокупного продукта, состав совокупного продукта
  **Zusammensetzung des Kapitals** строение капитала; структура капитала
  **Zusammensetzung nach Güteklassen** сортность

**altersmäßige Zusammensetzung** возрастной состав
**berufsmäßige Zusammensetzung** профессиональный состав, профессиональная структура
**gleichmäßige Zusammensetzung** однородность
**klassenmäßige Zusammensetzung** классовый состав
**organische Zusammensetzung der Produktion** органическая структура производства
**technische Zusammensetzung der Produktion** техническая структура производства
**technische Zusammensetzung der Produktion** стоимостная структура производства
**gebrauchswertmäßige Zusammensetzung des Gesamtprodukts** структура совокупного продукта в натуральном исчислении, состав совокупного продукта в натуральном исчислении
**wertmäßige Zusammensetzung des Gesamtprodukts** структура совокупного продукта в стоимостном исчислении, состав совокупного продукта в стоимостном исчислении, стоимостная структура совокупного продукта
**organische Zusammensetzung des Kapitals** органическое строение капитала
**technische Zusammensetzung des Kapitals** техническое строение капитала; техническая структура капитала
**wertmäßige Zusammensetzung des Kapitals** стоимостное строение капитала
**Zusammenstellung** *f* группирование, компоновка, сборка
**Zusammenstellung** составление; подбор; сводка

**Zusammenveranlagung** *f* установление общего размера налога членов семьи
**Zusammenwirken** *n* сотрудничество, кооперация; взаимодействие
**Zusammenwirkung** *f* сотрудничество, кооперация; взаимодействие
**Zusammenziehung** *f* объединение; сосредоточение
**Zusammenziehung** подведение итога; подведение итогов
**Zusatz** *m* дополнение, добавление
**Zusatz** приписка, постскриптум
**Zusatzabkommen** *n* дополнительное соглашение
**Zusatzakkreditiv** *n* дополнительный аккредитив
**Zusatzaktie** *f* дополнительная акция *(напр. выдаваемая вдобавок к акциям, размещаемым среди рабочих и служащих данной компании)*
**Zusatzarbeit** *f* дополнительная работа
**Zusatzauftrag** *m* дополнительный заказ
**Zusatzbedarf** *m* дополнительный спрос; дополнительные потребности
**Zusatzbedingungen** *f, pl* дополнительные условия
**Zusatzberuf** *m* вторая профессия
**Zusatzbuchung** *f zwecks Berichtigung* бухг. дополнительная проводка
**Zusatzdividende** *f* дополнительный дивиденд
**Zusatzeinkommen** *n* дополнительный доход(ы)
**Zusatzeinnahmen** *f, pl* дополнительный доход(ы)
**Zusatzgarantie** *f* дополнительная гарантия; дополнительные гарантии

**Zusatzinvestitionen** *f, pl* дополнительные капиталовложения
**Zusatzkapital** *n* дополнительный капитал
**Zusatzkarte** *f* дополнительная карта *(карта, выпущенная на имя клиента (имеющего основную карту) или уполномоченного представителя клиента, напр. его родственников)*
**Zusatzkosten,** *pl* дополнительные затраты; дополнительные расходы
**Zusatzkredit** *m* дополнительный кредит
**Zusatzlast** *f* дополнительное (налоговое) бремя *(в теориях налогового обложения - бремя, побуждающее налогоплательщика менять структуру производства и потребления)*
**Zusatzleistungen** *f, pl* **in der Lebensversicherung** дополнительные выплаты по страхованию жизни
**zusätzlich** дополнительно
**zusätzlich** добавочный
**zusätzliche Investitionen** *pl* дополнительные инвестиции (мн.ч.)
**Zusatzlohn** *m* доплата к заработной плате *(напр. за выслугу лет)*
**Zusatzpatent** *n* дополнительный патент
**Zusatzprotokoll** *n* дополнительный протокол
**Zusatzprotokoll zum Handelsabkommen** дополнительный протокол к торговому соглашению
**Zusatzrente** *f* дополнительная рента; дополнительная пенсия
**Zusatzsteuer** *f* дополнительный налог
**Zusatzurlaub** *m* дополнительный отпуск

**Zusatzvergütung** f дополнительное вознаграждение
**Zusatzversicherung** f дополнительное страхование
**Zusatzvertrag** m дополнительный договор, дополнение *(к контракту)*
**Zuschlag** m *(на конкурсных торгах)* момент, определяемый последним ударом молотка аукциониста
**Zuschlag** надбавка, доплата; дотация
**Zuschlag** приплата; доплата; накидка, наценка
**Zuschlagfracht** f дополнительный фрахт
**zuschlagfrei** без надбавки, без наценки
**Zuschlagkosten,** pl накладные расходы
**Zuschlaglohn** m дополнительная зарплата
**Zuschlagprämie** f дополнительная (страховая) премия
**Zuschlagsatz** m размер надбавки (доплаты, наценки), надбавка, доплата, наценка
**Zuschlagsfrist** f льготный срок, льготный период *(напр., налогообложения)*
**Zuschlagskalkulation** f постатейная калькуляция; попередельный метод калькулирования; метод косвенного расчёта
**Zuschlagspreis** m окончательная цена на аукционе
**Zuschlagsspesen,** pl дополнительные расходы
**Zuschlagssteuer** f дополнительный налог
**Zuschlagstara** f сверхтара; дополнительная тара
**Zuschlagszahlung** f дополнительный платёж
**Zuschlagszoll** m дополнительная пошлина; дополнительная таможенная пошлина

**Zuschnitt** m проектирование
**Zuschnitt** раскрой
**optimaler Zuschnitt** оптимальный раскрой материала
**Zuschnittproblem** n задача о раскрое *(задача линейного программирования)*
**Zuschreibung** f повышение балансовой стоимости основных средств, увеличение балансовой стоимости основных средств
**Zuschuss** m доплата; приплата; прибавка; субсидия, дотация; ссуда *(безвозвратная)*; дар *(деньгами или вещами)*
**Zuschüsse gewähren** субсидировать, предоставлять дотации; предоставлять субсидии
**Zuschüsse zahlen** субсидировать, предоставлять дотации
**staatlicher Zuschuss** государственная дотация, государственная субсидия
**verlorener Zuschuss** безвозвратная ссуда, не оправдавшая себя субсидия; утраченная субсидия, потерянная субсидия
**Zuschussbedarf** m разница между доходами и расходами государственных органов *(бывш. ГДР)*, разница между доходами и расходами бюджетных организаций *(бывш. ГДР)*; дополнительные расходы *(в государственном бюджете)*
**Zuschussbetrieb** m бюджетное предприятие
**Zuschusselement** n льготный элемент кредита
**Zuschusskapital** n дополнительный капитал
**zusenden** vt присылать; доставлять *(тж. на дом)*
**Zusendung** f доставка
**Zuspitzung** f обострение *(напр. противоречий)*

**Zustand** m состояние
**momentaner Zustand** состояние (системы) в данный момент
**stationärer Zustand** стационарное состояние *(напр. состояние, при котором все восполнимые ресурсы национальной экономики на протяжении рассматриваемого периода воспроизводятся в прежних масштабах)*
**zuständig** компетентный
**zuständig** относящийся к чему-л.
**zuständig** юр. подсудный
**Zuständigkeit** f компетенция, круг полномочий; компетентность; подсудность, компетенция; подведомственность
**Zuständigkeitsbereich** m круг полномочий, компетенция
**zustehend** причитающийся, следуемый *(о денежных суммах)*
**zustellen** вручать
**zustellen** доставлять
**Zusteller** m поставщик; предприятие-смежник
**Zustellgebühr** f плата за доставку
**Zustellung** f вручение; банк. представление документов
**Zustellung** доставка; вручение *(документа официальным путём)*
**öffentliche Zustellung** публикация юридического документа
**Zustimmung** f согласие, одобрение
**wasserrechtliche Zustimmung** разрешение органа водного надзора
**Zustrom** m приток, прилив *(напр. капиталов)*; наплыв *(напр. покупателей)*

**Zuteilung** *f* норма выдачи, паёк

**Zuteilung** разнарядка

**Zuteilung** распределение; рационирование

**Zuteilung** назначение *(на работу)*

**staatliche Zuteilung** государственное рационирование, государственное фондирование

**zuverdienen** прирабатывать

**zuverlässig** надёжный, верный, достоверный

**Zuverlässigkeit** *f* надёжность *(ценных бумаг)*, надёжность *(в эксплуатации)*; достоверность

**Zuverlässigkeit der Information** достоверность информации

**Zuverlässigkeitsfunktion** *f* функция надёжности

**Zuverlässigkeitstheorie** *f* теория надёжности

**Zuwachs** *m* прирост

**Zuwachs der Industrieproduktion** прирост промышленной продукции

**Zuwachs des Optimalitätskriteriums** приращение критерия оптимальности

**absoluter Zuwachs** абсолютный прирост

**natürlicher Zuwachs** естественный прирост

**Zuwachsgröße** *f* абсолютная величина, масштаб прироста

**Zuwachskoeffizient** *m* **der Fondsintensität** коэффициент приростной фондоёмкости

**Zuwachsprozent** *n* процент прироста

**Zuwachsquote** *f* стат. коэффициент прироста

**Zuwachsquote** темп прироста

**Zuwachsrate** *f* темп прироста

**Zuwachssteuem** *f, pl* налоги на прирост имущества, налоги на прирост дохода

**Zuwanderung** *f* стат. приток населения; иммиграция

**Zuwanderungsziffer** *f* стат. иммиграционная цифра

**zuweisen** отчислять, перечислять *(средства)*; ассигновать; направлять *(напр. на работу)*; назначать *(напр. пенсию)*; наделять *(землёй)*

**zuweisen** предписывать что-л. кому-л.

**Zuweisung** *f* отчисление, перечисление *(средств)*; дотация, ассигнование; направление *(напр. на работу)*; назначение *(напр. пенсии)*; наделение *(землёй)*

**zusätzliche Zuweisung** дополнительное отчисление; дополнительные отчисления

**zuwenden** *vt* ассигновать

**Zuwendung** *f* ассигнование; ассигнования

**Zuwendung** дотация

**Zuwendung** пособие, ссуда

**einmalige Zuwendung** единовременное пособие

**geldliche Zuwendung** денежное пособие

**nicht unentgeltliche Zuwendung** безвозвратная ссуда

**Zuwendungen** *f, pl*, **außerordentliche** непредусмотренные поступления, экстраординарные поступления, поступления извне *(напр. дарения, пожертвования, благотворительные взносы)*

**zuzahlen** *vt* приплачивать, доплачивать

**zuzählen** присчитывать; причислять

**z.V., zur Verfügung** в распоряжении

**ZVG, Zwangsversteigerungsgesetz** закон о принудительной продаже имущества с аукциона

**ZW, Simbabwe** Зимбабве

**ZWA, Zollwertanmeldung** декларация таможенной стоимости, ДТС

**Zwang** *m* принуждение; давление, нажим; насилие

**außerwirtschaftlicher Zwang** внеэкономическое принуждение

**gesellschaftlicher Zwang** социальный гнёт

**ökonomischer Zwang** экономическое принуждение

**Zwangsabgabe** *f* принудительный сбор

**Zwangsabtretung** *f* принудительная передача, принудительная переуступка *(напр. требования)*

**Zwangsanleihe** *f* принудительный заём

**Zwangsanwendung** *f* принуждение, оказание давления

**Zwangsarbeit** *f* принудительный труд *(мера наказания)*

**Zwangsauflage** *f* контрибуция

**Zwangsauktion** *f* принудительный аукцион; принудительная распродажа

**Zwangsbeitreibung** *f* принудительное взыскание

**Zwangsbesteuerung** *f* принудительное налогообложение

**Zwangsclearing** *n* принудительный клиринг

**Zwangseinstellung** *f* принудительное зачисление на работу, принудительное трудоустройство *(инвалидов)*

**Zwangseintreibung** *f* принудительное взыскание *(напр. штрафов)*

**Zwangsenteignung** *f* принудительное отчуждение *(имущества)*

**Zwangsetatisierung** *f* принудительное включение в смету определённой статьи расхода

**Zwangsgeld** *n* штраф

**Zwangshypothek** f принудительная ипотека *(особый вид обеспечительной ипотеки)*

**Zwangskartell** n принудительный картель

**Zwangskartellbildung** f принудительное картелирование *(объединение частных фирм в союзы картельного типа)*

**Zwangskartellierung** f принудительное картелирование, принудительная картелизация

**Zwangskartellisierung** f принудительное картелирование, принудительная картелизация

**Zwangskonversion** f принудительная конверсия

**Zwangskurs** m принудительный курс валюты; принудительный обменный курс

**Zwangsliquidation** f принудительная ликвидация *(напр. закрытие предприятий)*

**Zwangslizenz** f принудительная лицензия; обязательная лицензия

**Zwangslohnregulierung** f меры по регулированию заработной платы

**Zwangslohnregulierungen** f, pl меры по регулированию заработной платы *(принудительные)*

**Zwangsmaßnahme** f репрессалия; санкция

**Zwangsmittel** n, pl средства принуждения

**Zwangsregulierung** f принудительная ликвидация срочной биржевой сделки; меры принудительного регулирования

**Zwangsrückkauf** m принудительный выкуп *(имущества, ценных бумаг)*

**Zwangsschlichtung** f принудительное решение конфликтов *(напр. между рабочими и предпринимателями)*

**Zwangssparen** n вынужденные сбережения *(напр. накопление части неизрасходованных доходов в условиях подавленной инфляции)*

**Zwangssparen** обязательное образование сбережений; принудительные сбережения

**Zwangsstrafe** f административный штраф

**Zwangssyndikat** n принудительный синдикат

**Zwangsveranlagung** f принудительное налогообложение

**Zwangsveräußerung** f принудительная распродажа

**Zwangsvergleich** m принудительное разрешение спора *(напр. между кредитором и должником)*

**Zwangsvermietung** f обязательная сдача в наём жилых помещений

**Zwangsversicherung** f обязательное страхование, принудительное страхование

**Zwangsversteigerung** f принудительная продажа *(чаще земельных участков)* с аукциона, принудительная продажа *(чаще земельных участков)* с торгов, принудительный аукцион

**Zwangsversteigerungsvermerk** m отметка в кадастре о назначении земельного участка к принудительной продаже с аукциона, отметка в кадастре о назначении земельного участка к принудительной продаже с торгов

**Zwangsverwaltung** f принудительное управление (земельным участком)

**zwangsweise** в принудительном порядке, принудительно

**Zwangswirtschaft** f командная экономика; централизованно управляемое хозяйство, плановая экономика

**ZWD, Simbabwe-Dollar, - Simbabwe** Доллар Зимбабве *(код валюты 716)*, - Зимбабве

**Zweck** m цель; задача

**Zweckaufwand** m целевые затраты, целевые расходы

**Zweckausgaben** f, pl целевые затраты, целевые расходы

**zweckbestimmt** целевой *(напр. о кредите)*

**Zweckbestimmung** f целевое назначение

**Zweckbindung** f целевые отчисления, отчисления целевого назначения

**zweckdienlich** целесообразный; целевой

**Zweckforschung** f целевые исследования, целенаправленные исследования

**zweckgebunden** целевой *(напр. о кредите)*; целенаправленный

**Zweckgebundenheit** f целевое назначение

**Zweckmäßigkeit** f целесообразность, практичность

**Zweckpackung** f упаковка целевого назначения

**Zweckprognose** f целевой прогноз

**Zweckspareinlage** f целевой вклад

**Zwecksparen** n накопление сбережений для определённой цели; целевые сбережения

**Zwecksparguthaben** n целевой вклад

**Zwecksparkonto** n счёт по целевому вкладу

**Zwecksteuer** f целевой налог *(напр. на транспортное средство)*

**Zweckverband** m объединение для осуществления совместных проектов

**kommunaler Zweckverband** объединение общин для совместного выполнения определённых работ *(напр. в целях улучшения снабжения населения)*

**Zweckzuwendung** f дотации целевого назначения, субсидии целевого назначения; целевая дотация(и)

**Zwei-Ebenen-Planung** f планирование на двух уровнях, двухуровневое планирование

**Zwei-Stufen-Leitungssystem** n двухступенчатая система управления

**Zweierabkommen** n двустороннее соглашение

**Zweiersystem** n двоичная система, бинарная система

**zweifelhaft** сомнительный *(напр. о долговых требованиях или о качестве ценных бумаг)*

**Zweig** m отрасль
  **technologischer Zweig** технологическая отрасль

**Zweigabteilung** f филиал; филиальное отделение *(напр. банка)*

**Zweiganstalt** f филиал, отделение

**Zweigbank** f филиал банка, отделение банка

**zweigbedingt** отраслевой

**Zweigbetrieb** m филиал *(предприятия)*

**zweigbezogen** отраслевой

**Zweigbilanz** f отраслевой баланс

**Zweige:**
  **führende Zweige der Wirtschaft** ведущие отрасли народного хозяйства
  **extraktive Zweige** добывающие отрасли
  **nachgelagerte Zweige** (смежные) отрасли, в технологическом отношении следующие за другими отраслями
  **nichtproduzierende Zweige** непроизводительные отрасли
  **verflochtene Zweige** сопряжённые отрасли
  **vor- und nachgelagerte Zweige** смежные отрасли

**zweiggebunden** отраслевой; внутриотраслевой; отраслевого назначения

**Zweigkombination** f комбинирование отраслей

**Zweigladen** m прилавок по продаже товаров однородного ассортимента, секция по продаже товаров однородного ассортимента

**Zweigleitung** f отраслевое управление

**Zweiglohngruppenkatalog** m отраслевой тарифно-квалификационный справочник, ОТКС

**Zweigniederlassung** f филиал, отделение

**Zweignormativ** n отраслевой норматив

**Zweigökonomik** f отраслевая экономика
  **Zweigökonomik** экономика отрасли

**Zweigplanung** f отраслевое планирование

**Zweigprinzip** n отраслевой принцип

**Zweigprognose** f отраслевой прогноз

**Zweigprogramm** n программа развития отрасли *(народного хозяйства)*

**Zweigrentabilität** f рентабельность отрасли

**Zweigselbstkosten,** pl отраслевая себестоимость

**Zweigspezialisierung** f отраслевая специализация

**Zweigspezifik** f специфика отрасли

**zweigspezifisch** относящийся к особенностям рассматриваемой отрасли
  **zweigspezifisch** отраслевой; отраслевого назначения

**Zweigstelle** f филиал, отделение

**Zweigstellensteuer** f налог, взимаемый с филиалов; налог с филиалов

**Zweigstruktur** f отраслевая структура
  **Zweigstruktur der Industrie** отраслевая структура промышленности

**Zweigtariftabelle** f отраслевая тарифная сетка

**Zweigvereinigung** f объединение отраслей
  **Zweigvereinigung** отраслевое объединение

**Zweigverflechtungsbilanz** f баланс внутриотраслевых связей, внутриотраслевой баланс; баланс отраслевых связей

**Zweigwerk** n отраслевое предприятие

**Zweijahrplan** m двухлетний план *(бывш. ГДР)*

**Zweikontensystem** n бухг. система двойного учёта (счёта)

**Zweikontentheorie** f бухг. теория двойного учёта (счёта)

**Zweikreissystem** n двухуровневая система

**Zweimanngesellschaft** f общество (состоящее из) двух компаньонов, партнёрство (состоящее из) двух компаньонов

**Zweipersonen-Nullsummenspiel** n игра двух участников с нулевой суммой

**Zweipersonenspiel** n игра двух участников
  **Zweipersonenspiel mit Gewinnsumme Null** игра двух участников с нулевой суммой
  **Zweipersonenspiel mit Summe Null** игра двух участников с нулевой суммой

**Zweiphasenplanung** f двухфазное (перспективное) планирование

**Zweipunktklausel** f оговорка в договоре купли-продажи, при которой расходы и риск переходят от продавца к покупателю не в одном и том же месте *(напр. оговорка сиф)*

**Zweiradindustrie** f мотовелопромышленность

**Zweischichtbetrieb** *m* предприятие, работающее в две смены, двухсменное предприятие

**Zweischichtenarbeit** *f* двухсменная работа

**zweischichtig** в две смены; двухсменный

**Zweischichtsystem** *n* двухсменная система работы; двухсменная организация работы

**Zweispaltenverfahren** *n* *бухг.* двухколонковая система коучёта

**Zweispeziesmaschine** *f устар.* вычислительная машина с двумя операциями

**Zweisphärenbilanz** *f* баланс промышленного предприятия, разрабатываемый раздельно по основным и оборотным средствам

**Zweisphärenbilanz** баланс раздельно по основным и оборотным средствам

**Zweisystem** *n бухг.* система раздельного финансового и производственного учёта *(на крупных предприятиях)*

**Zweitausfertigung** *f* дубликат, копия, второй экземпляр

**Zweitausfertigung** секунда *(второй образец переводного векселя)*

**Zweitbearbeitung** *f* вторичная обработка

**Zweitberuf** *m* вторая профессия

**Zweitbeschäftigung** *f* вторичная занятость

**Zweitbest-Theorie** *f* принцип второго "наилучшего", теорема второго "наилучшего" *(в теории оптимального хозяйственного развития)*

**Zweitexemplar** *n* дубликат, копия, второй экземпляр; секунда *(второй образец переводного векселя)*

**Zweithandmarkt** *m* рынок подержанных товаров, рынок товаров секонд хэнд

**Zweithandtonnage** *f* тоннаж, бывший в эксплуатации у другой компании

**Zweitschrift** *f* дубликат, копия, второй экземпляр

**Zweitzugverfahren** *n бухг.* метод учёта с двумя раздельными записями в дебет одного счёта и в кредит другого; метод двойной бухгалтерии

**Zwelmanngesellschaft** *f* общество, состоящее из двух участников; общество, состоящее из двух компаньонов

**Zwergbesitzer** *m* владелец парцеллярного участка земли, владелец *карликового* участка земли

**Zwergbetrieb** *m* малое предприятие в сельском хозяйстве, карликовое предприятие в сельском хозяйстве *(до 5 га полезной площади)*

**Zwergbetrieb** малое предприятие, МП, мелкое предприятие, "карликовое" предприятие; мелкое хозяйство, "карликовое" хозяйство

**Zwergwirtschaft** *f* мелкое хозяйство, карликовое хозяйство

**zwingen** принуждать, вынуждать, заставлять

**Zwischenabnahme** *f* пооперационная приёмка *(продукции)*

**Zwischenaktionäre** *m, pl* предыдущие держатели акций акционера, исключенного из общества за неуплату пая

**Zwischenauslandsverkehr** *m* порядок взимания таможенных пошлин, принятый в ряде стран

**Zwischenausweise** *m, pl* промежуточные балансы банков

**Zwischenauswertung** *f* предварительное подведение итогов

**zwischenbehördlich** межведомственный, междуведомственный

**Zwischenbescheid** *m* предварительное уведомление, промежуточное уведомление

**zwischenbetrieblich** межзаводской

**Zwischenbilanz** *f* промежуточный баланс, предварительный баланс

**Zwischendividende** *f* предварительно выплачиваемая часть дивиденда, предварительные дивиденды; предварительный дивиденд

**Zwischenereignis** *n сет. пл.* промежуточное событие

**Zwischenergebnis** *n* промежуточный результат

**Zwischenerzeugnis** *n* промежуточное изделие

**Zwischenfinanzierung** *f* промежуточное (краткосрочное) финансирование

**Zwischengüter** *n, pl* промежуточные товары *(полуфабрикаты)*

**Zwischenhafen** *m* промежуточный порт; порт перевалки

**Zwischenhandel** *m* посредническая торговля

**Zwischenhändler** *m* коммерсант-посредник, торговый посредник, комиссионер

**Zwischenkalkulation** *f* предварительная калькуляция; промежуточная калькуляция *(проводимая в течение производственного процесса)*

**Zwischenkredit** *m* предварительный (краткосрочный) кредит

**Zwischenkrise** *f* промежуточный кризис

**Zwischenlager** *n* склад для краткосрочного хранения; склад для сезонного хранения

**Zwischenlösung** *f* компромисс; промежуточное решение

**Zwischenmakler** *m* агент *(являющийся доверенным лицом торгового маклера)*

**Zwischenphase** f промежуточная фаза

**Zwischenprodukt** n промежуточный продукт; *мат.* промежуточный результат

**Zwischenschaltung** f **des Großhandels** посредничество оптовой торговли

**Zwischenschein** m временное долевое свидетельство *(может сохранять силу до тех пор, пока не выпущены акции)*

**Zwischenschein** временное свидетельство *(на акцию или облигацию)*; свидетельство на право получения предварительного дивиденда; временная акция, временная облигация

**Zwischenstaatliche Beratende Schiffahrtsorganisation, IMCO** Межправительственная морская консультативная организация, ИМКО

**Zwischentermin** m промежуточный срок

**Zwischenverkauf** m посредническая продажа, промежуточная продажа

**Zwischenverkauf vorbehalten** без права перепродажи *(отметка, напр., на акции)*

**Zwischenvertrag** m временный договор

**Zwischenvertrag** предварительный контракт; предконтрактное соглашение

**Zwischenverwiegung** f промежуточное взвешивание *(во время разгрузки или погрузки)*

**Zwischenverwiegungskosten** pl плата за промежуточное взвешивание

**Zwischenwertung** f предварительная оценка; предварительное подведение итогов

**Zwischenzeit** f межоперационное время

**Zwischenzeit** промежуток *(времени)*, интервал

**Zwischenziel** n промежуточная цель

**Zwischenzins** m дисконт, учётный процент *(чаще всего ставка, устанавливаемая Центральным банком)*

**zwischenzweiglich** межотраслевой

**ZWK, Zentrales Warenkontor** Центральная товарная контора

**Zyklendauer** f продолжительность цикла

**minimale Zyklendauer** минимальная продолжительность цикла

**Zyklendiagramm** n диаграмма производственного цикла

**zyklisch** цикличный, циклический

**Zyklizität** f цикличность

**Zyklizität der Krisen** цикличность кризисов

**Zyklogramm** n циклограмма

**Zyklus** m цикл; *сет. пл.* замкнутый контур

**industrieller Zyklus** промышленный цикл

**technologischer Zyklus** технологический цикл

**wirtschaftlicher Zyklus** экономический цикл

**wissenschaftlichtechnischer Zyklus** научно-технический цикл

**Zyklusarbeit** f цикличная работа

**Zyklusplan** m график цикличности *(рабочего процесса)*

**Zykluszeit** f продолжительность цикла, период обращения

**ZZ:**

**Zz, Zinsenzahlung** уплата процентов, выплата процентов

**z.Z., zur Zeit** в настоящее время

Справочное издание

**Доннер** Рональд, **Фаградянц** Игорь Владимирович,
**Шахиджанян** Эрана Грантовна, **Цекман** Вольдемар

## СОВРЕМЕННЫЙ НЕМЕЦКО-РУССКИЙ СЛОВАРЬ ПО ЭКОНОМИКЕ, ФИНАНСАМ И БИЗНЕСУ

Генеральный директор *Л.Л. Палько*
Ответственный за выпуск *В.П. Еленский*
Главный редактор *С.Н. Дмитриев*

Разработка и подготовка к печати
художественного оформления — *Д.В. Грушин*

ООО «Издательство «Вече 2000»
ЗАО «Издательство «Вече»
ООО «Издательский дом «Вече»
129348, Москва, ул. Красной Сосны, 24.
Санитарно-эпидемиологическое заключение
№77.99.02.953.Д.012232.12.06. от 21.12.2006 г.

E-mail: veche@veche.ru
http://www.veche.ru

Подписано в печать 28.08.2007. Формат 84×108 $^1/_{16}$.
Гарнитура «Times New Roman». Печать офсетная. Бумага офсетная.
Печ. л. 60. Тираж 3000 экз. Заказ С-1098.

Отпечатано в полном соответствии с качеством
предоставленного электронного оригинал-макета
в типографии ОАО ПИК «Идел-Пресс».
420066, г. Казань, ул. Декабристов, 2.
E-mail: idelpress@mail.ru

ИЗДАТЕЛЬСТВО «ВЕЧЕ»

ООО «ВЕСТЬ» является основным поставщиком книжной продукции издательства «ВЕЧЕ»
129348, г. Москва, ул. Красной Сосны, 24.
Тел.: (495) 188-88-02, (495) 188-16-50, (495) 188-40-74.
Тел./факс: (495) 188-89-59, (495) 188-00-73
Интернет: www.veche.ru
Электронная почта (E-mail): veche@veche.ru

По вопросу размещения рекламы в книгах обращаться в рекламный отдел издательства «ВЕЧЕ».
Тел.: (495) 188-66-03.
E-mail: reklama@veche.ru

**ВНИМАНИЮ ОПТОВЫХ ПОКУПАТЕЛЕЙ!**
Книги издательства «ВЕЧЕ» вы можете приобрести также в наших филиалах и у официальных дилеров по адресам:

В Москве:
Компания «Лабиринт»
115419, г. Москва,
2-й Рощинский проезд, д. 8, стр. 4.
Тел.: (495) 780-00-98, 231-46-79
www.labirint-shop.ru
В Санкт-Петербурге:
ЗАО «Диамант» СПб.
г. Санкт-Петербург,
пр. Обуховской обороны, д. 105.
Книжная ярмарка в ДК им. Крупской.
Тел.: (812) 567-07-26 (доб. 25)
В Нижнем Новгороде:
ООО «Вече-НН»
603141, г. Нижний Новгород,
ул. Геологов, д. 1.
Тел.: (831 2) 63-97-78
E-mail: vechenn@mail.ru
В Новосибирске:
ООО «Топ-Книга»
630117, г. Новосибирск,
ул. Арбузова, 1/1
Тел.: (383) 336-10-32, (383) 336-10-33
www.top-kniga.ru
В Киеве:
ООО «Издательство «Арий»
г. Киев, пр. 50-летия Октября, д. 2б, а/я 84.
Тел.: (380 44) 537-29-20,(380 44) 407-22-75.
E-mail: ariy@optima.com.ua

Всегда в ассортименте новинки издательства «ВЕЧЕ»
в московских книжных магазинах:
ТД «Библио-Глобус», ТД «Москва», ТД «Молодая гвардия», «Московский дом книги», «Букбери», «Новый книжный».